KB063088

2·0·2·4

-큰 글-

기본법전
基本法典

법률출판사

2·0·2·4

2024년 1판 1쇄 인쇄 / 2024. 01. 20
2024년 1판 1쇄 발행 / 2024. 01. 27

발행인_ 김용성 | 발행처_ 법률출판사 | 등록_ 1996년 2월 15일 | 제1-1982호
서울시 동대문구 휘경로 2길3. 4층 | TEL:02-962-9154
ISBN 978-89-5821-426-7 91360
값 23,000원
www.LnBpress.com

이 도서의 국립중앙도서관 출판시도서목록(CIP)은 서지정보유통지원시스템 홈페이지(http://seoji.nl.go.kr)와 국가자료공동목록시스템(http://www.nl.go.kr/kolisnet)에서 이용하실 수 있습니다.

2·0·2·4

큰글 기본법전

간행의 말

「큰글 기본법전」은 필수 법률인 기본 6법과 그 부속법률 중 각종 시험과 법조실무에서 필요한 주요법률만을 추려서 엮은 기본적인 법률전서이다. 즉 수험생, 법조인 및 실무자에게 있어서 한시도 떨어질 수 없는 그림자와 같은 것이다. 그러나 시중의 일반 법전 등은 수록건수가 방대하여 기본 6법의 편람이 용이하지 않은 관계로 기본법전의 출간이 절실히 요구되어왔다. 폐사에서는 이러한 요구에 부응하여 기본법전 초판을 발행한 이래 30여 년 간 독자들의 사랑을 받아왔으며, 이번에 개정판을 새롭게 출간하게 되었다.

2024년 신개정판 「큰글 기본법전」의 특장(特長)은 다음과 같다.

첫째, 2024년 1월 27일을 기준으로 편집 마감하여, 수록법령 중 해당 일까지 개정된 모든 내용을 충실히 반영하였다.

둘째, 수험생이나 실무자들이 실전에서 꼭 필요한 법령을 다수 수록하였고, 최신 판례와 주요 헌법결정요지를 해당 조문에 함께 수록하여 유기적인 학습효과를 거둘 수 있게 하였다.

셋째, 기본 6법인 헌법·민법·민사소송법·형법·형사소송법·상법의 관련판례를 법과대학 학생 및 대다수의 수험생들이 보고 있는 주요 교과서에 수록된 판례를 위주로 구성하여 학습의 효과를 배가할 수 있도록 하였다.

넷째, 민법·형법·상법·민사소송법·형사소송법 등 기본법의 주요 개정사항을 신·구 조문대조표로 각 조문 밑에 수록하여 수험생은 물론 실무자들이 법률의 개정내용을 쉽게 확인할 수 있도록 하였다.

다섯째, 수록법령 중 개정조항 각각의 시행일이 6개월 이상 상이한 조문은 음영 처리하여 그 시행일을 별도 표기함으로써 법전편람의 편의성을 고려하였다.

아울러 「큰글 기본법전」이 각종 고시는 물론 실무에서 독자들의 요구에 부응할 수 있도록 계속 보완할 것을 약속드린다.

2024년 1월

발행인 김 용 성 올림

큰글 기본법전

차 례

-가나다 순-

대한민국헌법

[1948년 7월 12일 제정
1948년 7월 17일 공포]

개정

1952. 7. 7	1954.11.29	1960. 6.15
1960.11.29	1962.12.26	1969.10.21
1972.12.27	1980.10.27	1987.10.29

전 문

유구한 역사와 전통에 빛나는 우리 대한국민은 3·1운동으로 건립된 대한민국임시정부의 법통과 불의에 항거한 4·19민주이념을 계승하고, 조국의 민주개혁과 평화적 통일의 사명에 입각하여 정의·인도와 동포애로써 민족의 단결을 공고히 하고, 모든 사회적 폐습과 불의를 타파하며, 자율과 조화를 바탕으로 자유민주적 기본질서를 더욱 확고히 하여 정치·경제·사회·문화의 모든 영역에 있어서 각인의 기회를 균등히 하고, 능력을 최고도로 발휘하게 하며, 자유와 권리에 따르는 책임과 의무를 완수하게 하여, 안으로는 국민생활의 균등한 향상을 기하고 밖으로는 항구적인 세계평화와 인류공영에 이바지함으로써 우리들과 우리들의 자손의 안전과 자유와 행복을 영원히 확보할 것을 다짐하면서 1948년 7월 12일에 제정되고 8차에 걸쳐 개정된 헌법을 이제 국회의 의결을 거쳐 국민투표에 의하여 개정한다.

1987년 10월 29일

제1장 총 강

【국호, 정체, 국체, 국민주권】
제1조 ①대한민국은 민주공화국이다.
②대한민국의 주권은 국민에게 있고, 모든 권력은 국민으로부터 나온다.

【국민의 요건, 재외국민보호】
제2조 ①대한민국의 국민이 되는 요건은 법률로 정한다.
②국가는 법률이 정하는 바에 의하여 재외국민을 보호할 의무를 진다.

(대 판) 조선인을 부친으로 하여 출생한 자는 남조선과도정부법률 제11호 국적에 관한 임시조례의 규정에 따라 조선국적을 취득하였다가 제헌헌법의 공포와 동시에 대한민국 국적을 취득하였다 할 것이고, 설사 그가 북한법의 규정에 따라 북한국적을 취득하여 중국 주재 북한대사관으로부터 북한의 해외공민증을 발급 받은 자라 하더라도 북한지역 역시 대한민국의 영토에 속하는 한반도의 일부를 이루는 것이어서 대한민국의 주권이 미칠 뿐이고, 대한민국의 주권과 부딪치는 어떠한 국가단체나 주권을 법리상 인정할 수 없는 점에 비추어 볼 때, 그러한 사정은 그가 대한민국 국적을 취득하고 이를 유지함에 있어 아무런 영향을 끼칠 수 없다(대판 1996.11.12, 96누1221). <권 121면, 허 182면>

(헌 재) 현행 공직선거및선거부정방지법상 해외에 거주하는 국민 모두에게 부재자투표를 허용하기 위해서는 선거기간을 연장하여야 하는데, 이는 국가와 후보자들의 선거비용 증가 등 그로 인한 국가적 부담이 가중되는 문제를 초래하게 되고, 국내보다 훨씬 공정선거 감시 체제가 미약할 수밖에 없는 해외에서는 선거의 공정성을 확보하기가 더욱 어렵다. 또한 해외거주자들은 투표권 행사에 장해가 되는 사유를 스스로 초래하였다는 점에서 국내에 거주하는 사람들과는 근본적인 차이가 있으므로 자발적으로 출국하여 해외에 거주하는 국민들까지 같은 대우를 받아야 하는 것은 아니며, 해외에 거주하는 국민들에 대하여 부재자투표를 실시하는 데에는 훨씬 많은 비용과 시간을 소요하게 된다. 따라서 비록 해외거주자들에 대하여 부재자투표를 인정하지 아니하는 차별을 한다고 할지라도 합리적인 이유가 없는 것은 아니다(1999.3.25, 97헌마99). <권 121면, 허 180면>

【영 토】
제3조 대한민국의 영토는 한반도와 그 부속도서로 한다.

헌 재 국가보안법과 남북교류협력에관한법률은 상호 그 입법목적과 규제대상을 달리하고 있는 관계로 구 국가보안법 제6조제1항 소정의 잠입·탈출죄에서의 '잠입·탈출'과 남북교류법 제27조 제2항 제1호 소정의 죄에서의 '왕래'는 그 각 행위의 목적이 다르다고 해석되고, 따라서 두 죄는 각기 그 구성요건을 달리하고 있다고 보아야 할 것이므로, 위 두 법률조항에 관하여 형법 제1조제2항의 신법우선의 원칙이 적용될 수 없고, 한편 청구인에 대한 공소장기재의 공소사실을 보면 청구인의 행위에 관하여는 남북교류법은 적용될 여지가 없다고 할 것이므로 '남북교류와 협력을 목적으로 하는 행위에 관하여는 정당하다고 인정되는 범위 안에서 다른 법률에 우선하여 이 법을 적용한다'고 규정하고 있는 동 법률 제3조의 위헌 여부가 당해 형사사건에 관한 재판의 전제가 된 경우라고 할 수 없다(1993.7.29. 92헌바48). <허 182면, 권 1086면>

【평화통일정책】

제4조 대한민국은 통일을 지향하며, 자유민주적 기본질서에 입각한 평화적 통일정책을 수립하고 이를 추진한다.

헌 재 남북교류협력에관한법률은 기본적으로 북한을 평화적 통일을 위한 대화와 협력의 동반자로 인정하면서 남북대결을 지양하고, 자유왕래를 위한 문호개방의 단계로 나아가기 위하여 종전에 원칙적으로 금지되었던 대북한 접촉을 허용하며, 이를 법률적으로 지원하기 위하여 제정된 것으로서, 그 입법목적은 평화적 통일을 지향하는 헌법의 제반규정에 부합하는 것이다(2000.7.20. 98헌바63). <허 859면, 권 125면>

【침략전쟁의 부인, 국군의 사명과 정치적 중립성】

제5조 ①대한민국은 국제평화의 유지에 노력하고 침략적 전쟁을 부인한다.

②국군은 국가의 안전보장과 국토방위의 신성한 의무를 수행함을 사명으로 하며, 그 정치적 중립성은 준수된다.

【조약과 국제법규의 효력, 외국인의 법적 지위】

제6조 ①헌법에 의하여 체결·공포된 조약과 일반적으로 승인된 국제법규는 국내법과 같은 효력을 가진다.

②외국인은 국제법과 조약이 정하는 바에 의하여 그 지위가 보장된다.

헌 재 마라케쉬협정도 적법하게 체결되어 공포된 조약이므로 국내법과 같은 효력을 갖는 것이어서 그로 인하여 새로운 범죄를 구성하거나 범죄자에 대한 처벌이 가중된다고 하더라도 이것은 국내법에 의하여 형사처벌을 가중한 것과 같은 효력을 갖게 되는 것이다. 따라서 마라케쉬협정에 의하여 관세법위반자의 처벌이 가중된다고 하더라도 이를 들어 법률에 의하지 아니한 형사처벌이라거나 행위시의 법률에 의하지 아니한 형사처벌이라고 할 수 없다(1998.11.26. 87헌바65). <권 177면, 허 169면>

【공무원의 지위·책임·신분·정치적 중립성】

제7조 ①공무원은 국민전체에 대한 봉사자이며, 국민에 대하여 책임을 진다.

②공무원의 신분과 정치적 중립성은 법률이 정하는 바에 의하여 보장된다.

헌 재 직업공무원제도는 헌법이 보장하는 제도적 보장중의 하나임이 분명하므로 입법자는 직업공무원제도에 관하여 '최소한 보장'의 원칙의 한계 안에서 폭넓은 입법형성의 자유를 가진다. 따라서 입법자가 동장의 임용의 방법이나 직무의 특성 등을 고려하여 이 사건 법률조항에서 동장의 공직상의 신분을 지방공무원법상 신분보장의 적용을 받지 아니하는 별정직공무원의 범주에 넣었다 하여 바로 그 법률조항부분을 위헌이라고 할 수는 없다(1997.4.24. 95헌바48). <권 223면, 허 760면>

【정 당】

제8조 ①정당의 설립은 자유이며, 복수정당제는 보장된다.

②정당은 그 목적·조직과 활동이 민주적이어야 하며, 국민의 정치적 의사형성에 참여하는데 필요한 조직을 가져야 한다.

③정당은 법률이 정하는 바에 의하여 국가의 보호를 받으며, 국가는 법률이 정하는 바에 의하여 정당운영에 필요한 자금을 보조할 수 있다.

④정당의 목적이나 활동이 민주적 기본질서에 위배될 때에는 정부는 헌법재판소에 그 해산을 제소할 수 있고, 정당은 헌법재판소의 심판에 의하여 해산된다.

헌 재 민주주의에서 사회단체가 국민의 정치의사형성과정에 있어서 가지는 의미와 기능의 관점에서 본다면, 노동단체는 다른 사회단체와 본질적으로 같은 것으로서 같게 취급되어야 하는데, 이 사건 법률조항이 다른 이익단체, 특히 사용자의 이익을 대변하는 기업이나 사용자단체의 정치헌금을 허용하면서 유독 노동단체에게만 정치자금의 기부를 금지한 것은 노동단체로 하여금 정당에 영향력을 행사할 수 있는 정치활동의 영역을 다른 사회단체와 달리 차별대우하고 있다고 볼 수밖에 없다.(1999.11.25. 95헌마154). <권 200면, 허 330면>

헌법 제8조 제1항 전단의 정당설립의 자유는 정당설립의 자유만이 아니라 누구나 국가의 간섭을 받지 아니하고 자유롭게 정당에 가입하고 정당으로부터 탈퇴할 수 있는 자유를 함께 보장한다. 또한, 정당설립의 자유는 그 성질상 등록된 정당에게만 인정되는 기본권이 아니라 청구인과 같이 등록정당은 아니지만 권리능력 없는 사단의 실체를 가지고 있는 정당에게도 인정되는 기본권이라고 할 수 있다.(2006.3.30. 2004헌마246). <권 193면>

【문화의 계승·발달·창달】

제9조 국가는 전통문화의 계승·발전과 민족문화의 창달에 노력하여야 한다.

(헌 재) 헌법 제36조제1항은, 혼인제도와 가족제도는 인간의 존엄성 존중과 민주주의의 원칙에 따라 규정되어야 함을 천명한 것이라 볼 수 있다. 따라서 혼인에 있어서도 개인의 존엄과 양성의 본질적 평등의 바탕 위에서 모든 국민은 스스로 혼인을 할 것인가 하지 않을 것인가를 결정할 수 있고 혼인을 함에 있어서도 그 시기는 물론 상대방을 자유로이 선택할 수 있는 것이며, 이러한 결정에 따라 혼인과 가족생활을 유지할 수 있고, 국가는 이를 보장해야 하는 것이다(1997.7.16, 95헌가6 등 병합). <권 266면, 허 163면>

제2장 국민의 권리와 의무

【기본적 인권의 보장】

제10조 모든 국민은 인간으로서의 존엄과 가치를 가지며, 행복을 추구할 권리를 가진다. 국가는 개인이 가지는 불가침의 기본적 인권을 확인하고 이를 보장할 의무를 진다.

(헌 재) 행복추구권은 다른 기본권에 대한 보충적 기본권으로서의 성격을 지니므로, 공무담임권이라는 우선적으로 적용되는 기본권이 존재하여(청구인들이 주장하는 불행이란 결국 교원직 상실에서 연유하는 것에 불과하다) 그 침해 여부를 판단하는 이상, 행복추구권 침해 여부를 독자적으로 판단할 필요가 없다(2000.12.14, 99헌마112 등 병합). <권 364면, 허 321면>

구 먹는물관리법 제28조제1항은 국민에게 먹는 샘물에 대한 원칙적 선택권을 인정하는 가운데 수질개선부담금을 부과함으로써 가격전가를 통하여 먹는 샘물의 소비자에게 경제적 부담을 가하는 것에 그치고 있는데 그 부담의 정도가 지나치지 아니하며, 더욱이 먹는 샘물을 마시는 사람은 유한한 환경재화인 지하수를 소비하는 사람이므로 이들에 대하여 환경보전에 대한 비용을 부담하게 할 수도 있는 것이므로 위 법률조항으로 인하여 국민이 마시고 싶은 물을 자유롭게 선택할 권리를 빼앗겨 행복추구권을 침해받는다고 할 수 없다(1998.12.24, 98헌가1). <권 364면, 허 320면>

【평등권, 특수계급제도의 부인, 영전의 효력】

제11조 ①모든 국민은 법 앞에 평등하다. 누구든지 성별·종교 또는 사회적 신분에 의하여 정치적·경제적·사회적·문화적 생활의 모든 영역에 있어서 차별을 받지 아니한다.
②사회적 특수계급의 제도는 인정되지 아니하며, 어떠한 형태로도 이를 창설할 수 없다.
③훈장 등의 영전은 이를 받은 자에게만 효력이 있고, 어떠한 특권도 이에 따르지 아니한다.

(헌 재) 우리 헌법은 모든 국민에게 결사의 자유(제21조)를 보장하면서 결사의 한 형태인 노동조합에 관하여는 일반 단체와는 다른 특별한 보호와 규제를 하고 있다(제33조). 노동조합은 "근로자들이 자주적으로 근로조건의 유지·개선과 근로자의 경제적·사회적 지위의 향상을 도모할 목적으로" 하는 단체이고, 또 그러한 목적수행에 필요한 조직을 갖추고 있는 반면에, 헌법 제21조에서 규정하고 있는 단체는 그 설립목적이 노동조합과는 다르고 그 조직이 헌법에 규정된 것도 아니며, 그러한 조직을 형성할 의무가 있는 것도 아니다. 따라서 공직선거에 특정 정당이나 후보자를 지지·반대하거나 지지·반대할 것을 권유하는 선거운동을 함에 있어서 "각종 단체"를 "노동조합"에 비교하여 차별취급을 한다고 하더라도, 이는 헌법에 근거를 둔 합리적인 차별로 보아야 하므로, 노동조합이 아닌 단체에 대하여 선거운동을 허용하지 아니한 것은 헌법상의 선거운동의 균등보장규정 및 평등원칙에 위반된다고 할 수 없다(1999.11.25, 98헌마141). <허 332면, 권 211면>

초·중등교원과 대학교원은 그 임무, 자격기준, 임용과 승진의 과정 등의 면에서 차이가 있고, 이로 인하여 대학교원의 경우 그 최초임용시의 연령이 초·중등교원 보다 상대적으로 고령인 데다, 고등교육과 연구라는 업무의 성격상 초·중등교원보다 높은 연령까지 대학교원으로 재직할 필요성을 인정할 수 있는바, 입법자가 이러한 점에 착안하여, 대학교원의 정년을 초·중등교원의 정년보다 3년 높은 65세로 책정한 것은 합리적 근거에 기초한 것이라 할 것이므로 이로 인하여 초·중등교원들의 평등권이 침해된다고 할 수 없다(2000.12.14, 99헌마112). <허 329면, 권 369면>

야간에 위험한 물건을 휴대하여 상해를 가한 자 또는 체포·감금, 갈취한 자를 5년 이상의 유기징역에 처하는 것이 폭력행위의 근절이라는 입법목적을 달성하기 위하여 불가피한 입법자의 선택이었다 하더라도, 이 사건 법률조항은 이러한 폭력행위자를 행위내용 및 결과불법이 전혀 다른, "협박"을 가한 자를 야간에 위험한 물건의 휴대라는 범죄의 시간과 수단을 매개로, 상해를 가한 자 또는 체포·감금, 갈취한 자와 동일하다고 평가하고 있다. 이것은 달리 취급하여야 할 것을 명백히 자의적으로 동일하게 취급한 결과로서, 형벌체계상의 균형성을 현저히 상실하여 평등원칙에도 위배된다(2004.12.16, 2003헌가12).

높은 수준의 직무상 공정성과 염결성이 요청되는 국가기관의 담당자, 예컨대 법원, 검찰, 경찰, 감사원 등의 고위직 공무원들과는 달리 국가인권위원회의 위원의 경우에만 퇴직 후 공직진출의 길을 봉쇄함으로써 재직중 직무의 공정성을 강화하여야 할 필요성이 두드러진다고 볼 아무런 합리적 근거가 없다. 그런데 국민의 기본권보장을 위하여 특히 직무의 독립성과 공정성이 강조되는 대법원장 및 대법관, 헌법재판소장 및 재판관과 감사원장 등의 경우에 이 사건 법률조항과 같이 그 퇴직 후 일정기간동안 공직에의 임명을 제한하는 특별규정이 존재하지 아니하며, 검찰총장이나 경찰청장의 경우 그 퇴직 후 공직취임 등을 제한하도록 규정하였던 유사 법률조항들은 이미 우리 재판소가 모두 위헌이라고 결정하여 효력을 상실한 바 있다. 따라서 이 사건 법률 규정이 유독 국가인권위원회 위원에 대해서만 퇴직한 뒤 일정기간 공직에 임명되거나 선거에 출마할 수 없도록 제한한 것은 아무런 합리적 근거 없이 동 위원이었던 자만을 차별하는 것으로서 평등의 원칙에도 위배된다(2004.01.29. 2002헌마788).

【신체의 자유, 자백의 증거능력】

제12조 ①모든 국민은 신체의 자유를 가진다. 누구든지 법률에 의하지 아니하고는 체포·구속·압수·수색 또는 심문을 받지 아니하며, 법률과 적법한 절차에 의하지 아니하고는 처벌·보안처분 또는 강제노역을 받지 아니한다.

②모든 국민은 고문을 받지 아니하며, 형사상 자기에게 불리한 진술을 강요당하지 아니한다.

③체포·구속·압수 또는 수색을 할 때에는 적법한 절차에 따라 검사의 신청에 의하여 법관이 발부한 영장을 제시하여야 한다. 다만, 현행범인인 경우와 장기 3년 이상의 형에 해당하는 죄를 범하고 도피 또는 증거인멸의 염려가 있을 때에는 사후에 영장을 청구할 수 있다.

④누구든지 체포 또는 구속을 당한 때에는 즉시 변호인의 조력을 받을 권리를 가진다. 다만, 형사피고인이 스스로 변호인을 구할 수 없을 때에는 법률이 정하는 바에 의하여 국가가 변호인을 붙인다.

⑤누구든지 체포 또는 구속의 이유와 변호인의 조력을 받을 권리가 있음을 고지받지 아니하고는 체포 또는 구속을 당하지 아니한다. 체포 또는 구속을 당한 자의 가족 등 법률이 정하는 자에게는 그 이유와 일시·장소가 지체없이 통지되어야 한다.

⑥누구든지 체포 또는 구속을 당한 때에는 적부의 심사를 법원에 청구할 권리를 가진다.

⑦피고인의 자백이 고문·폭행·협박·구속의 부당한 장기화 또는 기망 기타의 방법에 의하여 자의로 진술된 것이 아니라고 인정될 때 또는 정식재판에 있어서 피고인의 자백이 그에게 불리한 유일한 증거일 때에는 이를 유죄의 증거로 삼거나 이를 이유로 처벌할 수 없다.

(헌 재) 변호인의 조력을 받을 권리는 변호인과의 자유로운 접견교통권에 그치지 아니하고 더 나아가 변호인을 통하여 수사서류를 포함한 소송관계 서류를 열람·등사하고 이에 대한 검토결과를 토대로 공격과 방어의 준비를 할 수 있는 권리도 포함된다고 보아야 할 것이므로 변호인의 수사기록 열람·등사에 대한 지나친 제한은 결국 피고인에게 보장된 변호인의 조력을 받을 권리를 침해하는 것이다(1997. 11.27. 94헌마60). <허 353면, 권 419면>

헌법 제12조 제3항의 영장주의는 법관이 발부한 영장에 의하지 아니하고는 수사에 필요한 강제처분을 하지 못한다는 원칙으로 소변을 받아 제출하도록 한 것은 교도소의 안전과 질서유지를 위한 것으로 수사에 필요한 처분이 아닐 뿐만 아니라 검사대상자들의 협력이 필수적이어서 강제처분이라고 할 수도 없어 영장주의의 원칙이 적용되지 않는다.(2006.7.27. 2005헌마277). <권 422-2면>

【형벌불소급, 일사부재리, 소급입법금지, 연좌제금지】

제13조 ①모든 국민은 행위시의 법률에 의하여 범죄를 구성하지 아니하는 행위로 소추되지 아니하며, 동일한 범죄에 대하여 거듭 처벌받지 아니한다.

②모든 국민은 소급입법에 의하여 참정권의 제한을 받거나 재산권을 박탈당하지 아니한다.

③모든 국민은 자기의 행위가 아닌 친족의 행위로 인하여 불이익한 처우를 받지 아니한다.

(헌 재) 형벌불소급의 원칙은 "행위의 가벌성" 즉 형사소추가 "언제부터 어떠한 조건하에서" 가능한가의 문제에 관한 것이고, "얼마동안" 가능한가의 문제에 관한 것은 아니므로, 과거에 이미 행한 범죄에 대하여 공소시효를 정지시키는 법률이라 하더라도 그 사유만으로 헌법 제12조제1항 및 제13조제1항에 규정한 죄형법정주의의 파생원칙인 형벌불소급의 원칙에 언제나 위배되는 것으로 단정할 수는 없다(1996. 2.16. 96헌가2). <허 344면, 권 398면>

【거주·이전의 자유】

제14조 모든 국민은 거주·이전의 자유를 가진다.

(헌 재) 거주지를 기준으로 중·고등학교의 입학을 제한하는 교육법시행령 제71조 및 제112조의6 등의 규정은 과열된 입시경쟁으로 말미암아 발생하는 부작용을 방지한다고 하는 입법목적을 달성하기 위한 방안의 하나이고, 도시와 농어촌에 있는 중·고등학교의 교육여건의 차이가 심하지 않으며, 획일적인 제도의 운용에 따른 문제점을 해소하기 위한 여러 가지 보완책이 위 시행령에 상당히 마련되어 있어서 그 입법수단은 정당하므로, 위 규정은 학부모의 자녀를 교육시킬 학교선택권의 본질적 내용을 침해하였거나 과도하게 제한한 경우에 해당하지 아니한다(1995.2.23. 91헌마204). <허 415면, 권 339면>

지방세법 제112조제3항은 단순히 "취득"이라고 규정하고 있어, 과밀억제권역 안에서 본점 또는 주사무소의 사업용 부동산을 취득하기만 하면 그 점만으로 아무런 제한 없이 곧바로 중과세의 요건에 해당하는 것으로 볼 소지가 없지 않으나, 그와 같이 풀이하는 것은 불필요하고 지나치게 포괄적인 규제를 허용하는 셈이 되어, 위 법률규정의 입법취지에 어긋날 뿐만 아니라, 법인 등 경제주체의 거주·이전의 자유, 직업의 자유를 지나치게 제약하는 것으로서 헌법적으로 용인되지 아니한다(2000.12.14. 98헌바

104). <허 442면, 권 950면>

주된 생활의 근거를 외국에 두고 있는 이중국적자들의 경우 적극적으로 국적이탈을 함으로써 병역의무를 조기에 해소할 수도 있고, 관련 병역법 규정에 따라 소극적인 방법으로 병역의 문제를 자연스럽게 해결할 수도 있어서, 이들에 대하여 국적선택제한조항의 적용을 명시적으로 배제하는 규정을 두지 않았다 하더라도 그 점만으로 이들의 국적이탈의 자유를 침해하는 것이라 할 수 없다.(2006.11.30, 2005헌마739). <권 463>

【직업선택의 자유】

제15조 모든 국민은 직업선택의 자유를 가진다.

(헌 재) 식품이나 식품의 용기·포장에 "음주전후" 또는 "숙취해소"라는 표시를 금지하고 있는 식품 등의 표시기준은 음주로 인한 건강위해적 요소로부터 국민의 건강을 보호한다는 입법목적 하에 음주전후, 숙취해소 등 음주를 조장하는 내용의 표시를 금지하고 있으나, "음주전후", "숙취해소"라는 표시는 이를 금지할 만큼 음주를 조장하는 내용이라 볼 수 없고, 식품에 숙취해소 작용이 있음에도 불구하고 이러한 표시를 금지하면 숙취해소용 식품에 관한 정확한 정보 및 제품의 제공을 차단함으로써 숙취해소의 기회를 국민으로부터 박탈하게 될 뿐만 아니라, 보다 나은 숙취해소용 식품을 개발하기 위한 연구와 시도를 차단하는 결과를 초래하므로, 위 규정은 숙취해소용 식품의 제조·판매에 관한 영업의 자유 및 광고표현의 자유를 과잉금지원칙에 위반하여 침해하는 것이다(2000.3.30, 99헌마143). <허 449면>

폐기물관리법(1999.2.8. 법률 제5865호로 개정된 것) 부칙 제5조제2항 전단은 종전의 규정에 의한 폐기물재생처리신고업자의 사업이 개정규정에 의한 폐기물중간처리업에 해당하는 경우에 영업을 계속하기 위하여는 법 시행일부터 1년 이내에 개정규정에 의한 폐기물중간처리업의 허가를 받도록 함으로써 법률개정을 통하여 신고제에서 허가제로 직업요건을 강화하는 과정에서 신뢰보호를 위한 경과조치를 규정하고 있다. 위 법률조항은 종전의 규정에 의한 폐기물재생처리신고업자가 법개정으로 인한 상황변화에 적절히 대처할 수 있도록 상당한 유예기간을 두고 있고, 그 기간은 2000.7.1. 대통령령 제16891호로 개정된 도시계획법시행령 부칙 제3조에 의하여 도시계획결정에 관한 새로운 유예기간이 추가된 점에 비추어 볼 때 지나치게 짧은 것이라고 할 수 없으므로, 위 법률조항은 종전의 규정에 의한 폐기물재생처리신고업자의 신뢰이익을 충분히 보호하고 있는 것으로서 과잉금지의 원칙에 위반하여 청구인들의 직업결정의 자유를 침해하는 것이라고 볼 수 없다(2000.7.20, 99헌마452). <허 452면, 권 511면>

교통사고는 본질적으로 우연성을 내포하고 있고 사고의 원인도 다양하며, 이는 운전기술의 미숙함으로 인한 것일 수도 있으나, 졸음운전이나 주취운전과 같이 운전기술과 별다른 연관이 없는 경우도 있다. 이 사건 조항이 운전전문학원의 귀책사유를 불문하고 수료생이 일으킨 교통사고를 자동적으로 운전전문학원의 법적 책임으로 연관시키고 있는 것은 운전전문학원이 주체적으로 행해야 하는 자기책임의 범위를 벗어난 것이며, 교통사고율이 높아 운전교육이 좀더 충실히 행해져야 하며 오늘날 사회적 위험의 관리를 위한 위험책임제도가 필요하다는 사정만으로 정당화될 수 없다. 이 사건 조항이 추구하는 입법목적이 이 사건 조항을 통하여 달성될 것인지가 불투명한 반면, 이 사건 조항에 따른 행정제재를 당하는 운전전문학원은 자신이 충실히 운전교육과 기능검정을 하였더라도 피할 수 없는 제재를 당할 수 있게 되고, 그러한 제재가 가져오는 영업상의 손실은 큰 것이다. 이 사건 조항은 법익의 균형성 원칙에 위배된다. 그러므로 이 사건 조항은 비례의 원칙에 어긋나 직업의 자유를 침해한다(2005.07.21, 2004헌가30).

비맹제외기준은 시작장애인을 보호하고 이들의 생계를 보장하기 위한 것으로서 입법목적이 정당하다고 하더라도, 특정 직역에 대한 일반인의 진입 자체를 원천적으로 봉쇄하고 있어 합리적이고 적절한 수단이라 할 수 없고, 시각장애인 중에서도 일부에 불과한 등록안마사를 위하여 나머지 신체장애인 나아가 일반 국민의 직업선택의 자유를 지나치게 침해함으로써 기본권침해의 최소성원칙에도 어긋나며, 이를 통해 달성하려는 시각장애인의 생계보장 등 공익에 비하여 비(非)시각장애인들이 받게 되는 기본권 침해의 강도가 지나치게 커서 법익의 균형성을 상실하고 있다.(2006.5.25, 2003헌마715). <권 565면>

【주거의 자유】

제16조 모든 국민은 주거의 자유를 침해받지 아니한다. 주거에 대한 압수나 수색을 할 때에는 검사의 신청에 의하여 법관이 발부한 영장을 제시하여야 한다.

(헌 재) 한약업사가 약사와는 달리 영업지 제한의 규제를 받는 것이 그의 거주이전의 자유 또는 직업선택의 자유를 제한하는 것이거나 평등의 원칙에 위배된다고 할 수 없다(1991.9.16, 89헌마231).

【사생활의 자유】

제17조 모든 국민은 사생활의 비밀과 자유를 침해받지 아니한다.

(헌 재) 언론매체의 명예훼손적 표현에 위에서 본 실정법을 해석·적용할 때에는 언론의 자유와 명예 보호라는 상반되는 헌법상의 두 권리의 조정 과정에 다음과 같은 사정을 고려하여야 한다. 즉, 당해 표현으로 인한 피해자가 공적 인물인지 아니면 사인인지, 그 표현이 공적인 관심 사안에 관한 것인지 순수한 사적인 영역에 속하는 사안인지, 피해자가 당해 명예훼손적 표현의 위험을 자초한 것인지, 그 표현이 객관적으로 국민이 알아야 할 공공성·사회성을 갖춘 사실(알권리)로서 여론형성이나 공개토론에 기여하는 것인지 등을 종합하여 구체적인 표현 내용과 방식에 따라 상반되는 두 권리를 유형적으로 형량한 비례관계를 따져 언론의 자유에 대한 한계 설정을 할 필요가 있는 것이다(1999.6.24, 97헌마265). <허 69면, 권 432면>

【통신의 자유】

제18조 모든 국민은 통신의 비밀을 침해받지 아니한다.

(헌 재) 현행법령과 제도하에서 수형자가 수발하는 서신에 대한 검열로 인하여 수형자의 통신의 비밀이 일부 제한되는 것은 국가안전보장·질서유지 또는 공공복리라는 정당한 목적을 위하여 부득이할 뿐만 아니라 유효·적절한 방법에 의한 최소한의 제한이며 통신의 자유의 본질적 내용을 침해하는 것이 아니다(1998.8.27, 96헌마398). <허 375면, 권 1124면>

【양심의 자유】

제19조 모든 국민은 양심의 자유를 가진다.

(헌 재) 헌법이 보호하려는 양심은 어떤 일의 옳고 그름을 판단함에 있어서 그렇게 행동하지 아니하고는 자신의 인격적인 존재가치가 허물어지고 말 것이라는 강력하고 진지한 마음의 소리이지, 막연하고 추상적인 개념으로서의 양심이 아니다. 음주측정요구에 처하여 이에 응하여야 할 것인지 거부해야 할 것인지 고민에 빠질 수는 있겠으나 그러한 고민은 선과 악의 범주에 관한 진지한 윤리적 결정을 위한 고민이라 할 수 없으므로 그 고민 끝에 어쩔 수 없이 음주측정에 응하였다 하여 내면적으로 구축된 인간양심이 왜곡·굴절된다고 할 수 없다. 따라서 이 사건 법률조항을 두고 헌법 제19조에서 보장하는 양심의 자유를 침해하는 것이라고 할 수 없다(1997.3.27, 96헌가11). <허 377면, 권 451면>

헌법 제19조가 보호하고 있는 양심의 자유는 양심형성의 자유와 양심결정의 자유를 포함하는 내심적 자유뿐만 아니라, 양심결정을 외부로 표현하고 실현할 수 있는 양심실현의 자유를 포함한다고 할 수 있다. 내심적 자유, 즉 양심형성의 자유와 양심결정의 자유는 내심에 머무르는 한 절대적 자유라고 할 수 있지만, 양심실현의 자유는 타인의 기본권이나 다른 헌법적 질서와 저촉되는 경우 헌법 제37조 제2항에 따라 국가안전보장·질서유지 또는 공공복리를 위하여 법률에 의하여 제한될 수 있는 상대적 자유라고 할 수 있다(1998.7.16, 96헌바35). <허 383면, 권 453면>

【종교의 자유】

제20조 ①모든 국민은 종교의 자유를 가진다.

②국교는 인정되지 아니하며, 종교와 정치는 분리된다.

(헌 재) 교육법 제85조제1항 및 학원의설립·운영에관한법률 제6조가 종교교육을 담당하는 기관들에 대하여 예외적으로 인가 혹은 등록의무를 면제하여 주지 않았다고 하더라도, 헌법 제31조제6항이 교육제도에 관한 기본사항을 법률로 입법자가 정하도록 한 취지, 종교교육기관이 자체 내부의 순수한 성직자 양성기관이 아니라 학교 혹은 학원의 형태로 운영될 경우 일반국민들이 받을 수 있는 부실한 교육의 피해의 방지, 현행 법률상 학교 내지 학원의 설립절차가 지나치게 엄격하다고 볼 수 없는 점등을 고려할 때, 위 조항들이 청구인의 종교의 자유 등을 침해하였다고 볼 수 없고, 또한 위 조항들로 인하여 종교교단의 재정적 능력에 따라 학교 내지 학원의 설립상 차별을 초래한다고 해도 거기에는 위와 같은 합리적 이유가 있으므로 평등원칙에 위배된다고 할 수 없다(2000.3.30, 99헌바14). <허 394면, 권 460면>

【언론·출판·집회·결사의 자유】

제21조 ①모든 국민은 언론·출판의 자유와 집회·결사의 자유를 가진다.

②언론·출판에 대한 허가나 검열과 집회·결사에 대한 허가는 인정되지 아니한다.

③통신·방송의 시설기준과 신문의 기능을 보장하기 위하여 필요한 사항은 법률로 정한다.

④언론·출판은 타인의 명예나 권리 또는 공중도덕이나 사회윤리를 침해하여서는 아니된다. 언론·출판이 타인의 명예나 권리를 침해한 때에는 피해자는 이에 대한 피해의 배상을 청구할 수 있다.

(헌 재) 출판사및인쇄소의등록에관한법률(1972.12.26. 법률 제2393호로 개정된 것) 제5조의2제5호의 '저속한 간행물'에 관한 부분의 저속한 간행물의 출판을 전면 금지시키고 출판사의 등록을 취소시킬 수 있도록 하는 것은 성인의 알권리까지 침해하게 되어 헌법에 위반된다(1998.4.30, 95헌가16).

국민의 알 권리는 정보에의 접근·수집·처리의 자유를 뜻하며 그 자유권적 성질의 측면에서는 일반적으로 정보에 접근하고 수집·처리함에 있어서 국가권력의 방해를 받지 아니한다고 할 것이므로, 개인은 일반적으로 접근·가능한 정보원, 특히 신문, 방송 등 매스미디어로부터 방해받음이 없이 알 권리를 보장받아야 할 것이다. 미결수용자에게 자비로 신문을 구독할 수 있도록 한 것은 일반적으로 접근할 수 있는 정보에 대한 능동적 접근에 관한 개인의 행동으로서 이는 알 권리의 행사이다(1998.10.29, 98헌마4). <허 528면, 권 470면>

음반 및 비디오물도 의사형성적 작용을 하는 한 의사의 표현·전파이 형식의 하나로 인정되며, 이러한 작용을 하는 음반 및 비디오물의 제작은 언론·출판의 자유에 의해서도 보호된다. 외국음반의 국내제작도 의사형성적 작용이라는 관점에서 당연히 의사의 표현·전파 형식의 하나에 해당한다고 할 수 있으므로 역시 언론·출판의 자유의 보호범위 내에 있다. 검열은 일반적으로 허가를 받기 위한 표현물의 제출의무, 행정권이 주체가 된 사전심사절차, 허가를 받지 아니한 의사표현의 금지 및 심사절차를 관철할 수 있는 강제수단 등의 요건을 갖춘 경우에만 이에 해당하는 것이다.(2006.10.26, 2005헌가14). <권 490면, 505면>

개별 학교에서의 교원노조를 인정하지 않는 것에 대응하여 이 사건 법률조항이 개별 학교법인은 단체교섭의 상대방이 될 수 없도록 함으로써 교원노조로 하여금 개별 학교의 운영에 관여하지 못하도록 한 것은, 첫째 교원의 근로조건이 각 학교법인별로 크게 다르지 아니한 점, 둘째 교원의 지위를 통일적으로 보장할 필요가 있는 점, 셋째 교원의 노사관계가 일반 노사관계와는 다른 특수성을 지니는 점 등을 모두 고려하여 개별 학교차원의 교섭으로 인한 혼란을 방지하고자 하는 것이라고 할 것이므로, 그 입법 목적의 정당성 및 방법의 적절성을 인정할 수 있다.(2006.12.28, 2004헌바67). <권352면>

【학문과 예술의 자유】

제22조 ①모든 국민은 학문과 예술의 자유를 가진다.

②저작자·발명가·과학기술자와 예술가의 권리는 법률로써 보호한다.

(헌 재) 국정교과서제도는 교과서라는 형태의 도서에 대하여 국가가 이를 독점하는 것이지만, 국민의 수학권의 보호라는 차원에서 학년과 학과에 따라 어떤 교과용 도서에 대하여 이를 자유발행제로 하는 것이 온당하지 못한 경우가 있을 수 있고 그러한 경우 국가가 관여할 수밖에 없다는 것과 관여할 수 있는 헌법적 근거가 있다는 것을 인정한다면 그 인정의 범위 내에서 국가가 이를 검·인정제로 할 것인가 또는 국정제로 할 것인가에 대하여 재량권을 갖는다고 할 것이므로 중학교의 국어교과서에 관한 한, 교과용 도서의 국정제는 학문의 자유나 언론·출판의 자유를 침해하는 제도가 아님은 물론 교육의 자주성·전문성·정치적 중립성과도 무조건 양립되지 않는 것이라 하기 어렵다(1992.11.12, 89헌마88). <허 398면, 권 480면>

【재산권의 보장과 제한】

제23조 ①모든 국민의 재산권은 보장된다. 그 내용과 한계는 법률로 정한다.

②재산권의 행사는 공공복리에 적합하도록 하여야 한다.

③공공필요에 의한 재산권의 수용·사용 또는 제한 및 그에 대한 보상은 법률로써 하되, 정당한 보상을 지급하여야 한다.

(헌 재) 상속인이 귀책사유없이 상속채무가 적극재산을 초과하는 사실을 알지 못하여 상속개시 있음을 안 날로부터 3월내에 한정승인 또는 포기를 하지 못한 경우에도 단순승인을 한 것으로 보는 민법 제1026조제2호는 기본권제한의 입법한계를 일탈한 것으로 재산권을 보장한 헌법 제23조제1항, 사적자치권을 보장한 헌법 제10조제1항에 위반된다(1998.8.27, 96헌가22, 97헌가2·3·9, 96헌바81, 98헌바24·25 병합).

개발제한구역 지정으로 인하여 토지를 종래의 목적으로도 사용할 수 없거나 또는 더 이상 법적으로 허용된 토지이용의 방법이 없기 때문에 실질적으로 토지의 사용·수익의 길이 없는 경우에는 토지소유자가 수인해야 하는 사회적 제약의 한계를 넘는 것으로 보아야 한다. 그러나 구역지정 당시의 상태대로 토지를 사용·수익·처분할 수 있는 이상, 구역지정에 따른 단순한 토지이용의 제한은 원칙적으로 재산권에 내재하는 사회적 제약의 범주를 넘지 않는다(1998.12.24, 89헌마214). <허 468면>

의료보험수급권은 의료보험법상 재산권의 보장을 받는 공법상의 권리이다. 그러나 적립금의 통합이 의료보험수급권의 존속을 위태롭게 하거나 의료보험법 제29조 내지 제46조에 규정된 구체적인 급여의 내용을 직장가입자에게 불리하게 변경하는 것이 아니므로, 적립금의 통합에 의하여 재산권인 의료보험수급권이 제한되는 것은 아니다(2000.6.29, 99헌마289). <허 456면>

택지개발법시행령 조항은 택지개발사업의 원활한 수행이라는 공익목적을 위하여 마련한 시혜적인 조치로서 그 자체로는 토지소유자의 권리를 제한하거나 새로운 의무를 부과하는 경우라고 할 수 없고, 이 사건 시행령 조항에 의하여 사업시행자와의 협의에 응하지 않은 자가 잃게 되는 것은 구체적인 권리가 아니라 단순한 재화획득에 관한 기회라고 할 것이다. 그런데, 구체적 권리가 아닌 단순한 이익이나 재화의 획득에 관한 기회 등은 헌법 제23조 제1항 소정의 재산권보장의 대상이 되지 않으므로, 이 사건 시행령 조항에 의하여 청구인들의 재산권이 침해된다고 할 수 없다.(2006.7.27, 2005헌마307). <권 547>

【선거권】

제24조 모든 국민은 법률이 정하는 바에 의하여 선거권을 가진다.

(헌 재) 해외거주자들에게 부재자투표에 의한 투표를 할 수 있도록 할 것인지 여부는 이들의 선거권 자체에 관련된 문제라기보다는 선거권을 행사함에 있어서 편의를 제공할 것인지 여부에 관한 문제로서, 어느 정도 범위의 국민까지 부재자투표를 허용할 것인지 여부는 입법재량의 범위에 속하는 문제이지 이로 인하여 국민의 선거권 자체가 제한되는 것은 아니므로, 위 같은 조항에 의하여 해외거주자들의 선거권 자체가 침해되었다고 할 수 없다(1999.3.25, 97헌마99). <허 513면, 권 547면>

정당법 제6조제1호 및 제3호에 열거된 공무원, 특히 직무의 독립성이 강조되는 대법원장 및 대법관, 헌법재판소장 및 헌법재판관과 감사원장 등의 경우에도 경찰청장과 마찬가지로 정치적 중립성이 요구되는 점등에 비추어 경찰청장의 경우에만 퇴직 후 선거직을 통한 공직진출의 길을 봉쇄함으로써 재직 중 직무의 공정성을 강화해야 할 필요성이 두드러진다고 볼 수 없으므로 다른 공무원과 경찰청장 사이에는 차별을 정당화할 만한 본질적인 차이가 존재하지 아니하므로, 이 사건 법률조항은 평등의 원칙에 위반된다(1999.12.23, 99헌마135). <허 509면, 권 186면>

【공무담임권】

제25조 모든 국민은 법률이 정하는 바에 의하여 공무담임권을 가진다.

(헌 재) 1998년도 제4회 지방고등고시 제1차 시험에 합격한 청구인은 1965.12.10.생으로서 1999년도 제5회 지방고등고시에는 그 응시상한연령(33세)에 달하게 되나 과거에 한 번도 연말에 최종시험이 실시된 적이 없어 제5회 지방고등고시 제2차 시험의 응시자격이 있을 것으로 신뢰한 것은 정당하다고 할 것이므로, 피청구인이 제5회 지방고등고시 시행계획을 공고하면서 그 최종시험시행일을 예년과 달리 연도말인 1999.12.14.로 정함으로써 청구인의 연령이 응시상한연령을 5일 초과하게 하여 청구인이 제2차 시험에 응시할 수 있는 자격을 박탈한 것은 청구인의 정당한 신뢰를 해한 것일 뿐 아니라, 법치주의의 한 요청인 예측가능성의 보장을 위반하여 청구인의 공

무담임권을 침해한 것에 해당한다(2000.1.27, 99헌마123). <허 513면, 권 1118면>

오늘날 사회구조의 변화로 인하여 '모든 범죄로부터 순결한 공직자 집단'이라는 신뢰를 요구하는 것은 지나치게 공익만을 우선한 것이며, 오늘날 사회국가원리에 입각한 공직제도의 중요성이 강조되면서 개개 공무원의 공무담임권 보장의 중요성이 더욱 큰 의미를 가지고 있다. 일단 공무원으로 채용된 공무원을 퇴직시키는 것은 공무원이 장기간 쌓은 지위를 박탈해 버리는 것이므로 같은 입법목적을 위한 것이라고 하여도 당연퇴직 또는 당연해임사유를 임용결격사유와 동일하게 취급하는 것은 타당하다고 할 수 없다. 따라서 이 사건 법률조항은 과잉금지원칙에 위배하여 공무담임권을 침해하는 조항이라고 할 것이다(2005.12.22, 2004헌마947).

기초자치단체 장과 국회의원은 그 지위와 성격, 기관의 직무 및 기능의 점에서 본질적으로 다르고, 국회의원이 비록 일정한 지역구를 단위로 선출되더라도 국민 전체를 대표하여 국가의 입법과 정치를 담당하는 본격적인 정치인임에 비하여 기초자치단체장은 한정된 일부 지역에서 주민의 복리에 관한 자치사무를 집행하는 행정 담당기관이므로 그 정치적 열할이나 성격이 본질에 있어서 현저히 작다고 할 수박에 없어, 결국 후원회를 통하여 정치자금을 지원할 필요성의 측면에서 양자 사이에는 본질적인 차이가 있으므로, 국회의원 및 그 후보자와 예비후자에 대하여는 후원회를 인정하면서 기초자치단체 장의 경우에는 그 후보자나 예비후보자에 대하여 이를 인정하지 않는 이 사건 법률조항은 그 차별의 합리성을 충분히 인정할 수 있다.(2006.5.25, 2005헌마1095). <권 203면>

【청원권】

제26조 ①모든 국민은 법률이 정하는 바에 의하여 국가기관에 문서로 청원할 권리를 가진다.

②국가는 청원에 대하여 심사할 의무를 진다.

(헌 재) 적법한 청원에 대하여 국가기관이 이를 수리, 심사하여 그 결과를 청원인에게 통보하였다면 이로써 당해 국가기관은 헌법 및 청원법상의 의무이행을 다한 것이고, 그 통보 자체에 의하여 청구인의 권리의무나 법률관계가 직접 무슨 영향을 받는 것도 아니므로 비록 그 통보내용이 청원인이 기대하는 바에는 미치지 못한다고 하더라도 그러한 통보조치가 헌법소원의 대상이 되는 구체적인 공권력의 행사 내지 불행사라고 볼 수는 없다(2000.10.25, 99헌마458). <허 520면, 권 1110면>

청원권의 구체적 내용은 입법활동에 의하여 형성되며, 입법형성에는 폭넓은 재량권이 있으므로 입법자는 청원의 내용과 절차는 물론 청원의 심사·처리를 공정하고 효율적으로 행할 수 있게 하는 합리적인 수단을 선택할 수 있는 바, 의회에 대한 청원에 국회의원의 소개를 얻도록 한 것은 청원 심사의 효율성을 확보하기 위한 적절한 수단이다. 또한 청원은 일반의안과 같이 처리되므로 청원서 제출단계부터 의원의 관여가 필요하고, 의원의 소개가 없는 민원의 경우에는 진정으로 접수하여 처리하고 있으며, 청원의 소개의원은 1인으로 족한 점 등을 감안할 때 이 사건 법률조항이 국회에 청원을 하려는 자의 청원권을 침해한다고 볼 수 없다.(2005헌마604). <권 591>

【재판을 받을 권리, 무죄의 추정, 진술권】

제27조 ①모든 국민은 헌법과 법률이 정한 법관에 의하여 법률에 의한 재판을 받을 권리를 가진다.

②군인 또는 군무원이 아닌 국민은 대한민국의 영역 안에서는 중대한 군사상 기밀·초병·초소·유독음식물공급·포로·군용물에 관한 죄중 법률이 정한 경우와 비상계엄이 선포된 경우를 제외하고는 군사법원의 재판을 받지 아니한다.

③모든 국민은 신속한 재판을 받을 권리를 가진다. 형사피고인은 상당한 이유가 없는 한 지체없이 공개재판을 받을 권리를 가진다.

④형사피고인은 유죄의 판결이 확정될 때까지는 무죄로 추정된다.

⑤형사피해자는 법률이 정하는 바에 의하여 당해 사건의 재판절차에서 진술할 수 있다.

(헌 재) 지방자치법 제131조제5항 전단 중 '60일 이내에'부분은 통상의 주의력을 가진 이의신청인이 제소기간에 관하여 명료하게 파악할 수 없을 정도로 그 규정이 모호하고 불완전하며 오해의 소지가 많으므로 법치주의의 파생인 불변기간 명확성의 원칙에 반할 뿐만 아니라 헌법 제27조제1항의 재판청구권을 침해하는 위헌규정이다(1998.6.25, 97헌가15).

채무자가 채권자에게 채무를 변제한 사실 자체가 불분명하여 이를 목격하였다는 피의자의 증언이 의심스러운 점이 있음에도 불구하고, 검사가 채무변제여부와 같은 중요한 사항에 대하여 현저히 조사를 소홀히 한 채 위증사건을 종결한 것은 자의적인 검찰권행사로서 그 결정에 영향을 미친 중대한 수사미진의 잘못이 있다고 할 것이고 그로 말미암아 헌법상 보장된 청구인의 평등권과 재판절차진술권이 침해되었다(1999.5.27, 99헌마15).

변호사법 제81조제4항 내지 제6항은 행정심판에 불과한 법무부변호사징계위원회의 결정에 대하여 법원의 사실적 측면과 법률적 측면에 대한 심사를 배제하고 대법원으로 하여금 변호사징계사건의 최종심 및 법률심으로서 단지 법률적 측면의 심사만을 할 수 있도록 하고 재판의 전심절차로서만 기능해야 할 법무부변호사징계위원회를 사실확정에 관한 한 사실상 최종심으로 기능하게 하고 있으므로, 일체의 법률적 쟁송에 대한 재판기능을 대법원을 최고법원으로 하는 법원에 속하도록 규정하고 있는 헌법 제101조제1항 및 재판의 전심절차로서 행정심판을 두도록 하는 헌법 제107조제3항에 위반된다(2000.6.29, 99헌가9). <허 357면, 권 558면>

교원이 제기한 민사소송에 대하여 응소하거나 피고로서 재판절차에 참여함으로써 자신의 권리를 주장하는 것은 어디까지나 상대방인 교원이 교원지위법이 정하는 재심절차와 행정소송절차를 포기하고 민사소송을 제기하는 경우에 비로소 가능한 것이므로 이를 들어 학교법인에게 자신의 침해된 권익을 구제받을 수 있는 실효적인 권리구제절차가 제공되었다고 볼 수 없고, 교원지위부존재확인 등 민사소송절차도 교원이 처분의 취소를 구하는 재심을 따로 청구하거나 또는 재심결정에 불복하여 행정소송을 제기하는 경우에는 민사소송의 판결과 재심결정 또는 행정소송의 판결이 서로 모순·저촉될 가능성이 상존하므로 이 역시 간접적이고 우회적인 권리구제수단에 불과하다. 그리고 학교법인에게 재심결정에 불복할 제소권한을 부여한다고 하여 이 사건 법률조항이 추구하는 사립학교 교원의 신분보장에 특별한 장애사유가 생긴다든가 그 권리구제에 공백이 발생하는 것도 아니므로 이 사건 법률조항은 분쟁의 당사자이자 재심절차의 피청구인인 학교법인의 재판청구권을 침해한다(2006.02.23, 2005헌가7).

【형사보상】

제28조 형사피의자 또는 형사피고인으로서 구금되었던 자가 법률이 정하는 불기소처분을 받거나 무죄판결을 받은 때에는 법률이 정하는 바에 의하여 국가에 정당한 보상을 청구할 수 있다.

【국가·공공단체의 배상책임】

제29조 ①공무원의 직무상 불법행위로 손해를 받은 국민은 법률이 정하는 바에 의하여 국가 또는 공공단체에 정당한 배상을 청구할 수 있다. 이 경우 공무원 자신의 책임은 면제되지 아니한다.

②군인·군무원·경찰공무원 기타 법률이 정하는 자가 전투·훈련 등 직무집행과 관련하여 받은 손해에 대하여는 법률이 정하는 보상외에 국가 또는 공공단체에 공무원의 직무상 불법행위로 인한 배상은 청구할 수 없다.

(헌 재) 국가배상법 제2조제1항단서중 '군인이 직무집행과 관련하여 공상을 입은 경우에 본인 또는 그 유족이 다른 법령의 규정에 의하여 재해보상연금·상이연금 등의 보상을 지급받을 수 있을 때에는 이 법 및 민법의 규정에 의한 손해배상을 청구할 수 없다'는 부분은, 일반국민이 직무집행중인 군인과 공동불법행위로 직무집행중인 다른 군인에게 공상을 입혀 그 피해자에게 공동의 불법행위로 인한 손해를 배상한 다음, 공동불법행위자인 군인의 부담부분에 관하여 국가에 대하여 구상권을 행사하는 것을 허용하지 않는다고 해석하는 한, 헌법 제29조가 구상권의 행사를 배제하지 아니하는데도 이를 배제하는 것으로 해석하는 것으로서 헌법 제11조·제29조에 위반된다. 또한 일반국민의 재산권을 과잉제한하는 경우에 해당하여 헌법 제23조제1항 및 제37조제2항에도 위반된다(1994.12.29, 93헌바21).

현역병으로 입영하여 소정의 군사교육을 마치고 병역법 제25조의 규정에 의하여 전임되어 구 교정시설경비교도대설치법(1997.1.13. 법률 제5291호로 개정되기 전의 것) 제3조에 의하여 경비교도로 임용된 자는, 군인의 신분을 상실하고 군인과는 다른 경비교도로서의 신분을 취득하게 되었다고 할 것이어서 국가배상법 제2조제1항 단서가 정하는 군인 등에 해당하지 아니한다(1998.2.10, 대판 97다45914). <허 563면>

【국가구조를 받을 권리】

제30조 타인의 범죄행위로 인하여 생명·신체에 대한 피해를 받은 국민은 법률이 정하는 바에 의하여 국가로부터 구조를 받을 수 있다.

(헌 재) 검사의 불기소처분은 공권력의 행사에 포함되고, 검사의 자의적인 수사 또는 판단에 의하여 불기소처분이 이루어진 경우에는 헌법 제11조, 제27조제5항, 제30조에 정한 기본권을 침해하게 된다(1989.4.17, 88헌마3). <허 566면, 권 1117면>

【교육을 받을 권리·의무, 평생교육의 진흥】

제31조 ①모든 국민은 능력에 따라 균등하게 교육을 받을 권리를 가진다.

②모든 국민은 그 보호하는 자녀에게 적어도 초등교육과 법률이 정하는 교육을 받게 할 의무를 진다.

③의무교육은 무상으로 한다.

④교육의 자주성·전문성·정치적 중립성 및 대학의 자율성은 법률이 정하는 바에 의하여 보장된다.

⑤국가는 평생교육을 진흥하여야 한다.

⑥학교교육 및 평생교육을 포함한 교육제도와 그 운영, 교육재정 및 교원의 지위에 관한 기본적인 사항은 법률로 정한다.

(헌 재) 과외교습을 금지하는 학원의설립·운영에관한법률(1995.8.4. 법률 제4964호로 전문개정된 이후의 것) 제3조에 의하여 제기되는 헌법적 문제는 교육의 영역에서의 자녀의 인격발현권·부모의 교육권과 국가의 교육책임의 경계설정에 관한 문제이고, 이로써 국가가 사적인 교육영역에서 자녀의 인격발현권·부모의 자녀교육권을 어느 정도로 제한할 수 있는가에 관한 것이다. 학교교육에 관한 한, 국가는 교육제도의 형성에 관한 폭넓은 권한을 가지고 있지만, 과외교습과 같은 사적으로 이루어지는 교육을 제한하는 경우에는 특히 자녀인격의 자유로운 발현권과 부모의 교육권을 존중해야 한다는 것에 국가에 의한 규율의 한계가 있으므로, 법치국가적 요청인 비례의 원칙을 준수하여야 한다(2000.4.27, 98헌가16(등), 98헌마429 병합). <허 416면, 권 613면>

【근로의 권리·의무, 최저임금제, 여자와 연소자의 보호, 국가유공자 등에 대한 기회우선】

제32조 ①모든 국민은 근로의 권리를 가진다. 국가는 사회적·경제적 방법으로 근로자의 고용의 증진과 적정임금의 보장에 노력하여야 하

며, 법률이 정하는 바에 의하여 최저임금제를 시행하여야 한다.
②모든 국민은 근로의 의무를 진다. 국가는 근로의 의무의 내용과 조건을 민주주의원칙에 따라 법률로 정한다.
③근로조건의 기준은 인간의 존엄성을 보장하도록 법률로 정한다.
④여자의 근로는 특별한 보호를 받으며, 고용·임금 및 근로조건에 있어서 부당한 차별을 받지 아니한다.
⑤연소자의 근로는 특별한 보호를 받는다.
⑥국가유공자·상이군경 및 전몰군경의 유가족은 법률이 정하는 바에 의하여 우선적으로 근로의 기회를 부여받는다.

헌 재 헌법 제32조제3항은 '근로조건의 기준은 인간의 존엄성을 보장하도록 법률로 정한다'고 규정하고 있는바, 인간의 존엄에 상응하는 근로조건의 기준이 무엇인지를 구체적으로 정하는 것은 일차적으로 입법자의 형성의 자유에 속한다고 할 것이고, '상시 사용 근로자수 5인'이라는 기준에 따라 근로기준법의 전면적용 여부를 달리한 것에는 합리적 이유가 있다고 인정되고, 그 기준이 인간의 존엄성을 전혀 보장할 수 없을 정도라고 볼 수 없으므로 위 헌법조항에 위반된다고 할 수 없다(1999.9.16, 98헌마310). <허 483면>

【근로자의 단결권 등】

제33조 ①근로자는 근로조건의 향상을 위하여 자주적인 단결권·단체교섭권 및 단체행동권을 가진다.
②공무원인 근로자는 법률이 정하는 자에 한하여 단결권·단체교섭권 및 단체행동권을 가진다.
③법률이 정하는 주요방위산업체에 종사하는 근로자의 단체행동권은 법률이 정하는 바에 의하여 이를 제한하거나 인정하지 아니할 수 있다.

헌 재 방위산업에관한특별조치법 제18조는 '주요방산업체에 종사하는 근로자의 노동쟁의행위에 관하여는 노동쟁의조정법이 정하는 바에 의하여 제한 또는 금지된다'라고 규정하고 있으므로 법률에 의하여 쟁의행위가 금지되는 방산업체의 근로자는 주요방산업체의 근로자에 한정되고 있음이 명백하다(1998.2.27, 95헌바10). <허 497면>

노동조합이 근로자의 근로조건과 경제조건의 개선이라는 목적을 위하여 활동하는 한, 헌법 제33조의 단결권의 보호를 받지만, 단결권에 의하여 보호받는 고유한 활동영역을 떠나서 개인이나 다른 사회단체와 마찬가지로 정치적 의사를 표명하거나 정치적으로 활동하는 경우에는 모든 개인과 단체를 똑같이 보호하는 일반적인 기본권인 의사표현의 자유 등의 보호를 받을 뿐이다(1999.11.25, 95헌마154). <허 490면>

【사회보장】

제34조 ①모든 국민은 인간다운 생활을 할 권리를 가진다.
②국가는 사회보장·사회복지의 증진에 노력할 의무를 진다.
③국가는 여자의 복지와 권익의 향상을 위하여 노력하여야 한다.
④국가는 노인과 청소년의 복지향상을 위한 정책을 실시할 의무를 진다.
⑤신체장애자 및 질병·노령 기타의 사유로 생활능력이 없는 국민은 법률이 정하는 바에 의하여 국가의 보호를 받는다.
⑥국가는 재해를 예방하고 그 위험으로부터 국민을 보호하기 위하여 노력하여야 한다.

헌 재 1994년도를 기준으로 생활보호대상자에 대한 생계보호급여와 그 밖의 각종 급여 및 각종 부담감면의 액수를 고려할 때, 이 사건 생계보호기준이 청구인들의 인간다운 생활을 보장하기 위하여 국가가 실현해야 할 객관적 내용의 최소한도의 보장에도 이르지 못하였다거나 헌법상 용인될 수 있는 재량의 범위를 명백히 일탈하였다고는 보기 어렵고, 따라서 비록 위와 같은 생계보호의 수준이 일반 최저생계비에 못 미친다고 하더라도 그 사실만으로 곧 그것이 헌법에 위반된다거나 청구인들의 행복추구권이나 인간다운 생활을 할 권리를 침해한 것이라고는 볼 수 없다(1997.5.29, 94헌마33). <허 503면, 권 602면>

【환경권, 주택개발정책】

제35조 ①모든 국민은 건강하고 쾌적한 환경에서 생활할 권리를 가지며, 국가와 국민은 환경보전을 위하여 노력하여야 한다.
②환경권의 내용과 행사에 관하여는 법률로 정한다.
③국가는 주택개발정책 등을 통하여 모든 국민이 쾌적한 주거생활을 할 수 있도록 노력하여야 한다.

헌 재 수질개선부담금과 같은 부담금을 부과함에 있어서는 평등원칙이나 비례성원칙과 같은 기본권 제한입법의 한계를 준수하여야 함은 물론 이러한 부담금의 부과를 통하여 수행하고자 하는 특정한 사회적·경제적 과제에 대하여 조세외적 부담을 지울 만큼 특별하고 긴밀한 관계가 있는 특정집단에 국한하여 부과되어야 하고, 이와 같이 부과·징수된 부담금은 그 특정과제의 수행을 위하여 별도로 관리·지출되어야 하며 국가의 일반적 재정수입에 포함시켜 일반적 국가과제를 수행하는데 사용되어서는 아니된다(1998.12.24, 98헌가1). <허 430면, 권 364면>

【혼인과 가족생활, 모성과 국민보건의 보호】

제36조 ①혼인과 가족생활은 개인의 존엄과

양성의 평등을 기초로 성립되고 유지되어야 하며, 국가는 이를 보장한다.
②국가는 모성의 보호를 위하여 노력하여야 한다.
③모든 국민은 보건에 관하여 국가의 보호를 받는다.

(헌 재) 민법 제847조제1항은 친생부인의 소의 제척기간과 그 기산점에 관하여 '그 출생을 안 날로부터 1년내'라고 규정하고 있으나, 일반적으로 친자관계의 존부는 특별한 사정이나 어떤 계기가 없으면 이를 의심하지 아니하는 것이 통례임에 비추어 볼 때, 친생부인의 소의 제척기간의 기산점을 단지 그 '출생을 안 날로부터'라고 규정한 것은 부에게 매우 불리한 규정일 뿐만 아니라, '1년'이라는 제척기간 그 자체도 그 동안에 변화된 사회현실여건과 혈통을 중시하는 전통관습 등 여러 사정을 고려하면 현저히 짧은 것이어서, 결과적으로 위 법률조항은 입법재량의 범위를 넘어서 친자관계를 부인하고자 하는 부로부터 이를 부인할 수 있는 기회를 극단적으로 제한함으로써 자유로운 의사에 따라 친자관계를 부인하고자 하는 부의 가정생활과 신분관계에서 누려야 할 인격권, 행복추구권 및 개인의 존엄과 양성의 평등에 기초한 혼인과 가족생활에 관한 기본권을 침해하는 것이다(1997.3.27, 95헌가14). <허 331면>

【국민의 자유와 권리의 존중, 제한】

제37조 ①국민의 자유와 권리는 헌법에 열거되지 아니한 이유로 경시되지 아니한다.
②국민의 모든 자유와 권리는 국가안전보장·질서유지 또는 공공복리를 위하여 필요한 경우에 한하여 법률로써 제한할 수 있으며, 제한하는 경우에도 자유와 권리의 본질적인 내용을 침해할 수 없다.

(헌 재) 생명권 역시 헌법 제37조제2항에 의한 일반적 법률유보의 대상이 될 수 밖에 없는 것이나, 생명권에 대한 제한은 곧 생명권의 완전한 박탈을 의미한다 할 것이므로, 사형이 비례의 원칙에 따라서 최소한 동등한 가치가 있는 다른 생명 또는 그에 못지 아니한 공공의 이익을 보호하기 위한 불가피성이 충족되는 예외적인 경우에만 적용되는 한, 그것이 비록 생명을 빼앗는 형벌이라 하더라도 헌법 제37조제2항 단서에 위반되는 것으로 볼 수는 없다(1996.11.28, 95헌바1). <허 275면, 권 388면>

하객들에 대한 음식접대에 있어서 가정의례에 관한 법률 제4조제1항의 규정 중 '가정의례의 참뜻'이란 개념은, 결혼식 혹은 회갑연의 하객들에게 어떻게 음식이 접대되는 것이 그 참뜻에 맞는 것인지는 종래 우리 관습상 혼례식의 성격 등을 볼 때 쉽게 예상되기 어렵고, 그간 가정의례에관한법률이 오랫동안 시행되어 가정의례의 참뜻에 대한 인식은 확립되었다고 볼 수도 없어, 결국 그 대강의 범위를 예측하여 이를 행동의 준칙으로 삼기에 부적절하다. 또한 '합리적인 범위안'이란 개념도 가정의례 자체가 우리의 '합리성'과 친숙할 수 있는 것도 아니며, 또한 양과 질과 가격에 있어 편차가 많고 접대받을 사람의 범위가 다양하므로 주류 및 음식물을 어떻게 어느만큼 접대하는 것이 합리적인 범위인지를 일반국민이 판단하기란 어려울 뿐 아니라 그 대강을 예측하기도 어렵다. 이 규정은 결국 죄형법정주의의 명확성 원칙을 위배하여 청구인의 일반적 행동자유권을 침해하여 위헌이다(1998.10.15, 98헌마168).

이행강제금은 위법건축물에 대하여 시정명령 이행시까지 지속적으로 부과함으로써 건축물의 안전과 기능, 미관을 향상시켜 공공복리의 증진을 도모하는 시정명령 이행확보 수단으로서, 국민의 자유와 권리를 제한한다는 의미에서 행정상 간접강제의 일종인 이른바 침익적 행정행위에 속하므로 그 부과요건, 부과대상, 부과금액, 부과회수 등이 법률로써 엄격하게 정하여져야 하고, 위 이행강제금 부과의 전제가 되는 시정명령도 그 요건이 법률로써 엄격하게 정해져야 한다(2000.3.30, 98헌가8). <허 270면, 권 948면>

어떤 범죄를 어떻게 처벌할 것인가 하는 문제, 즉 법정형의 종류와 범위의 선택은 광범위한 입법재량 내지 형성의 자유가 인정되어야 할 분야이기는 하지만, 이러한 입법재량은 무제한한 것이 될 수는 없으며, 기본권의 본질적 내용을 침해하는 입법은 용납될 수 없다. 즉 법정형의 종류와 범위를 정할 때에는 형벌 위협으로부터 인간의 존엄과 가치를 존중하고 보호하여야 한다는 헌법 제10조의 요구에 따라야 하고, 헌법 제37조 제2항이 규정하고 있는 과잉입법금지의 정신에 따라 형벌개별화의 원칙에 적용될 수 있는 범위의 법정형을 설정하여 실질적 법치국가의 원리를 구현하도록 하여야 하며, 형벌이 죄질과 책임에 상응하도록 적절한 비례성을 지켜야 한다. 이러한 요구는 특별형법의 경우도 마찬가지여서 입법취지에서 보아 중벌(重罰)주의로 대처할 필요성이 인정되는 경우라 하더라도 범죄의 실태와 죄질의 경중, 이에 대한 행위자의 책임, 처익 및 형벌의 범죄예방효과 등에 비추어 전체 형벌체계상 지나치게 가혹한 것이어서, 그러한 유형의 범죄에 대한 형벌 본래의 기능과 목적을 달성함에 있어 필요한 정도를 현저히 일탈함으로써 입법재량권이 헌법규정이나 헌법상의 제원리에 반하여 자의적으로 행사된 것으로 평가되는 경우에는 이와 같은 법정형을 규정한 법률조항은 헌법에 반한다고 보아야 한다(2006.04.27, 2006헌가5).

【납세의 의무】

제38조 모든 국민은 법률이 정하는 바에 의하여 납세의 의무를 진다.

(헌 재) 이 사건 법률규정(국세기본법 제39조제1항제1호)은 인적회사의 특수성에 따라 회사채권자를 보호하기 위한 무한책임사원제도의 취지를 조세법에 반영하여 조세형평을 기하고 조세징수를 확보하고자 하는 입법목적을 가지고 있는바, 비록 무한책임사원이라는 형식상의 외관이나 명목에 치중하여 과세하도록 하고 있지만 이는 조세회피의 방지 또는 조세정의의 실현을 위한 것이라 할 것이므로, 그 입법목적이 정당하지 않다거나 그 입법의 수단방법이 부적절한 것이라고는 할 수 없어 조세평등주의나 재산권을 침해한 것이라 할 수 없다(1999.3.25,

98헌바2). <허 575면>

【국방의 의무】

제39조 ①모든 국민은 법률이 정하는 바에 의하여 국방의 의무를 진다.

②누구든지 병역의무의 이행으로 인하여 불이익한 처우를 받지 아니한다.

(헌 재) 전투경찰순경으로서 대간첩작전을 수행하는 것도 넓은 의미에서 헌법 제39조 소정의 국방의 의무를 수행하는 것으로 볼 수 있는 점, 현역병으로 입영한 사람의 배치 및 임무부여의 문제나 대간첩작전을 수행하는 자의 소속 및 신분의 문제는 입법자가 합목적적으로 정할 사항인 점, 청구인의 성별, 종교 또는 사회적 신분 등에 의하여 자의적으로 차별대우를 받은 것이라 할 수 없는 점등을 종합하면, 이 사건 법률조항들이 청구인의 신분을 군인에서 경찰공무원으로 전환할 수 있게 한 것을 가지고 청구인의 행복추구권, 양심의 자유 및 평등권을 침해하는 것이라고 할 수 없고, 또한 병역의무의 이행을 원인으로 하여 행하여진 불이익한 처우라고 볼 수 없어 헌법 제39조제2항에 위반된다고도 할 수 없다(1995.12. 28. 91헌마80). <허 576면, 권 345면>

병역의무 이행 그 자체를 이유로 대상에서 제외하고 있지 않으며 다만 국립사범대학을 졸업하였는지 여부에 따라 졸업생만을 구제대상으로 하고 있어 청구인들이 결과적으로 배제되고 있을 뿐이다. 입법자가 시혜의 대상을 규정함에 있어 병역의무 이행자를 의도적으로 배제하려고 한 것이 아니라 별도의 기준을 설정함에 따라 일부 병역의무 이행자가 포함되지 못하였다 하더라도 이를 병역의무 이행을 이유로 불이익을 받은 것이라 할 수 없다.(2006.5.25. 2005헌마715). <권 704면>

제3장 국 회

【입법권】

제40조 입법권은 국회에 속한다.

(헌 재) 텔레비전방송수신료는 대다수 국민의 재산권 보장의 측면이나 한국방송공사에게 보장된 방송자유의 측면에서 국민의 기본권실현에 관련된 영역에 속하고, 수신료 금액의 결정은 납부의무자의 범위 등과 함께 수신료에 관한 본질적인 중요한 사항이므로 국회가 스스로 행하여야 하는 사항에 속하는 것임에도 불구하고 한국방송공사법 제36조제1항에서 국회의 결정이나 관여를 배제한 채 한국방송공사로 하여금 수신료 금액을 결정해서 문화관광부장관의 승인을 얻도록 한 것은 법률유보원칙에 위반된다(1999. 5.27. 98헌바70). <허 837면, 권 334면>

【국회의 구성】

제41조 ①국회는 국민의 보통·평등·직접·비밀선거에 의하여 선출된 국회의원으로 구성한다.

②국회의원의 수는 법률로 정하되, 200인 이상으로 한다.

③국회의원의 선거구와 비례대표제 기타 선거에 관한 사항은 법률로 정한다.

(헌 재) 공직선거및선거부정방지법(1995.4.1. 법률 제4947호로 개정되고 1997.11.14. 법률 제5412호로 개정되기 전의 것) 제53조제1항제1호가 공무원으로서 공직선거의 후보자가 되고자 하는 자는 선거일 전 90일까지 그 직을 그만두도록 한 것은 선거의 공정성과 공직의 직무전념성을 보장함과 아울러 이른바 포말후보의 난립을 방지하기 위한 것으로서 그 필요성과 합리성이 인정되며, 그것이 공무담임권의 본질적 내용을 침해하였다거나 과잉금지의 원칙에 위배된다고 볼 수 없다(1998.4.30. 97헌마100). <허 738면, 권 548면>

【의원의 임기】

제42조 국회의원의 임기는 4년으로 한다.

【의원의 겸직제한】

제43조 국회의원은 법률이 정하는 직을 겸할 수 없다.

【의원의 불체포특권】

제44조 ①국회의원은 현행범인인 경우를 제외하고는 회기중 국회의 동의없이 체포 또는 구금되지 아니한다.

②국회의원이 회기전에 체포 또는 구금된 때에는 현행범인이 아닌 한 국회의 요구가 있으면 회기중 석방된다.

【의원의 발언·표결의 면책특권】

제45조 국회의원은 국회에서 직무상 행한 발언과 표결에 관하여 국회외에서 책임을 지지 아니한다.

(대 판) 원고의 내용이 공개회의에서 행할 발언내용이고(회의의 공개성), 원고의 배포시기가 당초 발언하기로 예정된 회의시작 30분전으로 근접되어 있으며(시간적 근접성), 원고 배포의 장소 및 대상이 국회의사당 내에 위치한 기자실에서 국회출입기자들만을 상대로 한정적으로 이루어지고(장소 및 대상의 한정성), 원고 배포의 목적이 보도의 편의를 위한 것(목적의 정당성)이라면, 국회의원이 국회본회의에서 질문할 원고를 사전에 배포한 행위는 면책특권의 대상이 되는 직무부수행위에 해당한다(1992.9.22. 91도3317).

【의원의 직무, 지위의 남용금지】

제46조 ①국회의원은 청렴의 의무가 있다.

②국회의원은 국가이익을 우선하여 양심에 따라 직무를 행한다.

③국회의원은 그 지위를 남용하여 국가·공공단체 또는 기업체와의 계약이나 그 처분에 의하여 재산상의 권리·이익 또는 직위를 취득하거나 타인을 위하여 그 취득을 알선할 수 없다.

【정기회 · 임시회】

제47조 ①국회의 정기회는 법률이 정하는 바에 의하여 매년 1회 집회되며, 국회의 임시회는 대통령 또는 국회재적의원 4분의 1 이상의 요구에 의하여 집회된다.

②정기회의 회기는 100일을, 임시회의 회기는 30일을 초과할 수 없다.

③대통령이 임시회의 집회를 요구할 때에는 기간과 집회요구의 이유를 명시하여야 한다.

【의장 · 부의장】

제48조 국회는 의장 1인과 부의장 2인을 선출한다.

【의결정족수와 의결방법】

제49조 국회는 헌법 또는 법률에 특별한 규정이 없는 한 재적의원 과반수의 출석과 출석의원 과반수의 찬성으로 의결한다. 가부동수인 때에는 부결된 것으로 본다.

【의사공개의 원칙】

제50조 ①국회의 회의는 공개한다. 다만, 출석의원 과반수의 찬성이 있거나 의장이 국가의 안전보장을 위하여 필요하다고 인정할 때에는 공개하지 아니할 수 있다.

②공개하지 아니한 회의내용의 공표에 관하여는 법률이 정하는 바에 의한다.

(헌 재) 헌법 제50조제1항은 '국회의 회의는 공개한다'라고 하여 의사공개의 원칙을 규정하고 있는바, 이는 단순한 행정적 회의를 제외하고 국회의 헌법적 기능과 관련된 모든 회의는 원칙적으로 국민에게 공개되어야 함을 천명한 것으로서, 의사공개원칙의 헌법적 의미, 오늘날 국회기능의 중점이 본회의에서 위원회로 옮겨져 위원회중심주의로 운영되고 있는 점, 국회법 제75조제1항 및 제71조의 규정내용에 비추어 본회의든 위원회의 회의든 국회의 회의는 원칙적으로 공개되어야 하고, 원하는 모든 국민은 원칙적으로 그 회의를 방청할 수 있다(2000.6.29. 98헌마443 등 병합). <허 851면, 권 877면>

【의안의 차회기계속】

제51조 국회에 제출된 법률안 기타의 의안은 회기중에 의결되지 못한 이유로 폐기되지 아니한다. 다만, 국회의원의 임기가 만료된 때에는 그러하지 아니하다.

【법률안 제출권】

제52조 국회의원과 정부는 법률안을 제출할 수 있다.

【법률의 공포, 대통령의 거부권, 법률안의 발효】

제53조 ①국회에서 의결된 법률안은 정부에 이송되어 15일 이내에 대통령이 공포한다.

②법률안에 이의가 있을 때에는 대통령은 제1항의 기간내에 이의서를 붙여 국회로 환부하고, 그 재의를 요구할 수 있다. 국회의 폐회중에도 또한 같다.

③대통령은 법률안의 일부에 대하여 또는 법률안을 수정하여 재의를 요구할 수 없다.

④재의의 요구가 있을 때에는 국회는 재의에 붙이고, 재적의원 과반수의 출석과 출석의원 3분의 2 이상의 찬성으로 전과 같은 의결을 하면 그 법률안은 법률로서 확정된다.

⑤대통령이 제1항의 기간내에 공포나 재의의 요구를 하지 아니한 때에도 그 법률안은 법률로서 확정된다.

⑥대통령은 제4항과 제5항의 규정에 의하여 확정된 법률을 지체없이 공포하여야 한다. 제5항에 의하여 법률이 확정된 후 또는 제4항에 의한 확정법률이 정부에 이송된 후 5일 이내에 대통령이 공포하지 아니할 때에는 국회의장이 이를 공포한다.

⑦법률은 특별한 규정이 없는 한 공포한 날로부터 20일을 경과함으로써 효력을 발생한다.

【예산안의 심의 · 확정권, 준예산】

제54조 ①국회는 국가의 예산안을 심의 · 확정한다.

②정부는 회계연도마다 예산안을 편성하여 회계연도 개시 90일전까지 국회에 제출하고, 국회는 회계연도 개시 30일전까지 이를 의결하여야 한다.

③새로운 회계연도가 개시될 때까지 예산안이 의결되지 못한 때에는 정부는 국회에서 예산안이 의결될 때까지 다음의 목적을 위한 경비는 전년도 예산에 준하여 집행할 수 있다.

1. 헌법이나 법률에 의하여 설치된 기관 또는 시설의 유지 · 운영
2. 법률상 지출의무의 이행
3. 이미 예산으로 승인된 사업의 계속

【계속비 · 예비비】

제55조 ①한 회계연도를 넘어 계속하여 지출할 필요가 있을 때에는 정부는 연한을 정하여 계속비로서 국회의 의결을 얻어야 한다.

②예비비는 총액으로 국회의 의결을 얻어야 한다. 예비비의 지출은 차기국회의 승인을 얻어야 한다.

【추가경정예산】

제56조 정부는 예산에 변경을 가할 필요가 있을 때에는 추가경정예산안을 편성하여 국

회에 제출할 수 있다.

【지출예산 각항 증액과 새 비목설치금지】

제57조 국회는 정부의 동의없이 정부가 제출한 지출예산 각항의 금액을 증가하거나 새 비목을 설치할 수 없다.

【국채모집 등에 대한 의결권】

제58조 국채를 모집하거나 예산외에 국가의 부담이 될 계약을 체결하려 할 때에는 정부는 미리 국회의 의결을 얻어야 한다.

【조세의 종목과 세율】

제59조 조세의 종목과 세율은 법률로 정한다.

(헌 재) 지방세법 제111조는 취득세의 과세표준을 취득 당시의 가액으로 하되, 그 취득 당시의 가액은 원칙적으로 신고가액에 의하도록 하고, 신고 또는 신고가액이 없거나 신고가액이 시가표준액에 미달하는 때에는 시가표준액에 의하도록 규정하고 있는데, 취득세는 취득자가 물건을 사용하거나 수익, 처분함으로써 얻을 수 있는 이익을 포착하여 부과하는 조세가 아니라 취득행위가 이루어진 경우 취득 당시의 과세물건의 가치를 과세표준으로 하여 세금을 부과하는 조세이므로, 그 과세표준은 취득을 위하여 실제로 지출한 금액이 아니라 취득재산의 객관적인 가치를 기준으로 산정되어야 하고, 따라서 시가표준액이 재산의 객관적 가치, 즉 시가를 적절히 반영하는 한, 신고가액이 시가표준액에 미달하는 때에는 시가표준액을 과세표준으로 보도록 한 심판대상 단서부분은 세법의 집행과정에 개재될 수 있는 부정을 배제하고 실질적인 조세부담의 공평과 조세정의를 실현하는 규정으로서, 조세평등주의나 실질적 조세법률주의에 위반되지 아니한다(1999.12.23, 99헌가2). <허 574면, 권 842면>

구 법인세법(1990.12.31. 법률 제4282호로 개정되기 전의 것) 제59조의2제1항과 구 법인세법(1998.12.28. 법률 제5581호로 전문 개정되기 전의 것) 제59조의2제1항은 국민의 재산권과 관련된 중요한 사항 내지 본질적 요소인 특별부가세의 과세대상의 범위를 구체적이고 명확하게 규정하지 아니한 채 과세대상이 되는 "토지 등"의 범위를 시행령에 포괄적으로 위임함으로써, 특별부가세 납세의무자로 하여금 과세대상의 범위를 전혀 예측할 수 없게 하고, 나아가 행정부의 자의적인 행정입법권의 행사에 의하여 국민의 재산권이 침해될 여지를 남김으로써 포괄적 위임입법을 금지하는 헌법 제75조에 위반될 뿐 아니라, 조세법률주의를 규정한 헌법 제59조에 위반된다(2000.1.27, 96헌바95 등 병합). <허 574면>

양도차익 산정에 있어 실지거래가액을 적용하기 위한 지역 지정의 기준과 요건, 그 방법 및 대상 부동산의 구체적인 범위를 대통령령에 위임하였다고 하더라도, 그에 관하여 위임의 불가피성도 있고 하위법규에 규정될 내용의 대강을 국민의 객관적으로 예측할 수도 있으므로, 헌법상의 조세법률주의와 포괄위임입법금지원칙에 위배되지 아니한다.(2006헌바36), <권 885면>

【조약체결·비준과 선전포고의 동의권】

제60조 ①국회는 상호원조 또는 안전보장에 관한 조약, 중요한 국제조직에 관한 조약, 우호통상항해조약, 주권의 제약에 관한 조약, 강화조약, 국가나 국민에게 중대한 재정적 부담을 지우는 조약 또는 입법사항에 관한 조약의 체결·비준에 대한 동의권을 가진다.

②국회는 선전포고, 국군의 외국에의 파견 또는 외국군대의 대한민국 영역안에서의 주류에 대한 동의권을 가진다.

(헌 재) 이 사건 조약(대한민국과아메리카합중국간의상호방위조약제4조에의한시설과구역및대한민국에서의합중국군대의지위에관한협정)은 그 명칭이 "협정"으로 되어있어 국회의 관여 없이 체결되는 행정협정처럼 보이기도 하나 우리 나라의 입장에서 볼 때에는 외국군대의 지위에 관한 것이고, 국가에게 재정적 부담을 지우는 내용과 입법사항을 포함하고 있으므로 국회의 동의를 요하는 조약으로 취급되어야 한다(1999.4.29, 97헌가14). <허 859면>

【국정감사권 및 조사권】

제61조 ①국회는 국정을 감사하거나 특정한 국정사안에 대하여 조사할 수 있으며, 이에 필요한 서류의 제출 또는 증인의 출석과 증언이나 의견의 진술을 요구할 수 있다.

②국정감사 및 조사에 관한 절차 기타 필요한 사항은 법률로 정한다.

【국무위원 등의 출석·답변의 의무】

제62조 ①국무총리·국무위원 또는 정부위원은 국회나 그 위원회에 출석하여 국정처리상황을 보고하거나 의견을 진술하고 질문에 응답할 수 있다.

②국회나 그 위원회의 요구가 있을 때에는 국무총리·국무위원 또는 정부위원은 출석·답변하여야 하며, 국무총리 또는 국무위원이 출석요구를 받은 때에는 국무위원 또는 정부위원으로 하여금 출석·답변하게 할 수 있다.

【국무총리·국무위원의 해임건의권】

제63조 ①국회는 국무총리 또는 국무위원의 해임을 대통령에게 건의할 수 있다.

②제1항의 해임건의는 국회재적의원 3분의 1 이상의 발의에 의하여 국회재적의원 과반수의 찬성이 있어야 한다.

【국회의 자율권】

제64조 ①국회는 법률에 저촉되지 아니하는 범위안에서 의사와 내부규율에 관한 규칙을 제정할 수 있다.

②국회는 의원의 자격을 심사하며, 의원을 징

계할 수 있다.
③의원을 제명하려면 국회재적의원 3분의 2 이상의 찬성이 있어야 한다.
④제2항과 제3항의 처분에 대하여는 법원에 제소할 수 없다.

(헌 재) 국회는 국민의 대표기관, 입법기관으로서 폭넓은 자율권을 가지고 있고, 그 자율권은 권력분립의 원칙이나 국회의 지위, 기능에 비추어 존중되어야 하는 것이지만, 한편 법치주의의 원리상 모든 국가기관은 헌법과 법률에 의하여 기속을 받는 것이므로 국회의 자율권도 헌법이나 법률을 위반하지 않는 범위 내에서 허용되어야 하고 따라서 국회의 의사절차나 입법절차에 헌법이나 법률의 규정을 명백히 위반한 흠이 있는 경우에도 국회가 자율권을 가진다고는 할 수 없다(1997.7.16, 96헌라2). <허 888면, 권 880면>

국회의장인 피청구인으로서는 이미 행해진 투표의 효력 여하, 투표의 종결 여부, 개표절차의 진행 여부 등 의사절차를 어떻게 진행할 것인지에 관한 선택권을 가진다고 할 것인데, 피청구인이 이와 같이 논란의 여지가 많은 사실관계 하에서 개표절차를 진행하여 표결결과를 선포하지 아니하였다 하여 그것이 헌법이나 법률에 명백히 위배되는 행위라고는 인정되지 않으므로 다른 국가기관은 이를 존중하여야 한다. 따라서 투표가 정상적으로 종결되었는지에 관하여 헌법재판소가 독자적으로 판단하는 것은 바람직하지 않으며, 그 결과 피청구인에게 개표절차를 진행하여 표결결과를 선포할 의무가 있음을 인정할 수 없고, 그러한 작위의무가 인정되지 않는 이상 피청구인의 부작위에 의한 권한침해를 다투는 권한쟁의 심판은 허용되지 않는다(1998.7.14, 98헌라3). <허 888면, 권 880면>

【탄핵소추의결권 · 탄핵결정의 효력】
제65조 ①대통령 · 국무총리 · 국무위원 · 행정각부의 장 · 헌법재판소재판관 · 법관 · 중앙선거관리위원회위원 · 감사원장 · 감사위원 기타 법률이 정한 공무원이 그 직무집행에 있어서 헌법이나 법률을 위배한 때에는 국회는 탄핵의 소추를 의결할 수 있다.
②제1항의 탄핵소추는 국회재적의원 3분의 1 이상의 발의가 있어야 하며, 그 의결은 국회재적의원 과반수의 찬성이 있어야 한다. 다만, 대통령에 대한 탄핵소추는 국회재적의원 과반수의 발의와 국회재적의원 3분의 2 이상의 찬성이 있어야 한다.
③탄핵소추의 의결을 받은 자는 탄핵심판이 있을 때까지 그 권한행사가 정지된다.
④탄핵결정은 공직으로부터 파면함에 그친다. 그러나, 이에 의하여 민사상이나 형사상의 책임이 면제되지는 아니한다.

제4장 정 부

제1절 대통령

【대통령의 지위 · 책무】
제66조 ①대통령은 국가의 원수이며, 외국에 대하여 국가를 대표한다.
②대통령은 국가의 독립 · 영토의 보전 · 국가의 계속성과 헌법을 수호할 책무를 진다.
③대통령은 조국의 평화적 통일을 위한 성실한 의무를 진다.
④행정권은 대통령을 수반으로 하는 정부에 속한다.

【대통령의 선거】
제67조 ①대통령은 국민의 보통 · 평등 · 직접 · 비밀선거에 의하여 선출한다.
②제1항의 선거에 있어서 최고득표자가 2인 이상인 때에는 국회의 재적의원 과반수가 출석한 공개회의에서 다수표를 얻은 자를 당선자로 한다.
③대통령후보자가 1인일 때에는 그 득표수가 선거권자 총수의 3분의 1 이상이 아니면 대통령으로 당선될 수 없다.
④대통령으로 선거될 수 있는 자는 국회의원의 피선거권이 있고 선거일 현재 40세에 달하여야 한다.
⑤대통령의 선거에 관한 사항은 법률로 정한다.

【대통령의 선거시기 · 보궐선거】
제68조 ①대통령의 임기가 만료되는 때에는 임기만료 70일 내지 40일전에 후임자를 선거한다.
②대통령이 궐위된 때 또는 대통령 당선자가 사망하거나 판결 기타의 사유로 그 자격을 상실한 때에는 60일 이내에 후임자를 선거한다.

【대통령의 취임선서】
제69조 대통령은 취임에 즈음하여 다음의 선서를 한다. "나는 헌법을 준수하고 국가를 보위하며 조국의 평화적 통일과 국민의 자유와 복리의 증진 및 민족문화의 창달에 노력하여 대통령으로서의 직책을 성실히 수행할 것을 국민 앞에 엄숙히 선서합니다."

【대통령의 임기】
제70조 대통령의 임기는 5년으로 하며, 중임할 수 없다.

【대통령의 권한대행】

제71조 대통령이 궐위되거나 사고로 인하여 직무를 수행할 수 없을 때에는 국무총리, 법률이 정한 국무위원의 순서로 그 권한을 대행한다.

【중요정책의 국민투표】

제72조 대통령은 필요하다고 인정할 때에는 외교·국방·통일 기타 국가안위에 관한 중요정책을 국민투표에 붙일 수 있다.

【외교에 관한 대통령의 권한】

제73조 대통령은 조약을 체결·비준하고, 외교사절을 신임·접수 또는 파견하며, 선전포고와 강화를 한다.

【국군의 통수·조직과 편성】

제74조 ①대통령은 헌법과 법률이 정하는 바에 의하여 국군을 통수한다.

②국군의 조직과 편성은 법률로 정한다.

【대통령령】

제75조 대통령은 법률에서 구체적으로 범위를 정하여 위임받은 사항과 법률을 집행하기 위하여 필요한 사항에 관하여 대통령령을 발할 수 있다.

(헌 재) 의료보험요양기관의 직업수행의 자유를 제한하는 그 지정취소의 경우, 국회는 그 취소의 사유에 관하여 국민들의 정당한 의료보험수급권의 보호·보험재정의 보호 및 의료보험 수급질서의 확립이라는 공공복리 내지 질서유지의 필요와 그 지정취소로 인하여 의료기관 등이 입게 될 불이익 등을 비교·형량하여 일반 국민이 그 기준을 대강이라도 예측할 수 있도록 법률로서 명확히 정하여야 하고, 하위 법령에 위임하는 경우에도 그 구체적인 범위를 정하였어야 한다. 그럼에도 불구하고 이 사건 법률조항에서는 그 지정취소 사유의 대강이라도 예측할 수 있게 규정하지 아니한 채 보건복지부장관에게 포괄적으로 백지위임하고 있으므로, 이는 헌법상 위임입법의 한계를 일탈한 것으로서 헌법 제75조 및 제95조에 위반되고, 나아가 우리 헌법상의 기본원리인 권력분립의 원리, 법치주의의 원리, 의회입법의 원칙 등에 위배된다고 할 것이다(1998.5.28, 96헌가1). <허 928면, 권 948면>

구 건축법 제83조제1항제1호 및 제69조제1항중 제14조의 규정에 의한 제8조제1항 적용부분인 허가 없이 한 대통령령이 정하는 용도변경행위를 건축으로 보아 시정명령을 내리고, 이행강제금을 부과하는 것은, 이에 관련된 법조항 전체를 유기적·체계적으로 종합·판단하더라도 그 위임내용을 예측할 수 없는 경우로서 결국 그 구체적인 내용을 하위법령인 대통령령에 백지위임하고 있는 것이라 하지 않을 수 없으므로, 이와 같은 위임입법은 국가안전보장·질서유지 또는 공공복리를 위하여 필요한 경우 법률로써만 국민의 자유와 권리를 제한할 수 있도록 한 헌법 제37조 제2항과 위임입법의 한계를 규정한 헌법 제75조에 위반된다(2000.3.30, 98헌가8). <허 928면, 권 948면>

【긴급처분·명령권】

제76조 ①대통령은 내우·외환·천재·지변 또는 중대한 재정·경제상의 위기에 있어서 국가의 안전보장 또는 공공의 안녕질서를 유지하기 위하여 긴급한 조치가 필요하고 국회의 집회를 기다릴 여유가 없을 때에 한하여 최소한으로 필요한 재정·경제상의 처분을 하거나 이에 관하여 법률의 효력을 가지는 명령을 발할 수 있다.

②대통령은 국가의 안위에 관계되는 중대한 교전상태에 있어서 국가를 보위하기 위하여 긴급한 조치가 필요하고 국회의 집회가 불가능한 때에 한하여 법률의 효력을 가지는 명령을 발할 수 있다.

③대통령은 제1항과 제2항의 처분 또는 명령을 한 때에는 지체없이 국회에 보고하여 그 승인을 얻어야 한다.

④제3항의 승인을 얻지 못한 때에는 그 처분 또는 명령은 그때부터 효력을 상실한다. 이 경우 그 명령에 의하여 개정 또는 폐지되었던 법률은 그 명령이 승인을 얻지 못한 때부터 당연히 효력을 회복한다.

⑤대통령은 제3항과 제4항의 사유를 지체없이 공포하여야 한다.

(헌 재) 이른바 통치행위를 포함하여 모든 국가작용은 국민의 기본권적 가치를 실현하기 위한 수단이라는 한계를 반드시 지켜야 하는 것이고, 헌법재판소는 헌법의 수호와 국민의 기본권 보장을 사명으로 하는 국가기관이므로 비록 고도의 정치적 결단에 의하여 행해지는 국가작용이라고 할지라도 그것이 국민의 기본권 침해와 직접 관련되는 경우에는 당연히 헌법재판소의 심판대상이 될 수 있는 것일 뿐만 아니라, 긴급재정경제명령은 법률의 효력을 갖는 것이므로 마땅히 헌법에 기속되어야 할 것이다(1996.2.29, 93헌마186). <허 914면, 권 923면>

【계 엄】

제77조 ①대통령은 전시·사변 또는 이에 준하는 국가비상사태에 있어서 병력으로써 군사상의 필요에 응하거나 공공의 안녕질서를 유지할 필요가 있을 때에는 법률이 정하는 바에 의하여 계엄을 선포할 수 있다.

②계엄은 비상계엄과 경비계엄으로 한다.

③비상계엄이 선포된 때에는 법률이 정하는 바에 의하여 영장제도, 언론·출판·집회·결사의 자유, 정부나 법원의 권한에 관하여 특별한 조치를 할 수 있다.

④계엄을 선포한 때에는 대통령은 지체없이

국회에 통고하여야 한다.
⑤국회가 재적의원 과반수의 찬성으로 계엄의 해제를 요구한 때에는 대통령은 이를 해제하여야 한다.

【공무원임면권】
제78조 대통령은 헌법과 법률이 정하는 바에 의하여 공무원을 임면한다.

【사면·감형·복권】
제79조 ①대통령은 법률이 정하는 바에 의하여 사면·감형 또는 복권을 명할 수 있다.
②일반사면을 명하려면 국회의 동의를 얻어야 한다.
③사면·감형 및 복권에 관한 사항은 법률로 정한다.

(헌 재) 선고된 형의 전부를 사면할 것인지 또는 일부만을 사면할 것인지를 결정하는 것은 사면권자의 전권사항에 속하는 것이고, 징역형의 집행유예에 대한 사면이 병과된 벌금형에도 미치는 것으로 볼 것인지 여부는 사면의 내용에 대한 해석문제에 불과하다 할 것이다(2000.6.1, 97헌바74). <허 931면, 권 953면>

【영전수여권】
제80조 대통령은 법률이 정하는 바에 의하여 훈장 기타의 영전을 수여한다.

【대통령의 국회에 대한 의견표시】
제81조 대통령은 국회에 출석하여 발언하거나 서한으로 의견을 표시할 수 있다.

【대통령의 국법상 행위 및 부서】
제82조 대통령의 국법상 행위는 문서로써 하며, 이 문서에는 국무총리와 관계 국무위원이 부서한다. 군사에 관한 것도 또한 같다.

【대통령의 겸직금지】
제83조 대통령은 국무총리·국무위원·행정각부의 장 기타 법률이 정하는 공사의 직을 겸할 수 없다.

【대통령의 형사상 특권】
제84조 대통령은 내란 또는 외환의 죄를 범한 경우를 제외하고는 재직중 형사상의 소추를 받지 아니한다.

【전직대통령의 신분과 예우】
제85조 전직대통령의 신분과 예우에 관하여는 법률로 정한다.

제2절 행정부

제1관 국무총리와 국무위원

【국무총리】
제86조 ①국무총리는 국회의 동의를 얻어 대통령이 임명한다.
②국무총리는 대통령을 보좌하며, 행정에 관하여 대통령의 명을 받아 행정각부를 통할한다.
③군인은 현역을 면한 후가 아니면 국무총리로 임명될 수 없다.

(헌 재) 헌법 제86조제2항은 그 위치와 내용으로 보아 국무총리의 헌법상 주된 지위가 대통령의 보좌기관이라는 것과 그 보좌기관인 지위에서 행정에 관하여 대통령의 명을 받아 행정각부를 통할할 수 있다는 것을 규정한 것일 뿐, 국가의 공권력을 집행하는 행정부의 조직은 헌법상 예외적으로 열거되어 있거나 그 성질상 대통령의 직속기관으로 설치할 수 있는 것을 제외하고는 모두 국무총리의 통할을 받아야 하며, 그 통할을 받지 않는 행정기관은 법률에 의하더라도 이를 설치할 수 없음을 의미한다고는 볼 수 없을 뿐만 아니라, 헌법 제94조, 제95조 등의 규정취지에 비추어 정부의 구성단위로서 그 권한에 속하는 사항을 집행하는 모든 중앙정부기관이 곧 헌법 제86조제2항 소정의 '행정각부'라고 볼 수도 없다. 국가가 정보기관을 대통령직속으로 하느냐 여부는 기본적으로 입법정책의 영역에 속하는 것으로서 당해 국가의 헌법이념에 위배되지 않는 한 위헌이라 할 수 없는 것인데, 국가안전기획부법은 그 목적, 직무범위, 통제방법 등의 관점에서 헌법이 요구하는 최소한의 요건을 갖추고 있다고 보아야 할 것이므로, 국무총리의 관할을 받지 않는 대통령직속기관인 국가안전기획부의 설치근거와 직무범위 등을 정한 행정조직법 제14조와 국가안전기획부법 제4조 및 제6조의 규정은 헌법에 위배된다 할 수 없다(1994.4.28, 89헌마221). <허 937면, 권 986면>

【국무위원】
제87조 ①국무위원은 국무총리의 제청으로 대통령이 임명한다.
②국무위원은 국정에 관하여 대통령을 보좌하며, 국무회의의 구성원으로서 국정을 심의한다.
③국무총리는 국무위원의 해임을 대통령에게 건의할 수 있다.
④군인은 현역을 면한 후가 아니면 국무위원으로 임명될 수 없다.

제2관 국무회의

【국무회의의 권한·구성】
제88조 ①국무회의는 정부의 권한에 속하는 중요한 정책을 심의한다.
②국무회의는 대통령·국무총리와 15인 이상 30인 이하의 국무위원으로 구성한다.

③대통령은 국무회의의 의장이 되고, 국무총리는 부의장이 된다.

【국무회의의 심의사항】

제89조 다음 사항은 국무회의의 심의를 거쳐야 한다.

1. 국정의 기본계획과 정부의 일반정책
2. 선전·강화 기타 중요한 대외정책
3. 헌법개정안·국민투표안·조약안·법률안 및 대통령령안
4. 예산안·결산·국유재산처분의 기본계획·국가의 부담이 될 계약 기타 재정에 관한 중요사항
5. 대통령의 긴급명령·긴급재정경제처분 및 명령 또는 계엄과 그 해제
6. 군사에 관한 중요사항
7. 국회의 임시회 집회의 요구
8. 영전수여
9. 사면·감형과 복권
10. 행정각부간의 권한의 획정
11. 정부안의 권한의 위임 또는 배정에 관한 기본계획
12. 국정처리상황의 평가·분석
13. 행정각부의 중요한 정책의 수립과 조정
14. 정당해산의 제소
15. 정부에 제출 또는 회부된 정부의 정책에 관계되는 청원의 심사
16. 검찰총장·합동참모의장·각군참모총장·국립대학교총장·대사 기타 법률이 정한 공무원과 국영기업체관리자의 임명
17. 기타 대통령·국무총리 또는 국무위원이 제출한 사항

【국가원로자문회의】

제90조 ①국정의 중요한 사항에 관한 대통령의 자문에 응하기 위하여 국가원로로 구성되는 국가원로자문회의를 둘 수 있다.

②국가원로자문회의의 의장은 직전대통령이 된다. 다만, 직전대통령이 없을때에는 대통령이 지명한다.

③국가원로자문회의의 조직·직무범위 기타 필요한 사항은 법률로 정한다.

【국가안전보장회의】

제91조 ①국가안전보장에 관련되는 대외정책·군사정책과 국내정책의 수립에 관하여 국무회의의 심의에 앞서 대통령의 자문에 응하기 위하여 국가안전보장회의를 둔다.

②국가안전보장회의는 대통령이 주재한다.

③국가안전보장회의의 조직·직무범위 기타 필요한 사항은 법률로 정한다.

【민주평화통일자문회의】

제92조 ①평화통일정책의 수립에 관한 대통령의 자문에 응하기 위하여 민주평화통일자문회의를 둘 수 있다.

②민주평화통일자문회의의 조직·직무범위 기타 필요한 사항은 법률로 정한다.

【국민경제자문회의】

제93조 ①국민경제의 발전을 위한 중요정책의 수립에 관하여 대통령의 자문에 응하기 위하여 국민경제자문회의를 둘 수 있다.

②국민경제자문회의의 조직·직무범위 기타 필요한 사항은 법률로 정한다.

제3관 행정각부

【행정각부의 장】

제94조 행정각부의 장은 국무위원 중에서 국무총리의 제청으로 대통령이 임명한다.

【총리령과 부령】

제95조 국무총리 또는 행정각부의 장은 소관사무에 관하여 법률이나 대통령령의 위임 또는 직권으로 총리령 또는 부령을 발할 수 있다.

【행정각부의 설치·조직·직무범위】

제96조 행정각부의 설치·조직과 직무범위는 법률로 정한다.

제4관 감사원

【감사원의 직무·소속】

제97조 국가의 세입·세출의 결산, 국가 및 법률이 정한 단체의 회계검사와 행정기관 및 공무원의 직무에 관한 감찰을 하기 위하여 대통령 소속하에 감사원을 둔다.

【감사원의 구성, 원장 및 감사위원의 임명·임기】

제98조 ①감사원은 원장을 포함한 5인 이상 11인 이하의 감사위원으로 구성한다.

②원장은 국회의 동의를 얻어 대통령이 임명하고, 그 임기는 4년으로 하며, 1차에 한하여 중임할 수 있다.

③감사위원은 원장의 제청으로 대통령이 임명하고, 그 임기는 4년으로 하며, 1차에 한하여 중임할 수 있다.

【결산검사·보고】

제99조 감사원은 세입·세출의 결산을 매년 검사하여 대통령과 차년도국회에 그 결과를 보고하여야 한다.

【감사원의 조직·직무범위】

제100조 감사원의 조직·직무범위·감사위원의 자격·감사대상공무원의 범위 기타 필요한 사항은 법률로 정한다.

제5장 법 원

【사법권과 법원, 법관의 자격】

제101조 ①사법권은 법관으로 구성된 법원에 속한다.

②법원은 최고법원인 대법원과 각급법원으로 조직된다.

③법관의 자격은 법률로 정한다.

(헌 재) 군사법원의 재판관은 반드시 일반법원의 법관과 동등한 자격을 가진 군판사를 포함시켜 구성하도록 하고 있는바, 이러한 사정을 감안하면 구 군사법원법 제6조가 일반법원과 따로 군사법원을 군부대 등에 설치하도록 하였다는 사유만으로 헌법이 허용한 특별법원으로서 군사법원의 한계를 일탈하여 사법권의 독립을 침해하고 위임입법의 한계를 일탈하거나 헌법 제27조제1항의 재판청구권, 헌법 제11조의 평등권을 본질적으로 침해한 것이라고 할 수 없다(1996.10.31, 93헌바25). <허 971면>

【대법원의 조직】

제102조 ①대법원에 부를 둘 수 있다.

②대법원에 대법관을 둔다. 다만, 법률이 정하는 바에 의하여 대법관이 아닌 법관을 둘 수 있다.

③대법원과 각급법원의 조직은 법률로 정한다.

【법관의 독립】

제103조 법관은 헌법과 법률에 의하여 그 양심에 따라 독립하여 심판한다.

(헌 재) 국가공무원법 제2조 및 제3조에 의하면 법관은 경력직공무원 중 특정직공무원으로서, 다른 법률에 특별한 규정이 없는 한, 국가공무원법의 적용을 받도록 규정하고 있고, 같은 법 제9조에는 법원 소속 공무원의 소청에 관한 사항을 심사, 결정하게 하기 위하여 법원행정처에 소청심사위원회를 두도록 하고 있으며, 같은 법 제9조부터 제15조에는 소청심사위원회의 조직, 심사절차 및 결정의 효력에 관하여 자세한 규정을 두고 있다. 한편 같은 법 제76조제1항에는 국가공무원이 그 의사에 반하여 불리한 처분을 받았을 때에는 소청심사위원회에 이에 대한 심사를 청구하여 그 시정을 구할 수 있도록 규정하고 있다. 따라서 청구인은 위 각 법률조항이 정한 절차에 따라 이 사건 인사처분에 대하여 그 구제를 청구할 수 있고, 그 절차에서 구제를 받지 못한 때에는 국가공무원법 제16조, 법원조직법 제70조, 행정소송법 제1조의 규정에 미루어 다시 행정소송을 제기하여 그 구제를 청구할 수 있음이 명백하다(1993.12.23, 92헌마247). <허 974면, 권 345면>

【대법원장·대법관의 임명】

제104조 ①대법원장은 국회의 동의를 얻어 대통령이 임명한다.

②대법관은 대법원장의 제청으로 국회의 동의를 얻어 대통령이 임명한다.

③대법원장과 대법관이 아닌 법관은 대법관회의의 동의를 얻어 대법원장이 임명한다.

【대법원장·대법관의 임기, 법관의 정년】

제105조 ①대법원장의 임기는 6년으로 하며, 중임할 수 없다.

②대법관의 임기는 6년으로 하며, 법률이 정하는 바에 의하여 연임할 수 있다.

③대법원장과 대법관이 아닌 법관의 임기는 10년으로 하며, 법률이 정하는 바에 의하여 연임할 수 있다.

④법관의 정년은 법률로 정한다.

【법관의 신분보장】

제106조 ①법관은 탄핵 또는 금고이상의 형의 선고에 의하지 아니하고는 파면되지 아니하며, 징계처분에 의하지 아니하고는 정직·감봉 기타 불리한 처분을 받지 아니한다.

②법관이 중대한 심신상의 장해로 직무를 수행할 수 없을 때에는 법률이 정하는 바에 의하여 퇴직하게 할 수 있다.

(헌 재) 1980년해직공무원의보상등에관한특별조치법 제2조제2항제1호의 "차관급 상당 이상의 보수를 받은 자"에 법관을 포함시키는 것은, 법관의 신분을 직접 가중적으로 보장하고 있는 헌법 제106조제1항의 법관의 신분보장규정에 위반되고, 직업공무원으로서 그 신분이 보장되고 있는 일반직 공무원과 비교하더라도 그 처우가 차별되고 있는 것이어서 헌법 제11조의 평등권의 보장규정에 위반된다(1992.11.12, 91헌가2). <허 972면, 권 1014면>

【법원과 헌법재판소, 대법원의 명령등 심사권, 행정심판의 절차】

제107조 ①법률이 헌법에 위반되는 여부가 재판의 전제가 된 경우에는 법원은 헌법재판소에 제청하여 그 심판에 의하여 재판한다.

②명령·규칙 또는 처분이 헌법이나 법률에 위반되는 여부가 재판의 전제가 된 경우에는 대법원은 이를 최종적으로 심사할 권한을 가진다.

③재판의 전심절차로서 행정심판을 할 수 있다. 행정심판의 절차는 법률로 정하되, 사법절차가 준용되어야 한다.

(헌 재) 특허법 제186조제1항이 행정심판임이 분명한 특허청의 항고심판심결이나 결정에 대한 법원의 사실적 측면과 법률적 측면에 대한 심사를 배제하고 대법원으로 하여금 특허사건의 최종심 및 법률심으로서 단지 법률적 측면의 심사만을 할 수 있도록 하고 재판의 전심절차로서만 기능하게 하고 있는 것은, 앞서 본 바와 같이 일체의 법률적 쟁송에 대한 재판기능을 대법원을 최고법원으로 하는 법원에 속하도록 규정하고 있는 헌법 제101조제1항 및 제107조제3항에 위반된다(1995.9.28, 92헌가11). <허 987면, 권 1096면>

산업재해보상보험법이 규정하고 있는 심사청구·재심사청구의 절차와 여기에 보완적으로 적용되는 행정심판법의 심리절차까지 고려하여 살펴보면, 심사청구·재심사청구의 절차는 전체적으로 대심주의 구조에 가깝도록 배려되어 있다고 할 수 있고, 증거조사신청권 등 당사자의 절차적 권리가 상당히 보장되어 있으며, 재결의 절차와 방식, 재결의 효력 등의 면에서도 사법절차를 준용하고 있다. 재결기관의 독립성·공정성에 관하여 보건대, 재심사청구의 재결기관인 산업재해보상보험심사위원회는 그 구성과 운영에 있어서 심의·재결의 독립성과 공정성을 객관적으로 신뢰할 수 있을 만 하고, 심사청구의 경우에도 근로복지공단이 그 재결기관으로 되어 있다는 점만으로 심의·재결의 독립성과 공정성이 본질적으로 배제되어 있다고 하기 어려우며 심사청구에 관한 결정에 불복이 있는 자는 재심사청구의 기회가 보장되어 있다. 그렇다면 전체적으로 볼 때 위 법에서 규정한 심사청구·재심사청구제도는 헌법 제107조제3항에 위반된다고 할 수 없다(2000.6.1, 98헌바8). <권 1028면, 허 958면>

【자율권】

제108조 대법원은 법률에서 저촉되지 아니하는 범위안에서 소송에 관한 절차, 법원의 내부규율과 사무처리에 관한 규칙을 제정할 수 있다.

(헌 재) 법무사법시행규칙 제3조제1항 소정의 법무사시험규정은 법원행정처장이 법무사를 보충할 필요가 없다고 인정하면 법무사시험을 실시하지 아니해도 된다는 것으로 이는 법무사법 제4조제1항에 의하여 국민에게 부여된 법무사자격취득의 기회를 하위법인 시행규칙에서 박탈한 것이므로 대법원의 규칙제정권의 행사에 있어서 위임입법권의 한계를 일탈한 것이고 국민의 평등권과 직업선택의 자유를 침해한 것이다(1990.10.15, 89헌가178).

【재판공개의 원칙】

제109조 재판의 심리와 판결은 공개한다. 다만, 심리는 국가의 안전보장 또는 안녕질서를 방해하거나 선량한 풍속을 해할 염려가 있을 때에는 법원의 결정으로 공개하지 아니할 수 있다.

(헌 재) 법원이 법정의 규모·질서의 유지·심리의 원활한 진행 등을 고려하여 방청을 희망하는 피고인들의 가족·친지 기타 일반 국민에게 미리 방청권을 발행하게 하고 그 소지자에 한하여 방청을 허용하는 등의 방법으로 방청인의 수를 제한하는 조치를 취하는 것이 공개재판주의의 취지에 반하는 것은 아니다(1990.6.8, 대판90도646). <허 988면, 권 1045면>

【군사법원의 조직·권한 등】

제110조 ①군사재판을 관할하기 위하여 특별법원으로서 군사법원을 둘 수 있다.
②군사법원의 상고심은 대법원에서 관할한다.
③군사법원의 조직·권한 및 재판관의 자격은 법률로 정한다.
④비상계엄하의 군사재판은 군인·군무원의 범죄나 군사에 관한 간첩죄의 경우와 초병·초소·유독음식물공급·포로에 관한 죄중 법률이 정한 경우에 한하여 단심으로 할 수 있다. 다만, 사형을 선고한 경우에는 그러하지 아니하다.

(헌 재) 구 군사법원법 제6조가 군사법원을 군부대 등에 설치하도록 하고, 같은 법 제7조가 군사법원에 군 지휘관을 관할관으로 두도록 하고, 같은 법 제23조, 제24조, 제25조가 국방부장관, 각군 참모총장 및 관할관이 군판사 및 심판관의 임명권과 재판관의 지정권을 갖고 심판관은 일반장교 중에서 임명할 수 있도록 규정한 것은 헌법 제110조제1항, 제3항의 위임에 따라 군사법원을 특별법원으로 설치함에 있어서 군대조직 및 군사재판의 특수성을 고려하고 군사재판을 신속, 적정하게 하여 군기를 유지하고 군지휘권을 확립하기 위한 것으로서 필요하고 합리적인 이유가 있다고 할 것이다(1996.10.31, 93헌바25). <허 984면>

제6장 헌법재판소

【헌법재판소의 권한·구성】

제111조 ①헌법재판소는 다음 사항을 관장한다.

1. 법원의 제청에 의한 법률의 위헌여부 심판
2. 탄핵의 심판
3. 정당의 해산 심판
4. 국가기관 상호간, 국가기관과 지방자치단체간 및 지방자치단체 상호간의 권한쟁의에 관한 심판
5. 법률이 정하는 헌법소원에 관한 심판

②헌법재판소는 법관의 자격을 가진 9인의 재판관으로 구성하며, 재판관은 대통령이 임명한다.
③제2항의 재판관중 3인은 국회에서 선출하

는 자를, 3인은 대법원장이 지명하는 자를 임명한다.
④헌법재판소의 장은 국회의 동의를 얻어 재판관중에서 대통령이 임명한다.

(헌 재) 국회의장은 표결이 적법하게 진행되어 정상적으로 종결된 경우에는 개표절차를 진행하여 표결결과를 선포할 의무가 있다. 그러나 국무총리 임명동의안에 대한 투표가 진행되던 중 투표의 유효성을 둘러싸고 여·야간에 말다툼과 몸싸움이 벌어져 정상적인 투표가 이루어지지 않은 끝에 자정의 경과로 상당수의 국회의원들이 투표를 마치지 못한 가운데 본회의가 자동 산회되었고, 이미 행하여진 투표가 과연 적법하게 진행되어 정상적으로 종결된 것인지 관련 법규나 국회의 의사관행에 비추어도 분명하지 않은 사정이라면 그 투표절차를 둘러싼 여러 문제는 국회가 여·야의 합의를 통하여 자율적으로 처리할 수 있다고 할 것이나, 여·야간에 타협과 절충이 실패하였다면 투표절차에 관한 최종적 판단권은 국회의장인 피청구인에게 유보되어 있다. 피청구인으로서는 이미 행해진 투표의 효력 여하, 투표의 종결 여부, 개표절차의 진행 여부 등 의사절차를 어떻게 진행할 것인지에 관한 선택권을 가진다고 할 것인데, 피청구인이 이와 같이 논란의 여지가 많은 사실관계 하에서 개표절차를 진행하여 표결결과를 선포하지 아니하였다 하여 그것이 헌법이나 법률에 명백히 위배되는 행위라고는 인정되지 않으므로 다른 국가기관은 이를 존중하여야 한다. 따라서 투표가 정상적으로 종결되었는지에 관하여 헌법재판소가 독자적으로 판단하는 것은 바람직하지 않으며, 그 결과 피청구인에게 개표절차를 진행하여 표결결과를 선포할 의무가 있음을 인정할 수 없고, 그러한 작위의무가 인정되지 않는 이상 피청구인의 부작위에 의한 권한침해를 다투는 권한쟁의심판은 허용되지 않는다(1998.7.14, 98헌라3). <권 1105면, 허 817면>

헌법재판소법은 명문의 규정을 두고 있지는 않으나, 같은 법 제68조제1항 헌법소원심판절차에서도 가처분의 필요성이 있을 수 있고 또 이를 허용하지 아니할 상당한 이유를 찾아볼 수 없으므로, 가처분이 허용된다(2000.12.8, 2000헌사471). <허 820면>

헌법재판소법 제 62조 제1항 제1호가 국가기관 상호간의 권한쟁의심판을"국회, 정부, 법원 및 중앙선거관리위원회 상호간의 권한쟁의심판"이라고 규정하고 있더라도 이는 한정적, 열거적인 조항이 아니라 예시적인 조항이라고 해석하는 것이 헌법에 합치되므로 이들 기관외에는 권한쟁의심판의 당사자가 될 수 없다고 단정할 수 없다.

헌법 제111조 제1항 제4호 소정의"국가기관"에 해당하는지 여부는 그 국가기관이 헌법에 의하여 설치되고 헌법과 법률에 의하여 독자적인 권한을 부여받고 있는지, 헌법에 의하여 설치된 국가기관 상호간의 권한쟁의를 해결할 수 있는 적당한 기관이나 방법이 있는지 등을 종합적으로 고려하여야 할 것인바, 이러한 의미에서 국회의원과 국회의장은 위 헌법조항 소정의"국가기관"에 해당하므로 권한쟁의 심판의 당사자가 될 수 있다.(2006.2.23, 2005헌라6). <권 1149면>

【재판관의 임기, 정치관여금지, 신분보장】

제112조 ①헌법재판소재판관의 임기는 6년으로 하며, 법률이 정하는 바에 의하여 연임할 수 있다.
②헌법재판소재판관은 정당에 가입하거나 정치에 관여할 수 없다.
③헌법재판소재판관은 탄핵 또는 금고이상의 형의 선고에 의하지 아니하고는 파면되지 아니한다.

【위헌결정 등의 절차, 헌법재판소의 조직과 운영】

제113조 ①헌법재판소에서 법률의 위헌결정, 탄핵의 결정, 정당해산의 결정 또는 헌법소원에 관한 인용결정을 할 때에는 재판관 6인 이상의 찬성이 있어야 한다.
②헌법재판소는 법률에 저촉되지 아니하는 범위안에서 심판에 관한 절차, 내부규율과 사무처리에 관한 규칙을 제정할 수 있다.
③헌법재판소의 조직과 운영 기타 필요한 사항은 법률로 정한다.

제7장 선거관리

【선거관리위원회】

제114조 ①선거와 국민투표의 공정한 관리 및 정당에 관한 사무를 처리하기 위하여 선거관리위원회를 둔다.
②중앙선거관리위원회는 대통령이 임명하는 3인, 국회에서 선출하는 3인과 대법원장이 지명하는 3인의 위원으로 구성한다. 위원장은 위원중에서 호선한다.
③위원의 임기는 6년으로 한다.
④위원은 정당에 가입하거나 정치에 관여할 수 없다.
⑤위원은 탄핵 또는 금고이상의 형의 선고에 의하지 아니하고는 파면되지 아니한다.
⑥중앙선거관리위원회는 법령의 범위안에서 선거관리·국민투표관리 또는 정당사무에 관한 규칙을 제정할 수 있으며, 법률에 저촉되지 아니하는 범위안에서 내부규율에 관한 규칙을 제정할 수 있다.
⑦각급 선거관리위원회의 조직·직무범위 기타 필요한 사항은 법률로 정한다.

(헌 재) 공직선거에관한사무처리예규는, 각급선거관리위원회와 그 위원 및 직원이 공직선거에 관한 사무를 표준화·정형화하고, 관련법규의 구체적인 운용기

준을 마련하는 등 선거사무의 처리에 관한 통일적 기준과 지침을 제공함으로써 공정하고 원활한 선거관리를 기함을 목적으로 하는 것이므로, 개표관리 및 투표용지의 유·무효를 가리는 업무에 종사하는 각급 선거관리위원회 직원 등에 대한 업무처리지침 내지 사무처리준칙에 불과할 뿐 국민이나 법원을 구속하는 효력이 없는 행정규칙이라고 할 것이어서 이 예규부분은 헌법소원 심판대상이 되지 아니한다(2000.6.29, 2000헌마325). <허 951면, 권 997면>

【선거관리위원회의 권한】

제115조 ①각급 선거관리위원회는 선거인명부의 작성 등 선거사무와 국민투표사무에 관하여 관계 행정기관에 필요한 지시를 할 수 있다.

②제1항의 지시를 받은 당해 행정기관은 이에 응하여야 한다.

【선거운동·선거비용】

제116조 ①선거운동은 각급 선거관리위원회의 관리하에 법률이 정하는 범위안에서 하되, 균등한 기회가 보장되어야 한다.

②선거에 관한 경비는 법률이 정하는 경우를 제외하고는 정당 또는 후보자에게 부담시킬 수 없다.

(헌 재) 유효투표총수의 3분의 1을 얻지 못한 낙선자 등의 기탁금을 국고에 귀속시키게 하는 것은 그 기준이 너무 엄격하여 국가 존립의 기초가 되는 선거제도의 원리에 반하며, 선거경비를 후보자에게 부담시킬 수 없다는 헌법 제116조에도 위반된다(1989. 9.8, 88헌가6). <허 952면, 권 340면>

제8장 지방자치

【지방자치단체의 자치권, 그 종류】

제117조 ①지방자치단체는 주민의 복리에 관한 사무를 처리하고 재산을 관리하며, 법령의 범위안에서 자치에 관한 규정을 제정할 수 있다.

②지방자치단체의 종류는 법률로 정한다.

(헌 재) 지방세법 제9조는 지방자치단체의 합리성 없는 과세면제의 남용을 억제하고 지방자치단체 상호간의 균형을 맞추게 함으로써 조세평등주의를 실천함과 아울러 건전한 지방세제를 확립하고 안정된 지방재정 운영에 기여하게 하는데 그 목적이 있는 것으로서 지방자치단체의 조례제정권의 본질적 내용을 침해한다고 볼 수 없으므로 헌법에 위반되지 아니한다(1998.4.30, 96헌바62). <허 770면>

【지방의회의 조직과 운영】

제118조 ①지방자치단체에 의회를 둔다.

②지방의회의 조직·권한·의원선거와 지방자치단체의 장의 선임방법 기타 지방자치단체의 조직과 운영에 관한 사항은 법률로 정한다.

(헌 재) 지방자치법 제4조제2항은 지방자치단체를 폐치·분합할 때 관계 지방자치단체의 의회의 의견을 들어야 한다고 규정하고 있고 국회는 위 법률을 제정함에 있어서 중원군 의회의 의견을 들었으므로 위 규정에 의한 절차는 준수된 것이고 그 결과는 국회가 입법할 때 판단의 자료로 기능하는 데 불과하며, 주민투표실시에 관한 지방자치법 제13조의2는 규정문언상 임의규정으로 되어 있고 아직 주민투표법이 제정되지도 아니하였으며 주민투표절차는 청문절차의 일환이고 그 결과에 구속적 효력이 없으므로, 이 사건 법률의 제정과정에서 주민투표를 실시하지 아니하였다하여 적법절차원칙을 위반하였다고 할 수 없다(1994.12.29, 94헌마201). <허 775면, 권 754면>

조례의 제정권자인 지방의회는 선거를 통해서 그 지역적인 민주적 정당성을 지니고 있는 주민의 대표기관이고 헌법이 지방자치단체에 포괄적인 자치권을 보장하고 있는 취지로 볼 때, 조례에 대한 법률의 위임은 법규명령에 대한 법률의 위임과 같이 반드시 구체적으로 범위를 정하여 할 필요가 없으며 포괄적인 것으로 족하다(1995.4.20, 92헌마264). <허 779면, 권 238면>

제9장 경 제

【경제질서의 기본, 규제와 조정】

제119조 ①대한민국의 경제질서는 개인과 기업의 경제상의 자유와 창의를 존중함을 기본으로 한다.

②국가는 균형있는 국민경제의 성장 및 안정과 적정한 소득의 분배를 유지하고, 시장의 지배와 경제력의 남용을 방지하며, 경제주체간의 조화를 통한 경제의 민주화를 위하여 경제에 관한 규제와 조정을 할 수 있다.

(헌 재) 우리 나라 헌법상의 경제질서는 사유재산제를 바탕으로 하고 자유경쟁을 존중하는 자유시장경제질서를 기본으로 하면서도 이에 수반되는 갖가지 모순을 제거하고 사회복지·사회정의를 실현하기 위하여 국가적 규제와 조정을 용인하는 사회적 시장경제질서로서의 성격을 띠고 있다(1996.4.25, 92헌바47). <허 156면, 권 167면>

【자연자원 등의 채취·개발·이용의 특허】

제120조 ①광물 기타 중요한 지하자원·수산자원·수력과 경제상 이용할 수 있는 자연력은 법률이 정하는 바에 의하여 일정한 기간 그 채취·개발 또는 이용을 특허할 수 있다.

②국토와 자원은 국가의 보호를 받으며, 국가는 그 균형있는 개발과 이용을 위하여 필요한 계획을 수립한다.

【농지소작제도의 금지, 임대차 및 위임경영】

제121조 ①국가는 농지에 관하여 경자유전의 원칙이 달성될 수 있도록 노력하여야 하며, 농지의 소작제도는 금지된다.
②농업생산성의 제고와 농지의 합리적인 이용을 위하거나 불가피한 사정으로 발생하는 농지의 임대차와 위탁경영은 법률이 정하는 바에 의하여 인정된다.

【국토의 이용 등의 제한과 의무】
제122조 국가는 국민 모두의 생산 및 생활의 기반이 되는 국토의 효율적이고 균형있는 이용·개발과 보전을 위하여 법률이 정하는 바에 의하여 그에 관한 필요한 제한과 의무를 과할 수 있다.

【농·어촌 종합개발, 농·어민의 이익보호, 자조조직의 육성】
제123조 ①국가는 농업 및 어업을 보호·육성하기 위하여 농·어촌종합개발과 그 지원등 필요한 계획을 수립·시행하여야 한다.
②국가는 지역간의 균형있는 발전을 위하여 지역경제를 육성할 의무를 진다.
③국가는 중소기업을 보호·육성하여야 한다.
④국가는 농수산물의 수급균형과 유통구조의 개선에 노력하여 가격안정을 도모함으로써 농·어민의 이익을 보호한다.
⑤국가는 농·어민과 중소기업의 자조조직을 육성하여야 하며, 그 자율적 활동과 발전을 보장한다.

(헌 재) 우리 헌법은 제123조제3항에서 중소기업이 국민경제에서 차지하는 중요성 때문에 '중소기업의 보호'를 국가경제정책적 목표로 명문화하고, 대기업과의 경쟁에서 불리한 위치에 있는 중소기업의 지원을 통하여 경쟁에서의 불리함을 조정하고, 가능하면 균등한 경쟁조건을 형성함으로써 대기업과의 경쟁을 가능하게 해야 할 국가의 과제를 담고 있다. 중소기업의 보호는 넓은 의미의 경쟁정책의 한 측면을 의미하므로 중소기업의 보호는 원칙적으로 경쟁질서의 범주 내에서 경쟁질서의 확립을 통하여 이루어져야 한다. 중소기업의 보호란 공익이 자유경쟁질서 안에서 발생하는 불리함을 국가의 지원으로 보완하여 경쟁을 유지하고 촉진시키려는데 그 목적이 있으므로, 구입명령제도는 이러한 공익을 실현하기에 적합한 수단으로 보기 어렵다(1996.12.26, 96헌가18). <권 527면, 허 424면>

헌법 제123조제5항은 국가에게 "농·어민의 자조조직을 육성할 의무"와 "자조조직의 자율적 활동과 발전을 보장할 의무"를 아울러 규정하고 있는데, 이러한 국가의 의무는 자조조직이 제대로 활동하고 기능하는 시기에는 그 조직의 자율성을 침해하지 않도록 하는 후자의 소극적 의무를 다하면 된다고 할 수 있지만, 그 조직이 제대로 기능하지 못하고 향후의 전망도 불확실한 경우라면 단순히 그 조직의 자율성을 보장하는 것에 그쳐서는 아니되고, 적극적으로 이를 육성하여야 할 전자의 의무까지도 수행하여야 한다(2000.6.1, 99헌마553). <권 170면, 허 549면>

【소비자보호운동의 보호】
제124조 국가는 건전한 소비행위를 계도하고 생산품의 품질향상을 촉구하기 위한 소비자보호운동을 법률이 정하는 바에 의하여 보장한다.

【대외무역의 육성·규제·조정】
제125조 국가는 대외무역을 육성하며, 이를 규제·조정할 수 있다.

【사영기업의 국·공유화, 경영의 통제·관리】
제126조 국방상 또는 국민경제상 긴절한 필요로 인하여 법률이 정하는 경우를 제외하고는, 사영기업을 국유 또는 공유로 이전하거나 그 경영을 통제 또는 관리할 수 없다.

(헌 재) 피청구인이 대통령에게 건의 보고하여 그 지시를 받아 청구인 경영의 국제그룹을 해체키로 하고 그 인수업체를 정한 후 이의 실행을 위하여 제일은행장 등에게 지시하여 국제그룹 계열사에 대한 은행자금관리에 착수하게 하는 한편 동 은행으로 하여금 계열사의 처분권을 위임받는 등 해체준비를 하도록 하고 피청구인이 만든 보도자료에 의거 제일은행의 이름으로 언론에 발표하도록 하는 등의 일련의 국제그룹해체를 위한 공권력의 행사는 헌법상 법치국가의 원리, 헌법 제119조제1항의 시장경제의 원리, 헌법 제126조의 경영권 불간섭의 원칙, 헌법 제11조의 평등권의 각 규정을 직접적으로 침해한 것으로서 헌법에 위반된다(1993.7.29, 89헌마31). <권 1110면, 허 159면>

【과학기술의 혁신 및 인력의 개발과 표준제도의 확립】
제127조 ①국가는 과학기술의 혁신과 정보 및 인력의 개발을 통하여 국민경제의 발전에 노력하여야 한다.
②국가는 국가표준제도를 확립한다.
③대통령은 제1항의 목적을 달성하기 위하여 필요한 자문기구를 둘 수 있다.

제10장 헌법개정

【헌법개정의 제안, 개정에 대한 효력】
제128조 ①헌법개정은 국회재적의원 과반수 또는 대통령의 발의로 제안된다.
②대통령의 임기연장 또는 중임변경을 위한 헌법개정은 그 헌법개정 제안 당시의 대통령에 대하여는 효력이 없다.

【헌법개정안의 공고】

제129조 제안된 헌법개정안은 대통령이 20일 이상의 기간 이를 공고하여야 한다.

【헌법개정안의 의결, 국민투표, 공포】

제130조 ①국회는 헌법개정안이 공고된 날로부터 60일 이내에 의결하여야 하며, 국회의 의결은 재적의원 3분의 2 이상의 찬성을 얻어야 한다.

②헌법개정안은 국회가 의결한 후 30일 이내에 국민투표에 붙여 국회의원선거권자 과반수의 투표와 투표자 과반수의 찬성을 얻어야 한다.

③헌법개정안이 제2항의 찬성을 얻은 때에는 헌법개정은 확정되며, 대통령은 즉시 이를 공포하여야 한다.

(헌 재) 우리나라의 수도가 서울이라는 점에 대한 관습헌법을 폐지하기 위해서는 헌법이 정한 절차에 따른 헌법개정이 이루어져야 한다. 이 경우 성문의 조항과 다른 것은 성문의 수도조항이 존재한다면 이를 삭제하는 내용의 개정이 필요하겠지만 관습헌법은 이에 반하는 내용의 새로운 수도설정조항을 헌법에 넣는 것만으로 그 폐지가 이루어지는 점에 있다. 다만 헌법규범으로 정립된 관습이라고 하더라도 세월의 흐름과 헌법적 상황의 변화에 따라 이에 대한 침범이 발생하고 나아가 그 위반이 일반화되어 그 법적 효력에 대한 국민적 합의가 상실되기에 이른 경우에는 관습헌법은 자연히 사멸하게 된다. 이와 같은 사멸을 인정하기 위하여서는 국민에 대한 종합적 의사의 확인으로서 국민투표 등 모두가 신뢰할 수 있는 방법이 고려될 여지도 있을 것이다. 그러나 이 사건의 경우에 이러한 사멸의 사정은 확인되지 않는다. 따라서 우리나라의 수도가 서울인 것은 우리 헌법상 관습헌법으로 정립된 사항이며 여기에는 아무런 사정의 변화도 없다고 할 것이므로 이를 폐지하기 위해서는 반드시 헌법개정의 절차에 의하여야 한다(2004.10.21, 2004헌마554).

부 칙

【시행일】

제1조 이 헌법은 1988년 2월 25일부터 시행한다. 다만, 이 헌법을 시행하기 위하여 필요한 법률의 제정·개정과 이 헌법에 의한 대통령 및 국회의원의 선거 기타 이 헌법시행에 관한 준비는 이 헌법시행전에 할 수 있다.

【최초의 대통령 선거시기와 임기개시】

제2조 ①이 헌법에 의한 최초의 대통령선거는 이 헌법시행일 40일전까지 실시한다.

②이 헌법에 의한 최초의 대통령의 임기는 이 헌법시행일로부터 개시한다.

【최초의 국회의원 선거시기와 임기개시 및 이 헌법 공포당시의 국회의원의 임기】

제3조 ①이 헌법에 의한 최초의 국회의원선거는 이 헌법공포일로부터 6월 이내에 실시하며, 이 헌법에 의하여 선출된 최초의 국회의원의 임기는 국회의원선거후 이 헌법에 의한 국회의 최초의 집회일로부터 개시한다.

②이 헌법공포 당시의 국회의원의 임기는 제1항에 의한 국회의 최초의 집회일전일까지로 한다.

【이 법 시행 당시의 공무원 등의 지위】

제4조 ①이 헌법시행 당시의 공무원과 정부가 임명한 기업체의 임원은 이 헌법에 의하여 임명된 것으로 본다. 다만, 이 헌법에 의하여 선임방법이나 임명권자가 변경된 공무원과 대법원장 및 감사원장은 이 헌법에 의하여 후임자가 선임될 때까지 그 직무를 행하며, 이 경우 전임자인 공무원의 임기는 후임자가 선임되는 전일까지로 한다.

②이 헌법시행 당시의 대법원장과 대법원판사가 아닌 법관은 제1항 단서의 규정에 불구하고 이 헌법에 의하여 임명된 것으로 본다.

③이 헌법중 공무원의 임기 또는 중임제한에 관한 규정은 이 헌법에 의하여 그 공무원이 최초로 선출 또는 임명된 때로부터 적용한다.

【이 법 시행 당시의 법령과 조약의 효력】

제5조 이 헌법시행 당시의 법령과 조약은 이 헌법에 위배되지 아니하는 한 그 효력을 지속한다.

【이 법 시행전 설치된 기관의 지위】

제6조 이 헌법시행 당시에 이 헌법에 의하여 새로 설치될 기관의 권한에 속하는 직무를 행하고 있는 기관은 이 헌법에 의하여 새로운 기관이 설치될 때까지 존속하며 그 직무를 행한다.

대한민국헌법연혁

공포일자	건 명	개 정 요 지
48. 7.17	대한민국 헌법	신규제정
52. 7. 7	헌법개정의 건	①양원제 ②대통령·부통령의 직접선거 ③국회의 국무원불신임제도등의 채택을 위한 개정
54.11.29	헌법개정의 건	①주권의 제약·영토의 변경등 중대사항에 관한 국민투표제의 채택 ②국무총리제의 폐지 ③국무위원의 개별적 불신임제의 채택 ④군법회의에 관한 헌법적근거의 설정등을 위한 개정
60. 6.15	헌법개정의 건	①언론·출판·집회·결사의 자유의 절대적기본권화 ②정당보호 규정의 설정 ③의원내각제의 채택 ④중앙선거위원회의 설치 ⑤헌법재판소의 설치등을 위한 개정
60.11.29	헌법개정의 건	①4.19의거에 관련된 부정선거 관련자 및 반민주행위자의 공민권제한과 부정축재자의 처벌에 관한 소급입법권의 부여 ②특별재판부 및 특별검찰부의 설치를 위한 개정
62.12.26	헌법개정의 건	전문개정
69.10.21	헌법개정의 건	①국회의원의 수를 150~200에서 150~250으로 함 ②국회의원이 겸직할 수 없는 직을 법률로 정하도록 함 ③대통령에 대한 탄핵소추는 50인이상의 발의와 재적 3분의 2이상의 찬성을 얻도록 함 ④대통령의 계속재임은 3기에 한하도록 함
72.12.27	헌법개정의 건	전문개정
80.10.27	헌법개정의 건	전문개정
87.10.29	헌법개정의 건	전문개정

헌법재판소법

[1988년 8월 5일
법 률 제4017호 제정]

개정
1991.11.30.법4408호 1994.12.22.법4815호
1995. 8. 4.법4963호
1997.12.13.법5454호(정부부처명칭등의변경에따른건축법등의정비에관한법률)
2002. 1.19.법6622호(국가공무원법)
2002. 1.26.법6626호(민사소송법)
2003. 3.12.법6861호
2005. 3.31.법7427호(민법)
2005. 7.29.법7622호 2007.12.21.법8729호
2008. 3.14.법8893호 2009.12.29.법9839호
2010. 5. 4.법10278호 2011. 4. 5.법10546호
2012.12.11.법11530(국가공무원법)
2014. 5.20.법12597호 2014.12.30.법12897호
2018. 3.20.법15495호 2020. 6. 9.법17469호
2022. 2. 3.법18836호

제1장 총칙
〈개정 2011.4.5〉

제1조 【목적】 이 법은 헌법재판소의 조직 및 운영과 그 심판절차에 관하여 필요한 사항을 정함을 목적으로 한다.
<전문개정 2011.4.5>

제2조 【관장사항】 헌법재판소는 다음 각 호의 사항을 관장한다.
1. 법원의 제청(提請)에 의한 법률의 위헌(違憲) 여부 심판
2. 탄핵(彈劾)의 심판
3. 정당의 해산심판
4. 국가기관 상호간, 국가기관과 지방자치단체 간 및 지방자치단체 상호간의 권한쟁의(權限爭議)에 관한 심판
5. 헌법소원(憲法訴願)에 관한 심판

<전문개정 2011.4.5>

제3조 【구성】 헌법재판소는 9명의 재판관으로 구성한다.
<전문개정 2011.4.5.>

제4조 【재판관의 독립】 재판관은 헌법과 법률에 의하여 양심에 따라 독립하여 심판한다.
<전문개정 2011.4.5>

제5조 【재판관의 자격】 ① 재판관은 다음 각 호의 어느 하나에 해당하는 직(職)에 15년 이상 있던 40세 이상인 사람 중에서 임명한다. 다만, 다음 각 호 중 둘 이상의 직에 있던 사람의 재직기간은 합산한다.
1. 판사, 검사, 변호사
2. 변호사 자격이 있는 사람으로서 국가기관, 국영·공영 기업체, 「공공기관의 운영에 관한 법률」 제4조에 따른 공공기관 또는 그 밖의 법인에서 법률에 관한 사무에 종사한 사람
3. 변호사 자격이 있는 사람으로서 공인된 대학의 법률학 조교수 이상의 직에 있던 사람

② 다음 각 호의 어느 하나에 해당하는 사람은 재판관으로 임명할 수 없다. <개정 2020. 6. 9.>
1. 다른 법령에 따라 공무원으로 임용하지 못하는 사람
2. 금고 이상의 형을 선고받은 사람
3. 탄핵에 의하여 파면된 후 5년이 지나지 아니한 사람
4. 「정당법」 제22조에 따른 정당의 당원 또는 당원의 신분을 상실한 날부터 3년이 경과되지 아니한 사람
5. 「공직선거법」 제2조에 따른 선거에 후보자(예비후보자를 포함한다)로 등록한 날부터 5년이 경과되지 아니한 사람
6. 「공직선거법」 제2조에 따른 대통령선거에서 후보자의 당선을 위하여 자문이나 고문의 역할을 한 날부터 3년이 경과되지 아니한 사람

③ 제2항제6호에 따른 자문이나 고문의 역할을 한 사람의 구체적인 범위는 헌법재판소규칙으로 정한다. <신설 2020. 6. 9.>
<전문개정 2011. 4. 5.>

제6조 【재판관의 임명】 ① 재판관은 대통령이 임명한다. 이 경우 재판관 중 3명은 국회에서 선출하는 사람을, 3명은 대법원장이 지명하는 사람을 임명한다.
②재판관은 국회의 인사청문을 거쳐 임명·선출 또는 지명하여야 한다. 이 경우 대통령은 재판관(국회에서 선출하거나 대법원장이 지명하는 사람은 제외한다)을 임명하기 전에, 대법원장은 재판관을 지명하기 전에 인사청문을 요청한다.
③재판관의 임기가 만료되거나 정년이 도래하는 경우에는 임기만료일 또는 정년도래일까지 후임자를 임명하여야 한다.
④임기 중 재판관이 결원된 경우에는 결원된 날부터 30일 이내에 후임자를 임명하여야 한다.
⑤제3항 및 제4항에도 불구하고 국회에서 선출한 재판관이 국회의 폐회 또는 휴회 중에 그 임기가

만료되거나 정년이 도래한 경우 또는 결원된 경우에는 국회는 다음 집회가 개시된 후 30일 이내에 후임자를 선출하여야 한다.
<전문개정 2011.4.5>

제7조【재판관의 임기】 ①재판관의 임기는 6년으로 하며, 연임할 수 있다.
②재판관의 정년은 70세로 한다. <개정 2014. 12. 30>
<전문개정 2011.4.5>

제8조【재판관의 신분 보장】 재판관은 다음 각 호의 어느 하나에 해당하는 경우가 아니면 그 의사에 반하여 해임되지 아니한다.
1. 탄핵결정이 된 경우
2. 금고 이상의 형을 선고받은 경우

<전문개정 2011.4.5>

제9조【재판관의 정치 관여 금지】 재판관은 정당에 가입하거나 정치에 관여할 수 없다.
<전문개정 2011.4.5>

제10조【규칙 제정권】 ①헌법재판소는 이 법과 다른 법률에 저촉되지 아니하는 범위에서 심판에 관한 절차, 내부 규율과 사무처리에 관한 규칙을 제정할 수 있다.
②헌법재판소규칙은 관보에 게재하여 공포한다.
<전문개정 2011.4.5>

제10조의2【입법 의견의 제출】 헌법재판소장은 헌법재판소의 조직, 인사, 운영, 심판절차와 그 밖에 헌법재판소의 업무와 관련된 법률의 제정 또는 개정이 필요하다고 인정하는 경우에는 국회에 서면으로 그 의견을 제출할 수 있다.
<전문개정 2011.4.5>

제11조【경비】 ①헌법재판소의 경비는 독립하여 국가의 예산에 계상(計上)하여야 한다.
②제1항의 경비 중에는 예비금을 둔다.
<전문개정 2011.4.5>

제2장 조직 〈개정 2011.4.5〉

제12조【헌법재판소장】 ①헌법재판소에 헌법재판소장을 둔다.
②헌법재판소장은 국회의 동의를 받아 재판관 중에서 대통령이 임명한다.
③헌법재판소장은 헌법재판소를 대표하고, 헌법재판소의 사무를 총괄하며, 소속 공무원을 지휘·감독한다.
④헌법재판소장이 궐위(闕位)되거나 부득이한 사유로 직무를 수행할 수 없을 때에는 다른 재판관이 헌법재판소규칙으로 정하는 순서에 따라 그 권한을 대행한다.
<전문개정 2011.4.5>

제13조 삭제 <1991.11.30>

제14조【재판관의 겸직 금지】 재판관은 다음 각 호의 어느 하나에 해당하는 직을 겸하거나 영리를 목적으로 하는 사업을 할 수 없다.
1. 국회 또는 지방의회의 의원의 직
2. 국회·정부 또는 법원의 공무원의 직
3. 법인·단체 등의 고문·임원 또는 직원의 직

<전문개정 2011.4.5>

제15조【헌법재판소장 등의 대우】 헌법재판소장의 대우와 보수는 대법원장의 예에 따르며, 재판관은 정무직(政務職)으로 하고 그 대우와 보수는 대법관의 예에 따른다.
<전문개정 2011.4.5>

제16조【재판관회의】 ①재판관회의는 재판관 전원으로 구성하며, 헌법재판소장이 의장이 된다.
② 재판관회의는 재판관 전원의 3분의 2를 초과하는 인원의 출석과 출석인원 과반수의 찬성으로 의결한다. <개정 2022. 2. 3.>
③의장은 의결에서 표결권을 가진다.
④다음 각 호의 사항은 재판관회의의 의결을 거쳐야 한다.
1. 헌법재판소규칙의 제정과 개정, 제10조의2에 따른 입법 의견의 제출에 관한 사항
2. 예산 요구, 예비금 지출과 결산에 관한 사항
3. 사무처장, 사무차장, 헌법재판연구원장, 헌법연구관 및 3급 이상 공무원의 임면(任免)에 관한 사항
4. 특히 중요하다고 인정되는 사항으로서 헌법재판소장이 재판관회의에 부치는 사항

⑤재판관회의의 운영에 필요한 사항은 헌법재판소규칙으로 정한다.
<전문개정 2011.4.5>

제17조【사무처】 ①헌법재판소의 행정사무를 처리하기 위하여 헌법재판소에 사무처를 둔다.
②사무처에 사무처장과 사무차장을 둔다.
③사무처장은 헌법재판소장의 지휘를 받아 사무처의 사무를 관장하며, 소속 공무원을 지휘·감독한다.
④사무처장은 국회 또는 국무회의에 출석하여 헌법재판소의 행정에 관하여 발언할 수 있다.
⑤헌법재판소장이 한 처분에 대한 행정소송의 피고는 헌법재판소 사무처장으로 한다.
⑥사무차장은 사무처장을 보좌하며, 사무처장이 부득이한 사유로 직무를 수행할 수 없을 때에는 그 직무를 대행한다.
⑦사무처에 실, 국, 과를 둔다.
⑧실에는 실장, 국에는 국장, 과에는 과장을 두며, 사무처장·사무차장·실장 또는 국장 밑에 정책의 기획, 계획의 입안, 연구·조사, 심사·평가 및 홍보업무를 보좌하는 심의관 또는 담당관을 둘 수 있다.
⑨이 법에 규정되지 아니한 사항으로서 사무처의 조직, 직무 범위, 사무처에 두는 공무원의 정원, 그 밖에 필요한 사항은 헌법재판소규칙으로 정한다.
<전문개정 2011.4.5>

제18조【사무처 공무원】 ①사무처장은 정무직으로 하고, 보수는 국무위원의 보수와 같은 금액으로 한다.
②사무차장은 정무직으로 하고, 보수는 차관의 보수와 같은 금액으로 한다.
③실장은 1급 또는 2급, 국장은 2급 또는 3급, 심의관 및 담당관은 2급부터 4급까지, 과장은 3급 또는

4급의 일반직국가공무원으로 임명한다. 다만, 담당관 중 1명은 3급 상당 또는 4급 상당의 별정직국가공무원으로 임명할 수 있다.
④사무처 공무원은 헌법재판소장이 임면한다. 다만, 3급 이상의 공무원의 경우에는 재판관회의의 의결을 거쳐야 한다.
⑤헌법재판소장은 다른 국가기관에 대하여 그 소속 공무원을 사무처 공무원으로 근무하게 하기 위하여 헌법재판소에의 파견근무를 요청할 수 있다. <전문개정 2011.4.5>

제19조【헌법연구관】 ①헌법재판소에 헌법재판소규칙으로 정하는 수의 헌법연구관을 둔다. <개정 2011.4.5>
②헌법연구관은 특정직국가공무원으로 한다. <개정 2011.4.5>
③헌법연구관은 헌법재판소장의 명을 받아 사건의 심리(審理) 및 심판에 관한 조사·연구에 종사한다. <개정 2011.4.5>
④헌법연구관은 다음 각 호의 어느 하나에 해당하는 사람 중에서 헌법재판소장이 재판관회의의 의결을 거쳐 임용한다. <개정 2011.4.5>
1. 판사·검사 또는 변호사의 자격이 있는 사람
2. 공인된 대학의 법률학 조교수 이상의 직에 있던 사람
3. 국회, 정부 또는 법원 등 국가기관에서 4급 이상의 공무원으로서 5년 이상 법률에 관한 사무에 종사한 사람
4. 법률학에 관한 박사학위 소지자로서 국회, 정부, 법원 또는 헌법재판소 등 국가기관에서 5년 이상 법률에 관한 사무에 종사한 사람
5. 법률학에 관한 박사학위 소지자로서 헌법재판소규칙으로 정하는 대학 등 공인된 연구기관에서 5년 이상 법률에 관한 사무에 종사한 사람

⑤삭제 <2003.3.12>
⑥다음 각 호의 어느 하나에 해당하는 사람은 헌법연구관으로 임용될 수 없다. <개정 2011.4.5>
1. 「국가공무원법」 제33조 각 호의 어느 하나에 해당하는 사람
2. 금고 이상의 형을 선고받은 사람
3. 탄핵결정에 의하여 파면된 후 5년이 지나지 아니한 사람

⑦헌법연구관의 임기는 10년으로 하되, 연임할 수 있고, 정년은 60세로 한다. <개정 2011.4.5>
⑧헌법연구관이 제6항 각 호의 어느 하나에 해당할 때에는 당연히 퇴직한다. 다만, 「국가공무원법」 제33조제5호에 해당할 때에는 그러하지 아니하다. <개정 2011.4.5>
⑨헌법재판소장은 다른 국가기관에 대하여 그 소속 공무원을 헌법연구관으로 근무하게 하기 위하여 헌법재판소에의 파견근무를 요청할 수 있다. <개정 2011.4.5>
⑩사무차장은 헌법연구관의 직을 겸할 수 있다. <개정 2011.4.5>
⑪헌법재판소장은 헌법연구관으로 하여금 사건의 심리 및 심판에 관한 조사·연구업무 외의 직을 겸임하게 할 수 있다. 이 경우 헌법연구관의 수는 헌법재판소규칙으로 정하며, 보수는 그 중 고액의 것을 지급한다. <개정 2011.4.5>

제19조의2【헌법연구관보】 ①헌법연구관을 신규임용하는 경우에는 3년간 헌법연구관보(憲法硏究官補)로 임용하여 근무하게 한 후 그 근무성적을 고려하여 헌법연구관으로 임용한다. 다만, 경력 및 업무능력 등을 고려하여 헌법재판소규칙으로 정하는 바에 따라 헌법연구관보 임용을 면제하거나 그 기간을 단축할 수 있다.
②헌법연구관보는 헌법재판소장이 재판관회의의 의결을 거쳐 임용한다.
③헌법연구관보는 별정직국가공무원으로 하고, 그 보수와 승급기준은 헌법연구관의 예에 따른다.
④헌법연구관보가 근무성적이 불량한 경우에는 재판관회의의 의결을 거쳐 면직시킬 수 있다.
⑤헌법연구관보의 근무기간은 이 법 및 다른 법령에 규정된 헌법연구관의 재직기간에 산입한다. <전문개정 2011.4.5>

제19조의3【헌법연구위원】 ①헌법재판소에 헌법연구위원을 둘 수 있다. 헌법연구위원은 사건의 심리 및 심판에 관한 전문적인 조사·연구에 종사한다.
②헌법연구위원은 3년 이내의 범위에서 기간을 정하여 임명한다.
③헌법연구위원은 2급 또는 3급 상당의 별정직공무원이나 「국가공무원법」 제26조의5에 따른 임기제공무원으로 하고, 그 직제 및 자격 등에 관하여는 헌법재판소규칙으로 정한다. <개정 2012.12.11> <본조신설 2007.12.21>

제19조의4【헌법재판연구원】 ①헌법 및 헌법재판 연구와 헌법연구관, 사무처 공무원 등의 교육을 위하여 헌법재판소에 헌법재판연구원을 둔다.
② 헌법재판연구원의 정원은 원장 1명을 포함하여 40명 이내로 하고, 원장 밑에 부장, 팀장, 연구관 및 연구원을 둔다. <개정 2014.12.30>
③ 원장은 헌법재판소장이 재판관회의의 의결을 거쳐 헌법연구관으로 보하거나 1급인 일반직국가공무원으로 임명한다. <신설 2014.12. 30>
④ 부장은 헌법연구관이나 2급 또는 3급 일반직공무원으로, 팀장은 헌법연구관이나 3급 또는 4급 일반직공무원으로 임명하고, 연구관 및 연구원은 헌법연구관 또는 일반직공무원으로 임명한다. <개정 2014.12.30>
⑤ 연구관 및 연구원은 다음 각 호의 어느 하나에 해당하는 사람 중에서 헌법재판소장이 보하거나 헌법재판연구원장의 제청을 받아 헌법재판소장이 임명한다. <신설 2014.12.30>
1. 헌법연구관
2. 변호사의 자격이 있는 사람(외국의 변호사 자격을 포함한다)
3. 학사 또는 석사학위를 취득한 사람으로서 헌법재판소규칙으로 정하는 실적 또는 경력이 있는 사람
4. 박사학위를 취득한 사람

⑥ 그 밖에 헌법재판연구원의 조직과 운영에 필요

한 사항은 헌법재판소규칙으로 정한다. <신설 2014.12.30>
<전문개정 2011.4.5>

제20조【헌법재판소장 비서실 등】 ①헌법재판소에 헌법재판소장 비서실을 둔다.
②헌법재판소장 비서실에 비서실장 1명을 두되, 비서실장은 1급 상당의 별정직국가공무원으로 임명하고, 헌법재판소장의 명을 받아 기밀에 관한 사무를 관장한다.
③제2항에 규정되지 아니한 사항으로서 헌법재판소장 비서실의 조직과 운영에 필요한 사항은 헌법재판소규칙으로 정한다.
④헌법재판소에 재판관 비서관을 둔다.
⑤재판관 비서관은 4급의 일반직국가공무원 또는 4급 상당의 별정직국가공무원으로 임명하며, 재판관의 명을 받아 기밀에 관한 사무를 관장한다.
<전문개정 2011.4.5>

제21조【서기 및 정리】 ①헌법재판소에 서기(書記) 및 정리(廷吏)를 둔다.
②헌법재판소장은 사무처 직원 중에서 서기 및 정리를 지명한다.
③서기는 재판장의 명을 받아 사건에 관한 서류의 작성·보관 또는 송달에 관한 사무를 담당한다.
④정리는 심판정(審判廷)의 질서유지와 그 밖에 재판장이 명하는 사무를 집행한다.
<전문개정 2011.4.5>

제3장 일반심판절차 〈개정 2011.4.5〉

제22조【재판부】 ①이 법에 특별한 규정이 있는 경우를 제외하고는 헌법재판소의 심판은 재판관 전원으로 구성되는 재판부에서 관장한다.
②재판부의 재판장은 헌법재판소장이 된다.
<전문개정 2011.4.5>

제23조【심판정족수】 ①재판부는 재판관 7명 이상의 출석으로 사건을 심리한다.
②재판부는 종국심리(終局審理)에 관여한 재판관 과반수의 찬성으로 사건에 관한 결정을 한다. 다만, 다음 각 호의 어느 하나에 해당하는 경우에는 재판관 6명 이상의 찬성이 있어야 한다.

1. 법률의 위헌결정, 탄핵의 결정, 정당해산의 결정 또는 헌법소원에 관한 인용결정(認容決定)을 하는 경우
2. 종전에 헌법재판소가 판시한 헌법 또는 법률의 해석 적용에 관한 의견을 변경하는 경우

<전문개정 2011.4.5>

제24조【제척·기피 및 회피】 ①재판관이 다음 각 호의 어느 하나에 해당하는 경우에는 그 직무집행에서 제척(除斥)된다.

1. 재판관이 당사자이거나 당사자의 배우자 또는 배우자였던 경우
2. 재판관과 당사자가 친족관계이거나 친족관계였던 경우
3. 재판관이 사건에 관하여 증언이나 감정(鑑定)을 하는 경우
4. 재판관이 사건에 관하여 당사자의 대리인이 되거나 되었던 경우
5. 그 밖에 재판관이 헌법재판소 외에서 직무상 또는 직업상의 이유로 사건에 관여한 경우

②재판부는 직권 또는 당사자의 신청에 의하여 제척의 결정을 한다.
③재판관에게 공정한 심판을 기대하기 어려운 사정이 있는 경우 당사자는 기피(忌避)신청을 할 수 있다. 다만, 변론기일(辯論期日)에 출석하여 본안(本案)에 관한 진술을 한 때에는 그러하지 아니하다.
④당사자는 동일한 사건에 대하여 2명 이상의 재판관을 기피할 수 없다.
⑤재판관은 제1항 또는 제3항의 사유가 있는 경우에는 재판장의 허가를 받아 회피(回避)할 수 있다.
⑥당사자의 제척 및 기피신청에 관한 심판에는 「민사소송법」 제44조, 제45조, 제46조제1항·제2항 및 제48조를 준용한다.
<전문개정 2011.4.5>

제25조【대표자·대리인】 ①각종 심판절차에서 정부가 당사자(참가인을 포함한다. 이하 같다)인 경우에는 법무부장관이 이를 대표한다.
②각종 심판절차에서 당사자인 국가기관 또는 지방자치단체는 변호사 또는 변호사의 자격이 있는 소속 직원을 대리인으로 선임하여 심판을 수행하게 할 수 있다.
③각종 심판절차에서 당사자인 사인(私人)은 변호사를 대리인으로 선임하지 아니하면 심판청구를 하거나 심판 수행을 하지 못한다. 다만, 그가 변호사의 자격이 있는 경우에는 그러하지 아니하다.
<전문개정 2011.4.5>

제26조【심판청구의 방식】 ①헌법재판소에의 심판청구는 심판절차별로 정하여진 청구서를 헌법재판소에 제출함으로써 한다. 다만, 위헌법률심판에서는 법원의 제청서, 탄핵심판에서는 국회의 소추의결서(訴追議決書)의 정본(正本)으로 청구서를 갈음한다.
②청구서에는 필요한 증거서류 또는 참고자료를 첨부할 수 있다.
<전문개정 2011.4.5>

제27조【청구서의 송달】 ①헌법재판소가 청구서를 접수한 때에는 지체 없이 그 등본을 피청구기관 또는 피청구인(이하 "피청구인"이라 한다)에게 송달하여야 한다.
②위헌법률심판의 제청이 있으면 법무부장관 및 당해 소송사건의 당사자에게 그 제청서의 등본을 송달한다.
<전문개정 2011.4.5>

제28조【심판청구의 보정】 ①재판장은 심판청구가 부적법하나 보정(補正)할 수 있다고 인정되는 경우에는 상당한 기간을 정하여 보정을 요구하여야 한다.
②제1항에 따른 보정 서면에 관하여는 제27조제1항을 준용한다.
③제1항에 따른 보정이 있는 경우에는 처음부터

적법한 심판청구가 있은 것으로 본다.
④제1항에 따른 보정기간은 제38조의 심판기간에 산입하지 아니한다.
⑤재판장은 필요하다고 인정하는 경우에는 재판관 중 1명에게 제1항의 보정요구를 할 수 있는 권한을 부여할 수 있다.
<전문개정 2011.4.5>

제29조【답변서의 제출】 ①청구서 또는 보정 서면을 송달받은 피청구인은 헌법재판소에 답변서를 제출할 수 있다.
②답변서에는 심판청구의 취지와 이유에 대응하는 답변을 적는다.
<전문개정 2011.4.5>

제30조【심리의 방식】 ①탄핵의 심판, 정당해산의 심판 및 권한쟁의의 심판은 구두변론에 의한다.
②위헌법률의 심판과 헌법소원에 관한 심판은 서면심리에 의한다. 다만, 재판부는 필요하다고 인정하는 경우에는 변론을 열어 당사자, 이해관계인, 그 밖의 참고인의 진술을 들을 수 있다.
③재판부가 변론을 열 때에는 기일을 정하여 당사자와 관계인을 소환하여야 한다.
<전문개정 2011.4.5>

제31조【증거조사】 ①재판부는 사건의 심리를 위하여 필요하다고 인정하는 경우에는 직권 또는 당사자의 신청에 의하여 다음 각 호의 증거조사를 할 수 있다.
1. 당사자 또는 증인을 신문(訊問)하는 일
2. 당사자 또는 관계인이 소지하는 문서·장부·물건 또는 그 밖의 증거자료의 제출을 요구하고 영치(領置)하는 일
3. 특별한 학식과 경험을 가진 자에게 감정을 명하는 일
4. 필요한 물건·사람·장소 또는 그 밖의 사물의 성상(性狀)이나 상황을 검증하는 일

②재판장은 필요하다고 인정하는 경우에는 재판관 중 1명을 지정하여 제1항의 증거조사를 하게 할 수 있다.
<전문개정 2011.4.5>

제32조【자료제출 요구 등】 재판부는 결정으로 다른 국가기관 또는 공공단체의 기관에 심판에 필요한 사실을 조회하거나, 기록의 송부나 자료의 제출을 요구할 수 있다. 다만, 재판·소추 또는 범죄수사가 진행 중인 사건의 기록에 대하여는 송부를 요구할 수 없다.
<전문개정 2011.4.5>

제33조【심판의 장소】 심판의 변론과 종국결정의 선고는 심판정에서 한다. 다만, 헌법재판소장이 필요하다고 인정하는 경우에는 심판정 외의 장소에서 변론 또는 종국결정의 선고를 할 수 있다.
<전문개정 2011.4.5>

제34조【심판의 공개】 ①심판의 변론과 결정의 선고는 공개한다. 다만, 서면심리와 평의(評議)는 공개하지 아니한다.
②헌법재판소의 심판에 관하여는 「법원조직법」 제57조제1항 단서와 같은 조 제2항 및 제3항을 준용한다.
<전문개정 2011.4.5>

제35조【심판의 지휘와 법정경찰권】 ①재판장은 심판정의 질서와 변론의 지휘 및 평의의 정리(整理)를 담당한다.
②헌법재판소 심판정의 질서유지와 용어의 사용에 관하여는 「법원조직법」 제58조부터 제63조까지의 규정을 준용한다.
<전문개정 2011.4.5>

제36조【종국결정】 ①재판부가 심리를 마쳤을 때에는 종국결정을 한다.
②종국결정을 할 때에는 다음 각 호의 사항을 적은 결정서를 작성하고 심판에 관여한 재판관 전원이 이에 서명날인하여야 한다.
1. 사건번호와 사건명
2. 당사자와 심판수행자 또는 대리인의 표시
3. 주문(主文)
4. 이유
5. 결정일

③심판에 관여한 재판관은 결정서에 의견을 표시하여야 한다.
④종국결정이 선고되면 서기는 지체 없이 결정서 정본을 작성하여 당사자에게 송달하여야 한다.
⑤종국결정은 헌법재판소규칙으로 정하는 바에 따라 관보에 게재하거나 그 밖의 방법으로 공시한다.
<전문개정 2011.4.5>

제37조【심판비용 등】 ①헌법재판소의 심판비용은 국가부담으로 한다. 다만, 당사자의 신청에 의한 증거조사의 비용은 헌법재판소규칙으로 정하는 바에 따라 그 신청인에게 부담시킬 수 있다.
②헌법재판소는 헌법소원심판의 청구인에 대하여 헌법재판소규칙으로 정하는 공탁금의 납부를 명할 수 있다.
③헌법재판소는 다음 각 호의 어느 하나에 해당하는 경우에는 헌법재판소규칙으로 정하는 바에 따라 공탁금의 전부 또는 일부의 국고 귀속을 명할 수 있다.
1. 헌법소원의 심판청구를 각하하는 경우
2. 헌법소원의 심판청구를 기각하는 경우에 그 심판청구가 권리의 남용이라고 인정되는 경우

<전문개정 2011.4.5>

제38조【심판기간】 헌법재판소는 심판사건을 접수한 날부터 180일 이내에 종국결정의 선고를 하여야 한다. 다만, 재판관의 궐위로 7명의 출석이 불가능한 경우에는 그 궐위된 기간은 심판기간에 산입하지 아니한다.
<전문개정 2011.4.5>

제39조【일사부재리】 헌법재판소는 이미 심판을 거친 동일한 사건에 대하여는 다시 심판할 수 없다.
<전문개정 2011.4.5>

제39조의2【심판확정기록의 열람·복사】 ①누구든지 권리구제, 학술연구 또는 공익 목적으로 심판이 확정된 사건기록의 열람 또는 복사를 신청할 수 있다. 다만, 헌법재판소장은 다음 각 호의 어느 하나에 해당하는 경우에는 사건기록을 열람하거나

복사하는 것을 제한할 수 있다.
1. 변론이 비공개로 진행된 경우
2. 사건기록의 공개로 인하여 국가의 안전보장, 선량한 풍속, 공공의 질서유지나 공공복리를 현저히 침해할 우려가 있는 경우
3. 사건기록의 공개로 인하여 관계인의 명예, 사생활의 비밀, 영업비밀(「부정경쟁방지 및 영업비밀보호에 관한 법률」 제2조제2호에 규정된 영업비밀을 말한다) 또는 생명·신체의 안전이나 생활의 평온을 현저히 침해할 우려가 있는 경우

②헌법재판소장은 제1항 단서에 따라 사건기록의 열람 또는 복사를 제한하는 경우에는 신청인에게 그 사유를 명시하여 통지하여야 한다.
③제1항에 따른 사건기록의 열람 또는 복사 등에 관하여 필요한 사항은 헌법재판소규칙으로 정한다.
④사건기록을 열람하거나 복사한 자는 열람 또는 복사를 통하여 알게 된 사항을 이용하여 공공의 질서 또는 선량한 풍속을 침해하거나 관계인의 명예 또는 생활의 평온을 훼손하는 행위를 하여서는 아니 된다.
<전문개정 2011.4.5>

제40조 【준용규정】 ①헌법재판소의 심판절차에 관하여는 이 법에 특별한 규정이 있는 경우를 제외하고는 헌법재판의 성질에 반하지 아니하는 한도에서 민사소송에 관한 법령을 준용한다. 이 경우 탄핵심판의 경우에는 형사소송에 관한 법령을 준용하고, 권한쟁의심판 및 헌법소원심판의 경우에는 「행정소송법」을 함께 준용한다.
②제1항 후단의 경우에 형사소송에 관한 법령 또는 「행정소송법」이 민사소송에 관한 법령에 저촉될 때에는 민사소송에 관한 법령은 준용하지 아니한다.
<전문개정 2011.4.5>

제4장 특별심판절차 〈개정 2011.4.5〉

제1절 위헌법률심판 〈개정 2011.4.5〉

제41조 【위헌 여부 심판의 제청】 ①법률이 헌법에 위반되는지 여부가 재판의 전제가 된 경우에는 당해 사건을 담당하는 법원(군사법원을 포함한다. 이하 같다)은 직권 또는 당사자의 신청에 의한 결정으로 헌법재판소에 위헌 여부 심판을 제청한다.
②제1항의 당사자의 신청은 제43조제2호부터 제4호까지의 사항을 적은 서면으로 한다.
③제2항의 신청서면의 심사에 관하여는 「민사소송법」 제254조를 준용한다.
④위헌 여부 심판의 제청에 관한 결정에 대하여는 항고할 수 없다.
⑤대법원 외의 법원이 제1항의 제청을 할 때에는 대법원을 거쳐야 한다.
<전문개정 2011.4.5>

제42조 【재판의 정지 등】 ①법원이 법률의 위헌 여부 심판을 헌법재판소에 제청한 때에는 당해 소송사건의 재판은 헌법재판소의 위헌 여부의 결정이 있을 때까지 정지된다. 다만, 법원이 긴급하다고 인정하는 경우에는 종국재판 외의 소송절차를 진행할 수 있다.
②제1항 본문에 따른 재판정지기간은 「형사소송법」 제92조제1항·제2항 및 「군사법원법」 제132조제1항·제2항의 구속기간과 「민사소송법」 제199조의 판결 선고기간에 산입하지 아니한다.
<전문개정 2011.4.5>

제43조 【제청서의 기재사항】 법원이 법률의 위헌 여부 심판을 헌법재판소에 제청할 때에는 제청서에 다음 각 호의 사항을 적어야 한다.
1. 제청법원의 표시
2. 사건 및 당사자의 표시
3. 위헌이라고 해석되는 법률 또는 법률의 조항
4. 위헌이라고 해석되는 이유
5. 그 밖에 필요한 사항

<전문개정 2011.4.5>

제44조 【소송사건 당사자 등의 의견】 당해 소송사건의 당사자 및 법무부장관은 헌법재판소에 법률의 위헌 여부에 대한 의견서를 제출할 수 있다.
<전문개정 2011.4.5>

제45조 【위헌결정】 헌법재판소는 제청된 법률 또는 법률 조항의 위헌 여부만을 결정한다. 다만, 법률 조항의 위헌결정으로 인하여 해당 법률 전부를 시행할 수 없다고 인정될 때에는 그 전부에 대하여 위헌결정을 할 수 있다.
<전문개정 2011.4.5>

제46조 【결정서의 송달】 헌법재판소는 결정일부터 14일 이내에 결정서 정본을 제청한 법원에 송달한다. 이 경우 제청한 법원이 대법원이 아닌 경우에는 대법원을 거쳐야 한다.
<전문개정 2011.4.5>

제47조 【위헌결정의 효력】 ①법률의 위헌결정은 법원과 그 밖의 국가기관 및 지방자치단체를 기속(羈束)한다.
②위헌으로 결정된 법률 또는 법률의 조항은 그 결정이 있는 날부터 효력을 상실한다. <개정 2014. 5.20>
③제2항에도 불구하고 형벌에 관한 법률 또는 법률의 조항은 소급하여 그 효력을 상실한다. 다만, 해당 법률 또는 법률의 조항에 대하여 종전에 합헌으로 결정한 사건이 있는 경우에는 그 결정이 있는 날의 다음 날로 소급하여 효력을 상실한다. <신설 2014.5.20>
③제3항의 경우에 위헌으로 결정된 법률 또는 법률의 조항에 근거한 유죄의 확정판결에 대하여는 재심을 청구할 수 있다. <개정 2014. 5.20>
④제4항의 재심에 대하여는 「형사소송법」을 준용한다. <개정 2014. 5.20>
<전문개정 2011.4.5>

제2절 탄핵심판 〈개정 2011.4.5〉

제48조 【탄핵소추】 다음 각 호의 어느 하나에 해

당하는 공무원이 그 직무집행에서 헌법이나 법률을 위반한 경우에는 국회는 헌법 및 「국회법」에 따라 탄핵의 소추를 의결할 수 있다.
1. 대통령, 국무총리, 국무위원 및 행정각부(行政各部)의 장
2. 헌법재판소 재판관, 법관 및 중앙선거관리위원회 위원
3. 감사원장 및 감사위원
4. 그 밖에 법률에서 정한 공무원
<전문개정 2011.4.5>

제49조【소추위원】①탄핵심판에서는 국회 법제사법위원회의 위원장이 소추위원이 된다.
②소추위원은 헌법재판소에 소추의결서의 정본을 제출하여 탄핵심판을 청구하며, 심판의 변론에서 피청구인을 신문할 수 있다.
<전문개정 2011.4.5>

제50조【권한 행사의 정지】탄핵소추의 의결을 받은 사람은 헌법재판소의 심판이 있을 때까지 그 권한 행사가 정지된다.
<전문개정 2011.4.5>

제51조【심판절차의 정지】피청구인에 대한 탄핵심판 청구와 동일한 사유로 형사소송이 진행되고 있는 경우에는 재판부는 심판절차를 정지할 수 있다.
<전문개정 2011.4.5>

제52조【당사자의 불출석】①당사자가 변론기일에 출석하지 아니하면 다시 기일을 정하여야 한다.
②다시 정한 기일에도 당사자가 출석하지 아니하면 그의 출석 없이 심리할 수 있다.
<전문개정 2011.4.5>

제53조【결정의 내용】①탄핵심판 청구가 이유 있는 경우에는 헌법재판소는 피청구인을 해당 공직에서 파면하는 결정을 선고한다.
②피청구인이 결정 선고 전에 해당 공직에서 파면되었을 때에는 헌법재판소는 심판청구를 기각하여야 한다.
<전문개정 2011.4.5>

제54조【결정의 효력】①탄핵결정은 피청구인의 민사상 또는 형사상의 책임을 면제하지 아니한다.
②탄핵결정에 의하여 파면된 사람은 결정 선고가 있은 날부터 5년이 지나지 아니하면 공무원이 될 수 없다.
<전문개정 2011.4.5>

제3절 정당해산심판
〈개정 2011.4.5〉

제55조【정당해산심판의 청구】정당의 목적이나 활동이 민주적 기본질서에 위배될 때에는 정부는 국무회의의 심의를 거쳐 헌법재판소에 정당해산심판을 청구할 수 있다.
<전문개정 2011.4.5>

제56조【청구서의 기재사항】정당해산심판의 청구서에는 다음 각 호의 사항을 적어야 한다.
1. 해산을 요구하는 정당의 표시
2. 청구 이유
<전문개정 2011.4.5>

제57조【가처분】헌법재판소는 정당해산심판의 청구를 받은 때에는 직권 또는 청구인의 신청에 의하여 종국결정의 선고 시까지 피청구인의 활동을 정지하는 결정을 할 수 있다.
<전문개정 2011.4.5>

제58조【청구 등의 통지】①헌법재판소장은 정당해산심판의 청구가 있는 때, 가처분결정을 한 때 및 그 심판이 종료한 때에는 그 사실을 국회와 중앙선거관리위원회에 통지하여야 한다.
②정당해산을 명하는 결정서는 피청구인 외에 국회, 정부 및 중앙선거관리위원회에도 송달하여야 한다.
<전문개정 2011.4.5>

제59조【결정의 효력】정당의 해산을 명하는 결정이 선고된 때에는 그 정당은 해산된다.
<전문개정 2011.4.5>

제60조【결정의 집행】정당의 해산을 명하는 헌법재판소의 결정은 중앙선거관리위원회가 「정당법」에 따라 집행한다.
<전문개정 2011.4.5>

제4절 권한쟁의심판
〈개정 2011.4.5〉

제61조【청구 사유】①국가기관 상호간, 국가기관과 지방자치단체 간 및 지방자치단체 상호간에 권한의 유무 또는 범위에 관하여 다툼이 있을 때에는 해당 국가기관 또는 지방자치단체는 헌법재판소에 권한쟁의심판을 청구할 수 있다.
②제1항의 심판청구는 피청구인의 처분 또는 부작위(不作爲)가 헌법 또는 법률에 의하여 부여받은 청구인의 권한을 침해하였거나 침해할 현저한 위험이 있는 경우에만 할 수 있다.
<전문개정 2011.4.5>

제62조【권한쟁의심판의 종류】①권한쟁의심판의 종류는 다음 각 호와 같다.<개정 2018.3.20.>
1. 국가기관 상호간의 권한쟁의심판
   국회, 정부, 법원 및 중앙선거관리위원회 상호간의 권한쟁의심판
2. 국가기관과 지방자치단체 간의 권한쟁의심판
   가. 정부와 특별시·광역시·특별자치시·도 또는 특별자치도 간의 권한쟁의심판
   나. 정부와 시·군 또는 지방자치단체인 구(이하 "자치구"라 한다) 간의 권한쟁의심판
3. 지방자치단체 상호간의 권한쟁의심판
   가. 특별시·광역시·특별자치시·도 또는 특별자치도 상호간 의 권한쟁의심판
   나. 시·군 또는 자치구 상호간의 권한쟁의심판
   다. 특별시·광역시·특별자치시·도 또는 특별자치도와 시·군 또는 자치구 간의 권한쟁의심판

②권한쟁의가 「지방교육자치에 관한 법률」 제2조에 따른 교육·학예에 관한 지방자치단체의 사무

에 관한 것인 경우에는 교육감이 제1항제2호 및 제3호의 당사자가 된다.
<전문개정 2011.4.5>

제63조【청구기간】 ①권한쟁의의 심판은 그 사유가 있음을 안 날부터 60일 이내에, 그 사유가 있은 날부터 180일 이내에 청구하여야 한다.
②제1항의 기간은 불변기간으로 한다.
<전문개정 2011.4.5>

제64조【청구서의 기재사항】 권한쟁의심판의 청구서에는 다음 각 호의 사항을 적어야 한다.
1. 청구인 또는 청구인이 속한 기관 및 심판수행자 또는 대리인의 표시
2. 피청구인의 표시
3. 심판 대상이 되는 피청구인의 처분 또는 부작위
4. 청구 이유
5. 그 밖에 필요한 사항

<전문개정 2011.4.5>

제65조【가처분】 헌법재판소가 권한쟁의심판의 청구를 받았을 때에는 직권 또는 청구인의 신청에 의하여 종국결정의 선고 시까지 심판 대상이 된 피청구인의 처분의 효력을 정지하는 결정을 할 수 있다.
<전문개정 2011.4.5>

제66조【결정의 내용】 ①헌법재판소는 심판의 대상이 된 국가기관 또는 지방자치단체의 권한의 유무 또는 범위에 관하여 판단한다.
②제1항의 경우에 헌법재판소는 권한침해의 원인이 된 피청구인의 처분을 취소하거나 그 무효를 확인할 수 있고, 헌법재판소가 부작위에 대한 심판청구를 인용하는 결정을 한 때에는 피청구인은 결정 취지에 따른 처분을 하여야 한다.
<전문개정 2011.4.5>

제67조【결정의 효력】 ①헌법재판소의 권한쟁의심판의 결정은 모든 국가기관과 지방자치단체를 기속한다.
②국가기관 또는 지방자치단체의 처분을 취소하는 결정은 그 처분의 상대방에 대하여 이미 생긴 효력에 영향을 미치지 아니한다.
<전문개정 2011.4.5>

제5절 헌법소원심판
〈개정 2011.4.5〉

제68조【청구 사유】 ①공권력의 행사 또는 불행사(不行使)로 인하여 헌법상 보장된 기본권을 침해받은 자는 법원의 재판을 제외하고는 헌법재판소에 헌법소원심판을 청구할 수 있다. 다만, 다른 법률에 구제절차가 있는 경우에는 그 절차를 모두 거친 후에 청구할 수 있다.
②제41조제1항에 따른 법률의 위헌 여부 심판의 제청신청이 기각된 때에는 그 신청을 한 당사자는 헌법재판소에 헌법소원심판을 청구할 수 있다. 이 경우 그 당사자는 당해 사건의 소송절차에서 동일한 사유를 이유로 다시 위헌 여부 심판의 제청을 신청할 수 없다.
<전문개정 2011.4.5>

제69조【청구기간】 ①제68조제1항에 따른 헌법소원의 심판은 그 사유가 있음을 안 날부터 90일 이내에, 그 사유가 있는 날부터 1년 이내에 청구하여야 한다. 다만, 다른 법률에 따른 구제절차를 거친 헌법소원의 심판은 그 최종결정을 통지받은 날부터 30일 이내에 청구하여야 한다.
②제68조제2항에 따른 헌법소원심판은 위헌 여부 심판의 제청신청을 기각하는 결정을 통지받은 날부터 30일 이내에 청구하여야 한다.
<전문개정 2011.4.5>

제70조【국선대리인】 ①헌법소원심판을 청구하려는 자가 변호사를 대리인으로 선임할 자력(資力)이 없는 경우에는 헌법재판소에 국선대리인을 선임하여 줄 것을 신청할 수 있다. 이 경우 제69조에 따른 청구기간은 국선대리인의 선임신청이 있는 날을 기준으로 정한다.
②제1항에도 불구하고 헌법재판소가 공익상 필요하다고 인정할 때에는 국선대리인을 선임할 수 있다.
③헌법재판소는 제1항의 신청이 있는 경우 또는 제2항의 경우에는 헌법재판소규칙으로 정하는 바에 따라 변호사 중에서 국선대리인을 선정한다. 다만, 그 심판청구가 명백히 부적법하거나 이유 없는 경우 또는 권리의 남용이라고 인정되는 경우에는 국선대리인을 선정하지 아니할 수 있다.
④헌법재판소가 국선대리인을 선정하지 아니한다는 결정을 한 때에는 지체 없이 그 사실을 신청인에게 통지하여야 한다. 이 경우 신청인이 선임신청을 한 날부터 그 통지를 받은 날까지의 기간은 제69조의 청구기간에 산입하지 아니한다.
⑤제3항에 따라 선정된 국선대리인은 선정된 날부터 60일 이내에 제71조에 규정된 사항을 적은 심판청구서를 헌법재판소에 제출하여야 한다.
⑥제3항에 따라 선정한 국선대리인에게는 헌법재판소규칙으로 정하는 바에 따라 국고에서 그 보수를 지급한다.
<전문개정 2011.4.5>

제71조【청구서의 기재사항】 ①제68조제1항에 따른 헌법소원의 심판청구서에는 다음 각 호의 사항을 적어야 한다.
1. 청구인 및 대리인의 표시
2. 침해된 권리
3. 침해의 원인이 되는 공권력의 행사 또는 불행사
4. 청구 이유
5. 그 밖에 필요한 사항

②제68조제2항에 따른 헌법소원의 심판청구서의 기재사항에 관하여는 제43조를 준용한다. 이 경우 제43조제1호 중 "제청법원의 표시"는 "청구인 및 대리인의 표시"로 본다.
③헌법소원의 심판청구서에는 대리인의 선임을 증명하는 서류 또는 국선대리인 선임통지서를 첨부하여야 한다.
<전문개정 2011.4.5>

제72조【사전심사】 ①헌법재판소장은 헌법재판소에 재판관 3명으로 구성되는 지정재판부를 두어

헌법소원심판의 사전심사를 담당하게 할 수 있다. <개정 2011.4.5>
②삭제 <1991.11.30>
③지정재판부는 다음 각 호의 어느 하나에 해당되는 경우에는 지정재판부 재판관 전원의 일치된 의견에 의한 결정으로 헌법소원의 심판청구를 각하한다. <개정 2011.4.5>
1. 다른 법률에 따른 구제절차가 있는 경우 그 절차를 모두 거치지 아니하거나 또는 법원의 재판에 대하여 헌법소원의 심판이 청구된 경우
2. 제69조의 청구기간이 지난 후 헌법소원심판이 청구된 경우
3. 제25조에 따른 대리인의 선임 없이 청구된 경우
4. 그 밖에 헌법소원심판의 청구가 부적법하고 그 흠결을 보정할 수 없는 경우

④지정재판부는 전원의 일치된 의견으로 제3항의 각하결정을 하지 아니하는 경우에는 결정으로 헌법소원을 재판부의 심판에 회부하여야 한다. 헌법소원심판의 청구 후 30일이 지날 때까지 각하결정이 없는 때에는 심판에 회부하는 결정(이하 "심판회부결정"이라 한다)이 있는 것으로 본다. <개정 2011.4.5>
⑤지정재판부의 심리에 관하여는 제28조, 제31조, 제32조 및 제35조를 준용한다. <개정 2011.4.5>
⑥지정재판부의 구성과 운영에 필요한 사항은 헌법재판소규칙으로 정한다. <개정 2011.4.5>
제73조【각하 및 심판회부 결정의 통지】①지정재판부는 헌법소원을 각하하거나 심판회부결정을 한 때에는 그 결정일부터 14일 이내에 청구인 또는 그 대리인 및 피청구인에게 그 사실을 통지하여야 한다. 제72조제4항 후단의 경우에도 또한 같다.
②헌법재판소장은 헌법소원이 제72조제4항에 따라 재판부의 심판에 회부된 때에는 다음 각 호의 자에게 지체 없이 그 사실을 통지하여야 한다.
1. 법무부장관
2. 제68조제2항에 따른 헌법소원심판에서는 청구인이 아닌 당해 사건의 당사자

<전문개정 2011.4.5>
제74조【이해관계기관 등의 의견 제출】①헌법소원의 심판에 이해관계가 있는 국가기관 또는 공공단체와 법무부장관은 헌법재판소에 그 심판에 관한 의견서를 제출할 수 있다.
②제68조제2항에 따른 헌법소원이 재판부에 심판 회부된 경우에는 제27조제2항 및 제44조를 준용한다.
<전문개정 2011.4.5>
제75조【인용결정】①헌법소원의 인용결정은 모든 국가기관과 지방자치단체를 기속한다.
②제68조제1항에 따른 헌법소원을 인용할 때에는 인용결정서의 주문에 침해된 기본권과 침해의 원인이 된 공권력의 행사 또는 불행사를 특정하여야 한다.
③제2항의 경우에 헌법재판소는 기본권 침해의 원인이 된 공권력의 행사를 취소하거나 그 불행사가 위헌임을 확인할 수 있다.
④헌법재판소가 공권력의 불행사에 대한 헌법소원을 인용하는 결정을 한 때에는 피청구인은 결정 취지에 따라 새로운 처분을 하여야 한다.
⑤제2항의 경우에 헌법재판소는 공권력의 행사 또는 불행사가 위헌인 법률 또는 법률의 조항에 기인한 것이라고 인정될 때에는 인용결정에서 해당 법률 또는 법률의 조항이 위헌임을 선고할 수 있다.
⑥제5항의 경우 및 제68조제2항에 따른 헌법소원을 인용하는 경우에는 제45조 및 제47조를 준용한다.
⑦제68조제2항에 따른 헌법소원이 인용된 경우에 해당 헌법소원과 관련된 소송사건이 이미 확정된 때에는 당사자는 재심을 청구할 수 있다.
⑧제7항에 따른 재심에서 형사사건에 대하여는 「형사소송법」을 준용하고, 그 외의 사건에 대하여는 「민사소송법」을 준용한다.
<전문개정 2011.4.5.>

제5장 전자정보처리조직을 통한 심판절차의 수행 〈본장신설 2009.12.29〉

제76조【전자문서의 접수】①각종 심판절차의 당사자나 관계인은 청구서 또는 이 법에 따라 제출할 그 밖의 서면을 전자문서(컴퓨터 등 정보처리능력을 갖춘 장치에 의하여 전자적인 형태로 작성되어 송수신되거나 저장된 정보를 말한다. 이하 같다)화하고 이를 정보통신망을 이용하여 헌법재판소에서 지정·운영하는 전자정보처리조직(심판절차에 필요한 전자문서를 작성·제출·송달하는 데에 필요한 정보처리능력을 갖춘 전자적 장치를 말한다. 이하 같다)을 통하여 제출할 수 있다.
②제1항에 따라 제출된 전자문서는 이 법에 따라 제출된 서면과 같은 효력을 가진다.
③전자정보처리조직을 이용하여 제출된 전자문서는 전자정보처리조직에 전자적으로 기록된 때에 접수된 것으로 본다.
④제3항에 따라 전자문서가 접수된 경우에 헌법재판소는 헌법재판소규칙으로 정하는 바에 따라 당사자나 관계인에게 전자적 방식으로 그 접수 사실을 즉시 알려야 한다.
<전문개정 2011.4.5>
제77조【전자서명 등】①당사자나 관계인은 헌법재판소에 제출하는 전자문서에 헌법재판소규칙으로 정하는 바에 따라 본인임을 확인할 수 있는 전자서명을 하여야 한다.
②재판관이나 서기는 심판사건에 관한 서류를 전자문서로 작성하는 경우에 「전자정부법」 제2조제6호에 따른 행정전자서명(이하 "행정전자서명"이라 한다)을 하여야 한다.
③제1항의 전자서명과 제2항의 행정전자서명은 헌법재판소의 심판절차에 관한 법령에서 정하는 서명·서명날인 또는 기명날인으로 본다.
<본조신설 2009.12.29>
제78조【전자적 송달 등】①헌법재판소는 당사자나 관계인에게 전자정보처리조직과 그와 연계된 정보통신망을 이용하여 결정서나 이 법에 따른 각종 서류를 송달할 수 있다. 다만, 당사자나 관계인이 동

의하지 아니하는 경우에는 그러하지 아니하다.
②헌법재판소는 당사자나 관계인에게 송달하여야 할 결정서 등의 서류를 전자정보처리조직에 입력하여 등재한 다음 그 등재 사실을 헌법재판소규칙으로 정하는 바에 따라 전자적 방식으로 알려야 한다.
③제1항에 따른 전자정보처리조직을 이용한 서류 송달은 서면으로 한 것과 같은 효력을 가진다.
④ 제2항의 경우 송달받을 자가 등재된 전자문서를 헌법재판소규칙으로 정하는 바에 따라 확인한 때에 송달된 것으로 본다. 다만, 그 등재 사실을 통지한 날부터 1주 이내에 확인하지 아니하였을 때에는 등재 사실을 통지한 날부터 1주가 지난 날에 송달된 것으로 본다. <개정 2022. 2. 3.>
⑤제1항에도 불구하고 전자정보처리조직의 장애로 인하여 전자적 송달이 불가능하거나 그 밖에 헌법재판소규칙으로 정하는 사유가 있는 경우에는 「민사소송법」에 따라 송달할 수 있다.
<전문개정 2011.4.5>

제6장 벌칙 〈개정 2011.4.5〉

제79조【벌칙】 다음 각 호의 어느 하나에 해당하는 자는 1년 이하의 징역 또는 100만원 이하의 벌금에 처한다.
1. 헌법재판소로부터 증인, 감정인, 통역인 또는 번역인으로서 소환 또는 위촉을 받고 정당한 사유 없이 출석하지 아니한 자
2. 헌법재판소로부터 증거물의 제출요구 또는 제출명령을 받고 정당한 사유 없이 이를 제출하지 아니한 자
3. 헌법재판소의 조사 또는 검사를 정당한 사유 없이 거부·방해 또는 기피한 자

<전문개정 2011.4.5>

부 칙(1988.8.5)

제1조【시행일】 이 법은 1988년 9월 1일부터 시행한다. 다만, 이 법에 의한 헌법재판소장 상임재판관 및 재판관의 임명 기타 이 법 시행에 관한 준비는 이 법 시행 전에 할 수 있다.
제2조【폐지법률】 법률 제2530호 헌법위원회법은 이를 폐지한다.
제3조【계속사건에 대한 경과조치】 이 법 시행당시 헌법위원회에 계속중인 사건은 헌법재판소에 이관한다. 이 경우 이미 행하여진 심판행위의 효력에 대하여는 영향을 미치지 아니한다.
제4조【종전의 사항에 관한 경과조치】 이 법은 이 법 시행 전에 생긴 사항에 관하여도 적용한다. 다만, 이 법 시행 전에 헌법위원회법에 의하여 이미 생긴 효력에는 영향을 미치지 아니한다.
제5조【종전 직원에 관한 경과조치】 이 법 시행당시 헌법위원회 사무국공무원은 헌법재판소사무처 소속공무원으로 임용된 것으로 본다.
제6조【예산에 관한 경과조치】 이 법 시행당시 헌법위원회의 소관예산은 헌법재판소의 소관예산으로 본다.
제7조【권리의무의 승계】 이 법 시행당시 헌법위원회가 가지는 권리 및 의무는 헌법재판소가 이를 승계한다.
제8조【다른 법률의 개정】 해당 법률에 정리

부 칙〈중략〉

부 칙(법률 제18836호, 2022. 2. 3.)

제1조【시행일】 이 법은 공포한 날부터 시행한다.

제2조【적용례】 제78조제4항의 개정규정은 이 법 시행 후 최초로 청구서가 접수된 사건부터 적용한다.

정부조직법

〔2013년 3월 23일
법 률 제11690호 전문개정〕

개정
2013.12.24. 법12114호
2014.11.19. 법12844호
2015.12.22. 법13593호
2017. 4.18. 법14804호(해양수산발전기본법)
2017. 7.26. 법14839호
2018. 6. 8. 법15624호
2020. 2. 4. 법16930호(개인정보보호법)
2020. 6. 9. 법17384호
2020. 8.11. 법17472호
2020.12.15. 법17646호(국가정보원법)
2020.12.29. 법17799호(독점규제 및 공정거래에 관한 법률 전부개정법률)
2020.12.31. 법17814호
2021. 7. 8. 법18293호
2023. 3. 4. 법19228호
2023. 3.21. 법19270호
2023.12.26. 법19840호

제1장 총칙

제1조【목적】 이 법은 국가행정사무의 체계적이고 능률적인 수행을 위하여 국가행정기관의 설치·조직과 직무범위의 대강을 정함을 목적으로 한다.

제2조【중앙행정기관의 설치와 조직 등】 ① 중앙행정기관의 설치와 직무범위는 법률로 정한다.

② 중앙행정기관은 이 법에 따라 설치된 부·처·청과 다음 각 호의 행정기관으로 하되, 중앙행정기관은 이 법 및 다음 각 호의 법률에 따르지 아니하고는 설치할 수 없다. 〈개정 2020. 6. 9., 2020. 8. 11., 2020. 12. 29.〉

1.「방송통신위원회의 설치 및 운영에 관한 법률」 제3조에 따른 방송통신위원회
2.「독점규제 및 공정거래에 관한 법률」 제54조에 따른 공정거래위원회
3.「부패방지 및 국민권익위원회의 설치와 운영에 관한 법률」 제11조에 따른 국민권익위원회
4.「금융위원회의 설치 등에 관한 법률」 제3조에 따른 금융위원회
5.「개인정보 보호법」 제7조에 따른 개인정보 보호위원회
6.「원자력안전위원회의 설치 및 운영에 관한 법률」 제3조에 따른 원자력안전위원회
7.「신행정수도 후속대책을 위한 연기·공주지역 행정중심복합도시 건설을 위한 특별법」 제38조에 따른 행정중심복합도시건설청
8.「새만금사업 추진 및 지원에 관한 특별법」 제34조에 따른 새만금개발청

③ 중앙행정기관의 보조기관은 이 법과 다른 법률에 특별한 규정이 있는 경우를 제외하고는 차관·차장·실장·국장 및 과장으로 한다. 다만, 실장·국장 및 과장의 명칭은 대통령령으로 정하는 바에 따라 본부장·단장·부장·팀장 등으로 달리 정할 수 있으며, 실장·국장 및 과장의 명칭을 달리 정한 보조기관은 이 법을 적용할 때 실장·국장 및 과장으로 본다.

④ 제3항에 따른 보조기관의 설치와 사무분장은 법률로 정한 것을 제외하고는 대통령령으로 정한다. 다만, 과의 설치와 사무분장은 총리령 또는 부령으로 정할 수 있다.

⑤ 행정각부에는 대통령령으로 정하는 특정 업무에 관하여 장관과 차관(제34조제3항 및 제38조제2항에 따라 행정안전부 및 산업통상자원부에 두는 본부장을 포함한다)을 직접 보좌하기 위하여 차관보를 둘 수 있으며, 중앙행정기관에는 그 기관의 장, 차관(제29조제2항·제34조제3항 및 제38조제2항에 따라 과학기술정보통신부·행정안전부 및 산업통상자원부에 두는 본부장을 포함한다)·차장·실장·국장 밑에 정책의 기획, 계획의 입안, 연구·조사, 심사·평가 및 홍보 등을 통하여 그를 보좌하는 보좌기관을 대통령령으로 정하는 바에 따라 둘 수 있다. 다만, 과에 상당하는 보좌기관은 총리령 또는 부령으로 정할 수 있다. 〈개정 2017. 7. 26., 2020. 6. 9., 2023. 3. 4.〉

⑥ 중앙행정기관의 보조기관 및 보좌기관은 이 법과 다른 법률에 특별한 규정이 있는 경우를 제외하고는 일반직공무원·특정직공무원(경찰공무원 및 교육공무원만 해당한다) 또는 별정직공무원으로 보(補)하되, 다음 각 호에 따른 중앙행정기관의 보조기관 및 보좌기관은 대통령령으로 정하는 바에 따라 다음 각 호의 구분에 따른 특정직공무원으로도 보할 수 있다. 다만, 별정직공무원으로 보하는 국장은 중앙행정기관마다 1명을 초과할 수 없다. 〈개정 2020. 6. 9., 2023. 3. 4.〉

1. 외교부 및 재외동포청: 외무공무원
2. 법무부: 검사
3. 국방부, 병무청 및 방위사업청: 현역군인
4. 행정안전부의 안전·재난 업무 담당: 소방공무원
5. 소방청: 소방공무원

⑦ 제6항에 따라 중앙행정기관의 보조기관 또는 보좌기관을 보하는 경우 차관보·실장·국장 및 이에 상당하는 보좌기관은 고위공무원단에 속하는 공무원 또는 이에 상당하는 특정직공무원으로 보하고, 과장 및 이에 상당하는 보좌기관의 계급은 대통령령으로 정하는 바에 따른다. 〈개정 2020. 6. 9.〉

⑧ 제6항 및 제7항에 따라 일반직공무원 또는 특정직공무원으로 보하는 직위 중 그 소관업무의 성질상 전문성

이 특히 필요하다고 인정되는 경우 중앙행정기관별로 100분의 20 범위에서 대통령령으로 정하는 직위는 근무기간을 정하여 임용하는 공무원으로도 보할 수 있다. 〈개정 2013. 12. 24.〉

⑨ 중앙행정기관이 아닌 행정기관의 보조기관 및 보좌기관과 행정기관의 파견직위(파견된 공무원으로 보하는 직위를 말한다)에 보하는 공무원의 경우 실장 · 국장 및 이에 상당하는 보좌기관은 고위공무원단에 속하는 공무원 또는 이에 상당하는 특정직공무원으로 보하고, 과장 및 이에 상당하는 보좌기관의 계급은 대통령령으로 정하는 바에 따른다. 〈개정 2020. 6. 9.〉

⑩ 중앙행정기관과 중앙행정기관이 아닌 행정기관의 차관보 · 보조기관 및 보좌기관에 대하여는 각각 적정한 직급 또는 직무등급을 배정하여야 한다. 〈개정 2020. 6. 9.〉

제3조【특별지방행정기관의 설치】 ① 중앙행정기관에는 소관사무를 수행하기 위하여 필요한 때에는 특히 법률로 정한 경우를 제외하고는 대통령령으로 정하는 바에 따라 지방행정기관을 둘 수 있다.

② 제1항의 지방행정기관은 업무의 관련성이나 지역적인 특수성에 따라 통합하여 수행함이 효율적이라고 인정되는 경우에는 대통령령으로 정하는 바에 따라 관련되는 다른 중앙행정기관의 소관사무를 통합하여 수행할 수 있다.

제4조【부속기관의 설치】 행정기관에는 그 소관사무의 범위에서 필요한 때에는 대통령령으로 정하는 바에 따라 시험연구기관 · 교육훈련기관 · 문화기관 · 의료기관 · 제조기관 및 자문기관 등을 둘 수 있다.

제5조【합의제행정기관의 설치】 행정기관에는 그 소관사무의 일부를 독립하여 수행할 필요가 있는 때에는 법률로 정하는 바에 따라 행정위원회 등 합의제행정기관을 둘 수 있다.

제6조【권한의 위임 또는 위탁】 ① 행정기관은 법령으로 정하는 바에 따라 그 소관사무의 일부를 보조기관 또는 하급행정기관에 위임하거나 다른 행정기관 · 지방자치단체 또는 그 기관에 위탁 또는 위임할 수 있다. 이 경우 위임 또는 위탁을 받은 기관은 특히 필요한 경우에는 법령으로 정하는 바에 따라 위임 또는 위탁을 받은 사무의 일부를 보조기관 또는 하급행정기관에 재위임할 수 있다.

② 보조기관은 제1항에 따라 위임받은 사항에 대하여는 그 범위에서 행정기관으로서 그 사무를 수행한다.

③ 행정기관은 법령으로 정하는 바에 따라 그 소관사무 중 조사 · 검사 · 검정 · 관리 업무 등 국민의 권리 · 의무와 직접 관계되지 아니하는 사무를 지방자치단체가 아닌 법인 · 단체 또는 그 기관이나 개인에게 위탁할 수 있다.

제7조【행정기관의 장의 직무권한】 ① 각 행정기관의 장은 소관사무를 통할하고 소속공무원을 지휘 · 감독한다.

② 차관(제29조제2항 · 제34조제3항 및 제38조제2항에 따라 과학기술정보통신부 · 행정안전부 및 산업통상자원부에 두는 본부장을 포함한다. 이하 이 조에서 같다) 또는 차장(국무조정실 차장을 포함한다. 이하 이 조에서 같다)은 그 기관의 장을 보좌하여 소관사무를 처리하고 소속공무원을 지휘 · 감독하며, 그 기관의 장이 사고로 직무를 수행할 수 없으면 그 직무를 대행한다. 다만, 차관 또는 차장이 2명 이상인 기관의 장이 사고로 직무를 수행할 수 없으면 대통령령으로 정하는 순서에 따라 그 직무를 대행한다. 〈개정 2014. 11. 19., 2017. 7. 26., 2023. 3. 4.〉

③ 각 행정기관의 보조기관은 그 기관의 장, 차관 또는 차장을 보좌하여 소관사무를 처리하고 소속공무원을 지휘 · 감독한다.

④ 제1항과 제2항의 경우에 소속청에 대하여는 중요정책수립에 관하여 그 청의 장을 직접 지휘할 수 있다.

⑤ 부 · 처의 장은 그 소관사무의 효율적 추진을 위하여 필요한 경우에는 국무총리에게 소관사무와 관련되는 다른 행정기관의 사무에 대한 조정을 요청할 수 있다.

제8조【공무원의 정원 등】 ① 각 행정기관에 배치할 공무원의 종류와 정원, 고위공무원단에 속하는 공무원으로 보하는 직위와 고위공무원단에 속하는 공무원의 정원, 공무원배치의 기준 및 절차 그 밖에 필요한 사항은 대통령령으로 정한다. 다만, 각 행정기관에 배치하는 정무직공무원(대통령비서실 및 국가안보실에 배치하는 정무직공무원은 제외한다)의 경우에는 법률로 정한다.

② 제1항의 경우 직무의 성질상 2개 이상의 행정기관의 정원을 통합하여 관리하는 것이 효율적이라고 인정되는 경우에는 그 정원을 통합하여 정할 수 있다.

제9조【예산조치와의 병행】 행정기관 또는 소속기관을 설치하거나 공무원의 정원을 증원할 때에는 반드시 예산상의 조치가 병행되어야 한다.

제10조【정부위원】 국무조정실의 실장 및 차장, 부 · 처 · 청의 처장 · 차관 · 청장 · 차장 · 실장 · 국장 및 차관보와 제29조제2항 · 제34조제3항 및 제38조제2항에 따라 과학기술정보통신부 · 행정안전부 및 산업통상자원부에 두는 본부장은 정부위원이 된다. 〈개정 2014. 11. 19., 2017. 7. 26., 2023. 3. 4.〉

제2장 대통령

제11조【대통령의 행정감독권】 ① 대통령은 정부의 수반으로서 법령에 따라 모든 중앙행정기관의 장을 지휘 · 감독한다.

② 대통령은 국무총리와 중앙행정기관의 장의 명령이나 처분이 위법 또는 부당하다고 인정하면 이를 중지 또는 취소할 수 있다.

제12조【국무회의】 ① 대통령은 국무회의 의장으로서 회의를 소집하고 이를 주재한다.

② 의장이 사고로 직무를 수행할 수 없는 경우에는 부의장인 국무총리가 그 직무를 대행하고, 의장과 부의장이 모두 사고로 직무를 수행할 수 없는 경우에는 기획재정부장관이 겸임하는 부총리, 교육부장관이 겸임하는 부총리 및 제26조제1항에 규정된 순서에 따라 국무위원이 그 직무를 대행한다. 〈개정 2014. 11. 19.〉

③ 국무위원은 정무직으로 하며 의장에게 의안을 제출하고 국무회의의 소집을 요구할 수 있다.

④ 국무회의의 운영에 관하여 필요한 사항은 대통령령으로 정한다.

제13조【국무회의의 출석권 및 의안제출】 ① 국무조정실장 · 인사혁신처장 · 법제처장 · 식품의약품안전처장 그 밖에 법률로 정하는 공무원은 필요한 경우 국무회의에 출석하여 발언할 수 있다. 〈개정 2014. 11. 19., 2017. 7. 26., 2023. 3. 4.〉

② 제1항에 규정된 공무원은 소관사무에 관하여 국무총리에게 의안의 제출을 건의할 수 있다.

제14조【대통령비서실】 ① 대통령의 직무를 보좌하기 위하여 대통령비서실을 둔다.

② 대통령비서실에 실장 1명을 두되, 실장은 정무직으로 한다.

제15조【국가안보실】 ① 국가안보에 관한 대통령의 직무를 보좌하기 위하여 국가안보실을 둔다.

② 국가안보실에 실장 1명을 두되, 실장은 정무직으로 한다.

제16조【대통령경호처】 ① 대통령 등의 경호를 담당하기 위하여 대통령경호처를 둔다. 〈개정 2017. 7. 26.〉

② 대통령경호처에 처장 1명을 두되, 처장은 정무직으로 한다. 〈개정 2017. 7. 26.〉

③ 대통령경호처의 조직 · 직무범위 그 밖에 필요한 사항은 따로 법률로 정한다. 〈개정 2017. 7. 26.〉

[제목개정 2017. 7. 26.]

제17조【국가정보원】 ① 국가안전보장에 관련되는 정보 및 보안에 관한 사무를 담당하기 위하여 대통령 소속으로 국가정보원을 둔다. 〈개정 2020. 12. 15.〉

② 국가정보원의 조직 · 직무범위 그 밖에 필요한 사항은 따로 법률로 정한다.

제3장 국무총리

제18조【국무총리의 행정감독권】 ① 국무총리는 대통령의 명을 받아 각 중앙행정기관의 장을 지휘 · 감독한다.

② 국무총리는 중앙행정기관의 장의 명령이나 처분이 위법 또는 부당하다고 인정될 경우에는 대통령의 승인을 받아 이를 중지 또는 취소할 수 있다.

제19조【부총리】 ① 국무총리가 특별히 위임하는 사무를 수행하기 위하여 부총리 2명을 둔다. 〈개정 2014. 11. 19.〉

② 부총리는 국무위원으로 보한다.

③ 부총리는 기획재정부장관과 교육부장관이 각각 겸임한다. 〈개정 2014. 11. 19.〉

④ 기획재정부장관은 경제정책에 관하여 국무총리의 명을 받아 관계 중앙행정기관을 총괄 · 조정한다. 〈신설 2014. 11. 19.〉

⑤ 교육부장관은 교육 · 사회 및 문화 정책에 관하여 국무총리의 명을 받아 관계 중앙행정기관을 총괄 · 조정한다. 〈신설 2014. 11. 19.〉

제20조【국무조정실】 ① 각 중앙행정기관의 행정의 지휘 · 감독, 정책 조정 및 사회위험 · 갈등의 관리, 정부업무평가 및 규제개혁에 관하여 국무총리를 보좌하기 위하여 국무조정실을 둔다.

② 국무조정실에 실장 1명을 두되, 실장은 정무직으로 한다.

③ 국무조정실에 차장 2명을 두되, 차장은 정무직으로 한다.

제21조【국무총리비서실】 ① 국무총리의 직무를 보좌하기 위하여 국무총리비서실을 둔다.

② 국무총리비서실에 실장 1명을 두되, 실장은 정무직으로 한다.

제22조【국무총리의 직무대행】 국무총리가 사고로 직무를 수행할 수 없는 경우에는 기획재정부장관이 겸임하는 부총리, 교육부장관이 겸임하는 부총리의 순으로 직무를 대행하고, 국무총리와 부총리가 모두 사고로 직무를 수행할 수 없는 경우에는 대통령의 지명이 있으면 그 지명을 받은 국무위원이, 지명이 없는 경우에는 제26조제1항에 규정된 순서에 따른 국무위원이 그 직무를 대행한다. 〈개정 2014. 11. 19.〉

제22조의2 삭제 〈2023. 3. 4.〉

제22조의3【인사혁신처】 ① 공무원의 인사 · 윤리 · 복무 및 연금에 관한 사무를 관장하기 위하여 국무총리 소속으로 인사혁신처를 둔다.

② 인사혁신처에 처장 1명과 차장 1명을 두되, 처장은 정무직으로 하고, 차장은 고위공무원단에 속하는 일반직공무원으로 보한다.

[본조신설 2014. 11. 19.]

제23조【법제처】 ① 국무회의에 상정될 법령안 · 조약안과 총리령안 및 부령안의 심사와 그 밖에 법제에 관한 사무를 전문적으로 관장하기 위하여 국무총리 소속

으로 법제처를 둔다.
② 법제처에 처장 1명과 차장 1명을 두되, 처장은 정무직으로 하고, 차장은 고위공무원단에 속하는 일반직공무원으로 보한다. 〈개정 2013. 12. 24.〉
제24조 삭제 〈2017. 7. 26.〉
제25조 【식품의약품안전처】 ① 식품 및 의약품의 안전에 관한 사무를 관장하기 위하여 국무총리 소속으로 식품의약품안전처를 둔다.
② 식품의약품안전처에 처장 1명과 차장 1명을 두되, 처장은 정무직으로 하고, 차장은 고위공무원단에 속하는 일반직공무원으로 보한다. 〈개정 2013. 12. 24.〉

제4장 행정각부

제26조 【행정각부】 ① 대통령의 통할하에 다음의 행정각부를 둔다. 〈개정 2014. 11. 19., 2017. 7. 26., 2023. 3. 4.〉
1. 기획재정부
2. 교육부
3. 과학기술정보통신부
4. 외교부
5. 통일부
6. 법무부
7. 국방부
8. 행정안전부
9. 국가보훈부
10. 문화체육관광부
11. 농림축산식품부
12. 산업통상자원부
13. 보건복지부
14. 환경부
15. 고용노동부
16. 여성가족부
17. 국토교통부
18. 해양수산부
19. 중소벤처기업부

② 행정각부에 장관 1명과 차관 1명을 두되, 장관은 국무위원으로 보하고, 차관은 정무직으로 한다. 다만, 기획재정부 · 과학기술정보통신부 · 외교부 · 문화체육관광부 · 산업통상자원부 · 보건복지부 · 국토교통부에는 차관 2명을 둔다. 〈개정 2014. 11. 19., 2017. 7. 26., 2020. 8. 11., 2021. 7. 8.〉
③ 장관은 소관사무에 관하여 지방행정의 장을 지휘 · 감독한다.
제27조 【기획재정부】 ① 기획재정부장관은 중장기 국가발전전략수립, 경제 · 재정정책의 수립 · 총괄 · 조정, 예산 · 기금의 편성 · 집행 · 성과관리, 화폐 · 외환 · 국고 · 정부회계 · 내국세제 · 관세 · 국제금융, 공공기관 관리, 경제협력 · 국유재산 · 민간투자 및 국가채무에 관한 사무를 관장한다.
② 기획재정부에 차관보 1명을 둘 수 있다.
③ 내국세의 부과 · 감면 및 징수에 관한 사무를 관장하기 위하여 기획재정부장관 소속으로 국세청을 둔다.
④ 국세청에 청장 1명과 차장 1명을 두되, 청장은 정무직으로 하고, 차장은 고위공무원단에 속하는 일반직공무원으로 보한다. 〈개정 2013. 12. 24.〉
⑤ 관세의 부과 · 감면 및 징수와 수출입물품의 통관 및 밀수출입단속에 관한 사무를 관장하기 위하여 기획재정부장관 소속으로 관세청을 둔다.
⑥ 관세청에 청장 1명과 차장 1명을 두되, 청장은 정무직으로 하고, 차장은 고위공무원단에 속하는 일반직공무원으로 보한다. 〈개정 2013. 12. 24.〉
⑦ 정부가 행하는 물자(군수품을 제외한다)의 구매 · 공급 및 관리에 관한 사무와 정부의 주요시설공사계약에 관한 사무를 관장하기 위하여 기획재정부장관 소속으로 조달청을 둔다.
⑧ 조달청에 청장 1명과 차장 1명을 두되, 청장은 정무직으로 하고, 차장은 고위공무원단에 속하는 일반직공무원으로 보한다. 〈개정 2013. 12. 24.〉
⑨ 통계의 기준설정과 인구조사 및 각종 통계에 관한 사무를 관장하기 위하여 기획재정부장관 소속으로 통계청을 둔다.
⑩ 통계청에 청장 1명과 차장 1명을 두되, 청장은 정무직으로 하고, 차장은 고위공무원단에 속하는 일반직공무원으로 보한다. 〈개정 2013. 12. 24.〉
제28조 【교육부】 ① 교육부장관은 인적자원개발정책, 영 · 유아 보육 · 교육, 학교교육 · 평생교육, 학술에 관한 사무를 관장한다. 〈개정 2023. 12. 26.〉
② 교육부에 차관보 1명을 둘 수 있다.
[제29조에서 이동, 종전 제28조는 제29조로 이동 〈2014. 11. 19.〉]

제28조 【교육부】 ① 교육부장관은 인적자원개발정책, 영 · 유아 보육 · 교육, 학교교육 · 평생교육, 학술에 관한 사무를 관장한다. 〈개정 2023. 12. 26.〉
② 교육부에 차관보 1명을 둘 수 있다.
[제29조에서 이동, 종전 제28조는 제29조로 이동 〈2014. 11. 19.〉]
[시행일: 2024. 6. 27.]

제29조 【과학기술정보통신부】 ① 과학기술정보통신부장관은 과학기술정책의 수립 · 총괄 · 조정 · 평가, 과학기술의 연구개발 · 협력 · 진흥, 과학기술인력 양성, 원자력 연구 · 개발 · 생산 · 이용, 국가정보화 기획 · 정보보호 · 정보문화, 방송 · 통신의 융합 · 진흥 및 전파관리, 정보통신산업, 우편 · 우편환 및 우편대체에 관한 사무를 관장한다. 〈개정 2017. 7. 26.〉

② 과학기술정보통신부에 과학기술혁신사무를 담당하는 본부장 1명을 두되, 본부장은 정무직으로 한다. 〈신설 2017. 7. 26.〉
[제목개정 2017. 7. 26.]
[제28조에서 이동, 종전 제29조는 제28조로 이동 〈2014. 11. 19.〉]

제30조【외교부】 ① 외교부장관은 외교, 경제외교 및 국제경제협력외교, 국제관계 업무에 관한 조정, 조약 기타 국제협정, 재외국민의 보호 · 지원, 국제정세의 조사 · 분석에 관한 사무를 관장한다. 〈개정 2023. 3. 4.〉
② 외교부에 차관보 1명을 둘 수 있다.
③ 재외동포에 관한 사무를 관장하기 위하여 외교부장관 소속으로 재외동포청을 둔다. 〈신설 2023. 3. 4.〉
④ 재외동포청에 청장 1명과 차장 1명을 두되, 청장은 정무직으로 하고, 차장은 고위공무원단에 속하는 일반직공무원 또는 외무공무원으로 보한다. 〈신설 2023. 3. 4.〉

제31조【통일부】 통일부장관은 통일 및 남북대화 · 교류 · 협력에 관한 정책의 수립, 통일교육, 그 밖에 통일에 관한 사무를 관장한다.

제32조【법무부】 ① 법무부장관은 검찰 · 행형 · 인권옹호 · 출입국관리 그 밖에 법무에 관한 사무를 관장한다.
② 검사에 관한 사무를 관장하기 위하여 법무부장관 소속으로 검찰청을 둔다.
③ 검찰청의 조직 · 직무범위 그 밖에 필요한 사항은 따로 법률로 정한다.

제33조【국방부】 ① 국방부장관은 국방에 관련된 군정 및 군령과 그 밖에 군사에 관한 사무를 관장한다.
② 국방부에 차관보 1명을 둘 수 있다.
③ 징집 · 소집 그 밖에 병무행정에 관한 사무를 관장하기 위하여 국방부장관 소속으로 병무청을 둔다.
④ 병무청에 청장 1명과 차장 1명을 두되, 청장은 정무직으로 하고, 차장은 고위공무원단에 속하는 일반직공무원으로 보한다. 〈개정 2013. 12. 24.〉
⑤ 방위력 개선사업, 군수물자 조달 및 방위산업 육성에 관한 사무를 관장하기 위하여 국방부장관 소속으로 방위사업청을 둔다.
⑥ 방위사업청에 청장 1명과 차장 1명을 두되, 청장은 정무직으로 하고, 차장은 고위공무원단에 속하는 일반직공무원으로 보한다. 〈개정 2013. 12. 24.〉

제34조【행정안전부】 ① 행정안전부장관은 국무회의의 서무, 법령 및 조약의 공포, 정부조직과 정원, 상훈, 정부혁신, 행정능률, 전자정부, 정부청사의 관리, 지방자치제도, 지방자치단체의 사무지원 · 재정 · 세제, 낙후지역 등 지원, 지방자치단체간 분쟁조정, 선거 · 국민투표의 지원, 안전 및 재난에 관한 정책의 수립 · 총괄 · 조정, 비상대비, 민방위 및 방재에 관한 사무를 관장한다. 〈개정 2014. 11. 19., 2017. 7. 26., 2020. 2. 4.〉
② 국가의 행정사무로서 다른 중앙행정기관의 소관에 속하지 아니하는 사무는 행정안전부장관이 이를 처리한다. 〈개정 2014. 11. 19., 2017. 7. 26.〉
③ 행정안전부에 재난안전관리사무를 담당하는 본부장 1명을 두되, 본부장은 정무직으로 한다. 〈신설 2017. 7. 26.〉
④ 행정안전부에 차관보 1명을 둘 수 있다. 〈개정 2014. 11. 19., 2017. 7. 26.〉
⑤ 치안에 관한 사무를 관장하기 위하여 행정안전부장관 소속으로 경찰청을 둔다. 〈개정 2014. 11. 19., 2017. 7. 26.〉
⑥ 경찰청의 조직 · 직무범위 그 밖에 필요한 사항은 따로 법률로 정한다. 〈개정 2017. 7. 26.〉
⑦ 소방에 관한 사무를 관장하기 위하여 행정안전부장관 소속으로 소방청을 둔다. 〈신설 2017. 7. 26.〉
⑧ 소방청에 청장 1명과 차장 1명을 두되, 청장 및 차장은 소방공무원으로 보한다. 〈신설 2017. 7. 26.〉
[제목개정 2017. 7. 26.]

제35조【국가보훈부】 국가보훈부장관은 국가유공자 및 그 유족에 대한 보훈, 제대군인의 보상 · 보호, 보훈선양에 관한 사무를 관장한다.
[본조신설 2023. 3. 4.]
[종전 제35조는 제36조로 이동 〈2023. 3. 4.〉]

제36조【문화체육관광부】 ① 문화체육관광부장관은 문화 · 예술 · 영상 · 광고 · 출판 · 간행물 · 체육 · 관광, 국정에 대한 홍보 및 정부발표에 관한 사무를 관장한다.
② 문화체육관광부에 차관보 1명을 둘 수 있다.
③ 문화재에 관한 사무를 관장하기 위하여 문화체육관광부장관 소속으로 문화재청을 둔다.
④ 문화재청에 청장 1명과 차장 1명을 두되, 청장은 정무직으로 하고, 차장은 고위공무원단에 속하는 일반직공무원으로 보한다. 〈개정 2013. 12. 24.〉
[제35조에서 이동, 종전 제36조는 제37조로 이동 〈2023. 3. 4.〉]

제37조【농림축산식품부】 ① 농림축산식품부장관은 농산 · 축산, 식량 · 농지 · 수리, 식품산업진흥, 농촌개발 및 농산물 유통에 관한 사무를 관장한다.
② 농림축산식품부에 차관보 1명을 둘 수 있다.
③ 농촌진흥에 관한 사무를 관장하기 위하여 농림축산식품부장관 소속으로 농촌진흥청을 둔다.
④ 농촌진흥청에 청장 1명과 차장 1명을 두되, 청장은 정무직으로 하고, 차장은 고위공무원단에 속하는 일반

직공무원으로 보한다. 〈개정 2013. 12. 24.〉
⑤ 산림에 관한 사무를 관장하기 위하여 농림축산식품부장관 소속으로 산림청을 둔다.
⑥ 산림청에 청장 1명과 차장 1명을 두되, 청장은 정무직으로 하고, 차장은 고위공무원단에 속하는 일반직공무원으로 보한다. 〈개정 2013. 12. 24.〉
[제36조에서 이동, 종전 제37조는 제38조로 이동 〈2023. 3. 4.〉]

제38조 【산업통상자원부】 ① 산업통상자원부장관은 상업 · 무역 · 공업 · 통상, 통상교섭 및 통상교섭에 관한 총괄 · 조정, 외국인 투자, 중견기업, 산업기술 연구개발정책 및 에너지 · 지하자원에 관한 사무를 관장한다. 〈개정 2017. 7. 26.〉
② 산업통상자원부에 통상교섭사무를 담당하는 본부장 1명을 두되, 본부장은 정무직으로 한다. 〈개정 2017. 7. 26.〉
③ 산업통상자원부에 차관보 1명을 둘 수 있다. 〈개정 2017. 7. 26.〉
④ 특허 · 실용신안 · 디자인 및 상표에 관한 사무와 이에 대한 심사 · 심판사무를 관장하기 위하여 산업통상자원부장관 소속으로 특허청을 둔다. 〈개정 2017. 7. 26.〉
⑤ 특허청에 청장 1명과 차장 1명을 두되, 청장은 정무직으로 하고, 차장은 고위공무원단에 속하는 일반직공무원으로 보한다. 〈개정 2013. 12. 24., 2017. 7. 26.〉
[제37조에서 이동, 종전 제38조는 제39조로 이동 〈2023. 3. 4.〉]

제39조 【보건복지부】 ① 보건복지부장관은 생활보호 · 자활지원 · 사회보장 · 아동(영 · 유아 보육을 포함한다) · 노인 · 장애인 · 보건위생 · 의정(醫政) 및 약정(藥政)에 관한 사무를 관장한다.
② 방역 · 검역 등 감염병에 관한 사무 및 각종 질병에 관한 조사 · 시험 · 연구에 관한 사무를 관장하기 위하여 보건복지부장관 소속으로 질병관리청을 둔다.
③ 질병관리청에 청장 1명과 차장 1명을 두되, 청장은 정무직으로 하고, 차장은 고위공무원단에 속하는 일반직공무원으로 보한다.
[전문개정 2020. 8. 11.]
[제38조에서 이동, 종전 제39조는 제40조로 이동 〈2023. 3. 4.〉]

제39조 【보건복지부】 ① 보건복지부장관은 생활보호 · 자활지원 · 사회보장 · 아동(영 · 유아 보육은 제외한다) · 노인 · 장애인 · 보건위생 · 의정(醫政) 및 약정(藥政)에 관한 사무를 관장한다. 〈개정 2023. 12. 26.〉
② 방역 · 검역 등 감염병에 관한 사무 및 각종 질병에 관한 조사 · 시험 · 연구에 관한 사무를 관장하기 위하여 보건복지부장관 소속으로 질병관리청을 둔다.
③ 질병관리청에 청장 1명과 차장 1명을 두되, 청장은 정무직으로 하고, 차장은 고위공무원단에 속하는 일반직공무원으로 보한다.
[전문개정 2020. 8. 11.]
[제38조에서 이동, 종전 제39조는 제40조로 이동 〈2023. 3. 4.〉]
[시행일: 2024. 6. 27.]

제40조 【환경부】 ① 환경부장관은 자연환경, 생활환경의 보전, 환경오염방지, 수자원의 보전 · 이용 · 개발 및 하천에 관한 사무를 관장한다. 〈개정 2018. 6. 8., 2020. 12. 31.〉
② 기상에 관한 사무를 관장하기 위하여 환경부장관 소속으로 기상청을 둔다.
③ 기상청에 청장 1명과 차장 1명을 두되, 청장은 정무직으로 하고, 차장은 고위공무원단에 속하는 일반직공무원으로 보한다. 〈개정 2013. 12. 24.〉
[제39조에서 이동, 종전 제40조는 제41조로 이동 〈2023. 3. 4.〉]

제41조 【고용노동부】 고용노동부장관은 고용정책의 총괄, 고용보험, 직업능력개발훈련, 근로조건의 기준, 근로자의 복지후생, 노사관계의 조정, 산업안전보건, 산업재해보상보험과 그 밖에 고용과 노동에 관한 사무를 관장한다.
[제40조에서 이동, 종전 제41조는 제42조로 이동 〈2023. 3. 4.〉]

제42조 【여성가족부】 여성가족부장관은 여성정책의 기획 · 종합, 여성의 권익증진 등 지위향상, 청소년 및 가족(다문화가족과 건강가정사업을 위한 아동업무를 포함한다)에 관한 사무를 관장한다.
[제41조에서 이동, 종전 제42조는 제43조로 이동 〈2023. 3. 4.〉]

제43조 【국토교통부】 ① 국토교통부장관은 국토종합계획의 수립 · 조정, 국토의 보전 · 이용 및 개발, 도시 · 도로 및 주택의 건설, 해안 및 간척, 육운 · 철도 및 항공에 관한 사무를 관장한다. 〈개정 2018. 6. 8., 2020. 12. 31.〉
② 국토교통부에 차관보 1명을 둘 수 있다.
[제42조에서 이동, 종전 제43조는 제44조로 이동 〈2023. 3. 4.〉]

제44조 【해양수산부】 ① 해양수산부장관은 해양정책, 수산, 어촌개발 및 수산물 유통, 해운 · 항만, 해양환경, 해양조사, 해양수산자원개발, 해양과학기술연구 · 개발 및 해양안전심판에 관한 사무를 관장한다. 〈개정 2017. 4. 18.〉
② 해양에서의 경찰 및 오염방제에 관한 사무를 관장하기 위하여 해양수산부장관 소속으로 해양경찰청을 둔다. 〈신설 2017. 7. 26.〉

③ 해양경찰청에 청장 1명과 차장 1명을 두되, 청장 및 차장은 경찰공무원으로 보한다. 〈신설 2017. 7. 26.〉
[제43조에서 이동, 종전 제44조는 제45조로 이동 〈2023. 3. 4.〉]
제45조 【중소벤처기업부】 중소벤처기업부장관은 중소기업 정책의 기획 · 종합, 중소기업의 보호 · 육성, 창업 · 벤처기업의 지원, 대 · 중소기업 간 협력 및 소상공인에 대한 보호 · 지원에 관한 사무를 관장한다.
[본조신설 2017. 7. 26.]
[제44조에서 이동 〈2023. 3. 4.〉]

부칙 〈제11690호, 2013.3.23〉
제1조 【시행일】 ① 이 법은 공포한 날부터 시행한다.
② 생략
제2조~제5조 〈생략〉
제6조 【다른 법률의 개정】 〈해당 법률에 정리〉

부칙 〈중략〉

부칙 〈제18293호, 2021.7.8.〉
제1조 【시행일】 이 법은 공포 후 1개월이 경과한 날부터 시행한다.

부칙 〈제19840호, 2023. 12. 26.〉
제1조 【시행일】 이 법은 공포 후 6개월이 경과한 날부터 시행한다. 다만, 부칙 제4조에 따라 개정되는 법률 중 이 법 시행 전에 공포되었으나 시행일이 도래하지 아니한 법률을 개정한 부분은 각각 해당 법률의 시행일부터 시행한다.
제2조~제4조 〈생략〉
제5조 【다른 법령과의 관계】 이 법 시행 당시 다른 법령(이 법 시행 전에 공포되었으나 시행일이 도래하지 아니한 법령을 포함한다)에서 부칙 제2조제1항의 표의 왼쪽 란에 기재된 사무와 관련하여 소관 행정기관, 행정기관의 장 또는 그 소속 공무원, 행정기관의 부령을 인용한 경우에는 같은 표의 오른쪽 란에 기재된 행정기관, 행정기관의 장 또는 그 소속 공무원, 행정기관의 부령을 각각 인용한 것으로 본다.

행정심판법

[2010년 1월 25일
법 률 제9968호 전문개정]

개정
2012.02.17. 법11328호
2013.03.23. 법11690호(정부조직법)
2014.05.28. 법12718호
2016.03.29. 법14146호
2017.04.18. 법14832호
2017.10.31. 법15025호
2020.06.09. 법17354호(전자서명법)
2023.03.21 법19269호

제1장 총 칙

제1조【목 적】 이 법은 행정심판 절차를 통하여 행정청의 위법 또는 부당한 처분(處分)이나 부작위(不作爲)로 침해된 국민의 권리 또는 이익을 구제하고, 아울러 행정의 적정한 운영을 꾀함을 목적으로 한다.

제2조【정 의】 이 법에서 사용하는 용어의 뜻은 다음과 같다.

1. "처분"이란 행정청이 행하는 구체적 사실에 관한 법집행으로서의 공권력의 행사 또는 그 거부, 그 밖에 이에 준하는 행정작용을 말한다.
2. "부작위"란 행정청이 당사자의 신청에 대하여 상당한 기간 내에 일정한 처분을 하여야 할 법률상 의무가 있는데도 처분을 하지 아니하는 것을 말한다.
3. "재결(裁決)"이란 행정심판의 청구에 대하여 제6조에 따른 행정심판위원회가 행하는 판단을 말한다.
4. "행정청"이란 행정에 관한 의사를 결정하여 표시하는 국가 또는 지방자치단체의 기관, 그 밖에 법령 또는 자치법규에 따라 행정권한을 가지고 있거나 위탁을 받은 공공단체나 그 기관 또는 사인(私人)을 말한다.

제3조【행정심판의 대상】 ① 행정청의 처분 또는 부작위에 대하여는 다른 법률에 특별한 규정이 있는 경우 외에는 이 법에 따라 행정심판을 청구할 수 있다.

② 대통령의 처분 또는 부작위에 대하여는 다른 법률에서 행정심판을 청구할 수 있도록 정한 경우 외에는 행정심판을 청구할 수 없다.

제4조【특별행정심판 등】 ① 사안(事案)의 전문성과 특수성을 살리기 위하여 특히 필요한 경우 외에는 이 법에 따른 행정심판을 갈음하는 특별한 행정불복절차(이하 "특별행정심판"이라 한다)나 이 법에 따른 행정심판 절차에 대한 특례를 다른 법률로 정할 수 없다.

② 다른 법률에서 특별행정심판이나 이 법에 따른 행정심판 절차에 대한 특례를 정한 경우에도 그 법률에서 규정하지 아니한 사항에 관하여는 이 법에서 정하는 바에 따른다.

③ 관계 행정기관의 장이 특별행정심판 또는 이 법에 따른 행정심판 절차에 대한 특례를 신설하거나 변경하는 법령을 제정·개정할 때에는 미리 중앙행정심판위원회와 협의하여야 한다.

제5조【행정심판의 종류】 행정심판의 종류는 다음 각 호와 같다.

1. 취소심판 : 행정청의 위법 또는 부당한 처분을 취소하거나 변경하는 행정심판
2. 무효등확인심판 : 행정청의 처분의 효력 유무 또는 존재 여부를 확인하는 행정심판
3. 의무이행심판 : 당사자의 신청에 대한 행정청의 위법 또는 부당한 거부처분이나 부작위에 대하여 일정한 처분을 하도록 하는 행정심판

제2장 심판기관

제6조【행정심판위원회의 설치】 ① 다음 각 호의 행정청 또는 그 소속 행정청(행정기관의 계층구조와 관계없이 그 감독을 받거나 위탁을 받은 모든 행정청을 말하되, 위탁을 받은 행정청은 그 위탁받은 사무에 관하여는 위탁한 행정청의 소속 행정청으로 본다. 이하 같다)의 처분 또는 부작위에 대한 행정심판의 청구(이하 "심판청구"라 한다)에 대하여는 다음 각 호의 행정청에 두는 행정심판위원회에서 심리·재결한다.<개정 2016.3.29>

1. 감사원, 국가정보원장, 그 밖에 대통령령으로 정하는 대통령 소속기관의 장
2. 국회사무총장·법원행정처장·헌법재판소사무처장 및 중앙선거관리위원회사무총장
3. 국가인권위원회, 그 밖에 지위·성격의 독립성과 특수성 등이 인정되어 대통령령으로 정하는 행정청

② 다음 각 호의 행정청의 처분 또는 부작위에 대한 심판청구에 대하여는 「부패방지 및 국민권익위원회의 설치와 운영에 관한 법률」에 따른 국민권익위원회(이하 "국민권익위원회"라 한다)에 두는 중앙행정심판위원회에서 심리·재결한다. <개정 2012.2.17>

1. 제1항에 따른 행정청 외의 국가행정기관의 장 또는 그 소속 행정청
2. 특별시장·광역시장·특별자치시장·도지사·

특별자치도지사(특별시·광역시·특별자치시·도 또는 특별자치도의 교육감을 포함한다. 이하 "시·도지사"라 한다) 또는 특별시·광역시·특별자치시·도·특별자치도(이하 "시·도"라 한다)의 의회(의장, 위원회의 위원장, 사무처장 등 의회 소속 모든 행정청을 포함한다)
3.「지방자치법」에 따른 지방자치단체조합 등 관계 법률에 따라 국가·지방자치단체·공공법인 등이 공동으로 설립한 행정청. 다만, 제3항제3호에 해당하는 행정청은 제외한다.
③ 다음 각 호의 행정청의 처분 또는 부작위에 대한 심판청구에 대하여는 시·도지사 소속으로 두는 행정심판위원회에서 심리·재결한다.
1. 시·도 소속 행정청
2. 시·도의 관할구역에 있는 시·군·자치구의 장, 소속 행정청 또는 시·군·자치구의 의회(의장, 위원회의 위원장, 사무국장, 사무과장 등 의회 소속 모든 행정청을 포함한다)
3. 시·도의 관할구역에 있는 둘 이상의 지방자치단체(시·군·자치구를 말한다)·공공법인 등이 공동으로 설립한 행정청
④ 제2항제1호에도 불구하고 대통령령으로 정하는 국가행정기관 소속 특별지방행정기관의 장의 처분 또는 부작위에 대한 심판청구에 대하여는 해당 행정청의 직근 상급행정기관에 두는 행정심판위원회에서 심리·재결한다.

제7조【행정심판위원회의 구성】 ① 행정심판위원회(중앙행정심판위원회는 제외한다. 이하 이 조에서 같다)는 위원장 1명을 포함하여 50명 이내의 위원으로 구성한다. <개정 2016.3.29>
② 행정심판위원회의 위원장은 그 행정심판위원회가 소속된 행정청이 되며, 위원장이 없거나 부득이한 사유로 직무를 수행할 수 없거나 위원장이 필요하다고 인정하는 경우에는 다음 각 호의 순서에 따라 위원이 위원장의 직무를 대행한다.
1. 위원장이 사전에 지명한 위원
2. 제4항에 따라 지명된 공무원인 위원(2명 이상인 경우에는 직급 또는 고위공무원단에 속하는 공무원의 직무등급이 높은 위원 순서로, 직급 또는 직무등급도 같은 경우에는 위원 재직기간이 긴 위원 순서로, 재직기간도 같은 경우에는 연장자 순서로 한다)
③ 제2항에도 불구하고 제6조제3항에 따라 시·도지사 소속으로 두는 행정심판위원회의 경우에는 해당 지방자치단체의 조례로 정하는 바에 따라 공무원이 아닌 위원을 위원장으로 정할 수 있다. 이 경우 위원장은 비상임으로 한다.
④ 행정심판위원회의 위원은 해당 행정심판위원회가 소속된 행정청이 다음 각 호의 어느 하나에 해당하는 사람 중에서 성별을 고려하여 위촉하거나 그 소속 공무원 중에서 지명한다. <개정 2016.3.29>
1. 변호사 자격을 취득한 후 5년 이상의 실무 경험이 있는 사람
2.「고등교육법」 제2조제1호부터 제6호까지의 규정에 따른 학교에서 조교수 이상으로 재직하거나 재직하였던 사람
3. 행정기관의 4급 이상 공무원이었거나 고위공무원단에 속하는 공무원이었던 사람
4. 박사학위를 취득한 후 해당 분야에서 5년 이상 근무한 경험이 있는 사람
5. 그 밖에 행정심판과 관련된 분야의 지식과 경험이 풍부한 사람
⑤ 행정심판위원회의 회의는 위원장과 위원장이 회의마다 지정하는 8명의 위원(그중 제4항에 따른 위촉위원은 6명 이상으로 하되, 제3항에 따라 위원장이 공무원이 아닌 경우에는 5명 이상으로 한다)으로 구성한다. 다만, 국회규칙, 대법원규칙, 헌법재판소규칙, 중앙선거관리위원회규칙 또는 대통령령(제6조제3항에 따라 시·도지사 소속으로 두는 행정심판위원회의 경우에는 해당 지방자치단체의 조례)으로 정하는 바에 따라 위원장과 위원장이 회의마다 지정하는 6명의 위원(그중 제4항에 따른 위촉위원은 5명 이상으로 하되, 제3항에 따라 공무원이 아닌 위원이 위원장인 경우에는 4명 이상으로 한다)으로 구성할 수 있다.
⑥ 행정심판위원회는 제5항에 따른 구성원 과반수의 출석과 출석위원 과반수의 찬성으로 의결한다.
⑦ 행정심판위원회의 조직과 운영, 그 밖에 필요한 사항은 국회규칙, 대법원규칙, 헌법재판소규칙, 중앙선거관리위원회규칙 또는 대통령령으로 정한다.

제8조【중앙행정심판위원회의 구성】 ① 중앙행정심판위원회는 위원장 1명을 포함하여 70명 이내의 위원으로 구성하되, 위원 중 상임위원은 4명 이내로 한다. <개정 2016.3.29>
② 중앙행정심판위원회의 위원장은 국민권익위원회의 부위원장 중 1명이 되며, 위원장이 없거나 부득이한 사유로 직무를 수행할 수 없거나 위원장이 필요하다고 인정하는 경우에는 상임위원(상임으로 재직한 기간이 긴 위원 순서로, 재직기간이 같은 경우에는 연장자 순서로 한다)이 위원장의 직무를 대행한다.
③ 중앙행정심판위원회의 상임위원은 일반직공무원으로서 「국가공무원법」 제26조의5에 따른 임기제공무원으로 임명하되, 3급 이상 공무원 또는 고위공무원단에 속하는 일반직공무원으로 3년 이상 근무한 사람이나 그 밖에 행정심판에 관한 지식과 경험이 풍부한 사람 중에서 중앙행정심판위원회 위원장의 제청으로 국무총리를 거쳐 대통령이 임명한다. <개정 2014.5.28>
④ 중앙행정심판위원회의 비상임위원은 제7조제4항 각 호의 어느 하나에 해당하는 사람 중에서 중앙행정심판위원회 위원장의 제청으로 국무총리가 성별을 고려하여 위촉한다. <개정 2016.3.29>
⑤ 중앙행정심판위원회의 회의(제6항에 따른 소위원회 회의는 제외한다)는 위원장, 상임위원 및 위원장이 회의마다 지정하는 비상임위원을 포함하여 총 9명으로 구성한다.
⑥ 중앙행정심판위원회는 심판청구사건(이하 "사건"이라 한다) 중 「도로교통법」에 따른 자동차운

전면허 행정처분에 관한 사건(소위원회가 중앙행정심판위원회에서 심리·의결하도록 결정한 사건은 제외한다)을 심리·의결하게 하기 위하여 4명의 위원으로 구성하는 소위원회를 둘 수 있다.
⑦ 중앙행정심판위원회 및 소위원회는 각각 제5항 및 제6항에 따른 구성원 과반수의 출석과 출석위원 과반수의 찬성으로 의결한다.
⑧ 중앙행정심판위원회는 위원장이 지정하는 사건을 미리 검토하도록 필요한 경우에는 전문위원회를 둘 수 있다.
⑨ 중앙행정심판위원회, 소위원회 및 전문위원회의 조직과 운영 등에 필요한 사항은 대통령령으로 정한다.

제9조【위원의 임기 및 신분보장 등】 ① 제7조제4항에 따라 지명된 위원은 그 직에 재직하는 동안 재임한다.
② 제8조제3항에 따라 임명된 중앙행정심판위원회 상임위원의 임기는 3년으로 하며, 1차에 한하여 연임할 수 있다.
③ 제7조제4항 및 제8조제4항에 따라 위촉된 위원의 임기는 2년으로 하되, 2차에 한하여 연임할 수 있다. 다만, 제6조제1항제2호에 규정된 기관에 두는 행정심판위원회의 위촉위원의 경우에는 각각 국회규칙, 대법원규칙, 헌법재판소규칙 또는 중앙선거관리위원회규칙으로 정하는 바에 따른다.
④ 다음 각 호의 어느 하나에 해당하는 사람은 제6조에 따른 행정심판위원회(이하 "위원회"라 한다)의 위원이 될 수 없으며, 위원이 이에 해당하게 된 때에는 당연히 퇴직한다.
1. 대한민국 국민이 아닌 사람
2. 「국가공무원법」 제33조 각 호의 어느 하나에 해당하는 사람

⑤ 제7조제4항 및 제8조제4항에 따라 위촉된 위원은 금고(禁錮) 이상의 형을 선고받거나 부득이한 사유로 장기간 직무를 수행할 수 없게 되는 경우 외에는 임기 중 그의 의사와 다르게 해촉(解囑)되지 아니한다.

제10조【위원의 제척·기피·회피】 ① 위원회의 위원은 다음 각 호의 어느 하나에 해당하는 경우에는 그 사건의 심리·의결에서 제척(除斥)된다. 이 경우 제척결정은 위원회의 위원장(이하 "위원장"이라 한다)이 직권으로 또는 당사자의 신청에 의하여 한다.
1. 위원 또는 그 배우자나 배우자이었던 사람이 사건의 당사자이거나 사건에 관하여 공동 권리자 또는 의무자인 경우
2. 위원이 사건의 당사자와 친족이거나 친족이었던 경우
3. 위원이 사건에 관하여 증언이나 감정(鑑定)을 한 경우
4. 위원이 당사자의 대리인으로서 사건에 관여하거나 관여하였던 경우
5. 위원이 사건의 대상이 된 처분 또는 부작위에 관여한 경우

② 당사자는 위원에게 공정한 심리·의결을 기대하기 어려운 사정이 있으면 위원장에게 기피신청을 할 수 있다.
③ 위원에 대한 제척신청이나 기피신청은 그 사유를 소명(疏明)한 문서로 하여야 한다. 다만, 불가피한 경우에는 신청한 날부터 3일 이내에 신청 사유를 소명할 수 있는 자료를 제출하여야 한다.<개정 2016.3.29.>
④ 제척신청이나 기피신청이 제3항을 위반하였을 때에는 위원장은 결정으로 이를 각하한다.<개정 2016.3.29>
⑤ 위원장은 제척신청이나 기피신청의 대상이 된 위원에게서 그에 대한 의견을 받을 수 있다.
⑥ 위원장은 제척신청이나 기피신청을 받으면 제척 또는 기피 여부에 대한 결정을 하고, 지체 없이 신청인에게 결정서 정본(正本)을 송달하여야 한다.
⑦ 위원회의 회의에 참석하는 위원이 제척사유 또는 기피사유에 해당되는 것을 알게 되었을 때에는 스스로 그 사건의 심리·의결에서 회피할 수 있다. 이 경우 회피하고자 하는 위원은 위원장에게 그 사유를 소명하여야 한다.
⑧ 사건의 심리·의결에 관한 사무에 관여하는 위원 아닌 직원에게도 제1항부터 제7항까지의 규정을 준용한다. <개정 2016.3.29>

제11조【벌칙 적용 시의 공무원 의제】 위원 중 공무원이 아닌 위원은 「형법」과 그 밖의 법률에 따른 벌칙을 적용할 때에는 공무원으로 본다.

제12조【위원회의 권한 승계】 ① 당사자의 심판청구 후 위원회가 법령의 개정·폐지 또는 제17조제5항에 따른 피청구인의 경정 결정에 따라 그 심판청구에 대하여 재결할 권한을 잃게 된 경우에는 해당 위원회는 심판청구서와 관계 서류, 그 밖의 자료를 새로 재결할 권한을 갖게 된 위원회에 보내야 한다.
② 제1항의 경우 송부를 받은 위원회는 지체 없이 그 사실을 다음 각 호의 자에게 알려야 한다.
1. 행정심판 청구인(이하 "청구인"이라 한다)
2. 행정심판 피청구인(이하 "피청구인"이라 한다)
3. 제20조 또는 제21조에 따라 심판참가를 하는 자(이하 "참가인"이라 한다)

제3장 당사자와 관계인

제13조【청구인 적격】 ① 취소심판은 처분의 취소 또는 변경을 구할 법률상 이익이 있는 자가 청구할 수 있다. 처분의 효과가 기간의 경과, 처분의 집행, 그 밖의 사유로 소멸된 뒤에도 그 처분의 취소로 회복되는 법률상 이익이 있는 자의 경우에도 또한 같다.
② 무효등확인심판은 처분의 효력 유무 또는 존재 여부의 확인을 구할 법률상 이익이 있는 자가 청구할 수 있다.
③ 의무이행심판은 처분을 신청한 자로서 행정청의 거부처분 또는 부작위에 대하여 일정한 처분을 구할 법률상 이익이 있는 자가 청구할 수 있다.

**제14조【법인이 아닌 사단 또는 재단의 청구인 능

력】 법인이 아닌 사단 또는 재단으로서 대표자나 관리인이 정하여져 있는 경우에는 그 사단이나 재단의 이름으로 심판청구를 할 수 있다.

제15조 【선정대표자】 ① 여러 명의 청구인이 공동으로 심판청구를 할 때에는 청구인들 중에서 3명 이하의 선정대표자를 선정할 수 있다.

② 청구인들이 제1항에 따라 선정대표자를 선정하지 아니한 경우에 위원회는 필요하다고 인정하면 청구인들에게 선정대표자를 선정할 것을 권고할 수 있다.

③ 선정대표자는 다른 청구인들을 위하여 그 사건에 관한 모든 행위를 할 수 있다. 다만, 심판청구를 취하하려면 다른 청구인들의 동의를 받아야 하며, 이 경우 동의받은 사실을 서면으로 소명하여야 한다.

④ 선정대표자가 선정되면 다른 청구인들은 그 선정대표자를 통해서만 그 사건에 관한 행위를 할 수 있다.

⑤ 선정대표자를 선정한 청구인들은 필요하다고 인정하면 선정대표자를 해임하거나 변경할 수 있다. 이 경우 청구인들은 그 사실을 지체 없이 위원회에 서면으로 알려야 한다.

제16조 【청구인의 지위 승계】 ① 청구인이 사망한 경우에는 상속인이나 그 밖에 법령에 따라 심판청구의 대상에 관계되는 권리나 이익을 승계한 자가 청구인의 지위를 승계한다.

② 법인인 청구인이 합병(合併)에 따라 소멸하였을 때에는 합병 후 존속하는 법인이나 합병에 따라 설립된 법인이 청구인의 지위를 승계한다.

③ 제1항과 제2항에 따라 청구인의 지위를 승계한 자는 위원회에 서면으로 그 사유를 신고하여야 한다. 이 경우 신고서에는 사망 등에 의한 권리·이익의 승계 또는 합병 사실을 증명하는 서면을 함께 제출하여야 한다.

④ 제1항 또는 제2항의 경우에 제3항에 따른 신고가 있을 때까지 사망자나 합병 전의 법인에 대하여 한 통지 또는 그 밖의 행위가 청구인의 지위를 승계한 자에게 도달하면 지위를 승계한 자에 대한 통지 또는 그 밖의 행위로서의 효력이 있다.

⑤ 심판청구의 대상과 관계되는 권리나 이익을 양수한 자는 위원회의 허가를 받아 청구인의 지위를 승계할 수 있다.

⑥ 위원회는 제5항의 지위 승계 신청을 받으면 기간을 정하여 당사자와 참가인에게 의견을 제출하도록 할 수 있으며, 당사자와 참가인이 그 기간에 의견을 제출하지 아니하면 의견이 없는 것으로 본다.

⑦ 위원회는 제5항의 지위 승계 신청에 대하여 허가 여부를 결정하고, 지체 없이 신청인에게는 결정서 정본을, 당사자와 참가인에게는 결정서 등본을 송달하여야 한다.

⑧ 신청인은 위원회가 제5항의 지위 승계를 허가하지 아니하면 결정서 정본을 받은 날부터 7일 이내에 위원회에 이의신청을 할 수 있다.

제17조 【피청구인의 적격 및 경정】 ① 행정심판은 처분을 한 행정청(의무이행심판의 경우에는 청구인의 신청을 받은 행정청)을 피청구인으로 하여 청구하여야 한다. 다만, 심판청구의 대상과 관계되는 권한이 다른 행정청에 승계된 경우에는 권한을 승계한 행정청을 피청구인으로 하여야 한다.

② 청구인이 피청구인을 잘못 지정한 경우에는 위원회는 직권으로 또는 당사자의 신청에 의하여 결정으로써 피청구인을 경정(更正)할 수 있다.

③ 위원회는 제2항에 따라 피청구인을 경정하는 결정을 하면 결정서 정본을 당사자(종전의 피청구인과 새로운 피청구인을 포함한다. 이하 제6항에서 같다)에게 송달하여야 한다.

④ 제2항에 따른 결정이 있으면 종전의 피청구인에 대한 심판청구는 취하되고 종전의 피청구인에 대한 행정심판이 청구된 때에 새로운 피청구인에 대한 행정심판이 청구된 것으로 본다.

⑤ 위원회는 행정심판이 청구된 후에 제1항 단서의 사유가 발생하면 직권으로 또는 당사자의 신청에 의하여 결정으로써 피청구인을 경정한다. 이 경우에는 제3항과 제4항을 준용한다.

⑥ 당사자는 제2항 또는 제5항에 따른 위원회의 결정에 대하여 결정서 정본을 받은 날부터 7일 이내에 위원회에 이의신청을 할 수 있다.

제18조 【대리인의 선임】 ① 청구인은 법정대리인 외에 다음 각 호의 어느 하나에 해당하는 자를 대리인으로 선임할 수 있다.

1. 청구인의 배우자, 청구인 또는 배우자의 사촌 이내의 혈족
2. 청구인이 법인이거나 제14조에 따른 청구인 능력이 있는 법인이 아닌 사단 또는 재단인 경우 그 소속 임직원
3. 변호사
4. 다른 법률에 따라 심판청구를 대리할 수 있는 자
5. 그 밖에 위원회의 허가를 받은 자

② 피청구인은 그 소속 직원 또는 제1항제3호부터 제5호까지의 어느 하나에 해당하는 자를 대리인으로 선임할 수 있다.

③ 제1항과 제2항에 따른 대리인에 관하여는 제15조제3항 및 제5항을 준용한다.

제18조의2 【국선대리인】 ① 청구인이 경제적 능력으로 인해 대리인을 선임할 수 없는 경우에는 위원회에 국선대리인을 선임하여 줄 것을 신청할 수 있다.

② 위원회는 제1항의 신청에 따른 국선대리인 선정 여부에 대한 결정을 하고, 지체 없이 청구인에게 그 결과를 통지하여야 한다. 이 경우 위원회는 심판청구가 명백히 부적법하거나 이유 없는 경우 또는 권리의 남용이라고 인정되는 경우에는 국선대리인을 선정하지 아니할 수 있다.

③ 국선대리인 신청절차, 국선대리인 지원 요건, 국선대리인의 자격·보수 등 국선대리인 운영에 필요한 사항은 국회규칙, 대법원규칙, 헌법재판소규칙, 중앙선거관리위원회규칙 또는 대통령령으로 정한다.

<본조신설 2017.10.31.>

제19조【대표자 등의 자격】 ① 대표자·관리인·선정대표자 또는 대리인의 자격은 서면으로 소명하여야 한다.
② 청구인이나 피청구인은 대표자·관리인·선정대표자 또는 대리인이 그 자격을 잃으면 그 사실을 서면으로 위원회에 신고하여야 한다. 이 경우 소명자료를 함께 제출하여야 한다.
제20조【심판참가】 ① 행정심판의 결과에 이해관계가 있는 제3자나 행정청은 해당 심판청구에 대한 제7조제6항 또는 제8조제7항에 따른 위원회나 소위원회의 의결이 있기 전까지 그 사건에 대하여 심판참가를 할 수 있다.
② 제1항에 따른 심판참가를 하려는 자는 참가의 취지와 이유를 적은 참가신청서를 위원회에 제출하여야 한다. 이 경우 당사자의 수만큼 참가신청서 부본을 함께 제출하여야 한다.
③ 위원회는 제2항에 따라 참가신청서를 받으면 참가신청서 부본을 당사자에게 송달하여야 한다.
④ 제3항의 경우 위원회는 기간을 정하여 당사자와 다른 참가인에게 제3자의 참가신청에 대한 의견을 제출하도록 할 수 있으며, 당사자와 다른 참가인이 그 기간에 의견을 제출하지 아니하면 의견이 없는 것으로 본다.
⑤ 위원회는 제2항에 따라 참가신청을 받으면 허가 여부를 결정하고, 지체 없이 신청인에게는 결정서 정본을, 당사자와 다른 참가인에게는 결정서 등본을 송달하여야 한다.
⑥ 신청인은 제5항에 따라 송달을 받은 날부터 7일 이내에 위원회에 이의신청을 할 수 있다.
제21조【심판참가의 요구】 ① 위원회는 필요하다고 인정하면 그 행정심판 결과에 이해관계가 있는 제3자나 행정청에 그 사건 심판에 참가할 것을 요구할 수 있다.
② 제1항의 요구를 받은 제3자나 행정청은 지체 없이 그 사건 심판에 참가할 것인지 여부를 위원회에 통지하여야 한다.
제22조【참가인의 지위】 ① 참가인은 행정심판 절차에서 당사자가 할 수 있는 심판절차상의 행위를 할 수 있다.
② 이 법에 따라 당사자가 위원회에 서류를 제출할 때에는 참가인의 수만큼 부본을 제출하여야 하고, 위원회가 당사자에게 통지를 하거나 서류를 송달할 때에는 참가인에게도 통지하거나 송달하여야 한다.
③ 참가인의 대리인 선임과 대표자 자격 및 서류 제출에 관하여는 제18조, 제19조 및 이 조 제2항을 준용한다.

제4장 행정심판 청구

제23조【심판청구서의 제출】 ① 행정심판을 청구하려는 자는 제28조에 따라 심판청구서를 작성하여 피청구인이나 위원회에 제출하여야 한다. 이 경우 피청구인의 수만큼 심판청구서 부본을 함께 제출하여야 한다.
② 행정청이 제58조에 따른 고지를 하지 아니하거나 잘못 고지하여 청구인이 심판청구서를 다른 행정기관에 제출한 경우에는 그 행정기관은 그 심판청구서를 지체 없이 정당한 권한이 있는 피청구인에게 보내야 한다.
③ 제2항에 따라 심판청구서를 보낸 행정기관은 지체 없이 그 사실을 청구인에게 알려야 한다.
④ 제27조에 따른 심판청구 기간을 계산할 때에는 제1항에 따른 피청구인이나 위원회 또는 제2항에 따른 행정기관에 심판청구서가 제출되었을 때에 행정심판이 청구된 것으로 본다.
제24조【피청구인의 심판청구서 등의 접수·처리】 ① 피청구인이 제23조제1항·제2항 또는 제26조제1항에 따라 심판청구서를 접수하거나 송부받으면 10일 이내에 심판청구서(제23조제1항·제2항의 경우만 해당된다)와 답변서를 위원회에 보내야 한다. 다만, 청구인이 심판청구를 취하한 경우에는 그러하지 아니하다.
② 제1항에도 불구하고 심판청구가 그 내용이 특정되지 아니하는 등 명백히 부적법하다고 판단되는 경우에 피청구인은 답변서를 위원회에 보내지 아니할 수 있다. 이 경우 심판청구서를 접수하거나 송부받은 날부터 10일 이내에 그 사유를 위원회에 문서로 통보하여야 한다. <신설 2023. 3. 21.>
③ 제2항에도 불구하고 위원장이 심판청구에 대하여 답변서 제출을 요구하면 피청구인은 위원장으로부터 답변서 제출을 요구받은 날부터 10일 이내에 위원회에 답변서를 제출하여야 한다. <신설 2023. 3. 21.>
④ 피청구인은 처분의 상대방이 아닌 제3자가 심판청구를 한 경우에는 지체 없이 처분의 상대방에게 그 사실을 알려야 한다. 이 경우 심판청구서 사본을 함께 송달하여야 한다. <개정 2023. 3. 21.>
⑤ 피청구인이 제1항 본문에 따라 심판청구서를 보낼 때에는 심판청구서에 위원회가 표시되지 아니하였거나 잘못 표시된 경우에도 정당한 권한이 있는 위원회에 보내야 한다. <개정 2023. 3. 21.>
⑥ 피청구인은 제1항 본문 또는 제3항에 따라 답변서를 보낼 때에는 청구인의 수만큼 답변서 부본을 함께 보내되, 답변서에는 다음 각 호의 사항을 명확하게 적어야 한다. <개정 2023. 3. 21.>
1. 처분이나 부작위의 근거와 이유
2. 심판청구의 취지와 이유에 대응하는 답변
3. 제4항에 해당하는 경우에는 처분의 상대방의 이름·주소·연락처와 제4항의 의무 이행 여부
⑦ 제4항과 제5항의 경우에 피청구인은 송부 사실을 지체 없이 청구인에게 알려야 한다. <개정 2023. 3. 21.>
⑧ 중앙행정심판위원회에서 심리·재결하는 사건인 경우 피청구인은 제1항 또는 제3항에 따라 위원회에 심판청구서 또는 답변서를 보낼 때에는 소관 중앙행정기관의 장에게도 그 심판청구·답변의 내용을 알려야 한다. <개정 2023. 3. 21.>
제25조【피청구인의 직권취소등】 ① 제23조제1항·제2항 또는 제26조제1항에 따라 심판청구서를

받은 피청구인은 그 심판청구가 이유 있다고 인정하면 심판청구의 취지에 따라 직권으로 처분을 취소·변경하거나 확인을 하거나 신청에 따른 처분(이하 이 조에서 "직권취소등"이라 한다)을 할 수 있다. 이 경우 서면으로 청구인에게 알려야 한다.
② 피청구인은 제1항에 따라 직권취소등을 하였을 때에는 청구인이 심판청구를 취하한 경우가 아니면 제24조제1항 본문에 따라 심판청구서·답변서를 보내거나 같은 조 제3항에 따라 답변서를 보낼 때 직권취소등의 사실을 증명하는 서류를 위원회에 함께 제출하여야 한다. <개정 2023. 3. 21.>

제26조【위원회의 심판청구서 등의 접수·처리】 ① 위원회는 제23조제1항에 따라 심판청구서를 받으면 지체 없이 피청구인에게 심판청구서 부본을 보내야 한다.
② 위원회는 제24조제1항 본문 또는 제3항에 따라 피청구인으로부터 답변서가 제출된 경우 답변서 부본을 청구인에게 송달하여야 한다. <개정 2023. 3. 21.>

제27조【심판청구의 기간】 ① 행정심판은 처분이 있음을 알게 된 날부터 90일 이내에 청구하여야 한다.
② 청구인이 천재지변, 전쟁, 사변(事變), 그 밖의 불가항력으로 인하여 제1항에서 정한 기간에 심판청구를 할 수 없었을 때에는 그 사유가 소멸한 날부터 14일 이내에 행정심판을 청구할 수 있다. 다만, 국외에서 행정심판을 청구하는 경우에는 그 기간을 30일로 한다.
③ 행정심판은 처분이 있었던 날부터 180일이 지나면 청구하지 못한다. 다만, 정당한 사유가 있는 경우에는 그러하지 아니하다.
④ 제1항과 제2항의 기간은 불변기간(부변기간)으로 한다.
⑤ 행정청이 심판청구 기간을 제1항에 규정된 기간보다 긴 기간으로 잘못 알린 경우 그 잘못 알린 기간에 심판청구가 있으면 그 행정심판은 제1항에 규정된 기간에 청구된 것으로 본다.
⑥ 행정청이 심판청구 기간을 알리지 아니한 경우에는 제3항에 규정된 기간에 심판청구를 할 수 있다.
⑦ 제1항부터 제6항까지의 규정은 무효등확인심판청구와 부작위에 대한 의무이행심판청구에는 적용하지 아니한다.

제28조【심판청구의 방식】 ① 심판청구는 서면으로 하여야 한다.
② 처분에 대한 심판청구의 경우에는 심판청구서에 다음 각 호의 사항이 포함되어야 한다.
1. 청구인의 이름과 주소 또는 사무소(주소 또는 사무소 외의 장소에서 송달받기를 원하면 송달장소를 추가로 적어야 한다)
2. 피청구인과 위원회
3. 심판청구의 대상이 되는 처분의 내용
4. 처분이 있음을 알게 된 날
5. 심판청구의 취지와 이유
6. 피청구인의 행정심판 고지 유무와 그 내용

③ 부작위에 대한 심판청구의 경우에는 제2항제1호·제2호·제5호의 사항과 그 부작위의 전제가 되는 신청의 내용과 날짜를 적어야 한다.
④ 청구인이 법인이거나 제14조에 따른 청구인 능력이 있는 법인이 아닌 사단 또는 재단이거나 행정심판이 선정대표자나 대리인에 의하여 청구되는 것일 때에는 제2항 또는 제3항의 사항과 함께 그 대표자·관리인·선정대표자 또는 대리인의 이름과 주소를 적어야 한다.
⑤ 심판청구서에는 청구인·대표자·관리인·선정대표자 또는 대리인이 서명하거나 날인하여야 한다.

제29조【청구의 변경】 ① 청구인은 청구의 기초에 변경이 없는 범위에서 청구의 취지나 이유를 변경할 수 있다.
② 행정심판이 청구된 후에 피청구인이 새로운 처분을 하거나 심판청구의 대상인 처분을 변경한 경우에는 청구인은 새로운 처분이나 변경된 처분에 맞추어 청구의 취지나 이유를 변경할 수 있다.
③ 제1항 또는 제2항에 따른 청구의 변경은 서면으로 신청하여야 한다. 이 경우 피청구인과 참가인의 수만큼 청구변경신청서 부본을 함께 제출하여야 한다.
④ 위원회는 제3항에 따른 청구변경신청서 부본을 피청구인과 참가인에게 송달하여야 한다.
⑤ 제4항의 경우 위원회는 기간을 정하여 피청구인과 참가인에게 청구변경 신청에 대한 의견을 제출하도록 할 수 있으며, 피청구인과 참가인이 그 기간에 의견을 제출하지 아니하면 의견이 없는 것으로 본다.
⑥ 위원회는 제1항 또는 제2항의 청구변경 신청에 대하여 허가할 것인지 여부를 결정하고, 지체 없이 신청인에게는 결정서 정본을, 당사자 및 참가인에게는 결정서 등본을 송달하여야 한다.
⑦ 신청인은 제6항에 따라 송달을 받은 날부터 7일 이내에 위원회에 이의신청을 할 수 있다.
⑧ 청구의 변경결정이 있으면 처음 행정심판이 청구되었을 때부터 변경된 청구의 취지나 이유로 행정심판이 청구된 것으로 본다.

제30조【집행정지】 ① 심판청구는 처분의 효력이나 그 집행 또는 절차의 속행(續行)에 영향을 주지 아니한다.
② 위원회는 처분, 처분의 집행 또는 절차의 속행 때문에 중대한 손해가 생기는 것을 예방할 필요성이 긴급하다고 인정할 때에는 직권으로 또는 당사자의 신청에 의하여 처분의 효력, 처분의 집행 또는 절차의 속행의 전부 또는 일부의 정지(이하 "집행정지"라 한다)를 결정할 수 있다. 다만, 처분의 효력정지는 처분의 집행 또는 절차의 속행을 정지함으로써 그 목적을 달성할 수 있을 때에는 허용되지 아니한다.
③ 집행정지는 공공복리에 중대한 영향을 미칠 우려가 있을 때에는 허용되지 아니한다.
④ 위원회는 집행정지를 결정한 후에 집행정지가 공공복리에 중대한 영향을 미치거나 그 정지사유

가 없어진 경우에는 직권으로 또는 당사자의 신청에 의하여 집행정지 결정을 취소할 수 있다.
⑤ 집행정지 신청은 심판청구와 동시에 또는 심판청구에 대한 제7조제6항 또는 제8조제7항에 따른 위원회나 소위원회의 의결이 있기 전까지, 집행정지 결정의 취소신청은 심판청구에 대한 제7조제6항 또는 제8조제7항에 따른 위원회나 소위원회의 의결이 있기 전까지 신청의 취지와 원인을 적은 서면을 위원회에 제출하여야 한다. 다만, 심판청구서를 피청구인에게 제출한 경우로서 심판청구와 동시에 집행정지 신청을 할 때에는 심판청구서 사본과 접수증명서를 함께 제출하여야 한다.
⑥ 제2항과 제4항에도 불구하고 위원회의 심리·결정을 기다릴 경우 중대한 손해가 생길 우려가 있다고 인정되면 위원장은 직권으로 위원회의 심리·결정을 갈음하는 결정을 할 수 있다. 이 경우 위원장은 지체 없이 위원회에 그 사실을 보고하고 추인(追認)을 받아야 하며, 위원회의 추인을 받지 못하면 위원장은 집행정지 또는 집행정지 취소에 관한 결정을 취소하여야 한다.
⑦ 위원회는 집행정지 또는 집행정지의 취소에 관하여 심리·결정하면 지체 없이 당사자에게 결정서 정본을 송달하여야 한다.

제31조【임시처분】 ① 위원회는 처분 또는 부작위가 위법·부당하다고 상당히 의심되는 경우로서 처분 또는 부작위 때문에 당사자가 받을 우려가 있는 중대한 불이익이나 당사자에게 생길 급박한 위험을 막기 위하여 임시지위를 정하여야 할 필요가 있는 경우에는 직권으로 또는 당사자의 신청에 의하여 임시처분을 결정할 수 있다.
② 제1항에 따른 임시처분에 관하여는 제30조제3항부터 제7항까지를 준용한다. 이 경우 같은 조 제6항 전단 중 "중대한 손해가 생길 우려"는 "중대한 불이익이나 급박한 위험이 생길 우려"로 본다.
③ 제1항에 따른 임시처분은 제30조제2항에 따른 집행정지로 목적을 달성할 수 있는 경우에는 허용되지 아니한다.

제5장 심 리

제32조【보 정】 ① 위원회는 심판청구가 적법하지 아니하나 보정(補正)할 수 있다고 인정하면 기간을 정하여 청구인에게 보정할 것을 요구할 수 있다. 다만, 경미한 사항은 직권으로 보정할 수 있다.
② 청구인은 제1항의 요구를 받으면 서면으로 보정하여야 한다. 이 경우 다른 당사자의 수만큼 보정서 부본을 함께 제출하여야 한다.
③ 위원회는 제2항에 따라 제출된 보정서 부본을 지체 없이 다른 당사자에게 송달하여야 한다.
④ 제1항에 따른 보정을 한 경우에는 처음부터 적법하게 행정심판이 청구된 것으로 본다.
⑤ 제1항에 따른 보정기간은 제45조에 따른 재결기간에 산입하지 아니한다.
⑥ 위원회는 청구인이 제1항에 따른 보정기간 내에 그 흠을 보정하지 아니한 경우에는 그 심판청구를 각하할 수 있다. <신설 2023. 3. 21.>

제32조의2【보정할 수 없는 심판청구의 각하】 위원회는 심판청구서에 타인을 비방하거나 모욕하는 내용 등이 기재되어 청구 내용을 특정할 수 없고 그 흠을 보정할 수 없다고 인정되는 경우에는 제32조제1항에 따른 보정요구 없이 그 심판청구를 각하할 수 있다.
[본조신설 2023. 3. 21.]

제33조【주장의 보충】 ① 당사자는 심판청구서·보정서·답변서·참가신청서 등에서 주장한 사실을 보충하고 다른 당사자의 주장을 다시 반박하기 위하여 필요하면 위원회에 보충서면을 제출할 수 있다. 이 경우 다른 당사자의 수만큼 보충서면 부본을 함께 제출하여야 한다.
② 위원회는 필요하다고 인정하면 보충서면의 제출기한을 정할 수 있다.
③ 위원회는 제1항에 따라 보충서면을 받으면 지체 없이 다른 당사자에게 그 부본을 송달하여야 한다.

제34조【증거서류 등의 제출】 ① 당사자는 심판청구서·보정서·답변서·참가신청서·보충서면 등에 덧붙여 그 주장을 뒷받침하는 증거서류나 증거물을 제출할 수 있다.
② 제1항의 증거서류에는 다른 당사자의 수만큼 증거서류 부본을 함께 제출하여야 한다.
③ 위원회는 당사자가 제출한 증거서류의 부본을 지체 없이 다른 당사자에게 송달하여야 한다.

제35조【자료의 제출 요구 등】 ① 위원회는 사건 심리에 필요하면 관계 행정기관이 보관 중인 관련 문서, 장부, 그 밖에 필요한 자료를 제출할 것을 요구할 수 있다.
② 위원회는 필요하다고 인정하면 사건과 관련된 법령을 주관하는 행정기관이나 그 밖의 관계 행정기관의 장 또는 그 소속 공무원에게 위원회 회의에 참석하여 의견을 진술할 것을 요구하거나 의견서를 제출할 것을 요구할 수 있다.
③ 관계 행정기관의 장은 특별한 사정이 없으면 제1항과 제2항에 따른 위원회의 요구에 따라야 한다.
④ 중앙행정심판위원회에서 심리·재결하는 심판청구의 경우 소관 중앙행정기관의 장은 의견서를 제출하거나 위원회에 출석하여 의견을 진술할 수 있다.

제36조【증거조사】 ① 위원회는 사건을 심리하기 위하여 필요하면 직권으로 또는 당사자의 신청에 의하여 다음 각 호의 방법에 따라 증거조사를 할 수 있다.
1. 당사자나 관계인(관계 행정기관 소속 공무원을 포함한다. 이하 같다)을 위원회의 회의에 출석하게 하여 신문(訊問)하는 방법
2. 당사자나 관계인이 가지고 있는 문서·장부·물건 또는 그 밖의 증거자료의 제출을 요구하고 영치(領置)하는 방법
3. 특별한 학식과 경험을 가진 제3자에게 감정을 요구하는 방법
4. 당사자 또는 관계인의 주소·거소·사업장이나

그 밖의 필요한 장소에 출입하여 당사자 또는 관계인에게 질문하거나 서류·물건 등을 조사·검증하는 방법
② 위원회는 필요하면 위원회가 소속된 행정청의 직원이나 다른 행정기관에 촉탁하여 제1항의 증거조사를 하게 할 수 있다.
③ 제1항에 따른 증거조사를 수행하는 사람은 그 신분을 나타내는 증표를 지니고 이를 당사자나 관계인에게 내보여야 한다.
④ 제1항에 따른 당사자 등은 위원회의 조사나 요구 등에 성실하게 협조하여야 한다.

제37조【절차의 병합 또는 분리】 위원회는 필요하면 관련되는 심판청구를 병합하여 심리하거나 병합된 관련 청구를 분리하여 심리할 수 있다.

제38조【심리기일의 지정과 변경】 ① 심리기일은 위원회가 직권으로 지정한다.
② 심리기일의 변경은 직권으로 또는 당사자의 신청에 의하여 한다.
③ 위원회는 심리기일이 변경되면 지체 없이 그 사실과 사유를 당사자에게 알려야 한다.
④ 심리기일의 통지나 심리기일 변경의 통지는 서면으로 하거나 심판청구서에 적힌 전화, 휴대전화를 이용한 문자전송, 팩시밀리 또는 전자우편 등 간편한 통지 방법(이하 "간이통지방법"이라 한다)으로 할 수 있다.

제39조【직권심리】 위원회는 필요하면 당사자가 주장하지 아니한 사실에 대하여도 심리할 수 있다.

제40조【심리의 방식】 ① 행정심판의 심리는 구술심리나 서면심리로 한다. 다만, 당사자가 구술심리를 신청한 경우에는 서면심리만으로 결정할 수 있다고 인정되는 경우 외에는 구술심리를 하여야 한다.
② 위원회는 제1항 단서에 따라 구술심리 신청을 받으면 그 허가 여부를 결정하여 신청인에게 알려야 한다.
③ 제2항의 통지는 간이통지방법으로 할 수 있다.

제41조【발언 내용 등의 비공개】 위원회에서 위원이 발언한 내용이나 그 밖에 공개되면 위원회의 심리·재결의 공정성을 해칠 우려가 있는 사항으로서 대통령령으로 정하는 사항은 공개하지 아니한다.

제42조【심판청구 등의 취하】 ① 청구인은 심판청구에 대하여 제7조제6항 또는 제8조제7항에 따른 의결이 있을 때까지 서면으로 심판청구를 취하할 수 있다.
② 참가인은 심판청구에 대하여 제7조제6항 또는 제8조제7항에 따른 의결이 있을 때까지 서면으로 참가신청을 취하할 수 있다.
③ 제1항 또는 제2항에 따른 취하서에는 청구인이나 참가인이 서명하거나 날인하여야 한다.
④ 청구인 또는 참가인은 취하서를 피청구인 또는 위원회에 제출하여야 한다. 이 경우 제23조제2항부터 제4항까지의 규정을 준용한다.
⑤ 피청구인 또는 위원회는 계속 중인 사건에 대하여 제1항 또는 제2항에 따른 취하서를 받으면 지체 없이 다른 관계 기관, 청구인, 참가인에게 취하 사실을 알려야 한다.

제6장 재 결

제43조【재결의 구분】 ① 위원회는 심판청구가 적법하지 아니하면 그 심판청구를 각하(却下)한다.
② 위원회는 심판청구가 이유가 없다고 인정하면 그 심판청구를 기각(棄却)한다.
③ 위원회는 취소심판의 청구가 이유가 있다고 인정하면 처분을 취소 또는 다른 처분으로 변경하거나 처분을 다른 처분으로 변경할 것을 피청구인에게 명한다.
④ 위원회는 무효등확인심판의 청구가 이유가 있다고 인정하면 처분의 효력 유무 또는 처분의 존재 여부를 확인한다.
⑤ 위원회는 의무이행심판의 청구가 이유가 있다고 인정하면 지체 없이 신청에 따른 처분을 하거나 처분을 할 것을 피청구인에게 명한다.

제43조의2【조정】 ① 위원회는 당사자의 권리 및 권한의 범위에서 당사자의 동의를 받아 심판청구의 신속하고 공정한 해결을 위하여 조정을 할 수 있다. 다만, 그 조정이 공공복리에 적합하지 아니하거나 해당 처분의 성질에 반하는 경우에는 그러하지 아니하다.
② 위원회는 제1항의 조정을 함에 있어서 심판청구된 사건의 법적·사실적 상태와 당사자 및 이해관계자의 이익 등 모든 사정을 참작하고, 조정의 이유와 취지를 설명하여야 한다.
③ 조정은 당사자가 합의한 사항을 조정서에 기재한 후 당사자가 서명 또는 날인하고 위원회가 이를 확인함으로써 성립한다.
④ 제3항에 따른 조정에 대하여는 제48조부터 제50조까지, 제50조의2, 제51조의 규정을 준용한다.
<본조신설 2017.10.31.>

제44조【사정재결】 ① 위원회는 심판청구가 이유가 있다고 인정하는 경우에도 이를 인용(認容)하는 것이 공공복리에 크게 위배된다고 인정하면 그 심판청구를 기각하는 재결을 할 수 있다. 이 경우 위원회는 재결의 주문(主文)에서 그 처분 또는 부작위가 위법하거나 부당하다는 것을 구체적으로 밝혀야 한다.
② 위원회는 제1항에 따른 재결을 할 때에는 청구인에 대하여 상당한 구제방법을 취하거나 상당한 구제방법을 취할 것을 피청구인에게 명할 수 있다.
③ 제1항과 제2항은 무효등확인심판에는 적용하지 아니한다.

제45조【재결 기간】 ① 재결은 제23조에 따라 피청구인 또는 위원회가 심판청구서를 받은 날부터 60일 이내에 하여야 한다. 다만, 부득이한 사정이 있는 경우에는 위원장이 직권으로 30일을 연장할 수 있다.
② 위원장은 제1항 단서에 따라 재결 기간을 연장할 경우에는 재결 기간이 끝나기 7일 전까지 당사자에게 알려야 한다.

제46조【재결의 방식】 ① 재결은 서면으로 한다.
② 제1항에 따른 재결서에는 다음 각 호의 사항이 포함되어야 한다.
1. 사건번호와 사건명
2. 당사자·대표자 또는 대리인의 이름과 주소
3. 주문
4. 청구의 취지
5. 이유
6. 재결한 날짜
③ 재결서에 적는 이유에는 주문 내용이 정당하다는 것을 인정할 수 있는 정도의 판단을 표시하여야 한다.

제47조【재결의 범위】 ① 위원회는 심판청구의 대상이 되는 처분 또는 부작위 외의 사항에 대하여는 재결하지 못한다.
② 위원회는 심판청구의 대상이 되는 처분보다 청구인에게 불리한 재결을 하지 못한다.

제48조【재결의 송달과 효력 발생】 ① 위원회는 지체 없이 당사자에게 재결서의 정본을 송달하여야 한다. 이 경우 중앙행정심판위원회는 재결 결과를 소관 중앙행정기관의 장에게도 알려야 한다.
② 재결은 청구인에게 제1항 전단에 따라 송달되었을 때에 그 효력이 생긴다.
③ 위원회는 재결서의 등본을 지체 없이 참가인에게 송달하여야 한다.
④ 처분의 상대방이 아닌 제3자가 심판청구를 한 경우 위원회는 재결서의 등본을 지체 없이 피청구인을 거쳐 처분의 상대방에게 송달하여야 한다.

제49조【재결의 기속력 등】 ① 심판청구를 인용하는 재결은 피청구인과 그 밖의 관계 행정청을 기속(羈束)한다.
② 재결에 의하여 취소되거나 무효 또는 부존재로 확인되는 처분이 당사자의 신청을 거부하는 것을 내용으로 하는 경우에는 그 처분을 한 행정청은 재결의 취지에 따라 다시 이전의 신청에 대한 처분을 하여야 한다. <신설 2017.4.18.>
③ 당사자의 신청을 거부하거나 부작위로 방치한 처분의 이행을 명하는 재결이 있으면 행정청은 지체 없이 이전의 신청에 대하여 재결의 취지에 따라 처분을 하여야 한다. <개정 2017.4.18.>
④ 신청에 따른 처분이 절차의 위법 또는 부당을 이유로 재결로써 취소된 경우에는 제2항을 준용한다. <개정 2017.4.18.>
⑤ 법령의 규정에 따라 공고하거나 고시한 처분이 재결로써 취소되거나 변경되면 처분을 한 행정청은 지체 없이 그 처분이 취소 또는 변경되었다는 것을 공고하거나 고시하여야 한다. <개정 2017.4.18.>
⑥ 법령의 규정에 따라 처분의 상대방 외의 이해관계인에게 통지된 처분이 재결로써 취소되거나 변경되면 처분을 한 행정청은 지체 없이 그 이해관계인에게 그 처분이 취소 또는 변경되었다는 것을 알려야 한다. <개정 2017.4.18.>

제50조【위원회의 직접 처분】 ① 위원회는 피청구인이 제49조제3항에도 불구하고 처분을 하지 아니하는 경우에는 당사자가 신청하면 기간을 정하여 서면으로 시정을 명하고 그 기간에 이행하지 아니하면 직접 처분을 할 수 있다. 다만, 그 처분의 성질이나 그 밖의 불가피한 사유로 위원회가 직접 처분을 할 수 없는 경우에는 그러하지 아니하다.
② 위원회는 제1항 본문에 따라 직접 처분을 하였을 때에는 그 사실을 해당 행정청에 통보하여야 하며, 그 통보를 받은 행정청은 위원회가 한 처분을 자기가 한 처분으로 보아 관계 법령에 따라 관리·감독 등 필요한 조치를 하여야 한다.

제50조의2【위원회의 간접강제】 ① 위원회는 피청구인이 제49조제2항(제49조제4항에서 준용하는 경우를 포함한다) 또는 제3항에 따른 처분을 하지 아니하면 청구인의 신청에 의하여 결정으로 상당한 기간을 정하고 피청구인이 그 기간 내에 이행하지 아니하는 경우에는 그 지연기간에 따라 일정한 배상을 하도록 명하거나 즉시 배상을 할 것을 명할 수 있다.
② 위원회는 사정의 변경이 있는 경우에는 당사자의 신청에 의하여 제1항에 따른 결정의 내용을 변경할 수 있다.
③ 위원회는 제1항 또는 제2항에 따른 결정을 하기 전에 신청 상대방의 의견을 들어야 한다.
④ 청구인은 제1항 또는 제2항에 따른 결정에 불복하는 경우 그 결정에 대하여 행정소송을 제기할 수 있다.
⑤ 제1항 또는 제2항에 따른 결정의 효력은 피청구인인 행정청이 소속된 국가·지방자치단체 또는 공공단체에 미치며, 결정서 정본은 제4항에 따른 소송제기와 관계없이 「민사집행법」에 따른 강제집행에 관하여는 집행권원과 같은 효력을 가진다. 이 경우 집행문은 위원장의 명에 따라 위원회가 소속된 행정청 소속 공무원이 부여한다.
⑥ 간접강제 결정에 기초한 강제집행에 관하여 이 법에 특별한 규정이 없는 사항에 대하여는 「민사집행법」의 규정을 준용한다. 다만, 「민사집행법」 제33조(집행문부여의 소), 제34조(집행문부여 등에 관한 이의신청), 제44조(청구에 관한 이의의 소) 및 제45조(집행문부여에 대한 이의의 소)에서 관할 법원은 피청구인의 소재지를 관할하는 행정법원으로 한다.
[본조신설 2017.4.18.]

제51조【행정심판 재청구의 금지】 심판청구에 대한 재결이 있으면 그 재결 및 같은 처분 또는 부작위에 대하여 다시 행정심판을 청구할 수 없다.

제7장 전자정보처리조직을 통한 행정심판 절차의 수행

제52조【전자정보처리조직을 통한 심판청구 등】 ① 이 법에 따른 행정심판 절차를 밟는 자는 심판청구서와 그 밖의 서류를 전자문서화하고 이를 정보통신망을 이용하여 위원회에서 지정·운영하는 전자정보처리조직(행정심판 절차에 필요한 전자문서를 작성·제출·송달할 수 있도록 하는 하드웨어, 소

프트웨어, 데이터베이스, 네트워크, 보안요소 등을 결합하여 구축한 정보처리능력을 갖춘 전자적 장치를 말한다. 이하 같다)을 통하여 제출할 수 있다.
② 제1항에 따라 제출된 전자문서는 이 법에 따라 제출된 것으로 보며, 부본을 제출할 의무는 면제된다.
③ 제1항에 따라 제출된 전자문서는 그 문서를 제출한 사람이 정보통신망을 통하여 전자정보처리조직에서 제공하는 접수번호를 확인하였을 때에 전자정보처리조직에 기록된 내용으로 접수된 것으로 본다.
④ 전자정보처리조직을 통하여 접수된 심판청구의 경우 제27조에 따른 심판청구 기간을 계산할 때에는 제3항에 따른 접수가 되었을 때 행정심판이 청구된 것으로 본다.
⑤ 전자정보처리조직의 지정내용, 전자정보처리조직을 이용한 심판청구서 등의 접수와 처리 등에 관하여 필요한 사항은 국회규칙, 대법원규칙, 헌법재판소규칙, 중앙선거관리위원회규칙 또는 대통령령으로 정한다.

제53조【전자서명등】 ① 위원회는 전자정보처리조직을 통하여 행정심판 절차를 밟으려는 자에게 본인(本人)임을 확인할 수 있는 「전자서명법」 제2조제2호에 따른 전자서명(서명자의 실지명의를 확인할 수 있는 것을 말한다)이나 그 밖의 인증(이하 이 조에서 "전자서명등"이라 한다)을 요구할 수 있다. <개정 2020. 6. 9.>
② 제1항에 따라 전자서명등을 한 자는 이 법에 따른 서명 또는 날인을 한 것으로 본다.
③ 전자서명등에 필요한 사항은 국회규칙, 대법원규칙, 헌법재판소규칙, 중앙선거관리위원회규칙 또는 대통령령으로 정한다.

제54조【전자정보처리조직을 이용한 송달 등】 ① 피청구인 또는 위원회는 제52조제1항에 따라 행정심판을 청구하거나 심판참가를 한 자에게 전자정보처리조직과 그와 연계된 정보통신망을 이용하여 재결서나 이 법에 따른 각종 서류를 송달할 수 있다. 다만, 청구인이나 참가인이 동의하지 아니하는 경우에는 그러하지 아니하다.
② 제1항 본문의 경우 위원회는 송달하여야 하는 재결서 등 서류를 전자정보처리조직에 입력하여 등재한 다음 그 등재 사실을 국회규칙, 대법원규칙, 헌법재판소규칙, 중앙선거관리위원회규칙 또는 대통령령으로 정하는 방법에 따라 전자우편 등으로 알려야 한다.
③ 제1항에 따른 전자정보처리조직을 이용한 서류 송달은 서면으로 한 것과 같은 효력을 가진다.
④ 제1항에 따른 서류의 송달은 청구인이 제2항에 따라 등재된 전자문서를 확인한 때에 전자정보처리조직에 기록된 내용으로 도달한 것으로 본다. 다만, 제2항에 따라 그 등재사실을 통지한 날부터 2주 이내(재결서 외의 서류는 7일 이내)에 확인하지 아니하였을 때에는 등재사실을 통지한 날부터 2주가 지난 날(재결서 외의 서류는 7일이 지난 날)에 도달한 것으로 본다.
⑤ 서면으로 심판청구 또는 심판참가를 한 자가 전자정보처리조직의 이용을 신청한 경우에는 제52조·제53조 및 이 조를 준용한다.
⑥ 위원회, 피청구인, 그 밖의 관계 행정기관 간의 서류의 송달 등에 관하여는 제52조·제53조 및 이 조를 준용한다.
⑦ 제1항 본문에 따른 송달의 방법이나 그 밖에 필요한 사항은 국회규칙, 대법원규칙, 헌법재판소규칙, 중앙선거관리위원회규칙 또는 대통령령으로 정한다.

제8장 보 칙

제55조【증거서류 등의 반환】 위원회는 재결을 한 후 증거서류 등의 반환 신청을 받으면 신청인이 제출한 문서·장부·물건이나 그 밖의 증거자료의 원본(原本)을 지체 없이 제출자에게 반환하여야 한다.

제56조【주소 등 송달장소 변경의 신고의무】 당사자, 대리인, 참가인 등은 주소나 사무소 또는 송달장소를 바꾸면 그 사실을 바로 위원회에 서면으로 또는 전자정보처리조직을 통하여 신고하여야 한다. 제54조제2항에 따른 전자우편주소 등을 바꾼 경우에도 또한 같다.

제57조【서류의 송달】 이 법에 따른 서류의 송달에 관하여는 「민사소송법」 중 송달에 관한 규정을 준용한다.

제58조【행정심판의 고지】 ① 행정청이 처분을 할 때에는 처분의 상대방에게 다음 각 호의 사항을 알려야 한다.
1. 해당 처분에 대하여 행정심판을 청구할 수 있는지
2. 행정심판을 청구하는 경우의 심판청구 절차 및 심판청구 기간

② 행정청은 이해관계인이 요구하면 다음 각 호의 사항을 지체 없이 알려 주어야 한다. 이 경우 서면으로 알려 줄 것을 요구받으면 서면으로 알려 주어야 한다.
1. 해당 처분이 행정심판의 대상이 되는 처분인지
2. 행정심판의 대상이 되는 경우 소관 위원회 및 심판청구 기간

제59조【불합리한 법령 등의 개선】 ① 중앙행정심판위원회는 심판청구를 심리·재결할 때에 처분 또는 부작위의 근거가 되는 명령 등(대통령령·총리령·부령·훈령·예규·고시·조례·규칙 등을 말한다. 이하 같다)이 법령에 근거가 없거나 상위 법령에 위배되거나 국민에게 과도한 부담을 주는 등 크게 불합리하면 관계 행정기관에 그 명령 등의 개정·폐지 등 적절한 시정조치를 요청할 수 있다. 이 경우 중앙행정심판위원회는 시정조치를 요청한 사실을 법제처장에게 통보하여야 한다.<개정 2016.3.29>
② 제1항에 따른 요청을 받은 관계 행정기관은 정당한 사유가 없으면 이에 따라야 한다.

제60조【조사·지도 등】 ① 중앙행정심판위원회

는 행정청에 대하여 다음 각 호의 사항 등을 조사하고, 필요한 지도를 할 수 있다.
1. 위원회 운영 실태
2. 재결 이행 상황
3. 행정심판의 운영 현황
② 행정청은 이 법에 따른 행정심판을 거쳐 「행정소송법」에 따른 항고소송이 제기된 사건에 대하여 그 내용이나 결과 등 대통령령으로 정하는 사항을 반기마다 그 다음 달 15일까지 해당 심판청구에 대한 재결을 한 중앙행정심판위원회 또는 제6조제3항에 따라 시·도지사 소속으로 두는 행정심판위원회에 알려야 한다.
③ 제6조제3항에 따라 시·도지사 소속으로 두는 행정심판위원회는 중앙행정심판위원회가 요청하면 제2항에 따라 수집한 자료를 제출하여야 한다.
제61조【권한의 위임】 이 법에 따른 위원회의 권한 중 일부를 국회규칙, 대법원규칙, 헌법재판소규칙, 중앙선거관리위원회규칙 또는 대통령령으로 정하는 바에 따라 위원장에게 위임할 수 있다.

부 칙 <법률 제9968호, 2010. 1. 25.>

제1조【시행일】 이 법은 공포 후 6개월이 경과한 날부터 시행한다. 다만, 제60조제2항 및 제3항의 개정규정은 공포한 날부터 시행한다.
제2조【특별행정심판 신설 등의 사전협의에 관한 적용례】 제4조제3항의 개정규정은 이 법 시행 후 최초로 입법예고를 하는 법령안부터 적용한다.
제3조【위원회 위원의 자격에 관한 적용례】 제7조제4항 및 제8조제4항의 개정규정은 이 법 시행 후 최초로 위촉하는 위원부터 적용한다.
제4조【조사·지도 등에 관한 특례】 ① 행정청은 제60조제2항의 개정규정에 따라 최초로 관련 자료를 제출할 때에는 같은 항에도 불구하고 2009년도분의 관련 자료를 2010년 3월 31일까지 제출하여야 한다.
② 제60조제2항 및 제3항의 개정규정을 적용할 때 부칙 제1조 본문에 따른 이 법 시행일의 전날까지는 제60조제2항 및 제3항의 개정규정 중 "중앙행정심판위원회"를 각각 "국무총리행정심판위원회"로 본다.
제5조【위원회에 관한 경과조치】 이 법 시행 당시 종전의 규정에 따른 위원회는 이 법에 따른 위원회로 본다.
제6조【위원에 관한 경과조치】 이 법 시행 당시 종전의 규정에 따른 위원회 위원은 이 법에 따라 위원회 위원으로 임명 또는 위촉된 것으로 본다. 이 경우 위원의 임기는 잔여기간으로 한다.
제7조【계속 중인 사건에 관한 경과조치】 ① 이 법은 이 법 또는 다른 법률에 특별한 규정이 없으면 이 법 시행 전에 청구되어 계속 중인 사건에도 적용한다. 다만, 종전의 규정에 따라 이미 효력이 발생한 사항에는 영향을 미치지 아니한다.
② 제1항 본문에도 불구하고 이 법 시행 전에 종전의 제6조제6항 및 제6조의2제7항에 따른 위원회의 의결이 있었던 사건에 대하여는 종전의 위원회에서 재결한다.
③ 제1항 본문에도 불구하고 이 법 시행 전에 청구되어 계속 중인 사건에 대하여 피청구인은 위원회로부터 요청을 받은 경우에만 제24조제2항의 개정규정에 따른 의무를 이행한다.
제8조【다른 법률의 개정】 ① 개발이익환수에 관한 법률 일부를 다음과 같이 개정한다.
제26조제2항 중 "「행정심판법」 제5조와 제6조"를 "「행정심판법」 제6조"로 한다.
② 개발제한구역의 지정 및 관리에 관한 특별조치법 일부를 다음과 같이 개정한다.
제27조제2항 중 "「행정심판법」 제6조 및 제6조의2"를 "「행정심판법」 제6조"로 한다.
③ 공직선거법 일부를 다음과 같이 개정한다.
제221조제1항 중 "「행정심판법」 제7조(위원의 제척·기피·회피)(제2항 후단을 제외한다), 제11조(선정대표자), 제13조(피청구인의 적격 및 경정) 제2항 내지 제5항, 제14조(대리인의 선임), 제15조(대표자 등의 자격), 제16조(심판참가), 제20조(청구의 변경), 제21조(집행정지)제1항, 제23조(보정), 제25조(주장의 보충), 제26조(심리의 방식), 제27조(증거서류 등의 제출), 제28조(증거조사), 제29조(절차의 병합 또는 분리), 제30조(청구 등의 취하), 제32조(재결의 구분)제1항·제2항, 제39조(재심판청구의 금지), 제40조(증거서류 등의 반환)·제41조(서류의 송달) 및 제44조(권한의 위임)"를 "「행정심판법」 제10조(위원의 제척·기피·회피)(이 경우 "위원장"은 "중앙선거관리위원회 또는 시·도선거관리위원회"로 본다), 제15조(선정대표자), 제16조(청구인의 지위 승계)제2항부터 제4항까지(이 경우 "법인"은 "정당"으로 본다), 제17조(피청구인의 적격 및 경정)제2항부터 제6항까지, 제18조(대리인의 선임), 제19조(대표자 등의 자격), 제20조(심판참가), 제21조(심판참가의 요구), 제22조(참가인의 지위), 제29조(청구의 변경), 제30조(집행정지)제1항, 제32조(보정), 제33조(주장의 보충), 제34조(증거서류 등의 제출), 제35조(자료의 제출 요구 등)제1항부터 제3항까지, 제36조(증거조사), 제37조(절차의 병합 또는 분리), 제38조(심리기일의 지정과 변경), 제39조(직권심리), 제40조(심리의 방식), 제41조(발언 내용 등의 비공개), 제42조(심판청구 등의 취하), 제43조(재결의 구분)제1항·제2항, 제51조(행정심판 재청구의 금지), 제55조(증거서류 등의 반환), 제56조(주소 등 송달장소 변경의 신고의무), 제57조(서류의 송달) 및 제61조(권한의

위임)"로 한다.
④ 관세법 일부를 다음과 같이 개정한다.
제120조제1항 단서 중 "동법 제11조·제16조·제20조 및 제26조의 규정은 심판청구에 관하여 이를 준용하며"를 "심판청구에 관하여는 같은 법 제15조·제20조부터 제22조까지·제29조·제39조 및 제40조를 준용하며"로 한다.
⑤ 국세기본법 일부를 다음과 같이 개정한다.
제56조제1항 단서 중 "심사청구 또는 심판청구에 대해서는 같은 법 제11조, 제12조, 제16조, 제20조 및 제26조를 준용하며"를 "심사청구 또는 심판청구에 관하여는 같은 법 제15조·제16조·제20조부터 제22조까지·제29조·제39조 및 제40조를 준용하며"로 한다.
제81조의15제6항 전단을 다음과 같이 한다.
과세전적부심사에 관하여는 「행정심판법」 제15조·제16조·제20조부터 제22조까지·제29조·제39조 및 제40조를 준용한다.
⑥ 금융위원회의 설치 등에 관한 법률 일부를 다음과 같이 개정한다.
제70조 중 "국무총리에게 행정심판을"을 "행정심판을"로 한다.
⑦ 수도권정비계획법 일부를 다음과 같이 개정한다.
제17조제2항 중 "「행정심판법」 제5조와 같은 법 제6조"를 "「행정심판법」 제6조"로 한다.
⑧ 지방세법 일부를 다음과 같이 개정한다.
제78조제1항 단서 중 "동법 제11조·제12조·제16조·제20조 및 제26조의 규정은 이의신청 또는 심사청구에 대하여 이를 준용하되"를 "이의신청 또는 심사청구에 관하여는 같은 법 제15조·제16조·제20조부터 제22조까지·제29조·제39조 및 제40조를 준용하되"로 한다.
⑨ 행정대집행법 일부를 다음과 같이 개정한다.
제7조를 다음과 같이 한다.
제7조(행정심판) 대집행에 대하여는 행정심판을 제기할 수 있다.
⑩ 부패방지 및 국민권익위원회의 설치와 운영에 관한 법률 일부를 다음과 같이 개정한다.
제12조제19호 및 제13조제1항 중 "국무총리행정심판위원회"를 각각 "중앙행정심판위원회"로 한다.
제9조 생략

부 칙 <중략>

부 칙 <법률 제17354호, 2020. 6. 9.>

제1조【시행일】 이 법은 공포 후 6개월이 경과한 날부터 시행한다. <단서 생략>
제2조~제6조 생략
제7조【다른 법률의 개정】 ①부터 ㉑까지 생략
㉒ 행정심판법 일부를 다음과 같이 개정한다.
제53조제1항 중 "「전자서명법」 제2조제3호에 따른 공인전자서명"을 "「전자서명법」 제2조제2호에 따른 전자서명(서명자의 실지명의를 확인할 수 있는 것을 말한다)"으로 한다.
제8조 생략

행정소송법

[1984년 12월 15일
법 률 제3754호 전문개정]

개정
1988. 8. 5법4017호 (헌법재판소법)
1994. 7.27법4770호
2002. 1.26법6626호 (민사소송법)
2002. 1.26법6627호 (민사집행법)
2013. 3.23법11690호 (정부조직법)
2014. 5.20법12596호
2014.11.19법12844호 (정부조직법)
2017. 7.26법14839호 (정부조직법)

제1장 총 칙

제1조 【목 적】 이 법은 행정소송절차를 통하여 행정청의 위법한 처분 그 밖에 공권력의 행사·불행사 등으로 인한 국민의 권리 또는 이익의 침해를 구제하고, 공법상의 권리관계 또는 법적용에 관한 다툼을 적정하게 해결함을 목적으로 한다.

제2조 【정 의】 ①이 법에서 사용하는 용어의 정의는 다음과 같다.
1. "처분 등"이라 함은 행정청이 행하는 구체적 사실에 관한 법집행으로서의 공권력의 행사 또는 그 거부와 그 밖에 이에 준하는 행정작용(이하 "처분"이라 한다) 및 행정심판에 대한 재결을 말한다.
2. "부작위"라 함은 행정청이 당사자의 신청에 대하여 상당한 기간내에 일정한 처분을 하여야 할 법률상 의무가 있음에도 불구하고 이를 하지 아니하는 것을 말한다.

②이 법을 적용함에 있어서 행정청에는 법령에 의하여 행정권한의 위임 또는 위탁을 받은 행정기관, 공공단체 및 그 기관 또는 사인이 포함된다.

제3조 【행정소송의 종류】 행정소송은 다음의 네 가지로 구분한다. <개정 88.8.5>
1. 항고소송 : 행정청의 처분 등이나 부작위에 대하여 제기하는 소송
2. 당사자소송 : 행정청의 처분 등을 원인으로 하는 법률관계에 관한 소송 그 밖에 공법상의 법률관계에 관한 소송으로서 그 법률관계의 한쪽 당사자를 피고로 하는 소송
3. 민중소송 : 국가 또는 공공단체의 기관이 법률에 위반되는 행위를 한 때에 직접 자기의 법률상 이익과 관계없이 그 시정을 구하기 위하여 제기하는 소송
4. 기관소송 : 국가 또는 공공단체의 기관 상호간에 있어서의 권한의 존부 또는 그 행사에 관한 다툼이 있을 때에 이에 대하여 제기하는 소송. 다만, 헌법재판소법 제2조의 규정에 의하여 헌법재판소의 관장사항으로 되는 소송은 제외한다.

제4조 【항고소송】 항고소송은 다음과 같이 구분한다.
1. 취소소송 : 행정청의 위법한 처분 등을 취소 또는 변경하는 소송
2. 무효등확인소송 : 행정청의 처분 등의 효력 유무 또는 존재여부를 확인하는 소송
3. 부작위위법확인소송 : 행정청의 부작위가 위법하다는 것을 확인하는 소송

제5조 【국외에서의 기간】 이 법에 의한 기간의 계산에 있어서 국외에서의 소송행위추완에 있어서는 그 기간을 14일에서 30일로, 제3자에 의한 재심청구에 있어서는 그 기간을 30일에서 60일로, 소의 제기에 있어서는 그 기간을 60일에서 90일로 한다.

제6조 【명령·규칙의 위헌판결 등 공고】 ①행정소송에 대한 대법원판결에 의하여 명령·규칙이 헌법 또는 법률에 위반된다는 것이 확정된 경우에는 대법원은 지체없이 그 사유를 행정안전부장관에게 통보하여야 한다. <개정 2013.3.23, 2014. 11.19, 2017.7.26.>
②제1항의 규정에 의한 통보를 받은 행정안전부장관은 지체없이 이를 관보에 게재하여야 한다. <개정 2013.3.23., 2014.11.19., 2017.7.26.>

제7조 【사건의 이송】 민사소송법 제34조제1항의 규정은 원고의 고의 또는 중대한 과실없이 행정소송이 심급을 달리하는 법원에 잘못 제기된 경우에도 적용한다. <개정 2002.1.26>

제8조 【법적용례】 ①행정소송에 대하여는 다른 법률에 특별한 규정이 있는 경우를 제외하고는 이 법이 정하는 바에 의한다.
②행정소송에 관하여 이 법에 특별한 규정이 없는 사항에 대하여는 법원조직법과 민사소송법 및 민사집행법의 규정을 준용한다. <개정 2002.1.26>

제2장 취소소송

제1절 재판관할

제9조 【재판관할】 ①취소소송의 제1심관할법원은 피고의 소재지를 관할하는 행정법원으로 한다. <개정 2014.5.20>
②제1항에도 불구하고 다음 각 호의 어느 하나에

해당하는 피고에 대하여 취소소송을 제기하는 경우에는 대법원소재지를 관할하는 행정법원에 제기할 수 있다. <신설 2014.5.20>
1. 중앙행정기관, 중앙행정기관의 부속기관과 합의제행정기관 또는 그 장
2. 국가의 사무를 위임 또는 위탁받은 공공단체 또는 그 장
③토지의 수용 기타 부동산 또는 특정의 장소에 관계되는 처분 등에 대한 취소소송은 그 부동산 또는 장소의 소재지를 관할하는 행정법원에 이를 제기할 수 있다. <개정 2014.5.20>
<전문개정 94.7.27>

제10조 【관련청구소송의 이송 및 병합】 ①취소소송과 다음 각호의 1에 해당하는 소송(이하 "관련청구소송"이라 한다)이 각각 다른 법원에 계속되고 있는 경우에 관련청구소송이 계속된 법원이 상당하다고 인정하는 때에는 당사자의 신청 또는 직권에 의하여 이를 취소소송이 계속된 법원으로 이송할 수 있다.
1. 당해 처분 등과 관련되는 손해배상·부당이득반환·원상회복 등 청구소송
2. 당해 처분 등과 관련되는 취소소송
②취소소송에는 사실심의 변론종결시까지 관련청구소송을 병합하거나 피고외의 자를 상대로 한 관련청구소송을 취소소송이 계속된 법원에 병합하여 제기할 수 있다.

제11조 【선결문제】 ①처분 등의 효력 유무 또는 존재 여부가 민사소송의 선결문제로 되어 당해 민사소송의 수소법원이 이를 심리·판단하는 경우에는 제17조, 제25조, 제26조 및 제33조의 규정을 준용한다.
②제1항의 경우 당해 수소법원은 그 처분 등을 행한 행정청에게 그 선결문제로 된 사실을 통지하여야 한다.

제2절 당사자

제12조 【원고적격】 취소소송은 처분 등의 취소를 구할 법률상 이익이 있는 자가 제기할 수 있다. 처분 등의 효과가 기간의 경과, 처분 등의 집행 그 밖의 사유로 인하여 소멸된 뒤에도 그 처분 등의 취소로 인하여 회복되는 법률상 이익이 있는 자의 경우에는 또한 같다.

제13조 【피고적격】 ①취소소송은 다른 법률에 특별한 규정이 없는 한 그 처분 등을 행한 행정청을 피고로 한다. 다만, 처분 등이 있은 뒤에 그 처분 등에 관계되는 권한이 다른 행정청에 승계된 때에는 이를 승계한 행정청을 피고로 한다.
②제1항의 규정에 의한 행정청이 없게 된 때에는 그 처분 등에 관한 사무가 귀속되는 국가 또는 공공단체를 피고로 한다.

제14조 【피고경정】 ①원고가 피고를 잘못 지정한 때에는 법원은 원고의 신청에 의하여 결정으로써 피고의 경정을 허가할 수 있다.
②법원은 제1항의 규정에 의한 결정의 정본을 새로운 피고에게 송달하여야 한다.
③제1항의 규정에 의한 신청을 각하하는 결정에 대하여는 즉시항고할 수 있다.
④제1항의 규정에 의한 결정이 있은 때에는 새로운 피고에 대한 소송은 처음에 소를 제기한 때에 제기된 것으로 본다.
⑤제1항의 규정에 의한 결정이 있은 때에는 종전의 피고에 대한 소송은 취하된 것으로 본다.
⑥취소소송이 제기된 후에 제13조제1항 단서 또는 제13조제2항에 해당하는 사유가 생긴 때에는 법원은 당사자의 신청 또는 직권에 의하여 피고를 경정한다. 이 경우에는 제4항 및 제5항의 규정을 준용한다.

제15조 【공동소송】 수인의 청구 또는 수인에 대한 청구가 처분 등의 취소청구와 관련되는 청구인 경우에 한하여 그 수인은 공동소송인이 될 수 있다.

제16조 【제3자의 소송참가】 ①법원은 소송의 결과에 따라 권리 또는 이익의 침해를 받을 제3자가 있는 경우에는 당사자 또는 제3자의 신청 또는 직권에 의하여 결정으로써 그 제3자를 소송에 참가시킬 수 있다.
②법원이 제1항의 규정에 의한 결정을 하고자 할 때에는 미리 당사자 및 제3자의 의견을 들어야 한다.
③제1항의 규정에 의한 신청을 한 제3자는 그 신청을 각하한 결정에 대하여 즉시항고할 수 있다.
④제1항의 규정에 의하여 소송에 참가한 제3자에 대하여는 민사소송법 제67조의 규정을 준용한다.
<개정 2002.1.26>

제17조 【행정청의 소송참가】 ①법원은 다른 행정청을 소송에 참가시킬 필요가 있다고 인정할 때에는 당사자 또는 당해 행정청의 신청 또는 직권에 의하여 결정으로써 그 행정청을 소송에 참가시킬 수 있다.
②법원은 제1항의 규정에 의한 결정을 하고자 할 때에는 당사자 및 당해 행정청의 의견을 들어야 한다.
③제1항의 규정에 의하여 소송에 참가한 행정청에 대하여는 민사소송법 제76조의 규정을 준용한다.
개정 2002.1.26>

제3절 소의 제기

제18조 【행정심판과의 관계】 ①취소소송은 법령의 규정에 의하여 당해 처분에 대한 행정심판을 제기할 수 있는 경우에도 이를 거치지 아니하고 제기할 수 있다. 다만, 다른 법률에 당해 처분에 대한 행정심판의 재결을 거치지 아니하면 취소소송을 제기할 수 없다는 규정이 있는 때에는 그러하지 아니하다. <개정 94.7.27>
②제1항 단서의 경우에도 다음 각호의 1에 해당하는 사유가 있는 때에는 행정심판의 재결을 거치지 아니하고 취소소송을 제기할 수 있다. <개정 94.7.27>

1. 행정심판청구가 있은 날로부터 60일이 지나도 재결이 없는 때
2. 처분의 집행 또는 절차의 속행으로 생길 중대한 손해를 예방하여야 할 긴급한 필요가 있는 때
3. 법령의 규정에 의한 행정심판기관이 의결 또는 재결을 하지 못할 사유가 있는 때
4. 그 밖의 정당한 사유가 있는 때

③제1항 단서의 경우에 다음 각호의 1에 해당하는 사유가 있는 때에는 행정심판을 제기함이 없이 취소소송을 제기할 수 있다. <개정 94.7.27>

1. 동종사건에 관하여 이미 행정심판의 기각재결이 있은 때
2. 서로 내용상 관련되는 처분 또는 같은 목적을 위하여 단계적으로 진행되는 처분중 어느 하나가 이미 행정심판의 재결을 거친 때
3. 행정청이 사실심의 변론종결후 소송의 대상인 처분을 변경하여 당해 변경된 처분에 관하여 소를 제기하는 때
4. 처분을 행한 행정청이 행정심판을 거칠 필요가 없다고 잘못 알린 때

④제2항 및 제3항의 규정에 의한 사유는 이를 소명하여야 한다.

제19조【취소소송의 대상】 취소소송은 처분 등을 대상으로 한다. 다만, 재결취소소송의 경우에는 재결 자체에 고유한 위법이 있음을 이유로 하는 경우에 한한다.

제20조【제소기간】 ①취소소송은 처분 등이 있음을 안 날부터 90일 이내에 제기하여야 한다. 다만, 제18조제1항 단서에 규정한 경우와 그 밖에 행정심판청구를 할 수 있는 경우 또는 행정청이 행정심판청구를 할 수 있다고 잘못 알린 경우에 행정심판청구가 있은 때의 기간은 재결서의 정본을 송달받은 날부터 기산한다.

②취소소송은 처분 등이 있은 날부터 1년(제1항 단서의 경우는 재결이 있은 날부터 1년)을 경과하면 이를 제기하지 못한다. 다만, 정당한 사유가 있는 때에는 그러하지 아니하다.

③제1항의 규정에 의한 기간은 불변기간으로 한다. <전문개정 94.7.27>

제21조【소의 변경】 ①법원은 취소소송을 당해 처분 등에 관계되는 사무가 귀속하는 국가 또는 공공단체에 대한 당사자소송 또는 취소소송외의 항고소송으로 변경하는 것이 상당하다고 인정할 때에는 청구의 기초에 변경이 없는 한 사실심의 변론종결시까지 원고의 신청에 의하여 결정으로써 소의 변경을 허가할 수 있다.

②제1항의 규정에 의한 허가를 하는 경우 피고를 달리하게 될 때에는 법원은 새로이 피고로 될 자의 의견을 들어야 한다.

③제1항의 규정에 의한 허가결정에 대하여는 즉시항고할 수 있다.

④제1항의 규정에 의한 허가결정에 대하여는 제14조제2항·제4항 및 제5항의 규정을 준용한다.

제22조【처분변경으로 인한 소의 변경】 ①법원은 행정청이 소송의 대상인 처분을 소가 제기된 후 변경한 때에는 원고의 신청에 의하여 결정으로써 청구의 취지 또는 원인의 변경을 허가할 수 있다.

②제1항의 규정에 의한 신청은 처분의 변경이 있음을 안 날로부터 60일 이내에 하여야 한다.

③제1항의 규정에 의하여 변경되는 청구는 제18조제1항 단서의 규정에 의한 요건을 갖춘 것으로 본다. <개정 94.7.27>

제23조【집행정지】 ①취소소송의 제기는 처분 등의 효력이나 그 집행 또는 절차의 속행에 영향을 주지 아니한다.

②취소소송이 제기된 경우에 처분 등이나 그 집행 또는 절차의 속행으로 인하여 생길 회복하기 어려운 손해를 예방하기 위하여 긴급한 필요가 있다고 인정할 때에는 본안이 계속되고 있는 법원은 당사자의 신청 또는 직권에 의하여 처분 등의 효력이나 그 집행 또는 절차의 속행의 전부 또는 일부의 정지(이하 "집행정지"라 한다)를 결정할 수 있다. 다만, 처분의 효력정지는 처분 등의 집행 또는 절차의 속행을 정지함으로써 목적을 달성할 수 있는 경우에는 허용되지 아니한다.

③집행정지는 공공복리에 중대한 영향을 미칠 우려가 있을 때에는 허용되지 아니한다.

④제2항의 규정에 의한 집행정지의 결정을 신청함에 있어서는 그 이유에 대한 소명이 있어야 한다.

⑤제2항의 규정에 의한 집행정지의 결정 또는 기각의 결정에 대하여는 즉시항고할 수 있다. 이 경우 집행정지의 결정에 대한 즉시항고에는 결정의 집행을 정지하는 효력이 없다.

⑥제30조제1항의 규정은 제2항의 규정에 의한 집행정지의 결정에 이를 준용한다.

제24조【집행정지의 취소】 ①집행정지의 결정이 확정된 후 집행정지가 공공복리에 중대한 영향을 미치거나 그 정지사유가 없어진 때에는 당사자의 신청 또는 직권에 의하여 결정으로써 집행정지의 결정을 취소할 수 있다.

②제1항의 규정에 의한 집행정지결정의 취소결정과 이에 대한 불복의 경우에는 제23조제4항 및 제5항의 규정을 준용한다.

제4절 심 리

제25조【행정심판기록의 제출명령】 ①법원은 당사자의 신청이 있는 때에는 결정으로써 재결을 행한 행정청에 대하여 행정심판에 관한 기록의 제출을 명할 수 있다.

②제1항의 규정에 의한 제출명령을 받은 행정청은 지체없이 당해 행정심판에 관한 기록을 법원에 제출하여야 한다.

제26조【직권심리】 법원은 필요하다고 인정할 때에는 직권으로 증거조사를 할 수 있고, 당사자가 주장하지 아니한 사실에 대하여도 판단할 수 있다.

제5절 재 판

제27조【재량처분의 취소】 행정청의 재량에 속하

는 처분이라도 재량권의 한계를 넘거나 그 남용이 있는 때에는 법원은 이를 취소할 수 있다.

제28조【사정판결】 ①원고의 청구가 이유있다고 인정하는 경우에도 처분 등을 취소하는 것이 현저히 공공복리에 적합하지 아니하다고 인정하는 때에는 법원은 원고의 청구를 기각할 수 있다. 이 경우 법원은 그 판결의 주문에서 그 처분 등이 위법함을 명시하여야 한다.
②법원이 제1항의 규정에 의한 판결을 함에 있어서는 미리 원고가 그로 인하여 입게 될 손해의 정도와 배상방법 그 밖의 사정을 조사하여야 한다.
③원고는 피고인 행정청이 속하는 국가 또는 공공단체를 상대로 손해배상, 제해시설의 설치 그 밖에 적당한 구제방법의 청구를 당해 취소소송 등이 계속된 법원에 병합하여 제기할 수 있다.

제29조【취소판결 등의 효력】 ①처분 등을 취소하는 확정판결은 제3자에 대하여도 효력이 있다.
②제1항의 규정은 제23조의 규정에 의한 집행정지의 결정 또는 제24조의 규정에 의한 그 집행정지결정의 취소결정에 준용한다.

제30조【취소판결 등의 기속력】 ①처분 등을 취소하는 확정판결은 그 사건에 관하여 당사자인 행정청과 그 밖의 관계행정청을 기속한다.
②판결에 의하여 취소되는 처분이 당사자의 신청을 거부하는 것을 내용으로 하는 경우에는 그 처분을 행한 행정청은 판결의 취지에 따라 다시 이전의 신청에 대한 처분을 하여야 한다.
③제2항의 규정은 신청에 따른 처분이 절차의 위법을 이유로 취소되는 경우에 준용한다.

제6절 보 칙

제31조【제3자에 의한 재심청구】 ①처분 등을 취소하는 판결에 의하여 권리 또는 이익의 침해를 받은 제3자는 자기에게 책임없는 사유로 소송에 참가하지 못함으로써 판결의 결과에 영향을 미칠 공격 또는 방어방법을 제출하지 못한 때에는 이를 이유로 확정된 종국판결에 대하여 재심의 청구를 할 수 있다.
②제1항의 규정에 의한 청구는 확정판결이 있음을 안 날로부터 30일 이내, 판결이 확정된 날로부터 1년 이내에 제기하여야 한다.
③제2항의 규정에 의한 기간은 불변기간으로 한다.

제32조【소송비용의 부담】 취소청구가 제28조의 규정에 의하여 기각되거나 행정청이 처분 등을 취소 또는 변경함으로 인하여 청구가 각하 또는 기각된 경우에는 소송비용은 피고의 부담으로 한다.

제33조【소송비용에 관한 재판의 효력】 소송비용에 관한 재판이 확정된 때에는 피고 또는 참가인이었던 행정청이 소속하는 국가 또는 공공단체에 그 효력을 미친다.

제34조【거부처분취소판결의 간접강제】 ①행정청이 제30조제2항의 규정에 의한 처분을 하지 아니하는 때에는 제1심 수소법원은 당사자의 신청에 의하여 결정으로써 상당한 기간을 정하고 행정청이 그 기간내에 이행하지 아니하는 때에는 그 지연기간에 따라 일정한 배상을 할 것을 명하거나 즉시 손해배상을 할 것을 명할 수 있다.
②제33조와 민사집행법 제262조의 규정은 제1항의 경우에 준용한다. <개정 2002.1.26>

제3장 취소소송외의 항고소송

제35조【무효등확인소송의 원고적격】 무효등확인소송은 처분 등의 효력 유무 또는 존재 여부의 확인을 구할 법률상 이익이 있는 자가 제기할 수 있다.

제36조【부작위위법확인소송의 원고적격】 부작위위법확인소송은 처분의 신청을 한 자로서 부작위의 위법의 확인을 구할 법률상 이익이 있는 자만이 제기할 수 있다.

제37조【소의 변경】 제21조의 규정은 무효등확인소송이나 부작위위법확인소송을 취소소송 또는 당사자소송으로 변경하는 경우에 준용한다.

제38조【준용규정】 ①제9조, 제10조, 제13조 내지 제17조, 제19조, 제22조 내지 제26조, 제29조 내지 제31조 및 제33조의 규정은 무효등확인소송의 경우에 준용한다.
②제9조, 제10조, 제13조 내지 제19조, 제20조, 제25조 내지 제27조, 제29조 내지 제31조, 제33조 및 제34조의 규정은 부작위위법확인소송의 경우에 준용한다. <개정 94.7.27>

제4장 당사자소송

제39조【피고적격】 당사자소송은 국가·공공단체 그 밖의 권리주체를 피고로 한다.

제40조【재판관할】 제9조의 규정은 당사자소송의 경우에 준용한다. 다만, 국가 또는 공공단체가 피고인 경우에는 관계행정청의 소재지를 피고의 소재지로 본다.

제41조【제소기간】 당사자소송에 관하여 법령에 제소기간이 정하여져 있는 때에는 그 기간은 불변기간으로 한다.

제42조【소의 변경】 제21조의 규정은 당사자소송을 항고소송으로 변경하는 경우에 준용한다.

제43조【가집행선고의 제한】 국가를 상대로 하는 당사자소송의 경우에는 가집행선고를 할 수 없다.

제44조【준용규정】 ①제14조 내지 제17조, 제22조, 제25조, 제26조, 제30조제1항, 제32조 및 제33조의 규정은 당사자소송의 경우에 준용한다.
②제10조의 규정은 당사자소송과 관련청구소송이 각각 다른 법원에 계속되고 있는 경우의 이송과 이들 소송의 병합의 경우에 준용한다.

제5장 민중소송 및 기관소송

제45조【소의 제기】 민중소송 및 기관소송은 법률이 정한 경우에 법률에 정한 자에 한하여 제기할 수 있다.

제46조【준용규정】 ①민중소송 또는 기관소송으로서 처분 등의 취소를 구하는 소송에는 그 성질에 반하지 아니하는 한 취소소송에 관한 규정을 준용한다.
②민중소송 또는 기관소송으로서 처분 등의 효력 유무 또는 존재 여부나 부작위의 위법의 확인을 구하는 소송에는 그 성질에 반하지 아니하는 한 각각 무효등확인소송 또는 부작위위법확인소송에 관한 규정을 준용한다.
③민중소송 또는 기관소송으로서 제1항 및 제2항에 규정된 소송외의 소송에는 그 성질에 반하지 아니하는 한 당사자소송에 관한 규정을 준용한다.

부 칙

제1조【시행일】 이 법은 1985년 10월 1일부터 시행한다.
제2조【종전의 사항에 관한 경과조치】 이 법은 다른 법률에 특별한 규정이 있는 경우를 제외하고는 이 법 시행전에 생긴 사항에 관하여도 이를 적용한다. 다만, 이 법 시행전에 종전의 규정에 의하여 이미 생긴 효력에는 영향을 미치지 아니한다.
제3조【제소기간이 경과된 종전 처분에 관한 경과조치】 이 법 시행당시 소송이 제기되지 아니한 처분 등으로서 이미 종전의 규정에 의한 제소기간이 경과된 처분에 대하여는 이 법에 의한 취소소송을 제기할 수 없다. 제소기간이 정하여진 당사자소송의 경우에도 또한 같다.
제4조【계속중인 행정소송에 관한 경과조치】 이 법 시행당시 법원에 계속중인 행정소송은 이 법에 의하여 제기된 것으로 본다.
제5조【소원 등에 대한 재결 등의 효력에 관한 경과조치】 이 법 시행 당시 종전의 소원법 그 밖의 법률의 규정에 의한 소원·심사청구·이의신청 그 밖에 행정청에 대한 불복신청 또는 그에 대한 재결·결정 등은 각각 이 법을 적용함에 있어서는 행정심판청구 또는 그에 대한 재결로 본다.
제6조【다른 법률의 개정】 ① <해당 법률에 정리>
②제1항의 규정외에 이 법 시행당시 다른 법률에서 종전의 행정소송법의 규정을 인용 또는 준용한 경우에는 종전의 규정에 갈음하여 이 법의 새로운 조항을 인용 또는 준용한 것으로 본다.

부 칙 <중략>

부 칙(2017.7.26.)

제1조【시행일】 ① 이 법은 공포한 날부터 시행한다. 다만, 부칙 제5조에 따라 개정되는 법률 중 이 법 시행 전에 공포되었으나 시행일이 도래하지 아니한 법률을 개정한 부분은 각각 해당 법률의 시행일부터 시행한다.
제2조~제6조 <생략>

행정절차법

［1996년 12월 31일
법 률 제5241호］

개정
1999. 2. 5.법5809호(해양사고의조사및심판에관한법률)
2002.12.30.법6839호
2006. 3.24.법7904호
2007. 5.17.법8451호
2008. 2.29.법8852호(정부조직법)
2011.12. 2.법11109호
2012.10.22.법11498호
2013. 3.23.법11690호(정부조직법)
2014. 1.28.법12347호
2014.11.19.법12844호(정부조직법)
2014.12.30.법12923호
2017. 7.26.법14839호(정부조직법)
2019.12.10.법16778호
2022. 1.11.법18748호

제1장 총 칙

제1절 목적, 정의 및 적용 범위 등 〈개정 2012.10.22〉

제1조【목 적】 이 법은 행정절차에 관한 공통적인 사항을 규정하여 국민의 행정 참여를 도모함으로써 행정의 공정성·투명성 및 신뢰성을 확보하고 국민의 권익을 보호함을 목적으로 한다.
<전문개정 2012.10.22>

제2조【정 의】 이 법에서 사용하는 용어의 뜻은 다음과 같다.
1. "행정청"이란 다음 각 목의 자를 말한다.
가. 행정에 관한 의사를 결정하여 표시하는 국가 또는 지방자치단체의 기관
나. 그 밖에 법령 또는 자치법규(이하 "법령등"이라 한다)에 따라 행정권한을 가지고 있거나 위임 또는 위탁받은 공공단체 또는 그 기관이나 사인(私人)
2. "처분"이란 행정청이 행하는 구체적 사실에 관한 법 집행으로서의 공권력의 행사 또는 그 거부와 그 밖에 이에 준하는 행정작용(行政作用)을 말한다.
3. "행정지도"란 행정기관이 그 소관 사무의 범위에서 일정한 행정목적을 실현하기 위하여 특정인에게 일정한 행위를 하거나 하지 아니하도록 지도, 권고, 조언 등을 하는 행정작용을 말한다.
4. "당사자등"이란 다음 각 목의 자를 말한다.
가. 행정청의 처분에 대하여 직접 그 상대가 되는 당사자
나. 행정청이 직권으로 또는 신청에 따라 행정절차에 참여하게 한 이해관계인
5. "청문"이란 행정청이 어떠한 처분을 하기 전에 당사자등의 의견을 직접 듣고 증거를 조사하는 절차를 말한다.
6. "공청회"란 행정청이 공개적인 토론을 통하여 어떠한 행정작용에 대하여 당사자등, 전문지식과 경험을 가진 사람, 그 밖의 일반인으로부터 의견을 널리 수렴하는 절차를 말한다.
7. "의견제출"이란 행정청이 어떠한 행정작용을 하기 전에 당사자등이 의견을 제시하는 절차로서 청문이나 공청회에 해당하지 아니하는 절차를 말한다.
8. "전자문서"란 컴퓨터 등 정보처리능력을 가진 장치에 의하여 전자적인 형태로 작성되어 송신·수신 또는 저장된 정보를 말한다.
9. "정보통신망"이란 전기통신설비를 활용하거나 전기통신설비와 컴퓨터 및 컴퓨터 이용기술을 활용하여 정보를 수집·가공·저장·검색·송신 또는 수신하는 정보통신체제를 말한다.
<전문개정 2012.10.22>

제3조【적용 범위】 ① 처분, 신고, 확약, 위반사실 등의 공표, 행정계획, 행정상 입법예고, 행정예고 및 행정지도의 절차(이하 "행정절차"라 한다)에 관하여 다른 법률에 특별한 규정이 있는 경우를 제외하고는 이 법에서 정하는 바에 따른다. <개정 2022. 1. 11.>
② 이 법은 다음 각 호의 어느 하나에 해당하는 사항에 대하여는 적용하지 아니한다.
1. 국회 또는 지방의회의 의결을 거치거나 동의 또는 승인을 받아 행하는 사항
2. 법원 또는 군사법원의 재판에 의하거나 그 집행으로 행하는 사항
3. 헌법재판소의 심판을 거쳐 행하는 사항
4. 각급 선거관리위원회의 의결을 거쳐 행하는 사항
5. 감사원이 감사위원회의의 결정을 거쳐 행하는 사항
6. 형사(刑事), 행형(行刑) 및 보안처분 관계 법령에 따라 행하는 사항

7. 국가안전보장·국방·외교 또는 통일에 관한 사항 중 행정절차를 거칠 경우 국가의 중대한 이익을 현저히 해칠 우려가 있는 사항
8. 심사청구, 해양안전심판, 조세심판, 특허심판, 행정심판, 그 밖의 불복절차에 따른 사항
9. 「병역법」에 따른 징집·소집, 외국인의 출입국·난민인정·귀화, 공무원 인사 관계 법령에 따른 징계와 그 밖의 처분, 이해 조정을 목적으로 하는 법령에 따른 알선·조정·중재(仲裁)·재정(裁定) 또는 그 밖의 처분 등 해당 행정작용의 성질상 행정절차를 거치기 곤란하거나 거칠 필요가 없다고 인정되는 사항과 행정절차에 준하는 절차를 거친 사항으로서 대통령령으로 정하는 사항

<전문개정 2012.10.22>

제4조【신의성실 및 신뢰보호】① 행정청은 직무를 수행할 때 신의(信義)에 따라 성실히 하여야 한다.

② 행정청은 법령등의 해석 또는 행정청의 관행이 일반적으로 국민들에게 받아들여졌을 때에는 공익 또는 제3자의 정당한 이익을 현저히 해칠 우려가 있는 경우를 제외하고는 새로운 해석 또는 관행에 따라 소급하여 불리하게 처리하여서는 아니 된다.

<전문개정 2012.10.22>

제5조【투명성】① 행정청이 행하는 행정작용은 그 내용이 구체적이고 명확하여야 한다.

② 행정작용의 근거가 되는 법령등의 내용이 명확하지 아니한 경우 상대방은 해당 행정청에 그 해석을 요청할 수 있으며, 해당 행정청은 특별한 사유가 없으면 그 요청에 따라야 한다.

③ 행정청은 상대방에게 행정작용과 관련된 정보를 충분히 제공하여야 한다.

<전문개정 2019. 12. 10.>

제5조의2【행정업무 혁신】① 행정청은 모든 국민이 균등하고 질 높은 행정서비스를 누릴 수 있도록 노력하여야 한다.

② 행정청은 정보통신기술을 활용하여 행정절차를 적극적으로 혁신하도록 노력하여야 한다. 이 경우 행정청은 국민이 경제적·사회적·지역적 여건 등으로 인하여 불이익을 받지 아니하도록 하여야 한다.

③ 행정청은 행정청이 생성하거나 취득하여 관리하고 있는 데이터(정보처리능력을 갖춘 장치를 통하여 생성 또는 처리되어 기계에 의한 판독이 가능한 형태로 존재하는 정형 또는 비정형의 정보를 말한다)를 행정과정에 활용하도록 노력하여야 한다.

④ 행정청은 행정업무 혁신 추진에 필요한 행정적·재정적·기술적 지원방안을 마련하여야 한다.

<본조신설 2022. 1. 11.>

제2절 행정청의 관할 및 협조

제6조【관 할】① 행정청이 그 관할에 속하지 아니하는 사안을 접수하였거나 이송받은 경우에는 지체 없이 이를 관할 행정청에 이송하여야 하고 그 사실을 신청인에게 통지하여야 한다. 행정청이 접수하거나 이송받은 후 관할이 변경된 경우에도 또한 같다.

② 행정청의 관할이 분명하지 아니한 경우에는 해당 행정청을 공통으로 감독하는 상급 행정청이 그 관할을 결정하며, 공통으로 감독하는 상급 행정청이 없는 경우에는 각 상급 행정청이 협의하여 그 관할을 결정한다.

<전문개정 2012.10.22>

제7조【행정청 간의 협조 등】① 행정청은 행정의 원활한 수행을 위하여 서로 협조하여야 한다.

② 행정청은 업무의 효율성을 높이고 행정서비스에 대한 국민의 만족도를 높이기 위하여 필요한 경우 행정협업(다른 행정청과 공동의 목표를 설정하고 행정청 상호 간의 기능을 연계하거나 시설·장비 및 정보 등을 공동으로 활용하는 것을 말한다. 이하 같다)의 방식으로 적극적으로 협조하여야 한다.

③ 행정청은 행정협업을 활성화하기 위한 시책을 마련하고 그 추진에 필요한 행정적·재정적 지원방안을 마련하여야 한다.

④ 행정협업의 촉진 등에 필요한 사항은 대통령령으로 정한다.

<전문개정 2022. 1. 11.>

제8조【행정응원】① 행정청은 다음 각 호의 어느 하나에 해당하는 경우에는 다른 행정청에 행정응원(行政應援)을 요청할 수 있다.

1. 법령등의 이유로 독자적인 직무 수행이 어려운 경우
2. 인원·장비의 부족 등 사실상의 이유로 독자적인 직무 수행이 어려운 경우
3. 다른 행정청에 소속되어 있는 전문기관의 협조가 필요한 경우
4. 다른 행정청이 관리하고 있는 문서(전자문서를 포함한다. 이하 같다)·통계 등 행정자료가 직무 수행을 위하여 필요한 경우
5. 다른 행정청의 응원을 받아 처리하는 것이 보다 능률적이고 경제적인 경우

② 제1항에 따라 행정응원을 요청받은 행정청은 다음 각 호의 어느 하나에 해당하는 경우에는 응원을 거부할 수 있다.

1. 다른 행정청이 보다 능률적이거나 경제적으로 응원할 수 있는 명백한 이유가 있는 경우
2. 행정응원으로 인하여 고유의 직무 수행이 현저히 지장받을 것으로 인정되는 명백한 이유가 있는 경우

③ 행정응원은 해당 직무를 직접 응원할 수 있는 행정청에 요청하여야 한다.

④ 행정응원을 요청받은 행정청은 응원을 거부하는 경우 그 사유를 응원을 요청한 행정청에 통지하여야 한다.

⑤ 행정응원을 위하여 파견된 직원은 응원을 요청한 행정청의 지휘·감독을 받는다. 다만, 해당 직원의 복무에 관하여 다른 법령등에 특별한 규정이 있는 경우에는 그에 따른다.

⑥ 행정응원에 드는 비용은 응원을 요청한 행정청이 부담하며, 그 부담금액 및 부담방법은 응원을

요청한 행정청과 응원을 하는 행정청이 협의하여 결정한다.
<전문개정 2012.10.22>

제3절 당사자등

제9조【당사자등의 자격】 다음 각 호의 어느 하나에 해당하는 자는 행정절차에서 당사자등이 될 수 있다.
1. 자연인
2. 법인, 법인이 아닌 사단 또는 재단(이하 "법인등"이라 한다)
3. 그 밖에 다른 법령등에 따라 권리·의무의 주체가 될 수 있는 자

<전문개정 2012.10.22>

제10조【지위의 승계】 ① 당사자등이 사망하였을 때의 상속인과 다른 법령등에 따라 당사자등의 권리 또는 이익을 승계한 자는 당사자등의 지위를 승계한다.
② 당사자등인 법인등이 합병하였을 때에는 합병 후 존속하는 법인등이나 합병 후 새로 설립된 법인등이 당사자등의 지위를 승계한다.
③ 제1항 및 제2항에 따라 당사자등의 지위를 승계한 자는 행정청에 그 사실을 통지하여야 한다.
④ 처분에 관한 권리 또는 이익을 사실상 양수한 자는 행정청의 승인을 받아 당사자등의 지위를 승계할 수 있다.
⑤ 제3항에 따른 통지가 있을 때까지 사망자 또는 합병 전의 법인등에 대하여 행정청이 한 통지는 제1항 또는 제2항에 따라 당사자등의 지위를 승계한 자에게도 효력이 있다.
<전문개정 2012.10.22>

제11조【대표자】 ① 다수의 당사자등이 공동으로 행정절차에 관한 행위를 할 때에는 대표자를 선정할 수 있다.
② 행정청은 제1항에 따라 당사자등이 대표자를 선정하지 아니하거나 대표자가 지나치게 많아 행정절차가 지연될 우려가 있는 경우에는 그 이유를 들어 상당한 기간 내에 3인 이내의 대표자를 선정할 것을 요청할 수 있다. 이 경우 당사자등이 그 요청에 따르지 아니하였을 때에는 행정청이 직접 대표자를 선정할 수 있다.
③ 당사자등은 대표자를 변경하거나 해임할 수 있다.
④ 대표자는 각자 그를 대표자로 선정한 당사자등을 위하여 행정절차에 관한 모든 행위를 할 수 있다. 다만, 행정절차를 끝맺는 행위에 대하여는 당사자등의 동의를 받아야 한다.
⑤ 대표자가 있는 경우에는 당사자등은 그 대표자를 통하여서만 행정절차에 관한 행위를 할 수 있다.
⑥ 다수의 대표자가 있는 경우 그중 1인에 대한 행정청의 행위는 모든 당사자등에게 효력이 있다. 다만, 행정청의 통지는 대표자 모두에게 하여야 그 효력이 있다.
<전문개정 2012.10.22>

제12조【대리인】 ① 당사자등은 다음 각 호의 어느 하나에 해당하는 자를 대리인으로 선임할 수 있다.
1. 당사자등의 배우자, 직계 존속·비속 또는 형제자매
2. 당사자등이 법인등인 경우 그 임원 또는 직원
3. 변호사
4. 행정청 또는 청문 주재자(청문의 경우만 해당한다)의 허가를 받은 자
5. 법령등에 따라 해당 사안에 대하여 대리인이 될 수 있는 자

② 대리인에 관하여는 제11조제3항·제4항 및 제6항을 준용한다.
<전문개정 2012.10.22>

제13조【대표자·대리인의 통지】 ① 당사자등이 대표자 또는 대리인을 선정하거나 선임하였을 때에는 지체 없이 그 사실을 행정청에 통지하여야 한다. 대표자 또는 대리인을 변경하거나 해임하였을 때에도 또한 같다.
② 제1항에도 불구하고 제12조제1항제4호에 따라 청문 주재자가 대리인의 선임을 허가한 경우에는 청문 주재자가 그 사실을 행정청에 통지하여야 한다. <신설 2014.1.28>
<전문개정 2012.10.22>

제4절 송달 및 기간·기한의 특례

제14조【송 달】 ① 송달은 우편, 교부 또는 정보통신망 이용 등의 방법으로 하되, 송달받을 자(대표자 또는 대리인을 포함한다. 이하 같다)의 주소·거소(居所)·영업소·사무소 또는 전자우편주소(이하 "주소등"이라 한다)로 한다. 다만, 송달받을 자가 동의하는 경우에는 그를 만나는 장소에서 송달할 수 있다.
② 교부에 의한 송달은 수령확인서를 받고 문서를 교부함으로써 하며, 송달하는 장소에서 송달받을 자를 만나지 못한 경우에는 그 사무원·피용자(被傭者) 또는 동거인으로서 사리를 분별할 지능이 있는 사람(이하 이 조에서 "사무원등"이라 한다)에게 문서를 교부할 수 있다. 다만, 문서를 송달받을 자 또는 그 사무원등이 정당한 사유 없이 송달받기를 거부하는 때에는 그 사실을 수령확인서에 적고, 문서를 송달할 장소에 놓아둘 수 있다. <개정 2014.1.28>
③ 정보통신망을 이용한 송달은 송달받을 자가 동의하는 경우에만 한다. 이 경우 송달받을 자는 송달받을 전자우편주소 등을 지정하여야 한다.
④ 다음 각 호의 어느 하나에 해당하는 경우에는 송달받을 자가 알기 쉽도록 관보, 공보, 게시판, 일간신문 중 하나 이상에 공고하고 인터넷에도 공고하여야 한다.
1. 송달받을 자의 주소등을 통상적인 방법으로 확인할 수 없는 경우
2. 송달이 불가능한 경우

⑤ 제4항에 따른 공고를 할 때에는 민감정보 및 고

유식별정보 등 송달받을 자의 개인정보를 「개인정보 보호법」에 따라 보호하여야 한다. <신설 2022. 1. 11.>
⑥ 행정청은 송달하는 문서의 명칭, 송달받는 자의 성명 또는 명칭, 발송방법 및 발송 연월일을 확인할 수 있는 기록을 보존하여야 한다. <개정 2022. 1. 11.>
<전문개정 2012. 10. 22.>

제15조【송달의 효력 발생】 ① 송달은 다른 법령등에 특별한 규정이 있는 경우를 제외하고는 해당 문서가 송달받을 자에게 도달됨으로써 그 효력이 발생한다.
② 제14조제3항에 따라 정보통신망을 이용하여 전자문서로 송달하는 경우에는 송달받을 자가 지정한 컴퓨터 등에 입력된 때에 도달된 것으로 본다.
③ 제14조제4항의 경우에는 다른 법령등에 특별한 규정이 있는 경우를 제외하고는 공고일부터 14일이 지난 때에 그 효력이 발생한다. 다만, 긴급히 시행하여야 할 특별한 사유가 있어 효력 발생 시기를 달리 정하여 공고한 경우에는 그에 따른다.
<전문개정 2012.10.22>

제16조【기간 및 기한의 특례】 ① 천재지변이나 그 밖에 당사자등에게 책임이 없는 사유로 기간 및 기한을 지킬 수 없는 경우에는 그 사유가 끝나는 날까지 기간의 진행이 정지된다.
② 외국에 거주하거나 체류하는 자에 대한 기간 및 기한은 행정청이 그 우편이나 통신에 걸리는 일수(日數)를 고려하여 정하여야 한다.
<전문개정 2012.10.22>

제2장 처 분 〈개정 2012.10.22〉

제1절 통 칙 〈개정 2012.10.22〉

제17조【처분의 신청】 ① 행정청에 처분을 구하는 신청은 문서로 하여야 한다. 다만, 다른 법령등에 특별한 규정이 있는 경우와 행정청이 미리 다른 방법을 정하여 공시한 경우에는 그러하지 아니하다.
② 제1항에 따라 처분을 신청할 때 전자문서로 하는 경우에는 행정청의 컴퓨터 등에 입력된 때에 신청한 것으로 본다.
③ 행정청은 신청에 필요한 구비서류, 접수기관, 처리기간, 그 밖에 필요한 사항을 게시(인터넷 등을 통한 게시를 포함한다)하거나 이에 대한 편람을 갖추어 두고 누구나 열람할 수 있도록 하여야 한다.
④ 행정청은 신청을 받았을 때에는 다른 법령등에 특별한 규정이 있는 경우를 제외하고는 그 접수를 보류 또는 거부하거나 부당하게 되돌려 보내서는 아니 되며, 신청을 접수한 경우에는 신청인에게 접수증을 주어야 한다. 다만, 대통령령으로 정하는 경우에는 접수증을 주지 아니할 수 있다.
⑤ 행정청은 신청에 구비서류의 미비 등 흠이 있는 경우에는 보완에 필요한 상당한 기간을 정하여 지체 없이 신청인에게 보완을 요구하여야 한다.
⑥ 행정청은 신청인이 제5항에 따른 기간 내에 보완을 하지 아니하였을 때에는 그 이유를 구체적으로 밝혀 접수된 신청을 되돌려 보낼 수 있다.
⑦ 행정청은 신청인의 편의를 위하여 다른 행정청에 신청을 접수하게 할 수 있다. 이 경우 행정청은 다른 행정청에 접수할 수 있는 신청의 종류를 미리 정하여 공시하여야 한다.
⑧ 신청인은 처분이 있기 전에는 그 신청의 내용을 보완·변경하거나 취하(取下)할 수 있다. 다만, 다른 법령등에 특별한 규정이 있거나 그 신청의 성질상 보완·변경하거나 취하할 수 없는 경우에는 그러하지 아니하다.
<전문개정 2012.10.22>

제18조【다수의 행정청이 관여하는 처분】 행정청은 다수의 행정청이 관여하는 처분을 구하는 신청을 접수한 경우에는 관계 행정청과의 신속한 협조를 통하여 그 처분이 지연되지 아니하도록 하여야 한다.
<전문개정 2012.10.22>

제19조【처리기간의 설정·공표】 ① 행정청은 신청인의 편의를 위하여 처분의 처리기간을 종류별로 미리 정하여 공표하여야 한다.
② 행정청은 부득이한 사유로 제1항에 따른 처리기간 내에 처분을 처리하기 곤란한 경우에는 해당 처분의 처리기간의 범위에서 한 번만 그 기간을 연장할 수 있다.
③ 행정청은 제2항에 따라 처리기간을 연장할 때에는 처리기간의 연장 사유와 처리 예정 기한을 지체 없이 신청인에게 통지하여야 한다.
④ 행정청이 정당한 처리기간 내에 처리하지 아니하였을 때에는 신청인은 해당 행정청 또는 그 감독 행정청에 신속한 처리를 요청할 수 있다.
⑤ 제1항에 따른 처리기간에 산입하지 아니하는 기간에 관하여는 대통령령으로 정한다.
<전문개정 2012.10.22>

제20조【처분기준의 설정·공표】 ① 행정청은 필요한 처분기준을 해당 처분의 성질에 비추어 되도록 구체적으로 정하여 공표하여야 한다. 처분기준을 변경하는 경우에도 또한 같다.
② 「행정기본법」 제24조에 따른 인허가의제의 경우 관련 인허가 행정청은 관련 인허가의 처분기준을 주된 인허가 행정청에 제출하여야 하고, 주된 인허가 행정청은 제출받은 관련 인허가의 처분기준을 통합하여 공표하여야 한다. 처분기준을 변경하는 경우에도 또한 같다. <신설 2022. 1. 11.>
③ 제1항에 따른 처분기준을 공표하는 것이 해당 처분의 성질상 현저히 곤란하거나 공공의 안전 또는 복리를 현저히 해치는 것으로 인정될 만한 상당한 이유가 있는 경우에는 처분기준을 공표하지 아니할 수 있다. <개정 2022. 1. 11.>
④ 당사자등은 공표된 처분기준이 명확하지 아니한 경우 해당 행정청에 그 해석 또는 설명을 요청할 수 있다. 이 경우 해당 행정청은 특별한 사정이 없으면 그 요청에 따라야 한다. <개정 2022. 1.

11.>
<전문개정 2012. 10. 22.>

제21조【처분의 사전 통지】 ① 행정청은 당사자에게 의무를 부과하거나 권익을 제한하는 처분을 하는 경우에는 미리 다음 각 호의 사항을 당사자등에게 통지하여야 한다.
1. 처분의 제목
2. 당사자의 성명 또는 명칭과 주소
3. 처분하려는 원인이 되는 사실과 처분의 내용 및 법적 근거
4. 제3호에 대하여 의견을 제출할 수 있다는 뜻과 의견을 제출하지 아니하는 경우의 처리방법
5. 의견제출기관의 명칭과 주소
6. 의견제출기한
7. 그 밖에 필요한 사항

② 행정청은 청문을 하려면 청문이 시작되는 날부터 10일 전까지 제1항 각 호의 사항을 당사자등에게 통지하여야 한다. 이 경우 제1항제4호부터 제6호까지의 사항은 청문 주재자의 소속·직위 및 성명, 청문의 일시 및 장소, 청문에 응하지 아니하는 경우의 처리방법 등 청문에 필요한 사항으로 갈음한다.

③ 제1항제6호에 따른 기한은 의견제출에 필요한 기간을 10일 이상으로 고려하여 정하여야 한다. <개정 2019. 12. 10.>

④ 다음 각 호의 어느 하나에 해당하는 경우에는 제1항에 따른 통지를 하지 아니할 수 있다.
1. 공공의 안전 또는 복리를 위하여 긴급히 처분을 할 필요가 있는 경우
2. 법령등에서 요구된 자격이 없거나 없어지게 되면 반드시 일정한 처분을 하여야 하는 경우에 그 자격이 없거나 없어지게 된 사실이 법원의 재판 등에 의하여 객관적으로 증명된 경우
3. 해당 처분의 성질상 의견청취가 현저히 곤란하거나 명백히 불필요하다고 인정될 만한 상당한 이유가 있는 경우

⑤ 처분의 전제가 되는 사실이 법원의 재판 등에 의하여 객관적으로 증명된 경우 등 제4항에 따른 사전 통지를 하지 아니할 수 있는 구체적인 사항은 대통령령으로 정한다. <신설 2014.1.28.>

⑥ 제4항에 따라 사전 통지를 하지 아니하는 경우 행정청은 처분을 할 때 당사자등에게 통지를 하지 아니한 사유를 알려야 한다. 다만, 신속한 처분이 필요한 경우에는 처분 후 그 사유를 알릴 수 있다. <신설 2014.12.30>

⑦ 제6항에 따라 당사자등에게 알리는 경우에는 제24조를 준용한다. <신설 2014.12.30>
<전문개정 2012. 10. 22.>

제22조【의견청취】 ① 행정청이 처분을 할 때 다음 각 호의 어느 하나에 해당하는 경우에는 청문을 한다. <개정 2014. 1. 28., 2022. 1. 11.>
1. 다른 법령등에서 청문을 하도록 규정하고 있는 경우
2. 행정청이 필요하다고 인정하는 경우
3. 다음 각 목의 처분을 하는 경우
   가. 인허가 등의 취소
   나. 신분·자격의 박탈
   다. 법인이나 조합 등의 설립허가의 취소

② 행정청이 처분을 할 때 다음 각 호의 어느 하나에 해당하는 경우에는 공청회를 개최한다. <개정 2019. 12. 10.>
1. 다른 법령등에서 공청회를 개최하도록 규정하고 있는 경우
2. 해당 처분의 영향이 광범위하여 널리 의견을 수렴할 필요가 있다고 행정청이 인정하는 경우
3. 국민생활에 큰 영향을 미치는 처분으로서 대통령령으로 정하는 처분에 대하여 대통령령으로 정하는 수 이상의 당사자등이 공청회 개최를 요구하는 경우

③ 행정청이 당사자에게 의무를 부과하거나 권익을 제한하는 처분을 할 때 제1항 또는 제2항의 경우 외에는 당사자등에게 의견제출의 기회를 주어야 한다.

④ 제1항부터 제3항까지의 규정에도 불구하고 제21조제4항 각 호의 어느 하나에 해당하는 경우와 당사자가 의견진술의 기회를 포기한다는 뜻을 명백히 표시한 경우에는 의견청취를 하지 아니할 수 있다.

⑤ 행정청은 청문·공청회 또는 의견제출을 거쳤을 때에는 신속히 처분하여 해당 처분이 지연되지 아니하도록 하여야 한다.

⑥ 행정청은 처분 후 1년 이내에 당사자등이 요청하는 경우에는 청문·공청회 또는 의견제출을 위하여 제출받은 서류나 그 밖의 물건을 반환하여야 한다.
<전문개정 2012. 10. 22.>

제23조【처분의 이유 제시】 ① 행정청은 처분을 할 때에는 다음 각 호의 어느 하나에 해당하는 경우를 제외하고는 당사자에게 그 근거와 이유를 제시하여야 한다.
1. 신청 내용을 모두 그대로 인정하는 처분인 경우
2. 단순·반복적인 처분 또는 경미한 처분으로서 당사자가 그 이유를 명백히 알 수 있는 경우
3. 긴급히 처분을 할 필요가 있는 경우

② 행정청은 제1항제2호 및 제3호의 경우에 처분 후 당사자가 요청하는 경우에는 그 근거와 이유를 제시하여야 한다.
<전문개정 2012.10.22>

제24조【처분의 방식】 ① 행정청이 처분을 할 때에는 다른 법령등에 특별한 규정이 있는 경우를 제외하고는 문서로 하여야 하며, 다음 각 호의 어느 하나에 해당하는 경우에는 전자문서로 할 수 있다. <개정 2022. 1. 11.>
1. 당사자등의 동의가 있는 경우
2. 당사자가 전자문서로 처분을 신청한 경우

② 제1항에도 불구하고 공공의 안전 또는 복리를 위하여 긴급히 처분을 할 필요가 있거나 사안이 경미한 경우에는 말, 전화, 휴대전화를 이용한 문자 전송, 팩스 또는 전자우편 등 문서가 아닌 방법으로 처분을 할 수 있다. 이 경우 당사자가 요청하면

지체 없이 처분에 관한 문서를 주어야 한다. <신설 2022. 1. 11.>
③ 처분을 하는 문서에는 그 처분 행정청과 담당자의 소속·성명 및 연락처(전화번호, 팩스번호, 전자우편주소 등을 말한다)를 적어야 한다. <개정 2022. 1. 11.>
<전문개정 2012. 10. 22.>

제25조【처분의 정정】 행정청은 처분에 오기(誤記), 오산(誤算) 또는 그 밖에 이에 준하는 명백한 잘못이 있을 때에는 직권으로 또는 신청에 따라 지체 없이 정정하고 그 사실을 당사자에게 통지하여야 한다.
<전문개정 2012.10.22>

제26조【고 지】 행정청이 처분을 할 때에는 당사자에게 그 처분에 관하여 행정심판 및 행정소송을 제기할 수 있는지 여부, 그 밖에 불복을 할 수 있는지 여부, 청구절차 및 청구기간, 그 밖에 필요한 사항을 알려야 한다.
<전문개정 2012.10.22>

제2절 의견제출 및 청문

제27조【의견제출】 ① 당사자등은 처분 전에 그 처분의 관할 행정청에 서면이나 말로 또는 정보통신망을 이용하여 의견제출을 할 수 있다.
② 당사자등은 제1항에 따라 의견제출을 하는 경우 그 주장을 입증하기 위한 증거자료 등을 첨부할 수 있다.
③ 행정청은 당사자등이 말로 의견제출을 하였을 때에는 서면으로 그 진술의 요지와 진술자를 기록하여야 한다.
④ 당사자등이 정당한 이유 없이 의견제출기한까지 의견제출을 하지 아니한 경우에는 의견이 없는 것으로 본다.
<전문개정 2012.10.22>

제27조의2【제출 의견의 반영 등】 ① 행정청은 처분을 할 때에 당사자등이 제출한 의견이 상당한 이유가 있다고 인정하는 경우에는 이를 반영하여야 한다.
② 행정청은 당사자등이 제출한 의견을 반영하지 아니하고 처분을 한 경우 당사자등이 처분이 있음을 안 날부터 90일 이내에 그 이유의 설명을 요청하면 서면으로 그 이유를 알려야 한다. 다만, 당사자등이 동의하면 말, 정보통신망 또는 그 밖의 방법으로 알릴 수 있다. <신설 2019. 12. 10.>
<전문개정 2012. 10. 22.>
<제목개정 2019. 12. 10.>

제28조【청문 주재자】 ① 행정청은 소속 직원 또는 대통령령으로 정하는 자격을 가진 사람 중에서 청문 주재자를 공정하게 선정하여야 한다. <개정 2019. 12. 10.>
② 행정청은 다음 각 호의 어느 하나에 해당하는 처분을 하려는 경우에는 청문 주재자를 2명 이상으로 선정할 수 있다. 이 경우 선정된 청문 주재자 중 1명이 청문 주재자를 대표한다. <신설 2022. 1. 11.>
1. 다수 국민의 이해가 상충되는 처분
2. 다수 국민에게 불편이나 부담을 주는 처분
3. 그 밖에 전문적이고 공정한 청문을 위하여 행정청이 청문 주재자를 2명 이상으로 선정할 필요가 있다고 인정하는 처분

③ 행정청은 청문이 시작되는 날부터 7일 전까지 청문 주재자에게 청문과 관련한 필요한 자료를 미리 통지하여야 한다. <신설 2014. 1. 28., 2022. 1. 11.>
④ 청문 주재자는 독립하여 공정하게 직무를 수행하며, 그 직무 수행을 이유로 본인의 의사에 반하여 신분상 어떠한 불이익도 받지 아니한다. <개정 2014. 1. 28., 2022. 1. 11.>
⑤ 제1항 또는 제2항에 따라 선정된 청문 주재자는 「형법」이나 그 밖의 다른 법률에 따른 벌칙을 적용할 때에는 공무원으로 본다. <개정 2014. 1. 28., 2022. 1. 11.>
⑥ 제1항부터 제5항까지에서 규정한 사항 외에 청문 주재자의 선정 등에 필요한 사항은 대통령령으로 정한다. <신설 2022. 1. 11.>
<전문개정 2012. 10. 22.>

제29조【청문 주재자의 제척·기피·회피】 ① 청문 주재자가 다음 각 호의 어느 하나에 해당하는 경우에는 청문을 주재할 수 없다. <개정 2019. 12. 10.>
1. 자신이 당사자등이거나 당사자등과 「민법」 제777조 각 호의 어느 하나에 해당하는 친족관계에 있거나 있었던 경우
2. 자신이 해당 처분과 관련하여 증언이나 감정(鑑定)을 한 경우
3. 자신이 해당 처분의 당사자등의 대리인으로 관여하거나 관여하였던 경우
4. 자신이 해당 처분업무를 직접 처리하거나 처리하였던 경우
5. 자신이 해당 처분업무를 처리하는 부서에 근무하는 경우. 이 경우 부서의 구체적인 범위는 대통령령으로 정한다.

② 청문 주재자에게 공정한 청문 진행을 할 수 없는 사정이 있는 경우 당사자등은 행정청에 기피신청을 할 수 있다. 이 경우 행정청은 청문을 정지하고 그 신청이 이유가 있다고 인정할 때에는 해당 청문 주재자를 지체 없이 교체하여야 한다.
③ 청문 주재자는 제1항 또는 제2항의 사유에 해당하는 경우에는 행정청의 승인을 받아 스스로 청문의 주재를 회피할 수 있다.
<전문개정 2012.10.22>

제30조【청문의 공개】 청문은 당사자가 공개를 신청하거나 청문 주재자가 필요하다고 인정하는 경우 공개할 수 있다. 다만, 공익 또는 제3자의 정당한 이익을 현저히 해칠 우려가 있는 경우에는 공개하여서는 아니 된다.
<전문개정 2012.10.22>

제31조【청문의 진행】 ① 청문 주재자가 청문을 시작할 때에는 먼저 예정된 처분의 내용, 그 원인

이 되는 사실 및 법적 근거 등을 설명하여야 한다.
② 당사자등은 의견을 진술하고 증거를 제출할 수 있으며, 참고인이나 감정인 등에게 질문할 수 있다.
③ 당사자등이 의견서를 제출한 경우에는 그 내용을 출석하여 진술한 것으로 본다.
④ 청문 주재자는 청문의 신속한 진행과 질서유지를 위하여 필요한 조치를 할 수 있다.
⑤ 청문을 계속할 경우에는 행정청은 당사자등에게 다음 청문의 일시 및 장소를 서면으로 통지하여야 하며, 당사자등이 동의하는 경우에는 전자문서로 통지할 수 있다. 다만, 청문에 출석한 당사자등에게는 그 청문일에 청문 주재자가 말로 통지할 수 있다.
<전문개정 2012.10.22>

제32조【청문의 병합·분리】 행정청은 직권으로 또는 당사자의 신청에 따라 여러 개의 사안을 병합하거나 분리하여 청문을 할 수 있다.
<전문개정 2012.10.22>

제33조【증거조사】 ① 청문 주재자는 직권으로 또는 당사자의 신청에 따라 필요한 조사를 할 수 있으며, 당사자등이 주장하지 아니한 사실에 대하여도 조사할 수 있다.
② 증거조사는 다음 각 호의 어느 하나에 해당하는 방법으로 한다.
1. 문서·장부·물건 등 증거자료의 수집
2. 참고인·감정인 등에 대한 질문
3. 검증 또는 감정·평가
4. 그 밖에 필요한 조사
③ 청문 주재자는 필요하다고 인정할 때에는 관계 행정청에 필요한 문서의 제출 또는 의견의 진술을 요구할 수 있다. 이 경우 관계 행정청은 직무 수행에 특별한 지장이 없으면 그 요구에 따라야 한다.
<전문개정 2012.10.22>

제34조【청문조서】 ① 청문 주재자는 다음 각 호의 사항이 적힌 청문조서(聽聞調書)를 작성하여야 한다.
1. 제목
2. 청문 주재자의 소속, 성명 등 인적사항
3. 당사자등의 주소, 성명 또는 명칭 및 출석 여부
4. 청문의 일시 및 장소
5. 당사자등의 진술의 요지 및 제출된 증거
6. 청문의 공개 여부 및 공개하거나 제30조 단서에 따라 공개하지 아니한 이유
7. 증거조사를 한 경우에는 그 요지 및 첨부된 증거
8. 그 밖에 필요한 사항
② 당사자등은 청문조서의 내용을 열람·확인할 수 있으며, 이의가 있을 때에는 그 정정을 요구할 수 있다.
<전문개정 2012.10.22>

제34조의2【청문 주재자의 의견서】 청문 주재자는 다음 각 호의 사항이 적힌 청문 주재자의 의견서를 작성하여야 한다.
1. 청문의 제목
2. 처분의 내용, 주요 사실 또는 증거
3. 종합의견
4. 그 밖에 필요한 사항
<전문개정 2012.10.22>

제35조【청문의 종결】 ① 청문 주재자는 해당 사안에 대하여 당사자등의 의견진술, 증거조사가 충분히 이루어졌다고 인정하는 경우에는 청문을 마칠 수 있다.
② 청문 주재자는 당사자등의 전부 또는 일부가 정당한 사유 없이 청문기일에 출석하지 아니하거나 제31조제3항에 따른 의견서를 제출하지 아니한 경우에는 이들에게 다시 의견진술 및 증거제출의 기회를 주지 아니하고 청문을 마칠 수 있다.
③ 청문 주재자는 당사자등의 전부 또는 일부가 정당한 사유로 청문기일에 출석하지 못하거나 제31조제3항에 따른 의견서를 제출하지 못한 경우에는 10일 이상의 기간을 정하여 이들에게 의견진술 및 증거제출을 요구하여야 하며, 해당 기간이 지났을 때에 청문을 마칠 수 있다. <개정 2019. 12. 10.>
④ 청문 주재자는 청문을 마쳤을 때에는 청문조서, 청문 주재자의 의견서, 그 밖의 관계 서류 등을 행정청에 지체 없이 제출하여야 한다.
<전문개정 2012.10.22>

제35조의2【청문결과의 반영】 행정청은 처분을 할 때에 제35조제4항에 따라 받은 청문조서, 청문 주재자의 의견서, 그 밖의 관계 서류 등을 충분히 검토하고 상당한 이유가 있다고 인정하는 경우에는 청문결과를 반영하여야 한다.
<전문개정 2012.10.22>

제36조【청문의 재개】 행정청은 청문을 마친 후 처분을 할 때까지 새로운 사정이 발견되어 청문을 재개(再開)할 필요가 있다고 인정할 때에는 제35조제4항에 따라 받은 청문조서 등을 되돌려 보내고 청문의 재개를 명할 수 있다. 이 경우 제31조제5항을 준용한다.
<전문개정 2012.10.22>

제37조【문서의 열람 및 비밀유지】 ① 당사자등은 의견제출의 경우에는 처분의 사전 통지가 있는 날부터 의견제출기한까지, 청문의 경우에는 청문의 통지가 있는 날부터 청문이 끝날 때까지 행정청에 해당 사안의 조사결과에 관한 문서와 그 밖에 해당 처분과 관련되는 문서의 열람 또는 복사를 요청할 수 있다. 이 경우 행정청은 다른 법령에 따라 공개가 제한되는 경우를 제외하고는 그 요청을 거부할 수 없다. <개정 2022. 1. 11.>
② 행정청은 제1항의 열람 또는 복사의 요청에 따르는 경우 그 일시 및 장소를 지정할 수 있다.
③ 행정청은 제1항 후단에 따라 열람 또는 복사의 요청을 거부하는 경우에는 그 이유를 소명(疎明)하여야 한다.
④ 제1항에 따라 열람 또는 복사를 요청할 수 있는 문서의 범위는 대통령령으로 정한다.
⑤ 행정청은 제1항에 따른 복사에 드는 비용을 복사를 요청한 자에게 부담시킬 수 있다.
⑥ 누구든지 의견제출 또는 청문을 통하여 알게 된 사생활이나 경영상 또는 거래상의 비밀을 정당한 이유 없이 누설하거나 다른 목적으로 사용하여서

는 아니 된다. <개정 2022. 1. 11.>
<전문개정 2012. 10. 22.>

제3절 공청회

제38조【공청회 개최의 알림】 행정청은 공청회를 개최하려는 경우에는 공청회 개최 14일 전까지 다음 각 호의 사항을 당사자등에게 통지하고 관보, 공보, 인터넷 홈페이지 또는 일간신문 등에 공고하는 등의 방법으로 널리 알려야 한다. 다만, 공청회 개최를 알린 후 예정대로 개최하지 못하여 새로 일시 및 장소 등을 정한 경우에는 공청회 개최 7일 전까지 알려야 한다. <개정 2019. 12. 10.>
1. 제목
2. 일시 및 장소
3. 주요 내용
4. 발표자에 관한 사항
5. 발표신청 방법 및 신청기한
6. 정보통신망을 통한 의견제출
7. 그 밖에 공청회 개최에 필요한 사항

<전문개정 2012.10.22>

제38조의2【온라인공청회】 ① 행정청은 제38조에 따른 공청회와 병행하여서만 정보통신망을 이용한 공청회(이하 "온라인공청회"라 한다)를 실시할 수 있다. <개정 2022. 1. 11.>
② 제1항에도 불구하고 다음 각 호의 어느 하나에 해당하는 경우에는 온라인공청회를 단독으로 개최할 수 있다. <신설 2022. 1. 11.>
1. 국민의 생명·신체·재산의 보호 등 국민의 안전 또는 권익보호 등의 이유로 제38조에 따른 공청회를 개최하기 어려운 경우
2. 제38조에 따른 공청회가 행정청이 책임질 수 없는 사유로 개최되지 못하거나 개최는 되었으나 정상적으로 진행되지 못하고 무산된 횟수가 3회 이상인 경우
3. 행정청이 널리 의견을 수렴하기 위하여 온라인공청회를 단독으로 개최할 필요가 있다고 인정하는 경우. 다만, 제22조제2항제1호 또는 제3호에 따라 공청회를 실시하는 경우는 제외한다.

③ 행정청은 온라인공청회를 실시하는 경우 의견제출 및 토론 참여가 가능하도록 적절한 전자적 처리능력을 갖춘 정보통신망을 구축·운영하여야 한다. <개정 2022. 1. 11.>
④ 온라인공청회를 실시하는 경우에는 누구든지 정보통신망을 이용하여 의견을 제출하거나 제출된 의견 등에 대한 토론에 참여할 수 있다. <개정 2022. 1. 11.>
⑤ 제1항부터 제4항까지에서 규정한 사항 외에 온라인공청회의 실시 방법 및 절차에 관하여 필요한 사항은 대통령령으로 정한다. <개정 2022. 1. 11.>
<전문개정 2012. 10. 22.>
<제목개정 2022. 1. 11.>

제38조의3【공청회의 주재자 및 발표자의 선정】 ① 행정청은 해당 공청회의 사안과 관련된 분야에 전문적 지식이 있거나 그 분야에 종사한 경험이 있는 사람으로서 대통령령으로 정하는 자격을 가진 사람 중에서 공청회의 주재자를 선정한다. <개정 2019. 12. 10.>
② 공청회의 발표자는 발표를 신청한 사람 중에서 행정청이 선정한다. 다만, 발표를 신청한 사람이 없거나 공청회의 공정성을 확보하기 위하여 필요하다고 인정하는 경우에는 다음 각 호의 사람 중에서 지명하거나 위촉할 수 있다.
1. 해당 공청회의 사안과 관련된 당사자등
2. 해당 공청회의 사안과 관련된 분야에 전문적 지식이 있는 사람
3. 해당 공청회의 사안과 관련된 분야에 종사한 경험이 있는 사람

③ 행정청은 공청회의 주재자 및 발표자를 지명 또는 위촉하거나 선정할 때 공정성이 확보될 수 있도록 하여야 한다.
④ 공청회의 주재자, 발표자, 그 밖에 자료를 제출한 전문가 등에게는 예산의 범위에서 수당 및 여비와 그 밖에 필요한 경비를 지급할 수 있다.
<전문개정 2012.10.22>

제39조【공청회의 진행】 ① 공청회의 주재자는 공청회를 공정하게 진행하여야 하며, 공청회의 원활한 진행을 위하여 발표 내용을 제한할 수 있고, 질서유지를 위하여 발언 중지 및 퇴장 명령 등 행정안전부장관이 정하는 필요한 조치를 할 수 있다. <개정 2013.3.23., 2014.11.19., 2017.7.26.>
② 발표자는 공청회의 내용과 직접 관련된 사항에 대하여만 발표하여야 한다.
③ 공청회의 주재자는 발표자의 발표가 끝난 후에는 발표자 상호간에 질의 및 답변을 할 수 있도록 하여야 하며, 방청인에게도 의견을 제시할 기회를 주어야 한다.
<전문개정 2012.10.22>

제39조의2【공청회 및 온라인공청회 결과의 반영】 행정청은 처분을 할 때에 공청회, 온라인공청회 및 정보통신망 등을 통하여 제시된 사실 및 의견이 상당한 이유가 있다고 인정하는 경우에는 이를 반영하여야 한다. <개정 2022. 1. 11.>
<전문개정 2012. 10. 22.>
<제목개정 2022. 1. 11.>

제39조의3【공청회의 재개최】 행정청은 공청회를 마친 후 처분을 할 때까지 새로운 사정이 발견되어 공청회를 다시 개최할 필요가 있다고 인정할 때에는 공청회를 다시 개최할 수 있다.
<본조신설 2019. 12. 10.>

제3장 신 고 〈개정 2012.10.22〉

제40조【신 고】 ① 법령등에서 행정청에 일정한 사항을 통지함으로써 의무가 끝나는 신고를 규정하고 있는 경우 신고를 관장하는 행정청은 신고에 필요한 구비서류, 접수기관, 그 밖에 법령등에 따른 신고에 필요한 사항을 게시(인터넷 등을 통한 게시를 포함한다)하거나 이에 대한 편람을 갖추어 두고 누구나 열람할 수 있도록 하여야 한다.

② 제1항에 따른 신고가 다음 각 호의 요건을 갖춘 경우에는 신고서가 접수기관에 도달된 때에 신고 의무가 이행된 것으로 본다.
1. 신고서의 기재사항에 흠이 없을 것
2. 필요한 구비서류가 첨부되어 있을 것
3. 그 밖에 법령등에 규정된 형식상의 요건에 적합할 것
③ 행정청은 제2항 각 호의 요건을 갖추지 못한 신고서가 제출된 경우에는 지체 없이 상당한 기간을 정하여 신고인에게 보완을 요구하여야 한다.
④ 행정청은 신고인이 제3항에 따른 기간 내에 보완을 하지 아니하였을 때에는 그 이유를 구체적으로 밝혀 해당 신고서를 되돌려 보내야 한다.
<전문개정 2012.10.22.>

제40조의2【확약】 ① 법령등에서 당사자가 신청할 수 있는 처분을 규정하고 있는 경우 행정청은 당사자의 신청에 따라 장래에 어떤 처분을 하거나 하지 아니할 것을 내용으로 하는 의사표시(이하 "확약"이라 한다)를 할 수 있다.
② 확약은 문서로 하여야 한다.
③ 행정청은 다른 행정청과의 협의 등의 절차를 거쳐야 하는 처분에 대하여 확약을 하려는 경우에는 확약을 하기 전에 그 절차를 거쳐야 한다.
④ 행정청은 다음 각 호의 어느 하나에 해당하는 경우에는 확약에 기속되지 아니한다.
1. 확약을 한 후에 확약의 내용을 이행할 수 없을 정도로 법령등이나 사정이 변경된 경우
2. 확약이 위법한 경우
⑤ 행정청은 확약이 제4항 각 호의 어느 하나에 해당하여 확약을 이행할 수 없는 경우에는 지체 없이 당사자에게 그 사실을 통지하여야 한다.
<본조신설 2022. 1. 11.>

제40조의3【위반사실 등의 공표】 ① 행정청은 법령에 따른 의무를 위반한 자의 성명·법인명, 위반사실, 의무 위반을 이유로 한 처분사실 등(이하 "위반사실등"이라 한다)을 법률로 정하는 바에 따라 일반에게 공표할 수 있다.
② 행정청은 위반사실등의 공표를 하기 전에 사실과 다른 공표로 인하여 당사자의 명예·신용 등이 훼손되지 아니하도록 객관적이고 타당한 증거와 근거가 있는지를 확인하여야 한다.
③ 행정청은 위반사실등의 공표를 할 때에는 미리 당사자에게 그 사실을 통지하고 의견제출의 기회를 주어야 한다. 다만, 다음 각 호의 어느 하나에 해당하는 경우에는 그러하지 아니하다.
1. 공공의 안전 또는 복리를 위하여 긴급히 공표를 할 필요가 있는 경우
2. 해당 공표의 성질상 의견청취가 현저히 곤란하거나 명백히 불필요하다고 인정될 만한 타당한 이유가 있는 경우
3. 당사자가 의견진술의 기회를 포기한다는 뜻을 명백히 밝힌 경우
④ 제3항에 따라 의견제출의 기회를 받은 당사자는 공표 전에 관할 행정청에 서면이나 말 또는 정보통신망을 이용하여 의견을 제출할 수 있다.
⑤ 제4항에 따른 의견제출의 방법과 제출 의견의 반영 등에 관하여는 제27조 및 제27조의2를 준용한다. 이 경우 "처분"은 "위반사실등의 공표"로 본다.
⑥ 위반사실등의 공표는 관보, 공보 또는 인터넷 홈페이지 등을 통하여 한다.
⑦ 행정청은 위반사실등의 공표를 하기 전에 당사자가 공표와 관련된 의무의 이행, 원상회복, 손해배상 등의 조치를 마친 경우에는 위반사실등의 공표를 하지 아니할 수 있다.
⑧ 행정청은 공표된 내용이 사실과 다른 것으로 밝혀지거나 공표에 포함된 처분이 취소된 경우에는 그 내용을 정정하여, 정정한 내용을 지체 없이 해당 공표와 같은 방법으로 공표된 기간 이상 공표하여야 한다. 다만, 당사자가 원하지 아니하면 공표하지 아니할 수 있다.
<본조신설 2022. 1. 11.>

제40조의4【행정계획】 행정청은 행정청이 수립하는 계획 중 국민의 권리·의무에 직접 영향을 미치는 계획을 수립하거나 변경·폐지할 때에는 관련된 여러 이익을 정당하게 형량하여야 한다.
<본조신설 2022. 1. 11.>

제4장 행정상 입법예고

제41조【행정상 입법예고】 ① 법령등을 제정·개정 또는 폐지(이하 "입법"이라 한다)하려는 경우에는 해당 입법안을 마련한 행정청은 이를 예고하여야 한다. 다만, 다음 각 호의 어느 하나에 해당하는 경우에는 예고를 하지 아니할 수 있다. <개정 2012.10.22>
1. 신속한 국민의 권리 보호 또는 예측 곤란한 특별한 사정의 발생 등으로 입법이 긴급을 요하는 경우
2. 상위 법령등의 단순한 집행을 위한 경우
3. 입법내용이 국민의 권리·의무 또는 일상생활과 관련이 없는 경우
4. 단순한 표현·자구를 변경하는 경우 등 입법내용의 성질상 예고의 필요가 없거나 곤란하다고 판단되는 경우
5. 예고함이 공공의 안전 또는 복리를 현저히 해칠 우려가 있는 경우
② 삭제 <2002.12.30>
③ 법제처장은 입법예고를 하지 아니한 법령안의 심사 요청을 받은 경우에 입법예고를 하는 것이 적당하다고 판단할 때에는 해당 행정청에 입법예고를 권고하거나 직접 예고할 수 있다. <개정 2012.10.22>
④ 입법안을 마련한 행정청은 입법예고 후 예고내용에 국민생활과 직접 관련된 내용이 추가되는 등 대통령령으로 정하는 중요한 변경이 발생하는 경우에는 해당 부분에 대한 입법예고를 다시 하여야 한다. 다만, 제1항 각 호의 어느 하나에 해당하는 경우에는 예고를 하지 아니할 수 있다. <신설 2012.10.22>
⑤ 입법예고의 기준·절차 등에 관하여 필요한 사항은 대통령령으로 정한다. <개정 2012.10.22>

제42조【예고방법】 ① 행정청은 입법안의 취지,

주요 내용 또는 전문(全文)을 다음 각 호의 구분에 따른 방법으로 공고하여야 하며, 추가로 인터넷, 신문 또는 방송 등을 통하여 공고할 수 있다. <개정 2019. 12. 10.>
1. 법령의 입법안을 입법예고하는 경우: 관보 및 법제처장이 구축·제공하는 정보시스템을 통한 공고
2. 자치법규의 입법안을 입법예고하는 경우: 공보를 통한 공고
② 행정청은 대통령령을 입법예고하는 경우 국회 소관 상임위원회에 이를 제출하여야 한다.
③ 행정청은 입법예고를 할 때에 입법안과 관련이 있다고 인정되는 중앙행정기관, 지방자치단체, 그 밖의 단체 등이 예고사항을 알 수 있도록 예고사항을 통지하거나 그 밖의 방법으로 알려야 한다.
④ 행정청은 제1항에 따라 예고된 입법안에 대하여 온라인공청회 등을 통하여 널리 의견을 수렴할 수 있다. 이 경우 제38조의2제3항부터 제5항까지의 규정을 준용한다. <개정 2022. 1. 11.>
⑤ 행정청은 예고된 입법안의 전문에 대한 열람 또는 복사를 요청받았을 때에는 특별한 사유가 없으면 그 요청에 따라야 한다.
⑥ 행정청은 제5항에 따른 복사에 드는 비용을 복사를 요청한 자에게 부담시킬 수 있다.
<전문개정 2012.10.22>

제43조【예고기간】 입법예고기간은 예고할 때 정하되, 특별한 사정이 없으면 40일(자치법규는 20일) 이상으로 한다.
<전문개정 2012.10.22>

제44조【의견제출 및 처리】 ① 누구든지 예고된 입법안에 대하여 의견을 제출할 수 있다.
② 행정청은 의견접수기관, 의견제출기간, 그 밖에 필요한 사항을 해당 입법안을 예고할 때 함께 공고하여야 한다.
③ 행정청은 해당 입법안에 대한 의견이 제출된 경우 특별한 사유가 없으면 이를 존중하여 처리하여야 한다.
④ 행정청은 의견을 제출한 자에게 그 제출된 의견의 처리결과를 통지하여야 한다.
⑤ 제출된 의견의 처리방법 및 처리결과의 통지에 관하여는 대통령령으로 정한다.
<전문개정 2012.10.22>

제45조【공청회】 ① 행정청은 입법안에 관하여 공청회를 개최할 수 있다.
② 공청회에 관하여는 제38조, 제38조의2, 제38조의3, 제39조 및 제39조의2를 준용한다.
<전문개정 2012.10.22>

제5장 행정예고

제46조【행정예고】 ① 행정청은 정책, 제도 및 계획(이하 "정책등"이라 한다)을 수립·시행하거나 변경하려는 경우에는 이를 예고하여야 한다. 다만, 다음 각 호의 어느 하나에 해당하는 경우에는 예고를 하지 아니할 수 있다. <개정 2019. 12. 10.>
1. 신속하게 국민의 권리를 보호하여야 하거나 예측이 어려운 특별한 사정이 발생하는 등 긴급한 사유로 예고가 현저히 곤란한 경우
2. 법령등의 단순한 집행을 위한 경우
3. 정책등의 내용이 국민의 권리·의무 또는 일상생활과 관련이 없는 경우
4. 정책등의 예고가 공공의 안전 또는 복리를 현저히 해칠 우려가 상당한 경우
② 제1항에도 불구하고 법령등의 입법을 포함하는 행정예고는 입법예고로 갈음할 수 있다.
③ 행정예고기간은 예고 내용의 성격 등을 고려하여 정하되, 20일 이상으로 한다. <개정 2022. 1. 11.>
④ 제3항에도 불구하고 행정목적을 달성하기 위하여 긴급한 필요가 있는 경우에는 행정예고기간을 단축할 수 있다. 이 경우 단축된 행정예고기간은 10일 이상으로 한다. <신설 2022. 1. 11.>
<전문개정 2012. 10. 22.>

제46조의2【행정예고 통계 작성 및 공고】 행정청은 매년 자신이 행한 행정예고의 실시 현황과 그 결과에 관한 통계를 작성하고, 이를 관보·공보 또는 인터넷 등의 방법으로 널리 공고하여야 한다.
<본조신설 2014.1.28>

제47조【예고방법 등】 ① 행정청은 정책등안(案)의 취지, 주요 내용 등을 관보·공보나 인터넷·신문·방송 등을 통하여 공고하여야 한다.
② 행정예고의 방법, 의견제출 및 처리, 공청회 및 온라인공청회에 관하여는 제38조, 제38조의2, 제38조의3, 제39조, 제39조의2, 제39조의3, 제42조(제1항·제2항 및 제4항은 제외한다), 제44조제1항부터 제3항까지 및 제45조제1항을 준용한다. 이 경우 "입법안"은 "정책등안"으로, "입법예고"는 "행정예고"로, "처분을 할 때"는 "정책등을 수립·시행하거나 변경할 때"로 본다. <개정 2022. 1. 11.>
<전문개정 2019. 12. 10.>

제6장 행정지도

제48조【행정지도의 원칙】 ① 행정지도는 그 목적 달성에 필요한 최소한도에 그쳐야 하며, 행정지도의 상대방의 의사에 반하여 부당하게 강요하여서는 아니 된다.
② 행정기관은 행정지도의 상대방이 행정지도에 따르지 아니하였다는 것을 이유로 불이익한 조치를 하여서는 아니 된다.
<전문개정 2012.10.22>

제49조【행정지도의 방식】 ① 행정지도를 하는 자는 그 상대방에게 그 행정지도의 취지 및 내용과 신분을 밝혀야 한다.
② 행정지도가 말로 이루어지는 경우에 상대방이 제1항의 사항을 적은 서면의 교부를 요구하면 그 행정지도를 하는 자는 직무 수행에 특별한 지장이

없으면 이를 교부하여야 한다.
<전문개정 2012.10.22>

제50조【의견제출】 행정지도의 상대방은 해당 행정지도의 방식·내용 등에 관하여 행정기관에 의견제출을 할 수 있다.
<전문개정 2012.10.22>

제51조【다수인을 대상으로 하는 행정지도】 행정기관이 같은 행정목적을 실현하기 위하여 많은 상대방에게 행정지도를 하려는 경우에는 특별한 사정이 없으면 행정지도에 공통적인 내용이 되는 사항을 공표하여야 한다.
<전문개정 2012.10.22.>

제7장 국민참여의 확대 〈본장신설 2014.1.28〉

제52조【국민참여 활성화】 ① 행정청은 행정과정에서 국민의 의견을 적극적으로 청취하고 이를 반영하도록 노력하여야 한다.
② 행정청은 국민에게 다양한 참여방법과 협력의 기회를 제공하도록 노력하여야 하며, 구체적인 참여방법을 공표하여야 한다.
③ 행정청은 국민참여 수준을 향상시키기 위하여 노력하여야 하며 필요한 경우 국민참여 수준에 대한 자체진단을 실시하고, 그 결과를 행정안전부장관에게 제출하여야 한다.
④ 행정청은 제3항에 따라 자체진단을 실시한 경우 그 결과를 공개할 수 있다.
⑤ 행정청은 국민참여를 활성화하기 위하여 교육·홍보, 예산·인력 확보 등 필요한 조치를 할 수 있다.
⑥ 행정안전부장관은 국민참여 확대를 위하여 행정청에 교육·홍보, 포상, 예산·인력 확보 등을 지원할 수 있다.
<전문개정 2022. 1. 11.>

제52조의2【국민제안의 처리】 ① 행정청(국회사무총장·법원행정처장·헌법재판소사무처장 및 중앙선거관리위원회사무총장은 제외한다)은 정부시책이나 행정제도 및 그 운영의 개선에 관한 국민의 창의적인 의견이나 고안(이하 "국민제안"이라 한다)을 접수·처리하여야 한다.
② 제1항에 따른 국민제안의 운영 및 절차 등에 필요한 사항은 대통령령으로 정한다.
<본조신설 2022. 1. 11.>

제52조의3【국민참여 창구】
행정청은 주요 정책 등에 관한 국민과 전문가의 의견을 듣거나 국민이 참여할 수 있는 온라인 또는 오프라인 창구를 설치·운영할 수 있다.
<본조신설 2022. 1. 11.>

제53조【온라인 정책토론】 ① 행정청은 국민에게 영향을 미치는 주요 정책 등에 대하여 국민의 다양하고 창의적인 의견을 널리 수렴하기 위하여 정보통신망을 이용한 정책토론(이하 이 조에서 "온라인 정책토론"이라 한다)을 실시할 수 있다. <개정 2022. 1. 11.>
② 행정청은 효율적인 온라인 정책토론을 위하여 과제별로 한시적인 토론 패널을 구성하여 해당 토론에 참여시킬 수 있다. 이 경우 패널의 구성에 있어서는 공정성 및 객관성이 확보될 수 있도록 노력하여야 한다. <개정 2022. 1. 11.>
③ 행정청은 온라인 정책토론이 공정하고 중립적으로 운영되도록 하기 위하여 필요한 조치를 할 수 있다. <개정 2022. 1. 11.>
④ 토론 패널의 구성, 운영방법, 그 밖에 온라인 정책토론의 운영을 위하여 필요한 사항은 대통령령으로 정한다. <개정 2022. 1. 11.>
<본조신설 2014. 1. 28.>
<제목개정 2022. 1. 11.>
종전 제53조는 제55조로 이동 <2014. 1. 28.>

제8장 보 칙

제54조【비용의 부담】 행정절차에 드는 비용은 행정청이 부담한다. 다만, 당사자등이 자기를 위하여 스스로 지출한 비용은 그러하지 아니하다.
<전문개정 2012.10.22>

제55조【참고인 등에 대한 비용 지급】 ① 행정청은 행정절차의 진행에 필요한 참고인이나 감정인 등에게 예산의 범위에서 여비와 일당을 지급할 수 있다.
② 제1항에 따른 비용의 지급기준 등에 관하여는 대통령령으로 정한다.
<전문개정 2012.10.22>

제56조【협조 요청 등】 행정안전부장관(제4장의 경우에는 법제처장을 말한다)은 이 법의 효율적인 운영을 위하여 노력하여야 하며, 필요한 경우에는 그 운영 상황과 실태를 확인할 수 있고, 관계 행정청에 관련 자료의 제출 등 협조를 요청할 수 있다.
<개정 2013.3.23., 2014.11.19., 2017.7.26>
<전문개정 2012.10.22>

부칙 <제5241호, 1996.12.31.>

①【시행일】 이 법은 공포후 1년이 경과한 날부터 시행한다.
②【적용례】 이 법 시행당시 진행중인 처분·신고·행정상 입법예고·행정예고 및 행정지도에 관하여는 이 법을 적용하지 아니한다.

부칙 <중략>

부칙 <제18748호, 2022. 1. 11.>

제1조【시행일】 이 법은 공포 후 6개월이 경과한 날부터 시행한다. 다만, 제20조제2항부터 제4항까지의 개정규정은 2023년 3월 24일부터 시행한다.
제2조【청문에 관한 적용례】 제22조제1항제3호의 개정규정은 이 법 시행 이후 같은 호 각 목의 처분에 관하여 제21조에 따라 사전 통지를 하는 처분부터 적용한다.
제3조【온라인공청회에 관한 적용례】 제38조의2제2항제2호의 개정규정은 이 법 시행 이후 공청회가 행정청이 책임질 수 없는 사유로 개최되지 못하거나 개최는 되었으나 정상적으로 진행되지 못하고 무산된 횟수가 3회 이상인 경우부터 적용한다.
제4조【확약에 관한 적용례】 제40조의2의 개정규정은 이 법 시행 이후 확약을 신청하는 경우부터 적용한다.
제5조【위반사실등의 공표에 관한 적용례】 제40조의3의 개정규정은 이 법 시행 이후 위반사실등의 공표를 하는 경우부터 적용한다.
제6조【행정예고에 관한 적용례】 제46조제3항 및 제4항의 개정규정은 이 법 시행 이후 행정예고를 하는 경우부터 적용한다.
제7조【다른 법률의 개정】 민원 처리에 관한 법률 일부를 다음과 같이 개정한다.
제45조를 삭제한다.

행정대집행법

〔1954년 3월 16일
법 률 제314호 제정〕

개정
1984.12.15 법3755호(행정심판법)
2010. 1.25 법9968호(행정심판법) 2015.5.18법13295호

제1조【목 적】 행정의무의 이행확보에 관하여서는 따로 법률로써 정하는 것을 제외하고는 본법의 정하는 바에 의한다.

제2조【대집행과 그 비용징수】 법률(법률의 위임에 의한 명령, 지방자치단체의 조례를 포함한다. 이하 같다)에 의하여 직접명령되었거나 또는 법률에 의거한 행정청의 명령에 의한 행위로서 타인이 대신하여 행할 수 있는 행위를 의무자가 이행하지 아니하는 경우 다른 수단으로써 그 이행을 확보하기 곤란하고 또한 그 불이행을 방치함이 심히 공익을 해할 것으로 인정될 때에는 당해 행정청은 스스로 의무자가 하여야 할 행위를 하거나 또는 제삼자로 하여금 이를 하게 하여 그 비용을 의무자로부터 징수할 수 있다.

제3조【대집행의 절차】 ①전조의 규정에 의한 처분(이하 대집행이라 한다)을 하려함에 있어서는 상당한 이행기한을 정하여 그 기한까지 이행되지 아니할 때에는 대집행을 한다는 뜻을 미리 문서로써 계고하여야 한다. 이 경우 행정청은 상당한 이행기한을 정함에 있어 의무의 성질·내용 등을 고려하여 사회통념상 해당 의무를 이행하는 데 필요한 기간이 확보되도록 하여야 한다. <개정 2015.5.18>
②의무자가 전항의 계고를 받고 지정기한까지 그 의무를 이행하지 아니할 때에는 당해 행정청은 대집행영장으로써 대집행을 할 시기, 대집행을 시키기 위하여 파견하는 집행책임자의 성명과 대집행에 요하는 비용의 개산에 의한 견적액을 의무자에게 통지하여야 한다.
③비상시 또는 위험이 절박한 경우에 있어서 당해 행위의 급속한 실시를 요하여 전2항에 규정한 수속을 취할 여유가 없을 때에는 그 수속을 거치지 아니하고 대집행을 할 수 있다.

제4조【대집행의 실행 등】 ①행정청(제2조에 따라 대집행을 실행하는 제3자를 포함한다. 이하 이 조에서 같다)은 해가 뜨기 전이나 해가 진 후에는 대집행을 하여서는 아니 된다. 다만, 다음 각 호의 어느 하나에 해당하는 경우에는 그러하지 아니하다. <신설 2015.5.18>
1. 의무자가 동의한 경우
2. 해가 지기 전에 대집행을 착수한 경우
3. 해가 뜬 후부터 해가 지기 전까지 대집행을 하는 경우에는 대집행의 목적 달성이 불가능한 경우
4. 그 밖에 비상시 또는 위험이 절박한 경우

②행정청은 대집행을 할 때 대집행 과정에서의 안전 확보를 위하여 필요하다고 인정하는 경우 현장에 긴급 의료장비나 시설을 갖추는 등 필요한 조치를 하여야 한다. <신설 2015.5.18>
③대집행을 하기 위하여 현장에 파견되는 집행책임자는 그가 집행책임자라는 것을 표시한 증표를 휴대하여 대집행시에 이해관계인에게 제시하여야 한다. <개정 2015.5.18>

제5조【비용납부명령서】 대집행에 요한 비용의 징수에 있어서는 실제에 요한 비용액과 그 납기일을 정하여 의무자에게 문서로써 그 납부를 명하여야 한다.

제6조【비용징수】 ①대집행에 요한 비용은 국세징수법의 예에 의하여 징수할 수 있다.
②대집행에 요한 비용에 대하여서는 행정청은 사무비의 소속에 따라 국세에 다음가는 순위의 선취득권을 가진다.
③대집행에 요한 비용을 징수하였을 때에는 그 징수금은 사무비의 소속에 따라 국고 또는 지방자치단체의 수입으로 한다.

제7조【행정심판】 대집행에 대하여는 행정심판을 제기할 수 있다.
<전문개정 2010.1.25>

제8조【출소권리의 보장】 전조의 규정은 법원에 대한 출소의 권리를 방해하지 아니한다.

제9조【시행령】 본법시행에 관하여 필요한 사항은 대통령령으로 정한다.

부 칙 <중략>

부 칙 (2015.5.18)

제1조【시행일】 이 법은 공포 후 6개월이 경과한 날부터 시행한다.

제2조【대집행 절차에 관한 적용례】 제3조의 개정규정은 이 법 시행 후 최초로 계고하는 분부터 적용한다.

제3조【대집행 실행 시간에 관한 적용례】 제4조제1항의 개정규정은 이 법 시행 후 의무자에게 최초로 대집행영장을 통지하는 분부터 적용한다.

제4조【대집행 시 안전 확보에 관한 적용례】 제4조제2항의 개정규정은 이 법 시행 후 최초로 실행하는 대집행부터 적용한다.

근로기준법

〔2007년 4월 11일 법 률 제8372호 전문개정〕

개정
2007. 5.17법8435호(가족관계의 등록 등에 관한 법률)
2007. 7.27법8561호
2007.12.21법8781호(남녀고용평등법)
2008. 3.21법8960호
2008. 3.28법9038호
2009. 5.21법9699호
2010. 5.17법10303호(은행법)
2010. 5.25법10319호
2010. 6. 4법10339호(정부조직법)
2010. 6.10법10366호(동산채권 등의 담보에 관한 법률)
2011. 5.24법10719호(건설산업기본법)
2012. 2. 1법11270호
2014. 1.21법12325호
2014. 3.24법12527호
2017.11.28법15108호
2018. 3.20법15513호
2019. 1.15법16270호
2019. 1.15법16272호(산업안전기본법)
2019. 4.30법16415호(건설산업기본법)
2020. 3.31법17185호
2020. 5.26법17326호(법률용어 정비를 위한 환경노동위원회 소관 65개 법률 일부개정을 위한 법률)
2021. 1. 5법17862호
2021. 4.13법18037호
2021. 5.18법18176호

제1장 총칙

제1조【목적】 이 법은 헌법에 따라 근로조건의 기준을 정함으로써 근로자의 기본적 생활을 보장, 향상시키며 균형 있는 국민경제의 발전을 꾀하는 것을 목적으로 한다.

제2조【정의】 ① 이 법에서 사용하는 용어의 뜻은 다음과 같다. 〈개정 2018. 3. 20., 2019. 1. 15., 2020. 5. 26.〉

1. "근로자"란 직업의 종류와 관계없이 임금을 목적으로 사업이나 사업장에 근로를 제공하는 사람을 말한다.
2. "사용자"란 사업주 또는 사업 경영 담당자, 그 밖에 근로자에 관한 사항에 대하여 사업주를 위하여 행위하는 자를 말한다.
3. "근로"란 정신노동과 육체노동을 말한다.
4. "근로계약"이란 근로자가 사용자에게 근로를 제공하고 사용자는 이에 대하여 임금을 지급하는 것을 목적으로 체결된 계약을 말한다.
5. "임금"이란 사용자가 근로의 대가로 근로자에게 임금, 봉급, 그 밖에 어떠한 명칭으로든지 지급하는 모든 금품을 말한다.
6. "평균임금"이란 이를 산정하여야 할 사유가 발생한 날 이전 3개월 동안에 그 근로자에게 지급된 임금의 총액을 그 기간의 총일수로 나눈 금액을 말한다. 근로자가 취업한 후 3개월 미만인 경우도 이에 준한다.
7. "1주"란 휴일을 포함한 7일을 말한다.
8. "소정(所定)근로시간"이란 제50조, 제69조 본문 또는 「산업안전보건법」 제139조제1항에 따른 근로시간의 범위에서 근로자와 사용자 사이에 정한 근로시간을 말한다.
9. "단시간근로자"란 1주 동안의 소정근로시간이 그 사업장에서 같은 종류의 업무에 종사하는 통상 근로자의 1주 동안의 소정근로시간에 비하여 짧은 근로자를 말한다.

② 제1항제6호에 따라 산출된 금액이 그 근로자의 통상임금보다 적으면 그 통상임금액을 평균임금으로 한다. 〈개정 2018. 3. 20.〉

〈시행일〉 제2조제1항의 개정규정은 다음 각 호의 구분에 따른 날부터 시행한다.

1. 상시 300명 이상의 근로자를 사용하는 사업 또는 사업장, 「공공기관의 운영에 관한 법률」 제4조에 따른 공공기관, 「지방공기업법」 제49조 및 같은 법 제76조에 따른 지방공사 및 지방공단, 국가·지방자치단체 또는 정부투자기관이 자본금의 2분의 1 이상을 출자하거나 기본재산의 2분의 1 이상을 출연한 기관·단체와 그 기관·단체가 자본금의 2분의 1 이상을 출자하거나 기본재산의 2분의 1 이상을 출연한 기관·단체, 국가 및 지방자치단체의 기관: 2018년 7월 1일(제59조의 개정규정에 따라 근

로시간 및 휴게시간의 특례를 적용받지 아니하게 되는 업종의 경우 2019년 7월 1일)
2. 상시 50명 이상 300명 미만의 근로자를 사용하는 사업 또는 사업장: 2020년 1월 1일
3. 상시 5명 이상 50명 미만의 근로자를 사용하는 사업 또는 사업장: 2021년 7월 1일

제3조【근로조건의 기준】 이 법에서 정하는 근로조건은 최저기준이므로 근로 관계 당사자는 이 기준을 이유로 근로조건을 낮출 수 없다.

제4조【근로조건의 결정】 근로조건은 근로자와 사용자가 동등한 지위에서 자유의사에 따라 결정하여야 한다.

제5조【근로조건의 준수】 근로자와 사용자는 각자가 단체협약, 취업규칙과 근로계약을 지키고 성실하게 이행할 의무가 있다.

제6조【균등한 처우】 사용자는 근로자에 대하여 남녀의 성(性)을 이유로 차별적 대우를 하지 못하고, 국적·신앙 또는 사회적 신분을 이유로 근로조건에 대한 차별적 처우를 하지 못한다.

제7조【강제 근로의 금지】 사용자는 폭행, 협박, 감금, 그 밖에 정신상 또는 신체상의 자유를 부당하게 구속하는 수단으로써 근로자의 자유의사에 어긋나는 근로를 강요하지 못한다.

제8조【폭행의 금지】 사용자는 사고의 발생이나 그 밖의 어떠한 이유로도 근로자에게 폭행을 하지 못한다.

제9조【중간착취의 배제】 누구든지 법률에 따르지 아니하고는 영리로 다른 사람의 취업에 개입하거나 중간인으로서 이익을 취득하지 못한다.

제10조【공민권 행사의 보장】 사용자는 근로자가 근로시간 중에 선거권, 그 밖의 공민권(公民權) 행사 또는 공(公)의 직무를 집행하기 위하여 필요한 시간을 청구하면 거부하지 못한다. 다만, 그 권리 행사나 공(公)의 직무를 수행하는 데에 지장이 없으면 청구한 시간을 변경할 수 있다.

제11조【적용 범위】 ① 이 법은 상시 5명 이상의 근로자를 사용하는 모든 사업 또는 사업장에 적용한다. 다만, 동거하는 친족만을 사용하는 사업 또는 사업장과 가사(家事) 사용인에 대하여는 적용하지 아니한다.
② 상시 4명 이하의 근로자를 사용하는 사업 또는 사업장에 대하여는 대통령령으로 정하는 바에 따라 이 법의 일부 규정을 적용할 수 있다.
③ 이 법을 적용하는 경우에 상시 사용하는 근로자 수를 산정하는 방법은 대통령령으로 정한다. 〈신설 2008. 3. 21.〉

제12조【적용 범위】 이 법과 이 법에 따른 대통령령은 국가, 특별시·광역시·도, 시·군·구, 읍·면·동, 그 밖에 이에 준하는 것에 대하여도 적용된다.

제13조【보고, 출석의 의무】 사용자 또는 근로자는 이 법의 시행에 관하여 고용노동부장관·「노동위원회법」에 따른 노동위원회(이하 "노동위원회"라 한다) 또는 근로감독관의 요구가 있으면 지체 없이 필요한 사항에 대하여 보고하거나 출석하여야 한다. 〈개정 2010. 6. 4.〉

제14조【법령 주요 내용 등의 게시】 ① 사용자는 이 법과 이 법에 따른 대통령령의 주요 내용과 취업규칙을 근로자가 자유롭게 열람할 수 있는 장소에 항상 게시하거나 갖추어 두어 근로자에게 널리 알려야 한다. 〈개정 2021. 1. 5.〉
② 사용자는 제1항에 따른 대통령령 중 기숙사에 관한 규정과 제99조제1항에 따른 기숙사규칙을 기숙사에 게시하거나 갖추어 두어 기숙(寄宿)하는 근로자에게 널리 알려야 한다.
〈제목개정 2021. 1. 5.〉

제2장 근로계약

제15조【이 법을 위반한 근로계약】 ① 이 법에서 정하는 기준에 미치지 못하는 근로조건을 정한 근로계약은 그 부분에 한정하여 무효로 한다. 〈개정 2020. 5. 26.〉
② 제1항에 따라 무효로 된 부분은 이 법에서 정한 기준에 따른다.

제16조【계약기간】 근로계약은 기간을 정하지 아니한 것과 일정한 사업의 완료에 필요한 기간을 정한 것 외에는 그 기간은 1년을 초과하지 못한다.
[법률 제8372호(2007. 4. 11.) 부칙 제3조의 규정에 의하여 이 조는 2007년 6월 30일까지 유효함]

제17조【근로조건의 명시】 ① 사용자는 근로계약을 체결할 때에 근로자에게 다음 각 호의 사항을 명시하여야 한다. 근로계약 체결 후 다음 각 호의 사항을 변경하는 경우에도 또한 같다. 〈개정 2010. 5. 25.〉
1. 임금
2. 소정근로시간
3. 제55조에 따른 휴일
4. 제60조에 따른 연차 유급휴가
5. 그 밖에 대통령령으로 정하는 근로조건

② 사용자는 제1항제1호와 관련한 임금의 구성항목·계산방법·지급방법 및 제2호부터 제4호까지의 사항이 명시된 서면(「전자문서 및 전자거래 기본법」 제2조제1호에 따른 전자문서를 포함한다)을 근로자에게 교부하여야 한다. 다만, 본문에 따른 사항이 단체협약 또는 취업규칙의 변경 등 대통령령으로 정하는 사유로 인하여 변경되는 경우에는 근로자의 요구가 있으면 그 근로자에게 교부하여야 한다. 〈신설 2010. 5. 25., 2021.

1. 5.〉

제18조【단시간근로자의 근로조건】 ① 단시간근로자의 근로조건은 그 사업장의 같은 종류의 업무에 종사하는 통상 근로자의 근로시간을 기준으로 산정한 비율에 따라 결정되어야 한다.

② 제1항에 따라 근로조건을 결정할 때에 기준이 되는 사항이나 그 밖에 필요한 사항은 대통령령으로 정한다.

③ 4주 동안(4주 미만으로 근로하는 경우에는 그 기간)을 평균하여 1주 동안의 소정근로시간이 15시간 미만인 근로자에 대하여는 제55조와 제60조를 적용하지 아니한다. 〈개정 2008. 3. 21.〉

제19조【근로조건의 위반】 ① 제17조에 따라 명시된 근로조건이 사실과 다를 경우에 근로자는 근로조건 위반을 이유로 손해의 배상을 청구할 수 있으며 즉시 근로계약을 해제할 수 있다.

② 제1항에 따라 근로자가 손해배상을 청구할 경우에는 노동위원회에 신청할 수 있으며, 근로계약이 해제되었을 경우에는 사용자는 취업을 목적으로 거주를 변경하는 근로자에게 귀향 여비를 지급하여야 한다.

제20조【위약 예정의 금지】 사용자는 근로계약 불이행에 대한 위약금 또는 손해배상액을 예정하는 계약을 체결하지 못한다.

제21조【전차금 상계의 금지】 사용자는 전차금(前借金)이나 그 밖에 근로할 것을 조건으로 하는 전대(前貸)채권과 임금을 상계하지 못한다.

제22조【강제 저금의 금지】 ① 사용자는 근로계약에 덧붙여 강제 저축 또는 저축금의 관리를 규정하는 계약을 체결하지 못한다.

② 사용자가 근로자의 위탁으로 저축을 관리하는 경우에는 다음 각 호의 사항을 지켜야 한다.

1. 저축의 종류 · 기간 및 금융기관을 근로자가 결정하고, 근로자 본인의 이름으로 저축할 것
2. 근로자가 저축증서 등 관련 자료의 열람 또는 반환을 요구할 때에는 즉시 이에 따를 것

제23조【해고 등의 제한】 ① 사용자는 근로자에게 정당한 이유 없이 해고, 휴직, 정직, 전직, 감봉, 그 밖의 징벌(懲罰)(이하 "부당해고등"이라 한다)을 하지 못한다.

② 사용자는 근로자가 업무상 부상 또는 질병의 요양을 위하여 휴업한 기간과 그 후 30일 동안 또는 산전(産前) · 산후(産後)의 여성이 이 법에 따라 휴업한 기간과 그 후 30일 동안은 해고하지 못한다. 다만, 사용자가 제84조에 따라 일시보상을 하였을 경우 또는 사업을 계속할 수 없게 된 경우에는 그러하지 아니하다.

제24조【경영상 이유에 의한 해고의 제한】 ① 사용자가 경영상 이유에 의하여 근로자를 해고하려면 긴박한 경영상의 필요가 있어야 한다. 이 경우 경영 악화를 방지하기 위한 사업의 양도 · 인수 · 합병은 긴박한 경영상의 필요가 있는 것으로 본다.

② 제1항의 경우에 사용자는 해고를 피하기 위한 노력을 다하여야 하며, 합리적이고 공정한 해고의 기준을 정하고 이에 따라 그 대상자를 선정하여야 한다. 이 경우 남녀의 성을 이유로 차별하여서는 아니 된다.

③ 사용자는 제2항에 따른 해고를 피하기 위한 방법과 해고의 기준 등에 관하여 그 사업 또는 사업장에 근로자의 과반수로 조직된 노동조합이 있는 경우에는 그 노동조합(근로자의 과반수로 조직된 노동조합이 없는 경우에는 근로자의 과반수를 대표하는 자를 말한다. 이하 "근로자대표"라 한다)에 해고를 하려는 날의 50일 전까지 통보하고 성실하게 협의하여야 한다.

④ 사용자는 제1항에 따라 대통령령으로 정하는 일정한 규모 이상의 인원을 해고하려면 대통령령으로 정하는 바에 따라 고용노동부장관에게 신고하여야 한다. 〈개정 2010. 6. 4.〉

⑤ 사용자가 제1항부터 제3항까지의 규정에 따른 요건을 갖추어 근로자를 해고한 경우에는 제23조제1항에 따른 정당한 이유가 있는 해고를 한 것으로 본다.

제25조【우선 재고용 등】 ① 제24조에 따라 근로자를 해고한 사용자는 근로자를 해고한 날부터 3년 이내에 해고된 근로자가 해고 당시 담당하였던 업무와 같은 업무를 할 근로자를 채용하려고 할 경우 제24조에 따라 해고된 근로자가 원하면 그 근로자를 우선적으로 고용하여야 한다.

② 정부는 제24조에 따라 해고된 근로자에 대하여 생계 안정, 재취업, 직업훈련 등 필요한 조치를 우선적으로 취하여야 한다.

제26조【해고의 예고】 사용자는 근로자를 해고(경영상 이유에 의한 해고를 포함한다)하려면 적어도 30일 전에 예고를 하여야 하고, 30일 전에 예고를 하지 아니하였을 때에는 30일분 이상의 통상임금을 지급하여야 한다. 다만, 다음 각 호의 어느 하나에 해당하는 경우에는 그러하지 아니하다. 〈개정 2010. 6. 4., 2019. 1. 15.〉

1. 근로자가 계속 근로한 기간이 3개월 미만인 경우
2. 천재 · 사변, 그 밖의 부득이한 사유로 사업을 계속하는 것이 불가능한 경우
3. 근로자가 고의로 사업에 막대한 지장을 초래하거나 재산상 손해를 끼친 경우로서 고용노동부령으로 정하는 사유에 해당하는 경우

제27조【해고사유 등의 서면통지】 ① 사용자는 근로자를 해고하려면 해고사유와 해고시기를 서면으로 통지하여야 한다.

② 근로자에 대한 해고는 제1항에 따라 서면으로 통지하여야 효력이 있다.

③ 사용자가 제26조에 따른 해고의 예고를 해고사유와 해고시기를 명시하여 서면으로 한 경우에는 제1항에 따른 통지를 한 것으로 본다. 〈신설 2014. 3. 24.〉

제28조【부당해고등의 구제신청】 ① 사용자가 근로자에게 부당해고등을 하면 근로자는 노동위원회에 구제를 신청할 수 있다.

② 제1항에 따른 구제신청은 부당해고등이 있었던 날부터 3개월 이내에 하여야 한다.

제29조【조사 등】 ① 노동위원회는 제28조에 따른 구제신청을 받으면 지체 없이 필요한 조사를 하여야 하며 관계 당사자를 심문하여야 한다.

② 노동위원회는 제1항에 따라 심문을 할 때에는 관계 당사자의 신청이나 직권으로 증인을 출석하게 하여 필요한 사항을 질문할 수 있다.

③ 노동위원회는 제1항에 따라 심문을 할 때에는 관계 당사자에게 증거 제출과 증인에 대한 반대심문을 할 수 있는 충분한 기회를 주어야 한다.

④ 제1항에 따른 노동위원회의 조사와 심문에 관한 세부절차는 「노동위원회법」에 따른 중앙노동위원회(이하 "중앙노동위원회"라 한다)가 정하는 바에 따른다.

제30조【구제명령 등】 ① 노동위원회는 제29조에 따른 심문을 끝내고 부당해고등이 성립한다고 판정하면 사용자에게 구제명령을 하여야 하며, 부당해고등이 성립하지 아니한다고 판정하면 구제신청을 기각하는 결정을 하여야 한다.

② 제1항에 따른 판정, 구제명령 및 기각결정은 사용자와 근로자에게 각각 서면으로 통지하여야 한다.

③ 노동위원회는 제1항에 따른 구제명령(해고에 대한 구제명령만을 말한다)을 할 때에 근로자가 원직복직(原職復職)을 원하지 아니하면 원직복직을 명하는 대신 근로자가 해고기간 동안 근로를 제공하였더라면 받을 수 있었던 임금 상당액 이상의 금품을 근로자에게 지급하도록 명할 수 있다.

④ 노동위원회는 근로계약기간의 만료, 정년의 도래 등으로 근로자가 원직복직(해고 이외의 경우는 원상회복을 말한다)이 불가능한 경우에도 제1항에 따른 구제명령이나 기각결정을 하여야 한다. 이 경우 노동위원회는 부당해고등이 성립한다고 판정하면 근로자가 해고기간 동안 근로를 제공하였더라면 받을 수 있었던 임금 상당액에 해당하는 금품(해고 이외의 경우에는 원상회복에 준하는 금품을 말한다)을 사업주가 근로자에게 지급하도록 명할 수 있다. 〈신설 2021. 5. 18.〉

제31조【구제명령 등의 확정】 ① 「노동위원회법」에 따른 지방노동위원회의 구제명령이나 기각결정에 불복하는 사용자나 근로자는 구제명령서나 기각결정서를 통지받은 날부터 10일 이내에 중앙노동위원회에 재심을 신청할 수 있다.

② 제1항에 따른 중앙노동위원회의 재심판정에 대하여 사용자나 근로자는 재심판정서를 송달받은 날부터 15일 이내에 「행정소송법」의 규정에 따라 소(訴)를 제기할 수 있다.

③ 제1항과 제2항에 따른 기간 이내에 재심을 신청하지 아니하거나 행정소송을 제기하지 아니하면 그 구제명령, 기각결정 또는 재심판정은 확정된다.

제32조【구제명령 등의 효력】 노동위원회의 구제명령, 기각결정 또는 재심판정은 제31조에 따른 중앙노동위원회에 대한 재심 신청이나 행정소송 제기에 의하여 그 효력이 정지되지 아니한다.

제33조【이행강제금】 ① 노동위원회는 구제명령(구제명령을 내용으로 하는 재심판정을 포함한다. 이하 이 조에서 같다)을 받은 후 이행기한까지 구제명령을 이행하지 아니한 사용자에게 3천만원 이하의 이행강제금을 부과한다. 〈개정 2021. 5. 18.〉

② 노동위원회는 제1항에 따른 이행강제금을 부과하기 30일 전까지 이행강제금을 부과·징수한다는 뜻을 사용자에게 미리 문서로써 알려 주어야 한다.

③ 제1항에 따른 이행강제금을 부과할 때에는 이행강제금의 액수, 부과 사유, 납부기한, 수납기관, 이의제기 방법 및 이의제기기관 등을 명시한 문서로써 하여야 한다.

④ 제1항에 따라 이행강제금을 부과하는 위반행위의 종류와 위반 정도에 따른 금액, 부과·징수된 이행강제금의 반환절차, 그 밖에 필요한 사항은 대통령령으로 정한다.

⑤ 노동위원회는 최초의 구제명령을 한 날을 기준으로 매년 2회의 범위에서 구제명령이 이행될 때까지 반복하여 제1항에 따른 이행강제금을 부과·징수할 수 있다. 이 경우 이행강제금은 2년을 초과하여 부과·징수하지 못한다.

⑥ 노동위원회는 구제명령을 받은 자가 구제명령을 이행하면 새로운 이행강제금을 부과하지 아니하되, 구제명령을 이행하기 전에 이미 부과된 이행강제금은 징수하여야 한다.

⑦ 노동위원회는 이행강제금 납부의무자가 납부기한까지 이행강제금을 내지 아니하면 기간을 정하여 독촉을 하고 지정된 기간에 제1항에 따른 이행강제금을 내지 아니하면 국세 체납처분의 예에 따라 징수할 수 있다.

⑧ 근로자는 구제명령을 받은 사용자가 이행기한까지 구제명령을 이행하지 아니하면 이행기한이 지난 때부터 15일 이내에 그 사실을 노동위원회에 알려줄 수 있다.

제34조【퇴직급여 제도】 사용자가 퇴직하는 근로자에게 지급하는 퇴직급여 제도에 관하여는 「근로자퇴직급여 보장법」이 정하는 대로 따른다.

제35조 삭제 〈2019. 1. 15.〉

[2019. 1. 15. 법률 제16270호에 의하여 2015. 12. 23. 헌법재판소에서 위헌 결정된 이 조를 삭제함.]

제36조【금품 청산】 사용자는 근로자가 사망 또는 퇴직한 경우에는 그 지급 사유가 발생한 때부터 14일 이내에 임금, 보상금, 그 밖의 모든 금품을 지급하여야 한다. 다만, 특별한 사정이 있을 경우에는 당사자 사이의 합의에 의하여 기일을 연장할 수 있다. 〈개정 2020. 5. 26.〉

제37조【미지급 임금에 대한 지연이자】 ① 사용자는 제36조에 따라 지급하여야 하는 임금 및 「근로자퇴직급여 보장법」 제2조제5호에 따른 급여(일시금만 해당된다)의 전부 또는 일부를 그 지급 사유가 발생한 날부터 14일 이내에 지급하지 아니한 경우 그 다음 날부터 지급하는 날까지의 지연 일수에 대하여 연 100분의 40 이내의 범위에서 「은행법」에 따른 은행이 적용하는 연체금리 등 경제 여건을 고려하여 대통령령으로 정하는 이율에 따른 지연이자를 지급하여야 한다. 〈개정 2010. 5. 17.〉

② 제1항은 사용자가 천재·사변, 그 밖에 대통령령으로 정하는 사유에 따라 임금 지급을 지연하는 경우 그 사유가 존속하는 기간에 대하여는 적용하지 아니한다.

제38조【임금채권의 우선변제】 ① 임금, 재해보상금, 그 밖에 근로 관계로 인한 채권은 사용자의 총재산에 대하여 질권(質權)·저당권 또는 「동산·채권 등의 담보에 관한 법률」에 따른 담보권에 따라 담보된 채권 외에는 조세·공과금 및 다른 채권에 우선하여 변제되어야 한다. 다만, 질권·저당권 또는 「동산·채권 등의 담보에 관한 법률」에 따른 담보권에 우선하는 조세·공과금에 대하여는 그러하지 아니하다. 〈개정 2010. 6. 10.〉

② 제1항에도 불구하고 다음 각 호의 어느 하나에 해당하는 채권은 사용자의 총재산에 대하여 질권·저당권 또는 「동산·채권 등의 담보에 관한 법률」에 따른 담보권에 따라 담보된 채권, 조세·공과금 및 다른 채권에 우선하여 변제되어야 한다. 〈개정 2010. 6. 10.〉

1. 최종 3개월분의 임금
2. 재해보상금

제39조【사용증명서】 ① 사용자는 근로자가 퇴직한 후라도 사용 기간, 업무 종류, 지위와 임금, 그 밖에 필요한 사항에 관한 증명서를 청구하면 사실대로 적은 증명서를 즉시 내주어야 한다.

② 제1항의 증명서에는 근로자가 요구한 사항만을 적어야 한다.

제40조【취업 방해의 금지】 누구든지 근로자의 취업을 방해할 목적으로 비밀 기호 또는 명부를 작성·사용하거나 통신을 하여서는 아니 된다.

제41조【근로자의 명부】 ① 사용자는 각 사업장별로 근로자 명부를 작성하고 근로자의 성명, 생년월일, 이력, 그 밖에 대통령령으로 정하는 사항을 적어야 한다. 다만, 대통령령으로 정하는 일용근로자에 대해서는 근로자 명부를 작성하지 아니할 수 있다. 〈개정 2021. 1. 5.〉

② 제1항에 따라 근로자 명부에 적을 사항이 변경된 경우에는 지체 없이 정정하여야 한다.

제42조【계약 서류의 보존】 사용자는 근로자 명부와 대통령령으로 정하는 근로계약에 관한 중요한 서류를 3년간 보존하여야 한다.

제3장 임금

제43조【임금 지급】 ① 임금은 통화(通貨)로 직접 근로자에게 그 전액을 지급하여야 한다. 다만, 법령 또는 단체협약에 특별한 규정이 있는 경우에는 임금의 일부를 공제하거나 통화 이외의 것으로 지급할 수 있다.

② 임금은 매월 1회 이상 일정한 날짜를 정하여 지급하여야 한다. 다만, 임시로 지급하는 임금, 수당, 그 밖에 이에 준하는 것 또는 대통령령으로 정하는 임금에 대하여는 그러하지 아니하다.

제43조의2【체불사업주 명단 공개】 ① 고용노동부장관은 제36조, 제43조, 제51조의3, 제52조제2항제2호, 제56조에 따른 임금, 보상금, 수당, 그 밖의 모든 금품(이하 "임금등"이라 한다)을 지급하지 아니한 사업주(법인인 경우에는 그 대표자를 포함한다. 이하 "체불사업주"라 한다)가 명단 공개 기준일 이전 3년 이내 임금등을 체불하여 2회 이상 유죄가 확정된 자로서 명단 공개 기준일 이전 1년 이내 임금등의 체불총액이 3천만원 이상인 경우에는 그 인적사항 등을 공개할 수 있다. 다만, 체불사업주의 사망·폐업으로 명단 공개의 실효성이 없는 경우 등 대통령령으로 정하는 사유가 있는 경우에는 그러하지 아니하다. 〈개정 2020. 5. 26., 2021. 1. 5.〉

② 고용노동부장관은 제1항에 따라 명단 공개를 할 경우에 체불사업주에게 3개월 이상의 기간을 정하여 소명 기회를 주어야 한다.

③ 제1항에 따른 체불사업주의 인적사항 등에 대한 공개 여부를 심의하기 위하여 고용노동부에 임금체불정보심의위원회(이하 이 조에서 "위원회"라 한다)를 둔다. 이 경우 위원회의 구성·운영 등 필요한 사항은 고용노동부령으로 정한다.

④ 제1항에 따른 명단 공개의 구체적인 내용, 기간 및

방법 등 명단 공개에 필요한 사항은 대통령령으로 정한다.
〈본조신설 2012. 2. 1.〉

제43조의3【임금등 체불자료의 제공】 ① 고용노동부장관은 「신용정보의 이용 및 보호에 관한 법률」 제25조제2항제1호에 따른 종합신용정보집중기관이 임금등 체불자료 제공일 이전 3년 이내 임금등을 체불하여 2회 이상 유죄가 확정된 자로서 임금등 체불자료 제공일 이전 1년 이내 임금등의 체불총액이 2천만원 이상인 체불사업주의 인적사항과 체불액 등에 관한 자료(이하 "임금등 체불자료"라 한다)를 요구할 때에는 임금등의 체불을 예방하기 위하여 필요하다고 인정하는 경우에 그 자료를 제공할 수 있다. 다만, 체불사업주의 사망·폐업으로 임금등 체불자료 제공의 실효성이 없는 경우 등 대통령령으로 정하는 사유가 있는 경우에는 그러하지 아니하다.
② 제1항에 따라 임금등 체불자료를 받은 자는 이를 체불사업주의 신용도·신용거래능력 판단과 관련한 업무 외의 목적으로 이용하거나 누설하여서는 아니 된다.
③ 제1항에 따른 임금등 체불자료의 제공 절차 및 방법 등 임금등 체불자료의 제공에 필요한 사항은 대통령령으로 정한다.
〈본조신설 2012. 2. 1.〉

제44조【도급 사업에 대한 임금 지급】 ① 사업이 한 차례 이상의 도급에 따라 행하여지는 경우에 하수급인(下受給人)(도급이 한 차례에 걸쳐 행하여진 경우에는 수급인을 말한다)이 직상(直上) 수급인(도급이 한 차례에 걸쳐 행하여진 경우에는 도급인을 말한다)의 귀책사유로 근로자에게 임금을 지급하지 못한 경우에는 그 직상 수급인은 그 하수급인과 연대하여 책임을 진다. 다만, 직상 수급인의 귀책사유가 그 상위 수급인의 귀책사유에 의하여 발생한 경우에는 그 상위 수급인도 연대하여 책임을 진다. 〈개정 2012. 2. 1., 2020. 3. 31.〉
② 제1항의 귀책사유 범위는 대통령령으로 정한다. 〈개정 2012. 2. 1.〉

제44조의2【건설업에서의 임금 지급 연대책임】 ① 건설업에서 사업이 2차례 이상 「건설산업기본법」 제2조제11호에 따른 도급(이하 "공사도급"이라 한다)이 이루어진 경우에 같은 법 제2조제7호에 따른 건설사업자가 아닌 하수급인이 그가 사용한 근로자에게 임금(해당 건설공사에서 발생한 임금으로 한정한다)을 지급하지 못한 경우에는 그 직상 수급인은 하수급인과 연대하여 하수급인이 사용한 근로자의 임금을 지급할 책임을 진다. 〈개정 2011. 5. 24., 2019. 4. 30.〉
② 제1항의 직상 수급인이 「건설산업기본법」 제2조제7호에 따른 건설사업자가 아닌 때에는 그 상위 수급인 중에서 최하위의 같은 호에 따른 건설사업자를 직상 수급인으로 본다. 〈개정 2011. 5. 24., 2019. 4. 30.〉
〈본조신설 2007. 7. 27.〉

제44조의3【건설업의 공사도급에 있어서의 임금에 관한 특례】 ① 공사도급이 이루어진 경우로서 다음 각 호의 어느 하나에 해당하는 때에는 직상 수급인은 하수급인에게 지급하여야 하는 하도급 대금 채무의 부담 범위에서 그 하수급인이 사용한 근로자가 청구하면 하수급인이 지급하여야 하는 임금(해당 건설공사에서 발생한 임금으로 한정한다)에 해당하는 금액을 근로자에게 직접 지급하여야 한다.

1. 직상 수급인이 하수급인을 대신하여 하수급인이 사용한 근로자에게 지급하여야 하는 임금을 직접 지급할 수 있다는 뜻과 그 지급방법 및 절차에 관하여 직상 수급인과 하수급인이 합의한 경우
2. 「민사집행법」 제56조제3호에 따른 확정된 지급명령, 하수급인의 근로자에게 하수급인에 대하여 임금채권이 있음을 증명하는 같은 법 제56조제4호에 따른 집행증서, 「소액사건심판법」 제5조의7에 따라 확정된 이행권고결정, 그 밖에 이에 준하는 집행권원이 있는 경우
3. 하수급인이 그가 사용한 근로자에 대하여 지급하여야 할 임금채무가 있음을 직상 수급인에게 알려주고, 직상 수급인이 파산 등의 사유로 하수급인이 임금을 지급할 수 없는 명백한 사유가 있다고 인정하는 경우

② 「건설산업기본법」 제2조제10호에 따른 발주자의 수급인(이하 "원수급인"이라 한다)으로부터 공사도급이 2차례 이상 이루어진 경우로서 하수급인(도급받은 하수급인으로부터 재하도급 받은 하수급인을 포함한다. 이하 이 항에서 같다)이 사용한 근로자에게 그 하수급인에 대한 제1항제2호에 따른 집행권원이 있는 경우에는 근로자는 하수급인이 지급하여야 하는 임금(해당 건설공사에서 발생한 임금으로 한정한다)에 해당하는 금액을 원수급인에게 직접 지급할 것을 요구할 수 있다. 원수급인은 근로자가 자신에 대하여 「민법」 제404조에 따른 채권자대위권을 행사할 수 있는 금액의 범위에서 이에 따라야 한다. 〈개정 2011. 5. 24.〉
③ 직상 수급인 또는 원수급인이 제1항 및 제2항에 따라 하수급인이 사용한 근로자에게 임금에 해당하는 금액을 지급한 경우에는 하수급인에 대한 하도급 대금 채무는 그 범위에서 소멸한 것으로 본다.
〈본조신설 2007. 7. 27.〉

제45조【비상시 지급】 사용자는 근로자가 출산, 질병, 재해, 그 밖에 대통령령으로 정하는 비상(非常)한 경우의 비용에 충당하기 위하여 임금 지급을 청구하면 지급기일 전이라도 이미 제공한 근로에 대한 임금을 지급하여야 한다.

제46조【휴업수당】 ① 사용자의 귀책사유로 휴업하는 경우에 사용자는 휴업기간 동안 그 근로자에게 평균임금의 100분의 70 이상의 수당을 지급하여야 한다. 다만, 평균임금의 100분의 70에 해당하는 금액이 통상임금을 초과하는 경우에는 통상임금을 휴업수당으로 지급할 수 있다.
② 제1항에도 불구하고 부득이한 사유로 사업을 계속하는 것이 불가능하여 노동위원회의 승인을 받은 경우에는 제1항의 기준에 못 미치는 휴업수당을 지급할 수 있다.

제47조【도급 근로자】 사용자는 도급이나 그 밖에 이에 준하는 제도로 사용하는 근로자에게 근로시간에 따라 일정액의 임금을 보장하여야 한다.

제48조【임금대장 및 임금명세서】 ① 사용자는 각 사업장별로 임금대장을 작성하고 임금과 가족수당 계산의 기초가 되는 사항, 임금액, 그 밖에 대통령령으로 정하는 사항을 임금을 지급할 때마다 적어야 한다. 〈개정 2021. 5. 18.〉
② 사용자는 임금을 지급하는 때에는 근로자에게 임금의 구성항목ㆍ계산방법, 제43조제1항 단서에 따라 임금의 일부를 공제한 경우의 내역 등 대통령령으로 정하는 사항을 적은 임금명세서를 서면(「전자문서 및 전자거래 기본법」 제2조제1호에 따른 전자문서를 포함한다)으로 교부하여야 한다. 〈신설 2021. 5. 18.〉
〈제목개정 2021. 5. 18.〉

제49조【임금의 시효】 이 법에 따른 임금채권은 3년간 행사하지 아니하면 시효로 소멸한다.

제4장 근로시간과 휴식

제50조【근로시간】 ① 1주 간의 근로시간은 휴게시간을 제외하고 40시간을 초과할 수 없다.
② 1일의 근로시간은 휴게시간을 제외하고 8시간을 초과할 수 없다.
③ 제1항 및 제2항에 따라 근로시간을 산정하는 경우 작업을 위하여 근로자가 사용자의 지휘ㆍ감독 아래에 있는 대기시간 등은 근로시간으로 본다. 〈신설 2012. 2. 1., 2020. 5. 26.〉

제51조【3개월 이내의 탄력적 근로시간제】 ① 사용자는 취업규칙(취업규칙에 준하는 것을 포함한다)에서 정하는 바에 따라 2주 이내의 일정한 단위기간을 평균하여 1주 간의 근로시간이 제50조제1항의 근로시간을 초과하지 아니하는 범위에서 특정한 주에 제50조제1항의 근로시간을, 특정한 날에 제50조제2항의 근로시간을 초과하여 근로하게 할 수 있다. 다만, 특정한 주의 근로시간은 48시간을 초과할 수 없다.
② 사용자는 근로자대표와의 서면 합의에 따라 다음 각 호의 사항을 정하면 3개월 이내의 단위기간을 평균하여 1주 간의 근로시간이 제50조제1항의 근로시간을 초과하지 아니하는 범위에서 특정한 주에 제50조제1항의 근로시간을, 특정한 날에 제50조제2항의 근로시간을 초과하여 근로하게 할 수 있다. 다만, 특정한 주의 근로시간은 52시간을, 특정한 날의 근로시간은 12시간을 초과할 수 없다.

1. 대상 근로자의 범위
2. 단위기간(3개월 이내의 일정한 기간으로 정하여야 한다)
3. 단위기간의 근로일과 그 근로일별 근로시간
4. 그 밖에 대통령령으로 정하는 사항

③ 제1항과 제2항은 15세 이상 18세 미만의 근로자와 임신 중인 여성 근로자에 대하여는 적용하지 아니한다.
④ 사용자는 제1항 및 제2항에 따라 근로자를 근로시킬 경우에는 기존의 임금 수준이 낮아지지 아니하도록 임금보전방안(賃金補塡方案)을 강구하여야 한다.
〈제목개정 2021. 1. 5.〉

제51조의2【3개월을 초과하는 탄력적 근로시간제】 ① 사용자는 근로자대표와의 서면 합의에 따라 다음 각 호의 사항을 정하면 3개월을 초과하고 6개월 이내의 단위기간을 평균하여 1주간의 근로시간이 제50조제1항의 근로시간을 초과하지 아니하는 범위에서 특정한 주에 제50조제1항의 근로시간을, 특정한 날에 제50조제2항의 근로시간을 초과하여 근로하게 할 수 있다. 다만, 특정한 주의 근로시간은 52시간을, 특정한 날의 근로시간은 12시간을 초과할 수 없다.

1. 대상 근로자의 범위
2. 단위기간(3개월을 초과하고 6개월 이내의 일정한 기간으로 정하여야 한다)
3. 단위기간의 주별 근로시간
4. 그 밖에 대통령령으로 정하는 사항

② 사용자는 제1항에 따라 근로자를 근로시킬 경우에는 근로일 종료 후 다음 근로일 개시 전까지 근로자에게 연속하여 11시간 이상의 휴식 시간을 주어야 한다. 다만, 천재지변 등 대통령령으로 정하는 불가피한 경우에는 근로자대표와의 서면 합의가 있으면 이에 따른다.
③ 사용자는 제1항제3호에 따른 각 주의 근로일이 시작되기 2주 전까지 근로자에게 해당 주의 근로일별 근로시간을 통보하여야 한다.
④ 사용자는 제1항에 따른 근로자대표와의 서면 합의 당시에는 예측하지 못한 천재지변, 기계 고장, 업무량 급증 등 불가피한 사유가 발생한 때에는 제1항제2호에 따른 단위기간 내에서 평균하여 1주간의 근로시간이 유지되는 범위에서 근로자대표와의 협의를 거쳐 제1항제3호의 사항을 변경할 수 있다. 이 경우 해당 근로자에게

변경된 근로일이 개시되기 전에 변경된 근로일별 근로시간을 통보하여야 한다.
⑤ 사용자는 제1항에 따라 근로자를 근로시킬 경우에는 기존의 임금 수준이 낮아지지 아니하도록 임금항목을 조정 또는 신설하거나 가산임금 지급 등의 임금보전방안(賃金補塡方案)을 마련하여 고용노동부장관에게 신고하여야 한다. 다만, 근로자대표와의 서면합의로 임금보전방안을 마련한 경우에는 그러하지 아니하다.
⑥ 제1항부터 제5항까지의 규정은 15세 이상 18세 미만의 근로자와 임신 중인 여성 근로자에 대해서는 적용하지 아니한다.
〈본조신설 2021. 1. 5.〉

제51조의3【근로한 기간이 단위기간보다 짧은 경우의 임금 정산】 사용자는 제51조 및 제51조의2에 따른 단위기간 중 근로자가 근로한 기간이 그 단위기간보다 짧은 경우에는 그 단위기간 중 해당 근로자가 근로한 기간을 평균하여 1주간에 40시간을 초과하여 근로한 시간 전부에 대하여 제56조제1항에 따른 가산임금을 지급하여야 한다.
〈본조신설 2021. 1. 5.〉

제52조【선택적 근로시간제】 ① 사용자는 취업규칙(취업규칙에 준하는 것을 포함한다)에 따라 업무의 시작 및 종료 시각을 근로자의 결정에 맡기기로 한 근로자에 대하여 근로자대표와의 서면 합의에 따라 다음 각 호의 사항을 정하면 1개월(신상품 또는 신기술의 연구개발 업무의 경우에는 3개월로 한다) 이내의 정산기간을 평균하여 1주간의 근로시간이 제50조제1항의 근로시간을 초과하지 아니하는 범위에서 1주 간에 제50조제1항의 근로시간을, 1일에 제50조제2항의 근로시간을 초과하여 근로하게 할 수 있다. 〈개정 2021. 1. 5.〉

1. 대상 근로자의 범위(15세 이상 18세 미만의 근로자는 제외한다)
2. 정산기간
3. 정산기간의 총 근로시간
4. 반드시 근로하여야 할 시간대를 정하는 경우에는 그 시작 및 종료 시각
5. 근로자가 그의 결정에 따라 근로할 수 있는 시간대를 정하는 경우에는 그 시작 및 종료 시각
6. 그 밖에 대통령령으로 정하는 사항

② 사용자는 제1항에 따라 1개월을 초과하는 정산기간을 정하는 경우에는 다음 각 호의 조치를 하여야 한다. 〈신설 2021. 1. 5.〉

1. 근로일 종료 후 다음 근로일 시작 전까지 근로자에게 연속하여 11시간 이상의 휴식 시간을 줄 것. 다만, 천재지변 등 대통령령으로 정하는 불가피한 경우에는 근로자대표와의 서면 합의가 있으면 이에 따른다.
2. 매 1개월마다 평균하여 1주간의 근로시간이 제50조제1항의 근로시간을 초과한 시간에 대해서는 통상임금의 100분의 50 이상을 가산하여 근로자에게 지급할 것. 이 경우 제56조제1항은 적용하지 아니한다.

제53조【연장 근로의 제한】 ① 당사자 간에 합의하면 1주 간에 12시간을 한도로 제50조의 근로시간을 연장할 수 있다.
② 당사자 간에 합의하면 1주 간에 12시간을 한도로 제51조 및 제51조의2의 근로시간을 연장할 수 있고, 제52조제1항제2호의 정산기간을 평균하여 1주 간에 12시간을 초과하지 아니하는 범위에서 제52조제1항의 근로시간을 연장할 수 있다. 〈개정 2021. 1. 5.〉
③ 상시 30명 미만의 근로자를 사용하는 사용자는 다음 각 호에 대하여 근로자대표와 서면으로 합의한 경우 제1항 또는 제2항에 따라 연장된 근로시간에 더하여 1주 간에 8시간을 초과하지 아니하는 범위에서 근로시간을 연장할 수 있다. 〈신설 2018. 3. 20.〉

1. 제1항 또는 제2항에 따라 연장된 근로시간을 초과할 필요가 있는 사유 및 그 기간
2. 대상 근로자의 범위

④ 사용자는 특별한 사정이 있으면 고용노동부장관의 인가와 근로자의 동의를 받아 제1항과 제2항의 근로시간을 연장할 수 있다. 다만, 사태가 급박하여 고용노동부장관의 인가를 받을 시간이 없는 경우에는 사후에 지체 없이 승인을 받아야 한다. 〈개정 2010. 6. 4., 2018. 3. 20.〉
⑤ 고용노동부장관은 제4항에 따른 근로시간의 연장이 부적당하다고 인정하면 그 후 연장시간에 상당하는 휴게시간이나 휴일을 줄 것을 명할 수 있다. 〈개정 2010. 6. 4., 2018. 3. 20.〉
⑥ 제3항은 15세 이상 18세 미만의 근로자에 대하여는 적용하지 아니한다. 〈신설 2018. 3. 20.〉
⑦ 사용자는 제4항에 따라 연장 근로를 하는 근로자의 건강 보호를 위하여 건강검진 실시 또는 휴식시간 부여 등 고용노동부장관이 정하는 바에 따라 적절한 조치를 하여야 한다. 〈신설 2021. 1. 5.〉
[법률 제15513호(2018. 3. 20.) 부칙 제2조의 규정에 의하여 이 조 제3항 및 제6항은 2022년 12월 31일까지 유효함.]
〈시행일 : 2021. 7. 1.〉 제53조제3항, 제53조제6항

제54조【휴게】 ① 사용자는 근로시간이 4시간인 경우에는 30분 이상, 8시간인 경우에는 1시간 이상의 휴게시간을 근로시간 도중에 주어야 한다.
② 휴게시간은 근로자가 자유롭게 이용할 수 있다.

제55조【휴일】 ① 사용자는 근로자에게 1주에 평균 1회 이상의 유급휴일을 보장하여야 한다. 〈개정 2018.

3. 20.〉

② 사용자는 근로자에게 대통령령으로 정하는 휴일을 유급으로 보장하여야 한다. 다만, 근로자대표와 서면으로 합의한 경우 특정한 근로일로 대체할 수 있다. 〈신설 2018. 3. 20.〉

〈시행일〉 제55조제2항의 개정규정은 다음 각 호의 구분에 따른 날부터 시행한다.

1. 상시 300명 이상의 근로자를 사용하는 사업 또는 사업장, 「공공기관의 운영에 관한 법률」 제4조에 따른 공공기관, 「지방공기업법」 제49조 및 같은 법 제76조에 따른 지방공사 및 지방공단, 국가 · 지방자치단체 또는 정부투자기관이 자본금의 2분의 1 이상을 출자하거나 기본재산의 2분의 1 이상을 출연한 기관 · 단체와 그 기관 · 단체가 자본금의 2분의 1 이상을 출자하거나 기본재산의 2분의 1 이상을 출연한 기관 · 단체, 국가 및 지방자치단체의 기관: 2020년 1월 1일
2. 상시 30명 이상 300명 미만의 근로자를 사용하는 사업 또는 사업장: 2021년 1월 1일
3. 상시 5인 이상 30명 미만의 근로자를 사용하는 사업 또는 사업장: 2022년 1월 1일

제56조 【연장 · 야간 및 휴일 근로】 ① 사용자는 연장근로(제53조 · 제59조 및 제69조 단서에 따라 연장된 시간의 근로를 말한다)에 대하여는 통상임금의 100분의 50 이상을 가산하여 근로자에게 지급하여야 한다. 〈개정 2018. 3. 20.〉

② 제1항에도 불구하고 사용자는 휴일근로에 대하여는 다음 각 호의 기준에 따른 금액 이상을 가산하여 근로자에게 지급하여야 한다. 〈신설 2018. 3. 20.〉

1. 8시간 이내의 휴일근로: 통상임금의 100분의 50
2. 8시간을 초과한 휴일근로: 통상임금의 100분의 100

③ 사용자는 야간근로(오후 10시부터 다음 날 오전 6시 사이의 근로를 말한다)에 대하여는 통상임금의 100분의 50 이상을 가산하여 근로자에게 지급하여야 한다. 〈신설 2018. 3. 20.〉

제57조 【보상 휴가제】 사용자는 근로자대표와의 서면 합의에 따라 제51조의3, 제52조제2항제2호 및 제56조에 따른 연장근로 · 야간근로 및 휴일근로 등에 대하여 임금을 지급하는 것을 갈음하여 휴가를 줄 수 있다. 〈개정 2021. 1. 5.〉

제58조 【근로시간 계산의 특례】 ① 근로자가 출장이나 그 밖의 사유로 근로시간의 전부 또는 일부를 사업장 밖에서 근로하여 근로시간을 산정하기 어려운 경우에는 소정근로시간을 근로한 것으로 본다. 다만, 그 업무를 수행하기 위하여 통상적으로 소정근로시간을 초과하여 근로할 필요가 있는 경우에는 그 업무의 수행에 통상 필요한 시간을 근로한 것으로 본다.

② 제1항 단서에도 불구하고 그 업무에 관하여 근로자대표와의 서면 합의를 한 경우에는 그 합의에서 정하는 시간을 그 업무의 수행에 통상 필요한 시간으로 본다.

③ 업무의 성질에 비추어 업무 수행 방법을 근로자의 재량에 위임할 필요가 있는 업무로서 대통령령으로 정하는 업무는 사용자가 근로자대표와 서면 합의로 정한 시간을 근로한 것으로 본다. 이 경우 그 서면 합의에는 다음 각 호의 사항을 명시하여야 한다.

1. 대상 업무
2. 사용자가 업무의 수행 수단 및 시간 배분 등에 관하여 근로자에게 구체적인 지시를 하지 아니한다는 내용
3. 근로시간의 산정은 그 서면 합의로 정하는 바에 따른다는 내용

④ 제1항과 제3항의 시행에 필요한 사항은 대통령령으로 정한다.

제59조 【근로시간 및 휴게시간의 특례】 ① 「통계법」 제22조제1항에 따라 통계청장이 고시하는 산업에 관한 표준의 중분류 또는 소분류 중 다음 각 호의 어느 하나에 해당하는 사업에 대하여 사용자가 근로자대표와 서면으로 합의한 경우에는 제53조제1항에 따른 주(週) 12시간을 초과하여 연장근로를 하게 하거나 제54조에 따른 휴게시간을 변경할 수 있다.

1. 육상운송 및 파이프라인 운송업. 다만, 「여객자동차 운수사업법」 제3조제1항제1호에 따른 노선(路線) 여객자동차운송사업은 제외한다.
2. 수상운송업
3. 항공운송업
4. 기타 운송관련 서비스업
5. 보건업

② 제1항의 경우 사용자는 근로일 종료 후 다음 근로일 개시 전까지 근로자에게 연속하여 11시간 이상의 휴식 시간을 주어야 한다.

〈전문개정 2018. 3. 20.〉

〈시행일 : 2018. 7. 1.〉 제59조

〈시행일 : 2018. 9. 1.〉 제59조제2항

제60조 【연차 유급휴가】 ① 사용자는 1년간 80퍼센트 이상 출근한 근로자에게 15일의 유급휴가를 주어야 한다. 〈개정 2012. 2. 1.〉

② 사용자는 계속하여 근로한 기간이 1년 미만인 근로자 또는 1년간 80퍼센트 미만 출근한 근로자에게 1개월 개근 시 1일의 유급휴가를 주어야 한다. 〈개정 2012. 2. 1.〉

③ 삭제 〈2017. 11. 28.〉

④ 사용자는 3년 이상 계속하여 근로한 근로자에게는 제1항에 따른 휴가에 최초 1년을 초과하는 계속 근로 연

수 매 2년에 대하여 1일을 가산한 유급휴가를 주어야 한다. 이 경우 가산휴가를 포함한 총 휴가 일수는 25일을 한도로 한다.
⑤ 사용자는 제1항부터 제4항까지의 규정에 따른 휴가를 근로자가 청구한 시기에 주어야 하고, 그 기간에 대하여는 취업규칙 등에서 정하는 통상임금 또는 평균임금을 지급하여야 한다. 다만, 근로자가 청구한 시기에 휴가를 주는 것이 사업 운영에 막대한 지장이 있는 경우에는 그 시기를 변경할 수 있다.
⑥ 제1항 및 제2항을 적용하는 경우 다음 각 호의 어느 하나에 해당하는 기간은 출근한 것으로 본다. 〈개정 2012. 2. 1., 2017. 11. 28.〉
1. 근로자가 업무상의 부상 또는 질병으로 휴업한 기간
2. 임신 중의 여성이 제74조제1항부터 제3항까지의 규정에 따른 휴가로 휴업한 기간
3. 「남녀고용평등과 일·가정 양립 지원에 관한 법률」 제19조제1항에 따른 육아휴직으로 휴업한 기간

⑦ 제1항·제2항 및 제4항에 따른 휴가는 1년간(계속하여 근로한 기간이 1년 미만인 근로자의 제2항에 따른 유급휴가는 최초 1년의 근로가 끝날 때까지의 기간을 말한다) 행사하지 아니하면 소멸된다. 다만, 사용자의 귀책사유로 사용하지 못한 경우에는 그러하지 아니하다. 〈개정 2020. 3. 31.〉

제61조【연차 유급휴가의 사용 촉진】 ① 사용자가 제60조제1항·제2항 및 제4항에 따른 유급휴가(계속하여 근로한 기간이 1년 미만인 근로자의 제60조제2항에 따른 유급휴가는 제외한다)의 사용을 촉진하기 위하여 다음 각 호의 조치를 하였음에도 불구하고 근로자가 휴가를 사용하지 아니하여 제60조제7항 본문에 따라 소멸된 경우에는 사용자는 그 사용하지 아니한 휴가에 대하여 보상할 의무가 없고, 제60조제7항 단서에 따른 사용자의 귀책사유에 해당하지 아니하는 것으로 본다. 〈개정 2012. 2. 1., 2017. 11. 28., 2020. 3. 31.〉
1. 제60조제7항 본문에 따른 기간이 끝나기 6개월 전을 기준으로 10일 이내에 사용자가 근로자별로 사용하지 아니한 휴가 일수를 알려주고, 근로자가 그 사용 시기를 정하여 사용자에게 통보하도록 서면으로 촉구할 것
2. 제1호에 따른 촉구에도 불구하고 근로자가 촉구를 받은 때부터 10일 이내에 사용하지 아니한 휴가의 전부 또는 일부의 사용 시기를 정하여 사용자에게 통보하지 아니하면 제60조제7항 본문에 따른 기간이 끝나기 2개월 전까지 사용자가 사용하지 아니한 휴가의 사용 시기를 정하여 근로자에게 서면으로 통보할 것

② 사용자가 계속하여 근로한 기간이 1년 미만인 근로자의 제60조제2항에 따른 유급휴가의 사용을 촉진하기 위하여 다음 각 호의 조치를 하였음에도 불구하고 근로자가 휴가를 사용하지 아니하여 제60조제7항 본문에 따라 소멸된 경우에는 사용자는 그 사용하지 아니한 휴가에 대하여 보상할 의무가 없고, 같은 항 단서에 따른 사용자의 귀책사유에 해당하지 아니하는 것으로 본다. 〈신설 2020. 3. 31.〉
1. 최초 1년의 근로기간이 끝나기 3개월 전을 기준으로 10일 이내에 사용자가 근로자별로 사용하지 아니한 휴가 일수를 알려주고, 근로자가 그 사용 시기를 정하여 사용자에게 통보하도록 서면으로 촉구할 것. 다만, 사용자가 서면 촉구한 후 발생한 휴가에 대해서는 최초 1년의 근로기간이 끝나기 1개월 전을 기준으로 5일 이내에 촉구하여야 한다.
2. 제1호에 따른 촉구에도 불구하고 근로자가 촉구를 받은 때부터 10일 이내에 사용하지 아니한 휴가의 전부 또는 일부의 사용 시기를 정하여 사용자에게 통보하지 아니하면 최초 1년의 근로기간이 끝나기 1개월 전까지 사용자가 사용하지 아니한 휴가의 사용 시기를 정하여 근로자에게 서면으로 통보할 것. 다만, 제1호 단서에 따라 촉구한 휴가에 대해서는 최초 1년의 근로기간이 끝나기 10일 전까지 서면으로 통보하여야 한다.

제62조【유급휴가의 대체】 사용자는 근로자대표와의 서면 합의에 따라 제60조에 따른 연차 유급휴가일을 갈음하여 특정한 근로일에 근로자를 휴무시킬 수 있다.

제63조【적용의 제외】 이 장과 제5장에서 정한 근로시간, 휴게와 휴일에 관한 규정은 다음 각 호의 어느 하나에 해당하는 근로자에 대하여는 적용하지 아니한다. 〈개정 2010. 6. 4., 2020. 5. 26., 2021. 1. 5.〉
1. 토지의 경작·개간, 식물의 식재(植栽)·재배·채취 사업, 그 밖의 농림 사업
2. 동물의 사육, 수산 동식물의 채취·포획·양식 사업, 그 밖의 축산, 양잠, 수산 사업
3. 감시(監視) 또는 단속적(斷續的)으로 근로에 종사하는 사람으로서 사용자가 고용노동부장관의 승인을 받은 사람
4. 대통령령으로 정하는 업무에 종사하는 근로자

제5장 여성과 소년

제64조【최저 연령과 취직인허증】 ① 15세 미만인 사람(「초·중등교육법」에 따른 중학교에 재학 중인 18세 미만인 사람을 포함한다)은 근로자로 사용하지 못한다. 다만, 대통령령으로 정하는 기준에 따라 고용노동부장관이 발급한 취직인허증(就職認許證)을 지닌 사람은 근로자로 사용할 수 있다. 〈개정 2010. 6. 4., 2020. 5. 26.〉

② 제1항의 취직인허증은 본인의 신청에 따라 의무교육에 지장이 없는 경우에는 직종(職種)을 지정하여서만 발행할 수 있다.
③ 고용노동부장관은 거짓이나 그 밖의 부정한 방법으로 제1항 단서의 취직인허증을 발급받은 사람에게는 그 인허를 취소하여야 한다. 〈개정 2010. 6. 4., 2020. 5. 26.〉

제65조 【사용 금지】 ① 사용자는 임신 중이거나 산후 1년이 지나지 아니한 여성(이하 "임산부"라 한다)과 18세 미만자를 도덕상 또는 보건상 유해 · 위험한 사업에 사용하지 못한다.
② 사용자는 임산부가 아닌 18세 이상의 여성을 제1항에 따른 보건상 유해 · 위험한 사업 중 임신 또는 출산에 관한 기능에 유해 · 위험한 사업에 사용하지 못한다.
③ 제1항 및 제2항에 따른 금지 직종은 대통령령으로 정한다.

제66조 【연소자 증명서】 사용자는 18세 미만인 사람에 대하여는 그 연령을 증명하는 가족관계기록사항에 관한 증명서와 친권자 또는 후견인의 동의서를 사업장에 갖추어 두어야 한다. 〈개정 2007. 5. 17., 2020. 5. 26.〉

제67조 【근로계약】 ① 친권자나 후견인은 미성년자의 근로계약을 대리할 수 없다.
② 친권자, 후견인 또는 고용노동부장관은 근로계약이 미성년자에게 불리하다고 인정하는 경우에는 이를 해지할 수 있다. 〈개정 2010. 6. 4.〉
③ 사용자는 18세 미만인 사람과 근로계약을 체결하는 경우에는 제17조에 따른 근로조건을 서면(「전자문서 및 전자거래 기본법」 제2조제1호에 따른 전자문서를 포함한다)으로 명시하여 교부하여야 한다. 〈신설 2007. 7. 27., 2020. 5. 26., 2021. 1. 5.〉

제68조 【임금의 청구】 미성년자는 독자적으로 임금을 청구할 수 있다.

제69조 【근로시간】 15세 이상 18세 미만인 사람의 근로시간은 1일에 7시간, 1주에 35시간을 초과하지 못한다. 다만, 당사자 사이의 합의에 따라 1일에 1시간, 1주에 5시간을 한도로 연장할 수 있다. 〈개정 2018. 3. 20., 2020. 5. 26.〉

제70조 【야간근로와 휴일근로의 제한】 ① 사용자는 18세 이상의 여성을 오후 10시부터 오전 6시까지의 시간 및 휴일에 근로시키려면 그 근로자의 동의를 받아야 한다.
② 사용자는 임산부와 18세 미만자를 오후 10시부터 오전 6시까지의 시간 및 휴일에 근로시키지 못한다. 다만, 다음 각 호의 어느 하나에 해당하는 경우로서 고용노동부장관의 인가를 받으면 그러하지 아니하다. 〈개정 2010. 6. 4.〉
1. 18세 미만자의 동의가 있는 경우
2. 산후 1년이 지나지 아니한 여성의 동의가 있는 경우
3. 임신 중의 여성이 명시적으로 청구하는 경우

③ 사용자는 제2항의 경우 고용노동부장관의 인가를 받기 전에 근로자의 건강 및 모성 보호를 위하여 그 시행 여부와 방법 등에 관하여 그 사업 또는 사업장의 근로자대표와 성실하게 협의하여야 한다. 〈개정 2010. 6. 4.〉

제71조 【시간외근로】 사용자는 산후 1년이 지나지 아니한 여성에 대하여는 단체협약이 있는 경우라도 1일에 2시간, 1주에 6시간, 1년에 150시간을 초과하는 시간외근로를 시키지 못한다. 〈개정 2018. 3. 20.〉

제72조 【갱내근로의 금지】 사용자는 여성과 18세 미만인 사람을 갱내(坑內)에서 근로시키지 못한다. 다만, 보건 · 의료, 보도 · 취재 등 대통령령으로 정하는 업무를 수행하기 위하여 일시적으로 필요한 경우에는 그러하지 아니하다. 〈개정 2020. 5. 26.〉

제73조 【생리휴가】 사용자는 여성 근로자가 청구하면 월 1일의 생리휴가를 주어야 한다.

제74조 【임산부의 보호】 ① 사용자는 임신 중의 여성에게 출산 전과 출산 후를 통하여 90일(한 번에 둘 이상 자녀를 임신한 경우에는 120일)의 출산전후휴가를 주어야 한다. 이 경우 휴가 기간의 배정은 출산 후에 45일(한 번에 둘 이상 자녀를 임신한 경우에는 60일) 이상이 되어야 한다. 〈개정 2012. 2. 1., 2014. 1. 21.〉
② 사용자는 임신 중인 여성 근로자가 유산의 경험 등 대통령령으로 정하는 사유로 제1항의 휴가를 청구하는 경우 출산 전 어느 때 라도 휴가를 나누어 사용할 수 있도록 하여야 한다. 이 경우 출산 후의 휴가 기간은 연속하여 45일(한 번에 둘 이상 자녀를 임신한 경우에는 60일) 이상이 되어야 한다. 〈신설 2012. 2. 1., 2014. 1. 21.〉
③ 사용자는 임신 중인 여성이 유산 또는 사산한 경우로서 그 근로자가 청구하면 대통령령으로 정하는 바에 따라 유산 · 사산 휴가를 주어야 한다. 다만, 인공 임신중절 수술(「모자보건법」 제14조제1항에 따른 경우는 제외한다)에 따른 유산의 경우는 그러하지 아니하다. 〈개정 2012. 2. 1.〉
④ 제1항부터 제3항까지의 규정에 따른 휴가 중 최초 60일(한 번에 둘 이상 자녀를 임신한 경우에는 75일)은 유급으로 한다. 다만, 「남녀고용평등과 일 · 가정 양립 지원에 관한 법률」 제18조에 따라 출산전후휴가급여 등이 지급된 경우에는 그 금액의 한도에서 지급의 책임을 면한다. 〈개정 2007. 12. 21., 2012. 2. 1., 2014. 1. 21.〉
⑤ 사용자는 임신 중의 여성 근로자에게 시간외근로를

하게 하여서는 아니 되며, 그 근로자의 요구가 있는 경우에는 쉬운 종류의 근로로 전환하여야 한다. 〈개정 2012. 2. 1.〉
⑥ 사업주는 제1항에 따른 출산전후휴가 종료 후에는 휴가 전과 동일한 업무 또는 동등한 수준의 임금을 지급하는 직무에 복귀시켜야 한다. 〈신설 2008. 3. 28., 2012. 2. 1.〉
⑦ 사용자는 임신 후 12주 이내 또는 36주 이후에 있는 여성 근로자가 1일 2시간의 근로시간 단축을 신청하는 경우 이를 허용하여야 한다. 다만, 1일 근로시간이 8시간 미만인 근로자에 대하여는 1일 근로시간이 6시간이 되도록 근로시간 단축을 허용할 수 있다. 〈신설 2014. 3. 24.〉
⑧ 사용자는 제7항에 따른 근로시간 단축을 이유로 해당 근로자의 임금을 삭감하여서는 아니 된다. 〈신설 2014. 3. 24.〉
⑨ 사용자는 임신 중인 여성 근로자가 1일 소정근로시간을 유지하면서 업무의 시작 및 종료 시각의 변경을 신청하는 경우 이를 허용하여야 한다. 다만, 정상적인 사업 운영에 중대한 지장을 초래하는 경우 등 대통령령으로 정하는 경우에는 그러하지 아니하다. 〈신설 2021. 5. 18.〉
⑩ 제7항에 따른 근로시간 단축의 신청방법 및 절차, 제9항에 따른 업무의 시작 및 종료 시각 변경의 신청방법 및 절차 등에 관하여 필요한 사항은 대통령령으로 정한다. 〈신설 2014. 3. 24., 2021. 5. 18.〉

제74조의2【태아검진 시간의 허용 등】 ① 사용자는 임신한 여성근로자가 「모자보건법」 제10조에 따른 임산부 정기건강진단을 받는데 필요한 시간을 청구하는 경우 이를 허용하여 주어야 한다.
② 사용자는 제1항에 따른 건강진단 시간을 이유로 그 근로자의 임금을 삭감하여서는 아니 된다.
〈본조신설 2008. 3. 21.〉

제75조【육아 시간】 생후 1년 미만의 유아(乳兒)를 가진 여성 근로자가 청구하면 1일 2회 각각 30분 이상의 유급 수유 시간을 주어야 한다.

제6장 안전과 보건

제76조【안전과 보건】 근로자의 안전과 보건에 관하여는 「산업안전보건법」에서 정하는 바에 따른다.

제6장의2 직장 내 괴롭힘의 금지
〈본장신설 2019. 1. 15.〉

제76조의2【직장 내 괴롭힘의 금지】 사용자 또는 근로자는 직장에서의 지위 또는 관계 등의 우위를 이용하여 업무상 적정범위를 넘어 다른 근로자에게 신체적 · 정신적 고통을 주거나 근무환경을 악화시키는 행위(이하 "직장 내 괴롭힘"이라 한다)를 하여서는 아니 된다.
〈본조신설 2019. 1. 15.〉

제76조의3【직장 내 괴롭힘 발생 시 조치】 ① 누구든지 직장 내 괴롭힘 발생 사실을 알게 된 경우 그 사실을 사용자에게 신고할 수 있다.
② 사용자는 제1항에 따른 신고를 접수하거나 직장 내 괴롭힘 발생 사실을 인지한 경우에는 지체 없이 당사자 등을 대상으로 그 사실 확인을 위하여 객관적으로 조사를 실시하여야 한다. 〈개정 2021. 4. 13.〉
③ 사용자는 제2항에 따른 조사 기간 동안 직장 내 괴롭힘과 관련하여 피해를 입은 근로자 또는 피해를 입었다고 주장하는 근로자(이하 "피해근로자등"이라 한다)를 보호하기 위하여 필요한 경우 해당 피해근로자등에 대하여 근무장소의 변경, 유급휴가 명령 등 적절한 조치를 하여야 한다. 이 경우 사용자는 피해근로자등의 의사에 반하는 조치를 하여서는 아니 된다.
④ 사용자는 제2항에 따른 조사 결과 직장 내 괴롭힘 발생 사실이 확인된 때에는 피해근로자가 요청하면 근무장소의 변경, 배치전환, 유급휴가 명령 등 적절한 조치를 하여야 한다.
⑤ 사용자는 제2항에 따른 조사 결과 직장 내 괴롭힘 발생 사실이 확인된 때에는 지체 없이 행위자에 대하여 징계, 근무장소의 변경 등 필요한 조치를 하여야 한다. 이 경우 사용자는 징계 등의 조치를 하기 전에 그 조치에 대하여 피해근로자의 의견을 들어야 한다.
⑥ 사용자는 직장 내 괴롭힘 발생 사실을 신고한 근로자 및 피해근로자등에게 해고나 그 밖의 불리한 처우를 하여서는 아니 된다.
⑦ 제2항에 따라 직장 내 괴롭힘 발생 사실을 조사한 사람, 조사 내용을 보고받은 사람 및 그 밖에 조사 과정에 참여한 사람은 해당 조사 과정에서 알게 된 비밀을 피해근로자등의 의사에 반하여 다른 사람에게 누설하여서는 아니 된다. 다만, 조사와 관련된 내용을 사용자에게 보고하거나 관계 기관의 요청에 따라 필요한 정보를 제공하는 경우는 제외한다. 〈신설 2021. 4. 13.〉
〈본조신설 2019. 1. 15.〉

제7장 기능 습득

제77조【기능 습득자의 보호】 사용자는 양성공, 수습, 그 밖의 명칭을 불문하고 기능의 습득을 목적으로 하는 근로자를 혹사하거나 가사, 그 밖의 기능 습득과 관계없는 업무에 종사시키지 못한다. 〈개정 2020. 5. 26.〉

제8장 재해보상

제78조【요양보상】 ① 근로자가 업무상 부상 또는 질병에 걸리면 사용자는 그 비용으로 필요한 요양을 행하거나 필요한 요양비를 부담하여야 한다.
② 제1항에 따른 업무상 질병과 요양의 범위 및 요양보상의 시기는 대통령령으로 정한다. 〈개정 2008. 3. 21.〉

제79조【휴업보상】 ① 사용자는 제78조에 따라 요양 중에 있는 근로자에게 그 근로자의 요양 중 평균임금의 100분의 60의 휴업보상을 하여야 한다. 〈개정 2008. 3. 21.〉
② 제1항에 따른 휴업보상을 받을 기간에 그 보상을 받을 사람이 임금의 일부를 지급받은 경우에는 사용자는 평균임금에서 그 지급받은 금액을 뺀 금액의 100분의 60의 휴업보상을 하여야 한다. 〈신설 2008. 3. 21., 2020. 5. 26.〉
③ 휴업보상의 시기는 대통령령으로 정한다. 〈신설 2008. 3. 21.〉

제80조【장해보상】 ① 근로자가 업무상 부상 또는 질병에 걸리고, 완치된 후 신체에 장해가 있으면 사용자는 그 장해 정도에 따라 평균임금에 별표에서 정한 일수를 곱한 금액의 장해보상을 하여야 한다. 〈개정 2008. 3. 21.〉
② 이미 신체에 장해가 있는 사람이 부상 또는 질병으로 인하여 같은 부위에 장해가 더 심해진 경우에 그 장해에 대한 장해보상 금액은 장해 정도가 더 심해진 장해등급에 해당하는 장해보상의 일수에서 기존의 장해등급에 해당하는 장해보상의 일수를 뺀 일수에 보상청구사유 발생 당시의 평균임금을 곱하여 산정한 금액으로 한다. 〈신설 2008. 3. 21., 2020. 5. 26.〉
③ 장해보상을 하여야 하는 신체장해 등급의 결정 기준과 장해보상의 시기는 대통령령으로 정한다. 〈신설 2008. 3. 21.〉

제81조【휴업보상과 장해보상의 예외】 근로자가 중대한 과실로 업무상 부상 또는 질병에 걸리고 또한 사용자가 그 과실에 대하여 노동위원회의 인정을 받으면 휴업보상이나 장해보상을 하지 아니하여도 된다.

제82조【유족보상】 ① 근로자가 업무상 사망한 경우에는 사용자는 근로자가 사망한 후 지체 없이 그 유족에게 평균임금 1,000일분의 유족보상을 하여야 한다. 〈개정 2008. 3. 21.〉
② 제1항에서의 유족의 범위, 유족보상의 순위 및 보상을 받기로 확정된 사람이 사망한 경우의 유족보상의 순위는 대통령령으로 정한다. 〈신설 2008. 3. 21., 2020. 5. 26.〉

제83조【장례비】 근로자가 업무상 사망한 경우에는 사용자는 근로자가 사망한 후 지체 없이 평균임금 90일분의 장례비를 지급하여야 한다. 〈개정 2008. 3. 21., 2021. 1. 5.〉
〈제목개정 2021. 1. 5.〉

제84조【일시보상】 제78조에 따라 보상을 받는 근로자가 요양을 시작한 지 2년이 지나도 부상 또는 질병이 완치되지 아니하는 경우에는 사용자는 그 근로자에게 평균임금 1,340일분의 일시보상을 하여 그 후의 이 법에 따른 모든 보상책임을 면할 수 있다.

제85조【분할보상】 사용자는 지급 능력이 있는 것을 증명하고 보상을 받는 사람의 동의를 받으면 제80조, 제82조 또는 제84조에 따른 보상금을 1년에 걸쳐 분할보상을 할 수 있다. 〈개정 2020. 5. 26.〉

제86조【보상 청구권】 보상을 받을 권리는 퇴직으로 인하여 변경되지 아니하고, 양도나 압류하지 못한다.

제87조【다른 손해배상과의 관계】 보상을 받게 될 사람이 동일한 사유에 대하여 「민법」이나 그 밖의 법령에 따라 이 법의 재해보상에 상당한 금품을 받으면 그 가액(價額)의 한도에서 사용자는 보상의 책임을 면한다. 〈개정 2020. 5. 26.〉

제88조【고용노동부장관의 심사와 중재】 ① 업무상의 부상, 질병 또는 사망의 인정, 요양의 방법, 보상금액의 결정, 그 밖에 보상의 실시에 관하여 이의가 있는 자는 고용노동부장관에게 심사나 사건의 중재를 청구할 수 있다. 〈개정 2010. 6. 4.〉
② 제1항의 청구가 있으면 고용노동부장관은 1개월 이내에 심사나 중재를 하여야 한다. 〈개정 2010. 6. 4.〉
③ 고용노동부장관은 필요에 따라 직권으로 심사나 사건의 중재를 할 수 있다. 〈개정 2010. 6. 4.〉
④ 고용노동부장관은 심사나 중재를 위하여 필요하다고 인정하면 의사에게 진단이나 검안을 시킬 수 있다. 〈개정 2010. 6. 4.〉
⑤ 제1항에 따른 심사나 중재의 청구와 제2항에 따른 심사나 중재의 시작은 시효의 중단에 관하여는 재판상의 청구로 본다.
[제목개정 2010. 6. 4.]

제89조【노동위원회의 심사와 중재】 ① 고용노동부장관이 제88조제2항의 기간에 심사 또는 중재를 하지 아니하거나 심사와 중재의 결과에 불복하는 자는 노동위원회에 심사나 중재를 청구할 수 있다. 〈개정 2010. 6. 4.〉
② 제1항의 청구가 있으면 노동위원회는 1개월 이내에 심사나 중재를 하여야 한다.

제90조【도급 사업에 대한 예외】 ① 사업이 여러 차례

의 도급에 따라 행하여지는 경우의 재해보상에 대하여는 원수급인(元受給人)을 사용자로 본다.
② 제1항의 경우에 원수급인이 서면상 계약으로 하수급인에게 보상을 담당하게 하는 경우에는 그 수급인도 사용자로 본다. 다만, 2명 이상의 하수급인에게 똑같은 사업에 대하여 중복하여 보상을 담당하게 하지 못한다.
③ 제2항의 경우에 원수급인이 보상의 청구를 받으면 보상을 담당한 하수급인에게 우선 최고(催告)할 것을 청구할 수 있다. 다만, 그 하수급인이 파산의 선고를 받거나 행방이 알려지지 아니하는 경우에는 그러하지 아니하다.
제91조【서류의 보존】 사용자는 재해보상에 관한 중요한 서류를 재해보상이 끝나지 아니하거나 제92조에 따라 재해보상 청구권이 시효로 소멸되기 전에 폐기하여서는 아니 된다. 〈개정 2008. 3. 21.〉
제92조【시효】 이 법의 규정에 따른 재해보상 청구권은 3년간 행사하지 아니하면 시효로 소멸한다.

제9장 취업규칙

제93조【취업규칙의 작성·신고】 상시 10명 이상의 근로자를 사용하는 사용자는 다음 각 호의 사항에 관한 취업규칙을 작성하여 고용노동부장관에게 신고하여야 한다. 이를 변경하는 경우에도 또한 같다. 〈개정 2008. 3. 28., 2010. 6. 4., 2012. 2. 1., 2019. 1. 15.〉
1. 업무의 시작과 종료 시각, 휴게시간, 휴일, 휴가 및 교대 근로에 관한 사항
2. 임금의 결정·계산·지급 방법, 임금의 산정기간·지급시기 및 승급(昇給)에 관한 사항
3. 가족수당의 계산·지급 방법에 관한 사항
4. 퇴직에 관한 사항
5. 「근로자퇴직급여 보장법」 제4조에 따라 설정된 퇴직급여, 상여 및 최저임금에 관한 사항
6. 근로자의 식비, 작업 용품 등의 부담에 관한 사항
7. 근로자를 위한 교육시설에 관한 사항
8. 출산전후휴가·육아휴직 등 근로자의 모성 보호 및 일·가정 양립 지원에 관한 사항
9. 안전과 보건에 관한 사항
9의2. 근로자의 성별·연령 또는 신체적 조건 등의 특성에 따른 사업장 환경의 개선에 관한 사항
10. 업무상과 업무 외의 재해부조(災害扶助)에 관한 사항
11. 직장 내 괴롭힘의 예방 및 발생 시 조치 등에 관한 사항
12. 표창과 제재에 관한 사항
13. 그 밖에 해당 사업 또는 사업장의 근로자 전체에 적용될 사항

제94조【규칙의 작성, 변경 절차】 ① 사용자는 취업규칙의 작성 또는 변경에 관하여 해당 사업 또는 사업장에 근로자의 과반수로 조직된 노동조합이 있는 경우에는 그 노동조합, 근로자의 과반수로 조직된 노동조합이 없는 경우에는 근로자의 과반수의 의견을 들어야 한다. 다만, 취업규칙을 근로자에게 불리하게 변경하는 경우에는 그 동의를 받아야 한다.
② 사용자는 제93조에 따라 취업규칙을 신고할 때에는 제1항의 의견을 적은 서면을 첨부하여야 한다.
제95조【제재 규정의 제한】 취업규칙에서 근로자에 대하여 감급(減給)의 제재를 정할 경우에 그 감액은 1회의 금액이 평균임금의 1일분의 2분의 1을, 총액이 1임금지급기의 임금 총액의 10분의 1을 초과하지 못한다.
제96조【단체협약의 준수】 ① 취업규칙은 법령이나 해당 사업 또는 사업장에 대하여 적용되는 단체협약과 어긋나서는 아니 된다.
② 고용노동부장관은 법령이나 단체협약에 어긋나는 취업규칙의 변경을 명할 수 있다. 〈개정 2010. 6. 4.〉
제97조【위반의 효력】 취업규칙에서 정한 기준에 미달하는 근로조건을 정한 근로계약은 그 부분에 관하여는 무효로 한다. 이 경우 무효로 된 부분은 취업규칙에 정한 기준에 따른다.

제10장 기숙사

제98조【기숙사 생활의 보장】 ① 사용자는 사업 또는 사업장의 부속 기숙사에 기숙하는 근로자의 사생활의 자유를 침해하지 못한다.
② 사용자는 기숙사 생활의 자치에 필요한 임원 선거에 간섭하지 못한다.
제99조【규칙의 작성과 변경】 ① 부속 기숙사에 근로자를 기숙시키는 사용자는 다음 각 호의 사항에 관하여 기숙사규칙을 작성하여야 한다.
1. 기상(起床), 취침, 외출과 외박에 관한 사항
2. 행사에 관한 사항
3. 식사에 관한 사항
4. 안전과 보건에 관한 사항
5. 건설물과 설비의 관리에 관한 사항
6. 그 밖에 기숙사에 기숙하는 근로자 전체에 적용될 사항

② 사용자는 제1항에 따른 규칙의 작성 또는 변경에 관하여 기숙사에 기숙하는 근로자의 과반수를 대표하는 자의 동의를 받아야 한다.
③ 사용자와 기숙사에 기숙하는 근로자는 기숙사규칙을 지켜야 한다.
제100조【부속 기숙사의 설치·운영 기준】 사용자는

부속 기숙사를 설치·운영할 때 다음 각 호의 사항에 관하여 대통령령으로 정하는 기준을 충족하도록 하여야 한다.

1. 기숙사의 구조와 설비
2. 기숙사의 설치 장소
3. 기숙사의 주거 환경 조성
4. 기숙사의 면적
5. 그 밖에 근로자의 안전하고 쾌적한 주거를 위하여 필요한 사항

〈전문개정 2019. 1. 15.〉

제100조의2【부속 기숙사의 유지관리 의무】 사용자는 제100조에 따라 설치한 부속 기숙사에 대하여 근로자의 건강 유지, 사생활 보호 등을 위한 조치를 하여야 한다. 〈본조신설 2019. 1. 15.〉

제11장 근로감독관 등

제101조【감독 기관】 ① 근로조건의 기준을 확보하기 위하여 고용노동부와 그 소속 기관에 근로감독관을 둔다. 〈개정 2010. 6. 4.〉

② 근로감독관의 자격, 임면(任免), 직무 배치에 관한 사항은 대통령령으로 정한다.

제102조【근로감독관의 권한】 ① 근로감독관은 사업장, 기숙사, 그 밖의 부속 건물을 현장조사하고 장부와 서류의 제출을 요구할 수 있으며 사용자와 근로자에 대하여 심문(尋問)할 수 있다. 〈개정 2017. 11. 28.〉

② 의사인 근로감독관이나 근로감독관의 위촉을 받은 의사는 취업을 금지하여야 할 질병에 걸릴 의심이 있는 근로자에 대하여 검진할 수 있다.

③ 제1항 및 제2항의 경우에 근로감독관이나 그 위촉을 받은 의사는 그 신분증명서와 고용노동부장관의 현장조사 또는 검진지령서(檢診指令書)를 제시하여야 한다. 〈개정 2010. 6. 4., 2017. 11. 28.〉

④ 제3항의 현장조사 또는 검진지령서에는 그 일시, 장소 및 범위를 분명하게 적어야 한다. 〈개정 2017. 11. 28.〉

⑤ 근로감독관은 이 법이나 그 밖의 노동 관계 법령 위반의 죄에 관하여 「사법경찰관리의 직무를 행할 자와 그 직무범위에 관한 법률」에서 정하는 바에 따라 사법경찰관의 직무를 수행한다.

제103조【근로감독관의 의무】 근로감독관은 직무상 알게 된 비밀을 엄수하여야 한다. 근로감독관을 그만 둔 경우에도 또한 같다.

제104조【감독 기관에 대한 신고】 ① 사업 또는 사업장에서 이 법 또는 이 법에 따른 대통령령을 위반한 사실이 있으면 근로자는 그 사실을 고용노동부장관이나 근로감독관에게 통보할 수 있다. 〈개정 2010. 6. 4.〉

② 사용자는 제1항의 통보를 이유로 근로자에게 해고나 그 밖에 불리한 처우를 하지 못한다.

제105조【사법경찰권 행사자의 제한】 이 법이나 그 밖의 노동 관계 법령에 따른 현장조사, 서류의 제출, 심문 등의 수사는 검사와 근로감독관이 전담하여 수행한다. 다만, 근로감독관의 직무에 관한 범죄의 수사는 그러하지 아니하다. 〈개정 2017. 11. 28.〉

제106조【권한의 위임】 이 법에 따른 고용노동부장관의 권한은 대통령령으로 정하는 바에 따라 그 일부를 지방고용노동관서의 장에게 위임할 수 있다. 〈개정 2010. 6. 4.〉

제12장 벌칙

제107조【벌칙】 제7조, 제8조, 제9조, 제23조제2항 또는 제40조를 위반한 자는 5년 이하의 징역 또는 5천만원 이하의 벌금에 처한다. 〈개정 2017. 11. 28.〉

제108조【벌칙】 근로감독관이 이 법을 위반한 사실을 고의로 묵과하면 3년 이하의 징역 또는 5년 이하의 자격정지에 처한다.

제109조【벌칙】 ① 제36조, 제43조, 제44조, 제44조의2, 제46조, 제51조의3, 제52조제2항제2호, 제56조, 제65조, 제72조 또는 제76조의3제6항을 위반한 자는 3년 이하의 징역 또는 3천만원 이하의 벌금에 처한다. 〈개정 2007. 7. 27., 2017. 11. 28., 2019. 1. 15., 2021. 1. 5.〉

② 제36조, 제43조, 제44조, 제44조의2, 제46조, 제51조의3, 제52조제2항제2호 또는 제56조를 위반한 자에 대하여는 피해자의 명시적인 의사와 다르게 공소를 제기할 수 없다. 〈개정 2007. 7. 27., 2021. 1. 5.〉

제110조【벌칙】 다음 각 호의 어느 하나에 해당하는 자는 2년 이하의 징역 또는 2천만원 이하의 벌금에 처한다. 〈개정 2009. 5. 21., 2012. 2. 1., 2017. 11. 28., 2018. 3. 20., 2021. 1. 5.〉

1. 제10조, 제22조제1항, 제26조, 제50조, 제51조의2제2항, 제52조제2항제1호, 제53조제1항·제2항, 같은 조 제4항 본문·제7항, 제54조, 제55조, 제59조제2항, 제59조제2항, 제60조제1항·제2항·제4항 및 제5항, 제64조제1항, 제69조, 제70조제1항·제2항, 제71조, 제74조제1항부터 제5항까지, 제75조, 제78조부터 제80조까지, 제82조, 제83조 및 제104조제2항을 위반한 자
2. 제53조제5항에 따른 명령을 위반한 자

제111조【벌칙】 제31조제3항에 따라 확정되거나 행정소송을 제기하여 확정된 구제명령 또는 구제명령을 내

용으로 하는 재심판정을 이행하지 아니한 자는 1년 이하의 징역 또는 1천만원 이하의 벌금에 처한다.

제112조 【고발】 ① 제111조의 죄는 노동위원회의 고발이 있어야 공소를 제기할 수 있다.

② 검사는 제1항에 따른 죄에 해당하는 위반행위가 있음을 노동위원회에 통보하여 고발을 요청할 수 있다.

제113조 【벌칙】 제45조를 위반한 자는 1천만원 이하의 벌금에 처한다.

제114조 【벌칙】 다음 각 호의 어느 하나에 해당하는 자는 500만원 이하의 벌금에 처한다. 〈개정 2007. 7. 27., 2008. 3. 28., 2009. 5. 21., 2012. 2. 1., 2018. 3. 20.〉

1. 제6조, 제16조, 제17조, 제20조, 제21조, 제22조제2항, 제47조, 제53조제4항 단서, 제67조제1항 · 제3항, 제70조제3항, 제73조, 제74조제6항, 제77조, 제94조, 제95조, 제100조 및 제103조를 위반한 자
2. 제96조제2항에 따른 명령을 위반한 자

제115조 【양벌규정】 사업주의 대리인, 사용인, 그 밖의 종업원이 해당 사업의 근로자에 관한 사항에 대하여 제107조, 제109조부터 제111조까지, 제113조 또는 제114조의 위반행위를 하면 그 행위자를 벌하는 외에 그 사업주에게도 해당 조문의 벌금형을 과(科)한다. 다만, 사업주가 그 위반행위를 방지하기 위하여 해당 업무에 관하여 상당한 주의와 감독을 게을리하지 아니한 경우에는 그러하지 아니하다.

〈전문개정 2009. 5. 21.〉

제116조 【과태료】 ① 사용자(사용자의 「민법」 제767조에 따른 친족 중 대통령령으로 정하는 사람이 해당 사업 또는 사업장의 근로자인 경우를 포함한다)가 제76조의2를 위반하여 직장 내 괴롭힘을 한 경우에는 1천만원 이하의 과태료를 부과한다. 〈신설 2021. 4. 13.〉

② 다음 각 호의 어느 하나에 해당하는 자에게는 500만원 이하의 과태료를 부과한다. 〈개정 2009. 5. 21., 2010. 6. 4., 2014. 3. 24., 2017. 11. 28., 2021. 1. 5., 2021. 4. 13., 2021. 5. 18.〉

1. 제13조에 따른 고용노동부장관, 노동위원회 또는 근로감독관의 요구가 있는 경우에 보고 또는 출석을 하지 아니하거나 거짓된 보고를 한 자
2. 제14조, 제39조, 제41조, 제42조, 제48조, 제66조, 제74조제7항 · 제9항, 제76조의3제2항 · 제4항 · 제5항 · 제7항, 제91조, 제93조, 제98조제2항 및 제99조를 위반한 자
3. 제51조의2제5항에 따른 임금보전방안을 신고하지 아니한 자
4. 제102조에 따른 근로감독관 또는 그 위촉을 받은 의사의 현장조사나 검진을 거절, 방해 또는 기피하고 그 심문에 대하여 진술을 하지 아니하거나 거짓된 진술을 하며 장부 · 서류를 제출하지 아니하거나 거짓 장부 · 서류를 제출한 자

③ 제1항 및 제2항에 따른 과태료는 대통령령으로 정하는 바에 따라 고용노동부장관이 부과 · 징수한다. 〈개정 2010. 6. 4., 2021. 4. 13.〉

④ 삭제 〈2009. 5. 21.〉

⑤ 삭제 〈2009. 5. 21.〉

부 칙 〈법률 제8372호, 2007. 4. 11.〉

제1조 【시행일】 이 법은 공포한 날부터 시행한다. 〈단서 생략〉
제2조 ~ 제17조 생략

부 칙 〈중략〉

부 칙 〈법률 제18176호, 2021. 5. 18.〉

제1조 【시행일】 이 법은 공포 후 6개월이 경과한 날부터 시행한다.
제2조 【근로계약기간의 만료 등에 따른 구제명령 등에 관한 적용례】 제30조제4항의 개정규정은 이 법 시행 후 노동위원회가 같은 조 제1항에 따라 구제명령이나 기각결정을 하는 경우부터 적용한다.
제3조 【이행강제금에 관한 적용례】 제33조제1항의 개정규정은 이 법 시행 후 발생한 부당해고등부터 적용한다.

집회 및 시위에 관한 법률

[2007년 5월 11일
법 률 제8424호 전부개정]

개정
2007.12.21법8733호(군사기지 및 군사시설 보호법)
2016. 1.27법13834호
2020. 6. 9법17393호
2020.12.22.법17689호(국가경찰과 자치경찰의 조직 및 운영에 관한 법률)

제1조【목 적】 이 법은 적법한 집회(集會) 및 시위(示威)를 최대한 보장하고 위법한 시위로부터 국민을 보호함으로써 집회 및 시위의 권리 보장과 공공의 안녕질서가 적절히 조화를 이루도록 하는 것을 목적으로 한다.

제2조【정 의】 이 법에서 사용하는 용어의 뜻은 다음과 같다. <개정 2020. 12. 22.>

1. "옥외집회"란 천장이 없거나 사방이 폐쇄되지 아니한 장소에서 여는 집회를 말한다.
2. "시위"란 여러 사람이 공동의 목적을 가지고 도로, 광장, 공원 등 일반인이 자유로이 통행할 수 있는 장소를 행진하거나 위력(威力) 또는 기세(氣勢)를 보여, 불특정한 여러 사람의 의견에 영향을 주거나 제압(制壓)을 가하는 행위를 말한다.
3. "주최자(主催者)"란 자기 이름으로 자기 책임 아래 집회나 시위를 여는 사람이나 단체를 말한다. 주최자는 주관자(主管者)를 따로 두어 집회 또는 시위의 실행을 맡아 관리하도록 위임할 수 있다. 이 경우 주관자는 그 위임의 범위 안에서 주최자로 본다.
4. "질서유지인"이란 주최자가 자신을 보좌하여 집회 또는 시위의 질서를 유지하게 할 목적으로 임명한 자를 말한다.
5. "질서유지선"이란 관할 경찰서장이나 시·도경찰청장이 적법한 집회 및 시위를 보호하고 질서유지나 원활한 교통 소통을 위하여 집회 또는 시위의 장소나 행진 구간을 일정하게 구획하여 설정한 띠, 방책(防柵), 차선(車線) 등의 경계 표지(標識)를 말한다.
6. "경찰관서"란 국가경찰관서를 말한다.

제3조【집회 및 시위에 대한 방해 금지】 ①누구든지 폭행, 협박, 그 밖의 방법으로 평화적인 집회 또는 시위를 방해하거나 질서를 문란하게 하여서는 아니 된다.
②누구든지 폭행, 협박, 그 밖의 방법으로 집회 또는 시위의 주최자나 질서유지인의 이 법의 규정에 따른 임무 수행을 방해하여서는 아니 된다.
③집회 또는 시위의 주최자는 평화적인 집회 또는 시위가 방해받을 염려가 있다고 인정되면 관할 경찰관서에 그 사실을 알려 보호를 요청할 수 있다. 이 경우 관할 경찰관서의 장은 정당한 사유 없이 보호 요청을 거절하여서는 안 된다.

제4조【특정인 참가의 배제】 집회 또는 시위의 주최자 및 질서유지인은 특정한 사람이나 단체가 집회나 시위에 참가하는 것을 막을 수 있다. 다만, 언론사의 기자는 출입이 보장되어야 하며, 이 경우 기자는 신분증을 제시하고 기자임을 표시한 완장(腕章)을 착용하여야 한다.

제5조【집회 및 시위의 금지】 ①누구든지 다음 각 호의 어느 하나에 해당하는 집회나 시위를 주최하여서는 아니 된다.
1. 헌법재판소의 결정에 따라 해산된 정당의 목적을 달성하기 위한 집회 또는 시위
2. 집단적인 폭행, 협박, 손괴(損壞), 방화 등으로 공공의 안녕 질서에 직접적인 위협을 끼칠 것이 명백한 집회 또는 시위

②누구든지 제1항에 따라 금지된 집회 또는 시위를 할 것을 선전하거나 선동하여서는 아니 된다.

제6조【옥외집회 및 시위의 신고 등】 ① 옥외집회나 시위를 주최하려는 자는 그에 관한 다음 각 호의 사항 모두를 적은 신고서를 옥외집회나 시위를 시작하기 720시간 전부터 48시간 전에 관할 경찰서장에게 제출하여야 한다. 다만, 옥외집회 또는 시위 장소가 두 곳 이상의 경찰서의 관할에 속하는 경우에는 관할 시·도경찰청장에게 제출하여야 하고, 두 곳 이상의 시·도경찰청 관할에 속하는 경우에는 주최지를 관할하는 시·도경찰청장에게 제출하여야 한다. <개정 2020. 12. 22.>
1. 목적
2. 일시(필요한 시간을 포함한다)
3. 장소
4. 주최자(단체인 경우에는 그 대표자를 포함한다), 연락책임자, 질서유지인에 관한 다음 각 목의 사항
   가. 주소
   나. 성명
   다. 직업
   라. 연락처
5. 참가 예정인 단체와 인원
6. 시위의 경우 그 방법(진로와 약도를 포함한다)

② 관할 경찰서장 또는 시·도경찰청장(이하 "관할경찰관서장"이라 한다)은 제1항에 따른 신고서를 접수하면 신고자에게 접수 일시를 적은 접수증을 즉시 내주어야 한다. <개정 2020. 12. 22.>
③ 주최자는 제1항에 따라 신고한 옥외집회 또는 시위를 하지 아니하게 된 경우에는 신고서에 적힌 집회 일시 24시간 전에 그 철회사유 등을 적은 철회신고서를 관할경찰관서장에게 제출하여야 한다. <개정 2016. 1. 27.>
④ 제3항에 따라 철회신고서를 받은 관할경찰관서장은 제8조제3항에 따라 금지 통고를 한 집회나 시위가 있는 경우에는 그 금지 통고를 받은 주최자에게 제3항에 따른 사실을 즉시 알려야 한다. <개정 2016. 1. 27.>
⑤ 제4항에 따라 통지를 받은 주최자는 그 금지 통고된 집회 또는 시위를 최초에 신고한 대로 개최할

수 있다. 다만, 금지 통고 등으로 시기를 놓친 경우에는 일시를 새로 정하여 집회 또는 시위를 시작하기 24시간 전에 관할경찰관서장에게 신고서를 제출하고 집회 또는 시위를 개최할 수 있다.

제7조【신고서의 보완 등】 ①관할경찰관서장은 제6조제1항에 따른 신고서의 기재 사항에 미비한 점을 발견하면 접수증을 교부한 때부터 12시간 이내에 주최자에게 24시간을 기한으로 그 기재 사항을 보완할 것을 통고할 수 있다.

②제1항에 따른 보완 통고는 보완할 사항을 분명히 밝혀 서면으로 주최자 또는 연락책임자에게 송달하여야 한다.

제8조【집회 및 시위의 금지 또는 제한 통고】 ①제6조제1항에 따른 신고서를 접수한 관할경찰관서장은 신고된 옥외집회 또는 시위가 다음 각 호의 어느 하나에 해당하는 때에는 신고서를 접수한 때부터 48시간 이내에 집회 또는 시위를 금지할 것을 주최자에게 통고할 수 있다. 다만, 집회 또는 시위가 집단적인 폭행, 협박, 손괴, 방화 등으로 공공의 안녕 질서에 직접적인 위험을 초래한 경우에는 남은 기간의 해당 집회 또는 시위에 대하여 신고서를 접수한 때부터 48시간이 지난 경우에도 금지 통고를 할 수 있다.

1. 제5조제1항, 제10조 본문 또는 제11조에 위반된다고 인정될 때
2. 제7조제1항에 따른 신고서 기재 사항을 보완하지 아니한 때
3. 제12조에 따라 금지할 집회 또는 시위라고 인정될 때

②관할경찰관서장은 집회 또는 시위의 시간과 장소가 중복되는 2개 이상의 신고가 있는 경우 그 목적으로 보아 서로 상반되거나 방해가 된다고 인정되면 각 옥외집회 또는 시위 간에 시간을 나누거나 장소를 분할하여 개최하도록 권유하는 등 각 옥외집회 또는 시위가 서로 방해되지 아니하고 평화적으로 개최·진행될 수 있도록 노력하여야 한다. <개정 2016.1.27>

③관할경찰관서장은 제2항에 따른 권유가 받아들여지지 아니하면 뒤에 접수된 옥외집회 또는 시위에 대하여 제1항에 준하여 그 집회 또는 시위의 금지를 통고할 수 있다. <신설 2016.1.27>

④제3항에 따라 뒤에 접수된 옥외집회 또는 시위가 금지 통고된 경우 먼저 신고를 접수하여 옥외집회 또는 시위를 개최할 수 있는 자는 집회 시작 1시간 전에 관할경찰관서장에게 집회 개최 사실을 통지하여야 한다. <신설 2016.1.27>

⑤다음 각 호의 어느 하나에 해당하는 경우로서 그 거주자나 관리자가 시설이나 장소의 보호를 요청하는 경우에는 집회나 시위의 금지 또는 제한을 통고할 수 있다. 이 경우 집회나 시위의 금지 통고에 대하여는 제1항을 준용한다. <개정 2007.12.21>

1. 제6조제1항의 신고서에 적힌 장소(이하 이 항에서 "신고장소"라 한다)가 다른 사람의 주거지역이나 이와 유사한 장소로서 집회나 시위로 재산 또는 시설에 심각한 피해가 발생하거나 사생활의 평온(平穩)을 뚜렷하게 해칠 우려가 있는 경우
2. 신고장소가 「초·중등교육법」 제2조에 따른 학교의 주변 지역으로서 집회 또는 시위로 학습권을 뚜렷이 침해할 우려가 있는 경우
3. 신고장소가 「군사기지 및 군사시설 보호법」 제2조제2호에 따른 군사시설의 주변 지역으로서 집회 또는 시위로 시설이나 군 작전의 수행에 심각한 피해가 발생할 우려가 있는 경우

⑥집회 또는 시위의 금지 또는 제한 통고는 그 이유를 분명하게 밝혀 서면으로 주최자 또는 연락책임자에게 송달하여야 한다.

제9조【집회 및 시위의 금지 통고에 대한 이의 신청 등】 ①집회 또는 시위의 주최자는 제8조에 따른 금지 통고를 받은 날부터 10일 이내에 해당 경찰관서의 바로 위의 상급경찰관서의 장에게 이의를 신청할 수 있다.

②제1항에 따른 이의 신청을 받은 경찰관서의 장은 접수 일시를 적은 접수증을 이의 신청인에게 즉시 내주고 접수한 때부터 24시간 이내에 재결(裁決)을 하여야 한다. 이 경우 접수한 때부터 24시간 이내에 재결서를 발송하지 아니하면 관할경찰관서장의 금지 통고는 소급하여 그 효력을 잃는다.

③이의 신청인은 제2항에 따라 금지 통고가 위법하거나 부당한 것으로 재결되거나 그 효력을 잃게 된 경우 처음 신고한 대로 집회 또는 시위를 개최할 수 있다. 다만, 금지 통고 등으로 시기를 놓친 경우에는 일시를 새로 정하여 집회 또는 시위를 시작하기 24시간 전에 관할경찰관서장에게 신고함으로써 집회 또는 시위를 개최할 수 있다.

제10조【옥외집회와 시위의 금지 시간】 누구든지 해가 뜨기 전이나 해가 진 후에는 옥외집회 또는 시위를 하여서는 아니 된다. 다만, 집회의 성격상 부득이하여 주최자가 질서유지인을 두고 미리 신고한 경우에는 관할경찰관서장은 질서 유지를 위한 조건을 붙여 해가 뜨기 전이나 해가 진 후에도 옥외집회를 허용할 수 있다.

제11조【옥외집회와 시위의 금지 장소】 누구든지 다음 각 호의 어느 하나에 해당하는 청사 또는 저택의 경계 지점으로부터 100 미터 이내의 장소에서는 옥외집회 또는 시위를 하여서는 아니 된다. <개정 2020. 6. 9.>

1. 국회의사당. 다만, 다음 각 목의 어느 하나에 해당하는 경우로서 국회의 기능이나 안녕을 침해할 우려가 없다고 인정되는 때에는 그러하지 아니하다.
   가. 국회의 활동을 방해할 우려가 없는 경우
   나. 대규모 집회 또는 시위로 확산될 우려가 없는 경우
2. 각급 법원, 헌법재판소. 다만, 다음 각 목의 어느 하나에 해당하는 경우로서 각급 법원, 헌법재판소의 기능이나 안녕을 침해할 우려가 없다고 인정되는 때에는 그러하지 아니하다.
   가. 법관이나 재판관의 직무상 독립이나 구체적 사건의 재판에 영향을 미칠 우려가 없는 경

우
나. 대규모 집회 또는 시위로 확산될 우려가 없는 경우
3. 대통령 관저(官邸), 국회의장 공관, 대법원장 공관, 헌법재판소장 공관
4. 국무총리 공관. 다만, 다음 각 목의 어느 하나에 해당하는 경우로서 국무총리 공관의 기능이나 안녕을 침해할 우려가 없다고 인정되는 때에는 그러하지 아니하다.
가. 국무총리를 대상으로 하지 아니하는 경우
나. 대규모 집회 또는 시위로 확산될 우려가 없는 경우
5. 국내 주재 외국의 외교기관이나 외교사절의 숙소. 다만, 다음 각 목의 어느 하나에 해당하는 경우로서 외교기관 또는 외교사절 숙소의 기능이나 안녕을 침해할 우려가 없다고 인정되는 때에는 그러하지 아니하다.
가. 해당 외교기관 또는 외교사절의 숙소를 대상으로 하지 아니하는 경우
나. 대규모 집회 또는 시위로 확산될 우려가 없는 경우
다. 외교기관의 업무가 없는 휴일에 개최하는 경우

제12조【교통 소통을 위한 제한】 ①관할경찰관서장은 대통령령으로 정하는 주요 도시의 주요 도로에서의 집회 또는 시위에 대하여 교통 소통을 위하여 필요하다고 인정하면 이를 금지하거나 교통질서 유지를 위한 조건을 붙여 제한할 수 있다.
②집회 또는 시위의 주최자가 질서유지인을 두고 도로를 행진하는 경우에는 제1항에 따른 금지를 할 수 없다. 다만, 해당 도로와 주변 도로의 교통 소통에 장애를 발생시켜 심각한 교통 불편을 줄 우려가 있으면 제1항에 따른 금지를 할 수 있다.

제13조【질서유지선의 설정】 ①제6조제1항에 따른 신고를 받은 관할경찰관서장은 집회 및 시위의 보호와 공공의 질서 유지를 위하여 필요하다고 인정하면 최소한의 범위를 정하여 질서유지선을 설정할 수 있다.
②제1항에 따라 경찰관서장이 질서유지선을 설정할 때에는 주최자 또는 연락책임자에게 이를 알려야 한다.

제14조【확성기등 사용의 제한】 ①집회 또는 시위의 주최자는 확성기, 북, 징, 꽹과리 등의 기계·기구(이하 이 조에서 "확성기 등"이라 한다)를 사용하여 타인에게 심각한 피해를 주는 소음으로서 대통령령으로 정하는 기준을 위반하는 소음을 발생시켜서는 아니 된다.
②관할경찰관서장은 집회 또는 시위의 주최자가 제1항에 따른 기준을 초과하는 소음을 발생시켜 타인에게 피해를 주는 경우에는 그 기준 이하의 소음 유지 또는 확성기등의 사용 중지를 명하거나 확성기 등의 일시보관 등 필요한 조치를 할 수 있다.

제15조【적용의 배제】 학문, 예술, 체육, 종교, 의식, 친목, 오락, 관혼상제(冠婚喪祭) 및 국경행사(國慶行事)에 관한 집회에는 제6조부터 제12조까지의 규정을 적용하지 아니한다.

제16조【주최자의 준수 사항】 ①집회 또는 시위의 주최자는 집회 또는 시위에 있어서의 질서를 유지하여야 한다.
②집회 또는 시위의 주최자는 집회 또는 시위의 질서 유지에 관하여 자신을 보좌하도록 18세 이상의 사람을 질서유지인으로 임명할 수 있다.
③집회 또는 시위의 주최자는 제1항에 따른 질서를 유지할 수 없으면 그 집회 또는 시위의 종결(終結)을 선언하여야 한다.
④집회 또는 시위의 주최자는 다음 각 호의 어느 하나에 해당하는 행위를 하여서는 아니 된다.
1. 총포, 폭발물, 도검(刀劍), 철봉, 곤봉, 돌덩이 등 다른 사람의 생명을 위협하거나 신체에 해를 끼칠 수 있는 기구(器具)를 휴대하거나 사용하는 행위 또는 다른 사람에게 이를 휴대하게 하거나 사용하게 하는 행위
2. 폭행, 협박, 손괴, 방화 등으로 질서를 문란하게 하는 행위
3. 신고한 목적, 일시, 장소, 방법 등의 범위를 뚜렷이 벗어나는 행위

⑤옥내집회의 주최자는 확성기를 설치하는 등 주변에서의 옥외 참가를 유발하는 행위를 하여서는 아니 된다.

제17조【질서유지인의 준수 사항 등】 ①질서유지인은 주최자의 지시에 따라 집회 또는 시위 질서가 유지되도록 하여야 한다.
②질서유지인은 제16조제4항 각 호의 어느 하나에 해당하는 행위를 하여서는 아니 된다.
③질서유지인은 참가자 등이 질서유지인임을 쉽게 알아볼 수 있도록 완장, 모자, 어깨띠, 상의 등을 착용하여야 한다.
④관할경찰관서장은 집회 또는 시위의 주최자와 협의하여 질서유지인의 수(數)를 적절하게 조정할 수 있다.
⑤집회나 시위의 주최자는 제4항에 따라 질서유지인의 수를 조정한 경우 집회 또는 시위를 개최하기 전에 조정된 질서유지인의 명단을 관할경찰관서장에게 알려야 한다.

제18조【참가자의 준수 사항】 ①집회나 시위에 참가하는 자는 주최자 및 질서유지인의 질서 유지를 위한 지시에 따라야 한다.
②집회나 시위에 참가하는 자는 제16조제4항제1호 및 제2호에 해당하는 행위를 하여서는 아니 된다.

제19조【경찰관의 출입】 ①경찰관은 집회 또는 시위의 주최자에게 알리고 그 집회 또는 시위의 장소에 정복(正服)을 입고 출입할 수 있다. 다만, 옥내집회 장소에 출입하는 것은 직무 집행을 위하여 긴급한 경우에만 할 수 있다.
②집회나 시위의 주최자, 질서유지인 또는 장소관리자는 질서를 유지하기 위한 경찰관의 직무집행에 협조하여야 한다.

제20조【집회 또는 시위의 해산】 ①관할경찰관서장은 다음 각 호의 어느 하나에 해당하는 집회 또는 시위에 대하여는 상당한 시간 이내에 자진(自

進) 해산할 것을 요청하고 이에 따르지 아니하면 해산(解散)을 명할 수 있다. <개정 2016.1.27>

1. 제5조제1항, 제10조 본문 또는 제11조를 위반한 집회 또는 시위
2. 제6조제1항에 따른 신고를 하지 아니하거나 제8조 또는 제12조에 따라 금지된 집회 또는 시위
3. 제8조제5항에 따른 제한, 제10조 단서 또는 제12조에 따른 조건을 위반하여 교통 소통 등 질서 유지에 직접적인 위험을 명백하게 초래한 집회 또는 시위
4. 제16조제3항에 따른 종결 선언을 한 집회 또는 시위
5. 제16조제4항 각 호의 어느 하나에 해당하는 행위로 질서를 유지할 수 없는 집회 또는 시위

②집회 또는 시위가 제1항에 따른 해산 명령을 받았을 때에는 모든 참가자는 지체 없이 해산하여야 한다.

③제1항에 따른 자진 해산의 요청과 해산 명령의 고지(告知) 등에 필요한 사항은 대통령령으로 정한다.

제21조【집회·시위자문위원회】①집회 및 시위의 자유와 공공의 안녕 질서가 조화를 이루도록 하기 위하여 각급 경찰관서에 다음 각 호의 사항에 관하여 각급 경찰관서장의 자문 등에 응하는 집회·시위자문위원회(이하 이 조에서 "위원회"라 한다)를 둘 수 있다.

1. 제8조에 따른 집회 또는 시위의 금지 또는 제한 통고
2. 제9조제2항에 따른 이의 신청에 관한 재결
3. 집회 또는 시위에 대한 사례 검토
4. 집회 또는 시위 업무의 처리와 관련하여 필요한 사항

②위원회에는 위원장 1명을 두되, 위원장을 포함한 5명 이상 7명 이하의 위원으로 구성된다.

③위원장과 위원은 각급 경찰관서장이 전문성과 공정성 등을 고려하여 다음 각 호의 사람 중에서 위촉한다.

1. 변호사
2. 교수
3. 시민단체에서 추천하는 사람
4. 관할 지역의 주민대표

④위원회의 구성·운영 등에 필요한 사항은 대통령령으로 정한다.

제22조【벌 칙】①제3조제1항 또는 제2항을 위반한 자는 3년 이하의 징역 또는 300만원 이하의 벌금에 처한다. 다만, 군인·검사 또는 경찰관이 제3조제1항 또는 제2항을 위반한 경우에는 5년 이하의 징역에 처한다.

②제5조제1항 또는 제6조제1항을 위반하거나 제8조에 따라 금지를 통고한 집회 또는 시위를 주최한 자는 2년 이하의 징역 또는 200만원 이하의 벌금에 처한다.

③제5조제2항 또는 제16조제4항을 위반한 자는 1년 이하의 징역 또는 100만원 이하의 벌금에 처한다.

④그 사실을 알면서 제5조제1항을 위반한 집회 또는 시위에 참가한 자는 6개월 이하의 징역 또는 50만원 이하의 벌금·구류 또는 과료에 처한다.

제23조【벌 칙】제10조 본문 또는 제11조를 위반한 자, 제12조에 따른 금지를 위반한 자는 다음 각 호의 구분에 따라 처벌한다.

1. 주최자는 1년 이하의 징역 또는 100만원 이하의 벌금
2. 질서유지인은 6개월 이하의 징역 또는 50만원 이하의 벌금·구류 또는 과료
3. 그 사실을 알면서 참가한 자는 50만원 이하의 벌금·구류 또는 과료

제24조【벌 칙】다음 각 호의 어느 하나에 해당하는 자는 6개월 이하의 징역 또는 50만원 이하의 벌금·구류 또는 과료에 처한다.

1. 제4조에 따라 주최자 또는 질서유지인이 참가를 배제했는데도 그 집회 또는 시위에 참가한 사람
2. 제6조제1항에 따른 신고를 거짓으로 하고 집회 또는 시위를 개최한 사람
3. 제13조에 따라 설정한 질서유지선을 경찰관의 경고에도 불구하고 정당한 사유 없이 상당 시간 침범하거나 손괴·은닉·이동 또는 제거하거나 그 밖의 방법으로 그 효용을 해친 자
4. 제14조제2항에 따른 명령을 위반하거나 필요한 조치를 거부·방해한 자
5. 제16조제5항, 제17조제2항, 제18조제2항 또는 제20조제2항을 위반한 자

제25조【단체의 대표자에 대한 벌칙 적용】단체가 집회 또는 시위를 주최하는 경우에는 이 법의 벌칙 적용에서 그 대표자를 주최자로 본다.

제26조【과태료】① 제8조제4항에 해당하는 먼저 신고된 옥외집회 또는 시위의 주최자가 정당한 사유 없이 제6조제3항을 위반한 경우에는 100만원 이하의 과태료를 부과한다.

② 제1항에 따른 과태료는 대통령령으로 정하는 바에 따라 시 · 도경찰청장 또는 경찰서장이 부과 · 징수한다. <개정 2020. 12. 22.>

<본조신설 2016.1.27>

부 칙 <법률 제8424호, 2007. 5. 11.>

① (시행일) 이 법은 공포한 날부터 시행한다.
②(처분 등에 관한 일반적 경과조치) 이 법 시행 당시 종전의 규정에 따른 행정기관의 행위나 행정기관에 대한 행위는 그에 해당하는 이 법에 따른 행정기관의 행위나 행정기관에 대한 행위로 본다.
③(벌칙에 관한 경과조치) 이 법 시행 전의 행위에 대하여 벌칙 규정을 적용할 때에는 종전의 규정에 따른다.
④(다른 법령과의 관계) 이 법 시행 당시 다른 법령에서 종전의 「집회 및 시위에 관한 법률」 또는 그 규정을 인용한 경우에 이 법 가운데 그에 해당하는 규정이 있으면 종전의 규정을 갈음하여 이 법 또는 이 법의 해당 규정을 인용한 것으로 본다.

부 칙 <중략>

부 칙 <법률 제17689호, 2020. 12. 22.>

제1조(시행일) 이 법은 2021년 1월 1일부터 시행한다.
제2조~제8조 <생략>

국적법

[1997년 12월 13일 법 률 제5431호 전문개정]

일부개정
2001.12.19.법6523호
2004. 1.20.법7075호
2005. 5.24.법7433호
2007. 5.17.법8435호(가족관계의 등록 등에 관한 법률)
2008. 3.14.법8892호
2010. 5. 4.법10275호
2014. 3.18.법12421호(출입국관리법)
2016. 5.29.법14183호(병역법)
2016.12.20.법14407호
2017.12.19.법15249호
2018. 9.18.법15752호
2019.12.31.법16851호(대체역의 편입 및 복무 등에 관한 법률)
2022. 9.15.법18978호

제1조【목적】 이 법은 대한민국의 국민이 되는 요건을 정함을 목적으로 한다.
<전문개정 2008.3.14>

제2조【출생에 의한 국적 취득】 ① 다음 각 호의 어느 하나에 해당하는 자는 출생과 동시에 대한민국 국적(國籍)을 취득한다.
1. 출생 당시에 부(父)또는 모(母)가 대한민국의 국민인 자
2. 출생하기 전에 부가 사망한 경우에는 그 사망 당시에 부가 대한민국의 국민이었던 자
3. 부모가 모두 분명하지 아니한 경우나 국적이 없는 경우에는 대한민국에서 출생한 자
② 대한민국에서 발견된 기아(棄兒)는 대한민국에서 출생한 것으로 추정한다.
<전문개정 2008.3.14>

제3조【인지에 의한 국적 취득】 ① 대한민국의 국민이 아닌 자(이하 "외국인"이라 한다)로서 대한민국의 국민인 부 또는 모에 의하여 인지(認知)된 자가 다음 각 호의 요건을 모두 갖추면 법무부장관에게 신고함으로써 대한민국 국적을 취득할 수 있다.
1. 대한민국의 「민법」상 미성년일 것
2. 출생 당시에 부 또는 모가 대한민국의 국민이었을 것
② 제1항에 따라 신고한 자는 그 신고를 한 때에 대한민국 국적을 취득한다.
③ 제1항에 따른 신고 절차와 그 밖에 필요한 사항은 대통령령으로 정한다.
<전문개정 2008.3.14>

제4조(귀화에 의한 국적 취득) ① 대한민국 국적을 취득한 사실이 없는 외국인은 법무부장관의 귀화허가(歸化許可)를 받아 대한민국 국적을 취득할 수 있다.
② 법무부장관은 귀화허가 신청을 받으면 제5조부터 제7조까지의 귀화 요건을 갖추었는지를 심사한 후 그 요건을 갖춘 사람에게만 귀화를 허가한다. <개정 2017.12.19.>
③ 제1항에 따라 귀화허가를 받은 사람은 법무부장관 앞에서 국민선서를 하고 귀화증서를 수여받은 때에 대한민국 국적을 취득한다. 다만, 법무부장관은 연령, 신체적·정신적 장애 등으로 국민선서의 의미를 이해할 수 없거나 이해한 것을 표현할 수 없다고 인정되는 사람에게는 국민선서를 면제할 수 있다. <개정 2017.12.19.>
④ 법무부장관은 제3항 본문에 따른 국민선서를 받고 귀화증서를 수여하는 업무와 같은 항 단서에 따른 국민선서의 면제 업무를 대통령령으로 정하는 바에 따라 지방출입국·외국인관서의 장에게 대행하게 할 수 있다. <신설 2017.12.19.>
⑤ 제1항부터 제4항까지에 따른 신청절차, 심사, 국민선서 및 귀화증서 수여와 그 대행 등에 관하여 필요한 사항은 대통령령으로 정한다. <개정 2017.12.19.>
<전문개정 2008.3.14.>

제5조(일반귀화 요건) 외국인이 귀화허가를 받기 위해서는 제6조나 제7조에 해당하는 경우 외에는 다음 각 호의 요건을 갖추어야 한다. <개정 2017.12.19.>
1. 5년 이상 계속하여 대한민국에 주소가 있을 것
1의2. 대한민국에서 영주할 수 있는 체류자격을 가지고 있을 것
2. 대한민국의 「민법」상 성년일 것
3. 법령을 준수하는 등 법무부령으로 정하는 품행 단정의 요건을 갖출 것
4. 자신의 자산(資産)이나 기능(技能)에 의하거나 생계를 같이하는 가족에 의존하여 생계를 유지할 능력이 있을 것
5. 국어능력과 대한민국의 풍습에 대한 이해 등 대한민국 국민으로서의 기본 소양(素養)을 갖추고 있을 것
6. 귀화를 허가하는 것이 국가안전보장·질서유지 또는 공공복리를 해치지 아니한다고 법무부장관이 인정할 것
<전문개정 2008.3.14.>

제6조(간이귀화 요건) ① 다음 각 호의 어느 하나에 해당하는 외국인으로서 대한민국에 3년 이상 계속하여 주소가 있는 사람은 제5조제1호 및 제1호의2의 요건을 갖추지 아니하여도 귀화허가를 받을 수 있다. <개정 2017.12.19.>
1. 부 또는 모가 대한민국의 국민이었던 사람
2. 대한민국에서 출생한 사람으로서 부 또는 모가 대한민국에서 출생한 사람
3. 대한민국 국민의 양자(養子)로서 입양 당시 대한민국의 「민법」상 성년이었던 사람
② 배우자가 대한민국의 국민인 외국인으로서 다음 각 호의 어느 하나에 해당하는 사람은 제5조제1호 및 제1호의2의 요건을 갖추지 아니하여도 귀화

허가를 받을 수 있다. <개정 2017.12.19.>
1. 그 배우자와 혼인한 상태로 대한민국에 2년 이상 계속하여 주소가 있는 사람
2. 그 배우자와 혼인한 후 3년이 지나고 혼인한 상태로 대한민국에 1년 이상 계속하여 주소가 있는 사람
3. 제1호나 제2호의 기간을 채우지 못하였으나, 그 배우자와 혼인한 상태로 대한민국에 주소를 두고 있던 중 그 배우자의 사망이나 실종 또는 그 밖에 자신에게 책임이 없는 사유로 정상적인 혼인 생활을 할 수 없었던 사람으로서 제1호나 제2호의 잔여기간을 채웠고 법무부장관이 상당(相當)하다고 인정하는 사람
4. 제1호나 제2호의 요건을 충족하지 못하였으나, 그 배우자와의 혼인에 따라 출생한 미성년의 자(子)를 양육하고 있거나 양육하여야 할 사람으로서 제1호나 제2호의 기간을 채웠고 법무부장관이 상당하다고 인정하는 사람
<전문개정 2008.3.14.>

제7조(특별귀화 요건) ① 다음 각 호의 어느 하나에 해당하는 외국인으로서 대한민국에 주소가 있는 사람은 제5조제1호·제1호의2·제2호 또는 제4호의 요건을 갖추지 아니하여도 귀화허가를 받을 수 있다. <개정 2010.5.4., 2017.12.19.>
1. 부 또는 모가 대한민국의 국민인 사람. 다만, 양자로서 대한민국의 「민법」상 성년이 된 후에 입양된 사람은 제외한다.
2. 대한민국에 특별한 공로가 있는 사람
3. 과학·경제·문화·체육 등 특정 분야에서 매우 우수한 능력을 보유한 사람으로서 대한민국의 국익에 기여할 것으로 인정되는 사람
② 제1항제2호 및 제3호에 해당하는 사람을 정하는 기준 및 절차는 대통령령으로 정한다. <개정 2010.5.4., 2017.12.19.>
<전문개정 2008.3.14.>

제8조(수반 취득) ① 외국인의 자(子)로서 대한민국의 「민법」상 미성년인 사람은 부 또는 모가 귀화허가를 신청할 때 함께 국적 취득을 신청할 수 있다. <개정 2017.12.19.>
② 제1항에 따라 국적 취득을 신청한 사람은 부 또는 모가 대한민국 국적을 취득한 때에 함께 대한민국 국적을 취득한다. <개정 2017.12.19.>
③ 제1항에 따른 신청절차와 그 밖에 필요한 사항은 대통령령으로 정한다. <개정 2017.12.19.>
<전문개정 2008.3.14.>

제9조(국적회복에 의한 국적 취득) ① 대한민국의 국민이었던 외국인은 법무부장관의 국적회복허가(國籍回復許可)를 받아 대한민국 국적을 취득할 수 있다.
② 법무부장관은 국적회복허가 신청을 받으면 심사한 후 다음 각 호의 어느 하나에 해당하는 사람에게는 국적회복을 허가하지 아니한다. <개정 2017.12.19.>
1. 국가나 사회에 위해(危害)를 끼친 사실이 있는 사람
2. 품행이 단정하지 못한 사람
3. 병역을 기피할 목적으로 대한민국 국적을 상실하였거나 이탈하였던 사람
4. 국가안전보장·질서유지 또는 공공복리를 위하여 법무부장관이 국적회복을 허가하는 것이 적당하지 아니하다고 인정하는 사람
③ 제1항에 따라 국적회복허가를 받은 사람은 법무부장관 앞에서 국민선서를 하고 국적회복증서를 수여받은 때에 대한민국 국적을 취득한다. 다만, 법무부장관은 연령, 신체적·정신적 장애 등으로 국민선서의 의미를 이해할 수 없거나 이해한 것을 표현할 수 없다고 인정되는 사람에게는 국민선서를 면제할 수 있다. <개정 2017.12.19.>
④ 법무부장관은 제3항 본문에 따른 국민선서를 받고 국적회복증서를 수여하는 업무와 같은 항 단서에 따른 국민선서의 면제 업무를 대통령령으로 정하는 바에 따라 재외공관의 장 또는 지방출입국·외국인관서의 장에게 대행하게 할 수 있다. <신설 2017.12.19.>
⑤ 제1항부터 제4항까지에 따른 신청절차, 심사, 국민선서 및 국적회복증서 수여와 그 대행 등에 관하여 필요한 사항은 대통령령으로 정한다. <개정 2017.12.19.>
⑥ 국적회복허가에 따른 수반(隨伴) 취득에 관하여는 제8조를 준용(準用)한다. <개정 2017.12.19.>
<전문개정 2008.3.14.>

제10조【국적 취득자의 외국 국적 포기 의무】 ① 대한민국 국적을 취득한 외국인으로서 외국 국적을 가지고 있는 자는 대한민국 국적을 취득한 날부터 1년 내에 그 외국 국적을 포기하여야 한다. <개정 2010.5.4>
② 제1항에도 불구하고 다음 각 호의 어느 하나에 해당하는 자는 대한민국 국적을 취득한 날부터 1년 내에 외국 국적을 포기하거나 법무부장관이 정하는 바에 따라 대한민국에서 외국 국적을 행사하지 아니하겠다는 뜻을 법무부장관에게 서약하여야 한다. <신설 2010.5.4>
1. 귀화허가를 받은 때에 제6조제2항제1호·제2호 또는 제7조제1항제2호·제3호의 어느 하나에 해당하는 사유가 있는 자
2. 제9조에 따라 국적회복허가를 받은 자로서 제7조제1항제2호 또는 제3호에 해당한다고 법무부장관이 인정하는 자
3. 대한민국의 「민법」상 성년이 되기 전에 외국인에게 입양된 후 외국 국적을 취득하고 외국에서 계속 거주하다가 제9조에 따라 국적회복허가를 받은 자
4. 외국에서 거주하다가 영주할 목적으로 만 65세 이후에 입국하여 제9조에 따라 국적회복허가를 받은 자
5. 본인의 뜻에도 불구하고 외국의 법률 및 제도로 인하여 제1항을 이행하기 어려운 자로서 대통령령으로 정하는 자
③ 제1항 또는 제2항을 이행하지 아니한 자는 그 기간이 지난 때에 대한민국 국적을 상실(喪失)한

다. <개정 2010.5.4>
<전문개정 2008.3.14>

제11조【국적의 재취득】 ① 제10조제3항에 따라 대한민국 국적을 상실한 자가 그 후 1년 내에 그 외국 국적을 포기하면 법무부장관에게 신고함으로써 대한민국 국적을 재취득할 수 있다. <개정 2010.5.4>
② 제1항에 따라 신고한 자는 그 신고를 한 때에 대한민국 국적을 취득한다.
③ 제1항에 따른 신고 절차와 그 밖에 필요한 사항은 대통령령으로 정한다.
<전문개정 2008.3.14>

제11조의2【복수국적자의 법적 지위 등】 ① 출생이나 그 밖에 이 법에 따라 대한민국 국적과 외국 국적을 함께 가지게 된 사람으로서 대통령령으로 정하는 사람[이하 "복수국적자"(복수국적자)라 한다]는 대한민국의 법령 적용에서 대한민국 국민으로만 처우한다. <개정 2016.12.20>
② 복수국적자가 관계 법령에 따라 외국 국적을 보유한 상태에서 직무를 수행할 수 없는 분야에 종사하려는 경우에는 외국 국적을 포기하여야 한다.
③ 중앙행정기관의 장이 복수국적자를 외국인과 동일하게 처우하는 내용으로 법령을 제정 또는 개정하려는 경우에는 미리 법무부장관과 협의하여야 한다.
<본조신설 2010.5.4>

제12조【복수국적자의 국적선택의무】 ① 만 20세가 되기 전에 복수국적자가 된 자는 만 22세가 되기 전까지, 만 20세가 된 후에 복수국적자가 된 자는 그 때부터 2년 내에 제13조와 제14조에 따라 하나의 국적을 선택하여야 한다. 다만, 제10조제2항에 따라 법무부장관에게 대한민국에서 외국 국적을 행사하지 아니하겠다는 뜻을 서약한 복수국적자는 제외한다. <개정 2010.5.4>
② 제1항 본문에도 불구하고 「병역법」 제8조에 따라 병역준비역에 편입된 자는 편입된 때부터 3개월 이내에 하나의 국적을 선택하거나 제3항 각 호의 어느 하나에 해당하는 때부터 2년 이내에 하나의 국적을 선택하여야 한다. 다만, 제13조에 따라 대한민국 국적을 선택하려는 경우에는 제3항 각 호의 어느 하나에 해당하기 전에도 할 수 있다. <개정 2010.5.4, 2016.5.29>
③ 직계존속(直系尊屬)이 외국에서 영주(永住)할 목적 없이 체류한 상태에서 출생한 자는 병역의무의 이행과 관련하여 다음 각 호의 어느 하나에 해당하는 경우에만 제14조에 따른 국적이탈신고를 할 수 있다. <개정 2010.5.4., 2016.5.29., 2019.12.31.>
1. 현역·상근예비역·보충역 또는 대체역으로 복무를 마치거나 마친 것으로 보게 되는 경우
2. 전시근로역에 편입된 경우
3. 병역면제처분을 받은 경우

<전문개정 2008.3.14>
<제목개정 2010.5.4>

제13조【대한민국 국적의 선택 절차】 ① 복수국적자로서 제12조제1항 본문에 규정된 기간 내에 대한민국 국적을 선택하려는 자는 외국 국적을 포기하거나 법무부장관이 정하는 바에 따라 대한민국에서 외국 국적을 행사하지 아니하겠다는 뜻을 서약하고 법무부장관에게 대한민국 국적을 선택한다는 뜻을 신고할 수 있다. <개정 2010.5.4>
② 복수국적자로서 제12조제1항 본문에 규정된 기간 후에 대한민국 국적을 선택하려는 자는 외국 국적을 포기한 경우에만 법무부장관에게 대한민국 국적을 선택한다는 뜻을 신고할 수 있다. 다만, 제12조제3항제1호의 경우에 해당하는 자는 그 경우에 해당하는 때부터 2년 이내에는 제1항에서 정한 방식으로 대한민국 국적을 선택한다는 뜻을 신고할 수 있다. <신설 2010.5.4>
③ 제1항 및 제2항 단서에도 불구하고 출생 당시에 모가 자녀에게 외국 국적을 취득하게 할 목적으로 외국에서 체류 중이었던 사실이 인정되는 자는 외국 국적을 포기한 경우에만 대한민국 국적을 선택한다는 뜻을 신고할 수 있다. <신설 2010.5.4>
④ 제1항부터 제3항까지의 규정에 따른 신고의 수리(受理) 요건, 신고 절차, 그 밖에 필요한 사항은 대통령령으로 정한다. <개정 2010.5.4>
<전문개정 2008.3.14>

제14조【대한민국 국적의 이탈 요건 및 절차】 ① 복수국적자로서 외국 국적을 선택하려는 자는 외국에 주소가 있는 경우에만 주소지 관할 재외공관의 장을 거쳐 법무부장관에게 대한민국 국적을 이탈한다는 뜻을 신고할 수 있다. 다만, 제12조제2항 본문 또는 같은 조 제3항에 해당하는 자는 그 기간 이내에 또는 해당 사유가 발생한 때부터만 신고할 수 있다. <개정 2010.5.4>
② 제1항에 따라 국적 이탈의 신고를 한 자는 법무부장관이 신고를 수리한 때에 대한민국 국적을 상실한다. <개정 2010.5.4>
③ 제1항에 따른 신고 및 수리의 요건, 절차와 그 밖에 필요한 사항은 대통령령으로 정한다. <개정 2010.5.4>
<전문개정 2008.3.14>
<제목개정 2010.5.4>

제14조의2【대한민국 국적의 이탈에 관한 특례】 ① 제12조제2항 본문 및 제14조제1항 단서에도 불구하고 다음 각 호의 요건을 모두 충족하는 복수국적자는 「병역법」 제8조에 따라 병역준비역에 편입된 때부터 3개월 이내에 대한민국 국적을 이탈한다는 뜻을 신고하지 못한 경우 법무부장관에게 대한민국 국적의 이탈 허가를 신청할 수 있다.
1. 다음 각 목의 어느 하나에 해당하는 사람일 것
   가. 외국에서 출생한 사람(직계존속이 외국에서 영주할 목적 없이 체류한 상태에서 출생한 사람은 제외한다)으로서 출생 이후 계속하여 외국에 주된 생활의 근거를 두고 있는 사람
   나. 6세 미만의 아동일 때 외국으로 이주한 이후 계속하여 외국에 주된 생활의 근거를 두고

있는 사람
2. 제12조제2항 본문 및 제14조제1항 단서에 따라 병역준비역에 편입된 때부터 3개월 이내에 국적이탈을 신고하지 못한 정당한 사유가 있을 것
② 법무부장관은 제1항에 따른 허가를 할 때 다음 각 호의 사항을 고려하여야 한다.
1. 복수국적자의 출생지 및 복수국적 취득경위
2. 복수국적자의 주소지 및 주된 거주지가 외국인지 여부
3. 대한민국 입국 횟수 및 체류 목적·기간
4. 대한민국 국민만이 누릴 수 있는 권리를 행사하였는지 여부
5. 복수국적으로 인하여 외국에서의 직업 선택에 상당한 제한이 있거나 이에 준하는 불이익이 있는지 여부
6. 병역의무 이행의 공평성과 조화되는지 여부
③ 제1항에 따른 허가 신청은 외국에 주소가 있는 복수국적자가 해당 주소지 관할 재외공관의 장을 거쳐 법무부장관에게 하여야 한다.
④ 제1항 및 제3항에 따라 국적의 이탈 허가를 신청한 사람은 법무부장관이 허가한 때에 대한민국 국적을 상실한다.
⑤ 제1항부터 제4항까지의 규정에 따른 신청자의 세부적인 자격기준, 허가 시의 구체적인 고려사항, 신청 및 허가 절차 등 필요한 사항은 대통령령으로 정한다.
<본조신설 2022. 9. 15.>
[종전 제14조의2는 제14조의3으로 이동 <2022. 9. 15.>]

제14조의3【복수국적자에 대한 국적선택명령】 ① 법무부장관은 복수국적자로서 제12조제1항 또는 제2항에서 정한 기간 내에 국적을 선택하지 아니한 자에게 1년 내에 하나의 국적을 선택할 것을 명하여야 한다.
② 법무부장관은 복수국적자로서 제10조제2항, 제13조제1항 또는 같은 조 제2항 단서에 따라 대한민국에서 외국 국적을 행사하지 아니하겠다는 뜻을 서약한 자가 그 뜻에 현저히 반하는 행위를 한 경우에는 6개월 내에 하나의 국적을 선택할 것을 명할 수 있다.
③ 제1항 또는 제2항에 따라 국적선택의 명령을 받은 자가 대한민국 국적을 선택하려면 외국 국적을 포기하여야 한다.
④ 제1항 또는 제2항에 따라 국적선택의 명령을 받고도 이를 따르지 아니한 자는 그 기간이 지난 때에 대한민국 국적을 상실한다.
⑤ 제1항 및 제2항에 따른 국적선택의 절차와 제2항에 따른 서약에 현저히 반하는 행위 유형은 대통령령으로 정한다.
<본조신설 2010. 5. 4.>
[제14조의2에서 이동, 종전 제14조의3은 제14조의4로 이동 <2022. 9. 15.>]

제14조의4【대한민국 국적의 상실결정】 ① 법무부장관은 복수국적자가 다음 각 호의 어느 하나의 사유에 해당하여 대한민국의 국적을 보유함이 현저히 부적합하다고 인정하는 경우에는 청문을 거쳐 대한민국 국적의 상실을 결정할 수 있다. 다만, 출생에 의하여 대한민국 국적을 취득한 자는 제외한다.
1. 국가안보, 외교관계 및 국민경제 등에 있어서 대한민국의 국익에 반하는 행위를 하는 경우
2. 대한민국의 사회질서 유지에 상당한 지장을 초래하는 행위로서 대통령령으로 정하는 경우
② 제1항에 따른 결정을 받은 자는 그 결정을 받은 때에 대한민국 국적을 상실한다.
<본조신설 2010. 5. 4.>
[제14조의3에서 이동, 종전 제14조의4는 제14조의5로 이동 <2022. 9. 15.>]

제14조의5【복수국적자에 관한 통보의무 등】 ① 공무원이 그 직무상 복수국적자를 발견하면 지체 없이 법무부장관에게 그 사실을 통보하여야 한다.
② 공무원이 그 직무상 복수국적자 여부를 확인할 필요가 있는 경우에는 당사자에게 질문을 하거나 필요한 자료의 제출을 요청할 수 있다.
③ 제1항에 따른 통보 절차는 대통령령으로 정한다.
<본조신설 2010. 5. 4.>
[제14조의4에서 이동 <2022. 9. 15.>]

제15조【외국 국적 취득에 따른 국적 상실】
① 대한민국의 국민으로서 자진하여 외국 국적을 취득한 자는 그 외국 국적을 취득한 때에 대한민국 국적을 상실한다.
② 대한민국의 국민으로서 다음 각 호의 어느 하나에 해당하는 자는 그 외국 국적을 취득한 때부터 6개월 내에 법무부장관에게 대한민국 국적을 보유할 의사가 있다는 뜻을 신고하지 아니하면 그 외국 국적을 취득한 때로 소급(遡及)하여 대한민국 국적을 상실한 것으로 본다.
1. 외국인과의 혼인으로 그 배우자의 국적을 취득하게 된 자
2. 외국인에게 입양되어 그 양부 또는 양모의 국적을 취득하게 된 자
3. 외국인인 부 또는 모에게 인지되어 그 부 또는 모의 국적을 취득하게 된 자
4. 외국 국적을 취득하여 대한민국 국적을 상실하게 된 자의 배우자나 미성년의 자(子)로서 그 외국의 법률에 따라 함께 그 외국 국적을 취득하게 된 자
③ 외국 국적을 취득함으로써 대한민국 국적을 상실하게 된 자에 대하여 그 외국 국적의 취득일을 알 수 없으면 그가 사용하는 외국 여권의 최초 발급일에 그 외국 국적을 취득한 것으로 추정한다.
④ 제2항에 따른 신고 절차와 그 밖에 필요한 사항은 대통령령으로 정한다.
<전문개정 2008.3.14>

제16조【국적상실자의 처리】 ① 대한민국 국적을 상실한 자(제14조에 따른 국적이탈의 신고를 한 자는 제외한다)는 법무부장관에게 국적상실신

고를 하여야 한다.
② 공무원이 그 직무상 대한민국 국적을 상실한 자를 발견하면 지체 없이 법무부장관에게 그 사실을 통보하여야 한다.
③ 법무부장관은 그 직무상 대한민국 국적을 상실한 자를 발견하거나 제1항이나 제2항에 따라 국적상실의 신고나 통보를 받으면 가족관계등록 관서와 주민등록 관서에 통보하여야 한다.
④ 제1항부터 제3항까지의 규정에 따른 신고 및 통보의 절차와 그 밖에 필요한 사항은 대통령령으로 정한다.
<전문개정 2008.3.14>

제17조【관보 고시】 ① 법무부장관은 대한민국 국적의 취득과 상실에 관한 사항이 발생하면 그 뜻을 관보에 고시(告示)하여야 한다.
② 제1항에 따라 관보에 고시할 사항은 대통령령으로 정한다.
<전문개정 2008.3.14>

제18조【국적상실자의 권리 변동】 ① 대한민국 국적을 상실한 자는 국적을 상실한 때부터 대한민국의 국민만이 누릴 수 있는 권리를 누릴 수 없다.
② 제1항에 해당하는 권리 중 대한민국의 국민이었을 때 취득한 것으로서 양도(讓渡)할 수 있는 것은 그 권리와 관련된 법령에서 따로 정한 바가 없으면 3년 내에 대한민국의 국민에게 양도하여야 한다.
<전문개정 2008.3.14>

제19조【법정대리인이 하는 신고 등】 이 법에 규정된 신청이나 신고와 관련하여 그 신청이나 신고를 하려는 자가 15세 미만이면 법정대리인이 대신하여 이를 행한다.
<전문개정 2008.3.14>

제20조【국적 판정】 ① 법무부장관은 대한민국 국적의 취득이나 보유 여부가 분명하지 아니한 자에 대하여 이를 심사한 후 판정할 수 있다.
② 제1항에 따른 심사 및 판정의 절차와 그 밖에 필요한 사항은 대통령령으로 정한다.
<전문개정 2008.3.14>

제21조【허가 등의 취소】 ① 법무부장관은 거짓이나 그 밖의 부정한 방법으로 귀화허가, 국적회복허가, 국적의 이탈 허가 또는 국적보유판정을 받은 자에 대하여 그 허가 또는 판정을 취소할 수 있다. <개정 2022. 9. 15.>
② 제1항에 따른 취소의 기준·절차와 그 밖에 필요한 사항은 대통령령으로 정한다.
<본조신설 2008.3.14.>

제21조의2【수수료】 ① 이 법에 따른 허가신청, 신고 및 증명서 등의 발급을 받으려는 사람은 법무부령으로 정하는 바에 따라 수수료를 납부하여야 한다.
② 제1항에 따른 수수료는 정당한 사유가 있는 경우 이를 감액하거나 면제할 수 있다.
③ 제1항에 따른 수수료의 금액 및 제2항에 따른 수수료의 감액·면제 기준 등에 필요한 사항은 법무부령으로 정한다.
<본조신설 2018.9.18.>
[종전 제21조의2는 제21조의3으로 이동 <2018. 9. 18.>]

제21조의3【관계 기관 등의 협조】 ① 법무부장관은 국적업무 수행에 필요하면 관계 기관의 장이나 관련 단체의 장에게 자료 제출, 사실 조사, 신원 조회, 의견 제출 등의 협조를 요청할 수 있다.
② 법무부장관은 국적업무를 수행하기 위하여 관계 기관의 장에게 다음 각 호의 정보 제공을 요청할 수 있다.
1. 범죄경력정보
2. 수사경력정보
3. 외국인의 범죄처분결과정보
4. 여권발급정보
5. 주민등록정보
6. 가족관계등록정보
7. 병적기록 등 병역관계정보
8. 납세증명서
③ 제1항 및 제2항에 따른 협조 요청 또는 정보 제공 요청을 받은 관계 기관의 장이나 관련 단체의 장은 정당한 사유가 없으면 요청에 따라야 한다.
<본조신설 2017.12.19.>
[제21조의2에서 이동 <2018.9.18.>]

제22조【국적심의위원회】 ① 국적에 관한 다음 각 호의 사항을 심의하기 위하여 법무부장관 소속으로 국적심의위원회(이하 "위원회"라 한다)를 둔다.
1. 제7조제1항제3호에 해당하는 특별귀화 허가에 관한 사항
2. 제14조의2에 따른 대한민국 국적의 이탈 허가에 관한 사항
3. 제14조의4에 따른 대한민국 국적의 상실 결정에 관한 사항
4. 그 밖에 국적업무와 관련하여 법무부장관이 심의를 요청하는 사항
② 법무부장관은 제1항제1호부터 제3호까지의 허가 또는 결정 전에 위원회의 심의를 거쳐야 한다. 다만, 요건을 충족하지 못하는 것이 명백한 경우 등 대통령령으로 정하는 사항은 그러하지 아니하다.
③ 위원회는 제1항 각 호의 사항을 효과적으로 심의하기 위하여 필요하다고 인정하는 경우 관계 행정기관의 장에게 자료의 제출 또는 의견의 제시를 요청하거나 관계인을 출석시켜 의견을 들을 수 있다.
<본조신설 2022. 9. 15.>
[종전 제22조는 제26조로 이동 <2022. 9. 15.>]

제23조【위원회의 구성 및 운영】 ① 위원회는 위원장 1명을 포함하여 30명 이내의 위원으로 구성한다.
② 위원장은 법무부차관으로 하고, 위원은 다음 각 호의 사람으로 한다.
1. 법무부 소속 고위공무원단에 속하는 공무원으로

서 법무부장관이 지명하는 사람 1명
2. 대통령령으로 정하는 관계 행정기관의 국장급 또는 이에 상당하는 공무원 중에서 법무부장관이 지명하는 사람
3. 국적 업무와 관련하여 학식과 경험이 풍부한 사람으로서 법무부장관이 위촉하는 사람
③ 제2항제3호에 따른 위촉위원의 임기는 2년으로 하며, 한 번만 연임할 수 있다. 다만, 위원의 임기 중 결원이 생겨 새로 위촉하는 위원의 임기는 전임위원 임기의 남은 기간으로 한다.
④ 위원회의 회의는 제22조제1항의 안건별로 위원장이 지명하는 10명 이상 15명 이내의 위원이 참석하되, 제2항제3호에 따른 위촉위원이 과반수가 되도록 하여야 한다.
⑤ 위원회의 회의는 위원장 및 제4항에 따라 지명된 위원의 과반수의 출석으로 개의하고 출석위원 과반수의 찬성으로 의결한다.
⑥ 위원회의 사무를 처리하기 위하여 간사 1명을 두되, 간사는 위원장이 지명하는 일반직공무원으로 한다.
⑦ 위원회의 업무를 효율적으로 수행하기 위하여 위원회에 분야별로 분과위원회를 둘 수 있다.
⑧ 제1항부터 제7항까지의 규정에서 정하는 사항 외에 위원회의 구성 및 운영에 필요한 사항은 대통령령으로 정한다.
<본조신설 2022. 9. 15.>

제24조【수수료】

제24조() ① 이 법에 따른 허가신청, 신고 및 증명서 등의 발급을 받으려는 사람은 법무부령으로 정하는 바에 따라 수수료를 납부하여야 한다.
② 제1항에 따른 수수료는 정당한 사유가 있는 경우 이를 감액하거나 면제할 수 있다.
③ 제1항에 따른 수수료의 금액 및 제2항에 따른 수수료의 감액·면제 기준 등에 필요한 사항은 법무부령으로 정한다.
<본조신설 2018. 9. 18.>
[제21조의2에서 이동 <2022. 9. 15.>]

제25조【관계 기관 등의 협조】

제25조() ① 법무부장관은 국적업무 수행에 필요하면 관계 기관의 장이나 관련 단체의 장에게 자료제출, 사실 조사, 신원 조회, 의견 제출 등의 협조를 요청할 수 있다.
② 법무부장관은 국적업무를 수행하기 위하여 관계 기관의 장에게 다음 각 호의 정보 제공을 요청할 수 있다.
1. 범죄경력정보
2. 수사경력정보
3. 외국인의 범죄처분결과정보
4. 여권발급정보
5. 주민등록정보
6. 가족관계등록정보
7. 병적기록 등 병역관계정보
8. 납세증명서
③ 제1항 및 제2항에 따른 협조 요청 또는 정보 제공 요청을 받은 관계 기관의 장이나 관련 단체의 장은 정당한 사유가 없으면 요청에 따라야 한다.
<본조신설 2017. 12. 19.>
[제21조의3에서 이동 <2022. 9. 15.>]

제26조【권한의 위임】

제26조() 이 법에 따른 법무부장관의 권한은 대통령령으로 정하는 바에 따라 그 일부를 지방출입국·외국인관서의 장에게 위임할 수 있다. <개정 2014. 3. 18.>
<본조신설 2010. 5. 4.>
[제22조에서 이동 <2022. 9. 15.>]

제27조【벌칙 적용에서의 공무원 의제】

제27조() 위원회의 위원 중 공무원이 아닌 사람은 「형법」 제127조 및 제129조부터 제132조까지의 규정을 적용할 때에는 공무원으로 본다.
<본조신설 2022. 9. 15.>

부 칙(1997. 12. 13.)

제1조【시행일】 이 법은 공포 후 6월이 경과한 날부터 시행한다.
제2조부터 **제8조**까지 생략

부 칙 <중 략>

부 칙(2022. 9. 15.)

제1조【시행일】 이 법은 2022년 10월 1일부터 시행한다.
제2조부터 **제3조**까지 생략

교통사고처리 특례법

[1981년 12월 31일
법 률 제3490호 제정]

개정
1984. 8. 4법3744호(도로교통법)
1993. 6.11법4548호
1995. 1. 5.법4872호(도로교통법)
1996. 8.14법5157호
1997. 8.30법5408호(화물자동차운수사업법)
2003. 5.29법6891호(보험업법)
2005. 5.31법7545호(도로교통법)
2007.12.21법8718호
2008. 3.21법8979호(화물자동차운수사업법)
2010. 1.25법9941호
2011. 4.12법10575호
2011. 6. 8법10790호(도로교통법)
2016. 1.27법13829호(도로교통법)
2016.12. 2법14277호

제1조【목 적】 이 법은 업무상과실(業務上過失) 또는 중대한 과실로 교통사고를 일으킨 운전자에 관한 형사처벌 등의 특례를 정함으로써 교통사고로 인한 피해의 신속한 회복을 촉진하고 국민생활의 편익을 증진함을 목적으로 한다. <개정 2011.4.12>

제2조【정 의】 이 법에서 사용하는 용어의 뜻은 다음과 같다. <개정 1984.8.4, 1993.6.11, 1996.8.14, 2005.5.31, 2010.1.25, 2011.4.12>

1. "차"란 「도로교통법」 제2조제17호가목에 따른 차(車)와 「건설기계관리법」 제2조제1항제1호에 따른 건설기계를 말한다.
2. "교통사고"란 차의 교통으로 인하여 사람을 사상(死傷)하거나 물건을 손괴(損壞)하는 것을 말한다.

제3조【처벌의 특례】 ① 차의 운전자가 교통사고로 인하여 「형법」 제268조의 죄를 범한 때에는 5년 이하의 금고 또는 2천만원 이하의 벌금에 처한다. <개정 1984.8.4, 1993.6.11, 1996.8.14, 2010.1.25>

② 차의 교통으로 제1항의 죄중 업무상과실치상죄 또는 중과실치상죄와 「도로교통법」 제151조의 죄를 범한 운전자에 대하여는 피해자의 명시한 의사에 반하여 공소를 제기할 수 없다. 다만, 차의 운전자가 제1항의 죄중 업무상과실치상죄 또는 중과실치상죄를 범하고 피해자를 구호하는 등 「도로교통법」 제54조제1항의 규정에 의한 조치를 하지 아니하고 도주 하거나 피해자를 사고장소로부터 옮겨 유기하고 도주한 때, 같은 죄를 범하고 「도로교통법」 제44조제2항을 위반하여 음주측정요구에 불응(운전자가 채혈측정을 요청하거나 동의한 때에는 제외한다)한 때와 다음 각호의 1에 해당하는 행위로 인하여 동죄를 범한 때에는 그러하지 아니하다. <개정 1984.8.4, 1993.6.11, 1995.1.5, 1996.8.14, 2005.5.31, 2007.12.21, 2010.1.25, 2016.1.27, 2016.12.2>

1. 「도로교통법」 제5조의 규정에 의한 신호기 또는 교통정리를 하는 경찰공무원등의 신호나 통행의 금지 또는 일시정지를 내용으로 하는 안전표지가 표시하는 지시에 위반하여 운전한 경우
2. 「도로교통법」 제13조제3항의 규정에 위반하여 중앙선을 침범하거나 동법 제62조의 규정에 위반하여 횡단·유턴 또는 후진한 경우
3. 「도로교통법」 제17조제1항 또는 제2항의 규정에 의한 제한속도를 매시 20킬로미터를 초과하여 운전한 경우
4. 「도로교통법」 제21조제1항·제22조·제23조 또는 제60조제2항의 규정에 의한 앞지르기의 방법·금지시기·금지장소 또는 끼어들기의 금지에 위반하여 운전한 경우
5. 「도로교통법」 제24조의 규정에 의한 건널목 통과방법을 위반하여 운전한 경우
6. 「도로교통법」 제27조제1항의 규정에 의한 횡단보도에서의 보행자보호의무를 위반하여 운전한 경우
7. 「도로교통법」 제43조제1항, 「건설기계관리법」 제26조 또는 「도로교통법」 제96조의 규정에 위반하여 운전면허 또는 건설기계조종사면허를 받지 아니하거나 국제운전면허증을 소지하지 아니하고 운전한 경우. 이 경우 운전면허 또는 건설기계조종사면허의 효력이 정지중에 있거나 운전의 금지중에 있는 때에는 운전면허 또는 건설기계조종사면허를 받지 아니하거나 국제운전면허증을 소지하지 아니한 것으로 본다.
8. 「도로교통법」 제44조제1항의 규정에 위반하여 주취중에 운전을 하거나 동법 제45조의 규정에 위반하여 약물의 영향으로 정상한 운전을 하지 못할 염려가 있는 상태에서 운전한 경우
9. 「도로교통법」 제13조제1항의 규정에 위반하여 보도가 설치된 도로의 보도를 침범하거나 동법 제13조제2항의 규정에 의한 보도횡단방법에 위반하여 운전한 경우
10. 「도로교통법」 제39조제3항의 규정에 의한 승객의 추락방지의무를 위반하여 운전한 경우
11. 「도로교통법」 제12조제3항에 따른 어린이 보호구역에서 같은 조 제1항에 따른 조치를 준수하고 어린이의 안전에 유의하면서 운전하여야 할 의무를 위반하여 어린이의 신체를 상해에 이르게 한 경우
12. 「도로교통법」 제39조제4항을 위반하여 자동차의 화물이 떨어지지 아니하도록 필요한 조치를 하지 아니하고 운전한 경우

제4조【보험등에 가입된 경우의 특례】 ① 교통사고를 일으킨 차가 「보험업법」 제4조 및 제126조부터 제128조까지, 「여객자동차 운수사업법」 제60조·제61조 또는 「화물자동차 운수사업법」 제51조에 따라 보험 또는 공제에 가입된 경우에는 제3조제2항 본문에 규정된 죄를 범한 당해 차의 운전

자에 대하여 공소를 제기할 수 없다. 다만, 다음 각 호의 어느 하나에 해당하는 경우에는 그러하지 아니하다. <개정 1984.8.4, 1997.8.30, 2003. 5.29, 2008.3.21, 2010.1.25>

1. 제3조제2항 단서에 해당하는 경우
2. 피해자가 신체의 상해로 인하여 생명에 대한 위험이 발생하거나 불구(不具) 또는 불치(不治)나 난치(難治)의 질병에 이르게 된 경우
3. 보험계약 또는 공제계약이 무효 또는 해지되거나 계약상의 면책규정 등으로 인하여 보험회사, 공제조합 또는 공제사업자의 보험금 또는 공제금 지급의무가 없게 된 경우

② 제1항에서 "보험 또는 공제"라 함은 교통사고의 경우 「보험업법」에 따른 보험회사나 「여객자동차 운수사업법」 또는 「화물자동차 운수사업법」에 따른 공제조합 또는 공제사업자가 인가된 보험약관 또는 승인된 공제약관에 의하여 피보험자 또는 공제조합원과 피해자간의 손해배상에 관한 합의 여부에 불구하고 피보험자 또는 공제조합원에 갈음하여 피해자의 치료비에 관하여는 통상비용의 전액을, 기타의 손해에 관하여는 보험약관 또는 공제약관에서 정한 지급기준금액을 대통령령이 정하는 바에 의하여 우선 지급하되, 종국적으로는 확정판결 기타 이에 준하는 채무명의상 피보험자 또는 공제조합원의 교통사고로 인한 손해배상금 전액을 보상하는 보험 또는 공제를 말한다. <개정 1997. 8.30, 2010.1.25>

③ 제1항의 보험 또는 공제에 가입된 사실은 보험회사, 공제조합 또는 공제사업자가 제2항의 취지를 기재한 서면에 의하여 증명되어야 한다. <개정 2010.1.25>

제5조【벌 칙】 ① 보험회사, 공제조합 또는 공제사업자의 사무를 처리하는 사람이 제4조제3항의 서면을 거짓으로 작성한 경우에는 3년 이하의 징역 또는 1천만원 이하의 벌금에 처한다. <개정 1996.8.14, 2010.1.25,2011.4.12>

② 제1항의 거짓으로 작성된 문서를 그 정황을 알고 행사한 사람도 제1항의 형과 같은 형에 처한다. <개정2011.4.12>

③ 보험회사, 공제조합 또는 공제사업자가 정당한 사유없이 제4조제3항의 서면을 발급하지 아니한 경우에는 1년 이하의 징역 또는 300만원 이하의 벌금에 처한다. <개정 1996.8.14, 2010.1.25., 2011. 4.12.>

제6조【양벌규정】 법인의 대표자, 대리인, 사용인, 그 밖의 종업원이 그 법인의 업무에 관하여 제5조의 위반행위를 하면 그 행위자를 벌하는 외에 그 법인에도 해당 조문의 벌금형을 과(科)한다. 다만, 법인이 그 위반행위를 방지하기 위하여 해당 업무에 관하여 상당한 주의와 감독을 게을리하지 아니한 경우에는 그러하지 아니하다.

<전문개정 2010.1.25>

부 칙 (1981.12.31)

①(시행일) 이 법은 1982년 1월 1일부터 시행한다. 다만, 제4조 내지 제6조의 규정은 이 법 공포일로부터 6월이내의 범위안에서 대통령령으로 정하는 날로부터 시행한다.

②(적용례) 이 법 시행전에 형법 제268조의 죄를 범한 제차의 운전자에 대하여는 종전의 규정에 의한다.

부 칙 <중략>

부 칙 (2016.12.2)

제1조【시행일】 이 법은 공포 후 1년이 경과한 날부터 시행한다.

제2조【적용례】 제3조제2항의 개정규정은 이 법 시행 후 최초로 발생한 교통사고부터 적용한다.

국민의 형사재판 참여에 관한 법률

[2008년 1월 1일 법률 제8495호 제정]

개정
2010. 4.15법10258호(성폭력범죄의 처벌 등에 관한 특례법)
2012. 1.17법11155호
2013. 3.23법11690호(정부조직법)
2014.11.19법12844호(정부조직법) 2016. 1.19법13762호
2016. 5.29법14184호(향토예비군설치법)
2017. 7.26법14839호(정부조직법)

제1장 총 칙

제1조【목적】 이 법은 사법의 민주적 정당성과 신뢰를 높이기 위하여 국민이 형사재판에 참여하는 제도를 시행함에 있어서 참여에 따른 권한과 책임을 명확히 하고, 재판절차의 특례와 그 밖에 필요한 사항에 관하여 규정함을 목적으로 한다.

제2조【정의】 이 법에서 사용하는 용어의 정의는 다음과 같다.
1. “배심원”이란 이 법에 따라 형사재판에 참여하도록 선정된 사람을 말한다.
2. “국민참여재판”이란 배심원이 참여하는 형사재판을 말한다.

제3조【국민의 권리와 의무】 ① 누구든지 이 법으로 정하는 바에 따라 국민참여재판을 받을 권리를 가진다.
② 대한민국 국민은 이 법으로 정하는 바에 따라 국민참여재판에 참여할 권리와 의무를 가진다.

제4조【다른 법령과의 관계】 국민참여재판에 관하여 이 법에 특별한 규정이 없는 때에는 「법원조직법」·「형사소송법」 등 다른 법령을 적용한다.

제2장 대상사건 및 관할

제5조【대상사건】 ① 다음 각 호에 정하는 사건을 국민참여재판의 대상사건(이하 “대상사건”이라 한다)으로 한다. <개정 2012.1.17>
1. 「법원조직법」 제32조제1항(제2호 및 제5호는 제외한다)에 따른 합의부 관할 사건
2. 제1호에 해당하는 사건의 미수죄·교사죄·방조죄·예비죄·음모죄에 해당하는 사건
3. 제1호 또는 제2호에 해당하는 사건과 「형사소송법」 제11조에 따른 관련 사건으로서 병합하여 심리하는 사건
② 피고인이 국민참여재판을 원하지 아니하거나 제9조제1항에 따른 배제결정이 있는 경우는 국민참여재판을 하지 아니한다.

제6조【공소사실의 변경 등】 ① 법원은 공소사실의 일부 철회 또는 변경으로 인하여 대상사건에 해당하지 아니하게 된 경우에도 이 법에 따른 재판을 계속 진행한다. 다만, 법원은 심리의 상황이나 그 밖의 사정을 고려하여 국민참여재판으로 진행하는 것이 적당하지 아니하다고 인정하는 때에는 결정으로 당해 사건을 지방법원 본원 합의부가 국민참여재판에 의하지 아니하고 심판하게 할 수 있다.
② 제1항 단서의 결정에 대하여는 불복할 수 없다.
③ 제1항 단서의 결정이 있는 경우에는 당해 재판에 참여한 배심원과 예비배심원은 해임된 것으로 본다.
④ 제1항 단서의 결정 전에 행한 소송행위는 그 결정 이후에도 그 효력에 영향이 없다.

제7조【필요적 국선변호】 이 법에 따른 국민참여재판에 관하여 변호인이 없는 때에는 법원은 직권으로 변호인을 선정하여야 한다.

제8조【피고인 의사의 확인】 ① 법원은 대상사건의 피고인에 대하여 국민참여재판을 원하는지 여부에 관한 의사를 서면 등의 방법으로 반드시 확인하여야 한다. 이 경우 피고인 의사의 구체적인 확인 방법은 대법원규칙으로 정하되, 피고인의 국민참여재판을 받을 권리가 최대한 보장되도록 하여야 한다.
② 피고인은 공소장 부본을 송달받은 날부터 7일 이내에 국민참여재판을 원하는지 여부에 관한 의사가 기재된 서면을 제출하여야 한다. 이 경우 피고인이 서면을 우편으로 발송한 때, 교도소 또는 구치소에 있는 피고인이 서면을 교도소장·구치소장 또는 그 직무를 대리하는 자에게 제출한 때에 법원에 제출한 것으로 본다.
③ 피고인이 제2항의 서면을 제출하지 아니한 때에는 국민참여재판을 원하지 아니하는 것으로 본다.
④ 피고인은 제9조제1항의 배제결정 또는 제10조제1항의 회부결정이 있거나 공판준비기일이 종결되거나 제1회 공판기일이 열린 이후에는 종전의 의사를 바꿀 수 없다.

제9조【배제결정】 ① 법원은 공소제기 후부터 공판준비기일이 종결된 다음날까지 다음 각 호의 어느 하나에 해당하는 경우 국민참여재판을 하지 아니하기로 하는 결정을 할 수 있다. <개정 2012.1.17>
1. 배심원·예비배심원·배심원후보자 또는 그 친족의 생명·신체·재산에 대한 침해 또는 침해의 우려가 있어서 출석의 어려움이 있거나 이 법에 따른 직무를 공정하게 수행하지 못할 염려가 있다고 인정되는 경우
2. 공범 관계에 있는 피고인들 중 일부가 국민참여재판을 원하지 아니하여 국민참여재판의 진행에 어려움이 있다고 인정되는 경우
3. 「성폭력범죄의 처벌 등에 관한 특례법」 제2조의 범죄로 인한 피해자(이하 "성폭력범죄 피해자"라 한다) 또는 법정대리인이 국민참여재판을 원하지 아니하는 경우
4. 그 밖에 국민참여재판으로 진행하는 것이 적절하지 아니하다고 인정되는 경우

② 법원은 제1항의 결정을 하기 전에 검사·피고인 또는 변호인의 의견을 들어야 한다.
③ 제1항의 결정에 대하여는 즉시항고를 할 수 있다.

제10조【지방법원 지원 관할 사건의 특례】 ① 제8조에 따라 피고인이 국민참여재판을 원하는 의사를 표시한 경우 지방법원 지원 합의부가 제9조제1항의 배제결정을 하지 아니하는 경우에는 국민참여재판절차 회부결정을 하여 사건을 지방법원 본원 합의부로 이송하여야 한다.
② 지방법원 지원 합의부가 심판권을 가지는 사건 중 지방법원 지원 합의부가 제1항의 회부결정을 한 사건에 대하여는 지방법원 본원 합의부가 관할권을 가진다.

제11조【통상절차 회부】 ① 법원은 피고인의 질병 등으로 공판절차가 장기간 정지되거나 피고인에 대한 구속기간의 만료, 성폭력범죄 피해자의 보호, 그 밖에 심리의 제반 사정에 비추어 국민참여재판을 계속 진행하는 것이 부적절하다고 인정하는 경우에는 직권 또는 검사·피고인·변호인이나 성폭력범죄 피해자 또는 법정대리인의 신청에 따라 결정으로 사건을 지방법원 본원 합의부가 국민참여재판에 의하지 아니하고 심판하게 할 수 있다. <개정 2012.1.17>
② 법원은 제1항의 결정을 하기 전에 검사·피고인 또는 변호인의 의견을 들어야 한다.
③ 제1항의 결정에 대하여는 불복할 수 없다.
④ 제1항의 결정이 있는 경우에는 제6조제3항 및 제4항을 준용한다.

제3장 배심원

제1절 총 칙

제12조【배심원의 권한과 의무】 ① 배심원은 국민참여재판을 하는 사건에 관하여 사실의 인정, 법령의 적용 및 형의 양정에 관한 의견을 제시할 권한이 있다.
② 배심원은 법령을 준수하고 독립하여 성실히 직무를 수행하여야 한다.
③ 배심원은 직무상 알게 된 비밀을 누설하거나 재판의 공정을 해하는 행위를 하여서는 아니 된다.

제13조【배심원의 수】 ① 법정형이 사형·무기징역 또는 무기금고에 해당하는 대상사건에 대한 국민참여재판에는 9인의 배심원이 참여하고, 그 외의 대상사건에 대한 국민참여재판에는 7인의 배심원이 참여한다. 다만, 법원은 피고인 또는 변호인이 공판준비절차에서 공소사실의 주요내용을 인정한 때에는 5인의 배심원이 참여하게 할 수 있다.
② 법원은 사건의 내용에 비추어 특별한 사정이 있다고 인정되고 검사·피고인 또는 변호인의 동의가 있는 경우에 한하여 결정으로 배심원의 수를 7인과 9인 중에서 제1항과 달리 정할 수 있다.

제14조【예비배심원】 ① 법원은 배심원의 결원 등에 대비하여 5인 이내의 예비배심원을 둘 수 있다.
② 이 법에서 정하는 배심원에 대한 사항은 그 성질에 반하지 아니하는 한 예비배심원에 대하여 준용한다.

제15조【여비·일당 등】 대법원규칙이 정하는 바에 따라 배심원·예비배심원 및 배심원후보자에게 여비·일당 등을 지급한다.

제2절 배심원의 자격

제16조【배심원의 자격】 배심원은 만 20세 이상의 대한민국 국민 중에서 이 법으로 정하는 바에 따라 선정된다.

제17조【결격사유】 다음 각 호의 어느 하나에 해당하는 사람은 배심원으로 선정될 수 없다. <개정 2016.1.19>
1. 피성년후견인 또는 피한정후견인
2. 파산자로서 복권되지 아니한 사람
3. 금고 이상의 실형을 선고받고 그 집행이 종료(종료된 것으로 보는 경우를 포함한다)되거나 집행이 면제된 후 5년을 경과하지 아니한 사람
4. 금고 이상의 형의 집행유예를 선고받고 그 기간이 완료된 날부터 2년을 경과하지 아니한 사람
5. 금고 이상의 형의 선고유예를 받고 그 선고유예기간 중에 있는 사람
6. 법원의 판결에 의하여 자격이 상실 또는 정지된 사람

제18조【직업 등에 따른 제외사유】 다음 각 호의 어느 하나에 해당하는 사람을 배심원으로 선정하여서는 아니 된다. <개정 2016.5.29>
1. 대통령
2. 국회의원·지방자치단체의 장 및 지방의회의원
3. 입법부·사법부·행정부·헌법재판소·중앙선거관리위원회·감사원의 정무직 공무원
4. 법관·검사
5. 변호사·법무사
6. 법원·검찰 공무원

7. 경찰·교정·보호관찰 공무원
8. 군인·군무원·소방공무원 또는 「예비군법」에 따라 동원되거나 교육훈련의무를 이행 중인 예비군

제19조 【제척사유】 다음 각 호의 어느 하나에 해당하는 사람은 당해 사건의 배심원으로 선정될 수 없다.
1. 피해자
2. 피고인 또는 피해자의 친족이나 이러한 관계에 있었던 사람
3. 피고인 또는 피해자의 법정대리인
4. 사건에 관한 증인·감정인·피해자의 대리인
5. 사건에 관한 피고인의 대리인·변호인·보조인
6. 사건에 관한 검사 또는 사법경찰관의 직무를 행한 사람
7. 사건에 관하여 전심 재판 또는 그 기초가 되는 조사·심리에 관여한 사람

제20조 【면제사유】 법원은 직권 또는 신청에 따라 다음 각 호의 어느 하나에 해당하는 사람에 대하여 배심원 직무의 수행을 면제할 수 있다.
1. 만 70세 이상인 사람
2. 과거 5년 이내에 배심원후보자로서 선정기일에 출석한 사람
3. 금고 이상의 형에 해당하는 죄로 기소되어 사건이 종결되지 아니한 사람
4. 법령에 따라 체포 또는 구금되어 있는 사람
5. 배심원 직무의 수행이 자신이나 제3자에게 위해를 초래하거나 직업상 회복할 수 없는 손해를 입게 될 우려가 있는 사람
6. 중병·상해 또는 장애로 인하여 법원에 출석하기 곤란한 사람
7. 그 밖의 부득이한 사유로 배심원 직무를 수행하기 어려운 사람

제21조 【보고·서류송부 요구】 지방법원장 또는 재판장은 국가, 지방자치단체, 공공단체, 그 밖의 법인·단체에 배심원후보자·배심원·예비배심원의 선정 또는 해임에 관한 판단을 위하여 필요한 사항의 보고 또는 그 보관서류의 송부를 요구할 수 있다.

제3절 배심원의 선정

제22조 【배심원후보예정자명부의 작성】 ① 지방법원장은 배심원후보예정자명부를 작성하기 위하여 행정안전부장관에게 매년 그 관할 구역 내에 거주하는 만 20세 이상 국민의 주민등록정보에서 일정한 수의 배심원후보예정자의 성명·생년월일·주소 및 성별에 관한 주민등록정보를 추출하여 전자파일의 형태로 송부하여 줄 것을 요청할 수 있다. <개정 2012.1.17., 2013.3.23., 2014.11.19., 2017.7.26.>
② 제1항의 요청을 받은 행정안전부장관은 30일 이내에 주민등록자료를 지방법원장에게 송부하여야 한다. <개정 2012.1.17., 2013.3.23., 2014.11.19., 2017.7.26.>
③ 지방법원장은 매년 주민등록자료를 활용하여 배심원후보예정자명부를 작성한다.

제23조 【배심원후보자의 결정 및 출석통지】 ① 법원은 배심원후보예정자명부 중에서 필요한 수의 배심원후보자를 무작위 추출 방식으로 정하여 배심원과 예비배심원의 선정기일을 통지하여야 한다.
② 제1항의 통지를 받은 배심원후보자는 선정기일에 출석하여야 한다.
③ 법원은 제1항의 통지 이후 배심원의 직무 종사예정기간을 마칠 때까지 제17조부터 제20조까지에 해당하는 사유가 있다고 인정되는 배심원후보자에 대하여는 즉시 그 출석통지를 취소하고 신속하게 당해 배심원후보자에게 그 내용을 통지하여야 한다.

제24조 【선정기일의 진행】 ① 법원은 합의부원으로 하여금 선정기일의 절차를 진행하게 할 수 있다. 이 경우 수명법관은 선정기일에 관하여 법원 또는 재판장과 동일한 권한이 있다.
② 선정기일은 공개하지 아니한다.
③ 선정기일에서는 배심원후보자의 명예가 손상되지 아니하고 사생활이 침해되지 아니하도록 배려하여야 한다.
④ 법원은 선정기일의 속행을 위하여 새로운 기일을 정할 수 있다. 이 경우 선정기일에 출석한 배심원후보자에 대하여 새로운 기일을 통지한 때에는 출석통지서의 송달이 있었던 경우와 동일한 효력이 있다.

제25조 【질문표】 ① 법원은 배심원후보자가 제28조제1항에서 정하는 사유에 해당하는지의 여부를 판단하기 위하여 질문표를 사용할 수 있다.
② 배심원후보자는 정당한 사유가 없는 한 질문표에 기재된 질문에 답하여 이를 법원에 제출하여야 한다.

제26조 【후보자명부 송부 등】 ① 법원은 선정기일의 2일 전까지 검사와 변호인에게 배심원후보자의 성명·성별·출생연도가 기재된 명부를 송부하여야 한다.
② 법원은 선정절차에 질문표를 사용하는 때에는 선정기일을 진행하기 전에 배심원후보자가 제출한 질문표 사본을 검사와 변호인에게 교부하여야 한다.

제27조 【선정기일의 참여자】 ① 법원은 검사·피고인 또는 변호인에게 선정기일을 통지하여야 한다.
② 검사와 변호인은 선정기일에 출석하여야 하며, 피고인은 법원의 허가를 받아 출석할 수 있다.
③ 법원은 변호인이 선정기일에 출석하지 아니한 경우 국선변호인을 선정하여야 한다.

제28조 【배심원후보자에 대한 질문과 기피신청】 ① 법원은 배심원후보자가 제17조부터 제20조까지의 사유에 해당하는지 여부 또는 불공평한 판단을 할 우려가 있는지 여부 등을 판단하기 위하여 배심원후보자에게 질문을 할 수 있다. 검사·피고인 또는 변호인은 법원으로 하여금 필요한 질문을 하도록 요청할 수 있고, 법원은 검사 또는 변호인으로 하여금 직접 질문하게 할 수 있다.
② 배심원후보자는 제1항의 질문에 대하여 정당한

사유 없이 진술을 거부하거나 거짓 진술을 하여서는 아니 된다.
③ 법원은 배심원후보자가 제17조부터 제20조까지의 사유에 해당하거나 불공평한 판단을 할 우려가 있다고 인정되는 때에는 직권 또는 검사·피고인·변호인의 기피신청에 따라 당해 배심원후보자에 대하여 불선정결정을 하여야 한다. 검사·피고인 또는 변호인의 기피신청을 기각하는 경우에는 이유를 고지하여야 한다.

제29조 【이의신청】 ① 제28조제3항의 기피신청을 기각하는 결정에 대하여는 즉시 이의신청을 할 수 있다.
② 제1항의 이의신청에 대한 결정은 기피신청 기각결정을 한 법원이 한다.
③ 이의신청에 대한 결정에 대하여는 불복할 수 없다.

제30조 【무이유부기피신청】 ① 검사와 변호인은 각자 다음 각 호의 범위 내에서 배심원후보자에 대하여 이유를 제시하지 아니하는 기피신청(이하 "무이유부기피신청"이라 한다)을 할 수 있다.
1. 배심원이 9인인 경우는 5인
2. 배심원이 7인인 경우는 4인
3. 배심원이 5인인 경우는 3인

② 무이유부기피신청이 있는 때에는 법원은 당해 배심원후보자를 배심원으로 선정할 수 없다.
③ 법원은 검사·피고인 또는 변호인에게 순서를 바꿔가며 무이유부기피신청을 할 수 있는 기회를 주어야 한다.

제31조 【선정결정 및 불선정결정】 ① 법원은 출석한 배심원후보자 중에서 당해 재판에서 필요한 배심원과 예비배심원의 수에 해당하는 배심원후보자를 무작위로 뽑고 이들을 대상으로 직권, 기피신청 또는 무이유부기피신청에 따른 불선정결정을 한다.
② 제1항의 불선정결정이 있는 경우에는 그 수만큼 제1항의 절차를 반복한다.
③ 제1항 및 제2항의 절차를 거쳐 필요한 수의 배심원과 예비배심원 후보자가 확정되면 법원은 무작위의 방법으로 배심원과 예비배심원을 선정한다. 예비배심원이 2인 이상인 경우에는 그 순번을 정하여야 한다.
④ 법원은 배심원과 예비배심원에게 누가 배심원으로 선정되었는지 여부를 알리지 아니할 수 있다.

제4절 배심원의 해임 등

제32조 【배심원의 해임】 ① 법원은 배심원 또는 예비배심원이 다음 각 호의 어느 하나에 해당하는 때에는 직권 또는 검사·피고인·변호인의 신청에 따라 배심원 또는 예비배심원을 해임하는 결정을 할 수 있다.
1. 배심원 또는 예비배심원이 제42조제1항의 선서하지 아니한 때
2. 배심원 또는 예비배심원이 제41조제2항 각 호의 의무를 위반하여 그 직무를 담당하게 하는 것이 적당하지 아니하다고 인정되는 때
3. 배심원 또는 예비배심원이 출석의무에 위반하고 계속하여 그 직무를 행하는 것이 적당하지 아니한 때
4. 배심원 또는 예비배심원에게 제17조부터 제20조까지의 사유에 해당하는 사실이 있거나 불공평한 판단을 할 우려가 있는 때
5. 배심원 또는 예비배심원이 질문표에 거짓 기재를 하거나 선정절차에서의 질문에 대하여 정당한 사유 없이 진술을 거부하거나 거짓의 진술을 한 것이 밝혀지고 계속하여 그 직무를 행하는 것이 적당하지 아니한 때
6. 배심원 또는 예비배심원이 법정에서 재판장이 명한 사항을 따르지 아니하거나 폭언 또는 그 밖의 부당한 언행을 하는 등 공판절차의 진행을 방해한 때

② 제1항의 결정을 함에 있어서는 검사·피고인 또는 변호인의 의견을 묻고 출석한 당해 배심원 또는 예비배심원에게 진술기회를 부여하여야 한다.
③ 제1항의 결정에 대하여는 불복할 수 없다.

제33조 【배심원의 사임】 ① 배심원과 예비배심원은 직무를 계속 수행하기 어려운 사정이 있는 때에는 법원에 사임을 신청할 수 있다.
② 법원은 제1항의 신청에 이유가 있다고 인정하는 때에는 당해 배심원 또는 예비배심원을 해임하는 결정을 할 수 있다.
③ 제2항의 결정을 함에 있어서는 검사·피고인 또는 변호인의 의견을 들어야 한다.
④ 제2항의 결정에 대하여는 불복할 수 없다.

제34조 【배심원의 추가선정 등】 ① 제32조 및 제33조에 따라 배심원이 부족하게 된 경우 예비배심원은 미리 정한 순서에 따라 배심원이 된다. 이 때 배심원이 될 예비배심원이 없는 경우 배심원을 추가로 선정한다.
② 국민참여재판 도중 심리의 진행 정도에 비추어 배심원을 추가선정하여 재판에 관여하게 하는 것이 부적절하다고 판단되는 경우 법원은 다음 각 호의 구분에 따라 남은 배심원만으로 계속하여 국민참여재판을 진행하는 결정을 할 수 있다. 다만, 배심원이 5인 미만이 되는 경우에는 그러하지 아니하다.
1. 1인의 배심원이 부족한 때에는 검사·피고인 또는 변호인의 의견을 들어야 한다.
2. 2인 이상의 배심원이 부족한 때에는 검사·피고인 또는 변호인의 동의를 받아야 한다.

제35조 【배심원 등의 임무 종료】 배심원과 예비배심원의 임무는 다음 각 호의 어느 하나에 해당하면 종료한다.
1. 종국재판을 고지한 때
2. 제6조제1항 단서 또는 제11조에 따라 통상절차 회부결정을 고지한 때

제4장 국민참여재판의 절차

제1절 공판의 준비

제36조【공판준비절차】① 재판장은 제8조에 따라 피고인이 국민참여재판을 원하는 의사를 표시한 경우에 사건을 공판준비절차에 부쳐야 한다. 다만, 공판준비절차에 부치기 전에 제9조제1항의 배제결정이 있는 때에는 그러하지 아니하다.
② 공판준비절차에 부친 이후 피고인이 국민참여재판을 원하지 아니하는 의사를 표시하거나 제9조제1항의 배제결정이 있는 때에는 공판준비절차를 종결할 수 있다.
③ 지방법원 본원 합의부가 지방법원 지원 합의부로부터 제10조제1항에 따라 이송받은 사건에 대하여는 이미 공판준비절차를 거친 경우에도 필요한 때에는 공판준비절차에 부칠 수 있다.
④ 검사·피고인 또는 변호인은 증거를 미리 수집·정리하는 등 공판준비절차가 원활하게 진행되도록 협력하여야 한다.
제37조【공판준비기일】① 법원은 주장과 증거를 정리하고 심리계획을 수립하기 위하여 공판준비기일을 지정하여야 한다.
② 법원은 합의부원으로 하여금 공판준비기일을 진행하게 할 수 있다. 이 경우 수명법관은 공판준비기일에 관하여 법원 또는 재판장과 동일한 권한이 있다.
③ 공판준비기일은 공개한다. 다만, 법원은 공개함으로써 절차의 진행이 방해될 우려가 있는 때에는 공판준비기일을 공개하지 아니할 수 있다.
④ 공판준비기일에는 배심원이 참여하지 아니한다.

제2절 공판절차

제38조【공판기일의 통지】공판기일은 배심원과 예비배심원에게 통지하여야 한다.
제39조【소송관계인의 좌석】① 공판정은 판사·배심원·예비배심원·검사·변호인이 출석하여 개정한다.
② 검사와 피고인 및 변호인은 대등하게 마주 보고 위치한다. 다만, 피고인신문을 하는 때에는 피고인은 증인석에 위치한다.
③ 배심원과 예비배심원은 재판장과 검사·피고인 및 변호인의 사이 왼쪽에 위치한다.
④ 증인석은 재판장과 검사·피고인 및 변호인의 사이 오른쪽에 배심원과 예비배심원을 마주 보고 위치한다.
제40조【공판정에서의 속기·녹취】① 법원은 특별한 사정이 없는 한 공판정에서의 심리를 속기사로 하여금 속기하게 하거나 녹음장치 또는 영상녹화장치를 사용하여 녹음 또는 영상녹화하여야 한다.
② 제1항에 따른 속기록·녹음테이프 또는 비디오테이프는 공판조서와는 별도로 보관되어야 하며, 검사·피고인 또는 변호인은 비용을 부담하고 속기록·녹음테이프 또는 비디오테이프의 사본을 청구할 수 있다.

제41조【배심원의 절차상 권리와 의무】① 배심원과 예비배심원은 다음 각 호의 행위를 할 수 있다.
1. 피고인·증인에 대하여 필요한 사항을 신문하여 줄 것을 재판장에게 요청하는 행위
2. 필요하다고 인정되는 경우 재판장의 허가를 받아 각자 필기를 하여 이를 평의에 사용하는 행위
② 배심원과 예비배심원은 다음 각 호의 행위를 하여서는 아니 된다.
1. 심리 도중에 법정을 떠나거나 평의·평결 또는 토의가 완결되기 전에 재판장의 허락 없이 평의·평결 또는 토의 장소를 떠나는 행위
2. 평의가 시작되기 전에 당해 사건에 관한 자신의 견해를 밝히거나 의논하는 행위
3. 재판절차 외에서 당해 사건에 관한 정보를 수집하거나 조사하는 행위
4. 이 법에서 정한 평의·평결 또는 토의에 관한 비밀을 누설하는 행위

제42조【선서 등】① 배심원과 예비배심원은 법률에 따라 공정하게 그 직무를 수행할 것을 다짐하는 취지의 선서를 하여야 한다.
② 재판장은 배심원과 예비배심원에 대하여 배심원과 예비배심원의 권한·의무·재판절차, 그 밖에 직무수행을 원활히 하는 데 필요한 사항을 설명하여야 한다.
제43조【간이공판절차 규정의 배제】국민참여재판에는 「형사소송법」 제286조의2를 적용하지 아니한다.
제44조【배심원의 증거능력 판단 배제】배심원 또는 예비배심원은 법원의 증거능력에 관한 심리에 관여할 수 없다.
제45조【공판절차의 갱신】① 공판절차가 개시된 후 새로 재판에 참여하는 배심원 또는 예비배심원이 있는 때에는 공판절차를 갱신하여야 한다.
② 제1항의 갱신절차는 새로 참여한 배심원 또는 예비배심원이 쟁점 및 조사한 증거를 이해할 수 있도록 하되, 그 부담이 과중하지 아니하도록 하여야 한다.

제3절 평의·평결·토의 및 판결 선고

제46조【재판장의 설명·평의·평결·토의 등】① 재판장은 변론이 종결된 후 법정에서 배심원에게 공소사실의 요지와 적용법조, 피고인과 변호인 주장의 요지, 증거능력, 그 밖에 유의할 사항에 관하여 설명하여야 한다. 이 경우 필요한 때에는 증거의 요지에 관하여 설명할 수 있다.
② 심리에 관여한 배심원은 제1항의 설명을 들은 후 유·무죄에 관하여 평의하고, 전원의 의견이 일치하면 그에 따라 평결한다. 다만, 배심원 과반수의 요청이 있으면 심리에 관여한 판사의 의견을 들을 수 있다.
③ 배심원은 유·무죄에 관하여 전원의 의견이 일치하지 아니하는 때에는 평결을 하기 전에 심리에 관

여한 판사의 의견을 들어야 한다. 이 경우 유·무죄의 평결은 다수결의 방법으로 한다. 심리에 관여한 판사는 평의에 참석하여 의견을 진술한 경우에도 평결에는 참여할 수 없다.
④ 제2항 및 제3항의 평결이 유죄인 경우 배심원은 심리에 관여한 판사와 함께 양형에 관하여 토의하고 그에 관한 의견을 개진한다. 재판장은 양형에 관한 토의 전에 처벌의 범위와 양형의 조건 등을 설명하여야 한다.
⑤ 제2항부터 제4항까지의 평결과 의견은 법원을 기속하지 아니한다.
⑥ 제2항 및 제3항의 평결결과와 제4항의 의견을 집계한 서면은 소송기록에 편철한다.
제47조【평의 등의 비밀】 배심원은 평의·평결 및 토의 과정에서 알게 된 판사 및 배심원 각자의 의견과 그 분포 등을 누설하여서는 아니 된다.
제48조【판결선고기일】 ① 판결의 선고는 변론을 종결한 기일에 하여야 한다. 다만, 특별한 사정이 있는 때에는 따로 선고기일을 지정할 수 있다.
② 변론을 종결한 기일에 판결을 선고하는 경우에는 판결서를 선고 후에 작성할 수 있다.
③ 제1항 단서의 선고기일은 변론종결 후 14일 이내로 정하여야 한다.
④ 재판장은 판결선고 시 피고인에게 배심원의 평결결과를 고지하여야 하며, 배심원의 평결결과와 다른 판결을 선고하는 때에는 피고인에게 그 이유를 설명하여야 한다.
제49조【판결서의 기재사항】 ① 판결서에는 배심원이 재판에 참여하였다는 취지를 기재하여야 하고, 배심원의 의견을 기재할 수 있다.
② 배심원의 평결결과와 다른 판결을 선고하는 때에는 판결서에 그 이유를 기재하여야 한다.

제5장 배심원 등의 보호를 위한 조치

제50조【불이익취급의 금지】 누구든지 배심원·예비배심원 또는 배심원후보자인 사실을 이유로 해고하거나 그 밖의 불이익한 처우를 하여서는 아니 된다.
제51조【배심원 등에 대한 접촉의 규제】 ① 누구든지 당해 재판에 영향을 미치거나 배심원 또는 예비배심원이 직무상 취득한 비밀을 알아낼 목적으로 배심원 또는 예비배심원과 접촉하여서는 아니 된다.
② 누구든지 배심원 또는 예비배심원이 직무상 취득한 비밀을 알아낼 목적으로 배심원 또는 예비배심원의 직무에 종사하였던 사람과 접촉하여서는 아니 된다. 다만, 연구에 필요한 경우는 그러하지 아니하다.
제52조【배심원 등의 개인정보 공개금지】 ① 법령으로 정하는 경우를 제외하고는 누구든지 배심원·예비배심원 또는 배심원후보자의 성명·주소와 그 밖의 개인정보를 공개하여서는 아니 된다.
② 배심원·예비배심원 또는 배심원후보자의 직무를 수행하였던 사람들의 개인정보에 대하여는 본인이 동의하는 경우에 한하여 이를 공개할 수 있다.
제53조【배심원 등에 대한 신변보호조치】 ① 재판장은 배심원 또는 예비배심원이 피고인이나 그 밖의 사람으로부터 위해를 받거나 받을 염려가 있다고 인정하는 때 또는 공정한 심리나 평의에 지장을 초래하거나 초래할 염려가 있다고 인정하는 때에는 배심원 또는 예비배심원의 신변안전을 위하여 보호, 격리, 숙박, 그 밖에 필요한 조치를 취할 수 있다.
② 검사, 피고인, 변호인, 배심원 또는 예비배심원은 재판장에게 제1항의 조치를 취하도록 요청할 수 있다.

제6장 연구조직

제54조【사법참여기획단】 ① 국민참여재판에 관한 조사·연구 등을 수행하기 위하여 대법원에 사법참여기획단을 둔다.
② 사법참여기획단은 다음 각 호의 사항에 관한 임무를 수행한다.
1. 모의재판의 실시
2. 국민참여재판의 녹화 및 분석
3. 수사·변호 및 재판절차에 관한 연구
4. 법조 실무자에 대한 교육
5. 국민에 대한 교육 및 홍보
6. 공청회·학술토론회의 개최
7. 그 밖에 국민참여재판의 연구에 필요한 사항

③ 사법참여기획단의 조직과 활동, 그 밖에 필요한 사항은 대법원규칙으로 정한다.
제55조【국민사법참여위원회】 ① 국민참여재판의 시행경과에 대한 분석 등을 통하여 국민참여재판 제도의 최종적인 형태를 결정하기 위하여 대법원에 국민사법참여위원회를 둔다.
② 국민사법참여위원회의 조직과 활동, 그 밖에 필요한 사항은 대법원규칙으로 정한다.

제7장 벌 칙

제56조【배심원 등에 대한 청탁죄】 ① 배심원 또는 예비배심원에게 그 직무에 관하여 청탁을 한 자는 2년 이하의 징역 또는 500만원 이하의 벌금에 처한다.
② 배심원후보자에게 그 직무에 관하여 청탁을 한 자도 제1항과 같다.
제57조【배심원 등에 대한 위협죄】 ① 피고사건에 관하여 당해 피고사건의 배심원·예비배심원 또는 그러한 직에 있었던 자나 그 친족에 대하여 전화·편지·면회, 그 밖의 다른 방법으로 겁을 주거나 불안감을 조성하는 등의 위협행위를 한 자는 2년 이하의 징역 또는 500만원 이하의 벌금에 처한다.
② 피고사건에 관하여 당해 피고사건의 배심원후보자 또는 그 친족에 대하여 제1항의 방법으로 위협행위를 한 자도 제1항과 같다.
제58조【배심원 등에 의한 비밀누설죄】 ① 배심원 또는 예비배심원이 직무상 알게 된 비밀을 누

설한 때에는 6개월 이하의 징역 또는 300만원 이하의 벌금에 처한다.
② 배심원 또는 예비배심원이었던 자가 직무상 알게 된 비밀을 누설한 때에도 제1항과 같다. 다만, 연구에 필요한 협조를 한 경우는 그러하지 아니하다.
제59조 【배심원 등의 금품 수수 등】 ① 배심원·예비배심원 또는 배심원후보자가 직무와 관련하여 재물 또는 재산상 이익을 수수·요구·약속한 때에는 3년 이하의 징역 또는 1천만원 이하의 벌금에 처한다.
② 배심원·예비배심원 또는 배심원후보자에게 제1항의 재물 또는 재산상 이익을 약속·공여 또는 공여의 의사를 표시한 자도 제1항과 같다.
제60조 【배심원후보자의 불출석 등에 대한 과태료】 ① 다음 각 호의 어느 하나에 해당하는 때에 법원은 결정으로 200만원 이하의 과태료를 부과한다.
1. 출석통지를 받은 배심원·예비배심원·배심원후보자가 정당한 사유 없이 지정된 일시에 출석하지 아니한 때
2. 배심원 또는 예비배심원이 정당한 사유 없이 제42조제1항의 선서를 거부한 때
3. 배심원후보자가 배심원 또는 예비배심원 선정을 위한 질문서에 거짓 기재를 하여 법원에 제출하거나 또는 선정절차에서의 질문에 대하여 거짓 진술을 한 때

② 제1항의 결정에 대하여는 즉시항고할 수 있다.

부 칙 (2008.1.1)

①(시행일) 이 법은 2008년 1월 1일부터 시행한다.
②(적용례) 이 법은 이 법 시행 후 최초로 공소제기되는 사건부터 적용한다.

부 칙 <중략>

부 칙 (2017.7.26, 법제14839호)

제1조 【시행일】 이 법은 공포한 날부터 시행한다. 다만, 부칙 제5조에 따라 개정되는 법률 중 이 법 시행 전에 공포되었으나 시행일이 도래하지 아니한 법률을 개정한 부분은 각각 해당 법률의 시행일부터 시행한다.
제2조 ~ 제6조 생략

민 법

［1958년 2월 22일
법 률 제471호］

개정
1962.12.29. 법1237호
1962.12.31. 법1250호
1964.12.31. 법1668호
1970. 6.18. 법2200호
1977.12.31. 법3051호
1984. 4.10. 법3723호
1990. 1.13. 법4199호
1997.12.13. 법5431호(국적법)
1997.12.13. 법5454호(정부부처명칭등의변경에따른건축법등의정비에관한법률)
2001.12.29. 법6544호
2002. 1.14. 법6591호
2005. 3.31. 법7427호
2005. 3.31. 법7428호(채무자회생및파산에관한법률)
2005.12.29. 법7765호
2007. 5.17. 법8435호(가족관계의 등록 등에 관한 법률)
2007.12.21. 법8720호
2009. 5. 8. 법9650호
2011. 3. 7. 법10429호
2011. 5.19. 법10645호
2012. 2.10. 법11300호
2013. 4. 5. 법11728호
2014.10.15. 법12777호
2014.12.30. 법12881호
2015. 2. 3. 법13124호(가족관계의 등록 등에 관한 법률)
2015. 2. 3. 법13125호
2016. 1. 6. 법13710호
2016.12. 2. 법14278호
2016.12.20. 법14409호
2017.10.31. 법14965호
2020.10.20. 법17503호
2021. 1.26. 법17905호
2022.12.13. 법19069호
2022.12.27. 법19098호
2023. 5.16. 법19409호

민법

제1편 총 칙

제1장 통 칙

제1조 【법 원】 민사에 관하여 법률에 규정

이 없으면 관습법에 의하고 관습법이 없으면 조리에 의한다.

판 례 '주상은 장자가 된다'는 가정의례준칙 제13조의 규정과 배치되는 관습법의 효력을 인정하는 것은 관습법의 제정법에 대한 열후적, 보충적 성격에 비추어 민법 제1조의 취지에 어긋난다(80다3231). <김준 9면>

제2조【신의성실】 ①권리의 행사와 의무의 이행은 신의에 좇아 성실히 하여야 한다.
②권리는 남용하지 못한다.

판 례 신의칙위반이나 권리남용은 강행규정에 위반되는 것이므로, 당사자의 주장이 없더라도 법원은 직권으로 판단할 수 있다(94다42129). <김준 51면>

경매목적이 된 부동산 소유자가 배당기일에 배당금까지 수령한 후 경매절차가 무효라고 주장하여 소유권이전등기의 말소를 청구하는 것은 금반언 및 신의칙에 반한다(93다42603). <김준 52면>

권리행사가 권리의 남용에 해당한다고 할 수 있으려면, 주관적으로 그 권리행사의 목적이 오직 상대방에게 고통을 주고 손해를 입히려는데 있을 뿐 행사하는 사람에게 아무런 이익이 없는 경우이어야 하고, 객관적으로는 그 권리행사가 사회질서에 위반된다고 볼 수 있어야 하는 것이며, 권리행사자가 얻는 이익보다 상대방이 잃을 손해가 현저히 크다 하여도 그러한 사정만으로는 이를 권리남용이라 할 수 없고, 다만 이러한 주관적 요건은 권리자의 정당한 이익을 결여한 권리행사로 보여지는 객관적인 사정에 의하여 추인할 수 있다(1998.6.26. 97다42823).

강행법규에 위반하여 무효인 수익보장약정을 먼저 고객에게 제의한 투자신탁회사가 그 약정의 무효를 주장함이 신의칙에 위반되는 권리의 행사라는 이유로 그 주장을 배척한다면, 이는 오히려 강행법규에 의하여 배제하려는 결과를 실현시키는 셈이 되어 입법취지를 완전히 몰각하게 되므로, 달리 특별한 사정이 없는 한 위와 같은 주장이 신의성실의 원칙에 반하는 것이라고 할 수 없다(99다4405). <김준 20면(추록)>

회사의 임원 또는 직원이 회사의 요구로 회사와 제3자 사이의 계속적 거래로 인한 회사채무를 보증했지만 그 후 퇴사한 경우라면, 사정변경에 의한 보증계약의 해지가 인정된다(89다카1381). <김준 52면>

제2장 인

제1절 능 력

제3조【권리능력의 존속기간】 사람은 생존한 동안 권리와 의무의 주체가 된다.

판 례 사인증여는 계약이므로 단독행위인 유증에 관한 규정이 그대로 적용될 수 없고, 따라서 사인증여에 관한 태아의 권리능력은 인정되지 않는다(94다37714). <김준 62면>

민법 제762조의 취지는 태아가 살아서 출생한 때에 출생시기가 문제의 사건의 시기까지 소급하여 그때에 태아가 출생한 것과 같이 법률상 보아준다고 해석함이 상당하므로 그가 모체와 같이 사망하여 출생의 기회를 못가졌다면 배상청구권을 논할 여지가 없다(76다1365). <김준 63면>

제4조【성년】 사람은 19세로 성년에 이르게 된다.
<전문개정 2011.3.7>

제5조【미성년자의 능력】 ①미성년자가 법률행위를 함에는 법정대리인의 동의를 얻어야 한다. 그러나 권리만을 얻거나 의무만을 면하는 행위는 그러하지 아니하다.
②전항의 규정에 위반한 행위는 취소할 수 있다.

판 례 미성년자라 하더라도 권리만을 얻는 법률행위를 하는 때에는 법정대리인의 동의를 요하지 아니한다(1972.7.11. 72므5).

미성년자는 원칙적으로 법정대리인에 의하여서만 소송행위를 할 수 있으나 미성년자 자신의 노무제공에 따른 임금의 청구는 근로기준법 제54조의 규정에 의하여 미성년자가 독자적으로 할 수 있다(1981.8.25. 80다3149).

제6조【처분을 허락한 재산】 법정대리인이 범위를 정하여 처분을 허락한 재산은 미성년자가 임의로 처분할 수 있다.

제7조【동의와 허락의 취소】 법정대리인은 미성년자가 아직 법률행위를 하기 전에는 전2조의 동의와 허락을 취소할 수 있다.

제8조【영업의 허락】 ①미성년자가 법정대리인으로부터 허락을 얻은 특정한 영업에 관하여는 성년자와 동일한 행위능력이 있다.
②법정대리인은 전항의 허락을 취소 또는 제한할 수 있다. 그러나 선의의 제3자에게 대항하지 못한다.

제9조【성년후견개시의 심판】 ①가정법원은 질병, 장애, 노령, 그 밖의 사유로 인한 정신적 제약으로 사무를 처리할 능력이 지속적으로 결여된 사람에 대하여 본인, 배우자, 4촌 이내의 친족, 미성년후견인, 미성년후견감독인, 한정후견인, 한정후견감독인, 특정후견인, 특정후견감독인, 검사 또는 지방자치단체의 장의 청구에 의하여 성년후견개시의 심판을 한다.
②가정법원은 성년후견개시의 심판을 할 때 본인의 의사를 고려하여야 한다.
<전문개정 2011.3.7>

제10조【피성년후견인의 행위와 취소】 ①피성년후견인의 법률행위는 취소할 수 있다.
②제1항에도 불구하고 가정법원은 취소할 수 없는 피성년후견인의 법률행위의 범위를 정할 수 있다.

민법

③가정법원은 본인, 배우자, 4촌 이내의 친족, 성년후견인, 성년후견감독인, 검사 또는 지방자치단체의 장의 청구에 의하여 제2항의 범위를 변경할 수 있다.
④제1항에도 불구하고 일용품의 구입 등 일상생활에 필요하고 그 대가가 과도하지 아니한 법률행위는 성년후견인이 취소할 수 없다.
<전문개정 2011.3.7>

판례 한정치산자가 '횡령혐의로 고소한 바 있으나 쌍방 원만히 합의하였을 뿐만 아니라 피고소인이 범행에 대하여 깊이 반성하고 있으므로 고소 취소한다'는 내용의 고소취소장을 작성하여 제출할 때에도 아직 한정치산선고를 취소받기 전이므로 여전히 한정치산자로서 독립하여 추인할 수 있는 행위능력을 가지고 있지 못하였을 뿐더러, 고소취소장에 기재된 문면의 내용상으로도 고소인이 매수인에 대하여 가지는 매매의 취소권을 포기한 것으로 보기 어렵다(1997.6.27, 97다3828).

제11조【성년후견종료의 심판】 성년후견개시의 원인이 소멸된 경우에는 가정법원은 본인, 배우자, 4촌 이내의 친족, 성년후견인, 성년후견감독인, 검사 또는 지방자치단체의 장의 청구에 의하여 성년후견종료의 심판을 한다.
<전문개정 2011.3.7>

제12조【한정후견개시의 심판】 ①가정법원은 질병, 장애, 노령, 그 밖의 사유로 인한 정신적 제약으로 사무를 처리할 능력이 부족한 사람에 대하여 본인, 배우자, 4촌 이내의 친족, 미성년후견인, 미성년후견감독인, 성년후견인, 성년후견감독인, 특정후견인, 특정후견감독인, 검사 또는 지방자치단체의 장의 청구에 의하여 한정후견개시의 심판을 한다.
②한정후견개시의 경우에 제9조제2항을 준용한다.
<전문개정 2011.3.7>

제13조【피한정후견인의 행위와 동의】 ①가정법원은 피한정후견인이 한정후견인의 동의를 받아야 하는 행위의 범위를 정할 수 있다.
②가정법원은 본인, 배우자, 4촌 이내의 친족, 한정후견인, 한정후견감독인, 검사 또는 지방자치단체의 장의 청구에 의하여 제1항에 따른 한정후견인의 동의를 받아야만 할 수 있는 행위의 범위를 변경할 수 있다.
③한정후견인의 동의를 필요로 하는 행위에 대하여 한정후견인이 피한정후견인의 이익이 침해될 염려가 있음에도 그 동의를 하지 아니하는 때에는 가정법원은 피한정후견인의 청구에 의하여 한정후견인의 동의를 갈음하는 허가를 할 수 있다.
④한정후견인의 동의가 필요한 법률행위를 피한정후견인이 한정후견인의 동의 없이 하였을 때에는 그 법률행위를 취소할 수 있다. 다만, 일용품의 구입 등 일상생활에 필요하고 그 대가가 과도하지 아니한 법률행위에 대하여는 그러하지 아니하다.
<전문개정 2011.3.7>

제14조【한정후견종료의 심판】 한정후견개시의 원인이 소멸된 경우에는 가정법원은 본인, 배우자, 4촌 이내의 친족, 한정후견인, 한정후견감독인, 검사 또는 지방자치단체의 장의 청구에 의하여 한정후견종료의 심판을 한다.
<전문개정 2011.3.7>

제14조의2【특정후견의 심판】 ①가정법원은 질병, 장애, 노령, 그 밖의 사유로 인한 정신적 제약으로 일시적 후원 또는 특정한 사무에 관한 후원이 필요한 사람에 대하여 본인, 배우자, 4촌 이내의 친족, 미성년후견인, 미성년후견감독인, 검사 또는 지방자치단체의 장의 청구에 의하여 특정후견의 심판을 한다.
②특정후견은 본인의 의사에 반하여 할 수 없다.
③특정후견의 심판을 하는 경우에는 특정후견의 기간 또는 사무의 범위를 정하여야 한다.
<본조신설 2011.3.7>

제14조의3【심판 사이의 관계】 ①가정법원이 피한정후견인 또는 피특정후견인에 대하여 성년후견개시의 심판을 할 때에는 종전의 한정후견 또는 특정후견의 종료 심판을 한다.
②가정법원이 피성년후견인 또는 피특정후견인에 대하여 한정후견개시의 심판을 할 때에는 종전의 성년후견 또는 특정후견의 종료 심판을 한다.
<본조신설 2011.3.7>

제15조【제한능력자의 상대방의 확답을 촉구할 권리】 ①제한능력자의 상대방은 제한능력자가 능력자가 된 후에 그에게 1개월 이상의 기간을 정하여 그 취소할 수 있는 행위를 추인할 것인지 여부의 확답을 촉구할 수 있다. 능력자로 된 사람이 그 기간 내에 확답을 발송하지 아니하면 그 행위를 추인한 것으로 본다.
②제한능력자가 아직 능력자가 되지 못한 경우에는 그의 법정대리인에게 제1항의 촉구를

할 수 있고, 법정대리인이 그 정하여진 기간 내에 확답을 발송하지 아니한 경우에는 그 행위를 추인한 것으로 본다.
③특별한 절차가 필요한 행위는 그 정하여진 기간 내에 그 절차를 밟은 확답을 발송하지 아니하면 취소한 것으로 본다.
<전문개정 2011.3.7>

제16조【제한능력자의 상대방의 철회권과 거절권】 ①제한능력자가 맺은 계약은 추인이 있을 때까지 상대방이 그 의사표시를 철회할 수 있다. 다만, 상대방이 계약 당시에 제한능력자임을 알았을 경우에는 그러하지 아니하다.
②제한능력자의 단독행위는 추인이 있을 때까지 상대방이 거절할 수 있다.
③제1항의 철회나 제2항의 거절의 의사표시는 제한능력자에게도 할 수 있다.
<전문개정 2011.3.7>

제17조【제한능력자의 속임수】 ①제한능력자가 속임수로써 자기를 능력자로 믿게 한 경우에는 그 행위를 취소할 수 없다.
②미성년자나 피한정후견인이 속임수로써 법정대리인의 동의가 있는 것으로 믿게 한 경우에도 제1항과 같다.
<전문개정 2011.3.7>

제2절 주 소

제18조【주소】 ①생활의 근거되는 곳을 주소로 한다.
②주소는 동시에 두 곳 이상 있을 수 있다.

제19조【거소】 주소를 알 수 없으면 거소를 주소로 본다.

제20조【거소】 국내에 주소없는 자에 대하여는 국내에 있는 거소를 주소로 본다.

제21조【가주소】 어느 행위에 있어서 가주소를 정한 때에는 그 행위에 관하여는 이를 주소로 본다.

제3절 부재와 실종

제22조【부재자의 재산의 관리】 ①종래의 주소나 거소를 떠난 자가 재산관리인을 정하지 아니한 때에는 법원은 이해관계인이나 검사의 청구에 의하여 재산관리에 관하여 필요한 처분을 명하여야 한다. 본인의 부재중 재산관리인의 권한이 소멸한 때에도 같다.
②본인이 그 후에 재산관리인을 정한 때에는 법원은 본인, 재산관리인, 이해관계인 또는 검사의 청구에 의하여 전항의 명령을 취소하여야 한다.

(판 례) 외국유학생은 국내로의 귀국이 용이하다는 점과 재산관리인이 있다는 점에서 부재자가 아니다(4292민상252). <김준 89면>

제23조【관리인의 개임】 부재자가 재산관리인을 정한 경우에 부재자의 생사가 분명하지 아니한 때에는 법원은 재산관리인, 이해관계인 또는 검사의 청구에 의하여 재산관리인을 개임할 수 있다.

제24조【관리인의 직무】 ①법원이 선임한 재산관리인은 관리할 재산목록을 작성하여야 한다.
②법원은 그 선임한 재산관리인에 대하여 부재자의 재산을 보존하기 위하여 필요한 처분을 명할 수 있다.
③부재자의 생사가 분명하지 아니한 경우에 이해관계인이나 검사의 청구가 있는 때에는 법원은 부재자가 정한 재산관리인에게 전2항의 처분을 명할 수 있다.
④전3항의 경우에 그 비용은 부재자의 재산으로써 지급한다.

제25조【관리인의 권한】 법원이 선임한 재산관리인이 제118조에 규정한 권한을 넘는 행위를 함에는 법원의 허가를 얻어야 한다. 부재자의 생사가 분명하지 아니한 경우에 부재자가 정한 재산관리인이 권한을 넘는 행위를 할 때에도 같다.

(판 례) 사망한 것으로 간주된 자가 그 이전에 생사불명의 부재자로서 그 재산관리에 관하여 법원으로부터 재산관리인이 선임되어 있었다면 재산관리인은 그 부재자의 사망을 확인했다고 하더라도 선임결정이 취소되지 아니하는 한 계속하여 권한을 행사할 수 있다 할 것이므로 재산관리인에 대한 선임결정이 취소되기 전에 재산관리인의 처분행위에 기하여 경료된 등기는 법원의 처분허가 등 모든 절차를 거쳐 적법하게 경료된 것으로 추정된다(1991.11.26, 91다11810).

제26조【관리인의 담보제공, 보수】 ①법원은 그 선임한 재산관리인으로 하여금 재산의 관리 및 반환에 관하여 상당한 담보를 제공하게 할 수 있다.
②법원은 그 선임한 재산관리인에 대하여 부재자의 재산으로 상당한 보수를 지급할 수 있다.
③전2항의 규정은 부재자의 생사가 분명하지 아니한 경우에 부재자가 정한 재산관리인에

준용한다.

제27조【실종의 선고】 ①부재자의 생사가 5년간 분명하지 아니한 때에는 법원은 이해관계인이나 검사의 청구에 의하여 실종선고를 하여야 한다.

②전지에 임한 자, 침몰한 선박중에 있던 자, 추락한 항공기중에 있던 자 기타 사망의 원인이 될 위난을 당한 자의 생사가 전쟁종지후 또는 선박의 침몰, 항공기의 추락 기타 위난이 종료한 후 1년간 분명하지 아니한 때에도 제1항과 같다. <개정 84.4.10>

판례 선순위의 재산상속인이 있는 경우에는 그보다 후순위 재산상속인(부재자의 형이나 자매)은 실종선고 청구의 이해관계인이 아니다(86스20). <김준 95면>

제28조【실종선고의 효과】 실종선고를 받은 자는 전조의 기간이 만료한 때에 사망한 것으로 본다.

판례 인정사망이나 실종선고 없이도 법원은 경험칙이나 논리칙에 비추어 사망사실을 인정할 수 있다(87다카2954). <김준 96면>

제29조【실종선고의 취소】 ①실종자의 생존한 사실 또는 전조의 규정과 상이한 때에 사망한 사실의 증명이 있으면 법원은 본인, 이해관계인 또는 검사의 청구에 의하여 실종선고를 취소하여야 한다. 그러나 실종선고후 그 취소전에 선의로 한 행위의 효력에 영향을 미치지 아니한다.

②실종선고의 취소가 있을 때에 실종의 선고를 직접원인으로 하여 재산을 취득한 자가 선의인 경우에는 그 받은 이익이 현존하는 한도에서 반환할 의무가 있고 악의인 경우에는 그 받은 이익에 이자를 붙여서 반환하고 손해가 있으면 이를 배상하여야 한다.

판례 실종선고가 있더라도 법원이 선임한 부재자 재산관리인의 선임결정이 취소되지 않는 한 실종기간 만료 후에 제3자와 매매계약 및 처분행위를 한 때에도 그 효과는 이미 사망한 부재자의 상속인에까지 미친다(73다2023, 80다2668). <김준 97면>

실종선고를 받은 자는 실종기간이 만료한 때에 사망한 것으로 간주되는 것이므로, 실종선고로 인하여 실종기간 만료시를 기준으로 하여 상속이 개시된 이상 설사 이후 실종선고가 취소되어야 할 사유가 생겼다고 하더라도 실제로 실종선고가 취소되지 아니하는 한, 임의로 실종기간이 만료하여 사망한 때로 간주되는 시점과는 달리 사망시점을 정하여 이미 개시된 상속을 부정하고 이와 다른 상속관계를 인정할 수는 없다(1994.9.27. 94다21542).

제30조【동시사망】 2인 이상이 동일한 위난으로 사망한 경우에는 동시에 사망한 것으로 추정한다.

판례 민법 제30조의 동시사망의 추정을 번복하기 위해서는 동시사망의 전제사실에 대한 반증이나 각기 다른 시기에 사망했다는 본증을 통하여 충분하고도 명백하게 입증하여야 한다(98다8974). <김형배 51면>

제3장 법 인

제1절 총 칙

제31조【법인성립의 준칙】 법인은 법률의 규정에 의함이 아니면 성립하지 못한다.

제32조【비영리법인의 설립과 허가】 학술, 종교, 자선, 기예, 사교 기타 영리아닌 사업을 목적으로 하는 사단 또는 재단은 주무관청의 허가를 얻어 이를 법인으로 할 수 있다.

제33조【법인설립의 등기】 법인은 그 주된 사무소의 소재지에서 설립등기를 함으로써 성립한다.

제34조【법인의 권리능력】 법인은 법률의 규정에 좇아 정관으로 정한 목적의 범위내에서 권리와 의무의 주체가 된다.

판례 선박의 편의치적을 위해 설립된 회사가 별개 법인격의 회사임을 주장하는 것은 신의칙 위반 내지 법인격 남용에 해당한다(87다카1671). <김준 110면>

회사의 목적범위 내라 함은 정관에 명시된 목적 외에 목적수행에 필요한 직·간접적인 모든 행위가 포함되며, 목적범위에 포함되는지 여부는 행위의 객관적 성질에 따라 추상적으로 판단해야 한다(86다카1230). <김준 125면>

학교경영을 목적으로 하는 재단법인도 정관에 따라 교육목적 달성에 수반하는 채무를 부담할 수 있으므로 동 채무에 대하여 학교건물을 대물변제로 제공하는 행위는 법인의 목적범위 내에 속한다(4290민상613). <김준 124면>

벽지제조와 수출을 하는 회사의 공동대표이사가 아들을 석방시키기 위해 채무를 인수하여도 회사의 목적범위 내의 행위라고 할 것이다(68다461). <김준 125면>

주식회사의 대표이사가 회사를 대표하여 사업의 목적범위에 속하지 않는 타인의 손해배상채무를 연대보증한 경우, 그 보증행위는 주주 및 이사들의 결의가 있다하여도 회사에 대하여 효력이 없다(75다1479). <김준 125면>

제35조【법인의 불법행위능력】 ①법인은 이사 기타 대표자가 그 직무에 관하여 타인에게 가한 손해를 배상할 책임이 있다. 이사 기타 대표자는 이로 인하여 자기의 손해배상책임을 면하지 못한다.

②법인의 목적범위외의 행위로 인하여 타인에게 손해를 가한 때에는 그 사항의 의결에

찬성하거나 그 의결을 집행한 사원, 이사 및 기타 대표자가 연대하여 배상하여야 한다.

판례 대표권 남용의 경우에 악의의 상대방이 법인에게 그 행위의 법률효과를 주장하는 것은 신의칙에 위배되어 허용될 수 없다(86다카1522). <김준 130면>

제36조【법인의 주소】 법인의 주소는 그 주된 사무소의 소재지에 있는 것으로 한다.

제37조【법인의 사무의 검사, 감독】 법인의 사무는 주무관청이 검사, 감독한다.

제38조【법인의 설립허가의 취소】 법인이 목적이외의 사업을 하거나 설립허가의 조건에 위반하거나 기타 공익을 해하는 행위를 한 때에는 주무관청은 그 허가를 취소할 수 있다.

제39조【영리법인】 ①영리를 목적으로 하는 사단은 상사회사설립의 조건에 좇아 이를 법인으로 할 수 있다.

②전항의 사단법인에는 모두 상사회사에 관한 규정을 준용한다.

제2절 설 립

제40조【사단법인의 정관】 사단법인의 설립자는 다음 각호의 사항을 기재한 정관을 작성하여 기명날인하여야 한다.

1. 목 적
2. 명 칭
3. 사무소의 소재지
4. 자산에 관한 규정
5. 이사의 임면에 관한 규정
6. 사원자격의 득실에 관한 규정
7. 존립시기나 해산사유를 정하는 때에는 그 시기 또는 사유

판례 사단법인의 정관은 이를 작성한 사원뿐만 아니라 그 후에 가입한 사원이나 사단법인의 기관등도 구속하는 점에 비추어 보면 그 법적 성질은 계약이 아니라 자치법규로 보는 것이 타당하므로, 이는 어디까지나 객관적인 기준에 따라 그 규범적인 의미내용을 확정하는 법규해석의 방법으로 해석되어야 하는 것이지, 작성자의 주관이나 해석당시의 사원의 다수결에 의한 방법으로 자의적으로 해석될 수는 없다(99다12437). <고시연구 01년 3월, 120면>

제41조【이사의 대표권에 대한 제한】 이사의 대표권에 대한 제한은 이를 정관에 기재하지 아니하면 그 효력이 없다.

제42조【사단법인의 정관의 변경】 ①사단법인의 정관은 총사원 3분의 2 이상의 동의가 있는 때에 한하여 이를 변경할 수 있다. 그러나 정수에 관하여 정관에 다른 규정이 있는 때에는 그 규정에 의한다.

②정관의 변경은 주무관청의 허가를 얻지 아니하면 그 효력이 없다.

제43조【재단법인의 정관】 재단법인의 설립자는 일정한 재산을 출연하고 제40조제1호 내지 제5호의 사항을 기재한 정관을 작성하여 기명날인하여야 한다.

제44조【재단법인의 정관의 보충】 재단법인의 설립자가 그 명칭, 사무소소재지 또는 이사임면의 방법을 정하지 아니하고 사망한 때에는 이해관계인 또는 검사의 청구에 의하여 법원이 이를 정한다.

제45조【재단법인의 정관변경】 ①재단법인의 정관은 그 변경방법을 정관에 정한 때에 한하여 변경할 수 있다.

②재단법인의 목적달성 또는 그 재산의 보전을 위하여 적당한 때에는 전항의 규정에 불구하고 명칭 또는 사무소의 소재지를 변경할 수 있다.

③제42조제2항의 규정은 전2항의 경우에 준용한다.

판례 민법 제32조, 제37조, 제40조제5호, 제42조제2항, 제43조, 제45조제3항 규정들을 종합하여 보면, 비영리법인인 재단법인의 이사임면에 관한 규정을 주무관청이 검토하여 법인설립 또는 정관변경을 허가할 것인지 여부를 결정하도록 하여 재단법인에 대한 주무관청의 감독의 실효를 올리도록 한 법의를 찾아볼 수 있고, 따라서 법인의 이사와 감사의 임면에 있어 주무관청의 인가 또는 승인을 요한다는 취지의 정관의 규정이 있을 때에는 주무관청은 민법의 이사 임면에 관한 정관규정의 당·부당을 검토하므로, 재단법인을 일반적으로 감독하는 권한을 정관의 규정에 의하여 구체적인 이사와 감사의 임면에 대하여 확장하였다고 보는 것이 타당하다(1995.7.25, 95누2883).

제46조【재단법인의 목적 기타의 변경】 재단법인의 목적을 달성할 수 없는 때에는 설립자나 이사는 주무관청의 허가를 얻어 설립의 취지를 참작하여 그 목적 기타 정관의 규정을 변경할 수 있다.

판례 재단법인의 기본재산의 처분이나 편입은 정관의 변경사항이므로 주무관청의 허가를 얻어야 효력이 발생한다(82다카499). <김준 142면>

제47조【증여, 유증에 관한 규정의 준용】 ①생전처분으로 재단법인을 설립하는 때에는 증여에 관한 규정을 준용한다.

②유언으로 재단법인을 설립하는 때에는 유증에 관한 규정을 준용한다.

제48조【출연재산의 귀속시기】 ①생전처분

으로 재단법인을 설립하는 때에는 출연재산은 법인이 성립된 때로부터 법인의 재산이 된다.
②유언으로 재단법인을 설립하는 때에는 출연재산은 유언의 효력이 발생한 때로부터 법인에 귀속한 것으로 본다.

(판 례) 출연자와 법인간에는 제48조에 의해 등기없이 법인에 귀속되지만, 제3자에 대항하기 위하여서는 제186조에 의해 등기가 필요하다(78다481, 482). <김준 119면>

제49조【법인의 등기사항】 ①법인설립의 허가가 있는 때에는 3주간내에 주된 사무소소재지에서 설립등기를 하여야 한다.
②전항의 등기사항은 다음과 같다.
1. 목 적
2. 명 칭
3. 사무소
4. 설립허가의 연월일
5. 존립시기나 해산사유를 정한 때에는 그 시기 또는 사유
6. 자산의 총액
7. 출자의 방법을 정한 때에는 그 방법
8. 이사의 성명, 주소
9. 이사의 대표권을 제한한 때에는 그 제한

제50조【분사무소설치의 등기】 ①법인이 분사무소를 설치한 때에는 주사무소소재지에서는 3주간내에 분사무소를 설치한 것을 등기하고 그 분사무소소재지에서는 동기간내에 전조제2항의 사항을 등기하고 다른 분사무소소재지에서는 동기간내에 그 분사무소를 설치한 것을 등기하여야 한다.
②주사무소 또는 분사무소의 소재지를 관할하는 등기소의 관할구역내에 분사무소를 설치한 때에는 전항의 기간내에 그 사무소를 설치한 것을 등기하면 된다.

제51조【사무소이전의 등기】 ①법인이 그 사무소를 이전하는 때에는 구소재지에서는 3주간내에 이전등기를 하고 신소재지에서는 동기간내에 제49조제2항에 게기한 사항을 등기하여야 한다.
②동일한 등기소의 관할구역내에서 사무소를 이전한 때에는 그 이전한 것을 등기하면 된다.

제52조【변경등기】 제49조제2항의 사항중에 변경이 있는 때에는 3주간내에 변경등기를 하여야 한다.

제52조의2【직무집행정지 등 가처분의 등기】 이사의 직무집행을 정지하거나 직무대행자를 선임하는 가처분을 하거나 그 가처분을 변경·취소하는 경우에는 주사무소와 분사무소가 있는 곳의 등기소에서 이를 등기하여야 한다.
<본조신설 2001.12.29>

제53조【등기기간의 기산】 전3조의 규정에 의하여 등기할 사항으로 관청의 허가를 요하는 것은 그 허가서가 도착한 날로부터 등기의 기간을 기산한다.

제54조【설립등기이외의 등기의 효력과 등기사항의 공고】 ①설립등기이외의 본절의 등기사항은 그 등기후가 아니면 제3자에게 대항하지 못한다.
②등기한 사항은 법원이 지체없이 공고하여야 한다.

제55조【재산목록과 사원명부】 ①법인은 성립한 때 및 매년 3월내에 재산목록을 작성하여 사무소에 비치하여야 한다. 사업연도를 정한 법인은 성립한 때 및 그 연도말에 이를 작성하여야 한다.
②사단법인은 사원명부를 비치하고 사원의 변경이 있는 때에는 이를 기재하여야 한다.

제56조【사원권의 양도, 상속금지】 사단법인의 사원의 지위는 양도 또는 상속할 수 없다.

(판 례) 사원권의 양도 또는 상속에 관한 민법 제56조가 강행규정이 아니므로 비법인사단에서도 사원의 지위는 규약이나 관행에 의하여 양도, 상속될 수 있다(95다6205). <김준 140면>

제3절 기 관

제57조【이사】 법인은 이사를 두어야 한다.

(판 례) 민법상 법인과 그 기관인 이사와의 관계는 위임자와 수임자의 법률관계와 같은 것으로서 이사의 임기가 만료되면 일단 그 위임관계는 종료되는 것이 원칙이나, 그 후임 이사 선임시까지 이사가 존재하지 않는다면 기관에 의하여 행위를 할 수밖에 없는 법인으로서는 당장 정상적인 활동을 중단하지 않을 수 없는 상태에 처하게 되고, 이는 민법 제691조에 규정된 급박한 사정이 있는 때와 같이 볼 수 있으므로, 임기만료되거나 사임한 이사라고 할지라도 그 임무를 수행함이 부적당하다고 인정할 만한 특별한 사정이 없는 한 신임 이사가 선임될 때까지 이사의 직무를 계속 수행할 수 있다(1996.1.26, 95다40915).

제58조【이사의 사무집행】 ①이사는 법인의 사무를 집행한다.
②이사가 수인인 경우에는 정관에 다른 규정

이 없으면 법인의 사무집행은 이사의 과반수로써 결정한다.

제59조【이사의 대표권】①이사는 법인의 사무에 관하여 각자 법인을 대표한다. 그러나 정관에 규정한 취지에 위반할 수 없고 특히 사단법인은 총회의 의결에 의하여야 한다.

②법인의 대표에 관하여는 대리에 관한 규정을 준용한다.

제60조【이사의 대표권에 대한 제한의 대항요건】이사의 대표권에 대한 제한은 등기하지 아니하면 제3자에게 대항하지 못한다.

> 판례 정관에 의해 이사의 대표권을 제한한 경우 이를 등기하지 않으면 악의의 제3자에게도 대항할 수 없다(74다410, 91다24564). <김준 135면>
>
> 이사 전원의 의결에 의하여 잔여재산을 처분하도록 한 정관 규정은 성질상 등기하여야만 제3자에게 대항할 수 있는 청산인의 대표권에 관한 제한이라고 볼 수 없다(1995.2.10, 94다13473).

제60조의2【직무대행자의 권한】①제52조의2의 직무대행자는 가처분명령에 다른 정함이 있는 경우 외에는 법인의 통상사무에 속하지 아니한 행위를 하지 못한다. 다만, 법원의 허가를 얻은 경우에는 그러하지 아니하다.

②직무대행자가 제1항의 규정에 위반한 행위를 한 경우에도 법인은 선의의 제3자에 대하여 책임을 진다.

<본조신설 2001.12.29>

제61조【이사의 주의의무】이사는 선량한 관리자의 주의로 그 직무를 행하여야 한다.

제62조【이사의 대리인선임】이사는 정관 또는 총회의 결의로 금지하지 아니한 사항에 한하여 타인으로 하여금 특정한 행위를 대리하게 할 수 있다.

> 판례 비법인사단 대표자가 행한 업무의 포괄적 위임과 이에 따른 포괄적 수임인의 대행행위는 제62조에 위반되어 비법인사단에 대해여 효력이 없다(94다18522). <김준 155면>

제63조【임시이사의 선임】이사가 없거나 결원이 있는 경우에 이로 인하여 손해가 생길 염려가 있는 때에는 법원은 이해관계인이나 검사의 청구에 의하여 임시이사를 선임하여야 한다.

제64조【특별대리인의 선임】법인과 이사의 이익이 상반하는 사항에 관하여는 이사는 대표권이 없다. 이 경우에는 전조의 규정에 의하여 특별대리인을 선임하여야 한다.

제65조【이사의 임무해태】이사가 그 임무를 해태한 때에는 그 이사는 법인에 대하여 연대하여 손해배상의 책임이 있다.

제66조【감사】법인은 정관 또는 총회의 결의로 감사를 둘 수 있다.

제67조【감사의 직무】감사의 직무는 다음과 같다.

1. 법인의 재산상황을 감사하는 일
2. 이사의 업무집행의 상황을 감사하는 일
3. 재산상황 또는 업무집행에 관하여 부정, 불비한 것이 있음을 발견한 때에는 이를 총회 또는 주무관청에 보고하는 일
4. 전호의 보고를 하기 위하여 필요있는 때에는 총회를 소집하는 일

제68조【총회의 권한】사단법인의 사무는 정관으로 이사 또는 기타 임원에게 위임한 사항외에는 총회의 결의에 의하여야 한다.

제69조【통상총회】사단법인의 이사는 매년 1회 이상 통상총회를 소집하여야 한다.

제70조【임시총회】①사단법인의 이사는 필요하다고 인정한 때에는 임시총회를 소집할 수 있다.

②총사원의 5분의 1 이상으로부터 회의의 목적사항을 제시하여 청구한 때에는 이사는 임시총회를 소집하여야 한다. 이 정수는 정관으로 증감할 수 있다.

③전항의 청구있는 후 2주간내에 이사가 총회소집의 절차를 밟지 아니한 때에는 청구한 사원은 법원의 허가를 얻어 이를 소집할 수 있다.

제71조【총회의 소집】총회의 소집은 1주간전에 그 회의의 목적사항을 기재한 통지를 발하고 기타 정관에 정한 방법에 의하여야 한다.

제72조【총회의 결의사항】총회는 전조의 규정에 의하여 통지한 사항에 관하여서만 결의할 수 있다. 그러나 정관에 다른 규정이 있는 때에는 그 규정에 의한다.

제73조【사원의 결의권】①각 사원의 결의권은 평등으로 한다.

②사원은 서면이나 대리인으로 결의권을 행사할 수 있다.

③전2항의 규정은 정관에 다른 규정이 있는 때에는 적용하지 아니한다.

> 판례 종중총회의 결의방법에 있어 종중규약에 다른 규정이 없는 이상 종원은 서면이나 대리인으로 결의권을 행사할 수 있으므로 일부 종원이 총회에 직접 출석하지 아니하고 다른 출석종원에 대한 위임장 제출

방식에 의하여 종중의 대표자선임 등에 관한 결의권을 행사하는 것도 허용된다(1993.1.26, 91다44902).

제74조【사원이 결의권없는 경우】 사단법인과 어느 사원과의 관계사항을 의결하는 경우에는 그 사원은 결의권이 없다.

제75조【총회의 결의방법】 ①총회의 결의는 본법 또는 정관에 다른 규정이 없으면 사원 과반수의 출석과 출석사원의 결의권의 과반수로써 한다.

②제73조제2항의 경우에는 당해사원은 출석한 것으로 한다.

제76조【총회의 의사록】 ①총회의 의사에 관하여는 의사록을 작성하여야 한다.

②의사록에는 의사의 경과, 요령 및 결과를 기재하고 의장 및 출석한 이사가 기명날인하여야 한다.

③이사는 의사록을 주된 사무소에 비치하여야 한다.

제4절 해 산

제77조【해산사유】 ①법인은 존립기간의 만료, 법인의 목적의 달성 또는 달성의 불능 기타 정관에 정한 해산사유의 발생, 파산 또는 설립허가의 취소로 해산한다.

②사단법인은 사원이 없게 되거나 총회의 결의로도 해산한다.

(판 례) 법인 아닌 사단에 대하여는 사단법인에 관한 민법규정 가운데서 법인격을 전제로 하는 것을 제외하고는 이를 유추적용하여야 할 것인바, 사단법인에 있어서는 사원이 없게 된다고 하더라도 이는 해산사유가 될 뿐 막바로 권리능력이 소멸하는 것이 아니므로 법인 아닌 사단에 있어서도 구성원이 없게 되었다 하여 막바로 그 사단이 소멸하여 소송상의 당사자능력을 상실하였다고 할 수는 없고 청산사무가 완료되어야 비로소 그 당사자능력이 소멸하는 것이다(1992.10.9, 92다23087).

제78조【사단법인의 해산결의】 사단법인은 총사원 4분의 3 이상의 동의가 없으면 해산을 결의하지 못한다. 그러나 정관에 다른 규정이 있는 때에는 그 규정에 의한다.

제79조【파산신청】 법인이 채무를 완제하지 못하게 된 때에는 이사는 지체없이 파산신청을 하여야 한다.

제80조【잔여재산의 귀속】 ①해산한 법인의 재산은 정관으로 지정한 자에게 귀속한다.

②정관으로 귀속권리자를 지정하지 아니하거나 이를 지정하는 방법을 정하지 아니한 때에는 이사 또는 청산인은 주무관청의 허가를 얻어 그 법인의 목적에 유사한 목적을 위하여 그 재산을 처분할 수 있다. 그러나 사단법인에 있어서는 총회의 결의가 있어야 한다.

③전2항의 규정에 의하여 처분되지 아니한 재산은 국고에 귀속한다.

(판 례) 민법상의 청산절차에 관한 규정은 모두 제3자의 이해관계에 중대한 영향을 미치기 때문에 이른바 강행규정이라고 해석되므로 이에 반하는 잔여재산의 처분행위는 특단의 사정이 없는 한 무효라고 보아야 한다(1995.2.10, 94다13473).

제81조【청산법인】 해산한 법인은 청산의 목적범위내에서만 권리가 있고 의무를 부담한다.

제82조【청산인】 법인이 해산한 때에는 파산의 경우를 제하고는 이사가 청산인이 된다. 그러나 정관 또는 총회의 결의로 달리 정한 바가 있으면 그에 의한다.

제83조【법원에 의한 청산인의 선임】 전조의 규정에 의하여 청산인이 될 자가 없거나 청산인의 결원으로 인하여 손해가 생길 염려가 있는 때에는 법원은 직권 또는 이해관계인이나 검사의 청구에 의하여 청산인을 선임할 수 있다.

제84조【법원에 의한 청산인의 해임】 중요한 사유가 있는 때에는 법원은 직권 또는 이해관계인이나 검사의 청구에 의하여 청산인을 해임할 수 있다.

제85조【해산등기】 ①청산인은 파산의 경우를 제하고는 그 취임후 3주간내에 해산의 사유 및 연월일, 청산인의 성명 및 주소와 청산인의 대표권을 제한한 때에는 그 제한을 주된 사무소 및 분사무소소재지에서 등기하여야 한다.

②제52조의 규정은 전항의 등기에 준용한다.

(판 례) 법인이 해산결의를 하고 사실상 청산사무를 종결하였다 하더라도 해산등기를 마치지 않은 이상 제3자에 대하여 법인의 소멸을 주장할 수 없다(1984.9.25, 84다카493).

제86조【해산신고】 ①청산인은 파산의 경우를 제하고는 그 취임후 3주간내에 전조제1항의 사항을 주무관청에 신고하여야 한다.

②청산중에 취임한 청산인은 그 성명 및 주소를 신고하면 된다.

제87조【청산인의 직무】 ①청산인의 직무는 다음과 같다.

1. 현존사무의 종결
2. 채권의 추심 및 채무의 변제

3. 잔여재산의 인도
②청산인은 전항의 직무를 행하기 위하여 필요한 모든 행위를 할 수 있다.

제88조 【채권신고의 공고】 ①청산인은 취임한 날로부터 2월내에 3회 이상의 공고로 채권자에 대하여 일정한 기간내에 그 채권을 신고할 것을 최고하여야 한다. 그 기간은 2월 이상이어야 한다.
②전항의 공고에는 채권자가 기간내에 신고하지 아니하면 청산으로부터 제외될 것을 표시하여야 한다.
③제1항의 공고는 법원의 등기사항의 공고와 동일한 방법으로 하여야 한다.

제89조 【채권신고의 최고】 청산인은 알고 있는 채권자에게 대하여는 각각 그 채권신고를 최고하여야 한다. 알고 있는 채권자는 청산으로부터 제외하지 못한다.

제90조 【채권신고기간내의 변제금지】 청산인은 제88조제1항의 채권신고기간내에는 채권자에 대하여 변제하지 못한다. 그러나 법인은 채권자에 대한 지연손해배상의 의무를 면하지 못한다.

제91조 【채권변제의 특례】 ①청산중의 법인은 변제기에 이르지 아니한 채권에 대하여도 변제할 수 있다.
②전항의 경우에는 조건있는 채권, 존속기간의 불확정한 채권 기타 가액의 불확정한 채권에 관하여는 법원이 선임한 감정인의 평가에 의하여 변제하여야 한다.

제92조 【청산으로부터 제외된 채권】 청산으로부터 제외된 채권자는 법인의 채무를 완제한 후 귀속권리자에게 인도하지 아니한 재산에 대하여서만 변제를 청구할 수 있다.

제93조 【청산중의 파산】 ①청산중 법인의 재산이 그 채무를 완제하기에 부족한 것이 분명하게 된 때에는 청산인은 지체없이 파산선고를 신청하고 이를 공고하여야 한다.
②청산인은 파산관재인에게 그 사무를 인계함으로써 그 임무가 종료한다.
③제88조제3항의 규정은 제1항의 공고에 준용한다.

제94조 【청산종결의 등기와 신고】 청산이 종결한 때에는 청산인은 3주간내에 이를 등기하고 주무관청에 신고하여야 한다.

제95조 【해산, 청산의 검사, 감독】 법인의 해산 및 청산은 법원이 검사, 감독한다.

제96조 【준용규정】 제58조제2항, 제59조 내지 제62조, 제64조, 제65조 및 제70조의 규정은 청산인에 이를 준용한다.

제5절 벌 칙

제97조 【벌 칙】 법인의 이사, 감사 또는 청산인은 다음 각호의 경우에는 500만원 이하의 과태료에 처한다.<개정 2007.12.21>
1. 본장에 규정한 등기를 해태한 때
2. 제55조의 규정에 위반하거나 재산목록 또는 사원명부에 부정기재를 한 때
3. 제37조, 제95조에 규정한 검사, 감독을 방해한 때
4. 주무관청 또는 총회에 대하여 사실아닌 신고를 하거나 사실을 은폐한 때
5. 제76조와 제90조의 규정에 위반한 때
6. 제79조, 제93조의 규정에 위반하여 파산선고의 신청을 해태한 때
7. 제88조, 제93조에 정한 공고를 해태하거나 부정한 공고를 한 때

제4장 물 건

제98조 【물건의 정의】 본법에서 물건이라 함은 유체물 및 전기 기타 관리할 수 있는 자연력을 말한다.

> (판 례) 권원없이 재배한 농작물의 소유권은 명인방법을 갖출 필요도 없이 경작자에게 있다(62다913, 65다874,68다613,614,68다906). <김준 164면>

제99조 【부동산, 동산】 ①토지 및 그 정착물은 부동산이다.
②부동산이외의 물건은 동산이다.

제100조 【주물, 종물】 ①물건의 소유자가 그 물건의 상용에 공하기 위하여 자기소유인 다른 물건을 이에 부속하게 한 때에는 그 부속물은 종물이다.
②종물은 주물의 처분에 따른다.

> (판 례) 주유기는 주유소건물 자체의 경제적 효용을 다하게 하는 작용을 하므로 종물에 해당한다(94다6345). <김준 167면>
>
> 수족관 건물은 횟집 점포건물의 종물이다(92도32340). <김준 167면>
>
> 농지에 부속한 양수시설도 농지의 종물이다(66누176). <김준 167면>

제101조 【천연과실, 법정과실】 ①물건의 용법

에 의하여 수취하는 산출물은 천연과실이다.
②물건의 사용대가로 받는 금전 기타의 물건은 법정과실로 한다.

제102조【과실의 취득】 ①천연과실은 그 원물로부터 분리하는 때에 이를 수취할 권리자에게 속한다.
②법정과실은 수취할 권리의 존속기간일수의 비율로 취득한다.

제5장 법률행위

제1절 총 칙

제103조【반사회질서의 법률행위】 선량한 풍속 기타 사회질서에 위반한 사항을 내용으로 하는 법률행위는 무효로 한다.

(판 례) 부동산의 이중매매가 반사회적 법률행위로서 무효가 되기 위하여는 매수인이 적어도 그 매도사실을 알고도 매도를 요청하여 매매계약에 이르는 정도가 되어야 한다(1994.3.11, 93다55289).

민법 제103조에 의하여 무효로 되는 반사회질서행위는 법률행위의 목적인 권리의무의 내용이 선량한 풍속 기타 사회질서에 위반되는 경우뿐 아니라, 그 내용 자체는 반사회질서적인 것이 아니라고 하여도 법률적으로 이를 강제하거나 그 법률행위에 반사회질서적인 조건 또는 금전적 대가가 결부됨으로서 반사회질서적 성격을 띠는 경우 및 표시되거나 상대방에게 알려진 법률행위의 동기가 반사회질서적인 경우를 포함하지만, 단지 법률행위의 성립 과정에서 불법적 방법이 사용된 데 불과한 때에는, 그 불법이 의사표시의 형성에 영향을 미친 경우에는 의사표시의 하자를 이유로 그 효력을 논의할 수는 있을지언정 반사회질서의 법률행위로서 무효라고 할 수는 없다(1996.4.26, 94다34432).

제104조【불공정한 법률행위】 당사자의 궁박, 경솔 또는 무경험으로 인하여 현저하게 공정을 잃은 법률행위는 무효로 한다.

(판 례) 당사자의 궁박, 경솔, 무경험은 모두 구비해야 하는 것은 아니고, 이 중 하나만 갖추면 충분하다(93다19924). <김준 210면>

매도인의 대리인이 매매시, 불공정한 법률행위인가를 판단함에는 매도인의 경솔, 무경험은 그 대리인을 기준으로 하여 판단하여야 하고, 궁박상태에 있었는지의 여부는 매도인 본인의 입장에서 판단되어야 한다(71다2255). <김형 108면>

간통죄로 고소하지 않는 대가로 합의금을 받은 것은 부정한 이익을 목적으로 하는 위법한 강박행위가 아니고, 다소 궁박한 상태에서 한 약속어음작성행위를 불공정한 법률행위로 볼 수 없다(96다4795). <김형 107면>

불공정한 법률행위로서 무효인 경우 추인에 의하여 그 무효인 법률행위가 유효로 될 수 없다(94다10900). <김형 109면>

제105조【임의규정】 법률행위의 당사자가 법령중의 선량한 풍속 기타 사회질서에 관계없는 규정과 다른 의사를 표시한 때에는 그 의사에 의한다.

(판 례) 어떠한 의무를 부담하는 내용의 기재가 있는 문면에 '최대한 노력하겠습니다'라고 기재되어 있는 경우, 특별한 사정이 없는 한 당사자가 위와 같은 문구를 기재한 객관적인 의미는 문면 그 자체로 볼 때 그러한 의무를 법적으로는 부담할 수 없지만 사정이 허락하는 한 그 이행을 사실상 하겠다는 취지로 해석함이 상당하다(1994.3.25, 93다32668).

계약당사자 쌍방이 계약의 전제나 기초가 되는 사항에 관하여 같은 내용으로 착오가 있고 이로 인하여 그에 관한 구체적 약정을 하지 아니하였다면, 당사자가 그러한 착오가 없을 때에 약정하였을 것으로 보이는 내용으로 당사자의 의사를 보충하여 계약을 해석할 수 있다.(2006.11.23, 2005다13288). <김형 77면>

제106조【사실인 관습】 법령중의 선량한 풍속 기타 사회질서에 관계없는 규정과 다른 관습이 있는 경우에 당사자의 의사가 명확하지 아니한 때에는 그 관습에 의한다.

(판 례) 법원이 사실인 관습의 유무를 알 수 없는 경우 당사자가 주장, 입증해야 한다(80다3231). <김준 199면>

제2절 의사표시

제107조【진의아닌 의사표시】 ①의사표시는 표의자가 진의아님을 알고 한 것이라도 그 효력이 있다. 그러나 상대방이 표의자의 진의아님을 알았거나 이를 알 수 있었을 경우에는 무효로 한다.
②전항의 의사표시의 무효는 선의의 제3자에게 대항하지 못한다.

(판 례) 사립학교의 법인이 사립학교법상 제한규정 때문에 교직원의 명의를 빌려 A로부터 금원을 차용한 경우에 A가 그 사실을 알았더라도 교직원들의 의사는 주채무자로서 채무를 부담하겠다는 의사표시로서 비진의표시라고 볼 수 없다(80다639). <김형 127면>

근로자가 회사방침에 따라 사직서를 제출한 후 계속해서 근무하였다면 비진의표시로서 퇴직의 효과는 생기지 않는다(87다카2578). <김준 218>

제108조【통정한 허위의 의사표시】 ①상대방과 통정한 허위의 의사표시는 무효로 한다.
②전항의 의사표시의 무효는 선의의 제3자에게 대항하지 못한다.

(판 례) 채권자와 채무자가 통모하여 허위의 의사표시로써 저당권 설정행위를 하고, 채권자의 청구에 의하여 경매가 진행된 결과 선의의 제3자가 경락을 한 경우 그 제3자에 대하여 저당권설정의 허위임을 주장할 수 없다(4289민상580). <김형 133>

상대방과 통정한 허위의 의사표시는 무효이고 누구든지 그 무효를 주장할 수 있는 것이 원칙이나, 허위표시의 당사자 및 포괄승계인 이외의 자로서 허위표시에 의하여 외형상 형성된 법률관계를 토대로 실질적으로 새로운 법률상 이해관계를 맺은 선의의 제3자에 대하여는 허위표시의 당사자뿐만 아니라 그 누구도 허위표시의 무효를 대항하지 못하고, 따라서 선의의 제3자에 대한 관계에 있어서는 허위표시도 그 표시된 대로 효력이 있다(1996.4.26, 94다12074).

파산관재인이 민법 제108조 제2항의 경우 등에 있어 제3자에 해당하는 것은 파산관재인은 파산채권자 전체의 공동의 이익을 위하여 선량한 관리자의 주의로써 그 직무를 행하여야 하는 지위에 있기 때문이므로, 그 선의·악의도 파산관재인 개인의 선의·악의를 기준으로 할 수는 없고 총파산채권자를 기준으로 하여 파산채권자 모두가 악의로 되지 않는 한 파산관재인은 선의의 제3자라고 할 수밖에 없다. 파산관재인이 파산선고 전에 개인적인 사유로 파산자가 체결한 대출계약이 통정허위표시에 의한 것임을 알게 되었다고 하더라도 그러한 사정만을 가지고 파산선고시 파산관재인이 악의자에 해당한다고 할 수 없다(2006.11.10, 2004다10299). <김형 201,204면>

제109조【착오로 인한 의사표시】 ①의사표시는 법률행위의 내용의 중요부분에 착오가 있는 때에는 취소할 수 있다. 그러나 그 착오가 표의자의 중대한 과실로 인한 때에는 취소하지 못한다.

②전항의 의사표시의 취소는 선의의 제3자에게 대항하지 못한다.

(판 례) 운수회사가 회사운전수의 과실로 타인에게 상해를 입힌 것으로 오인하고 부상자의 병원에 대한 치료비지급채무를 연대보증한 경우, 그 착오는 동기의 착오에 불과하므로 그 연대보증계약을 취소할 수 없다(78다2493). <김준 227면>

표의자가 동기를 의사표시의 내용으로 삼을 것을 표시하고 그것이 해석상 법률행위의 내용으로 되어 있다면 착오취소가 가능하며 이때 동기를 의사표시의 내용으로 삼기로 하는 합의는 필요 없다(88다카31507). <김준 227면>

매수인이 토지의 전용허가를 받기 위해서는 복잡한 절차를 거쳐야 한다는 사실을 모르고 벽돌공장부지의 매매계약을 체결한 경우는 동기의 착오이다(96다31109). <김준 228면>

귀속재산이 아닌데도 공무원이 귀속재산이라고 하여 토지소유자가 토지를 국가에 증여한 경우, 상대방에 의해 유발된 동기의 착오로서 착오에 의한 취소가 인정된다(78다719). <김준 228면>

표의자의 중과실에 대하여 상대방이 그 사실을 알면서 이용한 경우, 상대방은 표의자의 중과실을 원용할 수 없다(4288민상321). <김준 231면>

매매에 따른 양도소득세를 매수인이 부담하기로 하고 이를 지급하였으나 그 후 양도소득세가 더 부과된 경우, 매도인의 착오는 매매계약의 중요부분의 착오에 해당된다(93다24810). <김준 232면>

매도인이 매수인의 중도금의무불이행으로 계약을 해제한 후라도 매수인은 손해배상 등의 불이익을 피하기 위하여 착오를 이유로 취소권을 행사하여 매매전체를 무효로 할 수 있다(91다11308). <김준 233면>

취소의 의사표시란 반드시 명시적이어야 하는 것은 아니고, 취소자가 그 착오를 이유로 자신의 법률행위의 효력을 처음부터 배제하려고 한다는 의사가 드러나면 충분하다(2004다43824). <김형 190면>

어떤 사람이 자신의 의사와 다른 법률효과를 발생시키는 서면에, 그것을 읽지 않거나 올바르게 이해하지 못하고 기명날인하는 이른바 표시상의 착오에 해당하는 경우에는, 비록 위와 같은 착오가 제3자의 기망행위에 의하여 일어난 것이더라도 그에 관하여는 사기에 의한 의사표시에 관한 법리를 적용할 것이 아니라 착오에 의한 의사표시에 관한 법리만을 적용하여 취소권 행사의 가부를 가려야 한다(2004다43824). <김형 190면>

착오가 법률행위 내용의 중요 부분에 있다고 하기 위하여는 표의자에 의하여 추구된 목적을 만일 그 착오로 인하여 표의자가 무슨 경제적인 불이익을 입은 것이 아니라면 이를 법률행위 내용의 중요 부분의 착오라고 할 수 없다.(2006.12.7, 2006다41457). <김형 217면>

제110조【사기, 강박에 의한 의사표시】 ①사기나 강박에 의한 의사표시는 취소할 수 있다.

②상대방있는 의사표시에 관하여 제3자가 사기나 강박을 행한 경우에는 상대방이 그 사실을 알았거나 알 수 있었을 경우에 한하여 그 의사표시를 취소할 수 있다.

③전2항의 의사표시의 취소는 선의의 제3자에게 대항하지 못한다.

(판 례) 매도인의 기망행위로 매수인이 타인의 물건을 매도인의 것으로 알고 매수한 경우 그 사실을 알았더라면 매수하지 않았을 사정이 있는 경우, 매수의 의사표시를 취소할 수 있다(73다268). <김준 238면>

백화점의 변칙세일의 경우에 변칙세일은 가격조건에 관하여 기망한 것으로서 사술의 정도가 사회적 용인의 한도를 넘어선 위법이 있다(92다52665). <김준 238면>

매매 당시 국가가 매도인에게 곧 환매하리라는 사정을 아는 매수인이 이를 모르는 매도인으로부터 싼 값으로 토지를 매수한 경우, 매수인에게 고지의무가 없으므로 기망행위가 아니다(81다239,238). <김준 238면>

끈질긴 수사를 받다가 형사고소 취하를 조건으로 부

동산 등기서류를 교부한 경우에도 표의자에 대한 강박의 고의가 없으면 강박행위가 아니다(73다1048). <김준 239면>

제111조【의사표시의 효력발생시기】 ①상대방이 있는 의사표시는 상대방에게 도달한 때에 그 효력이 생긴다.

②의사표시자가 그 통지를 발송한 후 사망하거나 제한능력자가 되어도 의사표시의 효력에 영향을 미치지 아니한다.

<전문개정 2011.3.7>

판례 채권양도통지서를 가정부가 수령한 직후에 한 집에 사는 채권양도인이 우편물을 바로 회수해 간 경우, 특별한 사정이 없는 한 도달이라고 볼 수 없다(83다카439). <김형 161면>

제112조【제한능력자에 대한 의사표시의 효력】 의사표시의 상대방이 의사표시를 받은 때에 제한능력자인 경우에는 의사표시자는 그 의사표시로써 대항할 수 없다. 다만, 그 상대방의 법정대리인이 의사표시가 도달한 사실을 안 후에는 그러하지 아니하다.

<전문개정 2011.3.7>

제113조【의사표시의 공시송달】 표의자가 과실없이 상대방을 알지 못하거나 상대방의 소재를 알지 못하는 경우에는 의사표시는 민사소송법 공시송달의 규정에 의하여 송달할 수 있다.

제3절 대 리

제114조【대리행위의 효력】 ①대리인이 그 권한내에서 본인을 위한 것임을 표시한 의사표시는 직접 본인에게 대하여 효력이 생긴다.

②전항의 규정은 대리인에게 대한 제3자의 의사표시에 준용한다.

판례 본인이 결정한 의사를 대리인으로 하여금 표시케 한 경우에 의사표시는 대리행위가 아니므로, 의사표시의 지, 부지, 착오 등은 오직 본인에 대하여서만 문제가 된다(66다661). <김준 248면>

대리인이 본인명의로 법률행위를 한 경우에도 대리인에게 대리의사가 있는 한 유효하다(63다67). <김준 250면>

매매위임장을 제시한 대리인이 계약서에 대리인의 이름만 기재하더라도 소유자를 대리하여 매매계약을 체결한 것으로 보아야 한다(81다1349). <김준 267면>

제115조【본인을 위한 것임을 표시하지 아니한 행위】 대리인이 본인을 위한 것임을 표시하지 아니한 때에는 그 의사표시는 자기를 위한 것으로 본다. 그러나 상대방이 대리인으로서 한 것임을 알았거나 알 수 있었을 때에는 전조제1항의 규정을 준용한다.

판례 대리인이 본인처럼 행세하고 상대방도 대리인을 본인으로 안 경우, 대리인 자신이 법률효과의 당사자가 된다(74다165). <김준 267면>

채권양도통지서에 양수받은 채권이 특정되어 있고 채권양도양수계약서가 첨부되어 있으면 채무자는 양수인이 양도인이 채권양도를 통지하는 데 있어서 대리인의 지위에 있음을 알 수 있는 경우에 해당한다(2003다43490). <김형 226면>

제116조【대리행위의 하자】 ①의사표시의 효력이 의사의 흠결, 사기, 강박 또는 어느 사정을 알았거나 과실로 알지 못한 것으로 인하여 영향을 받을 경우에 그 사실의 유무는 대리인을 표준하여 결정한다.

②특정한 법률행위를 위임한 경우에 대리인이 본인의 지시에 좇아 그 행위를 한 때에는 본인은 자기가 안 사정 또는 과실로 인하여 알지 못한 사정에 관하여 대리인의 부지를 주장하지 못한다.

판례 매수인이 대리인을 통하여 매매계약을 체결한 경우, 대리인이 계약내용을 알고 있었다면 매수인은 자신의 부지에 의한 착오를 이유로 매매계약을 취소할 수 없다(95다41406). <김준 269면>

제117조【대리인의 행위능력】 대리인은 행위능력자임을 요하지 아니한다.

제118조【대리권의 범위】 권한을 정하지 아니한 대리인은 다음 각호의 행위만을 할 수 있다.

1. 보존행위
2. 대리의 목적인 물건이나 권리의 성질을 변하지 아니하는 범위에서 그 이용 또는 개량하는 행위

판례 임의대리권은 수령대리권을 포함하며, 매매계약체결의 대리권에는 중도금과 잔금을 수령할 권한도 포함되어 있다(93다39379). <김준 258면>

제119조【각자대리】 대리인이 수인인 때에는 각자가 본인을 대리한다. 그러나 법률 또는 수권행위에 다른 정하는 바가 있는 때에는 그러하지 아니하다.

제120조【임의대리인의 복임권】 대리권이 법률행위에 의하여 부여된 경우에는 대리인은 본인의 승낙이 있거나 부득이한 사유가 있는 때가 아니면 복대리인을 선임하지 못한다.

판례 복대리인이 본인의 이름 대신 대리인의 이름으로 법률행위를 한 경우, 상대방이 대리권 및 복대리권 수여사실을 안 사정이 없는 한 대리인 자신

이 법률효과를 받는다(67다872). <김준 276면>

제121조 【임의대리인의 복대리인선임의 책임】 ①전조의 규정에 의하여 대리인이 복대리인을 선임한 때에는 본인에게 대하여 그 선임감독에 관한 책임이 있다.

②대리인이 본인의 지명에 의하여 복대리인을 선임한 경우에는 그 부적임 또는 불성실함을 알고 본인에게 대한 통지나 그 해임을 태만한 때가 아니면 책임이 없다.

제122조 【법정대리인의 복임권과 그 책임】 법정대리인은 그 책임으로 복대리인을 선임할 수 있다. 그러나 부득이한 사유로 인한 때에는 전조제1항에 정한 책임만이 있다.

제123조 【복대리인의 권한】 ①복대리인은 그 권한내에서 본인을 대리한다.

②복대리인은 본인이나 제3자에 대하여 대리인과 동일한 권리의무가 있다.

제124조 【자기계약, 쌍방대리】 대리인은 본인의 허락이 없으면 본인을 위하여 자기와 법률행위를 하거나 동일한 법률행위에 관하여 당사자쌍방을 대리하지 못한다. 그러나 채무의 이행은 할 수 있다.

제125조 【대리권수여의 표시에 의한 표현대리】 제3자에 대하여 타인에게 대리권을 수여함을 표시한 자는 그 대리권의 범위내에서 행한 그 타인과 그 제3자간의 법률행위에 대하여 책임이 있다. 그러나 제3자가 대리권없음을 알았거나 알 수 있었을 때에는 그러하지 아니하다.

(판 례) 호텔 등의 시설이용우대회원 모집계약을 체결하면서 자신의 판매점, 총대리점 또는 연락사무소 등의 명칭을 사용하여 모집안내를 하거나 입회계약 체결을 승낙 또는 묵인하였다면 제125조의 표현대리가 성립할 수 있다(97다53762). <김형 204면>

제126조 【권한을 넘은 표현대리】 대리인이 그 권한외의 법률행위를 한 경우에 제3자가 그 권한이 있다고 믿을 만한 정당한 이유가 있는 때에는 본인은 그 행위에 대하여 책임이 있다.

(판 례) 권한을 넘은 표현대리에는 대리인의 사자나 임의로 선임한 복대리인을 통하여 권한 외의 법률행위를 한 경우도 포함된다(97다48982). <김준 281면>

대리인이 등기서류를 구비한 경우에는 특별한 사정이 없는 한 상대방이 대리권의 존재를 믿을 만한 정당한 이유가 된다(71다1141). <김준 282면>

본인과 대리인이 부부인 경우, 남편이 아내에게 부동산 처분의 대리권을 주는 것은 이례적인 것으로 보아 정당한 이유를 인정하기 어렵다(69다633). <김준 282면>

한정치산자의 후견인이 친족회의 동의를 얻지 않고 피후견인의 부동산을 처분한 경우, 상대방이 친족회의 동의가 있다고 믿은데 정당한 이유가 있으면 한정치산자에게 그 효력이 미친다. 즉, 제126조는 법정대리에도 적용된다(97다3828). <김형 212면>

제127조 【대리권의 소멸사유】 대리권은 다음 각 호의 어느 하나에 해당하는 사유가 있으면 소멸된다.

1. 본인의 사망
2. 대리인의 사망, 성년후견의 개시 또는 파산

<전문개정 2011.3.7>

제128조 【임의대리의 종료】 법률행위에 의하여 수여된 대리권은 전조의 경우외에 그 원인된 법률관계의 종료에 의하여 소멸한다. 법률관계의 종료전에 본인이 수권행위를 철회한 경우에도 같다.

제129조 【대리권소멸후의 표현대리】 대리권의 소멸은 선의의 제3자에게 대항하지 못한다. 그러나 제3자가 과실로 인하여 그 사실을 알지 못한 때에는 그러하지 아니하다.

(판 례) 대리인이 대리권 소멸 후 복대리인을 선임하여 대리행위를 시킨 경우에도 복대리인에게 적법한 대리권이 있다고 믿은 무과실의 상대방에 대해 제129조에 의한 표현대리가 성립할 수 있다(97다5317). <김형 215면>

제130조 【무권대리】 대리권없는 자가 타인의 대리인으로 한 계약은 본인이 이를 추인하지 아니하면 본인에 대하여 효력이 없다.

제131조 【상대방의 최고권】 대리권없는 자가 타인의 대리인으로 계약을 한 경우에 상대방은 상당한 기간을 정하여 본인에게 그 추인 여부의 확답을 최고할 수 있다. 본인이 그 기간내에 확답을 발하지 아니한 때에는 추인을 거절한 것으로 본다.

(판 례) 무권대리인이 차용한 금원의 변제기일에 채권자가 본인에게 변제를 독촉하자 본인이 그 유예를 요청한 경우, 무권대리행위의 추인이 인정된다(72다2309,2310). <김준 287면>

제132조 【추인, 거절의 상대방】 추인 또는 거절의 의사표시는 상대방에 대하여 하지 아니하면 그 상대방에 대항하지 못한다. 그러나 상대방이 그 사실을 안 때에는 그러하지 아니하다.

(판 례) 모가 자의 재산을 임의로 매도한 후, 군에서 제대한 자가 10년간이나 매수인에게 이의를 제기하지 아니한 경우, 무권대리행위의 묵시적 추인이 인정된다(66다1078). <김준 288면>

제133조【추인의 효력】 추인은 다른 의사표시가 없는 때에는 계약시에 소급하여 그 효력이 생긴다. 그러나 제3자의 권리를 해하지 못한다.

제134조【상대방의 철회권】 대리권없는 자가 한 계약은 본인의 추인이 있을 때까지 상대방은 본인이나 그 대리인에 대하여 이를 철회할 수 있다. 그러나 계약 당시에 상대방이 대리권없음을 안 때에는 그러하지 아니하다.

제135조【상대방에 대한 무권대리인의 책임】 ①다른 자의 대리인으로서 계약을 맺은 자가 그 대리권을 증명하지 못하고 또 본인의 추인을 받지 못한 경우에는 그는 상대방의 선택에 따라 계약을 이행할 책임 또는 손해를 배상할 책임이 있다.

②대리인으로서 계약을 맺은 자에게 대리권이 없다는 사실을 상대방이 알았거나 알 수 있었을 때 또는 대리인으로서 계약을 맺은 사람이 제한능력자일 때에는 제1항을 적용하지 아니한다.

<전문개정 2011.3.7>

제136조【단독행위와 무권대리】 단독행위에는 그 행위당시에 상대방이 대리인이라 칭하는 자의 대리권없는 행위에 동의하거나 그 대리권을 다투지 아니한 때에 한하여 전6조의 규정을 준용한다. 대리권없는 자에 대하여 그 동의를 얻어 단독행위를 한 때에도 같다.

제4절 무효와 취소

제137조【법률행위의 일부무효】 법률행위의 일부분이 무효인 때에는 그 전부를 무효로 한다. 그러나 그 무효부분이 없더라도 법률행위를 하였을 것이라고 인정될 때에는 나머지 부분은 무효가 되지 아니한다.

(판 례) 토지거래규제지역 내의 토지와 지상건물을 일괄하여 매매한 경우, 매수인이 토지거래허가가 없으면 건물만이라도 매수하였을 것이라고 볼 수 있는 특별한 사정이 있는 경우에 한하여, 토지거래허가 전에 건물만의 소유권이전등기를 청구할 수 있다(93다22043). <김준 295면>

국토이용관리법상 허가를 전제로 체결된 계약은 일단 허가를 받으면 그 계약은 소급하여 유효한 계약이 되고 이와 달리 불허가가 된 때에는 무효로 확정되므로 허가를 받기까지는 유동적 무효의 상태에 있다(전합90다12243). <김준 296면>

복수의 당사자 사이에 중간생략등기의 합의를 한 경우 그 합의는 전체로서 일체성을 가지는 것이므로, 그 중 한 당사자의 의사표시가 무효인 것으로 판명된 경우 나머지 당사자 사이의 합의가 유효한지의 여부는 민법 제137조에 정한 바에 따라 당사자가 그 무효 부분이 없더라도 법률행위를 하였을 것이라고 인정되는지의 여부에 의하여 판정되어야 할 것이고, 그 당사자의 의사는 실재하는 의사가 아니라 법률행위의 일부분이 무효임을 법률행위 당시에 알았다면 당사자 쌍방이 이에 대비하여 의욕하였을 가정적 의사를 말한다(1996.2.27, 95다38875).

토지거래계약을 맺고 그 허가를 받지 않은 상태에서 그 허가구역의 지정이 해제되거나 허가구역의 지정기간이 만료되었음에도 그 재지정을 하지 않은 경우는 더 이상 관할관청으로부터 토지거래허가를 받을 필요가 없이 확정적으로 유효가 되어 당사자는 이행청구와 반대급부의 청구를 할 수 있다고 보아야 할 것이다(전합98다40459). <김준 38면(추록)>

제138조【무효행위의 전환】 무효인 법률행위가 다른 법률행위의 요건을 구비하고 당사자가 그 무효를 알았더라면 다른 법률행위를 하는 것을 의욕하였으리라고 인정될 때에는 다른 법률행위로서 효력을 가진다.

(판 례) 혼인외의 출생자를 혼인중의 출생자로 신고한 경우, 친생자 출생신고로서는 무효이지만 인지신고로서는 유효하다(71다1983). <김준 298면>

타인의 자를 자기의 자로 출생 신고한 경우, 출생신고로서는 무효지만 입양신고로서는 유효하다(77다492). <김준 298면>

입양의 의사로 친생자 출생신고를 하였더라도 위 요건을 갖추지 못하는 한 입양신고로서의 효력은 발생하지 않는다(2004므1484). <김형 293면>

제139조【무효행위의 추인】 무효인 법률행위는 추인하여도 그 효력이 생기지 아니한다. 그러나 당사자가 그 무효임을 알고 추인한 때에는 새로운 법률행위로 본다.

(판 례) 불공정한 법률행위로서 무효인 경우에는 추인하여도 유효로 되지 않는다(94다10900). <김형 109면>

무효행위를 추인한 때에는 달리 소급효를 인정하는 법률규정이 없는 한 새로운 법률행위를 한 것으로 보아야 할 것이고 이는 무효인 결의를 사후에 적법하게 추인하는 경우에도 마찬가지라 할 것이다(1995.4.11, 94다53419).

당사자간에 무효인 신고행위에 상응하는 신분관계가 실질적으로 형성되어 있지 않다면 무효인 신분행위에 대한 추인의 의사표시만으로 그 무효행위의 효력을 인정할 여지는 없다(2004므1484). <김형 295면>

무효등기의 유용에 관한 합의 내지 추인은 묵시적으로도 이루어질 수 있으나, 묵시적합의 내지 추인을 인정하려면 무효등기 사실을 알면서 장기간 이의를 제기하지 아니하고 방치한 것만으로는 부족하고 그 등기가 무효임을 알면서도 유효함을 전제로 기대되는 행위를 하거나 용태를 보이는 등 무효등기를 유용할 의사에서 비롯되어 장기간 방치된 것이라고 볼 수 있는 특별한 사정이 있어야 한다.(2006다50055). <김형 792면>

제140조【법률행위의 취소권자】 취소할 수 있는 법률행위는 제한능력자, 착오로 인하거나 사기·강박에 의하여 의사표시를 한 자, 그의 대리인 또는 승계인만이 취소할 수 있다. <전문개정 2011.3.7>

(판 례) 법률행위가 가분적이거나 그 목적물의 일부가 특정될 수 있다면 그 나머지 부분이라도 이를 유지하려는 당사자의 가정적 의사가 인정되는 경우 그 일부만의 취소도 가능하고, 또 그 일부의 취소는 법률행위의 일부에 관하여 효력이 생긴다(98다56607). <김준 22면(추록)>

제141조【취소의 효과】 취소된 법률행위는 처음부터 무효인 것으로 본다. 다만, 제한능력자는 그 행위로 인하여 받은 이익이 현존하는 한도에서 상환(償還)할 책임이 있다. <전문개정 2011.3.7>

(판 례) 매매계약 당시 매도한 주식에 질권이 설정되어 있다는 이유만으로 질권설정자인 주식매도인이 매매계약 취소로 그 주식의 반환을 청구할 수 없다고 볼 수 없다(1994.1.13, 93다49482).

제142조【취소의 상대방】 취소할 수 있는 법률행위의 상대방이 확정한 경우에는 그 취소는 그 상대방에 대한 의사표시로 하여야 한다.

(판 례) 법률행위 취소를 전제로 한 소송상의 이행청구나 이를 전제로 한 이행거절 가운데에는 취소의 의사표시가 포함되어 있다(93다13462). <김형 239면>

제143조【추인의 방법, 효과】 ①취소할 수 있는 법률행위는 제140조에 규정한 자가 추인할 수 있고 추인후에는 취소하지 못한다.
②전조의 규정은 전항의 경우에 준용한다.

(판 례) 취소에 의하여 소급적으로 무효가 된 법률행위도 무효행위의 추인의 요건에 따라 다시 추인할 수 있다(95다382470). <김준 305면>

제144조【추인의 요건】 ①추인은 취소의 원인이 소멸된 후에 하여야만 효력이 있다.
②제1항은 법정대리인 또는 후견인이 추인하는 경우에는 적용하지 아니한다.
<전문개정 2011.3.7>

(판 례) 강박에서 벗어나지 아니한 상태에 있으면 취소의 원인이 종료되기 전이므로 이때에 한 추인은 그 효력이 없다(1982.6.8, 81다10).

제145조【법정추인】 취소할 수 있는 법률행위에 관하여 전조의 규정에 의하여 추인할 수 있는 후에 다음 각호의 사유가 있으면 추인한 것으로 본다. 그러나 이의를 보류한 때에는 그러하지 아니하다.

1. 전부나 일부의 이행
2. 이행의 청구
3. 경 개
4. 담보의 제공
5. 취소할 수 있는 행위로 취득한 권리의 전부나 일부의 양도
6. 강제집행

(판 례) 취소권자가 상대방에게 취소할 수 있는 법률행위로부터 생긴 채무의 전부 또는 일부를 이행한 것은 민법 제145조제1호 소정의 법정추인 사유에 해당하여 추인의 효력이 발생하고 그 이후에는 취소할 수 없게 되는 것이나, 여기서 말하는 취소할 수 있는 법률행위로부터 생긴 채무란 취소권자가 취소권을 행사한 채무 그 자체를 말하는 것이라고 보아야 하고, 또한 일시에 여러 장의 당좌수표를 발행하는 경우 매 수표의 발행행위는 각각 독립된 별개의 법률행위이고 그 수표금 채무도 수표마다 별개의 채무가 되는 것이므로, 취소할 수 있는 법률행위로부터 생긴 채무의 이행을 위하여 발행·교부한 당좌수표 중 일부가 거래은행에서 지급되게 하였다고 하여 나머지 당좌수표의 수표금 채무의 일부를 이행한 것이라고 할 수 없다(1996.2.23, 94다58438).

제146조【취소권의 소멸】 취소권은 추인할 수 있는 날로부터 3년내에 법률행위를 한 날로부터 10년내에 행사하여야 한다.

(판 례) 취소권의 행사기간은 제척기간이고 체척기간의 도과는 당사자의 주장이 없더라도 법원이 당연히 직권으로 조사하여야 한다(96다25371). <김준 310면>

취소권행사의 결과로 생기는 부당이득반환청구권은 취소권을 행사한 때로부터 소멸시효가 진행한다(90다13420). <김준 310면>

원고가 피고들의 강박행위에 의하여 피고들에게 금원을 교부하였다는 이유로 그 의사표시를 취소하고 피고들에 대하여 부당이득반환 또는 불법행위로 인한 손해배상을 요구하는 사건에 있어서 원고가 같은 무렵 피고들의 강박에 의하여 다른 토지에 관한 가등기가 경료되었다는 이유로 가등기의 말소청구소송을 제기한 때에는 강박상태에서 벗어나 있었다고 봄이 상당하므로 그로부터 3년의 제척기간이 경과함으로써 원고의 취소권은 소멸하였다 할 것이다(1990.11.13, 90다카17153).

제5절 조건과 기한

제147조【조건성취의 효과】 ①정지조건있는 법률행위는 조건이 성취한 때로부터 그 효력이 생긴다.
②해제조건있는 법률행위는 조건이 성취한 때로부터 그 효력을 잃는다.
③당사자가 조건성취의 효력을 그 성취전에

소급하게 할 의사를 표시한 때에는 그 의사에 의한다.

(판례) 토지를 매매하면서 공장부지에 편입되지 않은 부분은 원가로 반환한다는 약정은 법률행위의 효력의 소멸에 관한 조건이다(80다3195). <김준 312면>

약혼예물의 수수는 혼인 불성립을 해제조건으로 하는 증여와 유사한 성질의 것이므로, 시어머니가 며느리에게 교부한 약혼예물은 그 혼인이 성립되어 상당 기간 지속된 이상 며느리의 소유라고 본 조치는 정당하다(1994.12.27, 94므895).

제148조【조건부권리의 침해금지】 조건있는 법률행위의 당사자는 조건의 성부가 미정한 동안에 조건의 성취로 인하여 생길 상대방의 이익을 해하지 못한다.

(판례) 당사자가 조건성취전에 조건이 성취될 것을 예견하고 미리 그 채무이행에 해당하는 행위를 하였다고 해서 정지조건이 붙은 매매계약의 성립을 해치는 사유가 아니한다(1969.11.25, 66다1265).

제149조【조건부권리의 처분 등】 조건의 성취가 미정한 권리의무는 일반규정에 의하여 처분, 상속, 보존 또는 담보로 할 수 있다.

제150조【조건성취, 불성취에 대한 반신의 행위】 ①조건의 성취로 인하여 불이익을 받을 당사자가 신의성실에 반하여 조건의 성취를 방해한 때에는 상대방은 그 조건이 성취한 것으로 주장할 수 있다.

②조건의 성취로 인하여 이익을 받을 당사자가 신의성실에 반하여 조건을 성취시킨 때에는 상대방은 그 조건이 성취하지 아니한 것으로 주장할 수 있다.

(판례) 소취하시는 승소로 간주하여 사례금을 지급한다는 특약은 승소의 가능성이 있는 소송을 부당하게 취하하에 한하여 적용된다(1979.6.26, 77다209).

제151조【불법조건, 기성조건】 ①조건이 선량한 풍속 기타 사회질서에 위반한 것인 때에는 그 법률행위는 무효로 한다.

②조건이 법률행위의 당시 이미 성취한 것인 경우에는 그 조건이 정지조건이면 조건없는 법률행위로 하고 해제조건이면 그 법률행위는 무효로 한다.

③조건이 법률행위의 당시에 이미 성취할 수 없는 것인 경우에는 그 조건이 해제조건이면 조건없는 법률행위로 하고 정지조건이면 그 법률행위는 무효로 한다.

(판례) 정지조건부 화해계약 당시 이미 그 조건이 성취되었다면 이는 무조건 화해계약으로 볼 것이다(1959.12.24, 4292민사670).

제152조【기한도래의 효과】 ①시기있는 법률행위는 기한이 도래한 때로부터 그 효력이 생긴다.

②종기있는 법률행위는 기한이 도래한 때로부터 그 효력을 잃는다.

(판례) 임대차계약기한을 임차인에게 매도할 때까지로 정한 경우에는 기한을 정한 것이라고 볼 수 없다(1975.5.14 73다631).

제153조【기한의 이익과 그 포기】 ①기한은 채무자의 이익을 위한 것으로 추정한다.

②기한의 이익은 이를 포기할 수 있다. 그러나 상대방의 이익을 해하지 못한다.

제154조【기한부권리와 준용규정】 제148조와 제149조의 규정은 기한있는 법률행위에 준용한다.

제6장 기 간

제155조【본장의 적용범위】 기간의 계산은 법령, 재판상의 처분 또는 법률행위에 다른 정한 바가 없으면 본장의 규정에 의한다.

(판례) 국세심사청구법상 기간의 계산은 민법의 규정에 따라 계산한다(67누50).

제156조【기간의 기산점】 기간을 시, 분, 초로 정한 때에는 즉시로부터 기산한다.

제157조【기간의 기산점】 기간을 일, 주, 월 또는 년으로 정한 때에는 기간의 초일은 산입하지 아니한다. 그러나 그 기간이 오전 영시로부터 시작하는 때에는 그러하지 아니하다.

(판례) 근로기준법 제19조제1항 소정의 평균임금을 산정하여야 할 사유가 발생한 날 이전 3개월간의 기산에 있어서 사유발생한 날인 초일은 산입하지 않아야 한다(1989.4.11, 87다카2901).

제158조【나이의 계산과 표시】 나이는 출생일을 산입하여 만(滿) 나이로 계산하고, 연수(年數)로 표시한다. 다만, 1세에 이르지 아니한 경우에는 월수(月數)로 표시할 수 있다. <전문개정 2022. 12. 27.>

제159조【기간의 만료점】 기간을 일, 주, 월 또는 년으로 정한 때에는 기간말일의 종료로 기간이 만료한다.

(판례) 정년에 53세라 함은 만 53세 만료일이 아니라 53세에 도달하는 날을 말한다(71다2669). <김준 321면>

입법관행 및 자구해석상 "이전"이라 함은 기산점이 되는 일시를 포함하는 표현이고, 또, 민법 제159조는 기간을 "일"로 정한 때에는 기간말일의 종료로 기간이 만료한다고 규정하여 기간의 밀일에 관하여 초일의 경우와 마찬가지로 연장적 계산법을 채택하고 있으므로 어떤 행위를 하여야 하는 종기 또는 유효기간이 만료되는 시점을 "시행일" 또는 "공고일"이라고 하여 "일"로 정하였다면 그 기간의 만료점은 그날 오후 12시가 된다 할 것이고, 따라서 위고시 제91-21호 부칙 제2조를 위 법리에 따라 해석하면 수입승인을 받은 자가 위 고시의 시행일인 1991.5.13 24:00까지 신용장개설을 하지 아니하면 그날 24:00에 수입승인의 효력이 상실된다는 취지로 풀이된다(1993.11.23, 93도662).

제160조【역에 의한 계산】 ①기간을 주, 월 또는 년으로 정한 때에는 역에 의하여 계산한다.

②주, 월 또는 년의 처음으로부터 기간을 기산하지 아니하는 때에는 최후의 주, 월 또는 년에서 그 기산일에 해당한 날의 전일로 기간이 만료한다.

③월 또는 년으로 정한 경우에 최종의 월에 해당일이 없는 때에는 그 월의 말일로 기간이 만료한다.

(판례) 1975.4.30 심사청구 기각통지를 받았다면 구 행정소송법(1984.12.15 법률 제3754호로 개정된 것) 제5조제1항 소정의 출소기간인 1일 이내는 본조에 의하여 동년 5.31까지가 된다(1976.10.12, 76누170).

제161조【공휴일 등 기간의 만료점】 기간의 말일이 토요일 또는 공휴일에 해당한 때에는 기간은 그 익일로 만료한다.<개정 2007.12.21>

(판례) 기간의 말일이 공휴일인 때에 그 다음날로 만료한다는 규정은 초일이 공휴일인 경우에는 적용이 없다(81누204). <김준 320면>

제7장 소멸시효

제162조【채권, 재산권의 소멸시효】 ①채권은 10년간 행사하지 아니하면 소멸시효가 완성한다.

②채권 및 소유권이외의 재산권은 20년간 행사하지 아니하면 소멸시효가 완성한다.

(판례) 인도받아 사용, 수익하던 매수인이 적극적인 권리행사의 일환으로 제3자에게 그 부동산을 처분하고 그 점유를 승계하여 준 경우에도 이전등기청구권은 소멸시효에 걸리지 않는다(전합98다32175). <김준 18면(추록)>

형성권의 행사로 발생한 채권적 권리는 형성권을 행사한 때부터 따로 소멸시효가 진행한다(90다13420). <김준 330면>

토지에 대한 취득시효 완성으로 인한 소유권이전등기청구권은 그 토지에 대한 점유가 계속되는 한 시효로 소멸하지 아니하고, 그 후 점유를 상실하였다고 하더라도 이를 시효이익의 포기로 볼 수 있는 경우가 아닌 한 이미 취득한 소유권이전등기청구권은 바로 소멸되지는 않으나, 취득시효가 완성된 점유자가 점유를 상실한 경우 취득시효 완성으로 인한 소유권이전등기청구권의 소멸시효는 이와 별개의 문제로서, 그 점유자가 점유를 상실한 때로부터 10년간 등기청구권을 행사하지 아니하면 소멸시효가 완성한다(1996.3.8, 95다34866,34873).

제163조【3년의 단기소멸시효】 다음 각호의 채권은 3년간 행사하지 아니하면 소멸시효가 완성한다. <개정 97.12.13>

1. 이자, 부양료, 급료, 사용료 기타 1년 이내의 기간으로 정한 금전 또는 물건의 지급을 목적으로 한 채권
2. 의사, 조산사, 간호사 및 약사의 치료, 근로 및 조제에 관한 채권
3. 도급받은 자, 기사 기타 공사의 설계 또는 감독에 종사하는 자의 공사에 관한 채권
4. 변호사, 변리사, 공증인, 공인회계사 및 법무사에 대한 직무상 보관한 서류의 반환을 청구하는 채권
5. 변호사, 변리사, 공증인, 공인회계사 및 법무사의 직무에 관한 채권
6. 생산자 및 상인이 판매한 생산물 및 상품의 대가
7. 수공업자 및 제조자의 업무에 관한 채권

(신·구) 2. ~조산원, 간호원~ ⇨ ~조산사, 간호사~
4.·5. ~계리사 및 사법서사~ ⇨ ~공인회계사 및 법무사~

(판례) 이자채권이라도 1년 이내의 정기지급이 아닌 이상 3년의 단기소멸시효에 걸리지 않는다(96다25302). <김준 332면>

3년의 단기소멸시효가 적용되는 민법 제163조제6호 소정의 '상인이 판매한 상품의 대가'란 상품의 매매로 인한 대금 그 자체의 채권만을 말하는 것으로서, 상품의 공급 자체와 등가성 있는 청구권에 한한다(1996.1.23, 95다39854).

제164조【1년의 단기소멸시효】 다음 각호의 채권은 1년간 행사하지 아니하면 소멸시효가 완성한다.

1. 여관, 음식점, 대석, 오락장의 숙박료, 음식료, 대석료, 입장료, 소비물의 대가 및 체당금의 채권
2. 의복, 침구, 장구 기타 동산의 사용료의 채권
3. 노역인, 연예인의 임금 및 그에 공급한 물건의 대금채권
4. 학생 및 수업자의 교육, 의식 및 유숙에 관한 교주, 숙주, 교사의 채권

(판 례) 민법 제164조제3호 소정의 단기소멸시효의 적용을 받는 노임채권이라도 채권자인 원고와 채무자인 피고회사 사이에 위 노임채권에 관하여 준소비대차의 약정이 있었다면, 동 준소비대차계약은 상인인 피고회사가 영업을 위하여 한 상행위로 추정함이 상당하고, 이에 의하여 새로이 발생한 채권은 상사채권으로서 5년의 상사시효의 적용을 받게 된다(1981.12.22, 80다1363).

제165조【판결 등에 의하여 확정된 채권의 소멸시효】 ①판결에 의하여 확정된 채권은 단기의 소멸시효에 해당한 것이라도 그 소멸시효는 10년으로 한다.
②파산절차에 의하여 확정된 채권 및 재판상의 화해, 조정 기타 판결과 동일한 효력이 있는 것에 의하여 확정된 채권도 전항과 같다.
③전2항의 규정은 판결확정 당시에 변제기가 도래하지 아니한 채권에 적용하지 아니한다.

(판 례) 민법 제166조제2항의 규정에 의하면 부작위를 목적으로 하는 채권의 소멸시효는 위반행위를 한 때로부터 진행한다는 점 부정경쟁방지법 제10조제1항이 정한 영업비밀 침해행위의 금지 또는 예방을 청구할 수 있는 권리의 경우, 그 소멸시효가 진행하기 위하여는 일단 침해행위가 개시되어야 하고, 나아가 영업비밀 보유자가 그 침해행위에 의하여 자기의 영업상의 이익이 침해되거나 또는 침해될 우려가 있는 사실 및 침해행위자를 알아야 한다(1996.2.13, 95마594)

제166조【소멸시효의 기산점】 ①소멸시효는 권리를 행사할 수 있는 때로부터 진행한다.
②부작위를 목적으로 하는 채권의 소멸시효는 위반행위를 한 때로부터 진행한다.

(판 례) 권리를 행사할 수 있는 때라 함은 권리를 행사함에 있어서 법률상의 장애가 없는 경우를 말하며 이행기가 정해진 채권은 그 기한이 도래한 때부터 소멸시효가 진행한다(80다2626). <김형 257면>

제167조【소멸시효의 소급효】 소멸시효는 그 기산일에 소급하여 효력이 생긴다.

제168조【소멸시효의 중단사유】 소멸시효는 다음 각호의 사유로 인하여 중단된다.
1. 청 구
2. 압류 또는 가압류, 가처분
3. 승 인

(판 례) 이러한 어음은 경제적으로 동일한 급부를 위하여 운임채권의 지급수단으로 수수된 것으로서, 채권자가 원인채권에 기하여 청구를 한 것이 아니라 어음채권에 기하여 청구를 하는 경우에는 원인채권의 소멸시효를 중단시키는 효력이 있다고 봄이 상당하다(4293민상748). <김준 336면>

원인채권의지급을 확보하기 위한 방법으로 어음이 수수된 경우 원인채권과 어음채권은 별개로서 채권자는 그 선택에 따라 행사할 수 있고, 원인채권에 기해 청구를 한 것만으로는 어음채권 그 자체를 행사한 것으로 볼 수 없어 어음채권의 소멸시효를 중단시키지 못한다(67다75). <김준 304면>

제169조【시효중단의 효력】 시효의 중단은 당사자 및 그 승계인간에만 효력이 있다.

(판 례) 파면된 직원의 파면처분 무효확인청구의 소는 파면 후의 임금채권에 대하여 시효중단의 효력이 있다(77다2509). <김준 336면>

손해배상청구권의 공동상속인 중 1인이 자기의 상속분에 대하여 승소판결을 얻은 경우, 다른 상속인의 상속분에까지 시효중단의 효력이 미치지 않는다(66다2279). <김준 340면>

취득시효의 중단사유인 재판상 청구가 있기 전에 취득시효의 대상인 부동산의 소유권이전 등기를 마친 양수인에게는 시효중단의 효과가 미치지 않는다(72다1549). <김준 340면>

채무자에 대한 일반채권자는 채무자를 대위하여 소멸시효 주장을 할 수 있을 뿐, 채권자의 지위에서 독자적으로 주장할 수 없다(97다22676). <김준 345면>

민법 제169조 소정의 "승계인"이라 함은 시효중단에 관여한 당사자로부터 중단의 효과를 받는 권리를 그 중단효과 발생 이후에 승계한 자를 가리킨다(1994.6.24, 94다7737).

제170조【재판상의 청구와 시효중단】 ①재판상의 청구는 소송의 각하, 기각 또는 취하의 경우에는 시효중단의 효력이 없다.
②전항의 경우에 6월내에 재판상의 청구, 파산절차참가, 압류 또는 가압류, 가처분을 한 때에는 시효는 최초의 재판상 청구로 인하여 중단된 것으로 본다.

(판 례) 오납한 조세반환을 실현하기 위한 수단으로서 과세처분의 취소 또는 무효확인의 소는 행정소송일지라도 부당이득반환청구권에 대한 재판상 청구에 해당한다(91다32053). <김준 335면>

시효완성 주장자의 소제기에 대하여 권리자가 응소하여 승소한 경우에는 재판상 청구에 해당한다(92다47861). <김준 335면>

소유권의 시효취득에 준용되는 시효중단사유인 민법 제168조, 제170조에 규정된 재판상의 청구라 함은, 시효취득의 대상인 목적물의 인도 내지는 소유권 존부확인이나 소유권에 관한 등기청구 소송은 말할 것도 없고, 소유권침해의 경우에 그 소유권을 기초로 하는 방해배제 및 손해배상 혹은 부당이득반환청구 소송도 이에 포함된다(1995.10.13, 95다33047).

시효를 주장하는 자의 소 제기에 대한 응소행위가 민법상 시효중단사유로서의 재판상 청구에 준하는 행위로 인정되려면 의무 있는 자가 제기한 소송에서 권리자가 의무 있는 자를 상대로 응소하여야 할 것이므로, 담보가등기가 설정된 후에 그 목적 부동산의 소유권을 취득한 제3취득자나 물상보증인 등 시효를 원용할 수 있는 지위에 있으나 직접 의무를 부담하지 아니하는 자가 제기한 소송에서의 응소행위는 권리자의 의무자에 대한 재판상 청구에 준하는 행위에 해당한다고 볼 수 없다.(2006다33364). <김형 384면>

제171조 【파산절차참가와 시효중단】 파산절차참가는 채권자가 이를 취소하거나 그 청구가 각하된 때에는 시효중단의 효력이 없다.

제172조 【지급명령과 시효중단】 지급명령은 채권자가 법정기간내에 가집행신청을 하지 아니함으로 인하여 그 효력을 잃은 때에는 시효중단의 효력이 없다.

제173조 【화해를 위한 소환, 임의출석과 시효중단】 화해를 위한 소환은 상대방이 출석하지 아니하거나 화해가 성립되지 아니한 때에는 1월내에 소를 제기하지 아니하면 시효중단의 효력이 없다. 임의출석의 경우에 화해가 성립되지 아니한 때에도 그러하다.

제174조 【최고와 시효중단】 최고는 6월내에 재판상의 청구, 파산절차참가, 화해를 위한 소환, 임의출석, 압류 또는 가압류, 가처분을 하지 아니하면 시효중단의 효력이 없다.

(판례) 소멸시효제도 특히 시효중단제도는 그 제도의 취지에 비추어 볼 때 이에 관한 기산점이나 만료점은 원권리자를 위하여 너그럽게 해석하는 것이 상당하므로 민법 제174조 소정의 시효중단사유로서의 최고도 채무이행을 최고받은 채무자가 그 이행의무의 존부 등에 대하여 조사를 해 볼 필요가 있다는 이유로 채권자에 대하여 그 이행의 유예를 구한 경우에는 채권자가 그 회답을 받을 때까지는 최고의 효력이 계속된다고 보아야 하고 따라서 같은 조 소정의 6월의 기간은 채권자가 채무자로부터 회답을 받은 때로부터 기산되는 것이라고 해석하여야 한다(1995.5.12, 94다24336).

제175조 【압류, 가압류, 가처분과 시효중단】 압류, 가압류 및 가처분은 권리자의 청구에 의하여 또는 법률의 규정에 따르지 아니함으로 인하여 취소된 때에는 시효중단의 효력이 없다.

제176조 【압류, 가압류, 가처분과 시효중단】 압류, 가압류 및 가처분은 시효의 이익을 받은 자에 대하여 하지 아니한 때에는 이를 그에게 통지한 후가 아니면 시효중단의 효력이 없다.

(판례) 채권자가 물상보증인에 대하여 피담보채권 실행으로서 경매를 신청하여 채무자에게 경매개시결정이 송달된 경우, 채무자는 소멸시효 중단의 효과를 받는다(89다카32606). <김준 338면>

경매절차에서 이해관계인 주채무자에게 경매개시결정이 송달되었다면 주채무자는 민법 제176조에 의하여 당해 피담보채권의 소멸시효중단의 효과를 받는다고 할 것이나 민법 제176조의 규정에 따라 압류사실이 통지된 것으로 볼 수 있기 위하여는 압류사실을 주채무자가 알 수 있도록 경매개시결정이나 경매기일통지서가 교부송달의 방법으로 주채무자에게 송달되어야만 하는 것이지, 이것이 우편송달(발송송달)이나 공시송달의 방법에 의하여 채무자에게 송달됨으로써 채무자가 압류사실을 알 수 없었던 경우까지도 압류사실이 채무자에게 통지되었다고 볼 수 있는 것은 아니다(1994.11.25, 94다26097).

제177조 【승인과 시효중단】 시효중단의 효력있는 승인에는 상대방의 권리에 관한 처분의 능력이나 권한있음을 요하지 아니한다.

(판례) 승인에는 특별한 방식을 요하지 않으므로, 이자의 지급, 일부변제, 담보의 제공은 묵시적 승인이다(95다39854). <김준 339면>

보험사고 발생시 보험가입자를 위한 포괄적인 대리권이 있는 보험회사가 손해배상금의 일부를 지급하고 합의금액의 절충을 시도한 것은 손해배상채무의 승인으로 볼 수 있다(93다18945). <김형 274면>

채무자가 시효완성 후에 채무의 승인을 한 때에는 시효완성의 사실을 알고 그 이익을 포기한 것으로 추정한다(66다2173). <김준 345면>

시효완성전에 채무의 일부를 변제한 경우에는, 그 수액에 관하여 다툼이 없는 한 채무승인으로서의 효력이 있어 시효중단의 효과가 발생한다(1996.1.23, 95다39854).

채무의 묵시적인 승인의 표시는 적어도 채무자가 그 채무의 존재 및 액수에 대하여 인식하고 있음을 전제로 하여 그 표시를 대하는 상대방으로 하여금 채무자가 그 채무를 인식하고 있음을 그 표시를 통해 추단하게 할 수 있는 방법으로 행해져야 한다(2004다59959). <김형 337면>

제178조 【중단후의 시효진행】 ①시효가 중단된 때에는 중단까지에 경과한 시효기간은 이를 산입하지 아니하고 중단사유가 종료한 때로부터 새로이 진행한다.

②재판상의 청구로 인하여 중단한 시효는 전항의 규정에 의하여 재판이 확정된 때로부터 새로이 진행한다.

(판례) 주채무에 관하여 채무를 면제하는 내용의 정리계획 인가결정이 있는 경우에는 인가결정의 확정에 의하여 면제의 효과가 확정됨으로써 주채무가 확정적으로 소멸하고, 그 시점에서 채권자의 정리절차에서의 권리행사는 종료하는 것이므로 이를 주채무로 하는 중단된 보증채무의 소멸시효는 그 인가결정 확정시부터 다시 진행한다고 새겨야 한다(1995.5.26, 94다13893).

제179조 【제한능력자의 시효정지】 소멸시효의 기간만료 전 6개월 내에 제한능력자에게 법정대리인이 없는 경우에는 그가 능력자가 되거나 법정대리인이 취임한 때부터 6개월 내에는 시효가 완성되지 아니한다.
<전문개정 2011.3.7>

제180조【재산관리자에 대한 제한능력자의 권리, 부부 사이의 권리와 시효정지】 ①재산을 관리하는 아버지, 어머니 또는 후견인에 대한 제한능력자의 권리는 그가 능력자가 되거나 후임 법정대리인이 취임한 때부터 6개월 내에는 소멸시효가 완성되지 아니한다.
②부부 중 한쪽이 다른 쪽에 대하여 가지는 권리는 혼인관계가 종료된 때부터 6개월 내에는 소멸시효가 완성되지 아니한다.
<전문개정 2011.3.7>

제181조【상속재산에 관한 권리와 시효정지】 상속재산에 속한 권리나 상속재산에 대한 권리는 상속인의 확정, 관리인의 선임 또는 파산선고가 있는 때로부터 6월내에는 소멸시효가 완성하지 아니한다.

제182조【천재 기타 사변과 시효정지】 천재 기타 사변으로 인하여 소멸시효를 중단할 수 없을 때에는 그 사유가 종료한 때로부터 1월내에는 시효가 완성하지 아니한다.

제183조【종속된 권리에 대한 소멸시효의 효력】 주된 권리의 소멸시효가 완성한 때에는 종속된 권리에 그 효력이 미친다.

제184조【시효의 이익의 포기 기타】 ①소멸시효의 이익은 미리 포기하지 못한다.
②소멸시효는 법률행위에 의하여 이를 배제, 연장 또는 가중할 수 없으나 이를 단축 또는 경감할 수 있다.

(판 례) 국유재산의 무단 점유자가 동사무소 직원의 요청에 따라 도장을 건네줌으로써 그 직원이 변상금 납부기한 유예신청서 등에 인장을 날인한 경우, 그러한 사실만 가지고 그 점유자가 국가에게 그 국유재산에 관하여 취득시효 완성 사실을 알고 그에 따른 소유권이전등기청구권을 포기하겠다는 등의 적극적인 의사표시를 한 것으로 볼 수 없다(1995.12.8, 94다16356).

약속어음이 수취인 겸 소지인의 발행인에 대한 장래 발생할 구상채권을 담보하기 위하여 발행된 것이라면, 구상채권이 현실로 발생한 때에 비로소 이를 행사할 수 있게 되는 것이므로, 그 약속어음의 소지인의 발행인에 대한 약속어음상의 청구권의 소멸시효는 위 구상채권이 현실적으로 발생하여 그 약속어음상의 청구권을 행사하는 것이 법률적으로 가능하게 된 때부터 진행한다고 봄이 상당하고 이러한 결과가 민법 제184조 제2항의 규정에 반하여 소멸시효를 가중하는 것이라고 할 수 없다(2003다33769). <김형 321면>

제2편 물 권

제1장 총 칙

제185조【물권의 종류】 물권은 법률 또는 관습법에 의하는 외에는 임의로 창설하지 못한다.

(판 례) 증감변동하는 집합물의 양도담보 설정계약에서 목적동산의 종류와 수량, 범위 및 소재장소가 특정되면 담보권의 설정이 가능하다(85누941). <김준 365면>

민법 제185조가 적용될 법률적 분쟁에서 이와 저촉되는 교회헌법상의 규정이 적용될 수는 없다(91다29446). <김형 297면>

도시공원법상 근린공원으로 지정된 공원은 일반주민들이 다른 사람의 공동 사용을 방해하지 않는 한 자유로이 이용할 수 있지만 그러한 사정만으로 인근 주민들이 누구에게나 주장할 수 있는 공원이용권이라는 배타적인 권리를 취득하였다고는 할 수 없고, 골프연습장 설치 인가처분에 하자가 있다는 이유만으로는 근린공원 내의 개인 소유 토지상에 골프연습장을 설치하는 것이 인근 주민들에 대한 불법행위가 된다고 할 수도 없다(1995.5.23, 94마2218).

미등기 무허가건물의 양수인이라도 그 소유권이전등기를 경료하지 않는 한 그 건물의 소유권을 취득할 수 없고, 소유권에 준하는 관습상의 물권이 있다고도 할 수 없으며, 현행법상 사실상의 소유권이라고 하는 포괄적인 권리 또는 법률상의 지위를 인정하기도 어렵다.(2006.10.27, 2006다49000). <김형 504면>

제186조【부동산물권변동의 효력】 부동산에 관한 법률행위로 인한 물권의 득실변경은 등기하여야 그 효력이 생긴다.

(판 례) 등기명의를 믿고 거래한 제3자의 보호범위와 관련하여 제110조제3항의 선의의 제3자의 범위에는 사기에 의한 의사표시 및 취소사실을 몰랐던 모든 제3자가 포함된다(75다533). <김준 397면>

동일인 명의의 이중보존등기의 경우 실체관계를 묻지 않고 등기선후에 따라 후의 등기는 무효이다(81다1340). <김형 330면>

등기명의인을 달리하는 경우 1부동산 1등기용지의 원칙상 먼저 이루어진 등기가 원인무효가 아닌 한 실체관계를 묻지 않고 후의 등기는 무효이다(87다카2961). <김형 330면>

무허가건물은 등기없이 소유권이전이 불가능하므로 최종양수인이 최초양도인인 소유명의자에 대하여 무허가건물 대장상의 명의변경을 청구할 수 없다(95다43594). <김형 336면>

부동산등기는 현재의 진실한 권리상태를 공시하면 그에 이른 과정이나 태양을 그대로 반영하지 아니하였어도 유효한 것으로서, 등기명의자가 전 소유자로부터 부동산를 취득함에 있어 등기부상 기재된 등기원인에 의하지 아니하고 다른 원인으로 적법하게 취득하였다고 하면서 등기원인행위의 태양이나 과정을 다소 다르게 주장한다고 하여 이러한 주장만 가지고 그 등기의 추정력이 깨어진다고 할 수는 없다

(1996.2.27, 95다42980).

물권의 객체인 토지 1필지의 공간적 범위를 특정하는 것은 지적도나 임야도의 경계이지 등기부의 표제부나 임야대장·토지대장에 등재된 면적이 아니므로, 토지등기부의 표제부에 토지의 면적이 실제와 다르게 등재되어 있다 하여도, 이러한 등기는 일응 해당 토지를 표상하는 등기로서 유효하다(2004다1691). <김형 360면>

제187조【등기를 요하지 아니하는 부동산물권취득】 상속, 공용징수, 판결, 경매 기타 법률의 규정에 의한 부동산에 관한 물권의 취득은 등기를 요하지 아니한다. 그러나 등기를 하지 아니하면 이를 처분하지 못한다.

(판 례) 부동산 물권변동이 생기는 판결은 형성판결에 국한된다(70다568). <김형 339면>

민사소송법 제206조에 의한 화해조서나 인낙조서의 내용이 당사자간의 법률관계 형성에 관한 것일 때에는 그 조서도 제187조의 판결에 포함된다(64다165). <김형 339면>

주택조합은 그 소유의 자금으로 조합원의 건물을 신축 분양하는 것이 아니라 공정에 따라 조합원으로부터 각자 부담할 건축자금을 제공받아 조합원의 자금으로 이를 건축하는 것이므로, 건축절차의 편의상 조합명의로 그 건축허가와 준공검사를 받았다고 하더라도 그 건물의 소유권은 조합원이 아닌 일반인에게 분양된 주택부분 및 복리시설 등을 제외하고는 특단의 사정이 없는 한 건축자금의 제공자인 조합원들이 원시취득한 것으로 보아야 한다(1996.4.12, 96다3807).

일부 층의 기둥과 지붕 그리고 둘레 벽이 완성되어 그 구조물을 토지의 부합물로 볼 수 없는 상태에 이르렀다고 하더라도, 제3자가 이러한 상태의 미완성 건물을 종전건축주로부터 양수하여 나머지 공사를 계속 진행한 결과 건물의 구조와 형태 등이 건축허가의 내용과 사회통념상 동일하다고 인정되는 정도로 건물을 축조한 경우에는, 그 구조와 형태가 원래의 설계 및 건축허가의 내용과 동일하다고 인정되는 건물 전체를 하나의 소유권의 객체로 보아 그 제3자가 그 건물 전체의 소유권을 원시취득한다고 보는 것이 옳고, 건축허가를 받은 구조와 형태대로 축조된 전체 건물 중에서 건축공사가 중단될 당시까지 기둥과 지붕 그리고 둘레 벽이 완성되어 있던 층만을 분리해 내어 이 부분만의 소유권을 종전 건축주가 원시취득한다고 볼 것이 아니다. 또한, 구분소유가 성립하는 시점은 원칙적으로 건물 전체가 완성되어 당해 건물에 관한 건축물대장에 구분건물로 등록된 시점이라고 할 것이다.(2006.11.9, 2004다67691). <김형601면>

제188조【동산물권양도의 효력, 간이인도】 ①동산에 관한 물권의 양도는 그 동산을 인도하여야 효력이 생긴다.

②양수인이 이미 그 동산을 점유한 때에는 당사자의 의사표시만으로 그 효력이 생긴다.

제189조【점유개정】 동산에 관한 물권을 양도하는 경우에 당사자의 계약으로 양도인이 그 동산의 점유를 계속하는 때에는 양수인이 인도받은 것으로 본다.

(판 례) 점유개정의 방법으로 동산을 이중으로 양도한 경우에 양수인 간에는 먼저 현실의 인도를 받아 점유를 한 자가 소유권을 취득한다(88다카26802). <김준 438면>

점유개정에 의한 인도는 양수인이 선의취득을 위하여 점유를 인도하는 방법으로 볼 수 없다(63다775). <김준 442면>

제190조【목적물반환청구권의 양도】 제3자가 점유하고 있는 동산에 관한 물권을 양도하는 경우에는 양도인이 그 제3자에 대한 반환청구권을 양수인에게 양도함으로써 동산을 인도한 것으로 본다.

(판 례) 양도인이 소유자로부터 보관위탁 받은 동산을 제3자에게 보관시키고 그 제3자에 대한 반환청구권을 양수인에게 양도하고, 지명채권 양도의 대항요건을 갖추었을 때에는 선의취득에 필요한 점유요건을 충족한다(97다48906). <김형 360면>

수입화물 운송인이 그 운송을 자신이 지정한 보세창고에 반입한 후 그 반출에 필요한 서류를 화주에게 교부하였다면 운송인은 이로써 그 운송물에 대한 인도를 완료한 것으로 보아야 한다(1986.7.22, 82다카1372).

제191조【혼동으로 인한 물권의 소멸】 ①동일한 물건에 대한 소유권과 다른 물권이 동일한 사람에게 귀속한 때에는 다른 물권은 소멸한다. 그러나 그 물권이 제3자의 권리의 목적이 된 때에는 소멸하지 아니한다.

②전항의 규정은 소유권이외의 물권과 그를 목적으로 하는 다른 권리가 동일한 사람에게 귀속한 경우에 준용한다.

③점유권에 관하여는 전2항의 규정을 적용하지 아니한다.

(판 례) 선순위 근저당권자 A, 후순위 근저당권자 B에 이어 C와 D가 목적 부동산을 가압류하고 B가 목적 부동산을 매수하여 소유권을 취득한 경우 B의 근저당권은 혼동으로 인하여 소멸하지 않는다(98다18643). <김형 370면>

채권은 채권과 채무가 동일한 주체에 귀속한 때에 한하여 혼동으로 소멸하는 것이 원칙이므로, 어느 특정의 물건에 관한 채권을 가지는 자가 그 물건의 소유자가 되었다는 사정만으로는 채권과 채무가 동일한 주체에 귀속한 경우에 해당한다고 할 수 없어 그 물건에 관한 채권이 혼동으로 소멸하는 것은 아닌바, 토지를 을에게 명의신탁하고 장차의 소유권이전의 청구권 보전을 위하여 자신의 명의로 가등기를 경료한 갑이, 을에 대하여 가지는 가등기에 기한 본등기청구권은 채권으로서, 갑이 을을 상속하거나 을의 가등기에 기한 본등기 절차 이행의 의무를 인수하지 아니하는 이상, 갑이 가등기에 기한 본등기 절차에 의하지 아니하고 을로부터 별도의 소유권이전등기를 경료받았다고 하여 혼동의 법리에 의하여 갑의 가등기에 기한 본등기청구권이 소멸하는 것은 아니다(1995.12.26, 95다29888).

제2장 점유권

제192조【점유권의 취득과 소멸】 ①물건을 사실상 지배하는 자는 점유권이 있다.
②점유자가 물건에 대한 사실상의 지배를 상실한 때에는 점유권이 소멸한다. 그러나 제204조의 규정에 의하여 점유를 회수한 때에는 그러하지 아니하다.

(판 례) 건물의 소유자가 현실적으로 건물이나 부지를 점거하고 있지 아니하더라도 그 건물의 소유를 위하여 그 부지를 점유한다고 보아야 한다(95다47282). <김준 453면>

취득시효가 완성된 점유자는 점유권에 기하여 시효완성 후 토지소유자가 설치한 담장의 철거를 청구할 수 있다(2004다23899·23905). <김형 451면>

제193조【상속으로 인한 점유권의 이전】 점유권은 상속인에 이전한다.

(판 례) 피상속인이 타주점유인 경우 상속인이 새로운 권원에 의하거나 소유의 의사가 있음을 표시해야 자주점유로 전환된다(96다25319). <김준 459>

매매계약이 해제되거나 피상속인의 부동산에 경락허가결정이 있으면 매수인과 상속인의 점유는 타주점유가 된다(97다5824). <김준 460>

상속에 의하여 점유권을 취득할 경우에는 상속인은 새로운 권원에 의하여 자기 고유의 점유를 개시하지 않는 한 피상속인의 점유를 떠나 자기만의 점유를 주장할 수 없다(1992.9.22, 92다22602,22619).

제194조【간접점유】 지상권, 전세권, 질권, 사용대차, 임대차, 임치 기타의 관계로 타인으로 하여금 물건을 점유하게 한 자는 간접으로 점유권이 있다.

(판 례) 토지 점유자가 토지를 자주점유하던 중 군당국이 그 토지에 대하여 민간인의 출입을 통제한 경우, 그 기간 동안의 국가의 점유는 군사상 필요에 의한 일시적인 것으로서 원점유자의 토지에 대한 지배를 전적으로 배제하려는 것이 아니라 군사상 필요가 없어지면 원점유자에게 점유를 반환할 것을 승인하고 있었던 것이므로 성질상 소유의 의사가 없는 타주점유이고, 원점유자는 직접점유자인 국가를 통하여 간접적으로 그 토지를 계속 점유하였다고 할 것이다(1996.1.26, 95다49097).

제195조【점유보조자】 가사상, 영업상 기타 유사한 관계에 의하여 타인의 지시를 받어 물건에 대한 사실상의 지배를 하는 때에는 그 타인만을 점유자로 한다.

(판 례) 고속국도법 제5조, 제6조제1항, 제2항 및 같은법시행규칙 제2조제1항, 제1항의 각 규정이 의하면 고속국도의 관리청인 건설부장관은 고속국도법과 도로법 기타 도로에 관한 법률에 규정된 고속국도에 관한 그의 권한의 일부를 미리 당해 고속국도의 노선명, 구간과 대행하게 하는 권한내용 및 그 기간을 정하여 한국도로공사로 하여금 대행하게 할 수 있고, 한국도로공사가 건설부장관의 권한을 대행하는 경우에 그 대행하는 범위내에서 고속국도법과 도로법기타 도로에 관한 법률의 적용에 있어서는 당해 고속국도의 관리청으로 본다고 규정하고 있는 점에 비추어 보면, 한국도로공사가 위 규정들에 따라 건설부장관을 대행하여 고속국도 부지인 부동산을 관리하여 온 이상 이는 위 법규에 따라 건설부장관이 정하는 범위 내에서 건설부장관을 대행하는 것에 불과하여 독립한 점유주체로 될 수 없고, 건설부장관을 기관으로 하는 대한민국의 점유보조자에 불과하다(1995.2.14, 94다28994, 29003).

제196조【점유권의 양도】 ①점유권의 양도는 점유물의 인도로 그 효력이 생긴다.
②전항의 점유권의 양도에는 제188조제2항, 제189조, 제190조의 규정을 준용한다.

(판 례) 보세운송은 화주 또는 화주의 위임을 받은 보세운송업자가 그 명의로 세관장에게 신고하여 세관장의 면허를 받아야 할 수 있도록 규정되어 있어, 화물에 대한 보세운송 신고를 할 수 있는 자는 화주 또는 화주의 위임을 받는 보세운송업자뿐이므로, 다른 사정이 없는 한 보세운송 과정 중의 화물은 화주의 사실상의 지배 아래 있다고 봄이 상당하다(1996.3.12, 94다55057).

제197조【점유의 태양】 ①점유자는 소유의 의사로 선의, 평온 및 공연하게 점유한 것으로 추정한다.
②선의의 점유자라도 본권에 관한 소에 패소한 때에는 그 소가 제기된 때로부터 악의의 점유자로 본다.

(판 례) 선의취득에서 양수인의 무과실은 추정되지 않으며 이것은 양수인이 입증하여야 한다(68다169). <김준 443면>

자주점유란 물건을 마치 소유자인 것처럼 지배하려는 자연스러운 의사를 가지고 하는 것이며 소유권을 가지고 있거나 소유권이 있다고 믿고서 하는 점유를 의미하지는 않는다(96다23719). <김준 458면>

취득시효에서 점유자가 점유개시당시 소유권취득의 원인이 될 법률요건이 없다는 사실을 알면서 무단으로 점유한 악의의 무단점유는 타주점유에 해당한다(전합95다28625). <김준 459면>

점유자가 등기명의인을 상대로 매매나 취득시효 등을 원인으로 한 소유권이전등기 청구소송에서 패소한 경우 패소확정 후부터 타주점유로 전환되는 것은 아니다(80다2226). <김준 460면>

토지매수인이 매매계약에 기하여 목적 토지의 점유

를 취득한 경우에는 그 매매가 설사 타인의 토지의 매매로서 그 소유권을 취득할 수 없다고 하더라도 다른 특별한 사정이 없는 이상 매수인의 점유는 소유의 의사로써 하는 것이라고 해석되고, 또한 학교법인의 기본재산을 매수한 사람이라도 관할관청의 허가 없이 계약이 체결된 사실을 알면서 점유를 개시한 것이 아니라면 그 점유가 자주점유가 아니라 할 수 없다(1996.3.32, 95다53768).

제198조【점유계속의 추정】 전후양시에 점유한 사실이 있는 때에는 그 점유는 계속한 것으로 추정한다.

(판 례) 피고의 점유의 개시의 시기에 관하여 주장과 달리 인정하였다 하여 변론주의에 모순되는 것이라 할 수 없다(1974.8.30, 74다384).

제199조【점유의 승계의 주장과 그 효과】 ① 점유자의 승계인은 자기의 점유만을 주장하거나 자기의 점유와 전점유자의 점유를 아울러 주장할 수 있다.

②전점유자의 점유를 아울러 주장하는 경우에는 그 하자도 승계한다.

(판 례) 점유자는 전점유자의 점유를 승계할 수 있으나 전점유자의 점유기간 중 임의시점을 정하여 주장할 수 없다(79다2110). <김형 384면>

전점유자의 점유를 승계한 자는 그 점유자체와 하자만을 승계할 뿐 그 점유로 인한 법률효과까지 승계하는 것은 아니어서 취득시효의 완성으로 인하여 부동산의 소유명의자에 대한 소유권이전등기청구권을 시효취득하는 자는 시효완성 당시의 점유자에 한하므로, 그로부터 부동산의 점유를 승계한 현점유자로서는 자신의 전점유자에 대한 소유권이전등기청구권을 보전하기 위하여 시효완성 당시의 전 점유자가 소유명의자에 대하여 가지는 소유권이전등기청구권을 대위행사할 수 있을 뿐이지, 전점유자의 취득시효 완성의 효과를 주장하여 직접 자기에게 소유권이전등기를 청구할 권리는 없다(1995.11.28, 95다22078). <김형 220면>

제200조【권리의 적법의 추정】 점유자가 점유물에 대하여 행사하는 권리는 적법하게 보유한 것으로 추정한다.

(판 례) 점유자의 권리추정의 규정은 특별한 사정이 없는 한 부동산 물권에 대하여는 적용되지 아니하고 다만 그 등기에 대하여서만 추정력이 부여된다(1982.4.13, 81다780).

제201조【점유자와 과실】 ①선의의 점유자는 점유물의 과실을 취득한다.

②악의의 점유자는 수취한 과실을 반환하여야 하며 소비하였거나 과실로 인하여 훼손 또는 수취하지 못한 경우에는 그 과실의 대가를 보상하여야 한다.

③전항의 규정은 폭력 또는 은비에 의한 점유자에 준용한다.

(판 례) 선의취득자가 과실수취권을 포함하는 본권이 있다는 오신을 함에는 오신할 만한 근거가 있어야 한다(80다2587). <김형 389면>

매매계약의 무효, 취소를 이유로 한 건물 명도청구와 함께 그 사용이익의 반환을 청구하는 경우에도 제201조제1항이 적용된다(66다939). <김준 468면>

계약해제에 있어서는 제548조가 원상회복에 관해 따로 규정을 두고 있으므로 선의점유자의 과실수취권에 관한 제201조제1항의 적용은 배제된다(4294민상1338). <김준 468면>

민법 제201조제1항에 의하면 선의의 점유자는 점유물의 과실을 취득한다고 규정하고 있는 바, 건물을 사용함으로써 얻는 이득은 그 건물의 과실에 준하는 것이므로, 선의의 점유자는 비록 법률상 원인 없이 타인의 건물을 점유·사용하고 이로 말미암아 그에게 손해를 입혔다고 하더라도 그 점유·사용으로 인한 이득을 반환할 의무는 없다(1996.1.26, 95다44290).

제202조【점유자의 회복자에 대한 책임】 점유물이 점유자의 책임있는 사유로 인하여 멸실 또는 훼손한 때에는 악의의 점유자는 그 손해의 전부를 배상하여야 하며 선의의 점유자는 이익이 현존하는 한도에서 배상하여야 한다. 소유의 의사가 없는 점유자는 선의인 경우에도 손해의 전부를 배상하여야 한다.

제203조【점유자의 상환청구권】 ①점유자가 점유물을 반환할 때에는 회복자에 대하여 점유물을 보존하기 위하여 지출한 금액 기타 필요비의 상환을 청구할 수 있다. 그러나 점유자가 과실을 취득한 경우에는 통상의 필요비는 청구하지 못한다.

②점유자가 점유물을 개량하기 위하여 지출한 금액 기타 유익비에 관하여는 그 가액의 증가가 현존한 경우에 한하여 회복자의 선택에 좇아 그 지출금액이나 증가액의 상환을 청구할 수 있다.

③전항의 경우에 법원은 회복자의 청구에 의하여 상당한 상환기간을 허여할 수 있다.

(판 례) 점유자의 비용상환청구권은 점유자가 회복자로부터 반환을 청구받거나 회복자에게 점유물을 반환한 때에 비로소 행사할 수 있다(94다4592). <김형 393면>

민법 제203조제1항, 제2항에 의한 점유자의 필요비 또는 유익비상환청구권은 점유자가 회복자로부터 점유물의 반환을 청구받거나 회복자에게 점유물을 반환한 때에는 비로소 회복자에 대하여 행사할 수 있다(1994.9.9, 94다4592).

제204조【점유의 회수】 ①점유자가 점유의 침탈을 당한 때에는 그 물건의 반환 및 손해의 배상을 청구할 수 있다.

②전항의 청구권은 침탈자의 특별승계인에

대하여는 행사하지 못한다. 그러나 승계인이 악의인 때에는 그러하지 아니하다.
③제1항의 청구권은 침탈을 당한 날로부터 1년내에 행사하여야 한다.

(판 례) 직접점유자에 의하여 간접점유가 침해된 경우 간접점유자의 점유보호청구권은 인정되지 않는다(92다5300). <김준 457면>

사기에 의해 물건을 인도한 경우는 점유물반환청구권이 인정되지 않는다(91다17443). <김준 472면>

제205조【점유의 보유】 ①점유자가 점유의 방해를 받은 때에는 그 방해의 제거 및 손해의 배상을 청구할 수 있다.
②전항의 청구권은 방해가 종료한 날로부터 1년내에 행사하여야 한다.
③공사로 인하여 점유의 방해를 받은 경우에는 공사착수후 1년을 경과하거나 그 공사가 완성한 때에는 방해의 제거를 청구하지 못한다.

(판 례) 점유보조자는 점유물 방해제거가처분신청을 할 수 없다고 하여 점유보조자의 점유보호청구권을 인정하지 않았다(76다1588). <김형 377면>

부동산의 양도담보권설정자는 그 부동산의 등기명의가 양도담보권자 앞으로 되어 있다 할지라도 그 부동산의 불법점유자인 제3자에 대하여는 그 실질적인 소유자임을 주장하여 불법점유상태의 배제권을 행사할 수 있다(1988.4.25, 87다카2696).

제206조【점유의 보전】 ①점유자가 점유의 방해를 받을 염려가 있는 때에는 그 방해의 예방 또는 손해배상의 담보를 청구할 수 있다.
②공사로 인하여 점유의 방해를 받을 염려가 있는 경우에는 전조제3항의 규정을 준용한다.

제207조【간접점유의 보호】 ①전3조의 청구권은 제194조의 규정에 의한 간접점유자도 이를 행사할 수 있다.
②점유자가 점유의 침탈을 당한 경우에 간접점유자는 그 물건을 점유자에게 반환할 것을 청구할 수 있고 점유자가 그 물건의 반환을 받을 수 없거나 이를 원하지 아니하는 때에는 자기에게 반환할 것을 청구할 수 있다.

제208조【점유의 소와 본권의 소와의 관계】 ①점유권에 기인한 소와 본권에 기인한 소는 서로 영향을 미치지 아니한다.
②점유권에 기인한 소는 본권에 관한 이유로 재판하지 못한다.

(판 례) 점유물 반환청구의 소에서 본권에 관한 이유를 가지고 점유권에 의한 청구를 기각한 것은 부당하다(62다259). <김준 475면>

점유의 소에 대해 본권에 관한 소를 별소로서 제기하지 않고 반소로서 제기하여도 무방하다(4290민상454,455). <김준 475면>

국가로부터 허가를 받아 개국하고 준공한 뒤에 매수한 토지를 아직 등기이전 않고 있는 경우에 이 토지를 불법점유 경작하는 자에게 임료상당의 손해배상을 청구하는 소는 매매계약상의 점유경작권에 기한 본권의 소이다(1977.6.7, 76다2926).

제209조【자력구제】 ①점유자는 그 점유를 부정히 침탈 또는 방해하는 행위에 대하여 자력으로써 이를 방위할 수 있다.
②점유물이 침탈되었을 경우에 부동산일 때에는 점유자는 침탈후 직시 가해자를 배제하여 이를 탈환할 수 있고 동산일 때에는 점유자는 현장에서 또는 추적하여 가해자로부터 이를 탈환할 수 있다.

(판 례) 민법 제209조제1항에 규정된 점유자의 자력방위권은 점유의 침탈 또는 방해의 위험이 있는 때에 인정되는 것인 한편, 제2항에 규정된 점유자의 자력탈환권은 점유가 침탈되었을 때 시간적으로 좁게 제한된 범위내에서 자력으로 점유를 회복할 수 있다는 것으로서, 위 규정에서 말하는 "직시"란 '객관적으로 가능한한 신속히' 또는 '사회관념상 가해자를 배제하여 점유를 회복하는데 필요하다고 인정되는 범위 안에서 되도록 속히'라는 뜻으로 해석할 것이므로 점유자가 침탈사실을 알고 모르고 와는 관계없이 침탈을 당한 후 상당한 시간이 흘렀다면 자력탈환권을 행사할 수 없다(1993.3.26, 91다14116).

제210조【준점유】 본장의 규정은 재산권을 사실상 행사하는 경우에 준용한다.

제3장 소유권

제1절 소유권의 한계

제211조【소유권의 내용】 소유자는 법률의 범위내에서 그 소유물을 사용, 수익, 처분할 권리가 있다.

(판 례) 포락을 인정함에 있어 원상복구 후의 토지가액은 논리상 원상복구가 완료된 시점에서의 시가를 말하는 것이므로, 적어도 원상복구 비용과 복구 후 토지 가액은 동일 시점에서 비교되어야 한다(1995.11.7, 93다25585).

제212조【토지소유권의 범위】 토지의 소유권은 정당한 이익있는 범위내에서 토지의 상하에 미친다.

제213조【소유물반환청구권】 소유자는 그 소유에 속한 물건을 점유한 자에 대하여 반환을 청구할 수 있다. 그러나 점유자가 그 물건

을 점유할 권리가 있는 때에는 반환을 거부할 수 있다.

판례 임차인이 임차물을 전대하여 그 임대차 기간 및 전대차 기간이 모두 만료된 경우에는 그 전대차가 임대인의 동의를 얻은 여부와 상관없이 임대인으로서는 전차인에 대하여 소유권에 기한 반환청구권에 터잡아 목적물을 자신에게 직접 반환해 줄 것을 요구할 수 있고, 전차인으로서도 목적물을 임대인에게 직접 명도함으로써 임차인(전대인)에 대한 목적물 명도의무를 면한다(1995.12.12, 95다23996).

제214조【소유물방해제거, 방해예방청구권】 소유자는 소유권을 방해하는 자에 대하여 방해의 제거를 청구할 수 있고 소유권을 방해할 염려있는 행위를 하는 자에 대하여 그 예방이나 손해배상의 담보를 청구할 수 있다.

판례 토지 소유자는 착오로 자기 소유의 토지를 포함하는 것으로 작성된 지적도에 기초하여 경료된 타인 명의의 소유권이전등기가 있다고 하여 그 부분 토지에 대한 권리행사에 어떤 방해를 받고 있거나 받을 우려가 있다고 할 수 없고, 토지 소유자가 이미 자신 명의의 유효한 등기를 보유하고 있는 경우에는 착오로 작성된 지적도에 기초하여 경료된 등기가 있다고 하여 실질상의 권리와 등기가 일치하지 않게 되었다고 할 수도 없으므로 물권적 청구권에 기한 말소등기청구를 할 수 없다(1998.6.26, 97다42823).

제215조【건물의 구분소유】 ①수인이 한 채의 건물을 구분하여 각각 그 일부분을 소유한 때에는 건물과 그 부속물중 공용하는 부분은 그의 공유로 추정한다.

②공용부분의 보존에 관한 비용 기타의 부담은 각자의 소유부분의 가액에 비례하여 분담한다.

판례 증축부분이 구조상, 이용상의 독립성을 갖추었다는 사유만으로 당연히 구분소유권이 성립된다고 할 수는 없고, 소유자의 구분행위가 있어야 비로소 구분소유권이 성립된다고 할 것이며, 이 경우에 소유자가 기존건물에 마쳐진 등기를 이와 같이 증축한 건물의 현황과 맞추어 1동의 건물로서 증축으로 인한 건물표시변경등기를 경료한 때에는 이를 구분건물로 하지 않고 그 전체를 1동의 건물로 하려는 의사였다고 봄이 상당하다(98다35020). <고시연구 99년12월, 226면>

집합건물인 상가건물의 지하주차장이 그 건물을 신축함에 있어서 건축법규에 따른 부속주차장으로 설치되기는 하였으나, 분양계약상의 특약에 의하여 그 건물을 분양받은 구분소유자들의 동의아래 공로나 이용상으로도 상가건물의 지상 및 지하실의 점포, 기관실 등과는 독립된 것으로서, 이와 분리하여 구분소유의 대상이 될 수 있다(1995.12.26, 94다44675).

집합건물의소유및관리에관한법률 및 재건축조합규약과 공사계약서의 내용상 신축건물의 소유권은 도급인인 재건축조합이 취득하고, 규약에 정해진 절차에 따라 분양신청을 하지 아니한 개별 조합원들이 신축된 집합건물 중 특정부분의 구분소유권을 원시취득한다고 볼 것은 아니다(2003다3072). <김형 505면>

제216조【인지사용청구권】 ①토지소유자는 경계나 그 근방에서 담 또는 건물을 축조하거나 수선하기 위하여 필요한 범위내에서 이웃토지의 사용을 청구할 수 있다. 그러나 이웃사람의 승낙이 없으면 그 주거에 들어가지 못한다.

②전항의 경우에 이웃 사람이 손해를 받은 때에는 보상을 청구할 수 있다.

제217조【매연 등에 의한 인지에 대한 방해금지】 ①토지소유자는 매연, 열기체, 액체, 음향, 진동 기타 이와 유사한 것으로 이웃 토지의 사용을 방해하거나 이웃 거주자의 생활에 고통을 주지 아니하도록 적당한 조처를 할 의무가 있다.

②이웃 거주자는 전항의 사태가 이웃 토지의 통상의 용도에 적당한 것인 때에는 이를 인용할 의무가 있다.

판례 인접 대지 위에 건축 중인 아파트가 24층까지 완공되는 경우, 대학교 구내의 첨단과학관에서의 교육 및 연구 활동에 커다란 지장이 초래되고 첨단과학관 옥상에 설치된 자동기상관측장비 등의 본래의 기능 및 활용성이 극도로 저하되며 대학교로서의 경관·조망이 훼손되고 조용하고 쾌적한 교육환경이 저해되며 소음의 증가 등으로 교육 및 연구 활동이 방해받게 된다면, 그 부지 및 건물을 교육 및 연구시설로서 활용하는 것을 방해받게 되는 대학교측으로서는 그 방해가 사회통념상 일반적으로 수인할 정도를 넘어선다고 인정되는 한 그것이 민법 제217조제1항 소정의 매연, 열기체, 액체, 음향, 진동 기타 이에 유사한 것에 해당하는지 여부를 떠나 그 소유권에 기하여 그 방해의 제거나 예방을 청구할 수 있고, 이 경우 그 침해가 사회통념상 일반적으로 수인할 정도를 넘어서는지 여부는 피해의 성질 및 정도, 피해이익의 공공성과 사회적 가치, 가해행위의 태양, 가해행위의 공공성과 사회적 가치, 방지조치 또는 손해회피의 가능성, 공법적 규제 및 인·허가관계, 지역성, 토지이용의 선후 관계 등 모든 사정을 종합적으로 고려하여 판단하여야 한다(1995.9.15, 95다23378).

제218조【수도 등 시설권】 ①토지소유자는 타인의 토지를 통과하지 아니하면 필요한 수도, 소수관, 까스관, 전선 등을 시설할 수 없거나 과다한 비용을 요하는 경우에는 타인의 토지를 통과하여 이를 시설할 수 있다. 그러나 이로 인한 손해가 가장 적은 장소와 방법을 선택하여 이를 시설할 것이며 타토지의 소유자의 청구에 의하여 손해를 보상하여야 한다.

②전항에 의한 시설을 한 후 사정의 변경이 있는 때에는 타토지의 소유자는 그 시설의 변경을 청구할 수 있다. 시설변경의 비용은 토지소유자가 부담한다.

제219조【주위토지통행권】 ①어느 토지와 공로사이에 그 토지의 용도에 필요한 통로가 없는 경우에 그 토지소유자는 주위의 토지를 통행 또는 통로로 하지 아니하면 공로에 출입할 수 없거나 과다한 비용을 요하는 때에는 그 주위의 토지를 통행할 수 있고 필요한 경우에는 통로를 개설할 수 있다. 그러나 이로 인한 손해가 가장 적은 장소와 방법을 선택하여야 한다.

②전항의 통행권자는 통행지소유자의 손해를 보상하여야 한다.

(판 례) 건축법 제2조제11호(나)목의 도로, 즉 '건축허가 또는 신고시 시장, 군사, 구청장(자치구의 구청장에 한한다)이 위치를 지정한 도로'로 지정되었다고 해서 건축허가 등을 받은 사람이나 그 도로를 통행하여 온 사람에게 그 도로를 자유로 통행하고 제3자가 그 도로의 사용을 방해하는 경우에는 그 방해의 배제를 구할 수 있는 사법상의 권리가 부여되는 것은 아니다(1995.11.7, 95다2203).

제220조【분할, 일부양도와 주위통행권】 ① 분할로 인하여 공로에 통하지 못하는 토지가 있는 때에는 그 토지소유자는 공로에 출입하기 위하여 다른 분할자의 토지를 통행할 수 있다. 이 경우에는 보상의 의무가 없다.

②전항의 규정은 토지소유자가 그 토지의 일부를 양도한 경우에 준용한다.

(판 례) 무상주위토지통행권에 관한 민법 제220조는 토지의 분할자 또는 일부양도의 당사자 사이에서만 적용되며 포위된 토지 또는 피통행자의 특별승계인에게는 적용되지 않는다(910다12007). <김준 411면>

무상의 주위토지통행권은 1필의 토지 일부가 양도된 경우뿐만 아니라 일단으로 되어 있던 동일인소유 수필지토지의 일부가 양도된 경우도 포함된다(94다45869). <김형 411면>

양도인이 포위된 토지의 소유자에 대하여 '가'항과 같은 무상의 주위토지통행을 허용하지 아니함으로써 포위된 토지의 소유자가 할 수 없이 주위의 다른 토지의 소유자와 일정 기간 동안 사용료를 지급하기로 하고 그 다른 토지의 일부를 공로로 통하는 통로로 사용하였다고 하더라도 포위된 토지의 소유자가 민법 제220조 소정의 무상의 주위토지통행권을 취득할 수 없게 된다고 할 수 없다(1995.2.10, 94다45869, 45876).

일단의 토지를 형성하고 있던 동일인 소유의 수필의 토지 중 일부가 양도된 경우, 일부 양도 전의 양도인 소유의 종전 토지에 대하여는 민법 제219조에 따른 주위토지통행권을 주장할 수 없다(2004다65589·65596).

제221조【자연유수의 승수의무와 권리】 ① 토지소유자는 이웃 토지로부터 자연히 흘러오는 물을 막지 못한다.

②고지소유자는 이웃 저지에 자연히 흘러내리는 이웃 저지에서 필요한 물을 자기의 정당한 사용범위를 넘어서 이를 막지 못한다.

(판 례) 낮은 곳의 토지 소유자가 자신의 토지에 성토하여 지반고를 높이거나 제방을 쌓았기 때문에 종전의 높은 곳으로부터 자연히 흘러나오는 유수의 흐름을 막게 되었다면, 이는 민법 제221조제1항 소정의 승수의무를 위반한 것이다(1995.10.13, 94다31488).

제222조【소통공사권】 흐르는 물이 저지에서 폐색된 때에는 고지소유자는 자비로 소통에 필요한 공사를 할 수 있다.

제223조【저수, 배수, 인수를 위한 공작물에 대한 공사청구권】 토지소유자가 저수, 배수 또는 인수하기 위하여 공작물을 설치한 경우에 공작물의 파손 또는 폐색으로 타인의 토지에 손해를 가하거나 가할 염려가 있는 때에는 타인은 그 공작물의 보수, 폐색의 소통 또는 예방에 필요한 청구를 할 수 있다.

제224조【관습에 의한 비용부담】 전2조의 경우에 비용부담에 관한 관습이 있으면 그 관습에 의한다.

제225조【처마물에 대한 시설의무】 토지소유자는 처마물이 이웃에 직접 낙하하지 아니하도록 적당한 시설을 하여야 한다.

제226조【여수소통권】 ①고지소유자는 침수지를 건조하기 위하여 또는 가용이나 농, 공업용의 여수를 소통하기 위하여 공로, 공류 또는 하수도에 달하기까지 저지에 물을 통과하게 할 수 있다.

②전항의 경우에는 저지의 손해가 가장 적은 장소와 방법을 선택하여야 하며 손해를 보상하여야 한다.

제227조【유수용공작물의 사용권】 ①토지소유자는 그 소유지의 물을 소통하기 위하여 이웃 토지소유자의 시설한 공작물을 사용할 수 있다.

②전항의 공작물을 사용하는 자는 그 이익을 받는 비율로 공작물의 설치와 보존의 비용을 분담하여야 한다.

제228조【여수급여청구권】 토지소유자는 과다한 비용이나 노력을 요하지 아니하고는 가용이나 토지이용에 필요한 물을 얻기 곤란한 때에는 이웃 토지소유자에게 보상하고 여

수의 급여를 청구할 수 있다.

제229조【수류의 변경】 ①구거 기타 수류지의 소유자는 대안의 토지가 타인의 소유인 때에는 그 수로나 수류의 폭을 변경하지 못한다.
②양안의 토지가 수류지소유자의 소유인 때에는 소유자는 수로와 수류의 폭을 변경할 수 있다. 그러나 하류는 자연의 수로와 일치하도록 하여야 한다.
③전2항의 규정은 다른 관습이 있으면 그 관습에 의한다.

제230조【언의 설치, 이용권】 ①수류지의 소유자가 언을 설치할 필요가 있는 때에는 그 언을 대안에 접촉하게 할 수 있다. 그러나 이로 인한 손해를 보상하여야 한다.
②대안의 소유자는 수류지의 일부가 자기소유인 때에는 그 언을 사용할 수 있다. 그러나 그 이익을 받는 비율로 언의 설치, 보존의 비용을 분담하여야 한다.

제231조【공유하천용수권】 ①공유하천의 연안에서 농, 공업을 경영하는 자는 이에 이용하기 위하여 타인의 용수를 방해하지 아니하는 범위내에서 필요한 인수를 할 수 있다.
②전항의 인수를 하기 위하여 필요한 공작물을 설치할 수 있다.

> (판 례) 공유수면에서의 인수 또는 주수에는 관할관청의 허가가 있어야 하지만 그것이 피고들의 기득의 용수권행사를 수인할 위치에 있는 원고로서 국유의 갑문과 구거를 사용하여 인수하는 피고들의 행위를 금지할 권원이 될 수는 없다(1983.3.8, 80다2658).

제232조【하류연안의 용수권보호】 전조의 인수나 공작물로 인하여 하류연안의 용수권을 방해하는 때에는 그 용수권자는 방해의 제거 및 손해의 배상을 청구할 수 있다.

제233조【용수권의 승계】 농, 공업의 경영에 이용하는 수로 기타 공작물의 소유자나 몽리자의 특별승계인은 그 용수에 관한 전소유자나 몽리자의 권리의무를 승계한다.

제234조【용수권에 관한 다른 관습】 전3조의 규정은 다른 관습이 있으면 그 관습에 의한다.

> (판 례) 공유하천에 보를 설치하여 그 지역의 경작자들이 위 보로부터 인수하여 답을 경작하여 온 관행이 있었다면 그 농지의 소유자는 농지의. 관개에 필요한 한도내에서 용수권이 있다(1977.7.12, 76다527).

제235조【공용수의 용수권】 상린자는 그 공용에 속하는 원천이나 수도를 각 수요의 정도에 응하여 타인의 용수를 방해하지 아니하는 범위내에서 각각 용수할 권리가 있다.

> (판 례) 온천수는 민법 제235조·제236조 소정의 공용수 또는 생활상 필요한 용수에 해당하지 아니한다(1977.7.12, 76다527).

제236조【용수장해의 공사와 손해배상, 원상회복】 ①필요한 용도나 수익이 있는 원천이나 수도가 타인의 건축 기타 공사로 인하여 단수, 감수 기타 용도에 장해가 생긴 때에는 용수권자는 손해배상을 청구할 수 있다.
②전항의 공사로 인하여 음료수 기타 생활상 필요한 용수에 장해가 있을 때에는 원상회복을 청구할 수 있다.

제237조【경계표, 담의 설치권】 ①인접하여 토지를 소유한 자는 공동비용으로 통상의 경계표나 담을 설치할 수 있다.
②전항의 비용은 쌍방이 절반하여 부담한다. 그러나 측량비용은 토지의 면적에 비례하여 부담한다.
③전2항의 규정은 다른 관습이 있으면 그 관습에 의한다.

> (판 례) 백화점인 건물의 일부매매에 있어 그 경계에 벽을 쌓는 것은 특단의 사정이 없는 한 매수인의 권리에 속한다(1976.5.25, 75다267).

제238조【담의 특수시설권】 인지소유자는 자기의 비용으로 담의 재료를 통상보다 양호한 것으로 할 수 있으며 그 높이를 통상보다 높게 할 수 있고 또는 방화벽 기타 특수시설을 할 수 있다.

제239조【경계표 등의 공유추정】 경계에 설치된 경계표, 담, 구거등은 상린자의 공유로 추정한다. 그러나 경계표, 담, 구거 등이 상린자 일방의 단독비용으로 설치되었거나 담이 건물의 일부인 경우에는 그러하지 아니하다.

제240조【수지, 목근의 제거권】 ①인접지의 수목가지가 경계를 넘는 때에는 그 소유자에 대하여 가지의 제거를 청구할 수 있다.
②전항의 청구에 응하지 아니한 때에는 청구자가 그 가지를 제거할 수 있다.
③인접지의 수목뿌리가 경계를 넘은 때에는 임의로 제거할 수 있다.

> (판 례) 나머지 공사의 대부분이 지상건물의 축조이어서 더 이상의 심굴굴착공사의 필요성이 없고 침하와 균열이 더 이상 확대된다고 볼 사정이 없다면, 토지심굴굴착금지청구권과 소유물방해예방 또는 방해제거청구권에 기한 공사중지가처분을 허용하여서는 아니된다(1981.3.10, 80다2832).

제241조【토지의 심굴금지】 토지소유자는 인접지의 지반이 붕괴할 정도로 자기의 토지를 심굴하지 못한다. 그러나 충분한 방어공사를 한 때에는 그러하지 아니하다.

제242조【경계선부근의 건축】 ①건물을 축조함에는 특별한 관습이 없으면 경계로부터 반미터 이상의 거리를 두어야 한다.

②인접지소유자는 전항의 규정에 위반한 자에 대하여 건물의 변경이나 철거를 청구할 수 있다. 그러나 건축에 착수한 후 1년을 경과하거나 건물이 완성된 후에는 손해배상만을 청구할 수 있다.

판례 경계로부터 민법 제242조, 제244조에 따른 법정거리를 두지 않고 세워진 건물의 철거 등을 구하는 이 사건 청구에 관하여 피고가 이 사건소는 건물이 완성된 후에 제기된 것이므로 부적법하다는 항변을 하였는 바, 원심이 원고가 법정제척기간내에 소제기의 방법이 아닌 건축허가처분에 대한 이의를 함으로써 이 사건과 같은 주장을 한 사실을 확정하고 위 피고의 항변을 배척하였음은 정당하다(1982. 9.14, 80다2859).

제243조【차면시설의무】 경계로부터 2미터 이내의 거리에서 이웃 주택의 내부를 관망할 수 있는 창이나 마루를 설치하는 경우에는 적당한 차면시설을 하여야 한다.

제244조【지하시설 등에 대한 제한】 ①우물을 파거나 용수, 하수 또는 오물 등을 저치할 지하시설을 하는 때에는 경계로부터 2미터 이상의 거리를 두어야 하며 저수지, 구거 또는 지하실공사에는 경계로부터 그 깊이의 반 이상의 거리를 두어야 한다.

②전항의 공사를 함에는 토사가 붕괴하거나 하수 또는 오액이 이웃에 흐르지 아니하도록 적당한 조치를 하여야 한다.

판례 지하시설을 하는 경우에 있어서 경계로부터 두어야 할 거리에 관한 사항 등을 규정한 민법 제244조는 강행규정이라고는 볼 수 없으므로 이와 다른 내용의 당사자간의 특약을 무효라고 할 수 없다 (1982.10.26, 80다1634).

제2절 소유권의 취득

제245조【점유로 인한 부동산소유권의 취득기간】 ①20년간 소유의 의사로 평온, 공연하게 부동산을 점유하는 자는 등기함으로써 그 소유권을 취득한다.

②부동산의 소유자로 등기한 자가 10년간 소유의 의사로 평온, 공연하게 선의이며 과실없이 그 부동산을 점유한 때에는 소유권을 취득한다.

판례 점유자가 점유 개시 당시에 소유권취득의 원인이 될 수 있는 법률행위 기타 법률요건이 없이 그와 같은 법률요건이 없다는 사실을 잘 알면서 타인 소유의 부동산을 무단점유한 것임이 입증된 경우, 특별한 사정이 없는 한 점유자는 타인의 소유권을 배척하고 점유할 의사를 갖고 있지 않다고 보아야 할 것이므로, 이로써 소유의 의사가 있는 점유라는 추정은 깨어진다(95다28625). <김형 422면>

착오로 인접 토지의 일부를 그가 매수 취득한 대지에 속하는 것으로 믿고 위 인접 토지의 일부를 현실적으로 인도받아 점유하여 왔다면 특별한 사정이 없는 한 인접 토지에 대한 점유 역시 소유의 의사가 있는 자주점유라고 보아야 한다(99다5866, 5873). <고시연구 99년11월, 211면>

1필의 토지의 일부 부분이 다른 부분과 구분되어 시효취득자의 점유에 속한다는 것을 인식하기에 족한 객관적인 징표가 계속하여 존재하는 경우에는 그 일부 부분에 대한 시효취득을 인정할 수 있다(1996.1. 26, 95다24654).

지방세법 제105조제2항은 취득자가 실질적으로 완전한 내용의 소유권을 취득하는가의 여부에 관계없이 사실상의 취득행위 자체를 취득세의 과세객체로 하는 것이므로 부동산에 관한 점유취득시효가 완성되면 취득세의 기준일은 취득자 명의의 소유권이전등기시가 아닌 점유취득시효 완성시이다(2003두13342). <김형 523면>

제246조【점유로 인한 동산소유권의 취득기간】 ①10년간 소유의 의사로 평온, 공연하게 동산을 점유한 자는 그 소유권을 취득한다.

②전항의 점유가 선의이며 과실없이 개시된 경우에는 5년을 경과함으로써 그 소유권을 취득한다.

제247조【소유권취득의 소급효, 중단사유】 ①전2조의 규정에 의한 소유권취득의 효력은 점유를 개시한 때에 소급한다.

②소멸시효의 중단에 관한 규정은 전2조의 소유권취득기간에 준용한다.

판례 점유자가 그 권리행사를 하거나 원소유자가 취득시효완성사실을 알고 점유자의 권리취득을 방해하려고 하는 등의 특별한 사정이 없는 한 원소유자는 점유자명의로 소유권이전등기가 경료되기까지는 소유자로서 그 토지에 관한 적법한 권리를 행사할 수 있고, 그 권리행사로 인해 점유자의 토지에 대한 점유상태가 변경되었다면, 그 뒤 소유권이전등기를 경료한 점유자는 변경된 점유상태를 용인하여야 하는 것이다(97다53623). <고시연구 99년11월, 215면>

국가나 지방자치단체가 국·공유 토지의 점유자에 대하여 그 사용료를 부과·고지하는 것만으로는 바로 점유자의 점유취득시효가 중단된다고 할 수 없다 (1995.11.7, 95다339480).

제248조【소유권이외의 재산권의 취득시

효】 전3조의 규정은 소유권이외의 재산권의 취득에 준용한다.

(판 례) 지상권에 있어서 지료의 지급은 그 요소가 아니어서 지료에 관한 약정이 없는 이상 지료의 지급을 구할 수 없는 점에 비추어 보면, 분묘기지권을 시효취득하는 경우에도 지료를 지급할 필요가 없다고 해석함이 상당하다(1995.2.28, 94다37912).

제249조 【선의취득】 평온, 공연하게 동산을 양수한 자가 선의이며 과실없이 그 동산을 점유한 경우에는 양도인이 정당한 소유자가 아닌 때에도 즉시 그 동산의 소유권을 취득한다.

(판 례) 선의취득자가 선의취득의 효과를 거부하고 종전 소유자에게 동산을 반환받아 갈 것을 요구 할 수는 없다(98다6800). <김형 357면>

민법 제249조의 선의취득은 점유인도를 물권변동의 요건으로 하는 동산의 소유권취득에 관한 규정으로서(동법 제343조에 의하여 동산질권에도 준용) 저당권의 취득에는 적용될 수 없다(1985.12.24, 84다카2428).

동산의 선의취득은 양도인이 무권리자라고 하는 점을 제외하고는 아무런 흠이 없는 거래행위이어야 성립한다(1995.6.29, 94다22071).

제250조 【도품, 유실물에 대한 특례】 전조의 경우에 그 동산이 도품이나 유실물인 때에는 피해자 또는 유실자는 도난 또는 유실한 날로부터 2년내에 그 물건의 반환을 청구할 수 있다. 그러나 도품이나 유실물이 금전인 때에는 그러하지 아니하다.

(판 례) 점유보조자가 가게의 물건을 임의처분하였다면 그 처분한 물건은 선의취득에 관한 제250조상의 도품에는 해당하지 않는다(91다70). <김준 445면>

타인소유 재산의 보관 및 관리의 업무에 종사하던 자가 그 직에서 해임당한 후로도 계속하여 그 재산을 보관 관리하던 중 이를 매각처분한 행위는 절도행위가 아니고 횡령행위이며, 따라서 그 물건도 도품이 아니다(1957.6.22, 4289민사428).

제251조 【도품, 유실물에 대한 특례】 양수인이 도품 또는 유실물을 경매나 공개시장에서 또는 동종류의 물건을 판매하는 상인에게서 선의로 매수한 때에는 피해자 또는 유실자는 양수인이 지급한 대가를 변상하고 그 물건의 반환을 청구할 수 있다.

(판 례) 선의취득에 관한 제251조 규정이 양수인의 선의만을 규정하고 있지만 무과실도 당연히 요구된다(91다70). <김준 445면>

양수인이 경매나 공개시장 또는 동종류의 물건 판매상인으로부터 매수한 물건의 대가를 변상하고 반환을 청구할 수 있다는 규정은 취득자에게 대가변상의 청구권을 준 것으로 보아야 한다(72다115). <김준 446면>

민법 제251조의 규정은 도품 또는 유실물의 선의취득자에게 그가 지급한 대가의 변상을 받을 때까지는 그 물건의 반환청구를 거부할 수 있는 항변권만을 인정한 것이 아니고, 피해자가 그 물건의 반환을 청구하거나 어떠한 원인으로 반환을 받은 경우에는 그 대가변상의 청구권이 있다는 취지이다(1972.5.23, 72다115).

제252조 【무주물의 귀속】 ①무주의 동산을 소유의 의사로 점유한 자는 그 소유권을 취득한다.

②무주의 부동산은 국유로 한다.

③야생하는 동물은 무주물로 하고 사양하는 야생동물도 다시 야생상태로 돌아가면 무주물로 한다.

제253조 【유실물의 소유권취득】 유실물은 법률에 정한 바에 의하여 공고한 후 6개월 내에 그 소유자가 권리를 주장하지 아니하면 습득자가 그 소유권을 취득한다. <개정 2013.4.5>

(판 례) 일본국 어선이 우리나라 영해에서 좌초 침몰된 것을 갑이 자비로 인양하여 소관경찰서에 습득신고를 하였으나 그 후 수년이 지나도록 소유자의 신고가 없었다면, 그 후 1년이 경과한 때부터는 그 침몰어선의 소유권은 위 갑이 취득하였다 할 것이다(1970.4.28, 70다46).

제254조 【매장물의 소유권취득】 매장물은 법률에 정한 바에 의하여 공고한 후 1년내에 그 소유자가 권리를 주장하지 아니하면 발견자가 그 소유권을 취득한다. 그러나 타인의 토지 기타 물건으로부터 발견한 매장물은 그 토지 기타 물건의 소유자와 발견자가 절반하여 취득한다.

제255조 【문화재의 국유】 ①학술, 기예 또는 고고의 중요한 재료가 되는 물건에 대하여는 제252조제1항 및 전2조의 규정에 의하지 아니하고 국유로 한다.

②전항의 경우에 습득자, 발견자 및 매장물이 발견된 토지 기타 물건의 소유자는 국가에 대하여 적당한 보상을 청구할 수 있다.

제255조 【「국가유산기본법」 제3조에 따른 국가유산의 국유】 ①학술, 기예 또는 고고의 중요한 재료가 되는 물건에 대하여는 제252조제1항 및 전2조의 규정에 의하지 아니하고 국유로 한다.

②전항의 경우에 습득자, 발견자 및 매장물이 발견된 토지 기타 물건의 소유자는 국가에 대하여 적당한 보상을 청구할 수 있다.

[제목개정 2023. 5. 16.]

[시행일: 2024. 5. 17.]

제256조【부동산에의 부합】 부동산의 소유자는 그 부동산에 부합한 물건의 소유권을 취득한다. 그러나 타인의 권원에 의하여 부속된 것은 그러하지 아니하다.

(판 례) 제256조의 부합하는 물건에는 부동산도 포함된다(4294민상445). <김형 436면>

건물의 증·개축 부분이 종래건물과 독립적인 경우 부합이 성립되지 않는다(94다11606). <김준 511면>

부속물이 부동산의 구성부분을 이루는 경우 타인의 권원에 의하여 부속된 경우에도 부합이 성립한다(74다1743). <김준 512면>

제257조【동산간의 부합】 동산과 동산이 부합하여 훼손하지 아니하면 분리할 수 없거나 그 분리에 과다한 비용을 요할 경우에는 그 합성물의 소유권은 주된 동산의 소유자에게 속한다. 부합한 동산의 주종을 구별할 수 없는 때에는 동산의 소유자는 부합당시의 가액의 비율로 합성물을 공유한다.

제258조【혼 화】 전조의 규정은 동산과 동산이 혼화하여 식별할 수 없는 경우에 준용한다.

제259조【가 공】 ①타인의 동산에 가공한 때에는 그 물건의 소유권은 원재료의 소유자에게 속한다. 그러나 가공으로 인한 가액의 증가가 원재료의 가액보다 현저히 다액인 때에는 가공자의 소유로 한다.
②가공자가 재료의 일부를 제공하였을 때에는 그 가액은 전항의 증가액에 가산한다.

(판 례) 건물을 신축하였을 경우의 그 소유권은 실제로 물자나 공사금을 제공한 자에게 속한다(1962.3.29, 62다23).

제260조【첨부의 효과】 ①전4조의 규정에 의하여 동산의 소유권이 소멸한 때에는 그 동산을 목적으로 한 다른 권리도 소멸한다.
②동산의 소유자가 합성물, 혼화물 또는 가공물의 단독소유자가 된 때에는 전항의 권리는 합성물, 혼화물 또는 가공물에 존속하고 그 공유자가 된 때에는 그 지분에 존속한다.

제261조【첨부로 인한 구상권】 전5조의 경우에 손해를 받은 자는 부당이득에 관한 규정에 의하여 보상을 청구할 수 있다.

제3절 공동소유

제262조【물건의 공유】 ①물건이 지분에 의하여 수인의 소유로 된 때에는 공유로 한다.
②공유자의 지분은 균등한 것으로 추정한다.

(판 례) 확인의 소는 반드시 당사자간의 법률관계에 한하지 아니하고, 당사자의 일방과 제3자 사이 또는 제3자 상호간의 법률관계도 그 대상이 될 수 있지만, 그 법률관계의 확인이 확인의 이익이 있기 위하여는 그 법률관계에 따라 제소자의 권리 또는 법적 지위에 현존하는 위험, 불안이 야기되어야 하고, 그 위험, 불안을 제거하기 위하여 그 법률관계를 확인의 대상으로 한 확인 판결에 의하여 즉시로 확정할 필요가 있고 또한 그것이 가장 유효적절한 수단이 되어야 한다(1995.10.12, 95다26131, 26148).

제263조【공유지분의 처분과 공유물의 사용, 수익】 공유자는 그 지분을 처분할 수 있고 공유물 전부를 지분의 비율로 사용, 수익할 수 있다.

(판 례) 공유물의 관리에 관한 특별한 약정이 없는 한 공유자는 공유토지의 일부라도 배타적으로 사용, 수익할 수는 없다(78다695). <김준 527면>

하나의 부동산을 수인이 공유하는 경우 각 공유자는 각 그 소유의 지분을 자유로이 처분할 수 있으므로, 공유자 전원이 공유물에 대한 각 그 소유지분 전부를 형식상 하나의 매매계약에 의하여 동일한 매수인에게 매도하는 경우라도 당사자들의 의사표시에 의하여 각 지분에 관한 소유권이전의무, 대금지급의무를 불가분으로 하는 특별한 사정이 없는 한 실질상 각 공유지분별로 별개의 매매계약이 성립되었다고 할 것이고, 일부 공유자가 매수인의 매매대금지급의 무불이행을 원인으로 한 그 공유지분에 대한 매매계약을 해제하는 것은 가능하다고 할 것이다(1995.3.28, 94다59745).

제264조【공유물의 처분, 변경】 공유자는 다른 공유자의 동의없이 공유물을 처분하거나 변경하지 못한다.

(판 례) 공유자 중 1인이 다른 공유자의 동의 없이 그 공유 토지의 특정부분을 매도하여 타인 명의로 소유권이전등기가 마쳐졌다면, 그 매도 부분토지에 관한 소유권이전등기는 처분공유자의 공유지분 범위 내에서는 실체관계에 부합하는 유효한 등기라고 보아야 한다(1994.12.2, 93다1596).

제265조【공유물의 관리, 보존】 공유물의 관리에 관한 사항은 공유자의 지분의 과반수로써 결정한다. 그러나 보존행위는 각자가 할 수 있다.

(판 례) 공유자 자신의 지분이 과반수에 미달되더라도 배타적으로 공유물을 점유하는 다른 공유자에게 공유물의 인도나 명도를 청구할 수 있다(93다9392). <김형 448면>

공유자 중 1인의 지분에 관하여 확정판결에 따라 타인 앞으로 소유권이전등기를 마친 경우, 그 공유자는 확정판결의 기판력에 의하여 더 이상 말소청구를 할 수 없게 된 자신의 공유지분에 관한 한, 보존행위로서도 그 소유권이전등기의 말소를 구할 수 없다(1996.2.9, 94다61649).

공유자간의 공유물에 대한 사용수익·관리에 관한

특약은 공유자의 특정승계인에 대하여도 당연히 승계된다고 할 것이나, 위와 같은 특약 후에 공유자에 변경이 있고 특약을 변경할 만한 사정이 있는 경우에는 민법 제265조에 따라 공유자의 지분의 과반수의 결정으로 기존 특약을 변경할 수 있다(2005다1827). <김형 542면>

제266조【공유물의 부담】 ①공유자는 그 지분의 비율로 공유물의 관리비용 기타 의무를 부담한다.

②공유자가 1년 이상 전항의 의무이행을 지체한 때에는 다른 공유자는 상당한 가액으로 지분을 매수할 수 있다.

(판 례) 민법 제266조제2항의 규정에 의하여 공유자가 다른 공유자의 의무이행지체를 이유로 그 지분의 매수청구권을 행사함에 있어서는 매수대상이 되는 지분 전부의 매매대금을 제공한 다음 매수청구권을 행사하여야 한다(1992.10.9, 92다25656).

제267조【지분포기 등의 경우의 귀속】 공유자가 그 지분을 포기하거나 상속인없이 사망한 때에는 그 지분은 다른 공유자에게 각 지분의 비율로 귀속한다.

(판 례) 공유자의 1인이 공유임야를 다른 공유자의 동의없이 타인에게 매도하여 소유권이전등기를 거친 경우에도 자기의 지분에 대한 처분은 적법하므로 그 지분에 대한 말소청구는 이유없는 것이다(1965.6.16, 65다301).

제268조【공유물의 분할청구】 ①공유자는 공유물의 분할을 청구할 수 있다. 그러나 5년내의 기간으로 분할하지 아니할 것을 약정할 수 있다.

②전항의 계약을 갱신한 때에는 그 기간은 갱신한 날로부터 5년을 넘지 못한다.

③전2항의 규정은 제215조, 제239조의 공유물에는 적용하지 아니한다.

(판 례) 공유물분할청구는 공유자의 일방이 그 공유지분권에 터잡아서 하는 것이므로, 공유지분권을 주장하지 아니하고 목적물의 특정 부분을 소유한다고 주장하는 자는 그 부분에 대하여 신탁적으로 지분등기를 가지고 있는 자를 상대로 하여 그 특정 부분에 대한 명의신탁 해지를 원인으로 한 지분이전등기절차의 이행을 구하면 되고, 이에 갈음하여 공유물분할청구를 할 수는 없다(1996.2.23, 95다8430).

제269조【분할의 방법】 ①분할의 방법에 관하여 협의가 성립되지 아니한 때에는 공유자는 법원에 그 분할을 청구할 수 있다.

②현물로 분할할 수 없거나 분할로 인하여 현저히 그 가액이 감손될 염려가 있는 때에는 법원은 물건의 경매를 명할 수 있다.

(판 례) 공유물분할은 협의분할을 원칙으로 하고 협의가 성립되지 아니한 때에는 재판상 분할을 청구할 수 있으므로 공유자 사이에 이미 분할에 관한 협의가 성립된 경우에는 일부 경우자가 분할에 따른 이전등기에 협조하지 않거나 분할에 관하여 다툼이 있더라도 그 분할된 부분에 대한 소유권이전등기를 청구하든가 소유권확인을 구함은 별문제이나 또다시 소로써 그 분할을 청구하거나 이미 제기한 공유물분할의 소를 유지함은 허용되지 않는다(1995.1.12, 94다30348, 30355).

제270조【분할로 인한 담보책임】 공유자는 다른 공유자가 분할로 인하여 취득한 물건에 대하여 그 지분의 비율로 매도인과 동일한 담보책임이 있다.

제271조【물건의 합유】 ①법률의 규정 또는 계약에 의하여 수인이 조합체로서 물건을 소유하는 때에는 합유로 한다. 합유자의 권리는 합유물 전부에 미친다.

②합유에 관하여는 전항의 규정 또는 계약에 의하는 외에 다음 3조의 규정에 의한다.

(판 례) 계는 특별한 약정이 없으면 조합계약으로 추정되며 계를 중심으로 한 재산은 각 계원의 합유가 된다(62다265). <김형 453면>

제272조【합유물의 처분, 변경과 보존】 합유물을 처분 또는 변경함에는 합유자 전원의 동의가 있어야 한다. 그러나 보존행위는 각자가 할 수 있다.

(판 례) 동업약정에 따라 동업자 공동으로 토지를 매수하였다면 그 토지는 동업자들을 조합원으로 하는 동업체에서 토지를 매수한 것이므로 그 동업자들은 토지에 대한 소유권이전등기청구권을 준합유하는 관계에 있고, 합유재산에 관한 소는 이른바 고유필요적공동소송이라 할 것이므로 그 매매계약에 기하여 소유권이전등기의 이행을 구하는 소를 제기하려면 동업자들이 공동으로 하지 않으면 안된다(1994.10.25, 93다54064).

제273조【합유지분의 처분과 합유물의 분할금지】 ①합유자는 전원의 동의없이 합유물에 대한 지분을 처분하지 못한다.

②합유자는 합유물의 분할을 청구하지 못한다.

(판 례) 의장의 공유관계는 민법 제273조에 규정된 합유에 준하는, 이른바 준공유관계라 할 것이다(1982.6.22, 81후43).

제274조【합유의 종료】 ①합유는 조합체의 해산 또는 합유물의 양도로 인하여 종료한다.

②전항의 경우에 합유물의 분할에 관하여는 공유물의 분할에 관한 규정을 준용한다.

(판 례) 부동산의 합유자 중 일부가 사망한 경우 합유자 사이에 특별한 약정이 없는 한 사망한 합유자의 상속인은 합유자로서의 지위를 승계하는 것이 아니므로 해당 부동산은 잔존 합유자가 2인 이상일 경우에는 잔존 합유자의 합유로 귀속되고 잔존합유자

가 1인인 경우에는 잔존 합유자의 단독소유로 귀속된다(1994.2.25, 93다39225). <김준 535면>

제275조【물건의 총유】 ①법인이 아닌 사단의 사원이 집합체로서 물건을 소유할 때에는 총유로 한다.

②총유에 관하여는 사단의 정관 기타 규약에 의하는 외에 다음 2조의 규정에 의한다.

(판 례) 교회가 2개로 분열되면, 종전 교회의 재산은 분열 당시 교인들의 총유에 속한다(91다1226). <김준 537면>

리의 행정구역내에 거주하는 주민들이 주민의 공동편익과 공동복지를 위하여 주민 전부를 구성원으로 한 공동체를 구성하고 행정구역인 리의 명칭을 사용하면서 일정한 재산을 공부상 그 이름으로 소유해 온 경우에, 이러한 공동체는 이른바 비법인 사단으로서 그 재산은 리 주민의 총유에 속하고, 행정구역인 리가 지방자치법이나 지방자치에관한임시조치법 등의 시행으로 지방자치단체인 읍·면 또는 군의 소속기관이 되었다고 하여 리 주민의 총유인 재산이 읍·면 또는 군의 소유가 되는 것이 아니다(1995.9.29, 95다32051).

제276조【총유물의 관리, 처분과 사용, 수익】 ①총유물의 관리 및 처분은 사원총회의 결의에 의한다.

②각 사원은 정관 기타의 규약에 좇아 총유물을 사용, 수익할 수 있다.

(판 례) 교회의 총유재산에 관한 소송은 권리능력 없는 사단인 교회 자체의 명의로 하거나 그 교회 구성원 전원이 당사자가 되어 할 수 있을 뿐이고, 후자의 경우에는 필요적 공동소송이다(1995.9.5, 95다213030).

제277조【총유물에 관한 권리의무의 득상】 총유물에 관한 사원의 권리의무는 사원의 지위를 취득상실함으로써 취득상실된다.

(판 례) 교회 교도들의 헌금·연보 기타 교회의 수입으로 이루어진 재산은 특별한 사유가 없는 한 그 교회소속 교도들의 총유로서 교도로서의 지위를 상실함과 동시에 그 재산에 관한 권리·의무도 상실된다(1968.11.19, 67다2125).

제278조【준공동소유】 본절의 규정은 소유권이외의 재산권에 준용한다. 그러나 다른 법률에 특별한 규정이 있으면 그에 의한다.

(판 례) 복수채권자가 담보목적으로 공동명의로 매매예약을 체결하고 가등기를 한 경우 매매예약완결권을 준공동소유하는 관계에 있다(1985.5.28, 84다카2188).

제4장 지상권

제279조【지상권의 내용】 지상권자는 타인의 토지에 건물 기타 공작물이나 수목을 소유하기 위하여 그 토지를 사용하는 권리가 있다.

(판 례) 입목벌채권을 확보하고자 지상권을 설정한 후 벌채권이 소멸했더라도 지상권마저 소멸하는 것은 아니다(90다15716). <김형 469면>

소유권등기가 경료된 불법건축물이 있는 대지상에 건물소유목적의 지상권설정계약은 불법건축물의 철거를 전제로 하는 것으로 무효가 아니다(69다1537). <김준 556면>

환지로 인하여 새로운 분할지적선이 그어진 결과 환지전에는 동일인에게 속하였던 토지와 그 지상건물의 소유자가 달라졌다 하더라도, 환지의 성질상 건물의 부지에 관하여 소유권을 상실한 건물 소유자가 그 환지된 토지(건물부지)에 대하여 건물을 위한 관습상의 법정지상권을 취득한다거나 그 환지된 토지의 소유자가 그 건물을 위한 관습상 법정지상권의 부담을 안게 된다고는 할 수 없다(1996.3.8, 95다44535).

제280조【존속기간을 약정한 지상권】 ①계약으로 지상권의 존속기간을 정하는 경우에는 그 기간은 다음 연한보다 단축하지 못한다.

1. 석조, 석회조, 연와조 또는 이와 유사한 견고한 건물이나 수목의 소유를 목적으로 하는 때에는 30년
2. 전호이외의 건물의 소유를 목적으로 하는 때에는 15년
3. 건물이외의 공작물의 소유를 목적으로 하는 때에는 5년

②전항의 기간보다 단축한 기간을 정한 때에는 전항의 기간까지 연장한다.

(판 례) 민법 제280조제1항제1호가 석조·석회조·연와조 또는 이와 비슷한 견고한 건물이나 수목의 '소유를 목적으로 하는' 지상권의 경우 그 존속기간은 30년보다 단축할 수 없다고 규정하고 있음에 비추어 볼 때, 같은 법조 소정의 최단 존속기간에 관한 규정은 지상권자가 그 소유의 건물 등을 건축하거나 수목을 식재하여 토지를 이용할 목적으로 지상권을 설정한 경우에만 그 적용이 있다(1996.3.22, 95다49318).

제281조【존속기간을 약정하지 아니한 지상권】 ①계약으로 지상권의 존속기간을 정하지 아니한 때에는 그 기간은 전조의 최단존속기간으로 한다.

②지상권설정당시에 공작물의 종류와 구조를 정하지 아니한 때에는 지상권은 전조제2호의 건물의 소유를 목적으로 한 것으로 본다.

(판 례) 원심이 인정한 건물의 구조에 비추어 보면 그 소유를 목적으로 하는 지상권의 존속기간이 민법 제280조제1항 몇 호 소정의 지상권존속기간에 해당하는지 알 수 있으므로 지상권의 시효취득이 인정되더라도 그 존속기간의 만료로 소멸되었다는 주장이 없는 한 원심이 시효취득한 지상권의 존속기간이 몇 년인지 밝히지 아니하였다고 하여 반드시 위법하다고 할 수 없다(1994.10.14, 4다9849).

제282조【지상권의 양도, 임대】 지상권자는 타인에게 그 권리를 양도하거나 그 권리의 존속기간내에서 그 토지를 임대할 수 있다.

(판 례) 지상권이 딸린 건물을 매수한 경우 매수인은 지상권에 대해서도 이전등기를 해야 지상권을 취득한다(전합84다카1131). <김준 564면>

지상물을 경매한 경우 경락인은 등기없이도 지상권을 취득할 수 있다(75다2338). <김준 564면>

제283조【지상권자의 갱신청구권, 매수청구권】 ①지상권이 소멸한 경우에 건물 기타 공작물이나 수목이 현존한 때에는 지상권자는 계약의 갱신을 청구할 수 있다.

②지상권설정자가 계약의 갱신을 원하지 아니하는 때에는 지상권자는 상당한 가액으로 전항의 공작물이나 수목의 매수를 청구할 수 있다.

(판 례) 지상권자가 갱신청구를 할 수 없는 경우에는 지상물매수청구권도 발생하지 않는다(80다2312). <김준 562면>

토지 임대차에 있어서 토지 임차인의 차임연체 등 채무불이행을 이유로 그 임대차계약이 해지되는 경우, 토지 임차인으로서는 토지 임대인에 대하여 그 지상건물의 매수를 청구할 수는 없다(1996.2.27, 95다29345).

제284조【갱신과 존속기간】 당사자가 계약을 갱신하는 경우에는 지상권의 존속기간은 갱신한 날로부터 제280조의 최단존속기간보다 단축하지 못한다. 그러나 당사자는 이보다 장기의 기간을 정할 수 있다.

제285조【수거의무, 매수청구권】 ①지상권이 소멸한 때에는 지상권자는 건물 기타 공작물이나 수목을 수거하여 토지를 원상에 회복하여야 한다.

②전항의 경우에 지상권설정자가 상당한 가액을 제공하여 그 공작물이나 수목의 매수를 청구한 때에는 지상권자는 정당한 이유없이 이를 거절하지 못한다.

제286조【지료증감청구권】 지료가 토지에 관한 조세 기타 부담의 증감이나 지가의 변동으로 인하여 상당하지 아니하게 된 때에는 당사자는 그 증감을 청구할 수 있다.

제287조【지상권소멸청구권】 지상권자가 2년 이상의 지료를 지급하지 아니한 때에는 지상권설정자는 지상권의 소멸을 청구할 수 있다.

(판 례) 민법 제366조 단서의 규정에 의하여 법정지상권의 경우 그 지료는 당사자의 협의나 법원에 의하여 결정하도록 되어 있는데, 당사자 사이에 지료에 관한 협의가 있었다거나 법원에 의하여 지료가 결정되었다는 아무런 입증이 없고 법정지상권에 관한 지료가 결정된 바 없다면, 법정지상권자가 지료를 지급하지 않았다고 하더라도 지료지급을 지체한 것으로는 볼 수 없으므로 법정지상권자가 2년 이상의 지료를 지급하지 아니하였음을 이유로 하는 토지소유자의 지상권 소멸청구는 이유가 없다(1996.4.26, 95다52864).

제288조【지상권소멸청구와 저당권자에 대한 통지】 지상권이 저당권의 목적인 때 또는 그 토지에 있는 건물, 수목이 저당권의 목적이 된 때에는 전조의 청구는 저당권자에게 통지한 후 상당한 기간이 경과함으로써 그 효력이 생긴다.

제289조【강행규정】 제280조 내지 제287조의 규정에 위반되는 계약으로 지상권자에게 불리한 것은 그 효력이 없다.

제289조의2【구분지상권】 ①지하 또는 지상의 공간은 상하의 범위를 정하여 건물 기타 공작물을 소유하기 위한 지상권의 목적으로 할 수 있다. 이 경우 설정행위로써 지상권의 행사를 위하여 토지의 사용을 제한할 수 있다.

②제1항의 규정에 의한 구분지상권은 제3자가 토지를 사용·수익할 권리를 가진 때에도 그 권리자 및 그 권리를 목적으로 하는 권리를 가진 자 전원의 승낙이 있으면 이를 설정할 수 있다. 이 경우 토지를 사용·수익할 권리를 가진 제3자는 그 지상권의 행사를 방해하여서는 아니된다.

<본조신설 84.4.10>

제290조【준용규정】 ①제213조, 제214조, 제216조 내지 제244조의 규정은 지상권자간 또는 지상권자와 인지소유자간에 이를 준용한다.

②제280조 내지 제289조 및 제1항의 규정은 제289조의2의 규정에 의한 구분지상권에 관하여 이를 준용한다. <신설 84.4.10>

제5장 지역권

제291조【지역권의 내용】 지역권자는 일정한 목적을 위하여 타인의 토지를 자기토지의 편익에 이용하는 권리가 있다.

(판 례) 지역권은 일정한 목적을 위하여 타인의 토지를 자기의 토지의 편익에 이용하는 용익물권으로서 요역지와 승역지 사이의 권리관계에 터잡은 것이므로 어느 토지에 대하여 통행지역권을 주장하려면 그 토지의 통행으로 편익을 얻는 요역지가 있음을 주장·입증하여야 한다(1992.12.8, 92다22725).

제292조【부종성】 ①지역권은 요역지소유권

에 부종하여 이전하며 또는 요역지에 대한 소유권이외의 권리의 목적이 된다. 그러나 다른 약정이 있는 때에는 그 약정에 의한다.
②지역권은 요역지와 분리하여 양도하거나 다른 권리의 목적으로 하지 못한다.

제293조【공유관계, 일부양도와 불가분성】 ①토지공유자의 1인은 지분에 관하여 그 토지를 위한 지역권 또는 그 토지가 부담한 지역권을 소멸하게 하지 못한다.
②토지의 분할이나 토지의 일부양도의 경우에는 지역권은 요역지의 각 부분을 위하여 또는 그 승역지의 각 부분에 존속한다. 그러나 지역권이 토지의 일부분에만 관한 것인 때에는 다른 부분에 대하여는 그러하지 아니하다.

제294조【지역권취득기간】 지역권은 계속되고 표현된 것에 한하여 제245조의 규정을 준용한다.

(판 례) 지역권에 있어 취득시효기간 만료후 등기전에 승역지가 제3자에게 양도되어 등기가 경료되면 그에게 시효취득을 주장할 수 없다(90다카20395). <김준 584면>

지역권의 시효취득에서 통로의 개설이 요역지 소유자에 의해 이루어진 경우에 통행지역권이 성립할 수 있다(70다772). <김준 585면>

지역권은 계속되고 표현된 것에 한하여 민법 제245조의 규정을 준용하도록 되어 있으므로, 통행지역권은 요역지의 소유자가 승역지 위에 도로를 설치하여 승역지를 사용하는 객관적 상태가 민법 제245조에 규정된 기간 계속된 경우에 한하여 그 시효취득을 인정할 수 있다(1995.6.13. 95다1088. 1095).

제295조【취득과 불가분성】 ①공유자의 1인이 지역권을 취득한 때에는 다른 공유자도 이를 취득한다.
②점유로 인한 지역권취득기간의 중단은 지역권을 행사하는 모든 공유자에 대한 사유가 아니면 그 효력이 없다.

제296조【소멸시효의 중단, 정지와 불가분성】 요역지가 수인의 공유인 경우에 그 1인에 의한 지역권소멸시효의 중단 또는 정지는 다른 공유자를 위하여 효력이 있다.

제297조【용수지역권】 ①용수승역지의 수량이 요역지 및 승역지의 수요에 부족한 때에는 그 수요정도에 의하여 먼저 가용에 공급하고 다른 용도에 공급하여야 한다. 그러나 설정행위에 다른 약정이 있는 때에는 그 약정에 의한다.
②승역지에 수개의 용수지역권이 설정된 때에는 후순위의 지역권자는 선순위의 지역권자의 용수를 방해하지 못한다.

제298조【승역지소유자의 의무와 승계】 계약에 의하여 승역지소유자가 자기의 비용으로 지역권의 행사를 위하여 공작물의 설치 또는 수선의 의무를 부담한 때에는 승역지소유자의 특별승계인도 그 의무를 부담한다.

제299조【위기에 의한 부담면제】 승역지의 소유자는 지역권에 필요한 부분의 토지소유권을 지역권자에게 위기하여 전조의 부담을 면할 수 있다.

제300조【공작물의 공동사용】 ①승역지의 소유자는 지역권의 행사를 방해하지 아니하는 범위내에서 지역권자가 지역권의 행사를 위하여 승역지에 설치한 공작물을 사용할 수 있다.
②전항의 경우에 승역지의 소유자는 수익정도의 비율로 공작물의 설치, 보존의 비용을 분담하여야 한다.

제301조【준용규정】 제214조의 규정은 지역권에 준용한다.

제302조【특수지역권】 어느 지역의 주민이 집합체의 관계로 각자가 타인의 토지에서 초목, 야생물 및 토사의 채취, 방목 기타의 수익을 하는 권리가 있는 경우에는 관습에 의하는 외에 본장의 규정을 준용한다.

제6장 전세권

제303조【전세권의 내용】 ①전세권자는 전세금을 지급하고 타인의 부동산을 점유하여 그 부동산의 용도에 좇아 사용·수익하며, 그 부동산 전부에 대하여 후순위권리자 기타 채권자보다 전세금의 우선변제를 받을 권리가 있다. <개정 84.4.10>
②농경지는 전세권의 목적으로 하지 못한다.

(판 례) 전세권설정계약의 당사자 간의 약정에 의하여 전세권의 처분이 따르지 않는 전세금반환채권만의 분리양도가 이루어진 경우, 양수인은 유효하게 전세금 반환채권을 양수하였다고 할 것이고, 그로 인해 전세금반환채권을 담보하는 물권으로서의 전세권마저 소멸된 이상 그 전세권에 관해 가압류부기등기가 경료되었다고 하더라도 아무런 효력이 없다(97다33997). <김준 13면(추록)>

전세금의 지급은 전세권 성립의 요소가 되는 것이지만 그렇다고 하여 전세금의 지급이 반드시 현실적으로 수수되어야만 하는 것은 아니고 기존의 채권의 전세금의 지급에 갈음할 수도 있다(1995.2.10. 94다18508).

제304조【건물의 전세권, 지상권, 임차권에 대한 효력】 ①타인의 토지에 있는 건물에 전세권을 설정한 때에는 전세권의 효력은 그 건

물의 소유를 목적으로 한 지상권 또는 임차권에 미친다.
②전항의 경우에 전세권설정자는 전세권자의 동의없이 지상권 또는 임차권을 소멸하게 하는 행위를 하지 못한다.

제305조【건물의 전세권과 법정지상권】 ①대지와 건물이 동일한 소유자에 속한 경우에 건물에 전세권을 설정한 때에는 그 대지소유권의 특별승계인은 전세권설정자에 대하여 지상권을 설정한 것으로 본다. 그러나 지료는 당사자의 청구에 의하여 법원이 이를 정한다.
②전항의 경우에 대지소유자는 타인에게 그 대지를 임대하거나 이를 목적으로 한 지상권 또는 전세권을 설정하지 못한다.

제306조【전세권의 양도, 임대 등】 전세권자는 전세권을 타인에게 양도 또는 담보로 제공할 수 있고 그 존속기간내에서 그 목적물을 타인에게 전전세 또는 임대할 수 있다. 그러나 설정행위로 이를 금지한 때에는 그러하지 아니하다.

(판 례) 존속기간의 경과로서 담보물권적 권능만 남은 전세권에 대해서도 그 피담보채권인 전세금반환채권과 함께 제3자에게 이를 양도할 수 있지만 채권양도의 대항요건을 갖추지 않는 한 위 전세금반환채권의 압류·전부 채권자 등 제3자에게 위 전세보증금반환채권의 양도사실로써 대항할 수 없는바, 전세기간 만료 이후 전세권양도계약 및 전세권이전의 부기등기가 이루어진 것만으로는 전세금반환채권의 양도에 관한 대항요건을 갖추었다고는 볼 수 없다(2003다35659). <김형 605면>

제307조【전세권양도의 효력】 전세권양수인은 전세권설정자에 대하여 전세권양도인과 동일한 권리의무가 있다.

제308조【전전세 등의 경우의 책임】 전세권의 목적물을 전전세 또는 임대한 경우에는 전세권자는 전전세 또는 임대하지 아니하였으면 면할 수 있는 불가항력으로 인한 손해에 대하여 그 책임을 부담한다.

제309조【전세권자의 유지, 수선의무】 전세권자는 목적물의 현상을 유지하고 그 통상의 관리에 속한 수선을 하여야 한다.

제310조【전세권자의 상환청구권】 ①전세권자가 목적물을 개량하기 위하여 지출한 금액 기타 유익비에 관하여는 그 가액의 증가가 현존한 경우에 한하여 소유자의 선택에 좇아 그 지출액이나 증가액의 상환을 청구할 수 있다.
②전항의 경우에 법원은 소유자의 청구에 의하여 상당한 상환기간을 허여할 수 있다.

(판 례) 전세권자가 유익비상환청구권을 미리 포기하는 약정도 유효하다(73다1814). <김준 608면>
전세계약중 피고가 건물을 개수하였을시는 건물반환기일전에 피고의 비용으로 원상복구한다는 조항을 예문에 불과하다고 할 수 없다(1974.3.12, 73다1814, 1815).

제311조【전세권의 소멸청구】 ①전세권자가 전세권설정계약 또는 그 목적물의 성질에 의하여 정하여진 용법으로 이를 사용, 수익하지 아니한 경우에는 전세권설정자는 전세권의 소멸을 청구할 수 있다.
②전항의 경우에 전세권설정자는 전세권자에 대하여 원상회복 또는 손해배상을 청구할 수 있다.

제312조【전세권의 존속기간】 ①전세권의 존속기간은 10년을 넘지 못한다. 당사자의 약정기간이 10년을 넘는 때에는 이를 10년으로 단축한다.
②건물에 대한 전세권의 존속기간을 1년 미만으로 정한 때에는 이를 1년으로 한다. <신설 84.4.10>
③전세권의 설정은 이를 갱신할 수 있다. 그 기간은 갱신한 날로부터 10년을 넘지 못한다.
④건물의 전세권설정자가 전세권의 존속기간 만료전 6월부터 1월까지 사이에 전세권자에 대하여 갱신거절의 통지 또는 조건을 변경하지 아니하면 갱신하지 아니한다는 뜻의 통지를 하지 아니한 경우에는 그 기간이 만료된 때에 전전세권과 동일한 조건으로 다시 전세권을 설정한 것으로 본다. 이 경우 전세권의 존속기간은 그 정함이 없는 것으로 본다. <신설 84.4.10>

(판 례) 전세권의 법정 갱신은 등기 없이도 그 효력이 생긴다(88다카21029). <김준 595면>

제312조의2【전세금 증감청구권】 전세금이 목적 부동산에 관한 조세·공과금 기타 부담의 증감이나 경제사정의 변동으로 인하여 상당하지 아니하게 된 때에는 당사자는 장래에 대하여 그 증감을 청구할 수 있다. 그러나 증액의 경우에는 대통령령이 정하는 기준에 따른 비율을 초과하지 못한다.
<본조신설 84.4.10>

제313조【전세권의 소멸통고】 전세권의 존속기간을 약정하지 아니한 때에는 각 당사자는 언제든지 상대방에 대하여 전세권의 소멸을 통고할 수 있고 상대방이 이 통고를 받은 날로부터 6월이 경과하면 전세권은 소멸한다.

(판 례) 전세권소멸 후 전세권자의 점유사용에 따른

차임상당액과 전세금에 대한 이자는 서로 대가 관계에 있다(76다1184). <김준 605면>

제314조【불가항력으로 인한 멸실】 ①전세권의 목적물의 전부 또는 일부가 불가항력으로 인하여 멸실된 때에는 그 멸실된 부분의 전세권은 소멸한다.

②전항의 일부멸실의 경우에 전세권자가 그 잔존부분으로 전세권의 목적을 달성할 수 없는 때에는 전세권설정자에 대하여 전세권전부의 소멸을 통고하고 전세금의 반환을 청구할 수 있다.

제315조【전세권자의 손해배상책임】 ①전세권의 목적물의 전부 또는 일부가 전세권자에 책임있는 사유로 인하여 멸실된 때에는 전세권자는 손해를 배상할 책임이 있다.

②전항의 경우에 전세권설정자는 전세권이 소멸된 후 전세금으로써 손해의 배상에 충당하고 잉여가 있으면 반환하여야 하며 부족이 있으면 다시 청구할 수 있다.

제316조【원상회복의무, 매수청구권】 ①전세권이 그 존속기간의 만료로 인하여 소멸한 때에는 전세권자는 그 목적물을 원상에 회복하여야 하며 그 목적물에 부속시킨 물건은 수거할 수 있다. 그러나 전세권설정자가 그 부속물건의 매수를 청구한 때에는 전세권자는 정당한 이유없이 거절하지 못한다.

②전항의 경우에 그 부속물건이 전세권설정자의 동의를 얻어 부속시킨 것인 때에는 전세권자는 전세권설정자에 대하여 그 부속물건의 매수를 청구할 수 있다. 그 부속물건이 전세권설정자로부터 매수한 것인 때에도 같다.

제317조【전세권의 소멸과 동시이행】 전세권이 소멸한 때에는 전세권설정자는 전세권자로부터 그 목적물의 인도 및 전세권설정등기의 말소등기에 필요한 서류의 교부를 받는 동시에 전세금을 반환하여야 한다.

(판 례) 임대인이 승낙없이 당초 임차인으로부터 임차권이 양도 또는 전대되어 제3자가 임차목적물을 점유하게 된 경우라면 임차인은 위 임차권의 양도 또는 전대사실을 임대인에게 대항할 수 없음이 명백하고 임차목적물이 임대인에게 반환되었다고 볼 수 없으므로, 임차인의 채권자인 원고의 이 사건 임차보증금에 관한 전부금청구를 무조건 인용한 원심은 위법하다고 할 것이다(1983.11.22, 82다카1696).

제318조【전세권자의 경매청구권】 전세권설정자가 전세금의 반환을 지체한 때에는 전세권자는 민사집행법의 정한 바에 의하여 전세권의 목적물의 경매를 청구할 수 있다. <개정 97.12.13, 2001.12.29>

(신·구) ~경매법~ ⇨ ~민사소송법~ ⇨ 민사집행법

(판 례) 전세권의 목적물이 아닌 나머지 부분에 대하여 우선변제권은 있더라도 경매신청권은 없는 것이다(91마256). <김준 606면>

제319조【준용규정】 제213조, 제214조, 제216조 내지 제244조의 규정은 전세권자간 또는 전세권자와 인지소유자 및 지상권자간에 이를 준용한다.

제7장 유치권

제320조【유치권의 내용】 ①타인의 물건 또는 유가증권을 점유한 자는 그 물건이나 유가증권에 관하여 생긴 채권이 변제기에 있는 경우에는 변제를 받을 때까지 그 물건 또는 유가증권을 유치할 권리가 있다.

②전항의 규정은 그 점유가 불법행위로 인한 경우에 적용하지 아니한다.

(판 례) 임대차종료시 임차인이 건물을 원상복구하여 임대인에게 명도하기로 약정한 것은 건물에 대해 각종 비용상환청구권을 미리 포기하기로 한 취지의 특약이라고 볼 수 있어, 임차인은 유치권을 주장할 수 없다(73다2010). <김준 622면>

건물임차인의 임차보증금반환청구권이나 임대인에 대한 손해배상청구권은 제320조에 규정된 소위 그 건물에 대하여 생긴 채권이라 할 수 없다(75다1305). <김준 622면>

주택건물의 신축공사를 한 수급인이 그 건물을 점유하고 있고 또 그 건물에 관하여 생긴 공사금 채권이 있다면, 수급인은 그 채권을 변제받을 때까지 건물을 유치할 권리가 있다고 할 것이고, 이러한 유치권은 수급인이 점유을 상실하거나 피담보채무가 변제되는 등 특단의 사정이 없는 한 소멸되지 않는다(1995.9.15, 95다16202, 16219).

제321조【유치권의 불가분성】 유치권자는 채권전부의 변제를 받을 때까지 유치물전부에 대하여 그 권리를 행사할 수 있다.

제322조【경매, 간이변제충당】 ①유치권자는 채권의 변제를 받기 위하여 유치물을 경매할 수 있다.

②정당한 이유있는 때에는 유치권자는 감정인의 평가에 의하여 유치물로 직접 변제에 충당할 것을 법원에 청구할 수 있다. 이 경우에는 유치권자는 미리 채무자에게 통지하여야 한다.

제323조【과실수취권】 ①유치권자는 유치물의 과실을 수취하여 다른 채권보다 먼저 그 채권의 변제에 충당할 수 있다. 그러나 과실이 금전이 아닌 때에는 경매하여야 한다.

②과실은 먼저 채권의 이자에 충당하고 그 잉여가 있으면 원본에 충당한다.

제324조【유치권자의 선관의무】 ①유치권자는 선량한 관리자의 주의로 유치물을 점유하여야 한다.

②유치권자는 채무자의 승낙없이 유치물의 사용, 대여 또는 담보제공을 하지 못한다. 그러나 유치물의 보존에 필요한 사용은 그러하지 아니하다.

③유치권자가 전2항의 규정에 위반한 때에는 채무자는 유치권의 소멸을 청구할 수 있다.

(판 례) 유치권자가 유치물을 보관하기 위하여 유치물건을 사용하였을 경우에는 특별한 사정이 없는 한 임차료에 상당한 이득을 반환하여야 할 의무가 있다 할 것이다(1962.8.30, 62다294).

제325조【유치권자의 상환청구권】 ①유치권자가 유치물에 관하여 필요비를 지출한 때에는 소유자에게 그 상환을 청구할 수 있다.

②유치권자가 유치물에 관하여 유익비를 지출한 때에는 그 가액의 증가가 현존한 경우에 한하여 소유자의 선택에 좇아 그 지출한 금액이나 증가액의 상환을 청구할 수 있다. 그러나 법원은 소유자의 청구에 의하여 상당한 상환기간을 허여할 수 있다.

(판 례) 건물의 적법한 점유자는 그 건물에 관하여 유익비인 수리비를 지출한 것을 이유로 하여 유치권을 주장할 수 있다(1959.8.27, 4291민사672).

제326조【피담보채권의 소멸시효】 유치권의 행사는 채권의 소멸시효의 진행에 영향을 미치지 아니한다.

제327조【타담보제공과 유치권소멸】 채무자는 상당한 담보를 제공하고 유치권의 소멸을 청구할 수 있다.

제328조【점유상실과 유치권소멸】 유치권은 점유의 상실로 인하여 소멸한다.

(판 례) 유치권자는 점유를 상실하면 곧 유치권을 상실하므로 유치권자로부터 점유를 승계한 자가 유치권자를 대위하여 유치권을 주장할 수는 없다(1972.5.30, 72다548).

제8장 질 권

제1절 동산질권

제329조【동산질권의 내용】 동산질권자는 채권의 담보로 채무자 또는 제3자가 제공한 동산을 점유하고 그 동산에 대하여 다른 채권자보다 자기채권의 우선변제를 받을 권리가 있다.

(판 례) 일정의 어음거래약정기간동안 채권자로부터 할인받은 어음이 모두 결제된 것으로 장부처리가 되었다고 하더라도 그것이 소위 어음대환 내지 어음개서의 형식을 취한 것 뿐이라면, 새로운 대표이사를 새로이 연대보증인으로 삼을 의도로 채권자와 사이에 새로운 어음거래약정서가 작성되었다고 하더라도 종전의 대표이사의 연대보증기간이 만료되었다 하여 동인이 제공한 물적담보책임이 그 시점에서 종료되었다고 보기 어려울 뿐만 아니라 본래의 채무가 소멸되는 것은 아니다(1986.8.19, 85다카357).

제330조【설정계약의 요물성】 질권의 설정은 질권자에게 목적물을 인도함으로써 그 효력이 생긴다.

제331조【질권의 목적물】 질권은 양도할 수 없는 물건을 목적으로 하지 못한다.

제332조【설정자에 의한 대리점유의 금지】 질권자는 설정자로 하여금 질물의 점유를 하게 하지 못한다.

제333조【동산질권의 순위】 수개의 채권을 담보하기 위하여 동일한 동산에 수개의 질권을 설정한 때에는 그 순위는 설정의 선후에 의한다.

제334조【피담보채권의 범위】 질권은 원본, 이자, 위약금, 질권실행의 비용, 질물보존의 비용 및 채무불이행 또는 질물의 하자로 인한 손해배상의 채권을 담보한다. 그러나 다른 약정이 있는 때에는 그 약정에 의한다.

제335조【유치적 효력】 질권자는 전조의 채권의 변제를 받을 때까지 질물을 유치할 수 있다. 그러나 자기보다 우선권이 있는 채권자에게 대항하지 못한다.

제336조【전질권】 질권자는 그 권리의 범위내에서 자기의 책임으로 질물을 전질할 수 있다. 이 경우에는 전질을 하지 아니하였으면 면할 수 있는 불가항력으로 인한 손해에 대하여도 책임을 부담한다.

제337조【전질의 대항요건】 ①전조의 경우에 질권자가 채무자에게 전질의 사실을 통지하거나 채무자가 이를 승낙함이 아니면 전질로써 채무자, 보증인, 질권설정자 및 그 승계인에게 대항하지 못한다.

②채무자가 전항의 통지를 받거나 승낙을 한 때에는 전질권자의 동의없이 질권자에게 채무를 변제하여도 이로써 전질권자에게 대항하지 못한다.

제338조【경매, 간이변제충당】 ①질권자는 채권의 변제를 받기 위하여 질물을 경매할 수 있다.

②정당한 이유있는 때에는 질권자는 감정인의 평가에 의하여 질물로 직접변제에 충당할 것을 법원에 청구할 수 있다. 이 경우에는 질권자는 미리 채무자 및 질권설정자에게 통지하여야 한다.

제339조【유질계약의 금지】 질권설정자는 채무변제기전의 계약으로 질권자에게 변제에 갈음하여 질물의 소유권을 취득하게 하거나 법률에 정한 방법에 의하지 아니하고 질물을 처분할 것을 약정하지 못한다. <개정 2014.12.30>

> (판 례) 국민주택채권의 시기는 원리금상환기일에 이르기까지 계속적으로 그 이자상당액을 기준으로 한 비율로 등귀한다고 보아야 할 것이고, 이러한 사정은 국민주택채권을 담보로 금전을 대출하는 것을 업으로 하는 회사의 직원으로서는 그 불법행위(국민주택채권의 편취)당시 예견하였거나 예견할 수 있었다고 보아야 한다(1986.1.21, 85다카1051).

제340조【질물이외의 재산으로부터의 변제】 ①질권자는 질물에 의하여 변제를 받지 못한 부분의 채권에 한하여 채무자의 다른 재산으로부터 변제를 받을 수 있다.

②전항의 규정은 질물보다 먼저 다른 재산에 관한 배당을 실시하는 경우에는 적용하지 아니한다. 그러나 다른 채권자는 질권자에게 그 배당금액의 공탁을 청구할 수 있다.

제341조【물상보증인의 구상권】 타인의 채무를 담보하기 위한 질권설정자가 그 채무를 변제하거나 질권의 실행으로 인하여 질물의 소유권을 잃은 때에는 보증채무에 관한 규정에 의하여 채무자에 대한 구상권이 있다.

제342조【물상대위】 질권은 질물의 멸실, 훼손 또는 공용징수로 인하여 질권설정자가 받을 금전 기타 물건에 대하여도 이를 행사할 수 있다. 이 경우에는 그 지급 또는 인도전에 압류하여야 한다.

> (판 례) 질권자가 질물을 공탁소에 공탁한 경우에도 질권자는 물상대위권을 행사할 수 있다(86다카1058). <김준 639면>
>
> 채권질의 목적인 예금채권에 대해 과세처분한 후의 환급금을 예금채권의 대위물로 볼 수 있다(86다카1058). <김준 655면>

제343조【준용규정】 제249조 내지 제251조, 제321조 내지 제325조의 규정은 동산질권에 준용한다.

제344조【타법률에 의한 질권】 본절의 규정은 다른 법률의 규정에 의하여 설정된 질권에 준용한다.

제2절 권리질권

제345조【권리질권의 목적】 질권은 재산권을 그 목적으로 할 수 있다. 그러나 부동산의 사용, 수익을 목적으로 하는 권리는 그러하지 아니하다.

제346조【권리질권의 설정방법】 권리질권의 설정은 법률에 다른 규정이 없으면 그 권리의 양도에 관한 방법에 의하여야 한다.

> (판 례) 채권양도가 질권설정의 목적아래 되었다는 점에 관한 입증책임은 이를 주장하는 자에게 있다(1964.5.5, 63다710).

제347조【설정계약의 요물성】 채권을 질권의 목적으로 하는 경우에 채권증서가 있는 때에는 질권의 설정은 그 증서를 질권자에게 교부함으로써 그 효력이 생긴다.

제348조【저당채권에 대한 질권과 부기등기】 저당권으로 담보한 채권을 질권의 목적으로 한 때에는 그 저당권등기에 질권의 부기등기를 하여야 그 효력이 저당권에 미친다.

제349조【지명채권에 대한 질권의 대항요건】 ①지명채권을 목적으로 한 질권의 설정은 설정자가 제450조의 규정에 의하여 제3채무자에게 질권설정의 사실을 통지하거나 제3채무자가 이를 승낙함이 아니면 이로써 제3채무자 기타 제3자에게 대항하지 못한다.

②제451조의 규정은 전항의 경우에 준용한다.

제350조【지시채권에 대한 질권의 설정방법】 지시채권을 질권의 목적으로 한 질권의 설정은 증서에 배서하여 질권자에게 교부함으로써 그 효력이 생긴다.

제351조【무기명채권에 대한 질권의 설정방법】 무기명채권을 목적으로 한 질권의 설정은 증서를 질권자에게 교부함으로써 그 효력이 생긴다.

제352조【질권설정자의 권리처분제한】 질권설정자는 질권자의 동의없이 질권의 목적된 권리를 소멸하게 하거나 질권자의 이익을 해하는 변경을 할 수 없다.

제353조【질권의 목적이 된 채권의 실행방법】 ①질권자는 질권의 목적이 된 채권을 직접 청구할 수 있다.

②채권의 목적물이 금전인 때에는 질권자는 자기채권의 한도에서 직접 청구할 수 있다.

③전항의 채권의 변제기가 질권자의 채권의 변제기보다 먼저 도래한 때에는 질권자는 제3

채무자에 대하여 그 변제금액의 공탁을 청구할 수 있다. 이 경우에 질권은 그 공탁금에 존재한다.
④채권의 목적물이 금전이외의 물건인 때에는 질권자는 그 변제를 받은 물건에 대하여 질권을 행사할 수 있다.

판 례 무기명채권인 주택채권의 질권자가 그 채권 지급기일 도래후 이를 제시하고 이행을 구한 때로부터 그 채무자는 지체의 책임을 진다(1972.6.13, 72다613).

질권의 목적이 된 채권이 금전채권인 때에는 질권자는 자기채권의 한도에서 질권의 목적이 된 채권을 직접 청구할 수 있고, 채권질권의 효력은 질권의 목적이 된 채권의 지연손해금 등과 같은 부대채권에도 미치므로 채권질권자는 질권의 목적이 된 채권과 그에 대한 지연손해금채권을 피담보채권의 범위에 속하는 자기채권액에 대한 부분에 한하여 직접 추심하여 자기채권의 변제에 충당할 수 있다(03다40668). <김형 650면>

제354조【동 전】 질권자는 전조의 규정에 의하는 외에 민사집행법에 정한 집행방법에 의하여 질권을 실행할 수 있다. <개정 2001.12.29>

제355조【준용규정】 권리질권에는 본절의 규정외에 동산질권에 관한 규정을 준용한다.

제9장 저당권

제356조【저당권의 내용】 저당권자는 채무자 또는 제3자가 점유를 이전하지 아니하고 채무의 담보로 제공한 부동산에 대하여 다른 채권자보다 자기채권의 우선변제를 받을 권리가 있다.

판 례 전세권위에 저당권이 설정된 경우에도 전세권이 기간만료로 소멸되면 전세권설정자는 전세금반환채권에 대한 제3자의 압류 등이 없는 한 전세권자에 대하여만 전세금반환의무를 부담한다고 보아야 한다(98다31301). <고시연구 00년 2월, 157면>

부동산에 대하여 가압류등기가 먼저 되고 나서 근저당권설정등기가 마쳐진 경우에 그 근저당권등기는 가압류에 의한 처분금지의 효력 때문에 그 집행보전의 목적을 달성하는데 필요한 범위 안에서 가압류채권자에 대한 관계에서만 상대적으로 무효이다(1994.11.29, 94마417).

제357조【근저당】 ①저당권은 그 담보할 채무의 최고액만을 정하고 채무의 확정을 장래에 보류하여 이를 설정할 수 있다. 이 경우에는 그 확정될 때까지의 채무의 소멸 또는 이전은 저당권에 영향을 미치지 아니한다.
②전항의 경우에는 채무의 이자는 최고액중에 산입한 것으로 본다.

판 례 채무의 범위나 채무자가 변경된 경우에는 당연히 변경 후의 범위에 속하는 채권이나 채무자에 대한 채권만이 당해 근저당권에 의하여 담보되고, 변경 전의 범위에 속하는 채권이나 채무자에 대한 채권은 그 근저당권에 의하여 담보되는 채무의 범위에서 제외된다(97다15777). <연 99년10월 169면>

거래의 안전을 해치지 아니하는 한도 안에서 선순위 근저당권자가 파악한 담보가치를 최대한 활용할 수 있도록 함이 타당하다는 관점에서 보면, 후순위근저당권자가 경매를 신청한 경우 선순위 근저당권의 피담보채권은 그 근저당권이 소멸하는 시기, 즉 경락인이 경락대금을 완납한 때에 확정된다고 보아야 한다(99다26085). <연 00년2월 162면>

계속적 거래계약에 기한 채무를 담보하기 위하여 존속기간의 약정이 없는 근저당권을 설정한 경우에 그 거래관계가 종료됨으로써 피담보채무로 예정된 원본채무가 더 이상 발생할 가능성이 없게 된 때에는 그 때까지 잔존하는 채무가 근저당권에 의하여 담보되는 채무로 확정되는 것이며, 이 때에 근저당권을 설정한 채무자나 물상보증인은 근저당권자에 대한 의사표시로써 피담보채무의 확정을 구할 수 있고, 그 확정당시에 그것이 존재하지 아니하게 되었다면 근저당권의 말소를 구할 수 있다(1996.4.26, 96다2286).

제358조【저당권의 효력의 범위】 저당권의 효력은 저당부동산에 부합된 물건과 종물에 미친다. 그러나 법률에 특별한 규정 또는 설정행위에 다른 약정이 있으면 그러하지 아니하다.

판 례 토지임차권이 있는 건물에 대해 저당권을 실행한 경우 제358조에 의해 그 토지임차권도 경락인에게 이전한다(92다24950). <김준 664면>

구분건물의 전유부분만에 관하여 설정된 저당권의 효력은 대지사용권의 분리처분이 가능하도록 규약으로 정하는 등의 특별한 사정이 없는 한 그 전유부분의 소유자가 사후에라도 대지사용권을 취득함으로써 전유부분과 대지권이 동일 소유자의 소유에 속하게 되었다면, 그 대지사용권에까지 미치고 여기의 대지사용권에는 지상권 등 용익권 이외에 대지소유권도 포함된다(1995.8.22, 94다12722).

제359조【과실에 대한 효력】 저당권의 효력은 저당부동산에 대한 압류가 있은 후에 저당권설정자가 그 부동산으로부터 수취한 과실 또는 수취할 수 있는 과실에 미친다. 그러나 저당권자가 그 부동산에 대한 소유권, 지상권 또는 전세권을 취득한 제3자에 대하여는 압류한 사실을 통지한 후가 아니면 이로써 대항하지 못한다.

제360조【피담보채권의 범위】 저당권은 원본, 이자, 위약금, 채무불이행으로 인한 손해배상 및 저당권의 실행비용을 담보한다. 그러나 지연배상에 대하여는 원본의 이행기일을 경과한 후의 1년분에 한하여 저당권을 행사할 수 있다.

제361조【저당권의 처분제한】 저당권은 그 담보한 채권과 분리하여 타인에게 양도하거나 다른 채권의 담보로 하지 못한다.

(판 례) 근처당권은 채권담보를 위한 것이므로 원칙적으로 채권자와 근저당권자는 동일인이 되어야하고, 다만 제3자를 근저당권 명의인으로 하는 근저당권을 설정하는 경우 그 점에 관하여 채권자와 채무자 및 제3자 사이에 합의가 있고, 채권양도, 제3자를 위한 계약, 불가분적 채권관계의 형성 등 방법으로 채권이 그 제3자에게 실질적으로 귀속되었다고 볼 수 있는 특별한 사정이 있는 경우에 한하여 제3자 명의의 근저당권설정등기도 유효하다.(2006다50055). <김형 792면>

제362조【저당물의 보충】 저당권설정자의 책임있는 사유로 인하여 저당물의 가액이 현저히 감소된 때에는 저당권자는 저당권설정자에 대하여 그 원상회복 또는 상당한 담보제공을 청구할 수 있다.

제363조【저당권자의 경매청구권, 경매인】 ①저당권자는 그 채권의 변제를 받기 위하여 저당물의 경매를 청구할 수 있다.

②저당물의 소유권을 취득한 제3자도 경매인이 될 수 있다.

(판 례) 양도담보에 있어서 채권자가 그 담보목적을 제3채권자에게 다시 양도담보로 제공하는 것은 담보권의 이용 내지 활용일 뿐 담보권의 실행은 아니다(1981.1.27, 80다11380).

제364조【제3취득자의 변제】 저당부동산에 대하여 소유권, 지상권 또는 전세권을 취득한 제3자는 저당권자에게 그 부동산으로 담보된 채권을 변제하고 저당권의 소멸을 청구할 수 있다.

(판 례) 저당부동산의 제3취득자는 경매개시의 결정으로 압류의 효력이 발생한 이후라도 경락허가결정이 있기 전까지는 저당권자에게 변제를 하고 저당권을 소멸시킬 수 있다(74마440). <김준 680면>

제365조【저당지상의 건물에 대한 경매청구권】 토지를 목적으로 저당권을 설정한 후 그 설정자가 그 토지에 건물을 축조한 때에는 저당권자는 토지와 함께 그 건물에 대하여도 경매를 청구할 수 있다. 그러나 그 건물의 경매대가에 대하여는 우선변제를 받을 권리가 없다.

(판 례) 민법 제365조의 취지는 저당권설정 후에 설정자에 의해 그 지상에 건물이 신축되고 그 후 경매되는 경우 설정자에 생기는 사회경제적으로 현저한 불이익을 방지하고 저당권자에 생기는 경매의 어려움을 해소하는데 있으므로, 동조의 일괄경매청구권은 저당권설정자가 건물을 축조하여 소유하고 있는 경우에 한한다고 봄이 상당하다(99마146). <김준 36면(추록)>

제366조【법정지상권】 저당물의 경매로 인하여 토지와 그 지상건물이 다른 소유자에 속한 경우에는 토지소유자는 건물소유자에 대하여 지상권을 설정한 것으로 본다. 그러나 지료는 당사자의 청구에 의하여 법원이 이를 정한다.

(판 례) 법정지상권이 있는 건물의 양수인으로서 장차 법정지상권을 취득할 지위에 있어 대지소유자의 건물철거나 대지인도 청구를 거부할 수 있는 지위에 있는 자라고 할지라도, 그 대지의 점거사용으로 얻은 실질적 이득은 이로 인하여 대지소유자에게 손해를 끼치는 한에 있어서는 부당이득으로서 이를 대지소유자에게 반환할 의무가 있다(1995.9.15, 94다61144).

제367조【제3취득자의 비용상환청구권】 저당물의 제3취득자가 그 부동산의 보존, 개량을 위하여 필요비 또는 유익비를 지출한 때에는 제203조제1항, 제2항의 규정에 의하여 저당물의 경매대가에서 우선상환을 받을 수 있다.

(판 례) 건물의 증축비용을 투자한 대가로 건물에 대한 지분이전등기를 경료 받았으나 저당권의 실행으로 그 권리를 상실한 자는 건물에 관한 제3취득자로서 필요비 또는 유익비를 지출한 것이 아니므로 저당물의 경매대가에서 우선상환을 받을 수 없다(2004다36604). <김형 689면>

제368조【공동저당과 대가의 배당, 차순위자의 대위】 ①동일한 채권의 담보로 수개의 부동산에 저당권을 설정한 경우에 그 부동산의 경매대가를 동시에 배당하는 때에는 각 부동산의 경매대가에 비례하여 그 채권의 분담을 정한다.

②전항의 저당부동산중 일부의 경매대가를 먼저 배당하는 경우에는 그 대가에서 그 채권전부의 변제를 받을 수 있다. 이 경우에 그 경매한 부동산의 차순위저당권자는 선순위저당권자가 전항의 규정에 의하여 다른 부동산의 경매대가에서 변제를 받을 수 있는 금액의 한도에서 선순위자를 대위하여 저당권을 행사할 수 있다.

(판 례) 공동저당의 목적인 채무자 소유부동산과 물상보증인 소유부동산 중 채무자 소유부동산에 대하여 먼저 경매가 이루어져 1번 공동저당권자가 전부 변제를 받은 경우 채무자 소유부동산의 후순위 저당권자는 물상보증인의 담보물에 대해 선순위 저당권자를 대위행사할 수 없다(95마500). <김준 694면>

제369조【부종성】 저당권으로 담보한 채권이 시효의 완성 기타 사유로 인하여 소멸한 때에는 저당권도 소멸한다.

(판 례) 채권과 그를 담보하는 저당권은 담보물권의

부수성에 의하여 원칙적으로 그 주체를 달리할 수 없으나, 채권담보를 위하여 저당권을 설정하는 경우 제3자 명의로 저당권등기를 하는데 대하여 채권자와 채무자 및 제3자 사이에 합의가 있었고, 나아가 제3자에게 그 채권이 실질적으로 귀속되었다고 볼 수 있는 특별한 사정이 있는 경우에는 제3자 명의의 저당권등기도 유효하다(1995.9.26, 94다33583).

제370조【준용규정】 제214조, 제321조, 제333조, 제340조, 제341조 및 제342조의 규정은 저당권에 준용한다.

(판 례) 전세권에 대하여 설정된 저당권은 민사소송법 제724조 소정의 부동산경매절차에 의하여 실행하는 것이나, 전세권의 존속기간이 만료되면 전세권의 용익물권적 권능이 소멸하기 때문에 더 이상 전세권 자체에 대하여 저당권을 실행할 수 없게 되고, 이러한 경우는 민법 제370조, 제342조 및 민사소송법 제733조에 의하여 저당권의 목적물인 전세권에 갈음하여 존속하는 것으로 볼 수 있는 전세금반환채권에 대하여 추심명령 또는 전부명령을 받거나(이 경우 저당권의 존재를 증명하는 등기부등본을 집행법원에 제출하면 되고 별도의 채무명의가 필요한 것이 아니다), 제3자가 전세금반환채권에 대하여 실시한 강제집행절차에서 배당요구를 하는 등의 방법으로 자신의 권리를 행사할 수 있을 뿐이다(1995.9.18, 95마684).

제371조【지상권, 전세권을 목적으로 하는 저당권】 ①본장의 규정은 지상권 또는 전세권을 저당권의 목적으로 한 경우에 준용한다.

②지상권 또는 전세권을 목적으로 저당권을 설정한 자는 저당권자의 동의없이 지상권 또는 전세권을 소멸하게 하는 행위를 하지 못한다.

제372조【타법률에 의한 저당권】 본장의 규정은 다른 법률에 의하여 설정된 저당권에 준용한다.

(판 례) 주식 양도담보의 경우 양도담보권자가 대외적으로 주식의 소유권자라 할 것이므로, 양도담보설정자로서는 그 후 양도담보권자로부터 담보 주식을 매수한 자에 대하여는 특별한 사정이 없는 한 그 소유권을 주장할 수 없는 법리라 할 것이고, 설사 그 양도담보가 정산형으로서 정산 문제가 남아 있다 하더라도 이는 담보 주식을 매수한 자에게 대항할 수 있는 성질의 것이 아니다(1995.7.28, 93다61338).

제3편 채 권

제1장 총 칙

제1절 채권의 목적

제373조【채권의 목적】 금전으로 가액을 산정할 수 없는 것이라도 채권의 목적으로 할 수 있다.

제374조【특정물인도채무자의 선관의무】 특정물의 인도가 채권의 목적인 때에는 채무자는 그 물건을 인도하기까지 선량한 관리자의 주의로 보존하여야 한다.

(판 례) 임대목적물이 멸실, 훼손된 경우 임차인이 책임을 면하기 위해서는 보존에 관하여 선관주의의무를 다했다는 것을 입증해야 한다(91다22605). <김형 645면>

제375조【종류채권】 ①채권의 목적을 종류로만 지정한 경우에 법률행위의 성질이나 당사자의 의사에 의하여 품질을 정할 수 없는 때에는 채무자는 중등품질의 물건으로 이행하여야 한다.

②전항의 경우에 채무자가 이행에 필요한 행위를 완료하거나 채권자의 동의를 얻어 이행할 물건을 지정한 때에는 그때로부터 그 물건을 채권의 목적물로 한다.

(판 례) 보유주식 일정량을 담보로 제공하기로 한 담보제공약정은 특정한 '주권'에 대한 담보약정이 아니라 기명의 '주식'에 관한 담보약정이고 다만 그 담보약정의 이행으로서 약정한 기명주식을 표창하는 주권을 인도할 의무가 있는 것인데, 주식은 등가성이 있고 상법 등의 규정에 따른 소각, 변환, 병합 등 변화 가능성이 있으며 담보약정에 이르게 된 경위 등에 비추어 볼 때, 담보약정 후 주권의 이행제공 전에 갖고 있던 주식에 대한 처분이나 새로운 주식의 취득이 있더라도 약정된 수의 기명주식을 표창하는 주권만 인도하면 되고 인도할 주권의 특정은 쌍방 어느 쪽에서도 할 수 있는 것으로서 담보약정에 기한 채권은 일종의 제한종류채권이다(1994.8.26, 93다20191).

제376조【금전채권】 채권의 목적이 어느 종류의 통화로 지급할 것인 경우에 그 통화가 변제기에 강제통용력을 잃은 때에는 채무자는 다른 통화로 변제하여야 한다.

제377조【외화채권】 ①채권의 목적이 다른 나라 통화로 지급할 것인 경우에는 채무자는 자기가 선택한 그 나라의 각 종류의 통화로 변제할 수 있다.

②채권의 목적이 어느 종류의 다른 나라 통화로 지급할 것인 경우에 그 통화가 변제기에 강제통용력을 잃은 때에는 그 나라의 다른 통화로 변제하여야 한다.

제378조【동전】 채권액이 다른 나라 통화로 지정된 때에는 채무자는 지급할 때에 있어서의 이행지의 환금시가에 의하여 우리나라 통화로 변제할 수 있다.

제379조【법정이율】 이자있는 채권의 이율

은 다른 법률의 규정이나 당사자의 약정이 없으면 연 5분으로 한다.

(판 례) 금전채무의 불이행으로 인한 손해배상액은 달리 특별한 사정이 없는 한 민법 소정의 법정이율인 연 5푼의 비율에 의한 금원이라 할 것이고, 다만 그와 다른 이자율의 약정이 있거나 지연손해금률의 약정이 있는 경우에 한하여 그 별도의 약정이 따른 손해배상액을 인정할 수 있다 할 것인데, 이와 같이 별도의 약정이 있음을 이유로 하여 법정이율보다도 낮은 비율에 의한 지연손해금을 인정하기 위하여는 법정이율보다 낮은 이자율 또는 지연손해금률의 약정이었다는 점에 관하여 당사자 사이에 다툼이 없거나 증거에 의하여 적극적으로 인정되는 사정이 존재하여야 할 것이고, 피고가 법정이자율보다 낮은 비율에 의한 이자율 또는 지연손해금률의 약정이 있음을 자인한다하여 그에 따른 금원의 지급을 명할 수는 없다(1995.10.12, 95다26797).

제380조【선택채권】 채권의 목적이 수개의 행위중에서 선택에 좇아 확정될 경우에 다른 법률의 규정이나 당사자의 약정이 없으면 선택권은 채무자에게 있다.

제381조【선택권의 이전】 ①선택권행사의 기간이 있는 경우에 선택권자가 그 기간내에 선택권을 행사하지 아니하는 때에는 상대방은 상당한 기간을 정하여 그 선택을 최고할 수 있고 선택권자가 그 기간내에 선택하지 아니하면 선택권은 상대방에게 있다.
②선택권행사의 기간이 없는 경우에 채권의 기한이 도래한 후 상대방이 상당한 기간을 정하여 그 선택을 최고하여도 선택권자가 그 기간내에 선택하지 아니할 때에도 전항과 같다.

제382조【당사자의 선택권의 행사】 ①채권자나 채무자가 선택하는 경우에는 그 선택은 상대방에 대한 의사표시로 한다.
②전항의 의사표시는 상대방의 동의가 없으면 철회하지 못한다.

제383조【제3자의 선택권의 행사】 ①제3자가 선택하는 경우에는 그 선택은 채무자 및 채권자에 대한 의사표시로 한다.
②전항의 의사표시는 채권자 및 채무자의 동의가 없으면 철회하지 못한다.

제384조【제3자의 선택권의 이전】 ①선택할 제3자가 선택할 수 없는 경우에는 선택권은 채무자에게 있다.
②제3자가 선택하지 아니하는 경우에는 채권자나 채무자는 상당한 기간을 정하여 그 선택을 최고할 수 있고 제3자가 그 기간내에 선택하지 아니하면 선택권은 채무자에게 있다.

제385조【불능으로 인한 선택채권의 특정】 ①채권의 목적으로 선택할 수개의 행위중에 처음부터 불능한 것이나 또는 후에 이행불능하게 된 것이 있으면 채권의 목적은 잔존한 것에 존재한다.
②선택권 없는 당사자의 과실로 인하여 이행불능이 된 때에는 전항의 규정을 적용하지 아니한다.

제386조【선택의 소급효】 선택의 효력은 그 채권이 발생한 때에 소급한다. 그러나 제3자의 권리를 해하지 못한다.

제2절 채권의 효력

제387조【이행기와 이행지체】 ①채무이행의 확정한 기한이 있는 경우에는 채무자는 기한이 도래한 때로부터 지체책임이 있다. 채무이행의 불확정한 기한이 있는 경우에는 채무자는 기한이 도래함을 안 때로부터 지체책임이 있다.
②채무이행의 기한이 없는 경우에는 채무자는 이행청구를 받은 때로부터 지체책임이 있다.

(판 례) 대가적 채무 간에 이행거절의 권능을 가지는 경우에는 비록 이행거절 의사를 구체적으로 밝히지 아니하였다고 할지라도 이행거절 권능의 존재 자체로 이행지체책임은 발생하지 않는다(1997.7.25, 97다541).

어떤 부동산이 학교법인에게 명의신탁된 것이라 하여도 그 부동산이 학교법인의 기본재산에 편입된 것이라면 명의신탁자로서는 사립학교법 제28조제1항 소정의 관할청의 허가 없이는 명의수탁자인 학교법인을 상대로 하여 명의신탁 해지를 원인으로 하는 소유권이전등기를 청구할 수 없다(1995.5.9, 93다62478).

제388조【기한의 이익의 상실】 채무자는 다음 각호의 경우에는 기한의 이익을 주장하지 못한다.
1. 채무자가 담보를 손상, 감소 또는 멸실하게 한 때
2. 채무자가 담보제공의 의무를 이행하지 아니한 때

제389조【강제이행】 ①채무자가 임의로 채무를 이행하지 아니한 때에는 채권자는 그 강제이행을 법원에 청구할 수 있다. 그러나 채무의 성질이 강제이행을 하지 못할 것인 때에는 그러하지 아니하다.
②전항의 채무가 법률행위를 목적으로 한 때에는 채무자의 의사표시에 갈음할 재판을 청

구할 수 있고 채무자의 일신에 전속하지 아니한 작위를 목적으로 한 때에는 채무자의 비용으로 제3자에게 이를 하게 할 것을 법원에 청구할 수 있다. <개정 2014.12.30>
③그 채무가 부작위를 목적으로 한 경우에 채무자가 이에 위반한 때에는 채무자의 비용으로써 그 위반한 것을 제각하고 장래에 대한 적당한 처분을 법원에 청구할 수 있다.
④전3항의 규정은 손해배상의 청구에 영향을 미치지 아니한다.

제390조【채무불이행과 손해배상】 채무자가 채무의 내용에 좇은 이행을 하지 아니한 때에는 채권자는 손해배상을 청구할 수 있다. 그러나 채무자의 고의나 과실없이 이행할 수 없게 된 때에는 그러하지 아니하다.

(판 례) 임차인의 임차물반환채무가 이행불능이 된 경우 임차인이 그 이행불능으로 인한 손해배상책임을 면하려면 그 이행불능이 임차인의 귀책사유로 말미암은 것이 아님을 입증할 책임이 있으며, 임차건물이 화재로 소훼된 경우에 있어서 그 화재의 발생원인이 불명인 때에도 임차인이 그 책임을 면하려면 그 임차건물의 보존에 관하여 선량한 관리자의 주의의무를 다하였음을 입증하여야 한다(2000다57351). <고시연구 01년 7월, 155면>

의사가 수술 등에 대한 환자의 승낙을 얻기 위한 설명의무는 그 의료행위에 따르는 후유증이나 부작용 등의 위험발생 가능성이 희소하다는 사정만으로 면제될 수 없으며, 그 후유증이나 부작용이 당해 치료행위에 전형적으로 발생하는 위험이거나 회복할 수 없는 중대한 것인 경우에는 그 발생 가능성의 희소성에도 불구하고 설명의 대상이 된다(1996.4.12, 95다56095).

제391조【이행보조자의 고의, 과실】 채무자의 법정대리인이 채무자를 위하여 이행하거나 채무자가 타인을 사용하여 이행하는 경우에는 법정대리인 또는 피용자의 고의나 과실은 채무자의 고의나 과실로 본다.

(판 례) 이행보조자로서의 피용자라 함은 일반적으로 채무자의 의사관여 아래 그 채무의 이행행위에 속하는 활동을 하는 사람이면 족하고, 반드시 채무자의 지시 또는 감독을 받는 관계에 있어야 하는 것은 아니므로 채무자에 대하여 종속적인가 독립적인 지위에 있는가는 문제되지 않는다(98다51077). <김준 25면(추록)>

제392조【이행지체중의 손해배상】 채무자는 자기에게 과실이 없는 경우에도 그 이행지체중에 생긴 손해를 배상하여야 한다. 그러나 채무자가 이행기에 이행하여도 손해를 면할 수 없는 경우에는 그러하지 아니하다.

제393조【손해배상의 범위】 ①채무불이행으로 인한 손해배상은 통상의 손해를 그 한도로 한다.
②특별한 사정으로 인한 손해는 채무자가 그 사정을 알았거나 알 수 있었을 때에 한하여 배상의 책임이 있다.

(판 례) 부동산매매에 있어서 매수인이 소유권이전등기비용을 지출하리라는 것은 특별한 사정이 없는 한 매도인이 알았거나 알 수 있었다고 보아야 할 것이고, 매수인이 이 사건에서 구하고 있는 소유권이전등기비용은 통상적인 지출비용의 범위 내에 속한다 할 것이므로 매매계약을 불이행한 매도인이 배상하여야 할 손해를 이룬다고 보아야 할 것이다(99다13621). <고시연구 99년12월 228면>

특별손해에 관해 채무자가 특별한 사정을 알았거나 알 수 있었는지 여부를 가리는 시기는 채무의 이행시기까지를 기준으로 판단하여야 한다(84다카1532). <김준 791면>

불법행위로 인한 재산상 손해는 위법한 가해행위로 인하여 발생한 재산상 불이익을 말하는 것이므로, 무효인 소유권이전등기를 유효한 등기로 믿고 그 경매절차에서 이를 경락받았다면 그를 위하여 출연한 금액 즉 경락대금과 그 이후 소유권이전등기를 하는데 들어간 등록세와 등기비용은 소유권이전등기말소등기청구의 소가 제기되었음에도 수소법원이 예고등기의 촉탁을 하지 아니한 불법행위와 상당인과관계 있는 손해로 볼 수 있다(1998.9.22, 98다631).

제394조【손해배상의 방법】 다른 의사표시가 없으면 손해는 금전으로 배상한다.

(판 례) 신용장개설은행의 손해액을 신용장결제대금에 관한 구상금 채권액의 범위내에서 운송물이 불법인도되어 멸실된 당시의 시가 상당액으로 파악하고, 그 시가를 신용장개설은행이 통지은행들에게 미달러화로 지급한 운송물 대금 상당이라고 본다면, 미달러화로 표시된 그 시가를 멸실 당시의 외국환시세에 의하여 우리 나라 통화로 환산한 금액이 그 멸실 당시의 가액이 되는 것이고, 한편 불법행위로 인한 손해배상의 방법에 관하여 규정하고 있는 민법 제763조, 제394조 소정의 "금전"이라 함은 우리 나라의 통화를 가리키는 것이어서 불법행위로 인한 시가상당의 손해배상을 구하는 채권은 당사자가 외국통화로 지급하기로 약정하였다는 등의 특별한 사정이 없는 한 채권액이 외국통화로 지정된 외화채권이라 할 수 없으며, 미 달러화로 표시된 위 시가를 우리 나라 통화로 환산함에 있어서는 달리 특별한 사정이 없는 한 기준환율에 의하여 환산함이 상당하고 대고객 전신환매도율에 의하거나 대고객 전신환매입율에 의하여 환산할 것은 아니다(1995.9.15, 94다61120).

제395조【이행지체와 전보배상】 채무자가 채무의 이행을 지체한 경우에 채권자가 상당한 기간을 정하여 이행을 최고하여도 그 기간내에 이행하지 아니하거나 지체후의 이행이 채권자에게 이익이 없는 때에는 채권자는 수령을 거절하고 이행에 갈음한 손해배상을 청

구할 수 있다. <개정 2014.12.30>

(판 례) 매도 후 이행불능시까지 사이에 그 부동산의 일반적인 시가의 등귀가 있었고 매수인이 그 등귀가격에 의한 이익을 확실히 취득할 수 있었을 특별한 사정을 매도인이 예견할 수 있었을 경우에 그 등귀가격이다(68다1104). <김형 704면>

제396조【과실상계】 채무불이행에 관하여 채권자에게 과실이 있는 때에는 법원은 손해배상의 책임 및 그 금액을 정함에 이를 참작하여야 한다.

(판 례) 과실상계는 본래 채무불이행 내지 불법행위로 인한 손해배상책임에 대해 인정되는 것이고, 채무내용에 따른 본래의 급부의 이행을 구하는 경우에는 적용될 것이 아니다(96다8468). <김형 705면>

손해발생으로 인하여 피해자에게 이득이 생기고, 한편 그 손해발생에 피해자의 과실이 경합되어 과실상계를 하여야 할 경우에는 먼저 산정된 손해액에다 과실상계를 한 후에 위 이득을 공제하여야 한다(80다3277). <김형 710면>

채권자의 청구가 연대보증인에 대하여 그 보증채무의 이행을 구하고 있음이 명백한 경우에는 손해배상책임의 유무 또는 배상의 범위를 정함에 있어 채권자의 과실이 참작되는 과실상계의 법리는 적용될 여지가 없다(1996.2.23, 95다49141).

제397조【금전채무불이행에 대한 특칙】 ①금전채무불이행의 손해배상액은 법정이율에 의한다. 그러나 법령의 제한에 위반하지 아니한 약정이율이 있으면 그 이율에 의한다.
②전항의 손해배상에 관하여는 채권자는 손해의 증명을 요하지 아니하고 채무자는 과실없음을 항변하지 못한다.

(판 례) 소비대차채권의 담보를 확보할 목적으로 일단 제소전화해를 한 경우 그 화해는 창설적 효력을 가지게 되므로 화해전의 사유를 가지고 화해의 효력을 다툴 수 없고 화해가 이루어지면 종전의 법률관계를 바탕으로 한 권리의무 관계는 소멸한다고 할 것이므로 변제기 후의 지연손해에 대하여 화해조항에 별도의 정함이 없으면 변제기 후의 지연손해는 법정이율에 의하여야 한다(1981.9.8, 80다2649).

제398조【배상액의 예정】 ①당사자는 채무불이행에 관한 손해배상액을 예정할 수 있다.
②손해배상의 예정액이 부당히 과다한 경우에는 법원은 적당히 감액할 수 있다.
③손해배상액의 예정은 이행의 청구나 계약의 해제에 영향을 미치지 아니한다.
④위약금의 약정은 손해배상액의 예정으로 추정한다.
⑤당사자가 금전이 아닌 것으로써 손해의 배상에 충당할 것을 예정한 경우에도 전4항의 규정을 준용한다.

(판 례) 매수인이 잔금지급기일은 연기 받으면서, 지급기일 위반시 계약해제와 아울러 이미 지급한 계약금, 중도금의 반환청구권을 포기하기로 한 약정은 손해배상액의 예정으로 봄이 상당하다(95다40076). <김준 797면>

약관조항이 무효인 이상 그것이 유효함을 전제로 한 민법 제398조제2항(배상액의 예정)을 적용할 수 없다(96다19758). <김형 710면>

손해배상액을 예정한 경우에는 채권자에게 과실이 있더라도 채권자의 과실을 참작하여 이를 감액할 수 없다(72다108). <김준 797면>

지체상금을 계약 총액에서 지체상금률을 곱하여 산출하기로 정한 경우, 민법 제398조제2항에 의하면 손해배상액의 예정액이 부당히 과다한 경우에는 법원은 적당히 감액할 수 있다고 규정되어 있고 여기의 손해배상의 예정액이란 문언상 그 예정한 손해배상의 총액을 의미한다고 해석되므로, 손해배상의 예정에 해당하는 지체상금의 과다 여부는 지체상금 총액을 기준으로 하여 판단하여야 한다(1996.4.26, 95다11436).

제399조【손해배상자의 대위】 채권자가 그 채권의 목적인 물건 또는 권리의 가액전부를 손해배상으로 받은 때에는 채무자는 그 물건 또는 권리에 관하여 당연히 채권자를 대위한다.

(판 례) 손해배상자 대위의 요건으로 채권자나 채무자의 양도 기타 어떤 특별한 행위를 요구하지 않는다(76다408). <김형 712면>

제400조【채권자지체】 채권자가 이행을 받을 수 없거나 받지 아니한 때에는 이행의 제공있는 때로부터 지체책임이 있다.

제401조【채권자지체와 채무자의 책임】 채권자지체중에는 채무자는 고의 또는 중대한 과실이 없으면 불이행으로 인한 모든 책임이 없다.

(판 례) 수급인이 도급인에게 공사금을 지급하고 기성부분을 인도해 갈 것을 최고하였음에도 도급인이 이유없이 거절하던 중 제3자의 행위로 기성부분이 철거되었다하여도 도급인의 공사대금지급의무는 여전히 남아있다(91다14116). <김형 717면>

제402조【동 전】 채권자지체중에는 이자있는 채권이라도 채무자는 이자를 지급할 의무가 없다.

제403조【채권자지체와 채권자의 책임】 채권자지체로 인하여 그 목적물의 보관 또는 변제의 비용이 증가된 때에는 그 증가액은 채권자의 부담으로 한다.

(판 례) 수치인이 적법하게 임치계약을 해지하고 임치인에게 임치물의 회수를 최고하였음에도 불구하고 임치인의 수령지체로 반환하지 못하고 있는 사이에 임치물이 멸실 또는 훼손된 경우에는 수치인에게 고의 또는 중대한 과실이 없는 한 채무불이행으로 인한 손해배상책임이 없다(1983.11.8, 83다카1476).

제404조【채권자대위권】 ①채권자는 자기

의 채권을 보전하기 위하여 채무자의 권리를 행사할 수 있다. 그러나 일신에 전속한 권리는 그러하지 아니하다.

②채권자는 그 채권의 기한이 도래하기 전에는 법원의 허가없이 전항의 권리를 행사하지 못한다. 그러나 보존행위는 그러하지 아니하다.

(판 례) 피후견인 또는 친족회가 그 후견인의 행위를 취소할 수 있는 권리는 행사상의 일신전속권으로 채권자대위권의 목적이 될 수 없다(94다35985). <김형 722면>

채권자대위권의 행사에 있어서 채무자가 채권자대위권을 행사한 점을 알게 된 이후에는 채무자가 그 권리를 처분하여도 이로써 채권자에게 대항할 수 없으므로, 채권자가 채무자를 대위하여 제3채무자의 부동산에 대한 처분금지가처분을 신청하여 처분금지가처분 결정을 받은 경우, 이는 그 부동산에 관한 소유권이전등기청구권을 보전하기 위한 것이므로 피보전권리인 소유권이전등기청구권을 행사한 것과 같이 볼 수 있어, 채무자가 그러한 채권자대위권의 행사 사실을 알게 된 이후에 그 부동산에 대한 매매계약을 합의해제함으로써 채권자대위권의 객체인 그 부동산의 소유권이전등기청구권을 소멸시켰다 하더라도 이로써 채권자에게 대항할 수 없다(1996. 4.12, 95다54167).

제405조【채권자대위권행사의 통지】 ①채권자가 전조제1항의 규정에 의하여 보전행위 이외의 권리를 행사한 때에는 채무자에게 통지하여야 한다.

②채무자가 전항의 통지를 받은 후에는 그 권리를 처분하여도 이로써 채권자에게 대항하지 못한다.

(판 례) 채무자가 자신의 채권이 대위행사되고 있는 사실을 알게 된 이후에는 그 대위행사한 권리의 처분을 가지고 채권자에게 대항할 수 없다(95다54167). <김준 805면>

채권자대위소송의 진행을 채무자가 어떠한 사유에 의하든 그 소송의 사실을 알았다면 채권자대위소송의 기판력은 채무자에게 미친다(전합74다1664). <김준 806면>

채권자가 대위권에 기하여 일단 채무자의 권리를 행사하기 시작하였을 때 채무자에게 대위의 목적인 권리의 양도나 포기 등 처분행위를 허용하는 것은 채권자에 의한 대위권행사를 방해하는 것이 되므로 이를 금지하는 것이 본조 제2항의 취지라 할 것이니, 대위권의 행사를 방해하는 것으로 되지 아니하는 권리의 관리, 보존행위는 금지되는 것이 아니라 할 것인 바, 채권자 갑이 채무자 을을 대위하여 을의 제3채무자 병에 대한 소유권이전등기청구권을 대위행사함은 권리의 권리, 보존행위이지 처분행위라 할 수 없으므로 채무자 을의 다른 채권자 정이 대위권의 행사로 얻은 병에 대한 처분금지가처분명령에 의하여 위 소유권이전등기청구권의 행사가 금지된다고 할 수 없다(1990.4.27, 88다카25274, 25281).

제406조【채권자취소권】 ①채무자가 채권자를 해함을 알고 재산권을 목적으로 한 법률행위를 한 때에는 채권자는 그 취소 및 원상회복을 법원에 청구할 수 있다. 그러나 그 행위로 인하여 이익을 받은 자나 전득한 자가 그 행위 또는 전득당시에 채권자를 해함을 알지 못한 경우에는 그러하지 아니하다.

②전항의 소는 채권자가 취소원인을 안 날로부터 1년, 법률행위있은 날로부터 5년내에 제기하여야 한다.

(판 례) 부동산을 양도받아 소유권이전등기청구권을 가지고 있는 자가 양도인이 제3자에게 이를 이중으로 양도하여 소유권이전등기를 경료하여 줌으로써 취득하는 부동산 가액 상당의 손해배상채권은 이중양도행위에 대한 사해행위취소권을 행사할 수 있는 피보전채권에 해당한다고 할 수 없다(98다56690). <연 99년9월 196면>

채권자취소권의 행사기간은 제소기간이므로 법원이 그 기간의 준수 여부를 직권 조사하여 위반한 경우에는 부적법 각하하여야 한다(95다50875). <김준 812면>

채권자취소권에 의하여 보호될 수 있는 채권은 원칙적으로 사해행위라고 볼 수 있는 행위가 행하여지기 전에 발생된 것임을 요하지만, 그 사해행위 당시에 이미 채권성립의 기초가 되는 법률관계가 발생되어 있고, 가까운 장래에 그 법률관계에 기하여 채권이 성립되리라는 점에 대한 고도의 개연성이 있으며, 실제로 가까운 장래에 그 개연성이 현실화되어 채권이 성립된 경우에는 그 채권도 채권자취소권의 피보전채권이 될 수 있다(1996.2.9, 95다14503).

어느 한 채권자가 동일한 사해행위에 관하여 채권자취소 및 원상회복청구를 하여 승소판결을 받아 그 판결이 확정되고 그에 기하여 재산이나 가액의 회복을 마친 경우에는, 다른 채권자의 채권자취소 및 원상회복청구는 그와 중첩되는 범위내에서 권리보호의 이익이 없게 된다(2004다65367). <김형 848면>

제407조【채권자취소의 효력】 전조의 규정에 의한 취소와 원상회복은 모든 채권자의 이익을 위하여 그 효력이 있다.

(판 례) 사해행위취소의 효과는 소송당사자 사이에서만 효력이 생기는 상대적 효력이다(89다카35421). <김준 813면>

저당권이 설정되어 있는 부동산에 관하여 채무자와 제3자간에 사해행위가 이루어지고 그 후 변제 등에 의하여 저당권등기가 소멸된 경우, 채권자취소의 원상회복 범위는 부동산 가액에서 저당권의 피담보채권액을 공제한 잔액의 한도에서 위 매매계약을 취소하고 그 가액의 배상을 명할 수 있을 뿐이다(96다23207). <김준 814면>

제3절 수인의 채권자 및 채무자

제1관 총 칙

제408조【분할채권관계】 채권자나 채무자가 수인인 경우에 특별한 의사표시가 없으면 각 채권자 또는 각 채무자는 균등한 비율로 권리가 있고 의무를 부담한다.

(판 례) 다수의 매도인, 매수인들이 매매계약의 무효를 원인으로 부당이득으로서 계약금의 반환을 구하는 채권에서는, 특별한 사정이 없는 한 매도인 1인에게 매수인 1인이 계약금 전액을 반환할 의무는 없다(91다41316). <김형 741면>

제2관 불가분채권과 불가분채무

제409조【불가분채권】 채권의 목적이 그 성질 또는 당사자의 의사표시에 의하여 불가분인 경우에 채권자가 수인인 때에는 각 채권자는 모든 채권자를 위하여 이행을 청구할 수 있고 채무자는 모든 채권자를 위하여 각 채권자에게 이행할 수 있다.

제410조【1인의 채권자에 생긴 사항의 효력】 ①전조의 규정에 의하여 모든 채권자에게 효력이 있는 사항을 제외하고는 불가분채권자중 1인의 행위나 1인에 관한 사항은 다른 채권자에게 효력이 없다.

②불가분채권자중의 1인과 채무자간에 경개나 면제있는 경우에 채무전부의 이행을 받은 다른 채권자는 그 1인이 권리를 잃지 아니하였으면 그에게 분급할 이익을 채무자에게 상환하여야 한다.

제411조【불가분채무와 준용규정】 수인이 불가분채무를 부담한 경우에는 제413조 내지 제415조, 제422조, 제424조 내지 제427조 및 전조의 규정을 준용한다.

(판 례) 산업재해보상보험법 제6조제1항의 규정에 의하여 보험가입자가 되는 사업의 사업주가 여러 사람인 경우에는 산업재해보상보험이 강제보험인 성질과 사회거래관념 등에 비추어 볼 때 그 보험료채무는 그 채무의 성질상 불가분채무로서 각각의 사업자는 보험료채무의 전액에 대하여 책임을 부담하는 것으로 보아야 한다(1994.6.24, 93누6782).

제412조【가분채권, 가분채무에의 변경】 불가분채권이나 불가분채무가 가분채권 또는 가분채무로 변경된 때에는 각 채권자는 자기부분만의 이행을 청구할 권리가 있고 각 채무자는 자기부담부분만을 이행할 의무가 있다.

제3관 연대채무

제413조【연대채무의 내용】 수인의 채무자가 채무전부를 각자이행할 의무가 있고 채무자 1인의 이행으로 다른 채무자도 그 의무를 면하게 되는 때에는 그 채무는 연대채무로 한다.

(판 례) 공동불법행위자로서 타인에게 손해를 연대하여 배상할 책임이 있는 경우 그 불법행위자들의 손해배상 채무액이 동일한 경우에는 불법행위자 1인이 그 손해액의 일부를 변제하면 절대적 효력으로 인하여 다른 불법행위자의 채무도 변제금 전액에 해당하는 부분이 소멸하나, 불법행위자의 피해자에 대한 과실비율이 달라 배상할 손해액의 범위가 달라지는 경우에는 누가 그 채무를 변제하였느냐에 따라 소멸되는 채무의 범위가 달라진다. 즉 적은 손해액을 배상할 의무가 있는 자가 불법행위의 성립 이후에 손해액의 일부를 변제한 경우에는 많은 손해액를 배상할 의무있는 자의 채무가 그 변제금 전액에 해당하는 부분이 소멸하는 것은 물론이나, 많은 손해액을 배상할 의무가 있는 자가 손해액의 일부를 변제하였다면 그중 적은 범위의 손해액을 배상할 의무가 있는 자의 채무는 그 변제금 전액에 해당하는 채무가 소멸하는 것이 아니라 적은 범위의 손해배상 책임만을 부담하는 쪽의 과실비율에 상응하는 부분만큼만 소멸하는 것으로 보아야 할 것이다(1995.7.14, 94다19600).

제414조【각 연대채무자에 대한 이행청구】 채권자는 어느 연대채무자에 대하여 또는 동시나 순차로 모든 연대채무자에 대하여 채무의 전부나 일부의 이행을 청구할 수 있다.

제415조【채무자에 생긴 무효, 취소】 어느 연대채무자에 대한 법률행위의 무효나 취소의 원인은 다른 연대채무자의 채무에 영향을 미치지 아니한다.

제416조【이행청구의 절대적 효력】 어느 연대채무자에 대한 이행청구는 다른 연대채무자에게도 효력이 있다.

제417조【경개의 절대적 효력】 어느 연대채무자와 채권자간에 채무의 경개가 있는 때에는 채권은 모든 연대채무자의 이익을 위하여 소멸한다.

제418조【상계의 절대적 효력】 ①어느 연대채무자가 채권자에 대하여 채권이 있는 경우에 그 채무자가 상계한 때에는 채권은 모든 연대채무자의 이익을 위하여 소멸한다.

②상계할 채권이 있는 연대채무자가 상계하지 아니한 때에는 그 채무자의 부담부분에 한하여 다른 연대채무자가 상계할 수 있다.

(판 례) 부진정연대채무에 있어서 부진정연대채무자 1인이 한 상계가 다른 부진정연대채무자에 대한 관계에 있어서도 공동면책의 효력 내지 절대적 효력이 있는 것인지는 별론으로 하더라도, 부진정연대채무자 사이에는 고유의 의미에 있어서의 부담부분이 존재하

지 아니하므로 위와 같은 고유의 의미 부담부분의 존재를 전제로 하는 민법 제418조제2항의 부진정연대채무에는 적용되지 아니하는 것으로 봄이 상당하고, 따라서 부진정연대채무에 있어서는 한 부진정연대채무자가 채권자에 대하여 상계할 채권을 가지고 있음에도 상계를 하지 않고 있다 하더라도 다른 부진정연대채무자가 그 채권를 가지고 상계를 할 수는 없는 것으로 보아야 한다(1994.5.27, 93다21521).

제419조【면제의 절대적 효력】어느 연대채무자에 대한 채무면제는 그 채무자의 부담부분에 한하여 다른 연대채무자의 이익을 위하여 효력이 있다.

(판 례) 연대보증인 1인에 대한 채권포기는 주채무자나 다른 연대보증인에게는 효력이 미치지 아니한다(1994.11.8, 94다37202).

제420조【혼동의 절대적 효력】어느 연대채무자와 채권자간에 혼동이 있는 때에는 그 채무자의 부담부분에 한하여 다른 연대채무자도 의무를 면한다.

제421조【소멸시효의 절대적 효력】어느 연대채무자에 대하여 소멸시효가 완성한 때에는 그 부담부분에 한하여 다른 연대채무자도 의무를 면한다.

제422조【채권자지체의 절대적 효력】어느 연대채무자에 대한 채권자의 지체는 다른 연대채무자에게도 효력이 있다.

제423조【효력의 상대성의 원칙】전7조의 사항외에는 어느 연대채무자에 관한 사항은 다른 연대채무자에게 효력이 없다.

제424조【부담부분의 균등】연대채무자의 부담부분은 균등한 것으로 추정한다.

(판 례) 2인 이상의 공동불법행위로 인하여 호의동승한 자가 피해를 입은 경우, 공동불법행위자는 피해자에 대한 관계에 있어서는 부진정연대책임이 있으나 그 공동불법행위자의 내부관계에 있어서는 일정한 부담 부분이 있으며, 동승자가 입은 손해액에서 감액비율을 참작하여 공동불법행위자들이 동승자에 대하여 배상하여야 할 수액을 산정한 후 둘 사이의 과실 비율에 따라 그 부담 부분을 산정하여야 한다(1995.10.12, 93다31078).

제425조【출재채무자의 구상권】①어느 연대채무자가 변제 기타 자기의 출재로 공동면책이 된 때에는 다른 연대채무자의 부담부분에 대하여 구상권을 행사할 수 있다.
②전항의 구상권은 면책된 날 이후의 법정이자 및 피할 수 없는 비용 기타 손해배상을 포함한다.

(판 례) 공동불법행위자 상호간에 구상권을 인정하는 근거가 각 과실 비율에 따라 공평하게 책임을 분담시키는 데에 있다고 본다면, 피해자가 공동불법행위자들인 부진정연대채무자들을 상대로 제기한 손해배상 소송의 제1심판결이 그 부진정연대채무자들 중 1인에 대하여만 확정되고, 나머지 채무자는 그 제1심판결에 불복하여 항소한 결과 그 항소심에서 피해자의 부대항소에 의하여 항소심 판결의 인용 금액이 제1심판결의 그것보다 증액됨으로써 부진정연대채무자들 상호간에 채무의 범위가 달라진 경우, 이는 오로지 제1심판결에 불복한 채무자의 항소 제기라는 과잉 행위로 인하여 채무자들 상호간의 채무의 범위가 달라진 경우라고 보아야 하고 제1심판결의 인용 금액보다 늘어난 패소 부분에 대하여 항소하지 아니한 채무자에게 그 손해를 분담하게 하는 것은 공평의 관념에 반함이 명백하므로, 제1심판결에 항소한 채무자로서는 항소심에서 증액된 부분을 출재하였다 하더라도 불복하지 아니한 다른 채무자에 대하여 공동면책으로서의 효력을 내세울 수 없다(1995.11.14, 94다34449).

제426조【구상요건으로서의 통지】①어느 연대채무자가 다른 연대채무자에게 통지하지 아니하고 변제 기타 자기의 출재로 공동면책이 된 경우에 다른 연대채무자가 채권자에게 대항할 수 있는 사유가 있었을 때에는 그 부담부분에 한하여 이 사유로 면책행위를 한 연대채무자에게 대항할 수 있고 그 대항사유가 상계인 때에는 상계로 소멸할 채권은 그 연대채무자에게 이전된다.
②어느 연대채무자가 변제 기타 자기의 출재로 공동면책되었음을 다른 연대채무자에게 통지하지 아니한 경우에 다른 연대채무자가 선의로 채권자에게 변제 기타 유상의 면책행위를 한 때에는 그 연대채무자는 자기의 면책행위의 유효를 주장할 수 있다.

(판 례) 부진정 연대채무에 해당하는 공동불법행위로 인한 손해배상채무에 있어서 채무자 상호간에 구상요건으로서의 통지에 관한 민법 제426조의 규정을 유추적용할 수는 없다(98다5777). <김준 846면>

제427조【상환무자력자의 부담부분】①연대채무자중에 상환할 자력이 없는 자가 있는 때에는 그 채무자의 부담부분은 구상권자 및 다른 자력이 있는 채무자가 그 부담부분에 비례하여 분담한다. 그러나 구상권자에게 과실이 있는 때에는 다른 연대채무자에 대하여 분담을 청구하지 못한다.
②전항의 경우에 상환할 자력이 없는 채무자의 부담부분을 분담할 다른 채무자가 채권자로부터 연대의 면제를 받은 때에는 그 채무자의 분담할 부분은 채권자의 부담으로 한다.

제4관 보증채무

제428조 【보증채무의 내용】 ①보증인은 주채무자가 이행하지 아니하는 채무를 이행할 의무가 있다.
②보증은 장래의 채무에 대하여도 할 수 있다.

제428조의2 【보증의 방식】 ①보증은 그 의사가 보증인의 기명날인 또는 서명이 있는 서면으로 표시되어야 효력이 발생한다. 다만, 보증의 의사가 전자적 형태로 표시된 경우에는 효력이 없다.
②보증채무를 보증인에게 불리하게 변경하는 경우에도 제1항과 같다.
③보증인이 보증채무를 이행한 경우에는 그 한도에서 제1항과 제2항에 따른 방식의 하자를 이유로 보증의 무효를 주장할 수 없다.
<본조신설 2015.2.3>

제428조의3 【근보증】 ①보증은 불확정한 다수의 채무에 대해서도 할 수 있다. 이 경우 보증하는 채무의 최고액을 서면으로 특정하여야 한다.
② 제1항의 경우 채무의 최고액을 제428조의2 제1항에 따른 서면으로 특정하지 아니한 보증계약은 효력이 없다.
<본조신설 2015.2.3>

제429조 【보증채무의 범위】 ①보증채무는 주채무의 이자, 위약금, 손해배상 기타 주채무에 종속한 채무를 포함한다.
②보증인은 그 보증채무에 관한 위약금 기타 손해배상액을 예정할 수 있다.

(판 례) 보증계약성립 후에 보증인의 관여없이 한 손해배상액의 예정에 관하여 보증인은 채무불이행으로 인하여 채무자가 부담할 손해배상책임의 범위를 초과하지 않는 한도내에서만 보증책임을 진다(94다38250). <김형 759면>

일반적으로 계속적 거래의 도중에 매수인을 위하여 보증의 범위와 기간의 정함이 없이 보증인이 된 자는 특별한 사정이 없는 한 계약일이후에 발생되는 채무뿐 아니라 계약일 현재 이미 발생된 채무도 보증하는 것으로 보는 것이 상당하다(1995.9.15, 94다41485).

제430조 【목적, 형태상의 부종성】 보증인의 부담이 주채무의 목적이나 형태보다 중한 때에는 주채무의 한도로 감축한다.

제431조 【보증인의 조건】 ①채무자가 보증인을 세울 의무가 있는 경우에는 그 보증인은 행위능력 및 변제자력이 있는 자로 하여야 한다.
②보증인이 변제자력이 없게 된 때에는 채권자는 보증인의 변경을 청구할 수 있다.
③채권자가 보증인을 지명한 경우에는 전2항의 규정을 적용하지 아니한다.

제432조 【타담보의 제공】 채무자는 다른 상당한 담보를 제공함으로써 보증인을 세울 의무를 면할 수 있다.

(판 례) 신용보증계약상의 신용피보증인이 보증조건변경(신용보증기간연장)신청을 할 때 신용피보증인의 신용보증인에 대한 채무의 연대보증인으로서 종전의 갑 대신 을이 서명날인하였다고 하더라도, 다른 명시의 문언이 없었던 이상 그러한 신청을 신용보증인이 받아들였다는 사실만으로는 채권자인 신용보증인이 연대보증인을 갑으로부터 을로 변경하는데 승낙하였다고 보기 어렵다(1986.6.24, 85다카1004).

제433조 【보증인과 주채무자항변권】 ①보증인은 주채무자의 항변으로 채권자에게 대항할 수 있다.
②주채무자의 항변포기는 보증인에게 효력이 없다.

(판 례) 주채무가 시효로 소멸한 때에는 보증인도 그 시효소멸을 원용할 수 있으며 주채무자가 시효의 이익을 포기하더라도 보증인에게는 그 효력이 없다(1991.1.29, 89다카1114).

제434조 【보증인과 주채무자상계권】 보증인은 주채무자의 채권에 의한 상계로 채권자에게 대항할 수 있다.

제435조 【보증인과 주채무자의 취소권 등】 주채무자가 채권자에 대하여 취소권 또는 해제권이나 해지권이 있는 동안은 보증인은 채권자에 대하여 채무의 이행을 거절할 수 있다.

제436조 삭제 <2015.2.3>

제436조의2 【채권자의 정보제공의무와 통지의무 등】 ①채권자는 보증계약을 체결할 때 보증계약의 체결 여부 또는 그 내용에 영향을 미칠 수 있는 주채무자의 채무 관련 신용정보를 보유하고 있거나 알고 있는 경우에는 보증인에게 그 정보를 알려야 한다. 보증계약을 갱신할 때에도 또한 같다.
②채권자는 보증계약을 체결한 후에 다음 각 호의 어느 하나에 해당하는 사유가 있는 경우에는 지체 없이 보증인에게 그 사실을 알려야 한다.
1. 주채무자가 원본, 이자, 위약금, 손해배상 또는 그 밖에 주채무에 종속한 채무를 3개월 이상 이행하지 아니하는 경우
2. 주채무자가 이행기에 이행할 수 없음을 미리 안 경우
3. 주채무자의 채무 관련 신용정보에 중대한 변화가 생겼음을 알게 된 경우

③ 채권자는 보증인의 청구가 있으면 주채무의 내용 및 그 이행 여부를 알려야 한다.

④ 채권자가 제1항부터 제3항까지의 규정에 따른 의무를 위반하여 보증인에게 손해를 입힌 경우에는 법원은 그 내용과 정도 등을 고려하여 보증채무를 감경하거나 면제할 수 있다.
<본조신설 2015.2.3>

제437조【보증인의 최고, 검색의 항변】 채권자가 보증인에게 채무의 이행을 청구한 때에는 보증인은 주채무자의 변제자력이 있는 사실 및 그 집행이 용이할 것을 증명하여 먼저 주채무자에게 청구할 것과 그 재산에 대하여 집행할 것을 항변할 수 있다. 그러나 보증인이 주채무자와 연대하여 채무를 부담한 때에는 그러하지 아니하다.

> (판 례) 보증인의 최고, 검색의 항변권은 보증인이 주채무자에게 변제자력이 있고 집행이 용이한 사실을 입증할 때 성립될 수 있고, 단순히 주채무자에게 먼저 청구할 것을 항변할 수는 없다(68다1271). <김형 762면>

제438조【최고, 검색의 해태의 효과】 전조의 규정에 의한 보증인의 항변에 불구하고 채권자의 해태로 인하여 채무자로부터 전부나 일부의 변제를 받지 못한 경우에는 채권자가 해태하지 아니하였으면 변제받았을 한도에서 보증인은 그 의무를 면한다.

제439조【공동보증의 분별의 이익】 수인의 보증인이 각자의 행위로 보증채무를 부담한 경우에도 제408조의 규정을 적용한다.

제440조【시효중단의 보증인에 대한 효력】 주채무자에 대한 시효의 중단은 보증인에 대하여 그 효력이 있다.

제441조【수탁보증인의 구상권】 ①주채무자의 부탁으로 보증인이 된 자가 과실없이 변제 기타의 출재로 주채무를 소멸하게 한 때에는 주채무자에 대하여 구상권이 있다.
②제425조제2항의 규정은 전항의 경우에 준용한다.

제442조【수탁보증인의 사전구상권】 ①주채무자의 부탁으로 보증인이 된 자는 다음 각호의 경우에 주채무자에 대하여 미리 구상권을 행사할 수 있다.
1. 보증인이 과실없이 채권자에게 변제할 재판을 받은 때
2. 주채무자가 파산선고를 받은 경우에 채권자가 파산재단에 가입하지 아니한 때
3. 채무의 이행기가 확정되지 아니하고 그 최장기도 확정할 수 없는 경우에 보증계약후 5년을 경과한 때
4. 채무의 이행기가 도래한 때

②전항제4호의 경우에는 보증계약후에 채권자가 주채무자에게 허여한 기한으로 보증인에게 대항하지 못한다.

> (판 례) 사후구상권의 소멸시효는 사전구상권의 발생여부와 관계없이 사후구상권 그 자체가 발생되어 이를 행사할 수 있는 때로부터 진행된다(91다37553). <김형 767면>

제443조【주채무자의 면책청구】 전조의 규정에 의하여 주채무자가 보증인에게 배상하는 경우에 주채무자는 자기를 면책하게 하거나 자기에게 담보를 제공할 것을 보증인에게 청구할 수 있고 또는 배상할 금액을 공탁하거나 담보를 제공하거나 보증인을 면책하게 함으로써 그 배상의무를 면할 수 있다.

제444조【부탁없는 보증인의 구상권】 ①주채무자의 부탁없이 보증인이 된 자가 변제 기타 자기의 출재로 주채무를 소멸하게 한 때에는 주채무자는 그 당시에 이익을 받은 한도에서 배상하여야 한다.
②주채무자의 의사에 반하여 보증인이 된 자가 변제 기타 자기의 출재로 주채무를 소멸하게 한 때에는 주채무자는 현존이익의 한도에서 배상하여야 한다.
③전항의 경우에 주채무자가 구상한 날 이전에 상계원인이 있음을 주장한 때에는 그 상계로 소멸할 채권은 보증인에게 이전된다.

제445조【구상요건으로서의 통지】 ①보증인이 주채무자에게 통지하지 아니하고 변제 기타 자기의 출재로 주채무를 소멸하게 한 경우에 주채무자가 채권자에게 대항할 수 있는 사유가 있었을 때에는 이 사유로 보증인에게 대항할 수 있고 그 대항사유가 상계인 때에는 상계로 소멸할 채권은 보증인에게 이전된다.
②보증인이 변제 기타 자기의 출재로 면책되었음을 주채무자에게 통지하지 아니한 경우에 주채무자가 선의로 채권자에게 변제 기타 유상의 면책행위를 한 때에는 주채무자는 자기의 면책행위의 유효를 주장할 수 있다.

제446조【주채무자의 보증인에 대한 면책통지의무】 주채무자가 자기의 행위로 면책하였음을 그 부탁으로 보증인이 된 자에게 통지하지 아니한 경우에 보증인이 선의로 채권자에게 변제 기타 유상의 면책행위를 한 때에는 보증인은 자기의 면책행위의 유효를 주장할 수 있다.

제447조【연대, 불가분채무의 보증인의 구상권】 어느 연대채무자나 어느 불가분채무자를 위하여 보증인이 된 자는 다른 연대채무자나 다른 불가분채무자에 대하여 그 부담부분에 한하여 구상권이 있다.

(판 례) 어느 공동불법행위자를 위하여 보증인이 된 자가 피보증인의 손해배상채무를 변제한 경우, 그 보증인은 피보증인이 아닌 다른 공동불법행위자에 대하여는 그 부담부분에 한하여 구상권 내지 부당이득반환청구권을 행사할 수 있는바, 따라서 보증인이 보증한 공동불법행위자의 부담부분이 전부이고 다른 공동불법행위자의 부담부분이 없는 경우에는 보증인은 그 다른 공동불법행위자에 대하여 구상 내지 부당이득반환청구를 할 수 없고, 이는 신원보증의 경우라 하여 다르지 않다(1996.2.9, 95다47176).

제448조【공동보증인간의 구상권】 ①수인의 보증인이 있는 경우에 어느 보증인이 자기의 부담부분을 넘은 변제를 한 때에는 제444조의 규정을 준용한다.
②주채무가 불가분이거나 각 보증인이 상호연대로 또는 주채무자와 연대로 채무를 부담한 경우에 어느 보증인이 자기의 부담부분을 넘은 변제를 한 때에는 제425조 내지 제427조의 규정을 준용한다.

제4절 채권의 양도

제449조【채권의 양도성】 ①채권은 양도할 수 있다. 그러나 채권의 성질이 양도를 허용하지 아니하는 때에는 그러하지 아니하다.
②채권은 당사자가 반대의 의사를 표시한 경우에는 양도하지 못한다. 그러나 그 의사표시로써 선의의 제3자에게 대항하지 못한다.

(판 례) 전세권이 존속기간의 만료로 소멸한 경우에는 전세금반환채권을 양도하더라도 전세권은 수반되지 않는다(97다29790). <김준 874면>

지명채권양도의 당사자의 의사표시에 의한 제한에서 제3자는 선의이면 충분하고 무과실은 요구되지 않는다. (96다18281). <김준 874면>

채권 양도시 채무자에 대한 대항요건으로서 당해 채권 양도의 통지는 양도인이 채무자에 대하여 당해 채권을 양수인에게 양도하였다는 사실을 알리는 관념의 통지인데, 채권의 성질상 또는 당사자의 의사 표시에 의하여 권리의 양도가 제한되어 그 양도에 채무자의 동의를 얻어야 하는 경우에는, 통상의 채권양도와 달리 양도인의 채무자에 대한 통지만으로는 채무자에 대한 대항력이 생기지 않으며 반드시 채무자의 동의를 얻어야 대항력이 생긴다(1996.2.9, 95다49325).

제450조【지명채권양도의 대항요건】 ①지명채권의 양도는 양도인이 채무자에게 통지하거나 채무자가 승낙하지 아니하면 채무자 기타 제3자에게 대항하지 못한다.
②전항의 통지나 승낙은 확정일자있는 증서에 의하지 아니하면 채무자이외의 제3자에게 대항하지 못한다.

제451조【승낙, 통지의 효과】 ①채무자가 이의를 보류하지 아니하고 전조의 승낙을 한 때에는 양도인에게 대항할 수 있는 사유로써 양수인에게 대항하지 못한다. 그러나 채무자가 채무를 소멸하게 하기 위하여 양도인에게 급여한 것이 있으면 이를 회수할 수 있고 양도인에 대하여 부담한 채무가 있으면 그 성립되지 아니함을 주장할 수 있다.
②양도인이 양도통지만을 한 때에는 채무자는 그 통지를 받은 때까지 양도인에 대하여 생긴 사유로써 양수인에게 대항할 수 있다.

(판 례) 채무자는 승낙 당시까지 양도인에 대하여 생긴 사유로써 양수인에게 대항할 수 있다고 할 것인 바, 승낙 당시 이미 상계를 할 수 있는 원인이 있었던 경우에는 아직 상계적상에 있지 아니하였다 하더라도 그 후에 상계적상이 생기면 채무자는 양수인에 대하여 상계로 대항할 수 있다(99다18039). <연 99년12월 233면>

민법은 채권의 귀속에 관한 우열을 오로지 확정일자 있는 증서에 의한 통지 또는 승낙의 유무와 그 선후로써만 결정하도록 규정하고 있는 데다가, 채무자의 "이의를 보류하지 아니한 승낙"은 민법 제451조제1항 전단의 규정 자체로 보더라도 그의 양도인에 대한 항변을 상실시키는 효과밖에 없고, 채권에 관하여 권리를 주장하는 자가 여럿인 경우 그들 사이의 우열은 채무자에게도 효력이 미치므로, 위 규정의 "양도인에게 대항할 수 있는 사유"란 채권의 성립, 존속, 행사를 저지·배척하는 사유를 가리킬 뿐이고, 채권의 귀속(채권이 이미 타인에게 양도되었다는 사실)은 이에 포함되지 아니한다(1994.4.29, 93다35551).

제452조【양도통지와 금반언】 ①양도인이 채무자에게 채권양도를 통지한 때에는 아직 양도하지 아니하였거나 그 양도가 무효인 경우에도 선의인 채무자는 양수인에게 대항할 수 있는 사유로 양도인에게 대항할 수 있다.
②전항의 통지는 양수인의 동의가 없으면 철회하지 못한다.

(판 례) 양수인의 동의없이 채권양도인이 한 양도철회 통지로써 양수인에게 대항할 수 없다(78다468). <김형 788면>

제5절 채무의 인수

제453조【채권자와의 계약에 의한 채무인수】 ①제3자는 채권자와의 계약으로 채무를

인수하여 채무자의 채무를 면하게 할 수 있다. 그러나 채무의 성질이 인수를 허용하지 아니하는 때에는 그러하지 아니하다.
②이해관계없는 제3자는 채무자의 의사에 반하여 채무를 인수하지 못한다.

(판 례) 면책적 채무인수인지 병존적 채무인수인지가 분명하지 않은 경우 원칙적으로 후자로 보아야 한다(4294민상1087). <김준 893면>

병존적 채무인수는 채무자의 의사에 반하여서도 할 수 있다(4294민상1087). <김준 893면>

계약 당사자로서의 지위 승계를 목적으로 하는 계약인수는 3면계약으로 이루어지는 것이 통상적이나, 관계 당사자 중 2인의 합의와 나머지 당사자가 이를 동의 내지 승낙하는 방법으로도 가능하다(1996.2.27, 95다21662).

제454조【채무자와의 계약에 의한 채무인수】 ①제3자가 채무자와의 계약으로 채무를 인수한 경우에는 채권자의 승낙에 의하여 그 효력이 생긴다.
②채권자의 승낙 또는 거절의 상대방은 채무자나 제3자이다.

(판 례) 부동산의 매수인이 매매목적물에 관한 채무를 인수하는 한편 그 채무액을 매매대금에서 공제하기로 약정한 경우, 그 인수는 특별한 사정이 없는 한 매도인을 면책시키는 채무인수가 아니라 이행인수로 보아야 하고, 면책적 채무인수로 보기 위하여는 이에 대한 채권자의 승낙이 있어야 한다(1995.8.11, 94다58599).

제455조【승낙여부의 최고】 ①전조의 경우에 제3자나 채무자는 상당한 기간을 정하여 승낙여부의 확답을 채권자에게 최고할 수 있다.
②채권자가 그 기간내에 확답을 발송하지 아니한 때에는 거절한 것으로 본다.

제456조【채무인수의 철회, 변경】 제3자와 채무자간의 계약에 의한 채무인수는 채권자의 승낙이 있을 때까지 당사자는 이를 철회하거나 변경할 수 있다.

제457조【채무인수의 소급효】 채권자의 채무인수에 대한 승낙은 다른 의사표시가 없으면 채무를 인수할 때에 소급하여 그 효력이 생긴다. 그러나 제3자의 권리를 침해하지 못한다.

제458조【전채무자의 항변사유】 인수인은 전채무자의 항변할 수 있는 사유로 채권자에게 대항할 수 있다.

제459조【채무인수와 보증, 담보의 소멸】 전채무자의 채무에 대한 보증이나 제3자가 제공한 담보는 채무인수로 인하여 소멸한다. 그러나 보증인이나 제3자가 채무인수에 동의한 경우에는 그러하지 아니하다.

제6절 채권의 소멸

제1관 변 제

제460조【변제제공의 방법】 변제는 채무내용에 좇은 현실제공으로 이를 하여야 한다. 그러나 채권자가 미리 변제받기를 거절하거나 채무의 이행에 채권자의 행위를 요하는 경우에는 변제준비의 완료를 통지하고 그 수령을 최고하면 된다.

(판 례) 변제의 제공에서 채권자의 수령거절 의사가 명백하여 추후 번복할 가능성도 없는 경우에는 구두제공조차 필요없다(76다2218). <김준 902면>

채무자가 채권자에게 채무변제와 관련하여 다른 채권을 양도하는 것은 특단의 사정이 없는 한 채무변제를 위한 담보 또는 변제의 방법으로 양도되는 것으로 추정할 것이지 채무변제에 갈음한 것으로 볼 것은 아니어서, 채권양도만 있으면 바로 원래의 채권이 소멸한다고 볼 수는 없는 것이고 채권자가 양도받은 채권을 변제받음으로써 그 범위 내에서 채무자가 면책되는 것이므로, 양도 채권의 변제에 관하여는 기존채무의 채무자에게 주장·입증책임이 있다(1995.12.22, 95다16660).

제461조【변제제공의 효과】 변제의 제공은 그때로부터 채무불이행의 책임을 면하게 한다.

제462조【특정물의 현상인도】 특정물의 인도가 채권의 목적인 때에는 채무자는 이행기의 현상대로 그 물건을 인도하여야 한다.

(판 례) 특정물의 인도를 청구하려면 그 특정물의 현존사실이 인정되어야 한다(1963.6.20, 63다236).

제463조【변제로서의 타인의 물건의 인도】 채무의 변제로 타인의 물건을 인도한 채무자는 다시 유효한 변제를 하지 아니하면 그 물건의 반환을 청구하지 못한다.

제464조【양도능력없는 소유자의 물건인도】 양도할 능력없는 소유자가 채무의 변제로 물건을 인도한 경우에는 그 변제가 취소된 때에도 다시 유효한 변제를 하지 아니하면 그 물건의 반환을 청구하지 못한다.

제465조【채권자의 선의소비, 양도와 구상권】 ①전2조의 경우에 채권자가 변제로 받은 물건을 선의로 소비하거나 타인에게 양도한 때에는 그 변제는 효력이 있다.
②전항의 경우에 채권자가 제3자로부터 배상

의 청구를 받은 때에는 채무자에 대하여 구상권을 행사할 수 있다.

제466조【대물변제】 채무자가 채권자의 승낙을 얻어 본래의 채무이행에 갈음하여 다른 급여를 한 때에는 변제와 같은 효력이 있다. <개정 2014.12.30>

(판 례) 대물변제가 효력을 발생하려면 채무자가 본래의 이행에 갈음하여 행하는 다른 급여가 현실적이어야 하고 등기나 등록을 요하는 경우 그 등기나 등록까지 경료하여야 한다(1995.9.15, 95다13371).

제467조【변제의 장소】 ①채무의 성질 또는 당사자의 의사표시로 변제장소를 정하지 아니한 때에는 특정물의 인도는 채권성립당시에 그 물건이 있던 장소에서 하여야 한다.

②전항의 경우에 특정물인도이외의 채무변제는 채권자의 현주소에서 하여야 한다. 그러나 영업에 관한 채무의 변제는 채권자의 현영업소에서 하여야 한다.

제468조【변제기전의 변제】 당사자의 특별한 의사표시가 없으면 변제기전이라도 채무자는 변제할 수 있다. 그러나 상대방의 손해는 배상하여야 한다.

(판 례) 원본채무의 변제기전에 변제한 금원은 반드시 그때까지 이행기가 지나간 약정이자의 변제에 충당하여야 하는 것이 아니다(1967.10.6, 67다1587).

제469조【제3자의 변제】 ①채무의 변제는 제3자도 할 수 있다. 그러나 채무의 성질 또는 당사자의 의사표시로 제3자의 변제를 허용하지 아니하는 때에는 그러하지 아니하다.

②이해관계없는 제3자는 채무자의 의사에 반하여 변제하지 못한다.

(판 례) 제3자가 자신의 출연으로 인하여 채무자의 채무가 소멸하였음을 주장하면서 채무자를 상대로 구상권을 행사하거나 부당이득의 반환을 구하는 경우, 제3자로서는 채무자의 채무가 존재한 사실에 대한 입증책임을 부담하고, 그 채무가 외국에 대한 조세납부의무라 하여 이와 달리 볼 것은 아니다(1995.8.22, 94다32054).

제470조【채권의 준점유자에 대한 변제】 채권의 준점유자에 대한 변제는 변제자가 선의이며 과실없는 때에 한하여 효력이 있다.

(판 례) 채권의 준점유자라고 하려면 채권의 사실상 귀속자와 같은 외형을 갖추어야 하므로 예금채권의 준점유자는 예금통장과 그에 찍힌 인영과 같은 인장을 소지하여야 한다(1985.12.24, 85다카880).

예금증서와 인장이 위조된 경우처럼 채권자가 귀책사유가 없을지라도 이는 채권의 준점유자에 해당되어 채무자의 변제는 유효하다(63다384). <김준 907면>

금융실명거래및비밀보장에관한긴급재정명령 제3조 제1항은 "금융기관은 거래자의 실지명의에 의한 금융거래를 하여야 한다."고 규정하고 있으므로, 금융기관에 예금을 하고자 하는 자는 원칙적으로 직접 주민등록증과 인감을 지참하고 금융기관에 나가 자기 이름으로 예금을 하여야 하나, 대리인이 본인의 주민등록증과 인감을 가지고 가서 본인의 이름으로 예금하는 것이 허용된다고 하더라도, 이 경우 금융기관으로서는 자기가 주민등록증을 통하여 실명확인을 한 예금명의자를 위 재정명령 제3조에서 규정한 거래자로 보아 그와 예금계약을 체결할 의도를 가지고 있었다고 보아야 하므로, 예금명의자가 아니고 예금통장도 소지하지 않은 예금행위자에 불과한 자는 금융실명제가 시행된 후에는 극히 예외적인 특별한 사정이 인정되지 않는 한 예금채권을 준점유하는 자에 해당될 수가 없다(1996.4.23, 95다55986).

제471조【영수증소지자에 대한 변제】 영수증을 소지한 자에 대한 변제는 그 소지자가 변제를 받을 권한이 없는 경우에도 효력이 있다. 그러나 변제자가 그 권한없음을 알았거나 알 수 있었을 경우에는 그러하지 아니하다.

제472조【권한없는 자에 대한 변제】 전2조의 경우외에 변제받을 권한없는 자에 대한 변제는 채권자가 이익을 받은 한도에서 효력이 있다.

(판 례) 소위 "1인회사"의 단독주주가 개인 명의의 예금과 회사 명의의 예금을 구분하지 않고 회사의 운영자금으로 이용하여 오던 중, 그 1인회사의 직원이 권한없이 단독주주 개인 명의의 통장에서 예금을 인출하여 회사를 위하여 사용한 경우, 그 회사가 얻은 이익만큼은 단독주주 개인이 이익을 받은 셈이 된다(1995.6.16, 95다2654).

제473조【변제비용의 부담】 변제비용은 다른 의사표시가 없으면 채무자의 부담으로 한다. 그러나 채권자의 주소이전 기타의 행위로 인하여 변제비용이 증가된 때에는 그 증가액은 채권자의 부담으로 한다.

제474조【영수증청구권】 변제자는 변제를 받는 자에게 영수증을 청구할 수 있다.

제475조【채권증서반환청구권】 채권증서가 있는 경우에 변제자가 채무전부를 변제한 때에는 채권증서의 반환을 청구할 수 있다. 채권이 변제이외의 사유로 전부 소멸한 때에도 같다.

제476조【지정변제충당】 ①채무자가 동일한 채권자에 대하여 같은 종류를 목적으로 한 수개의 채무를 부담한 경우에 변제의 제공이 그 채무전부를 소멸하게 하지 못하는 때에는 변제자는 그 당시 어느 채무를 지정하여 그 변제에 충당할 수 있다.

②변제자가 전항의 지정을 하지 아니할 때에는 변제받는 자는 그 당시 어느 채무를 지정하여 변제에 충당할 수 있다. 그러나 변제자가 그 충당에 대하여 즉시 이의를 한 때에는 그러하지 아니하다.

③전2항의 변제충당은 상대방에 대한 의사표시로써 한다.

(판 례) 연대보증인이 분할채무 중 일부에만 연대보증을 한 경우, 주채무자가 그 채무의 일부변제로 수차례에 걸쳐 금원을 지급함에 있어 채권자가 주채무자에게 그 일부변제금이 연대보증되지 아니한 채무의 변제조임을 명시하였다면, 주채무자가 행사하지 아니한 변제충당의 지정권을 채권자가 행사하였다고 보여지고, 채권자의 변제충당의 지정이 적법한 것인 이상 적어도 그 일부변제금은 연대보증인이 연대보증하지 아니한 나머지 채무 부분의 변제에 충당되었다고 하여야 할 것이다(1995.3.14, 94다57244).

제477조【법정변제충당】 당사자가 변제에 충당할 채무를 지정하지 아니한 때에는 다음 각호의 규정에 의한다.

1. 채무중에 이행기가 도래한 것과 도래하지 아니한 것이 있으면 이행기가 도래한 채무의 변제에 충당한다.
2. 채무전부의 이행기가 도래하였거나 도래하지 아니한 때에는 채무자에게 변제이익이 많은 채무의 변제에 충당한다.
3. 채무자에게 변제이익이 같으면 이행기가 먼저 도래한 채무나 먼저 도래할 채무의 변제에 충당한다.
4. 전2호의 사항이 같은 때에는 그 채무액에 비례하여 각 채무의 변제에 충당한다.

(판 례) 변제의 충당에서 담보권 실행에 따른 배당에 있어서는 계약에 의한 충당이 허용되지 않는다(95다55504). <김준 913면>

가집행선고로 인하여 강제집행을 면하기 위하여 피고가 원고에게 금원을 지급하였으나 그 가지급금의 액수가 피고가 원고에게 지급하여야 할 정당한 금원인 원본 및 지연손해금 합계액에 미치지 못하였다면, 그 가지급금으로는 특별한 사정이 없는 한, 민법 소정의 변제충당의 법리에 따라 피고가 원고에게 지급하여야 할 금원에 관하여 지연손해금, 원본의 순서로 변제에 충당되고, 지연손해금에 충당되고 남은 때에는 원본 중에서도 변제이익이 많은 부분에 우선 충당되어야 한다(1995.12.12, 95다38127).

제478조【부족변제의 충당】 1개의 채무에 수개의 급여를 요할 경우에 변제자가 그 채무전부를 소멸하게 하지 못한 급여를 한 때에는 전2조의 규정을 준용한다.

(판 례) 변제충당에 관한 민법 제476조 내지 제479조의 규정은 임의규정이다(84다카1324). <김준 913면>

제479조【비용, 이자, 원본에 대한 변제충당의 순서】 ①채무자가 1개 또는 수개의 채무의 비용 및 이자를 지급할 경우에 변제자가 그 전부를 소멸하게 하지 못한 급여를 한 때에는 비용, 이자, 원본의 순서로 변제에 충당하여야 한다.

②전항의 경우에 제477조의 규정을 준용한다.

(판 례) 민사소송법 제559조제1항, 민사소송규칙 제125조에 의하여 채권에 대한 압류명령 신청에는 압류할 채권의 종류와 수액 외에 채권자, 채무자, 제3채무자 및 그 대리인의 표시, 채무명의의 표시, 채무명의에 기한 청구권의 일부에 관하여만 압류명령을 신청하거나 목적 채권의 일부에 대하여만 압류명령을 신청한 때에는 그 범위를 명시하고 집행력 있는 정본을 첨부하여야 하므로, 채무명의에 수개의 채권이 표시된 경우나 채권의 일부에 대하여 집행을 구하는 때에는 어느 채권을 위하여 집행을 구하는 때에는 어느 채권을 위하여 집행을 구별하는가를 명백히 하여야 하고, 따라서 채무명의상 다 갚을 때까지의 이자, 지연손해금 등의 부대청구가 인정되어 있고 이를 원금에 부가하여 청구하는 때에는 그 뜻을 명백히 하여야 하는 것이며, 전부명령은 압류된 금전채권을 그 권면액으로 집행채권자에게 이전시키고 그 대신 동액 상당의 집행채권을 소멸시킴으로써 채무자의 채무변제에 갈음하게 하는 제도이므로, 전부명령에 의한 채무소멸의 효과는 채권자가 압류명령 신청시에 명시한 집행채권의 변제를 위하여서만 생긴다(1996.4.12, 95다55047).

제480조【변제자의 임의대위】 ①채무자를 위하여 변제한 자는 변제와 동시에 채권자의 승낙을 얻어 채권자를 대위할 수 있다.

②전항의 경우에 제450조 내지 제452조의 규정을 준용한다.

제481조【변제자의 법정대위】 변제할 정당한 이익이 있는 자는 변제로 당연히 채권자를 대위한다.

(판 례) 정리회사의 연대보증인등 정리회사에 대하여 장래의 구상권을 가지는 자는 회사정리법 제110조제1항에 의하여 구상채권 전액에 관하여 정리절차에 참가하여 정리채권자로서의 권리를 행사할 수 있으므로, 그가 구상권 채권을 가지고 정리절차에 참가한 바가 없다면 그 후에 연대보증인이 정리회사의 채권자에 대하여 변제한 금액 중 채권자가 정리채권으로 신고하여 확정된 부분을 초과하는 부분에 대한 연대보증인의 구상권은 상실된다(1995.11.10, 94다50397).

제482조【변제자대위의 효과, 대위자간의 관계】 ①전2조의 규정에 의하여 채권자를 대위한 자는 자기의 권리에 의하여 구상할 수 있는 범위에서 채권 및 그 담보에 관한 권리를 행사할 수 있다.

②전항의 권리행사는 다음 각호의 규정에 의하여야 한다.

1. 보증인은 미리 전세권이나 저당권의 등기에 그 대위를 부기하지 아니하면 전세물이나 저당물에 권리를 취득한 제3자에 대하여 채권자를 대위하지 못한다.
2. 제3취득자는 보증인에 대하여 채권자를 대위하지 못한다.
3. 제3취득자중의 1인은 각 부동산의 가액에 비례하여 다른 제3취득자에 대하여 채권자를 대위한다.
4. 자기의 재산을 타인의 채무의 담보로 제공한 자가 수인인 경우에는 전호의 규정을 준용한다.
5. 자기의 재산을 타인의 채무의 담보로 제공한 자와 보증인간에는 그 인원수에 비례하여 채권자를 대위한다. 그러나 자기의 재산을 타인의 채무의 담보로 제공한 자가 수인인 때에는 보증인의 부담부분을 제외하고 그 잔액에 대하여 각 재산의 가액에 비례하여 대위한다. 이 경우에 그 재산이 부동산일 때에는 제1호의 규정을 준용한다.

(판 례) 타인의 채무를 변제하고 채권자를 대위하는 대위변제의 경우 채권자의 채권은 동일성을 유지한 채 법률상 당연히 변제자에게 이전하고, 이러한 법리는 채권이 근로기준법상의 임금채권이라 하더라도 그대로 적용되므로, 근로기준법 제30조의2제2항에 규정된 우선변제권이 있는 임금채권을 변제한 자는 채무자인 사용자에 대한 임금채권자로서 사용자의 총재산에 대한 강제집행절차나 임의경매절차가 개시된 경우에 경락기일까지 배당요구를 하여 그 배당절차에서 저당권의 피담보채권이나 일반채권보다 우선하여 변제받을 수 있으며, 이와 같이 근로자가 아닌 대위변제자에게 임금의 우선변제권을 인정하더라도 근로자에 대하여 임금이 직접 지급된 점에 비추어 이를 근로기준법 제36조제1항(현행법 제42조제1항) 소정의 직접지불의 원칙에 위배된다고 할 수 없다(1996.2.23, 94다21160).

제483조【일부의 대위】 ①채권의 일부에 대하여 대위변제가 있는 때에는 대위자는 그 변제한 가액에 비례하여 채권자와 함께 그 권리를 행사한다.
②전항의 경우에 채무불이행을 원인으로 하는 계약의 해지 또는 해제는 채권자만이 할 수 있고 채권자는 대위자에게 그 변제한 가액과 이자를 상환하여야 한다.

(판 례) 보증인이 일부변제한 경우, 잔부에 대하여 채권자가 저당권이 설정된 채무자 소유 토지에 대해 경매를 신청하였다면, 그 경락대금에 대하여 채권자는 보증인(일부대위변제자)에 우선하여 배당받는다(88다카1797). <김준 917면>

제484조【대위변제와 채권증서, 담보물】 ①채권전부의 대위변제를 받은 채권자는 그 채권에 관한 증서 및 점유한 담보물을 대위자에게 교부하여야 한다.
②채권의 일부에 대한 대위변제가 있는 때에는 채권자는 채권증서에 그 대위를 기입하고 자기가 점유한 담보물의 보존에 관하여 대위자의 감독을 받아야 한다.

제485조【채권자의 담보상실, 감소행위와 법정대위자의 면책】 제481조의 규정에 의하여 대위할 자가 있는 경우에 채권자의 고의나 과실로 담보가 상실되거나 감소된 때에는 대위할 자는 그 상실 또는 감소로 인하여 상환을 받을 수 없는 한도에서 그 책임을 면한다.

(판 례) 대여금채권을 담보하기 위하여 채권자 앞으로 근저당권설정등기가 경료된 경우, 근저당권의 권리명의인인 채권자는 말소등기절차상 등기신청인이 되므로 근저당권의 말소등기가 되었다면 일응 그 말소등기는 채권자의 의사에 기하여 이루어진 것이고 따라서 채권자의 고의로 담보가 상실되었다고 추정할 수 있으나, 근저당권의 말소등기가 채권자의 의사에 기하여 이루어진 것이 아니라는 입증이 있는 경우에는 위와 같이 볼 수 없다(1994.9.23, 94다5359).

제486조【변제이외의 방법에 의한 채무소멸과 대위】 제3자가 공탁 기타 자기의 출재로 채무자의 채무를 면하게 한 경우에도 전6조의 규정을 준용한다.

제2관 공 탁

제487조【변제공탁의 요건, 효과】 채권자가 변제를 받지 아니하거나 받을 수 없는 때에는 변제자는 채권자를 위하여 변제의 목적물을 공탁하여 그 채무를 면할 수 있다. 변제자가 과실없이 채권자를 알 수 없는 경우에도 같다.

(판 례) 제3채무자가 가압류를 이유로 변제공탁한 경우 그 가압류의 효력은 채무자의 공탁금출급청구권에 존속한다(전합93다951). <김준 925면>

특정 채권에 대하여 채권양도의 통지가 있었으나 그 후 통지가 철회되는 등으로 채권이 적법하게 양도되었는지 여부에 관하여 의문이 있어 민법 제487조 후단의 채권자불확지를 원인으로 하는 변제공탁 사유가 생기고, 그 채권양도 통지 후에 그 채권에 관하여 다수의 채권가압류 또는 채권압류 결정이 동시 또는 순차로 내려짐으로써 그 채권양도의 효력이 발생하지 아니한다면 압류경합으로 인하여 민사소송법 제581조제1항 소정의 집행공탁의 사유가 생긴 경우에, 채무자는 민법 제487조 후단 및 민사소송법 제581조제1항을 근거로 하여 채권자불확지를 원인으로 하는 변제공탁과 압류경합 등을 이유로 하는 집행공탁을 아울러 할 수 있고, 이러한 공탁은 변제공탁에 관련된 채권양수인에 대하여는 변제공탁으로서의 효력이 있고 집행공탁에 관련된 압류채권자 등에 대하여는 집행공탁으로서의 효력이 있다(1996. 4.26, 96다2583).

제488조【공탁의 방법】 ①공탁은 채무이행지의 공탁소에 하여야 한다.

②공탁소에 관하여 법률에 특별한 규정이 없으면 법원은 변제자의 청구에 의하여 공탁소를 지정하고 공탁물보관자를 선임하여야 한다.

③공탁자는 지체없이 채권자에게 공탁통지를 하여야 한다.

(판 례) 채무의 일부에 대한 공탁은 채권자가 승낙하지 않는 한 무효이다(76다1866). <김준 926면>

제489조【공탁물의 회수】 ①채권자가 공탁을 승인하거나 공탁소에 대하여 공탁물을 받기를 통고하거나 공탁유효의 판결이 확정되기까지는 변제자는 공탁물을 회수할 수 있다. 이 경우에는 공탁하지 아니한 것으로 본다.

②전항의 규정은 질권 또는 저당권이 공탁으로 인하여 소멸한 때에는 적용하지 아니한다.

제490조【자조매각금의 공탁】 변제의 목적물이 공탁에 적당하지 아니하거나 멸실 또는 훼손될 염려가 있거나 공탁에 과다한 비용을 요하는 경우에는 변제자는 법원의 허가를 얻어 그 물건을 경매하거나 시가로 방매하여 대금을 공탁할 수 있다.

제491조【공탁물수령과 상대의무이행】 채무자가 채권자의 상대의무이행과 동시에 변제할 경우에는 채권자는 그 의무이행을 하지 아니하면 공탁물을 수령하지 못한다.

제3관 상 계

제492조【상계의 요건】 ①쌍방이 서로 같은 종류를 목적으로 한 채무를 부담한 경우에 그 쌍방의 채무의 이행기가 도래한 때에는 각 채무자는 대등액에 관하여 상계할 수 있다. 그러나 채무의 성질이 상계를 허용하지 아니할 때에는 그러하지 아니하다.

②전항의 규정은 당사자가 다른 의사를 표시한 경우에는 적용하지 아니한다. 그러나 그 의사표시로써 선의의 제3자에게 대항하지 못한다.

제493조【상계의 방법, 효과】 ①상계는 상대방에 대한 의사표시로 한다. 이 의사표시에는 조건 또는 기한을 붙이지 못한다.

②상계의 의사표시는 각 채무가 상계할 수 있는 때에 대등액에 관하여 소멸한 것으로 본다.

(판 례) 상계의 의사표시는 일방적으로 철회할 수는 없는 것이지만, 상계의 의사표시후에 상계자와 상대방이 상계가 없었던 것으로 하기로 한 약정은 제3자에게 손해를 미치지 않는 한 계약자유의 원칙상 유효하다(1995.6.16, 95다11146).

제494조【이행지를 달리하는 채무의 상계】 각 채무의 이행지가 다른 경우에도 상계할 수 있다. 그러나 상계하는 당사자는 상대방에게 상계로 인한 손해를 배상하여야 한다.

제495조【소멸시효완성된 채권에 의한 상계】 소멸시효가 완성된 채권이 그 완성전에 상계할 수 있었던 것이면 그 채권자는 상계할 수 있다.

제496조【불법행위채권을 수동채권으로 하는 상계의 금지】 채무가 고의의 불법행위로 인한 것인 때에는 그 채무자는 상계로 채권자에게 대항하지 못한다.

(판 례) 민법 제496조가 고의의 불법행위로 인한 손해배상채권에 대한 상계를 금지하는 입법취지는 고의의 불법행위에 인한 손해배상채권에 대하여 상계를 허용한다면 고의로 불법행위를 한 자가 상계권 행사로 현실적으로 손해배상을 지급할 필요가 없게 됨으로써 보복적 불법행위를 유발하게 될 우려가 있고, 고의의 불법행위로 인한 피해자가 가해자의 상계권행사로 인하여 현실의 변제를 받을 수 없는 결과가 됨은 사회적 정의관념에 맞지 아니하므로 고의에 의한 불법행위의 발생을 방지함과 아울러 고의의 불법행위로 인한 피해자에게 현실의 변제를 받게 하려는 데 있는 바, 이같은 입법취지나 적용결과에 비추어 볼 때 고의의 불법행위에 인한 손해배상채권에 대한 상계금지를 중과실의 불법행위에 인한 손해배상채권에까지 유추 또는 확장적용하여야 할 필요성이 있다고 할 수 없다(1994.8.12, 93다52808).

제497조【압류금지채권을 수동채권으로 하는 상계의 금지】 채권이 압류하지 못할 것인 때에는 그 채무자는 상계로 채권자에게 대항하지 못한다.

(판 례) 압류 또는 가압류의 효력발생 당시에 제3채무자가 채무자에 대해 갖는 자동채권의 변제기가 아직 도래하지 않았더라도 압류채권자가 그 이행을 청구할 수 있을 때 상계할 수 있다(82다카200). <김준 936면>

제498조【지급금지채권을 수동채권으로 하는 상계의 금지】 지급을 금지하는 명령을 받은 제3채무자는 그 후에 취득한 채권에 의한 상계로 그 명령을 신청한 채권자에게 대항하지 못한다.

제499조【준용규정】 제476조 내지 제479조의 규정은 상계에 준용한다.

제4관 경 개

제500조 【경개의 요건, 효과】 당사자가 채무의 중요한 부분을 변경하는 계약을 한 때에는 구채무는 경개로 인하여 소멸한다.

(판 례) 두 번의 소비대차를 하나의 채권채무로 합쳐 약속어음 발행하고 이를 담보하기 위해 저당권 설정까지 한 경우에는 경개로 해석한다(76다2563). <김준 939면>

현실적인 자금의 수수없이 형식적으로만 신규대출을 하여 기존채무를 변제하는 이른바 대환은 특별한 사정이 없는 한 형식적으로는 별도의 대출에 해당하나 실질적으로는 기존채무의 변제기의 연장에 불과하므로 그 법률적 성질은 기존채무가 여전히 동일성을 유지한 채 존속하는 준소비대차로 보아야 한다(1994.6.10, 94다3445).

제501조 【채무자변경으로 인한 경개】 채무자의 변경으로 인한 경개는 채권자와 신채무자간의 계약으로 이를 할 수 있다. 그러나 구채무자의 의사에 반하여 이를 하지 못한다.

제502조 【채권자변경으로 인한 경개】 채권자의 변경으로 인한 경개는 확정일자있는 증서로 하지 아니하면 이로써 제3자에게 대항하지 못한다.

(판 례) 기존의 채권이 제3자에게 이전된 경우 특별한 사정이 없는 한 경개가 아니라 일반적으로 채권양도로 해석된다고 한다(96다16612). <김준 939면>

제503조 【채권자변경의 경개와 채무자승낙의 효과】 제451조제1항의 규정은 채권자의 변경으로 인한 경개에 준용한다.

제504조 【구채무불소멸의 경우】 경개로 인한 신채무가 원인의 불법 또는 당사자가 알지 못한 사유로 인하여 성립되지 아니하거나 취소된 때에는 구채무는 소멸되지 아니한다.

제505조 【신채무에의 담보이전】 경개의 당사자는 구채무의 담보를 그 목적의 한도에서 신채무의 담보로 할 수 있다. 그러나 제3자가 제공한 담보는 그 승낙을 얻어야 한다.

제5관 면 제

제506조 【면제의 요건, 효과】 채권자가 채무자에게 채무를 면제하는 의사를 표시한 때에는 채권은 소멸한다. 그러나 면제로써 정당한 이익을 가진 제3자에게 대항하지 못한다.

(판 례) 공동불법행위자 1인과 피해자가 화해하여 손해배상의 채무를 면제하였다 하여 다른 공동불법행위자에게도 그 효력이 미치는 것은 아니다(1972.11.28, 72다939).

제6관 혼 동

제507조 【혼동의 요건, 효과】 채권과 채무가 동일한 주체에 귀속한 때에는 채권은 소멸한다. 그러나 그 채권이 제3자의 권리의 목적인 때에는 그러하지 아니하다.

(판 례)민법 제507조 본문에서 이른바 혼동에 의한 채권의 소멸을 인정하는 취지는 주로 채권·채무가 동일인에게 귀속되는 경우 권리의무관계를 간소화하려는 것이므로, 채권과 채무가 동일한 주체에 귀속되더라도 그 채권의 존속을 인정하여야 할 특별한 이유가 있는 때에는 그 채권은 혼동에 의하여 소멸되지 아니한다고 해석함이 상당하다(1995.7.14, 94다36698).

제7절 지시채권

제508조 【지시채권의 양도방식】 지시채권은 그 증서에 배서하여 양수인에게 교부하는 방식으로 양도할 수 있다.

제509조 【환배서】 ①지시채권은 그 채무자에 대하여도 배서하여 양도할 수 있다.
②배서로 지시채권을 양수한 채무자는 다시 배서하여 이를 양도할 수 있다.

제510조 【배서의 방식】 ①배서는 증서 또는 그 보충지에 그 뜻을 기재하고 배서인이 서명 또는 기명날인함으로써 이를 한다.
②배서는 피배서인을 지정하지 아니하고 할 수 있으며 또 배서인의 서명 또는 기명날인만으로 할 수 있다.

제511조 【약식배서의 처리방식】 배서가 전조제2항의 약식에 의한 때에는 소지인은 다음 각호의 방식으로 처리할 수 있다.
1. 자기나 타인의 명칭을 피배서인으로 기재할 수 있다.
2. 약식으로 또는 타인을 피배서인으로 표시하여 다시 증서에 배서할 수 있다.
3. 피배서인을 기재하지 아니하고 배서없이 증서를 제3자에게 교부하여 양도할 수 있다.

제512조 【소지인출급배서의 효력】 소지인출급의 배서는 약식배서와 같은 효력이 있다.

제513조 【배서의 자격수여력】 ①증서의 점유자가 배서의 연속으로 그 권리를 증명하는

때에는 적법한 소지인으로 본다. 최후의 배서가 약식인 경우에도 같다.
②약식배서 다음에 다른 배서가 있으면 그 배서인은 약식배서로 증서를 취득한 것으로 본다.
③말소된 배서는 배서의 연속에 관하여 그 기재가 없는 것으로 본다.

제514조 【동전-선의취득】 누구든지 증서의 적법한 소지인에 대하여 그 반환을 청구하지 못한다. 그러나 소지인이 취득한 때에 양도인이 권리없음을 알았거나 중대한 과실로 알지 못한 때에는 그러하지 아니하다.

(판 례) 전문채권상이 부지의 비전문상으로부터 3일동안에 5회에 걸쳐 모두 8천여만의 국민채권을 다방에서 매수하는데, 그 채권 중에는 이미 상환기일이 도래하여 곧 현금으로 상환받을 수 있는 채권이 상당수 포함되어 있다면, 전문채권상으로서는 장물여부에 대한 거래상 주의의무를 현저히 태만히 한 중대한 과실로 보아야 할 것이다(1983.12.27, 81다카600).

제515조 【이전배서와 인적항변】 지시채권의 채무자는 소지인의 전자에 대한 인적관계의 항변으로 소지인에게 대항하지 못한다. 그러나 소지인이 그 채무자를 해함을 알고 지시채권을 취득한 때에는 그러하지 아니하다.

제516조 【변제의 장소】 증서에 변제장소를 정하지 아니한 때에는 채무자의 현영업소를 변제장소로 한다. 영업소가 없는 때에는 현주소를 변제장소로 한다.

제517조 【증서의 제시와 이행지체】 증서에 변제기한이 있는 경우에도 그 기한이 도래한 후에 소지인이 증서를 제시하여 이행을 청구한 때로부터 채무자는 지체책임이 있다.

제518조 【채무자의 조사권리의무】 채무자는 배서의 연속여부를 조사할 의무가 있으며 배서인의 서명 또는 날인의 진위나 소지인의 진위를 조사할 권리는 있으나 의무는 없다. 그러나 채무자가 변제하는 때에 소지인이 권리자 아님을 알았거나 중대한 과실로 알지 못한 때에는 그 변제는 무효로 한다.

제519조 【변제와 증서교부】 채무자는 증서와 교환하여서만 변제할 의무가 있다.

제520조 【영수의 기입청구권】 ①채무자는 변제하는 때에 소지인에 대하여 증서에 영수를 증명하는 기재를 할 것을 청구할 수 있다.
②일부변제의 경우에 채무자의 청구가 있으면 채권자는 증서에 그 뜻을 기재하여야 한다.

제521조 【공시최고절차에 의한 증서의 실효】 멸실한 증서나 소지인의 점유를 이탈한 증서는 공시최고의 절차에 의하여 무효로 할 수 있다.

제522조 【공시최고절차에 의한 공탁, 변제】 공시최고의 신청이 있는 때에는 채무자로 하여금 채무의 목적물을 공탁하게 할 수 있고 소지인이 상당한 담보를 제공하면 변제하게 할 수 있다.

제8절 무기명채권

제523조 【무기명채권의 양도방식】 무기명채권은 양수인에게 그 증서를 교부함으로써 양도의 효력이 있다.

제524조 【준용규정】 제514조 내지 제522조의 규정은 무기명채권에 준용한다.

제525조 【지명소지인출급채권】 채권자를 지정하고 소지인에게도 변제할 것을 부기한 증서는 무기명채권과 같은 효력이 있다.

제526조 【면책증서】 제516조, 제517조 및 제520조의 규정은 채무자가 증서소지인에게 변제하여 그 책임을 면할 목적으로 발행한 증서에 준용한다.

제2장 계 약

제1절 총 칙

제1관 계약의 성립

제527조 【계약의 청약의 구속력】 계약의 청약은 이를 철회하지 못한다.

제528조 【승낙기간을 정한 계약의 청약】 ①승낙의 기간을 정한 계약의 청약은 청약자가 그 기간내에 승낙의 통지를 받지 못한 때에는 그 효력을 잃는다.
②승낙의 통지가 전항의 기간후에 도달한 경우에 보통 그 기간내에 도달할 수 있는 발송인 때에는 청약자는 지체없이 상대방에게 그 연착의 통지를 하여야 한다. 그러나 그 도달전에 지연의 통지를 발송한 때에는 그러하지 아니하다.
③청약자가 전항의 통지를 하지 아니한 때에는 승낙의 통지는 연착되지 아니한 것으로 본다.

(판 례) 유효기간을 1990.8.8 18:00까지로 하는 청약의 취지가 담긴 상품거래제의문을 교부받은 일

방당사자가 같은 날 18:00를 58분 경과한 18:58에 그 거래제의문에 의한 청약을 아무런 수정 없이 승낙한다는 취지에서 거래제의문의 중요 부분을 그대로 기재한 상품매매기본계약서를 타방 당사자에게 교부한 경우, 그 유효기간으로 기재된 18:00는 청약의 효력이 유지되는 최종시점이며 그 시각이 경과하면 거래제의문에 의한 청약은 그 효력이 상실된다고 봄이 신의칙에 합당하다(1994.8.12, 92다23537).

제529조【승낙기간을 정하지 아니한 계약의 청약】 승낙의 기간을 정하지 아니한 계약의 청약은 청약자가 상당한 기간내에 승낙의 통지를 받지 못한 때에는 그 효력을 잃는다.

(판 례) 갑이 을에게 발송한 서신에서 부동산을 매수할 의향이 있으면 편지를 받는 즉시 전화를 할 것을 요청하고 있음에도 을이 아무런 승낙의 의사연락도 없이 1년 8개월여가 지난 후에 이르러 매매대금을 변제공탁하고 만 것이라면, 갑의 위 서신을 매매의 청약으로 본다 하더라도 그 청약은 이미 승낙기간을 경과하여 효력이 상실되었다고 보아야 할 것이다(1995.4.7, 94다55668).

제530조【연착된 승낙의 효력】 전2조의 경우에 연착된 승낙은 청약자가 이를 새 청약으로 볼 수 있다.

제531조【격지자간의 계약성립시기】 격지자간의 계약은 승낙의 통지를 발송한 때에 성립한다.

제532조【의사실현에 의한 계약성립】 청약자의 의사표시나 관습에 의하여 승낙의 통지가 필요하지 아니한 경우에는 계약은 승낙의 의사표시로 인정되는 사실이 있는 때에 성립한다.

(판 례) 저축예금계약에 적용되는 은행수신거래기본약관 제5조제1항제2호 소정의 '거래처가 증권으로 입금하는 경우에는 은행이 그 증권을 교환에 돌려 부도반환시한이 지나고 결제를 확인한 때에 예금계약이 성립한다'는 규정은, 다른 점포에서 지급될 당좌수표 등 증권으로 입금하는 경우에는 이를 교환에 돌려 지급지 점포에서 액면금을 추심하여 그 결제를 확인한 때에 예금계약이 체결된 것으로 본다는 의미이지, 지급지 점포에서 당해 증권이 정상적으로 추심되었는지 또는 부도처리되어 추심이 이루어지지 않았는지 여부에 관계없이 추심을 의뢰한 점포에 위 약관 소정의 부도반환시한까지 부도통지가 없으면 무조건 예금계약이 성립된 것으로 본다는 취지라고는 볼 수 없다(1995.6.16, 95다9574, 9761).

제533조【교차청약】 당사자간에 동일한 내용의 청약이 상호교차된 경우에는 양청약이 상대방에게 도달한 때에 계약이 성립한다.

제534조【변경을 가한 승낙】 승낙자가 청약에 대하여 조건을 붙이거나 변경을 가하여 승낙한 때에는 그 청약의 거절과 동시에 새로 청약한 것으로 본다.

제535조【계약체결상의 과실】 ①목적이 불능한 계약을 체결할 때에 그 불능을 알았거나 알 수 있었을 자는 상대방이 그 계약의 유효를 믿었음으로 인하여 받은 손해를 배상하여야 한다. 그러나 그 배상액은 계약이 유효함으로 인하여 생길 이익액을 넘지 못한다.
②전항의 규정은 상대방이 그 불능을 알았거나 알 수 있었을 경우에는 적용하지 아니한다.

제2관 계약의 효력

제536조【동시이행의 항변권】 ①쌍무계약의 당사자 일방은 상대방이 그 채무이행을 제공할 때까지 자기의 채무이행을 거절할 수 있다. 그러나 상대방의 채무가 변제기에 있지 아니하는 때에는 그러하지 아니하다.
②당사자 일방이 상대방에게 먼저 이행하여야 할 경우에 상대방의 이행이 곤란할 현저한 사유가 있는 때에는 전항본문과 같다.

(판 례) 임대차계약 종료시 임차목적물 명도의무와 보증금(청산금)반환의무는 동시이행관계에 있다(전합77다1241, 1242). <김준 993면>

부동산 매매에 있어 매매잔대금 지급의무와 동시이행관계에 서는 것은 소유권이전등기절차 이행의무이지 명도의무는 아니다(76다297, 298). <김준 994면>

법정해제의 경우 당사자 일방이 그 수령한 금전을 반환함에 있어 그 받은 때로부터 법정이자를 부가함을 요하는 것은 민법 제548조제2항이 규정하는 바로서, 이는 원상회복의 범위에 속하는 것이며 일종의 부당이득반환의 성질을 가지는 것이고 반환의무의 이행지체로 인한 것이 아니므로, 부동산 매매계약이 해제된 경우 매도인의 매매대금 반환의무와 매수인의 소유권이전등기 말소등기절차 이행의무가 동시이행의 관계에 있는지 여부와는 관계없이 매도인이 반환하여야 할 매매대금에 대하여는 그 받은 날로부터 민법이 정한 법정이율인 연 5푼의 비율에 의한 법정이자를 부가하여 지급하여야 한다(1996.4.12, 95다28892).

최초의 매도인이 최종 매수인의 소유권이전등기청구에 대하여 인상된 매매대금의 범위에서 동시이행의 항변권을 행사할 수 있다(2003다66431). <김형 1045면>

제537조【채무자위험부담주의】 쌍무계약의 당사자 일방의 채무가 당사자 쌍방의 책임없는 사유로 이행할 수 없게 된 때에는 채무자는 상대방의 이행을 청구하지 못한다.

(판 례) 사용자의 근로자에 대한 해고가 무효이더라도 해고기간 중 근로자가 구속된 상태였다면 구속기간 동안의 임금은 청구할 수 없다(94다40987). <김준 998면>

제538조【채권자귀책사유로 인한 이행불

능】 ①쌍무계약의 당사자 일방의 채무가 채권자의 책임있는 사유로 이행할 수 없게 된 때에는 채무자는 상대방의 이행을 청구할 수 있다. 채권자의 수령지체중에 당사자 쌍방의 책임없는 사유로 이행할 수 없게 된 때에도 같다.
②전항의 경우에 채무자는 자기의 채무를 면함으로써 이익을 얻은 때에는 이를 채권자에게 상환하여야 한다.

(판 례) 부당해고 기간 중에 다른 직장에 취업하여 받은 임금은 공제하여야 하나 근로기준법의 적용을 받는 근로관계에 한해서는 휴업수당을 초과한 경우에 한해 그 초과부분만을 공제하여야 한다(93다37915). <김준 998면>

사용자의 근로자에 대한 퇴직처분이 무효인 경우에는 그동안 근로계약 관계가 유효하게 계속되고 있었는데도 불구하고 근로자가 사용자의 귀책사유로 말미암아 근로를 제공하지 못한 것이므로, 근로자는 계속 근로하였을 경우에 받을 수 있는 임금전부의 지급을 청구할 수 있다(1995.11.21, 94다45753).

제539조 【제3자를 위한 계약】 ①계약에 의하여 당사자 일방이 제3자에게 이행할 것을 약정한 때에는 그 제3자는 채무자에게 직접 그 이행을 청구할 수 있다.
②전항의 경우에 제3자의 권리는 그 제3자가 채무자에 대하여 계약의 이익을 받을 의사를 표시한 때에 생긴다.

(판 례) 제3자를 위한 계약에서 제3자의 권리가 확정된 이후라도 채무자의 채무불이행이 있는 경우 채권자는 제3자의 동의없이 계약을 해제할 수 있다(69다1410). <김준 1003면>

제540조 【채무자의 제3자에 대한 최고권】 전조의 경우에 채무자는 상당한 기간을 정하여 계약의 이익의 향수여부의 확답을 제3자에게 최고할 수 있다. 채무자가 그 기간내에 확답을 받지 못한 때에는 제3자가 계약의 이익을 받을 것을 거절한 것으로 본다.

제541조 【제3자의 권리의 확정】 제539조의 규정에 의하여 제3자의 권리가 생긴 후에는 당사자는 이를 변경 또는 소멸시키지 못한다.

제542조 【채무자의 항변권】 채무자는 제539조의 계약에 기한 항변으로 그 계약의 이익을 받을 제3자에게 대항할 수 있다.

제3관 계약의 해지, 해제

제543조 【해지, 해제권】 ①계약 또는 법률의 규정에 의하여 당사자의 일방이나 쌍방이 해지 또는 해제의 권리가 있는 때에는 그 해지 또는 해제는 상대방에 대한 의사표시로 한다.
②전항의 의사표시는 철회하지 못한다.

(판 례) 해제계약에는 민법 제543조 이하의 규정이 적용되지 않는다(79다1455). <김준 1007면>

매도인이 매수인의 중도금의무불이행을 이유로 매매계약을 해제한 후라도 착오를 이유로 한 취소권을 행사할 수 있다(95다24982, 24999). <김형 913면>

계약서상에 명문으로 법정해제권 배제, 포기 등을 규정하지 않는 이상 어느 일방에 대한 약정해제권의 유보 또는 위약벌에 대한 특약의 유무 등은 채무불이행으로 인한 법정해제권성립에 아무런 영향이 없다(893다카14110). <김형 915면>

계약당사자 사이의 채무불이행에 따른 법정해제권을 배제하는 약정은 비록 손해배상의 청구가 보장된다고 하더라도 그 자체로서 채무불이행을 용인하는 결과가 되므로 계약당사자의 합의에 따라 명시적으로 법정해제권을 배제하기로 약정하였다고 볼 수 있는 경우가 아닌 이상 엄격하게 제한 해석하여야 할 것이다.(2006.11.9, 2004다22971). <김형 1258면>

제544조 【이행지체와 해제】 당사자 일방이 그 채무를 이행하지 아니하는 때에는 상대방은 상당한 기간을 정하여 그 이행을 최고하고 그 기간내에 이행하지 아니한 때에는 계약을 해제할 수 있다. 그러나 채무자가 미리 이행하지 아니할 의사를 표시한 경우에는 최고를 요하지 아니한다.

(판 례) 이행기에 이르러 매도인이 매매사실을 부인했다면 매수인은 최고 혹은 잔금지급없이도 계약을 해제할 수 있다(80다66). <김준 1011면>

부동산 매매계약에 있어서 매수인이 잔대금지급기일까지 그 대금을 지급하지 못하면 그 계약이 자동적으로 해제된다는 취지의 약정이 있더라도 매도인이 이행의 제공을 하여 매수인을 이행지체에 빠뜨리지 않는 한 그 약정기일의 도과 사실만으로는 매매계약이 자동 해제된 것으로 볼 수 없으나, 매수인이 수회에 걸친 채무불이행에 대하여 책임을 느끼고 잔금 지급기일의 연기를 요청하면서 새로운 약정기일까지는 반드시 계약을 이행할 것을 확약하고 불이행시에는 매매계약이 자동적으로 해제되는 것을 감수하겠다는 내용의 약정을 한 특별한 사정이 있다면, 매수인이 잔금 지급기일까지 잔금을 지급하지 아니함으로써 그 매매계약은 자동적으로 실효된다(1996. 3.8, 95다55467).

계약상 채무자가 계약을 이행하지 아니할 의사를 명백히 표시한 경우에 채권자는 신의성실의 원칙상 이행의 최고 없이 계약을 해제하거나 채무자를 상대로 손해배상을 청구할 수 있는데, 채무자가 계약을 이행하지 아니할 의사를 명백히 표시하였는지의 여부는 계약이행에 관한 당사자의 행동과 계약 전후의 구체적인 사정 등을 종합적으로 살펴서 판단하여야 한다(2004다53173). <김형 1077면>

채무불이행에 의한 계약해제에 있어서 미리 이행하

지 아니할 의사를 표시한 경우로서, 이른바 '이행거절'로 인한 계약해제의 경우, 최고 및 동시이행관계에 있는 자기 채무의 이행제공을 요하지 아니하여 이행지체시의 계약해제와 비교할 때 계약해제의 요건이 매우 완화되어 있으므로, 명시적으로 이행거절의사를 표명하는 경우 이외에 계약 당시나 계약 후의 여러 사정을 종합하여 묵시적 이행거절의사를 인정함에 있어서는 이행거절의사가 명백하고 종국적으로 표시되어야 할 것이다.(2006.11.9, 2004다22971). <김형 1279면>

제545조【정기행위와 해제】 계약의 성질 또는 당사자의 의사표시에 의하여 일정한 시일 또는 일정한 기간내에 이행하지 아니하면 계약의 목적을 달성할 수 없을 경우에 당사자 일방이 그 시기에 이행하지 아니한 때에는 상대방은 전조의 최고를 하지 아니하고 계약을 해제할 수 있다.

제546조【이행불능과 해제】 채무자의 책임있는 사유로 이행이 불능하게 된 때에는 채권자는 계약을 해제할 수 있다.

(판 례) 임대차는 당사자 일방이 상대방에게 목적물을 사용·수익하게 할 것을 약정하고 상대방이 이에 대하여 차임을 지급할 것을 약정함으로써 성립하는 것으로서 임대인이 그 목적물에 대한 소유권 기타 이를 임대할 권한이 있을 것을 성립요건으로 하고 있지 아니하므로, 임대차계약이 성립된 후 그 존속기간 중에 임대인이 임대차 목적물에 대한 소유권을 상실한 사실 그 자체만으로 바로 임대차에 직접적인 영향을 미친다고 볼 수는 없지만, 임대인이 임대차 목적물의 소유권을 제3자에게 양도하고 그 소유권을 취득한 제3자가 임차인에게 그 임대차 목적물의 인도를 요구하여 이를 인도하였다면 임대인이 임차인에게 임대차 목적물을 사용·수익케 할 의무는 이행불능이 되었다고 할 것이고, 이러한 이행불능이 일시적이라고 볼만한 특별한 사정이 없다면 임대차는 당사자의 해지 의사표시를 기다릴 필요 없이 당연히 종료되었다고 볼 것이지, 임대인의 채무가 손해배상 채무로 변환된 상태로 채권·채무관계가 존속한다고 볼 수 없다(1996.3.8, 95다15087).

제547조【해지, 해제권의 불가분성】 ①당사자의 일방 또는 쌍방이 수인인 경우에는 계약의 해지나 해제는 그 전원으로부터 또는 전원에 대하여 하여야 한다.

②전항의 경우에 해지나 해제의 권리가 당사자 1인에 대하여 소멸한 때에는 다른 당사자에 대하여도 소멸한다.

(판 례) 수탁자의 사망으로 인하여 수탁자의 지위가 공동상속 되었을 때 신탁해지의 의사표시가 그 일부에게만 이루어졌다면 신탁해지 효과도 그 일부에게만 발생하며, 이 경우 제547조의 적용은 없다(92다9579). <김형 935면>

하나의 부동산을 수인이 공유하는 경우 각 공유자는 각 그 소유의 지분을 자유로이 처분할 수 있으므로, 공유자 전원이 공유물에 대한 각 그 소유지분 전부를 형식상 하나의 매매계약에 의하여 동일한 매수인에게 매도하는 경우라도 당사자들의 의사표시에 의하여 각 지분에 관한 소유권이전의무, 대금지급의무를 불가분으로 하는 특별한 사정이 없는 한 실질상 각 공유지분별로 별개의 매매계약이 성립되었다고 할 것이고, 일부 공유자가 매수인의 매매대금 지급의무불이행을 원인으로 한 그 공유지분에 대한 매매계약을 해제하는 것은 가능하다고 할 것이다(1995.3.28, 94다59745).

제548조【해제의 효과, 원상회복의무】 ① 당사자 일방이 계약을 해제한 때에는 각 당사자는 그 상대방에 대하여 원상회복의 의무가 있다. 그러나 제3자의 권리를 해하지 못한다.

②전항의 경우에 반환할 금전에는 그 받은 날로부터 이자를 가하여야 한다.

(판 례) 계약이 해제되면 그 계약의 이행으로 변동이 생겼던 물권은 당연히 그 계약이 없었던 원상태로 복귀한다고 봄이 타당하다(75다1394). <김준 1018면>

계약의 이행으로써 등기 또는 인도를 갖추어 물권이 이전되었을 때 해제의 효과로 인한 원상회복청구권은 소유권에 기한 물권적 청구권이므로 소멸시효에 걸리지 않는다(80다2968). <김준 1019면>

소유자인 임대인으로부터 주택을 임차 받아 대항요건을 갖춘 임차인은 후에 임대인이 소유권을 상실하더라도 제548조제1항 단서에서 말하는 제3자에 해당한다(96다17653). <김준 1019면>

계약상의 채권을 양도받은 양수인은 제548조제1항 단서의 제3자에 포함되지 않는다(95다49882). <김준 1019면>

해제계약은 소급하여 소멸하게 되어 해약당사자는 각 원상회복의 의무를 부담하게 되지만, 계약해제로 인한 원상회복등기 등이 이루어지기 이전에 해약당사자와 양립되지 아니하는 법률관계를 가지게 되었고 계약해제사실을 몰랐던 제3자에 대하여는 계약해제를 주장할 수 없다. 특히 제3자가 악의라는 사실의 주장입증책임은 계약해제를 주장하는 자에게 있다(2005다6341). <김형 1068면>

제549조【원상회복의무와 동시이행】 제536조의 규정은 전조의 경우에 준용한다.

(판 례) 쌍무계약이 무효로 되어 각 당사자가 서로 취득한 것을 반환하여야 할 경우, 어느 일방의 당사자에게만 먼저 그 반환의무의 이행이 강제된다면 공평과 신의칙에 위배되는 결과가 되므로 각 당사자의 반환의무는 동시이행 관계에 있다고 보아 민법 제536조를 준용함이 옳다고 해석되고, 이러한 법리는 경매절차가 무효로 된 경우에도 마찬가지이다(1995.9.15, 94다55071).

제550조【해지의 효과】 당사자 일방이 계약을 해지한 때에는 계약은 장래에 대하여 그 효력을 잃는다.

(판 례) 임차인이 임대차계약에 따라 임대인으로부터 임차목적물을 명도받아 점유를 계속하여 온 경우에는, 임차목적물에 있는 법률적 제한으로 말미암아 임차의 목적을 달할 수 없게 되어 임차인의 담보책임을 묻는다 하더라도 계약의 효력을 장래에 향하여 소멸하게 하는 해지를 할 수는 있으나, 그 효력을 소급적으로 소멸시키는 해제를 할 수는 없다(1994. 11.22, 93다61321).

제551조【해지, 해제와 손해배상】 계약의 해지 또는 해제는 손해배상의 청구에 영향을 미치지 아니한다.

(판 례) 계약을 해제하였을 경우 제551조의 손해배상은 이행이익을 손해로써 청구하여야 하고, 그 계약이 해제되지 아니하였을 경우의 소요비용인 신뢰이익의 배상은 청구할 수 없다(82다카1667). <김준 1021면>

제3자를 위한 계약에 있어서 수익의 의사표시를 한 수익자는 낙약자에게 직접 그 이행을 청구할 수 있을 뿐만 아니라 요약자가 계약을 해제한 경우에는 낙약자에게 자기가 입은 손해의 배상을 청구할 수 있는 것이므로, 수익자가 완성된 목적물의 하자로 인하여 손해를 입었다면 수급인은 그 손해를 배상할 의무가 있다(1994.8.12, 92다41559).

제552조【해제권행사여부의 최고권】 ①해제권의 행사의 기간을 정하지 아니한 때에는 상대방은 상당한 기간을 정하여 해제권행사여부의 확답을 해제권자에게 최고할 수 있다.
②전항의 기간내에 해제의 통지를 받지 못한 때에는 해제권은 소멸한다.

제553조【훼손 등으로 인한 해제권의 소멸】 해제권자의 고의나 과실로 인하여 계약의 목적물이 현저히 훼손되거나 이를 반환할 수 없게 된 때 또는 가공이나 개조로 인하여 다른 종류의 물건으로 변경된 때에는 해제권은 소멸한다.

제2절 증 여

제554조【증여의 의의】 증여는 당사자 일방이 무상으로 재산을 상대방에 수여하는 의사를 표시하고 상대방이 이를 승낙함으로써 그 효력이 생긴다.

(판 례) 부가 장남 앞으로 소유권이전등기를 넘기면서 등기권리증을 건네주었고 그 후 장남이 제세공과금을 납부하여 온 경우, 명의신탁이 아니라 증여이다(1995.9.26, 95다15209).

제555조【서면에 의하지 아니한 증여와 해제】 증여의 의사가 서면으로 표시되지 아니한 경우에는 각 당사자는 이를 해제할 수 있다.

(판 례) '서면에 의한 증여'란 증여계약 당사자간에 있어서 증여자가 자기의 재산을 상대방에게 준다는 증여의사가 문서를 통하여 확실히 할 수 있는 정도로 서면에 나타낸 증여를 말하는 것으로서, 비록 서면 자체는 증여계약서로 되어 있지 않더라도 그 서면의 작성에 이르게 된 경위를 아울러 고려할 때 그 서면이 바로 증여의사를 표시한 서면이라고 인정되면 이는 민법 제555조에서 말하는 서면에 해당한다(1996.3.8, 95다54006).

제556조【수증자의 행위와 증여의 해제】 ①수증자가 증여자에 대하여 다음 각호의 사유가 있는 때에는 증여자는 그 증여를 해제할 수 있다.
1. 증여자 또는 그 배우자나 직계혈족에 대한 범죄행위가 있는 때
2. 증여자에 대하여 부양의무있는 경우에 이를 이행하지 아니하는 때

②전항의 해제권은 해제원인있음을 안 날로부터 6월을 경과하거나 증여자가 수증자에 대하여 용서의 의사를 표시한 때에는 소멸한다.

(판 례) 민법 제556조제1항제2호에 규정되어 있는 '부양의무'라 함은 민법 제974조에 규정되어 있는 직계혈족 및 그 배우자 또는 생계를 같이 하는 친족간의 부양의무를 가리키는 것으로서, 친족간이 아닌 당사자 사이의 약정에 의한 부양의무는 이에 해당하지 아니하며 민법 제556조제2항이나 민법 제558조가 적용되지 않는다(1996.1.26, 95다43358).

제557조【증여자의 재산상태변경과 증여의 해제】 증여계약후에 증여자의 재산상태가 현저히 변경되고 그 이행으로 인하여 생계에 중대한 영향을 미칠 경우에는 증여자는 증여를 해제할 수 있다.

제558조【해제와 이행완료부분】 전3조의 규정에 의한 계약의 해제는 이미 이행한 부분에 대하여는 영향을 미치지 아니한다.

제559조【증여자의 담보책임】 ①증여자는 증여의 목적인 물건 또는 권리의 하자나 흠결에 대하여 책임을 지지 아니한다. 그러나 증여자가 그 하자나 흠결을 알고 수증자에게 고지하지 아니한 때에는 그러하지 아니하다.
②상대부담있는 증여에 대하여는 증여자는 그 부담의 한도에서 매도인과 같은 담보의 책임이 있다.

제560조【정기증여와 사망으로 인한 실효】 정기의 급여를 목적으로 한 증여는 증여자 또는 수증자의 사망으로 인하여 그 효력을 잃는다.

제561조【부담부증여】 상대부담있는 증여에 대하여는 본절의 규정외에 쌍무계약에 관한 규정을 적용한다.

第562조【사인증여】 증여자의 사망으로 인하여 효력이 생길 증여에는 유증에 관한 규정을 준용한다.

(판 례) 민법 제562조는 사인증여에 관하여는 유증에 관한 규정을 준용하도록 규정하고 있지만, 유증의 방식에 관한 민법 제1065조 내지 제1072조는 그것이 단독행위임을 전제로 하는 것이어서 계약인 사인증여에는 적용되지 아니한다(1996.4.12, 94다37714, 37721).

제3절 매 매

제1관 총 칙

第563조【매매의 의의】 매매는 당사자 일방이 재산권을 상대방에게 이전할 것을 약정하고 상대방이 그 대금을 지급할 것을 약정함으로써 그 효력이 생긴다.

(판 례) 할부 판매에서 대금 완납 전 목적물이 매수인에게 이전되었다 하더라도 특별한 사정이 없는 한 매도인은 매수인 뿐만 아니라 제3자에 대하여도 목적물의 소유권을 주장할 수 있다(96다14807). <김준 1067면>

第564조【매매의 일방예약】 ①매매의 일방예약은 상대방이 매매를 완결할 의사를 표시하는 때에 매매의 효력이 생긴다.
②전항의 의사표시의 기간을 정하지 아니한 때에는 예약자는 상당한 기간을 정하여 매매완결 여부의 확답을 상대방에게 최고할 수 있다.
③예약자가 전항의 기간내에 확답을 받지 못한 때에는 예약은 그 효력을 잃는다.

(판 례) 예약완결권 행사의 시기에 관해 약정이 있는 경우에도, 또 상대방이 예약목적물인 부동산을 인도 받은 경우에도, 제척기간의 성질상 그 예약이 성립한 때로부터 10년이 경과하면 예약완결권은 소멸한다(96다47494). <김준 1039면>

第565조【해약금】 ①매매의 당사자 일방이 계약당시에 금전 기타 물건을 계약금, 보증금 등의 명목으로 상대방에게 교부한 때에는 당사자간에 다른 약정이 없는 한 당사자의 일방이 이행에 착수할 때까지 교부자는 이를 포기하고 수령자는 그 배액을 상환하여 매매계약을 해제할 수 있다.
②제551조의 규정은 전항의 경우에 이를 적용하지 아니한다.

(판 례) 해약금에 의한 해제의 요건에서 당사자의 일방이 이행에 착수할 때까지란 단순히 이행의 준비만으로는 부족하고, 객관적으로 외부에서 인식할 정도로 채무의 이행행위의 일부를 행하거나 또는 이행에 필요한 전제행위를 하는 것을 말한다(94다17659). <김준 1040면>

해약금에 의한 해제의 요건에서 계약의 일부이행에 착수한 당사자는 비록 상대방이 이행에 착수하지 않았다 하더라도 해제권을 행사할 수 없다(70다105). <김준 1040면>

매매계약은 당사자 일방이 재산권을 상대방에게 이전할 것을 약정하고 상대방이 그 대금을 지급할 것을 약정하는 계약으로 매도인이 재산권을 이전하는 것과 매수인이 그 대가로서 금원을 지급하는 것에 관하여 쌍방 당사자의 합의가 이루어짐으로써 성립하는 것이므로, 특별한 사정이 없는 한 부실기업 인수를 위한 주식 매매계약의 체결시 '주식 및 경영인수를 위한 주식 매매계약서'에 인수 회사의 대표이사가 각 서명날인한 행위는 주식 매수의 의사표시(청약)이고, 부실기업의 대표이사가 이들에 각 서명날인한 행위는 주식 매도의 의사표시(승낙)로써 두 개의 의사표시가 합치됨으로써 그 주식 매매계약은 성립하고, 이 경우 매매 목적물과 대금은 반드시 그 계약 체결 당시에 구체적으로 확정하여야 하는 것은 아니고 이를 사후에라도 구체적으로 확정할 수 있는 방법과 기준이 정하여져 있으면 족하다(1996.4.26, 94다34432).

第566조【매매계약의 비용의 부담】 매매계약에 관한 비용은 당사자 쌍방이 균분하여 부담한다.

第567조【유상계약에의 준용】 본절의 규정은 매매이외의 유상계약에 준용한다. 그러나 그 계약의 성질이 이를 허용하지 아니하는 때에는 그러하지 아니하다.

(판 례) 건물 일부의 임대차계약을 체결함에 있어 임차인이 건물면적의 일정한 수량이 있는 것으로 믿고 계약 체결하였고, 임대인도 그 일정 수량이 있는 것으로 명시적 또는 묵시적으로 표시하였으며, 또한 임대차보증금과 월임료 등도 그 수량을 기초로 하여 정하여진 경우에는, 그 임대차는 수량을 지정한 임대차라고 봄이 타당하다(1995.7.14, 94다38342).

제2관 매매의 효력

第568조【매매의 효력】 ①매도인은 매수인에 대하여 매매의 목적이 된 권리를 이전하여야 하며 매수인은 매도인에게 그 대금을 지급하여야 한다.
②전항의 쌍방의무는 특별한 약정이나 관습이 없으면 동시에 이행하여야 한다.

(판 례) 이주택지에 대한 수분양권을 매매목적물로 하는 매매계약의 주목적은 매수인으로 하여금 수분양권에 기한 이주택지의 소유권을 취득하게 하는데 있으므로, 수분양권을 매도한 자는 매수인으로 하여금 그 수분양권에 근거한 이주택지의 소유권을 취득하게 하는데 있으므로, 수분양권을 매도한 자는 매수인으로 하여금 그 수분양권을 매도한 자는

매수인으로 하여금 그 수분양권에 근거한 이주택지의 소유권을 취득할 수 있도록 하여줄 의무가 있다 할 것인데, 이 때 분양자측에서 수분양권자 명의변경을 허용하여 매수인 앞으로 수분양권자 명의변경을 함으로써 매매계약의 목적을 달성할 수 있는 경우에는, 매도인으로서는 수분양권자의 명의변경 절차를 이행하면 그 의무를 다한 것이 되고, 나아가 그 수분양권에 근거하여 이주택지에 관한 소유권을 취득한 다음 매수인 앞으로 소유권이전등기를 마쳐줄 의무까지는 없으나, 매수인 앞으로 수분양권자 명의변경이 이루어지지 않고 있는 사이에 매도인이 스스로 분양권를 행사하여 이주택지에 관한 소유권을 취득한 경우에는 매수인 앞으로 이 주택지에 관한 소유권이전등기를 넘겨주는 방법외에는 매매 목적을 달성하는 방법이 없으므로, 그 분양대금의 청산관계가 남아 있음은 별론으로 하고 매수인에게 이 주택지에 관한 소유권이전등기를 이행할 의무가 있다(1996.2.13, 95다36671).

제569조 【타인의 권리의 매매】 매매의 목적이 된 권리가 타인에게 속한 경우에는 매도인은 그 권리를 취득하여 매수인에게 이전하여야 한다.

(판 례) 부동산을 매수한 자가 그 소유권이전등기를 하지 아니한 채 이를 다시 제3자에게 매도한 경우에는 그것을 민법 제569조에서 말하는 '타인의 권리매매'라고 할 수 없다(1996.4.12, 95다55245).

제570조 【동전-매도인의 담보책임】 전조의 경우에 매도인이 그 권리를 취득하여 매수인에게 이전할 수 없는 때에는 매수인은 계약을 해제할 수 있다. 그러나 매수인이 계약당시 그 권리가 매도인에게 속하지 아니함을 안 때에는 손해배상을 청구하지 못한다.

(판 례) 매매목적물은 현존하나 그것이 타인의 권리에 속하기 때문에 이전할 수 없는 경우에 한해서 제570조 담보책임이 발생하고 목적물 자체가 존재하지 않거나 또는 소멸한 경우에는 담보책임은 발생하지 않는다(63다606). <김준 1050면>

부동산매매계약서상 특약조건이라 하여 "매수인은 매도인이 대리매도한 데에 대하여 차후 민·형사사건을 제기치 않기로 하다"고 되어 있는 경우, 매매계약의 경위에 비추어 위 특약의 의미는 매도인이 실질적인 소유자가 아니어서 매수인이 토지의 소유권을 유효하게 취득하지 못하는 경우에는 매수인이 매도인에게 형사책임이나 손해배상 등의 책임을 구하지 아니하고 원상회복으로 만족하겠다는 취지로서 이는 매수인이 그 토지가 매도인의 권리에 속하지 아니함을 안 경우와 같이 취급받겠다는 의미라고 봄이 상당하다(1994.6.14, 93다29631).

제571조 【동전-선의의 매도인의 담보책임】 ①매도인이 계약당시에 매매의 목적이 된 권리가 자기에게 속하지 아니함을 알지 못한 경우에 그 권리를 취득하여 매수인에게 이전할 수 없는 때에는 매도인은 손해를 배상하고 계약을 해제할 수 있다.
②전항의 경우에 매수인이 계약당시 그 권리가 매도인에게 속하지 아니함을 안 때에는 매도인은 매수인에 대하여 그 권리를 이전할 수 없음을 통지하고 계약을 해제할 수 있다.

(판 례) 민법 제571조제1항은 선의의 매도인이 매매의 목적인 권리의 전부를 이전할 수 없는 경우에 적용될 뿐 매매의 목적인 권리의 일부를 이전할 수 없는 경우에는 적용될 수 없다. 마찬가지로 수개의 권리를 일괄하여 매매의 목적으로 정하였으나 그 중 일부의 권리를 이전할 수 없는 경우에도 위 조항은 적용될 수 없다(2002다33557). <김형 1131면>

제572조 【권리의 일부가 타인에게 속한 경우와 매도인의 담보책임】 ①매매의 목적이 된 권리의 일부가 타인에게 속함으로 인하여 매도인이 그 권리를 취득하여 매수인에게 이전할 수 없는 때에는 매수인은 그 부분의 비율로 대금의 감액을 청구할 수 있다.
②전항의 경우에 잔존한 부분만이면 매수인이 이를 매수하지 아니하였을 때에는 선의의 매수인은 계약전부를 해제할 수 있다.
③선의의 매수인은 감액청구 또는 계약해제 외에 손해배상을 청구할 수 있다.

제573조 【전조의 권리행사의 기간】 전조의 권리는 매수인이 선의인 경우에는 사실을 안 날로부터, 악의인 경우에는 계약한 날로부터 1년내에 행사하여야 한다.

제574조 【수량부족, 일부멸실의 경우와 매도인의 담보책임】 전2조의 규정은 수량을 지정한 매매의 목적물이 부족되는 경우와 매매목적물의 일부가 계약당시에 이미 멸실된 경우에 매수인이 그 부족 또는 멸실을 알지 못한 때에 준용한다.

(판 례) 임대차의 목적물의 수량이 부족한 경우에도 제574조를 준용한다(94다38342). <김준 1052면>

매수인이 일정한 면적이 있는 것으로 믿고 매도인도 그 면적이 있는 것을 명시적 또는 묵시적으로 표시하며, 나아가 계약당사자가 면적을 가격을 정하는 여러 요소중 가장 중요한 요소로 파악하고 그 객관적 수치를 기준으로 가격을 정한 경우, 매매계약서에 토지의 평당 가격을 기재하지 않았다 하더라도 수량을 지정한 매매에 해당한다(1996.4.9, 95다48780).

제575조 【제한물권있는 경우와 매도인의 담보책임】 ①매매의 목적물이 지상권, 지역권, 전세권, 질권 또는 유치권의 목적이 된 경우에 매수인이 이를 알지 못한 때에는 이로 인하여 계약의 목적을 달성할 수 없는 경우에

한하여 매수인은 계약을 해제할 수 있다. 기타의 경우에는 손해배상만을 청구할 수 있다.
②전항의 규정은 매매의 목적이 된 부동산을 위하여 존재할 지역권이 없거나 그 부동산에 등기된 임대차계약이 있는 경우에 준용한다.
③전2항의 권리는 매수인이 그 사실을 안 날로부터 1년내에 행사하여야 한다.

제576조【저당권, 전세권의 행사와 매도인의 담보책임】 ①매매의 목적이 된 부동산에 설정된 저당권 또는 전세권의 행사로 인하여 매수인이 그 소유권을 취득할 수 없거나 취득한 소유권을 잃은 때에는 매수인은 계약을 해제할 수 있다.
②전항의 경우에 매수인의 출재로 그 소유권을 보존한 때에는 매도인에 대하여 그 상환을 청구할 수 있다.
③전2항의 경우에 매수인이 손해를 받은 때에는 그 배상을 청구할 수 있다.

(판 례) 부동산의 매수인이 소유권을 보존하기 위하여 자신의 출재로 피담보채권을 변제함으로써 그 부동산에 설정된 저당권을 소멸시킨 경우에는, 매수인이 그 부동산 매수시 저당권이 설정되었는지 여부를 알았든 몰랐든 간에 이와 관계없이 민법 제576조제2항에 의하여 매도인에게 그 출제의 상환을 청구할 수 있다(1996.4.12, 95다55245).

제577조【저당권의 목적이 된 지상권, 전세권의 매매와 매도인의 담보책임】 전조의 규정은 저당권의 목적이 된 지상권 또는 전세권이 매매의 목적이 된 경우에 준용한다.

제578조【경매와 매도인의 담보책임】 ①경매의 경우에는 경락인은 전8조의 규정에 의하여 채무자에게 계약의 해제 또는 대금감액의 청구를 할 수 있다.
②전항의 경우에 채무자가 자력이 없는 때에는 경락인은 대금의 배당을 받은 채권자에 대하여 그 대금전부나 일부의 반환을 청구할 수 있다.
③전2항의 경우에 채무자가 물건 또는 권리의 흠결을 알고 고지하지 아니하거나 채권자가 이를 알고 경매를 청구한 때에는 경락인은 그 흠결을 안 채무자나 채권자에 대하여 손해배상을 청구할 수 있다.

(판 례) 경매 목적물의 소유자가 경매로 인하여 입게 된 손해의 범위는 소유권을 상실할 당시의 그 목적물의 객관적인 교환가치이며, 비록 그 경매절차에서 경매신고인이 없어 2차에 걸쳐 최저경매가격이 저감된 후에야 경락되었다고 하더라도 제1차 경매기일에서의 평가액(최저경매가격)이 그 객관적인 교환가치이다(1996.4.23, 95다42621).

제579조【채권매매와 매도인의 담보책임】 ①채권의 매도인이 채무자의 자력을 담보한 때에는 매매계약당시의 자력을 담보한 것으로 추정한다.
②변제기에 도달하지 아니한 채권의 매도인이 채무자의 자력을 담보한 때에는 변제기의 자력을 담보한 것으로 추정한다.

제580조【매도인의 하자담보책임】 ①매매의 목적물에 하자가 있는 때에는 제575조제1항의 규정을 준용한다. 그러나 매수인이 하자있는 것을 알았거나 과실로 인하여 이를 알지 못한 때에는 그러하지 아니한다.
②전항의 규정은 경매의 경우에 적용하지 아니한다.

(판 례) 물건의 하자에 따른 제580조의 손해배상은 그 하자 자체에 대한 손해의 배상(예:보수비용, 가치의 감소분)만을 의미한다(95다2616, 2623). <김준 1056면>

물건의 하자로 인한 '확대 손해'의 배상에 관해서는 별도의 책임귀속요건을 충족시켜야만하고 제580조의 손해배상에 당연히 포함되는 것은 아니다(96다39455). <김준 1056면>

민법 제581조, 제580조에 기한 매도인의 하자담보책임은 법이 특별히 인정한 무과실책임으로서 여기에 민법 제396조의 과실상계 규정이 준용될 수는 없다 하더라도, 담보책임이 민법의 지도이념인 공평의 원칙에 입각한 것인 이상 하자 발생 및 그 확대에 가공한 매수인의 잘못을 참작하여 손해배상의 범위를 정함이 상당하다(1995.6.30, 94다23920).

제581조【종류매매와 매도인의 담보책임】 ①매매의 목적물을 종류로 지정한 경우에도 그 후 특정된 목적물에 하자가 있는 때에는 전조의 규정을 준용한다.
②전항의 경우에 매수인은 계약의 해제 또는 손해배상의 청구를 하지 아니하고 하자없는 물건을 청구할 수 있다.

제582조【전2조의 권리행사기간】 전2조에 의한 권리는 매수인이 그 사실을 안 날로부터 6월내에 행사하여야 한다.

제583조【담보책임과 동시이행】 제536조의 규정은 제572조 내지 제575조, 제580조 및 제581조의 경우에 준용한다.

제584조【담보책임면제의 특약】 매도인은 전15조에 의한 담보책임을 면하는 특약을 한 경우에도 매도인이 알고 고지하지 아니한 사실 및 제3자에게 권리를 설정 또는 양도한 행위에 대하여는 책임을 면하지 못한다.

제585조【동일기한의 추정】 매매의 당사자 일방에 대한 의무이행의 기한이 있는 때에는 상대방의 의무이행에 대하여도 동일한 기한이 있는 것으로 추정한다.

제586조【대금지급장소】 매매의 목적물의 인도와 동시에 대금을 지급할 경우에는 그 인도장소에서 이를 지급하여야 한다.

제587조【과실의 귀속, 대금의 이자】 매매계약있은 후에도 인도하지 아니한 목적물로부터 생긴 과실은 매도인에게 속한다. 매수인은 목적물의 인도를 받은 날로부터 대금의 이자를 지급하여야 한다. 그러나 대금의 지급에 대하여 기한이 있는 때에는 그러하지 아니하다.

(판 례) 매수인이 매매대금을 완납한 때에는 그 이후의 과실수취권은 매수인에게 귀속한다(93다28928). <김준 1043면>

분양 아파트의 잔금에 대하여 수분양자들이 분양자의 책임 아래 그 아파트를 담보로 은행대출을 받아 그 대출금으로 이를 대체하기로 약정한 것이라면, 잔금의 기한은 분양자가 수분양자들에게 소유권이전 및 대출을 위한 준비를 완료하고 대출 절차의 이행을 최고하였음에도 불구하고 수분양자들이 소유권 이전이나 대출에 필요한 서류의 준비 등 절차를 지연하여 대출이 늦어지는 바람에 잔금의 수령이 지연되는 등 수분양자들에게 대출 지연에 대한 책임이 있다고 볼 수 있는 특별한 사유가 있는 경우를 제외하고는, 은행 대출을 받을 수 있는 때까지로 봄이 상당하다(1995.12.26, 95다33962).

제588조【권리주장자가 있는 경우와 대금지급거절권】 매매의 목적물에 대하여 권리를 주장하는 자가 있는 경우에 매수인이 매수한 권리의 전부나 일부를 잃을 염려가 있는 때에는 매수인은 그 위험의 한도에서 대금의 전부나 일부의 지급을 거절할 수 있다. 그러나 매도인이 상당한 담보를 제공한 때에는 그러하지 아니하다.

제589조【대금공탁청구권】 전조의 경우에 매도인은 매수인에 대하여 대금의 공탁을 청구할 수 있다.

제3관 환 매

제590조【환매의 의의】 ①매도인이 매매계약과 동시에 환매할 권리를 보류한 때에는 그 영수한 대금 및 매수인이 부담한 매매비용을 반환하고 그 목적물을 환매할 수 있다.

②전항의 환매대금에 관하여 특별한 약정이 있으면 그 약정에 의한다.

③전2항의 경우에 목적물의 과실과 대금의 이자는 특별한 약정이 없으면 이를 상계한 것으로 본다.

제591조【환매기간】 ①환매기간은 부동산은 5년, 동산은 3년을 넘지 못한다. 약정기간이 이를 넘는 때에는 부동산은 5년, 동산은 3년으로 단축한다.

②환매기간을 정한 때에는 다시 이를 연장하지 못한다.

③환매기간을 정하지 아니한 때에는 그 기간은 부동산은 5년, 동산은 3년으로 한다.

제592조【환매등기】 매매의 목적물이 부동산인 경우에 매매등기와 동시에 환매권의 보류를 등기한 때에는 제3자에 대하여 그 효력이 있다.

(판 례) 부동산에 관하여 매매등기와 아울러 환매특약의 등기가 경료된 이후 그 부동산 매수인으로부터 그 부동산을 전득한 제3자가 환매권자의 환매권행사에 대항할 수 없으나, 환매특약의 등기가 부동산의 매수인의 처분권을 금지하는 효력을 가지는 것은 아니므로 그 매수인은 환매특약의 등기 이후 부동산을 전득한 제3자에 대하여 여전히 소유권이전등기절차의 이행의무를 부담하고, 나아가 환매권자가 환매권을 행사하지 아니한 이상 매수인이 전득자인 제3자에 대하여 부담하는 소유권이전등기절차의 이행의무는 이행불능 상태에 이르렀다고 할 수 없으므로, 부동산의 매수인은 전득자인 제3자에 대하여 환매특약의 등기사실만으로 제3자의 소유권이전등기청구를 거절할 수 없다(1994.10.25, 94다35527).

제593조【환매권의 대위행사와 매수인의 권리】 매도인의 채권자가 매도인을 대위하여 환매하고자 하는 때에는 매수인은 법원이 선정한 감정인의 평가액에서 매도인이 반환할 금액을 공제한 잔액으로 매도인의 채무를 변제하고 잉여액이 있으면 이를 매도인에게 지급하여 환매권을 소멸시킬 수 있다.

제594조【환매의 실행】 ①매도인은 기간내에 대금과 매매비용을 매수인에게 제공하지 아니하면 환매할 권리를 잃는다.

②매수인이나 전득자가 목적물에 대하여 비용을 지출한 때에는 매도인은 제203조의 규정에 의하여 이를 상환하여야 한다. 그러나 유익비에 대하여는 법원은 매도인의 청구에 의하여 상당한 상환기간을 허여할 수 있다.

제595조【공유지분의 환매】 공유자의 1인이 환매할 권리를 보류하고 그 지분을 매도한 후 그 목적물의 분할이나 경매가 있는 때에는 매도인은 매수인이 받은 또는 받을 부분이나

대금에 대하여 환매권을 행사할 수 있다. 그러나 매도인에게 통지하지 아니한 매수인은 그 분할이나 경매로써 매도인에게 대항하지 못한다.

제4절 교 환

제596조【교환의 의의】 교환은 당사자 쌍방이 금전이외의 재산권을 상호이전할 것을 약정함으로써 그 효력이 생긴다.

(판 례) 교환계약은 당사자간에 청약의 의사표시와 그에 대한 승낙의 의사표시의 합치로 성립하는 이른바 낙성계약으로서 서면의 작성을 필요로 하지 아니하고, 그 청약의 의사표시는 그 내용이 이에 대한 승낙만 있으면 곧 계약이 성립될 수 있을 정도로 구체적이어야 하고, 승낙은 이와 같은 구체적인 청약에 대한 것이어야 할 것이며, 이 경우에 그 승낙의 의사표시는 특별한 사정이 없는 한 그 방법에 아무런 제한이 없고 반드시 명시적임을 요하는 것도 아니다(1992.10.13, 92다29696).

제597조【금전의 보충지급의 경우】 당사자 일방이 전조의 재산권이전과 금전의 보충지급을 약정한 때에는 그 금전에 대하여는 매매대금에 관한 규정을 준용한다.

제5절 소비대차

제598조【소비대차의 의의】 소비대차는 당사자 일방이 금전 기타 대체물의 소유권을 상대방에게 이전할 것을 약정하고 상대방은 그와 같은 종류, 품질 및 수량으로 반환할 것을 약정함으로써 그 효력이 생긴다.

(판 례) 이자제한법상 제한초과이자 부분에 대하여 준소비대차계약 또는 경개계약을 체결하더라도 효력이 생기지 않는다(98다17046). <김준 1071면>

제599조【파산과 소비대차의 실효】 대주가 목적물을 차주에게 인도하기 전에 당사자 일방이 파산선고를 받은 때에는 소비대차는 그 효력을 잃는다.

제600조【이자계산의 시기】 이자있는 소비대차는 차주가 목적물의 인도를 받은 때로부터 이자를 계산하여야 하며 차주가 그 책임있는 사유로 수령을 지체할 때에는 대주가 이행을 제공한 때로부터 이자를 계산하여야 한다.

제601조【무이자소비대차와 해제권】 이자없는 소비대차의 당사자는 목적물의 인도전에는 언제든지 계약을 해제할 수 있다. 그러나 상대방에게 생긴 손해가 있는 때에는 이를 배상하여야 한다.

제602조【대주의 담보책임】 ①이자있는 소비대차의 목적물에 하자가 있는 경우에는 제580조 내지 제582조의 규정을 준용한다.
②이자없는 소비대차의 경우에는 차주는 하자있는 물건의 가액으로 반환할 수 있다. 그러나 대주가 그 하자를 알고 차주에게 고지하지 아니한 때에는 전항과 같다.

제603조【반환시기】 ①차주는 약정시기에 차용물과 같은 종류, 품질 및 수량의 물건을 반환하여야 한다.
②반환시기의 약정이 없는 때에는 대주는 상당한 기간을 정하여 반환을 최고하여야 한다. 그러나 차주는 언제든지 반환할 수 있다.

(판 례) 민법 제603조의 규정은 차주의 이익을 보호하기 위하여 차주에게 항변권을 부여한 것에 불과하지 대주가 반환청구권을 행사하는데 준수할 조건은 아니다(1957.4.4, 4289민사616).

제604조【반환불능으로 인한 시가상환】 차주가 차용물과 같은 종류, 품질 및 수량의 물건을 반환할 수 없는 때에는 그때의 시가로 상환하여야 한다. 그러나 제376조 및 제377조 제2항의 경우에는 그러하지 아니하다.

제605조【준소비대차】 당사자 쌍방이 소비대차에 의하지 아니하고 금전 기타의 대체물을 지급할 의무가 있는 경우에 당사자가 그 목적물을 소비대차의 목적으로 할 것을 약정한 때에는 소비대차의 효력이 생긴다.

(판 례) 매매에서의 대금채무를 소비대차상의 반환채무로 변경한 경우 특별한 사정이 없는 한 준소비대차로 보아야 한다(89다카2957). <김준 1070면>

준소비대차계약에 있어서 그 기존채무가 무효이면 새로운 채무도 성립되지 않는다(1962.1.18, 4294민사493, 동지 1955.3.31, 4288민사30).

제606조【대물대차】 금전대차의 경우에 차주가 금전에 갈음하여 유가증권 기타 물건의 인도를 받은 때에는 그 인도시의 가액으로써 차용액으로 한다. <개정 2014.12.30>

(판 례) 도급인이 수급인에게 도급준 공사가 일부진행된 상태에서 기성공사의 공사비 잔액과 잔여공사의 공사비지급을 담보하기 위하여 대물변제예약의 형식으로 체결한 아파트 분양계약은 수급인이 잔여공사를 완성하는 경우 피고인의 공사대금잔액불지급을 정지조건으로 하는 대물변제예약이었다고 보는 것이 당사자의 의사에 합치한다(1984.7.24, 84도815).

제607조【대물반환의 예약】 차용물의 반환에 관하여 차주가 차용물에 갈음하여 다른 재산권을 이전할 것을 예약한 경우에는 그 재산의 예약당시의 가액이 차용액 및 이에 붙인

이자의 합산액을 넘지 못한다. <개정 2014. 12.30>

(판 례) 채무자가 그 소유 토지를 차용 원리금에 대한 대물변제조로 채권자에게 양도하기로 약정하고 그 차용 원리금의 담보조로 그 토지에 소유권이전등기청구권 가등기를 하였다가 그 차용 원리금에 갈음한 현실적인 대물변제조로 채권자 앞으로 소유권이전등기를 한 경우, 채무자와 채권자간의 그 약정은 민법 제607조 소정의 대물반환의 예약이라 할 것이어서 같은 법 제607조, 제608조가 적용되고 그 재산의 가액이 차용 원리금의 합산액을 넘는 경우에는 그 효력이 없고, 여기서 그 재산의 가액이 차용액과 이에 붙인 이자의 합산액을 넘는지의 여부는 예약 당시를 기준으로 할 것이지 소유권이전 당시를 기준으로 할 것은 아니다(1996.4.26, 95다34781).

제608조【차주에 불이익한 약정의 금지】 전2조의 규정에 위반한 당사자의 약정으로서 차주에 불리한 것은 환매 기타 여하한 명목이라도 그 효력이 없다.

제6절 사용대차

제609조【사용대차의 의의】 사용대차는 당사자 일방이 상대방에게 무상으로 사용, 수익하게 하기 위하여 목적물을 인도할 것을 약정하고 상대방은 이를 사용, 수익한 후 그 물건을 반환할 것을 약정함으로써 그 효력이 생긴다.

제610조【차주의 사용, 수익권】 ①차주는 계약 또는 그 목적물의 성질에 의하여 정하여진 용법으로 이를 사용, 수익하여야 한다.
②차주는 대주의 승낙이 없으면 제3자에게 차용물을 사용, 수익하게 하지 못한다.
③차주가 전2항의 규정에 위반한 때에는 대주는 계약을 해지할 수 있다.

(판 례) 대차계약을 체결함에 있어 부대계약으로 을이 그 토지 위에 설치할 시설물내역을 정하는 한편 그 외의 공원시설은 갑·을의 합의로 결정하기로 약정하였다면, 그 약정의 취지는 그 토지가 갑의 묘역으로서 선조의 분묘가 다수 설치된 곳이라는 점을 감안하여 공원시설물의 종류 및 그 설치장소 등을 결정함에 있어 갑의 의사를 반영하고자 함이 있는 것으로 인정되므로, 갑의 명백한 반대에도 불구하고 산림을 훼손하여 대지를 조성한 다음 그 곳에 연면적이 2,500㎡에 달하는 청소년회관건물을 신축하는 공사에 착공한 을의 행위는 그 대차관계의 계속을 현저하게 곤란하게 하는 배신행위에 해당한다 할 것이어서 이와 같은 경우에는 갑은 그 대차계약을 해지할 수 있다고 보아야 한다(1994.12.2, 93다31672).

제611조【비용의 부담】 ①차주는 차용물의 통상의 필요비를 부담한다.
②기타의 비용에 대하여는 제594조제2항의 규정을 준용한다.

제612조【준용규정】 제559조, 제601조의 규정은 사용대차에 준용한다.

제613조【차용물의 반환시기】 ①차주는 약정시기에 차용물을 반환하여야 한다.
②시기의 약정이 없는 경우에는 차주는 계약 또는 목적물의 성질에 의한 사용, 수익이 종료한 때에 반환하여야 한다. 그러나 사용, 수익에 족한 기간이 경과한 때에는 대주는 언제든지 계약을 해지할 수 있다.

(판 례) 민법 제613조제2항 소정의 사용수익에 충분한 기간이 경과하였는지의 여부는 사용대차계약 당시의 사정, 차주의 사용기간 및 이용상황, 대주가 반환을 필요로 하는 사정 등을 종합적으로 고려하여 공평의 입장에서 대주에게 해지권을 인정하는 것이 타당한가의 여부에 의하여 판단하여야 한다(1993.11.26, 93다36806).

제614조【차주의 사망, 파산과 해지】 차주가 사망하거나 파산선고를 받은 때에는 대주는 계약을 해지할 수 있다.

(판 례) 건물소유를 목적으로 하는 토지사용대차는 당해 지상건물의 사용수익의 필요가 있는 한 차주의 사망으로 당연히 상실되는 것은 아니다(93다36806). <김준 1077면>

제615조【차주의 원상회복의무와 철거권】 차주가 차용물을 반환하는 때에는 이를 원상에 회복하여야 한다. 이에 부속시킨 물건은 철거할 수 있다.

(판 례) 임대차계약 체결이 임차인이 임대인의 승인하에 임차목적물인 건물부분을 개축 또는 변조할 수 있으나 임차목적물을 임대인에게 명도할 때에는 임차인이 일체 비용을 부담하여 원상복구를 하기로 약정하였다면, 이는 임차인이 임차목적물에 지출한 각종 유익비의 상환청구권을 미리 포기하기로 한 취지의 특약이라고 봄이 상당하다(1994.9.30, 94다20389, 20396).

제616조【공동차주의 연대의무】 수인이 공동하여 물건을 차용한 때에는 연대하여 그 의무를 부담한다.

제617조【손해배상, 비용상환청구의 기간】 계약 또는 목적물의 성질에 위반한 사용, 수익으로 인하여 생긴 손해배상의 청구와 차주가 지출한 비용의 상환청구는 대주가 물건의 반환을 받은 날로부터 6월내에 하여야 한다.

제7절 임대차

제618조【임대차의 의의】 임대차는 당사자 일방이 상대방에게 목적물을 사용, 수익하게 할

것을 약정하고 상대방이 이에 대하여 차임을 지급할 것을 약정함으로써 그 효력이 생긴다.

(판 례) 매도인으로부터 매매계약의 해제를 해제조건부로 전세권한을 부여받은 매수인이 주택을 임대한 후 매도인과 매수인 사이의 매매계약이 해제됨으로써 해제조건이 성취되어 그 때부터 매수인이 주택을 전세 놓을 권한을 상실하게 되었다면, 임차인은 전세계약을 체결할 권한이 없는 자와 사이에 전세계약을 체결한 임차인과 마찬가지로 매도인에 대한 관계에서 그 주택에 대한 사용수익권을 주장할 수 없게 되어 매도인의 명도 청구에 대항할 수 없게 되는 바, 이러한 법리는 임차인이 그 주택에 입주하고 주민등록까지 마쳐 주택임대차보호법상의 대항요건을 구비하였거나 전세계약서이 확정일자를 부여받았다고 하더라도 마찬가지이다(1995.12.12, 95다32037).

제619조【처분능력, 권한없는 자의 할 수 있는 단기임대차】 처분의 능력 또는 권한없는 자가 임대차를 하는 경우에는 그 임대차는 다음 각호의 기간을 넘지 못한다.

1. 식목, 채염 또는 석조, 석회조, 연와조 및 이와 유사한 건축을 목적으로 한 토지의 임대차는 10년
2. 기타 토지의 임대차는 5년
3. 건물 기타 공작물의 임대차는 3년
4. 동산의 임대차는 6월

(판 례) 임대차는 임대인과 임차인 사이에 일정한 합의가 있으면 성립하고, 임대인이 그 목적물에 대한 소유권 기타 이를 임대할 권한이 있을 것을 성립요건으로 하지 않는다(95다15087). <김준 1078면>

제620조【단기임대차의 갱신】 전조의 기간은 갱신할 수 있다. 그러나 그 기간만료전 토지에 대하여는 1년, 건물 기타 공작물에 대하여는 3월, 동산에 대하여는 1월내에 갱신하여야 한다.

(판 례) 토지임차인의 채무불이행으로 임대차계약이 해지된 경우에는 계약의 갱신 또는 지상시설의 매수청구도 할 수 없다(72다2013). <김준 1083면>

제621조【임대차의 등기】 ①부동산임차인은 당사자간에 반대약정이 없으면 임대인에 대하여 그 임대차등기절차에 협력할 것을 청구할 수 있다.

②부동산임대차를 등기한 때에는 그때부터 제3자에 대하여 효력이 생긴다.

제622조【건물등기있는 차지권의 대항력】 ①건물의 소유를 목적으로 한 토지임대차는 이를 등기하지 아니한 경우에도 임차인이 그 지상건물을 등기한 때에는 제3자에 대하여 임대차의 효력이 생긴다.

②건물이 임대차기간만료전에 멸실 또는 후폐한 때에는 전항의 효력을 잃는다.

(판 례) 민법 제622조제1항의 규정은 건물등기의 지번이 반드시 토지등기의 지번과 일치할 것을 요구하고 있다고는 해석되지 아니한다(1986.11.25, 86다카1119).

제623조【임대인의 의무】 임대인은 목적물을 임차인에게 인도하고 계약존속중 그 사용, 수익에 필요한 상태를 유지하게 할 의무를 부담한다.

(판 례) 임대인의 수선의무 중 대규모의 수선은 특약에 의해서도 면제받을 수 없고, 여전히 임대인이 그 수선의무를 진다(94다34692). <김준 1085면>

임대인인 피고 갑은 이행보조자인 피고 을이 임차물인 점포의 출입을 봉쇄하고 내부시설공사를 중단시켜 임차인인 원고로 하여금 그 사용·수익을 하지 못하게 한 행위에 대하여 임대인으로서의 채무불이행으로 인한 손해를 배상할 의무가 있고, 또한 피고 을이 원고가 임차인이라는 사정을 알면서도 위와 같은 방법으로 원고로 하여금 점포를 사용·수익하지 못하게 한 것은 원고의 임차권을 침해하는 불법행위를 이룬다고 할 것이므로 피고 을은 원고에게 불법행위로 인한 손해배상의무가 있다고 할 경우, 피고 갑의 채무불이행책임과 피고 을의 불법행위책임은 동일한 사실관계에 기한 것으로 부진정연대채무관계에 있다(1994.11.11, 94다22446).

제624조【임대인의 보존행위, 인용의무】 임대인이 임대물의 보존에 필요한 행위를 하는 때에는 임차인은 이를 거절하지 못한다.

제625조【임차인의 의사에 반하는 보존행위와 해지권】 임대인이 임차인의 의사에 반하여 보존행위를 하는 경우에 임차인이 이로 인하여 임차의 목적을 달성할 수 없는 때에는 계약을 해지할 수 있다.

제626조【임차인의 상환청구권】 ①임차인이 임차물의 보존에 관한 필요비를 지출한 때에는 임대인에 대하여 그 상환을 청구할 수 있다.

②임차인이 유익비를 지출한 경우에는 임대인은 임대차종료시에 그 가액의 증가가 현존한 때에 한하여 임차인의 지출한 금액이나 그 증가액을 상환하여야 한다. 이 경우에 법원은 임대인의 청구에 의하여 상당한 상환기간을 허여할 수 있다.

(판 례) 점포의 임차인이 사진관의 운영을 위해 설치한 특수장치는 필요비, 유익비에 해당하지 않는다(4280민상352). <김준 1087면>

임야상태의 토지를 임차하여 대지를 조성하고 건물을 신축하여 음식점 경영을 목적으로 임대차계약을 체결한 경우에 필요비 및 유익비의 포기 대상에 대지조성비는 포함되지 않는다고 해석하는 것이 합리

적이다(98다31462). <김준 1088면>

임대차계약에서 "임차인은 임대인의 승인하에 개축 또는 변조할 수 있으나 부동산의 반환기일전에 임차인의 부담으로 원상복구키로 한다"라고 약정한 경우, 이는 임차인이 임차 목적물에 지출한 각종 유익비의 상환청구권을 미리 포기하기로 한 취지의 특약이라고 봄이 상당하다(1995.6.30, 95다12927).

제627조【일부멸실 등과 감액청구, 해지권】 ①임차물의 일부가 임차인의 과실없이 멸실 기타 사유로 인하여 사용, 수익할 수 없는 때에는 임차인은 그 부분의 비율에 의한 차임의 감액을 청구할 수 있다.

②전항의 경우에 그 잔존부분으로 임차의 목적을 달성할 수 없는 때에는 임차인은 계약을 해지할 수 있다.

제628조【차임증감청구권】 임대물에 대한 공과부담의 증감 기타 경제사정의 변동으로 인하여 약정한 차임이 상당하지 아니하게 된 때에는 당사자는 장래에 대한 차임의 증감을 청구할 수 있다.

(판 례) 당초의 전세계약에서 정한 전세금액이 당시의 정기예금이자율에 비추어 적정하게 책정된 금액인 이상, 그 전세계약기간중 정기예금이자율의 인하로 전세금의 증액 또는 차임액의 추가지급을 당연히 요구할 권리가 있다고 볼 수 없다(1985.11.12, 85누219).

제629조【임차권의 양도, 전대의 제한】 ①임차인은 임대인의 동의없이 그 권리를 양도하거나 임차물을 전대하지 못한다.

②임차인이 전항의 규정에 위반한 때에는 임대인은 계약을 해지할 수 있다.

(판 례) 건물 소유를 목적으로 한 대지 임차권을 가지고 있는 자가 그 대지상의 자기소유 건물에 대하여 제3자에 대한 채권담보의 목적으로 제3자명의의 소유권이전등기를 경료하여 준 이른바 양도담보의 경우에는, 채권담보를 위하여 신탁적으로 양도담보권자에게 건물의 소유권이 이전될 뿐 확정적, 종국적으로 이전되는 것은 아니고 또한 특별한 사정이 없는 한 양도담보권자가 건물의 사용수익권를 갖게 되는 것도 아니므로, 이러한 경우 위 건물의 부지에 관하여 민법 제629조 소정의 해지의 원인인 임차권의 양도 또는 전대가 이루어지지 않았다고 해석함이 상당하다(1995.7.25, 94다464280).

제630조【전대의 효과】 ①임차인이 임대인의 동의를 얻어 임차물을 전대한 때에는 전차인은 직접 임대인에 대하여 의무를 부담한다. 이 경우에 전차인은 전대인에 대한 차임의 지급으로써 임대인에게 대항하지 못한다.

②전항의 규정은 임대인의 임차인에 대한 권리행사에 영향을 미치지 아니한다.

제631조【전차인의 권리의 확정】 임차인이 임대인의 동의를 얻어 임차물을 전대한 경우에는 임대인과 임차인의 합의로 계약을 종료한 때에도 전차인의 권리는 소멸하지 아니한다.

제632조【임차건물의 소부분을 타인에게 사용케 하는 경우】 전3조의 규정은 건물의 임차인이 그 건물의 소부분을 타인에게 사용하게 하는 경우에는 적용하지 아니한다.

제633조【차임지급의 시기】 차임은 동산, 건물이나 대지에 대하여는 매월말에, 기타 토지에 대하여는 매년말에 지급하여야 한다. 그러나 수확기있는 것에 대하여는 그 수확후 지체없이 지급하여야 한다.

제634조【임차인의 통지의무】 임차물이 수리를 요하거나 임차물에 대하여 권리를 주장하는 자가 있는 때에는 임차인은 지체없이 임대인에게 이를 통지하여야 한다. 그러나 임대인이 이미 이를 안 때에는 그러하지 아니하다.

제635조【기간의 약정없는 임대차의 해지통고】 ①임대차기간의 약정이 없는 때에는 당사자는 언제든지 계약해지의 통고를 할 수 있다.

②상대방이 전항의 통고를 받은 날로부터 다음 각호의 기간이 경과하면 해지의 효력이 생긴다.

1. 토지, 건물 기타 공작물에 대하여는 임대인이 해지를 통고한 경우에는 6월, 임차인이 해지를 통고한 경우에는 1월
2. 동산에 대하여는 5일

(판 례) 임대차계약의 해지를 원인으로 한 건물철거소송의 제기 자체를 해지의 통고라고 볼 것이므로 소제기후 변론종결시까지 법정의 기한이 경과된 이상 임대차계약의 해지의 효력을 저지할 사유가 인정되지 않는 한, 그 임대차계약은 종결되었다고 할 것이다(1983.9.13, 83다카856).

제636조【기간의 약정있는 임대차의 해지통고】 임대차기간의 약정이 있는 경우에도 당사자 일방 또는 쌍방이 그 기간내에 해지할 권리를 보류한 때에는 전조의 규정을 준용한다.

(판 례) 기간약정이 있는 임대차에 있어서는 특별한 사유가 없는 한 기간이 만료되면 사전최고나 해지를 할 필요없이 임대차는 종료한다(1969.1.28, 68다1537).

제637조【임차인의 파산과 해지통고】 ①임차인이 파산선고를 받은 경우에는 임대차기간의 약정이 있는 때에도 임대인 또는 파산관재인은 제635조의 규정에 의하여 계약해지의 통고를 할 수 있다.

②전항의 경우에 각 당사자는 상대방에 대하

여 계약해지로 인하여 생긴 손해의 배상을 청구하지 못한다.

제638조【해지통고의 전차인에 대한 통지】 ①임대차약정이 해지의 통고로 인하여 종료된 경우에 그 임대물이 적법하게 전대되었을 때에는 임대인은 전차인에 대하여 그 사유를 통지하지 아니하면 해지로써 전차인에게 대항하지 못한다.
②전차인이 전항의 통지를 받은 때에는 제635조제2항의 규정을 준용한다.

제639조【묵시의 갱신】 ①임대차기간이 만료한 후 임차인이 임차물의 사용, 수익을 계속하는 경우에 임대인이 상당한 기간내에 이의를 하지 아니한 때에는 전임대차와 동일한 조건으로 다시 임대차한 것으로 본다. 그러나 당사자는 제635조의 규정에 의하여 해지의 통고를 할 수 있다.
②전항의 경우에 전임대차에 대하여 제3자가 제공한 담보는 기간의 만료로 인하여 소멸한다.

(판 례) 기간만료로 임대차계약을 종료시킬 의사를 명백히 한 경우 종료후의 차임을 영수한 것은 임료상당손해금을 받은 것으로 볼 것이다(1977.9.28, 77다1241, 1242).

제640조【차임연체와 해지】 건물 기타 공작물의 임대차에는 임차인의 차임연체액이 2기의 차임액에 달하는 때에는 임대인은 계약을 해지할 수 있다.

(판 례) 임차인이 임대차계약을 체결할 당시 임대인에게 지급한 임대차보증금으로 연체차임 등 임대차관계에서 발생하는 임차인의 모든 채무가 담보된다 하여 임차인이 그 보증금의 존재를 이유로 차임의 지급을 거절하거나 그 연체에 따른 채무불이행 책임을 면할 수는 없다(1994.9.9, 94다4417).

제641조【동전】 건물 기타 공작물의 소유 또는 식목, 채염, 목축을 목적으로 한 토지임대차의 경우에도 전조의 규정을 준용한다.

제642조【토지임대차의 해지와 지상건물 등에 대한 담보물권자에의 통지】 전조의 경우에 그 지상에 있는 건물 기타 공작물이 담보물권의 목적이 된 때에는 제288조의 규정을 준용한다.

제643조【임차인의 갱신청구권, 매수청구권】 건물 기타 공작물의 소유 또는 식목, 채염, 목축을 목적으로 한 토지임대차의 기간이 만료한 경우에 건물, 수목 기타 지상시설이 현존한 때에는 제283조의 규정을 준용한다.

(판 례) 임차권소멸 후 그 토지를 제3자가 양수한 경우에 종래 토지임차인은 신소유자에 대해 매수청구권을 행사할 수 있다(96다14517). <김준 1089면>

기간약정 없는 토지임대차에서 임대인이 해지를 통고한 경우 임차인은 계약의 갱신을 청구할 필요 없이 곧 지상물매수를 청구할 수 있다(94다51178, 51185, 95다42195). <김준 1090면>

제644조【전차인의 임대청구권, 매수청구권】 ①건물 기타 공작물의 소유 또는 식목, 채염, 목축을 목적으로 한 토지임차인이 적법하게 그 토지를 전대한 경우에 임대차 및 전대차의 기간이 동시에 만료되고 건물, 수목 기타 지상시설이 현존한 때에는 전차인은 임대인에 대하여 전전대차와 동일한 조건으로 임대할 것을 청구할 수 있다.
②전항의 경우에 임대인이 임대할 것을 원하지 아니하는 때에는 제283조제2항의 규정을 준용한다.

(판 례) 전차인의 임차청구권과 매수청구권은 임차인이 임대인의 승낙하에 적법하게 전대한 경우에만 인정된다(1969.1.28, 68다2113).

제645조【지상권목적토지의 임차인의 임대청구권, 매수청구권】 전조의 규정은 지상권자가 그 토지를 임대한 경우에 준용한다.

(판 례) 토지임대차에서 매수청구권의 대상이 되는 건물은 특별한 사정이 없는 한, 임대차계약 당시의 기존 건물이거나 임대인의 동의를 얻어 신축한 것에 한정되지 않는다(93다34589). <김준 1089면>

건물이 임차지상과 제3자의 소유토지 위에 걸쳐 있는 경우에는 임차지상 건물부분이 구분고유객체가 될 수 있는 때에 한해 임차인에게 매수청구가 허용된다(전합93다42634). <김준 1089면>

제646조【임차인의 부속물매수청구권】 ①건물 기타 공작물의 임차인이 그 사용의 편익을 위하여 임대인의 동의를 얻어 이에 부속한 물건이 있는 때에는 임대차의 종료시에 임대인에 대하여 그 부속물의 매수를 청구할 수 있다.
②임대인으로부터 매수한 부속물에 대하여도 전항과 같다.

(판 례) 부속물매수청구권을 행사하려면 그 부속물이 건물의 구성부분이 아니라 독립된 별개의 물건이어야 한다(77다50, 51). <김준 1088면>

기존건물과 분리되어 독립한 소유권의 객체가 될 수 없는 증축부분이나 임대인의 소유에 속하기로 한 부속물은 매수청구의 대상이 될 수 없다(81다1001). <김형 1025면>

임대차계약이 임차인이 채무불이행으로 인하여 해지된 경우에는 임차인은 본조에 의한 부속물매수청구권이 없다(1990.1.23, 88다카7245, 7252).

제647조【전차인의 부속물매수청구권】 ①건물 기타 공작물의 임차인이 적법하게 전대한 경우에 전차인이 그 사용의 편익을 위하여 임대인의 동의를 얻어 이에 부속한 물건이 있는 때에는 전대차의 종료시에 임대인에 대하여 그 부속물의 매수를 청구할 수 있다.
②임대인으로부터 매수하였거나 그 동의를 얻어 임차인으로부터 매수한 부속물에 대하여도 전항과 같다.

제648조【임차지의 부속물, 과실 등에 대한 법정질권】 토지임대인이 임대차에 관한 채권에 의하여 임차지에 부속 또는 그 사용의 편익에 공용한 임차인의 소유동산 및 그 토지의 과실을 압류한 때에는 질권과 동일한 효력이 있다.

제649조【임차지상의 건물에 대한 법정저당권】 토지임대인이 변제기를 경과한 최후 2년의 차임채권에 의하여 그 지상에 있는 임차인소유의 건물을 압류한 때에는 저당권과 동일한 효력이 있다.

제650조【임차건물 등의 부속물에 대한 법정질권】 건물 기타 공작물의 임대인이 임대차에 관한 채권에 의하여 그 건물 기타 공작물에 부속한 임차인소유의 동산을 압류한 때에는 질권과 동일한 효력이 있다.

제651조 삭제 <2016.1.6>

제652조【강행규정】 제627조, 제628조, 제631조, 제635조, 제638조, 제640조, 제641조, 제643조 내지 제647조의 규정에 위반한 약정으로 임차인이나 전차인에게 불리한 것은 그 효력이 없다.

(판 례) 지상물매수청구권은 이른바 형성권으로서 그 행사로 임대인·임차인 사이에 지상물에 관한 매매가 성립하게 되며, 임차인이 지상물의 매수청구권을 행사한 경우에는 임대인은 그 매수를 거절하지 못하고, 이 규정은 강행규정이므로 이에 위반하는 것으로서 임차인에게 불리한 약정은 그 효력이 없다(1995.7.11, 94다34265).

제653조【일시사용을 위한 임대차의 특례】 제628조, 제638조, 제640조, 제646조 내지 제648조, 제650조 및 전조의 규정은 일시사용하기 위한 임대차 또는 전대차인 것이 명백한 경우에는 적용하지 아니한다.

(판 례) 공중접객업인 숙박업을 경영하는 자가 투숙객과 체결하는 숙박계약은 숙박업자가 고객에게 숙박을 할 수 있는 객실을 제공하여 고객으로 하여금 이를 사용할 수 있도록 하고 고객으로부터 그 대가를 받는 일종의 일시사용을 위한 임대차계약으로서, 여관의 객실 및 관련시설, 공간은 오로지 숙박업자의 지배 아래 놓여 있는 것이므로 숙박업자는 통상의 임대차와 같이 단순히 여관의 객실 및 관련시설을 제공하여 고객으로 하여금 이를 사용·수익하게 할 의무를 부담하는 것에서 한 걸음 더 나아가 고객에게 위험이 없는 안전하고 편안한 객실 및 관련시설을 제공함으로써 고객의 안전을 배려하여야 할 보호의무를 부담하며 이러한 의무는 숙박계약의 특수성을 고려하여 신의칙상 인정되는 부수적인 의무로서 숙박업자가 이를 위반하여 고객의 생명, 신체를 침해하여 손해를 입힌 경우 불안전이행으로 인한 채무불이행책임을 부담한다(1994.1.28, 93다43590).

제654조【준용규정】 제610조제1항, 제615조 내지 제617조의 규정은 임대차에 이를 준용한다.

제8절 고 용

제655조【고용의 의의】 고용은 당사자 일방이 상대방에 대하여 노무를 제공할 것을 약정하고 상대방이 이에 대하여 보수를 지급할 것을 약정함으로써 그 효력이 생긴다.

(판 례) 사립학교 교원의 임용을 위한 계약은 사립학교법 소정 절차에 의하여 이루어지는 것이지만 그 법적 성질은 사법상의 고용계약에 다름아닌 것으로 그 계약체결에 관한 당사자들의 의사표시에 무효 또는 취소의 사유가 있으면 그 상대방은 이를 이유로 당연히 그 임용계약의 무효·취소를 주장하여 그에 따른 법률효과의 발생을 부정하거나 소멸시킬 수 있고 또한 이러한 계약에 조건을 붙일 수도 있는 것이고 그 계약이 조건부일 때에는 당연히 그 조건의 성취여부에 따라 그 계약의 효력이 좌우된다(1994.8.26, 94다15479).

제656조【보수액과 그 지급시기】 ①보수 또는 보수액의 약정이 없는 때에는 관습에 의하여 지급하여야 한다.
②보수는 약정한 시기에 지급하여야 하며 시기의 약정이 없으면 관습에 의하고 관습이 없으면 약정한 노무를 종료한 후 지체없이 지급하여야 한다.

(판 례) 고용계약에 있어 일정한 기간 사용자를 위하여 노무에 종사한 이상 노무자의 특정보수청구권은 그 계약이 어느 쪽의 책임이 의하여 해약되었는가에 관계없이 성립한다(1959.10.15, 4292민사436).

제657조【권리의무의 전속성】 ①사용자는 노무자의 동의없이 그 권리를 제3자에게 양도하지 못한다.
②노무자는 사용자의 동의없이 제3자로 하여금 자기에 갈음하여 노무를 제공하게 하지 못한다. <개정 2014.12.30>
③당사자 일방이 전2항의 규정에 위반한 때에

는 상대방은 계약을 해지할 수 있다.

(판 례) 회사의 운전기사들 전원이 입사시 단체협약 및 취업규칙을 준수할 것을 서약하였고, 단체협약에 의하면 조합원의 제반 인사문제는 회사의 전권사항으로 되어 있고, 취업규칙에 의하여 회사는 업무상 필요에 따라 사원에게 이동보직을 명할 수 있고 담당직무를 변경할 수 있으며, 위 명을 받은 자는 지체없이 이를 이행하도록 되어 있다고 하더라도 그와 같은 사정만으로는 전직처분에 관하여 포괄적으로 동의를 한 것으로 볼 수 없다(1994.6.28, 93누22463).

제658조 【노무의 내용과 해지권】 ①사용자가 노무자에 대하여 약정하지 아니한 노무의 제공을 요구한 때에는 노무자는 계약을 해지할 수 있다.
②약정한 노무가 특수한 기능을 요하는 경우에 노무자가 그 기능이 없는 때에는 사용자는 계약을 해지할 수 있다.

제659조 【3년 이상의 경과와 해지통고권】 ①고용의 약정기간이 3년을 넘거나 당사자의 일방 또는 제3자의 종신까지로 된 때에는 각 당사자는 3년을 경과한 후 언제든지 계약해지의 통고를 할 수 있다.
②전항의 경우에는 상대방이 해지의 통고를 받은 날로부터 3월이 경과하면 해지의 효력이 생긴다.

제660조 【기간의 약정이 없는 고용의 해지통고】 ①고용기간의 약정이 없는 때에는 당사자는 언제든지 계약해지의 통고를 할 수 있다.
②전항의 경우에는 상대방이 해지의 통고를 받은 날로부터 1월이 경과하면 해지의 효력이 생긴다.
③기간으로 보수를 정한 때에는 상대방이 해지의 통고를 받은 당기후의 일기를 경과함으로써 해지의 효력이 생긴다.

(판 례) 사직원의 제출을 해제조건으로 하는 징계처분이라면, 이 조건부 징계해직처분과 그에 따라 의원면직처분은 서로 독자적으로 독립한 처분이라고 할 수 없다(1983.5.24, 83다카75).

제661조 【부득이한 사유와 해지권】 고용기간의 약정이 있는 경우에도 부득이한 사유있는 때에는 각 당사자는 계약을 해지할 수 있다. 그러나 그 사유가 당사자 일방의 과실로 인하여 생긴 때에는 상대방에 대하여 손해를 배상하여야 한다.

제662조 【묵시의 갱신】 ①고용기간이 만료한 후 노무자가 계속하여 그 노무를 제공하는 경우에 사용자가 상당한 기간내에 이의를 하지 아니한 때에는 전고용과 동일한 조건으로 다시 고용한 것으로 본다. 그러나 당사자는 제660조의 규정에 의하여 해지의 통고를 할 수 있다.
②전항의 경우에는 전고용에 대하여 제3자가 제공한 담보는 기간의 만료로 인하여 소멸한다.

(판 례) 묵시적으로 갱신된 고용의 계약기간은 당초의 계약과 동일한 기간으로 연장되었다고 보아야 한다(85다카2096). 〈형 1064면〉

민법 제622조제1항은 건물의 소유를 목적으로 한 토지 임대차는 이를 등기하지 아니한 경우에도 임차인이 그 지상건물을 등기한 때에는 토지에 관하여 권리를 취득한 제3자에 대하여 임대차의 효력을 주장할 수 있음을 규정한 것에 불과할 뿐, 임차인으로부터 건물의 소유권과 함께 건물의 소유를 목적으로 한 토지의 임차권을 취득한 사람이 토지의 임대인에 대한 관계에서 임차권의 양도에 관한 그의 동의가 없어도 임차권의 취득을 대항할 수 있다는 것까지 규정한 것은 아니다(1996.2.27, 95다29345).

제663조 【사용자파산과 해지통고】 ①사용자가 파산선고를 받은 경우에는 고용기간의 약정이 있는 때에도 노무자 또는 파산관재인은 계약을 해지할 수 있다.
②전항의 경우에는 각 당사자는 계약해지로 인한 손해의 배상을 청구하지 못한다.

제9절 도 급

제664조 【도급의 의의】 도급은 당사자일방이 어느 일을 완성할 것을 약정하고 상대방이 그 일의 결과에 대하여 보수를 지급할 것을 약정함으로써 그 효력이 생긴다.

(판 례) 제작물공급계약의 성질은 대체물인 경우에는 매매이며 부대체물인 경우는 도급이다(86다카2446, 94다42976). <김준 1119면>

특약이 있는 것을 제외하고는 자기의 노력과 재료를 들여 건물을 건축한 사람은 그 건물의 소유권을 원시적으로 취득한다(91다25505, 95다24804). <김준 1120면>

제665조 【보수의 지급시기】 ①보수는 그 완성된 목적물의 인도와 동시에 지급하여야 한다. 그러나 목적물의 인도를 요하지 아니하는 경우에는 그 일을 완성한 후 지체없이 지급하여야 한다.
②전항의 보수에 관하여는 제656조제2항의 규정을 준용한다.

(판 례) 수급인은 보수를 받을 때까지 목적물에 대해 유치권을 가진다(95다16202, 95다16219). <김준 1120면>

제666조【수급인의 목적부동산에 대한 저당권설정청구권】 부동산공사의 수급인은 전조의 보수에 관한 채권을 담보하기 위하여 그 부동산을 목적으로 한 저당권의 설정을 청구할 수 있다.

제667조【수급인의 담보책임】 ①완성된 목적물 또는 완성전의 성취된 부분에 하자가 있는 때에는 도급인은 수급인에 대하여 상당한 기간을 정하여 그 하자의 보수를 청구할 수 있다. 그러나 하자가 중요하지 아니한 경우에 그 보수에 과다한 비용을 요할 때에는 그러하지 아니하다.

②도급인은 하자의 보수에 갈음하여 또는 보수와 함께 손해배상을 청구할 수 있다. <개정 2014.12.30>

③전항의 경우에는 제536조의 규정을 준용한다.

(판 례) 하자가 중요하지 않고 보수에 과다한 비용이 드는 경우에도 도급인은 하자보수나 그에 갈음하는 손해배상을 청구할 수 없고 그 하자로 인하여 입은 손해배상만을 청구할 수 있다(95다30345). <김준 1120면>

제668조【동전-도급인의 해제권】 도급인이 완성된 목적물의 하자로 인하여 계약의 목적을 달성할 수 없는 때에는 계약을 해제할 수 있다. 그러나 건물 기타 토지의 공작물에 대하여는 그러하지 아니하다.

제669조【동전-하자가 도급인의 제공한 재료 또는 지시에 기인한 경우의 면책】 전2조의 규정은 목적물의 하자가 도급인이 제공한 재료의 성질 또는 도급인의 지시에 기인한 때에는 적용하지 아니한다. 그러나 수급인이 그 재료 또는 지시의 부적당함을 알고 도급인에게 고지하지 아니한 때에는 그러하지 아니하다.

(판 례) 수급인이 설계도면의 기재대로 시공하였다면 설계도면이 부적당함을 알고 도급인에게 고지하지 않은 것이 아닌 이상 목적물 하자로 인한 담보책임을 수급인에게 지울 수 없다(95다24975). <김준 1122면>

제670조【담보책임의 존속기간】 ①전3조의 규정에 의한 하자의 보수, 손해배상의 청구 및 계약의 해제는 목적물의 인도를 받은 날로부터 1년내에 하여야 한다.

②목적물의 인도를 요하지 아니하는 경우에는 전항의 기간은 일의 종료한 날로부터 기산한다.

(판 례) 수급인이 기계를 제작하여 도급인의 공장내에 설치한 후 일정기간 동안의 시운전을 하여 성능검사가 끝난 때에 공사잔금을 지급받기로 하는 내용의 기계제작설치공사도급계약에 있어서는 민법 제670조제1항이 규정한 제척기간 1년의 기산점은 기계를 도급인의 공장에 설치한 날이 아니라 그 시운전까지 하여 성능검사가 끝난 날이라고 할 것이다(1994.12.22, 93다60632, 60646).

제671조【수급인의 담보책임-토지, 건물 등에 대한 특칙】 ①토지, 건물 기타 공작물의 수급인은 목적물 또는 지반공사의 하자에 대하여 인도후 5년간 담보의 책임이 있다. 그러나 목적물이 석조, 석회조, 연와조, 금속 기타 이와 유사한 재료로 조성된 것인 때에는 그 기간을 10년으로 한다.

②전항의 하자로 인하여 목적물이 멸실 또는 훼손된 때에는 도급인은 그 멸실 또는 훼손된 날로부터 1년내에 제667조의 권리를 행사하여야 한다.

제672조【담보책임면제의 특약】 수급인은 제667조, 제668조의 담보책임이 없음을 약정한 경우에도 알고 고지하지 아니한 사실에 대하여는 그 책임을 면하지 못한다.

제673조【완성전의 도급인의 해제권】 수급인이 일을 완성하기 전에는 도급인은 손해를 배상하고 계약을 해제할 수 있다.

(판 례) 건축공사의 도급계약의 해제에 있어서는 해제 당시 이미 그 공사가 완성되었다면, 특별한 사정이 있는 경우를 제외하고는 이제 더 이상 공사도급계약을 해제할 수 없다(1995.8.22, 95다1521).

제674조【도급인의 파산과 해제권】 ①도급인이 파산선고를 받은 때에는 수급인 또는 파산관재인은 계약을 해제할 수 있다. 이 경우에는 수급인은 일의 완성된 부분에 대한 보수 및 보수에 포함되지 아니한 비용에 대하여 파산재단의 배당에 가입할 수 있다.

②전항의 경우에는 각 당사자는 상대방에 대하여 계약해제로 인한 손해의 배상을 청구하지 못한다.

제9절의2 여행계약

<본절신설 2015.2.3>

제674조의2【여행계약의 의의】 여행계약은 당사자 한쪽이 상대방에게 운송, 숙박, 관광 또는 그 밖의 여행 관련 용역을 결합하여 제공하기로 약정하고 상대방이 그 대금을 지급하기로 약정함으로써 효력이 생긴다.
<본조신설 2015.2.3>

제674조의3【여행 개시 전의 계약 해제】 여행자는 여행을 시작하기 전에는 언제든지 계

약을 해제할 수 있다. 다만, 여행자는 상대방에게 발생한 손해를 배상하여야 한다.
<본조신설 2015.2.3>

제674조의4【부득이한 사유로 인한 계약 해지】 ①부득이한 사유가 있는 경우에는 각 당사자는 계약을 해지할 수 있다. 다만, 그 사유가 당사자 한쪽의 과실로 인하여 생긴 경우에는 상대방에게 손해를 배상하여야 한다.
②제1항에 따라 계약이 해지된 경우에도 계약상 귀환운송(歸還運送) 의무가 있는 여행주최자는 여행자를 귀환운송할 의무가 있다.
③제1항의 해지로 인하여 발생하는 추가 비용은 그 해지 사유가 어느 당사자의 사정에 속하는 경우에는 그 당사자가 부담하고, 누구의 사정에도 속하지 아니하는 경우에는 각 당사자가 절반씩 부담한다.
<본조신설 2015.2.3>

제674조의5【대금의 지급시기】 여행자는 약정한 시기에 대금을 지급하여야 하며, 그 시기의 약정이 없으면 관습에 따르고, 관습이 없으면 여행의 종료 후 지체 없이 지급하여야 한다.
<본조신설 2015.2.3>

제674조의6【여행주최자의 담보책임】 ①여행에 하자가 있는 경우에는 여행자는 여행주최자에게 하자의 시정 또는 대금의 감액을 청구할 수 있다. 다만, 그 시정에 지나치게 많은 비용이 들거나 그 밖에 시정을 합리적으로 기대할 수 없는 경우에는 시정을 청구할 수 없다.
②제1항의 시정 청구는 상당한 기간을 정하여 하여야 한다. 다만, 즉시 시정할 필요가 있는 경우에는 그러하지 아니하다.
③여행자는 시정 청구, 감액 청구를 갈음하여 손해배상을 청구하거나 시정 청구, 감액 청구와 함께 손해배상을 청구할 수 있다.
<본조신설 2015.2.3>

제674조의7【여행주최자의 담보책임과 여행자의 해지권】 ①여행자는 여행에 중대한 하자가 있는 경우에 그 시정이 이루어지지 아니하거나 계약의 내용에 따른 이행을 기대할 수 없는 경우에는 계약을 해지할 수 있다.
②계약이 해지된 경우에는 여행주최자는 대금청구권을 상실한다. 다만, 여행자가 실행된 여행으로 이익을 얻은 경우에는 그 이익을 여행주최자에게 상환하여야 한다.
③여행주최자는 계약의 해지로 인하여 필요하게 된 조치를 할 의무를 지며, 계약상 귀환운송 의무가 있으면 여행자를 귀환운송하여야 한다. 이 경우 상당한 이유가 있는 때에는 여행주최자는 여행자에게 그 비용의 일부를 청구할 수 있다.
<본조신설 2015.2.3>

제674조의8【담보책임의 존속기간】 제674조의6과 제674조의7에 따른 권리는 여행 기간 중에도 행사할 수 있으며, 계약에서 정한 여행 종료일부터 6개월 내에 행사하여야 한다.
<본조신설 2015.2.3>

제674조의9【강행규정】 제674조의3, 제674조의4 또는 제674조의6부터 제674조의8까지의 규정을 위반하는 약정으로서 여행자에게 불리한 것은 효력이 없다.
<본조신설 2015.2.3>

제10절 현상광고

제675조【현상광고의 의의】 현상광고는 광고자가 어느 행위를 한 자에게 일정한 보수를 지급할 의사를 표시하고 이에 응한 자가 그 광고에 정한 행위를 완료함으로써 그 효력이 생긴다.

제676조【보수수령권자】 ①광고에 정한 행위를 완료한 자가 수인인 경우에는 먼저 그 행위를 완료한 자가 보수를 받을 권리가 있다.
②수인이 동시에 완료한 경우에는 각각 균등한 비율로 보수를 받을 권리가 있다. 그러나 보수가 그 성질상 분할할 수 없거나 광고에 1인만이 보수를 받을 것으로 정한 때에는 추첨에 의하여 결정한다.

제677조【광고부지의 행위】 전조의 규정은 광고있음을 알지 못하고 광고에 정한 행위를 완료한 경우에 준용한다.

제678조【우수현상광고】 ①광고에 정한 행위를 완료한 자가 수인인 경우에 그 우수한 자에 한하여 보수를 지급할 것을 정하는 때에는 그 광고에 응모기간을 정한 때에 한하여 그 효력이 생긴다.
②전항의 경우에 우수의 판정은 광고중에 정한 자가 한다. 광고중에 판정자를 정하지 아니한 때에는 광고자가 판정한다.
③우수한 자 없다는 판정은 이를 할 수 없다. 그러나 광고중에 다른 의사표시가 있거나 광

고의 성질상 판정의 표준이 정하여져 있는 때에는 그러하지 아니하다.
④응모자는 전2항의 판결에 대하여 이의를 하지 못한다.
⑤수인의 행위가 동등으로 판정된 때에는 제676조제2항의 규정을 준용한다.

제679조【현상광고의 철회】 ①광고에 그 지정한 행위의 완료기간을 정한 때에는 그 기간만료전에 광고를 철회하지 못한다.
②광고에 행위의 완료기간을 정하지 아니한 때에는 행위를 완료한 자 있기 전에는 그 광고와 동일한 방법으로 광고를 철회할 수 있다.
③전광고와 동일한 방법으로 철회할 수 없는 때에는 그와 유사한 방법으로 철회할 수 있다. 이 철회는 철회한 것을 안 자에 대하여만 그 효력이 있다.

제11절 위 임

제680조【위임의 의의】 위임은 당사자 일방이 상대방에 대하여 사무의 처리를 위탁하고 상대방이 이를 승낙함으로써 그 효력이 생긴다.

제681조【수임인의 선관의무】 수임인은 위임의 본지에 따라 선량한 관리자의 주의로써 위임사무를 처리하여야 한다.

(판 례) 중개업자는 선량한 관리자의 주의의무로써 매도 등 처분을 하려는 자가 진정한 권리자와 동일인인지를 등기부와 주민등록증 등으로 조사확인 할 의무가 있다(92다55350). <김형 1090면>

제682조【복임권의 제한】 ①수임인은 위임인의 승낙이나 부득이한 사유없이 제3자로 하여금 자기에 갈음하여 위임사무를 처리하게 하지 못한다. <개정 2014.12.30>
②수임인이 전항의 규정에 의하여 제3자에게 위임사무를 처리하게 한 경우에는 제121조, 제123조의 규정을 준용한다.

제683조【수임인의 보고의무】 수임인은 위임인의 청구가 있는 때에는 위임사무의 처리상황을 보고하고 위임이 종료한 때에는 지체없이 그 전말을 보고하여야 한다.

제684조【수임인의 취득물 등의 인도, 이전의무】 ①수임인은 위임사무의 처리로 인하여 받은 금전 기타의 물건 및 그 수취한 과실을 위임인에게 인도하여야 한다.
②수임인이 위임인을 위하여 자기의 명의로 취득한 권리는 위임인에게 이전하여야 한다.

(판 례) 수임자가 자기명의로 계약을 체결하여 취득한 권리는 위임자에게 이전하여야 한다(1962.11.1, 62다506).

제685조【수임인의 금전소비의 책임】 수임인이 위임인에게 인도할 금전 또는 위임인의 이익을 위하여 사용할 금전을 자기를 위하여 소비한 때에는 소비한 날 이후의 이자를 지급하여야 하며 그 외에 손해가 있으면 배상하여야 한다.

제686조【수임인의 보수청구권】 ①수임인은 특별한 약정이 없으면 위임인에 대하여 보수를 청구하지 못한다.
②수임인이 보수를 받을 경우에는 위임사무를 완료한 후가 아니면 이를 청구하지 못한다. 그러나 기간으로 보수를 정한 때에는 그 기간이 경과한 후에 이를 청구할 수 있다.
③수임인이 위임사무를 처리하는 중에 수임인의 책임없는 사유로 인하여 위임이 종료된 때에는 수임인은 이미 처리한 사무의 비율에 따른 보수를 청구할 수 있다.

제687조【수임인의 비용선급청구권】 위임사무의 처리에 비용을 요하는 때에는 위임인은 수임인의 청구에 의하여 이를 선급하여야 한다.

제688조【수임인의 비용상환청구권 등】 ①수임인이 위임사무의 처리에 관하여 필요비를 지출한 때에는 위임인에 대하여 지출한 날 이후의 이자를 청구할 수 있다.
②수임인이 위임사무의 처리에 필요한 채무를 부담한 때에는 위임인에게 자기에 갈음하여 이를 변제하게 할 수 있고 그 채무가 변제기에 있지 아니한 때에는 상당한 담보를 제공하게 할 수 있다. <개정 2014.12.30>
③수임인이 위임사무의 처리를 위하여 과실없이 손해를 받은 때에는 위임인에 대하여 그 배상을 청구할 수 있다.

제689조【위임의 상호해지의 자유】 ①위임계약은 각 당사자가 언제든지 해지할 수 있다.
②당사자 일방이 부득이한 사유없이 상대방의 불리한 시기에 계약을 해지한 때에는 그 손해를 배상하여야 한다.

제690조【사망·파산 등과 위임의 종료】 위임은 당사자 한쪽의 사망이나 파산으로 종료된다. 수임인이 성년후견개시의 심판을 받은 경우에도 이와 같다.
<전문개정 2011.3.7>

제691조【위임종료시의 긴급처리】 위임종료의 경우에 급박한 사정이 있는 때에는 수임인, 그 상속인이나 법정대리인은 위임인, 그 상속인이나 법정대리인이 위임사무를 처리할 수 있을 때까지 그 사무의 처리를 계속하여야 한다. 이 경우에는 위임의 존속과 동일한 효력이 있다.

제692조【위임종료의 대항요건】 위임종료의 사유는 이를 상대방에게 통지하거나 상대방이 이를 안 때가 아니면 이로써 상대방에게 대항하지 못한다.

제12절 임 치

제693조【임치의 의의】 임치는 당사자 일방이 상대방에 대하여 금전이나 유가증권 기타 물건의 보관을 위탁하고 상대방이 이를 승낙함으로써 효력이 생긴다.

(판 례) 예금계약은 예금자의 예금의사표시와 돈의 제공 그리고 금융기관의 돈의 수령과 이에 대한 확인으로써 성립하고 금융기관의 직원이 돈을 받고 횡령하였더라도 예금계약의 성립에는 아무 변동이 없다(95다26919). <김준 1139면>

제694조【수치인의 임치물사용금지】 수치인은 임치인의 동의없이 임치물을 사용하지 못한다.

제695조【무상수치인의 주의의무】 보수없이 임치를 받은 자는 임치물을 자기재산과 동일한 주의로 보관하여야 한다.

제696조【수치인의 통지의무】 임치물에 대한 권리를 주장하는 제3자가 수치인에 대하여 소를 제기하거나 압류한 때에는 수치인은 지체없이 임치인에게 이를 통지하여야 한다.

제697조【임치물의 성질, 하자로 인한 임치인의 손해배상의무】 임치인은 임치물의 성질 또는 하자로 인하여 생긴 손해를 수치인에게 배상하여야 한다. 그러나 수치인이 그 성질 또는 하자를 안 때에는 그러하지 아니하다.

제698조【기간의 약정있는 임치의 해지】 임치기간의 약정이 있는 때에는 수치인은 부득이한 사유없이 그 기간만료전에 계약을 해지하지 못한다. 그러나 임치인은 언제든지 계약을 해지할 수 있다.

제699조【기간의 약정없는 임치의 해지】 임치기간의 약정이 없는 때에는 각 당사자는 언제든지 계약을 해지할 수 있다.

제700조【임치물의 반환장소】 임치물은 보관한 장소에서 반환하여야 한다. 그러나 수치인이 정당한 사유로 인하여 그 물건을 전치한 때에는 현존하는 장소에서 반환할 수 있다.

(판 례) 임치물이 대체물이라도 현품이 전부 멸실한 때에는 특약이 없는 한 손해배상책임외에 그와 동종, 동량의 물건을 인도할 의무가 있는 것이라고 할 수 없다(1967.4.25, 67다2).

제701조【준용규정】 제682조, 제684조 내지 제687조 및 제688조제1항, 제2항의 규정은 임치에 준용한다.

제702조【소비임치】 수치인이 계약에 의하여 임치물을 소비할 수 있는 경우에는 소비대차에 관한 규정을 준용한다. 그러나 반환시기의 약정이 없는 때에는 임치인은 언제든지 그 반환을 청구할 수 있다.

제13절 조 합

제703조【조합의 의의】 ①조합은 2인 이상이 상호출자하여 공동사업을 경영할 것을 약정함으로써 그 효력이 생긴다.

②전항의 출자는 금전 기타 재산 또는 노무로 할 수 있다.

(판 례) 조합계약에 있어서는 조합의 해산청구를 하거나 조합으로부터 탈퇴를 하거나 또는 다른 조합원을 제명할 수 있을 뿐 일반계약에 있어서와 같이 조합계약을 해제하고 상대방에게 원상회복의 의무를 지울 수는 없다(86도2566). <김준 1141면>

조합이 사업을 개시하고 제3자와 거래를 한 후에는 조합계약체결 당시의 의사표시의 하자를 이유로 취소할 수 없다(71다1833). <김준 1142면>

제704조【조합재산의 합유】 조합원의 출자 기타 조합재산은 조합원의 합유로 한다.

제705조【금전출자지체의 책임】 금전을 출자의 목적으로 한 조합원이 출자시기를 지체한 때에는 연체이자를 지급하는 외에 손해를 배상하여야 한다.

제706조【사무집행의 방법】 ①조합계약으로 업무집행자를 정하지 아니한 경우에는 조합원의 3분의 2 이상의 찬성으로써 이를 선임한다.

②조합의 업무집행은 조합원의 과반수로써 결정한다. 업무집행자 수인인 때에는 그 과반수로써 결정한다.

③조합의 통상사무는 전항의 규정에 불구하고 각 조합원 또는 각 업무집행자가 전행할 수 있다. 그러나 그 사무의 완료전에 다른 조합원 또는 다른 업무집행자의 이의가 있는 때

에는 즉시 중지하여야 한다.

판례 제3자가 조합재산을 침해한 경우 이에 대한 손해배상청구를 조합원의 한 사람이 직접 청구할 수는 없다(63다330). <김형 1109면>

제707조【준용규정】 조합업무를 집행하는 조합원에는 제681조 내지 제688조의 규정을 준용한다.

제708조【업무집행자의 사임, 해임】 업무집행자인 조합원은 정당한 사유없이 사임하지 못하며 다른 조합원의 일치가 아니면 해임하지 못한다.

제709조【업무집행자의 대리권추정】 조합의 업무를 집행하는 조합원은 그 업무집행의 대리권있는 것으로 추정한다.

제710조【조합원의 업무, 재산상태검사권】 각 조합원은 언제든지 조합의 업무 및 재산상태를 검사할 수 있다.

제711조【손익분배의 비율】 ①당사자가 손익분배의 비율을 정하지 아니한 때에는 각 조합원의 출자가액에 비례하여 이를 정한다.
②이익 또는 손실에 대하여 분배의 비율을 정한 때에는 그 비율은 이익과 손실에 공통된 것으로 추정한다.

판례 동업자중 1인의 부동산을 담보로 한 융자금을 전체출자금으로 삼아 위 차용금으로서 동업체의 운영경비 일체에 충당키로 약정한 외에 동업자간의 손익분배비율을 균등하게 정하고 있다면, 특단의 사정이 없는 한 위 차용금액에 의한 출자비율은 균등한 것으로 추정함이 타당하다(1986.3.11, 85다카2317).

제712조【조합원에 대한 채권자의 권리행사】 조합채권자는 그 채권발생당시에 조합원의 손실부담의 비율을 알지 못한 때에는 각 조합원에게 균분하여 그 권리를 행사할 수 있다.

판례 조합채무가 조합원 전원을 위하여 상행위가 되는 행위로 인하여 부담하게 된 것이라면 그 채무에 관하여 조합원들에 대하여 상법 제57조제1항을 적용하여 연대책임을 인정함이 마땅하다(1995.8.11, 94다18636).

제713조【무자력조합원의 채무와 타조합원의 변제책임】 조합원중에 변제할 자력없는 자가 있는 때에는 그 변제할 수 없는 부분은 다른 조합원이 균분하여 변제할 책임이 있다.

제714조【지분에 대한 압류의 효력】 조합원의 지분에 대한 압류는 그 조합원의 장래의 이익배당 및 지분의 반환을 받을 권리에 대하여 효력이 있다.

제715조【조합채무자의 상계의 금지】 조합의 채무자는 그 채무와 조합원에 대한 채권으로 상계하지 못한다.

제716조【임의탈퇴】 ①조합계약으로 조합의 존속기간을 정하지 아니하거나 조합원의 종신까지 존속할 것을 정한 때에는 각 조합원은 언제든지 탈퇴할 수 있다. 그러나 부득이한 사유없이 조합의 불리한 시기에 탈퇴하지 못한다.
②조합의 존속기간을 정한 때에도 조합원은 부득이한 사유가 있으면 탈퇴할 수 있다.

판례 임의탈퇴는 탈퇴하려는 자의 다른 조합원 전원에 대한 의사표시로써 하여야 한다(4291민상668). <김준 1148면>

제717조【비임의 탈퇴】 제716조의 경우 외에 조합원은 다음 각 호의 어느 하나에 해당하는 사유가 있으면 탈퇴된다.
1. 사 망
2. 파 산
3. 성년후견의 개시
4. 제명(除名)
<전문개정 2011.3.7>

제718조【제 명】 ①조합원의 제명은 정당한 사유 있는 때에 한하여 다른 조합원의 일치로써 이를 결정한다.
②전항의 제명결정은 제명된 조합원에게 통지하지 아니하면 그 조합원에게 대항하지 못한다.

제719조【탈퇴조합원의 지분의 계산】 ①탈퇴한 조합원과 다른 조합원간의 계산은 탈퇴당시의 조합재산상태에 의하여 한다.
②탈퇴한 조합원의 지분은 그 출자의 종류여하에 불구하고 금전으로 반환할 수 있다.
③탈퇴당시에 완결되지 아니한 사항에 대하여는 완결후에 계산할 수 있다.

제720조【부득이한 사유로 인한 해산청구】 부득이한 사유가 있는 때에는 각 조합원은 조합의 해산을 청구할 수 있다.

제721조【청산인】 ①조합이 해산한 때에는 청산은 총조합원 공동으로 또는 그들이 선임한 자가 그 사무를 집행한다.
②전항의 청산인의 선임은 조합원의 과반수로써 결정한다.

판례 조합의 청산에 관한 민법의 규정을 임의규정이라고 보며, 따라서 당사자가 다른 내용의 특약을 맺을 수 있다(84다카1921). <김준 1150면>

제722조【청산인의 업무집행방법】 청산인이 수인인 때에는 제706조제2항 후단의 규정

을 준용한다.

제723조【조합원인 청산인의 사임, 해임】 조합원중에서 청산인을 정한 때에는 제708조의 규정을 준용한다.

제724조【청산인의 직무, 권한과 잔여재산의 분배】 ①청산인의 직무 및 권한에 관하여는 제87조의 규정을 준용한다.

②잔여재산은 각 조합원의 출자가액에 비례하여 이를 분배한다.

판례 조합청산시 조합원들에게 분배할 잔여재산은 청산절차 종료전에는 청구할 수 없으나, 조합의 잔무로써 처리할 일이 없고 잔여재산 분배만이 남은 경우 따로 청산절차 필요없이 잔여재산 분배를 청구할 수 있다(97다31472). <김준 1117면>

제14절 종신정기금

제725조【종신정기금계약의 의의】 종신정기금계약은 당사자 일방이 자기, 상대방 또는 제3자의 종신까지 정기로 금전 기타의 물건을 상대방 또는 제3자에게 지급할 것을 약정함으로써 그 효력이 생긴다.

제726조【종신정기금의 계산】 종신정기금은 일수로 계산한다.

제727조【종신정기금계약의 해제】 ①정기금채무자가 정기금채무의 원본을 받은 경우에 그 정기금채무의 지급을 해태하거나 기타 의무를 이행하지 아니한 때에는 정기금채권자는 원본의 반환을 청구할 수 있다. 그러나 이미 지급을 받은 채무액에서 그 원본의 이자를 공제한 잔액을 정기금채무자에게 반환하여야 한다.

②전항의 규정은 손해배상의 청구에 영향을 미치지 아니한다.

제728조【해제와 동시이행】 제536조의 규정은 전조의 경우에 준용한다.

제729조【채무자귀책사유로 인한 사망과 채권존속선고】 ①사망이 정기금채무자의 책임있는 사유로 인한 때에는 법원은 정기금채권자 또는 그 상속인의 청구에 의하여 상당한 기간 채권의 존속을 선고할 수 있다.

②전항의 경우에도 제727조의 권리를 행사할 수 있다.

제730조【유증에 의한 종신정기금】 본절의 규정은 유증에 의한 종신정기금채권에 준용한다.

제15절 화 해

제731조【화해의 의의】 화해는 당사자가 상호양보하여 당사자간의 분쟁을 종지할 것을 약정함으로써 그 효력이 생긴다.

판례 건물신축공사 도급계약의 수급인과 도급인 사이에 물가변동이 있으면 그 증감액을 산출하여 공사금액을 조정 지급하기로 한 약정에 따라, 수급인이 요구한 물가변동으로 인한 증액 조정에 합의하였으나 그 구체적 액수에 대한 협의를 유보한 채 먼저 설계변경 등으로 인한 감액에 관하여만 합의하기로 하여 감액이 이뤄진 경우, 그 감액 합의는 전체로서의 공사금액을 확정하여 공사금액에 관한 분쟁을 끝내기로 한 것은 아니라는 이유로, 이를 공사금액 전체에 대한 화해계약으로 볼 수는 없다(1996.4.12, 95다55429).

제732조【화해의 창설적효력】 화해계약은 당사자 일방이 양보한 권리가 소멸되고 상대방이 화해로 인하여 그 권리를 취득하는 효력이 있다.

제733조【화해의 효력과 착오】 화해계약은 착오를 이유로 하여 취소하지 못한다. 그러나 화해당사자의 자격 또는 화해의 목적인 분쟁이외의 사항에 착오가 있는 때에는 그러하지 아니하다.

판례 배상액 합의 자체에 착오의 요소가 있는 경우에는 제733조를 근거로 취소가 가능하다(95다48414). <김형 1124면>

민법상 화해계약에 있어서는 당사자는 착오를 이유로 취소하지 못하고 다만 화해 당사자의 자격 또는 화해의 목적인 분쟁 이외의 사항에 착오가 있는 때에 한하여 취소할 수 있는 바(민법 제733조), 여기서 '화해의 목적인 분쟁 이외의 사항'이라 함은 분쟁의 대상이 아니라 분쟁의 전제 또는 기초가 된 사항으로써, 쌍방 당사자가 예정한 것이어서 상호 양보의 내용으로 되지 않고 다툼이 없는 사실로 양해된 사항을 말한다(1995.12.12, 94다22453).

제3장 사무관리

제734조【사무관리의 내용】 ①의무없이 타인을 위하여 사무를 관리하는 자는 그 사무의 성질에 좇아 가장 본인에게 이익되는 방법으로 이를 관리하여야 한다.

②관리자가 본인의 의사를 알거나 알 수 있는 때에는 그 의사에 적합하도록 관리하여야 한다.

③관리자가 전2항의 규정에 위반하여 사무를

관리한 경우에는 과실없는 때에도 이로 인한 손해를 배상할 책임이 있다. 그러나 그 관리행위가 공공의 이익에 적합한 때에는 중대한 과실이 없으면 배상할 책임이 없다.

(판 례) 사무관리가 성립하기 위하여는 우선 그 사무가 타인의 사무이고 타인을 위하여 사무를 처리하는 의사, 즉 관리의 사실상의 이익을 타인에게 귀속시키려는 의사가 있어야 함은 물론 나아가 그 사무의 처리가 본인에게 불리하거나 본인의 의사에 반한다는 것이 명백하지 아니할 것을 요한다(97다26326). <김준 1164면>

제735조【긴급사무관리】 관리자가 타인의 생명, 신체, 명예 또는 재산에 대한 급박한 위해를 면하게 하기 위하여 그 사무를 관리한 때에는 고의나 중대한 과실이 없으면 이로 인한 손해를 배상할 책임이 없다.

제736조【관리자의 통지의무】 관리자가 관리를 개시한 때에는 지체없이 본인에게 통지하여야 한다. 그러나 본인이 이미 이를 안 때에는 그러하지 아니하다.

제737조【관리자의 관리계속의무】 관리자는 본인, 그 상속인이나 법정대리인이 그 사무를 관리하는 때까지 관리를 계속하여야 한다. 그러나 관리의 계속이 본인의 의사에 반하거나 본인에게 불리함이 명백한 때에는 그러하지 아니하다.

제738조【준용규정】 제683조 내지 제685조의 규정은 사무관리에 준용한다.

제739조【관리자의 비용상환청구권】 ①관리자가 본인을 위하여 필요비 또는 유익비를 지출한 때에는 본인에 대하여 그 상환을 청구할 수 있다.

②관리자가 본인을 위하여 필요 또는 유익한 채무를 부담한 때에는 제688조제2항의 규정을 준용한다.

③관리자가 본인의 의사에 반하여 관리한 때에는 본인의 현존이익의 한도에서 전2항의 규정을 준용한다.

(판 례) 연대보증인이 보증기간 이전의 채무를 변제하였다면 그 변제는 일종의 사무관리로 보아야 할 것이며 따라서 변제액의 상환청구권이 있다(4293민상729). <김형 1143면>

제3자인 원고가 피고의 혼인의 출생자를 양육 및 교육하면서 그 비용을 지출하였다고 하여도 피고가 인지하거나 혼인중의 출생자로 간주되지 않는 한, 실부인 피고는 부당이득을 하였다거나 원고가 피고의 사무를 관리하였다고 볼 수 없다(1981.5.26, 80다2515).

제740조【관리자의 무과실손해보상청구권】 관리자가 사무관리를 함에 있어서 과실없이 손해를 받은 때에는 본인의 현존이익의 한도에서 그 손해의 보상을 청구할 수 있다.

제4장 부당이득

제741조【부당이득의 내용】 법률상 원인없이 타인의 재산 또는 노무로 인하여 이익을 얻고 이로 인하여 타인에게 손해를 가한 자는 그 이익을 반환하여야 한다.

(판 례) 임대차계약 소멸후에 임차건물을 부분적으로 계속 점유는 하였으나 본래 목적에 따라 임차건물을 사용, 수익하지 아니하여 실질적 이득을 얻은 바 없다면 부당이득반환의무는 성립하지 않는다(94다50526). <김형 1154면>

법률상 원인없이 타인 소유건물을 점유, 사용한 자가 반환하여야 할 차임상당액에는 건물뿐아니라 대지부분의 차임도 부당이득으로 반환하여야 한다(95다11955). <김형 1154면>

일반적으로 타인의 토지를 법률상 권원 없이 점유·사용함으로 인하여 수익자가 얻는 이득은 특별한 사정이 없는 한 그 토지의 임료 상당액이라 할 것이고 구체적인 점유·사용의 일환으로 수익자가 토지에 나무를 식재한 후 이를 처분하였다고 하더라도 그 처분대금 중에는 수익자의 노력과 비용이 포함되어 있을 뿐만 아니라, 이를 제외한 나머지 대금 상당액이 임료 상당의 부당이득과 서로 별개의 이득이라고 보기는 어렵다고 할 것이므로, 수익자가 임료 상당액과는 별도로 그 처분대금을 부당이득으로 반환해야 하는 것은 아니라고 할 것이다.(2006.12.22, 2006다56367). <김형 1548면>

제742조【비채변제】 채무없음을 알고 이를 변제한 때에는 그 반환을 청구하지 못한다.

(판 례) 납세의무자와 과세관청 사이의 조세법률관계에서 발생한 부당이득에 대하여는 민법상의 비채변제의 규정이 적용되지 아니한다(1995.2.28, 94다31419).

지급자가 채무 없음을 알고 있었다고 하더라도 변제를 강제당한 경우나 변제거절로 인한 사실상의 손해를 피하기 위하여 부득이 변제하게 된 경우 등 그 변제가 자유로운 의사에 반하여 이루어진 것으로 볼 수 있는 사정이 있는 때에는 지급자가 그 반환청구권을 상실하지 않는다(2003다46451). <김형 1344면>

제743조【기한전의 변제】 변제기에 있지 아니한 채무를 변제한 때에는 그 반환을 청구하지 못한다. 그러나 채무자가 착오로 인하여 변제한 때에는 채권자는 이로 인하여 얻은 이익을 반환하여야 한다.

(판 례) 채권담보물로서 중기를 인도받은 경우 채권자가 이를 사용한 이상 실제 이득액의 범위를 확정할 자료가 없다는 이유로 이를 배척해서는 안된다

(1986.2.11, 85다카119).

제744조【도의관념에 적합한 비채변제】 채무없는 자가 착오로 인하여 변제한 경우에 그 변제가 도의관념에 적합한 때에는 그 반환을 청구하지 못한다.

제745조【타인의 채무의 변제】 ①채무자아닌 자가 착오로 인하여 타인의 채무를 변제한 경우에 채권자가 선의로 증서를 훼멸하거나 담보를 포기하거나 시효로 인하여 그 채권을 잃은 때에는 변제자는 그 반환을 청구하지 못한다.

②전항의 경우에 변제자는 채무자에 대하여 구상권을 행사할 수 있다.

(판 례) 민법 제745조의 소정의 비채변제는 채무자가 아닌 제3자가 타인의 채무를 자기의 채무로 오신하고 착오로 변제한 경우에 채권자가 선의로 증서를 훼멸하는 등으로 그 채권을 잃은 때에는 채권자를 위하여 착오로 변제한 변제자의 부당이득반환청구권을 제한하는 취지이다(1992.2.14, 91다17917).

제746조【불법원인급여】 불법의 원인으로 인하여 재산을 급여하거나 노무를 제공한 때에는 그 이익의 반환을 청구하지 못한다. 그러나 그 불법원인이 수익자에게만 있는 때에는 그러하지 아니하다.

(판 례) 불법원인급여의 반환청구는 제746조 단서 규정에 의하여 불법원인이 수익자에게만 있는 때 할 수 있는바, 쌍방의 불법성을 비교하여 수익자의 불법성이 현저히 큰 경우에도 적용된다(93다12947). <김준 1176면>

제746조는 불법원인급여의 수령자가 임의 반환하는 것은 허용되나, 반환에 관한 약정과 같이 약정의 이행청구에 있어 청구원인인 불법원인급여사실을 주장하는 경우까지 허용하는 것은 아니다(94다51994). <김준 1176면>

도박자금으로 금원을 대여함으로 인하여 발생한 채권을 담보하기 위한 근저당권설정등기가 경료되었을 뿐인 경우와 같이 수령자가 그 이익을 향수하려면 경매신청을 하는 등 별도의 조치를 취하여야 하는 경우에는, 그 불법원인급여로 인한 이익이 종국적인 것이 아니므로 등기설정자는 무효인 근저당권설정등기의 말소를 구할 수 있다(1995.8.11, 94다54108).

제747조【원물반환불능한 경우와 가액반환, 전득자의 책임】 ①수익자가 그 받은 목적물을 반환할 수 없는 때에는 그 가액을 반환하여야 한다.

②수익자가 그 이익을 반환할 수 없는 경우에는 수익자로부터 무상으로 그 이익의 목적물을 양수한 악의의 제3자는 전항의 규정에 의하여 반환할 책임이 있다.

제748조【수익자의 반환범위】 ①선의의 수익자는 그 받은 이익이 현존한 한도에서 전조의 책임이 있다.

②악의의 수익자는 그 받은 이익에 이자를 붙여 반환하고 손해가 있으면 이를 배상하여야 한다.

제749조【수익자의 악의인정】 ①수익자가 이익을 받은 후 법률상 원인없음을 안 때에는 그때부터 악의의 수익자로서 이익반환의 책임이 있다.

②선의의 수익자가 패소한 때에는 그 소를 제기한 때부터 악의의 수익자로 본다.

(판 례) 민법 제749조제2항 소정의 「그 소」라 함은 부당이득을 이유로 그 반환을 구하는 소를 가리키지만, 한편 민법 제197조제2항의 규정에 의하여 토지소유권이전등기의 말소청구소송의 패소자는 승소자가 위 소송을 제기한 때로부터 위 토지에 대한 악의의 점유자로 간주된다(1987.1.20, 86다카1372).

제5장 불법행위

제750조【불법행위의 내용】 고의 또는 과실로 인한 위법행위로 타인에게 손해를 가한 자는 그 손해를 배상할 책임이 있다.

(판 례) 일반적으로 사용자의 근로자에 대한 해고 등의 불이익처분이 정당하지 못하여 무효로 판단되는 경우에 그러한 사유만에 의하여 곧바로 그 해고 등의 불이익처분이 불법행위를 구성하게 된다고 할 수는 없으나, 사용자가 근로자에 대하여 징계해고 등을 할 만한 사유가 전혀 없는데도 오로지 근로자를 사업장에서 몰아내려는 의도하에 고의로 어떤 명목상의 해고사유 등을 내세워 징계라는 수단을 동원하여 해고 등의 불이익처분을 한 경우나, 해고 등의 이유로 된 어느 사실이 취업규칙 등 소정의 징계사유에 해당되지 아니하거나 징계사유로 삼을 수 없는 것임이 객관적으로 명백하고 또 조금만 주의를 기울였더라면 이와 같은 사정을 쉽게 알아볼 수 있는데도 그것을 이유로 징계해고 등의 불이익처분을 한 경우처럼, 사용자에게 부당해고 등에 대한 고의·과실이 인정되는 경우에 있어서는 불법행위가 성립되어 그에 따라 입게된 근로자의 정신적 고통에 대하여도 이를 배상할 의무가 있다(1996.2.27, 95다11696).

수급인이 스스로 또는 도급인과 서로 의사를 같이하여 타인이 향수하는 일조를 방해하려는 목적으로 건물을 건축한 경우, 당해 건물이 건축법규에 위반되었고 그로 이하여 타인이 향수하는 일조를 방해하게 된다는 것을 알거나 알 수 있었는데도 과실로 이를 모른 채 건물을 건축한 경우 등 특별한 사정이 있는 때에는 수급인도 일조방해에 대하여 손해배상책임을 진다(2004다38792).<김형 1363면>

제751조【재산이외의 손해의 배상】 ①타인

의 신체, 자유 또는 명예를 해하거나 기타 정신상 고통을 가한 자는 재산이외의 손해에 대하여도 배상할 책임이 있다.
②법원은 전항의 손해배상을 정기금채무로 지급할 것을 명할 수 있고 그 이행을 확보하기 위하여 상당한 담보의 제공을 명할 수 있다.

(판 례) 법원은 위자료, 장래의 계속적 치료비와 개호비에 대하여 정기금에 의한 지급을 판결할 수 있다, 잔여여명 확정의 경우 일시금에 의한 지급을 청구할 수도 있다(93다51874, 94다30515). <김준 1245면>

신체상해의 경우 피해자의 근친자도 정신적 고통을 받았으면 제750조, 제751조에 의거 위자료청구권이 인정된다(67다1445, 69다684). <김준 1257면>

형사상이나 민사상으로 타인의 명예를 훼손하는 경우에도 그것이 진실한 사실로서 오로지 공공의 이익에 관한 때에는 그 행위에 위법성이 없는바, 행위자의 주요한 목적이나 동기가 공공의 이익을 위한 것이라면 부수적으로 다른 사익적 동기가 내포되어 있었다고 하더라도 행위자의 주요한 목적이나 동기가 공공의 이익을 위한 것으로 보아야 한다.
사생활과 관련된 사항의 공개가 사생활의 비밀을 침해하는 것으로서 위법하다고 하기 위하여는 적어도 공표된 사항이 일반인의 감수성을 기준으로 하여 그 개인의 입장에 섰을 때 공개되기를 바라지 않을 것에 해당하고 아울러 일반인에게 아직 알려지지 않은 것으로서 그것이 공개됨으로써 그 개인이 불쾌감이나 불안감을 가질 사항 등에 해당하여야 한다.(2006.12.22, 2006다15922). <김형 1652면>

제752조【생명침해로 인한 위자료】 타인의 생명을 해한 자는 피해자의 직계존속, 직계비속 및 배우자에 대하여는 재산상의 손해없는 경우에도 손해배상의 책임이 있다.

제753조【미성년자의 책임능력】 미성년자가 타인에게 손해를 가한 경우에 그 행위의 책임을 변식할 지능이 없는 때에는 배상의 책임이 없다.

(판 례) 14세 3개월된 사람은 특단의 사정이 없는 한 사회통념상으로 불법행위에 대한 책임을 변식할 지능이 있다(1969.2.25, 68다1822).

제754조【심신상실자의 책임능력】 심신상실중에 타인에게 손해를 가한 자는 배상의 책임이 없다. 그러나 고의 또는 과실로 인하여 심신상실을 초래한 때에는 그러하지 아니하다.

제755조【감독자의 책임】 ①다른 자에게 손해를 가한 사람이 제753조 또는 제754조에 따라 책임이 없는 경우에는 그를 감독할 법정의무가 있는 자가 그 손해를 배상할 책임이 있다. 다만, 감독의무를 게을리하지 아니한 경우에는 그러하지 아니하다.
②감독의무자를 갈음하여 제753조 또는 제754조에 따라 책임이 없는 사람을 감독하는 자도 제1항의 책임이 있다.
<전문개정 2011.3.7>

(판 례) 돌발적이거나 우연한 사고인 경우 교장이나 담임교사 등에게 보호감독위반 책임을 물을 수 없다(92다13646). <김준 1205면>

종전의 판례는 책임능력있는 미성년자의 불법행위에 대한 감독자의 책임에 대하여 불법행위자에게 책임능력이 있는지 불문하고 감독책임을 지는 것이라 하여 제755조에 의한 책임을 인정하였으나 전원합의체로 이를 폐기하고 제750조에 의한 책임을 인정한다(84다카474, 전합93다13605). <김준 1130면>

제756조【사용자의 배상책임】 ①타인을 사용하여 어느 사무에 종사하게 한 자는 피용자가 그 사무집행에 관하여 제3자에게 가한 손해를 배상할 책임이 있다. 그러나 사용자가 피용자의 선임 및 그 사무감독에 상당한 주의를 한 때 또는 상당한 주의를 하여도 손해가 있을 경우에는 그러하지 아니하다.
②사용자에 갈음하여 그 사무를 감독하는 자도 전항의 책임이 있다. <개정 2014.12.30>
③전2항의 경우에 사용자 또는 감독자는 피용자에 대하여 구상권을 행사할 수 있다.

(판 례) 도급인과 수급인 사이에 실질적인 지휘, 감독관계가 있으면 도급인은 수급인의 불법행위에 대해 사용자 책임을 진다(88다카102). <김준 1210면>

피용자의 불법행위가 외관상 사무집행의 범위 내에 속하는 것으로 보이는 경우에 있어서도, 피용자의 행위가 사용자나 사용자에 갈음하여 그 사무를 감독하는 자의 사무집행행위에 해당하지 않음을 피해자 자신이 알았거나 또는 중대한 과실로 인하여 알지 못한 경우에는 사용자책임을 물을 수 없을 것이고, 이 경우 중대한 과실이라 함은 일반인에게 요구되는 주의의무에 현저히 위반하는 것으로 거의 고의에 가까운 정도의 주의를 결여하고, 공평의 관점에서 상대방을 구태여 보호할 필요가 없다고 봄이 상당하다고 인정되는 상태를 말한다(1998.10.27, 97다47989).

제757조【도급인의 책임】 도급인은 수급인이 그 일에 관하여 제3자에게 가한 손해를 배상할 책임이 없다. 그러나 도급 또는 지시에 관하여 도급인에게 중대한 과실이 있는 때에는 그러하지 아니하다.

(판 례) 하도급공사계약에서 노무하수급인이 공사에 필요한 안전대책을 하여야 하고 발생사고에 대한 책임을 지기로 약정하였다면, 노무하수급인의 안전관리 소홀로 사고가 발생할 경우 그로 인한 손해는 하도급인과 하수급인의 내부관계에 있어서 하도급인에게 책임이 없고 하수급인에게 책임이 있다는 취지에 불과한 것이지, 하도급인이 설계를 잘못한 과실로 야기된 사고에 대하여서까지 하도급인의 책임을 면하게 하고 하수급인만이 책임을 진다는 취지라

고는 볼 수 없다(1994.10.21, 94다29471).

제758조【공작물 등의 점유자, 소유자의 책임】 ①공작물의 설치 또는 보존의 하자로 인하여 타인에게 손해를 가한 때에는 공작물점유자가 손해를 배상할 책임이 있다. 그러나 점유자가 손해의 방지에 필요한 주의를 해태하지 아니한 때에는 그 소유자가 손해를 배상할 책임이 있다.

②전항의 규정은 수목의 재식 또는 보존에 하자있는 경우에 준용한다.

③전2항의 경우 점유자 또는 소유자는 그 손해의 원인에 대한 책임있는 자에 대하여 구상권을 행사할 수 있다. <개정 2022. 12. 13.>

(판 례) 공작물 자체의 설치 보존상의 하자에 의하여 직접 발생한 화재로 인한 손해배상책임에 대해서는 민법 제758조제1항이 적용되고 화재로부터 연소한 부분의 손해배상에는 실화책임에 관한 법률이 적용된다(93다56404, 95다22887). <김준 1191면>

공작물 책임에서 간접점유자가 있는 경우에 직접점유자가 우선 책임을 지고 적접점유자에게 책임을 지울 수 없을 때 간접 점유자가 책임을 진다(73다1077). <김준 1215면>

공작물의 직접점유자인 임차인이 공작물의 하자로 손해를 입은 경우에 1차적으로 소유자가 무과실 책임을 지고 피해자인 임차인의 과실이 있는 경우에는 과실상계의 사유가 될 뿐이다(93다40560). <김준 1216면>

제759조【동물의 점유자의 책임】 ①동물의 점유자는 그 동물이 타인에게 가한 손해를 배상할 책임이 있다. 그러나 동물의 종류와 성질에 따라 그 보관에 상당한 주의를 해태하지 아니한 때에는 그러하지 아니하다.

②점유자에 갈음하여 동물을 보관한 자도 전항의 책임이 있다. <개정 2014.12.30>

(판 례) 성질이 난폭한 도사견을 타인에게 빌려주는 경우 안전시설 여부를 확인할 주의의무를 해태한 때에는 소유자에게 과실이 있다(80다2966). <김형 1213면>

제760조【공동불법행위자의 책임】 ①수인이 공동의 불법행위로 타인에게 손해를 가한 때에는 연대하여 그 손해를 배상할 책임이 있다.

②공동아닌 수인의 행위중 어느 자의 행위가 그 손해를 가한 것인지를 알 수 없는 때에도 전항과 같다.

③교사자나 방조자는 공동행위자로 본다.

(판 례) 가해자의 불법행위만에 의하여 손해가 발생한 것이 아니라 제3자의 행위 기타 귀책사유 등이 경합하여 손해가 발생한 경우에도 가해자의 불법행위가 손해발생의 한 원인이 되었다면 가해자는 그로 인하여 피해자가 입은 손해를 배상할 책임이 있다(97다12082). <김준 1222면>

공동불법행위자의 1인이 동시에 피해자이기도 한 경우에도 다른 공동불법행위자가 당해 불법행위로 인해 손해를 입은 제3자에 대해 손해배상금을 지출한 때에는 그 중 피해자인 공동불법행위자의 부담부분에 상응하는 금원에 대해 구상금채권을 가질 수 있다(2005다8125). <김형 1390면>

제761조【정당방위, 긴급피난】 ①타인의 불법행위에 대하여 자기 또는 제3자의 이익을 방위하기 위하여 부득이 타인에게 손해를 가한 자는 배상할 책임이 없다. 그러나 피해자는 불법행위에 대하여 손해의 배상을 청구할 수 있다.

②전항의 규정은 급박한 위난을 피하기 위하여 부득이 타인에게 손해를 가한 경우에 준용한다.

(판 례) 민법 제761조제2항 소정의 "급박한 위난"에는 가해자의 고의나 과실에 의하여 조성된 위난은 포함되지 아니한다(1981.3.24, 80다192).

제762조【손해배상청구권에 있어서의 태아의 지위】 태아는 손해배상의 청구권에 관하여는 이미 출생한 것으로 본다.

제763조【준용규정】 제393조, 제394조, 제396조, 제399조의 규정은 불법행위로 인한 손해배상에 준용한다.

(판 례) 일실이익은 종전직업의 소득으로부터 잔존한 신체기능을 가지고 장차 다른 직업에 종사하여 얻을 수 있을 것이 예상되는 향후소득을 공제하는 방법으로 산정할 수 있음은 물론 종전직업의 소득에 피해자의 노동능력상실률을 곱하는 방법으로 산정할 수도 있다(85다카538). <김준 1256면>

제764조【명예훼손의 경우의 특칙】 타인의 명예를 훼손한 자에 대하여는 법원은 피해자의 청구에 의하여 손해배상에 갈음하거나 손해배상과 함께 명예회복에 적당한 처분을 명할 수 있다. <개정 2014.12.30>

(판 례) 아파트의 일부 주민들이 입주자대표회의의 아파트 위탁관리업체 선정결의를 철회할 것을 요구하면서 유인물을 제작·배포하고, 현수막, 방송 등을 통하여 집단행동을 하는 과정에서 아파트 관리업무를 다소 방해하게 되었다 하더라도 그것이 사회통념상 용인될 만한 정도를 넘은 것이라고 보기는 어렵고, 또 같은 방법으로 의사를 표시하는 과정에서 결과적으로 관리업체의 명예·신용을 침해하게 되었다 하더라도 이는 전적으로 아파트 주민의 공공의 이익을 위한 행동으로서 그 표시된 내용 또는 진실에 부합되거나 적어도 주민들이 이를 진실하다고 믿은 데 상당한 이유가 있다고 보아, 그 집단행동은 위법성이 없거나, 고의 또는 과실이 있다고 할 수 없다(1995.6.16, 94다35718).

제765조【배상액의 경감청구】 ①본장의 규

정에 의한 배상의무자는 그 손해가 고의 또는 중대한 과실에 의한 것이 아니고 그 배상으로 인하여 배상자의 생계에 중대한 영향을 미치게 될 경우에는 법원에 그 배상액의 경감을 청구할 수 있다.

②법원은 전항의 청구가 있는 때에는 채권자 및 채무자의 경제상태와 손해의 원인 등을 참작하여 배상액을 경감할 수 있다.

(판 례) 농업협동조합이 조합 임원들이 직원의 불법행위로 인한 손해배상액을 연대하여 배상하기로 하는 내용의 각서에 의한 약정에 근거하여 조합 임원들에게 그 약정의 속행을 구하고 있는 경우에는 불법행위로 인한 손해배상책임이 있어서의 배상액 감경이론이나 조합 임직원의 업무취급상 발생한 조합의 재산상 손해금에 대한 변상판정을 공정하게 처리하기 위하여 그 절차를 정하고 있는 조합의 '변상판정요령' 등에 의하여 그 약정금액을 감액할 수는 없는 법리인데다가, 위 약정이 조합 임원들의 감독책임의 기초 위에 이루어졌다고 하더라도 그 책임의 성질을 감독책임과 동일하게 보고 약정금액을 감액할 수도 없다(1995.2.17, 94다34234).

제766조【손해배상청구권의 소멸시효】 ①불법행위로 인한 손해배상의 청구권은 피해자나 그 법정대리인이 그 손해 및 가해자를 안 날로부터 3년간 이를 행사하지 아니하면 시효로 인하여 소멸한다.

②불법행위를 한 날로부터 10년을 경과한 때에도 전항과 같다.

(판 례) 학교장이 학교법인의 파면처분에 대하여 그 무효확인을 구하는 소를 제기하여 대법원에서 승소판결이 확정되었다면 그때에 비로소 그 손해를 알았다고 보아야 할 것이고 파면처분효력정지가처분신청을 한 때에 그 손해를 알았다고는 볼 수 없다(80다1713, 64다1693). <김준 1265면>

불법행위로 인한 손해배상 청구권의 단기소멸시효의 기산점이 되는 민법 제766조제1항 소정의 '손해 및 가해자를 안 날'이라 함은 손해가 가해자의 불법행위로 인한 것임을 안 때라고 할 것이므로, 손해 및 가해자를 알았다고 하기 위하여는 가해행위와 손해의 발생 사이에 인과관계가 있다는 것까지도 알 것을 요청한다(1995.11.10, 95다32228).

③ 미성년자가 성폭력, 성추행, 성희롱, 그 밖의 성적(性的) 침해를 당한 경우에 이로 인한 손해배상청구권의 소멸시효는 그가 성년이 될 때까지는 진행되지 아니한다. <신설 2020. 10. 20.>

제4편 친 족

제1장 총 칙

제767조【친족의 정의】 배우자, 혈족 및 인척을 친족으로 한다.

(판 례) 혼인외의 출생자와 생모간에는 그 생모의 인지나 출생신고를 기다리지 않고 자의 출생으로 당연히 법률상의 친족관계가 생긴다고 해석하는 것이 타당하다(1967.10.4, 67다1791).

제768조【혈족의 정의】 자기의 직계존속과 직계비속을 직계혈족이라 하고 자기의 형제자매와 형제자매의 직계비속, 직계존속의 형제자매 및 그 형제자매의 직계비속을 방계혈족이라 한다. <개정 90.1.13>

제769조【인척의 계원】 혈족의 배우자, 배우자의 혈족, 배우자의 혈족의 배우자를 인척으로 한다. <개정 90.1.13>

제770조【혈족의 촌수의 계산】 ①직계혈족은 자기로부터 직계존속에 이르고 자기로부터 직계비속에 이르러 그 세수를 정한다.

②방계혈족은 자기로부터 동원의 직계존속에 이르는 세수와 그 동원의 직계존속으로부터 그 직계비속에 이르는 세수를 통산하여 그 촌수를 정한다.

제771조【인척의 촌수의 계산】 인척은 배우자의 혈족에 대하여는 배우자의 그 혈족에 대한 촌수에 따르고, 혈족의 배우자에 대하여는 그 혈족에 대한 촌수에 따른다.

<전문개정 90.1.13>

제772조【양자와의 친계와 촌수】 ①양자와 양부모 및 그 혈족, 인척사이의 친계와 촌수는 입양한 때로부터 혼인중의 출생자와 동일한 것으로 본다.

②양자의 배우자, 직계비속과 그 배우자는 전항의 양자의 친계를 기준으로 하여 촌수를 정한다.

제773조 · 제774조 삭제 <90.1.13>

제775조【인척관계 등의 소멸】 ①인척관계는 혼인의 취소 또는 이혼으로 인하여 종료한다. <개정 90.1.13>

②부부의 일방이 사망한 경우 생존배우자가 재혼한 때에도 제1항과 같다. <개정 90.1.13>

제776조【입양으로 인한 친족관계의 소멸】 입양으로 인한 친족관계는 입양의 취소 또는 파양으로 인하여 종료한다.

제777조【친족의 범위】 친족관계로 인한 법률상 효력은 이 법 또는 다른 법률에 특별한 규정이 없는 한 다음 각호에 해당하는 자에

미친다.
1. 8촌 이내의 혈족
2. 4촌 이내의 인척
3. 배우자
<전문개정 90.1.13>

제2장 가족의 범위와 자의 성과 본
〈본장 제목개정 2005.3.31〉

제778조 삭제<2005.3.31>
제779조【가족의 범위】 ①다음의 자는 가족으로 한다.
1. 배우자, 직계혈족 및 형제자매
2. 직계혈족의 배우자, 배우자의 직계혈족 및 배우자의 형제자매

②제1항제2호의 경우에는 생계를 같이 하는 경우에 한한다.
<전문개정 2005.3.31>
제780조 삭제<2005.3.31>
제781조【자의 성과 본】 ①자는 부의 성과 본을 따른다. 다만, 부모가 혼인신고시 모의 성과 본을 따르기로 협의한 경우에는 모의 성과 본을 따른다.
②부가 외국인인 경우에는 자는 모의 성과 본을 따를 수 있다.
③부를 알 수 없는 자는 모의 성과 본을 따른다.
④부모를 알 수 없는 자는 법원의 허가를 받아 성과 본을 창설한다. 다만, 성과 본을 창설한 후 부 또는 모를 알게 된 때에는 부 또는 모의 성과 본을 따를 수 있다.
⑤혼인외의 출생자가 인지된 경우 자는 부모의 협의에 따라 종전의 성과 본을 계속 사용할 수 있다. 다만, 부모가 협의할 수 없거나 협의가 이루어지지 아니한 경우에는 자는 법원의 허가를 받아 종전의 성과 본을 계속 사용할 수 있다.
⑥자의 복리를 위하여 자의 성과 본을 변경할 필요가 있을 때에는 부, 모 또는 자의 청구에 의하여 법원의 허가를 받아 이를 변경할 수 있다. 다만, 자가 미성년자이고 법정대리인이 청구할 수 없는 경우에는 제777조의 규정에 따른 친족 또는 검사가 청구할 수 있다.
<전문개정 2005.3.31>
제782조~제789조 삭제 <2005.3.31>
제790조 삭제 <90.1.13>
제791조 삭제 <2005.3.31>
제792조 삭제 <90.1.13>
제793조~제796조 삭제 <2005.3.31>
제797조~제799조 삭제 <90.1.13>

제3장 혼 인

제1절 약 혼

제800조【약혼의 자유】 성년에 달한 자는 자유로 약혼할 수 있다.

> (판 례) 법률상의 혼인을 한 부부의 어느 한쪽이 집을 나가 장기간 돌아오지 아니하고 있는 상태에서, 부부의 다른 한쪽이 제3자와 혼인의 의사로 실질적인 혼인생활을 하고 있다고 하더라도, 특별한 사정이 없는 한, 이를 사실혼으로 인정하여 법률혼에 준하는 보호를 허여할 수는 없다(1995.9.26, 94므1638).

제801조【약혼 나이】 18세가 된 사람은 부모나 미성년후견인의 동의를 받아 약혼할 수 있다. 이 경우 제808조를 준용한다.
<전문개정 2011. 3. 7.>
<제목개정 2022. 12. 27.>
제802조【성년후견과 약혼】 피성년후견인은 부모나 성년후견인의 동의를 받아 약혼할 수 있다. 이 경우 제808조를 준용한다.
<전문개정 2011.3.7>
제803조【약혼의 강제이행금지】 약혼은 강제이행을 청구하지 못한다.
제804조【약혼해제의 사유】 당사자 한쪽에 다음 각 호의 어느 하나에 해당하는 사유가 있는 경우에는 상대방은 약혼을 해제할 수 있다.
1. 약혼 후 자격정지 이상의 형을 선고받은 경우
2. 약혼 후 성년후견개시나 한정후견개시의 심판을 받은 경우
3. 성병, 불치의 정신병, 그 밖의 불치의 병질(病疾)이 있는 경우
4. 약혼 후 다른 사람과 약혼이나 혼인을 한 경우
5. 약혼 후 다른 사람과 간음(姦淫)한 경우
6. 약혼 후 1년 이상 생사(生死)가 불명한 경우
7. 정당한 이유 없이 혼인을 거절하거나 그 시기를 늦추는 경우
8. 그 밖에 중대한 사유가 있는 경우

<전문개정 2011.3.7>

(판 례) 종전에 서로 알지 못하던 약혼 당사자들이 중매를 통하여 불과 10일간의 교제를 거쳐 약혼을 한 경우에는 서로 상대방의 인품이나 능력에 대하여 충분히 알 수 없기 때문에 학력이나 경력, 직업 등이 상대방에 대한 평가의 중요한 자료가 된다고 할 것인데, 약혼당사자일방이 이를 속인 것은 신의칙에 반하는 것으로서 민법 제804조제8호 소정의 '기타 중대한 사유가 있는 때'에 해당하여 약혼의 해제는 적법하다(94므1676). <김형 1289면>
임신불능은 혼인예약의 해제사유가 아니다(1960. 8.18, 429민사995).

제805조 【약혼해제의 방법】 약혼의 해제는 상대방에 대한 의사표시로 한다. 그러나 상대방에 대하여 의사표시를 할 수 없는 때에는 그 해제의 원인있음을 안 때에 해제된 것으로 본다.

제806조 【약혼해제와 손해배상청구권】 ①약혼을 해제한 때에는 당사자 일방은 과실있는 상대방에 대하여 이로 인한 손해의 배상을 청구할 수 있다.
②전항의 경우에는 재산상 손해외에 정신상 고통에 대하여도 손해배상의 책임이 있다.
③정신상 고통에 대한 배상청구권은 양도 또는 승계하지 못한다. 그러나 당사자간에 이미 그 배상에 관한 계약이 성립되거나 소를 제기한 후에는 그러하지 아니하다.

(판 례) 약혼해제에 관하여 과실이 있는 유책한 배우자는 약혼예물을 반환청구할 권리가 없다(76므41). <김형 1288면>

제2절 혼인의 성립

제807조 【혼인적령】 18세가 된 사람은 혼인할 수 있다. <개정 2022. 12. 27.>
<전문개정 2007. 12. 21.>

제808조 【동의가 필요한 혼인】 ①미성년자가 혼인을 하는 경우에는 부모의 동의를 받아야 하며, 부모 중 한쪽이 동의권을 행사할 수 없을 때에는 다른 한쪽의 동의를 받아야 하고, 부모가 모두 동의권을 행사할 수 없을 때에는 미성년후견인의 동의를 받아야 한다.
②피성년후견인은 부모나 성년후견인의 동의를 받아 혼인할 수 있다.
<전문개정 2011.3.7>

제809조 【근친혼 등의 금지】 ①8촌 이내의 혈족(친양자의 입양전의 혈족을 포함한다) 사이에서는 혼인하지 못한다.
②6촌 이내의 혈족의 배우자, 배우자의 6촌 이내의 혈족, 배우자의 4촌 이내의 혈족의 배우자인 인척이거나 이러한 인척이었던 자 사이에서는 혼인하지 못한다.
③6촌 이내의 양부모계(養父母系)의 혈족이었던 자와 4촌 이내의 양부모계의 인척이었던 자 사이에서는 혼인하지 못한다.
<전문개정 2005.3.31>

제810조 【중혼의 금지】 배우자있는 자는 다시 혼인하지 못한다.

제811조 삭제<2005.3.31>

제812조 【혼인의 성립】 ①혼인은 가족관계의 등록 등에 관한 법률에 정한 바에 의하여 신고함으로써 그 효력이 생긴다.<개정 2007.5.17>
②전항의 신고는 당사자 쌍방과 성년자인 증인 2인의 연서한 서면으로 하여야 한다.

(판 례) 사망자 사이 또는 생존하는 자와 사망한 자 사이에서는 혼인이 인정될 수 없고, 혼인신고특례법과 같이 예외적으로 혼인신고의 효력의 소급을 인정하는 특별한 규정이 없는 한 그러한 혼인신고가 받아들여질 수도 없다(1995.11.14, 95므694).

제813조 【혼인신고의 심사】 혼인의 신고는 그 혼인이 제807조 내지 제810조 및 제812조제2항의 규정 기타 법령에 위반함이 없는 때에는 이를 수리하여야 한다. <개정 2005.3.31>

제814조 【외국에서의 혼인신고】 ①외국에 있는 본국민사이의 혼인은 그 외국에 주재하는 대사, 공사 또는 영사에게 신고할 수 있다.
②제1항의 신고를 수리한 대사, 공사 또는 영사는 지체 없이 그 신고서류를 본국의 재외국민 가족관계등록사무소에 송부하여야 한다.
<개정 2007.5.17, 2015.2.3>

(판 례) 섭외사법 제15조제1항의 규정은 우리 나라 사람들 사이 또는 우리 나라 사람과 외국인 사이의 혼인이 외국에서 거행되는 경우 그 혼인의 방식 즉 형식적 성립요건은 그 혼인거행지의 법에 따라 정하여야 한다는 취지라고 해석되므로, 그 나라의 법이 정하는 방식에 따른 혼인절차를 마친 경우에는 혼인이 유효하게 성립하는 것이고 별도로 우리 나라의 법에 따른 혼인신고를 하지 않더라도 혼인의 성립에 영향이 없으며, 당사자가 호적법 제39조, 제40조에 의하여 혼인신고를 한다 하더라도 이는 창설적신고가 아니라 이미 유효하게 성립한 혼인에 관한 보고적 신고에 불과하다(1994.6.28, 94므413).

제3절 혼인의 무효와 취소

제815조 【혼인의 무효】 혼인은 다음 각호의

어느 하나의 경우에는 무효로 한다. <개정 2005.3.31>
1. 당사자간에 혼인의 합의가 없는 때
2. 혼인이 제809조제1항의 규정을 위반한 때
3. 당사자간에 직계인척관계(直系姻戚關係)가 있거나 있었던 때
4. 당사자간에 양부모계의 직계혈족관계가 있었던 때 <신설 2005.3.31>

(판례) 30년간 부부관계를 맺고 그 사이에서 2남2녀를 출산한 피청구인이 청구인의 본처가 사망하자 혼인신고를 요구하여, 청구인이 이를 응낙하고 혼인신고를 하도록 딸에게 교부한 인장을 피청구인이 사용하여 혼인신고서를 작성하여 이 사건 혼인신고를 한 것이라면, 설사 당사자 사이에 이후 동거하기로 하는 합의가 따로 없이 혼인신고 후에도 계속 별거하면서 왕래하려는 의사만 있었더라도 혼인의 실질적 합의가 없었다고는 할 수 없다(90므293). <김형 1292면>

혼례식을 거행하고 사실혼관계에 있었으나 일방이 뇌졸중으로 혼수상태에 빠져 있는 사이에 혼인신고가 이루어졌다면, 특별한 사정이 없는 한 위 신고에 의한 혼인은 무효이다(94므1089). <김형 1292면>

혼인, 입양 등의 신분행위에 관하여는 민법 제139조를 적용하지 않고 추인에 의하여 소급적 효력을 인정하는 것은, 신분행위는 신분관계를 형성하는 것을 목적으로 하는 법률행위로서 신분관계의 형성이 그 본질적인 내용이고 신고 등 절차는 그 신분행위의 창설을 외형적으로 확정짓는 부차적인 요건일 뿐인데 무효인 신분행위가 있은 후에 그 내용에 맞는 신분관계가 실질적으로 형성되어 쌍방당사자가 아무런 이의없이 그 신분관계를 계속하여 왔다면 그 신고가 부적법하다는 이유로 이미 형성되어 있는 신분관계의 외형과 호적의 기재를 믿은 제3자의 이익도 침해할 우려가 있기 때문에 추인에 의하여 소급적으로 신분행위의 효력을 인정함으로써 신분관계의 본질적 요소를 보호하는 것이 타당하다는 데 그 근거가 있다고 할 것이므로, 당사자간에 무효인 신고 행위에 상응하는 신분관계가 실질적으로 형성되어 있지도 아니하고 또 앞으로도 그럴 가망이 없다고 하는 경우에는 무효의 신분행위에 대한 추인의 의사표시만으로 그 무효행위의 효력을 인정할 수는 없다고 할 것이다(91므30). <김형 1295면>

제816조【혼인취소의 사유】 혼인은 다음 각 호의 어느 하나의 경우에는 법원에 그 취소를 청구할 수 있다. <개정 90.1.13, 2005.3.31>
1. 혼인이 제807조 내지 제809조(제815조의 규정에 의하여 혼인의 무효사유에 해당하는 경우를 제외한다. 이하 제817조 및 제820조에서 같다) 또는 제810조의 규정에 위반한 때
2. 혼인당시 당사자 일방에 부부생활을 계속할 수 없는 악질 기타 중대한 사유 있음을 알지 못한 때
3. 사기 또는 강박으로 인하여 혼인의 의사표시를 한 때

(판례) 갑남이 법률상 부부였던 을녀를 상대로 이혼심판을 청구하여 승소심판을 선고받고 그 심판이 확정되자 곧 병녀와 혼인하여 혼인신고를 마쳤으나 그 후 을녀의 재심청구에 의하여 그 이혼심판의 취소 및 이혼청구기각의 심판이 확정되었다면 갑남과 병녀 사이의 혼인은 중혼에 해당하므로 취소되어야 한다(1994.10.11, 94므932).

제817조【나이위반 혼인 등의 취소청구권자】 혼인이 제807조, 제808조의 규정에 위반한 때에는 당사자 또는 그 법정대리인이 그 취소를 청구할 수 있고 제809조의 규정에 위반한 때에는 당사자, 그 직계존속 또는 4촌 이내의 방계혈족이 그 취소를 청구할 수 있다. <개정 2005. 3. 31.>
<제목개정 2022. 12. 27.>

제818조【중혼의 취소청구권자】 당사자 및 그 배우자, 직계혈족, 4촌 이내의 방계혈족 또는 검사는 제810조를 위반한 혼인의 취소를 청구할 수 있다.
<전문개정 2012.2.10>

제819조【동의 없는 혼인의 취소청구권의 소멸】 제808조를 위반한 혼인은 그 당사자가 19세가 된 후 또는 성년후견종료의 심판이 있은 후 3개월이 지나거나 혼인 중에 임신한 경우에는 그 취소를 청구하지 못한다.
<전문개정 2011.3.7>

제820조【근친혼 등의 취소청구권의 소멸】 제809조의 규정에 위반한 혼인은 그 당사자간에 혼인중 포태(胞胎)한 때에는 그 취소를 청구하지 못한다. <개정 2005.3.31>

제821조 삭제<2005.3.31>

제822조【악질등 사유에 의한 혼인취소청구권의 소멸】 제816조제2호의 규정에 해당하는 사유있는 혼인은 상대방이 그 사유있음을 안 날로부터 6월을 경과한 때에는 그 취소를 청구하지 못한다.

제823조【사기, 강박으로 인한 혼인취소청구권의 소멸】 사기 또는 강박으로 인한 혼인은 사기를 안 날 또는 강박을 면한 날로부터 3월을 경과한 때에는 그 취소를 청구하지 못한다.

제824조【혼인취소의 효력】 혼인의 취소의 효력은 기왕에 소급하지 아니한다.

(판례) 민법 제824조는 혼인의 취소의 효력은 기

왕에 소급하지 아니한다고 규정하고 있을 뿐 재산상속 등에 관해 소급효를 인정할 별도의 규정이 없는 바, 혼인중에 부부 일방이 사망하여 상대방이 배우자로서 망인의 재산을 상속받은 후에 그 혼인이 취소되었다는 사정만으로, 그 전에 이루어진 상속관계가 소급하여 무효라거나 또는 그 상속재산이 법률상 원인 없이 취득한 것이라고는 볼 수 없다(95다48308). <김형 1299면>

제824조의2【혼인의 취소와 자의 양육 등】 제837조 및 제837조의2의 규정은 혼인의 취소의 경우에 자의 양육책임과 면접교섭권에 관하여 이를 준용한다.
<본조신설 2005.3.31>

제825조【혼인취소와 손해배상청구권】 제806조의 규정은 혼인의 무효 또는 취소의 경우에 준용한다.

제4절 혼인의 효력

제1관 일반적 효력

제826조【부부간의 의무】 ①부부는 동거하며 서로 부양하고 협조하여야 한다. 그러나 정당한 이유로 일시적으로 동거하지 아니하는 경우에는 서로 인용하여야 한다.
②부부의 동거장소는 부부의 협의에 따라 정한다. 그러나 협의가 이루어지지 아니하는 경우에는 당사자의 청구에 의하여 가정법원이 이를 정한다. <개정 90.1.13>
③삭제 <2005.3.31>
④삭제 <2005.3.31>

제826조의2【성년의제】 미성년자가 혼인을 한 때에는 성년자로 본다.
<본조신설 77.12.31>

제827조【부부간의 가사대리권】 ①부부는 일상의 가사에 관하여 서로 대리권이 있다.
②전항의 대리권에 가한 제한은 선의의 제3자에게 대항하지 못한다.

(판 례) 일상가사대리권 외에 별도의 기본대리권이 있는 처가 근저당권설정등기에 필요한 각종 서류를 소지하고 있는 데다가 그 인감증명서가 본인인 남편이 발급 받은 것이고, 남편이 스스로 처에게 인감을 보냈음을 추단할 수 있는 문서와 남편의 무인이 찍힌 위임장 및 주민등록증 등을 제시하는 등 남편이 처에게 대리권을 수여하였다고 믿게 할 특별한 사정까지 있었다면, 그 상대방으로서는 처가 남편을 대리할 적법한 권한이 있었다고 믿는 데 정당한 이유가 있다(94다45098). <김형 1305면>

부부간에 서로 일상가사대리권이 있다고 하더라도, 일반적으로 처가 남편이 부담하는 사업상의 채무를 남편과 연대하여 부담하기 위하여 남편에게 채권자와의 채무부담약정에 관한 대리권을 수여한다는 것은 극히 이례적인 일이라 할 것이고, 채무자가 남편으로서 처의 도장을 쉽사리 입수할 수 있었으며 채권자도 이러한 사정을 쉽게 알 수 있었던 점에 비추어 보면, 채무자가 채권자를 자신의 집 부근으로 오게 한 후 처로부터 위임을 받았다고 하면서 처 명의의 채무부담약정을 한 사실만으로는 채권자가 남편에게 처를 대리하여 채무부담약정을 할 대리권이 있다고 믿은 점을 정당화할 수 있는 객관적인 사정이 있다고 할 수 없으므로, 민법 제126조의 표현대리의 성립을 인정할 수 없다(96다54942). <김형 1307면>

제828조 삭제 <2012.2.10>

제2관 재산상 효력

제829조【부부재산의 약정과 그 변경】 ①부부가 혼인성립전에 그 재산에 관하여 따로 약정을 하지 아니한 때에는 그 재산관계는 본관중 다음 각조에 정하는 바에 의한다.
②부부가 혼인성립전에 그 재산에 관하여 약정한 때에는 혼인중 이를 변경하지 못한다. 그러나 정당한 사유가 있는 때에는 법원의 허가를 얻어 변경할 수 있다.
③전항의 약정에 의하여 부부의 일방이 다른 일방의 재산을 관리하는 경우에 부적당한 관리로 인하여 그 재산을 위태하게 한 때에는 다른 일방은 자기가 관리할 것을 법원에 청구할 수 있고 그 재산이 부부의 공유인 때에는 그 분할을 청구할 수 있다.
④부부가 그 재산에 관하여 따로 약정을 한 때에는 혼인성립까지에 그 등기를 하지 아니하면 이로써 부부의 승계인 또는 제3자에게 대항하지 못한다.
⑤제2항, 제3항의 규정이나 약정에 의하여 관리자를 변경하거나 공유재산을 분할하였을 때에는 그 등기를 하지 아니하면 이로써 부부의 승계인 또는 제3자에게 대항하지 못한다.

제830조【특유재산과 귀속불명재산】 ①부부의 일방이 혼인전부터 가진 고유재산과 혼인중 자기의 명의로 취득한 재산은 특유재산으로 한다.
②부부의 누구에게 속한 것인지 분명하지 아니한 재산은 부부의 공유로 추정한다. <개정 77.12. 31>

(판 례) 부부의 일방이 혼인 중에 자기 명의로 취득한 재산은 그 명의자의 특유재산으로 추정되지만, 실질적으로 다른 일방 또는 쌍방이 그 재산의 대가를 부담하여 취득한 것이 증명된 때에는 특유재산의

추정은 번복되어 다른 일방의 소유이거나 쌍방의 공유라고 보아야 한다(1995.10.12, 95다25695).

제831조【특유재산의 관리 등】 부부는 그 특유재산을 각자 관리, 사용, 수익한다.

제832조【가사로 인한 채무의 연대책임】 부부의 일방이 일상의 가사에 관하여 제3자와 법률행위를 한 때에는 다른 일방은 이로 인한 채무에 대하여 연대책임이 있다. 그러나 이미 제3자에 대하여 다른 일방의 책임없음을 명시한 때에는 그러하지 아니하다.

제833조【생활비용】 부부의 공동생활에 필요한 비용은 당사자간에 특별한 약정이 없으면 부부가 공동으로 부담한다.
<전문개정 90.1.13>

제5절 이 혼

제1관 협의상 이혼

제834조【협의상 이혼】 부부는 협의에 의하여 이혼할 수 있다.

제835조【성년후견과 협의상 이혼】 피성년후견인의 협의상 이혼에 관하여는 제808조제2항을 준용한다.
<전문개정 2011.3.7>

제836조【이혼의 성립과 신고방식】 ①협의상 이혼은 가정법원의 확인을 받아 가족관계의 등록 등에 관한 법률의 정한 바에 의하여 신고함으로써 그 효력이 생긴다. <개정 77.12.31, 2007.5.17>
②전항의 신고는 당사자 쌍방과 성년자인 증인 2인의 연서한 서면으로 하여야 한다.

(판 례) 부부가 이혼하기로 협의하고 가정법원의 협의이혼의사 확인을 받았다고 하더라도 호적법에 정한 바에 의하여 신고함으로써 협의이혼의 효력이 생기기 전에는 부부의 일방이 언제든지 협의이혼의사를 철회할 수 있는 것이어서, 협의이혼신고서가 수리되기 전에 협의이혼의사의 철회신고서가 제출되면 협의이혼신고서는 수리할 수 없는 것이므로, 설사 호적공무원이 착오로 협의이혼의사 철회신고서가 제출된 사실을 간과한 나머지 그 후에 제출된 협의이혼신고서를 수리하였다고 하더라도 협의상 이혼의 효력이 생길 수 없다(1994.2.8, 93다2869).

제836조의2【이혼의 절차】 ①협의상 이혼을 하려는 자는 가정법원이 제공하는 이혼에 관한 안내를 받아야 하고, 가정법원은 필요한 경우 당사자에게 상담에 관하여 전문적인 지식과 경험을 갖춘 전문상담인의 상담을 받을 것을 권고할 수 있다.
②가정법원에 이혼의사의 확인을 신청한 당사자는 제1항의 안내를 받은 날부터 다음 각 호의 기간이 지난 후에 이혼의사의 확인을 받을 수 있다.
1. 양육하여야 할 자(포태 중인 자를 포함한다. 이하 이 조에서 같다)가 있는 경우에는 3개월
2. 제1호에 해당하지 아니하는 경우에는 1개월
③가정법원은 폭력으로 인하여 당사자 일방에게 참을 수 없는 고통이 예상되는 등 이혼을 하여야 할 급박한 사정이 있는 경우에는 제2항의 기간을 단축 또는 면제할 수 있다.
④양육하여야 할 자가 있는 경우 당사자는 제837조에 따른 자(子)의 양육과 제909조제4항에 따른 자(子)의 친권자결정에 관한 협의서 또는 제837조 및 제909조제4항에 따른 가정법원의 심판정본을 제출하여야 한다.
⑤가정법원은 당사자가 협의한 양육비부담에 관한 내용을 확인하는 양육비부담조서를 작성하여야 한다. 이 경우 양육비부담조서의 효력에 대하여는 「가사소송법」 제41조를 준용한다. <신설 2009.5.8>
<본조신설 2007.12.21>

제837조【이혼과 자의 양육책임】 ①당사자는 그 자의 양육에 관한 사항을 협의에 의하여 정한다. <개정 90.1.13>
②제1항의 협의는 다음의 사항을 포함하여야 한다. <개정 2007.12.21>
1.양육자의 결정
2.양육비용의 부담
3.면접교섭권의 행사 여부 및 그 방법
③ 제1항에 따른 협의가 자(子)의 복리에 반하는 경우에는 가정법원은 보정을 명하거나 직권으로 그 자(子)의 의사(意思)·나이와 부모의 재산상황, 그 밖의 사정을 참작하여 양육에 필요한 사항을 정한다. <개정 2007. 12. 21., 2022. 12. 27.>
④양육에 관한 사항의 협의가 이루어지지 아니하거나 협의할 수 없는 때에는 가정법원은 직권으로 또는 당사자의의 청구에 따라 이에 관하여 결정한다. 이 경우 가정법원은 제3항의 사정을 참작하여야 한다. <신설 2007.12.21>
⑤가정법원은 자(子)의 복리를 위하여 필요하다고 인정하는 경우에는 부·모·자(子) 및

검사의 청구 또는 직권으로 자(子)의 양육에 관한 사항을 변경하거나 다른 적당한 처분을 할 수 있다. <신설 2007.12.21>
⑥제3항부터 제5항까지의 규정은 양육에 관한 사항 외에는 부모의 권리의무에 변경을 가져오지 아니한다. <신설 2007.12.21>

판례 원고가 사건본인을 양육한 것이 일방적이고 이기적인 목적이나 동기에서 비롯된 것이라거나 사건 본인의 이익을 위하여 도움이 되지 아니하거나, 그 양육비를 피고에게 부담시키는 것이 오히려 형평에 어긋나게 되는 등의 특별한 사정이 있다고 볼 아무런 자료가 없다면, 피고에게 사건본인의 양육비를 분담하게 한 것은 정당하다(1995.4.25. 94므536).

제837조의2 【면접교섭권】 ①자(子)를 직접 양육하지 아니하는 부모의 일방과 자(子)는 상호 면접교섭할 수 있는 권리를 가진다. <개정 2007.12.21.>
②자(子)를 직접 양육하지 아니하는 부모 일방의 직계존속은 그 부모 일방이 사망하였거나 질병, 외국거주, 그 밖에 불가피한 사정으로 자(子)를 면접교섭할 수 없는 경우 가정법원에 자(子)와의 면접교섭을 청구할 수 있다. 이 경우 가정법원은 자(子)의 의사(意思), 면접교섭을 청구한 사람과 자(子)의 관계, 청구의 동기, 그 밖의 사정을 참작하여야 한다. <신설 2016.12.2>
③가정법원은 자의 복리를 위하여 필요한 때에는 당사자의 청구 또는 직권에 의하여 면접교섭을 제한·배제·변경할 수 있다. <개정 90.1.13, 2005.3.31, 2016.12.2>

제838조 【사기, 강박으로 인한 이혼의 취소청구권】 사기 또는 강박으로 인하여 이혼의 의사표시를 한 자는 그 취소를 가정법원에 청구할 수 있다. <개정 90.1.13>

제839조 【준용규정】 제823조의 규정은 협의상 이혼에 준용한다.

제839조의2 【재산분할청구권】 ①협의상 이혼한 자의 일방은 다른 일방에 대하여 재산분할을 청구할 수 있다.
②제1항의 재산분할에 관하여 협의가 되지 아니하거나 협의할 수 없는 때에는 가정법원은 당사자의 청구에 의하여 당사자 쌍방의 협력으로 이룩한 재산의 액수 기타 사정을 참작하여 분할의 액수와 방법을 정한다.
③제1항의 재산분할청구권은 이혼한 날부터 2년을 경과한 때에는 소멸한다.
<본조신설 90.1.13>

판례 부부재산의 청산의 의미를 갖는 재산분할에 관한 규정은 부부의 생활공동체라는 실질에 비추어 인정되는 것이므로 사실혼관계에도 준용 또는 유추적용할 수 있다(94므1379). <김형 1317면>

재산분할에 관한 협의는 혼인중 당사자쌍방의 협력으로 이룩한 재산의 분할에 관하여 이미 이혼을 마친 당사자 또는 아직 이혼하지 않은 당사자 사이에 행하여지는 협의를 가리키는 것인 바, 그 중 아직 이혼하지 않은 당사자가 장차 협의상 이혼할 것을 약정하면서 이를 전제로 하여 위 재산분할에 관한 협의를 하는 경우에 있어서는, 특별한 사정이 없는 한 장차 당사자 사이에 협의상 이혼이 이루어질 것을 조건으로 하여 조건부 의사표시가 행하여지는 것이라 할 것이므로, 그 협의 후 당사자가 약정한 대로 협의상 이혼이 이루어지지 아니하고 혼인관계가 존속하게 되거나 당사자 일방이 제기한 이혼청구의 소에 의하여 재판상 이혼이 이루어진 경우에는, 그 협의는 조건의 불성취로 인하여 효력이 발생하지 않는다(95다23156). <김형 1318면>

제839조의3 【재산분할청구권 보전을 위한 사해행위취소권】 ①부부의 일방이 다른 일방의 재산분할청구권 행사를 해함을 알면서도 재산권을 목적으로 하는 법률행위를 한 때에는 다른 일방은 제406조제1항을 준용하여 그 취소 및 원상회복을 가정법원에 청구할 수 있다.
②제1항의 소는 제406조제2항의 기간 내에 제기하여야 한다.
<본조신설 2007.12.21>

제2관 재판상 이혼

제840조 【재판상 이혼원인】 부부의 일방은 다음 각호의 사유가 있는 경우에는 가정법원에 이혼을 청구할 수 있다. <개정 90.1.13>
1. 배우자에 부정한 행위가 있었을 때
2. 배우자가 악의로 다른 일방을 유기한 때
3. 배우자 또는 그 직계존속으로부터 심히 부당한 대우를 받았을 때
4. 자기의 직계존속이 배우자로부터 심히 부당한 대우를 받았을 때
5. 배우자의 생사가 3년 이상 분명하지 아니한 때
6. 기타 혼인을 계속하기 어려운 중대한 사유가 있을 때

신·구 ~법원에~ ⇨ ~가정법원에~

판례 민법 제840조제1호 소정의 재판상 이혼사유인 부정한 행위라 함은 간통에 이르지는 아니하였다고 하더라도 부부의 정조의무에 충실하지 아니한 것으로 인정되는 일체의 부정행위를 포함하는 보다 넓은 개

념으로 파악하여야 한다(92므938). <김형 1311면>

남편이 정신이상의 증세가 있는 처를 두고 가출하여 비구승이 된 것은 악의의 유기에 해당한다(90므583). <김형 1311면>

처가 가정에 불성실한 탓으로 부와 불화가 심화되던 중 부로부터 몇 번 구타당하여 경미한 상처를 입었다는 사실만으로서는 혼인생활을 계속할 수 없을 정도로 심히 부당한 대우를 받았다고 할 수 없다(1986.9.9, 86므68).

혼인관계가 부부 쌍방의 책임있는 사유로 파탄에 이르게 된 경우 이혼을 청구한 당사자의 책임이 상대방의 책임보다 더 무겁다고 인정되지 아니하는 한 그 이혼청구는 인용되어야 한다(1992.11.10, 92므549).

혼인생활의 파탄에 대하여 주된 책임이 있는 배우자는 그 파탄을 사유로 하여 이혼을 청구할 수 없는 것이 원칙이고, 다만 상대방도 그 파탄 이후 혼인을 계속할 의사가 없음이 객관적으로 명백하고 다만 오기나 보복적 감정에서 이혼에 응하지 않고 있을 뿐이라는 등 특별한 사정이 있는 경우에만 예외적으로 유책배우자의 이혼청구권이 인정된다(1995.11.21, 95므731).

제841조【부정으로 인한 이혼청구권의 소멸】 전조제1호의 사유는 다른 일방이 사전동의나 사후 용서를 한 때 또는 이를 안 날로부터 6월, 그 사유있은 날로부터 2년을 경과한 때에는 이혼을 청구하지 못한다.

(판 례) 민법 제841조 소정의 제척기간은 부정행위를 원인으로 한 이혼청구권의 소멸에 관한 규정으로서 이는 부권침해를 원인으로 하여 그 정신상 고통에 대한 위자료를 청구하고 있는 경우에는 적용될 수 없다(1985.6.25, 83므18).

제842조【기타 원인으로 인한 이혼청구권의 소멸】 제840조제6호의 사유는 다른 일방이 이를 안 날로부터 6월, 그 사유있은 날로부터 2년을 경과하면 이혼을 청구하지 못한다.

제843조【준용규정】 재판상 이혼에 따른 손해배상책임에 관하여는 제806조를 준용하고, 재판상 이혼에 따른 자녀의 양육책임 등에 관하여는 제837조를 준용하며, 재판상 이혼에 따른 면접교섭권에 관하여는 제837조의2를 준용하고, 재판상 이혼에 따른 재산분할청구권에 관하여는 제839조의2를 준용하며, 재판상 이혼에 따른 재산분할청구권 보전을 위한 사해행위취소권에 관하여는 제839조의3을 준용한다.
<전문개정 2012.2.10>

(판 례) 민법 제839조의2에 규정된 재산분할제도는 혼인 중에 취득한 실질적인 공동재산을 청산 분배하는 것을 주된 목적으로 하는 것이므로, 부부가 재판상 이혼을 할 때 쌍방의 협력으로 이룩한 재산이 있는 한, 법원으로서는 당사자의 청구에 의하여 그 재산의 형성에 기여한 정도 등 당사자 쌍방의 일체의 사정을 참작하여 분할의 액수와 방법을 정하여야 하는 바, 비록 처가 주로 마련한 자금과 노력으로 취득한 재산이라 할지라도 남편이 가사비용의 조달 등으로 직·간접으로 재산의 유지 및 증가에 기여하였다면 그와 같이 쌍방의 협력으로 이룩된 재산은 재산분할의 대상이 된다(1995.10.12, 95므175, 182).

제4장 부모와 자

제1절 친생자

제844조【남편의 친생자의 추정】 ① 아내가 혼인 중에 임신한 자녀는 남편의 자녀로 추정한다.
② 혼인이 성립한 날부터 200일 후에 출생한 자녀는 혼인 중에 임신한 것으로 추정한다.
③ 혼인관계가 종료된 날부터 300일 이내에 출생한 자녀는 혼인 중에 임신한 것으로 추정한다.
<전문개정 2017.10.31.>
[2017.10.31. 법률 제14965호에 의하여 2015.4.30. 헌법재판소에서 헌법불합치 결정된 이 조를 개정함.]

(판 례) 친생자 추정에 관한 민법 제844조는 부부가 동거하여 처가 부의 자를 포태할 수 있는 상태에서 자를 포태한 경우에 적용되는 것이고, 부부의 한 쪽이 장기간에 걸쳐 해외에 나가 있거나 사실상의 이혼으로 부부가 별거하고 있는 경우 등 동서의 결여로 처가 부의 자를 포태할 수 없는 것이 외관상 명백한 사정이 있는 경우에는 그 추정이 미치지 아니한다 할 것이어서 친자관계부존재확인소송을 제기할 수 있다고 할 것이다(82므59). <김형 1328면>

제845조【법원에 의한 부의 결정】 재혼한 여자가 해산한 경우에 제844조의 규정에 의하여 그 자의 부를 정할 수 없는 때에는 법원이 당사자의 청구에 의하여 이를 정한다. <개정 2005.3.31>

제846조【자의 친생부인】 부부의 일방은 제844조의 경우에 그 자가 친생자임을 부인하는 소를 제기할 수 있다. <개정 2005.3.31>

(판 례) 법률상 타인의 친생자로 추정되는 자에 대하여서는 그 부로부터 부인된 후가 아니면 아무도 인지를 할 수 없다(1968.2.27, 67므34).

제847조【친생부인의 소】 ①친생부인(親生否認)의 소(訴)는 부(夫) 또는 처(妻)가 다른 일방 또는 자(子)를 상대로 하여 그 사유가 있음을 안 날부터 2년내에 이를 제기하여야 한다.
②제1항의 경우에 상대방이 될 자가 모두 사망한 때에는 그 사망을 안 날부터 2년내에 검

사를 상대로 하여 친생부인의 소를 제기할 수 있다.
<전문개정 2005.3.31>

제848조【성년후견과 친생부인의 소】 ①남편이나 아내가 피성년후견인인 경우에는 그의 성년후견인이 성년후견감독인의 동의를 받아 친생부인의 소를 제기할 수 있다. 성년후견감독인이 없거나 동의할 수 없을 때에는 가정법원에 그 동의를 갈음하는 허가를 청구할 수 있다.
②제1항의 경우 성년후견인이 친생부인의 소를 제기하지 아니하는 경우에는 피성년후견인은 성년후견종료의 심판이 있은 날부터 2년내에 친생부인의 소를 제기할 수 있다.
<전문개정 2011.3.7>

제849조【자사망후의 친생부인】 자가 사망한 후에도 그 직계비속이 있는 때에는 그 모를 상대로, 모가 없으면 검사를 상대로 하여 부인의 소를 제기할 수 있다.

제850조【유언에 의한 친생부인】 부(夫) 또는 처(妻)가 유언으로 부인의 의사를 표시한 때에는 유언집행자는 친생부인의 소를 제기하여야 한다. <개정 2005.3.31>

제851조【부의 자 출생전 사망 등과 친생부인】 부(夫)가 자(子)의 출생전에 사망하거나 부(夫) 또는 처(妻)가 제847조제1항의 기간내에 사망한 때에는 부(夫) 또는 처(妻)의 직계존속이나 직계비속에 한하여 그 사망을 안 날부터 2년내에 친생부인의 소를 제기할 수 있다.
<전문개정 2005.3.31>

제852조【친생부인권의 소멸】 자의 출생후에 친생자(親生子)임을 승인한 자는 다시 친생부인의 소를 제기하지 못한다.
<전문개정 2005.3.31>

제853조 삭제<2005.3.31>

제854조【사기, 강박으로 인한 승인의 취소】 제852조의 승인이 사기 또는 강박으로 인한 때에는 이를 취소할 수 있다. <개정 2005.3.31>

제854조의2【친생부인의 허가 청구】 ① 어머니 또는 어머니의 전(前) 남편은 제844조제3항의 경우에 가정법원에 친생부인의 허가를 청구할 수 있다. 다만, 혼인 중의 자녀로 출생신고가 된 경우에는 그러하지 아니하다.
② 제1항의 청구가 있는 경우에 가정법원은 혈액채취에 의한 혈액형 검사, 유전인자의 검사 등 과학적 방법에 따른 검사결과 또는 장기간의 별거 등 그 밖의 사정을 고려하여 허가 여부를 정한다.
③ 제1항 및 제2항에 따른 허가를 받은 경우에는 제844조제1항 및 제3항의 추정이 미치지 아니한다.
[본조신설 2017.10.31.]

제855조【인 지】 ①혼인외의 출생자는 그 생부나 생모가 이를 인지할 수 있다. 부모의 혼인이 무효인 때에는 출생자는 혼인외의 출생자로 본다.
②혼인외의 출생자는 그 부모가 혼인한 때에는 그 때로부터 혼인중의 출생자로 본다.

제855조의2【인지의 허가 청구】 ① 생부(生父)는 제844조제3항의 경우에 가정법원에 인지의 허가를 청구할 수 있다. 다만, 혼인 중의 자녀로 출생신고가 된 경우에는 그러하지 아니하다.
② 제1항의 청구가 있는 경우에 가정법원은 혈액채취에 의한 혈액형 검사, 유전인자의 검사 등 과학적 방법에 따른 검사결과 또는 장기간의 별거 등 그 밖의 사정을 고려하여 허가 여부를 정한다.
③ 제1항 및 제2항에 따라 허가를 받은 생부가 「가족관계의 등록 등에 관한 법률」 제57조제1항에 따른 신고를 하는 경우에는 제844조제1항 및 제3항의 추정이 미치지 아니한다.
[본조신설 2017.10.31.]

> (판 례) 친생자가 아닌 자에 대하여 한 인지신고는 당연무효이며 이런 인지는 무효를 확정하기 위한 판결 기타의 절차에 의하지 아니하고도, 또 누구에 의하여도 그 무효를 주장할 수 있는 것이다(1992. 10.23, 92다29399).

제856조【피성년후견인의 인지】 아버지가 피성년후견인인 경우에는 성년후견인의 동의를 받아 인지할 수 있다.
<전문개정 2011.3.7>

제857조【사망자의 인지】 자가 사망한 후에도 그 직계비속이 있는 때에는 이를 인지할 수 있다.

제858조【포태중인 자의 인지】 부는 포태중에 있는 자에 대하여도 이를 인지할 수 있다.

제859조【인지의 효력발생】 ①인지는 가족관계의 등록 등에 관한 법률의 정하는 바에 의하여 신고함으로써 그 효력이 생긴다. <개정 2007.5.17>
②인지는 유언으로도 이를 할 수 있다. 이 경

우에는 유언집행자가 이를 신고하여야 한다.

제860조【인지의 소급효】 인지는 그 자의 출생시에 소급하여 효력이 생긴다. 그러나 제3자의 취득한 권리를 해하지 못한다.

(판 례) 혼인 외의 출생자가 부의 사망 후에 인지의 소에 의하여 친생자로 인지받은 경우, 피인지자보다 후순위상속인인 피상속인의 직계존속 또는 형제 자매 등은 피인지자의 출현과 함께 자신이 취득한 상속권을 소급하여 잃게 되는 것으로 보아야 하고, 그것이 민법 제860조 단서의 규정에 따라 인지의 소급효 제한에 의하여 보호받게 되는 제3자의 기득권에 포함된다고는 볼 수 없다(92다4851). <김형 1334면>

제861조【인지의 취소】 사기, 강박 또는 중대한 착오로 인하여 인지를 한 때에는 사기나 착오를 안 날 또는 강박을 면한 날로부터 6월내에 가정법원에 그 취소를 청구할 수 있다. <개정 2005.3.31>

제862조【인지에 대한 이의의 소】 자 기타 이해관계인은 인지의 신고있음을 안 날로부터 1년내에 인지에 대한 이의의 소를 제기할 수 있다.

(판 례) 재판상 인지의 경우에는 그 확정판결의 효력이 제3자에게도 미치므로 그 심판에 대한 재심의 소로서 이를 다투어야 하고 인지에 대한 이의의 소로서 위인지심판의 효력을 다툴 수는 없다(1981.6.23, 80므109).

제863조【인지청구의 소】 자와 그 직계비속 또는 그 법정대리인은 부 또는 모를 상대로 하여 인지청구의 소를 제기할 수 있다.

(판 례) 청구인이 생모와 피청구인 사이의 출생자인지 여부에 관한 혈액검사를 실시한 결과 MN형 재검에 의한 재확인이 필요하였는데, 피청구인이 불응하여 확인이 불가능하게 되었고, 같은 혈액검사의 조직적 합성항원검사 결과는 조직적 합성항원형 표현이 가능한 것으로 나타났다면, 이에 다른 증거를 종합하여 청구인을 피청구인의 자로 인정한 것은 정당하다(1986.7.22, 86므63).

제864조【부모의 사망과 인지청구의 소】 제862조 및 제863조의 경우에 부 또는 모가 사망한 때에는 그 사망을 안 날로부터 2년내에 검사를 상대로 하여 인지에 대한 이의 또는 인지청구의 소를 제기할 수 있다. <개정 2005.3.31>

제864조의2【인지와 자의 양육책임 등】 제837조 및 제837조의2의 규정은 자가 인지된 경우에 자의 양육책임과 면접교섭권에 관하여 이를 준용한다.
<본조신설 2005.3.2>

제865조【다른 사유를 원인으로 한 친생관계존부확인의 소】 ①제845조, 제846조, 제848조, 제850조, 제851조, 제862조와 제863조의 규정에 의하여 소를 제기할 수 있는 자는 다른 사유를 원인으로 하여 친생자관계존부의 확인의 소를 제기할 수 있다.
②제1항의 경우에 당사자 일방이 사망한 때에는 그 사망을 안 날로부터 2년내에 검사를 상대로 하여 소를 제기할 수 있다. <개정 2005.3.31>

제2절 양자(養子)
〈본절 제목개정 2012.2.10〉

제1관 입양의 요건과 효력
<본관 제목개정 2012.2.10>

제866조【입양을 할 능력】 성년이 된 사람은 입양(入養)을 할 수 있다.
<전문개정 2012.2.10>

(판 례) 자식이 나병에 걸려서 가출하여 사실상 없는 것과 같은 경우에는 양자를 들이는 것이 우리의 관습이었다고 할 수 없다(1994.4.26, 93다32446).

제867조【미성년자의 입양에 대한 가정법원의 허가】 ①미성년자를 입양하려는 사람은 가정법원의 허가를 받아야 한다.
②가정법원은 양자가 될 미성년자의 복리를 위하여 그 양육 상황, 입양의 동기, 양부모(養父母)의 양육능력, 그 밖의 사정을 고려하여 제1항에 따른 입양의 허가를 하지 아니할 수 있다.
<본조신설 2012.2.10>

제868조 삭제 <90.1.13>

(신·구) 구조문 ⇨ 제867조【사후양자】 ①호주가 사망한 경우에는 그 직계비속이 없는 때에 한하여 그 배우자, 직계존속, 친족회의 순위로 사후양자를 선정할 수 있다.
②폐가 또는 무후가를 부흥하기 위하여 전호주의 사후양자를 선정하는 경우에는 전호주의 직계존속, 친족회의 순위로 이를 선정한다.
③제2항의 경우에 직계존속이 수인인 때에는 남자를 선순위로 하고 남자 또는 여자가 수인인 때에는 최근존속을 선순위로 한다. 그러나 생가의 직계존속은 출계자의 사후양자를 선정하지 못한다.
④제870조의 규정은 배우자 또는 직계존속의 사후양자를 선정하는 경우에 준용한다.
제868조【사후양자선정권자의 순위】 전조제1항의 경우에 배우자가 없거나 또는 사후양자를 선정하지 아니한다는 의사표시를 한 때에는 직계존속이 이를 선정하고 직계존속이 없으면 친족호가 이를 선정할 수 있다. 이 경우에 직계존속 또는 친족회가 사후양자를 선정함에는 법원의 허가를 얻어야 한다.

제869조【입양의 의사표시】 ①양자가 될 사

람이 13세 이상의 미성년자인 경우에는 법정대리인의 동의를 받아 입양을 승낙한다.
②양자가 될 사람이 13세 미만인 경우에는 법정대리인이 그를 갈음하여 입양을 승낙한다.
③가정법원은 다음 각 호의 어느 하나에 해당하는 경우에는 제1항에 따른 동의 또는 제2항에 따른 승낙이 없더라도 제867조제1항에 따른 입양의 허가를 할 수 있다.

1. 법정대리인이 정당한 이유 없이 동의 또는 승낙을 거부하는 경우. 다만, 법정대리인이 친권자인 경우에는 제870조제2항의 사유가 있어야 한다.
2. 법정대리인의 소재를 알 수 없는 등의 사유로 동의 또는 승낙을 받을 수 없는 경우

④제3항제1호의 경우 가정법원은 법정대리인을 심문하여야 한다.
⑤ 제1항에 따른 동의 또는 제2항에 따른 승낙은 제867조제1항에 따른 입양의 허가가 있기 전까지 철회할 수 있다.
<전문개정 2012.2.10>

제870조【미성년자 입양에 대한 부모의 동의】 ①양자가 될 미성년자는 부모의 동의를 받아야 한다. 다만, 다음 각 호의 어느 하나에 해당하는 경우에는 그러하지 아니하다.

1. 부모가 제869조제1항에 따른 동의를 하거나 같은 조 제2항에 따른 승낙을 한 경우
2. 부모가 친권상실의 선고를 받은 경우
3. 부모의 소재를 알 수 없는 등의 사유로 동의를 받을 수 없는 경우

②가정법원은 다음 각 호의 어느 하나에 해당하는 사유가 있는 경우에는 부모가 동의를 거부하더라도 제867조제1항에 따른 입양의 허가를 할 수 있다. 이 경우 가정법원은 부모를 심문하여야 한다.

1. 부모가 3년 이상 자녀에 대한 부양의무를 이행하지 아니한 경우
2. 부모가 자녀를 학대 또는 유기(유기)하거나 그 밖에 자녀의 복리를 현저히 해친 경우

③제1항에 따른 동의는 제867조제1항에 따른 입양의 허가가 있기 전까지 철회할 수 있다.
<전문개정 2012.2.10>

(판례) 민법이 시행되기 전의 관습에 의하면, 남자 자손이 없는 자만이 양자를 할 수 있고, 또 양자가 될 자는 부모와 호주의 동의를 얻어야 하며, 이와 같은 요건을 갖추지 못한 입양은 무효로 하였다(1994.5.24, 93므119).

제871조【성년자 입양에 대한 부모의 동의】 ①양자가 될 사람이 성년인 경우에는 부모의 동의를 받아야 한다. 다만, 부모의 소재를 알 수 없는 등의 사유로 동의를 받을 수 없는 경우에는 그러하지 아니하다.
②가정법원은 부모가 정당한 이유 없이 동의를 거부하는 경우에 양부모가 될 사람이나 양자가 될 사람의 청구에 따라 부모의 동의를 갈음하는 심판을 할 수 있다. 이 경우 가정법원은 부모를 심문하여야 한다.
<전문개정 2012.2.10>

제872조 삭제 <2012.2.10>

제873조【피성년후견인의 입양】 ①피성년후견인은 성년후견인의 동의를 받아 입양을 할 수 있고 양자가 될 수 있다.
②피성년후견인이 입양을 하거나 양자가 되는 경우에는 제867조를 준용한다.
③가정법원은 성년후견인이 정당한 이유 없이 제1항에 따른 동의를 거부하거나 피성년후견인의 부모가 정당한 이유 없이 제871조제1항에 따른 동의를 거부하는 경우에 그 동의가 없어도 입양을 허가할 수 있다. 이 경우 가정법원은 성년후견인 또는 부모를 심문하여야 한다.
<전문개정 2012.2.10>

제874조【부부의 공동 입양 등】 ①배우자가 있는 사람은 배우자와 공동으로 입양하여야 한다.
②배우자가 있는 사람은 그 배우자의 동의를 받아야만 양자가 될 수 있다.
<전문개정 2012.2.10>

제875조 · 제876조 삭제 <90.1.13>

(신·구) 구조문 ⇨ 제875조【직계장남자의 입양금지】 호주의 직계비속장남자는 본가의 계통을 계승하는 경우외에는 양자가 되지 못한다.
제876조【서양자】 ①여서로 하기 위하여 양자를 할 수 있다. 이 경우에는 여서인 양자는 양친의 가에 입적한다.
②전항의 경우에 양친자관계의 발생, 소멸은 혼인관계의 발생, 소멸에 따른다. 그러나 입양의 무효, 취소 또는 파양은 혼인관계에 영향을 미치지 아니한다.

제877조【입양의 금지】 존속이나 연장자를 입양할 수 없다.
<전문개정 2012.2.10>

제878조【입양의 성립】 입양은 「가족관계의 등록 등에 관한 법률」에서 정한 바에 따라 신고함으로써 그 효력이 생긴다.
<전문개정 2012.2.10>

(판 례) 친생자로 출생신고를 한 것이 입양신고로서의 기능을 발휘하여 입양의 효력이 발생하였다면, 파양에 의하여 양친자관계를 해소할 필요가 있는 등의 특별한 사정이 없는 한, 호적의 기재를 말소하여 법률상 친자관계의 존재를 부정하게 되는 친생자관계부존재확인의 소는 확인의 이익이 없는 것으로서 부적법하다(93므119). <김형 1343면>

당사자 사이에 양친자관계를 창설하려는 명백한 의사가 있고 기타 입양의 실질적 성립요건이 모두 구비된 경우 입양신고 대신 친생자출생신고가 있다면 형식에 다소 잘못이 있더라도 입양의 효력이 있다(1993.2.23, 92다51969).

제879조 · 제880조 삭제 <90.1.13>

제881조【입양 신고의 심사】 제866조, 제867조, 제869조부터 제871조까지, 제873조, 제874조, 제877조, 그 밖의 법령을 위반하지 아니한 입양 신고는 수리하여야 한다.
<전문개정 2012.2.10>

제882조【외국에서의 입양 신고】 외국에서 입양 신고를 하는 경우에는 제814조를 준용한다.
<전문개정 2012.2.10>

제882조의2【입양의 효력】 ①양자는 입양된 때부터 양부모의 친생자와 같은 지위를 가진다.
②양자의 입양 전의 친족관계는 존속한다.
<본조신설 2012.2.10>

제2관 입양의 무효와 취소

제883조【입양 무효의 원인】 다음 각 호의 어느 하나에 해당하는 입양은 무효이다.
1. 당사자 사이에 입양의 합의가 없는 경우
2. 제867조제1항(제873조제2항에 따라 준용되는 경우를 포함한다), 제869조제2항, 제877조를 위반한 경우

<전문개정 2012.2.10>

제884조【입양 취소의 원인】 ①입양이 다음 각 호의 어느 하나에 해당하는 경우에는 가정법원에 그 취소를 청구할 수 있다.
1. 제866조, 제869조제1항, 같은 조 제3항제2호, 제870조제1항, 제871조제1항, 제873조제1항, 제874조를 위반한 경우
2. 입양 당시 양부모와 양자 중 어느 한쪽에게 악질(악질)이나 그 밖에 중대한 사유가 있음을 알지 못한 경우
3. 사기 또는 강박으로 인하여 입양의 의사표시를 한 경우

②입양 취소에 관하여는 제867조제2항을 준용한다.
<전문개정 2012.2.10>

제885조【입양 취소 청구권자】 양부모, 양자와 그 법정대리인 또는 직계혈족은 제866조를 위반한 입양의 취소를 청구할 수 있다.
<전문개정 2012.2.10>

(판 례) 입양의 취소에 관한 소에 대하여는 민사소송법 제37조, 제26조의 규정이 준용될 여지는 없다(1973.11.27, 73므24).

제886조【입양 취소 청구권자】 양자나 동의권자는 제869조제1항, 같은 조 제3항제2호, 제870조제1항을 위반한 입양의 취소를 청구할 수 있고, 동의권자는 제871조제1항을 위반한 입양의 취소를 청구할 수 있다.
<전문개정 2012.2.10>

제887조【입양 취소 청구권자】 피성년후견인이나 성년후견인은 제873조제1항을 위반한 입양의 취소를 청구할 수 있다.
<전문개정 2011.3.7>

제888조【입양 취소 청구권자】 배우자는 제874조를 위반한 입양의 취소를 청구할 수 있다.
<전문개정 2012.2.10>

제889조【입양 취소 청구권의 소멸】 양부모가 성년이 되면 제866조를 위반한 입양의 취소를 청구하지 못한다.
<전문개정 2012.2.10>

제890조 삭제 <90.1.13>

(신·구) 제890조【동 전】 제867조, 제868조의 규정에 위반한 입양은 그 사유있음을 안 날로부터 6월, 그 사유있은 날로부터 1년을 경과하면 그 취소를 청구하지 못한다.

제891조【입양 취소 청구권의 소멸】 ① 양자가 성년이 된 후 3개월이 지나거나 사망하면 제869조제1항, 같은 조 제3항제2호, 제870조제1항을 위반한 입양의 취소를 청구하지 못한다.
②양자가 사망하면 제871조제1항을 위반한 입양의 취소를 청구하지 못한다.
<전문개정 2012.2.10>

제892조 삭제 <2012.2.10>

제893조【입양 취소 청구권의 소멸】 성년후견개시의 심판이 취소된 후 3개월이 지나면 제873조제1항을 위반한 입양의 취소를 청구하지 못한다.
<전문개정 2012.2.10>

제894조【입양 취소 청구권의 소멸】 제869조제1항, 같은 조 제3항제2호, 제870조제1항, 제871조제1항, 제873조제1항, 제874조를 위반한 입양은 그 사유가 있음을 안 날부터 6개월, 그 사유가 있었던 날부터 1년이 지나면 그 취소를 청구하지 못한다.
<전문개정 2012.2.10>

제895조 삭제 <90.1.13>

(신·구) 구조문 ⇨ 제895조【동 전】 제875조의 규정에 위반한 입양은 그 사유있음을 안 날로부터 1년, 그 사유있은 날로부터 3년을 경과하면 그 취소를 청구하지 못한다.

제896조【입양 취소 청구권의 소멸】 제884조제1항제2호에 해당하는 사유가 있는 입양은 양부모와 양자 중 어느 한 쪽이 그 사유가 있음을 안 날부터 6개월이 지나면 그 취소를 청구하지 못한다.
<전문개정 2012.2.10>

제897조【준용규정】 입양의 무효 또는 취소에 따른 손해배상책임에 관하여는 제806조를 준용하고, 사기 또는 강박으로 인한 입양 취소 청구권의 소멸에 관하여는 제823조를 준용하며, 입양 취소의 효력에 관하여는 제824조를 준용한다.
<전문개정 2012.2.10>

제3관 파양(罷養)

제1항 협의상 파양

제898조【협의상 파양】 양부모와 양자는 협의하여 파양(罷養)할 수 있다. 다만, 양자가 미성년자 또는 피성년후견인인 경우에는 그러하지 아니하다.
<전문개정 2012.2.10>

제899조 삭제 <2012.2.10>

제900조 삭제 <2012.2.10>

제901조 삭제 <2012.2.10>

제902조【피성년후견인의 협의상 파양】 피성년후견인인 양부모는 성년후견인의 동의를 받아 파양을 협의할 수 있다.
<전문개정 2012.2.10>

제903조【파양 신고의 심사】 제898조, 제902조, 그 밖의 법령을 위반하지 아니한 파양 신고는 수리하여야 한다.
<전문개정 2012.2.10>

제904조【준용규정】 사기 또는 강박으로 인한 파양 취소 청구권의 소멸에 관하여는 제823조를 준용하고, 협의상 파양의 성립에 관하여는 제878조를 준용한다.
<전문개정 2012.2.10>

제2항 재판상 파양

제905조【재판상 파양의 원인】 양부모, 양자 또는 제906조에 따른 청구권자는 다음 각 호의 어느 하나에 해당하는 경우에는 가정법원에 파양을 청구할 수 있다.

1. 양부모가 양자를 학대 또는 유기하거나 그 밖에 양자의 복리를 현저히 해친 경우
2. 양부모가 양자로부터 심히 부당한 대우를 받은 경우
3. 양부모나 양자의 생사가 3년 이상 분명하지 아니한 경우
4. 그 밖에 양친자관계를 계속하기 어려운 중대한 사유가 있는 경우

<전문개정 2012.2.10>

제906조【파양 청구권자】 ①양자가 13세 미만인 경우에는 제869조제2항에 따른 승낙을 한 사람이 양자를 갈음하여 파양을 청구할 수 있다. 다만, 파양을 청구할 수 있는 사람이 없는 경우에는 제777조에 따른 양자의 친족이나 이해관계인이 가정법원의 허가를 받아 파양을 청구할 수 있다.
②양자가 13세 이상의 미성년자인 경우에는 제870조제1항에 따른 동의를 한 부모의 동의를 받아 파양을 청구할 수 있다. 다만, 부모가 사망하거나 그 밖의 사유로 동의할 수 없는 경우에는 동의 없이 파양을 청구할 수 있다.
③양부모나 양자가 피성년후견인인 경우에는 성년후견인의 동의를 받아 파양을 청구할 수 있다.
④검사는 미성년자나 피성년후견인인 양자를 위하여 파양을 청구할 수 있다.
<전문개정 2012.2.10>

제907조【파양 청구권의 소멸】 파양 청구권자는 제905조제1호·제2호·제4호의 사유가 있음을 안 날부터 6개월, 그 사유가 있었던 날부터 3년이 지나면 파양을 청구할 수 없다.
<전문개정 2012.2.10>

제908조【준용규정】 재판상 파양에 따른 손해배상책임에 관하여는 제806조를 준용한다.

<전문개정 2012.2.10>

제4관 친양자
<본관신설 2005.3.31>

제908조의2【친양자 입양의 요건 등】 ①친양자(親養子)를 입양하려는 사람은 다음 각 호의 요건을 갖추어 가정법원에 친양자 입양을 청구하여야 한다.
1. 3년 이상 혼인 중인 부부로서 공동으로 입양할 것. 다만, 1년 이상 혼인 중인 부부의 한쪽이 그 배우자의 친생자를 친양자로 하는 경우에는 그러하지 아니하다.
2. 친양자가 될 사람이 미성년자일 것
3. 친양자가 될 사람의 친생부모가 친양자 입양에 동의할 것. 다만, 부모가 친권상실의 선고를 받거나 소재를 알 수 없거나 그 밖의 사유로 동의할 수 없는 경우에는 그러하지 아니하다.
4. 친양자가 될 사람이 13세 이상인 경우에는 법정대리인의 동의를 받아 입양을 승낙할 것
5. 친양자가 될 사람이 13세 미만인 경우에는 법정대리인이 그를 갈음하여 입양을 승낙할 것

②가정법원은 다음 각 호의 어느 하나에 해당하는 경우에는 제1항제3호·제4호에 따른 동의 또는 같은 항 제5호에 따른 승낙이 없어도 제1항의 청구를 인용할 수 있다. 이 경우 가정법원은 동의권자 또는 승낙권자를 심문하여야 한다.
1. 법정대리인이 정당한 이유 없이 동의 또는 승낙을 거부하는 경우. 다만, 법정대리인이 친권자인 경우에는 제2호 또는 제3호의 사유가 있어야 한다.
2. 친생부모가 자신에게 책임이 있는 사유로 3년 이상 자녀에 대한 부양의무를 이행하지 아니하고 면접교섭을 하지 아니한 경우
3. 친생부모가 자녀를 학대 또는 유기하거나 그 밖에 자녀의 복리를 현저히 해친 경우

③가정법원은 친양자가 될 사람의 복리를 위하여 그 양육상황, 친양자 입양의 동기, 양부모의 양육능력, 그 밖의 사정을 고려하여 친양자 입양이 적당하지 아니하다고 인정하는 경우에는 제1항의 청구를 기각할 수 있다.
<전문개정 2012.2.10>

제908조의3【친양자 입양의 효력】 ①친양자는 부부의 혼인중 출생자로 본다.
②친양자의 입양전의 친족관계는 제908조의2 제1항의 청구에 의한 친양자 입양이 확정된 때에 종료한다. 다만, 부부의 일방이 그 배우자의 친생자를 단독으로 입양한 경우에 있어서의 배우자 및 그 친족과 친생자간의 친족관계는 그러하지 아니하다.
<본조신설 2005.3.31>

제908조의4【친양자 입양의 취소 등】 ①친양자로 될 사람의 친생(親生)의 아버지 또는 어머니는 자신에게 책임이 없는 사유로 인하여 제908조의2제1항제3호 단서에 따른 동의를 할 수 없었던 경우에 친양자 입양의 사실을 안 날부터 6개월 안에 가정법원에 친양자 입양의 취소를 청구할 수 있다.
②친양자 입양에 관하여는 제883조, 제884조를 적용하지 아니한다.
<전문개정 2012.2.10>

제908조의5【친양자의 파양】 ①양친, 친양자, 친생의 부 또는 모나 검사는 다음 각 호의 어느 하나의 사유가 있는 경우에는 가정법원에 친양자의 파양(罷養)을 청구할 수 있다.
1. 양친이 친양자를 학대 또는 유기(遺棄)하거나 그 밖에 친양자의 복리를 현저히 해하는 때
2. 친양자의 양친에 대한 패륜(悖倫)행위로 인하여 친양자관계를 유지시킬 수 없게 된 때

②제898조 및 제905조의 규정은 친양자의 파양에 관하여 이를 적용하지 아니한다.
<본조신설 2005.3.31>

제908조의6【준용규정】 제908조의2제3항은 친양자 입양의 취소 또는 제908조의5제1항제2호에 따른 파양의 청구에 관하여 이를 준용한다.
<전문개정 2012.2.10>

제908조의7【친양자 입양의 취소·파양의 효력】 ①친양자 입양이 취소되거나 파양된 때에는 친양자관계는 소멸하고 입양 전의 친족관계는 부활한다.
②제1항의 경우에 친양자 입양의 취소의 효력은 소급하지 아니한다.
<본조신설 2005.3.31>

제908조의8【준용규정】 친양자에 관하여 이 관에 특별한 규정이 있는 경우를 제외하고는 그 성질에 반하지 아니하는 범위안에서 양자에 관한 규정을 준용한다.
<본조신설 2005.3.31>

제3절 친 권

제1관 총 칙

제909조【친권자】 ①부모는 미성년자인 자의 친권자가 된다. 양자의 경우에는 양부모(養父母)가 친권자가 된다. <개정 2005.3.31>
②친권은 부모가 혼인중인 때에는 부모가 공동으로 이를 행사한다. 그러나 부모의 의견이 일치하지 아니하는 경우에는 당사자의 청구에 의하여 가정법원이 이를 정한다.
③부모의 일방이 친권을 행사할 수 없을 때에는 다른 일방이 이를 행사한다.
④혼인외의 자가 인지된 경우와 부모가 이혼하는 경우에는 부모의 협의로 친권자를 정하여야 하고, 협의할 수 없거나 협의가 이루어지지 아니하는 경우에는 가정법원은 직권으로 또는 당사자의 청구에 따라 친권자를 지정하여야 한다. 다만, 부모의 협의가 자(子)의 복리에 반하는 경우에는 가정법원은 보정을 명하거나 직권으로 친권자를 정한다. <개정 2005.3.31, 2007.12.21>
⑤가정법원은 혼인의 취소, 재판상 이혼 또는 인지청구의 소의 경우에는 직권으로 친권자를 정한다. <개정 2005.3.31>
⑥가정법원은 자의 복리를 위하여 필요하다고 인정되는 경우에는 자의 4촌 이내의 친족의 청구에 의하여 정하여진 친권자를 다른 일방으로 변경할 수 있다. <신설 2005.3.31>
<전문개정 90.1.13>

(판 례) 혼인외의 출생자에 대해 생모가 친권자가 될 때 그 생모는 혼인외의 출생자와 동일호적내에 있음을 요하지 않는다(전원합의체 1981.9.8. 80다3271).

제909조의2【친권자의 지정 등】 ①제909조 제4항부터 제6항까지의 규정에 따라 단독 친권자로 정하여진 부모의 일방이 사망한 경우 생존하는 부 또는 모, 미성년자, 미성년자의 친족은 그 사실을 안 날부터 1개월, 사망한 날부터 6개월 내에 가정법원에 생존하는 부 또는 모를 친권자로 지정할 것을 청구할 수 있다.
②입양이 취소되거나 파양된 경우 또는 양부모가 모두 사망한 경우 친생부모 일방 또는 쌍방, 미성년자, 미성년자의 친족은 그 사실을 안 날부터 1개월, 입양이 취소되거나 파양된 날 또는 양부모가 모두 사망한 날부터 6개월 내에 가정법원에 친생부모 일방 또는 쌍방을 친권자로 지정할 것을 청구할 수 있다. 다만, 친양자의 양부모가 사망한 경우에는 그러하지 아니하다.
③제1항 또는 제2항의 기간 내에 친권자 지정의 청구가 없을 때에는 가정법원은 직권으로 또는 미성년자, 미성년자의 친족, 이해관계인, 검사, 지방자치단체의 장의 청구에 의하여 미성년후견인을 선임할 수 있다. 이 경우 생존하는 부 또는 모, 친생부모 일방 또는 쌍방의 소재를 모르거나 그가 정당한 사유 없이 소환에 응하지 아니하는 경우를 제외하고 그에게 의견을 진술할 기회를 주어야 한다.
④가정법원은 제1항 또는 제2항에 따른 친권자 지정 청구나 제3항에 따른 후견인 선임 청구가 생존하는 부 또는 모, 친생부모 일방 또는 쌍방의 양육의사 및 양육능력, 청구 동기, 미성년자의 의사, 그 밖의 사정을 고려하여 미성년자의 복리를 위하여 적절하지 아니하다고 인정하면 청구를 기각할 수 있다. 이 경우 가정법원은 직권으로 미성년후견인을 선임하거나 생존하는 부 또는 모, 친생부모 일방 또는 쌍방을 친권자로 지정하여야 한다.
⑤ 가정법원은 다음 각 호의 어느 하나에 해당하는 경우에 직권으로 또는 미성년자, 미성년자의 친족, 이해관계인, 검사, 지방자치단체의 장의 청구에 의하여 제1항부터 제4항까지의 규정에 따라 친권자가 지정되거나 미성년후견인이 선임될 때까지 그 임무를 대행할 사람을 선임할 수 있다. 이 경우 그 임무를 대행할 사람에 대하여는 제25조 및 제954조를 준용한다.
1. 단독 친권자가 사망한 경우
2. 입양이 취소되거나 파양된 경우
3. 양부모가 모두 사망한 경우
⑥ 가정법원은 제3항 또는 제4항에 따라 미성년후견인이 선임된 경우라도 미성년후견인 선임 후 양육상황이나 양육능력의 변동, 미성년자의 의사, 그 밖의 사정을 고려하여 미성년자의 복리를 위하여 필요하면 생존하는 부 또는 모, 친생부모 일방 또는 쌍방, 미성년자

의 청구에 의하여 후견을 종료하고 생존하는 부 또는 모, 친생부모 일방 또는 쌍방을 친권자로 지정할 수 있다.
<본조신설 2011.5.19>

제910조【자의 친권의 대행】 친권자는 그 친권에 따르는 자에 갈음하여 그 자에 대한 친권을 행사한다. <개정 2005.3.31>

제911조【미성년자인 자의 법정대리인】 친권을 행사하는 부 또는 모는 미성년자인 자의 법정대리인이 된다.

(판 례) 의사능력이 없는 미성년자에 대하여는 그 법정대리인이 당연히 이를 대리하여 법률행위를 할 수 있는 것이므로 법정대리인인 유아의 아버지가 유아를 대리하여 어음을 배서양도받았다 해서 그 어음취득이 무효라고 할 수 없고 어음상에 법정대리인의 표시가 없다고 하여 결론을 달리할 바 아니다(1976. 12.14. 76다2191).

제912조【친권 행사와 친권자 지정의 기준】 ①친권을 행사함에 있어서는 자의 복리를 우선적으로 고려하여야 한다. <개정 2011. 5.19>
②가정법원이 친권자를 지정함에 있어서는 자(子)의 복리를 우선적으로 고려하여야 한다. 이를 위하여 가정법원은 관련 분야의 전문가나 사회복지기관으로부터 자문을 받을 수 있다. <신설 2011.5.19>
<본조신설 2005.3.31>

제2관 친권의 효력

제913조【보호, 교양의 권리의무】 친권자는 자를 보호하고 교양할 권리의무가 있다.

제914조【거소지정권】 자는 친권자의 지정한 장소에 거주하여야 한다.

제915조 삭제 <2021. 1. 26.>

제916조【자의 특유재산과 그 관리】 자가 자기의 명의로 취득한 재산은 그 특유재산으로 하고 법정대리인인 친권자가 이를 관리한다.

제917조 삭제 <90.1.13>

제918조【제3자가 무상으로 자에게 수여한 재산의 관리】 ①무상으로 자에게 재산을 수여한 제3자가 친권자의 관리에 반대하는 의사를 표시한 때에는 친권자는 그 재산을 관리하지 못한다.
②전항의 경우에 제3자가 그 재산관리인을 지정하지 아니한 때에는 법원은 재산의 수여를 받은 자 또는 제777조의 규정에 의한 친족의 청구에 의하여 관리인을 선임한다.
③제3자의 지정한 관리인의 권한이 소멸하거나 관리인을 개임할 필요있는 경우에 제3자가 다시 관리인을 지정하지 아니한 때에도 전항과 같다.
④제24조제1항, 제2항, 제4항, 제25조 전단 및 제26조제1항, 제2항의 규정은 전2항의 경우에 준용한다.

제919조【위임에 관한 규정의 준용】 제691조, 제692조의 규정은 전3조의 재산관리에 준용한다.

제920조【자의 재산에 관한 친권자의 대리권】 법정대리인인 친권자는 자의 재산에 관한 법률행위에 대하여 그 자를 대리한다. 그러나 그 자의 행위를 목적으로 하는 채무를 부담할 경우에는 본인의 동의를 얻어야 한다.

제920조의2【공동친권자의 일방이 공동명의로 한 행위의 효력】 부모가 공동으로 친권을 행사하는 경우 부모의 일방이 공동명의로 자를 대리하거나 자의 법률행위에 동의한 때에는 다른 일방의 의사에 반하는 때에도 그 효력이 있다. 그러나 상대방이 악의인 때에는 그러하지 아니한다.
<본조신설 90.1.13>

제921조【친권자와 그 자간 또는 수인의 자간의 이해상반행위】 ①법정대리인인 친권자와 그 자 사이에 이해상반되는 행위를 함에는 친권자는 법원에 그 자의 특별대리인의 선임을 청구하여야 한다.
②법정대리인인 친권자가 그 친권에 따르는 수인의 자 사이에 이해상반되는 행위를 함에는 법원에 그 자 일방의 특별대리인의 선임을 청구하여야 한다. <개정 2005.3.31>

제922조【친권자의 주의의무】 친권자가 그 자에 대한 법률행위의 대리권 또는 재산관리권을 행사함에는 자기의 재산에 관한 행위와 동일한 주의를 하여야 한다.

제922조의2【친권자의 동의를 갈음하는 재판】 가정법원은 친권자의 동의가 필요한 행위에 대하여 친권자가 정당한 이유 없이 동의하지 아니함으로써 자녀의 생명, 신체 또는 재산에 중대한 손해가 발생할 위험이 있는 경우에는 자녀, 자녀의 친족, 검사 또는 지방자치단체의 장의 청구에 의하여 친권자의 동의를 갈음하는 재판을 할 수 있다.
<본조신설 2014.10.15>

제923조【재산관리의 계산】 ①법정대리인인 친권자의 권한이 소멸한 때에는 그 자의 재산에 대한 관리의 계산을 하여야 한다.
②전항의 경우에 그 자의 재산으로부터 수취한 과실은 그 자의 양육, 재산관리의 비용과 상계한 것으로 본다. 그러나 무상으로 자에게 재산을 수여한 제3자가 반대의 의사를 표시한 때에는 그 재산에 관하여는 그러하지 아니하다.

제3관 친권의 상실, 일시 정지 및 일부 제한

<제목개정 2014.10.15>

제924조【친권의 상실 또는 일시 정지의 선고】 ① 가정법원은 부 또는 모가 친권을 남용하여 자녀의 복리를 현저히 해치거나 해칠 우려가 있는 경우에는 자녀, 자녀의 친족, 검사 또는 지방자치단체의 장의 청구에 의하여 그 친권의 상실 또는 일시 정지를 선고할 수 있다.
② 가정법원은 친권의 일시 정지를 선고할 때에는 자녀의 상태, 양육상황, 그 밖의 사정을 고려하여 그 기간을 정하여야 한다. 이 경우 그 기간은 2년을 넘을 수 없다.
③ 가정법원은 자녀의 복리를 위하여 친권의 일시 정지 기간의 연장이 필요하다고 인정하는 경우에는 자녀, 자녀의 친족, 검사, 지방자치단체의 장, 미성년후견인 또는 미성년후견감독인의 청구에 의하여 2년의 범위에서 그 기간을 한 차례만 연장할 수 있다.
<본조신설 2014.10.15>

제924조의2【친권의 일부 제한의 선고】 가정법원은 거소의 지정이나 그 밖의 신상에 관한 결정 등 특정한 사항에 관하여 친권자가 친권을 행사하는 것이 곤란하거나 부적당한 사유가 있어 자녀의 복리를 해치거나 해칠 우려가 있는 경우에는 자녀, 자녀의 친족, 검사 또는 지방자치단체의 장의 청구에 의하여 구체적인 범위를 정하여 친권의 일부 제한을 선고할 수 있다. <개정 2021. 1. 26.>
<본조신설 2014. 10. 15.>

제925조【대리권, 재산관리권 상실의 선고】 가정법원은 법정대리인인 친권자가 부적당한 관리로 인하여 자녀의 재산을 위태롭게 한 경우에는 자녀의 친족, 검사 또는 지방자치단체의 장의 청구에 의하여 그 법률행위의 대리권과 재산관리권의 상실을 선고할 수 있다. <개정 2014.10.15>
<전문개정 2012.2.10>

제925조의2【친권 상실 선고 등의 판단 기준】 ① 제924조에 따른 친권 상실의 선고는 같은 조에 따른 친권의 일시 정지, 제924조의2에 따른 친권의 일부 제한, 제925조에 따른 대리권·재산관리권의 상실 선고 또는 그 밖의 다른 조치에 의해서는 자녀의 복리를 충분히 보호할 수 없는 경우에만 할 수 있다.
② 제924조에 따른 친권의 일시 정지, 제924조의2에 따른 친권의 일부 제한 또는 제925조에 따른 대리권·재산관리권의 상실 선고는 제922조의2에 따른 동의를 갈음하는 재판 또는 그 밖의 다른 조치에 의해서는 자녀의 복리를 충분히 보호할 수 없는 경우에만 할 수 있다.
<본조신설 2014.10.15>

제925조의3【부모의 권리와 의무】 제924조와 제924조의2, 제925조에 따라 친권의 상실, 일시 정지, 일부 제한 또는 대리권과 재산관리권의 상실이 선고된 경우에도 부모의 자녀에 대한 그 밖의 권리와 의무는 변경되지 아니한다.
<본조신설 2014.10.15.>

제926조【실권회복의 선고】 가정법원은 제924조, 제924조의2 또는 제925조에 따른 선고의 원인이 소멸된 경우에는 본인, 자녀, 자녀의 친족, 검사 또는 지방자치단체의 장의 청구에 의하여 실권(失權)의 회복을 선고할 수 있다. <개정 2014.10.15>

제927조【대리권, 관리권의 사퇴와 회복】 ①법정대리인인 친권자는 정당한 사유가 있는 때에는 법원의 허가를 얻어 그 법률행위의 대리권과 재산관리권을 사퇴할 수 있다.
②전항의 사유가 소멸한 때에는 그 친권자는 법원의 허가를 얻어 사퇴한 권리를 회복할 수 있다.

제927조의2【친권의 상실, 일시 정지 또는 일부 제한과 친권자의 지정 등】 ①제909조제4항부터 제6항까지의 규정에 따라 단독 친권자가 된 부 또는 모, 양부모(친양자의 양부모를 제외한다) 쌍방에게 다음 각 호의 어느 하나에 해당하는 사유가 있는 경우에는 제909조의2제1항 및 제3항부터 제5항까지의 규정을 준용한다. 다만, 제1호의3·제2호 및 제3호의 경우 새로 정하여진 친권자 또는 미성년후견

인의 임무는 제한된 친권의 범위에 속하는 행위에 한정된다. <개정 2014. 10.15>
1. 제924조에 따른 친권상실의 선고가 있는 경우
1의2. 제924조에 따른 친권 일시 정지의 선고가 있는 경우
1의3. 제924조의2에 따른 친권 일부 제한의 선고가 있는 경우
2. 제925조에 따른 대리권과 재산관리권 상실의 선고가 있는 경우
3. 제927조제1항에 따라 대리권과 재산관리권을 사퇴한 경우
4. 소재불명 등 친권을 행사할 수 없는 중대한 사유가 있는 경우

②가정법원은 제1항에 따라 친권자가 지정되거나 미성년후견인이 선임된 후 단독 친권자이었던 부 또는 모, 양부모 일방 또는 쌍방에게 다음 각 호의 어느 하나에 해당하는 사유가 있는 경우에는 그 부모 일방 또는 쌍방, 미성년자, 미성년자의 친족의 청구에 의하여 친권자를 새로 지정할 수 있다.
1. 제926조에 따라 실권의 회복이 선고된 경우
2. 제927조제2항에 따라 사퇴한 권리를 회복한 경우
3. 소재불명이던 부 또는 모가 발견되는 등 친권을 행사할 수 있게 된 경우

<본조신설 2011.5.19.>

제5장 후 견

제1절 미성년후견과 성년후견
〈본절 제목개정 2011.3.7〉

제1관 후견인
<본관 제목신설 2011.3.7>

제928조 【미성년자에 대한 후견의 개시】 미성년자에게 친권자가 없거나 친권자가 제924조, 제924조의2, 제925조 또는 제927조제1항에 따라 친권의 전부 또는 일부를 행사할 수 없는 경우에는 미성년후견인을 두어야 한다. <개정 2014. 10.15>
<전문개정 2011.3.7.>

제929조 【성년후견심판에 의한 후견의 개시】 가정법원의 성년후견개시심판이 있는 경우에는 그 심판을 받은 사람의 성년후견인을 두어야 한다.
<전문개정 2011.3.7>

제930조 【후견인의 수와 자격】 ①미성년후견인의 수(數)는 한 명으로 한다.
②성년후견인은 피성년후견인의 신상과 재산에 관한 모든 사정을 고려하여 여러 명을 둘 수 있다.
③법인도 성년후견인이 될 수 있다.
<전문개정 2011.3.7>

제931조 【유언에 의한 미성년후견인의 지정 등】 ①미성년자에게 친권을 행사하는 부모는 유언으로 미성년후견인을 지정할 수 있다. 다만, 법률행위의 대리권과 재산관리권이 없는 친권자는 그러하지 아니하다.
②가정법원은 제1항에 따라 미성년후견인이 지정된 경우라도 미성년자의 복리를 위하여 필요하면 생존하는 부 또는 모, 미성년자의 청구에 의하여 후견을 종료하고 생존하는 부 또는 모를 친권자로 지정할 수 있다.
<전문개정 2011.5.19>

제932조 【미성년후견인의 선임】 ①가정법원은 제931조에 따라 지정된 미성년후견인이 없는 경우에는 직권으로 또는 미성년자, 친족, 이해관계인, 검사, 지방자치단체의 장의 청구에 의하여 미성년후견인을 선임한다. 미성년후견인이 없게 된 경우에도 또한 같다.
②가정법원은 제924조, 제924조의2 및 제925조에 따른 친권의 상실, 일시 정지, 일부 제한의 선고 또는 법률행위의 대리권이나 재산관리권 상실의 선고에 따라 미성년후견인을 선임할 필요가 있는 경우에는 직권으로 미성년후견인을 선임한다. <개정 2014. 10.15>
③친권자가 대리권 및 재산관리권을 사퇴한 경우에는 지체 없이 가정법원에 미성년후견인의 선임을 청구하여야 한다.
<전문개정 2011.3.7>

제933조 ~ 제935조 삭제 <2011.3.7>

제936조 【성년후견인의 선임】 ①제929조에 따른 성년후견인은 가정법원이 직권으로 선임한다.
②가정법원은 성년후견인이 사망, 결격, 그 밖의 사유로 없게 된 경우에도 직권으로 또는 피성년후견인, 친족, 이해관계인, 검사, 지방자치단체의 장의 청구에 의하여 성년후견인을 선임한다.

③가정법원은 성년후견인이 선임된 경우에도 필요하다고 인정하면 직권으로 또는 제2항의 청구권자나 성년후견인의 청구에 의하여 추가로 성년후견인을 선임할 수 있다.
④가정법원이 성년후견인을 선임할 때에는 피성년후견인의 의사를 존중하여야 하며, 그 밖에 피성년후견인의 건강, 생활관계, 재산상황, 성년후견인이 될 사람의 직업과 경험, 피성년후견인과의 이해관계의 유무(법인이 성년후견인이 될 때에는 사업의 종류와 내용, 법인이나 그 대표자와 피성년후견인 사이의 이해관계의 유무를 말한다) 등의 사정도 고려하여야 한다.
<전문개정 2011.3.7>

제937조【후견인의 결격사유】다음 각 호의 어느 하나에 해당하는 자는 후견인이 되지 못한다. <개정 2016.12.20>
1. 미성년자
2. 피성년후견인, 피한정후견인, 피특정후견인, 피임의후견인
3. 회생절차개시결정 또는 파산선고를 받은 자
4. 자격정지 이상의 형의 선고를 받고 그 형기(刑期) 중에 있는 사람
5. 법원에서 해임된 법정대리인
6. 법원에서 해임된 성년후견인, 한정후견인, 특정후견인, 임의후견인과 그 감독인
7. 행방이 불분명한 사람
8. 피후견인을 상대로 소송을 하였거나 하고 있는 사람
9. 제8호에서 정한 사람의 배우자와 직계혈족. 다만, 피후견인의 직계비속은 제외한다.

<전문개정 2011.3.7>

제938조【후견인의 대리권 등】①후견인은 피후견인의 법정대리인이 된다.
②가정법원은 성년후견인이 제1항에 따라 가지는 법정대리권의 범위를 정할 수 있다.
③가정법원은 성년후견인이 피성년후견인의 신상에 관하여 결정할 수 있는 권한의 범위를 정할 수 있다.
④제2항 및 제3항에 따른 법정대리인의 권한의 범위가 적절하지 아니하게 된 경우에 가정법원은 본인, 배우자, 4촌 이내의 친족, 성년후견인, 성년후견감독인, 검사 또는 지방자치단체의 장의 청구에 의하여 그 범위를 변경할 수 있다.
<전문개정 2011.3.7>

제939조【후견인의 사임】후견인은 정당한 사유가 있는 경우에는 가정법원의 허가를 받아 사임할 수 있다. 이 경우 그 후견인은 사임청구와 동시에 가정법원에 새로운 후견인의 선임을 청구하여야 한다.
<전문개정 2011.3.7>

제940조【후견인의 변경】가정법원은 피후견인의 복리를 위하여 후견인을 변경할 필요가 있다고 인정하면 직권으로 또는 피후견인, 친족, 후견감독인, 검사, 지방자치단체의 장의 청구에 의하여 후견인을 변경할 수 있다.
<전문개정 2011.3.7>

제2관 후견감독인
<본관신설 2011.3.7>

제940조의2【미성년후견감독인의 지정】미성년후견인을 지정할 수 있는 사람은 유언으로 미성년후견감독인을 지정할 수 있다.
<본조신설 2011.3.7>

제940조의3【미성년후견감독인의 선임】①가정법원은 제940조의2에 따라 지정된 미성년후견감독인이 없는 경우에 필요하다고 인정하면 직권으로 또는 미성년자, 친족, 미성년후견인, 검사, 지방자치단체의 장의 청구에 의하여 미성년후견감독인을 선임할 수 있다.
②가정법원은 미성년후견감독인이 사망, 결격, 그 밖의 사유로 없게 된 경우에는 직권으로 또는 미성년자, 친족, 미성년후견인, 검사, 지방자치단체의 장의 청구에 의하여 미성년후견감독인을 선임한다.
<본조신설 2011.3.7>

제940조의4【성년후견감독인의 선임】①가정법원은 필요하다고 인정하면 직권으로 또는 피성년후견인, 친족, 성년후견인, 검사, 지방자치단체의 장의 청구에 의하여 성년후견감독인을 선임할 수 있다.
②가정법원은 성년후견감독인이 사망, 결격, 그 밖의 사유로 없게 된 경우에는 직권으로 또는 피성년후견인, 친족, 성년후견인, 검사, 지방자치단체의 장의 청구에 의하여 성년후견감독인을 선임한다.
<본조신설 2011.3.7>

제940조의5 【후견감독인의 결격사유】 제779조에 따른 후견인의 가족은 후견감독인이 될 수 없다.
<본조신설 2011.3.7>

제940조의6 【후견감독인의 직무】 ①후견감독인은 후견인의 사무를 감독하며, 후견인이 없는 경우 지체 없이 가정법원에 후견인의 선임을 청구하여야 한다.
②후견감독인은 피후견인의 신상이나 재산에 대하여 급박한 사정이 있는 경우 그의 보호를 위하여 필요한 행위 또는 처분을 할 수 있다.
③후견인과 피후견인 사이에 이해가 상반되는 행위에 관하여는 후견감독인이 피후견인을 대리한다.
<본조신설 2011.3.7>

제940조의7 【위임 및 후견인 규정의 준용】 후견감독인에 대하여는 제681조, 제691조, 제692조, 제930조제2항·제3항, 제936조제3항·제4항, 제937조, 제939조, 제940조, 제947조의2 제3항부터 제5항까지, 제949조의2, 제955조 및 제955조의2를 준용한다.
<본조신설 2011.3.7>

제2절 후견인의 임무
〈본절삭제 2011.3.7〉

제3관 후견인의 임무
<본관삽입 2011.3.7>

제941조 【재산조사와 목록작성】 ①후견인은 지체 없이 피후견인의 재산을 조사하여 2개월 내에 그 목록을 작성하여야 한다. 다만, 정당한 사유가 있는 경우에는 법원의 허가를 받아 그 기간을 연장할 수 있다.
②후견감독인이 있는 경우 제1항에 따른 재산조사와 목록작성은 후견감독인의 참여가 없으면 효력이 없다.
<전문개정 2011.3.7>

제942조 【후견인의 채권·채무의 제시】 ①후견인과 피후견인 사이에 채권·채무의 관계가 있고 후견감독인이 있는 경우에는 후견인은 재산목록의 작성을 완료하기 전에 그 내용을 후견감독인에게 제시하여야 한다.
②후견인이 피후견인에 대한 채권이 있음을 알고도 제1항에 따른 제시를 게을리한 경우에는 그 채권을 포기한 것으로 본다.
<전문개정 2011.3.7>

제943조 【목록작성전의 권한】 후견인은 재산조사와 목록작성을 완료하기까지는 긴급 필요한 경우가 아니면 그 재산에 관한 권한을 행사하지 못한다. 그러나 이로써 선의의 제3자에게 대항하지 못한다.

제944조 【피후견인이 취득한 포괄적 재산의 조사 등】 전3조의 규정은 후견인의 취임 후에 피후견인이 포괄적 재산을 취득한 경우에 준용한다.

제945조 【미성년자의 신분에 관한 후견인의 권리·의무】 미성년후견인은 제913조 및 제914조에서 규정한 사항에 관하여는 친권자와 동일한 권리와 의무가 있다. 다만, 다음 각 호의 어느 하나에 해당하는 경우에는 미성년후견감독인이 있으면 그의 동의를 받아야 한다.
<개정 2021. 1. 26.>
1. 친권자가 정한 교육방법, 양육방법 또는 거소를 변경하는 경우
2. 삭제 <2021. 1. 26.>
3. 친권자가 허락한 영업을 취소하거나 제한하는 경우

<전문개정 2011. 3. 7.>

제946조 【친권 중 일부에 한정된 후견】 미성년자의 친권자가 제924조의2, 제925조 또는 제927조제1항에 따라 친권 중 일부에 한정하여 행사할 수 없는 경우에 미성년후견인의 임무는 제한된 친권의 범위에 속하는 행위에 한정된다.
<전문개정 2014.10.15>

제947조 【피성년후견인의 복리와 의사존중】 성년후견인은 피성년후견인의 재산관리와 신상보호를 할 때 여러 사정을 고려하여 그의 복리에 부합하는 방법으로 사무를 처리하여야 한다. 이 경우 성년후견인은 피성년후견인의 복리에 반하지 아니하면 피성년후견인의 의사를 존중하여야 한다.
<전문개정 2011.3.7>

제947조의2 【피성년후견인의 신상결정 등】 ①피성년후견인은 자신의 신상에 관하여 그의 상태가 허락하는 범위에서 단독으로 결정한다.
②성년후견인이 피성년후견인을 치료 등의 목적으로 정신병원이나 그 밖의 다른 장소에 격리하려는 경우에는 가정법원의 허가를 받아야 한다.

③피성년후견인의 신체를 침해하는 의료행위에 대하여 피성년후견인이 동의할 수 없는 경우에는 성년후견인이 그를 대신하여 동의할 수 있다.
④제3항의 경우 피성년후견인이 의료행위의 직접적인 결과로 사망하거나 상당한 장애를 입을 위험이 있을 때에는 가정법원의 허가를 받아야 한다. 다만, 허가절차로 의료행위가 지체되어 피성년후견인의 생명에 위험을 초래하거나 심신상의 중대한 장애를 초래할 때에는 사후에 허가를 청구할 수 있다.
⑤ 성년후견인이 피성년후견인을 대리하여 피성년후견인이 거주하고 있는 건물 또는 그 대지에 대하여 매도, 임대, 전세권 설정, 저당권 설정, 임대차의 해지, 전세권의 소멸, 그 밖에 이에 준하는 행위를 하는 경우에는 가정법원의 허가를 받아야 한다.
<본조신설 2011.3.7>

제948조 【미성년자의 친권의 대행】 ①미성년후견인은 미성년자를 갈음하여 미성년자의 자녀에 대한 친권을 행사한다.
②제1항의 친권행사에는 미성년후견인의 임무에 관한 규정을 준용한다.
<전문개정 2011.3.7>

제949조 【재산관리권과 대리권】 ①후견인은 피후견인의 재산을 관리하고 그 재산에 관한 법률행위에 대하여 피후견인을 대리한다.
②제920조 단서의 규정은 전항의 법률행위에 준용한다.

제949조의2 【성년후견인이 여러 명인 경우 권한의 행사 등】 ①가정법원은 직권으로 여러 명의 성년후견인이 공동으로 또는 사무를 분장하여 그 권한을 행사하도록 정할 수 있다.
②가정법원은 직권으로 제1항에 따른 결정을 변경하거나 취소할 수 있다.
③여러 명의 성년후견인이 공동으로 권한을 행사하여야 하는 경우에 어느 성년후견인이 피성년후견인의 이익이 침해될 우려가 있음에도 법률행위의 대리 등 필요한 권한행사에 협력하지 아니할 때에는 가정법원은 피성년후견인, 성년후견인, 후견감독인 또는 이해관계인의 청구에 의하여 그 성년후견인의 의사표시를 갈음하는 재판을 할 수 있다.
<본조신설 2011.3.7>

제949조의3 【이해상반행위】 후견인에 대하여는 제921조를 준용한다. 다만, 후견감독인이 있는 경우에는 그러하지 아니하다.
<본조신설 2011.3.7>

제950조 【후견감독인의 동의를 필요로 하는 행위】 ①후견인이 피후견인을 대리하여 다음 각 호의 어느 하나에 해당하는 행위를 하거나 미성년자의 다음 각 호의 어느 하나에 해당하는 행위에 동의를 할 때는 후견감독인이 있으면 그의 동의를 받아야 한다.
1. 영업에 관한 행위
2. 금전을 빌리는 행위
3. 의무만을 부담하는 행위
4. 부동산 또는 중요한 재산에 관한 권리의 득실변경을 목적으로 하는 행위
5. 소송행위
6. 상속의 승인, 한정승인 또는 포기 및 상속재산의 분할에 관한 협의

②후견감독인의 동의가 필요한 행위에 대하여 후견감독인이 피후견인의 이익이 침해될 우려가 있음에도 동의를 하지 아니하는 경우에는 가정법원은 후견인의 청구에 의하여 후견감독인의 동의를 갈음하는 허가를 할 수 있다.
③후견감독인의 동의가 필요한 법률행위를 후견인이 후견감독인의 동의 없이 하였을 때에는 피후견인 또는 후견감독인이 그 행위를 취소할 수 있다.
<전문개정 2011.3.7>

제951조 【피후견인의 재산 등의 양수에 대한 취소】 ①후견인이 피후견인에 대한 제3자의 권리를 양수(讓受)하는 경우에는 피후견인은 이를 취소할 수 있다.
②제1항에 따른 권리의 양수의 경우 후견감독인이 있으면 후견인은 후견감독인의 동의를 받아야 하고, 후견감독인의 동의가 없는 경우에는 피후견인 또는 후견감독인이 이를 취소할 수 있다.
<전문개정 2011.3.7>

제952조 【상대방의 추인 여부 최고】 제950조 및 제951조의 경우에는 제15조를 준용한다.
<전문개정 2011.3.7>

제953조 【후견감독인의 후견사무의 감독】 후견감독인은 언제든지 후견인에게 그의 임무 수행에 관한 보고와 재산목록의 제출을 요구할 수 있고 피후견인의 재산상황을 조사할 수 있다.

<전문개정 2011.3.7>

제954조【가정법원의 후견사무에 관한 처분】 가정법원은 직권으로 또는 피후견인, 후견감독인, 제777조에 따른 친족, 그 밖의 이해관계인, 검사, 지방자치단체의 장의 청구에 의하여 피후견인의 재산상황을 조사하고, 후견인에게 재산관리 등 후견임무 수행에 관하여 필요한 처분을 명할 수 있다.
<전문개정 2011.3.7>

제955조【후견인에 대한 보수】 법원은 후견인의 청구에 의하여 피후견인의 재산상태 기타 사정을 참작하여 피후견인의 재산중에서 상당한 보수를 후견인에게 수여할 수 있다.

제955조의2【지출금액의 예정과 사무비용】 후견인이 후견사무를 수행하는 데 필요한 비용은 피후견인의 재산 중에서 지출한다.
<본조신설 2011.3.7>

제956조【위임과 친권의 규정의 준용】 제681조 및 제918조의 규정은 후견인에게 이를 준용한다.

제3절 후견의 종료
〈본절삭제 2011.3.7〉

제4관 후견의 종료
<본관삽입 2011.3.7>

제957조【후견사무의 종료와 관리의 계산】 ①후견인의 임무가 종료된 때에는 후견인 또는 그 상속인은 1개월 내에 피후견인의 재산에 관한 계산을 하여야 한다. 다만, 정당한 사유가 있는 경우에는 법원의 허가를 받아 그 기간을 연장할 수 있다.
②제1항의 계산은 후견감독인이 있는 경우에는 그가 참여하지 아니하면 효력이 없다.
<전문개정 2011.3.7>

제958조【이자의 부가와 금전소비에 대한 책임】 ①후견인이 피후견인에게 지급할 금액이나 피후견인이 후견인에게 지급할 금액에는 계산종료의 날로부터 이자를 부가하여야 한다.
②후견인이 자기를 위하여 피후견인의 금전을 소비한 때에는 그 소비한 날로부터 이자를 부가하고 피후견인에게 손해가 있으면 이를 배상하여야 한다.

제959조【위임규정의 준용】 제691조, 제692조의 규정은 후견의 종료에 이를 준용한다.

제2절 한정후견과 특정후견
〈본절신설 2011.3.7〉

제959조의2【한정후견의 개시】 가정법원의 한정후견개시의 심판이 있는 경우에는 그 심판을 받은 사람의 한정후견인을 두어야 한다.
<본조신설 2011.3.7>

제959조의3【한정후견인의 선임 등】 ①제959조의2에 따른 한정후견인은 가정법원이 직권으로 선임한다.
②한정후견인에 대하여는 제930조제2항·제3항, 제936조제2항부터 제4항까지, 제937조, 제939조, 제940조 및 제949조의3을 준용한다.
<본조신설 2011.3.7>

제959조의4【한정후견인의 대리권 등】 ①가정법원은 한정후견인에게 대리권을 수여하는 심판을 할 수 있다.
②한정후견인의 대리권 등에 관하여는 제938조제3항 및 제4항을 준용한다.
<본조신설 2011.3.7>

제959조의5【한정후견감독인】 ①가정법원은 필요하다고 인정하면 직권으로 또는 피한정후견인, 친족, 한정후견인, 검사, 지방자치단체의 장의 청구에 의하여 한정후견감독인을 선임할 수 있다.
②한정후견감독인에 대하여는 제681조, 제691조, 제692조, 제930조제2항·제3항, 제936조제3항·제4항, 제937조, 제939조, 제940조, 제940조의3제2항, 제940조의5, 제940조의6, 제947조의2제3항부터 제5항까지, 제949조의2, 제955조 및 제955조의2를 준용한다. 이 경우 제940조의6제3항 중 "피후견인을 대리한다"는 "피한정후견인을 대리하거나 피한정후견인이 그 행위를 하는 데 동의한다"로 본다.
<본조신설 2011.3.7>

제959조의6【한정후견사무】 한정후견의 사무에 관하여는 제681조, 제920조 단서, 제947조, 제947조의2, 제949조, 제949조의2, 제949조의3, 제950조부터 제955까지 및 제955조의2를 준용한다.
<본조신설 2011.3.7>

제959조의7【한정후견인의 임무의 종료 등】 한정후견인의 임무가 종료한 경우에 관하여는 제691조, 제692조, 제957조 및 제958조를 준용한다.
<본조신설 2011.3.7>

제959조의8 【특정후견에 따른 보호조치】 가정법원은 피특정후견인의 후원을 위하여 필요한 처분을 명할 수 있다.
<본조신설 2011.3.7>

제959조의9 【특정후견인의 선임 등】 ①가정법원은 제959조의8에 따른 처분으로 피특정후견인을 후원하거나 대리하기 위한 특정후견인을 선임할 수 있다.
②특정후견인에 대하여는 제930조제2항·제3항, 제936조제2항부터 제4항까지, 제937조, 제939조 및 제940조를 준용한다.
<본조신설 2011.3.7>

제959조의10 【특정후견감독인】 ①가정법원은 필요하다고 인정하면 직권으로 또는 피특정후견인, 친족, 특정후견인, 검사, 지방자치단체의 장의 본조신설 2011.3.7청구에 의하여 특정후견감독인을 선임할 수 있다.
②특정후견감독인에 대하여는 제681조, 제691조, 제692조, 제930조제2항·제3항, 제936조제3항·제4항, 제937조, 제939조, 제940조, 제940조의5, 제940조의6, 제949조의2, 제955조 및 제955조의2를 준용한다.
<본조신설 2011.3.7>

제959조의11 【특정후견인의 대리권】 ①피특정후견인의 후원을 위하여 필요하다고 인정하면 가정법원은 기간이나 범위를 정하여 특정후견인에게 대리권을 수여하는 심판을 할 수 있다.
②제1항의 경우 가정법원은 특정후견인의 대리권 행사에 가정법원이나 특정후견감독인의 동의를 받도록 명할 수 있다.
<본조신설 2011.3.7>

제959조의12 【특정후견사무】 특정후견의 사무에 관하여는 제681조, 제920조 단서, 제947조, 제949조의2, 제953조부터 제955조까지 및 제955조의2를 준용한다.
<본조신설 2011.3.7>

제959조의13 【특정후견인의 임무의 종료 등】 특정후견인의 임무가 종료한 경우에 관하여는 제691조, 제692조, 제957조 및 제958조를 준용한다.
<본조신설 2011.3.7>

제3절 후견계약
〈본절신설 2011.3.7〉

제959조의14 【후견계약의 의의와 체결방법 등】 ①후견계약은 질병, 장애, 노령, 그 밖의 사유로 인한 정신적 제약으로 사무를 처리할 능력이 부족한 상황에 있거나 부족하게 될 상황에 대비하여 자신의 재산관리 및 신상보호에 관한 사무의 전부 또는 일부를 다른 자에게 위탁하고 그 위탁사무에 관하여 대리권을 수여하는 것을 내용으로 한다.
②후견계약은 공정증서로 체결하여야 한다.
③후견계약은 가정법원이 임의후견감독인을 선임한 때부터 효력이 발생한다.
④가정법원, 임의후견인, 임의후견감독인 등은 후견계약을 이행·운영할 때 본인의 의사를 최대한 존중하여야 한다.
<본조신설 2011.3.7>

제959조의15 【임의후견감독인의 선임】 ①가정법원은 후견계약이 등기되어 있고, 본인이 사무를 처리할 능력이 부족한 상황에 있다고 인정할 때에는 본인, 배우자, 4촌 이내의 친족, 임의후견인, 검사 또는 지방자치단체의 장의 청구에 의하여 임의후견감독인을 선임한다.
②제1항의 경우 본인이 아닌 자의 청구에 의하여 가정법원이 임의후견감독인을 선임할 때에는 미리 본인의 동의를 받아야 한다. 다만, 본인이 의사를 표시할 수 없는 때에는 그러하지 아니하다.
③가정법원은 임의후견감독인이 없게 된 경우에는 직권으로 또는 본인, 친족, 임의후견인, 검사 또는 지방자치단체의 장의 청구에 의하여 임의후견감독인을 선임한다.
④가정법원은 임의후견임감독인이 선임된 경우에도 필요하다고 인정하면 직권으로 또는 제3항의 청구권자의 청구에 의하여 임의후견감독인을 추가로 선임할 수 있다.
⑤ 임의후견감독인에 대하여는 제940조의5를 준용한다.
<본조신설 2011.3.7>

제959조의16 【임의후견감독인의 직무 등】 ①임의후견감독인은 임의후견인의 사무를 감독하며 그 사무에 관하여 가정법원에 정기적으로 보고하여야 한다.
②가정법원은 필요하다고 인정하면 임의후견감독인에게 감독사무에 관한 보고를 요구할 수 있고 임의후견인의 사무 또는 본인의 재산상황에 대한 조사를 명하거나 그 밖에 임의후

견감독인의 직무에 관하여 필요한 처분을 명할 수 있다.
③임의후견감독인에 대하여는 제940조의6제2항·제3항, 제940조의7 및 제953조를 준용한다.
<본조신설 2011.3.7>

제959조의17【임의후견개시의 제한 등】 ①임의후견인이 제937조 각 호에 해당하는 자 또는 그 밖에 현저한 비행을 하거나 후견계약에서 정한 임무에 적합하지 아니한 사유가 있는 자인 경우에는 가정법원은 임의후견감독인을 선임하지 아니한다.
②임의후견감독인을 선임한 이후 임의후견인이 현저한 비행을 하거나 그 밖에 그 임무에 적합하지 아니한 사유가 있게 된 경우에는 가정법원은 임의후견감독인, 본인, 친족, 검사 또는 지방자치단체의 장의 청구에 의하여 임의후견인을 해임할 수 있다.
<본조신설 2011.3.7>

제959조의18【후견계약의 종료】 ①임의후견감독인의 선임 전에는 본인 또는 임의후견인은 언제든지 공증인의 인증을 받은 서면으로 후견계약의 의사표시를 철회할 수 있다.
②임의후견감독인의 선임 이후에는 본인 또는 임의후견인은 정당한 사유가 있는 때에만 가정법원의 허가를 받아 후견계약을 종료할 수 있다.
<본조신설 2011.3.7>

제959조의19【임의후견인의 대리권 소멸과 제3자와의 관계】 임의후견인의 대리권 소멸은 등기하지 아니하면 선의의 제3자에게 대항할 수 없다.
<본조신설 2011.3.7>

제959조의20【후견계약과 성년후견·한정후견·특정후견의 관계】 ①후견계약이 등기되어 있는 경우에는 가정법원은 본인의 이익을 위하여 특별히 필요할 때에만 임의후견인 또는 임의후견감독인의 청구에 의하여 성년후견, 한정후견 또는 특정후견의 심판을 할 수 있다. 이 경우 후견계약은 본인이 성년후견 또는 한정후견 개시의 심판을 받은 때 종료된다.
②본인이 피성년후견인, 피한정후견인 또는 피특정후견인인 경우에 가정법원은 임의후견감독인을 선임함에 있어서 종전의 성년후견, 한정후견 또는 특정후견의 종료 심판을 하여야 한다. 다만, 성년후견 또는 한정후견 조치의 계속이 본인의 이익을 위하여 특별히 필요하다고 인정하면 가정법원은 임의후견감독인을 선임하지 아니한다.
<본조신설 2011.3.7>

제6장 친족회
〈본장삭제 2011.3.7〉

제960조 삭제 <2011.3.7>
제961조 삭제 <2011.3.7>
제962조 삭제 <2011.3.7>
제963조 삭제 <2011.3.7>
제964조 삭제 <2011.3.7>
제965조 삭제 <2011.3.7>
제966조 삭제 <2011.3.7>
제967조 삭제 <2011.3.7>
제968조 삭제 <2011.3.7>
제969조 삭제 <2011.3.7>
제970조 삭제 <2011.3.7>
제971조 삭제 <2011.3.7>
제972조 삭제 <2011.3.7>
제973조 삭제 <2011.3.7.>

제7장 부 양

제974조【부양의무】 다음 각호의 친족은 서로 부양의 의무가 있다.
1. 직계혈족 및 그 배우자간
2. 삭제 <90.1.13>
3. 기타 친족간(생계를 같이 하는 경우에 한한다)

(신·구) 구조문 ⇨ 2. 호주와 가족간

(판 례) 어떠한 사정으로 인하여 부모 중 어느 한 쪽만이 자녀를 양육하게 된 경우에, 그와 같은 일방에 의한 양육이 그 양육자의 일방적이고 이기적인 목적이나 동기에서 비롯한 것이라거나 자녀의 이익을 위하여 도움이 되지 아니하거나, 그 양육비를 상대방에게 부담시키는 것이 오히려 형평에 어긋나게 되는 등 특별한 사정이 있는 경우를 제외하고는 양육하는 일방은 상대방에 대하여 현재 및 장래에 있어서의 양육비 중 적정 금액의 분담을 청구할 수 있음은 물론이고, 부모의 자녀 양육의무는 특별한 사정이 없는 한 자녀의 출생과 동시에 발생하는 것이므로, 과거의 양육비에 대하여도 상대방이 분담함이 상당하다고 인정되는 경우에는 그 비용의 상환청구를 할 수 있다(전합92스21). <김형 1372면>

제975조【부양의무와 생활능력】 부양의 의무는 부양을 받을 자가 자기의 자력 또는 근로에 의하여 생활을 유지할 수 없는 경우에 한하

여 이를 이행할 책임이 있다.

제976조【부양의 순위】 ①부양의 의무있는 자가 수인인 경우에 부양을 할 자의 순위에 관하여 당사자간에 협정이 없는 때에는 법원은 당사자의 청구에 의하여 이를 정한다. 부양을 받을 권리자가 수인인 경우에 부양의무자의 자력이 그 전원을 부양할 수 없는 때에도 같다.

②전항의 경우에 법원은 수인의 부양의무자 또는 권리자를 선정할 수 있다.

제977조【부양의 정도, 방법】 부양의 정도 또는 방법에 관하여 당사자간에 협정이 없는 때에는 법원은 당사자의 청구에 의하여 부양을 받을 자의 생활정도와 부양의무자의 자력 기타 제반사정을 참작하여 이를 정한다.

(판 례) 부양의 정도나 방법은 제반사정을 참작하여 정하게 되어 있는 바, 부양을 받을 자의 연령, 재능, 신분, 지위 등에 따른 교육을 받는데 필요한 비용도 부양료에 해당된다(1986.6.10, 86므46).

제978조【부양관계의 변경 또는 취소】 부양을 할 자 또는 부양을 받을 자의 순위, 부양의 정도 또는 방법에 관한 당사자의 협정이나 법원의 판결이 있은 후 이에 관한 사정변경이 있는 때에는 법원은 당사자의 청구에 의하여 그 협정이나 판결을 취소 또는 변경할 수 있다.

제979조【부양청구권처분의 금지】 부양을 받을 권리는 이를 처분하지 못한다.

제8장 호주승계

<본장삭제 2005.3.31>

제1절 총 칙

제980조 ~ 제996조 삭제 <2005.3.31>

제5편 상 속

<본편제목개정 90.1.13>

(신·구) 재산상속 ⇨ 상속

제1장 상 속

제1절 총 칙

제997조【상속개시의 원인】 상속은 사망으로 인하여 개시된다. <개정 90.1.13>

(신·구)【재산상속개시의~】 재산상속은~ ⇨【상속개시의~】 상속은~

(판 례) 피해자가 정신적 손해의 배상청구권을 포기하거나 면제하였다고 볼 수 있는 특별한 사정이 없는 한 생전에 청구의 의사표시를 할 필요없이 원칙적으로 상속된다(70다3031). <김형 1397면>

제998조【상속개시의 장소】 상속은 피상속인의 주소지에서 개시한다.

<전문개정 90.1.13>

(신·구) 구조문 ⇨ 제998조【상속개시의 장소와 비용】 제981조와 제983조의 규정은 재산상속에 준용한다.

제998조의2【상속비용】 상속에 관한 비용은 상속재산중에서 지급한다.

<본조신설 90.1.13>

제999조【상속회복청구권】 ①상속권이 참칭상속권자로 인하여 침해된 때에는 상속권자 또는 그 법정대리인은 상속회복의 소를 제기할 수 있다.

②제1항의 상속회복청구권은 그 침해를 안 날부터 3년, 상속권의 침해행위가 있은 날부터 10년을 경과하면 소멸된다. <개정 2002.1.14>

<전문개정 90.1.13>

(신·구) 구조문 ⇨ 제999조【상속회복청구권】 제982조의 규정은 재산상속권침해에 관하여 이를 준용한다.
②상속이 개시된 날부터 10년 ⇨ 상속권의 침해행위가 있은 날부터 10년

(판 례) 상속재산인 부동산에 관하여 공동상속인 중 1인 명의로 소유권이전등기가 경료된 경우 그 등기가 상속을 원인으로 경료된 것이라면 등기명의인의 의사와 무관하게 경료된 것이라는 등의 사정이 없는 한, 그 등기명의인은 재산상속인임을 신뢰케 하는 외관을 갖추고 있는 자로서 참칭상속인에 해당된다(96다4688). <김형 1387면>

진정상속인이 참칭상속인 또는 그로부터 상속재산을 양수한 제3자를 상대로 상속재산인 부동산에 관한 등기의 말소 등을 구하는 경우에 그 소유권 또는 지분권의 귀속원인을 상속으로 주장하고 있는 이상, 청구원인여하에 불구하고 이는 민법 제999조 소정의 상속회복청구의 소라고 해석하여야 할 것이므로 단기제척기간의 적용이 있다. 상속회복청구의 단기제척기간이 참칭상속인에게만 적용되고 참칭상속인으로부터 상속재산을 양수한 제3자에게는 인정되지 않는다면 거래관계의 조기안정을 의도하는 단기의 제척기간이 무의미하게 될 뿐만 아니라, 참칭상속인에 대한 관계에 있어서는 제척기간의 경과로 참칭상속인이 상속재산상의 정당한 권원을 취득했다고 보면서, 같은 재산상속인으로부터 상속재산의 일부를 전득한 제3자는 진정상속인의 물권적 청구권을 감수하여야 한다는 이론적 모순이 생기게 된다(전합79다854). <김형 1388면>

제2절 상속인

제1000조【상속의 순위】 ①상속에 있어서는 다음 순위로 상속인이 된다. <개정 90.1.13>
1. 피상속인의 직계비속
2. 피상속인의 직계존속
3. 피상속인의 형제자매
4. 피상속인의 4촌 이내의 방계혈족

②전항의 경우에 동순위의 상속인이 수인인 때에는 최근친을 선순위로 하고 동친 등의 상속인이 수인인 때에는 공동상속인이 된다.
③태아는 상속순위에 관하여는 이미 출생한 것으로 본다. <개정 90.1.13>

(신·구) 【재산상속의~】 ①재산상속에~ ⇨ 【상속의~】 ①상속에~
4. ~8촌 이내의~ ⇨ ~4촌 이내의~

(판 례) 채무자인 피상속인이 그의 처와 동시에 사망하고 제1순위 상속인인 자 전원이 상속을 포기한 경우, 상속을 포기한 자는 상속 개시시부터 상속인이 아니었던 것과 같은 지위에 놓이게 되므로 같은 순위의 다른 상속인이 없어 그 다음 근친 직계비속인 피상속인의 손들이 차순위의 본위 상속인으로서 피상속인의 채무를 상속하게 된다(1995.9.26, 95다27769).

제1001조【대습상속】 전조제1항제1호와 제3호의 규정에 의하여 상속인이 될 직계비속 또는 형제자매가 상속개시전에 사망하거나 결격자가 된 경우에 그 직계비속이 있는 때에는 그 직계비속이 사망하거나 결격된 자의 순위에 갈음하여 상속인이 된다. <개정 2014.12.30>

(판 례) 원래 대습상속제도는 대습자의 상속에 대한 기대를 보호함으로써 공평을 꾀하고 생존 배우자의 생계를 보장하여 주려는 것이고, 또한 동시사망 추정규정도 자연 과학적으로 엄밀한 의미의 동시사망은 상상하기 어려운 것이나 사망의 선후를 입증할 수 없는 경우 동시에 사망한 것으로 다루는 것이 결과에 있어 가장 공평하고 합리적이라는 데에 그 입법 취지가 있는 것인 바, 상속인이 될 직계비속이나 형제자매(피대습자)의 직계비속 또는 배우자(대습자)는 피대습자가 상속개시전에 사망한 경우에는 대습상속을 하고, 피대습자가 상속개시 후에 사망한 경우에는 피대습자를 거쳐 피상속인의 재산을 본위상속을 하므로 두 경우 모두 상속을 하는데, 만일 피대습자가 피상속인의 사망, 즉 상속개시와 동시에 사망한 것으로 추정되는 경우에만 그 직계비속 또는 배우자가 본위상속과 대습상속의 어느쪽도 하지 못하게 된다면 동시사망 추정 이외의 경우에 비하여 현저히 불공평하고 불합리한 것이라 할 것이고, 민법 제1001조의 '상속인이 될 직계비속이 상속개시전에 사망한 경우'에는 '상속인이 될 직계비속이 상속개시와 동시에 사망한 것으로 추정되는 경우'도 포함하는 것으로 합목적적으로 해석함이 상당하다(99다13157). <고시연구 01년8월 290면>

제1002조 삭제 <90.1.13>

(신·구) 구조문 ⇨ 제1002조【처가 피상속인인 경우의 상속인】 처가 피상속인인 경우에 부는 그 직계비속과 동순위로 공동상속인이 되고 그 직계비속이 없는 때에는 단독상속인이 된다.

제1003조【배우자의 상속순위】 ①피상속인의 배우자는 제1000조제1항제1호와 제2호의 규정에 의한 상속인이 있는 경우에는 그 상속인과 동순위로 공동상속인이 되고 그 상속인이 없는 때에는 단독상속인이 된다. <개정 90.1.13>
②제1001조의 경우에 상속개시전에 사망 또는 결격된 자의 배우자는 동조의 규정에 의한 상속인과 동순위로 공동상속인이 되고 그 상속인이 없는 때에는 단독상속인이 된다. <개정 90.1.13>

(신·구) 【처의~】 ⇨ 【배우자의~】 ①~처는~재산상속인~ ⇨ ~배우자는~상속인~
②~처는~ ⇨ ~배우자는~

제1004조【상속인의 결격사유】 다음 각호의 어느 하나에 해당한 자는 상속인이 되지 못한다. <개정 90.1.13, 2005.3.31>
1. 고의로 직계존속, 피상속인, 그 배우자 또는 상속의 선순위나 동순위에 있는 자를 살해하거나 살해하려 한 자
2. 고의로 직계존속, 피상속인과 그 배우자에게 상해를 가하여 사망에 이르게 한 자
3. 사기 또는 강박으로 피상속인의 상속에 관한 유언 또는 유언의 철회를 방해한 자 <신설 90.1.13>
4. 사기 또는 강박으로 피상속인의 상속에 관한 유언을 하게 한 자
5. 피상속인의 상속에 관한 유언서를 위조·변조·파기 또는 은닉한 자 <신설 90.1. 13>

제3절 상속의 효력

<본절 제목개정 90.1.13>

(신·구) 재산상속의~ ⇨ 상속의~

제1관 일반적 효력

제1005조【상속과 포괄적 권리의무의 승계】 상속인은 상속개시된 때로부터 피상속인의 재산에 관한 포괄적 권리의무를 승계한다. 그러나 피상속인의 일신에 전속한 것은 그러

하지 아니하다. <개정 90.1.13>

(신·구) 재산상속인은~ ⇨ 상속인은~

(판 례) 명의수탁자가 사망하면 그 명의신탁관계는 그 재산상속인과의 사이에 존속한다(1981.6.23, 80다2809).

제1006조 【공동상속과 재산의 공유】 상속인이 수인인 때에는 상속재산은 그 공유로 한다. <개정 90.1.13>

(판 례) 공동상속인중 일부 상속인의 상속등기만은 경료할 수 없다(1995.2.22, 94마2116).

제1007조 【공동상속인의 권리의무승계】 공동상속인은 각자의 상속분에 응하여 피상속인의 권리의무를 승계한다.

(판 례) 정이 비록 을의 재산상속인이 아니라고 하더라도, 을로부터 임야를 매수한 갑으로부터 그 임야에 대한 소유권이전등기 절차의 이행을 요구받고 있는 상태에서 그 임야에 관하여 갑명의로 소유권이전등기를 경료하여 줄 의사에 기하여 정 단독 명의로 소유권이전등기를 하였다면, 이는 정이 을의 재산상속인인 병의 소유권이전등기 의무를 전부 승계하여 정 단독으로 갑에게 그 임야에 관한 소유권이전등기의무를 이행하기로 하는 묵시적 특약이 있었다고 봄이 당사자의 의사에 합치되고, 그와 같은 약정은 계약체결의 자유의 원칙상 상속인인 병의 동의나 처분 위임이 없이도 유효하게 체결할 수 있다(1995.9.15, 94다23067).

제1008조 【특별수익자의 상속분】 공동상속인중에 피상속인으로부터 재산의 증여 또는 유증을 받은 자가 있는 경우에 그 수증재산이 자기의 상속분에 달하지 못한 때에는 그 부족한 부분의 한도에서 상속분이 있다. <개정 77.12.31>

제1008조의2 【기여분】 ①공동상속인중에 상당한 기간 동거·간호 그밖의 방법으로 피상속인을 특별히 부양하거나 피상속인의 재산의 유지 또는 증가에 특별히 기여한 자가 있을 때에는 상속개시 당시의 피상속인의 재산가액에서 공동상속인의 협의로 정한 그 자의 기여분을 공제한 것을 상속재산으로 보고 제1009조 및 제1010조에 의하여 산정한 상속분에 기여분을 가산한 액으로써 그 자의 상속분으로 한다. <개정 2005.3.31>

②제1항의 협의가 되지 아니하거나 협의할 수 없는 때에는 가정법원은 제1항에 규정된 기여자의 청구에 의하여 기여의 시기·방법 및 정도와 상속재산의 액 기타의 사정을 참작하여 기여분을 정한다.

③기여분은 상속이 개시된 때의 피상속인의 재산가액에서 유증의 가액을 공제한 액을 넘지 못한다.

④제2항의 규정에 의한 청구는 제1013조제2항의 규정에 의한 청구가 있을 경우 또는 제1014조에 규정하는 경우에 할 수 있다.

<본조신설 90.1.13>

(판 례) 공동상속인 중 피상속인의 재산의 유지 또는 증가에 관하여 특별히 기여하거나 피상속인을 특별히 부양한 자가 있는 경우 그 기여분의 산정은 공동상속인들의 협의에 의하여 정하도록 되어 있고, 협의가 되지 않거나 협의할 수 없는 때에는 기여자의 산정에 의하여 가정법원이 심판으로 이를 정하도록 되어 있으므로 이와 같은 방법으로 기여분이 결정되기 전에는 유류분반환청구소송에서 피고가 된 기여상속인은 상속재산중 자신의 기여분을 공제할 것을 항변으로 주장할 수 없다(1994.10.14, 94다8334).

제1008조의3 【분묘 등의 승계】 분묘에 속한 1정보 이내의 금양임야와 600평 이내의 묘토인 농지, 족보와 제구의 소유권은 제사를 주재하는 자가 이를 승계한다.

<본조신설 90.1.13>

(판 례) 사실상 분묘를 관리, 수호하고 망인의 봉제사를 행하여 오던 피고인이 실질상 손이 끊겨 수호·관리하기 힘든 조상들의 묘를 화장방식으로 바꾸기로 한 종중의 결의에 따라 망인의 사망당시 호주의 사후양자로 그를 호주상속하여 망인의 가를 계승한 양손자의 승낙하에 종교적 예를 갖추어 그 분묘를 발굴하였다면, 비록 그 발굴 전에 망인의 출가한 양손녀들의 승낙을 얻지 아니하였다 하더라도 이를 위법한 행위라고 단정할 수 없다(1995.2.10, 94도1190).

제2관 상속분

제1009조 【법정상속분】 ①동순위의 상속인이 수인인 때에는 그 상속분은 균분으로 한다. <개정 77.12.31, 90.1.13>

②피상속인의 배우자의 상속분은 직계비속과 공동으로 상속하는 때에는 직계비속의 상속분의 5할을 가산하고, 직계존속과 공동으로 상속하는 때에는 직계존속의 상속분의 5할을 가산한다. <개정 90.1.13>

③삭제 <90.1.13>

(신·구) 구조문 ⇨ ①~상속분은 균분으로 한다. 그러나 재산상속인의 동시에 호주상속을 할 경우에는 상속분은 그 고유의 상속분의 5할을 가산한다.
②동일가적내에 없는 여자의 상속분은 남자의 상속분의 4분의 1로 한다.
③상속인의 처의 상속분은 직계비속과 공동으로 상속하는 때에는 동일가적내에 있는 직계비속의 상속분의 5할을 가산하고 직계존속과 공동으로 상속하는 때에는 직계존속의 상속분의 5할을 가산한다.

제1010조【대습상속분】 ①제1001조의 규정에 의하여 사망 또는 결격된 자에 갈음하여 상속인이 된 자의 상속분은 사망 또는 결격된 자의 상속분에 의한다. <개정 2014.12.30>
②전항의 경우에 사망 또는 결격된 자의 직계비속이 수인인 때에는 그 상속분은 사망 또는 결격된 자의 상속분의 한도에서 제1009조의 규정에 의하여 이를 정한다. 제1003조제2항의 경우에도 또한 같다.

제1011조【공동상속분의 양수】 ①공동상속인중에 그 상속분을 제3자에게 양도한 자가 있는 때에는 다른 공동상속인은 그 가액과 양도비용을 상환하고 그 상속분을 양수할 수 있다.
②전항의 권리는 그 사유를 안 날로부터 3월, 그 사유있은 날로부터 1년내에 행사하여야 한다.

제3관 상속재산의 분할

제1012조【유언에 의한 분할방법의 지정, 분할금지】 피상속인은 유언으로 상속재산의 분할방법을 정하거나 이를 정할 것을 제3자에게 위탁할 수 있고 상속개시의 날로부터 5년을 초과하지 아니하는 기간내의 그 분할을 금지할 수 있다.

제1013조【협의에 의한 분할】 ①전조의 경우외에는 공동상속인은 언제든지 그 협의에 의하여 상속재산을 분할할 수 있다.
②제269조의 규정은 전항의 상속재산의 분할에 준용한다.

제1014조【분할후의 피인지자 등의 청구권】 상속개시후의 인지 또는 재판의 확정에 의하여 공동상속인이 된 자가 상속재산의 분할을 청구할 경우에 다른 공동상속인이 이미 분할 기타 처분을 한 때에는 그 상속분에 상당한 가액의 지급을 청구할 권리가 있다.

제1015조【분할의 소급효】 상속재산의 분할은 상속개시된 때에 소급하여 그 효력이 있다. 그러나 제3자의 권리를 해하지 못한다.

(판 례) 상속개시후 타인의 대위에 의한 법정상속지분대로의 상속등기가 이루어진 상태를 방치하여 두었다가 10년이 지난 후 위 등기내용과 다른 협의분할에 의한 등기를 하였더라도 증여세부과대상이 되지 않는다(1994.3.22, 93누19535).

제1016조【공동상속인의 담보책임】 공동상속인은 다른 공동상속인이 분할로 인하여 취득한 재산에 대하여 그 상속분에 응하여 매도인과 같은 담보책임이 있다.

제1017조【상속채무자의 자력에 대한 담보책임】 ①공동상속인은 다른 상속인이 분할로 인하여 취득한 채권에 대하여 분할당시의 채무자의 자력을 담보한다.
②변제기에 달하지 아니한 채권이나 정지조건있는 채권에 대하여는 변제를 청구할 수 있는 때의 채무자의 자력을 담보한다.

제1018조【무자력공동상속인의 담보책임의 분담】 담보책임있는 공동상속인중에 상환의 자력이 없는 자가 있는 때에는 그 부담부분은 구상권자와 자력있는 다른 공동상속인이 그 상속분에 응하여 분담한다. 그러나 구상권자의 과실로 인하여 상환을 받지 못한 때에는 다른 공동상속인에게 분담을 청구하지 못한다.

제4절 상속의 승인 및 포기
<본절제목개정 90.1.13>
(신·구) 재산상속의~ ⇨ 상속의~

제1관 총 칙

제1019조【승인, 포기의 기간】 ①상속인은 상속개시있음을 안 날로부터 3월내에 단순승인이나 한정승인 또는 포기를 할 수 있다. 그러나 그 기간은 이해관계인 또는 검사의 청구에 의하여 가정법원이 이를 연장할 수 있다. <개정 90.1.13>
②상속인은 제1항의 승인 또는 포기를 하기 전에 상속재산을 조사할 수 있다. <개정 2002.1.14>
③ 제1항에도 불구하고 상속인은 상속채무가 상속재산을 초과하는 사실(이하 이 조에서 “상속채무 초과사실”이라 한다)을 중대한 과실 없이 제1항의 기간 내에 알지 못하고 단순승인(제1026조제1호 및 제2호에 따라 단순승인한 것으로 보는 경우를 포함한다. 이하 이 조에서 같다)을 한 경우에는 그 사실을 안 날부터 3개월 내에 한정승인을 할 수 있다. <개정 2022. 12. 13.>
④ 제1항에도 불구하고 미성년자인 상속인이 상속채무가 상속재산을 초과하는 상속을 성년이 되기 전에 단순승인한 경우에는 성년이 된 후 그 상속의 상속채무 초과사실을 안 날부터 3개월 내에 한정승인을 할 수 있다. 미성년자인 상속인이 제3항에 따른 한정승인을 하

지 아니하였거나 할 수 없었던 경우에도 또한 같다. <신설 2022. 12. 13.>

(신·구) ①재산상속인은~법원이~ ⇨ 상속인은~가정법원이~
②전항 ⇨ 제1항

(판례) 민법 제1019조제1항 소정의 '상속개시 있음을 안 날'이라 함은 상속개시의 원인이 되는 사실의 발생을 앎으로써 자기가 상속인이 되었음을 안 날을 말하는 것이므로, 상속재산 또는 상속채무의 존재를 알아야만 위 고려기간이 진행되는 것은 아니라고 할 것이다(91스1). <김형 1416면>

상속포기기간 중에 한 소송수계신청을 받아 들여 소송절차를 진행한 하자가 있다고 하더라도 그후 상속의 포기없이 상속개시 있음을 안 날로부터 3월을 경과한 때에는, 그 전까지의 소송행위에 관한 하자는 치유된다(1995.6.16, 95다5905, 5912).

제1020조【제한능력자의 승인·포기의 기간】상속인이 제한능력자인 경우에는 제1019조제1항의 기간은 그의 친권자 또는 후견인이 상속이 개시된 것을 안 날부터 기산(起算)한다.
<전문개정 2011.3.7>

제1021조【승인, 포기기간의 계산에 관한 특칙】상속인이 승인이나 포기를 하지 아니하고 제1019조제1항의 기간내에 사망한 때에는 그의 상속인이 자기의 상속개시있음을 안 날로부터 제1019조제1항의 기간을 기산한다.

제1022조【상속재산의 관리】상속인은 그 고유재산에 대하는 것과 동일한 주의로 상속재산을 관리하여야 한다. 그러나 단순승인 또는 포기한 때에는 그러하지 아니하다.

제1023조【상속재산보존에 필요한 처분】①법원은 이해관계인 또는 검사의 청구에 의하여 상속재산의 보존에 필요한 처분을 명할 수 있다.
②법원이 재산관리인을 선임한 경우에는 제24조 내지 제26조의 규정을 준용한다.

제1024조【승인, 포기의 취소금지】①상속의 승인이나 포기는 제1019조제1항의 기간내에도 이를 취소하지 못한다. <개정 90.1.13>
②전항의 규정은 총칙편의 규정에 의한 취소에 영향을 미치지 아니한다. 그러나 그 취소권은 추인할 수 있는 날로부터 3월, 승인 또는 포기한 날로부터 1년내에 행사하지 아니하면 시효로 인하여 소멸된다.

(신·구) ①재산상속의~ ⇨ 상속의~

제2관 단순승인

제1025조【단순승인의 효과】상속인이 단순승인을 한 때에는 제한없이 피상속인의 권리의무를 승계한다. <개정 90.1.13>

(신·구) 재산상속인이~ ⇨ 상속인이~

제1026조【법정단순승인】다음 각호의 사유가 있는 경우에는 상속인이 단순승인을 한 것으로 본다.

1. 상속인이 상속재산에 대한 처분행위를 한 때
2. 상속인이 제1019조제1항의 기간내에 한정승인 또는 포기를 하지 아니한 때 <신설 2002.1.14>
3. 상속인이 한정승인 또는 포기를 한 후에 상속재산을 은닉하거나 부정소비하거나 고의로 재산목록에 기입하지 아니한 때

(헌재) 상속인이 귀책사유없이 상속채무가 적극재산을 초과하는 사실을 알지 못하여 상속개시 있음을 안 날로부터 3개월내에 한정승인 또는 포기를 하지 못한 경우에도 단순승인을 한 것으로 보는 민법 제1026조제2호는 기본권제한 입법한계를 일탈한 것으로 재산권을 보장한 헌법 제23조제1항, 사적자치권을 보장한 헌법 제10조제1항에 위반된다(98헌바24, 25). <김형 1418면>

제1027조【법정단순승인의 예외】상속인이 상속을 포기함으로 인하여 차순위상속인이 상속을 승인한 때에는 전조제3호의 사유는 상속의 승인으로 보지 아니한다.

제3관 한정승인

제1028조【한정승인의 효과】상속인은 상속으로 인하여 취득할 재산의 한도에서 피상속인의 채무와 유증을 변제할 것을 조건으로 상속을 승인할 수 있다. <개정 90.1.13>

(신·구) 재산상속인은~ ⇨ 상속인은~

제1029조【공동상속인의 한정승인】상속인이 수인인 때에는 각 상속인은 그 상속분에 응하여 취득할 재산의 한도에서 그 상속분에 의한 피상속인의 채무와 유증을 변제할 것을 조건으로 상속을 승인할 수 있다.

제1030조【한정승인의 방식】①상속인이 한정승인을 할 때에는 제1019조제1항·제3항 또는 제4항의 기간 내에 상속재산의 목록을 첨부하여 법원에 한정승인의 신고를 하여야 한다. <개정 2005. 3. 31., 2022. 12. 13.>
②제1019조제3항 또는 제4항에 따라 한정승인을 한 경우 상속재산 중 이미 처분한 재산

이 있는 때에는 그 목록과 가액을 함께 제출하여야 한다. <신설 2005. 3. 31., 2022. 12. 13.>

(판 례) 한정승인신고서는 신고인의 대리인도 작성 신고할 수 있도록 규정되어 있으므로 변호사를 대리인으로 하여 한정승인의 신고를 할 수 있다(1965. 5.31, 64스10).

제1031조 【한정승인과 재산상 권리의무의 불소멸】 상속인이 한정승인을 한 때에는 피상속인에 대한 상속인의 재산상 권리의무는 소멸하지 아니한다.

제1032조 【채권자에 대한 공고, 최고】 ①한정승인자는 한정승인을 한 날로부터 5일 내에 일반상속채권자와 유증받은 자에 대하여 한정승인의 사실과 일정한 기간내에 그 채권 또는 수증을 신고할 것을 공고하여야 한다. 그 기간은 2월 이상이어야 한다.

②제88조제2항, 제3항과 제89조의 규정은 전항의 경우에 준용한다.

제1033조 【최고기간중의 변제거절】 한정승인자는 전조제1항의 기간만료전에는 상속채권의 변제를 거절할 수 있다.

제1034조 【배당변제】 ①한정승인자는 제1032조제1항의 기간만료후에 상속재산으로써 그 기간내에 신고한 채권자와 한정승인자가 알고 있는 채권자에 대하여 각 채권액의 비율로 변제하여야 한다. 그러나 우선권있는 채권자의 권리를 해하지 못한다.

②제1019조제3항 또는 제4항에 따라 한정승인을 한 경우에는 그 상속인은 상속재산 중에서 남아있는 상속재산과 함께 이미 처분한 재산의 가액을 합하여 제1항의 변제를 하여야 한다. 다만, 한정승인을 하기 전에 상속채권자나 유증받은 자에 대하여 변제한 가액은 이미 처분한 재산의 가액에서 제외한다. <신설 2005. 3. 31., 2022. 12. 13.>

제1035조 【변제기전의 채무 등의 변제】 ①한정승인자는 변제기에 이르지 아니한 채권에 대하여도 전조의 규정에 의하여 변제하여야 한다.

②조건있는 채권이나 존속기간의 불확정한 채권은 법원의 선임한 감정인의 평가에 의하여 변제하여야 한다.

제1036조 【수증자에의 변제】 한정승인자는 전2조의 규정에 의하여 상속채권자에 대한 변제를 완료한 후가 아니면 유증받은 자에게 변제하지 못한다.

제1037조 【상속재산의 경매】 전3조의 규정에 의한 변제를 하기 위하여 상속재산의 전부나 일부를 매각할 필요가 있는 때에는 민사집행법에 의하여 경매하여야 한다. <개정 97.12.13, 2001.12.29>

(신·구) ~경매법에~ ⇨ ~민사소송법에~

제1038조 【부당변제 등으로 인한 책임】 ①한정승인자가 제1032조의 규정에 의한 공고나 최고를 해태하거나 제1033조 내지 제1036조의 규정에 위반하여 어느 상속채권자나 유증받은 자에게 변제함으로 인하여 다른 상속채권자나 유증받은 자에 대하여 변제할 수 없게 된 때에는 한정승인자는 그 손해를 배상하여야 한다. 제1019조제3항의 규정에 의하여 한정승인을 한 경우 그 이전에 상속채무가 상속재산을 초과함을 알지 못한 데 과실이 있는 상속인이 상속채권자나 유증받은 자에게 변제한 때에도 또한 같다. <개정 2005.3.31>

②제1항 전단의 경우에 변제를 받지 못한 상속채권자나 유증받은 자는 그 사정을 알고 변제를 받은 상속채권자나 유증받은 자에 대하여 구상권을 행사할 수 있다. 제1019조제3항 또는 제4항에 따라 한정승인을 한 경우 그 이전에 상속채무가 상속재산을 초과함을 알고 변제받은 상속채권자나 유증받은 자가 있는 때에도 또한 같다. <개정 2005. 3. 31., 2022. 12. 13.>

③제766조의 규정은 제1항 및 제2항의 경우에 준용한다. <개정 2005.3.31>

제1039조 【신고하지 않은 채권자 등】 제1032조제1항의 기간내에 신고하지 아니한 상속채권자 및 유증받은 자로서 한정승인자가 알지 못한 자는 상속재산의 잔여가 있는 경우에 한하여 그 변제를 받을 수 있다. 그러나 상속재산에 대하여 특별담보권이 있는 때에는 그러하지 아니하다.

제1040조 【공동상속재산과 그 관리인의 선임】 ①상속인이 수인인 경우에는 법원은 각 상속인 기타 이해관계인의 청구에 의하여 공동상속인중에서 상속재산관리인을 선임할 수 있다.

②법원이 선임한 관리인은 공동상속인을 대표하여 상속재산의 관리와 채무의 변제에 관한 모든 행위를 할 권리의무가 있다.

③제1022조, 제1032조 내지 전조의 규정은 전

항의 관리인에 준용한다. 그러나 제1032조의 규정에 의하여 공고할 5일의 기간은 관리인이 그 선임을 안 날로부터 기산한다.

제4관 포 기

제1041조【포기의 방식】 상속인이 상속을 포기할 때에는 제1019조제1항의 기간내에 가정법원에 포기의 신고를 하여야 한다. <개정 90.1.13>

(신·구) 재산상속인이~법원에~ ⇨ 상속인이~가정법원에~

(판 례) 공동재산상속인이 협의하여 상속재산을 분할한 때에는 민법 1026조제1호에 규정된 상속재산에 대한 처분행위를 한 때에 해당되어 공동상속인은 단순승인을 한 것으로 보게 될 것이니, 이와 같은 상속승인이 있은 후에는 기간 내라 할지라도 이를 취소할 수 없는 것이므로, 공동상속인 중 1인이 가정법원에 상속포기신고를 하여, 이것이 수리되었다 하여도 포기의 효력이 생기지 아니한다(82도2421). <김형 1422면>

상속의 포기는 민법에 그 방식이 법정되어 있으므로 이에 따라서 행하여져야 유효하고 그렇지 못한 경우에는 효력이 없다(1988.8.25, 88스10, 11, 12, 13).

제1042조【포기의 소급효】 상속의 포기는 상속개시된 때에 소급하여 그 효력이 있다.

제1043조【포기한 상속재산의 귀속】 상속인이 수인인 경우에 어느 상속인이 상속을 포기한 때에는 그 상속분은 다른 상속인의 상속분의 비율로 그 상속인에게 귀속된다.

제1044조【포기한 상속재산의 관리계속의무】 ①상속을 포기한 자는 그 포기로 인하여 상속인이 된 자가 상속재산을 관리할 수 있을 때까지 그 재산의 관리를 계속하여야 한다.
②제1022조와 제1023조의 규정은 전항의 재산관리에 준용한다.

제5절 재산의 분리

제1045조【상속재산의 분리청구권】 ①상속채권자나 유증받은 자 또는 상속인의 채권자는 상속개시된 날로부터 3월내에 상속재산과 상속인의 고유재산의 분리를 법원에 청구할 수 있다.
②상속인이 상속의 승인이나 포기를 하지 아니한 동안은 전항의 기간경과후에도 재산의 분리를 법원에 청구할 수 있다. <개정 90.1.13>

(신·구) ②재산상속인이~ ⇨ 상속인이~

제1046조【분리명령과 채권자 등에 대한 공고, 최고】 ①법원이 전조의 청구에 의하여 재산의 분리를 명한 때에는 그 청구자는 5일 내에 일반상속채권자와 유증받은 자에 대하여 재산분리의 명령있는 사실과 일정한 기간내에 그 채권 또는 수증을 신고할 것을 공고하여야 한다. 그 기간은 2월 이상이어야 한다.
②제88조제2항, 제3항과 제89조의 규정은 전항의 경우에 준용한다.

제1047조【분리후의 상속재산의 관리】 ①법원이 재산의 분리를 명한 때에는 상속재산의 관리에 관하여 필요한 처분을 명할 수 있다.
②법원이 재산관리인을 선임한 경우에는 제24조 내지 제26조의 규정을 준용한다.

제1048조【분리후의 상속인의 관리의무】 ①상속인이 단순승인을 한 후에도 재산분리의 명령이 있는 때에는 상속재산에 대하여 자기의 고유재산과 동일한 주의로 관리하여야 한다.
②제683조 내지 제685조 및 제688조제1항, 제2항의 규정은 전항의 재산관리에 준용한다.

제1049조【재산분리의 대항요건】 재산의 분리는 상속재산인 부동산에 관하여는 이를 등기하지 아니하면 제3자에게 대항하지 못한다.

제1050조【재산분리와 권리의무의 불소멸】 재산분리의 명령이 있는 때에는 피상속인에 대한 상속인의 재산상 권리의무는 소멸하지 아니한다.

제1051조【변제의 거절과 배당변제】 ①상속인은 제1045조 및 제1046조의 기간만료전에는 상속채권자와 유증받은 자에 대하여 변제를 거절할 수 있다.
②전항의 기간만료후에 상속인은 상속재산으로써 재산분리의 청구 또는 그 기간내에 신고한 상속채권자, 유증받은 자와 상속인이 알고 있는 상속채권자, 유증받은 자에 대하여 각 채권액 또는 수증액의 비율로 변제하여야 한다. 그러나 우선권있는 채권자의 권리를 해하지 못한다.
③제1035조 내지 제1038조의 규정은 전항의 경우에 준용한다.

제1052조【고유재산으로부터의 변제】 ①전조의 규정에 의한 상속채권자와 유증받은 자는 상속재산으로써 전액의 변제를 받을 수 없는 경우에 한하여 상속인의 고유재산으로부터 그 변제를 받을 수 있다.
②전항의 경우에 상속인의 채권자는 그 상속인의 고유재산으로부터 우선변제를 받을 권

리가 있다.

제6절 상속인의 부존재

<본절제목개정 90.1.13>

신·구 재산상속인~ ⇨ 상속인~

제1053조【상속인없는 재산의 관리인】 ①상속인의 존부가 분명하지 아니한 때에는 법원은 제777조의 규정에 의한 피상속인의 친족 기타 이해관계인 또는 검사의 청구에 의하여 상속재산관리인을 선임하고 지체없이 이를 공고하여야 한다. <개정 90.1.13>

②제24조 내지 제26조의 규정은 전항의 재산관리인에 준용한다.

제1054조【재산목록제시와 상황보고】 관리인은 상속채권자나 유증받은 자의 청구가 있는 때에는 언제든지 상속재산의 목록을 제시하고 그 상황을 보고하여야 한다.

제1055조【상속인의 존재가 분명하여진 경우】 ①관리인의 임무는 그 상속인이 상속의 승인을 한 때에 종료한다.

②전항의 경우에는 관리인은 지체없이 그 상속인에 대하여 관리의 계산을 하여야 한다.

제1056조【상속인없는 재산의 청산】 ①제1053조제1항의 공고있은 날로부터 3월내에 상속인의 존부를 알 수 없는 때에는 관리인은 지체없이 일반상속채권자와 유증받은 자에 대하여 일정한 기간내에 그 채권 또는 수증을 신고할 것을 공고하여야 한다. 그 기간은 2월 이상이어야 한다.

②제88조제2항, 제3항, 제89조, 제1033조 내지 제1039조의 규정은 전항의 경우에 준용한다.

제1057조【상속인수색의 공고】 제1056조제1항의 기간이 경과하여도 상속인의 존부를 알 수 없는 때에는 법원은 관리인의 청구에 의하여 상속인이 있으면 일정한 기간내에 그 권리를 주장할 것을 공고하여야 한다. 그 기간은 1년 이상이어야 한다. <개정 2005.3.31>

제1057조의2【특별연고자에 대한 분여】 ①제1057조의 기간내에 상속권을 주장하는 자가 없는 때에는 가정법원은 피상속인과 생계를 같이 하고 있던 자, 피상속인의 요양간호를 한 자 기타 피상속인과 특별한 연고가 있던 자의 청구에 의하여 상속재산의 전부 또는 일부를 분여할 수 있다. <개정 2005.3.31>

②제1항의 청구는 제1057조의 기간의 만료후 2월 이내에 하여야 한다. <개정 2005.3.31>

<본조신설 90.1.13>

제1058조【상속재산의 국가귀속】 ①제1057조의2의 규정에 의하여 분여(分與)되지 아니한 때에는 상속재산은 국가에 귀속한다. <개정 2005.3.31>

②제1055조제2항의 규정은 제1항의 경우에 준용한다. <개정 2005.3.31>

판례 구 민법(1990.1.13개정 전)제5편 제2장에는 재산상속에 관한 규정이 있으며, 거기에 열거되어 있는 재산상속인이 존재하지 아니한 경우에는 본조에 의하여 상속재산이 국가에 귀속한다고 보아야지 다른 최근친자에게 귀속한다고 할 수 없다(1990.11.13, 90다카26867).

제1059조【국가귀속재산에 대한 변제청구의 금지】 전조제1항의 경우에는 상속재산으로 변제를 받지 못한 상속채권자나 유증을 받은 자가 있는 때에도 국가에 대하여 그 변제를 청구하지 못한다.

제2장 유 언

제1절 총 칙

제1060조【유언의 요식성】 유언은 본법의 정한 방식에 의하지 아니하면 효력이 생하지 아니한다.

판례 유언장에 대하여 공증사무실에서 인증을 받았으나 그 유언장이 증인 2명의 참여가 없고 자서된 것도 아니라면 공정증서에 의한 유언이나 자필증서에 의한 유언으로서의 방식이 결여되어 있으므로 유언으로서의 효력을 발생할 수 없다(1994.12.22, 94다13695).

제1061조【유언적령】 17세에 달하지 못한 자는 유언을 하지 못한다. <개정 2022. 12. 27.>

제1062조【제한능력자의 유언】 유언에 관하여는 제5조, 제10조 및 제13조를 적용하지 아니한다.

<전문개정 2011.3.7>

제1063조【피성년후견인의 유언능력】 ①피성년후견인은 의사능력이 회복된 때에만 유언을 할 수 있다.

②제1항의 경우에는 의사가 심신회복의 상태를 유언서에 부기(附記)하고 서명날인하여야 한다.

<전문개정 2011.3.7>

제1064조【유언과 태아, 상속결격자】 제1000

조제3항, 제1004조의 규정은 수증자에 준용한다. <개정 90.1.13>

제2절 유언의 방식

제1065조【유언의 보통방식】 유언의 방식은 자필증서, 녹음, 공정증서, 비밀증서와 구수증서의 5종으로 한다.

제1066조【자필증서에 의한 유언】 ①자필증서에 의한 유언은 유언자가 그 전문과 연월일, 주소, 성명을 자서하고 날인하여야 한다.
②전항의 증서에 문자의 삽입, 삭제 또는 변경을 함에는 유언자가 이를 자서하고 날인하여야 한다.

제1067조【녹음에 의한 유언】 녹음에 의한 유언은 유언자가 유언의 취지, 그 성명과 연월일을 구술하고 이에 참여한 증인이 유언의 정확함과 그 성명을 구술하여야 한다.

제1068조【공정증서에 의한 유언】 공정증서에 의한 유언은 유언자가 증인 2인이 참여한 공증인의 면전에서 유언의 취지를 구수하고 공증인이 이를 필기낭독하여 유언자와 증인이 그 정확함을 승인한 후 각자서명 또는 기명날인하여야 한다.

(판례) 유언공정증서를 작성할 당시에 유언자가 반혼수상태였으며, 유언공정증서의 취지가 낭독된 후에도 그에 대하여 전혀 응답하는 말을 하지 아니한 채 고개만 끄덕였다면, 유언공정증서를 작성할 당시에 유언자에게는 의사능력이 없었으며 그 공정증서에 의한 유언은 유언자가 유언의 취지를 구수하고 이에 기하여 공정증서가 작성된 것으로 볼 수 없어서, 민법 제1068조가 정하는 공정증서에 의한 유언의 방식에 위배되어 무효이다(1996.4.23. 95다34514).

제1069조【비밀증서에 의한 유언】 ①비밀증서에 의한 유언은 유언자가 필자의 성명을 기입한 증서를 엄봉날인하고 이를 2인 이상의 증인의 면전에 제출하여 자기의 유언서임을 표시한 후 그 봉서표면에 제출연월일을 기재하고 유언자와 증인이 각자서명 또는 기명날인하여야 한다.
②전항의 방식에 의한 유언봉서는 그 표면에 기재된 날로부터 5일 내에 공증인 또는 법원서기에게 제출하여 그 봉인상에 확정일자인을 받아야 한다.

제1070조【구수증서에 의한 유언】 ①구수증서에 의한 유언은 질병 기타 급박한 사유로 인하여 전4조의 방식에 의할 수 없는 경우에 유언자가 2인 이상의 증인의 참여로 그 1인에게 유언의 취지를 구수하고 그 구수를 받은 자가 이를 필기낭독하여 유언자와 증인이 그 정확함을 승인한 후 각자서명 또는 기명날인하여야 한다.
②전항의 방식에 의한 유언은 그 증인 또는 이해관계인이 급박한 사유의 종료한 날로부터 7일 내에 법원에 그 검인을 신청하여야 한다.
③제1063조제2항의 규정은 구수증서에 의한 유언에 적용하지 아니한다.

(판례) 유언자의 질병으로 인하여 구수증서의 방식으로 유언을 한 경우에는 유언이 있는 날로부터 7일 이내에 법원에 그 검인을 신청하여야 할 것이고, 그 기간을 도과한 검인신청은 부적법하다(1986.10.11. 86스18).

제1071조【비밀증서에 의한 유언의 전환】 비밀증서에 의한 유언이 그 방식에 흠결이 있는 경우에 그 증서가 자필증서의 방식에 적합한 때에는 자필증서에 의한 유언으로 본다.

제1072조【증인의 결격사유】 ①다음 각 호의 어느 하나에 해당하는 사람은 유언에 참여하는 증인이 되지 못한다.
1. 미성년자
2. 피성년후견인과 피한정후견인
3. 유언으로 이익을 받을 사람, 그의 배우자와 직계혈족

②공정증서에 의한 유언에는 「공증인법」에 따른 결격자는 증인이 되지 못한다.
<전문개정 2011.3.7>

제3절 유언의 효력

제1073조【유언의 효력발생시기】 ①유언은 유언자가 사망한 때로부터 그 효력이 생긴다.
②유언에 정지조건이 있는 경우에 그 조건이 유언자의 사망후에 성취한 때에는 그 조건성취한 때로부터 유언의 효력이 생긴다.

제1074조【유증의 승인, 포기】 ①유증을 받을 자는 유언자의 사망후에 언제든지 유증을 승인 또는 포기할 수 있다.
②전항의 승인이나 포기는 유언자의 사망한 때에 소급하여 그 효력이 있다.

제1075조【유증의 승인, 포기의 취소금지】 ①유증의 승인이나 포기는 취소하지 못한다.
②제1024조제2항의 규정은 유증의 승인과 포기에 준용한다.

제1076조【수증자의 상속인의 승인, 포기】 수증자가 승인이나 포기를 하지 아니하고 사망한 때에는 그 상속인은 상속분의 한도에서 승인 또는 포기할 수 있다. 그러나 유언자가 유언으로 다른 의사를 표시한 때에는 그 의사에 의한다.

제1077조【유증의무자의 최고권】 ①유증의무자나 이해관계인은 상당한 기간을 정하여 그 기간내에 승인 또는 포기를 확답할 것을 수증자 또는 그 상속인에게 최고할 수 있다.
②전항의 기간내에 수증자 또는 상속인이 유증의무자에 대하여 최고에 대한 확답을 하지 아니한 때에는 유증을 승인한 것으로 본다.

제1078조【포괄적 수증자의 권리의무】 포괄적 유증을 받은 자는 상속인과 동일한 권리의무가 있다. <개정 90.1.13>

(신·구) ~재산상속인과~ ⇨ ~상속인과~

(판 례) 민법 제562조가 사인증여에 관하여 유증에 관한 규정을 준용하고 있다고 하여, 이를 근거로 제1078조가 포괄적 사인증여에도 준용된다고 해석하면 포괄적 사인증여에도 상속과 같은 효과가 발생하게 된다. 그러나 포괄적 사인증여는 낙성, 불요식의 증여계약의 일종이고, 포괄적 유증은 엄격한 방식을 요하는 단독행위이며, 방식을 위배한 포괄적 유증은 대부분 포괄적 사인증여로 보여질 것인바, 포괄적 사인증여에 민법 제1078조가 준용된다면 양자의 효과는 동일하게 되므로, 결과적으로 포괄적 유증에 엄격한 방식을 요하는 요식행위로 규정한 조항들은 무의미하게 된다. 따라서 민법 제1078조가 포괄적 사인증여에 준용된다고 하는 것은 사인증여의 성질에 반하므로 준용되지 아니한다고 해석함이 상당하다(94다37714). <김형 1437면>

포괄적 유증이란 적극재산은 물론, 채무까지 포괄하는 상속재산의 전부 또는 일부의 유증을 말한다(1980.2.26, 79다2078).

제1079조【수증자의 과실취득권】 수증자는 유증의 이행을 청구할 수 있는 때로부터 그 목적물의 과실을 취득한다. 그러나 유언자가 유언으로 다른 의사를 표시한 때에는 그 의사에 의한다.

제1080조【과실수취비용의 상환청구권】 유증의무자가 유언자의 사망후에 그 목적물의 과실을 취득하기 위하여 필요비를 지출한 때에는 그 과실의 가액의 한도에서 과실을 취득한 수증자에게 상환을 청구할 수 있다.

제1081조【유증의무자의 비용상환청구권】 유증의무자가 유증자의 사망후에 그 목적물에 대하여 비용을 지출한 때에는 제325조의 규정을 준용한다.

제1082조【불특정물유증의무자의 담보책임】 ①불특정물을 유증의 목적으로 한 경우에는 유증의무자는 그 목적물에 대하여 매도인과 같은 담보책임이 있다.
②전항의 경우에 목적물에 하자가 있는 때에는 유증의무자는 하자없는 물건으로 인도하여야 한다.

제1083조【유증의 물상대위성】 유증자가 유증목적물의 멸실, 훼손 또는 점유의 침해로 인하여 제3자에게 손해배상을 청구할 권리가 있는 때에는 그 권리를 유증의 목적으로 한 것으로 본다.

제1084조【채권의 유증의 물상대위성】 ①채권을 유증의 목적으로 한 경우에 유언자가 그 변제를 받은 물건이 상속재산중에 있는 때에는 그 물건을 유증의 목적으로 한 것으로 본다.
②전항의 채권이 금전을 목적으로 한 경우에는 그 변제받은 채권액에 상당한 금전이 상속재산중에 없는 때에도 그 금액을 유증의 목적으로 한 것으로 본다.

제1085조【제3자의 권리의 목적인 물건 또는 권리의 유증】 유증의 목적인 물건이나 권리가 유언자의 사망당시에 제3자의 권리의 목적인 경우에는 수증자는 유증의무자에 대하여 그 제3자의 권리를 소멸시킬 것을 청구하지 못한다.

제1086조【유언자가 다른 의사표시를 한 경우】 전3조의 경우에 유언자가 유언으로 다른 의사를 표시한 때에는 그 의사에 의한다.

제1087조【상속재산에 속하지 아니한 권리의 유증】 ①유언의 목적이 된 권리가 유언자의 사망당시에 상속재산에 속하지 아니한 때에는 유언은 그 효력이 없다. 그러나 유언자가 자기의 사망당시에 그 목적물이 상속재산에 속하지 아니한 경우에도 유언의 효력이 있게 할 의사인 때에는 유증의무자는 그 권리를 취득하여 수증자에게 이전할 의무가 있다.
②전항단서의 경우에 그 권리를 취득할 수 없거나 그 취득에 과다한 비용을 요할 때에는 그 가액으로 변상할 수 있다.

제1088조【부담있는 유증과 수증자의 책임】 ①부담있는 유증을 받은 자는 유증의 목적의 가액을 초과하지 아니한 한도에서 부담한 의무를 이행할 책임이 있다.
②유증의 목적의 가액이 한정승인 또는 재산

분리로 인하여 감소된 때에는 수증자는 그 감소된 한도에서 부담할 의무를 면한다.

제1089조【유증효력발생전의 수증자의 사망】 ①유증은 유언자의 사망전에 수증자가 사망한 때에는 그 효력이 생기지 아니한다.
②정지조건있는 유증은 수증자가 그 조건성취전에 사망한 때에는 그 효력이 생기지 아니한다.

제1090조【유증의 무효, 실효의 경우와 목적재산의 귀속】 유증이 그 효력이 생기지 아니하거나 수증자가 이를 포기한 때에는 유증의 목적인 재산은 상속인에게 귀속한다. 그러나 유언자가 유언으로 다른 의사를 표시한 때에는 그 의사에 의한다.

제4절 유언의 집행

제1091조【유언증서, 녹음의 검인】 ①유언의 증서나 녹음을 보관한 자 또는 이를 발견한 자는 유언자의 사망후 지체없이 법원에 제출하여 그 검인을 청구하여야 한다.
②전항의 규정은 공정증서나 구수증서에 의한 유언에 적용하지 아니한다.

제1092조【유언증서의 개봉】 법원이 봉인된 유언증서를 개봉할 때에는 유언자의 상속인, 그 대리인 기타 이해관계인의 참여가 있어야 한다.

제1093조【유언집행자의 지정】 유언자는 유언으로 유언집행자를 지정할 수 있고 그 지정을 제3자에게 위탁할 수 있다.

제1094조【위탁에 의한 유언집행자의 지정】 ①전조의 위탁을 받은 제3자는 그 위탁있음을 안 후 지체없이 유언집행자를 지정하여 상속인에게 통지하여야 하며 그 위탁을 사퇴할 때에는 이를 상속인에게 통지하여야 한다.
②상속인 기타 이해관계인은 상당한 기간을 정하여 그 기간내에 유언집행자를 지정할 것을 위탁받은 자에게 최고할 수 있다. 그 기간내에 지정의 통지를 받지 못한 때에는 그 지정의 위탁을 사퇴한 것으로 본다.

제1095조【지정유언집행자가 없는 경우】 전2조의 규정에 의하여 지정된 유언집행자가 없는 때에는 상속인이 유언집행자가 된다.

제1096조【법원에 의한 유언집행자의 선임】 ①유언집행자가 없거나 사망, 결격 기타 사유로 인하여 없게 된 때에는 법원은 이해관계인의 청구에 의하여 유언집행자를 선임하여야 한다.
②법원이 유언집행자를 선임한 경우에는 그 임무에 관하여 필요한 처분을 명할 수 있다.

제1097조【유언집행자의 승낙, 사퇴】 ①지정에 의한 유언집행자는 유언자의 사망후 지체없이 이를 승낙하거나 사퇴할 것을 상속인에게 통지하여야 한다.
②선임에 의한 유언집행자는 선임의 통지를 받은 후 지체없이 이를 승낙하거나 사퇴할 것을 법원에 통지하여야 한다.
③상속인 기타 이해관계인은 상당한 기간을 정하여 그 기간내에 승낙여부를 확답할 것을 지정 또는 선임에 의한 유언집행자에게 최고할 수 있다. 그 기간내에 최고에 대한 확답을 받지 못한 때에는 유언집행자가 그 취임을 승낙한 것으로 본다.

제1098조【유언집행자의 결격사유】 제한능력자와 파산선고를 받은 자는 유언집행자가 되지 못한다.
<전문개정 2011.3.7>

제1099조【유언집행자의 임무착수】 유언집행자가 그 취임을 승낙한 때에는 지체없이 그 임무를 이행하여야 한다.

제1100조【재산목록작성】 ①유언이 재산에 관한 것인 때에는 지정 또는 선임에 의한 유언집행자는 지체없이 그 재산목록을 작성하여 상속인에게 교부하여야 한다.
②상속인의 청구가 있는 때에는 전항의 재산목록작성에 상속인을 참여하게 하여야 한다.

제1101조【유언집행자의 권리의무】 유언집행자는 유증의 목적인 재산의 관리 기타 유언의 집행에 필요한 행위를 할 권리의무가 있다.

제1102조【공동유언집행】 유언집행자가 수인인 경우에는 임무의 집행은 그 과반수의 찬성으로써 결정한다. 그러나 보존행위는 각자가 이를 할 수 있다.

제1103조【유언집행자의 지위】 ①지정 또는 선임에 의한 유언집행자는 상속인의 대리인으로 본다.
②제681조 내지 제685조, 제687조, 제691조와 제692조의 규정은 유언집행자에 준용한다.

제1104조【유언집행자의 보수】 ①유언자가 유언으로 그 집행자의 보수를 정하지 아니한 경우에는 법원은 상속재산의 상황 기타 사

정을 참작하여 지정 또는 선임에 의한 유언집행자의 보수를 정할 수 있다.
②유언집행자가 보수를 받는 경우에는 제686조제2항, 제3항의 규정을 준용한다.

제1105조【유언집행자의 사퇴】 지정 또는 선임에 의한 유언집행자는 정당한 사유있는 때에는 법원의 허가를 얻어 그 임무를 사퇴할 수 있다.

제1106조【유언집행자의 해임】 지정 또는 선임에 의한 유언집행자에 그 임무를 해태하거나 적당하지 아니한 사유가 있는 때에는 법원은 상속인 기타 이해관계인의 청구에 의하여 유언집행자를 해임할 수 있다.

제1107조【유언집행의 비용】 유언의 집행에 관한 비용은 상속재산중에서 이를 지급한다.

제5절 유언의 철회

제1108조【유언철회】 ①유언자는 언제든지 유언 또는 생전행위로써 유언의 전부나 일부를 철회할 수 있다.
②유언자는 그 유언을 철회할 권리를 포기하지 못한다.

제1109조【유언의 저촉】 전후의 유언이 저촉되거나 유언후의 생전행위가 유언과 저촉되는 경우에는 그 저촉된 부분의 전유언은 이를 철회한 것으로 본다.

제1110조【파훼로 인한 유언의 철회】 유언자가 고의로 유언증서 또는 유증의 목적물을 파훼한 때에는 그 파훼한 부분에 관한 유언은 이를 철회한 것으로 본다.

제1111조【부담있는 유언의 취소】 부담있는 유증을 받은 자가 그 부담의무를 이행하지 아니한 때에는 상속인 또는 유언집행자는 상당한 기간을 정하여 이행할 것을 최고하고 그 기간내에 이행하지 아니한 때에는 법원에 유언의 취소를 청구할 수 있다. 그러나 제3자의 이익을 해하지 못한다.

제3장 유류분

<본장신설 77.12.31>

제1112조【유류분의 권리자와 유류분】 상속인의 유류분은 다음 각호에 의한다.
1. 피상속인의 직계비속은 그 법정상속분의 2분의 1
2. 피상속인의 배우자는 그 법정상속분의 2분의 1
3. 피상속인의 직계존속은 그 법정상속분의 3분의 1
4. 피상속인의 형제자매는 그 법정상속분의 3분의 1

<본조신설 77.12.31>

제1113조【유류분의 산정】 ①유류분은 피상속인의 상속개시시에 있어서 가진 재산의 가액에 증여재산의 가액을 가산하고 채무의 전액을 공제하여 이를 산정한다.
②조건부의 권리 또는 존속기간이 불확정한 권리는 가정법원이 선임한 감정인의 평가에 의하여 그 가격을 정한다.
<본조신설 77.12.31>

(판 례) 유류분권리자가 유류분반환청구를 함에 있어 증여 또는 유증을 받은 다른 공동상속인이 수인일 때에는 각자 증여 또는 유증을 받은 재산 등의 가액이 자기 고유의 유류분액을 초과하는 상속인에 대하여 그 유류분액을 초과한 가액의 비율에 따라서 반환을 청구할 수 있고, 공동상속인과 공동상속인 아닌 제3자가 있는 경우에는 그 제3자에게는 유류분이 없으므로 공동상속인에 대하여는 자기 고유의 유류분액을 초과한 가액을 기준으로 하여, 제3자에 대하여는 그 증여 또는 유증받은 재산의 가액을 기준으로 하여 그 각 가액의 비율에 따라 반환청구를 할 수 있다.(2006.11.10, 2006다46346). <김형1945면>

제1114조【산입될 증여】 증여는 상속개시전의 1년간에 행한 것에 한하여 제1113조의 규정에 의하여 그 가격을 산정한다. 당사자 쌍방이 유류분권리자에 손해를 가할 것을 알고 증여를 한 때에는 1년전에 한 것도 같다.
<본조신설 77.12.31>

(판 례) 공동상속인 중에 피상속인으로부터 재산의 증여에 의하여 특별수익을 한 자가 있는 경우에는 민법 제1114조의 규정은 그 적용이 배제되고, 따라서 그 증여는 상속개시 전의 1년간에 행한 것인지 여부에 관계 없이 유류분산정을 위한 기초재산에 산입된다(1995.6.30, 93다11715).

제1115조【유류분의 보전】 ①유류분권리자가 피상속인의 제1114조에 규정된 증여 및 유증으로 인하여 그 유류분에 부족이 생긴 때에는 부족한 한도에서 그 재산의 반환을 청구할 수 있다.
②제1항의 경우에 증여 및 유증을 받은 자가 수인인 때에는 각자가 얻은 유증가액의 비례로 반환하여야 한다.
<본조신설 77.12.31>

판 례 유류분반환청구권의 행사는 재판상 또는 재판 외에서 상대방에 대한 의사표시의 방법으로 할 수 있고, 이 경우 그 의사표시는 침해를 받은 유증 또는 증여행위를 지정하여 이에 대한 반환청구의 의사를 표시하면 그것으로 족하고 그로 인하여 생긴 목적물의 이전등기청구권이나 인도청구권 등을 행사하는 것과는 달리 그 목적물을 구체적으로 특정하여야 하는 것은 아니며, 민법 제1117조 소정의 소멸시효의 진행도 위 의사표시로 중단된다(1995.6.30, 93다11715).

제1116조【반환의 순서】 증여에 대하여는 유증을 반환받은 후가 아니면 이것을 청구할 수 없다.
<본조신설 77.12.31>

제1117조【소멸시효】 반환의 청구권은 유류분권리자가 상속의 개시와 반환하여야 할 증여 또는 유증을 한 사실을 안 때로부터 1년내에 하지 아니하면 시효에 의하여 소멸한다. 상속이 개시한 때로부터 10년을 경과한 때도 같다.
<본조신설 77.12.31>

판 례 민법 제1117조의 규정내용 및 형식에 비추어 볼 때, 같은 법조 전단의 1년의 기간은 물론, 같은 법조 후단의 10년의 기간도 그 성질은 소멸시효기간이다(92다3595). <김형 1448>

제1118조【준용규정】 제1001조, 제1008조, 제1010조의 규정은 유류분에 이를 준용한다.
<본조신설 77.12.31>

판 례 민법 제1117조의 규정내용 및 형식에 비추어 볼때, 같은 법조전단의 1년의 기간은 물론, 같은 법조 후단의 10년의 기간도 그 성질은 소멸시효기간이다(92다3595). <김형 1448>

부 칙 〈법률 제471호, 1958. 2. 22.〉

제1조【구법의 정의】 부칙에서 구법이라 함은 본법에 의하여 폐지되는 법령 또는 법령중의 조항을 말한다.

제2조【본법의 소급효】 본법은 특별한 규정있는 경우외에는 본법 시행일전의 사항에 대하여도 이를 적용한다. 그러나 이미 구법에 의하여 생긴 효력에 영향을 미치지 아니한다.

제3조【공증력있는 문서와 그 작성】 ①공증인 또는 법원서기의 확정일자인있는 사문서는 그 작성일자에 대한 공증력이 있다.
②일자확정의 청구를 받은 공증인 또는 법원서기는 확정일자부에 청구자의 주소, 성명 및 문서명목을 기재하고 그 문서에 기부번호를 기입한 후 일자인을 찍고 장부와 문서에 계인을 하여야 한다.
③일자확정을 공증인에게 청구하는 자는 법무부령이 법원서기에게 청구하는 자는 대법원규칙이 각각 정하는 바에 의하여 수수료를 납부하여야 한다. <개정 70.6.18>
④공정증서에 기입한 일자 또는 공무소에서 사문서에 어느 사항을 증명하고 기입한 일자는 확정일자로 한다.

제4조【구법에 의한 한정치산자】 ①구법에 의하여 심신모약자 또는 낭비자로 준금치산선고를 받은 자는 본법 시행일로부터 본법의 규정에 의한 한정치산자로 본다.
②구법에 의하여 농자, 아자 또는 맹자로 준금치산선고를 받은 자는 본법 시행일로부터 능력을 회복한다.

제5조【부의 취소권에 관한 경과규정】 구법에 의하여 처가 부의 허가를 요할 사항에 관하여 허가없이 그 행위를 한 경우에도 본법 시행일후에는 이를 취소하지 못한다.

제6조【법인의 등기기간】 법인의 등기사항에 관한 등기기간은 본법 시행일전의 사항에 대하여도 본법의 규정에 의한다.

제7조【벌칙에 관한 불소급】 ①구법에 의하여 과료에 처할 행위로 본법 시행당시 재판을 받지 아니한 자에 대하여는 본법에 의하여 과태료에 처할 경우에 한하여 이를 재판한다.
②전항의 과태료는 구법의 과료액을 초과하

지 못한다.

제8조【시효에 관한 경과규정】①본법 시행당시에 구법의 규정에 의한 시효기간을 경과한 권리는 본법의 규정에 의하여 취득 또는 소멸한 것으로 본다.

②본법 시행당시에 구법에 의한 소멸시효의 기간을 경과하지 아니한 권리에는 본법의 시효에 관한 규정을 적용한다.

③본법 시행당시에 구법에 의한 취득시효의 기간을 경과하지 아니한 권리에는 본법의 소유권취득에 관한 규정을 적용한다.

④제1항과 제2항의 규정은 시효기간이 아닌 법정기간에 이를 준용한다.

제9조【효력을 상실할 물권】구법에 의하여 규정된 물권이라도 본법에 규정한 물권이 아니면 본법 시행일로부터 물권의 효력을 잃는다. 그러나 본법 또는 다른 법률에 특별한 규정이 있는 경우에는 그러하지 아니하다.

제10조【소유권이전에 관한 경과규정】①본법 시행일전의 법률행위로 인한 부동산에 관한 물권의 득실변경은 이 법 시행일로부터 6년내에 등기하지 아니하면 그 효력을 잃는다. <개정 64.12.31>

②본법 시행일전의 동산에 관한 물권의 양도는 본법 시행일부터 1년내에 인도를 받지 못하면 그 효력을 잃는다.

③본법 시행일전의 시효완성으로 인하여 물권을 취득한 경우에도 제1항과 같다.

제11조【구관에 의한 전세권의 등기】본법 시행일전에 관습에 의하여 취득한 전세권은 본법 시행일로부터 1년내에 등기함으로써 물권의 효력을 갖는다.

제12조【판결에 의한 소유권이전의 경우】소송으로 부칙 제10조의 규정에 의한 등기 또는 인도를 청구한 경우에는 그 판결확정의 날로부터 6월내에 등기를 하지 아니하거나 3월내에 인도를 받지 못하거나 강제집행의 절차를 취하지 아니한 때에는 물권변동의 효력을 잃는다.

제13조【지상권존속기간에 관한 경과규정】본법 시행일전에 지상권설정행위로 정한 존속기간이 본법 시행당시에 만료하지 아니한 경우에는 그 존속기간에는 본법의 규정을 적용한다. 설정행위로 지상권의 존속기간을 정하지 아니한 경우에도 같다.

제14조【존속되는 물권】본법 시행일전에 설정한 영소작권 또는 부동산질권에 관하여는 구법의 규정을 적용한다. 그러나 본법 시행일후에는 이를 갱신하지 못한다.

제15조【임대차기간에 관한 경과규정】본법 시행일전의 임대차계약에 약정기간이 있는 경우에도 그 기간이 본법 시행당시에 만료하지 아니한 때에는 그 존속기간에는 본법의 규정을 적용한다.

제16조【선취특권의 실효】본법 시행일전에 구법에 의하여 취득한 선취특권은 본법 시행일로부터 그 효력을 잃는다.

제17조【처의 재산에 대한 부의 권리】본법 시행일전의 혼인으로 인하여 부가 처의 재산을 관리, 사용 또는 수익하는 경우에도 본법 시행일로부터 부는 그 권리를 잃는다.

제18조【혼인, 입양의 무효, 취소에 관한 경과규정】①본법 시행일전의 혼인 또는 입양에 본법에 의하여 무효의 원인이 되는 사유가 있는 때에는 이를 무효로 하고 취소의 원인이 되는 사유가 있는 때에는 본법의 규정에 의하여 이를 취소할 수 있다. 이 경우에 취소기간이 있는 때에는 그 기간은 본법 시행일로부터 기산한다.

②본법 시행일전의 혼인 또는 입양에 구법에 의한 취소의 원인이 되는 사유가 있는 경우에도 본법의 규정에 의하여 취소의 원인이 되지 아니할 때에는 본법 시행일후에는 이를 취소하지 못한다.

제19조【이혼, 파양에 관한 경과규정】①본법 시행일전에 혼인 또는 입양에 본법에 의하여 이혼 또는 파양의 원인이 되는 사유가 있는 때에는 본법의 규정에 의하여 재판상의 이혼 또는 파양의 청구를 할 수 있다. 이 경우에 그 청구기간이 있는 때에는 그 기간은 본법 시행일로부터 기산한다.

②본법 시행일전의 혼인 또는 입양에 구법에 의하여 이혼 또는 파양의 원인이 되는 사유가 있는 경우에도 본법의 규정에 의하여 이혼 또는 파양의 원인이 되지 아니하는 때에는 본법 시행일후에는 재판상의 이혼 또는 파양의 청구를 하지 못한다.

제20조【친 권】성년에 달한 자는 본법 시행일로부터 친권에 복종하지 아니한다.

제21조【모의 친권행사에 관한 제한의 폐지】구법에 의하여 친권자인 모가 친족회의 동의를 요할 사항에 관하여 그 동의없이 미성

년자를 대리한 행위나 미성년자의 행위에 대한 동의를 한 경우에도 본법 시행일후에는 이를 취소하지 못한다.

제22조 【후견인에 관한 경과규정】 ①구법에 의하여 미성년자 또는 금치산자에 대한 후견이 개시된 경우에도 그 후견인의 순위, 선임, 임무 및 결격에 관한 사항에는 본법 시행일로부터 본법의 규정을 적용한다.
②구법에 의하여 준금치산선고를 받은 자에 대하여도 그 후견에 관한 사항은 전항과 같다.

제23조 【보좌인 등에 관한 경과규정】 구법에 의한 보좌인, 후견감독인 및 친족회원은 본법 시행일로부터 그 지위를 잃는다. 그러나 본법 시행일전에 구법의 규정에 의한 보좌인, 후견감독인 또는 친족회가 행한 동의는 그 효력을 잃지 아니한다.

제24조 【부양의무에 관한 본법 적용】 구법에 의하여 부양의무가 개시된 경우에도 그 순위, 선임 및 방법에 관한 사항에는 본법 시행일로부터 본법의 규정을 적용한다.

제25조 【상속에 관한 경과규정】 ①본법 시행일전에 개시된 상속에 관하여는 본법 시행일후에도 구법의 규정을 적용한다.
②실종선고로 인하여 호주 또는 재산상속이 개시되는 경우에 그 실종기간이 구법 시행기간중에 만료하는 때에도 그 실종이 본법 시행일후에 선고된 때에는 그 상속순위, 상속분 기타 상속에 관하여는 본법의 규정을 적용한다.

제26조 【유언에 관한 경과규정】 본법 시행일전의 관습에 의한 유언이 본법에 규정한 방식에 적합하지 아니한 경우에라도 유언자가 본법 시행일로부터 유언의 효력발생일까지 그 의사표시를 할 수 없는 상태에 있는 때에는 그 효력을 잃지 아니한다.

제27조 【폐지법령】 다음 각호의 법령은 이를 폐지한다.
1. 조선민사령 제1조의 규정에 의하여 의용된 민법, 민법시행법, 연령계산에관한법률
2. 조선민사령과 동령 제1조에 의하여 의용된 법령중 본법의 규정과 저촉되는 법조
3. 군정법령중 본법의 규정과 저촉되는 법조

제28조 【시행일】 본법은 단기 4293년 1월 1일부터 시행한다.

부 칙 〈중략〉

부 칙 〈법률 제19098호, 2022. 12. 27.〉

이 법은 공포 후 6개월이 경과한 날부터 시행한다.

가등기담보 등에 관한 법률

[1983년 12월 30일
법 률 제3681호]

개정
1997.12.13법5454호 (정부부처명칭등의변경에따른건축법등의정비에관한법률)
2002. 1.26법6627호 (민사집행법)
2005. 3.31법7428호 (채무자회생및파산에관한법률)
2008. 3.21법8919호
2010. 3.31법10219호 (지방세기본법)
2010. 6.10법10366호 (동산·채권 등의 담보에 관한 법률)
2016.12.27법14474호 {지방세기본법}

제1조【목 적】 이 법은 차용물(借用物)의 반환에 관하여 차주(借主)가 차용물을 갈음하여 다른 재산권을 이전할 것을 예약할 때 그 재산의 예약 당시 가액(價額)이 차용액(借用額)과 이에 붙인 이자를 합산한 액수를 초과하는 경우에 이에 따른 담보계약(擔保契約)과 그 담보의 목적으로 마친 가등기(假登記) 또는 소유권이전등기(所有權移轉登記)의 효력을 정함을 목적으로 한다.
<전문개정 2008.3.21>

제2조【정 의】 이 법에서 사용하는 용어의 뜻은 다음과 같다.

1. "담보계약"이란 「민법」 제608조에 따라 그 효력이 상실되는 대물반환(代物返還)의 예약[환매(還買), 양도담보(讓渡擔保) 등 명목(名目)이 어떠하든 그 모두를 포함한다]에 포함되거나 병존(竝存)하는 채권담보(債權擔保) 계약을 말한다.
2. "채무자등"이란 다음 각 목의 자를 말한다.
   가. 채무자
   나. 담보가등기목적 부동산의 물상보증인(物上保證人)
   다. 담보가등기 후 소유권을 취득한 제삼자
3. "담보가등기(擔保假登記)"란 채권담보의 목적으로 마친 가등기를 말한다.
4. "강제경매등"이란 강제경매(强制競賣)와 담보권의 실행 등을 위한 경매를 말한다.
5. "후순위권리자(後順位權利者)"란 담보가등기 후에 등기된 저당권자·전세권자 및 담보가등기 권리자를 말한다.

<전문개정 2008.3.21>

제3조【담보권 실행의 통지와 청산기간】 ① 채권자가 담보계약에 따른 담보권을 실행하여 그 담보목적부동산의 소유권을 취득하기 위하여는 그 채권(債權)의 변제기(辨濟期) 후에 제4조의 청산금(淸算金)의 평가액을 채무자등에게 통지하고, 그 통지가 채무자등에게 도달한 날부터 2개월(이하 "청산기간"이라 한다)이 지나야 한다. 이 경우 청산금이 없다고 인정되는 경우에는 그 뜻을 통지하여야 한다.
② 제1항에 따른 통지에는 통지 당시의 담보목적부동산의 평가액과 「민법」 제360조에 규정된 채권액을 밝혀야 한다. 이 경우 부동산이 둘 이상인 경우에는 각 부동산의 소유권이전에 의하여 소멸시키려는 채권과 그 비용을 밝혀야 한다.
<전문개정 2008.3.21>

제4조【청산금의 지급과 소유권의 취득】 ① 채권자는 제3조제1항에 따른 통지 당시의 담보목적부동산의 가액에서 그 채권액을 뺀 금액(이하 "청산금"이라 한다)을 채무자등에게 지급하여야 한다. 이 경우 담보목적부동산에 선순위담보권(先順位擔保權) 등의 권리가 있을 때에는 그 채권액을 계산할 때에 선순위담보 등에 의하여 담보된 채권액을 포함한다.
② 채권자는 담보목적부동산에 관하여 이미 소유권이전등기를 마친 경우에는 청산기간이 지난 후 청산금을 채무자등에게 지급한 때에 담보목적부동산의 소유권을 취득하며, 담보가등기를 마친 경우에는 청산기간이 지나야 그 가등기에 따른 본등기(本登記)를 청구할 수 있다.
③ 청산금의 지급채무와 부동산의 소유권이전등기 및 인도채무(引渡債務)의 이행에 관하여는 동시이행의 항변권(抗辯權)에 관한 「민법」 제536조를 준용한다.
④ 제1항부터 제3항까지의 규정에 어긋나는 특약(特約)으로서 채무자등에게 불리한 것은 그 효력이 없다. 다만, 청산기간이 지난 후에 행하여진 특약으로서 제삼자의 권리를 침해하지 아니하는 것은 그러하지 아니하다.
<전문개정 2008.3.21>

제5조【후순위권리자의 권리행사】 ① 후순위권리자는 그 순위에 따라 채무자등이 지급받을 청산금에 대하여 제3조제1항에 따라 통지된 평가액의 범위에서 청산금이 지급될 때까지 그 권리를 행사할 수 있고, 채권자는 후순위권리자의 요구가 있는 경우에는 청산금을 지급하여야 한다.
② 후순위권리자는 제1항의 권리를 행사할 때에는 그 피담보채권(被擔保債權)의 범위에서 그 채권의 명세와 증서를 채권자에게 교부하여야 한다.
③ 채권자가 제2항의 명세와 증서를 받고 후순위권리자에게 청산금을 지급한 때에는 그 범위에서 청산금채무는 소멸한다.
④ 제1항의 권리행사를 막으려는 자는 청산금을 압류(押留)하거나 가압류(假押留)하여야 한다.
⑤ 담보가등기 후에 대항력(對抗力) 있는 임차권(賃借權)을을 취득한 자에게는 청산금의 범위에서 동시이행의 항변권에 관한 「민법」 제536조를 준용한다.
<전문개정 2008.3.21>

제6조【채무자등 외의 권리자에 대한 통지】 ① 채권자는 제3조제1항에 따른 통지가 채무자등에게 도달하면 지체 없이 후순위권리자에게 그 통지의 사실과 내용 및 도달일을 통지하여야 한다.
② 제3조제1항에 따른 통지가 채무자등에게 도달한 때에는 담보가등기 후에 등기한 제삼자(제1항

에 따라 통지를 받을 자를 제외하고, 대항력 있는 임차권자를 포함한다)가 있으면 채권자는 지체 없이 그 제삼자에게 제3조제1항에 따른 통지를 한 사실과 그 채권액을 통지하여야 한다.
③ 제1항과 제2항에 따른 통지는 통지를 받을 자의 등기부상의 주소로 발송함으로써 그 효력이 있다. 그러나 대항력 있는 임차권자에게는 그 담보목적부동산의 소재지로 발송하여야 한다.
<전문개정 2008.3.21>
제7조【청산금에 대한 처분 제한】 ① 채무자가 청산기간이 지나기 전에 한 청산금에 관한 권리의 양도나 그 밖의 처분은 이로써 후순위권리자에게 대항하지 못한다.
② 채권자가 청산기간이 지나기 전에 청산금을 지급한 경우 또는 제6조제1항에 따른 통지를 하지 아니하고 청산금을 지급한 경우에도 제1항과 같다.
<전문개정 2008.3.21>
제8조【청산금의 공탁】 ① 청산금채권이 압류되거나 가압류된 경우에 채권자는 청산기간이 지난 후 이에 해당하는 청산금을 채무이행지(債務履行地)를 관할하는 지방법원이나 지원(支院)에 공탁(供託)하여 그 범위에서 채무를 면(免)할 수 있다.
② 제1항에 따라 공탁이 있는 경우에는 채무자등의 공탁금출급청구권(供託金出給請求權)이 압류되거나 가압류된 것으로 본다.
③ 채권자는 제14조에 따른 경우 외에는 공탁금의 회수(回收)를 청구할 수 없다.
④ 채권자는 제1항에 따라 공탁을 한 경우에는 채무자등과 압류채권자 또는 가압류채권자에게 지체 없이 공탁의 통지를 하여야 한다.
<전문개정 2008.3.21>
제9조【통지의 구속력】 채권자는 제3조제1항에 따라 그가 통지한 청산금의 금액에 관하여 다툴 수 없다.
<전문개정 2008.3.21>
제10조【법정지상권】 토지와 그 위의 건물이 동일한 소유자에게 속하는 경우 그 토지나 건물에 대하여 제4조제2항에 따른 소유권을 취득하거나 담보가등기에 따른 본등기가 행하여진 경우에는 그 건물의 소유를 목적으로 그 토지 위에 지상권(地上權)이 설정된 것으로 본다. 이 경우 그 존속기간과 지료(地料)는 당사자의 청구에 의하여 법원이 정한다.
<전문개정 2008.3.21>
제11조【채무자등의 말소청구권】 채무자등은 청산금채권을 변제받을 때까지 그 채무액(반환할 때까지의 이자와 손해금을 포함한다)을 채권자에게 지급하고 그 채권담보의 목적으로 마친 소유권이전등기의 말소를 청구할 수 있다. 다만, 그 채무의 변제기가 지난 때부터 10년이 지나거나 선의의 제삼자가 소유권을 취득한 경우에는 그러하지 아니하다.
<전문개정 2008.3.21>
제12조【경매의 청구】 ① 담보가등기권리자는 그 선택에 따라 제3조에 따른 담보권을 실행하거나 담보목적부동산의 경매를 청구할 수 있다. 이 경우 경매에 관하여는 담보가등기권리를 저당권으로 본다.
② 후순위권리자는 청산기간에 한정하여 그 피담보채권의 변제기 도래 전이라도 담보목적부동산의 경매를 청구할 수 있다.
<전문개정 2008.3.21>
제13조【우선변제청구권】 담보가등기를 마친 부동산에 대하여 강제경매등이 개시된 경우에 담보가등기권리자는 다른 채권자보다 자기채권을 우선변제 받을 권리가 있다. 이 경우 그 순위에 관하여는 그 담보가등기권리를 저당권으로 보고, 그 담보가등기를 마친 때에 그 저당권의 설정등기(設定登記)가 행하여진 것으로 본다.
<전문개정 2008.3.21>
제14조【강제경매등의 경우의 담보가등기】 담보가등기를 마친 부동산에 대하여 강제경매등의 개시 결정이 있는 경우에 그 경매의 신청이 청산금을 지급하기 전에 행하여진 경우(청산금이 없는 경우에는 청산기간이 지나기 전)에는 담보가등기권리자는 그 가등기에 따른 본등기를 청구할 수 없다.
<전문개정 2008.3.21>
제15조【담보가등기권리의 소멸】 담보가등기를 마친 부동산에 대하여 강제경매등이 행하여진 경우에는 담보가등기권리는 그 부동산의 매각에 의하여 소멸한다.
<전문개정 2008.3.21>
제16조【강제경매등에 관한 특칙】 ① 법원은 소유권의 이전에 관한 가등기가 되어 있는 부동산에 대한 강제경매등의 개시결정(開始決定)이 있는 경우에는 가등기권리자에게 다음 각 호의 구분에 따른 사항을 법원에 신고하도록 적당한 기간을 정하여 최고(催告)하여야 한다.
1. 해당 가등기가 담보가등기인 경우: 그 내용과 채권[이자나 그 밖의 부수채권(附隨債權)을 포함한다]의 존부(存否)·원인 및 금액
2. 해당 가등기가 담보가등기가 아닌 경우: 해당 내용

② 압류등기 전에 이루어진 담보가등기권리가 매각에 의하여 소멸되면 제1항의 채권신고를 한 경우에만 그 채권자는 매각대금을 배당받거나 변제금을 받을 수 있다. 이 경우 그 담보가등기의 말소에 관하여는 매수인이 인수하지 아니한 부동산의 부담에 관한 기입을 말소하는 등기의 촉탁에 관한 「민사집행법」 제144조제1항제2호를 준용한다.
③ 소유권의 이전에 관한 가등기권리자는 강제경매등 절차의 이해관계인으로 본다.
<전문개정 2008.3.21>
제17조【파산 등 경우의 담보가등기】 ① 파산재단(破産財團)에 속하는 부동산에 설정한 담보가등기권리에 대하여는 「채무자 회생 및 파산에 관한 법률」 중 저당권에 관한 규정을 적용한다.
② 파산재단에 속하지 아니하는 파산자의 부동산에 대하여 설정되어 있는 담보가등기권리자에 관하여는 준별제권자(準別除權者)에 관한 「채무자 회생 및 파산에 관한 법률」 제414조를 준용한다.

③ 담보가등기권리는 「국세기본법」, 「국세징수법」, 「지방세기본법」, 「지방세징수법」, 「채무자 회생 및 파산에 관한 법률」을 적용할 때에는 저당권으로 본다. <개정 2010.3.31, 2016.12.27>
<전문개정 2008.3.21>

제18조【다른 권리를 목적으로 하는 계약에의 준용】 등기 또는 등록할 수 있는 부동산소유권 외의 권리{질권(質權)·저당권 및 전세권은 제외한다}의 취득을 목적으로 하는 담보계약에 관하여는 제3조부터 제17조까지의 규정을 준용한다. 다만, 「동산·채권 등의 담보에 관한 법률」에 따라 담보등기를 마친 경우에는 그러하지 아니하다. <개정 2010.6.10>
<전문개정 2008.3.21>

부 칙 (1983.12.30)

①(시행일) 이 법은 1984년 1월 1일부터 시행한다.
②(경과조치) 이 법 시행전에 성립한 담보계약에 대하여는 이 법을 적용하지 아니한다.

부 칙 <중략>

부 칙 (2016.12.27)

제1조【시행일】 이 법은 공포 후 3개월이 경과한 날부터 시행한다.
제2조 내지 제12조 생략
제11조【다른 법률의 개정】 해당 법률에 정리

주택임대차보호법

〔1981년 3월 5일
법 률 제3379호〕

개정
1983.12.30법3682호
1989.12.30법4188호
1997.12.13법5454호(정부부처명칭등의변경에따른건축법등의정비에관한법률)
1999. 1.21법5641호
2001.12.29법6541호
2001.12.29법6541호
2002. 1.26법6627호(민사집행법)
2005. 1.27법7358호(민사집행법)
2007. 8. 3법8583호
2008. 3.21법8923호
2009. 5. 8법9653호
2010. 5.17법10303호(은행법)
2011. 4.12법10580호(부동산등기법)
2013. 3.23법11690호(정부조직법)
2013. 8.13법12403호
2015. 1. 6법12989호(주택도시기금법)
2016. 5.29법14175호
2016. 5.29법14242호(수산업협동조합법)
2018.10.16법15791호(상가건물임대차보호법)
2020. 2. 4법16912호(부동산등기법)
2020. 6. 9법17363호
2020. 7.31법17470호
2023. 4.18법19356호
2023. 7.11법19520호

제1조【목적】 이 법은 주거용 건물의 임대차(賃貸借)에 관하여 「민법」에 대한 특례를 규정함으로써 국민 주거생활의 안정을 보장함을 목적으로 한다.
〈전문개정 2008. 3. 21.〉

제2조【적용 범위】 이 법은 주거용 건물(이하 "주택"이라 한다)의 전부 또는 일부의 임대차에 관하여 적용한다. 그 임차주택(賃借住宅)의 일부가 주거 외의 목적으로 사용되는 경우에도 또한 같다.
〈전문개정 2008. 3. 21.〉

제3조【대항력 등】 ① 임대차는 그 등기(登記)가 없는 경우에도 임차인(賃借人)이 주택의 인도(引渡)와 주민등록을 마친 때에는 그 다음 날부터 제삼자에 대하여 효력이 생긴다. 이 경우 전입신고를 한 때에 주민등록이 된 것으로 본다.
② 주택도시기금을 재원으로 하여 저소득층 무주택자에게 주거생활 안정을 목적으로 전세임대주택을 지원하는 법인이 주택을 임차한 후 지방자치단체의 장 또는 그 법인이 선정한 입주자가 그 주택을 인도받고 주민등록을 마쳤을 때에는 제1항을 준용한다. 이 경우 대항력이 인정되는 법인은 대통령령으로 정한다. 〈개정 2015. 1. 6.〉
③ 「중소기업기본법」 제2조에 따른 중소기업에 해당하는 법인이 소속 직원의 주거용으로 주택을 임차한 후 그 법인이 선정한 직원이 해당 주택을 인도받고 주민등록을 마쳤을 때에는 제1항을 준용한다. 임대차가 끝나기 전에 그 직원이 변경된 경우에는 그 법인이 선정한 새로운 직원이 주택을 인도받고 주민등록을 마친 다음 날부터 제삼자에 대하여 효력이 생긴다. 〈신설 2013. 8. 13.〉
④ 임차주택의 양수인(讓受人)(그 밖에 임대할 권리를 승계한 자를 포함한다)은 임대인(賃貸人)의 지위를 승계한 것으로 본다. 〈개정 2013. 8. 13.〉
⑤ 이 법에 따라 임대차의 목적이 된 주택이 매매나 경매의 목적물이 된 경우에는 「민법」 제575조제1항 · 제3항 및 같은 법 제578조를 준용한다. 〈개정 2013. 8. 13.〉
⑥ 제5항의 경우에는 동시이행의 항변권(抗辯權)에 관한 「민법」 제536조를 준용한다. 〈개정 2013. 8. 13.〉
〈전문개정 2008. 3. 21.〉

제3조의2【보증금의 회수】 ① 임차인(제3조제2항 및 제3항의 법인을 포함한다. 이하 같다)이 임차주택에 대하여 보증금반환청구소송의 확정판결이나 그 밖에 이에 준하는 집행권원(執行權原)에 따라서 경매를 신청하는 경우에는 집행개시(執行開始)요건에 관한 「민사집행법」 제41조에도 불구하고 반대의무(反對義務)의 이행이나 이행의 제공을 집행개시의 요건으로 하지 아니한다. 〈개정 2013. 8. 13.〉
② 제3조제1항 · 제2항 또는 제3항의 대항요건(對抗要件)과 임대차계약증서(제3조제2항 및 제3항의 경우에는 법인과 임대인 사이의 임대차계약증서를 말한다)상의 확정일자(確定日字)를 갖춘 임차인은 「민사집행법」에 따른 경매 또는 「국세징수법」에 따른 공매(公賣)를 할 때에 임차주택(대지를 포함한다)의 환가대금(換價代金)에서 후순위권리자(後順位權利者)나 그 밖의 채권자보다 우선하여 보증금을 변제(辨濟)받을 권리가 있다. 〈개정 2013. 8. 13.〉
③ 임차인은 임차주택을 양수인에게 인도하지 아니하면 제2항에 따른 보증금을 받을 수 없다.
④ 제2항 또는 제7항에 따른 우선변제의 순위와 보증금에 대하여 이의가 있는 이해관계인은 경매법원이나 체납처분청에 이의를 신청할 수 있다. 〈개정 2013. 8. 13.〉
⑤ 제4항에 따라 경매법원에 이의를 신청하는 경우에는 「민사집행법」 제152조부터 제161조까지의 규정을 준용한다.
⑥ 제4항에 따라 이의신청을 받은 체납처분청은 이해관계인이 이의신청일부터 7일 이내에 임차인 또는 제7항에 따라 우선변제권을 승계한 금융기관 등을 상대로 소(訴)를 제기한 것을 증명하면 해당 소송이 끝날 때까

지 이의가 신청된 범위에서 임차인 또는 제7항에 따라 우선변제권을 승계한 금융기관 등에 대한 보증금의 변제를 유보(留保)하고 남은 금액을 배분하여야 한다. 이 경우 유보된 보증금은 소송의 결과에 따라 배분한다. 〈개정 2013. 8. 13.〉

⑦ 다음 각 호의 금융기관 등이 제2항, 제3조의3제5항, 제3조의4제1항에 따른 우선변제권을 취득한 임차인의 보증금반환채권을 계약으로 양수한 경우에는 양수한 금액의 범위에서 우선변제권을 승계한다. 〈신설 2013. 8. 13., 2015. 1. 6., 2016. 5. 29.〉

1. 「은행법」에 따른 은행
2. 「중소기업은행법」에 따른 중소기업은행
3. 「한국산업은행법」에 따른 한국산업은행
4. 「농업협동조합법」에 따른 농협은행
5. 「수산업협동조합법」에 따른 수협은행
6. 「우체국예금 · 보험에 관한 법률」에 따른 체신관서
7. 「한국주택금융공사법」에 따른 한국주택금융공사
8. 「보험업법」 제4조제1항제2호라목의 보증보험을 보험종목으로 허가받은 보험회사
9. 「주택도시기금법」에 따른 주택도시보증공사
10. 그 밖에 제1호부터 제9호까지에 준하는 것으로서 대통령령으로 정하는 기관

⑧ 제7항에 따라 우선변제권을 승계한 금융기관 등(이하 "금융기관등"이라 한다)은 다음 각 호의 어느 하나에 해당하는 경우에는 우선변제권을 행사할 수 없다. 〈신설 2013. 8. 13.〉

1. 임차인이 제3조제1항 · 제2항 또는 제3항의 대항요건을 상실한 경우
2. 제3조의3제5항에 따른 임차권등기가 말소된 경우
3. 「민법」 제621조에 따른 임대차등기가 말소된 경우

⑨ 금융기관등은 우선변제권을 행사하기 위하여 임차인을 대리하거나 대위하여 임대차를 해지할 수 없다. 〈신설 2013. 8. 13.〉

〈전문개정 2008. 3. 21.〉

제3조의3【임차권등기명령】 ① 임대차가 끝난 후 보증금이 반환되지 아니한 경우 임차인은 임차주택의 소재지를 관할하는 지방법원 · 지방법원지원 또는 시 · 군 법원에 임차권등기명령을 신청할 수 있다. 〈개정 2013. 8. 13.〉

② 임차권등기명령의 신청서에는 다음 각 호의 사항을 적어야 하며, 신청의 이유와 임차권등기의 원인이 된 사실을 소명(疎明)하여야 한다. 〈개정 2013. 8. 13.〉

1. 신청의 취지 및 이유
2. 임대차의 목적인 주택(임대차의 목적이 주택의 일부분인 경우에는 해당 부분의 도면을 첨부한다)
3. 임차권등기의 원인이 된 사실(임차인이 제3조제1항 · 제2항 또는 제3항에 따른 대항력을 취득하였거나 제3조의2제2항에 따른 우선변제권을 취득한 경우에는 그 사실)
4. 그 밖에 대법원규칙으로 정하는 사항

③ 다음 각 호의 사항 등에 관하여는 「민사집행법」 제280조제1항, 제281조, 제283조, 제285조, 제286조, 제288조제1항, 같은 조 제2항 본문, 제289조, 제290조제2항 중 제288조제1항에 대한 부분, 제291조, 제292조제3항 및 제293조를 준용한다. 이 경우 "가압류"는 "임차권등기"로, "채권자"는 "임차인"으로, "채무자"는 "임대인"으로 본다. 〈개정 2023. 4. 18.〉

1. 임차권등기명령의 신청에 대한 재판
2. 임차권등기명령의 결정에 대한 임대인의 이의신청 및 그에 대한 재판
3. 임차권등기명령의 취소신청 및 그에 대한 재판
4. 임차권등기명령의 집행

④ 임차권등기명령의 신청을 기각(棄却)하는 결정에 대하여 임차인은 항고(抗告)할 수 있다.

⑤ 임차인은 임차권등기명령의 집행에 따른 임차권등기를 마치면 제3조제1항 · 제2항 또는 제3항에 따른 대항력과 제3조의2제2항에 따른 우선변제권을 취득한다. 다만, 임차인이 임차권등기 이전에 이미 대항력이나 우선변제권을 취득한 경우에는 그 대항력이나 우선변제권은 그대로 유지되며, 임차권등기 이후에는 제3조제1항 · 제2항 또는 제3항의 대항요건을 상실하더라도 이미 취득한 대항력이나 우선변제권을 상실하지 아니한다. 〈개정 2013. 8. 13.〉

⑥ 임차권등기명령의 집행에 따른 임차권등기가 끝난 주택(임대차의 목적이 주택의 일부분인 경우에는 해당 부분으로 한정한다)을 그 이후에 임차한 임차인은 제8조에 따른 우선변제를 받을 권리가 없다.

⑦ 임차권등기의 촉탁(囑託), 등기관의 임차권등기 기입(記入) 등 임차권등기명령을 시행하는 데에 필요한 사항은 대법원규칙으로 정한다. 〈개정 2011. 4. 12.〉

⑧ 임차인은 제1항에 따른 임차권등기명령의 신청과 그에 따른 임차권등기와 관련하여 든 비용을 임대인에게 청구할 수 있다.

⑨ 금융기관등은 임차인을 대위하여 제1항의 임차권등기명령을 신청할 수 있다. 이 경우 제3항 · 제4항 및 제8항의 "임차인"은 "금융기관등"으로 본다. 〈신설 2013. 8. 13.〉

〈전문개정 2008. 3. 21.〉

제3조의4【「민법」에 따른 주택임대차등기의 효력 등】 ① 「민법」 제621조에 따른 주택임대차등기의 효력에 관하여는 제3조의3제5항 및 제6항을 준용한다.

② 임차인이 대항력이나 우선변제권을 갖추고 「민법」 제621조제1항에 따라 임대인의 협력을 얻어 임대차등기를 신청하는 경우에는 신청서에 「부동산등기법」 제

74조제1호부터 제6호까지의 사항 외에 다음 각 호의 사항을 적어야 하며, 이를 증명할 수 있는 서면(임대차의 목적이 주택의 일부분인 경우에는 해당 부분의 도면을 포함한다)을 첨부하여야 한다. 〈개정 2011. 4. 12., 2020. 2. 4.〉

1. 주민등록을 마친 날
2. 임차주택을 점유(占有)한 날
3. 임대차계약증서상의 확정일자를 받은 날

〈전문개정 2008. 3. 21.〉

제3조의5【경매에 의한 임차권의 소멸】 임차권은 임차주택에 대하여「민사집행법」에 따른 경매가 행하여진 경우에는 그 임차주택의 경락(競落)에 따라 소멸한다. 다만, 보증금이 모두 변제되지 아니한, 대항력이 있는 임차권은 그러하지 아니하다.

〈전문개정 2008. 3. 21.〉

제3조의6【확정일자 부여 및 임대차 정보제공 등】 ① 제3조의2제2항의 확정일자는 주택 소재지의 읍·면사무소, 동 주민센터 또는 시(특별시·광역시·특별자치시는 제외하고, 특별자치도는 포함한다)·군·구(자치구를 말한다)의 출장소, 지방법원 및 그 지원과 등기소 또는「공증인법」에 따른 공증인(이하 이 조에서 "확정일자부여기관"이라 한다)이 부여한다.

② 확정일자부여기관은 해당 주택의 소재지, 확정일자 부여일, 차임 및 보증금 등을 기재한 확정일자부를 작성하여야 한다. 이 경우 전산처리정보조직을 이용할 수 있다.

③ 주택의 임대차에 이해관계가 있는 자는 확정일자부여기관에 해당 주택의 확정일자 부여일, 차임 및 보증금 등 정보의 제공을 요청할 수 있다. 이 경우 요청을 받은 확정일자부여기관은 정당한 사유 없이 이를 거부할 수 없다.

④ 임대차계약을 체결하려는 자는 임대인의 동의를 받아 확정일자부여기관에 제3항에 따른 정보제공을 요청할 수 있다.

⑤ 제1항·제3항 또는 제4항에 따라 확정일자를 부여받거나 정보를 제공받으려는 자는 수수료를 내야 한다.

⑥ 확정일자부에 기재하여야 할 사항, 주택의 임대차에 이해관계가 있는 자의 범위, 확정일자부여기관에 요청할 수 있는 정보의 범위 및 수수료, 그 밖에 확정일자부여사무와 정보제공 등에 필요한 사항은 대통령령 또는 대법원규칙으로 정한다.

[본조신설 2013. 8. 13.]

제3조의7【임대인의 정보 제시 의무】 임대차계약을 체결할 때 임대인은 다음 각 호의 사항을 임차인에게 제시하여야 한다.

1. 제3조의6제3항에 따른 해당 주택의 확정일자 부여일, 차임 및 보증금 등 정보. 다만, 임대인이 임대차계약을 체결하기 전에 제3조의6제4항에 따라 동의함으로써 이를 갈음할 수 있다.
2. 「국세징수법」 제108조에 따른 납세증명서 및「지방세징수법」 제5조제2항에 따른 납세증명서. 다만, 임대인이 임대차계약을 체결하기 전에「국세징수법」 제109조제1항에 따른 미납국세와 체납액의 열람 및「지방세징수법」 제6조제1항에 따른 미납지방세의 열람에 각각 동의함으로써 이를 갈음할 수 있다.

[본조신설 2023. 4. 18.]

제4조【임대차기간 등】 ① 기간을 정하지 아니하거나 2년 미만으로 정한 임대차는 그 기간을 2년으로 본다. 다만, 임차인은 2년 미만으로 정한 기간이 유효함을 주장할 수 있다.

② 임대차기간이 끝난 경우에도 임차인이 보증금을 반환받을 때까지는 임대차관계가 존속되는 것으로 본다.

〈전문개정 2008. 3. 21.〉

제5조 삭제 〈1989. 12. 30.〉

제6조【계약의 갱신】 ① 임대인이 임대차기간이 끝나기 6개월 전부터 2개월 전까지의 기간에 임차인에게 갱신거절(更新拒絶)의 통지를 하지 아니하거나 계약조건을 변경하지 아니하면 갱신하지 아니한다는 뜻의 통지를 하지 아니한 경우에는 그 기간이 끝난 때에 전 임대차와 동일한 조건으로 다시 임대차한 것으로 본다. 임차인이 임대차기간이 끝나기 2개월 전까지 통지하지 아니한 경우에도 또한 같다. 〈개정 2020. 6. 9.〉

② 제1항의 경우 임대차의 존속기간은 2년으로 본다. 〈개정 2009. 5. 8.〉

③ 2기(期)의 차임액(借賃額)에 달하도록 연체하거나 그 밖에 임차인으로서의 의무를 현저히 위반한 임차인에 대하여는 제1항을 적용하지 아니한다.

〈전문개정 2008. 3. 21.〉

제6조의2【묵시적 갱신의 경우 계약의 해지】 ① 제6조제1항에 따라 계약이 갱신된 경우 같은 조 제2항에도 불구하고 임차인은 언제든지 임대인에게 계약해지(契約解止)를 통지할 수 있다. 〈개정 2009. 5. 8.〉

② 제1항에 따른 해지는 임대인이 그 통지를 받은 날부터 3개월이 지나면 그 효력이 발생한다.

〈전문개정 2008. 3. 21.〉

제6조의3【계약갱신 요구 등】 ① 제6조에도 불구하고 임대인은 임차인이 제6조제1항 전단의 기간 이내에 계약갱신을 요구할 경우 정당한 사유 없이 거절하지 못한다. 다만, 다음 각 호의 어느 하나에 해당하는 경우에는 그러하지 아니하다.

1. 임차인이 2기의 차임액에 해당하는 금액에 이르도록 차임을 연체한 사실이 있는 경우
2. 임차인이 거짓이나 그 밖의 부정한 방법으로 임차한 경우

3. 서로 합의하여 임대인이 임차인에게 상당한 보상을 제공한 경우
4. 임차인이 임대인의 동의 없이 목적 주택의 전부 또는 일부를 전대(轉貸)한 경우
5. 임차인이 임차한 주택의 전부 또는 일부를 고의나 중대한 과실로 파손한 경우
6. 임차한 주택의 전부 또는 일부가 멸실되어 임대차의 목적을 달성하지 못할 경우
7. 임대인이 다음 각 목의 어느 하나에 해당하는 사유로 목적 주택의 전부 또는 대부분을 철거하거나 재건축하기 위하여 목적 주택의 점유를 회복할 필요가 있는 경우
  가. 임대차계약 체결 당시 공사시기 및 소요기간 등을 포함한 철거 또는 재건축 계획을 임차인에게 구체적으로 고지하고 그 계획에 따르는 경우
  나. 건물이 노후·훼손 또는 일부 멸실되는 등 안전사고의 우려가 있는 경우
  다. 다른 법령에 따라 철거 또는 재건축이 이루어지는 경우
8. 임대인(임대인의 직계존속·직계비속을 포함한다)이 목적 주택에 실제 거주하려는 경우
9. 그 밖에 임차인이 임차인으로서의 의무를 현저히 위반하거나 임대차를 계속하기 어려운 중대한 사유가 있는 경우

② 임차인은 제1항에 따른 계약갱신요구권을 1회에 한하여 행사할 수 있다. 이 경우 갱신되는 임대차의 존속기간은 2년으로 본다.

③ 갱신되는 임대차는 전 임대차와 동일한 조건으로 다시 계약된 것으로 본다. 다만, 차임과 보증금은 제7조의 범위에서 증감할 수 있다.

④ 제1항에 따라 갱신되는 임대차의 해지에 관하여는 제6조의2를 준용한다.

⑤ 임대인이 제1항제8호의 사유로 갱신을 거절하였음에도 불구하고 갱신요구가 거절되지 아니하였더라면 갱신되었을 기간이 만료되기 전에 정당한 사유 없이 제3자에게 목적 주택을 임대한 경우 임대인은 갱신거절로 인하여 임차인이 입은 손해를 배상하여야 한다.

⑥ 제5항에 따른 손해배상액은 거절 당시 당사자 간에 손해배상액의 예정에 관한 합의가 이루어지지 않는 한 다음 각 호의 금액 중 큰 금액으로 한다.

1. 갱신거절 당시 월차임(차임 외에 보증금이 있는 경우에는 그 보증금을 제7조의2 각 호 중 낮은 비율에 따라 월 단위의 차임으로 전환한 금액을 포함한다. 이하 "환산월차임"이라 한다)의 3개월분에 해당하는 금액
2. 임대인이 제3자에게 임대하여 얻은 환산월차임과 갱신거절 당시 환산월차임 간 차액의 2년분에 해당하는 금액
3. 제1항제8호의 사유로 인한 갱신거절로 인하여 임차인이 입은 손해액

[본조신설 2020. 7. 31.]

제7조【차임 등의 증감청구권】 ① 당사자는 약정한 차임이나 보증금이 임차주택에 관한 조세, 공과금, 그 밖의 부담의 증감이나 경제사정의 변동으로 인하여 적절하지 아니하게 된 때에는 장래에 대하여 그 증감을 청구할 수 있다. 이 경우 증액청구는 임대차계약 또는 약정한 차임이나 보증금의 증액이 있은 후 1년 이내에는 하지 못한다. 〈개정 2020. 7. 31.〉

② 제1항에 따른 증액청구는 약정한 차임이나 보증금의 20분의 1의 금액을 초과하지 못한다. 다만, 특별시·광역시·특별자치시·도 및 특별자치도는 관할 구역 내의 지역별 임대차 시장 여건 등을 고려하여 본문의 범위에서 증액청구의 상한을 조례로 달리 정할 수 있다. 〈신설 2020. 7. 31.〉

〈전문개정 2008. 3. 21.〉

제7조의2【월차임 전환 시 산정률의 제한】 보증금의 전부 또는 일부를 월 단위의 차임으로 전환하는 경우에는 그 전환되는 금액에 다음 각 호 중 낮은 비율을 곱한 월차임(月借賃)의 범위를 초과할 수 없다. 〈개정 2010. 5. 17., 2013. 8. 13., 2016. 5. 29.〉

1. 「은행법」에 따른 은행에서 적용하는 대출금리와 해당 지역의 경제 여건 등을 고려하여 대통령령으로 정하는 비율
2. 한국은행에서 공시한 기준금리에 대통령령으로 정하는 이율을 더한 비율

〈전문개정 2008. 3. 21.〉

제8조【보증금 중 일정액의 보호】 ① 임차인은 보증금 중 일정액을 다른 담보물권자(擔保物權者)보다 우선하여 변제받을 권리가 있다. 이 경우 임차인은 주택에 대한 경매신청의 등기 전에 제3조제1항의 요건을 갖추어야 한다.

② 제1항의 경우에는 제3조의2제4항부터 제6항까지의 규정을 준용한다.

③ 제1항에 따라 우선변제를 받을 임차인 및 보증금 중 일정액의 범위와 기준은 제8조의2에 따른 주택임대차위원회의 심의를 거쳐 대통령령으로 정한다. 다만, 보증금 중 일정액의 범위와 기준은 주택가액(대지의 가액을 포함한다)의 2분의 1을 넘지 못한다. 〈개정 2009. 5. 8.〉

〈전문개정 2008. 3. 21.〉

제8조의2【주택임대차위원회】 ① 제8조에 따라 우선변제를 받을 임차인 및 보증금 중 일정액의 범위와 기준을 심의하기 위하여 법무부에 주택임대차위원회(이하 "위원회"라 한다)를 둔다.

② 위원회는 위원장 1명을 포함한 9명 이상 15명 이하의 위원으로 성별을 고려하여 구성한다. 〈개정 2020. 7. 31.〉

③ 위원회의 위원장은 법무부차관이 된다.

④ 위원회의 위원은 다음 각 호의 어느 하나에 해당하는 사람 중에서 위원장이 임명하거나 위촉하되, 제1호부터 제5호까지에 해당하는 위원을 각각 1명 이상 임명하거나 위촉하여야 하고, 위원 중 2분의 1 이상은 제1호·제2호 또는 제6호에 해당하는 사람을 위촉하여야 한다. 〈개정 2013. 3. 23., 2020. 7. 31.〉

1. 법학·경제학 또는 부동산학 등을 전공하고 주택임대차 관련 전문지식을 갖춘 사람으로서 공인된 연구기관에서 조교수 이상 또는 이에 상당하는 직에 5년 이상 재직한 사람
2. 변호사·감정평가사·공인회계사·세무사 또는 공인중개사로서 5년 이상 해당 분야에서 종사하고 주택임대차 관련 업무경험이 풍부한 사람
3. 기획재정부에서 물가 관련 업무를 담당하는 고위공무원단에 속하는 공무원
4. 법무부에서 주택임대차 관련 업무를 담당하는 고위공무원단에 속하는 공무원(이에 상당하는 특정직공무원을 포함한다)
5. 국토교통부에서 주택사업 또는 주거복지 관련 업무를 담당하는 고위공무원단에 속하는 공무원
6. 그 밖에 주택임대차 관련 학식과 경험이 풍부한 사람으로서 대통령령으로 정하는 사람

⑤ 그 밖에 위원회의 구성 및 운영 등에 필요한 사항은 대통령령으로 정한다.

[본조신설 2009. 5. 8.]

제9조【주택 임차권의 승계】 ① 임차인이 상속인 없이 사망한 경우에는 그 주택에서 가정공동생활을 하던 사실상의 혼인 관계에 있는 자가 임차인의 권리와 의무를 승계한다.

② 임차인이 사망한 때에 사망 당시 상속인이 그 주택에서 가정공동생활을 하고 있지 아니한 경우에는 그 주택에서 가정공동생활을 하던 사실상의 혼인 관계에 있는 자와 2촌 이내의 친족이 공동으로 임차인의 권리와 의무를 승계한다.

③ 제1항과 제2항의 경우에 임차인이 사망한 후 1개월 이내에 임대인에게 제1항과 제2항에 따른 승계 대상자가 반대의사를 표시한 경우에는 그러하지 아니하다.

④ 제1항과 제2항의 경우에 임대차 관계에서 생긴 채권·채무는 임차인의 권리의무를 승계한 자에게 귀속된다.

〈전문개정 2008. 3. 21.〉

제10조【강행규정】 이 법에 위반된 약정(約定)으로서 임차인에게 불리한 것은 그 효력이 없다.

〈전문개정 2008. 3. 21.〉

제10조의2【초과 차임 등의 반환청구】 임차인이 제7조에 따른 증액비율을 초과하여 차임 또는 보증금을 지급하거나 제7조의2에 따른 월차임 산정률을 초과하여 차임을 지급한 경우에는 초과 지급된 차임 또는 보증금 상당금액의 반환을 청구할 수 있다.

[본조신설 2013. 8. 13.]

제11조【일시사용을 위한 임대차】 이 법은 일시사용하기 위한 임대차임이 명백한 경우에는 적용하지 아니한다.

〈전문개정 2008. 3. 21.〉

제12조【미등기 전세에의 준용】 주택의 등기를 하지 아니한 전세계약에 관하여는 이 법을 준용한다. 이 경우 "전세금"은 "임대차의 보증금"으로 본다.

〈전문개정 2008. 3. 21.〉

제13조【「소액사건심판법」의 준용】 임차인이 임대인에 대하여 제기하는 보증금반환청구소송에 관하여는 「소액사건심판법」 제6조, 제7조, 제10조 및 제11조의2를 준용한다.

〈전문개정 2008. 3. 21.〉

제14조【주택임대차분쟁조정위원회】 ① 이 법의 적용을 받는 주택임대차와 관련된 분쟁을 심의·조정하기 위하여 대통령령으로 정하는 바에 따라 「법률구조법」 제8조에 따른 대한법률구조공단(이하 "공단"이라 한다)의 지부, 「한국토지주택공사법」에 따른 한국토지주택공사(이하 "공사"라 한다)의 지사 또는 사무소 및 「한국감정원법」에 따른 한국감정원(이하 "감정원"이라 한다)의 지사 또는 사무소에 주택임대차분쟁조정위원회(이하 "조정위원회"라 한다)를 둔다. 특별시·광역시·특별자치시·도 및 특별자치도(이하 "시·도"라 한다)는 그 지방자치단체의 실정을 고려하여 조정위원회를 둘 수 있다. 〈개정 2020. 7. 31.〉

② 조정위원회는 다음 각 호의 사항을 심의·조정한다.

1. 차임 또는 보증금의 증감에 관한 분쟁
2. 임대차 기간에 관한 분쟁
3. 보증금 또는 임차주택의 반환에 관한 분쟁
4. 임차주택의 유지·수선 의무에 관한 분쟁
5. 그 밖에 대통령령으로 정하는 주택임대차에 관한 분쟁

③ 조정위원회의 사무를 처리하기 위하여 조정위원회에 사무국을 두고, 사무국의 조직 및 인력 등에 필요한 사항은 대통령령으로 정한다.

④ 사무국의 조정위원회 업무담당자는 「상가건물 임대차보호법」 제20조에 따른 상가건물임대차분쟁조정위원회 사무국의 업무를 제외하고 다른 직위의 업무를 겸직하여서는 아니 된다. 〈개정 2018. 10. 16.〉

[본조신설 2016. 5. 29.]

제15조【예산의 지원】 국가는 조정위원회의 설치·운영에 필요한 예산을 지원할 수 있다.
[본조신설 2016. 5. 29.]

제16조【조정위원회의 구성 및 운영】 ① 조정위원회는 위원장 1명을 포함하여 5명 이상 30명 이하의 위원으로 성별을 고려하여 구성한다. 〈개정 2020. 7. 31.〉
② 조정위원회의 위원은 조정위원회를 두는 기관에 따라 공단 이사장, 공사 사장, 감정원 원장 또는 조정위원회를 둔 지방자치단체의 장이 각각 임명하거나 위촉한다. 〈개정 2020. 7. 31.〉
③ 조정위원회의 위원은 주택임대차에 관한 학식과 경험이 풍부한 사람으로서 다음 각 호의 어느 하나에 해당하는 사람으로 한다. 이 경우 제1호부터 제4호까지에 해당하는 위원을 각 1명 이상 위촉하여야 하고, 위원 중 5분의 2 이상은 제2호에 해당하는 사람이어야 한다.
1. 법학·경제학 또는 부동산학 등을 전공하고 대학이나 공인된 연구기관에서 부교수 이상 또는 이에 상당하는 직에 재직한 사람
2. 판사·검사 또는 변호사로 6년 이상 재직한 사람
3. 감정평가사·공인회계사·법무사 또는 공인중개사로서 주택임대차 관계 업무에 6년 이상 종사한 사람
4. 「사회복지사업법」에 따른 사회복지법인과 그 밖의 비영리법인에서 주택임대차분쟁에 관한 상담에 6년 이상 종사한 경력이 있는 사람
5. 해당 지방자치단체에서 주택임대차 관련 업무를 담당하는 4급 이상의 공무원
6. 그 밖에 주택임대차 관련 학식과 경험이 풍부한 사람으로서 대통령령으로 정하는 사람

④ 조정위원회의 위원장은 제3항제2호에 해당하는 위원 중에서 위원들이 호선한다.
⑤ 조정위원회위원장은 조정위원회를 대표하여 그 직무를 총괄한다.
⑥ 조정위원회위원장이 부득이한 사유로 직무를 수행할 수 없는 경우에는 조정위원회위원장이 미리 지명한 조정위원이 그 직무를 대행한다.
⑦ 조정위원의 임기는 3년으로 하되 연임할 수 있으며, 보궐위원의 임기는 전임자의 남은 임기로 한다.
⑧ 조정위원회는 조정위원회위원장 또는 제3항제2호에 해당하는 조정위원 1명 이상을 포함한 재적위원 과반수의 출석과 출석위원 과반수의 찬성으로 의결한다.
⑨ 그 밖에 조정위원회의 설치, 구성 및 운영 등에 필요한 사항은 대통령령으로 정한다.
[본조신설 2016. 5. 29.]

제17조【조정부의 구성 및 운영】 ① 조정위원회는 분쟁의 효율적 해결을 위하여 3명의 조정위원으로 구성된 조정부를 둘 수 있다.
② 조정부에는 제16조제3항제2호에 해당하는 사람이 1명 이상 포함되어야 하며, 그 중에서 조정위원회위원장이 조정부의 장을 지명한다.
③ 조정부는 다음 각 호의 사항을 심의·조정한다.
1. 제14조제2항에 따른 주택임대차분쟁 중 대통령령으로 정하는 금액 이하의 분쟁
2. 조정위원회가 사건을 특정하여 조정부에 심의·조정을 위임한 분쟁

④ 조정부는 조정부의 장을 포함한 재적위원 과반수의 출석과 출석위원 과반수의 찬성으로 의결한다.
⑤ 제4항에 따라 조정부가 내린 결정은 조정위원회가 결정한 것으로 본다.
⑥ 그 밖에 조정부의 설치, 구성 및 운영 등에 필요한 사항은 대통령령으로 정한다.
[본조신설 2016. 5. 29.]

제18조【조정위원의 결격사유】 「국가공무원법」 제33조 각 호의 어느 하나에 해당하는 사람은 조정위원이 될 수 없다.
[본조신설 2016. 5. 29.]

제19조【조정위원의 신분보장】 ① 조정위원은 자신의 직무를 독립적으로 수행하고 주택임대차분쟁의 심리 및 판단에 관하여 어떠한 지시에도 구속되지 아니한다.
② 조정위원은 다음 각 호의 어느 하나에 해당하는 경우를 제외하고는 그 의사에 반하여 해임 또는 해촉되지 아니한다.
1. 제18조에 해당하는 경우
2. 신체상 또는 정신상의 장애로 직무를 수행할 수 없게 된 경우

[본조신설 2016. 5. 29.]

제20조【조정위원의 제척 등】 ① 조정위원이 다음 각 호의 어느 하나에 해당하는 경우 그 직무의 집행에서 제척된다.
1. 조정위원 또는 그 배우자나 배우자이었던 사람이 해당 분쟁사건의 당사자가 되는 경우
2. 조정위원이 해당 분쟁사건의 당사자와 친족관계에 있거나 있었던 경우
3. 조정위원이 해당 분쟁사건에 관하여 진술, 감정 또는 법률자문을 한 경우
4. 조정위원이 해당 분쟁사건에 관하여 당사자의 대리인으로서 관여하거나 관여하였던 경우

② 사건을 담당한 조정위원에게 제척의 원인이 있는 경우에는 조정위원회는 직권 또는 당사자의 신청에 따라 제척의 결정을 한다.
③ 당사자는 사건을 담당한 조정위원에게 공정한 직무집행을 기대하기 어려운 사정이 있는 경우 조정위원회에 기피신청을 할 수 있다.

④ 기피신청에 관한 결정은 조정위원회가 하고, 해당 조정위원 및 당사자 쌍방은 그 결정에 불복하지 못한다.

⑤ 제3항에 따른 기피신청이 있는 때에는 조정위원회는 그 신청에 대한 결정이 있을 때까지 조정절차를 정지하여야 한다.

⑥ 조정위원은 제1항 또는 제3항에 해당하는 경우 조정위원회의 허가를 받지 아니하고 해당 분쟁사건의 직무집행에서 회피할 수 있다.

[본조신설 2016. 5. 29.]

제21조【조정의 신청 등】 ① 제14조제2항 각 호의 어느 하나에 해당하는 주택임대차분쟁의 당사자는 해당 주택이 소재하는 지역을 관할하는 조정위원회에 분쟁의 조정을 신청할 수 있다. 〈개정 2020. 7. 31.〉

② 조정위원회는 신청인이 조정을 신청할 때 조정 절차 및 조정의 효력 등 분쟁조정에 관하여 대통령령으로 정하는 사항을 안내하여야 한다.

③ 조정위원회의 위원장은 다음 각 호의 어느 하나에 해당하는 경우 신청을 각하한다. 이 경우 그 사유를 신청인에게 통지하여야 한다. 〈개정 2020. 6. 9.〉

1. 이미 해당 분쟁조정사항에 대하여 법원에 소가 제기되거나 조정 신청이 있은 후 소가 제기된 경우
2. 이미 해당 분쟁조정사항에 대하여 「민사조정법」에 따른 조정이 신청된 경우나 조정신청이 있은 후 같은 법에 따른 조정이 신청된 경우
3. 이미 해당 분쟁조정사항에 대하여 이 법에 따른 조정위원회에 조정이 신청된 경우나 조정신청이 있은 후 조정이 성립된 경우
4. 조정신청 자체로 주택임대차에 관한 분쟁이 아님이 명백한 경우
5. 피신청인이 조정절차에 응하지 아니한다는 의사를 통지한 경우
6. 신청인이 정당한 사유 없이 조사에 응하지 아니하거나 2회 이상 출석요구에 응하지 아니한 경우

[본조신설 2016. 5. 29.]

제22조【조정절차】 ① 조정위원회의 위원장은 신청인으로부터 조정신청을 접수한 때에는 지체 없이 조정절차를 개시하여야 한다. 〈개정 2020. 6. 9.〉

② 조정위원회의 위원장은 제1항에 따라 조정신청을 접수하면 피신청인에게 조정신청서를 송달하여야 한다. 이 경우 제21조제2항을 준용한다. 〈개정 2020. 6. 9.〉

③ 조정서류의 송달 등 조정절차에 관하여 필요한 사항은 대통령령으로 정한다.

[본조신설 2016. 5. 29.]

제23조【처리기간】 ① 조정위원회는 분쟁의 조정신청을 받은 날부터 60일 이내에 그 분쟁조정을 마쳐야 한다. 다만, 부득이한 사정이 있는 경우에는 조정위원회의 의결을 거쳐 30일의 범위에서 그 기간을 연장할 수 있다.

② 조정위원회는 제1항 단서에 따라 기간을 연장한 경우에는 기간 연장의 사유와 그 밖에 기간 연장에 관한 사항을 당사자에게 통보하여야 한다.

[본조신설 2016. 5. 29.]

제24조【조사 등】 ① 조정위원회는 조정을 위하여 필요하다고 인정하는 경우 신청인, 피신청인, 분쟁 관련 이해관계인 또는 참고인에게 출석하여 진술하게 하거나 조정에 필요한 자료나 물건 등을 제출하도록 요구할 수 있다.

② 조정위원회는 조정을 위하여 필요하다고 인정하는 경우 조정위원 또는 사무국의 직원으로 하여금 조정 대상물 및 관련 자료에 대하여 조사하게 하거나 자료를 수집하게 할 수 있다. 이 경우 조정위원이나 사무국의 직원은 그 권한을 표시하는 증표를 지니고 이를 관계인에게 내보여야 한다.

③ 조정위원회위원장은 특별시장, 광역시장, 특별자치시장, 도지사 및 특별자치도지사(이하 "시 · 도지사"라 한다)에게 해당 조정업무에 참고하기 위하여 인근지역의 확정일자 자료, 보증금의 월차임 전환율 등 적정 수준의 임대료 산정을 위한 자료를 요청할 수 있다. 이 경우 시 · 도지사는 정당한 사유가 없으면 조정위원회위원장의 요청에 따라야 한다.

[본조신설 2016. 5. 29.]

제25조【조정을 하지 아니하는 결정】 ① 조정위원회는 해당 분쟁이 그 성질상 조정을 하기에 적당하지 아니하다고 인정하거나 당사자가 부당한 목적으로 조정을 신청한 것으로 인정할 때에는 조정을 하지 아니할 수 있다.

② 조정위원회는 제1항에 따라 조정을 하지 아니하기로 결정하였을 때에는 그 사실을 당사자에게 통지하여야 한다.

[본조신설 2016. 5. 29.]

제26조【조정의 성립】 ① 조정위원회가 조정안을 작성한 경우에는 그 조정안을 지체 없이 각 당사자에게 통지하여야 한다.

② 제1항에 따라 조정안을 통지받은 당사자가 통지받은 날부터 14일 이내에 수락의 의사를 서면으로 표시하지 아니한 경우에는 조정을 거부한 것으로 본다. 〈개정 2020. 6. 9.〉

③ 제2항에 따라 각 당사자가 조정안을 수락한 경우에는 조정안과 동일한 내용의 합의가 성립된 것으로 본다.

④ 제3항에 따른 합의가 성립한 경우 조정위원회위원장은 조정안의 내용을 조정서로 작성한다. 조정위원회위원장은 각 당사자 간에 금전, 그 밖의 대체물의 지급

또는 부동산의 인도에 관하여 강제집행을 승낙하는 취지의 합의가 있는 경우에는 그 내용을 조정서에 기재하여야 한다.
[본조신설 2016. 5. 29.]

제27조【집행력의 부여】 제26조제4항 후단에 따라 강제집행을 승낙하는 취지의 내용이 기재된 조정서의 정본은 「민사집행법」 제56조에도 불구하고 집행력 있는 집행권원과 같은 효력을 가진다. 다만, 청구에 관한 이의의 주장에 대하여는 같은 법 제44조제2항을 적용하지 아니한다.
[본조신설 2016. 5. 29.]

제28조【비밀유지의무】 조정위원, 사무국의 직원 또는 그 직에 있었던 자는 다른 법률에 특별한 규정이 있는 경우를 제외하고는 직무상 알게 된 정보를 타인에게 누설하거나 직무상 목적 외에 사용하여서는 아니 된다.
[본조신설 2016. 5. 29.]

제29조【다른 법률의 준용】 조정위원회의 운영 및 조정절차에 관하여 이 법에서 규정하지 아니한 사항에 대하여는 「민사조정법」을 준용한다.
[본조신설 2016. 5. 29.]

제30조【주택임대차표준계약서 사용】 주택임대차계약을 서면으로 체결할 때에는 법무부장관이 국토교통부장관과 협의하여 정하는 주택임대차표준계약서를 우선적으로 사용한다. 다만, 당사자가 다른 서식을 사용하기로 합의한 경우에는 그러하지 아니하다. 〈개정 2020. 7. 31.〉
[본조신설 2016. 5. 29.]

제31조【벌칙 적용에서 공무원 의제】 공무원이 아닌 주택임대차위원회의 위원 및 주택임대차분쟁조정위원회의 위원은 「형법」 제127조, 제129조부터 제132조까지의 규정을 적용할 때에는 공무원으로 본다.
[본조신설 2016. 5. 29.]

부칙 〈법률 제3379호, 1981. 3. 5.〉 부칙보기

① **(시행일)** 이 법은 공포한 날로부터 시행한다.

부칙 〈중략〉

부칙 〈제19520호, 2023. 7. 11.〉
이 법은 공포한 날부터 시행한다.

주택임대차보호법 시행령

(1984년 6월 14일
대통령령 제11441호)

개정
1987. 12. 1. 제12283호
1990. 2. 19. 제12930호
1995. 10. 19. 제14785호
2001. 9. 15. 제17360호
2002. 6. 30. 제17627호
2007. 11. 4. 제20334호
2008. 8. 21. 제20971호
2009. 8. 9. 제21650호
2009. 10. 1. 제21744호 한국토지주택공사법시행령
2010. 7. 26. 제22284호
2012. 1. 6. 제23468호 민감정보 및 고유식별정보 처리 근거 마련을 위한 과세자료의 제출 및 관리에 관한 법률 시행령
2013. 3. 23. 제24415호
2014. 1. 1. 제25035호
2016. 1. 25. 제26922호 제주특별자치도 설치 및 국제자유도시 조성을 위한 특별법 시행령
2016. 3. 31. 제27078호
2016. 11. 29. 제27614호
2017. 5. 29. 제28053호
2018. 9. 18. 제29162호
2020. 9. 29. 제31080호
2020. 12. 8. 제31243호
2021. 4. 6. 제31614호 5·18민주유공자예우 및 단체설립에 관한 법률
2021. 5. 11. 제31673호
2022. 12. 20. 제33105호
2023. 2. 21. 제33254호
2023. 9. 26. 제33771호

제1조【목적】 이 영은「주택임대차보호법」에서 위임된 사항과 그 시행에 관하여 필요한 사항을 정함을 목적으로 한다.
〈전문개정 2008. 8. 21.〉

제2조【대항력이 인정되는 법인】「주택임대차보호법」(이하 "법"이라 한다) 제3조제2항 후단에서 "대항력이 인정되는 법인"이란 다음 각 호의 법인을 말한다. 〈개정 2009. 9. 21., 2020. 9. 29.〉
1. 「한국토지주택공사법」에 따른 한국토지주택공사(이하 "공사"라 한다)
2. 「지방공기업법」 제49조에 따라 주택사업을 목적으로 설립된 지방공사

〈전문개정 2008. 8. 21.〉
[제1조의2에서 이동, 종전 제2조는 제8조로 이동 〈2013. 12. 30.〉]

제2조의2
[제9조로 이동 〈2013. 12. 30.〉]

제3조【고유식별정보의 처리】 다음 각 호의 어느 하나에 해당하는 자는 법 제3조의6에 따른 확정일자 부여 및 임대차 정보제공 등에 관한 사무를 수행하기 위하여 불가피한 경우「개인정보 보호법 시행령」 제19조제1호 및 제4호에 따른 주민등록번호 및 외국인등록번호를 처리할 수 있다. 〈개정 2016. 1. 22.〉
1. 시장(「제주특별자치도 설치 및 국제자유도시 조성을 위한 특별법」 제11조에 따른 행정시장을 포함하며, 특별시장·광역시장·특별자치시장은 제외한다), 군수 또는 구청장(자치구의 구청장을 말한다)
2. 읍·면·동의 장
3. 「공증인법」에 따른 공증인

〈전문개정 2013. 12. 30.〉
[제1조의3에서 이동, 종전 제3조는 제10조로 이동 〈2013. 12. 30.〉]

제4조【확정일자부 기재사항 등】 ① 법 제3조의6제1항에 따른 확정일자부여기관(지방법원 및 그 지원과 등기소는 제외하며, 이하 "확정일자부여기관"이라 한다)이 같은 조 제2항에 따라 작성하는 확정일자부에 기재하여야 할 사항은 다음 각 호와 같다.
1. 확정일자번호
2. 확정일자 부여일
3. 임대인·임차인의 인적사항
   가. 자연인인 경우
   성명, 주소, 주민등록번호(외국인은 외국인등록번호)
   나. 법인이거나 법인 아닌 단체인 경우
   법인명·단체명, 법인등록번호·부동산등기용등록번호, 본점·주사무소 소재지
4. 주택 소재지
5. 임대차 목적물
6. 임대차 기간
7. 차임·보증금
8. 신청인의 성명과 주민등록번호 앞 6자리(외국인은 외국인등록번호 앞 6자리)

② 확정일자는 확정일자번호, 확정일자 부여일 및 확정일자부여기관을 주택임대차계약증서에 표시하는 방법으로 부여한다.
③ 제1항 및 제2항에서 규정한 사항 외에 확정일자부 작성방법 및 확정일자 부여 시 확인사항 등 확정일자 부여 사무에 관하여 필요한 사항은 법무부령으로 정한다.
[본조신설 2013. 12. 30.]
[종전 제4조는 제11조로 이동 〈2013. 12. 30.〉]

제5조【주택의 임대차에 이해관계가 있는 자의 범위】 법 제3조의6제3항에 따라 정보제공을 요청할 수 있는 주택의 임대차에 이해관계가 있는 자(이하 "이해관계

인"이라 한다)는 다음 각 호의 어느 하나에 해당하는 자로 한다. 〈개정 2020. 9. 29.〉

1. 해당 주택의 임대인 · 임차인
2. 해당 주택의 소유자
3. 해당 주택 또는 그 대지의 등기기록에 기록된 권리자 중 법무부령으로 정하는 자
4. 법 제3조의2제7항에 따라 우선변제권을 승계한 금융기관
5. 법 제6조의3제1항제8호의 사유로 계약의 갱신이 거절된 임대차계약의 임차인이었던 자
6. 제1호부터 제5호까지의 규정에 준하는 지위 또는 권리를 가지는 자로서 법무부령으로 정하는 자

[본조신설 2013. 12. 30.]
[종전 제5조는 제12조로 이동 〈2013. 12. 30.〉]

제6조 【요청할 수 있는 정보의 범위 및 제공방법】 ① 제5조제1호 또는 제5호에 해당하는 자는 법 제3조의6제3항에 따라 확정일자부여기관에 해당 임대차계약(제5조제5호에 해당하는 자의 경우에는 갱신요구가 거절되지 않았더라면 갱신되었을 기간 중에 존속하는 임대차계약을 말한다)에 관한 다음 각 호의 사항의 열람 또는 그 내용을 기록한 서면의 교부를 요청할 수 있다. 〈개정 2020. 9. 29.〉

1. 임대차목적물
2. 임대인 · 임차인의 인적사항(제5조제5호에 해당하는 자는 임대인 · 임차인의 성명, 법인명 또는 단체명으로 한정한다)
3. 확정일자 부여일
4. 차임 · 보증금
5. 임대차기간

② 제5조제2호부터 제4호까지 또는 제6호의 어느 하나에 해당하는 자이거나 임대차계약을 체결하려는 자는 법 제3조의6제3항 또는 제4항에 따라 확정일자부여기관에 다음 각 호의 사항의 열람 또는 그 내용을 기록한 서면의 교부를 요청할 수 있다. 〈개정 2020. 9. 29.〉

1. 임대차목적물
2. 확정일자 부여일
3. 차임 · 보증금
4. 임대차기간

③ 제1항 및 제2항에서 규정한 사항 외에 정보제공 요청에 필요한 사항은 법무부령으로 정한다.

[본조신설 2013. 12. 30.]
[종전 제6조는 제13조로 이동 〈2013. 12. 30.〉]

제7조 【수수료】 ① 법 제3조의6제5항에 따라 확정일자부여기관에 내야 하는 수수료는 확정일자 부여에 관한 수수료와 정보제공에 관한 수수료로 구분하며, 그 구체적인 금액은 법무부령으로 정한다.

② 「국민기초생활 보장법」에 따른 수급자 등 법무부령으로 정하는 사람에 대해서는 제1항에 따른 수수료를 면제할 수 있다.

[본조신설 2013. 12. 30.]
[종전 제7조는 제14조로 이동 〈2013. 12. 30.〉]

제8조 【차임 등 증액청구의 기준 등】 ① 법 제7조에 따른 차임이나 보증금(이하 "차임등"이라 한다)의 증액청구는 약정한 차임등의 20분의 1의 금액을 초과하지 못한다.

② 제1항에 따른 증액청구는 임대차계약 또는 약정한 차임등의 증액이 있은 후 1년 이내에는 하지 못한다.

〈전문개정 2008. 8. 21.〉
[제2조에서 이동, 종전 제8조는 제15조로 이동 〈2013. 12. 30.〉]

제9조 【월차임 전환 시 산정률】 ① 법 제7조의2제1호에서 "대통령령으로 정하는 비율"이란 연 1할을 말한다.

② 법 제7조의2제2호에서 "대통령령으로 정하는 이율"이란 연 2퍼센트를 말한다. 〈개정 2016. 11. 29., 2020. 9. 29.〉

〈전문개정 2013. 12. 30.〉
[제2조의2에서 이동, 종전 제9조는 제16조로 이동 〈2013. 12. 30.〉]

제10조 【보증금 중 일정액의 범위 등】 ① 법 제8조에 따라 우선변제를 받을 보증금 중 일정액의 범위는 다음 각 호의 구분에 의한 금액 이하로 한다. 〈개정 2010. 7. 21., 2013. 12. 30., 2016. 3. 31., 2018. 9. 18., 2021. 5. 11., 2023. 2. 21.〉

1. 서울특별시: 5천500만원
2. 「수도권정비계획법」에 따른 과밀억제권역(서울특별시는 제외한다), 세종특별자치시, 용인시, 화성시 및 김포시: 4천800만원
3. 광역시(「수도권정비계획법」에 따른 과밀억제권역에 포함된 지역과 군지역은 제외한다), 안산시, 광주시, 파주시, 이천시 및 평택시: 2천800만원
4. 그 밖의 지역: 2천500만원

② 임차인의 보증금 중 일정액이 주택가액의 2분의 1을 초과하는 경우에는 주택가액의 2분의 1에 해당하는 금액까지만 우선변제권이 있다.

③ 하나의 주택에 임차인이 2명 이상이고, 그 각 보증금 중 일정액을 모두 합한 금액이 주택가액의 2분의 1을 초과하는 경우에는 그 각 보증금 중 일정액을 모두 합한 금액에 대한 각 임차인의 보증금 중 일정액의 비율로 그 주택가액의 2분의 1에 해당하는 금액을 분할한 금액을 각 임차인의 보증금 중 일정액으로 본다.

④ 하나의 주택에 임차인이 2명 이상이고 이들이 그 주택에서 가정공동생활을 하는 경우에는 이들을 1명의 임차인으로 보아 이들의 각 보증금을 합산한다.

[전문개정 2008. 8. 21.]

[제3조에서 이동, 종전 제10조는 제17조로 이동 〈2013. 12. 30.〉]

제11조【우선변제를 받을 임차인의 범위】 법 제8조에 따라 우선변제를 받을 임차인은 보증금이 다음 각 호의 구분에 의한 금액 이하인 임차인으로 한다. 〈개정 2010. 7. 21., 2013. 12. 30., 2016. 3. 31., 2018. 9. 18., 2021. 5. 11., 2023. 2. 21.〉

1. 서울특별시: 1억6천500만원
2. 「수도권정비계획법」에 따른 과밀억제권역(서울특별시는 제외한다), 세종특별자치시, 용인시, 화성시 및 김포시: 1억4천500만원
3. 광역시(「수도권정비계획법」에 따른 과밀억제권역에 포함된 지역과 군지역은 제외한다), 안산시, 광주시, 파주시, 이천시 및 평택시: 8천500만원
4. 그 밖의 지역: 7천500만원

[전문개정 2008. 8. 21.]

[제4조에서 이동, 종전 제11조는 제18조로 이동 〈2013. 12. 30.〉]

제12조【주택임대차위원회의 구성】 법 제8조의2제4항제6호에서 "대통령령으로 정하는 사람"이란 다음 각 호의 어느 하나에 해당하는 사람을 말한다. 〈개정 2017. 5. 29.〉

1. 특별시·광역시·특별자치시·도 및 특별자치도(이하 "시·도"라 한다)에서 주택정책 또는 부동산 관련 업무를 담당하는 주무부서의 실·국장
2. 법무사로서 5년 이상 해당 분야에서 종사하고 주택임대차 관련 업무 경험이 풍부한 사람

[본조신설 2009. 7. 30.]

[제5조에서 이동, 종전 제12조는 제19조로 이동 〈2013. 12. 30.〉]

제13조【위원의 임기 등】 ① 법 제8조의2에 따른 주택임대차위원회(이하 "위원회"라 한다)의 위원의 임기는 2년으로 하되, 한 차례만 연임할 수 있다. 다만, 공무원인 위원의 임기는 그 직위에 재직하는 기간으로 한다. 〈개정 2016. 3. 31.〉

② 위원장은 위촉된 위원이 다음 각 호의 어느 하나에 해당하는 경우에는 해당 위원을 해촉할 수 있다. 〈개정 2016. 3. 31.〉

1. 심신장애로 인하여 직무를 수행할 수 없게 된 경우
2. 직무와 관련한 형사사건으로 기소된 경우
3. 직무태만, 품위손상, 그 밖의 사유로 인하여 위원으로 적합하지 아니하다고 인정되는 경우
4. 위원 스스로 직무를 수행하는 것이 곤란하다고 의사를 밝히는 경우

[본조신설 2009. 7. 30.]

[제6조에서 이동, 종전 제13조는 제20조로 이동 〈2013. 12. 30.〉]

제14조【위원장의 직무】 ① 위원장은 위원회를 대표하고, 위원회의 업무를 총괄한다.

② 위원장이 부득이한 사유로 인하여 직무를 수행할 수 없을 때에는 위원장이 미리 지명한 위원이 그 직무를 대행한다.

[본조신설 2009. 7. 30.]

[제7조에서 이동 〈2013. 12. 30.〉]

제15조【간사】 ① 위원회에 간사 1명을 두되, 간사는 주택임대차 관련 업무에 종사하는 법무부 소속의 고위공무원단에 속하는 일반직 공무원(이에 상당하는 특정직·별정직 공무원을 포함한다) 중에서 위원회의 위원장이 지명한다.

② 간사는 위원회의 운영을 지원하고, 위원회의 회의에 관한 기록과 그 밖에 서류의 작성과 보관에 관한 사무를 처리한다.

③ 간사는 위원회에 참석하여 심의사항을 설명하거나 그 밖에 필요한 발언을 할 수 있다.

[본조신설 2009. 7. 30.]

[제8조에서 이동 〈2013. 12. 30.〉]

제16조【위원회의 회의】 ① 위원회의 회의는 매년 1회 개최되는 정기회의와 위원장이 필요하다고 인정하거나 위원 3분의 1 이상이 요구할 경우에 개최되는 임시회의로 구분하여 운영한다.

② 위원장은 위원회의 회의를 소집하고, 그 의장이 된다.

③ 위원회의 회의는 재적위원 과반수의 출석으로 개의하고, 출석위원 과반수의 찬성으로 의결한다.

④ 위원회의 회의는 비공개로 한다.

⑤ 위원장은 위원이 아닌 자를 회의에 참석하게 하여 의견을 듣거나 관계 기관·단체 등에게 필요한 자료, 의견 제출 등 협조를 요청할 수 있다.

[본조신설 2009. 7. 30.]

[제9조에서 이동 〈2013. 12. 30.〉]

제17조【실무위원회】 ① 위원회에서 심의할 안건의 협의를 효율적으로 지원하기 위하여 위원회에 실무위원회를 둔다.

② 실무위원회는 다음 각 호의 사항을 협의·조정한다.

1. 심의안건 및 이와 관련하여 위원회가 위임한 사항
2. 그 밖에 위원장 및 위원이 실무협의를 요구하는 사항

③ 실무위원회의 위원장은 위원회의 간사가 되고, 실무위원회의 위원은 다음 각 호의 사람 중에서 그 소속기관의 장이 지명하는 사람으로 한다. 〈개정 2013. 3. 23.〉

1. 기획재정부에서 물가 관련 업무를 담당하는 5급 이상의 국가공무원
2. 법무부에서 주택임대차 관련 업무를 담당하는 5급 이상의 국가공무원
3. 국토교통부에서 주택사업 또는 주거복지 관련 업무를 담당하는 5급 이상의 국가공무원

4. 시·도에서 주택정책 또는 부동산 관련 업무를 담당하는 5급 이상의 지방공무원

[본조신설 2009. 7. 30.]

[제10조에서 이동 〈2013. 12. 30.〉]

제18조【전문위원】 ① 위원회의 심의사항에 관한 전문적인 조사·연구업무를 수행하기 위하여 5명 이내의 전문위원을 둘 수 있다.

② 전문위원은 법학, 경제학 또는 부동산학 등에 학식과 경험을 갖춘 사람 중에서 법무부장관이 위촉하고, 임기는 2년으로 한다.

[본조신설 2009. 7. 30.]

[제11조에서 이동 〈2013. 12. 30.〉]

제19조【수당】 위원회 또는 실무위원회 위원에 대해서는 예산의 범위에서 수당을 지급할 수 있다. 다만, 공무원인 위원이 그 소관 업무와 직접적으로 관련되어 위원회에 출석하는 경우에는 그러하지 아니하다.

[본조신설 2009. 7. 30.]

[제12조에서 이동 〈2013. 12. 30.〉]

제20조【운영세칙】 이 영에서 규정한 사항 외에 위원회의 운영에 필요한 사항은 법무부장관이 정한다.

[본조신설 2009. 7. 30.]

[제13조에서 이동 〈2013. 12. 30.〉]

제21조【주택임대차분쟁조정위원회의 설치】 법 제14조제1항에 따른 주택임대차분쟁조정위원회(이하 "조정위원회"라 한다)를 두는 「법률구조법」 제8조에 따른 대한법률구조공단(이하 "공단"이라 한다), 공사 및 「한국부동산원법」에 따른 한국부동산원(이하 "부동산원"이라 한다)의 지부, 지사 또는 사무소와 그 관할구역은 별표 1과 같다. 〈개정 2020. 12. 8.〉

〈전문개정 2020. 9. 29.〉

제22조【조정위원회의 심의·조정 사항】 법 제14조제2항제5호에서 "대통령령으로 정하는 주택임대차에 관한 분쟁"이란 다음 각 호의 분쟁을 말한다.

1. 임대차계약의 이행 및 임대차계약 내용의 해석에 관한 분쟁
2. 임대차계약 갱신 및 종료에 관한 분쟁
3. 임대차계약의 불이행 등에 따른 손해배상청구에 관한 분쟁
4. 공인중개사 보수 등 비용부담에 관한 분쟁
5. 주택임대차표준계약서 사용에 관한 분쟁
6. 그 밖에 제1호부터 제5호까지의 규정에 준하는 분쟁으로서 조정위원회의 위원장(이하 "위원장"이라 한다)이 조정이 필요하다고 인정하는 분쟁

[본조신설 2017. 5. 29.]

제23조【공단의 지부 등에 두는 조정위원회 사무국】 ① 법 제14조제3항에 따라 공단, 공사 및 부동산원의 지부, 지사 또는 사무소에 두는 조정위원회 사무국(이하 "사무국"이라 한다)에는 사무국장 1명을 두며, 사무국장 밑에 심사관 및 조사관을 둔다. 〈개정 2020. 9. 29., 2020. 12. 8.〉

② 사무국장은 공단 이사장, 공사 사장 및 부동산원 원장이 각각 임명하며, 조정위원회의 위원(이하 "조정위원"이라 한다)을 겸직할 수 있다. 〈개정 2020. 9. 29., 2020. 12. 8.〉

③ 심사관 및 조사관은 공단 이사장, 공사 사장 및 부동산원 원장이 각각 임명한다. 〈개정 2020. 9. 29., 2020. 12. 8.〉

④ 사무국장은 사무국의 업무를 총괄하고, 소속 직원을 지휘·감독한다.

⑤ 심사관은 다음 각 호의 업무를 담당한다.

1. 분쟁조정신청 사건에 대한 쟁점정리 및 법률적 검토
2. 조사관이 담당하는 업무에 대한 지휘·감독
3. 그 밖에 위원장이 조정위원회의 사무 처리를 위하여 필요하다고 인정하는 업무

⑥ 조사관은 다음 각 호의 업무를 담당한다.

1. 조정신청의 접수
2. 분쟁조정 신청에 관한 민원의 안내
3. 조정당사자에 대한 송달 및 통지
4. 분쟁의 조정에 필요한 사실조사
5. 그 밖에 위원장이 조정위원회의 사무 처리를 위하여 필요하다고 인정하는 업무

⑦ 사무국장 및 심사관은 변호사의 자격이 있는 사람으로 한다.

[본조신설 2017. 5. 29.]

[제목개정 2020. 9. 29.]

제24조【시·도의 조정위원회 사무국】 시·도가 법 제14조제1항 후단에 따라 조정위원회를 두는 경우 사무국의 조직 및 운영 등에 관한 사항은 그 지방자치단체의 실정을 고려하여 해당 시·도 조례로 정한다. 〈개정 2020. 9. 29.〉

[본조신설 2017. 5. 29.]

제25조【조정위원회 구성】 법 제16조제3항제6호에서 "대통령령으로 정하는 사람"이란 세무사·주택관리사·건축사로서 주택임대차 관계 업무에 6년 이상 종사한 사람을 말한다.

[본조신설 2017. 5. 29.]

제26조【조정위원회 운영】 ① 조정위원회는 효율적인 운영을 위하여 필요한 경우에는 분쟁조정사건을 분리하거나 병합하여 심의·조정할 수 있다. 이 경우 당사자에게 지체 없이 그 사실을 통보하여야 한다.

② 조정위원회 회의는 공개하지 아니한다. 다만, 필요하다고 인정되는 경우에는 조정위원회의 의결로 당사자 또는 이해관계인에게 방청을 허가할 수 있다.

③ 조정위원회에 간사를 두며, 사무국의 직원 중에서 위

원장이 지명한다.
④ 조정위원회는 회의록을 작성하고, 참여한 조정위원으로 하여금 서명 또는 기명날인하게 하여야 한다.
[본조신설 2017. 5. 29.]

제27조【조정위원에 대한 수당 등】 조정위원회 또는 조정부에 출석한 조정위원에 대해서는 예산의 범위에서 수당, 여비 및 그 밖에 필요한 경비를 지급할 수 있다.
[본조신설 2017. 5. 29.]

제28조【조정부에서 심의 · 조정할 사항】 법 제17조제3항제1호에서 "대통령령으로 정하는 금액 이하의 분쟁"이란 다음 각 호의 어느 하나에 해당하는 분쟁을 말한다.
1. 임대차계약의 보증금이 다음 각 목에서 정하는 금액 이하의 분쟁
   가. 「수도권정비계획법」 제2조제1호에 따른 수도권 지역: 5억원
   나. 가목에 따른 지역 외의 지역: 3억원
2. 조정으로 주장하는 이익의 값(이하 "조정목적의 값"이라 한다)이 2억원 이하인 분쟁. 이 경우 조정목적의 값 산정은 「민사소송 등 인지법」에 따른 소송목적의 값에 관한 산정 방식을 준용한다.

[본조신설 2017. 5. 29.]

제29조【조정부의 구성 및 운영】 ① 조정부의 위원은 조정위원 중에서 위원장이 지명한다.
② 둘 이상의 조정부를 두는 경우에는 위원장이 분쟁조정 신청사건을 담당할 조정부를 지정할 수 있다.
③ 조정부의 운영에 관하여는 제26조를 준용한다. 이 경우 "조정위원회"는 "조정부"로, "위원장"은 "조정부의 장"으로 본다.
[본조신설 2017. 5. 29.]

제30조【조정의 신청】 ① 조정의 신청은 서면(「전자문서 및 전자거래 기본법」 제2조제1호에 따른 전자문서를 포함한다. 이하 같다) 또는 구두로 할 수 있다.
② 구두로 조정을 신청하는 경우 조정신청인은 심사관 또는 조사관에게 진술하여야 한다. 이 경우 조정신청을 받은 심사관 또는 조사관은 조정신청조서를 작성하고 신청인으로 하여금 서명 또는 기명날인하도록 하여야 한다.
③ 조정신청서 또는 조정신청조서에는 당사자, 대리인, 신청의 취지와 분쟁의 내용 등을 기재하여야 한다. 이 경우 증거서류 또는 증거물이 있는 경우에는 이를 첨부하거나 제출하여야 한다.
[본조신설 2017. 5. 29.]

제31조【조정신청인에게 안내하여야 할 사항】 ① 법 제21조제2항에서 "대통령령으로 정하는 사항"이란 다음 각 호의 사항을 말한다.
1. 법 제21조제3항 각 호에 따른 조정 신청의 각하 사유
2. 법 제22조제2항에 따른 조정절차의 개시 요건
3. 법 제23조의 처리기간
4. 법 제24조에 따라 필요한 경우 신청인, 피신청인, 분쟁 관련 이해관계인 또는 참고인에게 출석하여 진술하게 하거나 필요한 자료나 물건 등의 제출을 요구할 수 있다는 사실
5. 조정성립의 요건 및 효력
6. 당사자가 부담하는 비용

② 제1항에 따른 안내는 안내할 사항이 기재된 서면을 교부 또는 송달하는 방법으로 할 수 있다.
[본조신설 2017. 5. 29.]

제32조【조정서류의 송달 등】 ① 위원장은 조정신청을 접수하면 지체 없이 조정신청서 또는 조정신청조서 부본(이하 이 조에서 "조정신청서등"이라 한다)을 피신청인에게 송달하여야 한다.
② 피신청인은 조정에 응할 의사가 있는 경우에는 조정신청서등을 송달받은 날부터 7일 이내에 그 의사를 조정위원회에 통지하여야 한다.
③ 위원장은 제2항에 따른 통지를 받은 경우 피신청인에게 기간을 정하여 신청내용에 대한 답변서를 제출할 것을 요구할 수 있다.
[본조신설 2017. 5. 29.]

제33조【수수료】 ① 법 제21조제1항에 따라 조정을 신청하는 자는 별표 2에서 정하는 수수료를 내야 한다.
② 신청인이 다음 각 호의 어느 하나에 해당하는 경우에는 제1항에 따른 수수료를 면제할 수 있다. 〈개정 2020. 9. 29., 2021. 4. 6., 2023. 9. 26.〉
1. 법 제8조에 따라 우선변제를 받을 수 있는 임차인
2. 「국민기초생활 보장법」 제2조제2호에 따른 수급자
3. 「독립유공자예우에 관한 법률」 제6조에 따라 등록된 독립유공자 또는 그 유족(선순위자 1명만 해당된다. 이하 이 조에서 같다)
4. 「국가유공자 등 예우 및 지원에 관한 법률」 제6조에 따라 등록된 국가유공자 또는 그 유족
5. 「고엽제후유의증 등 환자지원 및 단체설립에 관한 법률」 제4조에 따라 등록된 고엽제후유증환자, 고엽제후유의증환자 또는 고엽제후유증 2세환자
6. 「참전유공자 예우 및 단체설립에 관한 법률」 제5조에 따라 등록된 참전유공자
7. 「5 · 18민주유공자예우 및 단체설립에 관한 법률」 제7조에 따라 등록 결정된 5 · 18민주유공자 또는 그 유족
8. 「특수임무유공자 예우 및 단체설립에 관한 법률」 제6조에 따라 등록된 특수임무유공자 또는 그 유족
9. 「의사상자 등 예우 및 지원에 관한 법률」 제5조에 따라 인정된 의상자 또는 의사자유족
10. 「한부모가족지원법」 제5조 및 제5조의2에 따른 지원대상자
11. 그 밖에 제1호부터 제10호까지의 규정에 준하는 사람

으로서 법무부장관과 국토교통부장관이 공동으로 정하여 고시하는 사람 또는 시 · 도 조례로 정하는 사람
③ 신청인은 다음 각 호의 어느 하나에 해당하는 경우에는 수수료의 환급을 청구할 수 있다.
1. 법 제21조제3항제1호 및 제2호에 따라 조정신청이 각하된 경우. 다만, 조정신청 있은 후 신청인이 법원에 소를 제기하거나 「민사조정법」에 따른 조정을 신청한 경우는 제외한다.
2. 법 제21조제3항제3호 및 제5호에 따라 조정신청이 각하된 경우
3. 신청인이 조정위원회 또는 조정부의 회의가 소집되기 전에 조정신청을 취하한 경우. 이 경우 환급 금액은 납부한 수수료의 2분의 1에 해당하는 금액으로 한다.
④ 제1항에 따른 수수료의 납부방법 및 제3항에 따른 수수료의 환급절차 등에 관하여 필요한 사항은 법무부장관과 국토교통부장관이 공동으로 정하여 고시하거나 시 · 도의 조례로 정한다. 〈개정 2020. 9. 29.〉
[본조신설 2017. 5. 29.]

제34조【조정서의 작성】 법 제26조제4항에 따른 조정서에는 다음 각 호의 사항을 기재하고, 위원장 및 조정에 참여한 조정위원이 서명 또는 기명날인하여야 한다.
1. 사건번호 및 사건명
2. 당사자의 성명, 생년월일 및 주소(법인의 경우 명칭, 법인등록번호 및 본점의 소재지를 말한다)
3. 임차주택 소재지
4. 신청의 취지 및 이유
5. 조정내용(법 제26조제4항에 따라 강제집행을 승낙하는 취지의 합의를 포함한다)
6. 작성일

[본조신설 2017. 5. 29.]

제35조【조정결과의 통지】 ① 조정위원회는 조정절차가 종료되면 그 결과를 당사자에게 통지하여야 한다.
② 조정위원회는 법 제26조제4항에 따른 조정서가 작성된 경우 조정서 정본을 지체 없이 당사자에게 교부 또는 송달하여야 한다.
[본조신설 2017. 5. 29.]

부칙 〈제11441호, 1984. 6. 14.〉

이 영은 공포한 날로부터 시행한다.

부칙 〈중략〉

부칙 〈제33105호, 2022. 12. 20.〉

제1조(시행일) 이 영은 2023년 1월 1일부터 시행한다.
제2조~제3조 〈생략〉

상가건물 임대차보호법

〔2001년 12월 29일 법 률 제6542호〕

개정
2002. 8.26법6718호
2005. 1.27법7358호(민사집행법)
2009. 1.30법9361호(법문장정비)
2009. 5. 8법9649호
2010. 5.17법10303호(은행법)
2011. 4.12법10580호(부동산등기법)
2013. 6. 7법11873호(부가가치세법)
2013. 8.13법12042호
2015.05.13법13284호
2016. 5.29법14242호(수산업협동조합법)
2018.10.16법15791호
2020. 2. 4법16912호(부동산등기법)
2020. 7.31법17471호
2020. 9.29법17490호
2022. 1. 4법18675호

제1조【목적】 이 법은 상가건물 임대차에 관하여 「민법」에 대한 특례를 규정하여 국민 경제생활의 안정을 보장함을 목적으로 한다.
〈전문개정 2009. 1. 30.〉

제2조【적용범위】 ① 이 법은 상가건물(제3조제1항에 따른 사업자등록의 대상이 되는 건물을 말한다)의 임대차(임대차 목적물의 주된 부분을 영업용으로 사용하는 경우를 포함한다)에 대하여 적용한다. 다만, 제14조의2에 따른 상가건물임대차위원회의 심의를 거쳐 대통령령으로 정하는 보증금액을 초과하는 임대차에 대하여는 그러하지 아니하다. 〈개정 2020. 7. 31.〉
② 제1항 단서에 따른 보증금액을 정할 때에는 해당 지역의 경제 여건 및 임대차 목적물의 규모 등을 고려하여 지역별로 구분하여 규정하되, 보증금 외에 차임이 있는 경우에는 그 차임액에 「은행법」에 따른 은행의 대출금리 등을 고려하여 대통령령으로 정하는 비율을 곱하여 환산한 금액을 포함하여야 한다. 〈개정 2010. 5. 17.〉
③ 제1항 단서에도 불구하고 제3조, 제10조제1항, 제2항, 제3항 본문, 제10조의2부터 제10조의9까지의 규정, 제11조의2 및 제19조는 제1항 단서에 따른 보증금액을 초과하는 임대차에 대하여도 적용한다. 〈신설 2013. 8. 13., 2015. 5. 13., 2020. 9. 29., 2022. 1. 4.〉
〈전문개정 2009. 1. 30.〉

제3조【대항력 등】 ① 임대차는 그 등기가 없는 경우에도 임차인이 건물의 인도와 「부가가치세법」 제8조, 「소득세법」 제168조 또는 「법인세법」 제111조에 따른 사업자등록을 신청하면 그 다음 날부터 제3자에 대하여 효력이 생긴다. 〈개정 2013. 6. 7.〉
② 임차건물의 양수인(그 밖에 임대할 권리를 승계한 자를 포함한다)은 임대인의 지위를 승계한 것으로 본다.
③ 이 법에 따라 임대차의 목적이 된 건물이 매매 또는 경매의 목적물이 된 경우에는 「민법」 제575조제1항 · 제3항 및 제578조를 준용한다.
④ 제3항의 경우에는 「민법」 제536조를 준용한다.
〈전문개정 2009. 1. 30.〉

제4조【확정일자 부여 및 임대차정보의 제공 등】 ① 제5조제2항의 확정일자는 상가건물의 소재지 관할 세무서장이 부여한다.
② 관할 세무서장은 해당 상가건물의 소재지, 확정일자 부여일, 차임 및 보증금 등을 기재한 확정일자부를 작성하여야 한다. 이 경우 전산정보처리조직을 이용할 수 있다.
③ 상가건물의 임대차에 이해관계가 있는 자는 관할 세무서장에게 해당 상가건물의 확정일자 부여일, 차임 및 보증금 등 정보의 제공을 요청할 수 있다. 이 경우 요청을 받은 관할 세무서장은 정당한 사유 없이 이를 거부할 수 없다.
④ 임대차계약을 체결하려는 자는 임대인의 동의를 받아 관할 세무서장에게 제3항에 따른 정보제공을 요청할 수 있다.
⑤ 확정일자부에 기재하여야 할 사항, 상가건물의 임대차에 이해관계가 있는 자의 범위, 관할 세무서장에게 요청할 수 있는 정보의 범위 및 그 밖에 확정일자 부여사무와 정보제공 등에 필요한 사항은 대통령령으로 정한다.
〈전문개정 2015. 5. 13.〉

제5조【보증금의 회수】 ① 임차인이 임차건물에 대하여 보증금반환청구소송의 확정판결, 그 밖에 이에 준하는 집행권원에 의하여 경매를 신청하는 경우에는 「민사집행법」 제41조에도 불구하고 반대의무의 이행이나 이행의 제공을 집행개시의 요건으로 하지 아니한다.
② 제3조제1항의 대항요건을 갖추고 관할 세무서장으로부터 임대차계약서상의 확정일자를 받은 임차인은 「민사집행법」에 따른 경매 또는 「국세징수법」에 따른 공매 시 임차건물(임대인 소유의 대지를 포함한다)의 환가대금에서 후순위권리자나 그 밖의 채권자보다 우선하여 보증금을 변제받을 권리가 있다.
③ 임차인은 임차건물을 양수인에게 인도하지 아니하면 제2항에 따른 보증금을 받을 수 없다.
④ 제2항 또는 제7항에 따른 우선변제의 순위와 보증금에 대하여 이의가 있는 이해관계인은 경매법원 또는 체납처분청에 이의를 신청할 수 있다. 〈개정 2013. 8. 13.〉
⑤ 제4항에 따라 경매법원에 이의를 신청하는 경우에는 「민사집행법」 제152조부터 제161조까지의 규정을

준용한다.

⑥ 제4항에 따라 이의신청을 받은 체납처분청은 이해관계인이 이의신청일부터 7일 이내에 임차인 또는 제7항에 따라 우선변제권을 승계한 금융기관 등을 상대로 소(訴)를 제기한 것을 증명한 때에는 그 소송이 종결될 때까지 이의가 신청된 범위에서 임차인 또는 제7항에 따라 우선변제권을 승계한 금융기관 등에 대한 보증금의 변제를 유보(留保)하고 남은 금액을 배분하여야 한다. 이 경우 유보된 보증금은 소송 결과에 따라 배분한다. 〈개정 2013. 8. 13.〉

⑦ 다음 각 호의 금융기관 등이 제2항, 제6조제5항 또는 제7조제1항에 따른 우선변제권을 취득한 임차인의 보증금반환채권을 계약으로 양수한 경우에는 양수한 금액의 범위에서 우선변제권을 승계한다. 〈신설 2013. 8. 13., 2016. 5. 29.〉

1. 「은행법」에 따른 은행
2. 「중소기업은행법」에 따른 중소기업은행
3. 「한국산업은행법」에 따른 한국산업은행
4. 「농업협동조합법」에 따른 농협은행
5. 「수산업협동조합법」에 따른 수협은행
6. 「우체국예금 · 보험에 관한 법률」에 따른 체신관서
7. 「보험업법」 제4조제1항제2호라목의 보증보험을 보험종목으로 허가받은 보험회사
8. 그 밖에 제1호부터 제7호까지에 준하는 것으로서 대통령령으로 정하는 기관

⑧ 제7항에 따라 우선변제권을 승계한 금융기관 등(이하 "금융기관등"이라 한다)은 다음 각 호의 어느 하나에 해당하는 경우에는 우선변제권을 행사할 수 없다. 〈신설 2013. 8. 13.〉

1. 임차인이 제3조제1항의 대항요건을 상실한 경우
2. 제6조제5항에 따른 임차권등기가 말소된 경우
3. 「민법」 제621조에 따른 임대차등기가 말소된 경우

⑨ 금융기관등은 우선변제권을 행사하기 위하여 임차인을 대리하거나 대위하여 임대차를 해지할 수 없다. 〈신설 2013. 8. 13.〉

〈전문개정 2009. 1. 30.〉

제6조【임차권등기명령】 ① 임대차가 종료된 후 보증금이 반환되지 아니한 경우 임차인은 임차건물의 소재지를 관할하는 지방법원, 지방법원지원 또는 시 · 군법원에 임차권등기명령을 신청할 수 있다. 〈개정 2013. 8. 13.〉

② 임차권등기명령을 신청할 때에는 다음 각 호의 사항을 기재하여야 하며, 신청 이유 및 임차권등기의 원인이 된 사실을 소명하여야 한다.

1. 신청 취지 및 이유
2. 임대차의 목적인 건물(임대차의 목적이 건물의 일부분인 경우에는 그 부분의 도면을 첨부한다)
3. 임차권등기의 원인이 된 사실(임차인이 제3조제1항에 따른 대항력을 취득하였거나 제5조제2항에 따른 우선변제권을 취득한 경우에는 그 사실)
4. 그 밖에 대법원규칙으로 정하는 사항

③ 임차권등기명령의 신청에 대한 재판, 임차권등기명령의 결정에 대한 임대인의 이의신청 및 그에 대한 재판, 임차권등기명령의 취소신청 및 그에 대한 재판 또는 임차권등기명령의 집행 등에 관하여는 「민사집행법」 제280조제1항, 제281조, 제283조, 제285조, 제286조, 제288조제1항 · 제2항 본문, 제289조, 제290조제2항 중 제288조제1항에 대한 부분, 제291조, 제293조를 준용한다. 이 경우 "가압류"는 "임차권등기"로, "채권자"는 "임차인"으로, "채무자"는 "임대인"으로 본다.

④ 임차권등기명령신청을 기각하는 결정에 대하여 임차인은 항고할 수 있다.

⑤ 임차권등기명령의 집행에 따른 임차권등기를 마치면 임차인은 제3조제1항에 따른 대항력과 제5조제2항에 따른 우선변제권을 취득한다. 다만, 임차인이 임차권등기 이전에 이미 대항력 또는 우선변제권을 취득한 경우에는 그 대항력 또는 우선변제권이 그대로 유지되며, 임차권등기 이후에는 제3조제1항의 대항요건을 상실하더라도 이미 취득한 대항력 또는 우선변제권을 상실하지 아니한다.

⑥ 임차권등기명령의 집행에 따른 임차권등기를 마친 건물(임대차의 목적이 건물의 일부분인 경우에는 그 부분으로 한정한다)을 그 이후에 임차한 임차인은 제14조에 따른 우선변제를 받을 권리가 없다.

⑦ 임차권등기의 촉탁, 등기관의 임차권등기 기입 등 임차권등기명령의 시행에 관하여 필요한 사항은 대법원규칙으로 정한다.

⑧ 임차인은 제1항에 따른 임차권등기명령의 신청 및 그에 따른 임차권등기와 관련하여 든 비용을 임대인에게 청구할 수 있다.

⑨ 금융기관등은 임차인을 대위하여 제1항의 임차권등기명령을 신청할 수 있다. 이 경우 제3항 · 제4항 및 제8항의 "임차인"은 "금융기관등"으로 본다. 〈신설 2013. 8. 13.〉

〈전문개정 2009. 1. 30.〉

제7조【「민법」에 따른 임대차등기의 효력 등】 ① 「민법」 제621조에 따른 건물임대차등기의 효력에 관하여는 제6조제5항 및 제6항을 준용한다.

② 임차인이 대항력 또는 우선변제권을 갖추고 「민법」 제621조제1항에 따라 임대인의 협력을 얻어 임대차등기를 신청하는 경우에는 신청서에 「부동산등기법」 제74조제1호부터 제6호까지의 사항 외에 다음 각 호의 사항을 기재하여야 하며, 이를 증명할 수 있는 서면(임대차의 목적이 건물의 일부분인 경우에는 그 부분의 도면

을 포함한다)을 첨부하여야 한다. 〈개정 2011. 4. 12., 2020. 2. 4.〉

1. 사업자등록을 신청한 날
2. 임차건물을 점유한 날
3. 임대차계약서상의 확정일자를 받은 날

〈전문개정 2009. 1. 30.〉

제8조【경매에 의한 임차권의 소멸】 임차권은 임차건물에 대하여 「민사집행법」에 따른 경매가 실시된 경우에는 그 임차건물이 매각되면 소멸한다. 다만, 보증금이 전액 변제되지 아니한 대항력이 있는 임차권은 그러하지 아니하다.

〈전문개정 2009. 1. 30.〉

제9조【임대차기간 등】 ① 기간을 정하지 아니하거나 기간을 1년 미만으로 정한 임대차는 그 기간을 1년으로 본다. 다만, 임차인은 1년 미만으로 정한 기간이 유효함을 주장할 수 있다.

② 임대차가 종료한 경우에도 임차인이 보증금을 돌려받을 때까지는 임대차 관계는 존속하는 것으로 본다.

〈전문개정 2009. 1. 30.〉

제10조【계약갱신 요구 등】 ① 임대인은 임차인이 임대차기간이 만료되기 6개월 전부터 1개월 전까지 사이에 계약갱신을 요구할 경우 정당한 사유 없이 거절하지 못한다. 다만, 다음 각 호의 어느 하나의 경우에는 그러하지 아니하다. 〈개정 2013. 8. 13.〉

1. 임차인이 3기의 차임액에 해당하는 금액에 이르도록 차임을 연체한 사실이 있는 경우
2. 임차인이 거짓이나 그 밖의 부정한 방법으로 임차한 경우
3. 서로 합의하여 임대인이 임차인에게 상당한 보상을 제공한 경우
4. 임차인이 임대인의 동의 없이 목적 건물의 전부 또는 일부를 전대(轉貸)한 경우
5. 임차인이 임차한 건물의 전부 또는 일부를 고의나 중대한 과실로 파손한 경우
6. 임차한 건물의 전부 또는 일부가 멸실되어 임대차의 목적을 달성하지 못할 경우
7. 임대인이 다음 각 목의 어느 하나에 해당하는 사유로 목적 건물의 전부 또는 대부분을 철거하거나 재건축하기 위하여 목적 건물의 점유를 회복할 필요가 있는 경우
   가. 임대차계약 체결 당시 공사시기 및 소요기간 등을 포함한 철거 또는 재건축 계획을 임차인에게 구체적으로 고지하고 그 계획에 따르는 경우
   나. 건물이 노후·훼손 또는 일부 멸실되는 등 안전사고의 우려가 있는 경우
   다. 다른 법령에 따라 철거 또는 재건축이 이루어지는 경우
8. 그 밖에 임차인이 임차인으로서의 의무를 현저히 위반하거나 임대차를 계속하기 어려운 중대한 사유가 있는 경우

② 임차인의 계약갱신요구권은 최초의 임대차기간을 포함한 전체 임대차기간이 10년을 초과하지 아니하는 범위에서만 행사할 수 있다. 〈개정 2018. 10. 16.〉

③ 갱신되는 임대차는 전 임대차와 동일한 조건으로 다시 계약된 것으로 본다. 다만, 차임과 보증금은 제11조에 따른 범위에서 증감할 수 있다.

④ 임대인이 제1항의 기간 이내에 임차인에게 갱신 거절의 통지 또는 조건 변경의 통지를 하지 아니한 경우에는 그 기간이 만료된 때에 전 임대차와 동일한 조건으로 다시 임대차한 것으로 본다. 이 경우에 임대차의 존속기간은 1년으로 본다. 〈개정 2009. 5. 8.〉

⑤ 제4항의 경우 임차인은 언제든지 임대인에게 계약해지의 통고를 할 수 있고, 임대인이 통고를 받은 날부터 3개월이 지나면 효력이 발생한다.

〈전문개정 2009. 1. 30.〉

제10조의2【계약갱신의 특례】 제2조제1항 단서에 따른 보증금액을 초과하는 임대차의 계약갱신의 경우에는 당사자는 상가건물에 관한 조세, 공과금, 주변 상가건물의 차임 및 보증금, 그 밖의 부담이나 경제사정의 변동 등을 고려하여 차임과 보증금의 증감을 청구할 수 있다.

[본조신설 2013. 8. 13.]

제10조의3【권리금의 정의 등】 ① 권리금이란 임대차 목적물인 상가건물에서 영업을 하는 자 또는 영업을 하려는 자가 영업시설·비품, 거래처, 신용, 영업상의 노하우, 상가건물의 위치에 따른 영업상의 이점 등 유형·무형의 재산적 가치의 양도 또는 이용대가로서 임대인, 임차인에게 보증금과 차임 이외에 지급하는 금전 등의 대가를 말한다.

② 권리금 계약이란 신규임차인이 되려는 자가 임차인에게 권리금을 지급하기로 하는 계약을 말한다.

[본조신설 2015. 5. 13.]

제10조의4【권리금 회수기회 보호 등】 ① 임대인은 임대차기간이 끝나기 6개월 전부터 임대차 종료 시까지 다음 각 호의 어느 하나에 해당하는 행위를 함으로써 권리금 계약에 따라 임차인이 주선한 신규임차인이 되려는 자로부터 권리금을 지급받는 것을 방해하여서는 아니 된다. 다만, 제10조제1항 각 호의 어느 하나에 해당하는 사유가 있는 경우에는 그러하지 아니하다. 〈개정 2018. 10. 16.〉

1. 임차인이 주선한 신규임차인이 되려는 자에게 권리금을 요구하거나 임차인이 주선한 신규임차인이 되려는 자로부터 권리금을 수수하는 행위
2. 임차인이 주선한 신규임차인이 되려는 자로 하여금

임차인에게 권리금을 지급하지 못하게 하는 행위
3. 임차인이 주선한 신규임차인이 되려는 자에게 상가건물에 관한 조세, 공과금, 주변 상가건물의 차임 및 보증금, 그 밖의 부담에 따른 금액에 비추어 현저히 고액의 차임과 보증금을 요구하는 행위
4. 그 밖에 정당한 사유 없이 임대인이 임차인이 주선한 신규임차인이 되려는 자와 임대차계약의 체결을 거절하는 행위

② 다음 각 호의 어느 하나에 해당하는 경우에는 제1항 제4호의 정당한 사유가 있는 것으로 본다.
1. 임차인이 주선한 신규임차인이 되려는 자가 보증금 또는 차임을 지급할 자력이 없는 경우
2. 임차인이 주선한 신규임차인이 되려는 자가 임차인으로서의 의무를 위반할 우려가 있거나 그 밖에 임대차를 유지하기 어려운 상당한 사유가 있는 경우
3. 임대차 목적물인 상가건물을 1년 6개월 이상 영리목적으로 사용하지 아니한 경우
4. 임대인이 선택한 신규임차인이 임차인과 권리금 계약을 체결하고 그 권리금을 지급한 경우

③ 임대인이 제1항을 위반하여 임차인에게 손해를 발생하게 한 때에는 그 손해를 배상할 책임이 있다. 이 경우 그 손해배상액은 신규임차인이 임차인에게 지급하기로 한 권리금과 임대차 종료 당시의 권리금 중 낮은 금액을 넘지 못한다.

④ 제3항에 따라 임대인에게 손해배상을 청구할 권리는 임대차가 종료한 날부터 3년 이내에 행사하지 아니하면 시효의 완성으로 소멸한다.

⑤ 임차인은 임대인에게 임차인이 주선한 신규임차인이 되려는 자의 보증금 및 차임을 지급할 자력 또는 그 밖에 임차인으로서의 의무를 이행할 의사 및 능력에 관하여 자신이 알고 있는 정보를 제공하여야 한다.

[본조신설 2015. 5. 13.]

제10조의5【권리금 적용 제외】 제10조의4는 다음 각 호의 어느 하나에 해당하는 상가건물 임대차의 경우에는 적용하지 아니한다. 〈개정 2018. 10. 16.〉
1. 임대차 목적물인 상가건물이 「유통산업발전법」 제2조에 따른 대규모점포 또는 준대규모점포의 일부인 경우(다만, 「전통시장 및 상점가 육성을 위한 특별법」 제2조제1호에 따른 전통시장은 제외한다)
2. 임대차 목적물인 상가건물이 「국유재산법」에 따른 국유재산 또는 「공유재산 및 물품 관리법」에 따른 공유재산인 경우

[본조신설 2015. 5. 13.]

제10조의6【표준권리금계약서의 작성 등】 국토교통부장관은 법무부장관과 협의를 거쳐 임차인과 신규임차인이 되려는 자의 권리금 계약 체결을 위한 표준권리금계약서를 정하여 그 사용을 권장할 수 있다. 〈개정 2020. 7. 31.〉

[본조신설 2015. 5. 13.]

제10조의7【권리금 평가기준의 고시】 국토교통부장관은 권리금에 대한 감정평가의 절차와 방법 등에 관한 기준을 고시할 수 있다.

[본조신설 2015. 5. 13.]

제10조의8【차임연체와 해지】 임차인의 차임연체액이 3기의 차임액에 달하는 때에는 임대인은 계약을 해지할 수 있다.

[본조신설 2015. 5. 13.]

제10조의9【계약 갱신요구 등에 관한 임시 특례】 임차인이 이 법(법률 제17490호 상가건물 임대차보호법 일부개정법률을 말한다) 시행일부터 6개월까지의 기간 동안 연체한 차임액은 제10조제1항제1호, 제10조의4제1항 단서 및 제10조의8의 적용에 있어서는 차임연체액으로 보지 아니한다. 이 경우 연체한 차임액에 대한 임대인의 그 밖의 권리는 영향을 받지 아니한다.

[본조신설 2020. 9. 29.]

제11조【차임 등의 증감청구권】 ① 차임 또는 보증금이 임차건물에 관한 조세, 공과금, 그 밖의 부담의 증감이나 「감염병의 예방 및 관리에 관한 법률」 제2조제2호에 따른 제1급감염병 등에 의한 경제사정의 변동으로 인하여 상당하지 아니하게 된 경우에는 당사자는 장래의 차임 또는 보증금에 대하여 증감을 청구할 수 있다. 그러나 증액의 경우에는 대통령령으로 정하는 기준에 따른 비율을 초과하지 못한다. 〈개정 2020. 9. 29.〉

② 제1항에 따른 증액 청구는 임대차계약 또는 약정한 차임 등의 증액이 있은 후 1년 이내에는 하지 못한다.

③ 「감염병의 예방 및 관리에 관한 법률」 제2조제2호에 따른 제1급감염병에 의한 경제사정의 변동으로 차임 등이 감액된 후 임대인이 제1항에 따라 증액을 청구하는 경우에는 증액된 차임 등이 감액 전 차임 등의 금액에 달할 때까지는 같은 항 단서를 적용하지 아니한다. 〈신설 2020. 9. 29.〉

〈전문개정 2009. 1. 30.〉

제11조의2【폐업으로 인한 임차인의 해지권】 ① 임차인은 「감염병의 예방 및 관리에 관한 법률」 제49조제1항제2호에 따른 집합 제한 또는 금지 조치(같은 항 제2호의2에 따라 운영시간을 제한한 조치를 포함한다)를 총 3개월 이상 받음으로써 발생한 경제사정의 중대한 변동으로 폐업한 경우에는 임대차계약을 해지할 수 있다.

② 제1항에 따른 해지는 임대인이 계약해지의 통고를 받은 날부터 3개월이 지나면 효력이 발생한다.

〈본조신설 2022. 1. 4.〉

제12조【월 차임 전환 시 산정률의 제한】 보증금의 전부 또는 일부를 월 단위의 차임으로 전환하는 경우

에는 그 전환되는 금액에 다음 각 호 중 낮은 비율을 곱한 월 차임의 범위를 초과할 수 없다. 〈개정 2010. 5. 17., 2013. 8. 13.〉

1. 「은행법」에 따른 은행의 대출금리 및 해당 지역의 경제 여건 등을 고려하여 대통령령으로 정하는 비율
2. 한국은행에서 공시한 기준금리에 대통령령으로 정하는 배수를 곱한 비율

〈전문개정 2009. 1. 30.〉

제13조【전대차관계에 대한 적용 등】 ① 제10조, 제10조의2, 제10조의8, 제10조의9(제10조 및 제10조의8에 관한 부분으로 한정한다), 제11조 및 제12조는 전대인(轉貸人)과 전차인(轉借人)의 전대차관계에 적용한다. 〈개정 2015. 5. 13., 2020. 9. 29.〉

② 임대인의 동의를 받고 전대차계약을 체결한 전차인은 임차인의 계약갱신요구권 행사기간 이내에 임차인을 대위(代位)하여 임대인에게 계약갱신요구권을 행사할 수 있다.

〈전문개정 2009. 1. 30.〉

제14조【보증금 중 일정액의 보호】 ① 임차인은 보증금 중 일정액을 다른 담보물권자보다 우선하여 변제받을 권리가 있다. 이 경우 임차인은 건물에 대한 경매신청의 등기 전에 제3조제1항의 요건을 갖추어야 한다.

② 제1항의 경우에 제5조제4항부터 제6항까지의 규정을 준용한다.

③ 제1항에 따라 우선변제를 받을 임차인 및 보증금 중 일정액의 범위와 기준은 임대건물가액(임대인 소유의 대지가액을 포함한다)의 2분의 1 범위에서 해당 지역의 경제 여건, 보증금 및 차임 등을 고려하여 제14조의2에 따른 상가건물임대차위원회의 심의를 거쳐 대통령령으로 정한다. 〈개정 2013. 8. 13., 2020. 7. 31.〉

〈전문개정 2009. 1. 30.〉

제14조의2【상가건물임대차위원회】 ① 상가건물 임대차에 관한 다음 각 호의 사항을 심의하기 위하여 법무부에 상가건물임대차위원회(이하 "위원회"라 한다)를 둔다.

1. 제2조제1항 단서에 따른 보증금액
2. 제14조에 따라 우선변제를 받을 임차인 및 보증금 중 일정액의 범위와 기준

② 위원회는 위원장 1명을 포함한 10명 이상 15명 이하의 위원으로 성별을 고려하여 구성한다.

③ 위원회의 위원장은 법무부차관이 된다.

④ 위원회의 위원은 다음 각 호의 어느 하나에 해당하는 사람 중에서 위원장이 임명하거나 위촉하되, 제1호부터 제6호까지에 해당하는 위원을 각각 1명 이상 임명하거나 위촉하여야 하고, 위원 중 2분의 1 이상은 제1호 · 제2호 또는 제7호에 해당하는 사람을 위촉하여야 한다.

1. 법학 · 경제학 또는 부동산학 등을 전공하고 상가건물 임대차 관련 전문지식을 갖춘 사람으로서 공인된 연구기관에서 조교수 이상 또는 이에 상당하는 직에 5년 이상 재직한 사람
2. 변호사 · 감정평가사 · 공인회계사 · 세무사 또는 공인중개사로서 5년 이상 해당 분야에서 종사하고 상가건물 임대차 관련 업무경험이 풍부한 사람
3. 기획재정부에서 물가 관련 업무를 담당하는 고위공무원단에 속하는 공무원
4. 법무부에서 상가건물 임대차 관련 업무를 담당하는 고위공무원단에 속하는 공무원(이에 상당하는 특정직공무원을 포함한다)
5. 국토교통부에서 상가건물 임대차 관련 업무를 담당하는 고위공무원단에 속하는 공무원
6. 중소벤처기업부에서 소상공인 관련 업무를 담당하는 고위공무원단에 속하는 공무원
7. 그 밖에 상가건물 임대차 관련 학식과 경험이 풍부한 사람으로서 대통령령으로 정하는 사람

⑤ 그 밖에 위원회의 구성 및 운영 등에 필요한 사항은 대통령령으로 정한다.

[본조신설 2020. 7. 31.]

제15조【강행규정】 이 법의 규정에 위반된 약정으로서 임차인에게 불리한 것은 효력이 없다.

〈전문개정 2009. 1. 30.〉

제16조【일시사용을 위한 임대차】 이 법은 일시사용을 위한 임대차임이 명백한 경우에는 적용하지 아니한다.

〈전문개정 2009. 1. 30.〉

제17조【미등기전세에의 준용】 목적건물을 등기하지 아니한 전세계약에 관하여 이 법을 준용한다. 이 경우 "전세금"은 "임대차의 보증금"으로 본다.

〈전문개정 2009. 1. 30.〉

제18조【「소액사건심판법」의 준용】 임차인이 임대인에게 제기하는 보증금반환청구소송에 관하여는 「소액사건심판법」 제6조 · 제7조 · 제10조 및 제11조의2를 준용한다.

〈전문개정 2009. 1. 30.〉

제19조【표준계약서의 작성 등】 법무부장관은 국토교통부장관과 협의를 거쳐 보증금, 차임액, 임대차기간, 수선비 분담 등의 내용이 기재된 상가건물임대차표준계약서를 정하여 그 사용을 권장할 수 있다. 〈개정 2020. 7. 31.〉

[본조신설 2015. 5. 13.]

제20조【상가건물임대차분쟁조정위원회】 ① 이 법의 적용을 받는 상가건물 임대차와 관련된 분쟁을 심의 · 조정하기 위하여 대통령령으로 정하는 바에 따라 「법률구조법」 제8조에 따른 대한법률구조공단의 지부, 「한국토지주택공사법」에 따른 한국토지주택공사의 지

사 또는 사무소 및「한국감정원법」에 따른 한국감정원의 지사 또는 사무소에 상가건물임대차분쟁조정위원회(이하 "조정위원회"라 한다)를 둔다. 특별시 · 광역시 · 특별자치시 · 도 및 특별자치도는 그 지방자치단체의 실정을 고려하여 조정위원회를 둘 수 있다. 〈개정 2020. 7. 31.〉

② 조정위원회는 다음 각 호의 사항을 심의 · 조정한다.

1. 차임 또는 보증금의 증감에 관한 분쟁
2. 임대차 기간에 관한 분쟁
3. 보증금 또는 임차상가건물의 반환에 관한 분쟁
4. 임차상가건물의 유지 · 수선 의무에 관한 분쟁
5. 권리금에 관한 분쟁
6. 그 밖에 대통령령으로 정하는 상가건물 임대차에 관한 분쟁

③ 조정위원회의 사무를 처리하기 위하여 조정위원회에 사무국을 두고, 사무국의 조직 및 인력 등에 필요한 사항은 대통령령으로 정한다.

④ 사무국의 조정위원회 업무담당자는「주택임대차보호법」 제14조에 따른 주택임대차분쟁조정위원회 사무국의 업무를 제외하고 다른 직위의 업무를 겸직하여서는 아니 된다.

[본조신설 2018. 10. 16.]

제21조【주택임대차분쟁조정위원회 준용】 조정위원회에 대하여는 이 법에 규정한 사항 외에는 주택임대차분쟁조정위원회에 관한「주택임대차보호법」 제14조부터 제29조까지의 규정을 준용한다. 이 경우 "주택임대차분쟁조정위원회"는 "상가건물임대차분쟁조정위원회"로 본다.

[본조신설 2018. 10. 16.]

제22조【벌칙 적용에서 공무원 의제】 공무원이 아닌 상가건물임대차위원회의 위원 및 상가건물임대차분쟁조정위원회의 위원은「형법」 제127조, 제129조부터 제132조까지의 규정을 적용할 때에는 공무원으로 본다. 〈개정 2020. 7. 31.〉

[본조신설 2018. 10. 16.]

부 칙 〈법6542호, 2001. 12. 29.〉

① (시행일) 이 법은 2002년 11월 1일부터 시행한다. 〈개정 2002.8.26〉

② 내지 ③ 생략

부 칙 〈중략〉

부 칙 〈법18675호, 2022. 1. 4.〉

제1조(시행일) 이 법은 공포한 날부터 시행한다.

제2조(임차인의 해지권에 관한 적용례) 제11조의2의 개정규정은 이 법 시행 당시 존속 중인 임대차에 대해서도 적용한다.

상가건물임대차보호법 시행령

【약칭 : 상가임대차법 시행령】

〔 2002년 10월 14일 대통령령 제17757호 〕

개정
2006. 6.12. 제19507호, 행정정보의 공동이용 및 문서감축을 위한 국가채권관리법 시행령 등 일부개정령
2010. 1.11. 제21988호
2010. 7.21. 제22283호
2019. 4.17. 제29671호
2020.10.20. 제31117호
2020.12. 8. 제31243호(한국부동산원법)
2022.12.20. 제33106호,

제1조【목적】 이 영은「상가건물 임대차보호법」에서 위임된 사항과 그 시행에 관하여 필요한 사항을 정하는 것을 목적으로 한다. 〈개정 2008. 8. 21., 2010. 7. 21.〉

제2조【적용범위】 ①「상가건물 임대차보호법」(이하 "법"이라 한다) 제2조제1항 단서에서 "대통령령으로 정하는 보증금액"이란 다음 각 호의 구분에 의한 금액을 말한다. 〈개정 2008. 8. 21., 2010. 7. 21., 2013. 12. 30., 2018. 1. 26., 2019. 4. 2.〉

1. 서울특별시 : 9억원
2. 「수도권정비계획법」에 따른 과밀억제권역(서울특별시는 제외한다) 및 부산광역시: 6억9천만원
3. 광역시(「수도권정비계획법」에 따른 과밀억제권역에 포함된 지역과 군지역, 부산광역시는 제외한다), 세종특별자치시, 파주시, 화성시, 안산시, 용인시, 김포시 및 광주시: 5억4천만원
4. 그 밖의 지역 : 3억7천만원

②법 제2조제2항의 규정에 의하여 보증금외에 차임이 있는 경우의 차임액은 월 단위의 차임액으로 한다.

③법 제2조제2항에서 "대통령령으로 정하는 비율"이라 함은 1분의 100을 말한다. 〈개정 2010. 7. 21.〉

제3조【확정일자부 기재사항 등】 ① 상가건물 임대차 계약증서 원본을 소지한 임차인은 법 제4조제1항에 따라 상가건물의 소재지 관할 세무서장에게 확정일자 부여를 신청할 수 있다. 다만, 「부가가치세법」 제8조제3항에 따라 사업자 단위 과세가 적용되는 사업자의 경우 해당 사업자의 본점 또는 주사무소 관할 세무서장에게 확정일자 부여를 신청할 수 있다.

② 확정일자는 제1항에 따라 확정일자 부여의 신청을 받은 세무서장(이하 "관할 세무서장"이라 한다)이 확정일자 번호, 확정일자 부여일 및 관할 세무서장을 상가건물 임대차 계약증서 원본에 표시하고 관인을 찍는 방법으로 부여한다.

③ 관할 세무서장은 임대차계약이 변경되거나 갱신된 경우 임차인의 신청에 따라 새로운 확정일자를 부여한다.

④ 관할 세무서장이 법 제4조제2항에 따라 작성하는 확정일자부에 기재하여야 할 사항은 다음 각 호와 같다.

1. 확정일자 번호
2. 확정일자 부여일
3. 임대인ㆍ임차인의 인적사항
   가. 자연인인 경우: 성명, 주민등록번호(외국인은 외국인등록번호)
   나. 법인인 경우: 법인명, 대표자 성명, 법인등록번호
   다. 법인 아닌 단체인 경우: 단체명, 대표자 성명, 사업자등록번호ㆍ고유번호
4. 임차인의 상호 및 법 제3조제1항에 따른 사업자등록번호
5. 상가건물의 소재지, 임대차 목적물 및 면적
6. 임대차기간
7. 보증금ㆍ차임

⑤ 제1항부터 제4항까지에서 규정한 사항 외에 확정일자 부여 사무에 관하여 필요한 사항은 법무부령으로 정한다.

〈전문개정 2015. 11. 13.〉

제3조의2【이해관계인의 범위】 법 제4조제3항에 따라 정보의 제공을 요청할 수 있는 상가건물의 임대차에 이해관계가 있는 자(이하 "이해관계인"이라 한다)는 다음 각 호의 어느 하나에 해당하는 자로 한다.

1. 해당 상가건물 임대차계약의 임대인ㆍ임차인
2. 해당 상가건물의 소유자
3. 해당 상가건물 또는 그 대지의 등기부에 기록된 권리자 중 법무부령으로 정하는 자
4. 법 제5조제7항에 따라 우선변제권을 승계한 금융기관 등
5. 제1호부터 제4호까지에서 규정한 자에 준하는 지위 또는 권리를 가지는 자로서 임대차 정보의 제공에 관하여 법원의 판결을 받은 자

[본조신설 2015. 11. 13.]

제3조의3【이해관계인 등이 요청할 수 있는 정보의 범위】 ① 제3조의2제1호에 따른 임대차계약의 당사자는 관할 세무서장에게 다음 각 호의 사항이 기재된 서면의 열람 또는 교부를 요청할 수 있다.

1. 임대인ㆍ임차인의 인적사항(제3조제4항제3호에 따른 정보를 말한다. 다만, 주민등록번호 및 외국인등록번호의 경우에는 앞 6자리에 한정한다)

2. 상가건물의 소재지, 임대차 목적물 및 면적
3. 사업자등록 신청일
4. 보증금·차임 및 임대차기간
5. 확정일자 부여일
6. 임대차계약이 변경되거나 갱신된 경우에는 변경·갱신된 날짜, 새로운 확정일자 부여일, 변경된 보증금·차임 및 임대차기간
7. 그 밖에 법무부령으로 정하는 사항

② 임대차계약의 당사자가 아닌 이해관계인 또는 임대차계약을 체결하려는 자는 관할 세무서장에게 다음 각 호의 사항이 기재된 서면의 열람 또는 교부를 요청할 수 있다.

1. 상가건물의 소재지, 임대차 목적물 및 면적
2. 사업자등록 신청일
3. 보증금 및 차임, 임대차기간
4. 확정일자 부여일
5. 임대차계약이 변경되거나 갱신된 경우에는 변경·갱신된 날짜, 새로운 확정일자 부여일, 변경된 보증금·차임 및 임대차기간
6. 그 밖에 법무부령으로 정하는 사항

③ 제1항 및 제2항에서 규정한 사항 외에 임대차 정보의 제공 등에 필요한 사항은 법무부령으로 정한다.

[본조신설 2015. 11. 13.]

제4조 【차임 등 증액청구의 기준】 법 제11조제1항의 규정에 의한 차임 또는 보증금의 증액청구는 청구당시의 차임 또는 보증금의 100분의 5의 금액을 초과하지 못한다. 〈개정 2008. 8. 21., 2018. 1. 26.〉

제5조 【월차임 전환 시 산정률】 ① 법 제12조제1호에서 "대통령령으로 정하는 비율"이란 연 1할2푼을 말한다.

② 법 제12조제2호에서 "대통령령으로 정하는 배수"란 4.5배를 말한다.

〈전문개정 2013. 12. 30.〉

제6조 【우선변제를 받을 임차인의 범위】 법 제14조의 규정에 의하여 우선변제를 받을 임차인은 보증금과 차임이 있는 경우 법 제2조제2항의 규정에 의하여 환산한 금액의 합계가 다음 각호의 구분에 의한 금액 이하인 임차인으로 한다. 〈개정 2008. 8. 21., 2010. 7. 21., 2013. 12. 30.〉

1. 서울특별시 : 6천500만원
2. 「수도권정비계획법」에 따른 과밀억제권역(서울특별시는 제외한다): 5천500만원
3. 광역시(「수도권정비계획법」에 따른 과밀억제권역에 포함된 지역과 군지역은 제외한다), 안산시, 용인시, 김포시 및 광주시: 3천8백만원
4. 그 밖의 지역 : 3천만원

제7조 【우선변제를 받을 보증금의 범위 등】 ①법 제14조의 규정에 의하여 우선변제를 받을 보증금중 일정액의 범위는 다음 각호의 구분에 의한 금액 이하로 한다. 〈개정 2008. 8. 21., 2010. 7. 21., 2013. 12. 30.〉

1. 서울특별시 : 2천200만원
2. 「수도권정비계획법」에 따른 과밀억제권역(서울특별시는 제외한다): 1천900만원
3. 광역시(「수도권정비계획법」에 따른 과밀억제권역에 포함된 지역과 군지역은 제외한다), 안산시, 용인시, 김포시 및 광주시: 1천300만원
4. 그 밖의 지역 : 1천만원

② 임차인의 보증금중 일정액이 상가건물의 가액의 2분의 1을 초과하는 경우에는 상가건물의 가액의 2분의 1에 해당하는 금액에 한하여 우선변제권이 있다. 〈개정 2013. 12. 30.〉

③ 하나의 상가건물에 임차인이 2인 이상이고, 그 각 보증금중 일정액의 합산액이 상가건물의 가액의 2분의 1을 초과하는 경우에는 그 각 보증금중 일정액의 합산액에 대한 각 임차인의 보증금중 일정액의 비율로 그 상가건물의 가액의 2분의 1에 해당하는 금액을 분할한 금액을 각 임차인의 보증금중 일정액으로 본다. 〈개정 2013. 12. 30.〉

제7조의2 【상가건물임대차위원회의 구성】 법 제14조의2제4항제7호에서 "대통령령으로 정하는 사람"이란 다음 각 호의 어느 하나에 해당하는 사람을 말한다.

1. 특별시·광역시·특별자치시·도 및 특별자치도(이하 "시·도"라 한다)에서 상가건물 정책 또는 부동산 관련 업무를 담당하는 주무부서의 실·국장
2. 법무사로서 5년 이상 해당 분야에서 종사하고 상가건물 임대차 관련 업무 경험이 풍부한 사람

[본조신설 2020. 10. 20.]

제7조의3 【위원의 임기 등】 ① 법 제14조의2에 따른 상가건물임대차위원회(이하 "위원회"라 한다)의 위원의 임기는 2년으로 하되, 한 차례만 연임할 수 있다. 다만, 공무원인 위원의 임기는 그 직위에 재직하는 기간으로 한다.

② 위원회의 위원장(이하 "위원장"이라 한다)은 위촉된 위원이 다음 각 호의 어느 하나에 해당하는 경우에는 해당 위원을 해촉할 수 있다.

1. 심신장애로 직무를 수행할 수 없게 된 경우
2. 직무와 관련한 형사사건으로 기소된 경우
3. 직무태만, 품위손상, 그 밖의 사유로 위원으로 적합하지 않다고 인정되는 경우
4. 위원 스스로 직무를 수행하는 것이 곤란하다고 의사를 밝히는 경우

[본조신설 2020. 10. 20.]

제7조의4 【위원장의 직무】 ① 위원장은 위원회를

대표하고, 위원회의 업무를 총괄한다.
② 위원장이 부득이한 사유로 직무를 수행할 수 없을 때에는 위원장이 미리 지명한 위원이 그 직무를 대행한다.
[본조신설 2020. 10. 20.]
제7조의5【간사】 ① 위원회에 간사 1명을 두되, 간사는 상가건물 임대차 관련 업무에 종사하는 법무부 소속의 고위공무원단에 속하는 일반직 공무원(이에 상당하는 특정직·별정직 공무원을 포함한다) 중에서 위원장이 지명한다.
② 간사는 위원회의 운영을 지원하고, 위원회의 회의에 관한 기록과 그 밖에 서류의 작성·보관에 관한 사무를 처리한다.
③ 간사는 위원회에 참석하여 심의사항을 설명하거나 그 밖에 필요한 발언을 할 수 있다.
[본조신설 2020. 10. 20.]
제7조의6【위원회의 회의】 ① 위원회의 회의는 매년 1회 개최되는 정기회의와 위원장이 필요하다고 인정하거나 위원 3분의 1 이상이 요구하는 경우에 개최되는 임시회의로 구분하여 운영한다.
② 위원장은 위원회의 회의를 소집하고, 그 의장이 된다.
③ 위원회의 회의는 재적위원 과반수의 출석으로 개의하고, 출석위원 과반수의 찬성으로 의결한다.
④ 위원회의 회의는 비공개로 한다.
⑤ 위원장은 위원이 아닌 사람을 회의에 참석하게 하여 의견을 듣거나 관계 기관·단체 등에 필요한 자료, 의견 제출 등 협조를 요청할 수 있다.
[본조신설 2020. 10. 20.]
제7조의7【실무위원회】 ① 위원회에서 심의할 안건의 협의를 효율적으로 지원하기 위하여 위원회에 실무위원회를 둔다.
② 실무위원회는 다음 각 호의 사항을 협의·조정한다.
1. 심의안건 및 이와 관련하여 위원회가 위임한 사항
2. 그 밖에 위원장 및 위원이 실무협의를 요구하는 사항
③ 실무위원회의 위원장은 위원회의 간사가 되고, 실무위원회의 위원은 다음 각 호의 사람 중에서 그 소속기관의 장이 지명하는 사람으로 한다.
1. 기획재정부에서 물가 관련 업무를 담당하는 5급 이상의 국가공무원
2. 법무부에서 상가건물 임대차 관련 업무를 담당하는 5급 이상의 국가공무원
3. 국토교통부에서 상가건물 임대차 관련 업무를 담당하는 5급 이상의 국가공무원
4. 중소벤처기업부에서 소상공인 관련 업무를 담당하는 5급 이상의 국가공무원
5. 시·도에서 소상공인 또는 민생경제 관련 업무를 담당하는 5급 이상의 지방공무원

[본조신설 2020. 10. 20.]
제7조의8【전문위원】 ① 위원회의 심의사항에 관한 전문적인 조사·연구업무를 수행하기 위하여 5명 이내의 전문위원을 둘 수 있다.
② 전문위원은 법학, 경제학 또는 부동산학 등에 학식과 경험을 갖춘 사람 중에서 법무부장관이 위촉하고, 임기는 2년으로 한다.
[본조신설 2020. 10. 20.]
제7조의9【수당】 위원회 또는 실무위원회 위원에게는 예산의 범위에서 수당을 지급할 수 있다. 다만, 공무원인 위원이 그 소관 업무와 직접적으로 관련되어 위원회에 출석하는 경우는 제외한다.
[본조신설 2020. 10. 20.]
제7조의10【운영세칙】 이 영에서 규정한 사항 외에 위원회의 운영에 필요한 사항은 법무부장관이 정한다.
[본조신설 2020. 10. 20.]
제8조【상가건물임대차분쟁조정위원회의 설치】 법 제20조제1항에 따른 상가건물임대차분쟁조정위원회(이하 "조정위원회"라 한다)를 두는 「법률구조법」 제8조에 따른 대한법률구조공단(이하 "공단"이라 한다), 「한국토지주택공사법」에 따른 한국토지주택공사(이하 "공사"라 한다) 및 「한국부동산원법」에 따른 한국부동산원(이하 "부동산원"이라 한다)의 지부, 지사 또는 사무소와 그 관할구역은 별표와 같다. 〈개정 2020. 12. 8.〉
〈전문개정 2020. 10. 20.〉
제9조【조정위원회의 심의·조정 사항】 법 제20조제2항제6호에서 "대통령령으로 정하는 상가건물 임대차에 관한 분쟁"이란 다음 각 호의 분쟁을 말한다. 〈개정 2020. 10. 20.〉
1. 임대차계약의 이행 및 임대차계약 내용의 해석에 관한 분쟁
2. 임대차계약 갱신 및 종료에 관한 분쟁
3. 임대차계약의 불이행 등에 따른 손해배상청구에 관한 분쟁
4. 공인중개사 보수 등 비용부담에 관한 분쟁
5. 법 제19조에 따른 상가건물임대차표준계약서의 사용에 관한 분쟁
6. 그 밖에 제1호부터 제5호까지의 규정에 준하는 분쟁으로서 조정위원회의 위원장이 조정이 필요하다고 인정하는 분쟁

[본조신설 2019. 4. 2.]
제10조【공단의 지부 등에 두는 조정위원회의 사무국】 ① 법 제20조제3항에 따라 공단, 공사 또는 부동산원의 지부, 지사 또는 사무소에 두는 조정위원회의 사무국(이하 "사무국"이라 한다)에는 사무국장 1명을

각각 두며, 사무국장 밑에 심사관 및 조사관을 각각 둔다. 〈개정 2020. 10. 20., 2020. 12. 8.〉
② 사무국장은 공단 이사장, 공사 사장 및 부동산원 원장이 각각 임명하며, 조정위원회의 위원을 겸직할 수 있다. 〈개정 2020. 10. 20., 2020. 12. 8.〉
③ 심사관 및 조사관은 공단 이사장, 공사 사장 및 부동산원 원장이 각각 임명한다. 〈개정 2020. 10. 20., 2020. 12. 8.〉
④ 사무국장은 사무국의 업무를 총괄하고, 소속 직원을 지휘·감독한다.
⑤ 심사관은 다음 각 호의 업무를 담당한다. 〈개정 2020. 10. 20.〉
1. 분쟁조정 신청 사건에 대한 쟁점정리 및 법률적 검토
2. 조사관이 담당하는 업무에 대한 지휘·감독
3. 그 밖에 조정위원회의 위원장이 조정위원회의 사무처리를 위하여 필요하다고 인정하는 업무
⑥ 조사관은 다음 각 호의 업무를 담당한다. 〈개정 2020. 10. 20.〉
1. 분쟁조정 신청의 접수
2. 분쟁조정 신청에 관한 민원의 안내
3. 조정당사자에 대한 송달 및 통지
4. 분쟁의 조정에 필요한 사실조사
5. 그 밖에 조정위원회의 위원장이 조정위원회의 사무처리를 위하여 필요하다고 인정하는 업무
⑦ 사무국장 및 심사관은 변호사의 자격이 있는 사람으로 한다.
[본조신설 2019. 4. 2.]
[제목개정 2020. 10. 20.]

제11조 【시·도의 조정위원회 사무국】 시·도가 법 제20조제1항 후단에 따라 조정위원회를 두는 경우 사무국의 조직 및 운영 등에 관한 사항은 그 지방자치단체의 실정을 고려하여 해당 지방자치단체의 조례로 정한다. 〈개정 2020. 10. 20.〉
[본조신설 2019. 4. 2.]

제12조 【고유식별정보의 처리】 관할 세무서장은 법 제4조에 따른 확정일자 부여에 관한 사무를 수행하기 위하여 불가피한 경우 「개인정보 보호법 시행령」 제19조제1호 및 제4호에 따른 주민등록번호 및 외국인등록번호가 포함된 자료를 처리할 수 있다. 〈개정 2013. 12. 30., 2015. 11. 13.〉
[본조신설 2012. 1. 6.]
[제8조에서 이동 〈2019. 4. 2.〉]

부칙 〈제17757호, 2002. 10. 14.〉

① (시행일) 이 영은 2002년 11월 1일부터 시행한다.
② (기존 임차인의 확정일자 신청에 대한 경과조치) 이 영 공포후 법 부칙 제3항의 규정에 의하여 임대차계약서상의 확정일자를 신청하고자 하는 자는 임대차계약서와 함께 사업자등록증을 제시하여야 한다.

부칙 〈중략〉

부칙 〈제33106호, 2022. 12. 20.〉

제1조(시행일) 이 영은 2023년 1월 1일부터 시행한다.
제2조~제3조 〈생략〉

상 법

(1962년 1월 20일 법 률 제1000호)

개정
1962.12.12법1212호 1984. 4.10법3724호
1991. 5.31법4372호 1991.12.31법4470호
1994.12.22법4796호 (도농복합형태의시설치에따른행정특례등에관한법률)
1995.12.29법5053호 1998.12.28법5591호
1999. 2. 5법5809호(해양사고의조사및심판에관한법률)
1999.12.31법6086호 2001. 7.24법6488호
2001.12.29법6545호 2007. 8. 3법8581호
2007. 8. 3법8582호(상업등기법) 2009. 1.30법9362호
2009. 2 .6법9416호(공증인법) 2009 .5.28법9746호
2010. 5.14법10281호
2010. 6.10법10366호(동산 · 채권 등의 담보에 관한 법률)
2011. 4.14법10600호 2011. 5.23법10696호
2014. 3.11법12397호 2014. 5.20법12591호
2015.12. 1법13523호
2016. 3.22법14096호(주식 · 사채 등의 전자등록에 관한 법률)
2017.10.31법14969호 2018. 9.18법15755호
2020. 6. 9법17354호(전자서명법) 2020. 6. 9법17362호
2020.12.29법17764호

상법

제1편 총 칙

제1장 통 칙

제1조【상사적용법규】 상사에 관하여 본법에 규정이 없으면 상관습법에 의하고 상관습법이 없으면 민법의 규정에 의한다.

제2조【공법인의 상행위】 공법인의 상행위에 대하여는 법령에 다른 규정이 없는 경우에 한하여 본법을 적용한다.

제3조【일방적 상행위】 당사자중 그 1인의 행위가 상행위인 때에는 전원에 대하여 본법을 적용한다.

(판 례) 당사자 쌍방에 대하여 모두 상행위가 되는 행위로 인한 채권뿐만 아니라 당사자 일방에 대해서만 상행위에 해당하는 행위에 해당하는 행위로 인한 채권도 상법 제64조에서 정한 5년의 소멸시효기간이 적용되는 상사채권에 해당되는 것이고, 그 상행위에는 상법 제46조 각 호에 해당하는 기본적 상행위뿐만 아니라 상인이 영업을 위하여 하는 보조적 상행위도 포함된다 (2000.5.12, 98다23195). 〈정동 판례동향〉

수산업협동조합은 상인이 아니어서 그의 거래행위는 상행위라 할 수 없으나, 수산업협동조합에 의하여 지정된 중매인이 그 협동조합과의 거래약정 등에 따라 그 협동조합으로부터 수산물을 다른 사람들에게 전매하기 위하여 매수하는 것은 상인으로서 한 상행위가 된다 (2001.1.5, 2000다50817).

제2장 상 인

제4조【상인-당연상인】 자기명의로 상행위를 하는 자를 상인이라 한다.

(판 례) 영업의 목적인 기본적 상행위를 개시하기 전에 영업을 위한 준비행위를 하는 자는 영업으로 상행위를 할 의사를 실현하는 것이므로 그 준비행위를 한 때 상인자격을 취득함과 아울러 이 개업준비행위는 영업을 위한 행위로서 그의 최초의 보조적 상행위가 되는 것이고, 이와 같은 개업준비행위는 반드시 상호등기·개업광고·간판부착 등에 의하여 영업의사를 일반적·대외적으로 표시할 필요는 없으나 점포구입·영업양수·상업사용인의 고용 등 그 준비행위의 성질로 보아 영업의사를 상대방이 객관적으로 인식할 수 있으면 당해 준비행위는 보조적 상행위로서 여기에 상행위에 관한 상법의 규정이 적용된다(1999.1.29, 98다1584).

제5조【동전-의제상인】 ①점포 기타 유사한 설비에 의하여 상인적 방법으로 영업을 하는 자는 상행위를 하지 아니하더라도 상인으로 본다.
②회사는 상행위를 하지 아니하더라도 전항과 같다.

(판 례) 약 5,000평의 사과나무 과수원을 경영하면서 그 중 약 2,000평 부분의 사과나무에서 사과를 수확하여 이를 대부분 대도시의 사과판매상에 위탁판매한다면 이는 영업으로 사과를 판매하는 것으로 볼 수 없으니 상인이 아니다(1993.6.11, 93다7174, 7181). 〈정찬(상) 65면〉

제6조【미성년자의 영업과 등기】 미성년자가 법정대리인의 허락을 얻어 영업을 하는 때에는 등기를 하여야 한다.
〈전문개정 2018. 9. 18〉

제7조【미성년자와 무한책임사원】 미성년자가 법정대리인의 허락을 얻어 회사의 무한책임사원이 된 때에는 그 사원자격으로 인한 행위에는 능력자로 본다.
〈전문개정 2018. 9. 18〉

제8조【법정대리인에 의한 영업의 대리】 ①법정대리인이 미성년자, 피한정후견인 또는 피성년후견인을 위하여 영업을 하는 때에는 등기를 하여야 한다. 〈개정 2018. 9. 18〉
②법정대리인의 대리권에 대한 제한은 선의의 제3자에게 대항하지 못한다.
〈제목개정 2018. 9. 18〉

제9조【소상인】 지배인, 상호, 상업장부와 상업등기에 관한 규정은 소상인에게 적용하지 아니한다.

제3장 상업사용인

제10조【지배인의 선임】 상인은 지배인을 선임하여 본점 또는 지점에서 영업을 하게 할 수 있다.

제11조【지배인의 대리권】 ①지배인은 영업주에 갈음하여 그 영업에 관한 재판상 또는 재판외의 모든 행위를 할 수 있다.
②지배인은 지배인이 아닌 점원 기타 사용인을 선임 또는 해임할 수 있다.
③지배인의 대리권에 대한 제한은 선의의 제3자에게 대항하지 못한다.

(판 례) 은행 지점장이 자신이 유용한 CD매도대금을 마련하기 위하여 그 지점에서 담보용으로 보관중인 어음을 임의로 유출하여 할인하거나 그 할인금채무의 담보조로 교부한 경우, 이는 지배인의 행위가 영업에 관한 것으로서 대리권한 범위내의 행위라 하더라도 영업주 본인의 이익이나 의사에 반하여 자기 또는 제3자의 이익을 도모할 목적으로 그 권한을 행사한 경우이고 이때 상대방은 지배인이 이러한 진의를 알았거나 또는 알 수 있었을 것으로 볼 수 있으므로 이에는 민법 제107조제1항 단서를 유추적용하여 그러한 지배인의 행위에 대하여 영업주 본인은 아무런 책임을 지지 아니한다(1999.3.9, 97다12932). 〈정찬 판례동향〉

제12조【공동지배인】 ①상인은 수인의 지배인에게 공동으로 대리권을 행사하게 할 수 있다.
②전항의 경우에 지배인 1인에 대한 의사표시는 영업주에 대하여 그 효력이 있다.

제13조【지배인의 등기】 상인은 지배인의 선임과 그 대리권의 소멸에 관하여 그 지배인을 둔 본점 또는 지점소재지에서 등기하여야 한다. 전조제1항에 규정한 사항과 그 변경도 같다.

제14조【표현지배인】 ①본점 또는 지점의 본부장, 지점장, 그 밖에 지배인으로 인정될만한 명칭을 사용하는 자는 본점 또는 지점의 지배인과 동일한 권한이 있는 것으로 본다. 다만, 재판상의 행위에 관하여는 그러하지 아니하다.
②제1항은 상대방이 악의인 경우에는 적용하지 아니한다.
〈전문개정 2010.5.14〉

(판 례) 상법 제14조제1항 소정의 표현지배인이 성립하려면 당해 사용인의 근무 장소가 상법상의 영업소인 "본점 또는 지점"의 실체를 가지고 어느 정도 독립적으로 영업활동을 할 수 있는 것임을 요하고, 본·지점의 기본적인 업무를 독립적으로 처리 할 수 있는 것이 아니라 단순히 본·지점의 지휘·감독아래 기계적으로 제한된 보조적 사무만을 처리하는 영업소는 상법상의 영업소인 본·지점에 준하는 영업 장소라고 할 수 없고, 따라서 동 영업소의 소장을 동조 소정의 표현지배인이라고 할 수 없다(1998.10. 13, 97다43819). 〈정찬(상) 89면〉

부분적 포괄대리권을 가진 상업사용인이 특정된 영업이나 특정된 사항에 속하지 않는 행위를 한 경우 영업주가 이에 대하여 책임을 지기 위하여는 민법상의 표현대리의 법리에 의하여 그 상업사용인과 거래한 상대방이 그 상업사용인에게 그 권한이 있다고 믿을 만한 정당한 이유가 있어야 한다(1999.7.27, 99다12932). 〈정찬(상) 91면〉

제15조【부분적 포괄대리권을 가진 사용인】 ①영업의 특정한 종류 또는 특정한 사항에 대한 위임을 받은 사용인은 이에 관한 재판외의 모든 행위를 할 수 있다.
②제11조제3항의 규정은 전항의 경우에 준용한다.

(판 례) 회사원이 회사 지점에서 자금과장으로 호칭되고 위 지점장 바로 다음 직위에 있으며 그 회사원이 위 지점장 명의로 은행지점에 개설된 위 회사 보통예금계좌에서 예금을 인출하거나 또는 이에 입금한 사실이 있었다 하여 이 사실만으로 바로 그 회사원이 위 회사로부터 위 회사지점장 명의의 예금계좌에서 예금을 인출할 수 있는 권한을 포괄하여 위임받은 상업사용인이라고는 할 수 없다(1987.6.23, 86다카1428). 〈정찬(상) 91면〉

제16조【물건판매점포의 사용인】 ①물건을 판매하는 점포의 사용인은 그 판매에 관한 모든 권한이 있는 것으로 본다.
②제14조제2항의 규정은 전항의 경우에 준용한다.

제17조【상업사용인의 의무】 ①상업사용인은 영업주의 허락없이 자기 또는 제3자의 계산으로 영업주의 영업부류에 속한 거래를 하거나 회사의 무한책임사원, 이사 또는 다른 상인의 사용인이 되지 못한다.
②상업사용인이 전항의 규정에 위반하여 거래를 한 경우에 그 거래가 자기의 계산으로 한 것인 때에는 영업주는 이를 영업주의 계산으로 한 것으로 볼 수 있고 제3자의 계산으로 한 것인 때에는 영업주는 사용인에 대하여 이로 인한 이득의 양도를 청구할 수 있다. 〈개정 62.12.12〉
③전항의 규정은 영업주로부터 사용인에 대한 계약의 해지 또는 손해배상의 청구에 영향을 미치지 아니한다.
④제2항에 규정한 권리는 영업주가 그 거래를 안 날로부터 2주간을 경과하거나 그 거래가 있은 날로부터 1년을 경과하면 소멸한다.

제4장 상 호

제18조【상호선정의 자유】 상인은 그 성명 기타의 명칭으로 상호를 정할 수 있다.

제19조【회사의 상호】 회사의 상호에는 그 종류에 따라 합명회사, 합자회사, 유한책임회사, 주식회사 또는 유한회사의 문자를 사용하여야 한다.
〈전문개정 2011.4.14〉

제20조【회사상호의 부당사용의 금지】 회사가 아니면 상호에 회사임을 표시하는 문자를 사용하지 못한다. 회사의 영업을 양수한 경우에도 같다.

제21조【상호의 단일성】 ①동일한 영업에는 단일상호를 사용하여야 한다.
②지점의 상호에는 본점과의 종속관계를 표시하여야 한다.

제22조【상호등기의 효력】 타인이 등기한 상호는 동일한 특별시·광역시·시·군에서 동종영업의 상호로 등기하지 못한다. 〈개정 84.4.10, 94.12.22, 95.12.29〉

제22조의2【상호의 가등기】 ①유한책임회사, 주식회사 또는 유한회사를 설립하고자 할 때에는 본점의 소재지를 관할하는 등기소에 상호의 가등기를 신청할 수 있다. 〈개정 2020. 6. 9.〉
②회사는 상호나 목적, 또는 상호와 목적을 변경하고자 할 때에는 본점의 소재지를 관할하는 등기소에 상호의 가등기를 신청할 수 있다.
③회사는 본점을 이전하고자 할 때에는 이전할 곳을 관할하는 등기소에 상호의 가등기를 신청할 수 있다.
④상호의 가등기는 제22조의 적용에 있어서는 상호의 등기로 본다.
⑤삭제 〈2007.8.3〉

제23조【주체를 오인시킬 상호의 사용금지】 ①누구든지 부정한 목적으로 타인의 영업으로 오인할 수 있는 상호를 사용하지 못한다.
②제1항의 규정에 위반하여 상호를 사용하는 자가 있는 경우에 이로 인하여 손해를 받을 염려가 있는 자 또는 상호를 등기한 자는 그 폐지를 청구할 수 있다.
③제2항의 규정은 손해배상의 청구에 영향을 미치지 아니한다.
④동일한 특별시·광역시·시·군에서 동종영업으로 타인이 등기한 상호를 사용하는 자는 부정한 목적으로 사용하는 것으로 추정한다. 〈개정 84.4.10, 94.12.22, 95.12.29〉

(판 례) 갑 상인이 그의 간판에 "SINCE 1945 신용의 양과 서울 고려당 마산분점"이라고 표시한 것이 주식회사 고려당과의 관계를 나타내기 위하여 위 회사의 상호를 표시한 것이라면 갑 상인에게 위 상호의 사용과 관련하여 부정경쟁의 목적이 있는가를 판단함에 있어서 갑 상인이 아닌 위 회사와 을 상인의 명성과 신용을 비교한 것은 옳다(1993.7.13, 92다49422).

보령제약주식회사 "갑"이 "을"명의로 서울에 개설한 "보령약국"과 "병"이 수원에 개설한 "수원보령약국"은 영업의 종류, 범위, 시설 및 규모 등 그 영업의 양상은 물론 고객도 서로 달리하고 있어서 "갑"의 고객이 수원에 있는 "병"경영의 위 약국을 서울에 있는 "갑"경영의 위 양국의 영업으로 혼동 오인하게 될 염려는 없다 할 것이므로 "보령"이라는 상호가 공통된다 해도 "병"경영의 위 약국의 영업상 이익을 침해하는 것 즉 "보령"이라는 상호가 "갑"이 부정경쟁방지법에 의하여 보호를 구할 수 있는 정당한 영업상의 이익이라고 할 수 없다(1976.2.24, 73다1238). 〈정찬(상) 110면〉

제24조【명의대여자의 책임】 타인에게 자기의 성명 또는 상호를 사용하여 영업을 할 것을 허락한 자는 자기를 영업주로 오인하여 거래한 제3자에 대하여 그 타인과 연대하여 변제할 책임이 있다.

(판 례) 인천직할시가 사단법인 한국병원관리연구소에게 인천직할시립병원이라는 이름을 사용하여 병원업을 경영할 것을 승낙한 경우, 인천직할시는 상법 제24조의 명의대여자의 책임을 진다(1987.3.24, 85다카2219).

영업주가 타인에게 자기의 상점·전화·창고 등을 사용하게 한 사실은 있으나, 그 타인의 거래에 있어서 영업주의 상호를 사용하게 한 사실이 없는 경우에는 영업주가 그 타인에게 자기의 상호의 사용을 묵시적으로 허락하였다고 볼 수 없다(1982.12.28, 82다카887). 〈정찬(상) 121면〉

명의대여자책임은 명의의 사용을 허락받은 자의 행위에 한하고 명의차용자의 피용자의 행위에 대해서까지 미칠 수 없다(1989.9.12, 88다카26390).

상법 제24조 소정의 명의대여자 책임은 명의차용인과 그 상대방의 거래행위에 의하여 생긴 채무에 관하여 명의대여자를 진실한 상대방으로 오인하고 그 신용·명의 등을 신뢰한 제3자를 보호하기 위한 것으로, 불법행위의 경우에는 설령 피해자가 명의대여자를 영업주로 오인하고 있었더라도 그와 같은 오인과 피해의 발생 사이에 아무런 인과관계가 없으므로, 이 경우 신뢰관계를 이유로 명의대여자에게 책임을 지워야 할 이유가 없다(1998.3.24, 97다55621). 〈정찬 판례동향〉

타인에게 어떤 사업에 관하여 자기의 명의를 사용할 것을 허용한 경우에 그 사업이 내부관계에 있어서는 타인의 사업이고 명의자의 고용인이 아니라 하더라도 외부에 대한 관계에 있어서는 그 사업이 명의자의 사업이고 또 그타인은 명의자의 종업원임을 표명한 것과 다름이 없으므로, 명의사용을 허용받은 사람이 업무수행을 함에 있어 고의 또는 과실로 다른 사람에게 손해를 끼쳤다면 명의사용을 허용한 사람은 민법 제756조에 의하여 그 손해를 배상 할 책임이 있다고 할 것이다.(2005.2.25, 2003다36133). 〈정찬 126면〉

제25조【상호의 양도】 ①상호는 영업을 폐지하거나 영업과 함께 하는 경우에 한하여 이를 양도할 수 있다.

②상호의 양도는 등기하지 아니하면 제3자에게 대항하지 못한다.

제26조【상호불사용의 효과】 상호를 등기한 자가 정당한 사유없이 2년간 상호를 사용하지 아니하는 때에는 이를 폐지한 것으로 본다.

(판 례) 천일한약주식회사라는 상호를 등기하였다가 1961.6.27. 위 상호를 현재의 상호인 주식회사 천일약방으로 하는 변경등기를 경료한 후에도 1966. 6.9경까지 종전의 상호인 천일한약주식회사라는 상호를 사용하여 온 경우 "주식회사천일약방"과 "천일한약주식회사"는 "천일"이라는 중요부분상으로 보아 유사상호로 볼 수 있느냐 하는 점은 별문제로 하되 위 두개의 상호를 가리켜 상법상 동일상호라고는 볼 수 없고, 또 현재의 상호인 주식회사 천일약방이라는 상호를 등기한 후 그 상호를 2년 이상 사용하지 아니한데 대한 정당한 사유있음을 찾아 볼 수 없으므로 그 상호는 폐지한 것으로 간주되었다고 보아야 할 것이다(1970.9.17, 70다1225). 〈20세기판례선〉

제27조【상호등기의 말소청구】 상호를 변경 또는 폐지한 경우에 2주간 내에 그 상호를 등기한 자가 변경 또는 폐지의 등기를 하지 아니하는 때에는 이해관계인은 그 등기의 말소를 청구할 수 있다.

제28조【상호부정사용에 대한 제재】 제20조와 제23조제1항에 위반한 자는 200만원 이하의 과태료에 처한다. 〈개정 84.4.10, 95.12.29〉

제5장 상업장부

제29조【상업장부의 종류·작성원칙】 ①상인은 영업상의 재산 및 손익의 상황을 명백히 하기 위하여 회계장부 및 대차대조표를 작성하여야 한다.

②상업장부의 작성에 관하여 이 법에 규정한 것을 제외하고는 일반적으로 공정·타당한 회계관행에 의한다.

〈전문개정 84.4.10〉

제30조【상업장부의 작성방법】 ①회계장부에는 거래와 기타 영업상의 재산에 영향이 있는 사항을 기재하여야 한다.

②상인은 영업을 개시한 때와 매년 1회 이상 일정 시기에, 회사는 성립한 때와 매 결산기에 회계장부에 의하여 대차대조표를 작성하고, 작성자가 이에 기명날인 또는 서명하여야 한다. 〈개정 95.12.29〉

〈전문개정 84.4.10〉

제31조 삭제〈2010.5.14〉

제32조【상업장부의 제출】 법원은 신청에 의하여 또는 직권으로 소송당사자에게 상업장부 또는 그 일부분의 제출을 명할 수 있다.

제33조【상업장부 등의 보존】 ①상인은 10년간 상업장부와 영업에 관한 중요서류를 보존하여야 한다. 다만, 전표 또는 이와 유사한 서류는 5년간 이를 보존하여야 한다. 〈개정 95.12.29〉

②전항의 기간은 상업장부에 있어서는 그 폐쇄한 날로부터 기산한다.

③제1항의 장부와 서류는 마이크로필름 기타의 전산정보처리조직에 의하여 이를 보존할 수 있다. 〈신설 95.12.29〉

④제3항의 규정에 의하여 장부와 서류를 보존하는 경우 그 보존방법 기타 필요한 사항은 대통령령으로 정한다. 〈신설 95.12.29〉

신구 ①단서 신설, ③·④신설

제6장 상업등기

제34조【통 칙】 이 법에 따라 등기할 사항은 당사자의 신청에 의하여 영업소의 소재지를 관할하는 법원의 상업등기부에 등기한다.
〈전문개정 2010.5.14〉

제34조의2 삭제 〈2007.8.3〉

제35조【지점소재지에서의 등기】 본점의 소재지에서 등기할 사항은 다른 규정이 없으면 지점의 소재지에서도 등기하여야 한다.

제36조 삭제 〈95.12.29〉

신구 구조문 ⇨ 제36조【등기사항의 공고】①등기한 사항은 법원이 지체없이 공고하여야 한다.
②공고가 등기와 상위한 때에는 공고 없는 것으로 본다.

제37조【등기의 효력】 ①등기할 사항은 이를 등기하지 아니하면 선의의 제3자에게 대항하지 못한다.
②등기한 후라도 제3자가 정당한 사유로 인하여 이를 알지 못한 때에는 제1항과 같다.
〈전문개정 95.12.29〉

신구 【등기, 공고의~】⇨【등기의~】①~등기와 공고후가 아니면~ ⇨ ~등기하지 아니하면~
②등기와 공고후라도~ ⇨ 등기한 후라도~

판례 상법 제37조 소정의 "선의의 제3자"라 함은 대등한 지위에서 하는 보통의 거래관계의 상대방을 말한다 할 것이므로 조세권에 기하여 조세의 부과처분을 하는 경우의 국가는 동조 소정의 제3자라 할 수 없다(1978.12.26, 78누167). 〈정찬(상) 150면〉

회사등기에는 공신력이 인정되지 아니하므로, 합자회사의 사원지분등기가 부실등기인 경우 그 부실등기를 믿고 합자회사 사원의 지분을 양수하였다 하여 그 지분을 양수한 것으로는 될 수 없다(1996.10. 29, 96다카19321). 〈정찬(상) 147면〉

제38조【지점소재지에서의 등기의 효력】 지점의 소재지에서 등기할 사항을 등기하지 아니한 때에는 전조의 규정은 그 지점의 거래에 한하여 적용한다.

제39조【부실의 등기】 고의 또는 과실로 인하여 사실과 상위한 사항을 등기한 자는 그 상위를 선의의 제3자에게 대항하지 못한다.

판례 부실등기의 효력을 규정한 상법 제39조는 등기신청권자 아닌 제3자의 문서위조 등의 방법으로 이루어진 부실등기에 있어서는 등기신청권자에게 그 부실등기의 경료 및 존속에 있어서 그 정도가 어떠하건 과실이 있다는 사유만 가지고는 회사가 선의의 제3자에게 대항할 수 없음을 규정한 취지가 아니다(1975.5.27, 74다1366). 〈정찬(상) 153면〉

제40조【변경, 소멸의 등기】 등기한 사항에 변경이 있거나 그 사항이 소멸한 때에는 당사자는 지체없이 변경 또는 소멸의 등기를 하여야 한다.

판례 주식회사와 임용계약을 체결하고 새로이 회사의 감사의 지위에 취임하여 감사로서의 직무를 수행할 권리와 의무를 가지게 된 자로서는, 아직 감사로서 회사등기부에 등재되지 아니한 상태라면 등기에 의하여 선의의 제3자에 대항할 수 없어 완전한 감사로서의 직무를 수행할 수 없으므로, 회사에 대하여 회사와의 임용계약에 기하여 회사등기부상 감사변경의 등기절차의 이행을 구할 수 있으나, 감사의 선임에 관한 주주총회의 결의는 피선임자를 회사의 기관인 감사로 한다는 취지의 회사 내부의 결정에 불과한 것이므로, 주주총회에서 감사선임결의가 있었다고 하여 바로 피선임자가 감사의 지위를 취득하게 되는 것은 아니고, 주주총회의 선임결의에 따라 회사의 대표기관이 임용계약의 청약을 하고 피선임자가 이에 승낙을 함으로써 비로소 피선임자가 감사의 지위에 취임하여 감사로서의 직무를 수행할 수 있게 되는 것이다(1995.2.28, 94다31400). 〈정찬(상) 846면〉

제7장 영업양도

제41조【영업양도인의 경업금지】 ①영업을 양도한 경우에 다른 약정이 없으면 양도인은 10년간 동일한 특별시·광역시·시·군과 인접 특별시·광역시·시·군에서 동종영업을 하지 못한다. 〈개정 84.4.10, 94.12.22, 95.12.29〉
②양도인이 동종영업을 하지 아니할 것을 약정한 때에는 동일한 특별시·광역시·시·군과 인접 특별시·광역시·시·군에 한하여 20년을 초과하지 아니한 범위내에서 그 효력이 있다. 〈개정 84.4.10, 94.12.22, 95.12.29〉

판례 다른 기업의 사업부문의 일부를 양수하는 계약을 체결하면서 그 물적 시설과 함께 그 사업부문에 근무하는 근로자들에 대한 권리의무도 함께 포괄승계받기로 약정한 경우에는 원칙적으로 해당 근로자와의 근로관계는 영업양수인에게 승계되는 것이지만 이때 승계되는 근로관계는 계약체결일 현재 실제로 그 영업부문에서 근무하고 있는 근로자와의 근로관계만을 의미하고 계약체결일 이전에 해당 영업부문에서 근무하다가 해고 또는 면직된 근로자로서 해고 및 면직처분의 효력을 다투는 근로자와의 근로관계까지 승계하는 것은 아니다(1993.5.25, 91다41750).

제42조【상호를 속용하는 양수인의 책임】 ①영업양수인이 양도인의 상호를 계속사용하는 경우에는 양도인의 영업으로 인한 제3자의 채권에 대하여 양수인도 변제할 책임이 있다.
②전항의 규정은 양수인이 영업양도를 받은후 지체없이 양도인의 채무에 대한 책임이 없음을 등기

한 때에는 적용하지 아니한다. 양도인과 양수인이 지체없이 제3자에 대하여 그 뜻을 통지한 경우에 그 통지를 받은 제3자에 대하여도 같다.

(판 례) 상법 제42조 제1항의 영업이란 일정한 영업목적에 의하여 조직화된 유기적 일체로서의 기능적 재산을 말하고, 여기서 말하는 유기적 일체로서의 기능적 재산이란 영업을 구성하는 유형·무형의 재산과 경제적 가치를 갖는 사실관계가 서로 유기적으로 결합하여 수익의 원천으로 기능한다는 것과 이와 같이 유기적으로 결합한 수익의 원천으로서의 기능적 재산이 마치 하나의 재화와 같이 거래의 객체가 된다는 것을 뜻하는 것이므로, 영업양도가 있다고 볼 수 있는지의 여부는 양수인이 유기적으로 조직화된 수익의 원천으로서의 기능적 재산을 이전받아 양도인이 하던 것과 같은 영업적 활동을 계속하고 있다고 볼 수 있는지의 여부에 따라 판단되어야 한다.(2005.7.22, 2005다602). 〈정찬 162면〉

상법 제42조제1항이 상호를 계속 사용하는 영업양수인에게 양도인의 영업으로 인한 채무에 대해서도 변제할 책임이 있다고 규정하고 있는 것은, 일반적으로 채무자의 영업상 신용은 채무자의 영업재산에 의하여 실질적으로 담보되는 것이 대부분인데 채무가 승계되지 아니함에도 상호를 계속 사용함으로써 영업양도의 사실 또는 영업양도에도 불구하고 채무의 승계가 이루어지지 않은 사실이 대외적으로 판명되기 어렵게 되어 채권자에게 채권 추구의 기회를 상실시키는 경우 양수인에게도 변제의 책임을 지우기 위한 것이므로, 영업양도인이 사용하던 상호와 양수인이 사용하는 상호가 동일할 것까지는 없고 다만 전후의 상호가 주요 부분에 있어 공통되기만 하면 상호를 계속 사용한다고 보아야 한다(1998.4.14, 96다8826). 〈정찬 판례동향〉

제43조【영업양수인에 대한 변제】 전조제1항의 경우에 양도인의 영업으로 인한 채권에 대하여 채무자가 선의이며 중대한 과실없이 양수인에게 변제한 때에는 그 효력이 있다.

제44조【채무인수를 광고한 양수인의 책임】 영업양수인이 양도인의 상호를 계속사용하지 아니하는 경우에 양도인의 영업으로 인한 채무를 인수할 것을 광고한 때에는 양수인도 변제할 책임이 있다.

제45조【영업양도인의 책임의 존속기간】 영업양수인이 제42조제1항 또는 전조의 규정에 의하여 변제의 책임이 있는 경우에는 양도인의 제3자에 대한 채무는 영업양도 또는 광고후 2년이 경과하면 소멸한다.

제2편 상행위

제1장 통 칙

제46조【기본적 상행위】 영업으로 하는 다음의 행위를 상행위라 한다. 그러나 오로지 임금을 받을 목적으로 물건을 제조하거나 노무에 종사하는 자의 행위는 그러하지 아니하다. 〈개정 95.12.29, 2010.5.14〉

1. 동산, 부동산, 유가증권 기타의 재산의 매매
2. 동산, 부동산, 유가증권 기타의 재산의 임대차
3. 제조, 가공 또는 수선에 관한 행위
4. 전기, 전파, 가스 또는 물의 공급에 관한 행위
5. 작업 또는 노무의 도급의 인수
6. 출판, 인쇄 또는 촬영에 관한 행위
7. 광고, 통신 또는 정보에 관한 행위
8. 수신·여신·환 기타의 금융거래
9. 공중(公衆)이 이용하는 시설에 의한 거래
10. 상행위의 대리의 인수
11. 중개에 관한 행위
12. 위탁매매 기타의 주선에 관한 행위
13. 운송의 인수
14. 임치의 인수
15. 신탁의 인수
16. 상호부금 기타 이와 유사한 행위
17. 보 험
18. 광물 또는 토석의 채취에 관한 행위
19. 기계·시설 기타 재산의 금융리스에 관한 행위
20. 상호·상표 등의 사용허락에 의한 영업에 관한 행위
21. 영업상 채권의 매입·회수 등에 관한 행위
22. 신용카드, 전자화폐 등을 이용한 지급결제 업무의 인수

(신구) 8. 임금, 환금 기타의~ ⇨ 수신·여신·환 기타의~
16. 무진 기타~ ⇨ 상호부금 기타~

(판 례) 어느 행위가 상법 제46조 소정의 기본적 상행위에 해당하기 위하여는 영업으로 동조 각 호 소정의 행위를 하는 경우이어야 하고, 여기서 영업으로 한다고 함은 영리를 목적으로 동종의 행위를 계속·반복적으로 하는 것을 의미한다(1998.7.10, 98다10793). 〈정찬 판례동향〉

제47조【보조적 상행위】 ①상인이 영업을 위하여 하는 행위는 상행위로 본다.
②상인의 행위는 영업을 위하여 하는 것으로 추정한다.

제48조【대리의 방식】 상행위의 대리인이 본인을 위한 것임을 표시하지 아니하여도 그 행위는 본인에 대하여 효력이 있다. 그러나 상대방이 본인을 위한 것임을 알지 못한 때에는 대리인에 대하여도 이행의 청구를 할 수 있다.

제49조【위 임】 상행위의 위임을 받은 자는 위임의 본지에 반하지 아니한 범위내에서 위임을 받지

아니한 행위를 할 수 있다.

제50조【대리권의 존속】 상인이 그 영업에 관하여 수여한 대리권은 본인의 사망으로 인하여 소멸하지 아니한다.

〈전문개정 2010.5.14〉

제51조【대화자간의 청약의 구속력】 대화자간의 계약의 청약은 상대방이 즉시 승낙하지 아니한 때에는 그 효력을 잃는다.

제52조 삭제 〈2010.5.14〉

제53조【청약에 대한 낙부통지의무】 상인이 상시 거래관계에 있는 자로부터 그 영업부류에 속한 계약의 청약을 받은 때에는 지체없이 낙부의 통지를 발송하여야 한다. 이를 해태한 때에는 승낙한 것으로 본다.

제54조【상사법정이율】 상행위로 인한 채무의 법정이율은 연 6분으로 한다. 〈개정 62.12.12〉

판례 주택건설사업 등을 목적으로 하는 영리법인인 주택건설업자의 아파트분양계약은 그의 영업을 위하여 하는 상행위라 할 것이고, 당사자 쌍방에 대하여 모두 상행위가 되는 행위로 인한 채권뿐만 아니라 당사자 일방에 대하여만 상행위가 되는 행위로 인한 채권도 상사법정이율이 적용되는 상사채권에 해당한다고 할 것인바, 그 주택건설업자의 아파트 입주 지연에 따른 지체배상금은 상행위인 분양계약의 불이행으로 인한 손해배상채권으로서 그 지연손해금 에 대하여도 상법 제54조 소정의 연6분의 상사법정이율을 적용하여야 한다 (2000.10.27, 99다10189). 〈정동 판례동향〉

제55조【법정이자청구권】 ①상인이 그 영업에 관하여 금전을 대여한 경우에는 법정이자를 청구할 수 있다.

②상인이 그 영업범위내에서 타인을 위하여 금전을 체당(替當)하였을 때에는 체당한 날 이후의 법정이자를 청구할 수 있다.

〈전문개정 2010.5.14〉

제56조【지점거래의 채무이행장소】 채권자의 지점에서의 거래로 인한 채무이행의 장소가 그 행위의 성질 또는 당사자의 의사표시에 의하여 특정되지 아니한 경우 특정물의 인도외의 채무의 이행은 그 지점을 이행장소로 본다.

〈전문개정 2010.5.14〉

제57조【다수채무자간 또는 채무자와 보증인의 연대】 ①수인이 그 1인 또는 전원에게 상행위가 되는 행위로 인하여 채무를 부담한 때에는 연대하여 변제할 책임이 있다.

②보증인이 있는 경우에 그 보증이 상행위이거나 주채무가 상행위로 인한 것인 때에는 주채무자와 보증인은 연대하여 변제할 책임이 있다.

제58조【상사유치권】 상인간의 상행위로 인한 채권이 변제기에 있는 때에는 채권자는 변제를 받을 때까지 그 채무자에 대한 상행위로 인하여 자기가 점유하고 있는 채무자소유의 물건 또는 유가증권을 유치할 수 있다. 그러나 당사자간에 다른 약정이 있으면 그러하지 아니하다.

판례 채무자에게 자신의 외국 현지법인을 통하여 채무자에 대한 사전통지 또는 동의없이 주간사에 대한 등록절차만으로 금융기관간의 채권양도를 예정하고 있는 양도성 대출계약에 따른 대출을 실행하였다가 그 현지법인이 폐지되면서 그 대출금채권의 관리를 채권양도형식으로 이관받은 금융기관이 채무자로부터 별개의 대출금채무의 상환유예에 대한 담보로 질권설정받은 유가증권을 그 대출금채무가 변제된 이후에도 채무자의 요청에 따른 별도의 채권발행보증에 대한 담보로 계속하여 점유하고 있은 경우, 그 금융기관은 그 유가증권에 관하여 그 양도성 대출계약에 따른 대출금채권을 피담보채권으로 하는 상사유치권을 가진다(2000.10.10, 2000그41). 〈정동 판례동향〉

제59조【유질계약의 허용】 민법 제339조의 규정은 상행위로 인하여 생긴 채권을 담보하기 위하여 설정한 질권에는 적용하지 아니한다.

제60조【물건보관의무】 상인이 그 영업부류에 속한 계약의 청약을 받은 경우에 견품 기타의 물건을 받은 때에는 그 청약을 거절한 때에도 청약자의 비용으로 그 물건을 보관하여야 한다. 그러나 그 물건의 가액이 보관의 비용을 상환하기에 부족하거나 보관으로 인하여 손해를 받을 염려가 있는 때에는 그러하지 아니하다.

판례 상법 제60조는 상거래에 있어 청약을 받은 상인에게 일정한 범위내에서 청약과 동시에 송부받은 견품 등 물건에 관하여 그 청약을 거절하는 경우라도 이를 반송할 때까지 보관의무를 지움과 아울러 그 보관에 따르는 비용의 상환을 구할 수 있음을 정한 규정으로서 그 송부받은 물건의 현상이나 가치를 반송할 때까지 계속 유지, 보존하는데 드는 보관비용의 상환에 관한 규정일 뿐 그 물건이 보관된 장소의 사용 이익 상당의 손해의 배상에 관한 규정은 아니다(1996.7.12, 95다41161). 〈정찬(상) 218면〉

제61조【상인의 보수청구권】 상인이 그 영업범위내에서 타인을 위하여 행위를 한 때에는 이에 대하여 상당한 보수를 청구할 수 있다.

제62조【임치를 받은 상인의 책임】 상인이 그 영업범위내에서 물건의 임치를 받은 경우에는 보수를 받지 아니하는 때에도 선량한 관리자의 주의를 하여야 한다.

판례 갑이 을과의 임치계약에 의하여 건고추를 창고업자인 병 소유의 냉동창고 중 을이 임차한 부분에 운반, 적치하고 그 입고시에 병이 갑이 제시한 서류만을 근거로 하여 그 서류에 기재된 입고량에 따른 인수증을 갑에게 발행하였다면 갑과 을 간의 위 임치계약은 위 창고부분의 소유자이자 임대인인 병이 가동하는 냉동시설의 가동에 의하여 그 계약목적을 달성하려는 것이 당연 전제되어 있다고 보이는데다 창고업자인 병이 그 영업범위내에서 위 건고추의 입고와 보관에 관여한 점 등에 비추어, 병은 위 물품인수증을 갑에게 발행함으로써 갑에 대한 관계에서는 적어도 위 건고추에 대한 무상수치인의 지위에서 선량한 관리자로서의 주의의무를 진다(1994. 4.26, 93다62539,62546). 〈정찬(상) 234면〉

제63조【거래시간과 이행 또는 그 청구】 법령 또는 관습에 의하여 영업시간이 정하여져 있는 때에는 채무의 이행 또는 이행의 청구는 그 시간내에 하여야 한다.

제64조【상사시효】 상행위로 인한 채권은 본법에 다른 규정이 없는 때에는 5년간 행사하지 아니하면 소멸시효가 완성한다. 그러나 다른 법령에 이보다 단기의 시효의 규정이 있는 때에는 그 규정에 의한다.

(판 례) 당사자 쌍방에 대하여 모두 상행위가 되는 행위로 인한 채권뿐만 아니라 당사자 일방에 대하여만 상행위에 해당하는 행위로 인한 채권도 상법 제64조에서 정한 5년의 소멸시효기간이 적용되는 상사채권에 해당하는 것이고, 그 상행위에는 상법 제46조 각 호에 해당하는 기본적 상행위뿐만 아니라 상인이 영업을 위하여 하는 보조적 상행위도 포함되므로, 매립사업을 목적으로 하는 영리법인과 상인이 아닌 양수인 간의 매립지 양도약정에 기한 양수인의 소유권이전등기청구권이 상사채권에 해당한다(2000.5.12, 98다23195). 〈정동 판례동향〉

차용금채무의 연대보증인이 그 채권자인 주식회사의 금융기관에 대한 대출금을 변제함으로써 위 차용금채무를 변제한 것으로 하기로 채권자와 약정한 경우, 위 약정에 따른 채권이 상사채권에 해당하지 아니한다.(2005.5.27, 2005다7863). 〈정찬 201면〉

제65조【유가증권과 준용규정】 ① 금전의 지급청구권, 물건 또는 유가증권의 인도청구권이나 사원의 지위를 표시하는 유가증권에 대하여는 다른 법률에 특별한 규정이 없으면 「민법」 제508조부터 제525조까지의 규정을 적용하는 외에 「어음법」 제12조제1항 및 제2항을 준용한다.

② 제1항의 유가증권으로서 그 권리의 발생ㆍ변경ㆍ소멸을 전자등록하는 데에 적합한 유가증권은 제356조의2제1항의 전자등록기관의 전자등록부에 등록하여 발행할 수 있다. 이 경우 제356조의2제2항부터 제4항까지의 규정을 준용한다. 〈개정 2016.3.22.〉

[전문개정 2011.4.14.]

제66조【준상행위】 본장의 규정은 제5조의 규정에 의한 상인의 행위에 준용한다.

제2장 매 매

제67조【매도인의 목적물의 공탁, 경매권】 ①상인간의 매매에 있어서 매수인이 목적물의 수령을 거부하거나 이를 수령할 수 없는 때에는 매도인은 그 물건을 공탁하거나 상당한 기간을 정하여 최고한 후 경매할 수 있다. 이 경우에는 지체없이 매수인에 대하여 그 통지를 발송하여야 한다.

②전항의 경우에 매수인에 대하여 최고를 할 수 없거나 목적물이 멸실 또는 훼손될 염려가 있는 때에는 최고없이 경매할 수 있다.

③전2항의 규정에 의하여 매도인이 그 목적물을 경매한 때에는 그 대금에서 경매비용을 공제한 잔액을 공탁하여야 한다. 그러나 그 전부나 일부를 매매대금에 충당할 수 있다.

제68조【확정기매매의 해제】 상인간의 매매에 있어서 매매의 성질 또는 당사자의 의사표시에 의하여 일정한 일시 또는 일정한 기간내에 이행하지 아니하면 계약의 목적을 달성할 수 없는 경우에 당사자의 일방이 이행시기를 경과한 때에는 상대방은 즉시 그 이행을 청구하지 아니하면 계약을 해제한 것으로 본다.

(판 례) 국제해상매매계약에 있어서 이른바 시아이에프(C.I.F)약관이 있는 경우에 선적기일에 관한 약정은 계약상 특히 중요한 의미를 가진다. 그 매매의 목적물이 원자재인 경우, 원자재매매계약은 그 성질 또는 당사자의 의사표시에 의하여 약정된 선적기간내에 선적되지 아니하면 계약의 목적을 달성할 수 없는 상법 제68조 소정의 이른바 확정기매매에 해당한다(1995.5.26, 93다61543). 〈정찬(상) 222면〉

제69조【매수인의 목적물의 검사와 하자 통지의무】 ①상인간의 매매에 있어서 매수인이 목적물을 수령한 때에는 지체없이 이를 검사하여야 하며 하자 또는 수량의 부족을 발견한 경우에는 즉시 매도인에게 그 통지를 발송하지 아니하면 이로 인한 계약해제, 대금감액 또는 손해배상을 청구하지 못한다. 매매의 목적물에 즉시 발견할 수 없는 하자가 있는 경우에 매수인이 6월 내에 이를 발견한 때에도 같다.

②전항의 규정은 매도인이 악의인 경우에는 적용하지 아니한다.

(판 례) 상법 제69조제1항의 매수인의 목적물의 검사와 하자통지의무에 관한 규정의 취지는 상인간의 매매에 있어 그 계약의 효력을 민법 규정과 같이 오랫동안 불안정한 상태로 방치하는 것은 매도인에 대하여는 인도 당시의 목적물에 대한 하자의 조사를 어렵게 하고 전매의 기회를 잃게 될 뿐만 아니라, 매수인에 대하여는 그 기간중 유리한 시기를 선택하여 매도인의 위험으로 투기를 할 수 있는 기회를 주게 되는 폐단 등이 있어 이를 막기 위하여 하자를 용이하게 발견할 수 있는 전문적 지식을 가진 매수인에게 신속한 검사와 통지의 의무를 부과함으로써 상거래를 신속하게 결말짓도록 한 것이다(1987.7.21, 86다카2446). 〈정찬(상) 225면〉

상법

상법 제69조는 상거래의 신속한 처리와 매도인의 보호를 위한 규정인 점에 비추어 볼 때, 상인간의 매매에 있어서 매수인은 목적물을 수령한 때부터 지체없이 이를 검사하여 하자 또는 수량의 부족을 발견한 경우에는 즉시 매도인에게 그 통지를 발송하여야만 그 하자로 인한 계약해제, 대금감액 또는 손해배상을 청구할 수 있고, 설령 매매의 목적물에 상인에게 통상 요구되는 객관적인 주의의무를 다하여도 즉시 발견할 수 없는 하자가 있는 경우에도 매수인은 6월 내에 그 하자를 발견하여 지체없이 이를 통지하지 아니하면 매수인은 과실의 유무를 불문하고 매도인에게 하자담보책임을 물을 수 없다고 해석함이 상당하다(1999.1.29, 98다1584). 〈최준(상) 85면〉

제70조【매수인의 목적물보관, 공탁의무】 ①제69조의 경우에 매수인이 계약을 해제한 때에도 매도인의 비용으로 매매의 목적물을 보관 또는 공탁하여야 한다. 그러나 그 목적물이 멸실 또는 훼손될 염려가 있는 때에는 법원의 허가를 얻어 경매하여 그 대가를 보관 또는 공탁하여야 한다.
②제1항의 규정에 의하여 매수인이 경매한 때에는 지체없이 매도인에게 그 통지를 발송하여야 한다.
③제1항 및 제2항의 규정은 목적물의 인도장소가 매도인의 영업소 또는 주소와 동일한 특별시·광역시·시·군에 있는 때에는 이를 적용하지 아니한다. 〈개정 95.12.29〉

(신구) ③~규정은 매도인과 매수인의 영업소, 영업소가 없는 경우에는 그 주소가 동일한 특별시·직할시·시·군에~ ⇨ ~규정은 목적물의 인도장소가 매도인의 영업소 또는 주소와 동일한 특별시·광역시·시·군에~

제71조【동전－수량초과 등의 경우】 전조의 규정은 매도인으로부터 매수인에게 인도한 물건이 매매의 목적물과 상위하거나 수량이 초과한 경우에 그 상위 또는 초과한 부분에 대하여 준용한다.

제3장 상호계산

제72조【의 의】 상호계산은 상인간 또는 상인과 비상인간에 상시 거래관계가 있는 경우에 일정한 기간의 거래로 인한 채권채무의 총액에 관하여 상계하고 그 잔액을 지급할 것을 약정함으로써 그 효력이 생긴다.

제73조【상업증권상의 채권채무에 관한 특칙】 어음 기타의 상업증권으로 인한 채권채무를 상호계산에 계입한 경우에 그 증권채무자가 변제하지 아니한 때에는 당사자는 그 채무의 항목을 상호계산에서 제거할 수 있다.

제74조【상호계산기간】 당사자가 상계할 기간을 정하지 아니한 때에는 그 기간은 6월로 한다.

제75조【계산서의 승인과 이의】 당사자가 채권채무의 각 항목을 기재한 계산서를 승인한 때에는 그 각 항목에 대하여 이의를 하지 못한다. 그러나 착오나 탈루가 있는 때에는 그러하지 아니하다.

제76조【잔액채권의 법정이자】 ①상계로 인한 잔액에 대하여는 채권자는 계산폐쇄일 이후의 법정이자를 청구할 수 있다.
②전항의 규정에 불구하고 당사자는 각 항목을 상호계산에 계입한 날로부터 이자를 붙일 것을 약정할 수 있다.

제77조【해 지】 각 당사자는 언제든지 상호계산을 해지할 수 있다. 이 경우에는 즉시 계산을 폐쇄하고 잔액의 지급을 청구할 수 있다.

제4장 익명조합

제78조【의 의】 익명조합은 당사자의 일방이 상대방의 영업을 위하여 출자하고 상대방은 그 영업으로 인한 이익을 분배할 것을 약정함으로써 그 효력이 생긴다.

(판 례) 음식점시설제공자의 이익여부에 관계없이 정기적으로 일정액을 지급할 것을 약정하되 대외적 거래관계는 경영자가 그 명의로 단독으로 하여 그 권리의무가 그에게만 귀속되는 동업관계는 상법상 익명조합도 아니고 민법상 조합도 아니어서 대외적으로는 오로지 경영자만이 권리를 취득하고 채무를 부담하는 것이고 그가 변제자력이 없거나 부족하다는 등의 특별한 사정이 있더라도 민법 제713조가 유추적용될 여지는 없다(1983.5.10, 81다650). 〈정찬(상) 249면〉

제79조【익명조합원의 출자】 익명조합원이 출자한 금전 기타의 재산은 영업자의 재산으로 본다.

제80조【익명조합원의 대외관계】 익명조합원은 영업자의 행위에 관하여서는 제3자에 대하여 권리나 의무가 없다.

제81조【성명, 상호의 사용허락으로 인한 책임】 익명조합원이 자기의 성명을 영업자의 상호중에 사용하게 하거나 자기의 상호를 영업자의 상호로 사용할 것을 허락한 때에는 그 사용이후의 채무에 대하여 영업자와 연대하여 변제할 책임이 있다.

제82조【이익배당과 손실분담】 ①익명조합원의 출자가 손실로 인하여 감소된 때에는 그 손실을 전보한 후가 아니면 이익배당을 청구하지 못한다.
②손실이 출자액을 초과한 경우에도 익명조합원은 이미 받은 이익의 반환 또는 증자할 의무가 없다.
③전2항의 규정은 당사자간에 다른 약정이 있으면 적용하지 아니한다.

제83조【계약의 해지】 ①조합계약으로 조합의

존속기간을 정하지 아니하거나 어느 당사자의 종신까지 존속할 것을 약정한 때에는 각 당사자는 영업연도말에 계약을 해지할 수 있다. 그러나 이 해지는 6월전에 상대방에게 예고하여야 한다.
②조합의 존속기간의 약정의 유무에 불구하고 부득이한 사정이 있는 때에는 각 당사자는 언제든지 계약을 해지할 수 있다.

제84조【계약의 종료】 조합계약은 다음의 사유로 인하여 종료한다.
1. 영업의 폐지 또는 양도
2. 영업자의 사망 또는 성년후견개시
3. 영업자 또는 익명조합원의 파산

〈전문개정 2018.9.18.〉

제85조【계약종료의 효과】 조합계약이 종료한 때에는 영업자는 익명조합원에게 그 출자의 가액을 반환하여야 한다. 그러나 출자가 손실로 인하여 감소된 때에는 그 잔액을 반환하면 된다.

제86조【준용규정】 제272조, 제277조와 제278조의 규정은 익명조합원에 준용한다.

제4장의2 합자조합
〈본장신설 2011.4.14〉

제86조의2【의의】 합자조합은 조합의 업무집행자로서 조합의 채무에 대하여 무한책임을 지는 조합원과 출자가액을 한도로 하여 유한책임을 지는 조합원이 상호출자하여 공동사업을 경영할 것을 약정함으로써 그 효력이 생긴다.
〈본조신설 2011.4.14〉

제86조의3【조합계약】 합자조합의 설립을 위한 조합계약에는 다음 사항을 적고 총조합원이 기명날인하거나 서명하여야 한다.
1. 목적
2. 명칭
3. 업무집행조합원의 성명 또는 상호, 주소 및 주민등록번호
4. 유한책임조합원의 성명 또는 상호, 주소 및 주민등록번호
5. 주된 영업소의 소재지
6. 조합원의 출자(出資)에 관한 사항
7. 조합원에 대한 손익분배에 관한 사항
8. 유한책임조합원의 지분(持分)의 양도에 관한 사항
9. 둘 이상의 업무집행조합원이 공동으로 합자조합의 업무를 집행하거나 대리할 것을 정한 경우에는 그 규정
10. 업무집행조합원 중 일부 업무집행조합원만 합자조합의 업무를 집행하거나 대리할 것을 정한 경우에는 그 규정
11. 조합의 해산 시 잔여재산 분배에 관한 사항
12. 조합의 존속기간이나 그 밖의 해산사유에 관한 사항
13. 조합계약의 효력 발생일

〈본조신설 2011.4.14〉

제86조의4【등기】 ①업무집행조합원은 합자조합 설립 후 2주 내에 조합의 주된 영업소의 소재지에서 다음의 사항을 등기하여야 한다.
1. 제86조의3제1호부터 제5호까지(제4호의 경우에는 유한책임조합원이 업무를 집행하는 경우에 한정한다), 제9호, 제10호, 제12호 및 제13호의 사항
2. 조합원의 출자의 목적, 재산출자의 경우에는 그 가액과 이행한 부분

②제1항 각 호의 사항이 변경된 경우에는 2주 내에 변경등기를 하여야 한다.
〈본조신설 2011.4.14〉

제86조의5【업무집행조합원】 ①업무집행조합원은 조합계약에 다른 규정이 없으면 각자가 합자조합의 업무를 집행하고 대리할 권리와 의무가 있다.
②업무집행조합원은 선량한 관리자의 주의로써 제1항에 따른 업무를 집행하여야 한다.
③둘 이상의 업무집행조합원이 있는 경우에 조합계약에 다른 정함이 없으면 그 각 업무집행조합원의 업무집행에 관한 행위에 대하여 다른 업무집행조합원의 이의가 있는 경우에는 그 행위를 중지하고 업무집행조합원 과반수의 결의에 따라야 한다.
〈본조신설 2011.4.14〉

제86조의6【유한책임조합원의 책임】 ①유한책임조합원은 조합계약에서 정한 출자가액에서 이미 이행한 부분을 뺀 가액을 한도로 하여 조합채무를 변제할 책임이 있다.
②제1항의 경우 합자조합에 이익이 없음에도 불구하고 배당을 받은 금액은 변제책임을 정할 때에 변제책임의 한도액에 더한다.
〈본조신설 2011.4.14〉

제86조의7【조합원의 지분의 양도】 ①업무집행조합원은 다른 조합원 전원의 동의를 받지 아니하면 그 지분의 전부 또는 일부를 타인에게 양도(讓渡)하지 못한다.
②유한책임조합원의 지분은 조합계약에서 정하

는 바에 따라 양도할 수 있다.
③유한책임조합원의 지분을 양수(讓受)한 자는 양도인의 조합에 대한 권리·의무를 승계한다.
〈본조신설 2011.4.14〉

제86조의8【준용규정】 ①합자조합에 대하여는 제182조제1항, 제228조, 제253조, 제264조 및 제285조를 준용한다.
②업무집행조합원에 대하여는 제183조의2, 제198조, 제199조, 제200조의2, 제208조제2항, 제209조, 제212조 및 제287조를 준용한다. 다만, 제198조와 제199조는 조합계약에 다른 규정이 있으면 그러하지 아니하다.
③조합계약에 다른 규정이 없으면 유한책임조합원에 대하여는 제199조, 제272조, 제275조, 제277조, 제278조, 제283조 및 제284조를 준용한다.
④합자조합에 관하여는 이 법 또는 조합계약에 다른 규정이 없으면 「민법」 중 조합에 관한 규정을 준용한다. 다만, 유한책임조합원에 대하여는 「민법」 제712조 및 제713조는 준용하지 아니한다.
〈본조신설 2011.4.14〉

제86조의9【과태료】 합자조합의 업무집행조합원, 제86조의8에 따라 준용되는 제183조의2 또는 제253조에 따른 직무대행자 또는 청산인이 이 장(章)에서 정한 등기를 게을리한 경우에는 500만원 이하의 과태료를 부과한다.
〈본조신설 2011.4.14〉

제5장 대리상

제87조【의 의】 일정한 상인을 위하여 상업사용인이 아니면서 상시 그 영업부류에 속하는 거래의 대리 또는 중개를 영업으로 하는 자를 대리상이라 한다.

제88조【통지의무】 대리상이 거래의 대리 또는 중개를 한 때에는 지체없이 본인에게 그 통지를 발송하여야 한다.

제89조【경업금지】 ①대리상은 본인의 허락없이 자기나 제3자의 계산으로 본인의 영업부류에 속한 거래를 하거나 동종영업을 목적으로 하는 회사의 무한책임사원 또는 이사가 되지 못한다.
②제17조제2항 내지 제4항의 규정은 대리상이 전항의 규정에 위반한 경우에 준용한다.

제90조【통지를 받을 권한】 물건의 판매나 그 중개의 위탁을 받은 대리상은 매매의 목적물의 하자 또는 수량부족 기타 매매의 이행에 관한 통지를 받을 권한이 있다.

제91조【대리상의 유치권】 대리상은 거래의 대리 또는 중개로 인한 채권이 변제기에 있는 때에는 그 변제를 받을 때까지 본인을 위하여 점유하는 물건 또는 유가증권을 유치할 수 있다. 그러나 당사자간에 다른 약정이 있으면 그러하지 아니하다.

제92조【계약의 해지】 ①당사자가 계약의 존속기간을 약정하지 아니한 때에는 각 당사자는 2월전에 예고하고 계약을 해지할 수 있다.
②제83조제2항의 규정은 대리상에 준용한다.

제92조의2【대리상의 보상청구권】 ①대리상의 활동으로 본인이 새로운 고객을 획득하거나 영업상의 거래가 현저하게 증가하고 이로 인하여 계약의 종료후에도 본인이 이익을 얻고 있는 경우에는 대리상은 본인에 대하여 상당한 보상을 청구할 수 있다. 다만, 계약의 종료가 대리상의 책임있는 사유로 인한 경우에는 그러하지 아니하다.
②제1항의 규정에 의한 보상금액은 계약의 종료전 5년간의 평균연보수액을 초과할 수 없다. 계약의 존속기간이 5년 미만인 경우에는 그 기간의 평균연보수액을 기준으로 한다.
③제1항의 규정에 의한 보상청구권은 계약이 종료한 날부터 6월을 경과하면 소멸한다.
〈본조신설 95.12.29〉

제92조의3【대리상의 영업비밀준수의무】 대리상은 계약의 종료후에도 계약과 관련하여 알게 된 본인의 영업상의 비밀을 준수하여야 한다.
〈본조신설 95.12.29〉

제6장 중개업

제93조【의 의】 타인간의 상행위의 중개를 영업으로 하는 자를 중개인이라 한다.

제94조【중개인의 급여수령대리권】 중개인은 그 중개한 행위에 관하여 당사자를 위하여 지급 기타의 이행을 받지 못한다. 그러나 다른 약정이나 관습이 있으면 그러하지 아니하다.

제95조【견품보관의무】 중개인이 그 중개한 행위에 관하여 견품을 받은 때에는 그 행위가 완료될 때까지 이를 보관하여야 한다.

제96조【결약서교부의무】 ①당사자간에 계약이 성립된 때에는 중개인은 지체없이 각 당사자의 성명 또는 상호, 계약연월일과 그 요령을 기재한 서면을 작성하여 기명날인 또는 서명한 후 각 당사자에게 교부하여야 한다. 〈개정 95.12.29〉

②당사자가 즉시 이행을 하여야 하는 경우를 제외하고 중개인은 각 당사자로 하여금 제1항의 서면에 기명날인 또는 서명하게 한 후 그 상대방에게 교부하여야 한다. 〈개정 95.12.29〉
③제1항 및 제2항의 경우에 당사자의 일방이 서면의 수령을 거부하거나 기명날인 또는 서명하지 아니한 때에는 중개인은 지체없이 상대방에게 그 통지를 발송하여야 한다. 〈개정 95.12.29〉

(신구) 【계약서교부의무】⇨ 【결약서교부의무】①~기명날인한 ⇨ ~기명날인 또는 서명한~
②~전항의~기명날인하게~ ⇨ ~제1항의~기명날인 또는 서명하게~

제97조【중개인의 장부작성의무】 ①중개인은 전조에 규정한 사항을 장부에 기재하여야 한다.
②당사자는 언제든지 자기를 위하여 중개한 행위에 관한 장부의 등본의 교부를 청구할 수 있다.

제98조【성명, 상호묵비의 의무】 당사자가 그 성명 또는 상호를 상대방에게 표시하지 아니할 것을 중개인에게 요구한 때에는 중개인은 그 상대방에게 교부할 제96조제1항의 서면과 전조제2항의 등본에 이를 기재하지 못한다.

제99조【중개인의 이행책임】 중개인이 임의로 또는 전조의 규정에 의하여 당사자의 일방의 성명 또는 상호를 상대방에게 표시하지 아니한 때에는 상대방은 중개인에 대하여 이행을 청구할 수 있다.

제100조【보수청구권】 ①중개인은 제96조의 절차를 종료하지 아니하면 보수를 청구하지 못한다.
②중개인의 보수는 당사자 쌍방이 균분하여 부담한다.

제7장 위탁매매업

제101조【의 의】 자기명의로써 타인의 계산으로 물건 또는 유가증권의 매매를 영업으로 하는 자를 위탁매매인이라 한다.

(판례) 원고가 증권회사의 지배인 겸 영업부장실에서 동인에게 적당한 시기에 적당한 증권을 적당량 매입 매도하여 이득금이 남도록 관리하여 달라고 하면서 주식매수 대금조로 금전을 교부하고 그 영업부장의 명함 뒷면이나 위 회사 영업부장용 메모지상에 그 금원을 보관하고 있다는 취지의 보관증을 작성 교부받았다면 원고와 그 증권회사 사이에 증권매매 위탁계약이 성립된 것으로 보아야 한다(1980.11.11, 80다135).

제102조【위탁매매인의 지위】 위탁매매인은 위탁자를 위한 매매로 인하여 상대방에 대하여 직접 권리를 취득하고 의무를 부담한다.

제103조【위탁물의 귀속】 위탁매매인이 위탁자로부터 받은 물건 또는 유가증권이나 위탁매매로 인하여 취득한 물건, 유가증권 또는 채권은 위탁자와 위탁매매인 또는 위탁매매인의 채권자간의 관계에서는 이를 위탁자의 소유 또는 채권으로 본다.

(판례) 위탁판매에 있어서는 위탁품의 소유권은 위임자에게 속하고 그 판매대금은 다른 특약이나 특별한 사정이 없는 한 이를 수령함과 동시에 위탁자에 귀속한다 할 것이므로 위탁매매인이 이를 사용, 소비한 때에는 횡령죄가 성립한다(1982.2.23, 81도2619). 〈정찬(상) 280면〉

제104조【통지의무, 계산서제출의무】 위탁매매인이 위탁받은 매매를 한 때에는 지체없이 위탁자에 대하여 그 계약의 요령과 상대방의 주소, 성명의 통지를 발송하여야 하며 계산서를 제출하여야 한다.

(판례) 운송주선인은 위탁자를 위하여 물건운송의 주선을 하는 것이기 때문에 운송인과의 사이에 물건운송계약을 체결했을 때에는 상법 제123조, 제104조에 의하여 그 구체적 내용에 관한 통지를 해야 하고 이 경우에는 위탁자와의 내부관계에 있어서는 운송주선인이 체결한 운송계약상의 권리의무는 주선인에 의한 양도 등 특별한 이전절차 없이도 위탁자에 귀속되는 것이지만 위탁자가 그 권리를 운송인에게 주장할 수 있기 위하여는 민법 제450조 내지 제452조에 따른 채권양도의 통지가 필요하고 다만 지시식이나 무기명식의 선하증권이 발행되어 있을 때에는 민법 제508조, 제523조에 의하여 운송주선인이 이를 위탁자에게 배서 또는 교부함으로써 그러한 절차를 이행하는 것이 된다(1987.10.13, 85다카1080). 〈정찬(상) 292면〉

제105조【위탁매매인의 이행담보책임】 위탁매매인은 위탁자를 위한 매매에 관하여 상대방이 채무를 이행하지 아니하는 경우에는 위탁자에 대하여 이를 이행할 책임이 있다. 그러나 다른 약정이나 관습이 있으면 그러하지 아니하다.

제106조【지정가액준수의무】 ①위탁자가 지정한 가액보다 염가로 매도하거나 고가로 매수한 경우에도 위탁매매인이 그 차액을 부담한 때에는 그 매매는 위탁자에 대하여 효력이 있다.
②위탁자가 지정한 가액보다 고가로 매도하거나 염가로 매수한 경우에는 그 차액은 다른 약정이 없으면 위탁자의 이익으로 한다.

제107조【위탁매매인의 개입권】 ①위탁매매인이 거래소의 시세가 있는 물건 또는 유가증권의 매매를 위탁받은 경우에는 직접 그 매도인이나 매수인이 될 수 있다. 이 경우의 매매대가는 위탁매매인이 매매의 통지를 발송할 때의 거래소의 시세에 의한다.
②제1항의 경우에도 위탁매매인은 위탁자에 게

보수를 청구할 수 있다.
〈전문개정 2010.5.14〉

제108조【위탁물의 훼손, 하자 등의 효과】 ①위탁매매인이 위탁매매의 목적물을 인도받은 후에 그 물건의 훼손 또는 하자를 발견하거나 그 물건이 부패할 염려가 있는 때 또는 가격저락의 상황을 안 때에는 지체없이 위탁자에게 그 통지를 발송하여야 한다.
②전항의 경우에 위탁자의 지시를 받을 수 없거나 그 지시가 지연되는 때에는 위탁매매인은 위탁자의 이익을 위하여 적당한 처분을 할 수 있다.

제109조【매수물의 공탁, 경매권】 제67조의 규정은 위탁매매인이 매수의 위탁을 받은 경우에 위탁자가 매수한 물건의 수령을 거부하거나 이를 수령할 수 없는 때에 준용한다.

제110조【매수위탁자가 상인인 경우】 상인인 위탁자가 그 영업에 관하여 물건의 매수를 위탁한 경우에는 위탁자와 위탁매매인간의 관계에는 제68조 내지 제71조의 규정을 준용한다.

제111조【준용규정】 제91조의 규정은 위탁매매인에 준용한다.

제112조【위임에 관한 규정의 적용】 위탁자와 위탁매매인간의 관계에는 본장의 규정외에 위임에 관한 규정을 적용한다.

제113조【준위탁매매인】 본장의 규정은 자기명의로써 타인의 계산으로 매매아닌 행위를 영업으로 하는 자에 준용한다.

제8장 운송주선업

제114조【의 의】 자기의 명의로 물건운송의 주선을 영업으로 하는 자를 운송주선인이라 한다.

(판 례) 상법 제46조제12호, 제114조에 의하여 자기의 명의로 물건운송의 주선을 영업으로 하는 상인을 운송주선인이라고 하고 여기서 주선이라 함은 자기의 이름으로 타인의 계산 아래 법률행위를 하는 것을 의미하는 것이므로 운송주선계약은 운송주선인이 그 상대방인 위탁자를 위하여 물건운송계약을 체결할 것 등의 위탁을 인수하는 계약으로 민법상의 위임의 일종이기 때문에 운송주선업에 관한 상법의 규정이 적용되는 외에 민법의 위임에 관한 규정이 보충적용된다(1987.10.13, 85다카1080). 〈정찬(상) 303면〉

제115조【손해배상책임】 운송주선인은 자기나 그 사용인이 운송물의 수령, 인도, 보관, 운송인이나 다른 운송주선인의 선택 기타 운송에 관하여 주의를 해태하지 아니하였음을 증명하지 아니하면 운송물의 멸실, 훼손 또는 연착으로 인한 손해를 배상할 책임을 면하지 못한다.

제116조【개입권】 ①운송주선인은 다른 약정이 없으면 직접운송할 수 있다. 이 경우에는 운송주선인은 운송인과 동일한 권리의무가 있다.
②운송주선인이 위탁자의 청구에 의하여 화물상환증을 작성한 때에는 직접운송하는 것으로 본다.

(판 례) 해상운송주선인 갑이 선적선하증권을 자기의 명의로 발행한 것이 아니고 양육항에서의 통관 및 육상운송의 편의를 위하여 화주의 부탁을 받고 양육항의 현지상인이면서 갑과 상호대리관계에 있는 을의 대리인자격으로 발행한 것이라면, 갑과 을 간에 상호대리관계가 있다하여도 그것만으로는 이 선하증권이 상법 제116조의 개입권행사의 상법 조건이 되는 '운송주선인이 작성한 증권'으로 볼 수는 없다(1987.10.13, 85다카1080). 〈정찬(상) 301면〉

제117조【중간운송주선인의 대위】 ①수인이 순차로 운송주선을 하는 경우에는 후자는 전자에 갈음하여 그 권리를 행사할 의무를 부담한다.
②전항의 경우에 후자가 전자에게 변제한 때에는 전자의 권리를 취득한다.

제118조【운송인의 권리의 취득】 전조의 경우에 운송주선인이 운송인에게 변제한 때에는 운송인의 권리를 취득한다.

제119조【보수청구권】 ①운송주선인은 운송물을 운송인에게 인도한 때에는 즉시 보수를 청구할 수 있다.
②운송주선계약으로 운임의 액을 정한 경우에는 다른 약정이 없으면 따로 보수를 청구하지 못한다.

제120조【유치권】 운송주선인은 운송물에 관하여 받을 보수, 운임, 기타 위탁자를 위한 체당금이나 선대금에 관하여서만 그 운송물을 유치할 수 있다.

(판 례) 상법 제147조, 제120조 소정의 운송인의 유치권에 관한 규정의 취지는, 운송실행에 의하여 생긴 운송인의 채권을 유치권행사를 통해 확보하도록 하는 동시에 송하인과 수하인이 반드시 동일인은 아니므로 수하인이 수령할 운송물과 관계가 없는 운송물에 관하여 생긴 채권 기타 송하인에 대한 그 운송물과는 관계가 없는 채권을 담보하기 위하여 그 운송물이 유치됨으로써 수하인이 뜻밖의 손해를 입지 않도록 하기 위하여 피담보채권의 범위를 제한한 것인바, 동일한 기회에 동일한 수하인에게 운송하여 줄 것을 의뢰받은 운송인이 운송물의 일부를 유치한 경우 운송물 전체에 대한 운임채권은 동일한 법률관계에서 발생한 채권으로서 유치의 목적물과 견련관계를 인정하여 피담보채권의 범위에 속한다고 할 수 있다(1993.3.12, 92다32906). 〈정찬(상) 326면〉

제121조【운송주선인의 책임의 시효】 ①운송주선인의 책임은 수하인이 운송물을 수령한 날로부터

1년을 경과하면 소멸시효가 완성한다.
②전항의 기간은 운송물이 전부 멸실한 경우에는 그 운송물을 인도할 날로부터 기산한다. 〈개정 62.12.12〉
③전2항의 규정은 운송주선인이나 그 사용인이 악의인 경우에는 적용하지 아니한다.

제122조【운송주선인의 채권의 시효】 운송주선인의 위탁자 또는 수하인에 대한 채권은 1년간 행사하지 아니하면 소멸시효가 완성한다.

제123조【준용규정】 운송주선인에 관하여는 본장의 규정외에 위탁매매인에 관한 규정을 준용한다.

제124조【동 전】 제136조, 제140조와 제141조의 규정은 운송주선업에 준용한다.

제9장 운송업

제125조【의 의】 육상 또는 호천, 항만에서 물건 또는 여객의 운송을 영업으로 하는 자를 운송인이라 한다.

제1절 물건운송

제126조【화물명세서】 ①송하인은 운송인의 청구에 의하여 화물명세서를 교부하여야 한다.
②화물명세서에는 다음의 사항을 기재하고 송하인이 기명날인 또는 서명하여야 한다. 〈개정 95.12.29, 2007.8.3〉
1. 운송물의 종류, 중량 또는 용적, 포장의 종별, 개수와 기호2. 도착지
2. 도착지
3. 수하인과 운송인의 성명 또는 상호, 영업소 또는 주소
4. 운임과 그 선급 또는 착급의 구별
5. 화물명세서의 작성지와 작성연월일

제127조【화물명세서의 허위기재에 대한 책임】 ①송하인이 화물명세서에 허위 또는 부정확한 기재를 한 때에는 운송인에 대하여 이로 인한 손해를 배상할 책임이 있다. 〈개정 2007.8.3〉
②전항의 규정은 운송인이 악의인 경우에는 적용하지 아니한다.

제128조【화물상환증의 발행】 ①운송인은 송하인의 청구에 의하여 화물상환증을 교부하여야 한다.
②화물상환증에는 다음의 사항을 기재하고 운송인이 기명날인 또는 서명하여야 한다. 〈개정 95.12.29〉
1. 제126조제2항제1호 내지 제3호의 사항
2. 송하인의 성명 또는 상호, 영업소 또는 주소
3. 운임 기타 운송물에 관한 비용과 그 선급 또는 착급의 구별
4. 화물상환증의 작성지와 작성연월일

(신구) ②~기명날인하여야~ ⇨ ~기명날인 또는 서명하여야

제129조【화물상환증의 상환증권성】 화물상환증을 작성한 경우에는 이와 상환하지 아니하면 운송물의 인도를 청구할 수 없다.

제130조【화물상환증의 당연한 지시증권성】 화물상환증은 기명식인 경우에도 배서에 의하여 양도할 수 있다. 그러나 화물상환증에 배서를 금지하는 뜻을 기재한 때에는 그러하지 아니하다.

제131조【화물상환증 기재의 효력】 ①제128조에 따라 화물상환증이 발행된 경우에는 운송인과 송하인 사이에 화물상환증에 적힌 대로 운송계약이 체결되고 운송물을 수령한 것으로 추정한다.
②화물상환증을 선의로 취득한 소지인에 대하여 운송인은 화물상환증에 적힌 대로 운송물을 수령한 것으로 보고 화물상환증에 적힌 바에 따라 운송인으로서 책임을 진다.
〈전문개정 2010.5.14〉

(판 례) 선하증권에 의한 운송물의 인도청구권은 운송인이 송하인으로부터 실제로 받은 운송물 즉 특정물에 대한 것이고 따라서 운송물을 수령 또는 선적하지 않았음에도 불구하고 선하증권이 발행된 경우에는 그 선하증권은 원인과 요건을 구비하지 못하여 목적물의 흠결이 있는 것으로서 이는 누구에 대하여도 무효라고 봄이 상당하다(1982.9.14, 80다1325). 〈정찬(상) 334면〉

제132조【화물상환증의 처분증권성】 화물상환증을 작성한 경우에는 운송물에 관한 처분은 화물상환증으로써 하여야 한다.

(판 례) 선하증권은 해상운송인이 운송물을 수령한 것을 증명하고 양륙항에서 정당한 소지인에게 운송물을 인도할 채무를 부담하는 유가증권으로서, 운송인과 그 증권소지인 간에는 증권 기재에 따라 운송계약상의 채권관계가 성립하는 채권적 효력이 발생하고, 운송물을 처분하는 당사자 간에는 운송물에 관한 처분은 증권으로서 하여야 하며 운송물을 받을 수 있는 자에게 증권을 교부한 때에는 운송물 위에 행사하는 권리의 취득에 관하여 운송물을 인도한 것과 동일한 물권적 효력이 발생하므로 운송물의 권리를 양수한 수하인 또는 그 이후의 자는 선하증권을 교부받음으로써 그 채권적 효력으로 운송계약상의 권리를 취득함과 동시에 그 물권적 효력으로 양도 목적물의 점유를 인도받은 것이 되어 그 운송물의 소유권을 취득한다(1998.9.4, 96다6240).

제133조【화물상환증교부의 물권적효력】 화물상환증에 의하여 운송물을 받을 수 있는 자에게 화물상환증을 교부한 때에는 운송물 위에 행사하는 권리의 취득에 관하여 운송물을 인도한 것과 동일한

효력이 있다.

제134조【운송물멸실과 운임】 ①운송물의 전부 또는 일부가 송하인의 책임없는 사유로 인하여 멸실한 때에는 운송인은 그 운임을 청구하지 못한다. 운송인이 이미 그 운임의 전부 또는 일부를 받은 때에는 이를 반환하여야 한다.
②운송물의 전부 또는 일부가 그 성질이나 하자 또는 송하인의 과실로 인하여 멸실한 때에는 운송인은 운임의 전액을 청구할 수 있다.

제135조【손해배상책임】 운송인은 자기 또는 운송주선인이나 사용인, 그 밖에 운송을 위하여 사용한 자가 운송물의 수령, 인도, 보관 및 운송에 관하여 주의를 게을리하지 아니하였음을 증명하지 아니하면 운송물의 멸실, 훼손 또는 연착으로 인한 손해를 배상할 책임이 있다.
〈전문개정 2010.5.14〉

(판 례) 〈해상운송계약〉 운송계약상의 채무불이행 책임에 관하여 법률상 면책의 특칙이 있거나 또는 운송계약에 그와같은 면책특약을 하였다고 하여도 일반적으로 이러한 특칙이나 특약은 이를 불법행위책임에도 적용하기로 하는 명시적 또는 묵시적 합의가 없는 한 당연히는 불법행위 책임에 적용되지 않는 것이나, 운송물의 권리를 양수하여 선하증권을 교부받아 그 소지인이 된 자는 운송계약상의 권리를 취득함과 동시에 목적물의 점유를 인도받은 것이 되어 운송물의 소유권을 취득하여 운송인에 대하여 채무불이행책임과 불법행위책임을 아울러 추궁할 수 있게 되는 점에 비추어 볼 때 운송인이 선하증권에 기재한 면책약관은 채무불이행책임만을 대상으로 한 것이고 당사자 사이에 불법행위책임은 감수할 의도였다고 볼 수 없으므로 불법행위책임에 적용키로 하는 별도의 명시적·묵시적 합의가 없더라도 당연히 불법행위 책임에도 그 효력이 미친다. 다만 선하증권에 기재된 면책약관이라 할지라도 고의 또는 중대한 과실로 인한 재산권 침해에 대한 불법행위 책임에는 적용되지 않을 뿐만 아니라 이 약관의 상법 제787조 내지 제789조의 규정에 저촉되는 경우에는 불법행위책임에도 적용되지 않는다[전원합의체판결 : 본판결로 80.11.11, 80마1812 판결폐기]. (1983. 3.22, 82다카1533) 〈정찬(상) 322면〉

〈항공운송계약〉 운송계약상의 채무불이행책임이나 불법행위로 인한 손해배상책임은 병존하고, 운송계약상의 면책특약은 일반적으로 이를 불법행위책임에도 적용하기로 하는 명시적 또는 묵시적 합의가 없는 한 당연히 불법행위책임에 적용되지 않는다(1999.7.13, 99다8711). 〈정찬(상) 323면〉

제136조【고가물에 대한 책임】 화폐, 유가증권 기타의 고가물에 대하여는 송하인이 운송을 위탁할 때에 그 종류와 가액을 명시한 경우에 한하여 운송인이 손해를 배상할 책임이 있다.

(판 례) 상법 제136조와 관련되는 고가물불고지로 인한 면책규정은 일반적으로 운송인의 운송계약상의 채무불이행으로 인한 청구에만 적용되고 불법행위로 인한 손해배상청구에는 그 적용이 없으므로 운송인의 운송이행업무를 보조하는 자가 운송과 관련하여 고의 또는 과실로 송하인에게 손해를 가한 경우 동인은 운송계약의 당사자가 아니어서 운송계약상의 채무불이행으로 인한 책임은 부담하지 아니하나 불법행위로 인한 손해배상책임을 부담하므로 위 면책규정은 적용될 여지가 없다(1991.8.23, 91다15409). 〈정찬(상) 321면〉

제137조【손해배상의 액】 ①운송물이 전부멸실 또는 연착된 경우의 손해배상액은 인도할 날의 도착지의 가격에 따른다. 〈개정 2011. 4.14〉
②운송물이 일부 멸실 또는 훼손된 경우의 손해배상액은 인도한 날의 도착지의 가격에 의한다.
③운송물의 멸실, 훼손 또는 연착이 운송인의 고의나 중대한 과실로 인한 때에는 운송인은 모든 손해를 배상하여야 한다.
④운송물의 멸실 또는 훼손으로 인하여 지급을 요하지 아니하는 운임 기타 비용은 전3항의 배상액에서 공제하여야 한다.

제138조【순차운송인의 연대책임, 구상권】 ①수인이 순차로 운송할 경우에는 각 운송인은 운송물의 멸실, 훼손 또는 연착으로 인한 손해를 연대하여 배상할 책임이있다.
②운송인중 1인이 전항의 규정에 의하여 손해를 배상한 때에는 그 손해의 원인이 된 행위를 한 운송인에 대하여 구상권이 있다.
③전항의 경우에 그 손해의 원인이 된 행위를 한 운송인을 알 수 없는 때에는 각 운송인은 그 운임액의 비율로 손해를 분담한다. 그러나 그 손해가 자기의 운송구간내에서 발생하지 아니하였음을 증명한 때에는 손해분담의 책임이 없다.

제139조【운송물의 처분청구권】 ①송하인 또는 화물상환증이 발행된 때에는 그 소지인이 운송인에 대하여 운송의 중지, 운송물의 반환 기타의 처분을 청구할 수 있다. 이 경우에 운송인은 이미 운송한 비율에 따른 운임, 체당금과 처분으로 인한 비용의 지급을 청구할 수 있다.
②삭제 〈95.12.29〉

(신구) 구조문 ⇨ ②전항의 송하인의 권리는 운송물이 도착지에 도착한 후 수하인이 그 인도를 청구한 때에는 소멸한다.

제140조【수하인의 지위】 ①운송물이 도착지에 도착한 때에는 수하인은 송하인과 동일한 권리를 취득한다.
②운송물이 도착지에 도착한 후 수하인이 그 인도를 청구한 때에는 수하인의 권리가 송하인의 권리에 우선한다. 〈신설 95.12.29〉

(판 례) 항공운송인 또는 항공운송주선인이 공항에 도

착한 수입 항공화물을 통관을 위하여 세관이 지정한 보세창고업자에게 인도하는 것만으로 항공화물이 항공운송인이나 항공운송주선인의 지배를 떠나 수하인에게 인도된 것으로 볼 수는 없는바, 제3자가 운송취급인으로부터 교부받은 운송장 등을 이용하여 통관절차를 마치고 수입 물품을 반출하여 간 이상, 그 운송장 등의 교부로써 운송취급인이 제3자에게 수입 물품을 인도한 법적 효력이 발생하였는지 여부와는 상관없이 그와 같은 운송취급인의 과실행위는 수하인의 수입 물품에 대한 인도청구권을 침해한 불법행위가 된다(1996.9.6, 94다46404).

제141조【수하인의 의무】 수하인이 운송물을 수령한 때에는 운송인에 대하여 운임 기타 운송에 관한 비용과 체당금을 지급할 의무를 부담한다.

제142조【수하인불명의 경우의 공탁, 경매권】 ①수하인을 알 수 없는 때에는 운송인은 운송물을 공탁할 수 있다.

②제1항의 경우에 운송인은 송하인에 대하여 상당한 기간을 정하여 운송물의 처분에 대한 지시를 최고하여도 그 기간내에 지시를 하지 아니한 때에는 운송물을 경매할 수 있다. 〈개정 95.12.29〉

③운송인이 제1항 및 제2항의 규정에 의하여 운송물의 공탁 또는 경매를 한 때에는 지체없이 송하인에게 그 통지를 발송하여야 한다. 〈개정 95.12.29〉

신구 ②~경우에 송하인 또는 알고 있는 화물상환증소지인에 대하여~ ⇨ ~경우에 운송인은 송하인에 대하여~

③~전2항의 규정에 의하여 송하인 또는 알고 있는 화물상환증소지인에게~ ⇨ ~제1항 및 제2항의 규정에 의하여 운송물의 공탁 또는 경매를 한 때에는 지체없이 송하인에게~

제143조【운송물의 수령거부, 수령불능의 경우】 ①전조의 규정은 수하인이 운송물의 수령을 거부하거나 수령할 수 없는 경우에 준용한다.

②운송인이 경매를 함에는 송하인에 대한 최고를 하기 전에 수하인에 대하여 상당한 기간을 정하여 운송물의 수령을 최고하여야 한다. 〈개정 95.12.29〉

신구 ②~함에는 송하인 또는 화물상환증소지인에 대하여~ ⇨ ~함에는 송하인에 대한 최고를 하기전에 송하인에 대하여~

제144조【공시최고】 ①송하인, 화물상환증소지인과 수하인을 알 수 없는 때에는 운송인은 권리자에 대하여 6월 이상의 기간을 정하여 그 기간내에 권리를 주장할 것을 공고하여야 한다.

②제1항의 공고는 관보나 일간신문에 2회 이상 하여야 한다. 〈개정 84.4.10〉

③운송인이 제1항 및 제2항의 규정에 의한 공고를 하여도 그 기간내에 권리를 주장하는 자가 없는 때에는 운송물을 경매할 수 있다.

제145조【준용규정】 제67조제2항과 제3항의 규정은 전3조의 경매에 준용한다.

제146조【운송인의 책임소멸】 ①운송인의 책임은 수하인 또는 화물상환증소지인이 유보없이 운송물을 수령하고 운임 기타의 비용을 지급한 때에는 소멸한다. 그러나 운송물에 즉시 발견할 수 없는 훼손 또는 일부멸실이 있는 경우에 운송물을 수령한 날로부터 2주간내에 운송인에게 그 통지를 발송한 때에는 그러하지 아니하다.

②전항의 규정은 운송인 또는 그 사용인이 악의인 경우에는 적용하지 아니한다.

제147조【준용규정】 제117조, 제120조 내지 제122조의 규정은 운송인에 준용한다.

제2절 여객운송

제148조【여객이 받은 손해의 배상책임】 ①운송인은 자기 또는 사용인이 운송에 관한 주의를 해태하지 아니하였음을 증명하지 아니하면 여객이 운송으로 인하여 받은 손해를 배상할 책임을 면하지 못한다.

②손해배상의 액을 정함에는 법원은 피해자와 그 가족의 정상을 참작하여야 한다.

판례 잠결에 하차하지 못한 피해자가 열차가 출발할 무렵 잠에서 깨어나 서서히 진행중인 열차에서 뛰어내리다 추락한 경우, 운송인은 여객에 대하여 손해배상책임이 없다(1993.2.26, 92다46684). 〈정찬(상) 351면〉

제149조【인도를 받은 수하물에 대한 책임】 ①운송인은 여객으로부터 인도를 받은 수하물에 관하여는 운임을 받지 아니한 경우에도 물건운송인과 동일한 책임이 있다.

②수하물이 도착지에 도착한 날로부터 10일 내에 여객이 그 인도를 청구하지 아니한 때에는 제67조의 규정을 준용한다. 그러나 주소 또는 거소를 알지 못하는 여객에 대하여는 최고와 통지를 요하지 아니한다.

판례 동일한 기회에 동일한 수하인에게 운송하여 줄 것을 의뢰받은 운송인이 운송물의 일부를 유치한 경우 운송물 전체에 대한 운임채권은 동일한 법률관계에서 발생한 채권으로서 유치의 목적물과 견련관계를 인정하여 피담보채권의 범위에 속한다고 할 수 있다(1993.3.12, 92다32906). 〈정찬(상) 328면〉

제150조【인도를 받지 아니한 수하물에 대한 책임】 운송인은 여객으로부터 인도를 받지 아니한 수하물의 멸실 또는 훼손에 대하여는 자기 또는 사용인의 과실이 없으면 손해를 배상할 책임이 없다.

제10장 공중접객업

제151조【의 의】 극장, 여관, 음식점, 그 밖의 공중이 이용하는 시설에 의한 거래를 영업으로 하는 자를 공중접객업자(公衆接客業者)라 한다.
〈전문개정 2010.5.14〉

제152조【공중접객업자의 책임】 ①공중접객업자는 자기 또는 그 사용인이 고객으로부터 임치를 받은 물건의 보관에 관하여 주의를 게을리하지 아니하였음을 증명하지 아니하면 그 물건의 멸실 또는 훼손으로 인한 손해를 배상할 책임이 있다.
②공중접객업자는 고객으로부터 임치받지 아니한 경우에도 그 시설 내에 휴대한 물건이 자기 또는 그 사용인의 과실로 인하여 멸실 또는 훼손되었을 때에는 그 손해를 배상할 책임이 있다.
③고객의 휴대물에 대하여 책임이 없음을 알린 경우에도 공중접객업자는 제1항과 제2항의 책임을 면하지 못한다.
〈전문개정 2010.5.14〉

(판 례) 원고의 청구는 상법 제152조, 제153조가 아닌 본조에 의거한 불법행위를 원인으로 하는 것임이 분명하므로 피고가 일반사회인의 평상인으로서 마땅히 지켜야 할 주의의무의 태만여부의 점만이 심사의 대상이 되어야 할 것인바, 도적이 호텔 비상문을 부수고 외부로부터 침입하여 그 호텔 숙치식창고에 들어 있던 유숙객의 일반휴대물을 절취하여 간 경우에는 호텔업자로서는 일반사회의 평상인으로서 지켜야 할 주의의무를 태만히 하였다고는 볼 수 없으므로 불법행위를 원인으로 하는 손해배상의 책임은 없다(1965.2.23, 64다1724). 〈정찬(상) 356면〉

여관주인은 그 피용인이 그 직무집행상 고의 또는 과실로 인하여 숙객에게 손해를 준 때에는 그 피용인을 선임감독함에 있어 과실이 없음을 증명하지 못하는 한 그 손해를 배상할 책임이 있다(1954.8.31, 4287민상68). 〈정찬(상) 356면〉

공중접객업자와 객 사이에 임치관계가 성립하려면 그들 사이에 공중접객업자가 자기의 지배영역 내에 목적물 보관의 채무를 부담하기로 하는 명시적 또는 묵시적 합의가 있음을 필요로 한다고 할 것이고, 여관 부설주차장에 시정장치가 된 출입문이 설치되어 있거나 출입을 통제하는 관리인이 배치되어 있는 등 여관 측에서 그 주차장에의 출입과 주차시설을 통제하거나 확인할 수 있는 조치가 되어 있다면, 그러한 주차장에 여관투숙객이 주차한 차량에 관하여는 명시적인 위탁의 의사표시가 없어도 여관업자와 투숙객 사이에 임치의 합의가 있는 것으로 볼 수 있다. 그러나 공중접객업자가 이용객들의 차량을 주차할 수 있는 주차장을 설치하면서 그 주차장에 차량출입을 통제할 시설이나 인원을 따로 두지 않았다면, 그 주차장은 단지 이용객의 편의를 위한 주차장소로 제공된 것에 불과하고, 공중접객업자와 이용객 사이에 통상 그 주차차량에 대한 관리를 공중접객업자에게 맡긴다는 의사까지는 없다고 봄이 상당하므로, 공중접객업자에게 차량시동열쇠를 보관시키는 등의 명시적이거나 묵시적인 방법으로 주차차량의 관리를 맡겼다는 등의 특수한 사정이 없는 한, 공중접객업자에게 선량한 관리자의 주의로써 주차차량을 관리할 책임이 있다고 할 수 없다(1998.12.8, 98다37507). 〈정찬(상) 357면〉

제153조【고가물에 대한 책임】 화폐, 유가증권, 그 밖의 고가물에 대하여는 고객이 그 종류와 가액을 명시하여 임치하지 아니하면 공중접객업자는 그 물건의 멸실 또는 훼손으로 인한 손해를 배상할 책임이 없다.
〈전문개정 2010.5.14〉

제154조【공중접객업자의 책임의 시효】 ①제152조와 제153조의 책임은 공중접객업자가 임치물을 반환하거나 고객이 휴대물을 가져간 후 6개월이 지나면 소멸시효가 완성된다.
②물건이 전부 멸실된 경우에는 제1항의 기간은 고객이 그 시설에서 퇴거한 날로부터 기산한다.
③제1항과 제2항은 공중접객업자나 그 사용인이 악의인 경우에는 적용하지 아니한다.
〈전문개정 2010.5.14〉

제11장 창고업

제155조【의 의】 타인을 위하여 창고에 물건을 보관함을 영업으로 하는 자를 창고업자라 한다.

제156조【창고증권의 발행】 ①창고업자는 임치인의 청구에 의하여 창고증권을 교부하여야 한다.
②창고증권에는 다음의 사항을 기재하고 창고업자가 기명날인 또는 서명하여야 한다. 〈개정 95.12.29〉

1. 임치물의 종류, 품질, 수량, 포장의 종별, 개수와 기호
2. 임치인의 성명 또는 상호, 영업소 또는 주소
3. 보관장소
4. 보관료
5. 보관기간을 정한 때에는 그 기간
6. 임치물을 보험에 붙인 때에는 보험금액, 보험기간과 보험자의 성명 또는 상호, 영업소 또는 주소
7. 창고증권의 작성지와 작성연월일

(신구) ②~기명날인하여야~ ⇨ ~기명날인 또는 서명하여야~

(판 례) 입고된 물건에 관하여 창고증권이 발행되면 그 발행일자 이후에는 그 창고증권의 명의인이 그 물건에 대하여 소유권을 취득하고 따라서 그 뒤에 생기는 창고료, 화재보험료는 물론, 감량 등에 대한 책임도 그

명의인이 져야 될 것이다(1963.5.30, 63다188). 〈정찬(상) 371면〉

제157조【준용규정】 제129조 내지 제133조의 규정은 창고증권에 준용한다.

제158조【분할부분에 대한 창고증권의 청구】 ①창고증권소지인은 창고업자에 대하여 그 증권을 반환하고 임치물을 분할하여 각 부분에 대한 창고증권의 교부를 청구할 수 있다.
②전항의 규정에 의한 임치물의 분할과 증권교부의 비용은 증권소지인이 부담한다.

제159조【창고증권에 의한 입질과 일부출고】 창고증권으로 임치물을 입질한 경우에도 질권자의 승낙이 있으면 임치인은 채권의 변제기전이라도 임치물의 일부반환을 청구할 수 있다. 이 경우에는 창고업자는 반환한 임치물의 종류, 품질과 수량을 창고증권에 기재하여야 한다.

제160조【손해배상책임】 창고업자는 자기 또는 사용인이 임치물의 보관에 관하여 주의를 해태하지 아니하였음을 증명하지 아니하면 임치물의 멸실 또는 훼손에 대하여 손해를 배상할 책임을 면하지 못한다.

판례 파손고입의 수선입고작업을 한 인부들의 과실로 인하여 창고가 소실된 경우에 있어서 고입을 입고하는 작업이 누구의 소유물에 관한 누구의 입고작업이었는지에 따라 특단의 사정이 없는 한 창고 나 그 안에 있는 고입의 멸실에 대한 책임의 소재를 달리한다(1972.1.31, 71다2651,71다26). 〈정찬(상) 365면〉

제161조【임치물의 검사, 견품적취, 보존처분권】 임치인 또는 창고증권소지인은 영업시간 내에 언제든지 창고업자에 대하여 임치물의 검사 또는 견품의 적취를 요구하거나 그 보존에 필요한 처분을 할 수 있다.

제162조【보관료청구권】 ①창고업자는 임치물을 출고할 때가 아니면 보관료 기타의 비용과 체당금의 지급을 청구하지 못한다. 그러나 보관기간경과후에는 출고전이라도 이를 청구할 수 있다.
②임치물의 일부출고의 경우에는 창고업자는 그 비율에 따른 보관료 기타의 비용과 체당금의 지급을 청구할 수 있다.

제163조【임치기간】 ①당사자가 임치기간을 정하지 아니한 때에는 창고업자는 임치물을 받은 날로부터 6월을 경과한 후에는 언제든지 이를 반환할 수 있다.
②전항의 경우에 임치물을 반환함에는 2주간전에 예고하여야 한다.

제164조【동전-부득이한 사유가 있는 경우】 부득이한 사유가 있는 경우에는 창고업자는 전조의 규정에 불구하고 언제든지 임치물을 반환할 수 있다.

제165조【준용규정】 제67조제1항과 제2항의 규정은 임치인 또는 창고증권소지인이 임치물의 수령을 거부하거나 이를 수령할 수 없는 경우에 준용한다.

제166조【창고업자의 책임의 시효】 ①임치물의 멸실 또는 훼손으로 인하여 생긴 창고업자의 책임은 그 물건을 출고한 날로부터 1년이 경과하면 소멸시효가 완성한다.
②전항의 기간은 임치물이 전부 멸실한 경우에는 임치인과 알고 있는 창고증권소지인에게 그 멸실의 통지를 발송한 날로부터 기산한다.
③전2항의 규정은 창고업자 또는 그 사용인이 악의인 경우에는 적용하지 아니한다.

판례 상법 제166조제1항에서 말하는 '멸실'은 물리적 멸실뿐만 아니라 수취인이 임치물을 권한없는 자에게 무단 출고함으로써 임치인에게 이를 반환할 수 없게 된 경우를 포함한다(1981.12.22, 80다1609). 〈정찬(상) 366면〉

제167조【창고업자의 채권의 시효】 창고업자의 임치인 또는 창고증권소지인에 대한 채권은 그 물건을 출고한 날로부터 1년간 행사하지 아니하면 소멸시효가 완성한다.

제168조【준용규정】 제108조와 제146조의 규정은 창고업자에 준용한다. 〈개정 62.12.12〉

제12장 금융리스업

〈본장신설 2010.5.14〉

제168조의2【의 의】 금융리스이용자가 선정한 기계, 시설, 그 밖의 재산(이하 이 장에서 "금융리스물건"이라 한다)을 제3자(이하 이 장에서 "공급자"라 한다)로부터 취득하거나 대여받아 금융리스이용자에게 이용하게 하는 것을 영업으로 하는 자를 금융리스업자라 한다.

제168조의3【금융리스업자와 금융리스이용자의 의무】 ①금융리스업자는 금융리스이용자가 금융리스계약에서 정한 시기에 금융리스계약에 적합한 금융리스물건을 수령할 수 있도록 하여야 한다.
②금융리스이용자는 제1항에 따라 금융리스물건을 수령함과 동시에 금융리스료를 지급하여야 한다.
③금융리스물건수령증을 발급한 경우에는 제1항의 금융리스계약 당사자 사이에 적합한 금융리스물건이 수령된 것으로 추정한다.
④금융리스이용자는 금융리스물건을 수령한 이

후에는 선량한 관리자의 주의로 금융리스물건을 유지 및 관리하여야 한다.

제168조의4【공급자의 의무】 ①금융리스물건의 공급자는 공급계약에서 정한 시기에 그 물건을 금융리스이용자에게 인도하여야 한다. ②금융리스물건이 공급계약에서 정한 시기와 내용에 따라 공급되지 아니한 경우 금융리스이용자는 공급자에게 직접 손해배상을 청구하거나 공급계약의 내용에 적합한 금융리스물건의 인도를 청구할 수 있다.

③금융리스업자는 금융리스이용자가 제2항의 권리를 행사하는 데 필요한 협력을 하여야 한다.

제168조의5【금융리스계약의 해지】 ①금융리스이용자의 책임있는 사유로 금융리스계약을 해지하는 경우에는 금융리스업자는 잔존 금융리스료 상당액의 일시 지급 또는 금융리스물건의 반환을 청구할 수 있다.

②제1항에 따른 금융리스업자의 청구는 금융리스업자의 금융리스이용자에 대한 손해배상청구에 영향을 미치지 아니한다.

③금융리스이용자는 중대한 사정변경으로 인하여 금융리스물건을 계속 사용할 수 없는 경우에는 3개월 전에 예고하고 금융리스계약을 해지할 수 있다. 이 경우 금융리스이용자는 계약의 해지로 인하여 금융리스업자에게 발생한 손해를 배상하여야 한다.

제13장 가맹업

〈본장신설 2010.5.14〉

제168조의6【의의】자신의 상호 · 상표 등(이하 이 장에서 "상호등"이라 한다)을 제공하는 것을 영업으로 하는 자(이하 "가맹업자"라 한다.)로부터 그의 상호등을 사용할 것을 허락받아 가맹업자가 지정하는 품질기준이나 영업방식에 따라 영업을 하는 자를 가맹상(加盟商)이라 한다.

제168조의7【가맹업자의 의무】 ①가맹업자는 가맹상의 영업을 위하여 필요한 지원을 하여야 한다.

②가맹업자는 다른 약정이 없으면 가맹상의 영업지역 내에서 동일 또는 유사한 업종의 영업을 하거나, 동일 또는 유사한 업종의 가맹계약을 체결할 수 없다.

제168조의8【가맹상의 의무】 ①가맹상은 가맹업자의 영업에 관한 권리가 침해되지 아니하도록 하여야 한다.

②가맹상은 계약이 종료한 후에도 가맹계약과 관련하여 알게된 가맹업자의 영업상의 비밀을 준수하여야 한다.

168조의9【가맹상의 영업양도】 ①가맹상은 가맹업자의 동의를 받아 그 영업을 양도할 수 있다.

②가맹업자는 특별한 사유가 없으면 제1항의 영업양도에 동의하여야 한다.

168조의10【계약의 해지】 가맹계약상 존속기간에 대한 약정의 유무와 관계없이 부득이한 사정이 있으면 각 당사자는 상당한 기간을 정하여 예고한 후 가맹계약을 해지할 수 있다.

제14장 채권매입업

〈본장신설 2010.5.14〉

제168조의11【의 의】 타인이 물건 · 유가증권의 판매, 용역의 제공 등에 의하여 취득하였거나 취득할 영업상의 채권(이하 이 장에서 "영업채권"이라 한다)을 매입하여 회수하는 것을 영업으로 하는 자를 채권매입업자라 한다.

제168조의12【채권매입업자의 상환청구】영업채권의 채무자가 그 채무를 이행하지 아니하는 경우 채권매입업자는 채권매입계약의 채무자에게 그 영업채권액의 상환을 청구할 수 있다. 다만, 채권매입계약에서 다르게 정한 경우에는 그러하지 아니하다.

제3편 회 사

제1장 통 칙

제169조【회사의 의의】 이 법에서 "회사"란 상행위나 그 밖의 영리를 목적으로 하여 설립한 법인을 말한다.

〈전문개정 2011.4.14〉

제170조【회사의 종류】 회사는 합명회사, 합자회사, 유한책임회사, 주식회사와 유한회사의 5종으로 한다.

〈전문개정 2011.4.14〉

제171조【회사의 주소】 회사의 주소는 본점소재지에 있는 것으로 한다.

〈전문개정 2011.4.14〉

제172조【회사의 성립】 회사는 본점소재지에서 설립등기를 함으로써 성립한다.

(판 례) 설립 중의 회사가 성립하기 위해서는 정관이 작성되고 발기인이 적어도 1주 이상의 주식을 인수하였을 것을 요건으로 한다. 발기인 중 1인이 회사의 설립을 추진 중에 행한 불법행위가 외형상 객관적으로 설립

후 회사의 대표이사로서의 직무와 밀접한 관련이 있는 경우에는 회사에 불법행위책임이 인정된다(2000.1.28, 99다35737). 〈정동 판례동향〉

제173조【권리능력의 제한】 회사는 다른 회사의 무한책임사원이 되지 못한다.

판례 회사의 권리능력은 회사의 설립근거가 된 법률과 회사의 정관상의 목적에 의하여 제한되나 그 목적범위내의 행위라 함은 정관에 명시된 목적 자체에 국한되는 것이 아니고 그 목적을 수행하는데 있어 직접 또는 간접으로 필요한 행위는 모두 포함되며 목적수행에 필요한지 여부도 행위의 객관적 성질에 따라 추상적으로 판단할 것이지 행위자의 주관적, 구체적 의사에 따라 판단할 것은 아니라 할 것인바, 단기금융업을 영위하는 회사로서 회사의 목적인 어음의 발행, 할인, 매매, 인수, 보증, 어음매매의 중개를 함에 있어서 어음의 배서는 행위의 객관적 성질상 위 목적수행에 직접, 간접으로 필요한 행위라고 하여야 할 것이다(1987.9.8, 86다카1349). 〈최준(상) 147면〉

제174조【회사의 합병】 ①회사는 합병을 할 수 있다.

②합병을 하는 회사의 일방 또는 쌍방이 주식회사, 유한회사 또는 유한책임회사인 경우에는 합병 후 존속하는 회사나 합병으로 설립되는 회사는 주식회사, 유한회사 또는 유한책임회사이어야 한다. 〈개정 2011.4.14〉

③해산후의 회사는 존립중의 회사를 존속하는 회사로 하는 경우에 한하여 합병을 할 수 있다.

제175조【동전－설립위원】 ①회사의 합병으로 인하여 신회사를 설립하는 경우에는 정관의 작성 기타 설립에 관한 행위는 각 회사에서 선임한 설립위원이 공동으로 하여야 한다.

②제230조, 제434조와 제585조의 규정은 전항의 선임에 준용한다.

제176조【회사의 해산명령】 ①법원은 다음의 사유가 있는 경우에는 이해관계인이나 검사의 청구에 의하여 또는 직권으로 회사의 해산을 명할 수 있다.

1. 회사의 설립목적이 불법한 것인 때
2. 회사가 정당한 사유없이 설립한 후 1년 내에 영업을 개시하지 아니하거나 1년 이상 영업을 휴지하는 때
3. 이사 또는 회사의 업무를 집행하는 사원이 법령 또는 정관에 위반하여 회사의 존속을 허용할 수 없는 행위를 한 때

②전항의 청구가 있는 때에는 법원은 해산을 명하기 전일지라도 이해관계인이나 검사의 청구에 의하여 또는 직권으로 관리인의 선임 기타 회사재산의 보전에 필요한 처분을 할 수 있다.

③이해관계인이 제1항의 청구를 한 때에는 법원은 회사의 청구에 의하여 상당한 담보를 제공할 것을 명할 수 있다.

④회사가 전항의 청구를 함에는 이해관계인의 청구가 악의임을 소명하여야 한다.

판례 상법 제176조제1항에 의하여 법원에 회사의 해산명령을 청구할 수 있는 이해관계인이란 회사 존립에 직접 법률상 이해관계가 있는 자라고 보아야 할 것인바, '전자랜드'라는 명칭의 빌딩을 소유하고 같은 명칭의 서비스표 및 상표 등록을 한 자가 그 상호를 '전자랜드주식회사'로 변경하려고 하는데, 휴면회사인 '전자랜드판매주식회사'로 인하여 상호변경등기를 할 수 없다는 사실만으로는 동조 제1항의 이해관계인이라 보기 어렵다(1995.9.12, 95마686).

제177조【등기기간의 기산점】 본편의 규정에 의하여 등기할 사항으로서 관청의 허가 또는 인가를 요하는 것에 관하여는 그 서류가 도달한 날로부터 등기기간을 기산한다.

제2장 합명회사

제1절 설 립

제178조【정관의 작성】 합명회사의 설립에는 2인 이상의 사원이 공동으로 정관을 작성하여야 한다.

제179조【정관의 절대적 기재사항】 정관에는 다음의 사항을 기재하고 총사원이 기명날인 또는 서명하여야 한다. 〈개정 95.12.29〉

1. 목 적
2. 상 호
3. 사원의 성명·주민등록번호 및 주소
4. 사원의 출자의 목적과 그 가격 또는 평가의 표준
5. 본점의 소재지
6. 정관의 작성연월일

신구 ~기명날인하여야~ ⇨ ~기명날인 또는 서명하여야~
3.~성명과 주소 ⇨ ~성명·주민등록번호 및 주소
5. 본점과 지점의~ ⇨ ~본점의~

제180조【설립의 등기】 합명회사의 설립등기에 있어서는 다음의 사항을 등기하여야 한다. 〈개정 1995.12.29, 2011.4.14〉

1. 제179조제1호 내지 제3호 및 제5호의 사항과 지점을 둔 때에는 그 소재지. 다만, 회사를 대표할 사원을 정한 때에는 그외의 사원의 주소를 제외한다.
2. 사원의 출자의 목적, 재산출자에는 그 가격과 이행한 부분

3. 존립기간 기타 해산사유를 정한 때에는 그 기간 또는 사유
4. 회사를 대표할 사원을 정한 경우에는 그 성명 · 주소 및 주민등록번호
5. 수인의 사원이 공동으로 회사를 대표할 것을 정한 때에는 그 규정

제181조【지점 설치의 등기】①회사의 설립과 동시에 지점을 설치하는 경우에는 설립등기를 한 후 2주 내에 지점소재지에서 제180조제1호 본문(다른 지점의 소재지는 제외한다) 및 제3호부터 제5호까지의 사항을 등기하여야 한다. 다만, 회사를 대표할 사원을 정한 경우에는 그 외의 사원은 등기하지 아니한다.
②회사의 성립 후에 지점을 설치하는 경우에는 본점소재지에서는 2주 내에 그 지점소재지와 설치 연월일을 등기하고, 그 지점소재지에서는 3주 내에 제180조제1호 본문(다른 지점의 소재지는 제외한다) 및 제3호부터 제5호까지의 사항을 등기하여야 한다. 다만, 회사를 대표할 사원을 정한 경우에는 그 밖의 사원은 등기하지 아니한다.
〈전문개정 2011.4.14〉

제182조【본점, 지점의 이전등기】①회사가 본점을 이전하는 경우에는 2주간 내에 구소재지에서는 신소재지와 이전연월일을, 신소재지에서는 제180조 각호의 사항을 등기하여야 한다. 〈개정 95.12.29〉
②회사가 지점을 이전하는 경우에는 2주 내에 본점과 구지점소재지에서는 신지점소재지와 이전 연월일을 등기하고, 신지점소재지에서는 제180조제1호 본문(다른 지점의 소재지는 제외한다) 및 제3호부터 제5호까지의 사항을 등기하여야 한다. 다만, 회사를 대표할 사원을 정한 경우에는 그 밖의 사원은 등기하지 아니한다. 〈개정 95.12.29, 2011.4.14〉
③삭제 〈95.12.29〉

제183조【변경등기】제180조에 게기한 사항에 변경이 있는 때에는 본점소재지에서는 2주간 내, 지점소재지에서는 3주간 내에 변경등기를 하여야 한다.

제183조의2【업무집행정지가처분 등의 등기】사원의 업무집행을 정지하거나 직무대행자를 선임하는 가처분을 하거나 그 가처분을 변경·취소하는 경우에는 본점 및 지점이 있는 곳의 등기소에서 이를 등기하여야 한다.
〈본조신설 2001.12.29〉

제184조【설립무효, 취소의 소】①회사의 설립의 무효는 그 사원에 한하여, 설립의 취소는 그 취소권 있는 자에 한하여 회사성립의 날로부터 2년 내에 소만으로 이를 주장할 수 있다.
②민법 제140조의 규정은 전항의 설립의 취소에 준용한다.

제185조【채권자에 의한 설립취소의 소】사원이 그 채권자를 해할 것을 알고 회사를 설립한 때에는 채권자는 그 사원과 회사에 대한 소로 회사의 설립취소를 청구할 수 있다.

제186조【전속관할】전2조의 소는 본점소재지의 지방법원의 관할에 전속한다.

제187조【소제기의 공고】설립무효의 소 또는 설립취소의 소가 제기된 때에는 회사는 지체없이 공고하여야 한다.

제188조【소의 병합심리】수개의 설립무효의 소 또는 설립취소의 소가 제기된 때에는 법원은 이를 병합심리하여야 한다.

제189조【하자의 보완 등과 청구의 기각】설립무효의 소 또는 설립취소의 소가 그 심리중에 원인이 된 하자가 보완되고 회사의 현황과 제반사정을 참작하여 설립을 무효 또는 취소하는 것이 부적당하다고 인정한 때에는 법원은 그 청구를 기각할 수 있다.

제190조【판결의 효력】설립무효의 판결 또는 설립취소의 판결은 제3자에 대하여도 그 효력이 있다. 그러나 판결확정전에 생긴 회사와 사원 및 제3자간의 권리의무에 영향을 미치지 아니한다.

제191조【패소원고의 책임】설립무효의 소 또는 설립취소의 소를 제기한 자가 패소한 경우에 악의 또는 중대한 과실이 있는 때에는 회사에 대하여 연대하여 손해를 배상할 책임이 있다.

제192조【설립무효, 취소의 등기】설립무효의 판결 또는 설립취소의 판결이 확정된 때에는 본점과 지점의 소재지에서 등기하여야 한다.

제193조【설립무효, 취소판결의 효과】①설립무효의 판결 또는 설립취소의 판결이 확정된 때에는 해산의 경우에 준하여 청산하여야 한다.
②전항의 경우에는 법원은 사원 기타의 이해관계인의 청구에 의하여 청산인을 선임할 수 있다.

제194조【설립무효, 취소와 회사계속】①설립무효의 판결 또는 설립취소의 판결이 확정된 경우에 그 무효나 취소의 원인이 특정한 사원에 한한 것인 때에는 다른 사원 전원의 동의로써 회사를 계속할 수 있다.
②전항의 경우에는 그 무효 또는 취소의 원인이

있는 사원은 퇴사한 것으로 본다.
③제229조제2항과 제3항의 규정은 전2항의 경우에 준용한다.

제2절 회사의 내부관계

제195조【준용법규】 합명회사의 내부관계에 관하여는 정관 또는 본법에 다른 규정이 없으면 조합에 관한 민법의 규정을 준용한다.
제196조【채권출자】 채권을 출자의 목적으로 한 사원은 그 채권이 변제기에 변제되지 아니한 때에는 그 채권액을 변제할 책임을 진다. 이 경우에는 이자를 지급하는 외에 이로 인하여 생긴 손해를 배상하여야 한다.
제197조【지분의 양도】 사원은 다른 사원의 동의를 얻지 아니하면 그 지분의 전부 또는 일부를 타인에게 양도하지 못한다.
제198조【사원의 경업의 금지】 ①사원은 다른 사원의 동의가 없으면 자기 또는 제3자의 계산으로 회사의 영업부류에 속하는 거래를 하지 못하며 동종영업을 목적으로 하는 다른 회사의 무한책임사원 또는 이사가 되지 못한다.
②사원이 전항의 규정에 위반하여 거래를 한 경우에 그 거래가 자기의 계산으로 한 것인 때에는 회사는 이를 회사의 계산으로 한 것으로 볼 수 있고 제3자의 계산으로 한 것인 때에는 그 사원에 대하여 회사는 이로 인한 이득의 양도를 청구할 수 있다. 〈개정 62.12.12〉
③전항의 규정은 회사의 그 사원에 대한 손해배상의 청구에 영향을 미치지 아니한다.
④제2항의 권리는 다른 사원 과반수의 결의에 의하여 행사하여야 하며 다른 사원의 1인이 그 거래를 안 날로부터 2주간을 경과하거나 그 거래가 있은 날로부터 1년을 경과하면 소멸한다.
제199조【사원의 자기거래】 사원은 다른 사원 과반수의 결의가 있는 때에 한하여 자기 또는 제3자의 계산으로 회사와 거래를 할 수 있다. 이 경우에는 민법 제124조의 규정을 적용하지 아니한다.
제200조【업무집행의 권리의무】 ①각 사원은 정관에 다른 규정이 없는 때에는 회사의 업무를 집행할 권리와 의무가 있다.
②각 사원의 업무집행에 관한 행위에 대하여 다른 사원의 이의가 있는 때에는 곧 행위를 중지하고 총사원 과반수의 결의에 의하여야 한다.
제200조의2【직무대행자의 권한】 ①제183조의2의 직무대행자는 가처분명령에 다른 정함이 있는 경우 외에는 법인의 통상업무에 속하지 아니한 행위를 하지 못한다. 다만, 법원의 허가를 얻은 경우에는 그러하지 아니하다.
②직무대행자가 제1항의 규정에 위반한 행위를 한 경우에도 회사는 선의의 제3자에 대하여 책임을 진다.
〈본조신설 2001.12.29〉
제201조【업무집행사원】 ①정관으로 사원의 1인 또는 수인을 업무집행사원으로 정한 때에는 그 사원이 회사의 업무를 집행할 권리와 의무가 있다.
②수인의 업무집행사원이 있는 경우에 그 각 사원의 업무집행에 관한 행위에 대하여 다른 업무집행사원의 이의가 있는 때에는 곧 그 행위를 중지하고 업무집행사원 과반수의 결의에 의하여야 한다.
제202조【공동업무집행사원】 정관으로 수인의 사원을 공동업무집행사원으로 정한 때에 그 전원의 동의가 없으면 업무집행에 관한 행위를 하지 못한다. 그러나 지체할 염려가 있는 때에는 그러하지 아니하다.
제203조【지배인의 선임과 해임】 지배인의 선임과 해임은 정관에 다른 정함이 없으면 업무집행사원이 있는 경우에도 총사원 과반수의 결의에 의하여야 한다.
제204조【정관의 변경】 정관을 변경함에는 총사원의 동의가 있어야 한다.
제205조【업무집행사원의 권한상실 선고】 ①사원이 업무를 집행함에 현저하게 부적임하거나 중대한 의무에 위반한 행위가 있는 때에는 법원은 사원의 청구에 의하여 업무집행권한의 상실을 선고할 수 있다.
②전항의 판결이 확정된 때에는 본점과 지점의 소재지에서 등기하여야 한다.
제206조【준용규정】 제186조의 규정은 전조의 소에 준용한다.

제3절 회사의 외부관계

제207조【회사대표】 정관으로 업무집행사원을 정하지 아니한 때에는 각 사원은 회사를 대표한다. 수인의 업무집행사원을 정한 경우에 각 업무집행사원은 회사를 대표한다. 그러나 정관 또는 총사원의 동의로 업무집행사원중 특히 회사를 대표할 자를 정할 수 있다.
제208조【공동대표】 ①회사는 정관 또는 총사원

의 동의로 수인의 사원이 공동으로 회사를 대표할 것을 정할 수 있다.
②전항의 경우에도 제3자의 회사에 대한 의사표시는 공동대표의 권한있는 사원 1인에 대하여 이를 함으로써 그 효력이 생긴다.
제209조【대표사원의 권한】 ①회사를 대표하는 사원은 회사의 영업에 관하여 재판상 또는 재판외의 모든 행위를 할 권한이 있다.
②전항의 권한에 대한 제한은 선의의 제3자에게 대항하지 못한다.
제210조【손해배상책임】 회사를 대표하는 사원이 그 업무집행으로 인하여 타인에게 손해를 가한 때에는 회사는 그 사원과 연대하여 배상할 책임이 있다.
제211조【회사와 사원간의 소에 관한 대표권】 회사가 사원에 대하여 또는 사원이 회사에 대하여 소를 제기하는 경우에 회사를 대표할 사원이 없을 때에는 다른 사원 과반수의 결의로 선정하여야 한다.
제212조【사원의 책임】 ①회사의 재산으로 회사의 채무를 완제할 수 없는 때에는 각 사원은 연대하여 변제할 책임이 있다.
②회사재산에 대한 강제집행이 주효하지 못한 때에도 전항과 같다.
③전항의 규정은 사원이 회사에 변제의 자력이 있으며 집행이 용이한 것을 증명한 때에는 적용하지 아니한다.
제213조【신입사원의 책임】 회사성립후에 가입한 사원은 그 가입전에 생긴 회사채무에 대하여 다른 사원과 동일한 책임을 진다.
제214조【사원의 항변】 ①사원이 회사채무에 관하여 변제의 청구를 받은 때에는 회사가 주장할 수 있는 항변으로 그 채권자에게 대항할 수 있다.
②회사가 그 채권자에 대하여 상계, 취소 또는 해제할 권리가 있는 경우에는 사원은 전항의 청구에 대하여 변제를 거부할 수 있다.
제215조【자칭사원의 책임】 사원이 아닌 자가 타인에게 자기를 사원이라고 오인시키는 행위를 하였을 때에는 오인으로 인하여 회사와 거래한 자에 대하여 사원과 동일한 책임을 진다.
제216조【준용규정】 제205조와 제206조의 규정은 회사의 대표사원에 준용한다.

제4절 사원의 퇴사

제217조【사원의 퇴사권】 ①정관으로 회사의 존립기간을 정하지 아니하거나 어느 사원의 종신까지 존속할 것을 정한 때에는 사원은 영업연도말에 한하여 퇴사할 수 있다. 그러나 6월전에 이를 예고하여야 한다.
②사원이 부득이한 사유가 있을 때에는 언제든지 퇴사할 수 있다.
제218조【퇴사원인】 사원은 전조의 경우 외에 다음의 사유로 인하여 퇴사한다.
1. 정관에 정한 사유의 발생
2. 총사원의 동의
3. 사 망
4. 성년후견개시
5. 파 산
6. 제 명
〈전문개정 2018.9.18.〉
제219조【사원사망시 권리승계의 통지】 ①정관으로 사원이 사망한 경우에 그 상속인이 회사에 대한 피상속인의 권리의무를 승계하여 사원이 될 수 있음을 정한 때에는 상속인은 상속의 개시를 안 날로부터 3월 내에 회사에 대하여 승계 또는 포기의 통지를 발송하여야 한다.
②상속인이 전항의 통지없이 3월을 경과한 때에는 사원이 될 권리를 포기한 것으로 본다.
제220조【제명의 선고】 ①사원에게 다음의 사유가 있는 때에는 회사는 다른 사원 과반수의 결의에 의하여 그 사원의 제명의 선고를 법원에 청구할 수 있다.
1. 출자의 의무를 이행하지 아니한 때
2. 제198조제1항의 규정에 위반한 행위가 있는 때
3. 회사의 업무집행 또는 대표에 관하여 부정한 행위가 있는 때, 권한없이 업무를 집행하거나 회사를 대표한 때
4. 기타 중요한 사유가 있는 때
②제205조제2항과 제206조의 규정은 전항의 경우에 준용한다.
제221조【제명사원과 회사간의 계산】 제명된 사원과 회사와의 계산은 제명의 소를 제기한 때의 회사재산의 상태에 따라서 하며 그 때부터 법정이자를 붙여야 한다.
제222조【지분의 환급】 퇴사한 사원은 노무 또는 신용으로 출자의 목적으로 한 경우에도 그 지분의 환급을 받을 수 있다. 그러나 정관에 다른 규정이 있는 때에는 그러하지 아니하다.
제223조【지분의 압류】 사원의 지분의 압류는 사원이 장래이익의 배당과 지분의 환급을 청구하는 권리에 대하여도 그 효력이 있다.

제224조【지분압류채권자에 의한 퇴사청구】 ①사원의 지분을 압류한 채권자는 영업연도말에 그 사원을 퇴사시킬 수 있다. 그러나 회사와 그 사원에 대하여 6월전에 그 예고를 하여야 한다.
②전항 단서의 예고는 사원이 변제를 하거나 상당한 담보를 제공한 때에는 그 효력을 잃는다.
제225조【퇴사원의 책임】 ①퇴사한 사원은 본점소재지에서 퇴사등기를 하기 전에 생긴 회사채무에 대하여는 등기후 2년 내에는 다른 사원과 동일한 책임이 있다.
②전항의 규정은 지분을 양도한 사원에 준용한다.
제226조【퇴사원의 상호변경청구권】 퇴사한 사원의 성명이 회사의 상호 중에 사용된 경우에는 그 사원은 회사에 대하여 그 사용의 폐지를 청구할 수 있다.

제5절 회사의 해산

제227조【해산원인】 회사는 다음의 사유로 인하여 해산한다.
1. 존립기간의 만료 기타 정관으로 정한 사유의 발생
2. 총사원의 동의
3. 사원이 1인으로 된 때
4. 합 병
5. 파 산
6. 법원의 명령 또는 판결

제228조【해산등기】 회사가 해산된 때에는 합병과 파산의 경우외에는 그 해산사유가 있은 날로부터 본점소재지에서는 2주간내, 지점소재지에서는 3주간 내에 해산등기를 하여야 한다.
제229조【회사의 계속】 ①제227조제1호와 제2호의 경우에는 사원의 전부 또는 일부의 동의로 회사를 계속할 수 있다. 그러나 동의를 하지 아니한 사원은 퇴사한 것으로 본다.
②제227조제3호의 경우에는 새로 사원을 가입시켜서 회사를 계속할 수 있다.
③전2항의 경우에 이미 회사의 해산등기를 하였을 때에는 본점소재지에서는 2주간내, 지점소재지에서는 3주간 내에 회사의 계속등기를 하여야 한다.
④제213조의 규정은 제2항의 신입사원의 책임에 준용한다.
제230조【합병의 결의】 회사가 합병을 함에는 총사원의 동의가 있어야 한다.
제231조 삭제 〈84.4.10〉
제232조【채권자의 이의】 ①회사는 합병의 결의가 있은 날부터 2주 내에 회사채권자에 대하여 합병에 이의가 있으면 일정한 기간내에 이를 제출할 것을 공고하고 알고 있는 채권자에 대하여는 따로따로 이를 최고하여야 한다. 이 경우 그 기간은 1월 이상이어야 한다. 〈개정 84.4.10, 98.12.28〉
②채권자가 제1항의 기간내에 이의를 제출하지 아니한 때에는 합병을 승인한 것으로 본다. 〈개정 84.4.10〉
③이의를 제출한 채권자가 있는 때에는 회사는 그 채권자에 대하여 변제 또는 상당한 담보를 제공하거나 이를 목적으로 하여 상당한 재산을 신탁회사에 신탁하여야 한다.

(신구) ①~날로부터 2주간내~ ⇨ ~날부터 2주내, ~각별로~ ⇨ ~따로따로~, 그러나~ ⇨ 이 경우~, ~2월 이상~ ⇨ ~1월 이상

제233조【합병의 등기】 회사가 합병을 한 때에는 본점소재지에서는 2주간내, 지점소재지에서는 3주간내에 합병후 존속하는 회사의 변경등기, 합병으로 인하여 소멸하는 회사의 해산등기, 합병으로 인하여 설립되는 회사의 설립등기를 하여야 한다.
제234조【합병의 효력발생】 회사의 합병은 합병후 존속하는 회사 또는 합병으로 인하여 설립되는 회사가 그 본점소재지에서 전조의 등기를 함으로써 그 효력이 생긴다.
제235조【합병의 효과】 합병후 존속한 회사 또는 합병으로 인하여 설립된 회사는 합병으로 인하여 소멸된 회사의 권리의무를 승계한다.
제236조【합병무효의 소의 제기】 ①회사의 합병의 무효는 각 회사의 사원, 청산인, 파산관재인 또는 합병을 승인하지 아니한 회사채권자에 한하여 소만으로 이를 주장할 수 있다.
②전항의 소는 제233조의 등기가 있은 날로부터 6월 내에 제기하여야 한다.
제237조【준용규정】 제176조제3항과 제4항의 규정은 회사채권자가 전조의 소를 제기한 때에 준용한다.
제238조【합병무효의 등기】 합병을 무효로 한 판결이 확정된 때에는 본점과 지점의 소재지에서 합병후 존속한 회사의 변경등기, 합병으로 인하여 소멸된 회사의 회복등기, 합병으로 인하여 설립된 회사의 해산등기를 하여야 한다.
제239조【무효판결확정과 회사의 권리의무의 귀속】 ①합병을 무효로 한 판결이 확정된 때에는 합병을 한 회사는 합병후 존속한 회사 또는 합병으

로 인하여 설립된 회사의 합병후 부담한 채무에 대하여 연대하여 변제할 책임이 있다.
②합병후 존속한 회사 또는 합병으로 인하여 설립한 회사의 합병후 취득한 재산은 합병을 한 회사의 공유로 한다.
③전2항의 경우에 각 회사의 협의로 그 부담부분 또는 지분을 정하지 못한 때에는 법원은 그 청구에 의하여 합병당시의 각 회사의 재산상태 기타의 사정을 참작하여 이를 정한다.

제240조【준용규정】 제186조 내지 제191조의 규정은 합병무효의 소에 준용한다.

제241조【사원에 의한 해산청구】 ①부득이한 사유가 있는 때에는 각 사원은 회사의 해산을 법원에 청구할 수 있다.
②제186조와 제191조의 규정은 전항의 경우에 준용한다.

제242조【조직변경】 ①합명회사는 총사원의 동의로 일부사원을 유한책임사원으로 하거나 유한책임사원을 새로 가입시켜서 합자회사로 변경할 수 있다.
②전항의 규정은 제229조제2항의 규정에 의하여 회사를 계속하는 경우에 준용한다.

제243조【조직변경의 등기】 합명회사를 합자회사로 변경한 때에는 본점소재지에서는 2주간내, 지점소재지에서는 3주간 내에 합명회사에 있어서는 해산등기, 합자회사에 있어서는 설립등기를 하여야 한다.

제244조【조직변경에 의하여 유한책임사원이 된 자의 책임】 합명회사사원으로서 제242조제1항의 규정에 의하여 유한책임사원이 된 자는 전조의 규정에 의한 본점등기를 하기 전에 생긴 회사채무에 대하여는 등기후 2년 내에는 무한책임사원의 책임을 면하지 못한다.

제6절 청 산

제245조【청산중의 회사】 회사는 해산된 후에도 청산의 목적범위내에서 존속하는 것으로 본다.

제246조【수인의 지분상속인이 있는 경우】 회사의 해산후 사원이 사망한 경우에 그 상속인이 수인인 때에는 청산에 관한 사원의 권리를 행사할 자 1인을 정하여야 한다. 이를 정하지 아니한 때에는 회사의 통지 또는 최고는 그 중의 1인에 대하여 하면 전원에 대하여 그 효력이 있다.

제247조【임의청산】 ①해산된 회사의 재산처분방법은 정관 또는 총사원의 동의로 이를 정할 수 있다. 이 경우에는 해산사유가 있는 날로부터 2주간 내에 재산목록과 대차대조표를 작성하여야 한다.
②전항의 규정은 회사가 제227조제3호 또는 제6호의 사유로 인하여 해산한 경우에는 이를 적용하지 아니한다.
③제232조의 규정은 제1항의 경우에 준용한다.
④제1항의 경우에 사원의 지분을 압류한 자가 있는 때에는 그 동의를 얻어야 한다.
⑤제1항의 회사는 그 재산의 처분을 완료한 날부터 본점소재지에서는 2주간 내에, 지점소재지에서는 3주간 내에 청산종결의 등기를 하여야 한다. 〈신설 95.12.29〉

제248조【임의청산과 채권자보호】 ①회사가 전조제3항의 규정에 위반하여 그 재산을 처분함으로써 회사채권자를 해한 때에는 회사채권자는 그 처분의 취소를 법원에 청구할 수 있다.
②제186조와 민법 제406조제1항 단서, 제2항 및 제407조의 규정은 전항의 취소의 청구에 준용한다.

제249조【지분압류채권자의 보호】 회사가 제247조제4항의 규정에 위반하여 그 재산을 처분한 때에는 사원의 지분을 압류한 자는 회사에 대하여 그 지분에 상당하는 금액의 지급을 청구할 수 있다. 이 경우에는 전조의 규정을 준용한다.

제250조【법정청산】 제247조제1항의 규정에 의하여 회사재산의 처분방법을 정하지 아니한 때에는 합병과 파산의 경우를 제외하고 제251조 내지 제265조의 규정에 따라서 청산을 하여야 한다.

제251조【청산인】 ①회사가 해산된 때에는 총사원 과반수의 결의로 청산인을 선임한다.
②청산인의 선임이 없는 때에는 업무집행사원이 청산인이 된다.

제252조【법원선임에 의한 청산인】 회사가 제227조제3호 또는 제6호의 사유로 인하여 해산된 때에는 법원은 사원 기타의 이해관계인이나 검사의 청구에 의하여 또는 직권으로 청산인을 선임한다.

제253조【청산인의 등기】 ①청산인이 선임된 때에는 그 선임된 날로부터, 업무집행사원이 청산인이 된 때에는 해산된 날로부터 본점소재지에서는 2주간내, 지점소재지에서는 3주간 내에 다음의 사항을 등기하여야 한다. 〈개정 95.12.29〉
1. 청산인의 성명·주민등록번호 및 주소. 다만, 회사를 대표할 청산인을 정한 때에는 그외의 청산인의 주소를 제외한다.
2. 회사를 대표할 청산인을 정한 때에는 그 성명

3. 수인의 청산인이 공동으로 회사를 대표할 것을 정한 때에는 그 규정
②제183조의 규정은 제1항의 등기에 준용한다. 〈개정 95.12.29〉
제254조【청산인의 직무권한】 ①청산인의 직무는 다음과 같다.
1. 현존사무의 종결
2. 채권의 추심과 채무의 변제
3. 재산의 환가처분
4. 잔여재산의 분배
②청산인이 수인인 때에는 청산의 직무에 관한 행위는 그 과반수의 결의로 정한다.
③회사를 대표할 청산인은 제1항의 직무에 관하여 재판상 또는 재판외의 모든 행위를 할 권한이 있다.
④민법 제93조의 규정은 합명회사에 준용한다.
제255조【청산인의 회사대표】 ①업무집행사원이 청산인으로 된 경우에는 종전의 정함에 따라 회사를 대표한다.
②법원이 수인의 청산인을 선임하는 경우에는 회사를 대표할 자를 정하거나 수인이 공동하여 회사를 대표할 것을 정할 수 있다.
제256조【청산인의 의무】 ①청산인은 취임한 후 지체없이 회사의 재산상태를 조사하고 재산목록과 대차대조표를 작성하여 각 사원에게 교부하여야 한다.
②청산인은 사원의 청구가 있는 때에는 언제든지 청산의 상황을 보고하여야 한다.
제257조【영업의 양도】 청산인이 회사의 영업의 전부 또는 일부를 양도함에는 총사원 과반수의 결의가 있어야 한다.
제258조【채무완제불능과 출자청구】 ①회사의 현존재산이 그 채무를 변제함에 부족한 때에는 청산인은 변제기에 불구하고 각 사원에 대하여 출자를 청구할 수 있다.
②전항의 출자액은 각 사원의 출자의 비율로 이를 정한다.
제259조【채무의 변제】 ①청산인은 변제기에 이르지 아니한 회사채무에 대하여도 이를 변제할 수 있다.
②전항의 경우에 이자없는 채권에 관하여는 변제기에 이르기까지의 법정이자를 가산하여 그 채권액에 달할 금액을 변제하여야 한다.
③전항의 규정은 이자있는 채권으로서 그 이율이 법정이율에 달하지 못하는 것에 이를 준용한다.
④제1항의 경우에는 조건부채권, 존속기간이 불확정한 채권 기타 가액이 불확정한 채권에 대하여는 법원이 선임한 감정인의 평가에 의하여 변제하여야 한다.
제260조【잔여재산의 분배】 청산인은 회사의 채무를 완제한 후가 아니면 회사재산을 사원에게 분배하지 못한다. 그러나 다툼이 있는 채무에 대하여는 그 변제에 필요한 재산을 보류하고 잔여재산을 분배할 수 있다.
제261조【청산인의 해임】 사원이 선임한 청산인은 총사원 과반수의 결의로 해임할 수 있다.
제262조【동 전】 청산인이 그 직무를 집행함에 현저하게 부적임하거나 중대한 임무에 위반한 행위가 있는 때에는 법원은 사원 기타의 이해관계인의 청구에 의하여 청산인을 해임할 수 있다.
제263조【청산인의 임무종료】 ①청산인은 그 임무가 종료한 때에는 지체없이 계산서를 작성하여 각 사원에게 교부하고 그 승인을 얻어야 한다.
②전항의 계산서를 받은 사원이 1월 내에 이의를 하지 아니한 때에는 그 계산을 승인한 것으로 본다. 그러나 청산인에게 부정행위가 있는 경우에는 그러하지 아니하다.
제264조【청산종결의 등기】 청산이 종결된 때에는 청산인은 전조의 규정에 의한 총사원의 승인이 있은 날로부터 본점소재지에서는 2주간내, 지점소재지에서는 3주간 내에 청산종결의 등기를 하여야 한다.
제265조【준용규정】 제183조의2·제199조·제200조의2·제207조·제208조·제209조제2항·제210조·제382조제2항·제399조 및 제401조의 규정은 청산인에 준용한다.
〈전문개정 2001.12.29〉
제266조【장부, 서류의 보존】 ①회사의 장부와 영업 및 청산에 관한 중요서류는 본점소재지에서 청산종결의 등기를 한 후 10년간 이를 보존하여야 한다. 다만, 전표 또는 이와 유사한 서류는 5년간 이를 보존하여야 한다. 〈개정 95. 12.29〉
②제1항의 경우에는 총사원 과반수의 결의로 보존인과 보존방법을 정하여야 한다. 〈개정 95. 12.29〉
제267조【사원의 책임의 소멸시기】 ①제212조의 규정에 의한 사원의 책임은 본점소재지에서 해산등기를 한 후 5년을 경과하면 소멸한다.
②전항의 기간경과후에도 분배하지 아니한 잔여재산이 있는 때에는 회사채권자는 이에 대하여 변제를 청구할 수 있다.

제3장 합자회사

제268조【회사의 조직】 합자회사는 무한책임사원과 유한책임사원으로 조직한다.

제269조【준용규정】 합자회사에는 본장에 다른 규정이 없는 사항은 합명회사에 관한 규정을 준용한다.

제270조【정관의 절대적 기재사항】 합자회사의 정관에는 제179조에 게기한 사항외에 각 사원의 무한책임 또는 유한책임인 것을 기재하여야 한다.

제271조【등기사항】 ①합자회사의 설립등기를 할 때에는 제180조 각 호의 사항 외에 각 사원의 무한책임 또는 유한책임인 것을 등기하여야 한다.
②합자회사가 지점을 설치하거나 이전할 때에는 지점소재지 또는 신지점소재지에서 제180조제1호 본문(다른 지점의 소재지는 제외한다) 및 제3호부터 제5호까지의 사항을 등기하여야 한다. 다만, 무한책임사원만을 등기하되, 회사를 대표할 사원을 정한 경우에는 다른 사원은 등기하지 아니한다.
〈전문개정 2011.4.14〉

제272조【유한책임사원의 출자】 유한책임사원은 신용 또는 노무를 출자의 목적으로 하지 못한다.

제273조【업무집행의 권리의무】 무한책임사원은 정관에 다른 규정이 없는 때에는 각자가 회사의 업무를 집행할 권리와 의무가 있다.

제274조【지배인의 선임, 해임】 지배인의 선임과 해임은 업무집행사원이 있는 경우에도 무한책임사원 과반수의 결의에 의하여야 한다.

제275조【유한책임사원의 경업의 자유】 유한책임사원은 다른 사원의 동의없이 자기 또는 제3자의 계산으로 회사의 영업부류에 속하는 거래를 할 수 있고 동종영업을 목적으로 하는 다른 회사의 무한책임사원 또는 이사가 될 수 있다.

제276조【유한책임사원의 지분양도】 유한책임사원은 무한책임사원 전원의 동의가 있으면 그 지분의 전부 또는 일부를 타인에게 양도할 수 있다. 지분의 양도에 따라 정관을 변경하여야 할 경우에도 같다.

제277조【유한책임사원의 감시권】 ①유한책임사원은 영업연도말에 있어서 영업시간내에 한하여 회사의 회계장부·대차대조표 기타의 서류를 열람할 수 있고 회사의 업무와 재산상태를 검사할 수 있다. 〈개정 84.4.10〉
②중요한 사유가 있는 때에는 유한책임사원은 언제든지 법원의 허가를 얻어 제1항의 열람과 검사를 할 수 있다.

제278조【유한책임사원의 업무집행, 회사대표의 금지】 유한책임사원은 회사의 업무집행이나 대표행위를 하지 못한다.

제279조【유한책임사원의 책임】 ①유한책임사원은 그 출자가액에서 이미 이행한 부분을 공제한 가액을 한도로 하여 회사채무를 변제할 책임이 있다.
②회사에 이익이 없음에도 불구하고 배당을 받은 금액은 변제책임을 정함에 있어서 이를 가산한다.

제280조【출자감소의 경우의 책임】 유한책임사원은 그 출자를 감소한 후에도 본점소재지에서 등기를 하기 전에 생긴 회사채무에 대하여는 등기후 2년 내에는 전조의 책임을 면하지 못한다.

제281조【자칭 무한책임사원의 책임】 ①유한책임사원이 타인에게 자기를 무한책임사원이라고 오인시키는 행위를 한 때에는 오인으로 인하여 회사와 거래를 한 자에 대하여 무한책임사원과 동일한 책임이 있다.
②전항의 규정은 유한책임사원이 그 책임의 한도를 오인시키는 행위를 한 경우에 준용한다.

제282조【책임을 변경한 사원의 책임】 제213조의 규정은 유한책임사원이 무한책임사원으로 된 경우에, 제225조의 규정은 무한책임사원이 유한책임사원으로 된 경우에 준용한다.

제283조【유한책임사원의 사망】 ①유한책임사원이 사망한 때에는 그 상속인이 그 지분을 승계하여 사원이 된다.
②전항의 경우에 상속인이 수인인 때에는 사원의 권리를 행사할 자 1인을 정하여야 한다. 이를 정하지 아니한 때에는 회사의 통지 또는 최고는 그 중의 1인에 대하여 하면 전원에 대하여 그 효력이 있다.

제284조【유한책임사원의 성년후견개시】 유한책임사원은 성년후견개시 심판을 받은 경우에도 퇴사되지 아니한다.
〈전문개정 2018.9.18〉

제285조【해산, 계속】 ①합자회사는 무한책임사원 또는 유한책임사원의 전원이 퇴사한 때에는 해산된다.
②전항의 경우에 잔존한 무한책임사원 또는 유한책임사원은 전원의 동의로 새로 유한책임사원 또는 무한책임사원을 가입시켜서 회사를 계속할 수 있다.

③제213조와 제229조제3항의 규정은 전항의 경우에 준용한다.

제286조【조직변경】 ①합자회사는 사원전원의 동의로 그 조직을 합명회사로 변경하여 계속할 수 있다.

②유한책임사원전원이 퇴사한 경우에도 무한책임사원은 그 전원의 동의로 합명회사로 변경하여 계속할 수 있다.

③전2항의 경우에는 본점소재지에서는 2주간내, 지점소재지에서는 3주간 내에 합자회사에 있어서는 해산등기를, 합명회사에 있어서는 설립등기를 하여야 한다.

제287조【청산인】 합자회사의 청산인은 무한책임사원 과반수의 결의로 선임한다. 이를 선임하지 아니한 때에는 업무집행사원이 청산인이 된다.

제3장의2 유한책임회사
〈본장신설 2011.4.14〉

제1절 설립
〈본절신설 2011.4.14〉

제287조의2【정관의 작성】 유한책임회사를 설립할 때에는 사원은 정관을 작성하여야 한다.
〈본조신설 2011.4.14〉

제287조의3【정관의 기재사항】 정관에는 다음 각 호의 사항을 적고 각 사원이 기명날인하거나 서명하여야 한다.

1. 제179조제1호부터 제3호까지, 제5호 및 제6호에서 정한 사항
2. 사원의 출자의 목적 및 가액
3. 자본금의 액
4. 업무집행자의 성명(법인인 경우에는 명칭) 및 주소

〈본조신설 2011.4.14〉

제287조의4【설립 시의 출자의 이행】 ①사원은 신용이나 노무를 출자의 목적으로 하지 못한다.

②사원은 정관의 작성 후 설립등기를 하는 때까지 금전이나 그 밖의 재산의 출자를 전부 이행하여야 한다.

③현물출자를 하는 사원은 납입기일에 지체 없이 유한책임회사에 출자의 목적인 재산을 인도하고, 등기, 등록, 그 밖의 권리의 설정 또는 이전이 필요한 경우에는 이에 관한 서류를 모두 갖추어 교부하여야 한다.
〈본조신설 2011.4.14〉

제287조의5【설립의 등기 등】 ①유한책임회사는 본점의 소재지에서 다음 각 호의 사항을 등기함으로써 성립한다.

1. 제179조제1호 · 제2호 및 제5호에서 정한 사항과 지점을 둔 경우에는 그 소재지
2. 제180조제3호에서 정한 사항
3. 자본금의 액
4. 업무집행자의 성명, 주소 및 주민등록번호(법인인 경우에는 명칭, 주소 및 법인등록번호). 다만, 유한책임회사를 대표할 업무집행자를 정한 경우에는 그 외의 업무집행자의 주소는 제외한다.
5. 유한책임회사를 대표할 자를 정한 경우에는 그 성명 또는 명칭과 주소
6. 정관으로 공고방법을 정한 경우에는 그 공고방법
7. 둘 이상의 업무집행자가 공동으로 회사를 대표할 것을 정한 경우에는 그 규정

②유한책임회사가 지점을 설치하는 경우에는 제181조를 준용한다.

③유한책임회사가 본점이나 지점을 이전하는 경우에는 제182조를 준용한다.

④제1항 각 호의 사항이 변경된 경우에는 본점소재지에서는 2주 내에 변경등기를 하고, 지점소재지에서는 3주 내에 변경등기를 하여야 한다.

⑤유한책임회사의 업무집행자의 업무집행을 정지하거나 직무대행자를 선임하는 가처분을 하거나 그 가처분을 변경 또는 취소하는 경우에는 본점 및 지점이 있는 곳의 등기소에서 등기하여야 한다.
〈본조신설 2011.4.14〉

제287조의6【준용규정】 유한책임회사의 설립의 무효와 취소에 관하여는 제184조부터 제194조까지의 규정을 준용한다. 이 경우 제184조 중 "사원"은 "사원 및 업무집행자"로 본다.
〈본조신설 2011.4.14〉

제2절 유한책임회사의 내부관계
〈본절신설 2011.4.14〉

제287조의7【사원의 책임】 사원의 책임은 이 법에 다른 규정이 있는 경우 외에는 그 출자금액을 한도로 한다.
〈본조신설 2011.4.14〉

제287조의8【지분의 양도】 ①사원은 다른 사원의 동의를 받지 아니하면 그 지분의 전부 또는 일부

를 타인에게 양도하지 못한다.
②제1항에도 불구하고 업무를 집행하지 아니한 사원은 업무를 집행하는 사원 전원의 동의가 있으면 지분의 전부 또는 일부를 타인에게 양도할 수 있다. 다만, 업무를 집행하는 사원이 없는 경우에는 사원 전원의 동의를 받아야 한다.
③제1항과 제2항에도 불구하고 정관으로 그에 관한 사항을 달리 정할 수 있다.
〈본조신설 2011.4.14〉

제287조의9【유한책임회사에 의한 지분양수의 금지】①유한책임회사는 그 지분의 전부 또는 일부를 양수할 수 없다.
②유한책임회사가 지분을 취득하는 경우에 그 지분은 취득한 때에 소멸한다.
〈본조신설 2011.4.14〉

제287조의10【업무집행자의 경업 금지】 ①업무집행자는 사원 전원의 동의를 받지 아니하고는 자기 또는 제3자의 계산으로 회사의 영업부류(營業部類)에 속한 거래를 하지 못하며, 같은 종류의 영업을 목적으로 하는 다른 회사의 업무집행자·이사 또는 집행임원이 되지 못한다.
②업무집행자가 제1항을 위반하여 거래를 한 경우에는 제198조제2항부터 제4항까지의 규정을 준용한다.
〈본조신설 2011.4.14〉

제287조의11【업무집행자와 유한책임회사 간의 거래】업무집행자는 다른 사원 과반수의 결의가 있는 경우에만 자기 또는 제3자의 계산으로 회사와 거래를 할 수 있다. 이 경우에는「민법」제124조를 적용하지 아니한다.
〈본조신설 2011.4.14〉

제287조의12【업무의 집행】 ①유한책임회사는 정관으로 사원 또는 사원이 아닌 자를 업무집행자로 정하여야 한다.
②1명 또는 둘 이상의 업무집행자를 정한 경우에는 업무집행자 각자가 회사의 업무를 집행할 권리와 의무가 있다. 이 경우에는 제201조제2항을 준용한다.
③정관으로 둘 이상을 공동업무집행자로 정한 경우에는 그 전원의 동의가 없으면 업무집행에 관한 행위를 하지 못한다.
〈본조신설 2011.4.14〉

제287조의13【직무대행자의 권한 등】 제287조의5제5항에 따라 선임된 직무대행자의 권한에 대하여는 제200조의2를 준용한다.
〈본조신설 2011.4.14〉

제287조의14【사원의 감시권】 업무집행자가 아닌 사원의 감시권에 대하여는 제277조를 준용한다.
〈본조신설 2011.4.14〉

제287조의15【법인이 업무집행자인 경우의 특칙】
①법인이 업무집행자인 경우에는 그 법인은 해당 업무집행자의 직무를 행할 자를 선임하고, 그 자의 성명과 주소를 다른 사원에게 통지하여야 한다.
②제1항에 따라 선임된 직무수행자에 대하여는 제287조의11과 제287조의12를 준용한다.
〈본조신설 2011.4.14〉

제287조의16【정관의 변경】정관에 다른 규정이 없는 경우 정관을 변경하려면 총사원의 동의가 있어야 한다.
〈본조신설 2011.4.14〉

제287조의17【업무집행자 등의 권한상실 선고】 ①업무집행자의 업무집행권한의 상실에 관하여는 제205조를 준용한다.
②제1항의 소(訴)는 본점소재지의 지방법원의 관할에 전속한다.
〈본조신설 2011.4.14〉

제287조의18【준용규정】 유한책임회사의 내부관계에 관하여는 정관이나 이 법에 다른 규정이 없으면 합명회사에 관한 규정을 준용한다.
〈본조신설 2011.4.14〉

제3절 유한책임회사의 외부관계
〈본절신설 2011.4.14〉

제287조의19【유한책임회사의 대표】①업무집행자는 유한책임회사를 대표한다.
②업무집행자가 둘 이상인 경우 정관 또는 총사원의 동의로 유한책임회사를 대표할 업무집행자를 정할 수 있다.
③유한책임회사는 정관 또는 총사원의 동의로 둘 이상의 업무집행자가 공동으로 회사를 대표할 것을 정할 수 있다.
④제3항의 경우에 제3자의 유한책임회사에 대한 의사표시는 공동대표의 권한이 있는 자 1인에 대하여 함으로써 그 효력이 생긴다.
⑤유한책임회사를 대표하는 업무집행자에 대하여는 제209조를 준용한다.
〈본조신설 2011.4.14〉

제287조의20【손해배상책임】 유한책임회사를 대표하는 업무집행자가 그 업무집행으로 타인에게 손해를 입힌 경우에는 회사는 그 업무집행자와 연

대하여 배상할 책임이 있다.
〈본조신설 2011.4.14〉

제287조의21【유한책임회사와 사원 간의 소】유한책임회사가 사원(사원이 아닌 업무집행자를 포함한다. 이하 이 조에서 같다)에 대하여 또는 사원이 유한책임회사에 대하여 소를 제기하는 경우에 유한책임회사를 대표할 사원이 없을 때에는 다른 사원 과반수의 결의로 대표할 사원을 선정하여야 한다.
〈본조신설 2011.4.14〉

제287조의22【대표소송】①사원은 회사에 대하여 업무집행자의 책임을 추궁하는 소의 제기를 청구할 수 있다.
②제1항의 소에 관하여는 제403조제2항부터 제4항까지, 제6항, 제7항 및 제404조부터 제406조까지의 규정을 준용한다.
〈본조신설 2011.4.14〉

제4절 사원의 가입 및 탈퇴
〈본절신설 2011.4.14〉

제287조의23【사원의 가입】①유한책임회사는 정관을 변경함으로써 새로운 사원을 가입시킬 수 있다.
②제1항에 따른 사원의 가입은 정관을 변경한 때에 효력이 발생한다. 다만, 정관을 변경한 때에 해당 사원이 출자에 관한 납입 또는 재산의 전부 또는 일부의 출자를 이행하지 아니한 경우에는 그 납입 또는 이행을 마친 때에 사원이 된다.
③사원 가입 시 현물출자를 하는 사원에 대하여는 제287조의4제3항을 준용한다.
〈본조신설 2011.4.14〉

제287조의24【사원의 퇴사권】사원의 퇴사에 관하여는 정관으로 달리 정하지 아니하는 경우에는 제217조제1항을 준용한다.
〈본조신설 2011.4.14〉

제287조의25【퇴사 원인】사원의 퇴사 원인에 관하여는 제218조를 준용한다.
〈본조신설 2011.4.14〉

제287조의26【사원사망 시 권리승계의 통지】사원이 사망한 경우에는 제219조를 준용한다.
〈본조신설 2011.4.14〉

제287조의27【제명의 선고】사원의 제명에 관하여는 제220조를 준용한다. 다만, 사원의 제명에 필요한 결의는 정관으로 달리 정할 수 있다.
〈본조신설 2011.4.14〉

제287조의28【퇴사 사원 지분의 환급】①퇴사 사원은 그 지분의 환급을 금전으로 받을 수 있다.
②퇴사 사원에 대한 환급금액은 퇴사 시의 회사의 재산 상황에 따라 정한다.
③퇴사 사원의 지분 환급에 대하여는 정관으로 달리 정할 수 있다.
〈본조신설 2011.4.14〉

제287조의29【지분압류채권자에 의한 퇴사】사원의 지분을 압류한 채권자가 그 사원을 퇴사시키는 경우에는 제224조를 준용한다.
〈본조신설 2011.4.14〉

제287조의30【퇴사 사원의 지분 환급과 채권자의 이의】①유한책임회사의 채권자는 퇴사하는 사원에게 환급하는 금액이 제287조의37에 따른 잉여금을 초과한 경우에는 그 환급에 대하여 회사에 이의를 제기할 수 있다.
②제1항의 이의제기에 관하여는 제232조를 준용한다. 다만, 제232조제3항은 지분을 환급하더라도 채권자에게 손해를 끼칠 우려가 없는 경우에는 준용하지 아니한다.
〈본조신설 2011.4.14〉

제287조의31【퇴사 사원의 상호변경 청구권】퇴사한 사원의 성명이 유한책임회사의 상호 중에 사용된 경우에는 그 사원은 유한책임회사에 대하여 그 사용의 폐지를 청구할 수 있다.
〈본조신설 2011.4.14〉

제5절 회계 등
〈본절신설 2011.4.14〉

제287조의32【회계 원칙】유한책임회사의 회계는 이 법과 대통령령으로 규정한 것 외에는 일반적으로 공정하고 타당한 회계관행에 따른다.
〈본조신설 2011.4.14〉

제287조의33【재무제표의 작성 및 보존】업무집행자는 결산기마다 대차대조표, 손익계산서, 그 밖에 유한책임회사의 재무상태와 경영성과를 표시하는 것으로서 대통령령으로 정하는 서류를 작성하여야 한다.
〈본조신설 2011.4.14〉

제287조의34【재무제표의 비치·공시】①업무집행자는 제287조의33에 규정된 서류를 본점에 5년간 갖추어 두어야 하고, 그 등본을 지점에 3년간 갖추어 두어야 한다.
②사원과 유한책임회사의 채권자는 회사의 영업시간 내에는 언제든지 제287조의33에 따라 작성된 재무제표(財務諸表)의 열람과 등사를 청구할

수 있다.
〈본조신설 2011.4.14〉

제287조의35【자본금의 액】 사원이 출자한 금전이나 그 밖의 재산의 가액을 유한책임회사의 자본금으로 한다.
〈본조신설 2011.4.14〉

제287조의36【자본금의 감소】 ①유한책임회사는 정관 변경의 방법으로 자본금을 감소할 수 있다.
②제1항의 경우에는 제232조를 준용한다. 다만, 감소 후의 자본금의 액이 순자산액 이상인 경우에는 그러하지 아니하다.
〈본조신설 2011.4.14〉

제287조의37【잉여금의 분배】 ①유한책임회사는 대차대조표상의 순자산액으로부터 자본금의 액을 뺀 액(이하 이 조에서 "잉여금"이라 한다)을 한도로 하여 잉여금을 분배할 수 있다.
②제1항을 위반하여 잉여금을 분배한 경우에는 유한책임회사의 채권자는 그 잉여금을 분배받은 자에 대하여 회사에 반환할 것을 청구할 수 있다.
③제2항의 청구에 관한 소는 본점소재지의 지방법원의 관할에 전속한다.
④잉여금은 정관에 다른 규정이 없으면 각 사원이 출자한 가액에 비례하여 분배한다.
⑤잉여금의 분배를 청구하는 방법이나 그 밖에 잉여금의 분배에 관한 사항은 정관으로 정할 수 있다.
⑥사원의 지분의 압류는 잉여금의 배당을 청구하는 권리에 대하여도 그 효력이 있다.
〈본조신설 2011.4.14〉

제6절 해산
〈본절신설 2011.4.14〉

제287조의38【해산 원인】 유한책임회사는 다음 각 호의 어느 하나에 해당하는 사유로 해산한다.
1. 제227조제1호 · 제2호 및 제4호부터 제6호까지에서 규정한 사항에 해당하는 경우
2. 사원이 없게 된 경우
〈본조신설 2011.4.14〉

제287조의39【해산등기】 유한책임회사가 해산된 경우에는 합병과 파산의 경우 외에는 그 해산사유가 있었던 날부터 본점소재지에서는 2주 내에 해산등기를 하고, 지점소재지에서는 3주 내에 해산등기를 하여야 한다.
〈본조신설 2011.4.14〉

제287조의40【유한책임회사의 계속】 제287조의38의 해산 원인 중 제227조제1호 및 제2호의 경우에는 제229조제1항 및 제3항을 준용한다.
〈본조신설 2011.4.14〉

제287조의41【유한책임회사의 합병】 유한책임회사의 합병에 관하여는 제230조, 제232조부터 제240조까지의 규정을 준용한다.
〈본조신설 2011.4.14〉

제287조의42【해산청구】 유한책임회사의 사원이 해산을 청구하는 경우에는 제241조를 준용한다.
〈본조신설 2011.4.14〉

제7절 조직변경
〈본절신설 2011.4.14〉

제287조의43【조직의 변경】 ①주식회사는 총회에서 총주주의 동의로 결의한 경우에는 그 조직을 변경하여 이 장에 따른 유한책임회사로 할 수 있다.
②유한책임회사는 총사원의 동의에 의하여 주식회사로 변경할 수 있다.
〈본조신설 2011.4.14〉

제287조의44【준용규정】 유한책임회사의 조직의 변경에 관하여는 제232조 및 제604조부터 제607조까지의 규정을 준용한다.
〈본조신설 2011.4.14〉

제8절 청산
〈본절신설 2011.4.14〉

제287조의45【청산】 유한책임회사의 청산(淸算)에 관하여는 제245조, 제246조, 제251조부터 제257조까지 및 제259조부터 제267조까지의 규정을 준용한다.
〈본조신설 2011.4.14〉

제4장 주식회사

제1절 설 립

제288조【발기인】 주식회사를 설립함에는 발기인이 정관을 작성하여야 한다.
〈전문개정 2001.7.24〉

제289조【정관의 작성, 절대적 기재사항】 ①발기인은 정관을 작성하여 다음의 사항을 적고 각 발기인이 기명날인 또는 서명하여야 한다. 〈개정 1984.4.10, 1995.12.29, 2001.7.24, 2011.4.14〉
1. 목적

2. 상호
3. 회사가 발행할 주식의 총수
4. 액면주식을 발행하는 경우 1주의 금액 〈개정 2011.4.14〉
5. 회사의 설립시에 발행하는 주식의 총수
6. 본점의 소재지
7. 회사가 공고를 하는 방법
8. 발기인의 성명 · 주민등록번호 및 주소
9. 삭제 〈1984.4.10〉

②삭제 〈2011.4.14〉

③회사의 공고는 관보 또는 시사에 관한 사항을 게재하는 일간신문에 하여야 한다. 다만, 회사는 그 공고를 정관으로 정하는 바에 따라 전자적 방법으로 할 수 있다. 〈개정 84.4.10, 09.5.28〉

④회사는 제3항에 따라 전자적 방법으로 공고할 경우 대통령령으로 정하는 기간까지 계속 공고하고, 재무제표를 전자적 방법으로 공고할 경우에는 제450조에서 정한 기간까지 계속 공고하여야 한다. 다만, 공고기간 이후에도 누구나 그 내용을 열람할 수 있도록 하여야 한다. 〈신설 2009.5.28〉

⑤회사가 전자적 방법으로 공고를 할 경우에는 게시 기간과 게시 내용에 대하여 증명하여야 한다. 〈신설 2009.5.28〉

⑥회사의 전자적 방법으로 하는 공고에 관하여 필요한 사항은 대통령령으로 정한다. 〈신설 2009.5.28〉

(신구) ①~기명날인하여야~ ⇨ ~기명날인 또는 서명하여야

①8. ~성명과 주소 ⇨ ~성명·주민등록번호 및 주소

①발기인 전원 ⇨ 각 발기인

제290조【변태설립사항】 다음의 사항은 정관에 기재함으로써 그 효력이 있다.

1. 발기인이 받을 특별이익과 이를 받을 자의 성명
2. 현물출자를 하는 자의 성명과 그 목적인 재산의 종류, 수량, 가격과 이에 대하여 부여할 주식의 종류와 수
3. 회사성립후에 양수할 것을 약정한 재산의 종류, 수량, 가격과 그 양도인의 성명
4. 회사가 부담할 설립비용과 발기인이 받을 보수액

(판 례) 상법 제290조제3호는 변태설립사항의 하나로서 회사성립 후에 양수할 것을 약정한 재산의 종류, 수량, 가격과 그 양도인의 성명은 정관에 기재함으로써 그 효력이 있다고 규정하고 있고, 이때에 회사의 성립 후에 양수할 것을 약정한다 함은 이른바 재산인수로서 발기인이 회사의 성립을 조건으로 다른 발기인이나 주식인수인 또는 제3자로부터 일정한 재산을 매매의 형식으로 양수할 것을 약정하는 계약을 의미한다고 할 것이고, 아직 원시정관의 작성 전이어서 발기인의 자격이 없는 자가 장래 성립할 회사를 위하여 위와 같은 계약을 체결하고 그 후 그 회사의 설립을 위한 발기인이 되었다면 위 계약은 재산인수에 해당하고 정관에 기재가 없는 한 무효라고 할 것이다. 따라서 갑과 을이 공동으로 축산업 등을 목적으로 하는 회사를 설립하기로 합의하고 갑은 부동산을 현물로 출자하고 을은 현금을 출자하되, 현물출자에 따른 번잡함을 피하기 위하여 회사의 성립 후 회사와 갑 간의 매매계약에 의한 소유권이전등기의 방법에 의하여 위 현물출자를 완성하기로 약정하고 그 후 회사설립을 위한 소정의 절차를 거쳐 위 약정에 따른 현물출자가 이루어진 것이라면, 위 현물출자를 위한 약정은 그대로 상법 제290조제3호가 규정하는 재산인수에 해당한다고 할 것이어서 정관에 기재되지 아니하는 한 무효라고 할 것이나, 위와 같은 방법에 의한 현물출자가 동시에 상법 제375조가 규정하는 사후설립에 해당하고 이에 대하여 주주총회의 특별결의에 의한 추인이 있었다면 회사는 유효하게 위 현물출자로 인한 부동산의 소유권을 취득한다(1992.9.14, 91다33087). 〈최준(상) 173면〉

제291조【설립 당시의 주식발행사항의 결정】 회사설립 시에 발행하는 주식에 관하여 다음의 사항은 정관으로 달리 정하지 아니하면 발기인 전원의 동의로 이를 정한다.

1. 주식의 종류와 수
2. 액면주식의 경우에 액면 이상의 주식을 발행할 때에는 그 수와 금액
3. 무액면주식을 발행하는 경우에는 주식의 발행가액과 주식의 발행가액 중 자본금으로 계상하는 금액

〈전문개정 2011.4.14〉

제292조【정관의 효력발생】 정관은 공증인의 인증을 받음으로써 효력이 생긴다. 다만, 자본금 총액이 10억원 미만인 회사를 제295조제1항에 따라 발기설립(發起設立)하는 경우에는 제289조제1항에 따라 각 발기인이 정관에 기명날인 또는 서명함으로써 효력이 생긴다. 〈개정 2009.5.28〉

제293조【발기인의 주식인수】 각 발기인은 서면에 의하여 주식을 인수하여야 한다.

제294조 삭제 〈95.12.29〉

(신구) 구조문 ⇨ 제294조 【현물출자자】현물출자는 발기인에 한하여 이를 할 수 있다.

제295조【발기설립의 경우의 납입과 현물출자의 이행】 ①발기인이 회사의 설립시에 발행하는 주식의 총수를 인수한 때에는 지체없이 각 주식에 대하여 그 인수가액의 전액을 납입하여야 한다. 이 경우 발기인은 납입을 맡을 은행 기타 금융기관과 납입장소를 지정하여야 한다. 〈개정 95.12.29〉

②현물출자를 하는 발기인은 납입기일에 지체없이 출자의 목적인 재산을 인도하고 등기, 등록 기타 권리의 설정 또는 이전을 요할 경우에는 이에 관한 서류를 완비하여 교부하여야 한다.

(신구) ①후단 신설

제296조【발기설립의 경우의 임원선임】 ①전조의 규정에 의한 납입과 현물출자의 이행이 완료된 때에는 발기인은 지체없이 의결권의 과반수로 이사와 감사를 선임하여야 한다.

②발기인의 의결권은 그 인수주식의 1주에 대하여 1개로 한다.

제297조【발기인의 의사록작성】 발기인은 의사록을 작성하여 의사의 경과와 그 결과를 기재하고 기명날인 또는 서명하여야 한다. 〈개정 95.12.29〉

(신구) ~기명날인하여야~ ⇨ ~기명날인 또는 서명하여야~

제298조【이사·감사의 조사·보고와 검사인의 선임청구】 ①이사와 감사는 취임후 지체없이 회사의 설립에 관한 모든 사항이 법령 또는 정관의 규정에 위반되지 아니하는지의 여부를 조사하여 발기인에게 보고하여야 한다.

②이사와 감사중 발기인이었던 자·현물출자자 또는 회사성립후 양수할 재산의 계약당사자인 자는 제1항의 조사·보고에 참가하지 못한다.

③이사와 감사의 전원이 제2항에 해당하는 때에는 이사는 공증인으로 하여금 제1항의 조사·보고를 하게 하여야 한다.

④정관으로 제290조 각호의 사항을 정한 때에는 이사는 이에 관한 조사를 하게 하기 위하여 검사인의 선임을 법원에 청구하여야 한다. 다만, 제299조의2의 경우에는 그러하지 아니하다.

〈전문개정 95.12.29〉

(신구) 구조문 ⇨ 제298조【검사인의 선임】이사는 취임후 지체없이 회사설립의 경과를 조사하게 하기 위하여 검사인의 선임을 법원에 청구하여야 한다.

제제299조【검사인의 조사, 보고】 ①검사인은 제290조 각 호의 사항과 제295조에 따른 현물출자의 이행을 조사하여 법원에 보고하여야 한다.

②제1항은 다음 각 호의 어느 하나에 해당할 경우에는 적용하지 아니한다.

1. 제290조제2호 및 제3호의 재산총액이 자본금의 5분의 1을 초과하지 아니하고 대통령령으로 정한 금액을 초과하지 아니하는 경우
2. 제290조제2호 또는 제3호의 재산이 거래소에서 시세가 있는 유가증권인 경우로서 정관에 적힌 가격이 대통령령으로 정한 방법으로 산정된 시세를 초과하지 아니하는 경우
3. 그 밖에 제1호 및 제2호에 준하는 경우로서 대통령령으로 정하는 경우

③검사인은 제1항의 조사보고서를 작성한 후 지체 없이 그 등본을 각 발기인에게 교부하여야 한다.

④검사인의 조사보고서에 사실과 다른 사항이 있는 경우에는 발기인은 이에 대한 설명서를 법원에 제출할 수 있다.

〈전문개정 2011.4.14〉

제299조의2【현물출자 등의 증명】 제290조제1호 및 제4호에 기재한 사항에 관하여는 공증인의 조사·보고로, 제290조제2호 및 제3호의 규정에 의한 사항과 제295조의 규정에 의한 현물출자의 이행에 관하여는 공인된 감정인의 감정으로 제299조제1항의 규정에 의한 검사인의 조사에 갈음할 수 있다. 이 경우 공증인 또는 감정인은 조사 또는 감정결과를 법원에 보고하여야 한다. 〈개정 98.12.28〉

〈본조신설 95.12.29〉

(신구) 후단 신설

제300조【법원의 변경처분】 ①법원은 검사인 또는 공증인의 조사보고서 또는 감정인의 감정결과와 발기인의 설명서를 심사하여 제290조의 규정에 의한 사항을 부당하다고 인정한 때에는 이를 변경하여 각 발기인에게 통고할 수 있다. 〈개정 98.12.28〉

②제1항의 변경에 불복하는 발기인은 그 주식의 인수를 취소할 수 있다. 이 경우에는 정관을 변경하여 설립에 관한 절차를 속행할 수 있다. 〈개정 98.12.28〉

③법원의 통고가 있은 후 2주 내에 주식의 인수를 취소한 발기인이 없는 때에는 정관은 통고에 따라서 변경된 것으로 본다. 〈개정 98. 12.28〉

(신구) ①~검사인의 조사보고서~ ⇨ ~검사인 또는 공증인의 조사보고서 또는 감정인의 감정결과~
②전항~ ⇨ 제1항~
③~2주간내~ ⇨ ~2주내~

제301조【모집설립의 경우의 주주모집】 발기인이 회사의 설립시에 발행하는 주식의 총수를 인수하지 아니하는 때에는 주주를 모집하여야 한다.

(판례) 회사를 설립함에 있어 모집설립의 절차를 갖추었으나 발기인이 주식모집 전에 주식의 대부분을 인수하고 형식상 일반공중으로부터 주식을 모집함에 있어 발기인이 타인의 명의를 모용하여 주식을 인수하였다면 명의 모용자가 주식인수인이라 할 것이어서 결국 주식 전부를 발기인이 인수한 결과가 된다 할 것이므로 회사의 설립을 발기설립으로 보아야 한다(1992.2.14, 91

다31494). 〈최준(상) 183면〉

제302조【주식인수의 청약, 주식청약서의 기재사항】 ①주식인수의 청약을 하고자 하는 자는 주식청약서 2통에 인수할 주식의 종류 및 수와 주소를 기재하고 기명날인 또는 서명하여야 한다. 〈개정 95.12.29〉

②주식청약서는 발기인이 작성하고 다음의 사항을 적어야 한다. 〈개정 1962.12.12, 1984. 4.10, 1995.12.29, 2011.4.14〉

1. 정관의 인증년월일과 공증인의 성명
2. 제289조제1항과 제290조에 게기한 사항
3. 회사의 존립기간 또는 해산사유를 정한 때에는 그 규정
4. 각발기인이 인수한 주식의 종류와 수
5. 제291조에 게기한 사항

5의2. 주식의 양도에 관하여 이사회의 승인을 얻도록 정한 때에는 그 규정

6. 삭제 〈2011.4.14〉
7. 주주에게 배당할 이익으로 주식을 소각할 것을 정한 때에는 그 규정
8. 일정한 시기까지 창립총회를 종결하지 아니한 때에는 주식의 인수를 취소할 수 있다는 뜻
9. 납입을 맡을 은행 기타 금융기관과 납입장소
10. 명의개서대리인을 둔 때에는 그 성명 · 주소 및 영업소

③민법 제107조제1항 단서의 규정은 주식인수의 청약에는 적용하지 아니한다. 〈개정 62. 12.12〉

(신구) ①~기명날인하여야~ ⇨ ~기명날인 또는 서명하여야

제303조【주식인수인의 의무】 주식인수를 청약한 자는 발기인이 배정한 주식의 수에 따라서 인수가액을 납입할 의무를 부담한다.

제304조【주식인수인 등에 대한 통지, 최고】 ①주식인수인 또는 주식청약인에 대한 통지나 최고는 주식인수증 또는 주식청약서에 기재한 주소 또는 그 자로부터 회사에 통지한 주소로 하면 된다.

②전항의 통지 또는 최고는 보통 그 도달할 시기에 도달한 것으로 본다.

제305조【주식에 대한 납입】 ①회사설립시에 발행하는 주식의 총수가 인수된 때에는 발기인은 지체없이 주식인수인에 대하여 각 주식에 대한 인수가액의 전액을 납입시켜야 한다.

②전항의 납입은 주식청약서에 기재한 납입장소에서 하여야 한다.

③제295조제2항의 규정은 제1항의 경우에 준용한다.

(판 례) 일시적인 차입금으로 주금납입의 외형을 갖추고 회사설립이나 증자후 곧 바로 그 납입금을 인출하여 차입금을 변제하는 주금의 가장납입 소위 견금의 경우에도 금원의 이동에 따른 현실의 불입이 있는 것이고 설령 그것이 주금납입의 가장수단으로 이용된 것이라 할지라도 이는 납입을 하는 발기인, 이사들의 주관적 의도에 불과하고 이러한 내심적 사정은 회사의 설립이나 증자와 같은 집단적 절차의 일환을 이루는 주금납입의 효력을 좌우할 수 없다(1983.5.24, 82누522).

주금의 가장납입의 경우에도 주금납입의 효력을 부인할 수 없으므로 주금납입절차는 일단 완료되고 주식인수인이나 주주의 주금납입의무도 종결되었다고 보아야 하나, 이러한 가장납입에 있어서 회사는 일시차입금을 가지고 주주들의 주금을 체당납입한 것과 같이 볼 수 있으므로 주금납입의 절차가 완료된 후에 회사는 주주에 대하여 체당납입한 주금의 상환을 청구할 수 있다(1985.1.29, 84다카1823, 1824). 〈최준(상) 191면〉

회사 설립 당시 원래 주주들이 주식인수인으로서 주식을 인수하고 가장납입의 형태로 주금을 납입한 이상 그들은 바로 회사의 주주이고, 그 후 그들이 회사가 청구한 주금 상당액을 납입하지 아니하였다고 하더라도 이는 회사 또는 대표이사에 대한 채무불이행에 불과할 뿐 그러한 사유만으로 주주로서의 지위를 상실하게 된다고는 할 수 없으며, 또한 주식인수인들이 회사가 정한 납입일까지 주금 상당액을 납입하지 아니한 채 그로부터 상당 기간이 지난 후 비로소 회사의 주주임을 주장하였다고 하여 신의성실의 원칙에 반한다고도 할 수 없다(1998.12.23, 97다20649). 〈정찬 판례동향〉

제306조【납입금의 보관자 등의 변경】 납입금의 보관자 또는 납입장소를 변경할 때에는 법원의 허가를 얻어야 한다.

제307조【주식인수인의 실권절차】 ①주식인수인이 제305조의 규정에 의한 납입을 하지 아니한 때에는 발기인은 일정한 기일을 정하여 그 기일 내에 납입을 하지 아니하면 그 권리를 잃는다는 뜻을 기일의 2주간전에 그 주식인수인에게 통지하여야 한다.

②전항의 통지를 받은 주식인수인이 그 기일 내에 납입의 이행을 하지 아니한 때에는 그 권리를 잃는다. 이 경우에는 발기인은 다시 그 주식에 대한 주주를 모집할 수 있다.

③전2항의 규정은 그 주식인수인에 대한 손해배상의 청구에 영향을 미치지 아니한다.

제308조【창립총회】 ①제305조의 규정에 의한 납입과 현물출자의 이행을 완료한 때에는 발기인은 지체없이 창립총회를 소집하여야 한다.

②제363조제1항·제2항, 제364조, 제368조제2항·제3항, 제368조의2, 제369조제1항, 제371조제2항, 제372조, 제373조, 제376조 내지 제381조와 제435조의 규정은 창립총회에 준용한다. 〈개정 84.4.10, 2014.5.20〉

제309조【창립총회의 결의】 창립총회의 결의는 출석한 주식인수인의 의결권의 3분의 2 이상이며 인수된 주식의 총수의 과반수에 해당하는 다수로 하여야 한다.

제310조【변태설립의 경우의 조사】 ①정관으로 제290조에 게기한 사항을 정한 때에는 발기인은 이에 관한 조사를 하게 하기 위하여 검사인의 선임을 법원에 청구하여야 한다.

②전항의 검사인의 보고서는 이를 창립총회에 제출하여야 한다.

③제298조제4항 단서 및 제299조의2의 규정은 제1항의 조사에 관하여 이를 준용한다. 〈신설 95.12.29〉

제311조【발기인의 보고】 ①발기인은 회사의 창립에 관한 사항을 서면에 의하여 창립총회에 보고하여야 한다.

②전항의 보고서에는 다음의 사항을 명확히 기재하여야 한다.

1. 주식인수와 납입에 관한 제반상황
2. 제290조에 게기한 사항에 관한 실태

제312조【임원의 선임】 창립총회에서는 이사와 감사를 선임하여야 한다.

제313조【이사, 감사의 조사, 보고】 ①이사와 감사는 취임후 지체없이 회사의 설립에 관한 모든 사항이 법령 또는 정관의 규정에 위반되지 아니하는지의 여부를 조사하여 창립총회에 보고하여야 한다. 〈개정 95.12.29〉

②제298조제2항 및 제3항의 규정은 제1항의 조사와 보고에 관하여 이를 준용한다. 〈개정 95. 12.29〉

③삭제 〈95.12.29〉

(신구) 구조문 ⇨ ①이사와 감사는 지체없이 다음의 사항을 조사하여 창립총회에 보고하여야 한다.

1. 회사설립시에 발행하는 주식총수에 대한 인수의 정확여부
2. 제305조의 규정에 의한 납입과 현물출자의 이행의 정확여부
3. 제301조제2항의 규정에 의한 검사인의 보고서의 정확여부

②이사와 감사중 발기인이었던 자 또는 회사성립후 양수할 재산의 계약당사자인 자는 전항의 조사보고에 참가하지 못한다.

③이사와 감사의 전원이 이에 해당한 때에는 총회는 제1항에 게기한 사항을 조사하게 하기 위하여 검사인을 선임하여야 한다.

제314조【변태설립사항의 변경】 ①창립총회에서는 제290조에 게기한 사항이 부당하다고 인정한 때에는 이를 변경할 수 있다.

②제300조제2항과 제3항의 규정은 전항의 경우에 준용한다.

제315조【발기인에 대한 손해배상청구】 전조의 규정은 발기인에 대한 손해배상의 청구에 영향을 미치지 아니한다.

제316조【정관변경, 설립폐지의 결의】 ①창립총회에서는 정관의 변경 또는 설립의 폐지를 결의할 수 있다.

②전항의 결의는 소집통지서에 그 뜻의 기재가 없는 경우에도 이를 할 수 있다.

제317조【설립의 등기】 ①주식회사의 설립등기는 발기인이 회사설립시에 발행한 주식의 총수를 인수한 경우에는 제299조와 제300조의 규정에 의한 절차가 종료한 날로부터, 발기인이 주주를 모집한 경우에는 창립총회가 종결한 날 또는 제314조의 규정에 의한 절차가 종료한 날로부터 2주간내에 이를 하여야 한다.

②제1항의 설립등기에 있어서는 다음의 사항을 등기하여야 한다. 〈개정 2009.1.30, 2011.4.14〉

1. 제289조제1항제1호 내지 제4호, 제6호와 제7호에 게기한 사항
2. 자본금의 액
3. 발행주식의 총수, 그 종류와 각종주식의 내용과 수

3의2. 주식의 양도에 관하여 이사회의 승인을 얻도록 정한 때에는 그 규정

3의3. 주식매수선택권을 부여하도록 정한 때에는 그 규정

3의4. 지점의 소재지

4. 회사의 존립기간 또는 해산사유를 정한 때에는 그 기간 또는 사유
5. 삭제 〈2011.4.14〉
6. 주주에게 배당할 이익으로 주식을 소각할 것을 정한 때에는 그 규정
7. 전환주식을 발행하는 경우에는 제347조에 게기한 사항
8. 사내이사, 사외이사, 그 밖에 상무에 종사하지 아니하는 이사, 감사 및 집행임원의 성명과 주민등록번호
9. 회사를 대표할 이사 또는 집행임원의 성명 · 주민등록번호 및 주소
10. 둘 이상의 대표이사 또는 대표집행임원이 공동으로 회사를 대표할 것을 정한 경우에는 그 규정
11. 명의개서대리인을 둔 때에는 그 상호 및 본점소재지
12. 감사위원회를 설치한 때에는 감사위원회 위원의 성명 및 주민등록번호

③주식회사의 지점 설치 및 이전 시 지점소재지 또는 신지점소재지에서 등기를 할 때에는 제289조제1항제1호 · 제2호 · 제6호 및 제7호와 이 조 제2항제4호 · 제9호 및 제10호에 따른 사항을 등기하여야 한다. 〈개정 2011.4.14〉
④제181조 내지 제183조의 규정은 주식회사의 등기에 준용한다.

제318조【납입금보관자의 증명과 책임】 ①납입금을 보관한 은행이나 그 밖의 금융기관은 발기인 또는 이사의 청구를 받으면 그 보관금액에 관하여 증명서를 발급하여야 한다.
②제1항의 은행이나 그 밖의 금융기관은 증명한 보관금액에 대하여는 납입이 부실하거나 그 금액의 반환에 제한이 있다는 것을 이유로 회사에 대항하지 못한다.
③자본금 총액이 10억원 미만인 회사를 제295조제1항에 따라 발기설립하는 경우에는 제1항의 증명서를 은행이나 그 밖의 금융기관의 잔고증명서로 대체할 수 있다.
〈전문개정 2009.5.28〉

제319조【권리주의 양도】 주식의 인수로 인한 권리의 양도는 회사에 대하여 효력이 없다.

제320조【주식인수의 무효주장, 취소의 제한】 ①회사성립후에는 주식을 인수한 자는 주식청약서의 요건의 흠결을 이유로 하여 그 인수의 무효를 주장하거나 사기, 강박 또는 착오를 이유로 하여 그 인수를 취소하지 못한다.
②창립총회에 출석하여 그 권리를 행사한 자는 회사의 성립전에도 전항과 같다.

제321조【발기인의 인수, 납입담보책임】 ①회사설립시에 발행한 주식으로서 회사성립후에 아직 인수되지 아니한 주식이 있거나 주식인수의 청약이 취소된 때에는 발기인이 이를 공동으로 인수한 것으로 본다.
②회사성립후 제295조제1항 또는 제305조제1항의 규정에 의한 납입을 완료하지 아니한 주식이 있는 때에는 발기인은 연대하여 그 납입을 하여야 한다.
③제315조의 규정은 전2항의 경우에 준용한다.

제322조【발기인의 손해배상책임】 ①발기인이 회사의 설립에 관하여 그 임무를 해태한 때에는 그 발기인은 회사에 대하여 연대하여 손해를 배상할 책임이 있다.
②발기인이 악의 또는 중대한 과실로 인하여 그 임무를 해태한 때에는 그 발기인은 제3자에 대하여도 연대하여 손해를 배상할 책임이 있다.

제323조【발기인, 임원의 연대책임】 이사 또는 감사가 제313조제1항의 규정에 의한 임무를 해태하여 회사 또는 제3자에 대하여 손해를 배상할 책임을 지는 경우에 발기인도 책임질 때에는 그 이사, 감사와 발기인은 연대하여 손해를 배상할 책임이 있다.

제324조【발기인의 책임면제, 주주의 대표소송】 제400조, 제403조부터 제406조까지 및 제406조의2는 발기인에 준용한다. 〈개정 2020. 12. 29.〉

제325조【검사인의 손해배상책임】 법원이 선임한 검사인이 악의 또는 중대한 과실로 인하여 그 임무를 해태한 때에는 회사 또는 제3자에 대하여 손해를 배상할 책임이 있다.

제326조【회사불성립의 경우의 발기인의 책임】 ①회사가 성립하지 못한 경우에는 발기인은 그 설립에 관한 행위에 대하여 연대하여 책임을 진다.
②전항의 경우에 회사의 설립에 관하여 지급한 비용은 발기인이 부담한다.

제327조【유사발기인의 책임】 주식청약서 기타 주식모집에 관한 서면에 성명과 회사의 설립에 찬조하는 뜻을 기재할 것을 승낙한 자는 발기인과 동일한 책임이 있다.

제328조【설립무효의 소】 ①회사설립의 무효는 주주·이사 또는 감사에 한하여 회사성립의 날로부터 2년 내에 소만으로 이를 주장할 수 있다. 〈개정 84.4.10〉
②제186조 내지 제193조의 규정은 제1항의 소에 준용한다.

제2절 주 식

제1관 주식과 주권
〈본관제목신설 2001.7.24〉

제329조【자본금의 구성】 ①회사는 정관으로 정한 경우에는 주식의 전부를 무액면주식으로 발행할 수 있다. 다만, 무액면주식을 발행하는 경우에는 액면주식을 발행할 수 없다.
②액면주식의 금액은 균일하여야 한다.
③액면주식 1주의 금액은 100원 이상으로 하여야 한다.
④회사는 정관으로 정하는 바에 따라 발행된 액면주식을 무액면주식으로 전환하거나 무액면주식을 액면주식으로 전환할 수 있다.
⑤제4항의 경우에는 제440조, 제441조 본문 및 제442조를 준용한다.

〈전문개정 2011.4.14〉

제329조의2【주식의 분할】 ①회사는 제434조의 규정에 의한 주주총회의 결의로 주식을 분할할 수 있다.

②제1항의 경우에 분할 후의 액면주식 1주의 금액은 제329조제3항에 따른 금액 미만으로 하지 못한다. 〈개정 2011.4.14〉

③제440조부터 제443조까지의 규정은 제1항의 규정에 의한 주식분할의 경우에 이를 준용한다. 〈개정 2014.5.20〉

〈본조신설 98.12.28〉

제330조【액면미달발행의 제한】 주식은 액면미달의 가액으로 발행하지 못한다. 그러나 제417조의 경우에는 그러하지 아니하다. 〈개정 62.12.12〉

제331조【주주의 책임】 주주의 책임은 그가 가진 주식의 인수가액을 한도로 한다.

제332조【가설인, 타인의 명의에 의한 인수인의 책임】 ①가설인의 명의로 주식을 인수하거나 타인의 승낙없이 그 명의로 주식을 인수한 자는 주식인수인으로서의 책임이 있다.

②타인의 승낙을 얻어 그 명의로 주식을 인수한 자는 그 타인과 연대하여 납입할 책임이 있다.

(판 례) 실제로 주식을 인수하여 그 대금을 납입한 명의차용인만이 실질상의 주식인수인으로 주주가 된다고 할 것이고 단순한 명의대여자에 불과한 자는 주주로 볼 수 없다(1985.12.10, 84다카319).

회사를 설립함에 있어 모집설립의 절차를 갖추었으나 발기인이 주식모집 전에 주식의 대부분을 인수하고 형식상 일반공중으로부터 주식을 모집함에 있어 발기인이 타인의 명의를 모용하여 주식을 인수하였다면 명의모용자가 주식인수인이라 할 것이어서 결국 주식 전부를 발기인이 인수한 결과가 된다 할 것이므로 회사의 설립을 발기설립으로 보아야 한다(1992.2.14, 91다31494). 〈최준(상) 246면〉

제333조【주식의 공유】 ①수인이 공동으로 주식을 인수한 자는 연대하여 납입할 책임이 있다.

②주식이 수인의 공유에 속하는 때에는 공유자는 주주의 권리를 행사할 자 1인을 정하여야 한다.

③주주의 권리를 행사할 자가 없는 때에는 공유자에 대한 통지나 최고는 그 1인에 대하여 하면 된다.

제334조 삭제 〈2011.4.14〉

제335조【주식의 양도성】 ①주식은 타인에게 양도할 수 있다. 다만, 회사는 정관으로 정하는 바에 따라 그 발행하는 주식의 양도에 관하여 이사회의 승인을 받도록 할 수 있다. 〈개정 2011.4.14〉

②제1항 단서의 규정에 위반하여 이사회의 승인을 얻지 아니한 주식의 양도는 회사에 대하여 효력이 없다. 〈신설 95.12.29〉

③주권발행전에 한 주식의 양도는 회사에 대하여 효력이 없다. 그러나 회사성립후 또는 신주의 납입기일후 6월이 경과한 때에는 그러하지 아니하다. 〈개정 84.4.10〉

(신구) 구조문 ⇨ ①주식의 양도는 정관에 의하여도 이를 금지하거나 제한하지 못한다.

(판 례) 상법 제335조제1항단서는 주식양도를 전제로 하고, 다만 이를 제한하는 방법으로서 이사회 승인을 요하도록 정관에 정할 수 있다는 취지이지, 주식양도자체를 금할 수 있음을 정한 것은 아니므로 정관규정으로 주식양도를 제한하는 경우에도 주식양도를 전면적으로 금지하는 규정을 둘 수는 없다. 따라서 회사와 주주들 사이에서 혹은 주주들 사이에서 회사설립일로부터 5년 동안 주식전부 또는 일부를 다른 당사자 또는 제3자에게 양도할 수 없다는 약정을 하더라도 그 약정은 주식양도시 이사회의 승인을 얻도록 한 양도제한규정이 아니라 5년간 일체의 주식양도를 금지하는 내용으로서 이를 정관에 규정하더라도 이는 주주의 투하자본 회수 가능성을 부정하는 것으로서 무효이고, 당사자의 이러한 약정 또한 무효이다(2000.9.26, 99다48429).

상법 제335조제2항의 규정은 주권발행전의 주식양도나 회사에 대하여 대항할 수 없을 뿐 아니라 회사도 이를 승인하지 못하여 대 회사관계에 있어서는 아무런 효력이 없다는 것이나, 그렇다고 양도당사자 사이에 있어서까지 양도양수의 효력을 부정하는 취지라고 해석되지 않으므로 그 당사자 간에서는 유효하다 할 것이니 주권발행전의 주식을 전전양수한 원고가 회사에 대하여 원시 주주를 대위하여 직접 원고에게 주권의 발행 교부를 청구할 수는 없다 할지라도 원시 주주들의 회사에 대한 주권 발행 및 교부청구권을 대위행사하여 원시 주주에의 주권발행 및 교부를 구할 수 있다(1982.9.28, 82다카21). 〈최준(상) 200면〉

상법 제335조제2항 소정의 주권발행 전에 한 주식의 양도는 회사성립 후 또는 신주의 납입기일 후 6월이 경과한 때에는 회사에 대하여 효력이 있는 것으로서, 이 경우 주식의 양도는 지명채권의 양도에 관한 일반원칙에 따라 당사자의 의사표시만으로 효력이 발생하는 것이고, 상법 제337조제1항에 규정된 주주명부상의 명의개서는 주식의 양수인이 회사에 대한 관계에서 주주의 권리를 행사하기 위한 대항요건에 지나지 아니하므로, 주권발행 전 주식을 양수한 사람은 특별한 사정이 없는 한 양도인의 협력을 받을 필요없이 단독으로 자신이 주식을 양수한 사실을 증명함으로써 회사에 대하여 그 명의개서를 청구할 수 있으므로, 주주명부상의 명의개서가 없어도 회사에 대하여 자신이 적법하게 주식을 양수한 자로서 주주권자임을 주장할 수 있다(1995.5.23, 94다36421). 〈최준(상) 203면〉

주권발행 전의 주식양도라 하더라도 회사성립 후 6월이 경과한 후에 이루어진 때에는 회사에 대하여 효력이 있으므로 그 주식양수인은 주주명부상의 명의개서 여부와 관계없이 회사의 주주가 되고, 그 후 그 주식양도 사실을 통지받은 바 있는 회사가 그 주식에 관하여 주주가 아닌 제3자에게 주주명부상의 명의개서절차를 마치고 나아가 그에게 기명식주권을 발행하였다 하더라도, 그로써 그 제3자가 주주가 되고 주식양수인이 주주권을 상실한다고는 볼 수 없다(2000.3.23, 99다67529). 〈최준(상) 205면〉

제335조의2【양도승인의 청구】 ①주식의 양도에 관하여 이사회의 승인을 얻어야 하는 경우에는 주식을 양도하고자 하는 주주는 회사에 대하여 양도의 상대방 및 양도하고자 하는 주식의 종류와 수를 기재한 서면으로 양도의 승인을 청구할 수 있다.

②회사는 제1항의 청구가 있는 날부터 1월 이내에 주주에게 그 승인여부를 서면으로 통지하여야 한다.

③회사가 제2항의 기간내에 주주에게 거부의 통지를 하지 아니한 때에는 주식의 양도에 관하여 이사회의 승인이 있는 것으로 본다.

④제2항의 양도승인거부의 통지를 받은 주주는 통지를 받은 날부터 20일 내에 회사에 대하여 양도의 상대방의 지정 또는 그 주식의 매수를 청구할 수 있다.

〈본조신설 95.12.29〉

제335조의3【양도상대방의 지정청구】 ①주주가 양도의 상대방을 지정하여 줄 것을 청구한 경우에는 이사회는 이를 지정하고, 그 청구가 있은 날부터 2주간 내에 주주 및 지정된 상대방에게 서면으로 이를 통지하여야 한다.

②제1항의 기간내에 주주에게 상대방지정의 통지를 하지 아니한 때에는 주식의 양도에 관하여 이사회의 승인이 있는 것으로 본다.

〈본조신설 95.12.29〉

제335조의4【지정된 자의 매도청구권】 ①제335조의3제1항의 규정에 의하여 상대방으로 지정된 자는 지정통지를 받은 날부터 10일 이내에 지정청구를 한 주주에 대하여 서면으로 그 주식을 자기에게 매도할 것을 청구할 수 있다. 〈개정 2001.7.24〉

②제335조의3제2항의 규정은 주식의 양도상대방으로 지정된 자가 제1항의 기간내에 매도의 청구를 하지 아니한 때에 이를 준용한다.

〈본조신설 95.12.29〉

(신구) 【지정된 자의 선매권】 ⇨ 【지정된 자의 매도청구권】

제335조의5【매도가액의 결정】 ①제335조의4의 경우에 그 주식의 매도가액은 주주와 매도청구인간의 협의로 이를 결정한다. 〈개정 2001.7.24〉

②제374조의2제4항 및 제5항의 규정은 제335조의4제1항의 규정에 의한 청구를 받은 날부터 30일 이내에 제1항의 규정에 의한 협의가 이루어지지 아니하는 경우에 이를 준용한다. 〈개정 2001.7.24〉

〈본조신설 95.12.29〉

(신구) 【매수가액의 결정】⇨【매도가액의 결정】
①~매수가액 ⇨ ~매도가액, ~매수청구인간 ⇨ ~매도청구인간
다만, 협의가 이루어지지 아니한 때에는 회사가 지정하는 회계전문가 또는 법원에 그 매수가액의 산정을 청구할 수 있다. ⇨ 삭제
구조문 ⇨ ②주주 또는 매수청구인이 제1항 단서의 규정에 의하여 회계전문가가 산정한 매수가액에 반대하는 경우에는 그 가액의 통지를 받은 날부터 30일내에 법원에 대하여 매수가액의 결정을 청구할 수 있다.

제335조의6【주식의 매수청구】 제374조의2제2항 내지 제5항의 규정은 제335조의2제4항의 규정에 의하여 주주가 회사에 대하여 주식의 매수를 청구한 경우에 이를 준용한다. 〈개정 2001.7.24〉

〈본조신설 95.12.29〉

(신구) 제374조의2제2항 내지 제4항⇨ 제374조의2제2항 내지 제5항

제335조의7【주식의 양수인에 의한 승인청구】 ①주식의 양도에 관하여 이사회의 승인을 얻어야 하는 경우에 주식을 취득한 자는 회사에 대하여 그 주식의 종류와 수를 기재한 서면으로 그 취득의 승인을 청구할 수 있다.

②제335조의2제2항 내지 제4항, 제335조의3 내지 제335조의6의 규정은 제1항의 경우에 이를 준용한다.

〈본조신설 95.12.29〉

제336조【주식의 양도방법】 ①주식의 양도에 있어서는 주권을 교부하여야 한다.

②주권의 점유자는 이를 적법한 소지인으로 추정한다.

〈전문개정 84.4.10〉

(판례) 상법상 주권의 점유자는 적법한 소지인으로 추정하고 있으나(제336조제2항) 이는 주권을 점유하는 자는 반증이 없는 한 그 권리자로 인정된다는 것, 즉 주권의 점유에 자격수여적 효력을 부여한 것이므로 이를 다투는 자는 반대사실을 입증하여 반증할 수 있고, 또한 등기주식의 이전은 취득자의 성격과 주소를 주주명부에 기재하여야만 회사에 대하여 대항할 수 있는 바(제337조제1항), 이 역시 주주명부에 기재된 명의상의 주주는 실질적 권리를 증명하지 않아도 주주의 권리를 행사할 수 있게 한 자격수여적 효력만을 인정한 것뿐이지 주주명부의 기재에 창설적 효력을 인정하는 것이 아니므로 반증에 의하여 실질상 주식을 취득하지 못하였다고 인정되는 자가 명의개서를 받았다 하여 주주의 권리를 행사할 수 있는 것은 아니다(1989.9.8, 89다카5345). 〈최준(상) 225면〉

주식양도양수계약이 적법하게 해제되었다면 종전의 주식양수인은 주식회사의 주주로서의 지위를 상실하였으

므로, 주식회사의 주권을 점유하고 있다고 하더라도, 주주로서의 권리를 행사할 수 있는 것은 아니다(1994.6.28, 93다44906).

제337조【주식의 이전의 대항요건】 ①주식의 이전은 취득자의 성명과 주소를 주주명부에 기재하지 아니하면 회사에 대항하지 못한다. 〈개정 2014.5.20〉

②회사는 정관이 정하는 바에 의하여 명의개서대리인을 둘 수 있다. 이 경우 명의개서대리인이 취득자의 성명과 주소를 주주명부의 복본에 기재한 때에는 제1항의 명의개서가 있는 것으로 본다. 〈신설 84.4.10〉

제338조【주식의 입질】 ①주식을 질권의 목적으로 하는 때에는 주권을 질권자에게 교부하여야 한다. 〈개정 2014.5.20〉

②질권자는 계속하여 주권을 점유하지 아니하면 그 질권으로써 제3자에게 대항하지 못한다.

(판 례) 채권담보의 목적으로 주식이 양도되어 양수인이 양도담보권자에 불과하다고 하더라도 회사에 대한 관계에는 양도담보권자가 주주의 자격을 갖는다(1993.12.28, 93다8719). 〈최준(상) 231면〉

상법 제338조제1항은 주권이 발행된 기명주식의 경우에 해당하는 규정이라고 해석함이 상당하므로 주권발행 전의 주식 입질에 관하여는 동조의 규정이 아니라 권리질권설정의 일반원칙인 민법 제345조로 돌아가 그 권리의 양도방법에 의하여 질권을 설정할 수 있다고 보아야 한다(2000.8.16, 99그1). 〈정동 판례동향〉

제339조【질권의 물상대위】 주식의 소각, 병합, 분할 또는 전환이 있는 때에는 이로 인하여 종전의 주주가 받을 금전이나 주식에 대하여도 종전의 주식을 목적으로 한 질권을 행사할 수 있다. 〈개정 98.12.28〉

(신구) ~전환~ ⇨ ~분할 또는 전환~

제340조【주식의 등록질】 ①주식을 질권(質權)의 목적으로 한 경우에 회사가 질권설정자의 청구에 따라 그 성명과 주소를 주주명부에 덧붙여 쓰고 그 성명을 주권(株券)에 적은 경우에는 질권자는 회사로부터 이익배당, 잔여재산의 분배 또는 제339조에 따른 금전의 지급을 받아 다른 채권자에 우선하여 자기채권의 변제에 충당할 수 있다. 〈개정 2011.4.14, 2014.5.20〉

②민법 제353조제3항의 규정은 전항의 경우에 준용한다.

③제1항의 질권자는 회사에 대하여 전조의 주식에 대한 주권의 교부를 청구할 수 있다.

(판 례) 매매계약 당시 매도한 주식에 질권이 설정되어 있다는 이유만으로 질권설정자인 주식매도인이 매매계약취소로 그 주식의 반환을 청구할 수 없다고 볼 수 없다(1994.12.13, 93다49482). 〈정찬(상) 689면〉

제340조의2【주식매수선택권】 ①회사는 정관으로 정하는 바에 따라 제434조의 주주총회의 결의로 회사의 설립 · 경영 및 기술혁신 등에 기여하거나 기여할 수 있는 회사의 이사, 집행임원, 감사 또는 피용자(被用者)에게 미리 정한 가액(이하 "주식매수선택권의 행사가액"이라 한다)으로 신주를 인수하거나 자기의 주식을 매수할 수 있는 권리(이하 "주식매수선택권"이라 한다)를 부여할 수 있다. 다만, 주식매수선택권의 행사가액이 주식의 실질가액보다 낮은 경우에 회사는 그 차액을 금전으로 지급하거나 그 차액에 상당하는 자기의 주식을 양도할 수 있다. 이 경우 주식의 실질가액은 주식매수선택권의 행사일을 기준으로 평가한다.

②다음 각 호의 어느 하나에 해당하는 자에게는 제1항의 주식매수선택권을 부여할 수 없다.

1. 의결권 없는 주식을 제외한 발행주식총수의 100분의 10 이상의 주식을 가진 주주
2. 이사 · 집행임원 · 감사의 선임과 해임 등 회사의 주요 경영사항에 대하여 사실상 영향력을 행사하는 자
3. 제1호와 제2호에 규정된 자의 배우자와 직계존비속

③제1항에 따라 발행할 신주 또는 양도할 자기의 주식은 회사의 발행주식총수의 100분의 10을 초과할 수 없다.

④제1항의 주식매수선택권의 행사가액은 다음 각 호의 가액 이상이어야 한다.

1. 신주를 발행하는 경우에는 주식매수선택권의 부여일을 기준으로 한 주식의 실질가액과 주식의 권면액(券面額) 중 높은 금액. 다만, 무액면주식을 발행한 경우에는 자본으로 계상되는 금액 중 1주에 해당하는 금액을 권면액으로 본다.
2. 자기의 주식을 양도하는 경우에는 주식매수선택권의 부여일을 기준으로 한 주식의 실질가액

〈전문개정 2011.4.14〉

제340조의3【주식매수선택권의 부여】 ①제340조의2제1항의 주식매수선택권에 관한 정관의 규정에는 다음 각호의 사항을 기재하여야 한다.

1. 일정한 경우 주식매수선택권을 부여할 수 있다는 뜻
2. 주식매수선택권의 행사로 발행하거나 양도할 주식의 종류와 수
3. 주식매수선택권을 부여받을 자의 자격요건

4. 주식매수선택권의 행사기간
5. 일정한 경우 이사회결의로 주식매수선택권의 부여를 취소할 수 있다는 뜻

②제340조의2제1항의 주식매수선택권에 관한 주주총회의 결의에 있어서는 다음 각호의 사항을 정하여야 한다.

1. 주식매수선택권을 부여받을 자의 성명
2. 주식매수선택권의 부여방법
3. 주식매수선택권의 행사가액과 그 조정에 관한 사항
4. 주식매수선택권의 행사기간
5. 주식매수선택권을 부여받을 자 각각에 대하여 주식매수선택권의 행사로 발행하거나 양도할 주식의 종류와 수

③회사는 제2항의 주주총회결의에 의하여 주식매수선택권을 부여받은 자와 계약을 체결하고 상당한 기간내에 그에 관한 계약서를 작성하여야 한다.

④회사는 제3항의 계약서를 주식매수선택권의 행사기간이 종료할 때까지 본점에 비치하고 주주로 하여금 영업시간내에 이를 열람할 수 있도록 하여야 한다.

〈본조신설 99.12.31〉

(신구) 구 제340조의2

제340조의4【주식매수선택권의 행사】 ①제340조의2제1항의 주식매수선택권은 제340조의3제2항 각호의 사항을 정하는 주주총회결의일부터 2년 이상 재임 또는 재직하여야 이를 행사할 수 있다.

②제340조의2제1항의 주식매수선택권은 이를 양도할 수 없다. 다만, 동조제2항의 규정에 의하여 주식매수선택권을 행사할 수 있는 자가 사망한 경우에는 그 상속인이 이를 행사할 수 있다.

〈본조신설 99.12.31〉

제340조의5【준용규정】 제350조제2항, 제351조, 제516조의9제1항·제3항·제4항 및 제516조의10 전단은 주식매수선택권의 행사로 신주를 발행하는 경우에 이를 준용한다. 〈개정 2011. 4. 14., 2020. 12. 29.〉

제341조【자기주식의 취득】 ①회사는 다음의 방법에 따라 자기의 명의와 계산으로 자기의 주식을 취득할 수 있다. 다만, 그 취득가액의 총액은 직전 결산기의 대차대조표상의 순자산액에서 제462조제1항 각 호의 금액을 뺀 금액을 초과하지 못한다.

1. 거래소에서 시세(時勢)가 있는 주식의 경우에는 거래소에서 취득하는 방법
2. 제345조제1항의 주식의 상환에 관한 종류주식의 경우 외에 각 주주가 가진 주식 수에 따라 균등한 조건으로 취득하는 것으로서 대통령령으로 정하는 방법

②제1항에 따라 자기주식을 취득하려는 회사는 미리 주주총회의 결의로 다음 각 호의 사항을 결정하여야 한다. 다만, 이사회의 결의로 이익배당을 할 수 있다고 정관으로 정하고 있는 경우에는 이사회의 결의로써 주주총회의 결의를 갈음할 수 있다.

1. 취득할 수 있는 주식의 종류 및 수
2. 취득가액의 총액의 한도
3. 1년을 초과하지 아니하는 범위에서 자기주식을 취득할 수 있는 기간

③회사는 해당 영업연도의 결산기에 대차대조표상의 순자산액이 제462조제1항 각 호의 금액의 합계액에 미치지 못할 우려가 있는 경우에는 제1항에 따른 주식의 취득을 하여서는 아니 된다.

④해당 영업연도의 결산기에 대차대조표상의 순자산액이 제462조제1항 각 호의 금액의 합계액에 미치지 못함에도 불구하고 회사가 제1항에 따라 주식을 취득한 경우 이사는 회사에 대하여 연대하여 그 미치지 못한 금액을 배상할 책임이 있다. 다만, 이사가 제3항의 우려가 없다고 판단하는 때에 주의를 게을리하지 아니하였음을 증명한 경우에는 그러하지 아니하다.

〈전문개정 2011.4.14〉

제341조의2【특정목적에 의한 자기주식의 취득】회사는 다음 각 호의 어느 하나에 해당하는 경우에는 제341조에도 불구하고 자기의 주식을 취득할 수 있다.

1. 회사의 합병 또는 다른 회사의 영업전부의 양수로 인한 경우
2. 회사의 권리를 실행함에 있어 그 목적을 달성하기 위하여 필요한 경우
3. 단주(端株)의 처리를 위하여 필요한 경우
4. 주주가 주식매수청구권을 행사한 경우

〈전문개정 2011.4.14〉

제341조의3【자기주식의 질취】회사는 발행주식총수의 20분의 1을 초과하여 자기의 주식을 질권의 목적으로 받지 못한다. 다만, 제341조의2제1호 및 제2호의 경우에는 그 한도를 초과하여 질권의 목적으로 할 수 있다.

〈전문개정 2011.4.14〉

제342조【자기주식의 처분】 회사가 보유하는 자기의 주식을 처분하는 경우에 다음 각 호의 사항으로서 정관에 규정이 없는 것은 이사회가 결정한

다.
1. 처분할 주식의 종류와 수
2. 처분할 주식의 처분가액과 납입기일
3. 주식을 처분할 상대방 및 처분방법
〈전문개정 2011.4.14〉

제342조의2【자회사에 의한 모회사주식의 취득】 ①다른 회사의 발행주식의 총수의 100분의 50을 초과하는 주식을 가진 회사(이하 "모회사"라 한다)의 주식은 다음의 경우를 제외하고는 그 다른 회사(이하 "자회사"라 한다)가 이를 취득할 수 없다. 〈개정 2001.7.24〉
1. 주식의 포괄적 교환, 주식의 포괄적 이전, 회사의 합병 또는 다른 회사의 영업전부의 양수로 인한 때
2. 회사의 권리를 실행함에 있어 그 목적을 달성하기 위하여 필요한 때

②제1항 각호의 경우 자회사는 그 주식을 취득한 날로부터 6월 이내에 모회사의 주식을 처분하여야 한다.
③다른 회사의 발행주식의 총수의 100분의 50을 초과하는 주식을 모회사 및 자회사 또는 자회사가 가지고 있는 경우 그 다른 회사는 이 법의 적용에 있어 그 모회사의 자회사로 본다. 〈개정 2001.7.24〉
〈본조신설 84.4.10〉

신구 ①100분의 40 ⇨ 100분의 50, ③100분의 40 ⇨ 100분의 50
구조문 ⇨ 1. 회사의 합병 또는 다른 회사의 영업전부의 양수로 인한 때

제342조의3【다른 회사의 주식취득】 회사가 다른 회사의 발행주식총수의 10분의 1을 초과하여 취득한 때에는 그 다른 회사에 대하여 지체없이 이를 통지하여야 한다.
〈본조신설 95.12.29〉

제343조【주식의 소각】 ①주식은 자본금 감소에 관한 규정에 따라서만 소각(消却)할 수 있다. 다만, 이사회의 결의에 의하여 회사가 보유하는 자기주식을 소각하는 경우에는 그러하지 아니하다.
②자본금감소에 관한 규정에 따라 주식을 소각하는 경우에는 제440조 및 제441조를 준용한다.
〈전문개정 2011.4.14〉

제343조의2 삭제 〈2011.4.14〉

제344조【종류주식】 ①회사는 이익의 배당, 잔여재산의 분배, 주주총회에서의 의결권의 행사, 상환 및 전환 등에 관하여 내용이 다른 종류의 주식(이하 "종류주식"이라 한다)을 발행할 수 있다.
②제1항의 경우에는 정관으로 각 종류주식의 내용과 수를 정하여야 한다.
③회사가 종류주식을 발행하는 때에는 정관에 다른 정함이 없는 경우에도 주식의 종류에 따라 신주의 인수, 주식의 병합·분할·소각 또는 회사의 합병·분할로 인한 주식의 배정에 관하여 특수하게 정할 수 있다.
④종류주식 주주의 종류주주총회의 결의에 관하여는 제435조제2항을 준용한다.
〈전문개정 2011.4.14〉

제344조의2【이익배당, 잔여재산분배에 관한 종류주식】 ①회사가 이익의 배당에 관하여 내용이 다른 종류주식을 발행하는 경우에는 정관에 그 종류주식의 주주에게 교부하는 배당재산의 종류, 배당재산의 가액의 결정방법, 이익을 배당하는 조건 등 이익배당에 관한 내용을 정하여야 한다.
②회사가 잔여재산의 분배에 관하여 내용이 다른 종류주식을 발행하는 경우에는 정관에 잔여재산의 종류, 잔여재산의 가액의 결정방법, 그 밖에 잔여재산분배에 관한 내용을 정하여야 한다.
〈본조신설 2011.4.14〉

제344조의3【의결권의 배제·제한에 관한 종류주식】 ①회사가 의결권이 없는 종류주식이나 의결권이 제한되는 종류주식을 발행하는 경우에는 정관에 의결권을 행사할 수 없는 사항과, 의결권행사 또는 부활의 조건을 정한 경우에는 그 조건 등을 정하여야 한다.
②제1항에 따른 종류주식의 총수는 발행주식총수의 4분의 1을 초과하지 못한다. 이 경우 의결권이 없거나 제한되는 종류주식이 발행주식총수의 4분의 1을 초과하여 발행된 경우에는 회사는 지체 없이 그 제한을 초과하지 아니하도록 하기 위하여 필요한 조치를 하여야 한다.
〈본조신설 2011.4.14〉

제345조【주식의 상환에 관한 종류주식】 ①회사는 정관으로 정하는 바에 따라 회사의 이익으로써 소각할 수 있는 종류주식을 발행할 수 있다. 이 경우 회사는 정관에 상환가액, 상환기간, 상환의 방법과 상환할 주식의 수를 정하여야 한다.
②제1항의 경우 회사는 상환대상인 주식의 취득일부터 2주 전에 그 사실을 그 주식의 주주 및 주주명부에 적힌 권리자에게 따로 통지하여야 한다. 다만, 통지는 공고로 갈음할 수 있다.
③회사는 정관으로 정하는 바에 따라 주주가 회사에 대하여 상환을 청구할 수 있는 종류주식을 발행할 수 있다. 이 경우 회사는 정관에 주주가 회사에 대하여 상환을 청구할 수 있다는 뜻, 상환가액,

상환청구기간, 상환의 방법을 정하여야 한다.
④제1항 및 제3항의 경우 회사는 주식의 취득의 대가로 현금 외에 유가증권(다른 종류주식은 제외한다)이나 그 밖의 자산을 교부할 수 있다. 다만, 이 경우에는 그 자산의 장부가액이 제462조에 따른 배당가능이익을 초과하여서는 아니 된다.
⑤제1항과 제3항에서 규정한 주식은 종류주식(상환과 전환에 관한 것은 제외한다)에 한정하여 발행할 수 있다.
〈전문개정 2011.4.14〉

제346조【주식의 전환에 관한 종류주식】 ①회사가 종류주식을 발행하는 경우에는 정관으로 정하는 바에 따라 주주는 인수한 주식을 다른 종류주식으로 전환할 것을 청구할 수 있다. 이 경우 전환의 조건, 전환의 청구기간, 전환으로 인하여 발행할 주식의 수와 내용을 정하여야 한다.
②회사가 종류주식을 발행하는 경우에는 정관에 일정한 사유가 발생할 때 회사가 주주의 인수 주식을 다른 종류주식으로 전환할 수 있음을 정할 수 있다. 이 경우 회사는 전환의 사유, 전환의 조건, 전환의 기간, 전환으로 인하여 발행할 주식의 수와 내용을 정하여야 한다.
③제2항의 경우에 이사회는 다음 각 호의 사항을 그 주식의 주주 및 주주명부에 적힌 권리자에게 따로 통지하여야 한다. 다만, 통지는 공고로 갈음할 수 있다.
1. 전환할 주식
2. 2주 이상의 일정한 기간 내에 그 주권을 회사에 제출하여야 한다는 뜻
3. 그 기간 내에 주권을 제출하지 아니할 때에는 그 주권이 무효로 된다는 뜻
④제344조제2항에 따른 종류주식의 수 중 새로 발행할 주식의 수는 전환청구기간 또는 전환의 기간 내에는 그 발행을 유보(留保)하여야 한다.
〈전문개정 2011.4.14〉

제347조【전환주식발행의 절차】 제346조의 경우에는 주식청약서 또는 신주인수권증서에 다음의 사항을 적어야 한다. 〈개정 1984.4.10, 2011.4.14〉
1. 주식을 다른 종류의 주식으로 전환할 수 있다는 뜻
2. 전환의 조건
3. 전환으로 인하여 발행할 주식의 내용
4. 전환청구기간 또는 전환의 기간

제348조【전환으로 인하여 발행하는 주식의 발행가액】 전환으로 인하여 신주식을 발행하는 경우에는 전환전의 주식의 발행가액을 신주식의 발행가액으로 한다.

제349조【전환의 청구】 ①주식의 전환을 청구하는 자는 청구서 2통에 주권을 첨부하여 회사에 제출하여야 한다.
②제1항의 청구서에는 전환하고자 하는 주식의 종류, 수와 청구연월일을 기재하고 기명날인 또는 서명하여야 한다. 〈개정 95.12.29〉
③삭제 〈95.12.29〉

신구 ②전항의~기명날인하여야~ ⇨ 제1항의~기명날인 또는 서명하여야~
구조문 ⇨ ③전환의 청구는 제354조제1항의 기간중에는 이를 하지 못한다.

제350조【전환의 효력발생】 ①주식의 전환은 주주가 전환을 청구한 경우에는 그 청구한 때에, 회사가 전환을 한 경우에는 제346조제3항제2호의 기간이 끝난 때에 그 효력이 발생한다. 〈개정 2011.4.14〉
②제354조제1항의 기간중에 전환된 주식의 주주는 그 기간중의 총회의 결의에 관하여는 의결권을 행사할 수 없다.
③ 삭제 〈2020. 12. 29.〉
〈전문개정 95.12.29〉

신구 구조문 ⇨ 제350조【전환의 효력발생】주식의 전환은 그 청구를 한 때에 효력이 생긴다. 그러나 이익이나 이자의 배당에 관하여는 그 청구를 한 때가 속하는 영업연도말에 전환된 것으로 본다.

제351조【전환의 등기】 주식의 전환으로 인한 변경등기는 전환을 청구한 날 또는 제346조제3항제2호의 기간이 끝난 날이 속하는 달의 마지막 날부터 2주 내에 본점소재지에서 하여야 한다.
〈전문개정 2011.4.14〉

제352조【주주명부의 기재사항】 ①주식을 발행한 때에는 주주명부에 다음의 사항을 기재하여야 한다. 〈개정 84.4.10, 2014.5.20〉
1. 주주의 성명과 주소
2. 각 주주가 가진 주식의 종류와 그 수
2의2. 각 주주가 가진 주식의 주권을 발행한 때에는 그 주권의 번호
3. 각 주식의 취득연월일
②제1항의 경우에 전환주식을 발행한 때에는 제347조에 게기한 사항도 주주명부에 기재하여야 한다. 〈개정 84.4.10, 2014.5.20〉

제352조의2【전자주주명부】 ①회사는 정관으로 정하는 바에 따라 전자문서로 주주명부(이하 "전자주주명부"라 한다)를 작성할 수 있다.
②전자주주명부에는 제352조제1항의 기재사항

외에 전자우편주소를 적어야 한다.
③전자주주명부의 비치·공시 및 열람의 방법에 관하여 필요한 사항은 대통령령으로 정한다.
〈본조신설 2009.5.28〉

제353조【주주명부의 효력】 ①주주 또는 질권자에 대한 회사의 통지 또는 최고는 주주명부에 기재한 주소 또는 그 자로부터 회사에 통지한 주소로 하면 된다.
②제304조제2항의 규정은 전항의 통지 또는 최고에 준용한다.

(판 례) 주식을 양도받은 주식양수인들이 명의개서를 청구하였는데도 위 주식양도에 입회하여 그 양도를 승낙하였고 더구나 그 후 주식양수인들의 주주로서의 지위를 인정한 바 있는 회사의 대표이사가 정당한 사유없이 그 명의개서를 거절한 것이라면 회사는 그 명의개서가 없음을 이유로 그 양도의 효력과 주식양수인의 주주로서의 지위를 부인할 수 없다(1993.7.13, 92다40952). 〈최준(상) 221면〉

주식회사가 주주명부상의 주주에게 주주총회의 소집을 통지하고 그 주주로 하여금 의결권을 행사하게 하면, 그 주주가 단순히 명의만을 대여한 이른바 형식주주에 불과하여도 그 의결권 행사는 적법하지만, 주식회사가 주주명부상의 주주가 형식주주에 불과하다는 것을 알았거나 중대한 과실로 알지 못하였고 또한 이를 용이하게 증명하여 의결권 행사를 거절할 수 있었음에도 의결권 행사를 용인하거나 의결권을 행사하게 한 경우에는 그 의결권 행사는 위법하게 되며 그 주주총회결의는 취소할 수 있다(1998.9.8, 96다45818). 〈최준(상) 209면〉

제354조【주주명부의 폐쇄, 기준일】 ①회사는 의결권을 행사하거나 배당을 받을 자 기타 주주 또는 질권자로서 권리를 행사할 자를 정하기 위하여 일정한 기간을 정하여 주주명부의 기재변경을 정지하거나 일정한 날에 주주명부에 기재된 주주 또는 질권자를 그 권리를 행사할 주주 또는 질권자로 볼 수 있다. 〈개정 84.4.10〉
②제1항의 기간은 3월을 초과하지 못한다. 〈개정 84.4.10〉
③제1항의 날은 주주 또는 질권자로서 권리를 행사할 날에 앞선 3월내의 날로 정하여야 한다. 〈개정 84.4.10〉
④회사가 제1항의 기간 또는 날을 정한 때에는 그 기간 또는 날의 2주간전에 이를 공고하여야 한다. 그러나 정관으로 그 기간 또는 날을 지정한 때에는 그러하지 아니하다.

제355조【주권발행의 시기】 ①회사는 성립후 또는 신주의 납입기일후 지체없이 주권을 발행하여야 한다.
②주권은 회사의 성립후 또는 신주의 납입기일후가 아니면 발행하지 못한다.
③전항의 규정에 위반하여 발행한 주권은 무효로 한다. 그러나 발행한 자에 대한 손해배상의 청구에 영향을 미치지 아니한다.

(판 례) 상법 제355조의 주권발행은 같은 법 제356조 소정의 형식을 구비한 문서를 작성하여 이를 주주에게 교부하는 것을 말하고 위 문서가 주주에게 교부된 때에 비로소 주권으로서의 효력을 발생하는 것이므로 회사가 주주권을 표창하는 문서를 작성하여 이를 주주가 아닌 제3자에게 교부하여 주었다 할지라도 위 문서는 아직 회사의 주권으로서의 효력을 가지지 못한다(2000.3.23, 99다67529). 〈최준(상) 200면〉

제356조【주권의 기재사항】 주권에는 다음의 사항과 번호를 기재하고 대표이사가 기명날인 또는 서명하여야 한다. 〈개정 1995.12.29, 2011.4.14〉
1. 회사의 상호
2. 회사의 성립년월일
3. 회사가 발행할 주식의 총수
4. 액면주식을 발행하는 경우 1주의 금액
5. 회사의 성립후 발행된 주식에 관하여는 그 발행년월일
6. 종류주식이 있는 경우에는 그 주식의 종류와 내용
6의2. 주식의 양도에 관하여 이사회의 승인을 얻도록 정한 때에는 그 규정
7. 삭제 〈2011.4.14〉
8. 삭제 〈2011.4.14〉

제356조의2【주식의 전자등록】 ①제356조의2(주식의 전자등록) ① 회사는 주권을 발행하는 대신 정관으로 정하는 바에 따라 전자등록기관(유가증권 등의 전자등록 업무를 취급하는 기관을 말한다. 이하 같다)의 전자등록부에 주식을 등록할 수 있다. 〈개정 2016.3.22.〉
② 전자등록부에 등록된 주식의 양도나 입질(入質)은 전자등록부에 등록하여야 효력이 발생한다.
③ 전자등록부에 주식을 등록한 자는 그 등록된 주식에 대한 권리를 적법하게 보유한 것으로 추정하며, 이러한 전자등록부를 선의(善意)로, 그리고 중대한 과실 없이 신뢰하고 제2항의 등록에 따라 권리를 취득한 자는 그 권리를 적법하게 취득한다.
④ 전자등록의 절차·방법 및 효과, 전자등록기관에 대한 감독, 그 밖에 주식의 전자등록 등에 필요한 사항은 따로 법률로 정한다. 〈개정 2016.3.22.〉
[본조신설 2011.4.14.]

제357조. 삭제 〈2014.5.20〉

제358조 삭제 〈2014.5.20〉

제358조의2【주권의 불소지】 ①주주는 정관에 다른 정함이 있는 경우를 제외하고는 그 주식에 대하여 주권의 소지를 하지 아니하겠다는 뜻을 회사에 신고할 수 있다. 〈개정 2014. 5.20〉

②제1항의 신고가 있는 때에는 회사는 지체없이 주권을 발행하지 아니한다는 뜻을 주주명부와 그 복본에 기재하고, 그 사실을 주주에게 통지하여야 한다. 이 경우 회사는 그 주권을 발행할 수 없다.

③제1항의 경우 이미 발행된 주권이 있는 때에는 이를 회사에 제출하여야 하며, 회사는 제출된 주권을 무효로 하거나 명의개서대리인에게 임치하여야 한다.

④제1항 내지 제3항의 규정에 불구하고 주주는 언제든지 회사에 대하여 주권의 발행 또는 반환을 청구할 수 있다.

〈전문개정 95.12.29〉

(신구) 구조문 ⇨ 제358조의2【주권의 불소지】①주주는 정관에 다른 정함이 있는 경우를 제외하고는 그 기명주식에 대하여 주권의 소지를 하지 아니하겠다는 뜻을 회사에 신고할 수 있다. 이 경우에 이미 발행된 주권이 있는 때에는 이를 회사에 제출하여야 한다.
②제1항의 신고가 있는 때에는 회사는 지체없이 주권을 발행하지 아니한다는 뜻을 주주명부와 그 복본에 기재하고, 그 사실을 주주에게 통지하여야 한다.
③회사가 제2항의 규정에 의한 기재를 한 때에는 그 주권의 발행을 할 수 없으며, 제1항후단의 규정에 의하여 회사에 제출된 주권은 이를 무효로 한다.
④제1항의 신고를 한 경우에도 주주는 언제든지 회사에 대하여 주권의 발행을 청구할 수 있다.

제359조【주권의 선의취득】 수표법 제21조의 규정은 주권에 관하여 이를 준용한다.

〈전문개정 84.4.10〉

(판례) 주권의 점유를 취득하는 방법에는 현실의 인도(교부) 외에 간이인도, 반환청구권의 양도가 있으며, 양도인이 소유자로부터 보관을 위탁받은 주권을 제3자에 보관시킨 경우에 반환청구권의 양도에 의하여 주권의 선의취득에 필요한 요건인 주권의 점유를 취득하였다고 하려면, 양도인이 그 제3자에 대한 반환청구권을 양수인에게 양도하고 지명채권양도의 대항요건을 갖추어야 한다. 주권의 취득이 악의 또는 중대한 과실로 인한 때에는 선의취득이 인정되지 않는 바, 여기서의 악의 또는 중대한 과실의 존부는 주권 취득의 시기를 기준으로 결정하여야 하며, 중대한 과실이란 거래에서 필요로 하는 주의의무를 현저히 결여한 것을 말한다(2000.9.8, 99다58471). 〈정동 판례동향〉

제360조【주권의 제권판결, 재발행】 ①주권은 공시최고의 절차에 의하여 이를 무효로 할 수 있다.

②주권을 상실한 자는 제권판결을 얻지 아니하면 회사에 대하여 주권의 재발행을 청구하지 못한다.

(판례) 주주로부터 기명주식을 양도받은 자라 하더라도 주주명부에 명의개서를 하지 아니하여 그 양도를 회사에 대항할 수 없는 이상, 그 주주에 대한 채권자에 불과하고, 또 제권판결에 하자가 있다 하더라도 제권판결에 대한 불복의 소에 의하여 그 제권판결이 취소되지 않는 한 회사에 대하여 적법한 주주로서의 권한을 행사할 수 없으므로, 회사의 주주로서 주주총회 및 이사회결의무효 등 확인을 소구할 이익이 없다(1991.5.28, 90다6774). 〈정찬(상) 632면〉

제2관 주식의 포괄적 교환
〈본관신설 2001.7.24〉

제360조의2【주식의 포괄적 교환에 의한 완전모회사의 설립】 ①회사는 이 관의 규정에 의한 주식의 포괄적 교환에 의하여 다른 회사의 발행주식의 총수를 소유하는 회사(이하 "완전모회사"라 한다)가 될 수 있다. 이 경우 그 다른 회사를 "완전자회사"라 한다.

②주식의 포괄적 교환(이하 이 관에서 "주식교환"이라 한다)에 의하여 완전자회사가 되는 회사의 주주가 가지는 그 회사의 주식은 주식을 교환하는 날에 주식교환에 의하여 완전모회사가 되는 회사에 이전하고, 그 완전모회사가 되는 회사가 주식교환을 위하여 발행하는 신주의 배정을 받거나 그 회사 자기주식의 이전을 받음으로써 그 회사의 주주가 된다. 〈개정 2015.12.1〉

제360조의3【주식교환계약서의 작성과 주주총회의 승인 및 주식교환대가가 모회사 주식인 경우의 특칙】 ①주식교환을 하고자 하는 회사는 주식교환계약서를 작성하여 주주총회의 승인을 얻어야 한다. 〈개정 2015.12.1〉

②제1항의 승인결의는 제434조의 규정에 의하여야 한다.

③주식교환계약서에는 다음 각호의 사항을 적어야 한다. 〈개정 2011.4.14., 개정 2015.12.1〉

1. 완전모회사가 되는 회사가 주식교환으로 인하여 정관을 변경하는 경우에는 그 규정
2. 완전모회사가 되는 회사가 주식교환을 위하여 신주를 발행하거나 자기주식을 이전하는 경우에는 발행하는 신주 또는 이전하는 자기주식의 총수·종류, 종류별 주식의 수 및 완전자회사가 되는 회사의 주주에 대한 신주의 배정 또는 자기주식의 이전에 관한 사항
3. 완전모회사가 되는 회사의 자본금 또는 준비금

이 증가하는 경우에는 증가할 자본금 또는 준비금에 관한 사항
4. 완전자회사가 되는 회사의 주주에게 제2호에도 불구하고 그 대가의 전부 또는 일부로서 금전이나 그 밖의 재산을 제공하는 경우에는 그 내용 및 배정에 관한 사항
5. 각 회사가 제1항의 결의를 할 주주총회의 기일
6. 주식교환을 할 날
7. 각 회사가 주식교환을 할 날까지 이익배당을 할 때에는 그 한도액
8. 삭제 〈2015.12.1〉
9. 완전모회사가 되는 회사에 취임할 이사와 감사 또는 감사위원회의 위원을 정한 때에는 그 성명 및 주민등록번호

④회사는 제363조의 규정에 의한 통지에 다음 각호의 사항을 기재하여야 한다. 〈개정 2014. 5.20〉
1. 주식교환계약서의 주요내용
2. 제360조의5제1항의 규정에 의한 주식매수청구권의 내용 및 행사방법
3. 일방회사의 정관에 주식의 양도에 관하여 이사회의 승인을 요한다는 뜻의 규정이 있고 다른 회사의 정관에 그 규정이 없는 경우 그 뜻

⑤주식교환으로 인하여 주식교환에 관련되는 각 회사의 주주의 부담이 가중되는 경우에는 제1항 및 제436조의 결의 외에 그 주주 전원의 동의가 있어야 한다. 〈신설 2011.4.14.〉

⑥제342조의2제1항에도 불구하고 제3항제4호에 따라 완전자회사가 되는 회사의 주주에게 제공하는 재산이 완전모회사가 되는 회사의 모회사 주식을 포함하는 경우에는 완전모회사가 되는 회사는 그 지급을 위하여 그 모회사의 주식을 취득할 수 있다. 〈신설 2015.12.1〉

⑦완전모회사가 되는 회사는 제6항에 따라 취득한 그 회사의 모회사 주식을 주식교환 후에도 계속 보유하고 있는 경우 주식교환의 효력이 발생하는 날부터 6개월 이내에 그 주식을 처분하여야 한다. 〈신설 2015.12.1〉

제360조의4【주식교환계약서 등의 공시】 ①이사는 제360조의3제1항의 주주총회의 회일의 2주전부터 주식교환의 날 이후 6월이 경과하는 날까지 다음 각호의 서류를 본점에 비치하여야 한다. 〈개정 2015.12.1〉
1. 주식교환계약서
2. 완전모회사가 되는 회사가 주식교환을 위하여 신주를 발행하거나 자기주식을 이전하는 경우에는 완전자회사가 되는 회사의 주주에 대한 신주의 배정 또는 자기주식의 이전에 관하여 그 이유를 기재한 서면
3. 제360조의3 제1항의 주주총회의 회일(제360조의9의 규정에 의한 간이주식교환의 경우에는 동조제2항의 규정에 의하여 공고 또는 통지를 한 날)전 6월 이내의 날에 작성한 주식교환을 하는 각 회사의 최종 대차대조표 및 손익계산서

②제1항의 서류에 관하여는 제391조의3제3항의 규정을 준용한다.

제360조의5【반대주주의 주식매수청구권】 ①제360조의3제1항의 규정에 의한 승인사항에 관하여 이사회의 결의가 있는 때에 그 결의에 반대하는 주주(의결권이 없거나 제한되는 주주를 포함한다. 이하 이 조에서 같다)는 주주총회전에 회사에 대하여 서면으로 그 결의에 반대하는 의사를 통지한 경우에는 그 총회의 결의일부터 20일 이내에 주식의 종류와 수를 기재한 서면으로 회사에 대하여 자기가 소유하고 있는 주식의 매수를 청구할 수 있다. 〈개정 2015.12.1〉

②제360조의9제2항의 공고 또는 통지를 한 날부터 2주 내에 회사에 대하여 서면으로 주식교환에 반대하는 의사를 통지한 주주는 그 기간이 경과한 날부터 20일 이내에 주식의 종류와 수를 기재한 서면으로 회사에 대하여 자기가 소유하고 있는 주식의 매수를 청구할 수 있다.

③제1항 및 제2항의 매수청구에 관하여는 제374조의2제2항 내지 제5항의 규정을 준용한다.

제360조의6 삭제 〈2015.12.1〉

제360조의7【완전모회사의 자본금 증가의 한도액】 ①완전모회사가 되는 회사의 자본금은 주식교환의 날에 완전자회사가 되는 회사에 현존하는 순자산액에서 다음 각호의 금액을 뺀 금액을 초과하여 증가시킬 수 없다. 〈개정 2011.4.14., 2015.12.1〉
1. 완전자회사가 되는 회사의 주주에게 제공할 금전이나 그 밖의 재산의 가액
2. 제360조의3제3항제2호에 따라 완전자회사가 되는 회사의 주주에게 이전하는 자기주식의 장부가액의 합계액

②완전모회사가 되는 회사가 주식교환 이전에 완전자회사가 되는 회사의 주식을 이미 소유하고 있는 경우에는 완전모회사가 되는 회사의 자본금은 주식교환의 날에 완전자회사가 되는 회사에 현존하는 순자산액에 그 회사의 발행주식총수에 대한 주식교환으로 인하여 완전모회사가 되는 회사에 이전하는 주식의 수의 비율을 곱한 금액에서 제1

항 각호의 금액을 뺀 금액의 한도를 초과하여 이를 증가시킬 수 없다. 〈개정 2011.4.14〉
〈본조신설 2001.7.24〉
〈제목개정 2011.4.14〉

제360조의8【주권의 실효절차】 ①주식교환에 의하여 완전자회사가 되는 회사는 주주총회에서 제360조의3제1항의 규정에 의한 승인을 한 때에는 다음 각호의 사항을 주식교환의 날 1월 전에 공고하고, 주주명부에 기재된 주주와 질권자에 대하여 따로 따로 그 통지를 하여야 한다.
1. 제360조의3제1항의 규정에 의한 승인을 한 뜻
2. 주식교환의 날의 전날까지 주권을 회사에 제출하여야 한다는 뜻
3. 주식교환의 날에 주권이 무효가 된다는 뜻

②제442조의 규정은 제360조의3제1항의 규정에 의한 승인을 한 경우에 이를 준용한다. 〈개정 2014. 5.20〉

제360조의9【간이주식교환】 ①완전자회사가 되는 회사의 총주주의 동의가 있거나 그 회사의 발행주식총수의 100분의 90 이상을 완전모회사가 되는 회사가 소유하고 있는 때에는 완전자회사가 되는 회사의 주주총회의 승인은 이를 이사회의 승인으로 갈음할 수 있다.
②제1항의 경우에 완전자회사가 되는 회사는 주식교환계약서를 작성한 날부터 2주 내에 주주총회의 승인을 얻지 아니하고 주식교환을 한다는 뜻을 공고하거나 주주에게 통지하여야 한다. 다만, 총주주의 동의가 있는 때에는 그러하지 아니하다.

제360조의10【소규모 주식교환】 ①완전모회사가 되는 회사가 주식교환을 위하여 발행하는 신주 및 이전하는 자기주식의 총수가 그 회사의 발행주식총수의 100분의 10을 초과하지 아니하는 경우에는 그 회사에서의 제360조의3제1항의 규정에 의한 주주총회의 승인은 이를 이사회의 승인으로 갈음할 수 있다. 다만, 완전자회사가 되는 회사의 주주에게 제공할 금전이나 그 밖의 재산을 정한 경우에 그 금액 및 그 밖의 재산의 가액이 그 금액이 제360조의4제1항제3호에서 규정한 최종 대차대조표에 의하여 완전모회사가 되는 회사에 현존하는 순자산액의 100분의 5를 초과하는 때에는 그러하지 아니하다. 〈개정 2015.12.1〉
②삭제 〈2015.12.1〉
③제1항 본문의 경우에는 주식교환계약서에 완전모회사가 되는 회사에 관하여는 제360조의3제1항의 규정에 의한 주주총회의 승인을 얻지 아니하고 주식교환을 할 수 있는 뜻을 기재하여야 하며, 동조제3항제1호의 사항은 이를 기재하지 못한다.
④완전모회사가 되는 회사는 주식교환계약서를 작성한 날부터 2주내에 완전자회사가 되는 회사의 상호와 본점, 주식교환을 할 날 및 제360조의3제1항의 승인을 얻지 아니하고 주식교환을 한다는 뜻을 공고하거나 주주에게 통지하여야 한다.
⑤완전모회사가 되는 회사의 발행주식총수의 100분의 20 이상에 해당하는 주식을 가지는 주주가 제4항에 따른 공고 또는 통지를 한 날부터 2주 내에 회사에 대하여 서면으로 제1항 본문에 따른 주식교환에 반대하는 의사를 통지한 경우에는 이 조에 따른 주식교환을 할 수 없다. 〈개정 2011.4.14〉
⑥제1항 본문의 경우에 완전모회사가 되는 회사에 관하여 제360조의4제1항의 규정을 적용함에 있어서는 동조동항 각호외의 부분중 "제360조의3제1항의 주주총회의 회일의 2주전" 및 동조동항 제3호중 "제360조의3제1항의 주주총회의 회일"은 각각 "이 조제4항의 규정에 의한 공고 또는 통지의 날"로 한다.
⑦제1항 본문의 경우에는 제360조의5의 규정은 이를 적용하지 아니한다.

제360조의11【단주처리 등에 관한 규정의 준용】 ①제443조의 규정은 회사의 주식교환의 경우에 이를 준용한다.
②제339조 및 제340조제3항의 규정은 주식교환의 경우에 완전자회사가 되는 회사의 주식을 목적으로 하는 질권에 이를 준용한다.

제360조의12【주식교환사항을 기재한 서면의 사후공시】 ①이사는 다음 각호의 사항을 기재한 서면을 주식교환의 날부터 6월간 본점에 비치하여야 한다.
1. 주식교환의 날
2. 주식교환의 날에 완전자회사가 되는 회사에 현존하는 순자산액
3. 주식교환으로 인하여 완전모회사에 이전한 완전자회사의 주식의 수
4. 그 밖의 주식교환에 관한 사항

②제1항의 서면에 관하여는 제391조의3제3항의 규정을 준용한다.

제360조의13【완전모회사의 이사감사의 임기】 주식교환에 의하여 완전모회사가 되는 회사의 이사 및 감사로서 주식교환전에 취임한 자는 주식교환계약서에 다른 정함이 있는 경우를 제외하고는

주식교환후 최초로 도래하는 결산기에 관한 정기총회가 종료하는 때에 퇴임한다.

제360조의14【주식교환무효의 소】 ①주식교환의 무효는 각 회사의 주주·이사·감사·감사위원회의 위원 또는 청산인에 한하여 주식교환의 날부터 6월내에 소만으로 이를 주장할 수 있다.

②제1항의 소는 완전모회사가 되는 회사의 본점소재지의 지방법원의 관할에 전속한다.

③주식교환을 무효로 하는 판결이 확정된 때에는 완전모회사가 된 회사는 주식교환을 위하여 발행한 신주 또는 이전한 자기 주식의 주주에 대하여 그가 소유하였던 완전자회사가 된 회사의 주식을 이전하여야 한다. 〈개정 2015.12.1〉

④제187조 내지 제189조, 제190조 본문, 제191조, 제192조, 제377조 및 제431조의 규정은 제1항의 소에, 제339조 및 제340조제3항의 규정은 제3항의 경우에 각각 이를 준용한다.

제3관 주식의 포괄적 이전
〈본관신설 2001.7.24〉

제360조의15【주식의 포괄적 이전에 의한 완전모회사의 설립】 ①회사는 이 관의 규정에 의한 주식의 포괄적 이전(이하 이 관에서 "주식이전"이라 한다)에 의하여 완전모회사를 설립하고 완전자회사가 될 수 있다.

②주식이전에 의하여 완전자회사가 되는 회사의 주주가 소유하는 그 회사의 주식은 주식이전에 의하여 설립하는 완전모회사에 이전하고, 그 완전자회사가 되는 회사의 주주는 그 완전모회사가 주식이전을 위하여 발행하는 주식의 배정을 받음으로써 그 완전모회사의 주주가 된다.

제360조의16【주주총회에 의한 주식이전의 승인】 ①주식이전을 하고자 하는 회사는 다음 각호의 사항을 적은 주식이전계획서를 작성하여 주주총회의 승인을 받아야 한다. 〈개정 2011.4.14., 2015.12.1〉

1. 설립하는 완전모회사의 정관의 규정
2. 설립하는 완전모회사가 주식이전에 있어서 발행하는 주식의 종류와 수 및 완전자회사가 되는 회사의 주주에 대한 주식의 배정에 관한 사항
3. 설립하는 완전모회사의 자본금 및 자본준비금에 관한 사항
4. 완전자회사가 되는 회사의 주주에게 제2호에도 불구하고 금전이나 그 밖의 재산을 제공하는 경우에는 그 내용 및 배정에 관한 사항
5. 주식이전을 할 시기
6. 완전자회사가 되는 회사가 주식이전의 날까지 이익배당을 할 때에는 그 한도액
7. 설립하는 완전모회사의 이사와 감사 또는 감사위원회의 위원의 성명 및 주민등록번호
8. 회사가 공동으로 주식이전에 의하여 완전모회사를 설립하는 때에는 그 뜻

②제1항의 승인결의는 제434조의 규정에 의하여야 한다.

③제360조의3제4항의 규정은 제1항의 경우의 주주총회의 승인에 이를 준용한다.

④주식이전으로 인하여 주식이전에 관련되는 각 회사의 주주의 부담이 가중되는 경우에는 제1항 및 제436조의 결의 외에 그 주주 전원의 동의가 있어야 한다. 〈신설 2011.4.14〉

제360조의17【주식이전계획서 등의 서류의 공시】 ①이사는 제360조의16제1항의 규정에 의한 주주총회의 회일의 2주전부터 주식이전의 날 이후 6월을 경과하는 날까지 다음 각호의 서류를 본점에 비치하여야 한다.

1. 제360조의16제1항의 규정에 의한 주식이전계획서
2. 완전자회사가 되는 회사의 주주에 대한 주식의 배정에 관하여 그 이유를 기재한 서면
3. 제360조의16제1항의 주주총회의 회일전 6월 이내의 날에 작성한 완전자회사가 되는 회사의 최종 대차대조표 및 손익계산서

②제1항의 서류에 관하여는 제391조의3제3항의 규정을 준용한다.

제360조의18【완전모회사의 자본금의 한도액】 설립하는 완전모회사의 자본금은 주식이전의 날에 완전자회사가 되는 회사에 현존하는 순자산액에서 그 회사의 주주에게 제공할 금전 및 그 밖의 재산의 가액을 뺀 액을 초과하지 못한다. 〈개정 2011.4.14, 2015.12.1〉
〈본조신설 2001.7.24〉

제360조의19【주권의 실효절차】 ①주식이전에 의하여 완전자회사가 되는 회사는 제360조의16제1항의 규정에 의한 결의를 한 때에는 다음 각호의 사항을 공고하고, 주주명부에 기재된 주주와 질권자에 대하여 따로 따로 그 통지를 하여야 한다.

1. 제360조의16제1항의 규정에 의한 결의를 한 뜻
2. 1월을 초과하여 정한 기간내에 주권을 회사에

제출하여야 한다는 뜻
3. 주식이전의 날에 주권이 무효가 된다는 뜻
②제442조의 규정은 제360조의16제1항의 규정에 의한 결의를 한 경우에 이를 준용한다. 〈개정 2014. 5.20〉

제360조의20【주식이전에 의한 등기】 주식이전을 한 때에는 설립한 완전모회사의 본점의 소재지에서는 2주 내에, 지점의 소재지에서는 3주 내에 제317조제2항에서 정하는 사항을 등기하여야 한다.

제360조의21【주식이전의 효력발생시기】 주식이전은 이로 인하여 설립한 완전모회사가 그 본점소재지에서 제360조의20의 규정에 의한 등기를 함으로써 그 효력이 발생한다.

제360조의22【주식교환 규정의 준용】 제360조의5, 제360조의11 및 제360조의12의 규정은 주식이전의 경우에 이를 준용한다.

제360조의23【주식이전무효의 소】 ①주식이전의 무효는 각 회사의 주주·이사·감사·감사위원회의 위원 또는 청산인에 한하여 주식이전의 날부터 6월내에 소만으로 이를 주장할 수 있다.
②제1항의 소는 완전모회사가 되는 회사의 본점소재지의 지방법원의 관할에 전속한다.
③주식이전을 무효로 하는 판결이 확정된 때에는 완전모회사가 된 회사는 주식이전을 위하여 발행한 주식의 주주에 대하여 그가 소유하였던 완전자회사가 된 회사의 주식을 이전하여야 한다.
④제187조 내지 제193조 및 제377조의 규정은 제1항의 소에, 제339조 및 제340조제3항의 규정은 제3항의 경우에 각각 이를 준용한다.

제4관 지배주주에 의한 소수주식의 전부 취득
〈본관신설 2011.4.14〉

제360조의24【지배주주의 매도청구권】 ①회사의 발행주식총수의 100분의 95 이상을 자기의 계산으로 보유하고 있는 주주(이하 이 관에서 "지배주주"라 한다)는 회사의 경영상 목적을 달성하기 위하여 필요한 경우에는 회사의 다른 주주(이하 이 관에서 "소수주주"라 한다)에게 그 보유하는 주식의 매도를 청구할 수 있다.
②제1항의 보유주식의 수를 산정할 때에는 모회사와 자회사가 보유한 주식을 합산한다. 이 경우 회사가 아닌 주주가 발행주식총수의 100분의 50을 초과하는 주식을 가진 회사가 보유하는 주식도 그 주주가 보유하는 주식과 합산한다.
③제1항의 매도청구를 할 때에는 미리 주주총회의 승인을 받아야 한다.
④제3항의 주주총회의 소집을 통지할 때에는 다음 각 호에 관한 사항을 적어야 하고, 매도를 청구하는 지배주주는 주주총회에서 그 내용을 설명하여야 한다.
1. 지배주주의 회사 주식의 보유 현황
2. 매도청구의 목적
3. 매매가액의 산정 근거와 적정성에 관한 공인된 감정인의 평가
4. 매매가액의 지급보증
⑤지배주주는 매도청구의 날 1개월 전까지 다음 각 호의 사실을 공고하고, 주주명부에 적힌 주주와 질권자에게 따로 그 통지를 하여야 한다.
1. 소수주주는 매매가액의 수령과 동시에 주권을 지배주주에게 교부하여야 한다는 뜻
2. 교부하지 아니할 경우 매매가액을 수령하거나 지배주주가 매매가액을 공탁(供託)한 날에 주권은 무효가 된다는 뜻
⑥제1항의 매도청구를 받은 소수주주는 매도청구를 받은 날부터 2개월 내에 지배주주에게 그 주식을 매도하여야 한다.
⑦제6항의 경우 그 매매가액은 매도청구를 받은 소수주주와 매도를 청구한 지배주주 간의 협의로 결정한다.
⑧제1항의 매도청구를 받은 날부터 30일 내에 제7항의 매매가액에 대한 협의가 이루어지지 아니한 경우에는 매도청구를 받은 소수주주 또는 매도청구를 한 지배주주는 법원에 매매가액의 결정을 청구할 수 있다.
⑨법원이 제8항에 따라 주식의 매매가액을 결정하는 경우에는 회사의 재산상태와 그 밖의 사정을 고려하여 공정한 가액으로 산정하여야 한다.
〈본조신설 2011.4.14〉

제360조의25【소수주주의 매수청구권】 ①지배주주가 있는 회사의 소수주주는 언제든지 지배주주에게 그 보유주식의 매수를 청구할 수 있다.
②제1항의 매수청구를 받은 지배주주는 매수를 청구한 날을 기준으로 2개월 내에 매수를 청구한 주주로부터 그 주식을 매수하여야 한다.
③제2항의 경우 그 매매가액은 매수를 청구한 주주와 매수청구를 받은 지배주주 간의 협의로 결정한다.
④제2항의 매수청구를 받은 날부터 30일 내에 제3항의 매매가액에 대한 협의가 이루어지지 아니

한 경우에는 매수청구를 받은 지배주주 또는 매수청구를 한 소수주주는 법원에 대하여 매매가액의 결정을 청구할 수 있다.
⑤법원이 제4항에 따라 주식의 매매가액을 결정하는 경우에는 회사의 재산상태와 그 밖의 사정을 고려하여 공정한 가액으로 산정하여야 한다.
〈본조신설 2011.4.14〉

제360조의26【주식의 이전 등】 ①제360조의24와 제360조의25에 따라 주식을 취득하는 지배주주가 매매가액을 소수주주에게 지급한 때에 주식이 이전된 것으로 본다.
②제1항의 매매가액을 지급할 소수주주를 알 수 없거나 소수주주가 수령을 거부할 경우에는 지배주주는 그 가액을 공탁할 수 있다. 이 경우 주식은 공탁한 날에 지배주주에게 이전된 것으로 본다.
〈본조신설 2011.4.14〉

제3절 회사의 기관

제1관 주주총회

제361조【총회의 권한】 주주총회는 본법 또는 정관에 정하는 사항에 한하여 결의할 수 있다.

제362조【소집의 결정】 총회의 소집은 본법에 다른 규정이 있는 경우외에는 이사회가 이를 결정한다.

> (판 례) 임시주주총회가 법령 및 정관상 요구되는 이사회의 결의없이 또한 그 소집절차를 생략하고 이루어졌다고 하더라도, 주주의 의결권을 적법하게 위임받은 수임인과 다른 주주 전원이 참석하여 총회를 개최하는 데 동의하고 아무런 이의없이 만장일치로 결의가 이루어졌다면 이는 다른 특별한 사정이 없는 한 유효한 것이다 (1993.2.26, 92다48727). 〈최준(상) 249면〉

제363조【소집의 통지】 ①주주총회를 소집할 때에는 주주총회일의 2주 전에 각 주주에게 서면으로 통지를 발송하거나 각 주주의 동의를 받아 전자문서로 통지를 발송하여야 한다. 다만, 그 통지가 주주명부상 주주의 주소에 계속 3년간 도달하지 아니한 경우에는 회사는 해당 주주에게 총회의 소집을 통지하지 아니할 수 있다. 〈개정 2014.5.20〉
②제1항의 통지서에는 회의의 목적사항을 적어야 한다.
③제1항에도 불구하고 자본금 총액이 10억원 미만인 회사가 주주총회를 소집하는 경우에는 주주총회일의 10일 전에 각 주주에게 서면으로 통지를 발송하거나 각 주주의 동의를 받아 전자문서로 통지를 발송할 수 있다. 〈개정 2014.5.20〉
④자본금 총액이 10억원 미만인 회사는 주주 전원의 동의가 있을 경우에는 소집절차 없이 주주총회를 개최할 수 있고, 서면에 의한 결의로써 주주총회의 결의를 갈음할 수 있다. 결의의 목적사항에 대하여 주주 전원이 서면으로 동의를 한 때에는 서면에 의한 결의가 있는 것으로 본다.
⑤제4항의 서면에 의한 결의는 주주총회의 결의와 같은 효력이 있다. 〈개정 2014.5.20〉
⑥서면에 의한 결의에 대하여는 주주총회에 관한 규정을 준용한다.
⑦제1항부터 제4항까지의 규정은 의결권 없는 주주에게는 적용하지 아니한다. 다만, 제1항의 통지서에 적은 회의의 목적사항에 제360조의5, 제360조의22, 제374조의2, 제522조의3 또는 제530조의11에 따라 반대주주의 주식매수청구권이 인정되는 사항이 포함된 경우에는 그러하지 아니하다. 〈개정 2014.5.20, 2015. 12.1〉
〈전문개정 2009.5.28〉

제363조의2【주주제안권】 ①의결권없는 주식을 제외한 발행주식총수의 100분의 3 이상에 해당하는 주식을 가진 주주는 이사에게 주주총회일(정기주주총회의 경우 직전 연도의 정기주주 총회일에 해당하는 그 해의 해당일. 이하 이 조에서 같다)의 6주 전에 서면 또는 전자문서로 일정한 사항을 주주총회의 목적사항으로 할 것을 제안(이하 '주주제안'이라 한다)할 수 있다. 〈개정 2009.1.30〉
②제1항의 주주는 이사에게 주주총회일의 6주 전에 서면 또는 전자문서로 회의의 목적으로 할 사항에 추가하여 당해 주주가 제출하는 의안의 요령을 제363조에서 정하는 통지에 기재할 것을 청구할 수 있다. 〈개정 2009.1.30, 2014.5.20〉
③이사는 제1항에 의한 주주제안이 있는 경우에는 이를 이사회에 보고하고, 이사회는 주주제안의 내용이 법령 또는 정관을 위반하는 경우와 그 밖에 대통령령으로 정하는 경우를 제외하고는 이를 주주총회의 목적사항으로 하여야 한다. 이 경우 주주제안을 한 자의 청구가 있는 때에는 주주총회에서 당해 의안을 설명할 기회를 주어야 한다.
〈본조신설 1998.12.28〉

제364조【소집지】 총회는 정관에 다른 정함이 없으면 본점소재지 또는 이에 인접한 지에 소집하여야 한다.

제365조【총회의 소집】 ①정기총회는 매년 1회 일정한 시기에 이를 소집하여야 한다.
②년 2회 이상의 결산기를 정한 회사는 매기에 총

회를 소집하여야 한다.
③임시총회는 필요있는 경우에 수시 이를 소집한다.

제366조【소수주주에 의한 소집청구】 ①발행주식 총수의 100분의 3 이상에 해당하는 주식을 가진 주주는 회의의 목적사항과 소집의 이유를 적은 서면 또는 전자문서를 이사회에 제출하여 임시총회의 소집을 청구할 수 있다.〈개정 1998.12.28, 2009.5.28〉
②제1항의 청구가 있은 후 지체 없이 총회소집의 절차를 밟지 아니한 때에는 청구한 주주는 법원의 허가를 받아 총회를 소집할 수 있다. 이 경우 주주총회의 의장은 법원이 이해관계인의 청구나 직권으로 선임할 수 있다. 〈개정 2011.4.14〉
③제1항 및 제2항의 규정에 의한 총회는 회사의 업무와 재산상태를 조사하게 하기 위하여 검사인을 선임할 수 있다. 〈개정 98.12.28〉

판례 상법 제366조제2항의 규정에 의한 소수주주의 신청에 의하여 법원이 비송사건절차법 제145조제1항의 규정에 의하여 임시주주총회의 소집을 허가한 결정에 대하여는 같은 조 제2항에 의하여 불복의 신청을 할 수 없고 민사소송법 제420조 소정의 특별항고가 허용된다(1991.4.30, 90마672). 〈정찬(상) 713면〉

제366조의2【총회의 질서유지】 ①총회의 의장은 정관에서 정함이 없는 때에는 총회에서 선임한다.
②총회의 의장은 총회의 질서를 유지하고 의사를 정리한다.
③총회의 의장은 고의로 의사진행을 방해하기 위한 발언·행동을 하는 등 현저히 질서를 문란하게 하는 자에 대하여 그 발언의 정지 또는 퇴장을 명할 수 있다.
〈본조신설 99.12.31〉

제367조【검사인의 선임】 ①총회는 이사가 제출한 서류와 감사의 보고서를 조사하게 하기 위하여 검사인(檢査人)을 선임할 수 있다.
②회사 또는 발행주식총수의 100분의 1 이상에 해당하는 주식을 가진 주주는 총회의 소집절차나 결의방법의 적법성을 조사하기 위하여 총회 전에 법원에 검사인의 선임을 청구할 수 있다.
〈전문개정 2011.4.14〉

제368조【총회의 결의방법과 의결권의 행사】 ①총회의 결의는 이 법 또는 정관에 다른 정함이 있는 경우를 제외하고는 출석한 주주의 의결권의 과반수와 발행주식총수의 4분의 1 이상의 수로써 하여야 한다. 〈개정 95.12.29〉
②주주는 대리인으로 하여금 그 의결권을 행사하게 할 수 있다. 이 경우에는 그 대리인은 대리권을 증명하는 서면을 총회에 제출하여야 한다.
③총회의 결의에 관하여 특별한 이해관계가 있는 자는 의결권을 행사하지 못한다.

판례 주식 자체는 유효하게 발행되었지만 주식의 이전 등 관계로 당사자간에 주식의 귀속에 관하여 분쟁이 발생하여 진실의 주주라고 주장하는 자가 명의상의 주주를 상대로 의결권의 행사를 금지하는 가처분의 결정을 받은 경우, 그 명의상의 주주는 주주총회에서 의결권을 행사할 수 없으나, 그가 가진 주식 수는 주주총회의 결의요건을 규정한 구 상법(1995.12. 29. 법률 제5053호로 개정되기 전의 것) 제368조제1항 소정의 정족수 계산의 기초가 되는 '발행주식의 총수'에는 산입되는 것으로 해석함이 상당하다(1998.4. 10, 97다50619). 〈정찬(상) 735면〉
대리권을 증명하는 서면은 위조와 변조여부를 쉽게 식별할 수 있는 원본이어야 하고, 특별한 사정이 없는 한 사본은 그 서면에 해당하지 않는다(1995. 2.28, 94다34579). 〈정찬(상) 727면〉

제368조의2【의결권의 불통일행사】 ①주주가 2 이상의 의결권을 가지고 있는 때에는 이를 통일하지 아니하고 행사할 수 있다. 이 경우 회일의 3일 전에 회사에 대하여 서면으로 그 뜻과 이유를 통지하여야 한다. 이 경우 주주총회일의 3일 전에 회사에 대하여 서면 또는 전자문서로 그 뜻과 이유를 통지하여야 한다. 〈개정 2009.5.28〉
②주주가 주식의 신탁을 인수하였거나 기타 타인을 위하여 주식을 가지고 있는 경우외에는 회사는 주주의 의결권의 불통일행사를 거부할 수 있다.
〈본조신설 84.4.10〉

제368조의3【서면에 의한 의결권의 행사】 ①주주는 정관이 정한 바에 따라 총회에 출석하지 아니하고 서면에 의하여 의결권을 행사할 수 있다.
②회사는 총회의 소집통지서에 주주가 제1항의 규정에 의한 의결권을 행사하는데 필요한 서면과 참고자료를 첨부하여야 한다.
〈본조신설 99.12.31〉

제368조의4【전자적 방법에 의한 의결권의 행사】 ①회사는 이사회의 결의로 주주가 총회에 출석하지 아니하고 전자적 방법으로 의결권을 행사할 수 있음을 정할 수 있다.
②회사는 제363조에 따라 소집통지를 할 때에는 주주가 제1항에 따른 방법으로 의결권을 행사할 수 있다는 내용을 통지하여야 한다. 〈개정 2014.5.20〉
③회사가 제1항에 따라 전자적 방법에 의한 의결권행사를 정한 경우에 주주는 주주 확인절차 등 대통령령으로 정하는 바에 따라 의결권을 행사하여야 한다. 이 경우 회사는 의결권행사에 필요한

양식과 참고자료를 주주에게 전자적 방법으로 제공하여야 한다.
④동일한 주식에 관하여 제1항 또는 제368조의3제1항에 따라 의결권을 행사하는 경우 전자적 방법 또는 서면 중 어느 하나의 방법을 선택하여야 한다.
⑤회사는 의결권행사에 관한 전자적 기록을 총회가 끝난 날부터 3개월간 본점에 갖추어 두어 열람하게 하고 총회가 끝난 날부터 5년간 보존하여야 한다.
⑥주주 확인절차 등 전자적 방법에 의한 의결권행사의 절차와 그 밖에 필요한 사항은 대통령령으로 정한다.
〈본조신설 2009.5.28〉

제369조【의결권】 ①의결권은 1주마다 1개로 한다.
②회사가 가진 자기주식은 의결권이 없다.
③회사, 모회사 및 자회사 또는 자회사가 다른 회사의 발행주식의 총수의 10분의 1을 초과하는 주식을 가지고 있는 경우 그 다른 회사가 가지고 있는 회사 또는 모회사의 주식은 의결권이 없다. 〈신설 84.4.10〉

제370조 삭제 〈2011.4.14〉

제371조【정족수, 의결권수의 계산】 ①총회의 결의에 관하여는 제344조의3제1항과 제369조제2항 및 제3항의 의결권 없는 주식의 수는 발행주식총수에 산입하지 아니한다.
②총회의 결의에 관하여는 제368조제3항에 따라 행사할 수 없는 주식의 의결권 수와 제409조제2항 및 제542조의12제4항에 따라 그 비율을 초과하는 주식으로서 행사할 수 없는 주식의 의결권 수는 출석한 주주의 의결권의 수에 산입하지 아니한다. 〈개정 2014. 5. 20., 2020. 12. 29.〉
〈전문개정 2011.4.14〉

제372조【총회의 연기, 속행의 결의】 ①총회에서는 회의의 속행 또는 연기의 결의를 할 수 있다.
②전항의 경우에는 제363조의 규정을 적용하지 아니한다.

제373조【총회의 의사록】 ①총회의 의사에는 의사록을 작성하여야 한다.
②의사록에는 의사의 경과요령과 그 결과를 기재하고 의장과 출석한 이사가 기명날인 또는 서명하여야 한다. 〈개정 95.12.29〉

(신구) ~기명날인하여야~ ⇨ ~기명날인 또는 서명하여야~

제374조【영업양도, 양수, 임대 등】 ①회사가 다음 각 호의 어느 하나에 해당하는 행위를 할 때에는 제434조에 따른 결의가 있어야 한다. 〈개정 2011.4.14〉
1. 영업의 전부 또는 중요한 일부의 양도
2. 영업 전부의 임대 또는 경영위임, 타인과 영업의 손익 전부를 같이 하는 계약, 그 밖에 이에 준하는 계약의 체결 · 변경 또는 해약
3. 회사의 영업에 중대한 영향을 미치는 다른 회사의 영업 전부 또는 일부의 양수

②제1항의 행위에 관한 주주총회의 소집의 통지를 하는 때에는 제374조의2제1항 및 제2항의 규정에 의한 주식매수청구권의 내용 및 행사방법을 명시하여야 한다. 〈신설 95. 12.29, 개정 2014.5.20〉

(판 례) 상법 제374조제1호 소정의 영업의 양도란 동법 제1편 제7장의 영업양도를 가리키는 것이므로 영업용 재산의 양도에 있어서는 그 재산이 주식회사의 유일한 재산이거나 중요한 재산이라 하여 그 재산의 양도를 곧 영업의 양도라 할 수는 없지만 주식회사 존속의 기초가 되는 중요한 재산의 양도는 영업의 폐지 또는 중단을 초래하는 행위로서 이는 영업의 전부 또는 일부 양도의 경우와 다를 바 없으므로 이러한 경우에는 상법 제374조제1호의 규정을 유추적용하여 주주총회의 특별결의를 거쳐야 한다. 그러나 주식회사가 회사 존속의 기초가 되는 중요한 재산을 처분할 당시에 이미 사실상 영업을 중단하고 있었던 상태라면 그 처분으로 인하여 비로소 영업의 전부 또는 일부가 폐지 또는 중단됨에 이른 것이라고는 할 수 없으므로 이러한 경우에는 주주총회의 특별결의가 없었다 하여 그 처분행위가 무효로 되는 것은 아니다(1988.4.12, 87다카1662). 〈최준(상) 233면〉

회사의 영업 그 자체가 아닌 영업용 재산의 처분이라 하더라도 그로 인하여 회사의 영업전부 또는 중요한 일부를 양도하거나 폐지하는 것과 같은 결과를 가져오는 경우에는 그 처분행위에 상법 제374조제1호 소정의 주주총회의 특별 결의를 요한다고 할 것인 바, 흄관의 제작판매를 업으로 하고 있는 회사소유의 흄관몰드(형틀)가 흄관제작에 없어서는 아니될 영업용재산 거의 전부에 해당하는 것이라면 위의 흄관몰드 전부를 매도담보로 제공하는 행위는 위 회사의 영업의 전부 또는 중요한 일부를 양도 내지 폐지하는 것과 동일한 결과를 초래하는 것으로 주주총회의 특별결의를 거쳐야 할 사항이다(1987.4.28, 86다카553). 〈최준(상) 235면〉

제374조의2【반대주주의 주식매수청구권】 ① 제374조에 따른 결의사항에 반대하는 주주(의결권이 없거나 제한되는 주주를 포함한다. 이하 이 조에서 같다)는 주주총회 전에 회사에 대하여 서면으로 그 결의에 반대하는 의사를 통지한 경우에는 그 총회의 결의일부터 20일 이내에 주식의 종류와 수를 기재한 서면으로 회사에 대하여 자기가 소유하고 있는 주식의 매수를 청구할 수 있다. 〈개정 2015.12.1〉

② 제1항의 청구를 받으면 해당 회사는 같은 항의 매수 청구 기간(이하 이 조에서 "매수청구기간"이라 한다)이 종료하는 날부터 2개월 이내에 그 주식을 매수하여야 한다. 〈개정 2015.12.1〉
③제2항의 규정에 의한 주식의 매수가액은 주주와 회사간의 협의에 의하여 결정한다. 〈개정 2001.7.24〉
④매수청구기간이 종료하는 날부터 30일 이내에 제3항의 규정에 의한 협의가 이루어지지 아니한 경우에는 회사 또는 주식의 매수를 청구한 주주는 법원에 대하여 매수가액의 결정을 청구할 수 있다. 〈개정 2001.7.24., 2015.12.1〉
⑤법원이 제4항의 규정에 의하여 주식의 매수가액을 결정하는 경우에는 회사의 재산상태 그 밖의 사정을 참작하여 공정한 가액으로 이를 산정하여야 한다. 〈신설 2001.7.24〉
〈본조신설 95.12.29〉

신구 ③다만, 협의가 이루어지지 아니하는 경우에는 회계전문가에 의하여 산정된 가액을 매수가액으로 한다. ⇨ 삭제
구조문 ⇨ ④회사 또는 주식의 매수를 청구한 주주가 보유한 주식의 100분의 30 이상이 제3항 단서의 규정에 의하여 결정된 매수가액에 반대하는 경우에는 그 가액을 결정한 때부터 30일 내에 법원에 대하여 매수가액의 결정을 청구할 수 있다.

제374조의3【간이영업양도, 양수, 임대 등】 ①제374조제1항 각 호의 어느 하나에 해당하는 행위를 하는 회사의 총주주의 동의가 있거나 그 회사의 발행주식총수의 100분의 90 이상을 해당 행위의 상대방이 소유하고 있는 경우에는 그 회사의 주주총회의 승인은 이를 이사회의 승인으로 갈음할 수 있다.
②제1항의 경우에 회사는 영업양도, 양수, 임대 등의 계약서 작성일부터 2주 이내에 주주총회의 승인을 받지 아니하고 영업양도, 양수, 임대 등을 한다는 뜻을 공고하거나 주주에게 통지하여야 한다. 다만, 총주주의 동의가 있는 경우에는 그러하지 아니하다.
③제2항의 공고 또는 통지를 한 날부터 2주 이내에 회사에 대하여 서면으로 영업양도, 양수, 임대 등에 반대하는 의사를 통지한 주주는 그 기간이 경과한 날부터 20일 이내에 주식의 종류와 수를 기재한 서면으로 회사에 대하여 자기가 소유하고 있는 주식의 매수를 청구할 수 있다. 이 경우 제374조의2제2항부터 제5항까지의 규정을 준용한다.
〈본조신설 2015.12.1〉

제375조【사후설립】 회사가 그 성립 후 2년 내에 그 성립 전부터 존재하는 재산으로서 영업을 위하여 계속하여 사용하여야 할 것을 자본금의 100분의 5 이상에 해당하는 대가로 취득하는 계약을 하는 경우에는 제374조를 준용한다.
〈전문개정 2011.4.14〉

제376조【결의취소의 소】 ①총회의 소집절차 또는 결의방법이 법령 또는 정관에 위반하거나 현저하게 불공정한 때 또는 그 결의의 내용이 정관에 위반한 때에는 주주·이사 또는 감사는 결의의 날로부터 2월내에 결의취소의 소를 제기할 수 있다. 〈개정 84.4.10, 95.12.29〉
②제186조 내지 제188조, 제190조 본문과 제191조의 규정은 제1항의 소에 준용한다. 〈개정 95.12.29〉

신구 ①~현저하게 불공정한 때에는 주주~ ⇨ ~현저하게 불공한 때 또는 그 의결의 내용이 정관에 위반한 때에는 주주~
②~제190조와 제191조의~ ⇨ ~제190조 본문과 제191조의~

판례 주주총회가 이사회의 결정없이 소집되었다고 하더라도 소집권한이 있는 자가 적법하게 소집절차를 밟은 이상 이사회의 결정이 없었다는 사정은 취소사유가 됨에 불과하다(1980.10.27, 79다1264). 〈정찬(상) 747면〉

제377조【제소주주의 담보제공의무】 ①주주가 결의취소의 소를 제기한 때에는 법원은 회사의 청구에 의하여 상당한 담보를 제공할 것을 명할 수 있다. 그러나 그 주주가 이사 또는 감사인 때에는 그러하지 아니하다. 〈개정 84.4.10〉
②제176조제4항의 규정은 제1항의 청구에 준용한다.

제378조【결의취소의 등기】 결의한 사항이 등기된 경우에 결의취소의 판결이 확정된 때에는 본점과 지점의 소재지에서 등기하여야 한다.

제379조【법원의 재량에 의한 청구기각】 결의취소의 소가 제기된 경우에 결의의 내용, 회사의 현황과 제반사정을 참작하여 그 취소가 부적당하다고 인정한 때에는 법원은 그 청구를 기각할 수 있다.

판례 은행의 주주총회결의가 절차상의 하자로 인하여 취소된다면 그 결의를 통하여 선임된 이사들로 구성된 이사회에서 행한 일련의 정상화계획, 특별융자, 자본감소를 조건으로 한 정부의 출자, 부실채권의 매각 등이 무효로 돌아가 은행의 자기자본비율이 크게 하락함으로써 그에 따른 예금인출사태, 업무정지나 폐쇄조치 등에 의하여 도산의 위험성이 예상되고, 다른 금융기관들의 신인도 하락이나 금융위기의 발생까지 예상되는 경우, 그 결의를 취소하는 것은 당해 은행이나 그 주주 나아가 일반 국민들에게 아무런 이익이 되

지 않는 것으로 판단되고 오히려 양자에게 돌이킬 수 없는 손해를 끼치거나 일반거래의 안전을 해할 것으로 보여질 뿐만 아니라 주주총회결의의 하자가 상대적으로 경미한 점 등에 비추어 주주총회결의를 취소하는 것은 부당하다(서울고법 1998.8.25, 98나5267). 〈최준(상) 266면〉

제380조【결의무효 및 부존재확인의 소】 제186조 내지 제188조, 제190조 본문, 제191조, 제377조와 제378조의 규정은 총회의 결의의 내용이 법령에 위반한 것을 이유로 하여 결의무효의 확인을 청구하는 소와 총회의 소집절차 또는 결의방법에 총회결의가 존재한다고 볼 수 없을 정도의 중대한 하자가 있는 것을 이유로 하여 결의부존재의 확인을 청구하는 소에 이를 준용한다. 〈개정 84.4.10, 95.12.29〉

(판 례) 회사 이외의 제3자 간의 법률관계에 있어서는 상법 제380조, 제190조가 적용되지 않는다(1998. 3.24, 95다6885). 〈정찬(상) 737면〉

2인의 공동대표이사 중 1인이 다른 공동대표이사와 공동으로 임시주주총회를 소집하지 않았다거나 다른 공동대표이사와 41%의 주식을 보유한 주주에게 소집통지를 하지 않았다는 등의 소집절차상의 하자만으로 임시주주총회의 결의가 부존재한다거나 무효라고 할 정도의 중대한 하자라고 볼 수 없다(1993. 1.26, 92다11008). 〈최준(상) 250면〉

주식회사의 이사·감사를 선임하거나 해임하는 주주총회 결의의 무효확인을 구하는 소송에 있어서, 동 결의에 의하여 선임되거나 해임된 이사·감사는 회사를 대표할 수 있다(1983.3.22, 82다카1810). 〈정찬(상) 753면〉

제381조【부당결의의 취소, 변경의 소】 ①주주가 제368조제3항의 규정에 의하여 의결권을 행사할 수 없었던 경우에 결의가 현저하게 부당하고 그 주주가 의결권을 행사하였더라면 이를 저지할 수 있었을 때에는 그 주주는 그 결의의 날로부터 2월내에 결의의 취소의 소 또는 변경의 소를 제기할 수 있다. 〈개정 2014.5.20〉

②제186조 내지 제188조, 제190조 본문, 제191조, 제377조와 제378조의 규정은 제1항의 소에 준용한다. 〈개정 98.12.28〉

(신구) ~내지~ ⇨ ~내지~, ~제190조~ ⇨ ~제190조본문~, ~전항~ ⇨ ~제1항~

제2관 이사와 이사회

제382조【이사의 선임, 회사와의 관계 및 사외이사】 ①이사는 주주총회에서 선임한다.

②회사와 이사의 관계는 「민법」의 위임에 관한 규정을 준용한다.

③사외이사(社外理事)는 해당 회사의 상무(常務)에 종사하지 아니하는 이사로서 다음 각 호의 어느 하나에 해당하지 아니하는 자를 말한다. 사외이사가 다음 각 호의 어느 하나에 해당하는 경우에는 그 직을 상실한다. 〈개정 2011.4.14〉

1. 회사의 상무에 종사하는 이사·집행임원 및 피용자 또는 최근 2년 이내에 회사의 상무에 종사한 이사·감사·집행임원 및 피용자
2. 최대주주가 자연인인 경우 본인과 그 배우자 및 직계 존속·비속
3. 최대주주가 법인인 경우 그 법인의 이사·감사·집행임원 및 피용자
4. 이사·감사·집행임원의 배우자 및 직계 존속·비속
5. 회사의 모회사 또는 자회사의 이사·감사·집행임원 및 피용자
6. 회사와 거래관계 등 중요한 이해관계에 있는 법인의 이사·감사·집행임원 및 피용자
7. 회사의 이사·집행임원 및 피용자가 이사·집행임원으로 있는 다른 회사의 이사·감사·집행임원 및 피용자

〈전문개정 2009.1.30〉

제382조의2【집중투표】 ①2인 이상의 이사의 선임을 목적으로 하는 총회의 소집이 있는 때에는 의결권없는 주식을 제외한 발행주식총수의 100분의 3 이상에 해당하는 주식을 가진 주주는 정관에서 달리 정하는 경우를 제외하고는 회사에 대하여 집중투표의 방법으로 이사를 선임할 것을 청구할 수 있다.

②제1항의 청구는 주주총회일의 7일 전까지 서면 또는 전자문서로 하여야 한다. 〈개정2009.5.28〉

③제1항의 청구가 있는 경우에 이사의 선임결의에 관하여 각 주주는 1주마다 선임할 이사의 수와 동일한 수의 의결권을 가지며, 그 의결권은 이사 후보자 1인 또는 수인에게 집중하여 투표하는 방법으로 행사할 수 있다.

④제3항의 규정에 의한 투표의 방법으로 이사를 선임하는 경우에는 투표의 최다수를 얻은 자부터 순차적으로 이사에 선임되는 것으로 한다.

⑤제1항의 청구가 있는 경우에는 의장은 의결에 앞서 그러한 청구가 있다는 취지를 알려야 한다.

⑥제2항의 서면은 총회가 종결될 때까지 이를 본점에 비치하고 주주로 하여금 영업시간내에 열람할 수 있게 하여야 한다.

〈본조신설 98.12.28〉

제382조의3【이사의 충실의무】 이사는 법령과 정관의 규정에 따라 회사를 위하여 그 직무를 충실하게 수행하여야 한다.

〈본조신설 98.12.28〉

제382조의4【이사의 비밀유지의무】 이사는 재임중 뿐만 아니라 퇴임후에도 직무상 알게된 회사의 영업상 비밀을 누설하여서는 아니된다.
〈본조신설 2001.7.24〉

제383조【원수, 임기】 ①이사는 3명 이상이어야 한다. 다만, 자본금 총액이 10억원 미만인 회사는 1명 또는 2명으로 할 수 있다.〈개정 98.12.28, 09.5.28〉
②이사의 임기는 3년을 초과하지 못한다. 〈개정 84.4.10〉
③제2항의 임기는 정관으로 그 임기중의 최종의 결산기에 관한 정기주주총회의 종결에 이르기까지 연장할 수 있다.
④제1항 단서의 경우에는 제302조제2항제5호의2, 제317조제2항제3호의2, 제335조제1항 단서 및 제2항, 제335조의2제1항 · 제3항, 제335조의3제1항 · 제2항, 제335조의7제1항, 제340조의3제1항제5호, 제356조제6호의2, 제397조제1항 · 제2항, 제397조의2제1항, 제398조, 제416조 본문, 제451조제2항, 제461조제1항 본문 및 제3항, 제462조의3제1항, 제464조의2제1항, 제469조, 제513조제2항 본문 및 제516조의2제2항 본문(준용되는 경우를 포함한다) 중 "이사회"는 각각 "주주총회"로 보며, 제360조의5제1항 및 제522조의3제1항 중 "이사회의 결의가 있는 때"는 "제363조제1항에 따른 주주총회의 소집통지가 있는 때"로 본다. 〈개정 2009.5.28, 2011.4.14〉
⑤제1항 단서의 경우에는 제341조제2항 단서, 제390조, 제391조, 제391조의2, 제391조의3, 제392조, 제393조제2항부터 제4항까지, 제399조제2항, 제408조의2제3항 · 제4항, 제408조의3제2항, 제408조의4제2호, 제408조의5제1항, 제408조의6, 제408조의7, 제412조의4, 제449조의2, 제462조제2항 단서, 제526조제3항, 제527조제4항, 제527조의2, 제527조의3제1항 및 제527조의5제2항은 적용하지 아니한다. 〈개정 2009.5.28, 2011. 4.14〉
⑥제1항 단서의 경우에는 각 이사(정관에 따라 대표이사를 정한 경우에는 그 대표이사를 말한다)가 회사를 대표하며 제343조제1항 단서, 제346조제3항, 제362조, 제363조의2제3항, 제366조제1항, 제368조의4제1항, 제393조제1항, 제412조의3제1항 및 제462조의3제1항에 따른 이사회의 기능을 담당한다. 〈개정 2009.5.28, 2011. 4.14〉

제384조 삭제 〈95.12.29〉

제385조【해임】 ①이사는 언제든지 제434조의 규정에 의한 주주총회의 결의로 이를 해임할 수 있다. 그러나 이사의 임기를 정한 경우에 정당한 이유없이 그 임기만료전에 이를 해임한 때에는 그 이사는 회사에 대하여 해임으로 인한 손해의 배상을 청구할 수 있다.
②이사가 그 직무에 관하여 부정행위 또는 법령이나 정관에 위반한 중대한 사실이 있음에도 불구하고 주주총회에서 그 해임을 부결한 때에는 발행주식의 총수의 100분의3 이상에 해당하는 주식을 가진 주주는 총회의 결의가 있은 날부터 1월 내에 그 이사의 해임을 법원에 청구할 수 있다. 〈개정 98.12.28〉
③제186조의 규정은 전항의 경우에 준용한다.

(신구) ②~100분의 5 이상~ ⇨ ~100분의 3 이상~, ~날로부터~ ⇨ ~날부터~

제386조【결원의 경우】 ①법률 또는 정관에 정한 이사의 원수를 결한 경우에는 임기의 만료 또는 사임으로 인하여 퇴임한 이사는 새로 선임된 이사가 취임할 때까지 이사의 권리의무가 있다.
②제1항의 경우에 필요하다고 인정할 때에는 법원은 이사, 감사 기타의 이해관계인의 청구에 의하여 일시 이사의 직무를 행할 자를 선임할 수 있다. 이 경우에는 본점의 소재지에서 그 등기를 하여야 한다. 〈개정 95.12.29〉

(신구) ②전항의~본점과 지점의 소재지에서~ ⇨ ②제1항의~본점의 소재지에서~

(판례) 상법 제386조는 이사의 퇴임으로 말미암아 법률 또는 정관에 정한 원수를 결한 경우에 임기의 만료 또는 사임으로 인하여 퇴임한 이사로 하여금 새로 선임된 이사가 취임할 때까지 이사의 권리의무를 행하도록 하는 한편 필요하다고 인정할 때에는 법원은 이사, 감사, 기타의 이해관계인의 청구에 의하여 일시이사의 직무를 행할 자를 선임할 수 있도록 규정하고, 같은 법 제389조에 의하여 이를 대표이사의 경우에 준용하고 있는바, 여기에서 필요한 때라 함은 이사의 사망으로 결원이 생기거나 종전의 이사가 해임된 경우, 이사가 중병으로 사임하거나 장기간 부재중인 경우 등과 같이 퇴임이사로 하여금 이사로서의 권리의무를 가지게 하는 것이 불가능하거나 부적당한 경우를 의미한다고 할 것이나, 구체적으로 어떠한 경우가 이에 해당할 것인지에 관하여는 일시이사 및 직무대행자 제도의 취지와 관련하여 사안에 따라 개별적으로 판단하여야 할 것이다. 따라서 회사의 대표이사 및 이사의 임기만료로 법률 또는 정관에 정한 원수에 결원이 발생한 경우, 회사 동업자들 사이에 동업을 둘러싼 분쟁이 계속되고 있다는 사정만으로는 그 임기만료된 대표이사 및 이사에게 회사의 대표이사 및 이사로서의 권리의무를 보유하게 하는 것이 불가능하거나 부적당한 경우에 해당한다고 할 수 없다(2000.11.17, 2000마5632). 〈정찬(상) 770면〉

제387조【자격주】 정관으로 이사가 가질 주식의 수를 정한 경우에 다른 규정이 없는 때에는 이사

는 그 수의 주권을 감사에게 공탁하여야 한다.

제388조【이사의 보수】 이사의 보수는 정관에 그 액을 정하지 아니한 때에는 주주총회의 결의로 이를 정한다.

제389조【대표이사】 ①회사는 이사회의 결의로 회사를 대표할 이사를 선정하여야 한다. 그러나 정관으로 주주총회에서 이를 선정할 것을 정할 수 있다.

②전항의 경우에는 수인의 대표이사가 공동으로 회사를 대표할 것을 정할 수 있다.

③제208조제2항, 제209조, 제210조와 제386조의 규정은 대표이사에 준용한다. 〈개정 62.12. 12〉

(판 례) 주식회사에 있어서의 공동대표제도는 대외 관계에서 수인의 대표이사가 공동으로만 대표권을 행사할 수 있게 하여 업무집행의 통일성을 확보하고, 대표권 행사의 신중을 기함과 아울러 대표이사 상호간의 견제에 의하여 대표권의 남용 내지는 오용을 방지하여 회사의 이익을 도모하려는데 그 취지가 있으므로 공동대표이사의 1인이 그 대표권의 행사를 특정사항에 관하여 개별적으로 다른 공동대표이사에게 위임함은 별론으로 하고, 일반적, 포괄적으로 위임함은 허용되지 아니한다(1992.10.27, 92다19033). 〈정찬(상) 792면〉

회사가 공동으로만 회사를 대표할 수 있는 공동대표이사에게 대표이사라는 명칭의 사용을 용인 내지 방임한 경우에는 회사가 이사자격이 없는 자에게 표현대표이사의 명칭을 사용하게 한 경우이거나 이사자격없이 그 명칭을 사용하는 것을 알고서도 용인상태에 둔 경우와 마찬가지로, 회사는 상법 제395조에 의한 표현책임을 면할 수 없다(1993.12.28, 93다47653). 〈정찬(상) 804면〉

주식회사의 대표이사가 이사회의 결의를 거쳐야 할 대외적 거래행위에 관하여 이를 거치지 아니한 경우라도, 이와 같은 이사회 결의사항은 회사의 내부적 의사결정에 불과하다 할 것 이므로, 그 거래상대방이 그와 같은 이사회결의가 없었음을 알았거나 알 수 있었을 경우가 아니라면 그 거래행위는 유효하다 할 것이고, 이 경우 거래의 상대방이 이사회의 결의가 없었음을 알았거나 알 수 있었음은 이를 주장하는 회사측이 주장·입증하여야 한다.(2005.7.28,2005다3649). 〈정찬 855면〉

제390조【이사회의 소집】 ①이사회는 각 이사가 소집한다. 그러나 이사회의 결의로 소집할 이사를 정한 때에는 그러하지 아니하다.

②제1항 단서의 규정에 의하여 소집권자로 지정되지 않은 다른 이사는 소집권자인 이사에게 이사회 소집을 요구할 수 있다. 소집권자인 이사가 정당한 이유없이 이사회 소집을 거절하는 경우에는 다른 이사가 이사회를 소집할 수 있다. 〈신설 2001.7.24〉

③이사회를 소집함에는 회일을 정하고 그 1주간 전에 각 이사 및 감사에 대하여 통지를 발송하여야 한다. 그러나 그 기간은 정관으로 단축할 수 있다. 〈개정 84.4.10〉

④이사회는 이사 및 감사 전원의 동의가 있는 때에는 제3항의 절차없이 언제든지 회의할 수 있다. 〈개정 84.4.10〉

(판 례) 상법 제390조제1항의 취지는 이사 각자가 본래적으로 할 수 있는 이사회소집에 관한 행위를 대표이사로 하여금 하게 하는데 불과하므로 대표이사가 정당한 이유없이 다른 이사의 정당한 이사회의 소집요구를 거절한 때에는 이사회소집을 요구한 이사가 이사회를 소집할 수 있다고 보는 것이 상당하다(1975.2.13, 74마595). 〈최준(상) 277면〉

제391조【이사회의 결의방법】 ①이사회의 결의는 이사 과반수의 출석과 출석이사의 과반수로 하여야 한다. 그러나 정관으로 그 비율을 높게 정할 수 있다.

②정관에서 달리 정하는 경우를 제외하고 이사회는 이사의 전부 또는 일부가 직접 회의에 출석하지 아니하고 모든 이사가 음성을 동시에 송수신하는 원격통신수단에 의하여 결의에 참가하는 것을 허용할 수 있다. 이 경우 당해 이사는 이사회에 직접 출석한 것으로 본다. 〈신설 1999.12.31, 2011.4.14〉

③제368조제3항 및 제371조제2항의 규정은 제1항의 경우에 이를 준용한다. 〈개정 2014. 5.20〉 〈전문개정 84.4.10〉

(신구) ②신설

(판 례) 재적 6명의 이사 중 3인이 참석하여 참석이사 전원의 찬성으로 연대보증을 결의하였다면 위 이사회의 결의는 과반수에 미달하는 이사가 출석하여 상법 제391조제1항 본문 소정의 의사정족수가 충족되지 아니한 이사회에서 이루어진 것으로 무효라 할 것이다(1995.4.11, 94다33903). 〈정찬(상) 781면〉

제391조의2【감사의 이사회출석·의견진술권】 ①감사는 이사회에 출석하여 의견을 진술할 수 있다.

②감사는 이사가 법령 또는 정관에 위반한 행위를 하거나 그 행위를 할 염려가 있다고 인정한 때에는 이사회에 이를 보고하여야 한다. 〈본조신설 84.4.10〉

제391조의3【이사회의 의사록】 ①이사회의 의사에 관하여는 의사록을 작성하여야 한다.

②의사록에는 의사의 안건, 경과요령, 그 결과, 반대하는 자와 그 반대이유를 기재하고 출석한 이사 및 감사가 기명날인 또는 서명하여야 한다. 〈개정 95.12.29, 99.12.31〉

③주주는 영업시간내에 이사회의사록의 열람 또는 등사를 청구할 수 있다. 〈신설 99.12.31〉

④회사는 제3항의 청구에 대하여 이유를 붙여 이

를 거절할 수 있다. 이 경우 주주는 법원의 허가를 얻어 이사회의사록을 열람 또는 등사할 수 있다. 〈신설 99.12.31〉
〈본조신설 84.4.10〉

신구 ②~경과요령과 그 결과~ ⇨ ~안건, 경과요령, 그 결과, 반대하는 자와 그 반대이유~
③·④신설

제392조【이사회의 연기속행】 제372조의 규정은 이사회에 관하여 이를 준용한다.
〈전문개정 84.4.10〉

제393조【이사회의 권한】 ①중요한 자산의 처분 및 양도, 대규모 재산의 차입, 지배인의 선임 또는 해임과 지점의 설치·이전 또는 폐지 등 회사의 업무집행은 이사회의 결의로 한다. 〈개정 2001.7.24〉
②이사회는 이사의 직무의 집행을 감독한다.
③이사는 대표이사로 하여금 다른 이사 또는 피용자의 업무에 관하여 이사회에 보고할 것을 요구할 수 있다. 〈신설 2001.7.24〉
④이사는 3월에 1회 이상 업무의 집행상황을 이사회에 보고하여야 한다. 〈신설 2001.7.24〉
〈전문개정 84.4.10〉

신구 ①회사의 업무집행 ⇨ 중요한 자산의 처분 및 양도, 폐지는 ⇨ 폐지 등 회사의 업무집행은

판례 주식회사의 업무집행을 담당하지 않는 평이사는 대표이사를 비롯한 업무담당이사의 전반적인 업무집행을 감시할 수 있는 것이므로, 업무담당이사의 업무집행이 위법하다고 의심할만한 사유가 있음에도 불구하고 평이사가 감시의무를 위반하여 이를 방치한 때에는, 이로 말미암아 회사가 입은 손해에 대하여 배상책임을 면할 수 없다(1985.6.25, 84다카1954). 〈정찬(상) 822면〉

상법 제393조 제1항은 주식회사의 중요한 자산의 처분 및 양도는 이사회의 결의로 한다고 규정하고 있는바, 여기서 말하는 중요한 자산의 처분에 해당하는가 아닌가는 당해 재산의 가액, 총자산에서 차지하는 비율, 회사의 규모, 회사의 영업 또는 재산의 상황, 경영상태, 자산의 보유목적, 회사의 일상적 업무와 관련성, 당해 회사에서의 종래의 취급 등에 비추어 대표이사의 결정에 맡기는 것이 상당한지 여부에 따라 판단하여야 할 것이고, 중요한 자산의 처분에 해당하는 경우에는 이사회가 그에 관하여 직접 결의하지 아니한 채 대표이사에게 그 처분에 관한 사항을 일임할 수 없는 것이므로 이사회규정상 이사회 부의사항으로 정해져 있지 아니하더라도 반드시 이사회의 결의를 거쳐야 한다.(2005.7.28, 2005다3649). 〈정찬 835〉

제393조의2【이사회내 위원회】 ①이사회는 정관이 정한 바에 따라 위원회를 설치할 수 있다.
②이사회는 다음 각호의 사항을 제외하고는 그 권한을 위원회에 위임할 수 있다.
1. 주주총회의 승인을 요하는 사항의 제안
2. 대표이사의 선임 및 해임
3. 위원회의 설치와 그 위원의 선임 및 해임
4. 정관에서 정하는 사항

③위원회는 2인 이상의 이사로 구성한다.
④위원회는 결의된 사항을 각 이사에게 통지하여야 한다. 이 경우 이를 통지받은 각 이사는 이사회의 소집을 요구할 수 있으며, 이사회는 위원회가 결의한 사항에 대하여 다시 결의할 수 있다.
⑤제386조제1항·제390조·제391조·제391조의3 및 제392조의 규정은 위원회에 관하여 이를 준용한다.
〈본조신설 99.12.31〉

제394조【이사와 회사간의 소에 관한 대표】 ①회사가 이사에 대하여 또는 이사가 회사에 대하여 소를 제기하는 경우에 감사는 그 소에 관하여 회사를 대표한다. 회사가 제403조제1항 또는 제406조의2제1항의 청구를 받은 경우에도 또한 같다. 〈개정 2020. 12. 29.〉
②제415조의2의 규정에 의한 감사위원회의 위원이 소의 당사자인 경우에는 감사위원회 또는 이사는 법원에 회사를 대표할 자를 선임하여 줄 것을 신청하여야 한다. 〈신설 99. 12. 31.〉
〈전문개정 84.4.10〉

신구 ②신설

판례 이사가 회사에 대하여 소를 제기함에 있어서는 상법 제394조에 의하여 감사가 회사를 대표하여야 하는데, 이 점을 간과하고 대표이사가 피고회사를 대표하여 한 소송행위나 피고회사의 대표이사에 대하여 한 소송행위는 모두 무효이다. 그러나 이 경우 원고인 이사가 스스로 또는 법원의 보정명령에 따라 소장에 표시된 대표이사를 감사로 정정함으로써 그 흠결을 보정할 수 있고, 이 경우에는 감사가 무효인 종전의 소송행위를 추인하는지 여부와 관계없이 법원과 원고 및 피고의 3자간의 소송행위가 유효하게 성립한다(1990.5.11, 89다카15199). 〈정찬(상) 792면〉

소송의 목적이 되는 권리관계가 이사의 재직중에 일어난 사유로 말미암는다 하더라도 회사가 그 사람을 이사의 자격으로 제소하는 것이 아니고 이사가 이미 이사의 자리를 떠난 경우에 회사가 그 사람을 상대로 제소하는 경우에는 상법 제394조를 적용할 수 없다(1977.6.28, 77다295). 〈정찬(상) 792면〉

제395조【표현대표이사의 행위와 회사의 책임】 사장, 부사장, 전무, 상무 기타 회사를 대표할 권한이 있는 것으로 인정될 만한 명칭을 사용한 이사의 행위에 대하여는 그 이사가 회사를 대표할 권한이 없는 경우에도 회사는 선의의 제3자에 대하여 그 책임을 진다.

판례 상법 제395조와 상업등기와의 관계를 헤아려 보면 본조는 상업등기와는 다른 차원에서 회사의 표현

책임을 인정한 규정이라고 해야 옳겠으니, 이 책임을 물음에 상업등기가 있는 여부는 고려의 대상에 넣어서는 아니된다(1979.2.13, 77다2436). 〈정찬(상) 800면〉

상법 제395조는 표현대표이사가 자기의 명칭을 사용하여 법률행위를 한 경우는 물론이고, 자기의 명칭을 사용하지 아니하고 다른 대표이사의 명칭을 사용하여 행위를 한 경우에도 적용된다(1998.3.27, 97다34709). 〈정찬(상) 805면〉

상법 제395조에 의하여 회사가 책임을 지는 것은 회사가 표현대표자의 명칭사용을 명시적으로나 묵시적으로 승인한 경우에 한하는 것이고, 회사의 명칭사용 승인없이 임의로 명칭을 잠칭한 자의 행위에 대하여는 비록 그 명칭사용을 알지 못하고 제지하지 못한 점에 있어 회사에게 과실이 있다 할지라도 그 회사의 책임으로 돌려 선의의 제3자에 대하여 책임을 지게 할 수 없다(1995.11.21, 94다50908). 〈정찬(상) 806면〉

제396조【정관 등의 비치, 공시의무】 ①이사는 회사의 정관, 주주총회의 의사록을 본점과 지점에, 주주명부, 사채원부를 본점에 비치하여야 한다. 이 경우 명의개서대리인을 둔 때에는 주주명부나 사채원부 또는 그 복본을 명의개서대리인의 영업소에 비치할 수 있다. 〈개정 84.4.10, 99.12.31〉

②주주와 회사채권자는 영업시간내에 언제든지 제1항의 서류의 열람 또는 등사를 청구할 수 있다.

(신구) ①~, 사채원부와 이사회의 의사록을~ ⇨ ~사채원부를~

제397조【경업금지】 ①이사는 이사회의 승인이 없으면 자기 또는 제3자의 계산으로 회사의 영업부류에 속한 거래를 하거나 동종영업을 목적으로 하는 다른 회사의 무한책임사원이나 이사가 되지 못한다. 〈개정 95.12.29〉

②이사가 제1항의 규정에 위반하여 거래를 한 경우에 회사는 이사회의 결의로 그 이사의 거래가 자기의 계산으로 한 것인 때에는 이를 회사의 계산으로 한 것으로 볼 수 있고 제3자의 계산으로 한 것인 때에는 그 이사에 대하여 이로 인한 이득의 양도를 청구할 수 있다. 〈개정 62.12.12, 95.12.29〉

③제2항의 권리는 거래가 있은 날로부터 1년을 경과하면 소멸한다. 〈개정 95.12.29〉

(신구) ①이사는 주주총회의 승인이~ ⇨ 이사는 이사회의 승인이~

②~전조의~회사는 주주총회의 결의로~ ⇨ ~제1항의~회사는 이사회의 결의로~

③전항의~ ⇨ 제2항의~

제397조의2【회사의 기회 및 자산의 유용 금지】 ①이사는 이사회의 승인 없이 현재 또는 장래에 회사의 이익이 될 수 있는 다음 각 호의 어느 하나에 해당하는 회사의 사업기회를 자기 또는 제3자의 이익을 위하여 이용하여서는 아니 된다. 이 경우 이사회의 승인은 이사 3분의 2 이상의 수로써 하여야 한다.

1. 직무를 수행하는 과정에서 알게 되거나 회사의 정보를 이용한 사업기회
2. 회사가 수행하고 있거나 수행할 사업과 밀접한 관계가 있는 사업기회

②제1항을 위반하여 회사에 손해를 발생시킨 이사 및 승인한 이사는 연대하여 손해를 배상할 책임이 있으며 이로 인하여 이사 또는 제3자가 얻은 이익은 손해로 추정한다.

〈본조신설 2011.4.14〉

제398조【이사 등과 회사 간의 거래】 다음 각 호의 어느 하나에 해당하는 자가 자기 또는 제3자의 계산으로 회사와 거래를 하기 위하여는 미리 이사회에서 해당 거래에 관한 중요사실을 밝히고 이사회의 승인을 받아야 한다. 이 경우 이사회의 승인은 이사 3분의 2 이상의 수로써 하여야 하고, 그 거래의 내용과 절차는 공정하여야 한다.

1. 이사 또는 제542조의8제2항제6호에 따른 주요주주
2. 제1호의 자의 배우자 및 직계존비속
3. 제1호의 자의 배우자의 직계존비속
4. 제1호부터 제3호까지의 자가 단독 또는 공동으로 의결권 있는 발행주식 총수의 100분의 50 이상을 가진 회사 및 그 자회사
5. 제1호부터 제3호까지의 자가 제4호의 회사와 합하여 의결권 있는 발행주식총수의 100분의 50 이상을 가진 회사

〈전문개정 2011.4.14〉

제399조【회사에 대한 책임】 ①이사가 고의 또는 과실로 법령 또는 정관에 위반한 행위를 하거나 그 임무를 게을리한 경우에는 그 이사는 회사에 대하여 연대하여 손해를 배상할 책임이 있다. 〈개정 2011.4.14〉

②전항의 행위가 이사회의 결의에 의한 것인 때에는 그 결의에 찬성한 이사도 전항의 책임이 있다.

③전항의 결의에 참가한 이사로서 이의를 한 기재가 의사록에 없는 자는 그 결의에 찬성한 것으로 추정한다.

(판례) 이사가 제3자에 대하여 연대하여 손해배상책임을 지는 고의 또는 중대한 과실로 인한 임무해태라 함은 이사의 직무상 충실 및 선관의무위반의 행위로서 위법한 사정이 있어야 하고 통상의 거래행위로 인하여 부담하는 회사의 채무를 이행할 능력이 있었음에도 단순히 그 이행을 지체하고 있는 사실만으로는 이를 임무를 해태한 위법한 경우라고 할 수는 없다(1985.11.12, 84다카2490). 〈최준(상) 346면〉

제400조【회사에 대한 책임의 감면】①제399조에 따른 이사의 책임은 주주 전원의 동의로 면제할 수 있다.
②회사는 정관으로 정하는 바에 따라 제399조에 따른 이사의 책임을 이사가 그 행위를 한 날 이전 최근 1년간의 보수액(상여금과 주식매수선택권의 행사로 인한 이익 등을 포함한다)의 6배(사외이사의 경우는 3배)를 초과하는 금액에 대하여 면제할 수 있다. 다만, 이사가 고의 또는 중대한 과실로 손해를 발생시킨 경우와 제397조, 제397조의2 및 제398조에 해당하는 경우에는 그러하지 아니하다.
〈전문개정 2011.4.14〉

제401조【제3자에 대한 책임】 ①이사가 고의 또는 중대한 과실로 그 임무를 게을리한 때에는 그 이사는 제3자에 대하여 연대하여 손해를 배상할 책임이 있다. 〈개정 2011.4.14〉
②제399조제2항, 제3항의 규정은 전항의 경우에 준용한다.

(판 례) 주식회사의 주주가 대표이사의 악의 또는 중대한 과실로 인한 임무해태행위로 직접 손해를 입은 경우에는 이사와 회사에 대하여 상법 제401조, 제389조 제3항, 제210조에 의하여 손해배상을 청구할 수 있으나, 대표이사가 회사재산을 횡령하여 회사재산이 감소함으로써 회사가 손해를 입고 결과적으로 주주의 경제적 이익이 침해되는 손해와 같은 간접적인 손해는 상법 제401조제1항에서 말하는 손해의 개념에 포함되지 아니하므로 이에 대하여는 위 법조항에 의한 손해배상을 청구할 수 없고, 이와 같은 법리는 주주가 중소기업창업지원법상의 중소기업창업투자회사라고 하여도 다를 바 없다(1993.1. 26, 91다36093). 〈최준(상) 350면〉

제401조의2【업무집행지시자 등의 책임】①다음 각 호의 어느 하나에 해당하는 자가 그 지시하거나 집행한 업무에 관하여 제399조, 제401조, 제403조 및 제406조의2를 적용하는 경우에는 그 자를 "이사"로 본다. 〈개정 2020. 12. 29.〉
1. 회사에 대한 자신의 영향력을 이용하여 이사에게 업무집행을 지시한 자
2. 이사의 이름으로 직접 업무를 집행한 자
3. 이사가 아니면서 명예회장·회장·사장·부사장·전무·상무·이사 기타 회사의 업무를 집행할 권한이 있는 것으로 인정될 만한 명칭을 사용하여 회사의 업무를 집행한 자

②제1항의 경우에 회사 또는 제3자에 대하여 손해를 배상할 책임이 있는 이사는 제1항에 규정된 자와 연대하여 그 책임을 진다.
〈본조신설 98.12.28〉

제402조【유지청구권】 이사가 법령 또는 정관에 위반한 행위를 하여 이로 인하여 회사에 회복할 수 없는 손해가 생길 염려가 있는 경우에는 감사 또는 발행주식의 총수의 100분의 1 이상에 해당하는 주식을 가진 주주는 회사를 위하여 이사에 대하여 그 행위를 유지할 것을 청구할 수 있다. 〈개정 84.4.10, 98.12.28〉

(신구) ~100분의 5 이상~ ⇨ ~100분의 1 이상~

제403조【주주의 대표소송】 ①발행주식의 총수의 100분의 1 이상에 해당하는 주식을 가진 주주는 회사에 대하여 이사의 책임을 추궁할 소의 제기를 청구할 수 있다. 〈개정 98.12.28〉
②제1항의 청구는 그 이유를 기재한 서면으로 하여야 한다. 〈개정 98.12.28〉
③회사가 전항의 청구를 받은 날로부터 30일 내에 소를 제기하지 아니한 때에는 제1항의 주주는 즉시 회사를 위하여 소를 제기할 수 있다.
④제3항의 기간의 경과로 인하여 회사에 회복할 수 없는 손해가 생길 염려가 있는 경우에는 전항의 규정에 불구하고 제1항의 주주는 즉시 소를 제기할 수 있다. 〈개정 98.12.28〉
⑤제3항과 제4항의 소를 제기한 주주의 보유주식이 제소후 발행주식총수의 100분의 1 미만으로 감소한 경우(발행주식을 보유하지 아니하게 된 경우를 제외한다)에도 제소의 효력에는 영향이 없다.
〈신설 98.12.28〉
⑥회사가 제1항의 청구에 따라 소를 제기하거나 주주가 제3항과 제4항의 소를 제기한 경우 당사자는 법원의 허가를 얻지 아니하고는 소의 취하, 청구의 포기·인락·화해를 할 수 없다. 〈신설 1998.12.28, 2011.4.14〉
⑦제176조제3항, 제4항과 제186조의 규정은 본조의 소에 준용한다.

(신구) ①~100분의 5 이상~ ⇨ ~100분의 1 이상~
②전항~ ⇨ 제1항~
③전항~ ⇨ 제3항~

(판 례) 소제기 당시에는 소수주주요건을 충족하지 못하였다고 하더라도 변론종결일 현재 동 조건을 충족하고 있는 이상 그 하자는 치유되며, 상법 제403조가 정한 30일 전 소제기청구요건은 회사가 이사에게 직접 책임을 추궁하기 위한 기회를 사전에 부여하기 위한 것에 불과하므로 소수주주가 비록 제소 바로 전날 서면으로 회사에 제소를 하였더라도 그 후 30일이 지나도록 회사가 대표소송에 참가하는 등 제소의사를 표시하지 않았다면 위 기간불준수의 하자는 치유되었다(1998.7.24, 97가합39907). 〈최준(상) 364면〉

제404조【대표소송과 소송참가, 소송고지】 ①회사는 전조제3항과 제4항의 소송에 참가할 수 있다.
②전조제3항과 제4항의 소를 제기한 주주는 소를

제기한 후 지체없이 회사에 대하여 그 소송의 고지를 하여야 한다.

제405조【제소주주의 권리의무】 ①제403조제3항과 제4항의 규정에 의하여 소를 제기한 주주가 승소한 때에는 그 주주는 회사에 대하여 소송비용 및 그 밖에 소송으로 인하여 지출한 비용중 상당한 금액의 지급을 청구할 수 있다. 이 경우 소송비용을 지급한 회사는 이사 또는 감사에 대하여 구상권이 있다. 〈개정 62.12.12, 2001.7.24〉

②제403조제3항과 제4항의 규정에 의하여 소를 제기한 주주가 패소한 때에는 악의인 경우외에는 회사에 대하여 손해를 배상할 책임이 없다.

제406조【대표소송과 재심의 소】 ①제403조의 소가 제기된 경우에 원고와 피고의 공모로 인하여 소송의 목적인 회사의 권리를 사해할 목적으로써 판결을 하게 한 때에는 회사 또는 주주는 확정한 종국판결에 대하여 재심의 소를 제기할 수 있다.

②전조의 규정은 전항의 소에 준용한다.

제406조의2【다중대표소송】 ① 모회사 발행주식총수의 100분의 1 이상에 해당하는 주식을 가진 주주는 자회사에 대하여 자회사 이사의 책임을 추궁할 소의 제기를 청구할 수 있다.

② 제1항의 주주는 자회사가 제1항의 청구를 받은 날부터 30일 내에 소를 제기하지 아니한 때에는 즉시 자회사를 위하여 소를 제기할 수 있다.

③ 제1항 및 제2항의 소에 관하여는 제176조제3항 · 제4항, 제403조제2항, 같은 조 제4항부터 제6항까지 및 제404조부터 제406조까지의 규정을 준용한다.

④ 제1항의 청구를 한 후 모회사가 보유한 자회사의 주식이 자회사 발행주식총수의 100분의 50 이하로 감소한 경우(발행주식을 보유하지 아니하게 된 경우를 제외한다)에도 제1항 및 제2항에 따른 제소의 효력에는 영향이 없다.

⑤ 제1항 및 제2항의 소는 자회사의 본점소재지의 지방법원의 관할에 전속한다.

〈본조신설 2020. 12. 29.〉

제407조【직무집행정지, 직무대행자선임】 ①이사선임결의의 무효나 취소 또는 이사해임의 소가 제기된 경우에는 법원은 당사자의 신청에 의하여 가처분으로써 이사의 직무집행을 정지할 수 있고 또는 직무대행자를 선임할 수 있다. 급박한 사정이 있는 때에는 본안소송의 제기전에도 그 처분을 할 수 있다.

②법원은 당사자의 신청에 의하여 전항의 가처분을 변경 또는 취소할 수 있다.

③전2항의 처분이 있는 때에는 본점과 지점의 소재지에서 그 등기를 하여야 한다.

제408조【직무대행자의 권한】 ①전조의 직무대행자는 가처분명령에 다른 정함이 있는 경우외에는 회사의 상무에 속하지 아니한 행위를 하지 못한다. 그러나 법원의 허가를 얻은 경우에는 그러하지 아니하다.

②직무대행자가 전항의 규정에 위반한 행위를 한 경우에도 회사는 선의의 제3자에 대하여 책임을 진다.

(판 례) 재건축조합의 조합장에 대하여 직무집행을 정지하고 직무대행자를 선임하는 가처분결정이 있은 후 그 직무대행자에 의하여 소집된 임시총회에서 직무집행이 정지된 종전 조합장이 다시 조합장으로 선임되었다 하더라도 위 가처분결정이 취소되지 아니한 이상 직무대행자만이 적법하게 조합을 대표할 수 있고, 다시 조합장으로 선임된 종전 조합장은 그 선임결의의 적법여부에 관계없이 대표권을 가지지 못한다(2000.2.22, 99다62890). 〈정동 판례동향〉

제408조의2【집행임원 설치회사, 집행임원과 회사의 관계】 ①회사는 집행임원을 둘 수 있다. 이 경우 집행임원을 둔 회사(이하 "집행임원 설치회사"라 한다)는 대표이사를 두지 못한다.

②집행임원 설치회사와 집행임원의 관계는 「민법」 중 위임에 관한 규정을 준용한다.

③집행임원 설치회사의 이사회는 다음의 권한을 갖는다.

1. 집행임원과 대표집행임원의 선임 · 해임
2. 집행임원의 업무집행 감독
3. 집행임원과 집행임원 설치회사의 소송에서 집행임원 설치회사를 대표할 자의 선임
4. 집행임원에게 업무집행에 관한 의사결정의 위임(이 법에서 이사회 권한사항으로 정한 경우는 제외한다)
5. 집행임원이 여러 명인 경우 집행임원의 직무분담 및 지휘 · 명령관계, 그 밖에 집행임원의 상호관계에 관한 사항의 결정
6. 정관에 규정이 없거나 주주총회의 승인이 없는 경우 집행임원의 보수 결정

④집행임원 설치회사는 이사회의 회의를 주관하기 위하여 이사회 의장을 두어야 한다. 이 경우 이사회 의장은 정관의 규정이 없으면 이사회 결의로 선임한다.

〈본조신설 2011.4.14〉

제408조의3【집행임원의 임기】 ①집행임원의 임기는 정관에 다른 규정이 없으면 2년을 초과하지 못한다.

②제1항의 임기는 정관에 그 임기 중의 최종 결산

기에 관한 정기주주총회가 종결한 후 가장 먼저 소집하는 이사회의 종결 시까지로 정할 수 있다.
〈본조신설 2011.4.14〉

제408조의4【집행임원의 권한】 집행임원의 권한은 다음 각 호의 사항으로 한다.
1. 집행임원 설치회사의 업무집행
2. 정관이나 이사회의 결의에 의하여 위임받은 업무집행에 관한 의사결정

〈본조신설 2011.4.14〉

제408조의5【대표집행임원】 ①2명 이상의 집행임원이 선임된 경우에는 이사회 결의로 집행임원 설치회사를 대표할 대표집행임원을 선임하여야 한다. 다만, 집행임원이 1명인 경우에는 그 집행임원이 대표집행임원이 된다.
②대표집행임원에 관하여는 이 법에 다른 규정이 없으면 주식회사의 대표이사에 관한 규정을 준용한다.
③집행임원 설치회사에 대하여는 제395조를 준용한다.
〈본조신설 2011.4.14〉

제408조의6【집행임원의 이사회에 대한 보고】 ①집행임원은 3개월에 1회 이상 업무의 집행상황을 이사회에 보고하여야 한다.
②집행임원은 제1항의 경우 외에도 이사회의 요구가 있으면 언제든지 이사회에 출석하여 요구한 사항을 보고하여야 한다.
③이사는 대표집행임원으로 하여금 다른 집행임원 또는 피용자의 업무에 관하여 이사회에 보고할 것을 요구할 수 있다.
〈본조신설 2011.4.14〉

제408조의7【집행임원의 이사회 소집 청구】 ①집행임원은 필요하면 회의의 목적사항과 소집이유를 적은 서면을 이사(소집권자가 있는 경우에는 소집권자를 말한다. 이하 이 조에서 같다)에게 제출하여 이사회 소집을 청구할 수 있다.
②제1항의 청구를 한 후 이사가 지체 없이 이사회 소집의 절차를 밟지 아니하면 소집을 청구한 집행임원은 법원의 허가를 받아 이사회를 소집할 수 있다. 이 경우 이사회 의장은 법원이 이해관계자의 청구에 의하여 또는 직권으로 선임할 수 있다.
〈본조신설 2011.4.14〉

제408조의8【집행임원의 책임】 ①집행임원이 고의 또는 과실로 법령이나 정관을 위반한 행위를 하거나 그 임무를 게을리한 경우에는 그 집행임원은 집행임원 설치회사에 손해를 배상할 책임이 있다.
②집행임원이 고의 또는 중대한 과실로 그 임무를 게을리한 경우에는 그 집행임원은 제3자에게 손해를 배상할 책임이 있다.
③집행임원이 집행임원 설치회사 또는 제3자에게 손해를 배상할 책임이 있는 경우에 다른 집행임원·이사 또는 감사도 그 책임이 있으면 다른 집행임원·이사 또는 감사와 연대하여 배상할 책임이 있다.
〈본조신설 2011.4.14〉

제408조의9【준용규정】 집행임원에 대해서는 제382조의3, 제382조의4, 제396조, 제397조, 제397조의2, 제398조, 제400조, 제401조의2, 제402조부터 제406조까지, 제406조의2, 제407조, 제408조, 제412조 및 제412조의2를 준용한다. 〈개정 2020. 12. 29.〉
〈본조신설 2011.4.14〉

제3관 감사 및 감사위원회
〈본관제목개정 1999.12.31〉

제409조【선임】 ①감사는 주주총회에서 선임한다.
②의결권없는 주식을 제외한 발행주식의 총수의 100분의 3(정관에서 더 낮은 주식 보유비율을 정할 수 있으며, 정관에서 더 낮은 주식 보유비율을 정한 경우에는 그 비율로 한다)을 초과하는 수의 주식을 가진 주주는 그 초과하는 주식에 관하여 제1항의 감사의 선임에 있어서는 의결권을 행사하지 못한다. 〈개정 1984. 4. 10., 2020. 12. 29.〉
③ 회사가 제368조의4제1항에 따라 전자적 방법으로 의결권을 행사할 수 있도록 한 경우에는 제368조제1항에도 불구하고 출석한 주주의 의결권의 과반수로써 제1항에 따른 감사의 선임을 결의할 수 있다. 〈개정 2020. 12. 29.〉
④제1항, 제296조제1항 및 제312조에도 불구하고 자본금의 총액이 10억원 미만인 회사의 경우에는 감사를 선임하지 아니할 수 있다. 〈신설 2009.5.28〉
⑤제4항에 따라 감사를 선임하지 아니한 회사가 이사에 대하여 또는 이사가 그 회사에 대하여 소를 제기하는 경우에 회사, 이사 또는 이해관계인은 법원에 회사를 대표할 자를 선임하여 줄 것을 신청하여야 한다. 〈신설 2009.5.28〉
⑥제4항에 따라 감사를 선임하지 아니한 경우에는 제412조, 제412조의2 및 제412조의5제1항·제2항중 "감사"는 각각 "주주총회"로 본다. 〈신설

2009.5.28, 2011.4.14〉

제409조의2【감사의 해임에 관한 의견진술의 권리】 감사는 주주총회에서 감사의 해임에 관하여 의견을 진술할 수 있다.

〈본조신설 95.12.29〉

④제1항, 제296조제1항 및 제312조에도 불구하고 자본금의 총액이 10억원 미만인 회사의 경우에는 감사를 선임하지 아니할 수 있다.〈신설 2009.5.28〉

⑤제4항에 따라 감사를 선임하지 아니한 회사가 이사에 대하여 또는 이사가 그 회사에 대하여 소를 제기하는 경우에 회사, 이사 또는 이해관계인은 법원에 회사를 대표할 자를 선임하여 줄 것을 신청하여야 한다. 〈신설2009.5.28〉

⑥제4항에 따라 감사를 선임하지 아니한 경우에는 제412조, 제412조의2 및 제412조의4제1항·제2항 중 "감사"는 각각 "주주총회"로 본다. 〈신설 2009.5.28〉

제410조【임 기】 감사의 임기는 취임후 3년내의 최종의 결산기에 관한 정기총회의 종결시까지로 한다. 〈개정 95.12.29〉

〈전문개정 84.4.10〉

(신구) ~2년내의~ ⇨ ~3년내의~

제411조【겸임금지】 감사는 회사 및 자회사의 이사 또는 지배인 기타의 사용인의 직무를 겸하지 못한다. 〈개정 95.12.29〉

(신구) 감사는 이사 또는~ ⇨ 감사는 회사 및 자회사의 이사 또는~

제412조【감사의 직무와 보고요구, 조사의 권한】 ①감사는 이사의 직무의 집행을 감사한다.

②감사는 언제든지 이사에 대하여 영업에 관한 보고를 요구하거나 회사의 업무와 재산상태를 조사할 수 있다.

③감사는 회사의 비용으로 전문가의 도움을 구할 수 있다. 〈신설 2011.4.14〉

〈전문개정 1984.4.10〉

〈제목개정 2011.4.14〉

제412조의2【이사의 보고의무】 이사는 회사에 현저하게 손해를 미칠 염려가 있는 사실을 발견한 때에는 즉시 감사에게 이를 보고하여야 한다.

〈본조신설 95.12.29〉

제412조의3【총회의 소집청구】 ①감사는 회의의 목적사항과 소집의 이유를 기재한 서면을 이사회에 제출하여 임시총회의 소집을 청구할 수 있다.

②제366조제2항의 규정은 감사가 총회를 소집하는 경우에 이를 준용한다.

〈본조신설 95.12.29〉

제412조의4【감사의 이사회 소집 청구】 ①감사는 필요하면 회의의 목적사항과 소집이유를 서면에 적어 이사(소집권자가 있는 경우에는 소집권자를 말한다. 이하 이 조에서 같다)에게 제출하여 이사회 소집을 청구할 수 있다.

②제1항의 청구를 하였는데도 이사가 지체 없이 이사회를 소집하지 아니하면 그 청구한 감사가 이사회를 소집할 수 있다.

〈본조신설 2011.4.14〉

제412조의5【자회사의 조사권】 ①모회사의 감사는 그 직무를 수행하기 위하여 필요한 때에는 자회사에 대하여 영업의 보고를 요구할 수 있다.

②모회사의 감사는 제1항의 경우에 자회사가 지체없이 보고를 하지 아니할 때 또는 그 보고의 내용을 확인할 필요가 있는 때에는 자회사의 업무와 재산상태를 조사할 수 있다.

③자회사는 정당한 이유가 없는 한 제1항의 규정에 의한 보고 또는 제2항의 규정에 의한 조사를 거부하지 못한다.

〈본조신설 1995.12.29〉

제413조【조사보고의 의무】 감사는 이사가 주주총회에 제출할 의안 및 서류를 조사하여 법령 또는 정관에 위반하거나 현저하게 부당한 사항이 있는지의 여부에 관하여 주주총회에 그 의견을 진술하여야 한다.

〈전문개정 84.4.10〉

제413조의2【감사록의 작성】 ①감사는 감사에 관하여 감사록을 작성하여야 한다.

②감사록에는 감사의 실시요령과 그 결과를 기재하고 감사를 실시한 감사가 기명날인 또는 서명하여야 한다. 〈개정 95.12.29〉

〈본조신설 84.4.10〉

(신구) ②~기명날인하여야~ ⇨ ~기명날인 또는 서명하여야~

제414조【감사의 책임】 ①감사가 그 임무를 해태한 때에는 그 감사는 회사에 대하여 연대하여 손해를 배상할 책임이 있다.

②감사가 악의 또는 중대한 과실로 인하여 그 임무를 해태한 때에는 그 감사는 제3자에 대하여 연대하여 손해를 배상할 책임이 있다.

③감사가 회사 또는 제3자에 대하여 손해를 배상할 책임이 있는 경우에 이사도 그 책임이 있는 때에는 그 감사와 이사는 연대하여 배상할 책임이 있다.

(판례) 감사가 어음용지의 수량과 발행매수를 조사하거나 은행의 어음결재량을 확인하는 정도의 조사만이라도 했다면 경리업무담당자의 부정행위를 쉽게 발견

할 수 있었을 것인데도 아무런 조사도 하지 아니하였다면, 이는 감사로서 중대한 과실로 인한 임무해태를 한 것이 되므로 경리업무담당자의 부정행위로 발행된 어음취득자의 손해를 배상할 책임을 진다(1988.10.25, 87다카1370). 〈정찬(상) 852면〉

상법 415조, 400조에 의하여 총주주의 동의로 면제할 수 있는 감사의 회사에 대한 책임은 위임관계로 인한 채무불이행책임이지 불법행위책임이 아니므로, 사실상의 1인 주주가 책임 면제의 의사표시를 하였더라도 감사의 회사에 대한 불법행위책임은 면제할 수 없다(1996.4.9, 95다56316). 〈정찬(상) 852면〉

제415조【준용규정】 제382조제2항, 제382조의4, 제385조, 제386조, 제388조, 제400조, 제401조, 제403조부터 제406조까지, 제406조의2 및 제407조는 감사에 준용한다. 〈개정 1984. 4. 10., 2001. 7. 24., 2020. 12. 29.〉

(신구) 제382조제2항, 제385조 ⇨ 제382조제2항, 제382조의4, 제385조

제415조의2【감사위원회】 ①회사는 정관이 정한 바에 따라 감사에 갈음하여 제393조의2의 규정에 의한 위원회로서 감사위원회를 설치할 수 있다. 감사위원회를 설치한 경우에는 감사를 둘 수 없다.

②감사위원회는 제393조의2제3항에도 불구하고 3명 이상의 이사로 구성한다. 다만, 사외이사가 위원의 3분의 2 이상이어야 한다. 〈개정 2009.1.30〉

③감사위원회의 위원의 해임에 관한 이사회의 결의는 이사 총수의 3분의 2 이상의 결의로 하여야 한다.

④감사위원회는 그 결의로 위원회를 대표할 자를 선정하여야 한다. 이 경우 수인의 위원이 공동으로 위원회를 대표할 것을 정할 수 있다.

⑤감사위원회는 회사의 비용으로 전문가의 조력을 구할 수 있다.

⑥감사위원회에 대하여는 제393조의2제4항 후단을 적용하지 아니한다. 〈신설 2009.1.30〉

⑦제296조·제312조·제367조·제387조·제391조의2제2항·제394조제1항·제400조·제402조 내지 제407조·제412조 내지 제414조·제447조의3·제447조의4·제450조·제527조의4·제530조의5제1항제9호·제530조의6제1항제10호 및 제534조의 규정은 감사위원회에 관하여 이를 준용한다. 이 경우 제530조의5제1항제9호 및 제530조의6제1항제10호중 "감사"는 "감사위원회 위원"으로 본다. 〈본조신설 99.12.31〉

제4절 신주의 발행

제416조【발행사항의 결정】 회사가 그 성립 후에 주식을 발행하는 경우에는 다음의 사항으로서 정관에 규정이 없는 것은 이사회가 결정한다. 다만, 이 법에 다른 규정이 있거나 정관으로 주주총회에서 결정하기로 정한 경우에는 그러하지 아니하다. 〈개정 1984.4.10, 2011.4.14〉

1. 신주의 종류와 수
2. 신주의 발행가액과 납입기일

2의2. 무액면주식의 경우에는 신주의 발행가액 중 자본금으로 계상하는 금액 〈신설 2011.4.14〉

3. 신주의 인수방법
4. 현물출자를 하는 자의 성명과 그 목적인 재산의 종류, 수량, 가액과 이에 대하여 부여할 주식의 종류와 수
5. 주주가 가지는 신주인수권을 양도할 수 있는 것에 관한 사항
6. 주주의 청구가 있는 때에만 신주인수권증서를 발행한다는 것과 그 청구기간

(판 례) 주주의 신주인수권은 주주가 종래 가지고 있던 주식의 수에 비례하여 우선적으로 인수의 배정을 받을 수 있는 권리로서 주주의 자격에 기하여 법률상 당연히 인정되는 것이지만 현물출자자에 대하여 발행하는 신주에 대하여는 일반주주의 신주인수권이 미치지 않는다(1989.3.14, 88누889). 〈최준(상) 374면〉

상법 제416조제5호에 의하면, 회사의 정관 또는 이사회의 결의로 주주가 가지는 신주인수권을 양도할 수 있는 것에 관한 사항을 결정하도록 되어있는바, 신주인수권의 양도성을 제한할 필요성은 주로 회사측의 신주발행사무의 편의를 위한 것에서 비롯된 것으로 볼 수 있고, 또 상법이 주권발행 전 주식의 양도는 회사에 대하여 효력이 없다고 엄격하게 규정한 것과는 달리 신주인수권의 양도에 대하여는 정관이나 이사회의 결의를 통하여 자유롭게 결정할수 있도록 한 점에 비추어 보면, 회사가 정관이나 이사회의 결의로 신주인수권의 양도에 관한 사항을 결정하지 아니하였다 하여 신주인수권의 양도가 전혀 허용되지 아니하는 것은 아니고, 회사가 그와 같은 양도를 승낙한 경우에는 회사에 대하여도 그 효력이 있다(1995.5.23, 94다36421). 〈최준(상) 205면〉

제417조【액면미달의 발행】 ①회사가 성립한 날로부터 2년을 경과한 후에 주식을 발행하는 경우에는 회사는 제434조의 규정에 의한 주주총회의 결의와 법원의 인가를 얻어서 주식을 액면미달의 가액으로 발행할 수 있다.

②전항의 주주총회의 결의에서는 주식의 최저발행가액을 정하여야 한다.

③법원은 회사의 현황과 제반사정을 참작하여 최저발행가액을 변경하여 인가할 수 있다. 이 경우에 법원은 회사의 재산상태 기타 필요한 사항을

조사하게 하기 위하여 검사인을 선임할 수 있다.
④제1항의 주식은 법원의 인가를 얻은 날로부터 1월 내에 발행하여야 한다. 법원은 이 기간을 연장하여 인가할 수 있다.

제418조【신주인수권의 내용 및 배정일의 지정공고】 ①주주는 그가 가진 주식수에 따라서 신주의 배정을 받을 권리가 있다. 〈개정 2001.7.24〉
②회사는 제1항의 규정에 불구하고 정관에 정하는 바에 따라 주주 외의 자에게 신주를 배정할 수 있다. 다만, 이 경우에는 신기술의 도입, 재무구조의 개선 등 회사의 경영상 목적을 달성하기 위하여 필요한 경우에 한한다. 〈신설 2001.7.24〉
③회사는 일정한 날을 정하여 그 날에 주주명부에 기재된 주주가 제1항의 권리를 가진다는 뜻과 신주인수권을 양도할 수 있을 경우에는 그 뜻을 그 날의 2주간 전에 공고하여야 한다. 그러나 그 날이 제354조제1항의 기간 중인 때에는 그 기간의 초일의 2주간 전에 이를 공고하여야 한다. 〈신설 84.4.10〉
④제2항에 따라 주주 외의 자에게 신주를 배정하는 경우 회사는 제416조제1호, 제2호, 제2호의2, 제3호 및 제4호에서 정하는 사항을 그 납입기일의 2주 전까지 주주에게 통지하거나 공고하여야 한다. 〈신설 2011.4.14〉

신구 구조문 ⇨ ①주주는 정관에 다른 정함이 없으면 그가 가진 주식의 수에 따라서 신주의 배정을 받을 권리가 있다.

제419조【신주인수권자에 대한 최고】 ①회사는 신주의 인수권을 가진 자에 대하여 그 인수권을 가지는 주식의 종류 및 수와 일정한 기일까지 주식인수의 청약을 하지 아니하면 그 권리를 잃는다는 뜻을 통지하여야 한다. 이 경우 제416조제5호 및 제6호에 규정한 사항의 정함이 있는 때에는 그 내용도 통지하여야 한다.
②제1항의 통지는 제1항의 기일의 2주간 전에 이를 하여야 한다. 〈개정 2014.5.20〉
③제1항의 통지에도 불구하고 그 기일까지 주식인수의 청약을 하지 아니한 때에는 신주의 인수권을 가진 자는 그 권리를 잃는다. 〈개정 2014.5.20〉
〈전문개정 84.4.10〉

제420조【주식청약서】 이사는 주식청약서를 작성하여 다음의 사항을 적어야 한다. 〈개정 1984.4.10, 2011.4.14〉
1. 제289조제1항제2호 내지 제4호에 게기한 사항
2. 제302조제2항제7호 · 제9호 및 제10호에 게기한 사항
3. 제416조제1호 내지 제4호에 게기한 사항
4. 제417조에 따른 주식을 발행한 경우에는 그 발행조건과 미상각액(未償却額)
5. 주주에 대한 신주인수권의 제한에 관한 사항 또는 특정한 제삼자에게 이를 부여할 것을 정한 때에는 그 사항
6. 주식발행의 결의연월일

제420조의2【신주인수권증서의 발행】 ①제416조제5호에 규정한 사항을 정한 경우에 회사는 동조제6호의 정함이 있는 때에는 그 정함에 따라, 그 정함이 없는 때에는 제419조제1항의 기일의 2주간전에 신주인수권증서를 발행하여야 한다.
②신주인수권증서에는 다음 사항과 번호를 기재하고 이사가 기명날인 또는 서명하여야한다. 〈개정 95.12.29〉
1. 신주인수권증서라는 뜻의 표시
2. 제420조에 규정한 사항
3. 신주인수권의 목적인 주식의 종류와 수
4. 일정기일까지 주식의 청약을 하지 아니할 때에는 그 권리를 잃는다는 뜻

〈본조신설 84.4.10〉

신구 ②~기명날인 하여야~ ⇨ ~기명날인 또는 서명하여야~

제420조의3【신주인수권의 양도】 ①신주인수권의 양도는 신주인수권증서의 교부에 의하여서만 이를 행한다.
②제336조제2항 및 수표법 제21조의 규정은 신주인수권증서에 관하여 이를 준용한다.
〈본조신설 84.4.10〉

제420조의4【신주인수권의 전자등록】 회사는 신주인수권증서를 발행하는 대신 정관으로 정하는 바에 따라 전자등록기관의 전자등록부에 신주인수권을 등록할 수 있다. 이 경우 제356조의2제2항부터 제4항까지의 규정을 준용한다.
〈본조신설 2011.4.14〉

제420조의5【신주인수권증서에 의한 청약】 ①신주인수권증서를 발행한 경우에는 신주인수권증서에 의하여 주식의 청약을 한다. 이 경우에는 제302조제1항의 규정을 준용한다.
②신주인수권증서를 상실한 자는 주식청약서에 의하여 주식의 청약을 할 수 있다. 그러나 그 청약은 신주인수권증서에 의한 청약이 있는 때에는 그 효력을 잃는다.
〈본조신설 1984.4.10〉

제421조【주식에 대한 납입】 ①이사는 신주의 인수인으로 하여금 그 배정한 주수(株數)에 따라 납입

기일에 그 인수한 주식에 대한 인수가액의 전액을 납입시켜야 한다.
②신주의 인수인은 회사의 동의 없이 제1항의 납입채무와 주식회사에 대한 채권을 상계할 수 없다.
〈전문개정 2011.4.14〉

제422조【현물출자의 검사】 ①현물출자를 하는 자가 있는 경우에는 이사는 제416조제4호의 사항을 조사하게 하기 위하여 검사인의 선임을 법원에 청구하여야 한다. 이 경우 공인된 감정인의 감정으로 검사인의 조사에 갈음할 수 있다. 〈개정 98.12.28〉
②다음 각 호의 어느 하나에 해당할 경우에는 제1항을 적용하지 아니한다. 〈신설 2011.4.14〉
1. 제416조제4호의 현물출자의 목적인 재산의 가액이 자본금의 5분의 1을 초과하지 아니하고 대통령령으로 정한 금액을 초과하지 아니하는 경우
2. 제416조제4호의 현물출자의 목적인 재산이 거래소의 시세 있는 유가증권인 경우 제416조 본문에 따라 결정된 가격이 대통령령으로 정한 방법으로 산정된 시세를 초과하지 아니하는 경우
3. 변제기가 돌아온 회사에 대한 금전채권을 출자의 목적으로 하는 경우로서 그 가액이 회사장부에 적혀 있는 가액을 초과하지 아니하는 경우
4. 그 밖에 제1호부터 제3호까지의 규정에 준하는 경우로서 대통령령으로 정하는 경우

③법원은 검사인의 조사보고서 또는 감정인 감정결과를 심사하여 제1항의 사항을 부당하다고 인정한 때에는 이를 변경하여 이사와 현물출자를 한 자에게 통고할 수 있다. 〈개정 1998.12.28, 2011.4.14〉
④전항의 변경에 불복하는 현물출자를 한 자는 그 주식의 인수를 취소할 수 있다. 〈개정 2011.4.14〉
⑤법원의 통고가 있은 후 2주내에 주식의 인수를 취소한 현물출자를 한 자가 없는 때에는 제1항의 사항은 통고에 따라 변경된 것으로 본다. 〈개정 1998.12.28, 2011.4.14〉

(신구) ①~제416조제4호에 게기한 사항~ ⇨ ~제416조제4호의 사항~, 후단신설
②~검사인의 보고서~ ⇨ ~검사인의 조사보고서 또는 감정인 감정결과~, ~전항에 게기한 사항~ ⇨ ~제1항의 사항~

(판 례) 주식회사의 현물출자시 검사역의 선임절차를 거치지 아니하였다 하여도 그 사유만으로 이미 경료된 신주발행 및 변경등기가 당연무효 사유가 되는 것은 아니다 (1980.2.12, 79다509). 〈정찬(상) 882면〉

제423조【주주가 되는 시기, 납입해태의 효과】 ①신주의 인수인은 납입 또는 현물출자의 이행을 한 때에는 납입기일의 다음 날로부터 주주의 권리의무가 있다. 〈개정 1984. 4. 10., 1995. 12. 29., 2020. 12. 29.〉
②신주의 인수인이 납입기일에 납입 또는 현물출자의 이행을 하지 아니한 때에는 그 권리를 잃는다.
③제2항의 규정은 신주의 인수인에 대한 손해배상의 청구에 영향을 미치지 아니한다. 〈개정 84.4.10〉

(신구) ①후단 신설

제424조【유지청구권】 회사가 법령 또는 정관에 위반하거나 현저하게 불공정한 방법에 의하여 주식을 발행함으로써 주주가 불이익을 받을 염려가 있는 경우에는 그 주주는 회사에 대하여 그 발행을 유지할 것을 청구할 수 있다.

제424조의2【불공정한 가액으로 주식을 인수한 자의 책임】 ①이사와 통모하여 현저하게 불공정한 발행가액으로 주식을 인수한 자는 회사에 대하여 공정한 발행가액과의 차액에 상당한 금액을 지급할 의무가 있다.
②제403조 내지 제406조의 규정은 제1항의 지급을 청구하는 소에 관하여 이를 준용한다.
③제1항 및 제2항의 규정은 이사의 회사 또는 주주에 대한 손해배상의 책임에 영향을 미치지 아니한다.
〈본조신설 84.4.10〉

제425조【준용규정】 ①제302조제1항, 제3항, 제303조, 제305조제2항, 제3항, 제306조, 제318조와 제319조의 규정은 신주의 발행에 준용한다.
②제305조제2항의 규정은 신주인수권증서를 발행하는 경우에 이를 준용한다. 〈신설 84.4. 10〉

제426조【미상각액의 등기】 제417조에 따른 주식을 발행한 경우에 주식의 발행에 따른 변경등기에는 미상각액을 등기하여야 한다.
〈전문개정 2011.4.14〉

제427조【인수의 무효주장, 취소의 제한】 신주의 발행으로 인한 변경등기를 한 날로부터 1년을 경과한 후에는 신주를 인수한 자는 주식청약서 또는 신주인수권증서의 요건의 흠결을 이유로 하여 그 인수의 무효를 주장하거나 사기, 강박 또는 착오를 이유로 하여 인수를 취소하지 못한다. 그 주식

에 대하여 주주의 권리를 행사한 때에도 같다. 〈개정 62.12. 12, 84.4.10〉

제428조【이사의 인수담보책임】 ①신주의 발행으로 인한 변경등기가 있은 후에 아직 인수하지 아니한 주식이 있거나 주식인수의 청약이 취소된 때에는 이사가 이를 공동으로 인수한 것으로 본다.
②전항의 규정은 이사에 대한 손해배상의 청구에 영향을 미치지 아니한다.

제429조【신주발행 무효의 소】 신주발행의 무효는 주주·이사 또는 감사에 한하여 신주를 발행한 날로부터 6월 내에 소만으로 이를 주장할 수 있다. 〈개정 84.4.10〉

제430조【준용규정】 제186조 내지 제189조·제190조 본문·제191조·제192조 및 제377조의 규정은 제429조의 소에 관하여 이를 준용한다.
〈전문개정 95.12.29〉

신구 구조문 ⇨ 제430조【준용규정】제186조 내지 제192조와 제377조의 규정은 전조의 소에 준용한다.

제431조【신주발행무효판결의 효력】 ①신주발행무효의 판결이 확정된 때에는 신주는 장래에 대하여 그 효력을 잃는다.
②전항의 경우에는 회사는 지체없이 그 뜻과 일정한 기간내에 신주의 주권을 회사에 제출할 것을 공고하고 주주명부에 기재된 주주와 질권자에 대하여는 각별로 그 통지를 하여야 한다. 그러나 그 기간은 3월 이상으로 하여야 한다.

제432조【무효판결과 주주에의 환급】 ①신주발행무효의 판결이 확정된 때에는 회사는 신주의 주주에 대하여 그 납입한 금액을 반환하여야 한다.
②전항의 금액이 전조제1항의 판결확정시의 회사의 재산상태에 비추어 현저하게 부당한 때에는 법원은 회사 또는 전항의 주주의 청구에 의하여 그 금액의 증감을 명할 수 있다.
③제339조와 제340조제1항, 제2항의 규정은 제1항의 경우에 준용한다.

제5절 정관의 변경

제433조【정관변경의 방법】 ①정관의 변경은 주주총회의 결의에 의하여야 한다.
②정관의 변경에 관한 의안의 요령은 제363조에 따른 통지에 기재하여야 한다. 〈개정 2014.5.20〉

제434조【정관변경의 특별결의】 제433조제1항의 결의는 출석한 주주의 의결권의 3분의2 이상의 수와 발행주식총수의 3분의 1 이상의 수로써 하여야 한다.
〈전문개정 95.12.29〉

신구 구조문 ⇨ 제434조【정관변경의 특별결의】전조제1항의 결의는 발행주식의 총수의 과반수에 해당하는 주식을 가진 주주의 출석으로 그 의결권의 3분의 2 이상의 다수로써 하여야 한다.

제435조【종류주주총회】 ①회사가 종류주식을 발행한 경우에 정관을 변경함으로써 어느 종류주식의 주주에게 손해를 미치게 될 때에는 주주총회의 결의 외에 그 종류주식의 주주의 총회의 결의가 있어야 한다. 〈개정 2011.4.14〉
②제1항의 결의는 출석한 주주의 의결권의 3분의 2 이상의 수와 그 종류의 발행주식총수의 3분의 1 이상의 수로써 하여야 한다. 〈개정 95.12. 29〉
③주주총회에 관한 규정은 의결권없는 종류의 주식에 관한 것을 제외하고 제1항의 총회에 준용한다.

신구 구조문 ⇨ ②어느 종류의 주주의 총회의 결의는 그 종류의 발행주식의 총수의 과반수에 해당하는 주식을 가진 주주의 출석으로 그 의결권의 3분의 2 이상의 다수로써 하여야 한다.

제436조【준용규정】 제344조제3항에 따라 주식의 종류에 따라 특수하게 정하는 경우와 회사의 분할 또는 분할합병, 주식교환, 주식이전 및 회사의 합병으로 인하여 어느 종류의 주주에게 손해를 미치게 될 경우에는 제435조를 준용한다.
〈전문개정 2011.4.14〉

제437조 삭제 〈95.12.29〉

신구 구조문 ⇨ 제437조【발행예정주식총수의 증가】회사가 발행할 주식의 총수를 증가하는 경우에는 발행주식의 총수의 4배를 초과하지 못한다.

제6절 자본금의 감소
〈본절제목개정 2011.4.14〉

제438조【자본금 감소의 결의】 ①자본금의 감소에는 제434조에 따른 결의가 있어야 한다.
②제1항에도 불구하고 결손의 보전(補塡)을 위한 자본금의 감소는 제368조제1항의 결의에 의한다.
③자본금의 감소에 관한 의안의 주요내용은 제363조에 따른 통지에 적어야 한다. 〈개정 2014.5.20〉
〈전문개정 2011.4.14〉

제439조【자본금 감소의 방법, 절차】 ①자본금 감소의 결의에서는 그 감소의 방법을 정하여야 한다.
②자본금 감소의 경우에는 제232조를 준용한다. 다만, 결손의 보전을 위하여 자본금을 감소하는 경우에는 그러하지 아니하다.

③사채권자가 이의를 제기하려면 사채권자집회의 결의가 있어야 한다. 이 경우에는 법원은 이해관계인의 청구에 의하여 사채권자를 위하여 이의 제기 기간을 연장할 수 있다.
〈전문개정 2011.4.14〉

제440조【주식병합의 절차】 주식을 병합할 경우에는 회사는 1월 이상의 기간을 정하여 그 뜻과 그 기간내에 주권을 회사에 제출할 것을 공고하고 주주명부에 기재된 주주와 질권자에 대하여는 각별로 그 통지를 하여야 한다. 〈개정 95.12.29〉

(신구) ~3월 이상의~ ⇨ ~1월 이상의~

제441조【동전】 주식의 병합은 전조의 기간이 만료한 때에 그 효력이 생긴다. 그러나 제232조의 규정에 의한 절차가 종료하지 아니한 때에는 그 종료한 때에 효력이 생긴다.

제442조【신주권의 교부】 ①주식을 병합하는 경우에 구주권을 회사에 제출할 수 없는 자가 있는 때에는 회사는 그 자의 청구에 의하여 3월 이상의 기간을 정하고 이해관계인에 대하여 그 주권에 대한 이의가 있으면 그 기간내에 제출할 뜻을 공고하고 그 기간이 경과한 후에 신주권을 청구자에게 교부할 수 있다.
②전항의 공고의 비용은 청구자의 부담으로 한다.

제443조【단주의 처리】 ①병합에 적당하지 아니한 수의 주식이 있는 때에는 그 병합에 적당하지 아니한 부분에 대하여 발행한 신주를 경매하여 각 주수에 따라 그 대금을 종전의 주주에게 지급하여야 한다. 그러나 거래소의 시세있는 주식은 거래소를 통하여 매각하고, 거래소의 시세없는 주식은 법원의 허가를 받아 경매외의 방법으로 매각할 수 있다. 〈개정 84.4.10〉
②제442조의 규정은 제1항의 경우에 준용한다.
〈개정 84.4.10〉

제444조 삭제 〈2014.5.20〉

제445조【감자무효의 소】 자본금 감소의 무효는 주주·이사·감사·청산인·파산관재인 또는 자본금의 감소를 승인하지 아니한 채권자만이 자본금 감소로 인한 변경등기가 된 날부터 6개월 내에 소(訴)만으로 주장할 수 있다.
〈전문개정 2011.4.14〉

제446조【준용규정】 제186조 내지 제189조·제190조 본문·제191조·제192조 및 제377조의 규정은 제445조의 소에 관하여 이를 준용한다.
〈전문개정 95.12.29〉

(신구) 구조문 ⇨ 제446조【준용규정】제186조 내지 제192조와 제377조의 규정은 전조의 소에 준용한다.

제7절 회사의 회계
〈본절제목개정 2011.4.14〉

제446조의2【회계의 원칙】 회사의 회계는 이 법과 대통령령으로 규정한 것을 제외하고는 일반적으로 공정하고 타당한 회계관행에 따른다.
〈본조신설 2011.4.14〉

제447조【재무제표의 작성】 ①이사는 결산기마다 다음 각 호의 서류와 그 부속명세서를 작성하여 이사회의 승인을 받아야 한다.
1. 대차대조표
2. 손익계산서
3. 그 밖에 회사의 재무상태와 경영성과를 표시하는 것으로서 대통령령으로 정하는 서류

②대통령령으로 정하는 회사의 이사는 연결재무제표(聯結財務諸表)를 작성하여 이사회의 승인을 받아야 한다.
〈전문개정 2011.4.14〉

제447조의2【영업보고서의 작성】 ①이사는 매결산기에 영업보고서를 작성하여 이사회의 승인을 얻어야 한다.
②영업보고서에는 대통령령이 정하는 바에 의하여 영업에 관한 중요한 사항을 기재하여야 한다.
〈본조신설 84.4.10〉

제447조의3【재무제표 등의 제출】 이사는 정기총회회일의 6주간전에 제447조 및 제447조의2의 서류를 감사에게 제출하여야 한다.
〈본조신설 84.4.10〉

제447조의4【감사보고서】 ①감사는 제447조의3의 서류를 받은 날부터 4주 내에 감사보고서를 이사에게 제출하여야 한다.
②제1항의 감사보고서에는 다음 각 호의 사항을 적어야 한다.
1. 감사방법의 개요
2. 회계장부에 기재될 사항이 기재되지 아니하거나 부실기재된 경우 또는 대차대조표나 손익계산서의 기재 내용이 회계장부와 맞지 아니하는 경우에는 그 뜻
3. 대차대조표 및 손익계산서가 법령과 정관에 따라 회사의 재무상태와 경영성과를 적정하게 표시하고 있는 경우에는 그 뜻
4. 대차대조표 또는 손익계산서가 법령이나 정관을 위반하여 회사의 재무상태와 경영성과를 적정하게 표시하지 아니하는 경우에는 그 뜻

과 이유
5. 대차대조표 또는 손익계산서의 작성에 관한 회계방침의 변경이 타당한지 여부와 그 이유
6. 영업보고서가 법령과 정관에 따라 회사의 상황을 적정하게 표시하고 있는지 여부
7. 이익잉여금의 처분 또는 결손금의 처리가 법령 또는 정관에 맞는지 여부
8. 이익잉여금의 처분 또는 결손금의 처리가 회사의 재무상태나 그 밖의 사정에 비추어 현저하게 부당한 경우에는 그 뜻
9. 제447조의 부속명세서에 기재할 사항이 기재되지 아니하거나 부실기재된 경우 또는 회계장부 · 대차대조표 · 손익계산서나 영업보고서의 기재 내용과 맞지 아니하게 기재된 경우에는 그 뜻
10. 이사의 직무수행에 관하여 부정한 행위 또는 법령이나 정관의 규정을 위반하는 중대한 사실이 있는 경우에는 그 사실

③감사가 감사를 하기 위하여 필요한 조사를 할 수 없었던 경우에는 감사보고서에 그 뜻과 이유를 적어야 한다.
〈전문개정 2011.4.14〉

제448조【재무제표 등의 비치공시】 ①이사는 정기총회회일의 1주간전부터 제447조 및 제447조의2의 서류와 감사보고서를 본점에 5년간, 그 등본을 지점에 3년간 비치하여야 한다. 〈개정 62.12.12, 84.4.10〉
②주주와 회사채권자는 영업시간내에 언제든지 제1항의 비치서류를 열람할 수 있으며 회사가 정한 비용을 지급하고 그 서류의 등본이나 초본의 교부를 청구할 수 있다. 〈개정 84.4. 10〉

제449조【재무제표 등의 승인공고】 ①이사는 제447조의 각 서류를 정기총회에 제출하여 그 승인을 요구하여야 한다. 〈개정 2011. 4.14〉
②이사는 제447조의2의 서류를 정기총회에 제출하여 그 내용을 보고하여야 한다. 〈신설 84. 4.10〉
③이사는 제1항의 서류에 대한 총회의 승인을 얻은 때에는 지체없이 대차대조표를 공고하여야 한다.

제449조의2【재무제표 등의 승인에 대한 특칙】 ①제449조에도 불구하고 회사는 정관으로 정하는 바에 따라 제447조의 각 서류를 이사회의 결의로 승인할 수 있다. 다만, 이 경우에는 다음 각 호의 요건을 모두 충족하여야 한다.
1. 제447조의 각 서류가 법령 및 정관에 따라 회사의 재무상태 및 경영성과를 적정하게 표시하고 있다는 외부감사인의 의견이 있을 것
2. 감사(감사위원회 설치회사의 경우에는 감사위원을 말한다) 전원의 동의가 있을 것

②제1항에 따라 이사회가 승인한 경우에는 이사는 제447조의 각 서류의 내용을 주주총회에 보고하여야 한다.
〈본조신설 2011.4.14〉

제450조【이사, 감사의 책임해제】 정기총회에서 전조제1항의 승인을 한 후 2년 내에 다른 결의가 없으면 회사는 이사와 감사의 책임을 해제한 것으로 본다. 그러나 이사 또는 감사의 부정행위에 대하여는 그러하지 아니하다.

제451조【자본금】 ①회사의 자본금은 이 법에서 달리 규정한 경우 외에는 발행주식의 액면총액으로 한다.
②회사가 무액면주식을 발행하는 경우 회사의 자본금은 주식 발행가액의 2분의 1 이상의 금액으로서 이사회(제416조 단서에서 정한 주식발행의 경우에는 주주총회를 말한다)에서 자본금으로 계상하기로 한 금액의 총액으로 한다. 이 경우 주식의 발행가액 중 자본금으로 계상하지 아니하는 금액은 자본준비금으로 계상하여야 한다.
③회사의 자본금은 액면주식을 무액면주식으로 전환하거나 무액면주식을 액면주식으로 전환함으로써 변경할 수 없다.
〈전문개정 2011.4.14〉

제452조 삭제 〈2011.4.14〉
제453조 삭제 〈2011.4.14〉
제453조의2 삭제 〈2011.4.14〉
제454조 삭제 〈2011.4.14〉
제455조 삭제 〈2011.4.14〉
제456조 삭제 〈2011.4.14〉
제457조 삭제 〈2011.4.14〉
제457조의2 삭제 〈2011.4.14〉

제458조【이익준비금】 회사는 그 자본금의 2분의 1이 될 때까지 매 결산기 이익배당액의 10분의 1 이상을 이익준비금으로 적립하여야 한다. 다만, 주식배당의 경우에는 그러하지 아니하다.
〈전문개정 2011.4.14〉

제459조【자본준비금】 ①회사는 자본거래에서 발생한 잉여금을 대통령령으로 정하는 바에 따라 자본준비금으로 적립하여야 한다.
②합병이나 제530조의2에 따른 분할 또는 분할합병의 경우 소멸 또는 분할되는 회사의 이익준비금이나 그 밖의 법정준비금은 합병 · 분할 · 분할합병 후 존속되거나 새로 설립되는 회사가 승계할

수 있다.
〈전문개정 2011.4.14〉

제460조【법정준비금의 사용】 제458조 및 제459조의 준비금은 자본금의 결손 보전에 충당하는 경우 외에는 처분하지 못한다.
〈전문개정 2011.4.14〉

461조【준비금의 자본금 전입】 ①회사는 이사회의 결의에 의하여 준비금의 전부 또는 일부를 자본금에 전입할 수 있다. 그러나 정관으로 주주총회에서 결정하기로 정한 경우에는 그러하지 아니하다. 〈개정 2011.4.14〉
〈제목개정 2011.4.14〉
②제1항의 경우에는 주주에 대하여 그가 가진 주식의 수에 따라 주식을 발행하여야 한다. 이 경우 1주에 미달하는 단수에 대하여는 제443조제1항의 규정을 준용한다.
③제1항의 이사회의 결의가 있은 때에는 회사는 일정한 날을 정하여 그 날에 주주명부에 기재된 주주가 제2항의 신주의 주주가 된다는 뜻을 그 날의 2주간 전에 공고하여야 한다. 그러나 그 날이 제354조제1항의 기간중인 때에는 그 기간의 초일의 2주간 전에 이를 공고하여야 한다.
④제1항 단서의 경우에 주주는 주주총회의 결의가 있은 때로부터 제2항의 신주의 주주가 된다.
⑤제3항 또는 제4항의 규정에 의하여 신주의 주주가 된 때에는 이사는 지체없이 신주를 받은 주주와 주주명부에 기재된 질권자에 대하여 그 주주가 받은 주식의 종류와 수를 통지하여야 한다. 〈개정 2014.5.20〉
⑥제339조의 규정은 제2항의 규정에 의하여 주식의 발행이 있는 경우에 이를 준용한다. 〈개정 2020. 12. 29.〉
〈전문개정 84.4.10〉
〈제목개정 2011. 4. 14.〉

제461조의2【준비금의 감소】 회사는 적립된 자본준비금 및 이익준비금의 총액이 자본금의 1.5배를 초과하는 경우에 주주총회의 결의에 따라 그 초과한 금액 범위에서 자본준비금과 이익준비금을 감액할 수 있다.
〈본조신설 2011.4.14〉

제462조【이익의 배당】 ①회사는 대차대조표의 순자산액으로부터 다음의 금액을 공제한 액을 한도로 하여 이익배당을 할 수 있다.
1. 자본금의 액
2. 그 결산기까지 적립된 자본준비금과 이익준비금의 합계액
3. 그 결산기에 적립하여야 할 이익준비금의 액
4. 대통령령으로 정하는 미실현이익

②이익배당은 주주총회의 결의로 정한다. 다만, 제449조의2제1항에 따라 재무제표를 이사회가 승인하는 경우에는 이사회의 결의로 정한다.
③제1항을 위반하여 이익을 배당한 경우에 회사채권자는 배당한 이익을 회사에 반환할 것을 청구할 수 있다.
④제3항의 청구에 관한 소에 대하여는 제186조를 준용한다.
〈전문개정 2011.4.14〉

제462조의2【주식배당】 ①회사는 주주총회의 결의에 의하여 이익의 배당을 새로이 발행하는 주식으로써 할 수 있다. 그러나 주식에 의한 배당은 이익배당총액의 2분의 1에 상당하는 금액을 초과하지 못한다.
②제1항의 배당은 주식의 권면액으로 하며, 회사가 종류주식을 발행한 때에는 각각 그와 같은 종류의 주식으로 할 수 있다. 〈개정 1995.12.29, 2011.4.14〉
③주식으로 배당할 이익의 금액중 주식의 권면액에 미달하는 단수가 있는 때에는 그 부분에 대하여는 제443조제1항의 규정을 준용한다. 〈개정 95.12.29〉
④주식으로 배당을 받은 주주는 제1항의 결의가 있는 주주총회가 종결한 때부터 신주의 주주가 된다. 〈개정 95.12.29, 2020.12.29〉
⑤이사는 제1항의 결의가 있는 때에는 지체없이 배당을 받을 주주와 주주명부에 기재된 질권자에게 그 주주가 받을 주식의 종류와 수를 통지하여야 한다. 〈개정 2014.5.20〉
⑥제340조제1항의 질권자의 권리는 제1항의 규정에 의한 주주가 받을 주식에 미친다. 이 경우 제340조제3항의 규정을 준용한다.
〈본조신설 84.4.10〉

제462조의3【중간배당】 ①년 1회의 결산기를 정한 회사는 영업년도중 1회에 한하여 이사회의 결의로 일정한 날을 정하여 그날의 주주에 대하여 이익을 배당(이하 이 조에서 "중간배당"이라 한다)할 수 있음을 정관으로 정할 수 있다. 〈개정 2011.4.14〉
②중간배당은 직전 결산기의 대차대조표상의 순자산액에서 다음 각호의 금액을 공제한 액을 한도로 한다. 〈개정 2001.7.24, 2011.4.14〉
1. 직전 결산기의 자본금의 액
2. 직전 결산기까지 적립된 자본준비금과 이익준

비금의 합계액
3. 직전 결산기의 정기총회에서 이익으로 배당하거나 또는 지급하기로 정한 금액
4. 중간배당에 따라 당해 결산기에 적립하여야 할 이익준비금

③회사는 당해 결산기의 대차대조표상의 순자산액이 제462조제1항 각호의 금액의 합계액에 미치지 못할 우려가 있는 때에는 중간배당을 하여서는 아니된다. 〈개정 2001.7.24〉

④당해 결산기 대차대조표상의 순자산액이 제462조제1항 각호의 금액의 합계액에 미치지 못함에도 불구하고 중간배당을 한 경우 이사는 회사에 대하여 연대하여 그 차액(배당액이 그 차액보다 적을 경우에는 배당액)을 배상할 책임이 있다. 다만, 이사가 제3항의 우려가 없다고 판단함에 있어 주의를 게을리하지 아니하였음을 증명한 때에는 그러하지 아니하다. 〈개정 2001.7.24〉

⑤제340조제1항, 제344조제1항, 제354조제1항, 제458조, 제464조 및 제625조제3호의 규정의 적용에 관하여는 중간배당을 제462조제1항의 규정에 의한 이익의 배당으로 본다. 〈개정 2011. 4. 14., 2020. 12. 29.〉

⑥제399조제2항 · 제3항 및 제400조의 규정은 제4항의 이사의 책임에 관하여, 제462조제3항 및 제4항은 제3항의 규정에 위반하여 중간배당을 한 경우에 이를 준용한다. 〈개정 2011.4.14〉
〈본조신설 98.12.28〉

(신구) ②·③·④순재산액 ⇨ 순자산액

제462조의4【현물배당】①회사는 정관으로 금전 외의 재산으로 배당을 할 수 있음을 정할 수 있다.
②제1항에 따라 배당을 결정한 회사는 다음 사항을 정할 수 있다.
1. 주주가 배당되는 금전 외의 재산 대신 금전의 지급을 회사에 청구할 수 있도록 한 경우에는 그 금액 및 청구할 수 있는 기간
2. 일정 수 미만의 주식을 보유한 주주에게 금전 외의 재산 대신 금전을 지급하기로 한 경우에는 그 일정 수 및 금액
〈본조신설 2011.4.14〉

제463조 삭제 〈2011.4.14〉

제464조【이익배당의 기준】이익배당은 각 주주가 가진 주식의 수에 따라 한다. 다만, 제344조제1항을 적용하는 경우에는 그러하지 아니하다.
〈전문개정 2011.4.14〉

제464조의2【이익배당의 지급시기】①회사는 제464조에 따른 이익배당을 제462조제2항의 주주총회나 이사회의 결의 또는 제462조의3제1항의 결의를 한 날부터 1개월 내에 하여야 한다. 다만, 주주총회 또는 이사회에서 배당금의 지급시기를 따로 정한 경우에는 그러하지 아니하다. 〈개정 2011.4.14〉
〈제목개정 2011.4.14〉
②제1항의 배당금의 지급청구권은 5년간 이를 행사하지 아니하면 소멸시효가 완성한다.
〈본조신설 84.4.10〉

(신구) ①~제449조제1항의 승인이~ ⇨ ~제449조제1항의 승인 또는 제462조의3제1항의 결의가~, ~나로부터~ ⇨ ~날부터~, 그러나 제449조제1항의 총회~ ⇨ 다만, 제449조제1항의 총회 또는 제462조의3제1항의 이사회~

(판례) 주주총회의 재무재표승인에 의한 배당금의확정과 배당에 관한 결의가 없는 경우에는 주주의 이익배당금청구는 이유없다(1983.3.22, 81다343). 〈정찬(상) 942면〉

제465조 삭제 〈84.4.10〉

제466조【주주의 회계장부열람권】①발행주식의 총수의 100분의 3 이상에 해당하는 주식을 가진 주주는 이유를 붙인 서면으로 회계의 장부와 서류의 열람 또는 등사를 청구할 수 있다. 〈개정 98.12.28〉
②회사는 제1항의 주주의 청구가 부당함을 증명하지 아니하면 이를 거부하지 못한다. 〈개정 98.12.28〉

(신구) ①~100분의 5 이상~ ⇨ ~100분의 3 이상~, ②~전항~ ⇨ ~제1항~

(판례) 상법 제466조제1항 소정의 소수주주의 회계장부열람등사청구권을 피보전권리로 하는 가처분도 허용된다고 볼 것이고, 이러한 가처분을 허용함에 있어서는 피신청인인 회사에 대하여 직접 열람·등사를 허용하라는 명령을 내리는 방법 뿐만 아니라, 열람·등사의 대상 장부 등에 관하여 훼손, 폐기, 은닉이 행하여질 위험이 있는 때에는 이를 방지하기 위하여 그 장부 등을 집행관에게 이전 보관시키는 가처분을 허용할 수도 있는바, 주식회사의 소수주주가 상법 제466조제1항의 규정에 따라 회사에 대하여 회계의 장부와 서류의 열람 또는 등사를 청구하기 위하여는 이유를 붙인 서면으로 하여야 하는 바, 회계의 장부와 서류를 열람 또는 등사시키는 것은 회계운영상 중대한 일이므로 그 절차를 신중하게 함과 동시에 상대방인 회사에게 열람 및 등사에 응하여야 할 의무의 존부 또는 열람 및 등사를 허용하지 않으면 안 될 회계의 장부 및 서류의 범위 등의 판단을 손쉽게 하기 위하여 그 이유는 구체적으로 기재하여야 하며, 상법 제466조제1항 소정의 소수주주의 회계장부 및 서류의 열람, 등사청구권이 인정되는 이상 그 열람, 등사청구권은 그 권리행사에 필요한 범위 내에서 허용되어야 할 것이지, 열람 및 등사의 회수가 1회에 국한되는 등으로 사전에 제한될 성질의 것은 아니다(1999.12.21, 99다137). 〈정동 판례동향〉

제467조【회사의 업무, 재산상태의 검사】 ①회사의 업무집행에 관하여 부정행위 또는 법령이나 정관에 위반한 중대한 사실이 있음을 의심할 사유가 있는 때에는 발행주식의 총수의 100분의 3 이상에 해당하는 주식을 가진 주주는 회사의 업무와 재산상태를 조사하게 하기 위하여 법원에 검사인의 선임을 청구할 수 있다. 〈개정 98.12.28〉

②검사인은 그 조사의 결과를 법원에 보고하여야 한다.

③법원은 제2항의 보고에 의하여 필요하다고 인정한 때에는 대표이사에게 주주총회의 소집을 명할 수 있다. 제310조제2항의 규정은 이 경우에 준용한다. 〈개정 62.12.12, 95.12.29〉

④이사와 감사는 지체없이 제3항의 규정에 의한 검사인의 보고서의 정확여부를 조사하여 이를 주주총회에 보고하여야 한다. 〈신설 95.12. 29〉

(신구) ①~100분의 5 이상~ ⇨ ~100분의 3 이상~
③~전항의~제310조제2항과 제313조제1항제3호의~ ⇨ ~제2항의~제310조제2항의~

제467조의2【이익공여의 금지】 ①회사는 누구에게든지 주주의 권리행사와 관련하여 재산상의 이익을 공여할 수 없다.

②회사가 특정의 주주에 대하여 무상으로 재산상의 이익을 공여한 경우에는 주주의 권리행사와 관련하여 이를 공여한 것으로 추정한다. 회사가 특정의 주주에 대하여 유상으로 재산상의 이익을 공여한 경우에 있어서 회사가 얻은 이익이 공여한 이익에 비하여 현저하게 적은 때에도 또한 같다.

③회사가 제1항의 규정에 위반하여 재산상의 이익을 공여한 때에는 그 이익을 공여받은 자는 이를 회사에 반환하여야 한다. 이 경우 회사에 대하여 대가를 지급한 것이 있는 때에는 그 반환을 받을 수 있다.

④제403조 내지 제406조의 규정은 제3항의 이익의 반환을 청구하는 소에 대하여 이를 준용한다. 〈본조신설 84.4.10〉

제468조【사용인의 우선변제권】신원보증금의 반환을 받을 채권 기타 회사와 사용인간의 고용관계로 인한 채권이 있는 자는 회사의 총 재산에 대하여 우선변제를 받을 권리가 있다. 그러나 질권 · 저당권이나 「동산 · 채권 등의 담보에 관한 법률」에 따른 담보권에 우선하지 못한다. 〈개정 2010.6.10〉

제8절 사 채

제1관 통 칙

제469조【사채의 발행】①회사는 이사회의 결의에 의하여 사채(社債)를 발행할 수 있다.

②제1항의 사채에는 다음 각 호의 사채를 포함한다.

1. 이익배당에 참가할 수 있는 사채
2. 주식이나 그 밖의 다른 유가증권으로 교환 또는 상환할 수 있는 사채
3. 유가증권이나 통화 또는 그 밖에 대통령령으로 정하는 자산이나 지표 등의 변동과 연계하여 미리 정하여진 방법에 따라 상환 또는 지급금액이 결정되는 사채

③제2항에 따라 발행하는 사채의 내용 및 발행 방법 등 발행에 필요한 구체적인 사항은 대통령령으로 정한다.

④제1항에도 불구하고 정관으로 정하는 바에 따라 이사회는 대표이사에게 사채의 금액 및 종류를 정하여 1년을 초과하지 아니하는 기간 내에 사채를 발행할 것을 위임할 수 있다.
〈전문개정 2011.4.14〉

제470조 삭제 〈2011.4.14〉

제471조 삭제 〈2011.4.14〉

제472조 삭제 〈2011.4.14〉

제473조 삭제 〈2011.4.14〉

제474조【공모발행, 사채청약서】 ①사채의 모집에 응하고자 하는 자는 사채청약서 2통에 그 인수할 사채의 수와 주소를 기재하고 기명날인 또는 서명하여야 한다. 〈개정 95.12.29〉

②사채청약서는 이사가 작성하고 다음의 사항을 적어야 한다. 〈개정 1984.4.10, 1995.12.29, 2011.4.14〉

1. 회사의 상호
2. 자본금과 준비금의 총액
3. 최종의 대차대조표에 의하여 회사에 현존하는 순재산액
4. 사채의 총액
5. 각사채의 금액
6. 사채발행의 가액 또는 그 최저가액
7. 사채의 이율
8. 사채의 상환과 이자지급의 방법과 기한
9. 사채를 수회에 분납할 것을 정한 때에는 그 분납금액과 시기
10. 채권을 기명식 또는 무기명식에 한한 때에는 그 뜻

10의2. 채권을 발행하는 대신 전자등록기관의 전자등록부에 사채권자의 권리를 등록하는 때에

는 그 뜻
11. 전에 모집한 사채가 있는 때에는 그 상환하지 아니한 금액
12. 삭제
13. 사채모집의 위탁을 받은 회사가 있는 때에는 그 상호와 주소
13의2. 사채관리회사가 있는 때에는 그 상호와 주소
13의3. 사채관리회사가 사채권자집회결의에 의하지 아니하고 제484조제4항제2호의 행위를 할 수 있도록 정한 때에는 그 뜻
14. 제13호의 위탁을 받은 회사가 그 모집액이 총액에 달하지 못한 경우에 그 잔액을 인수할 것을 약정한 때에는 그 뜻
15. 명의개서대리인을 둔 때에는 그 성명 · 주소 및 영업소

③사채발행의 최저가액을 정한 경우에는 응모자는 사채청약서에 응모가액을 기재하여야 한다.

제475조【총액인수의 방법】 전조의 규정은 계약에 의하여 사채의 총액을 인수하는 경우에는 이를 적용하지 아니한다. 사채모집의 위탁을 받은 회사가 사채의 일부를 인수하는 경우에는 그 일부에 대하여도 같다.

제476조【납입】 ①사채의 모집이 완료한 때에는 이사는 지체없이 인수인에 대하여 각 사채의 전액 또는 제1회의 납입을 시켜야 한다.

②사채모집의 위탁을 받은 회사는 그 명의로 위탁회사를 위하여 제474조제2항과 전항의 행위를 할 수 있다.

제477조 삭제 〈84.4.10〉

제478조【채권의 발행】 ①채권은 사채전액의 납입이 완료한 후가 아니면 이를 발행하지 못한다.

②채권에는 다음의 사항을 적고 대표이사가 기명날인 또는 서명하여야 한다. 〈개정 2011. 4.14〉
1. 채권의 번호
2. 제474조제2항제1호 · 제4호 · 제5호 · 제7호 · 제8호 · 제10호 · 제13호 · 제13호의2 및 제13호의3에 규정된 사항

③회사는 제1항의 채권(債券)을 발행하는 대신 정관으로 정하는 바에 따라 전자등록기관의 전자등록부에 채권(債權)을 등록할 수 있다. 이 경우 제356조의2제2항부터 제4항까지의 규정을 준용한다. 〈신설 2011.4.14〉

제479조【기명사채의 이전】 ①기명사채의 이전은 취득자의 성명과 주소를 사채원부에 기재하고 그 성명을 채권에 기재하지 아니하면 회사 기타의 제3자에게 대항하지 못한다.

②제337조제2항의 규정은 기명사채의 이전에 대하여 이를 준용한다. 〈신설 84.4.10〉

제480조【기명식, 무기명식간의 전환】 사채권자는 언제든지 기명식의 채권을 무기명식으로, 무기명식의 채권을 기명식으로 할 것을 회사에 청구할 수 있다. 그러나 채권을 기명식 또는 무기명식에 한할 것으로 정한 때에는 그러하지 아니하다.

제480조의2【사채관리회사의 지정 · 위탁】 회사는 사채를 발행하는 경우에 사채관리회사를 정하여 변제의 수령, 채권의 보전, 그 밖에 사채의 관리를 위탁할 수 있다.
〈본조신설 2011.4.14〉

제480조의3【사채관리회사의 자격】 ①은행, 신탁회사, 그 밖에 대통령령으로 정하는 자가 아니면 사채관리회사가 될 수 없다.

②사채의 인수인은 그 사채의 사채관리회사가 될 수 없다.

③사채를 발행한 회사와 특수한 이해관계가 있는 자로서 대통령령으로 정하는 자는 사채관리회사가 될 수 없다.
〈본조신설 2011.4.14〉

제481조【사채관리회사의 사임】 사채관리회사는 사채를 발행한 회사와 사채권자집회의 동의를 받아 사임할 수 있다. 부득이한 사유가 있어 법원의 허가를 받은 경우에도 같다.
〈전문개정 2011.4.14〉

제482조【사채관리회사의 해임】 사채관리회사가 그 사무를 처리하기에 적임이 아니거나 그 밖에 정당한 사유가 있을 때에는 법원은 사채를 발행하는 회사 또는 사채권자집회의 청구에 의하여 사채관리회사를 해임할 수 있다.
〈전문개정 2011.4.14〉

제483조【사채관리회사의 사무승계자】 ①사채관리회사의 사임 또는 해임으로 인하여 사채관리회사가 없게 된 경우에는 사채를 발행한 회사는 그 사무를 승계할 사채관리회사를 정하여 사채권자를 위하여 사채 관리를 위탁하여야 한다. 이 경우 회사는 지체 없이 사채권자집회를 소집하여 동의를 받아야 한다. 〈개정 2011.4.14〉

②부득이한 사유가 있는 때에는 이해관계인은 사무승계자의 선임을 법원에 청구할 수 있다.
〈제목개정 2011.4.14〉

제484조【사채관리회사의 권한】 ①사채관리회사는 사채권자를 위하여 사채에 관한 채권을 변제받거나 채권의 실현을 보전하기 위하여 필요한 재판상

또는 재판 외의 모든 행위를 할 수 있다.
②사채관리회사는 제1항의 변제를 받으면 지체 없이 그 뜻을 공고하고, 알고 있는 사채권자에게 통지하여야 한다.
③제2항의 경우에 사채권자는 사채관리회사에 사채 상환액 및 이자 지급을 청구할 수 있다. 이 경우 사채권이 발행된 때에는 사채권과 상환하여 상환액지급청구를 하고, 이권(利券)과 상환하여 이자지급청구를 하여야 한다.
④사채관리회사가 다음 각 호의 어느 하나에 해당하는 행위(사채에 관한 채권을 변제받거나 채권의 실현을 보전하기 위한 행위는 제외한다)를 하는 경우에는 사채권자집회의 결의에 의하여야 한다. 다만, 사채를 발행하는 회사는 제2호의 행위를 사채관리회사가 사채권자집회결의에 의하지 아니하고 할 수 있음을 정할 수 있다.
1. 해당 사채 전부에 대한 지급의 유예, 그 채무의 불이행으로 발생한 책임의 면제 또는 화해
2. 해당 사채 전부에 관한 소송행위 또는 채무자 회생 및 파산에 관한 절차에 속하는 행위

⑤사채관리회사가 제4항 단서에 따라 사채권자집회의 결의에 의하지 아니하고 제4항제2호의 행위를 한 때에는 지체 없이 그 뜻을 공고하고, 알고 있는 사채권자에게는 따로 통지하여야 한다.
⑥제2항과 제5항의 공고는 사채를 발행한 회사가 하는 공고와 같은 방법으로 하여야 한다.
⑦사채관리회사는 그 관리를 위탁받은 사채에 관하여 제1항 또는 제4항 각 호에서 정한 행위를 위하여 필요하면 법원의 허가를 받아 사채를 발행한 회사의 업무와 재산상태를 조사할 수 있다.
〈전문개정 2011.4.14〉

제484조의2【사채관리회사의 의무 및 책임】 ①사채관리회사는 사채권자를 위하여 공평하고 성실하게 사채를 관리하여야 한다.
②사채관리회사는 사채권자에 대하여 선량한 관리자의 주의로 사채를 관리하여야 한다.
③사채관리회사가 이 법이나 사채권자집회결의를 위반한 행위를 한 때에는 사채권자에 대하여 연대하여 이로 인하여 발생한 손해를 배상할 책임이 있다.
〈본조신설 2011.4.14〉

제485조【둘 이상의 사채관리회사가 있는 경우의 권한과 의무】 ①사채관리회사가 둘 이상 있을 때에는 그 권한에 속하는 행위는 공동으로 하여야 한다.
②제1항의 경우에 사채관리회사가 제484조제1항의 변제를 받은 때에는 사채관리회사는 사채권자에 대하여 연대하여 변제액을 지급할 의무가 있다.
〈전문개정 2011.4.14〉

제486조【이권흠결의 경우】 ①이권있는 무기명식의 사채를 상환하는 경우에 이권이 흠결된 때에는 그 이권에 상당한 금액을 상환액으로부터 공제한다.
②전항의 이권소지인은 언제든지 그 이권과 상환하여 공제액의 지급을 청구할 수 있다.

제487조【원리청구권의 시효】 ①사채의 상환청구권은 10년간 행사하지 아니하면 소멸시효가 완성한다.
②제484조제3항의 청구권도 전항과 같다.
③사채의 이자와 전조제2항의 청구권은 5년간 행사하지 아니하면 소멸시효가 완성한다.

제488조【사채원부】 회사는 사채원부를 작성하고 다음 각 호의 사항을 적어야 한다.
1. 사채권자(무기명식 채권이 발행되어 있는 사채의 사채권자는 제외한다)의 성명과 주소
2. 채권의 번호
3. 제474조제2항제4호, 제5호, 제7호부터 제9호까지, 제13호, 제13호의2 및 제13호의3에 규정된 사항
4. 각 사채의 납입금액과 납입연월일
5. 채권의 발행연월일 또는 채권을 발행하는 대신 전자등록기관의 전자등록부에 사채권자의 권리를 등록하는 때에는 그 뜻
6. 각 사채의 취득연월일
7. 무기명식 채권을 발행한 때에는 그 종류, 수, 번호와 발행연월일

〈전문개정 2011.4.14〉

제489조【준용규정】 ①제353조의 규정은 사채응모자 또는 사채권자에 대한 통지와 최고에 준용한다.
②제333조의 규정은 사채가 수인의 공유에 속하는 경우에 준용한다.

제2관 사채권자집회

제490조【결의사항】 사채권자집회는 이 법에서 규정하고 있는 사항 및 사채권자의 이해관계가 있는 사항에 관하여 결의를 할 수 있다.
〈전문개정 2011.4.14〉

제491조【소집권자】 ①사채권자집회는 사채를 발행한 회사 또는 사채관리회사가 소집한다. 〈개정 2011.4.14〉
②사채의 종류별로 해당 종류의 사채 총액(상환받은 액은 제외한다)의 10분의 1 이상에 해당하는

사채를 가진 사채권자는 회의 목적인 사항과 소집 이유를 적은 서면 또는 전자문서를 사채를 발행한 회사 또는 사채관리회사에 제출하여 사채권자집회의 소집을 청구할 수 있다. 〈개정 2011.4.14〉
③제366조제2항의 규정은 전항의 경우에 준용한다.
④무기명식의 채권을 가진 자는 그 채권을 공탁하지 아니하면 전2항의 권리를 행사하지 못한다.

제491조의2【소집의 통지, 공고】 ① 제363조제1항 및 제2항은 사채권자집회를 소집할 경우에 이를 준용한다.
② 제1항에도 불구하고 회사가 무기명식의 채권을 발행한 경우에는 주주총회일의 3주(자본금 총액이 10억원 미만인 회사는 2주) 전에 사채권자집회를 소집하는 뜻과 회의의 목적사항을 공고하여야 한다.
〈본조신설 2014.5.20〉

제492조【의결권】 ①각 사채권자는 그가 가지는 해당 종류의 사채 금액의 합계액(상환받은 액은 제외한다)에 따라 의결권을 가진다. 〈개정 2011.4.14〉
②무기명식의 채권을 가진 자는 회일로부터 1주간전에 채권을 공탁하지 아니하면 그 의결권을 행사하지 못한다.

제493조【사채발행회사 또는 사채관리회사 대표자의 출석 등】 ①사채를 발행한 회사 또는 사채관리회사는 그 대표자를 사채권자집회에 출석하게 하거나 서면으로 의견을 제출할 수 있다. 〈개정 2011.4.14〉
②사채권자집회의 소집은 전항의 회사에 통지하여야 한다.
③제363조제1항과 제2항의 규정은 전항의 통지에 준용한다.
〈제목개정 2011.4.14〉

제494조【사채발행회사의 대표자의 출석청구】 사채권자집회 또는 그 소집자는 필요있다고 인정하는 때에는 사채를 발행한 회사에 대하여 그 대표자의 출석을 청구할수 있다.

제495조【결의의 방법】 ①제434조의 규정은 사채권자집회의 결의에 준용한다.
②제481조부터 제483조까지 및 제494조의 동의 또는 청구는 제1항에도 불구하고 출석한 사채권자 의결권의 과반수로 결정할 수 있다. 〈개정 2011.4.14〉
③사채권자집회에 출석하지 아니한 사채권자는 서면에 의하여 의결권을 행사할 수 있다. 〈신설 2011.4.14〉
④서면에 의한 의결권행사는 의결권행사서면에 필요한 사항을 적어 사채권자집회 전일까지 의결권행사서면을 소집자에게 제출하여야 한다. 〈신설 2011.4.14〉
⑤제4항에 따라 서면에 의하여 행사한 의결권의 수는 출석한 의결권자의 의결권 수에 포함한다. 〈신설 2011.4.14〉
⑥사채권자집회에 대하여는 제368조의4를 준용한다. 〈신설 2011.4.14〉

제496조【결의의 인가의 청구】 사채권자집회의 소집자는 결의한 날로부터 1주간 내에 결의의 인가를 법원에 청구하여야 한다.

제497조【결의의 불인가의 사유】 ①법원은 다음의 경우에는 사채권자집회의 결의를 인가하지 못한다.
1. 사채권자집회소집의 절차 또는 그 결의방법이 법령이나 사채모집의 계획서의 기재에 위반한 때
2. 결의가 부당한 방법에 의하여 성립하게 된 때
3. 결의가 현저하게 불공정한 때
4. 결의가 사채권자의 일반의 이익에 반하는 때

②전항제1호와 제2호의 경우에는 법원은 결의의 내용 기타 모든 사정을 참작하여 결의를 인가할 수 있다.

제498조【결의의 효력】 ①사채권자집회의 결의는 법원의 인가를 받음으로써 그 효력이 생긴다. 다만, 그 종류의 사채권자 전원이 동의한 결의는 법원의 인가가 필요하지 아니하다.
②사채권자집회의 결의는 그 종류의 사채를 가진 모든 사채권자에게 그 효력이 있다.
〈전문개정 2011.4.14〉

제499조【결의의 인가, 불인가의 공고】 사채권자집회의 결의에 대하여 인가 또는 불인가의 결정이 있은 때에는 사채를 발행한 회사는 지체없이 그 뜻을 공고하여야 한다.

제500조【사채권자집회의 대표자】 ①사채권자집회는 해당 종류의 사채 총액(상환받은 금액은 제외한다)의 500분의 1 이상을 가진 사채권자 중에서 1명 또는 여러 명의 대표자를 선임하여 그 결의할 사항의 결정을 위임할 수 있다. 〈개정 2011.4.14〉
②대표자가 수인인 때에는 전항의 결정은 그 과반수로 한다.

제501조【결의의 집행】 사채권자집회의 결의는 사채관리회사가 집행하고, 사채관리회사가 없는 때

에는 제500조의 대표자가 집행한다. 다만, 사채권자집회의 결의로써 따로 집행자를 정한 때에는 그러하지 아니하다.
〈전문개정 2011.4.14〉

제502조【수인의 대표자, 집행자가 있는 경우】 제485조제1항의 규정은 대표자나 집행자가 수인인 경우에 준용한다.

제503조【사채상환에 관한 결의의 집행】 제484조, 제485조제2항과 제487조제2항의 규정은 대표자나 집행자가 사채의 상환에 관한 결의를 집행하는 경우에 준용한다.

제504조【대표자, 집행자의 해임 등】 사채권자집회는 언제든지 대표자나 집행자를 해임하거나 위임한 사항을 변경할 수 있다.

제505조【기한의 이익의 상실】 삭제 〈2011.4.14〉

제506조【기한이익상실의 공고, 통지】 삭제 〈2011.4.14〉

제507조【사채관리회사 등의 보수, 비용】 ①사채관리회사, 대표자 또는 집행자에게 줄 보수와 그 사무 처리에 필요한 비용은 사채를 발행한 회사와의 계약에 약정된 경우 외에는 법원의 허가를 받아 사채를 발행한 회사로 하여금 부담하게 할 수 있다.
②사채관리회사, 대표자 또는 집행자는 사채에 관한 채권을 변제받은 금액에서 사채권자보다 우선하여 제1항의 보수와 비용을 변제받을 수 있다.
〈전문개정 2011.4.14〉

제508조【사채권자집회의 비용】 ①사채권자집회에 관한 비용은 사채를 발행한 회사가 부담한다.
②제496조의 청구에 관한 비용은 회사가 부담한다. 그러나 법원은 이해관계인의 신청에 의하여 또는 직권으로 그 전부 또는 일부에 관하여 따로 부담자를 정할 수 있다.

제509조【수종의 사채있는 경우의 사채권자집회】 수종의 사채를 발행한 경우에는 사채권자집회는 각종의 사채에 관하여 이를 소집하여야 한다.

제510조【준용규정】 ①제368조제2항·제3항, 제369조제2항 및 제371조부터 제373조까지의 규정은 사채권자집회에 준용한다. 〈개정 2014. 5.20〉
②사채권자집회의 의사록은 사채를 발행한 회사가 그 본점에 비치하여야 한다.
③사채관리회사와 사채권자는 영업시간 내에 언제든지 제2항의 의사록 열람을 청구할 수 있다.
〈개정 2011.4.14〉

제511조【사채관리회사에 의한 취소의 소】 ①회사가 어느 사채권자에게 한 변제, 화해, 그 밖의 행위가 현저하게 불공정한 때에는 사채관리회사는 소(訴)만으로 그 행위의 취소를 청구할 수 있다. 〈개정 2011.4.14〉
②제1항의 소는 사채관리회사가 취소의 원인인 사실을 안 때부터 6개월, 행위가 있은 때부터 1년 내에 제기하여야 한다. 〈개정 2011.4.14〉
③제186조와 민법 제406조제1항 단서 및 제407조의 규정은 제1항의 소에 준용한다.
〈제목개정 2011.4.14〉

제512조【대표자 등에 의한 취소의 소】 사채권자집회의 결의가 있는 때에는 대표자 또는 집행자도 전조제1항의 소를 제기할 수 있다. 그러나 행위가 있은 때로부터 1년내에 한한다.

제3관 전환사채

제513조【전환사채의 발행】 ①회사는 전환사채를 발행할 수 있다.
②제1항의 경우에 다음의 사항으로서 정관에 규정이 없는 것은 이사회가 이를 결정한다. 그러나 정관으로 주주총회에서 이를 결정하기로 정한 경우에는 그러하지 아니하다.
1. 전환사채의 총액
2. 전환의 조건
3. 전환으로 인하여 발행할 주식의 내용
4. 전환을 청구할 수 있는 기간
5. 주주에게 전환사채의 인수권을 준다는 뜻과 인수권의 목적인 전환사채의 액
6. 주주외의 자에게 전환사채를 발행하는 것과 이에 대하여 발행할 전환사채의 액

③주주외의 자에 대하여 전환사채를 발행하는 경우에 그 발행할 수 있는 전환사채의 액, 전환의 조건, 전환으로 인하여 발행할 주식의 내용과 전환을 청구할 수 있는 기간에 관하여 정관에 규정이 없으면 제434조의 결의로써 이를 정하여야 한다. 이 경우 제418조제2항 단서의 규정을 준용한다. 〈개정 2001.7.24〉
④제3항의 결의에 있어서 전환사채의 발행에 관한 의안의 요령은 제363조의 규정에 의한 통지에 기재하여야 한다. 〈개정 2014. 5.20〉
〈전문개정 84.4.10〉

(산구) ③후단신설

(판 례) 전환사채의 발행에 무효사유가 있는 경우 그 무효를 인정하여야 하고, 그 방법은 신주발행무효의 소에 관한 상법 제429조를 유추적용할 수 있는바, 전환사채의 발행이 경영권 분쟁상황하에서 열세에 처한 구

지배세력이 지분 비율을 역전시켜 경영권을 방어하기 위하여 이사회를 장악하고 있음을 기화로 기존주주를 완전히 배제한 채 제3자인 우호세력에게 집중적으로 '신주'를 배정하기 위한 하나의 방편으로 채택된 것이라면, 이는 전환사채제도를 남용하여 전환사채라는 형식으로 사실상 신주를 발행한 것으로 보아야 하며, 그렇다면 그러한 전환사채의 발행은 주주의 신주인수권을 실질적으로 침해한 위법이 있어 신주 발행을 그와 같은 방식으로 행한 경우와 마찬가지로 무효로 보아야 하고, 뿐만 아니라 그 전환사채 발행의 주된 목적이 경영권 분쟁상황하에서 우호적인 제3자에게 신주를 배정하여 경영권을 방어하기 위한 것인 점, 경영권을 다투는 상대방인 감사에게는 이사회 참석기회도 주지 않는 등 철저히 비밀리에 발행함으로써 발행유지가처분 등 사전 구제수단을 사용할 수 없도록 한 점, 발행된 전환사채의 물량은 지배구조를 역전시키기에 충분한 것이었고, 전환기간에도 제한을 두지 않아 발행 즉시 주식으로 전환될 수 있도록 하였으며, 결과적으로 인수인들의 지분이 경영권 방어에 결정적인 역할을 한 점 등에 비추어, 그 전환사채의 발행은 현저하게 불공정한 방법에 의한 발행으로서 이 점에서도 무효라고 보아야 한다 (1997.5.13, 97라36). 〈최준(상) 406면〉

제513조의2【전환사채의 인수권을 가진 주주의 권리】 ①전환사채의 인수권을 가진 주주는 그가 가진 주식의 수에 따라서 전환사채의 배정을 받을 권리가 있다. 그러나 각 전환사채의 금액중 최저액에 미달하는 단수에 대하여는 그러하지 아니하다.
②제418조제3항은 주주가 전환사채의 인수권을 가진 경우에 이를 준용한다. 〈개정 2011.4.14〉
〈본조신설 84.4.10〉

제513조의3【전환사채의 인수권을 가진 주주에 대한 최고】 ①주주가 전환사채의 인수권을 가진 경우에는 각 주주에 대하여 그 인수권을 가지는 전환사채의 액, 발행가액, 전환의 조건, 전환으로 인하여 발행할 주식의 내용, 전환을 청구할 수 있는 기간과 일정한 기일까지 전환사채의 청약을 하지 아니하면 그 권리를 잃는다는 뜻을 통지하여야 한다.
②제419조제2항 및 제3항의 규정은 제1항의 경우에 이를 준용한다. 〈개정 2014.5.20〉
〈본조신설 84.4.10〉

제514조【전환사채발행의 절차】 ①전환사채에 관하여는 사채청약서, 채권과 사채원부에 다음의 사항을 기재하여야 한다. 〈개정 95.12.29〉
1. 사채를 주식으로 전환할 수 있다는 뜻
2. 전환의 조건
3. 전환으로 인하여 발행할 주식의 내용
4. 전환을 청구할 수 있는 기간
5. 주식의 양도에 관하여 이사회의 승인을 얻도록 정한 때에는 그 규정
②삭제 〈84.4.10〉

제514조의2【전환사채의 등기】 ①회사가 전환사채를 발행한 때에는 제476조의 규정에 의한 납입이 완료된 날로부터 2주간내에 본점의 소재지에서 전환사채의 등기를 하여야 한다. 〈개정 95.12.29〉
②제1항의 규정에 의하여 등기할 사항은 다음 각호와 같다.
1. 전환사채의 총액
2. 각 전환사채의 금액
3. 각 전환사채의 납입금액
4. 제514조제1호 내지 제4호에 정한 사항
③제183조의 규정은 제2항의 등기에 대하여 이를 준용한다.
④외국에서 전환사채를 모집한 경우에 등기할 사항이 외국에서 생긴 때에는 등기기간은 그 통지가 도달한 날로부터 기산한다.
〈본조신설 84.4.10〉

제515조【전환의 청구】 ①전환을 청구하는 자는 청구서 2통에 채권을 첨부하여 회사에 제출하여야 한다. 다만, 제478조제3항에 따라 채권(債券)을 발행하는 대신 전자등록기관의 전자등록부에 채권(債權)을 등록한 경우에는 그 채권을 증명할 수 있는 자료를 첨부하여 회사에 제출하여야 한다. 〈개정 2011.4.14〉
②제1항의 청구서에는 전환하고자 하는 사채와 청구의 연월일을 기재하고 기명날인 또는 서명하여야 한다. 〈개정 95.12.29〉

제516조【준용규정】 ①제346조제4항, 제424조 및 제424조의2의 규정은 전환사채의 발행의 경우에 이를 준용한다. 〈개정 2011.4.14〉
②제339조, 제348조, 제350조 및 제351조의 규정은 사채의 전환의 경우에 이를 준용한다. 〈개정 95.12.29〉
〈전문개정 84.4.10〉

제4관 신주인수권부사채
〈본관신설 1984.4.10〉

제516조의2【신주인수권부사채의 발행】 ①회사는 신주인수권부사채를 발행할 수 있다.
②제1항의 경우에 다음의 사항으로서 정관에 규정이 없는 것은 이사회가 이를 결정한다. 그러나 정관으로 주주총회에서 이를 결정하도록 정한 경우에는 그러하지 아니하다. 〈개정 2011.4.14〉

1. 신주인수권부사채의 총액
2. 각 신주인수권부사채에 부여된 신주인수권의 내용
3. 신주인수권을 행사할 수 있는 기간
4. 신주인수권만을 양도할 수 있는 것에 관한 사항
5. 신주인수권을 행사하려는 자의 청구가 있는 때에는 신주인수권부사채의 상환에 갈음하여 그 발행가액으로 제516조의9제1항의 납입이 있는 것으로 본다는 뜻
6. 삭제 〈95.12.29〉
7. 주주에게 신주인수권부사채의 인수권을 준다는 뜻과 인수권의 목적인 신주인수권부사채의 액
8. 주주외의 자에게 신주인수권부사채를 발행하는 것과 이에 대하여 발행할 신주인수권부사채의 액

③각 신주인수권부사채에 부여된 신주인수권의 행사로 인하여 발행할 주식의 발행가액의 합계액은 각 신주인수권부사채의 금액을 초과할 수 없다.

④주주외의 자에 대하여 신주인수권부사채를 발행하는 경우에 그 발행할 수 있는 신주인수권부사채의 액, 신주인수권의 내용과 신주인수권을 행사할 수 있는 기간에 관하여 정관에 규정이 없으면 제434조의 결의로써 이를 정하여야 한다. 이 경우 제418조제2항 단서의 규정을 준용한다. 〈개정 2001.7.24〉

⑤제513조제4항의 규정은 제4항의 경우에 이를 준용한다.

〈본조신설 84.4.10〉

신구 구조문 ⇨ ②6. 이익이나 이자의 배당에 관하여는 제516조의8제1항의 규정에 의한 납입을 한때가 속하는 영업년도말에 신주의 발행이 있는 것으로 본다는 뜻
④후단신설

제516조의3【신주인수권부사채의 인수권을 가진 주주에 대한 최고】 ①주주가 신주인수권부사채의 인수권을 가진 경우에는 각 주주에 대하여 인수권을 가지는 신주인수권부사채의 액, 발행가액, 신주인수권의 내용, 신주인수권을 행사할 수 있는 기간과 일정한 기일까지 신주인수권부사채의 청약을 하지 아니하면 그 권리를 잃는다는 뜻을 통지하여야 한다. 이 경우 제516조의2제2항제4호 또는 제5호에 규정한 사항의 정함이 있는 때에는 그 내용도 통지하여야 한다.

②제419조제2항 및 제3항의 규정은 제1항의 경우에 이를 준용한다. 〈개정 2014.5.20〉

〈본조신설 84.4.10〉

제516조의4【사채청약서·채권·사채원부의 기재사항】 신주인수권부사채에 있어서는 사채청약서·채권 및 사채원부에 다음의 사항을 기재하여야 한다. 그러나 제516조의5제1항의 신주인수권증권을 발행할 때에는 채권에는 이를 기재하지 아니한다. 〈개정 95.12.29, 2011.4.14〉

1. 신주인수권부사채라는 뜻
2. 제516조의2제2항제2호 내지 제5호에 정한 사항
3. 3. 제516조의9에 따라 납입을 맡을 은행이나 그 밖의 금융기관 및 납입장소
4. 주식의 양도에 관하여 이사회의 승인을 얻도록 정한 때에는 그 규정

〈본조신설 84.4.10〉

제516조의5【신주인수권증권의 발행】 ①제516조의2제2항제4호에 규정한 사항을 정한 경우에는 회사는 채권과 함께 신주인수권증권을 발행하여야 한다.

②신주인수권증권에는 다음의 사항과 번호를 기재하고 이사가 기명날인 또는 서명하여야 한다. 〈개정 95.12.29〉

1. 신주인수권증권이라는 뜻의 표시
2. 회사의 상호
3. 제516조의2제2항제2호·제3호 및 제5호에 정한 사항
4. 제516조의4제3호에 정한 사항
5. 주식의 양도에 관하여 이사회의 승인을 얻도록 정한 때에는 그 규정

〈본조신설 84.4.10〉

신구 ②~기명날인 하여야~ ⇨ ~기명날인 또는 서명하여야~

제516조의6【신주인수권의 양도】 ①신주인수권증권이 발행된 경우에 신주인수권의 양도는 신주인수권증권의 교부에 의하여서만 이를 행한다.

②제336조제2항, 제360조 및 수표법 제21조의 규정은 신주인수권증권에 관하여 이를 준용한다.

〈본조신설 84.4.10〉

제516조의7【신주인수권의 전자등록】 회사는 신주인수권증권을 발행하는 대신 정관으로 정하는 바에 따라 전자등록기관의 전자등록부에 신주인수권을 등록할 수 있다. 이 경우 제356조의2제2항부터 제4항까지의 규정을 준용한다.

〈본조신설 2011.4.14〉

제516조의8【신주인수권부사채의 등기】 ①회사가

신주인수권부사채를 발행한 때에는 다음의 사항을 등기하여야 한다.
1. 신주인수권부사채라는 뜻
2. 신주인수권의 행사로 인하여 발행할 주식의 발행가액의 총액
3. 각 신주인수권부사채의 금액
4. 각 신주인수권부사채의 납입금액
5. 제516조의2제2항제1호 내지 제3호에 정한 사항

②제514조의2제1항 · 제3항 및 제4항의 규정은 제1항의 등기에 관하여 이를 준용한다.
〈본조신설 1984.4.10〉

제516조의9【신주인수권의 행사】 ①신주인수권을 행사하려는 자는 청구서 2통을 회사에 제출하고, 신주의 발행가액의 전액을 납입하여야 한다.
②제1항의 규정에 의하여 청구서를 제출하는 경우에 신주인수권증권이 발행된 때에는 신주인수권증권을 첨부하고, 이를 발행하지 아니한 때에는 채권을 제시하여야 한다. 다만, 제478조제3항 또는 제516조의7에 따라 채권(債券)이나 신주인수권증권을 발행하는 대신 전자등록기관의 전자등록부에 채권(債權)이나 신주인수권을 등록한 경우에는 그 채권이나 신주인수권을 증명할 수 있는 자료를 첨부하여 회사에 제출하여야 한다. 〈개정 2011.4.14〉
③제1항의 납입은 채권 또는 신주인수권증권에 기재한 은행 기타 금융기관의 납입장소에서 하여야 한다.
④제302조제1항의 규정은 제1항의 청구서에, 제306조 및 제318조의 규정은 제3항의 납입을 맡은 은행 기타 금융기관에 이를 준용한다.
〈본조신설 1984.4.10〉

제516조의10【주주가 되는 시기】 제516조의9제1항에 따라 신주인수권을 행사한 자는 동항의 납입을 한 때에 주주가 된다. 이 경우 제350조제2항을 준용한다. 〈개정 1995. 12. 29., 2011. 4. 14., 2020. 12. 29.〉
〈본조신설 1984.4.10〉

제516조의11【준용규정】 제351조의 규정은 신주인수권의 행사가 있는 경우에, 제513조의2 및 제516조제1항의 규정은 신주인수권부사채에 관하여 이를 준용한다. 〈개정 1995.12.29〉
〈본조신설 1984.4.10〉

제9절 해 산

제517조【해산사유】 주식회사는 다음의 사유로 인하여 해산한다. 〈개정 98.12.28〉
1. 제227조제1호, 제4호 내지 제6호에 정한 사유

1의2. 제530조의2의 규정에 의한 회사의 분할 또는 분할합병

2. 주주총회의 결의

(신구) 1. ~게기한~ ⇨ ~정한~

제518조【해산의 결의】 해산의 결의는 제434조의 규정에 의하여야 한다.

제519조【회사의 계속】 회사가 존립기간의 만료 기타 정관에 정한 사유의 발생 또는 주주총회의 결의에 의하여 해산한 경우에는 제434조의 규정에 의한 결의로 회사를 계속할 수 있다.

제520조【해산판결】 ①다음의 경우에 부득이한 사유가 있는 때에는 발행주식의 총수의 100분의 10 이상에 해당하는 주식을 가진 주주는 회사의 해산을 법원에 청구할 수 있다.
1. 회사의 업무가 현저한 정돈상태를 계속하여 회복할 수 없는 손해가 생긴 때 또는 생길 염려가 있는 때
2. 회사재산의 관리 또는 처분의 현저한 실당으로 인하여 회사의 존립을 위태롭게 한때

②제186조와 제191조의 규정은 전항의 청구에 준용한다.

제520조의2【휴면회사의 해산】 ①법원행정처장이 최후의 등기후 5년을 경과한 회사는 본점의 소재지를 관할하는 법원에 아직 영업을 폐지하지 아니하였다는 뜻의 신고를 할 것을 관보로써 공고한 경우에, 그 공고한 날에 이미 최후의 등기후 5년을 경과한 회사로써 공고한 날로부터 2월 이내에 대통령령이 정하는 바에 의하여 신고를 하지 아니한 때에는 그 회사는 그 신고기간이 만료된 때에 해산한 것으로 본다. 그러나 그 기간내에 등기를 한 회사에 대하여는 그러하지 아니하다.
②제1항의 공고가 있는 때에는 법원은 해당 회사에 대하여 그 공고가 있었다는 뜻의 통지를 발송하여야 한다.
③제1항의 규정에 의하여 해산한 것으로 본 회사는 그 후 3년 이내에는 제434조의 결의에 의하여 회사를 계속할 수 있다.
④제1항의 규정에 의하여 해산한 것으로 본 회사가 제3항의 규정에 의하여 회사를 계속하지 아니한 경우에는 그 회사는 그 3년이 경과한 때에 청산이 종결된 것으로 본다.
〈본조신설 84.4.10〉

(판 례) 상법 제520조의2의 규정에 의하여 해산된 주식회사의 경우 정관에 다른 규정이 있거나 주주총회에

서 따로 청산인을 선임하지 아니한 이상 그 해산 당시의 이사는 당연히 청산인이 되고, 그러한 청산인이 없는 때에는 이해관계인의 청구에 의하여 법원이 선임한 자가 청산인이 되며, 이러한 청산인만이 회사의 청산사무를 집행하고 대표하는 기관이 된다(2000.10.12, 2000마287).

제521조【해산의 통지, 공고】 회사가 해산한 때에는 파산의 경우외에는 이사는 지체없이 주주에 대하여 그 통지를 하여야 한다. 〈개정 2014.5.20〉

제521조의2【준용규정】 제228조와 제229조제3항의 규정은 주식회사의 해산에 관하여 이를 준용한다.

〈본조신설 98.12.28〉

판례 주식회사의 해산등기 및 청산인등기는 제3자에 대한 대항요건에 불과하므로 상법시행법 제15조제3항에 의한 해산간주에 따른 해산등기 및 상법 제531조제1항에 의한 당연청산인 취임등기가 없다 하여도 동 해산 및 대표청산인의 자격에 아무런 소장이 없다(1981.9.8, 80다2511). 〈정찬(상) 1027면〉

제10절 합 병

〈본절제목신설 1998.12.28〉

제522조【합병계약서와 그 승인결의】 ①회사가 합병을 함에는 합병계약서를 작성하여 주주총회의 승인을 얻어야 한다. 〈개정 95.12. 29, 98.12.28〉

②합병계약의 요령은 제363조에 정한 통지에 기재하여야 한다. 〈개정 2014.5.20〉

③제1항의 승인결의는 제434조의 규정에 의하여야 한다. 〈개정 98.12.28〉

제522조의2【합병계약서 등의 공시】 ①이사는 제522조제1항의 주주총회 회일의 2주 전부터 합병을 한 날 이후 6개월이 경과하는 날까지 다음 각 호의 서류를 본점에 비치하여야 한다. 〈개정 98.12.28, 2015.12.1〉

1. 합병계약서
2. 2. 합병을 위하여 신주를 발행하거나 자기주식을 이전하는 경우에는 합병으로 인하여 소멸하는 회사의 주주에 대한 신주의 배정 또는 자기주식의 이전에 관하여 그 이유를 기재한 서면
3. 각 회사의 최종의 대차대조표와 손익계산서

②주주 및 회사채권자는 영업시간내에는 언제든지 제1항 각호의 서류의 열람을 청구하거나, 회사가 정한 비용을 지급하고 그 등본 또는 초본의 교부를 청구할 수 있다. 〈개정 98. 12.28〉

〈본조신설 84.4.10〉

신구 구조문 ⇨ 【합병대차대조표의 공시】①이사는 제522조제1항의 주주총회회일의 2주간전부터 합병을 하는 각 회사의 대차대조표를 본점에 비치하여야 한다.
②~제1항의 대차대조표~ ⇨ 제1항 각호의 서류~

제522조의3【합병반대주주의 주식매수청구권】 ①제522조제1항에 따른 결의사항에 관하여 이사회의 결의가 있는 때에 그 결의에 반대하는 주주(의결권이 없거나 제한되는 주주를 포함한다. 이하 이 조에서 같다)는 주주총회 전에 회사에 대하여 서면으로 그 결의에 반대하는 의사를 통지한 경우에는 그 총회의 결의일부터 20일 이내에 주식의 종류와 수를 기재한 서면으로 회사에 대하여 자기가 소유하고 있는 주식의 매수를 청구할 수 있다. 〈개정 2015.12.1〉

②제527조의2제2항의 공고 또는 통지를 한 날부터 2주 내에 회사에 대하여 서면으로 합병에 반대하는 의사를 통지한 주주는 그 기간이 경과한 날부터 20일 이내에 주식의 종류와 수를 기재한 서면으로 회사에 대하여 자기가 소유하고 있는 주식의 매수를 청구할 수 있다. 〈신설 98.12.28〉

〈본조신설 95.12.29〉

제523조【흡수합병의 합병계약서】 합병할 회사의 일방이 합병후 존속하는 경우에는 합병계약서에 다음의 사항을 기재하여야 한다. 합병할 회사의 일방이 합병 후 존속하는 경우에는 합병계약서에 다음의 사항을 적어야 한다. 〈개정 1998.12.28, 2001.7.24, 2011.4.14., 2015. 12.1〉

1. 존속하는 회사가 합병으로 인하여 그 발행할 주식의 총수를 증가하는 때에는 그 증가할 주식의 총수, 종류와 수
2. 존속하는 회사의 자본금 또는 준비금이 증가하는 경우에는 증가할 자본금 또는 준비금에 관한 사항
3. 존속하는 회사가 합병을 하면서 신주를 발행하거나 자기주식을 이전하는 경우에는 발행하는 신주 또는 이전하는 자기주식의 총수, 종류와 수 및 합병으로 인하여 소멸하는 회사의 주주에 대한 신주의 배정 또는 자기주식의 이전에 관한 사항
4. 존속하는 회사가 합병으로 소멸하는 회사의 주주에게 제3호에도 불구하고 그 대가의 전부 또는 일부로서 금전이나 그 밖의 재산을 제공하는 경우에는 그 내용 및 배정에 관한 사항
5. 각회사에서 합병의 승인결의를 할 사원 또는 주주의 총회의 기일
6. 합병을 할 날

7. 존속하는 회사가 합병으로 인하여 정관을 변경하기로 정한 때에는 그 규정
8. 각 회사가 합병으로 이익배당을 할 때에는 그 한도액
9. 합병으로 인하여 존속하는 회사에 취임할 이사와 감사 또는 감사위원회의 위원을 정한 때에는 그 성명 및 주민등록번호

제523조의2【합병대가가 모회사주식인 경우의 특칙】①제342조의2에도 불구하고 제523조제4호에 따라 소멸하는 회사의 주주에게 제공하는 재산이 존속하는 회사의 모회사주식을 포함하는 경우에는 존속하는 회사는 그 지급을 위하여 모회사주식을 취득할 수 있다.
②존속하는 회사는 제1항에 따라 취득한 모회사의 주식을 합병 후에도 계속 보유하고 있는 경우 합병의 효력이 발생하는 날부터 6개월 이내에 그 주식을 처분하여야 한다. 〈신설 2015.12.1〉
〈본조신설 2011.4.14〉

제524조【신설합병의 합병계약서】합병으로 회사를 설립하는 경우에는 합병계약서에 다음의 사항을 적어야 한다. 〈개정 2001.7.24, 2011.4.14, 2015.12.1〉
1. 설립되는 회사에 대하여 제289조제1항제1호부터 제4호까지에 규정된 사항과 종류주식을 발행할 때에는 그 종류, 수와 본점소재지
2. 설립되는 회사가 합병당시에 발행하는 주식의 총수와 종류, 수 및 각회사의 주주에 대한 주식의 배정에 관한 사항
3. 설립되는 회사의 자본금과 준비금의 총액
4. 각 회사의 주주에게 제2호에도 불구하고 금전이나 그 밖의 재산을 제공하는 경우에는 그 내용 및 배정에 관한 사항
5. 제523조제5호 및 제6호에 규정된 사항
6. 합병으로 인하여 설립되는 회사의 이사와 감사 또는 감사위원회의 위원을 정한 때에는 그 성명 및 주민등록번호

제525조【합명회사, 합자회사의 합병계약서】①합병후 존속하는 회사 또는 합병으로 인하여 설립되는 회사가 주식회사인 경우에 합병할 회사의 일방 또는 쌍방이 합명회사 또는 합자회사인 때에는 총사원의 동의를 얻어 합병계약서를 작성하여야 한다.
②전2조의 규정은 전항의 합병계약서에 준용한다.

제526조【흡수합병의 보고총회】①합병을 하는 회사의 일방이 합병후 존속하는 경우에는 그 이사는 제527조의5의 절차의 종료후, 합병으로 인한 주식의 병합이 있을 때에는 그 효력이 생긴 후, 병합에 적당하지 아니한 주식이 있을 때에는 합병후, 존속하는 회사에 있어서는 제443조의 처분을 한 후, 소규모합병의 경우에는 제527조의3제3항 및 제4항의 절차를 종료한 후 지체없이 주주총회를 소집하고 합병에 관한 사항을 보고하여야 한다. 〈개정 98.12.28〉
②합병당시에 발행하는 신주의 인수인은 제1항의 주주총회에서 주주와 동일한 권리가 있다. 〈개정 98.12.28〉
③제1항의 경우에 이사회는 공고로써 주주총회에 대한 보고에 갈음할 수 있다. 〈신설 95.12. 29〉

신구 ①~제232조의 절차의 종료후~ ⇨ ~제527조의5의 절차의 종료후~, ~제443조의 처분을 한 후 지체없이~ ⇨ ~제443조의~지체없이~
②전항~ ⇨ 제1항~

제527조【신설합병의 창립총회】①합병으로 인하여 회사를 설립하는 경우에는 설립위원은 제527조의5의 절차의 종료후, 합병으로 인한 주식의 병합이 있을 때에는 그 효력이 생긴 후, 병합에 적당하지 아니한 주식이 있을 때에는 제443조의 처분을 한 후 지체없이 창립총회를 소집하여야 한다. 〈개정 98.12.28〉
②창립총회에서는 정관변경의 결의를 할 수 있다. 그러나 합병계약의 취지에 위반하는 결의는 하지 못한다.
③제308조제2항, 제309조, 제311조, 제312조와 제316조제2항의 규정은 제1항의 창립총회에 준용한다.
④제1항의 경우에 이사회는 공고로써 주주총회에 대한 보고에 갈음할 수 있다. 〈신설 98.12. 28〉

신구 ①~제232조의 절차~ ⇨ 제527조의5의 절차~

제527조의2【간이합병】①합병할 회사의 일방이 합병후 존속하는 경우에 합병으로 인하여 소멸하는 회사의 총주주의 동의가 있거나 그 회사의 발행주식총수의 100분의 90 이상을 합병후 존속하는 회사가 소유하고 있는 때에는 합병으로 인하여 소멸하는 회사의 주주총회의 승인은 이를 이사회의 승인으로 갈음할 수 있다.
②제1항의 경우에 합병으로 인하여 소멸하는 회사는 합병계약서를 작성한 날부터 2주내에 주주총회의 승인을 얻지 아니하고 합병을 한다는 뜻을 공고하거나 주주에게 통지하여야 한다. 다만 총주주의 동의가 있는 때에는 그러하지 아니하다.
〈본조신설 98.12.28〉

제527조의3【소규모합병】①합병 후 존속하는 회

사가 합병으로 인하여 발행하는 신주 및 이전하는 자기주식의 총수가 그 회사의 발행주식총수의 100분의 10을 초과하지 아니하는 경우에는 그 존속하는 회사의 주주총회의 승인은 이를 이사회의 승인으로 갈음할 수 있다. 다만, 합병으로 인하여 소멸하는 회사의 주주에게 제공할 금전이나 그 밖의 재산을 정한 경우에 그 금액 및 그 밖의 재산의 가액이 존속하는 회사의 최종 대차대조표상으로 현존하는 순자산액의 100분의 5를 초과하는 경우에는 그러하지 아니하다. 〈개정 2011.4.14, 2015.12.1〉

②제1항의 경우에 존속하는 회사의 합병계약서에는 주주총회의 승인을 얻지 아니하고 합병을 한다는 뜻을 기재하여야 한다.

③제1항의 경우에 존속하는 회사는 합병계약서를 작성한 날부터 2주내에 소멸하는 회사의 상호 및 본점의 소재지, 합병을 할 날, 주주총회의 승인을 얻지 아니하고 합병을 한다는 뜻을 공고하거나 주주에게 통지하여야 한다.

④합병후 존속하는 회사의 발행주식총수의 100분의 20 이상에 해당하는 주식을 소유한 주주가 제3항의 규정에 의한 공고 또는 통지를 한 날부터 2주 내에 회사에 대하여 서면으로 제1항의 합병에 반대하는 의사를 통지한 때에는 제1항 본문의 규정에 의한 합병을 할 수 없다.

⑤제1항 본문의 경우에는 제522조의3의 규정은 이를 적용하지 아니한다.

〈본조신설 98.12.28〉

제527조의4【이사·감사의 임기】 ①합병을 하는 회사의 일방이 합병후 존속하는 경우에 존속하는 회사의 이사 및 감사로서 합병전에 취임한 자는 합병계약서에 다른 정함이 있는 경우를 제외하고는 합병후 최초로 도래하는 결산기의 정기총회가 종료하는 때에 퇴임한다.

②삭제 〈2001.7.24〉

〈본조신설 98.12.28〉

(신구) 구조문 ⇨ ②합병으로 인하여 회사를 설립하는 경우에 합병하는 회사의 이사 및 감사로서 합병전에 취임한 자도 제1항의 경우와 같다.

제527조의5【채권자보호절차】 ①회사는 제522조의 주주총회의 승인결의가 있은 날부터 2주내에 채권자에 대하여 합병에 이의가 있으면 1월 이상의 기간내에 이를 제출할 것을 공고하고 알고 있는 채권자에 대하여는 따로따로 이를 최고하여야 한다.

②제1항의 규정을 적용함에 있어서 제527조의2 및 제527조의3의 경우에는 이사회의 승인결의를 주주총회의 승인결의로 본다.

③제232조제2항 및 제3항의 규정은 제1항 및 제2항의 경우에 이를 준용한다.

〈본조신설 98.12.28〉

제527조의6【합병에 관한 서류의 사후공시】 ①이사는 제527조의5에 규정한 절차의 경과, 합병을 한 날, 합병으로 인하여 소멸하는 회사로부터 승계한 재산의 가액과 채무액 기타 합병에 관한 사항을 기재한 서면을 합병을 한 날부터 6월간 본점에 비치하여야 한다.

②제522조의2제2항의 규정은 제1항의 서면에 관하여 이를 준용한다.

〈본조신설 98.12.28〉

제528조【합병의 등기】 ①회사가 합병을 한 때에는 제526조의 주주총회가 종결한 날 또는 보고에 갈음하는 공고일, 제527조의 창립총회가 종결한 날 또는 보고에 갈음하는 공고일부터 본점소재지에서는 2주내, 지점소재지에서는 3주내에 합병후 존속하는 회사에 있어서는 변경의 등기, 합병으로 인하여 소멸하는 회사에 있어서는 해산의 등기, 합병으로 인하여 설립된 회사에 있어서는 제317조에 정하는 등기를 하여야 한다. 〈개정 98.12.28〉

②합병후 존속하는 회사 또는 합병으로 인하여 설립된 회사가 합병으로 인하여 전환사채 또는 신주인수권부사채를 승계한 때에는 제1항의 등기와 동시에 사채의 등기를 하여야 한다. 〈개정 84.4.10〉

(신구) ①~제526조의 주주총회 또는 전조의 창립총회가 체결한 날로부터~ ⇨ ~제526조의~공고일부터~, ~2주간내~ ⇨ ~2주내~, ~3주간내~ ⇨ ~3주내~

제529조【합병무효의 소】 ①합병무효는 각 회사의 주주·이사·감사·청산인·파산관재인 또는 합병을 승인하지 아니한 채권자에 한하여 소만으로 이를 주장할 수 있다. 〈개정 84.4.10〉

②제1항의 소는 제528조의 등기가 있은 날로부터 6월 내에 제기하여야 한다.

제530조【준용규정】 ①삭제 〈98.12.28〉

②제234조, 제235조, 제237조 내지 제240조, 제329조의2, 제374조제2항, 제374조의2제2항 내지 제5항 및 제439조제3항의 규정은 주식회사의 합병에 관하여 이를 준용한다. 〈개정 95. 12.29, 98.12.28, 2001.7.24〉

③제440조부터 제443조까지의 규정은 회사의 합병으로 인한 주식병합 또는 주식분할의 경우에 준용한다. 〈개정 98.12.28, 2014.5.20〉

④제339조와 제340조제3항의 규정은 주식을 병

합하지 아니하는 경우에 합병으로 인하여 소멸하는 회사의 주식을 목적으로 하는 질권에 준용한다.

제11절 회사의 분할
〈본절신설 1998.12.28〉

제530조의2【회사의 분할·분할합병】 ①회사는 분할에 의하여 1개 또는 수개의 회사를 설립할 수 있다.
②회사는 분할에 의하여 1개 또는 수개의 존립중의 회사와 합병(이하 "분할합병"이라 한다)할 수 있다.
③회사는 분할에 의하여 1개 또는 수개의 회사를 설립함과 동시에 분할합병할 수 있다.
④해산후의 회사는 존립중의 회사를 존속하는 회사로 하거나 새로 회사를 설립하는 경우에 한하여 분할 또는 분할합병할 수 있다.
〈본조신설 98.12.28〉

제530조의3 【분할계획서·분할합병계약서의 승인】 ①회사가 분할 또는 분할합병을 하는 때에는 분할계획서 또는 분할합병계약서를 작성하여 주주총회의 승인을 얻어야 한다.
②제1항의 승인결의는 제434조의 규정에 의하여야 한다.
③제2항의 결의에 관하여는 제344조의3제1항에 따라 의결권이 배제되는 주주도 의결권이 있다. 〈개정 2011.4.14〉
④분할계획 또는 분할합병계약의 요령은 제363조에 정한 통지에 기재하여야 한다. 〈개정 2014.5.20〉
⑤삭제 〈2011.4.14〉
⑥회사의 분할 또는 분할합병으로 인하여 분할 또는 분할합병에 관련되는 각 회사의 주주의 부담이 가중되는 경우에는 제1항 및 제436조의 결의외에 그 주주 전원의 동의가 있어야 한다. 〈개정 2011.4.14〉
〈본조신설 98.12.28〉

제530조의4【분할에 의한 회사의 설립】 제530조의4(분할에 의한 회사의 설립) 제530조의2에 따른 회사의 설립에 관하여는 이 장 제1절의 회사설립에 관한 규정을 준용한다. 다만, 분할되는 회사(이하 "분할회사"라 한다)의 출자만으로 회사가 설립되는 경우에는 제299조를 적용하지 아니한다.
〈전문개정 2015.12.1〉

제530조의5【분할계획서의 기재사항】 ①분할에 의하여 회사를 설립하는 경우에는 분할계획서에 다음 각 호의 사항을 기재하여야 한다. 〈개정 2011.4.14, 2015.12.1〉

1. 분할에 의하여 설립되는 회사(이하 "단순분할신설회사"라 한다)의 상호, 목적, 본점의 소재지 및 공고의 방법
2. 단순분할신설회사가 발행할 주식의 총수 및 액면주식·무액면주식의 구분
3. 단순분할신설회사가 분할 당시에 발행하는 주식의 총수, 종류 및 종류주식의 수, 액면주식·무액면주식의 구분
4. 분할회사의 주주에 대한 단순분할신설회사의 주식의 배정에 관한 사항 및 배정에 따른 주식의 병합 또는 분할을 하는 경우에는 그에 관한 사항
5. 분할회사의 주주에게 제4호에도 불구하고 금전이나 그 밖의 재산을 제공하는 경우에는 그 내용 및 배정에 관한 사항
6. 단순분할신설회사의 자본금과 준비금에 관한 사항
7. 단순분할신설회사에 이전될 재산과 그 가액
8. 제530조의9제2항의 정함이 있는 경우에는 그 내용

8의2. 분할을 할 날

9. 단순분할신설회사의 이사와 감사를 정한 경우에는 그 성명과 주민등록번호
10. 단순분할신설회사의 정관에 기재할 그 밖의 사항

②분할후 회사가 존속하는 경우에는 존속하는 회사에 관하여 분할계획서에 다음 각호의 사항을 기재하여야 한다. 〈개정 2011.4.14〉

1. 감소할 자본금과 준비금의 액
2. 자본감소의 방법
3. 분할로 인하여 이전할 재산과 그 가액
4. 분할후의 발행주식의 총수
5. 회사가 발행할 주식의 총수를 감소하는 경우에는 그 감소할 주식의 총수, 종류 및 종류별 주식의 수
6. 정관변경을 가져오게 하는 그 밖의 사항

〈본조신설 98.12.28〉

제530조의6【분할합병계약서의 기재사항 및 분할합병대가가 모회사주식인 경우의 특칙】 ①분할회사의 일부가 다른 회사와 합병하여 그 다른 회사(이하 "분할합병의 상대방 회사"라 한다)가 존속하는 경우에는 분할합병계약서에 다음 각 호의 사항을 기재하여야 한다. 〈개정 2011.4.14,

2015.12.1〉
1. 분할합병의 상대방 회사로서 존속하는 회사(이하 "분할승계회사"라 한다)가 분할합병으로 인하여 발행할 주식의 총수를 증가하는 경우에는 증가할 주식의 총수, 종류 및 종류별 주식의 수
2. 분할승계회사가 분할합병을 하면서 신주를 발행하거나 자기주식을 이전하는 경우에는 그 발행하는 신주 또는 이전하는 자기주식의 총수, 종류 및 종류별 주식의 수
3. 분할승계회사가 분할합병을 하면서 신주를 발행하거나 자기주식을 이전하는 경우에는 분할회사의 주주에 대한 분할승계회사의 신주의 배정 또는 자기주식의 이전에 관한 사항 및 주식의 병합 또는 분할을 하는 경우에는 그에 관한 사항
4. 분할승계회사가 분할회사의 주주에게 제3호에도 불구하고 그 대가의 전부 또는 일부로서 금전이나 그 밖의 재산을 제공하는 경우에는 그 내용 및 배정에 관한 사항
5. 분할승계회사의 자본금 또는 준비금이 증가하는 경우에는 증가할 자본금 또는 준비금에 관한 사항
6. 분할회사가 분할승계회사에 이전할 재산과 그 가액
7. 제530조의9제3항의 정함이 있는 경우에는 그 내용
8. 각 회사에서 제530조의3제2항의 결의를 할 주주총회의 기일
9. 분할합병을 할 날
10. 분할승계회사의 이사와 감사를 정한 경우에는 그 성명과 주민등록번호
11. 분할합병의 상대방 회사의 정관변경을 가져오게 하는 그 밖의 사항

②분할회사의 일부가 다른 분할회사의 일부 또는 다른 회사와 분할합병을 하여 회사를 설립하는 경우에는 분할합병계약서에 다음 각 호의 사항을 기재하여야 한다. 〈개정 2015. 12.1〉
1. 제530조의5제1항제1호·제2호·제6호、제7호、제8호、제8호의2、제9호、제10호에 규정된 사항
2. 분할합병을 하여 설립되는 회사(이하 "분할합병신설회사"라 한다)가 분할합병을 하면서 발행하는 주식의 총수, 종류 및 종류별 주식의 수
3. 각 회사의 주주에 대한 주식의 배정에 관한 사항과 배정에 따른 주식의 병합 또는 분할을 하는 경우에는 그 규정
4. 각 회사가 분할합병신설회사에 이전할 재산과 그 가액
5. 각 회사의 주주에게 지급할 금액을 정한 때에는 그 규정
6. 각 회사에서 제530조의3제2항의 결의를 할 주주총회의 기일
7. 분할합병을 할 날

③제530조의5의 규정은 제1항 및 제2항의 경우에 각 회사의 분할합병을 하지 아니하는 부분의 기재에 관하여 이를 준용한다.

④ 제342조의2제1항에도 불구하고 제1항제4호에 따라 분할회사의 주주에게 제공하는 재산이 분할승계회사의 모회사 주식을 포함하는 경우에는 분할승계회사는 그 지급을 위하여 모회사 주식을 취득할 수 있다. 〈신설 2015.12.1〉

⑤ 분할승계회사는 제4항에 따라 취득한 모회사의 주식을 분할합병 후에도 계속 보유하고 있는 경우 분할합병의 효력이 발생하는 날부터 6개월 이내에 그 주식을 처분하여야 한다. 〈신설 2015.12.1〉

〈본조신설 98.12.28〉

제530조의7【분할대차대조표 등의 공시】 ①분할회사의 이사는 제530조의3제1항에 따른 주주총회 회일의 2주 전부터 분할의 등기를 한 날 또는 분할합병을 한 날 이후 6개월 간 다음 각 호의 서류를 본점에 비치하여야 한다. 〈개정 2015.12.1〉
1. 분할계획서 또는 분할합병계약서
2. 분할되는 부분의 대차대조표
3. 분할합병의 경우 분할합병의 상대방 회사의 대차대조표
4. 분할 또는 분할합병을 하면서 신주가 발행되거나 자기주식이 이전되는 경우에는 분할회사의 주주에 대한 신주의 배정 또는 자기주식의 이전에 관하여 그 이유를 기재한 서면

②제530조의6제1항의 분할승계회사의 이사는 분할합병을 승인하는 주주총회 회일의 2주 전부터 분할합병의 등기를 한 후 6개월 간 다음 각 호의 서류를 본점에 비치하여야 한다. 〈개정 2015.12.1〉
1. 분할합병계약서
2. 분할회사의 분할되는 부분의 대차대조표
3. 분할합병을 하면서 신주를 발행하거나 자기주식을 이전하는 경우에는 분할회사의 주주에 대한 신주의 배정 또는 자기주식의 이전에 관하여 그 이유를 기재한 서면

③제522조의2제2항의 규정은 제1항 및 제2항의 서류에 관하여 이를 준용한다.
〈본조신설 98.12.28〉

제530조의8 삭제 〈2015.12.1〉

제530조의9【분할 및 분할합병후의 회사의 책임】 ①분할회사, 단순분할신설회사, 분할승계회사 또는 분할합병신설회사는 분할 또는 분할합병 전의 분할회사 채무에 관하여 연대하여 변제할 책임이 있다.
②제1항에도 불구하고 분할회사가 제530조의3 제2항에 따른 결의로 분할에 의하여 회사를 설립하는 경우에는 단순분할신설회사는 분할회사의 채무 중에서 분할계획서에 승계하기로 정한 채무에 대한 책임만을 부담하는 것으로 정할 수 있다. 이 경우 분할회사가 분할 후에 존속하는 경우에는 단순분할신설회사가 부담하지 아니하는 채무에 대한 책임만을 부담한다.
③분할합병의 경우에 분할회사는 제530조의3제2항에 따른 결의로 분할합병에 따른 출자를 받는 분할승계회사 또는 분할합병신설회사가 분할회사의 채무 중에서 분할합병계약서에 승계하기로 정한 채무에 대한 책임만을 부담하는 것으로 정할 수 있다. 이 경우 제2항 후단을 준용한다.
④제2항의 경우에는 제439조제3항 및 제527조의5를 준용한다.
〈전문개정 2015.12.1〉

제530조의10【분할 또는 분할합병의 효과】 단순분할신설회사, 분할승계회사 또는 분할합병신설회사는 분할회사의 권리와 의무를 분할계획서 또는 분할합병계약서에서 정하는 바에 따라 승계한다.
〈전문개정 2015.12.1〉

제530조의11【준용규정】 ①분할 또는 분할합병의 경우에는 제234조, 제237조부터 제240조까지, 제329조의2, 제440조부터 제443조까지, 제526조, 제527조, 제527조의6, 제528조 및 제529조를 준용한다. 다만, 제527조의 설립위원은 대표이사로 한다. 〈개정 2011.4.14, 2014. 5.20〉
②제374조제2항, 제439조제3항, 제522조의3, 제527조의2, 제527조의3 및 제527조의5의 규정은 분할합병의 경우에 이를 준용한다. 〈개정 99.12.31〉
〈본조신설 98.12.28〉

(신구) ②~, 제522조의3 및 제527조의5~ ⇨ ~제522조의3, 제527조의2, 제527조의3 및 제527조의5~

제530조의12【물적 분할】 이 절의 규정은 분할되는 회사가 분할 또는 분할합병으로 인하여 설립되는 회사의 주식의 총수를 취득하는 경우에 이를 준용한다.
〈본조신설 98.12.28〉

제12절 청 산

제531조【청산인의 결정】 ①회사가 해산한 때에는 합병·분할·분할합병 또는 파산의 경우외에는 이사가 청산인이 된다. 다만, 정관에 다른 정함이 있거나 주주총회에서 타인을 선임한 때에는 그러하지 아니하다. 〈개정 98. 12.28〉
②전항의 규정에 의한 청산인이 없는 때에는 법원은 이해관계인의 청구에 의하여 청산인을 선임한다.

(신구) ①~합병 또는 파산~ ⇨ ~합병·분할·분할합병 또는 파산~, 그러나~ ⇨ 다만~

제532조【청산인의 신고】 청산인은 취임한 날로부터 2주간내에 다음의 사항을 법원에 신고하여야 한다. 〈개정 95.12.29〉
1. 해산의 사유와 그 연월일
2. 청산인의 성명·주민등록번호 및 주소

(신구) 2. ~성명과 주소 ⇨ ~성명·주민등록번호 및 주소

제533조【회사재산조사보고의무】 ①청산인은 취임한 후 지체없이 회사의 재산상태를 조사하여 재산목록과 대차대조표를 작성하고 이를 주주총회에 제출하여 그 승인을 얻어야 한다.
②청산인은 전항의 승인을 얻은 후 지체없이 재산목록과 대차대조표를 법원에 제출하여야 한다.

제534조【대차대조표·사무보고서·부속명세서의 제출·감사·공시·승인】 ①청산인은 정기총회회일로부터 4주간전에 대차대조표 및 그 부속명세서와 사무보고서를 작성하여 감사에게 제출하여야 한다.
②감사는 정기총회회일로부터 1주간전에 제1항의 서류에 관한 감사보고서를 청산인에게 제출하여야 한다.
③청산인은 정기총회회일의 1주간전부터 제1항의 서류와 제2항의 감사보고서를 본점에 비치하여야 한다.
④제448조제2항의 규정은 제3항의 서류에 관하여 이를 준용한다.
⑤청산인은 대차대조표 및 사무보고서를 정기총회에 제출하여 그 승인을 요구하여야 한다.
〈전문개정 84.4.10〉

제535조【회사채권자에의 최고】 ①청산인은 취

임한 날로부터 2월 내에 회사채권자에 대하여 일정한 기간내에 그 채권을 신고할 것과 그 기간내에 신고하지 아니하면 청산에서 제외될 뜻을 2회 이상 공고로써 최고하여야 한다. 그러나 그 기간은 2월 이상이어야 한다.

②청산인은 알고 있는 채권자에 대하여는 각별로 그 채권의 신고를 최고하여야 하며 그 채권자가 신고하지 아니한 경우에도 이를 청산에서 제외하지 못한다.

제536조【채권신고기간내의 변제】 ①청산인은 전조제1항의 신고기간내에는 채권자에 대하여 변제를 하지 못한다. 그러나 회사는 그 변제의 지연으로 인한 손해배상의 책임을 면하지 못한다.

②청산인은 전항의 규정에 불구하고 소액의 채권, 담보있는 채권 기타 변제로 인하여 다른 채권자를 해할 염려가 없는 채권에 대하여는 법원의 허가를 얻어 이를 변제할 수 있다.

제537조【제외된 채권자에 대한 변제】 ①청산에서 제외된 채권자는 분배되지 아니한 잔여재산에 대하여서만 변제를 청구할 수 있다.

②일부의 주주에 대하여 재산의 분배를 한 경우에는 그와 동일한 비율로 다른 주주에게 분배할 재산은 전항의 잔여재산에서 공제한다.

제538조【잔여재산의 분배】 잔여재산은 각 주주가 가진 주식의 수에 따라 주주에게 분배하여야 한다. 그러나 제344조제1항의 규정을 적용하는 경우에는 그러하지 아니하다.

판례 주식회사는 해산된 뒤에도 청산법인으로 되어 청산의 목적범위 내에서 존속하므로, 그 주주는 주주총회의 결의에 참여할 수 있을 뿐더러 잔여재산의 분배청구권 및 청산인의 해임청구권이 있고, 한편 해산 당시의 이사는 정관에 다른 규정이 있거나 주주총회에서 따로 청산인을 선임하지 아니한 경우에 당연히 청산인이 되고 해산 당시 또는 그 후에 임기가 만료되더라도 새로 청산인이 선임되어 취임할 때까지는 청산인으로서 권리의무의 주체가 된다(1991.11.22, 91다22131). 〈정찬(상) 753면〉

제539조【청산인의 해임】 ①청산인은 법원이 선임한 경우외에는 언제든지 주주총회의 결의로 이를 해임할 수 있다.

②청산인이 그 업무를 집행함에 현저하게 부적임하거나 중대한 임무에 위반한 행위가 있는 때에는 발행주식의 총수의 100분의 3 이상에 해당하는 주식을 가진 주주는 법원에 그 청산인의 해임을 청구할 수 있다. 〈개정 98.12. 28〉

③제186조의 규정은 제2항의 청구에 관한 소에 준용한다. 〈개정 98.12.28〉

신구 ②~100분의 5 이상~ ⇨ ~100분의 3 이상~
③~전항~ ⇨ ~제2항~

제540조【청산의 종결】 ①청산사무가 종결한 때에는 청산인은 지체없이 결산보고서를 작성하고 이를 주주총회에 제출하여 승인을 얻어야 한다.

②전항의 승인이 있는 때에는 회사는 청산인에 대하여 그 책임을 해제한 것으로 본다. 그러나 청산인의 부정행위에 대하여는 그러하지 아니하다.

제541조【서류의 보존】 ①회사의 장부 기타 영업과 청산에 관한 중요한 서류는 본점소재지에서 청산종결의 등기를 한 후 10년간 이를 보존하여야 한다. 다만, 전표 또는 이와 유사한 서류는 5년간 이를 보존하여야 한다. 〈개정 95.12.29〉

②전항의 보존에 관하여는 청산인 기타의 이해관계인의 청구에 의하여 법원이 보존인과 보존방법을 정한다.

신구 ①단서 신설

제542조【준용규정】 ①제245조, 제252조 내지 제255조, 제259조, 제260조와 제264조의 규정은 주식회사에 준용한다.

②제362조, 제363조의2, 제366조, 제367조, 제373조, 제376조, 제377조, 제382조제2항, 제386조, 제388조 내지 제394조, 제396조, 제398조부터 제406조까지, 제406조의2, 제407조, 제408조, 제411조 내지 제413조, 제414조제3항, 제449조제3항, 제450조와 제466조는 청산인에 준용한다. 〈개정 1962. 12. 12., 1984. 4. 10., 1998. 12. 28., 2020. 12. 29.〉

신구 ②~제362조~ ⇨ ~제362조, 제363조의2~

판례 사건본인 회사가 휴면회사가 되어 해산등기가 마쳐졌음에도 사건본인 회사의 대표청산인으로서의 권리의무를 보유하고 있는 자가 해산등기이후 상법의 규정에 따른 청산절차를 밟고 있지 아니하고, 재항고인의 수차례에 걸친 주소보정에도 불구하고 사건본인 회사의 대표청산인에 대한 재산관계 명시결정이 계속적으로 송달불능 상태에 있다면, 사건본인 회사의 채권자인 재항고인으로서는 현재의 대표청산인을 상대로 하여서는 재산관계 명시결정을 공시송달의 방법에 의하지 아니하고는 송달할 방법이 없게 되어 재산관계의 명시신청을 통하여 재항고인이 얻고자 하는 효과를 얻을 수 없게 되는바, 이와 같은 경우에는 사건본인 회사의 대표청산인이 부재한 것과 다름이 없어 대표청산인에게 그 권리의무를 보유하게 하는 것이 불가능 또는 부적당한 경우라고 할 것이므로, 이는 상법 제386조제2항에 따라 사건본인 회사의 채권자로서 이해관계인인 재항고인의 청구에 의하여 일시 이사의 직무를 행할 자를 선임할 필요가 있다고 인정되는 때에 해당한다(1998.9.3, 97마1429). 〈정찬(상) 770면〉

제13절 상장회사에 대한 특례
〈본절신설 2009.1.30〉

제542조의2【적용범위】 ①이 절은 대통령령으로 정하는 증권시장(증권의 매매를 위하여 개설된 시장을 말한다)에 상장된 주권을 발행한 주식회사(이하 "상장회사"라 한다)에 대하여 적용한다. 다만, 집합투자(2인 이상에게 투자권유를 하여 모은 금전이나 그 밖의 재산적 가치가 있는 재산을 취득·처분, 그 밖의 방법으로 운용하고 그 결과를 투자자에게 배분하여 귀속시키는 것을 말한다)를 수행하기 위한 기구로서 대통령령으로 정하는 주식회사는 제외한다.
②이 절은 이 장 다른 절에 우선하여 적용한다.
〈본조신설 2009.1.30〉

제542조의3【주식매수선택권】 ①상장회사는 제340조의2제1항 본문에 규정된 자 외에도 대통령령으로 정하는 관계 회사의 이사, 집행임원, 감사 또는 피용자에게 주식매수선택권을 부여할 수 있다. 다만, 제542조의8제2항제5호의 최대주주 등 대통령령으로 정하는 자에게는 주식매수선택권을 부여할 수 없다. 〈개정 2011.4.14〉
②상장회사는 제340조의2제3항에도 불구하고 발행주식총수의 100분의 20의 범위에서 대통령령으로 정하는 한도까지 주식매수선택권을 부여할 수 있다.
③상장회사는 제340조의2제1항 본문에도 불구하고 정관으로 정하는 바에 따라 발행주식총수의 100분의 10의 범위에서 대통령령으로 정하는 한도까지 이사회가 제340조의3제2항 각 호의 사항을 결의함으로써 해당 회사의 집행임원·감사 또는 피용자 및 제1항에 따른 관계 회사의 이사·집행임원·감사 또는 피용자에게 주식매수선택권을 부여할 수 있다. 이 경우 주식매수선택권을 부여한 후 처음으로 소집되는 주주총회의 승인을 받아야 한다. 〈개정 2011.4.14〉
④상장회사의 주식매수선택권을 부여받은 자는 제340조의4제1항에도 불구하고 대통령령으로 정하는 경우를 제외하고는 주식매수선택권을 부여하기로 한 주주총회 또는 이사회의 결의일부터 2년 이상 재임하거나 재직하여야 주식매수선택권을 행사할 수 있다.
⑤제1항부터 제4항까지에서 규정한 사항 외에 상장회사의 주식매수선택권 부여, 취소, 그 밖에 필요한 사항은 대통령령으로 정한다.
〈본조신설 2009.1.30〉

제542조의4【주주총회 소집공고 등】 ①상장회사가 주주총회를 소집하는 경우 대통령령으로 정하는 수 이하의 주식을 소유하는 주주에게는 정관으로 정하는 바에 따라 주주총회일의 2주 전에 주주총회를 소집하는 뜻과 회의의 목적사항을 둘 이상의 일간신문에 각각 2회 이상 공고하거나 대통령령으로 정하는 바에 따라 전자적 방법으로 공고함으로써 제363조제1항의 소집통지를 갈음할 수 있다.
②상장회사가 이사·감사의 선임에 관한 사항을 목적으로 하는 주주총회를 소집통지 또는 공고하는 경우에는 이사·감사 후보자의 성명, 약력, 추천인, 그 밖에 대통령령으로 정하는 후보자에 관한 사항을 통지하거나 공고하여야 한다.
③상장회사가 주주총회 소집의 통지 또는 공고를 하는 경우에는 사외이사 등의 활동내역과 보수에 관한 사항, 사업개요 등 대통령령으로 정하는 사항을 통지 또는 공고하여야 한다. 다만, 상장회사가 그 사항을 대통령령으로 정하는 방법으로 일반인이 열람할 수 있도록 하는 경우에는 그러하지 아니하다.
〈본조신설 2009.1.30〉

제542조의5【이사·감사의 선임방법】 상장회사가 주주총회에서 이사 또는 감사를 선임하려는 경우에는 제542조의4제2항에 따라 통지하거나 공고한 후보자 중에서 선임하여야 한다.
〈본조신설 2009.1.30〉

제542조의6【소수주주권】 ①6개월 전부터 계속하여 상장회사 발행주식총수의 1천분의 15 이상에 해당하는 주식을 보유한 자는 제366조(제542조에서 준용하는 경우를 포함한다) 및 제467조에 따른 주주의 권리를 행사할 수 있다.
②6개월 전부터 계속하여 상장회사의 의결권 없는 주식을 제외한 발행주식총수의 1천분의 10(대통령령으로 정하는 상장회사의 경우에는 1천분의 5) 이상에 해당하는 주식을 보유한 자는 제363조의2(제542조에서 준용하는 경우를 포함한다)에 따른 주주의 권리를 행사할 수 있다.
③6개월 전부터 계속하여 상장회사 발행주식총수의 1만분의 50(대통령령으로 정하는 상장회사의 경우에는 1만분의 25) 이상에 해당하는 주식을 보유한 자는 제385조(제415조에서 준용하는 경우를 포함한다) 및 제539조에 따른 주주의 권리를 행사할 수 있다.
④6개월 전부터 계속하여 상장회사 발행주식총수의 1만분의 10(대통령령으로 정하는 상장회사

의 경우에는 1만분의 5) 이상에 해당하는 주식을 보유한 자는 제466조(제542조에서 준용하는 경우를 포함한다)에 따른 주주의 권리를 행사할 수 있다.
⑤6개월 전부터 계속하여 상장회사 발행주식총수의 10만분의 50(대통령령으로 정하는 상장회사의 경우에는 10만분의 25) 이상에 해당하는 주식을 보유한 자는 제402조(제408조의9 및 제542조에서 준용하는 경우를 포함한다)에 따른 주주의 권리를 행사할 수 있다. 〈개정 2011.4.14〉
⑥6개월 전부터 계속하여 상장회사 발행주식총수의 1만분의 1 이상에 해당하는 주식을 보유한 자는 제403조(제324조, 제408조의9, 제415조, 제424조의2, 제467조의2 및 제542조에서 준용하는 경우를 포함한다)에 따른 주주의 권리를 행사할 수 있다. 〈개정 2011.4.14〉
⑦ 6개월 전부터 계속하여 상장회사 발행주식총수의 1만분의 50 이상에 해당하는 주식을 보유한 자는 제406조의2(제324조, 제408조의9, 제415조 및 제542조에서 준용하는 경우를 포함한다)에 따른 주주의 권리를 행사할 수 있다. 〈신설 2020. 12. 29.〉
⑧ 상장회사는 정관에서 제1항부터 제6항까지 규정된 것보다 단기의 주식 보유기간을 정하거나 낮은 주식 보유비율을 정할 수 있다. 〈개정 2020. 12. 29.〉
⑨ 제1항부터 제6항까지 및 제542조의7제2항에서 "주식을 보유한 자"란 주식을 소유한 자, 주주권 행사에 관한 위임을 받은 자, 2명 이상 주주의 주주권을 공동으로 행사하는 자를 말한다. 〈개정 2020. 12. 29.〉
⑩ 제1항부터 제7항까지는 제542조의2제2항에도 불구하고 이 장의 다른 절에 따른 소수주주권의 행사에 영향을 미치지 아니한다. 〈신설 2020. 12. 29.〉
〈본조신설 2009.1.30〉

제542조의7【집중투표에 관한 특례】 ①상장회사에 대하여 제382조의2에 따라 집중투표의 방법으로 이사를 선임할 것을 청구하는 경우 주주총회일(정기주주총회의 경우에는 직전 연도의 정기주주총회일에 해당하는 그 해의 해당일. 이하 제542조의8제5항에서 같다)의 6주 전까지 서면 또는 전자문서로 회사에 청구하여야 한다.
②자산 규모 등을 고려하여 대통령령으로 정하는 상장회사의 의결권 없는 주식을 제외한 발행주식총수의 100분의 1 이상에 해당하는 주식을 보유한 자는 제382조의2에 따라 집중투표의 방법으로 이사를 선임할 것을 청구할 수 있다.
③제2항의 상장회사가 정관으로 집중투표를 배제하거나 그 배제된 정관을 변경하려는 경우에는 의결권 없는 주식을 제외한 발행주식총수의 100분의 3을 초과하는 수의 주식을 가진 주주는 그 초과하는 주식에 관하여 의결권을 행사하지 못한다. 다만, 정관에서 이보다 낮은 주식 보유비율을 정할 수 있다.
④제2항의 상장회사가 주주총회의 목적사항으로 제3항에 따른 집중투표 배제에 관한 정관 변경에 관한 의안을 상정하려는 경우에는 그 밖의 사항의 정관 변경에 관한 의안과 별도로 상정하여 의결하여야 한다.
〈본조신설 2009.1.30〉

제542조의8【사외이사의 선임】 ①상장회사는 자산 규모 등을 고려하여 대통령령으로 정하는 경우를 제외하고는 이사 총수의 4분의 1 이상을 사외이사로 하여야 한다. 다만, 자산 규모 등을 고려하여 대통령령으로 정하는 상장회사의 사외이사는 3명 이상으로 하되, 이사 총수의 과반수가 되도록 하여야 한다.
②상장회사의 사외이사는 제382조제3항 각 호뿐만 아니라 다음 각 호의 어느 하나에 해당되지 아니하여야 하며, 이에 해당하게 된 경우에는 그 직을 상실한다. 〈개정 2011.4.14, 2018.10.30〉
1. 미성년자, 피성년후견인 또는 피한정후견인
2. 파산선고를 받고 복권되지 아니한 자
3. 금고 이상의 형을 선고받고 그 집행이 끝나거나 집행이 면제된 후 2년이 지나지 아니한 자
4. 대통령령으로 별도로 정하는 법률을 위반하여 해임되거나 면직된 후 2년이 지나지 아니한 자
5. 상장회사의 주주로서 의결권 없는 주식을 제외한 발행주식총수를 기준으로 본인 및 그와 대통령령으로 정하는 특수한 관계에 있는 자(이하 "특수관계인"이라 한다)가 소유하는 주식의 수가 가장 많은 경우 그 본인(이하 "최대주주"라 한다) 및 그의 특수관계인
6. 누구의 명의로 하든지 자기의 계산으로 의결권 없는 주식을 제외한 발행주식총수의 100분의 10 이상의 주식을 소유하거나 이사·집행임원·감사의 선임과 해임 등 상장회사의 주요 경영사항에 대하여 사실상의 영향력을 행사하는 주주(이하 "주요주주"라 한다) 및 그의 배우자와 직계 존속·비속주주"라 한다) 및 그의 배우자와 직계 존속、비속

7. 그 밖에 사외이사로서의 직무를 충실하게 수행하기 곤란하거나 상장회사의 경영에 영향을 미칠 수 있는 자로서 대통령령으로 정하는 자

③제1항의 상장회사는 사외이사의 사임·사망 등의 사유로 인하여 사외이사의 수가 제1항의 이사회의 구성요건에 미달하게 되면 그 사유가 발생한 후 처음으로 소집되는 주주총회에서 제1항의 요건에 합치되도록 사외이사를 선임하여야 한다.

④제1항 단서의 상장회사는 사외이사 후보를 추천하기 위하여 제393조의2의 위원회(이하 이 조에서 "사외이사 후보추천위원회"라 한다)를 설치하여야 한다. 이 경우 사외이사 후보추천위원회는 사외이사가 총위원의 과반수가 되도록 구성하여야 한다. 〈개정 2011.4.14〉

⑤제1항 단서에서 규정하는 상장회사가 주주총회에서 사외이사를 선임하려는 때에는 사외이사 후보추천위원회의 추천을 받은 자 중에서 선임하여야 한다. 이 경우 사외이사 후보추천위원회가 사외이사 후보를 추천할 때에는 제363조의2제1항, 제542조의6제1항·제2항의 권리를 행사할 수 있는 요건을 갖춘 주주가 주주총회일(정기주주총회의 경우 직전연도의 정기주주총회일에 해당하는 해당 연도의 해당일)의 6주 전에 추천한 사외이사 후보를 포함시켜야 한다. 〈개정 2011.4.14〉

〈본조신설 2009.1.30〉

제542조의9【주요주주 등 이해관계자와의 거래】 ①상장회사는 다음 각 호의 어느 하나에 해당하는 자를 상대방으로 하거나 그를 위하여 신용공여(금전 등 경제적 가치가 있는 재산의 대여, 채무이행의 보증, 자금 지원적 성격의 증권 매입, 그 밖에 거래상의 신용위험이 따르는 직접적·간접적 거래로서 대통령령으로 정하는 거래를 말한다. 이하 이 조에서 같다)를 하여서는 아니 된다. 〈개정 2011.4.14〉

1. 주요주주 및 그의 특수관계인
2. 이사(제401조의2제1항 각 호의 어느 하나에 해당하는 자를 포함한다. 이하 이 조에서 같다) 및 집행임원
3. 감사

②제1항에도 불구하고 다음 각 호의 어느 하나에 해당하는 경우에는 신용공여를 할 수 있다. 〈개정 2011.4.14〉

1. 복리후생을 위한 이사·집행임원 또는 감사에 대한 금전대여 등으로서 대통령령으로 정하는 신용공여
2. 다른 법령에서 허용하는 신용공여
3. 그 밖에 상장회사의 경영건전성을 해칠 우려가 없는 금전대여 등으로서 대통령령으로 정하는 신용공여

③자산 규모 등을 고려하여 대통령령으로 정하는 상장회사는 최대주주, 그의 특수관계인 및 그 상장회사의 특수관계인으로서 대통령령으로 정하는 자를 상대방으로 하거나 그를 위하여 다음 각 호의 어느 하나에 해당하는 거래(제1항에 따라 금지되는 거래는 제외한다)를 하려는 경우에는 이사회의 승인을 받아야 한다.

1. 단일 거래규모가 대통령령으로 정하는 규모 이상인 거래
2. 해당 사업연도 중에 특정인과의 해당 거래를 포함한 거래총액이 대통령령으로 정하는 규모 이상이 되는 경우의 해당 거래

④제3항의 경우 상장회사는 이사회의 승인 결의 후 처음으로 소집되는 정기주주총회에 해당 거래의 목적, 상대방, 그 밖에 대통령령으로 정하는 사항을 보고하여야 한다.

⑤제3항에도 불구하고 상장회사가 경영하는 업종에 따른 일상적인 거래로서 다음 각 호의 어느 하나에 해당하는 거래는 이사회의 승인을 받지 아니하고 할 수 있으며, 제2호에 해당하는 거래에 대하여는 그 거래내용을 주주총회에 보고하지 아니할 수 있다.

1. 약관에 따라 정형화된 거래로서 대통령령으로 정하는 거래
2. 이사회에서 승인한 거래총액의 범위 안에서 이행하는 거래

〈본조신설 2009.1.30〉

제542조의10【상근감사】 ①대통령령으로 정하는 상장회사는 주주총회 결의에 의하여 회사에 상근하면서 감사업무를 수행하는 감사(이하 "상근감사"라고 한다)를 1명 이상 두어야 한다. 다만, 이 절 및 다른 법률에 따라 감사위원회를 설치한 경우(감사위원회 설치 의무가 없는 상장회사가 이 절의 요건을 갖춘 감사위원회를 설치한 경우를 포함한다)에는 그러하지 아니하다. 〈개정 2011.4.14〉

②다음 각 호의 어느 하나에 해당하는 자는 제1항 본문의 상장회사의 상근감사가 되지 못하며, 이에 해당하게 되는 경우에는 그 직을 상실한다. 〈개정 2011.4.14〉

1. 제542조의8제2항제1호부터 제4호까지 및 제6호에 해당하는 자
2. . 회사의 상무(常務)에 종사하는 이사·집행임

원 및 피용자 또는 최근 2년 이내에 회사의 상무에 종사한 이사 · 집행임원 및 피용자. 다만, 이 절에 따른 감사위원회위원으로 재임 중이거나 재임하였던 이사는 제외한다.
3. 제1호 및 제2호 외에 회사의 경영에 영향을 미칠 수 있는 자로서 대통령령으로 정하는 자

〈본조신설 2009.1.30〉

제542조의11【감사위원회】 ①자산 규모 등을 고려하여 대통령령으로 정하는 상장회사는 감사위원회를 설치하여야 한다.

②제1항의 상장회사의 감사위원회는 제415조의2제2항의 요건 및 다음 각 호의 요건을 모두 갖추어야 한다.

1. 위원 중 1명 이상은 대통령령으로 정하는 회계 또는 재무 전문가일 것
2. 감사위원회의 대표는 사외이사일 것

③제542조의10제2항 각 호의 어느 하나에 해당하는 자는 제1항의 상장회사의 사외이사가 아닌 감사위원회위원이 될 수 없고, 이에 해당하게 된 경우에는 그 직을 상실한다.

④상장회사는 감사위원회위원인 사외이사의 사임 · 사망 등의 사유로 인하여 사외이사의 수가 다음 각 호의 감사위원회의 구성요건에 미달하게 되면 그 사유가 발생한 후 처음으로 소집되는 주주총회에서 그 요건에 합치되도록 하여야 한다.

1. 제1항에 따라 감사위원회를 설치한 상장회사는 제2항 각 호 및 제415조의2제2항의 요건
2. 제415조의2제1항에 따라 감사위원회를 설치한 상장회사는 제415조의2제2항의 요건

〈본조신설 2009.1.30〉

제542조의12【감사위원회의 구성 등】 ①제542조의11제1항의 상장회사의 경우 제393조의2에도 불구하고 감사위원회위원을 선임하거나 해임하는 권한은 주주총회에 있다.

②제542조의11제1항의 상장회사는 주주총회에서 이사를 선임한 후 선임된 이사 중에서 감사위원회위원을 선임하여야 한다. 다만, 감사위원회위원 중 1명(정관에서 2명 이상으로 정할 수 있으며, 정관으로 정한 경우에는 그에 따른 인원으로 한다)은 주주총회 결의로 다른 이사들과 분리하여 감사위원회위원이 되는 이사로 선임하여야 한다. 〈개정 2020. 12. 29.〉

③제1항에 따른 감사위원회위원은 제434조에 따른 주주총회의 결의로 해임할 수 있다. 이 경우 제2항 단서에 따른 감사위원회위원은 이사와 감사위원회위원의 지위를 모두 상실한다. 〈개정 2020. 12. 29.〉

④제1항에 따른 감사위원회위원을 선임 또는 해임할 때에는 상장회사의 의결권 없는 주식을 제외한 발행주식총수의 100분의 3(정관에서 더 낮은 주식 보유비율을 정할 수 있으며, 정관에서 더 낮은 주식 보유비율을 정한 경우에는 그 비율로 한다)을 초과하는 수의 주식을 가진 주주(최대주주인 경우에는 사외이사가 아닌 감사위원회위원을 선임 또는 해임할 때에 그의 특수관계인, 그 밖에 대통령령으로 정하는 자가 소유하는 주식을 합산한다)는 그 초과하는 주식에 관하여 의결권을 행사하지 못한다. 〈개정 2020. 12. 29.〉

⑤상장회사가 주주총회의 목적사항으로 감사의 선임 또는 감사의 보수결정을 위한 의안을 상정하려는 경우에는 이사의 선임 또는 이사의 보수결정을 위한 의안과는 별도로 상정하여 의결하여야 한다.

⑥상장회사의 감사 또는 감사위원회는 제447조의4제1항에도 불구하고 이사에게 감사보고서를 주주총회일의 1주 전까지 제출할 수 있다.

⑦제4항은 상장회사가 감사를 선임하거나 해임할 때에 준용한다. 이 경우 주주가 최대주주인 경우에는 그의 특수관계인, 그 밖에 대통령령으로 정하는 자가 소유하는 주식을 합산한다. 〈신설 2020. 12. 29.〉

⑧회사가 제368조의4제1항에 따라 전자적 방법으로 의결권을 행사할 수 있도록 한 경우에는 제368조제1항에도 불구하고 출석한 주주의 의결권의 과반수로써 제1항에 따른 감사위원회위원의 선임을 결의할 수 있다. 〈신설 2020. 12. 29.〉

〈본조신설 2009.1.30〉

제542조의13【준법통제기준 및 준법지원인】 ①자산 규모 등을 고려하여 대통령령으로 정하는 상장회사는 법령을 준수하고 회사경영을 적정하게 하기 위하여 임직원이 그 직무를 수행할 때 따라야 할 준법통제에 관한 기준 및 절차(이하 "준법통제기준"이라 한다)를 마련하여야 한다.

②제1항의 상장회사는 준법통제기준의 준수에 관한 업무를 담당하는 사람(이하 "준법지원인"이라 한다)을 1명 이상 두어야 한다.

③준법지원인은 준법통제기준의 준수여부를 점검하여 그 결과를 이사회에 보고하여야 한다.

④제1항의 상장회사는 준법지원인을 임면하려면 이사회 결의를 거쳐야 한다.

⑤준법지원인은 다음 각 호의 사람 중에서 임명하여야 한다.

1. 변호사 자격을 가진 사람
2. 「고등교육법」 제2조에 따른 학교에서 법률학을 가르치는 조교수 이상의 직에 5년 이상 근무한 사람
3. 그 밖에 법률적 지식과 경험이 풍부한 사람으로서 대통령령으로 정하는 사람

⑥준법지원인의 임기는 3년으로 하고, 준법지원인은 상근으로 한다.

⑦준법지원인은 선량한 관리자의 주의로 그 직무를 수행하여야 한다.

⑧준법지원인은 재임 중뿐만 아니라 퇴임 후에도 직무상 알게 된 회사의 영업상 비밀을 누설하여서는 아니 된다.

⑨제1항의 상장회사는 준법지원인이 그 직무를 독립적으로 수행할 수 있도록 하여야 하고, 제1항의 상장회사의 임직원은 준법지원인이 그 직무를 수행할 때 자료나 정보의 제출을 요구하는 경우 이에 성실하게 응하여야 한다.

⑩제1항의 상장회사는 준법지원인이었던 사람에 대하여 그 직무수행과 관련된 사유로 부당한 인사상의 불이익을 주어서는 아니 된다.

⑪준법지원인에 관하여 다른 법률에 특별한 규정이 있는 경우를 제외하고는 이 법에서 정하는 바에 따른다. 다만, 다른 법률의 규정이 준법지원인의 임기를 제6항보다 단기로 정하고 있는 경우에는 제6항을 다른 법률에 우선하여 적용한다.

⑫그 밖의 준법통제기준 및 준법지원인에 관하여 필요한 사항은 대통령령으로 정한다.

〈본조신설 2011.4.14〉

제5장 유한회사

제1절 설 립

제543조【정관의 작성, 절대적 기재사항】 ①유한회사를 설립함에는 사원이 정관을 작성하여야 한다. 〈개정 2001.7.24〉

②정관에는 다음의 사항을 기재하고 각 사원이 기명날인 또는 서명하여야 한다. 〈개정 84. 4.10, 95.12.29, 2001.7.24, 2011.4.14〉

1. 제179조제1호 내지 제3호에 정한 사항
2. 자본금의 총액
3. 출자1좌의 금액
4. 각 사원의 출자좌수
5. 본점의 소재지

③제292조의 규정은 유한회사에 준용한다.

(신구) ②~기명날인하여야~ ⇨ ~기명날인 또는 서명하여야
①유한회사의 설립에는 2인 이상의 사원이 공동으로~ ⇨ 유한회사를 설립함에는 사원이~

제544조【변태설립사항】 다음의 사항은 정관에 기재함으로써 그 효력이 있다.

1. 현물출자를 하는 자의 성명과 그 목적인 재산의 종류, 수량, 가격과 이에 대하여 부여하는 출자좌수
2. 회사의 설립후에 양수할 것을 약정한 재산의 종류, 수량, 가격과 그 양도인의 성명
3. 회사가 부담할 설립비용

제545조 삭제 〈2011.4.14〉

제546조【출자 1좌의 금액의 제한】 출자 1좌의 금액은 100원 이상으로 균일하게 하여야 한다. 〈전문개정 2011.4.14〉

제547조【초대이사의 선임】 ①정관으로 이사를 정하지 아니한 때에는 회사성립전에 사원총회를 열어 이를 선임하여야 한다.

②전항의 사원총회는 각 사원이 소집할 수 있다.

제548조【출자의 납입】 ①이사는 사원으로 하여금 출자전액의 납입 또는 현물출자의 목적인 재산전부의 급여를 시켜야 한다.

②제295조제2항의 규정은 사원이 현물출자를 하는 경우에 준용한다.

제549조【설립의 등기】 ①유한회사의 설립등기는 제548조의 납입 또는 현물출자의 이행이 있은 날로부터 2주간내에 하여야 한다. 〈개정 95.12.29〉

②제1항의 등기에서 다음 각 호의 사항을 등기하여야 한다. 〈개정 1995.12.29, 2011.4.14〉

1. 제179조제1호·제2호 및 제5호에 규정된 사항과 지점을 둔 때에는 그 소재지
2. 제543조제2항제2호와 제3호에 게기한 사항
3. 이사의 성명·주민등록번호 및 주소. 다만, 회사를 대표할 이사를 정한 때에는 그외의 이사의 주소를 제외한다.
4. 회사를 대표할 이사를 정한 때에는 그 성명, 주소와 주민등록번호
5. 수인의 이사가 공동으로 회사를 대표할 것을 정한 때에는 그 규정
6. 존립기간 기타의 해산사유를 정한 때에는 그 기간과 사유
7. 감사가 있는 때에는 그 성명 및 주민등록번호

③유한회사의 지점 설치 및 이전 시 지점소재지 또는 신지점소재지에서 등기를 하는 때에는 제2항제3호부터 제6호까지에 규정된 사항과 제179

조제1호 · 제2호 및 제5호에 규정된 사항을 등기하여야 한다. 다만, 회사를 대표할 이사를 정한 때에는 그 외의 이사는 등기하지 아니한다. 〈개정 2011.4.14〉
④제181조 내지 제183조의 규정은 유한회사의 등기에 준용한다. 〈개정 62.12.12〉

신구 ①~전조의 납입~ ⇨ ~제548조의 납입~
②전항의~ ⇨ 제1항의~
③1. ~제2호와 제5호에 게기한 사항 ⇨ ~제2호 및 제5호에 규정된 사항과 지점을 둔 때에는 그 소재지
3. ~성명과 주소~ ⇨ ~성명·주민등록번호 및 주소. 다만, 회사를 대표할 이사를 정한 때에는 그 외의 이사의 주소를 제외한다.
4. 대표이사를~ ⇨ ~회사를 대표할 이사를~
7. ~성명과 주소 ⇨ ~성명 및 주민등록번호

제550조【현물출자 등에 관한 회사성립시의 사원의 책임】 ①제544조제1호와 제2호의 재산의 회사성립당시의 실가가 정관에 정한 가격에 현저하게 부족한 때에는 회사성립당시의 사원은 회사에 대하여 그 부족액을 연대하여 지급할 책임이 있다.
②전항의 사원의 책임은 면제하지 못한다. 〈신설 62.12.12〉

제551조【출자미필액에 대한 회사성립시의 사원 등의 책임】 ①회사성립후에 출자금액의 납입 또는 현물출자의 이행이 완료되지 아니하였음이 발견된 때에는 회사성립당시의 사원, 이사와 감사는 회사에 대하여 그 납입되지 아니한 금액 또는 이행되지 아니한 현물의 가액을 연대하여 지급할 책임이 있다. 〈개정 62.12.12〉
②전항의 사원의 책임은 면제하지 못한다. 〈신설 62.12.12〉
③제1항의 이사와 감사의 책임은 총사원의 동의가 없으면 면제하지 못한다. 〈신설 62.12. 12〉

제552조【설립무효, 취소의 소】 ①회사의 설립의 무효는 그 사원, 이사와 감사에 한하여 설립의 취소는 그 취소권있는 자에 한하여 회사설립의 날로부터 2년내에 소만으로 이를 주장할 수 있다.
②제184조제2항과 제185조 내지 제193조의 규정은 전항의 소에 준용한다.
〈전문개정 62.12.12〉

제2절 사원의 권리의무

제553조【사원의 책임】 사원의 책임은 본법에 다른 규정이 있는 경우외에는 그 출자금액을 한도로 한다.

제554조【사원의 지분】 각 사원은 그 출자좌수에 따라 지분을 가진다.

제555조【지분에 관한 증권】 유한회사는 사원의 지분에 관하여 지시식 또는 무기명식의 증권을 발행하지 못한다.

제556조【지분의 양도】 사원은 그 지분의 전부 또는 일부를 양도하거나 상속할 수 있다. 다만, 정관으로 지분의 양도를 제한할 수 있다.
〈전문개정 2011.4.14〉

판 례 상법 제556조제1항의 규정 취지는 소수의 사원으로 구성되고 사원의 개성이 중시되며 사원 상호간의 긴밀한 신뢰관계를 기초로 하는 유한회사에 있어서 사원이 그 지분을 자유롭게 양도할 수 있도록 허용하게 되면 회사에 우호적이지 않은 자가 사원이 될 수 있어 경영의 원활과 사원 상호간의 신뢰관계를 저해하게 되는 결과 유한회사가 가지는 폐쇄성·비공개성에 반하게 되므로 이를 방지하기 위한 것이라 할 것인바, 유한회사의 지분(사원권)에 관한 명의신탁 해지의 경우에도 사원의 변경을 가져오므로 위 규정을 유추적용하여 사원총회의 특별결의가 있어야 그 효력이 생긴다고 보는 것이 법의 취지에 비추어 상당하다고 할 것이고, 따라서 해지의 의사표시만에 의하여 수탁된 지분이 바로 명의신탁자에게 복귀하는 것은 아니다(1997.6.27. 95다20140). 〈정찬(상) 1049면〉

제557조【지분이전의 대항요건】 지분의 이전은 취득자의 성명, 주소와 그 목적이 되는 출자좌수를 사원명부에 기재하지 아니하면 이로써 회사와 제3자에게 대항하지 못한다.

제558조【지분의 공유】 제333조의 규정은 지분이 수인의 공유에 속하는 경우에 준용한다.

제559조【지분의 입질】 ①지분은 질권의 목적으로 할 수 있다.
②제556조와 제557조의 규정은 지분의 입질에 준용한다.

제560조【준용규정】 ①사원의 지분에 대하여는 제339조, 제340조제1항 · 제2항, 제341조의2, 제341조의3, 제342조 및 제343조제1항을 준용한다. 〈개정 2011.4.14〉
②제353조의 규정은 사원에 대한 통지 또는 최고에 준용한다.

신구 ①~제341조의2~ ⇨ ~제341조의3~

제3절 회사의 관리

제561조【이사】 유한회사에는 1인 또는 수인의 이사를 두어야 한다.

제562조【회사대표】 ①이사는 회사를 대표한다.
②이사가 수인인 경우에 정관에 다른 정함이 없으면 사원총회에서 회사를 대표할 이사를 선정하여야 한다.

③정관 또는 사원총회는 수인의 이사가 공동으로 회사를 대표할 것을 정할 수 있다.
④제208조제2항의 규정은 전항의 경우에 준용한다.

제563조【이사, 회사간의 소에 관한 대표】 회사가 이사에 대하여 또는 이사가 회사에 대하여 소를 제기하는 경우에는 사원총회는 그 소에 관하여 회사를 대표할 자를 선정하여야 한다.

제564조【업무집행의 결정, 이사와 회사간의 거래】 ①이사가 수인인 경우에 정관에 다른 정함이 없으면 회사의 업무집행, 지배인의 선임 또는 해임과 지점의 설치·이전 또는 폐지는 이사 과반수의 결의에 의하여야 한다. 〈개정 84.4.10〉
②사원총회는 제1항의 규정에 불구하고 지배인의 선임 또는 해임을 할 수 있다. 〈개정 84.4.10〉
③이사는 감사가 있는 때에는 그 승인이, 감사가 없는 때에는 사원총회의 승인이 있는때에 한하여 자기 또는 제3자의 계산으로 회사와 거래를 할 수 있다. 이 경우에는 민법 제124조의 규정을 적용하지 아니한다. 〈신설 62. 12.12〉

제564조의2【유지청구권】 이사가 법령 또는 정관에 위반한 행위를 하여 이로 인하여 회사에 회복할 수 없는 손해가 생길 염려가 있는 경우에는 감사 또는 자본금 총액의 100분의 3 이상에 해당하는 출자좌수를 가진 사원은 회사를 위하여 이사에 대하여 그 행위를 유지할 것을 청구할 수 있다.
〈개정 2011. 4.14〉
〈본조신설 99.12.31〉

제565조【사원의 대표소송】 ①①자본금 총액의 100분의 3 이상에 해당하는 출자좌수를 가진 사원은 회사에 대하여 이사의 책임을 추궁할 소의 제기를 청구할 수 있다. 〈개정 1999.12.31, 2011.4.14〉
②제403조제2항 내지 제7항과 제404조 내지 제406조의 규정은 제1항의 경우에 준용한다. 〈개정 98.12.28〉

(신구) ①~100분의 5 이상~ ⇨ ~100분의 3 이상~

제566조【서류의 비치, 열람】 ①이사는 정관과 사원총회의 의사록을 본점과 지점에, 사원명부를 본점에 비치하여야 한다.
②사원명부에는 사원의 성명, 주소와 그 출자좌수를 기재하여야 한다.
③사원과 회사채권자는 영업시간내에 언제든지 제1항에 게기한 서류의 열람 또는 등사를 청구할 수 있다.

제567조【준용규정】 제209조, 제210조, 제382조, 제385조, 제386조, 제388조, 제395조, 제397조, 제399조 내지 제401조, 제407조와 제408조의 규정은 유한회사의 이사에 준용한다. 이 경우 제397조의 "이사회"는 이를 "사원총회"로 본다. 〈개정 62.12.12, 98.12.28, 99.12.31〉

(신구) ~제399조 내지 제402조~ ⇨ ~제399조 내지 제401조~

제568조【감 사】 ①유한회사는 정관에 의하여 1인 또는 수인의 감사를 둘 수 있다.
②제547조의 규정은 정관에서 감사를 두기로 정한 경우에 준용한다.

제569조【감사의 권한】 감사는 언제든지 회사의 업무와 재산상태를 조사할 수 있고 이사에 대하여 영업에 관한 보고를 요구할 수 있다.

제570조【준용규정】 제382조, 제385조제1항, 제386조, 제388조, 제400조, 제407조, 제411조, 제413조, 제414조와 제565조의 규정은 감사에 준용한다.

제571조【사원총회의 소집】 ①사원총회는 이 법에서 달리 규정하는 경우 외에는 이사가 소집한다. 그러나 임시총회는 감사도 소집할 수 있다.
②사원총회를 소집할 때에는 사원총회일의 1주전에 각 사원에게 서면으로 통지서를 발송하거나 각 사원의 동의를 받아 전자문서로 통지서를 발송하여야 한다.
③사원총회의 소집에 관하여는 제363조제2항 및 제364조를 준용한다.
〈전문개정 2011.4.14〉

제572조【소수사원에 의한 총회소집청구】 ①자본금 총액의 100분의 3 이상에 해당하는 출자좌수를 가진 사원은 회의의 목적사항과 소집의 이유를 기재한 서면을 이사에게 제출하여 총회의 소집을 청구할 수 있다. 〈개정 1999.12.31, 2011.4.14〉
②전항의 규정은 정관으로 다른 정함을 할 수 있다.
③제366조제2항과 제3항의 규정은 제1항의 경우에 준용한다.

(신구) ①~100분의 5 이상~ ⇨ ~100분의 3 이상~

제573조【소집절차의 생략】 총사원의 동의가 있을 때에는 소집절차없이 총회를 열 수 있다.

제574조【총회의 정족수, 결의방법】 사원총회의 결의는 정관 또는 본법에 다른 규정이 있는 경우 외에는 총사원의 의결권의 과반수를 가지는 사원이 출석하고 그 의결권의 과반수로써 하여야 한다.

제575조【사원의 의결권】 각 사원은 출자 1좌마다

1개의 의결권을 가진다. 그러나 정관으로 의결권의 수에 관하여 다른 정함을 할 수 있다.

제576조【유한회사의 영업양도 등에 특별결의를 받아야 할 사항】 ①유한회사가 제374조제1항제1호부터 제3호까지의 규정에 해당되는 행위를 하려면 제585조에 따른 총회의 결의가 있어야 한다. 〈개정 2011.4.14〉

②전항의 규정은 유한회사가 그 성립후 2년내에 성립전으로부터 존재하는 재산으로서 영업을 위하여 계속하여 사용할 것을 자본금의 20분의 1이상에 상당한 대가로 취득하는 계약을 체결하는 경우에 준용한다. 〈개정 2011. 4.14〉

〈제목개정 2011.4.14〉

제577조【서면에 의한 결의】 ①총회의 결의를 하여야 할 경우에 총사원의 동의가 있는 때에는 서면에 의한 결의를 할 수 있다.

②결의의 목적사항에 대하여 총사원이 서면으로 동의를 한 때에는 서면에 의한 결의가 있은 것으로 본다.

③서면에 의한 결의는 총회의 결의와 동일한 효력이 있다.

④총회에 관한 규정은 서면에 의한 결의에 준용한다.

제578조【준용규정】 제365조, 제367조, 제368조제2항, 제3항, 제369조제2항, 제371조제2항, 제372조, 제373조와 제376조 내지 제381조의 규정은 사원총회에 준용한다. 〈개정 2014. 5.20〉

제579조【재무제표의 작성】 ①이사는 매결산기에 다음의 서류와 그 부속명세서를 작성하여야 한다. 〈개정 2011.4.14〉

1. 대차대조표
2. 손익계산서
3. 그 밖에 회사의 재무상태와 경영성과를 표시하는 것으로서 제447조제1항제3호에 따른 서류

②감사가 있는 때에는 이사는 정기총회회일로부터 4주간전에 제1항의 서류를 감사에게 제출하여야 한다.

③감사는 제2항의 서류를 받은 날로부터 3주간내에 감사보고서를 이사에게 제출하여야 한다.

〈전문개정 84.4.10〉

제579조의2【영업보고서의 작성】 ①이사는 매결산기에 영업보고서를 작성하여야 한다.

②제579조제2항 및 제3항의 규정은 제1항의 영업보고서에 관하여 이를 준용한다.

〈본조신설 84.4.10〉

제579조의3【재무제표 등의 비치·공시】 ①이사는 정기총회회일의 1주간전부터 5년간 제579조 및 제579조의2의 서류와 감사보고서를 본점에 비치하여야 한다.

②제448조제2항의 규정은 제1항의 서류에 관하여 이를 준용한다.

〈본조신설 84.4.10〉

제580조【이익배당의 기준】 이익의 배당은 정관에 다른 정함이 있는 경우외에는 각 사원의 출자좌수에 따라 하여야 한다.

제581조【사원의 회계장부열람권】 ①자본금의 100분의 3 이상에 해당하는 출자좌수를 가진 사원은 회계의 장부와 서류의 열람 또는 등사를 청구할 수 있다. 〈개정 1999.12.31, 2011.4.14〉

②회사는 정관으로 각 사원이 제1항의 청구를 할 수 있다는 뜻을 정할 수 있다. 이 경우 제579조제1항의 규정에 불구하고 부속명세서는 이를 작성하지 아니한다. 〈개정 84.4.10〉

(신구) ①~100분의 5 이상~ ⇨ ~100분의 3 이상~

제582조【업무, 재산상태의 검사】 ①회사의 업무집행에 관하여 부정행위 또는 법령이나 정관에 위반한 중대한 사유가 있는 때에는 자본금총액의 100분의 3 이상에 해당하는 출자좌수를 가진 사원은 회사의 업무와 재산상태를 조사하게 하기 위하여 법원에 검사인의 선임을 청구할 수 있다. 〈개정 1999.12.31, 2011.4.14〉

②검사인은 그 조사의 결과를 서면으로 법원에 보고하여야 한다.

③법원은 전항의 보고서에 의하여 필요하다고 인정한 경우에는 감사가 있는 때에는 감사에게, 감사가 없는 때에는 이사에게 사원총회의 소집을 명할 수 있다. 제310조제2항의 규정은 이 경우에 준용한다. 〈개정 62.12.12〉

(신구) ①~100분의 5 이상~ ⇨ ~100분의 3 이상~

제583조【준용규정】 ①유한회사의 계산에 대하여는 제449조제1항 · 제2항, 제450조, 제458조부터 제460조까지, 제462조, 제462조의3 및 제466조를 준용한다. 〈개정 2011.4.14〉

②제468조의 규정은 유한회사와 피용자간에 고용관계로 인하여 생긴 채권에 준용한다. 〈개정 99.12.31〉

(신구) ①~제462조와 제466조~ ⇨ ~제462조, 제462조의3 및 제466조~
②~사용인간~ ⇨ ~피용자간~

제4절 정관의 변경

제584조【정관변경의 방법】 정관을 변경함에는

사원총회의 결의가 있어야 한다.

제585조【정관변경의 특별결의】 ①전조의 결의는 총사원의 반수 이상이며 총사원의 의결권의 4분의 3 이상을 가지는 자의 동의로 한다.

②전항의 규정을 적용함에 있어서는 의결권을 행사할 수 없는 사원은 이를 총사원의 수에, 그 행사할 수 없는 의결권은 이를 의결권의 수에 산입하지 아니한다.

제586조【자본금 증가의 결의】 다음 각 호의 사항은 정관에 다른 정함이 없더라도 자본금 증가의 결의에서 정할 수 있다.

1. 현물출자를 하는 자의 성명과 그 목적인 재산의 종류, 수량, 가격과 이에 대하여 부여할 출자좌수
2. 자본금 증가 후에 양수할 것을 약정한 재산의 종류, 수량, 가격과 그 양도인의 성명
3. 증가할 자본금에 대한 출자의 인수권을 부여할 자의 성명과 그 권리의 내용

〈전문개정 2011.4.14〉

제587조【자본금 증가의 경우의 출자인수권의 부여】 유한회사가 특정한 자에 대하여 장래 그 자본금을 증가할 때 출자의 인수권을 부여할 것을 약속하는 경우에는 제585조에서 정하는 결의에 의하여야 한다.

〈전문개정 2011.4.14〉

제588조【사원의 출자인수권】 사원은 증가할 자본금에 대하여 그 지분에 따라 출자를 인수할 권리가 있다. 그러나 전2조의 결의에서 출자의 인수자를 정한 때에는 그러하지 아니하다. 〈개정 2011.4.14〉

제589조【출자인수의 방법】 ①자본금증가의 경우에 출자의 인수를 하고자 하는 자는 인수를 증명하는 서면에 그 인수할 출자의 좌수와 주소를 기재하고 기명날인 또는 서명하여야 한다. 〈개정 1995.12.29, 2011.4.14〉

②유한회사는 광고 기타의 방법에 의하여 인수인을 공모하지 못한다.

제590조【출자인수인의 지위】 자본금증가의 경우에 출자의 인수를 한 자는 출자의 납입의 기일 또는 현물출자의 목적인 재산의 급여의 기일로부터 이익배당에 관하여 사원과 동일한 권리를 가진다. 〈개정 2011.4.14〉

제591조【자본금 증가의 등기】 유한회사는 자본금 증가로 인한 출자 전액의 납입 또는 현물출자의 이행이 완료된 날부터 2주 내에 본점소재지에서 자본금 증가로 인한 변경등기를 하여야 한다.

〈전문개정 2011.4.14〉

제592조【자본금 증가의 효력발생】 자본금의 증가는 본점소재지에서 제591조의 등기를 함으로써 효력이 생긴다.

〈전문개정 2011.4.14〉

제593조【현물출자 등에 관한 사원의 책임】 ①제586조제1호와 제2호의 재산의 자본금증가당시의 실가가 자본금증가의 결의에 의하여 정한 가격에 현저하게 부족한 때에는 그 결의에 동의한 사원은 회사에 대하여 그 부족액을 연대하여 지급할 책임이 있다. 〈개정 2011.4.14〉

②제550조제2항과 제551조제2항의 규정은 전항의 경우에 준용한다. 〈개정 62.12.12〉

제594조【미인수출자 등에 관한 이사 등의 책임】 ①자본금증가후에 아직 인수되지 아니한 출자가 있는 때에는 이사와 감사가 공동으로 이를 인수한 것으로 본다. 〈개정 1962.12.12, 2011.4.14〉

②자본금증가후에 아직 출자전액의 납입 또는 현물출자의 목적인 재산의 급여가 미필된 출자가 있는 때에는 이사와 감사는 연대하여 그 납입 또는 급여미필재산의 가액을 지급할 책임이 있다. 〈개정 1962.12.12, 2011.4.14〉

③제551조제3항의 규정은 전항의 경우에 준용한다. 〈개정 62.12.12〉

제595조【증자무효의 소】 ①자본금증가의 무효는 사원, 이사 또는 감사에 한하여 제591조의 규정에 의한 본점소재지에서의 등기를 한 날로부터 6월내에 소만으로 이를 주장할 수 있다. 〈개정 1962.12.12, 2011.4.14〉

②제430조 내지 제432조의 규정은 전항의 경우에 준용한다.

제596조【준용규정】 제421조제2항, 제548조와 제576조제2항의 규정은 자본금증가의 경우에 준용한다. 〈개정 1962.12.12, 2011.4.14〉

제597조【동전】 제439조제1항, 제2항, 제443조, 제445조와 제446조의 규정은 자본금감소의 경우에 준용한다. 〈개정 2011.4.14〉

제5절 합병과 조직변경

제598조【합병의 방법】 유한회사가 다른 회사와 합병을 함에는 제585조의 규정에 의한 사원총회의 결의가 있어야 한다.

제599조【설립위원의 선임】 제175조의 규정에 의한 설립위원의 선임은 제585조의 규정에 의한 사원총회의 결의에 의하여야 한다.

제600조【유한회사와 주식회사의 합병】 ①유한회사가 주식회사와 합병하는 경우에 합병후 존속하는 회사 또는 합병으로 인하여 설립되는 회사가 주식회사인 때에는 법원의 인가를 얻지 아니하면 합병의 효력이 없다.
②합병을 하는 회사의 일방이 사채의 상환을 완료하지 아니한 주식회사인 때에는 합병후 존속하는 회사 또는 합병으로 인하여 설립되는 회사는 유한회사로 하지 못한다.
제601조【물상대위】 ①유한회사가 주식회사와 합병하는 경우에 합병후 존속하는 회사 또는 합병으로 인하여 설립되는 회사가 유한회사인 때에는 제339조의 규정은 종전의 주식을 목적으로 하는 질권에 준용한다.
②전항의 경우에 질권의 목적인 지분에 관하여 출자좌수와 질권자의 성명 및 주소를 사원명부에 기재하지 아니하면 그 질권으로써 회사 기타의 제3자에 대항하지 못한다.
제602조【합병의 등기】 유한회사가 합병을 한 때에는 제603조에서 준용하는 제526조 또는 제527조의 규정에 의한 사원총회가 종결한 날로부터 본점소재지에서는 2주간, 지점소재지에서는 3주간 내에 합병후 존속하는 유한회사에 있어서는 변경등기, 합병으로 인하여 소멸되는 유한회사에 있어서는 해산등기, 합병으로 인하여 설립되는 유한회사에 있어서는 제549조제2항에 정한 등기를 하여야 한다.
제603조【준용규정】 제232조, 제234조, 제235조, 제237조 내지 제240조, 제443조, 제522조제1항·제2항, 제522조의2, 제523조, 제524조, 제526조제1항·제2항, 제527조제1항 내지 제3항 및 제529조의 규정은 유한회사의 합병의 경우에 준용한다. 〈개정 62.12.12, 84.4.10, 98.12.28〉

(신구) ~제526조, 제527조와 제529조~ ⇨ ~제526조제1항·제2항, ~제529조~

제604조【주식회사의 유한회사에의 조직변경】 ①주식회사는 총주주의 일치에 의한 총회의 결의로 그 조직을 변경하여 이를 유한회사로 할 수 있다. 그러나 사채의 상환을 완료하지 아니한 경우에는 그러하지 아니하다.
②전항의 조직변경의 경우에는 회사에 현존하는 순재산액보다 많은 금액을 자본금의 총액으로 하지 못한다. 〈개정 2011.4.14〉
③제1항의 결의에 있어서는 정관 기타 조직변경에 필요한 사항을 정하여야 한다.
④제601조의 규정은 제1항의 조직변경의 경우에 준용한다.
제605조【이사, 주주의 순재산액전보책임】 ①전조의 조직변경의 경우에 회사에 현존하는 순재산액이 자본금의 총액에 부족하는 때에는 전조제1항의 결의당시의 이사와 주주는 회사에 대하여 연대하여 그 부족액을 지급할 책임이 있다. 〈개정 2011.4.14〉
②제550조제2항과 제551조제2항, 제3항의 규정은 전항의 경우에 준용한다. 〈개정 62.12.12〉
제606조【조직변경의 등기】 주식회사가 제604조의 규정에 의하여 그 조직을 변경한 때에는 본점소재지에서는 2주간, 지점소재지에서는 3주간 내에 주식회사에 있어서는 해산등기, 유한회사에 있어서는 제549조제2항에 정하는 등기를 하여야 한다.
제607조【유한회사의 주식회사로의 조직변경】 ①유한회사는 총사원의 일치에 의한 총회의 결의로 주식회사로 조직을 변경할 수 있다. 다만, 회사는 그 결의를 정관으로 정하는 바에 따라 제585조의 사원총회의 결의로 할 수 있다.
②제1항에 따라 조직을 변경할 때 발행하는 주식의 발행가액의 총액은 회사에 현존하는 순재산액을 초과하지 못한다.
③제1항의 조직변경은 법원의 인가를 받지 아니하면 효력이 없다.
④제1항에 따라 조직을 변경하는 경우 회사에 현존하는 순재산액이 조직변경으로 발행하는 주식의 발행가액 총액에 부족할 때에는 제1항의 결의 당시의 이사, 감사 및 사원은 연대하여 회사에 그 부족액을 지급할 책임이 있다. 이 경우에 제550조제2항 및 제551조제2항 · 제3항을 준용한다.
⑤제1항에 따라 조직을 변경하는 경우 제340조제3항, 제601조제1항, 제604조제3항 및 제606조를 준용한다.
〈전문개정 2011.4.14〉
제608조【준용규정】 제232조의 규정은 제604조와 제607조의 조직변경의 경우에 준용한다. 〈개정 84.4.10〉

제6절 해산과 청산

제609조【해산사유】 ①유한회사는 다음의 사유로 인하여 해산한다. 〈개정 2001.7.24〉
1. 제227조제1호·제4호 내지 제6호에 규정된 사유
2. 사원총회의 결의

②전항제2호의 결의는 제585조의 규정에 의하여야 한다.

(신구) 구조문 ⇨ 1. 제227조제1호, 제3호 내지 제6호에 게기한 사유

제610조【회사의 계속】 ①제227조제1호 또는 전조제1항제2호의 사유로 인하여 회사가 해산한 경우에는 제585조의 규정에 의한 사원총회의 결의로써 회사를 계속할 수 있다.
②삭제 〈2001.7.24〉

제611조【준용규정】 제229조제3항의 규정은 전조의 회사계속의 경우에 준용한다.

제612조【잔여재산의 분배】 잔여재산은 정관에 다른 정함이 있는 경우외에는 각 사원의 출자좌수에 따라 사원에게 분배하여야 한다.

제613조【준용규정】 ①제228조, 제245조, 제252조 내지 제255조, 제259조, 제260조, 제264조, 제520조, 제531조 내지 제537조, 제540조와 제541조의 규정은 유한회사에 준용한다. 〈개정 62.12.12〉
②제209조, 제210조, 제366조제2항·제3항, 제367조, 제373조제2항, 제376조, 제377조, 제382조제2항, 제386조, 제388조, 제399조 내지 제402조, 제407조, 제408조, 제411조 내지 제413조, 제414조제3항, 제450조, 제466조제2항, 제539조, 제562조, 제563조, 제564조제3항, 제565조, 제566조, 제571조, 제572조제1항과 제581조의 규정은 유한회사의 청산인에 준용한다. 〈개정 62.12.12, 84.4.10〉

제6장 외국회사

제614조【대표자, 영업소의 설정과 등기】 ①외국회사가 대한민국에서 영업을 하려면 대한민국에서의 대표자를 정하고 대한민국 내에 영업소를 설치하거나 대표자 중 1명 이상이 대한민국에 그 주소를 두어야 한다. 〈개정 2011.4.14〉
②전항의 경우에는 외국회사는 그 영업소의 설치에 관하여 대한민국에서 설립되는 동종의 회사 또는 가장 유사한 회사의 지점과 동일한 등기를 하여야 한다.
③전항의 등기에서는 회사설립의 준거법과 대한민국에서의 대표자의 성명과 그 주소를등기하여야 한다.
④제209조와 제210조의 규정은 외국회사의 대표자에 준용한다. 〈개정 62.12.12〉

(판례) 외국회사의 사장, 부사장 등 취체역 전원이 한국내에 주소를 두고 사무소를 설치했을 때에는 사무소의 명칭여하에 관계없이 한국내에 지점을 설치한 것이라 할 것인즉 지점설치의 등기를 해야 하고 부연하면 제3자는 외국회사의 성립을 부인할 수 있다(1995.7.30, 4291민상331). 〈정찬(상) 1067면〉

제615조【등기기간의 기산점】 전조제2항과 제3항의 규정에 의한 등기사항이 외국에서 생긴 때에는 등기기간은 그 통지가 도달한 날로부터 기산한다.

제616조【등기전의 계속거래의 금지】 ①외국회사는 그 영업소의 소재지에서 제614조의 규정에 의한 등기를 하기 전에는 계속하여 거래를 하지 못한다.
②전항의 규정에 위반하여 거래를 한 자는 그 거래에 대하여 회사와 연대하여 책임을 진다.

제616조의2【대차대조표 또는 이에 상당하는 것의 공고】 ①외국회사로서 이 법에 따라 등기를 한 외국회사(대한민국에서의 같은 종류의 회사 또는 가장 비슷한 회사가 주식회사인 것만 해당한다)는 제449조에 따른 승인과 같은 종류의 절차 또는 이와 비슷한 절차가 종결된 후 지체 없이 대차대조표 또는 이에 상당하는 것으로서 대통령령으로 정하는 것을 대한민국에서 공고하여야 한다.
②제1항의 공고에 대하여는 제289조제3항부터 제6항까지의 규정을 준용한다.
〈본조신설 2011.4.14〉

제617조【유사외국회사】 외국에서 설립된 회사라도 대한민국에 그 본점을 설치하거나 대한민국에서 영업할 것을 주된 목적으로 하는 때에는 대한민국에서 설립된 회사와 같은 규정에 따라야 한다.
〈전문개정 2011.4.14〉

제618조【준용규정】 ①제335조, 제335조의2부터 제335조의7까지, 제336조부터 제338조까지, 제340조제1항, 제355조, 제356조, 제356조의2, 제478조제1항, 제479조 및 제480조의 규정은 대한민국에서의 외국회사의 주권 또는 채권의 발행과 그 주식의 이전이나 입질 또는 사채의 이전에 준용한다. 〈개정 2014. 5.20〉
②전항의 경우에는 처음 대한민국에 설치한 영업소를 본점으로 본다.

제619조【영업소폐쇄명령】 ①외국회사가 대한민국에 영업소를 설치한 경우에 다음의 사유가 있는 때에는 법원은 이해관계인 또는 검사의 청구에 의하여 그 영업소의 폐쇄를 명할 수 있다. 〈개정 62.12.12〉
1. 영업소의 설치목적이 불법한 것인 때
2. 영업소의 설치등기를 한 후 정당한 사유없이 1

년 내에 영업을 개시하지 아니하거나 1년 이상 영업을 휴지한 때 또는 정당한 사유없이 지급을 정지한 때

3. 회사의 대표자 기타 업무를 집행하는 자가 법령 또는 선량한 풍속 기타 사회질서에 위반한 행위를 한 때

②제176조제2항 내지 제4항의 규정은 전항의 경우에 준용한다.

제620조【한국에 있는 재산의 청산】 ①전조제1항의 규정에 의하여 영업소의 폐쇄를 명한 경우에는 법원은 이해관계인의 신청에 의하여 또는 직권으로 대한민국에 있는 그 회사재산의 전부에 대한 청산의 개시를 명할 수 있다. 이 경우에는 법원은 청산인을 선임하여야 한다.

②제535조 내지 제537조와 제542조의 규정은 그 성질이 허하지 아니하는 경우외에는 전항의 청산에 준용한다.

③전2항의 규정은 외국회사가 스스로 영업소를 폐쇄한 경우에 준용한다.

제621조【외국회사의 지위】 외국회사는 다른 법률의 적용에 있어서는 법률에 다른 규정이 있는 경우외에는 대한민국에서 성립된 동종 또는 가장 유사한 회사로 본다.

제7장 벌 칙

제622조【발기인, 이사 기타의 임원 등의 특별배임죄】 ①회사의 발기인, 업무집행사원, 이사, 집행임원, 감사위원회 위원, 감사 또는 제386조제2항, 제407조제1항, 제415조 또는 제567조의 직무대행자, 지배인 기타 회사영업에 관한 어느 종류 또는 특정한 사항의 위임을 받은 사용인이 그 임무에 위배한 행위로써 재산상의 이익을 취하거나 제삼자로 하여금 이를 취득하게 하여 회사에 손해를 가한 때에는 10년이하의 징역 또는 3천만원 이하의 벌금에 처한다. 〈개정 1984.4.10, 1995. 12.29, 1999.12.31, 2011.4.14〉

②회사의 청산인 또는 제542조제2항의 직무대행자, 제175조의 설립위원이 제1항의 행위를 한 때에도 제1항과 같다. 〈개정 84.4.10〉

(신구) ①~이사~ ⇨ ~이사감사위원회위원~

제623조【사채권자집회의 대표자 등의 특별배임죄】 사채권자집회의 대표자 또는 그 결의를 집행하는 자가 그 임무에 위배한 행위로써 재산상의 이익을 취하거나 제3자로 하여금 이를 취득하게 하여 사채권자에게 손해를 가한 때에는 7년 이하의 징역 또는 2천만원 이하의 벌금에 처한다. 〈개정 84.4.10, 95.12.29〉

(신구) ~700만원 이하의 벌금에~ ⇨ ~2천만원 이하의 벌금에~

제624조【특별배임죄의 미수】 전2조의 미수범은 처벌한다.

제624조의2【주요주주 등 이해관계자와의 거래 위반의 죄】 제542조의9제1항을 위반하여 신용공여를 한 자는 5년 이하의 징역 또는 2억원 이하의 벌금에 처한다.

〈본조신설2009.1.30〉

제624조의3【양벌규정】 회사의 대표자나 대리인, 사용인, 그 밖의 종업원이 그 회사의 업무에 관하여 제624조의2의 위반행위를 하면 그 행위자를 벌하는 외에 그 회사에도 해당 조문의 벌금형을 과(科)한다. 다만, 회사가 그 위반행위를 방지하기 위하여 해당 업무에 관하여 상당한 주의와 감독을 게을리하지 아니한 경우에는 그러하지 아니하다.

〈본조신설 2009.1.30〉

제625조【회사재산을 위태롭게 하는 죄】 제622조제1항에 규정된 자, 검사인, 제298조제3항·제299조의2·제310조제3항 또는 제313조제2항의 공증인(인가공증인의 공증담당변호사를 포함한다. 이하 이 장에서 같다)이나 제299조의2, 제310조제3항 또는 제422조제1항의 감정인이 다음의 행위를 한 때에는 5년 이하의 징역 또는 1천500만원 이하의 벌금에 처한다. 〈개정 84.4.10, 95.12.29, 98.12.28, 09.2.6, 2011.4.14〉

1. 주식 또는 출자의 인수나 납입, 현물출자, 이행, 제290조, 제416조제4호 또는 제544조에 규정된 사항에 관하여 법원·총회 또는 발기인에게 부실한 보고를 하거나 사실을 은폐한 때
2. 누구의 명의로 하거나를 불문하고 회사의 계산으로 부정하게 그 주식 또는 지분을 취득하거나 질권의 목적으로 이를 받은 때
3. 법령 또는 정관에 위반하여 이익배당을 한 때
4. 회사의 영업범위외에서 투기행위를 하기 위하여 회사재산을 처분한 때

(신구) ~제299조의2 또는 제310조제3항의 감정인~ ⇨ ~제299조의2, 제310조제3항 또는 제422조제1항의 감정인~

1. ~제290조 또는 제544조에 게기한 사항~ ⇨ ~제290조, 제416조제4호 또는 제544조에 규정된 사항~

제625조의2【주식의 취득제한 등에 위반한 죄】 다음 각 호의 어느 하나에 해당하는 자는 2천만원 이하의 벌금에 처한다.

1. 제342조의2제1항 또는 제2항을 위반한 자
2. 제360조의3제7항을 위반한 자
3. 제523조의2제2항을 위반한 자
4. 제530조의6제5항을 위반한 자
〈전문개정 2015.12.1〉

제626조【부실보고죄】회사의 이사, 집행임원, 감사위원회 위원, 감사 또는 제386조제2항, 제407조제1항, 제415조 또는 제567조의 직무대행자가 제604조 또는 제607조의 조직변경의 경우에 제604조제2항 또는 제607조제2항의 순재산액에 관하여 법원 또는 총회에 부실한 보고를 하거나 사실을 은폐한 경우에는 5년 이하의 징역 또는 1천500만원 이하의 벌금에 처한다.
〈전문개정 2011.4.14〉

제627조【부실문서행사죄】 ①제622조제1항에 게기한 자, 외국회사의 대표자, 주식 또는 사채의 모집의 위탁을 받은 자가 주식 또는 사채를 모집함에 있어서 중요한 사항에 관하여 부실한 기재가 있는 주식청약서, 사채청약서, 사업계획서, 주식 또는 사채의 모집에 관〈개정 2014.5.20〉한 광고 기타의 문서를 행사한 때에는 5년 이하의 징역 또는 1천500만원 이하의 벌금에 처한다. 〈개정 84.4.10, 95.12.29〉
②주식 또는 사채를 매출하는 자가 그 매출에 관한 문서로서 중요한 사항에 관하여 부실한 기재가 있는 것을 행사한 때에도 제1항과 같다.

(신구) ~500만원 이하의~ ⇨ ~1천500만원 이하의~

제628조【납입가장죄 등】 ①제622조제1항에 게기한 자가 납입 또는 현물출자의 이행을 가장하는 행위를 한 때에는 5년 이하의 징역 또는 1천500만원 이하의 벌금에 처한다. 〈개정 84.4.10, 95.12.29〉
②제1항의 행위에 응하거나 이를 중개한 자도 제1항과 같다. 〈개정 84.4.10〉

(신구) ~500만원 이하의~ ⇨ ~1천500만원 이하의~

(판 례) 상법상 납입가장죄는 회사의 자본의 충실을 기하려는 법의 취지를 해치는 행위를 단속하려는 것이므로, 주식회사의 설립을 위하여 은행에 납입하였던 주식인수가액을 그 설립등기가 이루어진 후 바로 인출하였다 하더라도 이미 주식회사가 주식납입금 상당에 해당하는 자산을 가지게 되었고, 그 인출금을 그 자산의 취득과정에서 발생한 대차관계를 정산하는 데에 사용한 경우에는 납입가장죄가 성립하지 않는다 (1999.10.12, 99도3057). 〈정동 판례동향〉

제629조【초과발행의 죄】 회사의 발기인, 이사, 집행임원 또는 제386조제2항 또는 제407조제1항의 직무대행자가 회사가 발행할 주식의 총수를 초과하여 주식을 발행한 경우에는 5년 이하의 징역 또는 1천500만원 이하의 벌금에 처한다.
〈전문개정 2011.4.14〉

(신구) ~500만원 이하의~ ⇨ ~1천500만원 이하의~

제630조【발기인, 이사 기타의 임원의 독직죄】 ①제622조와 제623조에 규정된 자, 검사인, 제298조제3항·제299조의2·제310조제3항 또는 제313조제2항의 공증인이나 제299조의2, 제310조제3항 또는 제422조제1항의 감정인이 그 직무에 관하여 부정한 청탁을 받고 재산상의 이익을 수수, 요구 또는 약속한 때에는 5년 이하의 징역 또는 1천500만원 이하의 벌금에 처한다. 〈개정 84.4.10, 95.12.29, 98.12.28〉
②제1항의 이익을 약속, 공여 또는 공여의 의사를 표시한 자도 제1항과 같다. 〈개정 84. 4. 10〉

(신구) ①~제299조의2 또는 제310조제3항의 감정인~ ⇨ ~제299조의2, 제310조제3항 또는 제422조제1항의 감정인~

제631조【권리행사방해등에 관한 증수뢰죄】 ①다음의 사항에 관하여 부정한 청탁을 받고 재산상의 이익을 수수, 요구 또는 약속한 자는 1년 이하의 징역 또는 300만원 이하의 벌금에 처한다. 〈개정 62.12.12, 84.4.10, 95.12.29, 98.12.28, 99.12.31, 2011.4.14

1. 창립총회, 사원총회, 주주총회 또는 사채권자집회에서의 발언 또는 의결권의 행사
2. 제3편에 정하는 소의 제기, 발행주식의 총수의 100분의 1 또는 100분의 3이상에 해당하는 주주, 사채총액의 100분의 10이상에 해당하는 사채권자 또는 자본금의 100분의 3 이상에 해당하는 출자좌수를 가진 사원의 권리의 행사
3. 제402조 또는 제424조에 정하는 권리의 행사

②제1항의 이익을 약속, 공여 또는 공여의 의사를 표시한 자도 제1항과 같다.

(신구) ①2. ~100분의 5 이상~ ⇨ ~100분의 3 이상~

제632조【징역과 벌금의 병과】 제622조 내지 전조의 징역과 벌금은 이를 병과할 수 있다.

제633조【몰수, 추징】 제630조제1항 또는 제631조제1항의 경우에는 범인이 수수한 이익은 이를 몰수한다. 그 전부 또는 일부를 몰수하기 불능한 때에는 그 가액을 추징한다.

제634조【납입책임면탈의 죄】 납입의 책임을 면하기 위하여 타인 또는 가설인의 명의로 주식 또는 출자를 인수한 자는 1년 이하의 징역 또는 300만원 이하의 벌금에 처한다. 〈개정 84.4.10, 95.12.29〉

(신구) ①~백만원 이하의 ~ ⇨ ~ 300만원 이하의~

제634조의2【주주의 권리행사에 관한 이익공여의

죄】 ①주식회사의 이사, 집행임원, 감사위원회 위원, 감사, 제386조제2항 · 제407조제1항 또는 제415조의 직무대행자, 지배인, 그 밖의 사용인이 주주의 권리 행사와 관련하여 회사의 계산으로 재산상의 이익을 공여(供與)한 경우에는 1년 이하의 징역 또는 300만원 이하의 벌금에 처한다. 〈개정 2011.4.14〉
②제1항의 이익을 수수하거나, 제3자에게 이를 공여하게 한 자도 제1항과 같다.
〈본조신설 84.4.10〉
(신구) ①~이사~ ⇨ ~이사·감사위원회위원~

제634조의3【양벌규정】회사의 대표자나 대리인, 사용인, 그 밖의 종업원이 그 회사의 업무에 관하여 제624조의2의 위반행위를 하면 그 행위자를 벌하는 외에 그 회사에도 해당 조문의 벌금형을 과(科)한다. 다만, 회사가 제542조의13에 따른 의무를 성실히 이행한 경우 등 회사가 그 위반행위를 방지하기 위하여 해당 업무에 관하여 상당한 주의와 감독을 게을리하지 아니한 경우에는 그러하지 아니하다. 〈개정 2011.4.14〉
〈본조신설 2009.1.30〉

제635조【과태료에 처할 행위】 ①회사의 발기인, 설립위원, 업무집행사원, 업무집행자, 이사, 집행임원, 감사, 감사위원회 위원, 외국회사의 대표자, 검사인, 제298조제3항 · 제299조의2 · 제310조제3항 또는 제313조제2항의 공증인, 제299조의2 · 제310조제3항 또는 제422조제1항의 감정인, 지배인, 청산인, 명의개서대리인, 사채모집을 위탁받은 회사와 그 사무승계자 또는 제386조제2항 · 제407조제1항 · 제415조 · 제542조제2항 또는 제567조의 직무대행자가 다음 각 호의 어느 하나에 해당하는 행위를 한 경우에는 500만원 이하의 과태료를 부과한다. 다만, 그 행위에 대하여 형(刑)을 과(科)할 때에는 그러하지 아니하다. 〈개정 2011.4.14〉

1. 이 편(編)에서 정한 등기를 게을리한 경우
2. 이 편에서 정한 공고 또는 통지를 게을리하거나 부정(不正)한 공고 또는 통지를 한 경우
3. 이 편에서 정한 검사 또는 조사를 방해한 경우
4. 이 편의 규정을 위반하여 정당한 사유 없이 서류의 열람 또는 등사, 등본 또는 초본의 발급을 거부한 경우
5. 관청, 총회, 사채권자집회 또는 발기인에게 부실한 보고를 하거나 사실을 은폐한 경우
6. 주권, 채권 또는 신주인수권증권에 적을 사항을 적지 아니하거나 부실하게 적은 경우
7. 정당한 사유 없이 주권의 명의개서를 하지 아니한 경우
8. 법률 또는 정관에서 정한 이사 또는 감사의 인원수를 궐(闕)한 경우에 그 선임절차를 게을리한 경우
9. 정관 · 주주명부 또는 그 복본(複本), 사원명부 · 사채원부 또는 그 복본, 의사록, 감사록, 재산목록, 대차대조표, 영업보고서, 사무보고서, 손익계산서, 그 밖에 회사의 재무상태와 경영성과를 표시하는 것으로서 제287조의33 및 제447조제1항제3호에 따라 대통령령으로 정하는 서류, 결산보고서, 회계장부, 제447조 · 제534조 · 제579조제1항 또는 제613조제1항의 부속명세서 또는 감사보고서에 적을 사항을 적지 아니하거나 부실하게 적은 경우
10. 법원이 선임한 청산인에 대한 사무의 인계(引繼)를 게을리하거나 거부한 경우
11. 청산의 종결을 늦출 목적으로 제247조제3항, 제535조제1항 또는 제613조제1항의 기간을 부당하게 장기간으로 정한 경우
12. 제254조제4항, 제542조제1항 또는 제613조제1항을 위반하여 파산선고 청구를 게을리한 경우
13. 제589조제2항을 위반하여 출자의 인수인을 공모한 경우
14. 제232조, 제247조제3항, 제439조제2항, 제527조의5, 제530조제2항, 제530조의9제4항, 제530조의11제2항, 제597조, 제603조 또는 제608조를 위반하여 회사의 합병 · 분할 · 분할합병 또는 조직변경, 회사재산의 처분 또는 자본금의 감소를 한 경우
15. 제260조, 제542조제1항 또는 제613조제1항을 위반하여 회사재산을 분배한 경우
16. 제302조제2항, 제347조, 제420조, 제420조의2, 제474조제2항 또는 제514조을 위반하여 주식청약서, 신주인수권증서 또는 사채청약서를 작성하지 아니하거나 이에 적을 사항을 적지 아니하거나 또는 부실하게 적은 경우
17. 제342조 또는 제560조제1항을 위반하여 주식 또는 지분의 실효 절차, 주식 또는 지분의 질권 처분을 게을리한 경우
18. 제343조제1항 또는 제560조제1항을 위반하여 주식 또는 출자를 소각한 경우
19. 제355조제1항 · 제2항 또는 제618조를 위반하여 주권을 발행한 경우
20. 제358조의2제2항을 위반하여 주주명부에 기

재를 하지 아니한 경우
21. 제363조의2제1항, 제542조제2항 또는 제542조의6제2항을 위반하여 주주가 제안한 사항을 주주총회의 목적사항으로 하지 아니한 경우
22. 제365조제1항 · 제2항, 제578조, 제467조제3항, 제582조제3항에 따른 법원의 명령을 위반하여 주주총회를 소집하지 아니하거나, 정관으로 정한 곳 외의 장소에서 주주총회를 소집하거나, 제363조, 제364조, 제571조제2항 · 제3항을 위반하여 주주총회를 소집한 경우
23. 제374조제2항, 제530조제2항 또는 제530조의11제2항을 위반하여 주식매수청구권의 내용과 행사방법을 통지 또는 공고하지 아니하거나 부실한 통지 또는 공고를 한 경우
24. 제287조의34제1항, 제396조제1항, 제448조제1항, 제510조제2항, 제522조의2제1항, 제527조의6제1항, 제530조의7, 제534조제3항, 제542조제2항, 제566조제1항, 제579조의3, 제603조 또는 제613조를 위반하여 장부 또는 서류를 갖추어 두지 아니한 경우
25. 제412조의5제3항을 위반하여 정당한 이유 없이 감사 또는 감사위원회의 조사를 거부한 경우
26. 제458조부터 제460조까지 또는 제583조를 위반하여 준비금을 적립하지 아니하거나 이를 사용한 경우
27. 제464조의2제1항의 기간에 배당금을 지급하지 아니한 경우
28. 제478조제1항 또는 제618조를 위반하여 채권을 발행한 경우
29. 제536조 또는 제613조제1항을 위반하여 채무 변제를 한 경우
30. 제542조의5를 위반하여 이사 또는 감사를 선임한 경우
31. 제555조를 위반하여 지분에 대한 지시식 또는 무기명식의 증권을 발행한 경우
32. 제619조제1항에 따른 법원의 명령을 위반한 경우

②발기인, 이사 또는 집행임원이 주권의 인수로 인한 권리를 양도한 경우에도 제1항과 같다. 〈개정 2011.4.14〉

③제1항 각 호 외의 부분에 규정된 자가 다음 각 호의 어느 하나에 해당하는 행위를 한 경우에는 5천만원 이하의 과태료를 부과한다. 〈신설 2009.1.30〉

1. 제542조의8제1항을 위반하여 사외이사 선임의무를 이행하지 아니한 경우
2. 제542조의8제4항을 위반하여 사외이사 후추천위원회를 설치하지 아니하거나 사외이사가 총위원의 2분의 1 이상이 되도록 사외이사 후보추천위원회를 구성하지 아니 한 경우
3. 제542조의8제5항에 따라 사외이사를 선임하지 아니한 경우
4. 제542조의9제3항을 위반하여 이사회 승인 없이 거래한 경우
5. 제542조의11제1항을 위반하여 감사위원회를 설치하지 아니한 경우
6. 제542조의11제2항을 위반하여 제415조의2제2항 및 제542조의11제2항 각 호의 감사위원회의 구성요건에 적합한 감사위원회를 설치하지 아니한 경우
7. 제542조의11제4항제1호 및 제2호를 위반하여 감사위원회가 제415조의2제2항 및 제542조의11제2항 각 호의 감사위원회의 구성요건에 적합하도록 하지 아니한 경우
8. 제542조의12제2항을 위반하여 감사위원회위원의 선임절차를 준수하지 아니한 경우

④제1항 각 호 외의 부분에 규정된 자가 다음 각 호의 어느 하나에 해당하는 행위를 한 경우에는 1천만원 이하의 과태료를 부과한다. 〈신설 2009.1.30〉

1. 제542조의4에 따른 주주총회 소집의 통지 · 공고를 게을리하거나 부정한 통지 또는 공고를 한 경우
2. 제542조의7제4항 또는 제542조의12 제5항을 위반하여 의안을 별도로 상정하여 의결하지 아니한 경우

제636조【등기전의 회사명의의 영업 등】 ①회사의 성립전에 회사의 명의로 영업을 한 자는 회사설립의 등록세의 배액에 상당한 과태료에 처한다.

②전항의 규정은 제616조제1항의 규정에 위반한 자에 준용한다.

제637조【법인에 대한 벌칙의 적용】 제622조, 제623조, 제625조, 제627조, 제628조 또는 제630조제1항에 규정된 자가 법인인 경우에는 이 장의 벌칙은 그 행위를 한 이사, 집행임원, 감사, 그 밖에 업무를 집행한 사원 또는 지배인에게 적용한다.
〈전문개정 2011.4.14〉

제637조의2【과태료의 부과 · 징수】 ①제635조(제1항제1호는 제외한다) 또는 제636조에 따른 과태료는 대통령령으로 정하는 바에 따라 법무부장관이 부과 · 징수한다.
②제1항에 따른 과태료 처분에 불복하는 자는 그 처분을 고지받은 날부터 60일 이내에 법무부장관에게 이의를 제기할 수 있다.
③제1항에 따른 과태료 처분을 받은 자가 제2항에 따라 이의를 제기한 때에는 법무부장관은 지체 없이 관할 법원에 그 사실을 통보하여야 하며, 그 통보를 받은 관할 법원은 「비송사건절차법」에 따른 과태료 재판을 한다.
④제2항에서 규정하는 기간 내에 이의를 제기하지 아니하고 과태료를 납부하지 아니한 때에는 국세 체납처분의 예에 따라 징수한다.
〈본조신설 2009.1.30.〉

제4편 보 험

제1장 통 칙

제638조【보험계약의 의의】 보험계약은 당사자 일방이 약정한 보험료를 지급하고 재산 또는 생명이나 신체에 불확정한 사고가 발생할 경우에 상대방이 일정한 보험금이나 그 밖의 급여를 지급할 것을 약정함으로써 효력이 생긴다.
〈전문개정 2014.3.11〉

(판 례) 보험계약관계는 위험단체적 성질을 가지는 것이므로, 위험충족의 관계에 있어서는 서로 관련성을 가진다는 전제 아래 그 법률적 성격을 관철하여야 할 것이다(1966.10.21, 66다1458). 〈정찬(하) 464면〉

리스계약은 실질에 있어 대여시설을 취득하는 데 소요되는 자금에 관한 금융의 편의를 제공하는 것을 내용으로 하는 물적금융으로서 그의 구체적 사항은 당사자 사이의 약정에 의하여 정하여지며, 보증보험계약은 보험계약자가 주계약에 따른 채무를 이행하지 않음으로써 피보험자가 입게 되는 손해를 보험약관의 정하는 바에 따라 보험계약금액의 범위 내에서 보상하는 것이다(1999.9.3, 99다23055). 〈정찬 판례동향〉

보증보험이란 피보험자와 어떠한 법률관계를 가진 보험계약자의 채무불이행으로 인하여 피보험자가 입게 될 손해의 전보를 보험자가 인수하는 것을 내용으로 하는 손해보험으로 형식적으로는 채무자의 채무불이행을 보험사고로 하는 보험계약이나 실질적으로는 보증의 성격을 가지고 보증계약과 같은 효과를 목적으로 하는 것이다. 납세보증보험사업자가 무효인 납세보증보험에 기한 피보험자의 보험금지급청구에 기하여 보험금 명목의 급부를 이행한 경우 그 급부의 귀속자는 법률상 원인 없이 이득을 얻고 그로 인하여 납세보증보험사업자에게 손해를 가하였다 할 것이어서, 납세보증사업자는 직접 그 급부의 귀속자를 상대로 이미 이행한 급부를 부당이득으로 반환을 청구할 수 있다.(2005.8.25, 2004다58277). 〈정찬 723면〉

제638조의2【보험계약의 성립】 ①보험자가 보험계약자로부터 보험계약의 청약과 함께 보험료 상당액의 전부 또는 일부의 지급을 받은 때에는 다른 약정이 없으면 30일 내에 그 상대방에 대하여 낙부의 통지를 발송하여야 한다. 그러나 인보험계약의 피보험자가 신체검사를 받아야 하는 경우에는 그 기간은 신체검사를 받은 날부터 기산한다.
②보험자가 제1항의 규정에 의한 기간내에 낙부의 통지를 해태한 때에는 승낙한 것으로 본다.
③보험자가 보험계약자로부터 보험계약의 청약과 함께 보험료 상당액의 전부 또는 일부를 받은 경우에 그 청약을 승낙하기 전에 보험계약에서 정한 보험사고가 생긴 때에는 그 청약을 거절할 사유가 없는 한 보험자는 보험계약상의 책임을 진다. 그러나 인보험계약의 피보험자가 신체검사를 받아야 하는 경우에 그 검사를 받지 아니한 때에는 그러하지 아니하다.
〈본조신설 91.12.31〉

(판 례) 보통보험약관이 계약당사자에 대하여 구속력을 갖는 것은 그 자체가 법규범 또는 법규범적 성질을 가진 약속이기 때문이 아니라 보험계약 당사자사이에서 약속내용에 포함시키기로 합의하였기 때문이라고 볼 것인바, 일반적으로 당사자 사이에서 보통보험약관을 계약내용에 포함시킨 보험계약서가 작성된 경우에는 계약자가 그 보험약관의 내용을 알지 못하는 경우에도 그 약관의 구속력을 배제할 수 없는 것이 원칙이나 다만 당사자 사이에서 명시적으로 약관에 관하여 달리 약정한 경우에는 위 약관의 구속력은 배제된다(1985.11.26, 84다카2543). 〈최준(하) 269면〉

제638조의3【보험약관의 교부·설명의무】 ① 보험자는 보험계약을 체결할 때에 보험계약자에게 보험약관을 교부하고 그 약관의 중요한 내용을 설명하여야 한다.
② 보험자가 제1항을 위반한 경우 보험계약자는 보험계약이 성립한 날부터 3개월 이내에 그 계약을 취소할 수 있다.
〈본조신설 91.12.31〉
〈전문개정 2014.3.11〉

(판 례) 상법 제638조의3제1항 및 약관의규제에관한법률 제3조의 규정에 의하여 보험자는 보험계약을 체결할 때에 보험계약자에게 보험약관에 기재되어 있는 보험상품의 내용, 보험료율의 체계, 보험청약서상 기재사항의 변동 및 보험자의 면책사유 등 보험계약의 중요한 내용에 대하여 구체적이고 상세한 명시·설명의무를 지고 있다고 할 것이어서, 만일 보험자가 이러한 보험약관의 명시·설명의무에 위반하여 보험계약을 체결한 때에는 그 약관의 내용을 보험계약의 내

용으로 주장할 수 없다(2000.5.30, 99다66236). 〈최준(하) 282면〉

상법 제638조의3제2항에 의하여 보험자가 약관의 명시·설명의무를 위반한 때에는 보험계약자가 보험계약 성립일로부터 1월 내에 행사할 수 있는 취소권은 보험계약자에게 주어진 권리일 뿐 의무가 아님이 그 법문상 명백하고, 상법 제638조의3제2항은 약관의규제에관한 법률 제3조제3항과의 관계에서는 그 적용을 배제하는 특별규정이라고 할 수 없으므로, 보험계약자가 보험계약을 취소하지 않았다고 하더라도 보험자의 설명의무 위반의 법률효과가 소멸되어 이로써 보험계약자가 보험자의 설명의무 위반의 법률효과를 주장할 수 없다거나 보험자의 설명의무 위반의 하자가 치유되는 것이 아니다(1999.3.9, 98다43342). 〈최준(하) 283면〉

보험약관의 중요한 내용에 해당하는 사항이라고 하더라도 보험계약자나 그 대리인이 그 내용을 충분히 잘 알고 있는 경우에는 당해 약관이 바로 계약 내용이 되어 당사자에 대하여 구속력을 갖는 것이므로, 보험자로서의 보험계약자 또는 그 대리인에게 약관의 내용을 따로 설명할 필요가 없다.(2005.8.25, 2004다18903). 〈정찬 504면〉

제639조【타인을 위한 보험】 ①보험계약자는 위임을 받거나 위임을 받지 아니하고 특정 또는 불특정의 타인을 위하여 보험계약을 체결할 수 있다. 그러나 손해보험계약의 경우에 그 타인의 위임이 없는 때에는 보험계약자는 이를 보험자에게 고지하여야 하고, 그 고지가 없는 때에는 타인이 그 보험계약이 체결된 사실을 알지 못하였다는 사유로 보험자에게 대항하지 못한다. 〈개정 91.12.31〉

②제1항의 경우에는 그 타인은 당연히 그 계약의 이익을 받는다. 그러나 손해보험계약의 경우에 보험계약자가 그 타인에게 보험사고의 발생으로 생긴 손해의 배상을 한 때에는 보험계약자는 그 타인의 권리를 해하지 아니하는 범위안에서 보험자에게 보험금액의 지급을 청구할 수 있다. 〈신설 91.12.31〉

③제1항의 경우에는 보험계약자는 보험자에 대하여 보험료를 지급할 의무가 있다. 그러나 보험계약자가 파산선고를 받거나 보험료의 지급을 지체한 때에는 그 타인이 그 권리를 포기하지 아니하는 한 그 타인도 보험료를 지급할 의무가 있다. 〈개정 91.12.31〉

(판 례) 타인을 위한 손해보험계약에서 말하는 타인이란 보험계약자가 제3자를 주체로 하는 피보험이익에 관하여 보험계약을 체결한 경우 그 제3자 즉, 피보험이익의 주체인 피보험자를 말하는 것이고, 단지 보험계약자에게 귀속되는 피보험이익에 관하여 체결된 손해보험계약에서 보험금을 수취할 권리가 있는 자로 지정되었을 뿐인 자는 여기에서 말하는 타인이라 할 수 없다 (1999.6.11, 99다489). 〈정찬 판례동향〉

제640조【보험증권의 교부】 ①보험자는 보험계약이 성립한 때에는 지체없이 보험증권을 작성하여 보험계약자에게 교부하여야 한다. 그러나 보험계약자가 보험료의 전부 또는 최초의 보험료를 지급하지 아니한 때에는 그러하지 아니하다. 〈개정 91.12.31〉

②기존의 보험계약을 연장하거나 변경한 경우에는 보험자는 그 보험증권에 그 사실을 기재함으로써 보험증권의 교부에 갈음할 수 있다. 〈신설 91.12.31〉

(판 례) 상법 제640조의 규정에 의하면 보험자는 보험계약이 성립한 때에는 보험계약자가 보험료를 납부하지 아니하는 등의 특별한 사정이 없는 한 지체없이 그 계약의 성립과 내용을 증명하는 보험증권을 작성하여 보험계약자에게 교부하여야 할 의무가 있으므로, 그 보험증권이 보험계약자의 의사에 반하여 보험계약자의 구상의무에 관하여 담보를 제공한 제3자에게 교부되었다면 이러한 의무가 이행되었다고 볼 수 없다(1999.2.9, 98다49104). 〈정찬 판례동향〉

제641조【증권에 관한 이의약관의 효력】 보험계약의 당사자는 보험증권의 교부가 있은 날로부터 일정한 기간내에 한하여 그 증권내용의 정부에 관한 이의를 할 수 있음을 약정할 수 있다. 이 기간은 1월을 내리지 못한다.

제642조【증권의 재교부청구】 보험증권을 멸실 또는 현저하게 훼손한 때에는 보험계약자는 보험자에 대하여 증권의 재교부를 청구할 수 있다. 그 증권작성의 비용은 보험계약자의 부담으로 한다.

제643조【소급보험】 보험계약은 그 계약전의 어느 시기를 보험기간의 시기로 할 수 있다.

제644조【보험사고의 객관적 확정의 효과】 보험계약당시에 보험사고가 이미 발생하였거나 또는 발생할 수 없는 것인 때에는 그 계약은 무효로 한다. 그러나 당사자쌍방과 피보험자가 이를 알지 못한 때에는 그러하지 아니하다.

(판 례) 피보험자가 생산한 제품으로 인하여 타인의 재물을 손괴하여 법률상 배상책임을 부담함으로써 입는 손해를 보상하기로 하는 영업배상책임보험계약의 보험사고는 제품의 파손사고 자체가 아니라 그 파손으로 인한 타인의 재물의 손괴라는 이유로 상법 제644조 소정의 보험사고의 객관적 확정에 해당하지 않는다 (2000.6.9, 98다54397).

제645조 삭제 〈91.12.31〉

제646조【대리인이 안 것의 효과】 대리인에 의하여 보험계약을 체결한 경우에 대리인이 안 사유는 그 본인의 안 것과 동일한 것으로 한다.

제646조의2【보험대리상 등의 권한】 ① 보험대리상은 다음 각 호의 권한이 있다.

1. 보험계약자로부터 보험료를 수령할 수 있는 권한
2. 보험자가 작성한 보험증권을 보험계약자에게 교부할 수 있는 권한
3. 보험계약자로부터 청약, 고지, 통지, 해지, 취소 등 보험계약에 관한 의사표시를 수령할 수 있는 권한
4. 보험계약자에게 보험계약의 체결, 변경, 해지 등 보험계약에 관한 의사표시를 할 수 있는 권한

② 제1항에도 불구하고 보험자는 보험대리상의 제1항 각 호의 권한 중 일부를 제한할 수 있다. 다만, 보험자는 그러한 권한 제한을 이유로 선의의 보험계약자에게 대항하지 못한다.

③ 보험대리상이 아니면서 특정한 보험자를 위하여 계속적으로 보험계약의 체결을 중개하는 자는 제1항제1호(보험자가 작성한 영수증을 보험계약자에게 교부하는 경우만 해당한다) 및 제2호의 권한이 있다.

④ 피보험자나 보험수익자가 보험료를 지급하거나 보험계약에 관한 의사표시를 할 의무가 있는 경우에는 제1항부터 제3항까지의 규정을 그 피보험자나 보험수익자에게도 적용한다.

〈본조신설 2014.3.11〉

제647조【특별위험의 소멸로 인한 보험료의 감액청구】 보험계약의 당사자가 특별한 위험을 예기하여 보험료의 액을 정한 경우에 보험기간중 그 예기한 위험이 소멸한 때에는 보험계약자는 그 후의 보험료의 감액을 청구할 수 있다.

제648조【보험계약의 무효로 인한 보험료반환청구】 보험계약의 전부 또는 일부가 무효인 경우에 보험계약자와 피보험자가 선의이며 중대한 과실이 없는 때에는 보험자에 대하여 보험료의 전부 또는 일부의 반환을 청구할 수 있다. 보험계약자와 보험수익자가 선의이며 중대한 과실이 없는 때에도 같다.

제649조【사고발생전의 임의해지】 ①보험사고가 발생하기 전에는 보험계약자는 언제든지 계약의 전부 또는 일부를 해지할 수 있다. 그러나 제639조의 보험계약의 경우에는 보험계약자는 그 타인의 동의를 얻지 아니하거나 보험증권을 소지하지 아니하면 그 계약을 해지하지 못한다. 〈개정 91.12.31〉

②보험사고의 발생으로 보험자가 보험금액을 지급한 때에도 보험금액이 감액되지 아니하는 보험의 경우에는 보험계약자는 그 사고발생후에도 보험계약을 해지할 수 있다. 〈신설 91.12.31〉

③제1항의 경우에는 보험계약자는 당사자간에 다른 약정이 없으면 미경과보험료의 반환을 청구할 수 있다. 〈개정 91.12.31〉

제650조【보험료의 지급과 지체의 효과】 ①보험계약자는 계약체결후 지체없이 보험료의 전부 또는 제1회 보험료를 지급하여야 하며, 보험계약자가 이를 지급하지 아니하는 경우에는 다른 약정이 없는 한 계약성립후 2월이 경과하면 그 계약은 해제된 것으로 본다.

②계속보험료가 약정한 시기에 지급되지 아니한 때에는 보험자는 상당한 기간을 정하여 보험계약자에게 최고하고 그 기간내에 지급되지 아니한 때에는 그 계약을 해지할 수 있다.

③특정한 타인을 위한 보험의 경우에 보험계약자가 보험료의 지급을 지체한 때에는 보험자는 그 타인에게도 상당한 기간을 정하여 보험료의 지급을 최고한 후가 아니면 그 계약을 해제 또는 해지하지 못한다.

〈전문개정 91.12.31〉

제650조의2【보험계약의 부활】 제650조제2항에 따라 보험계약이 해지되고 해지환급금이 지급되지 아니한 경우에 보험계약자는 일정한 기간내에 연체보험료에 약정이자를 붙여 보험자에게 지급하고 그 계약의 부활을 청구할 수 있다. 제638조의2의 규정은 이 경우에 준용한다.

〈본조신설 91.12.31〉

제651조【고지의무위반으로 인한 계약해지】 보험계약당시에 보험계약자 또는 피보험자가 고의 또는 중대한 과실로 인하여 중요한 사항을 고지하지 아니하거나 부실의 고지를 한 때에는 보험자는 그 사실을 안 날로부터 1월 내에, 계약을 체결한 날로부터 3년 내에 한하여 계약을 해지할 수 있다. 그러나 보험자가 계약당시에 그 사실을 알았거나 중대한 과실로 인하여 알지 못한 때에는 그러하지 아니하다. 〈개정 91.12.31〉

판례 보험자 및 보험계약의 체결 또는 모집에 종사하는 자는 보험계약의 체결에 있어서 보험계약자 또는 피보험자에게 보험약관에 기재되어 있는 보험상품의 내용, 보험료율의 체계 및 보험청약서상 기재사항의 변동사항 등 보험계약의 중요한 내용에 대하여 구체적이고 상세한 명시·설명의무를 지고 있다고 할 것이어서 보험자가 이러한 보험약관의 명시·설명의무에 위반하여 보험계약을 체결한 때에는 그 약관의 내용을 보험계약의 내용으로 주장할 수 없다 할 것이므로, 보험계약자나 그 대리인이 그 약관에 규정된 고지의무를 위반하였다 하더라도 이를 이유로 보험계약을 해지할 수는 없다(1997.9.26, 97다4494). 〈최준(하) 308면〉

보험계약을 체결함에 있어 고지의무 위반사실이 보험사고의 발생에 영향을 미치지 아니하였다는 점, 즉 보험사고의 발생이 보험계약자가 불고지하였거나 부실고지한 사실에 의한 것이 아니라는 것이 증명된 때에는 상법 제655조 단서의 규정에 의하여 보험자는 위 부실고지를 이유로 보험계약을 해지할 수 없는 것이지만 위와 같은 고지의무 위반사실과 보험사고 발생과의 인과관계의 부존재의 점에 관한 입증책임은 보험계약자에게 있다(1994.2.25, 93다52082). 〈최준(하) 314면〉

보험계약을 체결함에 있어 중요한 사항에 관하여 보험계약자의 고지의무위반이 사기에 해당하는 경우에는 보험자는 상법의 규정에 의하여 계약을 해지할 수 있음은 물론 민법의 일반원칙에 따라 그 보험계약을 취소할 수 있다(1991.12.27, 91다1165). 〈최준(하) 325면〉

보험가입청약서에 기왕병력을 기재하지 아니하고 보험회사의 외무사원에게 이를 말한 것만으로는 위 기왕병력을 보험회사에 고지하였다고 볼 수 없다(1979. 10.30, 79다1234). 〈최준(하) 327면〉

제651조의2【서면에 의한 질문의 효력】 보험자가 서면으로 질문한 사항은 중요한 사항으로 추정한다.
〈본조신설 91.12.31〉

(판 례) 자동차보험계약을 다시 체결하면서 보험모집인으로부터 주운전자란이 있는 보험청약서를 제시받았다면 서면으로 주운전자에 관한 질문을 받은 것으로 볼 수 있다(1997.3.14, 96다53314). 〈정찬(하) 509면〉

제652조【위험변경증가의 통지와 계약해지】 ①보험기간중에 보험계약자 또는 피보험자가 사고발생의 위험이 현저하게 변경 또는 증가된 사실을 안 때에는 지체없이 보험자에게 통지하여야 한다. 이를 해태한 때에는 보험자는 그 사실을 안 날로부터 1월 내에 한하여 계약을 해지할 수 있다.
②보험자가 제1항의 위험변경증가의 통지를 받은 때에는 1월 내에 보험료의 증액을 청구하거나 계약을 해지할 수 있다. 〈신설 91.12.31〉

(판 례) 업무용자동차종합보험계약의 약관에서 비사업용으로 보험에 가입된 자동차를 계속적·반복적으로 유상운송에 제공하다가 발생된 사고에 관하여 보험자의 면책을 규정한 것은 주된 이유가 사업용 자동차와 비사업용 자동차는 보험사고 위험률에 큰 차이가 있어 보험료의 액수가 다르기 때문이고, 보험계약자나 피보험자가 보험계약을 체결한 후 위험이 뚜렷이 증가하거나 적용할 보험료에 차액이 생기는 사실을 안 때에 보험자에게 그 사실을 통지하도록 약관으로 규정한 것은 상법 제652조의 규정과 같은 취지에서 보험기간 중에 위험이 현저하게 변경 또는 증가된 경우 보험자에게 그 사실을 알려 보험계약을 해지하거나 변경할 수 있는 기회를 주기 위한 것이므로, 위 각 약관조항에서 규정한 면책사유나 통지의무의 대상이 되는 사실은 그로 인하여 변경 또는 증가된 위험이 보험계약 체결 당시에 존재하고 있었다면 보험자가 보험계약을 체결하지 아니하였거나 적어도 같은 보험료로는 보험을 인수하지 않았을 것으로 인정되는 사실만을 의미한다(따라서 피보험자가 서적도매상에서 일당을 받고 서적의 상·하차, 분류 및 배달업무에 종사하면서 다른 차량과 함께 가끔 자신 소유의 피보험자동차를 이용하여 서적을 배달한 일이 있다는 정도의 사실만으로는 차량의 운송 경위나 목적, 빈도 등에 비추어 볼 때, 업무용자동차종합보험계약의 약관에서 보험자의 면책사유로 규정된 '계속적·반복적인 유상운송제공행위'나 통지의무의 대상인 '위험이 현저하게 변경 또는 증가된 경우'에 해당한다고 보기 어렵다). (1999.1.26, 98다48682). 〈정찬 판례동향〉

제653조【보험계약자 등의 고의나 중과실로 인한 위험증가와 계약해지】 보험기간 중에 보험계약자, 피보험자 또는 보험수익자의 고의 또는 중대한 과실로 인하여 사고발생의 위험이 현저하게 변경 또는 증가된 때에는 보험자는 그 사실을 안 날부터 1월 내에 보험료의 증액을 청구하거나 계약을 해지할 수 있다. 〈개정 91.12.31〉

제654조【보험자의 파산선고와 계약해지】 ①보험자가 파산의 선고를 받은 때에는 보험계약자는 계약을 해지할 수 있다.
②제1항의 규정에 의하여 해지하지 아니한 보험계약은 파산선고후 3월을 경과한 때에는 그 효력을 잃는다. 〈개정 91.12.31〉

제655조【계약해지와 보험금청구권】 보험사고가 발생한 후라도 보험자가 제650조, 제651조, 제652조 및 제653조에 따라 계약을 해지하였을 때에는 보험금을 지급할 책임이 없고 이미 지급한 보험금의 반환을 청구할 수 있다. 다만, 고지의무(告知義務)를 위반한 사실 또는 위험이 현저하게 변경되거나 증가된 사실이 보험사고 발생에 영향을 미치지 아니하였음이 증명된 경우에는 보험금을 지급할 책임이 있다.
〈전문개정 2014.3.11〉

제656조【보험료의 지급과 보험자의 책임개시】 보험자의 책임은 당사자간에 다른 약정이 없으면 최초의 보험료의 지급을 받은 때로부터 개시한다.

제657조【보험사고발생의 통지의무】 ①보험계약자 또는 피보험자나 보험수익자는 보험사고의 발생을 안 때에는 지체없이 보험자에게 그 통지를 발송하여야 한다.
②보험계약자 또는 피보험자나 보험수익자가 제1항의 통지의무를 해태함으로 인하여 손해가 증가된 때에는 보험자는 그 증가된 손해를 보상할 책임이 없다. 〈신설 91.12.31〉

제658조【보험금액의 지급】 보험자는 보험금액의 지급에 관하여 약정기간이 있는 경우에는 그 기간내에 약정기간이 없는 경우에는 제657조제1항의 통지를 받은 후 지체없이 지급할 보험금액을 정하

고 그 정하여진 날부터 10일 내에 피보험자 또는 보험수익자에게 보험금액을 지급하여야 한다. 〈전문개정 91.12.31〉

제659조【보험자의 면책사유】 ①보험사고가 보험계약자 또는 피보험자나 보험수익자의 고의 또는 중대한 과실로 인하여 생긴 때에는 보험자는 보험금액을 지급할 책임이 없다.

②삭제 〈91.12.31〉

(판 례) 자동차보험에 있어서 피보험자의 명시적·묵시적 승인하에서 피보험자동차의 운전자가 무면허운전을 하였을 때 생긴 사고로 인한 손해에 대하여는 보상하지 않는다는 취지의 무면허운전 면책약관은 무면허운전이 보험계약자나 피보험자의 지배 또는 관리가능한 상황에서 이루어진 경우에 한하여 적용되는 것으로서, 이 경우에 있어서 묵시적 승인은 명시적 승인의 경우와 동일하게 면책약관이 적용되므로 무면허운전에 대한 승인 의도가 명시적으로 표현되는 경우와 동일시할 수 있는 정도로 그 승인 의도를 추단할 만한 사정이 있는 경우에 한정되어야 하고, 무면허운전이 보험계약자나 피보험자의 묵시적 승인하에 이루어졌는지 여부는 보험계약자나 피보험자와 무면허운전자의 관계, 평소 차량의 운전 및 관리 상황, 당해 무면허운전이 가능하게 된 경위와 그 운행 목적, 평소 무면허운전자의 운전에 관하여 보험계약자나 피보험자가 취해 온 태도 등의 제반 사정을 함께 참작하여 인정하여야 한다. 따라서 기명피보험자의 승낙을 받아 자동차를 사용하거나 운전하는 자로서 보험계약상 피보험자로 취급되는 자(이른바 승낙피보험자)의 승인만이 있는 경우에는 보험계약자나 피보험자의 묵시적인 승인이 있다고 할 수 없어 무면허운전 면책약관은 적용되지 않는다(2000.5.30, 99다66236). 〈최준(하) 282면〉

보험계약자 또는 피보험자 등이 법인인 경우에는 '법인의 이사 또는 그 업무를 집행하는 기타의 기관'의 고의 또는 중과실에 의한 손해에 대하여 보험자가 면책되도록 한 이 사건 면책 약관에 있어 '법인의 이사 또는 그 업무를 집행하는 기타의 기관'은, 원칙적으로 법인의 대표권 및 업무집행권을 가지는 대표기관을 의미한다고 보아야 할 것이다.(2005.3.10, 2003다61580). 〈정찬(하) 565면〉

제660조【전쟁위험 등으로 인한 면책】 보험사고가 전쟁 기타의 변란으로 인하여 생긴 때에는 당사자간에 다른 약정이 없으면 보험자는 보험금액을 지급할 책임이 없다.

제661조【재보험】 보험자는 보험사고로 인하여 부담할 책임에 대하여 다른 보험자와 재보험계약을 체결할 수 있다. 재보험계약은 원보험계약의 효력에 영향을 미치지 아니한다.

제662조【소멸시효】 보험금청구권은 3년간, 보험료 또는 적립금의 반환청구권은 3년간, 보험료청구권은 2년간 행사하지 아니하면 시효의 완성으로 소멸한다.

〈전문개정 2014.3.11〉

(판 례) 보험금액의 청구권 등의 소멸시효기간에 관하여 규정한 상법 제662조는 달리 특별한 규정이 없는 한 모든 손해보험과 인보험에 적용되는 규정이고, 무보험자동차에 의한 상해담보특약에 의한 보험이 실질적으로 피보험자가 무보험자동차에 의한 사고로 사망 또는 상해의 손해를 입게됨으로써 전보되지 못한 실손해를 보상하는 것이라 하더라도 그 보험금청구권은 상법 제662조에 의한 보험금액의 청구권에 다름 아니어서 이를 2년간 행사하지 아니하면 소멸시효가 완성된다고 할 것이고, 보험금청구권은 보험사고의 발생으로 인하여 구체적으로 확정되어 그 때로부터 그 권리를 행사할 수 있게 되므로 그 소멸시효는 특별한 사정이 없는 한 민법 제166조제1항의 규정에 의하여 보험사고가 발생한 때로부터 진행한다(2000.3.23, 99다66878). 〈정동 판례동향〉

보험사고가 발생한 것인지의 여부가 객관적으로 분명하지 아니하여 보험금청구권자가 과실없이 보험사고의 발생을 알 수 없었던 특별한 사정이 있는 경우에는 그가 보험사고의 발생을 알았거나 알 수 있었을 때로부터 보험금청구권의 소멸시효가 진행하지만, 그러한 사정이 없는 한 보험금청구권의 소멸시효는 원칙적으로 보험사고가 발생한 때로부터 진행한다(1999.2.23, 98다60613). 〈정찬 판례동향〉

제663조【보험계약자 등의 불이익변경금지】 이 편의 규정은 당사자간의 특약으로 보험계약자 또는 피보험자나 보험수익자의 불이익으로 변경하지 못한다. 그러나 재보험 및 해상보험 기타 이와 유사한 보험의 경우에는 그러하지 아니하다. 〈개정 91.12.31〉

(판 례) 피해자가 배상책임있는 피보험자의 고용인으로서 근로기준법에 의한 재해보상을 받을 수 있는 사람인 경우를 대인배상에 관한 보험회사의 면책사유의 하나로 들고 있는 자동차종합보험보통약관의 규정은 노사관계에서 발생한 업무상 재해로 인한 손해에 대하여는 산업재해보상보험에 의하여 전보받도록 하고 제3자에 대한 배상책임을 전보하는 것을 목적으로 한 자동차보험의 대인배상 범위에서는 이를 제외한 취지라고 보는 것이 타당하며, 위와 같은 면책조항이 상법 제659조에 규정된 면책사유보다 보험계약자에게 불이익하게 변경한 규정이라고 볼 수 없다(1989.11.14, 88다카29177). 〈최준(하) 298면〉

업무상 자동차종합보험약관 중 대인배상 Ⅱ에서 "배상책임 있는 피보험자의 피용자로서 산업재해보상보험법(이하 '산재보험법'이라 한다)에 의한 재해보상을 받을 수 있는 사람에 대하여는 보상하지 아니한다."는 면책조항을 규정한 취지는, 사용자와 근로자의 노사관계에서 발생한 업무상 재해로 인한 손해에 대하여는 노사관계를 규율하는 근로기준법에서 사용자의 각종 보상책임을 규정하는 한편, 이러한 보상책임을 담보하기 위하여 산재보험법으로 산재보험제도를 설정하고 있으므로, 산재보험 대상인 업무상 자동차사고에 의한 피해근로자의 손해에 대하여도 산재보험에 의하여 전보 받도록 하고, 이처럼 산재보험에 의한 전보가 가능한 범위에서는 제3자에 대한 배상책임을 전보하는 것을 목적으로 하는 자동차보험의 대인배상 범위에서 이를 제

외하려는 데 있는 것으로 해석함이 상당하다.(2005.3.17, 2003다2802), 〈정찬 717면〉

상법 제663조에 규정된 '보험계약자 등의 불이익변경 금지원칙'은 보험계약자와 보험자가 서로 대등한 경제적 지위에서 계약조건을 정하는 이른바 기업보험에 있어서의 보험계약 체결에 있어서는 그 적용이 배제된다.(2005.8.25, 2004다18903). 〈정찬 489면〉

제664조【상호보험, 공제등에의 준용】 이 편(編)의 규정은 그 성질에 반하지 아니하는 범위에서 상호보험(相互保險), 공제(共濟), 그 밖에 이에 준하는 계약에 준용한다. 〈개정 91.12.31〉
〈전문개정 2014.3.11〉

제2장 손해보험

제1절 통 칙

제665조【손해보험자의 책임】 손해보험계약의 보험자는 보험사고로 인하여 생길 피보험자의 재산상의 손해를 보상할 책임이 있다.

제666조【손해보험증권】 손해보험증권에는 다음의 사항을 기재하고 보험자가 기명날인 또는 서명하여야 한다. 〈개정 91.12.31, 2014. 3.11〉

1. 보험의 목적
2. 보험사고의 성질
3. 보험금액
4. 보험료와 그 지급방법
5. 보험기간을 정한 때에는 그 시기와 종기
6. 무효와 실권의 사유
7. 보험계약자의 주소와 성명 또는 상호

7의2. 피보험자의 주소, 성명 또는 상호

8. 보험계약의 연월일
9. 보험증권의 작성지와 그 작성연월일

제667조【상실이익 등의 불산입】 보험사고로 인하여 상실된 피보험자가 얻을 이익이나 보수는 당사자간에 다른 약정이 없으면 보험자가 보상할 손해액에 산입하지 아니한다.

제668조【보험계약의 목적】 보험계약은 금전으로 산정할 수 있는 이익에 한하여 보험계약의 목적으로 할 수 있다.

제669조【초과보험】 ①보험금액이 보험계약의 목적의 가액을 현저하게 초과한 때에는 보험자 또는 보험계약자는 보험료와 보험금액의 감액을 청구할 수 있다. 그러나 보험료의 감액은 장래에 대하여서만 그 효력이 있다.

②제1항의 가액은 계약당시의 가액에 의하여 정한다. 〈개정 91.12.31〉

③보험가액이 보험기간 중에 현저하게 감소된 때에도 제1항과 같다.

④제1항의 경우에 계약이 보험계약자의 사기로 인하여 체결된 때에는 그 계약은 무효로 한다. 그러나 보험자는 그 사실을 안 때까지의 보험료를 청구할 수 있다.

(판 례) 경제적으로 독립한 여러 물건에 대하여 화재보험계약을 체결함에 있어 집합된 물건 전체에 대하여 단일의 보험금액으로써 계약을 체결하거나 물건을 집단별로 나누어 따로이 보험금액을 정하든지 간에, 보험의 목적이 된 수 개의 물건 가운데 일부에 대하여만 고지의무 위반이 있는 경우에 보험자는 나머지 부분에 대하여도 동일한 조건으로 그 부분만에 대하여 보험계약을 체결하지 아니하였으리라는 사정이 없는 한 그 고지의무 위반이 있는 물건에 대하여만 보험계약을 해지할 수 있고 나머지 부분에 대하여는 보험계약의 효력에 영향이 없다고 할 것이고, 이 경우 보험계약자가 일부 물건에 대하여 고지하지 아니한 사항이 보험계약의 나머지 부분에 있어서도 상법 제651조에서 정한 '중요한 사항', 즉 보험자가 보험사고의 발생과 그로 인한 책임부담의 개연율을 측정하여 보험계약의 체결 여부 또는 보험료나 특별한 면책조항의 부가와 같은 보험계약의 내용을 결정하기 위한 표준이 되는 사항으로서 객관적으로 보험자가 그 사실을 안다면 그 계약을 체결하지 아니하든가 또는 적어도 동일한 조건으로는 계약을 체결하지 아니하리라고 생각되는 사항에 해당하는 경우에만 그 불고지를 들어 계약 전체를 실효시키거나 취소할 수 있으며, 상법 제669조 소정의 초과보험계약이라는 사유를 들어 사고 발생 당시의 보험가액을 한도로 한 보험금지급의무의 제한을 주장하는 경우 그 입증책임은 이를 주장하는 보험자가 부담하여야 한다(1999.4.23, 99다8599). 〈정찬 판례동향〉

제670조【기평가보험】 당사자간에 보험가액을 정한 때에는 그 가액은 사고발생시의 가액으로 정한 것으로 추정한다. 그러나 그 가액이 사고발생시의 가액을 현저하게 초과할 때에는 사고발생시의 가액을 보험가액으로 한다.

(판 례) 손해보험에 있어서 보험사고의 발생에 의하여 피보험자가 불이익을 받게 될 이해관계의 평가액인 보험가액은 보험목적의 객관적인 기준에 따라 평가되어야 하나 보험사고가 발생한 후 그 평가를 둘러싸고 보험자와 피보험자 사이에 분쟁이 발생하는 것을 미리 예방하고 신속한 보상을 할 수 있도록 하기 위하여 상법 제670조에서 기평가보험에 있어 보험가액에 관한 규정을 두고 있는바 이러한 기평가보험계약에 있어서도 당사자는 추가 보험계약으로 평가액을 감액 또는 증액할 수 있으며, 상법 제669조 소정의 초과보험계약이라는 사유를 들어 보험가액의 제한 또는 보험계약의 무효를 주장하는 경우 그 입증책임은 무효를 주장하는 보험자가 부담한다(1988.2.9, 86다카2933,2934). 〈정찬(하) 555면〉

제671조【미평가보험】 당사자간에 보험가액을 정하지 아니한 때에는 사고발생시의 가액을 보험가액

으로 한다.

제672조【중복보험】 ①동일한 보험계약의 목적과 동일한 사고에 관하여 수개의 보험계약이 동시에 또는 순차로 체결된 경우에 그 보험금액의 총액이 보험가액을 초과한 때에는 보험자는 각자의 보험금액의 한도에서 연대책임을 진다. 이 경우에는 각 보험자의 보상책임은 각자의 보험금액의 비율에 따른다. 〈개정 91. 12.31〉

②동일한 보험계약의 목적과 동일한 사고에 관하여 수개의 보험계약을 체결하는 경우에는 보험계약자는 각 보험자에 대하여 각 보험계약의 내용을 통지하여야 한다. 〈개정 91.12.31〉

③제669조제4항의 규정은 제1항의 보험계약에 준용한다.

판례 산업재해보상보험과 자동차종합보험(대인배상보험)은 보험의 목적과 보험사고가 동일하다고 볼 수 없는 것이어서 사용자가 위 보험들에 함께 가입하였다고 하여도 동일한 목적과 동일한 사고에 관하여 수개의 보험계약이 체결된 경우를 말하는 상법 제672조 소정의 중복보험에 해당한다고 할 수 없다(1989. 11.14, 88다카29177).

통지의무해태로 인한 사기의 중복보험을 인정하기 위해서는 단지 통지의무를 게을리 했다는 사유만으로는 사기를 추정할 수 없고, 보험자가 그 청약을 거절하였거나 다른 조건으로 승낙할 것을 알면서도 정당한 사유없이 위법하게 재산상 이익을 얻을 목적으로 통지의무를 불이행했음을 입증해야 한다(2001. 1.28, 99다50712).

중복보험이라 함은 동일한 보험계약의 목적과 동일한 사고에 관하여 수개의 보험계약이 동시에 또는 순차로 체결되고 그 보험금액의 총액이 보험가액을 초과하는 경우를 말하므로 보험계약의 목적 즉 피보험이익이 다르면 중복보험으로 되지 않으며, 한편 수개의 보험계약의 보험계약자가 동일할 필요는 없으나 피보험자가 동일인일 것이 요구되고, 각 보험계약의 보험기간은 전부 공통될 필요는 없고 중복되는 기간에 한하여 중복보험으로 보면 된다.(2005.4.29, 2004다57687). 〈정찬 604면〉

제673조【중복보험과 보험자 1인에 대한 권리포기】 제672조의 규정에 의한 수개의 보험계약을 체결한 경우에 보험자 1인에 대한 권리의 포기는 다른 보험자의 권리의무에 영향을 미치지 아니한다. 〈개정 91.12.31〉

제674조【일부보험】 보험가액의 일부를 보험에 붙인 경우에는 보험자는 보험금액의 보험가액에 대한 비율에 따라 보상할 책임을 진다. 그러나 당사자간에 다른 약정이 있는 때에는 보험자는 보험금액의 한도내에서 그 손해를 보상할 책임을 진다. 〈개정 91.12.31〉

제675조【사고발생후의 목적멸실과 보상책임】 보험의 목적에 관하여 보험자가 부담할 손해가 생긴 경우에는 그 후 그 목적이 보험자가 부담하지 아니하는 보험사고의 발생으로 인하여 멸실된 때에도 보험자는 이미 생긴 손해를 보상할 책임을 면하지 못한다. 〈개정 62.12.12〉

제676조【손해액의 산정기준】 ①보험자가 보상할 손해액은 그 손해가 발생한 때와 곳의 가액에 의하여 산정한다. 그러나 당사자간에 다른 약정이 있는 때에는 그 신품가액에 의하여 손해액을 산정할 수 있다. 〈개정 91.12.31〉

②제1항의 손해액의 산정에 관한 비용은 보험자의 부담으로 한다. 〈개정 91.12.31〉

제677조【보험료체납과 보상액의 공제】 보험자가 손해를 보상할 경우에 보험료의 지급을 받지 아니한 잔액이 있으면 그 지급기일이 도래하지 아니한 때라도 보상할 금액에서 이를 공제할 수 있다.

제678조【보험자의 면책사유】 보험의 목적의 성질, 하자 또는 자연소모로 인한 손해는 보험자가 이를 보상할 책임이 없다.

제679조【보험목적의 양도】 ①피보험자가 보험의 목적을 양도한 때에는 양수인은 보험계약상의 권리와 의무를 승계한 것으로 추정한다. 〈개정 91.12.31〉

②제1항의 경우에 보험의 목적의 양도인 또는 양수인은 보험자에 대하여 지체없이 그 사실을 통지하여야 한다. 〈신설 91.12.31〉

판례 상법 제679조의 취지는 보험의 목적이 양도된 경우 양수인의 양도인에 대한 관계에서 보험계약상의 권리도 함께 양도된 것으로 당사자의 통상의 의사를 추정하고, 이것을 사회 경제적 관점에서 긍정한 것이고 동조에 위반한 법률행위를 공서양속에 반한 법률행위로서 무효로 보아야 할 것으로는 해석되지 아니하므로 위 규정은 임의규정이라고 할 것이고, 따라서 당사자간의 계약에 의해 위 규정의 적용을 배제할 수 있다(1991.8.9, 91다1158). 〈최준(하) 346면〉

보험목적물의 양도를 보험계약자의 통지의무 사유로 들고 있는 화재보험보통약관 제9조와 '현저한 위험의 변경 또는 증가와 관련된 제9조에 정한 계약 후 알릴 의무를 이행하지 아니하였을 때'를 보험계약의 해지사유로 들고 있는 같은 약관 제11조제2항의 규정을 종합하여 보면, 화재보험의 목적물이 양도된 경우 그 양도로 인하여 현저한 위험의 변경 또는 증가가 있고 동시에 보험계약자 또는 피보험자가 양도의 통지를 하지 않는 경우에는 보험자는 통지의무 위반을 이유로 당해 보험계약을 해지할 수 있으나, 보험목적의 양도로 인하여 현저한 위험의 변경 또는 증가가 없는 경우에는 양도의 통지를 하지 않더라도 통지의무 위반을 이유로 당해 보험계약을 해지할 수 없다고 봄이 상당하다(1996.7.26, 95다52505). 〈최준(하) 340면〉

제680조【손해방지의무】 ①보험계약자와 피보험자는 손해의 방지와 경감을 위하여 노력하여야 한

다. 그러나 이를 위하여 필요 또는 유익하였던 비용과 보상액이 보험금액을 초과한 경우라도 보험자가 이를 부담한다. 〈개정 91. 12.31〉

②삭제 〈91.12.31〉

(판 례) 상법 제680조가 규정한 손해방지 비용이라 함은 보험자가 담보하고 있는 보험사고가 발생한 경우에 보험사고로 인한 손해의 발생을 방지하거나 손해의 확대를 방지함은 물론 손해를 경감할 목적으로 행하는 행위에 필요하거나 유익하였던 비용을 말하는 것으로, 위 제680조는 손해방지 의무자인 보험계약자 또는 피보험자가 손해방지 및 그 경감을 위하여 지출한 필요하고 유익한 비용은 보험금액을 초과한 경우라도 보험자가 이를 부담하도록 규정하고 있다(1995.12.8, 94다27076). 〈최준(하) 359면〉

제681조【보험목적에 관한 보험대위】 보험의 목적의 전부가 멸실한 경우에 보험금액의 전부를 지급한 보험자는 그 목적에 대한 피보험자의 권리를 취득한다. 그러나 보험가액의 일부를 보험에 붙인 경우에는 보험자가 취득할 권리는 보험금액의 보험가액에 대한 비율에 따라 이를 정한다.

제682조【제3자에 대한 보험대위】 ① 손해가 제3자의 행위로 인하여 발생한 경우에 보험금을 지급한 보험자는 그 지급한 금액의 한도에서 그 제3자에 대한 보험계약자 또는 피보험자의 권리를 취득한다. 다만, 보험자가 보상할 보험금의 일부를 지급한 경우에는 피보험자의 권리를 침해하지 아니하는 범위에서 그 권리를 행사할 수 있다.

② 보험계약자나 피보험자의 제1항에 따른 권리가 그와 생계를 같이 하는 가족에 대한 것인 경우 보험자는 그 권리를 취득하지 못한다. 다만, 손해가 그 가족의 고의로 인하여 발생한 경우에는 그러하지 아니하다.

〈전문개정 2014.3.11〉

제2절 화재보험

제683조【화재보험자의 책임】 화재보험계약의 보험자는 화재로 인하여 생긴 손해를 보상할 책임이 있다.

제684조【소방 등의 조치로 인한 손해의 보상】 보험자는 화재의 소방 또는 손해의 감소에 필요한 조치로 인하여 생긴 손해를 보상할 책임이 있다.

제685조【화재보험증권】 화재보험증권에는 제666조에 게기한 사항외에 다음의 사항을 기재하여야 한다.

1. 건물을 보험의 목적으로 한 때에는 그 소재지, 구조와 용도
2. 동산을 보험의 목적으로 한 때에는 그 존치한 장소의 상태와 용도
3. 보험가액을 정한 때에는 그 가액

제686조【집합보험의 목적】 집합된 물건을 일괄하여 보험의 목적으로 한 때에는 피보험자의 가족과 사용인의 물건도 보험의 목적에 포함된 것으로 한다. 이 경우에는 그 보험은 그 가족 또는 사용인을 위하여서도 체결한 것으로 본다.

제687조【동 전】 집합된 물건을 일괄하여 보험의 목적으로 한 때에는 그 목적에 속한 물건이 보험기간 중에 수시로 교체된 경우에도 보험사고의 발생시에 현존한 물건은 보험의 목적에 포함된 것으로 한다.

제3절 운송보험

제688조【운송보험자의 책임】 운송보험계약의 보험자는 다른 약정이 없으면 운송인이 운송물을 수령한 때로부터 수하인에게 인도할 때까지 생길 손해를 보상할 책임이 있다.

제689조【운송보험의 보험가액】 ①운송물의 보험에 있어서는 발송한 때와 곳의 가액과 도착지까지의 운임 기타의 비용을 보험가액으로 한다.

②운송물의 도착으로 인하여 얻을 이익은 약정이 있는 때에 한하여 보험가액 중에 산입한다.

제690조【운송보험증권】 운송보험증권에는 제666조에 게기한 사항외에 다음의 사항을 기재하여야 한다.

1. 운송의 노순과 방법
2. 운송인의 주소와 성명 또는 상호
3. 운송물의 수령과 인도의 장소
4. 운송기간을 정한 때에는 그 기간
5. 보험가액을 정한 때에는 그 가액

제691조【운송의 중지나 변경과 계약효력】 보험계약은 다른 약정이 없으면 운송의 필요에 의하여 일시운송을 중지하거나 운송의 노순 또는 방법을 변경한 경우에도 그 효력을 잃지 아니한다.

제692조【운송보조자의 고의, 중과실과 보험자의 면책】 보험사고가 송하인 또는 수하인의 고의 또는 중대한 과실로 인하여 발생한 때에는 보험자는 이로 인하여 생긴 손해를 보상할 책임이 없다.

제4절 해상보험

제693조【해상보험자의 책임】 해상보험계약의 보험자는 해상사업에 관한 사고로 인하여 생길 손해를 보상할 책임이 있다. 〈개정 91.12.31〉

제694조【공동해손분담액의 보상】 보험자는 피보험자가 지급할 공동해손의 분담액을 보상할 책임이 있다. 그러나 보험의 목적의 공동해손분담가액이 보험가액을 초과할 때에는 그 초과액에 대한 분담액은 보상하지 아니한다. 〈개정 91.12.31〉

제694조의2【구조료의 보상】 보험자는 피보험자가 보험사고로 인하여 발생하는 손해를 방지하기 위하여 지급할 구조료를 보상할 책임이 있다. 그러나 보험의 목적물의 구조료분담가액이 보험가액을 초과할 때에는 그 초과액에 대한 분담액은 보상하지 아니한다.
〈본조신설 91.12.31〉

제694조의3【특별비용의 보상】 보험자는 보험의 목적의 안전이나 보존을 위하여 지급할 특별비용을 보험금액의 한도내에서 보상할 책임이 있다.
〈본조신설 91.12.31〉

제695조【해상보험증권】 해상보험증권에는 제666조에 게기한 사항외에 다음의 사항을 기재하여야 한다. 〈개정 91.12.31〉

1. 선박을 보험에 붙인 경우에는 그 선박의 명칭, 국적과 종류 및 항해의 범위
2. 적하를 보험에 붙인 경우에는 선박의 명칭, 국적과 종류, 선적항, 양륙항 및 출하지와 도착지를 정한 때에는 그 지명
3. 보험가액을 정한 때에는 그 가액

제696조【선박보험의 보험가액과 보험목적】 ①선박의 보험에 있어서는 보험자의 책임이 개시될 때의 선박가액을 보험가액으로 한다.
②제1항의 경우에는 선박의 속구, 연료, 양식 기타 항해에 필요한 모든 물건은 보험의 목적에 포함된 것으로 한다. 〈개정 91.12.31〉

제697조【적하보험의 보험가액】 적하의 보험에 있어서는 선적한 때와 곳의 적하의 가액과 선적 및 보험에 관한 비용을 보험가액으로 한다. 〈개정 62.12.12〉

제698조【희망이익보험의 보험가액】 적하의 도착으로 인하여 얻을 이익 또는 보수의 보험에 있어서는 계약으로 보험가액을 정하지 아니한 때에는 보험금액을 보험가액으로한 것으로 추정한다.

제699조【해상보험의 보험기간의 개시】 ①항해단위로 선박을 보험에 붙인 경우에는 보험기간은 하물 또는 저하의 선적에 착수한 때에 개시한다.
②적하를 보험에 붙인 경우에는 보험기간은 하물의 선적에 착수한 때에 개시한다. 그러나 출하지를 정한 경우에는 그 곳에서 운송에 착수한 때에 개시한다.
③하물 또는 저하의 선적에 착수한 후에 제1항 또는 제2항의 규정에 의한 보험계약이 체결된 경우에는 보험기간은 계약이 성립한 때에 개시한다.
〈전문개정 91.12.31〉

제700조【해상보험의 보험기간의 종료】 보험기간은 제699조제1항의 경우에는 도착항에서 하물 또는 저하를 양륙한 때에, 동조제2항의 경우에는 양륙항 또는 도착지에서 하물을 인도한 때에 종료한다. 그러나 불가항력으로 인하지 아니하고 양륙이 지연된 때에는 그 양륙이 보통종료될 때에 종료된 것으로 한다. 〈개정 91.12.31〉

제701조【항해변경의 효과】 ①선박이 보험계약에서 정하여진 발항항이 아닌 다른 항에서 출항한 때에는 보험자는 책임을 지지 아니한다.
②선박이 보험계약에서 정하여진 도착항이 아닌 다른 항을 향하여 출항한 때에도 제1항의 경우와 같다.
③보험자의 책임이 개시된 후에 보험계약에서 정하여진 도착항이 변경된 경우에는 보험자는 그 항해의 변경이 결정된 때부터 책임을 지지 아니한다.
〈전문개정 91.12.31〉

제701조의2【이 로】 선박이 정당한 사유없이 보험계약에서 정하여진 항로를 이탈한 경우에는 보험자는 그때부터 책임을 지지 아니한다. 선박이 손해발생전에 원항로로 돌아온 경우에도 같다.
〈본조신설 91.12.31〉

제702조【발항 또는 항해의 지연의 효과】 피보험자가 정당한 사유없이 발항 또는 항해를 지연한 때에는 보험자는 발항 또는 항해를 지체한 이후의 사고에 대하여 책임을 지지 아니한다.
〈전문개정 91.12.31〉

제703조【선박변경의 효과】 적하를 보험에 붙인 경우에 보험계약자 또는 피보험자의 책임있는 사유로 인하여 선박을 변경한 때에는 그 변경후의 사고에 대하여 책임을 지지 아니한다. 〈개정 91.12.31〉

제703조의2【선박의 양도 등의 효과】 선박을 보험에 붙인 경우에 다음의 사유가 있을 때에는 보험계약은 종료한다. 그러나 보험자의 동의가 있는 때에는 그러하지 아니하다.

1. 선박을 양도할 때
2. 선박의 선급을 변경한 때
3. 선박을 새로운 관리로 옮긴 때

〈본조신설 91.12.31〉

제704조【선박미확정의 적하예정보험】 ①보험계약의 체결당시에 하물을 적재할 선박을 지정하지 아니한 경우에 보험계약자 또는 피보험자가 그 하물이 선적되었음을 안 때에는 지체없이 보험자에 대하여 그 선박의 명칭, 국적과 하물의 종류, 수량과 가액의 통지를 발송하여야 한다. 〈개정 91.12.31〉

②제1항의 통지를 해태한 때에는 보험자는 그 사실을 안 날부터 1월 내에 계약을 해지할 수 있다. 〈개정 91.12.31〉

제705조 삭제 〈91.12.31〉

제706조【해상보험자의 면책사유】 보험자는 다음의 손해와 비용을 보상할 책임이 없다. 〈개정 91.12.31〉

1. 선박 또는 운임을 보험에 붙인 경우에는 발항당시 안전하게 항해를 하기에 필요한 준비를 하지 아니하거나 필요한 서류를 비치하지 아니함으로 인하여 생긴 손해
2. 적하를 보험에 붙인 경우에는 용선자, 송하인 또는 수하인의 고의 또는 중대한 과실로 인하여 생긴 손해
3. 도선료, 입항료, 등대료, 검역료, 기타 선박 또는 적하에 관한 항해중의 통상비용

(판 례) 어선보통공제약관에서 "공제 목적인 어선이 발항당시 통상의 해상위험을 사실상 감내할 수 있을 정도로 적합한 상태에 있을 것을 조건으로 하여 공제계약의 청약을 승낙하여 보상책임을 부담합니다."라고 규정하고 있는 경우, "공제의 목적인 어선이 발항당시 통상의 해상위험을 사실상 감내할 수 있을 정도로 적합한 상태"란 공제의 목적물인 선박이 발항당시 통상의 해상위험을 사실상 감내할 수 있는 정도의 감항능력을 갖추고 있는 상태를 뜻하고, 이러한 감항능력은 언제나 선체나 기관 등 선박시설이 당해 항해에 있어서 통상의 해상위험을 감내할 수 있는 능력(물적 감항능력)을 구비함과 동시에 그 선박에 승선하고 있는 선원의 기량과 수에 있어서도 그 항해에 있어서 통상의 해상위험을 감내할 수 있는 정도의 상태(인적 감항능력)에 있어야만 완전히 갖추어 진다고 보는 것이, 위 약관의 문언과 상법 제706조제1항의 규정 등에 비추어 정당하다. 그리고 상법 제663조 단서 규정에 의하면 해상보험에 있어서는 보험계약자 등의 불이익변경금지의 원칙이 적용되지 아니하여 해상보험 약관으로 상법의 규정과 달리 규정하더라도 그와 같은 약관규정은 유효하다고 할 것인바, 위와 같은 약관이 있는 경우, 이는 감항능력의 결여를 상법 제706조처럼 손해발생과의 인과관계를 요하는 보험자의 면책사유로 규정한 것이 아니라, 선박이 발항당시 감항능력을 갖추고 있을 것을 조건으로 하여 보험자가 해상위험을 인수한다는 취지임이 문언상 명백하므로, 보험사고가 그 조건의 결여 이후에 발생한 경우에는 보험자는 조건 결여의 사실, 즉 발항당시의 불감항 사실만을 입증하면 그 조건 결여와 손해발생(보험사고) 사이의 인과관계를 입증할 필요없이 보험금 지급책임을 부담하지 않게 된다(1995.9.29, 93다53078). 〈정찬(하) 608면〉

제707조 삭제 〈91.12.31〉

제707조의2【선박의 일부손해의 보상】 ①선박의 일부가 훼손되어 그 훼손된 부분의 전부를 수선한 경우에는 보험자는 수선에 따른 비용을 1회의 사고에 대하여 보험금액을 한도로 보상할 책임이 있다.

②선박의 일부가 훼손되어 그 훼손된 부분의 일부를 수선한 경우에는 보험자는 수선에 따른 비용과 수선을 하지 아니함으로써 생긴 감가액을 보상할 책임이 있다.

③선박의 일부가 훼손되었으나 이를 수선하지 아니한 경우에는 보험자는 그로 인한 감가액을 보상할 책임이 있다.

〈본조신설 91.12.31〉

제708조【적하의 일부손해의 보상】 보험의 목적인 적하가 훼손되어 양륙항에 도착한 때에는 보험자는 그 훼손된 상태의 가액과 훼손되지 아니한 상태의 가액과의 비율에 따라 보험가액의 일부에 대한 손해를 보상할 책임이 있다.

제709조【적하매각으로 인한 손해의 보상】 ①항해도중에 불가항력으로 보험의 목적인 적하를 매각한 때에는 보험자는 그 대금에서 운임 기타 필요한 비용을 공제한 금액과 보험가액과의 차액을 보상하여야 한다.

②제1항의 경우에 매수인이 대금을 지급하지 아니한 때에는 보험자는 그 금액을 지급하여야 한다. 보험자가 그 금액을 지급한 때에는 피보험자의 매수인에 대한 권리를 취득한다. 〈개정 91.12.31〉

제710조【보험위부의 원인】 다음의 경우에는 피보험자는 보험의 목적을 보험자에게 위부하고 보험금액의 전부를 청구할 수 있다. 〈개정 91.12.31〉

1. 피보험자가 보험사고로 인하여 자기의 선박 또는 적하의 점유를 상실하여 이를 회복할 가능성이 없거나 회복하기 위한 비용이 회복하였을 때의 가액을 초과하리라고 예상될 경우
2. 선박이 보험사고로 인하여 심하게 훼손되어 이를 수선하기 위한 비용이 수선하였을 때의 가액을 초과하리라고 예상될 경우
3. 적하가 보험사고로 인하여 심하게 훼손되어서 이를 수선하기 위한 비용과 그 적하를 목적지까지 운송하기 위한 비용과의 합계액이 도착하는 때의 적하의 가액을 초과하리라고 예상

될 경우

판례 영국 해상보험법(Marine Insurance Act 1906년) 제56조제1항은 "손해는 전부이거나 일부일 수 있다. 이하에서 정의하는 전손 이외는 분손이다."고 규정하고, 제2항은 "전손은 현실전손(actual total loss)일 수도 있고, 추정전손(constructive total loss)일 수도 있다."고 규정하며, 제60조제1항은 "보험증권상의 명시적 규정에 반하지 않는 한, 보험목적의 현실전손이 불가피하기 때문에 또는 비용이 지출되고 난 이후의 보험목적의 가액을 초과하는 정도의 비용을 지출하지 않고서는 현실전손을 면할 수 없기 때문에 보험목적을 위부(위부)하는 것이 상당한 경우에는 추정전손이 있다."고 규정하고, 제2항은 "특히 다음의 경우는 추정전손이 있다."고 규정하면서 그 제2호에서 "선박이 훼손된 경우에는, 선박이 피보험위험으로 인하여 심하게 훼손되어 그 훼손을 수리하는 데 소요되는 비용이 수리되었을 때의 선박가액을 초과하리라고 예상되는 경우. 이 수리비를 산정함에 있어서는 수리에 관하여 다른 이해관계인이 지급하여야 할 공동해손분담액을 공제하여서는 아니되지만, 장래의 구조작업에 소요되는 비용과 선박이 수리될 경우에 선박이 부담하게 될 장래의 공동해손분담액은 수리비에 가산하여야 한다."고 규정하며, 이 사건 보험계약에 적용된 협회선박기간보험약관 제19조제1항은 "추정전손인가를 판단함에 있어서는 부보된 선박가액을 수리 후의 선박가액으로 보고, 선박 또는 난파선의 훼손된 가액 또는 해체된 가액은 이를 고려하지 아니한다."고 규정하고 있는바, 여기서 수리비라 함은 훼손된 선박을 원상으로 회복하는 데 소요되는 비용을 말하고, 이에는 선박의 손상 부위와 정도를 감정하기 위한 비용·선박을 수선항으로 예인하기 위한 비용·선급검사인의 검사료·예선증명서의 발급비용·수선감독자의 감독비용·기타 수선에 부수하는 비용도 포함된다(2001.2.23, 98다59301).

제711조【선박의 행방불명】 ①선박의 존부가 2월간 분명하지 아니한 때에는 그 선박의 행방이 불명한 것으로 한다. 〈개정 91.12.31〉

②제1항의 경우에는 전손으로 추정한다. 〈개정 91.12.31〉

제712조【대선에 의한 운송의 계속과 위부권의 소멸】 제710조제2호의 경우에 선장이 지체없이 다른 선박으로 적하의 운송을 계속한 때에는 피보험자는 그 적하를 위부할 수 없다. 〈개정 91.12.31〉

제713조【위부의 통지】 ①피보험자가 위부를 하고자 할 때에는 상당한 기간내에 보험자에 대하여 그 통지를 발송하여야 한다. 〈개정 91.12.31〉

②삭제 〈91.12.31〉

제714조【위부권행사의 요건】 ①위부는 무조건이어야 한다.

②위부는 보험의 목적의 전부에 대하여 이를 하여야 한다. 그러나 위부의 원인이 그 일부에 대하여 생긴 때에는 그 부분에 대하여서만 이를 할 수 있다.

③보험가액의 일부를 보험에 붙인 경우에는 위부는 보험금액의 보험가액에 대한 비율에 따라서만 이를 할 수 있다.

제715조【다른 보험계약 등에 관한 통지】 ①피보험자가 위부를 함에 있어서는 보험자에 대하여 보험의 목적에 관한 다른 보험계약과 그 부담에 속한 채무의 유무와 그 종류 및 내용을 통지하여야 한다.

②보험자는 제1항의 통지를 받을 때까지 보험금액의 지급을 거부할 수 있다. 〈개정 91.12.31〉

③보험금액의 지급에 관한 기간의 약정이 있는 때에는 그 기간은 제1항의 통지를 받은 날로부터 기산한다.

제716조【위부의 승인】 보험자가 위부를 승인한 후에는 그 위부에 대하여 이의를 하지 못한다.

제717조【위부의 불승인】 보험자가 위부를 승인하지 아니한 때에는 피보험자는 위부의 원인을 증명하지 아니하면 보험금액의 지급을 청구하지 못한다.

제718조【위부의 효과】 ①보험자는 위부로 인하여 그 보험의 목적에 관한 피보험자의 모든 권리를 취득한다.

②피보험자가 위부를 한 때에는 보험의 목적에 관한 모든 서류를 보험자에게 교부하여야 한다.

제5절 책임보험

제719조【책임보험자의 책임】 책임보험계약의 보험자는 피보험자가 보험기간중의 사고로 인하여 제3자에게 배상할 책임을 진 경우에 이를 보상할 책임이 있다.

제720조【피보험자가 지출한 방어비용의 부담】 ①피보험자가 제3자의 청구를 방어하기 위하여 지출한 재판상 또는 재판외의 필요비용은 보험의 목적에 포함된 것으로 한다. 피보험자는 보험자에 대하여 그 비용의 선급을 청구할 수 있다.

②피보험자가 담보의 제공 또는 공탁으로써 재판의 집행을 면할 수 있는 경우에는 보험자에 대하여 보험금액의 한도내에서 그 담보의 제공 또는 공탁을 청구할 수 있다.

③제1항 또는 제2항의 행위가 보험자의 지시에 의한 것인 경우에는 그 금액에 손해액을 가산한 금액이 보험금액을 초과하는 때에도 보험자가 이를 부담하여야 한다. 〈개정 91.12.31〉

판례 상법 제720조제1항에서 규정한 '방어비용'은 피해자가 보험사고로 인적, 물적 손해를 입고 피보험자를 상대로 손해배상청구를 한 경우에 그 방어를 위하여 지출한 재판상 또는 재판 외의 필요비용을 말하는 것이므로, 피해자로부터 아직 손해배상청구가 없는 경우 방어비용이 인정될 여지가 없지만, 피해자가 반드시 재판상 청구한 경우에 한하여 방어비용이 인정된다고 볼 것은 아니다. 그러나 피해자가 피보험자에게 재판상 청구는 물론 재판 외의 청구조차 하지 않은 이상, 제3자를 상대로 제소하였다 하여 그 소송의 변호사 비용이 상법 제720조 소정의 방어비용에 포함된다고 볼 수 없다(1995.12. 8, 94다27076). 〈최준(하) 359면〉

제721조【영업책임보험의 목적】 피보험자가 경영하는 사업에 관한 책임을 보험의 목적으로 한 때에는 피보험자의 대리인 또는 그 사업감독자의 제3자에 대한 책임도 보험의 목적에 포함된 것으로 한다.

제722조【피보험자의 배상청구 사실 통지의무】 ① 피보험자가 제3자로부터 배상청구를 받았을 때에는 지체 없이 보험자에게 그 통지를 발송하여야 한다.

② 피보험자가 제1항의 통지를 게을리하여 손해가 증가된 경우 보험자는 그 증가된 손해를 보상할 책임이 없다. 다만, 피보험자가 제657조제1항의 통지를 발송한 경우에는 그러하지 아니하다. 〈전문개정 2014.3.11〉

(판 례) 피보험자의 소송통지의무를 규정한 자동차보험보통약관 제50조의 취지는, 소송을 제기당한 피보험자가 소송에 적절히 대응하지 않아 부적정한 손해배상액을 명하는 판결을 받은 후 그 판결금액을 보험회사에게 청구할 수 있다고 한다면 이는 실손해를 전보한다는 자동차보험의 본래의 취지에 반하고 보험회사로 하여금 부당한 불이익을 입게 하는 것이므로 그와 같은 폐해를 피하고 후일의 분쟁을 방지하기 위하여 소송이 제기된 때에는 그 소송에서 적정한 배상액이 정해지도록 보험회사에게 직접, 간접으로 소송에 관여할 기회를 주기 위한 것이다. 따라서 만약 피보험자가 보험회사에게 피해자 등으로부터 소송을 제기당한 사실을 통지하여 보험회사로 하여금 소송에 실질적으로 관여할 수 있도록 하였거나 소송에서 피해자의 사고 당시의 수입액에 관한 자료를 제출하였다면 판결에서 피해자의 수익상실로 인한 손해액이 과다하게 인용되는 것을 방지할 수 있었음에도 이를 게을리 한 사정이 있다면, 자동차보험보통약관 제50조의 취지로 보아 피보험자의 의무해태로 인하여 적정 손해액 이상으로 판결에서 인용된 손해액에 대하여는 보험회사에게 보상의무가 없다고 봄이 상당하다(1994.8.12, 94다2145).

제723조【피보험자의 변제 등의 통지와 보험금액의 지급】 ①피보험자가 제3자에 대하여 변제, 승인, 화해 또는 재판으로 인하여 채무가 확정된 때에는 지체없이 보험자에게 그 통지를 발송하여야 한다.

②보험자는 특별한 기간의 약정이 없으면 전항의 통지를 받은 날로부터 10일 내에 보험금액을 지급하여야 한다.

③피보험자는 보험자의 동의없이 제3자에 대하여 변제, 승인 또는 화해를 한 경우에는 보험자가 그 책임을 면하게 되는 합의가 있는 때에도 그 행위가 현저하게 부당한 것이 아니면 보험자는 보상할 책임을 면하지 못한다.

제724조【보험자와 제3자와의 관계】 ①보험자는 피보험자가 책임을 질 사고로 인하여 생긴 손해에 대하여 제3자가 그 배상을 받기 전에는 보험금액의 전부 또는 일부를 피보험자에게 지급하지 못한다.

②제3자는 피보험자가 책임을 질 사고로 입은 손해에 대하여 보험금액의 한도내에서 보험자에게 직접 보상을 청구할 수 있다. 그러나 보험자는 피보험자가 그 사고에 관하여 가지는 항변으로써 제3자에게 대항할 수 있다. 〈개정 91.12.31〉

③보험자가 제2항의 규정에 의한 청구를 받은 때에는 지체없이 피보험자에게 이를 통지하여야 한다. 〈신설 91.12.31〉

④제2항의 경우에 피보험자는 보험자의 요구가 있을 때에는 필요한 서류·증거의 제출, 증언 또는 증인의 출석에 협조하여야 한다. 〈신설 91.12.31〉

(판 례) 자동차종합보험보통약관에 피보험자가 피해자에게 지는 손해배상액이 판결에 의하여 확정되는 등의 일정한 경우에는 피해자가 보험회사에 대하여 직접 보험금의 지급을 청구할 수 있도록 규정되어 있다 하더라도, 위 약관에 의하여 피해자에게 부여된 보험회사에 대한 보험금액청구권은 상법 제662조소정의 보험금액청구권에 다름 아니므로 이를 2년간 행사하지 아니하면 소멸시효가 완성되며, 피보험자가 피해자에게 지는 손해배상액이 판결에 의하여 확정되는 등의 경우에 피해자가 보험회사에 대하여 직접 보험금의 지급을 청구할 수 있다는 자동차종합보험보통약관의 규정에 따라 피해자가 보험회사에 대하여 판결금액 상당의 보험금액을 직접 청구하는 소송을 제기한 경우 이 직접청구권의 소멸시효는 확정판결이 있은 때로부터 기산된다(1993.4.13, 93다3622). 〈최준(하) 368면〉

상법 제724조제2항에 의하여 피해자에게 인정되는 직접청구권의 법적 성질은 보험자가 피보험자의 피해자에 대한 손해배상채무를 병존적으로 인수한 것으로서 피해자가 보험자에 대하여 가지는 손해배상청구이고 피보험자의 보험자에 대한 보험금청구권의 변형 내지는 이에 준하는 권리가 아니다(2000.6.9, 98다54397). 〈정동 판례동향〉

상법 제724조제2항의 규정에 의하여 인정되는 피해자의 보험자에 대한 손해배상채권과 피해자의 피보험자에 대한 손해배상채권은 별개의 독립된 것으로서 병존한다고 하더라도, 위 각 채권은 피해자에 대한 손해배상이라는 단일한 목적을 위하여 존재하는 것으로서 객관적으로 밀접한 관련공동성이 있으므로 그 중 하나의 채권이 만족되는 경우에는 특별한 사정이 없는 한 다른 채권도 그 목적을 달성하여 소멸한다고 보아야 할 것인바, 보험자가 자신의 피해자에 대한 반대채권을 스스로 행사하여 상계를 한 경우에는 상계한 금액의 범위 내에서 피해자에 대한 변제가 이루어진 것과 같은 경제적 효과가 달성되어 피해자를 만족시키게 되므로 그 상계로 인한 손해배상채권 소멸의 효력은 피보험자에게도 미친다(1999.11.26, 99다34499). 〈정동 판례동향〉

제725조【보관자의 책임보험】 임차인 기타 타인의 물건을 보관하는 자가 그 지급할 손해배상을 위하여 그 물건을 보험에 붙인 경우에는 그 물건의 소유자는 보험자에 대하여 직접 그 손해의 보상을 청구할 수 있다.

제725조의2【수개의 책임보험】 피보험자가 동일한 사고로 제3자에게 배상책임을 짐으로써 입은 손해를 보상하는 수개의 책임보험계약이 동시 또는 순차로 체결된 경우에 그 보험금액의 총액이 피보험자의 제3자에 대한 손해배상액을 초과하는 때에는 제672조와 제673조의 규정을 준용한다.
〈본조신설 91.12.31〉

(판 례) 두 개의 책임보험계약이 보험의 목적, 즉 피보험이익과 보험사고의 내용 및 범위가 전부 공통되지는 않으나 상당 부분 중복되고, 발생한 사고가 그 중복되는 피보험이익에 관련된 보험사고에 해당된다면, 이와 같은 두 개의 책임보험계약에 가입한 것은 피보험자, 피보험이익과 보험사고 및 보험기간이 중복되는 범위 내에서 상법 제725조의2에 정한 중복보험에 해당한다.(2005.4.29, 2004다57687). 〈정찬 604,672면〉

제726조【재보험에의 적용】 이 절(節)의 규정은 그 성질에 반하지 아니하는 범위에서 재보험계약에 준용한다.
〈전문개정 2014.3.11〉

제6절 자동차보험
〈본절신설 1991.12.31〉

제726조의2【자동차보험자의 책임】 자동차보험계약의 보험자는 피보험자가 자동차를 소유, 사용 또는 관리하는 동안에 발생한 사고로 인하여 생긴 손해를 보상할 책임이 있다.
〈본조신설 91.12.31〉

(판 례) 자동차종합보험의 계약자 겸 피보험자가 주차된 피보험자동차에 들어가 시동을 켜고 잠을 자다가 담배불로 인하여 발화된 것으로 추정되는 화재로 사망한 경우, 자동차보험약관 소정의 자기신체사고에 해당하지 않는다(2000.12.8, 2000다46375). 〈정찬(하) 644면〉

갑이 승용차를 을 명의로 등록하고 자동차종합보험에도 그 기명피보험자를 을로 하였는데 갑과 을을 잘 알면서 평소 위 차량을 빌려 타고 다니던 병이 갑으로부터 위 차량의 열쇠를 받아 위 차량을 몰고 그의 심부름으로 김밥을 사러 갔다가 마음대로 부산에서 서울로 올라가 위 차량을 운행중에 사고가 발생하였고 그 후 병이 갑에게 무단운행을 사과하는 전화를 하였는데도 그 차량의 반환을 요구하지도 아니한 채 그 운행을 묵인하고 있었다면 을은 자동차손해배상보장법상의 운행자성을 상실하였다고 할 수 없으며, 1회의 유상운송만으로는 자동차종합보험계약의 약관 제10조제1항제7호의 '요금이나 대가를 목적으로 계속적 또는 반복적으로 피보험자동차를 사용하거나 대여한 때에 생긴 사고로 인한 손해'에 해당하지 아니한다(1992.9.22, 92다28303). 〈정찬(하) 654면〉

제726조의3【자동차 보험증권】 자동차 보험증권에는 제666조에 게기한 사항외에 다음의 사항을 기재하여야 한다.

1. 자동차소유자와 그 밖의 보유자의 성명과 생년월일 또는 상호
2. 피보험자동차의 등록번호, 차대번호, 차형연식과 기계장치
3. 차량가액을 정한 때에는 그 가액

〈본조신설 91.12.31〉

제726조의4【자동차의 양도】 ①피보험자가 보험기간중에 자동차를 양도한 때에는 양수인은 보험자의 승낙을 얻은 경우에 한하여 보험계약으로 인하여 생긴 권리와 의무를 승계한다.
②보험자가 양수인으로부터 양수사실을 통지받은 때에는 지체없이 낙부를 통지하여야 하고 통지받은 날부터 10일 내에 낙부의 통지가 없을 때에는 승낙한 것으로 본다.
〈본조신설 91.12.31〉

제7절 보증보험
〈본절신설 2014.3.11〉

제726조의5【보증보험자의 책임】 보증보험계약의 보험자는 보험계약자가 피보험자에게 계약상의 채무불이행 또는 법령상의 의무불이행으로 입힌 손해를 보상할 책임이 있다.
〈본조신설 2014.3.11〉

제726조의6【적용 제외】 ① 보증보험계약에 관하여는 제639조제2항 단서를 적용하지 아니한다.
② 보증보험계약에 관하여는 보험계약자의 사기, 고의 또는 중대한 과실이 있는 경우에도 이에 대하여 피보험자에게 책임이 있는 사유가 없으면 제651조, 제652조, 제653조 및 제659조제1항을 적용하지 아니한다.
〈본조신설 2014.3.11〉

제726조의7【준용규정】 보증보험계약에 관하여는 그 성질에 반하지 아니하는 범위에서 보증채무에 관한 「민법」의 규정을 준용한다.
〈본조신설 2014.3.11〉

제3장 인보험

제1절 통 칙

제727조【인보험자의 책임】 ①인보험계약의 보험자는 피보험자의 생명이나 신체에 관하여 보험사고가 발생할 경우에 보험계약으로 정하는 바에 따라 보험금이나 그 밖의 급여를 지급할 책임이 있다. 〈개정 2014.3.11〉

②제1항의 보험금은 당사자 간의 약정에 따라 분할하여 지급할 수 있다. 〈신설 2014.3.11〉

제728조【인보험증권】 인보험증권에는 제666조에 게기한 사항외에 다음의 사항을 기재하여야 한다. 〈개정 91.12.31〉

1. 보험계약의 종류
2. 피보험자의 주소·성명 및 생년월일
3. 보험수익자를 정한 때에는 그 주소·성명 및 생년월일

제729조【제3자에 대한 보험대위의 금지】 보험자는 보험사고로 인하여 생긴 보험계약자 또는 보험수익자의 제3자에 대한 권리를 대위하여 행사하지 못한다. 그러나 상해보험계약의 경우에 당사자간에 다른 약정이 있는 때에는 보험자는 피보험자의 권리를 해하지 아니하는 범위안에서 그 권리를 대위하여 행사할 수 있다. 〈개정 91.12.31〉

제2절 생명보험

제730조【생명보험자의 책임】 생명보험계약의 보험자는 피보험자의 사망, 생존, 사망과 생존에 관한 보험사고가 발생할 경우에 약정한 보험금을 지급할 책임이 있다. 〈개정 2014.3.11〉

(판 례) 평소 주벽이 심한 피공제자가 술에 취한 상태에서 다리 아래로 뛰어 내려 익사한 경우, 공제약관상의 재해사고인 '우발적인 외래의 사고'에 해당하여 피공제자에게 과음을 한 중과실이 있더라도 사망공제금의 지급대상이 된다(1998.10.27, 98다16043). 〈정찬(하) 682면〉

제731조【타인의 생명의 보험】 ①타인의 사망을 보험사고로 하는 보험계약에는 보험계약 체결시에 그 타인의 서면(「전자서명법」 제2조제2호에 따른 전자서명이 있는 경우로서 대통령령으로 정하는 바에 따라 본인 확인 및 위조·변조 방지에 대한 신뢰성을 갖춘 전자문서를 포함한다)에 의한 동의를 얻어야 한다. 〈개정 1991. 12. 31., 2017. 10. 31., 2020. 6. 9.〉

②보험계약으로 인하여 생긴 권리를 피보험자가 아닌 자에게 양도하는 경우에도 제1항과 같다. 〈개정 1991.12.31.〉

(판 례) 타인의 사망을 보험사고로 하는 보험계약에는 보험계약 체결시에 그 타인의 서면에 의한 동의를 얻어야 한다는 상법 제731조제1항의 규정은 강행법규로서 이에 위반하여 체결된 보험계약은 무효이며, 상법 제731조제1항의 규정에 의하면 타인의 사망을 보험사고로 하는 보험계약에 있어서 피보험자가 서면으로 동의의 의사표시를 하여야 하는 시점은 보험계약 체결시까지이다(1996.11.22, 96다37084) 〈최준(하) 374면〉

제732조【15세미만자 등에 대한 계약의 금지】 15세미만자, 심신상실자 또는 심신박약자의 사망을 보험사고로 한 보험계약은 무효로 한다. 다만, 심신박약자가 보험계약을 체결하거나 제735조의3에 따른 단체보험의 피보험자가 될 때에 의사능력이 있는 경우에는 그러하지 아니하다. 〈개정 62.12.12, 91.12.31, 2014.3.11〉

제732조의2【중과실로 인한 보험사고 등】 ① 사망을 보험사고로 한 보험계약에서는 사고가 보험계약자 또는 피보험자나 보험수익자의 중대한 과실로 인하여 발생한 경우에도 보험자는 보험금을 지급할 책임을 면하지 못한다.

② 둘 이상의 보험수익자 중 일부가 고의로 피보험자를 사망하게 한 경우 보험자는 다른 보험수익자에 대한 보험금 지급 책임을 면하지 못한다. 〈전문개정 2014.3.11〉

(판 례) 자동차종합보험계약상의 '무보험자동차에 의한 상해특약'은 상해보험의 일종으로서, 상법 제732조의2, 제739조, 제663조의 규정에 의하면 사망이나 상해를 보험사고로 하는 인보험에 관하여는 보험사고가 고의로 인하여 발생한 것이 아니라면 비록 중대한 과실에 의하여 생긴 것이라 하더라도 보험금을 지급할 의무가 있다고 할 것이므로, 그 약관 중 "피보험자가 무면허운전을 하던 중 그 운전자가 상해를 입은 때에 생긴 손해는 보상하지 아니한다."고 규정한 무면허운전 면책조항이 보험사고가 전체적으로 보아 고의로 평가되는 행위로 인한 경우뿐만 아니라 과실(중과실 포함)로 평가되는 행위로 인한 경우까지 보상하지 아니한다는 취지라면 과실로 평가되는 행위로 인한 사고에 관한 한 무효라고 보아야 한다(1999.2.12, 98다26910). 〈정찬(하) 645면〉

무면허운전이 고의적인 범죄행위이기는 하나 그 고의는 특별한 사정이 없는 한 무면허운전 자체에 관한 것이고 직접적으로 사망이나 상해에 관한 것이 아니어서 그 정도가 결코 그로 인한 손해보상을 가지고 보험계약에 있어서의 당사자의 신의성, 윤리성에 반한다고는 할 수 없을 것이므로, 보험계약 약관 중 피보험자의 무면허운전이라는 사유로 생긴 손해는 보상하지 아니한다고 규정한 면책약관이 보험사고가 전체적으로 보아 고의로 평가되는 행위로 인한 경우뿐만 아니라 과실(중과실 포함)로 평가되는 행위로 인한 경우까지 보상하지 아니한다는 취지라면 과실로 평가되는 행위로 인한 사

고에 관한 한 무효이다(인보험인 상해보험에 관한 판례임) (1996.4. 26, 96다4909). 〈최준(하) 383, 387면〉

상법 제732조의2는 보험계약자측의 중과실로 인한 사고에 있어서 보험자의 면책을 인정하지 않음으로써 소비자인 인보험이 계약자측, 특히 생명보험의 보험수익자로 되는 유족의 생활보장을 도모하는데에 그 입법취지가 있으므로 그 입법목적의 정당성이 인정되고, 보험자의 영업의 자유보험자와 보험계약자의 계약의 자유를 침해하지 않으며, 보험계약자의 평등권을 침해한다고도 할 수 없다(1999.12.23, 98헌가12). 〈정동 판례동향〉

제733조【보험수익자의 지정 또는 변경의 권리】 ①보험계약자는 보험수익자를 지정 또는 변경할 권리가 있다.

②보험계약자가 제1항의 지정권을 행사하지 아니하고 사망한 때에는 피보험자를 보험수익자로 하고 보험계약자가 제1항의 변경권을 행사하지 아니하고 사망한 때에는 보험수익자의 권리가 확정된다. 그러나 보험계약자가 사망한 경우에는 그 승계인이 제1항의 권리를 행사할 수 있다는 약정이 있는 때에는 그러하지 아니하다. 〈개정 91.12.31〉

③보험수익자가 보험존속중에 사망한 때에는 보험계약자는 다시 보험수익자를 지정할 수 있다. 이 경우에 보험계약자가 지정권을 행사하지 아니하고 사망한 때에는 보험수익자의 상속인을 보험수익자로 한다.

④보험계약자가 제2항과 제3항의 지정권을 행사하기 전에 보험사고가 생긴 경우에는 피보험자 또는 보험수익자의 상속인을 보험수익자로 한다. 〈신설 91.12.31〉

제734조【보험수익자지정권 등의 통지】 ①보험계약자가 계약체결후에 보험수익자를 지정 또는 변경할 때에는 보험자에 대하여 그 통지를 하지 아니하면 이로써 보험자에게 대항하지 못한다.

②제731조제1항의 규정은 제1항의 지정 또는 변경에 준용한다. 〈개정 62.12.12, 91.12.31〉

제735조 삭제 〈2014.3.11〉

제735조의2 삭제 〈2014.3.11.〉

제735조의3【단체보험】 ①단체가 규약에 따라 구성원의 전부 또는 일부를 피보험자로 하는 생명보험계약을 체결하는 경우에는 제731조를 적용하지 아니한다.

②제1항의 보험계약이 체결된 때에는 보험자는 보험계약자에 대하여서만 보험증권을 교부한다.

③ 제1항의 보험계약에서 보험계약자가 피보험자 또는 그 상속인이 아닌 자를 보험수익자로 지정할 때에는 단체의 규약에서 명시적으로 정하는 경우 외에는 그 피보험자의 제731조제1항에 따른 서면 동의를 받아야 한다. 〈신설 2014.3.11., 2017.10.31〉

〈본조신설 1991.12.31〉

(판 례) 상법 제735조의3제1항의 입법취지는, 타인의 생명보험계약을 체결함에 있어서 계약체결시 피보험자의 서면동의를 얻도록 하는 개별보험의 일반원칙에서 벗어나 규약으로써 동의에 갈음할 수 있게 함으로써 단체보험의 특성에 따른 운용상의 편의를 부여해 주어 단체보험의 활성화를 돕는다는 것이다. 이 사건 법률조항의 위와 같은 입법취지에 비추어 볼 때, 이 사건 법률조항은 단체구성원들의 복리증진 등 이익에 기여하는 바가 있고, 단체보험의 특성에 따라 개별적 동의를 집단적 동의로 대체하는 것에 불과하며 그 방법은 합리성을 가지고 있다. 그러므로, 이 사건 법률조항이 인간의 존엄성과 가치를 훼손하고 행복추구권을 침해하는 것이며, 국가의 기본권 보장의무에 위배되는 것이라고는 할 수 없다(1999.9.19, 98헌가6). 〈최준(하) 382면〉

단체보험의 경우 보험수익자의 지정에 관하여는 상법 등 관련 법령에 별다른 규정이 없으므로 보험계약자는 단체의 구성원인 피보험자를 보험수익자로 하여 타인을 위한 보험계약으로 체결할 수도 있고, 보험계약자가 자신을 보험수익자로 하여 자기를 위한 보험계약으로 체결할 수도 있을 것이며, 단체보험이라고 하여 당연히 타인을 위한 보험계약이 되어야 하는 것은 아니므로 보험수익자를 자신으로 지정하는 것이 보험단체의 본질에 반하는 것이라고 할 수 없다(1999.5.25, 98다59613). 〈정찬 판례동향〉

제736조【보험적립금반환의무 등】 ①제649조, 제650조, 제651조 및 제652조 내지 제655조의 규정에 의하여 보험계약이 해지된 때, 제659조와 제660조의 규정에 의하여 보험금액의 지급책임이 면제된 때에는 보험자는 보험수익자를 위하여 적립한 금액을 보험계약자에게 지급하여야 한다. 그러나 다른 약정이 없으면 제659조제1항의 보험사고가 보험계약자에 의하여 생긴 경우에는 그러하지 아니하다. 〈개정 91.12.31〉

②삭제 〈91.12.31〉

제3절 상해보험

제737조【상해보험자의 책임】 상해보험계약의 보험자는 신체의 상해에 관한 보험사고가 생길 경우에 보험금액 기타의 급여를 할 책임이 있다.

제738조【상해보험증권】 상해보험의 경우에 피보험자와 보험계약자가 동일인이 아닐 때에는 그 보험증권기재사항중 제728조제2호에 게기한 사항에 갈음하여 피보험자의 직무 또는 직위만을 기재할 수 있다.

제739조【준용규정】 상해보험에 관하여는 제732

조를 제외하고 생명보험에 관한 규정을 준용한다.

제4절 질병보험
〈본절신설 2014.3.11〉

제739조의2【질병보험자의 책임】 질병보험계약의 보험자는 피보험자의 질병에 관한 보험사고가 발생할 경우 보험금이나 그 밖의 급여를 지급할 책임이 있다.
〈본조신설 2014.3.11〉

제739조의3【질병보험에 대한 준용규정】 질병보험에 관하여는 그 성질에 반하지 아니하는 범위에서 생명보험 및 상해보험에 관한 규정을 준용한다.
〈본조신설 2014.3.11〉

제5편 해 상
〈전문개정 2007.8.3〉

제1장 해상기업

제1절 선 박

제740조【선박의 의의】 이 법에서 "선박"이란 상행위나 그 밖의 영리를 목적으로 항해에 사용하는 선박을 말한다.
〈전문개정 2007.8.3〉

> (판 례) 선박임차인에 관한 상법 제766조의 규정은 항해에 사용하는 선박, 즉 해수를 항해하는 항해선에 한하여 적용되고 호천이나 항만을 항행하는 내수선에는 적용되지 않는다(1991.1.15, 90다5641). 〈정찬(하) 698면〉

제741조【적용범위】 ①항해용 선박에 대하여는 상행위나 그 밖의 영리를 목적으로 하지 아니하더라도 이 편의 규정을 준용한다.
다만, 국유 또는 공유의 선박에 대하여는 「선박법」 제29조 단서에도 불구하고 항해의 목적·성질 등을 고려하여 이 편의 규정을 준용하는 것이 적합하지 아니한 경우로서 대통령령으로 정하는 경우에는 그러하지 아니하다.
②이 편의 규정은 단정(단정) 또는 주로 노 또는 상앗대로 운전하는 선박에는 적용하지 아니한다.
〈전문개정 2007.8.3〉

제742조【선박의 종물】 선박의 속구목록(속구목록)에 기재한 물건은 선박의 종물로 추정한다.
〈전문개정 2007.8.3〉

제743조【선박소유권의 이전】 등기 및 등록할 수 있는 선박의 경우 그 소유권의 이전은 당사자 사이의 합의만으로 그 효력이 생긴다. 다만, 이를 등기하고 선박국적증서에 기재하지 아니하면 제3자에게 대항하지 못한다.
〈전문개정 2007.8.3〉

제744조【선박의 압류·가압류】 ①항해의 준비를 완료한 선박과 그 속구는 압류 또는 가압류를 하지 못한다. 다만, 항해를 준비하기 위하여 생긴 채무에 대하여는 그러하지 아니하다.
②제1항은 총톤수 20톤 미만의 선박에는 적용하지 아니한다.
〈전문개정2007.8.3〉

제2절 선 장

제745조【선박의 선임해임】 선장은 선박소유자가 선임 또는 해임한다.

제746조【선장의 부당한 해임에 대한 손해배상청구권】 선박소유자가 정당한 사유 없이 선장을 해임한 때에는 선장은 이로 인하여
생긴 손해의 배상을 청구할 수 있다.
〈전문개정 2007.8.3〉

제747조【선장의 계속직무집행의 책임】 선장은 항해 중에 해임 또는 임기가 만료된 경우에도 다른 선장이 그 업무를 처리할 수 있는 때 또는 그 선박이 선적항에 도착할 때까지 그 직무를 집행할 책임이 있다.
〈전문개정 2007.8.3〉

제748조【선장의 대선장 선임의 권한 및 책임】 선장은 불가항력으로 인하여 그 직무를 집행하기가 불능한 때에 법령에 다른 규정이 있는 경우를 제외하고는 자기의 책임으로 타인을 선정하여 선장의 직무를 집행하게 할 수 있다.
〈전문개정 2007.8.3〉

제749조【대리권의 범위】 ①선적항 외에서는 선장은 항해에 필요한 재판상 또는 재판 외의 모든 행위를 할 권한이 있다.
②선적항에서는 선장은 특히 위임을 받은 경우 외에는 해원의 고용과 해고를 할 권한만을 가진다.
〈전문개정 2007.8.3〉

> (판 례) 상법 제773조 소정의 선적항은 선박의 등기 또는 등록을 한 등록항의 뜻외에 해상기업의 본거항의

뜻도 갖는 것이므로 선박소유자인 건조업자가 발주자에게 인도하기 위하여 계선관리중인 미등록선박은 관리하고 있는 항구를 본거항으로 보아야 할 것이다(1991.12.24, 91다30880). 〈정찬(하) 720면〉

제750조【특수한 행위에 대한 권한】 ①선장은 선박수선료·해난구조료, 그 밖에 항해의 계속에 필요한 비용을 지급하여야 할 경우 외에는 다음의 행위를 하지 못한다.
1. 선박 또는 속구를 담보에 제공하는 일
2. 차재(차재)하는 일
3. 적하의 전부나 일부를 처분하는 일

②적하를 처분할 경우의 손해배상액은 그 적하가 도달할 시기의 양륙항의 가격에 의하여 정한다. 다만, 그 가격 중에서 지급을 요하지 아니하는 비용을 공제하여야 한다.
〈전문개정 2007.8.3〉

제751조【대리권의 대한 제한】 선장의 대리권에 대한 제한은 선의의 제3자에게 대항하지 못한다.
〈전문개정 2007.8.3〉

제752조【이해관계인을 위한 적하의 처분】 ①선장이 항해 중에 적하를 처분하는 경우에는 이해관계인의 이익을 위하여 가장 적당한 방법으로 하여야 한다.
②제1항의 경우에 이해관계인은 선장의 처분으로 인하여 생긴 채권자에게 적하의 가액을 한도로 하여 그 책임을 진다. 다만, 그 이해관계인에게 과실이 있는 때에는 그러하지 아니하다.
〈전문개정 2007.8.3〉

제753조【선박경매권】 선적항 외에서 선박이 수선하기 불가능하게 된 때에는 선장은 해무관청의 인가를 받아 이를 경매할 수 있다.
〈전문개정 2007.8.3〉

제754조【선박의 수선불능】 ①다음 각 호의 경우에는 선박은 수선하기 불가능하게 된 것으로 본다.
1. 선박이 그 현재지에서 수선을 받을 수 없으며 또 그 수선을 할 수 있는 곳에 도달하기 불가능한 때
2. 수선비가 선박의 가액의 4분의 3을 초과할 때

②제1항제2호의 가액은 선박이 항해 중 훼손된 경우에는 그 발항한 때의 가액으로 하고 그 밖의 경우에는 그 훼손 전의 가액으로 한다.
〈전문개정 2007.8.3〉

제755조【보고·계산의 의무】 ①선장은 항해에 관한 중요한 사항을 지체 없이 선박소유자에게 보고하여야 한다.
②선장은 매 항해를 종료한 때에는 그 항해에 관한 계산서를 지체 없이 선박소유자에게 제출하여 그 승인을 받아야 한다.
③선장은 선박소유자의 청구가 있을 때에는 언제든지 항해에 관한 사항과 계산의 보고를 하여야 한다.
〈전문개정 2007.8.3〉

제3절 선박공유

제756조【선박공유자의 업무 결정】 ①공유선박의 이용에 관한 사항은 공유자의 지분의 가격에 따라 그 과반수로 결정한다.
②선박공유에 관한 계약을 변경하는 사항은 공유자의 전원일치로 결정하여야 한다.
〈전문개정 2007.8.3〉

제757조【선박공유와 비용의 부담】 선박공유자는 그 지분의 가격에 따라 선박의 이용에 관한 비용과 이용에 관하여 생긴 채무를 부담한다.
〈전문개정 2007.8.3〉

제758조【손익분배】 손익의 분배는 매 항해의 종료 후에 있어서 선박공유자의 지분의 가격에 따라서 한다.
〈전문개정 2007.8.3〉

제759조【지분의 양도】 선박공유자 사이에 조합관계가 있는 경우에도 각 공유자는 다른 공유자의 승낙 없이 그 지분을 타인에게 양도할 수 있다. 다만, 선박관리인의 경우에는 그러하지 아니하다.
〈전문개정 2007.8.3〉

제760조【공유선박의 국적상실과 지분의 매수 또는 경매청구】 선박공유자의 지분의 이전 또는 그 국적상실로 인하여 선박이 대한민국의 국적을 상실할 때에는 다른 공유자는 상당한 대가로 그 지분을 매수하거나 그 경매를 법원에 청구할 수 있다.
〈전문개정 2007.8.3〉

제761조【결의반대자의 지분매수청구권】 ①선박공유자가 신항해를 개시하거나 선박을 대수선할 것을 결의한 때에는 그 결의에 이의가 있는 공유자는 다른 공유자에 대하여 상당한 가액으로 자기의 지분을 매수할 것을 청구할 수 있다.
②제1항의 청구를 하고자 하는 자는 그 결의가 있은 날부터, 결의에 참가하지 아니한 경우에는 결의통지를 받은 날부터 3일 이내에 다른 공유자 또는 선박관리인에 대하여 그 통지를 발송하여야 한다.

〈전문개정 2007.8.3〉

제762조【해임선장의 지분매수청구권】 ①선박공유자인 선장이 그 의사에 반하여 해임된 때에는 다른 공유자에 대하여 상당한 가액으로 그 지분을 매수할 것을 청구할 수 있다.

②선박공유자가 제1항의 청구를 하고자 하는 때에는 지체 없이 다른 공유자 또는 선박관리인에 대하여 그 통지를 발송하여야 한다.

〈전문개정 2007.8.3〉

제763조【항해 중 선박 등의 양도】 항해 중에 있는 선박이나 그 지분을 양도한 경우에 당사자 사이에 다른 약정이 없으면 양수인이 그 항해로부터 생긴 이익을 얻고 손실을 부담한다.

〈전문개정 2007.8.3〉

제764조【선박관리인의 선임·등기】 ①선박공유자는 선박관리인을 선임하여야 한다. 이 경우 선박공유자가 아닌 자를 선박관리인으로 선임함에는 공유자 전원의 동의가 있어야 한다.

②선박관리인의 선임과 그 대리권의 소멸은 등기하여야 한다.

〈전문개정 2007.8.3〉

제765조【선박관리인의 권한】 ①선박관리인은 선박의 이용에 관한 재판상 또는 재판 외의 모든 행위를 할 권한이 있다.

②선박관리인의 대리권에 대한 제한은 선의의 제3자에게 대항하지 못한다.

〈전문개정 2007.8.3〉

제766조【선박관리인의 권한의 제한】 선박관리인은 선박공유자의 서면에 의한 위임이 없으면 다음 각 호의 행위를 하지 못한다.

1. 선박을 양도 · 임대 또는 담보에 제공하는 일
2. 신항해를 개시하는 일
3. 선박을 보험에 붙이는 일
4. 선박을 대수선하는 일
5. 차재하는 일

〈전문개정 2007.8.3〉

제767조【정부의 기재비치】 선박관리인은 업무집행에 관한 장부를 비치하고 그 선박의 이용에 관한 모든 사항을 기재하여야 한다.

〈전문개정 2007.8.3〉

제768조【선박관리인의 보고·승인】 선박관리인은 매 항해의 종료 후에 지체 없이 그 항해의 경과상황과 계산에 관한 서면을 작성하여 선박공유자에게 보고하고 그 승인을 받아야 한다.

〈전문개정 2007.8.3〉

제4절 선박소유자 등의 책임제한

제769조【선박소유자의 유한책임】 선박소유자는 청구원인의 여하에 불구하고 다음 각 호의 채권에 대하여 제770조에 따른 금액의 한도로 그 책임을 제한할 수 있다. 다만, 그 채권이 선박소유자 자신의 고의 또는 손해발생의 염려가 있음을 인식하면서 무모하게 한 작위 또는 부작위로 인하여 생긴 손해에 관한 것인 때에는 그러하지 아니하다.

1. 선박에서 또는 선박의 운항에 직접 관련하여 발생한 사람의 사망, 신체의 상해 또는 그 선박 외의 물건의 멸실 또는 훼손으로 인하여 생긴 손해에 관한 채권
2. 운송물, 여객 또는 수하물의 운송의 지 연으로 인하여 생긴 손해에 관한 채권
3. 제1호 및 제2호 외에 선박의 운항에 직접 관련하여 발생한 계약상의 권리 외의 타인의 권리의 침해로 인하여 생긴 손해에 관한 채권
4. 제1호부터 제3호까지의 채권의 원인이 된 손해를 방지 또는 경감하기 위한 조치에 관한 채권 또는 그 조치의 결과로 인하여 생긴 손해에 관한 채권

〈전문개정 2007.8.3〉

(판 례) 선박충돌사고로 인한 손해배상채권은 상법 제746조제1호가 규정하는 "선박의 운항에 직접 관련하여 발생한 그 선박 이외의 물건의 멸실 또는 훼손으로 인하여 생긴 손해에 관한 채권"에 해당하고, 그러한 채권은 불법행위를 원인으로 하는 것이라 하여도 "청구원인의 여하에 불구하고" 책임을 제한할 수 있는 것으로 규정하고 있는 같은 법 제746조 본문의 해석상 책임제한의 대상이 된다. 그리고 상법 제746조 단서에 의하여 책임제한이 배제되기 위하여는, 책임제한의 주체가 선박소유자인 경우에는 선박소유자 본인의 고의 또는 손해발생의 염려가 있음을 인식하면서 무모하게 한 작위 또는 부작위가 있어야 하는 것이고 선장 등과 같은 선박소유자의 피용자에게 고의 또는 무모한 행위가 있었다는 이유만으로는 선박소유자가 상법 제746조 본문에 의하여 책임을 제한할 수 없다고는 할 수 없으며, 상법 제750조제1항제1호에 의하여 용선자가 책임제한의 주체인 경우에도 용선자 자신에게 고의 또는 무모한 행위가 없는 한 피용자에게 고의 또는 무모한 행위가 있다는 이유만으로 책임을 제한할 수 없다고 볼 것은 아니다(1995.6.5, 95마325). 〈정찬(하) 731면〉

제770조【책임의 한도액】 ①선박소유자가 제한할 수 있는 책임의 한도액은 다음 각 호의 금액으로 한다.

1. 여객의 사망 또는 신체의 상해로 인한 손해에 관한 채권에 대한 책임의 한도액은 그 선박의 선박검사증서에 기재된 여객의 정원에 17만5천 계산단위(국제통화기금의 특별인출권에 상당하는 금액을 말한다. 이하 같다)를 곱하여

얻은 금액으로 한다.
2. 여객 외의 사람의 사망 또는 신체의 상해로 인한 손해에 관한 채권에 대한 책임의 한 도액은 그 선박의 톤수에 따라서 다음 각 목에 정하는 바에 따라 계산된 금액으로 한다. 다만, 300톤 미만의 선박의 경우에는 16만7천 계산단위에 상당하는 금액으로 한다.
   가. 500톤 이하의 선박의 경우에는 33만3천 계산단위에 상당하는 금액
   나. 500톤을 초과하는 선박의 경우에는 가목의 금액에 500톤을 초과하여 3천톤까지의 부분에 대하여는 매 톤당 500 계산단위, 3천톤을 초과하여 3만톤까지의 부분에 대하여는 매 톤당 333 계산단위, 3만톤을 초과하여 7만톤까지의 부분에 대하여는 매 톤당 250 계산단위 및 7만톤을 초과한 부분에 대하여는 매 톤당 167 계산단위를 각 곱하여 얻은 금액을 순차로 가산한 금액
3. 제1호 및 제2호 외의 채권에 대한 책임 의 한도액은 그 선박의 톤수에 따라서 다음 각 목에 정하는 바에 따라 계산된 금액으로 한다. 다만, 300톤 미만의 선박의 경우에는 8만3천 계산단위에 상당하는 금액으로 한다.
   가. 500톤 이하의 선박의 경우에는 16만7천 계산단위에 상당하는 금액
   나. 500톤을 초과하는 선박의 경우에는 가목의 금액에 500톤을 초과하여 3만톤까지의 부분에 대하여는 매 톤당 167 계산단위, 3만톤을 초과하여 7만톤까지의 부분에 대하여는 매 톤당 125 계산단위 및 7만톤을 초과한 부분에 대하여는 매 톤당 83 계산단위를 각 곱하여 얻은 금액을 순차로 가산한 금액

②제1항 각 호에 따른 각 책임한도액은 선박마다 동일한 사고에서 생긴 각 책임한도액에 대응하는 선박소유자에 대한 모든 채권에 미친다.

③제769조에 따라 책임이 제한되는 채권은 제1항 각 호에 따른 각 책임한도액에 대하여 각 채권액의 비율로 경합한다.

④제1항제2호에 따른 책임한도액이 같은 호의 채권의 변제에 부족한 때에는 제3호에 따른 책임한도액을 그 잔액채권의 변제에 충당한다. 이 경우 동일한 사고에서 제3호의 채권도 발생한 때에는 이 채권과 제2호의 잔액채권은 제3호에 따른 책임한도액에 대하여 각 채권액의 비율로 경합한다.

〈전문개정 2007.8.3〉

제771조【동일한 사고로 인한 반대채권액의 공제】 선박서유자가 책임의 제한을 받는 채권자에 대하여 동일한 사고로 인하여 생긴 손해에 관한 채권을 가지는 경우에는 그 채권액을 공제한 잔액에 한하여 책임의 제한을 받는 채권으로 한다.

〈전문개정 2007.8.3〉

제772조【책임제한을 위한 선박톤수】 제770조제1항에서 규정하는 선박의 톤수는 국제항해에 종사하는 선박의 경우에는「선박법」에서 규정하는 국제총톤수로 하고 그 밖의 선박의 경우에는 같은 법에서 규정하는 총톤수로 한다.

〈전문개정 2007.8.3〉

제773조【유한책임의 배제】 선박소유자는 다음 각 호의 채권에 대하여는 그 책임을 제한하지 못한다.
1. 선장 · 해원, 그 밖의 사용인으로서 그 직무가 선박의 업무에 관련된 자 또는 그 상속인, 피부양자, 그 밖의 이해관계인의 선박소유자에 대한 채권
2. 해난구조로 인한 구조료 채권 및 공동해손의 분담에 관한 채권
3. 1969년 11월 29일 성립한「유류오염손해에 대한 민사책임에 관한 국제조약」 또는 그 조약의 개정조항이 적용되는 유류오염손해에 관한 채권
4. 침몰 · 난파 · 좌초 · 유기, 그 밖의 해양사고를 당한 선박 및 그 선박 안에 있거나 있었던 적하와 그 밖의 물건의 인양 · 제거 · 파괴 또는 무해조치에 관한 채권
5. 원자력손해에 관한 채권

〈전문개정 2007.8.3〉

(판 례) 상법 제748조제4호에서 그 채권(난파물 제거채권)에 대하여 선박소유자가 그 책임을 제한하지 못하는 것으로 규정하고 있는 바, 이 조항의 문언 내용 및 입법의 취지와 연혁에 비추어 볼 때, 이 규정의 의미는 선박소유자에게 해상에서의 안전·위생·환경보전 등의 공익적인 목적으로 관계 법령에 의하여 그 제거 등의 의무가 부과된 경우에 그러한 법령상의 의무를 부담하는 선박소유자에 한하여 난파물 제거채권에 대하여 책임제한을 주장할 수 없는 것으로 봄이 상당하다 (2000.8.22, 99다9646). 〈정동 판례동향〉

제774조【책임제한을 할 수 있는 자의 범위】 ①다음 각 호의 어느 하나에 해당하는 자는 이 절의 규정에 따라 선박소유자의 경우와 동일하게 책임을 제한할 수 있다.
1. 용선자 · 선박관리인 및 선박운항자
2. 법인인 선박소유자 및 제1호에 규정된 자의 무한책임사원
3. 자기의 행위로 인하여 선박소유자 또는 제1호

에 규정된 자에 대하여 제769조 각 호에 따른 채권이 성립하게 한 선장 · 해원 · 도선사, 그 밖의 선박소유자 또는 제1호에 규정된 자의 사용인 또는 대리인

②동일한 사고에서 발생한 모든 채권에 대한 선박소유자 및 제1항에 규정된 자에 의한 책임제한의 총액은 선박마다 제770조에 따른 책임한도액을 초과하지 못한다.

③선박소유자 또는 제1항 각 호에 규정된 자의 1인이 책임제한절차개시의 결정을 받은 때에는 책임제한을 할 수 있는 다른 자도 이를 원용할 수 있다.

〈전문개정 2007.8.3〉

제775조【구조자의 책임제한】 ①구조자 또는 그 피용자의 구조활동과 직접 관련하여 발생한 사람의 사망 · 신체의 상해, 재산의 멸실이나 훼손, 계약상 권리 외의 타인의 권리의 침해로 인하여 생긴 손해에 관한 채권 및 그러한 손해를 방지 혹은 경감하기 위한 조치에 관한 채권 또는 그 조치의 결과로 인하여 생긴 손해에 관한 채권에 대하여는 제769조부터 제774조(제769조제2호 및 제770조제1항제1호를 제외한다)까지의 규정에 따라 구조자도 책임을 제한할 수 있다.

②구조활동을 선박으로부터 행하지 아니한 구조자 또는 구조를 받는 선박에서만 행한 구조자는 제770조에 따른 책임의 한도액에 관하여 1천500톤의 선박에 의한 구조자로 본다.

③구조자의 책임의 한도액은 구조선마다 또는 제2항의 경우에는 구조자마다 동일한 사고로 인하여 생긴 모든 채권에 미친다.

④제1항에서 "구조자"란 구조활동에 직접 관련된 용역을 제공한 자를 말하며, "구조활동"이란 해난구조 시의 구조활동은 물론 침몰 · 난파 · 좌초 · 유기, 그 밖의 해양사고를 당한 선박 및 그 선박 안에 있거나 있었던 적하와 그 밖의 물건의 인양 · 제거 · 파괴 또는 무해조치 및 이와 관련된 손해를 방지 또는 경감하기 위한 모든 조치를 말한다.

〈전문개정 2007.8.3〉

제776조【책임제한의 절차】 ①이 절의 규정에 따라 책임을 제한하고자 하는 자는 채권자로부터 책임한도액을 초과하는 청구금액을 명시한 서면에 의한 청구를 받은 날부터 1년 이내에 법원에 책임제한절차개시의 신청을 하여야 한다.

②책임제한절차 개시의 신청, 책임제한의 기금의 형성 · 공고 · 참가 · 배당, 그 밖에 필요한 사항은 별도로 법률로 정한다.

〈전문개정 2007.8.3〉

> 판례 상법 제752조 및 선박소유자등의책임제한절차에관한법률에 의한 선박소유자 등의 책임제한절차개시 신청은 어디까지나 신청인의 책임한도액을 확정하여 책임제한절차의 개시를 구하는 신청에 불과하고, 비록 책임제한절차가 개시된 경우에는 제한채권자들이 선박소유자등의책임제한절차에관한법률의 규정에 의하여 공탁된 금전 및 이에 대한 이자의 합계액에서 같은 법이 정하는 바에 따라 배상을 받을 수 있을 뿐 기금 이외의 신청인 또는 수익채무자의 재산에 대하여 권리를 행사하지 못하는 효과가 있는 것이기는 하나, 책임한도액을 초과한 제한채권자들의 채권의 존부나 범위가 책임제한절차개시 신청사건에서 직접 재판의 대상으로 되는 것이 아니고, 또 모든 제한채권자들의 채권은 같은 법이 정하는 바에 따라 장차 조사 및 확정의 절차를 거쳐야 비로소 배당을 받을 수 있게 되는 것으로서, 절차의 특성상 책임제한절차개시 신청시에는 제한채권자들의 총채권을 확정할 방법도 없으므로, 책임제한절차개시 신청사건에서는 신청 목적의 가액 산정의 기준시인 책임제한절차개시 신청시를 기준으로 할 때 책임제한절차개시 결정이 되는 경우에 신청인이 직접 받게 될 경제적 이익을 객관적으로 평가할 수 없고, 따라서 그 사건은 어느 심급에서건 재산권상의 신청으로서 그 신청 목적의 가액을 산출할 수 없는 경우에 해당한다(1998.4.9, 97마832). 〈정찬(하) 741면〉

제5절 선박담보

제777조【선박우선특권 있는 채권】 ①다음의 채권을 가진 자는 선박 · 그 속구, 그 채권이 생긴 항해의 운임, 그 선박과 운임에 부수한 채권에 대하여 우선특권이 있다.

1. 채권자의 공동이익을 위한 소송비용, 항해에 관하여 선박에 과한 제세금, 도선료 · 예선료, 최후 입항 후의 선박과 그 속구의 보존비 · 검사비
2. 선원과 그 밖의 선박사용인의 고용계약으로 인한 채권
3. 해난구조로 인한 선박에 대한 구조료 채권과 공동해손의 분담에 대한 채권
4. 선박의 충돌과 그 밖의 항해사고로 인한 손해, 항해시설 · 항만시설 및 항로에 대한 손해와 선원이나 여객의 생명 · 신체에 대한 손해의 배상채권

②제1항의 우선특권을 가진 선박채권자는 이 법과 그 밖의 법률의 규정에 따라 제1항의 재산에 대하여 다른 채권자보다 자기채권의 우선변제를 받을 권리가 있다. 이 경우 그 성질에 반하지 아니하는 한 「민법」의 저당권에 관한 규정을 준용한다.

〈전문개정 2007.8.3〉

판례 선박우선특권 있는 채권자는 선박소유자의 변동에 관계없이 그 선박에 대하여 채무명의 없이도 경매청구권을 행사할 수 있으므로 채권자는 채권을 보전하기 위하여 그 선박에 대한 가압류를 하여둘 필요가 없다(1988.11.22, 87다카1671). 〈정찬(하) 839면〉

제778조【선박·운임에 부수한 채권】 제777조에 따른 선박과 운임에 부수한 채권은 다음과 같다.
1. 선박 또는 운임의 손실로 인하여 선박소유자에게 지급할 손해배상
2. 공동해손으로 인한 선박 또는 운임의 손실에 대하여 선박소유자에게 지급할 상금
3. 해난구조로 인하여 선박소유자에게 지급할 구조료

〈전문개정 2007.8.3〉

제779조【운임에 대한 우선특권】 운임에 대한 우선특권은 지급을 받지 아니한 운임 및 지급을 받은 운임 중 선박소유자나 그 대리인이 소지한 금액에 한하여 행사할 수 있다.
〈전문개정 2007.8.3〉

제780조【보험금 등의 제외】 보험계약에 의하여 선박소유자에게 지급할 보험금과 그밖의 장려금이나 보조금에 대하여는 제778조를 적용하지 아니한다.
〈전문개정 2007.8.3〉

제781조【선박사용인의 고용계약으로 인한 채권】 제777조제1항제2호에 따른 채권은 고용계약 존속 중의 모든 항해로 인한 운임의 전부에 대하여 우선특권이 있다.
〈전문개정 2007.8.3〉

제782조【동일항해로 인한 채권에 대한 우선특권의 순위】 ①동일항해로 인한 채권의 우선특권이 경합하는 때에는 그 우선의 순위는 제777조제1항 각 호의 순서에 따른다.
②제777조제1항제3호에 따른 채권의 우선특권이 경합하는 때에는 후에 생긴 채권이 전에 생긴 채권에 우선한다. 동일한 사고로 인한 채권은 동시에 생긴 것으로 본다.
〈전문개정 2007.8.3〉

제783조【수회항해에 관한 채권에 대한 우선특권의 순위】 ①수회의 항해에 관한 채권의 우선특권이 경합하는 때에는 후의 항해에 관한 채권이 전의 항해에 관한 채권에 우선한다.
②제781조에 따른 우선특권은 그 최후의 항해에 관한 다른 채권과 동일한 순위로 한다.
〈전문개정 2007.8.3〉

제784조【동일순위의 우선특권이 경합한 경우】 제781조부터 제783조까지의 규정에 따른 동일순위의 우선특권이 경합하는 때에는 각 채권액의 비율에 따라 변제한다.
〈전문개정 2007.8.3〉

제785조【우선특권의 추급권】 선박채권자의 우선특권은 그 선박소유권의 이전으로 인하여 영향을 받지 아니한다.
〈전문개정 2007.8.3〉

제786조【우선특권의 소멸】 선박채권자의 우선특권은 그 채권이 생긴 날부터 1년 이내에 실행하지 아니하면 소멸한다.
〈전문개정 2007.8.3〉

제787조【선박저당권】 ①등기한 선박은 저당권의 목적으로 할 수 있다.
②선박의 저당권은 그 속구에 미친다.
③선박의 저당권에는 「민법」의 저당권에 관한 규정을 준용한다.
〈전문개정 2007.8.3〉

제788조【선박저당권 등과 우선특권의 경합】 선박채권자의 우선특권은 질권과 저당권에 우선한다.
〈전문개정 2007.8.3〉

제789조【등기선박의 입질불허】 등기한 선박은 질권의 목적으로 하지 못한다.
〈전문개정 2007.8.3〉

제790조【건조 등의 선박에의 준용】 이 절의 규정은 건조 중의 선박에 준용한다.
〈전문개정 2007.8.3〉

제2장 운송과 용선

제1절 개품운송

제791조【개품운송계약의 의의】 개품운송계약은 운송인이 개개의 물건을 해상에서 선박으로 운송할 것을 인수하고, 송하인이 이에 대하여 운임을 지급하기로 약정함으로써 그 효력이 생긴다.
〈전문개정 2007.8.3〉

제792조【운송물의 제공】 ①송하인은 당사자 사이의 합의 또는 선적항의 관습에 의한 때와 곳에서 운송인에게 운송물을 제공하여야 한다.
②제1항에 따른 때와 곳에서 송하인이 운송물을 제공하지 아니한 경우에는 계약을 해제한 것으로 본다. 이 경우 선장은 즉시 발항할 수 있고, 송하인은 운임의 전액을 지급하여야 한다.
〈전문개정 2007.8.3〉

제793조【운송에 필요한 서류의 교부】 송하인은

선적기간 이내에 운송에 필요한 서류를 선장에게 교부하여야 한다.
〈전문개정 2007.8.3〉

제794조【감항능력 주의의무】 운송인은 자기 또는 선원이나 그 밖의 선박사용인이 발항 당시 다음의 사항에 관하여 주의를 해태하지 아니하였음을 증명하지 아니하면 운송물의 멸실 · 훼손 또는 연착으로 인한 손해를 배상할 책임이 있다.

1. 선박이 안전하게 항해를 할 수 있게 할 것
2. 필요한 선원의 승선, 선박의장(의장)과 필요품의 보급
3. 선창 · 냉장실, 그 밖에 운송물을 적재할 선박의 부분을 운송물의 수령 · 운송과 보존을 위하여 적합한 상태에 둘 것

〈전문개정 2007.8.3〉

(판 례) 바다를 예정된 항로에 따라 항해하는 선박은 통상 예견할 수 있는 위험을 견딜 수 있을만큼 견고한 선체를 유지해야 하므로, 발항당시 감항능력이 결여된 선박을 해상운송에 제공한 선박소유자는 항해중 그 선박이 통상 예견할 수 있는 파랑이나 해상부유물의 충격을 견디지 못하고 파열되어 침몰하였다면, 선박소유자는 선박의 감항능력유지의무를 해태함으로써 운송물을 멸실케 한 과실이 있다(1985.5.28, 84다카 966).

화물창구 덮개의 노후 등 하자를 발견하여 안전성을 확보할 수 있었는데도 이를 다하지 아니함으로써 선박의 화물창구 덮개 일부가 파손되고 거기로 해수가 유입되어 운송물이 침수되는 사고가 발생하였다면 운송인은 감항능력주의의무를 위반한 것이다(1998. 2.10, 96다45054). 〈정찬(하) 761면〉

제795조【운송물에 관한 주의의무】 ①운송인은 자기 또는 선원이나 그 밖의 선박사용인이 운송물의 수령 · 선적 · 적부(적부) · 운송 · 보관 · 양륙과 인도에 관하여 주의를 해태하지 아니하였음을 증명하지 아니하면 운송물의 멸실·훼손 또는 연착으로 인한 손해를 배상할 책임이 있다.
②운송인은 선장 · 해원 · 도선사, 그 밖의 선박사용인의 항해 또는 선박의 관리에 관한 행위 또는 화재로 인하여 생긴 운송물에 관한 손해를 배상할 책임을 면한다. 다만, 운송인의 고의 또는 과실로 인한 화재의 경우에는 그러하지 아니하다.
〈전문개정 2007.8.3〉

(판 례) 보세창고업자는 운송인의 운송물의 인도업무에 관하여 운송인의 이행보조자라고는 할 수 있으나 운송인의 피용자적인 지위에 있다고는 볼 수 없으므로 운송인은 보세창고업자의 불법행위에 대하여 민법 제756조의 사용자배상책임을 부담하지는 않는다(1997.9.9, 96다20093). 〈정찬(하) 774면〉

판결은행이 비록 수출환어음과 함께 선하증권을 매입하였다고 하더라도 선하증권이 운송물을 수령하지 않고 발행된 선하증권으로 무효인 경우, 은행이 선하증권의 소지인으로서 입은 손해는 반드시 그 수출환어음의 지급거절로 인하여 발생하는 것이 아니라, 경우에 따라서는 선하증권이 담보로서의 가치가 없는 것으로 됨으로써 발생할 수도 있다.(2005.1.27, 2004다12394). 〈정찬(하) 175면〉

해상화물운송에 있어서 선하증권이 발행된 경우 그 화물은 선하증권과 상환으로 선하증권의 소지인에게 인도되어야 하는 것이므로 운송인 또는 그 국내 선박대리점이 선하증권의 소지인이 아닌 자에게 화물을 인도함으로써 멸실케 한 경우에는 선하증권의 소지인에 대하여 불법행위에 기한 손해배상책임을 진다고 할 것이다.(2005.1.27, 2004다12394). 〈정찬(하) 843면〉

제796조【운송인의 면책사유】 운송인은 다음 각 호의 사실이 있었다는 것과 운송물에 관한 손해가 그 사실로 인하여 보통 생길 수 있는 것임을 증명한 때에는 이를 배상할 책임을 면한다. 다만, 제794조 및 제795조제1항에 따른 주의를 다하였더라면 그 손해를 피할 수 있었음에도 불구하고 그 주의를 다하지 아니하였음을 증명한 때에는 그러하지 아니하다.

1. 해상이나 그 밖에 항행할 수 있는 수면에서의 위험 또는 사고
2. 불가항력
3. 전쟁 · 폭동 또는 내란
4. 해적행위나 그 밖에 이에 준한 행위
5. 재판상의 압류, 검역상의 제한, 그 밖에 공권에 의한 제한
6. 송하인 또는 운송물의 소유자나 그 사용인의 행위
7. 동맹파업이나 그 밖의 쟁의행위 또는 선박폐쇄
8. 해상에서의 인명이나 재산의 구조행위 또는 이로 인한 항로이탈이나 그 밖의 정당한 사유로 인한 항로이탈
9. 운송물의 포장의 불충분 또는 기호의 표시의 불완전
10. 운송물의 특수한 성질 또는 숨은 하자
11. 선박의 숨은 하자

〈전문개정 2007.8.3〉

제797조【책임의 한도】 ①제794조부터 제796조까지의 규정에 따른 운송인의 손해배상의 책임은 당해 운송물의 매 포장당 또는 선적단위당 666과 100분의 67 계산단위의 금액과 중량 1킬로그램당 2 계산단위의 금액 중 큰 금액을 한도로 제한할 수 있다. 다만, 운송물에 관한 손해가 운송인 자신의 고의 또는 손해발생의 염려가 있음을 인식하면서 무모하게 한 작위 또는 부작위로 인하여 생긴 것인 때에는 그러하지 아니하다.
②제1항의 적용에 있어서 운송물의 포장 또는 선

적단위의 수는 다음과 같이 정한다.
1. 컨테이너나 그 밖에 이와 유사한 운송용기가 운송물을 통합하기 위하여 사용되는 경우에 그러한 운송용기에 내장된 운송물의 포장 또는 선적단위의 수를 선하증권이나 그 밖에 운송계약을 증명하는 문서에 기재한 때에는 그 각 포장 또는 선적단위를 하나의 포장 또는 선적단위로 본다. 이 경우를 제외하고는 이러한 운송용기 내의 운송물 전부를 하나의 포장 또는 선적단위로 본다.
2. 운송인이 아닌 자가 공급한 운송용기 자체가 멸실 또는 훼손된 경우에는 그 용기를 별개의 포장 또는 선적단위로 본다.

③제1항 및 제2항은 송하인이 운송인에게 운송물을 인도할 때에 그 종류와 가액을 고지하고 선하증권이나 그 밖에 운송계약을 증명하는 문서에 이를 기재한 경우에는 적용하지 아니한다. 다만, 송하인이 운송물의 종류 또는 가액을 고의로 현저하게 부실의 고지를 한 때에는 운송인은 자기 또는 그 사용인이 악의인 경우를 제외하고 운송물의 손해에 대하여 책임을 면한다.
④제1항부터 제3항까지의 규정은 제769조부터 제774조까지 및 제776조의 적용에 영향을 미치지 아니한다.
〈전문개정 2007.8.3〉

(판례) 상법 제789조의2제1항 단서에 의하여 운송인의 책임제한이 배제되기 위하여는, 운송인 본인의 고의 또는 손해발생의 염려가 있음을 인식하면서 무모하게 한 작위 또는 부작위가 있어야 하는 것이고, 운송인의 피용자인 선원 기타 선박사용인에게 고의 또는 무모한 행위가 있었다 하더라도 운송인 본인에게 그와 같은 고의나 무모한 행위가 없는 이상 운송인은 상법 제789조 책임을 제한할 수 있다(1996.12.6, 96다31611). 〈최준(하) 440면〉

제798조【비계약적 청구에 대한 적용】 ①이 절의 운송인의 책임에 관한 규정은 운송인의 불법행위로 인한 손해배상의 책임에도 적용한다.
②운송물에 관한 손해배상청구가 운송인의 사용인 또는 대리인에 대하여 제기된 경우에 그 손해가 그 사용인 또는 대리인의 직무집행에 관하여 생긴 것인 때에는 그 사용인 또
는 대리인은 운송인이 주장할 수 있는 항변과 책임제한을 원용할 수 있다. 다만, 그 손해가 그 사용인 또는 대리인의 고의 또는 운송물의 멸실·훼손 또는 연착이 생길 염려가 있음을 인식하면서 무모하게 한 작위 또는 부작위로 인하여 생긴 것인 때에는 그러하지 아니하다.
③제2항 본문의 경우에 운송인과 그 사용인 또는 대리인의 운송물에 대한 책임제한금액의 총액은 제797조제1항에 따른 한도를 초과하지 못한다.
④제1항부터 제3항까지의 규정은 운송물에 관한 손해배상청구가 운송인 외의 실제운송인 또는 그 사용인이나 대리인에 대하여 제기된 경우에도 적용한다.
〈전문개정 2007.8.3〉

제799조【운송인의 책임경감금지】 ①제794조부터 제798조까지의 규정에 반하여 운송인의 의무 또는 책임을 경감 또는 면제하는 당사자 사이의 특약은 효력이 없다. 운송물에 관한 보험의 이익을 운송인에게 양도하는 약정 또는 이와 유사한 약정도 또한 같다.
②제1항은 산 동물의 운송 및 선하증권이나 그 밖에 운송계약을 증명하는 문서의 표면에 갑판적(갑판적)으로 운송할 취지를 기재하여
갑판적으로 행하는 운송에 대하여는 적용하지 아니한다.
〈전문개정 2007.8.3〉

(판례) 상법 제790조는 책임제외약관과 책임변경약관 등에 적용되고, 책임결과의 일부를 경감하는 배상액제한약관에는 그것이 신의성실의 원칙에 반하고 공서양속에 반하는 정도의 소액이 아닌 한 적용되지 않는다(1987.10.13, 83다카1046).

배상액제한약관에서 정한 책임한도액이 배상책임을 면제하는 것과 다름없는 정도의 소액인가의 여부는 그 책임한도액이 해상운송의 거래계에서 관행으로 정하여지고 있는 책임한도액 및 운송인이 받은 운임 등과 비교하여 볼 때 실질적으로 운송인의 배상책임을 면제하는 정도의 명목상의 금액에 불과한 것인가의 여부에 따라 결정하여야 하는 바, 복합운송증권통일규칙(FIATA)에 따라 운송자의 책임을 멸실된 운송물의 총중량에 매 kg당 2SDR(특별인출권)을 곱한 금액을 한도로 규정한 배상액제한약관은 구상법(1991.12.31. 법률 제4470호로 개정되기 전의 것) 제790조에 위반된다고 볼 수 없다(1995.4.25, 94다47919). 〈정찬(하) 783면〉

제800조【위법선적물의 처분】 ①선장은 법령 또는 계약을 위반하여 선적된 운송물은 언제든지 이를 양륙할 수 있고, 그 운송물이 선박 또는 다른 운송물에 위해를 미칠 염려가 있는 때에는 이를 포기할 수 있다.
②선장이 제1항의 물건을 운송하는 때에는 선적한 때와 곳에서의 동종 운송물의 최고운임의 지급을 청구할 수 있다.
③제1항 및 제2항은 운송인과 그 밖의 이해관계인의 손해배상청구에 영향을 미치지 아니한다.
〈전문개정 2007.8.3〉

제801조【위험물의 처분】 ①인화성·폭발성이나

그 밖의 위험성이 있는 운송물은 운송인이 그 성질을 알고 선적한 경우에도 그 운송물이 선박이나 다른 운송물에 위해를 미칠 위험이 있는 때에는 선장은 언제든지 이를 양륙 · 파괴 또는 무해조치할 수 있다.
②운송인은 제1항의 처분에 의하여 그 운송물에 발생한 손해에 대하여는 공동해손분담책임을 제외하고 그 배상책임을 면한다.
〈전문개정 2007.8.3〉

제802조【운송물의 수령】 운송물의 도착통지를 받은 수하인은 당사자 사이의 합의 또는 양륙항의 관습에 의한 때와 곳에서 지체
없이 운송물을 수령하여야 한다.
〈전문개정 2007.8.3〉

제803조【운송물의 공탁 등】 ①수하인이 운송물의 수령을 게을리한 때에는 선장은 이를 공탁하거나 세관이나 그 밖에 법령으로 정한 관청의 허가를 받은 곳에 인도할 수 있다. 이 경우 지체 없이 수하인에게 그 통지를 발송하여야 한다.
②수하인을 확실히 알 수 없거나 수하인이 운송물의 수령을 거부한 때에는 선장은 이를 공탁하거나 세관이나 그 밖에 법령으로 정한 관청의 허가를 받은 곳에 인도하고 지체 없이 용선자 또는 송하인 및 알고 있는 수하인에게 그 통지를 발송하여야 한다.
③제1항 및 제2항에 따라 운송물을 공탁하거나 세관이나 그 밖에 법령으로 정한 관청의 허가를 받은 곳에 인도한 때에는 선하증권소지인이나 그 밖의 수하인에게 운송물을 인도한 것으로 본다.
〈전문개정 2007.8.3〉

제804조【운송물의 일부 멸실·훼손에 관한 통지】 ①수하인이 운송물의 일부 멸실 또는 훼손을 발견한 때에는 수령 후 지체 없이 그 개요에 관하여 운송인에게 서면에 의한 통지를 발송하여야 한다. 다만, 그 멸실 또는 훼손이 즉시 발견할 수 없는 것인 때에는 수령한 날부터 3일 이내에 그 통지를 발송하여야 한다.
②제1항의 통지가 없는 경우에는 운송물이 멸실 또는 훼손 없이 수하인에게 인도된 것으로 추정한다.
③제1항 및 제2항은 운송인 또는 그 사용인이 악의인 경우에는 적용하지 아니한다.
④운송물에 멸실 또는 훼손이 발생하였거나 그 의심이 있는 경우에는 운송인과 수하인은 서로 운송물의 검사를 위하여 필요한 편의를
제공하여야 한다.
⑤제1항부터 제4항까지의 규정에 반하여 수하인에게 불리한 당사자 사이의 특약은 효력이 없다.
〈전문개정 2007.8.3〉

제805조【운송물의 중량 · 용적에 따른 운임】 운송물의 중량 또는 용적으로 운임을 정한 때에는 운송물을 인도하는 때의 중량 또는 용적에 의하여 그 액을 정한다.
〈전문개정 2007.8.3〉

제806조【운송기간에 따른 운임】 ①기간으로 운임을 정한 때에는 운송물의 선적을 개시한 날부터 그 양륙을 종료한 날까지의 기간에 의하여 그 액을 정한다.
②제1항의 기간에는 불가항력으로 인하여 선박이 선적항이나 항해도중에 정박한 기간 또는 항해 도중에 선박을 수선한 기간을 산입하지 아니한다.
〈전문개정 2007.8.3〉

제807조【수하인의 의무, 선장의 유치권】 ①수하인이 운송물을 수령하는 때에는 운송계약 또는 선하증권의 취지에 따라 운임 · 부수비용 · 체당금 · 체선료, 운송물의 가액에 따른 공동해손 또는 해난구조로 인한 부담액을 지급하여야 한다.
②선장은 제1항에 따른 금액의 지급과 상환하지 아니하면 운송물을 인도할 의무가 없다.
〈전문개정 2007.8.3〉

제808조【운송인의 운송물경매권】 ①운송인은 제807조제1항에 따른 금액의 지급을 받기 위하여 법원의 허가를 받아 운송물을 경매하여 우선변제를 받을 권리가 있다.
②선장이 수하인에게 운송물을 인도한 후에도 운송인은 그 운송물에 대하여 제1항의 권리를 행사할 수 있다. 다만, 인도한 날부터
30일을 경과하거나 제3자가 그 운송물에 점유를 취득한 때에는 그러하지 아니하다.
〈전문개정 2007.8.3〉

제809조【항해용선자 등의 재운송계약시 선박소유자의 책임】 항해용선자 또는 정기용선자가 자기의 명의로 제3자와 운송계약을
체결한 경우에는 그 계약의 이행이 선장의 직무에 속한 범위 안에서 선박소유자도 그 제3자에 대하여 제794조 및 제795조에 따른
책임을 진다.
〈전문개정 2007.8.3〉

제810조【운송계약의 종료사유】 ①운송계약은 다음의 사유로 인하여 종료한다.
1. 선박이 침몰 또는 멸실한 때
2. 선박이 수선할 수 없게 된 때
3. 선박이 포획된 때

4. 운송물이 불가항력으로 인하여 멸실된 때
②제1항제1호부터 제3호까지의 사유가 항해 도중에 생긴 때에는 송하인은 운송의 비율에 따라 현존하는 운송물의 가액의 한도에서 운임을 지급하여야 한다.
〈전문개정 2007.8.3〉

제811조【법정사유로 인한 해제 등】 ①항해 또는 운송이 법령을 위반하게 되거나 그 밖에 불가항력으로 인하여 계약의 목적을 달할 수 없게 된 때에는 각 당사자는 계약을 해제할 수 있다.
②제1항의 사유가 항해 도중에 생긴 경우에 계약을 해지한 때에는 송하인은 운송의 비율에 따라 운임을 지급하여야 한다.
〈전문개정 2007.8.3〉

제812조【운송물의 일부에 관한 불가항력】 ①제810조제1항제4호 및 제811조제1항의 사유가 운송물의 일부에 대하여 생긴 때에는 송하인은 운송인의 책임이 가중되지 아니하는 범위 안에서 다른 운송물을 선적할 수 있다.
②송하인이 제1항의 권리를 행사하고자 하는 때에는 지체 없이 운송물의 양륙 또는 선적을 하여야 한다. 그 양륙 또는 선적을 게을리한 때에는 운임의 전액을 지급하여야 한다.
〈전문개정 2007.8.3〉

제813조【선장의 적하처분과 운임】 운송인은 다음 각 호의 어느 하나에 해당하는 경우에는 운임의 전액을 청구할 수 있다.
1. 선장이 제750조제1항에 따라 적하를 처분하였을 때
2. 선장이 제865조에 따라 적하를 처분하였을 때
〈전문개정 2007.8.3〉

제814조【운송인의 채권 · 채무의 소멸】 ①운송인의 송하인 또는 수하인에 대한 채권 및 채무는 그 청구원인의 여하에 불구하고 운송인이 수하인에게 운송물을 인도한 날 또는 인도할 날부터 1년 이내에 재판상 청구가 없으면 소멸한다. 다만, 이 기간은 당사자의 합의에 의하여 연장할 수 있다.
②운송인이 인수한 운송을 다시 제3자에게 위탁한 경우에 송하인 또는 수하인이 제1항의 기간 이내에 운송인과 배상 합의를 하거나 운송인에게 재판상 청구를 하였다면, 그 합의 또는 청구가 있은 날부터 3개월이 경과
하기 이전에는 그 제3자에 대한 운송인의 채권 · 채무는 제1항에도 불구하고 소멸하지 아니한다. 운송인과 그 제3자 사이에 제1항 단서와 동일한 취지의 약정이 있는 경우에도 또한 같다.
③제2항의 경우에 있어서 재판상 청구를 받은 운송인이 그로부터 3개월 이내에 그 제3자에 대하여 소송고지를 하면 3개월의 기간은 그 재판이 확정되거나 그 밖에 종료된 때부터 기산한다.
〈전문개정 2007.8.3〉

(판 례) 해상운송계약에 따른 선하증권이 발행된 경우에는 그 선하증권의 정당한 소지인이 상법 제811조의 '수하인'이고, 상법 제811조는 운송인의 해상운송계약상의 이행청구 및 채무불이행에 따른 손해배상청구의 경우뿐만 아니라 운송인의 불법행위에 따른 손해배상청구 등 청구원인의 여하에 관계없이 적용되므로 상법 제811조는 선하증권의 소지인이 운송인에 대하여 운송물에 대한 양도담보권을 침해한 불법행위에 따른 손해배상책임을 묻는 경우에도 적용된다(1999.10.26, 99다41329). 〈정찬(하) 785면〉

제815조【준용규정】 제134조, 제136조부터 제140조까지의 규정은 이 절에서 정한 운송인에 준용한다.
〈전문개정 2007.8.3〉

제816조【복합운송인의 책임】 ①운송인이 인수한 운송에 해상 외의 운송구간이 포함된 경우 운송인은 손해가 발생한 운송구간에 적용될 법에 따라 책임을 진다.
②어느 운송구간에서 손해가 발생하였는지 불분명한 경우 또는 손해의 발생이 성질상 특정한 지역으로 한정되지 아니하는 경우에는 운송인은 운송거리가 가장 긴 구간에 적용되는 법에 따라 책임을 진다. 다만, 운송거리가 같거나 가장 긴 구간을 정할 수 없는 경우에는 운임이 가장 비싼 구간에 적용되는 법에 따라 책임을 진다.
〈전문개정 2007.8.3〉

제2절 해상여객운송

제817조【해상여객운송계의 의의】 해상여객운송계약은 운송인이 특정한 여객을 출발지에서 도착지까지 해상에서 선박으로 운송할
것을 인수하고, 이에 대하여 상대방이 운임을 지급하기로 약정함으로써 그 효력이 생긴다.
〈전문개정 2007.8.3〉

제818조【기명식의 선표】 기명식의 선표는 타인에게 양도하지 못한다.
〈전문개정 2007.8.3〉

제819조【식사·거처제공의무 등】 ①여객의 항해 중의 식사는 다른 약정이 없으면 운송인의 부담으로 한다.
②항해 도중에 선박을 수선하는 경우에는 운송인은 그 수선 중 여객에게 상당한 거처와

사를 제공하여야 한다. 다만, 여객의 권리를 해하지 아니하는 범위 안에서 상륙항까지의 운송의 편의를 제공한 때에는 그러하지 아니하다.
③제2항의 경우에 여객은 항해의 비율에 따른 운임을 지급하고 계약을 해지할 수 있다.
〈전문개정 2007.8.3〉

제820조【수하물 무임운송의무】 여객이 계약에 의하여 선내에서 휴대할 수 있는 수하물에 대하여는 운송인은 다른 약정이 없으면
별도로 운임을 청구하지 못한다.
〈전문개정 2007.8.3〉

제821조【승선지체와 선장의 발항권】 ①여객이 승선시기까지 승선하지 아니한 때에는 선장은 즉시 발항할 수 있다. 항해 도중의 정박항에서도 또한 같다.
②제1항의 경우에는 여객은 운임의 전액을 지급하여야 한다.
〈전문개정 2007.8.3〉

제822조【여객의 계약해제와 운임】 여객이 발항전에 계약을 해제하는 경우에는 운임의 반액을 지급하고, 발항 후에 계약을 해제하는 경우에는 운임의 전액을 지급하여야 한다.
〈전문개정 2007.8.3〉

제823조【법정사유에 의한 해제】 여객이 발항 전에 사망·질병이나 그 밖의 불가항력으로 인하여 항해할 수 없게 된 때에는 운송인은 운임의 10분의 3을 청구할 수 있고, 발항 후에 그 사유가 생긴 때에는 운송인의 선택으로 운임의 10분의 3 또는 운송의 비율에 따른 운임을 청구할 수 있다.
〈전문개정 2007.8.3〉

제824조【사망한 여객의 수하물처분의무】 여객이 사망한 때에는 선장은 그 상속인에게 가장 이익이 되는 방법으로 사망자가 휴대한 수하물을 처분하여야 한다.
〈전문개정 2007.8.3〉

제825조【법정종료사유】 운송계약은 제810조제1항제1호부터 제3호까지의 사유로 인하여 종료한다. 그 사유가 항해 도중에 생긴 때에는 여객은 운송의 비율에 따른 운임을 지급하여야 한다.
〈전문개정 2007.8.3〉

제826조【준용규정】 ①제148조·제794조·제799조제1항 및 제809조는 해상여객운송에 준용한다.
②제134조·제136조·제149조제2항·제794조부
터 제801조까지·제804조·제807조·제809조·제811조 및 제814조는 운송인이 위탁을 받은 여객의 수하물의 운송에 준용한다.
③제150조, 제797조제1항·제4항, 제798조, 제799조제1항, 제809조 및 제814조는 운송인이 위탁을 받지 아니한 여객의 수하물에 준용한다.
〈전문개정 2007.8.3〉

(판 례) 상법 제830조에 의하여 준용되는 동법 제148조의 규정은 여객이 해상운송도중 그 운송으로 인하여 손해를 입었고 또 그 손해가 운송인이나 그 사용인의 운송에 관한 주의의무의 범위에 속하는 사항으로 인하였을 경우에 한하여 운송인은 자기 또는 사용인이 운송에 관한 주의를 게을리 하지 아니하였음을 증명하지 아니하는 한 이를 배상할 책임을 면할 수 없다는 것이지 여객이 피해를 입기만 하면 그 원인을 묻지 않고 그 책임을 지우는 취지는 아니라 할 것이므로 여객이 입은 손해라도 그것이 운송인 또는 그 사용인의 운송에 관한 주의의무의 범위에 속하지 아니하는 한 운송인은 그로 인한 손해를 배상할 책임이 없다(1987.10.28, 87다카1191). 〈정찬(하) 804면〉

제3절 항해용선

제827조【항해용선계약의 의의】 ①항해용선계약은 특정한 항해를 할 목적으로 선박소유자가 용선자에게 선원이 승무하고 항해장비를 갖춘 선박의 전부 또는 일부를 물건의 운송에 제공하기로 약정하고 용선자가 이에 대하여 운임을 지급하기로 약정함으로써 그 효력이 생긴다.
②이 절의 규정은 그 성질에 반하지 아니하는 한 여객운송을 목적으로 하는 항해용선계약에도 준용한다.
③선박소유자가 일정한 기간 동안 용선자에게 선박을 제공할 의무를 지지만 항해를 단위로 운임을 계산하여 지급하기로 약정한 경우에도 그 성질에 반하지 아니하는 한 이 절의 규정을 준용한다.
〈전문개정 2007.8.3〉

제828조【용선계약서】 용선계약의 당사자는 상대방의 청구에 의하여 용선계약서를 교부하여야 한다.
〈전문개정 2007.8.3〉

제829조【선적준비완료의 통지, 선적기간】 ①선박소유자는 운송물을 선적함에 필요한 준비가 완료된 때에는 지체 없이 용선자에게
그 통지를 발송하여야 한다.
②운송물을 선적할 기간의 약정이 있는 경우에는 그 기간은 제1항의 통지가 오전에 있은 때에는 그 날의 오후 1시부터 기산하고, 오후에 있은 때에는 다음날 오전 6시부터 기산한다. 이 기간에는 불가항력으로 인하여 선적할 수 없는 날과 그 항의 관

습상 선적작업을 하지 아니하는 날을 산입하지 아니한다.
③제2항의 기간을 경과한 후 운송물을 선적한 때에는 선박소유자는 상당한 보수를 청구할 수 있다.
〈전문개정 2007.8.3〉

(판 례) 선박소유자가 약정 양륙기간을 초과한 기간에 대하여 용선자에게 청구할 수 있는 소위 정박료 또는 체선료는 체선기간 중 선박소유자가 입는 선원료, 식비, 체선비용, 선박이용을 방해받음으로 인하여 상실한 이익 등의 손실을 전보하기 위한 법정의 특별보수이므로 선박소유자의 과실을 참작하여 약정 정박료 또는 체선료를 감액하거나 과실상계를 할 수 없다(1994.6.14, 93다58547). 〈정찬(하) 757면〉

제830조【제3자가 선적인인 경우의 통지·선적】 용선자 외의 제3자가 운송물을 선적할 경우에 선장이 그 제3자를 확실히 알 수 없거나 그 제3자가 운송물을 선적하지 아니한 때에는 선장은 지체 없이 용선자에게 그 통지를 발송하여야 한다. 이 경우 선적기간 이내에 한하여 용선자가 운송물을 선적할 수 있다.
〈전문개정 2007.8.3〉

제831조【용선자의 발항청구권, 선장의 발항권】 ①용선자는 운송물의 전부를 선적하지 아니한 경우에도 선장에게 발항을 청구할 수 있다.
②선적기간의 경과 후에는 용선자가 운송물의 전부를 선적하지 아니한 경우에도 선장은 즉시 발항할 수 있다.
③제1항 및 제2항의 경우에 용선자는 운임의 전액과 운송물의 전부를 선적하지 아니함으로 인하여 생긴 비용을 지급하고, 또한 선박소유자의 청구가 있는 때에는 상당한 담보를 제공하여야 한다.
〈전문개정 2007.8.3〉

제832조【전부용선의 발항 전의 계약해제 등】 ①발항 전에는 전부용선자는 운임의 반액을 지급하고 계약을 해제할 수 있다.
②왕복항해의 용선계약인 경우에 전부용선자가 그 회항 전에 계약을 해지하는 때에는 운임의 3분의 2를 지급하여야 한다.
③선박이 다른 항에서 선적항에 항행하여야 할 경우에 전부용선자가 선적항에서 발항하기 전에 계약을 해지하는 때에도 제2항과 같다.
〈전문개정 2007.8.3〉

제833조【일부용선과 발항 전의 계약해제 등】 ①일부용선자나 송하인은 다른 용선자와 송하인 전원과 공동으로 하는 경우에 한하여 제832조의 해제 또는 해지를 할 수 있다.
②제1항의 경우 외에는 일부용선자나 송하인이 발항 전에 계약을 해제 또는 해지한 때에도 운임의 전액을 지급하여야 한다.
③발항 전이라도 일부용선자나 송하인이 운송물의 전부 또는 일부를 선적한 경우에는 다른 용선자와 송하인의 동의를 받지 아니하면 계약을 해제 또는 해지하지 못한다.
〈전문개정 2007.8.3〉

제834조【부수비용·체당금 등의 지급의무】 ①용선자나 송하인이 제832조 및 제833조제1항에 따라 계약을 해제 또는 해지를 한 때에도 부수비용과 체당금을 지급할 책임을 면하지 못한다.
②제832조제2항 및 제3항의 경우에는 용선자나 송하인은 제1항에 규정된 것 외에도 운송물의 가액에 따라 공동해손 또는 해난구조로
인하여 부담할 금액을 지급하여야 한다.
〈전문개정 2007.8.3〉

제835조【선적·양륙비용의 부담】 제833조 및 제834조의 경우에 운송물의 전부 또는 일부를 선적한 때에는 그 선적과 양륙의 비용은 용선자 또는 송하인이 부담한다.
〈전문개정 2007.8.3〉

제836조【선적기간 내의 불선적의 효과】 용선자가 선적기간 내에 운송물의 선적을 하지 아니한 때에는 계약을 해제 또는 해지한 것으로 본다.
〈전문개정 2007.8.3〉

제837조【발항 후의 계약해지】 발항 후에는 용선자나 송하인은 운임의 전액, 체당금·체선료와 공동해손 또는 해난구조의 부담액을 지급하고 그 양륙하기 위하여 생긴 손해를 배상하거나 이에 대한 상당한 담보를 제공하지 아니하면 계약을 해지하지 못한다.
〈전문개정 2007.8.3〉

제838조【운송물의 양륙】 ①운송물을 양륙함에 필요한 준비가 완료된 때에는 선장은 지체 없이 수하인에게 그 통지를 발송하여야 한다.
②제829조제2항은 운송물의 양륙기간의 계산에 준용한다.
③제2항의 양륙기간을 경과한 후 운송물을 양륙한 때에는 선박소유자는 상당한 보수를 청구할 수 있다.
〈전문개정 2007.8.3〉

(판 례) 양륙기간을 약정한 용선계약에 있어서 용선자가 약정한 기간 내에 양륙작업을 완료하지 못하고 기간을 초과하여 양륙한 경우에 운송인이 그 초과한 기간에 대하여 용선자에게 청구할 수 있는 소위 정박료 또는

체선료는 체선기간 중 운송인이 입는 선원료, 식비, 체선비용, 선박이용을 방해받음으로 인하여 상실한 이익 등의 손실을 전보하기 위한 법정의 특별보수라고 할 것이므로, 체선료의 약정이 용선자의 채무불이행으로 인한 손해배상의 예정이라는 전제하에서 운송인의 과실을 참작하여 체선료를 감액하거나 과실상계를 할 수 없다.(2005.7.28, 2003다12083). 〈정찬 838,869면〉

제839조【선박소유자의 책임경감 금지】 ①제794조에 반하여 이 절에서 정한 선박소유자의 의무 또는 책임을 경감 또는 면제하는 당사자 사이의 특약은 효력이 없다. 운송물에 관한 보험의 이익을 선박소유자에게 양도하는 약정 또는 이와 유사한 약정도 또한 같다.

②제799조제2항은 제1항의 경우에 준용한다.

〈전문개정 2007.8.3〉

제840조【선박소유자의 채권채무의 소멸】

①선박소유자의 용선자 또는 수하인에 대한 채권 및 채무는 그 청구원인의 여하에 불구하고 선박소유자가 운송물을 인도한 날 또는

인도할 날부터 2년 이내에 재판상 청구가 없으면 소멸한다. 이 경우 제814조제1항 단서를 준용한다.

②제1항의 기간을 단축하는 선박소유자와 용선자의 약정은 이를 운송계약에 명시적으로 기재하지 아니하면 그 효력이 없다.

〈전문개정 2007.8.3〉

제841조【준용규정】 ①제134조, 제136조, 제137조, 제140조, 제793조부터 제797조까지, 제798조제1항부터 제3항까지, 제800조, 제801조, 제803조, 제804조제1항부터 제4항까지, 제805조부터 제808조까지와 제810조부터 제813조까지의 규정은 항해용선계약에 준용한다.

②제1항에 따라 제806조의 운임을 계산함에 있어서 제829조제2항의 선적기간 또는 제838조제2항의 양륙기간이 경과한 후에 운송물을

선적 또는 양륙한 경우에는 그 기간경과 후의 선적 또는 양륙기간은 선적 또는 양륙기간에 산입하지 아니하고 제829조제3항 및 제838조제3항에 따라 별도로 보수를 정한다.

〈전문개정 2007.8.3〉

제4절 정기용선

제842조【정기용선계약의 의의】 정기용선계약은 선박소유자가 용선자에게 선원이 승무하고 항해장비를 갖춘 선박을 일정한 기간동안 항해에 사용하게 할 것을 약정하고 용선자가 이에 대하여 기간으로 정한 용선료를 지급하기로 약정함으로써 그 효력이 생긴다.

〈전문개정 2007.8.3〉

판례 당사자간에 체결된 정기용선계약이 그 계약내용에 비추어 선박에 대한점유권이 용선자에게 이전되는 것은 아니지만 선박임대차와 유사하게 용선자가 선박의 자유사용권을 취득하고 그에 선원의 노무공급계약적인 요소가 수반되는 것이라면 이는 해상기업활동에서 관행적으로 형성 발전된 특수한 계약관계라 할 것으로서 이 경우 정기용선자는 그 대외적인 책임관계에 있어서 선박임차인에 관한 상법 제766조의 유추적용에 의하여 선박소유자와 동일한 책임을 지는 것이라 할 것이므로 정기용선자는 선장이 발행한 선하증권상의 운송인으로서의 책임을 부담한다 할 것이다(1992.2.25, 91다14215). 〈최준(하) 391면〉

제843조【정기용선자의 선장지휘권】 ①정기용선자는 약정한 범위 안의 선박의 사용을 위하여 선장을 지휘할 권리가 있다.

②선장·해원, 그 밖의 선박사용인이 정기용선자의 정당한 지시를 위반하여 정기용선자에게 손해가 발생한 경우에는 선박소유자가 이를 배상할 책임이 있다.

〈전문개정 2007.8.3〉

제844조【선박소유자의 운송물유치권 및 경매권】

①제807조제2항 및 제808조는 정기용선자가 선박소유자에게 용선료·체당금, 그 밖에 이와 유사한 정기용선계약에 의한 채무를 이행하지 아니하는 경우에 준용한다. 다만, 선박소유자는 정기용선자가 발행한 선하증권을 선의로 취득한 제3자에게 대항하지 못한다.

②제1항에 따른 선박소유자의 운송물에 대한 권리는 정기용선자가 운송물에 관하여 약정한 용선료 또는 운임의 범위를 넘어서 행사하지 못한다.

〈전문개정 2007.8.3〉

제845조【용선료의 연체와 계약해지 등】 ①정기용선자가 용선료를 약정기일에 지급하지 아니한 때에는 선박소유자는 계약을 해제

또는 해지할 수 있다.

②정기용선자가 제3자와 운송계약을 체결하여 운송물을 선적한 후 선박의 항해 중에 선박소유자가 제1항에 따라 계약을 해제 또는 해지한 때에는 선박소유자는 적하이해관계인에 대하여 정기용선자와 동일한 운송의무가 있다.

③선박소유자가 제2항에 따른 계약의 해제 또는 해지 및 운송계속의 뜻을 적하이해관계인에게 서면으로 통지를 한 때에는 선박소유자의 정기용선자에 대한 용선료·체당금, 그 밖에 이와 유사한 정기용선계약상의 채권을 담보하기 위하여 정기

용선자가 적하이해관계인에 대하여 가지는 용선료 또는 운임의 채권을 목적으로 질권을 설정한 것으로 본다.
④제1항부터 제3항까지의 규정은 선박소유자 또는 적하이해관계인의 정기용선자에 대한 손해배상청구에 영향을 미치지 아니한다.
〈전문개정 2007.8.3〉

제846조【정기용선계약상의 채권의 소멸】 ①정기용선계약에 관하여 발생한 당사자 사이의 채권은 선박이 선박소유자에게 반환된
날부터 2년 이내에 재판상 청구가 없으면 소멸한다. 이 경우 제814조제1항 단서를 준용한다.
②제840조제2항은 제1항의 경우에 준용한다.
〈전문개정 2007.8.3〉

제5절 선체용선

제847조【선체용선계약의 의의】 ①선체용선계약은 용선자의 관리 · 지배 하에 선박을 운항할 목적으로 선박소유자가 용선자에게 선박을 제공할 것을 약정하고 용선자가 이에 따른 용선료를 지급하기로 약정함으로써 그 효력이 생긴다.
②선박소유자가 선장과 그 밖의 해원을 공급할 의무를 지는 경우에도 용선자의 관리 · 지배하에서 해원이 선박을 운항하는 것을 목적으로 하면 이를 선체용선계약으로 본다.
〈전문개정 2007.8.3〉

제848조【법적 성질】 ①선체용선계약은 그 성질에 반하지 아니하는 한「민법」상 임대차에 관한 규정을 준용한다.
②용선기간이 종료된 후에 용선자가 선박을 매수 또는 인수할 권리를 가지는 경우 및 금융의 담보를 목적으로 채권자를 선박소유자로 하여 선체용선계약을 체결한 경우에도 용선기간 중에는 당사자 사이에서는 이 절의 규정에 따라 권리와 의무가 있다.
〈전문개정 2007.8.3〉

제849조【선체용선자의 등기청구권, 등기의 효력】 ①선체용선자는 선박소유자에 대하여 선체용선등기에 협력할 것을 청구할 수 있다.
②선체용선을 등기한 때에는 그 때부터 제3자에 대하여 효력이 생긴다.
〈전문개정 2007.8.3〉

제850조【선체용선과 제3자에 대한 법률관계】 ①선체용선자가 상행위나 그 밖의 영리를 목적으로 선박을 항해에 사용하는 경우에는 그 이용에 관한 사항에는 제3자에 대하여 선박소유자와 동일한 권리의무가 있다.
②제1항의 경우에 선박의 이용에 관하여 생긴 우선특권은 선박소유자에 대하여도 그 효력이 있다. 다만, 우선특권자가 그 이용의 계약에 반함을 안 때에는 그러하지 아니하다.
〈전문개정 2007.8.3〉

> **판례** 선박의 이용계약이 선박임대차계약인지, 항해용선계약인지 아니면 이와 유사한 성격을 가진 제3의 특수한 계약인지 여부 및 그 선박의 선장·선원에 대한 실질적인 지휘·감독권이 이용권자에게 부여되어 있는지 여부는 그 계약의 취지·내용, 특히 이용기간의 장단, 사용료의 고하, 점유관계의 유무 기타 임대차 조건 등을 구체적으로 검토하여 결정하여야 하는바, 해상구난업무를 위하여 선장 및 선원이 딸린 채로 예인선을 빌린 사안에서, 그 이용기간, 이용료, 해상구난업무의 성격 및 작업중 사고를 용선자가 책임지기로 한 점 등에 비추어 위 선박이용계약이 항해용선계약이 아니라 선박임대차와 유사하게 선박사용권과 아울러 선장과 선원들에 대한 지휘·감독권을 가지는 노무공급계약적 요소가 수반된 특수한 계약이다(1999. 2.5. 97다19090). 〈정찬 판례동향〉

제851조【선체용선계약상의 채권의 소멸】 ①선체용선계약에 관하여 발생한 당사자 사이의 채권은 선박이 선박소유자에게 반환된
날부터 2년 이내에 재판상 청구가 없으면 소멸한다. 이 경우 제814조제1항 단서를 준용한다.
②제840조제2항은 제1항의 경우에 준용한다.
〈전문개정 2007.8.3〉

제6절 운송증서

제852조【선하증권의 발행】 ①운송인은 운송물을 수령한 후 송하인의 청구에 의하여 1통 또는 수통의 선하증권을 교부하여야 한다.
②운송인은 운송물을 선적한 후 송하인의 청구에 의하여 1통 또는 수통의 선적선하증권 을 교부하거나 제1항의 선하증권에 선적의 뜻을 표시하여야 한다.
③운송인은 선장 또는 그 밖의 대리인에게 선하증권의 교부 또는 제2항의 표시를 위임할 수 있다.
〈전문개정 2007.8.3〉

제853조【선하증권의 기재사항】 ①선하증권에는 다음 각 호의 사항을 기재하고 운송인이 기명날인 또는 서명하여야 한다.
1. 선박의 명칭 · 국적 및 톤수
2. 송하인이 서면으로 통지한 운송물의 종류, 중량 또는 용적, 포장의 종별, 개수와 기호
3. 운송물의 외관상태

4. 용선자 또는 송하인의 성명 · 상호
5. 수하인 또는 통지수령인의 성명 · 상호
6. 선적항
7. 양륙항
8. 운임
9. 발행지와 그 발행연월일
10. 수통의 선하증권을 발행한 때에는 그 수
11. 운송인의 성명 또는 상호
12. 운송인의 주된 영업소 소재지

②제1항제2호의 기재사항 중 운송물의 중량 · 용적 · 개수 또는 기호가 운송인이 실제로 수령한 운송물을 정확하게 표시하고 있지 아니하다고 의심할 만한 상당한 이유가 있는 때 또는 이를 확인할 적당한 방법이 없는 때에는 그 기재를 생략할 수 있다.
③송하인은 제1항제2호의 기재사항이 정확함을 운송인에게 담보한 것으로 본다.
④운송인이 선하증권에 기재된 통지수령인에게 운송물에 관한 통지를 한 때에는 송하인 및 선하증권소지인과 그 밖의 수하인에게 통지한 것으로 본다.
〈전문개정 2007.8.3〉

(판 례) 선하증권은 운송물의 인도청구권을 표창하는 유가증권인바, 이는 운송계약에 기하여 작성되는 유인증권으로 상법은 운송인이 송하인으로부터 실제로 운송물을 수령 또는 선적하고 있는 것을 유효한 선하증권 성립의 전제조건으로 삼고 있으므로 운송물을 수령 또는 선적하지 아니하였는데도 발행된 선하증권은 원인과 요건을 구비하지 못하여 목적물의 흠결이 있는 것으로서 무효라고 봄이 상당하고, 이러한 경우 선하증권의 소지인은 운송물을 수령하지 않고 선하증권을 발행한 운송인에 대하여 불법행위로 인한 손해배상을 청구할 수 있다.(2005.3.24, 2003다5535). 〈정찬(하) 882면〉

제854조【선하증권 기재의 효력】 ①제853조제1항에 따라 선하증권이 발행된 경우 운송인과 송하인 사이에 선하증권에 기재된 대로 개품운송계약이 체결되고 운송물을 수령 또는 선적한 것으로 추정한다.
②제1항의 선하증권을 선의로 취득한 소지인에 대하여 운송인은 선하증권에 기재된 대로 운송물을 수령 혹은 선적한 것으로 보고 선하증권에 기재된 바에 따라 운송인으로서 책임을 진다.
〈전문개정 2007.8.3〉

(판 례) 선하증권은 해상운송인이 운송물을 수령한 것을 증명하고 양륙항에서 정당한 소지인에게 운송물을 인도할 채무를 부담하는 유가증권으로서, 운송인과 그 증권소지인 간에는 증권 기재에 따라 운송계약상의 채권관계가 성립하는 채권적 효력이 발생하고, 운송물을 처분하는 당사자 간에는 운송물에 관한 처분은 증권으로서 하여야 하며 운송물을 받을 수 있는 자에게 증권을 교부한 때에는 운송물 위에 행사하는 권리의 취득에 관하여 운송물을 인도한 것과 동일한 물권적 효력이 발생하므로 운송물의 권리를 양수한 수하인 또는 그 이후의 자는 선하증권을 교부받음으로써 그 채권적 효력으로 운송계약상의 권리를 취득함과 동시에 그 물권적 효력으로 양도 목적물의 점유를 인도받은 것이 되어 그 운송물의 소유권을 취득한다(1998. 9.4, 96다6240). 〈정찬(하) 798면〉

상법 제814조의2의 규정에 의하면, 운송인은 선하증권에 기재된 대로 운송물을 수령 또는 선적한 것으로 추정되므로, 선하증권에 운송물이 외관상 양호한 상태로 선적되었다는 기재가 있는 무고장선하증권이 발행된 경우에는 특별한 사정이 없는 한 운송인은 그 운송물을 양호한 상태로 수령 또는 선적한 것으로 추정된다 할 것이고, 따라서 무고장선하증권의 소지인이 운송물의 훼손으로 인한 손해를 입증함에 있어서는 운송인으로부터 운송물을 수령할 당시의 화물의 손괴사실만 입증하면 되는 것이고 나아가 이러한 손해가 항해중에 발생한 것임을 입증할 필요는 없으나 선하증권에 기재되어 추정을 받는 '운송물의 외관상태'는 상당한 주의를 기울여 검사하면 발견할 수 있는 외관상의 하자에 대하여서만 적용되는 것이지 상당한 주의를 기울이더라도 발견할 수 없는 운송물의 내부상태에 대하여서는 위 추정규정이 적용될 수 없다(2001.2.9, 98다49074). 〈정동 판례동향〉

제855조【용선계약과 선하증권】 ①용선자의 청구가 있는 경우 선박소유자는 운송물을 수령한 후에 제852조 및 제853조에 따라 선하증권을 발행한다.
②제1항에 따라 선하증권이 발행된 경우 선박소유자는 선하증권에 기재된 대로 운송물을 수령 또는 선적한 것으로 추정한다.
③제3자가 선의로 제1항의 선하증권을 취득한 경우 선박소유자는 제854조제2항에 따라 운송인으로서 권리와 의무가 있다. 용선자의
청구에 따라 선박소유자가 제3자에게 선하증권을 발행한 경우에도 또한 같다.
④제3항의 경우에 그 제3자는 제833조부터 제835조까지 및 제837조에 따른 송하인으로 본다.
⑤제3항의 경우 제799조를 위반하여 운송인으로서의 의무와 책임을 감경 또는 면제하는 특약을 하지 못한다.
〈전문개정 2007.8.3〉

제856조【등본의 교부】 선하증권의 교부를 받은 용선자 또는 송하인은 발행자의 청구가 있는 때에는 선하증권의 등본에 기명날인 또는 서명하여 교부하여야 한다.
〈전문개정 2007.8.3〉

제857조【수통의 선하증권과 양륙항에 있어서의 운송물의 인도】 ①양륙항에서 수통의 선하증권 중 1통을 소지한 자가 운송물의 인도를 청구하는

경우에도 선장은 그 인도를 거부하지 못한다.
②제1항에 따라 수통의 선하증권 중 1통의 소지인이 운송물의 인도를 받은 때에는 다른 선하증권은 그 효력을 잃는다.
〈전문개정 2007.8.3〉

제858조【수통의 선하증권과 양륙항 이외서의 운송물의 인도】 양륙항 외에서는 선장은 선하증권의 각 통의 반환을 받지 아니하면
운송물을 인도하지 못한다.
〈전문개정 2007.8.3〉

제859조【2인 이상 소지인의 운송물인도청구와 공탁】 ①2인 이상의 선하증권소지인이 운송물의 인도를 청구한 때에는 선장은 지체 없이 운송물을 공탁하고 각 청구자에게 그 통지를 발송하여야 한다.
②선장이 제857조제1항에 따라 운송물의 일부를 인도한 후 다른 소지인이 운송물의 인도를 청구한 경우에도 그 인도하지 아니한 운송물에 대하여는 제1항과 같다.
〈전문개정 2007.8.3〉

제860조【수인의 선하증권소지인의 순위】 ①제859조에 따라 공탁한 운송물에 대하여는 수인의 선하증권소지인에게 공통되는 전 소지인으로부터 먼저 교부를 받은 증권소지인의 권리가 다른 소지인의 권리에 우선한다.
②격지자에 대하여 발송한 선하증권은 그 발송한 때를 교부받은 때로 본다.
〈전문개정 2007.8.3〉

제861조【준용규정】 제129조 · 제130조 · 제132조 및 제133조는 제852조 및 제855조의 선하증권에 준용한다.
〈전문개정 2007.8.3〉

(판 례) 해상물건운송인은 상법 제129조·제820조에 의하여 선하증권과 상환하여 화물을 인도하여야 할 것이나, 그 선하증권상에 수하인으로 표시되어 있고 그 증권을 소지한 보증은행의 인도지시가 있는 경우에는 위 법조는 적용될 여지가 없다(1974. 12.10, 74다376). 〈정찬(하) 767면〉

해상운송인 또는 선박대리점이 선하증권과 상환하지 아니하고 운송물을 선하증권 소지인 아닌 자에게 인도하는 것은 그로 인한 손해의 배상을 전제로 하는 것이어서, 그 결과 선하증권 소지인에게 운송물을 인도하지 못하게 되어 운송물에 대한 그의 권리를 침해하였을 때에는 고의 또는 중대한 과실에 의한 불법행위가 성립된다(1999.4.23, 98다13211). 〈정찬 판례동향〉

해상운송인이 선하증권의 정당한 소지인에게 선하증권과 상환으로 운송물을 인도하지 아니하고 임의로 운송계약상의 통지선에 인도하고 그가 이를 불법반출 멸실시킨 경우에는 선하증권소지인의 선하증권에 의한 운송물인도청구권이 이행불능되게 된 것이므로 해상운송인은 운송계약상의 채무불이행으로 인한 손해를 배상할 책임이 있다(1990.2.13, 88다카23735). 〈최준(하) 435면〉

선하증권에 의한 운송물의 인도청구권은 운송인이 송하인으로 부터 실제로 받은 운송물 즉 특정물에 대한 것이고 따라서 운송물을 수령 또는 선적하지 않았음에도 불구하고 선하증권이 발행된 경우에는 그 선하증권은 원인과 요건을 구비하지 못하여 목적물의 흠결이 있는 것으로서 이는 누구에 대하여도 무효라고 봄이 상당하다(1982.9.14, 80다1325). 〈최준(하) 444면〉

제862조【전자선하증권】 ①운송인은 제852조 또는 제855조의 선하증권을 발행하는 대신에 송하인 또는 용선자의 동의를 받아 법무부장관이 지정하는 등록기관에 등록을 하는 방식으로 전자선하증권을 발행할 수 있다. 이 경우 전자선하증권은 제852조 및 제855조의 선하증권과 동일한 법적 효력을 갖는다.
②전자선하증권에는 제853조제1항 각 호의 정보가 포함되어야 하며, 운송인이 전자서명을 하여 송신하고 용선자 또는 송하인이 이를 수신하여야 그 효력이 생긴다.
③전자선하증권의 권리자는 배서의 뜻을 기재한 전자문서를 작성한 다음 전자선하증권을 첨부하여 지정된 등록기관을 통하여 상대방에게 송신하는 방식으로 그 권리를 양도할 수 있다.
④제3항에서 정한 방식에 따라 배서의 뜻을 기재한 전자문서를 상대방이 수신하면 제852조 및 제855조의 선하증권을 배서하여 교부한 것과 동일한 효력이 있고, 제2항 및 제3항의 전자문서를 수신한 권리자는 제852조 및 제855조의 선하증권을 교부받은 소지인과 동일한 권리를 취득한다.
⑤전자선하증권의 등록기관의 지정요건, 발행 및 배서의 전자적인 방식, 운송물의 구체적인 수령 절차와 그 밖에 필요한 사항은 대통령령으로 정한다.
〈전문개정 2007.8.3〉

제863조【해상화물운송장의 발행】 ①운송인은 용선자 또는 송하인의 청구가 있으면 제852조 또는 제855조의 선하증권을 발행하는 대신 해상화물운송장을 발행할 수 있다. 해상화물운송장은 당사자 사이의 합의에 따라 전자식으로도 발행할 수 있다.
②해상화물운송장에는 해상화물운송장임을 표시하는 외에 제853조제1항 각 호 사항을 기재하고 운송인이 기명날인 또는 서명하여야 한다.
③제853조제2항 및 제4항은 해상화물운송장에 준용한다.

〈전문개정 2007.8.3〉

제864조【해상화물운송장의 효력】 ①제863조제1항의 규정에 따라 해상화물운송장이 발행된 경우 운송인이 그 운송장에 기재된 대로 운송물을 수령 또는 선적한 것으로 추정한다.
②운송인이 운송물을 인도함에 있어서 수령인이 해상화물운송장에 기재된 수하인 또는 그 대리인이라고 믿을만한 정당한 사유가 있는 때에는 수령인이 권리자가 아니라고 하더라도 운송인은 그 책임을 면한다.
〈전문개정 2007.8.3〉

제3장 해상위험

제1절 공동해손

제865조【공동해손의 요건】 선박과 적하의 공동위험을 면하기 위한 선장의 선박 또는 적하에 대한 처분으로 인하여 생긴 손해 또는 비용은 공동해손으로 한다.
〈전문개정 2007.8.3〉

제866조【공동해손의 부담】 공동해손은 그 위험을 면한 선박 또는 적하의 가액과 운임의 반액과 공동해손의 액과의 비율에 따라 각 이해관계인이 이를 분담한다.
〈전문개정 2007.8.3〉

제867조【공동해손분담액의 산정】 공동해손의 분담액을 정함에 있어서는 선박의 가액은 도달의 때와 곳의 가액으로 하고, 적하의 가액은 양륙의 때와 곳의 가액으로 한다. 다만, 적하에 관하여는 그 가액 중에서 멸실로 인하여 지급을 면하게 된 운임과 그 밖의 비용을 공제하여야 한다.
〈전문개정 2007.8.3〉

제868조【공동해손분담자의 유한책임】 제866조 및 제867조에 따라 공동해손의 분담책임이 있는 자는 선박이 도달하거나 적하를 인도한 때에 현존하는 가액의 한도에서 책임을 진다.
〈전문개정 2007.8.3〉

제869조【공동해손의 손해액산정】 공동해손의 액을 정함에 있어서는 선박의 가액은 도달의 때와 곳의 가액으로 하고, 적하의 가액은 양륙의 때와 곳의 가액으로 한다. 다만, 적하에 관하여는 그 손실로 인하여 지급을 면하게 된 모든 비용을 공제하여야 한다.
〈전문개정 2007.8.3〉

제870조【책임있는 자에 대한 구상권】 선박과 적하의 공동위험이 선박 또는 적하의 하자나 그 밖의 과실 있는 행위로 인하여 생긴 경우에는 공동해손의 분담자는 그 책임이 있는 자에 대하여 구상권을 행사할 수 있다.
〈전문개정 2007.8.3〉

제871조【공동해손분담제외】 선박에 비치한 무기, 선원의 급료, 선원과 여객의 식량 · 의류는 보존된 경우에는 그 가액을 공동해손의 분담에 산입하지 아니하고, 손실된 경우에는 그 가액을 공동해손의 액에 산입한다.
〈전문개정 2007.8.3〉

제872조【공동해손분담청구에서의 제외】 ①속구목록에 기재하지 아니한 속구, 선하증권이나 그 밖에 적하의 가격을 정할 수 있는 서류 없이 선적한 하물 또는 종류와 가액을 명시하지 아니한 화폐나 유가증권과 그 밖의 고가물은 보존된 경우에는 그 가액을 공동해손의 분담에 산입하고, 손실된 경우에는 그 가액을 공동해손의 액에 산입하지 아니한다.
②갑판에 적재한 하물에 대하여도 제1항과 같다. 다만, 갑판에 선적하는 것이 관습상 허용되는 경우와 그 항해가 연안항행에 해당되는 경우에는 그러하지 아니하다.
〈전문개정 2007.8.3〉

제873조【적하가격의 부실기재와 공동해손】
①선하증권이나 그 밖에 적하의 가격을 정할 수 있는 서류에 적하의 실가보다 고액을 기재한 경우에 그 하물이 보존된 때에는 그 기재액에 의하여 공동해손의 분담액을 정하고, 적하의 실가보다 저액을 기재한 경우에 그
하물이 손실된 때에는 그 기재액을 공동해손의 액으로 한다.
②제1항은 적하의 가격에 영향을 미칠 사항에 관하여 거짓 기재를 한 경우에 준용한다.
〈전문개정 2007.8.3〉

제874조【공동해손인 손해의 회복】 선박소유자 · 용선자 · 송하인, 그 밖의 이해관계인이 공동해손의 액을 분담한 후 선박 · 속구 또는 적하의 전부나 일부가 소유자에게 복귀된 때에는 그 소유자는 공동해손의 상금으로 받은 금액에서 구조료와 일부손실로 인한 손해액을 공제하고 그 잔액을 반환하여야 한다.
〈전문개정 2007.8.3〉

제875조【공동해손 채권의 소멸】 공동해손으로 인하여 생긴 채권 및 제870조에 따른 구상채권은 그 계산이 종료한 날부터 1년 이내에 재판상 청구가 없으면 소멸한다. 이 경우 제814조제1항 단서

를 준용한다.
〈전문개정 2007.8.3〉

제2절 선박충돌

제876조【선박충돌에의 적용법규】 ①항해선 상호 간 또는 항해선과 내수항행선 간의 충돌이 있은 경우에 선박 또는 선박 내에 있는 물건이나 사람에 관하여 생긴 손해의 배상에 대하여는 어떠한 수면에서 충돌한 때라도 이 절의 규정을 적용한다.
②이 절에서 "선박의 충돌"이란 2척 이상의 선박이 그 운용상 작위 또는 부작위로 선박 상호 간에 다른 선박 또는 선박 내에 있는 사람 또는 물건에 손해를 생기게 하는 것을 말하며, 직접적인 접촉의 유무를 묻지 아니한다.
〈전문개정 2007.8.3〉
제877조【불가항력으로 인한 충돌】 선박의 충돌이 불가항력으로 인하여 발생하거나 충돌의 원인이 명백하지 아니한 때에는 피해자는 충돌로 인한 손해의 배상을 청구하지 못한다.
〈전문개정 2007.8.3〉
제878조【일방의 과실로 인한 충돌】 선박의 충돌이 일방의 선원의 과실로 인하여 발생한 때에는 그 일방의 선박소유자는 피해자에 대하여 충돌로 인한 손해를 배상할 책임이 있다.
〈전문개정 2007.8.3〉
제879조【쌍방의 과실로 인한 충돌】 ①선박의 충돌이 쌍방의 선원의 과실로 인하여 발생한 때에는 쌍방의 과실의 경중에 따라 각 선박소유자가 손해배상의 책임을 분담한다. 이 경우 그 과실의 경중을 판정할 수 없는 때에는 손해배상의 책임을 균분하여 부담한다.
②제1항의 경우에 제3자의 사상에 대한 손해배상은 쌍방의 선박소유자가 연대하여 그 책임을 진다.
〈전문개정 2007.8.3.〉
제880조【도선사의 과실로 인한 충돌】 선박의 충돌이 도선사의 과실로 인하여 발생한 경우에도 선박소유자는 제878조 및 제879조를 준용하여 손해를 배상할 책임이 있다.
〈전문개정 2007.8.3〉
제881조【선박충돌채권의 소멸】 박의 충돌로 인하여 생긴 손해배상의 청구권은 그 충돌이 있은 날부터 2년 이내에 재판상 청구가 없으면 소멸한다. 이 경우 제814조제1항 단서를 준용한다.
〈전문개정 2007.8.3〉

제3절 해난구조

제882조【해난구조의 요건】 항해선 또는 그 적하 그 밖의 물건이 어떠한 수면에서 위난에 조우한 경우에 의무 없이 이를 구조한 자는 그 결과에 대하여 상당한 보수를 청구할 수 있다. 항해선과 내수항행선 간의 구조의 경우에도 또한 같다.
〈전문개정 2007.8.3〉
제883조【보수의 결정】 구조의 보수에 관한 약정이 없는 경우에 그 액에 대하여 당사자 사이에 합의가 성립하지 아니한 때에는 법원은 당사자의 청구에 의하여 구조된 선박·재산의 가액, 위난의 정도, 구조자의 노력과 비용, 구조자나 그 장비가 조우했던 위험의 정도, 구조의 효과, 환경손해방지를 위한 노력, 그 밖의 제반사정을 참작하여 그 액을 정한다.
〈전문개정 2007.8.3〉
제884조【보수의 한도】 ①구조의 보수액은 다른 약정이 없으면 구조된 목적물의 가액을 초과하지 못한다.
②선순위의 우선특권이 있는 때에는 구조의 보수액은 그 우선특권자의 채권액을 공제한 잔액을 초과하지 못한다.
〈전문개정 2007.8.3〉
제885조【환경손해방지작업에 대한 특별보상】
①선박 또는 그 적하로 인하여 환경손해가 발생할 우려가 있는 경우에 손해의 경감 또는 방지의 효과를 수반하는 구조작업에 종사한 구조자는 구조의 성공 여부 및 제884조와 상관없이 구조에 소요된 비용을 특별보상으로 청구할 수 있다.
②제1항에서 "비용"이란 구조작업에 실제로 지출한 합리적인 비용 및 사용된 장비와 인원에 대한 정당한 보수를 말한다.
③구조자는 발생할 환경손해가 구조작업으로 인하여 실제로 감경 또는 방지된 때에는 보상의 증액을 청구할 수 있고, 법원은 제883조의 사정을 참작하여 증액 여부 및 그 금액을 정한다. 이 경우 증액된다 하더라도 구조료는 제1항의 비용의 배액을 초과할 수 없다.
④구조자의 고의 또는 과실로 인하여 손해의 감경 또는 방지에 지장을 가져 온 경우 법원은 제1항 및 제3항에서 정한 금액을 감액 혹은 부인할 수 있다.
⑤하나의 구조작업을 시행한 구조자가 제1항부터 제4항까지의 규정에서 정한 특별보상을 청구하

는 것 외에 제882조에서 정한 보수도 청구할 수 있는 경우 그 중 큰 금액을 구조료로 청구할 수 있다.
〈전문개정 2007.8.3〉

제886조【구조료의 지급의무】 선박소유자와 그 밖에 구조된 재산의 권리자는 그 구조된 선박 또는 재산의 가액에 비례하여 구조에 대한 보수를 지급하고 특별보상을 하는 등 구조료를 지급할 의무가 있다.
〈전문개정 2007.8.3〉

제887조【구조에 관한 약정】 ①당사자가 미리 구조계약을 하고 그 계약에 따라 구조가 이루어진 경우에도 그 성질에 반하지 아니하는 한 구조계약에서 정하지 아니한 사항은 이 절에서 정한 바에 따른다.
②해난 당시에 구조료의 금액에 대하여 약정을 한 경우에도 그 금액이 현저하게 부당한 때에는 법원은 제883조의 사정을 참작하여 그 금액을 증감할 수 있다.
〈전문개정 2007.8.3〉

제888조【구동구조자 간의 구조료 분배】 ①수인이 공동으로 구조에 종사한 경우에 그 구조료의 분배비율에 관하여는 제883조를 준용한다.
②인명의 구조에 종사한 자도 제1항에 따라 구조료의 분배를 받을 수 있다.
〈전문개정 2007.8.3〉

제889조【1선박 내부의 구조료 분배】 ①선박이 구조에 종사하여 그 구조료를 받은 경우에는 먼저 선박의 손해액과 구조에 들어간 비용을 선박소유자에게 지급하고 잔액을 절반하여 선장과 해원에게 지급하여야 한다.
②제1항에 따라 해원에게 지급할 구조료의 분배는 선장이 각 해원의 노력, 그 효과와 사정을 참작하여 그 항해의 종료 전에 분배안을 작성하여 해원에게 고시하여야 한다.
〈전문개정 2007.8.3〉

제890조【예선의 구조의 경우】 예선의 본선 또는 그 적하에 대한 구조에 관하여는 예선계약의 이행으로 볼 수 없는 특수한 노력을 제공한 경우가 아니면 구조료를 청구하지 못한다.
〈전문개정 2007.8.3〉

제891조【동일소유자에 속한 선박 간의 보수】 동일소유자에 속한 선박의 상호 간에 있어서도 구조에 종사한 자는 상당한 구조료를 청구할 수 있다.
〈전문개정 2007.8.3〉

제892조【구조료청구권 없는 자】 다음 각 호에 해당하는 자는 구조료를 청구하지 못한다.
1. 구조받은 선박에 종사하는 자
2. 고의 또는 과실로 인하여 해난사고를 야기한 자
3. 정당한 거부에도 불구하고 구조를 강행한 자
4. 구조된 물건을 은닉하거나 정당한 사유없이 처분한 자

〈전문개정 2007.8.3〉

제893조【구조자의 우선특권】 ①구조에 종사한 자의 구조료채권은 구조된 적하에 대하여 우선특권이 있다. 다만, 채무자가 그 적하를 제3취득자에게 인도한 후에는 그 적하에 대하여 이 권리를 행사하지 못한다.
②제1항의 우선특권에는 그 성질에 반하지 아니하는 한 제777조의 우선특권에 관한 규정을 준용한다.
〈전문개정 2007.8.3〉

제894조【구조료지급에 관한 선장의 권한】 ①선장은 구조료를 지급할 채무자에 갈음하여 그 지급에 관한 재판상 또는 재판 외의 모든 행위를 할 권한이 있다.
②선장은 그 구조료에 관한 소송의 당사자가 될 수 있고, 그 확정판결은 구조료의 채무자에 대하여도 효력이 있다.
〈전문개정 2007.8.3〉

제895조【구조료청구권의 소멸】 구조료청구권은 구조가 완료된 날부터 2년 이내에 재판상 청구가 없으면 소멸한다. 이 경우 제814조제1항 단서를 준용한다.
〈전문개정 2007.8.3〉

제6편 항공운송
〈본편신설 2011.5.23〉

제1장 통칙
〈본장신설 2011.5.23〉

제896조【항공기의 의의】 이 법에서 "항공기"란 상행위나 그 밖의 영리를 목적으로 운항에 사용하는 항공기를 말한다. 다만, 대통령령으로 정하는 초경량 비행장치(超輕量 飛行裝置)는 제외한다.
〈본조신설 2011.5.23〉

제897조【적용범위】 운항용 항공기에 대하여는 상행위나 그 밖의 영리를 목적으로 하지 아니하더

라도 이 편의 규정을 준용한다. 다만, 국유(國有) 또는 공유(公有) 항공기에 대하여는 운항의 목적·성질 등을 고려하여 이 편의 규정을 준용하는 것이 적합하지 아니한 경우로서 대통령령으로 정하는 경우에는 그러하지 아니하다.
〈본조신설 2011.5.23〉

제898조【운송인 등의 책임감면】 제905조제1항을 포함하여 이 편에서 정한 운송인이나 항공기 운항자의 손해배상책임과 관련하여 운송인이나 항공기 운항자가 손해배상청구권자의 과실 또는 그 밖의 불법한 작위나 부작위가 손해를 발생시켰거나 손해에 기여하였다는 것을 증명한 경우에는, 그 과실 또는 그 밖의 불법한 작위나 부작위가 손해를 발생시켰거나 손해에 기여한 정도에 따라 운송인이나 항공기 운항자의 책임을 감경하거나 면제할 수 있다.
〈본조신설 2011.5.23〉

제2장 운송
〈본장신설 2011.5.23〉

제1절 통칙
〈본절신설 2011.5.23〉

제899조【비계약적 청구에 대한 적용 등】 ①이 장의 운송인의 책임에 관한 규정은 운송인의 불법행위로 인한 손해배상의 책임에도 적용한다.
②여객, 수하물 또는 운송물에 관한 손해배상청구가 운송인의 사용인이나 대리인에 대하여 제기된 경우에 그 손해가 그 사용인이나 대리인의 직무집행에 관하여 생겼을 때에는 그 사용인이나 대리인은 운송인이 주장할 수 있는 항변과 책임제한을 원용할 수 있다.
③제2항에도 불구하고 여객 또는 수하물의 손해가 운송인의 사용인이나 대리인의 고의로 인하여 발생하였거나 또는 여객의 사망·상해·연착(수하물의 경우 멸실·훼손·연착)이 생길 염려가 있음을 인식하면서 무모하게 한 작위 또는 부작위로 인하여 발생하였을 때에는 그 사용인이나 대리인은 운송인이 주장할 수 있는 항변과 책임제한을 원용할 수 없다.
④제2항의 경우에 운송인과 그 사용인이나 대리인의 여객, 수하물 또는 운송물에 대한 책임제한 금액의 총액은 각각 제905조·제907조·제910조 및 제915조에 따른 한도를 초과하지 못한다.
〈본조신설 2011.5.23〉

제900조【실제운송인에 대한 청구】 ①운송계약을 체결한 운송인(이하 "계약운송인"이라 한다)의 위임을 받아 운송의 전부 또는 일부를 수행한 운송인(이하 "실제운송인"이라 한다)이 있을 경우 실제운송인이 수행한 운송에 관하여는 실제운송인에 대하여도 이 장의 운송인의 책임에 관한 규정을 적용한다. 다만, 제901조의 순차운송에 해당하는 경우는 그러하지 아니하다.
②실제운송인이 여객·수하물 또는 운송물에 대한 손해배상책임을 지는 경우 계약운송인과 실제운송인은 연대하여 그 책임을 진다.
③제1항의 경우 제899조제2항부터 제4항까지를 준용한다. 이 경우 제899조제2항·제3항 중 "운송인"은 "실제운송인"으로, 같은 조 제4항 중 "운송인"은 "계약운송인과 실제운송인"으로 본다.
④이 장에서 정한 운송인의 책임과 의무 외에 운송인이 책임과 의무를 부담하기로 하는 특약 또는 이 장에서 정한 운송인의 권리나 항변의 포기는 실제운송인이 동의하지 아니하는 한 실제운송인에게 영향을 미치지 아니한다.
〈본조신설 2011.5.23〉

제901조【순차운송】 ①둘 이상이 순차(順次)로 운송할 경우에는 각 운송인의 운송구간에 관하여 그 운송인도 운송계약의 당사자로 본다.
②순차운송에서 여객의 사망, 상해 또는 연착으로 인한 손해배상은 그 사실이 발생한 구간의 운송인에게만 청구할 수 있다. 다만, 최초 운송인이 명시적으로 전 구간에 대한 책임을 인수하기로 약정한 경우에는 최초 운송인과 그 사실이 발생한 구간의 운송인이 연대하여 그 손해를 배상할 책임이 있다.
③순차운송에서 수하물의 멸실, 훼손 또는 연착으로 인한 손해배상은 최초 운송인, 최종 운송인 및 그 사실이 발생한 구간의 운송인에게 각각 청구할 수 있다.
④순차운송에서 운송물의 멸실, 훼손 또는 연착으로 인한 손해배상은 송하인이 최초 운송인 및 그 사실이 발생한 구간의 운송인에게 각각 청구할 수 있다. 다만, 제918조제1항에 따라 수하인이 운송물의 인도를 청구할 권리를 가지는 경우에는 수하인이 최종 운송인 및 그 사실이 발생한 구간의 운송인에게 그 손해배상을 각각 청구할 수 있다.
⑤제3항과 제4항의 경우 각 운송인은 연대하여 그 손해를 배상할 책임이 있다.
⑥최초 운송인 또는 최종 운송인이 제2항부터 제5항까지의 규정에 따라 손해를 배상한 경우에는

여객의 사망, 상해 또는 연착이나 수하물 · 운송물의 멸실, 훼손 또는 연착이 발생한 구간의 운송인에 대하여 구상권을 가진다.
〈본조신설 2011.5.23〉

제902조【운송인 책임의 소멸】 운송인의 여객, 송하인 또는 수하인에 대한 책임은 그 청구원인에 관계없이 여객 또는 운송물이 도착지에 도착한 날, 항공기가 도착할 날 또는 운송이 중지된 날 가운데 가장 늦게 도래한 날부터 2년 이내에 재판상 청구가 없으면 소멸한다.
〈본조신설 2011.5.23〉

제903조【계약조항의 무효】 이 장의 규정에 반하여 운송인의 책임을 감면하거나 책임한도액을 낮게 정하는 특약은 효력이 없다.
〈본조신설 2011.5.23〉

제2절 여객운송
〈본절신설 2011.5.23〉

제904조【운송인의 책임】 운송인은 여객의 사망 또는 신체의 상해로 인한 손해에 관하여는 그 손해의 원인이 된 사고가 항공기상에서 또는 승강(乘降)을 위한 작업 중에 발생한 경우에만 책임을 진다.
〈본조신설 2011.5.23〉

제905조【운송인의 책임한도액】 ①제904조의 손해 중 여객 1명당 11만3천100 계산단위의 금액까지는 운송인의 배상책임을 면제하거나 제한할 수 없다. 〈개정 2014.5.20〉
②운송인은 제904조의 손해 중 여객 1명당 11만3천100 계산단위의 금액을 초과하는 부분에 대하여는 다음 각 호의 어느 하나를 증명하면 배상책임을 지지 아니한다. 〈개정 2014.5.20〉
1. 그 손해가 운송인 또는 그 사용인이나 대리인의 과실 또는 그 밖의 불법한 작위나 부작위에 의하여 발생하지 아니하였다는 것
2. 그 손해가 오로지 제3자의 과실 또는 그 밖의 불법한 작위나 부작위에 의하여만 발생하였다는 것

〈본조신설 2011.5.23〉

제906조【선급금의 지급】 ①여객의 사망 또는 신체의 상해가 발생한 항공기사고의 경우에 운송인은 손해배상청구권자가 청구하면 지체 없이 선급금(先給金)을 지급하여야 한다. 이 경우 선급금의 지급만으로 운송인의 책임이 있는 것으로 보지 아니한다.
②지급한 선급금은 운송인이 손해배상으로 지급하여야 할 금액에 충당할 수 있다.
③선급금의 지급액, 지급 절차 및 방법 등에 관하여는 대통령령으로 정한다.
〈본조신설 2011.5.23〉

제907조【연착에 대한 책임】 ①운송인은 여객의 연착으로 인한 손해에 대하여 책임을 진다. 다만, 운송인이 자신과 그 사용인 및 대리인이 손해를 방지하기 위하여 합리적으로 요구되는 모든 조치를 하였다는 것 또는 그 조치를 하는 것이 불가능하였다는 것을 증명한 경우에는 그 책임을 면한다.
②제1항에 따른 운송인의 책임은 여객 1명당 4천694 계산단위의 금액을 한도로 한다. 다만, 여객과의 운송계약상 그 출발지, 도착지 및 중간 착륙지가 대한민국 영토 내에 있는 운송의 경우에는 여객 1명당 1천 계산단위의 금액을 한도로 한다.
〈개정 2014.5.20〉
③제2항은 운송인 또는 그 사용인이나 대리인의 고의로 또는 연착이 생길 염려가 있음을 인식하면서 무모하게 한 작위 또는 부작위에 의하여 손해가 발생한 것이 증명된 경우에는 적용하지 아니한다.
〈본조신설 2011.5.23〉

제908조【수하물의 멸실 · 훼손에 대한 책임】 ①운송인은 위탁수하물의 멸실 또는 훼손으로 인한 손해에 대하여는 그 손해의 원인이 된 사실이 항공기상에서 또는 위탁수하물이 운송인의 관리하에 있는 기간 중에 발생한 경우에만 책임을 진다. 다만, 그 손해가 위탁수하물의 고유한 결함, 특수한 성질 또는 숨은 하자로 인하여 발생한 경우에는 그 범위에서 책임을 지지 아니한다.
②운송인은 휴대수하물의 멸실 또는 훼손으로 인한 손해에 대하여는 그 손해가 자신 또는 그 사용인이나 대리인의 고의 또는 과실에 의하여 발생한 경우에만 책임을 진다.
〈본조신설 2011.5.23〉

제909조【수하물의 연착에 대한 책임】 운송인은 수하물의 연착으로 인한 손해에 대하여 책임을 진다. 다만, 운송인이 자신과 그 사용인 및 대리인이 손해를 방지하기 위하여 합리적으로 요구되는 모든 조치를 하였다는 것 또는 그 조치를 하는 것이 불가능하였다는 것을 증명한 경우에는 그 책임을 면한다.
〈본조신설 2011.5.23〉

제910조【수하물에 대한 책임한도액】 ①제908조와 제909조에 따른 운송인의 손해배상책임은 여객 1

명당 1천131 계산단위의 금액을 한도로 한다. 다만, 여객이 운송인에게 위탁수하물을 인도할 때에 도착지에서 인도받을 때의 예정가액을 미리 신고한 경우에는 운송인은 신고 가액이 위탁수하물을 도착지에서 인도할 때의 실제가액을 초과한다는 것을 증명하지 아니하는 한 신고 가액을 한도로 책임을 진다. 〈개정 2014.5.20〉

②제1항은 운송인 또는 그 사용인이나 대리인의 고의로 또는 수하물의 멸실, 훼손 또는 연착이 생길 염려가 있음을 인식하면서 무모하게 한 작위 또는 부작위에 의하여 손해가 발생한 것이 증명된 경우에는 적용하지 아니한다.

〈본조신설 2011.5.23〉

제911조【위탁수하물의 일부 멸실·훼손 등에 관한 통지】①여객이 위탁수하물의 일부 멸실 또는 훼손을 발견하였을 때에는 위탁수하물을 수령한 후 지체 없이 그 개요에 관하여 운송인에게 서면 또는 전자문서로 통지를 발송하여야 한다. 다만, 그 멸실 또는 훼손이 즉시 발견할 수 없는 것일 경우에는 위탁수하물을 수령한 날부터 7일 이내에 그 통지를 발송하여야 한다.

②위탁수하물이 연착된 경우 여객은 위탁수하물을 처분할 수 있는 날부터 21일 이내에 이의를 제기하여야 한다.

③위탁수하물이 일부 멸실, 훼손 또는 연착된 경우에는 제916조제3항부터 제6항까지를 준용한다.

〈본조신설 2011.5.23〉

제912조【휴대수하물의 무임운송의무】 운송인은 휴대수하물에 대하여는 다른 약정이 없으면 별도로 운임을 청구하지 못한다.

〈본조신설 2011.5.23〉

제3절 물건운송

〈본절신설 2011.5.23〉

제913조【운송물의 멸실·훼손에 대한 책임】 ①운송인은 운송물의 멸실 또는 훼손으로 인한 손해에 대하여 그 손해가 항공운송 중(운송인이 운송물을 관리하고 있는 기간을 포함한다. 이하 이 조에서 같다)에 발생한 경우에만 책임을 진다. 다만, 운송인이 운송물의 멸실 또는 훼손이 다음 각 호의 사유로 인하여 발생하였음을 증명하였을 경우에는 그 책임을 면한다.

1. 운송물의 고유한 결함, 특수한 성질 또는 숨은 하자
2. 운송인 또는 그 사용인이나 대리인 외의 자가 수행한 운송물의 부적절한 포장 또는 불완전한 기호 표시
3. 전쟁, 폭동, 내란 또는 무력충돌
4. 운송물의 출입국, 검역 또는 통관과 관련된 공공기관의 행위
5. 불가항력

②제1항에 따른 항공운송 중에는 공항 외부에서 한 육상, 해상 운송 또는 내륙 수로운송은 포함되지 아니한다. 다만, 그러한 운송이 운송계약을 이행하면서 운송물의 적재(積載), 인도 또는 환적(換積)할 목적으로 이루어졌을 경우에는 항공운송 중인 것으로 추정한다.

③운송인이 송하인과의 합의에 따라 항공운송하기로 예정된 운송의 전부 또는 일부를 송하인의 동의 없이 다른 운송수단에 의한 운송으로 대체하였을 경우에는 그 다른 운송수단에 의한 운송은 항공운송으로 본다.

〈본조신설 2011.5.23〉

제914조【운송물 연착에 대한 책임】 운송인은 운송물의 연착으로 인한 손해에 대하여 책임을 진다. 다만, 운송인이 자신과 그 사용인 및 대리인이 손해를 방지하기 위하여 합리적으로 요구되는 모든 조치를 하였다는 것 또는 그 조치를 하는 것이 불가능하였다는 것을 증명한 경우에는 그 책임을 면한다.

〈본조신설 2011.5.23〉

제915조【운송물에 대한 책임한도액】 ①제913조와 제914조에 따른 운송인의 손해배상책임은 손해가 발생한 해당 운송물의 1킬로그램당 19 계산단위의 금액을 한도로 하되, 송하인과의 운송계약상 그 출발지, 도착지 및 중간 착륙지가 대한민국 영토 내에 있는 운송의 경우에는 손해가 발생한 해당 운송물의 1킬로그램당 15 계산단위의 금액을 한도로 한다. 다만, 송하인이 운송물을 운송인에게 인도할 때에 도착지에서 인도받을 때의 예정가액을 미리 신고한 경우에는 운송인은 신고 가액이 도착지에서 인도할 때의 실제가액을 초과한다는 것을 증명하지 아니하는 한 신고 가액을 한도로 책임을 진다. 〈개정 2014.5.20〉

②제1항의 항공운송인의 책임한도를 결정할 때 고려하여야 할 중량은 해당 손해가 발생된 운송물의 중량을 말한다. 다만, 운송물의 일부 또는 운송물에 포함된 물건의 멸실, 훼손 또는 연착이 동일한 항공화물운송장(제924조에 따라 항공화물운송장의 교부에 대체되는 경우를 포함한다) 또는

화물수령증에 적힌 다른 운송물의 가치에 영향을 미칠 때에는 운송인의 책임한도를 결정할 때 그 다른 운송물의 중량도 고려하여야 한다.
〈본조신설 2011.5.23〉

제916조【운송물의 일부 멸실 · 훼손 등에 관한 통지】 ①수하인은 운송물의 일부 멸실 또는 훼손을 발견하면 운송물을 수령한 후 지체 없이 그 개요에 관하여 운송인에게 서면 또는 전자문서로 통지를 발송하여야 한다. 다만, 그 멸실 또는 훼손이 즉시 발견할 수 없는 것일 경우에는 수령일부터 14일 이내에 그 통지를 발송하여야 한다.
②운송물이 연착된 경우 수하인은 운송물을 처분할 수 있는 날부터 21일 이내에 이의를 제기하여야 한다.
③제1항의 통지가 없는 경우에는 운송물이 멸실 또는 훼손 없이 수하인에게 인도된 것으로 추정한다.
④운송물에 멸실 또는 훼손이 발생하였거나 그런 것으로 의심되는 경우에는 운송인과 수하인은 서로 운송물의 검사를 위하여 필요한 편의를 제공하여야 한다.
⑤제1항과 제2항의 기간 내에 통지나 이의제기가 없을 경우에는 수하인은 운송인에 대하여 제소할 수 없다. 다만, 운송인 또는 그 사용인이나 대리인이 악의인 경우에는 그러하지 아니하다.
⑥제1항부터 제5항까지의 규정에 반하여 수하인에게 불리한 당사자 사이의 특약은 효력이 없다.
〈본조신설 2011.5.23〉

제917조【운송물의 처분청구권】 ①송하인은 운송인에게 운송의 중지, 운송물의 반환, 그 밖의 처분을 청구(이하 이 조에서 "처분청구권"이라 한다)할 수 있다. 이 경우에 운송인은 운송계약에서 정한 바에 따라 운임, 체당금과 처분으로 인한 비용의 지급을 청구할 수 있다.
②송하인은 운송인 또는 다른 송하인의 권리를 침해하는 방법으로 처분청구권을 행사하여서는 아니 되며, 운송인이 송하인의 청구에 따르지 못할 경우에는 지체 없이 그 뜻을 송하인에게 통지하여야 한다.
③운송인이 송하인에게 교부한 항공화물운송장 또는 화물수령증을 확인하지 아니하고 송하인의 처분청구에 따른 경우, 운송인은 그로 인하여 항공화물운송장 또는 화물수령증의 소지인이 입은 손해를 배상할 책임을 진다.
④제918조제1항에 따라 수하인이 운송물의 인도를 청구할 권리를 취득하였을 때에는 송하인의 처분청구권은 소멸한다. 다만, 수하인이 운송물의 수령을 거부하거나 수하인을 알 수 없을 경우에는 그러하지 아니하다.
〈본조신설 2011.5.23〉

제918조【운송물의 인도】 ①운송물이 도착지에 도착한 때에는 수하인은 운송인에게 운송물의 인도를 청구할 수 있다. 다만, 송하인이 제917조제1항에 따라 처분청구권을 행사한 경우에는 그러하지 아니하다.
②운송물이 도착지에 도착하면 다른 약정이 없는 한 운송인은 지체 없이 수하인에게 통지하여야 한다.
〈본조신설 2011.5.23〉

제919조【운송인의 채권의 시효】 운송인의 송하인 또는 수하인에 대한 채권은 2년간 행사하지 아니하면 소멸시효가 완성한다.
〈본조신설 2011.5.23〉

제920조【준용규정】 항공화물 운송에 관하여는 제120조, 제134조, 제141조부터 제143조까지, 제792조, 제793조, 제801조, 제802조, 제811조 및 제812조를 준용한다. 이 경우 "선적항"은 "출발지 공항"으로, "선장"은 "운송인"으로, "양륙항"은 "도착지 공항"으로 본다.
〈본조신설 2011.5.23〉

제4절 운송증서
〈본절신설 2011.5.23〉

제921조【여객항공권】 ①운송인이 여객운송을 인수하면 여객에게 다음 각 호의 사항을 적은 개인용 또는 단체용 여객항공권을 교부하여야 한다.
1. 여객의 성명 또는 단체의 명칭
2. 출발지와 도착지
3. 출발일시
4. 운항할 항공편
5. 발행지와 발행연월일
6. 운송인의 성명 또는 상호
②운송인은 제1항 각 호의 정보를 전산정보처리조직에 의하여 전자적 형태로 저장하거나 그 밖의 다른 방식으로 보존함으로써 제1항의 여객항공권 교부를 갈음할 수 있다. 이 경우 운송인은 여객이 청구하면 제1항 각 호의 정보를 적은 서면을 교부하여야 한다.
〈본조신설 2011.5.23〉

제922조【수하물표】 운송인은 여객에게 개개의 위탁수하물마다 수하물표를 교부하여야 한다.

〈본조신설 2011.5.23〉

제923조【항공화물운송장의 발행】 ①송하인은 운송인의 청구를 받아 다음 각 호의 사항을 적은 항공화물운송장 3부를 작성하여 운송인에게 교부하여야 한다.

1. 송하인의 성명 또는 상호
2. 수하인의 성명 또는 상호
3. 출발지와 도착지
4. 운송물의 종류, 중량, 포장의 종별·개수와 기호
5. 출발일시
6. 운송할 항공편
7. 발행지와 발행연월일
8. 운송인의 성명 또는 상호

②운송인이 송하인의 청구에 따라 항공화물운송장을 작성한 경우에는 송하인을 대신하여 작성한 것으로 추정한다.

③제1항의 항공화물운송장 중 제1원본에는 "운송인용"이라고 적고 송하인이 기명날인 또는 서명하여야 하고, 제2원본에는 "수하인용"이라고 적고 송하인과 운송인이 기명날인 또는 서명하여야 하며, 제3원본에는 "송하인용"이라고 적고 운송인이 기명날인 또는 서명하여야 한다.

④제3항의 서명은 인쇄 또는 그 밖의 다른 적절한 방법으로 할 수 있다.

⑤운송인은 송하인으로부터 운송물을 수령한 후 송하인에게 항공화물운송장 제3원본을 교부하여야 한다.

〈본조신설 2011.5.23〉

제924조【항공화물운송장의 대체】 ①운송인은 제923조제1항 각 호의 정보를 전산정보처리조직에 의하여 전자적 형태로 저장하거나 그 밖의 다른 방식으로 보존함으로써 항공화물운송장의 교부에 대체할 수 있다.

②제1항의 경우 운송인은 송하인의 청구에 따라 송하인에게 제923조제1항 각 호의 정보를 적은 화물수령증을 교부하여야 한다.

〈본조신설 2011.5.23〉

제925조【복수의 운송물】 ①2개 이상의 운송물이 있는 경우에는 운송인은 송하인에 대하여 각 운송물마다 항공화물운송장의 교부를 청구할 수 있다.

②항공화물운송장의 교부가 제924조제1항에 따른 저장·보존으로 대체되는 경우에는 송하인은 운송인에게 각 운송물마다 화물수령증의 교부를 청구할 수 있다.

〈본조신설 2011.5.23〉

제926조【운송물의 성질에 관한 서류】 ①송하인은 세관, 경찰 등 행정기관이나 그 밖의 공공기관의 절차를 이행하기 위하여 필요한 경우 운송인의 요청을 받아 운송물의 성질을 명시한 서류를 운송인에게 교부하여야 한다.

②운송인은 제1항과 관련하여 어떠한 의무나 책임을 부담하지 아니한다.

〈본조신설 2011.5.23〉

제927조【항공운송증서에 관한 규정 위반의 효과】 운송인 또는 송하인이 제921조부터 제926조까지를 위반하는 경우에도 운송계약의 효력 및 이 법의 다른 규정의 적용에 영향을 미치지 아니한다.

〈본조신설 2011.5.23〉

제928조【항공운송증서 등의 기재사항에 관한 책임】 ①송하인은 항공화물운송장에 적었거나 운송인에게 통지한 운송물의 명세 또는 운송물에 관한 진술이 정확하고 충분함을 운송인에게 담보한 것으로 본다.

②송하인은 제1항의 운송물의 명세 또는 운송물에 관한 진술이 정확하지 아니하거나 불충분하여 운송인이 손해를 입은 경우에는 운송인에게 배상할 책임이 있다.

③운송인은 제924조제1항에 따라 저장·보존되는 운송에 관한 기록이나 화물수령증에 적은 운송물의 명세 또는 운송물에 관한 진술이 정확하지 아니하거나 불충분하여 송하인이 손해를 입은 경우 송하인에게 배상할 책임이 있다. 다만, 제1항에 따라 송하인이 그 정확하고 충분함을 담보한 것으로 보는 경우에는 그러하지 아니하다.

〈본조신설 2011.5.23〉

제929조【항공운송증서 기재의 효력】 ①항공화물운송장 또는 화물수령증이 교부된 경우 그 운송증서에 적힌 대로 운송계약이 체결된 것으로 추정한다.

②운송인은 항공화물운송장 또는 화물수령증에 적힌 운송물의 중량, 크기, 포장의 종별·개수·기호 및 외관상태대로 운송물을 수령한 것으로 추정한다.

③운송물의 종류, 외관상태 외의 상태, 포장 내부의 수량 및 부피에 관한 항공화물운송장 또는 화물수령증의 기재 내용은 송하인이 참여한 가운데 운송인이 그 기재 내용의 정확함을 확인하고 그 사실을 항공화물운송장이나 화물수령증에 적은 경우에만 그 기재 내용대로 운송물을 수령한 것으로 추정한다.

〈본조신설 2011.5.23〉

제3장 지상 제3자의 손해에 대한 책임
〈본장신설 2011.5.23〉

제930조【항공기 운항자의 배상책임】 ①항공기 운항자는 비행 중인 항공기 또는 항공기로부터 떨어진 사람이나 물건으로 인하여 사망하거나 상해 또는 재산상 손해를 입은 지상(지하, 수면 또는 수중을 포함한다)의 제3자에 대하여 손해배상책임을 진다.
②이 편에서 "항공기 운항자"란 사고 발생 당시 항공기를 사용하는 자를 말한다. 다만, 항공기의 운항을 지배하는 자(이하 "운항지배자"라 한다)가 타인에게 항공기를 사용하게 한 경우에는 운항지배자를 항공기 운항자로 본다.
③이 편을 적용할 때에 항공기등록원부에 기재된 항공기 소유자는 항공기 운항자로 추정한다.
④제1항에서 "비행 중"이란 이륙을 목적으로 항공기에 동력이 켜지는 때부터 착륙이 끝나는 때까지를 말한다.
⑤2대 이상의 항공기가 관여하여 제1항의 사고가 발생한 경우 각 항공기 운항자는 연대하여 제1항의 책임을 진다.
⑥운항지배자의 승낙 없이 항공기가 사용된 경우 운항지배자는 이를 막기 위하여 상당한 주의를 하였음을 증명하지 못하는 한 승낙 없이 항공기를 사용한 자와 연대하여 제932조에서 정한 한도 내의 책임을 진다.
〈본조신설 2011.5.23〉

제931조【면책사유】 항공기 운항자는 제930조제1항에 따른 사망, 상해 또는 재산상 손해의 발생이 다음 각 호의 어느 하나에 해당함을 증명하면 책임을 지지 아니한다.
1. 전쟁, 폭동, 내란 또는 무력충돌의 직접적인 결과로 발생하였다는 것
2. 항공기 운항자가 공권력에 의하여 항공기 사용권을 박탈당한 중에 발생하였다는 것
3. 오로지 피해자 또는 피해자의 사용인이나 대리인의 과실 또는 그 밖의 불법한 작위나 부작위에 의하여서만 발생하였다는 것
4. 불가항력
〈본조신설 2011.5.23〉

제932조【항공기 운항자의 유한책임】 ①항공기 운항자의 제930조에 따른 책임은 하나의 항공기가 관련된 하나의 사고에 대하여 항공기의 이륙을 위하여 법으로 허용된 최대중량(이하 이 조에서 "최대중량"이라 한다)에 따라 다음 각 호에서 정한 금액을 한도로 한다.
1. 최대중량이 2천킬로그램 이하의 항공기의 경우 30만 계산단위의 금액
2. 최대중량이 2천킬로그램을 초과하는 항공기의 경우 2천킬로그램까지는 30만 계산단위, 2천킬로그램 초과 6천킬로그램까지는 매 킬로그램당 175 계산단위, 6천킬로그램 초과 3만킬로그램까지는 매 킬로그램당 62.5 계산단위, 3만킬로그램을 초과하는 부분에는 매 킬로그램당 65 계산단위를 각각 곱하여 얻은 금액을 순차로 더한 금액
②하나의 항공기가 관련된 하나의 사고로 인하여 사망 또는 상해가 발생한 경우 항공기 운항자의 제930조에 따른 책임은 제1항의 금액의 범위에서 사망하거나 상해를 입은 사람 1명당 12만5천 계산단위의 금액을 한도로 한다.
③하나의 항공기가 관련된 하나의 사고로 인하여 여러 사람에게 생긴 손해의 합계가 제1항의 한도액을 초과하는 경우, 각각의 손해는 제1항의 한도액에 대한 비율에 따라 배상한다.
④하나의 항공기가 관련된 하나의 사고로 인하여 사망, 상해 또는 재산상의 손해가 발생한 경우 제1항에서 정한 금액의 한도에서 사망 또는 상해로 인한 손해를 먼저 배상하고, 남는 금액이 있으면 재산상의 손해를 배상한다.
〈본조신설 2011.5.23〉

제933조【유한책임의 배제】 ①항공기 운항자 또는 그 사용인이나 대리인이 손해를 발생시킬 의도로 제930조제1항의 사고를 발생시킨 경우에는 제932조를 적용하지 아니한다. 이 경우 항공기 운항자의 사용인이나 대리인의 행위로 인하여 사고가 발생한 경우에는 그가 권한 범위에서 행위하고 있었다는 사실이 증명되어야 한다.
②항공기를 사용할 권한을 가진 자의 동의 없이 불법으로 항공기를 탈취(奪取)하여 사용하는 중 제930조제1항의 사고를 발생시킨 자에 대하여는 제932조를 적용하지 아니한다.
〈본조신설 2011.5.23〉

제934조【항공기 운항자의 책임의 소멸】 항공기 운항자의 제930조의 책임은 사고가 발생한 날부터 3년 이내에 재판상 청구가 없으면 소멸한다.
〈본조신설 2011.5.23〉

제935조【책임제한의 절차】 ①이 장의 규정에 따라 책임을 제한하려는 자는 채권자로부터 책임한

도액을 초과하는 청구금액을 명시한 서면에 의한 청구를 받은 날부터 1년 이내에 법원에 책임제한절차 개시의 신청을 하여야 한다.
②책임제한절차 개시의 신청, 책임제한 기금의 형성 · 공고 · 참가 · 배당, 그 밖에 필요한 사항에 관하여는 성질에 반하지 아니하는 범위에서 「선박소유자 등의 책임제한절차에 관한 법률」의 예를 따른다.
〈본조신설 2011.5.23〉

부 칙

제1조【위임규정】 소상인의 범위는 각령으로 정한다.
제2조【동 전】 제125조의 호천, 항만의 범위는 각령으로 정한다.
제3조【상업등기공고의 유예】 ①제36조의 공고에 관한 규정은 상당한 기간 이를 적용하지 아니한다. 이 기간은 대법원규칙으로 정한다.
②전항의 경우에 그 기간중에는 등기한 때에 공고한 것으로 본다.
제4조【대한민국국민만으로 조직할 회사의 무기명식주권발행의 금지】 법령의 규정에 의하여 대한민국국민만으로 조직할 주식회사와 대한민국국민만으로 조직할 것을 조건으로 하여 특별한 권리를 가진 주식회사는 무기명식의 주권을 발행하지 못한다. 이에 위반한 경우에는 그 주권은 무효로 하고 최후의 기명주주를 주주로 한다.
제5조 삭제 〈84.4.10〉
제6조【사채모집의 수탁자 등의 자격】 은행·신탁회사 또는 증권회사가 아니면 사채의 모집의 위임을 받거나 제483조의 사무승계자가 되지 못한다. 〈개정 84.4.10〉
제7조【무기명식채권소지인의 공탁의 방법】 제491조제4항, 제492조제2항 또는 그 준용규정에 의하여 할 공탁은 공탁공무원에게 이를 하지 아니하는 경우에는 대법원장이 정하는 은행 또는 신탁회사에 하여야 한다. 〈개정 62. 12.12〉
제8조【사채권자집회에 관한 공고의 방법】 사채권자집회의 소집, 상환액의 지급 또는 상환에 관한 사채권자집회의 결의를 집행함에 있어야 할 공고는 사채를 발행한 회사의 정관에 정하는 공고방법에 따라야 한다.
제9조【위임규정】 제742조의 속구목록의 서식은 각령으로 정한다.
제10조【동 전】 제839조제2항 단서의 연안항해의 범위는 각령으로 정한다.
제11조【동 전】 본법 시행에 관한 사항은 따로 법률로 정한다.
제12조【시행기일과 구법의 효력】 ①본법은 1963년 1월 1일부터 시행한다.
②조선민사령 제1조에 의하여 의용된 상법, 유한

회사법, 상법시행법과 상법중 개정법률시행법은 본법 시행시까지 그 효력이 있다.

부 칙 〈중략〉

부 칙 <2020. 12. 29. 법률 제17764호>

제1조【시행일】 이 법은 공포한 날부터 시행한다.
제2조~제4조 생략

상법시행법

[1962년 12월 12일
법 률 제1213호]

개정
1965. 3.19법1687호
2010. 7.23법10372호

제1조【정 의】 본법에서 상법이라 함은 1962년 법률 제천호로 제정된 상법을 말하며 구법이라 함은 조선민사령 제1조에 의하여 의용된 상법, 유한회사법, 상법시행법과 상법중개정법률시행법을 말한다.

제2조【원 칙】 ①상법은 특별한 규정이 없으면 상법 시행전에 생긴 사항에도 적용한다. 그러나 구법에 의하여 생긴 효력에 영향을 미치지 아니한다.
②상법에 저촉되는 정관의 규정과 계약의 조항은 상법시행의 날로부터 그 효력을 잃는다.

제3조【상사특별법령의 효력】 상사에 관한 특별한 법령은 상법시행후에도 그 효력이 있다.

제4조【시효에 관한 경과규정】 ①상법 시행당시 구법의 규정에 의한 소멸시효기간을 경과하지 아니한 권리에는 상법의 시효에 관한 규정을 적용한다.
②전항의 규정은 시효기간이 아닌 법정기간에 준용한다.

제5조【기간의 통산】 상법의 규정에 의한 법정기간은 그 기간이 구법에 의하여 상법 시행전에 개시된 경우에는 상법시행의 전후의 기간을 통산하고 구법에 그 기간을 정하지 아니한 경우에는 상법시행의 날로부터 기산한다.

제6조【영업용고정재산의 평가】 상법 제31조제2항의 규정은 상법시행후 최초로 도달하는 결산기의 다음 날로부터 적용한다.

제7조【해산명령청구권자의 책임】 상법 시행전에 해산명령의 청구가 있은 경우에는 그 청구를 각하된 자의 책임에 관하여는 상법 시행후에도 구법을 적용한다.

제8조【소의 제기 등에 관한 담보】 해산명령의 청구 또는 소의 제기에 관하여 제공하여야 할 담보에 관한 구법의 제정은 상법 시행전에 제공한 담보에 관하여만 적용한다.

제9조【주식회사의 설립】 상법 시행전에 발기인이 주식의 총수를 인수하거나 주주의 모집에 착수한 경우에는 그 설립에 관하여는 상법 시행후에도 구법을 적용한다. 그러나 상법 시행후에 설립등기를 하는 때에는 그 등기사항에 관하여는 그러하지 아니하다.

제10조【주식회사의 정관】 ①상법 시행전에 성립한 주식회사에 관하여는 상법시행전에 발행한 주식의 총수가, 상법 시행후에 구법에 의하여 성립하는 주식회사에 관하여는 설립시에 발행하는 주식의 수가 회사가 발행할 주식의 총수로서 정관에 정하여져 있는 것으로 본다.
②구상법 제168조제1항제2호의 규정에 의하여 정관에 정한 사항은 상법 제344조제2항의 규정에 의하여 정한 것으로 본다.

제11조【주식회사의 등기】 ①상법 시행전에 성립한 주식회사는 상법시행의 날로부터 6월내에 상법에 의하여 새로 등기할 것으로 된 사항을 등기하여야 한다.
②전항의 등기를 하기까지에 다른 등기를 하는 때에는 그 등기와 동시에 동항의 등기를 하여야 한다.
③제1항의 등기를 하기까지에 동항의 사항에 변경이 생긴 때에는 지체없이 변경전의 사항에 관하여 동항의 등기를 하여야 한다.
④전3항의 규정에 위반한 때에는 그 회사의 대표이사를 5만원이하의 과태료에 처한다.

제12조【자본총액의 의제】 제15조의 주금전액의 납입이 완료할 때까지는 납입주금의 총액을 상법 제317조제2항제2호의 자본의 총액으로 본다.

제13조【발기인의 인수, 납입담보책임】 상법 제321조제1항의 규정은 회사가 상법 시행후에 구법에 의하여 성립한 경우에도 적용한다. 회사가 상법 시행전에 구법에 의하여 성립한 경우에 상법 시행후에 주식의 청약이 취소된 경우에도 같다.

제14조【설립에 관한 책임의 면제와 추궁】 ①발기인, 이사 또는 감사의 회사의 설립에 관한 책임을 상법 시행후에 면제하는 경우에는 그 면제에 관하여는 회사가 구법에 의하여 성립한 때에도 상법을 적용한다.
②상법 시행후에 전항의 책임을 추궁하는 소를 제기하는 경우에는 그 소에 관하여도 동항과 같다.

제15조【주금전액의 납입등】 ①상법 시행시에 주금전액의 납입을 완료하지 아니한 주식에 관하여는 회사는 상법시행의 날로부터 2년내에 주금전액의 납입이 완료한 것으로 하기 위하여 주금을 납입시키거나 자본을 감소시켜야 한다.
②전항의 납입을 완료할 때까지 그 주식에 관하여는 상법 시행후에도 구법을 적용한다.
③제1항의 기간내에 주금전액의 납입을 하지 아니하거나 자본감소를 하지 아니할 때에는 회사는 해산한 것으로 본다.

제16조【주식의 금액, 주식의 병합】 ①상법 시행후에 구법에 의하여 성립하는 주식회사가 발행하는 주식의 금액에 관하여는 구상법 제202조제2항의 규정을 적용한다.
②구법에 의하여 성립한 주식회사는 액면 5백원 미만의 주식을 액면 5백원 이상의 주식으로 하기 위하여 상법시행의 날로부터 2년내에 상법 제434조의 규정에 의한 결의에 의하여 주식을 병합하여야 한다. 이 경우에는 상법 제440조 내지 제444조의 규정을 준용한다.

제17조【주식총수의 증가】 제15조제1항과 전조제2항의 절차를 완료한 후가 아니면 회사가 발행할 주식의 총수를 증가하지 못한다.

제18조【기명주식의 이전】 상법 시행전에 한 기명주식의 이전에 관하여는 상법시행후에도 구법을

적용한다. 그러나 상법 제336조제2항과 제3항의 적용에 영향을 미치지 아니한다.

제19조【주주명부의 폐쇄기간과 기준일】 상법 제354조의 규정은 상법 시행후 최초의 정기총회가 종결한 다음 날로부터 상법 시행시에 진행중에 있는 주주명부의 폐쇄기간이 그 날 이후에 종료하는 때에는 그 기간이 종료한 다음날로부터 적용한다.

제20조【주권의 취득】 상법 시행전에 배서에 의하여 주권을 취득한 경우에는 그 취득에 관하여는 상법 시행후에도 구상법 제229조제2항의 규정을 적용한다. 그러나 상법 시행후에 한 배서에 의하여 그 주권을 취득한 경우에는 그 취득에 관하여는 상법 제359조의 규정을 적용한다.

제21조【감사에 의한 임시총회의 소집】 상법 시행전에 감사가 임시총회를 소집한 경우에는 그 임시총회에 관하여는 상법 시행후에도 구상법 제235조제2항의 규정을 적용한다.

제22조【소수주주의 총회소집의 청구】 상법 시행전에 구상법 제237조제1항의 규정에 의한 총회소집의 청구가 있는 경우에는 그 청구는 상법 제366조제1항의 규정에 의한 청구로 본다.

제23조【총회의 결의】 ①구법에 의하여 성립한 주식회사 또는 유한회사의 총회의 결의의 요건에 관하여는 다음에 게기하는 날중 먼저 오는 날까지는 상법 시행후에도 구법을 적용한다.

1. 상법 시행후 최초의 정기총회가 종결하는 날
2. 매년 1회 정기총회를 소집하는 회사에 있어서는 1963년 12월 31일, 기타의 회사에 있어서는 1963년 6월 30일

②전항의 규정은 동항 각호에 게기한 날중 먼저 오는 날 전에 상법에 따르도록 정관을 변경한 경우에는 적용하지 아니한다.

③상법 시행후에 결의를 하는 총회에 관하여는 상법 시행전에 소집의 통지를 발송하였거나 공고를 한 경우에는 상법의 시행으로 인하여 의결권을 가지게 된 주주에 대하여는 소집의 통지와 공고를 요하지 아니한다.

④전항의 규정은 어느 종류의 주주의 총회에 준용한다.

제24조【결의취소의 소】 결의취소의 소에 관하여 상법 시행시 구상법 제248조제1항이나 구유한회사법 제41조에서 준용하는 구상법 제248조제1항에 정한 기간이 경과하지 아니한 경우에는 그 결의 취소의 소의 제기기간에 관하여는 상법을 적용한다.

제25조【취체역 등의 의제】 상법 시행시의 취체역, 감사역 또는 검사역은 각각 상법에 의한 이사, 감사 또는 검사인으로 본다.

제26조【이사의 임기】 상법 시행시 재임중에 있는 이사의 임기에 관하여는 상법시행후에도 구법을 적용한다. 그러나 그 임기는 상법시행의 날로부터 2년을 경과한 후의 최초의 정기총회가 종결하는 날을 넘지 못한다.

제27조【대표이사】 ①구법에 의하여 회사를 대표하는 권한을 가진 취체역은 상법에 의하여 회사를 대표할 이사로 본다.

②구법에 의하여 수인의 이사가 공동으로 회사를 대표할 것을 정한 경우에는 그 정함은 상법 제389조제2항의 규정에 의하여 정한 것으로 본다.

③상법 시행시에 회사를 대표할 이사의 정함이 없는 경우에는 구상법 제188조제2항제9호의 취체역의 등기는 상법 제317조제2항제9호의 등기가 있을 때까지는 그 등기와 동일한 효력이 있다.

제28조【이사의 행위의 책임】 ①이사가 상법 시행전에 한 행위의 책임에 관하여는 상법 시행후에도 구법을 적용한다.

②상법 시행후에 전항의 책임을 면제하는 경우에는 그 면제에 관하여는 동항의 규정에 불구하고 상법을 적용한다.

③상법 시행후에 제1항의 책임을 추궁하는 소를 제기하는 경우에는 그 소에 관하여도 전항과 같다.

제29조【이사에 대한 소와 소의 제기를 청구한 주주 등의 책임】 상법 시행전에 구상법 제267조제1항 또는 동법 제268조제1항의 규정이나 구유한회사법 제31조의규정 또는 동법 제32조에서 준용하는 구상법 제267조제1항의 규정에 의하여 이사에 대한 소를 제기하는 경우에 그 소와 소를 청구한 주주 또는 사원의 책임에 관하여는 상법 시행후에도 구법을 적용한다.

제30조【구법에 의한 이사의 직무대행자의 선임 등】 상법 시행전에 구상법 제272조의 규정이나 구유한회사법 제32조에서 준용하는 구상법 제272조의 규정에 의하여 이사의 직무의 집행의 정지 또는 직무대행자의 선임의 청구가 있은 경우에 관하여는 상법시행후에도 동조의 규정을 적용한다.

제31조【감사의 선임과 임기】 ①상법 제410조의 규정은 상법 시행후 최초의 정기총회의 종결의 다음날로부터 적용한다.

②상법 시행시에 재임중에 있는 감사의 임기에 관하여는 상법 시행후에도 구법을 적용한다. 그러나 그 임기는 상법시행의 날로부터 1년을 경과한 후의 최초의 정기총회가 종결하는 날을 넘지 못한다.

제32조【이사의 직무를 행할 감사】 상법 시행전에 임시로 이사의 직무를 행할 감사를 정한 경우에는 그 감사에 관하여는 상법 시행후에도 구상법 제276조제1항단서, 제2항과 제3항의 규정을 적용 또는 준용한다.

제33조【회사와 이사간의 소에 관한 회사대표】 상법 시행전에 회사가 이사에 대하여 또는 이사가 회사에 대하여 소를 제기한 경우에는 그 소에 관하여 회사를 대표할 자에 관하여는 상법 시행후에도 구상법 제277조의 규정을 적용 또는 준용한다. 그러나 상법에 의하여 회사를 대표할 자를 정한 후에는 그러하지 아니하다.

제34조【감사가 한 소의 제기 등】 상법 시행전에 감사가 법원에 대하여 소의 제기,청구 또는 신청을 한 경우에는 그 소, 청구 또는 신청에 관하여는 상법 시행후에도 구법을 적용한다.

제35조【감사에 대한 소와 소의 제기를 청구한 주주 등의 책임】 제29조의 규정은 상법 시행전에 구상법 제279조제1항의 규정이나 구유한회사법 제34

조에서 준용하는 동법 제31조 또는 구상법 제267조제1항의 규정에 의하여 감사에 대하여 제기한 소와 그 소의 제기를 청구한 주주 또는 사원의 책임에 관하여 준용한다.

제36조【감사에 관한 준용규정】 제28조와 제30조의 규정은 감사에 준용한다.

제37조【회사의 재산평가】 상법 제452조와 동법 제583조제1항에서 준용하는 동법 제452조의 규정은 상법 시행후 최초로 도달하는 결산기의 다음날로부터 적용한다.

제38조【신주의 발행비용】 상법 시행후에 구법에 의하여 자본을 증가하는 경우에는 주식의 발행을 위하여 필요한 비용의 액에 관하여는 상법 제454조의 규정을 적용한다.

제39조【액면초과액】 상법 시행후에 구법에 의하여 성립하거나 자본을 증가하는 주식회사가 액면 이상의 가액으로 주식을 발행하는 경우에는 그 액면을 넘는 금액에 관하여는 상법 제459조의 규정을 적용한다.

제40조【준비금】 ①구상법 제288조의 규정이나 구유한회사법 제46조제1항에서 준용하는 구상법 제288조제1항의 규정에 의하여 적립한 준비금은 이익준비금으로서 적립한 것으로 본다.
②회사는 상법 시행후 최초로 도달하는 결산기까지에 전항의 이익준비금의 일부를 자본준비금으로 할 수 있다.

제41조【건설이자】 ①개업전에 이자를 배당할 뜻의 구법에 의한 정관의 정함은 상법 시행전에 발행한 주식과 상법 시행후에 자본증가에 의하여 발행하는 주식 또는 상법 시행후에 구법에 의하여 성립하는 주식회사가 설립시에 발행하는 주식에 관하여 개업전에 이자를 배당할 뜻의 상법에 의한 정관의 정함으로 본다. 그러나 그 정관에 자본증가로 인하여 발행하는 주식에 대하여는 이자를 배당하지 아니하는 뜻의 정함이 있는 때에는 그 주식에 관하여는 그러하지 아니하다.
②상법 시행전에 구법에 의하여 배당한 이자의 금액은 상법에 의하여 배당한 이자의 금액으로 본다.

제42조【부속명세서】 상법 제465조와 동법 제583조제1항에서 준용하는 동법 제465조의 규정은 상법 시행후 최초로 도달하는 결산기로부터 적용한다.

제43조【총회소집의 명령】 상법 시행전에 구상법 제294조제3항의 규정에 의하여 주주총회소집의 명령이 있은 경우에는 그 총회의 소집에 관하여는 상법 시행후에도 구법을 적용한다.

제44조【사채의 모집】 상법 시행전에 사채모집의 결의를 한 경우에는 그 사채모집에 관하여는 상법 시행후에도 구법을 적용한다.

제45조【사채권자집회의 결의】 상법 시행후에 사채권자집회의 결의를 하는 경우에는 상법 시행전에 소집의 통지를 발송하였거나 공고를 한 때에도 그 결의의 요건에 관하여는 상법을 적용한다.

제46조【자본증가】 ①상법 시행전에 자본증가의 결의를 한 경우에는 그 자본증가에 관하여는 상법 시행후에도 구법을 적용한다. 그러나 상법 시행후에 하는 자본증가의 등기에 관하여는 상법에 의한 신주발행으로 인한 변경등기를 하여야 한다.
②전항의 자본증가는 본점 소재지에서 상법에 의한 신주발행으로 인한 변경등기를함으로써 효력이 생긴다.
③상법 시행후에 구법에 의하여 자본을 증가하는 경우에는 그 자본증가로 인하여 생기는 주식의 수의 증가는 정관에 정하여 있는 것으로 보게 된 회사가 발행할 주식의 총수의 증가로 본다.

제47조【주식의 액면이하의 발행】 상법 시행전에 성립한 회사에 대하여는 제15조제1항과 제16조제2항의 절차를 완료한 후에는 상법 제417조의 규정에 의한 주식을 발행할 수 있다. 그러나 회사성립의 날로부터 2년을 경과한 경우에 한한다.

제48조【신주인수권을 주는 계약】 상법 시행전에 구법 제349조의 계약을 한 경우에는 상법에 의하여 회사가 발행할 주식의 총수를 증가할 때에 그 계약에 의하여 신주의 인수권이 부여된 자에 대하여 신주의 인수권을 부여한다는 뜻을 정관에 정하여야한다.

제49조【이사의 인수담보책임】 상법 제428조의 규정은 상법 시행후에 구법에 의하여 자본을 증가하는 경우에 준용한다.

제50조【전환주식】 ①상법 시행전에 구상법 제359조의 규정에 의하여 정관으로 주주가 그 인수한 신주를 다른 종류의 주식으로 전환할 것을 청구할 수 있는 뜻을 정한 경우에는 그 주식에 관하여는 상법 시행후에도 구상법 제360조 내지 제362조의규정을 적용한다.
②전항의 주식에 관하여 상법 시행후에 전환이 있은 경우에는 그 전환으로 인하여 생기는 각종의 주식의 수의 증감은 정관에 정하여 있는 것으로 보게 된 회사가 발행할 각종의 주식의 수의 증감으로 본다.
③전항의 경우에 전환으로 인한 변경등기는 매영업연도말로부터 1월내에 본점과 지점의 소재지에서 하여야 한다.

제51조【전환사채】 ①상법 시행전에 구상법 제364조의 규정에 의하여 사채권자가 사채를 주식으로 전환할 것을 청구할 수 있는 뜻을 결의한 경우에는 그 사채에 관하여는 상법 시행후에도 구상법 제365조 내지 제368조의 규정을 적용한다.
②전항의 경우에 상법 시행후에 전환으로 인하여 발행할 주식의 수와 각종의 주식의 수는 제10조의 규정에 의하여 정관에 정하여 있는 것으로 보게 된 회사가 발행할 주식의 총수와 각종의 주식의 수에 더한 것으로 한다.
③상법 제346조제2항의 규정은 전항의 경우에 준용한다.
④제1항의 사채에 관하여 상법 시행후에 전환이 있은 경우에 전환으로 인한 변경등기는 매영업연도말로부터 1월내에 본점과 지점의 소재지에서 하여야 한다.

제52조【회사의 합병】 합병후 존속하는 회사 또는 합병으로 인하여 설립되는 회사가 주식회사인 경우에 상법 시행전에 합병계약서에 관하여 합병

을 하는 회사의 일방의 총사원의 동의 또는 주주총회의 승인이 있은 때에는 그 합병에 관하여는 상법 시행후에도 구법을 적용한다. 그러나 상법 시행후에 하는 합병으로 인한 변경 또는 설립의 등기에 관하여는 상법에 의한 등기를 하여야 한다.

제53조【청산인에 관한 준용규정】①제22조, 제27조 내지 제30조, 제32조, 제33조와 제42조의 규정은 주식회사의 청산인에 준용한다.
②제28조 내지 제30조, 제32조, 제33조와 제42조의 규정은 유한회사의 청산인에 준용한다.

제54조【회사의 정리】①상법 시행전에 정리개시의 명령이 있은 때에는 그 정리에 관하여는 상법 시행후에도 구법을 적용한다.
②상법 시행의 날로부터 2년내에 정리종결의 결정이 없는 경우에는 상법시행의 날로부터 2년을 경과한 날에 「채무자 회생 및 파산에 관한 법률」에 의한 정리개시결정이 있은 것으로 본다.<개정 2010.7.23>

제55조【특별청산】①상법 시행전에 특별청산개시의 명령이 있은 때에는 그 특별청산에 관하여는 상법 시행후에도 구법을 적용한다.
②상법시행의 날로부터 2년을 경과하여도 협정이 성립하지 아니하거나 협정의 실행의 가망이 없는 때에는 법원은 직권으로 「채무자 회생 및 파산에 관한 법률」에 따라 파산선고를 하여야 한다.<개정 2010.7.23>

제56조【주식합자회사】①상법 시행전에 성립한 주식합자회사에 관하여는 상법시행후에도 구법을 적용한다.
②주식합자회사가 상법 시행후에 합병하는 경우에는 전항의 규정에 불구하고 합병후 존속하는 회사 또는 합병으로 인하여 설립되는 회사는 주식회사이어야 한다. 이 경우에 합병계약서는 상법 제523조와 제524조의 규정에 의하여 작성하여야 한다.
③상법시행의 날로부터 2년을 경과한 때에 현존하는 주식합자회사는 그 때에 해산한다.

제57조【유한회사】상법 시행전에 성립한 유한회사로서 그 자본총액과 출자 일좌의 금액이 상법 제546조에 정한 금액에 미달한 회사는 상법시행의 날로부터 2년내에 그 금액 이상으로 증액하여야 한다.

제58조【유한회사의 조직변경】상법 시행전에 유한회사가 구유한회사법 제67조제1항에 규정하는 조직변경의 결의를 할 경우에는 그 조직변경에 관하여는 구법을 적용한다. 그러나 상법 시행후에 설립의 등기를 하는 때에는 그 등기사항에 관하여는 그러하지 아니하다.

제59조【외국회사의 등기】①상법 시행전에 외국회사가 구법에 의하여 지점설치의 등기를 한 경우에는 그 지점설치의 등기는 상법 제614조제2항에 정한 영업소설치의 등기로 본다. 그러나 그 회사는 상법시행의 날로부터 6월내에 상법에 의하여 새로 등기할 것으로 된 사항을 등기하여야 한다.
②상법 제614조제2항과 제3항에 정한 등기를 함을 요하게 된 외국회사는 전항의 경우를 제외하고 상법시행의 날로부터 6월내에 그 등기를 하여야 한다.
③제1항 단서 또는 전항의 규정에 위반한 때에는 그 회사의 대한민국에서의 대표자를 5만원이하의 과태료에 처한다.

제60조【외국회사의 지점폐쇄명령】제7조의 규정은 구상법 제484조와 구유한회사법 제76조에서 준용하는 구상법 제484조에 정한 사건과 그 사건에 관하여 청구를 각하된 자의 책임에 관하여 준용한다.

제61조【벌 칙】상법 시행전에 한 행위에 대한 벌칙의 적용에 관하여는 종전의 예에 의한다.

부 칙

① 【시행기일】 본법은 1963년 1월 1일로부터 시행한다. 그러나 부칙 제2항과 제3항의규정은 공포한 날로부터 시행한다.
② 【정관변경의 특례】 상법 시행전에 성립한 주식회사는 상법 시행전에 상법시행의 날에 효력이 발생할 정관의 변경을 할 수 있다.
③ 【동 전】 상법 시행후에 구법에 의하여 성립하는 회사에 있어서는 발기인 전원의 동의 또는 창립총회의 결의로 상법 시행전에 상법시행의 날에 효력이 발생할 정관의 변경을 하거나 상법 시행후에 상법에 따르도록 정관을 변경할 수 있다.
④ 【경과조치】 제15조제3항의 규정에 의하여 해산한 것으로 보는 회사는 1965년 12월 31일까지는 해산하지 아니한 것으로 보며, 이 기간내에 제15조제1항의 규정에 의한 조치를 할 수 있다. <신설 65.3.19>

부 칙 <중략>

부 칙 (2010.7.23)

이 법은 공포한 날부터 시행한다.

상법시행령

[2012년 4월 10일
대통령령 제23720호 全改]

개정
2012. 8.31.영24076호(전자거래기본법시행령)
2013. 8.27.영24697호(자본시장과금융투자업에관한법률 시행령)
2014. 2.24.영25214호
2016. 5.31.영27205호(기술신용보증기금법시행령)
2016. 6.28.영27261호(외국법자문사법시행령)
2016.10.25.영27556호(수산업협동조합법시행령)
2017. 3.29.영27971호(항공안전법시행령)
2017. 7.26.영28211호(행정안전부와 그 소속기관의 직제)
2018.10.30.영29259호
2019. 6.25.영29892호(주식 · 사채 등의 전자등록에 관한 법률 시행령)
2020. 1.29.영30363호
2020. 4.14.영30613호
2020.12. 8.영31222호(전자서명법시행령)
2021.2. 1.영제31422호
2021.12.28.영제32274호(독점규제 및 공정거래에 관한 법률 시행령 전부개정령
2022. 8. 9.제32868호
2022. 8.23.제32881호
2023.12.19.제33968호

제1편 총 칙

제1조【목적】 이 영은 「상법」에서 위임된 사항과 그 시행에 필요한 사항을 정함을 목적으로 한다.

제2조【소상인의 범위】 「상법」(이하 "법"이라 한다) 제9조에 따른 소상인은 자본금액이 1천만원에 미치지 못하는 상인으로서 회사가 아닌 자로 한다.

제3조【전산정보처리조직에 의한 보존】 법 제33조제1항에 따른 상업장부와 영업에 관한 중요서류(이하 이 조에서 "장부와 서류"라 한다)를 같은 조 제3항에 따라 마이크로필름이나 그 밖의 전산정보처리조직(이하 이 조에서 "전산정보처리조직"이라 한다)에 의하여 보존하는 경우에는 다음 각 호의 어느 하나에 해당하는 방법으로 보존하여야 한다. 다만, 법에 따라 작성자가 기명날인 또는 서명하여야 하는 장부와 서류는 그 기명날인 또는 서명이 되어있는 원본을 보존하여야 한다. <개정 2012. 8.31.>

1. 「전자문서 및 전자거래 기본법」 제5조제2항에 따라 전자화문서로 보존하는 방법
2. 제1호 외의 경우에는 다음 각 목의 기준에 따라 보존하는 방법
   가. 전산정보처리조직에 장부와 서류를 보존하기 위한 프로그램의 개발·변경 및 운영에 관한 기록을 보관하여야 하며, 보존의 경위 및 절차를 알 수 있도록 할 것
   나. 법 및 일반적으로 공정·타당한 회계관행에 따라 그 내용을 파악할 수 있도록 보존할 것
   다. 필요한 경우 그 보존 내용을 영상 또는 출력된 문서로 열람할 수 있도록 할 것
   라. 전산정보처리조직에 보존된 자료의 멸실·훼손 등에 대비하는 조치를 마련할 것

제2편 상행위

제4조【호천·항만의 범위】 법 제125조에 따른 호천((湖川), 항만의 범위는 「선박안전법 시행령」 제2조제1항제3호가목에 따른 평수(平水)구역으로 한다.

제3편 회 사

제5조【유한책임회사 재무제표의 범위】 법 제287조의33에서 "대통령령으로 정하는 서류"란 다음 각 호의 어느 하나에 해당하는 서류를 말한다.

1. 자본변동표
2. 이익잉여금 처분계산서 또는 결손금 처리계산서

제6조【전자적 방법을 통한 회사의 공고】 ① 법 제289조제3항 단서에 따라 회사가 전자적 방법으로 공고하려는 경우에는 회사의 인터넷 홈페이지에 게재하는 방법으로 하여야 한다.

② 법 제289조제3항 단서에 따라 회사가 정관에서 전자적 방법으로 공고할 것을 정한 경우에는 회사의 인터넷 홈페이지 주소를 등기하여야 한다.

③ 법 제289조제3항 단서에 따라 회사가 전자적 방법으로 공고하려는 경우에는 그 정보를 회사의 인터넷 홈페이지 초기화면에서 쉽게 찾을 수 있도록 하는 등 이용자의 편의를 위한 조치를 하여야 한다.

④ 법 제289조제3항 단서에 따라 회사가 정관에서 전자적 방법으로 공고할 것을 정한 경우라도 전산장애 또는 그 밖의 부득이한 사유로 전자적 방법으로 공고할 수 없는 경우에는 법 제289조제3항 본문에 따라 미리 정관에서 정하여 둔 관보 또는 시사에 관한 사항을 게재하는 일간신문에 공고하여야 한다.

⑤ 법 제289조제4항 본문에서 "대통령령으로 정하는 기간"이란 다음 각 호에서 정하는 날까지의 기간(이하 이 조에서 "공고기간"이라 한다)을 말한다.

1. 법에서 특정한 날부터 일정한 기간 전에 공고하도록 한 경우: 그 특정한 날
2. 법에서 공고에서 정하는 기간 내에 이의를 제출하거나 일정한 행위를 할 수 있도록 한 경우: 그 기간이 지난 날
3. 제1호와 제2호 외의 경우: 해당 공고를 한 날부터 3개월이 지난 날

⑥ 제5항에 따른 공고기간에 공고가 중단(불특정

다수가 공고된 정보를 제공받을 수 없게 되거나 그 공고된 정보가 변경 또는 훼손된 경우를 말한다)되더라도, 그 중단된 기간의 합계가 공고기간의 5분의 1을 초과하지 않으면 공고의 중단은 해당 공고의 효력에 영향을 미치지 아니한다. 다만, 회사가 공고의 중단에 대하여 고의 또는 중대한 과실이 있는 경우에는 그러하지 아니하다.

제7조【검사인의 조사, 보고의 면제】 ① 법 제299조제2항제1호에서 "대통령령으로 정한 금액"이란 5천만원을 말한다.

② 법 제299조제2항제2호에서 "대통령령으로 정한 방법으로 산정된 시세"란 다음 각 호의 금액 중 낮은 금액을 말한다.

1. 법 제292조에 따른 정관의 효력발생일(이하 이 항에서 "효력발생일"이라 한다)부터 소급하여 1개월간의 거래소에서의 평균 종가(終價), 효력발생일부터 소급하여 1주일간의 거래소에서의 평균 종가 및 효력발생일의 직전 거래일의 거래소에서의 종가를 산술평균하여 산정한 금액
2. 효력발생일 직전 거래일의 거래소에서의 종가

③ 제2항은 법 제290조제2호 및 제3호의 재산에 그 사용, 수익, 담보제공, 소유권 이전 등에 대한 물권적 또는 채권적 제한이나 부담이 설정된 경우에는 적용하지 아니한다.

제8조【명의개서대리인의 자격】 법 제337조제2항에 따른 명의개서대리인의 자격은 「자본시장과 금융투자업에 관한 법률」 제294조제1항에 따라 설립된 한국예탁결제원(이하 "한국예탁결제원"이라 한다) 및 같은 법 제365조제1항에 따라 금융위원회에 등록한 주식회사로 한다.

제9조【자기주식 취득 방법의 종류 등】 ① 법 제341조제1항제2호에서 "대통령령으로 정하는 방법"이란 다음 각 호의 어느 하나에 해당하는 방법을 말한다.

1. 회사가 모든 주주에게 자기주식 취득의 통지 또는 공고를 하여 주식을 취득하는 방법
2. 「자본시장과 금융투자업에 관한 법률」 제133조부터 제146조까지의 규정에 따른 공개매수의 방법

② 자기주식을 취득한 회사는 지체 없이 취득 내용을 적은 자기주식 취득내역서를 본점에 6개월간 갖추어 두어야 한다. 이 경우 주주와 회사채권자는 영업시간 내에 언제든지 자기주식 취득내역서를 열람할 수 있으며, 회사가 정한 비용을 지급하고 그 서류의 등본이나 사본의 교부를 청구할 수 있다.

제10조【자기주식 취득의 방법】 회사가 제9조제1호에 따라 자기주식을 취득하는 경우에는 다음 각 호의 기준에 따라야 한다.

1. 법 제341조제2항에 따른 결정을 한 회사가 자기주식을 취득하려는 경우에는 이사회의 결의로써 다음 각 목의 사항을 정할 것. 이 경우 주식 취득의 조건은 이사회가 결의할 때마다 균등하게 정하여야 한다.
   가. 자기주식 취득의 목적
   나. 취득할 주식의 종류 및 수
   다. 주식 1주를 취득하는 대가로 교부할 금전이나 그 밖의 재산(해당 회사의 주식은 제외한다. 이하 이 조에서 "금전등"이라 한다)의 내용 및 그 산정 방법
   라. 주식 취득의 대가로 교부할 금전등의 총액
   마. 20일 이상 60일 내의 범위에서 주식양도를 신청할 수 있는 기간(이하 이 조에서 "양도신청기간"이라 한다)
   바. 양도신청기간이 끝나는 날부터 1개월의 범위에서 양도의 대가로 금전등을 교부하는 시기와 그 밖에 주식 취득의 조건
2. 회사는 양도신청기간이 시작하는 날의 2주 전까지 각 주주에게 회사의 재무 현황, 자기주식 보유 현황 및 제1호 각 목의 사항을 서면으로 또는 각 주주의 동의를 받아 전자문서로 통지할 것. 다만, 회사가 무기명식의 주권을 발행한 경우에는 양도신청기간이 시작하는 날의 3주 전에 공고하여야 한다.
3. 회사에 주식을 양도하려는 주주는 양도신청기간이 끝나는 날까지 양도하려는 주식의 종류와 수를 적은 서면으로 주식양도를 신청할 것
4. 주주가 제3호에 따라 회사에 대하여 주식 양도를 신청한 경우 회사와 그 주주 사이의 주식 취득을 위한 계약 성립의 시기는 양도신청기간이 끝나는 날로 정하고, 주주가 신청한 주식의 총수가 제1호나목의 취득할 주식의 총수를 초과하는 경우 계약 성립의 범위는 취득할 주식의 총수를 신청한 주식의 총수로 나눈 수에 제3호에 따라 주주가 신청한 주식의 수를 곱한 수(이 경우 끝수는 버린다)로 정할 것

제11조【전자주주명부】 ① 법 제352조의2에 따라 회사가 전자주주명부를 작성하는 경우에 회사의 본점 또는 명의개서대리인의 영업소에서 전자주주명부의 내용을 서면으로 인쇄할 수 있으면 법 제396조제1항에 따라 주주명부를 갖추어 둔 것으로 본다.

② 주주와 회사채권자는 영업시간 내에 언제든지 서면 또는 파일의 형태로 전자주주명부에 기록된 사항의 열람 또는 복사를 청구할 수 있다. 이 경우 회사는 법 제352조의2제2항에 따라 기재된 다른 주주의 전자우편주소를 열람 또는 복사의 대상에서 제외하는 조치를 하여야 한다.

제12조【주주제안의 거부】 법 제363조의2제3항 전단에서 "대통령령으로 정하는 경우"란 주주제안의 내용이 다음 각 호의 어느 하나에 해당하는 경우를 말한다.

1. 주주총회에서 의결권의 100분의 10 미만의 찬성밖에 얻지 못하여 부결된 내용과 같은 내용의 의안을 부결된 날부터 3년 내에 다시 제안하는 경우
2. 주주 개인의 고충에 관한 사항인 경우
3. 주주가 권리를 행사하기 위하여 일정 비율을 초과하는 주식을 보유해야 하는 소수주주권에 관한 사항인 경우
4. 임기 중에 있는 임원의 해임에 관한 사항[법 제542조의2제1항에 따른 상장회사(이하 "상장회

사"라 한다)만 해당한다]인 경우
5. 회사가 실현할 수 없는 사항 또는 제안 이유가 명백히 거짓이거나 특정인의 명예를 훼손하는 사항인 경우

제13조【전자적 방법에 의한 의결권의 행사】 ① 법 제368조의4에 따라 주주가 의결권을 전자적 방법으로 행사(이하 이 조에서 "전자투표"라 한다)하는 경우 주주는 다음 각 호의 어느 하나에 해당하는 방법으로 주주 본인임을 확인하고, 「전자서명법」 제2조제2호에 따른 전자서명을 통하여 전자투표를 하여야 한다. <개정 2020. 1. 29., 2020. 12. 8.>
1. 「전자서명법」 제8조제2항에 따른 운영기준 준수 사실의 인정을 받은 전자서명인증사업자가 제공하는 본인확인의 방법
2. 「정보통신망 이용촉진 및 정보보호 등에 관한 법률」 제23조의3에 따른 본인확인기관에서 제공하는 본인확인의 방법

② 법 제368조의4에 따라 전자적 방법으로 의결권을 행사할 수 있음을 정한 회사는 주주총회 소집의 통지나 공고에 다음 각 호의 사항을 포함하여야 한다.
1. 전자투표를 할 인터넷 주소
2. 전자투표를 할 기간(전자투표의 종료일은 주주총회 전날까지로 하여야 한다)
3. 그 밖에 주주의 전자투표에 필요한 기술적인 사항

③ 삭제 <2020. 1. 29.>

④ 회사는 전자투표의 효율성 및 공정성을 확보하기 위하여 전자투표를 관리하는 기관을 지정하여 주주 확인절차 등 의결권 행사절차의 운영을 위탁할 수 있다.

⑤ 회사, 제4항에 따라 지정된 전자투표를 관리하는 기관 및 전자투표의 운영을 담당하는 자는 주주총회에서 개표가 있을 때까지 전자투표의 결과를 누설하거나 직무상 목적 외로 사용해서는 아니 된다.

⑥ 회사 또는 제4항에 따라 지정된 전자투표를 관리하는 기관은 전자투표의 종료일 3일 전까지 주주에게 전자문서로 제2항 각 호의 사항을 한 번 더 통지할 수 있다. 이 경우 주주의 동의가 있으면 전화번호 등을 이용하여 통지할 수 있다. <신설 2020. 1. 29.>

제14조【현물출자 검사의 면제】 ① 법 제422조제2항제1호에서 "대통령령으로 정한 금액"이란 5천만원을 말한다.

② 법 제422조제2항제2호에서 "대통령령으로 정한 방법으로 산정된 시세"란 다음 각 호의 금액 중 낮은 금액을 말한다.
1. 법 제416조에 따른 이사회 또는 주주총회의 결의가 있은 날(이하 이 조에서 "결의일"이라 한다)부터 소급하여 1개월간의 거래소에서의 평균 종가, 결의일부터 소급하여 1주일간의 거래소에서의 평균 종가 및 결의일 직전 거래일의 거래소에서의 종가를 산술평균하여 산정한 금액
2. 결의일 직전 거래일의 거래소에서의 종가

③ 제2항은 현물출자의 목적인 재산에 그 사용, 수익, 담보제공, 소유권 이전 등에 대한 물권적 또는 채권적 제한이나 부담이 설정된 경우에는 적용하지 아니한다.

제15조【회계 원칙】 법 제446조의2에서 "대통령령으로 규정한 것"이란 다음 각 호의 구분에 따른 회계기준을 말한다. <개정 2017.7.26., 2018.10.30>
1. 「주식회사 등의 외부감사에 관한 법률」 제4조에 따른 외부감사 대상 회사: 같은 법 제5조제1항에 따른 회계처리기준
2. 「공공기관의 운영에 관한 법률」 제2조에 따른 공공기관: 같은 법에 따른 공기업·준정부기관의 회계 원칙
3. 제1호 및 제2호에 해당하는 회사 외의 회사 등: 회사의 종류 및 규모 등을 고려하여 법무부장관이 중소벤처기업부장관 및 금융위원회와 협의하여 고시한 회계기준

제16조【주식회사 재무제표의 범위 등】 ① 법 제447조제1항제3호에서 "대통령령으로 정하는 서류"란 다음 각 호의 어느 하나에 해당하는 서류를 말한다. 다만, 「주식회사 등의 외부감사에 관한 법률」 제4조에 따른 외부감사 대상 회사의 경우에는 다음 각 호의 모든 서류, 현금흐름표 및 주석(註釋)을 말한다. <개정 2018.10.30>
1. 자본변동표
2. 이익잉여금 처분계산서 또는 결손금 처리계산서

② 법 제447조제2항에서 "대통령령으로 정하는 회사"란 「주식회사 등의 외부감사에 관한 법률」 제4조에 따른 외부감사의 대상이 되는 회사 중 같은 법 제2조제3호에 규정된 지배회사를 말한다. <개정 2018.10.30>

제17조【영업보고서의 기재사항】 법 제447조의2 제2항에 따라 영업보고서에 기재할 사항은 다음 각 호와 같다.
1. 회사의 목적 및 중요한 사업 내용, 영업소·공장 및 종업원의 상황과 주식·사채의 상황
2. 해당 영업연도의 영업의 경과 및 성과(자금조달 및 설비투자의 상황을 포함한다)
3. 모회사와의 관계, 자회사의 상황, 그 밖에 중요한 기업결합의 상황
4. 과거 3년간의 영업성적 및 재산상태의 변동상황
5. 회사가 대처할 과제
6. 해당 영업연도의 이사·감사의 성명, 회사에서의 지위 및 담당 업무 또는 주된 직업과 회사와의 거래관계
7. 상위 5인 이상의 대주주(주주가 회사인 경우에는 그 회사의 자회사가 보유하는 주식을 합산한다), 그 보유주식 수 및 회사와의 거래관계, 해당 대주주에 대한 회사의 출자 상황
8. 회사, 회사와 그 자회사 또는 회사의 자회사가 다른 회사의 발행주식총수의 10분의 1을 초과하는 주식을 가지고 있는 경우에는 그 주식 수, 그 다른 회사의 명칭 및 그 다른 회사가 가지고 있는 회사의 주식 수
9. 중요한 채권자 및 채권액, 해당 채권자가 가지고 있는 회사의 주식 수
10. 결산기 후에 생긴 중요한 사실

11. 그 밖에 영업에 관한 사항으로서 중요하다고 인정되는 사항

제18조【적립할 자본준비금의 범위】 법 제459조 제1항에 따라 회사는 제15조에서 정한 회계기준에 따라 자본잉여금을 자본준비금으로 적립하여야 한다.

제19조【미실현이익의 범위】 ① 법 제462조제1항제4호에서 "대통령령으로 정하는 미실현이익"이란 법 제446조의2의 회계 원칙에 따른 자산 및 부채에 대한 평가로 인하여 증가한 대차대조표상의 순자산액으로서, 미실현손실과 상계(相計)하지 아니한 금액을 말한다. <개정 2014. 2. 24.>

② 제1항에도 불구하고 다음 각 호의 어느 하나에 해당하는 경우에는 각각의 미실현이익과 미실현손실을 상계할 수 있다. <신설 2014. 2. 24., 2023. 12. 19.>

1. 「자본시장과 금융투자업에 관한 법률」 제4조제2항제5호에 따른 파생결합증권의 거래를 하고, 그 거래의 위험을 회피하기 위하여 해당 거래와 연계된 거래를 한 경우로서 각 거래로 미실현이익과 미실현손실이 발생한 경우
2. 「자본시장과 금융투자업에 관한 법률」 제5조에 따른 파생상품의 거래가 그 거래와 연계된 거래의 위험을 회피하기 위하여 한 경우로서 각 거래로 미실현이익과 미실현손실이 발생한 경우
3. 「보험업법」 제2조제1호에 따른 보험상품의 거래를 하고, 그 거래와 연계된 다음 각 목의 어느 하나에 해당하는 거래를 한 경우로서 각 거래로 미실현이익과 미실현손실이 발생한 경우
   가. 보험계약 관련 부채의 금리변동 위험을 회피하기 위한 「자본시장과 금융투자업에 관한 법률」 제4조제3항에 따른 채무증권 또는 같은 법 제5조에 따른 파생상품의 거래
   나. 보험계약 관련 위험을 이전하기 위한 「상법」 제661조에 따른 재보험의 거래
   다. 「보험업법」 제108조제1항제2호에 따른 보험계약 중 보험금이 자산운용의 성과에 따라 변동하는 보험계약 또는 같은 항 제3호에 따른 변액보험계약에서 발생하는 거래

제20조【사채의 발행】 법 제469조제2항제3호에서 "대통령령으로 정하는 자산이나 지표"란 「자본시장과 금융투자업에 관한 법률」 제4조제10항에 따른 기초자산의 가격·이자율·지표·단위 또는 이를 기초로 하는 지수를 말한다.

제21조【이익참가부사채의 발행】 ① 법 제469조제2항제1호에 따라 사채권자가 그 사채발행회사의 이익배당에 참가할 수 있는 사채(이하 "이익참가부사채"라 한다)를 발행하는 경우에 다음 각 호의 사항으로서 정관에 규정이 없는 사항은 이사회가 결정한다. 다만, 정관에서 주주총회에서 이를 결정하도록 정한 경우에는 그러하지 아니하다.

1. 이익참가부사채의 총액
2. 이익배당 참가의 조건 및 내용
3. 주주에게 이익참가부사채의 인수권을 준다는 뜻과 인수권의 목적인 이익참가부사채의 금액

② 주주 외의 자에게 이익참가부사채를 발행하는 경우에 그 발행할 수 있는 이익참가부사채의 가액(價額)과 이익배당 참가의 내용에 관하여 정관에 규정이 없으면 법 제434조에 따른 주주총회의 특별결의로 정하여야 한다.

③ 제2항에 따른 결의를 할 때 이익참가부사채 발행에 관한 의안의 요령은 법 제363조에 따른 통지와 공고에 적어야 한다.

④ 이익참가부사채의 인수권을 가진 주주는 그가 가진 주식의 수에 따라 이익참가부사채의 배정을 받을 권리가 있다. 다만, 각 이익참가부사채의 금액 중 최저액에 미달하는 끝수에 대해서는 그러하지 아니하다.

⑤ 회사는 일정한 날을 정하여, 그 날에 주주명부에 기재된 주주가 이익참가부사채의 배정을 받을 권리를 가진다는 뜻을 그 날의 2주일 전에 공고하여야 한다. 다만, 그 날이 법 제354조제1항의 기간 중일 때에는 그 기간의 초일의 2주일 전에 이를 공고하여야 한다.

⑥ 주주가 이익참가부사채의 인수권을 가진 경우에는 각 주주에게 그 인수권을 가진 이익참가부사채의 액, 발행가액, 이익참가의 조건과 일정한 기일까지 이익참가부사채 인수의 청약을 하지 아니하면 그 권리를 잃는다는 뜻을 통지하여야 한다.

⑦ 회사가 무기명식의 주권을 발행하였을 때에는 제6항의 사항을 공고하여야 한다.

⑧ 제6항에 따른 통지 또는 제7항에 따른 공고는 제5항에 따른 기일의 2주일 전까지 하여야 한다.

⑨ 제6항에 따른 통지 또는 제7항에 따른 공고에도 불구하고 그 기일까지 이익참가부사채 인수의 청약을 하지 아니한 경우에는 이익참가부사채의 인수권을 가진 자는 그 권리를 잃는다.

⑩ 회사가 이익참가부사채를 발행하였을 때에는 법 제476조에 따른 납입이 완료된 날부터 2주일 내에 본점 소재지에서 다음 각 호의 사항을 등기하여야 한다.

1. 이익참가부사채의 총액
2. 각 이익참가부사채의 금액
3. 각 이익참가부사채의 납입금액
4. 이익배당에 참가할 수 있다는 뜻과 이익배당 참가의 조건 및 내용

⑪ 제10항 각 호의 사항이 변경된 때에는 본점 소재지에서는 2주일 내, 지점 소재지에서는 3주일 내에 변경등기를 하여야 한다.

⑫ 외국에서 이익참가부사채를 모집한 경우에 등기할 사항이 외국에서 생겼을 때에는 그 등기기간은 그 통지가 도달한 날부터 기산(기산)한다.

제22조【교환사채의 발행】 ① 법 제469조제2항제2호에 따라 사채권자가 회사 소유의 주식이나 그 밖의 다른 유가증권으로 교환할 수 있는 사채(이하 "교환사채"라 한다)를 발행하는 경우에는 이사회가 다음 각 호의 사항을 결정한다.

1. 교환할 주식이나 유가증권의 종류 및 내용
2. 교환의 조건
3. 교환을 청구할 수 있는 기간

② 주주 외의 자에게 발행회사의 자기주식으로 교환할 수 있는 사채를 발행하는 경우에 사채를 발행할 상대방에 관하여 정관에 규정이 없으면 이사회가 이를 결정한다.
③ 교환사채를 발행하는 회사는 사채권자가 교환청구를 하는 때 또는 그 사채의 교환청구기간이 끝나는 때까지 교환에 필요한 주식 또는 유가증권을 한국예탁결제원에 예탁하거나 「주식·사채 등의 전자등록에 관한 법률」 제2조제6호에 따른 전자등록기관(이하 "전자등록기관"이라 한다)에 전자등록해야 한다. 이 경우 한국예탁결제원 또는 전자등록기관은 그 주식 또는 유가증권을 신탁재산임을 표시하여 관리하여야 한다. <개정 2019. 6. 25.>
④ 사채의 교환을 청구하는 자는 청구서 2통에 사채권을 첨부하여 회사에 제출하여야 한다.
⑤ 제4항의 청구서에는 교환하려는 주식이나 유가증권의 종류 및 내용, 수와 청구 연월일을 적고 기명날인 또는 서명하여야 한다.

제23조【상환사채의 발행】 ① 법 제469조제2항제2호에 따라 회사가 그 소유의 주식이나 그 밖의 다른 유가증권으로 상환할 수 있는 사채(이하 "상환사채"라 한다)를 발행하는 경우에는 이사회가 다음 각 호의 사항을 결정한다.
1. 상환할 주식이나 유가증권의 종류 및 내용
2. 상환의 조건
3. 회사의 선택 또는 일정한 조건의 성취나 기한의 도래에 따라 주식이나 그 밖의 다른 유가증권으로 상환한다는 뜻

② 주주 외의 자에게 발행회사의 자기주식으로 상환할 수 있는 사채를 발행하는 경우에 사채를 발행할 상대방에 관하여 정관에 규정이 없으면 이사회가 이를 결정한다.
③ 일정한 조건의 성취나 기한의 도래에 따라 상환할 수 있는 경우에는 상환사채를 발행하는 회사는 조건이 성취되는 때 또는 기한이 도래하는 때까지 상환에 필요한 주식 또는 유가증권을 한국예탁결제원에 예탁하거나 전자등록기관에 전자등록해야 한다. 이 경우 한국예탁결제원 또는 전자등록기관은 그 주식 또는 유가증권을 신탁재산임을 표시하여 관리하여야 한다. <개정 2019.6.25.>

제24조【파생결합사채의 발행】 법 제469조제2항제3호에 따라 유가증권이나 통화 또는 그 밖에 제20조에 따른 자산이나 지표 등의 변동과 연계하여 미리 정하여진 방법에 따라 상환 또는 지급금액이 결정되는 사채(이하 "파생결합사채"라 한다)를 발행하는 경우에는 이사회가 다음 각 호의 사항을 결정한다.
1. 상환 또는 지급 금액을 결정하는 데 연계할 유가증권이나 통화 또는 그 밖의 자산이나 지표
2. 제1호의 자산이나 지표와 연계하여 상환 또는 지급 금액을 결정하는 방법

제25조【사채청약서 등의 기재사항】 법 제469조제2항 각 호의 사채를 발행하는 경우 사채청약서, 채권 및 사채 원부에는 다음 각 호의 구분에 따른 사항이 포함되어야 한다.
1. 이익참가부사채를 발행하는 경우: 제21조제1항제1호부터 제3호까지의 사항
2. 교환사채를 발행하는 경우: 제22조제1항제1호부터 제3호까지의 사항
3. 상환사채를 발행하는 경우: 제23조제1항제1호부터 제3호까지의 사항
4. 파생결합사채를 발행하는 경우: 제24조제1호 및 제2호의 사항

제26조【사채관리회사의 자격】 법 제480조의3제1항에서 "은행, 신탁회사, 그 밖에 대통령령으로 정하는 자"란 다음 각 호의 어느 하나에 해당하는 자를 말한다. <개정 2016.10.25>
1. 「은행법」에 따른 은행
2. 「한국산업은행법」에 따른 한국산업은행
3. 「중소기업은행법」에 따른 중소기업은행
4. 「농업협동조합법」에 따른 농협은행
5. 「수산업협동조합법」에 따른 수협은행
6. 「자본시장과 금융투자업에 관한 법률」에 따라 신탁업 인가를 받은 자로서 일반투자자로부터 금전을 위탁받을 수 있는 자
7. 「자본시장과 금융투자업에 관한 법률」에 따라 투자매매업 인가를 받은 자로서 일반투자자를 상대로 증권의 인수업무를 할 수 있는 자
8. 한국예탁결제원
9. 「자본시장과 금융투자업에 관한 법률」에 따른 증권금융회사

제27조【사채발행회사와의 특수한 이해관계】 법 제480조의3제3항에서 "대통령령으로 정하는 자"란 사채관리회사가 되려는 자가 다음 각 호의 어느 하나에 해당하는 경우 그 회사(사채관리회사가 된 후에 해당하게 된 자를 포함한다)를 말한다. <개정 2021. 12. 28.>
1. 사채관리회사가 사채발행회사에 대하여 법 제542조의8제2항제5호에 따른 최대주주 또는 같은 항 제6호에 따른 주요주주인 경우
2. 사채발행회사가 사채관리회사에 대하여 다음 각 목의 어느 하나에 해당하는 경우
   가. 사채관리회사가 제26조제1호의 은행인 경우: 「은행법」 제2조제1항제10호에 따른 대주주
   나. 사채관리회사가 제26조제6호 및 제7호의 자인 경우: 「자본시장과 금융투자업에 관한 법률」 제9조제1항에 따른 대주주
3. 사채발행회사와 사채관리회사가 「독점규제 및 공정거래에 관한 법률」 제2조제12호에 따른 계열회사(이하 "계열회사"라 한다)인 경우
4. 사채발행회사의 주식을 보유하거나 사채발행회사의 임원을 겸임하는 등으로 인하여 사채권자의 이익과 충돌하는 특수한 이해관계가 있어 공정한 사채관리를 하기 어려운 경우로서 법무부장관이 정하여 고시하는 기준에 해당하는 회사

제28조【휴면회사의 신고】 ① 법 제520조의2제1항에 따른 영업을 폐지하지 아니하였다는 뜻의 신고는 서면으로 하여야 한다.
② 제1항의 서면에는 다음 각 호의 사항을 적고, 회

사의 대표자 또는 그 대리인이 기명날인하여야 한다.
1. 회사의 상호, 본점의 소재지, 대표자의 성명 및 주소
2. 대리인이 제1항의 신고를 할 때에는 대리인의 성명 및 주소
3. 아직 영업을 폐지하지 아니하였다는 뜻
4. 법원의 표시
5. 신고 연월일

③ 대리인이 제1항의 신고를 할 경우 제1항의 서면에는 그 권한을 증명하는 서면을 첨부하여야 한다.

④ 제1항 또는 제3항의 서면에 찍을 회사 대표자의 인감은 「상업등기법」 제24조제1항에 따라 등기소에 제출된 것이어야 한다. 다만, 법 제520조의2제2항에 따라 법원으로부터 통지서를 받고 이를 첨부하여 신고하는 경우에는 그러하지 아니하다.

제29조【상장회사 특례의 적용범위】 ① 법 제542조의2제1항 본문에서 "대통령령으로 정하는 증권시장"이란 「자본시장과 금융투자업에 관한 법률」 제8조의2제4항제1호에 따른 증권시장을 말한다. <개정 2013.8.27.>

② 법 제542조의2제1항 단서에서 "대통령령으로 정하는 주식회사"란 「자본시장과 금융투자업에 관한 법률」 제6조제5항에 따른 집합투자를 수행하기 위한 기구인 주식회사를 말한다.

제30조【주식매수선택권】 ① 법 제542조의3제1항 본문에서 "대통령령으로 정하는 관계 회사"란 다음 각 호의 어느 하나에 해당하는 법인을 말한다. 다만, 제1호 및 제2호의 법인은 주식매수선택권을 부여하는 회사의 수출실적에 영향을 미치는 생산 또는 판매 업무를 영위하거나 그 회사의 기술혁신을 위한 연구개발활동을 수행하는 경우로 한정한다.
1. 해당 회사가 총출자액의 100분의 30 이상을 출자하고 최대출자자로 있는 외국법인
2. 제1호의 외국법인이 총출자액의 100분의 30 이상을 출자하고 최대출자자로 있는 외국법인과 그 법인이 총출자액의 100분의 30 이상을 출자하고 최대출자자로 있는 외국법인
3. 해당 회사가 「금융지주회사법」에서 정하는 금융지주회사인 경우 그 자회사 또는 손자회사 가운데 상장회사가 아닌 법인

② 법 제542조의3제1항 단서에서 "제542조의8제2항제5호의 최대주주 등 대통령령으로 정하는 자"란 다음 각 호의 어느 하나에 해당하는 자를 말한다. 다만, 해당 회사 또는 제1항의 관계 회사의 임원이 됨으로써 특수관계인에 해당하게 된 자[그 임원이 계열회사의 상무(상무)에 종사하지 아니하는 이사·감사인 경우를 포함한다]는 제외한다.
1. 법 제542조의8제2항제5호에 따른 최대주주 및 그 특수관계인
2. 법 제542조의8제2항제6호에 따른 주요주주 및 그 특수관계인

③ 법 제542조의3제2항에서 "대통령령으로 정하는 한도"란 발행주식총수의 100분의 15에 해당하는 주식 수를 말한다. 이 경우 이를 산정할 때에는 법 제542조의3제3항에 따라 부여한 주식매수선택권을 포함하여 계산한다.

④ 법 제542조의3제3항 전단에서 "대통령령으로 정하는 한도"란 다음 각 호의 구분에 따른 주식 수를 말한다.
1. 최근 사업연도 말 현재의 자본금이 3천억원 이상인 법인: 발행주식총수의 100분의 1에 해당하는 주식 수
2. 최근 사업연도 말 현재의 자본금이 3천억원 미만인 법인: 발행주식총수의 100분의 3에 해당하는 주식 수

⑤ 법 제542조의3제4항에서 "대통령령으로 정하는 경우"란 주식매수선택권을 부여받은 자가 사망하거나 그 밖에 본인의 책임이 아닌 사유로 퇴임하거나 퇴직한 경우를 말한다. 이 경우 정년에 따른 퇴임이나 퇴직은 본인의 책임이 아닌 사유에 포함되지 아니한다.

⑥ 상장회사는 다음 각 호의 어느 하나에 해당하는 경우에는 정관에서 정하는 바에 따라 이사회 결의에 의하여 주식매수선택권의 부여를 취소할 수 있다.
1. 주식매수선택권을 부여받은 자가 본인의 의사에 따라 사임하거나 사직한 경우
2. 주식매수선택권을 부여받은 자가 고의 또는 과실로 회사에 중대한 손해를 입힌 경우
3. 해당 회사의 파산 등으로 주식매수선택권 행사에 응할 수 없는 경우
4. 그 밖에 주식매수선택권을 부여받은 자와 체결한 주식매수선택권 부여계약에서 정한 취소사유가 발생한 경우

⑦ 주식매수선택권의 행사기한을 해당 이사·감사 또는 피용자의 퇴임일 또는 퇴직일로 정하는 경우 이들이 본인의 책임이 아닌 사유로 퇴임하거나 퇴직하였을 때에는 그 날부터 3개월 이상의 행사기간을 추가로 부여하여야 한다.

제31조【주주총회의 소집공고】 ① 법 제542조의4제1항에서 "대통령령으로 정하는 수 이하의 주식"이란 의결권 있는 발행주식총수의 100분의 1 이하의 주식을 말한다.

② 상장회사는 「금융위원회의 설치 등에 관한 법률」 제24조에 따라 설립된 금융감독원 또는 「자본시장과 금융투자업에 관한 법률」 제373조의2에 따라 허가를 받은 거래소(이하 "거래소"라 한다)가 운용하는 전자공시시스템을 통하여 법 제542조의4제1항의 공고를 할 수 있다. <개정 2013. 8. 27.>

③ 법 제542조의4제2항에서 "대통령령으로 정하는 후보자에 관한 사항"이란 다음 각 호의 사항을 말한다. <개정 2020. 1. 29.>
1. 후보자와 최대주주와의 관계
2. 후보자와 해당 회사와의 최근 3년간의 거래 내역
3. 주주총회 개최일 기준 최근 5년 이내에 후보자가 「국세징수법」 또는 「지방세징수법」에 따른 체납처분을 받은 사실이 있는지 여부
4. 주주총회 개최일 기준 최근 5년 이내에 후보자가 임원으로 재직한 기업이 「채무자 회생 및 파

산에 관한 법률」에 따른 회생절차 또는 파산절차를 진행한 사실이 있는지 여부
5. 법령에서 정한 취업제한 사유 등 이사·감사 결격 사유의 유무

④ 법 제542조의4제3항 본문에서 "사외이사 등의 활동내역과 보수에 관한 사항, 사업개요 등 대통령령으로 정하는 사항"이란 다음 각 호의 사항을 말한다. <개정 2020. 1. 29.>
1. 사외이사, 그 밖에 해당 회사의 상무에 종사하지 아니하는 이사의 이사회 출석률, 이사회 의안에 대한 찬반 여부 등 활동내역과 보수에 관한 사항
2. 법 제542조의9제3항 각 호에 따른 거래의 내역
3. 영업 현황 등 사업개요와 주주총회의 목적사항별로 금융위원회가 정하는 방법에 따라 작성한 참고서류
4. 「자본시장과 금융투자업에 관한 법률」 제159조에 따른 사업보고서 및 「주식회사 등의 외부감사에 관한 법률」 제23조제1항 본문에 따른 감사보고서. 이 경우 해당 보고서는 주주총회 개최 1주 전까지 전자문서로 발송하거나 회사의 홈페이지에 게재하는 것으로 갈음할 수 있다.

⑤ 법 제542조의4제3항 단서에서 "대통령령으로 정하는 방법"이란 상장회사가 제4항 각 호에 따른 서류를 회사의 인터넷 홈페이지에 게재하고 다음 각 호의 장소에 갖추어 두어 일반인이 열람할 수 있도록 하는 방법을 말한다. <개정 2013. 8. 27.>
1. 상장회사의 본점 및 지점
2. 명의개서대행회사
3. 금융위원회
4. 거래소

제32조【소수주주권 행사요건 완화대상 회사】 법 제542조의6제2항부터 제5항까지의 규정에서 "대통령령으로 정하는 상장회사"란 최근 사업연도 말 현재의 자본금이 1천억원 이상인 상장회사를 말한다.

제33조【집중투표에 관한 특례의 대상 회사】 법 제542조의7제2항에서 "대통령령으로 정하는 상장회사"란 최근 사업연도 말 현재의 자산총액이 2조원 이상인 상장회사를 말한다.

제34조【상장회사의 사외이사 등】 ① 법 제542조의8제1항 본문에서 "대통령령으로 정하는 경우"란 다음 각 호의 어느 하나에 해당하는 경우를 말한다. <개정 2013. 8. 27.>
1. 「벤처기업육성에 관한 특별조치법」에 따른 벤처기업 중 최근 사업연도 말 현재의 자산총액이 1천억원 미만으로서 코스닥시장(대통령령 제24697호 자본시장과 금융투자업에 관한 법률 시행령 일부개정령 부칙 제8조에 따른 코스닥시장을 말한다. 이하 같다) 또는 코넥스시장(「자본시장과 금융투자업에 관한 법률 시행령」 제11조제2항에 따른 코넥스시장을 말한다. 이하 같다)에 상장된 주권을 발행한 벤처기업인 경우
2. 「채무자 회생 및 파산에 관한 법률」에 따른 회생절차가 개시되었거나 파산선고를 받은 상장회사인 경우
3. 유가증권시장(「자본시장과 금융투자업에 관한 법률 시행령」 제176조의9제1항에 따른 유가증권시장을 말한다. 이하 같다), 코스닥시장 또는 코넥스시장에 주권을 신규로 상장한 상장회사(신규상장 후 최초로 소집되는 정기주주총회 전날까지만 해당한다)인 경우. 다만, 유가증권시장에 상장된 주권을 발행한 회사로서 사외이사를 선임하여야 하는 회사가 코스닥시장 또는 코넥스시장에 상장된 주권을 발행한 회사로 되는 경우 또는 코스닥시장 또는 코넥스시장에 상장된 주권을 발행한 회사로서 사외이사를 선임하여야 하는 회사가 유가증권시장에 상장된 주권을 발행한 회사로 되는 경우에는 그러하지 아니하다.
4. 「부동산투자회사법」에 따른 기업구조조정 부동산투자회사인 경우
5. 해산을 결의한 상장회사인 경우

② 법 제542조의8제1항 단서에서 "대통령령으로 정하는 상장회사"란 최근 사업연도 말 현재의 자산총액이 2조원 이상인 상장회사를 말한다.

③ 법 제542조의8제2항제4호에서 "대통령령으로 별도로 정하는 법률"이란 다음 각 호의 금융 관련 법령(이에 상응하는 외국의 금융 관련 법령을 포함한다)을 말한다. <개정 2016. 5. 31., 2021. 2. 1., 2022. 8. 23.>>
1. 「한국은행법」
2. 「은행법」
3. 「보험업법」
4. 「자본시장과 금융투자업에 관한 법률」
5. 「상호저축은행법」
6. 「금융실명거래 및 비밀보장에 관한 법률」
7. 「금융위원회의 설치 등에 관한 법률」
8. 「예금자보호법」
9. 「한국자산관리공사 설립 등에 관한 법률」
10. 「여신전문금융업법」
11. 「한국산업은행법」
12. 「중소기업은행법」
13. 「한국수출입은행법」
14. 「신용협동조합법」
15. 「신용보증기금법」
16. 「기술보증기금법」
17. 「새마을금고법」
18. 「벤처투자 촉진에 관한 법률」
19. 「신용정보의 이용 및 보호에 관한 법률」
20. 「외국환거래법」
21. 「외국인투자 촉진법」
22. 「자산유동화에 관한 법률」
23. 삭제 <2021. 2. 1.>
24. 「금융산업의 구조개선에 관한 법률」
25. 「담보부사채신탁법」
26. 「금융지주회사법」
27. 「기업구조조정투자회사법」
28. 「한국주택금융공사법」

④ 법 제542조의8제2항제5호에서 "대통령령으로 정하는 특수한 관계에 있는 자"란 다음 각 호의 어느 하나에 해당하는 자(이하 "특수관계인"이라 한

다)를 말한다.

1. 본인이 개인인 경우에는 다음 각 목의 어느 하나에 해당하는 사람
   가. 배우자(사실상의 혼인관계에 있는 사람을 포함한다)
   나. 6촌 이내의 혈족
   다. 4촌 이내의 인척
   라. 본인이 단독으로 또는 본인과 가목부터 다목까지의 관계에 있는 사람과 합하여 100분의 30 이상을 출자하거나 그 밖에 이사·집행임원·감사의 임면 등 법인 또는 단체의 주요 경영사항에 대하여 사실상 영향력을 행사하고 있는 경우에는 해당 법인 또는 단체와 그 이사·집행임원·감사
   마. 본인이 단독으로 또는 본인과 가목부터 라목까지의 관계에 있는 자와 합하여 100분의 30 이상을 출자하거나 그 밖에 이사·집행임원·감사의 임면 등 법인 또는 단체의 주요 경영사항에 대하여 사실상 영향력을 행사하고 있는 경우에는 해당 법인 또는 단체와 그 이사·집행임원·감사
2. 본인이 법인 또는 단체인 경우에는 다음 각 목의 어느 하나에 해당하는 자
   가. 이사·집행임원·감사
   나. 계열회사 및 그 이사·집행임원·감사
   다. 단독으로 또는 제1호 각 목의 관계에 있는 자와 합하여 본인에게 100분의 30 이상을 출자하거나 그 밖에 이사·집행임원·감사의 임면 등 본인의 주요 경영사항에 대하여 사실상 영향력을 행사하고 있는 개인 및 그와 제1호 각 목의 관계에 있는 자 또는 단체(계열회사는 제외한다. 이하 이 호에서 같다)와 그 이사·집행임원·감사
   라. 본인이 단독으로 또는 본인과 가목부터 다목까지의 관계에 있는 자와 합하여 100분의 30 이상을 출자하거나 그 밖에 이사·집행임원·감사의 임면 등 단체의 주요 경영사항에 대하여 사실상 영향력을 행사하고 있는 경우 해당 단체와 그 이사·집행임원·감사

⑤ 법 제542조의8제2항제7호에서 "대통령령으로 정하는 자"란 다음 각 호의 어느 하나에 해당하는 자를 말한다. <개정 2016. 6. 28., 2020. 1. 29.>

1. 해당 상장회사의 계열회사의 상무에 종사하는 이사·집행임원·감사 및 피용자이거나 최근 3년 이내에 계열회사의 상무에 종사하는 이사·집행임원·감사 및 피용자였던 자
2. 다음 각 목의 법인 등의 이사·집행임원·감사 및 피용자[사목에 따른 법무법인, 법무법인(유한), 법무조합, 변호사 2명 이상이 사건의 수임·처리나 그 밖의 변호사 업무수행 시 통일된 형태를 갖추고 수익을 분배하거나 비용을 분담하는 형태로 운영되는 법률사무소, 합작법무법인, 외국법자문법률사무소의 경우에는 해당 법무법인 등에 소속된 변호사, 외국법자문사를 말한다]이거나 최근 2년 이내에 이사·집행임원·감사 및 피용자였던 자
   가. 최근 3개 사업연도 중 해당 상장회사와의 거래실적의 합계액이 자산총액(해당 상장회사의 최근 사업연도 말 현재의 대차대조표상의 자산총액을 말한다) 또는 매출총액(해당 상장회사의 최근 사업연도 말 현재의 손익계산서상의 매출총액을 말한다. 이하 이 조에서 같다)의 100분의 10 이상인 법인
   나. 최근 사업연도 중에 해당 상장회사와 매출총액의 100분의 10 이상의 금액에 상당하는 단일의 거래계약을 체결한 법인
   다. 최근 사업연도 중에 해당 상장회사가 금전, 유가증권, 그 밖의 증권 또는 증서를 대여하거나 차입한 금액과 담보제공 등 채무보증을 한 금액의 합계액이 자본금(해당 상장회사의 최근 사업연도 말 현재의 대차대조표상의 자본금을 말한다)의 100분의 10 이상인 법인
   라. 해당 상장회사의 정기주주총회일 현재 그 회사가 자본금(해당 상장회사가 출자한 법인의 자본금을 말한다)의 100분의 5 이상을 출자한 법인
   마. 해당 상장회사와 기술제휴계약을 체결하고 있는 법인
   바. 해당 상장회사의 감사인으로 선임된 회계법인
   사. 해당 상장회사와 주된 법률자문·경영자문 등의 자문계약을 체결하고 있는 법무법인, 법무법인(유한), 법무조합, 변호사 2명 이상이 사건의 수임·처리나 그 밖의 변호사 업무수행 시 통일된 형태를 갖추고 수익을 분배하거나 비용을 분담하는 형태로 운영되는 법률사무소, 합작법무법인, 외국법자문법률사무소, 회계법인, 세무법인, 그 밖에 자문용역을 제공하고 있는 법인
3. 해당 상장회사 외의 2개 이상의 다른 회사의 이사·집행임원·감사로 재임 중인 자
4. 해당 상장회사에 대한 회계감사 또는 세무대리를 하거나 그 상장회사와 법률자문·경영자문 등의 자문계약을 체결하고 있는 변호사(소속 외국법자문사를 포함한다), 공인회계사, 세무사, 그 밖에 자문용역을 제공하고 있는 자
5. 해당 상장회사의 발행주식총수의 100분의 1 이상에 해당하는 주식을 보유(「자본시장과 금융투자업에 관한 법률」 제133조제3항에 따른 보유를 말한다)하고 있는 자
6. 해당 상장회사와의 거래(「약관의 규제에 관한 법률」 제2조제1호의 약관에 따라 이루어지는 해당 상장회사와의 정형화된 거래는 제외한다) 잔액이 1억원 이상인 자
7. 해당 상장회사에서 6년을 초과하여 사외이사로 재직했거나 해당 상장회사 또는 그 계열회사에서 각각 재직한 기간을 더하면 9년을 초과하여 사외이사로 재직한 자

⑥ 제5항제2호에도 불구하고 다음 각 호의 어느 하나에 해당하는 법인인 기관투자자 및 이에 상당하는 외국금융회사는 제5항에 해당하는 자에서 제외한다. <개정 2016. 5. 31.>

1. 「은행법」에 따른 은행
2. 「한국산업은행법」에 따른 한국산업은행
3. 「중소기업은행법」에 따른 중소기업은행
4. 「한국수출입은행법」에 따른 한국수출입은행
5. 「농업협동조합법」에 따른 농업협동조합중앙회 및 농협은행
6. 「수산업협동조합법」에 따른 수산업협동조합중앙회
7. 「상호저축은행법」에 따른 상호저축은행중앙회 및 상호저축은행
8. 「보험업법」에 따른 보험회사
9. 「여신전문금융업법」에 따른 여신전문금융회사
10. 「신용협동조합법」에 따른 신용협동조합중앙회
11. 「산림조합법」에 따른 산림조합중앙회
12. 「새마을금고법」에 따른 새마을금고중앙회
13. 「한국주택금융공사법」에 따른 한국주택금융공사
14. 「자본시장과 금융투자업에 관한 법률」에 따른 투자매매업자 및 투자중개업자
15. 「자본시장과 금융투자업에 관한 법률」에 따른 종합금융회사
16. 「자본시장과 금융투자업에 관한 법률」에 따른 집합투자업자
17. 「자본시장과 금융투자업에 관한 법률」에 따른 증권금융회사
18. 법률에 따라 설립된 기금을 관리 · 운용하는 법인으로서 다음 각 목의 법인
   가. 「공무원연금법」에 따른 공무원연금공단
   나. 「사립학교교직원 연금법」에 따른 사립학교교직원연금공단
   다. 「국민체육진흥법」에 따른 서울올림픽기념국민체육진흥공단
   라. 「신용보증기금법」에 따른 신용보증기금
   마. 「기술보증기금법」에 따른 기술보증기금
   바. 「무역보험법」에 따른 한국무역보험공사
   사. 「중소기업협동조합법」에 따른 중소기업중앙회
   아. 「문화예술진흥법」에 따른 한국문화예술위원회
19. 법률에 따라 공제사업을 영위하는 법인으로서 다음 각 목의 법인
   가. 「한국교직원공제회법」에 따른 한국교직원공제회
   나. 「군인공제회법」에 따른 군인공제회
   다. 「건설산업기본법」에 따라 설립된 건설공제조합 및 전문건설공제조합
   라. 「전기공사공제조합법」에 따른 전기공사공제조합
   마. 「정보통신공사업법」에 따른 정보통신공제조합
   바. 「대한지방행정공제회법」에 따른 대한지방행정공제회
   사. 「과학기술인공제회법」에 따른 과학기술인공제회

제35조【주요주주 등 이해관계자와의 거래】 ① 법 제542조의9제1항 각 호 외의 부분에서 "대통령령으로 정하는 거래"란 다음 각 호의 어느 하나에 해당하는 거래를 말한다.

1. 담보를 제공하는 거래
2. 어음(「전자어음의 발행 및 유통에 관한 법률」에 따른 전자어음을 포함한다)을 배서(「어음법」 제15조제1항에 따른 담보적 효력이 없는 배서는 제외한다)하는 거래
3. 출자의 이행을 약정하는 거래
4. 법 제542조의9제1항 각 호의 자에 대한 신용공여의 제한(금전·증권 등 경제적 가치가 있는 재산의 대여, 채무이행의 보증, 자금 지원적 성격의 증권 매입, 제1호부터 제3호까지의 어느 하나에 해당하는 거래의 제한을 말한다)을 회피할 목적으로 하는 거래로서 「자본시장과 금융투자업에 관한 법률 시행령」 제38조제1항제4호 각 목의 어느 하나에 해당하는 거래
5. 「자본시장과 금융투자업에 관한 법률 시행령」 제38조제1항제5호에 따른 거래

② 법 제542조의9제2항제1호에서 "대통령령으로 정하는 신용공여"란 학자금, 주택자금 또는 의료비 등 복리후생을 위하여 회사가 정하는 바에 따라 3억원의 범위에서 금전을 대여하는 행위를 말한다.

③ 법 제542조의9제2항제3호에서 "대통령령으로 정하는 신용공여"란 회사의 경영상 목적을 달성하기 위하여 필요한 경우로서 다음 각 호의 자를 상대로 하거나 그를 위하여 적법한 절차에 따라 이행하는 신용공여를 말한다.

1. 법인인 주요주주
2. 법인인 주요주주의 특수관계인 중 회사(자회사를 포함한다)의 출자지분과 해당 법인인 주요주주의 출자지분을 합한 것이 개인인 주요주주의 출자지분과 그의 특수관계인(해당 회사 및 자회사는 제외한다)의 출자지분을 합한 것보다 큰 법인
3. 개인인 주요주주의 특수관계인 중 회사(자회사를 포함한다)의 출자지분과 제1호 및 제2호에 따른 법인의 출자지분을 합한 것이 개인인 주요주주의 출자지분과 그의 특수관계인(해당 회사 및 자회사는 제외한다)의 출자지분을 합한 것보다 큰 법인

④ 법 제542조의9제3항 각 호 외의 부분에서 "대통령령으로 정하는 상장회사"란 최근 사업연도 말 현재의 자산총액이 2조원 이상인 상장회사를 말한다.

⑤ 법 제542조의9제3항 각 호 외의 부분에서 "대통령령으로 정하는 자"란 제34조제4항의 특수관계인을 말한다.

⑥ 법 제542조의9제3항제1호에서 "대통령령으로 정하는 규모"란 자산총액 또는 매출총액을 기준으로 다음 각 호의 구분에 따른 규모를 말한다.

1. 제4항의 회사가 「금융위원회의 설치 등에 관한

법률」 제38조에 따른 검사 대상 기관인 경우: 해당 회사의 최근 사업연도 말 현재의 자산총액의 100분의 1
2. 제4항의 회사가 「금융위원회의 설치 등에 관한 법률」 제38조에 따른 검사 대상 기관이 아닌 경우: 해당 회사의 최근 사업연도 말 현재의 자산총액 또는 매출총액의 100분의 1

⑦ 법 제542조의9제3항제2호에서 "대통령령으로 정하는 규모"란 다음 각 호의 구분에 따른 규모를 말한다.
1. 제4항의 회사가 「금융위원회의 설치 등에 관한 법률」 제38조에 따른 검사 대상 기관인 경우: 해당 회사의 최근 사업연도 말 현재의 자산총액의 100분의 5
2. 제4항의 회사가 「금융위원회의 설치 등에 관한 법률」 제38조에 따른 검사 대상 기관이 아닌 경우: 해당 회사의 최근 사업연도 말 현재의 자산총액 또는 매출총액의 100분의 5

⑧ 법 제542조의9제4항에서 "대통령령으로 정하는 사항"이란 다음 각 호의 사항을 말한다.
1. 거래의 내용, 날짜, 기간 및 조건
2. 해당 사업연도 중 거래상대방과의 거래유형별 총거래금액 및 거래잔액

⑨ 법 제542조의9제5항제1호에서 "대통령령으로 정하는 거래"란 「약관의 규제에 관한 법률」 제2조제1호의 약관에 따라 이루어지는 거래를 말한다.

제36조【상근감사】 ① 법 제542조의10제1항 본문에서 "대통령령으로 정하는 상장회사"란 최근 사업연도 말 현재의 자산총액이 1천억원 이상인 상장회사를 말한다.

② 법 제542조의10제2항제3호에서 "대통령령으로 정하는 자"란 다음 각 호의 어느 하나에 해당하는 자를 말한다.
1. 해당 회사의 상무에 종사하는 이사·집행임원의 배우자 및 직계존속·비속
2. 계열회사의 상무에 종사하는 이사·집행임원 및 피용자이거나 최근 2년 이내에 상무에 종사한 이사·집행임원 및 피용자

제37조【감사위원회】 ① 법 제542조의11제1항에서 "대통령령으로 정하는 상장회사"란 최근 사업연도 말 현재의 자산총액이 2조원 이상인 상장회사를 말한다. 다만, 다음 각 호의 어느 하나에 해당하는 상장회사는 제외한다.
1. 「부동산투자회사법」에 따른 부동산투자회사인 상장회사
2. 「공공기관의 운영에 관한 법률」 및 「공기업의 경영구조 개선 및 민영화에 관한 법률」을 적용받는 상장회사
3. 「채무자 회생 및 파산에 관한 법률」에 따른 회생절차가 개시된 상장회사
4. 유가증권시장 또는 코스닥시장에 주권을 신규로 상장한 상장회사(신규상장 후 최초로 소집되는 정기주주총회 전날까지만 해당한다). 다만, 유가증권시장에 상장된 주권을 발행한 회사로서 감사위원회를 설치하여야 하는 회사가 코스닥시장에 상장된 주권을 발행한 회사로 되는 경우 또는 코스닥시장에 상장된 주권을 발행한 회사로서 감사위원회를 설치하여야 하는 회사가 유가증권시장에 상장된 주권을 발행한 회사로 되는 경우는 제외한다.

② 법 제542조의11제2항제1호에서 "대통령령으로 정하는 회계 또는 재무 전문가"란 다음 각 호의 어느 하나에 해당하는 사람을 말한다. <개정 2012. 2. 29., 2020. 4. 14., 2022. 8. 9.>
1. 공인회계사의 자격을 가진 사람으로서 그 자격과 관련된 업무에 5년 이상 종사한 경력이 있는 사람
2. 회계 또는 재무 분야에서 석사 이상의 학위를 취득한 사람으로서 연구기관 또는 대학에서 회계 또는 재무 관련 분야의 연구원이나 조교수 이상으로 근무한 경력(학위 취득 전의 경력을 포함한다)이 합산하여 5년 이상인 사람
3. 상장회사에서 회계 또는 재무 관련 업무에 합산하여 임원으로 근무한 경력이 5년 이상 또는 임직원으로 근무한 경력이 10년 이상인 사람
4. 「금융회사의 지배구조에 관한 법률 시행령」 제16조제1항제4호·제5호의 기관 또는 「한국은행법」에 따른 한국은행에서 회계 또는 재무 관련 업무나 이에 대한 감독 업무에 근무한 경력이 합산하여 5년 이상인 사람
5. 「금융회사의 지배구조에 관한 법률 시행령」 제16조제1항제6호에 따라 금융위원회가 정하여 고시하는 자격을 갖춘 사람

제38조【감사 등 선임·해임 시의 의결권 제한】 ① 법 제542조의12제4항에서 "대통령령으로 정하는 자"란 다음 각 호의 어느 하나에 해당하는 자를 말한다. <개정 2021. 2. 1.>
1. 최대주주 또는 그 특수관계인의 계산으로 주식을 보유하는 자
2. 최대주주 또는 그 특수관계인에게 의결권(의결권의 행사를 지시할 수 있는 권한을 포함한다)을 위임한 자(해당 위임분만 해당한다)

② 법 제542조의12제7항 후단에서 "대통령령으로 정하는 자"란 제1항 각 호의 어느 하나에 해당하는 자를 말한다. <개정 2021. 2. 1.>

제39조【준법통제기준 및 준법지원인 제도의 적용범위】 법 제542조의13제1항에서 "대통령령으로 정하는 상장회사"란 최근 사업연도 말 현재의 자산총액이 5천억원 이상인 회사를 말한다. 다만, 다른 법률에 따라 내부통제기준 및 준법감시인을 두어야 하는 상장회사는 제외한다.

제40조【준법통제기준 등】 ① 법 제542조의13제1항에 따른 준법통제기준(이하 "준법통제기준"이라 한다)에는 다음 각 호의 사항이 포함되어야 한다.
1. 준법통제기준의 제정 및 변경의 절차에 관한 사항
2. 법 제542조의13제2항에 따른 준법지원인(이하 "준법지원인"이라 한다)의 임면절차에 관한 사항
3. 준법지원인의 독립적 직무수행의 보장에 관한

사항
4. 임직원이 업무수행과정에서 준수해야 할 법규 및 법적 절차에 관한 사항
5. 임직원에 대한 준법통제기준 교육에 관한 사항
6. 임직원의 준법통제기준 준수 여부를 확인할 수 있는 절차 및 방법에 관한 사항
7. 준법통제기준을 위반하여 업무를 집행한 임직원의 처리에 관한 사항
8. 준법통제에 필요한 정보가 준법지원인에게 전달될 수 있도록 하는 방법에 관한 사항
9. 준법통제기준의 유효성 평가에 관한 사항

② 준법통제기준을 정하거나 변경하는 경우에는 이사회의 결의를 거쳐야 한다.

제41조【준법지원인 자격요건 등】 법 제542조의13제5항제3호에서 "대통령령으로 정하는 사람"이란 다음 각 호의 어느 하나에 해당하는 사람을 말한다. <개정 2022. 8. 9.>
1. 상장회사에서 감사 · 감사위원 · 준법감시인 또는 이와 관련된 법무부서에서 근무한 경력이 합산하여 10년 이상인 사람
2. 법률학 석사 이상의 학위를 취득한 사람으로서 상장회사에서 감사 · 감사위원 · 준법감시인 또는 이와 관련된 법무부서에서 근무한 경력(학위 취득 전의 경력을 포함한다)이 합산하여 5년 이상인 사람

제42조【준법지원인의 영업 업무 제한】 준법지원인은 자신의 업무수행에 영향을 줄 수 있는 영업 관련 업무를 담당해서는 아니 된다.

제43조【대차대조표에 상당하는 것의 범위】 법 제616조의2제1항에서 "대통령령으로 정하는 것"이란 복식부기의 원리에 의하여 해당 회사의 재무상태를 명확히 하기 위하여 회계연도 말 현재의 모든 자산·부채 및 자본의 현황을 표시한 서류로서 대차대조표에 상당하는 형식을 갖춘 것을 말한다.

제44조【과태료의 부과·징수 절차】 ① 법무부장관은 법 제637조의2에 따라 과태료를 부과할 때에는 해당 위반행위를 조사·확인한 후 위반사실, 과태료 금액, 이의제기방법, 이의제기기간 등을 구체적으로 밝혀 과태료를 낼 것을 과태료 처분 대상자에게 서면으로 통지하여야 한다.

② 법무부장관은 제1항에 따라 과태료를 부과하려는 경우에는 10일 이상의 기간을 정하여 과태료 처분 대상자에게 말 또는 서면(전자문서를 포함한다)으로 의견을 진술할 기회를 주어야 한다. 이 경우 지정된 기일까지 의견을 진술하지 아니하면 의견이 없는 것으로 본다.

③ 법무부장관은 과태료 금액을 정하는 경우 해당 위반행위의 동기와 그 결과, 위반기간 및 위반 정도 등을 고려하여야 한다.

④ 과태료는 국고금 관리법령의 수입금 징수에 관한 절차에 따라 징수한다. 이 경우 납입고지서에는 이의제기방법 및 이의제기기간 등을 함께 적어야 한다.

제3편의2 보 험

제44조의2【타인의 생명보험】 법 제731조제1항에 따른 본인 확인 및 위조·변조 방지에 대한 신뢰성을 갖춘 전자문서는 다음 각 호의 요건을 모두 갖춘 전자문서로 한다.
1. 전자문서에 보험금 지급사유, 보험금액, 보험계약자와 보험수익자의 신원, 보험기간이 적혀 있을 것
2. 전자문서에 법 제731조제1항에 따른 전자서명(이하 "전자서명"이라 한다)을 하기 전에 전자서명을 할 사람을 직접 만나서 전자서명을 하는 사람이 보험계약에 동의하는 본인임을 확인하는 절차를 거쳐 작성될 것
3. 전자문서에 전자서명을 한 후에 그 전자서명을 한 사람이 보험계약에 동의한 본인임을 확인할 수 있도록 지문정보를 이용하는 등 법무부장관이 고시하는 요건을 갖추어 작성될 것
4. 전자문서 및 전자서명의 위조·변조 여부를 확인할 수 있을 것

<본조신설 2018.10.30.>

제4편 해 상

제45조【해상편 규정의 적용이 제외되는 선박의 범위】 법 제741조제1항 단서에서 "대통령령으로 정하는 경우"란 다음 각 호의 어느 하나에 해당하는 국유 또는 공유의 선박인 경우를 말한다.
1. 군함, 경찰용 선박
2. 어업지도선, 밀수감시선
3. 그 밖에 영리행위에 사용되지 아니하는 선박으로서 비상용·인명구조용 선박 등 사실상 공용(公用)으로 사용되는 선박

제46조【연안항행구역의 범위】 법 제872조제2항 단서에 따라 공동해손의 경우 분담 등에 특례가 인정되는 연안항행구역의 범위는 전라남도 영광군 불갑천구 북안에서 같은 군 가음도, 신안군 재원도·비금도·신도, 진도군 가사도·진도, 완도군 보길도·자지도·청산도, 여수시 초도·소리도와 경상남도 거제시 거제도 및 부산광역시 영도를 거쳐 같은 광역시 승두말에 이르는 선 안의 해면으로 한다.

제5편 항공운송

제47조【초경량 비행장치의 범위】 법 제896조 단서에서 "대통령령으로 정하는 초경량 비행장치"란 「항공안전법」 제2조제3호에 따른 초경량비행장치를 말한다. <개정 2017.3.29.>

제48조【항공운송편 규정의 준용이 제외되는 항공기의 범위】 법 제897조 단서에서 "대통령령으로 정하는 경우"란 다음 각 호의 어느 하나에 해당하는 국유 또는 공유의 항공기인 경우를 말한다. <개정 2017.3.29.>
1. 군용·경찰용·세관용 항공기
2. 「항공안전법」 제2조제1호 각 목의 용도로 사용

되는 항공기
3. 그 밖에 영리행위에 사용되지 아니하는 항공기로서 비상용·인명구조용 항공기 등 사실상 공용(公用)으로 사용되는 항공기

제49조【항공기사고로 인한 선급금의 지급액 등】 ① 법 제906조제1항 전단에 따라 운송인이 지급하여야 하는 선급금은 다음 각 호의 구분에 따른 금액으로 한다.
1. 여객이 사망한 경우: 1인당 1만6천계산단위의 금액
2. 여객이 신체에 상해를 입은 경우: 1인당 8천계산단위의 금액 범위에서 진찰·검사, 약제·치료재료의 지급, 처치·수술 및 그 밖의 치료, 예방·재활, 입원, 간호, 이송 등 명칭에 상관없이 그 상해의 치료에 드는 비용 중 법 제906조제1항에 따른 손해배상청구권자(이하 이 조에서 "손해배상청구권자"라 한다) 또는 「민법」에 따라 부양할 의무가 있는 사람이 실제 부담한 금액

② 법 제906조제1항 전단에 따라 손해배상청구권자가 선급금을 청구할 때에는 운송인에 대하여 선급금을 청구한다는 취지와 청구금액을 분명히 밝힌 서면 또는 전자문서에 다음 각 호의 서류를 첨부하여 청구하여야 한다.
1. 가족관계등록부 또는 그 밖에 법률에 따른 권한이 있는 청구권자임을 증명할 수 있는 서류
2. 여객이 신체에 상해를 입은 경우에는 그 상해의 치료에 드는 비용을 실제 부담하였음을 증명할 수 있는 서류

부 칙 <대통령령 제23720호, 2012. 4. 10.>

제1조 (시행일) 이 영은 2012년 4월 15일부터 시행한다.
제2조 ~ 제7조 생략
제8조 (다른 법령의 개정) 해당 법령에 정리
제9조 생략

부 칙 <중략>

부 칙 <대통령령 제32881호, 2022. 8. 23.>

제1조 (시행일) 이 영은 공포한 날부터 시행한다.
제2조 및 제3조 생략
제4조(다른 법령의 개정) ①부터 ⑨까지 생략
⑩ 상법 시행령 일부를 다음과 같이 개정한다.
제34조제3항제18호를 다음과 같이 한다.
18. 「벤처투자 촉진에 관한 법률」
⑪ 및 ⑫ 생략

어음법

[1962년 1월 20일
법 률 제1001호]

개정
1995.12. 6법5009호
2007. 5.17법8441호
2010. 3.31법10198호

제1편 환어음

<본편개정 2010.3.31>

제1장 환어음의 발행과 방식

제1조【어음의 요건】 환어음(환어음)에는 다음 각 호의 사항을 적어야 한다.
1. 증권의 본문 중에 그 증권을 작성할 때 사용하는 국어로 환어음임을 표시하는 글자
2. 조건 없이 일정한 금액을 지급할 것을 위탁하는 뜻
3. 지급인의 명칭
4. 만기(滿期)
5. 지급지(支給地)
6. 지급받을 자 또는 지급받을 자를 지시할 자의 명칭
7. 발행일과 발행지(發行地)
8. 발행인의 기명날인(記名捺印) 또는 서명
<전문개정 2010.3.31>

제2조【어음 요건의 흠】 제1조 각 호의 사항을 적지 아니한 증권은 환어음의 효력이 없다. 그러나 다음 각 호의 경우에는 그러하지 아니하다.
1. 만기가 적혀 있지 아니한 경우: 일람출급(一覽出給)의 환어음으로 본다.
2. 지급지가 적혀 있지 아니한 경우: 지급인의 명칭에 부기(附記)한 지(地)를 지급지 및 지급인의 주소지로 본다.
3. 발행지가 적혀 있지 아니한 경우: 발행인의 명칭에 부기한 지(地)를 발행지로 본다.
<전문개정 2010.3.31>

제3조【자기지시어음, 자기앞어음, 위탁어음】 ① 환어음은 발행인 자신을 지급받을 자로 하여 발행할 수 있다.
② 환어음은 발행인 자신을 지급인으로 하여 발행할 수 있다.
③ 환어음은 제3자의 계산으로 발행할 수 있다.
<전문개정 2010.3.31>

제4조【제3자방 지급의 기재】 환어음은 지급인의 주소지에 있든 다른 지(地)에 있든 관계없이 제3자방(제삼자방)에서 지급하는 것으로 할 수 있다.
<전문개정 2010.3.31>

제5조【이자의 약정】 ① 일람출급 또는 일람 후 정기출급의 환어음에는 발행인이 어음금액에 이자가 붙는다는 약정 내용을 적을 수 있다. 그 밖의 환어음에는 이자의 약정을 적어도 이를 적지 아니한 것으로 본다.
② 이율은 어음에 적어야 한다. 이율이 적혀 있지 아니하면 이자를 약정한다는 내용이 적혀 있더라도 이자를 약정하지 아니한 것으로 본다.
③ 특정한 날짜가 적혀 있지 아니한 경우에는 어음을 발행한 날부터 이자를 계산한다.
<전문개정 2010.3.31>

제6조【어음금액의 기재에 차이가 있는 경우】 ① 환어음의 금액을 글자와 숫자로 적은 경우에 그 금액에 차이가 있으면 글자로 적은 금액을 어음금액으로 한다.
② 환어음의 금액을 글자 또는 숫자로 중복하여 적은 경우에 그 금액에 차이가 있으면 최소금액을 어음금액으로 한다.
<전문개정 2010.3.31>

제7조【어음채무의 독립성】 환어음에 다음 각 호의 어느 하나에 해당하는 기명날인 또는 서명이 있는 경우에도 다른 기명날인 또는 서명을 한 자의 채무는 그 효력에 영향을 받지 아니한다.
1. 어음채무를 부담할 능력이 없는 자의 기명날인 또는 서명
2. 위조된 기명날인 또는 서명
3. 가공인물의 기명날인 또는 서명
4. 그 밖의 사유로 환어음에 기명날인 또는 서명을 한 자나 그 본인에게 의무를 부담하게 할 수 없는 기명날인 또는 서명
<전문개정 2010.3.31>

제8조【어음행위의 무권대리】 대리권 없이 타인의 대리인으로 환어음에 기명날인하거나 서명한 자는 그 어음에 의하여 의무를 부담한다. 그 자가 어음금액을 지급한 경우에는 본인과 같은 권리를 가진다. 권한을 초과한 대리인의 경우도 같다.
<전문개정 2010.3.31>

제9조【발행인의 책임】 ① 발행인은 어음의 인수(引受)와 지급을 담보한다.
② 발행인은 인수를 담보하지 아니한다는 내용을 어음에 적을 수 있다. 발행인이 지급을 담보하지 아니한다는 뜻의 모든 문구는 적지 아니한 것으로 본다.
<전문개정 2010.3.31>

제10조【백지어음】 미완성으로 발행한 환어음에 미리 합의한 사항과 다른 내용을 보충한 경우에는 그 합의의 위반을 이유로 소지인에게 대항하지 못한다. 그러나 소지인이 악의 또는 중대한 과실로 인하여 환어음을 취득한 경우에는 그러하지 아니하다.
<전문개정 2010.3.31>

제2장 배 서

제11조【당연한 지시증권성】 ① 환어음은 지시식(指示式)으로 발행하지 아니한 경우에도 배서(背書)에 의하여 양도할 수 있다.
② 발행인이 환어음에 "지시 금지"라는 글자 또는 이와 같은 뜻이 있는 문구를 적은 경우에는 그 어음은 지명채권의 양도 방식으로만, 그리고 그 효력으로써만 양도할 수 있다.
③ 배서는 다음 각 호의 자에 대하여 할 수 있으며, 다음 각 호의 자는 다시 어음에 배서할 수 있다.
1. 어음을 인수한 지급인
2. 어음을 인수하지 아니한 지급인
3. 어음의 발행인
4. 그 밖의 어음채무자
<전문개정 2010.3.31>

제12조【배서의 요건】 ① 배서에는 조건을 붙여서는 아니 된다. 배서에 붙인 조건은 적지 아니한 것으로 본다.
② 일부의 배서는 무효로 한다.
③ 소지인에게 지급하라는 소지인출급의 배서는 백지식(白地式) 배서와 같은 효력이 있다.
<전문개정 2010.3.31>

제13조【배서의 방식】 ① 배서는 환어음이나 이에 결합한 보충지[보전]에 적고 배서인이 기명날인하거나 서명하여야 한다.
② 배서는 피배서인(被背書人)을 지명하지 아니하고 할 수 있으며 배서인의 기명날인 또는 서명만으로도 할 수 있다(백지식 배서). 배서인의 기명날인 또는 서명만으로 하는 백지식 배서는 환어음의 뒷면이나 보충지에 하지 아니하면 효력이 없다.
<전문개정 2010.3.31>

제14조【배서의 권리 이전적 효력】 ① 배서는 환어음으로부터 생기는 모든 권리를 이전(移轉)한다.
② 배서가 백지식인 경우에 소지인은 다음 각 호의 행위를 할 수 있다.
1. 자기의 명칭 또는 타인의 명칭으로 백지(白地)를 보충하는 행위
2. 백지식으로 또는 타인을 표시하여 다시 어음에 배서하는 행위
3. 백지를 보충하지 아니하고 또 배서도 하지 아니하고 어음을 교부만으로 제3자에게 양도하는 행위
<전문개정 2010.3.31>

제15조【배서의 담보적 효력】 ① 배서인은 반대의 문구가 없으면 인수와 지급을 담보한다.
② 배서인은 자기의 배서 이후에 새로 하는 배서를 금지할 수 있다. 이 경우 그 배서인은 어음의 그 후의 피배서인에 대하여 담보의 책임을 지지 아니한다.
<전문개정 2010.3.31>

제16조【배서의 자격 수여적 효력 및 어음의 선의취득】 ① 환어음의 점유자가 배서의 연속에 의하여 그 권리를 증명할 때에는 그를 적법한 소지인으로 추정(推定)한다. 최후의 배서가 백지식인 경우에도 같다. 말소한 배서는 배서의 연속에 관하여는 배서를 하지 아니한 것으로 본다. 백지식 배서의 다음에 다른 배서가 있는 경우에는 그 배서를 한 자는 백지식 배서에 의하여 어음을 취득한 것으로 본다.
② 어떤 사유로든 환어음의 점유를 잃은 자가 있는 경우에 그 어음의 소지인이 제1항에 따라 그 권리를 증명할 때에는 그 어음을 반환할 의무가 없다. 그러나 소지인이 악의 또는 중대한 과실로 인하여 어음을 취득한 경우에는 그러하지 아니하다.
<전문개정 2010.3.31>

제17조【인적 항변의 절단】 환어음에 의하여 청구를 받은 자는 발행인 또는 종전의 소지인에 대한 인적 관계로 인한 항변(抗辯)으로써 소지인에게 대항하지 못한다. 그러나 소지인이 그 채무자를 해할 것을 알고 어음을 취득한 경우에는 그러하지 아니하다.
<전문개정 2010.3.31>

제18조【추심위임배서】 ① 배서한 내용 중 다음 각 호의 어느 하나에 해당하는 문구가 있으면 소지인은 환어음으로부터 생기는 모든 권리를 행사할 수 있다. 그러나 소지인은 대리(代理)를 위한 배서만을 할 수 있다.
1. 회수하기 위하여
2. 추심(推尋)하기 위하여
3. 대리를 위하여
4. 그 밖에 단순히 대리권을 준다는 내용의 문구
② 제1항의 경우에는 어음의 채무자는 배서인에게 대항할 수 있는 항변으로써만 소지인에게 대항할 수 있다.
③ 대리를 위한 배서에 의하여 주어진 대리권은 그 대리권을 준 자가 사망하거나 무능력자가 되더라

도 소멸하지 아니한다.
<전문개정 2010.3.31>

제19조【입질배서】 ① 배서한 내용 중 다음 각 호의 어느 하나에 해당하는 문구가 있으면 소지인은 환어음으로부터 생기는 모든 권리를 행사할 수 있다. 그러나 소지인이 한 배서는 대리를 위한 배서의 효력만 있다.
1. 담보하기 위하여
2. 입질(入質)하기 위하여
3. 그 밖에 질권(質權) 설정을 표시하는 문구
② 제1항의 경우 어음채무자는 배서인에 대한 인적 관계로 인한 항변으로써 소지인에게 대항하지 못한다. 그러나 소지인이 그 채무자를 해할 것을 알고 어음을 취득한 경우에는 그러하지 아니하다.
<전문개정 2010.3.31>

제20조【기한 후 배서】 ① 만기 후의 배서는 만기 전의 배서와 같은 효력이 있다. 그러나 지급거절증서가 작성된 후에 한 배서 또는 지급거절증서 작성기간이 지난 후에 한 배서는 지명채권 양도의 효력만 있다.
② 날짜를 적지 아니한 배서는 지급거절증서 작성기간이 지나기 전에 한 것으로 추정한다.
<전문개정 2010.3.31>

제3장 인 수

제21조【인수 제시의 자유】 환어음의 소지인 또는 단순한 점유자는 만기에 이르기까지 인수를 위하여 지급인에게 그 주소에서 어음을 제시할 수 있다.
<전문개정 2010.3.31>

제22조【인수 제시의 명령 및 금지】 ① 발행인은 환어음에 기간을 정하거나 정하지 아니하고, 인수를 위하여 어음을 제시하여야 한다는 내용을 적을 수 있다.
② 발행인은 인수를 위한 어음의 제시를 금지한다는 내용을 어음에 적을 수 있다. 그러나 어음이 제3자방에서 또는 지급인의 주소지가 아닌 지(地)에서 지급하여야 하는 것이거나 일람 후 정기출급 어음인 경우에는 그러하지 아니하다.
③ 발행인은 일정한 기일(期日) 전에는 인수를 위한 어음의 제시를 금지한다는 내용을 적을 수 있다.
④ 각 배서인은 기간을 정하거나 정하지 아니하고, 인수를 위하여 어음을 제시하여야 한다는 내용을 적을 수 있다. 그러나 발행인이 인수를 위한 어음의 제시를 금지한 경우에는 그러하지 아니하다.
<전문개정 2010.3.31>

제23조【일람 후 정기출급 어음의 제시기간】 ① 일람 후 정기출급의 환어음은 그 발행한 날부터 1년 내에 인수를 위한 제시를 하여야 한다.
② 발행인은 제1항의 기간을 단축하거나 연장할 수 있다.
③ 배서인은 제1항 및 제2항의 기간을 단축할 수 있다.
<전문개정 2010.3.31>

제24조【유예기간】 ① 지급인은 첫 번째 제시일의 다음 날에 두 번째 제시를 할 것을 청구할 수 있다. 이해관계인은 이 청구가 거절증서에 적혀 있는 경우에만 그 청구에 응한 두 번째 제시가 없었음을 주장할 수 있다.
② 소지인은 인수를 위하여 제시한 어음을 지급인에게 교부할 필요가 없다.
<전문개정 2010.3.31>

제25조【인수의 방식】 ① 인수는 환어음에 적어야 하며, "인수" 또는 그 밖에 이와 같은 뜻이 있는 글자로 표시하고 지급인이 기명날인하거나 서명하여야 한다. 어음의 앞면에 지급인의 단순한 기명날인 또는 서명이 있으면 인수로 본다.
② 일람 후 정기출급의 어음 또는 특별한 기재에 의하여 일정한 기간 내에 인수를 위한 제시를 하여야 하는 어음의 경우에는 소지인이 제시한 날짜를 기재할 것을 청구한 경우가 아니면 인수에는 인수한 날짜를 적어야 한다. 날짜가 적혀 있지 아니한 경우 소지인은 배서인과 발행인에 대한 상환청구권(償還請求權)을 보전(保全)하기 위하여는 적법한 시기에 작성시킨 거절증서로써 그 기재가 없었음을 증명하여야 한다.
<전문개정 2010.3.31>

제26조【부단순인수】 ① 인수는 조건 없이 하여야 한다. 그러나 지급인은 어음금액의 일부만을 인수할 수 있다.
② 환어음의 다른 기재사항을 변경하여 인수하였을 때에는 인수를 거절한 것으로 본다. 그러나 인수인은 그 인수 문구에 따라 책임을 진다.
<전문개정 2010.3.31>

제27조【제3자방 지급의 기재】 ① 발행인이 지급인의 주소지와 다른 지급지를 환어음에 적은 경우에 제3자방에서 지급한다는 내용을 적지 아니하였으면 지급인은 인수를 함에 있어 그 제3자를 정할 수 있다. 그에 관하여 적은 내용이 없으면 인수인은 지급지에서 직접 지급할 의무를 부담한 것으로 본다.
② 지급인의 주소에서 지급될 어음의 경우 지급인은 인수를 함에 있어 지급지 내에 위치한 지급장소를 정할 수 있다.
<전문개정 2010.3.31>

제28조【인수의 효력】 ① 지급인은 인수를 함으로써 만기에 환어음을 지급할 의무를 부담한다.
② 지급을 받지 못한 경우에 소지인은 제48조와 제49조에 따라 청구할 수 있는 모든 금액에 관하여 인수인에 대하여 환어음으로부터 생기는 직접청구권을 가진다. 소지인이 발행인인 경우에도 같다.
<전문개정 2010.3.31>

제29조【인수의 말소】 ① 환어음에 인수를 기재한 지급인이 그 어음을 반환하기 전에 인수의 기재를 말소한 경우에는 인수를 거절한 것으로 본다. 말소는 어음의 반환 전에 한 것으로 추정한다.
② 제1항에도 불구하고 지급인이 소지인이나 어음

에 기명날인 또는 서명을 한 자에게 서면으로 인수를 통지한 경우에는 그 상대방에 대하여 인수의 문구에 따라 책임을 진다.
<전문개정 2010.3.31>

제4장 보 증

제30조【보증의 가능】 ① 환어음은 보증에 의하여 그 금액의 전부 또는 일부의 지급을 담보할 수 있다.
② 제3자는 제1항의 보증을 할 수 있다. 어음에 기명날인하거나 서명한 자도 같다.
<전문개정 2010.3.31>

제31조【보증의 방식】 ① 보증의 표시는 환어음 또는 보충지에 하여야 한다.
② 보증을 할 때에는 "보증" 또는 이와 같은 뜻이 있는 문구를 표시하고 보증인이 기명날인하거나 서명하여야 한다.
③ 환어음의 앞면에 단순한 기명날인 또는 서명이 있는 경우에는 보증을 한 것으로 본다. 그러나 지급인 또는 발행인의 기명날인 또는 서명의 경우에는 그러하지 아니하다.
④ 보증에는 누구를 위하여 한 것임을 표시하여야 한다. 그 표시가 없는 경우에는 발행인을 위하여 보증한 것으로 본다.
<전문개정 2010.3.31>

제32조【보증의 효력】 ① 보증인은 보증된 자와 같은 책임을 진다.
② 보증은 담보된 채무가 그 방식에 흠이 있는 경우 외에는 어떠한 사유로 무효가 되더라도 그 효력을 가진다.
③ 보증인이 환어음의 지급을 하면 보증된 자와 그 자의 어음상의 채무자에 대하여 어음으로부터 생기는 권리를 취득한다.
<전문개정 2010.3.31>

제5장 만 기

제33조【만기의 종류】 ① 환어음은 다음 각 호의 어느 하나로 발행할 수 있다.
1. 일람출급
2. 일람 후 정기출급
3. 발행일자 후 정기출급
4. 확정일출급

② 제1항 외의 만기 또는 분할 출급의 환어음은 무효로 한다.
<전문개정 2010.3.31>

제34조【일람출급 어음의 만기】 ① 일람출급의 환어음은 제시된 때를 만기로 한다. 이 어음은 발행일부터 1년 내에 지급을 받기 위한 제시를 하여야 한다. 발행인은 이 기간을 단축하거나 연장할 수 있고 배서인은 그 기간을 단축할 수 있다.
② 발행인은 일정한 기일 전에는 일람출급의 환어음의 지급을 받기 위한 제시를 금지한다는 내용을 적을 수 있다. 이 경우 제시기간은 그 기일부터 시작한다.
<전문개정 2010.3.31>

제35조【일람 후 정기출급 어음의 만기】 ① 일람 후 정기출급의 환어음 만기는 인수한 날짜 또는 거절증서의 날짜에 따라 정한다.
② 인수일이 적혀 있지 아니하고 거절증서도 작성되지 아니한 경우에 인수인에 대한 관계에서는 인수제시기간의 말일에 인수한 것으로 본다.
<전문개정 2010.3.31>

제36조【만기일의 결정 및 기간의 계산】 ① 발행일자 후 또는 일람 후 1개월 또는 수개월이 될 때 지급할 환어음은 지급할 달의 대응일(對應日)을 만기로 한다. 대응일이 없는 경우에는 그 달의 말일을 만기로 한다.
② 발행일자 후 또는 일람 후 1개월 반 또는 수개월 반이 될 때 지급할 환어음은 먼저 전월(全月)을 계산한다.
③ 월초, 월중 또는 월말로 만기를 표시한 경우에는 그 달의 1일, 15일 또는 말일을 말한다.
④ "8일" 또는 "15일"이란 1주 또는 2주가 아닌 만 8일 또는 만 15일을 말한다.
⑤ "반월(半月)"이란 만 15일을 말한다.
<전문개정 2010.3.31>

제37조【만기 결정의 표준이 되는 세력】 ① 발행지와 세력(歲曆)을 달리하는 지(地)에서 확정일에 지급할 환어음의 만기일은 지급지의 세력에 따라 정한 것으로 본다.
② 세력을 달리하는 두 지(地) 간에 발행한 발행일자 후 정기출급 환어음은 발행일을 지급지 세력의 대응일로 환산하고 이에 따라 만기를 정한다.
③ 환어음의 제시기간은 제2항에 따라 계산한다.
④ 제1항부터 제3항까지의 규정은 환어음의 문구나 그 밖의 기재사항에 의하여 다른 의사를 알 수 있는 경우에는 적용하지 아니한다.
<전문개정 2010.3.31>

제6장 지 급

제38조【지급 제시의 필요】 ① 확정일출급, 발행일자 후 정기출급 또는 일람 후 정기출급의 환어음 소지인은 지급을 할 날 또는 그날 이후의 2거래일 내에 지급을 받기 위한 제시를 하여야 한다.
② 어음교환소에서 한 환어음의 제시는 지급을 받기 위한 제시로서의 효력이 있다.
③ 소지인으로부터 환어음의 추심을 위임받은 금융기관(이하 이 장에서 "제시금융기관"이라 한다)이 그 환어음의 기재사항을 정보처리시스템에 의하여 전자적 정보의 형태로 작성한 후 그 정보를 어음교환소에 송신하여 그 어음교환소의 정보처리시스템에 입력되었을 때에는 제2항에 따른 지급을 받기 위한 제시가 이루어진 것으로 본다.
<전문개정 2010.3.31>

제39조【상환증권성 및 일부지급】 ① 환어음의 지급인은 지급을 할 때에 소지인에게 그 어음에 영수(領受)를 증명하는 뜻을 적어서 교부할 것을 청구할 수 있다.
② 소지인은 일부지급을 거절하지 못한다.
③ 일부지급의 경우 지급인은 소지인에게 그 지급 사실을 어음에 적고 영수증을 교부할 것을 청구할 수 있다.
<전문개정 2010.3.31>

제40조【지급의 시기 및 지급인의 조사의무】 ① 환어음의 소지인은 만기 전에는 지급을 받을 의무가 없다.
② 만기 전에 지급을 하는 지급인은 자기의 위험부담으로 하는 것으로 한다.
③ 만기에 지급하는 지급인은 사기 또는 중대한 과실이 없으면 그 책임을 면한다. 이 경우 지급인은 배서의 연속이 제대로 되어 있는지를 조사할 의무가 있으나 배서인의 기명날인 또는 서명을 조사할 의무는 없다.
④ 제38조제3항에 따른 지급 제시의 경우 지급인 또는 지급인으로부터 지급을 위임받은 금융기관은 제3항 후단에 따른 배서의 연속이 제대로 되어 있는지에 대한 조사를 제시금융기관에 위임할 수 있다.
<전문개정 2010.3.31>

제41조【지급할 화폐】 ① 지급지의 통화(通貨)가 아닌 통화로 지급한다는 내용이 기재된 환어음은 만기일의 가격에 따라 지급지의 통화로 지급할 수 있다. 어음채무자가 지급을 지체한 경우 소지인은 그 선택에 따라 만기일 또는 지급하는 날의 환시세(換時勢)에 따라 지급지의 통화로 어음금액을 지급할 것을 청구할 수 있다.
② 외국통화의 가격은 지급지의 관습에 따라 정한다. 그러나 발행인은 어음에서 정한 환산율에 따라 지급금액을 계산한다는 뜻을 어음에 적을 수 있다.
③ 제1항 및 제2항은 발행인이 특정한 종류의 통화로 지급한다는 뜻(외국통화 현실지급 문구)을 적은 경우에는 적용하지 아니한다.
④ 발행국과 지급국에서 명칭은 같으나 가치가 다른 통화로써 환어음의 금액을 정한 경우에는 지급지의 통화로 정한 것으로 추정한다.
<전문개정 2010.3.31>

제42조【어음금액의 공탁】 제38조에 따른 기간 내에 환어음의 지급을 받기 위한 제시가 없으면 각 어음채무자는 소지인의 비용과 위험부담으로 어음금액을 관할 관서에 공탁(供託)할 수 있다.
<전문개정 2010.3.31>

제7장 인수거절 또는 지급거절로 인한 상환청구

제43조【상환청구의 실질적 요건】 만기에 지급이 되지 아니한 경우 소지인은 배서인, 발행인, 그 밖의 어음채무자에 대하여 상환청구권(償還請求權)을 행사할 수 있다. 다음 각 호의 어느 하나에 해당하는 경우에는 만기 전에도 상환청구권을 행사할 수 있다.
1. 인수의 전부 또는 일부의 거절이 있는 경우
2. 지급인의 인수 여부와 관계없이 지급인이 파산한 경우, 그 지급이 정지된 경우 또는 그 재산에 대한 강제집행이 주효(奏效)하지 아니한 경우
3. 인수를 위한 어음의 제시를 금지한 어음의 발행인이 파산한 경우
<전문개정 2010.3.31>

제44조【상환청구의 형식적 요건】 ① 인수 또는 지급의 거절은 공정증서(인수거절증서 또는 지급거절증서)로 증명하여야 한다.
② 인수거절증서는 인수를 위한 제시기간 내에 작성시켜야 한다. 다만, 기간의 말일에 제24조제1항에 따른 제시가 있으면 그 다음 날에도 거절증서를 작성시킬 수 있다.
③ 확정일출급, 발행일자 후 정기출급 또는 일람후 정기출급 환어음의 지급거절증서는 지급을 할 날 이후의 2거래일 내에 작성시켜야 한다. 일람출급 어음의 지급거절증서는 인수거절증서 작성에 관한 제2항에 따라 작성시켜야 한다.
④ 인수거절증서가 작성되었을 때에는 지급을 받기 위한 제시와 지급거절증서의 작성이 필요하지 아니하다.
⑤ 지급인의 인수 여부와 관계없이 지급인이 지급을 정지한 경우 또는 그 재산에 대한 강제집행이 주효하지 아니한 경우 소지인은 지급인에 대하여 지급을 받기 위한 제시를 하고 거절증서를 작성시킨 후가 아니면 상환청구권을 행사하지 못한다.
⑥ 지급인의 인수 여부와 관계없이 지급인이 파산선고를 받은 경우 또는 인수를 위한 제시를 금지한 어음의 발행인이 파산선고를 받은 경우에 소지인이 상환청구권을 행사할 때에는 파산결정서를 제시하면 된다.
<전문개정 2010.3.31>

제45조【인수거절 및 지급거절의 통지】 ① 소지인은 다음 각 호의 어느 하나에 해당하는 날 이후의 4거래일 내에 자기의 배서인과 발행인에게 인수거절 또는 지급거절이 있었음을 통지하여야 하고, 각 배서인은 그 통지를 받은 날 이후 2거래일 내에 전(前) 통지자 전원의 명칭과 처소(處所)를 표시하고 자기가 받은 통지를 자기의 배서인에게 통지하여 차례로 발행인에게 미치게 하여야 한다. 이 기간은 각 통지를 받은 때부터 진행한다.
1. 거절증서 작성일
2. 무비용상환(無費用償還)의 문구가 적혀 있는 경우에는 어음 제시일
② 제1항에 따라 환어음에 기명날인하거나 서명한 자에게 통지할 때에는 같은 기간 내에 그 보증인에게도 같은 통지를 하여야 한다.
③ 배서인이 그 처소를 적지 아니하거나 그 기재가 분명하지 아니한 경우에는 그 배서인의 직전(直前)의 자에게 통지하면 된다.
④ 통지를 하여야 하는 자는 어떠한 방법으로도 할

수 있다. 단순히 어음을 반환하는 것으로도 통지할 수 있다.
⑤ 통지를 하여야 하는 자는 적법한 기간 내에 통지를 하였음을 증명하여야 한다. 이 기간 내에 통지서를 우편으로 부친 경우에는 그 기간을 준수한 것으로 본다.
⑥ 제5항의 기간 내에 통지를 하지 아니한 자도 상환청구권을 잃지 아니한다. 그러나 과실로 인하여 손해가 생긴 경우에는 환어음금액의 한도 내에서 배상할 책임을 진다.
<전문개정 2010.3.31>

제46조【거절증서 작성 면제】 ① 발행인, 배서인 또는 보증인은 다음 각 호의 어느 하나에 해당하는 문구를 환어음에 적고 기명날인하거나 서명함으로써 소지인의 상환청구권 행사를 위한 인수거절증서 또는 지급거절증서의 작성을 면제할 수 있다.
1. 무비용상환
2. 거절증서 불필요
3. 제1호 및 제2호와 같은 뜻을 가진 문구
② 제1항 각 호의 문구가 있더라도 소지인의 법정기간 내 어음의 제시 및 통지 의무가 면제되는 것은 아니다. 법정기간을 준수하지 아니하였음은 소지인에 대하여 이를 원용(援用)하는 자가 증명하여야 한다.
③ 발행인이 제1항 각 호의 문구를 적은 경우에는 모든 어음채무자에 대하여 효력이 있고, 배서인 또는 보증인이 이 문구를 적은 경우에는 그 배서인 또는 보증인에 대하여만 효력이 있다. 발행인이 이 문구를 적었음에도 불구하고 소지인이 거절증서를 작성시켰으면 그 비용은 소지인이 부담하고, 배서인 또는 보증인이 이 문구를 적은 경우에 거절증서를 작성시켰으면 모든 어음채무자에게 그 비용을 상환하게 할 수 있다.
<전문개정 2010.3.31>

제47조【어음채무자의 합동책임】 ① 환어음의 발행, 인수, 배서 또는 보증을 한 자는 소지인에 대하여 합동으로 책임을 진다.
② 소지인은 제1항의 어음채무자에 대하여 그 채무부담의 순서에도 불구하고 그중 1명, 여러 명 또는 전원에 대하여 청구할 수 있다.
③ 어음채무자가 그 어음을 환수한 경우에도 제2항의 소지인과 같은 권리가 있다.
④ 어음채무자 중 1명에 대한 청구는 다른 채무자에 대한 청구에 영향을 미치지 아니한다. 이미 청구를 받은 자의 후자(後者)에 대하여도 같다.
<전문개정 2010.3.31>

제48조【상환청구금액】 ① 소지인은 상환청구권에 의하여 다음 각 호의 금액의 지급을 청구할 수 있다.
1. 인수 또는 지급되지 아니한 어음금액과 이자가 적혀 있는 경우 그 이자
2. 연 6퍼센트의 이율로 계산한 만기 이후의 이자
3. 거절증서의 작성비용, 통지비용 및 그 밖의 비용
② 만기 전에 상환청구권을 행사하는 경우에는 할인에 의하여 어음금액을 줄인다. 그 할인은 소지인의 주소지에서 상환청구하는 날의 공정할인율(은행률)에 의하여 계산한다.
<전문개정 2010.3.31>

제49조【재상환청구금액】 환어음을 환수한 자는 그 전자(前者)에 대하여 다음 각 호의 금액의 지급을 청구할 수 있다.
1. 지급한 총금액
2. 제1호의 금액에 대하여 연 6퍼센트의 이율로 계산한 지급한 날 이후의 이자
3. 지출한 비용
<전문개정 2010.3.31>

제50조【상환의무자의 권리】 ① 상환청구(償還請求)를 받은 어음채무자나 받을 어음채무자는 지급과 상환(相換)으로 거절증서, 영수를 증명하는 계산서와 그 어음의 교부를 청구할 수 있다.
② 환어음을 환수한 배서인은 자기의 배서와 후자의 배서를 말소할 수 있다.
<전문개정 2010.3.31>

제51조【일부인수의 경우의 상환청구】 일부인수 후에 상환청구권을 행사하는 경우에 인수되지 아니한 어음금액을 지급하는 자는 이를 지급한 사실을 어음에 적을 것과 영수증을 교부할 것을 청구할 수 있다. 소지인은 그 후의 상환청구를 할 수 있게 하기 위하여 어음의 증명등본과 거절증서를 교부하여야 한다.
<전문개정 2010.3.31>

제52조【역어음에 의한 상환청구】 ① 상환청구권이 있는 자는 어음에 반대문구가 적혀 있지 아니하면 그 전자 중 1명을 지급인으로 하여 그 자의 주소에서 지급할 일람출급의 새 어음(이하 “역어음”이라 한다)을 발행함으로써 상환청구권을 행사할 수 있다.
② 역어음의 어음금액에는 제48조와 제49조에 따른 금액 외에 그 어음의 중개료와 인지세가 포함된다.
③ 소지인이 역어음을 발행하는 경우에 그 금액은 본어음의 지급지에서 그 전자의 주소지에 대하여 발행하는 일람출급 어음의 환시세에 따라 정한다. 배서인이 역어음을 발행하는 경우에 그 금액은 역어음의 발행인이 그 주소지에서 전자의 주소지에 대하여 발행하는 일람출급 어음의 환시세에 따라 정한다.
<전문개정 2010.3.31>

제53조【상환청구권의 상실】 ① 다음 각 호의 기간이 지나면 소지인은 배서인, 발행인, 그 밖의 어음채무자에 대하여 그 권리를 잃는다. 그러나 인수인에 대하여는 그러하지 아니하다.
1. 일람출급 또는 일람 후 정기출급의 환어음의 제시기간
2. 인수거절증서 또는 지급거절증서의 작성기간
3. 무비용상환의 문구가 적혀 있는 경우에 지급을 받기 위한 제시기간
② 발행인이 기재한 기간 내에 인수를 위한 제시를

하지 아니한 소지인은 지급거절과 인수거절로 인한 상환청구권을 잃는다. 그러나 그 기재한 문구에 의하여 발행인에게 인수에 대한 담보의무만을 면할 의사(意思)가 있었음을 알 수 있는 경우에는 그러하지 아니하다.
③ 배서에 제시기간이 적혀 있는 경우에는 그 배서인만이 이를 원용할 수 있다.
<전문개정 2010.3.31>

제54조【불가항력과 기간의 연장】 ① 피할 수 없는 장애[국가법령에 따른 금제(禁制)나 그 밖의 불가항력을 말한다. 이하 "불가항력"이라 한다]로 인하여 법정기간 내에 환어음을 제시하거나 거절증서를 작성하기 어려운 경우에는 그 기간을 연장한다.
② 소지인은 불가항력이 발생하면 자기의 배서인에게 지체 없이 그 사실을 통지하고 어음 또는 보충지에 통지를 하였다는 내용을 적고 날짜를 부기한 후 기명날인하거나 서명하여야 한다. 그 밖의 사항에 관하여는 제45조를 준용한다.
③ 불가항력이 사라지면 소지인은 지체 없이 인수 또는 지급을 위하여 어음을 제시하고 필요한 경우에는 거절증서를 작성시켜야 한다.
④ 불가항력이 만기부터 30일이 지나도 계속되는 경우에는 어음의 제시 또는 거절증서의 작성 없이 상환청구권을 행사할 수 있다.
⑤ 일람출급 또는 일람 후 정기출급의 환어음의 경우 제4항에 따른 30일의 기간은 제시기간이 지나기 전이라도 소지인이 배서인에게 불가항력이 발생하였다고 통지한 날부터 진행한다. 일람 후 정기출급의 환어음의 경우 제4항에 따른 30일의 기간에는 어음에 적은 일람 후의 기간을 가산한다.
⑥ 소지인이나 소지인으로부터 어음의 제시 또는 거절증서 작성을 위임받은 자의 단순한 인적 사유는 불가항력으로 보지 아니한다.
<전문개정 2010.3.31>

제8장 참 가

제1절 통칙

제55조【참가의 당사자 및 통지】 ① 발행인, 배서인 또는 보증인은 어음에 예비지급인을 적을 수 있다.
② 상환청구를 받을 어느 채무자를 위하여 참가하는 자도 이 장(章)의 규정에 따라 환어음을 인수하거나 지급할 수 있다.
③ 제3자, 지급인 또는 이미 어음채무를 부담한 자도 참가인이 될 수 있다. 다만, 인수인은 참가인이 될 수 없다.
④ 참가인은 피참가인에 대하여 2거래일 내에 참가하였음을 통지하여야 한다. 참가인이 이 기간을 지키지 아니한 경우에 과실로 인하여 손해가 생기면 그 참가인은 어음금액의 한도에서 배상할 책임을 진다.
<전문개정 2010.3.31>

제2절 참가인수

제56조【참가인수의 요건】 ① 참가인수(參加引受)는 인수를 위한 제시를 금지하지 아니한 환어음의 소지인이 만기 전에 상환청구권을 행사할 수 있는 모든 경우에 할 수 있다.
② 환어음에 지급지에 있는 예비지급인을 기재한 경우 어음의 소지인은 예비지급인에게 어음을 제시하였으나 그 자가 참가인수를 거절하였음을 거절증서로 증명하지 아니하면 예비지급인을 기재한 자와 그 후자에 대하여 만기 전에 상환청구권을 행사하지 못한다.
③ 제2항의 경우 외에는 소지인은 참가인수를 거절할 수 있다. 소지인이 참가인수를 승낙한 때에는 피참가인과 그 후자에 대하여 만기 전에 행사할 수 있는 상환청구권을 잃는다.
<전문개정 2010.3.31>

제57조【참가인수의 방식】 참가인수를 할 때에는 환어음에 그 내용을 적고 참가인이 기명날인하거나 서명하여야 한다. 이 경우 피참가인을 표시하여야 하며, 그 표시가 없을 때에는 발행인을 위하여 참가인수를 한 것으로 본다.
<전문개정 2010.3.31>

제58조【참가인수의 효력】 ① 참가인수인은 소지인과 피참가인의 후자에 대하여 피참가인과 같은 의무를 부담한다.
② 피참가인과 그 전자는 참가인수에도 불구하고 소지인에 대하여 제48조에 따른 금액의 지급과 상환(相換)으로 어음의 교부를 청구할 수 있다. 거절증서와 영수를 증명하는 계산서가 있는 경우에는 그것을 교부할 것도 청구할 수 있다.
<전문개정 2010.3.31>

제3절 참가지급

제59조【참가지급의 요건】 ① 참가지급은 소지인이 만기나 만기 전에 상환청구권을 행사할 수 있는 모든 경우에 할 수 있다.
② 지급은 피참가인이 지급할 전액을 지급하여야 한다.
③ 지급은 지급거절증서를 작성시킬 수 있는 최종일의 다음 날까지 하여야 한다.
<전문개정 2010.3.31>

제60조【참가지급 제시의 필요】 ① 지급지에 주소가 있는 자가 참가인수를 한 경우 또는 지급지에 주소가 있는 자가 예비지급인으로 기재된 경우에는 소지인은 늦어도 지급거절증서를 작성시킬 수 있는 마지막 날의 다음 날까지 그들 모두에게 어음을 제시하고 필요할 때에는 참가지급거절증서를 작성시켜야 한다.
② 제1항의 기간 내에 거절증서가 작성되지 아니하면 예비지급인을 기재한 자 또는 피참가인과 그

후의 배서인은 의무를 면한다.
<전문개정 2010.3.31>

제61조【참가지급거절의 효과】 참가지급을 거절한 소지인은 그 지급으로 인하여 의무를 면할 수 있었던 자에 대한 상환청구권을 잃는다.
<전문개정 2010.3.31>

제62조【참가지급의 방법】 ① 참가지급이 있었으면 어음에 피참가인을 표시하고 그 영수를 증명하는 문구를 적어야 하며, 그 표시가 없을 때에는 발행인을 위하여 지급한 것으로 본다.
② 환어음은 참가지급인에게 교부하여야 하며, 거절증서를 작성시킨 경우에는 그 거절증서도 교부하여야 한다.
<전문개정 2010.3.31>

제63조【참가지급의 효력】 ① 참가지급인은 피참가인과 그의 어음상의 채무자에 대하여 어음으로부터 생기는 권리를 취득한다. 그러나 다시 어음에 배서하지 못한다.

② 피참가인보다 후의 배서인은 의무를 면한다.
③ 참가지급이 경합(競合)하는 경우에는 가장 많은 수의 어음채무자의 의무를 면하게 하는 자가 우선한다. 이러한 사정을 알고도 이 규정을 위반하여 참가지급을 한 자는 의무를 면할 수 있었던 자에 대한 상환청구권을 잃는다.
<전문개정 2010.3.31>

제9장 복본과 등본

제1절 복 본

제64조【복본 발행의 방식】 ① 환어음은 같은 내용으로 여러 통을 복본(複本)으로 발행할 수 있다.
② 제1항의 복본을 발행할 때에는 그 증권의 본문 중에 번호를 붙여야 하며, 번호를 붙이지 아니한 경우에는 그 여러 통의 복본은 별개의 환어음으로 본다.
③ 어음에 한 통만을 발행한다는 내용을 적지 아니한 경우에는 소지인은 자기의 비용으로 복본의 교부를 청구할 수 있다. 이 경우 소지인은 자기에게 직접 배서한 배서인에게 그 교부를 청구하고 그 배서인은 다시 자기의 배서인에게 청구를 함으로써 이에 협력하여 차례로 발행인에게 그 청구가 미치게 한다. 각 배서인은 새 복본에 배서를 다시 하여야 한다.
<전문개정 2010.3.31>

제65조【복본의 효력】 ① 복본의 한 통에 대하여 지급한 경우 그 지급이 다른 복본을 무효로 한다는 뜻이 복본에 적혀 있지 아니하여도 의무를 면하게 한다. 그러나 지급인은 인수한 각 통의 복본으로서 반환을 받지 아니한 복본에 대하여 책임을 진다.
② 여럿에게 각각 복본을 양도한 배서인과 그 후의 배서인은 그가 기명날인하거나 서명한 각 통의 복본으로서 반환을 받지 아니한 것에 대하여 책임을 진다.
<전문개정 2010.3.31>

제66조【인수를 위하여 하는 송부】 ① 인수를 위하여 복본 한 통을 송부한 자는 다른 각 통의 복본에 이 한 통의 복본을 보유하는 자의 명칭을 적어야 한다. 송부된 복본을 보유하는 자는 다른 복본의 정당한 소지인에게 그 복본을 교부할 의무가 있다.
② 복본 교부를 거절당한 소지인은 거절증서로 다음 각 호의 사실을 증명하지 아니하면 상환청구권을 행사하지 못한다.
1. 인수를 위하여 송부한 한 통의 복본이 소지인의 청구에도 불구하고 교부되지 아니하였다는 것
2. 다른 한 통의 복본으로는 인수 또는 지급을 받을 수 없었다는 것
<전문개정 2010.3.31>

제2절 등 본

제67조【등본의 작성, 작성방식 및 효력】 ① 환어음의 소지인은 그 등본(謄本)을 작성할 권리가 있다.
② 등본에는 배서된 사항이나 그 밖에 원본에 적힌 모든 사항을 정확히 다시 적고 끝부분임을 표시하는 기재를 하여야 한다.
③ 등본에 대하여는 원본과 같은 방법에 의하여 같은 효력으로 배서 또는 보증을 할 수 있다.
<전문개정 2010.3.31>

제68조【등본 보유자의 권리】 ① 등본에는 원본 보유자를 표시하여야 한다. 그 보유자는 등본의 정당한 소지인에 대하여 그 원본을 교부할 의무가 있다.
② 원본 교부를 거절당한 소지인은 원본의 교부를 청구하였음에도 불구하고 받지 못하였음을 거절증서로 증명하지 아니하면 등본에 배서하거나 보증한 자에 대하여 상환청구권을 행사하지 못한다.
③ 등본 작성 전에 원본에 한 최후의 배서의 뒤에 다음 각 호의 어느 하나에 해당하는 문구를 적은 경우에는 원본에 한 그 후의 배서는 무효로 한다.
1. 이 후의 배서는 등본에 한 것만이 효력이 있다
2. 제1호와 같은 뜻을 가진 문구
<전문개정 2010.3.31>

제10장 변 조

제69조【변조와 어음행위자의 책임】 환어음의 문구가 변조된 경우에는 그 변조 후에 기명날인하거나 서명한 자는 변조된 문구에 따라 책임을 지고 변조 전에 기명날인하거나 서명한 자는 원래 문구에 따라 책임을 진다.

<전문개정 2010.3.31>

제11장 시 효

제70조【시효기간】 ① 인수인에 대한 환어음상의 청구권은 만기일부터 3년간 행사하지 아니하면 소멸시효가 완성된다.
② 소지인의 배서인과 발행인에 대한 청구권은 다음 각 호의 날부터 1년간 행사하지 아니하면 소멸시효가 완성된다.
1. 적법한 기간 내에 작성시킨 거절증서의 날짜
2. 무비용상환의 문구가 적혀 있는 경우에는 만기일
③ 배서인의 다른 배서인과 발행인에 대한 청구권은 그 배서인이 어음을 환수한 날 또는 그 자가 제소된 날부터 6개월간 행사하지 아니하면 소멸시효가 완성된다.
<전문개정 2010.3.31>

제71조【시효의 중단】 시효의 중단은 그 중단 사유가 생긴 자에 대하여만 효력이 생긴다.
<전문개정 2010.3.31>

제12장 통 칙

제72조【휴일과 기일 및 기간】 ① 환어음의 만기가 법정휴일인 경우에는 만기 이후의 제1거래일에 지급을 청구할 수 있다. 환어음에 관한 다른 행위, 특히 인수를 위한 제시 및 거절증서 작성 행위는 거래일에만 할 수 있다.
② 제1항의 어느 행위를 일정 기간 내에 하여야 할 경우 그 기간의 말일이 법정휴일이면 말일 이후의 제1거래일까지 기간을 연장하고, 기간 중의 휴일은 그 기간에 산입(算入)한다.
<전문개정 2010.3.31>

제73조【기간의 초일 불산입】 법정기간 또는 약정기간에는 그 첫날을 산입하지 아니한다.
<전문개정 2010.3.31>

제74조【은혜일의 불허】 은혜일(恩惠日)은 법률상으로든 재판상으로든 인정하지 아니한다.
<전문개정 2010.3.31>

제2편 약속어음

<본편개정 2010.3.31>

제75조【어음의 요건】 약속어음에는 다음 각 호의 사항을 적어야 한다.
1. 증권의 본문 중에 그 증권을 작성할 때 사용하는 국어로 약속어음임을 표시하는 글자
2. 조건 없이 일정한 금액을 지급할 것을 약속하는 뜻
3. 만기
4. 지급지
5. 지급받을 자 또는 지급받을 자를 지시할 자의 명칭
6. 발행일과 발행지
7. 발행인의 기명날인 또는 서명
<전문개정 2010.3.31>

제76조【어음 요건의 흠】 제75조 각 호의 사항을 적지 아니한 증권은 약속어음의 효력이 없다. 그러나 다음 각 호의 경우에는 그러하지 아니하다.
1. 만기가 적혀 있지 아니한 경우: 일람출급의 약속어음으로 본다.
2. 지급지가 적혀 있지 아니한 경우: 발행지를 지급지 및 발행인의 주소지로 본다.
3. 발행지가 적혀 있지 아니한 경우: 발행인의 명칭에 부기한 지(地)를 발행지로 본다.
<전문개정 2010.3.31>

제77조【환어음에 관한 규정의 준용】 ① 약속어음에 대하여는 약속어음의 성질에 상반되지 아니하는 한도에서 다음 각 호의 사항에 관한 환어음에 대한 규정을 준용한다.
1. 배서(제11조부터 제20조까지)
2. 만기(제33조부터 제37조까지)
3. 지급(제38조부터 제42조까지)
4. 지급거절로 인한 상환청구(제43조부터 제50조까지, 제52조부터 제54조까지)
5. 참가지급(제55조, 제59조부터 제63조까지)
6. 등본(제67조와 제68조)
7. 변조(제69조)
8. 시효(제70조와 제71조)
9. 휴일, 기간의 계산과 은혜일의 인정 금지(제72조부터 제74조까지)
② 약속어음에 관하여는 제3자방에서 또는 지급인의 주소지가 아닌 지(地)에서 지급할 환어음에 관한 제4조 및 제27조, 이자의 약정에 관한 제5조, 어음금액의 기재의 차이에 관한 제6조, 어음채무를 부담하게 할 수 없는 기명날인 또는 서명의 효과에 관한 제7조, 대리권한 없는 자 또는 대리권한을 초과한 자의 기명날인 또는 서명의 효과에 관한 제8조, 백지환어음에 관한 제10조를 준용한다.
③ 약속어음에 관하여는 보증에 관한 제30조부터 제32조까지의 규정을 준용한다. 제31조제4항의 경우에 누구를 위하여 보증한 것임을 표시하지 아니하였으면 약속어음의 발행인을 위하여 보증한 것으로 본다.
<전문개정 2010.3.31>

제78조【발행인의 책임 및 일람 후 정기출급 어음의 특칙】 ① 약속어음의 발행인은 환어음의 인수인과 같은 의무를 부담한다.
② 일람 후 정기출급의 약속어음은 제23조에 따른 기간 내에 발행인이 일람할 수 있도록 제시하여야 한다. 일람 후의 기간은 발행인이 어음에 일람하였다는 내용을 적고 날짜를 부기하여 기명날인하거나 서명한 날부터 진행한다. 발행인이 일람 사실과 날짜의 기재를 거절한 경우에는 제25조에 따라 거절증서로써 이를 증명하여야 한다. 그 날짜는 일람

후의 기간의 첫날로 한다.
<전문개정 2010.3.31>

부 칙 (1962.1.20)

제79조 【이득상환청구권】 환어음 또는 약속어음에서 생긴 권리가 절차의 흠결로 인하여 소멸한 때나 그 소멸시효가 완성한 때라도 소지인은 발행인, 인수인 또는 배서인에 대하여 그가 받은 이익의 한도내에서 상환을 청구할 수 있다.

제80조 【소송고지로 인한 시효중단】 ①배서인의 다른 배서인과 발행인에 대한 환어음상과 약속어음상의 청구권의 소멸시효는 그 자가 제소된 경우에는 전자에 대한 소송고지를 함으로 인하여 중단한다.
②전항의 규정에 의하여 중단된 시효는 재판이 확정된 때로부터 다시 진행을 개시한다.

제81조 【휴일의 의의】 본법에서 휴일이라 함은 국경일, 공휴일, 일요일 기타의 일반휴일을 이른다.

제82조 【본법 시행전에 발행한 수형】 본법 시행전에 발행한 위체수형과 약속수형에 관하여는 종전의 규정에 의한다.

제83조 【어음교환소의 지정】 제38조제2항(제77조제1항에서 준용하는 경우를 포함한다)의 어음교환소는 법무부장관이 지정한다.

제84조 【거절증서에 관한 사항】 거절증서의 작성에 관한 사항은 대통령령으로 정한다.<개정 1995.12.6>

제85조 【시행기일, 구법의 폐지】 ①본법은 1963년 1월 1일부터 시행한다.
②조선민사령 제1조에 의하여 의용된 수형법은 본법시행시까지 효력이 있다.

부 칙 <중략>

부 칙 (2010.3.31)

이 법은 공포한 날부터 시행한다.

수표법

[1962년 1월 20일
법 률 제1002호]

개정
1995.12. 6법5010호
2007. 5.17법8440호
2010. 3.31법10197호

제1장 수표의 발행과 방식

제1조【수표의 요건】 수표에는 다음 각 호의 사항을 적어야 한다.
1. 증권의 본문 중에 그 증권을 작성할 때 사용하는 국어로 수표임을 표시하는 글자
2. 조건 없이 일정한 금액을 지급할 것을 위탁하는 뜻
3. 지급인의 명칭
4. 지급지(支給地)
5. 발행일과 발행지(發行地)
6. 발행인의 기명날인(記名捺印) 또는 서명

<전문개정 2010.3.31>

제2조【수표 요건의 흠】 제1조 각 호의 사항을 적지 아니한 증권은 수표의 효력이 없다. 그러나 다음 각 호의 경우에는 그러하지 아니하다.
1. 지급지가 적혀 있지 아니한 경우 : 지급인의 명칭에 부기(附記)한 지(地)를 지급지로 본다. 지급인의 명칭에 여러 개의 지(地)를 부기한 경우에는 수표의 맨 앞에 적은 지(地)에서 지급할 것으로 한다.
2. 제1호의 기재나 그 밖의 다른 표시가 없는 경우: 발행지에서 지급할 것으로 한다.
3. 발행지가 적혀 있지 아니한 경우 : 발행인의 명칭에 부기한 지(地)를 발행지로 본다.

<전문개정 2010.3.31>

제3조【수표자금, 수표계약의 필요】 수표는 제시한 때에 발행인이 처분할 수 있는 자금이 있는 은행을 지급인으로 하고, 발행인이 그 자금을 수표에 의하여 처분할 수 있는 명시적 또는 묵시적 계약에 따라서만 발행할 수 있다. 그러나 이 규정을 위반하는 경우에도 수표로서의 효력에 영향을 미치지 아니한다.
<전문개정 2010.3.31>

제4조【인수의 금지】 수표는 인수하지 못한다. 수표에 적은 인수의 문구는 적지 아니한 것으로 본다.
<전문개정 2010.3.31>

제5조【수취인의 지정】 ① 수표는 다음 각 호의 어느 하나의 방식으로 발행할 수 있다.
1. 기명식(記名式) 또는 지시식(指示式)
2. 기명식으로 "지시금지"라는 글자 또는 이와 같은 뜻이 있는 문구를 적은 것
3. 소지인출급식(所持人出給式)

② 기명식 수표에 "또는 소지인에게"라는 글자 또는 이와 같은 뜻이 있는 문구를 적었을 때에는 소지인출급식 수표로 본다.
③ 수취인이 적혀 있지 아니한 수표는 소지인출급식 수표로 본다.
<전문개정 2010.3.31>

제6조【자기지시수표, 위탁수표, 자기앞수표】 ① 수표는 발행인 자신을 지급받을 자로 하여 발행할 수 있다.
② 수표는 제3자의 계산으로 발행할 수 있다.
③ 수표는 발행인 자신을 지급인으로 하여 발행할 수 있다.
<전문개정 2010.3.31>

제7조【이자의 약정】 수표에 적은 이자의 약정은 적지 아니한 것으로 본다.
<전문개정 2010.3.31>

제8조【제3자방 지급 기재】 수표는 지급인의 주소지에 있든 다른 지(地)에 있든 관계없이 제3자방(제삼자방)에서 지급하는 것으로 할 수 있다. 그러나 그 제3자는 은행이어야 한다.
<전문개정 2010.3.31>

제9조【수표금액의 기재에 차이가 있는 경우】 ① 수표의 금액을 글자와 숫자로 적은 경우에 그 금액에 차이가 있으면 글자로 적은 금액을 수표금액으로 한다.
② 수표의 금액을 글자 또는 숫자로 중복하여 적은 경우에 그 금액에 차이가 있으면 최소금액을 수표금액으로 한다.
<전문개정 2010.3.31>

제10조【수표채무의 독립성】 수표에 다음 각 호의 어느 하나에 해당하는 기명날인 또는 서명이 있는 경우에도 다른 기명날인 또는 서명을 한 자의 채무는 그 효력에 영향을 받지 아니한다.
1. 수표채무를 부담할 능력이 없는 자의 기명날인 또는 서명
2. 위조된 기명날인 또는 서명
3. 가공인물의 기명날인 또는 서명
4. 그 밖의 사유로 수표에 기명날인 또는 서명을 한

자나 그 본인에게 의무를 부담하게 할 수 없는 기명날인 또는 서명
<전문개정 2010.3.31>

제11조【수표행위의 무권대리】 대리권 없이 타인의 대리인으로 수표에 기명날인하거나 서명한 자는 그 수표에 의하여 의무를 부담한다. 그 자가 수표금액을 지급한 경우에는 본인과 같은 권리를 가진다. 권한을 초과한 대리인의 경우도 같다.
<전문개정 2010.3.31>

제12조【발행인의 책임】 발행인은 지급을 담보한다. 발행인이 지급을 담보하지 아니한다는 뜻의 모든 문구는 적지 아니한 것으로 본다.
<전문개정 2010.3.31>

제13조【백지수표】 미완성으로 발행한 수표에 미리 합의한 사항과 다른 내용을 보충한 경우에는 그 합의의 위반을 이유로 소지인에게 대항하지 못한다. 그러나 소지인이 악의 또는 중대한 과실로 인하여 수표를 취득한 경우에는 그러하지 아니하다.
<전문개정 2010.3.31>

제2장 양 도

제14조【당연한 지시증권성】 ① 기명식 또는 지시식의 수표는 배서(背書)에 의하여 양도할 수 있다.
② 기명식 수표에 "지시금지"라는 글자 또는 이와 같은 뜻이 있는 문구를 적은 경우에는 그 수표는 지명채권의 양도 방식으로만, 그리고 그 효력으로써만 양도할 수 있다.
③ 배서는 발행인이나 그 밖의 채무자에 대하여도 할 수 있다. 이러한 자는 다시 수표에 배서할 수 있다.
<전문개정 2010.3.31>

제15조【배서의 요건】 ① 배서에는 조건을 붙여서는 아니 된다. 배서에 붙인 조건은 적지 아니한 것으로 본다.
② 일부의 배서는 무효로 한다.
③ 지급인의 배서도 무효로 한다.
④ 소지인에게 지급하라는 소지인출급의 배서는 백지식 배서와 같은 효력이 있다.
⑤ 지급인에 대한 배서는 영수증의 효력만 있다. 그러나 지급인의 영업소가 여러 개인 경우에 그 수표가 지급될 곳으로 된 영업소 외의 영업소에 대한 배서는 그러하지 아니하다.
<전문개정 2010.3.31>

제16조【배서의 방식】 ① 배서는 수표 또는 이에 결합한 보충지[보전]에 적고 배서인이 기명날인하거나 서명하여야 한다.
② 배서는 피배서인(被背書人)을 지명하지 아니하고 할 수 있으며 배서인의 기명날인 또는 서명만으로도 할 수 있다(백지식 배서). 배서인의 기명날인 또는 서명만으로 하는 백지식 배서는 수표의 뒷면이나 보충지에 하지 아니하면 효력이 없다.
<전문개정 2010.3.31>

제17조【배서의 권리 이전적 효력】 ① 배서는 수표로부터 생기는 모든 권리를 이전(移轉)한다.
② 배서가 백지식인 경우에 소지인은 다음 각 호의 행위를 할 수 있다.
1. 자기의 명칭 또는 타인의 명칭으로 백지(白地)를 보충하는 행위
2. 백지식으로 또는 타인을 표시하여 다시 수표에 배서하는 행위
3. 백지를 보충하지 아니하고 또 배서도 하지 아니하고 수표를 교부만으로 제3자에게 양도하는 행위
<전문개정 2010.3.31>

제18조【배서의 담보적 효력】 ① 배서인은 반대의 문구가 없으면 지급을 담보한다.
② 배서인은 자기의 배서 이후에 새로 하는 배서를 금지할 수 있다. 이 경우 그 배서인은 수표의 그 후의 피배서인에 대하여 담보의 책임을 지지 아니한다.
<전문개정 2010.3.31>

제19조【배서의 자격 수여적 효력】 배서로 양도할 수 있는 수표의 점유자가 배서의 연속에 의하여 그 권리를 증명할 때에는 그를 적법한 소지인으로 추정(推定)한다. 최후의 배서가 백지식인 경우에도 같다. 말소한 배서는 배서의 연속에 관하여는 배서를 하지 아니한 것으로 본다. 백지식 배서의 다음에 다른 배서가 있는 경우에는 그 배서를 한 자는 백지식 배서에 의하여 수표를 취득한 것으로 본다.
<전문개정 2010.3.31>

제20조【무기명식 수표의 배서】 소지인출급의 수표에 배서한 자는 상환청구(償還請求)에 관한 규정에 따라 책임을 진다. 그러나 이로 인하여 그 수표가 지시식 수표로 변하지 아니한다.
<전문개정 2010.3.31>

제21조【수표의 선의취득】 어떤 사유로든 수표의 점유를 잃은 자가 있는 경우에 그 수표의 소지인은 그 수표가 소지인출급식일 때 또는 배서로 양도할 수 있는 수표의 소지인이 제19조에 따라 그 권리를 증명할 때에는 그 수표를 반환할 의무가 없다. 그러나 소지인이 악의 또는 중대한 과실로 인하여 수표를 취득한 경우에는 그러하지 아니하다.
<전문개정 2010.3.31>

제22조【인적 항변의 절단】 수표에 의하여 청구를 받은 자는 발행인 또는 종전의 소지인에 대한 인적 관계로 인한 항변(抗辯)으로써 소지인에게 대항하지 못한다. 그러나 소지인이 그 채무자를 해할 것을 알고 수표를 취득한 경우에는 그러하지 아니하다.
<전문개정 2010.3.31>

제23조【추심위임배서】 ① 배서한 내용 중 다음 각 호의 어느 하나에 해당하는 문구가 있으면 소지인은 수표로부터 생기는 모든 권리를 행사할 수 있다. 그러나 소지인은 대리(代理)를 위한 배서만을 할 수 있다.

1. 회수하기 위하여
2. 추심(推尋)하기 위하여
3. 대리를 위하여
4. 그 밖에 단순히 대리권을 준다는 내용의 문구
② 제1항의 경우에는 채무자는 배서인에게 대항할 수 있는 항변으로써만 소지인에게 대항할 수 있다.
③ 대리를 위한 배서에 의하여 주어진 대리권은 그 대리권을 준 자가 사망하거나 무능력자가 되더라도 소멸하지 아니한다.
<전문개정 2010.3.31>

제24조【기한 후 배서】 ① 거절증서나 이와 같은 효력이 있는 선언이 작성된 후에 한 배서 또는 제시기간이 지난 후에 한 배서는 지명채권 양도의 효력만 있다.
② 날짜를 적지 아니한 배서는 거절증서나 이와 같은 효력이 있는 선언이 작성되기 전 또는 제시기간이 지나기 전에 한 것으로 추정한다.
<전문개정 2010.3.31>

제3장 보 증

제25조【보증의 가능】 ① 수표는 보증에 의하여 그 금액의 전부 또는 일부의 지급을 담보할 수 있다.
② 지급인을 제외한 제3자는 제1항의 보증을 할 수 있다. 수표에 기명날인하거나 서명한 자도 같다.
<전문개정 2010.3.31>

제26조【보증의 방식】 ① 보증의 표시는 수표 또는 보충지에 하여야 한다.
② 보증을 할 때에는 "보증" 또는 이와 같은 뜻이 있는 문구를 표시하고 보증인이 기명날인하거나 서명하여야 한다.
③ 수표의 앞면에 단순한 기명날인 또는 서명이 있는 경우에는 보증을 한 것으로 본다. 그러나 발행인의 기명날인 또는 서명의 경우에는 그러하지 아니하다.
④ 보증에는 누구를 위하여 한 것임을 표시하여야 한다. 그 표시가 없는 경우에는 발행인을 위하여 보증한 것으로 본다.
<전문개정 2010.3.31.

제27조【보증의 효력】 ① 보증인은 보증된 자와 같은 책임을 진다.
② 보증은 담보된 채무가 그 방식에 흠이 있는 경우 외에는 어떠한 사유로 무효가 되더라도 그 효력을 가진다.
③ 보증인이 수표의 지급을 하면 보증된 자와 그 자의 수표상의 채무자에 대하여 수표로부터 생기는 권리를 취득한다.
<전문개정 2010.3.31>

제4장 제시와 지급

제28조【수표의 일람출급성】 ① 수표는 일람출급(一覽出給)으로 한다. 이에 위반되는 모든 문구는 적지 아니한 것으로 본다.
② 기재된 발행일이 도래하기 전에 지급을 받기 위하여 제시된 수표는 그 제시된 날에 이를 지급하여야 한다.
<전문개정 2010.3.31>

제29조【지급제시기간】 ① 국내에서 발행하고 지급할 수표는 10일 내에 지급을 받기 위한 제시를 하여야 한다.
② 지급지의 국가와 다른 국가에서 발행된 수표는 발행지와 지급지가 동일한 주(洲)에 있는 경우에는 20일 내에, 다른 주에 있는 경우에는 70일 내에 이를 제시하여야 한다.
③ 제2항에 관하여는 유럽주의 한 국가에서 발행하여 지중해 연안의 한 국가에서 지급할 수표 또는 지중해 연안의 한 국가에서 발행하여 유럽주의 한 국가에서 지급할 수표는 동일한 주에서 발행하고 지급할 수표로 본다.
④ 제1항부터 제3항까지의 기간은 수표에 적힌 발행일부터 기산(起算)한다.
<전문개정 2010.3.31>

제30조【표준이 되는 세력】 세력(歲曆)을 달리하는 두 지(地) 간에 발행한 수표는 발행일을 지급지의 세력의 대응일(對應日)로 환산한다.
<전문개정 2010.3.31>

제31조【어음교환소에서의 제시】 ① 어음교환소에서 한 수표의 제시는 지급을 받기 위한 제시로서의 효력이 있다.
② 소지인으로부터 수표의 추심을 위임받은 은행(이하 제35조제2항 및 제39조제2호에서 "제시은행"이라 한다)이 그 수표의 기재사항을 정보처리시스템에 의하여 전자적 정보의 형태로 작성한 후 그 정보를 어음교환소에 송신하여 그 어음교환소의 정보처리시스템에 입력되었을 때에는 제1항에 따른 지급을 받기 위한 제시가 이루어진 것으로 본다.
<전문개정 2010.3.31>

제32조【지급위탁의 취소】 ① 수표의 지급위탁의 취소는 제시기간이 지난 후에만 그 효력이 생긴다.
② 지급위탁의 취소가 없으면 지급인은 제시기간이 지난 후에도 지급을 할 수 있다.
<전문개정 2010.3.31>

제33조【발행인의 사망 또는 능력 상실】 수표를 발행한 후 발행인이 사망하거나 무능력자가 된 경우에도 그 수표의 효력에 영향을 미치지 아니한다.
<전문개정 2010.3.31>

제34조【상환증권성 및 일부지급】 ① 수표의 지급인은 지급을 할 때에 소지인에게 그 수표에 영수(領受)를 증명하는 뜻을 적어서 교부할 것을 청구할 수 있다.
② 소지인은 일부지급을 거절하지 못한다.
③ 일부지급의 경우 지급인은 소지인에게 그 지급사실을 수표에 적고 영수증을 교부할 것을 청구할

수 있다.
<전문개정 2010.3.31>

제35조【지급인의 조사의무】 ① 배서로 양도할 수 있는 수표의 지급인은 배서의 연속이 제대로 되어 있는지를 조사할 의무가 있으나 배서인의 기명날인 또는 서명을 조사할 의무는 없다.
② 제31조제2항에 따른 지급제시의 경우 지급인은 제1항에 따른 배서의 연속이 제대로 되어 있는지에 대한 조사를 제시은행에 위임할 수 있다.
<전문개정 2010.3.31>

제36조【지급할 화폐】 ① 지급지의 통화(通貨)가 아닌 통화로 지급한다는 내용이 기재된 수표는 그 제시기간 내에는 지급하는 날의 가격에 따라 지급지의 통화로 지급할 수 있다. 제시를 하여도 지급을 하지 아니하는 경우에는 소지인은 그 선택에 따라 제시한 날이나 지급하는 날의 환시세(換時勢)에 따라 지급지의 통화로 수표금액을 지급할 것을 청구할 수 있다.
② 외국통화의 가격은 지급지의 관습에 따라 정한다. 그러나 발행인은 수표에서 정한 환산율에 따라 지급금액을 계산한다는 뜻을 수표에 적을 수 있다.
③ 제1항 및 제2항은 발행인이 특정한 종류의 통화로 지급한다는 뜻(외국통화 현실지급 문구)을 적은 경우에는 적용하지 아니한다.
④ 발행국과 지급국에서 명칭은 같으나 가치가 다른 통화로써 수표의 금액을 정한 경우에는 지급지의 통화로 정한 것으로 추정한다.
<전문개정 2010.3.31>

제5장 횡선수표

제37조【횡선의 종류 및 방식】 ① 수표의 발행인이나 소지인은 그 수표에 횡선(橫線)을 그을 수 있다. 이 횡선은 제38조에서 규정한 효력이 있다.
② 횡선은 수표의 앞면에 두 줄의 평행선으로 그어야 한다. 횡선은 일반횡선 또는 특정횡선으로 할 수 있다.
③ 두 줄의 횡선 내에 아무런 지정을 하지 아니하거나 "은행" 또는 이와 같은 뜻이 있는 문구를 적었을 때에는 일반횡선으로 하고, 두 줄의 횡선 내에 은행의 명칭을 적었을 때에는 특정횡선으로 한다.
④ 일반횡선은 특정횡선으로 변경할 수 있으나, 특정횡선은 일반횡선으로 변경하지 못한다.
⑤ 횡선 또는 지정된 은행의 명칭의 말소는 하지 아니한 것으로 본다.
<전문개정 2010.3.31>

제38조【횡선의 효력】 ① 일반횡선수표의 지급인은 은행 또는 지급인의 거래처에만 지급할 수 있다.
② 특정횡선수표의 지급인은 지정된 은행에만 또는 지정된 은행이 지급인인 경우에는 자기의 거래처에만 지급할 수 있다. 그러나 지정된 은행은 다른 은행으로 하여금 추심하게 할 수 있다.
③ 은행은 자기의 거래처 또는 다른 은행에서만 횡선수표를 취득할 수 있다. 은행은 이 외의 자를 위하여 횡선수표의 추심을 하지 못한다.
④ 여러 개의 특정횡선이 있는 수표의 지급인은 이를 지급하지 못한다. 그러나 2개의 횡선이 있는 경우에 그 하나가 어음교환소에 제시하여 추심하게 하기 위한 것일 때에는 그러하지 아니하다.
⑤ 제1항부터 제4항까지의 규정을 준수하지 아니한 지급인이나 은행은 이로 인하여 생긴 손해에 대하여 수표금액의 한도 내에서 배상할 책임을 진다.
<전문개정 2010.3.31>

제6장 지급거절로 인한 상환청구

제39조【상환청구의 요건】 적법한 기간 내에 수표를 제시하였으나 지급받지 못한 경우에 소지인이 다음 각 호의 어느 하나의 방법으로 지급거절을 증명하였을 때에는 소지인은 배서인, 발행인, 그 밖의 채무자에 대하여 상환청구권(償還請求權)을 행사할 수 있다.
1. 공정증서(거절증서)
2. 수표에 제시된 날을 적고 날짜를 부기한 지급(제31조제2항의 경우에는 지급인의 위임을 받은 제시은행)의 선언
3. 적법한 시기에 수표를 제시하였으나 지급받지 못하였음을 증명하고 날짜를 부기한 어음교환소의 선언

<전문개정 2010.3.31>

제40조【거절증서 등의 작성기간】 ① 거절증서 또는 이와 같은 효력이 있는 선언은 제시기간이 지나기 전에 작성시켜야 한다.
② 제시기간 말일에 제시한 경우에는 거절증서 또는 이와 같은 효력이 있는 선언은 그 날 이후의 제1거래일에 작성시킬 수 있다.
<전문개정 2010.3.31>

제41조【지급거절의 통지】 ① 소지인은 다음 각 호의 어느 하나에 해당하는 날 이후의 4거래일 내에 자기의 배서인과 발행인에게 지급거절이 있었음을 통지하여야 하고, 각 배서인은 그 통지를 받은 날 이후의 2거래일 내에 전(前) 통지자 전원의 명칭과 처소(處所)를 표시하고 자기가 받은 통지를 자기의 배서인에게 통지하여 차례로 발행인에게 미치게 하여야 한다. 이 기간은 각 통지를 받은 때부터 진행한다.
1. 거절증서 작성일
2. 거절증서와 같은 효력이 있는 선언의 작성일
3. 무비용상환(無費用償還)의 문구가 적혀 있는 경우에는 수표 제시일

② 제1항에 따라 수표에 기명날인하거나 서명한 자에게 통지할 때에는 같은 기간 내에 그 보증인에 대하여도 같은 통지를 하여야 한다.
③ 배서인이 그 처소를 적지 아니하거나 그 기재가 분명하지 아니한 경우에는 그 배서인의 직전(直前)

의 자에게 통지하면 된다.
④ 통지를 하여야 하는 자는 어떠한 방법으로도 할 수 있다. 단순히 수표를 반환하는 것으로도 통지할 수 있다.
⑤ 통지를 하여야 하는 자는 적법한 기간 내에 통지를 하였음을 증명하여야 한다. 이 기간 내에 통지서를 우편으로 부친 경우에는 그 기간을 준수한 것으로 본다.
⑥ 제5항의 기간 내에 통지를 하지 아니한 자도 상환청구권을 잃지 아니한다. 그러나 과실로 인하여 손해가 생긴 경우에는 수표금액의 한도 내에서 배상할 책임을 진다.
<전문개정 2010.3.31>

제42조【거절증서 등의 작성 면제】 ① 발행인, 배서인 또는 보증인은 다음 각 호의 어느 하나에 해당하는 문구를 수표에 적고 기명날인하거나 서명함으로써 소지인의 상환청구권 행사를 위한 거절증서 또는 이와 같은 효력이 있는 선언의 작성을 면제할 수 있다.
1. 무비용상환
2. 거절증서 불필요
3. 제1호 및 제2호와 같은 뜻을 가진 문구
② 제1항 각 호의 문구가 있더라도 소지인의 법정기간 내 수표의 제시 및 통지 의무가 면제되는 것은 아니다. 법정기간을 준수하지 아니하였음은 소지인에 대하여 이를 원용(援用)하는 자가 증명하여야 한다.
③ 발행인이 제1항 각 호의 문구를 적은 경우에는 모든 채무자에 대하여 효력이 생기고, 배서인 또는 보증인이 이 문구를 적은 경우에는 그 배서인 또는 보증인에 대하여만 효력이 생긴다. 발행인이 이 문구을 적었음에도 불구하고 소지인이 거절증서 또는 이와 같은 효력이 있는 선언을 작성시켰으면 그 비용은 소지인이 부담하고, 배서인 또는 보증인이 이 문구를 적은 경우에 거절증서 또는 이와 같은 효력이 있는 선언을 작성시켰으면 모든 채무자에게 그 비용을 상환하게 할 수 있다.
<전문개정 2010.3.31>

제43조【수표상의 채무자의 합동책임】 ① 수표상의 각 채무자는 소지인에 대하여 합동으로 책임을 진다.
② 소지인은 제1항의 채무자에 대하여 그 채무부담의 순서에도 불구하고 그중 1명, 여러 명 또는 전원에 대하여 청구할 수 있다.
③ 수표의 채무자가 수표를 환수한 경우에도 제2항의 소지인과 같은 권리가 있다.
④ 수표의 채무자 중 1명에 대한 청구는 다른 채무자에 대한 청구에 영향을 미치지 아니한다. 이미 청구를 받은 자의 후자(後者)에 대하여도 같다.
<전문개정 2010.3.31>

제44조【상환청구금액】 소지인은 상환청구권에 의하여 다음 각 호의 금액의 지급을 청구할 수 있다.
1. 지급되지 아니한 수표의 금액
2. 연 6퍼센트의 이율로 계산한 제시일 이후의 이자
3. 거절증서 또는 이와 같은 효력이 있는 선언의 작성비용, 통지비용 및 그 밖의 비용
<전문개정 2010.3.31>

제45조【재상환청구금액】 수표를 환수한 자는 그 전자(前者)에 대하여 다음 각 호의 금액의 지급을 청구할 수 있다.
1. 지급한 총금액
2. 제1호의 금액에 대하여 연 6퍼센트의 이율로 계산한 지급한 날 이후의 이자
3. 지출한 비용
<전문개정 2010.3.31>

제46조【상환의무자의 권리】 ① 상환청구(償還請求)를 받은 채무자나 받을 채무자는 지급과 상환(相換)으로 거절증서 또는 이와 같은 효력이 있는 선언, 영수를 증명하는 계산서와 그 수표의 교부를 청구할 수 있다.
② 수표를 환수한 배서인은 자기의 배서와 후자의 배서를 말소할 수 있다.
<전문개정 2010.3.31>

제47조【불가항력과 기간의 연장】 ① 피할 수 없는 장애[국가법령에 따른 금제(禁制)나 그 밖의 불가항력을 말한다. 이하 "불가항력"이라 한다]로 인하여 법정기간 내에 수표를 제시하거나 거절증서 또는 이와 같은 효력이 있는 선언을 작성하기 어려운 경우에는 그 기간을 연장한다.
② 소지인은 불가항력이 발생하면 자기의 배서인에게 지체 없이 그 사실을 통지하고 수표 또는 보충지에 통지를 하였다는 내용을 적고 날짜를 부기한 후 기명날인하거나 서명하여야 한다. 그 밖의 사항에 관하여는 제41조를 준용한다.
③ 불가항력이 사라지면 소지인은 지체 없이 지급을 받기 위하여 수표를 제시하고 필요한 경우에는 거절증서 또는 이와 같은 효력이 있는 선언을 작성시켜야 한다.
④ 불가항력이 제2항의 통지를 한 날부터 15일이 지나도 계속되는 경우에는 제시기간이 지나기 전에 그 통지를 한 경우에도 수표의 제시 또는 거절증서나 이와 같은 효력이 있는 선언을 작성하지 아니하고 상환청구권을 행사할 수 있다.
⑤ 소지인이나 소지인으로부터 수표의 제시 또는 거절증서나 이와 같은 효력이 있는 선언의 작성을 위임받은 자의 단순한 인적 사유는 불가항력으로 보지 아니한다.
<전문개정 2010.3.31>

제7장 복 본

제48조【복본 발행의 조건 및 방식】 다음 각 호의 수표는 소지인출급수표 외에는 같은 내용으로 여러 통을 복본(複本)으로 발행할 수 있다. 수표를 복본으로 발행할 때에는 그 증권의 본문 중에 번호를 붙여야 하며, 번호를 붙이지 아니한 경우에는 그 여러 통의 복본은 별개의 수표로 본다.

1. 한 국가에서 발행하고 다른 국가나 발행국의 해외영토에서 지급할 수표
2. 한 국가의 해외영토에서 발행하고 그 본국에서 지급할 수표
3. 한 국가의 해외영토에서 발행하고 같은 해외영토에서 지급할 수표
4. 한 국가의 해외영토에서 발행하고 그 국가의 다른 해외영토에서 지급할 수표

<전문개정 2010.3.31>

제49조【복본의 효력】 ① 복본의 한 통에 대하여 지급한 경우 그 지급이 다른 복본을 무효로 한다는 뜻이 복본에 적혀 있지 아니하여도 의무를 면하게 한다.
② 여럿에게 각각 복본을 양도한 배서인과 그 후의 배서인은 그가 기명날인하거나 서명한 각 통의 복본으로서 반환을 받지 아니한 것에 대하여 책임을 진다.
<전문개정 2010.3.31>

제8장 변 조

제50조【변조와 수표행위자의 책임】 수표의 문구가 변조된 경우에는 그 변조 후에 기명날인하거나 서명한 자는 변조된 문구에 따라 책임을 지고, 변조 전에 기명날인하거나 서명한 자는 원래 문구에 따라 책임을 진다.
<전문개정 2010.3.31>

제9장 시 효

제51조【시효기간】 ① 소지인의 배서인, 발행인, 그 밖의 채무자에 대한 상환청구권은 제시기간이 지난 후 6개월간 행사하지 아니하면 소멸시효가 완성된다.
② 수표의 채무자의 다른 채무자에 대한 상환청구권은 그 채무자가 수표를 환수한 날 또는 그 자가 제소된 날부터 6개월간 행사하지 아니하면 소멸시효가 완성된다.
<전문개정 2010.3.31>

제52조【시효의 중단】 시효의 중단은 그 중단 사유가 생긴 자에 대하여만 효력이 생긴다.
<전문개정 2010.3.31>

제10장 지급보증

제53조(지급보증의 가능방식) ① 지급인은 수표에 지급보증을 할 수 있다.
② 지급보증은 수표의 앞면에 "지급보증" 또는 그 밖에 지급을 하겠다는 뜻을 적고 날짜를 부기하여 지급인이 기명날인하거나 서명하여야 한다.
<전문개정 2010.3.31>

제54조【지급보증의 요건】 ① 지급보증은 조건 없이 하여야 한다.
② 지급보증에 의하여 수표의 기재사항을 변경한 부분은 이를 변경하지 아니한 것으로 본다.
<전문개정 2010.3.31>

제55조【지급보증의 효력】 ① 지급보증을 한 지급인은 제시기간이 지나기 전에 수표가 제시된 경우에만 지급할 의무를 부담한다.
② 제1항의 경우에 지급거절이 있을 때에는 수표의 소지인은 제39조에 따라 수표를 제시하였음을 증명하여야 한다.
③ 제2항의 경우에는 제44조와 제45조를 준용한다.
<전문개정 2010.3.31>

제56조【지급보증과 수표상의 채무자의 책임】 발행인이나 그 밖의 수표상의 채무자는 지급보증으로 인하여 그 책임을 면하지 못한다.
<전문개정 2010.3.31>

제57조【불가항력과 기간의 연장】 지급보증을 한 지급인에 대한 권리의 행사에 관하여는 제47조를 준용한다.
<전문개정 2010.3.31>

제58조【지급보증인의 의무의 시효】 지급보증을 한 지급인에 대한 수표상의 청구권은 제시기간이 지난 후 1년간 행사하지 아니하면 소멸시효가 완성된다.
<전문개정 2010.3.31>

제11장 통 칙

제59조【은행의 의의】 이 법에서 "은행"이라는 글자는 법령에 따라 은행과 같은 것으로 보는 사람 또는 시설을 포함한다.
<전문개정 2010.3.31>

제60조【수표에 관한 행위와 휴일】 ① 수표의 제시와 거절증서의 작성은 거래일에만 할 수 있다.
② 수표에 관한 행위를 하기 위하여 특히 수표의 제시 또는 거절증서나 이와 같은 효력이 있는 선언의 작성을 위하여 법령에 규정된 기간의 말일이 법정휴일일 때에는 그 말일 이후의 제1거래일까지 기간을 연장한다. 기간 중의 휴일은 그 기간에 산입한다.
<전문개정 2010.3.31>

제61조【기간과 초일 불산입】 이 법에서 규정하는 기간에는 그 첫날을 산입하지 아니한다.
<전문개정 2010.3.31>

제62조【은혜일의 불허】 은혜일(恩惠日)은 법률상으로든 재판상으로든 인정하지 아니한다.
<전문개정 2010.3.31>

부 칙 (1962.1.20)

제63조 【이득상환청구권】 수표에서 생긴 권리가 절차의 흠결로 인하여 소멸한 때나 그 소멸시효가 완성한 때라도 소지인은 발행인, 배서인 또는 지급보증을 한 지급인에 대하여 그가 받은 이익의 한도내에서 상환을 청구할 수 있다.

제64조 【소송고지로 인한 시효중단】 ①배서인의 다른 배서인과 발행인에 대한 수표상의 청구권의 소멸시효는 그 자가 제소된 경우에는 전자에 대한 소송고지를 함으로 인하여 중단한다.
②전항의 규정에 의하여 중단된 시효는 재판이 확정된 때로부터 다시 진행을 개시한다.

제65조 【계산수표】 발행인 또는 소지인이 증권의 표면에 "계산을 위한"의 문자 또는 이와 동일한 의의가 있는 문언을 기재하고 현금의 지급을 금지한 수표로서 외국에서 발행하여 대한민국에서 지급할 것은 일반횡선수표의 효력이 있다.

제66조 【휴일의 의의】 본법에서 휴일이라 함은 국경일, 공휴일, 일요일 기타의 일반휴일을 이른다.

제67조 【위법한 발행에 대한 벌칙】 수표의 발행인이 제3조의 규정에 위반한 때에는 50만환이하의 과태료에 처한다.

제68조 【본법 시행전에 발행한 수표】 본법 시행전에 발행한 소절수에 관하여는 종전의 규정에 의한다.

제69조 【어음교환소의 지정】 제31조의 어음교환소는 법무부장관이 지정한다.

제70조 【거절증서에 관한 사항】 거절증서의 작성에 관한 사항은 대통령령으로 정한다. <개정 1995.12.6>

제71조 【시행기일, 구법의 폐지】 ①본법은 1963년 1월 1일부터 시행한다.
②조선민사령 제1조에 의하여 의용된 소절수법은 본법시행시까지 효력이 있다.

부 칙 <중략>

부 칙 (2010.3.31)

이 법은 공포한 날부터 시행한다.

약관의 규제에 관한 법률

[1986년 12월 31일
법 률 제3922호 제정]

개정
1992.12. 8법4515호 1997.12.31법5491호
2001. 3.28법6459호 2004. 1.20법7109호
2005. 3.31법7491호 2006. 9.27법7988호(법명변경)
2007. 8. 3법9632호
2008. 2.29법8863호(금융위원회의설치등에관한법률)
2010. 3.22법10169호 2010. 5.17법10303호(은행법)
2011. 3.29법10474호 2012. 2.17법11325호
2013. 5.28법11840호 2016. 3.29법14141호
2018.06.12법15697호
2020.12.29법17799호(독점규제 및 공정거래에 관한 법률)
2023. 6.20법19512호
2023. 8. 8법19618호

제1장 총 칙

제1조【목적】 이 법은 사업자가 그 거래상의 지위를 남용하여 불공정한 내용의 약관(約款)을 작성하여 거래에 사용하는 것을 방지하고 불공정한 내용의 약관을 규제함으로써 건전한 거래질서를 확립하고, 이를 통하여 소비자를 보호하고 국민생활을 균형 있게 향상시키는 것을 목적으로 한다.
<전문개정 2010.3.22>

제2조【정의】 이 법에서 사용하는 용어의 정의는 다음과 같다.
1. "약관"이란 그 명칭이나 형태 또는 범위에 상관없이 계약의 한쪽 당사자가 여러 명의 상대방과 계약을 체결하기 위하여 일정한 형식으로 미리 마련한 계약의 내용을 말한다.
2. "사업자"란 계약의 한쪽 당사자로서 상대 당사자에게 약관을 계약의 내용으로 할 것을 제안하는 자를 말한다.
3. "고객"이란 계약의 한쪽 당사자로서 사업자로부터 약관을 계약의 내용으로 할 것을 제안받은 자를 말한다.

<전문개정 2010.3.22>

제3조【약관의 작성 및 설명의무 등】 ① 사업자는 고객이 약관의 내용을 쉽게 알 수 있도록 한글로 작성하고, 표준화·체계화된 용어를 사용하며, 약관의 중요한 내용을 부호·색채·굵고 큰 문자 등으로 명확하게 표시하여 알아보기 쉽게 약관을 작성하여야 한다. <개정 2011.3.29.>
② 사업자는 계약을 체결할 때에는 고객에게 약관의 내용을 계약의 종류에 따라 일반적으로 예상되는 방법으로 분명하게 밝히고, 고객이 요구할 경우 그 약관의 사본을 고객에게 내주어 고객이 약관의 내용을 알 수 있게 하여야 한다. 다만, 다음 각호의 어느 하나에 해당하는 업종의 약관에 대하여는 그러하지 아니하다. <개정 2011.3.29.>
1. 여객운송업
2. 전기·가스 및 수도사업
3. 우편업
4. 공중전화서비스 제공통신업

③ 사업자는 약관에 정하여져 있는 중요한 내용을 고객이 이해할 수 있도록 설명하여야 한다. 다만, 계약의 성질상 설명하는 것이 현저하게 곤란한 경우에는 그러하지 아니하다.
④ 사업자가 제2항 및 제3항을 위반하여 계약을 체결한 경우에는 해당 약관을 계약의 내용으로 주장할 수 없다.
<전문개정 2010.3.22>

제4조【개별 약정의 우선】 약관에서 정하고 있는 사항에 관하여 사업자와 고객이 약관의 내용과 다르게 합의한 사항이 있을 때에는 그 합의 사항은 약관보다 우선한다.
<전문개정 2010.3.22>

제5조【약관의 해석】 ① 약관은 신의성실의 원칙에 따라 공정하게 해석되어야 하며 고객에 따라 다르게 해석되어서는 아니 된다.
② 약관의 뜻이 명백하지 아니한 경우에는 고객에게 유리하게 해석되어야 한다.
<전문개정 2010.3.22>

제2장 불공정약관조항

제6조【일반원칙】 ① 신의성실의 원칙을 위반하여 공정성을 잃은 약관 조항은 무효이다.
② 약관의 내용 중 다음 각 호의 어느 하나에 해당하는 내용을 정하고 있는 조항은 공정성을 잃은 것으로 추정된다.
1. 고객에게 부당하게 불리한 조항
2. 고객이 계약의 거래형태 등 관련된 모든 사정에 비추어 예상하기 어려운 조항
3. 계약의 목적을 달성할 수 없을 정도로 계약에 따르는 본질적 권리를 제한하는 조항

<전문개정 2010.3.22>

제7조【면책조항의 금지】 계약 당사자의 책임에 관하여 정하고 있는 약관의 내용 중 다음 각 호의 어느 하나에 해당하는 내용을 정하고 있는 조항은 무효로 한다.
1. 사업자, 이행 보조자 또는 피고용자의 고의 또는 중대한 과실로 인한 법률상의 책임을 배제하는 조항
2. 상당한 이유 없이 사업자의 손해배상 범위를 제한하거나 사업자가 부담하여야 할 위험을 고객에게 떠넘기는 조항

3. 상당한 이유 없이 사업자의 담보책임을 배제 또는 제한하거나 그 담보책임에 따르는 고객의 권리행사의 요건을 가중하는 조항
4. 상당한 이유 없이 계약목적물에 관하여 견본이 제시되거나 품질·성능 등에 관한 표시가 있는 경우 그 보장된 내용에 대한 책임을 배제 또는 제한하는 조항

<전문개정 2010.3.22>

제8조【손해배상액의 예정】 고객에게 부당하게 과중한 지연 손해금 등의 손해배상 의무를 부담시키는 약관 조항은 무효로 한다.

<전문개정 2010.3.22>

제9조【계약의 해제・해지】 계약의 해제·해지에 관하여 정하고 있는 약관의 내용 중 다음 각 호의 어느 하나에 해당되는 내용을 정하고 있는 조항은 무효로 한다.

1. 법률에 따른 고객의 해제권 또는 해지권을 배제하거나 그 행사를 제한하는 조항
2. 사업자에게 법률에서 규정하고 있지 아니하는 해제권 또는 해지권을 부여하여 고객에게 부당하게 불이익을 줄 우려가 있는 조항
3. 법률에 따른 사업자의 해제권 또는 해지권의 행사 요건을 완화하여 고객에게 부당하게 불이익을 줄 우려가 있는 조항
4. 계약의 해제 또는 해지로 인한 원상회복의무를 상당한 이유 없이 고객에게 과중하게 부담시키거나 고객의 원상회복 청구권을 부당하게 포기하도록 하는 조항
5. 계약의 해제 또는 해지로 인한 사업자의 원상회복의무나 손해배상의무를 부당하게 경감하는 조항
6. 계속적인 채권관계의 발생을 목적으로 하는 계약에서 그 존속기간을 부당하게 단기 또는 장기로 하거나 묵시적인 기간의 연장 또는 갱신이 가능하도록 정하여 고객에게 부당하게 불이익을 줄 우려가 있는 조항

<전문개정 2010.3.22>

제10조【채무의 이행】 채무의 이행에 관하여 정하고 있는 약관의 내용 중 다음 각 호의 어느 하나에 해당하는 내용을 정하고 있는 조항은 무효로 한다.

1. 상당한 이유 없이 급부(給付)의 내용을 사업자가 일방적으로 결정하거나 변경할 수 있도록 권한을 부여하는 조항
2. 상당한 이유 없이 사업자가 이행하여야 할 급부를 일방적으로 중지할 수 있게 하거나 제3자에게 대행할 수 있게 하는 조항

<전문개정 2010.3.22>

제11조【고객의 권익 보호】 고객의 권익에 관하여 정하고 있는 약관의 내용 중 다음 각 호의 어느 하나에 해당하는 내용을 정하고 있는 조항은 무효로 한다.

1. 법률에 따른 고객의 항변권(抗辯權), 상계권(相計權) 등의 권리를 상당한 이유 없이 배제하거나 제한하는 조항
2. 고객에게 주어진 기한의 이익을 상당한 이유 없이 박탈하는 조항
3. 고객이 제3자와 계약을 체결하는 것을 부당하게 제한하는 조항
4. 사업자가 업무상 알게 된 고객의 비밀을 정당한 이유 없이 누설하는 것을 허용하는 조항

<전문개정 2010.3.22>

제12조【의사표시의 의제】 의사표시에 관하여 정하고 있는 약관의 내용 중 다음 각 호의 어느 하나에 해당하는 내용을 정하고 있는 조항은 무효로 한다.

1. 일정한 작위(作爲) 또는 부작위(불작위)가 있을 경우 고객의 의사표시가 표명되거나 표명되지 아니한 것으로 보는 조항. 다만, 고객에게 상당한 기한 내에 의사표시를 하지 아니하면 의사표시가 표명되거나 표명되지 아니한 것으로 본다는 뜻을 명확하게 따로 고지한 경우이거나 부득이한 사유로 그러한 고지를 할 수 없는 경우에는 그러하지 아니하다.
2. 고객의 의사표시의 형식이나 요건에 대하여 부당하게 엄격한 제한을 두는 조항
3. 고객의 이익에 중대한 영향을 미치는 사업자의 의사표시가 상당한 이유 없이 고객에게 도달된 것으로 보는 조항
4. 고객의 이익에 중대한 영향을 미치는 사업자의 의사표시 기한을 부당하게 길게 정하거나 불확정하게 정하는 조항

<전문개정 2010.3.22.>

제13조【대리인의 책임 가중】 고객의 대리인에 의하여 계약이 체결된 경우 고객이 그 의무를 이행하지 아니하는 경우에는 대리인에게 그 의무의 전부 또는 일부를 이행할 책임을 지우는 내용의 약관 조항은 무효로 한다.

<전문개정 2010.3.22>

제14조【소송 제기의 금지 등】 소송 제기 등과 관련된 약관의 내용 중 다음 각 호의 어느 하나에 해당하는 조항은 무효로 한다.

1. 고객에게 부당하게 불리한 소송 제기 금지 조항 또는 재판관할의 합의 조항
2. 상당한 이유 없이 고객에게 입증책임을 부담시키는 약관 조항

<전문개정 2010.3.22>

제15조【적용의 제한】 국제적으로 통용되는 약관이나 그 밖에 특별한 사정이 있는 약관으로서 대통령령으로 정하는 경우에는 제7조부터 제14조까지의 규정을 적용하는 것을 조항별·업종별로 제한할 수 있다.

<전문개정 2010.3.22>

제16조【일부 무효의 특칙】 약관의 전부 또는 일부의 조항이 제3조제4항에 따라 계약의 내용이 되지 못하는 경우나 제6조부터 제14조까지의 규정에 따라 무효인 경우 계약은 나머지 부분만으로 유효하게 존속한다. 다만, 유효한 부분만으로는 계약

의 목적 달성이 불가능하거나 그 유효한 부분이 한쪽 당사자에게 부당하게 불리한 경우에는 그 계약은 무효로 한다.
<전문개정 2010.3.22>

제3장 약관의 규제

제17조【불공정약관조항의 사용금지】 사업자는 제6조부터 제14조까지의 규정에 해당하는 불공정한 약관 조항(이하 "불공정약관조항"이라 한다)을 계약의 내용으로 하여서는 아니 된다.
<전문개정 2010.3.22>

제17조의2【시정 조치】 ① 공정거래위원회는 사업자가 제17조를 위반한 경우에는 사업자에게 해당 불공정약관조항의 삭제·수정 등 시정에 필요한 조치를 권고할 수 있다.
② 공정거래위원회는 제17조를 위반한 사업자가 다음 각 호의 어느 하나에 해당하는 경우에는 사업자에게 해당 불공정약관조항의 삭제·수정, 시정명령을 받은 사실의 공표, 그 밖에 약관을 시정하기 위하여 필요한 조치를 명할 수 있다. <개정 2013. 5. 28., 2020. 12. 29.>
1. 사업자가 「독점규제 및 공정거래에 관한 법률」 제2조제3호의 시장지배적사업자인 경우
2. 사업자가 자기의 거래상의 지위를 부당하게 이용하여 계약을 체결하는 경우
3. 사업자가 일반 공중에게 물품·용역을 공급하는 계약으로서 계약 체결의 긴급성·신속성으로 인하여 고객이 계약을 체결할 때에 약관 조항의 내용을 변경하기 곤란한 경우
4. 사업자의 계약 당사자로서의 지위가 현저하게 우월하거나 고객이 다른 사업자를 선택할 범위가 제한되어 있어 약관을 계약의 내용으로 하는 것이 사실상 강제되는 경우
5. 계약의 성질상 또는 목적상 계약의 취소·해제 또는 해지가 불가능하거나 계약을 취소·해제 또는 해지하면 고객에게 현저한 재산상의 손해가 발생하는 경우
6. 사업자가 제1항에 따른 권고를 정당한 사유 없이 따르지 아니하여 여러 고객에게 피해가 발생하거나 발생할 우려가 현저한 경우

③ 공정거래위원회는 제1항 및 제2항에 따른 시정권고 또는 시정명령을 할 때 필요하면 해당 사업자와 같은 종류의 사업을 하는 다른 사업자에게 같은 내용의 불공정약관조항을 사용하지 말 것을 권고할 수 있다.
<전문개정 2010. 3. 22.>

제18조【관청 인가 약관 등】 ① 공정거래위원회는 행정관청이 작성한 약관이나 다른 법률에 따라 행정관청의 인가를 받은 약관이 제6조부터 제14조까지의 규정에 해당된다고 인정할 때에는 해당 행정관청에 그 사실을 통보하고 이를 시정하기 위하여 필요한 조치를 하도록 요청할 수 있다.
② 공정거래위원회는 「은행법」에 따른 은행의 약관이 제6조부터 제14조까지의 규정에 해당된다고 인정할 때에는 「금융위원회의 설치 등에 관한 법률」에 따라 설립된 금융감독원에 그 사실을 통보하고 이를 시정하기 위하여 필요한 조치를 권고할 수 있다. <개정 2010.5.17>
③ 제1항에 따라 행정관청에 시정을 요청한 경우 공정거래위원회는 제17조의2제1항 및 제2항에 따른 시정권고 또는 시정명령은 하지 아니한다.
<전문개정 2010.3.22>

제19조【약관의 심사청구】 ① 다음 각 호의 자는 약관 조항이 이 법에 위반되는지 여부에 관한 심사를 공정거래위원회에 청구할 수 있다.
1. 약관의 조항과 관련하여 법률상의 이익이 있는 자
2. 「소비자기본법」 제29조에 따라 등록된 소비자단체
3. 「소비자기본법」 제33조에 따라 설립된 한국소비자원
4. 사업자단체

② 제1항에 따른 약관의 심사청구는 공정거래위원회에 서면이나 전자문서로 제출하여야 한다.
<전문개정 2010.3.22>

제19조의2【약관변경으로 인한 심사대상의 변경】 공정거래위원회는 심사대상인 약관 조항이 변경된 때에는 직권으로 또는 심사청구인의 신청에 의하여 심사대상을 변경할 수 있다.
<본조신설 2012.2.17>

제19조의3【표준약관】 ① 사업자 및 사업자단체는 건전한 거래질서를 확립하고 불공정한 내용의 약관이 통용되는 것을 방지하기 위하여 일정한 거래 분야에서 표준이 될 약관의 제정·개정안을 마련하여 그 내용이 이 법에 위반되는지 여부에 관하여 공정거래위원회에 심사를 청구할 수 있다.
<개정 2016.3.29>
② 「소비자기본법」 제29조에 따라 등록된 소비자단체 또는 같은 법 제33조에 따라 설립된 한국소비자원(이하 "소비자단체등"이라 한다)은 소비자 피해가 자주 일어나는 거래 분야에서 표준이 될 약관을 제정 또는 개정할 것을 공정거래위원회에 요청할 수 있다. <개정 2016.3.29>
③ 공정거래위원회는 다음 각 호의 어느 하나에 해당하는 경우에 사업자 및 사업자단체에 대하여 표준이 될 약관의 제정·개정안을 마련하여 심사 청구할 것을 권고할 수 있다. <개정 2016.3.29>
1. 소비자단체등의 요청이 있는 경우
2. 일정한 거래 분야에서 여러 고객에게 피해가 발생하거나 발생할 우려가 있는 경우에 관련 상황을 조사하여 약관이 없거나 불공정약관조항이 있는 경우
3. 법률의 제정·개정·폐지 등으로 약관을 정비할 필요가 발생한 경우

④ 공정거래위원회는 사업자 및 사업자단체가 제3항의 권고를 받은 날부터 4개월 이내에 필요한 조치를 하지 아니하면 관련 분야의 거래 당사자 및

소비자단체등의 의견을 듣고 관계 부처의 협의를 거쳐 표준이 될 약관을 제정 또는 개정할 수 있다. <개정 2016.3.29>
⑤ 공정거래위원회는 제1항 또는 제4항에 따라 심사하거나 제정·개정한 약관(이하 "표준약관"이라 한다)을 공시(公示)하고 사업자 및 사업자단체에 표준약관을 사용할 것을 권장할 수 있다. <개정 2016.3.29>
⑥ 공정거래위원회로부터 표준약관의 사용을 권장받은 사업자 및 사업자단체는 표준약관과 다른 약관을 사용하는 경우 표준약관과 다르게 정한 주요 내용을 고객이 알기 쉽게 표시하여야 한다.
⑦ 공정거래위원회는 표준약관의 사용을 활성화하기 위하여 표준약관 표지(標識)를 정할 수 있고, 사업자 및 사업자단체는 표준약관을 사용하는 경우 공정거래위원회가 고시하는 바에 따라 표준약관 표지를 사용할 수 있다.
⑧ 사업자 및 사업자단체는 표준약관과 다른 내용을 약관으로 사용하는 경우 표준약관 표지를 사용하여서는 아니 된다.
⑨ 사업자 및 사업자단체가 제8항을 위반하여 표준약관 표지를 사용하는 경우 표준약관의 내용보다 고객에게 더 불리한 약관의 내용은 무효로 한다.
<전문개정 2010.3.22>

제20조【조사】 ① 공정거래위원회는 다음 각 호의 어느 하나의 경우 약관이 이 법에 위반된 사실이 있는지 여부를 확인하기 위하여 필요한 조사를 할 수 있다.
1. 제17조의2제1항 또는 제2항에 따른 시정권고 또는 시정명령을 하기 위하여 필요하다고 인정되는 경우
2. 제19조에 따라 약관의 심사청구를 받은 경우

② 제1항에 따라 조사를 하는 공무원은 그 권한을 표시하는 증표를 지니고 이를 관계인에게 내보여야 한다.
<전문개정 2010.3.22>

제21조 삭제 <2010.3.22>

제22조【의견 진술】 ① 공정거래위원회는 약관의 내용이 이 법에 위반되는지 여부에 대하여 심의하기 전에 그 약관에 따라 거래를 한 사업자 또는 이해관계인에게 그 약관이 심사 대상이 되었다는 사실을 알려야 한다.
② 제1항에 따라 통지를 받은 당사자 또는 이해관계인은 공정거래위원회의 회의에 출석하여 의견을 진술하거나 필요한 자료를 제출할 수 있다.
③ 공정거래위원회는 심사 대상이 된 약관이 다른 법률에 따라 행정관청의 인가를 받았거나 받아야 할 것인 경우에는 심의에 앞서 그 행정관청에 의견을 제출하도록 요구할 수 있다.
<전문개정 2010.3.22>

제23조【불공정약관조항의 공개】 공정거래위원회는 이 법에 위반된다고 심의·의결한 약관 조항의 목록을 인터넷 홈페이지에 공개하여야 한다. <개정 2011.3.29.>
<전문개정 2010.3.22>

제4장 제4장 분쟁의 조정 등 〈본장 신설 2012.2.17〉

제24조【약관 분쟁조정협의회의 설치 및 구성】 ① 제17조를 위반한 약관 또는 이와 비슷한 유형의 약관으로서 대통령령으로 정하는 약관과 관련된 분쟁을 조정하기 위하여 「독점규제 및 공정거래에 관한 법률」 제72조제1항에 따른 한국공정거래조정원(이하 "조정원"이라 한다)에 약관 분쟁조정협의회(이하 "협의회"라 한다)를 둔다. <개정 2020. 12. 29.>
② 협의회는 위원장 1명을 포함한 9명의 위원으로 구성하며, 위원장은 상임으로 한다. <개정 2023. 8. 8.>
③ 협의회 위원장은 조정원의 장의 제청으로 공정거래위원회 위원장이 위촉한다.
④ 협의회 위원장이 사고로 직무를 수행할 수 없을 때에는 협의회의 위원장이 지명하는 협의회 위원이 그 직무를 대행한다.
⑤ 협의회 위원은 약관규제·소비자 분야에 경험 또는 전문지식이 있는 사람으로서 다음 각 호의 어느 하나에 해당하는 사람 중에서 조정원의 장의 제청으로 공정거래위원회 위원장이 임명하거나 위촉한다. <개정 2023. 8. 8.>
1. 공정거래 및 소비자보호 업무에 관한 경험이 있는 4급 이상 공무원(고위공무원단에 속하는 일반직공무원을 포함한다)의 직에 있거나 있었던 사람
2. 판사·검사 직에 있거나 있었던 사람 또는 변호사의 자격이 있는 사람
3. 대학에서 법률학·경제학·경영학 또는 소비자 관련 분야 학문을 전공한 사람으로서 「고등교육법」 제2조제1호·제2호·제4호 또는 제5호에 따른 학교나 공인된 연구기관에서 부교수 이상의 직 또는 이에 상당하는 직에 있거나 있었던 사람
4. 그 밖에 기업경영, 소비자권익 및 분쟁조정과 관련된 업무에 관한 학식과 경험이 풍부한 사람

⑥ 협의회 위원의 임기는 3년으로 하되, 연임할 수 있다.
⑦ 협의회 위원 중 결원이 생긴 때에는 제5항에 따라 보궐위원을 위촉하여야 하며, 그 보궐위원의 임기는 전임자의 남은 임기로 한다.
⑧ 협의회의 회의 등 업무지원을 위하여 별도 사무지원 조직을 조정원 내에 둔다.
<본조신설 2012. 2. 17.>

제25조【협의회의 회의】 ① 협의회의 회의는 위원 전원으로 구성되는 회의(이하 "전체회의"라 한다)와 위원장이 지명하는 3명의 위원(위원장을 포함할 수 있다)으로 구성되는 회의(이하 "분과회의"라 한다)로 구분된다. <개정 2023. 8. 8.>
② 분과회의는 전체회의로부터 위임받은 사항에

관하여 심의·의결한다.
③ 전체회의는 위원장이 주재하며, 재적위원 과반수의 출석으로 개의하고, 출석위원 과반수의 찬성으로 의결한다.
④ 분과회의는 위원장 또는 위원장이 지명하는 위원이 주재하며, 구성위원 전원의 출석과 출석위원 전원의 찬성으로 의결한다. 이 경우 분과회의의 의결은 협의회의 의결로 보되, 회의의 결과를 전체회의에 보고하여야 한다. <개정 2023. 8. 8.>
⑤ 조정의 대상이 된 분쟁의 당사자인 고객(「소비자기본법」 제2조제1호에 따른 소비자는 제외한다. 이하 이 장에서 같다)과 사업자(이하 "분쟁당사자"라 한다)는 협의회의 회의에 출석하여 의견을 진술하거나 관계 자료를 제출할 수 있다.
<본조신설 2012.2.17>

제26조【협의회 위원의 제척·기피·회피】 ① 협의회 위원은 다음 각 호의 어느 하나에 해당하는 경우에는 해당 분쟁조정사항의 조정에서 제척된다.
1. 협의회 위원 또는 그 배우자나 배우자였던 사람이 해당 분쟁조정사항의 분쟁당사자가 되거나 공동권리자 또는 의무자의 관계에 있는 경우
2. 협의회 위원이 해당 분쟁조정사항의 분쟁당사자와 친족관계에 있거나 있었던 경우
3. 협의회 위원 또는 협의회 위원이 속한 법인이 분쟁당사자의 법률·경영 등에 대하여 자문이나 고문의 역할을 하고 있는 경우
4. 협의회 위원 또는 협의회 위원이 속한 법인이 해당 분쟁조정사항에 대하여 분쟁당사자의 대리인으로 관여하거나 관여하였던 경우 및 증언 또는 감정을 한 경우

② 분쟁당사자는 협의회 위원에게 협의회의 조정에 공정을 기하기 어려운 사정이 있는 때에 협의회에 해당 협의회 위원에 대한 기피신청을 할 수 있다.
③ 협의회 위원이 제1항 또는 제2항의 사유에 해당하는 경우에는 스스로 해당 분쟁조정사항의 조정에서 회피할 수 있다.
<본조신설 2012.2.17>

제27조【분쟁조정의 신청 등】 ① 제17조를 위반한 약관 또는 이와 비슷한 유형의 약관으로서 대통령령으로 정하는 약관으로 인하여 피해를 입은 고객은 대통령령으로 정하는 사항을 기재한 서면(이하 "분쟁조정 신청서"라 한다)을 협의회에 제출함으로써 분쟁조정을 신청할 수 있다. 다만, 다음 각 호의 어느 하나에 해당하는 경우에는 그러하지 아니하다.
1. 분쟁조정 신청이 있기 이전에 공정거래위원회가 조사 중인 사건
2. 분쟁조정 신청의 내용이 약관의 해석이나 그 이행을 요구하는 사건
3. 약관의 무효판정을 요구하는 사건
4. 삭제 <2023. 6. 20.>
5. 그 밖에 분쟁조정에 적합하지 아니한 것으로 대통령령으로 정하는 사건

② 공정거래위원회는 제1항에 따른 분쟁조정을 협의회에 의뢰할 수 있다.
③ 협의회는 제1항에 따라 분쟁조정 신청서를 접수하거나 제2항에 따라 분쟁조정을 의뢰받은 경우에는 즉시 분쟁당사자에게 통지하여야 한다.
<본조신설 2012. 2. 17.>

제27조의2【조정 등】 ① 협의회는 분쟁당사자에게 분쟁조정사항을 스스로 조정하도록 권고하거나 조정안을 작성하여 이를 제시할 수 있다.
② 협의회는 해당 분쟁조정사항에 관한 사실을 확인하기 위하여 필요한 경우 조사를 하거나 분쟁당사자에게 관련 자료의 제출이나 출석을 요구할 수 있다.
③ 협의회는 제27조제1항 각 호의 어느 하나에 해당하는 사건에 대하여는 조정신청을 각하하여야 한다.
④ 협의회는 다음 각 호의 어느 하나에 해당하는 경우에는 조정절차를 종료하여야 한다. <개정 2023. 6. 20.>
1. 분쟁당사자가 협의회의 권고 또는 조정안을 수락하거나 스스로 조정하는 등 조정이 성립된 경우
2. 조정을 신청 또는 의뢰받은 날부터 60일(분쟁당사자 쌍방이 기간연장에 동의한 경우에는 90일로 한다)이 경과하여도 조정이 성립되지 아니한 경우
3. 분쟁당사자의 일방이 조정을 거부하는 등 조정절차를 진행할 실익이 없는 경우

⑤ 협의회는 제3항에 따라 조정신청을 각하하거나 제4항에 따라 조정절차를 종료한 경우에는 대통령령으로 정하는 바에 따라 공정거래위원회에 조정신청 각하 또는 조정절차 종료의 사유 등과 관계 서류를 서면으로 지체 없이 보고하여야 하고 분쟁당사자에게 그 사실을 통보하여야 한다.
<본조신설 2012. 2. 17.>

제27조의3【소송과의 관계】 ① 제27조제1항에 따라 분쟁조정이 신청된 사건에 대하여 신청 전 또는 신청 후 소가 제기되어 소송이 진행 중일 때에는 수소법원(受訴法院)은 조정이 있을 때까지 소송절차를 중지할 수 있다.
② 협의회는 제1항에 따라 소송절차가 중지되지 아니하는 경우에는 해당 사건의 조정절차를 중지하여야 한다.
③ 협의회는 조정이 신청된 사건과 동일한 원인으로 다수인이 관련되는 동종·유사 사건에 대한 소송이 진행 중인 경우에는 협의회의 결정으로 조정절차를 중지할 수 있다.
<본조신설 2023. 6. 20.>

제28조【조정조서의 작성과 그 효력】 ① 협의회는 분쟁조정사항의 조정이 성립된 경우 조정에 참가한 위원과 분쟁당사자가 기명날인하거나 서명한 조정조서를 작성한다. 이 경우 분쟁당사자 간에 조정조서와 동일한 내용의 합의가 성립된 것으로 본다. <개정 2018.6.12>
② 협의회는 조정절차를 개시하기 전에 분쟁당사자가 분쟁조정사항을 스스로 조정하고 조정조서의 작성을 요청하는 경우에는 그 조정조서를 작성한다.
<본조신설 2012.2.17.>

제28조의2【분쟁조정의 특례】 ① 제27조제1항에도 불구하고 공정거래위원회, 고객 또는 사업자는 제28조에 따라 조정이 성립된 사항과 같거나 비슷한 유형의 피해가 다수 고객에게 발생할 가능성이 크다고 판단한 경우로서 대통령령으로 정하는 사건에 대하여는 협의회에 일괄적인 분쟁조정(이하 "집단분쟁조정"이라 한다)을 의뢰하거나 신청할 수 있다.
② 제1항에 따라 집단분쟁조정을 의뢰받거나 신청받은 협의회는 협의회의 의결로서 제3항부터 제7항까지의 규정에 따른 집단분쟁조정의 절차를 개시할 수 있다. 이 경우 협의회는 분쟁조정된 사안 중 집단분쟁조정신청에 필요한 사항에 대하여 대통령령으로 정하는 방법에 따라 공표하고, 대통령령으로 정하는 기간 동안 그 절차의 개시를 공고하여야 한다.
③ 협의회는 집단분쟁조정의 당사자가 아닌 고객으로부터 그 분쟁조정의 당사자에 추가로 포함될 수 있도록 하는 신청을 받을 수 있다.
④ 협의회는 협의회의 의결로써 제1항 및 제3항에 따른 집단분쟁조정의 당사자 중에서 공동의 이익을 대표하기에 가장 적합한 1인 또는 수인을 대표당사자로 선임할 수 있다.
⑤ 협의회는 사업자가 협의회의 집단분쟁조정의 내용을 수락한 경우에는 집단분쟁조정의 당사자가 아닌 자로서 피해를 입은 고객에 대한 보상계획서를 작성하여 협의회에 제출하도록 권고할 수 있다.
⑥ 협의회는 집단분쟁조정의 당사자인 다수의 고객 중 일부의 고객이 법원에 소를 제기한 경우에는 그 절차를 중지하지 아니하고 소를 제기한 일부의 고객은 그 절차에서 제외한다.
⑦ 집단분쟁조정의 기간은 제2항에 따른 공고가 종료된 날의 다음 날부터 기산한다.
⑧ 집단분쟁조정의 절차 등에 관하여 필요한 사항은 대통령령으로 정한다.
⑨ 조정원은 집단분쟁조정 대상 발굴, 조정에 의한 피해구제 사례 연구 등 집단분쟁조정 활성화에 필요한 연구를 하며, 연구결과를 인터넷 홈페이지에 공개한다.
<본조신설 2012.2.17>

제29조【협의회의 조직·운영 등】 제24조부터 제27조까지, 제27조의2, 제27조의3, 제28조 및 제28조의2 외에 협의회의 조직·운영·조정절차 등에 필요한 사항은 대통령령으로 정한다. <개정 2023. 6. 20.>
<본조신설 2012. 2. 17.>

제29조의2【협의회의 재원】 정부는 협의회의 운영, 업무 및 관련 연구에 필요한 경비를 조정원에 출연한다.
<본조신설 2012.2.17>

제5장 보 칙

제30조【적용 범위】 ① 약관이 「상법」 제3편, 「근로기준법」 또는 그 밖에 대통령령으로 정하는 비영리사업의 분야에 속하는 계약에 관한 것일 경우에는 이 법을 적용하지 아니한다.
② 특정한 거래 분야의 약관에 대하여 다른 법률에 특별한 규정이 있는 경우를 제외하고는 이 법에 따른다.
<전문개정 2010.3.22>

제30조의2【「독점규제 및 공정거래에 관한 법률」의 준용】 ① 이 법에 따른 공정거래위원회의 심의·의결에 관하여는 「독점규제 및 공정거래에 관한 법률」 제64조부터 제68조까지의 규정을 준용한다. <개정 2020. 12. 29.>
② 이 법에 따른 공정거래위원회의 처분에 대한 이의신청, 소송 제기 및 불복 소송의 전속관할(專屬管轄)에 대하여는 「독점규제 및 공정거래에 관한 법률」 제96조부터 제101조까지의 규정을 준용한다. <개정 2020. 12. 29.>
<전문개정 2010. 3. 22.>

제31조【인가·심사의 기준】 행정관청이 다른 법률에 따라 약관을 인가하거나 다른 법률에 따라 특정한 거래 분야에 대하여 설치된 심사기구에서 약관을 심사하는 경우에는 제6조부터 제14조까지의 규정을 그 인가·심사의 기준으로 하여야 한다.
<전문개정 2010.3.22>

제31조의2【자문위원】 ① 공정거래위원회는 이 법에 따른 약관 심사 업무를 수행하기 위하여 필요하다고 인정하면 자문위원을 위촉할 수 있다.
② 제1항에 따른 자문위원의 위촉과 그 밖에 필요한 사항은 대통령령으로 정한다.
<전문개정 2010.3.22>

제6장 벌 칙

제32조【벌칙】 제17조의2제2항에 따른 명령을 이행하지 아니한 자는 2년 이하의 징역 또는 1억원 이하의 벌금에 처한다.
<전문개정 2010.3.22>

제33조【양벌규정】 법인의 대표자나 법인 또는 개인의 대리인, 사용인, 그 밖의 종업원이 그 법인 또는 개인의 업무에 관하여 제32조의 위반행위를 하면 그 행위자를 벌하는 외에 그 법인 또는 개인에게도 해당 조문의 벌금형을 과(科)한다. 다만, 법인 또는 개인이 그 위반행위를 방지하기 위하여 해당 업무에 관하여 상당한 주의와 감독을 게을리하지 아니한 경우에는 그러하지 아니하다.
<전문개정 2010.3.22>

제34조【과태료】 ① 다음 각 호의 어느 하나에 해당하는 자에게는 5천만원 이하의 과태료를 부과한다. <개정 2012. 2. 17., 2018. 6. 12.>
1. 제19조의3제8항을 위반하여 표준약관과 다른 내용을 약관으로 사용하면서 표준약관 표지를 사용한 자
2. 제20조제1항에 따른 조사를 거부·방해 또는 기피한 사업자 또는 사업자단체

② 사업자 또는 사업자단체의 임원 또는 종업원, 그 밖의 이해관계인이 제20조제1항에 따른 조사를 거부·방해 또는 기피한 경우에는 1천만원 이하의 과태료를 부과한다. <신설 2018. 6. 12.>
③ 다음 각 호의 어느 하나에 해당하는 자에게는 500만원 이하의 과태료를 부과한다. <개정 2012. 2. 17., 2018. 6. 12.>
1. 제3조제2항을 위반하여 고객에게 약관의 내용을 밝히지 아니하거나 그 약관의 사본을 내주지 아니한 자
2. 제3조제3항을 위반하여 고객에게 약관의 중요한 내용을 설명하지 아니한 자
3. 제19조의3제6항을 위반하여 표준약관과 다르게 정한 주요 내용을 고객이 알기 쉽게 표시하지 아니한 자

④ 제30조의2제1항에 따라 준용되는 「독점규제 및 공정거래에 관한 법률」 제66조를 위반하여 질서유지의 명령을 따르지 아니한 자에게는 100만원 이하의 과태료를 부과한다. <신설 2018. 6. 12., 2020. 12. 29.>
⑤ 제1항부터 제4항까지의 규정에 따른 과태료는 대통령령으로 정하는 바에 따라 공정거래위원회가 부과·징수한다. <개정 2018. 6. 12.>
<전문개정 2010. 3. 22.>

부 칙 <법률 제3922호, 1986. 12. 31.>

제1조【시행일】 이 법은 1987년 7월 1일부터 시행한다.
제2조【경과조치】 이 법은 이 법 시행후에 최초로 약관에 의하여 체결되는 계약분부터 적용된다.
제3조【계속적 계약에 관한 경과조치】 계속적인 채권관계의 발생을 목적으로 하는 계약에 관한 약관에 의하여 이 법 시행후 이행될 분에 대하여는 이 법을 적용한다.

부 칙 <중략>

부 칙 <법률 제17799호, 2020. 12. 29.>
(독점규제 및 공정거래에 관한 법률)

제1조 【시행일】 이 법은 공포 후 1년이 경과한 날부터 시행한다. <단서 생략>

제2조~제26조 생략

민사소송법

[2002년 1월 26일
법 률 제6626호]

개정
2005. 3.31법7427호(민법)
2005. 3.31법7428호(채무자회생및파산에관한법률)
2006. 2.21법7849호(제주특별자치도 설치 및 국제자유도시 조성을 위한 특별법)
2007. 5.17법8438호
2007. 7.13법8499호
2008.12.26법9171호
2010.7.23법10373호
2011. 5.19법10629호(지식재산기본법)
2011. 7.18법10859호
2014. 5.20법12587호
2014.12.30법12882호
2015.12. 1법13521호
2016. 2. 3법13952호
2016. 3.29법14103호
2017.10.31법14966호
2020.12. 8법17568호
2020.12.22법17689호(국가경찰과 자치경찰의 조직 및 운영에 관한 법률)
2021. 8.17법18396호
2023. 4.18법19354호
2023. 7.11법19516호
2024. 1. 16법20003호

제1편 총 칙

제1조【민사소송의 이상과 신의성실의 원칙】 ①법원은 소송절차가 공정하고 신속하며 경제적으로 진행되도록 노력하여야 한다.
②당사자와 소송관계인은 신의에 따라 성실하게 소송을 수행하여야 한다.

(판 례) 학교법인의 경영권을 타에 양도하기로 결의함에 따라 그 법인 이사직을 사임한 사람이 현 이사로부터 지급 받은 금원에 대한 분배금을 받지 못하자 학교법인의 이사로서의 직무수행의사는 없으면서 오로지 학교법인이나 현 이사들로부터 다소의 금원을 지급 받을 목적만으로 학교법인의 이사회결의 부존재확인을 구하는 것은 권리보호의 자격 내지 소의 이익이 없는 부적법한 것이다(1974. 9. 24, 74다767). <이시윤, 29면>

당연무효인 수용결정에 대하여 아무런 이의 없이 보상금을 수령하고 수용자의 점유를 12년간 용인하여 온 경우, 새삼 그 수용결정의 하자를 이유로 그 소유권이전등기의 말소를 구하는 것은 선행행위에 모순되어 신의성실의 원칙에 반한다(1995. 9.26, 94다54160). <이시윤, 28면>

제1장 법 원

제1절 관 할

제2조【보통재판적】 소(訴)는 피고의 보통재판적(普通裁判籍)이 있는 곳의 법원이 관할한다.

(판 례) 우리 나라의 영토 내에서 행하여진 외국의 사법적 행위가 주권적 활동에 속하는 것이거나 이와 밀접한 관련이 있어서 이에 대한 재판권의 행사가 외국의 주권적 활동에 대한 부당한 간섭이 될 우려가 있다는 등의 특별한 사정이 없는 한, 외국의 사법적 행위에 대하여는 당해 국가를 피고로 하여 우리 나라의 법원이 재판권을 행사할 수 있다(1998.12.17, 97다39216). <이시윤, 50면>

제3조【사람의 보통재판적】 사람의 보통재판적은 그의 주소에 따라 정한다. 다만, 대한민국에 주소가 없거나 주소를 알 수 없는 경우에는 거소에 따라 정하고, 거소가 일정하지 아니하거나 거소도 알 수 없으면 마지막 주소에 따라 정한다.

(판 례) 외국인간의 가사사건에 관하여 우리 나라의 법원에 재판관할권이 있는지 여부는, 우리 나라 가사소송법상의 국내토지관할에 관한 규정을 기초로 외국인 사이의 소송에서 생기는 특성을 참작하면서 당사자간의 공평과 함께 소송절차의 적정하고 원활한 운영과 소송경제 등을 고려하여 조리와 정의관념에 의하여 이를 결정하여야 할 것이다(1994.2.21, 92스26). <이시윤, 52면>

제4조【대사·공사 등의 보통재판적】 대사(大使)·공사(公使), 그 밖에 외국의 재판권 행사대상에서 제외되는 대한민국 국민이 제3조의 규정에 따른 보통재판적이 없는 경우에는 이들의 보통재판적은 대법원이 있는 곳으로 한다.

제5조【법인 등의 보통재판적】 ①법인, 그 밖의 사단 또는 재단의 보통재판적은 이들의 주된 사무소 또는 영업소가 있는 곳에 따라 정하고, 사무소와 영업소가 없는 경우에는 주된 업무담당자의 주소에 따라 정한다.
②제1항의 규정을 외국법인, 그 밖의 사단 또는 재단에 적용하는 경우 보통재판적은 대한민국에 있는 이들의 사무소·영업소 또는 업무담당자의 주소에 따라 정한다.

(판 례) 우리 민사소송법 제4조에 의하면 외국법인 등이 대한민국 내에 사무소, 영업소 또는 업무담당자의 주소를 가지고 있는 경우에는 그 사무소 등에 보통재판적이 인정된다고 할 것이므로, 증거수집의 용이성이나 소송수행의 부담 정도 등 구체적인 제반 사정을 고려하여 그 응소를 강제하는 것이 민사소송의 이념에 비추어 보아 심히 부당한 결과에 이르게 되는 특별한 사정이 없는 한, 원칙적으로 그 분쟁이 외국법인의 대한민국 지점의 영업에 관한 것이 아니라 하더라도 우리 법원의 관할권을 인정하는 것이 조리에 맞는다(2000.6.9, 98다35037). <이시윤, 52면>

제6조【국가의 보통재판적】 국가의 보통재판적은 그 소송에서 국가를 대표하는 관청 또는 대법원이 있는 곳으로 한다.

제7조【근무지의 특별재판적】 사무소 또는 영업소에 계속하여 근무하는 사람에 대하여 소를 제기하는 경우에는 그 사무소 또는 영업소가 있는 곳을 관할하는 법원에 제기할 수 있다.

제8조【거소지 또는 의무이행지의 특별재판적】 재산권에 관한 소를 제기하는 경우에는 거소지 또는 의무이행지의 법원에 제기할 수 있다.

(판 례) 물품대금의 청구는 그 채무이행지의 법원에 소를 제기할 수 있다(1971.3.31, 71마82). <이시윤, 87면>

제9조【어음·수표 지급지의 특별재판적】 어음·수표에 관한 소를 제기하는 경우에는 지급지의 법원에 제기할 수 있다.

(판 례) 약속어음은 그 어음에 표시된 지급지가 의무이행지이고 그 의무이행을 구하는 소송의 토지관할권은 지급지를 관할하는 법원에 있고 채권자의 주소지를 관할하는 법원에 있는 것이 아니다(1980.7.22, 80마208). <이시윤, 87면>

제10조【선원·군인·군무원에 대한 특별재판적】 ①선원에 대하여 재산권에 관한 소를 제기하는 경우에는 선적(船籍)이 있는 곳의 법원에 제기할 수 있다.
②군인·군무원에 대하여 재산권에 관한 소를 제기하는 경우에는 군사용 청사가 있는 곳 또는 군용 선박의 선적이 있는 곳의 법원에 제기할 수 있다.

제11조【재산이 있는 곳의 특별재판적】 대한민국에 주소가 없는 사람 또는 주소를 알 수 없는 사람에 대하여 재산권에 관한 소를 제기하는 경우에는 청구의 목적 또는 담보의 목적이나 압류할 수 있는 피고의 재산이 있는 곳의 법원에 제기할 수 있다.

제12조【사무소·영업소가 있는 곳의 특별재판적】 사무소 또는 영업소가 있는 사람에 대하여 그 사무소 또는 영업소의 업무와 관련이 있는 소를 제기하는 경우에는 그 사무소 또는 영업소가 있는 곳의 법원에 제기할 수 있다.

제13조【선적이 있는 곳의 특별재판적】 선박 또는 항해에 관한 일로 선박소유자, 그 밖의

선박이용자에 대하여 소를 제기하는 경우에는 선적이 있는 곳의 법원에 제기할 수 있다.

제14조【선박이 있는 곳의 특별재판적】 선박채권(船舶債權), 그 밖에 선박을 담보로 한 채권에 관한 소를 제기하는 경우에는 선박이 있는 곳의 법원에 제기할 수 있다.

제15조【사원 등에 대한 특별재판적】 ①회사, 그 밖의 사단이 사원에 대하여 소를 제기하거나 사원이 다른 사원에 대하여 소를 제기하는 경우에는 그 소가 사원의 자격으로 말미암은 것이면 회사, 그 밖의 사단의 보통재판적이 있는 곳의 법원에 소를 제기할 수 있다.
②사단 또는 재단이 그 임원에 대하여 소를 제기하거나 회사가 그 발기인 또는 검사인에 대하여 소를 제기하는 경우에는 제1항의 규정을 준용한다.

제16조【사원 등에 대한 특별재판적】 회사, 그 밖의 사단의 채권자가 그 사원에 대하여 소를 제기하는 경우에는 그 소가 사원의 자격으로 말미암은 것이면 제15조에 규정된 법원에 제기할 수 있다.

제17조【사원 등에 대한 특별재판적】 회사, 그 밖의 사단, 재단, 사원 또는 사단의 채권자가 그 사원·임원·발기인 또는 검사인이었던 사람에 대하여 소를 제기하는 경우와 사원이었던 사람이 그 사원에 대하여 소를 제기하는 경우에는 제15조 및 제16조의 규정을 준용한다.

제18조【불법행위지의 특별재판적】 ①불법행위에 관한 소를 제기하는 경우에는 행위지의 법원에 제기할 수 있다.
②선박 또는 항공기의 충돌이나 그 밖의 사고로 말미암은 손해배상에 관한 소를 제기하는 경우에는 사고선박 또는 항공기가 맨 처음 도착한 곳의 법원에 제기할 수 있다.

제19조【해난구조에 관한 특별재판적】 해난구조(海難救助)에 관한 소를 제기하는 경우에는 구제된 곳 또는 구제된 선박이 맨 처음 도착한 곳의 법원에 제기할 수 있다.

제20조【부동산이 있는 곳의 특별재판적】 부동산에 관한 소를 제기하는 경우에는 부동산이 있는 곳의 법원에 제기할 수 있다.

제21조【등기·등록에 관한 특별재판적】 등기·등록에 관한 소를 제기하는 경우에는 등기 또는 등록할 공공기관이 있는 곳의 법원에 제기할 수 있다.

제22조【상속·유증 등의 특별재판적】 상속(相續)에 관한 소 또는 유증(遺贈), 그 밖에 사망으로 효력이 생기는 행위에 관한 소를 제기하는 경우에는 상속이 시작된 당시 피상속인의 보통재판적이 있는 곳의 법원에 제기할 수 있다.

제23조【상속·유증 등의 특별재판적】 상속채권, 그 밖의 상속재산에 대한 부담에 관한 것으로 제22조의 규정에 해당되지 아니하는 소를 제기하는 경우에는 상속재산의 전부 또는 일부가 제22조의 법원관할구역안에 있으면 그 법원에 제기할 수 있다.

제24조【지적재산권 등에 관한 특별재판적】 ①특허권, 실용신안권, 디자인권, 상표권, 품종보호권(이하 "특허권등"이라 한다)을 제외한 지식재산권과 국제거래에 관한 소를 제기하는 경우에는 제2조 내지 제23조의 규정에 따른 관할법원 소재지를 관할하는 고등법원이 있는 곳의 지방법원에 제기할 수 있다. 다만, 서울고등법원이 있는 곳의 지방법원은 서울중앙지방법원으로 한정한다. <개정 2011.5.19, 2015.12.1>
②특허권등의 지식재산권에 관한 소를 제기하는 경우에는 제2조부터 제23조까지의 규정에 따른 관할법원 소재지를 관할하는 고등법원이 있는 곳의 지방법원의 전속관할로 한다. 다만, 서울고등법원이 있는 곳의 지방법원은 서울중앙지방법원으로 한정한다. <신설 2015.12.1>
③제2항에도 불구하고 당사자는 서울중앙지방법원에 특허권등의 지식재산권에 관한 소를 제기할 수 있다. <신설 2015.12.1>

제25조【관련재판적】 ①하나의 소로 여러 개의 청구를 하는 경우에는 제2조 내지 제24조의 규정에 따라 그 여러 개 가운데 하나의 청구에 대한 관할권이 있는 법원에 소를 제기할 수 있다.
②소송목적이 되는 권리나 의무가 여러 사람에게 공통되거나 사실상 또는 법률상 같은 원인으로 말미암아 그 여러 사람이 공동소송인(共同訴訟人)으로서 당사자가 되는 경우에는 제1항의 규정을 준용한다.

제26조【소송목적의 값의 산정】 ①법원조직법에서 소송목적의 값에 따라 관할을 정하는 경우 그 값은 소로 주장하는 이익을 기준으로 계산하여 정한다.
②제1항의 값을 계산할 수 없는 경우 그 값은 민사소송등인지법의 규정에 따른다.

(판 례) 작위나 부작위 명령을 구하는 소송에 있어

민소

서의 소가는 그 작위나 부작위의 명령을 받음으로써 원고가 받는 이익을 표준으로 하여 산정할 것이다(1969.12.30, 65마198). <이시윤, 82면>

제27조【청구를 병합한 경우의 소송목적의 값】 ①하나의 소로 여러 개의 청구를 하는 경우에는 그 여러 청구의 값을 모두 합하여 소송목적의 값을 정한다.

②과실(果實)·손해배상·위약금(違約金) 또는 비용의 청구가 소송의 부대목적(附帶目的)이 되는 경우에는 그 값은 소송목적의 값에 넣지 아니한다.

(판 례) 원인무효로 인한 부동산 소유권이전등기 및 근저당권설정등기의 말소, 유체동산의 인도와 불법행위로 인한 손해배상청구가 병합된 것으로서 금원의 지급청구 부분은 등기의 말소청구 등과 독립하여 하는 청구이지 이에 부대하여 청구하는 과실, 손해배상, 위약금 또는 비용이라고 볼 수 없다(1992.1.7, 91마692). <이시윤, 84면>

소유권보존등기가 이루어지고 이에 터잡아 근저당권설정등기가 경료된 후 그 소유등기명의가 전전 이전된 동일 부동산에 대하여 소유권보존등기명의자, 근저당권자 및 전득자 등을 공동피고로 하여 제기된 소유권보존등기, 근저당권설정등기, 소유권이전등기의 각 말소를 구하는 소송에 있어서는 1개의 소로써 주장하는 수 개의 청구의 경제적 이익이 동일하거나 중복되는 때에 해당하므로 중복되는 범위 내에서 흡수되고 그 중 가장 다액인 청구의 가액을 소가로 할 것이며, 위 소송에서 원고의 전부승소판결이 선고되어 그 등기명의인들이 전부 불복하여 상소를 제기하는 경우에도 하나의 상소장으로써 공동명의로 상소를 제기한 등기명의인들 사이에는 경제적 이익이 동일하거나 중복되는 때에 해당하므로 중복되는 범위 내에서 흡수된다고 할 것이어서 제1심에서 산정된 소가를 기준으로 하여 항소장 또는 상고장에 인지를 첩부하면 된다고 할 것이나, 다만 그 등기명의인들이 수 개의 항소장 또는 상고장으로 나누어 상소를 제기하는 경우에는 각각 별도로 제1심의 소가를 기준으로 하여 산정한 인지를 항소장 또는 상고장에 첩부하여야 할 것이고, 그 등기명의인들이 당초에는 수 개의 항소장 또는 상고장으로 나누어 상소를 제기하였다가 나중에 공동명의로 하여 하나의 항소장 또는 상고장을 다시 제출하였다고 하더라도 이와 달리 취급할 것은 아니다(1998.7.27, 98마938). <이시윤, 83면>

제28조【관할의 지정】 ①다음 각호 가운데 어느 하나에 해당하면 관계된 법원과 공통되는 바로 위의 상급법원이 그 관계된 법원 또는 당사자의 신청에 따라 결정으로 관할법원을 정한다.

1. 관할법원이 재판권을 법률상 또는 사실상 행사할 수 없는 때
2. 법원의 관할구역이 분명하지 아니한 때

②제1항의 결정에 대하여는 불복할 수 없다.

제29조【합의관할】 ①당사자는 합의로 제1심 관할법원을 정할 수 있다.

②제1항의 합의는 일정한 법률관계로 말미암은 소에 관하여 서면으로 하여야 한다.

(판 례) 갑회사와 을회사의 보증인간에 그 보증채무의 이행에 관련된 분쟁에 관하여 갑회사가 제소법원을 임의로 선택할 수 있다고 한 약정의 효력은 그 약정당사자가 아닌 을회사에게 까지는 미칠 수 없다(1988.10.25, 87다카1728). <이시윤, 97면>

관할의 합의의 효력은 부동산에 관한 물권의 특정승계인에게는 미치지 않는다고 새겨야 할 것인바, 부동산 양수인이 근저당권 부담부의 소유권을 취득한 특정승계인에 불과하다면(근저당권 부담부의 부동산의 취득자가 그 근저당권의 채무자 또는 근저당권설정자의 지위를 당연히 승계한다고 볼 수는 없다), 근저당권설정자와 근저당권자 사이에 이루어진 관할합의의 효력은 부동산 양수인에게 미치지 않는다(1994.5.26, 94마536). <이시윤, 97면>

대한민국 법원의 관할을 배제하고 외국의 법원을 관할법원으로 하는 전속적인 국제관할의 합의가 유효하기 위하여는, 당해 사건이 대한민국 법원의 전속관할에 속하지 아니하고, 지정된 외국법인이 그 외국법상 당해 사건에 대하여 관할권을 가져야 하는 외에, 당해 사건이 그 외국법원에 대하여 합리적인 관련성을 가질 것이 요구된다고 할 것이고, 한편 전속적인 관할 합의가 현저하게 불합리하고 불공정한 경우에는 그 관할 합의는 공서양속에 반하는 법률행위에 해당하는 점에서도 무효이다(1997.9.9, 96다20093). <이시윤, 96면>

제30조【변론관할】 피고가 제1심 법원에서 관할위반이라고 항변(抗辯)하지 아니하고 본안(本案)에 대하여 변론(辯論)하거나 변론준비기일(辯論準備期日)에서 진술하면 그 법원은 관할권을 가진다.

(판 례) 동법 제27조 소정의 응소관할이 생기려면 피고의 본안에 관한 변론이나 준비절차에서 진술은 현실적인 것이어야 하므로 피고의 불출석에 의하여 답변서 등이 법률상 진술 간주되는 경우는 이에 포함되지 아니한다(1980.9.26, 80마403). <이시윤, 98면>

제31조【전속관할에 따른 제외】 전속관할(專屬管轄)이 정하여진 소에는 제2조, 제7조 내지 제25조, 제29조 및 제30조의 규정을 적용하지 아니한다.

제32조【관할에 관한 직권조사】 법원은 관할에 관한 사항을 직권으로 조사할 수 있다.

(판 례) 보통재판적에 의하여 생기는 토지관할과 특별재판적에 의하여 생기는 토지관할이 경합되는 경우에는 원고는 그중 아무데나 임의로 선택하여 제소할 수 있다(1964.7.24, 64마555). <이시윤, 99면>

제33조【관할의 표준이 되는 시기】 법원의 관할은 소를 제기한 때를 표준으로 정한다.

(판 례) 가압류와 가처분신청에 관한 관할법원을 그 신청당시를 현재로 하여 본안사건이 계속되어 있는

민소

법원에 적법하게 계속되면 그 후에는 그 본안사건에 대한 소송계속의 존속여부는 그 가압류와 가처분에 대한 관할권에 영향을 미치지 않는다. 이러한 해석은 본법 제30조가 법원의 관할은 제소한 때를 표준으로 하여 정한다고 규정한 취지를 비추어 보더라도 정당하다 할 것이다(1963.12.12, 4293민상824). <이시윤, 100면>

소제기 당시에 토지관할이 있는 이상 그후의 주소이동은 관할에 영향이 없다(1970.1.8, 69마1097). <이시윤, 100면>

제34조【관할위반 또는 재량에 따른 이송】 ①법원은 소송의 전부 또는 일부에 대하여 관할권이 없다고 인정하는 경우에는 결정으로 이를 관할법원에 이송한다.

②지방법원 단독판사는 소송에 대하여 관할권이 있는 경우라도 상당하다고 인정하면 직권 또는 당사자의 신청에 따른 결정으로 소송의 전부 또는 일부를 같은 지방법원 합의부에 이송할 수 있다.

③지방법원 합의부는 소송에 대하여 관할권이 없는 경우라도 상당하다고 인정하면 직권으로 또는 당사자의 신청에 따라 소송의 전부 또는 일부를 스스로 심리·재판할 수 있다.

④전속관할이 정하여진 소에 대하여는 제2항 및 제3항의 규정을 적용하지 아니한다.

(판 례) 당사자가 관할위반을 이유로 한 이송신청을 한 경우에도 이는 단지 법원의 직권발동을 촉구하는 의미밖에 없는 것이고, 따라서 법원은 이 이송신청에 대하여는 재판을 할 필요가 없고, 설사 법원이 이 이송신청을 거부하는 재판을 하였다고 하여도 항고가 허용될 수 없으므로 항고심에서는 이를 각하 하여야 한다(1993.12.6, 93마524). <이시윤, 104면>

제35조【손해나 지연을 피하기 위한 이송】 법원은 소송에 대하여 관할권이 있는 경우라도 현저한 손해 또는 지연을 피하기 위하여 필요하면 직권 또는 당사자의 신청에 따른 결정으로 소송의 전부 또는 일부를 다른 관할법원에 이송할 수 있다. 다만, 전속관할이 정하여진 소의 경우에는 그러하지 아니하다.

(판 례) 민사소송법 제32조에서 현저한 손해라 함은, 물론 상대방(피고)측의 소송수행상의 부담을 주로 의미하는 것이기는 하나 재항고인(원고)측의 손해도 도외시하여서는 아니된다 할 것이고, 상대방측이 소송을 수행하는 데 많은 비용과 시간이 소요된다는 사정만으로는 같은 법 제32조에서 말하는 현저한 손해 또는 소송의 지연을 가져올 사유가 된다고 단정할 수 없다(1998.8.14, 98마1301). <이시윤, 105면>

제36조【지적재산권 등에 관한 소송의 이송】 ①법원은 특허권등을 제외한 지식재산권과 국제거래에 관한 소가 제기된 경우 직권 또는 당사자의 신청에 따른 결정으로 그 소송의 전부 또는 일부를 제24조제1항에 따른 관할법원에 이송할 수 있다. 다만, 이로 인하여 소송절차를 현저하게 지연시키는 경우에는 그러하지 아니하다. <개정 2011.5.19, 2015.12.1>

②제1항은 전속관할이 정하여져 있는 소의 경우에는 적용하지 아니한다. <개정 2015.12.1.>

③ 제24조제2항 또는 제3항에 따라 특허권등의 지식재산권에 관한 소를 관할하는 법원은 현저한 손해 또는 지연을 피하기 위하여 필요한 때에는 직권 또는 당사자의 신청에 따른 결정으로 소송의 전부 또는 일부를 제2조부터 제23조까지의 규정에 따른 지방법원으로 이송할 수 있다. <신설 2015.12.1>

제37조【이송결정이 확정된 뒤의 긴급처분】 법원은 소송의 이송결정이 확정된 뒤라도 급박한 사정이 있는 때에는 직권으로 또는 당사자의 신청에 따라 필요한 처분을 할 수 있다. 다만, 기록을 보낸 뒤에는 그러하지 아니하다.

제38조【이송결정의 효력】 ①소송을 이송받은 법원은 이송결정에 따라야 한다.

②소송을 이송받은 법원은 사건을 다시 다른 법원에 이송하지 못한다.

제39조【즉시항고】 이송결정과 이송신청의 기각결정(棄却決定)에 대하여는 즉시항고(卽時抗告)를 할 수 있다.

(판 례) 민사소송법 제31조제1항의 관할위반에 기한 이송은 원래 법원의 직권조사사항으로서 같은 법 제31조제2항, 제32조 소정의 이송의 경우와는 달리 당사자에게 이송신청권이 있는 것이 아니므로, 당사자가 그 이송신청을 한 경우에도 단지 법원의 직권발동을 촉구하는 의미밖에 없는 것이므로, 그 이송신청에 대한 재판을 할 필요가 없는데도 원심이 그 이송신청을 기각하는 결정을 하였다면, 그 결정은 그 결정에 대한 특별항고인에게 아무런 불이익을 주는 것이 아니며, 그 결정에 대하여 특별항고를 할 어떤 이익도 없는 것이 분명하므로 그 특별항고는 부적법하다(1996.1.12, 95그59). <이시윤, 106면>

제40조【이송의 효과】 ①이송결정이 확정된 때에는 소송은 처음부터 이송받은 법원에 계속(係屬)된 것으로 본다.

②제1항의 경우에는 이송결정을 한 법원의 법원서기관·법원사무관·법원주사 또는 법원주사보(이하 "법원사무관 등"이라 한다)는 그 결정의 정본(正本)을 소송기록에 붙여 이송받을 법원에 보내야 한다.

(판 례) 재심의 소가 재심제기기간 내에 제1심 법

민소

원에 제기되었으나 재심사유 등에 비추어 항소심판결을 대상으로 한 것이라 인정되어 위 소를 항소심법원에 이송한 경우에 있어서 재심제기기간의 준수여부는 민사소송법 제36조 제1항의 규정에 비추어 제1심 법원에 제기된 때를 기준으로 할 것이지 항소법원에 이송된 때를 기준으로 할 것은 아니다(1984.2.28. 전원합의체판결 83다카1981). <이시윤, 107면>

제2절 법관 등의 제척 · 기피 · 회피

제41조【제척의 이유】 법관은 다음 각호 가운데 어느 하나에 해당하면 직무집행에서 제척(除斥)된다. <개정 2005.3.31>

1. 법관 또는 그 배우자나 배우자이었던 사람이 사건의 당사자가 되거나, 사건의 당사자와 공동권리자 · 공동의무자 또는 상환의무자의 관계에 있는 때
2. 법관이 당사자와 친족의 관계에 있거나 그러한 관계에 있었을 때
3. 법관이 사건에 관하여 증언이나 감정(鑑定)을 하였을 때
4. 법관이 사건당사자의 대리인이었거나 대리인이 된 때
5. 법관이 불복사건의 이전심급의 재판에 관여하였을 때. 다만, 다른 법원의 촉탁에 따라 그 직무를 수행한 경우에는 그러하지 아니하다.

(판 례) 법관의 제척원인이 되는 전심관여라 함은 최종변론과 판결의 합의에 관여하거나 종국판결과 더불어 상급심의 판단을 받는 중간적인 재판에 관여함을 말하는 것이고 최종변론 전의 변론이나 증거조사 또는 기일지정과 같은 소송지휘상의 재판 등에 관여한 경우는 포함되지 않는다(1997.6.13. 96다56115). <이시윤, 68면>

제42조【제척의 재판】 법원은 제척의 이유가 있는 때에는 직권으로 또는 당사자의 신청에 따라 제척의 재판을 한다.

제43조【당사자의 기피권】 ①당사자는 법관에게 공정한 재판을 기대하기 어려운 사정이 있는 때에는 기피신청을 할 수 있다.

②당사자가 법관을 기피할 이유가 있다는 것을 알면서도 본안에 관하여 변론하거나 변론준비기일에서 진술을 한 경우에는 기피신청을 하지 못한다.

(판 례) 민사소송법 제39조제1항 소정의 '재판의 공정을 기대하기 어려운 사정이 있는 때'라 함은 당사자가 불공평한 재판이 될지도 모른다고 추측할 만한 주관적인 사정이 있는 때를 말하는 것이 아니고, 통상인의 판단으로서 법관과 사건과의 관계로 보아 불공정한 재판을 할 것이라는 의혹을 갖는 것이 합리적이라고 인정될 만한 객관적인 사정이 있는 때를 말하는 것이므로, 설사 소송당사자 일방이 재판장의 변경에 따라 소송대리인을 교체하였다 하더라도 그와 같은 사유가 재판의 공정을 기대하기 어려운 객관적인 사정이 있는 때에 해당할 수 없다(1992.12.30. 92마783). <이시윤, 70면>

증거의 채부결정은 담당 재판부의 전권에 속하는 사항으로서, 담당 재판부가 신청에 따른 증거채택을 일부 취소하였다는 사유만으로는 그 재판부를 구성하는 법관들에게 재판의 공정을 기대하기 어려운 사정이 있는 때에 해당한다고 할 수 없어, 위 법관들에 대한 기피신청은 이유 없다(1993.8.19. 93주21). <이시윤, 71면>

법관이 다른 당사자 사이의 동일한 내용의 다른 사건에서 당사자에게 불리한 법률적 의견을 표시하였다는 사정은 민사소송법 제39조제1항 소정의 기피원인에 해당되지 아니한다(1993.6.22. 93재누97). <이시윤, 71면>

제44조【제척과 기피신청의 방식】 ①합의부의 법관에 대한 제척 또는 기피는 그 합의부에, 수명법관(受命法官) · 수탁판사(受託判事) 또는 단독판사에 대한 제척 또는 기피는 그 법관에게 이유를 밝혀 신청하여야 한다.

②제척 또는 기피하는 이유와 소명방법은 신청한 날부터 3일 이내에 서면으로 제출하여야 한다.

제45조【제척 또는 기피신청의 각하 등】 ①제척 또는 기피신청이 제44조의 규정에 어긋나거나 소송의 지연을 목적으로 하는 것이 분명한 경우에는 신청을 받은 법원 또는 법관은 결정으로 이를 각하(却下)한다.

②제척 또는 기피를 당한 법관은 제1항의 경우를 제외하고는 바로 제척 또는 기피신청에 대한 의견서를 제출하여야 한다.

(판 례) 법관에 대한 기피신청에도 불구하고 본안사건 담당법원이 민사소송법 제44조 단서의 규정에 의하여 본안사건에 대하여 종국판결을 선고한 경우에는 그 담당법관을 그 사건의 심리재판에서 배제하고자 하는 기피신청의 목적은 사라지는 것이므로 기피신청에 대한 재판을 할 이익이 없게 된다(1991.6.14. 90두21). <이시윤, 73면>

제46조【제척 또는 기피신청에 대한 재판】 ①제척 또는 기피신청에 대한 재판은 그 신청을 받은 법관의 소속 법원 합의부에서 결정으로 하여야 한다.

②제척 또는 기피신청을 받은 법관은 제1항의 재판에 관여하지 못한다. 다만, 의견을 진술할

수 있다.
③제척 또는 기피신청을 받은 법관의 소속법원이 합의부를 구성하지 못하는 경우에는 바로 위의 상급법원이 결정하여야 한다.

제47조【불복신청】 ①제척 또는 기피신청에 정당한 이유가 있다는 결정에 대하여는 불복할 수 없다.
②제45조제1항의 각하결정(却下決定) 또는 제척이나 기피신청이 이유 없다는 결정에 대하여는 즉시항고를 할 수 있다.
③제45조제1항의 각하결정에 대한 즉시항고는 집행정지의 효력을 가지지 아니한다.

제48조【소송절차의 정지】 법원은 제척 또는 기피신청이 있는 경우에는 그 재판이 확정될 때까지 소송절차를 정지하여야 한다. 다만, 제척 또는 기피신청이 각하된 경우 또는 종국판결(終局判決)을 선고하거나 긴급을 요하는 행위를 하는 경우에는 그러하지 아니하다.

(판 례) 기피신청을 당한 법관이 그 기피신청에 대한 재판이 확정되기 전에 한 판결의 효력은 그 후 그 기피신청이 이유 없는 것으로서 배척되고 그 결정이 확정되는 때에는 유효한 것으로 된다(1978.10.31, 78다1242). <이시윤, 73면>

법원이 기피신청을 받았음에도 소송절차를 정지하지 아니하고 변론을 종결하여 판결 선고기일을 지정하였다고 하더라도 종국판결에 대한 불복절차에 의하여 그 당부를 다툴 수 있을 뿐 이에 대하여 별도로 항고로써 불복할 수 없다(2000.4.15, 2000그20). <이시윤, 73면>

제49조【법관의 회피】 법관은 제41조 또는 제43조의 사유가 있는 경우에는 감독권이 있는 법원의 허가를 받아 회피(回避)할 수 있다.

제50조【법원사무관 등에 대한 제척·기피·회피】 ①법원사무관등에 대하여는 이 절의 규정을 준용한다.
②제1항의 법원사무관 등에 대한 제척 또는 기피의 재판은 그가 속한 법원이 결정으로 하여야 한다.

제2장 당사자

제1절 당사자능력과 소송능력

제51조【당사자능력·소송능력 등에 대한 원칙】 당사자능력(當事者能力), 소송능력(訴訟能力), 소송무능력자(訴訟無能力者)의 법정대리와 소송행위에 필요한 권한의 수여는 이 법에 특별한 규정이 없으면 민법, 그 밖의 법률에 따른다.

(판 례) 태아가 특정한 권리에 있어서 이미 태어난 것으로 본다는 것은 살아서 출생한 때에 출생시기가 문제의 사건의 시기까지 소급하여 그 때에 태아가 출생한 것과 같이 법률상 보아준다고 해석하여야 상당하므로 그가 모체와 같이 사망하여 출생의 기회를 못가진 이상 배상청구권을 논할 여지가 없다(1976.9.14, 76다1365). <이시윤, 120면>

제52조【법인이 아닌 사단 등의 당사자능력】 법인이 아닌 사단이나 재단은 대표자 또는 관리인이 있는 경우에는 그 사단이나 재단의 이름으로 당사자가 될 수 있다.

(판 례) 민법상의 조합과 법인격은 없으나 사단성이 인정되는 비법인사단을 구별함에 있어서는 일반적으로 그 단체성의 강약을 기준으로 판단하여야 하는 바, 조합은 2인 이상이 상호간에 금전 기타 재산 또는 노무를 출자하여 공동사업을 경영할 것을 약정하는 계약관계에 의하여 성립하므로 어느 정도 단체성에서 오는 제약을 받게 되는 것이지만 구성원의 개성이 강하게 드러나는 인적 결합체인 데 비하여 비법인사단은 구성원의 개성과는 별개로 권리·의무의 주체가 될 수 있는 독자적 존재로서의 단체적 조직을 가지는 특성이 있다 하겠는데, 어떤 단체가 고유의 목적을 가지고 사단적 성격을 가지는 규약을 만들어 이에 근거하여 의사결정기관 및 집행기관인 대표자를 두는 등의 조직을 갖추고 있고, 기관의 의결이나 업무집행방법이 다수결의 원칙에 의하여 행하여지며, 구성원의 가입, 탈퇴 등으로 인한 변경에 관계없이 단체 그 자체가 존속되고, 그 조직에 의하여 대표의 방법, 총회나 이사회 등의 운영, 자본의 구성, 재산의 관리 기타 단체로서의 주요사항이 확정되어 있는 경우에는 비법인사단으로서의 실체를 가진다고 할 것이다(1999.4.23, 99다4504). <이시윤, 124면>

제53조【선정당사자】 ①공동의 이해관계를 가진 여러 사람이 제52조의 규정에 해당되지 아니하는 경우에는, 이들은 그 가운데에서 모두를 위하여 당사자가 될 한 사람 또는 여러 사람을 선정하거나 이를 바꿀 수 있다.
②소송이 법원에 계속된 뒤 제1항의 규정에 따라 당사자를 바꾼 때에는 그 전의 당사자는 당연히 소송에서 탈퇴한 것으로 본다.

(판 례) 공동의 이해관계가 있는 다수자는 선정당사자를 선정할 수 있는 것인데, 이 경우 공동의 이해관계란 다수자 상호간에 공동소송인이 될 관계에 있고, 또 주요한 공격방어 방법을 공통으로 하는 것을 의미하므로, 다수자의 권리·의무가 동종이며 그 발생 원인이 동종인 관계에 있는 것만으로는 공동의 이해관계가 있는 경우라고 할 수 없어, 선정당사자의 선정을 허용할 것이 아니다(1999.8.24, 99다15474). <이시윤, 185면>

민사소송법 제53조의 선정당사자는 공동의 이해관계를 가진 여러 사람 중에서 선정되어야하므로, 선정당사자 본인에 대한 부분의 소가 취하되거나 판결이 확정되는 등으로 공동의 이해관계가 소멸하는 경우에는 선정당사자는 선정당사자의 자격을 당연히 상실한다.(2006.9.28, 2006다28775). <이시윤 670면>

제54조【선정당사자 일부의 자격상실】 제53조의 규정에 따라 선정된 여러 당사자 가운데 죽거나 그 자격을 잃은 사람이 있는 경우에는 다른 당사자가 모두를 위하여 소송행위를 한다.

제55조【제한능력자의 소송능력】 ①미성년자 또는 피성년후견인은 법정대리인에 의해서만 소송행위를 할 수 있다. 다만, 다음 각 호의 경우에는 그러하지 아니하다.

1. 미성년자가 독립하여 법률행위를 할 수 있는 경우
2. 피성년후견인이 「민법」 제10조제2항에 따라 취소할 수 없는 법률행위를 할 수 있는 경우

②피한정후견인은 한정후견인의 동의가 필요한 행위에 관하여는 대리권 있는 한정후견인에 의해서만 소송행위를 할 수 있다.
<전문개정 2016.2.3>

제56조【법정대리인의 소송행위에 대한 특별규정 ①미성년후견인, 대리권 있는 성년후견인 또는 대리권 있는 한정후견인이 상대방의 소 또는 상소 제기에 관하여 소송행위를 하는 경우에는 그 후견감독인으로부터 특별한 권한을 받을 필요가 없다.

②제1항의 법정대리인이 소의 취하, 화해, 청구의 포기·인낙(認諾) 또는 제80조에 따른 탈퇴를 하기 위해서는 후견감독인으로부터 특별한 권한을 받아야 한다. 다만, 후견감독인이 없는 경우에는 가정법원으로부터 특별한 권한을 받아야 한다.
<전문개정 2016.2.3>

제57조【외국인의 소송능력에 대한 특별규정】 외국인은 그의 본국법에 따르면 소송능력이 없는 경우라도 대한민국의 법률에 따라 소송능력이 있는 경우에는 소송능력이 있는 것으로 본다.

제58조【법정대리권 등의 증명】 ①법정대리권이 있는 사실 또는 소송행위를 위한 권한을 받은 사실은 서면으로 증명하여야 한다. 제53조의 규정에 따라서 당사자를 선정하고 바꾸는 경우에도 또한 같다.

②제1항의 서면은 소송기록에 붙여야 한다.

제59조【소송능력 등의 흠에 대한 조치】 소송능력·법정대리권 또는 소송행위에 필요한 권한의 수여에 흠이 있는 경우에는 법원은 기간을 정하여 이를 보정(補正)하도록 명하여야 하며, 만일 보정하는 것이 지연됨으로써 손해가 생길 염려가 있는 경우에는 법원은 보정하기 전의 당사자 또는 법정대리인으로 하여금 일시적으로 소송행위를 하게 할 수 있다.

(판 례) 종중의 대표자를 자처하면서 소송을 제기한 자에게 적법한 대표권이 없다는 사실이 밝혀지면 법원은 이 사유를 들어 소를 각하 하면 족하고 종중에 대표자표시정정을 촉구할 의무가 없다(1993.3.12, 92다48789·48796). <이시윤, 159면>

제60조【소송능력 등의 흠과 추인】 소송능력, 법정대리권 또는 소송행위에 필요한 권한의 수여에 흠이 있는 사람이 소송행위를 한 뒤에 보정된 당사자나 법정대리인이 이를 추인(追認)한 경우에는, 그 소송행위는 이를 한 때에 소급하여 효력이 생긴다.

(판 례) 종중을 대표할 권한이 없는 자로부터 소송대리권을 위임받은 소송대리인이 소를 제기하여 소송을 수행하다가, 항소심에 이르러 종중의 적법한 대표자로부터 다시 소송대리권을 위임받아 종중의 대표자를 정정하는 당사자표시정정서를 제출하고 계속하여 종중의 소송대리인으로 소송을 수행하였다면 종전에 종중의 소송대리인으로 한 소송행위는 추인되었다고 보아야 한다(1991.5.28, 91다10206). <이시윤, 136면>

당사자가 소송행위 당시 또는 변호사를 선임할 당시에 미성년자였다고 하더라도 성년이 된 후에 묵시적으로 추인하였다고 보여지는 경우에는 소송능력의 흠결은 없어졌다고 할 것이다(1970.12.22, 70다2297). <이시윤, 136면>

민사소송법 제97조에 의하여 소송대리인에게 준용되는 같은 법 제 60조에 의하면 소송대리권의 흠결이 있는 자의 소송행위는 후에 당사자본인이나 보정된 소송대리인이 그 소속행위를 추인하면 행위 시에 소급하여 그 효력을 갖게 되는 것이고, 이러한 추인은 상고심에서도 할 수 있는 것이다.(2005.4.15, 2004다66469). <이시윤 779면>

제61조【선정당사자에 대한 준용】 제53조의 규정에 따른 당사자가 소송행위를 하는 경우에는 제59조 및 제60조의 규정을 준용한다.

제62조【제한능력자를 위한 특별대리인】 ①미성년자·피한정후견인 또는 피성년후견인이 당사자인 경우, 그 친족, 이해관계인(미성년자·피한정후견인 또는 피성년후견인을 상대로 소송행위를 하려는 사람을 포함한다), 대리권 없는 성년후견인, 대리권 없는 한정후견인, 지방자치단체의 장 또는 검사는 다음

각 호의 경우에 소송절차가 지연됨으로써 손해를 볼 염려가 있다는 것을 소명하여 수소법원(수소법원)에 특별대리인을 선임하여 주도록 신청할 수 있다.
1. 법정대리인이 없거나 법정대리인에게 소송에 관한 대리권이 없는 경우
2. 법정대리인이 사실상 또는 법률상 장애로 대리권을 행사할 수 없는 경우
3. 법정대리인의 불성실하거나 미숙한 대리권 행사로 소송절차의 진행이 현저하게 방해받는 경우

②법원은 소송계속 후 필요하다고 인정하는 경우 직권으로 특별대리인을 선임·개임하거나 해임할 수 있다.
③특별대리인은 대리권 있는 후견인과 같은 권한이 있다. 특별대리인의 대리권의 범위에서 법정대리인의 권한은 정지된다.
④특별대리인의 선임·개임 또는 해임은 법원의 결정으로 하며, 그 결정은 특별대리인에게 송달하여야 한다.
⑤특별대리인의 보수, 선임 비용 및 소송행위에 관한 비용은 소송비용에 포함된다.
<전문개정 2016.2.3.>

제62조의2【의사무능력자를 위한 특별대리인의 선임 등】 ①의사능력이 없는 사람을 상대로 소송행위를 하려고 하거나 의사능력이 없는 사람이 소송행위를 하는 데 필요한 경우 특별대리인의 선임 등에 관하여는 제62조를 준용한다. 다만, 특정후견인 또는 임의후견인도 특별대리인의 선임을 신청할 수 있다.
②제1항의 특별대리인이 소의 취하, 화해, 청구의 포기·인낙 또는 제80조에 따른 탈퇴를 하는 경우 법원은 그 행위가 본인의 이익을 명백히 침해한다고 인정할 때에는 그 행위가 있는 날부터 14일 이내에 결정으로 이를 허가하지 아니할 수 있다. 이 결정에 대해서는 불복할 수 없다.
<본조신설 2016.2.3>

제63조【법정대리권의 소멸통지】 ①소송절차가 진행되는 중에 법정대리권이 소멸한 경우에는 본인 또는 대리인이 상대방에게 소멸된 사실을 통지하지 아니하면 소멸의 효력을 주장하지 못한다. 다만, 법원에 법정대리권의 소멸사실이 알려진 뒤에는 그 법정대리인은 제56조제2항의 소송행위를 하지 못한다.
②제53조의 규정에 따라 당사자를 바꾸는 경우에는 제1항의 규정을 준용한다.

(판 례) 민사소송법 제60조, 제59조제1항의 취지는 법인(법인 아닌 사단도 포함, 이하 같다)대표자의 대표권이 소멸하였다고 하더라도 당사자가 그 대표권의 소멸 사실을 알았는지의 여부, 모른 데에 과실이 있었는지의 여부를 불문하고 그 사실의 통지 유무에 의하여 대표권의 소멸 여부를 획일적으로 처리함으로써 소송절차의 안정과 명확을 기하기 위함에 있으므로, 법인 대표자의 대표권이 소멸된 경우에도 그 통지가 있을 때까지는 다른 특별한 사정이 없는 한 소송절차상으로는 그 대표권이 소멸되지 아니한 것으로 보아야 하므로, 대표권 소멸 사실의 통지가 없는 상태에서 구 대표자가 한 소취하는 유효하고, 상대방이 그 대표권 소멸 사실을 알고 있었다고 하여 이를 달리 볼 것은 아니다(1998.2.19, 95다52710). <이시윤, 147면>

제64조【법인 등 단체의 대표자의 지위】 법인의 대표자 또는 제52조의 대표자 또는 관리인에게는 이 법 가운데 법정대리와 법정대리인에 관한 규정을 준용한다.

(판 례) 민법상의 법인이나 법인이 아닌 사단 또는 재단의 대표자를 선출한 결의의 무효 또는 부존재확인을 구하는 소송에서 그 단체를 대표할 자는 당연히 무효 또는 부존재확인청구의 대상이 된 결의에 의해 선출된 대표자이나, 그 대표자에 대해 직무집행정지 및 직무대행자선임가처분이 된 경우에는, 그 가처분에 특별한 정함이 없는 한 그 대표자는 그 본안소송에서 그 단체를 대표할 권한을 포함 한 일체의 직무집행에서 배제되고 직무대행자로 선임된 자가 대표자의 직무를 대행하게 되므로, 그 본안소송에서 그 단체를 대표할 자도 직무집행을 정지당한 대표자가 아니라 대표자 직무대행자로 보아야 한다(1995.12.12, 95다31348). <이시윤, 148면>

제2절 공동소송

제65조【공동소송의 요건】 소송목적이 되는 권리나 의무가 여러 사람에게 공통되거나 사실상 또는 법률상 같은 원인으로 말미암아 생긴 경우에는 그 여러 사람이 공동소송인으로서 당사자가 될 수 있다. 소송목적이 되는 권리나 의무가 같은 종류의 것이고, 사실상 또는 법률상 같은 종류의 원인으로 말미암은 것인 경우에도 또한 같다.

제66조【통상공동소송인의 지위】 공동소송인 가운데 한 사람의 소송행위 또는 이에 대한 상대방의 소송행위와 공동소송인 가운데 한 사람에 관한 사항은 다른 공동소송인에게 영향을 미치지 아니한다.

(판 례) 순차경료된 등기 또는 수인 앞으로 경료된 공유등기의 말소청구소송은 권리관계의 합일적인

확정을 필요로 하는 필요적 공동소송이 아니라 보통 공동소송이며, 이와 같은 보통공동소송에서는 공동당사자들 상호간의 공격방어방법의 차이에 따라 모순되는 결론이 발생할 수 있고, 이는 변론주의를 원칙으로 하는 소송제도 아래서는 부득이한 일로서 판결의 이유모순이나 이유불비가 된다고 할 수 없다(1991.4.12, 90다9872). <이시윤, 176면>

제67조【필수적 공동소송에 대한 특별규정】 ①소송목적이 공동소송인 모두에게 합일적으로 확정되어야 할 공동소송의 경우에 공동소송인 가운데 한 사람의 소송행위는 모두의 이익을 위하여서만 효력을 가진다.

②제1항의 공동소송에서 공동소송인 가운데 한 사람에 대한 상대방의 소송행위는 공동소송인 모두에게 효력이 미친다.

③제1항의 공동소송에서 공동소송인 가운데 한 사람에게 소송절차를 중단 또는 중지하여야 할 이유가 있는 경우 그 중단 또는 중지는 모두에게 효력이 미친다.

판례 제1심에서 유사필요적 공동소송관계에 있는 다수의 채권자들의 청구가 모두 기각되고, 그중 1인만이 항소한 경우 민사소송법 제63조제1항은 필요적 공동소송에 있어서 공동소송인 중 1인의 소송행위는 공동소송인 전원의 이익을 위하여서만 효력이 있다고 규정하고 있으므로 공동소송인 중 일부의 상소제기는 전원의 이익에 해당된다고 할 것이어서 다른 공동소송인에 대하여도 그 효력이 미칠 것이며, 사건은 필요적 공동소송인 전원에 대하여 확정이 차단되고 상소심에 이심된다고 할 것이다(1991.12.27, 91다23486). <이시윤, 175면>

동업약정에 따라 동업자 공동으로 토지를 매수하였다면 그 토지는 동업자들을 조합원으로 하는 동업체에서 토지를 매수한 것이므로 그 동업자들은 토지에 대한 소유권이전등기청구권을 준합유하는 관계에 있고, 합유재산에 관한 소는 이른바 고유필요적공동소송이라 할 것이므로 그 매매계약에 기하여 소유권이전등기의 이행을 구하는 소를 제기하려면 동업자들이 공동으로 하지 않으면 안된다(1994.10.25, 93다54064). <이시윤, 173면>

제68조【필수적 공동소송인의 추가】 ①법원은 제67조제1항의 규정에 따른 공동소송인 가운데 일부가 누락된 경우에는 제1심의 변론을 종결할 때까지 원고의 신청에 따라 결정으로 원고 또는 피고를 추가하도록 허가할 수 있다. 다만, 원고의 추가는 추가될 사람의 동의를 받은 경우에만 허가할 수 있다.

②제1항의 허가결정을 한 때에는 허가결정의 정본을 당사자 모두에게 송달하여야 하며, 추가될 당사자에게는 소장 부본도 송달하여야 한다.

③제1항의 규정에 따라 공동소송인이 추가된 경우에는 처음의 소가 제기된 때에 추가된 당사자와의 사이에 소가 제기된 것으로 본다.

④제1항의 허가결정에 대하여 이해관계인은 추가될 원고의 동의가 없었다는 것을 사유로 하는 경우에만 즉시항고를 할 수 있다.

⑤제4항의 즉시항고는 집행정지의 효력을 가지지 아니한다.

⑥제1항의 신청을 기각한 결정에 대하여는 즉시항고를 할 수 있다.

판례 일반적으로 당사자표시정정신청을 하는 경우에도 실질적으로 당사자가 변경되는 것은 허용할 수 없고 필요적 공동소송이 아닌 사건에서 소송 도중에 당사자를 추가하는 것 역시 허용될 수 없으므로, 회사의 대표이사가 개인 명의로 소를 제기한 후 회사를 당사자로 추가하고 그 개인 명의의 소를 취하함으로써 당사자의 변경을 가져오는 당사자추가신청은 부적법한 것이다(1998.1.23, 96다41496). <이시윤, 229면>

제69조【필수적공동소송에 대한 특별규정】 제67조제1항의 공동소송인 가운데 한 사람이 상소를 제기한 경우에 다른 공동소송인이 그 상소심에서 하는 소송행위에는 제56조제1항의 규정을 준용한다.

제70조【예비적·선택적 공동소송에 대한 특별규정】 ①공동소송인 가운데 일부의 청구가 다른 공동소송인의 청구와 법률상 양립할 수 없거나 공동소송인 가운데 일부에 대한 청구가 다른 공동소송인에 대한 청구와 법률상 양립할 수 없는 경우에는 제67조 내지 제69조를 준용한다. 다만, 청구의 포기·인낙, 화해 및 소의 취하의 경우에는 그러하지 아니하다.

②제1항의 소송에서는 모든 공동소송인에 관한 청구에 대하여 판결을 하여야 한다.

제3절 소송참가

제71조【보조참가】 소송결과에 이해관계가 있는 제3자는 한 쪽 당사자를 돕기 위하여 법원에 계속중인 소송에 참가할 수 있다. 다만, 소송절차를 현저하게 지연시키는 경우에는 그러하지 아니하다.

판례 특정 소송사건에서 당사자의 일방을 보조하기 위하여 보조참가를 하려면 당해 소송의 결과에 대하여 이해관계가 있어야 하고, 여기에서 말하는 이해관계라 함은 사실상, 경제상 또는 감정상의 이해관계가 아니라 법률상의 이해관계를 가리킨다(1999.7.9, 99다12796). <이시윤, 194면>

제72조【참가신청의 방식】 ①참가신청은 참

가의 취지와 이유를 밝혀 참가하고자 하는 소송이 계속된 법원에 제기하여야 한다.
②서면으로 참가를 신청한 경우에는 법원은 그 서면을 양쪽 당사자에게 송달하여야 한다.
③참가신청은 참가인으로서 할 수 있는 소송행위와 동시에 할 수 있다.

제73조【참가허가여부에 대한 재판】 ①당사자가 참가에 대하여 이의를 신청한 때에는 참가인은 참가의 이유를 소명하여야 하며, 법원은 참가를 허가할 것인지 아닌지를 결정하여야 한다.
②법원은 직권으로 참가인에게 참가의 이유를 소명하도록 명할 수 있으며, 참가의 이유가 있다고 인정되지 아니하는 때에는 참가를 허가하지 아니하는 결정을 하여야 한다.
③제1항 및 제2항의 결정에 대하여는 즉시항고를 할 수 있다.

판례 원고회사의 취체역 겸 대표취체역의 직무집행대행자인 (갑)과 피고간에 이해관계가 동일하고 회사와의 이익과 상반된다 하더라도 이러한 경우에 위 (갑)이 회사를 대표할 수 없다는 상법상 아무런 규정이 없고 민법 제64조의 규정은 상법상 회사에 적용된다 할 수 없으므로 피고에 대한 관계에 있어서 위 (갑)이 원고 회사의 취체역 겸 대표취체역의 직무집행자로서 소송을 진행하였다 하여 위법이라고 할 수 없다(1962.1.11, 4294민상558). <이시윤, 195면>

제74조【이의신청권의 상실】 당사자가 참가에 대하여 이의를 신청하지 아니한 채 변론하거나 변론준비기일에서 진술을 한 경우에는 이의를 신청할 권리를 잃는다.

제75조【참가인의 소송관여】 ①참가인은 그의 참가에 대한 이의신청이 있는 경우라도 참가를 허가하지 아니하는 결정이 확정될 때까지 소송행위를 할 수 있다.
②당사자가 참가인의 소송행위를 원용(援用)한 경우에는 참가를 허가하지 아니하는 결정이 확정되어도 그 소송행위는 효력을 가진다.

판례 보조참가인은 피참가인이 당사자로 되어 있는 기존의 소송을 전제로 피참가인을 승소시키기 위하여 참가하는 것이기 때문에 소의 변경과 같이 기존의 소송형태를 변형시키는 행위는 할 수 없으므로, 보조참가인은 별개의 청구원인에 해당하는 위 '가'항의 재심사유를 주장하여 재심청구를 추가할 수 없다(1992.10.9, 92므266). <이시윤, 197면>

제76조【참가인의 소송행위】 ①참가인은 소송에 관하여 공격·방어·이의·상소, 그 밖의 모든 소송행위를 할 수 있다. 다만, 참가할 때의 소송의 진행정도에 따라 할 수 없는 소송행위는 그러하지 아니하다.
②참가인의 소송행위가 피참가인의 소송행위에 어긋나는 경우에는 그 참가인의 소송행위는 효력을 가지지 아니한다.

제77조【참가인에 대한 재판의 효력】 재판은 다음 각호 가운데 어느 하나에 해당하지 아니하면 참가인에게도 그 효력이 미친다.
1. 제76조의 규정에 따라 참가인이 소송행위를 할 수 없거나, 그 소송행위가 효력을 가지지 아니하는 때
2. 피참가인이 참가인의 소송행위를 방해한 때
3. 피참가인이 참가인이 할 수 없는 소송행위를 고의나 과실로 하지 아니한 때

판례 보조참가인이 피참가인을 보조하여 공동으로 소송을 수행하였으나 피참가인이 그 소송에서 패소한 경우에는 형평의 원칙상 보조참가인이 피참가인에게 그 패소판결이 부당하다고 주장할 수 없도록 구속력을 미치게 하는 이른바 참가적 효력이 있음에 불과하므로 피참가인과 그 소송상대방간의 판결의 기판력이 참가인과 피참가인의 상대방과의 사이에까지는 미치지 아니한다(1988.12.13, 86다카2289). <이시윤, 198면>

보조참가인이 피참가인을 보조하여 공동으로 소송을 수행하였으나 피참가인이 소송에서 패소한 경우에는 형평의 원칙상 보조참가인이 피참가인에게 패소판결이 부당하다고 주장할 수 없도록 구속력을 미치게 하는 이른바 참가적 효력이 인정되지만, 전소 확정판결의 참가적 효력은 전소 확정판결의 결론의 기초가 된 사실상 및 법률상의 판단으로서 보조참가인이 피참가인과 공동이익으로 주장하거나 다툴 수 있었던 사항에 한하여 미치고, 전소 확정판결에 필수적인 요소가 아니어서 결론에 영향을 미칠 수 없는 부가적 또는 보충적인 판단이나 방론 등에까지 미치는 것은 아니다(1997.9.5, 95다42133). <이시윤, 199면>

제78조【공동소송적 보조참가】 재판의 효력이 참가인에게도 미치는 경우에는 그 참가인과 피참가인에 대하여 제67조 및 제69조를 준용한다.

제79조【독립당사자참가】 ①소송목적의 전부나 일부가 자기의 권리라고 주장하거나, 소송결과에 따라 권리가 침해된다고 주장하는 제3자는 당사자의 양 쪽 또는 한 쪽을 상대방으로 하여 당사자로서 소송에 참가할 수 있다.
②제1항의 경우에는 제67조 및 제72조의 규정을 준용한다.

판례 원고가 건물의 증축부분의 소유권에 터잡아 명도를 구하는 소송에서 참가인이 증축부분이 자기 소유임을 이유로 독립당사자참가신청을 한 경우 주

장자체에 의해서는 원고가 주장하는 권리와 참가인이 주장하는 권리가 양립할 수 없는 관계에 있다 할 것이므로, 비록 본안에 들어가 심리한 결과 증축부분이 기존건물에 부합하여 원고의 소유로 되었고 참가인의 소유로 된 것이 아니라고 판단되더라도 이는 참가인의 청구가 이유 없는 사유가 될 뿐 참가신청이 부적법한 것은 아니므로 이를 각하 하여서는 아니된다(1992.12.8, 92다26772·26789). <이시윤, 211면>

독립당사자참가는 소송목적의 전부나 일부가 자기의 권리임을 주장하거나 소송의 결과에 의하여 권리침해를 받을 것을 주장하는 제3자가 당사자로서 소송에 참가하여 3당사자 사이에 서로 대립하는 권리 또는 법률관계를 하나의 판결로써 서로 모순 없이 일시에 해결하려는 것이므로, 참가인은 참가하려는 소송의 원, 피고에 대하여 본소청구와 양립할 수 없는 별개의 청구를 하여야 하고, 그 청구는 소의 이익을 갖추는 이외에 주장 자체에 의하여 성립할 수 있음을 요한다(1993.4.27, 93다5727). <이시윤, 213면>

제80조【독립당사자참가소송에서의 탈퇴】 제79조의 규정에 따라 자기의 권리를 주장하기 위하여 소송에 참가한 사람이 있는 경우 그가 참가하기 전의 원고나 피고는 상대방의 승낙을 받아 소송에서 탈퇴할 수 있다. 다만, 판결은 탈퇴한 당사자에 대하여도 그 효력이 미친다.

제81조【승계인의 소송참가】 소송이 법원에 계속되어 있는 동안에 제3자가 소송목적인 권리 또는 의무의 전부나 일부를 승계하였다고 주장하며 제79조의 규정에 따라 소송에 참가한 경우 그 참가는 소송이 법원에 처음 계속된 때에 소급하여 시효의 중단 또는 법률상 기간준수의 효력이 생긴다.

제82조【승계인의 소송인수】 ①소송이 법원에 계속되어 있는 동안에 제3자가 소송목적인 권리 또는 의무의 전부나 일부를 승계한 때에는 법원은 당사자의 신청에 따라 그 제3자로 하여금 소송을 인수하게 할 수 있다.
②법원은 제1항의 규정에 따른 결정을 할 때에는 당사자와 제3자를 심문(審問)하여야 한다.
③제1항의 소송인수의 경우에는 제80조의 규정 가운데 탈퇴 및 판결의 효력에 관한 것과, 제81조의 규정 가운데 참가의 효력에 관한 것을 준용한다.

(판례) 부동산소유권이전등기청구소송계속중 그 소송목적이 된 부동산에 대한 이전등기이행채무 자체를 승계함이 없이 단순히 같은 부동산에 대한 소유권이전등기(또는 근저당설정등기)가 제3자 앞으로 경료되었다 하여도 이는 민사소송법 제75조제1항 소정의 "그 소송의 목적이 된 채무를 승계한 때"에 해당한다고 할 수 없으므로 위 제3자에 대하여 등기말소를 구하기 위한 소송의 인수는 허용되지 않는다(1983.3.22, 80마283). <이시윤, 235면>

소송당사자가 제3자로 하여금 그 소송을 인수하게 하기 위하여서는 그 제3자에 대하여 인수한 소송의 목적된 채무이행을 구하는 경우에만 허용된다(1971.7.6, 71다726). <이시윤, 237면>

제83조【공동소송참가】 ①소송목적이 한 쪽 당사자와 제3자에게 합일적으로 확정되어야 할 경우 그 제3자는 공동소송인으로 소송에 참가할 수 있다.
②제1항의 경우에는 제72조의 규정을 준용한다.

(판례) 공동소송참가는 타인간의 소송의 목적이 당사자 일방과 제3자에 대하여 합일적으로 확정될 경우 즉 타인간의 소송의 판결의 효력이 제3자에게도 미치게 되는 경우에 한하여 그 제3자에게 허용된다(1986.7.22, 85다620). <이시윤, 223면>

제84조【소송고지의 요건】 ①소송이 법원에 계속된 때에는 당사자는 참가할 수 있는 제3자에게 소송고지(訴訟告知)를 할 수 있다.
②소송고지를 받은 사람은 다시 소송고지를 할 수 있다.

(판례) 채권자가 채권자대위권을 행사하는 방법으로 제3채무자를 상대로 소송을 제기하고 판결을 받은 경우에는 어떠한 사유로 인하였던 적어도 채무자가 채권자대위권에 의한 소송이 제기된 사실을 알았을 경우에는 그 판결의 효력은 채무자에게 미친다(1975.5.13, 74다1664). <이시윤, 204면>

제85조【소송고지의 방식】 ①소송고지를 위하여서는 그 이유와 소송의 진행정도를 적은 서면을 법원에 제출하여야 한다.
②제1항의 서면은 상대방에게 송달하여야 한다.

(판례) 소송고지의 효력은 그 고지서를 법원에 제출한 때 생기는 것이 아니라 피고지자에게 적법하게 송달된 때에 비로소 생긴다(1975.4.22, 74다1519). <이시윤, 205면>

제86조【소송고지의 효과】 소송고지를 받은 사람이 참가하지 아니한 경우라도 제77조의 규정을 적용할 때에는 참가할 수 있었을 때에 참가한 것으로 본다.

제4절 소송대리인

제87조【소송대리인의 자격】 법률에 따라 재판상 행위를 할 수 있는 대리인 외에는 변호사가 아니면 소송대리인이 될 수 없다.

제88조【소송대리인의 자격의 예외】 ①단

독판사가 심리·재판하는 사건 가운데 그 소송목적의 값이 일정한 금액 이하인 사건에서, 당사자와 밀접한 생활관계를 맺고 있고 일정한 범위안의 친족관계에 있는 사람 또는 당사자와 고용계약 등으로 그 사건에 관한 통상사무를 처리·보조하여 오는 등 일정한 관계에 있는 사람이 법원의 허가를 받은 때에는 제87조를 적용하지 아니한다.
②제1항의 규정에 따라 법원의 허가를 받을 수 있는 사건의 범위, 대리인의 자격 등에 관한 구체적인 사항은 대법원규칙으로 정한다.
③법원은 언제든지 제1항의 허가를 취소할 수 있다.

제89조【소송대리권의 증명】 ①소송대리인의 권한은 서면으로 증명하여야 한다.
②제1항의 서면이 사문서인 경우에는 법원은 공증인, 그 밖의 공증업무를 보는 사람(이하 "공증사무소"라 한다)의 인증을 받도록 소송대리인에게 명할 수 있다.
③당사자가 말로 소송대리인을 선임하고, 법원사무관 등이 조서에 그 진술을 적어 놓은 경우에는 제1항 및 제2항의 규정을 적용하지 아니한다.

(판 례) 소송대리권을 증명하는 서면이 사문서인 때는 반드시 인증을 명하여야 하는 것이 아니고 다른 증거에 의하여 그 진정한 것이 인정된다면 소송대리인의 소송수행을 허용하여야 한다(1967.1.24, 66다2180). <이시윤, 152면>

명의수탁자가 자신들의 명의로 되어 있던 부동산에 대하여 명의신탁자가 이를 국가에 기부(증여)함에 동의한다는 내용의 기부동의서와 증여에 따른 소유권이전등기를 촉탁하는 것을 승낙한다는 내용의 등기촉탁승낙서에 서명하여 인감도장과 함께 국가에 제출한 것만으로는 명의수탁자가 국가로 하여금 그 부동산에 관하여 제소전 화해의 방법으로 소유권이전등기를 경료하는 데에 동의하고 나아가 그 제소전 화해절차에서 명의수탁자의 소송대리인 선임 권한을 위임하는 취지로 볼 수 없다(1996.12.23, 95다22436). <이시윤, 154면>

제90조【소송대리권의 범위】 ①소송대리인은 위임을 받은 사건에 대하여 반소(反訴)·참가·강제집행·가압류·가처분에 관한 소송행위 등 일체의 소송행위와 변제(辨濟)의 영수를 할 수 있다.
②소송대리인은 다음 각호의 사항에 대하여는 특별한 권한을 따로 받아야 한다.
1. 반소의 제기
2. 소의 취하, 화해, 청구의 포기·인낙 또는 제80조의 규정에 따른 탈퇴
3. 상소의 제기 또는 취하
4. 대리인의 선임

(판 례) 통상 소송위임장이라는 것은 민사소송법 제81조 제1항에 따른 소송대리인의 권한을 증명하는 전형적인 서면이라고 할 것인데, 여기에서의 소송위임(수권행위)은 소송대리권의 발생이라는 소송법상의 효과를 목적으로 하는 단독 소송행위로서 그 기초관계인 의뢰인과 변호사 사이의 사법상의 위임계약과는 성격을 달리하는 것이고, 의뢰인과 변호사 사이의 권리의무는 수권행위가 아닌 위임계약에 의하여 발생한다(1997.12.12, 95다20775). <이시윤, 152면>

소송상 화해나 청구의 포기에 관한 특별수권이 되어 있다면, 특별한 사정이 없는 한 그러한 소송행위에 대한 수권만이 아니라 그러한 소송행위의 전제가 되는 당해 소송물인 권리의 처분이나 포기에 대한 권한도 수여되어 있다고 봄이 상당하다(2000.1.31, 99마6205). <이시윤, 154면>

제91조【소송대리권의 제한】 소송대리권은 제한하지 못한다. 다만, 변호사가 아닌 소송대리인에 대하여는 그러하지 아니하다.

제92조【법률에 의한 소송대리인의 권한】 법률에 의하여 재판상 행위를 할 수 있는 대리인의 권한에는 제90조와 제91조의 규정을 적용하지 아니한다.

제93조【개별대리의 원칙】 ①여러 소송대리인이 있는 때에는 각자가 당사자를 대리한다.
②당사자가 제1항의 규정에 어긋나는 약정을 한 경우 그 약정은 효력을 가지지 못한다.

제94조【당사자의 경정권】 소송대리인의 사실상 진술은 당사자가 이를 곧 취소하거나 경정(更正)한 때에는 그 효력을 잃는다.

제95조【소송대리권이 소멸되지 아니하는 경우】 다음 각호 가운데 어느 하나에 해당하더라도 소송대리권은 소멸되지 아니한다.
1. 당사자의 사망 또는 소송능력의 상실
2. 당사자인 법인의 합병에 의한 소멸
3. 당사자인 수탁자(受託者)의 신탁임무의 종료
4. 법정대리인의 사망, 소송능력의 상실 또는 대리권의 소멸·변경

제96조【소송대리권이 소멸되지 아니하는 경우】 ①일정한 자격에 의하여 자기의 이름으로 남을 위하여 소송당사자가 된 사람에게 소송대리인이 있는 경우에 그 소송대리인의 대리권은 당사자가 자격을 잃더라도 소멸되지 아니한다.
②제53조의 규정에 따라 선정된 당사자가 그 자

격을 잃은 경우에는 제1항의 규정을 준용한다.

제97조【법정대리인에 관한 규정의 준용】 소송대리인에게는 제58조제2항·제59조·제60조 및 제63조의 규정을 준용한다.

(판 례) 소송대리인이 사임서를 법원에 제출하였다 하더라도 상대방에게 그 사실을 통지하지 않은 이상 소송절차의 안정과 명확을 기하기 위하여 그 대리인의 대리권은 여전히 존속한다(1995.2.28, 94다49311). <이시윤, 157면>

제3장 소송비용

제1절 소송비용의 부담

제98조【소송비용부담의 원칙】 소송비용은 패소한 당사자가 부담한다.

제99조【원칙에 대한 예외】 법원은 사정에 따라 승소한 당사자로 하여금 그 권리를 늘리거나 지키는 데 필요하지 아니한 행위로 말미암은 소송비용 또는 상대방의 권리를 늘리거나 지키는 데 필요한 행위로 말미암은 소송비용의 전부나 일부를 부담하게 할 수 있다.

제100조【원칙에 대한 예외】 당사자가 적당한 시기에 공격이나 방어의 방법을 제출하지 아니하였거나, 기일이나 기간의 준수를 게을리 하였거나, 그 밖에 당사자가 책임져야 할 사유로 소송이 지연된 때에는 법원은 지연됨으로 말미암은 소송비용의 전부나 일부를 승소한 당사자에게 부담하게 할 수 있다.

제101조【일부패소의 경우】 일부패소의 경우에 당사자들이 부담할 소송비용은 법원이 정한다. 다만, 사정에 따라 한 쪽 당사자에게 소송비용의 전부를 부담하게 할 수 있다.

(판 례) 민사소송법 제92조는 '일부 패소의 경우에 각 당사자가 부담할 소송비용은 법원이 정한다. 다만 사정에 따라 당사자의 일방에게 소송비용의 전부를 부담하게 할 수 있다'고 규정하고 있는바, 그 규정의 취지에 비추어 보면 일부 패소의 경우에 각 당사자가 부담할 소송비용은 법원이 그 재량에 의하여 정할 수 있다(1996.10.25, 95다56996). <이시윤, 657면>

제102조【공동소송의 경우】 ①공동소송인은 소송비용을 균등하게 부담한다. 다만, 법원은 사정에 따라 공동소송인에게 소송비용을 연대하여 부담하게 하거나 다른 방법으로 부담하게 할 수 있다.

②제1항의 규정에 불구하고 법원은 권리를 늘리거나 지키는 데 필요하지 아니한 행위로 생긴 소송비용은 그 행위를 한 당사자에게 부담하게 할 수 있다.

제103조【참가소송의 경우】 참가소송비용에 대한 참가인과 상대방 사이의 부담과, 참가이의 신청의 소송비용에 대한 참가인과 이의신청 당사자 사이의 부담에 대하여는 제98조 내지 제102조의 규정을 준용한다.

제104조【각 심급의 소송비용의 재판】 법원은 사건을 완결하는 재판에서 직권으로 그 심급의 소송비용 전부에 대하여 재판하여야 한다. 다만, 사정에 따라 사건의 일부나 중간의 다툼에 관한 재판에서 그 비용에 대한 재판을 할 수 있다.

(판 례) 소송비용의 재판에 대한 불복은 본안의 재판에 대한 상고의 전부 또는 일부가 이유 있는 경우에 한하여 허용되는 것이고, 본안의 상고이유가 없는 경우에는 허용될 수 없다(1981.7.7, 80다2185). <이시윤, 657면>

제105조【소송의 총비용에 대한 재판】 상급법원이 본안의 재판을 바꾸는 경우 또는 사건을 환송받거나 이송받은 법원이 그 사건을 완결하는 재판을 하는 경우에는 소송의 총비용에 대하여 재판하여야 한다.

제106조【화해한 경우의 비용부담】 당사자가 법원에서 화해한 경우(제231조의 경우를 포함한다) 화해비용과 소송비용의 부담에 대하여 특별히 정한 바가 없으면 그 비용은 당사자들이 각자 부담한다.

제107조【제3자의 비용상환】 ①법정대리인·소송대리인·법원사무관등이나 집행관이 고의 또는 중대한 과실로 쓸데없는 비용을 지급하게 한 경우에는 수소법원은 직권으로 또는 당사자의 신청에 따라 그에게 비용을 갚도록 명할 수 있다.

②법정대리인 또는 소송대리인으로서 소송행위를 한 사람이 그 대리권 또는 소송행위에 필요한 권한을 받았음을 증명하지 못하거나, 추인을 받지 못한 경우에 그 소송행위로 말미암아 발생한 소송비용에 대하여는 제1항의 규정을 준용한다.

③제1항 및 제2항의 결정에 대하여는 즉시항고를 할 수 있다.

제108조【무권대리인의 비용부담】 제107조제2항의 경우에 소가 각하된 경우에는 소송비용은 그 소송행위를 한 대리인이 부담한다.

제109조【변호사의 보수와 소송비용】 ①소

송을 대리한 변호사에게 당사자가 지급하였거나 지급할 보수는 대법원규칙이 정하는 금액의 범위안에서 소송비용으로 인정한다.
②제1항의 소송비용을 계산할 때에는 여러 변호사가 소송을 대리하였더라도 한 변호사가 대리한 것으로 본다.

판례 수인의 공동소송인이 공동으로 변호사를 선임하여 소송을 수행하게 한 경우에 특별한 사정(예컨대 그 공동소송이 실질적으로는 독립소송이나 다름없을 정도로 공동소송인 사이에 관련성이 희박하면서도 형식상으로만 공동소송으로 되어 있다는 등)이 없는 한, 그 공동소송인들이 지급하였거나 지급할 변호사보수를 소송비용에 산입함에 있어서는, 각 공동소송인별로 소송물가액을 정하여 변호사보수의 소송비용산입에관한규칙 제3조에 의한 변호사보수를 각 개인별로 산정한 다음 이를 합산할 것이 아니라, 동일한 변호사를 선임한 공동소송인들의 각 소송물가액을 모두 합산한 총액을 기준으로 위 규칙 제3조에 따른 비율을 적용하여 변호사보수를 산정하는 것이 옳다(2000.11.30, 2000마5563). <이시윤, 656면>

제110조【소송비용액의 확정결정】 ①소송비용의 부담을 정하는 재판에서 그 액수가 정하여지지 아니한 경우에 제1심 법원은 그 재판이 확정되거나, 소송비용부담의 재판이 집행력을 갖게된 후에 당사자의 신청을 받아 결정으로 그 소송비용액을 확정한다.
②제1항의 확정결정을 신청할 때에는 비용계산서, 그 등본과 비용액을 소명하는 데 필요한 서면을 제출하여야 한다.
③제1항의 결정에 대하여는 즉시항고를 할 수 있다.

판례 피해자가 법원의 감정명령에 따라 신체감정을 받으면서 그 감정을 위한 제반 검사비용으로 지출하였다는 금액은 예납의 절차에 의하지 않고 직접 지출하였다 하더라도 감정비용에 포함되는 것으로서 소송비용에 해당하는 것이고, 소송비용으로 지출한 금액은 소송비용확정의 절차를 거쳐 상환 받을 수 있는 것이어서 이를 별도로 소구할 이익이 없다(2000.5.12, 99다68577). <이시윤, 658면>

제111조【상대방에 대한 최고】 ①법원은 소송비용액을 결정하기 전에 상대방에게 비용계산서의 등본을 교부하고, 이에 대한 진술을 할 것과 일정한 기간 이내에 비용계산서와 비용액을 소명하는 데 필요한 서면을 제출할 것을 최고(催告)하여야 한다.
②상대방이 제1항의 서면을 기간 이내에 제출하지 아니한 때에는 법원은 신청인의 비용에 대하여서만 결정할 수 있다. 다만, 상대방도 제110조제1항의 확정결정을 신청할 수 있다.

제112조【부담비용의 상계】 법원이 소송비용을 결정하는 경우에 당사자들이 부담할 비용은 대등한 금액에서 상계(相計)된 것으로 본다. 다만, 제111조제2항의 경우에는 그러하지 아니하다.

제113조【화해한 경우의 비용액확정】 ①제106조의 경우에 당사자가 소송비용부담의 원칙만을 정하고 그 액수를 정하지 아니한 때에는 법원은 당사자의 신청에 따라 결정으로 그 액수를 정하여야 한다.
②제1항의 경우에는 제110조제2항·제3항, 제111조 및 제112조의 규정을 준용한다.

제114조【소송이 재판에 의하지 아니하고 끝난 경우】 ①제113조의 경우 외에 소송이 재판에 의하지 아니하고 끝나거나 참가 또는 이에 대한 이의신청이 취하된 경우에는 법원은 당사자의 신청에 따라 결정으로 소송비용의 액수를 정하고, 이를 부담하도록 명하여야 한다.
②제1항의 경우에는 제98조 내지 제103조, 제110조제2항·제3항, 제111조 및 제112조의 규정을 준용한다.

판례 소송비용확정결정의 목적은 소송비용의 부담을 정한 재판이 그 수액을 정하지 아니한 때에 그 수액을 확정함에 목적이 있고 상환의무 내지 권리의 존재를 확정하는 것이 아니므로 이 절차에 있어서는 화해 등에 의하여 그 권리가 소멸되었다는 항변은 할 수 없다(1965.2.9, 64마819). <이시윤, 658면>

소송이 재판에 의하지 아니하고 완결된 경우에 당사자가 소송비용을 상환 받기 위하여서는 민사소송법 제104조 제1항에 의하여 당해 소송이 완결될 당시의 소송계속법원에 소송비용부담재판의 신청을 하여야 하고 이를 제1심수소법원에 소송비용액확정결정신청의 방법으로 할 수는 없다(1992.11.30, 90마1003). <이시윤, 658면>

제115조【법원사무관 등에 의한 계산】 제110조제1항의 신청이 있는 때에는 법원은 법원사무관 등에게 소송비용액을 계산하게 하여야 한다.

제116조【비용의 예납】 ①비용을 필요로 하는 소송행위에 대하여 법원은 당사자에게 그 비용을 미리 내게 할 수 있다.
②비용을 미리 내지 아니하는 때에는 법원은 그 소송행위를 하지 아니할 수 있다.

제2절 소송비용의 담보

제117조【담보제공의무】 ①원고가 대한민국에 주소·사무소와 영업소를 두지 아니한 때 또

는 소장·준비서면, 그 밖의 소송기록에 의하여 청구가 이유 없음이 명백한 때 등 소송비용에 대한 담보제공이 필요하다고 판단되는 경우에 피고의 신청이 있으면 법원은 원고에게 소송비용에 대한 담보를 제공하도록 명하여야 한다. 담보가 부족한 경우에도 또한 같다. <개정 2010.7.23>

②제1항의 경우에 법원은 직권으로 원고에게 소송비용에 대한 담보를 제공하도록 명할 수 있다. <신설 2010.7.23>

③청구의 일부에 대하여 다툼이 없는 경우에는 그 액수가 담보로 충분하면 제1항의 규정을 적용하지 아니한다. <개정 2010.7.23>

제118조【소송에 응함으로 말미암은 신청권의 상실】 담보를 제공할 사유가 있다는 것을 알고도 피고가 본안에 관하여 변론하거나 변론준비기일에서 진술한 경우에는 담보제공을 신청하지 못한다.

제119조【피고의 거부권】 담보제공을 신청한 피고는 원고가 담보를 제공할 때까지 소송에 응하지 아니할 수 있다.

제120조【담보제공결정】 ①법원은 담보를 제공하도록 명하는 결정에서 담보액과 담보제공의 기간을 정하여야 한다.

②담보액은 피고가 각 심급에서 지출할 비용의 총액을 표준으로 하여 정하여야 한다.

제121조【불복신청】 담보제공신청에 관한 결정에 대하여는 즉시항고를 할 수 있다.

제122조【담보제공방식】 담보의 제공은 금전 또는 법원이 인정하는 유가증권을 공탁(供託)하거나, 대법원규칙이 정하는 바에 따라 지급을 보증하겠다는 위탁계약을 맺은 문서를 제출하는 방법으로 한다. 다만, 당사자들 사이에 특별한 약정이 있으면 그에 따른다.

제123조【담보물에 대한 피고의 권리】 피고는 소송비용에 관하여 제122조의 규정에 따른 담보물에 대하여 질권자와 동일한 권리를 가진다.

제124조【담보를 제공하지 아니한 효과】 담보를 제공하여야 할 기간 이내에 원고가 이를 제공하지 아니하는 때에는 법원은 변론없이 판결로 소를 각하할 수 있다. 다만, 판결하기 전에 담보를 제공한 때에는 그러하지 아니하다.

제125조【담보의 취소】 ①담보제공자가 담보하여야 할 사유가 소멸되었음을 증명하면서 취소신청을 하면, 법원은 담보취소결정을 하여야 한다.

②담보제공자가 담보취소에 대한 담보권리자의 동의를 받았음을 증명한 때에도 제1항과 같다.

③소송이 완결된 뒤 담보제공자가 신청하면, 법원은 담보권리자에게 일정한 기간 이내에 그 권리를 행사하도록 최고하고, 담보권리자가 그 행사를 하지 아니하는 때에는 담보취소에 대하여 동의한 것으로 본다.

④제1항과 제2항의 규정에 따른 결정에 대하여는 즉시항고를 할 수 있다.

제126조【담보물변경】 법원은 담보제공자의 신청에 따라 결정으로 공탁한 담보물을 바꾸도록 명할 수 있다. 다만, 당사자가 계약에 의하여 공탁한 담보물을 다른 담보로 바꾸겠다고 신청한 때에는 그에 따른다.

(판 례) 공탁한 담보물이 금전인 경우에 유가증권으로 담보물을 변환하는 것은 법원의 재량에 속한다 (1977.12.15. 77그27). <이시윤, 659면>

제127조【준용규정】 다른 법률에 따른 소제기에 관하여 제공되는 담보에는 제119조, 제120조제1항, 제121조 내지 제126조의 규정을 준용한다.

제3절 소송구조

제128조【구조의 요건】 ①법원은 소송비용을 지출할 자금능력이 부족한 사람의 신청에 따라 또는 직권으로 소송구조(訴訟救助)를 할 수 있다. 다만, 패소할 것이 분명한 경우에는 그러하지 아니하다.

②제1항 단서에 해당하는 경우 같은 항 본문에 따른 소송구조 신청에 필요한 소송비용과 제133조에 따른 불복신청에 필요한 소송비용에 대하여도 소송구조를 하지 아니한다. <신설 2023. 4. 18.>

③제1항의 신청인은 구조의 사유를 소명하여야 한다. <개정 2023. 4. 18.>

④소송구조에 대한 재판은 소송기록을 보관하고 있는 법원이 한다. <개정 2023. 4. 18.>

⑤제1항에서 정한 소송구조요건의 구체적인 내용과 소송구조절차에 관하여 상세한 사항은 대법원규칙으로 정한다. <개정 2023. 4. 18.>

(판 례) 소송상의 구조신청은 그 구조를 구하는 심급의 법원에 하여야 하지만 그 내용이 상고장에 첩

부하여야 할 인지의 첩부를 유예 받고자 하는 경우에는 상소법원에 직접 신청을 하지 않고 원심법원을 경유하여도 무방하되 이 경우 원심법원은 이를 상소법원에 송부하여야 하고 그 신청에 대한 구조의 부여 또는 각하결정은 당해 상소법원만이 할 수 있다(1994.6.20, 94마812). <이시윤, 313조>

제129조【구조의 객관적 범위】 ①소송과 강제집행에 대한 소송구조의 범위는 다음 각호와 같다. 다만, 법원은 상당한 이유가 있는 때에는 다음 각호 가운데 일부에 대한 소송구조를 할 수 있다.
1. 재판비용의 납입유예
2. 변호사 및 집행관의 보수와 체당금(替當金)의 지급유예
3. 소송비용의 담보면제
4. 대법원규칙이 정하는 그 밖의 비용의 유예나 면제

②제1항제2호의 경우에는 변호사나 집행관이 보수를 받지 못하면 국고에서 상당한 금액을 지급한다.

제130조【구조효력의 주관적 범위】 ①소송구조는 이를 받은 사람에게만 효력이 미친다.
②법원은 소송승계인에게 미루어 둔 비용의 납입을 명할 수 있다.

제131조【구조의 취소】 소송구조를 받은 사람이 소송비용을 납입할 자금능력이 있다는 것이 판명되거나, 자금능력이 있게 된 때에는 소송기록을 보관하고 있는 법원은 직권으로 또는 이해관계인의 신청에 따라 언제든지 구조를 취소하고, 납입을 미루어 둔 소송비용을 지급하도록 명할 수 있다.

제132조【납입유예비용의 추심】 ①소송구조를 받은 사람에게 납입을 미루어 둔 비용은 그 부담의 재판을 받은 상대방으로부터 직접 지급받을 수 있다.
②제1항의 경우에 변호사 또는 집행관은 소송구조를 받은 사람의 집행권원으로 보수와 체당금에 관한 비용액의 확정결정신청과 강제집행을 할 수 있다.
③변호사 또는 집행관은 보수와 체당금에 대하여 당사자를 대위(代位)하여 제113조 또는 제114조의 결정신청을 할 수 있다.

제133조【불복신청】 이 절에 규정한 재판에 대하여는 즉시항고를 할 수 있다. 다만, 상대방은 제129조제1항제3호의 소송구조결정을 제외하고는 불복할 수 없다.

제4장 소송절차

제1절 변 론

제134조【변론의 필요성】 ①당사자는 소송에 대하여 법원에서 변론하여야 한다. 다만, 결정으로 완결할 사건에 대하여는 법원이 변론을 열 것인지 아닌지를 정한다.
②제1항 단서의 규정에 따라 변론을 열지 아니할 경우에, 법원은 당사자와 이해관계인, 그 밖의 참고인을 심문할 수 있다.
③이 법에 특별한 규정이 있는 경우에는 제1항과 제2항의 규정을 적용하지 아니한다.

(판 례) 항고심 심판에 있어 변론여부와 이해관계인의 심문여부는 항고법원의 자유재량에 속하므로 변론 내지 심문을 하여 항고인에게 증거제출의 기회를 주지 아니하였다 하여 위법하다고 할 수 없다(1961. 7.27, 4291민재항372). <이시윤, 365면>

경락허가결정에 대한 항고사건의 재판은 결정으로 하는 것이며 따라서 변론 없이 소송기록에 의한 서면심리만으로 재판할 수 있다(1966.6.8, 66마273). <이시윤, 365면>

제135조【재판장의 지휘권】 ①변론은 재판장(합의부의 재판장 또는 단독판사를 말한다. 이하 같다)이 지휘한다.
②재판장은 발언을 허가하거나 그의 명령에 따르지 아니하는 사람의 발언을 금지할 수 있다.

제136조【석명권(釋明權)·구문권(求問權) 등】 ①재판장은 소송관계를 분명하게 하기 위하여 당사자에게 사실상 또는 법률상 사항에 대하여 질문할 수 있고, 증명을 하도록 촉구할 수 있다.
②합의부원은 재판장에게 알리고 제1항의 행위를 할 수 있다.
③당사자는 필요한 경우 재판장에게 상대방에 대하여 설명을 요구하여 줄 것을 요청할 수 있다.
④법원은 당사자가 간과하였음이 분명하다고 인정되는 법률상 사항에 관하여 당사자에게 의견을 진술할 기회를 주어야 한다.

(판 례) 토지임대차 종료시 임대인의 건물철거와 그 부지인도 청구에는 건물매수대금 지급과 동시에 건물명도를 구하는 청구가 포함되어 있다고 볼 수 없다. 이러한 경우에 법원으로서는 임대인이 종전의 청구를 계속 유지할 것인지, 아니면 대금지급과 상환으로 지상물의 명도를 청구할 의사가 있는 것인

지(예비적으로라도)를 석명하고 임대인이 그 석명에 응하여 소를 변경한 때에는 지상물 명도의 판결을 함으로써 분쟁의 1회적 해결을 꾀하여야 한다.(1995.7.11. 94다34265). <이시윤, 392면>

매수인이 점포에 대한 매매계약이 유효한 것으로 믿고 영업을 하기 위하여 일정 비용을 들여 광고지를 배포하였으나 매매계약이 기망을 이유로 취소됨으로써 매수인이 광고지 배포 비용 상당의 손해를 입은 사실을 인정할 수 있는 경우, 매수인이 그가 배포한 광고지의 제작비를 지출한 사실도 인정할 수 있다 할 것인바, 이와 같이 손해 발생 사실이 인정되는 경우에는 특단의 사정이 없는 한 손해액을 심리·확정하여야 하는 것이므로 광고지의 제작비에 관한 입증이 불충분하다 하더라도 법원은 그 이유만으로 그 부분의 손해배상청구를 배척할 것이 아니라 손해액에 관하여 적극적으로 석명권을 행사하고 입증을 촉구하여 이를 밝혀야 한다(1997.12.26. 97다42892·42908). <이시윤, 393면>

원심의 변론종결시까지 당사자 사이에 결정의 송달 여부만 다투어졌을 뿐 경정결정의 송달 여부에 관하여는 명시적으로 다툼이 없었던 경우, 원심이 경정결정의 송달 여부에 관하여 석명을 구하고 입증을 촉구하여야 함에도 불구하고, 이를 의식하지 못하고 간과한 원고가 제출한 증거만으로 경정결정의 송달사실이 인정되지 않는다는 이유로 청구를 기각한 것은 당사자가 전혀 예상하지 못하였던 법률적인 관점에 기한 예상외의 재판으로 원고에게 불의의 타격을 가하였을 뿐 아니라, 경정결정이 피고에게 송달되었는지에 관하여 제대로 심리를 하지 아니하여 판결에 영향을 미친 위법이 있다(1994.6.10. 94다8761). <이시윤, 395면>

제137조【석명준비명령】 재판장은 제136조의 규정에 따라 당사자에게 설명 또는 증명하거나 의견을 진술할 사항을 지적하고 변론기일 이전에 이를 준비하도록 명할 수 있다.

제138조【합의부에 의한 감독】 당사자가 변론의 지휘에 관한 재판장의 명령 또는 제136조 및 제137조의 규정에 따른 재판장이나 합의부원의 조치에 대하여 이의를 신청한 때에는 법원은 결정으로 그 이의신청에 대하여 재판한다.

제139조【수명법관의 지정 및 촉탁】 ①수명법관으로 하여금 그 직무를 수행하게 하고자 할 경우에는 재판장이 그 판사를 지정한다.
②법원이 하는 촉탁은 특별한 규정이 없으면 재판장이 한다.

제140조【법원의 석명처분】 ①법원은 소송관계를 분명하게 하기 위하여 다음 각호의 처분을 할 수 있다.
1. 당사자 본인 또는 그 법정대리인에게 출석하도록 명하는 일
2. 소송서류 또는 소송에 인용한 문서, 그 밖의 물건으로서 당사자가 가지고 있는 것을 제출하게 하는 일
3. 당사자 또는 제3자가 제출한 문서, 그 밖의 물건을 법원에 유치하는 일
4. 검증을 하고 감정을 명하는 일
5. 필요한 조사를 촉탁하는 일

②제1항의 검증·감정과 조사의 촉탁에는 이 법의 증거조사에 관한 규정을 준용한다.

제141조【변론의 제한·분리·병합】 법원은 변론의 제한·분리 또는 병합을 명하거나, 그 명령을 취소할 수 있다.

제142조【변론의 재개】 법원은 종결된 변론을 다시 열도록 명할 수 있다.

(판 례) 변론의 재개신청은 법원의 직권발동을 촉구하는 의미밖에 없으므로 변론의 재개 여부는 법원의 직권사항이고 당사자에게 신청권이 없으므로 이에 대한 허부의 결정을 할 필요가 없으며, 또한 변론재개신청이 있다고 하여 법원에 재개의무가 있는 것도 아니다(1998.9.18. 97다52141). <이시윤, 438면>

제143조【통 역】 ①변론에 참여하는 사람이 우리말을 하지 못하거나, 듣거나 말하는 데 장애가 있으면 통역인에게 통역하게 하여야 한다. 다만, 위와 같은 장애가 있는 사람에게는 문자로 질문하거나 진술하게 할 수 있다.
②통역인에게는 이 법의 감정인에 관한 규정을 준용한다.

제143조의2【진술 보조】 ①질병, 장애, 연령, 그 밖의 사유로 인한 정신적·신체적 제약으로 소송관계를 분명하게 하기 위하여 필요한 진술을 하기 어려운 당사자는 법원의 허가를 받아 진술을 도와주는 사람과 함께 출석하여 진술할 수 있다.
②법원은 언제든지 제1항의 허가를 취소할 수 있다.
③제1항 및 제2항에 따른 진술보조인의 자격 및 소송상 지위와 역할, 법원의 허가 요건·절차 등 허가 및 취소에 관한 사항은 대법원규칙으로 정한다.
<본조신설 2016.2.3>

제144조【변론능력이 없는 사람에 대한 조치】 ①법원은 소송관계를 분명하게 하기 위하여 필요한 진술을 할 수 없는 당사자 또는 대리인의 진술을 금지하고, 변론을 계속할 새 기일을 정할 수 있다.
②제1항의 규정에 따라 진술을 금지하는 경우

에 필요하다고 인정하면 법원은 변호사를 선임하도록 명할 수 있다.
③제1항 또는 제2항의 규정에 따라 대리인에게 진술을 금지하거나 변호사를 선임하도록 명하였을 때에는 본인에게 그 취지를 통지하여야 한다.
④소 또는 상소를 제기한 사람이 제2항의 규정에 따른 명령을 받고도 제1항의 새 기일까지 변호사를 선임하지 아니한 때에는 법원은 결정으로 소 또는 상소를 각하할 수 있다.
⑤제4항의 결정에 대하여는 즉시항고를 할 수 있다.

판례 민사소송법 제134조제1항, 제2항, 제4항의 각 규정에 의하면 당사자 또는 대리인이 법원의 변호사 선임명령을 받고도 신기일까지 변호사를 선임하지 아니한 때에는 소가 각하될 수 있고, 그러한 경우 당사자는 경제적·시간적으로 많은 불이익을 입게되므로 이러한 점을 고려하여 같은 조 제3항의 규정에 의하면 특별히 당사자 본인이 아닌 대리인에게 진술을 금하고 변호사의 선임을 명하였을 때에는 실질적으로 변호사 선임권한을 가진 본인에게 그 취지를 통지하여 그로 하여금 변호사 선임 여부를 결정할 수 있는 기회를 부여하도록 하고 있다고 보여지므로 그러한 통지가 없는 경우에는 변호사를 선임하지 아니하였다 하여도 소를 각하할 수는 없다(2000.10.18, 2000마2999). <이시윤, 140면>

제145조【화해의 권고】 ①법원은 소송의 정도와 관계없이 화해를 권고하거나, 수명법관 또는 수탁판사로 하여금 권고하게 할 수 있다.
②제1항의 경우에 법원·수명법관 또는 수탁판사는 당사자 본인이나 그 법정대리인의 출석을 명할 수 있다.

제146조【적시제출주의】 공격 또는 방어의 방법은 소송의 정도에 따라 적절한 시기에 제출하여야 한다.

판례 미성년자의 신용카드이용계약 취소에 따른 부당이득반환청구사건에서 항소심에 이르러, 동일한 쟁점에 관한 대법원의 첫 판결이 선고되자 그 판결의 취지를 토대로 신용카드 가맹점과의 개별계약 취소의 주장을 새로이 제출한 경우에 있어, 취소권 행사를 전제로 하는 공격·방어방법의 경우에는 취소권 행사에 신중을 기할 수밖에 없어 조기 제출에 어려움이 있다는 점 등에 비추어 위 주장이 당사자의 고의 또는 중대한 과실로 시기에 늦게 제출되었거나 제1심의 변론준비기일에 제출되지 아니한 데 중대한 과실이 있었다고 보기 어렵다.(2006.3.10, 2005다46363). <이시윤 309면>

제147조【제출기간의 제한】 ①재판장은 당사자의 의견을 들어 한쪽 또는 양쪽 당사자에 대하여 특정한 사항에 관하여 주장을 제출하거나 증거를 신청할 기간을 정할 수 있다.
②당사자가 제1항의 기간을 넘긴 때에는 주장을 제출하거나 증거를 신청할 수 없다. 다만, 당사자가 정당한 사유로 그 기간 이내에 제출 또는 신청하지 못하였다는 것을 소명한 경우에는 그러하지 아니하다.

제148조【한쪽 당사자가 출석하지 아니한 경우】 ①원고 또는 피고가 변론기일에 출석하지 아니하거나, 출석하고서도 본안에 관하여 변론하지 아니한 때에는 그가 제출한 소장·답변서, 그 밖의 준비서면에 적혀 있는 사항을 진술한 것으로 보고 출석한 상대방에게 변론을 명할 수 있다.
②제1항의 규정에 따라 당사자가 진술한 것으로 보는 답변서, 그 밖의 준비서면에 청구의 포기 또는 인낙의 의사표시가 적혀 있고 공증사무소의 인증을 받은 때에는 그 취지에 따라 청구의 포기 또는 인낙이 성립된 것으로 본다.
③제1항의 규정에 따라 당사자가 진술한 것으로 보는 답변서, 그 밖의 준비서면에 화해의 의사표시가 적혀 있고 공증사무소의 인증을 받은 경우에, 상대방 당사자가 변론기일에 출석하여 그 화해의 의사표시를 받아들인 때에는 화해가 성립된 것으로 본다.

판례 피고가 원고의 청구를 인낙하는 취지를 기재한 준비서면을 제출하여 그 준비서면이 진술간주되었다고 하더라도 피고가 변론기일에 출석하여 구술로써 인낙하지 아니한 이상 인낙의 효력은 발생하지 않는다(1993.7.13, 92다23230). <이시윤, 449면>

제149조【실기한 공격·방어방법의 각하】 ①당사자가 제146조의 규정을 어기어 고의 또는 중대한 과실로 공격 또는 방어방법을 뒤늦게 제출함으로써 소송의 완결을 지연시키게 하는 것으로 인정할 때에는 법원은 직권으로 또는 상대방의 신청에 따라 결정으로 이를 각하할 수 있다.
②당사자가 제출한 공격 또는 방어방법의 취지가 분명하지 아니한 경우에, 당사자가 필요한 설명을 하지 아니하거나 설명할 기일에 출석하지 아니한 때에는 법원은 직권으로 또는 상대방의 신청에 따라 결정으로 이를 각하할 수 있다.

판례 건물철거와 대지명도의 청구사건에 있어서 제1심에서 유치권의 항변을 주장할 수 있었을 뿐만이 아니라 제2심의 1,2,3차 변론기일에까지도 그 항변을 주장할 수 있었을 것인데 만연히 주장을 하지 않고 제4회 변론기일에 비로소 그 주장을 한 것은 시기에 늦어서 방어방법을 제출한 것이라 볼 것이고 만일 항변의 제출을 허용한다면 소송의 완결에 지연을 가져올 것은 분명하다(1962.4.4, 4294민상1122). <이시윤, 399면>

피고가 대법원 환송판결 후 원심에서 비로소 원고가 농지매매증명을 얻지 못하였다는 항변을 하였더라도 이는 법률상 주장으로서 별도의 증거조사를 필요로 하지 아니하고, 이로 말미암아 소송의 완결이 지연되는 것도 아니므로 실기한 방어방법이 아니다(1992.10.27, 92다28921). <이시윤, 400면>

법원은 당사자의 고의 또는 중대한 과실로 시기에 늦게 제출한 공격 또는 방어방법이 그로 인하여 소송의 완결을 지연하게 하는 것으로 인정될 때에는 이를 각하할 수 있고, 이는 독립된 결정의 형식으로 뿐만 아니라, 판결이유 중에서 판단하는 방법에 의할 수도 있으나, 실기한 공격방어방법이라고 하더라도 어차피 기일의 속행을 필요로 하고 그 속행기일의 범위 내에서 공격방어방법의 심리도 마칠 수 있거나 그 내용이 이미 심리를 마친 소송자료의 범위 안에 포함되어 있는 때에는 소송의 완결을 지연시키는 것으로 볼 수 없으므로 이를 각하할 수 없다(2000.4.7, 99다53742). <이시윤, 400면>

제150조 【자백간주】 ①당사자가 변론에서 상대방이 주장하는 사실을 명백히 다투지 아니한 때에는 그 사실을 자백한 것으로 본다. 다만, 변론 전체의 취지로 보아 그 사실에 대하여 다툰 것으로 인정되는 경우에는 그러하지 아니하다.

②상대방이 주장한 사실에 대하여 알지 못한다고 진술한 때에는 그 사실을 다툰 것으로 추정한다.

③당사자가 변론기일에 출석하지 아니하는 경우에는 제1항의 규정을 준용한다. 다만, 공시송달의 방법으로 기일통지서를 송달받은 당사자가 출석하지 아니한 경우에는 그러하지 아니하다.

(판 례) 제1심에서 의제자백이 있었다고 하더라도 항소심에서 변론종결시까지 이를 다투었다면 자백의 의제는 할 수 없다(1987.12.8, 87다368). <이시윤, 497면>

소송대리권의 존부는 법원의 직권탐지사항으로서, 이에 대하여는 의제자백에 관한 규정이 적용될 여지가 없다(1999.2.24, 97다38930). <이시윤, 495면>

제151조 【소송절차에 관한 이의권】 당사자는 소송절차에 관한 규정에 어긋난 것임을 알거나, 알 수 있었을 경우에 바로 이의를 제기하지 아니하면 그 권리를 잃는다. 다만, 그 권리가 포기할 수 없는 것인 때에는 그러하지 아니하다.

(판 례) 문서의 제출 또는 송부는 원본, 정본 또는 인증등본으로 하여야 하는 것이므로 원본, 정본 또는 인증등본이 아니고 단순한 사본만에 의한 증거의 제출은 정확성의 보증이 없어 원칙적으로 부적법하고, 다만 이러한 사본의 경우에도 원본의 존재와 원본의 성립의 진정에 관하여 다툼이 없고 그 정확성에 문제가 없기 때문에 사본을 원본의 대용으로 하는 데 관하여 상대방으로부터 이의가 없는 경우에는, 민사소송법 326조 1항의 위법에 관한 책문권의 포기 혹은 상실이 있다고 하여 사본만의 제출에 의한 증거의 신청도 허용된다고 할 것이나, 원본의 존재 및 원본의 성립의 진정에 관하여 다툼이 있고 사본을 원본의 대용으로 하는 데 대하여 상대방으로부터 이의가 있는 경우에는 사본으로써 원본을 대신할 수 없다(1996.3.8, 95다48667). <이시윤, 407면>

사망한 자에 대하여 실시된 송달은 위법하여 원칙적으로 무효이나, 그 사망자의 상속인이 현실적으로 그 송달서류를 수령한 경우에는 하자가 치유되어 그 송달은 그 때에 상속인에 대한 송달로서 효력을 발생하므로, 압류 및 전부명령 정본이나 그 경정결정 정본의 송달이 이미 사망한 제3채무자에 대하여 실시되었다고 하더라도 그 상속인이 현실적으로 그 압류 및 전부명령 정본이나 경정결정 정본을 수령하였다면, 그 송달은 그 때에 상속인에 대한 송달로서 효력을 발생하고, 그 때부터 각 그 즉시항고기간이 진행한다(1998.2.13, 95다15667). <이시윤, 406면>

제152조 【변론조서의 작성】 ①법원사무관 등은 변론기일에 참여하여 기일마다 조서를 작성하여야 한다. 다만, 변론을 녹음하거나 속기하는 경우 그 밖에 이에 준하는 특별한 사정이 있는 경우에는 법원사무관 등을 참여시키지 아니하고 변론기일을 열 수 있다.

②재판장은 필요하다고 인정하는 경우 법원사무관 등을 참여시키지 아니하고 변론기일 및 변론준비기일외의 기일을 열 수 있다.

③제1항 단서 및 제2항의 경우에는 법원사무관 등은 그 기일이 끝난 뒤에 재판장의 설명에 따라 조서를 작성하고, 그 취지를 덧붙여 적어야 한다.

제153조 【형식적 기재사항】 조서에는 법원사무관등이 다음 각호의 사항을 적고, 재판장과 법원사무관등이 기명날인 또는 서명한다. 다만, 재판장이 기명날인 또는 서명할 수 없는 사유가 있는 때에는 합의부원이 그 사유를 적은 뒤에 기명날인 또는 서명하며, 법관 모두가 기명날인 또는 서명할 수 없는 사유가 있는 때에는 법원사무관등이 그 사유를 적는다. <개정 2017.10.31.>

1. 사건의 표시
2. 법관과 법원사무관 등의 성명
3. 출석한 검사의 성명

4. 출석한 당사자·대리인·통역인과 출석하지 아니한 당사자의 성명
5. 변론의 날짜와 장소
6. 변론의 공개여부와 공개하지 아니한 경우에는 그 이유

(판 례) 본건 집행법원의 경락기일조서를 보면 동 조서에는 서기의 서명날인과 판사의 서명은 있으나 그 날인이 결여되었으므로 결국 집행법원의 경락허가결정은 위법한데 귀착됨에 불구하고 원심이 위법을 간과하고 본건 경락허가결정에 대한 항고를 기각한 조치도 위법을 면할 수 없다(1961.6.22, 4294민재항12). <이시윤, 440면>

제154조【실질적 기재사항】 조서에는 변론의 요지를 적되, 특히 다음 각호의 사항을 분명히 하여야 한다.
1. 화해, 청구의 포기·인낙, 소의 취하와 자백
2. 증인·감정인의 선서와 진술
3. 검증의 결과
4. 재판장이 적도록 명한 사항과 당사자의 청구에 따라 적는 것을 허락한 사항
5. 서면으로 작성되지 아니한 재판
6. 재판의 선고

제155조【조서기재의 생략 등】 ①조서에 적을 사항은 대법원규칙이 정하는 바에 따라 생략할 수 있다. 다만, 당사자의 이의가 있으면 그러하지 아니하다.
②변론방식에 관한 규정의 준수, 화해, 청구의 포기·인낙, 소의 취하와 자백에 대하여는 제1항 본문의 규정을 적용하지 아니한다.

제156조【서면 등의 인용·첨부】 조서에는 서면, 사진, 그 밖에 법원이 적당하다고 인정한 것을 인용하고 소송기록에 붙여 이를 조서의 일부로 삼을 수 있다.

제157조【관계인의 조서낭독 등 청구권】 조서는 관계인이 신청하면 그에게 읽어 주거나 보여주어야 한다.

(판 례) 조서의 기재에 관하여 불복이 있으면 민사소송법 제146조제2항의 규정에 의한 이의의 방법에 의하여야 하고, 이를 상고이유로 삼을 수 없다(1995.7.14, 95누5097). <이시윤, 442면>

제158조【조서의 증명력】 변론방식에 관한 규정이 지켜졌다는 것은 조서로만 증명할 수 있다. 다만, 조서가 없어진 때에는 그러하지 아니하다.

(판 례) 소송절차의 안정·명확을 기하기 위하여 민사소송법 제147조에서 변론의 방식에 관한 규정의 준수는 조서에 의하여서만 증명할 수 있다고 규정하여 조서 기재 내용에 절대적 신용을 두어 이에 대한 반증을 들어 조서 기재 내용과 다른 사실 주장을 할 수 없다(1965.3.23, 64다1828). <이시윤, 442면>

소송대리인이 선임된 경우에 변론기일 불출석으로 인한 불이익을 그 당사자에게 귀속시키려면 그 당사자 본인과 소송대리인 모두가 변론 기일에 출석하지 아니함을 요건으로 하고 그 출석여부는 변론조서의 기재에 의하여 증명하여야 한다. 따라서 변론조서에 소송대리인 불출석이라고만 기재되어 있고 당사자 본인의 출석여부에 대하여 아무런 기재가 없다면, 당사자의 변론기일에의 불출석은 증명되지 아니한다(1982.6.8, 81다817). <이시윤, 442면>

제159조【변론의 속기와 녹음】 ①법원은 필요하다고 인정하는 경우에는 변론의 전부 또는 일부를 녹음하거나, 속기자로 하여금 받아 적도록 명할 수 있으며, 당사자가 녹음 또는 속기를 신청하면 특별한 사유가 없는 한 이를 명하여야 한다.
②제1항의 녹음테이프와 속기록은 조서의 일부로 삼는다.
③제1항 및 제2항의 규정에 따라 녹음테이프 또는 속기록으로 조서의 기재를 대신한 경우에, 소송이 완결되기 전까지 당사자가 신청하거나 그 밖에 대법원규칙이 정하는 때에는 녹음테이프나 속기록의 요지를 정리하여 조서를 작성하여야 한다.
④제3항의 규정에 따라 조서가 작성된 경우에는 재판이 확정되거나, 양 쪽 당사자의 동의가 있으면 법원은 녹음테이프와 속기록을 폐기할 수 있다. 이 경우 당사자가 녹음테이프와 속기록을 폐기한다는 통지를 받은 날부터 2주일내에 이의를 제기하지 아니하면 폐기에 대하여 동의한 것으로 본다.

제160조【다른 조서에 준용하는 규정】 법원·수명법관 또는 수탁판사의 신문(訊問) 또는 심문과 증거조사에는 제152조 내지 제159조의 규정을 준용한다.

제161조【신청 또는 진술의 방법】 ①신청, 그 밖의 진술은 특별한 규정이 없는 한 서면 또는 말로 할 수 있다.
②말로 하는 경우에는 법원사무관 등의 앞에서 하여야 한다.
③제2항의 경우에 법원사무관등은 신청 또는 진술의 취지에 따라 조서 또는 그 밖의 서면을 작성한 뒤 기명날인 또는 서명하여야 한다. <개정 2017.10.31.>

**제162조【소송기록의 열람과 증명서의 교부

청구】 ①당사자나 이해관계를 소명한 제3자는 대법원규칙이 정하는 바에 따라, 소송기록의 열람·복사, 재판서·조서의 정본·등본·초본의 교부 또는 소송에 관한 사항의 증명서의 교부를 법원사무관 등에게 신청할 수 있다.
②누구든지 권리구제·학술연구 또는 공익적 목적으로 대법원규칙으로 정하는 바에 따라 법원사무관등에게 재판이 확정된 소송기록의 열람을 신청할 수 있다. 다만, 공개를 금지한 변론에 관련된 소송기록에 대하여는 그러하지 아니하다. <신설 2007.5.17>
③법원은 제2항에 따른 열람 신청시 당해 소송관계인이 동의하지 아니하는 경우에는 열람하게 하여서는 아니 된다. 이 경우 당해 소송관계인의 범위 및 동의 등에 관하여 필요한 사항은 대법원규칙으로 정한다. <신설 2007.5.17>
④소송기록을 열람·복사한 사람은 열람·복사에 의하여 알게 된 사항을 이용하여 공공의 질서 또는 선량한 풍속을 해하거나 관계인의 명예 또는 생활의 평온을 해하는 행위를 하여서는 아니 된다. <신설 2007.5.17>
⑤제1항 및 제2항의 신청에 대하여는 대법원규칙이 정하는 수수료를 내야 한다.
⑥재판서·조서의 정본·등본·초본에는 그 취지를 적고 법원사무관등이 기명날인 또는 서명하여야 한다. <개정 2007.5.17., 2017.10.31.>

제163조 【비밀보호를 위한 열람 등의 제한】 ①다음 각호 가운데 어느 하나에 해당한다는 소명이 있는 경우에는 법원은 당사자의 신청에 따라 결정으로 소송기록중 비밀이 적혀있는 부분의 열람·복사, 재판서·조서중 비밀이 적혀 있는 부분의 정본·등본·초본의 교부(이하 "비밀 기재부분의 열람등"이라 한다)를 신청할 수 있는 자를 당사자로 한정할 수 있다.
1. 소송기록 중에 당사자의 사생활에 관한 중대한 비밀이 적혀 있고, 제3자에게 비밀 기재부분의 열람등을 허용하면 당사자의 사회생활에 지장이 클 우려가 있는 때
2. 소송기록중에 당사자가 가지는 영업비밀(부정경쟁방지및영업비밀보호에관한법률 제2조제2호에 규정된 영업비밀을 말한다)이 적혀 있는 때

②제1항의 신청이 있는 경우에는 그 신청에 관한 재판이 확정될 때까지 제3자는 비밀 기재부분의 열람 등을 신청할 수 없다.
③소송기록을 보관하고 있는 법원은 이해관계를 소명한 제3자의 신청에 따라 제1항 각호의 사유가 존재하지 아니하거나 소멸되었음을 이유로 제1항의 결정을 취소할 수 있다.
④제1항의 신청을 기각한 결정 또는 제3항의 신청에 관한 결정에 대하여는 즉시항고를 할 수 있다.
⑤제3항의 취소결정은 확정되어야 효력을 가진다.

제163조 【비밀보호를 위한 열람 등의 제한】 ①다음 각호 가운데 어느 하나에 해당한다는 소명이 있는 경우에는 법원은 당사자의 신청에 따라 결정으로 소송기록중 비밀이 적혀 있는 부분의 열람·복사, 재판서·조서중 비밀이 적혀 있는 부분의 정본·등본·초본의 교부(이하 "비밀 기재부분의 열람 등"이라 한다)를 신청할 수 있는 자를 당사자로 한정할 수 있다.
1. 소송기록 중에 당사자의 사생활에 관한 중대한 비밀이 적혀 있고, 제3자에게 비밀 기재부분의 열람 등을 허용하면 당사자의 사회생활에 지장이 클 우려가 있는 때
2. 소송기록중에 당사자가 가지는 영업비밀(부정경쟁방지및영업비밀보호에관한법률 제2조제2호에 규정된 영업비밀을 말한다)이 적혀 있는 때

② 소송관계인의 생명 또는 신체에 대한 위해의 우려가 있다는 소명이 있는 경우에는 법원은 해당 소송관계인의 신청에 따라 결정으로 소송기록의 열람·복사·송달에 앞서 주소 등 대법원규칙으로 정하는 개인정보로서 해당 소송관계인이 지정하는 부분(이하 "개인정보 기재부분"이라 한다)이 제3자(당사자를 포함한다. 이하 제3항·제4항 중 이 항과 관련된 부분에서 같다)에게 공개되지 아니하도록 보호조치를 할 수 있다. <신설 2023. 7. 11.>
③제1항 또는 제2항의 신청이 있는 경우에는 그 신청에 관한 재판이 확정될 때까지 제3자는 개인정보 기재부분 또는 비밀 기재부분의 열람 등을 신청할 수 없다. <개정 2023. 7. 11.>
④소송기록을 보관하고 있는 법원은 이해관계를 소명한 제3자의 신청에 따라 제1항 또는 제2항의 사유가 존재하지 아니하거나 소멸되었음을 이유로 제1항 또는 제2항의 결정을 취

소할 수 있다. <개정 2023. 7. 11.>
⑤제1항 또는 제2항의 신청을 기각한 결정 또는 제4항의 신청에 관한 결정에 대하여는 즉시항고를 할 수 있다. <개정 2023. 7. 11.>
⑥제4항의 취소결정은 확정되어야 효력을 가진다. <개정 2023. 7. 11.>
[시행일: 2025. 7. 12.]

제163조의2【확정 판결서의 열람·복사】 ① 제162조에도 불구하고 누구든지 판결이 선고된 사건의 판결서(확정되지 아니한 사건에 대한 판결서를 포함하며, 「소액사건심판법」이 적용되는 사건의 판결서와 「상고심절차에 관한 특례법」 제4조 및 이 법 제429조 본문에 따른 판결서는 제외한다. 이하 이 조에서 같다)를 인터넷, 그 밖의 전산정보처리시스템을 통한 전자적 방법 등으로 열람 및 복사할 수 있다. 다만, 변론의 공개를 금지한 사건의 판결서로서 대법원규칙으로 정하는 경우에는 열람 및 복사를 전부 또는 일부 제한할 수 있다. <개정 2020. 12. 8.>
② 제1항에 따라 열람 및 복사의 대상이 되는 판결서는 대법원규칙으로 정하는 바에 따라 판결서에 기재된 문자열 또는 숫자열이 검색어로 기능할 수 있도록 제공되어야 한다. <신설 2020. 12. 8.>
③ 법원사무관등이나 그 밖의 법원공무원은 제1항에 따른 열람 및 복사에 앞서 판결서에 기재된 성명 등 개인정보가 공개되지 아니하도록 대법원규칙으로 정하는 보호조치를 하여야 한다. <개정 2020. 12. 8.>
④ 제3항에 따라 개인정보 보호조치를 한 법원사무관등이나 그 밖의 법원공무원은 고의 또는 중대한 과실로 인한 것이 아니면 제1항에 따른 열람 및 복사와 관련하여 민사상·형사상 책임을 지지 아니한다. <개정 2020. 12. 8.>
⑤ 제1항의 열람 및 복사에는 제162조제4항·제5항 및 제163조를 준용한다. <개정 2020. 12. 8.>
⑥ 판결서의 열람 및 복사의 방법과 절차, 개인정보 보호조치의 방법과 절차, 그 밖에 필요한 사항은 대법원규칙으로 정한다. <개정 2020. 12. 8.>
<본조신설 2011. 7. 18.>
[제목개정 2020. 12. 8.]

제164조【조서에 대한 이의】 조서에 적힌 사항에 대하여 관계인이 이의를 제기한 때에는 조서에 그 취지를 적어야 한다.

제2절 전문심리위원
〈본절신설 2007.7.13〉

제164조의2【전문심리위원의 참여】 ①법원은 소송관계를 분명하게 하거나 소송절차(증거조사·화해 등을 포함한다. 이하 이 절에서 같다)를 원활하게 진행하기 위하여 직권 또는 당사자의 신청에 따른 결정으로 제164조의4제1항에 따라 전문심리위원을 지정하여 소송절차에 참여하게 할 수 있다.
②전문심리위원은 전문적인 지식을 필요로 하는 소송절차에서 설명 또는 의견을 기재한 서면을 제출하거나 기일에 출석하여 설명이나 의견을 진술할 수 있다. 다만, 재판의 합의에는 참여할 수 없다.
③전문심리위원은 기일에 재판장의 허가를 받아 당사자, 증인 또는 감정인 등 소송관계인에게 직접 질문할 수 있다.
④법원은 제2항에 따라 전문심리위원이 제출한 서면이나 전문심리위원의 설명 또는 의견의 진술에 관하여 당사자에게 구술 또는 서면에 의한 의견진술의 기회를 주어야 한다.
<본조신설 2007.7.13>

제164조의3【전문심리위원 참여결정의 취소】 ①법원은 상당하다고 인정하는 때에는 직권이나 당사자의 신청으로 제164조의2제1항에 따른 결정을 취소할 수 있다.
②제1항에도 불구하고 당사자가 합의로 제164조의2제1항에 따른 결정을 취소할 것을 신청하는 때에는 법원은 그 결정을 취소하여야 한다.
<본조신설 2007.7.13>

제164조의4【전문심리위원의 지정 등】 ①법원은 제164조의2제1항에 따라 전문심리위원을 소송절차에 참여시키는 경우 당사자의 의견을 들어 각 사건마다 1인 이상의 전문심리위원을 지정하여야 한다.
②전문심리위원에게는 대법원규칙으로 정하는 바에 따라 수당을 지급하고, 필요한 경우에는 그 밖의 여비, 일당 및 숙박료를 지급할 수 있다.
③전문심리위원의 지정에 관하여 그 밖에 필요한 사항은 대법원규칙으로 정한다.
<본조신설 2007.7.13>

제164조의5【전문심리위원의 제척 및 기피】 ①전문심리위원에게 제41조부터 제45조까지 및 제47조를 준용한다.
②제척 또는 기피 신청을 받은 전문심리위원은 그 신청에 관한 결정이 확정될 때까지 그 신청이 있는 사건의 소송절차에 참여할 수 없다. 이 경우 전문심리위원은 당해 제척 또는

기피 신청에 대하여 의견을 진술할 수 있다.
<본조신설 2007.7.13>

제164조의6 【수명법관 등의 권한】 수명법관 또는 수탁판사가 소송절차를 진행하는 경우에는 제164조의2제2항부터 제4항까지의 규정에 따른 법원 및 재판장의 직무는 그 수명법관이나 수탁판사가 행한다.
<본조신설 2007.7.13>

제164조의7 【비밀누설죄】 전문심리위원 또는 전문심리위원이었던 자가 그 직무수행 중에 알게 된 다른 사람의 비밀을 누설하는 경우에는 2년 이하의 징역이나 금고 또는 1천만원 이하의 벌금에 처한다.
<본조신설 2007.7.13>

제164조의8 【벌칙 적용에서의 공무원 의제】 전문심리위원은 「형법」 제129조부터 제132조까지의 규정에 따른 벌칙의 적용에서는 공무원으로 본다.
<본조신설 2007.7.13.>

제3절 기일과 기간

제165조 【기일의 지정과 변경】 ①기일은 직권으로 또는 당사자의 신청에 따라 재판장이 지정한다. 다만, 수명법관 또는 수탁판사가 신문하거나 심문하는 기일은 그 수명법관 또는 수탁판사가 지정한다.
②첫 변론기일 또는 첫 변론준비기일을 바꾸는 것은 현저한 사유가 없는 경우라도 당사자들이 합의하면 이를 허가한다.

제166조 【공휴일의 기일】 기일은 필요한 경우에만 공휴일로도 정할 수 있다.

제167조 【기일의 통지】 ①기일은 기일통지서 또는 출석요구서를 송달하여 통지한다. 다만, 그 사건으로 출석한 사람에게는 기일을 직접 고지하면 된다.
②법원은 대법원규칙이 정하는 간이한 방법에 따라 기일을 통지할 수 있다. 이 경우 기일에 출석하지 아니한 당사자·증인 또는 감정인 등에 대하여 법률상의 제재, 그 밖에 기일을 게을리 함에 따른 불이익을 줄 수 없다.

(판 례) 당사자의 소송대리인이 출석한 공판정에서 차회 변론기일을 지정 고지한 이상 그 변론기일 이전에 소송대리인이 사임하였다 하더라도 따로 그 소송당사자에게 변론기일의 소환을 할 필요가 없는 것이다(1960.4.21, 4293민상51). <이시윤, 455면>

당사자가 서울특별시 농업협동조합인데도 그 변론기일을 대표자인 조합장에게 통지하지 아니하고 당사자 아닌 농업협동조합 중앙회에 통지한 채 그 기일에 변론을 실시하였다면 위법이다(1962.9.20, 62다380). <이시윤, 455면>

제168조 【출석승낙서의 효력】 소송관계인이 일정한 기일에 출석하겠다고 적은 서면을 제출한 때에는 기일통지서 또는 출석요구서를 송달한 것과 같은 효력을 가진다.

제169조 【기일의 시작】 기일은 사건과 당사자의 이름을 부름으로써 시작된다.

제170조 【기간의 계산】 기간의 계산은 민법에 따른다.

제171조 【기간의 시작】 기간을 정하는 재판에 시작되는 때를 정하지 아니한 경우에 그 기간은 재판의 효력이 생긴 때부터 진행한다.

제172조 【기간의 신축, 부가기간】 ①법원은 법정기간 또는 법원이 정한 기간을 늘이거나 줄일 수 있다. 다만, 불변기간은 그러하지 아니하다.
②법원은 불변기간에 대하여 주소 또는 거소가 멀리 떨어진 곳에 있는 사람을 위하여 부가기간(附加期間)을 정할 수 있다.
③재판장·수명법관 또는 수탁판사는 제1항 및 제2항의 규정에 따라 법원이 정한 기간 또는 자신이 정한 기간을 늘이거나 줄일 수 있다.

제173조 【소송행위의 추후보완】 ①당사자가 책임질 수 없는 사유로 말미암아 불변기간을 지킬 수 없었던 경우에는 그 사유가 없어진 날부터 2주일내에 게을리 한 소송행위를 보완할 수 있다. 다만, 그 사유가 없어질 당시 외국에 있던 당사자에 대하여는 이 기간을 30일로 한다.
②제1항의 기간에 대하여는 제172조의 규정을 적용하지 아니한다.

(판 례) 우체국 집배원의 배달 착오로 상고인인 원고(재심원고)가 소송기록접수통지서를 송달받지 못하여 상고이유서제출기간 내에 상고이유서를 제출하지 않았다는 이유로 민사소송법 제399조, 상고심절차에관한특례법 제5조에 의하여 원고의 상고가 기각된 경우, 원고는 적법하게 소송에 관여할 수 있는 기회를 부여받지 못하였으므로, 이는 민사소송법 제422조제1항제3호에 규정된 '법정대리권, 소송대리권 또는 대리인이 소송행위를 함에 필요한 수권의 흠결이 있는 때'에 준하여 재심사유에 해당한다고 봄이 상당하다(1998.12.11, 97재다445). <이시윤, 459면>

민사소송법 제160조제1항은 "당사자가 그 책임을 질 수 없는 사유로 인하여 불변기간을 준수할 수 없었던 경우에는 그 사유가 없어진 후 2주일 내에 해태된 소송행위를 추완할 수 있다."고 규정하고 있는바, 여기서 말하는 '당사자가 그 책임을 질 수 없는 사유'라고 함은 당사자가 그 소송행위를 하기 위하여 일반적으로 하여야 할 주의를 다하였음에도 불구하고 그 기간을 준수할 수 없었던 사유를 가리키고, 그 당사자에는 당사자 본인뿐만 아니라 그 소송대리인 및 대리인의 보조인도 포함된다(1999.6.11. 99다9622). <이시윤, 459면>

제4절 송 달

제174조【직권송달의 원칙】 송달은 이 법에 특별한 규정이 없으면 법원이 직권으로 한다.

제175조【송달사무를 처리하는 사람】 ①송달에 관한 사무는 법원사무관 등이 처리한다.
②법원사무관 등은 송달하는 곳의 지방법원에 속한 법원사무관 등 또는 집행관에게 제1항의 사무를 촉탁할 수 있다.

제176조【송달기관】 ①송달은 우편 또는 집행관에 의하거나, 그 밖에 대법원규칙이 정하는 방법에 따라서 하여야 한다.
②우편에 의한 송달은 우편집배원이 한다.
③송달기관이 송달하는 데 필요한 때에는 경찰공무원에게 원조를 요청할 수 있다. <개정 2006. 2. 21., 2020. 12. 22.>

(판 례) 불변기간인 항소 제기기간에 관한 규정은 성질상 강행규정이므로 그 기간 계산의 기산점이 되는 판결정본의 송달의 하자는 이에 대한 책문권의 포기나 상실로 인하여 치유될 수 없다(1979.9.25. 78다2448). <이시윤, 466면>

제177조【법원사무관 등에 의한 송달】 ①해당 사건에 출석한 사람에게는 법원사무관 등이 직접 송달할 수 있다.
②법원사무관 등이 그 법원안에서 송달받을 사람에게 서류를 교부하고 영수증을 받은 때에는 송달의 효력을 가진다.

제178조【교부송달의 원칙】 ①송달은 특별한 규정이 없으면 송달받을 사람에게 서류의 등본 또는 부본을 교부하여야 한다.
②송달할 서류의 제출에 갈음하여 조서, 그 밖의 서면을 작성한 때에는 그 등본이나 초본을 교부하여야 한다.

제179조【소송무능력자에게 할 송달】 소송무능력자에게 할 송달은 그의 법정대리인에게 한다.

(판 례) 법원에 의하여 부재자재산관리인의 선임이 있는 경우에는 부재자를 위하여 그 재산관리인만이 또는 그 재산관리인에게 대하여서만 송달 등 소송행위를 할 수 있다(1968.12.24. 68다2021). <이시윤, 464면>

제180조【공동대리인에게 할 송달】 여러 사람이 공동으로 대리권을 행사하는 경우의 송달은 그 가운데 한 사람에게 하면 된다.

(판 례) 부재자의 재산관리인으로 수인이 선임된 경우에 변론기일의 통지는 그 중 한 사람에 대한 송달로써 충분하다(1980.11.11. 80다2065). <이시윤, 465면>

제181조【군관계인에게 할 송달】 군사용의 청사 또는 선박에 속하여 있는 사람에게 할 송달은 그 청사 또는 선박의 장에게 한다.

제182조【구속된 사람 등에게 할 송달】 교도소·구치소 또는 경찰관서의 유치장에 체포·구속 또는 유치(留置)된 사람에게 할 송달은 교도소·구치소 또는 국가경찰관서의 장에게 한다. <개정 2006.2.21>

제183조【송달장소】 ①송달은 받을 사람의 주소·거소·영업소 또는 사무소(이하 "주소등"이라 한다)에서 한다. 다만, 법정대리인에게 할 송달은 본인의 영업소나 사무소에서도 할 수 있다.
②제1항의 장소를 알지 못하거나 그 장소에서 송달할 수 없는 때에는 송달받을 사람이 고용·위임 그 밖에 법률상 행위로 취업하고 있는 다른 사람의 주소 등(이하 "근무장소"라 한다)에서 송달할 수 있다.
③송달받을 사람의 주소 등 또는 근무장소가 국내에 없거나 알 수 없는 때에는 그를 만나는 장소에서 송달할 수 있다.
④주소 등 또는 근무장소가 있는 사람의 경우에도 송달받기를 거부하지 아니하면 만나는 장소에서 송달할 수 있다.

(판 례) 법인의 소송당사자에게 효과가 발생할 소송행위는 그 법인을 대표하는 자연인의 행위거나 그 자연인에 대한 행위라야 할 것이므로 소송당사자인 법인에의 소장, 기일소환장 및 판결 등 서류는 그 대표자에게 송달하여야 하는 것이니 그 대표자의 주소, 거소에 하는 것이 원칙이고, 법인의 영업소나 사무소에도 할 수 있으나, 법인의 대표자의 주소지가 아닌 소장에 기재된 법인의 주소지로 발송하였으나 이사불명으로 송달불능된 경우에는, 원칙으로 되돌아가 원고가 소를 제기하면서 제출한 법인등기부등본 등에 나타나 있는 법인의 대표자의 주소지로 소장 부본 등을 송달하여 보고 그 곳으로도 송달되지 않을 때에 주소 보정을 명하여야 하므로, 법인의 주소지로 소장 부본을 송달하였으나 송달불능되었다는 이유만으로 그 주소 보정을 명한 것은 잘못이므로 그 주소 보정을 하지 아니하였다는 이유로 한 소장각하명령은 위

법하다(1997.5. 19, 97마600). <이시윤, 466면>

제184조【송달받을 장소의 신고】 당사자·법정대리인 또는 소송대리인은 주소등외의 장소(대한민국안의 장소로 한정한다)를 송달받을 장소로 정하여 법원에 신고할 수 있다. 이 경우에는 송달 영수인을 정하여 신고할 수 있다.

(판 례) 소송복대리인은 본 소송대리인과 동일한 지위에서 소송수행까지 할 수 있는 것이므로 법원소재지에 사무실을 두고 있는 소송복대리인의 선임신고가 있을 경우에는 이 소송복대리인을 민사소송법 제171조제1항이 규정하고 있는 송달영수인을 신고한 것으로 보는 것이 상당하다(1973.9.25, 73다888). <이시윤, 465면>

제185조【송달장소변경의 신고의무】 ①당사자·법정대리인 또는 소송대리인이 송달받을 장소를 바꿀 때에는 바로 그 취지를 법원에 신고하여야 한다.

②제1항의 신고를 하지 아니한 사람에게 송달할 서류는 달리 송달할 장소를 알 수 없는 경우 종전에 송달받던 장소에 대법원규칙이 정하는 방법으로 발송할 수 있다.

제186조【보충송달·유치송달】 ①근무장소 외의 송달할 장소에서 송달받을 사람을 만나지 못한 때에는 그 사무원, 피용자(被用者) 또는 동거인으로서 사리를 분별할 지능이 있는 사람에게 서류를 교부할 수 있다.

②근무장소에서 송달받을 사람을 만나지 못한 때에는 제183조제2항의 다른 사람 또는 그 법정대리인이나 피용자 그 밖의 종업원으로서 사리를 분별할 지능이 있는 사람이 서류의 수령을 거부하지 아니하면 그에게 서류를 교부할 수 있다.

③서류를 송달받을 사람 또는 제1항의 규정에 의하여 서류를 넘겨받을 사람이 정당한 사유 없이 송달받기를 거부하는 때에는 송달할 장소에 서류를 놓아둘 수 있다.

(판 례) 송달장소라고 볼 수 없는 직장에서 본인 아닌 과장에게 유치송달 하였다하여 이것이 적법한 송달이라고는 볼 수 없다(1967.11.8, 67마949). <이시윤, 467면>

원고의 재심청구에 대한 노동부 산업재해보상심사위원회의 재결서가 만9세 7개월로서 국민학교 3학년 학생인 원고의 딸에게 송달되었다면, 사리를 변식할 지능이 있는 자에 대한 송달이라고 할 것이므로 위 재결서는 같은 날 원고에게 송달된 것으로 보아야 할 것이다(1990.3.27, 89누6013). <이시윤, 466면>

민사소송법 제172조제1항 소정의 보충송달을 받을 수 있는 '동거자'란 송달을 받을 자와 동일한 세대에 속하여 생활을 같이 하는 자를 말하는 것으로서, 반드시 법률상 친족관계에 있어야 하는 것은 아니므로, 이혼한 처라도 사정에 의하여 사실상 동일 세대에 소속되어 생활을 같이 하고 있다면 여기에서 말하는 수령대행인으로서의 동거자가 될 수 있다(2000.10.28, 2000마5732). <이시윤, 467면>

제187조【우편송달】 제186조의 규정에 따라 송달할 수 없는 때에는 법원사무관 등은 서류를 등기우편 등 대법원규칙이 정하는 방법으로 발송할 수 있다.

(판 례) 등기우편에 의한 발송송달은 당해 서류에 관하여 교부송달 또는 보충·유치송달 등이 불가능한 것임을 그 요건으로 하는 것이므로 당해 서류의 송달에 한하여 할 수 있는 것이지 그에 이은 별개의 서류의 송달은 이 요건이 따로 구비되지 않는 한 당연히 이 방법에 의한 우편송달을 할 수 있는 것이 아니다(1994.11.11, 94다36278). <이시윤, 468면>

제188조【송달함 송달】 ①제183조 내지 제187조의 규정에 불구하고 법원안에 송달할 서류를 넣을 함(이하 "송달함"이라 한다)을 설치하여 송달할 수 있다.

②송달함을 이용하는 송달은 법원사무관 등이 한다.

③송달받을 사람이 송달함에서 서류를 수령하여 가지 아니한 경우에는 송달함에 서류를 넣은 지 3일이 지나면 송달된 것으로 본다.

④송달함의 이용절차와 수수료, 송달함을 이용하는 송달방법 및 송달함으로 송달할 서류에 관한 사항은 대법원규칙으로 정한다.

제189조【발신주의】 제185조제2항 또는 제187조의 규정에 따라 서류를 발송한 경우에는 발송한 때에 송달된 것으로 본다.

(판 례) 당사자가 수소법원에 본조 제1항에 의한 신고를 하지 않은 경우 그에게 송달할 기일소환장을 등기우편으로 송달한 것은 적법하고 따라서 가사 기일소환장이 지정된 기일보다 늦게 도착하여 그 당사자가 불참한 채 기일을 열었다고 하여 잘못이라고 할 수 없다(1964.6.9, 63다930). <이시윤, 468면>

제190조【공휴일 등의 송달】 ①당사자의 신청이 있는 때에는 공휴일 또는 해뜨기 전이나 해진 뒤에 집행관 또는 대법원규칙이 정하는 사람에 의하여 송달할 수 있다.

②제1항의 규정에 따라 송달하는 때에는 법원사무관 등은 송달할 서류에 그 사유를 덧붙여 적어야 한다.

③제1항과 제2항의 규정에 어긋나는 송달은 서류를 교부받을 사람이 이를 영수한 때에만

효력을 가진다.

제191조【외국에서 하는 송달의 방법】 외국에서 하여야 하는 송달은 재판장이 그 나라에 주재하는 대한민국의 대사·공사·영사 또는 그 나라의 관할 공공기관에 촉탁한다.

제192조【전쟁에 나간 군인 또는 외국에 주재하는 군관계인 등에게 할 송달】 ①전쟁에 나간 군대, 외국에 주둔하는 군대에 근무하는 사람 또는 군에 복무하는 선박의 승무원에게 할 송달은 재판장이 그 소속 사령관에게 촉탁한다.
②제1항의 송달에 대하여는 제181조의 규정을 준용한다.

제193조【송달통지】 송달한 기관은 송달에 관한 사유를 대법원규칙이 정하는 방법으로 법원에 알려야 한다.

> (판 례) 송달보고서에 그 작성자인 우편국집배인의 날인이 없었다 하여 그 송달을 부적법한 것이라고는 할 수 없다(1965.7.27, 65마645). <이시윤, 463면>

제194조【공시송달의 요건】 ①당사자의 주소등 또는 근무장소를 알 수 없는 경우 또는 외국에서 하여야 할 송달에 관하여 제191조의 규정에 따를 수 없거나 이에 따라도 효력이 없을 것으로 인정되는 경우에는 법원사무관등은 직권으로 또는 당사자의 신청에 따라 공시송달을 할 수 있다. <개정 2014. 12. 30.>
②제1항의 신청에는 그 사유를 소명하여야 한다.
③재판장은 제1항의 경우에 소송의 지연을 피하기 위하여 필요하다고 인정하는 때에는 공시송달을 명할 수 있다. <신설 2014. 12. 30.>
④원고가 소권(항소권을 포함한다)을 남용하여 청구가 이유 없음이 명백한 소를 반복적으로 제기한 것에 대하여 법원이 변론 없이 판결로 소를 각하하는 경우에는 재판장은 직권으로 피고에 대하여 공시송달을 명할 수 있다. <신설 2023. 4. 18.>
⑤재판장은 직권으로 또는 신청에 따라 법원사무관등의 공시송달처분을 취소할 수 있다. <신설 2014. 12. 30., 2023. 4. 18.>

제195조【공시송달의 방법】 공시송달은 법원사무관 등이 송달할 서류를 보관하고 그 사유를 법원게시판에 게시하거나, 그 밖에 대법원규칙이 정하는 방법에 따라서 하여야 한다.

> (판 례) 공시송달할 재판서의 정본에 수송달자의 주소가 외국으로 표시되어 있다면 다른 특별한 사정이 없는 한 법원은 그 수송달자가 외국에 거주하고 있음을 전제로 공시송달을 명한 것이므로 이 경우 공시송달은 민사소송법 제180조제3항의 규정에 따라 외국에서 할 송달에 대한 공시송달의 방법에 의하여야 할 것이다(1991.12.16, 91마239). <이시윤, 469면>

제196조【공시송달의 효력발생】 ①첫 공시송달은 제195조의 규정에 따라 실시한 날부터 2주가 지나야 효력이 생긴다. 다만, 같은 당사자에게 하는 그 뒤의 공시송달은 실시한 다음날부터 효력이 생긴다.
②외국에서 할 송달에 대한 공시송달의 경우에는 제1항 본문의 기간은 2월로 한다.
③제1항 및 제2항의 기간은 줄일 수 없다.

제197조【수명법관 등의 송달권한】 수명법관 및 수탁판사와 송달하는 곳의 지방법원판사도 송달에 대한 재판장의 권한을 행사할 수 있다.

제5절 재 판

제198조【종국판결】 법원은 소송의 심리를 마치고 나면 종국판결(終局判決)을 한다.

> (판 례) 원래 종국판결이라 함은 소 또는 상소에 의하여 계속중인 사건의 전부 또는 일부에 대하여 심판을 마치고 그 심급을 이탈시키는 판결이라고 이해하여야 할 것이다. 대법원의 환송판결도 당해 사건에 대하여 재판을 마치고 그 심급을 이탈시키는 판결인 점에서 당연히 제2심의 환송판결과 같이 종국판결로 보아야 할 것이다(1995.2.14, 전원합의체판결, 93재다27·34). <이시윤, 597면>

제199조【종국판결 선고기간】 판결은 소가 제기된 날부터 5월 이내에 선고한다. 다만, 항소심 및 상고심에서는 기록을 받은 날부터 5월 이내에 선고한다.

제200조【일부판결】 ①법원은 소송의 일부에 대한 심리를 마친 경우 그 일부에 대한 종국판결을 할 수 있다.
②변론을 병합한 여러 개의 소송 가운데 한 개의 심리를 마친 경우와, 본소(本訴)나 반소의 심리를 마친 경우에는 제1항의 규정을 준용한다.

> (판 례) 제1심법원이 원고의 선택적 청구 중 하나만을 판단하여 기각하고 나머지 청구에 대하여는 아무런 판단을 하지 아니한 조치는 위법한 것이고, 원고가 이와 같이 위법한 제1심판결에 대하여 항소한 이상 원고의 선택적 청구 전부가 항소심으로 이심되었다고 할 것이므로, 선택적 청구 중 판단되지 않은 청구 부분이 재판의 탈루로서 제1심법원에 그대로 계속되어 있다고 볼 것은 아니다(1998.7.24, 96다99). <이시윤, 599면>

제201조【중간판결】 ①법원은 독립된 공격

또는 방어의 방법, 그 밖의 중간의 다툼에 대하여 필요한 때에는 중간판결(中間判決)을 할 수 있다.
②청구의 원인과 액수에 대하여 다툼이 있는 경우에 그 원인에 대하여도 중간판결을 할 수 있다.

제202조【자유심증주의】 법원은 변론 전체의 취지와 증거조사의 결과를 참작하여 자유로운 심증으로 사회정의와 형평의 이념에 입각하여 논리와 경험의 법칙에 따라 사실주장이 진실한지 아닌지를 판단한다.

(판 례) 당사자가 부지로서 다툰 서증에 관하여 거증자가 특히 그 성립을 증명하지 아니한 경우라도 법원은 다른 증거에 의하지 않고 변론의 전취지를 참작하여 자유심증으로써 그 성립을 인정할 수 있다(1982.3.23, 80다1857). <이시윤, 500면>

당사자 일방이 상대방으로부터 제출된 증거를 자기의 이익으로 원용하지 아니한 이상 법원이 그 증거를 판단하지 아니하였다고 하여도 증거공통의 원칙에 저촉되지 않으므로 증거판단을 유탈한 것이라고 볼 수 없다(1982.12.28, 82누461). <이시윤, 502면>

자백은 당사자가 자기에게 불이익한 사실을 인정하는 진술로서 상대방당사자의 진술내용과 일치하거나 상대방 당사자가 이를 원용하는 경우에 성립하는 것이고, 상대방이 이를 원용하지 아니하여 당사자 쌍방의 주장이 일치된 바 없다면 이를 자백(선행자백)이라고 볼 수 없다(1992.4.14, 91다24755). <이시윤, 501면>

여러 개의 증거를 종합판단하는 경우에 그 각 증거 중 모순된 부분과 불필요한 부분은 제거하고 그중 필요하며 공통된 부분만을 모아서 이를 판단자료에 공용하는 것이므로 각 증거내용 중 그 인정사실과 저촉되거나 서로 모순되는 부분은 특히 명시가 없어도 채택하지 않는 것이라고 봄이 타당하고 따라서 법원이 각 거시증거 중 그 인정사실에 저촉되는 부분을 배척함을 명시하지 아니하였다 하여 위법이 있다고 할 수 없다(1993.11.12, 93다18129). <이시윤, 506면>

문서에 대한 진정성립의 인정 여부는 법원이 모든 증거자료와 변론 전체의 취지에 터 잡아 자유심증에 따라 판단하게 되는 것이고, 사문서의 진정성립에 관한 증명 방법에 관하여는 특별한 제한이 없으나 그 증명 방법은 신빙성이 있어야 하고, 증인의 증언에 의하여 그 진정성립을 인정하는 경우 그 신빙성 여부를 판단함에 있어서는 증언 내용의 합리성, 증인의 증언 태도, 다른 증거와의 합치 여부, 증인의 사건에 대한 이해관계, 당사자와의 관계 등을 종합적으로 검토하여야 한다.(2005.12.9, 2004다40306). <이시윤 209면>

제202조의2【손해배상 액수의 산정】 손해가 발생한 사실은 인정되나 구체적인 손해의 액수를 증명하는 것이 사안의 성질상 매우 어려운 경우에 법원은 변론 전체의 취지와 증거조사의 결과에 의하여 인정되는 모든 사정을 종합하여 상당하다고 인정되는 금액을 손해배상 액수로 정할 수 있다.
<본조신설 2016.3.29>

제203조【처분권주의】 법원은 당사자가 신청하지 아니한 사항에 대하여는 판결하지 못한다.

(판 례) 채무자가 피담보채무 전액을 변제하였다고 하거나, 피담보채무의 일부가 남아 있음을 시인하면서 그 변제와 상환으로 담보목적으로 경료된 소유권이전등기의 회복을 구함에 대하여 채권자는 그 소유권이전등기가 담보목적으로 경료된 것임을 다투고 있는 경우, 채무자의 청구 중에는 만약 그 소유권이전등기가 담보목적으로 경료된 것이라면 소송과정에서 밝혀진 잔존 피담보채무의 지급을 조건으로 그 소유권이전등기의 회복을 구한다는 취지까지 포함되어 있는 것으로 해석하여야 하고, 그러한 경우에는 장래이행의 소로서 미리 청구할 필요도 있다(1996.11.12, 96다33938). <이시윤, 377면>

제204조【직접주의】 ①판결은 기본이 되는 변론에 관여한 법관이 하여야 한다.
②법관이 바뀐 경우에 당사자는 종전의 변론결과를 진술하여야 한다.
③단독사건의 판사가 바뀐 경우에 종전에 신문한 증인에 대하여 당사자가 다시 신문신청을 한 때에는 법원은 그 신문을 하여야 한다. 합의부 법관의 반수 이상이 바뀐 경우에도 또한 같다.

(판 례) 민사소송법 제189조제3항은 단독사건의 판사의 경질이 있거나, 합의부의 법관의 과반수가 경질된 경우에 종전 신문한 증인에 대하여 당사자가 다시 신문을 신청한 때에는 법원은 그 신문을 하여야 한다고 규정하고 있는바, 이는 경질된 법관이 변론조서나 증인신문조서의 기재에 의하여 종전에 신문한 증인의 진술의 요지를 파악할 수 있는 것이기는 하지만, 법관의 심증에 상당한 영향을 미칠 수 있는 증인의 진술태도 등을 통하여 받은 인상은 문서인 증인신문조서의 기재만으로는 알 수 없기 때문에, 재신문에 의하여 경질된 법관에게 직접 심증을 얻도록 하려는 데에 그 취지가 있다고 할 것이므로, 당사자가 신청하기만 하면 어떤 경우에든지 반드시 재신문을 하여야 하는 것은 아니고, 법원이 소송상태에 비추어 재신문이 필요하지 아니하다고 인정하는 경우에는 민사소송법 제263조에 따라 재신문을 하지 아니할 수도 있는 것이다(1992.7.14, 92누2424). <이시윤, 370면>

제205조【판결의 효력발생】 판결은 선고로 효력이 생긴다.

제206조【선고의 방식】 판결은 재판장이 판결원본에 따라 주문을 읽어 선고하며, 필요한 때에는 이유를 간략히 설명할 수 있다.

제207조【선고기일】 ①판결은 변론이 종결된 날부터 2주 이내에 선고하여야 하며, 복잡한 사건이나 그 밖의 특별한 사정이 있는 때에도 변론이 종결된 날부터 4주를 넘겨서는 아니 된다.
②판결은 당사자가 출석하지 아니하여도 선고할 수 있다.

(판 례) 소액사건심판법의 적용을 받지 아니하는 일반 민사사건에 있어서 판결로 소를 각하하기 위하여는, 법원이 변론을 연 경우에는 물론이며, 변론 없이 하는 경우에도 반드시 선고기일을 지정하여 당사자를 소환하고 그 지정된 선고기일에 소각하의 종국판결을 선고하여야 할 것이므로, 위와 같은 절차를 거침이 없이 변론기일에 선고된 판결은 위법하다(1996.5.28, 96누2699). <이시윤, 606면>

제208조【판결서의 기재사항 등】 ①판결서에는 다음 각호의 사항을 적고, 판결한 법관이 서명날인하여야 한다.
1. 당사자와 법정대리인
2. 주 문
3. 청구의 취지 및 상소의 취지
4. 이 유
5. 변론을 종결한 날짜 다만, 변론 없이 판결하는 경우에는 판결을 선고하는 날짜
6. 법 원

②판결서의 이유에는 주문이 정당하다는 것을 인정할 수 있을 정도로 당사자의 주장, 그 밖의 공격·방어방법에 관한 판단을 표시한다.
③제2항의 규정에 불구하고 제1심 판결로서 다음 각호 가운데 어느 하나에 해당하는 경우에는 청구를 특정함에 필요한 사항과 제216조제2항의 판단에 관한 사항만을 간략하게 표시할 수 있다.
1. 제257조의 규정에 의한 무변론 판결
2. 제150조제3항이 적용되는 경우의 판결
3. 피고가 제194조 내지 제196조의 규정에 의한 공시송달로 기일통지를 받고 변론기일에 출석하지 아니한 경우의 판결

④법관이 판결서에 서명날인함에 지장이 있는 때에는 다른 법관이 판결에 그 사유를 적고 서명날인하여야 한다.

(판 례) 판결의 주문은 그 내용이 특정되어야 하고 또 그 주문자체에서 특정할 수 있어야 한다(1989.7.11, 88다카18597). <이시윤, 603면>

사실심법원이 증거들을 종합하여 사실인정을 하는 경우에는 각 증거 중 서로 모순된 부분과 불필요한 부분은 제거하고 그중 필요하고 공통된 부분만을 모아서 이를 판단자료에 공용하는 것이므로, 처분문서 등 특별한 증거가 아닌 한 어느 증거내용 중 법원이 인정한 사실과 저촉되는 부분에 대하여는 특히 이를 채택하지 않는다는 명시가 없어도 그 증거가치를 부정한 것이라고 봄이 상당하고, 따라서 인정사실과 저촉되는 부분을 배척하는 취지를 명시하지 않았거나 나아가 그 배척이유를 설시하지 아니하여도 거기에 위법이 있다 할 수 없다(1992.9.14, 92다21104·21111). <이시윤, 604면>

제209조【법원사무관 등에 대한 교부】 판결서는 선고한 뒤에 바로 법원사무관 등에게 교부하여야 한다

제210조【판결서의 송달】 ①법원사무관 등은 판결서를 받은 날부터 2주 이내에 당사자에게 송달하여야 한다.
②판결서는 정본으로 송달한다.

제211조【판결의 경정】 ①판결에 잘못된 계산이나 기재, 그 밖에 이와 비슷한 잘못이 있음이 분명한 때에 법원은 직권으로 또는 당사자의 신청에 따라 경정결정(更正決定)을 할 수 있다.
②경정결정은 판결의 원본과 정본에 덧붙여 적어야 한다. 다만, 정본에 덧붙여 적을 수 없을 때에는 결정의 정본을 작성하여 당사자에게 송달하여야 한다.
③경정결정에 대하여는 즉시항고를 할 수 있다. 다만, 판결에 대하여 적법한 항소가 있는 때에는 그러하지 아니하다.

(판 례) 판결의 경정이란 일단 선고된 판결에 대하여 그 내용을 실질적으로 변경하지 않는 범위 내에서 판결의 표현상의 기재 잘못이나 계산의 착오 또는 이와 유사한 잘못을 법원 스스로가 결정으로써 경정 또는 보충하여 강제집행이나 호적의 정정 또는 등기의 기재 등 넓은 의미의 집행에 지장이 없도록 하자는 데 그 취지가 있는 것이므로, 청구취지에서 지급을 구하는 금원 중 원금 부분의 표시를 누락하여 그대로 판결된 경우에는 비록 그 청구원인에서는 원금의 지급을 구하고 있더라 하더라도 판결경정으로 원금 부분의 표시를 추가하는 것은 주문의 내용을 실질적으로 변경하는 경우에 해당하여 허용될 수 없다(1995.4.26, 94그26). <이시윤, 608면>

판결경정사유가 있는데도 경정신청을 배척하였다면 특별항고의 사유가 된다(1995.6.19, 95그26). <이시윤, 608면>

공유토지에 대한 판결경정신청인들의 각 점유 부위 및 면적의 표시가 측량감정인의 잘못으로 신청인들 각자의 실제 점유 부위 및 면적과 다르게 감정되었음에도 불구하고 신청인들이나 법원이 이를 간과하고 그 감정결과에 따라 구한 청구취지 그대로 판결이 된 것이라고 하더라도, 소송의 전과정에 나타난

자료상 그와 같은 오류가 명백하다고 볼 수도 없을 뿐만 아니라, 신청인들이 결정을 구하는 취지대로 판결경정에 의하여 신청인들 각자의 점유 면적을 증가 또는 감소시키는 등으로 그 점유 부위와 면적의 표시를 고치는 것은 판결주문의 내용을 실질적으로 변경하는 경우에 해당하여 허용될 수 없다(1995. 7.12, 95마531). <이시윤, 610면>

제212조【재판의 누락】 ①법원이 청구의 일부에 대하여 재판을 누락한 경우에 그 청구부분에 대하여는 그 법원이 계속하여 재판한다.
②소송비용의 재판을 누락한 경우에는 법원은 직권으로 또는 당사자의 신청에 따라 그 소송비용에 대한 재판을 한다. 이 경우 제114조의 규정을 준용한다.
③제2항의 규정에 따른 소송비용의 재판은 본안판결에 대하여 적법한 항소가 있는 때에는 그 효력을 잃는다. 이 경우 항소법원은 소송의 총비용에 대하여 재판을 한다.

(판 례) 제1심법원이 원고의 선택적 청구 중 하나만을 판단하여 기각하고 나머지 청구에 대하여는 아무런 판단을 하지 아니한 조치는 위법한 것이고, 원고가 이와 같이 위법한 제1심판결에 대하여 항소한 이상 원고의 선택적 청구 전부가 항소심으로 이심되었다고 할 것이므로, 선택적 청구 중 판단되지 않은 청구 부분이 재판의 탈루로서 제1심법원에 그대로 계속되어 있다고 볼 것은 아니다(1998.7.24, 96다99). <이시윤, 600면>

항소심이 원고의 주위적 청구를 인용한 제1심판결을 취소하고 원고의 청구를 기각하는 판결을 하면서 그 이유에서 예비적 청구에 대하여 아무런 판단도 하지 아니한 경우, 항소심이 그 주문에서 "원고의 청구를 기각한다"고 한 것은 항소심판결의 주문 형식을 이유와 대조하여 검토해 볼 때 원고의 주위적 청구를 기각한 것으로 볼 것이고, 그 주문에 원고의 예비적 청구를 기각한다는 취지가 포함되었다고 볼 수는 없으므로, 항소심이 예비적 청구에 대하여 아무런 판단을 하지 아니한 것은 판단유탈이 아니라 재판의 탈루에 해당하고, 따라서 이 부분은 아직 항소심에 소송이 계속중이라고 볼 것이어서, 원고의 예비적 청구에 대한 상고는 상고의 대상이 없어 부적법하다(2000.1.21, 99다50422). <이시윤, 600면>

제213조【가집행의 선고】 ①재산권의 청구에 관한 판결은 가집행(假執行)의 선고를 붙이지 아니할 상당한 이유가 없는 한 직권으로 담보를 제공하거나, 제공하지 아니하고 가집행을 할 수 있다는 것을 선고하여야 한다. 다만, 어음금·수표금 청구에 관한 판결에는 담보를 제공하게 하지 아니하고 가집행의 선고를 하여야 한다.
②법원은 직권으로 또는 당사자의 신청에 따라 채권전액을 담보로 제공하고 가집행을 면제받을 수 있다는 것을 선고할 수 있다.
③제1항 및 제2항의 선고는 판결주문에 적어야 한다.

(판 례) 가집행선고의 재판에 대하여는 본안 재판의 불복과 더불어서만 불복할 수 있으며, 본안의 재판에 대한 상소가 이유 있다고 판단되는 경우에만 가집행선고의 재판에 불복이유가 있다고 할 것이므로, 본안과 더불어 상소된 가집행선고의 재판에 비록 잘못이 있더라도 본안사건에 대한 상소가 이유 없다고 판단되는 경우에는 가집행선고의 재판을 시정하는 판단을 할 수 없다(1994.4.12, 93다56053). <이시윤, 652면>

민법상의 재산분할청구권은 이혼을 한 당사자의 일방이 다른 일방에 대하여 재산분할을 청구할 수 있는 권리로서 이혼이 성립한 때에 그 법적 효과로서 비로소 발생하는 것이므로, 당사자가 이혼이 성립하기 전에 이혼소송과 병합하여 재산분할의 청구를 하고, 법원이 이혼과 동시에 재산분할을 명하는 판결을 하는 경우에도 이혼판결은 확정되지 아니한 상태이므로, 그 시점에서 가집행을 허용할 수는 없다.(1998.11.13, 98므1193) <이시윤, 650면>

제214조【소송비용담보규정의 준용】 제213조의 담보에는 제122조·제123조·제125조 및 제126조의 규정을 준용한다.

제215조【가집행선고의 실효, 가집행의 원상회복과 손해배상】 ①가집행의 선고는 그 선고 또는 본안판결을 바꾸는 판결의 선고로 바뀌는 한도에서 그 효력을 잃는다.
②본안판결을 바꾸는 경우에는 법원은 피고의 신청에 따라 그 판결에서 가집행의 선고에 따라 지급한 물건을 돌려 줄 것과, 가집행으로 말미암은 손해 또는 그 면제를 받기 위하여 입은 손해를 배상할 것을 원고에게 명하여야 한다.
③가집행의 선고를 바꾼 뒤 본안판결을 바꾸는 경우에는 제2항의 규정을 준용한다.

(판 례) 항소심이 무조건 이행을 명한 가집행선고부 제1심판결을 변경하여 상환이행을 명하면서 다시 가집행선고를 붙인 경우, 제1심판결에서 인정된 소송의 목적인 권리가 항소심에서도 여전히 인정되는 점은 아무런 변경이 없고, 다만 가집행 채권자는 항소심판결에 따라 상환조건을 성취하여야만 강제집행을 할 수 있게 되었을 뿐이므로, 무조건 이행을 명한 제1심판결의 가집행선고는 그 차이가 나는 한도 내에서만 실효되었다고 봄이 상당하고, 따라서 이 경우에 가집행 채무자로서는 민사소송법 제201조 제2항에 의하여 제1심판결의 가집행선고로 인한 지급물의 반환을 구할 수 없음은 물론, 소송의 목적인 권리가 인정되지 아니함을 전제로 하는 손해도 특별한 사정이 없는 한 제1심판결의 가집행과 상당인과 관계에 있는 손해라고 할 수 없으므로 이에 대하여 같은 조항에 의한 배상을 구할 수 없다(1995.9.29,

94다23357). <이시윤, 653면>

제216조【기판력의 객관적 범위】①확정판결(確定判決)은 주문에 포함된 것에 한하여 기판력(旣判力)을 가진다.

②상계를 주장한 청구가 성립되는지 아닌지의 판단은 상계하자고 대항한 액수에 한하여 기판력을 가진다.

(판 례) 토지의 소유자가 법률상 원인 없이 토지를 점유하고 있는 자를 상대로 장래의 이행을 청구하는 소로서, 그 점유자가 토지를 인도할 때까지 토지를 사용 수익함으로 인하여 얻을 토지의 임료에 상당하는 부당이득금의 반환을 청구하여, 그 청구의 전부나 일부를 인용하는 판결이 확정된 경우에, 그 소송의 사실심 변론종결 후에 토지의 가격이 현저하게 앙등하고 조세 등의 공적인 부담이 증대되었을 뿐더러 그 인근 토지의 임료와 비교하더라도 그 소송의 판결에서 인용된 임료액이 상당하지 아니하게 되는 등 경제적 사정의 변경으로 당사자간의 형평을 심하게 해할 특별한 사정이 생긴 때에는, 토지의 소유자는 점유자를 상대로 새로 소를 제기하여 전소판결에서 인용된 임료액과 적정한 임료액의 차액에 상당하는 부당이득금의 반환을 청구할 수 있다고 봄이 상당하다(1993.12.21, 92다46226). <이시윤, 628면>

상계 주장에 관한 판단에 기판력이 인정되는 경우는, 상계 주장의 대상이 된 수동채권이 소송물로서 심판되는 소구채권이거나 그와 실질적으로 동일하다고 보이는 경우(가령 원고가 상계를 주장하면서 청구이의의 소송을 제기하는 경우 등)로서 상계를 주장한 반대채권과 그 수동채권을 기판력의 관점에서 동일하게 취급하여야 할 필요성이 인정되는 경우를 말한다고 봄이 상당하다.(2005.7.22, 2004다17207).

제217조【외국판결의 승인】①외국법원의 확정판결 또는 이와 동일한 효력이 인정되는 재판(이하 "확정재판등"이라 한다)은 다음 각호의 요건을 모두 갖추어야 승인된다. <개정 2014.5.20>

1. 대한민국의 법령 또는 조약에 따른 국제재판관할의 원칙상 그 외국법원의 국제재판관할권이 인정될 것
2. 패소한 피고가 소장 또는 이에 준하는 서면 및 기일통지서나 명령을 적법한 방식에 따라 방어에 필요한 시간여유를 두고 송달받았거나(공시송달이나 이와 비슷한 송달에 의한 경우를 제외한다) 송달받지 아니하였더라도 소송에 응하였을 것
3. 그 확정재판등의 내용 및 소송절차에 비추어 그 확정재판등의 승인이 대한민국의 선량한 풍속이나 그 밖의 사회질서에 어긋나지 아니할 것
4. 상호보증이 있거나 대한민국과 그 외국법원이 속하는 국가에 있어 확정재판등의 승인요건이 현저히 균형을 상실하지 아니하고 중요한 점에서 실질적으로 차이가 없을 것

②법원은 제1항의 요건이 충족되었는지에 관하여 직권으로 조사하여야 한다. <신설 2014.5.20>

제217조의2【손해배상에 관한 확정재판등의 승인】① 법원은 손해배상에 관한 확정재판등이 대한민국의 법률 또는 대한민국이 체결한 국제조약의 기본질서에 현저히 반하는 결과를 초래할 경우에는 해당 확정재판등의 전부 또는 일부를 승인할 수 없다.

② 법원은 제1항의 요건을 심리할 때에는 외국법원이 인정한 손해배상의 범위에 변호사보수를 비롯한 소송과 관련된 비용과 경비가 포함되는지와 그 범위를 고려하여야 한다.
<본조신설 2014.5.20>

제218조【기판력의 주관적 범위】①확정판결은 당사자, 변론을 종결한 뒤의 승계인(변론 없이 한 판결의 경우에는 판결을 선고한 뒤의 승계인) 또는 그를 위하여 청구의 목적물을 소지한 사람에 대하여 효력이 미친다.

②제1항의 경우에 당사자가 변론을 종결할 때(변론 없이 한 판결의 경우에는 판결을 선고할 때)까지 승계사실을 진술하지 아니한 때에는 변론을 종결한 뒤(변론 없이 한 판결의 경우에는 판결을 선고한 뒤)에 승계한 것으로 추정한다.

③다른 사람을 위하여 원고나 피고가 된 사람에 대한 확정판결은 그 다른 사람에 대하여도 효력이 미친다.

④가집행의 선고에는 제1항 내지 제3항의 규정을 준용한다.

(판 례) 대지의 불법점유로 인한 임료 상당의 손해배상청구소송은 대지의 임료에 상당하는 부당이득의 반환을 청구한 전소와는 청구원인이나 소송물이 다른 별개의 소로서 전소의 기판력에 저촉된다고 볼 수 없다(1991.3.27, 91다650·667). <이시윤, 635면>

어느 채권자가 채권자대위권을 행사하는 방법으로 제3채무자를 상대로 소송을 제기하여 판결을 받은 경우, 어떠한 사유로든 채무자가 채권자대위소송이 제기된 사실을 알았을 경우에 한하여 그 판결의 효력이 채무자에게 미치므로, 이러한 경우에는 그 후 다른 채권자가 동일한 소송물에 대하여 채권자대위권에 기한 소를 제기하면 전소의 기판력을 받게 된다고 할 것이지만, 채무자가 전소인 채권자대위소송이 제기된 사실을 알지 못하였을 경우에는 전소의 기판력이 다른 채권자가 제기한 후소인 채권자대위소송에 미

치지 않는다(1994.8.12. 93다52808). <이시윤, 639면>

건물 소유권에 기한 물권적 청구권을 원인으로 하는 건물명도소송의 소송물은 건물 소유권이 아니라 그 물권적 청구권인 건물명도청구권이므로 그 소송에서 청구기각된 확정판결의 기판력은 건물명도청구권의 존부 그 자체에만 미치는 것이고, 소송물이 되지 아니한 건물 소유권의 존부에 관하여는 미치지 아니하므로, 그 건물명도소송의 사실심변론종결 후에 그 패소자인 건물 소유자로부터 건물을 매수하고 소유권이전등기를 마침으로써 그 소유권을 승계한 제3자의 건물 소유권의 존부에 관하여는 위 확정판결의 기판력이 미치지 않으며, 또 이 경우 위 제3자가 가지게 되는 물권적 청구권인 건물명도청구권은 적법하게 승계한 건물 소유권의 일반적 효력으로서 발생된 것이고, 위 건물명도소송의 소송물인 패소자의 건물명도청구권을 승계함으로써 가지게 된 것이라고는 할 수 없으므로, 위 제3자는 위 확정판결의 변론종결 후의 승계인에 해당한다고 할 수 없다(1999.10.22. 98다6855). <이시윤, 635면>

제219조【변론 없이 하는 소의 각하】 부적법한 소로서 그 흠을 보정할 수 없는 경우에는 변론 없이 판결로 소를 각하할 수 있다.

제219조의2【소권 남용에 대한 제재】 원고가 소권(항소권을 포함한다)을 남용하여 청구가 이유 없음이 명백한 소를 반복적으로 제기한 경우에는 법원은 결정으로 500만원 이하의 과태료에 처한다.

[본조신설 2023. 4. 18.]

제220조【화해, 청구의 포기·인낙조서의 효력】 화해, 청구의 포기·인낙을 변론조서·변론준비기일조서에 적은 때에는 그 조서는 확정판결과 같은 효력을 가진다.

(판 례) 재판상의 화해를 조서에 기재한 때에는 그 조서는 확정판결과 동일한 효력이 있고 당사자간에 기판력이 생기는 것이므로 재심의 소에 의하여 취소 또는 변경이 없는 한, 당사자는 그 화해의 취지에 반하는 주장을 할 수 없다(1962.2.15. 4294민상914). <이시윤, 587면>

재판상 화해가 준재심의 소에 의하여 취소되고 그 준재심재판이 확정되면 재판상화해의 효력은 소멸되고, 따라서 그 재판상화해로 인하여 생긴 모든 법률효과는 당연히 실효된다(1981.12.22. 78다2278). <이시윤, 587면>

제221조【결정·명령의 고지】 ①결정과 명령은 상당한 방법으로 고지하면 효력을 가진다.
②법원사무관 등은 고지의 방법·장소와 날짜를 재판의 원본에 덧붙여 적고 날인하여야 한다.

제222조【소송지휘에 관한 재판의 취소】 소송의 지휘에 관한 결정과 명령은 언제든지 취소할 수 있다.

제223조【법원사무관 등의 처분에 대한 이의】 법원사무관 등의 처분에 관한 이의신청에 대하여는 그 법원사무관 등이 속한 법원이 결정으로 재판한다.

제224조【판결규정의 준용】 ①성질에 어긋나지 아니하는 한, 결정과 명령에는 판결에 관한 규정을 준용한다. 다만, 법관의 서명은 기명으로 갈음할 수 있고, 이유를 적는 것을 생략할 수 있다.
②이 법에 따른 과태료재판에는 비송사건절차법 제248조 및 제250조 가운데 검사에 관한 규정을 적용하지 아니한다.

제6절 화해권고결정

제225조【결정에 의한 화해권고】 ①법원·수명법관 또는 수탁판사는 소송에 계속중인 사건에 대하여 직권으로 당사자의 이익, 그 밖의 모든 사정을 참작하여 청구의 취지에 어긋나지 아니하는 범위안에서 사건의 공평한 해결을 위한 화해권고결정(和解勸告決定)을 할 수 있다.
②법원사무관 등은 제1항의 결정내용을 적은 조서 또는 결정서의 정본을 당사자에게 송달하여야 한다. 다만, 그 송달은 제185조제2항·제187조 또는 제194조에 규정한 방법으로는 할 수 없다.

제226조【결정에 대한 이의신청】 ①당사자는 제225조의 결정에 대하여 그 조서 또는 결정서의 정본을 송달받은 날부터 2주 이내에 이의를 신청할 수 있다. 다만, 그 정본이 송달되기 전에도 이의를 신청할 수 있다.
②제1항의 기간은 불변기간으로 한다.

제227조【이의신청의 방식】 ①이의신청은 이의신청서를 화해권고결정을 한 법원에 제출함으로써 한다.
②이의신청서에는 다음 각호의 사항을 적어야 한다.
1. 당사자와 법정대리인
2. 화해권고결정의 표시와 그에 대한 이의신청의 취지
③이의신청서에는 준비서면에 관한 규정을 준용한다.
④제226조제1항의 규정에 따라 이의를 신청한 때에는 이의신청의 상대방에게 이의신청서의 부본을 송달하여야 한다.

제228조【이의신청의 취하】 ①이의신청을 한 당사자는 그 심급의 판결이 선고될 때까지 상대방의 동의를 얻어 이의신청을 취하할 수 있다.
②제1항의 취하에는 제266조제3항 내지 제6항을 준용한다. 이 경우 "소"는 "이의신청"으로 본다.

제229조【이의신청권의 포기】 ①이의신청권은 그 신청전까지 포기할 수 있다.
②이의신청권의 포기는 서면으로 하여야 한다.
③제2항의 서면은 상대방에게 송달하여야 한다.

제230조【이의신청의 각하】 ①법원·수명법관 또는 수탁판사는 이의신청이 법령상의 방식에 어긋나거나 신청권이 소멸된 뒤의 것임이 명백한 경우에는 그 흠을 보정할 수 없으면 결정으로 이를 각하하여야 하며, 수명법관 또는 수탁판사가 각하하지 아니한 때에는 수소법원이 결정으로 각하한다.
②제1항의 결정에 대하여는 즉시항고를 할 수 있다.

제231조【화해권고결정의 효력】 화해권고결정은 다음 각호 가운데 어느 하나에 해당하면 재판상 화해와 같은 효력을 가진다.

1. 제226조제1항의 기간 이내에 이의신청이 없는 때
2. 이의신청에 대한 각하결정이 확정된 때
3. 당사자가 이의신청을 취하하거나 이의신청권을 포기한 때

제232조【이의신청에 의한 소송복귀 등】 ①이의신청이 적법한 때에는 소송은 화해권고결정 이전의 상태로 돌아간다. 이 경우 그 이전에 행한 소송행위는 그대로 효력을 가진다.
②화해권고결정은 그 심급에서 판결이 선고된 때에는 그 효력을 잃는다.

제7절 소송절차의 중단과 중지

제233조【당사자의 사망으로 말미암은 중단】 ①당사자가 죽은 때에 소송절차는 중단된다. 이 경우 상속인·상속재산관리인, 그 밖에 법률에 의하여 소송을 계속하여 수행할 사람이 소송절차를 수계(受繼)하여야 한다.
②상속인은 상속포기를 할 수 있는 동안 소송절차를 수계하지 못한다.

> (판 례) 재판상의 이혼청구권은 부부의 일신전속의 권리이므로 이혼소송 계속중 배우자의 일방이 사망한 때에는 상속인이 그 절차를 수계할 수 없음은 물론이고, 또 그러한 경우에 검사가 이를 수계할 수 있는 특별한 규정도 없으므로 이혼소송은 종료된다 (1994.10.28, 94므246·253). <이시윤, 473면>

제234조【법인의 합병으로 말미암은 중단】 당사자인 법인이 합병에 의하여 소멸된 때에 소송절차는 중단된다. 이 경우 합병에 의하여 설립된 법인 또는 합병한 뒤의 존속법인이 소송절차를 수계하여야 한다.

> (판 례) 법인의 권리의무가 법률의 규정에 의하여 새로 설립된 법인에게 승계되는 경우에는 특단의 사유가 없는 한 계속중인 소송에 있어서 그 법인의 법률상의 지위도 새로 설립된 법인에게 승계 된다 (1984.6.12, 83다카1409). <이시윤, 474면>

제235조【소송능력의 상실, 법정대리권의 소멸로 말미암은 중단】 당사자가 소송능력을 잃은 때 또는 법정대리인이 죽거나 대리권을 잃은 때에 소송절차는 중단된다. 이 경우 소송능력을 회복한 당사자 또는 법정대리인이 된 사람이 소송절차를 수계하여야 한다.

> (판 례) 법인의 대표자가 법원의 결정에 의하여 그 직무대행이 정지된 경우에도 소송대리인이 있는 경우에는 소송절차는 중단되지 아니하지만 종국판결이 소송대리인에게 송달됨으로써 그 소송절차는 중단된다 (1980.10.14, 80다623·624). <이시윤, 474면>

제236조【수탁자의 임무가 끝남으로 말미암은 중단】 신탁으로 말미암은 수탁자의 위탁임무가 끝난 때에 소송절차는 중단된다. 이 경우 새로운 수탁자가 소송절차를 수계하여야 한다.

> (판 례) 소송계속중 당사자가 그 소송의 목적된 권리를 제3자에게 양도하였다고 하여서, 그 소송절차가 중단되는 것은 아니고, 신청인 주장과 같이, 넓은 의미의 신탁적 양도행위에 해당하는, 명의신탁을 해지한 경우에도 같다고 할 것이며, 다만 수계신청인은 권리승계인으로서, 민사소송법 제72조에 의하여 당사자로서 소송에 참가할 수 있다고 할 것이다 (1966.6.28, 66다689). <이시윤, 474면>

제237조【자격상실로 말미암은 중단】 ①일정한 자격에 의하여 자기 이름으로 남을 위하여 소송당사자가 된 사람이 그 자격을 잃거나 죽은 때에 소송절차는 중단된다. 이 경우 같은 자격을 가진 사람이 소송절차를 수계하여야 한다.
②제53조의 규정에 따라 당사자가 될 사람을 선정한 소송에서 선정된 당사자 모두가 자격을 잃거나 죽은 때에 소송절차는 중단된다. 이 경우 당사자를 선정한 사람 모두 또는 새

로 당사자로 선정된 사람이 소송절차를 수계하여야 한다.

> (판 례) 유언의 집행을 위하여 지정 또는 선임된 유언집행자는 유증의 목적인 재산의 관리 기타 유언의 집행에 필요한 행위를 할 권리의무가 있으므로, 유언의 집행에 방해가 되는 유증 목적물에 경료된 상속등기 등의 말소청구소송 또는 유언을 집행하기 위한 유증 목적물에 관한 소유권이전등기 청구소송에 있어서 유언집행자는 이른바 법정소송담당으로서 원고적격을 가진다고 봄이 상당하다(1999.11.26. 97다57733). <이시윤, 474면>

제238조【소송대리인이 있는 경우의 제외】 소송대리인이 있는 경우에는 제233조제1항, 제234조 내지 제237조의 규정을 적용하지 아니한다.

제239조【당사자의 파산으로 말미암은 중단】 당사자가 파산선고를 받은 때에 파산재단에 관한 소송절차는 중단된다. 이 경우 채무자회생및파산에관한법률에 따른 수계가 이루어지기 전에 파산절차가 해지되면 파산선고를 받은 자가 당연히 소송절차를 수계한다. <개정 2005.3.31>

제240조【파산절차의 해지로 말미암은 중단】 채무자회생및파산에관한법률에 따라 파산재단에 관한 소송의 수계가 이루어진 뒤 파산절차가 해지된 때에 소송절차는 중단된다. 이 경우 파산선고를 받은 자가 소송절차를 수계하여야 한다. <개정 2005.3.31>

제241조【상대방의 수계신청권】 소송절차의 수계신청은 상대방도 할 수 있다.

제242조【수계신청의 통지】 소송절차의 수계신청이 있는 때에는 법원은 상대방에게 이를 통지하여야 한다.

제243조【수계신청에 대한 재판】 ①소송절차의 수계신청은 법원이 직권으로 조사하여 이유가 없다고 인정한 때에는 결정으로 기각하여야 한다.

②재판이 송달된 뒤에 중단된 소송절차의 수계에 대하여는 그 재판을 한 법원이 결정하여야 한다.

> (판 례) 원고승소참가인이 갑으로부터 포괄유증을 받았다 하여 갑을 수계하려면 제1심법원에 수계신청을 하여야 하고, 을의 항소로 인한 항소사건이 계속된 항소심법원에 수계신청을 할 수는 없는 법리라 할 것이다(1994.11.4. 93다31993). <이시윤, 476면>

제244조【직권에 의한 속행명령】 법원은 당사자가 소송절차를 수계하지 아니하는 경우에 직권으로 소송절차를 계속하여 진행하도록 명할 수 있다.

제245조【법원의 직무집행 불가능으로 말미암은 중지】 천재지변, 그 밖의 사고로 법원이 직무를 수행할 수 없을 경우에 소송절차는 그 사고가 소멸될 때까지 중지된다.

제246조【당사자의 장애로 말미암은 중지】 ①당사자가 일정하지 아니한 기간동안 소송행위를 할 수 없는 장애사유가 생긴 경우에는 법원은 결정으로 소송절차를 중지하도록 명할 수 있다.

②법원은 제1항의 결정을 취소할 수 있다.

제247조【소송절차 정지의 효과】 ①판결의 선고는 소송절차가 중단된 중에도 할 수 있다.

②소송절차의 중단 또는 중지는 기간의 진행을 정지시키며, 소송절차의 수계사실을 통지한 때 또는 소송절차를 다시 진행한 때부터 전체기간이 새로이 진행된다.

제2편 제1심의 소송절차

제1장 소의 제기

제248조【소제기의 방식】 ① 소를 제기하려는 자는 법원에 소장을 제출하여야 한다.

② 법원은 소장에 붙이거나 납부한 인지액이 「민사소송 등 인지법」 제13조제2항 각 호에서 정한 금액에 미달하는 경우 소장의 접수를 보류할 수 있다.

③ 법원에 제출한 소장이 접수되면 소장이 제출된 때에 소가 제기된 것으로 본다.

<전문개정 2023. 4. 18.>

> (판 례) 원고명.의의 도장이 찍혀 있지 않은 소장이라도 원고 본인이 소장을 제출한 경우에는 적법한 소장이다(1974.12.10. 74다1633). <이시윤, 299면>

제249조【소장의 기재사항】 ①소장에는 당사자와 법정대리인, 청구의 취지와 원인을 적어야 한다.

②소장에는 준비서면에 관한 규정을 준용한다.

제250조【증서의 진정여부를 확인하는 소】 확인의 소는 법률관계를 증명하는 서면이 진정한지 아닌지를 확정하기 위하여서도 제기할 수 있다.

> (판 례) 증서진부확인의 소는 서면이 그 작성명의자에 의하여 작성되었는가 그렇지 않으면 위조 또는

변조되었는가를 확정하는 소송으로서 이와 같이 서면의 진부라고 하는 사실의 확정에 대하여 독립의 소가 허용되는 것은 법률관계를 증명하는 서면의 진부가 판결로 확정되면 당사자간에 있어서는 그 문서의 진부가 다투어지지 않는 결과 그 문서가 증명하는 법률관계에 관한 분쟁자체도 해결될 가능성이 있거나 적어도 그 분쟁의 해결에 기여함이 크다는 이유에 의한 것이다(1991.12.10, 91다15317). <이시윤, 276면>

제251조【장래의 이행을 청구하는 소】 장래에 이행할 것을 청구하는 소는 미리 청구할 필요가 있어야 제기할 수 있다.

판례 지방자치단체가 사유지를 도로로 점유, 사용하는 경우 도로폐쇄에 의한 점유종료일 또는 토지소유자의 소유권상실일까지 장래의 이행기 도래분에 대한 부당이득금의 반환을 청구할 수 있다(1993.3.9, 91다46717). <이시윤, 269면>

제252조【정기금판결과 변경의 소】 ①정기금(定期金)의 지급을 명한 판결이 확정된 뒤에 그 액수산정의 기초가 된 사정이 현저하게 바뀜으로써 당사자 사이의 형평을 크게 침해할 특별한 사정이 생긴 때에는 그 판결의 당사자는 장차 지급할 정기금 액수를 바꾸어 달라는 소를 제기할 수 있다.
②제1항의 소는 제1심 판결법원의 전속관할로 한다.

제253조【소의 객관적 병합】 여러 개의 청구는 같은 종류의 소송절차에 따르는 경우에만 하나의 소로 제기할 수 있다.

판례 행정처분에 대한 무효확인과 취소청구는 서로 양립할 수 없는 청구로서 주위적·예비적 청구로서만 병합이 가능하고 선택적 청구로서의 병합이나 단순병합은 허용되지 아니한다(1999.8.20, 97누6889). <이시윤, 337면>

제254조【재판장의 소장심사권】 제254조【재판장등의 소장심사권】 ①소장이 제249조제1항의 규정에 어긋나는 경우와 소장에 법률의 규정에 따른 인지를 붙이지 아니한 경우에는 재판장은 상당한 기간을 정하고, 그 기간 이내에 흠을 보정하도록 명하여야 한다. 재판장은 법원사무관등으로 하여금 위 보정명령을 하게 할 수 있다. <개정 2014.12.30>
②원고가 제1항의 기간 이내에 흠을 보정하지 아니한 때에는 재판장은 명령으로 소장을 각하하여야 한다.
③제2항의 명령에 대하여는 즉시항고를 할 수 있다.
④재판장은 소장을 심사하면서 필요하다고 인정하는 경우에는 원고에게 청구하는 이유에 대응하는 증거방법을 구체적으로 적어 내도록 명할 수 있으며, 원고가 소장에 인용한 서증(書證)의 등본 또는 사본을 붙이지 아니한 경우에는 이를 제출하도록 명할 수 있다.

판례 인지보정명령에 따른 인지 상당액의 현금 납부는 송달료처리의특례에관한규칙 제3조에 정한 송달료 수납은행에 현금을 납부한 때에 인지보정의 효과가 발생되고, 납부에 따라 발부 받은 영수필확인서들을 보정서 등 소송서류에 첨부하여 접수 담당 법원사무관 등에게 제출하고 또 접수 담당 법원사무관이 이를 소장 등 소송서류에 첨부하여 소인하는 등 행위는 소송기록상 납부사실을 확인케 하기 위한 절차에 불과하다(1997.9.22, 97마1731). <이시윤, 308면>

제255조【소장부본의 송달】 ①법원은 소장의 부본을 피고에게 송달하여야 한다.
②소장의 부본을 송달할 수 없는 경우에는 제254조제1항 내지 제3항의 규정을 준용한다.

제256조【답변서의 제출의무】 ①피고가 원고의 청구를 다투는 경우에는 소장의 부본을 송달받은 날부터 30일 이내에 답변서를 제출하여야 한다. 다만, 피고가 공시송달의 방법에 따라 소장의 부본을 송달받은 경우에는 그러하지 아니하다.
②법원은 소장의 부본을 송달할 때에 제1항의 취지를 피고에게 알려야 한다.
③법원은 답변서의 부본을 원고에게 송달하여야 한다.
④답변서에는 준비서면에 관한 규정을 준용한다.

제257조【변론 없이 하는 판결】 ①법원은 피고가 제256조제1항의 답변서를 제출하지 아니한 때에는 청구의 원인이 된 사실을 자백한 것으로 보고 변론 없이 판결할 수 있다. 다만, 직권으로 조사할 사항이 있거나 판결이 선고되기까지 피고가 원고의 청구를 다투는 취지의 답변서를 제출한 경우에는 그러하지 아니하다.
②피고가 청구의 원인이 된 사실을 모두 자백하는 취지의 답변서를 제출하고 따로 항변을 하지 아니한 때에는 제1항의 규정을 준용한다.
③법원은 피고에게 소장의 부본을 송달할 때에 제1항 및 제2항의 규정에 따라 변론 없이 판결을 선고할 기일을 함께 통지할 수 있다.

제258조【변론기일의 지정】 ①재판장은 제257조제1항 및 제2항에 따라 변론 없이 판결하는 경우 외에는 바로 변론기일을 정하여야 한다. 다만, 사건을 변론준비절차에 부칠 필요가 있는 경우에는 그러하지 아니하다.

②재판장은 변론준비절차가 끝난 경우에는 바로 변론기일을 정하여야 한다.
<전문개정 2008.12.26>

제259조【중복된 소제기의 금지】 법원에 계속되어 있는 사건에 대하여 당사자는 다시 소를 제기하지 못한다.

(판 례) 채권자대위소송이 이미 법원에 계속중에 있을 때 같은 채무자의 다른 채권자가 동일한 소송물에 대하여 채권자대위권에 기한 소를 제기한 경우 시간적으로 나중에 계속하게 된 소송은 중복제소금지의 원칙에 위배하여 제기된 부적법한 소송이 된다(1994.2.8, 93다53092). <이시윤, 317면>

중복제소금지는 소송계속으로 인하여 당연히 발생하는 소송요건의 하나로서, 이미 동일한 사건에 관하여 전소가 제기되었다면 설령 그 전소가 소송요건을 흠결하여 부적법하다고 할지라도 후소의 변론종결시까지 취하·각하 등에 의하여 소송계속이 소멸되지 아니하는 한 후소는 중복제소금지에 위배하여 각하를 면치 못하게 되는바, 이와 같은 법리는 어느 채권자가 채무자를 대위하여 제3채무자를 상대로 제기한 채권자대위소송이 법원에 계속중 다른 채권자가 같은 채무자를 대위하여 제3채무자를 피고로 하여 동일한 소송물에 관하여 소송을 제기한 경우에도 적용된다(1998.2.27, 97다45532).

제260조【피고의 경정】 ①원고가 피고를 잘못 지정한 것이 분명한 경우에는 제1심 법원은 변론을 종결할 때까지 원고의 신청에 따라 결정으로 피고를 경정하도록 허가할 수 있다. 다만, 피고가 본안에 관하여 준비서면을 제출하거나, 변론준비기일에서 진술하거나 변론을 한 뒤에는 그의 동의를 받아야 한다.
②피고의 경정은 서면으로 신청하여야 한다.
③제2항의 서면은 상대방에게 송달하여야 한다. 다만, 피고에게 소장의 부본을 송달하지 아니한 경우에는 그러하지 아니하다.
④피고가 제3항의 서면을 송달받은 날부터 2주 이내에 이의를 제기하지 아니하면 제1항 단서와 같은 동의를 한 것으로 본다.

(판 례) 민사소송법 제234조의2제1항 소정의 '피고를 잘못 지정한 것이 명백한 때'라고 함은 청구취지나 청구원인의 기재 내용 자체로 보아 원고가 법률적 평가를 그르치는 등의 이유로 피고의 지정이 잘못된 것이 명백하거나 법인격의 유무에 관하여 착오를 일으킨 것이 명백한 경우 등을 말하고, 피고로 되어야 할 자가 누구인지를 증거조사를 거쳐 사실을 인정하고 그 인정 사실에 터잡아 법률 판단을 해야 인정할 수 있는 경우는 이에 해당하지 않는다(1997.10.17, 97마1632). <이시윤, 228면>

원고가 사망 사실을 모르고 사망자를 피고로 표시하여 소를 제기한 경우에, 청구의 내용과 원인사실, 당해 소송을 통하여 분쟁을 실질적으로 해결하려는 원고의 소제기 목적 내지는 사망 사실을 안 이후의 원고의 피고 표시 정정신청 등 여러 사정을 종합하여 볼 때 사망자의 상속인이 처음부터 실질적인 피고이고 다만 그 표시를 잘못한 것으로 인정된다면, 사망자의 상속인으로 피고의 표시를 정정할 수 있다.(2006.7.4, 2005마425). <이시윤 124면>

제261조【경정신청에 관한 결정의 송달 등】 ①제260조제1항의 신청에 대한 결정은 피고에게 송달하여야 한다. 다만, 피고에게 소장의 부본을 송달하지 아니한 때에는 그러하지 아니하다.
②신청을 허가하는 결정을 한 때에는 그 결정의 정본과 소장의 부본을 새로운 피고에게 송달하여야 한다.
③신청을 허가하는 결정에 대하여는 동의가 없었다는 사유로만 즉시항고를 할 수 있다.
④신청을 허가하는 결정을 한 때에는 종전의 피고에 대한 소는 취하된 것으로 본다.

(판 례) 민사소송법 제234조2에 의하여 피고경정신청을 허가하는 제1심 법원의 결정에 대하여는 같은 법 제234조의3제3항에 의하여 종전의 피고가 이에 대한 동의가 없었음을 사유로 하는 경우에 한하여 즉시항고를 할 수 있는 이외에는 달리 불복할 수 없다고 보아야 하고 더욱이 피고경정신청을 한 원고가 그 허가결정의 부당함으로 내세워 불복하는 것은 허용될 수 없다 할 것이므로, 이러한 허가결정의 당부는 같은 법 제234조의3제3항에 의한 즉시항고 외에는 불복할 없는 종국판결 전의 재판에 관한 것이어서 같은 법 제362조 단서에 의하여 항소심 법원의 판단대상이 되지 아니한다(1992.10.9, 92다25533). <이시윤, 228면>

제262조【청구의 변경】 ①원고는 청구의 기초가 바뀌지 아니하는 한도안에서 변론을 종결할 때(변론 없이 한 판결의 경우에는 판결을 선고할 때)까지 청구의 취지 또는 원인을 바꿀 수 있다. 다만, 소송절차를 현저히 지연시키는 경우에는 그러하지 아니하다.
②청구취지의 변경은 서면으로 신청하여야 한다.
③제2항의 서면은 상대방에게 송달하여야 한다.

(판 례) 구청구를 취하한다는 명백한 표시가 없이 신청구를 한 경우에 신청구가 부적법하여 법원의 판단을 받을 수 없는 청구인 경우까지도 구청구가 취하되는 교환적 변경이라고 볼 수는 없다(1975.5.13, 73다1449). <이시윤, 344면>

매매 또는 취득시효 완성을 원인으로 하는 소유권이전등기청구소송에서 그 대상을 1필지 토지의 일부에서 전부로 확장하는 것은 청구의 양적 확장으로서 소의 추가적 변경에 해당하고, 동일 부동산에 대하여 이전등기를 구하면서 그 등기청구권의 발생

원인을 처음에는 매매로 하였다가 후에 취득시효의 완성을 선택적으로 추가하는 것도 단순한 공격방법의 차이가 아니라 별개의 청구를 추가시킨 것이므로 역시 소의 추가적 변경에 해당한다(1997.4.11, 96다50520). <이시윤, 343면>

가분채권에 대한 이행청구의 소를 제기하면서 그것이 나머지 부분을 유보하고 일부만 청구하는 것이라는 취지를 명시하지 아니한 경우에는 그 확정판결의 기판력은 나머지 부분에까지 미치는 것이어서 별소로써 나머지 부분에 관하여 다시 청구할 수는 없으므로, 일부 청구에 관하여 전부 승소한 채권자는 나머지 부분에 관하여 청구를 확장하기 위한 항소가 허용되지 아니한다면 나머지 부분을 소구할 기회를 상실하는 불이익을 입게 되고, 따라서 이러한 경우에는 예외적으로 전부 승소한 판결에 대해서도 나머지 부분에 관하여 청구를 확장하기 위한 항소의 이익을 인정함이 상당하다(1997.10.24, 96다12276). <이시윤, 348면>

제263조【청구의 변경의 불허가】 법원이 청구의 취지 또는 원인의 변경이 옳지 아니하다고 인정한 때에는 직권으로 또는 상대방의 신청에 따라 변경을 허가하지 아니하는 결정을 하여야 한다.

(판 례) 청구취지의 변경을 불허한 결정에 대하여는 독립하여 항고할 수 없고 종국판결에 대한 상소로써만 다툴 수 있다(1992.9.25, 92누5096). <이시윤, 350면>

제264조【중간확인의 소】 ①재판이 소송의 진행중에 쟁점이 된 법률관계의 성립여부에 매인 때에 당사자는 따로 그 법률관계의 확인을 구하는 소를 제기할 수 있다. 다만, 이는 그 확인청구가 다른 법원의 관할에 전속되지 아니하는 때에 한한다.

②제1항의 청구는 서면으로 하여야 한다.

③제2항의 서면은 상대방에게 송달하여야 한다.

(판 례) 소유권이전등기나 그 말소등기절차 이행청구의 소가 계속중 당해 부동산에 대한 소유권확인청구를 추가하는 소변경을 제2심에서도 유효하게 할 수 있고, 또 소유권이전등기나 말소등기이행청구에 관한 판결의 기판력은 소유권확인청구에는 미치지 아니한다(1973.9.12, 72다1436). <이시윤, 353면>

제265조【소제기에 따른 시효중단의 시기】 시효의 중단 또는 법률상 기간을 지킴에 필요한 재판상 청구는 소를 제기한 때 또는 제260조제2항 · 제262조제2항 또는 제264조제2항의 규정에 따라 서면을 법원에 제출한 때에 그 효력이 생긴다.

(판 례) 민법 제168조제1호, 제170조제1항에서 시효중단사유의 하나로 규정하고 있는 재판상의 청구라 함은, 통상적으로는 권리자가 원고로서 시효를 주장하는 자를 피고로 하여 소송물인 권리를 소의 형식으로 주장하는 경우를 가리키지만, 이와 반대로 시효를 주장하는 자가 원고가 되어 소를 제기한 데 대하여 피고로서 응소하여 그 소송에서 적극적으로 권리를 주장하고 그것이 받아들여진 경우도 마찬가지로 이에 포함되는 것으로 해석함이 타당하다(1993.12.21, 전원합의체 판결 92다47861). <이시윤, 325면>

제266조【소의 취하】 ①소는 판결이 확정될 때까지 그 전부나 일부를 취하할 수 있다.

②소의 취하는 상대방이 본안에 관하여 준비서면을 제출하거나 변론준비기일에서 진술하거나 변론을 한 뒤에는 상대방의 동의를 받아야 효력을 가진다.

③소의 취하는 서면으로 하여야 한다. 다만, 변론 또는 변론준비기일에서 말로 할 수 있다.

④소장을 송달한 뒤에는 취하의 서면을 상대방에게 송달하여야 한다.

⑤제3항 단서의 경우에 상대방이 변론 또는 변론준비기일에 출석하지 아니한 때에는 그 기일의 조서등본을 송달하여야 한다.

⑥소취하의 서면이 송달된 날부터 2주 이내에 상대방이 이의를 제기하지 아니한 경우에는 소취하에 동의한 것으로 본다. 제3항 단서의 경우에 있어서, 상대방이 기일에 출석한 경우에는 소를 취하한 날부터, 상대방이 기일에 출석하지 아니한 경우에는 제5항의 등본이 송달된 날부터 2주 이내에 상대방이 이의를 제기하지 아니하는 때에도 또한 같다.

(판 례) 소의 취하는 원고가 제기한 소를 철회하여 소송계속을 소멸시키는 원고의 법원에 대한 소송행위이고 소송행위는 일반 사법상의 행위와는 달리 내심의 의사보다 그 표시를 기준으로 하여 그 효력 유무를 판정할 수밖에 없는 것인바, 원고들 소송대리인으로부터 원고 중 1인에 대한 소 취하를 지시 받은 사무원은 원고들 소송대리인의 표시기관에 해당되어 그의 착오는 원고들 소송대리인의 착오로 보아야 하므로, 그 사무원의 착오로 원고들 소송대리인의 의사에 반하여 원고들 전원의 소를 취하하였다 하더라도 이를 무효라 볼 수는 없고, 적법한 소 취하의 서면이 제출된 이상 그 서면이 상대방에게 송달되기 전·후를 묻지 않고 원고는 이를 임의로 철회할 수 없다(1997.6.27, 97다6124). <이시윤, 566면>

제267조【소취하의 효과】 ①취하된 부분에 대하여는 소가 처음부터 계속되지 아니한 것으로 본다.

②본안에 대한 종국판결이 있은 뒤에 소를 취하한 사람은 같은 소를 제기하지 못한다.

(판 례) 민사소송법 제240조제2항 소정의 재소금지원칙이 적용되기 위하여는 소송물이 동일한 외에 권리보호의 이익도 동일하여야 할 것인데, 피고가 전소 취하의 전제조건인 약정사항을 지키지 아니함으로써 위 약정이 해제 또는 실효 되는 사정변경이 발생하였다면, 이 사건 지상권이전등기말소등기청구

와 전소(전소)가 소송물이 서로 동일하다 하더라도, 소제기를 필요로 하는 사정이 같지 아니하여 권리보호의 이익이 다르다 할 것이므로, 결국 이 사건 청구는 위 재소금지원칙에 위배되지 아니한다(1993.8.24, 93다22074). <이시윤, 570면>

부동산 공유자들이 제기한 명도청구소송에서 제1심 종국판결 선고 후 항소심 계속중 소송당사자 상호간의 지분 양도·양수에 따라 소취하 및 재소가 이루어진 경우, 그로 인하여 그 때까지의 법원의 노력이 무용화된다든가 당사자에 의하여 법원이 농락 당한 것이라 할 수 없고, 소송 계속중 부동산의 공유지분을 양도함으로써 그 권리를 상실한 공유자가 더 이상 소를 유지할 필요가 없다고 생각하고 소를 취하한 것이라면 그 지분을 양도받은 자에게 소취하에 대한 책임이 있다고 할 수 없을 뿐만 아니라, 공유지분 양수인으로서는 자신의 권리를 보호하기 위하여 양도받은 공유지분에 기하여 다시 소를 제기할 필요도 있어 그 양수인의 추가된 점포명도청구는 그 공유지분의 양도인이 취하한 전소와는 권리보호의 이익을 달리하여 재소금지의 원칙에 위배되지 아니한다(1998.3.13, 95다48599). <이시윤, 568면>

제268조【양쪽 당사자가 출석하지 아니한 경우】 ①양쪽 당사자가 변론기일에 출석하지 아니하거나 출석하였다 하더라도 변론하지 아니한 때에는 재판장은 다시 변론기일을 정하여 양 쪽 당사자에게 통지하여야 한다.

②제1항의 새 변론기일 또는 그 뒤에 열린 변론기일에 양 쪽 당사자가 출석하지 아니하거나 출석하였다 하더라도 변론하지 아니한 때에는 1월 이내에 기일지정신청을 하지 아니하면 소를 취하한 것으로 본다.

③제2항의 기일지정신청에 따라 정한 변론기일 또는 그 뒤의 변론기일에 양쪽 당사자가 출석하지 아니하거나 출석하였다 하더라도 변론하지 아니한 때에는 소를 취하한 것으로 본다.

④상소심의 소송절차에는 제1항 내지 제3항의 규정을 준용한다. 다만, 상소심에서는 상소를 취하한 것으로 본다.

(판 례) 민사소송법 제241조제2항의 규정에 의하면 당사자 쌍방이 2회에 걸쳐 변론기일에 출석하지 아니하거나 출석하더라도 변론을 하지 아니한 때에 법원이 변론종결도 하지 않고 신기일의 지정도 없이 당해 기일을 종료시킨 경우에는 소취하의 요건을 갖추게 된다 할 것이나, 법원이 두 번째 불출석의 기일에 직권으로 신기일을 지정한 때에는 당사자의 기일지정신청에 의한 기일지정이 있는 경우와 마찬가지로 보아야 한다(1994.2.22, 93다56442). <이시윤, 446면>

변론준비절차는 원칙적으로 변론기일에 앞서 주장과 증거를 정리하기 위하여 진행되는 변론 전 절차에 불과할 뿐이어서 변론준비기일을 변론기일의 일부라고 볼 수 없고 변론준비기일과 그 이후에 진행되는 변론기일이 일체성을 갖는다고 볼 수도 없는 점, 나아가 양쪽 당사자 불출석으로 인한 취하간주 제도는 적극적 당사자에게 불리한 제도로서 적극적 당사자의 소송유지의사 유무와 관계없이 일률적으로 법률적 효과가 발생한다는 점까지 고려할 때 변론준비기일에서 양쪽 당사자 불출석의 효과는 변론기일에 승계되지 않는다.(2006.10.27, 2004다69581). <이시윤 337면>

제269조【반 소】 ①피고는 소송절차를 현저히 지연시키지 아니하는 경우에만 변론을 종결할 때까지 본소가 계속된 법원에 반소를 제기할 수 있다. 다만, 소송의 목적이 된 청구가 다른 법원의 관할에 전속되지 아니하고 본소의 청구 또는 방어의 방법과 서로 관련이 있어야 한다.

②본소가 단독사건인 경우에 피고가 반소로 합의사건에 속하는 청구를 한 때에는 법원은 직권 또는 당사자의 신청에 따른 결정으로 본소와 반소를 합의부에 이송하여야 한다. 다만, 반소에 관하여 제30조의 규정에 따른 관할권이 있는 경우에는 그러하지 아니하다.

(판 례) 소송요건을 구비하여 적법하게 제기된 본소가 그 후에 상대방이 제기한 반소로 인하여 소송요건에 흠결이 생겨 다시 부적법하게 되는 것은 아니므로, 원고가 피고에 대하여 손해배상 채무의 부존재확인을 구할 이익이 있어 본소로 그 확인을 구하였다면, 피고가 그 후에 그 손해배상채무의 이행을 구하는 반소를 제기하였다 하더라도 그러한 사정만으로 본소청구에 대한 확인의 이익이 소멸하여 본소가 부적법하게 된다고 볼 수는 없다(1999.6.8, 99다17401). <이시윤, 355면>

제270조【반소의 절차】 반소는 본소에 관한 규정을 따른다.

제271조【반소의 취하】 본소가 취하된 때에는 피고는 원고의 동의 없이 반소를 취하할 수 있다.

제2장 변론과 그 준비

제272조【변론의 집중과 준비】 ①변론은 집중되어야 하며, 당사자는 변론을 서면으로 준비하여야 한다.

②단독사건의 변론은 서면으로 준비하지 아니할 수 있다. 다만, 상대방이 준비하지 아니하면 진술할 수 없는 사항은 그러하지 아니하다.

제273조【준비서면의 제출 등】 준비서면은 그것에 적힌 사항에 대하여 상대방이 준비하는 데 필요한 기간을 두고 제출하여야 하며, 법원은 상대방에게 그 부본을 송달하여야 한

다.

제274조【준비서면의 기재사항】 ①준비서면에는 다음 각호의 사항을 적고, 당사자 또는 대리인이 기명날인 또는 서명한다.

1. 당사자의 성명·명칭 또는 상호와 주소
2. 대리인의 성명과 주소
3. 사건의 표시
4. 공격 또는 방어의 방법
5. 상대방의 청구와 공격 또는 방어의 방법에 대한 진술
6. 덧붙인 서류의 표시
7. 작성한 날짜
8. 법원의 표시

②제1항제4호 및 제5호의 사항에 대하여는 사실상 주장을 증명하기 위한 증거방법과 상대방의 증거방법에 대한 의견을 함께 적어야 한다.

(판 례) 준비서면에 취득시효완성에 관한 주장사실이 기재되어 있다 하더라도 그 준비서면이 변론기일에서 진술된 흔적이 없다면 취득시효완성의 주장에 대한 판단유탈의 위법이 있다 할 수 없다(1983.12.27, 80다1302). <이시윤, 409면>

제275조【준비서면의 첨부서류】 ①당사자가 가지고 있는 문서로서 준비서면에 인용한 것은 그 등본 또는 사본을 붙여야 한다.

②문서의 일부가 필요한 때에는 그 부분에 대한 초본을 붙이고, 문서가 많을 때에는 그 문서를 표시하면 된다.

③제1항 및 제2항의 문서는 상대방이 요구하면 그 원본을 보여주어야 한다.

제276조【준비서면에 적지 아니한 효과】 준비서면에 적지 아니한 사실은 상대방이 출석하지 아니한 때에는 변론에서 주장하지 못한다. 다만, 제272조제2항 본문의 규정에 따라 준비서면을 필요로 하지 아니하는 경우에는 그러하지 아니하다.

(판 례) 단독사건에서는 민사소송법 제251조 단서와 제246조의 규정에 의하여 미리 준비서면에 기재하지 아니한 증인을 상대방이 변론기일에 출석하지 아니한 채 재정증인으로 증거조사를 하고 증거로 채택하였을 경우 위법이 아니다(1975.1.28, 74다1721). <이시윤, 411면>

제277조【번역문의 첨부】 외국어로 작성된 문서에는 번역문을 붙여야 한다.

제278조【요약준비서면】 재판장은 당사자의 공격방어방법의 요지를 파악하기 어렵다고 인정하는 때에는 변론을 종결하기에 앞서 당사자에게 쟁점과 증거의 정리 결과를 요약한 준비서면을 제출하도록 할 수 있다.

제279조【변론준비절차의 실시】 ①변론준비절차에서는 변론이 효율적이고 집중적으로 실시될 수 있도록 당사자의 주장과 증거를 정리하여야 한다. <개정 2008.12.26>

②재판장은 특별한 사정이 있는 때에는 변론기일을 연 뒤에도 사건을 변론준비절차에 부칠 수 있다.

제280조【변론준비절차의 진행】 ①변론준비절차는 기간을 정하여, 당사자로 하여금 준비서면, 그 밖의 서류를 제출하게 하거나 당사자 사이에 이를 교환하게 하고 주장사실을 증명할 증거를 신청하게 하는 방법으로 진행한다.

②변론준비절차의 진행은 재판장이 담당한다.

③합의사건의 경우 재판장은 합의부원을 수명법관으로 지정하여 변론준비절차를 담당하게 할 수 있다.

④재판장은 필요하다고 인정하는 때에는 변론준비절차의 진행을 다른 판사에게 촉탁할 수 있다.

제281조【변론준비절차에서의 증거조사】 ①변론준비절차를 진행하는 재판장, 수명법관, 제280조제4항의 판사(이하 "재판장등"이라 한다)는 변론의 준비를 위하여 필요하다고 인정하면 증거결정을 할 수 있다.

②합의사건의 경우에 제1항의 증거결정에 대한 당사자의 이의신청에 관하여는 제138조의 규정을 준용한다.

③재판장 등은 제279조제1항의 목적을 달성하기 위하여 필요한 범위 안에서 증거조사를 할 수 있다. 다만, 증인신문 및 당사자신문은 제313조에 해당되는 경우에만 할 수 있다.

④제1항 및 제3항의 경우에는 재판장 등이 이 법에서 정한 법원과 재판장의 직무를 행한다.

제282조【변론준비기일】 ①재판장등은 변론준비절차를 진행하는 동안에 주장 및 증거를 정리하기 위하여 필요하다고 인정하는 때에는 변론준비기일을 열어 당사자를 출석하게 할 수 있다.

②사건이 변론준비절차에 부쳐진 뒤 변론준비기일이 지정됨이 없이 4월이 지난 때에는 재판장 등은 즉시 변론준비기일을 지정하거나 변론준비절차를 끝내야 한다.

③당사자는 재판장 등의 허가를 얻어 변론준비기일에 제3자와 함께 출석할 수 있다.

④당사자는 변론준비기일이 끝날 때까지 변

론의 준비에 필요한 주장과 증거를 정리하여 제출하여야 한다.

⑤재판장 등은 변론준비기일이 끝날 때까지 변론의 준비를 위한 모든 처분을 할 수 있다.

제283조 【변론준비기일의 조서】 ①변론준비기일의 조서에는 당사자의 진술에 따라 제274조제1항제4호와 제5호에 규정한 사항을 적어야 한다. 이 경우 특히 증거에 관한 진술은 명확히 하여야 한다.

②변론준비기일의 조서에는 제152조 내지 제159조의 규정을 준용한다.

제284조 【변론준비절차의 종결】 ①재판장등은 다음 각호 가운데 어느 하나에 해당하면 변론준비절차를 종결하여야 한다. 다만, 변론의 준비를 계속하여야 할 상당한 이유가 있는 때에는 그러하지 아니하다.

1. 사건을 변론준비절차에 부친 뒤 6월이 지난 때
2. 당사자가 제280조제1항의 규정에 따라 정한 기간내에 준비서면 등을 제출하지 아니하거나 증거의 신청을 하지 아니한 때
3. 당사자가 변론준비기일에 출석하지 아니한 때

②변론준비절차를 종결하는 경우에 재판장등은 변론기일을 미리 지정할 수 있다.

제285조 【변론준비기일을 종결한 효과】 ①변론준비기일에 제출하지 아니한 공격방어방법은 다음 각호 가운데 어느 하나에 해당하여야만 변론에서 제출할 수 있다.

1. 그 제출로 인하여 소송을 현저히 지연시키지 아니하는 때
2. 중대한 과실 없이 변론준비절차에서 제출하지 못하였다는 것을 소명한 때
3. 법원이 직권으로 조사할 사항인 때

②제1항의 규정은 변론에 관하여 제276조의 규정을 적용하는 데에 영향을 미치지 아니한다.

③소장 또는 변론준비절차전에 제출한 준비서면에 적힌 사항은 제1항의 규정에 불구하고 변론에서 주장할 수 있다. 다만, 변론준비절차에서 철회되거나 변경된 때에는 그러하지 아니하다.

제286조 【준용규정】 변론준비절차에는 제135조 내지 제138조, 제140조, 제142조 내지 제151조, 제225조 내지 제232조, 제268조 및 제278조의 규정을 준용한다.

제287조 【변론준비절차를 마친 뒤의 변론】 ①법원은 변론준비절차를 마친 경우에는 첫 변론기일을 거친 뒤 바로 변론을 종결할 수 있도록 하여야 하며, 당사자는 이에 협력하여야 한다.

②당사자는 변론준비기일을 마친 뒤의 변론기일에서 변론준비기일의 결과를 진술하여야 한다.

③법원은 변론기일에 변론준비절차에서 정리된 결과에 따라서 바로 증거조사를 하여야 한다.

제287조의2 【비디오 등 중계장치 등에 의한 기일】 ①재판장·수명법관 또는 수탁판사는 상당하다고 인정하는 때에는 당사자의 신청을 받거나 동의를 얻어 비디오 등 중계장치에 의한 중계시설을 통하거나 인터넷 화상장치를 이용하여 변론준비기일 또는 심문기일을 열 수 있다.

②법원은 교통의 불편 또는 그 밖의 사정으로 당사자가 법정에 직접 출석하기 어렵다고 인정하는 때에는 당사자의 신청을 받거나 동의를 얻어 비디오 등 중계장치에 의한 중계시설을 통하거나 인터넷 화상장치를 이용하여 변론기일을 열 수 있다. 이 경우 법원은 심리의 공개에 필요한 조치를 취하여야 한다.

③제1항과 제2항에 따른 기일에 관하여는 제327조의2제2항 및 제3항을 준용한다.
<본조신설 2021. 8. 17.>

제3장 증 거

제1절 총 칙

제288조 【불요증사실】 법원에서 당사자가 자백한 사실과 현저한 사실은 증명을 필요로 하지 아니한다. 다만, 진실에 어긋나는 자백은 그것이 착오로 말미암은 것임을 증명한 때에는 취소할 수 있다.

(판 례) 법률용어를 사용한 당사자의 진술이 동시에 구체적인 사실관계의 표현으로 사실상의 진술도 포함하는 것이라 할 것인바, 원고 소송대리인의 '본건 토지가 1975.12.31.법률 제2848호 토지구획정리사업법부칙 제2항 해당토지인 사실은 다툼이 없다.'란 진술 중에는 위 토지가 공공에 사용되는 하천임을 전제로 하는 사실상의 진술도 포함된 것으로 보이므로 그 취지의 자백이 인정된다(1984.5.29, 84다122). <이시윤, 489면>

문서의 성립에 관한 자백은 보조사실에 관한 자백이

기는 하나 그 취소에 관하여서는 다른 간접사실에 관한 자백의 취소와는 달리 주요사실의 자백취소와 동일하게 처리하여야 할 것이므로 문서의 진정성립을 인정한 당사자는 자유롭게 이를 철회할 수 없다(1988.12.20, 88다카3083). <이시윤, 490면>

재판상자백의 일종인 소위 선행자백은 당사자 일방이 자기에게 불리한 사실상의 진술을 자진하여 한 후 그 상대방이 이를 원용함으로써 그 사실에 관하여 당사자 쌍방의 주장이 일치함을 요하므로 그 일치가 있기 전에는 전자의 진술을 선행자백이라 할 수 없고 따라서 일단 자기에게 불리한 사실을 진술한 당사자도 그 후 그 상대방의 원용이 있기 전에는 그 자인한 진술을 철회하고 이와 모순되는 진술을 자유로이 할 수 있으며 이 경우 앞의 자인진술은 소송자료로부터 제거된다(1986.7.22, 85다카944). <이시윤, 491면>

증거에 의하여 자백이 진실에 부합되지 않는 사실이 증명되고 변론의 전취지에 의하여 그 자백이 착오에 기인한 것으로 인정되는 경우에는 법원은 그 자백의 취소를 허용하여야 하고, 재판상자백의 취소는 반드시 명시적으로 하여야만 하는 것은 아니고 종전의 자백과 배치되는 사실을 주장함으로써 묵시적으로도 할 수 있다(1996.2.23, 94다31976). <이시윤, 494면>

제289조【증거의 신청과 조사】 ①증거를 신청할 때에는 증명할 사실을 표시하여야 한다.
②증거의 신청과 조사는 변론기일전에도 할 수 있다.

(판 례) 당사자는 변론에 있어서만 공격, 방어방법을 제출할 수 있고 변론 외에서 제출한 증거방법은 민사소송법 제262조제2항 소정의 증거신청 외에는 유효한 증거방법의 제출이라고 할 수 없으므로 법원은 변론종결 후에 접수시킨 서류를 판단의 자료로 삼을 수 없을 뿐 아니라 직권으로 조사할 의무도 없다(1989.11.28, 88다카34148). <이시윤, 524면>

제290조【증거신청의 채택여부】 법원은 당사자가 신청한 증거를 필요하지 아니하다고 인정한 때에는 조사하지 아니할 수 있다. 다만, 그것이 당사자가 주장하는 사실에 대한 유일한 증거인 때에는 그러하지 아니하다.

(판 례) 민사소송법 제263조 단서가 규정하는 유일한 증거라 함은 당사자가 입증책임이 있는 사항에 관한 유일한 증거를 말하는 것인바, 유언의 존재 및 내용이 입증사항인 이상 유서에 대한 필적과 무인의 감정은 반증에 불과하여 유일한 증거에 해당하지 않는다(1998.6.12, 97다38510). <이시윤, 526면>

제291조【증거조사의 장애】 법원은 증거조사를 할 수 있을지, 언제 할 수 있을지 알 수 없는 경우에는 그 증거를 조사하지 아니할 수 있다.

제292조【직권에 의한 증거조사】 법원은 당사자가 신청한 증거에 의하여 심증을 얻을 수 없거나, 그 밖에 필요하다고 인정한 때에는 직권으로 증거조사를 할 수 있다.

(판 례) 불법행위로 인하여 손해가 발생한 사실이 인정되는 경우에.는 법원은 손해액에 관한 당사자의 주장과 입증이 미흡하더라도 적극적으로 석명권을 행사하여 입증을 촉구하여야 하고 경우에 따라서는 직권으로라도 손해액을 심리 판단하여야 한다(1987.12.22, 85다카2453). <이시윤, 529면>

제293조【증거조사의 집중】 증인신문과 당사자신문은 당사자의 주장과 증거를 정리한 뒤 집중적으로 하여야 한다.

제294조【조사의 촉탁】 법원은 공공기관·학교, 그 밖의 단체·개인 또는 외국의 공공기관에게 그 업무에 속하는 사항에 관하여 필요한 조사 또는 보관 중인 문서의 등본·사본의 송부를 촉탁할 수 있다.

(판 례) 행정소송 제기기간의 준수여부는 직권조사사항에 속하므로 그 기간연장에 관련되는 사항에 관한 원심의 직권사실조회는 적법하다 할 것이나, 동 사실조회는 원심변론종결 후에 실시되어 그 회보가 변론에 현출되지 않았음이 뚜렷한 바, 동 회보가 변론에 현출되었더라면 원고에 의하여 그에 대한 반론과 입증이 있었을 것이 짐작되니 그에 대한 변명의 기회를 주지 아니한 원심의 조처는 심리를 다하지 아니한 위법이 있다 할 것이다(1982.8.24, 81누270). <이시윤, 555면>

제295조【당사자가 출석하지 아니한 경우의 증거조사】 증거조사는 당사자가 기일에 출석하지 아니한 때에도 할 수 있다.

제296조【외국에서 시행하는 증거조사】 ①외국에서 시행할 증거조사는 그 나라에 주재하는 대한민국 대사·공사·영사 또는 그 나라의 관할 공공기관에 촉탁한다.
②외국에서 시행한 증거조사는 그 나라의 법률에 어긋나더라도 이 법에 어긋나지 아니하면 효력을 가진다.

제297조【법원밖에서의 증거조사】 ①법원은 필요하다고 인정할 때에는 법원밖에서 증거조사를 할 수 있다. 이 경우 합의부원에게 명하거나 다른 지방법원 판사에게 촉탁할 수 있다.
②수탁판사는 필요하다고 인정할 때에는 다른 지방법원 판사에게 증거조사를 다시 촉탁할 수 있다. 이 경우 그 사유를 수소법원과 당사자에게 통지하여야 한다.

제298조【수탁판사의 기록송부】 수탁판사는 증거조사에 관한 기록을 바로 수소법원에 보내야 한다.

제299조【소명의 방법】 ①소명은 즉시 조사할 수 있는 증거에 의하여야 한다.
②법원은 당사자 또는 법정대리인으로 하여

금 보증금을 공탁하게 하거나, 그 주장이 진실하다는 것을 선서하게 하여 소명에 갈음할 수 있다.
③제2항의 선서에는 제320조, 제321조제1항·제3항·제4항 및 제322조의 규정을 준용한다.

제300조【보증금의 몰취】제299조제2항의 규정에 따라 보증금을 공탁한 당사자 또는 법정대리인이 거짓 진술을 한 때에 법원은 결정으로 보증금을 몰취(沒取)한다.

제301조【거짓 진술에 대한 제재】제299조제2항의 규정에 따라 선서한 당사자 또는 법정대리인이 거짓 진술을 한 때에 법원은 결정으로 200만원 이하의 과태료에 처한다.

제302조【불복신청】제300조 및 제301조의 결정에 대하여는 즉시항고를 할 수 있다.

제2절 증인신문

제303조【증인의 의무】법원은 특별한 규정이 없으면 누구든지 증인으로 신문할 수 있다.

> (판례) 당사자 본인신문의 방식에 의하여야 할 종친회 대표자를 증인으로 조사한데 대하여 지체없이 이의의 진술이 없었다면 그 증언을 채택하여 사실인정을 하였다 하더라도 위법이라 할 수 없다(1977. 10.11. 77다1316). <이시윤, 532면>

제304조【대통령·국회의장·대법원장·헌법재판소장의 신문】대통령·국회의장·대법원장 및 헌법재판소장 또는 그 직책에 있었던 사람을 증인으로 하여 직무상 비밀에 관한 사항을 신문할 경우에 법원은 그의 동의를 받아야 한다.

제305조【국회의원·국무총리·국무위원의 신문】①국회의원 또는 그 직책에 있었던 사람을 증인으로 하여 직무상 비밀에 관한 사항을 신문할 경우에 법원은 국회의 동의를 받아야 한다.
②국무총리·국무위원 또는 그 직책에 있었던 사람을 증인으로 하여 직무상 비밀에 관한 사항을 신문할 경우에 법원은 국무회의의 동의를 받아야 한다.

제306조【공무원의 신문】제304조와 제305조에 규정한 사람 외의 공무원 또는 공무원이었던 사람을 증인으로 하여 직무상 비밀에 관한 사항을 신문할 경우에 법원은 그 소속 관청 또는 감독관청의 동의를 받아야 한다.

제307조【거부권의 제한】제305조와 제306조의 경우에 국회·국무회의 또는 제306조의 관청은 국가의 중대한 이익을 해치는 경우를 제외하고는 동의를 거부하지 못한다.

제308조【증인신문의 신청】당사자가 증인신문을 신청하고자 하는 때에는 증인을 지정하여 신청하여야 한다.

제309조【출석요구서의 기재사항】증인에 대한 출석요구서에는 다음 각호의 사항을 적어야 한다.
1. 당사자의 표시
2. 신문 사항의 요지
3. 출석하지 아니하는 경우의 법률상 제재

제310조【증언에 갈음하는 서면의 제출】①법원은 증인과 증명할 사항의 내용 등을 고려하여 상당하다고 인정하는 때에는 출석·증언에 갈음하여 증언할 사항을 적은 서면을 제출하게 할 수 있다.
②법원은 상대방의 이의가 있거나 필요하다고 인정하는 때에는 제1항의 증인으로 하여금 출석·증언하게 할 수 있다.

제311조【증인이 출석하지 아니한 경우의 과태료 등】①증인이 정당한 사유 없이 출석하지 아니한 때에 법원은 결정으로 증인에게 이로 말미암은 소송비용을 부담하도록 명하고 500만원 이하의 과태료에 처한다.
②법원은 증인이 제1항의 규정에 따른 과태료의 재판을 받고도 정당한 사유 없이 다시 출석하지 아니한 때에는 결정으로 증인을 7일 이내의 감치(監置)에 처한다.
③법원은 감치재판 기일에 증인을 소환하여 제2항의 정당한 사유가 있는지 여부를 심리하여야 한다.
④감치에 처하는 재판은 그 재판을 한 법원의 재판장의 명령에 따라 법원공무원 또는 경찰공무원이 경찰서유치장·교도소 또는 구치소에 유치함으로써 집행한다. <개정 2006. 2. 21., 2020. 12. 22.>
⑤감치의 재판을 받은 증인이 제4항에 규정된 감치시설에 유치된 때에는 당해 감치시설의 장은 즉시 그 사실을 법원에 통보하여야 한다.
⑥법원은 제5항의 통보를 받은 때에는 바로 증인신문기일을 열어야 한다.
⑦감치의 재판을 받은 증인이 감치의 집행 중에 증언을 한 때에는 법원은 바로 감치결정을 취소하고 그 증인을 석방하도록 명하여야 한다.

⑧제1항과 제2항의 결정에 대하여는 즉시항고를 할 수 있다. 다만, 제447조의 규정은 적용하지 아니한다.

⑨제2항 내지 제8항의 규정에 따른 재판절차 및 그 집행 그 밖에 필요한 사항은 대법원규칙으로 정한다.

제312조【출석하지 아니한 증인의 구인】 ①법원은 정당한 사유없이 출석하지 아니한 증인을 구인(拘引)하도록 명할 수 있다.

②제1항의 구인에는 형사소송법의 구인에 관한 규정을 준용한다.

제313조【수명법관·수탁판사에 의한 증인신문】 법원은 다음 각호 가운데 어느 하나에 해당하면 수명법관 또는 수탁판사로 하여금 증인을 신문하게 할 수 있다.

1. 증인이 정당한 사유로 수소법원에 출석하지 못하는 때
2. 증인이 수소법원에 출석하려면 지나치게 많은 비용 또는 시간을 필요로 하는 때
3. 그 밖의 상당한 이유가 있는 경우로서 당사자가 이의를 제기하지 아니하는 때

제314조【증언거부권】 증인은 그 증언이 자기나 다음 각호 가운데 어느 하나에 해당하는 사람이 공소제기되거나 유죄판결을 받을 염려가 있는 사항 또는 자기나 그들에게 치욕이 될 사항에 관한 것인 때에는 이를 거부할 수 있다. <개정 2005.3.31>

1. 증인의 친족 또는 이러한 관계에 있었던 사람
2. 증인의 후견인 또는 증인의 후견을 받는 사람

제315조【증언거부권】 ①증인은 다음 각호 가운데 어느 하나에 해당하면 증언을 거부할 수 있다.

1. 변호사·변리사·공증인·공인회계사·세무사·의료인·약사, 그 밖에 법령에 따라 비밀을 지킬 의무가 있는 직책 또는 종교의 직책에 있거나 이러한 직책에 있었던 사람이 직무상 비밀에 속하는 사항에 대하여 신문을 받을 때
2. 기술 또는 직업의 비밀에 속하는 사항에 대하여 신문을 받을 때

②증인이 비밀을 지킬 의무가 면제된 경우에는 제1항의 규정을 적용하지 아니한다.

제316조【거부이유의 소명】 증언을 거부하는 이유는 소명하여야 한다.

제317조【증언거부에 대한 재판】 ①수소법원은 당사자를 심문하여 증언거부가 옳은 지를 재판한다.

②당사자 또는 증인은 제1항의 재판에 대하여 즉시항고를 할 수 있다.

제318조【증언거부에 대한 제재】 증언의 거부에 정당한 이유가 없다고 한 재판이 확정된 뒤에 증인이 증언을 거부한 때에는 제311조제1항, 제8항 및 제9항의 규정을 준용한다.

제319조【선서의 의무】 재판장은 증인에게 신문에 앞서 선서를 하게 하여야 한다. 다만, 특별한 사유가 있는 때에는 신문한 뒤에 선서를 하게 할 수 있다.

제320조【위증에 대한 벌의 경고】 재판장은 선서에 앞서 증인에게 선서의 취지를 밝히고, 위증의 벌에 대하여 경고하여야 한다.

제321조【선서의 방식】 ①선서는 선서서에 따라서 하여야 한다.

②선서서에는 "양심에 따라 숨기거나 보태지 아니하고 사실 그대로 말하며, 만일 거짓말을 하면 위증의 벌을 받기로 맹세합니다."라고 적어야 한다.

③재판장은 증인으로 하여금 선서서를 소리내어 읽고 기명날인 또는 서명하게 하며, 증인이 선서서를 읽지 못하거나 기명날인 또는 서명하지 못하는 경우에는 참여한 법원사무관이나 그 밖의 법원공무원 등으로 하여금 이를 대신하게 한다.

④증인은 일어서서 엄숙하게 선서하여야 한다.

제322조【선서무능력】 다음 각호 가운데 어느 하나에 해당하는 사람을 증인으로 신문할 때에는 선서를 시키지 못한다.

1. 16세 미만인 사람
2. 선서의 취지를 이해하지 못하는 사람

제323조【선서의 면제】 제314조에 해당하는 증인으로서 증언을 거부하지 아니한 사람을 신문할 때에는 선서를 시키지 아니할 수 있다.

제324조【선서거부권】 증인이 자기 또는 제314조 각호에 규정된 어느 한 사람과 현저한 이해관계가 있는 사항에 관하여 신문을 받을 때에는 선서를 거부할 수 있다.

(판 례) 선서를 거부할 수 있는 증인이 선서를 거부

하지 아니하고 증언을 한 경우에 재판장이 선서거부권이 있음을 고지하지 아니하였다고 하여 위법이라고 할 수 없다(1971.4.30, 71다452). <이시윤, 535면>

제325조【조서에의 기재】 선서를 시키지 아니하고 증인을 신문한 때에는 그 사유를 조서에 적어야 한다.

제326조【선서거부에 대한 제재】 증인이 선서를 거부하는 경우에는 제316조 내지 제318조의 규정을 준용한다.

제327조【증인신문의 방식】 ①증인신문은 증인을 신청한 당사자가 먼저 하고, 다음에 다른 당사자가 한다.

②재판장은 제1항의 신문이 끝난 뒤에 신문할 수 있다.

③재판장은 제1항과 제2항의 규정에 불구하고 언제든지 신문할 수 있다.

④재판장이 알맞다고 인정하는 때에는 당사자의 의견을 들어 제1항과 제2항의 규정에 따른 신문의 순서를 바꿀 수 있다.

⑤당사자의 신문이 중복되거나 쟁점과 관계가 없는 때, 그 밖에 필요한 사정이 있는 때에 재판장은 당사자의 신문을 제한할 수 있다.

⑥합의부원은 재판장에게 알리고 신문할 수 있다.

제327조의2【비디오 등 중계장치에 의한 증인신문】 ① 법원은 다음 각 호의 어느 하나에 해당하는 사람을 증인으로 신문하는 경우 상당하다고 인정하는 때에는 당사자의 의견을 들어 비디오 등 중계장치에 의한 중계시설을 통하거나 인터넷 화상장치를 이용하여 신문할 수 있다. <개정 2021. 8. 17.>

1. 증인이 멀리 떨어진 곳 또는 교통이 불편한 곳에 살고 있거나 그 밖의 사정으로 말미암아 법정에 직접 출석하기 어려운 경우
2. 증인이 나이, 심신상태, 당사자나 법정대리인과의 관계, 신문사항의 내용, 그 밖의 사정으로 말미암아 법정에서 당사자 등과 대면하여 진술하면 심리적인 부담으로 정신의 평온을 현저하게 잃을 우려가 있는 경우

② 제1항에 따른 증인신문은 증인이 법정에 출석하여 이루어진 증인신문으로 본다.

③ 제1항에 따른 증인신문의 절차와 방법, 그 밖에 필요한 사항은 대법원규칙으로 정한다.
<본조신설 2016.3.29>

제328조【격리신문과 그 예외】 ①증인은 따로따로 신문하여야 한다.

②신문하지 아니한 증인이 법정(法廷)안에 있을 때에는 법정에서 나가도록 명하여야 한다. 다만, 필요하다고 인정한 때에는 신문할 증인을 법정안에 머무르게 할 수 있다.

제329조【대질신문】 재판장은 필요하다고 인정한 때에는 증인 서로의 대질을 명할 수 있다.

제330조【증인의 행위의무】 재판장은 필요하다고 인정한 때에는 증인에게 문자를 손수 쓰게 하거나 그 밖의 필요한 행위를 하게 할 수 있다.

제331조【증인의 진술원칙】 증인은 서류에 의하여 진술하지 못한다. 다만, 재판장이 허가하면 그러하지 아니하다.

제332조【수명법관·수탁판사의 권한】 수명법관 또는 수탁판사가 증인을 신문하는 경우에는 법원과 재판장의 직무를 행한다.

제3절 감 정

제333조【증인신문규정의 준용】 감정에는 제2절의 규정을 준용한다. 다만, 제311조제2항 내지 제7항, 제312조, 제321조제2항, 제327조 및 제327조의2는 그러하지 아니하다. <개정 2016.3.29>

제334조【감정의무】 ①감정에 필요한 학식과 경험이 있는 사람은 감정할 의무를 진다.

②제314조 또는 제324조의 규정에 따라 증언 또는 선서를 거부할 수 있는 사람과 제322조에 규정된 사람은 감정인이 되지 못한다.

제335조【감정인의 지정】 감정인은 수소법원·수명법관 또는 수탁판사가 지정한다.

제335조의2【감정인의 의무】 ①감정인은 감정사항이 자신의 전문분야에 속하지 아니하는 경우 또는 그에 속하더라도 다른 감정인과 함께 감정을 하여야 하는 경우에는 곧바로 법원에 감정인의 지정 취소 또는 추가 지정을 요구하여야 한다.

②감정인은 감정을 다른 사람에게 위임하여서는 아니 된다.

③법원은 제1항 및 제2항에 따른 감정진술에 관하여 당사자에게 서면이나 말로써 의견을 진술할 기회를 주어야 한다.
<본조신설 2016.3.29>

제336조【감정인의 기피】 감정인이 성실하

게 감정할 수 없는 사정이 있는 때에 당사자는 그를 기피할 수 있다. 다만, 당사자는 감정인이 감정사항에 관한 진술을 하기 전부터 기피할 이유가 있다는 것을 알고 있었던 때에는 감정사항에 관한 진술이 이루어진 뒤에 그를 기피하지 못한다.

제337조 【기피의 절차】 ①기피신청은 수소법원·수명법관 또는 수탁판사에게 하여야 한다.

②기피하는 사유는 소명하여야 한다.

③기피하는 데 정당한 이유가 있다고 한 결정에 대하여는 불복할 수 없고, 이유가 없다고 한 결정에 대하여는 즉시항고를 할 수 있다.

제338조 【선서의 방식】 선서서에는 "양심에 따라 성실히 감정하고, 만일 거짓이 있으면 거짓감정의 벌을 받기로 맹세합니다."라고 적어야 한다.

제339조 【감정진술의 방식】 ①재판장은 감정인으로 하여금 서면이나 말로써 의견을 진술하게 할 수 있다.

②재판장은 여러 감정인에게 감정을 명하는 경우에는 다 함께 또는 따로따로 의견을 진술하게 할 수 있다.

제339조의2 【감정인신문의 방식】 ①감정인은 재판장이 신문한다.

②합의부원은 재판장에게 알리고 신문할 수 있다.

③당사자는 재판장에게 알리고 신문할 수 있다. 다만, 당사자의 신문이 중복되거나 쟁점과 관계가 없는 때, 그 밖에 필요한 사정이 있는 때에는 재판장은 당사자의 신문을 제한할 수 있다.

<본조신설 2016.3.29>

제339조의3 【비디오 등 중계장치 등에 의한 감정인신문】 ①법원은 다음 각 호의 어느 하나에 해당하는 사람을 감정인으로 신문하는 경우 상당하다고 인정하는 때에는 당사자의 의견을 들어 비디오 등 중계장치에 의한 중계시설을 통하여 신문하거나 인터넷 화상장치를 이용하여 신문할 수 있다.

1. 감정인이 법정에 직접 출석하기 어려운 특별한 사정이 있는 경우
2. 감정인이 외국에 거주하는 경우

②제1항에 따른 감정인신문에 관하여는 제327조의2제2항 및 제3항을 준용한다.

<본조신설 2016.3.29>

제340조 【감정증인】 특별한 학식과 경험에 의하여 알게 된 사실에 관한 신문은 증인신문에 관한 규정을 따른다. 다만, 비디오 등 중계장치 등에 의한 감정증인신문에 관하여는 제339조의3을 준용한다. <개정 2016.3.29>

제341조 【감정의 촉탁】 ①법원이 필요하다고 인정하는 경우에는 공공기관·학교, 그 밖에 상당한 설비가 있는 단체 또는 외국의 공공기관에 감정을 촉탁할 수 있다. 이 경우에는 선서에 관한 규정을 적용하지 아니한다.

②제1항의 경우에 법원은 필요하다고 인정하면 공공기관·학교, 그 밖의 단체 또는 외국 공공기관이 지정한 사람으로 하여금 감정서를 설명하게 할 수 있다.

③ 제2항의 경우에는 제339조의3을 준용한다. <신설 2016.3.29>

(판 례) 민사소송법 제314조는 공무소나 학교 등 전문적 연구시설을 갖춘 권위 있는 기관에 대한 촉탁인 까닭에 감정인 선서에 관한 규정을 적용하지 않는다고 규정하고 있는 것이므로 동조에 의한 감정이라면 위와 같은 권위 있는 기관에 의하여 그 공정성과 진실성 및 그 전문성이 담보되어 있어야 한다(1982.8.24, 82다카317). <이시윤, 539면>

제342조 【감정에 필요한 처분】 ①감정인은 감정을 위하여 필요한 경우에는 법원의 허가를 받아 남의 토지, 주거, 관리중인 가옥, 건조물, 항공기, 선박, 차량, 그 밖의 시설물안에 들어갈 수 있다.

②제1항의 경우 저항을 받을 때에는 감정인은 경찰공무원에게 원조를 요청할 수 있다. <개정 2006. 2. 21., 2020. 12. 22.>

제4절 서 증

제343조 【서증신청의 방식】 당사자가 서증(書證)을 신청하고자 하는 때에는 문서를 제출하는 방식 또는 문서를 가진 사람에게 그것을 제출하도록 명할 것을 신청하는 방식으로 한다.

(판 례) 서증은 법원 외에서 조사하는 경우 이외에는 당사자가 변론기일 또는 준비절차기일에 출석하여 현실적으로 제출하여야 하고, 서증이 첨부된 소장 또는 준비서면 등이 진술되는 경우에도 마찬가지라고 할 것이다(1991.11.8, 91다15775). <이시윤, 547면>

제344조 【문서의 제출의무】 ①다음 각호의 경우에 문서를 가지고 있는 사람은 그 제출을 거부하지 못한다.

1. 당사자가 소송에서 인용한 문서를 가지고 있는 때
2. 신청자가 문서를 가지고 있는 사람에게 그것을 넘겨 달라고 하거나 보겠다고 요구할 수 있는 사법상의 권리를 가지고 있는 때
3. 문서가 신청자의 이익을 위하여 작성되었거나, 신청자와 문서를 가지고 있는 사람 사이의 법률관계에 관하여 작성된 것인 때. 다만, 다음 각목의 사유 가운데 어느 하나에 해당하는 경우에는 그러하지 아니하다.

가. 제304조 내지 제306조에 규정된 사항이 적혀있는 문서로서 같은 조문들에 규정된 동의를 받지 아니한 문서

나. 문서를 가진 사람 또는 그와 제314조 각호 가운데 어느 하나의 관계에 있는 사람에 관하여 같은 조에서 규정된 사항이 적혀 있는 문서

다. 제315조제1항 각호에 규정된 사항중 어느 하나에 규정된 사항이 적혀 있고 비밀을 지킬 의무가 면제되지 아니한 문서

②제1항의 경우 외에도 문서(공무원 또는 공무원이었던 사람이 그 직무와 관련하여 보관하거나 가지고 있는 문서를 제외한다)가 다음 각호의 어느 하나에도 해당하지 아니하는 경우에는 문서를 가지고 있는 사람은 그 제출을 거부하지 못한다.

1. 제1항제3호나목 및 다목에 규정된 문서
2. 오로지 문서를 가진 사람이 이용하기 위한 문서

제345조 【문서제출신청의 방식】 문서제출신청에는 다음 각호의 사항을 밝혀야 한다.

1. 문서의 표시
2. 문서의 취지
3. 문서를 가진 사람
4. 증명할 사실
5. 문서를 제출하여야 하는 의무의 원인

제346조 【문서목록의 제출】 제345조의 신청을 위하여 필요하다고 인정하는 경우에는, 법원은 신청대상이 되는 문서의 취지나 그 문서로 증명할 사실을 개괄적으로 표시한 당사자의 신청에 따라, 상대방 당사자에게 신청내용과 관련하여 가지고 있는 문서 또는 신청내용과 관련하여 서증으로 제출할 문서에 관하여 그 표시와 취지 등을 적어 내도록 명할 수 있다.

제347조 【제출신청의 허가여부에 대한 재판】 ①법원은 문서제출신청에 정당한 이유가 있다고 인정한 때에는 결정으로 문서를 가진 사람에게 그 제출을 명할 수 있다.

②문서제출의 신청이 문서의 일부에 대하여만 이유 있다고 인정한 때에는 그 부분만의 제출을 명하여야 한다.

③제3자에 대하여 문서의 제출을 명하는 경우에는 제3자 또는 그가 지정하는 자를 심문하여야 한다.

④법원은 문서가 제344조에 해당하는지를 판단하기 위하여 필요하다고 인정하는 때에는 문서를 가지고 있는 사람에게 그 문서를 제시하도록 명할 수 있다. 이 경우 법원은 그 문서를 다른 사람이 보도록 하여서는 안 된다.

(판 례) 법원이 문서제출명령신청에 대하여 별다른 판단을 하지 아니한 채 변론을 종결하고 판결을 선고한 경우 이는 법원이 문서제출명령신청을 묵시적으로 기각한 취지라고 할 것이니 이를 가리켜 판단유탈에 해당한다고 볼 수 없다(1992.4.24, 91다25444). <이시윤, 549면>

제348조 【불복신청】 문서제출의 신청에 관한 결정에 대하여는 즉시항고를 할 수 있다.

제349조 【당사자가 문서를 제출하지 아니한 때의 효과】 당사자가 제347조제1항·제2항 및 제4항의 규정에 의한 명령에 따르지 아니한 때에는 법원은 문서의 기재에 대한 상대방의 주장을 진실한 것으로 인정할 수 있다.

(판 례) 피고가 문서제출명령에 불구하고 제출명령받은 문서를 제출하지 아니하였다고 하더라도, 그렇다고 하여 문서제출의 신청에 문서의 표시와 문서의 취지로 명시된 위 문서들의 성질, 내용, 성립의 진정에 관한 원고의 주장을 진실한 것으로 인정할 수 있음은 별론으로 하고, 그 문서들에 의하여 입증하려고 하는 원고의 주장사실이 바로 증명되었다고 볼 수는 없다(1993.11.23, 93다41938). <이시윤, 550면>

제350조 【당사자가 사용을 방해한 때의 효과】 당사자가 상대방의 사용을 방해할 목적으로 제출의무가 있는 문서를 훼손하여 버리거나 이를 사용할 수 없게 한 때에는, 법원은 그 문서의 기재에 대한 상대방의 주장을 진실한 것으로 인정할 수 있다.

(판 례) 민사소송법 제321조에 의하여 상대방의 주장을 진실한 것으로 인정할 수 있는 것은 그 문서에 의하여 증명될 사실관계에 관한 주장이 아니라 그 문서의 성질, 내용의 주장에 관한 것으로서 그 진실여부는 법원의 재량에 의하여 판단되는 것이다(1979.11.13, 79다1577). <이시윤, 550면>

제351조【제3자가 문서를 제출하지 아니한 때의 제재】 제3자가 제347조제1항·제2항 및 제4항의 규정에 의한 명령에 따르지 아니한 때에는 제318조의 규정을 준용한다.

제352조【문서송부의 촉탁】 서증의 신청은 제343조의 규정에 불구하고 문서를 가지고 있는 사람에게 그 문서를 보내도록 촉탁할 것을 신청함으로써도 할 수 있다. 다만, 당사자가 법령에 의하여 문서의 정본 또는 등본을 청구할 수 있는 경우에는 그러하지 아니하다.

(판 례) 송부된 서류가 증거방법으로 될 경우에 그것이 공문서라면 몰라도 사문서라면 송부촉탁에 의하여 송부되었다는 사유만으로 당연히 증거능력이 부여된다고는 할 수 없는 것이고 진정한 것임이 증명되었을 때 비로소 증거능력이 부여되는 것이라고 할 것이다(1974.12.24, 72다1532). <이시윤, 551면>

제352조의2【협력의무】 ①제352조에 따라 법원으로부터 문서의 송부를 촉탁받은 사람 또는 제297조에 따른 증거조사의 대상인 문서를 가지고 있는 사람은 정당한 사유가 없는 한 이에 협력하여야 한다.

②문서의 송부를 촉탁받은 사람이 그 문서를 보관하고 있지 아니하거나 그 밖에 송부촉탁에 따를 수 없는 사정이 있는 때에는 법원에 그 사유를 통지하여야 한다.

<본조신설 2007.5.17>

제353조【제출문서의 보관】 법원은 필요하다고 인정하는 때에는 제출되거나 보내 온 문서를 맡아 둘 수 있다.

제354조【수명법관·수탁판사에 의한 조사】 ①법원은 제297조의 규정에 따라 수명법관 또는 수탁판사에게 문서에 대한 증거조사를 하게 하는 경우에 그 조서에 적을 사항을 정할 수 있다.

②제1항의 조서에는 문서의 등본 또는 초본을 붙여야 한다.

제355조【문서제출의 방법 등】 ①법원에 문서를 제출하거나 보낼 때에는 원본, 정본 또는 인증이 있는 등본으로 하여야 한다.

②법원은 필요하다고 인정하는 때에는 원본을 제출하도록 명하거나 이를 보내도록 촉탁할 수 있다.

③법원은 당사자로 하여금 그 인용한 문서의 등본 또는 초본을 제출하게 할 수 있다.

④문서가 증거로 채택되지 아니한 때에는 법원은 당사자의 의견을 들어 제출된 문서의 원본·정본·등본·초본 등을 돌려주거나 폐기할 수 있다.

제356조【공문서의 진정의 추정】 ①문서의 작성방식과 취지에 의하여 공무원이 직무상 작성한 것으로 인정한 때에는 이를 진정한 공문서로 추정한다.

②공문서가 진정한지 의심스러운 때에는 법원은 직권으로 해당공공기관에 조회할 수 있다.

③외국의 공공기관이 작성한 것으로 인정한 문서에는 제1항 및 제2항의 규정을 준용한다.

제357조【사문서의 진정의 증명】 사문서는 그것이 진정한 것임을 증명하여야 한다.

(판 례) 공증인법에 규정된 사서증서에 대한 인증제도는 그 사서증서가 진정하게 성립된 것인지의 여부에 관하여 다툼이 생길 경우 그 문서가 진정한 것임에 대한 증명력을 높여 주려는 데 그 근본적인 목적이 있는 것인바, 공증인이 사서증서의 인증을 함에 있어서는 같은 법에 따라 반드시 촉탁인의 확인이나 대리촉탁인의 확인 및 그 대리권의 증명 등의 절차를 미리 거치도록 규정되어 있으므로, 공증인이 사서증서를 인증함에 있어서 그와 같은 절차를 제대로 거치지 않았다는 등의 사실이 주장·입증되는 등 특별한 사정이 없는 한 공증인이 인증한 사서증서의 진정성립을 함부로 부인하여서는 안된다(1991.3.27, 90다17187). <이시윤, 545면>

제358조【사문서의 진정의 추정】 사문서는 본인 또는 대리인의 서명이나 날인 또는 무인(拇印)이 있는 때에는 진정한 것으로 추정한다.

(판 례) 처분문서에 기재된 작성명의인인 당사자가 서명이 자기의 자필임을 그 당사자 자신도 다투지 아니하는 경우 설사 날인이 되어 있지 않더라도 그 문서의 진정성립이 추정되므로 납득할 만한 설명 없이 함부로 그 증명력을 배척할 수 없다(1994.10.14, 94다11590). <이시윤, 544면>

문서에 날인된 작성명의인의 인영이 작성명의인의 인장에 의하여 현출된 것임이 인정되는 경우에는 특단의 사정이 없는 한 그 인영의 진정성립 및 그 문서 전체의 진정성립까지 추정되는 것이기는 하나, 이는 어디까지나 먼저 내용기재가 이루어진 뒤에 인영이 압날된 경우에만 그러한 것이며 작성명의인의 날인만 되어 있고 그 내용이 백지로 된 문서를 교부받아 후일 그 백지 부분을 작성명의자가 아닌 자가 보충한 문서의 경우에 있어서는 문서제출자는 그 기재 내용이 작성명의인으로부터 위임받은 정당한 권원에 의한 것이라는 사실을 입증할 책임이 있으며, 이와 같은 법리는 그 문서가 처분문서라고 하여 달라질 것은 아니다(2000.6.09, 99다37009). <이시윤, 545면>

제359조【필적 또는 인영의 대조】 문서가 진정하게 성립된 것인지 어떤지는 필적 또는 인영(印影)을 대조하여 증명할 수 있다.

(판 례) 문서의 진정성립은 필적 또는 인영·무인의 대조에 의하여서도 증명할 수 있고 그 필적 또는 인영·무인의 대조는 사실심의 자유심증에 속하는 사항으로서, 문서 작성자의 필적 또는 인영·무인과 증명의 대상인 문서의 필적 또는 인영·무인이 동일하다고 인정될 때에는 특별한 사정이 없는 한 문서의 진정성립을 인정할 수 있으며, 이 경우 법원은 반드시 감정으로써 필적, 인영 등의 동일 여부를 판단할 필요가 없이 육안에 의한 대조로도 이를 판단할 수 있다(1997.12.12, 95다38240). <이시윤, 546면>

제360조 【대조용문서의 제출절차】 ①대조에 필요한 필적이나 인영이 있는 문서, 그 밖의 물건을 법원에 제출하거나 보내는 경우에는 제343조, 제347조 내지 제350조, 제352조 내지 제354조의 규정을 준용한다.
②제3자가 정당한 사유없이 제1항의 규정에 의한 제출명령에 따르지 아니한 때에 법원은 결정으로 200만원 이하의 과태료에 처한다.
③제2항의 결정에 대하여는 즉시항고를 할 수 있다.

제361조 【상대방이 손수 써야 하는 의무】 ①대조하는 데에 적당한 필적이 없는 때에는 법원은 상대방에게 그 문자를 손수 쓰도록 명할 수 있다.
②상대방이 정당한 이유 없이 제1항의 명령에 따르지 아니한 때에는 법원은 문서의 진정여부에 관한 확인신청자의 주장을 진실한 것으로 인정할 수 있다. 필치(筆致)를 바꾸어 손수 쓴 때에도 또한 같다.

제362조 【대조용문서의 첨부】 대조하는 데에 제공된 서류는 그 원본·등본 또는 초본을 조서에 붙여야 한다.

제363조 【문서성립의 부인에 대한 제재】 ①당사자 또는 그 대리인이 고의나 중대한 과실로 진실에 어긋나게 문서의 진정을 다툰 때에는 법원은 결정으로 200만원 이하의 과태료에 처한다.
②제1항의 결정에 대하여는 즉시항고를 할 수 있다.
③제1항의 경우에 문서의 진정에 대하여 다툰 당사자 또는 대리인이 소송이 법원에 계속된 중에 그 진정을 인정하는 때에는 법원은 제1항의 결정을 취소할 수 있다.

제5절 검 증

제364조 【검증의 신청】 당사자가 검증을 신청하고자 하는 때에는 검증의 목적을 표시하여 신청하여야 한다.

제365조 【검증할 때의 감정 등】 수명법관 또는 수탁판사는 검증에 필요하다고 인정할 때에는 감정을 명하거나 증인을 신문할 수 있다.

제366조 【검증의 절차 등】 ①검증할 목적물을 제출하거나 보내는 데에는 제343조, 제347조 내지 제350조, 제352조 내지 제354조의 규정을 준용한다.
②제3자가 정당한 사유 없이 제1항의 규정에 의한 제출명령에 따르지 아니한 때에는 법원은 결정으로 200만원 이하의 과태료에 처한다. 이 결정에 대하여는 즉시항고를 할 수 있다.
③법원은 검증을 위하여 필요한 경우에는 제342조제1항에 규정된 처분을 할 수 있다. 이 경우 저항을 받은 때에는 경찰공무원에게 원조를 요청할 수 있다. <개정 2006. 2. 21., 2020. 12. 22.>

제6절 당사자 신문

제367조 【당사자 신문】 법원은 직권으로 또는 당사자의 신청에 따라 당사자 본인을 신문할 수 있다. 이 경우 당사자에게 선서를 하게 하여야 한다.

(판 례) 다른 증거 없이 원고본인신문결과만으로는 원고주장의 사실을 인정할 수 없다(1983.6.14, 83다카95). <이시윤, 554면>

제368조 【대 질】 재판장은 필요하다고 인정한 때에 당사자 서로의 대질 또는 당사자와 증인의 대질을 명할 수 있다.

제369조 【출석·선서·진술의 의무】 당사자가 정당한 사유없이 출석하지 아니하거나 선서 또는 진술을 거부한 때에는 법원은 신문사항에 관한 상대방의 주장을 진실한 것으로 인정할 수 있다.

(판 례) 당사자본인신문절차에서 당사자본인이 출석, 선서, 진술의 의무를 불이행한 경우에 민사소송법 제341조의 규정에 의하여 법원이 진실한 것으로 인정할 수 있는 것은 '신문사항에 관한 상대방의 주장', 즉 신문사항에 포함된 내용에 관한 것이므로 법원이 이를 적용함에 있어서는 상대방당사자의 요건사실에 관한 주장사실을 진실한 것으로 인정할 것이라고 설시할 것이 아니라 당사자 본인신문사항 가운데 어느 항을 진실한 것으

로 인정한 연후에 그에 의하면 상대방 당사자의 요건사실에 관한 주장사실을 인정할 수 있다고 판시하는 것이 정당하다(1990.4.13, 89다카1084). <이시윤, 554면>

제370조【거짓 진술에 대한 제재】 ①선서한 당사자가 거짓 진술을 한 때에는 법원은 결정으로 500만원 이하의 과태료에 처한다.
②제1항의 결정에 대하여는 즉시항고를 할 수 있다.
③제1항의 결정에는 제363조제3항의 규정을 준용한다.

제371조【신문조서】 당사자를 신문한 때에는 선서의 유무와 진술 내용을 조서에 적어야 한다.

제372조【법정대리인의 신문】 소송에서 당사자를 대표하는 법정대리인에 대하여는 제367조 내지 제371조의 규정을 준용한다. 다만, 당사자 본인도 신문할 수 있다.

제373조【증인신문 규정의 준용】 이 절의 신문에는 제309조, 제313조, 제319조 내지 제322조, 제327조, 제327조의2와 제330조 내지 제332조의 규정을 준용한다. <개정 2021. 8. 17.>

제7절 그 밖의 증거

제374조【그 밖의 증거】 도면·사진·녹음테이프·비디오테이프·컴퓨터용 자기디스크, 그 밖에 정보를 담기 위하여 만들어진 물건으로서 문서가 아닌 증거의 조사에 관한 사항은 제3절 내지 제5절의 규정에 준하여 대법원규칙으로 정한다.

제8절 증거보전

제375조【증거보전의 요건】 법원은 미리 증거조사를 하지 아니하면 그 증거를 사용하기 곤란할 사정이 있다고 인정한 때에는 당사자의 신청에 따라 이 장의 규정에 따라 증거조사를 할 수 있다.

제376조【증거보전의 관할】 ①증거보전의 신청은 소를 제기한 뒤에는 그 증거를 사용할 심급의 법원에 하여야 한다. 소를 제기하기 전에는 신문을 받을 사람이나 문서를 가진 사람의 거소 또는 검증하고자 하는 목적물이 있는 곳을 관할하는 지방법원에 하여야 한다.
②급박한 경우에는 소를 제기한 뒤에도 제1항 후단에 규정된 지방법원에 증거보전의 신청을 할 수 있다.

제377조【신청의 방식】 ①증거보전의 신청에는 다음 각호의 사항을 밝혀야 한다.
1. 상대방의 표시
2. 증명할 사실
3. 보전하고자 하는 증거
4. 증거보전의 사유
②증거보전의 사유는 소명하여야 한다.

제378조【상대방을 지정할 수 없는 경우】 증거보전의 신청은 상대방을 지정할 수 없는 경우에도 할 수 있다. 이 경우 법원은 상대방이 될 사람을 위하여 특별대리인을 선임할 수 있다.

제379조【직권에 의한 증거보전】 법원은 필요하다고 인정한 때에는 소송이 계속된 중에 직권으로 증거보전을 결정할 수 있다.

제380조【불복금지】 증거보전의 결정에 대하여는 불복할 수 없다.

제381조【당사자의 참여】 증거조사의 기일은 신청인과 상대방에게 통지하여야 한다. 다만, 긴급한 경우에는 그러하지 아니하다.

제382조【증거보전의 기록】 증거보전에 관한 기록은 본안소송의 기록이 있는 법원에 보내야 한다.

제383조【증거보전의 비용】 증거보전에 관한 비용은 소송비용의 일부로 한다.

제384조【변론에서의 재신문】 증거보전절차에서 신문한 증인을 당사자가 변론에서 다시 신문하고자 신청한 때에는 법원은 그 증인을 신문하여야 한다.

제4장 제소전화해(提訴前和解)의 절차

제385조【화해신청의 방식】 ①민사상 다툼에 관하여 당사자는 청구의 취지·원인과 다투는 사정을 밝혀 상대방의 보통재판적이 있는 곳의 지방법원에 화해를 신청할 수 있다.
②당사자는 제1항의 화해를 위하여 대리인을 선임하는 권리를 상대방에게 위임할 수 없다.
③법원은 필요한 경우 대리권의 유무를 조사하기 위하여 당사자본인 또는 법정대리인의 출석을 명할 수 있다.
④화해신청에는 그 성질에 어긋나지 아니하

면 소에 관한 규정을 준용한다.

제386조【화해가 성립된 경우】 화해가 성립된 때에는 법원사무관등은 조서에 당사자, 법정대리인, 청구의 취지와 원인, 화해조항, 날짜와 법원을 표시하고 판사와 법원사무관등이 기명날인 또는 서명한다. <개정 2017.10.31.>

(판 례) 제소전화해의 내용이 민법 제607조, 제508조에 위반된다 하더라도 그 제소전화해가 재심으로서 취소되지 않은 이상 이를 무효라 할 수 없다(1969. 12.9, 69다1565). <이시윤, 590면>

제387조【화해가 성립되지 아니한 경우】 ①화해가 성립되지 아니한 때에는 법원사무관등은 그 사유를 조서에 적어야 한다.

②신청인 또는 상대방이 기일에 출석하지 아니한 때에는 법원은 이들의 화해가 성립되지 아니한 것으로 볼 수 있다.

③법원사무관 등은 제1항의 조서등본을 당사자에게 송달하여야 한다.

제388조【소제기신청】 ①제387조의 경우에 당사자는 소제기신청을 할 수 있다.

②적법한 소제기신청이 있으면 화해신청을 한 때에 소가 제기된 것으로 본다. 이 경우 법원사무관 등은 바로 소송기록을 관할법원에 보내야 한다.

③제1항의 신청은 제387조제3항의 조서등본이 송달된 날부터 2주 이내에 하여야 한다. 다만, 조서등본이 송달되기 전에도 신청할 수 있다.

④제3항의 기간은 불변기간으로 한다.

제389조【화해비용】 화해비용은 화해가 성립된 경우에는 특별한 합의가 없으면 당사자들이 각자 부담하고, 화해가 성립되지 아니한 경우에는 신청인이 부담한다. 다만, 소제기신청이 있는 경우에는 화해비용을 소송비용의 일부로 한다.

제3편 상 소

제1장 항 소

제390조【항소의 대상】 ①항소(抗訴)는 제1심 법원이 선고한 종국판결에 대하여 할 수 있다. 다만, 종국판결 뒤에 양쪽 당사자가 상고(上告)할 권리를 유보하고 항소를 하지 아니하기로 합의한 때에는 그러하지 아니하다.

②제1항 단서의 합의에는 제29조제2항의 규정을 준용한다.

(판 례) 구체적인 어느 특정법률관계에 관하여 당사자 쌍방이 제1심판결선고전에 미리 항소하지 아니하기로 합의하였다면, 제1심판결은 선고와 동시에 확정되는 것이므로, 그 판결선고 후에는 당사자의 합의에 의하더라도 그 불항소합의를 해제하고 소송계속을 부활시킬 수 없다(1987.6.23, 86다카2728). <이시윤, 668면>

제391조【독립한 항소가 금지되는 재판】 소송비용 및 가집행에 관한 재판에 대하여는 독립하여 항소를 하지 못한다.

제392조【항소심의 판단을 받는 재판】 종국판결 이전의 재판은 항소법원의 판단을 받는다. 다만, 불복할 수 없는 재판과 항고(抗告)로 불복할 수 있는 재판은 그러하지 아니하다.

제393조【항소의 취하】 ①항소는 항소심의 종국판결이 있기 전에 취하할 수 있다.

②항소의 취하에는 제266조제3항 내지 제5항 및 제267조제1항의 규정을 준용한다.

(판 례) 항소는 항소심의 종국판결이 있기 전에 취하할 수 있는 것으로서, 일단 항소심의 종국판결이 있은 후라도 그 종국판결이 상고심에서 파기되어 사건이 다시 항소심에 환송된 경우에는 먼저 있은 종국판결은 그 효력을 잃고 그 종국판결이 없었던 것과 같은 상태로 돌아가게 되므로 새로운 종국판결이 있기까지는 항소인은 피항소인이 부대항소를 제기하였는지 여부에 관계없이 항소를 취하할 수 있고, 그 때문에 피항소인이 부대항소의 이익을 잃게 되어도 이는 그 이익이 본래 상대방의 항소에 의존한 은혜적인 것으로 주된 항소의 취하에 따라 소멸되는 것이어서 어쩔 수 없다 할 것이므로, 이미 부대항소가 제기되어 있다 하더라도 주된 항소의 취하는 그대로 유효하다(1995.3.10, 94다51543). <이시윤, 682면>

제394조【항소권의 포기】 항소권은 포기할 수 있다.

제395조【항소권의 포기방식】 ①항소권의 포기는 항소를 하기 이전에는 제1심 법원에, 항소를 한 뒤에는 소송기록이 있는 법원에 서면으로 하여야 한다.

②항소권의 포기에 관한 서면은 상대방에게 송달하여야 한다.

③항소를 한 뒤의 항소권의 포기는 항소취하의 효력도 가진다.

(판 례) 민사소송법 제365조제1항 및 제3항 규정에 비추어 항소제기후의 항소권포기는 항소를 제기하지 아니하고 항소기간을 도과하여 항소권이 소멸된 경우와는 달리 항소심판법원의 선고시까지는 언제나 할 수 있는 것이며 위 항소권포기서를 제1심법

원에 제출하였다 하여도 동 서면이 기록에 편철되어 항소법원에 도착되면 그때 항소권포기의 효력이 생기고 따라서 항소취하의 효력도 있다(1984.12.11, 84다카659). <이시윤, 667면>

제396조【항소기간】 ①항소는 판결서가 송달된 날부터 2주 이내에 하여야 한다. 다만, 판결서 송달전에도 할 수 있다.

②제1항의 기간은 불변기간으로 한다.

(판 례) 제1심 판결정본이 적법하게 송달된 바 없으면 그 판결에 대한 항소기간은 진행되지 아니하므로 그 판결은 형식적으로도 확정되었다고 볼 수 없고, 따라서 소송행위 추완의 문제는 나올 수 없으며 그 판결에 대한 항소는 제1심 판결정본 송달 전에 제기된 것으로서 적법하다(1997.5.30, 97다10345). <이시윤, 667면>

제397조【항소의 방식, 항소장의 기재사항】 ①항소는 항소장을 제1심 법원에 제출함으로써 한다.

②항소장에는 다음 각호의 사항을 적어야 한다.

1. 당사자와 법정대리인
2. 제1심 판결의 표시와 그 판결에 대한 항소의 취지

제398조【준비서면규정의 준용】 항소장에는 준비서면에 관한 규정을 준용한다.

제399조【원심재판장등의 항소장심사권】 ①항소장이 제397조제2항의 규정에 어긋난 경우와 항소장에 법률의 규정에 따른 인지를 붙이지 아니한 경우에는 원심재판장은 항소인에게 상당한 기간을 정하여 그 기간 이내에 흠을 보정하도록 명하여야 한다. 원심재판장은 법원사무관등으로 하여금 위 보정명령을 하게 할 수 있다. <개정 2014.12.30>

②항소인이 제1항의 기간 이내에 흠을 보정하지 아니한 때와, 항소기간을 넘긴 것이 분명한 때에는 원심재판장은 명령으로 항소장을 각하하여야 한다.

③제2항의 명령에 대하여는 즉시항고를 할 수 있다.

(판 례) 집행법원인 원심법원의 항고장 각하명령은 채권압류 및 전부명령을 1차적인 처분으로 한 원심법원이 그 채권압류 및 전부명령의 당부에 관하여 항고법원의 재판을 대신하여 판단하는 2차적인 처분이 아니라, 위 채권압류 및 전부명령의 당부와는 무관하게 채무자가 이에 불복하여 제출한 즉시항고장에 필요적 기재사항이 기재되어 있는지 여부, 소정의 인지가 첨부되어 있는지 여부나 즉시항고 기간 내에 항고가 제기되었는지 여부 등에 관하여 자기 몫으로 판단하는 1차적인 처분으로서, 그에 대한 불복방법인 즉시항고는 성질상 최초의 항고이다(1995.5.15, 94마1059, 1060). <이시윤, 681면>

민사소송법 제399조 제2항에 의하면, '항소기간을 넘긴 것이 분명한 때'에는 원심재판장이 명령으로 항소장을 각하하도록 규정하고 있는바, 그 규정의 취지에 비추어 볼 때 항소권의 포기 등으로 제1심판결이 확정된 후에 항소장이 제출되었음이 분명한 경우도 이와 달리 볼 이유가 없으므로, 이 경우에도 원심재판장이 항소장 각하명령을 할 수 있는 것으로 봄이 상당하다.(2006.5.2, 2005마933). <이시윤, 737면>

제400조【항소기록의 송부】 ①항소장이 각하되지 아니한 때에 원심법원의 법원사무관등은 항소장이 제출된 날부터 2주 이내에 항소기록에 항소장을 붙여 항소법원으로 보내야 한다.

②제399조제1항의 규정에 의하여 원심재판장등이 흠을 보정하도록 명한 때에는 그 흠이 보정된 날부터 1주 이내에 항소기록을 보내야 한다. <개정 2014. 12. 30.>

③제1항 또는 제2항에 따라 항소기록을 송부받은 항소법원의 법원사무관등은 바로 그 사유를 당사자에게 통지하여야 한다. <신설 2024. 1. 16.>

제401조【항소장부본의 송달】 항소장의 부본은 피항소인에게 송달하여야 한다.

제402조【항소심재판장등의 항소장심사권】 ①항소장이 제397조제2항의 규정에 어긋나거나 항소장에 법률의 규정에 따른 인지를 붙이지 아니하였음에도 원심 재판장등이 제399조제1항의 규정에 의한 명령을 하지 아니한 경우, 또는 항소장의 부본을 송달할 수 없는 경우에는 항소심재판장은 항소인에게 상당한 기간을 정하여 그 기간 이내에 흠을 보정하도록 명하여야 한다. 항소심재판장은 법원사무관등으로 하여금 위 보정명령을 하게 할 수 있다. <개정 2014.12.30>

②항소인이 제1항의 기간 이내에 흠을 보정하지 아니한 때, 또는 제399조제2항의 규정에 따라 원심재판장이 항소장을 각하하지 아니한 때에는 항소심재판장은 명령으로 항소장을 각하하여야 한다.

③제2항의 명령에 대하여는 즉시항고를 할 수 있다.

(판 례) 민사소송법 제371조제1항·제2항에 의하면 항소장의 부본을 송달할 수 없을 때에는 항소심재판장은 항소인에게 상당한 기간을 정하여 그 기간 내에 흠결을 보정할 것을 명하여야 하고, 그 흠결을 보정하지 아니한 때에는 항소장을 각하하는 명령을 하도록 규정하고 있는바, 여기에서 "상당한 기간"이라 함은 항소인이 상대방의 주소를 알아내어 보정하

거나, 또는 상대방의 주소를 조사하여 보았으나 알 수 없어서 공시송달을 신청하는 데 필요한 적절하고도 합당한 기간을 가리킨다고 할 것이므로 항소심 재판장이 상당한 기간을 주지 아니하고 주소보정을 명하고 이와 같은 상당한 기간이 지나지 아니하였는데도 항소장을 각하하는 것은 위법하다고 보아야 할 것이다(1991.11.20, 91마620, 621). <이시윤, 310면>

제402조의2【항소이유서의 제출】 ①항소장에 항소이유를 적지 아니한 항소인은 제400조 제3항의 통지를 받은 날부터 40일 이내에 항소이유서를 항소법원에 제출하여야 한다.
②항소법원은 항소인의 신청에 따른 결정으로 제1항에 따른 제출기간을 1회에 한하여 1개월 연장할 수 있다.
<본조신설 2024. 1. 16.>

제402조의3【항소이유서 미제출에 따른 항소각하 결정】 ①항소인이 제402조의2제1항에 따른 제출기간(같은 조 제2항에 따라 제출기간이 연장된 경우에는 그 연장된 기간을 말한다) 내에 항소이유서를 제출하지 아니한 때에는 항소법원은 결정으로 항소를 각하하여야 한다. 다만, 직권으로 조사하여야 할 사유가 있거나 항소장에 항소이유가 기재되어 있는 때에는 그러하지 아니하다.
②제1항 본문의 결정에 대하여는 즉시항고를 할 수 있다.
<본조신설 2024. 1. 16.>

제403조【부대항소】 피항소인은 항소권이 소멸된 뒤에도 변론이 종결될 때까지 부대항소(附帶抗訴)를 할 수 있다.

(판 례) 통상의 공동소송에 있어 공동당사자 일부만이 상고를 제기한 때에는 피상고인은 상고인 공동소송인 이외의 다른 공동소송인을 상대방으로 하거나 상대방으로 보태어 부대상고를 제기할 수는 없다(1994.12.23, 94다40734). <이시윤, 685면>

제404조【부대항소의 종속성】 부대항소는 항소가 취하되거나 부적법하여 각하된 때에는 그 효력을 잃는다. 다만, 항소기간내에 한 부대항소는 독립된 항소로 본다.

제405조【부대항소의 방식】 부대항소에는 항소에 관한 규정을 적용한다.

(판 례) 제1심에서 전부 승소한 원고도 항소심 계속 중 청구취지를 확장·변경할 수 있고, 그것이 피고에게 불리하게 하는 한도 내에서는 부대항소를 한 취지로도 볼 수 있다(1995.6.30, 94다58261). <이시윤, 686면>

제406조【가집행의 선고】 ①항소법원은 제1심 판결중에 불복신청이 없는 부분에 대하여는 당사자의 신청에 따라 결정으로 가집행의 선고를 할 수 있다.
②제1항의 신청을 기각한 결정에 대하여는 즉시항고를 할 수 있다.

제407조【변론의 범위】 ①변론은 당사자가 제1심 판결의 변경을 청구하는 한도안에서 한다.
②당사자는 제1심 변론의 결과를 진술하여야 한다.

(판 례) 인신사고로 인한 손해배상청구 소송과 같이 소송물이 다른 재산적 손해와 위자료 등에 관한 청구가 하나의 판결로 선고되는 경우, 당사자 일방이 그 소송물의 범위를 특정하지 아니한 채 일정 금액 부분에 대하여만 항소하였다면, 그 불복하는 부분을 특정할 수 있는 등의 특별한 사정이 없는 한 불복범위에 해당하는 재산적 손해와 위자료에 관한 청구가 모두 항소심에 이심 되어 항소심의 심판의 대상이 된다(1996.7.18, 94다20051). <이시윤, 688면>

피고의 예비적 반소는 본소청구가 인용될 것을 조건으로 심판을 구하는 것으로서 제1심이 원고의 본소청구를 배척한 이상 피고의 예비적 반소는 제1심의 심판대상이 될 수 없는 것이고, 이와 같이 심판대상이 될 수 없는 소에 대하여 제1심이 판단하였다고 하더라도 그 효력이 없다고 할 것이므로, 피고가 제1심에서 각하된 반소에 대하여 항소를 하지 아니하였다는 사유만으로 이 사건 예비적 반소가 원심의 심판대상으로 될 수 없는 것은 아니라고 할 것이고, 따라서 원심으로서는 원고의 항소를 받아들여 원고의 본소청구를 인용한 이상 피고의 예비적 반소청구를 심판대상으로 삼아 이를 판단하였어야 한다.(2006.6.29, 2006다19061). <이시윤, 636면>

제408조【제1심 소송절차의 준용】 항소심의 소송절차에는 특별한 규정이 없으면 제2편 제1장 내지 제3장의 규정을 준용한다.

제409조【제1심 소송행위의 효력】 제1심의 소송행위는 항소심에서도 그 효력을 가진다.

제410조【제1심의 변론준비절차의 효력】 제1심의 변론준비절차는 항소심에서도 그 효력을 가진다.

제411조【관할위반 주장의 금지】 당사자는 항소심에서 제1심 법원의 관할위반을 주장하지 못한다. 다만, 전속관할에 대하여는 그러하지 아니하다.

(판 례) 심급관할을 위배하여 이송한 경우에 이송결정의 기속력이 이송받은 상급심 법원에도 미친다고 한다면 당사자의 심급의 이익을 박탈하여 부당할 뿐만 아니라, 이송을 받은 법원이 법률심인 대법원인 경우에는 직권조사사항을 제외하고는 새로운 소송자료의 수집과 사실확정이 불가능한 관계로 당사자의 사실에 관한 주장, 입증의 기회가 박탈되는 불합리가 생기므로, 심급관할을 위배한 이송결정의 기속력은 이송받은

상급심 법원에는 미치지 않는다고 보아야 하나, 한편 그 기속력이 이송받은 하급심 법원에도 미치지 않는다고 한다면 사건이 하급심과 상급심 법원간에 반복하여 전전 이송되는 불합리한 결과를 초래하게 될 가능성이 있어 이송결정의 기속력을 인정한 취지에 반하는 것일 뿐더러 민사소송의 심급의 구조상 상급심의 이송결정은 특별한 사정이 없는 한 하급심을 구속하게 되는바 이와 같은 법리에도 반하게 되므로, 심급관할을 위배한 이송결정의 기속력은 이송받은 하급심 법원에는 미친다고 보아야 한다(1995.5.15, 94마1059, 1060). <이시윤, 107면>

제412조【반소의 제기】 ①반소는 상대방의 심급의 이익을 해할 우려가 없는 경우 또는 상대방의 동의를 받은 경우에 제기할 수 있다.
②상대방이 이의를 제기하지 아니하고 반소의 본안에 관하여 변론을 한 때에는 반소제기에 동의한 것으로 본다.

(판 례) 피고가 항소심에서 원고의 청구가 인용될 경우에 대비하여 제기한 예비적 반소는, 원고가 반소 제기에 대하여 부동의하고 있을 뿐 아니라 본소와 반소의 각 청구원인이 상이한 만큼 원고의 심급의 이익을 해할 우려가 없다고 할 수 없어 부적법하다(1994.5.10, 93므1051, 1068). <이시윤, 360면>

제413조【변론 없이 하는 항소각하】 부적법한 항소로서 흠을 보정할 수 없으면 변론없이 판결로 항소를 각하할 수 있다.

(판 례) 전부승소한 판결에 대한 상고는 그 이익이 없으므로 부적법하다 하여 각하하여야 한다(1979.8.28, 79다1299). <이시윤, 687면>

제414조【항소기각】 ①항소법원은 제1심 판결을 정당하다고 인정한 때에는 항소를 기각하여야 한다.
②제1심 판결의 이유가 정당하지 아니한 경우에도 다른 이유에 따라 그 판결이 정당하다고 인정되는 때에는 항소를 기각하여야 한다.

제415조【항소를 받아들이는 범위】 제1심 판결은 그 불복의 한도안에서 바꿀 수 있다. 다만, 상계에 관한 주장을 인정한 때에는 그러하지 아니하다.

(판 례) 원심이 이 사건 처분을 행정소송의 대상이 되는 거부처분에 해당하지 않는다고 보아 소를 각하한 것은 잘못이라 할 것이나 원고들의 이 사건 청구가 이유 없는 이상 원고들만이 상고한 이 사건에서 원심판결을 파기하여 청구를 기각하는 것은 원고들에게 불이익한 결과가 되므로 원심판결을 유지하기로 한다(1992.11.10, 92누374). <이시윤, 695면>

원고만이 항소한 경우에 항소심으로서는 제1심보다 원고에게 불리한 판결을 할 수는 없고, 한편 불이익하게 변경된 것인지 여부는 기판력의 범위를 기준으로 하나 공동소송의 경우 원·피고별로 각각 판단하여야 하고, 동시이행의 판결에 있어서는 원고가 그 반대급부를 제공하지 아니하고는 판결에 따른 집행을 할 수 없어 비록 피고의 반대급부이행청구에 관하여 기판력이 생기지 아니하더라도 반대급부의 내용이 원고에게 불리하게 변경된 경우에는 불이익변경금지 원칙에 반하게 된다.(2005.8.19, 2004다8197,8203). <이시윤, 768면>

제416조【제1심 판결의 취소】 항소법원은 제1심 판결을 정당하지 아니하다고 인정한 때에는 취소하여야 한다.

(판 례) 채권자대위소송에 있어서 대위에 의하여 보전될 채권자의 채무자에 대한 권리가 인정되지 아니하는 경우 채권자 스스로 원고가 되어 채무자의 제3채무자(채무자)에 대한 권리를 행사할 원고로서의 적격이 없게 되므로 그 대위소송은 부적법하여 각하하여야 한다. 이러한 경우에 제1심이 소를 각하하지 아니하고 청구를 기각하였을 때에는 항소심에서 제1심판결을 취소하고 스스로 소를 각하는 판결을 하는 것이지 사건을 제1심법원에 환송하여야 하는 것은 아니다(1991.8.27, 91다13243). <이시윤, 693면>

제417조【판결절차의 위법으로 말미암은 취소】 제1심 판결의 절차가 법률에 어긋날 때에 항소법원은 제1심 판결을 취소하여야 한다.

(판 례) 제1심이 원고의 주된 청구와 제1차 예비적 청구부분을 이유없다 하여 배척하고 제2차 예비적 청구를 인용하는 판단을 하면서도 그 제1심판결 주문표시에 있어서는 제2차 예비적청구를 인용하는 뜻의 판단을 하였을 뿐 주된 청구나 제1차 예비적청구를 기각한다는 뜻을 표시하지 아니하였으니 제1심판결은 법률에 위배된 것이라고 판시하고, 민사소송법 제387조에 의하여 이를 취소한 다음 자판하고 있는 바, 원심의 이와 같은 조치는 정당하고 거기에 어떤 잘못도 없다(1974.5.28, 73다1942). <이시윤, 693면>

제418조【필수적 환송】 소가 부적법하다고 각하한 제1심 판결을 취소하는 경우에는 항소법원은 사건을 제1심 법원에 환송(還送)하여야 한다. 다만, 제1심에서 본안판결을 할 수 있을 정도로 심리가 된 경우, 또는 당사자의 동의가 있는 경우에는 항소법원은 스스로 본안판결을 할 수 있다.

(판 례) 항소심의 환송판결은 종국판결이므로 고등법원의 환송판결에 대하여는 대법원에 상고할 수 있다. 환송판결은 중간판결로서 상고의 대상이 되지 않는다고 한 종전의 판결은 이를 변경한다(1981.9.8, 전원합의체판결 80다3271). <이시윤, 693면>

제419조【관할위반으로 말미암은 이송】 관할위반을 이유로 제1심 판결을 취소한 때에는 항소법원은 판결로 사건을 관할법원에 이송하여야 한다.

제420조【판결서를 적는 방법】 판결이유를 적을 때에는 제1심 판결을 인용할 수 있다. 다만, 제1심 판결이 제208조제3항에 따라 작성

된 경우에는 그러하지 아니하다.

제421조【소송기록의 반송】 소송이 완결된 뒤 상고가 제기되지 아니하고 상고기간이 끝난 때에는 법원사무관등은 판결서, 제402조에 따른 명령 또는 제402조의3에 따른 결정의 정본을 소송기록에 붙여 제1심 법원에 보내야 한다. <개정 2024. 1. 16.>

제2장 상 고

제422조【상고의 대상】 ①상고는 고등법원이 선고한 종국판결과 지방법원 합의부가 제2심으로서 선고한 종국판결에 대하여 할 수 있다.

②제390조제1항 단서의 경우에는 제1심의 종국판결에 대하여 상고할 수 있다.

판 례 상고는 고등법원이 선고한 종국판결과 지방법원 본원 합의부가 제2심으로서 선고한 종국판결에 대하여 할 수 있는 것이고, 제1심의 종국판결에 대하여는 그 종국판결 후 당사자 쌍방이 상고할 권리를 유보하고 항소를 하지 아니하기로 합의한 때에 한하여 비약적 상고를 할 수 있을 뿐이며, 이 경우 그 합의는 반드시 서면으로 하도록 되어 있으므로, 제1심 판결에 대하여 상고를 하면서 민사소송법 제360조 제1항 단서의 합의에 관한 서면을 제출한 바 없다면 상고는 부적법한 것으로서 그 흠결을 보정할 수 없는 경우라고 할 것이다(1995.4.28, 95다7680). <이시윤, 700면>

제423조【상고이유】 상고는 판결에 영향을 미친 헌법·법률·명령 또는 규칙의 위반이 있다는 것을 이유로 드는 때에만 할 수 있다.

판 례 피고가 원심의 사실판단은 다투지 않고 가정판단으로서의 법률해석이 그릇된 것이라고만 다툰 본건에 있어서는 소론의 원심판단이 그릇된 것이라 하더라도 그 점만으로는 원심판결을 파기할 사유가 되지 않으니 피고의 상고이유는 결국 원심판결의 결과에 영향이 있는 위법사유를 주장하는 것으로 볼 수 없다(1984.3.13, 81누317). <이시윤, 705면>

제424조【절대적 상고이유】 ①판결에 다음 각호 가운데 어느 하나의 사유가 있는 때에는 상고에 정당한 이유가 있는 것으로 한다.

1. 법률에 따라 판결법원을 구성하지 아니한 때
2. 법률에 따라 판결에 관여할 수 없는 판사가 판결에 관여한 때
3. 전속관할에 관한 규정에 어긋난 때
4. 법정대리권·소송대리권 또는 대리인의 소송행위에 대한 특별한 권한의 수여에 흠이 있는 때
5. 변론을 공개하는 규정에 어긋난 때
6. 판결의 이유를 밝히지 아니하거나 이유에 모순이 있는 때

②제60조 또는 제97조의 규정에 따라 추인한 때에는 제1항제4호의 규정을 적용하지 아니한다.

판 례 피항소인이 항소장 부본부터 공시송달의 방법으로 송달되어 귀책사유 없이 항소가 제기된 사실조차 모르고 있었고, 이러한 상태에서 피항소인의 출석 없이 원심의 변론기일이 진행되어 제1심에서 의제자백에 의한 승소판결을 받은 피항소인이 자신의 주장에 부합하는 증거를 제출할 기회를 상실함으로써 피항소인은 당사자로서 절차상 부여된 권리를 침해당하였다고 할 것이어서, 이와 같은 경우는 당사자가 대리인에 의하여 적법하게 대리되지 않았던 경우와 마찬가지로 보아 민사소송법 제394조 제1항 제4호의 규정을 유추적용할 수 있다(1997.5.30, 95다21365). <이시윤, 706면>

제425조【항소심절차의 준용】 상고와 상고심의 소송절차에는 특별한 규정이 없으면 제1장의 규정을 준용한다.

판 례 상고장이 대법원에 바로 제출되었다가 다시 원심법원에 송부된 경우에는 상고장이 원심법원에 접수된 때를 기준하여 상고제기기간준수 여부를 따져야 한다(1981.10.13, 81누230). <이시윤, 708면>

제426조【소송기록 접수의 통지】 상고법원의 법원사무관 등은 원심법원의 법원사무관 등으로부터 소송기록을 받은 때에는 바로 그 사유를 당사자에게 통지하여야 한다.

제427조【상고이유서 제출】 상고장에 상고이유를 적지 아니한 때에 상고인은 제426조의 통지를 받은 날부터 20일 이내에 상고이유서를 제출하여야 한다.

판 례 상고이유는 상고장에 기재하거나 상고이유서라는 독립된 서면에 의하여 원심판결의 어떤 부분이 어떻게 법령에 위배되었는가를 구체적으로 명시하여야 하므로 상고이유서의 '1심 이후 항소심까지 주장한 내용을 모두 그대로 원용합니다'라는 기재는 적법한 상고이유가 될 수 없다(2000.7.6, 2000두1508). <이시윤, 710면>

제428조【상고이유서, 답변서의 송달 등】 ①상고이유서를 제출받은 상고법원은 바로 그 부본이나 등본을 상대방에게 송달하여야 한다.

②상대방은 제1항의 서면을 송달받은 날부터 10일 이내에 답변서를 제출할 수 있다.

③상고법원은 제2항의 답변서의 부본이나 등본을 상고인에게 송달하여야 한다.

제429조【상고이유서를 제출하지 아니함으로 말미암은 상고기각】 상고인이 제427조의

규정을 어기어 상고이유서를 제출하지 아니한 때에는 상고법원은 변론 없이 판결로 상고를 기각하여야 한다. 다만, 직권으로 조사하여야 할 사유가 있는 때에는 그러하지 아니하다.

(판 례) 상고법원은 상고이유에 의하여 불복신청의 한도 내에서만 조사·판단할 수 있는 것이므로, 상고이유서에 원심판결의 어떤 점이 법령에 어떻게 위반하였는지에 관하여 구체적이고도 명시적인 이유설시가 없을 때에는 상고이유서를 제출하지 않은 것으로 취급할 수밖에 없으며, 또 상고이유서 제출기간이 지난 후에 제출된 상고이유보충서에 기재된 상고이유는 그것이 이미 기간 내에 제출된 상고이유서 중에 개진된 사항을 보충한 것이거나 직권조사사항이 아닌 새로운 주장을 포함하고 있을 때에는 그 새로운 주장을 적법한 상고이유로 삼을 수 없는 것이다(1993.5.14, 93다3943). <이시윤, 710면>

제430조【상고심의 심리절차】 ①상고법원은 상고장·상고이유서·답변서, 그 밖의 소송기록에 의하여 변론없이 판결할 수 있다.
②상고법원은 소송관계를 분명하게 하기 위하여 필요한 경우에는 특정한 사항에 관하여 변론을 열어 참고인의 진술을 들을 수 있다.

제431조【심리의 범위】 상고법원은 상고이유에 따라 불복신청의 한도 안에서 심리한다.

제432조【사실심의 전권】 원심판결이 적법하게 확정한 사실은 상고법원을 기속한다.

(판 례) 법률심인 상고심에 이르러서는 원심에서 한 자백을 취소할 수 없다(1998.1.23, 97다38305).

제433조【비약적 상고의 특별규정】 상고법원은 제422조제2항의 규정에 따른 상고에 대하여는 원심판결의 사실확정이 법률에 어긋난다는 것을 이유로 그 판결을 파기하지 못한다.

제434조【직권조사사항에 대한 예외】 법원이 직권으로 조사하여야 할 사항에 대하여는 제431조 내지 제433조의 규정을 적용하지 아니한다.

제435조【가집행의 선고】 상고법원은 원심판결중 불복신청이 없는 부분에 대하여는 당사자의 신청에 따라 결정으로 가집행의 선고를 할 수 있다.

제436조【파기환송, 이송】 ①상고법원은 상고에 정당한 이유가 있다고 인정할 때에는 원심판결을 파기하고 사건을 원심법원에 환송하거나, 동등한 다른 법원에 이송하여야 한다.
②사건을 환송받거나 이송받은 법원은 다시 변론을 거쳐 재판하여야 한다. 이 경우에는 상고법원이 파기의 이유로 삼은 사실상 및 법률상 판단에 기속된다.
③원심판결에 관여한 판사는 제2항의 재판에 관여하지 못한다.

(판 례) 원래 종국판결이라 함은 소 또는 상소에 의하여 계속중인 사건의 전부 또는 일부에 대하여 심판을 마치고 그 심급을 이탈시키는 판결이라고 이해하여야 할 것이다. 대법원의 환송판결도 당해 사건에 대하여 재판을 마치고 그 심급을 이탈시키는 판결인 점에서 당연히 제2심의 환송판결과 같이 종국판결로 보아야 할 것이다. 따라서 위의 견해와는 달리 대법원의 환송판결을 중간판결이라고 판시한 종전의 대법원판결은 이를 변경하기로 한다(1995.2.14. 전원합의체판결 93재다27, 34). <이시윤, 719면>

환송판결에서 환송 전 원심판결 중 소극적 손해에 관한 원고들 패소 부분만 파기하고, 나머지 상고는 기각한 경우, 환송 후 원심의 심판 범위는 소극적 손해에 관한 원고들 패소 부분과 환송 후 원심에서 확장된 부분에 한정되고, 환송 전 원심판결 중 원고들 승소 부분은 확정되므로 원심으로서는 이에 대하여 심리를 할 수 없다(1998.4.14, 96다2187). <이시윤, 718면>

민사소송법 제406조제2항 후문의 규정에 의하여 환송 받은 법원을 기속하는 '상고법원의 파기이유로 한 사실상의 판단'이라 함은 상고법원이 절차상의 직권조사사항에 관하여 한 사실상의 판단을 말하고 본안에 관한 사실판단을 말하는 것이 아니다(2000.4.25, 2000다6858). <이시윤, 719면>

제437조【파기자판】 다음 각호 가운데 어느 하나에 해당하면 상고법원은 사건에 대하여 종국판결을 하여야 한다.
1. 확정된 사실에 대하여 법령적용이 어긋난다 하여 판결을 파기하는 경우에 사건이 그 사실을 바탕으로 재판하기 충분한 때
2. 사건이 법원의 권한에 속하지 아니한다 하여 판결을 파기하는 때

제438조【소송기록의 송부】 사건을 환송하거나 이송하는 판결이 내려졌을 때에는 법원사무관 등은 2주 이내에 그 판결의 정본을 소송기록에 붙여 사건을 환송받거나 이송받을 법원에 보내야 한다.

제3장 항 고

제439조【항고의 대상】 소송절차에 관한 신청을 기각한 결정이나 명령에 대하여 불복하면 항고할 수 있다.

제440조【형식에 어긋나는 결정·명령에 대한 항고】 결정이나 명령으로 재판할 수 없는 사항에 대하여 결정 또는 명령을 한 때에는 항고할 수 있다.

제441조【준항고】 ①수명법관이나 수탁판사

의 재판에 대하여 불복하는 당사자는 수소법원에 이의를 신청할 수 있다. 다만, 그 재판이 수소법원의 재판인 경우로서 항고할 수 있는 것인 때에 한한다.
②제1항의 이의신청에 대한 재판에 대하여는 항고할 수 있다.
③상고심이나 제2심에 계속된 사건에 대한 수명법관이나 수탁판사의 재판에는 제1항의 규정을 준용한다.

제442조【재항고】 항고법원·고등법원 또는 항소법원의 결정 및 명령에 대하여는 재판에 영향을 미친 헌법·법률·명령 또는 규칙의 위반을 이유로 드는 때에만 재항고(再抗告)할 수 있다.

(판 례) 고등법원의 위헌여부제청신청 기각결정은 중간재판적 성질을 가지므로 본안에 대한 원심판결이 상고되었을 때 위 기각결정도 상고심의 판단을 받는데 불과하고 독립하여 위 기각결정에 대하여 재항고 할 수 없다(1981.7.3, 80마505). <이시윤, 728면>

제443조【항소 및 상고의 절차규정준용】 ①항고법원의 소송절차에는 제1장의 규정을 준용한다.
②재항고와 이에 관한 소송절차에는 제2장의 규정을 준용한다.

제444조【즉시항고】 ①즉시항고는 재판이 고지된 날부터 1주 이내에 하여야 한다.
②제1항의 기간은 불변기간으로 한다.

(판 례) 결정은 상당한 방법에 의하여 고지함으로써 그 효력이 발생하는 것이고 그 고지 전에는 결정의 효력이 발생하지 아니하여 항고권도 발생하지 않으므로 결정고지전에 한 항고는 부적법하다(1983.3.29, 83스5). <이시윤, 725면>

제445조【항고제기의 방식】 항고는 항고장을 원심법원에 제출함으로써 한다.

제446조【항고의 처리】 원심법원이 항고에 정당한 이유가 있다고 인정하는 때에는 그 재판을 경정하여야 한다.

제447조【즉시항고의 효력】 즉시항고는 집행을 정지시키는 효력을 가진다.

제448조【원심재판의 집행정지】 항고법원 또는 원심법원이나 판사는 항고에 대한 결정이 있을 때까지 원심재판의 집행을 정지하거나 그 밖에 필요한 처분을 명할 수 있다.

제449조【특별항고】 ①불복할 수 없는 결정이나 명령에 대하여는 재판에 영향을 미친 헌법위반이 있거나, 재판의 전제가 된 명령·규칙·처분의 헌법 또는 법률의 위반여부에 대한 판단이 부당하다는 것을 이유로 하는 때에만 대법원에 특별항고(特別抗告)를 할 수 있다.
②제1항의 항고는 재판이 고지된 날부터 1주 이내에 하여야 한다.
③제2항의 기간은 불변기간으로 한다.

제450조【준용규정】 특별항고와 그 소송절차에는 제448조와 상고에 관한 규정을 준용한다.

제4편 재 심

제451조【재심사유】 ①다음 각호 가운데 어느 하나에 해당하면 확정된 종국판결에 대하여 재심의 소를 제기할 수 있다. 다만, 당사자가 상소에 의하여 그 사유를 주장하였거나, 이를 알고도 주장하지 아니한 때에는 그러하지 아니하다.

1. 법률에 따라 판결법원을 구성하지 아니한 때
2. 법률상 그 재판에 관여할 수 없는 법관이 관여한 때
3. 법정대리권·소송대리권 또는 대리인이 소송행위를 하는 데에 필요한 권한의 수여에 흠이 있는 때. 다만, 제60조 또는 제97조의 규정에 따라 추인한 때에는 그러하지 아니하다.
4. 재판에 관여한 법관이 그 사건에 관하여 직무에 관한 죄를 범 한 때
5. 형사상 처벌을 받을 다른 사람의 행위로 말미암아 자백을 하였거나 판결에 영향을 미칠 공격 또는 방어방법의 제출에 방해를 받은 때
6. 판결의 증거가 된 문서, 그 밖의 물건이 위조되거나 변조된 것인 때
7. 증인·감정인·통역인의 거짓 진술 또는 당사자 신문에 따른 당사자나 법정대리인의 거짓 진술이 판결의 증거가 된 때
8. 판결의 기초가 된 민사나 형사의 판결, 그 밖의 재판 또는 행정처분이 다른 재판이나 행정처분에 따라 바뀐 때
9. 판결에 영향을 미칠 중요한 사항에 관하여 판단을 누락한 때
10. 재심을 제기할 판결이 전에 선고한 확정판결에 어긋나는 때
11. 당사자가 상대방의 주소 또는 거소를 알고 있었음에도 있는 곳을 잘 모른다고 하

거나 주소나 거소를 거짓으로 하여 소를 제기한 때

②제1항제4호 내지 제7호의 경우에는 처벌받을 행위에 대하여 유죄의 판결이나 과태료부과의 재판이 확정된 때 또는 증거부족 외의 이유로 유죄의 확정판결이나 과태료부과의 확정재판을 할 수 없을 때에만 재심의 소를 제기할 수 있다.

③항소심에서 사건에 대하여 본안판결을 하였을 때에는 제1심 판결에 대하여 재심의 소를 제기하지 못한다.

> (판 례) 민사소송법 제422조제1항제3호 소정의 재심사유는 무권대리인이 대리인으로서 본인을 위하여 실질적인 소송행위를 하였을 경우 뿐만 아니라 대리권의 흠결로 인하여 본인이나 그의 소송대리인이 실질적인 소송행위를 할 수 없었던 경우도 이에 해당한다(1994.1.11, 92다47632). <이시윤, 742면>
>
> 민사소송법 제422조제1항제9호가 정하는 재심사유인 '판결에 영향을 미친 중요한 사항에 관하여 판단을 유탈한 때'라고 함은 당사자가 소송상 제출한 공격방어방법으로서 판결에 영향이 있는 것에 대하여 판결 이유 중에 판단을 명시하지 아니한 경우를 말하고, 판단이 있는 이상 그 판단에 이르는 이유가 소상하게 설시 되어 있지 아니하거나 당사자의 주장을 배척하는 근거를 일일이 개별적으로 설명하지 아니하더라도 이를 위 법조에서 말하는 판단유탈이라고 할 수 없다(1998.2.24, 97재다278). <이시윤, 745면>

제452조【기본이 되는 재판의 재심사유】 판결의 기본이 되는 재판에 제451조에 정한 사유가 있을 때에는 그 재판에 대하여 독립된 불복방법이 있는 경우라도 그 사유를 재심의 이유로 삼을 수 있다.

제453조【재심관할법원】 ①재심은 재심을 제기할 판결을 한 법원의 전속관할로 한다.

②심급을 달리하는 법원이 같은 사건에 대하여 내린 판결에 대한 재심의 소는 상급법원이 관할한다. 다만, 항소심판결과 상고심판결에 각각 독립된 재심사유가 있는 때에는 그러하지 아니하다.

> (판 례) 재심의 소가 재심제기기간 내에 제1심법원에 제기되었으나 재심이유 등에 비추어 항소심판결을 대상으로 한 것이라 인정되어 위 소를 항소심법원에 이송한 경우에 있어서 재심제기기간의 준수여부는 민사소송법 제36조 제1항의 규정에 비추어 제1심법원에 제기된 때를 기준으로 할 것이지 항소법원에 이송된 때를 기준으로 할 것은 아니다(1984. 2.28. 전원합의체판결 83다카1981).<이시윤, 747면>

제454조【재심사유에 관한 중간판결】 ①법원은 재심의 소가 적법한지 여부와 재심사유가 있는지 여부에 관한 심리 및 재판을 본안에 관한 심리 및 재판과 분리하여 먼저 시행할 수 있다.

②제1항의 경우에 법원은 재심사유가 있다고 인정한 때에는 그 취지의 중간판결을 한 뒤 본안에 관하여 심리·재판한다.

제455조【재심의 소송절차】 재심의 소송절차에는 각 심급의 소송절차에 관한 규정을 준용한다.

> (판 례) 재심의 소가 제기되면 법원은 먼저 재심원고가 주장하는 재심사유가 있는지의 여부를 조사 심리한 다음, 재심사유가 있는 것으로 인정되는 경우에만 본안에 관한 심리에 들어가게 되는 것이므로, 재심원고가 주장하는 재심사유가 없는 것으로 판명될 때에는 본안에 관하여는 심리할 필요도 없이 바로 종국판결로 재심청구를 기각하여야 되는 것이다(1990.12.7, 90다카21886). <이시윤, 750면>

제456조【재심제기의 기간】 ①재심의 소는 당사자가 판결이 확정된 뒤 재심의 사유를 안 날부터 30일 이내에 제기하여야 한다.

②제1항의 기간은 불변기간으로 한다.

③판결이 확정된 뒤 5년이 지난 때에는 재심의 소를 제기하지 못한다.

④재심의 사유가 판결이 확정된 뒤에 생긴 때에는 제3항의 기간은 그 사유가 발생한 날부터 계산한다.

> (판 례) 민사소송법 제426조제3항, 제4항에서 정하고 있는 재심제기기간은 판결확정이라는 객관적 사실에 바탕을 두고 재심제기의 가능성을 언제까지나 남겨둠으로써 당사자사이에 일어나는 법적 불안상태를 막기 위하여 마련한 제척기간이다(1988.12. 13, 87다카2341). <이시윤, 739면>
>
> 판결정본이 소송대리인에게 송달되면 특별한 사정이 없는 한 그 당사자는 판결정본을 송달 받았을 때에 그 판결에 판단을 유탈하였는지의 여부를 알게 됨으로써 재심사유의 존재를 알았다고 할 것이므로 그 후에 판결이 확정된 경우에는 판단유탈을 이유로 하는 재심소제기기간은 재심대상판결이 확정된 날로부터 기산하여야 한다(1993.9.28, 92다33930). <이시윤, 739면>

제457조【재심제기의 기간】 대리권의 흠 또는 제451조제1항제10호에 규정한 사항을 이유로 들어 제기하는 재심의 소에는 제456조의 규정을 적용하지 아니한다.

제458조【재심소장의 필수적 기재사항】 재심소장에는 다음 각호의 사항을 적어야 한다.

1. 당사자와 법정대리인
2. 재심할 판결의 표시와 그 판결에 대하여 재심을 청구하는 취지
3. 재심의 이유

제459조【변론과 재판의 범위】①본안의 변론과 재판은 재심청구이유의 범위안에서 하여야 한다.
②재심의 이유는 바꿀 수 있다.

제460조【결과가 정당한 경우의 재심기각】 재심의 사유가 있는 경우라도 판결이 정당하다고 인정한 때에는 법원은 재심의 청구를 기각하여야 한다.

(판 례) 재심사건에서 재심사유는 있다고 인정하면서도 재심대상판결의 변론종결후의 사유를 이유로 재심청구를 기각한 경우 기판력의 표준시는 재심대상판결의 변론종결시가 아니라 재심판결의 변론종결시로 보아야 한다(1993.2.12, 92다25151). <이시윤, 750면>

제461조【준재심】 제220조의 조서 또는 즉시항고로 불복할 수 있는 결정이나 명령이 확정된 경우에 제451조제1항에 규정된 사유가 있는 때에는 확정판결에 대한 제451조 내지 제460조의 규정에 준하여 재심을 제기할 수 있다.

제5편 독촉절차

제462조【적용의 요건】 금전, 그 밖에 대체물(代替物)이나 유가증권의 일정한 수량의 지급을 목적으로 하는 청구에 대하여 법원은 채권자의 신청에 따라 지급명령을 할 수 있다. 다만, 대한민국에서 공시송달 외의 방법으로 송달할 수 있는 경우에 한한다.

제463조【관할법원】 독촉절차는 채무자의 보통재판적이 있는 곳의 지방법원이나 제7조 내지 제9조, 제12조 또는 제18조의 규정에 의한 관할법원의 전속관할로 한다.

제464조【지급명령의 신청】 지급명령의 신청에는 그 성질에 어긋나지 아니하면 소에 관한 규정을 준용한다.

제465조【신청의 각하】①지급명령의 신청이 제462조 본문 또는 제463조의 규정에 어긋나거나, 신청의 취지로 보아 청구에 정당한 이유가 없는 것이 명백한 때에는 그 신청을 각하하여야 한다. 청구의 일부에 대하여 지급명령을 할 수 없는 때에 그 일부에 대하여도 또한 같다.
②신청을 각하하는 결정에 대하여는 불복할 수 없다.

제466조【지급명령을 하지 아니하는 경우】
①채권자는 법원으로부터 채무자의 주소를 보정하라는 명령을 받은 경우에 소제기신청을 할 수 있다.
②지급명령을 공시송달에 의하지 아니하고는 송달할 수 없거나 외국으로 송달하여야 할 때에는 법원은 직권에 의한 결정으로 사건을 소송절차에 부칠 수 있다.
③제2항의 결정에 대하여는 불복할 수 없다.

제467조【일방적 심문】 지급명령은 채무자를 심문하지 아니하고 한다.

제468조【지급명령의 기재사항】 지급명령에는 당사자, 법정대리인, 청구의 취지와 원인을 적고, 채무자가 지급명령이 송달된 날부터 2주 이내에 이의신청을 할 수 있다는 것을 덧붙여 적어야 한다.

(판 례) 수인을 채무자로 하는 지급명령신청의 청구취지가 수인의 채무자들에 대하여 연대지급 또는 각자 지급을 구하는 것인지의 여부는 지급명령신청서의 청구취지기재 자체에 의하여 결정되는 것이므로 그 청구취지에 연대지급 또는 각자 지급을 구하는 문언의 기재가 없는 한 설사 그 청구원인에 수인의 채무자들이 채무자와 그 연대보증인들이라는 기재가 있다 하더라도 그 청구취지가 수인의 채무자들에 대하여 청구금원의 연대지급 또는 각자 지급을 구하는 것이라고는 볼 수 없다(1986.11.27, 86그141). <이시윤, 763면>

제469조【지급명령의 송달】①지급명령은 당사자에게 송달하여야 한다.
②채무자는 지급명령에 대하여 이의신청을 할 수 있다.

제470조【이의신청의 효력】①채무자가 지급명령을 송달받은 날부터 2주 이내에 이의신청을 한 때에는 지급명령은 그 범위안에서 효력을 잃는다.
②제1항의 기간은 불변기간으로 한다.

제471조【이의신청의 각하】①법원은 이의신청이 부적법하다고 인정한 때에는 결정으로 이를 각하하여야 한다.
②제1항의 결정에 대하여는 즉시항고를 할 수 있다.

제472조【소송으로의 이행】①채권자가 제466조제1항의 규정에 따라 소제기신청을 한 경우, 또는 법원이 제466조제2항의 규정에 따라 지급명령신청사건을 소송절차에 부치는 결정을 한 경우에는 지급명령을 신청한 때에 소가 제기된 것으로 본다.
②채무자가 지급명령에 대하여 적법한 이의신청을 한 경우에는 지급명령을 신청한 때에

이의신청된 청구목적의 값에 관하여 소가 제기된 것으로 본다.

제473조 【소송으로의 이행에 따른 처리】 ①제472조의 규정에 따라 소가 제기된 것으로 보는 경우, 지급명령을 발령한 법원은 채권자에게 상당한 기간을 정하여, 소를 제기하는 경우 소장에 붙여야 할 인지액에서 소제기신청 또는 지급명령신청시에 붙인 인지액을 뺀 액수의 인지를 보정하도록 명하여야 한다.
②채권자가 제1항의 기간 이내에 인지를 보정하지 아니한 때에는 위 법원은 결정으로 지급명령신청서를 각하하여야 한다. 이 결정에 대하여는 즉시항고를 할 수 있다.
③제1항에 규정된 인지가 보정되면 법원사무관 등은 바로 소송기록을 관할법원에 보내야 한다. 이 경우 사건이 합의부의 관할에 해당되면 법원사무관 등은 바로 소송기록을 관할법원 합의부에 보내야 한다.
④제472조의 경우 독촉절차의 비용은 소송비용의 일부로 한다.

제474조 【지급명령의 효력】 지급명령에 대하여 이의신청이 없거나, 이의신청을 취하하거나, 각하결정이 확정된 때에는 지급명령은 확정판결과 같은 효력이 있다.

제6편 공시최고절차

제475조 【공시최고의 적용범위】 공시최고(公示催告)는 권리 또는 청구의 신고를 하지 아니하면 그 권리를 잃게 될 것을 법률로 정한 경우에만 할 수 있다.

제476조 【공시최고절차를 관할하는 법원】 ①공시최고는 법률에 다른 규정이 있는 경우를 제외하고는 권리자의 보통재판적이 있는 곳의 지방법원이 관할한다. 다만, 등기 또는 등록을 말소하기 위한 공시최고는 그 등기 또는 등록을 한 공공기관이 있는 곳의 지방법원에 신청할 수 있다.
②제492조의 경우에는 증권이나 증서에 표시된 이행지의 지방법원이 관할한다. 다만, 증권이나 증서에 이행지의 표시가 없는 때에는 발행인의 보통재판적이 있는 곳의 지방법원이, 그 법원이 없는 때에는 발행 당시에 발행인의 보통재판적이 있었던 곳의 지방법원이 각각 관할한다.
③제1항 및 제2항의 관할은 전속관할로 한다.

제477조 【공시최고의 신청】 ①공시최고의 신청에는 그 신청의 이유와 제권판결(除權判決)을 청구하는 취지를 밝혀야 한다.
②제1항의 신청은 서면으로 하여야 한다.
③법원은 여러 개의 공시최고를 병합하도록 명할 수 있다.

제478조 【공시최고의 허가여부】 ①공시최고의 허가여부에 대한 재판은 결정으로 한다. 허가하지 아니하는 결정에 대하여는 즉시항고를 할 수 있다.
②제1항의 경우에는 신청인을 심문할 수 있다.

제479조 【공시최고의 기재사항】 ①공시최고의 신청을 허가한 때에는 법원은 공시최고를 하여야 한다.
②공시최고에는 다음 각호의 사항을 적어야 한다.

1. 신청인의 표시
2. 공시최고기일까지 권리 또는 청구의 신고를 하여야 한다는 최고
3. 신고를 하지 아니하면 권리를 잃게 될 사항
4. 공시최고기일

제480조 【공고방법】 공시최고는 대법원규칙이 정하는 바에 따라 공고하여야 한다.

제481조 【공시최고기간】 공시최고의 기간은 공고가 끝난 날부터 3월뒤로 정하여야 한다.

제482조 【제권판결전의 신고】 공시최고기일이 끝난 뒤에도 제권판결에 앞서 권리 또는 청구의 신고가 있는 때에는 그 권리를 잃지 아니한다.

제483조 【신청인의 불출석과 새 기일의 지정】 ①신청인이 공시최고기일에 출석하지 아니하거나, 기일변경신청을 하는 때에는 법원은 1회에 한하여 새 기일을 정하여 주어야 한다.
②제1항의 새 기일은 공시최고기일부터 2월을 넘기지 아니하여야 하며, 공고는 필요로 하지 아니한다.

제484조 【취하간주】 신청인이 제483조의 새 기일에 출석하지 아니한 때에는 공시최고신청을 취하한 것으로 본다.

제485조 【신고가 있는 경우】 신청이유로 내세운 권리 또는 청구를 다투는 신고가 있는 때에는 법원은 그 권리에 대한 재판이 확정될 때까지 공시최고절차를 중지하거나, 신고한 권리를 유보하고 제권판결을 하여야 한다.

제486조 【신청인의 진술의무】 공시최고의 신청인은 공시최고기일에 출석하여 그 신청을 하게 된 이유와 제권판결을 청구하는 취지를 진술하여야 한다.

제487조 【제권판결】 ①법원은 신청인이 진술을 한 뒤에 제권판결신청에 정당한 이유가 없다고 인정할 때에는 결정으로 신청을 각하하여야 하며, 이유가 있다고 인정할 때에는 제권판결을 선고하여야 한다.
②법원은 제1항의 재판에 앞서 직권으로 사실을 탐지할 수 있다.

제488조 【불복신청】 제권판결의 신청을 각하한 결정이나, 제권판결에 덧붙인 제한 또는 유보에 대하여는 즉시항고를 할 수 있다.

제489조 【제권판결의 공고】 법원은 제권판결의 요지를 대법원규칙이 정하는 바에 따라 공고할 수 있다.

제490조 【제권판결에 대한 불복소송】 ①제권판결에 대하여는 상소를 하지 못한다.
②제권판결에 대하여는 다음 각호 가운데 어느 하나에 해당하면 신청인에 대한 소로써 최고법원에 불복할 수 있다.
1. 법률상 공시최고절차를 허가하지 아니할 경우일 때
2. 공시최고의 공고를 하지 아니하였거나, 법령이 정한 방법으로 공고를 하지 아니한 때
3. 공시최고기간을 지키지 아니한 때
4. 판결을 한 판사가 법률에 따라 직무집행에 제척된 때
5. 전속관할에 관한 규정에 어긋난 때
6. 권리 또는 청구의 신고가 있음에도 법률에 어긋나는 판결을 한 때
7. 거짓 또는 부정한 방법으로 제권판결을 받은 때
8. 제451조제1항제4호 내지 제8호의 재심사유가 있는 때

(판 례) 제권판결로 말미암아 어음의 효력이 상실되었다는 이유로 약속어음금청구를 기각한 원심판결이 선고된 후에 그 제권판결을 취소하고 어음에 대한 공시최고신청을 기각하는 내용의 판결이 선고되어 확정되었다면 원심판결에는 민사소송법 제422조제1항제8호가 규정하고 있는 재심사유인 '판결의 기초로 된 민사나 형사의 판결 기타의 재판 또는 행정처분이 다른 재판이나 행정처분에 의하여 변경된 때'에 해당하는 위법이 있다고 볼 수 밖에 없고, 같은 법 제422조제1항 단서의 규정내용 등에 비추어 볼 때 이러한 위법은 상고이유가 되는 것이다(1991. 11.12, 91다25727). <이시윤, 745면>

제491조 【소제기기간】 ①제490조제2항의 소는 1월 이내에 제기하여야 한다.
②제1항의 기간은 불변기간으로 한다.
③제1항의 기간은 원고가 제권판결이 있다는 것을 안 날부터 계산한다. 다만, 제490조제2항제4호·제7호 및 제8호의 사유를 들어 소를 제기하는 경우에는 원고가 이러한 사유가 있음을 안 날부터 계산한다.
④이 소는 제권판결이 선고된 날부터 3년이 지나면 제기하지 못한다.

제492조 【증권의 무효선고를 위한 공시최고】 ①도난·분실되거나 없어진 증권, 그 밖에 상법에서 무효로 할 수 있다고 규정한 증서의 무효선고를 청구하는 공시최고절차에는 제493조 내지 제497조의 규정을 적용한다.
②법률상 공시최고를 할 수 있는 그 밖의 증서에 관하여 그 법률에 특별한 규정이 없으면 제1항의 규정을 적용한다.

제493조 【증서에 관한 공시최고신청권자】 무기명증권 또는 배서(背書)로 이전할 수 있거나 약식배서(略式背書)가 있는 증권 또는 증서에 관하여는 최종소지인이 공시최고절차를 신청할 수 있으며, 그 밖의 증서에 관하여는 그 증서에 따라서 권리를 주장할 수 있는 사람이 공시최고절차를 신청할 수 있다.

제494조 【신청사유의 소명】 ①신청인은 증서의 등본을 제출하거나 또는 증서의 존재 및 그 중요한 취지를 충분히 알리기에 필요한 사항을 제시하여야 한다.
②신청인은 증서가 도난·분실되거나 없어진 사실과, 그 밖에 공시최고절차를 신청할 수 있는 이유가 되는 사실 등을 소명하여야 한다.

제495조 【신고최고, 실권경고】 공시최고에는 공시최고기일까지 권리 또는 청구의 신고를 하고 그 증서를 제출하도록 최고하고, 이를 게을리 하면 권리를 잃게 되어 증서의 무효가 선고된다는 것을 경고하여야 한다.

제496조 【제권판결의 선고】 제권판결에서는 증권 또는 증서의 무효를 선고하여야 한다.

제497조 【제권판결의 효력】 제권판결이 내려진 때에는 신청인은 증권 또는 증서에 따라 의무를 지는 사람에게 증권 또는 증서에 따른 권리를 주장할 수 있다.

제7편 판결의 확정 및 집행정지

제498조 【판결의 확정시기】 판결은 상소를 제기할 수 있는 기간 또는 그 기간 이내에 적법한 상소제기가 있을 때에는 확정되지 아니한다.

제499조 【판결확정증명서의 부여자】 ①원고 또는 피고가 판결확정증명서를 신청한 때에는 제1심 법원의 법원사무관 등이 기록에 따라 내어 준다.

②소송기록이 상급심에 있는 때에는 상급법원의 법원사무관 등이 그 확정부분에 대하여만 증명서를 내어 준다.

제500조 【재심 또는 상소의 추후보완신청으로 말미암은 집행정지】 ①재심 또는 제173조에 따른 상소의 추후보완신청이 있는 경우에 불복하는 이유로 내세운 사유가 법률상 정당한 이유가 있다고 인정되고, 사실에 대한 소명이 있는 때에는 법원은 당사자의 신청에 따라 담보를 제공하게 하거나 담보를 제공하지 아니하게 하고 강제집행을 일시정지하도록 명할 수 있으며, 담보를 제공하게 하고 강제집행을 실시하도록 명하거나 실시한 강제처분을 취소하도록 명할 수 있다.

②담보 없이 하는 강제집행의 정지는 그 집행으로 말미암아 보상할 수 없는 손해가 생기는 것을 소명한 때에만 한다.

③제1항 및 제2항의 재판은 변론 없이 할 수 있으며, 이 재판에 대하여는 불복할 수 없다.

④상소의 추후보완신청의 경우에 소송기록이 원심법원에 있으면 그 법원이 제1항 및 제2항의 재판을 한다.

제501조 【상소제기 또는 변경의 소제기로 말미암은 집행정지】 가집행의 선고가 붙은 판결에 대하여 상소를 한 경우 또는 정기금의 지급을 명한 확정판결에 대하여 제252조제1항의 규정에 따른 소를 제기한 경우에는 제500조의 규정을 준용한다.

제502조 【담보를 공탁할 법원】 ①이 편의 규정에 의한 담보의 제공이나 공탁은 원고나 피고의 보통재판적이 있는 곳의 지방법원 또는 집행법원에 할 수 있다.

②담보를 제공하거나 공탁을 한 때에는 법원은 당사자의 신청에 따라서 증명서를 주어야 한다.

③이 편에 규정된 담보에는 달리 규정이 있는 경우를 제외하고는 제122조·제123조·제125조 및 제126조의 규정을 준용한다.

부 칙 <법6626호, 2002. 1. 26.>

제1조 (시행일) 이 법은 2002년 7월 1일부터 시행한다.

제2조~제7조 (생략)

부 칙 <중략>

부 칙 <법18396호, 2021. 8. 17.>

제1조 (시행일) 이 법은 공포 후 3개월이 경과한 날부터 시행한다.

제2조 (계속사건에 대한 경과조치) 이 법은 이 법 시행 당시 법원에 계속 중인 사건에 대하여도 적용한다.

민사집행법

[2002년 1월 26일
법 률 제6627호]

개정
2005. 1.27법7358호
2007. 8. 3법8581호(상법)
2007. 8. 3법8622호(소형선박저당법)
2009. 3.25법9525호(자동차등특정동산저당법)
2010. 7.23법10376호
2011. 4. 5법10539호
2011. 4.12법10580호(부동산등기법)
2014. 5.20법12588호
2015. 5.18법13286호
2016. 2. 3법13952호(민사소송법)
2022. 1. 4법18671호

제1편 총 칙

제1조【목 적】 이 법은 강제집행, 담보권 실행을 위한 경매, 민법·상법, 그 밖의 법률의 규정에 의한 경매(이하 "민사집행"이라 한다) 및 보전처분의 절차를 규정함을 목적으로 한다.

제2조【집행실시자】 민사집행은 이 법에 특별한 규정이 없으면 집행관이 실시한다.

제3조【집행법원】 ①이 법에서 규정한 집행행위에 관한 법원의 처분이나 그 행위에 관한 법원의 협력사항을 관할하는 집행법원은 법률에 특별히 지정되어 있지 아니하면 집행절차를 실시할 곳이나 실시한 곳을 관할하는 지방법원이 된다.
②집행법원의 재판은 변론없이 할 수 있다.

제4조【집행신청의 방식】 민사집행의 신청은 서면으로 하여야 한다.

제5조【집행관의 강제력 사용】 ①집행관은 집행을 하기 위하여 필요한 경우에는 채무자의 주거·창고 그 밖의 장소를 수색하고, 잠근 문과 기구를 여는 등 적절한 조치를 할 수 있다.
②제1항의 경우에 저항을 받으면 집행관은 경찰 또는 국군의 원조를 요청할 수 있다.
③제2항의 국군의 원조는 법원에 신청하여야 하며, 법원이 국군의 원조를 요청하는 절차는 대법원규칙으로 정한다.

제6조【참여자】 집행관은 집행하는 데 저항을 받거나 채무자의 주거에서 집행을 실시하려는데 채무자나 사리를 분별할 지능이 있는 그 친족·고용인을 만나지 못한 때에는 성년 두 사람이나 특별시·광역시의 구 또는 동 직원, 시·읍·면 직원(도농복합형태의 시의 경우 동지역에서는 시 직원, 읍·면지역에서는 읍·면 직원) 또는 경찰공무원 중 한 사람을 증인으로 참여하게 하여야 한다.

제7조【집행관에 대한 원조요구】 ①집행관외의 사람으로서 법원의 명령에 의하여 민사집행에 관한 직무를 행하는 사람은 그 신분 또는 자격을 증명하는 문서를 지니고 있다가 관계인이 신청할 때에는 이를 내보여야 한다.
②제1항의 사람이 그 직무를 집행하는 데 저항을 받으면 집행관에게 원조를 요구할 수 있다.
③제2항의 원조요구를 받은 집행관은 제5조 및 제6조에 규정된 권한을 행사할 수 있다.

제8조【공휴일·야간의 집행】 ①공휴일과 야간에는 법원의 허가가 있어야 집행행위를 할 수 있다.
②제1항의 허가명령은 민사집행을 실시할 때에 내보여야 한다.

제9조【기록열람·등본부여】 집행관은 이해관계 있는 사람이 신청하면 집행기록을 볼 수 있도록 허가하고, 기록에 있는 서류의 등본을 교부하여야 한다.

제10조【집행조서】 ①집행관은 집행조서(執行調書)를 작성하여야 한다.
②제1항의 조서(調書)에는 다음 각호의 사항을 밝혀야 한다.
1. 집행한 날짜와 장소
2. 집행의 목적물과 그 중요한 사정의 개요
3. 집행참여자의 표시
4. 집행참여자의 서명날인
5. 집행참여자에게 조서를 읽어 주거나 보여 주고, 그가 이를 승인하고 서명날인한 사실
6. 집행관의 기명날인 또는 서명

③제2항제4호 및 제5호의 규정에 따라 서명날인할

수 없는 경우에는 그 이유를 적어야 한다.

제11조【집행행위에 속한 최고, 그 밖의 통지】 ①집행행위에 속한 최고(催告)그 밖의 통지는 집행관이 말로 하고 이를 조서에 적어야 한다.
②말로 최고나 통지를 할 수 없는 경우에는 민사소송법 제181조·제182조 및 제187조의 규정을 준용하여 그 조서의 등본을 송달한다. 이 경우 송달증서를 작성하지 아니한 때에는 조서에 송달한 사유를 적어야 한다.
③집행하는 곳과 법원의 관할구역안에서 제2항의 송달을 할 수 없는 경우에는 최고나 통지를 받을 사람에게 대법원규칙이 정하는 방법으로 조서의 등본을 발송하고 그 사유를 조서에 적어야 한다.

제12조【송달·통지의 생략】 채무자가 외국에 있거나 있는 곳이 분명하지 아니한 때에는 집행행위에 속한 송달이나 통지를 하지 아니하여도 된다.

제13조【외국송달의 특례】 ①집행절차에서 외국으로 송달이나 통지를 하는 경우에는 송달이나 통지와 함께 대한민국안에 송달이나 통지를 받을 장소와 영수인을 정하여 상당한 기간 이내에 신고하도록 명할 수 있다.
②제1항의 기간 이내에 신고가 없는 경우에는 그 이후의 송달이나 통지를 하지 아니할 수 있다.

제14조【주소 등이 바뀐 경우의 신고의무】 ①집행에 관하여 법원에 신청이나 신고를 한 사람 또는 법원으로부터 서류를 송달받은 사람이 송달받을 장소를 바꾼 때에는 그 취지를 법원에 바로 신고하여야 한다.
②제1항의 신고를 하지 아니한 사람에 대한 송달은 달리 송달할 장소를 알 수 없는 경우에는 법원에 신고된 장소 또는 종전에 송달을 받던 장소에 대법원규칙이 정하는 방법으로 발송할 수 있다.
③제2항의 규정에 따라 서류를 발송한 경우에는 발송한 때에 송달된 것으로 본다.

제15조【즉시항고】 ①집행절차에 관한 집행법원의 재판에 대하여는 특별한 규정이 있어야만 즉시항고(卽時抗告)를 할 수 있다.
②항고인(抗告人)은 재판을 고지받은 날부터 1주의 불변기간 이내에 항고장(抗告狀)을 원심법원에 제출하여야 한다.
③항고장에 항고이유를 적지 아니한 때에는 항고인은 항고장을 제출한 날부터 10일 이내에 항고이유서를 원심법원에 제출하여야 한다.
④항고이유는 대법원규칙이 정하는 바에 따라 적어야 한다.
⑤항고인이 제3항의 규정에 따른 항고이유서를 제출하지 아니하거나 항고이유가 제4항의 규정에 위반한 때 또는 항고가 부적법하고 이를 보정(補正)할 수 없음이 분명한 때에는 원심법원은 결정으로 그 즉시항고를 각하하여야 한다.
⑥제1항의 즉시항고는 집행정지의 효력을 가지지 아니한다. 다만, 항고법원(재판기록이 원심법원에 남아 있는 때에는 원심법원)은 즉시항고에 대한 결정이 있을 때까지 담보를 제공하게 하거나 담보를 제공하게 하지 아니하고 원심재판의 집행을 정지하거나 집행절차의 전부 또는 일부를 정지하도록 명할 수 있고, 담보를 제공하게 하고 그 집행을 계속하도록 명할 수 있다.
⑦항고법원은 항고장 또는 항고이유서에 적힌 이유에 대하여서만 조사한다. 다만, 원심재판에 영향을 미칠 수 있는 법령위반 또는 사실오인이 있는지에 대하여 직권으로 조사할 수 있다.
⑧제5항의 결정에 대하여는 즉시항고를 할 수 있다.
⑨제6항 단서의 규정에 따른 결정에 대하여는 불복할 수 없다.
⑩제1항의 즉시항고에 대하여는 이 법에 특별한 규정이 있는 경우를 제외하고는 민사소송법 제3편 제3장 중 즉시항고에 관한 규정을 준용한다.

제16조【집행에 관한 이의신청】 ①집행법원의 집행절차에 관한 재판으로서 즉시항고를 할 수 없는 것과, 집행관의 집행처분, 그 밖에 집행관이 지킬 집행절차에 대하여서는 법원에 이의를 신청할 수 있다.
②법원은 제1항의 이의신청에 대한 재판에 앞서, 채무자에게 담보를 제공하게 하거나 제공하게 하지 아니하고 집행을 일시정지하도록 명하거나, 채권자에게 담보를 제공하게 하고 그 집행을 계속하도록 명하는 등 잠정처분(暫定處分)을 할 수 있다.
③집행관이 집행을 위임받기를 거부하거나 집행행위를 지체하는 경우 또는 집행관이 계산한 수수료에 대하여 다툼이 있는 경우에는 법원에 이의를 신청할 수 있다.

제17조【취소결정의 효력】 ①집행절차를 취소하는 결정, 집행절차를 취소한 집행관의 처분에 대한 이의신청을 기각·각하하는 결정 또는 집행관에게 집행절차의 취소를 명하는 결정에 대하여는 즉시항고를 할 수 있다.
②제1항의 결정은 확정되어야 효력을 가진다.

제18조【집행비용의 예납 등】 ①민사집행의 신청을 하는 때에는 채권자는 민사집행에 필요한 비용으로서 법원이 정하는 금액을 미리 내야 한다. 법원이 부족한 비용을 미리 내라고 명하는 때에도 또한 같다.
②채권자가 제1항의 비용을 미리 내지 아니한 때에는 법원은 결정으로 신청을 각하하거나 집행절차를 취소할 수 있다.
③제2항의 규정에 따른 결정에 대하여는 즉시항고를 할 수 있다.

제19조【담보제공·공탁 법원】 ①이 법의 규정에 의한 담보의 제공이나 공탁은 채권자나 채무자의 보통재판적(普通裁判籍)이 있는 곳의 지방법원 또는 집행법원에 할 수 있다.
②당사자가 담보를 제공하거나 공탁을 한 때에는, 법원은 그의 신청에 따라 증명서를 주어야 한다.
③이 법에 규정된 담보에는 특별한 규정이 있는 경우를 제외하고는 민사소송법 제122조·제123조·제125조 및 제126조의 규정을 준용한다.

제20조【공공기관의 원조】 법원은 집행을 하기 위하여 필요하면 공공기관에 원조를 요청할 수 있

다.

제21조【재판적】 이 법에 정한 재판적(裁判籍)은 전속관할(專屬管轄)로 한다.

제22조【시·군법원의 관할에 대한 특례】 다음 사건은 시·군법원이 있는 곳을 관할하는 지방법원 또는 지방법원지원이 관할한다.

1. 시·군법원에서 성립된 화해·조정(민사조정법 제34조제4항의 규정에 따라 재판상의 화해와 동일한 효력이 있는 결정을 포함한다. 이하 같다) 또는 확정된 지급명령에 관한 집행문부여의 소, 청구에 관한 이의의 소 또는 집행문부여에 대한 이의의 소로서 그 집행권원에서 인정된 권리가 소액사건심판법의 적용대상이 아닌 사건
2. 시·군법원에서 한 보전처분의 집행에 대한 제3자이의의 소
3. 시·군법원에서 성립된 화해·조정에 기초한 대체집행 또는 간접강제
4. 소액사건심판법의 적용대상이 아닌 사건을 본안으로 하는 보전처분

제23조【민사소송법의 준용 등】 ①이 법에 특별한 규정이 있는 경우를 제외하고는 민사집행 및 보전처분의 절차에 관하여는 민사소송법의 규정을 준용한다.

②이 법에 정한 것외에 민사집행 및 보전처분의 절차에 관하여 필요한 사항은 대법원규칙으로 정한다.

제2편 강제집행

제1장 총 칙

제24조【강제집행과 종국판결】 강제집행은 확정된 종국판결(終局判決)이나 가집행의 선고가 있는 종국판결에 기초하여 한다.

제25조【집행력의 주관적 범위】 ①판결이 그 판결에 표시된 당사자외의 사람에게 효력이 미치는 때에는 그 사람에 대하여 집행하거나 그 사람을 위하여 집행할 수 있다. 다만, 민사소송법 제71조의 규정에 따른 참가인에 대하여는 그러하지 아니하다.

②제1항의 집행을 위한 집행문(執行文)을 내어 주는 데 대하여는 제31조 내지 제33조의 규정을 준용한다.

제26조【외국재판의 강제집행】 ①외국법원의 확정판결 또는 이와 동일한 효력이 인정되는 재판(이하 "확정재판등"이라 한다)에 기초한 강제집행은 대한민국 법원에서 집행판결로 그 강제집행을 허가하여야 할 수 있다. <개정 2014.5.20>

②집행판결을 청구하는 소(訴)는 채무자의 보통재판적이 있는 곳의 지방법원이 관할하며, 보통재판적이 없는 때에는 민사소송법 제11조의 규정에 따라 채무자에 대한 소를 관할하는 법원이 관할한다.

제27조【집행판결】 ①집행판결은 재판의 옳고 그름을 조사하지 아니하고 하여야 한다.

②집행판결을 청구하는 소는 다음 각호 가운데 어느 하나에 해당하면 각하하여야 한다. <개정 2014.5.20>

1. 외국법원의 확정재판 등이 확정된 것을 증명하지 아니한 때
2. 외국법원의 확정재판 등이 민사소송법 제217조의 조건을 갖추지 아니한 때

제28조【집행력 있는 정본】 ①강제집행은 집행문이 있는 판결정본(이하 "집행력 있는 정본"이라 한다)이 있어야 할 수 있다.

②집행문은 신청에 따라 제1심 법원의 법원서기관·법원사무관·법원주사 또는 법원주사보(이하 "법원사무관 등"이라 한다)가 내어 주며, 소송기록이 상급심에 있는 때에는 그 법원의 법원사무관 등이 내어 준다.

③집행문을 내어 달라는 신청은 말로 할 수 있다.

제29조【집행문】 ①집행문은 판결정본의 끝에 덧붙여 적는다.

②집행문에는 "이 정본은 피고 아무개 또는 원고 아무개에 대한 강제집행을 실시하기 위하여 원고 아무개 또는 피고 아무개에게 준다."라고 적고 법원사무관 등이 기명날인하여야 한다.

제30조【집행문부여】 ①집행문은 판결이 확정되거나 가집행의 선고가 있는 때에만 내어 준다.

②판결을 집행하는 데에 조건이 붙어 있어 그 조건이 성취되었음을 채권자가 증명하여야 하는 때에는 이를 증명하는 서류를 제출하여야만 집행문을 내어 준다. 다만, 판결의 집행이 담보의 제공을 조건으로 하는 때에는 그러하지 아니하다.

제31조【승계집행문】 ①집행문은 판결에 표시된 채권자의 승계인을 위하여 내어 주거나 판결에 표시된 채무자의 승계인에 대한 집행을 위하여 내어 줄 수 있다. 다만, 그 승계가 법원에 명백한 사실이거나, 증명서로 승계를 증명한 때에 한한다.

②제1항의 승계가 법원에 명백한 사실인 때에는 이를 집행문에 적어야 한다.

제32조【재판장의 명령】 ①재판을 집행하는 데에 조건을 붙인 경우와 제31조의 경우에는 집행문은 재판장(합의부의 재판장 또는 단독판사를 말한다. 이하 같다)의 명령이 있어야 내어 준다.

②재판장은 그 명령에 앞서 서면이나 말로 채무자를 심문(審問)할 수 있다.

③제1항의 명령은 집행문에 적어야 한다.

제33조【집행문부여의 소】 제30조제2항 및 제31조의 규정에 따라 필요한 증명을 할 수 없는 때에는 채권자는 집행문을 내어 달라는 소를 제1심 법원에 제기할 수 있다.

제34조【집행문부여 등에 관한 이의신청】 ①집행문을 내어 달라는 신청에 관한 법원사무관 등의 처분에 대하여 이의신청이 있는 경우에는 그 법원사무관 등이 속한 법원이 결정으로 재판한다.

②집행문부여에 대한 이의신청이 있는 경우에는 법원은 제16조제2항의 처분에 준하는 결정을 할 수 있다.

제35조【여러 통의 집행문의 부여】 ①채권자가

여러 통의 집행문을 신청하거나 전에 내어 준 집행문을 돌려주지 아니하고 다시 집행문을 신청한 때에는 재판장의 명령이 있어야만 이를 내어 준다.
②재판장은 그 명령에 앞서 서면이나 말로 채무자를 심문할 수 있으며, 채무자를 심문하지 아니하고 여러 통의 집행문을 내어 주거나 다시 집행문을 내어 준 때에는 채무자에게 그 사유를 통지하여야 한다.
③여러 통의 집행문을 내어 주거나 다시 집행문을 내어 주는 때에는 그 사유를 원본과 집행문에 적어야 한다.

제36조 【판결원본에의 기재】 집행문을 내어 주는 경우에는 판결원본 또는 상소심 판결정본에 원고 또는 피고에게 이를 내어 준다는 취지와 그 날짜를 적어야 한다.

제37조 【집행력 있는 정본의 효력】 집행력 있는 정본의 효력은 전국 법원의 관할구역에 미친다.

제38조 【여러 통의 집행력 있는 정본에 의한 동시 집행】 채권자가 한 지역에서 또는 한 가지 방법으로 강제집행을 하여도 모두 변제를 받을 수 없는 때에는 여러 통의 집행력 있는 정본에 의하여 여러 지역에서 또는 여러 가지 방법으로 동시에 강제집행을 할 수 있다.

제39조 【집행개시의 요건】 ①강제집행은 이를 신청한 사람과 집행을 받을 사람의 성명이 판결이나 이에 덧붙여 적은 집행문에 표시되어 있고 판결을 이미 송달하였거나 동시에 송달한 때에만 개시할 수 있다.
②판결의 집행이 그 취지에 따라 채권자가 증명할 사실에 매인 때 또는 판결에 표시된 채권자의 승계인을 위하여 하는 것이거나 판결에 표시된 채무자의 승계인에 대하여 하는 것일 때에는 집행할 판결 외에, 이에 덧붙여 적은 집행문을 강제집행을 개시하기 전에 채무자의 승계인에게 송달하여야 한다.
③증명서에 의하여 집행문을 내어 준 때에는 그 증명서의 등본을 강제집행을 개시하기 전에 채무자에게 송달하거나 강제집행과 동시에 송달하여야 한다.

제40조 【집행개시의 요건】 ①집행을 받을 사람이 일정한 시일에 이르러야 그 채무를 이행하게 되어 있는 때에는 그 시일이 지난 뒤에 강제집행을 개시할 수 있다.
②집행이 채권자의 담보제공에 매인 때에는 채권자는 담보를 제공한 증명서류를 제출하여야 한다. 이 경우의 집행은 그 증명서류의 등본을 채무자에게 이미 송달하였거나 동시에 송달하는 때에만 개시할 수 있다.

제41조 【집행개시의 요건】 ①반대의무의 이행과 동시에 집행할 수 있다는 것을 내용으로 하는 집행권원의 집행은 채권자가 반대의무의 이행 또는 이행의 제공을 하였다는 것을 증명하여야만 개시할 수 있다.
②다른 의무의 집행이 불가능한 때에 그에 갈음하여 집행할 수 있다는 것을 내용으로 하는 집행권원의 집행은 채권자가 그 집행이 불가능하다는 것을 증명하여야만 개시할 수 있다.

제42조 【집행관에 의한 영수증의 작성·교부】 ①채권자가 집행관에게 집행력 있는 정본을 교부하고 강제집행을 위임한 때에는 집행관은 특별한 권한을 받지 못하였더라도 지급이나 그 밖의 이행을 받고 그에 대한 영수증서를 작성하고 교부할 수 있다. 집행관은 채무자가 그 의무를 완전히 이행한 때에는 집행력 있는 정본을 채무자에게 교부하여야 한다.
②채무자가 그 의무의 일부를 이행한 때에는 집행관은 집행력 있는 정본에 그 사유를 덧붙여 적고 영수증서를 채무자에게 교부하여야 한다.
③채무자의 채권자에 대한 영수증 청구는 제2항의 규정에 의하여 영향을 받지 아니한다.

제43조 【집행관의 권한】 ①집행관은 집행력 있는 정본을 가지고 있으면 채무자와 제3자에 대하여 강제집행을 하고 제42조에 규정된 행위를 할 수 있는 권한을 가지며, 채권자는 그에 대하여 위임의 흠이나 제한을 주장하지 못한다.
②집행관은 집행력 있는 정본을 가지고 있다가 관계인이 요청할 때에는 그 자격을 증명하기 위하여 이를 내보여야 한다.

제44조 【청구에 관한 이의의 소】 ①채무자가 판결에 따라 확정된 청구에 관하여 이의하려면 제1심 판결법원에 청구에 관한 이의의 소를 제기하여야 한다.
②제1항의 이의는 그 이유가 변론이 종결된 뒤(변론없이 한 판결의 경우에는 판결이 선고된 뒤)에 생긴 것이어야 한다.
③이의이유가 여러 가지인 때에는 동시에 주장하여야 한다.

제45조 【집행문부여에 대한 이의의 소】 제30조제2항과 제31조의 경우에 채무자가 집행문부여에 관하여 증명된 사실에 의한 판결의 집행력을 다투거나, 인정된 승계에 의한 판결의 집행력을 다투는 때에는 제44조의 규정을 준용한다. 다만, 이 경우에도 제34조의 규정에 따라 집행문부여에 대하여 이의를 신청할 수 있는 채무자의 권한은 영향을 받지 아니한다.

제46조 【이의의 소와 잠정처분】 ①제44조 및 제45조의 이의의 소는 강제집행을 계속하여 진행하는 데에는 영향을 미치지 아니한다.
②제1항의 이의를 주장한 사유가 법률상 정당한 이유가 있다고 인정되고, 사실에 대한 소명(疎明)이 있을 때에는 수소법원(受訴法院)은 당사자의 신청에 따라 판결이 있을 때까지 담보를 제공하게 하거나 담보를 제공하게 하지 아니하고 강제집행을 정지하도록 명할 수 있으며, 담보를 제공하게 하고 그 집행을 계속하도록 명하거나 실시한 집행처분을 취소하도록 명할 수 있다.
③제2항의 재판은 변론없이 하며 급박한 경우에는 재판장이 할 수 있다.
④급박한 경우에는 집행법원이 제2항의 권한을 행사할 수 있다. 이 경우 집행법원은 상당한 기간 이내에 제2항에 따른 수소법원의 재판서를 제출하도록 명하여야 한다.

⑤제4항 후단의 기간을 넘긴 때에는 채권자의 신청에 따라 강제집행을 계속하여 진행한다.

제47조 【이의의 재판과 잠정처분】 ①수소법원은 이의의 소의 판결에서 제46조의 명령을 내리고 이미 내린 명령을 취소·변경 또는 인가할 수 있다.
②판결 중 제1항에 규정된 사항에 대하여는 직권으로 가집행의 선고를 하여야 한다.
③제2항의 재판에 대하여는 불복할 수 없다.

제48조 【제3자이의의 소】 ①제3자가 강제집행의 목적물에 대하여 소유권이 있다고 주장하거나 목적물의 양도나 인도를 막을 수 있는 권리가 있다고 주장하는 때에는 채권자를 상대로 그 강제집행에 대한 이의의 소를 제기할 수 있다. 다만, 채무자가 그 이의를 다투는 때에는 채무자를 공동피고로 할 수 있다.
②제1항의 소는 집행법원이 관할한다. 다만, 소송물이 단독판사의 관할에 속하지 아니할 때에는 집행법원이 있는 곳을 관할하는 지방법원의 합의부가 이를 관할한다.
③강제집행의 정지와 이미 실시한 집행처분의 취소에 대하여는 제46조 및 제47조의 규정을 준용한다. 다만, 집행처분을 취소할 때에는 담보를 제공하게 하지 아니할 수 있다.

제49조 【집행의 필수적 정지·제한】 강제집행은 다음 각호 가운데 어느 하나에 해당하는 서류를 제출한 경우에 정지하거나 제한하여야 한다.

1. 집행할 판결 또는 그 가집행을 취소하는 취지나, 강제집행을 허가하지 아니하거나 그 정지를 명하는 취지 또는 집행처분의 취소를 명한 취지를 적은 집행력 있는 재판의 정본
2. 강제집행의 일시정지를 명한 취지를 적은 재판의 정본
3. 집행을 면하기 위하여 담보를 제공한 증명서류
4. 집행할 판결이 있은 뒤에 채권자가 변제를 받았거나, 의무이행을 미루도록 승낙한 취지를 적은 증서
5. 집행할 판결, 그 밖의 재판이 소의 취하 등의 사유로 효력을 잃었다는 것을 증명하는 조서등본 또는 법원사무관등이 작성한 증서
6. 강제집행을 하지 아니한다거나 강제집행의 신청이나 위임을 취하한다는 취지를 적은 화해조서(和解調書)의 정본 또는 공정증서(公正證書)의 정본

제50조 【집행처분의 소·일시유지】 ①제49조제1호·제3호·제5호 및 제6호의 경우에는 이미 실시한 집행처분을 취소하여야 하며, 같은 조 제2호 및 제4호의 경우에는 이미 실시한 집행처분을 일시적으로 유지하게 하여야 한다.
②제1항에 따라 집행처분을 취소하는 경우에는 제17조의 규정을 적용하지 아니한다.

제51조 【변제증서 등의 제출에 의한 집행정지의 제한】 ①제49조제4호의 증서 가운데 변제를 받았다는 취지를 적은 증서를 제출하여 강제집행이 정지되는 경우 그 정지기간은 2월로 한다.
②제49조제4호의 증서 가운데 의무이행을 미루도록 승낙하였다는 취지를 적은 증서를 제출하여 강제집행이 정지되는 경우 그 정지는 2회에 한하며 통산하여 6월을 넘길 수 없다.

제52조 【집행을 개시한 뒤 채무자가 죽은 경우】 ①강제집행을 개시한 뒤에 채무자가 죽은 때에는 상속재산에 대하여 강제집행을 계속하여 진행한다.
②채무자에게 알려야 할 집행행위를 실시할 경우에 상속인이 없거나 상속인이 있는 곳이 분명하지 아니하면 집행법원은 채권자의 신청에 따라 상속재산 또는 상속인을 위하여 특별대리인을 선임하여야 한다.
③제2항의 특별대리인에 관하여는 「민사소송법」 제62조제2항부터 제5항까지의 규정을 준용한다. <개정 2016.2.3>

제53조 【집행비용의 부담】 ①강제집행에 필요한 비용은 채무자가 부담하고 그 집행에 의하여 우선적으로 변상을 받는다.
②강제집행의 기초가 된 판결이 파기된 때에는 채권자는 제1항의 비용을 채무자에게 변상하여야 한다.

제54조 【군인·군무원에 대한 강제집행】 ①군인·군무원에 대하여 병영·군사용 청사 또는 군용 선박에서 강제집행을 할 경우 법원은 채권자의 신청에 따라 군판사 또는 부대장(部隊長)이나 선장에게 촉탁하여 이를 행한다.
②촉탁에 따라 압류한 물건은 채권자가 위임한 집행관에게 교부하여야 한다.

제55조 【외국에서 할 집행】 ①외국에서 강제집행을 할 경우에 그 외국 공공기관의 법률상 공조를 받을 수 있는 때에는 제1심 법원이 채권자의 신청에 따라 외국 공공기관에 이를 촉탁하여야 한다.
②외국에 머물고 있는 대한민국 영사(領事)에 의하여 강제집행을 할 수 있는 때에는 제1심 법원은 그 영사에게 이를 촉탁하여야 한다.

제56조 【그 밖의 집행권원】 강제집행은 다음 가운데 어느 하나에 기초하여서도 실시할 수 있다.

1. 항고로만 불복할 수 있는 재판
2. 가집행의 선고가 내려진 재판
3. 확정된 지급명령
4. 공증인이 일정한 금액의 지급이나 대체물 또는 유가증권의 일정한 수량의 급여를 목적으로 하는 청구에 관하여 작성한 공정증서로서 채무자가 강제집행을 승낙한 취지가 적혀 있는 것
5. 소송상 화해, 청구의 인낙(認諾) 등 그 밖에 확정판결과 같은 효력을 가지는 것

제57조 【준용규정】 제56조의 집행권원에 기초한 강제집행에 대하여는 제58조 및 제59조에서 규정하는 바를 제외하고는 제28조 내지 제55조의 규정을 준용한다.

제58조 【지급명령과 집행】 ①확정된 지급명령에 기한 강제집행은 집행문을 부여받을 필요없이 지급명령 정본에 의하여 행한다. 다만, 다음 각호 가운데 어느 하나에 해당하는 경우에는 그러하지 아니하다.

1. 지급명령의 집행에 조건을 붙인 경우
2. 당사자의 승계인을 위하여 강제집행을 하는 경

우
3. 당사자의 승계인에 대하여 강제집행을 하는 경우
②채권자가 여러 통의 지급명령 정본을 신청하거나, 전에 내어 준 지급명령 정본을 돌려주지 아니하고 다시 지급명령 정본을 신청한 때에는 법원사무관 등이 이를 부여한다. 이 경우 그 사유를 원본과 정본에 적어야 한다.
③청구에 관한 이의의 주장에 대하여는 제44조제2항의 규정을 적용하지 아니한다.
④집행문부여의 소, 청구에 관한 이의의 소 또는 집행문부여에 대한 이의의 소는 지급명령을 내린 지방법원이 관할한다.
⑤제4항의 경우에 그 청구가 합의사건인 때에는 그 법원이 있는 곳을 관할하는 지방법원의 합의부에서 재판한다.
제59조 【공정증서와 집행】 ①공증인이 작성한 증서의 집행문은 그 증서를 보존하는 공증인이 내어준다.
②집행문을 내어 달라는 신청에 관한 공증인의 처분에 대하여 이의신청이 있는 때에는 그 공증인의 사무소가 있는 곳을 관할하는 지방법원 단독판사가 결정으로 재판한다.
③청구에 관한 이의의 주장에 대하여는 제44조제2항의 규정을 적용하지 아니한다.
④집행문부여의 소, 청구에 관한 이의의 소 또는 집행문부여에 대한 이의의 소는 채무자의 보통재판적이 있는 곳의 법원이 관할한다. 다만, 그러한 법원이 없는 때에는 민사소송법 제11조의 규정에 따라 채무자에 대하여 소를 제기할 수 있는 법원이 관할한다.
제60조 【과태료의 집행】 ①과태료의 재판은 검사의 명령으로 집행한다.
②제1항의 명령은 집행력 있는 집행권원과 같은 효력을 가진다.

제2장 금전채권에 기초한 강제집행

제1절 재산명시절차 등

제61조 【재산명시신청】 ①금전의 지급을 목적으로 하는 집행권원에 기초하여 강제집행을 개시할 수 있는 채권자는 채무자의 보통재판적이 있는 곳의 법원에 채무자의 재산명시를 요구하는 신청을 할 수 있다. 다만, 민사소송법 제213조에 따른 가집행의 선고가 붙은 판결 또는 같은 조의 준용에 따른 가집행의 선고가 붙어 집행력을 가지는 집행권원의 경우에는 그러하지 아니하다.
②제1항의 신청에는 집행력 있는 정본과 강제집행을 개시하는데 필요한 문서를 붙여야 한다.
제62조 【재산명시신청에 대한 재판】 ①재산명시신청에 정당한 이유가 있는 때에는 법원은 채무자에게 재산상태를 명시한 재산목록을 제출하도록 명할 수 있다.
②재산명시신청에 정당한 이유가 없거나, 채무자의 재산을 쉽게 찾을 수 있다고 인정한 때에는 법원은 결정으로 이를 기각하여야 한다.
③제1항 및 제2항의 재판은 채무자를 심문하지 아니하고 한다.
④제1항의 결정은 신청한 채권자 및 채무자에게 송달하여야 하고, 채무자에 대한 송달에서는 결정에 따르지 아니할 경우 제68조에 규정된 제재를 받을 수 있음을 함께 고지하여야 한다.
⑤제4항의 규정에 따라 채무자에게 하는 송달은 민사소송법 제187조 및 제194조에 의한 방법으로는 할 수 없다.
⑥제1항의 결정이 채무자에게 송달되지 아니한 때에는 법원은 채권자에게 상당한 기간을 정하여 그 기간 이내에 채무자의 주소를 보정하도록 명하여야 한다.
⑦채권자가 제6항의 명령을 받고도 이를 이행하지 아니한 때에는 법원은 제1항의 결정을 취소하고 재산명시신청을 각하하여야 한다.
⑧제2항 및 제7항의 결정에 대하여는 즉시항고를 할 수 있다.
⑨채무자는 제1항의 결정을 송달받은 뒤 송달장소를 바꾼 때에는 그 취지를 법원에 바로 신고하여야 하며, 그러한 신고를 하지 아니한 경우에는 민사소송법 제185조제2항 및 제189조의 규정을 준용한다.
제63조 【재산명시명령에 대한 이의신청】 ①채무자는 재산명시명령을 송달받은 날부터 1주 이내에 이의신청을 할 수 있다.
②채무자가 제1항에 따라 이의신청을 한 때에는 법원은 이의신청사유를 조사할 기일을 정하고 채권자와 채무자에게 이를 통지하여야 한다.
③이의신청에 정당한 이유가 있는 때에는 법원은 결정으로 재산명시명령을 취소하여야 한다.
④이의신청에 정당한 이유가 없거나 채무자가 정당한 사유없이 기일에 출석하지 아니한 때에는 법원은 결정으로 이의신청을 기각하여야 한다.
⑤제3항 및 제4항의 결정에 대하여는 즉시항고를 할 수 있다.
제64조 【재산명시기일의 실시】 ①재산명시명령에 대하여 채무자의 이의신청이 없거나 이를 기각한 때에는 법원은 재산명시를 위한 기일을 정하여 채무자에게 출석하도록 요구하여야 한다. 이 기일은 채권자에게도 통지하여야 한다.
②채무자는 제1항의 기일에 강제집행의 대상이 되는 재산과 다음 각호의 사항을 명시한 재산목록을 제출하여야 한다.
1. 재산명시명령이 송달되기 전 1년 이내에 채무자가 한 부동산의 유상양도(有償讓渡)
2. 재산명시명령이 송달되기 전 1년 이내에 채무자가 배우자, 직계혈족 및 4촌 이내의 방계혈족과 그 배우자, 배우자의 직계혈족과 형제자매에게 한 부동산 외의 재산의 유상양도
3. 재산명시명령이 송달되기 전 2년 이내에 채무자가 한 재산상 무상처분(無償處分). 다만, 의례적인 선물은 제외한다.
③재산목록에 적을 사항과 범위는 대법원규칙으로

정한다.
④제1항의 기일에 출석한 채무자가 3월 이내에 변제할 수 있음을 소명한 때에는 법원은 그 기일을 3월의 범위내에서 연기할 수 있으며, 채무자가 새 기일에 채무액의 3분의 2 이상을 변제하였음을 증명하는 서류를 제출한 때에는 다시 1월의 범위내에서 연기할 수 있다.

제65조【선서】 ①채무자는 재산명시기일에 재산목록이 진실하다는 것을 선서하여야 한다.
②제1항의 선서에 관하여는 민사소송법 제320조 및 제321조의 규정을 준용한다. 이 경우 선서서(宣誓書)에는 다음과 같이 적어야 한다.
"양심에 따라 사실대로 재산목록을 작성하여 제출하였으며, 만일 숨긴 것이나 거짓 작성한 것이 있으면 처벌을 받기로 맹세합니다."

제66조【재산목록의 정정】 ①채무자는 명시기일에 제출한 재산목록에 형식적인 흠이 있거나 불명확한 점이 있는 때에는 제65조의 규정에 의한 선서를 한 뒤라도 법원의 허가를 얻어 이미 제출한 재산목록을 정정할 수 있다.
②제1항의 허가에 관한 결정에 대하여는 즉시항고를 할 수 있다.

제67조【재산목록의 열람·복사】 채무자에 대하여 강제집행을 개시할 수 있는 채권자는 재산목록을 보거나 복사할 것을 신청할 수 있다.

제68조【채무자의 감치 및 벌칙】 ①채무자가 정당한 사유없이 다음 각호 가운데 어느 하나에 해당하는 행위를 한 경우에는 법원은 결정으로 20일 이내의 감치(監置)에 처한다.
1. 명시기일 불출석
2. 재산목록 제출 거부
3. 선서 거부
②채무자가 법인 또는 민사소송법 제52조의 사단이나 재단인 때에는 그 대표자 또는 관리인을 감치에 처한다.
③법원은 감치재판기일에 채무자를 소환하여 제1항 각호의 위반행위에 대하여 정당한 사유가 있는지 여부를 심리하여야 한다.
④제1항의 결정에 대하여는 즉시항고를 할 수 있다.
⑤채무자가 감치의 집행 중에 재산명시명령을 이행하겠다고 신청한 때에는 법원은 바로 명시기일을 열어야 한다.
⑥채무자가 제5항의 명시기일에 출석하여 재산목록을 내고 선서하거나 신청채권자에 대한 채무를 변제하고 이를 증명하는 서면을 낸 때에는 법원은 바로 감치결정을 취소하고 그 채무자를 석방하도록 명하여야 한다.
⑦제5항의 명시기일은 신청채권자에게 통지하지 아니하고도 실시할 수 있다. 이 경우 제6항의 사실을 채권자에게 통지하여야 한다.
⑧제1항 내지 제7항의 규정에 따른 재판절차 및 그 집행 그 밖에 필요한 사항은 대법원규칙으로 정한다.
⑨채무자가 거짓의 재산목록을 낸 때에는 3년 이하의 징역 또는 500만원 이하의 벌금에 처한다.
⑩채무자가 법인 또는 민사소송법 제52조의 사단이나 재단인 때에는 그 대표자 또는 관리인을 제9항의 규정에 따라 처벌하고, 채무자는 제9항 벌금에 처한다.

제69조【명시신청의 재신청】 재산명시신청이 기각·각하된 경우에는 그 명시신청을 한 채권자는 기각·각하사유를 보완하지 아니하고서는 같은 집행권원으로 다시 재산명시신청을 할 수 없다.

제70조【채무불이행자명부 등재신청】 ①채무자가 다음 각호 가운데 어느 하나에 해당하면 채권자는 그 채무자를 채무불이행자명부(債務不履行者名簿)에 올리도록 신청할 수 있다.
1. 금전의 지급을 명한 집행권원이 확정된 후 또는 집행권원을 작성 한 후 6월 이내에 채무를 이행하지 아니하는 때. 다만, 제61조제1항 단서에 규정된 집행권원의 경우를 제외한다.
2. 제68조제1항 각호의 사유 또는 같은 조 제9항의 사유 가운데 어느 하나에 해당하는 때
②제1항의 신청을 할 때에는 그 사유를 소명하여야 한다.
③제1항의 신청에 대한 재판은 제1항제1호의 경우에는 채무자의 보통재판적이 있는 곳의 법원이 관할하고, 제1항제2호의 경우에는 재산명시절차를 실시한 법원이 관할한다.

제71조【등재신청에 대한 재판】 ①제70조의 신청에 정당한 이유가 있는 때에는 법원은 채무자를 채무불이행자명부에 올리는 결정을 하여야 한다.
②등재신청에 정당한 이유가 없거나 쉽게 강제집행할 수 있다고 인정할 만한 명백한 사유가 있는 때에는 법원은 결정으로 이를 기각하여야 한다.
③제1항 및 제2항의 재판에 대하여는 즉시항고를 할 수 있다. 이 경우 민사소송법 제447조의 규정은 준용하지 아니한다.

제72조【명부의 비치】 ①채무불이행자명부는 등재결정을 한 법원에 비치한다.
②법원은 채무불이행자명부의 부본을 채무자의 주소지(채무자가 법인인 경우에는 주된 사무소가 있는 곳)시(구가 설치되지 아니한 시를 말한다. 이하 같다)·구·읍·면의 장(도농복합형태의 시의 경우 동지역은 시·구의 장, 읍·면지역은 읍·면의 장으로 한다. 이하 같다)에게 보내야 한다.
③법원은 채무불이행자명부의 부본을 대법원규칙이 정하는 바에 따라 일정한 금융기관의 장이나 금융기관 관련단체의 장에게 보내어 채무자에 대한 신용정보로 활용하게 할 수 있다.
④채무불이행자명부나 그 부본은 누구든지 보거나 복사할 것을 신청할 수 있다.
⑤채무불이행자명부는 인쇄물 등으로 공표되어서는 아니된다.

제73조【명부등재의 말소】 ①변제, 그 밖의 사유로 채무가 소멸되었다는 것이 증명된 때에는 법원은 채무자의 신청에 따라 채무불이행자명부에서 그 이름을 말소하는 결정을 하여야 한다.
②채권자는 제1항의 결정에 대하여 즉시항고를 할 수 있다. 이 경우 민사소송법 제447조의 규정은 준

용하지 아니한다.
③채무불이행자명부에 오른 다음해부터 10년이 지난 때에는 법원은 직권으로 그 명부에 오른 이름을 말소하는 결정을 하여야 한다.
④제1항과 제3항의 결정을 한 때에는 그 취지를 채무자의 주소지(채무자가 법인인 경우에는 주된 사무소가 있는 곳) 시·구·읍·면의 장 및 제72조제3항의 규정에 따라 채무불이행자명부의 부본을 보낸 금융기관 등의 장에게 통지하여야 한다.
⑤제4항의 통지를 받은 시·구·읍·면의 장 및 금융기관 등의 장은 그 명부의 부본에 오른 이름을 말소하여야 한다

제74조【재산조회】 ①재산명시절차의 관할 법원은 다음 각호의 어느 하나에 해당하는 경우에는 그 재산명시를 신청한 채권자의 신청에 따라 개인의 재산 및 신용에 관한 전산망을 관리하는 공공기관·금융기관·단체 등에 채무자명의의 재산에 관하여 조회할 수 있다. <개정 2005.1.27>
1. 재산명시절차에서 채권자가 제62조제6항의 규정에 의한 주소보정명령을 받고도 민사소송법 제194조제1항의 규정에 의한 사유로 인하여 채권자가 이를 이행할 수 없었던 것으로 인정되는 경우
2. 재산명시절차에서 채무자가 제출한 재산목록의 재산만으로는 집행채권의 만족을 얻기에 부족한 경우
3. 재산명시절차에서 제68조제1항 각호의 사유 또는 동조제9항의 사유가 있는 경우

②채권자가 제1항의 신청을 할 경우에는 조회할 기관·단체를 특정하여야 하며 조회에 드는 비용을 미리 내야 한다.
③법원이 제1항의 규정에 따라 조회할 경우에는 채무자의 인적사항을 적은 문서에 의하여 해당 기관·단체의 장에게 채무자의 재산 및 신용에 관하여 그 기관·단체가 보유하고 있는 자료를 한꺼번에 모아 제출하도록 요구할 수 있다.
④공공기관·금융기관·단체 등은 정당한 사유없이 제1항 및 제3항의 조회를 거부하지 못한다.

제75조【재산조회의 결과 등】 ①법원은 제74조제1항 및 제3항의 규정에 따라 조회한 결과를 채무자의 재산목록에 준하여 관리하여야 한다.
②제74조제1항 및 제3항의 조회를 받은 기관·단체의 장이 정당한 사유 없이 거짓 자료를 제출하거나 자료를 제출할 것을 거부한 때에는 결정으로 500만원 이하의 과태료에 처한다.
③제2항의 결정에 대하여는 즉시항고를 할 수 있다.

제76조【벌 칙】 ①누구든지 재산조회의 결과를 강제집행외의 목적으로 사용하여서는 아니된다.
②제1항의 규정에 위반한 사람은 2년 이하의 징역 또는 500만원 이하의 벌금에 처한다.

제77조【대법원규칙】 제74조제1항 및 제3항의 규정에 따라 조회를 할 공공기관·금융기관·단체 등의 범위 및 조회절차, 제74조제2항의 규정에 따라 채권자가 내야 할 비용, 제75조제1항의 규정에 따른 조회결과의 관리에 관한 사항, 제75조제2항의 규정에 의한 과태료의 부과절차 등은 대법원규칙으로 정한다.

제2절 부동산에 대한 강제집행

제1관 통 칙

제78조【집행방법】 ①부동산에 대한 강제집행은 채권자의 신청에 따라 법원이 한다.
②강제집행은 다음 각호의 방법으로 한다.
1. 강제경매
2. 강제관리

③채권자는 자기의 선택에 의하여 제2항 각호 가운데 어느 한 가지 방법으로 집행하게 하거나 두 가지 방법을 함께 사용하여 집행하게 할 수 있다.
④강제관리는 가압류를 집행할 때에도 할 수 있다.

제79조【집행법원】 ①부동산에 대한 강제집행은 그 부동산이 있는 곳의 지방법원이 관할한다.
②부동산이 여러 지방법원의 관할구역에 있는 때에는 각 지방법원에 관할권이 있다. 이 경우 법원이 필요하다고 인정한 때에는 사건을 다른 관할 지방법원으로 이송할 수 있다.

제2관 강제경매

제80조【강제경매신청서】 강제경매신청서에는 다음 각호의 사항을 적어야 한다.
1. 채권자·채무자와 법원의 표시
2. 부동산의 표시
3. 경매의 이유가 된 일정한 채권과 집행할 수 있는 일정한 집행권원

제81조【첨부서류】 ①강제경매신청서에는 집행력 있는 정본외에 다음 각호 가운데 어느 하나에 해당하는 서류를 붙여야 한다. <개정 2011.4.12.>
1. 채무자의 소유로 등기된 부동산에 대하여는 등기사항증명서
2. 채무자의 소유로 등기되지 아니한 부동산에 대하여는 즉시 채무자명의로 등기할 수 있다는 것을 증명할 서류. 다만, 그 부동산이 등기되지 아니한 건물인 경우에는 그 건물이 채무자의 소유임을 증명할 서류, 그 건물의 지번·구조·면적을 증명할 서류 및 그 건물에 관한 건축허가 또는 건축신고를 증명할 서류

②채권자는 공적 장부를 주관하는 공공기관에 제1항제2호 단서의 사항들을 증명하여 줄 것을 청구할 수 있다.
③제1항제2호 단서의 경우에 건물의 지번·구조·면적을 증명하지 못한 때에는, 채권자는 경매신청과 동시에 그 조사를 집행법원에 신청할 수 있다.
④제3항의 경우에 법원은 집행관에게 그 조사를 하게 하여야 한다.
⑤강제관리를 하기 위하여 이미 부동산을 압류한 경우에 그 집행기록에 제1항 각호 가운데 어느 하나에 해당하는 서류가 붙어 있으면 다시 그 서류를

붙이지 아니할 수 있다.

제82조【집행관의 권한】①집행관은 제81조제4항의 조사를 위하여 건물에 출입할 수 있고, 채무자 또는 건물을 점유하는 제3자에게 질문하거나 문서를 제시하도록 요구할 수 있다.

②집행관은 제1항의 규정에 따라 건물에 출입하기 위하여 필요한 때에는 잠긴 문을 여는 등 적절한 처분을 할 수 있다.

제83조【경매개시결정 등】①경매절차를 개시하는 결정에는 동시에 그 부동산의 압류를 명하여야 한다.

②압류는 부동산에 대한 채무자의 관리·이용에 영향을 미치지 아니한다.

③경매절차를 개시하는 결정을 한 뒤에는 법원은 직권으로 또는 이해관계인의 신청에 따라 부동산에 대한 침해행위를 방지하기 위하여 필요한 조치를 할 수 있다.

④압류는 채무자에게 그 결정이 송달된 때 또는 제94조의 규정에 따른 등기가 된 때에 효력이 생긴다.

⑤강제경매신청을 기각하거나 각하하는 재판에 대하여는 즉시항고를 할 수 있다.

제84조【배당요구의 종기결정 및 공고】①경매개시결정에 따른 압류의 효력이 생긴 때(그 경매개시결정전에 다른 경매개시결정이 있은 경우를 제외한다)에는 집행법원은 절차에 필요한 기간을 고려하여 배당요구를 할 수 있는 종기(終期)를 첫 매각기일 이전으로 정한다. <개정 2022. 1. 4.>

②배당요구의 종기가 정하여진 때에는 법원은 경매개시결정을 한 취지 및 배당요구의 종기를 공고하고, 제91조제4항 단서의 전세권자 및 법원에 알려진 제88조제1항의 채권자에게 이를 고지하여야 한다.

③제1항의 배당요구의 종기결정 및 제2항의 공고는 경매개시결정에 따른 압류의 효력이 생긴 때부터 1주 이내에 하여야 한다.

④법원사무관등은 제148조제3호 및 제4호의 채권자 및 조세, 그 밖의 공과금을 주관하는 공공기관에 대하여 채권의 유무, 그 원인 및 액수(원금·이자·비용, 그 밖의 부대채권(附帶債權)을 포함한다)를 배당요구의 종기까지 법원에 신고하도록 최고하여야 한다.

⑤제148조제3호 및 제4호의 채권자가 제4항의 최고에 대한 신고를 하지 아니한 때에는 그 채권자의 채권액은 등기사항증명서 등 집행기록에 있는 서류와 증빙(證憑)에 따라 계산한다. 이 경우 다시 채권액을 추가하지 못한다. <개정 2011. 4. 12.>

⑥법원은 특별히 필요하다고 인정하는 경우에는 배당요구의 종기를 연기할 수 있다.

⑦제6항의 경우에는 제2항 및 제4항의 규정을 준용한다. 다만, 이미 배당요구 또는 채권신고를 한 사람에 대하여는 같은 항의 고지 또는 최고를 하지 아니한다.

제85조【현황조사】①법원은 경매개시결정을 한 뒤에 바로 집행관에게 부동산의 현상, 점유관계, 차임(借賃) 또는 보증금의 액수, 그 밖의 현황에 관하여 조사하도록 명하여야 한다.

②집행관이 제1항의 규정에 따라 부동산을 조사할 때에는 그 부동산에 대하여 제82조에 규정된 조치를 할 수 있다.

제86조【경매개시결정에 대한 이의신청】①이해관계인은 매각대금이 모두 지급될 때까지 법원에 경매개시결정에 대한 이의신청을 할 수 있다.

②제1항의 신청을 받은 법원은 제16조제2항에 준하는 결정을 할 수 있다.

③제1항의 신청에 관한 재판에 대하여 이해관계인은 즉시항고를 할 수 있다.

제87조【압류의 경합】①강제경매절차 또는 담보권 실행을 위한 경매절차를 개시하는 결정을 한 부동산에 대하여 다른 강제경매의 신청이 있는 때에는 법원은 다시 경매개시결정을 하고, 먼저 경매개시결정을 한 집행절차에 따라 경매한다.

②먼저 경매개시결정을 한 경매신청이 취하되거나 그 절차가 취소된 때에는 법원은 제91조제1항의 규정에 어긋나지 아니하는 한도안에서 뒤의 경매개시결정에 따라 절차를 계속 진행하여야 한다.

③제2항의 경우에 뒤의 경매개시결정이 배당요구의 종기 이후의 신청에 의한 것인 때에는 집행법원은 새로이 배당요구를 할 수 있는 종기를 정하여야 한다. 이 경우 이미 제84조제2항 또는 제4항의 규정에 따라 배당요구 또는 채권신고를 한 사람에 대하여는 같은 항의 고지 또는 최고를 하지 아니한다.

④먼저 경매개시결정을 한 경매절차가 정지된 때에는 법원은 신청에 따라 결정으로 뒤의 경매개시결정(배당요구의 종기까지 행하여진 신청에 의한 것에 한한다)에 기초하여 절차를 계속하여 진행할 수 있다. 다만, 먼저 경매개시결정을 한 경매절차가 취소되는 경우 제105조제1항제3호의 기재사항이 바뀔 때에는 그러하지 아니하다.

⑤제4항의 신청에 대한 재판에 대하여는 즉시항고를 할 수 있다.

제88조【배당요구】①집행력 있는 정본을 가진 채권자, 경매개시결정이 등기된 뒤에 가압류를 한 채권자, 민법·상법, 그 밖의 법률에 의하여 우선변제청구권이 있는 채권자는 배당요구를 할 수 있다.

②배당요구에 따라 매수인이 인수하여야 할 부담이 바뀌는 경우 배당요구를 한 채권자는 배당요구의 종기가 지난 뒤에 이를 철회하지 못한다.

제89조【이중경매신청 등의 통지】법원은 제87조제1항 및 제88조제1항의 신청이 있는 때에는 그 사유를 이해관계인에게 통지하여야 한다.

제90조【경매절차의 이해관계인】경매절차의 이해관계인은 다음 각호의 사람으로 한다.

1. 압류채권자와 집행력 있는 정본에 의하여 배당을 요구한 채권자
2. 채무자 및 소유자
3. 등기부에 기입된 부동산 위의 권리자
4. 부동산 위의 권리자로서 그 권리를 증명한 사람

제91조【인수주의와 잉여주의의 선택 등】 ①압류채권자의 채권에 우선하는 채권에 관한 부동산의 부담을 매수인에게 인수하게 하거나, 매각대금으로 그 부담을 변제하는 데 부족하지 아니하다는 것이 인정된 경우가 아니면 그 부동산을 매각하지 못한다.
②매각부동산 위의 모든 저당권은 매각으로 소멸된다.
③지상권·지역권·전세권 및 등기된 임차권은 저당권·압류채권·가압류채권에 대항할 수 없는 경우에는 매각으로 소멸된다.
④제3항의 경우외의 지상권·지역권·전세권 및 등기된 임차권은 매수인이 인수한다. 다만, 그 중 전세권의 경우에는 전세권자가 제88조에 따라 배당요구를 하면 매각으로 소멸된다.
⑤매수인은 유치권자(留置權者)에게 그 유치권(留置權)으로 담보하는 채권을 변제할 책임이 있다.

제92조【제3자와 압류의 효력】 ①제3자는 권리를 취득할 때에 경매신청 또는 압류가 있다는 것을 알았을 경우에는 압류에 대항하지 못한다.
②부동산이 압류채권을 위하여 의무를 진 경우에는 압류한 뒤 소유권을 취득한 제3자가 소유권을 취득할 때에 경매신청 또는 압류가 있다는 것을 알지 못하였더라도 경매절차를 계속하여 진행하여야 한다.

제93조【경매신청의 취하】 ①경매신청이 취하되면 압류의 효력은 소멸된다.
②매수신고가 있은 뒤 경매신청을 취하하는 경우에는 최고가매수신고인 또는 매수인과 제114조의 차순위매수신고인의 동의를 받아야 그 효력이 생긴다.
③제49조제3호 또는 제6호의 서류를 제출하는 경우에는 제1항 및 제2항 규정을, 제49조제4호의 서류를 제출하는 경우에는 제2항의 규정을 준용한다.

제94조【경매개시결정의 등기】 ①법원이 경매개시결정을 하면 법원사무관 등은 즉시 그 사유를 등기부에 기입하도록 등기관(登記官)에게 촉탁하여야 한다.
②등기관은 제1항의 촉탁에 따라 경매개시결정사유를 기입하여야 한다.

제95조【등기사항증명서의 송부】 등기관은 제94조에 따라 경매개시결정사유를 등기부에 기입한 뒤 그 등기사항증명서를 법원에 보내야 한다. <개정 2011.4.12.>

제96조【부동산의 멸실 등으로 말미암은 경매취소】 ①부동산이 없어지거나 매각 등으로 말미암아 권리를 이전할 수 없는 사정이 명백하게 된 때에는 법원은 강제경매의 절차를 취소하여야 한다.
②제1항의 취소결정에 대하여는 즉시항고를 할 수 있다.

제97조【부동산의 평가와 최저매각가격의 결정】 ①법원은 감정인(鑑定人)에게 부동산을 평가하게 하고 그 평가액을 참작하여 최저매각가격을 정하여야 한다.
②감정인은 제1항의 평가를 위하여 필요하면 제82조제1항에 규정된 조치를 할 수 있다.
③감정인은 제7조의 규정에 따라 집행관의 원조를 요구하는 때에는 법원의 허가를 얻어야 한다.

제98조【일괄매각결정】 ①법원은 여러 개의 부동산의 위치·형태·이용관계 등을 고려하여 이를 일괄매수하게 하는 것이 알맞다고 인정하는 경우에는 직권으로 또는 이해관계인의 신청에 따라 일괄매각하도록 결정할 수 있다.
②법원은 부동산을 매각할 경우에 그 위치·형태·이용관계 등을 고려하여 다른 종류의 재산(금전채권을 제외한다)을 그 부동산과 함께 일괄매수하게 하는 것이 알맞다고 인정하는 때에는 직권으로 또는 이해관계인의 신청에 따라 일괄매각하도록 결정할 수 있다.
③제1항 및 제2항의 결정은 그 목적물에 대한 매각기일 이전까지 할 수 있다.

제99조【일괄매각사건의 병합】 ①법원은 각각 경매신청된 여러 개의 재산 또는 다른 법원이나 집행관에 계속된 경매사건의 목적물에 대하여 제98조제1항 또는 제2항의 결정을 할 수 있다.
②다른 법원이나 집행관에 계속된 경매사건의 목적물의 경우에 그 다른 법원 또는 집행관은 그 목적물에 대한 경매사건을 제1항의 결정을 한 법원에 이송한다.
③제1항 및 제2항의 경우에 법원은 그 경매사건들을 병합한다.

제100조【일괄매각사건의 관할】 제98조 및 제99조의 경우에는 민사소송법 제31조에 불구하고 같은 법 제25조의 규정을 준용한다. 다만, 등기할 수 있는 선박에 관한 경매사건에 대하여서는 그러하지 아니하다.

제101조【일괄매각절차】 ①제98조 및 제99조의 일괄매각결정에 따른 매각절차는 이 관의 규정에 따라 행한다. 다만, 부동산외의 재산의 압류는 그 재산의 종류에 따라 해당되는 규정에서 정하는 방법으로 행하고, 그 중에서 집행관의 압류에 따르는 재산의 압류는 집행법원이 집행관에게 이를 압류하도록 명하는 방법으로 행한다.
②제1항의 매각절차에서 각 재산의 대금액을 특정할 필요가 있는 경우에는 각 재산에 대한 최저매각가격의 비율을 정하여야 하며, 각 재산의 대금액은 총대금액을 각 재산의 최저매각가격비율에 따라 나눈 금액으로 한다. 각 재산이 부담할 집행비용액을 특정할 필요가 있는 경우에도 또한 같다.
③여러 개의 재산을 일괄매각하는 경우에 그 가운데 일부의 매각대금으로 모든 채권자의 채권액과 강제집행비용을 변제하기에 충분하면 다른 재산의 매각을 허가하지 아니한다. 다만, 토지와 그 위의 건물을 일괄매각하는 경우나 재산을 분리하여 매각하면 그 경제적 효용이 현저하게 떨어지는 경우 또는 채무자의 동의가 있는 경우에는 그러하지 아니하다.
④제3항 본문의 경우에 채무자는 그 재산 가운데 매각할 것을 지정할 수 있다
⑤일괄매각절차에 관하여 이 법에서 정한 사항을

제외하고는 대법원규칙으로 정한다.

제102조【남을 가망이 없을 경우의 경매취소】 ①법원은 최저매각가격으로 압류채권자의 채권에 우선하는 부동산의 모든 부담과 절차비용을 변제하면 남을 것이 없겠다고 인정한 때에는 압류채권자에게 이를 통지하여야 한다.
②압류채권자가 제1항의 통지를 받은 날부터 1주 이내에 제1항의 부담과 비용을 변제하고 남을 만한 가격을 정하여 그 가격에 맞는 매수신고가 없을 때에는 자기가 그 가격으로 매수하겠다고 신청하면서 충분한 보증을 제공하지 아니하면, 법원은 경매절차를 취소하여야 한다.
③제2항의 취소 결정에 대하여는 즉시항고를 할 수 있다.

제103조【강제경매의 매각방법】 ①부동산의 매각은 집행법원이 정한 매각방법에 따른다.
②부동산의 매각은 매각기일에 하는 호가경매(呼價競賣), 매각기일에 입찰 및 개찰하게 하는 기일입찰 또는 입찰기간 이내에 입찰하게 하여 매각기일에 개찰하는 기간입찰의 세 가지 방법으로 한다
③부동산의 매각절차에 관하여 필요한 사항은 대법원규칙으로 정한다.

제104조【매각기일과 매각결정기일 등의 지정】 ①법원은 최저매각가격으로 제102조제1항의 부담과 비용을 변제하고도 남을 것이 있다고 인정하거나 압류채권자가 제102조제2항의 신청을 하고 충분한 보증을 제공한 때에는 직권으로 매각기일과 매각결정기일을 정하여 대법원규칙이 정하는 방법으로 공고한다.
②법원은 매각기일과 매각결정기일을 이해관계인에게 통지하여야 한다.
③제2항의 통지는 집행기록에 표시된 이해관계인의 주소에 대법원규칙이 정하는 방법으로 발송할 수 있다.
④기간입찰의 방법으로 매각할 경우에는 입찰기간에 관하여도 제1항 내지 제3항의 규정을 적용한다.

제105조【매각물건명세서 등】 ①법원은 다음 각 호의 사항을 적은 매각물건명세서를 작성하여야 한다.
1. 부동산의 표시
2. 부동산의 점유자와 점유의 권원, 점유할 수 있는 기간, 차임 또는 보증금에 관한 관계인의 진술
3. 등기된 부동산에 대한 권리 또는 가처분으로서 매각으로 효력을 잃지 아니하는 것
4. 매각에 따라 설정된 것으로 보게 되는 지상권의 개요

②법원은 매각물건명세서·현황조사보고서 및 평가서의 사본을 법원에 비치하여 누구든지 볼 수 있도록 하여야 한다.

제106조【매각기일의 공고내용】 매각기일의 공고내용에는 다음 각호의 사항을 적어야 한다.
1. 부동산의 표시
2. 강제집행으로 매각한다는 취지와 그 매각방법
3. 부동산의 점유자, 점유의 권원, 점유하여 사용할 수 있는 기간, 차임 또는 보증금약정 및 그 액수
4. 매각기일의 일시·장소, 매각기일을 진행할 집행관의 성명 및 기간입찰의 방법으로 매각할 경우에는 입찰기간·장소
5. 최저매각가격
6. 매각결정기일의 일시·장소
7. 매각물건명세서·현황조사보고서 및 평가서의 사본을 매각기일전에 법원에 비치하여 누구든지 볼 수 있도록 제공한다는 취지
8. 등기부에 기입할 필요가 없는 부동산에 대한 권리를 가진 사람은 채권을 신고하여야 한다는 취지
9. 이해관계인은 매각기일에 출석할 수 있다는 취지

제107조【매각장소】 매각기일은 법원안에서 진행하여야 한다. 다만, 집행관은 법원의 허가를 얻어 다른 장소에서 매각기일을 진행할 수 있다.

제108조【매각장소의 질서유지】 집행관은 다음 각호 가운데 어느 하나에 해당한다고 인정되는 사람에 대하여 매각장소에 들어오지 못하도록 하거나 매각장소에서 내보내거나 매수의 신청을 하지 못하도록 할 수 있다.
1. 다른 사람의 매수신청을 방해한 사람
2. 부당하게 다른 사람과 담합하거나 그 밖에 매각의 적정한 실시를 방해한 사람
3. 제1호 또는 제2호의 행위를 교사(敎唆)한 사람
4. 민사집행절차에서의 매각에 관하여 형법 제136조·제137조·제140조·제140조의2·제142조·제315조 및 제323조 내지 제327조에 규정된 죄로 유죄판결을 받고 그 판결확정일부터 2년이 지나지 아니한 사람

제109조【매각결정기일】 ①매각결정기일은 매각기일부터 1주 이내로 정하여야 한다.
②매각결정절차는 법원안에서 진행하여야 한다.

제110조【합의에 의한 매각조건의 변경】 ①최저매각가격외의 매각조건은 법원이 이해관계인의 합의에 따라 바꿀 수 있다.
②이해관계인은 배당요구의 종기까지 제1항의 합의를 할 수 있다.

제111조【직권에 의한 매각조건의 변경】 ①거래의 실상을 반영하거나 경매절차를 효율적으로 진행하기 위하여 필요한 경우에 법원은 배당요구의 종기까지 매각조건을 바꾸거나 새로운 매각조건을 설정할 수 있다
②이해관계인은 제1항의 재판에 대하여 즉시항고를 할 수 있다.
③제1항의 경우에 법원은 집행관에게 부동산에 대하여 필요한 조사를 하게 할 수 있다.

제112조【매각기일의 진행】 집행관은 기일입찰 또는 호가경매의 방법에 의한 매각기일에는 매각물건명세서·현황조사보고서 및 평가서의 사본을 볼 수 있게 하고, 특별한 매각조건이 있는 때에는 이를 고지하며, 법원이 정한 매각방법에 따라 매수가격을 신고하도록 최고하여야 한다.

제113조【매수신청의 보증】 매수신청인은 대법원규칙이 정하는 바에 따라 집행법원이 정하는 금

액과 방법에 맞는 보증을 집행관에게 제공하여야 한다.

제114조【차순위매수신고】 ①최고가매수신고인 외의 매수신고인은 매각기일을 마칠 때까지 집행관에게 최고가매수신고인이 대금지급기한까지 그 의무를 이행하지 아니하면 자기의 매수신고에 대하여 매각을 허가하여 달라는 취지의 신고(이하 "차순위매수신고"라 한다)를 할 수 있다.

②매각대금을 지급할 때까지 매수인과 부동산을 담보로 제공받으려고 하는 사람이 대법원규칙으로 정하는 바에 따라 공동으로 신청한 경우, 제1항의 촉탁은 등기신청의 대리를 업으로 할 수 있는 사람으로서 신청인이 지정하는 사람에게 촉탁서를 교부하여 등기소에 제출하도록 하는 방법으로 하여야 한다. 이 경우 신청인이 지정하는 사람은 지체 없이 그 촉탁서를 등기소에 제출하여야 한다. <신설 2010.7.23>

③차순위매수신고는 그 신고액이 최고가매수신고액에서 그 보증을 뺀 금액을 넘는 때에만 할 수 있다.<개정 2010.7.23>

제115조【매각기일의 종결】 ①집행관은 최고가매수신고인의 성명과 그 가격을 부르고 차순위매수신고를 최고한 뒤, 적법한 차순위매수신고가 있으면 차순위매수신고인을 정하여 그 성명과 가격을 부른 다음 매각기일을 종결한다고 고지하여야 한다.

②차순위매수신고를 한 사람이 둘 이상인 때에는 신고한 매수가격이 높은 사람을 차순위매수신고인으로 정한다. 신고한 매수가격이 같은 때에는 추첨으로 차순위매수신고인을 정한다.

③최고가매수신고인과 차순위매수신고인을 제외한 다른 매수신고인은 제1항의 고지에 따라 매수의 책임을 벗게 되고, 즉시 매수신청의 보증을 돌려 줄 것을 신청할 수 있다.

④기일입찰 또는 호가경매의 방법에 의한 매각기일에서 매각기일을 마감할 때까지 허가할 매수가격의 신고가 없는 때에는 집행관은 즉시 매각기일의 마감을 취소하고 같은 방법으로 매수가격을 신고하도록 최고할 수 있다.

⑤제4항의 최고에 대하여 매수가격의 신고가 없어 매각기일을 마감하는 때에는 매각기일의 마감을 다시 취소하지 못한다.

제116조【매각기일조서】 ①매각기일조서에는 다음 각호의 사항을 적어야 한다.

1. 부동산의 표시
2. 압류채권자의 표시
3. 매각물건명세서·현황조사보고서 및 평가서의 사본을 볼 수 있게 한 일
4. 특별한 매각조건이 있는 때에는 이를 고지한 일
5. 매수가격의 신고를 최고한 일
6. 모든 매수신고가격과 그 신고인의 성명·주소 또는 허가할 매수가격의 신고가 없는 일
7. 매각기일을 마감할 때까지 허가할 매수가격의 신고가 없어 매각기일의 마감을 취소하고 다시 매수가격의 신고를 최고한 일
8. 최종적으로 매각기일의 종결을 고지한 일시
9. 매수하기 위하여 보증을 제공한 일 또는 보증을 제공하지 아니하므로 그 매수를 허가하지 아니한 일
10. 최고가매수신고인과 차순위매수신고인의 성명과 그 가격을 부른 일

②최고가매수신고인 및 차순위매수신고인과 출석한 이해관계인은 조서에 서명날인하여야 한다. 그들이 서명날인할 수 없을 때에는 집행관이 그 사유를 적어야 한다.

③집행관이 매수신청의 보증을 돌려 준 때에는 영수증을 받아 조서에 붙여야 한다.

제117조【조서와 금전의 인도】 집행관은 매각기일조서와 매수신청의 보증으로 받아 돌려주지 아니한 것을 매각기일부터 3일 이내에 법원사무관등에게 인도하여야 한다.

제118조【최고가매수신고인 등의 송달영수인신고】 ①최고가매수신고인과 차순위매수신고인은 대한민국안에 주소·거소와 사무소가 없는 때에는 대한민국안에 송달이나 통지를 받을 장소와 영수인을 정하여 법원에 신고하여야 한다.

②최고가매수신고인이나 차순위매수신고인이 제1항의 신고를 하지 아니한 때에는 법원은 그에 대한 송달이나 통지를 하지 아니할 수 있다.

③제1항의 신고는 집행관에게 말로 할 수 있다. 이 경우 집행관은 조서에 이를 적어야 한다.

제119조【새 매각기일】 허가할 매수가격의 신고가 없이 매각기일이 최종적으로 마감된 때에는 제91조제1항의 규정에 어긋나지 아니하는 한도에서 법원은 최저매각가격을 상당히 낮추고 새 매각기일을 정하여야 한다. 그 기일에 허가할 매수가격의 신고가 없는 때에도 또한 같다.

제120조【매각결정기일에서의 진술】 ①법원은 매각결정기일에 출석한 이해관계인에게 매각허가에 관한 의견을 진술하게 하여야 한다.

②매각허가에 관한 이의는 매각허가가 있을 때까지 신청하여야 한다. 이미 신청한 이의에 대한 진술도 또한 같다.

제121조【매각허가에 대한 이의신청사유】 매각허가에 관한 이의는 다음 각호 가운데 어느 하나에 해당하는 이유가 있어야 신청할 수 있다.

1. 강제집행을 허가할 수 없거나 집행을 계속 진행할 수 없을 때
2. 최고가매수신고인이 부동산을 매수할 능력이나 자격이 없는 때
3. 부동산을 매수할 자격이 없는 사람이 최고가매수신고인을 내세워 매수신고를 한 때
4. 최고가매수신고인, 그 대리인 또는 최고가매수신고인을 내세워 매수신고를 한 사람이 제108조 각호 가운데 어느 하나에 해당되는 때
5. 최저매각가격의 결정, 일괄매각의 결정 또는 매각물건명세서의 작성에 중대한 흠이 있는 때
6. 천재지변, 그 밖에 자기가 책임을 질 수 없는 사유로 부동산이 현저하게 훼손된 사실 또는 부동산에 관한 중대한 권리관계가 변동된 사실이 경

매절차의 진행 중에 밝혀진 때
7. 경매절차에 그 밖의 중대한 잘못이 있는 때
제122조【이의신청의 제한】 이의는 다른 이해관계인의 권리에 관한 이유로 신청하지 못한다.
제123조【매각의 불허】 ①법원은 이의신청이 정당하다고 인정한 때에는 매각을 허가하지 아니한다.
②제121조에 규정한 사유가 있는 때에는 직권으로 매각을 허가하지 아니한다. 다만, 같은 조 제2호 또는 제3호의 경우에는 능력 또는 자격의 흠이 제거되지 아니한 때에 한한다.
제124조【과잉매각되는 경우의 매각불허가】 ①여러 개의 부동산을 매각하는 경우에 한 개의 부동산의 매각대금으로 모든 채권자의 채권액과 강제집행비용을 변제하기에 충분하면 다른 부동산의 매각을 허가하지 아니한다. 다만, 제101조제3항 단서에 따른 일괄매각의 경우에는 그러하지 아니하다.
②제1항 본문의 경우에 채무자는 그 부동산 가운데 매각할 것을 지정할 수 있다.
제125조【매각을 허가하지 아니할 경우의 새 매각기일】 ①제121조와 제123조의 규정에 따라 매각을 허가하지 아니하고 다시 매각을 명하는 때에는 직권으로 새 매각기일을 정하여야 한다.
②제121조제6호의 사유로 제1항의 새 매각기일을 열게 된 때에는 제97조 내지 제105조의 규정을 준용한다.
제126조【매각허가여부의 결정선고】 ①매각을 허가하거나 허가하지 아니하는 결정은 선고하여야 한다.
②매각결정기일조서에는 민사소송법 제152조 내지 제154조와 제156조 내지 제158조 및 제164조의 규정을 준용한다.
③제1항의 결정은 확정되어야 효력을 가진다.
제127조【매각허가결정의 취소신청】 ①제121조 제6호에서 규정한 사실이 매각허가결정의 확정뒤에 밝혀진 경우에는 매수인은 대금을 낼 때까지 매각허가결정의 취소신청을 할 수 있다.
②제1항의 신청에 관한 결정에 대하여는 즉시항고를 할 수 있다.
제128조【매각허가결정】 ①매각허가결정에는 매각한 부동산, 매수인과 매각가격을 적고 특별한 매각조건으로 매각한 때에는 그 조건을 적어야 한다.
②제1항의 결정은 선고하는 외에 대법원규칙이 정하는 바에 따라 공고하여야 한다.
제129조【이해관계인 등의 즉시항고】 ①이해관계인은 매각허가여부의 결정에 따라 손해를 볼 경우에만 그 결정에 대하여 즉시항고를 할 수 있다.
②매각허가에 정당한 이유가 없거나 결정에 적은 것외의 조건으로 허가하여야 한다고 주장하는 매수인 또는 매각허가를 주장하는 매수신고인도 즉시항고를 할 수 있다.
③제1항 및 제2항의 경우에 매각허가를 주장하는 매수신고인은 그 신청한 가격에 대하여 구속을 받는다.
제130조【매각허가여부에 대한 항고】 ①매각허가결정에 대한 항고는 이 법에 규정한 매각허가에 대한 이의신청사유가 있다거나, 그 결정절차에 중대한 잘못이 있다는 것을 이유로 드는 때에만 할 수 있다.
②민사소송법 제451조제1항 각호의 사유는 제1항의 규정에 불구하고 매각허가 또는 불허가결정에 대한 항고의 이유로 삼을 수 있다.
③매각허가결정에 대하여 항고를 하고자 하는 사람은 보증으로 매각대금의 10분의 1에 해당하는 금전 또는 법원이 인정한 유가증권을 공탁하여야 한다.
④항고를 제기하면서 항고장에 제3항의 보증을 제공하였음을 증명하는 서류를 붙이지 아니한 때에는 원심법원은 항고장을 받은 날부터 1주 이내에 결정으로 이를 각하하여야 한다.
⑤제4항의 결정에 대하여는 즉시항고를 할 수 있다.
⑥채무자 및 소유자가 한 제3항의 항고가 기각된 때에는 항고인은 보증으로 제공한 금전이나 유가증권을 돌려 줄 것을 요구하지 못한다.
⑦채무자 및 소유자외의 사람이 한 제3항의 항고가 기각된 때에는 항고인은 보증으로 제공한 금전이나, 유가증권을 현금화한 금액 가운데 항고를 한 날부터 항고기각결정이 확정된 날까지의 매각대금에 대한 대법원규칙이 정하는 이율에 의한 금액(보증으로 제공한 금전이나, 유가증권을 현금화한 금액을 한도로 한다)에 대하여는 돌려 줄 것을 요구할 수 없다. 다만, 보증으로 제공한 유가증권을 현금화하기 전에 위의 금액을 항고인이 지급한 때에는 그 유가증권을 돌려 줄 것을 요구할 수 있다.
⑧항고인이 항고를 취하한 경우에는 제6항 또는 제7항의 규정을 준용한다.
제131조【항고심의 절차】 ①항고법원은 필요한 경우에 반대진술을 하게 하기 위하여 항고인의 상대방을 정할 수 있다.
②한 개의 결정에 대한 여러 개의 항고는 병합한다.
③항고심에는 제122조의 규정을 준용한다.
제132조【항고법원의 재판과 매각허가여부결정】 항고법원이 집행법원의 결정을 취소하는 경우에 그 매각허가여부의 결정은 집행법원이 한다.
제133조【매각을 허가하지 아니하는 결정의 효력】 매각을 허가하지 아니한 결정이 확정된 때에는 매수인과 매각허가를 주장한 매수신고인은 매수에 관한 책임이 면제된다.
제134조【최저매각가격의 결정부터 새로할 경우】 제127조의 규정에 따라 매각허가결정을 취소한 경우에는 제97조 내지 제105조의 규정을 준용한다.
제135조【소유권의 취득시기】 매수인은 매각대금을 다 낸 때에 매각의 목적인 권리를 취득한다.
제136조【부동산의 인도명령 등】 ①법원은 매수인이 대금을 낸 뒤 6월 이내에 신청하면 채무자·소유자 또는 부동산 점유자에 대하여 부동산을 매

수인에게 인도하도록 명할 수 있다. 다만, 점유자가 매수인에게 대항할 수 있는 권원에 의하여 점유하고 있는 것으로 인정되는 경우에는 그러하지 아니하다.
②법원은 매수인 또는 채권자가 신청하면 매각허가가 결정된 뒤 인도할 때까지 관리인에게 부동산을 관리하게 할 것을 명할 수 있다.
③제2항의 경우 부동산의 관리를 위하여 필요하면 법원은 매수인 또는 채권자의 신청에 따라 담보를 제공하게 하거나 제공하게 하지 아니하고 제1항의 규정에 준하는 명령을 할 수 있다.
④법원이 채무자 및 소유자외의 점유자에 대하여 제1항 또는 제3항의 규정에 따른 인도명령을 하려면 그 점유자를 심문하여야 한다. 다만, 그 점유자가 매수인에게 대항할 수 있는 권원에 의하여 점유하고 있지 아니함이 명백한 때 또는 이미 그 점유자를 심문한 때에는 그러하지 아니하다.
⑤제1항 내지 제3항의 신청에 관한 결정에 대하여는 즉시항고를 할 수 있다.
⑥채무자·소유자 또는 점유자가 제1항 제3항의 인도명령에 따르지 아니할 때에는 매수인 또는 채권자는 집행관에게 그 집행을 위임할 수 있다.

제137조 【차순위매수신고인에 대한 매각허가여부결정】 ①차순위매수신고인이 있는 경우에 매수인이 대금지급기한까지 그 의무를 이행하지 아니한 때에는 차순위매수신고인에게 매각을 허가할 것인지를 결정하여야 한다. 다만, 제142조제4항의 경우에는 그러하지 아니하다.
②차순위매수신고인에 대한 매각허가결정이 있는 때에는 매수인은 매수신청의 보증을 돌려 줄 것을 요구하지 못한다.

제138조 【재매각】 ①매수인이 대금지급기한 또는 제142조제4항의 다시 정한 기한까지 그 의무를 완전히 이행하지 아니하였고, 차순위매수신고인이 없는 때에는 법원은 직권으로 부동산의 재매각을 명하여야 한다.
②재매각절차에도 종전에 정한 최저매각가격, 그 밖의 매각조건을 적용한다.
③매수인이 재매각기일의 3일 이전까지 대금, 그 지급기한이 지난 뒤부터 지급일까지의 대금에 대한 대법원규칙이 정하는 이율에 따른 지연이자와 절차비용을 지급한 때에는 재매각절차를 취소하여야 한다. 이 경우 차순위매수신고인이 매각허가결정을 받았던 때에는 위 금액을 먼저 지급한 매수인이 매매목적물의 권리를 취득한다.
④재매각절차에서는 전의 매수인은 매수신청을 할 수 없으며 매수신청의 보증을 돌려 줄 것을 요구하지 못한다.

제139조 【공유물지분에 대한 경매】 ① 공유물지분을 경매하는 경우에는 채권자의 채권을 위하여 채무자의 지분에 대한 경매개시결정이 있음을 등기부에 기입하고 다른 공유자에게 그 경매개시결정이 있다는 것을 통지하여야 한다. 다만, 상당한 이유가 있는 때에는 통지하지 아니할 수 있다.
②최저매각가격은 공유물 전부의 평가액을 기본으로 채무자의 지분에 관하여 정하여야 한다. 다만, 그와 같은 방법으로 정확한 가치를 평가하기 어렵거나 그 평가에 부당하게 많은 비용이 드는 등 특별한 사정이 있는 경우에는 그러하지 아니하다.

제140조 【공유자의 우선매수권】 ①공유자는 매각기일까지 제113조에 따른 보증을 제공하고 최고매수신고가격과 같은 가격으로 채무자의 지분을 우선매수하겠다는 신고를 할 수 있다.
②제1항의 경우에 법원은 최고가매수신고가 있더라도 그 공유자에게 매각을 허가하여야 한다.
③여러 사람의 공유자가 우선매수하겠다는 신고를 하고 제2항의 절차를 마친 때에는 특별한 협의가 없으면 공유지분의 비율에 따라 채무자의 지분을 매수하게 한다.
④제1항의 규정에 따라 공유자가 우선매수신고를 한 경우에는 최고가매수신고인을 제114조의 차순위매수신고인으로 본다.

제141조 【경매개시결정등기의 말소】 경매신청이 매각허가없이 마쳐진 때에는 법원사무관 등은 제94조와 제139조제1항의 규정에 따른 기입을 말소하도록 등기관에게 촉탁하여야 한다.

제142조 【대금의 지급】 ①매각허가결정이 확정되면 법원은 대금의 지급기한을 정하고, 이를 매수인과 차순위매수신고인에게 통지하여야 한다.
②매수인은 제1항의 대금지급기한까지 매각대금을 지급하여야 한다.
③매수신청의 보증으로 금전이 제공된 경우에 그 금전은 매각대금에 넣는다.
④매수신청의 보증으로 금전외의 것이 제공된 경우로서 매수인이 매각대금중 보증액을 뺀 나머지 금액만을 낸 때에는, 법원은 보증을 현금화하여 그 비용을 뺀 금액을 보증액에 해당하는 매각대금 및 이에 대한 지연이자에 충당하고, 모자라는 금액이 있으면 다시 대금지급기한을 정하여 매수인으로 하여금 내게 한다.
⑤제4항의 지연이자에 대하여는 제138조제3항의 규정을 준용한다.
⑥차순위매수신고인은 매수인이 대금을 모두 지급한 때 매수의 책임을 벗게 되고 즉시 매수신청의 보증을 돌려 줄 것을 요구할 수 있다.

제143조 【특별한 지급방법】 ①매수인은 매각조건에 따라 부동산의 부담을 인수하는 외에 배당표(配當表)의 실시에 관하여 매각대금의 한도에서 관계채권자의 승낙이 있으면 대금의 지급에 갈음하여 채무를 인수할 수 있다.
②채권자가 매수인인 경우에는 매각결정기일이 끝날 때까지 법원에 신고하고 배당받아야 할 금액을 제외한 대금을 배당기일에 낼 수 있다.
③제1항 및 제2항의 경우에 매수인이 인수한 채무나 배당받아야 할 금액에 대하여 이의가 제기된 때에는 매수인은 배당기일이 끝날 때까지 이에 해당하는 대금을 내야 한다.

제144조 【매각대금 지급뒤의 조치】 ①매각대금이 지급되면 법원사무관 등은 매각허가결정의 등본을 붙여 다음 각호의 등기를 촉탁하여야 한다.

1. 매수인 앞으로 소유권을 이전하는 등기
2. 매수인이 인수하지 아니한 부동산의 부담에 관한 기입을 말소하는 등기
3. 제94조 및 제139조제1항의 규정에 따른 경매개시결정등기를 말소하는 등기

② 매각대금을 지급할 때까지 매수인과 부동산을 담보로 제공받으려고 하는 사람이 대법원규칙으로 정하는 바에 따라 공동으로 신청한 경우, 제1항의 촉탁은 등기신청의 대리를 업으로 할 수 있는 사람으로서 신청인이 지정하는 사람에게 촉탁서를 교부하여 등기소에 제출하도록 하는 방법으로 하여야 한다. 이 경우 신청인이 지정하는 사람은 지체 없이 그 촉탁서를 등기소에 제출하여야 한다. <신설 2010.7.23>

③제1항의 등기에 드는 비용은 매수인이 부담한다.

제145조【매각대금의 배당】 ①매각대금이 지급되면 법원은 배당절차를 밟아야 한다.

②매각대금으로 배당에 참가한 모든 채권자를 만족하게 할 수 없는 때에는 법원은 민법·상법, 그 밖의 법률에 의한 우선순위에 따라 배당하여야 한다.

제146조【배당기일】 매수인이 매각대금을 지급하면 법원은 배당에 관한 진술 및 배당을 실시할 기일을 정하고 이해관계인과 배당을 요구한 채권자에게 이를 통지하여야 한다. 다만, 채무자가 외국에 있거나 있는 곳이 분명하지 아니한 때에는 통지하지 아니한다.

제147조【배당할 금액 등】 ①배당할 금액은 다음 각호에 규정한 금액으로 한다.

1. 대 금
2. 제138조제3항 및 제142조제4항의 경우에는 대금지급기한이 지난 뒤부터 대금의 지급·충당까지의 지연이자
3. 제130조제6항의 보증(제130조제8항 따라 준용되는 경우를 포함한다)
4. 제130조제7항 본문의 보증 가운데 항고인이 돌려 줄 것을 요구하지 못하는 금액 또는 제130조제7항 단서의 규정에 따라 항고인이 낸 금액(각각 제130조제8항에 따라 준용되는 경우를 포함한다)
5. 제138조제4항의 규정에 의하여 매수인이 돌려줄 것을 요구할 수 없는 보증(보증이 금전외의 방법으로 제공되어 있는 때에는 보증을 현금화하여 그 대금에서 비용을 뺀 금액)

②제1항의 금액 가운데 채권자에게 배당하고 남은 금액이 있으면, 제1항제4호의 금액의 범위안에서 제1항제4호의 보증 등을 제공한 사람에게 돌려준다.

③제1항의 금액 가운데 채권자에게 배당하고 남은 금액으로 제1항제4호의 보증 등을 돌려주기 부족한 경우로서 그 보증 등을 제공한 사람이 여럿인 때에는 제1항제4호의 보증 등의 비율에 따라 나누어 준다.

제148조【배당받을 채권자의 범위】 제147조제1항에 규정한 금액을 배당받을 채권자는 다음 각호에 규정된 사람으로 한다.

1. 배당요구의 종기까지 경매신청을 한 압류채권자
2. 배당요구의 종기까지 배당요구를 한 채권자
3. 첫 경매개시결정등기 전에 등기된 가압류채권자
4. 저당권·전세권, 그 밖의 우선변제청구권으로서 첫 경매개시결정등기 전에 등기되었고 매각으로 소멸하는 것을 가진 채권자

제149조【배당표의 확정】 ①법원은 채권자와 채무자에게 보여 주기 위하여 배당기일의 3일전에 배당표원안(配當表原案)을 작성하여 법원에 비치하여야 한다.

②법원은 출석한 이해관계인과 배당을 요구한 채권자를 심문하여 배당표를 확정하여야 한다.

제150조【배당표의 기재 등】 ①배당표에는 매각대금, 채권자의 채권의 원금, 이자, 비용, 배당의 순위와 배당의 비율을 적어야 한다.

②출석한 이해관계인과 배당을 요구한 채권자가 합의한 때에는 이에 따라 배당표를 작성하여야 한다.

제151조【배당표에 대한 이의】 ①기일에 출석한 채무자는 채권자의 채권 또는 그 채권의 순위에 대하여 이의할 수 있다.

②제1항의 규정에 불구하고 채무자는 제149조제1항에 따라 법원에 배당표원안이 비치된 이후 배당기일이 끝날 때까지 채권자의 채권 또는 그 채권의 순위에 대하여 서면으로 이의할 수 있다.

③기일에 출석한 채권자는 자기의 이해에 관계되는 범위안에서는 다른 채권자를 상대로 그의 채권 또는 그 채권의 순위에 대하여 이의할 수 있다.

제152조【이의의 완결】 ①제151조의 이의에 관계된 채권자는 이에 대하여 진술하여야 한다.

②관계인이 제151조의 이의를 정당하다고 인정하거나 다른 방법으로 합의한 때에는 이에 따라 배당표를 경정(更正)하여 배당을 실시하여야 한다.

③제151조의 이의가 완결되지 아니한 때에는 이의가 없는 부분에 한하여 배당을 실시하여야 한다.

제153조【불출석한 채권자】 ①기일에 출석하지 아니한 채권자는 배당표와 같이 배당을 실시하는 데에 동의한 것으로 본다.

②기일에 출석하지 아니한 채권자가 다른 채권자가 제기한 이의에 관계된 때에는 그 채권자는 이의를 정당하다고 인정하지 아니한 것으로 본다.

제154조【배당이의의 소 등】 ①집행력 있는 집행권원의 정본을 가지지 아니한 채권자(가압류채권자를 제외한다)에 대하여 이의한 채무자와 다른 채권자에 대하여 이의한 채권자는 배당이의의 소를 제기하여야 한다.

②집행력 있는 집행권원의 정본을 가진 채권자에 대하여 이의한 채무자는 청구이의의 소를 제기하여야 한다.

③이의한 채권자나 채무자가 배당기일부터 1주 이내에 집행법원에 대하여 제1항의 소를 제기한 사실을 증명하는 서류를 제출하지 아니한 때 또는 제2항의 소를 제기한 사실을 증명하는 서류와 그 소에 관한 집행정지재판의 정본을 제출하지 아니한 때에는 이의가 취하된 것으로 본다.

제155조【이의한 사람 등의 우선권 주장】 이의한 채권자가 제154조제3항의 기간을 지키지 아니한 경우에도 배당표에 따른 배당을 받은 채권자에 대하여 소로 우선권 및 그 밖의 권리를 행사하는 데 영향을 미치지 아니한다.

제156조【배당이의의 소의 관할】 ①제154조제1항의 배당이의의 소는 배당을 실시한 집행법원이 속한 지방법원의 관할로 한다. 다만, 소송물이 단독판사의 관할에 속하지 아니할 경우에는 지방법원의 합의부가 이를 관할한다.
②여러 개의 배당이의의 소가 제기된 경우에 한 개의 소를 합의부가 관할하는 때에는 그 밖의 소도 함께 관할한다.
③이의한 사람과 상대방이 이의에 관하여 단독판사의 재판을 받을 것을 합의한 경우에는 제1항 단서와 제2항의 규정을 적용하지 아니한다.

제157조【배당이의의 소의 판결】 배당이의의 소에 대한 판결에서는 배당액에 대한 다툼이 있는 부분에 관하여 배당을 받을 채권자와 그 액수를 정하여야 한다. 이를 정하는 것이 적당하지 아니하다고 인정한 때에는 판결에서 배당표를 다시 만들고 다른 배당절차를 밟도록 명하여야 한다.

제158조【배당이의의 소의 취하간주】 이의한 사람이 배당이의의 소의 첫 변론기일에 출석하지 아니한 때에는 소를 취하한 것으로 본다.

제159조【배당실시절차·배당조서】 ①법원은 배당표에 따라 제2항 및 제3항 규정된 절차에 의하여 배당을 실시하여야 한다.
②채권 전부의 배당을 받을 채권자에게는 배당액 지급증을 교부하는 동시에 그가 가진 집행력 있는 정본 또는 채권증서를 받아 채무자에게 교부하여야 한다.
③채권 일부의 배당을 받을 채권자에게는 집행력 있는 정본 또는 채권증서를 제출하게 한 뒤 배당액을 적어서 돌려주고 배당액지급증을 교부하는 동시에 영수증을 받아 채무자에게 교부하여야 한다.
④제1항 내지 제3항의 배당실시절차는 조서에 명확히 적어야 한다.

제160조【배당금액의 공탁】 ①배당을 받아야 할 채권자의 채권에 대하여 다음 각호 가운데 어느 하나의 사유가 있으면 그에 대한 배당액을 공탁하여야 한다.
1. 채권에 정지조건 또는 불확정기한이 붙어 있는 때
2. 가압류채권자의 채권인 때
3. 제49조제2호 및 제266조제1항제5호에 규정된 문서가 제출되어 있는 때
4. 저당권설정의 가등기가 마쳐져 있는 때
5. 제154조제1항에 의한 배당이의의 소가 제기된 때
6. 민법 제340조제2항 및 같은 법 제370조에 따른 배당금액의 공탁청구가 있는 때

②채권자가 배당기일에 출석하지 아니한 때에는 그에 대한 배당액을 공탁하여야 한다.

제161조【공탁금에 대한 배당의 실시】 ①법원이 제160조제1항의 규정에 따라 채권자에 대한 배당액을 공탁한 뒤 공탁의 사유가 소멸한 때에는 법원은 공탁금을 지급하거나 공탁금에 대한 배당을 실시하여야 한다.
②제1항에 따라 배당을 실시함에 있어서 다음 각호 가운데 어느 하나에 해당하는 때에는 법원은 배당에 대하여 이의하지 아니한 채권자를 위하여서도 배당표를 바꾸어야 한다.
1. 제160조제1항제1호 내지 제4호의 사유에 따른 공탁에 관련된 채권자에 대하여 배당을 실시할 수 없게 된 때
2. 제160조제1항제5호의 공탁에 관련된 채권자가 채무자로부터 제기당한 배당이의의 소에서 진 때
3. 제160조제1항제6호의 공탁에 관련된 채권자가 저당물의 매각대가로부터 배당을 받은 때

③제160조제2항의 채권자가 법원에 대하여 공탁금의 수령을 포기하는 의사를 표시한 때에는 그 채권자의 채권이 존재하지 아니하는 것으로 보고 배당표를 바꾸어야 한다.
④제2항 및 제3항의 배당표변경에 따른 추가 배당기일에 제151조의 규정에 따라 이의할 때에는 종전의 배당기일에서 주장할 수 없었던 사유만을 주장할 수 있다.

제162조【공동경매】 여러 압류채권자를 위하여 동시에 실시하는 부동산의 경매절차에는 제80조 내지 제161조의 규정을 준용한다.

제3관 강제관리

제163조【강제경매규정의 준용】 강제관리에는 제80조 내지 제82조, 제83조제1항·제3항 내지 제5항, 제85조 내지 제89조 및 제94조 내지 제96조의 규정을 준용한다.

제164조【강제관리개시결정】 ①강제관리를 개시하는 결정에는 채무자에게는 관리사무에 간섭하여서는 아니되고 부동산의 수익을 처분하여서도 아니된다고 명하여야 하며, 수익을 채무자에게 지급할 제3자에게는 관리인에게 이를 지급하도록 명하여야 한다.
②수확하였거나 수확할 과실(果實)과, 이행기에 이르렀거나 이르게 될 과실은 제1항의 수익에 속한다.
③강제관리개시결정은 제3자에게는 결정서를 송달하여야 효력이 생긴다.
④강제관리신청을 기각하거나 각하하는 재판에 대하여는 즉시항고를 할 수 있다.

제165조【강제관리개시결정 등의 통지】 법원은 강제관리를 개시하는 결정을 한 부동산에 대하여 다시 강제관리의 개시결정을 하거나 배당요구의 신청이 있는 때에는 관리인에게 이를 통지하여야 한다.

제166조【관리인의 임명 등】 ①관리인은 법원이 임명한다. 다만, 채권자는 적당한 사람을 관리인으로 추천할 수 있다.

②관리인은 관리와 수익을 하기 위하여 부동산을 점유할 수 있다. 이 경우 저항을 받으면 집행관에게 원조를 요구할 수 있다.
③관리인은 제3자가 채무자에게 지급할 수익을 추심(推尋)할 권한이 있다.

제167조【법원의 지휘·감독】 ①법원은 관리에 필요한 사항과 관리인의 보수를 정하고, 관리인을 지휘·감독한다.
②법원은 관리인에게 보증을 제공하도록 명할 수 있다.
③관리인에게 관리를 계속할 수 없는 사유가 생긴 경우에는 법원은 직권으로 또는 이해관계인의 신청에 따라 관리인을 해임할 수 있다. 이 경우 관리인을 심문하여야 한다.

제168조【준용규정】 제3자가 부동산에 대한 강제관리를 막을 권리가 있다고 주장하는 경우에는 제48조의 규정을 준용한다.

제169조【수익의 처리】 ①관리인은 부동산수익에서 그 부동산이 부담하는 조세, 그 밖의 공과금을 뺀 뒤에 관리비용을 변제하고, 그 나머지 금액을 채권자에게 지급한다.
②제1항의 경우 모든 채권자를 만족하게 할 수 없는 때에는 관리인은 채권자 사이의 배당협의에 따라 배당을 실시하여야 한다.
③채권자 사이에 배당협의가 이루어지지 못한 경우에 관리인은 그 사유를 법원에 신고하여야 한다.
④제3항의 신고가 있는 경우에는 제145조·제146조 및 제148조 내지 제161조의 규정을 준용하여 배당표를 작성하고 이에 따라 관리인으로 하여금 채권자에게 지급하게 하여야 한다.

제170조【관리인의 계산보고】 ①관리인은 매년 채권자·채무자와 법원에 계산서를 제출하여야 한다. 그 업무를 마친 뒤에도 또한 같다.
②채권자와 채무자는 계산서를 송달받은 날부터 1주 이내에 집행법원에 이에 대한 이의신청을 할 수 있다.
③제2항의 기간 이내에 이의신청이 없는 때에는 관리인의 책임이 면제된 것으로 본다.
④제2항의 기간 이내에 이의신청이 있는 때에는 관리인을 심문한 뒤 결정으로 재판하여야 한다. 신청한 이의를 매듭 지은 때에는 법원은 관리인의 책임을 면제한다.

제171조【강제관리의 취소】 ①강제관리의 취소는 법원이 결정으로 한다.
②채권자들이 부동산수익으로 전부 변제를 받았을 때에는 법원은 직권으로 제1항의 취소결정을 한다.
③제1항 및 제2항의 결정에 대하여는 즉시항고를 할 수 있다.
④강제관리의 취소결정이 확정된 때에는 법원사무관 등은 강제관리에 관한 기입등기를 말소하도록 촉탁하여야 한다.

제3절 선박 등에 대한 강제집행

제172조【선박에 대한 강제집행】 등기할 수 있는 선박에 대한 강제집행은 부동산의 강제경매에 관한 규정에 따른다. 다만, 사물의 성질에 따른 차이가 있거나 특별한 규정이 있는 경우에는 그러하지 아니하다.

제173조【관할법원】 선박에 대한 강제집행의 집행법원은 압류당시에 그 선박이 있는 곳을 관할하는 지방법원으로 한다.

제174조【선박국적증서 등의 제출】 ①법원은 경매개시결정을 한 때에는 집행관에게 선박국적증서 그 밖에 선박운행에 필요한 문서(이하 "선박국적증서 등"이라 한다)를 선장으로부터 받아 법원에 제출하도록 명하여야 한다.
②경매개시결정이 송달 또는 등기되기 전에 집행관이 선박국적증서 등을 받은 경우에는 그 때에 압류의 효력이 생긴다.

제175조【선박집행신청전의 선박국적증서 등의 인도명령】 ①선박에 대한 집행의 신청 전에 선박국적증서 등을 받지 아니하면 집행이 매우 곤란할 염려가 있을 경우에는 선적(船籍)이 있는 곳을 관할하는 지방법원(선적이 없는 때에는 대법원규칙이 정하는 법원)은 신청에 따라 채무자에게 선박국적증서 등을 집행관에게 인도하도록 명할 수 있다. 급박한 경우에는 선박이 있는 곳을 관할하는 지방법원도 이 명령을 할 수 있다.
②집행관은 선박국적증서 등을 인도받은 날부터 5일 이내에 채권자로부터 선박집행을 신청하였음을 증명하는 문서를 제출받지 못한 때에는 그 선박국적증서 등을 돌려 주어야 한다.
③제1항의 규정에 따른 재판에 대하여는 즉시항고를 할 수 있다.
④제1항의 규정에 따른 재판에는 제292조제2항 및 제3항의 규정을 준용한다.

제176조【압류선박의 정박】 ①법원은 집행절차를 행하는 동안 선박이 압류당시의 장소에 계속 머무르도록 명하여야 한다.
②법원은 영업상의 필요, 그 밖에 상당한 이유가 있다고 인정할 경우에는 채무자의 신청에 따라 선박의 운행을 허가할 수 있다. 이 경우 채권자·최고가매수신고인·차순위매수신고인 및 매수인의 동의가 있어야 한다.
③제2항의 선박운행허가결정에 대하여는 즉시항고를 할 수 있다.
④제2항의 선박운행허가결정은 확정되어야 효력이 생긴다.

제177조【경매신청의 첨부서류】 ①강제경매신청을 할 때에는 다음 각호의 서류를 내야 한다.

1. 채무자가 소유자인 경우에는 소유자로서 선박을 점유하고 있다는 것을, 선장인 경우에는 선장으로서 선박을 지휘하고 있다는 것을 소명할 수 있는 증서
2. 선박에 관한 등기사항을 포함한 등기부의 초본 또는 등본

②채권자는 공적 장부를 주관하는 공공기관이 멀리 떨어진 곳에 있는 때에는 제1항제2호의 초본 또는 등본을 보내주도록 법원에 신청할 수 있다.

제178조【감수·보존처분】 ①법원은 채권자의 신청에 따라 선박을 감수(監守)하고 보존하기 위하여 필요한 처분을 할 수 있다.
②제1항의 처분을 한 때에는 경매개시결정이 송달되기 전에도 압류의 효력이 생긴다.
제179조【선장에 대한 판결의 집행】 ①선장에 대한 판결로 선박채권자를 위하여 선박을 압류하면 그 압류는 소유자에 대하여도 효력이 미친다. 이 경우 소유자도 이해관계인으로 본다.
②압류한 뒤에 소유자나 선장이 바뀌더라도 집행절차에는 영향을 미치지 아니한다.
③압류한 뒤에 선장이 바뀐 때에는 바뀐 선장만이 이해관계인이 된다.
제180조【관할위반으로 말미암은 절차의 취소】 압류당시 선박이 그 법원의 관할안에 없었음이 판명된 때에는 그 절차를 취소하여야 한다.
제181조【보증의 제공에 의한 강제경매절차의 취소】 ①채무자가 제49조제2호 또는 제4호의 서류를 제출하고 압류채권자 및 배당을 요구한 채권자의 채권과 집행비용에 해당하는 보증을 매수신고전에 제공한 때에는 법원은 신청에 따라 배당절차 외의 절차를 취소하여야 한다.
②제1항에 규정한 서류를 제출함에 따른 집행정지가 효력을 잃은 때에는 법원은 제1항의 보증금을 배당하여야 한다.
③제1항의 신청을 기각한 재판에 대하여는 즉시항고를 할 수 있다.
④제1항의 규정에 따른 집행취소결정에는 제17조제2항의 규정을 적용하지 아니한다.
⑤제1항의 보증의 제공에 관하여 필요한 사항은 대법원규칙으로 정한다.
제182조【사건의 이송】 ①압류된 선박이 관할구역밖으로 떠난 때에는 집행법원은 선박이 있는 곳을 관할하는 법원으로 사건을 이송할 수 있다.
②제1항의 규정에 따른 결정에 대하여는 불복할 수 없다.
제183조【선박국적증서 등을 넘겨받지 못한 경우의 경매절차취소】 경매개시결정이 있은 날부터 2월이 지나기까지 집행관이 선박국적증서 등을 넘겨받지 못하고, 선박이 있는 곳이 분명하지 아니한 때에는 법원은 강제경매절차를 취소할 수 있다.
제184조【매각기일의 공고】 매각기일의 공고에는 선박의 표시와 그 정박한 장소를 적어야 한다.
제185조【선박지분의 압류명령】 ①선박의 지분에 대한 강제집행은 제251조에서 규정한 강제집행의 예에 따른다.
②채권자가 선박의 지분에 대하여 강제집행신청을 하기 위하여서는 채무자가 선박의 지분을 소유하고 있다는 사실을 증명할 수 있는 선박등기부의 등본이나 그 밖의 증명서를 내야 한다.
③압류명령은 채무자외에 「상법」 제764조에 의하여 선임된 선박관리인(이하 이 조에서 "선박관리인"이라 한다)에게도 송달하여야 한다.<개정 2007.8.3>
④압류명령은 선박관리인에게 송달하면 채무자에게 송달된 것과 같은 효력을 가진다.
제186조【외국선박의 압류】 외국선박에 대한 강제집행에는 등기부에 기입할 절차에 관한 규정을 적용하지 아니한다.
제187조【자동차 등에 대한 강제집행】 자동차·건설기계·소형선박(「자동차 등 특정동산 저당법」 제3조제2호에 따른 소형선박을 말한다.) 및 항공기(「자동차 등 특정동산 저당법」 제3조제4호에 따른 항공기 및 경량항공기를 말한다)에 대한 강제집행절차는 제2편제2장제2절부터 제4절까지의 규정에 준하여 대법원규칙으로 정한다. <개정 2007.8.3, 2009.3.25., 2015.5.18>

제4절 동산에 대한 강제집행

제1관 통 칙

제188조【집행방법, 압류의 범위】 ①동산에 대한 강제집행은 압류에 의하여 개시한다.
②압류는 집행력 있는 정본에 적은 청구금액의 변제와 집행비용의 변상에 필요한 한도안에서 하여야 한다.
③압류물을 현금화하여도 집행비용 외에 남을 것이 없는 경우에는 집행하지 못한다.

제2관 유체동산에 대한 강제집행

제189조【채무자가 점유하고 있는 물건의 압류】 ①채무자가 점유하고 있는 유체동산의 압류는 집행관이 그 물건을 점유함으로써 한다. 다만, 채권자의 승낙이 있거나 운반이 곤란한 때에는 봉인(封印), 그 밖의 방법으로 압류물임을 명확히 하여 채무자에게 보관시킬 수 있다.
②다음 각호 가운데 어느 하나에 해당하는 물건은 이 법에서 유체동산으로 본다.
1. 등기할 수 없는 토지의 정착물로서 독립하여 거래의 객체가 될 수 있는 것
2. 토지에서 분리하기 전의 과실로서 1월 이내에 수확할 수 있는 것
3. 유가증권으로서 배서가 금지되지 아니한 것
③집행관은 채무자에게 압류의 사유를 통지하여야 한다.
제190조【부부공유 유체동산의 압류】 채무자와 그 배우자의 공유로서 채무자가 점유하거나 그 배우자와 공동으로 점유하고 있는 유체동산은 제189조의 규정에 따라 압류할 수 있다.
제191조【채무자외의 사람이 점유하고 있는 물건의 압류】 채권자 또는 물건의 제출을 거부하지 아니하는 제3가 점유하고 있는 물건은 제189조의 규정을 준용하여 압류할 수 있다.
제192조【국고금의 압류】 국가에 대한 강제집행은 국고금을 압류함으로써 한다.
제193조【압류물의 인도】 ①압류물을 제3자가 점유하게 된 경우에는 법원은 채권자의 신청에 따라 그 제3에 대하여 그 물건을 집행관에게 인도하도록 명할 수 있다.

②제1항의 신청은 압류물을 제3자가 점유하고 있는 것을 안 날부터 1주 이내에 하여야 한다.
③제1항의 재판은 상대방에게 송달되기 전에도 집행할 수 있다.
④제1항의 재판은 신청인에게 고지된 날부터 2주가 지난 때에는 집행할 수 없다.
⑤제1항의 재판에 대하여는 즉시항고를 할 수 있다.

제194조【압류의 효력】 압류의 효력은 압류물에서 생기는 천연물에도 미친다.

제195조【압류가 금지되는 물건】 다음 각호의 물건은 압류하지 못한다. <개정 2005.1.27>

1. 채무자 및 그와 같이 사는 친족(사실상 관계에 따른 친족을 포함한다. 이하 이 조에서 "채무자등"이라 한다)의 생활에 필요한 의복·침구·가구·부엌기구, 그 밖의 생활필수품
2. 채무자 등의 생활에 필요한 2월간의 식료품·연료 및 조명재료
3. 채무자 등의 생활에 필요한 1월간의 생계비로서 대통령령이 정하는 액수의 금전
4. 주로 자기 노동력으로 농업을 하는 사람에게 없어서는 아니될 농기구·비료·가축·사료·종자, 그 밖에 이에 준하는 물건
5. 주로 자기의 노동력으로 어업을 하는 사람에게 없어서는 아니될 고기잡이 도구·어망·미끼·새끼고기, 그 밖에 이에 준하는 물건
6. 전문직 종사자·기술자·노무자, 그 밖에 주로 자기의 정신적 또는 육체적 노동으로 직업 또는 영업에 종사하는 사람에게 없어서는 아니될 제복·도구, 그 밖에 이에 준하는 물건
7. 채무자 또는 그 친족이 받은 훈장·포장·기장, 그 밖에 이에 준하는 명예증표
8. 위패·영정·묘비, 그 밖에 상례·제사 또는 예배에 필요한 물건
9. 족보·집안의 역사적인 기록·사진첩, 그 밖에 선조숭배에 필요한 물건
10. 채무자의 생활 또는 직무에 없어서는 아니 될 도장·문패·간판, 그 밖에 이에 준하는 물건
11. 채무자의 생활 또는 직업에 없어서는 아니될 일기장·상업장부, 그 밖에 이에 준하는 물건
12. 공표되지 아니한 저작 또는 발명에 관한 물건
13. 채무자 등이 학교·교회·사찰, 그 밖의 교육기관 또는 종교단체에서 사용하는 교과서·교리서·학습용구, 그 밖에 이에 준하는 물건
14. 채무자 등의 일상생활에 필요한 안경·보청기·의치·의수족·지팡이·장애보조용 바퀴의자, 그 밖에 이에 준하는 신체보조기구
15. 채무자 등의 일상생활에 필요한 자동차로서 자동차관리법이 정하는 바에 따른 장애인용 경형자동차
16. 재해의 방지 또는 보안을 위하여 법령의 규정에 따라 설비하여야 하는 소방설비·경보기구·피난시설, 그 밖에 이에 준하는 물건

제196조【압류금지 물건을 정하는 재판】 ①법원은 당사자가 신청하면 채권자와 채무자의 생활형편, 그 밖의 사정을 고려하여 유체동산의 전부 또는 일부에 대한 압류를 취소하도록 명하거나 제195조의 유체동산을 압류하도록 명할 수 있다.
②제1항의 결정이 있은 뒤에 그 이유가 소멸되거나 사정이 바뀐 때에는 법원은 직권으로 또는 당사자의 신청에 따라 그 결정을 취소하거나 바꿀 수 있다.
③제1항 및 제2항의 경우에 법원은 제16조제2항에 준하는 결정을 할 수 있다.
④제1항 및 제2항의 결정에 대하여는 즉시항고를 할 수 있다.
⑤제3항의 결정에 대하여는 불복할 수 없다.

제197조【일괄매각】 ①집행관은 여러 개의 유체동산의 형태, 이용관계 등을 고려하여 일괄매수하게 하는 것이 알맞다고 인정하는 때에는 직권으로 또는 이해관계인의 신청에 따라 일괄하여 매각할 수 있다.
②제1항의 경우에는 제98조제3항, 제99조, 제100조, 제101조제2항 내지 제5항의 규정을 준용한다.

제198조【압류물의 보존】 ①압류물을 보존하기 위하여 필요한 때에는 집행관은 적당한 처분을 하여야 한다.
②제1항의 경우에 비용이 필요한 때에는 채권자로 하여금 이를 미리 내게 하여야 한다. 채권자가 여럿인 때에는 요구하는 액수에 비례하여 미리 내게 한다.
③제49조제2호 또는 제4호의 문서가 제출된 경우에 압류물을 즉시 매각하지 아니하면 값이 크게 내릴 염려가 있거나, 보관에 지나치게 많은 비용이 드는 때에는 집행관은 그 물건을 매각할 수 있다.
④집행관은 제3항의 규정에 따라 압류물을 매각하였을 때에는 그 대금을 공탁하여야 한다.

제199조【압류물의 매각】 집행관은 압류를 실시한 뒤 입찰 또는 호가경매의 방법으로 압류물을 매각하여야 한다.

제200조【값비싼 물건의 평가】 매각할 물건 가운데 값이 비싼 물건이 있는 때에는 집행관은 적당한 감정인에게 이를 평가하게 하여야 한다.

제201조【압류금전】 ①압류한 금전은 채권자에게 인도하여야 한다.
②집행관이 금전을 추심한 때에는 채무자가 지급한 것으로 본다. 다만, 담보를 제공하거나 공탁을 하여 집행에서 벗어날 수 있도록 채무자에게 허가한 때에는 그러하지 아니하다.

제202조【매각일】 압류일과 매각일 사이에는 1주 이상 기간을 두어야 한다. 다만, 압류물을 보관하는 데 지나치게 많은 비용이 들거나, 시일이 지나면 그 물건의 값이 크게 내릴 염려가 있는 때에는 그러하지 아니하다.

제203조【매각장소】 ①매각은 압류한 유체동산이 있는 시·구·읍·면(도농복합형태의 시의 경우 동지역은 시·구, 읍·면지역은 읍·면)에서 진행한다. 다만, 압류채권자와 채무자가 합의하면 합의된 장소에서 진행한다.
②매각일자와 장소는 대법원규칙이 정하는 방법으

로 공고한다. 공고에는 매각할 물건을 표시하여야 한다.

제204조【준용규정】 매각장소의 질서유지에 관하여는 제108조의 규정을 준용한다.

제205조【매각·재매각】 ①집행관은 최고가매수신고인의 성명과 가격을 말한 뒤 매각을 허가한다.
②매각물은 대금과 서로 맞바꾸어 인도하여야 한다.
③매수인이 매각조건에 정한 지급기일에 대금의 지급과 물건의 인도청구를 게을리 한 때에는 재매각을 하여야 한다. 지급기일을 정하지 아니한 경우로서 매각기일의 마감에 앞서 대금의 지급과 물건의 인도청구를 게을리 한 때에도 또한 같다.
④제3항의 경우에는 전의 매수인은 재매각절차에 참가하지 못하며, 뒤의 매각대금이 처음의 매각대금보다 적은 때에는 그 부족한 액수를 부담하여야 한다.

제206조【배우자의 우선매수권】 ①제190조의 규정에 따라 압류한 유체동산을 매각하는 경우에 배우자는 매각기일에 출석하여 우선매수할 것을 신고할 수 있다.
②제1항의 우선매수신고에는 제140조제1항 및 제2항의 규정을 준용한다.

제207조【매각의 한도】 매각은 매각대금으로 채권자에게 변제하고 강제집행비용을 지급하기에 충분하게 되면 즉시 중지하여야 한다. 다만, 제197조제2항 및 제101조제3항 단서에 따른 일괄매각의 경우에는 그러하지 아니하다.

제208조【집행관이 매각대금을 영수한 효과】 집행관이 매각대금을 영수한 때에는 채무자가 지급한 것으로 본다. 다만, 담보를 제공하거나 공탁을 하여 집행에서 벗어날 수 있도록 채무자에게 허가한 때에는 그러하지 아니하다.

제209조【금·은붙이의 현금화】 금·은붙이는 그 금·은의 시장가격 이상의 금액으로 일반 현금화의 규정에 따라 매각하여야 한다. 시장가격 이상의 금액으로 매수하는 사람이 없는 때에는 집행관은 그 시장가격에 따라 적당한 방법으로 매각할 수 있다.

제210조【유가증권의 현금화】 집행관이 유가증권을 압류한 때에는 시장가격이 있는 것은 매각하는 날의 시장가격에 따라 적당한 방법으로 매각하고 그 시장가격이 형성되지 아니한 것은 일반 현금화의 규정에 따라 매각하여야 한다.

제211조【기명유가증권의 명의개서】 유가증권이 기명식인 때에는 집행관은 매수인을 위하여 채무자에 갈음하여 배서 또는 명의개서에 필요한 행위를 할 수 있다.

제212조【어음 등의 제시의무】 ①집행관은 어음·수표 그 밖의 금전의 지급을 목적으로 하는 유가증권(이하 "어음 등"이라 한다)으로서 일정한 기간안에 인수 또는 지급을 위한 제시 또는 지급의 청구를 필요로 하는 것을 압류하였을 경우에 그 기간이 개시되면 채무자에 갈음하여 필요한 행위를 하여야 한다.
②집행관은 미완성 어음 등을 압류한 경우에 채무자에게 기한을 정하여 어음 등에 적을 사항을 보충하도록 최고하여야 한다.

제213조【미분리과실의 매각】 ①토지에서 분리되기 전에 압류한 과실은 충분히 익은 다음에 매각하여야 한다.
②집행관은 매각하기 위하여 수확을 하게 할 수 있다.

제214조【특별한 현금화 방법】 ①법원은 필요하다고 인정하면 직권으로 또는 압류채권자, 배당을 요구한 채권자 또는 채무자의 신청에 따라 일반 현금화의 규정에 의하지 아니하고 다른 방법이나 다른 장소에서 압류물을 매각하게 할 수 있다. 또한 집행관에게 위임하지 아니하고 다른 사람으로 하여금 매각하게 하도록 명할 수 있다.
②제1항의 재판에 대하여는 불복할 수 없다.

제215조【압류의 경합】 ①유체동산을 압류하거나 가압류한 뒤 매각기일에 이르기 전에 다른 강제집행이 신청된 때에는 집행관은 집행신청서를 먼저 압류한 집행관에게 교부하여야 한다. 이 경우 더 압류할 물건이 있으면 이를 압류한 뒤에 추가압류조서를 교부하여야 한다.
②제1항의 경우에 집행에 관한 채권자의 위임은 먼저 압류한 집행관에게 이전된다.
③제1항의 경우에 각 압류한 물건은 강제집행을 신청한 모든 채권자를 위하여 압류한 것으로 본다.
④제1항의 경우에 먼저 압류한 집행관은 뒤에 강제집행을 신청한 채권자를 위하여 다시 압류한다는 취지를 덧붙여 그 압류조서에 적어야 한다.

제216조【채권자의 매각최고】 ①상당한 기간이 지나도 집행관이 매각하지 아니하는 때에는 압류채권자는 집행관에게 일정한 기간 이내에 매각하도록 최고할 수 있다.
②집행관이 제1항의 최고에 따르지 아니하는 때에는 압류채권자는 법원에 필요한 명령을 신청할 수 있다.

제217조【우선권자의 배당요구】 민법·상법, 그 밖의 법률에 따라 우선변제청구권이 있는 채권자는 매각대금의 배당을 요구할 수 있다.

제218조【배당요구의 절차】 제217조의 배당요구는 이유를 밝혀 집행관에게 하여야 한다.

제219조【배당요구 등의 통지】 제215조제1항 및 제218조의 경우에는 집행관은 그 사유를 배당에 참가한 채권자와 채무자에게 통지하여야 한다.

제220조【배당요구의 시기】 ①배당요구는 다음 각호의 시기까지 할 수 있다.
1. 집행관이 금전을 압류한 때 또는 매각대금을 영수한 때
2. 집행관이 어음·수표 그 밖의 금전의 지급을 목적으로 한 유가증권에 대하여 그 금전을 지급받은 때

②제198조제4항에 따라 공탁된 매각대금에 대하여는 동산집행을 계속하여 진행할 수 있게 된 때까지, 제296조제5항 단서에 따라 공탁된 매각대금에 대하여는 압류의 신청을 한 때까지 배당요구를 할 수 있다.

제221조【배우자의 지급요구】 ①제190조의 규정에 따라 압류한 유체동산에 대하여 공유지분을 주장하는 배우자는 매각대금을 지급하여 줄 것을 요구할 수 있다.
②제1항의 지급요구에는 제218조 내지 제220조의 규정을 준용한다.
③제219조의 통지를 받은 채권자가 배우자의 공유주장에 대하여 이의가 있는 때에는 배우자를 상대로 소를 제기하여 공유가 아니라는 것을 확정하여야 한다.
④제3항의 소에는 제154조제3항, 제155조 내지 제158조, 제160조제1항제5호 및 제161조제1항·제2항·제4항의 규정을 준용한다.

제222조【매각대금의 공탁】 ①매각대금으로 배당에 참가한 모든 채권자를 만족하게 할 수 없고 매각허가된 날부터 2주 이내에 채권자 사이에 배당협의가 이루어지지 아니한 때에는 매각대금을 공탁하여야 한다.
②여러 채권자를 위하여 동시에 금전을 압류한 경우에도 제1항과 같다.
③제1항 및 제2항의 경우에 집행관은 집행절차에 관한 서류를 붙여 그 사유를 법원에 신고하여야 한다.

제3관 채권과 그 밖의 재산권에 대한 강제집행

제223조【채권의 압류명령】 제3자에 대한 채무자의 금전채권 또는 유가증권, 그 밖의 유체물의 권리이전이나 인도를 목적으로 한 채권에 대한 강제집행은 집행법원의 압류명령에 의하여 개시한다.

제224조【집행법원】 ①제223조의 집행법원은 채무자의 보통재판적이 있는 곳의 지방법원으로 한다.
②제1항의 지방법원이 없는 경우 집행법원은 압류한 채권의 채무자(이하 "제3채무자"라 한다)의 보통재판적이 있는 곳의 지방법원으로 한다. 다만, 이 경우에 물건의 인도를 목적으로 하는 채권과 물적 담보권 있는 채권에 대한 집행법원은 그 물건이 있는 곳의 지방법원으로 한다.
③가압류에서 이전되는 채권압류의 경우에 제223조의 집행법원은 가압류를 명한 법원이 있는 곳을 관할하는 지방법원으로 한다.

제225조【압류명령의 신청】 채권자는 압류명령신청에 압류할 채권의 종류와 액수를 밝혀야 한다.

제226조【심문의 생략】 압류명령은 제 3채자와 채무자를 심문하지 아니하고 한다.

제227조【금전채권의 압류】 ①금전채권을 압류할 때에는 법원은 제3채무자에게 채무자에 대한 지급을 금지하고 채무자에게 채권의 처분과 영수를 금지하여야 한다.
②압류명령은 제3채무자와 채무자에게 송달하여야 한다.
③압류명령이 제3채무자에게 송달되면 압류의 효력이 생긴다.
④압류명령의 신청에 관한 재판에 대하여는 즉시항고를 할 수 있다.

제228조【저당권이 있는 채권의 압류】 ①저당권이 있는 채권을 압류할 경우 채권자는 채권압류사실을 등기부에 기입하여 줄 것을 법원사무관 등에게 신청할 수 있다. 이 신청은 채무자의 승낙없이 법원에 대한 압류명령의 신청과 함께 할 수 있다.
②법원사무관 등은 의무를 지는 부동산 소유자에게 압류명령이 송달된 뒤에 제1항의 신청에 따른 등기를 촉탁하여야 한다.

제229조【금전채권의 현금화방법】 ①압류한 금전채권에 대하여 압류채권자는 추심명령(推尋命令)이나 전부명령(轉付命令)을 신청할 수 있다.
②추심명령이 있는 때에는 압류채권자는 대위절차(代位節次)없이 압류채권을 추심할 수 있다.
③전부명령이 있는 때에는 압류된 채권은 지급에 갈음하여 압류채권자에게 이전된다.
④추심명령에 대하여는 제227조제2항 및 제3항의 규정을, 전부명령에 대하여는 제227조제2항의 규정을 각각 준용한다.
⑤전부명령이 제3채무자에게 송달될 때까지 그 금전채권에 관하여 다른 채권자가 압류·가압류 또는 배당요구를 한 경우에는 전부명령은 효력을 가지지 아니한다.
⑥제1항의 신청에 관한 재판에 대하여는 즉시항고를 할 수 있다.
⑦전부명령은 확정되어야 효력을 가진다.
⑧전부명령이 있은 뒤에 제49조제2호 또는 제4호의 서류를 제출한 것을 이유로 전부명령에 대한 즉시항고가 제기된 경우에는 항고법원은 다른 이유로 전부명령을 취소하는 경우를 제외하고는 항고에 관한 재판을 정지하여야 한다.

제230조【저당권이 있는 채권의 이전】 저당권이 있는 채권에 관하여 전부명령이 있는 경우에는 제228조의 규정을 준용한다.

제231조【전부명령의 효과】 전부명령이 확정된 경우에는 전부명령이 제3채무자에게 송달된 때에 채무자가 채무를 변제한 것으로 본다. 다만, 이전된 채권이 존재하지 아니한 때에는 그러하지 아니하다.

제232조【추심명령의 효과】 ①추심명령은 그 채권전액에 미친다. 다만, 법원은 채무자의 신청에 따라 압류채권자를 심문하여 압류액수를 그 채권자의 요구액수로 제한하고 채무자에게 그 초과된 액수의 처분과 영수를 허가할 수 있다.
②제1항 단서의 제한부분에 대하여 다른 채권자는 배당요구를 할 수 없다.
③제1항의 허가는 제3채무자와 채권자에게 통지하여야 한다.

제233조【지시채권의 압류】 어음·수표 그 밖에 배서로 이전할 수 있는 증권으로서 배서가 금지된 증권채권의 압류는 법원의 압류명령으로 집행관이 그 증권을 점유하여 한다.

제234조【채권증서】 ①채무자는 채권에 관한 증서가 있으면 압류채권자에게 인도하여야 한다.

②채권자는 압류명령에 의하여 강제집행의 방법으로 그 증서를 인도받을 수 있다.

제235조【압류의 경합】 ①채권 일부가 압류된 뒤에 그 나머지 부분을 초과하여 다시 압류명령이 내려진 때에는 각 압류의 효력은 그 채권 전부에 미친다.

②채권 전부가 압류된 뒤에 그 채권 일부에 대하여 다시 압류명령이 내려진 때 그 압류의 효력도 제1항과 같다.

제236조【추심의 신고】 ①채권자는 추심한 채권액을 법원에 신고하여야 한다.

②제1항의 신고전에 다른 압류·가압류 또는 배당요구가 있었을 때에는 채권자는 추심한 금액을 바로 공탁하고 그 사유를 신고하여야 한다.

제237조【제3채무자의 진술의무】 ①압류채권자는 제3채무자로 하여금 압류명령을 송달받은 날부터 1주 이내에 서면으로 다음 각호의 사항을 진술하게 하도록 법원에 신청할 수 있다.

1. 채권을 인정하는지의 여부 및 인정한다면 그 한도
2. 채권에 대하여 지급할 의사가 있는지의 여부 및 의사가 있다면 그 한도
3. 채권에 대하여 다른 사람으로부터 청구가 있는지의 여부 및 청구가 있다면 그 종류
4. 다른 채권자에게 채권을 압류당한 사실이 있는지의 여부 및 그 사실이 있다면 그 청구의 종류

②법원은 제1항의 진술을 명하는 서면을 제3채무자에게 송달하여야 한다.

③제3채무자가 진술을 게을리 한 때에는 법원은 제3채무자에게 제1항의 사항을 심문할 수 있다.

제238조【추심의 소제기】 채권자가 명령의 취지에 따라 제3채무자를 상대로 소를 제기할 때에는 일반규정에 의한 관할법원에 제기하고 채무자에게 그 소를 고지하여야 한다. 다만, 채무자가 외국에 있거나 있는 곳이 분명하지 아니한 때에는 고지할 필요가 없다.

제239조【추심의 소홀】 채권자가 추심할 채권의 행사를 게을리 한 때에는 이로써 생긴 채무자의 손해를 부담한다.

제240조【추심권의 포기】 ①채권자는 추심명령에 따라 얻은 권리를 포기할 수 있다. 다만, 기본채권에는 영향이 없다.

②제1항의 포기는 법원에 서면으로 신고하여야 한다. 법원사무관 등은 그 등본을 제3채무자와 채무자에게 송달하여야 한다.

제241조【특별한 현금화방법】 ①압류된 채권이 조건 또는 기한이 있거나, 반대의무의 이행과 관련되어 있거나 그 밖의 이유로 추심하기 곤란할 때에는 법원은 채권자의 신청에 따라 다음 각호의 명령을 할 수 있다.

1. 채권을 법원이 정한 값으로 지급함에 갈음하여 압류채권자에게 양도하는 양도명령
2. 추심에 갈음하여 법원이 정한 방법으로 그 채권을 매각하도록 집행관에게 명하는 매각명령
3. 관리인을 선임하여 그 채권의 관리를 명하는 관리명령
4. 그 밖에 적당한 방법으로 현금화하도록 하는 명령

②법원은 제1항의 경우 그 신청을 허가하는 결정을 하기 전에 채무자를 심문하여야 한다. 다만, 채무자가 외국에 있거나 있는 곳이 분명하지 아니한 때에는 심문할 필요가 없다.

③제1항의 결정에 대하여는 즉시항고를 할 수 있다.

④제1항의 결정은 확정되어야 효력을 가진다.

⑤ 압류된 채권을 매각한 경우에는 집행관은 채무자를 대신하여 제3채무자에게 서면으로 양도의 통지를 하여야 한다.

⑥양도명령에는 제227조제2항·제229조제5항·제230조 및 제231조의 규정을, 매각명령에 의한 집행관의 매각에는 제108조의 규정을, 관리명령에는 제227조제2항의 규정을, 관리명령에 의한 관리에는 제167조, 제169조 내지 제171조, 제222조제2항·제3항의 규정을 각각 준용한다.

제242조【유체물인도청구권 등에 대한 집행】 부동산·유체동산·선박·자동차·건설기계·항공기·경량항공기 등 유체물의 인도나 권리이전의 청구권에 대한 강제집행에 대하여는 제243조부터 제245조까지의 규정을 우선적용하는 것을 제외하고는 제227조부터 제240조까지의 규정을 준용한다. <개정 2015.5.18>

제243조【유체동산에 관한 청구권의 압류】 ①유체동산에 관한 청구권을 압류하는 경우에는 법원이 제3채무자에 대하여 그 동산을 채권자의 위임을 받은 집행관에게 인도하도록 명한다.

②채권자는 제3채무자에 대하여 제1항 명령의 이행을 구하기 위하여 법원에 추심명령을 신청할 수 있다.

③제1항의 동산의 현금화에 대하여는 압류한 유체동산의 현금화에 관한 규정을 적용한다.

제244조【부동산청구권에 대한 압류】 ①부동산에 관한 인도청구권의 압류에 대하여는 그 부동산소재지의 지방법원은 채권자 또는 제3채무자의 신청에 의하여 보관인을 정하고 제3채무자에 대하여 그 부동산을 보관인에게 인도할 것을 명하여야 한다.

②부동산에 관한 권리이전청구권의 압류에 대하여는 그 부동산소재지의 지방법원은 채권자 또는 제3채무자의 신청에 의하여 보관인을 정하고 제3채무자에 대하여 그 부동산에 관한 채무자명의의 권리이전등기절차를 보관인에게 이행할 것을 명하여야 한다.

③제2항의 경우에 보관인은 채무자명의의 권리이전등기신청에 관하여 채무자의 대리인이 된다.

④채권자는 제3채무자에 대하여 제1항또는 제2항의 명령의 이행을 구하기 위하여 법원에 추심명령을 신청할 수 있다.

제245조【전부명령 제외】 유체물의 인도나 권리이전의 청구권에 대하여는 전부명령을 하지 못한다.

제246조【압류금지채권】 ① 다음 각호의 채권은

압류하지 못한다. <개정 2005. 1. 27., 2010. 7. 23., 2011. 4. 5., 2022. 1. 4.>

1. 법령에 규정된 부양료 및 유족부조료(遺族扶助料)
2. 채무자가 구호사업이나 제3자의 도움으로 계속 받는 수입
3. 병사의 급료
4. 급료·연금·봉급·상여금·퇴직연금, 그 밖에 이와 비슷한 성질을 가진 급여채권의 2분의 1에 해당하는 금액. 다만, 그 금액이 국민기초생활보장법에 의한 최저생계비를 고려하여 대통령령이 정하는 금액에 미치지 못하는 경우 또는 표준적인 가구의 생계비를 고려하여 대통령령이 정하는 금액을 초과하는 경우에는 각각 당해 대통령령이 정하는 금액으로 한다.
5. 퇴직금 그 밖에 이와 비슷한 성질을 가진 급여채권의 2분의 1에 해당하는 금액
6. 「주택임대차보호법」 제8조, 같은 법 시행령의 규정에 따라 우선변제를 받을 수 있는 금액
7. 생명, 상해, 질병, 사고 등을 원인으로 채무자가 지급받는 보장성보험의 보험금(해약환급 및 만기환급금을 포함한다). 다만, 압류금지의 범위는 생계유지, 치료 및 장애 회복에 소요될 것으로 예상되는 비용 등을 고려하여 대통령령으로 정한다.
8. 채무자의 1월간 생계유지에 필요한 예금(적금·부금·예탁금과 우편대체를 포함한다). 다만, 그 금액은 「국민기초생활 보장법」에 따른 최저생계비, 제195조제3호에서 정한 금액 등을 고려하여 대통령령으로 정한다.

② 법원은 제1항제1호부터 제7호까지에 규정된 종류의 금원이 금융기관에 개설된 채무자의 계좌에 이체되는 경우 채무자의 신청에 따라 그에 해당하는 부분의 압류명령을 취소하여야 한다. <신설 2011. 4. 5.>

③ 법원은 당사자가 신청하면 채권자와 채무자의 생활형편, 그 밖의 사정을 고려하여 압류명령의 전부 또는 일부를 취소하거나 제1항의 압류금지채권에 대하여 압류명령을 할 수 있다. <개정 2011. 4. 5.>

④ 제3항의 경우에는 제196조제2항 내지 제5항의 규정을 준용한다. <개정 2011. 4. 5.>

제247조 【배당요구】 ①민법·상법, 그 밖의 법률에 의하여 우선변제청구권이 있는 채권자와 집행력 있는 정본을 가진 채권자는 다음 각호의 시기까지 법원에 배당요구를 할 수 있다.

1. 제3채무자가 제248조제4항에 따른 공탁의 신고를 한 때
2. 채권자가 제236조에 따른 추심의 신고를 한 때
3. 집행관이 현금화한 금전을 법원에 제출한 때

②전부명령이 제3채무자에게 송달된 뒤에는 배당요구를 하지 못한다.

③제1항의 배당요구에는 제218조 및 제219조의 규정을 준용한다.

④제1항의 배당요구는 제3채무자에게 통지하여야 한다.

제248조 【제3채무자의 채무액의 공탁】 ①제3채무자는 압류에 관련된 금전채권의 전액을 공탁할 수 있다.

②금전채권에 관하여 배당요구서를 송달받은 제3채무자는 배당에 참가한 채권자의 청구가 있으면 압류된 부분에 해당하는 금액을 공탁하여야 한다.

③금전채권중 압류되지 아니한 부분을 초과하여 거듭 압류명령 또는 가압류명령이 내려진 경우에 그 명령을 송달받은 제3채무자는 압류 또는 가압류채권자의 청구가 있으면 그 채권의 전액에 해당하는 금액을 공탁하여야 한다.

④제3채무자가 채무액을 공탁한 때에는 그 사유를 법원에 신고하여야 한다. 다만, 상당한 기간 이내에 신고가 없는 때에는 압류채권자, 가압류채권자, 배당에 참가한 채권자, 채무자, 그 밖의 이해관계인이 그 사유를 법원에 신고할 수 있다.

제249조 【추심의 소】 ①제3채무자가 추심절차에 대하여 의무를 이행하지 아니하는 때에는 압류채권자는 소로써 그 이행을 청구할 수 있다.

②집행력 있는 정본을 가진 모든 채권자는 공동소송인으로 원고 쪽에 참가할 권리가 있다.

③소를 제기당한 제3채무자는 제2항의 채권자를 공동소송인으로 원고 쪽에 참가하도록 명할 것을 첫 변론기일까지 신청할 수 있다.

④소에 대한 재판은 제3항의 명령을 받은 채권자에 대하여 효력이 미친다.

제250조 【채권자의 추심최고】 압류채권자가 추심절차를 게을리 한 때에는 집행력 있는 정본으로 배당을 요구한 채권자는 일정한 기간내에 추심하도록 최고하고, 최고에 따르지 아니한 때에는 법원의 허가를 얻어 직접 추심할 수 있다.

제251조 【그 밖의 재산권에 대한 집행】 ①앞의 여러 조문에 규정된 재산권 외에 부동산을 목적으로 하지 아니한 재산권에 대한 강제집행은 이 관의 규정 및 제98조 내지 제101조의 규정을 준용한다.

②제3채무자가 없는 경우에 압류는 채무자에게 권리처분을 금지하는 명령을 송달한 때에 효력이 생긴다.

제4관 배당절차

제252조 【배당절차의 개시】 법원은 다음 각호 가운데 어느 하나에 해당하는 경우에는 배당절차를 개시한다.

1. 제222조의 규정에 따라 집행관이 공탁한 때
2. 제236조의 규정에 따라 추심채권자가 공탁하거나 제248조의 규정에 따라 제3채무자가 공탁한 때
3. 제241조의 규정에 따라 현금화된 금전을 법원에 제출한 때

제253조 【계산서 제출의 최고】 법원은 채권자들에게 1주 이내에 원금·이자·비용, 그 밖의 부대채권의 계산서를 제출하도록 최고하여야 한다.

제254조 【배당표의 작성】 ①제253조의 기간이

끝난 뒤에 법원은 배당표를 작성하여야 한다.
②제1항의 기간을 지키지 아니한 채권자의 채권은 배당요구서와 사유신고서의 취지 및 그 증빙서류에 따라 계산한다. 이 경우 다시 채권액을 추가하지 못한다.
제255조【배당기일의 준비】 법원은 배당을 실시할 기일을 지정하고 채권자와 채무자에게 이를 통지하여야 한다. 다만, 채무자가 외국에 있거나 있는 곳이 분명하지 아니한 때에는 통지하지 아니한다.
제256조【배당표의 작성과 실시】 배당표의 작성, 배당표에 대한 이의 및 그 완결과 배당표의 실시에 대하여는 제149조 내지 제161조의 규정을 준용한다.

제3장 금전채권 외의 채권에 기초한 강제집행

제257조【동산인도청구의 집행】 채무자가 특정한 동산이나 대체물의 일정한 수량을 인도하여야 할 때에는 집행관은 이를 채무자로부터 빼앗아 채권자에게 인도하여야 한다.
제258조【부동산 등의 인도청구의 집행】 ①채무자가 부동산이나 선박을 인도하여야 할 때에는 집행관은 채무자로부터 점유를 빼앗아 채권자에게 인도하여야 한다.
②제1항의 강제집행은 채권자나 그 대리인이 인도받기 위하여 출석한 때에만 한다.
③강제집행의 목적물이 아닌 동산은 집행관이 제거하여 채무자에게 인도하여야 한다.
④제3항의 경우 채무자가 없는 때에는 집행관은 채무자와 같이 사는 사리를 분별할 지능이 있는 친족 또는 채무자의 대리인이나 고용인에게 그 동산을 인도하여야 한다.
⑤채무자와 제4항에 적은 사람이 없는 때에는 집행관은 그 동산을 채무자의 비용으로 보관하여야 한다.
⑥채무자가 그 동산의 수취를 게을리 한 때에는 집행관은 집행법원의 허가를 받아 동산에 대한 강제집행의 매각절차에 관한 규정에 따라 그 동산을 매각하고 비용을 뺀 뒤에 나머지 대금을 공탁하여야 한다.
제259조【목적물을 제3자가 점유하는 경우】 인도할 물건을 제3자가 점유하고 있는 때에는 채권자의 신청에 따라 금전채권의 압류에 관한 규정에 따라 채무자의 제3자에 대한 인도청구권을 채권자에게 넘겨야 한다.
제260조【대체집행】 ①민법 제389조제2항후단과 제3항의 경우에는 제1 법원은 채권자의 신청에 따라 민법의 규정에 의한 결정을 하여야 한다.
②채권자는 제1항의 행위에 필요한 비용을 미리 지급할 것을 채무자에게 명하는 결정을 신청할 수 있다. 다만, 뒷날 그 초과비용을 청구할 권리는 영향을 받지 아니한다.
③제1항과 제2항의 신청에 관한 재판에 대하여는 즉시항고를 할 수 있다.
제261조【간접강제】 ①채무의 성질이 간접강제를 할 수 있는 경우에 제1 법원은 채권자의 신청에 따라 간접강제를 명하는 결정을 한다. 그 결정에는 채무의 이행의무 및 상당한 이행기간을 밝히고, 채무자가 그 기간 이내에 이행을 하지 아니하는 때에는 늦어진 기간에 따라 일정한 배상을 하도록 명하거나 즉시 손해배상을 하도록 명할 수 있다.
②제1항의 신청에 관한 재판에 대하여는 즉시항고를 할 수 있다.
제262조【채무자의 심문】 제260조 및 제261조의 결정은 변론없이 할 수있다. 다만, 결정하기 전에 채무자를 심문하여야 한다.
제263조【의사표시의무의 집행】 ①채무자가 권리관계의 성립을 인낙한 때에는 그 조서로, 의사의 진술을 명한 판결이 확정된 때에는 그 판결로 권리관계의 성립을 인낙하거나 의사를 진술한 것으로 본다.
②반대의무가 이행된 뒤에 권리관계의 성립을 인낙하거나 의사를 진술할 것인 경우에는 제30조와 제32조의 규정에 따라 집행문을 내어 준 때에 그 효력이 생긴다.

제3편 담보권 실행 등을 위한 경매

제264조【부동산에 대한 경매신청】 ① 부동산을 목적으로 하는 담보권을 실행하기 위한 경매신청을 함에는 담보권이 있다는 것을 증명하는 서류를 내야 한다.
② 담보권을 승계한 경우에는 승계를 증명하는 서류를 내야 한다.
③ 부동산 소유자에게 경매개시결정을 송달할 때에는 제2항의 규정에 따라 제출된 서류의 등본을 붙여야 한다.
제265조【경매개시결정에 대한 이의신청사유】 경매절차의 개시결정에 대한 이의신청사유로 담보권이 없다는 것 또는 소멸되었다는 것을 주장할 수 있다.
제266조【경매절차의 정지】 ①다음 각호 가운데 어느 하나에 해당하는 문서가 경매법원에 제출되면 경매절차를 정지하여야 한다.

1. 담보권의 등기가 말소된 등기사항증명서 <개정 2011.4.12.>
2. 담보권 등기를 말소하도록 명한 확정판결의 정본
3. 담보권이 없거나 소멸되었다는 취지의 확정판결의 정본
4. 채권자가 담보권을 실행하지 아니하기로 하거나 경매신청을 취하하겠다는 취지 또는 피담보채권을 변제받았거나 그 변제를 미루도록 승낙한다는 취지를 적은 서류
5. 담보권 실행을 일시정지하도록 명한 재판의 정본

②제1항제1호 내지 제3호의 경우와 제4호의 서류가 화해조서의 정본 또는 공정증서의 정본인 경우

에는 경매법원은 이미 실시한 경매절차를 취소하여야 하며, 제5호의 경우에는 그 재판에 따라 경매절차를 취소하지 아니한 때에만 이미 실시한 경매절차를 일시적으로 유지하게 하여야 한다.
③제2항의 규정에 따라 경매절차를 취소하는 경우에는 제17조의 규정을 적용하지 아니한다.
제267조【대금완납에 따른 부동산취득의 과】 매수인의 부동산 취득은 담보권 소멸로 영향을 받지 아니한다.
제268조【준용규정】 부동산을 목적으로 하는 담보권 실행을 위한 경매절차에는 제79조 내지 제162조의 규정을 준용한다.
제269조【선박에 대한 경매】 선박을 목적으로 하는 담보권 실행을 위한 경매절차에는 제172조 내지 제186조, 제264조 내지 제268조의 규정을 준용한다.
제270조【자동차 등에 대한 경매】 자동차·건설기계·소형선박(「자동차 등 특정동산 저당법」 제3조제2호에 따른 소형선박을 말한다.) 및 항공기(「자동차 등 특정동산 저당법」 제3조제4호에 따른 항공기 및 경량항공기를 말한다)를 목적으로 하는 담보권 실행을 위한 경매절차는 제264조부터 제269조까지, 제271조 및 제272조의 규정에 준하여 대법원규칙으로 정한다. <개정 2007.8.3, 2009.3.25, 2015.5.18>
제271조【유체동산에 대한 경매】 체동산을 목적으로 하는 담보권 실행을 위한 경매는 채권자가 그 목적물을 제출하거나, 그 목적물의 점유자가 압류를 승낙한 때에 개시한다.
제272조【준용규정】 제271조의 경매절차에는 제2편제2장제4절제2관의 규정과 제265조 및 제266조의 규정을 준용한다.
제273조【채권과 그 밖의 재산권에 대한 담보권의 실행】 ①채권, 그 밖의 재산권을 목적으로 하는 담보권의 실행은 담보권의 존재를 증명하는 서류(권리의 이전에 관하여 등기나 등록을 필요로 하는 경우에는 그 등기사항증명서 또는 등록 원부의 등본)가 제출된 때에 개시한다. <개정 2011.4.12.>
②민법 제342조에 따라 담보권설정자가 받을 금전, 그 밖의 물건에 대하여 권리를 행사하는 경우에도 제1항과 같다.
③제1항과 제2항의 권리실행절차에는 제2편제2장제4절제3관의 규정을 준용한다.
제274조【유치권 등에 의한 경매】 ①유치권에 의한 경매와 민법·상법, 그 밖의 법률이 규정하는 바에 따른 경매(이하 "유치권 등에 의한 경매"라 한다)는 담보권 실행을 위한 경매의 예에 따라 실시한다.
②유치권 등에 의한 경매절차는 목적물에 대하여 강제경매 또는 담보권 실행을 위한 경매절차가 개시된 경우에는 이를 정지하고, 채권자 또는 담보권자를 위하여 그 절차를 계속하여 진행한다.
③제2항의 경우에 강제경매 또는 담보권 실행을 위한 경매가 취소되면 유치권 등에 의한 경매절차를 계속하여 진행하여야 한다.
제275조【준용규정】 이 편에 규정한 경매 등 절차에는 제42조 내지 제44조 및 제46조 내지 제53조의 규정을 준용한다.

제4편 보전처분

제276조【가압류의 목적】 ①가압류는 금전채권이나 금전으로 환산할 수 있는 채권에 대하여 동산 또는 부동산에 대한 강제집행을 보전하기 위하여 할 수 있다.
②제1항의 채권이 조건이 붙어 있는 것이거나 기한이 차지 아니한 것인 경우에도 가압류를 할 수 있다.
제277조【보전의 필요】 가압류는 이를 하지 아니하면 판결을 집행할 수 없거나 판결을 집행하는 것이 매우 곤란할 염려가 있을 경우에 할 수 있다.
제278조【가압류법원】 가압류는 가압류할 물건이 있는 곳을 관할하는 지방법원이나 본안의 관할법원이 관할한다.
제279조【가압류신청】 ①가압류신청에는 다음 각호의 사항을 적어야 한다.
1. 청구채권의 표시, 그 청구채권이 일정한 금액이 아닌 때에는 금전으로 환산한 금액
2. 제277조의 규정에 따라 가압류의 이유가 될 사실의 표시

②청구채권과 가압류의 이유는 소명하여야 한다.
제280조【가압류명령】 ①가압류신청에 대한 재판은 변론없이 할 수 있다.
②청구채권이나 가압류의 이유를 소명하지 아니한 때에도 가압류로 생길 수 있는 채무자의 손해에 대하여 법원이 정한 담보를 제공한 때에는 법원은 가압류를 명할 수 있다.
③청구채권과 가압류의 이유를 소명한 때에도 법원은 담보를 제공하게 하고 가압류를 명할 수 있다.
④담보를 제공한 때에는 그 담보의 제공과 담보제공의 방법을 가압류명령에 적어야 한다.
제281조【재판의 형식】 ①가압류신청에 대한 재판은 결정으로 한다. <개정 2005.1.27>
②채권자는 가압류신청을 기각하거나 각하하는 결정에 대하여 즉시항고를 할 수 있다.
③담보를 제공하게 하는 재판, 가압류신청을 기각하거나 각하하는 재판과 제2항의 즉시항고를 기각하거나 각하하는 재판은 채무자에게 고지할 필요가 없다.
제282조【가압류해방금액】 가압류명령에는 가압류의 집행을 정지시키거나 집행한 가압류를 취소시키기 위하여 채무자가 공탁할 금액을 적어야 한다.
제283조【가압류결정에 대한 채무자의 이의신청】 ①채무자는 가압류결정에 대하여 이의를 신청할 수 있다.
②제1항의 이의신청에는 가압류의 취소나 변경을 신청하는 이유를 밝혀야 한다.
③이의신청은 가압류의 집행을 정지하지 아니한

다.

제284조【가압류이의신청사건의 이송】 법원은 가압류이의신청사건에 관하여 현저한 손해 또는 지연을 피하기 위한 필요가 있는 때에는 직권으로 또는 당사자의 신청에 따라 결정으로 그 가압류사건의 관할권이 있는 다른 법원에 사건을 이송할 수 있다. 다만, 그 법원이 심급을 달리하는 경우에는 그러하지 아니하다.

제285조【가압류이의신청의 취하】 ①채무자는 가압류이의신청에 대한 재판이 있기 전까지 가압류이의신청을 취하할 수 있다. <개정 2005.1.27>
②제1항의 취하에는 채권자의 동의를 필요로 하지 아니한다.
③가압류이의신청의 취하는 서면으로 하여야 한다. 다만, 변론기일 또는 심문기일에서 말로 할 수 있다. <개정 2005.1.27>
④가압류이의신청서를 송달한 뒤에는 취하의 서면을 채권자에게 송달하여야 한다.
⑤제3항 단서의 경우에 채권자가 변론기일 또는 심문기일에 출석하지 아니한 때에는 그 기일의 조서등본을 송달하여야 한다. <개정 2005.1.27>

제286조【이의신청에 대한 심리와 재판】 ①이의신청이 있는 때에는 법원은 변론기일 또는 당사자 쌍방이 참여할 수 있는 심문기일을 정하고 당사자에게 이를 통지하여야 한다.
②법원은 심리를 종결하고자 하는 경우에는 상당한 유예기간을 두고 심리를 종결할 기일을 정하여 이를 당사자에게 고지하여야 한다. 다만, 변론기일 또는 당사자 쌍방이 참여할 수 있는 심문기일에는 즉시 심리를 종결할 수 있다.
③이의신청에 대한 재판은 결정으로 한다.
④제3항의 규정에 의한 결정에는 이유를 적어야 한다. 다만, 변론을 거치지 아니한 경우에는 이유의 요지만을 적을 수 있다.
⑤법원은 제3항의 규정에 의한 결정으로 가압류의 전부나 일부를 인가·변경 또는 취소할 수 있다. 이 경우 법원은 적당한 담보를 제공하도록 명할 수 있다.
⑥법원은 제3항의 규정에 의하여 가압류를 취소하는 결정을 하는 경우에는 채권자가 그 고지를 받은 날부터 2주를 넘지 아니하는 범위 안에서 상당하다고 인정하는 기간이 경과하여야 그 결정의 효력이 생긴다는 뜻을 선언할 수 있다.
⑦제3항의 규정에 의한 결정에 대하여는 즉시항고를 할 수 있다. 이 경우 민사소송법 제447조의 규정을 준용하지 아니한다.
<전문개정 2005.1.27>

제287조【본안의 제소명령】 ①가압류법원은 채무자의 신청에 따라 변론없이 채권자에게 상당한 기간 이내에 본안의 소를 제기하여 이를 증명하는 서류를 제출하거나 이미 소를 제기하였으면 소송계속사실을 증명하는 서류를 제출하도록 명하여야 한다.
②제1항의 기간은 2주 이상으로 정하여야 한다.
③채권자가 제1항의 기간 이내에 제1항의 서류를 제출하지 아니한 때에는 법원은 채무자의 신청에 따라 결정으로 가압류를 취소하여야 한다.
④제1항의 서류를 제출한 뒤에 본안의 소가 취하되거나 각하된 경우에는 그 서류를 제출하지 아니한 것으로 본다.
⑤제3항의 신청에 관한 결정에 대하여는 즉시항고를 할 수 있다. 이 경우 민사소송법 제447조의 규정은 준용하지 아니한다.

제288조【사정변경 등에 따른 가압류취소】 ①채무자는 다음 각호의 어느 하나에 해당하는 사유가 있는 경우에는 가압류가 인가된 뒤에도 그 취소를 신청할 수 있다. 제3호에 해당하는 경우에는 이해관계인도 신청할 수 있다.

1. 가압류이유가 소멸되거나 그 밖에 사정이 바뀐 때
2. 법원이 정한 담보를 제공한 때
3. 가압류가 집행된 뒤에 3년간 본안의 소를 제기하지 아니한 때

②제1항의 규정에 의한 신청에 대한 재판은 가압류를 명한 법원이 한다. 다만, 본안이 이미 계속된 때에는 본안법원이 한다.
③제1항의 규정에 의한 신청에 대한 재판에는 제286조제1항 내지 제4항·제6항 및 제7항을 준용한다.
<전문개정 2005.1.27>

제289조【가압류취소결정의 효력정지】 ①가압류를 취소하는 결정에 대하여 즉시항고가 있는 경우에, 불복의 이유로 주장한 사유가 법률상 정당한 사유가 있다고 인정되고 사실에 대한 소명이 있으며, 그 가압류를 취소함으로 인하여 회복할 수 없는 손해가 생길 위험이 있다는 사정에 대한 소명이 있는 때에는, 법원은 당사자의 신청에 따라 담보를 제공하게 하거나 담보를 제공하지 아니하게 하고 가압류취소결정의 효력을 정지시킬 수 있다.
②제1항의 규정에 의한 소명은 보증금을 공탁하거나 주장이 진실함을 선서하는 방법으로 대신할 수 없다.
③재판기록이 원심법원에 있는 때에는 원심법원이 제1항의 규정에의한 재판을 한다.
④항고법원은 항고에 대한 재판에서 제1항의 규정에 의한 재판을 인가·변경 또는 취소하여야 한다.
⑤제1항 및 제4항의 규정에 의한 재판에 대하여는 불복할 수 없다.
<전문개정 2005.1.27>

제290조【가압류 이의신청규정의 준용】 ①제287조제3항, 제288조제1항에 따른 재판의 경우에는 제284조의 규정을 준용한다. <개정 2005.1.27>
②제287조제1항·제3항 및 제288조제1항에 따른 신청의 취하에는 제285조의 규정을 준용한다. <개정 2005.1.27>

제291조【가압류집행에 대한 본집행의 준용】 가압류의 집행에 대하여는 강제집행에 관한 규정을 준용한다. 다만, 아래의 여러 조문과 같이 차이가 나는 경우에는 그러하지 아니하다.

제292조【집행개시의 요건】 ①가압류에 대한 재판이 있은 뒤에 채권자나 채무자의 승계가 이루어진 경우에 가압류의 재판을 집행하려면 집행문을 덧붙여야 한다.
②가압류에 대한 재판의 집행은 채권자에게 재판을 고지한 날부터 2주를 넘긴 때에는 하지 못한다. <개정 2005.1.27>
③제2항의 집행은 채무자에게 재판을 송달하기 전에도 할 수 있다.

제293조【부동산가압류집행】 ①부동산에 대한 가압류의 집행은 가압류재판에 관한 사항을 등기부에 기입하여야 한다.
②제1항의 집행법원은 가압류재판을 한 법원으로 한다.
③가압류등기는 법원사무관 등이 촉탁한다.

제294조【가압류를 위한 강제관리】 가압류의 집행으로 강제관리를 하는 경우에는 관리인이 청구채권액에 해당하는 금액을 지급받아 공탁하여야 한다.

제295조【선박가압류집행】 ①등기할 수 있는 선박에 대한 가압류를 집행하는 경우에는 가압류등기를 하는 방법이나 집행관에게 선박국적증서 등을 선장으로부터 받아 집행법원에 제출하도록 명하는 방법으로 한다. 이들 방법은 함께 사용할 수 있다.
②가압류등기를 하는 방법에 의한 가압류집행은 가압류명령을 한 법원이, 선박국적증서 등을 받아 제출하도록 명하는 방법에 의한 가압류집행은 선박이 정박하여 있는 곳을 관할하는 지방법원이 집행법원으로서 관할한다.
③가압류등기를 하는 방법에 의한 가압류의 집행에는 제293조제3항의 규정을 준용한다.

제296조【동산가압류집행】 ①동산에 대한 가압류의 집행은 압류와 같은 원칙에 따라야 한다.
②채권가압류의 집행법원은 가압류명령을 한 법원으로 한다.
③채권의 가압류에는 제3채무자에 대하여 채무자에게 지급하여서는 아니된다는 명령만을 하여야 한다.
④가압류한 금전은 공탁하여야 한다.
⑤가압류물은 현금화를 하지 못한다. 다만, 가압류물을 즉시 매각하지 아니하면 값이 크게 떨어질 염려가 있거나 그 보관에 지나치게 많은 비용이 드는 경우에는 집행관은 그 물건을 매각하여 매각대금을 공탁하여야 한다.

제297조【제3채무자의 공탁】 제3채무자가 가압류집행된 금전채권액을 공탁한 경우에는 그 가압류의 효력은 그 청구채권액에 해당하는 공탁금액에 대한 채무자의 출급청구권에 대하여 존속한다.

제298조【가압류취소결정의 취소와 집행】 ①가압류의 취소결정을 상소법원이 취소한 경우로서 법원이 그 가압류의 집행기관이 되는 때에는 그 취소의 재판을 한 상소법원이 직권으로 가압류를 집행한다. <개정 2005.1.27>
②제1항의 경우에 그 취소의 재판을 한 상소법원이 대법원인 때에는 채권자의 신청에 따라 제1심법원이 가압류를 집행한다.

제299조【가압류집행의 취소】 ①가압류명령에 정한 금액을 공탁한 때에는 법원은 결정으로 집행한 가압류를 취소하여야 한다. <개정 2005.1.27>
②삭제 <2005.1.27>
③제1항의 취소결정에 대하여는 즉시항고를 할 수 있다.
④제1항의 취소결정에 대하여는 제17조제2항의 규정을 준용하지 아니한다.

제300조【가처분의 목적】 ①다툼의 대상에 관한 가처분은 현상이 바뀌면 당사자가 권리를 실행하지 못하거나 이를 실행하는 것이 매우 곤란할 염려가 있을 경우에 한다.
②가처분은 다툼이 있는 권리관계에 대하여 임시의 지위를 정하기 위하여도 할 수 있다. 이 경우 가처분은 특히 계속하는 권리관계에 끼칠 현저한 손해를 피하거나 급박한 위험을 막기 위하여, 또는 그 밖의 필요한 이유가 있을 경우에 하여야 한다.

제301조【가압류절차의 준용】 가처분절차에는 가압류절차에 관한 규정을 준용한다. 다만, 아래의 여러 조문과 같이 차이가 나는 경우에는 그러하지 아니하다.

제302조 삭제 <2005.1.27>

제303조【관할법원】 가처분의 재판은 본안의 관할법원 또는 다툼의 대상이 있는 곳을 관할하는 지방법원이 관할한다.

제304조【임시의 지위를 정하기 위한 가처분】 제300조제2항의 규정에 의한 가처분의 재판은 변론기일 또는 채무자가 참석할 수 있는 심문기일을 열어야 한다. 다만, 그 기일을 열어 심리하면 가처분의 목적을 달성할 수 없는 사정이 있는 때에는 그러하지 아니하다.

제305조【가처분의 방법】 ①법원은 신청목적을 이루는 데 필요한 처분을 직권으로 정한다.
②가처분으로 보관인을 정하거나, 상대방에게 어떠한 행위를 하거나 하지 말도록, 또는 급여를 지급하도록 명할 수 있다.
③가처분으로 부동산의 양도나 저당을 금지한 때에는 법원은 제293조의 규정을 준용하여 등기부에 그 금지한 사실을 기입하게 하여야 한다.

제306조【법인임원의 직무집행정지 등 가처분의 등기촉탁】 법원사무관 등은 법원이 법인의 대표자 그 밖의 임원으로 등기된 사람에 대하여 직무의 집행을 정지하거나 그 직무를 대행할 사람을 선임하는 가처분을 하거나 그 가처분을 변경·취소한 때에는, 법인의 주사무소 및 분사무소 또는 본점 및 지점이 있는 곳의 등기소에 그 등기를 촉탁하여야 한다. 다만, 이 사항이 등기하여야 할 사항이 아닌 경우에는 그러하지 아니하다.

제307조【가처분의 취소】 ①특별한 사정이 있는 때에는 담보를 제공하게 하고 가처분을 취소할 수 있다.
②제1항의 경우에는 제284조, 제285조 및 제286조 제1항 내지 제4항·제6항·제7항의 규정을 준

용한다. <개정 2005.1.27>

제308조【원상회복재판】 가처분을 명한 재판에 기초하여 채권자가 물건을 인도받거나, 금전을 지급받거나 또는 물건을 사용·보관하고 있는 경우에는, 법원은 가처분을 취소하는 재판에서 채무자의 신청에 따라 채권자에 대하여 그 물건이나 금전을 반환하도록 명할 수 있다.

제309조【가처분의 집행정지】 ①소송물인 권리 또는 법률관계가 이행되는 것과 같은 내용의 가처분을 명한 재판에 대하여 이의신청이 있는 경우에, 이의신청으로 주장한 사유가 법률상 정당한 사유가 있다고 인정되고 주장사실에 대한 소명이 있으며, 그 집행에 의하여 회복할 수 없는 손해가 생길 위험이 있다는 사정에 대한 소명이 있는 때에는, 법원은 당사자의 신청에 따라 담보를 제공하게 하거나 담보를 제공하게 하지 아니하고 가처분의 집행을 정지하도록 명할 수 있고, 담보를 제공하게 하고 집행한 처분을 취소하도록 명할 수 있다.

②제1항에서 규정한 소명은 보증금을 공탁하거나 주장이 진실함을 선서하는 방법으로 대신할 수 없다.

③재판기록이 원심법원에 있는 때에는 원심법원이 제1항의 규정에 의한 재판을 한다.

④법원은 이의신청에 대한 결정에서 제1항의 규정에 의한 명령을 인가·변경 또는 취소하여야 한다.

⑤제1항·제3항 또는 제4항의 규정에 의한 재판에 대하여는 불복할 수 없다.

<전문개정 2005.1.27>

제310조【준용규정】 제301조에 따라 준용되는 제287조제3항, 제288조제1항 또는 제307조의 규정에 따른 가처분취소신청이 있는 경우에는 제309조의 규정을 준용한다.

<전문개정 2005.1.27>

제311조【본안의 관할법원】 이 편에 규정한 본안법원은 제1심 법원으로 한다. 다만, 본안이 제2심에 계속된 때에는 그 계속된 법원으로 한다.

제312조【재판장의 권한】 급박한 경우에 재판장은 이 편의 신청에 대한 재판을 할 수 있다. <개정 2005.1.27>

부　칙 <법률 제6627호, 2002. 1. 26.>

제1조 (시행일) 이 법은 2002년 7월 1일부터 시행한다.

제2조 (계속사건에 관한 경과조치) ①이 법 시행전에 신청된 집행사건에 관하여는 종전의 규정에 따른다.

②이 법 시행 당시 종전의 민사소송법의 규정에 따라 이 법 시행 전에 행한 집행처분 그 밖의 행위는 이 법의 적용에 관하여는 이 법의 해당 규정에 따라 한 것으로 본다.

③제1항 및 제2항에 규정한 것외에 이 법의 시행당시 이미 법원에 계속되거나 집행관이 취급하고 있는 사건의 처리에 관하여 필요한 사항은 대법원규칙으로 정한다.

제3조 (관할에 관한 경과조치) 이 법 시행당시 법원에 계속 중인 사건은 이 법에 따라 관할권이 없는 경우에도 종전의 규정에 따라 관할권이 있으면 그에 따른다.

제4조 (법정기간에 대한 경과조치) 이 법 시행전부터 진행된 법정기간과 그 계산은 종전의 규정에 따른다.

제5조 (법 적용의 시간적 범위) 이 법은 이 법 시행전에 생긴 사항에도 적용한다. 다만, 종전의 규정에 따라 생긴 효력에는 영향을 미치지 아니한다.

제6조 (다른 법률의 개정) 해당 법률에 정리

제7조 (다른 법률과의 관계) ①이 법 시행당시 다른 법률에서 종전의 민사소송법의 규정을 인용한 경우에 이 법중 그에 해당하는 규정이 있는 때에는 이 법의 해당규정을 인용한 것으로 본다.

②이 법 시행당시 다른 법률에서 규정한 "재산관계명시절차"와 "채무명의"는 각각 "재산명시절차"와 "집행권원"으로 본다.

부　칙 <중략>

부　칙 <법률 제18671호, 2022. 1. 4.>

이 법은 공포한 날부터 시행한다.

소액사건심판법

[1973년 2월 24일
법 률 제2547호]

개정
1975.12.31법2821호
1980. 1. 4법3246호
1990. 1.13법4205호
1996.11.23법5166호
2001. 1.29법6410호
2002. 1.26법6630호
2005. 3.31법7427호(민법)
2023. 3.28법19281호

제1조【목 적】 이 법은 지방법원 및 그 지원(支院)에서 소액(少額)의 민사사건을 간이한 절차에 따라 신속히 처리하기 위하여「민사소송법」에 대한 특례를 규정함을 목적으로 한다.
[전문개정 2023. 3. 28.]

제2조【적용범위 등】 ① 이 법은 지방법원 및 그 지원의 관할사건 중 대법원규칙으로 정하는 민사사건(이하 "소액사건"이라 한다)에 적용한다.
② 소액사건에 대해서는 이 법에 특별한 규정이 있는 경우를 제외하고는「민사소송법」의 규정을 적용한다.
[전문개정 2023. 3. 28.]

제3조【상고 및 재항고】 소액사건에 대한 지방법원 본원(本院) 합의부의 제2심 판결이나 결정·명령에 대해서는 다음 각 호의 어느 하나에 해당하는 경우에만 대법원에 상고(上告) 또는 재항고(再抗告)를 할 수 있다.
1. 법률·명령·규칙 또는 처분의 헌법 위반 여부와 명령·규칙 또는 처분의 법률 위반 여부에 대한 판단이 부당한 경우
2. 대법원의 판례에 상반되는 판단을 한 경우
[전문개정 2023. 3. 28.]

제4조【구술에 의한 소의 제기】 ① 소(訴)는 구술로써 제기할 수 있다.
② 구술로써 소를 제기할 때에는 법원서기관·법원사무관·법원주사 또는 법원주사보(이하 "법원사무관등"이라 한다) 앞에서 진술하여야 한다.
③ 제2항의 경우에 법원사무관등은 제소조서(提訴調書)를 작성하고 이에 기명날인하여야 한다.
[전문개정 2023. 3. 28.]

제5조【임의출석에 의한 소의 제기】 ① 당사자 양쪽은 임의로 법원에 출석하여 소송에 관하여 변론할 수 있다.
② 제1항의 경우에 소의 제기는 구술에 의한 진술로써 한다.
[전문개정 2023. 3. 28.]

제5조의2【일부청구의 제한】 ① 채권자는 금전, 그 밖의 대체물이나 유가증권의 일정한 수량의 지급을 목적으로 하는 청구의 경우에는 이 법을 적용받기 위해 청구를 분할하여 그 일부만을 청구할 수 없다.
② 제1항을 위반한 소는 판결로 각하(却下)하여야 한다.
[전문개정 2023. 3. 28.]

제5조의3【결정에 의한 이행권고】 ① 법원은 소가 제기된 경우 결정으로 소장 부본이나 제소조서 등본을 첨부하여 피고에게 청구취지대로 이행할 것을 권고할 수 있다. 다만, 다음 각 호의 어느 하나에 해당하는 경우에는 이행권고를 할 수 없다.
1. 독촉절차 또는 조정절차에서 소송절차로 이행된 경우
2. 청구취지나 청구원인이 분명하지 아니한 경우
3. 그 밖에 이행권고를 하는 것이 적절하지 아니하다고 인정하는 경우
② 이행권고결정에는 당사자, 법정대리인, 청구의 취지와 원인 및 이행조항을 적고, 피고가 이의신청을 할 수 있음과 이행권고결정의 효력의 취지를 덧붙여 적어야 한다.
③ 법원사무관등은 이행권고결정서의 등본을 피고에게 송달하여야 한다. 다만, 그 송달은「민사소송법」제187조 및 제194조부터 제196조까지에서 규정한 방법으로는 할 수 없다.
④ 법원은 제3항에도 불구하고「민사소송법」제187조 및 제194조부터 제196조까지에서 규정한 방법으로만 피고에게 이행권고결정서의 등본을 송달할 수 있는 경우에는 지체 없이 변론기일을 지정하여야 한다.
[전문개정 2023. 3. 28.]

제5조의4【이행권고결정에 대한 이의신청】 ① 피고는 이행권고결정서의 등본을 송달받은 날부터 2주일 이내에 서면으로 이의신청을 할 수 있다. 다만, 그 등본이 송달되기 전에도 이의신청을 할 수 있다.
② 제1항 본문의 기간은 불변기간(不變期間)으로 한다.
③ 법원은 제1항에 따른 이의신청이 있을 때에는 지체 없이 변론기일을 지정하여야 한다.
④ 이의신청을 한 피고는 제1심 판결이 선고되기 전까지 이의신청을 취하(取下)할 수 있다.
⑤ 피고가 이의신청을 하였을 때에는 원고가 주장한 사실을 다툰 것으로 본다.
[전문개정 2023. 3. 28.]

제5조의5【이의신청의 각하】 ① 법원은 이의신청이 적법하지 아니하다고 인정되는 경우에는 그 흠을 보정할 수 없으면 결정으로 그 이의신청을 각하하여야 한다.
② 제1항의 결정에 대해서는 즉시항고를 할 수 있다.
[전문개정 2023. 3. 28.]

제5조의6【이의신청의 추후보완】 ① 피고는 부득이한

사유로 제5조의4제1항 본문의 기간 내에 이의신청을 할 수 없었던 경우에는 그 사유가 없어진 후 2주일 이내에 이의신청을 추후보완할 수 있다. 다만, 그 사유가 없어질 당시 외국에 있던 피고는 30일 이내에 이의신청을 추후보완할 수 있다.
② 피고는 이의신청과 동시에 서면으로 그 추후보완의 사유를 소명하여야 한다.
③ 법원은 추후보완의 사유가 이유 없다고 인정하는 경우에는 결정으로 이의신청을 각하하여야 한다.
④ 제3항의 결정에 대해서는 즉시항고를 할 수 있다.
⑤ 이의신청의 추후보완에 따른 집행정지 등에 관하여는 「민사소송법」 제500조를 준용한다.
[전문개정 2023. 3. 28.]
제5조의7【이행권고결정의 효력】 ① 이행권고결정은 다음 각 호의 어느 하나에 해당하면 확정판결과 같은 효력을 가진다.
1. 피고가 제5조의4제1항 본문의 기간 내에 이의신청을 하지 아니한 경우
2. 이의신청에 대한 각하결정이 확정된 경우
3. 이의신청이 취하된 경우
② 법원사무관등은 이행권고결정이 확정판결과 같은 효력을 가지게 된 경우에는 이행권고결정서의 정본을 원고에게 송달하여야 한다.
③ 제1항 각 호의 어느 하나에 해당하지 아니하는 이행권고결정은 제1심 법원에서 판결이 선고되면 그 효력을 잃는다.
[전문개정 2023. 3. 28.]
제5조의8【이행권고결정에 기한 강제집행의 특례】 ① 이행권고결정에 따른 강제집행은 집행문을 부여받을 필요 없이 제5조의7제2항의 이행권고결정서 정본에 의하여 한다. 다만, 다음 각 호의 어느 하나에 해당하는 경우에는 그러하지 아니하다.
1. 이행권고결정의 집행에 조건을 붙인 경우
2. 당사자의 승계인을 위하여 강제집행을 하는 경우
3. 당사자의 승계인에 대하여 강제집행을 하는 경우
② 법원사무관등은 다음 각 호의 어느 하나에 해당하는 경우에는 원고에게 이행권고결정서의 정본을 내주고, 그 사유를 원본과 정본에 각각 적어야 한다.
1. 원고가 여러 통의 이행권고결정서의 정본을 신청한 경우
2. 원고가 전에 내어준 이행권고결정서의 정본을 돌려주지 아니하고 다시 이행권고결정서의 정본을 신청한 경우
③ 청구에 관한 이의의 주장에 관하여는 「민사집행법」 제44조제2항에 따른 제한을 받지 아니한다.
[전문개정 2023. 3. 28.]
제6조【소장의 송달】 소장 부본이나 제소조서 등본은 지체 없이 피고에게 송달하여야 한다. 다만, 피고에게 이행권고결정서의 등본이 송달된 경우에는 소장 부본이나 제소조서 등본이 송달된 것으로 본다.
[전문개정 2023. 3. 28.]
제7조【기일지정 등】 ① 소가 제기된 경우 판사는 「민사소송법」 제256조부터 제258조까지의 규정에도 불구하고 바로 변론기일을 정할 수 있다.
② 판사는 제1항의 경우 되도록 한 차례의 변론기일로 심리(審理)를 마치도록 하여야 한다.
③ 판사는 제2항의 목적을 달성하기 위하여 변론기일 전이라도 당사자로 하여금 증거신청을 하게 하는 등 필요한 조치를 할 수 있다.
[전문개정 2023. 3. 28.]
제7조의2【공휴일, 야간의 개정】 판사는 필요한 경우 근무시간 외의 시간이나 공휴일에도 개정(開廷)할 수 있다.
[전문개정 2023. 3. 28.]
제8조【소송대리에 관한 특칙】 ① 당사자의 배우자·직계혈족 또는 형제자매는 법원의 허가 없이 소송대리인이 될 수 있다.
② 제1항에 따른 소송대리인은 당사자와의 신분관계와 수권관계(授權關係)를 서면으로 증명하여야 한다. 다만, 수권관계에 대해서는 당사자가 판사 앞에서 구술로 제1항에 따른 소송대리인을 선임하고 법원사무관등이 조서에 그 사실을 적은 경우에는 예외로 한다.
[전문개정 2023. 3. 28.]
제9조【심리절차상의 특칙】 ① 법원은 소장·준비서면, 그 밖의 소송기록에 의하여 청구가 이유 없음이 명백한 경우에는 변론 없이 청구를 기각(棄却)할 수 있다.
② 판사가 바뀐 경우라도 변론의 갱신(更新) 없이 판결할 수 있다.
[전문개정 2023. 3. 28.]
제10조【증거조사에 관한 특칙】 ① 판사는 필요하다고 인정하는 경우에는 직권으로 증거조사를 할 수 있다. 이 경우 그 증거조사의 결과에 관하여는 당사자의 의견을 들어야 한다.
② 증인신문(證人訊問)은 판사가 한다. 다만, 당사자는 판사에게 알리고 증인신문을 할 수 있다.
③ 판사는 상당하다고 인정하는 경우에는 증인 또는 감정인에게 신문을 갈음하여 서면을 제출하게 할 수 있다.
[전문개정 2023. 3. 28.]
제11조【조서의 기재생략】 ① 판사가 허가한 경우에는 조서에 적을 사항을 생략할 수 있다. 다만, 당사자의 이의가 있는 경우에는 생략할 수 없다.
② 제1항 본문은 변론의 방식에 관한 규정의 준수와 화해(和解)·인낙(認諾)·포기·취하 및 자백에 대해서

는 적용하지 아니한다.
[전문개정 2023. 3. 28.]

제11조의2【판결에 관한 특례】 ① 판결의 선고는 변론 종결 후 즉시 할 수 있다.
② 판결을 선고할 때에는 주문(主文)을 읽어 주고 그 주문의 정당성이 인정될 수 있는 범위에서 그 이유의 요지를 구술로 설명하여야 한다.
③ 판결서에는 「민사소송법」 제208조에도 불구하고 이유를 적지 아니할 수 있다. 다만, 다음 각 호의 어느 하나에 해당하는 경우에는 청구를 특정함에 필요한 사항 및 주문의 정당함을 뒷받침하는 공격방어방법에 관한 판단 요지를 판결서의 이유에 기재하도록 노력하여야 한다.
1. 판결이유에 의하여 기판력의 객관적 범위가 달라지는 경우
2. 청구의 일부를 기각하는 사건에서 계산의 근거를 명확하게 제시할 필요가 있는 경우
3. 소송의 쟁점이 복잡하고 상대방의 주장, 그 밖의 공격방어방법에 대한 다툼이 상당한 사건 등 당사자에 대한 설명이 필요한 경우

[전문개정 2023. 3. 28.]

제12조 삭제 〈90.1.13〉
제13조 삭제 〈90.1.13〉
제14조 삭제 〈90.1.13〉
제15조 삭제 〈96.11.23〉
제16조【시행규칙】 이 법의 시행에 필요한 사항은 대법원규칙으로 정한다.
[전문개정 2023. 3. 28.]

부 칙 〈법률 제2547호, 1973. 2. 24.〉

①(시행일) 이 법은 1973년 9월 1일부터 시행한다.

②(경과조치) 이 법 시행당시 지방법원 및 지방법원지원에 계속중인 사건으로서 이 법에 의한 소액사건에 해당되는 사건에 대하여는 이 법을 적용한다. 그러나 이 법 시행이전의 소송행위의 효력에 영향을 미치지 아니한다.

③(동전) 이 법 시행당시 상고 또는 재항고중인 사건은 종전의 예에 의한다.

부 칙 〈중략〉

부 칙 〈법률 제19281호, 2023. 3. 28.〉

제1조【시행일】 이 법은 공포한 날부터 시행한다.

제2조【판결서의 이유 기재 노력의무에 관한 적용례】 제11조의2 제3항의 개정규정은 이 법 시행 이후 소를 제기하는 경우부터 적용한다.

가사소송법

[1990년 12월 31일
법 률 제4300호]

개정
1991.12.14법4423호
1992.11.30법4505호
2002. 1.26법6626호(민사소송법)
2002. 1.26법6627호(민사집행법)
2005. 3.24법7405호
2005. 3.31법7427호(민법)
2007. 5.17법8433호
2007. 5.17법8435호(가족관계의 동록 등에 관한 법률)
2007.12.21법8715호
2009. 5. 8법9652호
2010. 3.31법10212호
2013. 4. 5법11725호
2013. 7.30법11949호
2014.10.15법12773호
2016. 1.19법13760호
2016.12. 2법14278호(민법)
2017.10.31법14961호
2021. 1.26.법17905호(민법)
2023. 4. 18.법19354호

제1편 총 칙

제1조 【목 적】 이 법은 인격의 존엄과 남녀 평등을 기본으로 하고 가정의 평화 및 친족 간에 서로 돕는 미풍양속을 보존하고 발전시키기 위하여 가사(家事)에 관한 소송(訴訟)과 비송(非訟) 및 조정(調停)에 대한 절차의 특례를 규정함을 목적으로 한다.
<전문개정 2010.3.31>

제2조 【가정법원의 관장 사항】 ① 다음 각 호의 사항(이하 "가사사건"이라 한다)에 대한 심리(審理)와 재판은 가정법원의 전속관할(專屬管轄)로 한다. <개정 2013. 4. 5., 2013. 7. 30., 2014. 10. 15., 2016. 12. 2., 2017. 10. 31., 2023 4. 18.>

1. 가사소송사건
가. 가류(類) 사건
1) 혼인의 무효
2) 이혼의 무효
3) 인지(認知)의 무효
4) 친생자관계 존부 확인(親生子關係 存否確認)
5) 입양의 무효
6) 파양(罷養)의 무효
나. 나류(類) 사건
1) 사실상 혼인관계 존부 확인
2) 혼인의 취소
3) 이혼의 취소
4) 재판상 이혼
5) 아버지의 결정
6) 친생부인(親生否認)
7) 인지의 취소
8) 인지에 대한 이의(異議)
9) 인지청구
10) 입양의 취소
11) 파양의 취소
12) 재판상 파양
13) 친양자(親養子) 입양의 취소
14) 친양자의 파양
다. 다류(類) 사건
1) 약혼 해제(解除) 또는 사실혼관계 부당 파기(破棄)로 인한 손해배상청구(제3자에 대한 청구를 포함한다) 및 원상회복의 청구
2) 혼인의 무효·취소, 이혼의 무효·취소 또는 이혼을 원인으로 하는 손해배상청구(제3자에 대한 청구를 포함한다) 및 원상회복의 청구
3) 입양의 무효·취소, 파양의 무효·취소 또는 파양을 원인으로 하는 손해배상청구(제3자에 대한 청구를 포함한다) 및 원상회복의 청구
4) 「민법」 제839조의3에 따른 재산분할청구권 보전을 위한 사해행위(詐害行爲) 취소 및 원상회복의 청구
2. 가사비송사건
가. 라류(類) 사건
1) 「민법」 제9조제1항, 제11조, 제14조의3제2항 및 제959조의20에 따른 성년후견 개시의 심판과 그 종료의 심판
1)의2 「민법」 제10조제2항 및 제3항에 따른 취소할 수 없는 피성년후견인의 법률행위의 범위 결정 및 그 변경
1)의3 「민법」 제12조제1항, 제14조, 제14조의3제1항 및 제959조의20에 따른 특정후견의 심판과 그 종료의 심판

1)의4 「민법」 제13조제1항부터 제3항까지의 규정에 따른 피한정후견인이 한정후견인의 동의를 받아야 하는 행위의 범위 결정과 그 변경 및 한정후견인의 동의를 갈음하는 허가
1)의5 「민법」 제14조의2, 제14조의3 및 제959조의20에 따른 특정후견의 심판과 그 종료의 심판
2) 「민법」 제22조부터 제26조까지의 규정에 따른 부재자 재산의 관리에 관한 처분
2)의2 「민법」 제909조의2제5항에 따라 친권자 또는 미성년후견인의 임무를 대행할 사람(이하 "임무대행자"라 한다)의 같은 법 제25조에 따른 권한을 넘는 행위의 허가
3) 「민법」 제27조부터 제29조까지의 규정에 따른 실종의 선고와 그 취소
4) 「민법」 제781조제4항에 따른 성(姓)과 본(本)의 창설 허가
5) 「민법」 제781조제5항에 따른 자녀의 종전 성과 본의 계속사용허가
6) 「민법」 제781조제6항에 따른 자녀의 성과 본의 변경허가
7) 「민법」 제829조제2항 단서에 따른 부부재산약정의 변경에 대한 허가
7)의2 「민법」 제854조의2에 따른 친생부인의 허가
7)의3 「민법」 제855조의2제1항 및 제2항에 따른 인지의 허가
8) 「민법」 제867조에 따른 미성년자의 입양에 대한 허가
8)의2 「민법」 제873조제2항에 따라 준용되는 같은 법 제867조에 따른 피성년후견인이 입양을 하거나 양자가 되는 것에 대한 허가
9) 「민법」 제871조제2항에 따른 부모의 동의를 갈음하는 심판
10) 삭제 <2013. 7. 30.>
11) 「민법」 제906조제1항 단서에 따른 양자의 친족 또는 이해관계인의 파양청구에 대한 허가
12) 「민법」 제908조의2에 따른 친양자 입양의 허가
13) 「민법」 제909조제2항 단서에 따른 친권 행사 방법의 결정
13)의2 「민법」 제909조의2제1항부터 제5항까지(같은 법 제927조의2제1항 각 호 외의 부분 본문에 따라 준용되는 경우를 포함한다)에 따른 친권자의 지정, 미성년후견인의 선임 및 임무대행자의 선임
13)의3 「민법」 제909조의2제6항에 따른 후견의 종료 및 친권자의 지정
14) 삭제 <2021. 1. 26.>
15) 「민법」 제918조(같은 법 제956조에 따라 준용되는 경우를 포함한다)에 따른 재산관리인의 선임(選任) 또는 개임(改任)과 재산관리에 관한 처분
16) 「민법」 제921조(「민법」 제949조의3에 따라 준용되는 경우를 포함한다)에 따른 특별대리인의 선임
17) 「민법」 제927조에 따른 친권자의 법률행위 대리권 및 재산관리권의 사퇴(辭退) 또는 회복에 대한 허가
17)의2 「민법」 제927조의2제2항에 따른 친권자의 지정
17)의3 「민법」 제931조제2항에 따른 후견의 종료 및 친권자의 지정
18) 「민법」 제932조, 제936조제1항부터 제3항까지, 제940조, 제959조의3 및 제959조의9에 따른 미성년후견인·성년후견인·한정후견인·특정후견인의 선임 또는 변경
18)의2 「민법」 제938조제2항부터 제4항까지의 규정에 따른 성년후견인의 법정대리권의 범위 결정과 그 변경 및 성년후견인이 피성년후견인의 신상에 관하여 결정할 수 있는 권한의 범위 결정과 그 변경
18)의3 「민법」 제940조의7에 따라 준용되는 제940조와 제940조의3, 제940조의4, 제959조의5 및 제959조의10에 따른 미성년후견감독인·성년후견감독인·한정후견감독인·특정후견감독인의 선임 또는 변경
19) 「민법」 제939조(「민법」 제940조의7, 제959조의3제2항, 제959조의5제2항, 제959조의9제2항, 제959조의10제2항에 따라 준용되는 경우 및 제959조의16제3항에 따라 준용되는 제940조의7에 따라 다시 준용되는 경우를 포함한다)에 따른 미성년후견인·성년후견인·한정후견인·특정후견인·미성년후견감독인·성년후견감독인·한정후견감독인·특정후견감독인·임의후견감독인의 사임에 대한 허가
20) 「민법」 제941조제1항 단서(같은 법 제948조에 따라 준용되는 경우를 포함한다)에 따른 후견인의 재산 목록 작성을 위한 기간의 연장허가
21) 「민법」 제947조의2제2항(「민법」 제959조의6에 따라 준용되는 경우를 포함한다)에 따른 피성년후견인 또는 피한정후견인의 격리에 대한 허가 및 「민법」 제947조의2제4항(「민법」 제940조의7, 제959조의5제2항 및 제959조의6에 따라 준용되는 경우를 포함한다)에 따른 피미성년후견인, 피성년후견인 또는 피한정후견인에 대한 의료행위의 동의에 대한 허가
21)의2 「민법」 제947조의2제5항(「민법」

제940조의7, 제959조의5제2항 및 제959조의6에 따라 준용되는 경우를 포함한다)에 따른 피미성년후견인, 피성년후견인 또는 피한정후견인이 거주하는 건물 또는 그 대지에 대한 매도 등에 대한 허가

21)의3 「민법」 제949조의2(「민법」 제940조의7, 제959조의5제2항, 제959조의6, 제959조의10제2항, 제959조의12에 따라 준용되는 경우 및 제959조의16제3항에 따라 준용되는 제940조의7에 따라 다시 준용되는 경우를 포함한다)에 따른 여러 명의 성년후견인·한정후견인·특정후견인·성년후견감독인·한정후견감독인·특정후견감독인·임의후견감독인의 권한 행사에 관한 결정과 그 변경 또는 취소 및 성년후견인·한정후견인·특정후견인·성년후견감독인·한정후견감독인·특정후견감독인·임의후견감독인의 의사표시를 갈음하는 재판

21)의4 「민법」 제950조제2항(「민법」 제948조 및 제959조의6에 따라 준용되는 경우를 포함한다)에 따른 미성년후견감독인·성년후견감독인·한정후견감독인의 동의를 갈음하는 허가

22) 「민법」 제954조(「민법」 제948조, 제959조의6 및 제959조의12에 따라 준용되는 경우를 포함한다)에 따른 피미성년후견인, 피성년후견인, 피한정후견인 또는 피특정후견인의 재산상황에 대한 조사 및 그 재산관리 등 후견임무 수행에 관하여 필요한 처분명령

22)의2 「민법」 제909조의2제5항에 따라 준용되는 같은 법 제954조에 따른 미성년자의 재산상황에 대한 조사 및 그 재산관리 등 임무대행자의 임무 수행에 관하여 필요한 처분명령

23) 「민법」 제955조(「민법」 제940조의7, 제948조, 제959조의5제2항, 제959조의6, 제959조의10제2항, 제959조의12에 따라 준용되는 경우 및 제959조의16제3항에 따라 준용되는 제940조의7에 따라 다시 준용되는 경우를 포함한다)에 따른 미성년후견인·성년후견인·한정후견인·특정후견인·미성년후견감독인·성년후견감독인·한정후견감독인·특정후견감독인·임의후견감독인에 대한 보수(報酬)의 수여

24) 「민법」 제957조제1항 단서(「민법」 제959조의7 및 제959조의13에 따라 준용되는 경우를 포함한다)에 따른 후견 종료 시 관리계산기간의 연장허가

24)의2 「민법」 제959조의4에 따른 한정후견인에게 대리권을 수여하는 심판과 그 범위 변경 및 한정후견인이 피한정후견인의 신상에 관하여 결정할 수 있는 권한의 범위 결정과 그 변경

24)의3 「민법」 제959조의8에 따른 피특정후견인의 후원을 위하여 필요한 처분명령

24)의4 「민법」 제959조의11에 따른 특정후견인에게 대리권을 수여하는 심판

24)의5 「민법」 제959조의16제3항에 따라 준용되는 제940조의7에 따라 다시 준용되는 제940조 및 제959조의15제1항·제3항·제4항에 따른 임의후견감독인의 선임 또는 변경

24)의6 「민법」 제959조의16제2항에 따른 임의후견감독인에 대한 감독사무에 관한 보고 요구, 임의후견인의 사무 또는 본인의 재산상황에 대한 조사명령 또는 임의후견감독인의 직무에 관하여 필요한 처분명령

24)의7 「민법」 제959조의17제2항에 따른 임의후견인의 해임

24)의8 「민법」 제959조의18제2항에 따른 후견계약 종료의 허가

25) 삭제 <2013. 4. 5.>

26) 삭제 <2013. 4. 5.>

27) 삭제 <2013. 4. 5.>

28) 삭제 <2013. 4. 5.>

29) 삭제 <2013. 4. 5.>

30) 「민법」 제1019조제1항 단서에 따른 상속의 승인 또는 포기를 위한 기간의 연장허가

31) 「민법」 제1023조(같은 법 제1044조에 따라 준용되는 경우를 포함한다)에 따른 상속재산 보존을 위한 처분

32) 「민법」 제1024조제2항, 제1030조 및 제1041조에 따른 상속의 한정승인신고 또는 포기신고의 수리(受理)와 한정승인 취소신고 또는 포기 취소신고의 수리

33) 「민법」 제1035조제2항(같은 법 제1040조제3항, 제1051조제3항 및 제1056조제2항에 따라 준용되는 경우를 포함한다) 및 제1113조제2항에 따른 감정인(鑑定人)의 선임

34) 「민법」 제1040조제1항에 따른 공동상속재산을 위한 관리인의 선임

35) 「민법」 제1045조에 따른 상속재산의 분리

36) 「민법」 제1047조에 따른 상속재산 분리 후의 상속재산 관리에 관한 처분

37) 「민법」 제1053조에 따른 관리인의 선임 및 그 공고와 재산관리에 관한 처분

38) 「민법」 제1057조에 따른 상속인 수색(搜索)의 공고

39) 「민법」 제1057조의2에 따른 상속재산의 분여(分與)

40) 「민법」 제1070조제2항에 따른 유언의 검인(檢認)

41) 「민법」 제1091조에 따른 유언의 증서 또는 녹음(錄音)의 검인
42) 「민법」 제1092조에 따른 유언증서의 개봉
43) 「민법」 제1096조에 따른 유언집행자의 선임 및 그 임무에 관한 처분
44) 「민법」 제1097조제2항에 따른 유언집행자의 승낙 또는 사퇴를 위한 통지의 수리
45) 「민법」 제1104조제1항에 따른 유언집행자에 대한 보수의 결정
46) 「민법」 제1105조에 따른 유언집행자의 사퇴에 대한 허가
47) 「민법」 제1106조에 따른 유언집행자의 해임
48) 「민법」 제1111조에 따른 부담(負擔) 있는 유언의 취소

나. 마류(類) 사건
1) 「민법」 제826조 및 제833조에 따른 부부의 동거·부양·협조 또는 생활비용의 부담에 관한 처분
2) 「민법」 제829조제3항에 따른 재산관리자의 변경 또는 공유재산(共有財産)의 분할을 위한 처분
3) 「민법」 제837조 및 제837조의2(같은 법 제843조에 따라 위 각 조항이 준용되는 경우 및 혼인의 취소 또는 인지를 원인으로 하는 경우를 포함한다)에 따른 자녀의 양육에 관한 처분과 그 변경, 면접교섭권(面接交涉權)의 처분 또는 제한·배제·변경
4) 「민법」 제839조의2제2항(같은 법 제843조에 따라 준용되는 경우 및 혼인의 취소를 원인으로 하는 경우를 포함한다)에 따른 재산 분할에 관한 처분
5) 「민법」 제909조제4항 및 제6항(혼인의 취소를 원인으로 하는 경우를 포함한다)에 따른 친권자의 지정과 변경
6) 「민법」 제922조의2에 따른 친권자의 동의를 갈음하는 재판
7) 「민법」 제924조, 제924조의2, 제925조 및 제926조에 따른 친권의 상실, 일시 정지, 일부 제한 및 그 실권 회복의 선고 또는 법률행위의 대리권과 재산관리권의 상실 및 그 실권 회복의 선고
8) 「민법」 제976조부터 제978조까지의 규정에 따른 부양(扶養)에 관한 처분
9) 「민법」 제1008조의2제2항 및 제4항에 따른 기여분(寄與分)의 결정
10) 「민법」 제1013조제2항에 따른 상속재산의 분할에 관한 처분

② 가정법원은 다른 법률이나 대법원규칙에서 가정법원의 권한으로 정한 사항에 대하여도 심리·재판한다.

③ 제2항의 사건에 관한 절차는 법률이나 대법원규칙으로 따로 정하는 경우를 제외하고는 라류 가사비송사건의 절차에 따른다.

[전문개정 2010. 3. 31.]

제3조【지방법원과 가정법원 사이의 관할의 지정】 ① 사건이 가정법원과 지방법원 중 어느 법원의 관할에 속하는지 명백하지 아니한 경우에는 관계 법원의 공통되는 고등법원이 관할법원을 지정한다.

② 제1항의 관할법원 지정에 관하여는 「민사소송법」 제28조를 준용한다.

③ 제1항에 따라 가정법원의 관할로 정하여진 사건은 이 법에서 정하는 절차에 따라 처리하고, 지방법원의 관할로 정하여진 사건은 민사소송 절차에 따라 처리한다.

<전문개정 2010.3.31>

제4조【제척·기피 및 회피】 법원 직원의 제척·기피 및 회피에 관한 「민사소송법」의 규정 중 법관에 관한 사항은 조정장(調停長)과 조정위원에 준용하고, 법원사무관등에 관한 사항은 가사조사관(家事調査官)에 준용한다.

<전문개정 2010.3.31>

제5조【수수료】 이 법에 따른 소(訴)의 제기, 심판의 청구, 조정의 신청이나 그 밖의 재판과 처분의 신청에는 대법원규칙으로 정하는 바에 따라 수수료를 내야 한다.

<전문개정 2010.3.31>

제6조【가사조사관】 ① 가사조사관은 재판장, 조정장 또는 조정담당판사의 명을 받아 사실을 조사한다.

② 가사조사관의 사실조사 방법과 절차에 관한 사항은 대법원규칙으로 정한다.

<전문개정 2010.3.31>

제7조【본인 출석주의】 ① 가정법원, 조정위원회 또는 조정담당판사의 변론기일, 심리기일 또는 조정기일에 소환을 받은 당사자 및 이해관계인은 본인 또는 법정대리인이 출석하여야 한다. 다만, 특별한 사정이 있을 때에는 재판장, 조정장 또는 조정담당판사의 허가를 받아 대리인을 출석하게 할 수 있고 보조인을 동반할 수 있다.

② 변호사 아닌 자가 대리인 또는 보조인이 되려면 미리 재판장, 조정장 또는 조정담당판사의 허가를 받아야 한다.

③ 재판장, 조정장 또는 조정담당판사는 언제든지 제1항 및 제2항의 허가를 취소할 수 있고, 본인이 법정대리인 또는 대리인과 함께 출석할 것을 명할 수 있다.

<전문개정 2010.3.31>

제8조【사실조사의 촉탁】 재판장, 조정장, 조정담당판사 또는 가사조사관은 사실조사를 위하여 필요한 경우에는 경찰 등 행정기관이나 그 밖에 상당하다고 인정되는 단체 또는 개인에게 사실의 조사를 촉탁하고 필요한 사항을 보고하도록 요구할 수 있다.

<전문개정 2010.3.31>

제9조【가족관계등록부 기록 등의 촉탁】 가정법원은 대법원규칙으로 정하는 판결 또는 심판이 확정되거나 효력을 발생한 경우에는 대법원규칙으로 정하는 바에 따라 지체 없이 가족관계등록 사무를 처리하는 사람에게 가족관계등록부에 등록할 것을 촉탁하거나 후견등기 사무를 처리하는 사람에게 후견등기부에 등기할 것을 촉탁하여야 한다. <개정 2013.4.5>
<전문개정 2010.3.31>

제10조【보도 금지】 가정법원에서 처리 중이거나 처리한 사건에 관하여는 성명·연령·직업 및 용모 등을 볼 때 본인이 누구인지 미루어 짐작할 수 있는 정도의 사실이나 사진을 신문, 잡지, 그 밖의 출판물에 게재하거나 방송할 수 없다.
<전문개정 2010.3.31>

제10조의2【기록의 열람 등】 ① 당사자나 이해관계를 소명한 제3자는 다음 각 호의 사항을 법원서기관, 법원사무관, 법원주사 또는 법원주사보(이하 "법원사무관등"이라 한다)에게 신청할 수 있다.
1. 재판서의 정본(정본) · 등본 · 초본의 발급
2. 소송에 관한 사항의 증명서 발급
② 당사자나 이해관계를 소명한 제3자는 재판장의 허가를 받아 다음 각 호의 사항을 법원사무관등에게 신청할 수 있다.
1. 조서(조서)의 정본 · 등본 · 초본의 발급
2. 기록의 열람 · 복사
③ 제1항제1호, 제2항제1호의 신청에 따라 발급되는 재판서 · 조서의 정본 · 등본 · 초본에는 그 취지를 적고 법원사무관등이 기명날인하여야 한다.
④ 제1항 또는 제2항에 따른 신청을 할 때에는 대법원규칙으로 정하는 수수료를 내야 한다.
<전문개정 2013.4.5>

제11조【위임 규정】 가사사건의 재판과 조정의 절차에 관하여 필요한 사항은 대법원규칙으로 정한다.
<전문개정 2010.3.31>

제2편 가사소송

제1장 통 칙

제12조【적용 법률】 가사소송 절차에 관하여는 이 법에 특별한 규정이 있는 경우를 제외하고는 「민사소송법」에 따른다. 다만, 가류 및 나류 가사소송사건에 관하여는 「민사소송법」 제147조제2항, 제149조, 제150조제1항, 제284조제1항, 제285조, 제349조, 제350조, 제410조의 규정 및 같은 법 제220조 중 청구의 인낙(認諾)에 관한 규정과 같은 법 제288조 중 자백에 관한 규정은 적용하지 아니한다.
<전문개정 2010.3.31>

제13조【관할】 ① 가사소송은 이 법에 특별한 규정이 있는 경우를 제외하고는 피고의 보통재판적(普通裁判籍)이 있는 곳의 가정법원이 관할한다.
② 당사자 또는 관계인의 주소, 거소(居所) 또는 마지막 주소에 따라 관할이 정하여지는 경우에 그 주소, 거소 또는 마지막 주소가 국내에 없거나 이를 알 수 없을 때에는 대법원이 있는 곳의 가정법원이 관할한다.
③ 가정법원은 소송의 전부 또는 일부에 대하여 관할권이 없음을 인정한 경우에는 결정(決定)으로 관할법원에 이송하여야 한다.
④ 가정법원은 그 관할에 속하는 가사소송사건에 관하여 현저한 손해 또는 지연을 피하기 위하여 필요한 경우에는 직권으로 또는 당사자의 신청에 의하여 다른 관할가정법원에 이송할 수 있다.
⑤ 이송결정과 이송신청의 기각결정에 대하여는 즉시항고를 할 수 있다.
<전문개정 2010.3.31>

제14조【관련 사건의 병합】 ① 여러 개의 가사소송사건 또는 가사소송사건과 가사비송사건의 청구의 원인이 동일한 사실관계에 기초하거나 1개의 청구의 당부(當否)가 다른 청구의 당부의 전제가 되는 경우에는 이를 1개의 소로 제기할 수 있다.
② 제1항의 사건의 관할법원이 다를 때에는 가사소송사건 중 1개의 청구에 대한 관할권이 있는 가정법원에 소를 제기할 수 있다.
③ 가류 또는 나류 가사소송사건의 소의 제기가 있고, 그 사건과 제1항의 관계에 있는 다류 가사소송사건 또는 가사비송사건이 각각 다른 가정법원에 계속(係屬)된 경우에는 가류 또는 나류 가사소송사건의 수소법원(受訴法院)은 직권으로 또는 당사자의 신청에 의하여 결정으로 다류 가사소송사건 또는 가사비송사건을 병합할 수 있다.
④ 제1항이나 제3항에 따라 병합된 여러 개의 청구에 관하여는 1개의 판결로 재판한다.
<전문개정 2010.3.31>

제15조【당사자의 추가 · 경정】 ① 「민사소송법」 제68조 또는 제260조에 따라 필수적 공동소송인을 추가하거나 피고를 경정(更正)하는 것은 사실심(事實審)의 변론종결 시까지 할 수 있다.
② 제1항에 따라 피고를 경정한 경우에는 신분에 관한 사항에 한정하여 처음의 소가 제기된 때에 경정된 피고와의 사이에 소가 제기된 것으로 본다.
<전문개정 2010.3.31>

제16조【소송 절차의 승계】 ① 가류 또는 나류 가사소송사건의 원고가 사망이나 그 밖의 사유(소송 능력을 상실한 경우는 제외한다)로 소송 절차를 계속하여 진행할 수 없게 된 때에는 다른 제소권자(提訴權者)가 소송 절차를 승계할 수 있다.
② 제1항의 승계신청은 승계 사유가 생긴 때부터 6개월 이내에 하여야 한다.
③ 제2항의 기간 내에 승계신청이 없을 때에는 소가 취하된 것으로 본다.
<전문개정 2010.3.31>

제17조【직권조사】 가정법원이 가류 또는 나류 가사소송사건을 심리할 때에는 직권으로 사실조사 및 필요한 증거조사를 하여야 하며, 언제든지 당사자 또는 법정대리인을 신문할 수 있다.
<전문개정 2010.3.31>

제18조【소송비용 부담의 특칙】 검사가 소송 당사자로서 패소한 경우 그 소송비용은 국고에서 부담한다.
<전문개정 2010.3.31>

제19조【항소】 ① 가정법원의 판결에 대하여 불복하는 경우에는 판결정본이 송달된 날부터 14일 이내에 항소할 수 있다. 다만, 판결정본 송달 전에도 항소할 수 있다.
② 항소법원의 소송 절차에는 제1심의 소송 절차에 관한 규정을 준용한다.
③ 항소법원은 항소가 이유 있는 경우에도 제1심 판결을 취소하거나 변경하는 것이 사회정의와 형평의 이념에 맞지 아니하거나 가정의 평화와 미풍양속을 유지하기에 적합하지 아니하다고 인정하는 경우에는 항소를 기각할 수 있다.
<전문개정 2010.3.31>

제20조【상고】 항소법원의 판결에 대하여 불복하는 경우에는 판결정본이 송달된 날부터 14일 이내에 대법원에 상고할 수 있다. 다만, 판결정본 송달 전에도 상고할 수 있다.
<전문개정 2010.3.31>

제21조【기판력의 주관적 범위에 관한 특칙】 ① 가류 또는 나류 가사소송사건의 청구를 인용(認容)한 확정판결은 제3자에게도 효력이 있다.
② 제1항의 청구를 배척한 판결이 확정된 경우에는 다른 제소권자는 사실심의 변론종결 전에 참가하지 못한 데 대하여 정당한 사유가 있지 아니하면 다시 소를 제기할 수 없다.
<전문개정 2010.3.31>

제2장 혼인관계소송

제22조【관 할】 혼인의 무효나 취소, 이혼의 무효나 취소 및 재판상 이혼의 소는 다음 각 호의 구분에 따른 가정법원의 전속관할로 한다.
1. 부부가 같은 가정법원의 관할 구역 내에 보통재판적이 있을 때에는 그 가정법원
2. 부부가 마지막으로 같은 주소지를 가졌던 가정법원의 관할 구역 내에 부부 중 어느 한쪽의 보통재판적이 있을 때에는 그 가정법원
3. 제1호와 제2호에 해당되지 아니하는 경우로서 부부 중 어느 한쪽이 다른 한쪽을 상대로 하는 경우에는 상대방의 보통재판적이 있는 곳의 가정법원, 부부 모두를 상대로 하는 경우에는 부부 중 어느 한쪽의 보통재판적이 있는 곳의 가정법원
4. 부부 중 어느 한쪽이 사망한 경우에는 생존한 다른 한쪽의 보통재판적이 있는 곳의 가정법원
5. 부부가 모두 사망한 경우에는 부부 중 어느 한쪽의 마지막 주소지의 가정법원

<전문개정 2010.3.31>

제23조【혼인무효 및 이혼무효의 소의 제기권자】 당사자, 법정대리인 또는 4촌 이내의 친족은 언제든지 혼인무효나 이혼무효의 소를 제기할 수 있다.
<전문개정 2010.3.31>

제24조【혼인무효·취소 및 이혼무효·취소의 소의 상대방】 ① 부부 중 어느 한쪽이 혼인의 무효나 취소 또는 이혼무효의 소를 제기할 때에는 배우자를 상대방으로 한다.
② 제3자가 제1항에 규정된 소를 제기할 때에는 부부를 상대방으로 하고, 부부 중 어느 한쪽이 사망한 경우에는 그 생존자를 상대방으로 한다.
③ 제1항과 제2항에 따라 상대방이 될 사람이 사망한 경우에는 검사를 상대방으로 한다.
④ 이혼취소의 소에 관하여는 제1항과 제3항을 준용한다.
<전문개정 2010.3.31>

제25조【친권자 지정 등에 관한 협의권고】 ① 가정법원은 미성년자인 자녀가 있는 부부의 혼인의 취소나 재판상 이혼의 청구를 심리할 때에는 그 청구가 인용될 경우를 대비하여 부모에게 다음 각 호의 사항에 관하여 미리 협의하도록 권고하여야 한다.
1. 미성년자인 자녀의 친권자로 지정될 사람
2. 미성년자인 자녀에 대한 양육과 면접교섭권

② 가정법원이 혼인무효의 청구를 심리하여 그 청구가 인용되는 경우에 남편과 부자관계가 존속되는 미성년자인 자녀가 있는 경우에도 제1항과 같다.
<전문개정 2010.3.31>

제3장 부모와 자녀 관계소송

제1절 친생자관계 〈개정 2010.3.31〉

제26조【관 할】 ① 친생부인, 인지의 무효나 취소 또는 「민법」 제845조에 따른 아버지를 정하는 소는 자녀의 보통재판적이 있는 곳의 가정법원의 전속관할로 하고, 자녀가 사망한 경우에는 자녀의 마지막 주소지의 가정법원의 전속관할로 한다.
② 인지에 대한 이의(異議)의 소, 인지청구의 소 또는 「민법」 제865조에 따른 친생자관계 존부 확인의 소는 상대방(상대방이 여러 명일 때에는 그중 1명)의 보통재판적이 있는 곳의 가정법원의 전속관할로 하고, 상대방이 모두 사망한 경우에는 그중 1명의 마지막 주소지의 가정법원의 전속관할로 한다.
<전문개정 2010.3.31>

제27조【아버지를 정하는 소의 당사자】 ① 「민법」 제845조에 따른 아버지를 정하는 소는 자녀, 어머니, 어머니의 배우자 또는 어머니의 전(前) 배우자가 제기할 수 있다.
② 자녀가 제기하는 경우에는 어머니, 어머니의 배우자 및 어머니의 전 배우자를 상대방으로 하고, 어머니가 제기하는 경우에는 그 배우자 및 전 배우자를 상대방으로 한다.
③ 어머니의 배우자가 제기하는 경우에는 어머니 및 어머니의 전 배우자를 상대방으로 하고, 어머니의 전 배우자가 제기하는 경우에는 어머니 및 어머

니의 배우자를 상대방으로 한다.
④ 제2항과 제3항의 경우에 상대방이 될 사람 중에 사망한 사람이 있을 때에는 생존자를 상대방으로 하고, 생존자가 없을 때에는 검사를 상대방으로 하여 소를 제기할 수 있다.
<전문개정 2010.3.31>

제28조【준용규정】 인지무효의 소에는 제23조 및 제24조를 준용하고, 인지취소의 소, 인지에 대한 이의의 소 또는 친생자관계 존부 확인의 소에는 제24조를 준용하며, 인지청구의 소에는 제25조제1항을 준용한다.
<전문개정 2010.3.31>

제29조【혈액형 등의 수검 명령】 ① 가정법원은 당사자 또는 관계인 사이의 혈족관계의 유무를 확정할 필요가 있는 경우에 다른 증거조사에 의하여 심증(心證)을 얻지 못한 때에는 검사를 받을 사람의 건강과 인격의 존엄을 해치지 아니하는 범위에서, 당사자 또는 관계인에게 혈액채취에 의한 혈액형의 검사 등 유전인자의 검사나 그 밖에 적당하다고 인정되는 방법에 의한 검사를 받을 것을 명할 수 있다.
② 제1항의 명령을 할 때에는 제67조에 규정된 제재(制裁)를 고지하여야 한다.
<전문개정 2010.3.31>

제2절 입양 · 친양자 입양관계

제30조【관 할】 다음 각 호의 소는 양부모 중 1명의 보통재판적이 있는 곳의 가정법원의 전속관할로 하고, 양부모가 모두 사망한 경우에는 그중 1명의 마지막 주소지의 가정법원의 전속관할로 한다.
1. 입양의 무효
2. 입양 또는 친양자 입양의 취소
3. 파양
4. 친양자의 파양
5. 파양의 무효나 취소
<전문개정 2010.3.31>

제31조【준용규정】 입양무효 및 파양무효의 소에 관하여는 제23조 및 제24조를 준용하고, 입양·친양자 입양의 취소, 친양자의 파양 및 파양취소의 소에 관하여는 제24조를 준용한다.
<전문개정 2010.3.31.>

제4장

제32조 삭제 <2005.3.31>
제33조 삭제 <2005.3.31.>

제3편 가사비송

제1장 통 칙

제34조【준용 법률】 가사비송 절차에 관하여는 이 법에 특별한 규정이 없으면 「비송사건절차법」 제1편을 준용한다. 다만, 「비송사건절차법」 제15조는 준용하지 아니한다.
<전문개정 2010.3.31>

제35조【관 할】 ① 이 법과 대법원규칙으로 관할법원을 정하지 아니한 가사비송사건은 대법원이 있는 곳의 가정법원이 관할한다.
② 가사비송사건에 관하여는 제13조제2항부터 제5항까지의 규정을 준용한다.
<전문개정 2010.3.31>

제36조【청구의 방식】 ① 가사비송사건의 청구는 가정법원에 심판청구를 함으로써 한다.
② 심판의 청구는 서면 또는 구술로 할 수 있다.
③ 심판청구서에는 다음 각 호의 사항을 적고 청구인이나 대리인이 기명날인하거나 서명하여야 한다. <개정 2016.1.19>
1. 당사자의 등록기준지, 주소, 성명, 생년월일, 대리인이 청구할 때에는 대리인의 주소와 성명
2. 청구 취지와 청구 원인
3. 청구 연월일
4. 가정법원의 표시
④ 구술로 심판청구를 할 때에는 가정법원의 법원사무관등의 앞에서 진술하여야 한다.
⑤ 제4항의 경우에 법원사무관등은 제3항 각 호의 사항을 적은 조서를 작성하고 기명날인하여야 한다.
<전문개정 2010.3.31>

제37조【이해관계인의 참가】 ① 심판청구에 관하여 이해관계가 있는 자는 재판장의 허가를 받아 절차에 참가할 수 있다.
② 재판장은 상당하다고 인정하는 경우에는 심판청구에 관하여 이해관계가 있는 자를 절차에 참가하게 할 수 있다.
<전문개정 2010.3.31>

제37조의2【절차의 구조】 ① 가정법원은 가사비송사건의 절차에 소요되는 비용을 지출할 자금능력이 없거나 그 비용을 지출하면 생활에 현저한 지장이 있는 사람에 대하여 그 사람의 신청에 따라 또는 직권으로 절차구조(節次救助)를 할 수 있다. 다만, 신청인이 부당한 목적으로 심판청구를 하는 것이 명백한 경우에는 그러하지 아니하다.
② 제1항의 절차구조에 관하여는 「민사소송법」 제128조제3항부터 제5항까지, 제129조부터 제133조까지를 준용한다. 다만, 「민사소송법」 제132조 및 제133조 단서는 마류 가사비송사건에 한정하여 준용한다. <개정 2023. 4. 18.>
<본조신설 2013.4.5>

제38조【증거 조사】 가정법원은 필요하다고 인정할 경우에는 당사자 또는 법정대리인을 당사자 신문(訊問) 방식으로 심문(審問)할 수 있고, 그 밖의 관계인을 증인 신문 방식으로 심문할 수 있다.
<전문개정 2010.3.31>

제39조【재판의 방식】 ① 가사비송사건에 대한 제1심 종국재판(終局裁判)은 심판으로써 한다. 다

만, 절차상의 이유로 종국재판을 하여야 하는 경우에는 그러하지 아니하다.
② 심판서에는 다음 각 호의 사항을 적고 심판한 법관이 기명날인하여야 한다. 심판한 법관이 기명날인하는 데 지장이 있는 경우에는 다른 법관이 그 사유를 적고 기명날인하여야 한다.
1. 당사자와 법정대리인
2. 주문(主文)
3. 이유
4. 법원
③ 라류 가사비송사건의 심판서에는 이유를 적지 아니할 수 있다.
④ 심판에 관하여는 「민사소송법」 중 결정에 관한 규정을 준용한다.
<전문개정 2010.3.31>

제40조【심판의 효력발생 시기】 심판의 효력은 심판을 받을 사람이 심판을 고지받음으로써 발생한다. 다만, 제43조에 따라 즉시항고를 할 수 있는 심판은 확정되어야 효력이 있다.
<전문개정 2010.3.31>

제41조【심판의 집행력】 금전의 지급, 물건의 인도(引渡), 등기, 그 밖에 의무의 이행을 명하는 심판은 집행권원(執行權原)이 된다.
<전문개정 2010.3.31>

제42조【가집행】 ① 재산상의 청구 또는 유아(幼兒)의 인도에 관한 심판으로서 즉시항고의 대상이 되는 심판에는 담보를 제공하게 하지 아니하고 가집행할 수 있음을 명하여야 한다.
② 가정법원은 직권으로 또는 당사자의 신청에 의하여 이행의 목적인 재산에 상당한 금액을 담보로 제공하고 가집행을 면제받을 수 있음을 명할 수 있다.
③ 판결로 유아의 인도를 명하는 경우에도 제1항을 준용한다.
<전문개정 2010.3.31>

제43조【불복】 ① 심판에 대하여는 대법원규칙으로 따로 정하는 경우에 한정하여 즉시항고만을 할 수 있다.
② 항고법원의 재판 절차에는 제1심의 재판 절차에 관한 규정을 준용한다.
③ 항고법원은 항고가 이유 있다고 인정하는 경우에는 원심판을 취소하고 스스로 적당한 결정을 하여야 한다. 다만, 항고법원이 스스로 결정하기에 적당하지 아니하다고 인정하는 경우에는 사건을 원심법원에 환송하여야 한다.
④ 항고법원의 결정에 대하여는 재판에 영향을 미친 헌법, 법률, 명령 또는 규칙 위반이 있음을 이유로 하는 경우에 한정하여 대법원에 재항고할 수 있다.
⑤ 즉시항고는 대법원규칙으로 정하는 날부터 14일 이내에 하여야 한다.
<전문개정 2010.3.31.>

제2장 라류 가사비송사건

제44조【관할 등】 ① 라류 가사비송사건은 다음 각 호의 가정법원이 관할한다. <개정 2013.4.5., 2017.10.31.>
1. 다음 각 목의 어느 하나에 해당하는 사건은 사건본인의 주소지의 가정법원
가. 삭제 <2013.4.5.>
나. 실종에 관한 사건
다. 성(姓)과 본(本)의 창설에 관한 사건
라. 자녀의 종전 성과 본의 계속 사용에 관한 사건
마. 자녀의 성과 본의 변경에 관한 사건
1의2. 미성년후견 · 성년후견 · 한정후견 · 특정후견 및 임의후견에 관한 사건은 각 피후견인(피후견인이 될 사람을 포함한다)의 주소지의 가정법원. 다만, 성년후견 · 한정후견 개시의 심판, 특정후견의 심판, 미성년후견인 · 임의후견감독인 선임 심판이 각각 확정된 이후의 후견에 관한 사건은 후견개시 등의 심판을 한 가정법원(항고법원이 후견개시 등의 심판을 한 경우에는 그 제1심 법원인 가정법원)
2. 부재자의 재산관리에 관한 사건은 부재자의 마지막 주소지 또는 부재자의 재산이 있는 곳의 가정법원
3. 부부 사이의 재산약정의 변경에 관한 사건, 공동의 자녀에 대한 친권 행사방법의 결정사건은 제22조제1호부터 제3호까지의 가정법원
3의2. 친생부인의 허가 및 인지의 허가에 관한 사건은 자녀의 주소지의 가정법원
4. 입양, 친양자 입양 또는 파양에 관한 사건은 양자 · 친양자의 주소지 또는 양자 · 친양자가 될 사람의 주소지의 가정법원
5. 친권에 관한 사건(부부 사이의 공동의 자녀에 대한 친권 행사방법의 결정사건은 제외한다)은 미성년자인 자녀의 주소지의 가정법원
6. 상속에 관한 사건은 상속 개시지(開始地)의 가정법원
7. 유언에 관한 사건은 상속 개시지의 가정법원. 다만, 「민법」 제1070조제2항에 따른 유언의 검인(檢認) 사건은 상속 개시지 또는 유언자 주소지의 가정법원
8. 제1호부터 제7호까지에 해당되지 아니하는 사건은 대법원규칙으로 정하는 가정법원
② 가정법원은 피후견인의 이익을 위하여 필요한 경우에는 직권 또는 후견인, 후견감독인, 피후견인, 피후견인의 배우자 · 4촌 이내의 친족, 검사, 지방자치단체의 장의 신청에 따른 결정으로 제1항제1호의2 단서의 관할 가정법원을 피후견인의 주소지의 가정법원으로 변경할 수 있다. <신설 2017.10.31.>
③ 변경신청을 기각하는 결정에 대하여는 신청인이, 변경결정에 대하여는 후견인, 후견감독인, 피후견인이 즉시항고를 할 수 있다. 변경결정의 즉시항고의 경우에는 집행정지의 효력이 있다. <신설 2017.10.31.>
<전문개정 2010.3.31.>
<제목개정 2017.10.31.>

제45조【심리 방법】 라류 가사비송사건의 심판은 이 법과 다른 법률 또는 대법원규칙에 특별한 규정이 있는 경우를 제외하고는 사건관계인을 심문하

지 아니하고 할 수 있다. <개정 2013.4.5>
<전문개정 2010.3.31>

제45조의2【정신상태의 감정 등】 ① 가정법원은 성년후견 개시 또는 한정후견 개시의 심판을 할 경우에는 피성년후견인이 될 사람이나 피한정후견인이 될 사람의 정신상태에 관하여 의사에게 감정을 시켜야 한다. 다만, 피성년후견인이 될 사람이나 피한정후견인이 될 사람의 정신상태를 판단할 만한 다른 충분한 자료가 있는 경우에는 그러하지 아니하다.

② 가정법원은 특정후견의 심판을 할 경우에는 의사나 그 밖에 전문지식이 있는 사람의 의견을 들어야 한다. 이 경우 의견을 말로 진술하게 하거나 진단서 또는 이에 준하는 서면으로 제출하게 할 수 있다.

<본조신설 2013.4.5>

제45조의3【성년후견·한정후견·특정후견 관련 심판에서의 진술 청취】 ① 가정법원은 다음 각 호의 어느 하나에 해당하는 심판을 하는 경우에는 해당 호에서 정한 사람의 진술을 들어야 한다. 다만, 피성년후견인(피성년후견인이 될 사람을 포함한다)이나 피임의후견인(피임의후견인이 될 사람을 포함한다)이 의식불명, 그 밖의 사유로 자신의 의사를 표명할 수 없는 경우에는 그러하지 아니하다.

1. 성년후견 개시의 심판, 한정후견 개시의 심판 및 특정후견의 심판을 하는 경우에는 피성년후견인이 될 사람, 피한정후견인이 될 사람 또는 피특정후견인이 될 사람. 다만, 후견계약이 등기되어 있는 경우에는 피임의후견인과 임의후견인
2. 성년후견·한정후견·특정후견 종료의 심판을 하는 경우에는 피성년후견인과 성년후견인, 피한정후견인과 한정후견인 또는 피특정후견인과 특정후견인
3. 성년후견인·한정후견인·특정후견인의 선임 심판을 하는 경우에는 피성년후견인(피성년후견인이 될 사람을 포함한다)과 성년후견인이 될 사람, 피한정후견인(피한정후견인이 될 사람을 포함한다)과 한정후견인이 될 사람, 피특정후견인(피특정후견인이 될 사람을 포함한다)과 특정후견인이 될 사람
4. 성년후견감독인·한정후견감독인·특정후견감독인의 선임 심판을 하는 경우에는 피성년후견인(피성년후견인이 될 사람을 포함한다)과 성년후견감독인이 될 사람, 피한정후견인(피한정후견인이 될 사람을 포함한다)과 한정후견감독인이 될 사람, 피특정후견인(피특정후견인이 될 사람을 포함한다)과 특정후견감독인이 될 사람
5. 성년후견인·한정후견인·특정후견인의 변경 심판을 하는 경우에는 피성년후견인과 그 변경이 청구된 성년후견인 및 성년후견인이 될 사람, 피한정후견인과 그 변경이 청구된 한정후견인 및 한정후견인이 될 사람, 피특정후견인과 그 변경이 청구된 특정후견인 및 특정후견인이 될 사람
6. 성년후견감독인·한정후견감독인·특정후견감독인의 변경 심판을 하는 경우에는 피성년후견인과 그 변경이 청구된 성년후견감독인 및 성년후견감독인이 될 사람, 피한정후견인과 그 변경이 청구된 한정후견감독인 및 한정후견감독인이 될 사람, 피특정후견인과 그 변경이 청구된 특정후견감독인 및 특정후견감독인이 될 사람
7. 취소할 수 없는 피성년후견인의 법률행위의 범위 결정과 그 변경 또는 성년후견인·한정후견인의 대리권의 범위 결정과 그 변경 심판을 하는 경우에는 피성년후견인(피성년후견인이 될 사람을 포함한다) 또는 피한정후견인(피한정후견인이 될 사람을 포함한다)
8. 성년후견인·한정후견인이 피성년후견인·피한정후견인의 신상에 관하여 결정할 수 있는 권한의 범위 결정과 그 변경 또는 피성년후견인·피한정후견인의 격리에 대한 허가 심판을 하는 경우에는 피성년후견인(피성년후견인이 될 사람을 포함한다) 또는 피한정후견인(피한정후견인이 될 사람을 포함한다)
9. 피미성년후견인·피성년후견인·피한정후견인에 대한 의료행위의 동의에 대한 허가 심판을 하는 경우에는 피미성년후견인(피미성년후견인이 될 사람을 포함한다), 피성년후견인(피성년후견인이 될 사람을 포함한다) 또는 피한정후견인(피한정후견인이 될 사람을 포함한다)
10. 피한정후견인이 한정후견인의 동의를 받아야 하는 행위의 범위 결정과 그 변경 심판을 하는 경우에는 피한정후견인(피한정후견인이 될 사람을 포함한다)
11. 한정후견인의 동의를 갈음하는 허가 심판을 하는 경우에는 피한정후견인과 한정후견인
12. 피미성년후견인, 피성년후견인 또는 피한정후견인이 거주하는 건물이나 그 대지에 대한 매도 등에 대한 허가 심판을 하는 경우에는 피미성년후견인, 피성년후견인 또는 피한정후견인
13. 특정후견인에게 대리권을 수여하는 심판을 하는 경우에는 피특정후견인(피특정후견인이 될 사람을 포함한다)

② 가정법원이 제1항제1호 또는 제2호에 따라 진술을 듣는 경우에는 피성년후견인(피성년후견인이 될 사람을 포함한다), 피한정후견인(피한정후견인이 될 사람을 포함한다) 또는 피특정후견인(피특정후견인이 될 사람을 포함한다)을 심문하여야 한다. 다만, 그 사람이 자신의 의사를 밝힐 수 없거나 출석을 거부하는 등 심문할 수 없는 특별한 사정이 있는 때에는 그러하지 아니하다.

③ 제2항의 심문을 위하여 검증이 필요한 경우에는 「민사소송법」 제365조 및 제366조제1항·제3항을 준용한다.

<본조신설 2013.4.5>

제45조의4【후견사무의 감독】 ① 가정법원은 전문성과 공정성을 갖추었다고 인정할 수 있는 사람에게 성년후견사무·한정후견사무·특정후견사무

의 실태 또는 피성년후견인 · 피한정후견인 · 피특정후견인의 재산상황을 조사하게 하거나 임시로 재산관리를 하게 할 수 있다. 이 경우 가정법원은 법원사무관등이나 가사조사관에게 사무의 실태나 재산상황을 조사하게 하거나 임시로 재산관리를 하게 할 수 있다.
② 가정법원은 제1항에 따라 사무의 실태나 재산상황을 조사하거나 임시로 재산관리를 하는 사람에게 피성년후견인 · 피한정후견인 · 피특정후견인의 재산 중에서 상당한 보수를 지급할 수 있다. 다만, 법원사무관등이나 가사조사관과 같은 법원 소속 공무원에 대하여는 별도의 보수를 지급하지 아니한다.
③ 제1항에 따라 임시로 재산관리를 하는 사람에 대하여는 「민법」 제681조, 제684조, 제685조 및 제688조를 준용한다.
<본조신설 2013.4.5>

제45조의5【진단결과 등의 청취】 가정법원은 임의후견감독인을 선임할 경우에는 피임의후견인이 될 사람의 정신상태에 관하여 의사나 그 밖에 전문지식이 있는 사람의 의견을 들어야 한다. 이 경우 의견을 말로 진술하게 하거나 진단서 또는 이에 준하는 서면으로 제출하게 할 수 있다.
<본조신설 2013.4.5>

제45조의6【임의후견 관련 심판에서의 진술 청취】 ① 가정법원은 다음 각 호의 어느 하나에 해당하는 심판을 하는 경우에는 해당 호에서 정한 사람의 진술을 들어야 한다. 다만, 피임의후견인(피임의후견인이 될 사람을 포함한다)이 의식불명, 그 밖의 사유로 그 의사를 표명할 수 없는 경우에는 그러하지 아니하다.
1. 임의후견감독인의 선임 심판을 하는 경우에는 피임의후견인이 될 사람, 임의후견감독인이 될 사람 및 임의후견인이 될 사람
2. 임의후견감독인의 변경 심판을 하는 경우에는 피임의후견인, 임의후견인, 그 변경이 청구된 임의후견감독인 및 임의후견감독인이 될 사람
3. 임의후견인의 해임 심판을 하는 경우에는 피임의후견인 및 그 해임이 청구된 임의후견인
4. 후견계약의 종료에 관한 허가 심판을 하는 경우에는 피임의후견인 및 임의후견인

② 가정법원은 제1항제1호 또는 제4호의 심판을 하는 경우에는 피임의후견인(피임의후견인이 될 사람을 포함한다)을 심문하여야 한다. 다만, 그 사람이 자신의 의사를 밝힐 수 없거나 출석을 거부하는 등 심문할 수 없는 특별한 사정이 있는 때에는 그러하지 아니하다.
③ 제2항의 심문을 위하여 검증이 필요한 경우에는 「민사소송법」 제365조 및 제366조제1항 · 제3항을 준용한다.
<본조신설 2013.4.5>

제45조의7【임의후견감독사무의 실태 조사】 가정법원은 법원사무관등이나 가사조사관에게 임의후견감독사무의 실태를 조사하게 할 수 있다.
<본조신설 2013.4.5>

제45조의8【친생부인의 허가 및 인지의 허가 관련 심판에서의 진술 청취】 ① 가정법원은 다음 각 호의 어느 하나에 해당하는 심판을 하는 경우에는 어머니의 전 배우자와 그 성년후견인(성년후견인이 있는 경우에 한정한다)에게 의견을 진술할 기회를 줄 수 있다.
1. 「민법」 제854조의2에 따른 친생부인의 허가 심판
2. 「민법」 제855조의2제1항 및 제2항에 따른 인지의 허가 심판

② 제1항의 진술을 들을 때에는 심문하는 방법 외에도 가사조사관을 통한 조사나 서면조회 등의 방법으로 진술을 들을 수 있다.
<본조신설 2017.10.31>
<종전 제45조의8은 제45조의9로 이동 2017.10.31>

제45조의9【입양허가의 절차】 ① 가정법원은 입양의 허가 심판을 하는 경우에 다음 각 호의 사람의 의견을 들어야 한다. 다만, 그 사람이 의식불명, 그 밖의 사유로 자신의 의사를 표명할 수 없는 경우에는 그러하지 아니하다.
1. 양자가 될 사람(양자가 될 사람이 13세 이상인 경우만 해당한다)
2. 양자가 될 사람의 법정대리인 및 후견인
3. 양자가 될 사람의 부모(「민법」 제870조에 따라 부모의 동의가 필요한 경우를 말한다)
4. 양자가 될 사람의 부모의 후견인
5. 양부모가 될 사람
6. 양부모가 될 사람의 성년후견인

② 가정법원은 양자가 될 사람의 복리를 위하여 필요하다고 인정하는 경우 다음 각 호의 구분에 따라 해당 자료를 제공할 것을 요청할 수 있다. 이 경우 자료 제공을 요청받은 기관은 정당한 사유가 없으면 이에 따라야 한다.
1. 양부모가 될 사람의 주소지 및 가족관계 등을 확인하기 위한 범위: 시장·군수·구청장에 대하여 주민등록표 등본·초본
2. 양부모가 될 사람의 소득을 확인하기 위한 범위: 국세청장에 대하여 근로소득자료 및 사업소득자료
3. 양부모가 될 사람의 범죄경력을 확인하기 위한 범위: 경찰청장에 대하여 범죄경력자료
4. 양부모가 될 사람이 양육능력과 관련된 질병이나 심신장애를 가지고 있는지 확인하기 위하여 특히 필요하다고 인정되는 범위: 「의료법」에 따른 의료기관의 장 또는 「국민건강보험법」에 따른 국민건강보험공단의 장에 대하여 진료기록자료

<본조신설 2013.7.30>
<제45조의8에서 이동 2017.10.31>

제3장 마류 가사비송사건

<개정 2010.3.31.>

제46조【관 할】 마류 가사비송사건은 상대방의

보통재판적이 있는 곳의 가정법원이 관할한다. <개정 2014.10.15>
<전문개정 2010.3.31>

제47조【공동소송에 관한 규정의 준용】 마류 가사비송사건의 청구인 또는 상대방이 여러 명일 때에는 「민사소송법」 중 공동소송에 관한 규정을 준용한다.
<전문개정 2010.3.31>

제48조【심리 방법】 마류 가사비송사건의 심판은 특별한 사정이 없으면 사건관계인을 심문하여 하여야 한다.
<전문개정 2010.3.31>

제48조의2【재산 명시】 ① 가정법원은 재산분할, 부양료 및 미성년자인 자녀의 양육비 청구사건을 위하여 특히 필요하다고 인정하는 경우에는 직권으로 또는 당사자의 신청에 의하여 당사자에게 재산상태를 구체적으로 밝힌 재산목록을 제출하도록 명할 수 있다.
② 제1항의 재산 명시 절차, 방법 등에 대하여 필요한 사항은 대법원규칙으로 정한다.
<전문개정 2010.3.31>

제48조의3【재산조회】 ① 가정법원은 제48조의2의 재산 명시 절차에 따라 제출된 재산목록만으로는 재산분할, 부양료 및 미성년자인 자녀의 양육비 청구사건의 해결이 곤란하다고 인정할 경우에 직권으로 또는 당사자의 신청에 의하여 당사자 명의의 재산에 관하여 조회할 수 있다.
② 제1항의 재산조회에 관하여는 그 성질에 반하지 아니하는 범위에서 「민사집행법」 제74조를 준용한다.
③ 재산조회를 할 공공기관, 금융기관, 단체 등의 범위 및 조회절차, 당사자가 내야 할 비용, 조회결과의 관리에 관한 사항, 과태료의 부과절차 등은 대법원규칙으로 정한다.
④ 누구든지 재산조회의 결과를 심판 외의 목적으로 사용하여서는 아니 된다.
<전문개정 2010.3.31.>

제4편 가사조정

제49조【준용법률】 가사조정에 관하여는 이 법에 특별한 규정이 있는 경우를 제외하고는 「민사조정법」을 준용한다. 다만, 「민사조정법」 제18조 및 제23조는 준용하지 아니한다.
<전문개정 2010.3.31>

제50조【조정 전치주의】 ① 나류 및 다류 가사소송사건과 마류 가사비송사건에 대하여 가정법원에 소를 제기하거나 심판을 청구하려는 사람은 먼저 조정을 신청하여야 한다.
② 제1항의 사건에 관하여 조정을 신청하지 아니하고 소를 제기하거나 심판을 청구한 경우에는 가정법원은 그 사건을 조정에 회부하여야 한다. 다만, 공시송달의 방법이 아니면 당사자의 어느 한쪽 또는 양쪽을 소환할 수 없거나 그 사건을 조정에 회부하더라도 조정이 성립될 수 없다고 인정하는 경우에는 그러하지 아니하다.
<전문개정 2010.3.31>

제51조【관 할】 ① 가사조정사건은 그에 상응하는 가사소송사건이나 가사비송사건을 관할하는 가정법원 또는 당사자가 합의로 정한 가정법원이 관할한다.
② 가사조정사건에 관하여는 제13조제3항부터 제5항까지의 규정을 준용한다.
<전문개정 2010.3.31>

제52조【조정기관】 ① 가사조정사건은 조정장 1명과 2명 이상의 조정위원으로 구성된 조정위원회가 처리한다.
② 조정담당판사는 상당한 이유가 있는 경우에는 당사자가 반대의 의사를 명백하게 표시하지 아니하면 단독으로 조정할 수 있다.
<전문개정 2010.3.31>

제53조【조정장 등 및 조정위원의 지정】 ① 조정장이나 조정담당판사는 가정법원장 또는 가정법원지원장이 그 관할법원의 판사 중에서 지정한다.
② 조정위원회를 구성하는 조정위원은 학식과 덕망이 있는 사람으로서 매년 미리 가정법원장이나 가정법원지원장이 위촉한 사람 또는 당사자가 합의하여 선정한 사람 중에서 각 사건마다 조정장이 지정한다.
<전문개정 2010.3.31>

제54조【조정위원】 조정위원은 조정위원회에서 하는 조정에 관여할 뿐 아니라 가정법원, 조정위원회 또는 조정담당판사의 촉탁에 따라 다른 조정사건에 관하여 전문적 지식에 따른 의견을 진술하거나 분쟁의 해결을 위하여 사건 관계인의 의견을 듣는다.
<전문개정 2010.3.31>

제55조【조정의 신청】 조정의 신청에 관하여는 제36조제2항부터 제5항까지의 규정을 준용한다.
<전문개정 2010.3.31>

제56조【사실의 사전 조사】 조정장이나 조정담당판사는 특별한 사정이 없으면 조정을 하기 전에 기한을 정하여 가사조사관에게 사건에 관한 사실을 조사하게 하여야 한다.
<전문개정 2010.3.31>

제57조【관련 사건의 병합신청】 ① 조정의 목적인 청구와 제14조에 규정된 관련 관계에 있는 나류, 다류 및 마류 가사사건의 청구는 병합하여 조정신청할 수 있다.
② 당사자 간의 분쟁을 일시에 해결하기 위하여 필요하면 당사자는 조정위원회 또는 조정담당판사의 허가를 받아 조정의 목적인 청구와 관련 있는 민사사건의 청구를 병합하여 조정신청할 수 있다.
<전문개정 2010.3.31>

제58조【조정의 원칙】 ① 조정위원회는 조정을 할 때 당사자의 이익뿐 아니라 조정으로 인하여 영향받게 되는 모든 이해관계인의 이익을 고려하고 분쟁을 평화적·종국적(終局的)으로 해결할 수 있는 방안을 마련하여 당사자를 설득하여야 한다.
② 자녀의 친권을 행사할 사람의 지정과 변경, 양

육 방법의 결정 등 미성년자인 자녀의 이해(利害)에 직접적인 관련이 있는 사항을 조정할 때에는 미성년자인 자녀의 복지를 우선적으로 고려하여야 한다.
<전문개정 2010.3.31>
제59조【조정의 성립】 ① 조정은 당사자 사이에 합의된 사항을 조서에 적음으로써 성립한다.
② 조정이나 확정된 조정을 갈음하는 결정은 재판상 화해와 동일한 효력이 있다. 다만, 당사자가 임의로 처분할 수 없는 사항에 대하여는 그러하지 아니하다.
<전문개정 2010.3.31>
제60조【이의신청 등에 의한 소송으로의 이행】 제57조제2항에 따라 조정신청된 민사사건의 청구에 관하여는 「민사조정법」 제36조를 준용한다. 이 경우 가정법원은 결정으로 그 민사사건을 관할법원에 이송하여야 한다.
<전문개정 2010.3.31>
제61조【조정장 등의 의견 첨부】 조정의 목적인 가사사건의 청구에 관하여 「민사조정법」 제36조에 따라 소가 제기된 것으로 의제(擬制)되거나, 제50조제2항에 따라 조정에 회부된 사건을 다시 가정법원에 회부할 때에는 조정장이나 조정담당판사는 의견을 첨부하여 기록을 관할가정법원에 보내야 한다.
<전문개정 2010.3.31>

제5편 이행의 확보

제62조【사전처분】 ① 가사사건의 소의 제기, 심판청구 또는 조정의 신청이 있는 경우에 가정법원, 조정위원회 또는 조정담당판사는 사건을 해결하기 위하여 특히 필요하다고 인정하면 직권으로 또는 당사자의 신청에 의하여 상대방이나 그 밖의 관계인에게 현상(現狀)을 변경하거나 물건을 처분하는 행위의 금지를 명할 수 있고, 사건에 관련된 재산의 보존을 위한 처분, 관계인의 감호(監護)와 양육을 위한 처분 등 적당하다고 인정되는 처분을 할 수 있다.
② 제1항의 처분을 할 때에는 제67조제1항에 따른 제재를 고지하여야 한다.
③ 급박한 경우에는 재판장이나 조정장은 단독으로 제1항의 처분을 할 수 있다.
④ 제1항과 제3항의 처분에 대하여는 즉시항고를 할 수 있다.
⑤ 제1항의 처분은 집행력을 갖지 아니한다.
<전문개정 2010.3.31>
제63조【가압류, 가처분】 ① 가정법원은 제62조에도 불구하고 가사소송사건 또는 마류 가사비송사건을 본안(本案) 사건으로 하여 가압류 또는 가처분을 할 수 있다. 이 경우 「민사집행법」 제276조부터 제312조까지의 규정을 준용한다.
② 제1항의 재판은 담보를 제공하게 하지 아니하고 할 수 있다.
③ 「민사집행법」 제287조를 준용하는 경우 이 법에 따른 조정신청이 있으면 본안의 제소가 있는 것으로 본다.
<전문개정 2010.3.31>
제63조의2【양육비 직접지급명령】 ① 가정법원은 양육비를 정기적으로 지급할 의무가 있는 사람(이하 "양육비채무자"라 한다)이 정당한 사유 없이 2회 이상 양육비를 지급하지 아니한 경우에 정기금 양육비 채권에 관한 집행권원을 가진 채권자(이하 "양육비채권자"라 한다)의 신청에 따라 양육비채무자에 대하여 정기적 급여채무를 부담하는 소득세원천징수의무자(이하 "소득세원천징수의무자"라 한다)에게 양육비채무자의 급여에서 정기적으로 양육비를 공제하여 양육비채권자에게 직접 지급하도록 명할 수 있다.
② 제1항에 따른 지급명령(이하 "양육비 직접지급명령"이라 한다)은 「민사집행법」에 따라 압류명령과 전부명령을 동시에 명한 것과 같은 효력이 있고, 위 지급명령에 관하여는 압류명령과 전부명령에 관한 「민사집행법」을 준용한다. 다만, 「민사집행법」 제40조제1항과 관계없이 해당 양육비 채권 중 기한이 되지 아니한 것에 대하여도 양육비 직접지급명령을 할 수 있다.
③ 가정법원은 양육비 직접지급명령의 목적을 달성하지 못할 우려가 있다고 인정할 만한 사정이 있는 경우에는 양육비채권자의 신청에 의하여 양육비 직접지급명령을 취소할 수 있다. 이 경우 양육비 직접지급명령은 장래에 향하여 그 효력을 잃는다.
④ 가정법원은 제1항과 제3항의 명령을 양육비채무자와 소득세원천징수의무자에게 송달하여야 한다.
⑤ 제1항과 제3항의 신청에 관한 재판에 대하여는 즉시항고를 할 수 있다.
⑥ 소득세원천징수의무자는 양육비채무자의 직장변경 등 주된 소득원의 변경사유가 발생한 경우에는 그 사유가 발생한 날부터 1주일 이내에 가정법원에 변경사실을 통지하여야 한다.
<전문개정 2010.3.31>
제63조의3【담보제공명령 등】 ① 가정법원은 양육비를 정기금으로 지급하게 하는 경우에 그 이행을 확보하기 위하여 양육비채무자에게 상당한 담보의 제공을 명할 수 있다.
② 가정법원은 양육비채무자가 정당한 사유 없이 그 이행을 하지 아니하는 경우에는 양육비채권자의 신청에 의하여 양육비채무자에게 상당한 담보의 제공을 명할 수 있다.
③ 제2항의 결정에 대하여는 즉시항고를 할 수 있다.
④ 제1항이나 제2항에 따라 양육비채무자가 담보를 제공하여야 할 기간 이내에 담보를 제공하지 아니하는 경우에는 가정법원은 양육비채권자의 신청에 의하여 양육비의 전부 또는 일부를 일시금으로 지급하도록 명할 수 있다.
⑤ 제2항과 제4항의 명령에 관하여는 제64조제2항을 준용한다.

⑥ 제1항과 제2항의 담보에 관하여는 그 성질에 반하지 아니하는 범위에서 「민사소송법」 제120조제1항, 제122조, 제123조, 제125조 및 제126조를 준용한다.
<전문개정 2010.3.31>

제64조【이행 명령】 ① 가정법원은 판결, 심판, 조정조서, 조정을 갈음하는 결정 또는 양육비부담조서에 의하여 다음 각 호의 어느 하나에 해당하는 의무를 이행하여야 할 사람이 정당한 이유 없이 그 의무를 이행하지 아니하는 경우에는 당사자의 신청에 의하여 일정한 기간 내에 그 의무를 이행할 것을 명할 수 있다.
1. 금전의 지급 등 재산상의 의무
2. 유아의 인도 의무
3. 자녀와의 면접교섭 허용 의무

② 제1항의 명령을 할 때에는 특별한 사정이 없으면 미리 당사자를 심문하고 그 의무를 이행하도록 권고하여야 하며, 제67조제1항 및 제68조에 규정된 제재를 고지하여야 한다.
<전문개정 2010.3.31>

제65조【금전의 임치】 ① 판결, 심판, 조정조서 또는 조정을 갈음하는 결정에 의하여 금전을 지급할 의무가 있는 자는 권리자를 위하여 가정법원에 그 금전을 임치(任置)할 것을 신청할 수 있다.
② 가정법원은 제1항의 임치신청이 의무를 이행하기에 적합하다고 인정하는 경우에는 허가하여야 한다. 이 경우 그 허가에 대하여는 불복하지 못한다.
③ 제2항의 허가가 있는 경우 그 금전을 임치하면 임치된 금액의 범위에서 의무자(義務者)의 의무가 이행된 것으로 본다.
<전문개정 2010.3.31.>

제6편 벌 칙

제66조【불출석에 대한 제재】 가정법원, 조정위원회 또는 조정담당판사의 소환을 받은 사람이 정당한 이유 없이 출석하지 아니하면 가정법원, 조정위원회 또는 조정담당판사는 결정으로 50만원 이하의 과태료를 부과할 수 있고 구인(拘引)할 수 있다.
<전문개정 2010.3.31>

제67조【의무 불이행에 대한 제재】 ① 당사자 또는 관계인이 정당한 이유 없이 제29조, 제63조의2제1항, 제63조의3제1항·제2항 또는 제64조의 명령이나 제62조의 처분을 위반한 경우에는 가정법원, 조정위원회 또는 조정담당판사는 직권으로 또는 권리자의 신청에 의하여 결정으로 1천만원 이하의 과태료를 부과할 수 있다.
② 제29조에 따른 수검 명령을 받은 사람이 제1항에 따른 제재를 받고도 정당한 이유 없이 다시 수검 명령을 위반한 경우에는 가정법원은 결정으로 30일의 범위에서 그 의무를 이행할 때까지 위반자에 대한 감치(監置)를 명할 수 있다.
③ 제2항의 결정에 대하여는 즉시항고를 할 수 있다.
<전문개정 2010.3.31>

제67조의2【제출명령 위반에 대한 제재】 가정법원은 제3자가 정당한 사유 없이 제45조의3제3항 또는 제45조의6제3항에 따라 준용되는 「민사소송법」 제366조제1항의 제출명령에 따르지 아니한 경우에는 결정으로 200만원 이하의 과태료를 부과한다. 이 결정에 대하여는 즉시항고를 할 수 있다.
<개정 2013.7.30>
<본조신설 2013.4.5>

제67조의3【재산목록 제출 거부 등에 대한 제재】 제48조의2제1항에 따른 명령을 받은 사람이 정당한 사유 없이 재산목록의 제출을 거부하거나 거짓 재산목록을 제출하면 1천만원 이하의 과태료를 부과한다. <개정 2013.4.5>
<전문개정 2010.3.31>

제67조의4【거짓 자료 제출 등에 대한 제재】 제48조의3제2항에 따라 준용되는 「민사집행법」 제74조제1항 및 제3항의 조회를 받은 기관·단체의 장이 정당한 사유 없이 거짓 자료를 제출하거나 자료를 제출할 것을 거부하면 1천만원 이하의 과태료를 부과한다. <개정 2013.4.5>
<전문개정 2010.3.31>

제68조【특별한 의무 불이행에 대한 제재】 ① 제63조의3제4항 또는 제64조의 명령을 받은 사람이 다음 각 호의 어느 하나에 해당하면 가정법원은 권리자의 신청에 의하여 결정으로 30일의 범위에서 그 의무를 이행할 때까지 의무자에 대한 감치를 명할 수 있다.
1. 금전의 정기적 지급을 명령받은 사람이 정당한 이유 없이 3기(期) 이상 그 의무를 이행하지 아니한 경우
2. 유아의 인도를 명령받은 사람이 제67조제1항에 따른 제재를 받고도 30일 이내에 정당한 이유 없이 그 의무를 이행하지 아니한 경우
3. 양육비의 일시금 지급명령을 받은 사람이 30일 이내에 정당한 사유 없이 그 의무를 이행하지 아니한 경우

② 제1항의 결정에 대하여는 즉시항고를 할 수 있다.
<전문개정 2010.3.31>

제69조【과태료 사건의 절차】 「비송사건절차법」 제248조 및 제250조 중 검사에 관한 규정은 제66조, 제67조제1항 및 제67조의2부터 제67조의4까지의 규정에 따른 과태료 재판에 적용하지 아니한다.
<개정 2013.4.5>
<전문개정 2010.3.31>

제70조【감치를 명하는 재판 절차】 제67조제2항 및 제68조에 규정된 감치를 명하는 재판 절차와 그 밖에 필요한 사항은 대법원규칙으로 정한다.
<전문개정 2010.3.31>

제71조【비밀누설죄】 ① 조정위원이거나 조정위원이었던 사람이 정당한 이유 없이 합의의 과정이나 조정장·조정위원의 의견 및 그 의견별 조정위원의 숫자를 누설하면 30만원 이하의 벌금에 처한다.

② 조정위원이거나 조정위원이었던 사람이 정당한 이유 없이 그 직무수행 중에 알게 된 다른 자의 비밀을 누설하면 2년 이하의 징역 또는 100만원 이하의 벌금에 처한다.
③ 제2항의 죄에 대하여 공소를 제기하려면 고소가 있어야 한다.
<전문개정 2010.3.31>

제72조【보도 금지 위반죄】 제10조에 따른 보도 금지 규정을 위반한 사람은 2년 이하의 금고 또는 100만원 이하의 벌금에 처한다.
<전문개정 2010.3.31>

제73조【재산조회 결과 등의 목적 외 사용죄】 제48조의2에 따른 재산목록, 제48조의3에 따른 재산조회 결과를 심판 외의 목적으로 사용한 사람은 2년 이하의 징역 또는 500만원 이하의 벌금에 처한다.
<전문개정 2010.3.31>

부 칙 (1990.12.31)

제1조 (시행일) 이 법은 1991년 1월 1일부터 시행한다.
제2조 (폐지법률) 인사소송법 및 가사심판법은 이를 폐지한다.
제3조 (계속사건에 대한 경과조치) 이 법은 이 법 또는 대법원규칙에 특별한 규정이 있는 경우를 제외하고는 이 법 시행당시 법원에 계속중인 사건에도 이를 적용한다. 다만, 이 법 시행전의 소송행위의 효력에는 영향을 미치지 아니한다.
제4조 (소급적용) 이 법은 특별한 규정이 있는 경우를 제외하고는 이 법 시행전에 생긴 사항에도 이를 적용한다. 다만, 종전의 규정에 의하여 생긴 효력에는 영향을 미치지 아니한다.
제5조 (관할에 관한 경과조치) ①이 법 시행당시 가정법원 및 가정법원지원이 설치되지 아니한 지역에 있어서의 가정법원의 권한에 속하는 사항은 가정법원 및 가정법원지원이 설치될 때까지 해당 지방법원 및 지방법원지원이 이를 관할한다.
②이 법 시행당시 법원에 계속중인 사건으로서 이 법에 의한 관할권이 없는 사건인 경우에는 종전의 규정에 의하여 관할권이 있으면 그에 따른다.
제6조 (법정기간에 관한 경과조치) 이 법 시행전부터 진행된 법정기간과 그 계산은 종전의 규정에 의한다.
제7조 (벌칙에 관한 경과조치) ①이 법 시행전의 행위에 대한 벌칙·과태료의 적용과 그 집행은 종전의 규정에 의한다.
②이 법 시행전에 종전의 규정에 의한 이행명령을 받은 자에 대하여는 제68조의 규정을 적용하지 아니한다.
제8조 (호주상속사건에 대한 경과조치) 법률 제4199호 민법중개정법률의 시행일전에 개시된 호주상속에 관한 무효의 소 또는 회복의 소는 이 법에 의한 호주승계의 무효 또는 회복의 소의 예에 의한다.
제9조 및 제10조 생략

부 칙 <중략>

부 칙 (17905호, 2021. 1. 26.) (민법)

제1조(시행일) 이 법은 공포한 날부터 시행한다.
제2조 생략
제3조(다른 법률의 개정) 가사소송법 일부를 다음과 같이 개정한다.
제2조제1항제2호가목14)를 삭제한다.
제4조(「가사소송법」의 개정에 관한 경과조치) 이 법 시행 전에 법원에 감화 또는 교정기관 위탁에 대한 허가를 신청하여 이 법 시행 당시 법원에 계속 중인 사건에 관하여는 부칙 제3조에 따라 개정되는 「가사소송법」 제2조제1항제2호가목14)의 개정규정에도 불구하고 종전의 규정에 따른다.

형 법

[1953년 9월 18일
법 률 제293호]

개정
1975. 3.25법2745호 1988.12.31법4040호
1995.12.29법5057호
1997.12.13법5454호(정부부처명칭등의변경에따른건축법등 의정비에 관한법률)
2001.12.29법6543호 2004. 1.20법7077호
2005. 3.31법7427호(민법) 2005. 7.29법7623호
2010. 4.15법10259호 2012.12.18법11574호
2013. 4. 5법11731호 2014. 5.14법12575호
2014.12.30법12898호 2016. 1. 6법13719호
2016. 5.29법14178호 2016.12.20법14415호
2017.12.12법15163호 2018.10.16법15793호
2018.12.18법15982호 2020. 5.19법17265호
2020.10.20법17511호 2020.12. 8법17571호
2023. 8. 8법19582호

제1편 총 칙

제1장 형법의 적용범위

제1조【범죄의 성립과 처벌】 ① 범죄의 성립과 처벌은 행위 시의 법률에 따른다.
② 범죄 후 법률이 변경되어 그 행위가 범죄를 구성하지 아니하게 되거나 형이 구법(舊法)보다 가벼워진 경우에는 신법(新法)에 따른다.
③ 재판이 확정된 후 법률이 변경되어 그 행위가 범죄를 구성하지 아니하게 된 경우에는 형의 집행을 면제한다.
<전문개정 2020. 12. 8.>

(판 례) 외국환관리규정(재정경제원고시 제1996-13호) 제6-15조의4제2호 (나)목 소정의 '도박 기타 범죄 등 선량한 풍속 및 사회질서에 반하는 행위'라는 요건은, 이를 한정할 합리적인 기준이 없다면, 형벌법규의 구성요건요소로서는 지나치게 광범위하고 불명확하다고 할 것인데, 외국환관리에 관한 법령의 입법 목적이나 그 전체적 내용, 구조 등을 살펴보아도 사물의 변별능력을 제대로 갖춘 일반인의 이해와 판단으로서도 그 구성요건요소에 해당하는 행위유형을 정형화하거나 한정할 합리적 해석기준을 찾기 어려우므로, 죄형법정주의가 요구하는 형벌법규의 명확성의 원칙에 반한다. 그리고 이와 같이 지나치게 광범위하고 불명확한 사유인 '범죄, 도박 등 선량한 풍속 및 사회질서에 반하는 행위와 관련한 지급 등'을 허가사유로 규정한 것은 모법인 외국환관리법 제17조제1항에서 규정한 지급 등의 규제요건 및 위 법률조항의 위임에 따라 외국환관리법시행령 제26조제1항에서 규정한 허가규제기준을 넘어서는 것으로서, 모법의 위임범위를 벗어난 것이라고 보지 않을 수 없으므로, 외국환관리규정 제6-15조의4제2호 (나)목의 규정은 죄형법정주의에 위배된 것일 뿐만 아니라 위임입법의 한계도 벗어난 것으로서 무효이다(1998.6.18, 97도2231). <형총(이재상)22면, (김일수)77면>

형벌법규는 그 규정내용이 명확하여야 할 뿐만 아니라 그 해석에 있어서도 엄격함을 요하고 유추해석은 허용되지 않는 것이므로 성폭력범죄의처벌및피해자보호등에관한법률 제9조제1항의 죄의 주체는 "제6조의 죄를 범한 자"로 한정되고 같은 법 제6조제1항의 미수범까지 여기에 포함되는 것으로 풀이할 수는 없다(1995.4.7, 95도94). <형총(이)27면, (김)49면>

형법 제1조제2항이나 형사소송법 제326조제4호의 규정은 형벌법령 제정의 이유가 된 법률이념의 변경에 따라 종래의 처벌자체가 부당하였다거나 또는 과형이 과중하였다는 반성적 고려에서 법령을 개폐하였을 경우에 적용된다고 해석하여야 할 것이고 교통질서유지를 위한 규제방법의 변경 등 그때 그때의 특수한 필요에 대처하기 위하여 법령을 개폐한 것에 불과한 경우에 있어서는 구법 당시에 범하여진 위반행위에 대한 가벌성을 소멸시키거나 축소시킬 아무런 이유가 없으므로 후일 그 법령이 개폐되었다 하더라도 행위당시의 형벌법령에 비추어 그 위반행위를 처벌하여야 할 것이다(1987.3.10, 선고 86도42 판결). <형사판례평석(조민제)13면>

형법 부칙 제4조제1항은 형법을 시행함에 즈음하여 구형법과의 관계에서 그 적용범위를 정한 경과규정으로서, 형법 제8조가 타 법령에 정한 죄에도 적용하도록 규정한 "본법 총칙"에 해당되지 않을 뿐만 아니라, 범죄의 성립과 처벌은 행위시의 법률에 의한다고 규정한 형법 제1조제1항의 해석으로서도 행위가 종료된 때 시행되는 법률의 적용을 배제한 점에서 타당한 것이 아니므로, 신·구형법 사이의 관계가 아닌 다른 법률 사이의 관계에서는 위 법조항을 그대로 적용하거나 유추적용할 것이 아니다(1992.12.8, 92도407). <판례백선(신동운)43면>

제2조【국내범】 본법은 대한민국영역내에서 죄를 범한 내국인과 외국인에게 적용한다.

제3조【내국인의 국외범】 본법은 대한민국영역외에서 죄를 범한 내국인에게 적용한다.

(판 례) 국제협정이나 관행에 의하여 대한민국 내에 있는 미국문화원이 치외법권지역이고 그 곳을 미국영토의 연장으로 본다하더라도 그 곳에서 죄를 범한 대한민국국민에 대하여 우리 법원에 먼저 공소가 제기되고 미국이 자국의 재판권을 주장하지 않고 있는 이상 속인주의를 함께 채택하고 있는 우리 나라의 재판권은 동인들에게도 당연히 미친다 할 것이며 미국문화원 측이 동인들에 대한 처벌을 바라지 않았다고 하여 그 재판권이 배제되는 것도 아니다(1986.6.24, 86도403). <판례백선(신)61면>

제4조【국외에 있는 내국선박 등에서 외국인이 범한 죄】 본법은 대한민국영역외에 있는 대한민국의 선박 또는 항공기내에서 죄를 범한 외국인에게 적용한다.

제5조【외국인의 국외범】 본법은 대한민국

영역외에서 다음에 기재한 죄를 범한 외국인에게 적용한다.
1. 내란의 죄
2. 외환의 죄
3. 국기에 관한 죄
4. 통화에 관한 죄
5. 유가증권, 우표와 인지에 관한 죄
6. 문서에 관한 죄 중 제225조 내지 제230조
7. 인장에 관한 죄 중 제238조

판례 외국인이 일본에서 소련을 거쳐 북괴에 들어가거나 일본 기타 제3국에서 반국가단체의 구성원과 통신연락을 한 행위는 외국인의 국외범이므로 반공법을 적용하여 처벌할 수 없다(1976.5.11, 76도720).

외국인의 국외범에 대하여는 형법 제5조에 열거된 이외의 죄를 적용할 수 없음이 원칙인데, 여기에 반공법은 포함되지 않았고, 또 반공법 자체나 그 밖의 법률에 이와 같은 외국인의 국외범에 대하여 반공법을 적용할 수 있는 근거를 찾아볼 수 없으므로, 외국인의 대한민국 영역외에서의 탈출행위에 대하여 반공법을 적용하여 처벌할 수 없다(1974.8.30, 74도1668).

제6조【대한민국과 대한민국국민에 대한 국외범】 본법은 대한민국영역외에서 대한민국 또는 대한민국국민에 대하여 전조에 기재한 이외의 죄를 범한 외국인에게 적용한다. 단 행위지의 법률에 의하여 범죄를 구성하지 아니하거나 소추 또는 형의 집행을 면제할 경우에는 예외로 한다.

판례 항공기운항안전법 제3조, "항공기내에서 범한 범죄 및 기타 행위에 관한 협약"(도오쿄협약) 제1조, 제3조, 제4조 "항공기의 납치억제를 위한 협약"(헤이그협약) 제1조, 제3조, 제4조, 제7조의 각 규정들을 종합하여 보면 민간항공기납치사건에 대하여는 항공기등록지국에 원칙적인 재판관할권이 있는 외에 항공기착륙국인 우리 나라에도 경합적으로 재판관할권이 생기어 우리 나라 항공기운항안전법은 외국인의 국외범까지도 적용대상이 된다고 할 것이다(1984.5.22, 84도39). <판례백선(신)57면>

제7조【외국에서 집행된 형의 산입】 죄를 지어 외국에서 형의 전부 또는 일부가 집행된 사람에 대해서는 그 집행된 형의 전부 또는 일부를 선고하는 형에 산입한다.
<전문개정 2016.12.20>

제8조【총칙의 적용】 본법 총칙은 타법령에 정한 죄에 적용한다. 단 그 법령에 특별한 규정이 있는 때에는 예외로 한다.

판례 행정상의 단속을 주안으로 하는 법규라 하더라도 명문규정이 있거나 해석상 과실범도 벌할 뜻이 명확한 경우를 제외하고는 형법의 원칙에 따라 고의가 있어야 벌할 수 있다(1986.7.22, 85도108).

제2장 죄

제1절 죄의 성립과 형의 감면

제9조【형사미성년자】 14세 되지 아니한 자의 행위는 벌하지 아니한다.

판례 법인의 형사책임능력은 인정되지 않는다(1961.10.19, 4294형상417).

제10조【심신장애인】 ①심신장애로 인하여 사물을 변별할 능력이 없거나 의사를 결정할 능력이 없는 자의 행위는 벌하지 아니한다. <개정 2014.12.30>
②심신장애로 인하여 전항의 능력이 미약한 자의 행위는 형을 감경할 수 있다. <개정 2018.12.18>
③위험의 발생을 예견하고 자의로 심신장애를 야기한 자의 행위에는 전2항의 규정을 적용하지 아니한다.

판례 피고인이 자신의 절도의 충동을 억제하지 못하는 성격적 결함(정신의학상으로는 정신병질이라는 용어로 표현하기도 한다)으로 인하여 절도 범행에 이르게 되었다고 하더라도, 이와 같이 자신의 충동을 억제하지 못하여 범죄를 저지르게 되는 현상은 정상인에게서도 얼마든지 찾아볼 수 있는 일로서 이는 정도의 문제에 불과하고, 따라서 특단의 사정이 없는 한 위와 같은 성격적 결함을 가진 자에 대하여 자신의 충동을 억제하고 법을 준수하도록 요구하는 것이 기대할 수 없는 행위를 요구하는 것이라고는 할 수 없으므로 원칙적으로는 충동조절장애와 같은 성격적 결함은 형의 감면사유인 심신장애에 해당하지 않는다고 봄이 상당하고, 다만 그러한 성격적 결함이 매우 심각하여 원래의 의미의 정신병을 가진 사람과 동등하다고 평가할 수 있다든지, 또는 다른 심신장애사유와 경합된 경우에는 심신장애를 인정할 여지가 있을 것이다(1995.2.24, 94도3163). <형총(이) 297면>

형법 제10조 제3항은 "위험의 발생을 예견하고 자의로 심신장애를 야기한 자의 행위에는 전2항의 규정을 적용하지 아니한다"라고 규정하고 있는 바, 이 규정은 고의에 의한 원인에 있어서의 자유로운 행위만이 아니라 과실에 의한 원인에 있어서의 자유로운 행위까지도 포함하는 것으로서 위험의 발생을 예견할 수 있었는데도 자의로 심신장애를 야기한 경우도 그 적용대상이 된다고 할 것이어서, 피고인이 음주만취한 후 운전을 결행하여 교통사고를 일으켰다면 피고인은 음주시에 교통사고를 일으킬 위험성을 예견하였는데도 자의로 심신장애를 야기한 경우에 해당하므로 위 법조항에 의하여 심신장애로 인한 감경 등을 할 수 없다(1992.7.28, 92도999). <판례백선(신)310면, 형총(이)310면>

제11조【청각 및 언어 장애인】 듣거나 말하는 데 모두 장애가 있는 사람의 행위에 대해서는 형을 감경한다.
<전문개정 2020. 12. 8.>

제12조【강요된 행위】 저항할 수 없는 폭력이나 자기 또는 친족의 생명, 신체에 대한 위해를 방어할 방법이 없는 협박에 의하여 강요된 행위는 벌하지 아니한다.

(판 례) 설령 대공수사단 직원은 상관의 명령에 절대 복종해야 한다는 것이 불문율로 되어 있다 하더라도 국민의 기본권인 신체의 자유를 침해하는 고문행위 등이 금지되어 있는 우리 나라의 국법질서에 비추어 볼 때 그와 같은 불문율이 있다는 것만으로는 고문치사와 같이 중대하고도 명백한 위법명령에 따르는 행위가 정당한 행위에 해당하거나 강요된 행위로서 적법행위에 대한 기대가능성이 없는 경우에 해당하게 되는 것이라고는 볼 수 없다(1988.2.23, 87도2358). <형총(김)325면, 형사판례평석79면, 판례백선(신)332면>

제13조【고 의】 죄의 성립요소인 사실을 인식하지 못한 행위는 벌하지 아니한다. 다만, 법률에 특별한 규정이 있는 경우에는 예외로 한다.
<전문개정 2020. 12. 8.>

(판 례) 미필적 고의가 있었다고 하려면 결과발생에 대한 인식이 있음은 물론 이러한 결과발생을 용인하는 내심의 의사가 있음을 요한다(1985.6.25, 85도660). <형총(김)183면, (이)162면>

제14조【과 실】 정상적으로 기울여야 할 주의(注意)를 게을리하여 죄의 성립요소인 사실을 인식하지 못한 행위는 법률에 특별한 규정이 있는 경우에만 처벌한다.
<전문개정 2020. 12. 8.>

(판 례) 야간에 고속도로에서 차량을 운전하는 자는 주간에 정상적인 날씨 아래에서 고속도로를 운행하는 것과는 달리 노면상태 및 가시거리상태 등에 따라 고속도로상의 제한최고속도 이하의 속도로 감속·서행할 주의의무가 있다(1999.1.15, 98도2605). <형총(김)584면>

제15조【사실의 착오】 ① 특별히 무거운 죄가 되는 사실을 인식하지 못한 행위는 무거운 죄로 벌하지 아니한다.
② 결과 때문에 형이 무거워지는 죄의 경우에 그 결과의 발생을 예견할 수 없었을 때에는 무거운 죄로 벌하지 아니한다.
<전문개정 2020. 12. 8.>

(판 례) 소위 타격의 착오가 있는 경우라 할지라도 행위자의 살인의 범의의 성립에 방해가 되지 아니한다(1984.1.24, 83도2813). <판례백선(신) 175면>

피고인이 피해자에게 우측 흉골골절 및 늑골골절상과 이로 인한 우측 심장벽좌상과 심낭내출혈 등의 상해를 가함으로써, 피해자가 바닥에 쓰러진 채 정신을 잃고 빈사상태에 빠지자, 피해자가 사망한 것으로 오인하고, 피고인의 행위를 은폐하고 피해자가 자살한 것처럼 가장하기 위하여 피해자를 베란다로 옮긴 후 베란다 밑 약 13m 아래의 바닥으로 떨어뜨려 피해자로 하여금 현장에서 좌측 측두부 분쇄함몰골절에 의한 뇌손상 및 뇌출혈 등으로 사망에 이르게 하였다면, 피고인의 행위는 포괄하여 단일의 상해치사죄에 해당한다(1994.11.4, 94도2361). <형총(김)224면, 형사판례평석(조)40면>

일부 집단원이 고의로 방화행위를 하여 사상의 결과를 초래한 경우에 다른 집단원이 그 방화행위로 인한 사상의 결과를 예견할 수 있는 상황이었다면 특수공무방해치사상의 죄책을 면할 수 없으나 그 방화행위 자체에 공모 가담한바 없는 이상 방화치사상죄로 의율할 수는 없다(1990.6.26, 90도765). <형사판례평석(조)52면, 형총(김)501면>

제16조【법률의 착오】 자기의 행위가 법령에 의하여 죄가 되지 아니하는 것으로 오인한 행위는 그 오인에 정당한 이유가 있는 때에 한하여 벌하지 아니한다.

(판 례) 형법 제16조는 단순한 법률의 부지의 경우를 말하는 것이 아니고, 일반적으로 범죄가 되는 행위이지만 자기의 특수한 경우에는 법령에 의하여 허용된 행위로서 죄가 되지 아니한다고 그릇 인식하고 그와 같이 그릇 인식함에 있어 정당한 이유가 있는 때에는 벌하지 아니한다는 취지이다(1995.6.16, 94도1793).

긴급명령 위반행위 당시 긴급명령이 시행된 지 그리 오래되지 않아 금융거래의 실명전환 및 확인에만 관심이 집중되어 있었기 때문에 비밀보장의무의 내용에 관하여 확립된 규정이나 판례, 학설은 물론 관계기관의 유권해석이나 금융관행이 확립되어 있지 아니하였다는 사정은 단순한 법률의 부지에 불과하며, 피고인들의 행위가 죄가 되지 않는다고 믿은 데에 정당한 이유가 있는 경우에 해당하지 않는다(1997.6.27, 95도1964).

제17조【인과관계】 어떤 행위라도 죄의 요소되는 위험발생에 연결되지 아니한 때에는 그 결과로 인하여 벌하지 아니한다.

(판 례) 피고인이 트럭을 도로의 중앙선 위에 왼쪽 바깥바퀴가 걸친 상태로 운행하던 중 피해자가 승용차를 운전하여 피고인이 진행하던 차선으로 달려오다가 급히 자기차선으로 들어가면서 피고인이 운전하던 트럭과 교행할 무렵 다시 피고인의 차선으로 들어와 그 차량의 왼쪽 앞부분으로 트럭의 왼쪽 뒷바퀴 부분을 스치듯이 충돌하고 이어서 트럭을 바짝 뒤따라가던 차량을 들이받았다면, 설사 피고인이 중앙선 위를 달리지 아니하고 정상차선으로 달렸다 하더라도 사고는 피할 수 없다 할 것이므로 피고인이 트럭의 왼쪽 바퀴를 중앙선 위에 올려놓은 상태에서 운전한 것만으로는 위 사고의 직접적인 원인이 되었다고 할 수 없다(1991.2.26, 90도2856).

제18조【부작위범】 위험의 발생을 방지할 의

무가 있거나 자기의 행위로 인하여 위험발생의 원인을 야기한 자가 그 위험발생을 방지하지 아니한 때에는 그 발생된 결과에 의하여 처벌한다.

판례 일정한 기간 내에 잘못된 상태를 바로잡으라는 행정청의 지시를 이행하지 않았다는 것을 구성요건으로 하는 범죄는 이른바 진정부작위범으로서 그 의무이행기간의 경과에 의하여 범행이 기수에 이름과 동시에 작위의무를 발생시킨 행정청의 지시 역시 그 기능을 다한 것으로 보아야 한다(1994.4.26, 93도1731).

형법상 부작위범이 인정되기 위하여는 형법이 금지하고 있는 법익침해의 결과발생을 방지할 법적인 작위의무를 지고 있는 자가 그 의무를 이행함으로써 결과발생을 쉽게 방지할 수 있었음에도 불구하고 그 결과의 발생을 용인하고 이를 방관한 채 그 의무를 이행하지 아니한 경우에, 그 부작위가 작위에 의한 법익침해와 동등한 형법적 가치가 있는 것이어서 그 범죄의 실행행위로 평가될 만한 것이라면, 작위에 의한 실행행위와 동일하게 부작위범으로 처벌할 수 있다(1997.3.14, 96도1639).

제19조【독립행위의 경합】 동시 또는 이시의 독립행위가 경합한 경우에 그 결과발생의 원인된 행위가 판명되지 아니한 때에는 각 행위를 미수범으로 처벌한다.

판례 형법 제263조의 동시범은 상해와 폭행죄에 관한 특별규정으로 동 규정은 그 보호법익을 달리하는 강간치상죄에는 적용할 수 없다(1984.4.24, 84도372). <형총(김)518면>

제20조【정당행위】 법령에 의한 행위 또는 업무로 인한 행위 기타 사회상규에 위배되지 아니하는 행위는 벌하지 아니한다.

판례 어떠한 행위가 정당한 행위로서 위법성이 조각되는 것인지는 구체적인 경우에 따라서 합목적적, 합리적으로 가려져야 할 것인바, 정당행위를 인정하려면 첫째 그 행위의 동기나 목적의 상당성, 둘째 행위의 수단이나 방법의 상당성, 셋째 보호이익과 침해이익과의 법익균형성, 넷째 긴급성, 다섯째 그 행위 외에 다른 수단이나 방법이 없다는 보충성 등의 요건을 갖추어야 한다(1994.4.15, 93도2899). <형총(김)335면, (이)279면>

집회나 시위의 장소, 태양, 내용과 소음 발생의 수단, 방법 및 그 결과 등에 비추어, 집회나 시위의 목적 달성의 범위를 넘어 사회통념상 용인될 수 없는 정도로 타인에게 심각한 피해를 주는 소음을 발생시킨 경우에는 위법한 위력의 행사로서 정당행위라고는 할 수 없다(2004.10.15, 2004도4467).

제21조【정당방위】 ① 현재의 부당한 침해로부터 자기 또는 타인의 법익(法益)을 방위하기 위하여 한 행위는 상당한 이유가 있는 경우에는 벌하지 아니한다.
② 방위행위가 그 정도를 초과한 경우에는 정황(情況)에 따라 그 형을 감경하거나 면제할 수 있다.
③ 제2항의 경우에 야간이나 그 밖의 불안한 상태에서 공포를 느끼거나 경악(驚愕)하거나 흥분하거나 당황하였기 때문에 그 행위를 하였을 때에는 벌하지 아니한다.
<전문개정 2020. 12. 8.>

판례 정당방위가 성립하려면 침해행위에 의하여 침해되는 법익의 종류, 정도, 침해의 방법, 침해행위의 종류, 정도 등 일체의 구체적 사정들을 참작하여 방위행위가 사회적으로 상당한 것이어야 하고, 정당방위의 성립요건으로서의 방위행위에는 순수한 수비적 방위일 뿐 아니라 적극적 반격을 포함하는 반격방어의 형태도 포함되나 그 방위행위는 자기 또는 타인의 법익침해를 방위하는 행위로서 상당한 이유가 있어야 한다(1992.12.22, 92도2540). <형총(김) 287면, (이)218면, 판례백선(신)220면, 형사판례평석(조)59면>

제22조【긴급피난】 ①자기 또는 타인의 법익에 대한 현재의 위난을 피하기 위한 행위는 상당한 이유가 있는 때에는 벌하지 아니한다.
②위난을 피하지 못할 책임이 있는 자에 대하여는 전항의 규정을 적용하지 아니한다.
③전조제2항과 제3항의 규정은 본조에 준용한다.

판례 피고인이 스스로 야기한 강간범행의 와중에서 피해자가 피고인의 손가락을 깨물며 반항하자 물린 손가락을 비틀며 잡아 뽑다가 피해자에게 치아결손의 상해를 입힌 소위를 가리켜 법에 의하여 용인되는 피난행위라 할 수 없다(1995.1.12, 94도2781).

제23조【자구행위】 ① 법률에서 정한 절차에 따라서는 청구권을 보전(保全)할 수 없는 경우에 그 청구권의 실행이 불가능해지거나 현저히 곤란해지는 상황을 피하기 위하여 한 행위는 상당한 이유가 있는 때에는 벌하지 아니한다.
② 제1항의 행위가 그 정도를 초과한 경우에는 정황에 따라 그 형을 감경하거나 면제할 수 있다.
<전문개정 2020. 12. 8.>

판례 소유권의 귀속에 관한 분쟁이 있어 민사소송이 계속중인 건조물에 관하여 현실적으로 관리인이 있음에도, 위 건조물의 자물쇠를 쇠톱으로 절단하고 침입한 소위는 법정절차에 의하여 그 권리를 보전하기가 곤란하고 그 권리의 실행불능이나 현저한 실행곤란을 피하기 위해 상당한 이유가 있는 행위라고 할 수 없다(1985.7.9., 85도707).

제24조【피해자의 승낙】 처분할 수 있는 자의 승낙에 의하여 그 법익을 훼손한 행위는 법률에 특별한 규정이 없는 한 벌하지 아니한다.

판례 산부인과 전문의 수련과정 2년차인 의사가 자신의 시진, 촉진결과 등을 과신한 나머지 초음파 검사 등 피해자의 병증이 자궁외 임신인지, 자궁근종인지를 판별하기 위한 정밀한 진단방법을 실시하지 아니한 채 피해자의 병명을 자궁근종으로 오진하고 이에 근거하여 의학에 대한 전문지식이 없는 피해자에게 자궁적출술의 불가피성만을 강조하였을 뿐 위와 같은 진단상의 과오가 없었으면 당연히 설명 받았을 자궁외 임신에 관한 내용을 설명 받지 못한 피해자로부터 수술승낙을 받았다면 위 승낙은 부정확 또는 불충분한 설명을 근거로 이루어진 것으로서 수술의 위법성을 조각할 유효한 승낙이라고 볼 수 없다(1993.7.27, 92도2345). <형총(김)253, (이)275면, 형사판례평석(조)81면, 판례백선(신)259면>

제2절 미수범

제25조【미수범】 ①범죄의 실행에 착수하여 행위를 종료하지 못하였거나 결과가 발생하지 아니한 때에는 미수범으로 처벌한다.

②미수범의 형은 기수범보다 감경할 수 있다.

판례 신용카드업법 제25조 제1항 소정의 신용카드부정사용죄의 구성요건적 행위인 신용카드의 사용이라 함은 신용카드의 소지인이 신용카드의 본래 용도인 대금결제를 위하여 가맹점에 신용카드를 제시하고 매출표에 서명하여 이를 교부하는 일련의 행위를 가리키므로, 단순히 신용카드를 제시하는 행위만으로는 신용카드부정사용죄의 실행에 착수한 것에 불과하고 그 사용행위를 완성한 것으로 볼 수 없다(1993.11.23, 93도204). <판례백선(신)351면>

제26조【중지범】 범인이 실행에 착수한 행위를 자의(自意)로 중지하거나 그 행위로 인한 결과의 발생을 자의로 방지한 경우에는 형을 감경하거나 면제한다.
<전문개정 2020. 12. 8.>

판례 피고인이 장롱 안에 있는 옷가지에 불을 놓아 건물을 소훼하려 하였으나 불길이 치솟는 것을 보고 겁이 나서 물을 부어 불을 끈 것이라면, 위와 같은 경우 치솟는 불길에 놀라거나 자신의 신체안전에 대한 위해 또는 범행 발각시의 처벌 등에 두려움을 느끼는 것은 일반 사회통념상 범죄를 완수함에 장애가 되는 사정에 해당한다고 보아야 할 것이므로, 이를 자의에 의한 중지미수라고는 볼 수 없다(1997.6.13, 97도957). <형총(이)364면, 형사판례평석(조)95면>

제27조【불능범】 실행의 수단 또는 대상의 착오로 인하여 결과의 발생이 불가능하더라도 위험성이 있는 때에는 처벌한다. 단 형을 감경 또는 면제할 수 있다.

판례 불능범은 범죄행위의 성질상 결과발생의 위험이 절대로 불능한 경우를 말하는 것인바 향정신성의약품인 메스암페타민 속칭 "히로뽕"제조를 위해 그 원료인 염산에페트린 및 수종의 약품을 교반하여 "히로뽕"제조를 시도하였으나 그 약품배합미숙으로 그 완제품을 제조하지 못하였다면 위 소위는 그 성질상 결과발생의 위험성이 있다고 할 것이므로 이를 습관성의약품제조미수범으로 처단한 것은 정당하다(1985.3.26, 85도206). <형총(이)383면, 형사판례평석(조)104면, (김)427면>

제28조【음모, 예비】 범죄의 음모 또는 예비행위가 실행의 착수에 이르지 아니한 때에는 법률에 특별한 규정이 없는 한 벌하지 아니한다.

판례 형법 제32조제1항 소정 타인의 범죄란 정범이 범죄의 실현에 착수한 경우를 말하는 것이므로 종범이 처벌되기 위하여는 정범의 실행의 착수가 있는 경우에만 가능하고 형법 전체의 정신에 비추어 정범이 실행의 착수에 이르지 아니한 예비의 단계에 그친 경우에는 이에 가공하는 행위가 예비의 공동정범이 되는 경우를 제외하고는 종범의 성립을 부정하고 있다고 보는 것이 타당하다(1975.5.25, 75도1549). <형총(이)396면, (김)448면>

제29조【미수범의 처벌】 미수범을 처벌할 죄는 각칙의 해당 죄에서 정한다.
<전문개정 2020. 12. 8.>

제3절 공 범

제30조【공동정범】 2인 이상이 공동하여 죄를 범한 때에는 각자를 그 죄의 정범으로 처벌한다.

판례 성수대교와 같은 교량이 그 수명을 유지하기 위하여는 건설업자의 완벽한 시공, 감독공무원들의 철저한 제작시공상의 감독 및 유지·관리를 담당하고 있는 공무원들의 철저한 유지·관리라는 조건이 합치되어야 하는 것이므로, 위 각 단계에서의 과실 그것만으로 붕괴원인이 되지 못한다고 하더라도, 그것이 합쳐지면 교량이 붕괴될 수 있다는 점은 쉽게 예상할 수 있고, 따라서 위 각 단계에 관여한 자는 전혀 과실이 없다거나 과실이 있다고 하여도 교량붕괴의 원인이 되지 않았다는 등의 특별한 사정이 있는 경우를 제외하고는 붕괴에 대한 공동책임을 면할 수 없다(1997.11.28, 97도1740). <형총(이)446면, 형사판례평석(조)109면>

3인 이상이 공모하고 적어도 2인 이상이 합동절도의 범행을 실행한 경우에 공동정범과 교사범·종범의 구별기준은 일반원칙에 따라야 하고, 그 결과 범행현장에 존재하지 아니한 범인도 공동정범이 될 수 있으며, 반대로 상황에 따라서는 장소적으로 협동한 범인도 방조만 한 경우에는 종범으로 처벌될 수도 있다(1998.5.21, 98도321).

2인 이상이 범죄에 공동가공하는 공범관계에서 공모는 법률상 어떤 정형을 요구하는 것이 아니고, 2인 이상이 공모하여 어느 범죄에 공동가공하여 그 범죄를 실현하려는 의사의 결합만 있으면 되는 것으로서, 비록 전체의 모의과정이 없었다고 하더라도 수

형법

인 사이에 순차적으로 또는 암묵적으로 상통하여 그 의사의 결합이 이루어지면 공모관계가 성립하고, 이러한 공모가 이루어진 이상 실행행위에 직접 관여하지 아니한 자라도 다른 공모자의 행위에 대하여 공동정범으로서의 형사책임을 진다(2004.5.28, 2004도1465).

제31조【교사범】 ①타인을 교사하여 죄를 범하게 한 자는 죄를 실행한 자와 동일한 형으로 처벌한다.

②교사를 받은 자가 범죄의 실행을 승낙하고 실행의 착수에 이르지 아니한 때에는 교사자와 피교사자를 음모 또는 예비에 준하여 처벌한다.

③교사를 받은 자가 범죄의 실행을 승낙하지 아니한 때에도 교사자에 대하여는 전항과 같다.

(판 례) 교사자가 피교사자에 대하여 상해를 교사하였는데 피교사자가 이를 넘어 살인을 실행한 경우, 일반적으로 교사자는 상해죄에 대한 교사범이 되는 것이고, 다만 이 경우 교사자에게 피해자의 사망이라는 결과에 대하여 과실 내지 예견가능성이 있는 때에는 상해치사죄의 교사범으로서의 죄책을 지울 수 있다(1997.6.24, 97도1075). <형총(이)464면, 형사판례평석(조)122면>

제32조【종 범】 ①타인의 범죄를 방조한 자는 종범으로 처벌한다.

②종범의 형은 정범의 형보다 감경한다.

(판 례)형법상 방조행위는 정범의 실행행위를 용이하게 하는 직접, 간접의 모든 행위를 가리키는 것으로서 그 방조는 유형적, 물질적인 방조뿐만 아니라 정범에게 범행의 결의를 강화하도록 하는 것과 같은 무형적, 정신적 방조행위까지도 이에 해당한다(1995.9.29, 95도456).

종범은 정범의 실행행위중에 이를 방조하는 경우는 물론이고 실행의 착수 전에 장래의 실행행위를 예상하고 이를 용이하게 하는 행위를 하여 방조한 경우에도 정범이 그 실행행위에 나아갔다면 성립한다(1997.4.17, 96도33777).

제33조【공범과 신분】 신분이 있어야 성립되는 범죄에 신분 없는 사람이 가담한 경우에는 그 신분 없는 사람에게도 제30조부터 제32조까지의 규정을 적용한다. 다만, 신분 때문에 형의 경중이 달라지는 경우에 신분이 없는 사람은 무거운 형으로 벌하지 아니한다.
<전문개정 2020. 12. 8.>

(판 례) 형법 제152조제1항제2항은 위증을 한 범인이 형사사건의 피고인 등을 '모해할 목적'을 가지고 있었는가 아니면 그러한 목적이 없었는가 하는 범인의 특수한 상태의 차이에 따라 범인에게 과할 형의 경중을 구별하고 있으므로, 이는 바로 형법 제33조 단서 소정의 "신분관계로 인하여 형의 경중이 있는 경우"에 해당한다고 봄이 상당하다. <형총(김)552면, 판례백선(신)596면, 형사판례평석(조)282면>

제34조【간접정범, 특수한 교사, 방조에 대한 형의 가중】 ①어느 행위로 인하여 처벌되지 아니하는 자 또는 과실범으로 처벌되는 자를 교사 또는 방조하여 범죄행위의 결과를 발생하게 한 자는 교사 또는 방조의 예에 의하여 처벌한다.

②자기의 지휘, 감독을 받는 자를 교사 또는 방조하여 전항의 결과를 발생하게 한 자는 교사인 때에는 정범에 정한 형의 장기 또는 다액에 그 2분의 1까지 가중하고 방조인 때에는 정범의 형으로 처벌한다.

(판 례) 경찰서 보안과장인 피고인이 갑의 음주운전을 눈감아주기 위하여 그에 대한 음주운전자 적발보고서를 찢어버리고, 부하로 하여금 일련번호가 동일한 가짜 음주운전자 적발보고서에 을에 대한 음주운전 사실을 기재케 하여 그 정을 모르는 담당 경찰관으로 하여금 주취운전자 음주측정처리부에 을에 대한 음주운전 사실을 기재하도록 한 이상, 을이 음주운전으로 인하여 처벌을 받았는지 여부와는 관계없이 허위공문서작성 및 동 행사죄의 간접정범으로서의 죄책을 면할 수 없다(1996.10.11, 95도1706). <형총(김)472면>

제4절 누 범

제35조【누 범】 ① 금고(禁錮) 이상의 형을 선고받아 그 집행이 종료되거나 면제된 후 3년 내에 금고 이상에 해당하는 죄를 지은 사람은 누범(累犯)으로 처벌한다.

② 누범의 형은 그 죄에 대하여 정한 형의 장기(長期)의 2배까지 가중한다.
<전문개정 2020. 12. 8.>

(판 례) 형법 제35조제1항이 누범을 가중처벌하는 것은 전범에 대하여 형벌을 받았음에도 다시 범행을 하였다는 데 있는 것이지, 전범에 대하여 처벌을 받았음에도 다시 범행을 하는 경우에는 전범도 후범과 일괄하여 다시 처벌한다는 것은 아님이 명백하므로, 누범에 대하여 형을 가중하는 것이 헌법상의 일사부재리의 원칙에 위배하여 피고인의 기본권을 침해하는 것이라고는 볼 수 없다(1995.2.23, 93헌바43). <판례백선(신)657면>

제36조【판결선고후의 누범발각】 판결선고 후 누범인 것이 발각된 때에는 그 선고한 형을 통산하여 다시 형을 정할 수 있다. 단 선고한 형의 집행을 종료하거나 그 집행이 면제된 후에는 예외로 한다.

제5절 경합범

제37조【경합범】 판결이 확정되지 아니한 수개의 죄 또는 금고 이상의 형에 처한 판결이 확정된 죄와 그 판결확정전에 범한 죄를 경합범으로 한다. <개정 2004.1.20>

(판 례) 피고인이 예금통장을 강취하고 예금자 명의의 예금청구서를 위조한 다음 이를 은행원에게 제출행사하여 예금인출금 명목의 금원을 교부받았다면 강도, 사문서위조, 동행사, 사기의 각 범죄가 성립하고 이들은 실체적 경합관계에 있다 할 것이다(1991. 9.10, 91도1722). <형총(이)519면>

형법 제37조 후단의 경합범에 있어서 판결이 확정된 죄라 함은 수 개의 독립한 죄중의 어느 죄에 대하여 확정판결이 있었던 경우를 의미하며 여기에서의 확정판결에는 집행유예의 판결과 선고유예의 판결도 포함되고 집행유예의 선고나 형의 선고유예를 받은 후 그 유예기간이 경과하여 형의 선고가 실효되었거나 면소된 것으로 간주되었다 하더라도 마찬가지이다(1992.11. 24. 92도1417). <형총(이)521면, (김)687면>

제38조【경합범과 처벌례】 ① 경합범을 동시에 판결할 때에는 다음 각 호의 구분에 따라 처벌한다.

1. 가장 무거운 죄에 대하여 정한 형이 사형, 무기징역, 무기금고인 경우에는 가장 무거운 죄에 대하여 정한 형으로 처벌한다.
2. 각 죄에 대하여 정한 형이 사형, 무기징역, 무기금고 외의 같은 종류의 형인 경우에는 가장 무거운 죄에 대하여 정한 형의 장기 또는 다액(多額)에 그 2분의 1까지 가중하되 각 죄에 대하여 정한 형의 장기 또는 다액을 합산한 형기 또는 액수를 초과할 수 없다. 다만, 과료와 과료, 몰수와 몰수는 병과(倂科)할 수 있다.
3. 각 죄에 대하여 정한 형이 무기징역, 무기금고 외의 다른 종류의 형인 경우에는 병과한다.

② 제1항 각 호의 경우에 징역과 금고는 같은 종류의 형으로 보아 징역형으로 처벌한다.
<전문개정 2020. 12. 8.>

제39조【판결을 받지 아니한 경합범, 수개의 판결과 경합범, 형의 집행과 경합범】 ① 경합범중 판결을 받지 아니한 죄가 있는 때에는 그 죄와 판결이 확정된 죄를 동시에 판결할 경우와 형평을 고려하여 그 죄에 대하여 형을 선고한다. 이 경우 그 형을 감경 또는 면제할 수 있다. <개정 2005.7.29>

②삭제 <2005.7.29>

③경합범에 의한 판결의 선고를 받은 자가 경합범중의 어떤 죄에 대하여 사면 또는 형의 집행이 면제된 때에는 다른 죄에 대하여 다시 형을 정한다.

④전3항의 형의 집행에 있어서는 이미 집행한 형기를 통산한다.

(판 례) 피해자를 기망하여 1994.2.25.경부터 같은 해 11.경까지 휴대폰 할부대금 및 사용료 금 226만원을 피해자의 통장에서 지급되도록 하여 합계 금 2,392,200원 상당을 편취한 경우와 같이 여러 차례에 걸쳐 금원을 교부받거나 재산상 이익을 취득한 행위는 포괄하여 1개의 사기죄를 구성하고 그 죄는 마지막으로 재산상 이익을 취득한 1994.3.3.자로 확정된 판결에 대하여 그 후의 범행임이 분명하므로 원심이 이를 확정판결 전의 범행으로 보아 처단한 점에는 경합범의 법리를 오해한 위법이 있다(1996.1.26, 95도2437).

제40조【상상적경합】 한 개의 행위가 여러 개의 죄에 해당하는 경우에는 가장 무거운 죄에 대하여 정한 형으로 처벌한다.
<전문개정 2020. 12. 8.>

(판 례) 피고인들이 피해자들의 재물을 강취한 후 그들을 살해할 목적으로 현주건조물에 방화하여 사망에 이르게 한 경우, 피고인들의 행위는 강도살인죄와 현주건조물방화치사죄에 모두 해당하고 그 두 죄는 상상적 경합범관계에 있다(1998.12.8, 98도3416). <형총(김)676면>

제3장 형

제1절 형의 종류와 경중

제41조【형의 종류】 형의 종류는 다음과 같다.

1. 사 형
2. 징 역
3. 금 고
4. 자격상실
5. 자격정지
6. 벌 금
7. 구 류
8. 과 료
9. 몰 수

제42조【징역 또는 금고의 기간】 징역 또는 금고는 무기 또는 유기로 하고 유기는 1개월 이상 30년 이하로 한다. 단 유기징역 또는 유기금고에 대하여 형을 가중하는 때에는 50년까지로 한다.

(판 례) 형법 제55조제1항제3호에 의하여 형기를 감경할 경우 여기서의 형기라 함은 장기와 단기를 모두 포함하는 것으로서 당해 처벌법조에 장기 또는 단기의 정함이 없을 때에는 형법 제42조에 의하여 장기는 15년, 단기는 1월이라고 볼 것이어서 형법 제250조의 소정형 중 5년 이상의 유기징역형을 선택한 이상 그 장기는 15년이므로 법률상 감경을 한다면 장기 7년 6월, 단기 2년 6월의 범위내에서 처단형을 정하여야 한다(1983.11.8, 83도2370).

제43조【형의 선고와 자격상실, 자격정지】 ①사형, 무기징역 또는 무기금고의 판결을 받은 자는 다음에 기재한 자격을 상실한다.

1. 공무원이 되는 자격
2. 공법상의 선거권과 피선거권
3. 법률로 요건을 정한 공법상의 업무에 관한 자격
4. 법인의 이사, 감사 또는 지배인 기타 법인의 업무에 관한 검사역이나 재산관리인이 되는 자격

②유기징역 또는 유기금고의 판결을 받은 자는 그 형의 집행이 종료하거나 면제될 때까지 전항 제1호 내지 제3호에 기재된 자격이 정지된다. 다만, 다른 법률에 특별한 규정이 있는 경우에는 그 법률에 따른다. <개정 2016.1.6>

제44조【자격정지】 ①전조에 기재한 자격의 전부 또는 일부에 대한 정지는 1년 이상 15년 이하로 한다.

②유기징역 또는 유기금고에 자격정지를 병과한 때에는 징역 또는 금고의 집행을 종료하거나 면제된 날로부터 정지기간을 기산한다.

제45조【벌금】 벌금은 5만원 이상으로 한다. 다만, 감경하는 경우에는 5만원 미만으로 할 수 있다. <개정 95.12.29>

제46조【구류】 구류는 1일 이상 30일 미만으로 한다.

제47조【과료】 과료는 2천원이상 5만원 미만으로 한다. <개정 95.12.29>

제48조【몰수의 대상과 추징】 ① 범인 외의 자의 소유에 속하지 아니하거나 범죄 후 범인 외의 자가 사정을 알면서 취득한 다음 각 호의 물건은 전부 또는 일부를 몰수할 수 있다.

1. 범죄행위에 제공하였거나 제공하려고 한 물건
2. 범죄행위로 인하여 생겼거나 취득한 물건
3. 제1호 또는 제2호의 대가로 취득한 물건

② 제1항 각 호의 물건을 몰수할 수 없을 때에는 그 가액(價額)을 추징한다.

③ 문서, 도화(圖畵), 전자기록(電磁記錄) 등 특수매체기록 또는 유가증권의 일부가 몰수의 대상이 된 경우에는 그 부분을 폐기한다.

<전문개정 2020. 12. 8.>

(판 례) 피고인이 일정 기간 사이에 룸싸롱 등에서 수회에 걸쳐 술값 등 접대 명목으로 일정 금액 상당의 향응을 제공받았다면, 이러한 경우 피고인의 수뢰액을 인정함에 있어서는 먼저 피고인의 접대에 요한 비용과 향응제공자가 소비한 비용액을 가려내어 피고인의 접대에 요한 비용을 피고인의 수뢰액으로 인정하여야 하고 만일 각자에 요한 비용액이 불명일 때에는 이를 평등하게 분할한 액을 가지고 피고인의 수뢰액으로 인정하여야 할 것이다(1995.1.12, 94도2687).

통일원장관의 반입승인없이 북한으로부터 수입한 물건이 항만에 도착하자 이를 인수, 취득하여 보세장치장에 장치하였다면, 그 물건은 남북교류협력에관한법률 제27조제1항제2호 위반의 미수에 그친 범죄행위로 인하여 취득한 것으로 형법 제48조제1항제2호의 몰수의 대상이 된다(1995.5.23., 93도1750).

제49조【몰수의 부가성】 몰수는 타형에 부가하여 과한다. 단 행위자에게 유죄의 재판을 아니할 때에도 몰수의 요건이 있는 때에는 몰수만을 선고할 수 있다.

(판 례) 주형에 대하여 선고를 유예하는 경우에 그 부가형인 몰수추징에 대하여도 선고를 유예할 수 있으며, 법인에게 관세법상의 형사책임을 물어 법인을 처벌하는 이상 부가형인 몰수나 추징도 과하여야 한다(1980.12.9, 80도584).

제50조【형의 경중】 ① 형의 경중은 제41조 각 호의 순서에 따른다. 다만, 무기금고와 유기징역은 무기금고를 무거운 것으로 하고 유기금고의 장기가 유기징역의 장기를 초과하는 때에는 유기금고를 무거운 것으로 한다.

② 같은 종류의 형은 장기가 긴 것과 다액이 많은 것을 무거운 것으로 하고 장기 또는 다액이 같은 경우에는 단기가 긴 것과 소액이 많은 것을 무거운 것으로 한다.

③ 제1항 및 제2항을 제외하고는 죄질과 범정(犯情)을 고려하여 경중을 정한다.

<전문개정 2020. 12. 8.>

(판 례) 형의 경중의 비교는 원칙적으로 법정형을 표준으로 할 것이고 처단형에 의할 것이 아니며, 법정형의 경중을 비교함에 있어서 법정형 중 병과형 또는 선택형이 있을 때에는 이 중 가장 중한 형을 기준으로 하여 다른 형과 경중을 정하는 것이 원칙이다(1992.11.13, 92도2194). <형총(김)725면>

제2절 형의 양정

제51조【양형의 조건】 형을 정함에 있어서는 다음 사항을 참작하여야 한다.
1. 범인의 연령, 성행, 지능과 환경
2. 피해자에 대한 관계
3. 범행의 동기, 수단과 결과
4. 범행후의 정황

제52조【자수, 자복】 ① 죄를 지은 후 수사기관에 자수한 경우에는 형을 감경하거나 면제할 수 있다.
② 피해자의 의사에 반하여 처벌할 수 없는 범죄의 경우에는 피해자에게 죄를 자복(自服)하였을 때에도 형을 감경하거나 면제할 수 있다.
<전문개정 2020. 12. 8.>

판례 형법 제52조제1항 소정의 자수란 범인이 자발적으로 자신의 범죄사실을 수사기관에 신고하여 그 소추를 구하는 의사표시로서 이를 형의 감경사유로 삼는 주된 이유는 범인이 그 죄를 뉘우치고 있다는 점에 있으므로 범죄사실을 부인하거나 죄의 뉘우침이 없는 자수는 그 외형은 자수일지라도 법률상 형의 감경사유가 되는 진정한 자수라고는 할 수 없다(1994.10.14. 94도2130). <형총(김)740면, (이)549면>

제53조【정상참작감경】 범죄의 정상(情狀)에 참작할 만한 사유가 있는 경우에는 그 형을 감경할 수 있다.
<전문개정 2020. 12. 8.>

판례 형법 제53조에 의한 작량감경에 있어서도 일정한 범위를 정하여 그 범위내에서만 각 범죄사정에 적합한 양형을 하여야 하고 작량감경의 방법도 동법 제55조 소정방법에 따라야 한다(1964.10.28. 64도454). <형총(김)742면, (이)549면>

제54조【선택형과 정상참작감경】 한 개의 죄에 정한 형이 여러 종류인 때에는 먼저 적용할 형을 정하고 그 형을 감경한다.
<전문개정 2020. 12. 8.>

제55조【법률상의 감경】 ①법률상의 감경은 다음과 같다.
1. 사형을 감경할 때에는 무기 또는 20년이상 50년이하의 징역 또는 금고로 한다.
2. 무기징역 또는 무기금고를 감경할 때에는 10년이상 50년이하의 징역 또는 금고로 한다.
3. 유기징역 또는 유기금고를 감경할 때에는 그 형기의 2분의 1로 한다.
4. 자격상실을 감경할 때에는 7년 이상의 자격정지로 한다.
5. 자격정지를 감경할 때에는 그 형기의 2분의 1로 한다.
6. 벌금을 감경할 때에는 그 다액의 2분의 1로 한다.
7. 구류를 감경할 때에는 그 장기의 2분의 1로 한다.
8. 과료를 감경할 때에는 그 다액의 2분의 1로 한다.

②법률상 감경할 사유가 수 개 있는 때에는 거듭 감경할 수 있다.

판례 형법 제38조제1항제1호는 경합범 중 가장 중한 죄에 정한 형이 무기징역이나 무기금고인 때에는 가장 중한 죄에 정한 형으로 처벌하도록 규정하고 있으므로, 경합범 중 가장 중한 죄의 소정형에서 무기징역형을 선택한 이상 무기징역형으로만 처벌하고 따로이 경합범가중을 하거나 가장 중한 죄가 누범이라 하여 누범가중을 할 수 없음은 더 말할 나위도 없고, 위와 같이 무기징역형을 선택한 후 형법 제56조제6호의 규정에 의하여 작량감경을 하는 경우에는 같은 법 제55조제1항제2호의 규정에 의하여 7년 이상의 징역으로 감형되는 한편, 같은 법 제152조의 규정에 의하여 유기징역형의 상한은 15년이므로 15년을 초과한 징역형을 선고할 수 없다(1992.10.13. 전원합의체, 92도1428). <형총(김)738면, (이)550면>

제56조【가중, 감경의 순서】 형을 가중·감경할 사유가 경합하는 경우에는 다음 각 호의 순서에 따른다.
1. 각칙 조문에 따른 가중
2. 제34조제2항에 따른 가중
3. 누범 가중
4. 법률상 감경
5. 경합범 가중
6. 정상참작감경

<전문개정 2020. 12. 8.>

판례 형법 제56조는 형을 가중 감경할 사유가 경합된 경우 가중 감경의 순서를 정하고 있고, 이에 따르면 법률상 감경을 먼저하고 마지막으로 작량감경을 하게 되어 있으므로, 법률상 감경사유가 있을 때에는 작량감경보다 우선하여 하여야 할 것이고, 작량감경은 이와 같은 법률상 감경을 다하고도 그 처단형보다 낮은 형을 선고하고자 할 때에 하는 것이 옳다(1994.3.8., 93도3608).

제57조【판결선고전 구금일수의 통산】 ①판결선고전의 구금일수는 그 전부를 유기징역, 유기금고, 벌금이나 과료에 관한 유치 또는 구류에 산입한다. <개정 2014.12.30>
②전항의 경우에는 구금일수의 1일은 징역, 금고, 벌금이나 과료에 관한 유치 또는 구류의 기간의 1일로 계산한다.

제58조【판결의 공시】 ①피해자의 이익을 위하여 필요하다고 인정할 때에는 피해자의

형법

청구가 있는 경우에 한하여 피고인의 부담으로 판결공시의 취지를 선고할 수 있다.
②피고사건에 대하여 무죄의 판결을 선고하는 경우에는 무죄판결공시의 취지를 선고하여야 한다. 다만, 무죄판결을 받은 피고인이 무죄판결공시 취지의 선고에 동의하지 아니하거나 피고인의 동의를 받을 수 없는 경우에는 그러하지 아니하다. <개정 2014.12.30>
③ 피고사건에 대하여 면소의 판결을 선고하는 경우에는 면소판결공시의 취지를 선고할 수 있다. <신설 2014.12.30>

제3절 형의 선고유예

제59조【선고유예의 요건】 ① 1년 이하의 징역이나 금고, 자격정지 또는 벌금의 형을 선고할 경우에 제51조의 사항을 고려하여 뉘우치는 정상이 뚜렷할 때에는 그 형의 선고를 유예할 수 있다. 다만, 자격정지 이상의 형을 받은 전과가 있는 사람에 대해서는 예외로 한다.
② 형을 병과할 경우에도 형의 전부 또는 일부에 대하여 선고를 유예할 수 있다.
<전문개정 2020. 12. 8.>

(판례) 형법 제59조제1항은 1년 이하의 징역이나 금고, 자격정지 또는 벌금의 형을 선고할 경우에 같은 법 제51조의 사항을 참작하여 개전의 정상이 현저한 때에는 선고를 유예할 수 있다고 규정하고 있어 형의 선고를 유예할 수 있는 경우는 선고할 형이 1년 이하의 징역이나 금고, 자격정지 또는 벌금의 형인 경우에 한하고, 구류형에 대하여는 선고를 유예할 수 없다(1993.6.22, 93오1). <형총(김)770면>

제59조의2【보호관찰】 ①형의 선고를 유예하는 경우에 재범방지를 위하여 지도 및 원호가 필요한 때에는 보호관찰을 받을 것을 명할 수 있다.
②제1항의 규정에 의한 보호관찰의 기간은 1년으로 한다.
<본조신설 95.12.29>

제60조【선고유예의 효과】 형의 선고유예를 받은 날로부터 2년을 경과한 때에는 면소된 것으로 간주한다.

제61조【선고유예의 실효】 ①형의 선고유예를 받은 자가 유예기간중 자격정지이상의 형에 처한 판결이 확정되거나 자격정지이상의 형에 처한 전과가 발견된 때에는 유예한 형을 선고한다.
②제59조의2의 규정에 의하여 보호관찰을 명한 선고유예를 받은 자가 보호관찰기간중에 준수사항을 위반하고 그 정도가 무거운 때에는 유예한 형을 선고할 수 있다. <신설 95.12. 29>

제4절 형의 집행유예

제62조【집행유예의 요건】 ①3년 이하의 징역이나 금고 또는 500만원 이하의 벌금의 형을 선고할 경우에 제51조의 사항을 참작하여 그 정상에 참작할 만한 사유가 있는 때에는 1년 이상 5년 이하의 기간 형의 집행을 유예할 수 있다. 다만, 금고 이상의 형을 선고한 판결이 확정된 때부터 그 집행을 종료하거나 면제된 후 3년까지의 기간에 범한 죄에 대하여 형을 선고하는 경우에는 그러하지 아니하다.
<개정 2005.7.29., 2016.1.6.>
②형을 병과할 경우에는 그 형의 일부에 대하여 집행을 유예할 수 있다.

(판례) 형법 제62조제1항 단서에서 규정한 "금고 이상의 형의 선고를 받아 집행을 종료한 후 또는 집행이 면제된 후로부터 5년을 경과하지 아니한 자"라는 의미는 실형선고를 받고 집행종료나 집행면제 후 5년을 경과하지 않은 경우만을 가리키는 것이 아니라 형의 집행유예를 선고받고 그 집유기간이 경과하지 않은 경우를 포함하나, 형법 제37조의 경합범관계에 있는 수죄가 전후로 기소되어 각각 별개의 절차에서 재판을 받게 된 결과 어느 하나의 사건에서 먼저 집행유예가 선고되어 그 형이 확정되었을 경우 다른 사건의 판결에서는 다시 집행유예를 선고할 수 없다면 그 수죄가 같은 절차에서 동시에 재판을 받아 한꺼번에 집행유예를 선고받을 수 있었던 경우와 비교하여 현저히 균형을 잃게 되므로 이러한 불합리가 생기는 경우에 한하여 위 단서 규정의 "형의 선고를 받아"라는 의미는 실형이 선고된 경우만을 가리키고 형의 집행유예를 선고받은 경우는 포함되지 않는다고 해석함이 상당하다(1989.9.12, 전원합의체판결 87도2365). <형총(김)760면, (이)573면>

제62조의2【보호관찰, 사회봉사·수강명령】 ①형의 집행을 유예하는 경우에는 보호관찰을 받을 것을 명하거나 사회봉사 또는 수강을 명할 수 있다.
②제1항의 규정에 의한 보호관찰의 기간은 집행을 유예한 기간으로 한다. 다만, 법원은 유예기간의 범위내에서 보호관찰기간을 정할 수 있다.
③사회봉사명령 또는 수강명령은 집행유예기간내에 이를 집행한다.
<본조신설 95.12.29>

(판 례) 개정 형법 제62조의2제1항에 의하면 형의 집행을 유예하는 경우에는 보호관찰을 받을 것을 명할 수 있고, 같은 조 제2항에 의하면 제1항의 규정에 의한 보호관찰의 기간은 집행을 유예한 기간으로 하고, 다만 법원의 유예기간의 범위내에서 보호관찰의 기간을 정할 수 있다고 규정되어 있는 바, 위 조항에서 말하는 보호관찰은 형벌이 아니라 보안처분의 성격을 갖는 것으로서, 과거의 불법에 대한 책임에 기초하고 있는 제재가 아니라 장래의 위험성으로부터 행위자를 보호하고 사회를 방위하기 위한 합목적적인 조치이므로, 그에 관하여 반드시 행위 이전에 규정되어 있어야 하는 것은 아니며, 재판시의 규정에 의하여 보호관찰을 받을 것을 명할 수 있다고 보아야 할 것이다(1997.6.13, 97도703).

제63조【집행유예의 실효】 집행유예의 선고를 받은 자가 유예기간 중 고의로 범한 죄로 금고 이상의 실형을 선고받아 그 판결이 확정된 때에는 집행유예의 선고는 효력을 잃는다.

(판 례) 형의 집행유예의 실효에 관한 규정인 형법 제63조 소정의 "금고 이상의 형의 선고를 받아"라는 의미는 그 실형의 선고만을 지칭하는 것이 아니라 그 형이 선고된 이상 그 형의 집행을 유예한 경우도 포함된다(1979.9.14, 79모30). <형총(김)767면, (이) 575면>

제64조【집행유예의 취소】 ①집행유예의 선고를 받은 후 제62조 단행의 사유가 발각된 때에는 집행유예의 선고를 취소한다.
②제62조의2의 규정에 의하여 보호관찰이나 사회봉사 또는 수강을 명한 집행유예를 받은 자가 준수사항이나 명령을 위반하고 그 정도가 무거운 때에는 집행유예의 선고를 취소할 수 있다. <신설 95.12.29>

제65조【집행유예의 효과】 집행유예의 선고를 받은 후 그 선고의 실효 또는 취소됨이 없이 유예기간을 경과한 때에는 형의 선고는 효력을 잃는다.

제5절 형의 집행

제66조【사형】 사형은 교정시설 안에서 교수(絞首)하여 집행한다.
<전문개정 2020. 12. 8.>

제67조【징역】 징역은 교정시설에 수용하여 집행하며, 정해진 노역(勞役)에 복무하게 한다.
<전문개정 2020. 12. 8.>

제68조【금고와 구류】 금고와 구류는 교정시설에 수용하여 집행한다.
<전문개정 2020. 12. 8.>

제69조【벌금과 과료】 ①벌금과 과료는 판결확정일로부터 30일 내에 납입하여야 한다. 단 벌금을 선고할 때에는 동시에 그 금액을 완납할 때까지 노역장에 유치할 것을 명할 수 있다.
②벌금을 납입하지 아니한 자는 1일 이상 3년 이하, 과료를 납입하지 아니한 자는 1일 이상 30일 미만의 기간 노역장에 유치하여 작업에 복무하게 한다.

제70조【노역장유치】 ① 벌금이나 과료를 선고할 때에는 이를 납입하지 아니하는 경우의 노역장 유치기간을 정하여 동시에 선고하여야 한다. <개정 2020. 12. 8.>
② 선고하는 벌금이 1억원 이상 5억원 미만인 경우에는 300일 이상, 5억원 이상 50억원 미만인 경우에는 500일 이상, 50억원 이상인 경우에는 1천일 이상의 노역장 유치기간을 정하여야 한다. <신설 2014. 5. 14., 2020. 12. 8.>
<제목개정 2020. 12. 8.>

제71조【유치일수의 공제】 벌금이나 과료의 선고를 받은 사람이 그 금액의 일부를 납입한 경우에는 벌금 또는 과료액과 노역장 유치기간의 일수(日數)에 비례하여 납입금액에 해당하는 일수를 뺀다.
<전문개정 2020. 12. 8.>

제6절 가석방

제72조【가석방의 요건】 ① 징역이나 금고의 집행 중에 있는 사람이 행상(行狀)이 양호하여 뉘우침이 뚜렷한 때에는 무기형은 20년, 유기형은 형기의 3분의 1이 지난 후 행정처분으로 가석방을 할 수 있다.
② 제1항의 경우에 벌금이나 과료가 병과되어 있는 때에는 그 금액을 완납하여야 한다.
<전문개정 2020. 12. 8.>

제73조【판결선고전 구금과 가석방】 ① 형기에 산입된 판결선고 전 구금일수는 가석방을 하는 경우 집행한 기간에 산입한다.
② 제72조제2항의 경우에 벌금이나 과료에 관한 노역장 유치기간에 산입된 판결선고 전 구금일수는 그에 해당하는 금액이 납입된 것으로 본다.
<전문개정 2020. 12. 8.>

제73조의2【가석방의 기간 및 보호관찰】 ①가석방의 기간은 무기형에 있어서는 10년으로 하고, 유기형에 있어서는 남은 형기로

하되, 그 기간은 10년을 초과할 수 없다.
②가석방된 자는 가석방기간중 보호관찰을 받는다. 다만, 가석방을 허가한 행정관청이 필요가 없다고 인정한 때에는 그러하지 아니하다.
<본조신설 95.12.29>

제74조【가석방의 실효】 가석방 기간 중 고의로 지은 죄로 금고 이상의 형을 선고받아 그 판결이 확정된 경우에 가석방 처분은 효력을 잃는다.
<전문개정 2020. 12. 8.>

제75조【가석방의 취소】 가석방의 처분을 받은 자가 감시에 관한 규칙을 위배하거나, 보호관찰의 준수사항을 위반하고 그 정도가 무거운 때에는 가석방처분을 취소할 수 있다.
<전문개정 95.12.29>

제76조【가석방의 효과】 ①가석방의 처분을 받은 후 그 처분이 실효 또는 취소되지 아니하고 가석방기간을 경과한 때에는 형의 집행을 종료한 것으로 본다. <개정 95.12.29>
②전2조의 경우에는 가석방중의 일수는 형기에 산입하지 아니한다.

제7절 형의 시효

제77조【형의 시효의 효과】 형(사형은 제외한다)을 선고받은 자에 대해서는 시효가 완성되면 그 집행이 면제된다. <개정 2023. 8. 8.>
<전문개정 2020. 12. 8.>

제78조【형의 시효의 기간】 시효는 형을 선고하는 재판이 확정된 후 그 집행을 받지 아니하고 다음 각 호의 구분에 따른 기간이 지나면 완성된다. <개정 2017. 12. 12., 2020. 12. 8., 2023. 8. 8.>

1. 삭제 <2023. 8. 8.>
2. 무기의 징역 또는 금고: 20년
3. 10년 이상의 징역 또는 금고: 15년
4. 3년 이상의 징역이나 금고 또는 10년 이상의 자격정지: 10년
5. 3년 미만의 징역이나 금고 또는 5년 이상의 자격정지: 7년
6. 5년 미만의 자격정지, 벌금, 몰수 또는 추징: 5년
7. 구류 또는 과료: 1년

<제목개정 2020. 12. 8.>

제79조【형의 시효의 정지】 ①시효는 형의 집행의 유예나 정지 또는 가석방 기타 집행할 수 없는 기간은 진행되지 아니한다. <개정 2014. 5. 14.>
② 시효는 형이 확정된 후 그 형의 집행을 받지 아니한 사람이 형의 집행을 면할 목적으로 국외에 있는 기간 동안은 진행되지 아니한다.
<신설 2014. 5. 14., 2023. 8. 8.>
<제목개정 2023. 8. 8.>

제80조【시효의 중단】 시효는 징역, 금고 및 구류의 경우에는 수형자를 체포한 때, 벌금, 과료, 몰수 및 추징의 경우에는 강제처분을 개시한 때에 중단된다.
<전문개정 2023. 8. 8.>

제8절 형의 소멸

제81조【형의 실효】 징역 또는 금고의 집행을 종료하거나 집행이 면제된 자가 피해자의 손해를 보상하고 자격정지이상의 형을 받음이 없이 7년을 경과한 때에는 본인 또는 검사의 신청에 의하여 그 재판의 실효를 선고할 수 있다.

제82조【복권】 자격정지의 선고를 받은 자가 피해자의 손해를 보상하고 자격정지이상의 형을 받음이 없이 정지기간의 2분의 1을 경과한 때에는 본인 또는 검사의 신청에 의하여 자격의 회복을 선고할 수 있다.

(판 례) 복권은 사면의 경우와 같이 형의 언도의 효력을 상실시키는 것이 아니고 다만 형의 언도의 효력으로 인하여 상실 또는 정지된 자격을 회복시킴에 지나지 아니하는 것이므로 복권이 있었다고 하더라도 그 전과사실은 누범가중사유에 해당한다(1981. 4.14, 81도543).

제4장 기 간

제83조【기간의 계산】 연(年) 또는 월(月)로 정한 기간은 연 또는 월 단위로 계산한다.
<전문개정 2020. 12. 8.>

제84조【형기의 기산】 ①형기는 판결이 확정된 날로부터 기산한다.
②징역, 금고, 구류와 유치에 있어서는 구속되지 아니한 일수는 형기에 산입하지 아니한다.

제85조【형의 집행과 시효기간의 초일】 형의 집행과 시효기간의 초일은 시간을 계산함이 없이 1일로 산정한다.

제86조【석방일】 석방은 형기종료일에 하여야 한다.

제2편 각 칙

제1장 내란의 죄

제87조【내 란】 대한민국 영토의 전부 또는 일부에서 국가권력을 배제하거나 국헌을 문란하게 할 목적으로 폭동을 일으킨 자는 다음 각 호의 구분에 따라 처벌한다.

1. 우두머리는 사형, 무기징역 또는 무기금고에 처한다.
2. 모의에 참여하거나 지휘하거나 그 밖의 중요한 임무에 종사한 자는 사형, 무기 또는 5년 이상의 징역이나 금고에 처한다. 살상, 파괴 또는 약탈 행위를 실행한 자도 같다.
3. 부화수행(附和隨行)하거나 단순히 폭동에만 관여한 자는 5년 이하의 징역이나 금고에 처한다.

<전문개정 2020. 12. 8.>

제88조【내란목적의 살인】 대한민국 영토의 전부 또는 일부에서 국가권력을 배제하거나 국헌을 문란하게 할 목적으로 사람을 살해한 자는 사형, 무기징역 또는 무기금고에 처한다.

<전문개정 2020. 12. 8.>

(판 례) 내란목적살인죄는 국헌을 문란할 목적을 가지고 직접적인 수단으로 사람을 살해함으로써 성립하는 범죄라 할 것이므로, 국헌문란의 목적을 달성함에 있어 내란죄가 '폭동'을 그 수단으로 함에 비하여 내란목적살인죄는 '살인'을 그 수단으로 하는 점에서 두 죄는 엄격히 구별된다. 따라서 내란의 실행과정에서 폭동행위에 수반하여 개별적으로 발생한 살인행위는 내란행위의 한 구성요소를 이루는 것이므로 내란행위에 흡수되어 내란목적살인의 별죄를 구성하지 아니하나, 특정인 또는 일정한 범위 내의 한정된 집단에 대한 살해가 내란의 와중에 폭동에 수반하여 일어난 것이 아니라 그것 자체가 의도적으로 실행된 경우에는 이러한 살인행위는 내란에 흡수될 수 없고 내란목적살인의 별죄를 구성한다 (1997.4.17, 96도3376). <형각(김)811면, (이)637면>

제89조【미수범】 전2조의 미수범은 처벌한다.

제90조【예비, 음모, 선동, 선전】 ①제87조 또는 제88조의 죄를 범할 목적으로 예비 또는 음모한 자는 3년 이상의 유기징역이나 유기금고에 처한다. 단 그 목적한 죄의 실행에 이르기 전에 자수한 때에는 그 형을 감경 또는 면제한다.

②제87조 또는 제88조의 죄를 범할 것을 선동 또는 선전한 자도 전항의 형과 같다.

제91조【국헌문란의 정의】 본장에서 국헌을 문란할 목적이라 함은 다음 각호의 1에 해당함을 말한다.

1. 헌법 또는 법률에 정한 절차에 의하지 아니하고 헌법 또는 법률의 기능을 소멸시키는 것.
2. 헌법에 의하여 설치된 국가기관을 강압에 의하여 전복 또는 그 권능행사를 불가능하게 하는 것.

제2장 외환의 죄

제92조【외환유치】 외국과 통모하여 대한민국에 대하여 전단을 열게 하거나 외국인과 통모하여 대한민국에 항적한 자는 사형 또는 무기징역에 처한다.

제93조【여 적】 적국과 합세하여 대한민국에 항적한 자는 사형에 처한다.

제94조【모병이적】 ①적국을 위하여 모병한 자는 사형 또는 무기징역에 처한다.

②전항의 모병에 응한 자는 무기 또는 5년 이상의 징역에 처한다.

제95조【시설제공이적】 ①군대, 요새, 진영 또는 군용에 공하는 선박이나 항공기 기타 장소, 설비 또는 건조물을 적국에 제공한 자는 사형 또는 무기징역에 처한다.

②병기 또는 탄약 기타 군용에 공하는 물건을 적국에 제공한 자도 전항의 형과 같다.

제96조【시설파괴이적】 적국을 위하여 전조에 기재한 군용시설 기타 물건을 파괴하거나 사용할 수 없게 한 자는 사형 또는 무기징역에 처한다.

제97조【물건제공이적】 군용에 공하지 아니하는 병기, 탄약 또는 전투용에 공할 수 있는 물건을 적국에 제공한 자는 무기 또는 5년 이상의 징역에 처한다.

제98조【간 첩】 ①적국을 위하여 간첩하거나 적국의 간첩을 방조한 자는 사형, 무기 또는 7년 이상의 징역에 처한다.

②군사상의 기밀을 적국에 누설한 자도 전항의 형과 같다.

(판 례) 국가보안법 제4조제1항제2호(나)목에 정한 기밀을 해석함에 있어서 그 기밀은 정치, 경제, 사회, 문화 등 각 방면에 관하여 반국가단체에 대하여 비밀로 하거나 확인되지 아니함이 대한민국의 이익이 되는 모든 사실, 물건 또는 지식으로서, 그것들이 국내에서의 적법한 절차 등을 거쳐 이미 일반인

형법

에게 널리 알려진 공지의 사실, 물건 또는 지식에 속하지 아니한 것이어야 하고, 또 그 내용이 누설되는 경우 국가의 안전에 위험을 초래할 우려가 있어 기밀로 보호할 실질가치를 갖춘 것이어야 한다(1997. 7.16, 97도985). <형각(김)821면, (이)647면, 판례백선(각론, 신)57면>

간첩의 목적으로 외국 또는 북한에서 국내에 침투 또는 월남하는 경우에는 기밀탐지가 가능한 국내에 침투 상륙함으로써 실행의 착수가 있다고 할 것이다(1984.9.11, 84도1381). <형각(이)648면, (김)822면>

제99조【일반이적】 전7조에 기재한 이외에 대한민국의 군사상이익을 해하거나 적국에 군사상이익을 공여한 자는 무기 또는 3년 이상의 징역에 처한다.

판례 직무에 관하여 군사상 기밀을 지득한 자가 이를 적국에 누설한 경우에는 형법 제98조 제2항에 직무와 관계없이 지득한 군사상 기밀을 적국에 누설한 경우에는 형법 제99조에 각 해당한다(1982. 11.23, 82도2201). <형각(이)645면>

제100조【미수범】 전8조의 미수범은 처벌한다.

제101조【예비, 음모, 선동, 선전】 ①제92조 내지 제99조의 죄를 범할 목적으로 예비 또는 음모한 자는 2년 이상의 유기징역에 처한다. 단 그 목적한 죄의 실행에 이르기 전에 자수한 때에는 그 형을 감경 또는 면제한다.

②제92조 내지 제99조의 죄를 선동 또는 선전한 자도 전항의 형과 같다.

제102조【준적국】 제93조 내지 전조의 죄에 있어서는 대한민국에 적대하는 외국 또는 외국인의 단체는 적국으로 간주한다.

제103조【전시군수계약불이행】 ①전쟁 또는 사변에 있어서 정당한 이유없이 정부에 대한 군수품 또는 군용공작물에 관한 계약을 이행하지 아니한 자는 10년 이하의 징역에 처한다.

②전항의 계약이행을 방해한 자도 전항의 형과 같다.

제104조【동맹국】 본장의 규정은 동맹국에 대한 행위에 적용한다.

제104조의2 삭제 <88.12.31>

제3장 국기에 관한 죄

제105조【국기, 국장의 모독】 대한민국을 모욕할 목적으로 국기 또는 국장을 손상, 제거 또는 오욕한 자는 5년 이하의 징역이나 금고, 10년 이하의 자격정지 또는 700만원 이하의 벌금에 처한다. <개정 95.12.29>

제106조【국기, 국장의 비방】 전조의 목적으로 국기 또는 국장을 비방한 자는 1년 이하의 징역이나 금고, 5년 이하의 자격정지 또는 200만원 이하의 벌금에 처한다. <개정 95.12.29>

제4장 국교에 관한 죄

제107조【외국원수에 대한 폭행 등】 ①대한민국에 체재하는 외국의 원수에 대하여 폭행 또는 협박을 가한 자는 7년 이하의 징역이나 금고에 처한다.

②전항의 외국원수에 대하여 모욕을 가하거나 명예를 훼손한 자는 5년 이하의 징역이나 금고에 처한다.

제108조【외국사절에 대한 폭행 등】 ①대한민국에 파견된 외국사절에 대하여 폭행 또는 협박을 가한 자는 5년 이하의 징역이나 금고에 처한다.

②전항의 외국사절에 대하여 모욕을 가하거나 명예를 훼손한 자는 3년 이하의 징역이나 금고에 처한다.

제109조【외국의 국기, 국장의 모독】 외국을 모욕할 목적으로 그 나라의 공용에 공하는 국기 또는 국장을 손상, 제거 또는 오욕한 자는 2년 이하의 징역이나 금고 또는 300만원 이하의 벌금에 처한다. <개정 95.12.29>

제110조【피해자의 의사】 제107조 내지 제109조의 죄는 그 외국정부의 명시한 의사에 반하여 공소를 제기할 수 없다. <개정 95.12.29>

제111조【외국에 대한 사전】 ①외국에 대하여 사전한 자는 1년 이상의 유기금고에 처한다.

②전항의 미수범은 처벌한다.

③제1항의 죄를 범할 목적으로 예비 또는 음모한 자는 3년 이하의 금고 또는 500만원 이하의 벌금에 처한다. 단 그 목적한 죄의 실행에 이르기 전에 자수한 때에는 감경 또는 면제한다. <개정 95.12.29>

제112조【중립명령위반】 외국간의 교전에 있어서 중립에 관한 명령에 위반한 자는 3년 이하의 금고 또는 500만원 이하의 벌금에 처한다. <개정 95.12.29>

제113조【외교상기밀의 누설】 ①외교상의

형법

기밀을 누설한 자는 5년 이하의 징역 또는 1천만원 이하의 벌금에 처한다. <개정 95.12.29>
②누설할 목적으로 외교상의 기밀을 탐지 또는 수집한 자도 전항의 형과 같다.

(판 례) 형법 제113조제1항 소정의 외교상의 기밀이라 함은 외국과의 관계에서 국가가 보지해야 할 기밀로서, 외교정책상 외국에 대하여 비밀로 하거나 확인되지 아니함이 대한민국의 이익이 되는 모든 정보자료를 말한다(1995.12.5, 94도2379).

제5장 공안을 해하는 죄

제114조【범죄단체등의 조직】 사형, 무기 또는 장기 4년 이상의 징역에 해당하는 범죄를 목적으로 하는 단체 또는 집단을 조직하거나 이에 가입 또는 그 구성원으로 활동한 사람은 그 목적한 죄에 정한 형으로 처벌한다. 다만, 형을 감경할 수 있다. <개정 2013.4.5>

(판 례) 형법 제114조 소정 범죄단체조직죄는 범죄를 목적으로 하는 단체를 조직함으로써 성립하는 것이고 그 후 목적한 범죄의 실행행위를 하였는가 여부는 위 죄의 성립에 영향이 없다(1975.9.23, 75도2321). <형각(김)458면, (이)453면>

제115조【소 요】 다중이 집합하여 폭행, 협박 또는 손괴의 행위를 한 자는 1년 이상 10년 이하의 징역이나 금고 또는 1천500만원 이하의 벌금에 처한다. <개정 95.12.29>

제116조【다중불해산】 폭행, 협박 또는 손괴의 행위를 할 목적으로 다중이 집합하여 그를 단속할 권한이 있는 공무원으로부터 3회이상의 해산명령을 받고 해산하지 아니한 자는 2년 이하의 징역이나 금고 또는 300만원 이하의 벌금에 처한다. <개정 95.12.29>

제117조【전시공수계약불이행】 ①전쟁, 천재 기타 사변에 있어서 국가 또는 공공단체와 체결한 식량 기타 생활필수품의 공급계약을 정당한 이유없이 이행하지 아니한 자는 3년 이하의 징역 또는 500만원 이하의 벌금에 처한다. <개정 95.12.29>
②전항의 계약이행을 방해한 자도 전항의 형과 같다.
③전2항의 경우에는 그 소정의 벌금을 병과할 수 있다.

제118조【공무원자격의 사칭】 공무원의 자격을 사칭하여 그 직권을 행사한 자는 3년 이하의 징역 또는 700만원 이하의 벌금에 처한다. <개정 95.12.29>

제6장 폭발물에 관한 죄

제119조【폭발물사용】 ① 폭발물을 사용하여 사람의 생명, 신체 또는 재산을 해하거나 그 밖에 공공의 안전을 문란하게 한 자는 사형, 무기 또는 7년 이상의 징역에 처한다.
② 전쟁, 천재지변 그 밖의 사변에 있어서 제1항의 죄를 지은 자는 사형이나 무기징역에 처한다.
③ 제1항과 제2항의 미수범은 처벌한다.
<전문개정 2020. 12. 8.>

제120조【예비, 음모, 선동】 ①전조제1항, 제2항의 죄를 범할 목적으로 예비 또는 음모한 자는 2년 이상의 유기징역에 처한다. 단 그 목적한 죄의 실행에 이르기 전에 자수한 때에는 그 형을 감경 또는 면제한다.
②전조 제1항, 제2항의 죄를 범할 것을 선동한 자도 전항의 형과 같다.

제121조【전시폭발물제조 등】 전쟁 또는 사변에 있어서 정당한 이유없이 폭발물을 제조, 수입, 수출, 수수 또는 소지한 자는 10년 이하의 징역에 처한다.

제7장 공무원의 직무에 관한 죄

제122조【직무유기】 공무원이 정당한 이유없이 그 직무수행을 거부하거나 그 직무를 유기한 때에는 1년 이하의 징역이나 금고 또는 3년 이하의 자격정지에 처한다.

(판 례) 직무유기죄는 구체적으로 그 직무를 수행하여야 할 작위의무가 있는데도 불구하고 이러한 직무를 버린다는 인식 하에 그 작위의무를 수행하지 아니함으로써 성립하는 것이고, 또 그 직무를 유기한 때라 함은 공무원이 법령, 내규 등에 의한 추상적인 충근의무를 태만히 하는 일체의 경우를 이르는 것이 아니고, 직장의 무단이탈, 직무의 의식적인 포기 등과 같이 그것이 국가의 기능을 저해하며 국민에게 피해를 야기시킬 가능성이 있는 경우를 말하는 것이므로, 병가중인 자의 경우 구체적인 작위의무 내지 국가기능의 저해에 대한 구체적인 위험성이 있다고 할 수 없어 직무유기죄의 주체로 될 수는 없다(1997.4.22, 95도748). <형각(이)664면, (김)680면>

제123조【직권남용】 공무원이 직권을 남용하여 사람으로 하여금 의무없는 일을 하게 하

거나 사람의 권리행사를 방해한 때에는 5년 이하의 징역, 10년 이하의 자격정지 또는 1천만원 이하의 벌금에 처한다. <개정 95.12.29>

판례 대통령비서실 민정수석비서관이 대통령의 근친관리업무에 관련하여 농수산물도매시장 관리공사 대표이사에게 요구하여 위 시장 내 일부 시설을 당초 예정한 공개입찰이 아닌 수의계약으로 대통령의 근친에게 임대케 한 행위는 타인의 권리행사방해죄에 해당한다(1992.3.10, 92도116). <형각(김)694면, 판례백선(각론, 신)132면>

제124조【불법체포, 불법감금】 ①재판, 검찰, 경찰 기타 인신구속에 관한 직무를 행하는 자 또는 이를 보조하는 자가 그 직권을 남용하여 사람을 체포 또는 감금한 때에는 7년 이하의 징역과 10년 이하의 자격정지에 처한다.

②전항의 미수범은 처벌한다.

판례 즉결심판 피의자의 정당한 귀가요청을 거절한 채 다음날 즉결심판법정이 열릴 때까지 피의자를 경찰서 보호실에 강제유치시키려고 함으로써 피의자를 경찰서 내 즉결피의자 대기실에 10-20분 동안 있게 한 행위는 형법 제124조제1항의 불법감금죄에 해당하고, 이로 인하여 피의자를 보호실에 밀어 넣으려는 과정에서 상해를 입게 하였다면 특정범죄가중처벌등에관한법률 제4조의2제1항 위반죄에 해당한다. <형각(김)697면, (이)672면>

감금죄는 간접정범의 형태로도 행하여질 수 있는 것이므로, 인신구속에 관한 직무를 행하는 자 또는 이를 보조하는 자가 피해자를 구속하기 위하여 진술조서 등을 허위로 작성한 후 이를 기록에 첨부하여 구속영장을 신청하고, 진술조서 등이 허위로 작성된 정을 모르는 검사와 영장전담판사를 기망하여 구속영장을 발부받은 후 그 영장에 의하여 피해자를 구금하였다면 형법 제124조 제1항의 직권남용감금죄가 성립한다.(2006.5.25, 2003도3945). <이재상, 707면>

제125조【폭행, 가혹행위】 재판, 검찰, 경찰 그 밖에 인신구속에 관한 직무를 수행하는 자 또는 이를 보조하는 자가 그 직무를 수행하면서 형사피의자나 그 밖의 사람에 대하여 폭행 또는 가혹행위를 한 경우에는 5년 이하의 징역과 10년 이하의 자격정지에 처한다.
<전문개정 2020. 12. 8.>

제126조【피의사실공표】 검찰, 경찰 그 밖에 범죄수사에 관한 직무를 수행하는 자 또는 이를 감독하거나 보조하는 자가 그 직무를 수행하면서 알게 된 피의사실을 공소제기 전에 공표(公表)한 경우에는 3년 이하의 징역 또는 5년 이하의 자격정지에 처한다.
<전문개정 2020. 12. 8.>

제127조【공무상비밀의 누설】 공무원 또는 공무원이었던 자가 법령에 의한 직무상 비밀을 누설한 때에는 2년 이하의 징역이나 금고 또는 5년 이하의 자격정지에 처한다.

판례 형법 제127조는 공무원 또는 공무원이었던 자가 법령에 의한 직무상 비밀을 누설하는 것을 구성요건으로 하고 있고, 동조에서 법령에 의한 직무상 비밀이란 반드시 법령에 의하여 비밀로 규정되었거나 비밀로 분류 명시된 사항에 한하지 아니하고 정치, 군사, 외교, 경제, 사회적 필요에 따라 비밀로 된 사항은 물론 정부나 공무소 또는 국민이 객관적, 일반적인 입장에서 외부에 알려지지 않는 것에 상당한 이익이 있는 사항도 포함하는 것이나, 동조에서 말하는 비밀이란 실질적으로 그것을 비밀로서 보호할 가치가 있다고 인정할 수 있는 것이어야 할 것이다. 그리고 본죄는 기밀 그 자체를 보호하는 것이 아니라 공무원의 비밀엄수의무의 침해에 의하여 위험하게 되는 이익, 즉 비밀의 누설에 의하여 위협받는 국가의 기능을 보호하기 위한 것이다(1996.5.10, 95도780). <형각(이)669면, (김)689면, 판례백선(각론, 신)147면>

제128조【선거방해】 검찰, 경찰 또는 군의 직에 있는 공무원이 법령에 의한 선거에 관하여 선거인, 입후보자 또는 입후보자되려는 자에게 협박을 가하거나 기타 방법으로 선거의 자유를 방해한 때에는 10년 이하의 징역과 5년 이상의 자격정지에 처한다.

제129조【수뢰, 사전수뢰】 ①공무원 또는 중재인이 그 직무에 관하여 뇌물을 수수, 요구 또는 약속한 때에는 5년 이하의 징역 또는 10년 이하의 자격정지에 처한다.

②공무원 또는 중재인이 될 자가 그 담당할 직무에 관하여 청탁을 받고 뇌물을 수수, 요구 또는 약속한 후 공무원 또는 중재인이 된 때에는 3년 이하의 징역 또는 7년 이하의 자격정지에 처한다.

판례 형법 제129조 소정의 '직무'라 함은 공무원이 법령상 관장하는 직무 그 자체뿐만 아니라 그 직무와 밀접한 관계가 있는 행위 또는 관례상이나 사실상 소관하는 직무행위 및 결정권자를 보좌하거나 영향을 줄 수 있는 직무행위도 포함한다(1998.2.27, 96도582). <형각(이)678면, (김)707면>

제130조【제3자뇌물제공】 공무원 또는 중재인이 그 직무에 관하여 부정한 청탁을 받고 제3자에게 뇌물을 공여하게 하거나 공여를 요구 또는 약속한 때에는 5년 이하의 징역 또는 10년 이하의 자격정지에 처한다.

판례 형법 제130조의 제3자뇌물제공죄를 형법 제129조 제1항의 단순수뢰죄와 비교하여 보면 공무원이 직접 뇌물을 받지 아니하고, 증뢰자로 하여금 제3자에게 뇌물을 공여하도록 하고 그 제3자로 하여금 뇌물을 받도록 한 경우에는 부정한 청탁을 받고 그와 같은 행위를 한 경우에 한하여 단순수뢰죄와 같은 형으로 처벌하고, 공무원이 직접 뇌물을 받지 아니하고, 증뢰자로 하여금 제3자에게 뇌물을 공여하도록 하고 그 제3자로 하여금 뇌물을 받도록 하였다 하더라도 부정한 청탁을 받은 일이 없다면 이를 처벌하지 아니한다는 취지로 해석하여야 할 것이다(1998.9.22, 98도1234). <판례백선(각론,신)175면>

제131조 【수뢰후 부정처사, 사후수뢰】 ① 공무원 또는 중재인이 전2조의 죄를 범하여 부정한 행위를 한 때에는 1년 이상의 유기징역에 처한다.

②공무원 또는 중재인이 그 직무상 부정한 행위를 한 후 뇌물을 수수, 요구 또는 약속하거나 제3자에게 이를 공여하게 하거나 공여를 요구 또는 약속한 때에도 전항의 형과 같다.

③공무원 또는 중재인이었던 자가 그 재직중에 청탁을 받고 직무상 부정한 행위를 한 후 뇌물을 수수, 요구 또는 약속한 때에는 5년 이하의 징역 또는 10년 이하의 자격정지에 처한다.

④전3항의 경우에는 10년 이하의 자격정지를 병과할 수 있다.

제132조 【알선수뢰】 공무원이 그 지위를 이용하여 다른 공무원의 직무에 속한 사항의 알선에 관하여 뇌물을 수수, 요구 또는 약속한 때에는 3년 이하의 징역 또는 7년 이하의 자격정지에 처한다.

제133조 【뇌물공여 등】 ① 제129조부터 제132조까지에 기재한 뇌물을 약속, 공여 또는 공여의 의사를 표시한 자는 5년 이하의 징역 또는 2천만원 이하의 벌금에 처한다.

② 제1항의 행위에 제공할 목적으로 제3자에게 금품을 교부한 자 또는 그 사정을 알면서 금품을 교부받은 제3자도 제1항의 형에 처한다.

<전문개정 2020. 12. 8.>

(판 례) 제3자의 증뢰물전달죄는 제3자가 증뢰자로부터 교부받은 금품을 수뢰할 사람에게 전달하였는지 여부에 관계없이 제3자가 그 정을 알면서 금품을 교부받음으로써 성립하는 것이며, 나아가 제3자가 그 교부받은 금품을 수뢰할 사람에게 전달하였다고 하여 증뢰물전달죄 외에 별도로 뇌물공여죄가 성립하는 것은 아니다(1997.9.5, 97도1572). <형각(김)731면>

제134조 【몰수, 추징】 범인 또는 사정을 아는 제3자가 받은 뇌물 또는 뇌물로 제공하려고 한 금품은 몰수한다. 이를 몰수할 수 없을 경우에는 그 가액을 추징한다.

<전문개정 2020. 12. 8.>

(판 례) 증뢰자가 교부한 당좌수표가 부도나자 부도된 당좌수표를 반환받고 그 수표에 대체하여 수표의 액면가액에 상응하는 현금이나 유가증권을 수뢰자에게 다시 교부하고 수뢰자가 이를 수수하였다면, 형법 제134조의 규정취지가 수뢰자로 하여금 불법한 이득을 보유시키지 않으려는 데에 있는 점에 비추어 볼 때, 이 현금이나 유가증권이 몰수, 추징의 대상이 된다(1992.12.8, 92도1995). <형각(김)712면, 판례백선(각론, 신)198면>

제135조 【공무원의 직무상범죄에 대한 형의 가중】 공무원이 직권을 이용하여 본장 이외의 죄를 범한 때에는 그 죄에 정한 형의 2분의 1까지 가중한다. 단 공무원의 신분에 의하여 특별히 형이 규정된 때에는 예외로 한다.

제8장 공무방해에 관한 죄

제136조 【공무집행방해】 ①직무를 집행하는 공무원에 대하여 폭행 또는 협박한 자는 5년 이하의 징역 또는 1천만원 이하의 벌금에 처한다. <개정 95.12.29>

②공무원에 대하여 그 직무상의 행위를 강요 또는 조지하거나 그 직을 사퇴하게 할 목적으로 폭행 또는 협박한 자도 전항의 형과 같다.

(판 례) 의경이 피고인을 파출소로 끌고 가려고 한 것은 음주측정을 하기 위한 것일 뿐, 피고인을 음주운전이나 음주측정거부의 현행범으로 체포하려는 의사였는지도 의심스러울 뿐 아니라, 가사 현행범으로 체포하려 하였더라도 현행범을 체포함에 있어서는 체포 당시에 헌법 및 형사소송법에 규정된 바와 같이 피의자에 대하여 범죄사실의 요지, 체포 또는 구속의 이유와 변호인을 선임할 수 있음을 말하고 변명할 기회를 주는 등 적법절차를 준수하여야 함에도 현행범으로 체포한다는 사실조차 고지하지 아니한 채 실력으로 연행하려 하였다면 그 의경의 행위는 적법한 공무집행으로 볼 수 없다(1994.10.25, 94도2283). <형각(김)738면, (이)699면>

제137조 【위계에 의한 공무집행방해】 위계로써 공무원의 직무집행을 방해한 자는 5년 이하의 징역 또는 1천만원 이하의 벌금에 처한다. <개정 95.12.29>

(판 례) 출원에 대한 심사업무를 담당하는 공무원이 출원인의 출원사유가 허위라는 사실을 알면서도 결재권자로 하여금 오인, 착각, 부지를 일으키게 하고 그 오인, 착각, 부지를 이용하여 인·허가처분에 대한 결재를 받아낸 경우에는 출원자가 허위의 출원사유나 허위의 소명자료를 제출한 경우와는 달리 더 이상 출원에 대한 적정한 심사업무를 기대할 수 없게 되었다고 할 것이어서 그와 같은 행위는 위계로써 결재권자의 직무집행을 방해한 것에 해당하므로 위계에 의한 공무집행방해죄가 성립한다(1997.2.28, 96도2825). <형각(김)746면, (이)708면, 판례백선(각론, 신)243면>

변호사가 접견을 핑계로 수용자를 위하여 휴대전화와 증권거래용 단말기를 구치소 내로 몰래 반입하여 이용하게 한 행위가 위계에 의한 공무집행방해죄에 해당한다고 한 원심의 판단을 수긍한다.(2005.8.25, 2005도1731). <이재상, 745면>

제138조【법정 또는 국회회의장모욕】법원의 재판 또는 국회의 심의를 방해 또는 위협할 목적으로 법정이나 국회회의장 또는 그 부근에서 모욕 또는 소동한 자는 3년 이하의 징역 또는 700만원 이하의 벌금에 처한다. <개정 95.12.29>

제139조【인권옹호직무방해】경찰의 직무를 행하는 자 또는 이를 보조하는 자가 인권옹호에 관한 검사의 직무집행을 방해하거나 그 명령을 준수하지 아니한 때에는 5년 이하의 징역 또는 10년 이하의 자격정지에 처한다.

제140조【공무상비밀표시무효】①공무원이 그 직무에 관하여 실시한 봉인 또는 압류 기타 강제처분의 표시를 손상 또는 은닉하거나 기타 방법으로 그 효용을 해한 자는 5년 이하의 징역 또는 700만원 이하의 벌금에 처한다. <개정 95.12.29>

②공무원이 그 직무에 관하여 봉함 기타 비밀장치한 문서 또는 도화를 개봉한 자도 제1항의 형과 같다. <개정 95.12.29>

③공무원이 그 직무에 관하여 봉함 기타 비밀장치한 문서, 도화 또는 전자기록 등 특수매체기록을 기술적 수단을 이용하여 그 내용을 알아낸 자도 제1항의 형과 같다. <신설 95.12.29>

제140조의2【부동산강제집행효용침해】강제집행으로 명도 또는 인도된 부동산에 침입하거나 기타 방법으로 강제집행의 효용을 해한 자는 5년 이하의 징역 또는 700만원 이하의 벌금에 처한다.

<본조신설 95.12.29>

제141조【공용서류 등의 무효, 공용물의 파괴】①공무소에서 사용하는 서류 기타 물건 또는 전자기록 등 특수매체기록을 손상 또는 은닉하거나 기타 방법으로 그 효용을 해한 자는 7년 이하의 징역 또는 1천만원 이하의 벌금에 처한다. <개정 95.12.29>

②공무소에서 사용하는 건조물, 선박, 기차 또는 항공기를 파괴한 자는 1년 이상 10년 이하의 징역에 처한다.

(판 례) 형법 제141조제1항이 규정한 공용서류무효죄는 정당한 권한없이 공무소에서 사용하는 서류의 효용을 해함으로써 성립하는 죄이므로 권한있는 자의 정당한 처분에 의한 공용서류의 파기에는 적용의 여지가 없고, 또 공무원이 작성하는 공문서는 그것이 작성자의 지배를 떠나 작성자로서도 그 변경 삭제가 불가능한 단계에 이르렀다면 모르되 그렇지 않고 상사가 결재하는 단계에 있어서는 작성자는 결재자인 상사와 상의하여 언제든지 그 내용을 변경 또는 일부 삭제할 수 있는 것이며 그 내용을 정당하게 변경하는 경우는 물론 내용을 허위로 변경하였다 하여도 그 행위가 허위공문서작성죄에 해당할지언정 따로 형법 제141조 소정의 공용서류의 효용을 해하는 행위에 해당한다고는 할 수 없다(1995.11.10, 95도1395).

경찰이 작성한 진술조서가 미완성이고 작성자와 진술자가 서명·날인 또는 무인한 것이 아니어서 공문서로서의 효력이 없다고 하더라도 공무소에서 사용하는 서류가 아니라고 할 수는 없다.(2006.5.25, 2003도3945). <이재상, 753면>

제142조【공무상보관물의 무효】공무소로부터 보관명령을 받거나 공무소의 명령으로 타인이 관리하는 자기의 물건을 손상 또는 은닉하거나 기타 방법으로 그 효용을 해한 자는 5년 이하의 징역 또는 700만원 이하의 벌금에 처한다. <개정 95.12.29>

제143조【미수범】제140조 내지 전조의 미수범은 처벌한다.

제144조【특수공무방해】①단체 또는 다중의 위력을 보이거나 위험한 물건을 휴대하여 제136조, 제138조와 제140조 내지 전조의 죄를 범한 때에는 각조에 정한 형의 2분의 1까지 가중한다.

②제1항의 죄를 범하여 공무원을 상해에 이르게 한 때에는 3년 이상의 유기징역에 처한다. 사망에 이르게 한 때에는 무기 또는 5년 이상의 징역에 처한다. <개정 95.12.29>

(판 례) 특수공무집행방해치상죄는 원래 결과적가중범이기는 하지만, 이는 중한 결과에 대하여 예견가능성이 있었음에도 불구하고 예견하지 못한 경우에 벌하는 진정결과적가중범이 아니라 그 결과에 대한 예견가능성이 있었음에도 불구하고 예견하지 못한 경우뿐만 아니라 고의가 있는 경우까지도 포함하는 부진정결과적가중범이다(1995.1.20, 94도2842). <형각(김)762면, (이)719면>

제9장 도주와 범인은닉의 죄

제145조【도주, 집합명령위반】① 법률에 따라 체포되거나 구금된 자가 도주한 경우에는 1년 이하의 징역에 처한다.

② 제1항의 구금된 자가 천재지변이나 사변 그 밖에 법령에 따라 잠시 석방된 상황에서

정당한 이유없이 집합명령에 위반한 경우에도 제1항의 형에 처한다.
<전문개정 2020. 12. 8.>

(판 례) 사법경찰관이 피고인을 수사관서까지 동행한 것이 사실상의 강제연행, 즉 불법 체포에 해당하고, 불법 체포로부터 6시간 상당이 경과한 후에 이루어진 긴급체포 또한 위법하므로 피고인이 불법체포된 자로서 형법 제145조 제1항에 정한 '법률에 의하여 체포 또는 구금된 자'가 아니어서 도주죄의 주체가 될 수 없다.(2006.7.6, 2005도6810). <이재상 759면>

제146조【특수도주】 수용설비 또는 기구를 손괴하거나 사람에게 폭행 또는 협박을 가하거나 2인 이상이 합동하여 전조제1항의 죄를 범한 자는 7년 이하의 징역에 처한다.

제147조【도주원조】 법률에 의하여 구금된 자를 탈취하거나 도주하게 한 자는 10년 이하의 징역에 처한다.

(판 례) 도주죄는 즉시범으로서 범인이 간수자의 실력적 지배를 이탈한 상태에 이르렀을 때에 기수가 되어 도주행위가 종료하는 것이고, 도주원조죄는 도주죄에 있어서의 범인의 도주행위를 야기시키거나 이를 용이하게 하는 등 그와 공범관계에 있는 행위를 독립한 구성요건으로 하는 범죄이므로, 도주죄의 범인이 도주행위를 하여 기수에 이르른 이후에 범인의 도피를 도와주는 행위는 범인도피죄에 해당할 수 있을 뿐 도주원조죄에는 해당하지 아니한다(1991.10.11, 91도1656). <형각(김)774면, 판례백선(각론, 신)269면>

제148조【간수자의 도주원조】 법률에 의하여 구금된 자를 간수 또는 호송하는 자가 이를 도주하게 한 때에는 1년 이상 10년 이하의 징역에 처한다.

제149조【미수범】 전4조의 미수범은 처벌한다.

제150조【예비, 음모】 제147조와 제148조의 죄를 범할 목적으로 예비 또는 음모한 자는 3년 이하의 징역에 처한다.

제151조【범인은닉과 친족간의 특례】 ①벌금이상의 형에 해당하는 죄를 범한 자를 은닉 또는 도피하게 한 자는 3년 이하의 징역 또는 500만원 이하의 벌금에 처한다. <개정 95.12.29>
②친족 또는 동거의 가족이 본인을 위하여 전항의 죄를 범한 때에는 처벌하지 아니한다. <개정 2005.3.31>

제10장 위증과 증거인멸의 죄

제152조【위증, 모해위증】 ①법률에 의하여 선서한 증인이 허위의 진술을 한 때에는 5년 이하의 징역 또는 1천만원 이하의 벌금에 처한다. <개정 95.12.29>
②형사사건 또는 징계사건에 관하여 피고인, 피의자 또는 징계혐의자를 모해할 목적으로 전항의 죄를 범한 때에는 10년 이하의 징역에 처한다.

(판 례) 증인으로 선서한 이상 진실대로 진술한다면 자신의 범죄를 시인하는 진술을 하는 것이 되고 증언을 거부하는 것은 자기의 범죄를 암시하는 것이 되어 증인에게 사실대로의 진술을 기대할 수 없다고 하더라도 형사소송법상 이러한 처지의 증인에게는 증언을 거부할 수 있는 권리를 인정하여 위증죄로부터의 탈출구를 마련하고 있는 만큼 적법행위의 기대가능성이 없다고 할 수 없으므로 선서한 증인이 증언거부권을 포기하고 허위의 진술을 하였다면 위증죄의 처벌을 면할 수 없다(1987.7.7, 전원합의체판결 86도1724). <형각(김)792면, (이)738면>

형법 제152조제1항·제2항은 위증을 한 범인이 형사사건의 피고인 등을 '모해할 목적'을 가지고 있었는가 아니면 그러한 목적이 없었는가 하는 범인의 특수한 상태의 차이에 따라 범인에게 과할 형의 경중을 구별하고 있으므로, 이는 바로 형법 제33조 단서 소정의 "신분관계로 인하여 형의 경중이 있는 경우"에 해당한다고 봄이 상당하다(1994.12.23, 93도1002). <형각(김)798면, (이)745면>

제153조【자백, 자수】 전조의 죄를 범한 자가 그 공술한 사건의 재판 또는 징계처분이 확정되기 전에 자백 또는 자수한 때에는 그 형을 감경 또는 면제한다.

(판 례) 무고죄에 있어서 형의 필요적 감면사유에 해당하는 자백이란 자신의 범죄사실, 즉 타인으로 하여금 형사처분 또는 징계처분을 받게 할 목적으로 공무소 또는 공무원에 대하여 허위의 사실을 신고하였음을 자인하는 것을 말하고, 단순히 그 신고한 내용이 객관적 사실에 반한다고 인정함에 지나지 아니하는 것은 이에 해당하지 아니한다(1995.9.5, 94도755).

제154조【허위의 감정, 통역, 번역】 법률에 의하여 선서한 감정인, 통역인 또는 번역인이 허위의 감정, 통역 또는 번역을 한 때에는 전2조의 예에 의한다.

제155조【증거인멸 등과 친족간의 특례】 ①타인의 형사사건 또는 징계사건에 관한 증거를 인멸, 은닉, 위조 또는 변조하거나 위조 또는 변조한 증거를 사용한 자는 5년 이하의 징역 또는 700만원 이하의 벌금에 처한다. <개정 95.12.29>
②타인의 형사사건 또는 징계사건에 관한 증인을 은닉 또는 도피하게 한 자도 제1항의 형과 같다. <개정 95.12.29>

③피고인, 피의자 또는 징계혐의자를 모해할 목적으로 전2항의 죄를 범한 자는 10년 이하의 징역에 처한다.
④친족 또는 동거의 가족이 본인을 위하여 본조의 죄를 범한 때에는 처벌하지 아니한다.
<개정 2005.3.31>

판례 선서무능력자로서 범죄 현장을 목격하지도 못한 사람으로 하여금 형사법정에서 범죄 현장을 목격한 양 허위의 증언을 하도록 하는 것은 위 조항이 규정하는 증거위조죄를 구성하지 아니한다(1998.2.10, 97도2961). <형각(김)785면, (이)748면>

제11장 무고의 죄

제156조【무 고】 타인으로 하여금 형사처분 또는 징계처분을 받게 할 목적으로 공무소 또는 공무원에 대하여 허위의 사실을 신고한 자는 10년 이하의 징역 또는 1천500만원 이하의 벌금에 처한다. <개정 95.12.29>

판례 타인으로 하여금 형사처분을 받게 할 목적으로 공무소에 대하여 허위의 사실을 신고하였다고 하더라도, 그 사실이 친고죄로서 그에 대한 고소기간이 경과하여 공소를 제기할 수 없음이 그 신고내용 자체에 의하여 분명한 때에는 당해 국가기관의 직무를 그르치게 할 위험성이 없으므로 이러한 경우에는 무고죄는 성립하지 아니한다(1998.4.14, 98도150). <형각(김)801면>

무고죄는 국가의 형사사법권 또는 징계권의 적정한 행사를 주된 보호법익으로 하고 다만, 개인의 부당하게 처벌 또는 징계받지 아니할 이익을 부수적으로 보호하는 죄이므로, 설사 무고에 있어서 피무고자의 승낙이 있었다고 하더라도 무고죄의 성립에는 영향을 미치지 못한다 할 것이다.(2005.9.30, 2005도2712). <이재상 797면>

무고죄에 있어서의 범의는 반드시 확정적 고의임을 요하지 아니하고 미필적 고의로서도 족하다 할 것이므로 무고죄는 신고자가 진실하다는 확신 없는 사실을 신고함으로써 성립하고 그 신고사실이 허위라는 것을 확신함을 필요로 하지 않는다.(2006.5.25, 2005도4642). <이재상 794면>

제157조【자백 · 자수】 제153조는 전조에 준용한다.

제12장 신앙에 관한 죄

제158조【장례식 등의 방해】 장례식, 제사, 예배 또는 설교를 방해한 자는 3년 이하의 징역 또는 500만원 이하의 벌금에 처한다.
<개정 95.12.29>

제159조【사체 등의 오욕】 시체, 유골 또는 유발(遺髮)을 오욕한 자는 2년 이하의 징역 또는 500만원 이하의 벌금에 처한다.
<전문개정 2020. 12. 8.>

제160조【분묘의 발굴】 분묘를 발굴한 자는 5년 이하의 징역에 처한다.

제161조【시체 등의 유기 등】 ① 시체, 유골, 유발 또는 관 속에 넣어 둔 물건을 손괴(損壞), 유기, 은닉 또는 영득(領得)한 자는 7년 이하의 징역에 처한다.
② 분묘를 발굴하여 제1항의 죄를 지은 자는 10년 이하의 징역에 처한다.
<전문개정 2020. 12. 8.>

판례 살인, 강도살인 등의 목적으로 인적이 드문 장소로 피해자를 유인하거나 실신한 피해자를 끌고 가서 그 곳에서 살해하고 사체를 그대로 둔 채 도주한 경우에는, 비록 결과적으로 사체의 발견이 현저하게 곤란을 받게 되는 사정이 있다 하더라도 별도로 사체은닉죄가 성립되지 아니한다(1986.6.24., 86도891).

제162조【미수범】 전2조의 미수범은 처벌한다.

제163조【변사체검시방해】 변사자의 시체 또는 변사(變死)로 의심되는 시체를 은닉하거나 변경하거나 그 밖의 방법으로 검시(檢視)를 방해한 자는 700만원 이하의 벌금에 처한다.
<전문개정 2020. 12. 8.>

제13장 방화와 실화의 죄

제164조【현주건조물 등 방화】 제164조(현주건조물 등 방화) ① 불을 놓아 사람이 주거로 사용하거나 사람이 현존하는 건조물, 기차, 전차, 자동차, 선박, 항공기 또는 지하채굴시설을 불태운 자는 무기 또는 3년 이상의 징역에 처한다.
② 제1항의 죄를 지어 사람을 상해에 이르게 한 경우에는 무기 또는 5년 이상의 징역에 처한다. 사망에 이르게 한 경우에는 사형, 무기 또는 7년 이상의 징역에 처한다.
<전문개정 2020. 12. 8.>

판례 형법 제164조 후단이 규정하는 현주건조물방화치사상죄는 그 전단이 규정하는 죄에 대한 일종의 가중처벌 규정으로서 과실이 있는 경우뿐만 아니라, 고의가 있는 경우에도 포함된다고 볼 것이므로 사람을 살해할 목적으로 현주건조물에 방화하여 사망에 이르게 한 경우에는 현주건조물방화치사죄로 의율하여야 하고 이와 더불어 살인죄와의 상상적 경합범으로 의율할 것은 아니며, 다만 존속살인죄와

현주건조물방화치사죄는 상상적 경합범관계에 있으므로, 법정형이 중한 존속살인죄로 의율함이 타당하다(1996.4.26., 96도485).

제165조【공용건조물 등 방화】 불을 놓아 공용(公用)으로 사용하거나 공익을 위해 사용하는 건조물, 기차, 전차, 자동차, 선박, 항공기 또는 지하채굴시설을 불태운 자는 무기 또는 3년 이상의 징역에 처한다.
<전문개정 2020. 12. 8.>

제166조【일반건조물 등 방화】 ① 불을 놓아 제164조와 제165조에 기재한 외의 건조물, 기차, 전차, 자동차, 선박, 항공기 또는 지하채굴시설을 불태운 자는 2년 이상의 유기징역에 처한다.
② 자기 소유인 제1항의 물건을 불태워 공공의 위험을 발생하게 한 자는 7년 이하의 징역 또는 1천만원 이하의 벌금에 처한다.
<전문개정 2020. 12. 8.>

제167조【일반물건 방화】 ① 불을 놓아 제164조부터 제166조까지에 기재한 외의 물건을 불태워 공공의 위험을 발생하게 한 자는 1년 이상 10년 이하의 징역에 처한다.
② 제1항의 물건이 자기 소유인 경우에는 3년 이하의 징역 또는 700만원 이하의 벌금에 처한다.
<전문개정 2020. 12. 8.>

제168조【연 소】 ①제166조제2항 또는 전조제2항의 죄를 범하여 제164조, 제165조 또는 제166조제1항에 기재한 물건에 연소한 때에는 1년 이상 10년 이하의 징역에 처한다.
②전조제2항의 죄를 범하여 전조제1항에 기재한 물건에 연소한 때에는 5년 이하의 징역에 처한다.

제169조【진화방해】 화재에 있어서 진화용의 시설 또는 물건을 은닉 또는 손괴하거나 기타 방법으로 진화를 방해한 자는 10년 이하의 징역에 처한다.

제170조【실 화】 ① 과실로 제164조 또는 제165조에 기재한 물건 또는 타인 소유인 제166조에 기재한 물건을 불태운 자는 1천500만원 이하의 벌금에 처한다.
② 과실로 자기 소유인 제166조의 물건 또는 제167조에 기재한 물건을 불태워 공공의 위험을 발생하게 한 자도 제1항의 형에 처한다.
<전문개정 2020. 12. 8.>

(판 례) 형법 제170조제2항에서 말하는 '자기의 소유에 속하는 제166조 또는 제167조에 기재한 물건'이라 함은 '자기의 소유에 속하는 제166조에 기재한 물건 또는 자기의 소유에 속하든, 타인의 소유에 속하든 불문하고 제167조에 기재한 물건'을 의미하는 것이라고 해석하여야 하며, 제170조제1항과 제2항의 관계로 보아서도 제166조에 기재한 물건(일반건조물 등) 중 타인의 소유에 속하는 것에 관하여는 제1항에서 규정하고 있기 때문에 제2항에서는 그 중 자기의 소유에 속하는 것에 관하여 규정하고, 제167조에 기재한 물건에 관하여는 소유의 귀속을 불문하고 그 대상으로 삼아 규정하고 있는 것이라고 봄이 관련조문을 전체적, 종합적으로 해석하는 방법일 것이고, 이렇게 해석한다고 하더라도 그것이 법규정의 가능한 의미를 벗어나 법형성이나 법창조행위에 이른 것이라고는 할 수 없어 죄형법정주의의 원칙상 금지되는 유추해석이나 확장해석에 해당한다고 볼 수는 없을 것이다(1994.12.20, 전원합의체결정 94모32). <형각(김)494면, (이)488면, 형사판례평석(조)3면>

제171조【업무상실화, 중실화】 업무상과실 또는 중대한 과실로 인하여 제170조의 죄를 범한 자는 3년 이하의 금고 또는 2천만원 이하의 벌금에 처한다. <개정 95.12.29>

(판 례) 피고인이 성냥불로 담배를 붙인 다음 그 성냥불이 꺼진 것을 확인하지 아니한 채 휴지가 들어있는 플라스틱 휴지통에 던진 것은 중대한 과실이 있는 경우에 해당한다(1993.7.27, 93도135). <형각(김)495면, (이)489면>

제172조【폭발성물건파열】 ①보일러, 고압가스 기타 폭발성있는 물건을 파열시켜 사람의 생명, 신체 또는 재산에 대하여 위험을 발생시킨 자는 1년 이상의 유기징역에 처한다.
②제1항의 죄를 범하여 사람을 상해에 이르게 한 때에는 무기 또는 3년 이상의 징역에 처한다. 사망에 이르게 한 때에는 무기 또는 5년 이상의 징역에 처한다.
<전문개정 95.12.29>

제172조의2【가스·전기 등 방류】 ①가스, 전기, 증기 또는 방사선이나 방사성 물질을 방출, 유출 또는 살포시켜 사람의 생명, 신체 또는 재산에 대하여 위험을 발생시킨 자는 1년 이상 10년 이하의 징역에 처한다.
②제1항의 죄를 범하여 사람을 상해에 이르게 한 때에는 무기 또는 3년 이상의 징역에 처한다. 사망에 이르게 한 때에는 무기 또는 5년 이상의 징역에 처한다.
<본조신설 95.12.29>

제173조【가스·전기 등 공급방해】 ①가스, 전기 또는 증기의 공작물을 손괴 또는 제거하거나 기타 방법으로 가스, 전기 또는 증기의 공급이나 사용을 방해하여 공공의 위험을 발

생하게 한 자는 1년 이상 10년 이하의 징역에 처한다. <개정 95.12.29>
②공공용의 가스, 전기 또는 증기의 공작물을 손괴 또는 제거하거나 기타 방법으로 가스, 전기 또는 증기의 공급이나 사용을 방해한 자도 전항의 형과 같다. <개정 95.12.29>
③제1항 또는 제2항의 죄를 범하여 사람을 상해에 이르게 한 때에는 2년 이상의 유기징역에 처한다. 사망에 이르게 한 때에는 무기 또는 3년 이상의 징역에 처한다. <개정 95.12.29>

제173조의2 【과실폭발성물건파열 등】 ①과실로 제172조제1항, 제172조의2제1항, 제173조제1항과 제2항의 죄를 범한 자는 5년 이하의 금고 또는 1천500만원 이하의 벌금에 처한다.
②업무상과실 또는 중대한 과실로 제1항의 죄를 범한 자는 7년 이하의 금고 또는 2천만원 이하의 벌금에 처한다.
<본조신설 95.12.29>

제174조 【미수범】 제164조제1항, 제165조, 제166조제1항, 제172조제1항, 제172조의2제1항, 제173조제1항과 제2항의 미수범은 처벌한다.
<전문개정 95.12.29>

제175조 【예비, 음모】 제164조제1항, 제165조, 제166조제1항, 제172조제1항, 제172조의2제1항, 제173조제1항과 제2항의 죄를 범할 목적으로 예비 또는 음모한 자는 5년 이하의 징역에 처한다. 단 그 목적한 죄의 실행에 이르기 전에 자수한 때에는 형을 감경 또는 면제한다. <개정 95.12.29>

제176조 【타인의 권리대상이 된 자기의 물건】 자기의 소유에 속하는 물건이라도 압류 기타 강제처분을 받거나 타인의 권리 또는 보험의 목적물이 된 때에는 본장의 규정의 적용에 있어서 타인의 물건으로 간주한다.

제14장 일수와 수리에 관한 죄

제177조 【현주건조물 등에의 일수】 ①물을 넘겨 사람이 주거에 사용하거나 사람이 현존하는 건조물, 기차, 전차, 자동차, 선박, 항공기 또는 광갱을 침해한 자는 무기 또는 3년 이상의 징역에 처한다.
②제1항의 죄를 범하여 사람을 상해에 이르게 한 때에는 무기 또는 5년 이상의 징역에 처한다. 사망에 이르게 한 때에는 무기 또는 7년 이상의 징역에 처한다.
<전문개정 95.12.29>

제178조 【공용건조물 등에의 일수】 물을 넘겨 공용 또는 공익에 공하는 건조물, 기차, 전차, 자동차, 선박, 항공기 또는 광갱을 침해한 자는 무기 또는 2년 이상의 징역에 처한다.

제179조 【일반건조물 등에의 일수】 ①물을 넘겨 전2조에 기재한 이외의 건조물, 기차, 전차, 자동차, 선박, 항공기 또는 광갱 기타 타인의 재산을 침해한 자는 1년 이상 10년 이하의 징역에 처한다.
②자기의 소유에 속하는 전항의 물건을 침해하여 공공의 위험을 발생하게 한 때에는 3년 이하의 징역 또는 700만원 이하의 벌금에 처한다. <개정 95.12.29>
③제176조의 규정은 본조의 경우에 준용한다.

제180조 【방수방해】 수재에 있어서 방수용의 시설 또는 물건을 손괴 또는 은닉하거나 기타 방법으로 방수를 방해한 자는 10년 이하의 징역에 처한다.

제181조 【과실일수】 과실로 인하여 제177조 또는 제178조에 기재한 물건을 침해한 자 또는 제179조에 기재한 물건을 침해하여 공공의 위험을 발생하게 한 자는 1천만원 이하의 벌금에 처한다. <개정 95.12.29>

제182조 【미수범】 제177조 내지 제179조제1항의 미수범은 처벌한다.

제183조 【예비, 음모】 제177조 내지 제179조제1항의 죄를 범할 목적으로 예비 또는 음모한 자는 3년 이하의 징역에 처한다.

제184조 【수리방해】 둑을 무너뜨리거나 수문을 파괴하거나 그 밖의 방법으로 수리(水利)를 방해한 자는 5년 이하의 징역 또는 700만원 이하의 벌금에 처한다.
<전문개정 2020. 12. 8.>

제15장 교통방해의 죄

제185조 【일반교통방해】 육로, 수로 또는 교량을 손괴 또는 불통하게 하거나 기타 방법으로 교통을 방해한 자는 10년 이하의 징역 또는 1천500만원 이하의 벌금에 처한다. <개정 95.12.29>

제186조【기차, 선박 등의 교통방해】 궤도, 등대 또는 표지를 손괴하거나 기타 방법으로 기차, 전차, 자동차, 선박 또는 항공기의 교통을 방해한 자는 1년 이상의 유기징역에 처한다.

제187조【기차 등의 전복등】 사람의 현존하는 기차, 전차, 자동차, 선박 또는 항공기를 전복, 매몰, 추락 또는 파괴한 자는 무기 또는 3년 이상의 징역에 처한다.

제188조【교통방해치사상】 제185조 내지 제187조의 죄를 범하여 사람을 상해에 이르게 한 때에는 무기 또는 3년 이상의 징역에 처한다. 사망에 이르게 한 때에는 무기 또는 5년 이상의 징역에 처한다.
<전문개정 95.12.29>

제189조【과실, 업무상과실, 중과실】 ①과실로 인하여 제185조 내지 제187조의 죄를 범한 자는 1천만원 이하의 벌금에 처한다. <개정 95.12.29>
②업무상과실 또는 중대한 과실로 인하여 제185조 내지 제187조의 죄를 범한 자는 3년 이하의 금고 또는 2천만원 이하의 벌금에 처한다. <개정 95.12.29>

(판례) 구 형법(1995.12.29. 법률 제5057호로 개정되기 전의 것) 제189조제2항에서 말하는 '업무상과실'의 주체는 기차, 전차, 자동차, 선박, 항공기나 기타 일반의 '교통왕래에 관여하는 사무'에 직접·간접으로 종사하는 자이어야 할 것인바, 성수대교는 차량 등의 통행을 주된 목적으로 하여 건설된 교량이므로, 그 건설 당시 제작, 시공을 담당한 자도 '교통왕래에 관여하는 사무'에 간접적으로 관련이 있는 자에 해당한다(1997.11.28, 97도1740). <형각(김)508면>

제190조【미수범】 제185조 내지 제187조의 미수범은 처벌한다.

제191조【예비, 음모】 제186조 또는 제187조의 죄를 범할 목적으로 예비 또는 음모한 자는 3년 이하의 징역에 처한다.

제16장 먹는 물에 관한 죄
<개정 2020. 12. 8.>

제192조【먹는 물의 사용방해】 ① 일상생활에서 먹는 물로 사용되는 물에 오물을 넣어 먹는 물로 쓰지 못하게 한 자는 1년 이하의 징역 또는 500만원 이하의 벌금에 처한다.
② 제1항의 먹는 물에 독물(毒物)이나 그 밖에 건강을 해하는 물질을 넣은 사람은 10년 이하의 징역에 처한다.
<전문개정 2020. 12. 8.>

제193조【수돗물의 사용방해】 ① 수도(水道)를 통해 공중이 먹는 물로 사용하는 물 또는 그 수원(水原)에 오물을 넣어 먹는 물로 쓰지 못하게 한 자는 1년 이상 10년 이하의 징역에 처한다.
② 제1항의 먹는 물 또는 수원에 독물 그 밖에 건강을 해하는 물질을 넣은 자는 2년 이상의 유기징역에 처한다.
<전문개정 2020. 12. 8.>

제194조【먹는 물 혼독치사상】 제192조제2항 또는 제193조제2항의 죄를 지어 사람을 상해에 이르게 한 경우에는 무기 또는 3년 이상의 징역에 처한다. 사망에 이르게 한 경우에는 무기 또는 5년 이상의 징역에 처한다.
<전문개정 2020. 12. 8.>

제195조【수도불통】 공중이 먹는 물을 공급하는 수도 그 밖의 시설을 손괴하거나 그 밖의 방법으로 불통(不通)하게 한 자는 1년 이상 10년 이하의 징역에 처한다.
<전문개정 2020. 12. 8.>

제196조【미수범】 제192조제2항, 제193조제2항과 전조의 미수범은 처벌한다.

제197조【예비, 음모】 제192조제2항, 제193조제2항 또는 제195조의 죄를 범할 목적으로 예비 또는 음모한 자는 2년 이하의 징역에 처한다.

제17장 아편에 관한 죄

제198조【아편 등의 제조 등】 아편, 몰핀 또는 그 화합물을 제조, 수입 또는 판매하거나 판매할 목적으로 소지한 자는 10년 이하의 징역에 처한다.

(판례) 마약법이 마약을 계속적·영업적으로 다루는 업자에게만 적용되는 것은 아니다(1963.9.12, 63도204). <형각(김)518면, (이)585면>

제199조【아편흡식기의 제조 등】 아편을 흡식하는 기구를 제조, 수입 또는 판매하거나 판매할 목적으로 소지한 자는 5년 이하의 징역에 처한다.

제200조【세관공무원의 아편 등의 수입】 세관의 공무원이 아편, 몰핀이나 그 화합물 또는 아편흡식기구를 수입하거나 그 수입을 허용한 때에는 1년 이상의 유기징역에 처한다.

제201조【아편흡식 등, 동장소제공】 ①아편

을 흡식하거나 몰핀을 주사한 자는 5년 이하의 징역에 처한다.
②아편흡식 또는 몰핀주사의 장소를 제공하여 이익을 취한 자도 전항의 형과 같다.

제202조【미수범】전4조의 미수범은 처벌한다.

제203조【상습범】상습으로 전5조의 죄를 범한 때에는 각조에 정한 형의 2분의 1까지 가중한다.

제204조【자격정지 또는 벌금의 병과】제198조 내지 제203조의 경우에는 10년 이하의 자격정지 또는 2천만원 이하의 벌금을 병과할 수 있다. <개정 95.12.29>

제205조【아편 등의 소지】아편, 몰핀이나 그 화합물 또는 아편흡식기구를 소지한 자는 1년 이하의 징역 또는 500만원 이하의 벌금에 처한다. <개정 95.12.29>

제206조【몰수, 추징】본장의 죄에 제공한 아편, 몰핀이나 그 화합물 또는 아편흡식기구는 몰수한다. 그를 몰수하기 불능한 때에는 그 가액을 추징한다.

제18장 통화에 관한 죄

제207조【통화의 위조 등】①행사할 목적으로 통용하는 대한민국의 화폐, 지폐 또는 은행권을 위조 또는 변조한 자는 무기 또는 2년 이상의 징역에 처한다.
②행사할 목적으로 내국에서 유통하는 외국의 화폐, 지폐 또는 은행권을 위조 또는 변조한 자는 1년 이상의 유기징역에 처한다.
③행사할 목적으로 외국에서 통용하는 외국의 화폐, 지폐 또는 은행권을 위조 또는 변조한 자는 10년 이하의 징역에 처한다.
④위조 또는 변조한 전3항 기재의 통화를 행사하거나 행사할 목적으로 수입 또는 수출한 자는 그 위조 또는 변조의 각죄에 정한 형에 처한다.

제208조【위조통화의 취득】행사할 목적으로 위조 또는 변조한 제207조 기재의 통화를 취득한 자는 5년 이하의 징역 또는 1천500만원 이하의 벌금에 처한다. <개정 95.12.29>

제209조【자격정지 또는 벌금의 병과】제207조 또는 제208조의 죄를 범하여 유기징역에 처할 경우에는 10년 이하의 자격정지 또는 2천만원 이하의 벌금을 병과할 수 있다. <개정 95.12.29>

제210조【위조통화 취득 후의 지정행사】제207조에 기재한 통화를 취득한 후 그 사정을 알고 행사한 자는 2년 이하의 징역 또는 500만원 이하의 벌금에 처한다.
<전문개정 2020. 12. 8.>

제211조【통화유사물의 제조 등】①판매할 목적으로 내국 또는 외국에서 통용하거나 유통하는 화폐, 지폐 또는 은행권에 유사한 물건을 제조, 수입 또는 수출한 자는 3년 이하의 징역 또는 700만원 이하의 벌금에 처한다. <개정 95.12.29>
②전항의 물건을 판매한 자도 전항의 형과 같다.

제212조【미수범】제207조, 제208조와 전조의 미수범은 처벌한다.

제213조【예비, 음모】제207조제1항 내지 제3항의 죄를 범할 목적으로 예비 또는 음모한 자는 5년 이하의 징역에 처한다. 단, 그 목적한 죄의 실행에 이르기 전에 자수한 때에는 그 형을 감경 또는 면제한다.

(판 례) 피고인이 행사할 목적으로 미리 준비한 물건들과 옵셋트 인쇄기를 사용하여, 한국은행권 100원권을 사진 찍어 그 필름 원판 7매와 이를 확대하여 현상한 인화지 7매를 만들었음에 그쳤다면, 아직 통화위조의 착수에는 이르지 아니하였고, 그 예비단계에 불과하다(1966.12.6, 66도1317). <형각(김)544면, (이)516면>

제19장 유가증권, 우표와 인지에 관한 죄

제214조【유가증권의 위조 등】①행사할 목적으로 대한민국 또는 외국의 공채증서 기타 유가증권을 위조 또는 변조한 자는 10년 이하의 징역에 처한다.
②행사할 목적으로 유가증권의 권리의무에 관한 기재를 위조 또는 변조한 자도 전항의 형과 같다.

(판 례) 공중전화카드는 그 표면에 전체 통화가능 금액과 발행인이 문자로 기재되어 있고, 자기(자기) 기록 부분에는 당해 카드의 진정성에 관한 정보와 잔여 통화가능 금액에 관한 정보가 전자적 방법으로 기록되어 있어, 사용자가 카드식 공중전화기의 카드 투입구에 공중전화카드를 투입하면 공중전화기에 내장된 장치에 의하여 그 자기정보가 해독되어 당해 카드가 발행인에 의하여 진정하게 발행된 것임이 확인된 경우 잔여 통화가능 금액이 공중전화기에 표시됨과 아울러 그 금액에 상당하는 통화를 할 수 있도록 공중

전화기를 작동하게 하는 것이어서, 공중전화카드는 문자로 기재된 부분과 자기기록 부분이 일체로써 공중전화 서비스를 제공받을 수 있는 재산상의 권리를 화체하고 있고, 이를 카드식 공중전화기의 카드 투입구에 투입함으로써 그 권리를 행사하는 것으로 볼 수 있으므로, 공중전화카드는 형법 제214조의 유가증권에 해당한다(1998.2.27, 97도2483). <형각(김)551면, (이)518면, 형사판례평석(조)250면>

리프트탑승권 발매기를 전산조작하여 위조한 탑승권을 발매기에서 뜯어 간 행위는 탑승권 위조행위와 위조탑승권 절취행위가 결합된 것이다(1998.11.24, 98도2697). <형각(이)518면, 형사판례평석(조)248면>

유가증권변조죄에 있어서 변조라 함은 진정으로 성립된 유가증권의 내용에 권한 없는 자가 그 유가증권의 동일성을 해하지 않는 한도에서 변경을 가하는 것을 말하므로, 이미 타인에 의하여 위조된 약속어음의 기재사항을 권한 없이 변경하였다고 하더라도 유가증권변조죄는 성립하지 아니한다.(2006.1.26, 2005도4764). <이재상, 553면>

제215조【자격모용에 의한 유가증권의 작성】 행사할 목적으로 타인의 자격을 모용하여 유가증권을 작성하거나 유가증권의 권리 또는 의무에 관한 사항을 기재한 자는 10년 이하의 징역에 처한다.

(판 례) 주식회사 대표이사로 재직하던 피고인이 대표이사가 타인으로 변경되었음에도 불구하고 이전부터 사용하여 오던 피고인 명의로 된 위 회사 대표이사의 명판을 이용하여 여전히 피고인을 위 회사의 대표이사로 표시하여 약속어음을 발행·행사하였다면, 설사 약속어음을 작성, 행사함에 있어 후임 대표이사의 승낙을 얻었다거나 위 회사의 실질적인 대표이사로서의 권한을 행사하는 피고인이 은행과의 당좌계약을 변경하는 데에 시일이 걸려 잠정적으로 전임 대표이사인 그의 명판을 사용한 것이라 하더라도 이는 합법적인 대표이사로서의 권한행사라 할 수 없어 자격모용 유가증권 작성 및 동행사죄에 해당한다(1991.2.26, 90도577). <형각(이)525면, (김)554면>

제216조【허위유가증권의 작성 등】 행사할 목적으로 허위의 유가증권을 작성하거나 유가증권에 허위사항을 기재한 자는 7년 이하의 징역 또는 3천만원 이하의 벌금에 처한다. <개정 95.12.29>

(판 례) 자기앞수표의 발행인이 수표의뢰인으로부터 수표자금을 입금받지 아니한 채 자기앞수표를 발행하더라도 그 수표의 효력에는 아무런 영향이 없으므로 허위유가증권작성죄가 성립하지 아니한다.(2005.10.27, 2005도4528). <이재상 557면>

제217조【위조유가증권 등의 행사 등】 위조, 변조, 작성 또는 허위기재한 전3조 기재의 유가증권을 행사하거나 행사할 목적으로 수입 또는 수출한 자는 10년 이하의 징역에 처한다.

(판 례) 위조유가증권행사죄에 있어서의 유가증권이라 함은 위조된 유가증권의 원본을 말하는 것이지 전자복사기 등을 사용하여 기계적으로 복사한 사본은 이에 해당하지 않는다(1998.2.13, 97도2922). <형각(김)557면, (이)526면, 형사판례평석(조)252면>

제218조【인지·우표의 위조 등】 ①행사할 목적으로 대한민국 또는 외국의 인지, 우표 기타 우편요금을 표시하는 증표를 위조 또는 변조한 자는 10년 이하의 징역에 처한다. <개정 95.12.29>

②위조 또는 변조된 대한민국 또는 외국의 인지, 우표 기타 우편요금을 표시하는 증표를 행사하거나 행사할 목적으로 수입 또는 수출한 자도 제1항의 형과 같다. <개정 95.12.29>

(판 례) 위조우표취득죄 및 위조우표행사죄에 관한 형법 제219조 및 제218조제2항 소정의 '행사'라 함은 위조된 대한민국 또는 외국의 우표를 진정한 우표로서 사용하는 것으로 반드시 우편요금의 납부용으로 사용하는 것에 한정되지 않고 우표수집의 대상으로서 매매하는 경우도 이에 해당된다(1989.4.11, 88도1105). <형각(김)560면, (이)528면>

제219조【위조인지·우표 등의 취득】 행사할 목적으로 위조 또는 변조한 대한민국 또는 외국의 인지, 우표 기타 우편요금을 표시하는 증표를 취득한 자는 3년 이하의 징역 또는 1천만원 이하의 벌금에 처한다. <개정 95.12.29>

제220조【자격정지 또는 벌금의 병과】 제214조 내지 제219조의 죄를 범하여 징역에 처하는 경우에는 10년 이하의 자격정지 또는 2천만원 이하의 벌금을 병과할 수 있다.
<전문개정 95.12.29>

제221조【소인말소】 행사할 목적으로 대한민국 또는 외국의 인지, 우표 기타 우편요금을 표시하는 증표의 소인 기타 사용의 표지를 말소한 자는 1년 이하의 징역 또는 300만원 이하의 벌금에 처한다.
<전문개정 95.12.29>

제222조【인지·우표유사물의 제조 등】 ①판매할 목적으로 대한민국 또는 외국의 공채증서, 인지, 우표 기타 우편요금을 표시하는 증표와 유사한 물건을 제조, 수입 또는 수출한 자는 2년 이하의 징역 또는 500만원 이하의 벌금에 처한다. <개정 95.12.29>

②전항의 물건을 판매한 자도 전항의 형과 같다.

제223조【미수범】 제214조 내지 제219조와 전조의 미수범은 처벌한다.

제224조【예비, 음모】 제214조, 제215조와

제218조제1항의 죄를 범할 목적으로 예비 또는 음모한 자는 2년 이하의 징역에 처한다.

제20장 문서에 관한 죄

제225조【공문서 등의 위조·변조】 행사할 목적으로 공무원 또는 공무소의 문서 또는 도화를 위조 또는 변조한 자는 10년 이하의 징역에 처한다. <개정 95.12.29>

제226조【자격모용에 의한 공문서 등의 작성】 행사할 목적으로 공무원 또는 공무소의 자격을 모용하여 문서 또는 도화를 작성한 자는 10년 이하의 징역에 처한다. <개정 95.12.29>

(판 례) 갑 구청장이 을 구청장으로 전보된 후 갑 구청장의 권한에 속하는 건축허가에 관한 기안용지의 결재란에 서명을 한 것은 자격모용에 의한 공문서작성죄를 구성한다(1993.4.27, 92도2688). <형각(김)600면>

제227조【허위공문서작성 등】 공무원이 행사할 목적으로 그 직무에 관하여 문서 또는 도화를 허위로 작성하거나 변개한 때에는 7년 이하의 징역 또는 2천만원 이하의 벌금에 처한다.
<전문개정 95.12.29>

(판 례) 경찰서 보안과장인 피고인이 갑의 음주운전을 눈감아주기 위하여 그에 대한 음주운전자 적발보고서를 찢어버리고, 부하로 하여금 일련번호가 동일한 가짜 음주운전 적발보고서에 을에 대한 음주운전 사실을 기재케 하여 그 정을 모르는 담당 경찰관으로 하여금 주취운전자 음주측정처리부에 을에 대한 음주운전 사실을 기재하도록 한 이상, 을이 음주운전으로 인하여 처벌을 받았는지 여부와는 관계없이 허위공문서작성 및 동행사죄의 간접정범으로서의 죄책을 면할 수 없다(1996.10.11, 95도1706). <형각(김)611면, (이)553면>

제227조의2【공전자기록위작·변작】 사무처리를 그르치게 할 목적으로 공무원 또는 공무소의 전자기록 등 특수매체기록을 위작 또는 변작한 자는 10년 이하의 징역에 처한다.
<본조신설 95.12.29>

제228조【공정증서원본 등의 부실기재】 ①공무원에 대하여 허위신고를 하여 공정증서 원본 또는 이와 동일한 전자기록 등 특수매체기록에 부실의 사실을 기재 또는 기록하게 한 자는 5년 이하의 징역 또는 1천만원 이하의 벌금에 처한다. <개정 95.12.29>
②공무원에 대하여 허위신고를 하여 면허증, 허가증, 등록증 또는 여권에 부실의 사실을 기재하게 한 자는 3년 이하의 징역 또는 700만원 이하의 벌금에 처한다. <개정 95.12.29>

(판 례) 사업자등록증은 단순한 사업사실의 등록을 증명하는 증서에 불과하고 그에 의하여 사업을 할 수 있는 자격이나 요건을 갖추었음을 인정하는 것은 아니라고 할 것이어서 형법 제228조 제2항에 정한 '등록증'에 해당하지 않는다.(2005.7.15,2003도6934). <이재상 592면>

제229조【위조 등 공문서의 행사】 제225조 내지 제228조의 죄에 의하여 만들어진 문서, 도화, 전자기록 등 특수매체기록, 공정증서원본, 면허증, 허가증, 등록증 또는 여권을 행사한 자는 그 각 죄에 정한 형에 처한다.
<전문개정 95.12.29>

제230조【공문서 등의 부정행사】 공무원 또는 공무소의 문서 또는 도화를 부정행사한 자는 2년 이하의 징역이나 금고 또는 500만원 이하의 벌금에 처한다. <개정 95.12.29>

(판 례) 자동차운전면허증은 운전면허시험에 합격하여 자동차의 운전이 허락된 자임을 증명하는 공문서로서 운전 중에 휴대하도록 되어 있고, 자동차대여약관상 대여회사는 운전면허증 미소지자에게는 자동차 대여를 거절할 수 있도록 되어 있으므로, 자동차를 임차하려는 피고인들이 자동차 대여업체의 담당직원들로부터 임차할 자동차의 운전에 필요한 운전면허가 있고 또 운전면허증을 소지하고 있는지를 확인하기 위한 운전면허증의 제시요구를 받자 타인의 운전면허증을 소지하고 있음을 기화로 자신이 타인의 자동차운전면허를 받은 사람들인 것처럼 행세하면서 자동차 대여업체의 직원들에게 이를 제시한 것이라면, 피고인들의 위와 같은 행위는 단순히 신분확인을 위한 것이라고는 할 수 없고, 이는 운전면허증을 사용권한이 없는 자가 사용권한이 있는 것처럼 가장하여 부정한 목적으로 사용한 것이기는 하나 운전면허증의 본래의 용도에 따른 사용행위라고 할 것이므로 공문서부정행사죄에 해당한다(1998.8.21, 98도1701). <형각(김)625면, (이)566면>

제231조【사문서 등의 위조·변조】 행사할 목적으로 권리·의무 또는 사실증명에 관한 타인의 문서 또는 도화를 위조 또는 변조한 자는 5년 이하의 징역 또는 1천만원 이하의 벌금에 처한다. <개정 95.12.29>

(판 례) 사문서위조죄는 그 명의자가 진정으로 작성한 문서로 볼 수 있을 정도의 형식과 외관을 갖추어 일반인이 명의자의 진정한 사문서로 오신하기에 충분한 정도이면 성립하는 것이고, 반드시 그 작성명의자의 서명이나 날인이 있어야 하는 것은 아니나, 일반인이 명의자의 진정한 사문서로 오신하기에 충분한 정도인지 여부는 그 문서의 형식과 외관은 물론 그 문서의 작성경위, 종류, 내용 및 일반거래에 있어서 그 문서가 가지는 기능 등 여러 가지 사정을

종합적으로 고려하여 판단하여야 한다(1997.12.26, 95도2221). <형각(김)580면, (이)544면>

타인 명의의 문서를 위조하여 행사하였다 할지라도 그 문서를 작성할 당시 그 명의자가 이미 사망한 경우에는 그 문서의 작성일자가 그 명의자의 생존중의 일자로 된 경우가 아니면 사문서위조의 죄나 그 행사의 죄에 해당하지 아니한다(1997.7.25, 97도605). <형각(김)617면, (이)562면>

명의인이 실재하지 않는 허무인이거나 또는 문서의 작성일자 전에 이미 사망하였다고 하더라도 그러한 문서 역시 공공의 신용을 해할 위험성이 있으므로 문서위조죄가 성립한다(2005.2.24, 2002도18).

제232조【자격모용에 의한 사문서의 작성】 행사할 목적으로 타인의 자격을 모용하여 권리·의무 또는 사실증명에 관한 문서 또는 도화를 작성한 자는 5년 이하의 징역 또는 1천만원 이하의 벌금에 처한다. <개정 95.12.29>

(판 례) 양식계의 계장이나 그 직무를 대행하는 자가 아닌 자가 양식계의 계장 명의의 내수면사용동의신청서 하단의 계장란에 자신의 이름을 쓰게 하고 그 옆에 자신의 도장을 날인하여 사실증명에 관한 문서인 위 내수면사용동의신청서 1매를 작성하고 이를 행사하였다면 이는 자격모용에 의한 사문서작성 동 행사죄에 해당한다(1991.10.8, 91도1703). <형각(김)589면>

제232조의2【사전자기록위작·변작】 사무처리를 그르치게 할 목적으로 권리·의무 또는 사실증명에 관한 타인의 전자기록 등 특수매체기록을 위작 또는 변작한 자는 5년 이하의 징역 또는 1천만원 이하의 벌금에 처한다. <본조신설 95.12.29>

제233조【허위진단서 등의 작성】 의사, 한의사, 치과의사 또는 조산사가 진단서, 검안서 또는 생사에 관한 증명서를 허위로 작성한 때에는 3년 이하의 징역이나 금고, 7년 이하의 자격정지 또는 3천만원 이하의 벌금에 처한다. <전문개정 95.12.29>

(판 례) 형법 제233조의 허위진단서작성죄에 있어서 진단서라 함은 의사가 진찰의 결과에 관한 판단을 표시하여 사람의 건강상태를 증명하기 위하여 작성하는 문서를 말하는 것이므로, 비록 그 문서의 명칭이 소견서로 되어 있더라도 그 내용이 의사가 진찰한 결과 알게 된 병명이나 상처의 부위, 정도 또는 치료기간 등의 건강상태를 증명하기 위하여 작성된 것이라면 위 진단서에 해당되는 것이다(1990.3.27, 89도2083). <형각(김)603면, (이)551면>

제234조【위조사문서 등의 행사】 제231조 내지 제233조의 죄에 의하여 만들어진 문서, 도화 또는 전자기록 등 특수매체기록을 행사한 자는 그 각 죄에 정한 형에 처한다. <전문개정 95.12.29>

(판 례) 복사기나 사진기, 모사전송기(facsimile) 등을 사용하여 기계적인 방법에 의하여 원본을 복사한 문서인 이른바 복사문서는 사본이라고 하더라도 문서위조죄 및 동행사죄의 객체인 문서에 해당한다(1995.12.26, 95도2389).

위조사문서의 행사는 상대방으로 하여금 위조된 문서를 인식할 수 있는 상태에 둠으로써 기수가 되고 상대방이 실제로 그 내용을 인식하여야 하는 것은 아니므로, 위조된 문서를 우송한 경우에는 그 문서가 상대방에게 도달한 때에 기수가 되고 상대방이 실제로 그 문서를 보아야 하는 것은 아니다(2005.1.28, 2004도4663).

위조문서행사죄에 있어서의 행사는 위조된 문서를 진정한 것으로 사용함으로써 문서에 대한 공공의 신용을 해칠 우려가 있는 행위를 말하므로, 행사의 상대방에는 아무런 제한이 없고 위조된 문서의 작성 명의인이라고 하여 행사의 상대방이 될 수 없는 것은 아니다.(2005.1.28, 2004도4663). <이재상 595면>

제235조【미수범】 제225조 내지 제234조의 미수범은 처벌한다. <개정 95.12.29>

제236조【사문서의 부정행사】 권리·의무 또는 사실증명에 관한 타인의 문서 또는 도화를 부정행사한 자는 1년 이하의 징역이나 금고 또는 300만원 이하의 벌금에 처한다. <개정 95.12.29>

제237조【자격정지의 병과】 제225조 내지 제227조의2 및 그 행사죄를 범하여 징역에 처할 경우에는 10년 이하의 자격정지를 병과할 수 있다. <개정 95.12.29>

제237조의2【복사문서 등】 이 장의 죄에 있어서 전자복사기, 모사전송기 기타 이와 유사한 기기를 사용하여 복사한 문서 또는 도화의 사본도 문서 또는 도화로 본다. <본조신설 95.12.29>

제21장 인장에 관한 죄

제238조【공인 등의 위조, 부정사용】 ①행사할 목적으로 공무원 또는 공무소의 인장, 서명, 기명 또는 기호를 위조 또는 부정사용한 자는 5년 이하의 징역에 처한다.
②위조 또는 부정사용한 공무원 또는 공무소의 인장, 서명, 기명 또는 기호를 행사한 자도 전항의 형과 같다.
③전2항의 경우에는 7년 이하의 자격정지를 병과할 수 있다.

(판 례) 부정사용한 공기호인 자동차등록번호판의

용법에 따른 사용행위인 행사라 함은 이를 자동차에 부착하여 운행함으로써 일반인으로 하여금 자동차의 동일성에 관한 오인을 불러일으킬 수 있는 상태 즉 그것이 부착된 자동차를 운행함을 의미한다고 할 것이고, 그 운행과는 별도로 부정사용한 자동차등록번호판을 타인에게 제시하는 등 행위가 있어야 그 행사죄가 성립한다고 볼 수 없다(1997.7.8, 96도3319). <형각(이)576면, (김)633면>

제239조【사인 등의 위조, 부정사용】 ①행사할 목적으로 타인의 인장, 서명, 기명 또는 기호를 위조 또는 부정사용한 자는 3년 이하의 징역에 처한다.
②위조 또는 부정사용한 타인의 인장, 서명, 기명 또는 기호를 행사한 때에도 전항의 형과 같다.

제240조【미수범】 본장의 미수범은 처벌한다.

제22장 성풍속에 관한 죄

제241조 삭제 <2016.1.6>

제242조【음행매개】 영리의 목적으로 사람을 매개하여 간음하게 한 자는 3년 이하의 징역 또는 1천500만원 이하의 벌금에 처한다. <개정 95.12.29, 2012.12.18>

제243조【음화반포 등】 음란한 문서, 도화, 필름 기타 물건을 반포, 판매 또는 임대하거나 공연히 전시 또는 상영한 자는 1년 이하의 징역 또는 500만원 이하의 벌금에 처한다.
<전문개정 95.12.29>

(판 례) 형법 제243조에 규정된 '음란한 도화'라 함은 일반 보통인의 성욕을 자극하여 성적 흥분을 유발하고 정상적인 성적 수치심을 해하여 성적 도의관념에 반하는 것을 가리킨다고 할 것이고, 이는 당해 도화의 성에 관한 노골적이고 상세한 표현의 정도와 그 수법, 당해 도화의 구성 또는 예술성, 사상성 등에 의한 성적 자극의 완화의 정도, 이들의 관점으로부터 당해 도화를 전체로서 보았을 때 주로 독자의 호색적 흥미를 돋구는 것으로 인정되느냐의 여부 등을 검토, 종합하여 그 시대의 건전한 사회통념에 비추어 판단하여야 한다(1997.8.22, 97도937). <형각(김)645면, (이)602면>

제244조【음화제조 등】 제243조의 행위에 공할 목적으로 음란한 물건을 제조, 소지, 수입 또는 수출한 자는 1년 이하의 징역 또는 500만원 이하의 벌금에 처한다. <개정 95.12.29>

(판 례) 일반적으로 법규는 그 규정의 문언에 표현력의 한계가 있을 뿐만 아니라 그 성질상 어느 정도의 추상성을 가지는 것은 불가피하고, 형법 제243조, 제244조에서 규정하는 '음란'은 평가적, 정서적 판단을 요하는 규범적 구성요건 요소이고, '음란'이란 개념이 일반 보통인의 성욕을 자극하여 성적 흥분을 유발하고 정상적인 성적 수치심을 해하여 성적 도의관념에 반하는 것이라고 풀이되고 있으므로 이를 불명확하다고 볼 수 없기 때문에, 형법 제243조와 제244조의 규정이 죄형법정주의에 반하는 것이라고 할 수 없다(1995.6.16, 94도2413).

제245조【공연음란】 공연히 음란한 행위를 한 자는 1년 이하의 징역, 500만원 이하의 벌금, 구류 또는 과료에 처한다. <개정 95.12.29>

제23장 도박과 복표에 관한 죄

제246조【도박, 상습도박】 ① 도박을 한 사람은 1천만원 이하의 벌금에 처한다. 다만, 일시오락 정도에 불과한 경우에는 예외로 한다.
② 상습으로 제1항의 죄를 범한 사람은 3년 이하의 징역 또는 2천만원 이하의 벌금에 처한다.
<전문개정 2013.4.5>

제247조【도박장소 등 개설】 영리의 목적으로 도박을 하는 장소나 공간을 개설한 사람은 5년 이하의 징역 또는 3천만원 이하의 벌금에 처한다.
<전문개정 2013.4.5>

제248조【복표의 발매 등】 ① 법령에 의하지 아니한 복표를 발매한 사람은 5년 이하의 징역 또는 3천만원 이하의 벌금에 처한다.
② 제1항의 복표발매를 중개한 사람은 3년 이하의 징역 또는 2천만원 이하의 벌금에 처한다.
③ 제1항의 복표를 취득한 사람은 1천만원 이하의 벌금에 처한다.
<전문개정 2013.4.5>

제249조【벌금의 병과】 제246조제2항, 제247조와 제248조제1항의 죄에 대하여는 1천만원 이하의 벌금을 병과할 수 있다.
<전문개정 2013.4.5>

제24장 살인의 죄

제250조【살인, 존속살해】 ①사람을 살해한 자는 사형, 무기 또는 5년 이상의 징역에 처한다.
②자기 또는 배우자의 직계존속을 살해한 자는 사형, 무기 또는 7년 이상의 징역에 처한다. <개정 95.12.29>

제251조 삭제 <2023. 8. 8.>

제252조【촉탁, 승낙에 의한 살인 등】 ① 사람의 촉탁이나 승낙을 받아 그를 살해한 자는 1년 이상 10년 이하의 징역에 처한다.
② 사람을 교사하거나 방조하여 자살하게 한 자도 제1항의 형에 처한다.
<전문개정 2020. 12. 8.>

(판례) 피고인은 망인이 공소장에 기재된 상황에서 분신자살을 하겠다는 생각을 갖고 있음을 알고 그 실행을 용이하게 도와주겠다는 의도로 1991.4.27. 경부터 같은 해 5.8.까지의 어느 날에 서울 어느 곳에서 리포트 용지에 검은 색 사인펜으로 유서 2장을 작성하여 줌으로써 유서내용에 의하여 위 망인에게 그의 분신자살이 조국과 민족을 위한 행위로 미화될 것이며 사후의 장례의식을 포함한 모든 문제도 전국민족민주운동연합에서 책임진다는 것을 암시하는 방법으로 분신자살의 실행을 용이하게 도와주어 망인의 자살을 방조하였다는 내용이므로, 이는 결국 적극적, 정신적 방법으로 자살하려는 사람에게 자살의 동인과 명분을 주어 자살을 용이하게 실행하도록 하였다는 것으로서 자살방조죄에 해당되는 공소임이 명백하여 공소장에 자살방조죄가 될 만한 사실이 포함되지 아니하였다고는 볼 수 없다(1992.7.24, 92도1148). <형각(이)35면, (김)38면>

피고인이 인터넷 사이트 내 자살 관련 카페 게시판에 청산염 등 자살용 유독물의 판매광고를 한 행위가 단지 금원 편취 목적의 사기행각의 일환으로 이루어졌고, 변사자들이 다른 경로로 입수한 청산염을 이용하여 자살한 사정 등에 비추어, 피고인의 행위는 자살방조에 해당하지 않는다(2005.6.10., 2005도1373).

제253조【위계 등에 의한 촉탁살인 등】 전조의 경우에 위계 또는 위력으로써 촉탁 또는 승낙하게 하거나 자살을 결의하게 한 때에는 제250조의 예에 의한다.

제254조【미수범】 전4조의 미수범은 처벌한다.

제254조【미수범】 제250조, 제252조 및 제253조의 미수범은 처벌한다.
[전문개정 2023. 8. 8.]
[시행일: 2024. 2. 9.]

제255조【예비, 음모】 제250조와 제253조의 죄를 범할 목적으로 예비 또는 음모한 자는 10년 이하의 징역에 처한다.

제256조【자격정지의 병과】 제250조, 제252조 또는 제253조의 경우에 유기징역에 처할 때에는 10년 이하의 자격정지를 병과할 수 있다.

제25장 상해와 폭행의 죄

제257조【상해, 존속상해】 ①사람의 신체를 상해한 자는 7년 이하의 징역, 10년 이하의 자격정지 또는 1천만원 이하의 벌금에 처한다. <개정 95.12.29>
②자기 또는 배우자의 직계존속에 대하여 제1항의 죄를 범한 때에는 10년 이하의 징역 또는 1천500만원 이하의 벌금에 처한다. <개정 95.12.29>
③전2항의 미수범은 처벌한다.

(판례) 오랜 시간 동안의 협박과 폭행을 이기지 못하고 실신하여 범인들이 불러온 구급차 안에서야 정신을 차리게 되었다면, 외부적으로 어떤 상처가 발생하지 않았다고 하더라도 생리적 기능에 훼손을 입어 신체에 대한 상해가 있었다고 보아야 할 것이다(1996.12.10, 96도2529). <형각(김)59면, (이)45면>

제258조【중상해, 존속중상해】 ①사람의 신체를 상해하여 생명에 대한 위험을 발생하게 한 자는 1년 이상 10년 이하의 징역에 처한다.
②신체의 상해로 인하여 불구 또는 불치나 난치의 질병에 이르게 한 자도 전항의 형과 같다.
③자기 또는 배우자의 직계존속에 대하여 전2항의 죄를 범한 때에는 2년 이상 15년 이하의 징역에 처한다. <개정 2016.1.6.>

제258조의2【특수상해】 ① 단체 또는 다중의 위력을 보이거나 위험한 물건을 휴대하여 제257조제1항 또는 제2항의 죄를 범한 때에는 1년 이상 10년 이하의 징역에 처한다.
② 단체 또는 다중의 위력을 보이거나 위험한 물건을 휴대하여 제258조의 죄를 범한 때에는 2년 이상 20년 이하의 징역에 처한다.
③ 제1항의 미수범은 처벌한다.
<본조신설 2016.1.6>

제259조【상해치사】 ①사람의 신체를 상해하여 사망에 이르게 한 자는 3년 이상의 유기징역에 처한다. <개정 95.12.29>
②자기 또는 배우자의 직계존속에 대하여 전항의 죄를 범한 때에는 무기 또는 5년 이상의 징역에 처한다.

(판례) 피고인이 피해자에게 우측 흉골골절 및 늑골골절상과 이로 인한 우측 심장벽좌상과 심낭내출혈 등의 상해를 가함으로써, 피해자가 바닥에 쓰러진 채 정신을 잃고 빈사상태에 빠지자, 피해자가 사망한 것으로 오인하고, 피고인의 행위를 은폐하고 피해자가 자살한 것처럼 가장하기 위하여 피해자를 베란다로 옮긴 후 베란다 밑 약 13m아래의 바닥으로 떨어뜨려 피해

자로 하여금 현장에서 좌측 측두부 분쇄함몰골절에 의한 뇌손상 및 뇌출혈 등으로 사망에 이르게 하였다면, 피고인의 행위는 포괄하여 단일의 상해치사죄에 해당한다(1994.4.4, 94도2361).

제260조【폭행, 존속폭행】 ①사람의 신체에 대하여 폭행을 가한 자는 2년 이하의 징역, 500만원 이하의 벌금, 구류 또는 과료에 처한다. <개정 95.12.29>

②자기 또는 배우자의 직계존속에 대하여 제1항의 죄를 범한 때에는 5년 이하의 징역 또는 700만원 이하의 벌금에 처한다. <개정 95.12.29>

③제1항 및 제2항의 죄는 피해자의 명시한 의사에 반하여 공소를 제기할 수 없다. <개정 95.12.29>

(판 례) 피해자에게 근접하여 욕설을 하면서 때릴 듯이 손발이나 물건을 휘두르거나 던지는 행위는 직접 피해자의 신체에 접촉하지 않았다고 하여도 피해자에 대한 불법한 유형력의 행사로서 폭행에 해당하나, 공소사실 중에 때릴 듯이 위세 또는 위력을 보인 구체적인 행위내용이 적시되어 있지 않다면 결국 욕설을 함으로써 위세 또는 위력을 보였다는 취지로 해석할 수밖에 없고 이와 같이 욕설을 한 것 외에 별다른 행위를 한 적이 없다면 이는 유형력의 행사라고 보기 어려울 것이다(1990.2.13, 89도1406). <형각(김)7면, (이)60면>

제261조【특수폭행】 단체 또는 다중의 위력을 보이거나 위험한 물건을 휴대하여 제260조 제1항 또는 제2항의 죄를 범한 때에는 5년 이하의 징역 또는 1천만원 이하의 벌금에 처한다. <개정 95.12.29>

제262조【폭행치사상】 제260조와 제261조의 죄를 지어 사람을 사망이나 상해에 이르게 한 경우에는 제257조부터 제259조까지의 예에 따른다.
<전문개정 2020. 12. 8.>

(판 례) 안수기도는 환자의 환부나 머리에 손을 얹고 또는 약간 누르면서 환자를 위해 병을 낫게 하여 달라고 하나님께 간절히 기도함으로써 병의 치유함을 받는다는 일종의 종교적 행위이고 그 목적 또한 정당하겠으나, 기도행위에 수반하는 신체적 행위가 단순히 손을 얹거나 약간 누르는 정도가 아니라 그것이 지나쳐서 가슴과 배를 반복하여 누르거나 때려 그로 인하여 사망에 이른 것과 같은 정도의 것이라면 이는 사람의 신체에 대한 유형력의 행사로서 폭행의 개념에 속하는 행위이고, 비록 안수기도의 방법으로 행하여졌다고 하더라도 신체에 대하여 유형력을 행사한다는 인식과 의사가 있으면 폭행에 대한 인식과 의사 즉 고의가 있는 것이며, 이를 적법한 행위라고 오인했다고 하더라도 그 오인에 정당성을 발견할 수 없다(1994.8.23., 94도1484).

제263조【동시범】 독립행위가 경합하여 상해의 결과를 발생하게 한 경우에 있어서 원인된 행위가 판명되지 아니한 때에는 공동정범의 예에 의한다.

제264조【상습범】 상습으로 제257조, 제258조, 제258조의2, 제260조 또는 제261조의 죄를 범한 때에는 그 죄에 정한 형의 2분의 1까지 가중한다. <개정 2016.1.6>

(판 례) 피고인이 1987.5.1. 야간주거침입절도죄로 소년부 송치결정을 받은 바 있고 1988.10.5. 절도 등 죄로 징역 10개월에 2년간 집행유예의 확정판결을 받은 절도범행이 그 해 7.12.에 한 것이며 이 사건 범행은 그 이전인 그 해 5월과 6월 사이에 7차례에 걸쳐 단기간 내에 저질러진 것으로서 그 범행장소가 같고 절취한 돈도 그때마다 유흥비로 탕진한 것이라면 위 확정판결의 절도범행과 이 사건 절도범행은 다같이 절도의 습벽이 발현된 것이어서 포괄하여 상습절도죄의 일죄를 구성한다(1990.2.13, 89도2377). <형각(김)71면>

제265조【자격정지의 병과】 제257조제2항, 제258조, 제258조의2, 제260조제2항, 제261조 또는 전조의 경우에는 10년 이하의 자격정지를 병과할 수 있다. <개정 2016.1.6>

제26장 과실치사상의 죄

제266조【과실치상】 ①과실로 인하여 사람의 신체를 상해에 이르게 한 자는 500만원 이하의 벌금, 구류 또는 과료에 처한다. <개정 95.12.29>

②제1항의 죄는 피해자의 명시한 의사에 반하여 공소를 제기할 수 없다. <개정 95.12.29>

(판 례) 자기 집 안방에서 취침하다가 일산화탄소(연탄가스) 중독으로 병원 응급실에 후송되어 온 환자를 진단하여 일산화탄소 중독으로 판명하고 치료한 담당의사에게 회복된 환자가 이튿날 퇴원할 당시 자신의 병명을 문의하였는데도 의사가 아무런 요양방법을 지도하여 주지 아니하여, 환자가 일산화탄소에 중독되었던 사실을 모르고 퇴원 즉시 사고 난 자기 집 안방에서 다시 취침하다 전신피부파열 등 일산화탄소 중독을 입은 것이라면, 위 의사에게는 그 원인 사실을 모르고 병명을 문의하는 환자에게 그 병명을 알려주고 이에 대한 주의사항인 피해장소인 방의 수선이나 환자에 대한 요양의 방법 기타 건강관리에 필요한 사항을 지도하여 줄 요양방법의 지도의무가 있는 것이므로 이를 태만한 것으로 의사로서의 업무상과실이 있고, 이 과실과 재차의 일산화탄소 중독과의 사이에 인과관계가 있다고 보아야 한다(1991.2.17, 90도2547). <형각(김)86면>

제267조【과실치사】 과실로 인하여 사람을 사망에 이르게 한 자는 2년 이하의 금고 또는 700만원 이하의 벌금에 처한다. <개정

95.12.29>

(판 례) 함께 술을 마신 후 만취된 피해자를 촛불이 켜져 있는 방안에 혼자 눕혀 놓고 촛불을 끄지 않고 나오는 바람에 화재가 발생하여 피해자가 사망한 경우 과실치사책임을 면할 수는 없다 할 것이다(1994. 8.26, 94도1291).

제268조【업무상과실·중과실 치사상】 업무상과실 또는 중대한 과실로 사람을 사망이나 상해에 이르게 한 자는 5년 이하의 금고 또는 2천만원 이하의 벌금에 처한다.
<전문개정 2020. 12. 8.>

(판 례) 의사는 전문적 지식과 기능을 가지고 환자의 전적인 신뢰하에서 환자의 생명과 건강을 보호하는 것을 업으로 하는 자로서, 그 의료행위를 시술하는 기회에 환자에게 위해가 미치는 것을 방지하기 위하여 최선의 조치를 취할 의무를 지고 있고, 간호사로 하여금 의료행위에 관여하게 하는 경우에도 그 의료행위는 의사의 책임하에 이루어지는 것이고 간호사는 그 보조자에 불과하므로, 의사는 당해 의료행위가 환자에게 위해가 미칠 위험이 있는 이상 간호사가 과오를 범하지 않도록 충분히 지도·감독을 하여 사고의 발생을 미연에 방지하여야 할 주의의무가 있고, 이를 소홀히 한 채 만연히 간호사를 신뢰하여 간호사에게 당해 의료행위를 일임함으로써 간호사의 과오로 환자에게 위해가 발생하였다면 의사는 그에 대한 과실책임을 면할 수 없다(1998.2.27, 97도2812). <형각(김)91면, (이)80면>

제27장 낙태의 죄

제269조【낙 태】 ①부녀가 약물 기타 방법으로 낙태한 때에는 1년 이하의 징역 또는 200만원 이하의 벌금에 처한다. <개정 95.12. 29>
②부녀의 촉탁 또는 승낙을 받어 낙태하게 한 자도 제1항의 형과 같다. <개정 95.12.29>
③제2항의 죄를 범하여 부녀를 상해에 이르게 한 때에는 3년 이하의 징역에 처한다. 사망에 이르게 한 때에는 7년 이하의 징역에 처한다. <개정 95.12.29>

제270조【의사 등의 낙태, 부동의낙태】 ① 의사, 한의사, 조산사, 약제사 또는 약종상이 부녀의 촉탁 또는 승낙을 받아 낙태하게 한 때에는 2년 이하의 징역에 처한다. <개정 95. 12.29>
②부녀의 촉탁 또는 승낙없이 낙태하게 한 자는 3년 이하의 징역에 처한다.
③제1항 또는 제2항의 죄를 범하여 부녀를 상해에 이르게 한 때에는 5년 이하의 징역에 처한다. 사망에 이르게 한 때에는 10년 이하의 징역에 처한다. <개정 95.12.29>
④전3항의 경우에는 7년 이하의 자격정지를 병과한다.

(판 례) 임신의 지속이 모체의 건강을 해칠 우려가 현저할 뿐더러 기형아 내지 불구아를 출산할 가능성 마저도 없지 않다는 판단 하에 부득이 취하게된 산부인과 의사의 낙태수술행위는 정당행위 내지 긴급피난에 해당되어 위법성이 없는 경우에 해당된다(1976.7.13, 75도1205). <형각(이)94면, (김)52면>

낙태죄는 태아를 자연분만기에 앞서서 인위적으로 모체 밖으로 배출하거나 모체 안에서 살해함으로써 성립하고, 그 결과 태아가 사망하였는지 여부는 낙태죄의 성립에 영향이 없다.(2005.4.15, 2003도2780), <이재상, 86면>

제28장 유기와 학대의 죄

제271조【유기, 존속유기】 ① 나이가 많거나 어림, 질병 그 밖의 사정으로 도움이 필요한 사람을 법률상 또는 계약상 보호할 의무가 있는 자가 유기한 경우에는 3년 이하의 징역 또는 500만원 이하의 벌금에 처한다.
② 자기 또는 배우자의 직계존속에 대하여 제1항의 죄를 지은 경우에는 10년 이하의 징역 또는 1천500만원 이하의 벌금에 처한다.
③ 제1항의 죄를 지어 사람의 생명에 위험을 발생하게 한 경우에는 7년 이하의 징역에 처한다.
④ 제2항의 죄를 지어 사람의 생명에 위험을 발생하게 한 경우에는 2년 이상의 유기징역에 처한다.
<전문개정 2020. 12. 8.>

제272조 삭제 <2023. 8. 8.>

제273조【학대, 존속학대】 ①자기의 보호 또는 감독을 받는 사람을 학대한 자는 2년 이하의 징역 또는 500만원 이하의 벌금에 처한다. <개정 95.12.29>
②자기 또는 배우자의 직계존속에 대하여 전항의 죄를 범한 때에는 5년 이하의 징역 또는 700만원 이하의 벌금에 처한다. <개정 95. 12.29>

제274조【아동혹사】 자기의 보호 또는 감독을 받는 16세미만의 자를 그 생명 또는 신체에 위험한 업무에 사용할 영업자 또는 종업자에게 인도한 자는 5년 이하의 징역에 처한다. 그 인도를 받은 자도 같다.

제275조【유기 등 치사상】 ①제271조 내지 제273조의 죄를 범하여 사람을 상해에 이르게 한 때에는 7년 이하의 징역에 처한다. 사

망에 이르게 한 때에는 3년 이상의 유기징역에 처한다.
②자기 또는 배우자의 직계존속에 대하여 제271조 또는 제273조의 죄를 범하여 상해에 이르게 한 때에는 3년 이상의 유기징역에 처한다. 사망에 이르게 한 때에는 무기 또는 5년 이상의 징역에 처한다.
<전문개정 95.12.29>

(판 례) 피고인이 믿는 종교인 '여호와의 증인'의 교리에 어긋난다는 이유로 최선의 치료방법인 수혈을 거부함으로써 딸을 사망케 하였다면 유기치사죄를 구성한다(1980.9.24, 79도1387).

제275조【유기 등 치사상】
①제271조 또는 제273조의 죄를 범하여 사람을 상해에 이르게 한 때에는 7년 이하의 징역에 처한다. 사망에 이르게 한 때에는 3년 이상의 유기징역에 처한다. <개정 2023. 8. 8.>
②자기 또는 배우자의 직계존속에 대하여 제271조 또는 제273조의 죄를 범하여 상해에 이르게 한 때에는 3년 이상의 유기징역에 처한다. 사망에 이르게 한 때에는 무기 또는 5년이상의 징역에 처한다.
[전문개정 1995. 12. 29.]
[제목개정 2023. 8. 8.]
[시행일: 2024. 2. 9.] 제275조

제29장 체포와 감금의 죄

제276조【체포, 감금, 존속체포, 존속감금】
①사람을 체포 또는 감금한 자는 5년 이하의 징역 또는 700만원 이하의 벌금에 처한다.
<개정 95.12.29>
②자기 또는 배우자의 직계존속에 대하여 제1항의 죄를 범한 때에는 10년 이하의 징역 또는 1천500만원 이하의 벌금에 처한다. <개정 95.12.29>

제277조【중체포, 중감금, 존속중체포, 존속중감금】 ①사람을 체포 또는 감금하여 가혹한 행위를 가한 자는 7년 이하의 징역에 처한다.
②자기 또는 배우자의 직계존속에 대하여 전항의 죄를 범한 때에는 2년 이상의 유기징역에 처한다.

(판 례) 감금죄에 있어서의 감금행위는 사람으로 하여금 일정한 장소 밖으로 나가지 못하도록 하여 신체의 자유를 제한하는 행위를 가리키는 것으로서 그 방법은 반드시 물리적, 유형적 장애를 사용하는 경우뿐만 아니라 심리적, 무형적 장애에 의하는 경우도 포함되는 것인 바, 설사 피해자가 경찰서 안에서 자유스럽게 활동하였다 하여도 피해자를 경찰서 밖으로 나가지 못하도록 그 신체의 자유를 제한하는 유형, 무형의 억압이 있었다면, 이는 바로 감금행위에 해당할 수 있다(1994.3.16, 94모2).

제278조【특수체포, 특수감금】 단체 또는 다중의 위력을 보이거나 위험한 물건을 휴대하여 전2조의 죄를 범한 때에는 그 죄에 정한 형의 2분의 1까지 가중한다.

제279조【상습범】 상습으로 제276조 또는 제277조의 죄를 범한 때에는 전조의 예에 의한다.

제280조【미수범】 전4조의 미수범은 처벌한다.

제281조【체포·감금 등의 치사상】 ①제276조 내지 제280조의 죄를 범하여 사람을 상해에 이르게 한 때에는 1년 이상의 유기징역에 처한다. 사망에 이르게 한 때에는 3년 이상의 유기징역에 처한다.
②자기 또는 배우자의 직계존속에 대하여 제276조 내지 제280조의 죄를 범하여 상해에 이르게 한 때에는 2년 이상의 유기징역에 처한다. 사망에 이르게 한 때에는 무기 또는 5년 이상의 징역에 처한다.
<전문개정 95.12.29>

(판 례) 피고인이 아파트 안방에서 안방문에 못질을 하여 동거하던 피해자가 술집에 나갈 수 없게 감금하고, 피해자를 때리고 옷을 벗기는 등 가혹한 행위를 하여 피해자가 이를 피하기 위하여 창문을 통해 밖으로 뛰어 내리려 하자 피고인이 이를 제지한 후, 피고인이 거실로 나오는 사이에 갑자기 안방 창문을 통하여 알몸으로 아파트 아래 잔디밭에 뛰어 내리다가 다발성 실질장기파열상 등을 입고 사망한 경우, 피고인의 중감금행위와 피해자의 사망 사이에는 인과관계가 있어 피고인은 중감금치사죄의 죄책을 진다(1991.10.25, 91도2085). <형각(김)125면>

제282조【자격정지의 병과】 본장의 죄에는 10년 이하의 자격정지를 병과할 수 있다.

제30장 협박의 죄

제283조【협박, 존속협박】 ①사람을 협박한 자는 3년 이하의 징역, 500만원 이하의 벌금, 구류 또는 과료에 처한다. <개정 95.12.29>

②자기 또는 배우자의 직계존속에 대하여 제1

항의 죄를 범한 때에는 5년 이하의 징역 또는 700만원 이하의 벌금에 처한다. <개정 95.12. 29>
③제1항 및 제2항의 죄는 피해자의 명시한 의사에 반하여 공소를 제기할 수 없다. <개정 95.12.29>

제284조【특수협박】 단체 또는 다중의 위력을 보이거나 위험한 물건을 휴대하여 전조제1항, 제2항의 죄를 범한 때에는 7년 이하의 징역 또는 1천만원 이하의 벌금에 처한다. <개정 95.12.29>

제285조【상습범】 상습으로 제283조제1항, 제2항 또는 전조의 죄를 범한 때에는 그 죄에 정한 형의 2분의 1까지 가중한다.

제286조【미수범】 전3조의 미수범은 처벌한다.

제31장 약취(略取), 유인(誘引) 및 인신매매의 죄

제287조【미성년자의 약취, 유인】 미성년자를 약취 또는 유인한 사람은 10년 이하의 징역에 처한다.
<전문개정 2013.4.5>

제288조【추행 등 목적 약취, 유인 등】 ① 추행, 간음, 결혼 또는 영리의 목적으로 사람을 약취 또는 유인한 사람은 1년 이상 10년 이하의 징역에 처한다.
② 노동력 착취, 성매매와 성적 착취, 장기적출을 목적으로 사람을 약취 또는 유인한 사람은 2년 이상 15년 이하의 징역에 처한다.
③ 국외에 이송할 목적으로 사람을 약취 또는 유인하거나 약취 또는 유인된 사람을 국외에 이송한 사람도 제2항과 동일한 형으로 처벌한다.
<전문개정 2013.4.5>

제289조【인신매매】 ① 사람을 매매한 사람은 7년 이하의 징역에 처한다.
② 추행, 간음, 결혼 또는 영리의 목적으로 사람을 매매한 사람은 1년 이상 10년 이하의 징역에 처한다.
③ 노동력 착취, 성매매와 성적 착취, 장기적출을 목적으로 사람을 매매한 사람은 2년 이상 15년 이하의 징역에 처한다.
④ 국외에 이송할 목적으로 사람을 매매하거나 매매된 사람을 국외로 이송한 사람도 제3항과 동일한 형으로 처벌한다.
<전문개정 2013.4.5>

제290조【약취, 유인, 매매, 이송 등 상해·치상】 ① 제287조부터 제289조까지의 죄를 범하여 약취, 유인, 매매 또는 이송된 사람을 상해한 때에는 3년 이상 25년 이하의 징역에 처한다.
② 제287조부터 제289조까지의 죄를 범하여 약취, 유인, 매매 또는 이송된 사람을 상해에 이르게 한 때에는 2년 이상 20년 이하의 징역에 처한다.
<전문개정 2013.4.5>

제291조【약취, 유인, 매매, 이송 등 살인·치사】 ① 제287조부터 제289조까지의 죄를 범하여 약취, 유인, 매매 또는 이송된 사람을 살해한 때에는 사형, 무기 또는 7년 이상의 징역에 처한다.
② 제287조부터 제289조까지의 죄를 범하여 약취, 유인, 매매 또는 이송된 사람을 사망에 이르게 한 때에는 무기 또는 5년 이상의 징역에 처한다.
<전문개정 2013.4.5>

제292조【약취, 유인, 매매, 이송된 사람의 수수·은닉 등】 ① 제287조부터 제289조까지의 죄로 약취, 유인, 매매 또는 이송된 사람을 수수(수수) 또는 은닉한 사람은 7년 이하의 징역에 처한다.
② 제287조부터 제289조까지의 죄를 범할 목적으로 사람을 모집, 운송, 전달한 사람도 제1항과 동일한 형으로 처벌한다.
<전문개정 2013.4.5>

제293조【상습범】 삭제 <2013.4.5>

제294조【미수범】 제287조부터 제289조까지, 제290조제1항, 제291조제1항과 제292조제1항의 미수범은 처벌한다.
<전문개정 2013.4.5>

제295조【벌금의 병과】 제288조부터 제291조까지, 제292조제1항의 죄와 그 미수범에 대하여는 5천만원 이하의 벌금을 병과할 수 있다.
<전문개정 2013.4.5>

제295조의2【형의 감경】 제287조부터 제290조까지, 제292조와 제294조의 죄를 범한 사람이 약취, 유인, 매매 또는 이송된 사람을 안전한 장소로 풀어준 때에는 그 형을 감경할 수 있다.
<전문개정 2013.4.5>

제296조 【예비, 음모】 제287조부터 제289조까지, 제290조제1항, 제291조제1항과 제292조제1항의 죄를 범할 목적으로 예비 또는 음모한 사람은 3년 이하의 징역에 처한다.
<본조신설 2013.4.5>

제296조의2 【세계주의】 제287조부터 제292조까지 및 제294조는 대한민국 영역 밖에서 죄를 범한 외국인에게도 적용한다.
<본조신설 2013.4.5>

제32장 강간과 추행의 죄

제297조 【강간】 폭행 또는 협박으로 사람을 강간한 자는 3년 이상의 유기징역에 처한다.
<개정 2012.12.18>

(판 례) 피고인이 어릴 때부터 정신적으로 여성에의 성 귀속감을 느껴왔고 성전환 수술로 인하여 남성으로서의 내·외부성기의 특징을 더 이상 보이지 않게 되었으며 남성으로서의 성격도 대부분 상실하여 외견상 여성으로서의 체형을 갖추고 성격도 여성화되어 개인적으로 여성으로서의 생활을 영위해 가고 있다 할지라도, 기본적인 요소인 성염색체의 구성이나 본래의 내·외부성기의 구조, 정상적인 남자로서 생활한 기간, 성전환 수술을 한 경위, 시기 및 수술 후에도 여성으로서의 생식능력은 없는 점, 그리고 이에 대한 사회 일반인의 평가와 태도 등 여러 요소를 종합적으로 고려하여 보면 사회통념상 여자로 볼 수는 없다(1996.6.11, 96도791). <형각(이)154면, (김)141면>

제297조의2 【유사강간】 폭행 또는 협박으로 사람에 대하여 구강, 항문 등 신체(성기는 제외한다)의 내부에 성기를 넣거나 성기, 항문에 손가락 등 신체(성기는 제외한다)의 일부 또는 도구를 넣는 행위를 한 사람은 2년 이상의 유기징역에 처한다.
<본조신설 2012.12.18>

제298조 【강제추행】 폭행 또는 협박으로 사람에 대하여 추행을 한 자는 10년 이하의 징역 또는 1천500만원 이하의 벌금에 처한다.
<개정 95.12.29>

(판 례) 강제추행죄에 있어서 폭행 또는 협박을 한다함은 먼저 상대방에 대하여 폭행 또는 협박을 가하여 그 항거를 곤란하게 한 뒤에 추행행위를 하는 경우만을 말하는 것이 아니고 폭행행위 자체가 추행행위라고 인정되는 경우도 포함되는 것이라 할 것이고, 이 경우에 있어서의 폭행은 반드시 상대방의 의사를 억압할 정도의 것임을 요하지 않고 다만 상대방의 의사에 반하는 유형력의 행사가 있는 이상 그 힘의 대소강약을 불문한다(1994.8.23, 94도630).

제299조 【준강간, 준강제추행】 사람의 심신상실 또는 항거불능의 상태를 이용하여 간음 또는 추행을 한 자는 제297조, 제297조의2 및 298조의 예에 의한다. <개정 2012.12.18>

제300조 【미수범】 제297조, 제297조의2, 제298조 및 제299조의 미수범은 처벌한다. <개정 2012.12.18>

제301조 【강간 등 상해·치상】 제297조, 제297조의2 및 제298조부터 제300조까지를 범한 자가 사람을 상해하거나 상해에 이르게 한 때에는 무기 또는 5년 이상의 징역에 처한다. <개정 2012.12.18>
<전문개정 95.12.29>

(판 례) 강간치상죄는 강간이 미수에 그친 경우라도 강간의 수단이 된 폭행에 의하여 피해자에게 상해를 입히면 성립한다(1986.6.10, 86도887).

강간도중 흥분하여 피해자의 왼쪽 어깨를 입으로 빨아서 생긴 동전크기 정도의 반상출혈상은 강간치상죄의 상해에 해당한다 할 수 없다(1986.7.8, 85도2042).

피해자를 강간하려다가 미수에 그치고 그 과정에서 피해자에게 경부 및 전흉부 피하출혈, 통증으로 약 7일 간의 가료를 요하는 상처가 발생하였으나 그 상처가 굳이 치료를 받지 않더라고 일상생활을 하는데 아무런 지장이 없고 시일이 경과함에 따라 자연적으로 치유될 수 있는 정도라면 그로 인하여 신체의 완전성이 손상되고 생활기능에 장애가 왔다거나 건강상태가 불량하게 변경되었다고 보기는 어려워 강간치상죄의 상해에 해당하지 않는다(1994.11.4, 94도1311).

처녀막은 부녀자의 신체에 있어서 생리조직의 일부를 구성하는 것으로서, 그것이 파열되면 정도의 차이는 있어도 생활기능에 장애가 오는 것이라고 보아야 하고, 처녀막 파열이 그와 같은 성질의 것인 한 비록 피해자가 성경험을 가진 여자로서 특이체질로 인해 새로 형성된 처녀막이 파열되었다 하더라도 강간치상죄를 구성하는 상처에 해당된다(1995.7.25, 94도1351).

제301조의2 【강간 등 살인·치사】 제297조, 제297조의2 및 제298조부터 제300조까지의 죄를 범한 자가 사람을 살해한 때에는 사형 또는 무기징역에 처한다. 사망에 이르게 한 때에는 무기 또는 10년 이상의 징역에 처한다.
<개정 2012.12.18>
<본조신설 95.12.29>

제302조 【미성년자 등에 대한 간음】 미성년자 또는 심신미약자에 대하여 위계 또는 위력으로써 간음 또는 추행을 한 자는 5년 이하의 징역에 처한다.

제303조 【업무상위력 등에 의한 간음】 ①업무, 고용 기타 관계로 인하여 자기의 보호 또는 감독을 받는 사람에 대하여 위계 또는 위력으로써 간음한 자는 7년 이하의 징역 또는 3천만원 이하의 벌금에 처한다. <개정 95.

12.29, 2012.12.18, 2018.10.16>
②법률에 의하여 구금된 사람을 감호하는 자가 그 부녀를 간음한 때에는 10년 이하의 징역에 처한다. <개정 2012.12.18, 2018.10.16>

판례 형법 제303조제1항 규정 중 기타 관계로 자기의 보호 또는 감독을 받는 부녀라 함은 사실상의 보호 또는 감독을 받는 상황에 있는 부녀인 경우도 이에 포함되는 것으로 보는 것이 우리의 일반사회통념이나 실정 그리고 동 법조를 신설하여 동 법조 규정상황하에 있는 부녀의 애정의 자유가 부당하게 침해되는 것을 보호하려는 법의 정신에 비추어 타당하다(1976.2.10, 74도1519). <형각(김)158면, (이)171면>

제304조 삭제 <2012.12.18>

제305조【미성년자에 대한 간음, 추행】 ① 13세 미만의 사람에 대하여 간음 또는 추행을 한 자는 제297조, 제297조의2, 제298조, 제301조 또는 제301조의2의 예에 의한다. <개정 1995. 12. 29., 2012. 12. 18., 2020. 5. 19.>
② 13세 이상 16세 미만의 사람에 대하여 간음 또는 추행을 한 19세 이상의 자는 제297조, 제297조의2, 제298조, 제301조 또는 제301조의2의 예에 의한다. <신설 2020. 5. 19.>

판례 형법 제305조에 규정된 13세미만 부녀에 대한 의제강간, 추행죄는 그 성립에 있어 위계 또는 위력이나 폭행 또는 협박의 방법에 의함을 요하지 아니하며 피해자의 동의가 있었다고 하여도 성립하는 것이다(1982.10.12, 82도2183).

제305조의2【상습범】 상습으로 제297조, 제297조의2, 제298조부터 제300조까지, 제302조, 제303조 또는 제305조의 죄를 범한 자는 그 죄에 정한 형의 2분의 1까지 가중한다. <개정 2012.12.18>
<본조신설 2010.4.15.>

제305조의3【예비, 음모】 제297조, 제297조의2, 제299조(준강간죄에 한정한다), 제301조(강간 등 상해죄에 한정한다) 및 제305조의 죄를 범할 목적으로 예비 또는 음모한 사람은 3년 이하의 징역에 처한다.
<본조신설 2020. 5. 19.>

제306조 삭제 <2012.12.18>

제33장 명예에 관한 죄

제307조【명예훼손】 ①공연히 사실을 적시하여 사람의 명예를 훼손한 자는 2년 이하의 징역이나 금고 또는 500만원 이하의 벌금에 처한다. <개정 95.12.29>
②공연히 허위의 사실을 적시하여 사람의 명예를 훼손한 자는 5년 이하의 징역, 10년 이하의 자격정지 또는 1천만원 이하의 벌금에 처한다. <개정 95.12.29>

판례 명예훼손죄 또는 후보자비방에 관한 공직선거및선거부정방지법위반죄에 있어서의 공연성은 불특정 또는 다수인이 인식할 수 있는 상태를 의미하므로, 비록 개별적으로 한 사람에 대하여 사실을 유포하더라도 이로부터 불특정 또는 다수인에게 전파될 가능성이 있다면 공연성의 요건을 충족한다(1996.7.12, 96도1007). <형각(이)181면, (김)167면>

제308조【사자의 명예훼손】 공연히 허위의 사실을 적시하여 사자의 명예를 훼손한 자는 2년 이하의 징역이나 금고 또는 500만원 이하의 벌금에 처한다. <개정 95.12.29>

제309조【출판물 등에 의한 명예훼손】 ①사람을 비방할 목적으로 신문, 잡지 또는 라디오 기타 출판물에 의하여 제307조제1항의 죄를 범한 자는 3년 이하의 징역이나 금고 또는 700만원 이하의 벌금에 처한다. <개정 95.12.29>
②제1항의 방법으로 제307조제2항의 죄를 범한 자는 7년 이하의 징역, 10년 이하의 자격정지 또는 1천500만원 이하의 벌금에 처한다. <개정 95.12.29>

판례 형법이 출판물 등에 의한 명예훼손죄를 일반 명예훼손죄보다 중벌하는 이유는 사실적시의 방법으로서의 출판물 등의 이용이 그 성질상 다수인이 견문할 수 있는 높은 전파성과 신뢰성 및 장기간의 보존가능성 등 피해자에 대한 법익침해의 정도가 더욱 크다는 데 있다는 점에 비추어 보면, 형법 제309조제1항 소정의 '기타 출판물'에 해당한다고 하기 위하여는 그것이 등록·출판된 제본인쇄물이나 제작물은 아니라고 할지라도 적어도 그와 같은 정도의 효용과 기능을 가지고 사실상 출판물로 유통·통용될 수 있는 외관을 가진 인쇄물로 볼 수 있어야 한다(1997.8.26, 97도133). <형각(김)174면, (이)192면>

제310조【위법성의 조각】 제307조제1항의 행위가 진실한 사실로서 오로지 공공의 이익에 관한 때에는 처벌하지 아니한다.

판례 회사의 대표이사에게 압력을 가하여 단체협상에서 양보를 얻어내기 위한 방법의 하나로 현수막과 피켓을 들고 확성기를 사용하여 반복해서 불특정 다수의 행인을 상대로 소리치면서 거리행진을 함으로써 위 대표이사의 명예를 훼손한 행위가 공공의 이익을 위하여 사실을 적시한 것으로 볼 수 없어 위법성이 조각되지 아니한다(2004.10.15, 2004도3912).

제311조【모 욕】 공연히 사람을 모욕한 자는 1년 이하의 징역이나 금고 또는 200만원 이하의 벌금에 처한다. <개정 95.12.29>

판례 '애꾸눈, 병신'이라는 발언 내용은 피고인이 피해자를 모욕하기 위하여 경멸적인 언사를 사용하면서 욕설을 한 것에 지나지 아니하고, 피해자의 사회적 가치나 평가를 저하시키기에 충분한 구체적 사실을 적시한 것이라고 보기는 어렵다(1994.10.25, 94도1770).

제312조【고소와 피해자의 의사】 ①제308조와 제311조의 죄는 고소가 있어야 공소를 제기할 수 있다. <개정 95.12.29>
②제307조와 제309조의 죄는 피해자의 명시한 의사에 반하여 공소를 제기할 수 없다. <개정 95.12.29>

제34장 신용, 업무와 경매에 관한 죄

제313조【신용훼손】 허위의 사실을 유포하거나 기타 위계로써 사람의 신용을 훼손한 자는 5년 이하의 징역 또는 1천500만원 이하의 벌금에 처한다. <개정 95.12.29>

(판례) 여기서 허위사실의 유포라 함은 객관적으로 진실과 부합하지 않는 과거 또는 현재의 사실을 유포하는 것으로서(미래의 사실도 증거에 의한 입증이 가능할 때에는 여기의 사실에 포함된다고 할 것이다) 피고인의 단순한 의견이나 가치판단을 표시하는 것은 이에 해당하지 않는다고 할 것이다(1983.2.8, 82도2486).

제314조【업무방해】 ①제313조의 방법 또는 위력으로써 사람의 업무를 방해한 자는 5년 이하의 징역 또는 1천500만원 이하의 벌금에 처한다. <개정 95.12.29>
②컴퓨터 등 정보처리장치 또는 전자기록 등 특수매체기록을 손괴하거나 정보처리장치에 허위의 정보 또는 부정한 명령을 입력하거나 기타 방법으로 정보처리에 장애를 발생하게 하여 사람의 업무를 방해한 자도 제1항의 형과 같다. <신설 95.12.29>

(판례) 대학편입학업무의 주체는 대학교가 아닌 총장이고, 성적평가업무의 주체는 대학교가 아닌 담당교수이다(1999.1.15, 98도663). <형각(이)201면>

피고인이 자신의 명의로 등록되어 있는 피해자 운영의 학원에 대하여 피해자의 승낙을 받지 아니하고 폐원신고를 하였다고 하더라도 피해자에게 사전에 통고를 한 뒤 폐원신고를 하였다면 피해자에게 오인·착각 또는 부지를 일으켜 이를 이용하여 피해자의 업무를 방해한 것으로 보기는 어렵고, 오히려 피해자가 운영하고 있는 학원이 자신의 명의로 등록되어 있는 지위를 이용하여 임의로 폐원신고를 함으로써 피해자의 업무를 위력으로써 방해한 것이다.(2005.3.25, 2003도5004).

주주로서 주주총회에서 의결권 등을 행사하는 것은 주식의 보유자로서 그 자격에서 권리를 행사하는 것에 불과할 뿐 그것이 '직업 기타 사회생활상의 지위에 기하여 계속적으로 종사하는 사무 또는 사업'에 해당한다고 할 수 없다(2004.10.28, 2004도1256).

피고인이 자신의 명의로 등록되어 있는 피해자 운영의 학원에 대하여 피해자의 승낙을 받지 아니하고 폐원신고를 하였다고 하더라도 피해자에게 사전에 통고를 한 뒤 폐원신고를 하였다면 피해자에게 오인·착각 또는 부지를 일으켜 이를 이용하여 피해자의 업무를 방해한 것으로 보기는 어렵고, 오히려 피해자가 운영하고 있는 학원이 자신의 명의로 등록되어 있는 지위를 이용하여 임의로 폐원신고를 함으로서 피해자의 업무를 위력으로써 방해한 것이다. (2005.3.25, 2003도5004), 〈이재상 209,210면〉

대부업체 직원이 대출금을 회수하기 위하여 소액의 지연이자를 문제 삼아 법적 조치를 거론 하면서 소규모 간판업자인 채무자의 휴대전화로 수백 회에 이르는 전화공세를 한 것이 사회통념상 허용한도를 벗어난 채권추심행위로서 채무자의 간판업 업무가 방해되는 결과를 초래 할 위험이 있었다고 보아 업무방해죄를 구성한다.(2005.5.27, 2004도8447). <이재상 210면>

대학의 컴퓨터시스템 서버를 관리하던 피고인이 전보발령을 받아 더 이상 웹서버를 관리 운영할 권한이 없는 상태에서, 웹서버에 접속하여 홈페이지 관리자 아이디와 비밀번호를 무단으로 변경한 행위는, 피고인이 웹서버를 관리 운영할 정당한 권한이 있는 동안 입력하여 두었던 홈페이지 관리자의 아이디와 비밀번호를 단지 후임자 등에게 알려 주지 아니한 행위와는 달리, 정보처리장치에 부정한 명령을 입력하여 정보처리에 현실적 장애를 발생시킴으로써 피해 대학에 업무방해의 위험을 초래하는 행위에 해당하여 컴퓨터 등 장애 업무방해죄를 구성한다.(2006.3.10, 2005도382). <이재상 212면>

업무방해죄의 업무방해는 널리 그 경영을 저해하는 경우에도 성립하는데, 업무로서 행해져 온 회사의 경영행위에는 그 목적 사업의 직접적인 수행뿐만 아니라 그 확장, 축소, 전환, 폐지 등의 행위도 정당한 경영권행사의 일환으로서 이에 포함된다.(2005.4.15, 2004도8701). <이재상 205,206면>

제315조【경매, 입찰의 방해】 위계 또는 위력 기타 방법으로 경매 또는 입찰의 공정을 해한 자는 2년 이하의 징역 또는 700만원 이하의 벌금에 처한다. <개정 95.12.29>

제35장 비밀침해의 죄

제316조【비밀침해】 ①봉함 기타 비밀장치한 사람의 편지, 문서 또는 도화를 개봉한 자는 3년 이하의 징역이나 금고 또는 500만원 이하의 벌금에 처한다. <개정 95.12.29>
②봉함 기타 비밀장치한 사람의 편지, 문서, 도화 또는 전자기록 등 특수매체기록을 기술적 수단을 이용하여 그 내용을 알아 낸 자도

제1항의 형과 같다. <신설 95.12.29>

제317조 【업무상비밀누설】 ①의사, 한의사, 치과의사, 약제사, 약종상, 조산사, 변호사, 변리사, 공인회계사, 공증인, 대서업자나 그 직무상 보조자 또는 차 등의 직에 있던 자가 그 업무처리중 지득한 타인의 비밀을 누설한 때에는 3년 이하의 징역이나 금고, 10년 이하의 자격정지 또는 700만원 이하의 벌금에 처한다. <개정 95.12.29, 97.12.13>

②종교의 직에 있는 자 또는 있던 자가 그 직무상 지득한 사람의 비밀을 누설한 때에도 전항의 형과 같다.

제318조 【고 소】 본장의 죄는 고소가 있어야 공소를 제기할 수 있다. <개정 95.12.29>

제36장 주거침입의 죄

제319조 【주거침입, 퇴거불응】 ①사람의 주거, 관리하는 건조물, 선박이나 항공기 또는 점유하는 방실에 침입한 자는 3년 이하의 징역 또는 500만원 이하의 벌금에 처한다. <개정 95.12.29>

②전항의 장소에서 퇴거요구를 받고 응하지 아니한 자도 전항의 형과 같다.

(판 례) 주거침입죄는 사실상의 주거의 평온을 보호법익으로 하는 것이므로 그 거주자 또는 관리자가 건조물 등에 거주 또는 관리할 권한을 가지고 있는가 여부는 범죄의 성립을 좌우하는 것이 아니고, 그 거주자나 관리자와의 관계 등으로 평소 그 건조물에 출입이 허용된 사람이라 하더라도 주거에 들어간 행위가 거주자나 관리자의 명시적 또는 추정적 의사에 반함에도 불구하고 감행된 것이라면 주거침입죄는 성립하며, 출입문을 통한 정상적인 출입이 아닌 경우 특별한 사정이 없는 한 그 침입방법 자체에 의하여 위와 같은 의사에 반하는 것으로 보아야 한다(1995.9.15. 94도3336).

일반인의 출입이 허용된 음식점이라 하더라도, 영업주의 명시적 또는 추정적 의사에 반하여 들어간 것이라면 주거침입죄가 성립되는바, 기관장들의 조찬모임에서의 대화내용을 도청하기 위한 도청장치를 설치할 목적으로 손님을 가장하여 그 조찬모임장소인 음식점에 들어간 경우에는 영업주가 그 출입을 허용하지 않았을 것으로 보는 것이 경험칙에 부합하므로, 그와 같은 행위는 주거침입죄가 성립한다(1997.3.28. 95도2674).

제320조 【특수주거침입】 단체 또는 다중의 위력을 보이거나 위험한 물건을 휴대하여 전조의 죄를 범한 때에는 5년 이하의 징역에 처한다.

제321조 【주거·신체 수색】 사람의 신체, 주거, 관리하는 건조물, 자동차, 선박이나 항공기 또는 점유하는 방실을 수색한 자는 3년 이하의 징역에 처한다. <개정 95.12.29>

제322조 【미수범】 본장의 미수범은 처벌한다.

제37장 권리행사를 방해하는 죄

제323조 【권리행사방해】 타인의 점유 또는 권리의 목적이 된 자기의 물건 또는 전자기록 등 특수매체기록을 취거, 은닉 또는 손괴하여 타인의 권리행사를 방해한 자는 5년 이하의 징역 또는 700만원 이하의 벌금에 처한다. <개정 95.12.29>

(판 례) 권리행사방해죄에 있어서의 '타인의 점유'라 함은 권원으로 인한 점유, 즉 정당한 원인에 기하여 그 물건을 점유할 권리있는 자의 점유를 의미하는 것으로서 본권을 갖지 아니하는 절도범인의 점유는 여기에 해당하지 않는다(1994.1. 1. 94도343).

명의신탁자가 조세포탈, 강제집행의 면탈 또는 법령상 제한의 회피를 목적으로 명의신탁을 함으로써 명의신탁이 무효로 되는 경우에는 말할 것도 없고, 그러한 목적이 없어서 유효한 명의신탁이 되는 경우에도 제3자인 부동산의 임차인에 대한 관계에서는 명의신탁자는 소유자가 될 수 없으므로, 어느 모로 보나 신탁한 부동산이 권리행사방해죄에서 말하는 '자기의 물건'이라 할 수 없다.(2005.9.9. 2005도626). <이재상, 467면>

렌트카회사의 공동대표이사 중 1인이 회사 보유 차량을 자신의 개인적인 채무담보 명목으로 피해자에게 넘겨 주었는데 다른 공동대표이사인 피고인이 위 차량을 몰래 회수하도록 한 경우, 위 패해자의 점유는 권리행사방해죄의 보호대상인 점유에 해당한다.(2006.3.23. 2005도4455). <이재상, 468면>

피고인이 피해자에게 담보로 제공한 차량이 그 자동차등록원부에 타인 명의로 등록되어 있는 이상 그 차량은 피고인의 소유는 아니라는 이유로, 피고인이 피해자의 승낙 없이 미리 소지하고 있던 위 차량의 보조키를 이용하여 이를 운전하여 간 행위가 권리행사방해죄를 구성하지 않는다.(2005.11.10. 2005도6604). <이재상, 466면>

제324조 【강요】 ①폭행 또는 협박으로 사람의 권리행사를 방해하거나 의무없는 일을 하게 한 자는 5년 이하의 징역 또는 3천만원 이하의 벌금에 처한다. <개정 95.12.29, 2016.1.6>

② 단체 또는 다중의 위력을 보이거나 위험한 물건을 휴대하여 제1항의 죄를 범한 자는 10년 이하의 징역 또는 5천만원 이하의 벌금에 처한다. <신설 2016.1.6>

(판 례) 형법 제324조 소정의 폭력에 의한 권리행사방해죄는 폭행 또는 협박에 의하여 권리행사가 현실적으로 방해되어야 할 것인바, 피해자의 해외도피를 방지하기 위하여 피해자를 협박하고 이에 피해자가 겁을 먹고 있는 상태를 이용하여 동인 소유의 여권을 교부하게 하여 피해자가 그의 여권을 강제 회수 당하였다면 피해자가 해외여행을 할 권리는 사실상 침해되었다고 볼 것이므로 권리행사방해죄의 기수로 보아야 한다(1993.7.27, 93도901). <형각(김)112면, (이)146면>

제324조의2 【인질강요】 사람을 체포·감금·약취 또는 유인하여 이를 인질로 삼아 제3자에 대하여 권리행사를 방해하거나 의무없는 일을 하게 한 자는 3년 이상의 유기징역에 처한다.
<본조신설 95.12.29>

제324조의3 【인질상해·치상】 제324조의2의 죄를 범한 자가 인질을 상해하거나 상해에 이르게 한 때에는 무기 또는 5년 이상의 징역에 처한다.
<본조신설 95.12.29>

제324조의4 【인질살해·치사】 제324조의2의 죄를 범한 자가 인질을 살해한 때에는 사형 또는 무기징역에 처한다. 사망에 이르게 한 때에는 무기 또는 10년 이상의 징역에 처한다.
<본조신설 95.12.29>

제324조의5 【미수범】 제324조 내지 제324조의4의 미수범은 처벌한다.
<본조신설 95.12.29>

제324조의6 【형의 감경】 제324조의2 또는 제324조의3의 죄를 범한 자 및 그 죄의 미수범이 인질을 안전한 장소로 풀어준 때에는 그 형을 감경할 수 있다.
<본조신설 95.12.29>

제325조 【점유강취, 준점유강취】 ① 폭행 또는 협박으로 타인의 점유에 속하는 자기의 물건을 강취(强取)한 자는 7년 이하의 징역 또는 10년 이하의 자격정지에 처한다.
② 타인의 점유에 속하는 자기의 물건을 취거(取去)하는 과정에서 그 물건의 탈환에 항거하거나 체포를 면탈하거나 범죄의 흔적을 인멸할 목적으로 폭행 또는 협박한 때에도 제1항의 형에 처한다.
③ 제1항과 제2항의 미수범은 처벌한다.
<전문개정 2020. 12. 8.>

제326조 【중권리행사방해】 제324조 또는 제325조의 죄를 범하여 사람의 생명에 대한 위험을 발생하게 한 자는 10년 이하의 징역에 처한다. <개정 95.12.29>

제327조 【강제집행면탈】 강제집행을 면할 목적으로 재산을 은닉, 손괴, 허위양도 또는 허위의 채무를 부담하여 채권자를 해한 자는 3년 이하의 징역 또는 1천만원 이하의 벌금에 처한다. <개정 95.12.29>

(판 례) 약 18억원 정도의 채무초과 상태에 있는 피고인 발행의 약속어음이 부도가 난 경우, 강제집행을 당할 구체적인 위험이 있는 상태에 있다(1999.2.9, 96도3141). <형각(김)112면, (이)146면>

제328조 【친족간의 범행과 고소】 ①직계혈족, 배우자, 동거친족, 동거가족 또는 그 배우자간의 제323조의 죄는 그 형을 면제한다.
<개정 2005.3.31>
②제1항이외의 친족간에 제323조의 죄를 범한 때에는 고소가 있어야 공소를 제기 할 수 있다. <개정 95.12.29>
③전2항의 신분관계가 없는 공범에 대하여는 전2항을 적용하지 아니한다.

(판 례) 형법 제344조, 제328조제1항 소정의 친족간의 범행에 관한 규정이 적용되기 위한 친족관계는 원칙적으로 범행 당시에 존재하여야 하는 것이지만, 부가 혼인외의 출생자를 인지하는 경우에 있어서는 민법 제860조에 의하여 그 자의 출생시에 소급하여 인지의 효력이 생기는 것이며, 이와 같은 인지의 소급효는 친족상도례에 관한 규정에도 미친다고 보아야 할 것이므로, 인지가 범행 후에 이루어진 경우라고 하더라도 그 소급효에 따라 형성되는 친족관계를 기초로 하여 친족상도례의 규정이 적용된다(1997.1.24, 96도1731).

제38장 절도와 강도의 죄

제329조 【절도】 타인의 재물을 절취한 자는 6년 이하의 징역 또는 1천만원 이하의 벌금에 처한다. <개정 95.12.29>

(판 례) 피해자를 살해한 방에서 사망한 피해자 곁에 4시간 30분쯤 있다가 그 곳 피해자의 자취방 벽에 걸려 있던 피해자가 소지하는 물건들을 영득의 의사로 가지고 나온 경우 피해자가 생전에 가진 점유는 사망 후에도 여전히 계속되는 것으로 보아야 한다(1993.9.28, 93도2143). <형각(김)240면, (이)249면>

피해자가 결혼예식장에서 신부측 축의금 접수인인 것처럼 행세하는 피고인에게 축의금을 내어놓자 이를 교부받아 가로챈 사안에서, 피해자의 교부행위의 취지는 신부측에 전달하는 것일 뿐 피고인에게 그 처분권을 주는 것이 아니므로, 이를 피고인에게 교부한 것이라고 볼 수 없고 단지 신부측 접수대에 교부하는 취지에 불과하므로 피고인이 그 돈을 가져간 것은 신부측 접수처의 점유를 침탈하여 범한 절취행위라고 보는 것이 정당하다(1996.10.15, 96도

2227). <형각(김)244면, (이)251면>

은행이 발급한 직불카드를 사용하여 타인의 예금계좌에서 자기의 예금계좌로 돈을 이체시켰다 하더라도 직불카드 자체가 가지는 경제적 가치가 계좌이체된 금액만큼 소모되었다고 할 수는 없으므로, 이를 일시 사용하고 곧 반환한 경우에는 그 직불카드에 대한 불법영득의 의사는 없다고 보아야 한다.(2006. 3.9. 2005도7819). <이재상 271면>

제330조【야간주거침입절도】 야간에 사람의 주거, 관리하는 건조물, 선박, 항공기 또는 점유하는 방실(房室)에 침입하여 타인의 재물을 절취(竊取)한 자는 10년 이하의 징역에 처한다.

<전문개정 2020. 12. 8.>

(판 례) 피고인이 피해자 경영의 까페에서 야간에 아무도 없는 그 곳 내실에 침입하여 장식장 안에 들어 있던 정기적금통장 등을 꺼내들고 까페로 나오던 중 발각되어 돌려 준 경우 피고인은 피해자의 재물에 대한 소지(점유)를 침해하고, 일단 피고인 자신의 지배 내에 옮겼다고 볼 수 있으니 절도의 미수에 그친 것이 아니라 야간주거침입절도의 기수라고 할 것이다(1991.4.23. 91도476). <형각(김)261면, (이)269면>

제331조【특수절도】 ① 야간에 문이나 담 그 밖의 건조물의 일부를 손괴하고 제330조의 장소에 침입하여 타인의 재물을 절취한 자는 1년 이상 10년 이하의 징역에 처한다.

② 흉기를 휴대하거나 2명 이상이 합동하여 타인의 재물을 절취한 자도 제1항의 형에 처한다.

<전문개정 2020. 12. 8.>

(판 례) 3인 이상의 범인이 합동절도의 범행을 공모한 후 적어도 2인 이상의 범인이 범행현장에서 시간적, 장소적으로 협동관계를 이루어 절도의 실행행위를 분담하여 절도범행을 한 경우에는 공동정범의 일반이론에 비추어 그 공모에는 참여하였으나 현장에서 절도의 실행행위를 직접 분담하지 아니한 다른 범인에 대하여도 그가 현장에서 절도범행을 실행한 위 2인 이상의 범인의 행위를 자기의사의 수단으로 하여 합동절도의 범행을 하였다고 평가할 수 있는 정범성의 표지를 갖추고 있다고 보여지는 한 그 다른 범인에 대하여 합동절도의 공동정범의 성립을 부정할 이유가 없다(1998.5.21. 전원합의체판결, 98도321). <형각(김)264면, (이)274면, 형사판례평석(조)191면>

야간에 불이 꺼져 있는 상점의 출입문을 손으로 열어보려고 하였으나 출입문의 하단에 부착되어 있던 잠금 고리가 잠겨져 있어 열리지 않았는데, 출입문을 발로 걷어차자 잠금 고리의 아래쪽 부착 부분이 출입문에서 떨어져 출입문과의 사이가 뜨게 되면서 출입문이 열려 상점 안으로 침입하여 재물을 절취하였다면, 이는 물리적으로 위장시설을 훼손하여 그 효용을 상실시키는 행위에 해당한다(2004.10.15. 2004도4505).

제331조의2【자동차 등 불법사용】 권리자의 동의없이 타인의 자동차, 선박, 항공기 또는 원동기장치자전차를 일시 사용한 자는 3년 이하의 징역, 500만원 이하의 벌금, 구류 또는 과료에 처한다.

<본조신설 95.12.29>

제332조【상습범】 상습으로 제329조 내지 제331조의2의 죄를 범한 자는 그 죄에 정한 형의 2분의 1까지 가중한다. <개정 95.12.29>

제333조【강도】 폭행 또는 협박으로 타인의 재물을 강취하거나 기타 재산상의 이익을 취득하거나 제3자로 하여금 이를 취득하게 한 자는 3년 이상의 유기징역에 처한다.

(판 례) 형법 제333조 후단의 강도죄, 이른바 강제이득죄의 요건인 재산상의 이익이란 재물 이외의 재산상의 이익을 말하는 것으로서 적극적 이익(적극적인 재산의 증가)이든 소극적 이익(소극적인 부채의 감소)이든 상관없는 것이고, 강제이득죄는 권리의무관계가 외형상으로라도 불법적으로 변동되는 것을 막고자 함에 있는 것으로서 항거불능이나 반항을 억압할 정도의 폭행협박을 그 요건으로 하는 강도죄의 성질상 그 권리의무관계의 외형상 변동의 사법상 효력의 유무는 그 범죄의 성립에 영향이 없고, 법률상 정당하게 그 이행을 청구할 수 있는 것이 아니라도 강도죄에 있어서의 재산상의 이익에 해당하는 것이며, 따라서 이와 같은 재산상의 이익은 반드시 사법상 유효한 재산상의 이득만을 의미하는 것이 아니고 외견상 재산상의 이득을 얻을 것이라고 인정할 수 있는 사실관계만 있으면 된다(1994.2.22 93도428).

피고인들이 폭행·협박으로 피해자로 하여금 매출전표에 서명을 하게 한 다음 이를 교부받아 소지함으로써 이미 외관상 각 매출전표를 제출하여 신용카드회사들로부터 그 금액을 지급받을 수 있는 상태가 되었는바, 피해자가 각 매출전표에 허위 서명한 탓으로 피고인들이 신용카드회사들에게 각 매출전표를 제출하여도 신용카드회사들이 신용카드 가맹점 규약 또는 약관의 규정을 들어 그 금액의 지급을 거절할 가능성이 있다 하더라도, 그로 인하여 피고인들이 각 매출전표상의 금액을 지급받을 가능성이 완전히 없어져 버린 것이 아니고 외견상 여전히 그 금액을 지급받을 가능성이 있는 상태이므로, 결국 피고인들이 '재산상 이익'을 취득하였다고 볼 수 있다(1997.2.25. 96도3411).

제334조【특수강도】 ①야간에 사람의 주거, 관리하는 건조물, 선박이나 항공기 또는 점유하는 방실에 침입하여 제333조의 죄를 범한 자는 무기 또는 5년 이상의 징역에 처한다. <개정 95.12.29>

②흉기를 휴대하거나 2인 이상이 합동하여 전조의 죄를 범한 자도 전항의 형과 같다.

(판 례) 특수강도의 실행의 착수는 강도의 실행행위

즉 사람의 반항을 억압할 수 있는 정도의 폭행 또는 협박에 나아갈 때에 있다 할 것이다(1991.11.12, 91도2296). <형각(김)281면, (이)300면>

형법 제334조제1항 소정의 야간주거침입강도죄는 주거침입과 강도의 결합범으로서 시간적으로 주거침입행위가 선행되므로 주거침입을 한 때에 본죄의 실행에 착수한 것으로 볼 것인바, 같은 조 제2항 소정의 흉기휴대 합동강도죄에 있어서도 그 강도행위가 야간에 주거에 침입하여 이루어지는 경우에는 주거침입을 한 때에 실행에 착수한 것으로 보는 것이 타당하다(1992.7.28, 92도917).

제335조【준강도】 절도가 재물의 탈환에 항거하거나 체포를 면탈하거나 범죄의 흔적을 인멸할 목적으로 폭행 또는 협박한 때에는 제333조 및 제334조의 예에 따른다.
<전문개정 2020. 12. 8.>

(판 례) 본조에서 말하는 절도가 체포를 면탈하기 위하여 폭행을 가한 때라 함은 절도미수범의 그와 같은 경우에도 해당한다 할 것이요. 이러한 경우에 준강도미수로 볼 수 없다 할 것이고 또 폭행을 가하여 상해를 가한 때에는 강도상해가 된다(1964.11.24, 64도504). <형각(김)284면, (이)297면>

준강도죄의 입법 취지, 강도죄와의 균형 등을 종합적으로 고려해 보면, 준강도죄의 기수 여부는 절도행위의 기수 여부를 기준으로 하여 판단하여야 한다(2004.11.18., 2004도5074).

제336조【인질강도】 사람을 체포·감금·약취 또는 유인하여 이를 인질로 삼아 재물 또는 재산상의 이익을 취득하거나 제3자로 하여금 이를 취득하게 한 자는 3년 이상의 유기징역에 처한다.
<전문개정 95.12.29>

제337조【강도상해, 치상】 강도가 사람을 상해하거나 상해에 이르게 한 때에는 무기 또는 7년 이상의 징역에 처한다. <개정 95.12.29>

(판 례) 강도의 공범자 중의 한 사람이 강도의 기회에 피해자에게 폭행을 가하여 상해를 입힌 경우 다른 공범자도 재물강취의 수단으로 폭행을 가할 것이라는 점에 관하여 상호의사의 연락이 있었던 것이므로 구체적으로 상해에 관하여는 공모하지 않았다 하더라도 폭행으로 생긴 결과에 대한 공범으로서 강도상해 및 강도치상의 책임을 진다(1990.12.26, 90도2362). <형각(김)289면, (이)303면>

제338조【강도살인·치사】 강도가 사람을 살해한 때에는 사형 또는 무기징역에 처한다. 사망에 이르게 한 때에는 무기 또는 10년 이상의 징역에 처한다.
<전문개정 95.12.29>

(판 례) 강도범행 직후 신고를 받고 출동한 경찰관이 위 범행 현장으로부터 약 150m 지점에서, 화물차를 타고 도주하는 피고인을 발견하고 순찰차로 추적하여 격투 끝에 피고인을 붙잡았으나, 피고인이 너무 힘이 세고 반항이 심하여 수갑도 채우지 못한 채 피고인을 순찰차에 억지로 밀어 넣고서 파출소로 연행하고자 하였는데, 그 순간 피고인이 체포를 면하기 위하여 소지하고 있던 과도로써 옆에 앉아 있던 경찰관을 찔러 사망케 하였다면 피고인의 위 살인행위는 강도행위와 시간상 및 거리상 극히 근접하여 사회통념상 범죄행위가 완료되지 아니한 상태에서 이루어진 것이라고 보여지므로(위 살인행위 당시에 피고인이 체포되어 신체가 완전히 구속된 상태이었다고 볼 수 없다), 원심이 피고인을 강도살인죄로 적용하여 처벌한 것은 옳다(1996.7.12, 96도1108). <형각(김)291면, (이)304면>

피고인이 피해자 소유의 돈과 신용카드에 대하여 불법영득의 의사를 갖게 된 것이 살해 후 상당한 시간이 지난 후로서 살인의 범죄행위가 이미 완료된 후의 일이라면, 살해 후 상당한 시간이 지난 후에 별도의 범의에 터잡아 이루어진 재물 취거행위를 그보다 앞선 살인행위와 합쳐서 강도살인죄로 처단할 수 없다(2004.6.24, 2004도1098).

제339조【강도강간】 강도가 사람을 강간한 때에는 무기 또는 10년 이상의 징역에 처한다.
<개정 2012.12.18>

(판 례) 강도강간죄는 강도라는 신분을 가진 범인이 강간죄를 범하였을 때 성립하는 범죄이고 따라서 강간범이 강간행위 후에 강도의 범의를 일으켜 그 부녀의 재물을 강취하는 경우에는 강도강간죄가 아니라 강도죄와 강간죄의 경합범이 성립될 수 있을 뿐이나, 강간범이 강간행위 종료 전, 즉 그 실행행위의 계속중에 강도의 행위를 할 경우에는 이때에 바로 강도의 신분을 취득하는 것이므로 이후에 그 자리에서 강간행위를 계속하는 때에는 강도가 부녀를 강간한 때에 해당하여 형법 제339조 소정의 강도강간죄를 구성한다(1988.9.9, 88도1240). <형각(김)293면, (이)306면>

제340조【해상강도】 ①다중의 위력으로 해상에서 선박을 강취하거나 선박내에 침입하여 타인의 재물을 강취한 자는 무기 또는 7년 이상의 징역에 처한다.
②제1항의 죄를 범한 자가 사람을 상해하거나 상해에 이르게 한 때에는 무기 또는 10년 이상의 징역에 처한다. <개정 95.12.29>
③제1항의 죄를 범한 자가 사람을 살해 또는 사망에 이르게 하거나 강간한 때에는 사형 또는 무기징역에 처한다. <개정 95.12.29, 2012.12.28>

(판 례) 선장을 비롯한 일부 선원들을 살해하는 등의 방법으로 선박의 지배권을 장악하여 목적지까지 항해한 후 선박을 매도하거나 침몰시키려고 한 경우에 선박에 대한 불법영득의 의사가 있다고 보아야 할 것이며 해상강도살인죄를 구성한다(1997.7.25, 97도1142). <형각(이)308면>

제341조【상습범】 상습으로 제333조, 제334

조, 제336조 또는 전조제1항의 죄를 범한 자는 무기 또는 10년 이상의 징역에 처한다.

제342조【미수범】 제329조 내지 제341조의 미수범은 처벌한다.
<전문개정 95.12.29>

제343조【예비, 음모】 강도할 목적으로 예비 또는 음모한 자는 7년 이하의 징역에 처한다.

제344조【친족간의 범행】 제328조의 규정은 제329조 내지 제332조의 죄 또는 미수범에 준용한다.

(판 례) 친족상도례에 관한 규정은 범인과 피해물건의 소유자 및 점유자 모두 사이에 친족관계가 있는 경우에만 적용되는 것이고, 절도범인이 피해물건의 소유자나 점유자의 어느 일방과 사이에서만 친족관계가 있는 경우에는 그 적용이 없다(1980.11.11, 80도131).

제345조【자격정지의 병과】 본장의 죄를 범하여 유기징역에 처할 경우에는 10년 이하의 자격정지를 병과할 수 있다.

제346조【동력】 본장의 죄에 있어서 관리할 수 있는 동력은 재물로 간주한다.

(판 례) 타인의 전화기를 무단으로 사용하여 전화통화를 하는 행위는 전기통신사업자가 그가 갖추고 있는 통신선로, 전화교환기 등 전기통신설비를 이용하고 전기의 성질을 과학적으로 응용한 기술을 사용하여 전화가입자에게 음향의 송수신이 가능하도록 하여 줌으로써 상대방과의 통신을 매개하여 주는 역무, 즉 전기통신사업자에 의하여 가능하게 된 전화기의 음향송수신기능을 부당하게 이용하는 것으로, 이러한 내용의 역무는 무형적인 이익에 불과하고 물리적 관리의 대상이 될 수 없어 재물이 아니라고 할 것이므로 절도죄의 객체가 되지 아니한다(1998. 6.23, 98도700). <형각(이)242면>

제39장 사기와 공갈의 죄

제347조【사기】 ①사람을 기망하여 재물의 교부를 받거나 재산상의 이익을 취득한 자는 10년 이하의 징역 또는 2천만원 이하의 벌금에 처한다. <개정 95.12.29>
②전항의 방법으로 제3자로 하여금 재물의 교부를 받게 하거나 재산상의 이익을 취득하게 한 때에도 전항의 형과 같다.

(판 례) 현대산업화사회에 있어 소비자가 갖는 상품의 품질, 가격에 대한 정보는 대부분 생산자 및 유통업자의 광고에 의존할 수밖에 없고 백화점과 같은 대형유통업체에 대한 소비자들의 신뢰(정당한 품질, 정당한 가격)는 백화점 스스로의 대대적인 광고에 의하여 창출된 것으로서 이에 대한 소비자들의 신뢰와 기대는 보호되어야 한다고 할 것인바, 종전에 출하한 일이 없던 신상품에 대하여 첫 출하시부터 종전가격 및 할인가격을 비교표시하여 막바로 세일에 들어가는 이른바 변칙세일은 진실규명이 가능한 구체적 사실인 가격조건에 관하여 기망이 이루어진 경우로서 그 사술의 정도가 사회적으로 용인될 수 있는 상술의 정도를 넘은 것이어서 사기죄의 기망행위를 구성한다(1992.9.14, 91도2994). <형각(이)312면, (김)350면, 형사판례평석(조)200면>

사기죄의 실행행위로서의 기망은 반드시 법률행위의 중요 부분에 관한 허위표시임을 요하지 아니하고 상대방을 착오에 빠지게 하여 행위자가 희망하는 재산적 처분행위를 하도록 하기 위한 판단의 기초가 되는 사실에 관한 것이면 족한 것이므로, 용도를 속이고 돈을 빌린 경우에 있어서 만일 진정한 용도를 고지하였더라면 상대방이 돈을 빌려 주지 않았을 것이라는 관계에 있는 때에는 사기죄의 실행행위인 기망은 있는 것으로 보아야 한다(1996.2.27, 95도2828).

사기죄는 상대방을 기망하여 하자 있는 상대방의 의사에 의하여 재물을 교부받음으로써 성립하는 것이므로 분식회계에 의한 재무제표 등으로 금융기관을 기망하여 대출을 받았다면 사기죄는 성립하고, 변제의사와 변제능력의 유무 그리고 충분한 담보가 제공되었다거나 피해자의 전체 재산상에 손해가 없고, 사후에 대출금이 상환되었다고 하더라도 사기죄의 성립에는 영향이 없다.(2005.4.29, 2002도7262). <이재상, 343면>

카드회원이 일시적인 자금궁색 등의 이유로 그 채무를 일시적으로 이행하지 못하게 되는 상황이 아니라 이미 과다한 부채의 누적 등으로 신용카드 사용으로 인한 대출금채무를 변제 할 의사나 능력이 없는 상황에 처하였음에도 불구하고 신용카드를 사용하였다면 사기죄에 있어서 기망행위 내지 편취의 범의를 인정할 수 있다.(2005.8.19, 2004도6859). <이재상, 368면>

피고인 또는 그와 공모한 자가 자신이 토지의 소유자라고 허위의 주장을 하면서 소유권보존 등기 명의자를 상대로 보존등기의 말소를 구하는 소송을 제기한 경우 이는 법원을 기망하여 유리한 판결을 얻음으로써 '대상 토지의 소유권에 대한 방해를 제거하고 그 소유명의를 얻을 수 있는 지위'라는 재산상 이익을 취득한 것이고, 그 경우 기수시기는 보존등기말소를 명하는 내용의 승소 판결이 확정된 때이다.(2006.4.7, 2005도9858). <이재상, 337면>

제347조의2【컴퓨터 등 사용사기】 컴퓨터 등 정보처리장치에 허위의 정보 또는 부정한 명령을 입력하거나 권한 없이 정보를 입력·변경하여 정보처리를 하게 함으로써 재산상의 이익을 취득하거나 제3자로 하여금 취득하게 한 자는 10년 이하의 징역 또는 2천만원 이하의 벌금에 처한다. <개정 2001.12.29>
<본조신설 95.12.29>

(판 례) 금융기관 직원이 범죄의 목적으로 전산단말기를 이용하여 다른 공범들이 지정한 특정계좌에 무

자원 송금의 방식으로 거액을 입금한 것은 형법 제347조의2에서 정하는 컴퓨터 등 사용 사기죄에서의 '권한 없이 정보를 입력하여 정보처리를 하게 한 경우'에 해당한다.(2006.1.26, 2005도8507). <이재상, 350면>

제348조 【준사기】 ① 미성년자의 사리분별력 부족 또는 사람의 심신장애를 이용하여 재물을 교부받거나 재산상 이익을 취득한 자는 10년 이하의 징역 또는 2천만원 이하의 벌금에 처한다.

② 제1항의 방법으로 제3자로 하여금 재물을 교부받게 하거나 재산상 이익을 취득하게 한 경우에도 제1항의 형에 처한다.

<전문개정 2020. 12. 8.>

제348조의2 【편의시설부정이용】 부정한 방법으로 대가를 지급하지 아니하고 자동판매기, 공중전화 기타 유료자동설비를 이용하여 재물 또는 재산상의 이익을 취득한 자는 3년 이하의 징역, 500만원 이하의 벌금, 구류 또는 과료에 처한다.

<본조신설 95.12.29>

제349조 【부당이득】 ① 사람의 곤궁하고 절박한 상태를 이용하여 현저하게 부당한 이익을 취득한 자는 3년 이하의 징역 또는 1천만원 이하의 벌금에 처한다.

② 제1항의 방법으로 제3자로 하여금 부당한 이익을 취득하게 한 경우에도 제1항의 형에 처한다.

<전문개정 2020. 12. 8.>

제350조 【공갈】 ①사람을 공갈하여 재물의 교부를 받거나 재산상의 이익을 취득한 자는 10년 이하의 징역 또는 2천만원 이하의 벌금에 처한다. <개정 95.12.29>

②전항의 방법으로 제3자로 하여금 재물의 교부를 받게 하거나 재산상의 이익을 취득하게 한 때에도 전항의 형과 같다.

(판 례) 예금주인 현금카드 소유자를 협박하여 그 카드를 갈취하였고, 하자 있는 의사표시이기는 하지만 피해자의 승낙에 의하여 현금카드를 사용할 권한을 부여받아 이를 이용하여 현금을 인출한 이상, 피해자가 그 승낙의 의사표시를 취소하기까지는 현금카드를 적법, 유효하게 사용할 수 있고, 은행의 경우에도 피해자의 지급정지 신청이 없는 한 피해자의 의사에 따라 그의 계산으로 적법하게 예금을 지급할 수밖에 없는 것이므로, 피고인이 피해자로부터 현금카드를 사용한 예금인출의 승낙을 받고 현금카드를 교부받은 행위와 이를 사용하여 현금자동지급기에서 예금을 여러 번 인출한 행위들은 모두 피해자의 예금을 갈취하고자 하는 피고인의 단일하고 계속된 범의 아래에서 이루어진 일련의 행위로서 포괄하여 하나의 공갈죄를 구성한다고 볼 것이지, 현금지급기에서 피해자의 예금을 취득한 행위를 현금지급기 관리자의 의사에 반하여 그가 점유하고 있는 현금을 절취한 것이라 하여 이를 현금카드갈취행위와 분리하여 따로 절도죄로 처단할 수는 없다(1996.9.20, 95도1728). <형각(이)353면, (김)390면>

제350조의2 【특수공갈】 단체 또는 다중의 위력을 보이거나 위험한 물건을 휴대하여 제350조의 죄를 범한 자는 1년 이상 15년 이하의 징역에 처한다.

<본조신설 2016.1.6>

제351조 【상습범】 상습으로 제347조 내지 전조의 죄를 범한 자는 그 죄에 정한 형의 2분의 1까지 가중한다.

제352조 【미수범】 제347조 내지 제348조의2, 제350조, 제350조의2와 제351조의 미수범은 처벌한다. <개정 2016.1.6>

<전문개정 95.12.29>

(판 례) 기망수단으로서 변조 또는 위조한 차용증서 등을 제시하였고 그 과정에서 일부 진정한 금전 소비대차관계가 성립되어 피해자가 그 차용인들로부터 일부를 회수하였다고 할지라도 당초의 수령액 전부에 대하여 사기죄가 성립하는 것이지 그 수령액에서 진정하게 소비대차가 성립한 금액을 공제한 액수에 한하여 사기죄가 성립하는 것은 아니다(1998.4.24, 98도248). <형각(이)333면>

제353조 【자격정지의 병과】 본장의 죄에는 10년 이하의 자격정지를 병과할 수 있다.

제354조 【친족간의 범행, 동력】 제328조와 제346조의 규정은 본장의 죄에 준용한다.

(판 례) 공갈죄가 야간에 범하여져 폭력행위등처벌에관한법률 제2조제2항에 의해 가중처벌되는 경우도 형법상 공갈죄의 성질은 그대로 유지되는 것이고, 특별법인 위 법률에 친족상도례에 관한 형법 제354조, 제328조의 적용을 배제한다는 명시적인 규정이 없으므로, 형법 제354조는 위 특별법 제2조제2항 위반죄에도 그대로 적용된다고 보아야 할 것이며, 위 특별법 제2조제4항에서 공갈죄의 수단이 되는 형법 제260조제1항, 제2항 소정의 폭행 및 존속폭행죄와 형법 제283조제1항, 제2항 소정의 협박 및 존속협박죄가 위 특별법 제2조제2항, 제3항에 의하여 가중처벌되는 경우에 그 각 죄에 대하여 피해자의 명시한 의사에 반하여 논할 수 없다는 형법 제260조제3항, 제283조제3항을 적용하지 않는다고 규정하고 있다하여 이를 달리 새길 것이 아니다(1994.5.27, 94도617).

제40장 횡령과 배임의 죄

제355조 【횡령, 배임】 ①타인의 재물을 보관하는 자가 그 재물을 횡령하거나 그 반환을

거부한 때에는 5년 이하의 징역 또는 1천500만원 이하의 벌금에 처한다. <개정 95.12. 29>
②타인의 사무를 처리하는 자가 그 임무에 위배하는 행위로써 재산상의 이익을 취득하거나 제3자로 하여금 이를 취득하게 하여 본인에게 손해를 가한 때에도 전항의 형과 같다.

(판 례) 회사의 경영자가 자금을 지출함에 있어 그 자금의 용도가 엄격히 제한되어 있는 경우 그 용도 외의 사용은 그것이 회사를 위한 것이라도 그 사용행위 자체로서 불법영득의 의사를 실현한 것이라 할 것이다(1997.4.22, 96도8).

채권양도의 당사자 사이에서는 양도인은 양수인을 위하여 양수채권 보전에 관한 사무를 처리하는 자라고 할 수 있고, 따라서 채권양도의 당사자 사이에는 양도인의 사무처리를 통하여 양수인은 유효하게 채무자에게 채권을 추심할 수 있다는 신임관계가 전제되어 있다고 보아야 할 것이고, 나아가 양도인이 채권양도 통지를 하기 전에 채무자로부터 채권을 추심하여 금전을 수령한 경우, 아직 대항요건을 갖추지 아니한 이상 채무자가 양도인에 대하여 한 변제는 유효하고, 그 결과 양수인에게 귀속되었던 채권은 소멸하지만, 이는 이미 채권을 양도하여 그 채권에 관한 한 아무런 권한도 가지지 아니하는 양도인이 양수인에게 귀속된 채권에 대한 변제로서 수령한 것이므로, 채권양도의 당연한 귀결로서 그 금전을 자신에게 귀속시키기 위하여 수령할 수는 없는 것이고, 오로지 양수인에게 전달해 주기 위하여서만 수령할 수 있을 뿐이어서, 양도인이 수령한 금전은 양도인과 양수인 사이에서 양수인의 소유에 속하고, 여기에다가 위와 같이 양도인이 양수인을 위하여 채권보전에 관한 사무를 처리하는 지위에 있다는 것을 고려하면, 양도인은 이를 양수인을 위하여 보관하는 관계에 있다고 보아야 할 것이다(1999.4.15, 전원합의체판결, 97도666) <형사판례평석(조)238면, 형각(이)371면>

상호지급보증 관계에 있는 회사 간에 보증회사가 채무변제능력이 없는 피보증회사에 대하여 합리적인 채권회수책 없이 새로 금원을 대여하거나 예금담보를 제공하였다면 업무상배임죄를 구성한다(2004.7.9, 2004도810).

제356조【업무상의 횡령과 배임】 업무상의 임무에 위배하여 제355조의 죄를 범한 자는 10년 이하의 징역 또는 3천만원 이하의 벌금에 처한다. <개정 95.12.29>

(판 례) 상호신용금고법 제39조 제1항 제2호 위반죄는 상호신용금고의 발기인·임원·관리인·청산인·지배인 기타 상호신용금고의 영업에 관한 어느 종류 또는 특정한 사항의 위임을 받은 사용인이 그 업무에 위배하여 배임행위를 한 때에 성립하는 것으로서, 이는 위와 같은 지위에 있는 자의 배임행위에 대한 형법상의 배임 내지 업무상배임죄의 가중규정이고, 따라서 형법 제355조제2항의 배임죄와의 관계에서는 신분관계로 인하여 형의 경중이 있는 경우라고 할 것이다. 그리고 위와 같은 신분관계가 없는 자가 그러한 신분관계에 있는 자와 공모하여 위 상호신용금고법위반죄를 저질렀다면, 그러한 신분관계가 없는 자에 대하여는 형법 제33조 단서에 의하여 형법 제355조제2항에 따라 처단하여야 할 것인바, 그러한 경우에는 신분관계가 없는 자에게도 일단 업무상배임으로 인한 상호신용금고법 제39조제1항제2호 위반죄가 성립한 다음 형법 제33조 단서에 의하여 중한 형이 아닌 형법 제355조제2항에 정한 형으로 처벌되는 것이다(1997.12.26, 97도2609). <형각(김)411면>

회사의 대표이사가 보관 중인 회사 재산을 처분하여 그 대금을 정치자금으로 기부한 경우 그것이 회사의 이익을 도모할 목적으로 합리적인 범위 내에서 이루어졌다면 그 이사에게 횡령죄에 있어서 요구되는 불법영득의 의사가 있다고 할 수 없을 것이나, 그것이 회사의 이익을 도모할 목적보다는 후보자 개인의 이익을 도모할 목적이나 기타 다른 목적으로 행하여졌다면 그 이사는 회사에 대하여 횡령죄의 죄책을 면하지 못한다.(2005.5.26, 2003도5519). <이재상400면>

제357조【배임수증재】 ① 타인의 사무를 처리하는 자가 그 임무에 관하여 부정한 청탁을 받고 재물 또는 재산상의 이익을 취득하거나 제3자로 하여금 이를 취득하게 한 때에는 5년 이하의 징역 또는 1천만원 이하의 벌금에 처한다. <개정 2016. 5. 29.>
② 제1항의 재물 또는 재산상 이익을 공여한 자는 2년 이하의 징역 또는 500만원 이하의 벌금에 처한다. <개정 2020. 12. 8.>
③ 범인 또는 그 사정을 아는 제3자가 취득한 제1항의 재물은 몰수한다. 그 재물을 몰수하기 불가능하거나 재산상의 이익을 취득한 때에는 그 가액을 추징한다. <개정 2016. 5. 29., 2020. 12. 8.>
<제목개정 2016. 5. 29.>

(판 례) 배임증재죄에 있어서의 부정한 청탁이라 함은 청탁이 사회상규와 신의성실의 원칙에 반하는 것을 말하고, 이를 판단함에 있어서는 청탁의 내용과 이에 관련하여 공여한 재물의 액수, 형식, 이 죄의 보호법익인 거래의 청렴성 등을 종합적으로 고찰하여야 한다(1996.3.8., 95도2930).

제358조【자격정지의 병과】 전3조의 죄에는 10년 이하의 자격정지를 병과할 수 있다.

제359조【미수범】 제355조 내지 제357조의 미수범은 처벌한다.

제360조【점유이탈물횡령】 ①유실물, 표류물 또는 타인의 점유를 이탈한 재물을 횡령한 자는 1년 이하의 징역이나 300만원 이하의 벌금 또는 과료에 처한다. <개정 95.12.29>
②매장물을 횡령한 자도 전항의 형과 같다.

(판 례) 고속버스 운전사는 고속버스의 간수자로서 차내에 있는 승객의 물건을 점유하는 것이 아니고

승객이 잊고 내린 유실물을 교부받을 권능을 가질 뿐이므로 유실물을 현실적으로 발견하지 않는 한 이에 대한 점유를 개시하였다고 할 수 없고, 그 사이에 다른 승객이 유실물을 발견하고 이를 가져갔다면 절도에 해당하지 아니하고 점유이탈물횡령에 해당한다(1993.3.16, 92도3170). <형사판례평석(조)183면, (김)241면, (이)250면>

제361조【친족간의 범행, 동력】 제328조와 제346조의 규정은 본장의 죄에 준용한다.

제41장 장물에 관한 죄

제362조【장물의 취득, 알선 등】 ①장물을 취득, 양도, 운반 또는 보관한 자는 7년 이하의 징역 또는 1천500만원 이하의 벌금에 처한다. <개정 95.12.29>

②전항의 행위를 알선한 자도 전항의 형과 같다.

(판 례) 본범자와 공동하여 장물을 운반한 경우에 본범자는 장물죄에 해당하지 않으나 그 외의 자의 행위는 장물운반죄를 구성하므로, 피고인이 본범이 절취한 차량이라는 정을 알면서도 본범 등으로부터 그들이 위 차량을 이용하여 강도를 하려 함에 있어 차량을 운전해 달라는 부탁을 받고 위 차량을 운전해 준 경우, 피고인은 강도예비와 아울러 장물운반의 고의를 가지고 위와 같은 행위를 하였다고 봄이 상당하다(1999.3.26, 98도3030). <형각(김)427면, (이)416면>

甲이 회사 자금으로 乙에게 주식매각 대금조로 금원을 지급한 경우, 그 금원은 단순히 횡령행위에 제공된 물건이 아니라 횡령행위에 의하여 영득된 장물에 해당한다고 할 것이고, 나아가 설령 甲이 乙에게 금원을 교부한 행위 자체가 횡령행위라고 하더라도 이러한 경우 甲의 업무상횡령죄가 기수에 달하는 것과 동시에 그 금원은 장물이 된다(2004.12.9, 2004도5904).

제363조【상습범】 ①상습으로 전조의 죄를 범한 자는 1년 이상 10년 이하의 징역에 처한다.

②제1항의 경우에는 10년 이하의 자격정지 또는 1천500만원 이하의 벌금을 병과할 수 있다. <개정 95.12.29>

(판 례) 장물취득죄는 상습장물알선죄와 포괄일죄의 관계에 있다(1975.1.14, 73도1848). <형각(이)421면, (김)434면>

제364조【업무상과실, 중과실】 업무상과실 또는 중대한 과실로 인하여 제362조의 죄를 범한 자는 1년 이하의 금고 또는 500만원 이하의 벌금에 처한다. <개정 95.12.29>

제365조【친족간의 범행】 ①전3조의 죄를 범한 자와 피해자간에 제328조제1항, 제2항의 신분관계가 있는 때에는 동조의 규정을 준용한다.

②전3조의 죄를 범한 자와 본범간에 제328조 제1항의 신분관계가 있는 때에는 그 형을 감경 또는 면제한다. 단 신분관계가 없는 공범에 대하여는 예외로 한다.

제42장 손괴의 죄

제366조【재물손괴 등】 타인의 재물, 문서 또는 전자기록 등 특수매체기록을 손괴 또는 은닉 기타 방법으로 그 효용을 해한 자는 3년 이하의 징역 또는 700만원 이하의 벌금에 처한다. <개정 95.12.29>

제367조【공익건조물파괴】 공익에 공하는 건조물을 파괴한 자는 10년 이하의 징역 또는 2천만원 이하의 벌금에 처한다. <개정 95.12.29>

제368조【중손괴】 ①전2조의 죄를 범하여 사람의 생명 또는 신체에 대하여 위험을 발생하게 한 때에는 1년 이상 10년 이하의 징역에 처한다.

②제366조 또는 제367조의 죄를 범하여 사람을 상해에 이르게 한 때에는 1년 이상의 유기징역에 처한다. 사망에 이르게 한 때에는 3년 이상의 유기징역에 처한다. <개정 95.12.29>

제369조【특수손괴】 ①단체 또는 다중의 위력을 보이거나 위험한 물건을 휴대하여 제366조의 죄를 범한 때에는 5년 이하의 징역 또는 1천만원 이하의 벌금에 처한다. <개정 95.12.29>

②제1항의 방법으로 제367조의 죄를 범한 때에는 1년 이상의 유기징역 또는 2천만원 이하의 벌금에 처한다. <개정 95.12.29>

제370조【경계침범】 경계표를 손괴, 이동 또는 제거하거나 기타 방법으로 토지의 경계를 인식불능하게 한 자는 3년 이하의 징역 또는 500만원 이하의 벌금에 처한다. <개정 95.12.29>

(판 례) 비록 실제상의 경계선에 부합되지 않는 경계표라 할지라도 그것이 종전부터 일반적으로 승인되어 왔다거나 이해관계인들의 명시적 또는 묵시적 합의에 의하여 정하여진 것이라면, 그와 같은 경계표는 위 법조 소정의 계표에 해당된다 할 것이고, 반대로 기존경계가 진실한 권리상태와 맞지 않는다는 이유로 당사자의 어느 한쪽이 기존 경계를 무시하고 일방적으로 경계측량을 하여 이를 실체권리관계에

맞는 경계라고 주장하면서 그 위에 경계를 설치하더라도, 이와 같은 경계표는 법조에서 말하는 계표에 해당되지 않는다(1986.12.9, 86도1492).

제371조【미수범】 제366조, 제367조와 제369조의 미수범은 처벌한다.

제372조【동 력】 본장의 죄에는 제346조를 준용한다.

부 칙 <법률 제293호, 1953. 9. 18.>

제1조【구형법 기타 법령과 형의 경중】 본법 또는 본법 시행후에 시행된 다른 법률이나 명령(이하 다른 신법령이라고 칭한다)과 본법 시행직전의 형법(이하 구형법이라고 칭한다), 다른 법률, 명령, 포고나 법령(이하 다른 구법령이라고 칭한다) 또는 본법 시행전후에 걸쳐서 시행중인 다른 법률, 명령, 포고나 법령(이하 다른 존속법령이라고 칭한다)에 정한 형의 경중은 제50조에 의한다.

제2조【형의 종류의 적용례】 ①본법 시행전에 범한 죄에 대한 형의 경중의 비교는 가장 중한 형의 장기 또는 다액에 의한다.
②가장 중한 형의 장기 또는 다액에 경중이 없는 때에는 그 단기 또는 소액에 의한다.
③전2항에 의하여 형의 경중을 정할 수 없는 때에는 병과할 다른 형이 있는 것을 중한 것으로 하고 선택할 다른 형이 있는 것을 경한 것으로 한다.
④전3항의 경우에 형을 가중감경할 때에는 구형법 또는 본법에 의하여 형의 가중 또는 감경한 뒤에 형의 비교를 한다.

제3조【범인에게 유리한 법의 적용】 본법 시행전에 범한 죄에 대하여는 형의 경중에 관한 것이 아니더라도 범인에게 유리한 법을 적용한다.

제4조【1개의 죄에 대한 신구법의 적용례】 ①1개의 죄가 본법 시행전후에 걸쳐서 행하여진 때에는 본법 시행전에 범한 것으로 간주한다.
②연속범 또는 견련범이 본법 시행전후에 걸쳤을 때에는 본법 시행전에 범한 것만을 1죄로 한다.

제5조【자격에 관한 형의 적용제한】 본법 시행전에 범한 죄에 대하여 본법 또는 다른 신법령을 적용할 때에도 본법 제43조는 적용하지 아니한다.

제6조【경합범에 대한 신법의 적용례】 본법 시행전에 범한 수죄 또는 그와 본법 시행후에 범한 죄가 경합범인 때에는 본법의 경합범의 규정에 의한다.

제7조【형의 효력】 구형법, 다른 구법령 또는 존속법령에 규정된 형은 본법에 의하여 규정된 것과 동일한 효력을 가진다.

제8조【총칙의 적용례】 ①본법 시행전에 범한 죄에 대한 형의 양정, 집행, 선고유예, 집행유예, 면제, 시효 또는 소멸에 관하여는 본법을 적용한다. 누범 또는 가석방에 관하여도 같다.
②본법 시행전에 선고된 형이나 그 집행유예 또는 처분된 가출옥의 효력은 이미 소멸되지 아니하는 한 본법의 해당규정에 의한다.
③전2항의 경우에는 본법 제49조 단행, 제58조제1항, 제63조, 제69조제1항 단행, 제74조와 몰수나 추징의 시효에 관한 규정을 적용하지 아니한다.

제9조【구형법의 인용조문】 다른 존속법령에 인용된 구형법 조문은 본법중 그에 상당한 조문으로 변경된 것으로 한다.

제10조 및 제11조 생략

부 칙 <중략>

부 칙 <법률 제17571호, 2020. 12. 8.>

이 법은 공포 후 1년이 경과한 날부터 시행한다.

폭력행위 등 처벌에 관한 법률

[1961년 6월 20일
법 률 제625호]

개정
1962. 7.14법1108호 1980.12.18법3279호
1990.12.31법4294호 1993.12.10법4590호
2004. 1.20법7078호(검찰청법) 2006. 3.24법7891호
2014.12.30법12896호 2016.01.06법13718호

제1조【목 적】 이 법은 집단적 또는 상습적으로 폭력행위 등을 범하거나 흉기 또는 그 밖의 위험한 물건을 휴대하여 폭력행위 등을 범한 사람 등을 처벌함을 목적으로 한다.
<전문개정 2014.12.30>

제2조【폭행 등】 ① 삭제 <2016.1.6>
② 2명 이상이 공동하여 다음 각 호의 죄를 범한 사람은 「형법」 각 해당 조항에서 정한 형의 2분의 1까지 가중한다. <개정 2016.1.6.>
1. 「형법」 제260조제1항(폭행), 제283조제1항(협박), 제319조(주거침입, 퇴거불응) 또는 제366조(재물손괴 등)의 죄
2. 「형법」 제260조제2항(존속폭행), 제276조제1항(체포, 감금), 제283조제2항(존속협박) 또는 제324조제1항(강요)의 죄
3. 「형법」 제257조제1항(상해)・제2항(존속상해), 제276조제2항(존속체포, 존속감금) 또는 제350조(공갈)의 죄
③ 이 법(「형법」 각 해당 조항 및 각 해당 조항의 상습범, 특수범, 상습특수범, 각 해당 조항의 상습범의 미수범, 특수범의 미수범, 상습특수범의 미수범을 포함한다)을 위반하여 2회 이상 징역형을 받은 사람이 다시 제2항 각 호에 규정된 죄를 범하여 누범(累犯)으로 처벌할 경우에는 다음 각 호의 구분에 따라 가중처벌한다. <개정 2016.1.6.>
1. 제2항제1호에 규정된 죄를 범한 사람: 7년 이하의 징역
2. 제2항제2호에 규정된 죄를 범한 사람: 1년 이상 12년 이하의 징역
3. 제2항제3호에 규정된 죄를 범한 사람: 2년 이상 20년 이하의 징역
④ 제2항과 제3항의 경우에는 「형법」 제260조제3항 및 제283조제3항을 적용하지 아니한다.
<전문개정 2014.12.30>

제3조【집단적 폭행 등】 ①삭제 <2016.1.6>
②삭제 <2006.3.24>
③삭제 <2016.1.6>
④이 법(「형법」 각 해당 조항 및 각 해당 조항의 상습범, 특수범, 상습특수범, 각 해당 조항의 상습범의 미수범, 특수범의 미수범, 상습특수범의 미수범을 포함한다)을 위반하여 2회 이상 징역형을 받은 사람이 다시 다음 각 호의 죄를 범하여 누범으로 처벌할 경우에는 다음 각 호의 구분에 따라 가중처벌한다. <신설 80.12.18, 개정 90.12.31, 2006.3.24, 2014.12.30, 2016.1.6.>
1. 「형법」 제261조(특수폭행)(제260조제1항의 죄를 범한 경우에 한정한다), 제284조(특수협박)(제283조제1항의 죄를 범한 경우에 한정한다), 제320조(특수주거침입) 또는 제369조제1항(특수손괴)의 죄: 1년 이상 12년 이하의 징역
2. 「형법」 제261조(특수폭행)(제260조제2항의 죄를 범한 경우에 한정한다), 제278조(특수체포, 특수감금)(제276조제1항의 죄를 범한 경우에 한정한다), 제284조(특수협박)(제283조제2항의 죄를 범한 경우에 한정한다) 또는 제324조제2항(강요)의 죄: 2년 이상 20년 이하의 징역
3. 「형법」 제258조의2제1항(특수상해), 제278조(특수체포, 특수감금)(제276조제2항의 죄를 범한 경우에 한정한다) 또는 제350조의2(특수공갈)의 죄: 3년 이상 25년 이하의 징역

제4조【단체 등의 구성・활동】 ①이 법에 규정된 범죄를 목적으로 하는 단체 또는 집단을 구성하거나 그러한 단체 또는 집단에 가입하거나 그 구성원으로 활동한 사람은 다음 각 호의 구분에 따라 처벌한다.
1. 수괴(首魁): 사형, 무기 또는 10년 이상의 징역
2. 간부: 무기 또는 7년 이상의 징역
3. 수괴・간부 외의 사람: 2년 이상의 유기징역
② 제1항의 단체 또는 집단을 구성하거나 그러한 단체 또는 집단에 가입한 사람이 단체 또는 집단의 위력을 과시하거나 단체 또는 집단의 존속・유지를 위하여 다음 각 호의 어느 하나에 해당하는 죄를 범하였을 때에는 그 죄에 대한 형의 장기(長期) 및 단기(短期)의 2분의 1까지 가중한다.
1. 「형법」에 따른 죄 중 다음 각 목의 죄
 가. 「형법」 제8장 공무방해에 관한 죄 중 제136조(공무집행방해), 제141조(공용서류 등의 무효, 공용물의 파괴)의 죄
 나. 「형법」 제24장 살인의 죄 중 제250조제1항(살인), 제252조(촉탁, 승낙에 의한 살인 등), 제253조(위계 등에 의한 촉탁살인 등), 제255조(예비, 음모)의 죄
 다. 「형법」 제34장 신용, 업무와 경매에 관한 죄 중 제314조(업무방해), 제315조(경매, 입찰의 방해)의 죄
 라. 「형법」 제38장 절도와 강도의 죄 중 제333조(강도), 제334조(특수강도), 제335조(준강도), 제336조(인질강도), 제337조(강도상해, 치상), 제339조(강도강간), 제340조제1항(해상강도)・제2항(해상강도상해 또는 치상), 제341조(상습범), 제343조(예비, 음모)의 죄
2. 제2조 또는 제3조의 죄(「형법」 각 해당 조항

의 상습범, 특수범, 상습특수범을 포함한다)
③ 타인에게 제1항의 단체 또는 집단에 가입할 것을 강요하거나 권유한 사람은 2년 이상의 유기징역에 처한다.
④ 제1항의 단체 또는 집단을 구성하거나 그러한 단체 또는 집단에 가입하여 그 단체 또는 집단의 존속·유지를 위하여 금품을 모집한 사람은 3년 이상의 유기징역에 처한다.
<전문개정 2014.12.30>

제5조【단체 등의 이용·지원】 ①제4조제1항의 단체 또는 집단을 이용하여 이 법이나 그 밖의 형벌법규에 규정된 죄를 범하게 한 사람은 그 죄에 대한 형의 장기 및 단기의 2분의 1까지 가중한다.
② 제4조제1항의 단체 또는 집단을 구성하거나 그러한 단체 또는 집단에 가입하지 아니한 사람이 그러한 단체 또는 집단의 구성·유지를 위하여 자금을 제공하였을 때에는 3년 이상의 유기징역에 처한다.
<전문개정 2014.12.30>

제6조【미수범】 제2조, 제3조, 제4조제2항[「형법」 제136조, 제255조, 제314조, 제315조, 제335조, 제337조(강도치상의 죄에 한정한다), 제340조제2항(해상강도치상의 죄에 한정한다) 또는 제343조의 죄를 범한 경우는 제외한다] 및 제5조의 미수범은 처벌한다.
<전문개정 2014.12.30>

제7조【우범자】 정당한 이유 없이 이 법에 규정된 범죄에 공용(供用)될 우려가 있는 흉기나 그 밖의 위험한 물건을 휴대하거나 제공 또는 알선한 사람은 3년 이하의 징역 또는 300만원 이하의 벌금에 처한다.
<전문개정 2014.12.30>

제8조【정당방위 등】 ①이 법에 규정된 죄를 범한 사람이 흉기나 그 밖의 위험한 물건 등으로 사람에게 위해(危害)를 가하거나 가하려 할 때 이를 예방하거나 방위(防衛)하기 위하여 한 행위는 벌하지 아니한다.
② 제1항의 경우에 방위 행위가 그 정도를 초과한 때에는 그 형을 감경한다.
③ 제2항의 경우에 그 행위가 야간이나 그 밖의 불안한 상태에서 공포·경악·흥분 또는 당황으로 인한 행위인 때에는 벌하지 아니한다.
<전문개정 2014.12.30>

제9조【사법경찰관리의 직무유기】 ①사법경찰관리(司法警察官吏)로서 이 법에 규정된 죄를 범한 사람을 수사하지 아니하거나 범인을 알면서 체포하지 아니하거나 수사상 정보를 누설하여 범인의 도주를 용이하게 한 사람은 1년 이상의 유기징역에 처한다.
② 뇌물을 수수(收受), 요구 또는 약속하고 제1항의 죄를 범한 사람은 2년 이상의 유기징역에 처한다.
<전문개정 2014.12.30>

제10조【사법경찰관리의 행정적 책임】 ①관할 지방검찰청 검사장은 제2조부터 제6조까지의 범죄가 발생하였는데도 그 사실을 자신에게 보고하지 아니하거나 수사를 게을리하거나 수사능력 부족 또는 그 밖의 이유로 사법경찰관리로서 부적당하다고 인정하는 사람에 대해서는 그 임명권자에게 징계, 해임 또는 교체임용을 요구할 수 있다.
② 제1항의 요구를 받은 임명권자는 2주일 이내에 해당 사법경찰관리에 대하여 행정처분을 한 후 그 사실을 관할 지방검찰청 검사장에게 통보하여야 한다.
<전문개정 2014.12.30>

부 칙

본법은 공포한 날로부터 시행한다.

부 칙 <중략>

부 칙 (2016.1.6.)

제1조【시행일】 이 법은 공포한 날부터 시행한다.
제2조【다른 법률의 개정】 해당 법률에 정리
제3조【다른 법령과의 관계】 이 법 시행 당시 다른 법령에서 종전의 「폭력행위 등 처벌에 관한 법률」의 규정을 인용한 경우에 이 법 가운데 그에 해당하는 규정이 있는 때에는 종전의 규정을 갈음하여 이 법의 해당 규정을 인용한 것으로 본다.

특정범죄 가중처벌 등에 관한 법률

[1966년 2월 23일 법 률 제1744호 제정]

개정
1968. 7.15. 법2032호
1973. 2.24. 법2550호
1980.12.18. 법3280호
1983.12.31. 법3717호
1984. 8. 4. 법3744호(도로교통법)
1989. 3.25. 법4090호
1990. 1.13. 법4206호(산림법)
1990.12.31. 법4291호
1994. 1. 5. 법4702호(성폭력범죄의처벌및피해자보호등에관한법률)
1994. 6.28. 법4760호
1995. 8. 4. 법4962호
1995.12.29. 법5056호
1997. 8.22. 법5341호
1997.12.13. 법5454호(정부부처명칭등의변경에따른건축법등 의정비에관한법률)
1999.12.28. 법6040호
2000. 1.12. 법6146호(마약류관리에관한법률)
2000.12.29. 법6305호(관세법)
2002. 3.25. 법6664호
2004.10.16. 법7226호
2005. 5.31. 법7545호(도로교통법)
2005. 8. 4. 법7654호
2005. 8. 4. 법7678호(산림산림자원의조성및관리에관한법률)
2005.12.29. 법7767호
2007. 1. 3. 법8169호
2007.12.21. 법8727호
2008.12.26. 법9169호
2010. 1. 1. 법9919호(조세범처벌법)
2010. 3.31. 법10210호
2011.12.31. 법11136호
2013. 4. 5. 법11731호(형법)
2013. 7.30. 법11955호
2015. 6.22. 법13351호
2015. 7.24. 법13440호
2016. 1. 6. 법13717호
2016.12.27. 법14474호(지방세기본법)
2018.12.18. 법15981호
2019.12.24. 법16829호
2020. 2. 4. 법16922호
2022.12.27. 법19104호
2023. 7.25. 법19572호,
2023. 7.25. 법19573호

제1조【목 적】 이 법은 「형법」, 「관세법」, 「조세범 처벌법」, 「지방세기본법」, 「산림자원의 조성 및 관리에 관한 법률」 및 「마약류관리에 관한 법률」에 규정된 특정범죄에 대한 가중처벌 등을 규정함으로써 건전한 사회질서의 유지와 국민경제의 발전에 이바지함을 목적으로 한다. <개정 2011.12.31>
<전문개정 2010.3.31>

제2조【뇌물죄의 가중처벌】 ① 「형법」 제129조·제130조 또는 제132조에 규정된 죄를 범한 사람은 그 수수(收受)·요구 또는 약속한 뇌물의 가액(價額)(이하 이 조에서 "수뢰액"이라 한다)에 따라 다음 각 호와 같이 가중처벌한다.
1. 수뢰액이 1억원 이상인 경우에는 무기 또는 10년 이상의 징역에 처한다.
2. 수뢰액이 5천만원 이상 1억원 미만인 경우에는 7년 이상의 유기징역에 처한다.
3. 수뢰액이 3천만원 이상 5천만원 미만인 경우에는 5년 이상의 유기징역에 처한다.

② 「형법」 제129조·제130조 또는 제132조에 규정된 죄를 범한 사람은 그 죄에 대하여 정한 형(제1항의 경우를 포함한다)에 수뢰액의 2배 이상 5배 이하의 벌금을 병과(倂科)한다.
<전문개정 2010.3.31>

제3조【알선수재】 공무원의 직무에 속한 사항의 알선에 관하여 금품이나 이익을 수수·요구 또는 약속한 사람은 5년 이하의 징역 또는 1천만원 이하의 벌금에 처한다.
<전문개정 2010.3.31>

제4조【뇌물죄 적용대상의 확대】 ① 다음 각 호의 어느 하나에 해당하는 기관 또는 단체로서 대통령령으로 정하는 기관 또는 단체의 간부직원은 「형법」 제129조부터 제132조까지의 규정을 적용할 때에는 공무원으로 본다.
1. 국가 또는 지방자치단체가 직접 또는 간접으로 자본금의 2분의 1 이상을 출자하였거나 출연금·보조금 등 그 재정지원의 규모가 그 기관 또는 단체 기본재산의 2분의 1 이상인 기관 또는 단체
2. 국민경제 및 산업에 중대한 영향을 미치고 있고 업무의 공공성(公共性)이 현저하여 국가 또는 지방자치단체가 법령에서 정하는 바에 따라 지도·감독하거나 주주권의 행사 등을 통하여 중요 사업의 결정 및 임원의 임면(任免) 등 운영 전반에 관하여 실질적인 지배력을 행사하고 있는 기관 또는 단체

② 제1항의 간부직원의 범위는 제1항의 기관 또는 단체의 설립목적, 자산, 직원의 규모 및 해당 직원의 구체적인 업무 등을 고려하여 대통령령으로 정한다.
<전문개정 2010.3.31>

제4조의2【체포·감금 등의 가중처벌】 ① 「형법」 제124조·제125조에 규정된 죄를 범하여 사람을 상해(傷害)에 이르게 한 경우에는 1년 이상의 유기징역에 처한다.
② 「형법」 제124조·제125조에 규정된 죄를 범하여 사람을 사망에 이르게 한 경우에는 무기 또는 3년 이상의 징역에 처한다.
<전문개정 2010.3.31>

제4조의3【공무상 비밀누설의 가중처벌】 「국회법」 제54조의2제2항을 위반한 사람은 5년 이하의 징역 또는 500만원 이하의 벌금에 처한다.
<전문개정 2010.3.31>

제5조【국고 등 손실】 「회계관계직원 등의 책임에 관한 법률」 제2조제1호·제2호 또는 제4호(제1호 또는 제2호에 규정된 사람의 보조자로서 그 회계사무의 일부를 처리하는 사람만 해당한다)에 규정된 사람이 국고(國庫) 또는 지방자치단체에 손실을 입힐 것을 알면서 그 직무에 관하여 「형법」 제355조의 죄를 범한 경우에는 다음 각 호의 구분에 따라 가중처벌한다.
1. 국고 또는 지방자치단체의 손실이 5억원 이상인 경우에는 무기 또는 5년 이상의 징역에 처한다.
2. 국고 또는 지방자치단체의 손실이 1억원 이상 5억원 미만인 경우에는 3년 이상의 유기징역에 처한다.

<전문개정 2010.3.31>

제5조의2【약취·유인죄의 가중처벌】 ① 13세 미만의 미성년자에 대하여 「형법」 제287조의 죄를 범한 사람은 그 약취(略取) 또는 유인(誘引)의 목적에 따라 다음 각 호와 같이 가중처벌한다. <개정 2016.1.6>

1. 약취 또는 유인한 미성년자의 부모나 그 밖에 그 미성년자의 안전을 염려하는 사람의 우려를 이용하여 재물이나 재산상의 이익을 취득할 목적인 경우에는 무기 또는 5년 이상의 징역에 처한다.
2. 약취 또는 유인한 미성년자를 살해할 목적인 경우에는 사형, 무기 또는 7년 이상의 징역에 처한다.

② 13세 미만의 미성년자에 대하여 「형법」 제287조의 죄를 범한 사람이 다음 각 호의 어느 하나에 해당하는 행위를 한 경우에는 다음 각 호와 같이 가중처벌한다. <개정 2016.1.6>

1. 약취 또는 유인한 미성년자의 부모나 그 밖에 그 미성년자의 안전을 염려하는 사람의 우려를 이용하여 재물이나 재산상의 이익을 취득하거나 이를 요구한 경우에는 무기 또는 10년 이상의 징역에 처한다.
2. 약취 또는 유인한 미성년자를 살해한 경우에는 사형 또는 무기징역에 처한다.
3. 약취 또는 유인한 미성년자를 폭행·상해·감금 또는 유기(遺棄)하거나 그 미성년자에게 가혹한 행위를 한 경우에는 무기 또는 5년 이상의 징역에 처한다.
4. 제3호의 죄를 범하여 미성년자를 사망에 이르게 한 경우에는 사형, 무기 또는 7년 이상의 징역에 처한다.

③ 제1항 또는 제2항의 죄를 범한 사람을 방조(幇助)하여 약취 또는 유인된 미성년자를 은닉하거나 그 밖의 방법으로 귀가하지 못하게 한 사람은 5년 이상의 유기징역에 처한다.

④ 삭제 <2013.4.5.>

⑤ 삭제 <2013.4.5.>

⑥ 제1항 및 제2항(제2항제4호는 제외한다)에 규정된 죄의 미수범은 처벌한다. <개정 2013.4.5>

⑦ 제1항부터 제3항까지 및 제6항의 죄를 범한 사람을 은닉하거나 도피하게 한 사람은 3년 이상 25년 이하의 징역에 처한다. <개정 2013.4.5, 2016.1.6>

⑧ 제1항 또는 제2항제1호·제2호의 죄를 범할 목적으로 예비하거나 음모한 사람은 1년 이상 10년 이하의 징역에 처한다. <개정 2013.4.5, 2016.1.6>

<전문개정 2010.3.31>

제5조의3【도주차량 운전자의 가중처벌】 ① 「도로교통법」 제2조의 자동차, 원동기장치자전거 또는 「건설기계관리법」 제26조제1항 단서에 따른 건설기계 외의 건설기계(이하 "자동차등"이라 한다)의 교통으로 인하여 「형법」 제268조의 죄를 범한 해당 자동차등의 운전자(이하 "사고운전자"라 한다)가 피해자를 구호(救護)하는 등 「도로교통법」 제54조제1항에 따른 조치를 하지 아니하고 도주한 경우에는 다음 각 호의 구분에 따라 가중처벌한다. <개정 2022. 12. 27.>

1. 피해자를 사망에 이르게 하고 도주하거나, 도주 후에 피해자가 사망한 경우에는 무기 또는 5년 이상의 징역에 처한다.
2. 피해자를 상해에 이르게 한 경우에는 1년 이상의 유기징역 또는 500만원 이상 3천만원 이하의 벌금에 처한다.

② 사고운전자가 피해자를 사고 장소로부터 옮겨 유기하고 도주한 경우에는 다음 각 호의 구분에 따라 가중처벌한다.

1. 피해자를 사망에 이르게 하고 도주하거나, 도주 후에 피해자가 사망한 경우에는 사형, 무기 또는 5년 이상의 징역에 처한다.
2. 피해자를 상해에 이르게 한 경우에는 3년 이상의 유기징역에 처한다.

<전문개정 2010.3.31>

제5조의4【상습 강도·절도죄 등의 가중처벌】 ① 삭제 <2016.1.6>

② 5명 이상이 공동하여 상습적으로 「형법」 제329조부터 제331조까지의 죄 또는 그 미수죄를 범한 사람은 2년 이상 20년 이하의 징역에 처한다. <개정 2016.1.6>

③ 삭제 <2016.1.6>

④ 삭제 <2016.1.6>

⑤ 「형법」 제329조부터 제331조까지, 제333조부터 제336조까지 및 제340조·제362조의 죄 또는 그 미수죄로 세 번 이상 징역형을 받은 사람이 다시 이들 죄를 범하여 누범(累犯)으로 처벌하는 경우에는 다음 각 호의 구분에 따라 가중처벌한다. <개정 2016.1.6>

1. 「형법」 제329조부터 제331조까지의 죄(미수범을 포함한다)를 범한 경우에는 2년 이상 20년 이하의 징역에 처한다.
2. 「형법」 제333조부터 제336조까지의 죄 및 제340조제1항의 죄(미수범을 포함한다)를 범한 경우에는 무기 또는 10년 이상의 징역에 처한다.
3. 「형법」 제362조의 죄를 범한 경우에는 2년 이상 20년 이하의 징역에 처한다.

⑥ 상습적으로 「형법」 제329조부터 제331조까지의 죄나 그 미수죄 또는 제2항의 죄로 두 번 이상 실형을 선고받고 그 집행이 끝나거나 면제된 후 3년 이내에 다시 제1항 또는 제2항의 죄를 범한 경우에는 3년 이상 25년 이하의 징역에 처한다. <개정 2016.1.6>

<전문개정 2010.3.31>

제5조의5【강도상해 등 재범자의 가중처벌】 「형법」 제337조·제339조의 죄 또는 그 미수죄로 형을 선고받고 그 집행이 끝나거나 면제된 후 3년 내에 다시 이들 죄를 범한 사람은 사형, 무기 또는 10년 이상의 징역에 처한다.

<전문개정 2010.3.31>

제5조의6 삭제 <1994.1.5>

제5조의7 삭제 <1994.1.5>

제5조의8 삭제 <2013.4.5>

제5조의9【보복범죄의 가중처벌 등】 ① 자기 또는 타인의 형사사건의 수사 또는 재판과 관련하여 고소·고발 등 수사단서의 제공, 진술, 증언 또는 자료제출에 대한 보복의 목적으로 「형법」 제250조제1항의 죄를 범한 사람은 사형, 무기 또는 10년 이상의 징역에 처한다. 고소·고발 등 수사단서의 제공, 진술, 증언 또는 자료제출을 하지 못하게 하거나 고소·고발을 취소하게 하거나 거짓으로 진술·증언·자료제출을 하게 할 목적인 경우에도 또한 같다.

② 제1항과 같은 목적으로 「형법」 제257조제1항·제260조제1항·제276조제1항 또는 제283조제1항의 죄를 범한 사람은 1년 이상의 유기징역에 처한다.

③ 제2항의 죄 중 「형법」 제257조제1항·제260조제1항 또는 제276조제1항의 죄를 범하여 사람을 사망에 이르게 한 경우에는 무기 또는 3년 이상의 징역에 처한다.

④ 자기 또는 타인의 형사사건의 수사 또는 재판과 관련하여 필요한 사실을 알고 있는 사람 또는 그 친족에게 정당한 사유 없이 면담을 강요하거나 위력(威力)을 행사한 사람은 3년 이하의 징역 또는 300만원 이하의 벌금에 처한다.

<전문개정 2010.3.31>

제5조의10【운행 중인 자동차 운전자에 대한 폭행 등의 가중처벌】 ① 운행 중(「여객자동차 운수사업법」 제2조제3호에 따른 여객자동차운송사업을 위하여 사용되는 자동차를 운행하는 중 운전자가 여객의 승차·하차 등을 위하여 일시 정차한 경우를 포함한다)인 자동차의 운전자를 폭행하거나 협박한 사람은 5년 이하의 징역 또는 2천만원 이하의 벌금에 처한다. <개정 2015.6.22>

② 제1항의 죄를 범하여 사람을 상해에 이르게 한 경우에는 3년 이상의 유기징역에 처하고, 사망에 이르게 한 경우에는 무기 또는 5년 이상의 징역에 처한다.

<전문개정 2010.3.31>

제5조의11【위험운전 등 치사상】 ① 음주 또는 약물의 영향으로 정상적인 운전이 곤란한 상태에서 자동차등을 운전하여 사람을 상해에 이르게 한 사람은 1년 이상 15년 이하의 징역 또는 1천만원 이상 3천만원 이하의 벌금에 처하고, 사망에 이르게 한 사람은 무기 또는 3년 이상의 징역에 처한다. <개정 2018. 12. 18., 2020. 2. 4., 2022. 12. 27.>

② 음주 또는 약물의 영향으로 정상적인 운항이 곤란한 상태에서 운항의 목적으로 「해상교통안전법」 제39조제1항에 따른 선박의 조타기를 조작, 조작 지시 또는 도선하여 사람을 상해에 이르게 한 사람은 1년 이상 15년 이하의 징역 또는 1천만원 이상 3천만원 이하의 벌금에 처하고, 사망에 이르게 한 사람은 무기 또는 3년 이상의 징역에 처한다. <신설 2020. 2. 4., 2023. 7. 25.>

<전문개정 2010. 3. 31.>

[제목개정 2020. 2. 4.]

제5조의12【도주선박의 선장 또는 승무원에 대한 가중처벌】 「해사안전기본법」 제3조제2호에 따른 선박의 교통으로 인하여 「형법」 제268조의 죄를 범한 해당 선박의 선장 또는 승무원이 피해자를 구호하는 등 「수상에서의 수색·구조 등에 관한 법률」 제18조제1항 단서에 따른 조치를 하지 아니하고 도주한 경우에는 다음 각 호의 구분에 따라 가중 처벌한다. <개정 2015. 7. 24., 2023. 7. 25.>

1. 피해자를 사망에 이르게 하고 도주하거나, 도주 후에 피해자가 사망한 경우에는 무기 또는 5년 이상의 징역에 처한다.
2. 피해자를 상해에 이르게 한 경우에는 1년 이상의 유기징역 또는 1천만원 이상 1억원 이하의 벌금에 처한다.

<본조신설 2013.7.30.>

제5조의13【어린이 보호구역에서 어린이 치사상의 가중처벌】

자동차등의 운전자가 「도로교통법」 제12조제3항에 따른 어린이 보호구역에서 같은 조 제1항에 따른 조치를 준수하고 어린이의 안전에 유의하면서 운전하여야 할 의무를 위반하여 어린이(13세 미만인 사람을 말한다. 이하 같다)에게 「교통사고처리 특례법」 제3조제1항의 죄를 범한 경우에는 다음 각 호의 구분에 따라 가중처벌한다. <개정 2022. 12. 27.>

1. 어린이를 사망에 이르게 한 경우에는 무기 또는 3년 이상의 징역에 처한다.
2. 어린이를 상해에 이르게 한 경우에는 1년 이상 15년 이하의 징역 또는 500만원 이상 3천만원 이하의 벌금에 처한다.

<본조신설 2019. 12. 24.>

제6조【「관세법」 위반행위의 가중처벌】 ① 「관세법」 제269조제1항에 규정된 죄를 범한 사람은 다음 각 호의 구분에 따라 가중처벌한다.

1. 수출 또는 수입한 물품의 가액(이하 이 조에서 "물품가액"이라 한다)이 1억원 이상인 경우에는 무기 또는 7년 이상의 징역에 처한다.
2. 물품가액이 3천만원 이상 1억원 미만인 경우에는 3년 이상의 유기징역에 처한다.

② 「관세법」 제269조제2항에 규정된 죄를 범한 사람은 다음 각 호의 구분에 따라 가중처벌한다.

1. 수입한 물품의 원가가 5억원 이상인 경우에는 무기 또는 5년 이상의 징역에 처한다.
2. 수입한 물품의 원가가 2억원 이상 5억원 미만인 경우에는 3년 이상의 유기징역에 처한다.

③ 「관세법」 제269조제3항에 규정된 죄를 범한 사람이 수출하거나 반송한 물품의 원가가 5억원 이상인 경우에는 1년 이상의 유기징역에 처한다.

④ 「관세법」 제270조제1항제1호 또는 같은 조 제4항·제5항에 규정된 죄를 범한 사람은 다음 각 호의 구분에 따라 가중처벌한다.

1. 포탈(逋脫)·면탈(免脫)하거나 감면(減免)·환급받은 세액이 2억원 이상인 경우에는 무기 또는 5년 이상의 징역에 처한다.
2. 포탈·면탈하거나 감면·환급받은 세액이 5천만원

이상 2억원 미만인 경우에는 3년 이상의 유기징역에 처한다.

⑤ 「관세법」 제270조제1항제2호 또는 같은 조 제2항에 규정된 죄를 범한 사람은 다음 각 호의 구분에 따라 가중처벌한다.

1. 수입한 물품의 원가가 5억원 이상인 경우에는 3년 이상의 유기징역에 처한다.
2. 수입한 물품의 원가가 2억원 이상 5억원 미만인 경우에는 1년 이상의 유기징역에 처한다.

⑥ 제1항부터 제5항까지의 경우에는 다음 각 호의 구분에 따른 벌금을 병과한다.

1. 제1항의 경우 : 물품가액의 2배 이상 10배 이하
2. 제2항의 경우 : 수입한 물품 원가의 2배
3. 제3항의 경우 : 수출하거나 반송한 물품의 원가
4. 제4항의 경우 : 포탈·면탈하거나 감면·환급받은 세액의 2배 이상 10배 이하
5. 제5항의 경우 : 수입한 물품의 원가

⑦ 「관세법」 제271조에 규정된 죄를 범한 사람은 제1항부터 제6항까지의 예에 따른 그 정범(正犯) 또는 본죄(本罪)에 준하여 처벌한다.

⑧ 단체 또는 집단을 구성하거나 상습적으로 「관세법」 제269조부터 제271조까지 또는 제274조에 규정된 죄를 범한 사람은 무기 또는 10년 이상의 징역에 처한다.

<전문개정 2010.3.31>

제7조【관계 공무원의 무기 사용】 「관세법」 위반사범을 단속할 권한이 있는 공무원은 해상(海上)에서 「관세법」 제269조 또는 제270조에 규정된 죄를 범한 사람이 정지명령을 받고 도피하는 경우에 이를 제지(制止)하기 위하여 필요하다고 인정되는 상당한 이유가 있을 때에는 총기(銃器)를 사용할 수 있다.

<전문개정 2010.3.31>

제8조【조세 포탈의 가중처벌】 ① 「조세범 처벌법」 제3조제1항, 제4조 및 제5조, 「지방세기본법」 제102조제1항에 규정된 죄를 범한 사람은 다음 각 호의 구분에 따라 가중처벌한다. <개정 2011.12.31, 2016.12.27>

1. 포탈하거나 환급받은 세액 또는 징수하지 아니하거나 납부하지 아니한 세액(이하 "포탈세액등"이라 한다)이 연간 10억원 이상인 경우에는 무기 또는 5년 이상의 징역에 처한다.
2. 포탈세액등이 연간 5억원 이상 10억원 미만인 경우에는 3년 이상의 유기징역에 처한다.

② 제1항의 경우에는 그 포탈세액등의 2배 이상 5배 이하에 상당하는 벌금을 병과한다.

<전문개정 2010.3.31>

제8조의2【세금계산서 교부의무 위반 등의 가중처벌】 삭제 <2023. 10. 24.>

제9조【「산림자원의 조성 및 관리에 관한 법률」 등 위반행위의 가중처벌】 ① 「산림자원의 조성 및 관리에 관한 법률」 제73조 및 제74조에 규정된 죄를 범한 사람은 다음 각 호의 구분에 따라 가중처벌한다. <개정 2016.1.6>

1. 임산물(林産物)의 원산지 가격이 1억원 이상이거나 산림 훼손면적이 5만제곱미터 이상인 경우에는 3년 이상 25년 이하의 징역에 처한다.
2. 임산물의 원산지 가격이 1천만원 이상 1억원 미만이거나 산림 훼손면적이 5천제곱미터 이상 5만제곱미터 미만인 경우에는 2년 이상 20년 이하의 징역에 처한다.

② 삭제 <2016.1.6>

<전문개정 2010.3.31>

제10조 삭제 <2016.1.6.>

제11조【마약사범 등의 가중처벌】 ① 「마약류관리에 관한 법률」 제58조제1항제1호부터 제4호까지 및 제6호·제7호에 규정된 죄(매매, 수수 및 제공에 관한 죄와 매매목적, 매매 알선목적 또는 수수목적의 소지·소유에 관한 죄는 제외한다) 또는 그 미수죄를 범한 사람은 다음 각 호의 구분에 따라 가중처벌한다. <개정 2016.1.6>

1. 수출입·제조·소지·소유 등을 한 마약이나 향정신성의약품 등의 가액이 5천만원 이상인 경우에는 무기 또는 10년 이상의 징역에 처한다.
2. 수출입·제조·소지·소유 등을 한 마약이나 향정신성의약품 등의 가액이 500만원 이상 5천만원 미만인 경우에는 무기 또는 7년 이상의 징역에 처한다.

② 「마약류관리에 관한 법률」 제59조제1항부터 제3항까지 및 제60조에 규정된 죄(마약 및 향정신성의약품에 관한 죄만 해당한다)를 범한 사람은 다음 각 호의 구분에 따라 가중처벌한다. <개정 2016.1.6>

1. 소지·소유·재배·사용·수출입·제조 등을 한 마약 및 향정신성의약품의 가액이 5천만원 이상인 경우에는 무기 또는 7년 이상의 징역에 처한다.
2. 소지·소유·재배·사용·수출입·제조 등을 한 마약 및 향정신성의약품의 가액이 500만원 이상 5천만원 미만인 경우에는 무기 또는 3년 이상의 징역에 처한다.

<전문개정 2010.3.31>

제12조【외국인을 위한 탈법행위】 외국인에 의한 취득이 금지 또는 제한된 재산권을 외국인을 위하여 외국인의 자금으로 취득한 사람은 다음 각 호의 구분에 따라 처벌한다.

1. 재산권의 가액이 1억원 이상인 경우에는 무기 또는 10년 이상의 징역에 처한다.
2. 재산권의 가액이 1억원 미만인 경우에는 무기 또는 3년 이상의 유기징역에 처한다.

<전문개정 2010.3.31>

제13조【몰수】 제3조 또는 제12조의 죄를 범하여 범인이 취득한 해당 재산은 몰수하며, 몰수할 수 없을 때에는 그 가액을 추징(追徵)한다.

<전문개정 2010.3.31>

제14조【무고죄】 이 법에 규정된 죄에 대하여 「형법」 제156조에 규정된 죄를 범한 사람은 3년 이상의 유기징역에 처한다.

<전문개정 2010.3.31>

제15조【특수직무유기】 범죄 수사의 직무에 종사하는 공무원이 이 법에 규정된 죄를 범한 사람을

인지하고 그 직무를 유기한 경우에는 1년 이상의 유기징역에 처한다.
<전문개정 2010.3.31>

제16조【소추에 관한 특례】 제6조 및 제8조의 죄에 대한 공소(公訴)는 고소 또는 고발이 없는 경우에도 제기할 수 있다.
<전문개정 2010.3.31>

부 칙(1966.2.23)

①【시행일】이 법은 공포후 30일을 경과한 날로부터 시행한다.
②【폐지법률】특정범죄처벌에관한임시특례법은 이를 폐지한다.

부 칙 <중략>

부 칙(2022.12.27.)

이 법은 공포한 날부터 시행한다.

고위공직자범죄수사처 설치 및 운영에 관한 법률

[2020년 1월 14일 법률 제16863호 제정]

개정
2020. 2. 4.제16924호 (형사소송법)
2020.12.15.제17645호
2020.12.15.제17646호 (국가정보원법)
2022. 5. 9.제18861호

제1장 총칙

제1조【목적】 이 법은 고위공직자범죄수사처의 설치와 운영에 관하여 필요한 사항을 규정함을 목적으로 한다.

제2조【정의】 이 법에서 사용하는 용어의 정의는 다음과 같다. 〈개정 2020. 12. 15.〉

1. "고위공직자"란 다음 각 목의 어느 하나의 직(職)에 재직 중인 사람 또는 그 직에서 퇴직한 사람을 말한다. 다만, 장성급 장교는 현역을 면한 이후도 포함된다.
   가. 대통령
   나. 국회의장 및 국회의원
   다. 대법원장 및 대법관
   라. 헌법재판소장 및 헌법재판관
   마. 국무총리와 국무총리비서실 소속의 정무직공무원
   바. 중앙선거관리위원회의 정무직공무원
   사. 「공공감사에 관한 법률」 제2조제2호에 따른 중앙행정기관의 정무직공무원
   아. 대통령비서실 · 국가안보실 · 대통령경호처 · 국가정보원 소속의 3급 이상 공무원
   자. 국회사무처, 국회도서관, 국회예산정책처, 국회입법조사처의 정무직공무원
   차. 대법원장비서실, 사법정책연구원, 법원공무원교육원, 헌법재판소사무처의 정무직공무원
   카. 검찰총장
   타. 특별시장 · 광역시장 · 특별자치시장 · 도지사 · 특별자치도지사 및 교육감
   파. 판사 및 검사
   하. 경무관 이상 경찰공무원
   거. 장성급 장교
   너. 금융감독원 원장 · 부원장 · 감사
   더. 감사원 · 국세청 · 공정거래위원회 · 금융위원회 소속의 3급 이상 공무원
2. "가족"이란 배우자, 직계존비속을 말한다. 다만, 대통령의 경우에는 배우자와 4촌 이내의 친족을 말한다.
3. "고위공직자범죄"란 고위공직자로 재직 중에 본인 또는 본인의 가족이 범한 다음 각 목의 어느 하나에 해당하는 죄를 말한다. 다만, 가족의 경우에는 고위공직자의 직무와 관련하여 범한 죄에 한정한다.
   가. 「형법」 제122조부터 제133조까지의 죄(다른 법률에 따라 가중처벌되는 경우를 포함한다)
   나. 직무와 관련되는 「형법」 제141조, 제225조, 제227조, 제227조의2, 제229조(제225조, 제227조 및 제227조의2의 행사죄에 한정한다), 제355조부터 제357조까지 및 제359조의 죄(다른 법률에 따라 가중처벌되는 경우를 포함한다)
   다. 「특정범죄 가중처벌 등에 관한 법률」 제3조의 죄
   라. 「변호사법」 제111조의 죄
   마. 「정치자금법」 제45조의 죄
   바. 「국가정보원법」 제21조 및 제22조의 죄
   사. 「국회에서의 증언 · 감정 등에 관한 법률」 제14조제1항의 죄
   아. 가목부터 마목까지의 죄에 해당하는 범죄행위로 인한 「범죄수익은닉의 규제 및 처벌 등에 관한 법률」 제2조제4호의 범죄수익등과 관련된 같은 법 제3조 및 제4조의 죄
4. "관련범죄"란 다음 각 목의 어느 하나에 해당하는 죄를 말한다.
   가. 고위공직자와 「형법」 제30조부터 제32조까지의 관계에 있는 자가 범한 제3호 각 목의 어느 하나에 해당하는 죄
   나. 고위공직자를 상대로 한 자의 「형법」 제133조, 제357조제2항의 죄
   다. 고위공직자범죄와 관련된 「형법」 제151조제1항, 제152조, 제154조부터 제156조까지의 죄 및 「국회에서의 증언 · 감정 등에 관한 법률」 제14조제1항의 죄
   라. 고위공직자범죄 수사 과정에서 인지한 그 고위공직자범죄와 직접 관련성이 있는 죄로서 해당 고위공직자가 범한 죄
5. "고위공직자범죄등"이란 제3호와 제4호의 죄를 말한다.

제3조【고위공직자범죄수사처의 설치와 독립성】 ① 고위공직자범죄등에 관하여 다음 각 호에 필요한 직

무를 수행하기 위하여 고위공직자범죄수사처(이하 "수사처"라 한다)를 둔다.
1. 고위공직자범죄등에 관한 수사
2. 제2조제1호다목, 카목, 파목, 하목에 해당하는 고위공직자로 재직 중에 본인 또는 본인의 가족이 범한 고위공직자범죄 및 관련범죄의 공소제기와 그 유지

② 수사처는 그 권한에 속하는 직무를 독립하여 수행한다.

③ 대통령, 대통령비서실의 공무원은 수사처의 사무에 관하여 업무보고나 자료제출 요구, 지시, 의견제시, 협의, 그 밖에 직무수행에 관여하는 일체의 행위를 하여서는 아니 된다.

제2장 조직

제4조【처장 · 차장 등】 ① 수사처에 처장 1명과 차장 1명을 두고, 각각 특정직공무원으로 보한다.

② 수사처에 수사처검사와 수사처수사관 및 그 밖에 필요한 직원을 둔다.

제5조【처장의 자격과 임명】 ① 처장은 다음 각 호의 직에 15년 이상 있던 사람 중에서 제6조에 따른 고위공직자범죄수사처장후보추천위원회가 2명을 추천하고, 대통령이 그 중 1명을 지명한 후 인사청문회를 거쳐 임명한다.
1. 판사, 검사 또는 변호사
2. 변호사 자격이 있는 사람으로서 국가기관, 지방자치단체, 「공공기관의 운영에 관한 법률」 제4조에 따른 공공기관 또는 그 밖의 법인에서 법률에 관한 사무에 종사한 사람
3. 변호사 자격이 있는 사람으로서 대학의 법률학 조교수 이상으로 재직하였던 사람

② 제1항 각 호에 규정된 둘 이상의 직에 재직한 사람에 대해서는 그 연수를 합산한다.

③ 처장의 임기는 3년으로 하고 중임할 수 없으며, 정년은 65세로 한다.

④ 처장이 궐위된 때에는 제1항에 따른 절차를 거쳐 60일 이내에 후임자를 임명하여야 한다. 이 경우 새로 임명된 처장의 임기는 새로이 개시된다.

제6조 【고위공직자범죄수사처장후보추천위원회】 ① 처장후보자의 추천을 위하여 국회에 고위공직자범죄수사처장후보추천위원회(이하 "추천위원회"라 한다)를 둔다.

② 추천위원회는 위원장 1명을 포함하여 7명의 위원으로 구성한다.

③ 위원장은 위원 중에서 호선한다. 〈개정 2020. 12. 15.〉

④ 국회의장은 다음 각 호의 사람을 위원으로 임명하거나 위촉한다.
1. 법무부장관
2. 법원행정처장
3. 대한변호사협회장
4. 대통령이 소속되거나 소속되었던 정당의 교섭단체가 추천한 2명
5. 제4호의 교섭단체 외의 교섭단체가 추천한 2명

⑤ 국회의장은 제4항제4호 및 제5호에 따른 교섭단체에 10일 이내의 기한을 정하여 위원의 추천을 서면으로 요청할 수 있고, 각 교섭단체는 요청받은 기한 내에 위원을 추천하여야 한다. 〈신설 2020. 12. 15.〉

⑥ 제5항에도 불구하고 요청받은 기한 내에 위원을 추천하지 아니한 교섭단체가 있는 경우, 국회의장은 해당 교섭단체의 추천에 갈음하여 다음 각 호의 사람을 위원으로 위촉한다. 〈신설 2020. 12. 15.〉
1. 사단법인 한국법학교수회 회장
2. 사단법인 법학전문대학원협의회 이사장

⑦ 추천위원회는 국회의장의 요청 또는 위원 3분의 1 이상의 요청이 있거나 위원장이 필요하다고 인정할 때 위원장이 소집하고, 재적위원 3분의 2 이상의 찬성으로 의결한다. 〈개정 2020. 12. 15.〉

⑧ 추천위원회 위원은 정치적으로 중립을 지키고 독립하여 그 직무를 수행한다. 〈개정 2020. 12. 15.〉

⑨ 추천위원회가 제5조제1항에 따라 처장후보자를 추천하면 해당 추천위원회는 해산된 것으로 본다. 〈개정 2020. 12. 15.〉

⑩ 그 밖에 추천위원회의 운영 등에 필요한 사항은 국회규칙으로 정한다. 〈개정 2020. 12. 15.〉

제7조【차장】 ① 차장은 10년 이상 제5조제1항 각 호의 직에 재직하였던 사람 중에서 처장의 제청으로 대통령이 임명한다.

② 제5조제2항은 차장의 임명에 준용한다.

③ 차장의 임기는 3년으로 하고 중임할 수 없으며, 정년은 63세로 한다.

제8조【수사처검사】 ① 수사처검사는 7년 이상 변호사의 자격이 있는 사람 중에서 제9조에 따른 인사위원회의 추천을 거쳐 대통령이 임명한다. 이 경우 검사의 직에 있었던 사람은 제2항에 따른 수사처검사 정원의 2분의 1을 넘을 수 없다. 〈개정 2020. 12. 15.〉

② 수사처검사는 특정직공무원으로 보하고, 처장과 차장을 포함하여 25명 이내로 한다.

③ 수사처검사의 임기는 3년으로 하고, 3회에 한정하여 연임할 수 있으며, 정년은 63세로 한다.

④ 수사처검사는 직무를 수행함에 있어서 「검찰청법」 제4조에 따른 검사의 직무 및 「군사법원법」 제37조에 따른 군검사의 직무를 수행할 수 있다.

제9조【인사위원회】 ① 처장과 차장을 제외한 수사처검사의 임용, 전보, 그 밖에 인사에 관한 중요 사항을 심의 · 의결하기 위하여 수사처에 인사위원회를 둔다.
② 인사위원회는 위원장 1명을 포함한 7명의 위원으로 구성하고, 인사위원회의 위원장은 처장이 된다.
③ 인사위원회 위원 구성은 다음 각 호와 같다.
1. 처장
2. 차장
3. 학식과 덕망이 있고 각계 전문 분야에서 경험이 풍부한 사람으로서 처장이 위촉한 사람 1명
4. 대통령이 소속되거나 소속되었던 정당의 교섭단체가 추천한 2명
5. 제4호의 교섭단체 외의 교섭단체가 추천한 2명
④ 제3항제3호부터 제5호까지의 규정에 따른 위원의 임기는 3년으로 한다.
⑤ 인사위원회는 재적위원 과반수의 찬성으로 의결한다.
⑥ 그 밖에 인사위원회의 구성과 운영 등에 필요한 사항은 수사처규칙으로 정한다.

제10조【수사처수사관】 ① 수사처수사관은 다음 각 호의 어느 하나에 해당하는 사람 중에서 처장이 임명한다.
1. 변호사 자격을 보유한 사람
2. 7급 이상 공무원으로서 조사, 수사업무에 종사하였던 사람
3. 수사처규칙으로 정하는 조사업무의 실무를 5년 이상 수행한 경력이 있는 사람
② 수사처수사관은 일반직공무원으로 보하고, 40명 이내로 한다. 다만, 검찰청으로부터 검찰수사관을 파견받은 경우에는 이를 수사처수사관의 정원에 포함한다.
③ 수사처수사관의 임기는 6년으로 하고, 연임할 수 있으며, 정년은 60세로 한다.

제11조【그 밖의 직원】 ① 수사처의 행정에 관한 사무처리를 위하여 필요한 직원을 둘 수 있다.
② 제1항에 따른 직원의 수는 20명 이내로 한다.

제12조【보수 등】 ① 처장의 보수와 대우는 차관의 예에 준한다.
② 차장의 보수와 대우는 고위공무원단 직위 중 가장 높은 직무등급의 예에 준한다.
③ 수사처검사의 보수와 대우는 검사의 예에 준한다.
④ 수사처수사관의 보수와 대우는 4급 이하 7급 이상의 검찰직공무원의 예에 준한다.

제13조【결격사유 등】 ① 다음 각 호의 어느 하나에 해당하는 사람은 처장, 차장, 수사처검사, 수사처수사관으로 임명될 수 없다.
1. 대한민국 국민이 아닌 사람
2. 「국가공무원법」 제33조 각 호의 어느 하나에 해당하는 사람
3. 금고 이상의 형을 선고받은 사람
4. 탄핵결정에 의하여 파면된 후 5년이 지나지 아니한 사람
5. 대통령비서실 소속의 공무원으로서 퇴직 후 2년이 지나지 아니한 사람
② 검사의 경우 퇴직 후 3년이 지나지 아니하면 처장이 될 수 없고, 퇴직 후 1년이 지나지 아니하면 차장이 될 수 없다.

제14조【신분보장】 처장, 차장, 수사처검사는 탄핵이나 금고 이상의 형을 선고받은 경우를 제외하고는 파면되지 아니하며, 징계처분에 의하지 아니하고는 해임 · 면직 · 정직 · 감봉 · 견책 또는 퇴직의 처분을 받지 아니한다.

제15조【심신장애로 인한 퇴직】 수사처검사가 중대한 심신상의 장애로 인하여 직무를 수행할 수 없을 때 대통령은 처장의 제청에 의하여 그 수사처검사에게 퇴직을 명할 수 있다.

제16조【공직임용 제한 등】 ① 처장과 차장은 퇴직 후 2년 이내에 헌법재판관(「대한민국헌법」 제111조제3항에 따라 임명되는 헌법재판관은 제외한다), 검찰총장, 국무총리 및 중앙행정기관 · 대통령비서실 · 국가안보실 · 대통령경호처 · 국가정보원의 정무직공무원으로 임용될 수 없다.
② 처장, 차장, 수사처검사는 퇴직 후 2년이 지나지 아니하면 검사로 임용될 수 없다.
③ 수사처검사로서 퇴직 후 1년이 지나지 아니한 사람은 대통령비서실의 직위에 임용될 수 없다.
④ 수사처에 근무하였던 사람은 퇴직 후 1년 동안 수사처의 사건을 변호사로서 수임할 수 없다.

제3장 직무와 권한

제17조【처장의 직무와 권한】 ① 처장은 수사처의 사무를 통할하고 소속 직원을 지휘 · 감독한다.
② 처장은 국회에 출석하여 수사처의 소관 사무에 관하여 의견을 진술할 수 있고, 국회의 요구가 있을 때에는 수사나 재판에 영향을 미치지 않는 한 국회에 출석하여 보고하거나 답변하여야 한다.
③ 처장은 소관 사무와 관련된 안건이 상정될 경우 국무회의에 출석하여 발언할 수 있으며, 그 소관 사무에 관하여 법무부장관에게 의안(이 법의 시행에 관한 대통령령안을 포함한다)의 제출을 건의할 수 있다.
④ 처장은 그 직무를 수행함에 있어서 필요한 경우 대검찰청, 경찰청 등 관계 기관의 장에게 고위공직자범죄등과 관련된 사건의 수사기록 및 증거 등 자료의 제출과 수사활동의 지원 등 수사협조를 요청할 수 있다.

⑤ 처장은 제8조에 따른 수사처검사의 직을 겸한다.
⑥ 처장은 수사처의 예산 관련 업무를 수행하는 경우에 「국가재정법」 제6조제2항에 따른 중앙관서의 장으로 본다.

제18조【차장의 직무와 권한】 ① 차장은 처장을 보좌하며, 처장이 부득이한 사유로 그 직무를 수행할 수 없는 때에는 그 직무를 대행한다.
② 차장은 제8조에 따른 수사처검사의 직을 겸한다.

제19조【수사처검사 직무의 위임 · 이전 및 승계】 ① 처장은 수사처검사로 하여금 그 권한에 속하는 직무의 일부를 처리하게 할 수 있다.
② 처장은 수사처검사의 직무를 자신이 처리하거나 다른 수사처검사로 하여금 처리하게 할 수 있다.

제20조【수사처검사의 직무와 권한】 ① 수사처검사는 제3조제1항 각 호에 따른 수사와 공소의 제기 및 유지에 필요한 행위를 한다.
② 수사처검사는 처장의 지휘 · 감독에 따르며, 수사처수사관을 지휘 · 감독한다.
③ 수사처검사는 구체적 사건과 관련된 제2항에 따른 지휘 · 감독의 적법성 또는 정당성에 대하여 이견이 있을 때에는 이의를 제기할 수 있다.

제21조【수사처수사관의 직무】 ① 수사처수사관은 수사처검사의 지휘 · 감독을 받아 직무를 수행한다.
② 수사처수사관은 고위공직자범죄등에 대한 수사에 관하여 「형사소송법」 제197조제1항에 따른 사법경찰관의 직무를 수행한다. 〈개정 2020. 2. 4.〉

제22조【정치적 중립 및 직무상 독립】 수사처 소속 공무원은 정치적 중립을 지켜야 하며, 그 직무를 수행함에 있어 외부로부터 어떠한 지시나 간섭을 받지 아니한다.

제4장 수사와 공소의 제기 및 유지

제23조【수사처검사의 수사】 수사처검사는 고위공직자범죄의 혐의가 있다고 사료하는 때에는 범인, 범죄사실과 증거를 수사하여야 한다.

제24조【다른 수사기관과의 관계】 ① 수사처의 범죄수사와 중복되는 다른 수사기관의 범죄수사에 대하여 처장이 수사의 진행 정도 및 공정성 논란 등에 비추어 수사처에서 수사하는 것이 적절하다고 판단하여 이첩을 요청하는 경우 해당 수사기관은 이에 응하여야 한다.
② 다른 수사기관이 범죄를 수사하는 과정에서 고위공직자범죄등을 인지한 경우 그 사실을 즉시 수사처에 통보하여야 한다.
③ 처장은 피의자, 피해자, 사건의 내용과 규모 등에 비추어 다른 수사기관이 고위공직자범죄등을 수사하는 것이 적절하다고 판단될 때에는 해당 수사기관에 사건을 이첩할 수 있다.
④ 제2항에 따라 고위공직자범죄등 사실의 통보를 받은 처장은 통보를 한 다른 수사기관의 장에게 수사처규칙으로 정한 기간과 방법으로 수사개시 여부를 회신하여야 한다.

제25조【수사처검사 및 검사 범죄에 대한 수사】 ① 처장은 수사처검사의 범죄 혐의를 발견한 경우에 관련 자료와 함께 이를 대검찰청에 통보하여야 한다.
② 수사처 외의 다른 수사기관이 검사의 고위공직자범죄 혐의를 발견한 경우 그 수사기관의 장은 사건을 수사처에 이첩하여야 한다.

제26조【수사처검사의 관계 서류와 증거물 송부 등】 ① 수사처검사는 제3조제1항제2호에서 정하는 사건을 제외한 고위공직자범죄등에 관한 수사를 한 때에는 관계 서류와 증거물을 지체 없이 서울중앙지방검찰청 소속 검사에게 송부하여야 한다.
② 제1항에 따라 관계 서류와 증거물을 송부받아 사건을 처리하는 검사는 처장에게 해당 사건의 공소제기 여부를 신속하게 통보하여야 한다.

제27조【관련인지 사건의 이첩】 처장은 고위공직자범죄에 대하여 불기소 결정을 하는 때에는 해당 범죄의 수사과정에서 알게 된 관련범죄 사건을 대검찰청에 이첩하여야 한다.

제28조【형의 집행】 ① 수사처검사가 공소를 제기하는 고위공직자범죄등 사건에 관한 재판이 확정된 경우 제1심 관할지방법원에 대응하는 검찰청 소속 검사가 그 형을 집행한다.
② 제1항의 경우 처장은 원활한 형의 집행을 위하여 해당 사건 및 기록 일체를 관할 검찰청의 장에게 인계한다.

제29조【재정신청에 대한 특례】 ① 고소 · 고발인은 수사처검사로부터 공소를 제기하지 아니한다는 통지를 받은 때에는 서울고등법원에 그 당부에 관한 재정을 신청할 수 있다.
② 제1항에 따른 재정신청을 하려는 사람은 공소를 제기하지 아니한다는 통지를 받은 날부터 30일 이내에 처장에게 재정신청서를 제출하여야 한다.
③ 재정신청서에는 재정신청의 대상이 되는 사건의 범죄사실 및 증거 등 재정신청을 이유 있게 하는 사유를 기재하여야 한다.
④ 제2항에 따라 재정신청서를 제출받은 처장은 재정신청서를 제출받은 날부터 7일 이내에 재정신청서, 의견서, 수사 관계 서류 및 증거물을 서울고등법원에 송부하여야 한다. 다만, 신청이 이유 있는 것으로 인정하는 때에는 즉시 공소를 제기하고 그 취지를 서울고등법

원과 재정신청인에게 통지한다.
⑤ 이 법에서 정한 사항 외에 재정신청에 관하여는 「형사소송법」 제262조 및 제262조의2부터 제262조의4까지의 규정을 준용한다. 이 경우 관할법원은 서울고등법원으로 하고, "지방검찰청검사장 또는 지청장"은 "처장", "검사"는 "수사처검사"로 본다.

제30조 삭제 〈2020. 12. 15.〉

제31조【재판관할】 수사처검사가 공소를 제기하는 고위공직자범죄등 사건의 제1심 재판은 서울중앙지방법원의 관할로 한다. 다만, 범죄지, 증거의 소재지, 피고인의 특별한 사정 등을 고려하여 수사처검사는 「형사소송법」에 따른 관할 법원에 공소를 제기할 수 있다.

제5장 징계

제32조【징계사유】 수사처검사가 다음 각 호의 어느 하나에 해당하면 그 수사처검사를 징계한다.
1. 재직 중 다음 각 목의 어느 하나에 해당하는 행위를 한 때
   가. 정치운동에 관여하는 일
   나. 금전상의 이익을 목적으로 하는 업무에 종사하는 일
   다. 처장의 허가 없이 보수를 받는 직무에 종사하는 일
2. 직무상의 의무를 위반하거나 직무를 게을리하였을 때
3. 직무 관련 여부에 상관없이 수사처검사로서의 체면이나 위신을 손상하는 행위를 하였을 때

제33조【수사처검사징계위원회】 ① 수사처검사의 징계 사건을 심의하기 위하여 수사처에 수사처검사징계위원회(이하 "징계위원회"라 한다)를 둔다.
② 징계위원회는 위원장 1명을 포함한 7명의 위원으로 구성하고, 예비위원 3명을 둔다.

제34조【징계위원회 위원장의 직무와 위원의 임기 등】 ① 징계위원회의 위원장은 차장이 된다. 다만, 차장이 징계혐의자인 경우에는 처장이 위원장이 되고, 처장과 차장이 모두 징계혐의자인 경우에는 수사처규칙으로 정하는 수사처검사가 위원장이 된다.
② 위원은 다음 각 호의 사람이 된다.
1. 위원장이 지명하는 수사처검사 2명
2. 변호사, 법학교수 및 학식과 경험이 풍부한 사람으로서 위원장이 위촉하는 4명

③ 예비위원은 수사처검사 중에서 위원장이 지명하는 사람이 된다.
④ 제2항제2호에 따라 위촉된 위원의 임기는 3년으로 한다.
⑤ 위원장은 징계위원회의 업무를 총괄하고, 회의를 소집하며, 그 의장이 된다.
⑥ 위원장이 부득이한 사유로 직무를 수행할 수 없을 때에는 위원장이 지정하는 위원이 그 직무를 대리하고, 위원장이 지정한 위원이 부득이한 사유로 직무를 수행할 수 없을 때에는 위원장이 지명하는 예비위원이 그 직무를 대리한다.

제35조【징계위원회의 사무직원】 ① 징계위원회에 간사 1명과 서기 몇 명을 둔다.
② 간사는 위원장이 지명하는 수사처검사가 되고, 서기는 수사처 소속 공무원 중에서 위원장이 위촉한다.
③ 간사 및 서기는 위원장의 명을 받아 징계에 관한 기록과 그 밖의 서류의 작성 및 보관에 관한 사무에 종사한다.

제36조【징계의 청구와 개시】 ① 징계위원회의 징계심의는 처장(처장이 징계혐의자인 경우에는 차장을, 처장 및 차장이 모두 징계혐의자인 경우에는 수사처규칙으로 정하는 수사처검사를 말한다. 이하 이 조 및 제38조제1항, 제39조, 제40조제2항, 제42조제1항에서 같다)의 청구에 의하여 시작한다.
② 처장은 수사처검사가 제32조 각 호의 어느 하나에 해당하는 행위를 하였다고 인정할 때에는 제1항의 청구를 하여야 한다.
③ 징계의 청구는 징계위원회에 서면으로 제출하여야 한다.

제37조【징계부가금】 ① 제36조에 따라 처장이 수사처검사에 대하여 징계를 청구하는 경우 그 징계 사유가 금품 및 향응 수수, 공금의 횡령 · 유용인 경우에는 해당 징계 외에 금품 및 향응 수수액, 공금의 횡령액 · 유용액의 5배 내의 징계부가금 부과 의결을 징계위원회에 청구하여야 한다.
② 제1항에 따른 징계부가금의 조정, 감면 및 징수에 관하여는 「국가공무원법」 제78조의2제2항 및 제3항을 준용한다.

제38조【재징계 등의 청구】 ① 처장은 다음 각 호의 어느 하나에 해당하는 사유로 법원에서 징계 및 제37조에 따른 징계부가금 부과(이하 "징계등"이라 한다) 처분의 무효 또는 취소 판결을 받은 경우에는 다시 징계등을 청구하여야 한다. 다만, 제3호의 사유로 무효 또는 취소 판결을 받은 감봉 · 견책 처분에 대해서는 징계등을 청구하지 아니할 수 있다.
1. 법령의 적용, 증거 및 사실 조사에 명백한 흠이 있는 경우
2. 징계위원회의 구성 또는 징계등 의결, 그 밖에 절차상의 흠이 있는 경우
3. 징계양정 및 징계부가금이 과다한 경우

② 처장은 제1항에 따른 징계등을 청구하는 경우에는

법원의 판결이 확정된 날부터 3개월 이내에 징계위원회에 징계등을 청구하여야 하며, 징계위원회에서는 다른 징계사건에 우선하여 징계등을 의결하여야 한다.

제39조【퇴직 희망 수사처검사의 징계사유 확인 등】 ① 처장은 수사처검사가 퇴직을 희망하는 경우에는 제32조에 따른 징계사유가 있는지 여부를 감사원과 검찰 · 경찰, 그 밖의 수사기관에 확인하여야 한다.

② 제1항에 따른 확인 결과 해임, 면직 또는 정직에 해당하는 징계 사유가 있는 경우 처장은 지체 없이 징계등을 청구하여야 하며, 징계위원회는 다른 징계사건에 우선하여 징계등을 의결하여야 한다.

제40조【징계혐의자에 대한 부본 송달과 직무정지】 ① 징계위원회는 징계청구서의 부본을 징계혐의자에게 송달하여야 한다.

② 처장은 필요하다고 인정할 때에는 징계혐의자에게 직무 집행의 정지를 명할 수 있다.

제41조【징계의결】 ① 징계위원회는 사건심의를 마치면 재적위원 과반수의 찬성으로 징계를 의결한다.

② 위원장은 의결에서 표결권을 가지며, 찬성과 반대가 같은 수인 경우에는 결정권을 가진다.

제42조【징계의 집행】 ① 징계의 집행은 견책의 경우에는 처장이 하고, 해임 · 면직 · 정직 · 감봉의 경우에는 처장의 제청으로 대통령이 한다.

② 수사처검사에 대한 징계처분을 한 때에는 그 사실을 관보에 게재 하여야 한다.

제43조【다른 법률의 준용】 이 장에서 정하지 아니한 사항에 대하여는「검사징계법」제3조, 제9조부터 제17조까지, 제19조부터 제21조까지, 제22조(다만, 제2항의 "제23조"는 "제42조"로 본다), 제24조부터 제26조까지의 규정을 준용한다. 이 경우 "검사"는 "수사처검사"로 본다.

제6장 보칙

제44조【파견공무원】 수사처 직무의 내용과 특수성 등을 고려하여 필요한 경우에는 다른 행정기관으로부터 공무원을 파견받을 수 있다.

제45조【조직 및 운영】 이 법에 규정된 사항 외에 수사처의 조직 및 운영에 필요한 사항은 수사처규칙으로 정한다.

제46조【정보제공자의 보호】 ① 누구든지 고위공직자범죄등에 대하여 알게 된 때에는 이에 대한 정보를 수사처에 제공할 수 있으며, 이를 이유로 불이익한 조치를 받지 아니한다.

② 수사처는 내부고발자에게「공익신고자 보호법」에 따른 보호조치 및 지원행위를 할 수 있다. 내부고발자 보호에 관한 세부적인 사항은 대통령령으로 정한다.

제47조【다른 법률의 준용】 그 밖에 수사처검사 및 수사처수사관의 이 법에 따른 직무와 권한 등에 관하여는 이 법의 규정에 반하지 아니하는 한「검찰청법」(다만, 제4조제1항제2호 · 제4호 · 제5호 및 같은 조 제2항은 제외한다), 「형사소송법」을 준용한다. 〈개정 2022. 5. 9.〉

부 칙 〈제16863호, 2020. 1.14. 〉

제1조(시행일) 이 법은 공포 후 6개월이 경과한 날부터 시행한다.

제2조(수사처 설립에 관한 준비행위) 수사처 소속 공무원의 임명 등 수사처의 설립에 필요한 행위 및 그 밖에 이 법 시행을 위하여 필요한 준비행위는 이 법 시행 전에 할 수 있다.

부 칙 〈중략〉

부 칙 〈제18861호, 2022. 5. 9.〉 (검찰청법)

제1조(시행일) 이 법은 공포 후 4개월이 경과한 날부터 시행한다.

제2조 및 제3조 생략

제4조(다른 법률의 개정) ① 고위공직자범죄수사처 설치 및 운영에 관한 법률 일부를 다음과 같이 개정한다.

제47조 중 "제4조제1항제2호, 제4호, 제5호는"을 "제4조제1항제2호 · 제4호 · 제5호 및 같은 조 제2항은"으로 한다.

② 및 ③ 생략

특정강력범죄의 처벌에 관한 특례법

【약칭 : 특정강력범죄법】

〔 1990년 12월 31일 법률 제4295호 제정 〕

개정
1993.12.10.법제4590호, 폭력행위등처벌에관한법률
2005. 8. 4.법제7653호,
2009. 6. 9.법제9765호, 아동·청소년의 성보호에 관한 법률
2010. 3.31.법제10209호,
2010. 4.15.법제10256호,
2010. 4.15.법제10258호, 성폭력범죄의 처벌 등에 관한 특례법
2011. 3. 7.법제10431호,
2011. 9.15.법제11048호, 청소년 보호법
2013. 4. 5.법제11731호, 형법
2012.12.18.법제11556호, 성폭력범죄의 처벌 등에 관한 특례법
2012.12.18.법제11572호, 아동·청소년의 성보호에 관한 법률
2012.12.18.법제11574호, 형법
2013. 4. 5.법제11731호, 형법
2014. 1. 7.법제12198호,
2016. 1. 6.법제13716호,

제1조【목적】 이 법은 기본적 윤리와 사회질서를 침해하는 특정강력범죄에 대한 처벌과 그 절차에 관한 특례를 규정함으로써 국민의 생명과 신체의 안전을 보장하고 범죄로부터 사회를 지키는 것을 목적으로 한다.
[전문개정 2010. 3. 31.]

제2조【적용 범위】 ① 이 법에서 "특정강력범죄"란 다음 각 호의 어느 하나에 해당하는 죄를 말한다. 〈개정 2010. 4. 15., 2011. 3. 7., 2012. 12. 18., 2013. 4. 5., 2016. 1. 6.〉

1. 「형법」 제2편제24장 살인의 죄 중 제250조[살인·존속살해(尊屬殺害)], 제253조[위계(僞計)등에 의한 촉탁살인(囑託殺人)등] 및 제254조(미수범. 다만, 제251조 및 제252조의 미수범은 제외한다)의 죄
2. 「형법」 제2편제31장 약취(略取), 유인(誘引) 및 인신매매의 죄 중 제287조부터 제291조까지 및 제294조(제292조제1항의 미수범은 제외한다)의 죄
3. 「형법」 제2편제32장 강간과 추행의 죄 중 제301조(강간등 상해·치상), 제301조의2(강간등 살인·치사)의 죄 및 흉기나 그 밖의 위험한 물건을 휴대하거나 2명 이상이 합동하여 범한 제297조(강간), 제297조의2(유사강간), 제298조(강제추행), 제299조(준강간·준강제추행), 제300조(미수범) 및 제305조(미성년자에 대한 간음, 추행)의 죄
4. 「형법」 제2편제32장 강간과 추행의 죄, 「성폭력범죄의 처벌 등에 관한 특례법」 제3조부터 제10조까지 및 제15조(제13조의 미수범은 제외한다)의 죄 또는 「아동·청소년의 성보호에 관한 법률」 제13조의 죄로 두 번 이상 실형을 선고받은 사람이 범한 「형법」 제297조, 제297조의2, 제298조부터 제300조까지, 제305조 및 「아동·청소년의 성보호에 관한 법률」 제13조의 죄
5. 「형법」 제2편제38장 절도와 강도의 죄 중 제333조(강도), 제334조(특수강도), 제335조(준강도), 제336조(인질강도), 제337조(강도상해·치상), 제338조(강도살인·치사), 제339조(강도강간), 제340조(해상강도), 제341조(상습범) 및 제342조(미수범. 다만, 제329조부터 제331조까지, 제331조의2 및 제332조의 미수범은 제외한다)의 죄
6. 「폭력행위 등 처벌에 관한 법률」 제4조(단체 등의 구성·활동)의 죄

② 제1항 각 호의 범죄로서 다른 법률에 따라 가중처벌하는 죄는 특정강력범죄로 본다.
[전문개정 2010. 3. 31.]

제3조【누범의 형】 특정강력범죄로 형(刑)을 선고받고 그 집행이 끝나거나 면제된 후 3년 이내에 다시 특정강력범죄를 범한 경우(「형법」 제337조의 죄 및 그 미수(未遂)의 죄를 범하여 「특정범죄 가중처

벌 등에 관한 법률」 제5조의5에 따라 가중처벌되는 경우는 제외한다)에는 그 죄에 대하여 정하여진 형의 장기(長期) 및 단기(短期)의 2배까지 가중한다. 〈개정 2014. 1. 7.〉
[전문개정 2010. 3. 31.]
[2014. 1. 7. 법률 제12198호에 의하여 2008. 12. 26. 위헌결정된 이 조를 개정함.]

제4조【소년에 대한 형】 ① 특정강력범죄를 범한 당시 18세 미만인 소년을 사형 또는 무기형에 처하여야 할 때에는 「소년법」 제59조에도 불구하고 그 형을 20년의 유기징역으로 한다.
② 특정강력범죄를 범한 소년에 대하여 부정기형(不定期刑)을 선고할 때에는 「소년법」 제60조제1항 단서에도 불구하고 장기는 15년, 단기는 7년을 초과하지 못한다.
[전문개정 2010. 3. 31.]

제5조【집행유예의 결격기간】 특정강력범죄로 형을 선고받고 그 집행이 끝나거나 면제된 후 10년이 지나지 아니한 사람이 다시 특정강력범죄를 범한 경우에는 형의 집행을 유예하지 못한다.
[전문개정 2010. 3. 31.]

제6조【보석 등의 취소】 법원은 특정강력범죄사건의 피고인이 피해자나 그 밖에 사건의 재판에 필요한 사실을 알고 있다고 인정되는 사람 또는 그 친족의 생명·신체나 재산에 해를 끼치거나 끼칠 염려가 있다고 믿을 만한 충분한 이유가 있을 때에는 법원의 직권 또는 검사의 청구에 의하여 결정으로 보석 또는 구속의 집행정지를 취소할 수 있다.
[전문개정 2010. 3. 31.]

제7조【증인에 대한 신변안전조치】 ① 검사는 특정강력범죄사건의 증인이 피고인 또는 그 밖의 사람으로부터 생명·신체에 해를 입거나 입을 염려가 있다고 인정될 때에는 관할 경찰서장에게 증인의 신변안전을 위하여 필요한 조치를 할 것을 요청하여야 한다.
② 증인은 검사에게 제1항의 조치를 하도록 청구할 수 있다.
③ 재판장은 검사에게 제1항의 조치를 하도록 요청할 수 있다.
④ 제1항의 요청을 받은 관할 경찰서장은 즉시 증인의 신변안전을 위하여 필요한 조치를 하고 그 사실을 검사에게 통보하여야 한다.
[전문개정 2010. 3. 31.]

제8조【출판물 게재 등으로부터의 피해자 보호】 특정강력범죄 중 제2조제1항제2호부터 제6호까지 및 같은 조 제2항(제1항제1호는 제외한다)에 규정된 범죄로 수사 또는 심리(審理) 중에 있는 사건의 피해자나 특정강력범죄로 수사 또는 심리 중에 있는 사건을 신고하거나 고발한 사람에 대하여는 성명, 나이, 주소, 직업, 용모 등에 의하여 그가 피해자이거나 신고 또는 고발한 사람임을 미루어 알 수 있는 정도의 사실이나 사진을 신문 또는 그 밖의 출판물에 싣거나 방송 또는 유선방송하지 못한다. 다만, 피해자, 신고하거나 고발한 사람 또는 그 법정대리인(피해자, 신고 또는 고발한 사람이 사망한 경우에는 그 배우자, 직계친족 또는 형제자매)이 명시적으로 동의한 경우에는 그러하지 아니하다.
[전문개정 2010. 3. 31.]

제8조의2【피의자의 얼굴 등 공개】 삭제 〈2023. 10. 24.〉

제9조【소송 진행의 협의】 ① 법원은 특정강력범죄에 관하여 검사 및 변호인과 공판기일의 지정이나 그 밖에 소송의 진행에 필요한 사항을 협의할 수 있다.
② 제1항의 협의는 소송 진행에 필요한 최소한의 범위에서 하여야 하며, 판결에 영향을 주어서는 아니 된다.
③ 특정강력범죄에 관하여 증거서류 또는 증거물의 조사를 청구하는 경우에는 상대방에게 미리 열람할 기회를 주어야 한다. 다만, 상대방이 이의를 제기하지 아니하는 경우에는 그러하지 아니하다.
[전문개정 2010. 3. 31.]

제10조【집중심리】 ① 법원은 특정강력범죄사건의 심리를 하는 데에 2일 이상이 걸리는 경우에는 가능하면 매일 계속 개정(開廷)하여 집중심리(集中審理)를 하여야 한다.
② 재판장은 특별한 사정이 없으면 직전 공판기일부터 7일 이내로 다음 공판기일을 지정하여야 한다.
③ 재판장은 소송 관계인이 공판기일을 준수하도록 요청하여야 하며, 이에 필요한 조치를 할 수 있다.
[전문개정 2010. 3. 31.]

제11조【공판정에서의 신체구속】 재판장은 특정강력범죄로 공소제기된 피고인이 폭력을 행사하거나 도망할 염려가 있다고 인정할 때에는 공판정에서 피고인의 신체를 구속할 것을 명하거나 그 밖에 필요한 조치를 할 수 있다.
[전문개정 2010. 3. 31.]

제12조【간이공판절차의 결정】 ① 특정강력범죄의 피고인이 공판정에서 공소사실을 자백한 경우에는 법원은 간이공판절차에 따라 심판할 것을 결정할 수 있다. 특정강력범죄와 다른 죄가 병합(併合)된 경우에도 같다.

② 제1항의 결정이 있는 사건에 대하여는「형사소송법」제286조의3, 제297조의2, 제301조의2 및 제318조의3을 준용한다.
[전문개정 2010. 3. 31.]

제13조【판결선고】 법원은 특정강력범죄사건에 관하여 변론을 종결한 때에는 신속하게 판결을 선고하여야 한다. 복잡한 사건이거나 그 밖에 특별한 사정이 있는 경우에도 판결의 선고는 변론 종결일부터 14일을 초과하지 못한다.
[전문개정 2010. 3. 31.]

부칙 〈제4295호, 1990. 12. 31.〉

①(시행일) 이 법은 1991년 1월 1일부터 시행한다.
②(벌칙에 관한 경과조치) 제2조 내지 제5조의 규정은 이 법 시행전에 범한 죄에는 이를 적용하지 아니한다. 1개의 죄가 이 법 시행 전후에 걸쳐서 행하여진 때에는 이 법 시행전에 범한 것으로 본다.
③(벌칙에 관한 경과조치) 제6조 내지 제13조의 규정은 이 법 시행전에 공소가 제기된 사건에 대하여는 이를 적용하지 아니한다.

부칙 〈중략〉

부칙 〈제13716호, 2016. 1. 6.〉

이 법은 공포한 날부터 시행한다.

성폭력범죄의 처벌 등에 관한 특례법(약칭: 성폭력처벌법)

[2010년 4월 15일 법 률 제10258호 제정]

개정
2011. 8. 4. 제11005호 의료법 일부개정법률
2011. 4. 7. 제10567호
2011.11.17. 제11088호
2011. 9.15. 제11048호 청소년보호법 전부개정법률
2012. 1.17. 제11162호
2012.12.18. 제11556호
2013. 4. 5. 제11729호
2013. 4. 5. 제11731호 형법 일부개정법률
2014.12.30. 제12889호
2016.12.20. 제14412호
2017.12.12. 제15156호
2018.10.16. 제15792호
2018.12.18. 제15977호
2019. 8.20. 제16445호
2020. 2. 4. 제16914호
2020. 2. 4. 제16923호 전자장치 부착 등에 관한 법률
2020. 3.24. 제17086호
2020. 5.19. 제17264호
2020.10.20. 제17507호
2021. 9.24. 제18465호 군사법원법
2023. 7.11. 제19517호
2023.10.24. 제19743호
2024. 1.16. 제20005호

제1장 총칙

제1조 【목적】 이 법은 성폭력범죄의 처벌 및 그 절차에 관한 특례를 규정함으로써 성폭력범죄 피해자의 생명과 신체의 안전을 보장하고 건강한 사회질서의 확립에 이바지함을 목적으로 한다.

제2조 【정의】 ① 이 법에서 "성폭력범죄"란 다음 각 호의 어느 하나에 해당하는 죄를 말한다. 〈개정 2013. 4. 5., 2016. 12. 20.〉

1. 「형법」 제2편제22장 성풍속에 관한 죄 중 제242조(음행매개), 제243조(음화반포등), 제244조(음화제조등) 및 제245조(공연음란)의 죄
2. 「형법」 제2편제31장 약취(略取), 유인(誘引) 및 인신매매의 죄 중 추행, 간음 또는 성매매와 성적 착취를 목적으로 범한 제288조 또는 추행, 간음 또는 성매매와 성적 착취를 목적으로 범한 제289조, 제290조(추행, 간음 또는 성매매와 성적 착취를 목적으로 제288조 또는 추행, 간음 또는 성매매와 성적 착취를 목적으로 제289조의 죄를 범하여 약취, 유인, 매매된 사람을 상해하거나 상해에 이르게 한 경우에 한정한다), 제291조(추행, 간음 또는 성매매와 성적 착취를 목적으로 제288조 또는 추행, 간음 또는 성매매와 성적 착취를 목적으로 제289조의 죄를 범하여 약취, 유인, 매매된 사람을 살해하거나 사망에 이르게 한 경우에 한정한다), 제292조[추행, 간음 또는 성매매와 성적 착취를 목적으로 한 제288조 또는 추행, 간음 또는 성매매와 성적 착취를 목적으로 한 제289조의 죄로 약취, 유인, 매매된 사람을 수수(授受) 또는 은닉한 죄, 추행, 간음 또는 성매매와 성적 착취를 목적으로 한 제288조 또는 추행, 간음 또는 성매매와 성적 착취를 목적으로 한 제289조의 죄를 범할 목적으로 사람을 모집, 운송, 전달한 경우에 한정한다] 및 제294조(추행, 간음 또는 성매매와 성적 착취를 목적으로 범한 제288조의 미수범 또는 추행, 간음 또는 성매매와 성적 착취를 목적으로 범한 제289조의 미수범, 추행, 간음 또는 성매매와 성적 착취를 목적으로 제288조 또는 추행, 간음 또는 성매매와 성적 착취를 목적으로 제289조의 죄를 범하여 발생한 제290조제1항의 미수범 또는 추행, 간음 또는 성매매와 성적 착취를 목적으로 제288조 또는 추행, 간음 또는 성매매와 성적 착취를 목적으로 제289조의 죄를 범하여 발생한 제291조제1항의 미수범 및 제292조제1항의 미수범 중 추행, 간음 또는 성매매와 성적 착취를 목적으로 약취, 유인, 매매된 사람을 수수, 은닉한 죄의 미수범으로 한정한다)의 죄
3. 「형법」 제2편제32장 강간과 추행의 죄 중 제297조(강간), 제297조의2(유사강간), 제298조(강제추행), 제299조(준강간, 준강제추행), 제300조(미수범), 제301조(강간등 상해 · 치상), 제301조의2(강간등 살인 · 치사), 제302조(미성년자등에 대한 간음), 제303조(업무상위력등에 의한 간음) 및 제305조(미성년자에 대한 간음, 추행)의 죄
4. 「형법」 제339조(강도강간)의 죄 및 제342조(제339조의 미수범으로 한정한다)의 죄
5. 이 법 제3조(특수강도강간 등)부터 제15조(미수범)까지의 죄

② 제1항 각 호의 범죄로서 다른 법률에 따라 가중처벌되는 죄는 성폭력범죄로 본다.

제2장 성폭력범죄의 처벌 및 절차에 관한 특례

제3조【특수강도강간 등】 ①「형법」 제319조제1항(주거침입), 제330조(야간주거침입절도), 제331조(특수절도) 또는 제342조(미수범. 다만, 제330조 및 제331조의 미수범으로 한정한다)의 죄를 범한 사람이 같은 법 제297조(강간), 제297조의2(유사강간), 제298조(강제추행) 및 제299조(준강간, 준강제추행)의 죄를 범한 경우에는 무기징역 또는 7년 이상의 징역에 처한다. 〈개정 2020. 5. 19.〉

②「형법」 제334조(특수강도) 또는 제342조(미수범. 다만, 제334조의 미수범으로 한정한다)의 죄를 범한 사람이 같은 법 제297조(강간), 제297조의2(유사강간), 제298조(강제추행) 및 제299조(준강간, 준강제추행)의 죄를 범한 경우에는 사형, 무기징역 또는 10년 이상의 징역에 처한다.

제4조【특수강간 등】 ① 흉기나 그 밖의 위험한 물건을 지닌 채 또는 2명 이상이 합동하여「형법」 제297조(강간)의 죄를 범한 사람은 무기징역 또는 7년 이상의 징역에 처한다. 〈개정 2020. 5. 19.〉

② 제1항의 방법으로「형법」 제298조(강제추행)의 죄를 범한 사람은 5년 이상의 유기징역에 처한다. 〈개정 2020. 5. 19.〉

③ 제1항의 방법으로「형법」 제299조(준강간, 준강제추행)의 죄를 범한 사람은 제1항 또는 제2항의 예에 따라 처벌한다.

제5조【친족관계에 의한 강간 등】 ① 친족관계인 사람이 폭행 또는 협박으로 사람을 강간한 경우에는 7년 이상의 유기징역에 처한다.

② 친족관계인 사람이 폭행 또는 협박으로 사람을 강제추행한 경우에는 5년 이상의 유기징역에 처한다.

③ 친족관계인 사람이 사람에 대하여「형법」 제299조(준강간, 준강제추행)의 죄를 범한 경우에는 제1항 또는 제2항의 예에 따라 처벌한다.

④ 제1항부터 제3항까지의 친족의 범위는 4촌 이내의 혈족·인척과 동거하는 친족으로 한다.

⑤ 제1항부터 제3항까지의 친족은 사실상의 관계에 의한 친족을 포함한다.

제6조【장애인에 대한 강간·강제추행 등】 ① 신체적인 또는 정신적인 장애가 있는 사람에 대하여「형법」 제297조(강간)의 죄를 범한 사람은 무기징역 또는 7년 이상의 징역에 처한다.

② 신체적인 또는 정신적인 장애가 있는 사람에 대하여 폭행이나 협박으로 다음 각 호의 어느 하나에 해당하는 행위를 한 사람은 5년 이상의 유기징역에 처한다.

1. 구강·항문 등 신체(성기는 제외한다)의 내부에 성기를 넣는 행위
2. 성기·항문에 손가락 등 신체(성기는 제외한다)의 일부나 도구를 넣는 행위

③ 신체적인 또는 정신적인 장애가 있는 사람에 대하여「형법」 제298조(강제추행)의 죄를 범한 사람은 3년 이상의 유기징역 또는 3천만원 이상 5천만원 이하의 벌금에 처한다. 〈개정 2020. 5. 19.〉

④ 신체적인 또는 정신적인 장애로 항거불능 또는 항거곤란 상태에 있음을 이용하여 사람을 간음하거나 추행한 사람은 제1항부터 제3항까지의 예에 따라 처벌한다.

⑤ 위계(僞計) 또는 위력(威力)으로써 신체적인 또는 정신적인 장애가 있는 사람을 간음한 사람은 5년 이상의 유기징역에 처한다.

⑥ 위계 또는 위력으로써 신체적인 또는 정신적인 장애가 있는 사람을 추행한 사람은 1년 이상의 유기징역 또는 1천만원 이상 3천만원 이하의 벌금에 처한다.

⑦ 장애인의 보호, 교육 등을 목적으로 하는 시설의 장 또는 종사자가 보호, 감독의 대상인 장애인에 대하여 제1항부터 제6항까지의 죄를 범한 경우에는 그 죄에 정한 형의 2분의 1까지 가중한다.

제7조【13세 미만의 미성년자에 대한 강간, 강제추행 등】 ① 13세 미만의 사람에 대하여「형법」 제297조(강간)의 죄를 범한 사람은 무기징역 또는 10년 이상의 징역에 처한다.

② 13세 미만의 사람에 대하여 폭행이나 협박으로 다음 각 호의 어느 하나에 해당하는 행위를 한 사람은 7년 이상의 유기징역에 처한다.

1. 구강·항문 등 신체(성기는 제외한다)의 내부에 성기를 넣는 행위
2. 성기·항문에 손가락 등 신체(성기는 제외한다)의 일부나 도구를 넣는 행위

③ 13세 미만의 사람에 대하여「형법」 제298조(강제추행)의 죄를 범한 사람은 5년 이상의 유기징역에 처한다. 〈개정 2020. 5. 19.〉

④ 13세 미만의 사람에 대하여「형법」 제299조(준강간, 준강제추행)의 죄를 범한 사람은 제1항부터 제3항까지의 예에 따라 처벌한다.

⑤ 위계 또는 위력으로써 13세 미만의 사람을 간음하거나 추행한 사람은 제1항부터 제3항까지의 예에 따라 처벌한다.

제8조【강간 등 상해·치상】 ① 제3조제1항, 제4조, 제6조, 제7조 또는 제15조(제3조제1항, 제4조, 제6조 또는 제7조의 미수범으로 한정한다)의 죄를 범한 사람이 다른 사람을 상해하거나 상해에 이르게 한 때에는 무기징역 또는 10년 이상의 징역에 처한다.

② 제5조 또는 제15조(제5조의 미수범으로 한정한다)의 죄를 범한 사람이 다른 사람을 상해하거나 상해에 이르게 한 때에는 무기징역 또는 7년 이상의 징역에 처한다.

제9조【강간 등 살인·치사】 ① 제3조부터 제7조까

지, 제15조(제3조부터 제7조까지의 미수범으로 한정한다)의 죄 또는 「형법」 제297조(강간), 제297조의2(유사강간) 및 제298조(강제추행)부터 제300조(미수범)까지의 죄를 범한 사람이 다른 사람을 살해한 때에는 사형 또는 무기징역에 처한다.
② 제4조, 제5조 또는 제15조(제4조 또는 제5조의 미수범으로 한정한다)의 죄를 범한 사람이 다른 사람을 사망에 이르게 한 때에는 무기징역 또는 10년 이상의 징역에 처한다.
③ 제6조, 제7조 또는 제15조(제6조 또는 제7조의 미수범으로 한정한다)의 죄를 범한 사람이 다른 사람을 사망에 이르게 한 때에는 사형, 무기징역 또는 10년 이상의 징역에 처한다.

제10조【업무상 위력 등에 의한 추행】 ① 업무, 고용이나 그 밖의 관계로 인하여 자기의 보호, 감독을 받는 사람에 대하여 위계 또는 위력으로 추행한 사람은 3년 이하의 징역 또는 1천500만원 이하의 벌금에 처한다. 〈개정 2018. 10. 16.〉
② 법률에 따라 구금된 사람을 감호하는 사람이 그 사람을 추행한 때에는 5년 이하의 징역 또는 2천만원 이하의 벌금에 처한다. 〈개정 2018. 10. 16.〉

제11조【공중 밀집 장소에서의 추행】 대중교통수단, 공연·집회 장소, 그 밖에 공중(公衆)이 밀집하는 장소에서 사람을 추행한 사람은 3년 이하의 징역 또는 3천만원 이하의 벌금에 처한다. 〈개정 2020. 5. 19.〉

제12조【성적 목적을 위한 다중이용장소 침입행위】 자기의 성적 욕망을 만족시킬 목적으로 화장실, 목욕장·목욕실 또는 발한실(發汗室), 모유수유시설, 탈의실 등 불특정 다수가 이용하는 다중이용장소에 침입하거나 같은 장소에서 퇴거의 요구를 받고 응하지 아니하는 사람은 1년 이하의 징역 또는 1천만원 이하의 벌금에 처한다. 〈개정 2017. 12. 12., 2020. 5. 19.〉
[제목개정 2017. 12. 12.]

제13조【통신매체를 이용한 음란행위】 자기 또는 다른 사람의 성적 욕망을 유발하거나 만족시킬 목적으로 전화, 우편, 컴퓨터, 그 밖의 통신매체를 통하여 성적 수치심이나 혐오감을 일으키는 말, 음향, 글, 그림, 영상 또는 물건을 상대방에게 도달하게 한 사람은 2년 이하의 징역 또는 2천만원 이하의 벌금에 처한다. 〈개정 2020. 5. 19.〉

제14조【카메라 등을 이용한 촬영】 ① 카메라나 그 밖에 이와 유사한 기능을 갖춘 기계장치를 이용하여 성적 욕망 또는 수치심을 유발할 수 있는 사람의 신체를 촬영대상자의 의사에 반하여 촬영한 자는 7년 이하의 징역 또는 5천만원 이하의 벌금에 처한다. 〈개정 2018. 12. 18., 2020. 5. 19.〉
② 제1항에 따른 촬영물 또는 복제물(복제물의 복제물을 포함한다. 이하 이 조에서 같다)을 반포·판매·임대·제공 또는 공공연하게 전시·상영(이하 "반포등"이라 한다)한 자 또는 제1항의 촬영이 촬영 당시에는 촬영대상자의 의사에 반하지 아니한 경우(자신의 신체를 직접 촬영한 경우를 포함한다)에도 사후에 그 촬영물 또는 복제물을 촬영대상자의 의사에 반하여 반포등을 한 자는 7년 이하의 징역 또는 5천만원 이하의 벌금에 처한다. 〈개정 2018. 12. 18., 2020. 5. 19.〉
③ 영리를 목적으로 촬영대상자의 의사에 반하여 「정보통신망 이용촉진 및 정보보호 등에 관한 법률」 제2조제1항제1호의 정보통신망(이하 "정보통신망"이라 한다)을 이용하여 제2항의 죄를 범한 자는 3년 이상의 유기징역에 처한다. 〈개정 2018. 12. 18., 2020. 5. 19.〉
④ 제1항 또는 제2항의 촬영물 또는 복제물을 소지·구입·저장 또는 시청한 자는 3년 이하의 징역 또는 3천만원 이하의 벌금에 처한다. 〈신설 2020. 5. 19.〉
⑤ 상습으로 제1항부터 제3항까지의 죄를 범한 때에는 그 죄에 정한 형의 2분의 1까지 가중한다. 〈신설 2020. 5. 19.〉

제14조의2【허위영상물 등의 반포등】 ① 반포등을 할 목적으로 사람의 얼굴·신체 또는 음성을 대상으로 한 촬영물·영상물 또는 음성물(이하 이 조에서 "영상물등"이라 한다)을 영상물등의 대상자의 의사에 반하여 성적 욕망 또는 수치심을 유발할 수 있는 형태로 편집·합성 또는 가공(이하 이 조에서 "편집등"이라 한다)한 자는 5년 이하의 징역 또는 5천만원 이하의 벌금에 처한다.
② 제1항에 따른 편집물·합성물·가공물(이하 이 항에서 "편집물등"이라 한다) 또는 복제물(복제물의 복제물을 포함한다. 이하 이 항에서 같다)을 반포등을 한 자 또는 제1항의 편집등을 할 당시에는 영상물등의 대상자의 의사에 반하지 아니한 경우에도 사후에 그 편집물등 또는 복제물을 영상물등의 대상자의 의사에 반하여 반포등을 한 자는 5년 이하의 징역 또는 5천만원 이하의 벌금에 처한다.
③ 영리를 목적으로 영상물등의 대상자의 의사에 반하여 정보통신망을 이용하여 제2항의 죄를 범한 자는 7년 이하의 징역에 처한다.
④ 상습으로 제1항부터 제3항까지의 죄를 범한 때에는 그 죄에 정한 형의 2분의 1까지 가중한다. 〈신설 2020. 5. 19.〉
〈본조신설 2020. 3. 24.〉

제14조의3【촬영물 등을 이용한 협박·강요】 ① 성적 욕망 또는 수치심을 유발할 수 있는 촬영물 또는 복제물(복제물의 복제물을 포함한다)을 이용하여 사람을 협박한 자는 1년 이상의 유기징역에 처한다.
② 제1항에 따른 협박으로 사람의 권리행사를 방해하거

나 의무 없는 일을 하게 한 자는 3년 이상의 유기징역에 처한다.
③ 상습으로 제1항 및 제2항의 죄를 범한 경우에는 그 죄에 정한 형의 2분의 1까지 가중한다.
〈본조신설 2020. 5. 19.〉

제15조【미수범】 제3조부터 제9조까지, 제14조, 제14조의2 및 제14조의3의 미수범은 처벌한다.
〈전문개정 2020. 5. 19.〉

제15조의2【예비, 음모】 제3조부터 제7조까지의 죄를 범할 목적으로 예비 또는 음모한 사람은 3년 이하의 징역에 처한다.
〈본조신설 2020. 5. 19.〉

제16조【형벌과 수강명령 등의 병과】 ① 법원이 성폭력범죄를 범한 사람에 대하여 형의 선고를 유예하는 경우에는 1년 동안 보호관찰을 받을 것을 명할 수 있다. 다만, 성폭력범죄를 범한 「소년법」 제2조에 따른 소년에 대하여 형의 선고를 유예하는 경우에는 반드시 보호관찰을 명하여야 한다.
② 법원이 성폭력범죄를 범한 사람에 대하여 유죄판결(선고유예는 제외한다)을 선고하거나 약식명령을 고지하는 경우에는 500시간의 범위에서 재범예방에 필요한 수강명령 또는 성폭력 치료프로그램의 이수명령(이하 "이수명령"이라 한다)을 병과하여야 한다. 다만, 수강명령 또는 이수명령을 부과할 수 없는 특별한 사정이 있는 경우에는 그러하지 아니하다. 〈개정 2016. 12. 20.〉
③ 성폭력범죄를 범한 자에 대하여 제2항의 수강명령은 형의 집행을 유예할 경우에 그 집행유예기간 내에서 병과하고, 이수명령은 벌금 이상의 형을 선고하거나 약식명령을 고지할 경우에 병과한다. 다만, 이수명령은 성폭력범죄자가 「전자장치 부착 등에 관한 법률」 제9조의2제1항제4호에 따른 이수명령을 부과받은 경우에는 병과하지 아니한다. 〈개정 2016. 12. 20., 2020. 2. 4.〉
④ 법원이 성폭력범죄를 범한 사람에 대하여 형의 집행을 유예하는 경우에는 제2항에 따른 수강명령 외에 그 집행유예기간 내에서 보호관찰 또는 사회봉사 중 하나 이상의 처분을 병과할 수 있다.
⑤ 제2항에 따른 수강명령 또는 이수명령은 형의 집행을 유예할 경우에는 그 집행유예기간 내에, 벌금형을 선고하거나 약식명령을 고지할 경우에는 형 확정일부터 6개월 이내에, 징역형 이상의 실형(實刑)을 선고할 경우에는 형기 내에 각각 집행한다. 다만, 수강명령 또는 이수명령은 성폭력범죄를 범한 사람이 「아동·청소년의 성보호에 관한 법률」 제21조에 따른 수강명령 또는 이수명령을 부과받은 경우에는 병과하지 아니한다.
〈개정 2016. 12. 20.〉
⑥ 제2항에 따른 수강명령 또는 이수명령이 벌금형 또는 형의 집행유예와 병과된 경우에는 보호관찰소의 장이 집행하고, 징역형 이상의 실형(치료감호와 징역형 이상의 실형이 병과된 경우를 포함한다. 이하 이 항에서 같다)과 병과된 경우에는 교정시설의 장 또는 치료감호시설의 장(이하 "교정시설등의 장"이라 한다)이 집행한다. 다만, 징역형 이상의 실형과 병과된 이수명령을 모두 이행하기 전에 석방 또는 가석방되거나 미결구금일수 산입 등의 사유로 형을 집행할 수 없게 된 경우에는 보호관찰소의 장이 남은 이수명령을 집행한다.
〈개정 2024. 1. 16.〉
⑦ 제2항에 따른 수강명령 또는 이수명령은 다음 각 호의 내용으로 한다.
1. 일탈적 이상행동의 진단·상담
2. 성에 대한 건전한 이해를 위한 교육
3. 그 밖에 성폭력범죄를 범한 사람의 재범예방을 위하여 필요한 사항

⑧ 성폭력범죄를 범한 사람으로서 형의 집행 중에 가석방된 사람은 가석방기간 동안 보호관찰을 받는다. 다만, 가석방을 허가한 행정관청이 보호관찰을 할 필요가 없다고 인정한 경우에는 그러하지 아니하다.
⑨ 보호관찰, 사회봉사, 수강명령 및 이수명령에 관하여 이 법에서 규정한 사항 외의 사항에 대하여는 「보호관찰 등에 관한 법률」을 준용한다.

제17조【판결 전 조사】 ① 법원은 성폭력범죄를 범한 피고인에 대하여 제16조에 따른 보호관찰, 사회봉사, 수강명령 또는 이수명령을 부과하기 위하여 필요하다고 인정하면 그 법원의 소재지 또는 피고인의 주거지를 관할하는 보호관찰소의 장에게 피고인의 신체적·심리적 특성 및 상태, 정신성적 발달과정, 성장배경, 가정환경, 직업, 생활환경, 교우관계, 범행동기, 병력(病歷), 피해자와의 관계, 재범위험성 등 피고인에 관한 사항의 조사를 요구할 수 있다.
② 제1항의 요구를 받은 보호관찰소의 장은 지체 없이 이를 조사하여 서면으로 해당 법원에 알려야 한다. 이 경우 필요하다고 인정하면 피고인이나 그 밖의 관계인을 소환하여 심문하거나 소속 보호관찰관에게 필요한 사항을 조사하게 할 수 있다.
③ 법원은 제1항의 요구를 받은 보호관찰소의 장에게 조사진행상황에 관한 보고를 요구할 수 있다

제18조【고소 제한에 대한 예외】 성폭력범죄에 대하여는 「형사소송법」 제224조(고소의 제한) 및 「군사법원법」 제266조에도 불구하고 자기 또는 배우자의 직계존속을 고소할 수 있다. 〈개정 2013. 4. 5.〉

제19조 삭제 〈2013. 4. 5.〉

제20조【「형법」상 감경규정에 관한 특례】 음주 또는 약물로 인한 심신장애 상태에서 성폭력범죄(제2

조제1항제1호의 죄는 제외한다)를 범한 때에는 「형법」 제10조제1항 · 제2항 및 제11조를 적용하지 아니할 수 있다.

제21조 【공소시효에 관한 특례】 ① 미성년자에 대한 성폭력범죄의 공소시효는 「형사소송법」 제252조제1항 및 「군사법원법」 제294조제1항에도 불구하고 해당 성폭력범죄로 피해를 당한 미성년자가 성년에 달한 날부터 진행한다. 〈개정 2013. 4. 5.〉

② 제2조제3호 및 제4호의 죄와 제3조부터 제9조까지의 죄는 디엔에이(DNA)증거 등 그 죄를 증명할 수 있는 과학적인 증거가 있는 때에는 공소시효가 10년 연장된다.

③ 13세 미만의 사람 및 신체적인 또는 정신적인 장애가 있는 사람에 대하여 다음 각 호의 죄를 범한 경우에는 제1항과 제2항에도 불구하고 「형사소송법」 제249조부터 제253조까지 및 「군사법원법」 제291조부터 제295조까지에 규정된 공소시효를 적용하지 아니한다. 〈개정 2019. 8. 20., 2020. 5. 19.〉

1. 「형법」 제297조(강간), 제298조(강제추행), 제299조(준강간, 준강제추행), 제301조(강간등 상해 · 치상), 제301조의2(강간등 살인 · 치사) 또는 제305조(미성년자에 대한 간음, 추행)의 죄
2. 제6조제2항, 제7조제2항 및 제5항, 제8조, 제9조의 죄
3. 「아동 · 청소년의 성보호에 관한 법률」 제9조 또는 제10조의 죄

④ 다음 각 호의 죄를 범한 경우에는 제1항과 제2항에도 불구하고 「형사소송법」 제249조부터 제253조까지 및 「군사법원법」 제291조부터 제295조까지에 규정된 공소시효를 적용하지 아니한다. 〈개정 2013. 4. 5.〉

1. 「형법」 제301조의2(강간등 살인 · 치사)의 죄(강간등 살인에 한정한다)
2. 제9조제1항의 죄
3. 「아동 · 청소년의 성보호에 관한 법률」 제10조제1항의 죄
4. 「군형법」 제92조의8의 죄(강간 등 살인에 한정한다)

제22조 【「특정강력범죄의 처벌에 관한 특례법」의 준용】 성폭력범죄에 대한 처벌절차에는 「특정강력범죄의 처벌에 관한 특례법」 제7조(증인에 대한 신변안전조치), 제8조(출판물 게재 등으로부터의 피해자 보호), 제9조(소송 진행의 협의), 제12조(간이공판절차의 결정) 및 제13조(판결선고)를 준용한다.

제23조 【피해자, 신고인 등에 대한 보호조치】 법원 또는 수사기관이 성폭력범죄의 피해자, 성폭력범죄를 신고(고소 · 고발을 포함한다)한 사람을 증인으로 신문하거나 조사하는 경우에는 「특정범죄신고자 등 보호법」 제5조 및 제7조부터 제13조까지의 규정을 준용한다. 이 경우 「특정범죄신고자 등 보호법」 제9조와 제13조를 제외하고는 보복을 당할 우려가 있음을 요하지 아니한다.

제24조 【피해자의 신원과 사생활 비밀 누설 금지】 ① 성폭력범죄의 수사 또는 재판을 담당하거나 이에 관여하는 공무원 또는 그 직에 있었던 사람은 피해자의 주소, 성명, 나이, 직업, 학교, 용모, 그 밖에 피해자를 특정하여 파악할 수 있게 하는 인적사항과 사진 등 또는 그 피해자의 사생활에 관한 비밀을 공개하거나 다른 사람에게 누설하여서는 아니 된다.

② 누구든지 제1항에 따른 피해자의 주소, 성명, 나이, 직업, 학교, 용모, 그 밖에 피해자를 특정하여 파악할 수 있는 인적사항이나 사진 등을 피해자의 동의를 받지 아니하고 신문 등 인쇄물에 싣거나 「방송법」 제2조제1호에 따른 방송 또는 정보통신망을 통하여 공개하여서는 아니 된다.

제25조 【피의자의 얼굴 등 공개】 삭제 〈2023. 10. 24.〉

제26조 【성폭력범죄의 피해자에 대한 전담조사제】 ① 검찰총장은 각 지방검찰청 검사장으로 하여금 성폭력범죄 전담 검사를 지정하도록 하여 특별한 사정이 없으면 이들로 하여금 피해자를 조사하게 하여야 한다.

② 경찰청장은 각 경찰서장으로 하여금 성폭력범죄 전담 사법경찰관을 지정하도록 하여 특별한 사정이 없으면 이들로 하여금 피해자를 조사하게 하여야 한다.

③ 국가는 제1항의 검사 및 제2항의 사법경찰관에게 성폭력범죄의 수사에 필요한 전문지식과 피해자보호를 위한 수사방법 및 수사절차, 아동 심리 및 아동 · 장애인 조사 면담기법 등에 관한 교육을 실시하여야 한다. 〈개정 2023. 7. 11.〉

④ 성폭력범죄를 전담하여 조사하는 제1항의 검사 및 제2항의 사법경찰관은 19세 미만인 피해자나 신체적인 또는 정신적인 장애로 사물을 변별하거나 의사를 결정할 능력이 미약한 피해자(이하 "19세미만피해자등"이라 한다)를 조사할 때에는 피해자의 나이, 인지적 발달단계, 심리 상태, 장애 정도 등을 종합적으로 고려하여야 한다. 〈신설 2023. 7. 11.〉

제27조 【성폭력범죄 피해자에 대한 변호사 선임의 특례】 ① 성폭력범죄의 피해자 및 그 법정대리인(이하 "피해자등"이라 한다)은 형사절차상 입을 수 있는 피해를 방어하고 법률적 조력을 보장하기 위하여 변호사를 선임할 수 있다.

② 제1항에 따른 변호사는 검사 또는 사법경찰관의 피해자등에 대한 조사에 참여하여 의견을 진술할 수 있다. 다만, 조사 도중에는 검사 또는 사법경찰관의 승인을 받아 의견을 진술할 수 있다.

③ 제1항에 따른 변호사는 피의자에 대한 구속 전 피의

자심문, 증거보전절차, 공판준비기일 및 공판절차에 출석하여 의견을 진술할 수 있다. 이 경우 필요한 절차에 관한 구체적 사항은 대법원규칙으로 정한다.
④ 제1항에 따른 변호사는 증거보전 후 관계 서류나 증거물, 소송계속 중의 관계 서류나 증거물을 열람하거나 등사할 수 있다.
⑤ 제1항에 따른 변호사는 형사절차에서 피해자등의 대리가 허용될 수 있는 모든 소송행위에 대한 포괄적인 대리권을 가진다.
⑥ 검사는 피해자에게 변호사가 없는 경우 국선변호사를 선정하여 형사절차에서 피해자의 권익을 보호할 수 있다. 다만, 19세미만피해자등에게 변호사가 없는 경우에는 국선변호사를 선정하여야 한다. 〈개정 2023. 7. 11.〉

제28조【성폭력범죄에 대한 전담재판부】 지방법원장 또는 고등법원장은 특별한 사정이 없으면 성폭력범죄 전담재판부를 지정하여 성폭력범죄에 대하여 재판하게 하여야 한다.

제29조【수사 및 재판절차에서의 배려】 ① 수사기관과 법원 및 소송관계인은 성폭력범죄를 당한 피해자의 나이, 심리 상태 또는 후유장애의 유무 등을 신중하게 고려하여 조사 및 심리·재판 과정에서 피해자의 인격이나 명예가 손상되거나 사적인 비밀이 침해되지 아니하도록 주의하여야 한다.
② 수사기관과 법원은 성폭력범죄의 피해자를 조사하거나 심리·재판할 때 피해자가 편안한 상태에서 진술할 수 있는 환경을 조성하여야 하며, 조사 및 심리·재판 횟수는 필요한 범위에서 최소한으로 하여야 한다.
③ 수사기관과 법원은 조사 및 심리·재판 과정에서 19세미만피해자등의 최상의 이익을 고려하여 다음 각 호에 따른 보호조치를 하도록 노력하여야 한다. 〈신설 2023. 7. 11.〉
1. 19세미만피해자등의 진술을 듣는 절차가 타당한 이유 없이 지연되지 아니하도록 할 것
2. 19세미만피해자등의 진술을 위하여 아동 등에게 친화적으로 설계된 장소에서 피해자 조사 및 증인신문을 할 것
3. 19세미만피해자등이 피의자 또는 피고인과 접촉하거나 마주치지 아니하도록 할 것
4. 19세미만피해자등에게 조사 및 심리·재판 과정에 대하여 명확하고 충분히 설명할 것
5. 그 밖에 조사 및 심리·재판 과정에서 19세미만피해자등의 보호 및 지원 등을 위하여 필요한 조치를 할 것

제30조【19세미만피해자등 진술 내용 등의 영상녹화 및 보존 등】 ① 검사 또는 사법경찰관은 19세미만피해자등의 진술 내용과 조사 과정을 영상녹화장치로 녹화(녹음이 포함된 것을 말하며, 이하 "영상녹화"라 한다)하고, 그 영상녹화물을 보존하여야 한다.
② 검사 또는 사법경찰관은 19세미만피해자등을 조사하기 전에 다음 각 호의 사실을 피해자의 나이, 인지적 발달 단계, 심리 상태, 장애 정도 등을 고려한 적절한 방식으로 피해자에게 설명하여야 한다.
1. 조사 과정이 영상녹화된다는 사실
2. 영상녹화된 영상녹화물이 증거로 사용될 수 있다는 사실
③ 제1항에도 불구하고 19세미만피해자등 또는 그 법정대리인(법정대리인이 가해자이거나 가해자의 배우자인 경우는 제외한다)이 이를 원하지 아니하는 의사를 표시하는 경우에는 영상녹화를 하여서는 아니 된다.
④ 검사 또는 사법경찰관은 제1항에 따른 영상녹화를 마쳤을 때에는 지체 없이 피해자 또는 변호사 앞에서 봉인하고 피해자로 하여금 기명날인 또는 서명하게 하여야 한다.
⑤ 검사 또는 사법경찰관은 제1항에 따른 영상녹화 과정의 진행 경과를 조서(별도의 서면을 포함한다. 이하 같다)에 기록한 후 수사기록에 편철하여야 한다.
⑥ 제5항에 따라 영상녹화 과정의 진행 경과를 기록할 때에는 다음 각 호의 사항을 구체적으로 적어야 한다.
1. 피해자가 영상녹화 장소에 도착한 시각
2. 영상녹화를 시작하고 마친 시각
3. 그 밖에 영상녹화 과정의 진행경과를 확인하기 위하여 필요한 사항
⑦ 검사 또는 사법경찰관은 19세미만피해자등이나 그 법정대리인이 신청하는 경우에는 영상녹화 과정에서 작성한 조서의 사본 또는 영상녹화물에 녹음된 내용을 옮겨 적은 녹취서의 사본을 신청인에게 발급하거나 영상녹화물을 재생하여 시청하게 하여야 한다.
⑧ 누구든지 제1항에 따라 영상녹화한 영상녹화물을 수사 및 재판의 용도 외에 다른 목적으로 사용하여서는 아니 된다.
⑨ 제1항에 따른 영상녹화의 방법에 관하여는「형사소송법」제244조의2제1항 후단을 준용한다.
[전문개정 2023. 7. 11.]
[2023. 7. 11. 법률 제19517호에 의하여 2021.12.23. 헌법재판소에서 위헌 결정된 이 조를 개정함.]

제30조의2【영상녹화물의 증거능력 특례】 ① 제30조제1항에 따라 19세미만피해자등의 진술이 영상녹화된 영상녹화물은 같은 조 제4항부터 제6항까지에서 정한 절차와 방식에 따라 영상녹화된 것으로서 다음 각 호의 어느 하나의 경우에 증거로 할 수 있다.
1. 증거보전기일, 공판준비기일 또는 공판기일에 그 내용에 대하여 피의자, 피고인 또는 변호인이 피해자를 신문할 수 있었던 경우. 다만, 증거보전기일에서

의 신문의 경우 법원이 피의자나 피고인의 방어권이 보장된 상태에서 피해자에 대한 반대신문이 충분히 이루어졌다고 인정하는 경우로 한정한다.

2. 19세미만피해자등이 다음 각 목의 어느 하나에 해당하는 사유로 공판준비기일 또는 공판기일에 출석하여 진술할 수 없는 경우. 다만, 영상녹화된 진술 및 영상녹화가 특별히 신빙(信憑)할 수 있는 상태에서 이루어졌음이 증명된 경우로 한정한다.
   가. 사망
   나. 외국 거주
   다. 신체적, 정신적 질병·장애
   라. 소재불명
   마. 그 밖에 이에 준하는 경우

② 법원은 제1항제2호에 따라 증거능력이 있는 영상녹화물을 유죄의 증거로 할지를 결정할 때에는 피고인과의 관계, 범행의 내용, 피해자의 나이, 심신의 상태, 피해자가 증언으로 인하여 겪을 수 있는 심리적 외상, 영상녹화물에 수록된 19세미만피해자등의 진술 내용 및 진술 태도 등을 고려하여야 한다. 이 경우 법원은 전문심리위원 또는 제33조에 따른 전문가의 의견을 들어야 한다.

[본조신설 2023. 7. 11.]

제31조【심리의 비공개】 ① 성폭력범죄에 대한 심리는 그 피해자의 사생활을 보호하기 위하여 결정으로써 공개하지 아니할 수 있다.

② 증인으로 소환받은 성폭력범죄의 피해자와 그 가족은 사생활보호 등의 사유로 증인신문의 비공개를 신청할 수 있다.

③ 재판장은 제2항에 따른 신청을 받으면 그 허가 및 공개 여부, 법정 외의 장소에서의 신문 등 증인의 신문 방식 및 장소에 관하여 결정할 수 있다.

④ 제1항 및 제3항의 경우에는 「법원조직법」 제57조(재판의 공개)제2항·제3항 및 「군사법원법」 제67조제2항·제3항을 준용한다. 〈개정 2013. 4. 5.〉

제32조【증인지원시설의 설치·운영 등】 ① 각급 법원은 증인으로 법원에 출석하는 피해자등이 재판 전후에 피고인이나 그 가족과 마주치지 아니하도록 하고, 보호와 지원을 받을 수 있는 적절한 시설을 설치한다.

② 각급 법원은 제1항의 시설을 관리·운영하고 피해자등의 보호와 지원을 담당하는 직원(이하 "증인지원관"이라 한다)을 둔다.

③ 법원은 증인지원관에 대하여 인권 감수성 향상에 필요한 교육을 정기적으로 실시한다.

④ 증인지원관의 업무·자격 및 교육 등에 필요한 사항은 대법원규칙으로 정한다.

제33조【전문가의 의견 조회】 ① 법원은 정신건강의학과의사, 심리학자, 사회복지학자, 그 밖의 관련 전문가로부터 행위자 또는 피해자의 정신·심리 상태에 대한 진단 소견 및 피해자의 진술 내용에 관한 의견을 조회할 수 있다.

② 법원은 성폭력범죄를 조사·심리할 때에는 제1항에 따른 의견 조회의 결과를 고려하여야 한다.

③ 법원은 법원행정처장이 정하는 관련 전문가 후보자 중에서 제1항에 따른 전문가를 지정하여야 한다.

④ 제1항부터 제3항까지의 규정은 수사기관이 성폭력범죄를 수사하는 경우에 준용한다. 다만, 피해자가 13세 미만이거나 신체적인 또는 정신적인 장애로 사물을 변별하거나 의사를 결정할 능력이 미약한 경우에는 관련 전문가에게 피해자의 정신·심리 상태에 대한 진단 소견 및 진술 내용에 관한 의견을 조회하여야 한다.

⑤ 제4항에 따라 준용할 경우 "법원행정처장"은 "검찰총장 또는 경찰청장"으로 본다.

제34조【신뢰관계에 있는 사람의 동석】 ① 법원은 다음 각 호의 어느 하나에 해당하는 피해자를 증인으로 신문하는 경우에 검사, 피해자 또는 그 법정대리인이 신청할 때에는 재판에 지장을 줄 우려가 있는 등 부득이한 경우가 아니면 피해자와 신뢰관계에 있는 사람을 동석하게 하여야 한다. 〈개정 2023. 7. 11.〉

1. 제3조부터 제8조까지, 제10조, 제14조, 제14조의2, 제14조의3, 제15조(제9조의 미수범은 제외한다) 및 제15조의2에 따른 범죄의 피해자
2. 19세미만피해자등

② 제1항은 수사기관이 같은 항 각 호의 피해자를 조사하는 경우에 관하여 준용한다. 〈개정 2023. 7. 11.〉

③ 제1항 및 제2항의 경우 법원과 수사기관은 피해자와 신뢰관계에 있는 사람이 피해자에게 불리하거나 피해자가 원하지 아니하는 경우에는 동석하게 하여서는 아니 된다.

제35조【진술조력인 양성 등】 ① 법무부장관은 의사소통 및 의사표현에 어려움이 있는 성폭력범죄의 피해자에 대한 형사사법절차에서의 조력을 위하여 진술조력인을 양성하여야 한다.

② 진술조력인은 정신건강의학, 심리학, 사회복지학, 교육학 등 아동·장애인의 심리나 의사소통 관련 전문지식이 있거나 관련 분야에서 상당 기간 종사한 사람으로 법무부장관이 정하는 교육을 이수하여야 한다. 진술조력인의 자격, 양성 및 배치 등에 관하여 필요한 사항은 법무부령으로 정한다. 〈개정 2020. 10. 20.〉

③ 법무부장관은 제1항에 따라 양성한 진술조력인 명부를 작성하여야 한다.

제35조의2【진술조력인의 결격사유】 다음 각 호의 어느 하나에 해당하는 사람은 진술조력인이 될 수 없다.

1. 피성년후견인

2. 금고 이상의 실형을 선고받고 그 집행이 종료(집행이 종료된 것으로 보는 경우를 포함한다)되거나 집행이 면제된 날부터 5년이 지나지 아니한 사람
3. 금고 이상의 형의 집행을 유예받고 그 유예기간이 완료된 날부터 2년이 지나지 아니한 사람
4. 금고 이상의 형의 선고를 유예받고 그 유예기간 중에 있는 사람
5. 제2호부터 제4호까지의 규정에도 불구하고 다음 각 목의 어느 하나에 해당하는 범죄를 저지른 사람으로서 형 또는 치료감호를 선고받고 확정된 후 그 형 또는 치료감호의 전부 또는 일부의 집행이 끝나거나(집행이 끝난 것으로 보는 경우를 포함한다) 집행이 유예·면제된 날부터 10년이 지나지 아니한 사람
   가. 제2조에 따른 성폭력범죄
   나. 「아동·청소년의 성보호에 관한 법률」 제2조제2호에 따른 아동·청소년대상 성범죄
   다. 「아동학대범죄의 처벌 등에 관한 특례법」 제2조제4호에 따른 아동학대범죄
   라. 「장애인복지법」 제86조, 제86조의2 및 제87조의 죄
6. 제35조의3(이 조 제1호에 해당하게 되어 제35조의3 제1항제2호에 따라 진술조력인의 자격이 취소된 경우는 제외한다)에 따라 진술조력인 자격이 취소된 후 3년이 지나지 아니한 사람

〈본조신설 2020. 10. 20.〉

제35조의3【진술조력인의 자격취소】 ① 법무부장관은 진술조력인 자격을 가진 사람이 다음 각 호의 어느 하나에 해당하는 경우에는 그 자격을 취소할 수 있다. 다만, 제1호 또는 제2호에 해당하는 경우에는 그 자격을 취소하여야 한다.
1. 거짓이나 그 밖의 부정한 방법으로 자격을 취득한 사실이 드러난 경우
2. 제35조의2 각 호의 결격사유 중 어느 하나에 해당하게 된 경우
3. 제38조에 따른 진술조력인의 의무를 위반한 경우
4. 고의나 중대한 과실로 업무 수행에 중대한 지장이 발생하게 된 경우
5. 진술조력인의 업무 수행과 관련하여 부당한 금품을 수령하는 등 부정한 행위를 한 경우
6. 정당한 사유 없이 법무부령으로 정하는 교육을 이수하지 않은 경우
7. 그 밖에 진술조력인의 업무를 수행할 수 없는 중대한 사유가 발생한 경우

② 법무부장관은 제1항에 따라 진술조력인 자격을 취소하려는 경우에는 해당 진술조력인에게 자격 취소 예정인 사실과 그 사유를 통보하여야 한다. 이 경우 통보를 받은 진술조력인은 법무부에 출석하여 소명(疏明)하거나 소명에 관한 의견서를 제출할 수 있다.

③ 법무부장관은 제2항 후단에 따라 진술조력인이 소명하거나 소명에 관한 의견서를 제출한 경우 진술조력인 자격 취소 여부를 결정하기 위하여 외부 전문가의 의견을 들을 수 있다.

④ 법무부장관은 제1항에 따라 진술조력인 자격을 취소한 경우에는 즉시 그 사람에게 진술조력인 자격 취소의 사실 및 그 사유를 서면으로 알려주어야 한다.

⑤ 제1항에 따라 진술조력인 자격이 취소된 사람의 자격증 반납에 관해서는 법무부령으로 정한다.

〈본조신설 2020. 10. 20.〉

제36조【진술조력인의 수사과정 참여】 ① 검사 또는 사법경찰관은 성폭력범죄의 피해자가 19세미만피해자등인 경우 형사사법절차에서의 조력과 원활한 조사를 위하여 직권이나 피해자, 그 법정대리인 또는 변호사의 신청에 따라 진술조력인으로 하여금 조사과정에 참여하여 의사소통을 중개하거나 보조하게 할 수 있다. 다만, 피해자 또는 그 법정대리인이 이를 원하지 아니하는 의사를 표시한 경우에는 그러하지 아니하다. 〈개정 2023. 7. 11.〉

② 검사 또는 사법경찰관은 제1항의 피해자를 조사하기 전에 피해자, 법정대리인 또는 변호사에게 진술조력인에 의한 의사소통 중개나 보조를 신청할 수 있음을 고지하여야 한다.

③ 진술조력인은 조사 전에 피해자를 면담하여 진술조력인 조력 필요성에 관하여 평가한 의견을 수사기관에 제출할 수 있다.

④ 제1항에 따라 조사과정에 참여한 진술조력인은 피해자의 의사소통이나 표현 능력, 특성 등에 관한 의견을 수사기관이나 법원에 제출할 수 있다.

⑤ 제1항부터 제4항까지의 규정은 검증에 관하여 준용한다.

⑥ 그 밖에 진술조력인의 수사절차 참여에 관한 절차와 방법 등 필요한 사항은 법무부령으로 정한다.

제37조【진술조력인의 재판과정 참여】 ① 법원은 성폭력범죄의 피해자가 19세미만피해자등인 경우 재판과정에서의 조력과 원활한 증인 신문을 위하여 직권 또는 검사, 피해자, 그 법정대리인 및 변호사의 신청에 의한 결정으로 진술조력인으로 하여금 증인 신문에 참여하여 중개하거나 보조하게 할 수 있다. 〈개정 2023. 7. 11.〉

② 법원은 증인이 제1항에 해당하는 경우에는 신문 전에 피해자, 법정대리인 및 변호사에게 진술조력인에 의한 의사소통 중개나 보조를 신청할 수 있음을 고지하여야 한다.

③ 진술조력인의 소송절차 참여에 관한 구체적 절차와 방법은 대법원규칙으로 정한다.

제38조【진술조력인의 의무】 ① 진술조력인은 수사 및 재판 과정에 참여함에 있어 중립적인 지위에서 상호간의 진술이 왜곡 없이 전달될 수 있도록 노력하여야 한다.

② 진술조력인은 그 직무상 알게 된 피해자의 주소, 성명, 나이, 직업, 학교, 용모, 그 밖에 피해자를 특정하여 파악할 수 있게 하는 인적사항과 사진 및 사생활에 관한 비밀을 공개하거나 다른 사람에게 누설하여서는 아니 된다.

제39조【벌칙적용에 있어서 공무원의 의제】 진술조력인은 「형법」 제129조부터 제132조까지에 따른 벌칙의 적용에 있어서 이를 공무원으로 본다.

제40조【비디오 등 중계장치에 의한 증인신문】 ① 법원은 제2조제1항제3호부터 제5호까지의 범죄의 피해자를 증인으로 신문하는 경우 검사와 피고인 또는 변호인의 의견을 들어 비디오 등 중계장치에 의한 중계를 통하여 신문할 수 있다.

② 제1항에 따른 증인신문의 절차 · 방법 등에 관하여 필요한 사항은 대법원규칙으로 정한다.

제40조의2【19세미만피해자등에 대한 증인신문을 위한 공판준비절차】 ① 법원은 19세미만피해자등을 증인으로 신문하려는 경우에는 19세미만피해자등의 보호와 원활한 심리를 위하여 필요한 경우 검사, 피고인 또는 변호인의 의견을 들어 사건을 공판준비절차에 부칠 수 있다.

② 법원은 제1항에 따라 공판준비절차에 부치는 경우 증인신문을 위한 심리계획을 수립하기 위하여 공판준비기일을 지정하여야 한다.

③ 법원은 제2항에 따라 지정한 공판준비기일에 증인신문을 중개하거나 보조할 진술조력인을 출석하게 할 수 있다.

④ 19세미만피해자등의 변호사는 제2항에 따라 지정된 공판준비기일에 출석할 수 있다.

⑤ 법원은 제1항에 따른 공판준비절차에서 검사, 피고인 또는 변호인에게 신문할 사항을 기재한 서면을 법원에 미리 제출하게 할 수 있다. 다만, 제출한 신문사항은 증인신문을 하기 전까지는 열람 · 복사 등을 통하여 상대방에게 공개하지 아니한다.

⑥ 법원은 제2항에 따라 지정된 공판준비기일에서 검사, 피고인, 변호인, 19세미만피해자등의 변호사 및 진술조력인에게 신문사항과 신문방법 등에 관한 의견을 구할 수 있다.

[본조신설 2023. 7. 11.]

제40조의3【19세미만피해자등의 증인신문 장소 등에 대한 특례】 ① 법원은 19세미만피해자등을 증인으로 신문하는 경우 사전에 피해자에게 「형사소송법」 제165조의2제1항에 따라 비디오 등 중계장치에 의한 중계시설을 통하여 신문할 수 있음을 고지하여야 한다.

② 19세미만피해자등은 제1항의 중계시설을 통하여 증인신문을 진행할지 여부 및 증인으로 출석할 장소에 관하여 법원에 의견을 진술할 수 있다.

③ 제1항에 따른 중계시설을 통하여 19세미만피해자등을 증인으로 신문하는 경우 그 중계시설은 특별한 사정이 없으면 제30조제1항에 따른 영상녹화가 이루어진 장소로 한다. 다만, 피해자가 다른 장소를 원하는 의사를 표시하거나, 제30조제1항에 따른 영상녹화가 이루어진 장소가 경찰서 등 수사기관의 시설인 경우에는 법원이 중계시설을 지정할 수 있다.

[본조신설 2023. 7. 11.]

제41조【증거보전의 특례】 ① 피해자나 그 법정대리인 또는 사법경찰관은 피해자가 공판기일에 출석하여 증언하는 것에 현저히 곤란한 사정이 있을 때에는 그 사유를 소명하여 제30조에 따라 영상녹화된 영상녹화물 또는 그 밖의 다른 증거에 대하여 해당 성폭력범죄를 수사하는 검사에게 「형사소송법」 제184조(증거보전의 청구와 그 절차)제1항에 따른 증거보전의 청구를 할 것을 요청할 수 있다. 이 경우 피해자가 19세미만피해자등인 경우에는 공판기일에 출석하여 증언하는 것에 현저히 곤란한 사정이 있는 것으로 본다. 〈개정 2020. 10. 20., 2023. 7. 11.〉

② 제1항의 요청을 받은 검사는 그 요청이 타당하다고 인정할 때에는 증거보전의 청구를 할 수 있다. 다만, 19세미만피해자등이나 그 법정대리인이 제1항의 요청을 하는 경우에는 특별한 사정이 없는 한 「형사소송법」 제184조제1항에 따라 관할 지방법원판사에게 증거보전을 청구하여야 한다. 〈개정 2023. 7. 11.〉

제3장 신상정보 등록 등

제42조【신상정보 등록대상자】 ① 제2조제1항제3호 · 제4호, 같은 조 제2항(제1항제3호 · 제4호에 한정한다), 제3조부터 제15조까지의 범죄 및 「아동 · 청소년의 성보호에 관한 법률」 제2조제2호가목 · 라목의 범죄(이하 “등록대상 성범죄”라 한다)로 유죄판결이나 약식명령이 확정된 자 또는 같은 법 제49조제1항제4호에 따라 공개명령이 확정된 자는 신상정보 등록대상자(이하 “등록대상자”라 한다)가 된다. 다만, 제12조 · 제13조의 범죄 및 「아동 · 청소년의 성보호에 관한 법률」 제11조제3항 및 제5항의 범죄로 벌금형을 선고받은 자는 제외한다. 〈개정 2016. 12. 20.〉

② 법원은 등록대상 성범죄로 유죄판결을 선고하거나 약식명령을 고지하는 경우에는 등록대상자라는 사실과 제43조에 따른 신상정보 제출 의무가 있음을 등록대상자에게 알려 주어야 한다. 〈개정 2016. 12. 20.〉

③ 제2항에 따른 통지는 판결을 선고하는 때에는 구두 또는 서면으로 하고, 약식명령을 고지하는 때에는 통지사항이 기재된 서면을 송달하는 방법으로 한다. 〈신설 2016. 12. 20.〉
④ 법원은 제1항의 판결이나 약식명령이 확정된 날부터 14일 이내에 판결문(제45조제4항에 따라 법원이 등록기간을 달리 정한 경우에는 그 사실을 포함한다) 또는 약식명령 등본을 법무부장관에게 송달하여야 한다. 〈개정 2016. 12. 20.〉
[2016. 12. 20. 법률 제14412호에 의하여 2016. 3. 31. 헌법재판소에서 위헌 결정된 이 조를 개정함.]

제43조【신상정보의 제출 의무】 ① 등록대상자는 제42조제1항의 판결이 확정된 날부터 30일 이내에 다음 각 호의 신상정보(이하 "기본신상정보"라 한다)를 자신의 주소지를 관할하는 경찰관서의 장(이하 "관할경찰관서의 장"이라 한다)에게 제출하여야 한다. 다만, 등록대상자가 교정시설 또는 치료감호시설에 수용된 경우에는 그 교정시설등의 장에게 기본신상정보를 제출함으로써 이를 갈음할 수 있다. 〈개정 2014. 12. 30., 2016. 12. 20., 2024. 1. 16.〉

1. 성명
2. 주민등록번호
3. 주소 및 실제거주지
4. 직업 및 직장 등의 소재지
5. 연락처(전화번호, 전자우편주소를 말한다)
6. 신체정보(키와 몸무게)
7. 소유차량의 등록번호

② 관할경찰관서의 장 또는 교정시설등의 장은 제1항에 따라 등록대상자가 기본신상정보를 제출할 때에 등록대상자의 정면 · 좌측 · 우측 상반신 및 전신 컬러사진을 촬영하여 전자기록으로 저장 · 보관하여야 한다. 〈개정 2016. 12. 20.〉
③ 등록대상자는 제1항에 따라 제출한 기본신상정보가 변경된 경우에는 그 사유와 변경내용(이하 "변경정보"라 한다)을 변경사유가 발생한 날부터 20일 이내에 제1항에 따라 제출하여야 한다. 〈개정 2016. 12. 20.〉
④ 등록대상자는 제1항에 따라 기본신상정보를 제출한 경우에는 그 다음 해부터 매년 12월 31일까지 주소지를 관할하는 경찰관서에 출석하여 경찰관서의 장으로 하여금 자신의 정면 · 좌측 · 우측 상반신 및 전신 컬러사진을 촬영하여 전자기록으로 저장 · 보관하도록 하여야 한다. 다만, 교정시설등의 장은 등록대상자가 교정시설 등에 수용된 경우에는 석방 또는 치료감호 종료 전에 등록대상자의 정면 · 좌측 · 우측 상반신 및 전신 컬러사진을 새로 촬영하여 전자기록으로 저장 · 보관하여야 한다. 〈개정 2016. 12. 20.〉
⑤ 관할경찰관서의 장 또는 교정시설등의 장은 등록대상자로부터 제출받은 기본신상정보 및 변경정보와 제2항 및 제4항에 따라 저장 · 보관하는 전자기록을 지체 없이 법무부장관에게 송달하여야 한다. 〈개정 2016. 12. 20.〉
⑥ 제5항에 따라 등록대상자에 대한 기본신상정보를 송달할 때에 관할경찰관서의 장은 등록대상자에 대한 「형의 실효 등에 관한 법률」 제2조제5호에 따른 범죄경력자료를 함께 송달하여야 한다. 〈개정 2016. 12. 20.〉
⑦ 기본신상정보 및 변경정보의 송달, 등록에 관한 절차와 방법 등 필요한 사항은 대통령령으로 정한다. 〈개정 2016. 12. 20.〉

제43조의2【출입국 시 신고의무 등】 ① 등록대상자가 6개월 이상 국외에 체류하기 위하여 출국하는 경우에는 미리 관할경찰관서의 장에게 체류국가 및 체류기간 등을 신고하여야 한다.
② 제1항에 따라 신고한 등록대상자가 입국하였을 때에는 특별한 사정이 없으면 14일 이내에 관할경찰관서의 장에게 입국 사실을 신고하여야 한다. 제1항에 따른 신고를 하지 아니하고 출국하여 6개월 이상 국외에 체류한 등록대상자가 입국하였을 때에도 또한 같다.
③ 관할경찰관서의 장은 제1항 및 제2항에 따른 신고를 받았을 때에는 지체 없이 법무부장관에게 해당 정보를 송달하여야 한다.
④ 제1항 및 제2항에 따른 신고와 제3항에 따른 송달의 절차 및 방법 등에 관하여 필요한 사항은 대통령령으로 정한다.
〈본조신설 2016. 12. 20.〉

제44조【등록대상자의 신상정보 등록 등】 ① 법무부장관은 제43조제5항, 제6항 및 제43조의2제3항에 따라 송달받은 정보와 다음 각 호의 등록대상자 정보를 등록하여야 한다. 〈개정 2016. 12. 20., 2020. 2. 4.〉

1. 등록대상 성범죄 경력정보
2. 성범죄 전과사실(죄명, 횟수)
3. 「전자장치 부착 등에 관한 법률」에 따른 전자장치 부착 여부

② 법무부장관은 등록대상자가 제1항에 따라 등록한 정보를 정보통신망을 이용하여 열람할 수 있도록 하여야 한다. 다만, 등록대상자가 신청하는 경우에는 등록한 정보를 등록대상자에게 통지하여야 한다. 〈개정 2016. 12. 20.〉
③ 법무부장관은 제1항에 따른 등록에 필요한 정보의 조회(「형의 실효 등에 관한 법률」 제2조제8호에 따른 범죄경력조회를 포함한다)를 관계 행정기관의 장에게 요청할 수 있다.
④ 법무부장관은 등록대상자가 기본신상정보 또는 변경정보를 정당한 사유 없이 제출하지 아니한 경우에는

신상정보의 등록에 필요한 사항을 관계 행정기관의 장에게 조회를 요청하여 등록할 수 있다. 이 경우 법무부장관은 등록일자를 밝혀 등록대상자에게 신상정보를 등록한 사실 및 등록한 신상정보의 내용을 통지하여야 한다. 〈개정 2016. 12. 20.〉

⑤ 제3항 및 제4항의 요청을 받은 관계 행정기관의 장은 지체 없이 조회 결과를 법무부장관에게 송부하여야 한다.

⑥ 제4항 전단에 따라 법무부장관이 기본신상정보를 등록한 경우에 등록대상자의 변경정보 제출과 사진 촬영에 대해서는 제43조제3항 및 제4항을 준용한다. 〈신설 2016. 12. 20.〉

⑦ 제1항 또는 제4항 전단에 따라 등록한 정보(이하 "등록정보"라 한다)의 열람, 통지 신청 및 통지의 방법과 절차 등에 필요한 사항은 대통령령으로 정한다. 〈신설 2016. 12. 20.〉

제45조 【등록정보의 관리】 ① 법무부장관은 제44조제1항 또는 제4항에 따라 기본신상정보를 최초로 등록한 날(이하 "최초등록일"이라 한다)부터 다음 각 호의 구분에 따른 기간(이하 "등록기간"이라 한다) 동안 등록정보를 보존·관리하여야 한다. 다만, 법원이 제4항에 따라 등록기간을 정한 경우에는 그 기간 동안 등록정보를 보존·관리하여야 한다.

1. 신상정보 등록의 원인이 된 성범죄로 사형, 무기징역·무기금고형 또는 10년 초과의 징역·금고형을 선고받은 사람: 30년
2. 신상정보 등록의 원인이 된 성범죄로 3년 초과 10년 이하의 징역·금고형을 선고받은 사람: 20년
3. 신상정보 등록의 원인이 된 성범죄로 3년 이하의 징역·금고형을 선고받은 사람 또는 「아동·청소년의 성보호에 관한 법률」 제49조제1항제4호에 따라 공개명령이 확정된 사람: 15년
4. 신상정보 등록의 원인이 된 성범죄로 벌금형을 선고받은 사람: 10년

② 신상정보 등록의 원인이 된 성범죄와 다른 범죄가 「형법」 제37조(판결이 확정되지 아니한 수개의 죄를 경합범으로 하는 경우로 한정한다)에 따라 경합되어 「형법」 제38조에 따라 형이 선고된 경우에는 그 선고형 전부를 신상정보 등록의 원인이 된 성범죄로 인한 선고형으로 본다.

③ 제1항에 따른 등록기간을 산정하기 위한 선고형은 다음 각 호에 따라 계산한다. 제2항이 적용되는 경우도 이와 같다.

1. 하나의 판결에서 신상정보 등록의 원인이 된 성범죄로 여러 종류의 형이 선고된 경우에는 가장 무거운 종류의 형을 기준으로 한다.
2. 하나의 판결에서 신상정보 등록의 원인이 된 성범죄로 여러 개의 징역형 또는 금고형이 선고된 경우에는 각각의 기간을 합산한다. 이 경우 징역형과 금고형은 같은 종류의 형으로 본다.
3. 「소년법」 제60조에 따라 부정기형이 선고된 경우에는 단기를 기준으로 한다.

④ 법원은 제2항이 적용(제3항이 동시에 적용되는 경우를 포함한다)되어 제1항 각 호에 따라 등록기간이 결정되는 것이 부당하다고 인정하는 경우에는 판결로 제1항 각 호의 기간 중 더 단기의 기간을 등록기간으로 정할 수 있다.

⑤ 다음 각 호의 기간은 제1항에 따른 등록기간에 넣어 계산하지 아니한다.

1. 등록대상자가 신상정보 등록의 원인이 된 성범죄로 교정시설 또는 치료감호시설에 수용된 기간
2. 제1호에 따른 기간 이전의 기간으로서 제1호에 따른 기간과 이어져 등록대상자가 다른 범죄로 교정시설 또는 치료감호시설에 수용된 기간
3. 제1호에 따른 기간 이후의 기간으로서 제1호에 따른 기간과 이어져 등록대상자가 다른 범죄로 교정시설 또는 치료감호시설에 수용된 기간

⑥ 법무부장관은 제44조제1항에 따른 등록 당시 등록대상자가 교정시설 또는 치료감호시설에 수용 중인 경우에는 등록대상자가 석방된 후 지체 없이 등록정보를 등록대상자의 관할경찰관서의 장에게 송부하여야 한다.

⑦ 관할경찰관서의 장은 등록기간 중 다음 각 호의 구분에 따른 기간마다 등록대상자와의 직접 대면 등의 방법으로 등록정보의 진위와 변경 여부를 확인하여 그 결과를 법무부장관에게 송부하여야 한다.

1. 제1항에 따른 등록기간이 30년인 등록대상자: 3개월
2. 제1항에 따른 등록기간이 20년 또는 15년인 등록대상자: 6개월
3. 제1항에 따른 등록기간이 10년인 등록대상자: 1년

⑧ 제7항제2호 및 제3호에도 불구하고 관할경찰관서의 장은 다음 각 호의 구분에 따른 기간 동안에는 3개월마다 제7항의 결과를 법무부장관에게 송부하여야 한다.

1. 「아동·청소년의 성보호에 관한 법률」 제49조에 따른 공개대상자인 경우: 공개기간
2. 「아동·청소년의 성보호에 관한 법률」 제50조에 따른 고지대상자인 경우: 고지기간

〈전문개정 2016. 12. 20.〉

[2016. 12. 20. 법률 제14412호에 의하여 2015. 7. 30. 헌법재판소에서 헌법불합치 결정된 이 조를 개정함.]

제45조의2 【신상정보 등록의 면제】 ① 신상정보 등록의 원인이 된 성범죄로 형의 선고를 유예받은 사람

이 선고유예를 받은 날부터 2년이 경과하여 「형법」 제60조에 따라 면소된 것으로 간주되면 신상정보 등록을 면제한다.
② 등록대상자는 다음 각 호의 구분에 따른 기간(교정시설 또는 치료감호시설에 수용된 기간은 제외한다)이 경과한 경우에는 법무부령으로 정하는 신청서를 법무부장관에게 제출하여 신상정보 등록의 면제를 신청할 수 있다. 〈개정 2020. 2. 4.〉
1. 제45조제1항에 따른 등록기간이 30년인 등록대상자: 최초등록일부터 20년
2. 제45조제1항에 따른 등록기간이 20년인 등록대상자: 최초등록일부터 15년
3. 제45조제1항에 따른 등록기간이 15년인 등록대상자: 최초등록일부터 10년
4. 제45조제1항에 따른 등록기간이 10년인 등록대상자: 최초등록일부터 7년
③ 법무부장관은 제2항에 따라 등록의 면제를 신청한 등록대상자가 다음 각 호의 요건을 모두 갖춘 경우에는 신상정보 등록을 면제한다. 〈개정 2020. 2. 4.〉
1. 등록기간 중 등록대상 성범죄를 저질러 유죄판결이 확정된 사실이 없을 것
2. 신상정보 등록의 원인이 된 성범죄로 선고받은 징역형 또는 금고형의 집행을 종료하거나 벌금을 완납하였을 것
3. 신상정보 등록의 원인이 된 성범죄로 부과받은 다음 각 목의 명령의 집행을 모두 종료하였을 것
   가. 「아동 · 청소년의 성보호에 관한 법률」에 따른 공개명령 · 고지명령
   나. 「전자장치 부착 등에 관한 법률」에 따른 전자장치 부착명령
   다. 「성폭력범죄자의 성충동 약물치료에 관한 법률」에 따른 약물치료명령
4. 신상정보 등록의 원인이 된 성범죄로 부과받은 다음 각 목의 규정에 따른 보호관찰명령, 사회봉사명령, 수강명령 또는 이수명령의 집행을 완료하였을 것
   가. 제16조제1항 · 제2항 · 제4항 및 제8항
   나. 「형법」 제62조의2제1항
   다. 「아동 · 청소년의 성보호에 관한 법률」 제21조제1항 · 제2항 · 제4항 및 같은 법 제61조제3항
   라. 「전자장치 부착 등에 관한 법률」 제21조의3
5. 등록기간 중 다음 각 목의 범죄를 저질러 유죄판결을 선고받아 그 판결이 확정된 사실이 없을 것
   가. 제50조제3항 및 제5항의 범죄
   나. 「아동 · 청소년의 성보호에 관한 법률」 제65조제3항 · 제5항 및 같은 법 제66조의 범죄
   다. 「전자장치 부착 등에 관한 법률」 제38조 및 제39조(성폭력범죄로 위치추적 전자장치의 부착명령이 집행 중인 사람으로 한정한다)의 범죄
   라. 「성폭력범죄자의 성충동 약물치료에 관한 법률」 제35조의 범죄
④ 법무부장관은 제3항 각 호에 따른 요건의 충족 여부를 확인하기 위하여 관계 행정기관의 장에게 협조(「형의 실효 등에 관한 법률」 제2조제8호에 따른 범죄경력조회를 포함한다)를 요청하거나 등록대상자에게 필요한 자료의 제출을 요청할 수 있다. 이 경우 협조를 요청받은 관계 행정기관의 장은 지체 없이 이에 따라야 한다. 〈개정 2020. 2. 4.〉
〈본조신설 2016. 12. 20.〉

제45조의3【신상정보 등록의 종료】 ① 신상정보의 등록은 다음 각 호의 어느 하나에 해당하는 때에 종료된다.
1. 제45조제1항의 등록기간이 지난 때
2. 제45조의2에 따라 등록이 면제된 때
② 법무부장관은 제1항에 따라 등록이 종료된 신상정보를 즉시 폐기하여야 한다.
③ 법무부장관은 제2항에 따라 등록정보를 폐기하는 경우에는 등록대상자가 정보통신망을 이용하여 폐기된 사실을 열람할 수 있도록 하여야 한다. 다만, 등록대상자가 신청하는 경우에는 폐기된 사실을 통지하여야 한다.
④ 제3항에 따른 등록정보 폐기 사실의 열람, 통지 신청과 통지의 방법 및 절차 등에 필요한 사항은 대통령령으로 정한다.
〈본조신설 2016. 12. 20.〉

제46조【등록정보의 활용 등】 ① 법무부장관은 등록정보를 등록대상 성범죄와 관련한 범죄 예방 및 수사에 활용하게 하기 위하여 검사 또는 각급 경찰관서의 장에게 배포할 수 있다.
② 제1항에 따른 등록정보의 배포절차 및 관리 등에 관한 사항은 대통령령으로 정한다.

제47조【등록정보의 공개】 ① 등록정보의 공개에 관하여는 「아동 · 청소년의 성보호에 관한 법률」 제49조, 제50조, 제52조, 제54조, 제55조 및 제65조를 적용한다.
② 등록정보의 공개는 여성가족부장관이 집행한다.
③ 법무부장관은 등록정보의 공개에 필요한 정보를 여성가족부장관에게 송부하여야 한다.
④ 제3항에 따른 정보 송부에 관하여 필요한 사항은 대통령령으로 정한다.

제48조【비밀준수】 등록대상자의 신상정보의 등록 · 보존 및 관리 업무에 종사하거나 종사하였던 자는 직무상 알게 된 등록정보를 누설하여서는 아니 된다.

제49조【등록정보의 고지】 ① 등록정보의 고지에 관하여는 「아동 · 청소년의 성보호에 관한 법률」 제50

조 및 제51조를 적용한다.
② 등록정보의 고지는 여성가족부장관이 집행한다.
③ 법무부장관은 등록정보의 고지에 필요한 정보를 여성가족부장관에게 송부하여야 한다.
④ 제3항에 따른 정보 송부에 관한 세부사항은 대통령령으로 정한다.

제49조의2【간주규정】 ①「군사법원법」 제2조제1항 각 호의 어느 하나에 해당하는 사람(이하 이 조에서 "군인등"이라 한다)에 대하여 군사법원이 재판권을 가지는 경우 제27조제2항 · 제6항, 제29조, 제30조, 제33조제1항부터 제4항까지, 제34조, 제40조제1항, 제41조, 제42조제2항 · 제4항을 적용함에 있어 "법원"은 "군사법원(고등법원을 포함한다)"으로, "수사기관"은 "군수사기관"으로, "검사"는 "군검사"로, "사법경찰관"은 "군사법경찰관"으로, "국선변호사"는 "변호사 자격이 있는 장교"로 간주한다. 〈개정 2016. 12. 20., 2021. 9. 24., 2023. 7. 11., 2023. 10. 24.〉
② 군인등에 대하여 제41조제1항을 적용함에 있어 "사법경찰관"은 "군사법경찰관"으로 간주한다. 〈개정 2023. 7. 11.〉
③ 군인등에 대하여 제33조제3항을 적용함(같은 조 제4항에 따라 준용되는 경우에도 같다)에 있어 "법원행정처장"은 "국방부장관"으로 간주한다.
〈본조신설 2013. 4. 5.〉

제4장 벌칙

제50조【벌칙】 ① 다음 각 호의 어느 하나에 해당하는 자는 5년 이하의 징역 또는 5천만원 이하의 벌금에 처한다.
1. 제48조를 위반하여 직무상 알게 된 등록정보를 누설한 자
2. 정당한 권한 없이 등록정보를 변경하거나 말소한 자

② 다음 각 호의 어느 하나에 해당하는 자는 3년 이하의 징역 또는 3천만원 이하의 벌금에 처한다. 〈개정 2020. 10. 20.〉
1. 제24조제1항 또는 제38조제2항에 따른 피해자의 신원과 사생활 비밀 누설 금지 의무를 위반한 자
2. 제24조제2항을 위반하여 피해자의 인적사항과 사진 등을 공개한 자

③ 다음 각 호의 어느 하나에 해당하는 자는 1년 이하의 징역 또는 500만원 이하의 벌금에 처한다. 〈개정 2016. 12. 20.〉
1. 제43조제1항을 위반하여 정당한 사유 없이 기본신상정보를 제출하지 아니하거나 거짓으로 제출한 자 및 같은 조 제2항에 따른 관할경찰관서 또는 교정시설의 장의 사진촬영에 정당한 사유 없이 응하지 아니한 자
2. 제43조제3항(제44조제6항에서 준용하는 경우를 포함한다)을 위반하여 정당한 사유 없이 변경정보를 제출하지 아니하거나 거짓으로 제출한 자
3. 제43조제4항(제44조제6항에서 준용하는 경우를 포함한다)을 위반하여 정당한 사유 없이 관할 경찰관서에 출석하지 아니하거나 촬영에 응하지 아니한 자

④ 제2항제2호의 죄는 피해자의 명시한 의사에 반하여 공소를 제기할 수 없다.
⑤ 제16조제2항에 따라 이수명령을 부과받은 사람이 보호관찰소의 장 또는 교정시설등의 장의 이수명령 이행에 관한 지시에 불응하여 「보호관찰 등에 관한 법률」 또는 「형의 집행 및 수용자의 처우에 관한 법률」에 따른 경고를 받은 후 재차 정당한 사유 없이 이수명령 이행에 관한 지시에 불응한 경우에는 다음 각 호에 따른다. 〈개정 2016. 12. 20., 2024. 1. 16.〉
1. 벌금형과 병과된 경우는 500만원 이하의 벌금에 처한다.
2. 징역형 이상의 실형(치료감호와 징역형 이상의 실형이 병과된 경우를 포함한다)과 병과된 경우에는 1년 이하의 징역 또는 5백만원 이하의 벌금에 처한다.

제51조【양벌규정】 법인의 대표자나 법인 또는 개인의 대리인, 사용인, 그 밖의 종업원이 그 법인 또는 개인의 업무에 관하여 제13조 또는 제43조의 위반행위를 하면 그 행위자를 벌하는 외에 그 법인 또는 개인에게도 해당 조문의 벌금형을 과(科)한다. 다만, 법인 또는 개인이 그 위반행위를 방지하기 위하여 해당 업무에 관하여 상당한 주의와 감독을 게을리하지 아니한 경우에는 그러하지 아니하다.

제52조【과태료】 ① 정당한 사유 없이 제43조의2제1항 또는 제2항을 위반하여 신고하지 아니하거나 거짓으로 신고한 경우에는 300만원 이하의 과태료를 부과한다.
② 제1항에 따른 과태료는 대통령령으로 정하는 바에 따라 관할경찰관서의 장이 부과 · 징수한다.
〈본조신설 2016. 12. 20.〉

부 칙 〈2012. 12. 18. 제11556호〉

제1조 (시행일) 이 법은 공포 후 6개월이 경과한 날부터 시행한다. 다만, 제36조부터 제39조까지의 개정규정은 공포 후 1년이 경과한 날부터 시행한다.
제2조 ∼ 제10조 생략

부 칙 〈중략〉

부칙 〈2021. 9. 24. 제18465호, 〉 (군사법원법)

제1조(시행일) 이 법은 2022년 7월 1일부터 시행한다.
제2조 부터 **제7조**까지 생략
제8조(다른 법률의 개정) ①부터 ⑤까지 생략
⑥ 성폭력범죄의 처벌 등에 관한 특례법 일부를 다음과 같이 개정한다.
제49조의2제1항 중 "군사법원"을 "군사법원(고등법원을 포함한다)"으로 한다.
⑦부터 ⑨까지 생략
제9조 생략

여성폭력방지기본법

【약칭 : 여성폭력방지법】

〔2018년 12월 24일 법률 제16086호 제정〕

제1장 총칙

제1조【목적】 이 법은 여성폭력방지와 피해자 보호 · 지원에 관한 국가 및 지방자치단체의 책임을 명백히 하고, 여성폭력방지정책의 종합적 · 체계적 추진을 위한 기본적인 사항을 규정함으로써 개인의 존엄과 인권 증진에 이바지함을 목적으로 한다.

제2조【기본이념】 이 법은 여성폭력방지정책의 추진을 통하여 모든 사람이 공공 및 사적영역에서 여성폭력으로부터 안전할 수 있도록 하고 이를 지속적으로 발전시킴으로써 폭력 없는 사회를 이루는 것을 기본이념으로 한다.

제3조【정의】 이 법에서 사용하는 용어의 뜻은 다음과 같다.

1. "여성폭력"이란 성별에 기반한 여성에 대한 폭력으로 신체적 · 정신적 안녕과 안전할 수 있는 권리 등을 침해하는 행위로서 관계 법률에서 정하는 바에 따른 가정폭력, 성폭력, 성매매, 성희롱, 지속적 괴롭힘 행위와 그 밖에 친밀한 관계에 의한 폭력, 정보통신망을 이용한 폭력 등을 말한다.
2. "여성폭력 피해자"란 여성폭력 피해를 입은 사람과 그 배우자(사실상의 혼인관계를 포함한다), 직계친족 및 형제자매를 말한다.
3. "2차 피해"란 여성폭력 피해자(이하 "피해자"라 한다)가 다음 각 목의 어느 하나에 해당하는 피해를 입는 것을 말한다.
   가. 수사 · 재판 · 보호 · 진료 · 언론보도 등 여성폭력 사건처리 및 회복의 전 과정에서 입는 정신적 · 신체적 · 경제적 피해
   나. 집단 따돌림, 폭행 또는 폭언, 그 밖에 정신적 · 신체적 손상을 가져오는 행위로 인한 피해(정보통신망을 이용한 행위로 인한 피해를 포함한다)
   다. 사용자(사업주 또는 사업경영담당자, 그 밖에 사업주를 위하여 근로자에 관한 사항에 대한 업무를 수행하는 자를 말한다)로부터 폭력 피해 신고 등을 이유로 입은 다음 어느 하나에 해당하는 불이익조치
      1) 파면, 해임, 해고, 그 밖에 신분상실에 해당하는 신분상의 불이익조치
      2) 징계, 정직, 감봉, 강등, 승진 제한, 그 밖에 부당한 인사조치
      3) 전보, 전근, 직무 미부여, 직무 재배치, 그 밖에 본인의 의사에 반하는 인사조치
      4) 성과평가 또는 동료평가 등에서의 차별과 그에 따른 임금 또는 상여금 등의 차별 지급
      5) 교육 또는 훈련 등 자기계발 기회의 취소, 예

산 또는 인력 등 가용자원의 제한 또는 제거, 보안정보 또는 비밀정보 사용의 정지 또는 취급 자격의 취소, 그 밖에 근무조건 등에 부정적 영향을 미치는 차별 또는 조치
6) 주의 대상자 명단 작성 또는 그 명단의 공개, 집단 따돌림, 폭행 또는 폭언, 그 밖에 정신적 · 신체적 손상을 가져오는 행위
7) 직무에 대한 부당한 감사 또는 조사나 그 결과의 공개
8) 인허가 등의 취소, 그 밖에 행정적 불이익을 주는 행위
9) 물품계약 또는 용역계약의 해지, 그 밖에 경제적 불이익을 주는 조치

제4조【국가와 지방자치단체의 책무】 ① 국가와 지방자치단체는 여성폭력방지 및 피해자 보호 · 지원 등을 위하여 필요한 종합적인 시책을 수립 · 시행하여야 한다.
② 국가와 지방자치단체는 여성폭력방지 및 피해자 보호 · 지원 등을 위하여 필요한 법적, 제도적 장치를 마련하고 이에 필요한 재원을 확보하여야 한다.

제5조【권리와 의무】 ① 모든 사람은 가족과 사회 등 모든 영역에서 여성폭력으로부터 안전하고 자유로운 생활을 영위할 권리를 가진다.
② 모든 사람은 여성폭력을 방지하기 위하여 노력하여야 한다.

제6조【다른 법률과의 관계】 여성폭력방지 및 피해자 보호 · 지원에 관하여 다른 법률을 제정하거나 개정할 때에는 이 법의 목적과 기본이념에 맞도록 하여야 한다.

제2장 여성폭력방지정책 추진기반

제7조【여성폭력방지정책 기본계획의 수립 등】 ① 여성가족부장관은 여성폭력방지 및 피해자 보호 · 지원정책(이하 "여성폭력방지정책"이라 한다) 기본계획을 5년마다 수립하여야 한다.
② 여성폭력방지정책 기본계획(이하 "기본계획"이라 한다)에는 다음 각 호의 사항이 포함되어야 한다.
1. 국내외 여성폭력방지정책 환경의 변화와 전망
2. 여성폭력방지정책의 추진방향과 기본목표
3. 여성폭력방지정책의 추진과제와 추진방법
4. 여성폭력방지정책 추진과 관련한 재원의 조달 및 운용 방안
5. 그 밖에 여성폭력방지정책에 필요한 사항으로 대통령령으로 정하는 사항

③ 여성가족부장관은 기본계획을 수립할 때에는 미리 관계 중앙행정기관의 장과 협의하여야 한다.
④ 기본계획은 제10조에 따른 여성폭력방지위원회의 심의를 거쳐 확정한다. 여성가족부장관은 확정된 기본계획을 관계 중앙행정기관의 장과 특별시장 · 광역시장 · 특별자치시장 · 도지사 · 특별자치도지사(이하 "시 · 도지사"라 한다)에게 알려야 한다.
⑤ 그 밖에 기본계획의 수립 및 변경 등에 필요한 사항은 대통령령으로 정한다.

제8조【연도별 시행계획의 수립 등】 ① 여성가족부장관 및 관계 중앙행정기관의 장과 시 · 도지사는 기본계획에 따라 연도별 시행계획(이하 "시행계획"이라 한다)을 매년 수립 · 시행하여야 한다.
② 관계 중앙행정기관의 장과 시 · 도지사는 다음 연도 시행계획 및 전년도의 시행계획에 따른 추진실적을 대통령령으로 정하는 바에 따라 매년 여성가족부장관에게 제출하여야 한다.
③ 여성가족부장관은 전년도 시행계획에 따른 추진실적을 분석 · 평가하고 그 결과를 관계 중앙행정기관의 장과 지방자치단체의 장에게 알려야 한다.
④ 여성가족부장관 및 관계 중앙행정기관의 장과 시 · 도지사는 제3항에 따른 분석 · 평가 결과를 다음 연도 시행계획에 반영하여야 한다.
⑤ 시행계획의 수립, 추진실적의 분석 · 평가 등 그 밖에 필요한 사항은 대통령령으로 정한다.

제9조【계획 수립의 협조】 ① 여성가족부장관은 기본계획 및 시행계획을 수립 · 시행하기 위하여 필요한 때에는 관계 중앙행정기관, 지방자치단체 또는 공공기관에 협조를 요청할 수 있다.
② 여성가족부장관 및 관계 중앙행정기관의 장과 시 · 도지사는 기본계획 및 시행계획을 수립 · 시행하기 위하여 필요한 때에는 관련 기관, 비영리법인 및 비영리민간단체 등에 협조를 요청할 수 있다.
③ 제1항 및 제2항에 따른 협조요청을 받은 자는 특별한 사정이 없으면 이에 협조하여야 한다.

제10조【여성폭력방지위원회】 ① 여성폭력방지정책에 관한 중요사항을 심의 · 조정하기 위하여 여성가족부에 여성폭력방지위원회(이하 "위원회"라 한다)를 둔다.
② 위원회는 다음 각 호의 사항을 심의 · 조정한다.
1. 기본계획 및 시행계획의 수립 · 시행에 관한 사항
2. 여성폭력방지정책의 분야별 주요 시책에 관한 사항
3. 여성폭력방지정책의 제도개선에 관한 사항
4. 여성폭력방지정책 관련 사업의 조정 및 협력에 관한 사항
5. 여성폭력방지정책의 분석 · 평가에 관한 사항
6. 여성폭력방지 관련 대한민국이 체결한 국제조약 이행점검에 관한 사항
7. 그 밖에 여성폭력방지정책의 수립 · 시행에 필요한

사항으로 대통령령으로 정하는 사항

③ 위원회는 위원장 1명을 포함한 30명 이내의 위원으로 성별, 연령, 장애, 이주 배경 등을 고려하여 구성한다.

④ 위원회의 위원장은 여성가족부장관이 되며, 위원은 다음 각 호의 사람이 된다.

1. 대통령령으로 정하는 관계 중앙행정기관의 차관 및 차관급 공무원
2. 여성폭력방지정책 등에 관한 전문지식과 경험이 풍부한 사람으로서 여성가족부장관이 위촉하는 사람

⑤ 제4항제2호에 따른 위원의 임기는 2년으로 한다.

⑥ 위원회에서 심의 · 조정할 사항을 미리 검토하거나 위임된 사항을 처리하는 등 위원회의 운영을 지원하기 위하여 실무위원회를 둔다.

⑦ 그 밖에 위원회와 실무위원회의 구성과 운영 등에 필요한 사항은 대통령령으로 정한다.

제11조【지방여성폭력방지위원회】 ① 여성폭력방지에 관한 지방자치단체의 주요 시책을 심의하기 위하여 시 · 도지사 소속으로 지방여성폭력방지위원회(이하 "지방위원회"라 한다)를 둔다.

② 지방위원회의 구성 · 조직 및 운영 등에 필요한 사항은 해당 지방자치단체의 조례로 정한다.

제12조【실태조사】 ① 여성가족부장관은 관계 법률에 따른 성폭력, 가정폭력, 성매매, 성희롱 실태조사에서 누락된 여성폭력에 관하여 여성폭력실태조사를 실시한다.

② 여성가족부장관은 여성폭력실태조사를 3년마다 실시하여 그 결과를 발표하고, 이를 여성폭력방지를 위한 정책수립의 기초자료로 활용하여야 한다.

③ 시 · 도지사는 필요한 경우 여성폭력에 관한 실태조사를 실시할 수 있다.

④ 여성폭력실태조사의 방법 · 내용 등에 필요한 사항은 대통령령으로 정한다.

제13조【여성폭력통계 구축】 ① 여성가족부장관은 여성폭력 발생 현황 등에 관한 통계(이하 "여성폭력통계"라 한다)를 체계적으로 관리하기 위하여 이를 정기적으로 수집 · 산출하고 공표하여야 한다.

② 여성가족부장관이 여성폭력통계를 요구하는 경우 관련 중앙행정기관과 지방자치단체 및 공공기관은 여성폭력통계를 제공하여야 한다.

③ 여성폭력통계의 종류, 공표시기 및 방법 등에 필요한 사항은 대통령령으로 정한다.

제3장 여성폭력방지정책의 기본시책

제14조【피해자의 권리】 피해자에게는 다음 각 호의 권리가 보장된다.

1. 여성폭력 피해로부터 구제, 보호, 회복 및 자립 · 자활을 위한 지원을 받을 권리
2. 성별, 연령, 장애, 이주 배경 등의 특성에 따라 필요한 보호와 지원을 받을 권리
3. 2차 피해로부터 보호받을 권리

제15조【피해자 보호 · 지원】 ① 국가와 지방자치단체는 피해자에 대한 상담, 의료 제공, 구조금 지급, 법률구조, 취업 관련 지원, 주거 지원, 취학 지원 및 그 밖에 피해자의 보호, 회복, 자립 · 자활에 필요한 시책을 마련하여야 한다.

② 국가와 지방자치단체는 피해자 보호 · 지원을 위한 시설을 설치 · 운영할 수 있고, 국가 또는 지방자치단체 외의 자가 관계 법률에 따라 시설을 설치 · 운영할 경우 행정적 · 재정적 지원을 할 수 있다.

③ 국가와 지방자치단체는 피해자 보호 · 지원에 필요한 경비의 전부 또는 일부를 지원할 수 있다.

④ 피해자는 「성폭력방지 및 피해자보호 등에 관한 법률」, 「가정폭력방지 및 피해자보호 등에 관한 법률」, 「성매매방지 및 피해자보호 등에 관한 법률」 등에 따른 보호 · 지원 시설을 이용할 수 있다.

제16조【관계기관 간 협력체계의 구축】 시 · 도지사와 시장 · 군수 · 구청장(자치구의 구청장을 말한다)은 효율적인 피해자 보호 · 지원을 위하여 피해자 지원 관련 시설, 의료기관, 교육기관, 법률 및 수사기관 등 관계기관 간의 협력체계를 구축하여야 한다.

제17조【피해자 정보보호】 국가와 지방자치단체는 피해자 정보를 보호하기 위한 시책을 수립 · 시행하여야 한다.

제18조【2차 피해 방지】 ① 국가와 지방자치단체는 2차 피해를 방지하기 위하여 2차 피해 방지지침과 업무 관련자 교육 등 필요한 대책을 마련하여야 한다.

② 수사기관의 장은 여성폭력 사건 담당자 등 업무 관련자를 대상으로 2차 피해 방지교육을 실시하여야 한다.

③ 국가와 지방자치단체는 2차 피해가 발생한 경우 피해를 최소화할 수 있는 조치를 취하여야 한다.

④ 제2항에 따른 수사기관의 범위와 2차 피해 방지교육에 관하여 필요한 사항은 대통령령으로 정한다.

제19조【여성폭력 예방교육】 ① 국가와 지방자치단체는 여성폭력 예방교육을 실시하기 위한 시책을 수립 · 시행할 수 있다.

② 국가와 지방자치단체는 관계 법률에서 정하는 바에 따라 여성폭력 예방교육을 양성평등 관점에서 통합적으로 실시할 수 있다.

③ 교육부장관과 특별시 · 광역시 · 특별자치시 ·

도 · 특별자치도의 교육감은 「유아교육법」 제2조제2호의 유치원, 「초 · 중등교육법」 제2조 및 「고등교육법」 제2조의 학교에서 여성폭력에 대한 이해와 예방교육을 실시하기 위한 시책을 수립 · 시행한다.

제20조【홍보】 ① 국가와 지방자치단체는 여성폭력에 대한 인식을 개선하고 피해자 보호 · 지원에 관한 홍보사업을 실시하기 위한 시책을 수립 · 시행한다.
② 국가와 지방자치단체는 관계 법률에서 정하는 바에 따라 여성폭력 추방 주간을 운영하여야 하며 이는 성폭력 추방 주간, 가정폭력 추방 주간, 성매매 추방 주간과 통합적으로 실시할 수 있다.
③ 여성가족부장관은 여성폭력방지, 피해자의 치료와 재활 등에 관한 홍보영상을 제작하여 「방송법」 제2조제3호의 방송사업자에게 배포하여야 한다.
④ 여성가족부장관은 「방송법」 제2조제3호가목의 지상파방송사업자에게 같은 법 제73조제4항에 따라 대통령령으로 정하는 비상업적 공익광고 편성비율의 범위에서 제3항의 홍보영상을 채널별로 송출하도록 요청할 수 있다.

제4장 여성폭력방지정책 관련 단체 등의 지원

제21조【비영리법인 · 비영리민간단체의 지원】 국가와 지방자치단체는 여성폭력방지 등을 위하여 활동하는 비영리법인 및 비영리민간단체에 대하여 그 활동에 필요한 행정적, 재정적 지원을 할 수 있다.

제5장 보칙

제22조【권한의 위임 · 위탁】 ① 이 법에 따른 여성가족부장관의 권한은 대통령령으로 정하는 바에 따라 그 일부를 시 · 도지사에게 위임할 수 있다.
② 여성가족부장관은 이 법에 따른 업무의 일부를 대통령령으로 정하는 바에 따라 여성폭력방지정책 관련 전문기관이나 법인 또는 단체에 위탁할 수 있다.

부칙 〈2018. 12. 24. 제16086호〉
이 법은 공포 후 1년이 경과한 날부터 시행한다.

형사소송법

[1954년 9월 23일
법 률 제341호]

개정
1961. 9. 1법 705호 1963.12.13법1500호
1973. 1.25법2450호 1973.12.20법2653호
1980.12.18법3282호 1987.11.28법3955호
1994.12.22법4796호(도농복합형태의시설치에따른행정특례 등에관한 법률)
1995.12.29법5054호 1997.12.13법5435호
1997.12.13법5454호(행정부처명칭등의변경에따른건축법등 의정비에 관한법률)
2002. 1.26법6627호(민사집행법) 2004. 1.20법7078호(검찰청법)
2004.10.16법7225호 2005. 3.31법7427호(민법)
2006. 7.19법7965호
2007. 5.17법8435호(가족관계의 등록 등에 관한 법률)
2007. 6. 1법8496호 2007.12.21법8730호
2009. 6. 9법9765호(청소년의 성보호에 관한 법률)
2011. 7.18법10864호 2011. 8. 4법11002호
2012.12.18법11572호(아동 · 청소년의 성보호에 관한 법률)
2013. 4. 5법11731호(형법) 2014. 5.14법12576호
2014.10.15법12784호 2014.12.30법12899호
2015. 7.31법13454호 2016. 1. 6법13720호
2016. 1. 6법13722호 2016. 5.29법14179호
2017.12.12법15164호 2017.12.19법15257호
2019.12.31법16850호 2020. 2. 4법16924호
2020.12. 8법17572호 2021. 8.17법18398호
2021.12.21법18598호 2022. 2. 3법18799호
2022. 5. 9법18862호

제1편 총 칙

제1장 법원의 관할

제1조【관할의 직권조사】 법원은 직권으로 관할을 조사하여야 한다.

제2조【관할위반과 소송행위의 효력】 소송행위는 관할위반인 경우에도 그 효력에 영향이 없다.

제3조【관할구역외에서의 집무】 ①법원은 사실발견을 위하여 필요하거나 긴급을 요하는 때에는 관할구역외에서 직무를 행하거나 사실조사에 필요한 처분을 할 수 있다.
②전항의 규정은 수명법관에게 준용한다.

제4조【토지관할】 ①토지관할은 범죄지, 피고인의 주소, 거소 또는 현재지로 한다.
②국외에 있는 대한민국선박내에서 범한 죄에 관하여는 전항에 규정한 곳 외에 선적지 또는 범죄후의 선착지로 한다.
③전항의 규정은 국외에 있는 대한민국항공기내에서 범한 죄에 관하여 준용한다.

제5조【토지관할의 병합】 토지관할을 달리하는 수개의 사건이 관련된 때에는 1개의 사건에 관하여 관할권있는 법원은 다른 사건까지 관할할 수 있다.

제6조【토지관할의 병합심리】 토지관할이 다

른 여러 개의 관련사건이 각각 다른 법원에 계속된 때에는 공통되는 바로 위의 상급법원은 검사나 피고인의 신청에 의하여 결정(決定)으로 한 개 법원으로 하여금 병합심리하게 할 수 있다.
<전문개정 2020. 12. 8.>

(판례) 각각 다른 법원이란 사물관할은 같으나 토지관할을 달리하는 동종, 동등의 법원을 말하는 것이므로 사건이 각각 계속된 마산지방법원 항소부와 부산고등법원은 심급은 같을지언정 사물관할을 같이하지 아니하여 여기에 해당하지 아니한다(1990.5.23, 90초56). <연습 형사소송법(99, 중판, 이재상) 9면>

제7조【토지관할의 심리분리】 토지관할을 달리하는 수개의 관련사건이 동일법원에 계속된 경우에 병합심리의 필요가 없는 때에는 법원은 결정으로 이를 분리하여 관할권있는 다른 법원에 이송할 수 있다.

제8조【사건의 직권이송】 ①법원은 피고인이 그 관할구역내에 현재하지 아니하는 경우에 특별한 사정이 있으면 결정으로 사건을 피고인의 현재지를 관할하는 동급법원에 이송할 수 있다.
②단독판사의 관할사건이 공소장변경에 의하여 합의부 관할사건으로 변경된 경우에 법원은 결정으로 관할권이 있는 법원에 이송한다. <신설 95.12.29>

(판례) 항소심에서 공소장변경에 의하여 단독판사의 관할사건이 합의부 관할사건으로 된 경우에도 법원은 사건을 관할권이 있는 법원에 이송하여야 한다고 할 것이고, 항소심에서 변경된 위 합의부관할사건에 대한 관할권이 있는 법원은 고등법원이라고 봄이 상당하다(1997.12.12, 97도2463). <형사판례평석(제3판, 조민제) 291면>

제9조【사물관할의 병합】 사물관할을 달리하는 수개의 사건이 관련된 때에는 법원합의부는 병합관할한다. 단, 결정으로 관할권있는 법원단독판사에게 이송할 수 있다.

제10조【사물관할의 병합심리】 사물관할을 달리하는 수개의 관련사건이 각각 법원합의부와 단독판사에 계속된 때에는 합의부는 결정으로 단독판사에 속한 사건을 병합하여 심리할 수 있다.

제11조【관련사건의 정의】 관련사건은 다음과 같다.
1. 1인이 범한 수죄
2. 수인이 공동으로 범한 죄
3. 수인이 동시에 동일장소에서 범한 죄
4. 범인은닉죄, 증거인멸죄, 위증죄, 허위감정통역죄 또는 장물에 관한 죄와 그 본범의 죄

제12조【동일사건과 수개의 소송계속】 동일사건이 사물관할을 달리하는 수개의 법원에 계속된 때에는 법원합의부가 심판한다.

제13조【관할의 경합】 같은 사건이 사물관할이 같은 여러 개의 법원에 계속된 때에는 먼저 공소를 받은 법원이 심판한다. 다만, 각 법원에 공통되는 바로 위의 상급법원은 검사나 피고인의 신청에 의하여 결정으로 뒤에 공소를 받은 법원으로 하여금 심판하게 할 수 있다.
<전문개정 2020. 12. 8.>

제14조【관할지정의 청구】 검사는 다음 각 호의 경우 관계있는 제1심법원에 공통되는 바로 위의 상급법원에 관할지정을 신청하여야 한다.
1. 법원의 관할이 명확하지 아니한 때
2. 관할위반을 선고한 재판이 확정된 사건에 관하여 다른 관할법원이 없는 때
<전문개정 2020. 12. 8.>

제15조【관할이전의 신청】 검사는 다음 경우에는 직근상급법원에 관할이전을 신청하여야 한다. 피고인도 이 신청을 할 수 있다.
1. 관할법원이 법률상의 이유 또는 특별한 사정으로 재판권을 행할 수 없는 때
2. 범죄의 성질, 지방의 민심, 소송의 상황 기타 사정으로 재판의 공평을 유지하기 어려운 염려가 있는 때

(판례) 피고 사건의 담당법관에 대하여 기피신청을 하였고, 또 위 피고 사건에서 위증을 한 공소외 (갑) 등에 대하여 대검찰청에 고소를 제기하여 대검찰청에서 이들을 조사하고 있는 중이라는 사실만으로는 위 피고사건의 관할법원인 수원지방법원이 그 재판권을 행사할 수 없다거나, 위 법원에서 위 피고사건에 대한 재판을 하면 재판의 공평을 유지하기 어려운 염려가 있다고 할 수 없다(1982.12.27, 82초50). <형사소송법(이재상) 80면>

법원이 검사의 공소장 변경을 허용하였다 하여 재판의 공평을 유지하기 어려울 염려가 있다고 인정되지 아니하므로 이를 이유로 한 관할이전신청은 이유없다(1984.7.24, 84초45). <형사소송법(이재상) 80면>

제16조【관할의 지정 또는 이전신청의 방식】 ① 관할의 지정 또는 이전을 신청하려면 그 사유를 기재한 신청서를 바로 위의 상급법원에 제출하여야 한다.
② 공소를 제기한 후 관할의 지정 또는 이전을 신청할 때에는 즉시 공소를 접수한 법원에

통지하여야 한다.
<전문개정 2020. 12. 8.>

제16조의2 【사건의 군사법원 이송】 법원은 공소가 제기된 사건에 대하여 군사법원이 재판권을 가지게 되었거나 재판권을 가졌음이 판명된 때에는 결정으로 사건을 재판권이 있는 같은 심급의 군사법원으로 이송한다. 이 경우에 이송 전에 행한 소송행위는 이송 후에도 그 효력에 영향이 없다. <개정 87.11.28>
<본조신설 73.1.25>

(판 례) 군무이탈중에 있는 현역군인에 대한 재판권은 일반법원에 있지 아니하다(1967.6.27, 67도632). <형사소송법 (이) 83면>

공소가 제기된 사건에 관하여 군법회의가 재판권을 가졌음이 판명된 때라 함은 공소제기당시에 이미 군법회의가 재판권을 가지고 있던 경우를 포함하고, 한편 이송전에 행한 소송행위는 이송 후에도 그 효력에 영향이 없다(1982.6.22, 82도1072). <형사소송법 (이) 83면>

제2장 법원직원의 제척, 기피, 회피

제17조 【제척의 원인】 법관은 다음 경우에는 직무집행에서 제척된다. <개정 2005. 3. 31., 2020. 12. 8.>

1. 법관이 피해자인 때
2. 법관이 피고인 또는 피해자의 친족 또는 친족관계가 있었던 자인 때
3. 법관이 피고인 또는 피해자의 법정대리인, 후견감독인인 때
4. 법관이 사건에 관하여 증인, 감정인, 피해자의 대리인으로 된 때
5. 법관이 사건에 관하여 피고인의 대리인, 변호인, 보조인으로 된 때
6. 법관이 사건에 관하여 검사 또는 사법경찰관의 직무를 행한 때
7. 법관이 사건에 관하여 전심재판 또는 그 기초되는 조사, 심리에 관여한 때
8. 법관이 사건에 관하여 피고인의 변호인이거나 피고인·피해자의 대리인인 법무법인, 법무법인(유한), 법무조합, 법률사무소, 「외국법자문사법」 제2조제9호에 따른 합작법무법인에서 퇴직한 날부터 2년이 지나지 아니한 때
9. 법관이 피고인인 법인·기관·단체에서 임원 또는 직원으로 퇴직한 날부터 2년이 지나지 아니한 때

(판 례) 법관이 수사단계에서 피고인에 대하여 구속영장을 발부한 경우는 형사소송법 제17조제7호 소정의 "법관이 사건에 관하여 전심재판 또는 그 기초되는 조사, 심리에 관여한 때"에 해당한다고 볼 수 없다(1969.7.22, 68도817). <형사소송법 (이) 67면>

약식명령을 발부한 법관이 그 정식재판절차의 항소심판결에 관여함은 형사소송법 제17조제7호, 제18조제1항제1호 소정의 법관이 사건에 관하여 전심재판 또는 그 기초되는 조사심리에 관여한 때에 해당하여 제척, 기피의 원인이 된다(1985.4.23, 85도281). <형사소송법 (이) 67면>

제18조 【기피의 원인과 신청권자】 ①검사 또는 피고인은 다음 경우에 법관의 기피를 신청할 수 있다.

1. 법관이 전조 각호의 사유에 해당되는 때
2. 법관이 불공평한 재판을 할 염려가 있는 때

②변호인은 피고인의 명시한 의사에 반하지 아니하는 때에 한하여 법관에 대한 기피를 신청할 수 있다.

(판 례) 재판부가 당사자의 증거신청을 채택하지 아니하거나 이미 한 증거결정을 취소하였다 하더라도 그러한 사정만으로는 재판의 공평을 기대하기 어려운 객관적 사유가 있다 할 수 없다(1995.4.3, 95모10). <형사소송법(이) 69면>

제19조 【기피신청의 관할】 ①합의법원의 법관에 대한 기피는 그 법관의 소속법원에 신청하고 수명법관, 수탁판사 또는 단독판사에 대한 기피는 당해법관에게 신청하여야 한다.
②기피사유는 신청한 날로부터 3일 이내에 서면으로 소명하여야 한다.

(판 례) 이미 종국판결이 선고되어 버리면 그 담당재판부를 사건심리에서 배제하고자 하는 기피신청은 그 목적의 소멸로 재판을 할 이익이 상실되어 부적법하게 된다(1995.1.9, 94모77). <형사소송법(이) 69면>

제20조 【기피신청기각과 처리】 ①기피신청이 소송의 지연을 목적으로 함이 명백하거나 제19조의 규정에 위배된 때에는 신청을 받은 법원 또는 법관은 결정으로 이를 기각한다. <개정 95.12.29>
②기피당한 법관은 전항의 경우를 제한 외에는 지체없이 기피신청에 대한 의견서를 제출하여야 한다.
③전항의 경우에 기피당한 법관이 기피의 신청을 이유있다고 인정하는 때에는 그 결정이 있은 것으로 간주한다.

제21조 【기피신청에 대한 재판】 ①기피신청에 대한 재판은 기피당한 법관의 소속법원 합

의부에서 결정으로 하여야 한다.
②기피당한 법관은 전항의 결정에 관여하지 못한다.
③기피당한 판사의 소속법원이 합의부를 구성하지 못하는 때에는 직근상급법원이 결정하여야 한다.

(판 례) 소송지연만을 목적으로 한 기피신청은 그 신청자체가 부적법한 것으로 되고 따라서 그러한 부적법한 기피신청에 대하여는 기피당한 법관에 의하여 구성된 재판부가 스스로 그것을 각하할 수 있다(1985.7.8, 85초29). <형사소송법1(신동운, 545면)>

제22조【기피신청과 소송의 정지】 기피신청이 있는 때에는 제20조제1항의 경우를 제한 외에는 소송진행을 정지하여야 한다. 단, 급속을 요하는 경우에는 예외로 한다.

(판 례) 법관에 대한 기피신청 때문에 소송의 진행이 정지되더라도 구속기간의 진행은 정지되지 아니하는 것이므로 구속기간의 만료가 임박하였다는 사정도 소송진행 정지의 예외사유인 급속을 요하는 경우에 해당한다(1994.3.8, 94도142). <형사소송법(이) 70면>

법관에게 불공평한 재판을 할 염려가 있다고 하여 기피신청이 있는 경우에 형사소송법 제22조에 의하여 정지될 소송진행은 그 피고사건의 실체적 재판에의 도달을 목적으로 하는 본안의 소송절차를 말하고 판결의 선고는 이에 해당되지 않는다(1987.5.28, 87모10).

제23조【기피신청기각과 즉시항고】 ①기피신청을 기각한 결정에 대하여는 즉시항고를 할 수 있다.
②제20조제1항의 기각결정에 대한 즉시항고는 재판의 집행을 정지하는 효력이 없다. <신설 95.12.29>

제24조【회피의 원인 등】 ①법관이 제18조의 규정에 해당하는 사유가 있다고 사료한 때에는 회피하여야 한다.
②회피는 소속법원에 서면으로 신청하여야 한다.
③제21조의 규정은 회피에 준용한다.

제25조【법원사무관등에 대한 제척·기피·회피】 ①본장의 규정은 제17조제7호의 규정을 제한 외에는 법원서기관·법원사무관·법원주사 또는 법원주사보(이하 "법원사무관등"이라 한다)와 통역인에 준용한다. <개정 2007.6.1>
②전항의 법원사무관등과 통역인에 대한 기피재판은 그 소속법원이 결정으로 하여야 한다. 단, 제20조제1항의 결정은 기피당한 자의 소속법관이 한다. <개정 2007.6.1>

제3장 소송행위의 대리와 보조

제26조【의사무능력자와 소송행위의 대리】 「형법」 제9조 내지 제11조의 규정의 적용을 받지 아니하는 범죄사건에 관하여 피고인 또는 피의자가 의사능력이 없는 때에는 그 법정대리인이 소송행위를 대리한다. <개정 2007.6.1>

(판 례) 변호사 갑이 피고인 등의 대리인으로 본건 재항고를 한 것인바 그 대리권을 증명할 하등 자료가 없을 뿐 아니라 본법상 특별한 규정이 있는 경우에 한하여 대리인에 의하여 소송행위를 할 수 있고 결정에 대한 재항고는 대리인에 의하여 할 수 있는 소송행위가 아니다(1953.6.9, 4286형항3). <형사소송법(이) 148면>

제27조【법인과 소송행위의 대표】 ①피고인 또는 피의자가 법인인 때에는 그 대표자가 소송행위를 대표한다.
②수인이 공동하여 법인을 대표하는 경우에도 소송행위에 관하여는 각자가 대표한다.

제28조【소송행위의 특별대리인】 ①전2조의 규정에 의하여 피고인을 대리 또는 대표할 자가 없는 때에는 법원은 직권 또는 검사의 청구에 의하여 특별대리인을 선임하여야 하며 피의자를 대리 또는 대표할 자가 없는 때에는 법원은 검사 또는 이해관계인의 청구에 의하여 특별대리인을 선임하여야 한다.
②특별대리인은 피고인 또는 피의자를 대리 또는 대표하여 소송행위를 할 자가 있을 때까지 그 임무를 행한다.

제29조【보조인】 ①피고인 또는 피의자의 법정대리인, 배우자, 직계친족과 형제자매는 보조인이 될 수 있다. <개정 2005.3.31.>
②보조인이 될 수 있는 자가 없거나 장애 등의 사유로 보조인으로서 역할을 할 수 없는 경우에는 피고인 또는 피의자와 신뢰관계 있는 자가 보조인이 될 수 있다. <신설 2015.7.31>
③보조인이 되고자 하는 자는 심급별로 그 취지를 신고하여야 한다. <개정 2007.6.1>
④보조인은 독립하여 피고인 또는 피의자의 명시한 의사에 반하지 아니하는 소송행위를 할 수 있다. 단, 법률에 다른 규정이 있는 때에는 예외로 한다.

제4장 변 호

제30조【변호인선임권자】 ①피고인 또는 피

의자는 변호인을 선임할 수 있다.
②피고인 또는 피의자의 법정대리인, 배우자, 직계친족과 형제자매는 독립하여 변호인을 선임할 수 있다. <개정 2005.3.31>

제31조【변호인의 자격과 특별변호인】 변호인은 변호사중에서 선임하여야 한다. 단, 대법원 이외의 법원은 특별한 사정이 있으면 변호사 아닌 자를 변호인으로 선임함을 허가할 수 있다.

제32조【변호인선임의 효력】 ①변호인의 선임은 심급마다 변호인과 연명날인한 서면으로 제출하여야 한다.
②공소제기전의 변호인선임은 제1심에도 그 효력이 있다.

제32조의2【대표변호인】 ①수인의 변호인이 있는 때에는 재판장은 피고인·피의자 또는 변호인의 신청에 의하여 대표변호인을 지정할 수 있고 그 지정을 철회 또는 변경할 수 있다.
②제1항의 신청이 없는 때에는 재판장은 직권으로 대표변호인을 지정할 수 있고 그 지정을 철회 또는 변경할 수 있다.
③대표변호인은 3인을 초과할 수 없다.
④대표변호인에 대한 통지 또는 서류의 송달은 변호인 전원에 대하여 효력이 있다.
⑤제1항 내지 제4항의 규정은 피의자에게 수인의 변호인이 있는 때에 검사가 대표변호인을 지정하는 경우에 이를 준용한다.
<본조신설 95.12.29>

제33조【국선변호인】 ①다음 각 호의 어느 하나에 해당하는 경우에 변호인이 없는 때에는 법원은 직권으로 변호인을 선정하여야 한다. <개정 2020. 12. 8.>

1. 피고인이 구속된 때
2. 피고인이 미성년자인 때
3. 피고인이 70세 이상인 때
4. 피고인이 듣거나 말하는 데 모두 장애가 있는 사람인 때
5. 피고인이 심신장애가 있는 것으로 의심되는 때
6. 피고인이 사형, 무기 또는 단기 3년 이상의 징역이나 금고에 해당하는 사건으로 기소된 때

②법원은 피고인이 빈곤이나 그 밖의 사유로 변호인을 선임할 수 없는 경우에 피고인이 청구하면 변호인을 선정하여야 한다. <개정 2020. 12. 8.>
③법원은 피고인의 나이·지능 및 교육 정도 등을 참작하여 권리보호를 위하여 필요하다고 인정하면 피고인의 명시적 의사에 반하지 아니하는 범위에서 변호인을 선정하여야 한다. <개정 2020. 12. 8.>
<전문개정 2006. 7. 19.>

(판례) 형사소송법 제31조의 규정에 의하면 대법원 이외의 법원은 특별한 사정이 있으면 변호사 아닌 자를 변호인으로 선임함을 허가할 수 있다고 하고 있으므로 이 사건 제1심인 전주지방법원 남원지원에서 이 사건 국선변호인으로 변호사 아닌 법원사무관을 변호인으로 선임하였다 하여 위법됨이 없다(1974.8.30, 74도1965). <형사소송법(이) 128면>

제34조【피고인·피의자와의 접견, 교통, 진료】 변호인이나 변호인이 되려는 자는 신체가 구속된 피고인 또는 피의자와 접견하고 서류나 물건을 수수(授受)할 수 있으며 의사로 하여금 피고인이나 피의자를 진료하게 할 수 있다.
<전문개정 2020. 12. 8.>

(판례) 접견신청일이 경과하도록 접견이 이루어지지 아니한 것은 실질적으로 접견불허처분이 있는 것과 동일시 된다. 변호인의 접견교통권은 신체구속을 당한 피고인이나 피의자의 인권보장과 방어준비를 위하여 필수불가결한 권리이므로 법령에 의한 제한이 없는 한 수사기관의 처분은 물론 법원의 결정으로도 이를 제한할 수 없는 것이다(1991.3.18, 91모24). <형사판례평석 302면>

임의동행의 형식으로 수사기관에 연행된 피의자에게도 변호인 또는 변호인이 되려는 자와의 접견교통권은 당연히 인정된다고 보아야 하고 임의동행의 형식으로 연행된 피내사자에게도 이는 마찬가지이다(1996.6.3, 96모18).

사실상의 구금장소의 임의적 변경은 청구인의 방어권이나 접견교통권의 행사에 중대한 장애를 초래하는 것이므로 위법하다(1996.5.15, 95모94).

검사 작성의 피의자신문조서가 검사에 의하여 피의자에 대한 변호인의 접견이 부당하게 제한되고 있는 동안에 작성된 경우에는 증거능력이 없다(1990.8.24, 90도1285).

제35조【서류, 증거물의 열람, 복사】 ①피고인과 변호인은 소송계속 중의 관계 서류 또는 증거물을 열람하거나 복사할 수 있다. <개정 2016.5.29>
②피고인의 법정대리인, 제28조에 따른 특별대리인, 제29조에 따른 보조인 또는 피고인의 배우자·직계친족·형제자매로서 피고인의 위임장 및 신분관계를 증명하는 문서를 제출한 자도 제1항과 같다.

③재판장은 피해자, 증인 등 사건관계인의 생명 또는 신체의 안전을 현저히 해칠 우려가 있는 경우에는 제1항 및 제2항에 따른 열람·복사에 앞서 사건관계인의 성명 등 개인정보가 공개되지 아니하도록 보호조치를 할 수 있다. <신설 2016.5.29>
④제3항에 따른 개인정보 보호조치의 방법과 절차, 그 밖에 필요한 사항은 대법원규칙으로 정한다. <신설 2016.5.29>
<전문개정 2007.6.1>

(판 례) 검사가 보관하는 수사기록에 대한 변호인의 열람, 등사는 실질적 당사자 대등을 확보하고, 신속, 공정한 재판을 실현하기 위하여 필요불가결한 것이며, 그에 대한 지나친 제한은 피고인의 신속, 공정한 재판을 받을 권리를 침해하는 것이다. 그러므로 변호인의 수사기록 열람, 등사에 대한 지나친 제한은 결국 피고인에게 보장된 변호인의 조력을 받을 권리를 침해하게 되는 것이다(1997.11.27, 94헌마60). <형사판례평석 299면>

제36조【변호인의 독립소송행위권】 변호인은 독립하여 소송행위를 할 수 있다. 단, 법률에 다른 규정이 있는 때에는 예외로 한다.

(판 례) 변호인은 피고인의 명시한 의사에 반하지 아니하는 한 피고인을 대리하여 증거로 함에 동의할 수 있으므로 피고인이 증거로 함에 동의하지 아니한다고 명시적인 의사표시를 한 경우 이외에는 변호인은 서류나 물건에 대하여 증거로 함에 동의할 수 있고 이 경우 변호인의 동의에 대하여 피고인이 즉시 이의하지 아니하는 경우에는 변호인의 동의로 증거능력이 인정된다(1988.11.8, 88도1628). <형사소송법(이) 551면>

제5장 재 판

제37조【판결, 결정, 명령】 ① 판결은 법률에 다른 규정이 없으면 구두변론(口頭辯論)을 거쳐서 하여야 한다.
② 결정이나 명령은 구두변론을 거치지 아니할 수 있다.
③ 결정이나 명령을 할 때 필요하면 사실을 조사할 수 있다.
④ 제3항의 조사는 부원(部員)에게 명할 수 있고 다른 지방법원의 판사에게 촉탁할 수 있다.
<전문개정 2020. 12. 8.>

(판 례) 본건에 있어서 원심법원은 피고인에 대한 제1심 판결을 파기하고 다시 판결을 함에 있어서 변론을 거친 흔적을 발견할 수 없는 바 형사소송법 제364조제5항과 같은 특칙이 적용되지 않는 경우에는 같은 법 제37조에 의하여 변론을 거쳐서 판결하여야 할 것인데도 이에 이르지 아니한 원심판결에는 판결에 영향을 미친 위법이 있다고 할 것이다(1981.7.28, 81도1482). <형사소송법(이) 675면>

제38조【재판서의 방식】 재판은 법관이 작성한 재판서에 의하여야 한다. 단, 결정 또는 명령을 고지하는 경우에는 재판서를 작성하지 아니하고 조서에만 기재하여 할 수 있다.

제39조【재판의 이유】 재판에는 이유를 명시하여야 한다. 단, 상소를 불허하는 결정 또는 명령은 예외로 한다.

제40조【재판서의 기재요건】 ①재판서에는 법률에 다른 규정이 없으면 재판을 받는 자의 성명, 연령, 직업과 주거를 기재하여야 한다.
②재판을 받는 자가 법인인 때에는 그 명칭과 사무소를 기재하여야 한다.
③판결서에는 기소한 검사와 공판에 관여한 검사의 관직, 성명과 변호인의 성명을 기재하여야 한다. <개정 61.9.1, 2011.7.18>

제41조【재판서의 서명 등】 ①재판서에는 재판한 법관이 서명날인하여야 한다.
②재판장이 서명날인할 수 없는 때에는 다른 법관이 그 사유를 부기하고 서명날인 하여야 하며 다른 법관이 서명날인할 수 없는 때에는 재판장이 그 사유를 부기하고 서명날인하여야 한다.
③판결서 기타 대법원규칙이 정하는 재판서를 제외한 재판서에 대하여는 제1항 및 제2항의 서명날인에 갈음하여 기명날인할 수 있다.
<신설 95.12.29>

제42조【재판의 선고, 고지의 방식】 재판의 선고 또는 고지는 공판정에서는 재판서에 의하여야 하고 기타의 경우에는 재판서등본의 송달 또는 다른 적당한 방법으로 하여야 한다. 단, 법률에 다른 규정이 있는 때에는 예외로 한다.

(판 례) 판결은 그 선고에 의하여 효력을 발생하고 판결원본의 기재에 의하여 효력을 발생하는 것이 아니므로 양자의 형이 다른 경우에는 검사는 선고된 형을 집행하여야 한다(1981.5.14, 81모8). <형사소송법(신) 723면>

제43조【동 전】 재판의 선고 또는 고지는 재판장이 한다. 판결을 선고함에는 주문을 낭독하고 이유의 요지를 설명하여야 한다.

제44조【검사의 집행지휘를 요하는 사건】 검사의 집행지휘를 요하는 재판은 재판서 또는 재판을 기재한 조서의 등본 또는 초본을 재판의 선고 또는 고지한 때로부터 10일 이내

에 검사에게 송부하여야 한다. 단, 법률에 다른 규정이 있는 때에는 예외로 한다. <개정 61.9.1>

제45조【재판서의 등본, 초본의 청구】 피고인 기타의 소송관계인은 비용을 납입하고 재판서 또는 재판을 기재한 조서의 등본 또는 초본의 교부를 청구할 수 있다.

제46조【재판서의 등본, 초본의 작성】 재판서 또는 재판을 기재한 조서의 등본 또는 초본은 원본에 의하여 작성하여야 한다. 단, 부득이한 경우에는 등본에 의하여 작성할 수 있다.

제6장 서 류

제47조【소송서류의 비공개】 소송에 관한 서류는 공판의 개정전에는 공익상 필요 기타 상당한 이유가 없으면 공개하지 못한다.

제48조【조서의 작성방법】 ① 피고인, 피의자, 증인, 감정인, 통역인 또는 번역인을 신문(訊問)하는 때에는 신문에 참여한 법원사무관등이 조서를 작성하여야 한다.

② 조서에는 다음 각 호의 사항을 기재하여야 한다.

1. 피고인, 피의자, 증인, 감정인, 통역인 또는 번역인의 진술
2. 증인, 감정인, 통역인 또는 번역인이 선서를 하지 아니한 때에는 그 사유

③ 조서는 진술자에게 읽어 주거나 열람하게 하여 기재 내용이 정확한지를 물어야 한다.

④ 진술자가 조서에 대하여 추가, 삭제 또는 변경의 청구를 한 때에는 그 진술내용을 조서에 기재하여야 한다.

⑤ 신문에 참여한 검사, 피고인, 피의자 또는 변호인이 조서 기재 내용의 정확성에 대하여 이의(異議)를 진술한 때에는 그 진술의 요지를 조서에 기재하여야 한다.

⑥ 제5항의 경우 재판장이나 신문한 법관은 그 진술에 대한 의견을 기재하게 할 수 있다.

⑦ 조서에는 진술자로 하여금 간인(間印)한 후 서명날인하게 하여야 한다. 다만, 진술자가 서명날인을 거부한 때에는 그 사유를 기재하여야 한다.

<전문개정 2020. 12. 8.>

제49조【검증 등의 조서】 ①검증, 압수 또는 수색에 관하여는 조서를 작성하여야 한다.

②검증조서에는 검증목적물의 현상을 명확하게 하기 위하여 도화나 사진을 첨부할 수 있다.

③압수조서에는 품종, 외형상의 특징과 수량을 기재하여야 한다.

제50조【각종조서의 기재요건】 전2조의 조서에는 조사 또는 처분의 연월일시와 장소를 기재하고 그 조사 또는 처분을 행한 자와 참여한 법원사무관등이 기명날인 또는 서명하여야 한다. 단, 공판기일외에 법원이 조사 또는 처분을 행한 때에는 재판장 또는 법관과 참여한 법원사무관등이 기명날인 또는 서명하여야 한다. <개정 2007.6.1.>

제51조【공판조서의 기재요건】 ①공판기일의 소송절차에 관하여는 참여한 법원사무관등이 공판조서를 작성하여야 한다. <개정 2007.6.1>

②공판조서에는 다음 사항 기타 모든 소송절차를 기재하여야 한다. <개정 2007.6.1>

1. 공판을 행한 일시와 법원
2. 법관, 검사, 법원사무관등의 관직, 성명
3. 피고인, 대리인, 대표자, 변호인, 보조인과 통역인의 성명
4. 피고인의 출석여부
5. 공개의 여부와 공개를 금한 때에는 그 이유
6. 공소사실의 진술 또는 그를 변경하는 서면의 낭독
7. 피고인에게 그 권리를 보호함에 필요한 진술의 기회를 준 사실과 그 진술한 사실
8. 제48조제2항에 기재한 사항
9. 증거조사를 한 때에는 증거될 서류, 증거물과 증거조사의 방법
10. 공판정에서 행한 검증 또는 압수
11. 변론의 요지
12. 재판장이 기재를 명한 사항 또는 소송관계인의 청구에 의하여 기재를 허가한 사항
13. 피고인 또는 변호인에게 최종 진술할 기회를 준 사실과 그 진술한 사실
14. 판결 기타의 재판을 선고 또는 고지한 사실

(판 례) 공판조서에 그 공판에 관여한 법관의 성명이 전연 기재되어 있지 아니함이 명백한 바, 그렇다면 그 공판기일에서 심리에 관여한 법관이 누구이며, 몇 사람이며, 그리고 또 그 관여한 사람이 과연 법관인 자격을 갖춘 사람들인지의 여부 등 이 모두 분명하지 못하다 할 것이며, 그 공판조서는 형사소송법 제51조 소정의 기재요건 중 가장 중요한 사항에 관한 기재요건을 갖추지 못한 것이므로 공판절차가 법령에 위반되어 판결에 영향을 미친 것이다

(1970.9.22, 70도1312). <형사소송법(이) 152면>

제52조【공판조서작성상의 특례】 공판조서 및 공판기일외의 증인신문조서에는 제48조제3항 내지 제7항의 규정에 의하지 아니한다. 단, 진술자의 청구가 있는 때에는 그 진술에 관한 부분을 읽어 주고 증감변경의 청구가 있는 때에는 그 진술을 기재하여야 한다. <개정 95.12.29>

제53조【공판조서의 서명 등】 ①공판조서에는 재판장과 참여한 법원사무관등이 기명날인 또는 서명하여야 한다. <개정 2007.6.1>
②재판장이 기명날인 또는 서명할 수 없는 때에는 다른 법관이 그 사유를 부기하고 기명날인 또는 서명하여야 하며 법관전원이 기명날인 또는 서명할 수 없는 때에는 참여한 법원사무관등이 그 사유를 부기하고 기명날인 또는 서명하여야 한다. <개정 2007.6.1>
③법원사무관등이 기명날인 또는 서명할 수 없는 때에는 재판장 또는 다른 법관이 그 사유를 부기하고 기명날인 또는 서명하여야 한다. <개정 2007.6.1>

(판 례) 공판조서에 서명날인할 재판장은 당해 공판기일에 열석한 재판장이어야 하므로 당해 공판기일에 열석하지 아니한 판사가 재판장으로서 서명날인한 공판조서는 적식의 공판조서라고 할 수 없어 이와 같은 공판조서는 소송법상 무효라 할 것이므로 공판기일에 있어서의 소송절차를 증명할 공판조서로서의 증명력이 없다(1983.2.8, 82도2940). <형사소송법(이) 152면>

제54조【공판조서의 정리 등】 ①공판조서는 각 공판기일후 신속히 정리하여야 한다. <개정 2007.6.1>
②다음 회의 공판기일에 있어서는 전회의 공판심리에 관한 주요사항의 요지를 조서에 의하여 고지하여야 한다. 다만, 다음 회의 공판기일까지 전회의 공판조서가 정리되지 아니한 때에는 조서에 의하지 아니하고 고지할 수 있다. <개정 2007.6.1>
③검사, 피고인 또는 변호인은 공판조서의 기재에 대하여 변경을 청구하거나 이의를 제기할 수 있다. <개정 2007.6.1>
④제3항에 따른 청구나 이의가 있는 때에는 그 취지와 이에 대한 재판장의 의견을 기재한 조서를 당해 공판조서에 첨부하여야 한다. <신설 2007.6.1>

제55조【피고인의 공판조서열람권 등】 ①피고인은 공판조서의 열람 또는 등사를 청구할 수 있다. <개정 95.12.29>
②피고인이 공판조서를 읽지 못하는 때에는 공판조서의 낭독을 청구할 수 있다. <개정 95.12.29>
③전2항의 청구에 응하지 아니한 때에는 그 공판조서를 유죄의 증거로 할 수 없다.

제56조【공판조서의 증명력】 공판기일의 소송절차로서 공판조서에 기재된 것은 그 조서만으로써 증명한다.

(판 례) 피고인에게 증거조사결과에 대한 의견을 묻고 증거조사를 신청할 수 있음을 고지하였을 뿐만 아니라 최종의견진술의 기회를 주었는지 여부와 같은 소송절차에 관한 사실은 공판조서에 기재된 대로 공판절차가 진행된 것으로 증명되고 다른 자료에 의한 반증은 허용되지 않는다(1990.2.27, 89도2304). <형사소송법(이) 581면>

제56조의2【공판정에서의 속기·녹음 및 영상녹화】 ①법원은 검사, 피고인 또는 변호인의 신청이 있는 때에는 특별한 사정이 없는 한 공판정에서의 심리의 전부 또는 일부를 속기사로 하여금 속기하게 하거나 녹음장치 또는 영상녹화장치를 사용하여 녹음 또는 영상녹화(녹음이 포함된 것을 말한다. 이하 같다)하여야 하며, 필요하다고 인정하는 때에는 직권으로 이를 명할 수 있다.
②법원은 속기록·녹음물 또는 영상녹화물을 공판조서와 별도로 보관하여야 한다.
③검사, 피고인 또는 변호인은 비용을 부담하고 제2항에 따른 속기록·녹음물 또는 영상녹화물의 사본을 청구할 수 있다.
<전문개정 2007.6.1>

제57조【공무원의 서류】 ①공무원이 작성하는 서류에는 법률에 다른 규정이 없는 때에는 작성 연월일과 소속공무소를 기재하고 기명날인 또는 서명하여야 한다. <개정 2007.6.1>
②서류에는 간인하거나 이에 준하는 조치를 하여야 한다. <개정 95.12.29>
③삭제 <2007.6.1>

제58조【공무원의 서류】 ①공무원이 서류를 작성함에는 문자를 변개하지 못한다.
②삽입, 삭제 또는 난외기재를 할 때에는 이 기재한 곳에 날인하고 그 자수를 기재하여야 한다. 단, 삭제한 부분은 해득할 수 있도록 자체를 존치하여야 한다.

제59조【비공무원의 서류】 공무원 아닌 자가 작성하는 서류에는 연월일을 기재하고 기명날인 또는 서명하여야 한다. 인장이 없으면 지장으로 한다. <개정 2017.12.12>

제59조의2 【재판확정기록의 열람·등사】 ① 누구든지 권리구제·학술연구 또는 공익적 목적으로 재판이 확정된 사건의 소송기록을 보관하고 있는 검찰청에 그 소송기록의 열람 또는 등사를 신청할 수 있다.

②검사는 다음 각 호의 어느 하나에 해당하는 경우에는 소송기록의 전부 또는 일부의 열람 또는 등사를 제한할 수 있다. 다만, 소송관계인이나 이해관계 있는 제3자가 열람 또는 등사에 관하여 정당한 사유가 있다고 인정되는 경우에는 그러하지 아니하다.

1. 심리가 비공개로 진행된 경우
2. 소송기록의 공개로 인하여 국가의 안전보장, 선량한 풍속, 공공의 질서유지 또는 공공복리를 현저히 해할 우려가 있는 경우
3. 소송기록의 공개로 인하여 사건관계인의 명예나 사생활의 비밀 또는 생명·신체의 안전이나 생활의 평온을 현저히 해할 우려가 있는 경우
4. 소송기록의 공개로 인하여 공범관계에 있는 자 등의 증거인멸 또는 도주를 용이하게 하거나 관련 사건의 재판에 중대한 영향을 초래할 우려가 있는 경우
5. 소송기록의 공개로 인하여 피고인의 개선이나 갱생에 현저한 지장을 초래할 우려가 있는 경우
6. 소송기록의 공개로 인하여 사건관계인의 영업비밀(「부정경쟁방지 및 영업비밀보호에 관한 법률」 제2조제2호의 영업비밀을 말한다)이 현저하게 침해될 우려가 있는 경우
7. 소송기록의 공개에 대하여 당해 소송관계인이 동의하지 아니하는 경우

③검사는 제2항에 따라 소송기록의 열람 또는 등사를 제한하는 경우에는 신청인에게 그 사유를 명시하여 통지하여야 한다.

④검사는 소송기록의 보존을 위하여 필요하다고 인정하는 경우에는 그 소송기록의 등본을 열람 또는 등사하게 할 수 있다. 다만, 원본의 열람 또는 등사가 필요한 경우에는 그러하지 아니하다.

⑤소송기록을 열람 또는 등사한 자는 열람 또는 등사에 의하여 알게 된 사항을 이용하여 공공의 질서 또는 선량한 풍속을 해하거나 피고인의 개선 및 갱생을 방해하거나 사건관계인의 명예 또는 생활의 평온을 해하는 행위를 하여서는 아니 된다.

⑥제1항에 따라 소송기록의 열람 또는 등사를 신청한 자는 열람 또는 등사에 관한 검사의 처분에 불복하는 경우에는 당해 기록을 보관하고 있는 검찰청에 대응한 법원에 그 처분의 취소 또는 변경을 신청할 수 있다.

⑦제418조 및 제419조는 제6항의 불복신청에 관하여 준용한다.

<본조신설 2007.6.1>

제59조의3 【확정 판결서등의 열람·복사】 ① 누구든지 판결이 확정된 사건의 판결서 또는 그 등본, 증거목록 또는 그 등본, 그 밖에 검사나 피고인 또는 변호인이 법원에 제출한 서류·물건의 명칭·목록 또는 이에 해당하는 정보(이하 "판결서등"이라 한다)를 보관하는 법원에서 해당 판결서등을 열람 및 복사(인터넷, 그 밖의 전산정보처리시스템을 통한 전자적 방법을 포함한다. 이하 이 조에서 같다)할 수 있다. 다만, 다음 각 호의 어느 하나에 해당하는 경우에는 판결서등의 열람 및 복사를 제한할 수 있다.

1. 심리가 비공개로 진행된 경우
2. 「소년법」 제2조에 따른 소년에 관한 사건인 경우
3. 공범관계에 있는 자 등의 증거인멸 또는 도주를 용이하게 하거나 관련 사건의 재판에 중대한 영향을 초래할 우려가 있는 경우
4. 국가의 안전보장을 현저히 해할 우려가 명백하게 있는 경우
5. 제59조의2제2항제3호 또는 제6호의 사유가 있는 경우. 다만, 소송관계인의 신청이 있는 경우에 한정한다.

② 법원사무관등이나 그 밖의 법원공무원은 제1항에 따른 열람 및 복사에 앞서 판결서등에 기재된 성명 등 개인정보가 공개되지 아니하도록 대법원규칙으로 정하는 보호조치를 하여야 한다.

③ 제2항에 따른 개인정보 보호조치를 한 법원사무관등이나 그 밖의 법원공무원은 고의 또는 중대한 과실로 인한 것이 아니면 제1항에 따른 열람 및 복사와 관련하여 민사상·형사상 책임을 지지 아니한다.

④ 열람 및 복사에 관하여 정당한 사유가 있는 소송관계인이나 이해관계 있는 제3자는 제1항 단서에도 불구하고 제1항 본문에 따른 법원의 법원사무관등이나 그 밖의 법원공무원

에게 판결서등의 열람 및 복사를 신청할 수 있다. 이 경우 법원사무관등이나 그 밖의 법원공무원의 열람 및 복사에 관한 처분에 불복하는 경우에는 제1항 본문에 따른 법원에 처분의 취소 또는 변경을 신청할 수 있다.
⑤ 제4항의 불복신청에 대하여는 제417조 및 제418조를 준용한다.
⑥ 판결서등의 열람 및 복사의 방법과 절차, 개인정보 보호조치의 방법과 절차, 그 밖에 필요한 사항은 대법원규칙으로 정한다.
<본조신설 2011.7.18>

제7장 송 달

제60조【송달받기 위한 신고】 ①피고인, 대리인, 대표자, 변호인 또는 보조인이 법원소재지에 서류의 송달을 받을 수 있는 주거 또는 사무소를 두지 아니한 때에는 법원소재지에 주거 또는 사무소 있는 자를 송달영수인으로 선임하여 연명한 서면으로 신고하여야 한다.
②송달영수인은 송달에 관하여 본인으로 간주하고 그 주거 또는 사무소는 본인의 주거 또는 사무소로 간주한다.
③송달영수인의 선임은 같은 지역에 있는 각 심급법원에 대하여 효력이 있다.
④전3항의 규정은 신체구속을 당한 자에게 적용하지 아니한다.

(판 례) 형사소송법 제60조제4항이 규정한 신체구속을 당한 자라 함은 그 사건에서 신체를 구속당한 자를 가리키는 것이요 다른 사건으로 신체구속을 당한 자는 여기에 해당되지 아니한다고 보는 것이 상당하므로 다른 사건으로 신체구속을 당한 자로서는 이 강도상해사건에 관하여는 송달받기 위한 신고의무를 면제 받을 수 없는 것이다(1976.11.10, 76모69). <형사소송법(이) 153면>

제61조【우체에 부치는 송달】 ①주거, 사무소 또는 송달영수인의 선임을 신고하여야 할 자가 그 신고를 하지 아니하는 때에는 법원사무관등은 서류를 우체에 부치거나 기타 적당한 방법에 의하여 송달할 수 있다. <개정 2007.6.1>
②서류를 우체에 부친 경우에는 도달된 때에 송달된 것으로 간주한다.

제62조【검사에 대한 송달】 검사에 대한 송달은 서류를 소속검찰청에 송부하여야 한다.

(판 례) 교도소 또는 구치소에 구속된 자에 대한 송달은 그 소장에게 송달하면 구속된 자에게 전달된 여부에 관계없이 효력이 생긴다(1972.2.18, 72모3). <형사소송법(이) 153면>

제63조【공시송달의 원인】 ①피고인의 주거, 사무소와 현재지를 알 수 없는 때에는 공시송달을 할 수 있다.
②피고인이 재판권이 미치지 아니하는 장소에 있는 경우에 다른 방법으로 송달할 수 없는 때에도 전항과 같다.

(판 례) 공시송달은 피고인의 주거, 사무소와 현재지를 알 수 없는 때에 한하여 할 수 있을 뿐이고 피고인의 주거, 사무소, 현재지 등이 기록상 나타나 있는 경우에는 이를 할 수 없다(1986.2.27, 85모6). <형사소송법(이) 153면>

제64조【공시송달의 방식】 ①공시송달은 대법원규칙의 정하는 바에 의하여 법원이 명한 때에 한하여 할 수 있다.
②공시송달은 법원사무관등이 송달할 서류를 보관하고 그 사유를 법원게시장에 공시하여야 한다. <개정 61.9.1, 2007.6.1>
③법원은 전항의 사유를 관보나 신문지상에 공고할 것을 명할 수 있다. <개정 61.9.1>
④최초의 공시송달은 제2항의 공시를 한 날로부터 2주일을 경과하면 그 효력이 생긴다. 단, 제2회이후의 공시송달은 5일을 경과하면 그 효력이 생긴다. <개정 1961.9.1>

제65조【「민사소송법」의 준용】 서류의 송달에 관하여 법률에 다른 규정이 없는 때에는 「민사소송법」을 준용한다. <개정 2007.6.1.>

제8장 기 간

제66조【기간의 계산】 ① 기간의 계산에 관하여는 시(時)로 계산하는 것은 즉시(卽時)부터 기산하고 일(日), 월(月) 또는 연(年)으로 계산하는 것은 초일을 산입하지 아니한다. 다만, 시효(時效)와 구속기간의 초일은 시간을 계산하지 아니하고 1일로 산정한다.
② 연 또는 월로 정한 기간은 연 또는 월 단위로 계산한다.
③ 기간의 말일이 공휴일이거나 토요일이면 그날은 기간에 산입하지 아니한다. 다만, 시효와 구속기간에 관하여는 예외로 한다.
<전문개정 2020. 12. 8.>

제67조【법정기간의 연장】 법정기간은 소송행위를 할 자의 주거 또는 사무소의 소재지와 법원 또는 검찰청 소재지와의 거리 및 교통통신의 불편정도에 따라 대법원규칙으로 이를 연장할 수 있다.
<전문개정 95.12.29>

신·구 구조문 ⇨【법정기간의 연장】①법정기간은 소송행위를 할 자의 주거 또는 사무소의 소재지와 법원 또는 검찰청 소재지와의 거리에 따라 해, 육로 30천마다 1일을 가한다. 그 거리의 전부 또는 잔여가 30천 미만일지라도 10천 이상이면 1일을 가한다.
②외국 또는 특히 교통이 불편한 지역에 있는 자를 위하여 대법원규칙으로 전항의 규정에도 불구하고 적당한 기간을 정할 수 있다.

판 례 즉시항고인의 주거 경남 남해군 남해면 남변동 334번지의 소재지와 동인이 상고장을 제출한 원심법원인 부산지방법원 소재지간의 거리가 221.8 키로미터임은 공지의 사실이므로 이러한 경우에는 형사소송법 제67조의 규정에 의하여 그 상고제기의 법정기간이 8일간 연장된다(1976.9.27, 76모58). <형사소송법(이) 155면>

제9장 피고인의 소환, 구속

제68조【소 환】 법원은 피고인을 소환할 수 있다.

제69조【구속의 정의】 본법에서 구속이라 함은 구인과 구금을 포함한다.

판 례 수사기관이 피의자를 수사하는 과정에서 구속영장 없이 피의자를 함부로 구금하여 피의자의 신체의 자유를 박탈하였다면 직권을 남용한 불법감금의 죄책을 면할 수 없고, 수사의 필요상 피의자를 임의동행한 경우에도 조사 후 귀가시키지 아니하고 그의 의사에 반하여 경찰서 조사실 또는 보호실 등에 계속 유치함으로써 신체의 자유를 속박하였다면 이는 구금에 해당한다(1985.7.29, 85모16). <형사소송법(이)205면>

제70조【구속의 사유】 ①법원은 피고인이 죄를 범하였다고 의심할 만한 상당한 이유가 있고 다음 각호의 1에 해당하는 사유가 있는 경우에는 피고인을 구속할 수 있다. <개정 95.12.29>
1. 피고인이 일정한 주거가 없는 때
2. 피고인이 증거를 인멸할 염려가 있는 때
3. 피고인이 도망하거나 도망할 염려가 있는 때
②법원은 제1항의 구속사유를 심사함에 있어서 범죄의 중대성, 재범의 위험성, 피해자 및 중요 참고인 등에 대한 위해우려 등을 고려하여야 한다. <신설 2007.6.1>
③다액 50만원이하의 벌금, 구류 또는 과료에 해당하는 사건에 관하여는 제1항제1호의 경우를 제한 외에는 구속할 수 없다. <개정 73.1.25, 95.12.29, 2007.6.1>

신·구 ① 3. ~도망 또는 도망할~ ⇨ ~도망하거나 도망할~
② 5만원이하의 벌금, ~전항 제1호의~ ⇨ 다액 50만원 이하의 벌금, ~제1항제1호의~

판 례 헌법상 영장제도의 취지에 비추어 볼 때, 헌법 제12조제3항은 형사재판을 주재하는 법원이 피고인에 대하여 구속영장을 발부하는 경우에도 검사의 신청이 있어야 한다는 것이 그 규정의 취지라고 볼 수는 없다(1996.8.12, 96모46). <형사소송법(신) 770면>

제71조【구인의 효력】 구인한 피고인을 법원에 인치한 경우에 구금할 필요가 없다고 인정한 때에는 그 인치한 때로부터 24시간내에 석방하여야 한다.

제71조의2【구인 후의 유치】 법원은 인치받은 피고인을 유치할 필요가 있는 때에는 교도소·구치소 또는 경찰서 유치장에 유치할 수 있다. 이 경우 유치기간은 인치한 때부터 24시간을 초과할 수 없다.
<본조신설 2007.6.1>

제72조【구속과 이유의 고지】 피고인에 대하여 범죄사실의 요지, 구속의 이유와 변호인을 선임할 수 있음을 말하고 변명할 기회를 준 후가 아니면 구속할 수 없다 다만, 피고인이 도망한 경우에는 그러하지 아니하다. <개정 87.11.28, 2007.6.1>

제72조의2【고지의 방법】 ①법원은 합의부원으로 하여금 제72조의 절차를 이행하게 할 수 있다. <개정 2021. 8. 17.>
②법원은 피고인이 출석하기 어려운 특별한 사정이 있고 상당하다고 인정하는 때에는 검사와 변호인의 의견을 들어 비디오 등 중계장치에 의한 중계시설을 통하여 제72조의 절차를 진행할 수 있다. <신설 2021. 8. 17.>
<본조신설 2014. 10. 15.>
<제목개정 2021. 8. 17.>

제73조【영장의 발부】 피고인을 소환함에는 소환장을, 구인 또는 구금함에는 구속영장을 발부하여야 한다.

판 례 수개의 범죄사실로 공소제기된 피고인이 그 중 일부의 범죄사실만으로 구속영장이 발부되어 구금되어 있었고, 법원이 그 수개의 범죄사실을 병합심리한 끝에 피고인에게 구속영장이 발부된 일부 범죄사실에 관한 죄의 형과 나머지 범죄사실에 관한 죄의 형으로 나누어 2개의 형을 선고할 경우, 위와 같은 경우에는 일부 범죄사실에 의한 구금의 효과는 피고인의 신병에 관한 한 나머지 범죄사실에도 미친다고 보아 그 구금일수를 어느 죄에 관한 형에 산입할 것인가의 문제는 법원의 재량에 속하는 사항이라고 봄이 상당하고, 따라서 이를 구속영장이 발부되지 아니한 다른 범죄사실에 관한 죄의 형에 산입할 수도 있다(1986.12.9, 86도1875). <형사소송법(이) 237면>

제74조【소환장의 방식】 소환장에는 피고인

의 성명, 주거, 죄명, 출석일시, 장소와 정당한 이유없이 출석하지 아니하는 때에는 도망할 염려가 있다고 인정하여 구속영장을 발부할 수 있음을 기재하고 재판장 또는 수명법관이 기명날인 또는 서명하여야 한다. <개정 95.12.29>

(신·구) ~서명날인하여야 한다. ⇨ ~기명날인 하여야 한다.

제75조【구속영장의 방식】 ①구속영장에는 피고인의 성명, 주거, 죄명, 공소사실의 요지, 인치구금할 장소, 발부연월일, 그 유효기간과 그 기간을 경과하면 집행에 착수하지 못하며 영장을 반환하여야 할 취지를 기재하고 재판장 또는 수명법관이 서명날인하여야 한다.

②피고인의 성명이 분명하지 아니한 때에는 인상, 체격 기타 피고인을 특정할 수 있는 사항으로 피고인을 표시할 수 있다.

③피고인의 주거가 분명하지 아니한 때에는 그 주거의 기재를 생략할 수 있다.

(판 례) 죄명이 상습사기로 발부된 구속영장에 기재된 범죄사실과 단순사기의 공소사실을 비교 고찰한 결과 피고인이 1982.7.27 피해자로부터 전세보증금 명목으로 금 9,000,000원을 편취하였다는 점에 양자가 모두 일치한 이상 위 구속영장은 단순사기의 피고사건에도 효력이 미친다(1983.7.6. 83모30). <형사소송법(1999년 2월 배종대, 이상돈) 229면>

제76조【소환장의 송달】 ①소환장은 송달하여야 한다.

②피고인이 기일에 출석한다는 서면을 제출하거나 출석한 피고인에 대하여 차회기일을 정하여 출석을 명한 때에는 소환장의 송달과 동일한 효력이 있다.

③전항의 출석을 명한 때에는 그 요지를 조서에 기재하여야 한다.

④구금된 피고인에 대하여는 교도관에게 통지하여 소환한다. <개정 63.12.13, 2007.6.1>

⑤피고인이 교도관으로부터 소환통지를 받은 때에는 소환장의 송달과 동일한 효력이 있다. <개정 63.12.13, 2007.6.1>

제77조【구속의 촉탁】 ①법원은 피고인의 현재지의 지방법원판사에게 피고인의 구속을 촉탁할 수 있다.

②수탁판사는 피고인이 관할구역내에 현재하지 아니한 때에는 그 현재지의 지방법원판사에게 전촉할 수 있다.

③수탁판사는 구속영장을 발부하여야 한다.

④제75조의 규정은 전항의 구속영장에 준용한다.

제78조【촉탁에 의한 구속의 절차】 ①전조의 경우에 촉탁에 의하여 구속영장을 발부한 판사는 피고인을 인치한 때로부터 24시간 이내에 그 피고인임에 틀림없는가를 조사하여야 한다.

②피고인임에 틀림없는 때에는 신속히 지정된 장소에 송치하여야 한다.

제79조【출석, 동행명령】 법원은 필요한 때에는 지정한 장소에 피고인의 출석 또는 동행을 명할 수 있다.

제80조【요급처분】 재판장은 급속을 요하는 경우에는 제68조부터 제71조까지, 제71조의2, 제73조, 제76조, 제77조와 전조에 규정한 처분을 할 수 있고 또는 합의부원으로 하여금 처분을 하게 할 수 있다. <개정 2014.10.15>

제81조【구속영장의 집행】 ①구속영장은 검사의 지휘에 의하여 사법경찰관리가 집행한다. 단, 급속을 요하는 경우에는 재판장, 수명법관 또는 수탁판사가 그 집행을 지휘할 수 있다.

②제1항 단서의 경우에는 법원사무관등에게 그 집행을 명할 수 있다. 이 경우에 법원사무관등은 그 집행에 관하여 필요한 때에는 사법경찰관리·교도관 또는 법원경위에게 보조를 요구할 수 있으며 관할구역외에서도 집행할 수 있다. <개정 2007.6.1>

③교도소 또는 구치소에 있는 피고인에 대하여 발부된 구속영장은 검사의 지휘에 의하여 교도관이 집행한다. <개정 63.12.13, 2007.6.1>

제82조【수통의 구속영장의 작성】 ①구속영장은 수통을 작성하여 사법경찰관리 수인에게 교부할 수 있다.

②전항의 경우에는 그 사유를 구속영장에 기재하여야 한다.

제83조【관할구역외에서의 구속영장의 집행과 그 촉탁】 ①검사는 필요에 의하여 관할구역외에서 구속영장의 집행을 지휘할 수 있고 또는 당해 관할구역의 검사에게 집행지휘를 촉탁할 수 있다.

②사법경찰관리는 필요에 의하여 관할구역외에서 구속영장을 집행할 수 있고 또는 당해 관할구역의 사법경찰관리에게 집행을 촉탁할 수 있다.

제84조【고등검찰청검사장 또는 지방검찰청검사장】 피고인의 현재지가 분명하지 아니한 때에는 재판장은 고등검찰청검사장 또는 지방검찰청검사장에게 그 수사와 구속영장의 집

행을 촉탁할 수 있다. <개정 2004.1.20>

제85조【구속영장집행의 절차】 ①구속영장을 집행함에는 피고인에게 반드시 이를 제시하고 그 사본을 교부하여야 하며 신속히 지정된 법원 기타 장소에 인치하여야 한다. <개정 2022. 2. 3.>

②제77조제3항의 구속영장에 관하여는 이를 발부한 판사에게 인치하여야 한다.

③구속영장을 소지하지 아니한 경우에 급속을 요하는 때에는 피고인에 대하여 공소사실의 요지와 영장이 발부되었음을 고하고 집행할 수 있다.

④전항의 집행을 완료한 후에는 신속히 구속영장을 제시하고 그 사본을 교부하여야 한다. <개정 2022. 2. 3.>

제86조【호송 중의 가유치】 구속영장의 집행을 받은 피고인을 호송할 경우에 필요하면 가장 가까운 교도소 또는 구치소에 임시로 유치할 수 있다.

<전문개정 2020. 12. 8.>

제87조【구속의 통지】 ①피고인을 구속한 때에는 변호인이 있는 경우에는 변호인에게, 변호인이 없는 경우에는 제30조제2항에 규정한 자 중 피고인이 지정한 자에게 피고사건명, 구속일시・장소, 범죄사실의 요지, 구속의 이유와 변호인을 선임할 수 있는 취지를 알려야 한다. <개정 87.11.28, 95.12.29>

②제1항의 통지는 지체없이 서면으로 하여야 한다. <개정 87.11.28>

(신・구) ①~구속일시, 장소와~ ⇨ ~구속일시・장소, 범죄사실의 요지, 구속의 이유와~

제88조【구속과 공소사실 등의 고지】 피고인을 구속한 때에는 즉시 공소사실의 요지와 변호인을 선임할 수 있음을 알려야 한다.

제89조【구속된 피고인의 접견·진료】 구속된 피고인은 관련 법률이 정한 범위에서 타인과 접견하고 서류나 물건을 수수하며 의사의 진료를 받을 수 있다.

<전문개정 2020. 12. 8.>

제90조【변호인의 의뢰】 ①구속된 피고인은 법원, 교도소장 또는 구치소장 또는 그 대리자에게 변호사를 지정하여 변호인의 선임을 의뢰할 수 있다. <개정 63.12.13>

②전항의 의뢰를 받은 법원, 교도소장 또는 구치소장 또는 그 대리자는 급속히 피고인이 지명한 변호사에게 그 취지를 통지하여야 한다. <개정 63.12.13>

제91조【변호인 아닌 자와의 접견·교통】 법원은 도망하거나 범죄의 증거를 인멸할 염려가 있다고 인정할 만한 상당한 이유가 있는 때에는 직권 또는 검사의 청구에 의하여 결정으로 구속된 피고인과 제34조에 규정한 외의 타인과의 접견을 금지할 수 있고, 서류나 그 밖의 물건을 수수하지 못하게 하거나 검열 또는 압수할 수 있다. 다만, 의류・양식・의료품은 수수를 금지하거나 압수할 수 없다.

<전문개정 2020. 12. 8.>

제92조【구속기간과 갱신】 ①구속기간은 2개월로 한다. <개정 2007.6.1>

②제1항에도 불구하고 특히 구속을 계속할 필요가 있는 경우에는 심급마다 2개월 단위로 2차에 한하여 결정으로 갱신할 수 있다. 다만, 상소심은 피고인 또는 변호인이 신청한 증거의 조사, 상소이유를 보충하는 서면의 제출 등으로 추가 심리가 필요한 부득이한 경우에는 3차에 한하여 갱신할 수 있다. <개정 2007. 6.1>

③제22조, 제298조제4항, 제306조제1항 및 제2항의 규정에 의하여 공판절차가 정지된 기간 및 공소제기전의 체포·구인·구금 기간은 제1항 및 제2항의 기간에 산입하지 아니한다. <신설 61.9.1, 95.12.29, 2007.6.1>

(신・구) ③제306조제1항과 제2항의~전2항의~ ⇨ 제22조, 제298조제4항, 제306조제1항 및 제2항의~제1항 및 제2항의~

(판 례) 구 군법회의법(87.12.4. 법률 제3993호로 전면 개정전) 제132조의 제한을 넘어 구속기간을 갱신한 경우에 있어서도 불법구속한 자에 대하여 형법상・민법상의 책임을 물을 수는 있어도 구속명령의 효력이 당연히 실효되는 것은 아니다(1964. 11.17. 64도428). <형사소송법(이) 236면>

국가보안법 제7조 및 제10조의 죄는 구성요건이 특별히 복잡한 것도 아니고 사건의 성질상 증거수집이 더욱 어려운 것도 아님에도 불구하고 국가보안법 제19조가 제7조 및 제10조의 범죄에 대하여서까지 형사소송법상의 수사기관에 의한 피의자구속기간 30일보다 20일이나 많은 50일을 인정한 것은 국가형벌권과 국민의 기본권과의 상충관계 형량을 잘못하여 불필요한 장기구속을 허용하는 것이어서 결국 헌법 제37조제2항의 기본권제한입법의 원리인 과잉금지의 원칙을 현저하게 위배하여 피의자의 신체의 자유, 무죄추정의 원칙 및 신속한 재판을 받을 권리를 침해한 것이다(1992.4.11. 90헌마82).

제93조【구속의 취소】 구속의 사유가 없거나 소멸된 때에는 법원은 직권 또는 검사, 피고인, 변호인과 제30조제2항에 규정한 자의 청구에 의하여 결정으로 구속을 취소하여야

한다.

(판 례) 형사소송법 제93조에 의한 구속의 취소는 구속영장에 의하여 구속된 피고인에 대하여 구속의 사유가 없거나 소멸된 때에 법원이 직권 또는 피고인 등의 청구에 의하여 결정으로 구속을 취소하는 것으로서, 그 결정에 의하여 구속영장이 실효되므로, 구속영장의 효력이 존속하고 있음을 전제로 하는 것이고, 다른 사유로 이미 구속영장이 실효된 경우에는 피고인이 계속 구금되어 있더라도 위 규정에 의한 구속의 취소 결정을 할 수 없다(1999.9.7, 99초3454). <고시연구 2000.1 115면>

제94조【보석의 청구】 피고인, 피고인의 변호인·법정대리인·배우자·직계친족·형제자매·가족·동거인 또는 고용주는 법원에 구속된 피고인의 보석을 청구할 수 있다.
<전문개정 2007.6.1>

제95조【필요적 보석】 보석의 청구가 있는 때에는 다음 이외의 경우에는 보석을 허가 하여야 한다. <개정 73.12.20, 95.12.29>

1. 피고인이 사형, 무기 또는 장기 10년이 넘는 징역이나 금고에 해당하는 죄를 범한 때
2. 피고인이 누범에 해당하거나 상습범인 죄를 범한 때
3. 피고인이 죄증을 인멸하거나 인멸할 염려가 있다고 믿을 만한 충분한 이유가 있는 때
4. 피고인이 도망하거나 도망할 염려가 있다고 믿을 만한 충분한 이유가 있는 때
5. 피고인의 주거가 분명하지 아니한 때
6. 피고인이 피해자, 당해 사건의 재판에 필요한 사실을 알고 있다고 인정되는 자 또는 그 친족의 생명·신체나 재산에 해를 가하거나 가할 염려가 있다고 믿을 만한 충분한 이유가 있는 때

<전문개정 73.1.25>

(신·구) 1. ~또는 10년이 넘는~ ⇨ ~또는 장기 10년이 넘는~

(판 례) 피고인이 집행유예의 기간중에 있어 집행유예의 결격자라고 하여 보석을 허가할 수 없는 것은 아니고 형사소송법 제95조는 그 제1호 내지 제5호 이외의 경우에는 필요적으로 보석을 허가하여야 한다는 것이지 여기에 해당하는 경우에는 보석을 허가하지 아니할 것을 규정한 것이 아니므로 집행유예기간중에 있는 피고인의 보석을 허가한 것이 누범과 상습범에 대하여는 보석을 허가하지 아니할 수 있다는 형사소송법 제95조제2호의 취지에 위배되어 위법이라고 할 수 없다(1990.4.18, 90모22). <형사소송법(이) 259면>

제96조【임의적 보석】 법원은 제95조의 규정에 불구하고 상당한 이유가 있는 때에는 직권 또는 제94조에 규정한 자의 청구에 의하여 결정으로 보석을 허가할 수 있다. <개정 95.12.29>

(신·구) 【직권보석】 ~전조의~ ⇨ 【임의적 보석】 ~제95조의~

(판 례) 사회보호법 제13조제4항은 보호구속된 보호대상자에 대한 형사소송법 제94조, 제96조의 적용을 배제하고 있으므로 사회보호법에 의하여 보호구속된 자는 보석청구를 할 수 없고 또 이들에 대한 직권보석의 결정도 할 수 없다(1982.12.29, 82모53). <형사소송법(이) 262면>

제97조【보석, 구속의 취소와 검사의 의견】 ①재판장은 보석에 관한 결정을 하기 전에 검사의 의견을 물어야 한다. <개정 2007.6.1>
②구속의 취소에 관한 결정을 함에 있어서도 검사의 청구에 의하거나 급속을 요하는 경우외에는 제1항과 같다. <개정 95.12.29>
③검사는 제1항 및 제2항에 따른 의견요청에 대하여 지체 없이 의견을 표명하여야 한다. <신설 2007.6.1>
④구속을 취소하는 결정에 대하여는 검사는 즉시항고를 할 수 있다. <개정 95.12.29, 2007.6.1>
<전문개정 1973.1.25>

(신·구) ②~검사의 청구에 의한 경우 이외에는 전항과 같다. ⇨ ~검사의 청구에 의하거나 급속을 요하는 경우외에는 제1항과 같다.
③보석을 허가하는 결정 및 구속을~ ⇨ ~구속을~

(판 례) 검사의 의견청취의 절차는 보석에 관한 결정의 본질적 부분이 되는 것은 아니므로, 설사 법원이 검사의 의견을 듣지 아니한 채 보석에 관한 결정을 하였다고 하더라도 그 결정이 적정한 이상, 절차상의 하자만을 들어 그 결정을 취소할 수는 없다(1997.11.27, 97모88). <형사판례평석 329면, 332면>

개정된 형사소송법 제97조제3항이 구 형사소송법(1995.12.29. 법률 제5054호로 개정되기 전의 것) 제97조제3항에서 인정하던 보석허가결정에 대한 검사의 즉시항고권을 삭제하였으나, 개정된 형사소송법이 시행된 이후에도 검사가 형사소송법 제403조제2항에 의한 보통항고의 방법으로 보석허가결정에 대하여 불복하는 것은 허용된다(1997.4.28, 97모26).

제98조【보석의 조건】 법원은 보석을 허가하는 경우에는 필요하고 상당한 범위 안에서 다음 각 호의 조건 중 하나 이상의 조건을 정하여야 한다. <개정 2020. 12. 8.>

1. 법원이 지정하는 일시·장소에 출석하고 증거를 인멸하지 아니하겠다는 서약서를 제출할 것
2. 법원이 정하는 보증금에 해당하는 금액을 납입할 것을 약속하는 약정서를 제출할 것

3. 법원이 지정하는 장소로 주거를 제한하고 주거를 변경할 필요가 있는 경우에는 법원의 허가를 받는 등 도주를 방지하기 위하여 행하는 조치를 받아들일 것
4. 피해자, 당해 사건의 재판에 필요한 사실을 알고 있다고 인정되는 사람 또는 그 친족의 생명·신체·재산에 해를 가하는 행위를 하지 아니하고 주거·직장 등 그 주변에 접근하지 아니할 것
5. 피고인 아닌 자가 작성한 출석보증서를 제출할 것
6. 법원의 허가 없이 외국으로 출국하지 아니할 것을 서약할 것
7. 법원이 지정하는 방법으로 피해자의 권리 회복에 필요한 금전을 공탁하거나 그에 상당하는 담보를 제공할 것
8. 피고인이나 법원이 지정하는 자가 보증금을 납입하거나 담보를 제공할 것
9. 그 밖에 피고인의 출석을 보증하기 위하여 법원이 정하는 적당한 조건을 이행할 것

<전문개정 2007. 6. 1.>

제99조 【보석조건의 결정 시 고려사항】 ①법원은 제98조의 조건을 정할 때 다음 각 호의 사항을 고려하여야 한다. <개정 2020. 12. 8.>

1. 범죄의 성질 및 죄상(罪狀)
2. 증거의 증명력
3. 피고인의 전과(前科)·성격·환경 및 자산
4. 피해자에 대한 배상 등 범행 후의 정황에 관련된 사항

②법원은 피고인의 자금능력 또는 자산 정도로는 이행할 수 없는 조건을 정할 수 없다. <개정 2020. 12. 8.>

<전문개정 2007. 6. 1.>

제100조 【보석집행의 절차】 ①제98조제1호·제2호·제5호·제7호 및 제8호의 조건은 이를 이행한 후가 아니면 보석허가결정을 집행하지 못하며, 법원은 필요하다고 인정하는 때에는 다른 조건에 관하여도 그 이행 이후 보석허가결정을 집행하도록 정할 수 있다. <개정 2007.6.1>

②법원은 보석청구자 이외의 자에게 보증금의 납입을 허가할 수 있다.

③법원은 유가증권 또는 피고인 외의 자가 제출한 보증서로써 보증금에 갈음함을 허가할 수 있다. <개정 2007.6.1>

④전항의 보증서에는 보증금액을 언제든지 납입할 것을 기재하여야 한다.

⑤법원은 보석허가결정에 따라 석방된 피고인이 보석조건을 준수하는데 필요한 범위 안에서 관공서나 그 밖의 공사단체에 대하여 적절한 조치를 취할 것을 요구할 수 있다. <신설 2007.6.1>

제100조의2 【출석보증인에 대한 과태료】 ①법원은 제98조제5호의 조건을 정한 보석허가결정에 따라 석방된 피고인이 정당한 사유 없이 기일에 불출석하는 경우에는 결정으로 그 출석보증인에 대하여 500만원 이하의 과태료를 부과할 수 있다.

②제1항의 결정에 대하여는 즉시항고를 할 수 있다.

<본조신설 2007.6.1>

제101조 【구속의 집행정지】 ①법원은 상당한 이유가 있는 때에는 결정으로 구속된 피고인을 친족, 보호단체 기타 적당한 자에게 부탁하거나 피고인의 주거를 제한하여 구속의 집행을 정지할 수 있다.

②전항의 결정을 함에는 검사의 의견을 물어야 한다. 단, 급속을 요하는 경우에는 그러하지 아니하다.

③삭제 <2015.7.31>

④헌법 제44조에 의하여 구속된 국회의원에 대한 석방요구가 있으면 당연히 구속영장의 집행이 정지된다. <개정 80.12.18, 87.11.28>

⑤전항의 석방요구의 통고를 받은 검찰총장은 즉시 석방을 지휘하고 그 사유를 수소법원에 통지하여야 한다. <개정 73.1.25>

제102조 【보석조건의 변경과 취소 등】 ①법원은 직권 또는 제94조에 규정된 자의 신청에 따라 결정으로 피고인의 보석조건을 변경하거나 일정기간 동안 당해 조건의 이행을 유예할 수 있다.

②법원은 피고인이 다음 각 호의 어느 하나에 해당하는 경우에는 직권 또는 검사의 청구에 따라 결정으로 보석 또는 구속의 집행정지를 취소할 수 있다. 다만, 제101조제4항에 따른 구속영장의 집행정지는 그 회기 중 취소하지 못한다.

1. 도망한 때
2. 도망하거나 죄증을 인멸할 염려가 있다고 믿을 만한 충분한 이유가 있는 때
3. 소환을 받고 정당한 사유 없이 출석하지 아니한 때

4. 피해자, 당해 사건의 재판에 필요한 사실을 알고 있다고 인정되는 자 또는 그 친족의 생명·신체·재산에 해를 가하거나 가할 염려가 있다고 믿을만한 충분한 이유가 있는 때
5. 법원이 정한 조건을 위반한 때

③법원은 피고인이 정당한 사유 없이 보석조건을 위반한 경우에는 결정으로 피고인에 대하여 1천만원 이하의 과태료를 부과하거나 20일 이내의 감치에 처할 수 있다.
④제3항의 결정에 대하여는 즉시항고를 할 수 있다.
<전문개정 2007.6.1>

(신·구) 구조문 ⇨ ①피고인이 도망한 때, 도망 또는 죄증을 인멸할 염려가 있다고 믿을 만한 충분한 이유가 있는 때, 소환을 받고 정당한 이유없이 출석하지 아니한 때 또는 주거의 제한 기타 법원이 정한 조건을 위반한 때에는 법원은 직권 또는 검사의 청구에 의하여 결정으로 보석 또는 구속의 집행정지를 취소할 수 있다. 단, 전조 제4항에 규정한 구속영장의 집행정지는 그 회기중 취소하지 못한다.

(판 례) 보석허가결정의 취소는 그 취소결정을 고지하거나 결정법원에 대응하는 검찰청 검사에게 결정서를 교부 또는 송달함으로써 즉시 집행할 수 있는 것이고 그 결정등본이 피고인에게 송달(또는 고지)되어야 집행할 수 있는 것은 아니다(1983.4.21, 83모19). <형사소송법(이) 266면>

제103조【보증금 등의 몰취】 ①법원은 보석을 취소하는 때에는 직권 또는 검사의 청구에 따라 결정으로 보증금 또는 담보의 전부 또는 일부를 몰취할 수 있다.
②법원은 보증금의 납입 또는 담보제공을 조건으로 석방된 피고인이 동일한 범죄사실에 관하여 형의 선고를 받고 그 판결이 확정된 후 집행하기 위한 소환을 받고 정당한 사유 없이 출석하지 아니하거나 도망한 때에는 직권 또는 검사의 청구에 따라 결정으로 보증금 또는 담보의 전부 또는 일부를 몰취하여야 한다.
<전문개정 2007.6.1>

제104조【보증금의 환부】 구속 또는 보석을 취소하거나 구속영장의 효력이 소멸된 때에는 몰취하지 아니한 보증금 또는 담보를 청구한 날로부터 7일이내에 환부하여야 한다. <개정 2007.6.1>

제104조의2【보석조건의 효력상실 등】 ①구속영장의 효력이 소멸한 때에는 보석조건은 즉시 그 효력을 상실한다.
②보석이 취소된 경우에도 제1항과 같다. 다만, 제98조제8호의 조건은 예외로 한다.
<본조신설 2007.6.1>

제105조【상소와 구속에 관한 결정】 상소기간중 또는 상소중의 사건에 관하여 구속기간의 갱신, 구속의 취소, 보석, 구속의 집행정지와 그 정지의 취소에 대한 결정은 소송기록이 원심법원에 있는 때에는 원심법원이 하여야 한다.

제10장 압수와 수색

제106조【압 수】 ①법원은 필요한 때에는 피고사건과 관계가 있다고 인정할 수 있는 것에 한정하여 증거물 또는 몰수할 것으로 사료하는 물건을 압수할 수 있다. 단, 법률에 다른 규정이 있는 때에는 예외로 한다. <개정 2011.7.18>
②법원은 압수할 물건을 지정하여 소유자, 소지자 또는 보관자에게 제출을 명할 수 있다.
③ 법원은 압수의 목적물이 컴퓨터용디스크, 그 밖에 이와 비슷한 정보저장매체(이하 이 항에서 "정보저장매체등"이라 한다)인 경우에는 기억된 정보의 범위를 정하여 출력하거나 복제하여 제출받아야 한다. 다만, 범위를 정하여 출력 또는 복제하는 방법이 불가능하거나 압수의 목적을 달성하기에 현저히 곤란하다고 인정되는 때에는 정보저장매체등을 압수할 수 있다. <신설 2011.7.18>
④ 법원은 제3항에 따라 정보를 제공받은 경우 「개인정보 보호법」 제2조제3호에 따른 정보주체에게 해당 사실을 지체 없이 알려야 한다. <신설 2011.7.18>

제107조【우체물의 압수】 ① 법원은 필요한 때에는 피고사건과 관계가 있다고 인정할 수 있는 것에 한정하여 우체물 또는 「통신비밀보호법」 제2조제3호에 따른 전기통신(이하 "전기통신"이라 한다)에 관한 것으로서 체신관서, 그 밖의 관련 기관 등이 소지 또는 보관하는 물건의 제출을 명하거나 압수를 할 수 있다. <개정 2011.7.18>
② 삭제 <2011.7.18>
③전1항에 따른 처분을 할 때에는 발신인이나 수신인에게 그 취지를 통지하여야 한다. 단, 심리에 방해될 염려가 있는 경우에는 예외로 한다. <개정 2011.7.18>

제108조【임의제출물 등의 압수】 소유자, 소지자 또는 보관자가 임의로 제출한 물건 또는

유류한 물건은 영장없이 압수할 수 있다.

제109조【수 색】①법원은 필요한 때에는 피고사건과 관계가 있다고 인정할 수 있는 것에 한정하여 피고인의 신체, 물건 또는 주거 그 밖의 장소를 수색할 수 있다. <개정 2011.7.18>

②피고인 아닌 자의 신체, 물건, 주거 기타 장소에 관하여는 압수할 물건이 있음을 인정할 수 있는 경우에 한하여 수색할 수 있다.

제110조【군사상비밀과 압수】①군사상비밀을 요하는 장소는 그 책임자의 승낙없이는 압수 또는 수색할 수 없다.

②전항의 책임자는 국가의 중대한 이익을 해하는 경우를 제외하고는 승낙을 거부하지 못한다.

제111조【공무상비밀과 압수】①공무원 또는 공무원이었던 자가 소지 또는 보관하는 물건에 관하여는 본인 또는 그 해당 공무소가 직무상의 비밀에 관한 것임을 신고한 때에는 그 소속공무소 또는 당해 감독관공서의 승낙없이는 압수하지 못한다.

②소속공무소 또는 당해 감독관공서는 국가의 중대한 이익을 해하는 경우를 제외하고는 승낙을 거부하지 못한다.

제112조【업무상비밀과 압수】변호사, 변리사, 공증인, 공인회계사, 세무사, 대서업자, 의사, 한의사, 치과의사, 약사, 약종상, 조산사, 간호사, 종교의 직에 있는 자 또는 이러한 직에 있던 자가 그 업무상 위탁을 받아 소지 또는 보관하는 물건으로 타인의 비밀에 관한 것은 압수를 거부할 수 있다. 단, 그 타인의 승낙이 있거나 중대한 공익상 필요가 있는 때에는 예외로 한다. <개정 80.12.18, 97.12.13>

(신·구) ~조산원, 간호원,~ ⇨ ~조산사, 간호사,~

(판 례) 경찰관이 간호사로부터 진료 목적으로 이미 채혈되어 있던 피고인의 혈액 중 일부를 주취운전 여부에 대한 감정을 목적으로 임의로 제출 받아 이를 압수한 경우, 당시 간호사가 위 혈액의 소지자 겸 보관자인 병원 또는 담당의사를 대리하여 혈액을 경찰관에게 임의로 제출할 수 있는 권한이 없었다고 볼 특별한 사정이 없는 이상, 그 압수절차가 피고인 또는 피고인의 가족의 동의 및 영장 없이 행하여졌다고 하더라도 이에 적법절차를 위반한 위법이 있다고 할 수 없다(1999.9.3, 98도968). <형사판례평석 338면>

제113조【압수·수색영장】공판정외에서 압수 또는 수색을 함에는 영장을 발부하여 시행하여야 한다.

제114조【영장의 방식】①압수·수색영장에는 다음 각 호의 사항을 기재하고 재판장이나 수명법관이 서명날인하여야 한다. 다만, 압수·수색할 물건이 전기통신에 관한 것인 경우에는 작성기간을 기재하여야 한다. <개정 2011. 7. 18., 2020. 12. 8.>

1. 피고인의 성명
2. 죄명
3. 압수할 물건
4. 수색할 장소·신체·물건
5. 영장 발부 연월일
6. 영장의 유효기간과 그 기간이 지나면 집행에 착수할 수 없으며 영장을 반환하여야 한다는 취지
7. 그 밖에 대법원규칙으로 정하는 사항

② 제1항의 영장에 관하여는 제75조제2항을 준용한다. <개정 2020. 12. 8.>

<제목개정 2020. 12. 8.>

제115조【영장의 집행】①압수·수색영장은 검사의 지휘에 의하여 사법경찰관리가 집행한다. 단, 필요한 경우에는 재판장은 법원사무관등에게 그 집행을 명할 수 있다. <개정 2007.6.1>

②제83조의 규정은 압수·수색영장의 집행에 준용한다.

제116조【주의사항】압수·수색영장을 집행할 때에는 타인의 비밀을 보호하여야 하며 처분받은 자의 명예를 해하지 아니하도록 주의하여야 한다.

<전문개정 2020. 12. 8.>

제117조【집행의 보조】법법원사무관등은 압수·수색영장의 집행에 관하여 필요한 때에는 사법경찰관리에게 보조를 구할 수 있다. <개정 2007.6.1>

제118조【영장의 제시와 사본교부】압수·수색영장은 처분을 받는 자에게 반드시 제시하여야 하고, 처분을 받는 자가 피고인인 경우에는 그 사본을 교부하여야 한다. 다만, 처분을 받는 자가 현장에 없는 등 영장의 제시나 그 사본의 교부가 현실적으로 불가능한 경우 또는 처분을 받는 자가 영장의 제시나 사본의 교부를 거부한 때에는 예외로 한다. <개정 2022. 2. 3.>

<제목개정 2022. 2. 3.>

제119조【집행중의 출입금지】①압수·수색

영장의 집행중에는 타인의 출입을 금지할 수 있다.
②전항의 규정에 위배한 자에게는 퇴거하게 하거나 집행종료시까지 간수자를 붙일 수 있다.

제120조【집행과 필요한 처분】 ①압수·수색영장의 집행에 있어서는 건정을 열거나 개봉 기타 필요한 처분을 할 수 있다.
②전항의 처분은 압수물에 대하여도 할 수 있다.

제121조【영장집행과 당사자의 참여】 검사, 피고인 또는 변호인은 압수·수색영장의 집행에 참여할 수 있다.

제122조【영장집행과 참여권자에의 통지】 압수·수색영장을 집행함에는 미리 집행의 일시와 장소를 전조에 규정한 자에게 통지하여야 한다. 단, 전조에 규정한 자가 참여하지 아니한다는 의사를 명시한 때 또는 급속을 요하는 때에는 예외로 한다.

제123조【영장의 집행과 책임자의 참여】 ① 공무소, 군사용 항공기 또는 선박·차량 안에서 압수·수색영장을 집행하려면 그 책임자에게 참여할 것을 통지하여야 한다.
② 제1항에 규정한 장소 외에 타인의 주거, 간수자 있는 가옥, 건조물(建造物), 항공기 또는 선박·차량 안에서 압수·수색영장을 집행할 때에는 주거주(住居主), 간수자 또는 이에 준하는 사람을 참여하게 하여야 한다.
③ 제2항의 사람을 참여하게 하지 못할 때에는 이웃 사람 또는 지방공공단체의 직원을 참여하게 하여야 한다.
<전문개정 2020. 12. 8.>

제124조【여자의 수색과 참여】 여자의 신체에 대하여 수색할 때에는 성년의 여자를 참여하게 하여야 한다.

제125조【야간집행의 제한】 일출전, 일몰후에는 압수·수색영장에 야간집행을 할 수 있는 기재가 없으면 그 영장을 집행하기 위하여 타인의 주거, 간수자 있는 가옥, 건조물, 항공기 또는 선차내에 들어가지 못한다.

제126조【야간집행제한의 예외】 다음 장소에서 압수·수색영장을 집행함에는 전조의 제한을 받지 아니한다.
1. 도박 기타 풍속을 해하는 행위에 상용된다고 인정하는 장소
2. 여관, 음식점 기타 야간에 공중이 출입할 수 있는 장소. 단, 공개한 시간내에 한한다.

제127조【집행중지와 필요한 처분】 압수·수색영장의 집행을 중지한 경우에 필요한 때에는 집행이 종료될 때까지 그 장소를 폐쇄하거나 간수자를 둘 수 있다.

제128조【증명서의 교부】 수색한 경우에 증거물 또는 몰수할 물건이 없는 때에는 그 취지의 증명서를 교부하여야 한다.

제129조【압수목록의 교부】 압수한 경우에는 목록을 작성하여 소유자, 소지자, 보관자 기타 이에 준할 자에게 교부하여야 한다.

제130조【압수물의 보관과 폐기】 ①운반 또는 보관에 불편한 압수물에 관하여는 간수자를 두거나 소유자 또는 적당한 자의 승낙을 얻어 보관하게 할 수 있다.
②위험발생의 염려가 있는 압수물은 폐기할 수 있다.
③법령상 생산·제조·소지·소유 또는 유통이 금지된 압수물로서 부패의 염려가 있거나 보관하기 어려운 압수물은 소유자 등 권한 있는 자의 동의를 받아 폐기할 수 있다. <신설 2007.6.1>

(판 례) 원고가 창고업자에게 보관시킨 물건을 조사기관이 압수하여 창고업자의 승낙을 받아 그대로 보관시킨 때에는 조사기관이나 창고업자가 임치료의 수수에 관하여 전혀 고려한 바 없어 특별한 약정이 없는 경우에 해당하여 피고(국가)에게는 임치료지급의무가 없으므로 피고로서는 아무 이득이 없다 할 것이고 원고와 창고업자간의 보관계약상의 원고의 지위를 피고가 승계한 것이라고 볼 수 없다(1968. 4.16, 68다285). <형사소송법(이) 282면>

제131조【주의사항】 압수물에 대하여는 그 상실 또는 파손 등의 방지를 위하여 상당한 조치를 하여야 한다.

제132조【압수물의 대가보관】 ①몰수하여야 할 압수물로서 멸실·파손·부패 또는 현저한 가치 감소의 염려가 있거나 보관하기 어려운 압수물은 매각하여 대가를 보관할 수 있다.
②환부하여야 할 압수물 중 환부를 받을 자가 누구인지 알 수 없거나 그 소재가 불명한 경우로서 그 압수물의 멸실·파손·부패 또는 현저한 가치 감소의 염려가 있거나 보관하기 어려운 압수물은 매각하여 대가를 보관할 수 있다.
<전문개정 2007.6.1>

(판 례) 압수물이 몰취하여야 할 물건이 아닌 이상 그 물건이 멸실 부패 등 염려가 있다 하여도 이를 매각하여 그 대금을 보관할 수는 없다(1965.1.19, 64다1150). <형사소송법(이) 283면>

대가를 추징하지 않고 압수물이 수사기관에 의하여 매각되고 그 대가가 보관되고 있는 경우에 있어서 동 대가를 추징하지 아니하고 압수된 물건 자체를 몰수하였다 하여 잘못이 없다(1966.9.20. 66도886).

제133조【압수물의 환부, 가환부】 ①압수를 계속할 필요가 없다고 인정되는 압수물은 피고사건종결전이라도 결정으로 환부하여야 하고 증거에 공할 압수물은 소유자, 소지자, 보관자 또는 제출인의 청구에 의하여 가환부할 수 있다.

②증거에만 공할 목적으로 압수한 물건으로서 그 소유자 또는 소지자가 계속 사용하여야 할 물건은 사진촬영 기타 원형보존의 조치를 취하고 신속히 가환부하여야 한다.

(판 례) 증거에 공할 압수물이 범죄사실의 증거에 공할 물건인 경우에는 이를 가환부함은 모르되 환부는 할 수 없다(1966.9.12. 66모58). <형사소송법(이) 284면>

압수물의 소유권이나 그 환부청구권을 포기하는 의사표시로 인하여 위 환부의무에 대응하는 압수물에 대한 환부청구권이 소멸하는 것은 아니다. 외국산 물품을 관세장물의 혐의가 있다고 보아 압수하였다 하더라도 그것이 언제, 누구에 의하여 관세포탈된 물건인지 알 수 없어 기소중지 처분을 한 경우에는 압수를 더 이상 계속할 필요도 없다(1996.8.16. 94모51).

제134조【압수장물의 피해자환부】 압수한 장물은 피해자에게 환부할 이유가 명백한 때에는 피고사건의 종결전이라도 결정으로 피해자에게 환부할 수 있다.

(판 례) 형사소송법 제134조 소정의 환부할 이유가 명백한 때라 함은 사법상 피해자가 그 압수된 물건의 인도를 청구할 수 있는 권리가 있음이 명백한 경우를 의미하고 위 인도청구권에 관하여 사실상, 법률상 다소라도 의문이 있는 경우에는 환부할 명백한 이유가 있는 경우라고는 할 수 없다(1984.7.16. 84모38). <형사소송법(이) 284면>

제135조【압수물처분과 당사자에의 통지】 전3조의 결정을 함에는 검사, 피해자, 피고인 또는 변호인에게 미리 통지하여야 한다.

제136조【수명법관, 수탁판사】 ①법원은 압수 또는 수색을 합의부원에게 명할 수 있고 그 목적물의 소재지를 관할하는 지방법원판사에게 촉탁할 수 있다.

②수탁판사는 압수 또는 수색의 목적물이 그 관할구역내에 없는 때에는 그 목적물 소재지 지방법원판사에게 전촉할 수 있다.

③수명법관, 수탁판사가 행하는 압수 또는 수색에 관하여는 법원이 행하는 압수 또는 수색에 관한 규정을 준용한다.

제137조【구속영장집행과 수색】 검사, 사법경찰관리 또는 제81조제2항의 규정에 의한 법원사무관등이 구속영장을 집행할 경우에 필요한 때에는 미리 수색영장을 발부받기 어려운 긴급한 사정이 있는 경우에 한정하여 타인의 주거, 간수자있는 가옥, 건조물, 항공기, 선차 내에 들어가 피고인을 수색할 수 있다. <개정 2007.6.1., 2019.12.31.>

제138조【준용규정】 제119조, 제120조, 제123조와 제127조의 규정은 전조의 규정에 의한 검사, 사법경찰관리, 법원사무관등의 수색에 준용한다. <개정 2007.6.1>

제11장 검 증

제139조【검 증】 법원은 사실을 발견함에 필요한 때에는 검증을 할 수 있다.

제140조【검증과 필요한 처분】 검증을 함에는 신체의 검사, 사체의 해부, 분묘의 발굴, 물건의 파괴 기타 필요한 처분을 할 수 있다.

제141조【신체검사에 관한 주의】 ① 신체의 검사에 관하여는 검사를 받는 사람의 성별, 나이, 건강상태, 그 밖의 사정을 고려하여 그 사람의 건강과 명예를 해하지 아니하도록 주의하여야 한다.

② 피고인 아닌 사람의 신체검사는 증거가 될 만한 흔적을 확인할 수 있는 현저한 사유가 있는 경우에만 할 수 있다.

③ 여자의 신체를 검사하는 경우에는 의사나 성년 여자를 참여하게 하여야 한다.

④ 시체의 해부 또는 분묘의 발굴을 하는 때에는 예(禮)에 어긋나지 아니하도록 주의하고 미리 유족에게 통지하여야 한다.

<전문개정 2020. 12. 8.>

제142조【신체검사와 소환】 법원은 신체를 검사하기 위하여 피고인 아닌 자를 법원 기타 지정한 장소에 소환할 수 있다.

제143조【시각의 제한】 ①일출전, 일몰후에는 가주, 간수자 또는 이에 준하는 자의 승낙이 없으면 검증을 하기 위하여 타인의 주거, 간수자 있는 가옥, 건조물, 항공기, 선차내에 들어가지 못한다. 단, 일출후에는 검증의 목적을 달성할 수 없을 염려가 있는 경우에는 예외로 한다.

②일몰전에 검증에 착수한 때에는 일몰후라도 검증을 계속할 수 있다.

③제126조에 규정한 장소에는 제1항의 제한을 받지 아니한다.

제144조【검증의 보조】 검증을 함에 필요한 때에는 사법경찰관리에게 보조를 명할 수 있다.

제145조【준용규정】 제110조, 제119조 내지 제123조, 제127조와 제136조의 규정은 검증에 관하여 준용한다.

제12장 증인신문

제146조【증인의 자격】 법원은 법률에 다른 규정이 없으면 누구든지 증인으로 신문할 수 있다.

(판 례) 피고인과 별개의 범죄사실로 기소되어 병합심리중인 공동피고인은 피고인의 범죄사실에 관하여는 증인의 지위에 있다 할 것이므로 선서없이 한 공동피고인의 법정진술이나 피고인이 증거로 함에 동의한 바 없는 공동피고인에 대한 피의자 신문조서는 피고인의 공소 범죄사실을 인정하는 증거로 할 수 없다 (1982.9.14, 82도1000). <형사소송법(이) 420면>

제147조【공무상비밀과 증인자격】 ①공무원 또는 공무원이었던 자가 그 직무에 관하여 알게 된 사실에 관하여 본인 또는 당해 공무소가 직무상비밀에 속한 사항임을 신고한 때에는 그 소속공무소 또는 감독관공서의 승낙없이는 증인으로 신문하지 못한다.

②그 소속공무소 또는 당해 감독관공서는 국가에 중대한 이익을 해하는 경우를 제외하고는 승낙을 거부하지 못한다.

제148조【근친자의 형사책임과 증언 거부】 누구든지 자기나 다음 각 호의 어느 하나에 해당하는 자가 형사소추(刑事訴追) 또는 공소제기를 당하거나 유죄판결을 받을 사실이 드러날 염려가 있는 증언을 거부할 수 있다.

1. 친족이거나 친족이었던 사람
2. 법정대리인, 후견감독인

<전문개정 2020. 12. 8.>

제149조【업무상비밀과 증언거부】 변호사, 변리사, 공증인, 공인회계사, 세무사, 대서업자, 의사, 한의사, 치과의사, 약사, 약종상, 조산사, 간호사, 종교의 직에 있는 자 또는 이러한 직에 있던 자가 그 업무상 위탁을 받은 관계로 알게 된 사실로서 타인의 비밀에 관한 것은 증언을 거부할 수 있다. 단, 본인의 승낙이 있거나 중대한 공익상 필요있는 때에는 예외로 한다. <개정 80.12.18, 97.12.13>

제150조【증언거부사유의 소명】 증언을 거부하는 자는 거부사유를 소명하여야 한다.

제150조의2【증인의 소환】 ①법원은 소환장의 송달, 전화, 전자우편, 그 밖의 상당한 방법으로 증인을 소환한다.

②증인을 신청한 자는 증인이 출석하도록 합리적인 노력을 할 의무가 있다.

<본조신설 2007.6.1>

제151조【증인이 출석하지 아니한 경우의 과태료 등】 ①법원은 소환장을 송달받은 증인이 정당한 사유 없이 출석하지 아니한 때에는 결정으로 당해 불출석으로 인한 소송비용을 증인이 부담하도록 명하고, 500만원 이하의 과태료를 부과할 수 있다. 제153조에 따라 준용되는 제76조제2항·제5항에 따라 소환장의 송달과 동일한 효력이 있는 경우에도 또한 같다.

②법원은 증인이 제1항에 따른 과태료 재판을 받고도 정당한 사유 없이 다시 출석하지 아니한 때에는 결정으로 증인을 7일 이내의 감치에 처한다.

③법원은 감치재판기일에 증인을 소환하여 제2항에 따른 정당한 사유가 있는지의 여부를 심리하여야 한다.

④감치는 그 재판을 한 법원의 재판장의 명령에 따라 사법경찰관리·교도관·법원경위 또는 법원사무관등이 교도소·구치소 또는 경찰서 유치장에 유치하여 집행한다.

⑤감치에 처하는 재판을 받은 증인이 제4항에 규정된 감치시설에 유치된 경우 당해 감치시설의 장은 즉시 그 사실을 법원에 통보하여야 한다.

⑥법원은 제5항의 통보를 받은 때에는 지체 없이 증인신문기일을 열어야 한다.

⑦법원은 감치의 재판을 받은 증인이 감치의 집행 중에 증언을 한 때에는 즉시 감치결정을 취소하고 그 증인을 석방하도록 명하여야 한다.

⑧제1항과 제2항의 결정에 대하여는 즉시항고를 할 수 있다. 이 경우 제410조는 적용하지 아니한다.

<전문개정 2007.6.1>

(신·구) ①~5만원이하의 과태료에~ ⇨ ~50만원 이하의 과태료에~

제152조【소환불응과 구인】 정당한 사유없이 소환에 응하지 아니하는 증인은 구인할 수

있다.

제153조 【준용규정】 제73조, 제74조, 제76조의 규정은 증인의 소환에 준용한다.

제154조 【구내증인의 소환】 증인이 법원의 구내에 있는 때에는 소환함이 없이 신문할 수 있다.

제155조 【준용규정】 제73조, 제75조, 제77조, 제81조 내지 제83조, 제85조제1항, 제2항의 규정은 증인의 구인에 준용한다.

제156조 【증인의 선서】 증인에게는 신문전에 선서하게 하여야 한다. 단, 법률에 다른 규정이 있는 경우에는 예외로 한다.

제157조 【선서의 방식】 ① 선서는 선서서(宣誓書)에 따라 하여야 한다.

② 선서서에는 "양심에 따라 숨김과 보탬이 없이 사실 그대로 말하고 만일 거짓말이 있으면 위증의 벌을 받기로 맹세합니다."라고 기재하여야 한다.

③ 재판장은 증인에게 선서서를 낭독하고 기명날인하거나 서명하게 하여야 한다. 다만, 증인이 선서서를 낭독하지 못하거나 서명을 하지 못하는 경우에는 참여한 법원사무관등이 대행한다.

④ 선서는 일어서서 엄숙하게 하여야 한다.

<전문개정 2020. 12. 8.>

제158조 【선서한 증인에 대한 경고】 재판장은 선서할 증인에 대하여 선서전에 위증의 벌을 경고하여야 한다.

제159조 【선서무능력】 증인이 다음 각호의 1에 해당하는 때에는 선서하게 하지 아니하고 신문하여야 한다.

1. 16세 미만의 자
2. 선서의 취지를 이해하지 못하는 자

제160조 【증언거부권의 고지】 증인이 제148조, 제149조에 해당하는 경우에는 재판장은 신문전에 증언을 거부할 수 있음을 설명하여야 한다.

제161조 【선서, 증언의 거부와 과태료】 ① 증인이 정당한 이유없이 선서나 증언을 거부한 때에는 결정으로 50만원이하의 과태료에 처할 수 있다. <개정 73.1.25, 95.12.29>

②제1항의 결정에 대하여는 즉시항고를 할 수 있다. <개정 95.12.29>

(신·구) ①~5만원이하의 과태료에~ ⇨ ~50만원이하의 과태료에~

(판례) 형사소송법 제314조 소정의 기타 사유로 인하여 진술할 수 없는 때에는 법정에 출석한 증인이 증언거부권을 행사하여 증언을 거절한 때도 포함된다(1992.8.18, 92도1244). <형사소송법(조민제)>

제161조의2 【증인신문의 방식】 ①증인은 신청한 검사, 변호인 또는 피고인이 먼저 이를 신문하고 다음에 다른 검사, 변호인 또는 피고인이 신문한다.

②재판장은 전항의 신문이 끝난 뒤에 신문할 수 있다.

③재판장은 필요하다고 인정하면 전2항의 규정에 불구하고 어느 때나 신문할 수 있으며 제1항의 신문순서를 변경할 수 있다.

④법원이 직권으로 신문할 증인이나 범죄로 인한 피해자의 신청에 의하여 신문할 증인의 신문방식은 재판장이 정하는 바에 의한다. <개정 87.11.28>

⑤합의부원은 재판장에게 고하고 신문할 수 있다.

<본조신설 61.9.1>

제162조 【개별신문과 대질】 ①증인신문은 각 증인에 대하여 신문하여야 한다. <개정 61.9.1>

②신문하지 아니한 증인이 재정한 때에는 퇴정을 명하여야 한다.

③필요한 때에는 증인과 다른 증인 또는 피고인과 대질하게 할 수 있다.

④삭제 <61.9.1>

제163조 【당사자의 참여권, 신문권】 ①검사, 피고인 또는 변호인은 증인신문에 참여 할 수 있다.

②증인신문의 시일과 장소는 전항의 규정에 의하여 참여할 수 있는 자에게 미리 통지하여야 한다. 단, 참여하지 아니한다는 의사를 명시한 때에는 예외로 한다.

③삭제 <61.9.1>

제163조의2 【신뢰관계에 있는 자의 동석】

①법원은 범죄로 인한 피해자를 증인으로 신문하는 경우 증인의 연령, 심신의 상태, 그 밖의 사정을 고려하여 증인이 현저하게 불안 또는 긴장을 느낄 우려가 있다고 인정되는 때에는 직권 또는 피해자·법정대리인·검사의 신청에 따라 피해자와 신뢰관계에 있는 자를 동석하게 할 수 있다.

②법원은 범죄로 인한 피해자가 13세 미만이거나 신체적 또는 정신적 장애로 사물을 변별하거나 의사를 결정할 능력이 미약한 경우에 재판에 지장을 초래할 우려가 있는 등 부득이

한 경우가 아닌 한 피해자와 신뢰관계에 있는 자를 동석하게 하여야 한다.
③제1항 또는 제2항에 따라 동석한 자는 법원·소송관계인의 신문 또는 증인의 진술을 방해하거나 그 진술의 내용에 부당한 영향을 미칠 수 있는 행위를 하여서는 아니 된다.
④제1항 또는 제2항에 따라 동석할 수 있는 신뢰관계에 있는 자의 범위, 동석의 절차 및 방법 등에 관하여 필요한 사항은 대법원규칙으로 정한다.
<본조신설 2007.6.1>

판례 소송관계인의 참여없이 법정외에서 시행한 증인신문조서에 대하여 공판기일에서 증거조사 그 자체를 시행하지 아니 하였다면 그 증인신문 조서는 증거능력이 있을 수 없다(1967.7.4, 67도613). <형사소송법(이) 425면>

피고인 본인 또는 그 변호인이 미리 증인신문에 참여케 하여 달라고 신청한 경우에는 변호인이 참여하겠다고 하여도 피고인의 참여없이 실시한 증인신문은 위법이다(1969.7.25, 68도1481).

제164조【신문의 청구】 ①검사, 피고인 또는 변호인이 증인신문에 참여하지 아니할 경우에는 법원에 대하여 필요한 사항의 신문을 청구할 수 있다.
②피고인 또는 변호인의 참여없이 증인을 신문한 경우에 피고인에게 예기하지 아니한 불이익의 증언이 진술된 때에는 반드시 그 진술내용을 피고인 또는 변호인에게 알려 주어야 한다.

판례 법원이 피고인에게 증인신문의 시일과 장소를 미리 통지함이 없이 증인들의 신문을 시행하였음은 위법이나 그 후 동 증인 등 신문결과를 동 증인 등 신문조서에 의하여 소송관계인에게 고지하였던 바, 피고인이나 변호인이 이의를 하지 않았다면 위의 하자는 책문권의 포기로 치유된다(1974.1.15, 73도2967). <형사소송법(이) 426면>

제165조【증인의 법정외신문】 법원은 증인의 연령, 직업, 건강상태 기타의 사정을 고려하여 검사, 피고인 또는 변호인의 의견을 묻고 법정외에 소환하거나 현재지에서 신문할 수 있다.

제165조의2【비디오 등 중계장치 등에 의한 증인신문】 ①법원은 다음 각 호의 어느 하나에 해당하는 사람을 증인으로 신문하는 경우 상당하다고 인정할 때에는 검사와 피고인 또는 변호인의 의견을 들어 비디오 등 중계장치에 의한 중계시설을 통하여 신문하거나 가림 시설 등을 설치하고 신문할 수 있다. <개정 2009. 6. 9., 2011. 8. 4., 2012. 12. 18., 2020. 12. 8., 2021. 8. 17.>
1. 「아동복지법」 제71조제1항제1호·제1호의2·제2호·제3호에 해당하는 죄의 피해자
2. 「아동·청소년의 성보호에 관한 법률」 제7조, 제8조, 제11조부터 제15조까지 및 제17조제1항의 규정에 해당하는 죄의 대상이 되는 아동·청소년 또는 피해자
3. 범죄의 성질, 증인의 나이, 심신의 상태, 피고인과의 관계, 그 밖의 사정으로 인하여 피고인 등과 대면하여 진술할 경우 심리적인 부담으로 정신의 평온을 현저하게 잃을 우려가 있다고 인정되는 사람

②법원은 증인이 멀리 떨어진 곳 또는 교통이 불편한 곳에 살고 있거나 건강상태 등 그 밖의 사정으로 말미암아 법정에 직접 출석하기 어렵다고 인정하는 때에는 검사와 피고인 또는 변호인의 의견을 들어 비디오 등 중계장치에 의한 중계시설을 통하여 신문할 수 있다. <신설 2021. 8. 17.>
③제1항과 제2항에 따른 증인신문은 증인이 법정에 출석하여 이루어진 증인신문으로 본다. <신설 2021. 8. 17.>
④ 제1항과 제2항에 따른 증인신문의 실시에 필요한 사항은 대법원규칙으로 정한다. <신설 2021. 8. 17.>
<본조신설 2007. 6. 1.>

제166조【동행명령과 구인】 ①법원은 필요한 때에는 결정으로 지정한 장소에 증인의 동행을 명할 수 있다.
②증인이 정당한 사유없이 동행을 거부하는 때에는 구인할 수 있다.

제167조【수명법관, 수탁판사】 ①법원은 합의부원에게 법정외의 증인신문을 명할 수 있고 또는 증인현재지의 지방법원판사에게 그 신문을 촉탁할 수 있다.
②수탁판사는 증인이 관할구역내에 현재하지 아니한 때에는 그 현재지의 지방법원판사에게 전촉할 수 있다.
③수명법관 또는 수탁판사는 증인의 신문에 관하여 법원 또는 재판장에 속한 처분을 할 수 있다.

제168조【증인의 여비, 일당, 숙박료】 소환받은 증인은 법률의 규정한 바에 의하여 여비, 일당과 숙박료를 청구할 수 있다. 단, 정당한

사유없이 선서 또는 증언을 거부한 자는 예외로 한다.

제13장 감 정

제169조【감 정】 법원은 학식경험 있는 자에게 감정을 명할 수 있다.

제170조【선 서】 ①감정인에게는 감정전에 선서하게 하여야 한다.
②선서는 선서서에 의하여야 한다.
③선서서에는 "양심에 따라 성실히 감정하고 만일 거짓이 있으면 허위감정의 벌을 받기로 맹서합니다"라고 기재하여야 한다.
④제157조제3항, 제4항과 제158조의 규정은 감정인의 선서에 준용한다.

제171조【감정보고】 ①감정의 경과와 결과는 감정인으로 하여금 서면으로 제출하게 하여야 한다.
②감정인이 수인인 때에는 각각 또는 공동으로 제출하게 할 수 있다.
③감정의 결과에는 그 판단의 이유를 명시하여야 한다.
④필요한 때에는 감정인에게 설명하게 할 수 있다.

제172조【법원외의 감정】 ①법원은 필요한 때에는 감정인으로 하여금 법원외에서 감정하게 할 수 있다.
②전항의 경우에는 감정을 요하는 물건을 감정인에게 교부할 수 있다.
③피고인의 정신 또는 신체에 관한 감정에 필요한 때에는 법원은 기간을 정하여 병원 기타 적당한 장소에 피고인을 유치하게 할 수 있고 감정이 완료되면 즉시 유치를 해제하여야 한다.
④전항의 유치를 함에는 감정유치장을 발부하여야 한다. <개정 73.1.25>
⑤제3항의 유치를 함에 있어서 필요한 때에는 법원은 직권 또는 피고인을 수용할 병원 기타 장소의 관리자의 신청에 의하여 사법경찰관리에게 피고인의 간수를 명할 수 있다. <신설 73.1.25>
⑥법원은 필요한 때에는 유치기간을 연장하거나 단축할 수 있다. <신설 73.1.25>
⑦구속에 관한 규정은 이 법률에 특별한 규정이 없는 경우에는 제3항의 유치에 관하여 이를 준용한다. 단, 보석에 관한 규정은 그러하지 아니하다. <신설 73.1.25 >
⑧제3항의 유치는 미결구금일수의 산입에 있어서는 이를 구속으로 간주한다. <신설 73.1.25>

제172조의2【감정유치와 구속】 ①구속중인 피고인에 대하여 감정유치장이 집행되었을 때에는 피고인이 유치되어 있는 기간 구속은 그 집행이 정지된 것으로 간주한다.
②전항의 경우에 전조제3항의 유치처분이 취소되거나 유치기간이 만료된 때에는 구속의 집행정지가 취소된 것으로 간주한다.
<본조신설 73.1.25>

제173조【감정에 필요한 처분】 ①감정인은 감정에 관하여 필요한 때에는 법원의 허가를 얻어 타인의 주거, 간수자 있는 가옥, 건조물, 항공기, 선차내에 들어갈 수 있고 신체의 검사, 사체의 해부, 분묘의 발굴, 물건의 파괴를 할 수 있다.
②전항의 허가에는 피고인의 성명, 죄명, 들어갈 장소, 검사할 신체, 해부할 사체, 발굴할 분묘, 파괴할 물건, 감정인의 성명과 유효기간을 기재한 허가장을 발부하여야 한다.
③감정인은 제1항의 처분을 받는 자에게 허가장을 제시하여야 한다.
④전2항의 규정은 감정인이 공판정에서 행하는 제1항의 처분에는 적용하지 아니한다.
⑤제141조, 제143조의 규정은 제1항의 경우에 준용한다.

제174조【감정인의 참여권, 신문권】 ①감정인은 감정에 관하여 필요한 경우에는 재판장의 허가를 얻어 서류와 증거물을 열람 또는 등사하고 피고인 또는 증인의 신문에 참여할 수 있다.
②감정인은 피고인 또는 증인의 신문을 구하거나 재판장의 허가를 얻어 직접발문할 수 있다.

제175조【수명법관】 법원은 합의부원으로 하여금 감정에 관하여 필요한 처분을 하게 할 수 있다.

제176조【당사자의 참여】 ①검사, 피고인 또는 변호인은 감정에 참여할 수 있다.
②제122조의 규정은 전항의 경우에 준용한다.

제177조【준용규정】 감정에 관하여는 제12장(구인에 관한 규정은 제외한다)을 준용한다.
<전문개정 2020. 12. 8.>

제178조【여비, 감정료 등】 감정인은 법률

의 정하는 바에 의하여 여비, 일당, 숙박료 외에 감정료와 체당금의 변상을 청구할 수 있다.

제179조【감정증인】 특별한 지식에 의하여 알게 된 과거의 사실을 신문하는 경우에는 본장의 규정에 의하지 아니하고 전장의 규정에 의한다.

제179조의2【감정의 촉탁】 ①법원은 필요하다고 인정하는 때에는 공무소·학교·병원 기타 상당한 설비가 있는 단체 또는 기관에 대하여 감정을 촉탁할 수 있다. 이 경우 선서에 관한 규정은 이를 적용하지 아니한다.

②제1항의 경우 법원은 당해 공무소·학교·병원·단체 또는 기관이 지정한 자로 하여금 감정서의 설명을 하게 할 수 있다.

<본조신설 95.12.29>

제14장 통역과 번역

제180조【통 역】 국어에 통하지 아니하는 자의 진술에는 통역인으로 하여금 통역하게 하여야 한다.

제181조【청각 또는 언어장애인의 통역】 듣거나 말하는 데 장애가 있는 사람의 진술에 대해서는 통역인으로 하여금 통역하게 할 수 있다.

<전문개정 2020. 12. 8.>

제182조【번 역】 국어 아닌 문자 또는 부호는 번역하게 하여야 한다.

제183조【준용규정】 전장의 규정은 통역과 번역에 준용한다.

제15장 증거보전

제184조【증거보전의 청구와 그 절차】 ①검사, 피고인, 피의자 또는 변호인은 미리 증거를 보전하지 아니하면 그 증거를 사용하기 곤란한 사정이 있는 때에는 제1회공판기일전이라도 판사에게 압수, 수색, 검증, 증인신문 또는 감정을 청구할 수 있다 .

②전항의 청구를 받은 판사는 그 처분에 관하여 법원 또는 재판장과 동일한 권한이 있다.

③제1항의 청구를 함에는 서면으로 그 사유를 소명하여야 한다.

④제1항의 청구를 기각하는 결정에 대하여는 3일 이내에 항고할 수 있다. <신설 2007.6.1>

(판 례) 형사소송법 제184조에 의한 증거보전은 피고인 또는 피의자가 형사입건도 되기 전에는 청구할 수 없고, 또 피의자 신문에 해당하는 사항을 증거보전의 방법으로 청구할 수 없다(1979.6.12, 79도792). <형사소송법(이) 293면, 294면>

증거보전의 방법으로 피고인신문을 청구할 수 없다(1972.11.28, 72도2104).

제185조【서류의 열람 등】 검사, 피고인, 피의자 또는 변호인은 판사의 허가를 얻어 전조의 처분에 관한 서류와 증거물을 열람 또는 등사할 수 있다.

제16장 소송비용

제186조【피고인의 소송비용부담】 ①형의 선고를 하는 때에는 피고인에게 소송비용의 전부 또는 일부를 부담하게 하여야 한다. 다만, 피고인의 경제적 사정으로 소송비용을 납부할 수 없는 때에는 그러하지 아니하다. <개정 95.12.29>

②피고인에게 책임지울 사유로 발생된 비용은 형의 선고를 하지 아니하는 경우에도 피고인에게 부담하게 할 수 있다.

(신·구) ①단서 신설

제187조【공범의 소송비용】 공범의 소송비용은 공범인에게 연대부담하게 할 수 있다.

제188조【고소인 등의 소송비용부담】 고소 또는 고발에 의하여 공소를 제기한 사건에 관하여 피고인이 무죄 또는 면소의 판결을 받은 경우에 고소인 또는 고발인에게 고의 또는 중대한 과실이 있는 때에는 그 자에게 소송비용의 전부 또는 일부를 부담하게 할 수 있다.

제189조【검사의 상소취하와 소송비용부담】 검사만이 상소 또는 재심청구를 한 경우에 상소 또는 재심의 청구가 기각되거나 취하된 때에는 그 소송비용을 피고인에게 부담하게 하지 못한다.

제190조【제3자의 소송비용부담】 ①검사 아닌 자가 상소 또는 재심청구를 한 경우에 상소 또는 재심의 청구가 기각되거나 취하된 때에는 그 자에게 그 소송비용을 부담하게 할 수 있다.

②피고인 아닌 자가 피고인이 제기한 상소 또는 재심의 청구를 취하한 경우에도 전항과 같다.

제191조【소송비용부담의 재판】 ①재판으로 소송절차가 종료되는 경우에 피고인에게

소송비용을 부담하게 하는 때에는 직권으로 재판하여야 한다.
②전항의 재판에 대하여는 본안의 재판에 관하여 상소하는 경우에 한하여 불복할 수 있다.

제192조【제3자부담의 재판】 ①재판으로 소송절차가 종료되는 경우에 피고인 아닌 자에게 소송비용을 부담하게 하는 때에는 직권으로 결정을 하여야 한다.
②전항의 결정에 대하여는 즉시항고를 할 수 있다.

제193조【재판에 의하지 아니한 절차종료】 ①재판에 의하지 아니하고 소송절차가 종료되는 경우에 소송비용을 부담하게 하는 때에는 사건의 최종계속법원의 직권으로 결정을 하여야 한다.
②전항의 결정에 대하여는 즉시항고를 할 수 있다.

제194조【부담액의 산정】 소송비용의 부담을 명하는 재판에 그 금액을 표시하지 아니한 때에는 집행을 지휘하는 검사가 산정한다.

제194조의2【무죄판결과 비용보상】 ①국가는 무죄판결이 확정된 경우에는 당해 사건의 피고인이었던 자에 대하여 그 재판에 소요된 비용을 보상하여야 한다.
②다음 각 호의 어느 하나에 해당하는 경우에는 제1항에 따른 비용의 전부 또는 일부를 보상하지 아니할 수 있다.
1. 피고인이었던 자가 수사 또는 재판을 그르칠 목적으로 거짓 자백을 하거나 다른 유죄의 증거를 만들어 기소된 것으로 인정된 경우
2. 1개의 재판으로써 경합범의 일부에 대하여 무죄판결이 확정되고 다른 부분에 대하여 유죄판결이 확정된 경우
3.「형법」 제9조 및 제10조제1항의 사유에 따른 무죄판결이 확정된 경우
4. 그 비용이 피고인이었던 자에게 책임지울 사유로 발생한 경우

<본조신설 2007.6.1>

제194조의3【비용보상의 절차 등】 ①제194조의2제1항에 따른 비용의 보상은 피고인이었던 자의 청구에 따라 무죄판결을 선고한 법원의 합의부에서 결정으로 한다.
②제1항에 따른 청구는 무죄판결이 확정된 사실을 안 날부터 3년, 무죄판결이 확정된 때부터 5년 이내에 하여야 한다. <개정 2014.12.30>
③제1항의 결정에 대하여는 즉시항고를 할 수 있다.

<본조신설 2007.6.1>

제194조의4【비용보상의 범위】 ①제194조의2에 따른 비용보상의 범위는 피고인이었던 자 또는 그 변호인이었던 자가 공판준비 및 공판기일에 출석하는데 소요된 여비·일당·숙박료와 변호인이었던 자에 대한 보수에 한한다. 이 경우 보상금액에 관하여는「형사소송비용 등에 관한 법률」을 준용하되, 피고인이었던 자에 대하여는 증인에 관한 규정을, 변호인이었던 자에 대하여는 국선변호인에 관한 규정을 준용한다.
②법원은 공판준비 또는 공판기일에 출석한 변호인이 2인 이상이었던 경우에는 사건의 성질, 심리 상황, 그 밖의 사정을 고려하여 변호인이었던 자의 여비·일당 및 숙박료를 대표변호인이나 그 밖의 일부 변호인의 비용만으로 한정할 수 있다.

<본조신설 2007.6.1>

제194조의5【준용규정】 비용보상청구, 비용보상절차, 비용보상과 다른 법률에 따른 손해배상과의 관계, 보상을 받을 권리의 양도·압류 또는 피고인이었던 자의 상속인에 대한 비용보상에 관하여 이 법에 규정한 것을 제외하고는 「형사보상법」에 따른 보상의 예에 따른다.

<본조신설 2007.6.1.>

제2편 제1심

제1장 수 사

제195조【검사와 사법경찰관의 관계 등】 ① 검사와 사법경찰관은 수사, 공소제기 및 공소유지에 관하여 서로 협력하여야 한다.
②제1항에 따른 수사를 위하여 준수하여야 하는 일반적 수사준칙에 관한 사항을 대통령령으로 정한다.

<본조신설 2020.2.4.>

종전 제195조는 제196조로 이동

제196조【검사의 수사】 ① 검사는 범죄의 혐의가 있다고 사료하는 때에는 범인, 범죄사실과 증거를 수사한다. <개정 2022. 5. 9.>
② 검사는 제197조의3제6항, 제198조의2제

2항 및 제245조의7제2항에 따라 사법경찰관으로부터 송치받은 사건에 관하여는 해당 사건과 동일성을 해치지 아니하는 범위 내에서 수사할 수 있다. <신설 2022. 5. 9.>
<전문개정 2020. 2. 4.>
[제195조에서 이동, 종전 제196조는 제197조로 이동 <2020. 2. 4.>]

제197조【사법경찰관리】 ①경무관, 총경, 경정, 경감, 경위는 사법경찰관으로서 범죄의 혐의가 있다고 사료하는 때에는 범인, 범죄사실과 증거를 수사한다. <개정 2020.2.4.>
②경사, 경장, 순경은 사법경찰리로서 수사의 보조를 하여야 한다.
③ <삭제 2020.2.4.>
④ <삭제 2020.2.4.>
⑤ <삭제 2020.2.4.>
⑥ <삭제 2020.2.4.>
제196조에서 이동, 제197조 삭제 <2020.2.4.>

제197조의2【보완수사요구】 ①검사는 다음 각 호의 어느 하나에 해당하는 경우에 사법경찰관에게 보완수사를 요구할 수 있다.
1. 송치사건의 공소제기 여부 결정 또는 공소의 유지에 관하여 필요한 경우
2. 사법경찰관이 신청한 영장의 청구 여부 결정에 관하여 필요한 경우

②사법경찰관은 제1항의 요구가 있는 때에는 정당한 이유가 없는한 지체없이 이를 이행하고, 그 결과를 검사에게 통보하여야 한다.
③검찰총장 또는 각급 검찰청 검사장은 사법경찰관이 정당한 이유 없이 제1항의 요구에 따르지 아니하는 때에는 권한 있는 사람에게 해당 사법경찰관의 직무배제 또는 징계를 요구할 수 있고, 그 징계 절차는 「공무원 징계령」 또는 「경찰공무원 징계령」에 따른다.
<본조신설 2020.2.4.>

제197조의3【시정조치요구 등】 ①검사는 사법경찰관리의 수사과정에서 법령위반, 인권침해 또는 현저한 수사권 남용이 의심되는 사실의 신고가 있거나 그러한 사실을 인식하게 된 경우에는 사법경찰관에게 사건기록 등본의 송부를 요구할 수 있다.
②제1항의 송부 요구를 받은 사법경찰관은 지체 없이 검사에게 사건기록 등본을 송부하여야 한다.
③제2항의 송부를 받은 검사는 필요하다고 인정되는 경우에는 사법경찰관에게 시정조치를 요구할 수 있다.
④사법경찰관은 제3항의 시정조치 요구가 있는 때에는 정당한 이유가 없는 한 지체없이 이를 이행하고, 그 결과를 검사에게 통보하여야 한다.
⑤제4항의 통보를 받은 검사는 제3항에 따른 시정조치 요구가 정당한 이유 없이 이행되지 않았다고 인정되는 경우에는 사법경찰관에게 사건을 송치할 것을 요구할 수 있다.
⑥제5항의 송치 요구를 받은 사법경찰관은 검사에게 사건을 송치하여야 한다.
⑦검찰총장 또는 각급 검찰청 검사장은 사법경찰관리의 수사과정에서 법령위반, 인권침해 또는 현저한 수사권 남용이 있었던 때에는 권한 있는 사람에게 해당 사법경찰관리의 징계를 요구할 수 있고, 그 징계 절차는 「공무원 징계령」 또는 「경찰공무원 징계령」에 따른다.
⑧사법경찰관은 피의자를 신문하기 전에 수사과정에서 법령위반, 인권침해 또는 현저한 수사권 남용이 있는 경우 검사에게 구제를 신청할 수 있음을 피의자에게 알려주어야 한다.
<본조신설 2020.2.4.>

제197조의4【수사의 경합】 ① 검사는 사법경찰관과 동일한 범죄사실을 수사하게 된 때에는 사법경찰관에게 사건을 송치할 것을 요구할 수 있다.
② 제1항의 요구를 받은 사법경찰관은 지체 없이 검사에게 사건을 송치하여야 한다. 다만, 검사가 영장을 청구하기 전에 동일한 범죄사실에 관하여 사법경찰관이 영장을 신청한 경우에는 해당 영장에 기재된 범죄사실을 계속 수사할 수 있다.
<본조신설 2020.2.4.>

제198조【준수사항】 ①피의자에 대한 수사는 불구속 상태에서 함을 원칙으로 한다.
②검사·사법경찰관리와 그 밖에 직무상 수사에 관계있는 자는 피의자 또는 다른 사람의 인권을 존중하고 수사과정에서 취득한 비밀을 엄수하며 수사에 방해되는 일이 없도록 하여야 한다.
③ 검사·사법경찰관리와 그 밖에 직무상 수사에 관계있는 자는 수사과정에서 수사와 관련하여 작성하거나 취득한 서류 또는 물건에 대

한 목록을 빠짐 없이 작성하여야 한다. <신설 2011.7.18.>

④ 수사기관은 수사 중인 사건의 범죄 혐의를 밝히기 위한 목적으로 합리적인 근거 없이 별개의 사건을 부당하게 수사하여서는 아니 되고, 다른 사건의 수사를 통하여 확보된 증거 또는 자료를 내세워 관련 없는 사건에 대한 자백이나 진술을 강요하여서도 아니 된다. <신설 2022. 5. 9.>

<전문개정 2007.6.1>

제198조의2 【검사의 체포·구속장소감찰】 ①지방검찰청검사장 또는 지청장은 불법체포·구속의 유무를 조사하기 위하여 검사로 하여금 매월 1회 이상 관하 수사관서의 피의자의 체포·구속장소를 감찰하게 하여야 한다. 감찰하는 검사는 체포 또는 구속된 자를 심문하고 관련서류를 조사하여야 한다. <개정 95.12.29>

②검사는 적법한 절차에 의하지 아니하고 체포 또는 구속된 것이라고 의심할 만한 상당한 이유가 있는 경우에는 즉시 체포 또는 구속된 자를 석방하거나 사건을 검찰에 송치할 것을 명하여야 한다. <개정 95.12.29>

<본조신설 61.9.1>

(신·구) 구조문 ⇨ 【검사의 구속장소감찰】 ①지방검찰청검사장 또는 지청장은 불법구속의 유무를 조사하기 위하여 검사로 하여금 매월 1회 이상 관하 경찰국, 경찰서의 피의자의 구속장소를 감찰하게 하여야 한다. 감찰하는 검사는 피구속자를 심신하고 구속에 관한 서류를 조사하여야 한다.
②검사는 피구속자가 불법으로 구속된 것이라고 의심할만한 상당한 이유가 있는 경우에는 즉시 사건을 검찰에 송치할 것을 명하여야 한다.

제199조 【수사와 필요한 조사】 ①수사에 관하여는 그 목적을 달성하기 위하여 필요한 조사를 할 수 있다. 다만, 강제처분은 이 법률에 특별한 규정이 있는 경우에 한하며, 필요한 최소한도의 범위 안에서만 하여야 한다. <개정 95.12.29>

②수사에 관하여는 공무소 기타 공사단체에 조회하여 필요한 사항의 보고를 요구할 수 있다.

(신·구) 구조문 ⇨ ①~할 수 있다. 단, 강제처분은 이 법률에 특별한 규정이 없으면 하지 못한다.

(판 례) 공소제기후 참고인 수사 공판준비 또는 공판기일에서 이미 증언을 마친 증인을 검사가 소환한 후 피고인에게 유리한 그 증언 내용을 추궁하여 이를 일방적으로 번복시키는 방식으로 작성한 진술조서를 유죄의 증거로 삼는 것은 당사자주의·공판중심주의·직접주의를 지향하는 현행 형사소송법의 소송구조와 헌법 제27조의 재판청구권을 침해하는 것이므로, 이러한 진술조서는 피고인이 증거로 할 수 있음에 동의하지 아니하는 한 그 증거능력이 없다(2000.6.15, 99도1108). <고시계 2001년 1월 120면>

경찰관들이 임의동행을 거절하는 갑을 강제로 연행하려고 한 것이라면 이는 적법한 공무집행에 해당하지 아니하므로 강제적인 임의동행을 거부하는 방법으로서 경찰관을 폭행, 협박하여도 공무집행방해죄는 성립하지 않는다(1991.5.10, 91도435). <형사판례평석(조)323면>

임의동행은 수사관이 동행에 앞서 피의자에게 동행을 거부할 수 있음을 알려 주었거나 동행한 피의자가 언제든지 자유로이 동행과정에서 이탈 또는 동행장소로부터 퇴거할 수 있었음이 인정되는 등 오로지 피의자의 자발적인 의사에 의하여 수사관서 등에의 동행이 이루어졌음이 객관적인 사정에 의하여 명백하게 입증된 경우에 한하여, 그 적법성이 인정되는 것으로 봄이 상당하다.(2006.7.6, 2005도6810). <이재상 214면>

제200조 【피의자의 출석요구】 검사 또는 사법경찰관은 수사에 필요한 때에는 피의자의 출석을 요구하여 진술을 들을 수 있다. <전문개정 2007.6.1>

(판 례) 피의자의 진술거부권은 헌법이 보장하는 형사상 자기에 불리한 진술을 강요당하지 않는 자기부죄거부의 권리에 터잡은 것이므로 수사기관이 피의자를 신문함에 있어서 피의자에게 미리 진술거부권을 고지하지 않은 때에는 그 피의자의 진술은 위법하게 수집된 증거로서 진술의 임의성이 인정되는 경우라도 증거능력이 부인되어야 한다(1992.6.23, 92도682). <형사소송법(이) 114면>

교통사고를 일으킨 운전자에게 신고의무를 부담시키고 있는 도로교통법 제50조제2항, 제111조제3호는 피해자의 구호 및 교통질서의 회복을 위한 조치가 필요한 범위내에서 교통사고의 객관적 내용만을 신고하도록 한 것으로 해석하고, 형사책임과 관련되는 사항에는 적용되지 아니하는 것으로 해석하는 한 헌법에 위반되지 아니한다(1990.8.27, 89헌가118). <형사소송법(이) 116면>

제200조의2 【영장에 의한 체포】 ①피의자가 죄를 범하였다고 의심할 만한 상당한 이유가 있고, 정당한 이유없이 제200조의 규정에 의한 출석요구에 응하지 아니하거나 응하지 아니할 우려가 있는 때에는 검사는 관할 지방법원판사에게 청구하여 체포영장을 발부받아 피의자를 체포할 수 있고, 사법경찰관은 검사에게 신청하여 검사의 청구로 관할지방법원판사의 체포영장을 발부받아 피의자를 체포할 수 있다. 다만, 다액 50만원이하의 벌금, 구류 또는 과료에 해당하는 사건에 관하여는 피의자가 일정한 주거가 없는 경우 또는 정당한 이유없이 제200조의 규정에 의한 출석요구에

응하지 아니한 경우에 한한다. <개정 2007.6.1>
②제1항의 청구를 받은 지방법원판사는 상당하다고 인정할 때에는 체포영장을 발부한다. 다만, 명백히 체포의 필요가 인정되지 아니하는 경우에는 그러하지 아니하다.
③제1항의 청구를 받은 지방법원판사가 체포영장을 발부하지 아니할 때에는 청구서에 그 취지 및 이유를 기재하고 서명날인하여 청구한 검사에게 교부한다.
④검사가 제1항의 청구를 함에 있어서 동일한 범죄사실에 관하여 그 피의자에 대하여 전에 체포영장을 청구하였거나 발부받은 사실이 있는 때에는 다시 체포영장을 청구하는 취지 및 이유를 기재하여야 한다.
⑤체포한 피의자를 구속하고자 할 때에는 체포한 때부터 48시간이내에 제201조의 규정에 의하여 구속영장을 청구하여야 하고, 그 기간내에 구속영장을 청구하지 아니하는 때에는 피의자를 즉시 석방하여야 한다.
<본조신설 95.12.29>

제200조의3【긴급체포】 ①검사 또는 사법경찰관은 피의자가 사형·무기 또는 장기 3년이상의 징역이나 금고에 해당하는 죄를 범하였다고 의심할 만한 상당한 이유가 있고, 다음 각 호의 어느 하나에 해당하는 사유가 있는 경우에 긴급을 요하여 지방법원판사의 체포영장을 받을 수 없는 때에는 그 사유를 알리고 영장없이 피의자를 체포할 수 있다. 이 경우 긴급을 요한다 함은 피의자를 우연히 발견한 경우등과 같이 체포영장을 받을 시간적 여유가 없는 때를 말한다. <개정 2007.6.1>

1. 피의자가 증거를 인멸할 염려가 있는 때
2. 피의자가 도망하거나 도망할 우려가 있는 때

②사법경찰관이 제1항의 규정에 의하여 피의자를 체포한 경우에는 즉시 검사의 승인을 얻어야 한다.
③검사 또는 사법경찰관은 제1항의 규정에 의하여 피의자를 체포한 경우에는 즉시 긴급체포서를 작성하여야 한다.
④제3항의 규정에 의한 긴급체포서에는 범죄사실의 요지, 긴급체포의 사유 등을 기재하여야 한다.
<본조신설 95.12.29>

(판 례) 긴급체포 등 체포영장에 의하지 아니하고 체포된 피의자의 경우에도 헌법과 형사소송법의 위규정에 따라 그 적부심사를 청구할 권리를 가진다. 형사소송법 제214조의3제2항의 취지를 체포된 피의자에 대하여도 보증금 납입을 조건으로 한 석방이 허용되어야 한다는 근거로 보기는 어렵다 할 것이어서 현행법상 체포된 피의자에 대하여는 보증금 납입을 조건으로 한 석방이 허용되지 않는다(1997.8.27, 97모21). <형사판례평석(조) 326면>

검사나 사법경찰관이 긴급체포의 요건을 갖추지 못하였음에도 실력으로 수사기관에 자진출석한 자를 체포하려고 하였다면 적법한 공무집행이라고 할 수 없고, 자진출석한 자가 검사나 사법경찰관에 대하여 이를 거부하는 방법으로써 폭행을 하였다고 하여 공무집행방해죄가 성립하는 것은 아니다.(2006.9.8, 2006도148). <이재상 233면>

제200조의4【긴급체포와 영장청구기간】 ①검사 또는 사법경찰관이 제200조의3의 규정에 의하여 피의자를 체포한 경우 피의자를 구속하고자 할 때에는 지체 없이 검사는 관할지방법원판사에게 구속영장을 청구하여야 하고, 사법경찰관은 검사에게 신청하여 검사의 청구로 관할지방법원판사에게 구속영장을 청구하여야 한다. 이 경우 구속영장은 피의자를 체포한 때부터 48시간 이내에 청구하여야 하며, 제200조의3제3항에 따른 긴급체포서를 첨부하여야 한다. <개정 2007.6.1>
②제1항의 규정에 의하여 구속영장을 청구하지 아니하거나 발부받지 못한 때에는 피의자를 즉시 석방하여야 한다.
③제2항의 규정에 의하여 석방된 자는 영장없이는 동일한 범죄사실에 관하여 체포하지 못한다.
④검사는 제1항에 따른 구속영장을 청구하지 아니하고 피의자를 석방한 경우에는 석방한 날부터 30일 이내에 서면으로 다음 각 호의 사항을 법원에 통지하여야 한다. 이 경우 긴급체포서의 사본을 첨부하여야 한다. <신설 2007.6.1>

1. 긴급체포 후 석방된 자의 인적사항
2. 긴급체포의 일시·장소와 긴급체포하게 된 구체적 이유
3. 석방의 일시·장소 및 사유
4. 긴급체포 및 석방한 검사 또는 사법경찰관의 성명

⑤긴급체포 후 석방된 자 또는 그 변호인·법정대리인·배우자·직계친족·형제자매는 통지서 및 관련 서류를 열람하거나 등사할 수 있다. <신설 2007.6.1>
⑥사법경찰관은 긴급체포한 피의자에 대하여

구속영장을 신청하지 아니하고 석방한 경우에는 즉시 검사에게 보고하여야 한다. <신설 2007.6.1>
<본조신설 95.12.29>

제200조의5 【체포와 피의사실 등의 고지】 검사 또는 사법경찰관은 피의자를 체포하는 경우에는 피의사실의 요지, 체포의 이유와 변호인을 선임할 수 있음을 말하고 변명할 기회를 주어야 한다.
<본조신설 2007.6.1>

제200조의6 【준용규정】 제75조, 제81조제1항 본문 및 제3항, 제82조, 제83조, 제85조제1항·제3항 및 제4항, 제86조, 제87조, 제89조부터 제91조까지, 제93조, 제101조제4항 및 제102조제2항 단서의 규정은 검사 또는 사법경찰관이 피의자를 체포하는 경우에 이를 준용한다. 이 경우 "구속"은 이를 "체포"로, "구속영장"은 이를 "체포영장"으로 본다. <개정 2007.6.1>
<본조신설 95.12.29>

제201조 【구 속】 ①피의자가 죄를 범하였다고 의심할 만한 상당한 이유가 있고 제70조제1항 각호의 1에 해당하는 사유가 있을 때에는 검사는 관할지방법원판사에게 청구하여 구속영장을 받아 피의자를 구속할 수 있고 사법경찰관은 검사에게 신청하여 검사의 청구로 관할지방법원판사의 구속영장을 받아 피의자를 구속할 수 있다. 다만, 다액 50만원 이하의 벌금, 구류 또는 과료에 해당하는 범죄에 관하여는 피의자가 일정한 주거가 없는 경우에 한한다. <개정 80.12.18, 95.12.29>
②구속영장의 청구에는 구속의 필요를 인정할 수 있는 자료를 제출하여야 한다. <개정 80.12.18>
③제1항의 청구를 받은 지방법원판사는 신속히 구속영장의 발부여부를 결정하여야 한다. <신설 95.12.29>
④제1항의 청구를 받은 지방법원판사는 상당하다고 인정할 때에는 구속영장을 발부한다. 이를 발부하지 아니할 때에는 청구서에 그 취지 및 이유를 기재하고 서명날인하여 청구한 검사에게 교부한다. <개정 80.12.18>
⑤검사가 제1항의 청구를 함에 있어서 동일한 범죄사실에 관하여 그 피의자에 대하여 전에 구속영장을 청구하거나 발부받은 사실이 있을 때에는 다시 구속영장을 청구하는 취지 및 이유를 기재하여야 한다. <개정 80.12.18>
<전문개정 73.1.25>

(신·구) ①~단, 5만원이하의~ ⇨ ①~다만, 다액 50만원이하의~

제201조의2 【구속영장청구와 피의자심문】 ①제200조의2·제200조의3 또는 제212조에 따라 체포된 피의자에 대하여 구속영장을 청구받은 판사는 지체 없이 피의자를 심문하여야 한다. 이 경우 특별한 사정이 없는 한 구속영장이 청구된 날의 다음날까지 심문하여야 한다.
②제1항 외의 피의자에 대하여 구속영장을 청구받은 판사는 피의자가 죄를 범하였다고 의심할 만한 이유가 있는 경우에 구인을 위한 구속영장을 발부하여 피의자를 구인한 후 심문하여야 한다. 다만, 피의자가 도망하는 등의 사유로 심문할 수 없는 경우에는 그러하지 아니하다.
③판사는 제1항의 경우에는 즉시, 제2항의 경우에는 피의자를 인치한 후 즉시 검사, 피의자 및 변호인에게 심문기일과 장소를 통지하여야 한다. 이 경우 검사는 피의자가 체포되어 있는 때에는 심문기일에 피의자를 출석시켜야 한다.
④검사와 변호인은 제3항에 따른 심문기일에 출석하여 의견을 진술할 수 있다.
⑤판사는 제1항 또는 제2항에 따라 심문하는 때에는 공범의 분리심문이나 그 밖에 수사상의 비밀보호를 위하여 필요한 조치를 하여야 한다.
⑥제1항 또는 제2항에 따라 피의자를 심문하는 경우 법원사무관등은 심문의 요지 등을 조서로 작성하여야 한다.
⑦피의자심문을 하는 경우 법원이 구속영장청구서·수사 관계 서류 및 증거물을 접수한 날부터 구속영장을 발부하여 검찰청에 반환한 날까지의 기간은 제202조 및 제203조의 적용에 있어서 그 구속기간에 이를 산입하지 아니한다.
⑧심문할 피의자에게 변호인이 없는 때에는 지방법원판사는 직권으로 변호인을 선정하여야 한다. 이 경우 변호인의 선정은 피의자에 대한 구속영장 청구가 기각되어 효력이 소멸한 경우를 제외하고는 제1심까지 효력이 있다.
⑨법원은 변호인의 사정이나 그 밖의 사유로 변호인 선정결정이 취소되어 변호인이 없게

된 때에는 직권으로 변호인을 다시 선정할 수 있다.
⑩제71조, 제71조의2, 제75조, 제81조부터 제83조까지, 제85조제1항·제3항·제4항, 제86조, 제87조제1항, 제89조부터 제91조까지 및 제200조의5는 제2항에 따라 구인을 하는 경우에 준용하고, 제48조, 제51조, 제53조, 제56조의2 및 제276조의2는 피의자에 대한 심문의 경우에 준용한다.
<전문개정 2007.6.1>

(신·구) ①~구속의 사유를 판단하기 위하여 필요하다고 인정하는 때에는 피의자를 심문할 수 있다. ⇨ ~피의자 또는 그 변호인, 법정대리인, 배우자, 직계친족, 형제자매, 호주, 가족이나 동거인 또는 고용주의 신청이 있을 때에는 피의자를 심문할 수 있다. 이 경우 피의자이외의 자는 피의자의 명시한 의사에 반하여서도 그 심문을 신청할 수 있다.
④~제2항의~ ⇨ ~제3항의~, ⑤~제3항의~ ⇨ ~제4항의~, ⑥~제2항의~ ⇨ ~제3항의~, ⑦~제2항의 ⇨ ~제3항의~, ⑨~제2항의~ ⇨ ~제3항의

(판 례) 영장을 발부함에 있어 피의자를 심문할 것인지 여부를 판사의 재량사항으로 정하고 있으므로, 피의자를 심문할 필요가 없다고 판단한 영장담당판사가 피의자를 심문함이 없이 영장을 발부하였다 하여, 영장발부에 관한 형사소송법의 규정을 위반한 위법이 있다고 할 수 없다(1999.8.20, 99도2029). <형사소송법(이) 232면>

제202조【사법경찰관의 구속기간】 사법경찰관이 피의자를 구속한 때에는 10일 이내에 피의자를 검사에게 인치하지 아니하면 석방하여야 한다.

제203조【검사의 구속기간】 검사가 피의자를 구속한 때 또는 사법경찰관으로부터 피의자의 인치를 받은 때에는 10일 이내에 공소를 제기하지 아니하면 석방하여야 한다.

제203조의2【구속기간에의 산입】 피의자가 제200조의2·제200조의3·제201조의2제2항 또는 제212조의 규정에 의하여 체포 또는 구인된 경우에는 제202조 또는 제203조의 구속기간은 피의자를 체포 또는 구인한 날부터 기산한다. <개정 97.12.13, 2007.6.1>
<본조신설 95.12.29>

(신·구) ~제201조의2제2항 또는 ~ ⇨ ~제201조의2제3항 또는~

제204조【영장발부와 법원에 대한 통지】 체포영장 또는 구속영장의 발부를 받은 후 피의자를 체포 또는 구속하지 아니하거나 체포 또는 구속한 피의자를 석방한 때에는 지체없이 검사는 영장을 발부한 법원에 그 사유를 서면으로 통지하여야 한다. <개정 95.12.29>

(신·구) 【~보고】 구속영장의~구속하지 아니하거나 구속한~ ⇨ 【~통지】 체포영장 또는 구속영장의~체포 또는 구속하지 아니하거나 체포 또는 구속한~

제205조【구속기간의 연장】 ①지방법원판사는 검사의 신청에 의하여 수사를 계속함에 상당한 이유가 있다고 인정한 때에는 10일을 초과하지 아니하는 한도에서 제203조의 구속기간의 연장을 1차에 한하여 허가할 수 있다.
②전항의 신청에는 구속기간의 연장의 필요를 인정할 수 있는 자료를 제출하여야 한다.

제206조 · 제207조 삭제 <95.12.29>

(신·구) 구조문 ⇨ **제206조【긴급구속】** ①검사 또는 사법경찰관은 피의자가 사형, 무기 또는 장기 3년 이상의 징역이나 금고에 해당하는 죄를 범하였다고 의심할 만한 상당한 이유가 있고 제70조제1항제2호, 제3호에 해당한 사유가 있는 경우에 긴급을 요하여 지방법원판사의 구속영장을 받을 수 없는 때에는 그 이유를 고하고 영장없이 피의자를 구속할 수 있다.
②사법경찰관이 전항의 규정에 의하여 피의자를 구속하는 경우에는 미리 검사의 지휘를 받아야 한다. 단, 특히 급속을 요하여 미리 지휘를 받을 수 없는 사유가 있을 때에는 사후에 즉시 승인을 받아야 한다.
제207조【긴급구속과 영장발부기간】 ①검사 또는 사법경찰관이 전조의 규정에 의하여 피의자를 구속한 경우에 구속을 계속할 필요가 있다고 인정하는 때에는 지방법원판사 있는 시 또는 군에서는 구속한 때로부터 48시간 이내에, 기타의 시 또는 군에서는 72시간 이내에 구속영장의 발부를 받아야 한다.
②구속영장의 발부를 받지 못한 경우에는 피의자를 즉시 석방하여야 한다.
③전항의 규정에 의하여 석방된 자는 구속영장없이는 동일한 범죄사실에 관하여 구속하지 못한다.

제208조【재구속의 제한】 ①검사 또는 사법경찰관에 의하여 구속되었다가 석방된 자는 다른 중요한 증거를 발견한 경우를 제외하고는 동일한 범죄사실에 관하여 재차 구속하지 못한다.
②전항의 경우에는 1개의 목적을 위하여 동시 또는 수단결과의 관계에서 행하여진 행위는 동일한 범죄사실로 간주한다.
<전문개정 73.1.25>

(판 례) 구속기간의 만료로 피고인에 대한 구속의 효력이 상실된 후 항소법원이 피고인에 대한 판결을 선고하면서 피고인을 구속하였다 하여 위 법 제208조의 규정에 위배되는 재구속 또는 이중구속이라 할 수 없다(1985.7.23, 85모12). <형사소송법(이) 236면>
무혐의 불기소처분된 사건에 대하여 다시 기소할 수 있음은 법리상 명백하여 일사부재리의 원칙에 위반된 것이라고 할 수 없고 동일한 사건으로 재구속되

었다 할지라도 그것만으로 공소제기 자체가 무효라고 할 수 없다(1966.11.22, 66도1288).

제209조【준용규정】 제70조제2항, 제71조, 제75조, 제81조제1항 본문·제3항, 제82조, 제83조, 제85조부터 제87조까지, 제89조부터 제91조까지, 제93조, 제101조제1항, 제102조제2항 본문(보석의 취소에 관한 부분은 제외한다) 및 제200조의5는 검사 또는 사법경찰관의 피의자 구속에 관하여 준용한다. <개정 2007.12.21>
<전문개정 2007.6.1>

제210조【사법경찰관리의 관할구역외의 수사】 사법경찰관리가 관할구역외에서 수사하거나 관할구역외의 사법경찰관리의 촉탁을 받어 수사할 때에는 관할지방검찰청검사장 또는 지청장에게 보고하여야 한다. 다만, 제200조의3, 제212조, 제214조, 제216조와 제217조의 규정에 의한 수사를 하는 경우에 긴급을 요할 때에는 사후에 보고할 수 있다. <개정 61.9.1, 95.12.29>

제211조【현행범인과 준현행범인】 ① 범죄를 실행하고 있거나 실행하고 난 직후의 사람을 현행범인이라 한다.
② 다음 각 호의 어느 하나에 해당하는 사람은 현행범인으로 본다.
1. 범인으로 불리며 추적되고 있을 때
2. 장물이나 범죄에 사용되었다고 인정하기에 충분한 흉기나 그 밖의 물건을 소지하고 있을 때
3. 신체나 의복류에 증거가 될 만한 뚜렷한 흔적이 있을 때
4. 누구냐고 묻자 도망하려고 할 때

<전문개정 2020. 12. 8.>

(판 례) 피의자를 구속영장 없이 현행범으로 체포하기 위하여는 체포 당시에 피의자에 대하여 범죄사실의 요지, 체포의 이유와 변호인을 선임할 수 있음을 말하고 변명할 기회를 준 후가 아니면 체포할 수 없고, 이와 같은 절차를 밟지 아니한 채 실력으로 연행하려 하였다면 적법한 공무집행으로 볼 수 없다(1995.5.9, 94도3016). <형사소송법(이) 204면>

제212조【현행범인의 체포】 현행범인은 누구든지 영장없이 체포할 수 있다.

(판 례) 현행범인은 누구든지 영장 없이 체포할 수 있으므로 사인의 현행범인 체포는 법령에 의한 행위로서 위법성이 조각된다고 할 것인데, 현행범인 체포의 요건으로서는 행위의 가벌성, 범죄의 현행성·시간적 접착성, 범인·범죄의 명백성 외에 체포의 필요성 즉, 도망 또는 증거인멸의 염려가 있을 것을 요한다(1999.1.26, 98도3029). <고시연구 2000.1 111면>

제212조의2 삭제 <87.11.28>

제213조【체포된 현행범인의 인도】 ①검사 또는 사법경찰관리 아닌 자가 현행범인을 체포한 때에는 즉시 검사 또는 사법경찰관리에게 인도하여야 한다.
②사법경찰관리가 현행범인의 인도를 받은 때에는 체포자의 성명, 주거, 체포의 사유를 물어야 하고 필요한 때에는 체포자에 대하여 경찰관서에 동행함을 요구할 수 있다.
③삭제 <87.11.28>

제213조의2【준용규정】 제87조, 제89조, 제90조, 제200조의2제5항 및 제200조의5의 규정은 검사 또는 사법경찰관리가 현행범인을 체포하거나 현행범인을 인도받은 경우에 이를 준용한다. <개정 95.12.29, 2007.6.1>
<본조신설 87.11.28>

(신·구) ~제207조의 규정은~ ⇨ ~제200조의2제5항의 규정은~

제214조【경미사건과 현행범인의 체포】 다액 50만원이하의 벌금, 구류 또는 과료에 해당하는 죄의 현행범인에 대하여는 범인의 주거가 분명하지 아니한 때에 한하여 제212조 내지 제213조의 규정을 적용한다. <개정 73.1.25, 80.12.18, 95.12.29>

(신·구) 5만원이하의~ ⇨ 다액 50만원이하의~

제214조의2【체포와 구속의 적부심사】 ① 체포되거나 구속된 피의자 또는 그 변호인, 법정대리인, 배우자, 직계친족, 형제자매나 가족, 동거인 또는 고용주는 관할법원에 체포 또는 구속의 적부심사(適否審査)를 청구할 수 있다. <개정 2020. 12. 8.>
②피의자를 체포하거나 구속한 검사 또는 사법경찰관은 체포되거나 구속된 피의자와 제1항에 규정된 사람 중에서 피의자가 지정하는 사람에게 제1항에 따른 적부심사를 청구할 수 있음을 알려야 한다. <신설 2007. 6. 1., 2020. 12. 8.>
③법원은 제1항에 따른 청구가 다음 각 호의 어느 하나에 해당하는 때에는 제4항에 따른 심문 없이 결정으로 청구를 기각할 수 있다. <개정 1987. 11. 28., 1995. 12. 29., 2007. 6. 1., 2020. 12. 8.>
1. 청구권자 아닌 사람이 청구하거나 동일한 체포영장 또는 구속영장의 발부에 대하여 재청구한 때
2. 공범이나 공동피의자의 순차청구(順次請

求)가 수사 방해를 목적으로 하고 있음이 명백한 때

④ 제1항의 청구를 받은 법원은 청구서가 접수된 때부터 48시간 이내에 체포되거나 구속된 피의자를 심문하고 수사 관계 서류와 증거물을 조사하여 그 청구가 이유 없다고 인정한 경우에는 결정으로 기각하고, 이유 있다고 인정한 경우에는 결정으로 체포되거나 구속된 피의자의 석방을 명하여야 한다. 심사 청구 후 피의자에 대하여 공소제기가 있는 경우에도 또한 같다. <개정 2020. 12. 8.>

⑤ 법원은 구속된 피의자(심사청구 후 공소제기된 사람을 포함한다)에 대하여 피의자의 출석을 보증할 만한 보증금의 납입을 조건으로 하여 결정으로 제4항의 석방을 명할 수 있다. 다만, 다음 각 호에 해당하는 경우에는 그러하지 아니하다. <개정 2020. 12. 8.>

1. 범죄의 증거를 인멸할 염려가 있다고 믿을 만한 충분한 이유가 있는 때
2. 피해자, 당해 사건의 재판에 필요한 사실을 알고 있다고 인정되는 사람 또는 그 친족의 생명·신체나 재산에 해를 가하거나 가할 염려가 있다고 믿을 만한 충분한 이유가 있는 때

⑥ 제5항의 석방 결정을 하는 경우에는 주거의 제한, 법원 또는 검사가 지정하는 일시·장소에 출석할 의무, 그 밖의 적당한 조건을 부가할 수 있다. <개정 2020. 12. 8.>

⑦ 제5항에 따라 보증금 납입을 조건으로 석방을 하는 경우에는 제99조와 제100조를 준용한다. <개정 2020. 12. 8.>

⑧ 제3항과 제4항의 결정에 대해서는 항고할 수 없다. <개정 2020. 12. 8.>

⑨ 검사·변호인·청구인은 제4항의 심문기일에 출석하여 의견을 진술할 수 있다. <개정 2020. 12. 8.>

⑩ 체포되거나 구속된 피의자에게 변호인이 없는 때에는 제33조를 준용한다. <개정 2020. 12. 8.>

⑪법원은 제4항의 심문을 하는 경우 공범의 분리심문이나 그 밖에 수사상의 비밀보호를 위한 적절한 조치를 하여야 한다. <개정 2007. 6. 1., 2020. 12. 8.>

⑫ 체포영장이나 구속영장을 발부한 법관은 제4항부터 제6항까지의 심문·조사·결정에 관여할 수 없다. 다만, 체포영장이나 구속영장을 발부한 법관 외에는 심문·조사·결정을 할 판사가 없는 경우에는 그러하지 아니하다. <개정 2020. 12. 8.>

⑬법원이 수사 관계 서류와 증거물을 접수한 때부터 결정 후 검찰청에 반환된 때까지의 기간은 제200조의2제5항(제213조의2에 따라 준용되는 경우를 포함한다) 및 제200조의4제1항을 적용할 때에는 그 제한기간에 산입하지 아니하고, 제202조·제203조 및 제205조를 적용할 때에는 그 구속기간에 산입하지 아니한다. <개정 2007. 6. 1., 2020. 12. 8.>

⑭ 제4항에 따라 피의자를 심문하는 경우에는 제201조의2제6항을 준용한다. <개정 2020. 12. 8.>

<본조신설 1980. 12. 18.>

<제목개정 2020. 12. 8.>

(신·구) 【구속의~】 ⇨ 【체포와 구속의~】
①구속영장에~구속된~구속의~ ⇨ 체포영장 또는 구속영장에~체포 또는 구속된~체포 또는 구속의~
②1.~구속영장~ ⇨ ~체포영장 또는 구속영장~
③~구속된~ ⇨ ~체포 또는 구속된~
⑨구속된~ ⇨ 체포 또는 구속된~
⑪구속영장을~판사가 1인인 지방법원의 경우에는~ ⇨ 체포영장 또는 구속영장을~체포영장 또는 구속영장을 발부한 법관외에는 심문·조사·결정을 할 판사가 없는 경우에는~

제214조의3 【재체포 및 재구속의 제한】 ① 제214조의2제4항에 따른 체포 또는 구속 적부심사결정에 의하여 석방된 피의자가 도망하거나 범죄의 증거를 인멸하는 경우를 제외하고는 동일한 범죄사실로 재차 체포하거나 구속할 수 없다. <개정 2020. 12. 8.>

②제214조의2제5항에 따라 석방된 피의자에게 다음 각 호의 어느 하나에 해당하는 사유가 있는 경우를 제외하고는 동일한 범죄사실로 재차 체포하거나 구속할 수 없다. <신설 1995. 12. 29., 2007. 6. 1., 2020. 12. 8.>

1. 도망한 때
2. 도망하거나 범죄의 증거를 인멸할 염려가 있다고 믿을 만한 충분한 이유가 있는 때
3. 출석요구를 받고 정당한 이유없이 출석하지 아니한 때
4. 주거의 제한이나 그 밖에 법원이 정한 조건을 위반한 때

<본조신설 1980. 12. 18.>

<제목개정 2020. 12. 8.>

(신·구) 【재구속의~】 ⇨ 【재체포 및 재구속의~】
①~규정에 의하여 석방된~구속하지 못한다. ⇨ ~

규정에 의한 체포 또는 구속적부심사결정에 의하여 석방된~체포 또는 구속하지 못한다.

제214조의4【보증금의 몰수】 ①법원은 다음 각호의 1의 경우에 직권 또는 검사의 청구에 의하여 결정으로 제214조의2제5항에 따라 납입된 보증금의 전부 또는 일부를 몰수할 수 있다. <개정 2007.6.1>

1. 제214조의2제5항에 따라 석방된 자를 제214조의3제2항에 열거된 사유로 재차 구속할 때
2. 공소가 제기된 후 법원이 제214조의2제5항에 따라 석방된 자를 동일한 범죄사실에 관하여 재차 구속할 때

②법원은 제214조의2제5항에 따라 석방된 자가 동일한 범죄사실에 관하여 형의 선고를 받고 그 판결이 확정된 후,집행하기 위한 소환을 받고 정당한 이유없이 출석하지 아니하거나 도망한 때에는 직권또는 검사의 청구에 의하여 결정으로 보증금의 전부 또는 일부를 몰수하여야 한다. <개정 2007.6.1>

<본조신설 95.12.29>

제215조【압수, 수색, 검증】 ① 검사는 범죄수사에 필요한 때에는 피의자가 죄를 범하였다고 의심할 만한 정황이 있고 해당 사건과 관계가 있다고 인정할 수 있는 것에 한정하여 지방법원판사에게 청구하여 발부받은 영장에 의하여 압수, 수색 또는 검증을 할 수 있다.

② 사법경찰관이 범죄수사에 필요한 때에는 피의자가 죄를 범하였다고 의심할 만한 정황이 있고 해당 사건과 관계가 있다고 인정할 수 있는 것에 한정하여 검사에게 신청하여 검사의 청구로 지방법원판사가 발부한 영장에 의하여 압수, 수색 또는 검증을 할 수 있다.

<전문개정 2011.7.18>

제216조【영장에 의하지 아니한 강제처분】 ①검사 또는 사법경찰관은 제200조의2・제200조의3・제201조 또는 제212조의 규정에 의하여 피의자를 체포 또는 구속하는 경우에 필요한 때에는 영장없이 다음 처분을 할 수 있다. <개정 95.12.29,, 2019.12.31>

1. 타인의 주거나 타인이 간수하는 가옥, 건조물, 항공기, 선차내에서의 피의자수색. 다만, 제200조의2 또는 제201조에 따라 피의자를 체포 또는 구속하는 경우의 피의자 수색은 미리 수색영장을 발부받기 어려운 긴급한 사정이 있는 때에 한정한다.
2. 체포현장에서의 압수, 수색, 검증

②전항제2호의 규정은 검사 또는 사법경찰관이 피고인에 대한 구속영장의 집행의 경우에 준용한다.

③범행중 또는 범행직후의 범죄장소에서 긴급을 요하여 법원판사의 영장을 받을 수 없는 때에는 영장없이 압수, 수색 또는 검증을 할 수 있다. 이 경우에는 사후에 지체없이 영장을 받아야 한다. <신설 61.9.1>

(신・구) ①~제201조, 제206조의 규정에 의하여 피의자를 구속하는 경우 또는 현행범인을 체포하는 경우에~ ⇨ ~제200조의2・제200조의3・제201조 또는 제212조의 규정에 의하여 피의자를 체포 또는 구속하는 경우에~

제217조【영장에 의하지 아니하는 강제처분】 ①검사 또는 사법경찰관은 제200조의3에 따라 체포된 자가 소유·소지 또는 보관하는 물건에 대하여 긴급히 압수할 필요가 있는 경우에는 체포한 때부터 24시간 이내에 한하여 영장 없이 압수·수색 또는 검증을 할 수 있다.

②검사 또는 사법경찰관은 제1항 또는 제216조제1항제2호에 따라 압수한 물건을 계속 압수할 필요가 있는 경우에는 지체 없이 압수수색영장을 청구하여야 한다. 이 경우 압수수색영장의 청구는 체포한 때부터 48시간 이내에 하여야 한다.

③검사 또는 사법경찰관은 제2항에 따라 청구한 압수수색영장을 발부받지 못한 때에는 압수한 물건을 즉시 반환하여야 한다.

<전문개정 2007.6.1>

(신・구) ①~제206조의~구속~제207조에~ ⇨ ~제200조의3의~체포~제200조의4에~

(판 례) 압수물은 압수절차가 위법하다고 하더라도 물건 자체의 성질, 형상에 변경을 가져오는 것은 아니어서 그 형태 등에 관한 증거가치에는 변함이 없어 증거능력이 있다고 할 것인 바 설령 위 형사소송법 제217조제1항이 위헌이라서 신청인에 대한 긴급구속시 행하여진 압수절차가 위법한 것이라고 하더라도 그 압수물이 법원에 증거로 제출된 이상 그 증거능력이 있다(1996.5.14, 96초88). <형사판례평석(조) 403면>

제218조【영장에 의하지 아니한 압수】 검사, 사법경찰관은 피의자 기타 인의 유류한 물건이나 소유자, 소지자 또는 보관자가 임의로 제출한 물건을 영장없이 압수할 수 있다.

제218조의2【압수물의 환부, 가환부】 ① 검사는 사본을 확보한 경우 등 압수를 계속할 필요가 없다고 인정되는 압수물 및 증거에 사

용할 압수물에 대하여 공소제기 전이라도 소유자, 소지자, 보관자 또는 제출인의 청구가 있는 때에는 환부 또는 가환부하여야 한다.
② 제1항의 청구에 대하여 검사가 이를 거부하는 경우에는 신청인은 해당 검사의 소속 검찰청에 대응한 법원에 압수물의 환부 또는 가환부 결정을 청구할 수 있다.
③ 제2항의 청구에 대하여 법원이 환부 또는 가환부를 결정하면 검사는 신청인에게 압수물을 환부 또는 가환부하여야 한다.
④ 사법경찰관의 환부 또는 가환부 처분에 관하여는 제1항부터 제3항까지의 규정을 준용한다. 이 경우 사법경찰관은 검사의 지휘를 받아야 한다.
<본조신설 2011.7.18>

제219조【준용규정】 제106조, 제107조, 제109조 내지 제112조, 제114조, 제115조제1항 본문, 제2항, 제118조부터 제132조까지, 제134조, 제135조, 제140조, 제141조, 제333조제2항, 제486조의 규정은 검사 또는 사법경찰관의 본장의 규정에 의한 압수, 수색 또는 검증에 준용한다. 단, 사법경찰관이 제130조, 제132조 및 제134조에 따른 처분을 함에는 검사의 지휘를 받아야 한다. <개정 80.12.18, 2007.6.1., 2011.7.18>

제220조【요급처분】 제216조의 규정에 의한 처분을 하는 경우에 급속을 요하는 때에는 제123조제2항, 제125조의 규정에 의함을 요하지 아니한다.

제221조【제3자의 출석요구 등】 ①검사 또는 사법경찰관은 수사에 필요한 때에는 피의자가 아닌 자의 출석을 요구하여 진술을 들을 수 있다. 이 경우 그의 동의를 받아 영상녹화할 수 있다.
②검사 또는 사법경찰관은 수사에 필요한 때에는 감정·통역 또는 번역을 위촉할 수 있다.
③제163조의2제1항부터 제3항까지는 검사 또는 사법경찰관이 범죄로 인한 피해자를 조사하는 경우에 준용한다.
<전문개정 2007.6.1>

제221조의2【증인신문의 청구】 ①범죄의 수사에 없어서는 아니될 사실을 안다고 명백히 인정되는 자가 전조의 규정에 의한 출석 또는 진술을 거부한 경우에는 검사는 제1회 공판기일전에 한하여 판사에게 그에 대한 증인신문을 청구할 수 있다.
②삭제 <2007.6.1>
③제1항의 청구를 함에는 서면으로 그 사유를 소명하여야 한다. <개정 2007.6.1>
④제1항의 청구를 받은 판사는 증인신문에 관하여 법원 또는 재판장과 동일한 권한이 있다. <개정 2007.6.1>
⑤판사는 제1항의 청구에 따라 증인신문기일을 정한 때에는 피고인·피의자 또는 변호인에게 이를 통지하여 증인신문에 참여할 수 있도록 하여야 한다. <개정 2007.6.1>
⑥판사는 제1항의 청구에 의한 증인신문을 한 때에는 지체없이 이에 관한 서류를 검사에게 송부하여야 한다. <개정 2007.6.1>
<본조신설 1973.1.25>
[94헌바1 1996.12.26 헌법재판소 위헌결정 이전인 1995.12.29 법률 제5054호로 이 조 제5항이 개정되었으나 위 결정으로 이 조 제2항이 무효로 되었으므로 제5항 중 제2항에 관한 부분은 자동 효력 상실]

(신·구) ⑤~수사에 지장이 없다고 인정할 때에는~참여하게 할 수 있다. ⇨ ~특별히 수사에 지장이 있다고 인정하는 경우를 제외하고는~참여하게 하여야 한다.

제221조의3【감정의 위촉과 감정유치의 청구】 ①검사는 제221조의 규정에 의하여 감정을 위촉하는 경우에 제172조제3항의 유치처분이 필요할 때에는 판사에게 이를 청구하여야 한다. <개정 80.12.18>
②판사는 제1항의 청구가 상당하다고 인정할 때에는 유치처분을 하여야 한다. 제172조 및 제172조의2의 규정은 이 경우에 준용한다. <개정 80.12.18>
<본조신설 73.1.25>

제221조의4【감정에 필요한 처분, 허가장】 ①제221조의 규정에 의하여 감정의 위촉을 받은 자는 판사의 허가를 얻어 제173조제1항에 규정된 처분을 할 수 있다.
②제1항의 허가의 청구는 검사가 하여야 한다. <개정 80.12.18>
③판사는 제2항의 청구가 상당하다고 인정할 때에는 허가장을 발부하여야 한다. <개정 80.12.18>
④제173조제2항, 제3항 및 제5항의 규정은 제3항의 허가장에 준용한다. <개정 80.12.18>
<본조신설 73.1.25>

제221조의5【사법경찰관이 신청한 영장의 청구 여부에 대한 심의】 ①검사가 사법경찰관이 신청한 영장을 정당한 이유 없이 판사에게

청구하지 아니한 경우 사법경찰관은 그 검사 소속의 지방검찰청 소재지를 관할하는 고등검찰청에 영장 청구 여부에 대한 심의를 신청할 수 있다.

②제1항에 관한 사항을 심의하기 위하여 각 고등검찰청에 영장심의위원회(이하 이 조에서 "심의위원회"라 한다)를 둔다.

③심의위원회는 위원장 1명을 포함한 10명 이내의 외부 위원으로 구성하고, 위원은 각 고등검찰청 검사장이 위촉한다.

④사법경찰관은 심의위원회에 출석하여 의견을 개진할 수 있다.

⑤심의위원회의 구성 및 운영 등 그 밖에 필요한 사항은 법무부령으로 정한다.

<본조신설 2020.2.4.>

제222조【변사자의 검시】 ①변사자 또는 변사의 의심있는 사체가 있는 때에는 그 소재지를 관할하는 지방검찰청검사가 검시하여야 한다.

②전항의 검시로 범죄의 혐의를 인정하고 긴급을 요할 때에는 영장없이 검증을 할 수 있다. <신설 61.9.1>

③검사는 사법경찰관에게 전2항의 처분을 명할 수 있다. <신설 61.9.1>

제223조【고소권자】 범죄로 인한 피해자는 고소할 수 있다.

판례 고소는 서면 또는 구술로써 검사 또는 사법경찰관에게 하여야 하는 것이므로 피해자가 피고인을 심리하고 있는 법원에 대하여 간통사실을 적시하고 피고인을 엄벌에 처하라는 내용의 진술서를 제출하거나 증인으로서 증언하면서 판사의 신문에 대해 피고인의 처벌을 바란다는 취지의 진술을 하였다 하더라도 이는 고소로서의 효력이 없다(1984.6.26, 84도709). <형사소송법(이) 187면>

제224조【고소의 제한】 자기 또는 배우자의 직계존속을 고소하지 못한다.

제225조【비피해자인 고소권자】 ①피해자의 법정대리인은 독립하여 고소할 수 있다.

②피해자가 사망한 때에는 그 배우자, 직계친족 또는 형제자매는 고소할 수 있다. 단, 피해자의 명시한 의사에 반하지 못한다.

판례 간통죄에 있어서 고소권자 배우자가 사망한 경우에는 생존중의 피해자의 명시한 의사에 반하지 않는 한 그의 형제자매도 적법한 고소권자가 될 수 있고 그들에 의하여 제기된 고소는 간통죄의 공소제기 요건으로서 적법하다 할 것이다(1967.8.29, 67도878). <형사소송법(이) 188면>

친고죄에 있어서 피해자가 사망하였다 하더라도 그의 모(모)가 고소를 제기하였다면 그 공소제기는 적법하다(1967.12.19, 67도1181).

형사소송법 제225조제1항이 규정한 법정대리인의 고소권은 무능력자의 보호를 위하여 법정대리인에게 주어진 고유권이어서 피해자의 고소권 소멸 여부에 관계없이 고소할 수 있는 것이며, 그 고소기간은 법정대리인 자신이 범인을 알게 된 날로부터 진행한다(1984.9.11, 84도1579).

제226조【동 전】 피해자의 법정대리인이 피의자이거나 법정대리인의 친족이 피의자인 때에는 피해자의 친족은 독립하여 고소할 수 있다.

판례 고소를 함에는 소송행위능력, 즉 고소능력이 있어야 하는 바, 고소능력은 피해를 받은 사실을 이해하고 고소에 따른 사회생활상의 이해관계를 알아차릴 수 있는 사실상의 의사능력으로 충분하므로 민법상의 행위능력이 없는 자라도 위와 같은 능력을 갖춘 자에게는 고소능력이 인정된다고 할 것이고, 고소위임을 위한 능력도 위와 마찬가지라고 할 것이다(1999.2.9, 98도2074). <고시계 2000.1. 78면>

제227조【동 전】 사자의 명예를 훼손한 범죄에 대하여는 그 친족 또는 자손은 고소할 수 있다.

제228조【고소권자의 지정】 친고죄에 대하여 고소할 자가 없는 경우에 이해관계인의 신청이 있으면 검사는 10일 이내에 고소할 수 있는 자를 지정하여야 한다.

제229조【배우자의 고소】 ①「형법」 제241조의 경우에는 혼인이 해소되거나 이혼소송을 제기한 후가 아니면 고소할 수 없다. <개정 2007.6.1>

②전항의 경우에 다시 혼인을 하거나 이혼소송을 취하한 때에는 고소는 취소된 것으로 간주한다.

판례 간통피고 사건에 대한 제1심판결 선고후에 고소인의 이혼심판청구 사건이 취하 간주된 경우에는 간통고소는 소급하여 효력을 상실하고 간통의 상간자가 이미 유죄판결을 받아 확정되었어도 이론을 달리하지 않는다(1975.6.24, 75도1449). <형사소송법(이) 192면>

제230조【고소기간】 ①친고죄에 대하여는 범인을 알게 된 날로부터 6월을 경과하면 고소하지 못한다. 단, 고소할 수 없는 불가항력의 사유가 있는 때에는 그 사유가 없어진 날로부터 기산한다.

② 삭제 <2013.4.5>

판례 이혼심판청구 소송이 각하되고, 또는 피고소인의 주소를 알 수 없어 고소의 제기가 늦어진 것이 형사소송법 제230조제1항 단서의(고소할 수 없는 불가항력의 사유)에 해당한다고 볼 수 없어 두번

째로 고소를 제기한 것이 위 간통사실을 안날로부터 6월이 경과된 이후라면 위 고소는 부적법한 것이다 (1977.3.8, 77도421). <형사소송법(이) 191면>

여기서 범인을 알게 된다 함은 범인이 누구인지 특정할 수 있을 정도로 알게 된다는 것을 의미하고, 범인의 동일성을 식별할 수 있을 정도로 인식함으로써 족하며, 범인의 성명, 주소, 연령 등까지 알 필요는 없다(1999.4.23, 99도576). <고시연구 2000.1 111면>

제231조【수인의 고소권자】 고소할 수 있는 자가 수인인 경우에는 1인의 기간의 해태는 타인의 고소에 영향이 없다.

제232조【고소의 취소】 ① 고소는 제1심 판결선고 전까지 취소할 수 있다.

② 고소를 취소한 자는 다시 고소할 수 없다.

③ 피해자의 명시한 의사에 반하여 공소를 제기할 수 없는 사건에서 처벌을 원하는 의사표시를 철회한 경우에도 제1항과 제2항을 준용한다.

<전문개정 2020. 12. 8.>

(판 례) 형사소송법 제232조제1항, 제3항의 취지는 국가형벌권의 행사가 피해자의 의사에 의하여 좌우되는 현상을 장기간 방치할 것이 아니라 제1심 판결선고 이전까지로 제한하자는데 그 목적이 있다할 것이므로 비록 항소심에 이르러 비로소 반의사불벌죄가 아닌 죄에서 반의사불벌죄로 공소장변경이 있었다 하여 항소심인 제2심을 제1심으로볼 수는 없다 (1988.3.8, 85도2518). <형사소송법(이) 196면>

강간피해자 명의의 당사자간에 원만히 합의되어 민·형사상 문제를 일체 거론하지 않기로 화해되었으므로 합의서를 1심 재판장앞으로 제출한다는 취지의 합의서 및 탄원서가 제1심 법원에 제출되었다면 이는 결국 고소취소가 있은 것으로 보아야 한다 (1981.11.10, 81도1171).

이혼소장이 각하된 경우에도 고소가 소급하여 효력을 상실하게 됨으로써 고소를 취소한 것이나 다름이 없게 되는 이상, 이 경우에도 역시 다시 고소하지 못한다고 봄이 상당하다(1997.5.23, 95도477). <형사소송법(이) 192면>

친고죄에 있어서의 피해자의 고소권은 공법상의 권리라고 할 것이므로 법이 특히 명문으로 인정하는 경우를 제외하고는 자유처분을 할 수 없고 따라서 일단한 고소는 취소할 수 있으나 고소전에 고소권을 파기할 수 없다(1967.5.23, 67도471). <형사소송법(이) 197면>

항소심에서 공소장의 변경에 의하여 또는 공소장변경절차를 거치지 아니하고 법원 직권에 의하여 친고죄가 아닌 범죄를 친고죄로 인정하였더라도 항소심을 제1심이라 할 수는 없는 것이므로, 항소심에 이르러 비로소 고소인이 고소를 취소하였다면 이는 친고죄에 대한 고소취소로서의 효력은 없다(1999.4.15, 96도1922). <형사소송법(이) 392면>

제233조【고소의 불가분】 친고죄의 공범중 그 1인 또는 수인에 대한 고소 또는 그 취소는 다른 공범자에 대하여도 효력이 있다.

(판 례) 형법 제241조의 간통죄는 성교행위마다 1개의 간통죄가 성립하므로 공소제기된 간통 행위에 대하여는 배우자의 고소가 없고 공소제기된 간통행위 외의 간통행위에 대한 고소가 있다 하더라도 그 고소가 공소제기된 간통행위에 그 효력이 미칠 수 없을 것이다(1969.10.14, 69도1337). <형사소송법(이) 193면>

친고죄의 공범 중 그 일부에 대하여 제1심판결이 선고된 후에는 제1심판결 선고전의 다른 공범자에 대하여는 그 고소를 취소할 수 없고 그 고소의 취소가 있다 하더라도 그 효력을 발생할 수 없으며, 이러한 법리는 필요적 공범이냐 임의적 공범이냐를 구별함이 없이 모두 적용된다(1985.11.12, 85도1940). <형사소송법(이) 194면>

상대적친고죄에 있어서의 피해자의 고소취소는 친족관계없는 공범자에게는 그 효력이 미치지 아니한다(1964.12.15, 64도481).

제234조【고 발】 ①누구든지 범죄가 있다고 사료하는 때에는 고발할 수 있다.

②공무원은 그 직무를 행함에 있어 범죄가 있다고 사료하는 때에는 고발하여야 한다.

제235조【고발의 제한】 제224조의 규정은 고발에 준용한다.

제236조【대리고소】 고소 또는 그 취소는 대리인으로 하여금 하게 할 수 있다.

제237조【고소, 고발의 방식】 ①고소 또는 고발은 서면 또는 구술로써 검사 또는 사법경찰관에게 하여야 한다.

②검사 또는 사법경찰관이 구술에 의한 고소 또는 고발을 받은 때에는 조서를 작성하여야 한다.

(판 례) 친고죄에 있어서의 고소는 서면뿐만 아니라 구술로도 할 수 있는 것이고, 구술에 의한 고소를 받은 수사기관은 조서를 작성하여야 하지만 그 조서가 독립된 조서일 필요는 없으므로 수사기관이 고소권자를 증인 또는 피해자로서 신문한 경우에 그 진술에 범인의 처벌을 요구하는 의사표시가 포함되어 있고 그것이 조서에 기재되면 고소는 적법하게 이루어진 것이다 (1985.3.12, 85도190). <형사소송법(이) 189면>

제238조【고소, 고발과 사법경찰관의 조치】 사법경찰관이 고소 또는 고발을 받은 때에는 신속히 조사하여 관계서류와 증거물을 검사에게 송부하여야 한다.

제239조【준용규정】 전2조의 규정은 고소 또는 고발의 취소에 관하여 준용한다.

제240조【자수와 준용규정】 제237조와 제238조의 규정은 자수에 대하여 준용한다.

제241조【피의자신문】 검사 또는 사법경찰관이 피의자를 신문함에는 먼저 그 성명, 연령,

등록기준지, 주거와 직업을 물어 피의자임에 틀림없음을 확인하여야 한다. <개정 2007.5.17>

제242조 【피의자신문사항】 검사 또는 사법경찰관은 피의자에 대하여 범죄사실과 정상에 관한 필요사항을 신문하여야 하며 그 이익되는 사실을 진술할 기회를 주어야 한다.

제243조 【피의자신문과 참여자】 검사가 피의자를 신문함에는 검찰청수사관 또는 서기관이나 서기를 참여하게 하여야 하고 사법경찰관이 피의자를 신문함에는 사법경찰관리를 참여하게 하여야 한다. <개정 2007.6.1, 2007.12.21>

제243조의2 【변호인의 참여 등】 ①검사 또는 사법경찰관은 피의자 또는 그 변호인·법정대리인·배우자·직계친족·형제자매의 신청에 따라 변호인을 피의자와 접견하게 하거나 정당한 사유가 없는 한 피의자에 대한 신문에 참여하게 하여야 한다.

②신문에 참여하고자 하는 변호인이 2인 이상인 때에는 피의자가 신문에 참여할 변호인 1인을 지정한다. 지정이 없는 경우에는 검사 또는 사법경찰관이 이를 지정할 수 있다.

③신문에 참여한 변호인은 신문 후 의견을 진술할 수 있다. 다만, 신문 중이라도 부당한 신문방법에 대하여 이의를 제기할 수 있고, 검사 또는 사법경찰관의 승인을 얻어 의견을 진술할 수 있다.

④제3항에 따른 변호인의 의견이 기재된 피의자신문조서는 변호인에게 열람하게 한 후 변호인으로 하여금 그 조서에 기명날인 또는 서명하게 하여야 한다.

⑤검사 또는 사법경찰관은 변호인의 신문참여 및 그 제한에 관한 사항을 피의자신문조서에 기재하여야 한다.

<본조신설 2007.6.1>

제244조 【피의자신문조서의 작성】 ①피의자의 진술은 조서에 기재하여야 한다.

②제1항의 조서는 피의자에게 열람하게 하거나 읽어 들려주어야 하며, 진술한 대로 기재되지 아니하였거나 사실과 다른 부분의 유무를 물어 피의자가 증감 또는 변경의 청구 등 이의를 제기하거나 의견을 진술한 때에는 이를 조서에 추가로 기재하여야 한다. 이 경우 피의자가 이의를 제기하였던 부분은 읽을 수 있도록 남겨두어야 한다. <개정 2007.6.1>

③피의자가 조서에 대하여 이의나 의견이 없음을 진술한 때에는 피의자로 하여금 그 취지를 자필로 기재하게 하고 조서에 간인한 후 기명날인 또는 서명하게 한다. <개정 2007.6.1>

제244조의2 【피의자진술의 영상녹화】 ①피의자의 진술은 영상녹화할 수 있다. 이 경우 미리 영상녹화사실을 알려주어야 하며, 조사의 개시부터 종료까지의 전 과정 및 객관적 정황을 영상녹화하여야 한다.

②제1항에 따른 영상녹화가 완료된 때에는 피의자 또는 변호인 앞에서 지체 없이 그 원본을 봉인하고 피의자로 하여금 기명날인 또는 서명하게 하여야 한다.

③제2항의 경우에 피의자 또는 변호인의 요구가 있는 때에는 영상녹화물을 재생하여 시청하게 하여야 한다. 이 경우 그 내용에 대하여 이의를 진술하는 때에는 그 취지를 기재한 서면을 첨부하여야 한다.

<본조신설 2007.6.1>

제244조의3 【진술거부권 등의 고지】 ①검사 또는 사법경찰관은 피의자를 신문하기 전에 다음 각 호의 사항을 알려주어야 한다.

1. 일체의 진술을 하지 아니하거나 개개의 질문에 대하여 진술을 하지 아니할 수 있다는 것
2. 진술을 하지 아니하더라도 불이익을 받지 아니한다는 것
3. 진술을 거부할 권리를 포기하고 행한 진술은 법정에서 유죄의 증거로 사용될 수 있다는 것
4. 신문을 받을 때에는 변호인을 참여하게 하는 등 변호인의 조력을 받을 수 있다는 것

②검사 또는 사법경찰관은 제1항에 따라 알려준 때에는 피의자가 진술을 거부할 권리와 변호인의 조력을 받을 권리를 행사할 것인지의 여부를 질문하고, 이에 대한 피의자의 답변을 조서에 기재하여야 한다. 이 경우 피의자의 답변은 피의자로 하여금 자필로 기재하게 하거나 검사 또는 사법경찰관이 피의자의 답변을 기재한 부분에 기명날인 또는 서명하게 하여야 한다.

<본조신설 2007.6.1>

제244조의4 【수사과정의 기록】 ①검사 또는 사법경찰관은 피의자가 조사장소에 도착한 시각, 조사를 시작하고 마친 시각, 그 밖에 조사과정의 진행경과를 확인하기 위하여 필요한 사항을 피의자신문조서에 기록하거나 별도의 서면에 기록한 후 수사기록에 편철하여

야 한다.
②제244조제2항 및 제3항은 제1항의 조서 또는 서면에 관하여 준용한다.
③제1항 및 제2항은 피의자가 아닌 자를 조사하는 경우에 준용한다.
<본조신설 2007.6.1>

제244조의5 【장애인 등 특별히 보호를 요하는 자에 대한 특칙】 검사 또는 사법경찰관은 피의자를 신문하는 경우 다음 각 호의 어느 하나에 해당하는 때에는 직권 또는 피의자·법정대리인의 신청에 따라 피의자와 신뢰관계에 있는 자를 동석하게 할 수 있다.

1. 피의자가 신체적 또는 정신적 장애로 사물을 변별하거나 의사를 결정·전달할 능력이 미약한 때
2. 피의자의 연령·성별·국적 등의 사정을 고려하여 그 심리적 안정의 도모와 원활한 의사소통을 위하여 필요한 경우

<본조신설 2007.6.1>

(판 례) 피의자신문조서를 작성함에 있어서 그것을 피의자로 하여금 열람하게 하거나 피의자에게 들려 읽어 주어야 하는 절차가 비록 행해지지 않아도 피의자신문조서가 증거능력이 없다고 할 수 없다(1988. 5.10, 87도2716). <형사판례평석(조) 408면>

제245조 【참고인과의 대질】 검사 또는 사법경찰관이 사실을 발견함에 필요한 때에는 피의자와 다른 피의자 또는 피의자 아닌 자와 대질하게 할 수 있다.

제245조의2 【전문수사자문위원의 참여】 ① 검사는 공소제기 여부와 관련된 사실관계를 분명하게 하기 위하여 필요한 경우에는 직권이나 피의자 또는 변호인의 신청에 의하여 전문수사자문위원을 지정하여 수사절차에 참여하게 하고 자문을 들을 수 있다.
②전문수사자문위원은 전문적인 지식에 의한 설명 또는 의견을 기재한 서면을 제출하거나 전문적인 지식에 의하여 설명이나 의견을 진술할 수 있다.
③검사는 제2항에 따라 전문수사자문위원이 제출한 서면이나 전문수사자문위원의 설명 또는 의견의 진술에 관하여 피의자 또는 변호인에게 구술 또는 서면에 의한 의견진술의 기회를 주어야 한다.
<본조신설 2007.12.21>

제245조의3 【전문수사자문위원 지정 등】 ① 제245조의2제1항에 따라 전문수사자문위원을 수사절차에 참여시키는 경우 검사는 각 사건마다 1인 이상의 전문수사자문위원을 지정한다.
②검사는 상당하다고 인정하는 때에는 전문수사자문위원의 지정을 취소할 수 있다.
③피의자 또는 변호인은 검사의 전문수사자문위원 지정에 대하여 관할 고등검찰청검사장에게 이의를 제기할 수 있다.
④전문수사자문위원에게는 수당을 지급하고, 필요한 경우에는 그 밖의 여비, 일당 및 숙박료를 지급할 수 있다.
⑤전문수사자문위원의 지정 및 지정취소, 이의제기 절차 및 방법, 수당지급, 그 밖에 필요한 사항은 법무부령으로 정한다.
<본조신설 2007.12.21>

제245조의4 【준용규정】 제279조의7 및 제279조의8은 검사의 전문수사자문위원에게 준용한다.
<본조신설 2007.12.21.>

제245조의5 【사법경찰관의 사건송치 등】 사법경찰관은 범죄를 수사한 때에는 다음 각 호의 구분에 따른다.

1. 범죄의 혐의가 있다고 인정되는 경우에는 지체 없이 검사에게 사건을 송치하고, 관계 서류와 증거물을 송부하여야 한다.
2. 그 밖의 경우에는 그 이유를 명시한 서면과 함께 관계 서류와 증거물을 지체 없이 검사에게 송부하여야 한다. 이 경우 검사는 송부받은 날로부터 90일 이내에 사법경찰관에게 반환하여야 한다.

<본조신설 2020.2.4.>

제245조의6 【고소인 등에 대한 송부통지】 사법경찰관은 제245조의5제2호의 경우에는 그 송부한 날로부터 7일 이내에 서면으로 고소인·고발인·피해자 또는 그 법정대리인(피해자가 사망한 경우에는 그 배우자·직계친족·형제자매를 포함한다.)에게 사건을 검사에게 송치하지 아니하는 취지와 그 이유를 통지하여야 한다.
<본조신설 2020.2.4.>

제245조의7 【고소인 등의 이의신청】 ① 제245조의6의 통지를 받은 사람(고발인을 제외한다)은 해당 사법경찰관의 소속 관서의 장에게 이의를 신청할 수 있다. <개정 2022. 5. 9.>
②사법경찰관은 제1항의 신청이 있는 때에는 지체 없이 검사에게 사건을 송치하고 관계 서류와 증거물을 송부하여야 하며, 처리결과와 그

이유를 제1항의 신청인에게 통지하여야 한다.
<본조신설 2020.2.4.>

제245조의8 【재수사요청 등】 ①검사는 제245조의5제2호의 경우에 사법경찰관이 사건을 송치하지 아니한 것이 위법 또는 부당한 때에는 그 이유를 문서로 명시하여 사법경찰관에게 재수사를 요청할 수 있다.
②사법경찰관은 제1항의 요청이 있는 때에는 사건을 재수사하여야 한다.
<본조신설 2020.2.4.>

제245조의9 【검찰청 직원】 ①검찰청 직원으로서 사법경찰관리의 직무를 행하는 자와 그 직무의 범위는 법률로 정한다.
②사법경찰관의 직무를 행하는 검찰청 직원은 검사의 지휘를 받아 수사하여야 한다.
③사법경찰리의 직무를 행하는 검찰청 직원은 검사 또는 사법경찰관의 직무를 행하는 검찰청 직원의 수사를 보조하여야 한다.
④사법경찰관리의 직무를 행하는 검찰청 직원에 대하여는 제197조의2부터 제197조의4까지, 제221조의5, 제245조의5부터 제245조의8까지의 규정을 적용하지 아니한다.
<본조신설 2020.2.4.>

제245조의10 【특별사법경찰관리】 ①삼림, 해사, 전매, 세무, 군수사기관 기타 특별한 사항에 관하여 사법경찰관리의 직무를 행할 특별사법경찰관리와 그 직무의 범위는 법률로 정한다.
②특별사법경찰관은 모든 수사에 관하여 검사의 지휘를 받는다.
③특별사법경찰관은 범죄의 혐의가 있다고 인식하는 때에는 범인, 범죄사실과 증거에 관하여 수사를 개시·진행하여야 한다.
④특별사법경찰관리는 검사의 지휘가 있는 때에는 이에 따라야 한다. 검사의 지휘에 관한 구체적 사항은 법무부령으로 정한다.
⑤특별사법경찰관은 범죄를 수사한 때에는 지체 없이 검사에게 사건을 송치하고, 관계 서류와 증거물을 송부하여야 한다.
⑥특별사법경찰관리에 대하여는 제197조의2부터 제197조의4까지, 제221조의5, 제245조의5부터 제245조의8까지의 규정을 적용하지 아니한다.
<본조신설 2020.2.4.>

제2장 공 소

제246조 【국가소추주의】 공소는 검사가 제기하여 수행한다.

제247조 【기소편의주의】 ①검사는「형법」제51조의 사항을 참작하여 공소를 제기하지 아니할 수 있다.
<전문개정 2007.6.1>

(판 례) 검사가 기소유예의 처분을 한 사건을 그 후 다시 재기하여 기소하였다 하더라도 기소의 효력에는 아무런 영향이 없다(1966.12.29, 66도1416). <형사소송법(이) 325면>

자신의 행위가 범죄구성요건에 해당한다는 이유로 공소가 제기된 사람은 단순히 자신과 동일한 범죄구성요건에 해당하는 행위를 하였음에도 불구하고 불기소된 사람이 있다는 사유만으로는 평등권이 침해되었다고 주장할 수는 없다(1990.6.8, 90도646). <형사소송법(이) 319면>

강간죄에 대한 고소가 취하된 이상 동 강간죄의 수단이었던 폭행죄가 성립할 수 없다 할 것이니 이와 같은 경우에 폭행만을 분리하여 공소제기하였다면 이는 범죄로 되지 아니하는 경우이다(1976.4.27, 75도3365). <형사소송법(이) 360면>

이 사건 공소가 종전 사건의 항소심판결 선고일 이후에야 제기되는 바람에 피고인이 이사건과 종전 사건에 대하여 병합하여 재판을 받지 못하게 된 불이익을 받게 되었다고 하더라도 그것이 검사가 자의적으로 공소권을 행사하여 소추재량권을 현저히 일탈한 위법으로 인한 것으로는 볼 수 없으므로 이 사건 공소가 공소권을 남용하여 제기된 것이라고는 볼 수 없다.(2004.7.8, 2004도2189). <이재상 339면>

제248조 【공소의 효력 범위】 ①공소의 효력은 검사가 피고인으로 지정한 자에게만 미친다. <개정 2020. 12. 8.>
②범죄사실의 일부에 대한 공소의 효력은 범죄사실 전부에 미친다. <개정 2020. 12. 8.>
<전문개정 2007. 6. 1.>
<제목개정 2020. 12. 8.>

(판 례) 갑이 을의 성명과 생년월일 등을 사칭하여 약식명령이 청구된 경우에 그 소송의 효력은 명의를 사칭한 갑에 대해서만 미치고 그 명의를 모용당한 을에게는 미치지 아니하나 약식명령을 송달받은 피모용자인 을이 정식재판을 청구하고 공판정에 출석하여 소송행위를 한 경우에는 을에 대하여 공소제기의 절차가 법률의 규정에 위반하여 무효라는 이유로 공소기각의 판결을 하여야 하고, 갑에 대하여 별도로 기소하여야 하는 것이 아니다(1981.7.7, 81도182). <형사소송법(이) 358면>

제249조 【공소시효의 기간】 ①공소시효는 다음 기간의 경과로 완성한다. <개정 73.1.25, 2007.12.21>
1. 사형에 해당하는 범죄에는 25년
2. 무기징역 또는 무기금고에 해당하는 범죄

에는 15년
3. 장기10년이상의 징역 또는 금고에 해당하는 범죄에는 10년
4. 장기10년미만의 징역 또는 금고에 해당하는 범죄에는 7년
5. 장기5년미만의 징역 또는 금고, 장기 10년 이상의 자격정지 또는 벌금에 해당하는 범죄에는 5년
6. 장기5년이상의 자격정지에 해당하는 범죄에는 3년
7. 장기5년미만의 자격정지, 구류, 과료 또는 몰수에 해당하는 범죄에는 1년

②공소가 제기된 범죄는 판결의 확정이 없이 공소를 제기한 때로부터 25년을 경과하면 공소시효가 완성한 것으로 간주한다. <신설 61.9.1, 개정 2007.12.21>

제250조【두 개 이상의 형과 시효기간】 두 개 이상의 형을 병과(倂科)하거나 두 개 이상의 형에서 한 개를 과(科)할 범죄에 대해서는 무거운 형에 의하여 제249조를 적용한다.
<전문개정 2020. 12. 8.>

제251조【형의 가중, 감경과 시효기간】「형법」에 의하여 형을 가중 또는 감경한 경우에는 가중 또는 감경하지 아니한 형에 의하여 제249조의 규정을 적용한다. <개정 2007.6.1>

판례 범죄후 법률의 개정에 의하여 법정형이 가벼워진 경우에는 형법 제1조에 의하여 당해 범죄사실에 적용될 가벼운 법정형(신법의 법정형)이 공소시효기간의 기준으로 된다(1987.12.22, 87도84). <형사소송법(이) 364면>

제252조【시효의 기산점】 ①시효는 범죄행위의 종료한 때로부터 진행한다.
②공범에는 최종행위의 종료한 때로부터 전 공범에 대한 시효기간을 기산한다.

판례 사기죄로 공소가 제기된 범죄사실에 대하여 예비적으로 배임죄를 추가하는 공소장변경이 된 경우에는 공소장기재의 공소사실의 동일성에 아무런 소장이 없으므로 배임죄에 대한 공소시효의 완성여부는 본래의 공소제기시를 기준으로 하여야 하고 공소장 변경시를 기준으로 삼아서는 아니된다(1981.2.10, 80도3245). <형사소송법(이) 365면>

공소시효의 기산점에 관하여 규정한 형사소송법 제252조제1항에 정한 '범죄행위'에는 당해 범죄행위의 결과까지도 포함하는 취지로 해석함이 상당하므로, 교량붕괴사고에 있어 업무상과실치사상죄, 업무상과실일반교통방해죄 및 업무상과실자동차추락죄의 공소시효도 교량붕괴사고로 인하여 피해자들이 사상에 이른 결과가 발생함으로써 그 범죄행위가 종료한 때로부터 진행한다고 보아야 한다(1997.11.28, 97도1740). <고시연구 1999년 1월 114면>

제253조【시효의 정지와 효력】 ①시효는 공소의 제기로 진행이 정지되고 공소기각 또는 관할위반의 재판이 확정된 때로부터 진행한다. <개정 61.9.1>
②공범의 1인에 대한 전항의 시효정지는 다른 공범자에게 대하여 효력이 미치고 당해 사건의 재판이 확정된 때로부터 진행한다. <개정 61.9.1>
③범인이 형사처분을 면할 목적으로 국외에 있는 경우 그 기간동안 공소시효는 정지된다. <신설 95.12.29>

판례 형사소송법 제253조에 의하면 공범의 1인에 대한 공소시효의 정지는 다른 공범자에 대하여 효력이 미치는 바, 위 제2항의 공범관계의 존부는 현재 시효가 문제되어 있는 사건을 심판하는 법원이 판단하며 이때 재판이라 함은 종국재판이면 그 종류를 묻지 않는다고 할 것이나, 공범의 1인으로 기소된 자가 책임조각을 이유로 무죄로 되는 경우와는 달리 범죄의 증명이 없다는 이유로 공범 중 1인이 무죄의 확정판결을 선고받은 경우에는 그를 공범이라고 할 수 없어 그에 대하여 제기된 공소로써는 진범에 대한 공소시효정지의 효력이 없다(1999.3.9, 98도4628). <고시계 2000.1 80면>

제253조의2【공소시효의 적용배제】 사람을 살해한 범죄(종범은 제외한다)로 사형에 해당하는 범죄에 대하여는 제249조부터 제253조까지에 규정된 공소시효를 적용하지 아니한다.
<본조신설 2015.7.31>

제254조【공소제기의 방식과 공소장】 ①공소를 제기함에는 공소장을 관할법원에 제출하여야 한다.
②공소장에는 피고인수에 상응한 부본을 첨부하여야 한다.
③공소장에는 다음 사항을 기재하여야 한다.
1. 피고인의 성명 기타 피고인을 특정할 수 있는 사항
2. 죄 명
3. 공소사실
4. 적용법조

④공소사실의 기재는 범죄의 시일, 장소와 방법을 명시하여 사실을 특정할 수 있도록 하여야 한다.
⑤수개의 범죄사실과 적용법조를 예비적 또는 택일적으로 기재할 수 있다.

판례 공소장에 누범이나 상습범을 구성하지 않는 전과사실을 기재하였다 하더라도 이는 피고인을 특정할 수 있는 사항에 속한다 할 것으로서 그 공소장

기재는 적법하다 할 것이다(1966.7.19, 66도793). <형사소송법(이) 339면>

본조 제5항에 수개의 범위사실과 적용법조를 예비적 또는 택일적으로 기재할 수 있다 함은 그들 수개의 범죄사실간에 범죄사실의 동일성이 인정되는 범위내에서 가능함은 물론 그들 범죄상호간에 범죄의 일시, 장소, 수단 및 객체 등이 달라서 수개의 범위사실로 인정되는 경우에도 역시 가능하다고 해석할 것이다(1966.3.24, 65도114). <형사소송법(조)>

법원으로서는 그 공소사실의 기재가 오해를 불러일으키거나 명료하지 못한 경우에 해당하면 형사소송규칙 제141조에 의하여 검사에 대하여 석명권을 행사하여 그 취지를 명확히 하도록 하여야 하고 무죄를 선고할 것은 아니다(1994.12.9, 94도1680). <형사판례평석(조) 360면>

제255조 【공소의 취소】 ①공소는 제1심판결의 선고전까지 취소할 수 있다.
②공소취소는 이유를 기재한 서면으로 하여야 한다. 단, 공판정에서는 구술로써 할 수 있다.

(판 례) 제1심판결이 선고된 이상 동 판결이 확정되어 이에 대한 재심소송 절차가 진행중에 있다 하여 공소취소를 할 수 없다(1976.12.28, 76도3203). <형사소송법(이) 330면>

제256조 【타관송치】 검사는 사건이 그 소속검찰청에 대응한 법원의 관할에 속하지 아니한 때에는 사건을 서류와 증거물과 함께 관할법원에 대응한 검찰청검사에게 송치하여야 한다.

제256조의2 【군검사에의 사건송치】 검사는 사건이 군사법원의 재판권에 속하는 때에는 사건을 서류와 증거물과 함께 재판권을 가진 관할 군검찰부 군검사에게 송치하여야 한다. 이 경우에 송치전에 행한 소송행위는 송치후에도 그 효력에 영향이 없다. <개정 87.11.28, 2016.1.6>
<본조신설 73.1.25>

제257조 【고소 등에 의한 사건의 처리】 검사가 고소 또는 고발에 의하여 범죄를 수사할 때에는 고소 또는 고발을 수리한 날로부터 3월 이내에 수사를 완료하여 공소제기 여부를 결정하여야 한다.

제258조 【고소인 등에의 처분고지】 ①검사는 고소 또는 고발있는 사건에 관하여 공소를 제기하거나 제기하지 아니하는 처분, 공소의 취소 또는 제256조의 송치를 한 때에는 그 처분한 날로부터 7일 이내에 서면으로 고소인 또는 고발인에게 그 취지를 통지하여야 한다.
②검사는 불기소 또는 제256조의 처분을 한 때에는 피의자에게 즉시 그 취지를 통지하여야 한다.

제259조 【고소인 등에의 공소부제기이유고지】 검사는 고소 또는 고발있는 사건에 관하여 공소를 제기하지 아니하는 처분을 한 경우에 고소인 또는 고발인의 청구가 있는 때에는 7일 이내에 고소인 또는 고발인에게 그 이유를 서면으로 설명하여야 한다.

제259조의2 【피해자 등에 대한 통지】 검사는 범죄로 인한 피해자 또는 그 법정대리인(피해자가 사망한 경우에는 그 배우자·직계친족·형제자매를 포함한다)의 신청이 있는 때에는 당해 사건의 공소제기여부, 공판의 일시·장소, 재판결과, 피의자·피고인의 구속·석방 등 구금에 관한 사실 등을 신속하게 통지하여야 한다.
<본조신설 2007.6.1>

제260조 【재정신청】 ①고소권자로서 고소를 한 자(「형법」 제123조부터 제126조까지의 죄에 대하여는 고발을 한 자를 포함한다. 이하 이 조에서 같다)는 검사로부터 공소를 제기하지 아니한다는 통지를 받은 때에는 그 검사 소속의 지방검찰청 소재지를 관할하는 고등법원(이하 "관할 고등법원"이라 한다)에 그 당부에 관한 재정을 신청할 수 있다. 다만, 「형법」 제126조의 죄에 대하여는 피공표자의 명시한 의사에 반하여 재정을 신청할 수 없다. <개정 2011.7.18>
②제1항에 따른 재정신청을 하려면 「검찰청법」 제10조에 따른 항고를 거쳐야 한다. 다만, 다음 각 호의 어느 하나에 해당하는 경우에는 그러하지 아니하다.
1. 항고 이후 재기수사가 이루어진 다음에 다시 공소를 제기하지 아니한다는 통지를 받은 경우
2. 항고 신청 후 항고에 대한 처분이 행하여지지 아니하고 3개월이 경과한 경우
3. 검사가 공소시효 만료일 30일 전까지 공소를 제기하지 아니하는 경우

③제1항에 따른 재정신청을 하려는 자는 항고기각 결정을 통지받은 날 또는 제2항 각 호의 사유가 발생한 날부터 10일 이내에 지방검찰청검사장 또는 지청장에게 재정신청서를 제출하여야 한다. 다만, 제2항제3호의 경우에는 공소시효 만료일 전날까지 재정신청서를 제출할 수 있다.
④재정신청서에는 재정신청의 대상이 되는

사건의 범죄사실 및 증거 등 재정신청을 이유 있게 하는 사유를 기재하여야 한다.
<전문개정 2007.6.1>

제261조 【지방검찰청검사장 등의 처리】 제260조제3항에 따라 재정신청서를 제출받은 지방검찰청검사장 또는 지청장은 재정신청서를 제출받은 날부터 7일 이내에 재정신청서·의견서·수사 관계 서류 및 증거물을 관할 고등검찰청을 경유하여 관할 고등법원에 송부하여야 한다. 다만, 제260조제2항 각 호의 어느 하나에 해당하는 경우에는 지방검찰청검사장 또는 지청장은 다음의 구분에 따른다.
1. 신청이 이유 있는 것으로 인정하는 때에는 즉시 공소를 제기하고 그 취지를 관할 고등법원과 재정신청인에게 통지한다.
2. 신청이 이유 없는 것으로 인정하는 때에는 30일 이내에 관할 고등법원에 송부한다.

<전문개정 2007.6.1>

제262조 【심리와 결정】 ①법원은 재정신청서를 송부받은 때에는 송부받은 날부터 10일 이내에 피의자에게 그 사실을 통지하여야 한다.
②법원은 재정신청서를 송부받은 날부터 3개월 이내에 항고의 절차에 준하여 다음 각 호의 구분에 따라 결정한다. 이 경우 필요한 때에는 증거를 조사할 수 있다.
1. 신청이 법률상의 방식에 위배되거나 이유 없는 때에는 신청을 기각한다.
2. 신청이 이유 있는 때에는 사건에 대한 공소제기를 결정한다.

③재정신청사건의 심리는 특별한 사정이 없는 한 공개하지 아니한다.
④제2항제1호의 결정에 대하여는 제415조에 따른 즉시항고를 할 수 있고, 제2항제2호의 결정에 대하여는 불복할 수 없다. 제2항제1호의 결정이 확정된 사건에 대하여는 다른 중요한 증거를 발견한 경우를 제외하고는 소추할 수 없다. <개정 2016.1.6>
⑤법원은 제2항의 결정을 한 때에는 즉시 그 정본을 재정신청인·피의자와 관할 지방검찰청검사장 또는 지청장에게 송부하여야 한다. 이 경우 제2항제2호의 결정을 한 때에는 관할 지방검찰청검사장 또는 지청장에게 사건기록을 함께 송부하여야 한다.
⑥제2항제2호의 결정에 따른 재정결정서를 송부받은 관할 지방검찰청 검사장 또는 지청장은 지체 없이 담당 검사를 지정하고 지정받은 검사는 공소를 제기하여야 한다.
<전문개정 2007.6.1>

판례 본조의 재정결정기간(20일)은 훈시적 규정이다(1967.3.21, 66모66). <형사소송법(이) 335면>

검사의 공소를 제기하지 아니하는 처분에 대한 당부에 관한 재정신청에 당하는 법원은 검사의 무혐의 불기소처분이 위법하다 하더라도 기록에 나타난 제반사정을 고려하여 기소유예의 불기소처분을 할 만한 사건이라고 인정되는 경우에는 재정신청을 기각할 수 있다(1986.9.16, 85모37).

검사의 불기소처분 당시에 공소시효가 완성되어 공소권이 없는 경우에는 위 불기소처분에 대한 재정신청은 허용되지 않는다(1990.7.16, 90모34).

형사소송법 제262조제1항의 재정결정 중 관할지방법원의 심판에 부하는 결정에 잘못이 있는 경우에는 그 결정을 통하여 심판에 회부된 본안사건 자체의 재판을 통하여 대법원의 최종적인 판단을 받을 수 있는 길이 열려 있으므로, 이와 같은 심판회부의 결정에 대한 재항고를 허용하지 않는다(1997.11.20, 96모119). <형사소송법(이) 336면>

제262조의2 【재정신청사건 기록의 열람·등사 제한】 재정신청사건의 심리 중에는 관련 서류 및 증거물을 열람 또는 등사할 수 없다. 다만, 법원은 제262조제2항 후단의 증거조사과정에서 작성된 서류의 전부 또는 일부의 열람 또는 등사를 허가할 수 있다.
<본조신설 2007.6.1>

제262조의3 【비용부담 등】 ①법원은 제262조제2항제1호의 결정 또는 제264조제2항의 취소가 있는 경우에는 결정으로 재정신청인에게 신청절차에 의하여 생긴 비용의 전부 또는 일부를 부담하게 할 수 있다.
②법원은 직권 또는 피의자의 신청에 따라 재정신청인에게 피의자가 재정신청절차에서 부담하였거나 부담할 변호인선임료 등 비용의 전부 또는 일부의 지급을 명할 수 있다.
③제1항 및 제2항의 결정에 대하여는 즉시항고를 할 수 있다.
④제1항 및 제2항에 따른 비용의 지급범위와 절차 등에 대하여는 대법원규칙으로 정한다.
<본조신설 2007.6.1>

제262조의4 【공소시효의 정지 등】 ①제260조에 따른 재정신청이 있으면 제262조에 따른 재정결정이 확정될 때까지 공소시효의 진행이 정지된다. <개정 2007.12.21, 2016.1.6>
②제262조제2항제2호의 결정이 있는 때에는 공소시효에 관하여 그 결정이 있는 날에 공소가 제기된 것으로 본다.
<전문개정 2007.6.1>

제263조 삭제 <2007.6.1>

제264조【대리인에 의한 신청과 1인의 신청의 효력, 취소】 ①재정신청은 대리인에 의하여 할 수 있으며 공동신청권자중 1인의 신청은 그 전원을 위하여 효력을 발생한다.

②재정신청은 제262조제2항의 결정이 있을 때까지 취소할 수 있다. 취소한 자는 다시 재정신청을 할 수 없다. <개정 2007.6.1>

③전항의 취소는 다른 공동신청권자에게 효력을 미치지 아니한다.

(판 례) 1개의 고소로서 수인을 무고하여 피해자의 수만큼 무고죄가 성립한다 할지라도 피해자 중의 한 사람이 한 고소에 대하여 검사의 혐의없다는 불기소처분이 있었고 이에 대한 고소인의 재정신청이 이유없다 하여 기각된 이상 그 기각된 사건 내용과 동일한 사실로서는 소추할 수 없다 할 것이다(1967. 7.25, 66도1222). <형사소송법(이) 336면>

제264조의2【공소취소의 제한】 검사는 제262조제2항제2호의 결정에 따라 공소를 제기한 때에는 이를 취소할 수 없다.
<본조신설 2007.6.1>

제265조 삭제 <2007.6.1>

제3장 공 판

제1절 공판준비와 공판절차

제266조【공소장부본의 송달】 법원은 공소의 제기가 있는 때에는 지체없이 공소장의 부본을 피고인 또는 변호인에게 송달하여야 한다. 단, 제1회 공판기일전 5일까지 송달하여야 한다.

제266조의2【의견서의 제출】 ①피고인 또는 변호인은 공소장 부본을 송달받은 날부터 7일 이내에 공소사실에 대한 인정 여부, 공판준비절차에 관한 의견 등을 기재한 의견서를 법원에 제출하여야 한다. 다만, 피고인이 진술을 거부하는 경우에는 그 취지를 기재한 의견서를 제출할 수 있다.

②법원은 제1항의 의견서가 제출된 때에는 이를 검사에게 송부하여야 한다.
<본조신설 2007.6.1>

제266조의3【공소제기 후 검사가 보관하고 있는 서류 등의 열람·등사】 ①피고인 또는 변호인은 검사에게 공소제기된 사건에 관한 서류 또는 물건(이하 "서류등"이라 한다)의 목록과 공소사실의 인정 또는 양형에 영향을 미칠 수 있는 다음 서류등의 열람·등사 또는 서면의 교부를 신청할 수 있다. 다만, 피고인에게 변호인이 있는 경우에는 피고인은 열람만을 신청할 수 있다.

1. 검사가 증거로 신청할 서류등
2. 검사가 증인으로 신청할 사람의 성명·사건과의 관계 등을 기재한 서면 또는 그 사람이 공판기일 전에 행한 진술을 기재한 서류등
3. 제1호 또는 제2호의 서면 또는 서류등의 증명력과 관련된 서류등
4. 피고인 또는 변호인이 행한 법률상·사실상 주장과 관련된 서류등(관련 형사재판확정기록, 불기소처분기록 등을 포함한다)

②검사는 국가안보, 증인보호의 필요성, 증거인멸의 염려, 관련 사건의 수사에 장애를 가져올 것으로 예상되는 구체적인 사유 등 열람·등사 또는 서면의 교부를 허용하지 아니할 상당한 이유가 있다고 인정하는 때에는 열람·등사 또는 서면의 교부를 거부하거나 그 범위를 제한할 수 있다.

③검사는 열람·등사 또는 서면의 교부를 거부하거나 그 범위를 제한하는 때에는 지체 없이 그 이유를 서면으로 통지하여야 한다.

④ 피고인 또는 변호인은 검사가 제1항의 신청을 받은 때부터 48시간 이내에 제3항의 통지를 하지 아니하는 때에는 제266조의4제1항의 신청을 할 수 있다.

⑤검사는 제2항에도 불구하고 서류등의 목록에 대하여는 열람 또는 등사를 거부할 수 없다.

⑥제1항의 서류등은 도면·사진·녹음테이프·비디오테이프·컴퓨터용 디스크, 그 밖에 정보를 담기 위하여 만들어진 물건으로서 문서가 아닌 특수매체를 포함한다. 이 경우 특수매체에 대한 등사는 필요 최소한의 범위에 한한다.
<본조신설 2007.6.1>

제266조의4【법원의 열람·등사에 관한 결정】 ①피고인 또는 변호인은 검사가 서류등의 열람·등사 또는 서면의 교부를 거부하거나 그 범위를 제한한 때에는 법원에 그 서류등의 열람·등사 또는 서면의 교부를 허용하도록 할 것을 신청할 수 있다.

②법원은 제1항의 신청이 있는 때에는 열람·등사 또는 서면의 교부를 허용하는 경우에 생길 폐해의 유형·정도, 피고인의 방어 또는 재

판의 신속한 진행을 위한 필요성 및 해당 서류등의 중요성 등을 고려하여 검사에게 열람·등사 또는 서면의 교부를 허용할 것을 명할 수 있다. 이 경우 열람 또는 등사의 시기·방법을 지정하거나 조건·의무를 부과할 수 있다.
③법원은 제2항의 결정을 하는 때에는 검사에게 의견을 제시할 수 있는 기회를 부여하여야 한다.
④법원은 필요하다고 인정하는 때에는 검사에게 해당 서류등의 제시를 요구할 수 있고, 피고인이나 그 밖의 이해관계인을 심문할 수 있다.
⑤검사는 제2항의 열람·등사 또는 서면의 교부에 관한 법원의 결정을 지체 없이 이행하지 아니하는 때에는 해당 증인 및 서류등에 대한 증거신청을 할 수 없다.
<본조신설 2007.6.1>

제266조의5【공판준비 절차】 ①재판장은 효율적이고 집중적인 심리를 위하여 사건을 공판준비절차에 부칠 수 있다.
②공판준비절차는 주장 및 입증계획 등을 서면으로 준비하게 하거나 공판준비기일을 열어 진행한다.
③검사, 피고인 또는 변호인은 증거를 미리 수집·정리하는 등 공판준비절차가 원활하게 진행될 수 있도록 협력하여야 한다.
<본조신설 2007.6.1>

제266조의6【공판준비를 위한 서면의 제출】
①검사, 피고인 또는 변호인은 법률상·사실상 주장의 요지 및 입증취지 등이 기재된 서면을 법원에 제출할 수 있다.
②재판장은 검사, 피고인 또는 변호인에 대하여 제1항에 따른 서면의 제출을 명할 수 있다.
③법원은 제1항 또는 제2항에 따라 서면이 제출된 때에는 그 부본을 상대방에게 송달하여야 한다.
④재판장은 검사, 피고인 또는 변호인에게 공소장 등 법원에 제출된 서면에 대한 설명을 요구하거나 그 밖에 공판준비에 필요한 명령을 할 수 있다.
<본조신설 2007.6.1>

제266조의7【공판준비기일】 ①법원은 검사, 피고인 또는 변호인의 의견을 들어 공판준비기일을 지정할 수 있다.
②검사, 피고인 또는 변호인은 법원에 대하여 공판준비기일의 지정을 신청할 수 있다. 이 경우 당해 신청에 관한 법원의 결정에 대하여는 불복할 수 없다.
③법원은 합의부원으로 하여금 공판준비기일을 진행하게 할 수 있다. 이 경우 수명법관은 공판준비기일에 관하여 법원 또는 재판장과 동일한 권한이 있다.
④공판준비기일은 공개한다. 다만, 공개하면 절차의 진행이 방해될 우려가 있는 때에는 공개하지 아니할 수 있다.
<본조신설 2007.6.1>

제266조의8【검사 및 변호인 등의 출석】 ①공판준비기일에는 검사 및 변호인이 출석하여야 한다.
②공판준비기일에는 법원사무관등이 참여한다.
③법원은 검사, 피고인 및 변호인에게 공판준비기일을 통지하여야 한다.
④법원은 공판준비기일이 지정된 사건에 관하여 변호인이 없는 때에는 직권으로 변호인을 선정하여야 한다.
⑤법원은 필요하다고 인정하는 때에는 피고인을 소환할 수 있으며, 피고인은 법원의 소환이 없는 때에도 공판준비기일에 출석할 수 있다.
⑥재판장은 출석한 피고인에게 진술을 거부할 수 있음을 알려주어야 한다.
<본조신설 2007.6.1>

제266조의9【공판준비에 관한 사항】 ①법원은 공판준비절차에서 다음 행위를 할 수 있다.
1. 공소사실 또는 적용법조를 명확하게 하는 행위
2. 공소사실 또는 적용법조의 추가·철회 또는 변경을 허가하는 행위
3. 공소사실과 관련하여 주장할 내용을 명확히 하여 사건의 쟁점을 정리하는 행위
4. 계산이 어렵거나 그 밖에 복잡한 내용에 관하여 설명하도록 하는 행위
5. 증거신청을 하도록 하는 행위
6. 신청된 증거와 관련하여 입증 취지 및 내용 등을 명확하게 하는 행위
7. 증거신청에 관한 의견을 확인하는 행위
8. 증거 채부(採否)의 결정을 하는 행위
9. 증거조사의 순서 및 방법을 정하는 행위
10. 서류등의 열람 또는 등사와 관련된 신청의 당부를 결정하는 행위
11. 공판기일을 지정 또는 변경하는 행위

12. 그 밖에 공판절차의 진행에 필요한 사항을 정하는 행위

②제296조 및 제304조는 공판준비절차에 관하여 준용한다.
<본조신설 2007.6.1>

제266조의10 【공판준비기일 결과의 확인】 ① 법원은 공판준비기일을 종료하는 때에는 검사, 피고인 또는 변호인에게 쟁점 및 증거에 관한 정리결과를 고지하고, 이에 대한 이의의 유무를 확인하여야 한다.
②법원은 쟁점 및 증거에 관한 정리결과를 공판준비기일조서에 기재하여야 한다.
<본조신설 2007.6.1>

제266조의11 【피고인 또는 변호인이 보관하고 있는 서류등의 열람·등사】 ①검사는 피고인 또는 변호인이 공판기일 또는 공판준비절차에서 현장부재·심신상실 또는 심신미약 등 법률상·사실상의 주장을 한 때에는 피고인 또는 변호인에게 다음 서류등의 열람·등사 또는 서면의 교부를 요구할 수 있다.
1. 피고인 또는 변호인이 증거로 신청할 서류등
2. 피고인 또는 변호인이 증인으로 신청할 사람의 성명, 사건과의 관계 등을 기재한 서면
3. 제1호의 서류등 또는 제2호의 서면의 증명력과 관련된 서류등
4. 피고인 또는 변호인이 행한 법률상·사실상의 주장과 관련된 서류등

②피고인 또는 변호인은 검사가 제266조의3제1항에 따른 서류등의 열람·등사 또는 서면의 교부를 거부한 때에는 제1항에 따른 서류등의 열람·등사 또는 서면의 교부를 거부할 수 있다. 다만, 법원이 제266조의4제1항에 따른 신청을 기각하는 결정을 한 때에는 그러하지 아니하다.
③검사는 피고인 또는 변호인이 제1항에 따른 요구를 거부한 때에는 법원에 그 서류등의 열람· 등사 또는 서면의 교부를 허용하도록 할 것을 신청할 수 있다.
④제266조의4제2항부터 제5항까지의 규정은 제3항의 신청이 있는 경우에 준용한다.
⑤제1항에 따른 서류등에 관하여는 제266조의3제6항을 준용한다.
<본조신설 2007.6.1>

제266조의12 【공판준비절차의 종결사유】 법원은 다음 각 호의 어느 하나에 해당하는 사유가 있는 때에는 공판준비절차를 종결하여야 한다. 다만, 제2호 또는 제3호에 해당하는 경우로서 공판의 준비를 계속하여야 할 상당한 이유가 있는 때에는 그러하지 아니하다.
1. 쟁점 및 증거의 정리가 완료된 때
2. 사건을 공판준비절차에 부친 뒤 3개월이 지난 때
3. 검사·변호인 또는 소환받은 피고인이 출석하지 아니한 때

<본조신설 2007.6.1>

제266조의13 【공판준비기일 종결의 효과】 ① 공판준비기일에서 신청하지 못한 증거는 다음 각 호의 어느 하나에 해당하는 경우에 한하여 공판기일에 신청할 수 있다.
1. 그 신청으로 인하여 소송을 현저히 지연시키지 아니하는 때
2. 중대한 과실 없이 공판준비기일에 제출하지 못하는 등 부득이한 사유를 소명한 때

②제1항에도 불구하고 법원은 직권으로 증거를 조사할 수 있다.
<본조신설 2007.6.1>

제266조의14 【준용규정】 제305조는 공판준비기일의 재개에 관하여 준용한다.
<본조신설 2007.6.1>

제266조의15 【기일간 공판준비절차】 법원은 쟁점 및 증거의 정리를 위하여 필요한 경우에는 제1회 공판기일 후에도 사건을 공판준비절차에 부칠 수 있다. 이 경우 기일전 공판준비절차에 관한 규정을 준용한다.
<본조신설 2007.6.1>

제266조의16 【열람·등사된 서류등의 남용금지】 ①피고인 또는 변호인(피고인 또는 변호인이었던 자를 포함한다. 이하 이 조에서 같다)은 검사가 열람 또는 등사하도록 한 제266조의3제1항에 따른 서면 및 서류등의 사본을 당해 사건 또는 관련 소송의 준비에 사용할 목적이 아닌 다른 목적으로 다른 사람에게 교부 또는 제시(전기통신설비를 이용하여 제공하는 것을 포함한다)하여서는 아니 된다.
②피고인 또는 변호인이 제1항을 위반하는 때에는 1년 이하의 징역 또는 500만원 이하의 벌금에 처한다.
<본조신설 2007.6.1.>

제266조의17 【비디오 등 중계장치 등에 의한 공판준비기일)】 ①법원은 피고인이 출석하

지 아니하는 경우 상당하다고 인정하는 때에는 검사와 변호인의 의견을 들어 비디오 등 중계장치에 의한 중계시설을 통하거나 인터넷 화상장치를 이용하여 공판준비기일을 열 수 있다.
②제1항에 따른 기일은 검사와 변호인이 법정에 출석하여 이루어진 공판준비기일로 본다.
③제1항에 따른 기일의 절차와 방법, 그 밖에 필요한 사항은 대법원규칙으로 정한다.
<본조신설 2021. 8. 17.>

제267조【공판기일의 지정】 ①재판장은 공판기일을 정하여야 한다.
②공판기일에는 피고인, 대표자 또는 대리인을 소환하여야 한다.
③공판기일은 검사, 변호인과 보조인에게 통지하여야 한다.

제267조의2【집중심리】 ①공판기일의 심리는 집중되어야 한다.
②심리에 2일 이상이 필요한 경우에는 부득이한 사정이 없는 한 매일 계속 개정하여야 한다.
③재판장은 여러 공판기일을 일괄하여 지정할 수 있다.
④재판장은 부득이한 사정으로 매일 계속 개정하지 못하는 경우에도 특별한 사정이 없는 한 전회의 공판기일부터 14일 이내로 다음 공판기일을 지정하여야 한다.
⑤소송관계인은 기일을 준수하고 심리에 지장을 초래하지 아니하도록 하여야 하며, 재판장은 이에 필요한 조치를 할 수 있다.
<본조신설 2007.6.1>

제268조【소환장송달의 의제】 법원의 구내에 있는 피고인에 대하여 공판기일을 통지한 때에는 소환장송달의 효력이 있다.

제269조【제1회공판기일의 유예기간】 ①제1회 공판기일은 소환장의 송달후 5일 이상의 유예기간을 두어야 한다.
②피고인이 이의없는 때에는 전항의 유예기간을 두지 아니할 수 있다.

제270조【공판기일의 변경】 ①재판장은 직권 또는 검사, 피고인이나 변호인의 신청에 의하여 공판기일을 변경할 수 있다.
②공판기일변경신청을 기각한 명령은 송달하지 아니한다.

제271조【불출석사유, 자료의 제출】 공판기일에 소환 또는 통지서를 받은 자가 질병 기타의 사유로 출석하지 못할 때에는 의사의 진단서 기타의 자료를 제출하여야 한다.

제272조【공무소 등에 대한 조회】 ①법원은 직권 또는 검사, 피고인이나 변호인의 신청에 의하여 공무소 또는 공사단체에 조회하여 필요한 사항의 보고 또는 그 보관서류의 송부를 요구할 수 있다.
②전항의 신청을 기각함에는 결정으로 하여야 한다.

제273조【공판기일전의 증거조사】 ①법원은 검사, 피고인 또는 변호인의 신청에 의하여 공판준비에 필요하다고 인정한 때에는 공판기일전에 피고인 또는 증인을 신문할 수 있고 검증, 감정 또는 번역을 명할 수 있다.
②재판장은 부원으로 하여금 전항의 행위를 하게 할 수 있다.
③제1항의 신청을 기각함에는 결정으로 하여야 한다.

제274조【당사자의 공판기일전의 증거제출】 검사, 피고인 또는 변호인은 공판기일전에 서류나 물건을 증거로 법원에 제출할 수 있다. <개정 61.9.1>

제275조【공판정의 심리】 ①공판기일에는 공판정에서 심리한다.
②공판정은 판사와 검사, 법원사무관등이 출석하여 개정한다. <개정 2007.6.1>
③검사의 좌석과 피고인 및 변호인의 좌석은 대등하며, 법대의 좌우측에 마주 보고 위치하고, 증인의 좌석은 법대의 정면에 위치한다. 다만, 피고인신문을 하는 때에는 피고인은 증인석에 좌석한다. <개정 2007.6.1>

(판 례) 검사가 공판기일의 통지를 받고 2회나 출석하지 아니하여 검사의 출석없이 개정하였다고 하여 위법하다 할 수 없고 동 공판에서 다음 기일을 고지한 이상 그 명령을 받은 소송관계인 전원에 대하여 효력이 있다 할 것이다(1967.2.21, 66도1710). <형사소송법(이) 399면>

본조는 검사가 2회의 공판기일통지를 받고 출석치 아니한 때에 적용되는 것이므로 기일통지를 3회 이상 받고 출석치 아니한 때 한하여 이를 적용하는 것은 아니다(1966.11.29, 66도1415).

제275조의2【피고인의 무죄추정】 피고인은 유죄의 판결이 확정될 때까지는 무죄로 추정된다.
<본조신설 80.12.18>

(판 례) 수사 및 재판단계에서 유죄가 확정되지 아니한 미결수용자에게 재소자용 의류를 입게 하는 것은 미결수용자로 하여금 모욕감이나 수치심을 느끼게 하고, 심리적인 위축으로 방어권을 제대로 행사

할 수 없게 하여 실체적 진실의 발견을 저해할 우려가 있으므로, 도주방지 등 어떠한 이유를 내세우더라도 그 제한은 정당화될 수 없어 헌법 제37조제2항의 기본권 제한에서의 비례원칙에 위반되는 것으로서, 무죄추정의 원칙에 반하고 인간으로서의 존엄과 가치에서 유래하는 인격권과 행복추구권, 공정한 재판을 받을 권리를 침해하는 것이다(97헌마137).

제275조의3【구두변론주의】 공판정에서의 변론은 구두로 하여야 한다.
<본조신설 2007.6.1>

제276조【피고인의 출석권】 피고인이 공판기일에 출석하지 아니한 때에는 특별한 규정이 없으면 개정하지 못한다. 단, 피고인이 법인인 경우에는 대리인을 출석하게 할 수 있다.

제276조의2【장애인 등 특별히 보호를 요하는 자에 대한 특칙】 ①재판장 또는 법관은 피고인을 신문하는 경우 다음 각 호의 어느 하나에 해당하는 때에는 직권 또는 피고인·법정대리인·검사의 신청에 따라 피고인과 신뢰관계에 있는 자를 동석하게 할 수 있다.

1. 피고인이 신체적 또는 정신적 장애로 사물을 변별하거나 의사를 결정·전달할 능력이 미약한 경우
2. 피고인의 연령·성별·국적 등의 사정을 고려하여 그 심리적 안정의 도모와 원활한 의사소통을 위하여 필요한 경우

②제1항에 따라 동석할 수 있는 신뢰관계에 있는 자의 범위, 동석의 절차 및 방법 등에 관하여 필요한 사항은 대법원규칙으로 정한다.
<본조신설 2007.6.1>

제277조【경미사건 등과 피고인의 불출석】 다음 각 호의 어느 하나에 해당하는 사건에 관하여는 피고인의 출석을 요하지 아니한다. 이 경우 피고인은 대리인을 출석하게 할 수 있다.

1. 다액 500만원 이하의 벌금 또는 과료에 해당하는 사건
2. 공소기각 또는 면소의 재판을 할 것이 명백한 사건
3. 장기 3년 이하의 징역 또는 금고, 다액 500만원을 초과하는 벌금 또는 구류에 해당하는 사건에서 피고인의 불출석허가신청이 있고 법원이 피고인의 불출석이 그의 권리를 보호함에 지장이 없다고 인정하여 이를 허가한 사건. 다만, 제284조에 따른 절차를 진행하거나 판결을 선고하는 공판기일에는 출석하여야 한다.
4. 제453조제1항에 따라 피고인만이 정식재판의 청구를 하여 판결을 선고하는 사건

<전문개정 2007.6.1>
(신·구) 다액 10만원 이하의~ ⇨ 다액 100만원 이하의~

제277조의2【피고인의 출석거부와 공판절차】 ①피고인이 출석하지 아니하면 개정하지 못하는 경우에 구속된 피고인이 정당한 사유없이 출석을 거부하고, 교도관에 의한 인치가 불가능하거나 현저히 곤란하다고 인정되는 때에는 피고인의 출석없이 공판절차를 진행할 수 있다. <개정 2007.6.1>
②제1항의 규정에 의하여 공판절차를 진행할 경우에는 출석한 검사 및 변호인의 의견을 들어야 한다.
<본조신설 95.12.29>

제278조【검사의 불출석】 검사가 공판기일의 통지를 2회 이상 받고 출석하지 아니하거나 판결만을 선고하는 때에는 검사의 출석없이 개정할 수 있다. <개정 95.12.29>
(신·구) ~출석하지 아니하는~ ⇨ ~출석하지 아니하거나 판결만을 선고하는~

제279조【재판장의 소송지휘권】 공판기일의 소송지휘는 재판장이 한다.

제279조의2【전문심리위원의 참여】 ①법원은 소송관계를 분명하게 하거나 소송절차를 원활하게 진행하기 위하여 필요한 경우에는 직권으로 또는 검사, 피고인 또는 변호인의 신청에 의하여 결정으로 전문심리위원을 지정하여 공판준비 및 공판기일 등 소송절차에 참여하게 할 수 있다.
②전문심리위원은 전문적인 지식에 의한 설명 또는 의견을 기재한 서면을 제출하거나 기일에 전문적인 지식에 의하여 설명이나 의견을 진술할 수 있다. 다만, 재판의 합의에는 참여할 수 없다.
③전문심리위원은 기일에 재판장의 허가를 받아 피고인 또는 변호인, 증인 또는 감정인 등 소송관계인에게 소송관계를 분명하게 하기 위하여 필요한 사항에 관하여 직접 질문할 수 있다.
④법원은 제2항에 따라 전문심리위원이 제출한 서면이나 전문심리위원의 설명 또는 의견의 진술에 관하여 검사, 피고인 또는 변호인에게 구술 또는 서면에 의한 의견진술의 기회를 주어야 한다.
<본조신설 2007.12.21>

제279조의3 【전문심리위원 참여결정의 취소】 ①법원은 상당하다고 인정하는 때에는 검사, 피고인 또는 변호인의 신청이나 직권으로 제279조의2제1항에 따른 결정을 취소할 수 있다.

②법원은 검사와 피고인 또는 변호인이 합의하여 제279조의2제1항의 결정을 취소할 것을 신청한 때에는 그 결정을 취소하여야 한다.

<본조신설 2007.12.21>

제279조의4 【전문심리위원의 지정 등】 ① 제279조의2제1항에 따라 전문심리위원을 소송절차에 참여시키는 경우 법원은 검사, 피고인 또는 변호인의 의견을 들어 각 사건마다 1인 이상의 전문심리위원을 지정한다.

②전문심리위원에게는 대법원규칙으로 정하는 바에 따라 수당을 지급하고, 필요한 경우에는 그 밖의 여비, 일당 및 숙박료를 지급할 수 있다.

③그 밖에 전문심리위원의 지정에 관하여 필요한 사항은 대법원규칙으로 정한다.

<본조신설 2007.12.21>

제279조의5 【전문심리위원의 제척 및 기피】 ①제17조부터 제20조까지 및 제23조는 전문심리위원에게 준용한다.

②제척 또는 기피 신청이 있는 전문심리위원은 그 신청에 관한 결정이 확정될 때까지 그 신청이 있는 사건의 소송절차에 참여할 수 없다. 이 경우 전문심리위원은 해당 제척 또는 기피 신청에 대하여 의견을 진술할 수 있다.

<본조신설 2007.12.21>

제279조의6 【수명법관 등의 권한】 수명법관 또는 수탁판사가 소송절차를 진행하는 경우에는 제279조의2제2항부터 제4항까지의 규정에 따른 법원 및 재판장의 직무는 그 수명법관이나 수탁판사가 행한다.

<본조신설 2007.12.21>

제279조의7 【비밀누설죄】 전문심리위원 또는 전문심리위원이었던 자가 그 직무수행 중에 알게 된 다른 사람의 비밀을 누설한 때에는 2년 이하의 징역이나 금고 또는 1천만원 이하의 벌금에 처한다.

<본조신설 2007.12.21>

제279조의8 【벌칙 적용에서의 공무원 의제】 전문심리위원은 「형법」 제129조부터 제132조까지의 규정에 따른 벌칙의 적용에서는 공무원으로 본다.

<본조신설 2007.12.21>

제280조 【공판정에서의 신체구속의 금지】 공판정에서는 피고인의 신체를 구속하지 못한다. 다만, 재판장은 피고인이 폭력을 행사하거나 도망할 염려가 있다고 인정하는 때에는 피고인의 신체의 구속을 명하거나 기타 필요한 조치를 할 수 있다. <개정 95.12.29>

(신·구) 구조문 ⇨ ~못한다. 단, 재판장은 피고인의 폭행 또는 도망을 방지하기 위하여 간수자를 붙일 수 있다.

제281조 【피고인의 재정의무, 법정경찰권】 ①피고인은 재판장의 허가없이 퇴정하지 못한다.

②재판장은 피고인의 퇴정을 제지하거나 법정의 질서를 유지하기 위하여 필요한 처분을 할 수 있다.

제282조 【필요적 변호】 제33조제1항 각 호의 어느 하나에 해당하는 사건 및 같은 조 제2항·제3항의 규정에 따라 변호인이 선정된 사건에 관하여는 변호인없이 개정하지 못한다. 단, 판결만을 선고할 경우에는 예외로 한다. <개정 2006.7.19>

(판례) 필요적 변호사건의 공판절차가 사선변호인과 국선변호인이 모두 불출석한 채 개정되어 국선변호인 선정 취소 결정이 고지된 후 변호인 없이 피해자에 대한 증인신문 등 심리가 이루어진 경우, 그와 같은 위법한 공판절차에서 이루어진 피해자에 대한 증인신문 등 일체의 소송행위는 모두 무효이다(1999. 4.23, 99도915). <고시연구 2000.1 112면>

제283조 【국선변호인】 제282조 본문의 경우 변호인이 출석하지 아니한 때에는 법원은 직권으로 변호인을 선정하여야 한다. <개정 2006.7.19>

제283조의2 【피고인의 진술거부권】 ①피고인은 진술하지 아니하거나 개개의 질문에 대하여 진술을 거부할 수 있다.

②재판장은 피고인에게 제1항과 같이 진술을 거부할 수 있음을 고지하여야 한다.

<본조신설 2007.6.1>

제284조 【인정신문】 재판장은 피고인의 성명, 연령, 등록기준지, 주거와 직업을 물어서 피고인임에 틀림없음을 확인하여야 한다. <개정 2007.5.17>

제285조 【검사의 모두진술】 검사는 공소장에 의하여 공소사실·죄명 및 적용법조를 낭독하여야 한다.다만, 재판장은 필요하다고 인정하는 때에는 검사에게 공소의 요지를 진술하게 할 수 있다.

<전문개정 2007.6.1>

(신·구) 구조문 ⇨ **제285조【검사의 모두진술】** ①재판장은 검사로 하여금 공소장에 의하여 기소의 요지를 진술하게 할 수 있다.
②제278조의 경우에는 공소장에 기재된 사항에 의하여 검사의 기소요지의 진술이 있는 것으로 간주한다.

제286조【피고인의 모두 진술권】 ①피고인은 검사의 모두진술이 끝난 뒤에 공소사실의 인정 여부를 진술하여야 한다. 다만, 피고인이 진술거부권을 행사하는 경우에는 그러하지 아니하다.
②피고인 및 변호인은 이익이 되는 사실 등을 진술할 수 있다.
<전문개정 2007.6.1>

제286조의2【간이공판절차의 결정】 피고인이 공판정에서 공소사실에 대하여 자백한 때에는 법원은 그 공소사실에 한하여 간이공판절차에 의하여 심판할 것을 결정할 수 있다.
<개정 95.12.29>
<본조신설 73.1.25>

(신·구) ~결정하여야 한다. 단, 지방법원 및 지방법원지원의 합의부가 제1심으로 심판할 사건은 그러하지 아니하다. ⇨ ~결정할 수 있다.

(판 례) 간이공판절차에서의 공소사실의 자백은 공소장 기재 사실을 인정하고 나아가 위법성이나 책임의 조각사유가 되는 사실을 진술하지 아니하는 것으로 충분하고 명시적으로 유죄임을 자인하는 진술이 있어야 하는 것은 아니다(1981.11.24, 81도2422). <형사소송법(이) 437면>

제286조의3【결정의 취소】 법원은 전조의 결정을 한 사건에 대하여 피고인의 자백이 신빙할 수 없다고 인정되거나 간이공판절차로 심판하는 것이 현저히 부당하다고 인정할 때에는 검사의 의견을 들어 그 결정을 취소하여야 한다.
<본조신설 73.1.25>

제287조【재판장의 쟁점정리 및 검사·변호인의 증거관계 등에 대한 진술】 ①재판장은 피고인의 모두진술이 끝난 다음에 피고인 또는 변호인에게 쟁점의 정리를 위하여 필요한 질문을 할 수 있다.
②재판장은 증거조사를 하기에 앞서 검사 및 변호인으로 하여금 공소사실 등의 증명과 관련된 주장 및 입증계획 등을 진술하게 할 수 있다. 다만, 증거로 할 수 없거나 증거로 신청할 의사가 없는 자료에 기초하여 법원에 사건에 대한 예단 또는 편견을 발생하게 할 염려가 있는 사항은 진술할 수 없다.
<전문개정 2007.6.1>

제288조 삭제 <61.9.1>

제289조【피고인의 진술거부권】 피고인은 각개의 신문에 대하여 진술을 거부할 수 있다.

제290조【증거조사】 증거조사는제287조에 따른 절차가 끝난 후에 실시한다.
<전문개정 2007.6.1>

제291조【동 전】 ①소송관계인이 증거로 제출한 서류나 물건 또는 제272조, 제273조의 규정에 의하여 작성 또는 송부된 서류는 검사, 변호인 또는 피고인이 공판정에서 개별적으로 지시설명하여 조사하여야 한다.
②재판장은 직권으로 전항의 서류나 물건을 공판정에서 조사할 수 있다.
<전문개정 61.9.1>

제291조의2【증거조사의 순서】 ①법원은 검사가 신청한 증거를 조사한 후 피고인 또는 변호인이 신청한 증거를 조사한다.
②법원은 제1항에 따른 조사가 끝난 후 직권으로 결정한 증거를 조사한다.
③법원은 직권 또는 검사, 피고인·변호인의 신청에 따라 제1항 및 제2항의 순서를 변경할 수 있다.
<본조신설 2007.6.1>

제292조【증거서류에 대한 조사방식】 ①검사, 피고인 또는 변호인의 신청에 따라 증거서류를 조사하는 때에는 신청인이 이를 낭독하여야 한다.
②법원이 직권으로 증거서류를 조사하는 때에는 소지인 또는 재판장이 이를 낭독하여야 한다.
③재판장은 필요하다고 인정하는 때에는 제1항 및 제2항에도 불구하고 내용을 고지하는 방법으로 조사할 수 있다.
④재판장은 법원사무관등으로 하여금 제1항부터 제3항까지의 규정에 따른 낭독이나 고지를 하게 할 수 있다.
⑤재판장은 열람이 다른 방법보다 적절하다고 인정하는 때에는 증거서류를 제시하여 열람하게 하는 방법으로 조사할 수 있다.
<전문개정 2007.6.1>

(신·구) ②~서류를~ ⇨ ~서류를 열람 또는 등사하게 하거나~

제292조의2【증거물에 대한 조사방식】 ①검사, 피고인 또는 변호인의 신청에 따라 증거물을 조사하는 때에는 신청인이 이를 제시하여야 한다.

②법원이 직권으로 증거물을 조사하는 때에는 소지인 또는 재판장이 이를 제시하여야 한다.
③재판장은 법원사무관등으로 하여금 제1항 및 제2항에 따른 제시를 하게 할 수 있다.
<본조신설 2007.6.1>

제292조의3 【그 밖의 증거에 대한 조사방식】 도면·사진·녹음테이프·비디오테이프·컴퓨터용디스크, 그 밖에 정보를 담기 위하여 만들어진 물건으로서 문서가 아닌 증거의 조사에 관하여 필요한 사항은 대법원규칙으로 정한다.
<본조신설 2007.6.1>

제293조 【증거조사결과와 피고인의 의견】 재판장은 피고인에게 각 증거조사의 결과에 대한 의견을 묻고 권리를 보호함에 필요한 증거조사를 신청할 수 있음을 고지하여야 한다.

제294조 【당사자 증거신청권】 ①검사, 피고인 또는 변호인은 서류나 물건을 증거로 제출할 수 있고, 증인·감정인·통역인 또는 번역인의 신문을 신청할 수 있다.
②법원은 검사, 피고인 또는 변호인이 고의로 증거를 뒤늦게 신청함으로써 공판의 완결을 지연하는 것으로 인정할 때에는 직권 또는 상대방의 신청에 따라 결정으로 이를 각하할 수 있다.
<전문개정 2007.6.1>

제294조의2 【피해자등의 진술권 <개정 2007.6.1>】
①법원은 범죄로 인한 피해자 또는 그 법정대리인(피해자가 사망한 경우에는 배우자·직계친족·형제자매를 포함한다. 이하 이 조에서 "피해자등"이라 한다)의 신청이 있는 때에는 그 피해자등을 증인으로 신문하여야 한다. 다만, 다음 각 호의 어느 하나에 해당하는 경우에는 그러하지 아니하다. <개정 2007.6.1>
1. 삭제
2. 피해자등 이미 당해 사건에 관하여 공판절차에서 충분히 진술하여 다시 진술할 필요가 없다고 인정되는 경우
3. 피해자등의 진술로 인하여 공판절차가 현저하게 지연될 우려가 있는 경우

②법원은 제1항에 따라 피해자등을 신문하는 경우 피해의 정도 및 결과, 피고인의 처벌에 관한 의견, 그 밖에 당해 사건에 관한 의견을 진술할 기회를 주어야 한다. <개정 2007.6.1>
③법원은 동일한 범죄사실에서 제1항의 규정에 의한 신청인이 여러 명인 경우에는 진술할 자의 수를 제한할 수 있다. <개정 2007.6.1>
④제1항의 규정에 의한 신청인이 출석통지를 받고도 정당한 이유없이 출석하지 아니한 때에는 그 신청을 철회한 것으로 본다. <개정 2007.6.1>
<본조신설 87.11.28>

제294조의3 【피해자 진술의 비공개】 ①법원은 범죄로 인한 피해자를 증인으로 신문하는 경우 당해 피해자·법정대리인 또는 검사의 신청에 따라 피해자의 사생활의 비밀이나 신변보호를 위하여 필요하다고 인정하는 때에는 결정으로 심리를 공개하지 아니할 수 있다.
②제1항의 결정은 이유를 붙여 고지한다.
③법원은 제1항의 결정을 한 경우에도 적당하다고 인정되는 자의 재정(재정)을 허가할 수 있다.
<본조신설 2007.6.1>

제294조의4 【피해자 등의 공판기록 열람·등사】 ①소송계속 중인 사건의 피해자(피해자가 사망하거나 그 심신에 중대한 장애가 있는 경우에는 그 배우자·직계친족 및 형제자매를 포함한다), 피해자 본인의 법정대리인 또는 이들로부터 위임을 받은 피해자 본인의 배우자·직계친족·형제자매·변호사는 소송기록의 열람 또는 등사를 재판장에게 신청할 수 있다.
②재판장은 제1항의 신청이 있는 때에는 지체없이 검사, 피고인 또는 변호인에게 그 취지를 통지하여야 한다.
③재판장은 피해자 등의 권리구제를 위하여 필요하다고 인정하거나 그 밖의 정당한 사유가 있는 경우 범죄의 성질, 심리의 상황, 그 밖의 사정을 고려하여 상당하다고 인정하는 때에는 열람 또는 등사를 허가할 수 있다.
④재판장이 제3항에 따라 등사를 허가하는 경우에는 등사한 소송기록의 사용목적을 제한하거나 적당하다고 인정하는 조건을 붙일 수 있다.
⑤제1항에 따라 소송기록을 열람 또는 등사한 자는 열람 또는 등사에 의하여 알게 된 사항을 사용함에 있어서 부당히 관계인의 명예나 생활의 평온을 해하거나 수사와 재판에 지장을 주지 아니하도록 하여야 한다.
⑥제3항 및 제4항에 관한 재판에 대하여는 불복할 수 없다.
<본조신설 2007.6.1>

제295조 【증거신청에 대한 결정】 법원은 제294조 및 제294조의2의 증거신청에 대하여 결정을 하여야 하며 직권으로 증거조사를 할 수 있다. <개정 87.11.28>

제296조 【증거조사에 대한 이의신청】 ①검사, 피고인 또는 변호인은 증거조사에 관하여 이의신청을 할 수 있다.
②법원은 전항의 신청에 대하여 결정을 하여야 한다.

제296조의2 【피고인 심문】 ①검사 또는 변호인은 증거조사 종료 후에 순차로 피고인에게 공소사실 및 정상에 관하여 필요한 사항을 신문할 수 있다. 다만, 재판장은 필요하다고 인정하는 때에는 증거조사가 완료되기 전이라도 이를 허가할 수 있다.
②재판장은 필요하다고 인정하는 때에는 피고인을 신문할 수 있다.
③제161조의2제1항부터 제3항까지 및 제5항은 제1항의 신문에 관하여 준용한다.
<본조신설 2007.6.1>

제297조 【피고인 등의 퇴정】 ①재판장은 증인 또는 감정인이 피고인 또는 어떤 재정인의 면전에서 충분한 진술을 할 수 없다고 인정한 때에는 그를 퇴정하게 하고 진술하게 할 수 있다. 피고인이 다른 피고인의 면전에서 충분한 진술을 할 수 없다고 인정한 때에도 같다.
②전항의 규정에 의하여 피고인을 퇴정하게 한 경우에 증인, 감정인 또는 공동피고인의 진술이 종료한 때에는 퇴정한 피고인을 입정하게 한 후 법원사무관등으로 하여금 진술의 요지를 고지하게 하여야 한다. <개정 61.9.1, 2007.6.1>

제297조의2 【간이공판절차에서의 증거조사】 제286조의2의 결정이 있는 사건에 대하여는 제161조의2, 제290조 내지 제293조, 제297조의 규정을 적용하지 아니하며 법원이 상당하다고 인정하는 방법으로 증거조사를 할 수 있다.
<본조신설 73.1.25>

(판 례) 간이공판절차에서의 증거조사는 증거방법을 표시하고 증거조사내용을 증거조사함이라고 표시하는 방법으로 하였다면 간이절차에서의 증거조사에서 법원이 인정채택한 상당한 증거방법이라고 인정할 수 있다(1980.4.22, 80도333). <형사소송법(이) 439면>

제298조 【공소장의 변경】 ①검사는 법원의 허가를 얻어 공소장에 기재한 공소사실 또는 적용법조의 추가, 철회 또는 변경을 할 수 있다. 이 경우에 법원은 공소사실의 동일성을 해하지 아니하는 한도에서 허가하여야 한다.
②법원은 심리의 경과에 비추어 상당하다고 인정할 때에는 공소사실 또는 적용법조의 추가 또는 변경을 요구하여야 한다.
③법원은 공소사실 또는 적용법조의 추가, 철회 또는 변경이 있을 때에는 그 사유를 신속히 피고인 또는 변호인에게 고지하여야 한다.
④법원은 전3항의 규정에 의한 공소사실 또는 적용법조의 추가, 철회 또는 변경이 피고인의 불이익을 증가할 염려가 있다고 인정한 때에는 직권 또는 피고인이나 변호인의 청구에 의하여 피고인으로 하여금 필요한 방어의 준비를 하게 하기 위하여 결정으로 필요한 기간 공판절차를 정지할 수 있다.
<전문개정 73.1.25>

(판 례) 공소장변경에서 두 죄의 기본적 사실관계가 동일한가의 여부는 그 규범적 요소를 전적으로 배제한 채 순수하게 사회적, 전법률적인 관점에서만 파악할 수는 없고, 그 자연적, 사회적 사실관계나 피고인의 행위가 동일한 것인가 외에 그 규범적 요소도 기본적 사실관계 동일성의 실질적 내용의 일부를 이루는 것이라고 보는 것이 상당하다(1994.3.22, 93도2080). <형사소송법(이) 384면>

공소가 제기된 범죄사실과 대비하여 볼 때 실제로 인정되는 범죄사실의 사안이 중대하여 공소장이 변경되지 않았다는 이유로 이를 처벌하지 않는다면 현저히 정의와 형평에 반하는 것으로 인정되는 경우가 아닌 한 법원이 직권으로 그 범죄사실을 인정하지 아니하였다고 하여 위법한 것이라고까지 볼 수는 없다(1993.12.28, 93도3058). <형사소송법(이) 392면>

법원이 검사에게 공소제기된 장물보관죄를 업무상과실장물보관죄로 공소장변경을 촉구 또는 요구하지 않았다 하여 심리미진이라 할 수 없다(1984.2.28, 83도3334). <형사소송법(이) 395면>

포괄일죄를 구성하는 일부 범죄사실이 먼저 단순일죄로 기소된 후 그 나머지 범죄사실이 포괄일죄로 추가기소되고 단순일죄의 범죄사실도 추가기소된 포괄일죄를 구성하는 행위의 일부임이 밝혀진 경우라면, 검사의 석명이 있을 때, 그 추가기소에 의하여 공소장변경이 이루어진 것으로 보아 전후에 기소된 범죄사실 전부에 대하여 실체판단을 하여야 한다(1996.10.11, 96도1698). <형사판례평석(조) 364면>

제299조 【불필요한 변론 등의 제한】 재판장은 소송관계인의 진술 또는 신문이 중복된 사항이거나 그 소송에 관계없는 사항인 때에는 소송관계인의 본질적 권리를 해하지 아니하는 한도에서 이를 제한할 수 있다.

제300조 【변론의 분리와 병합】 법원은 필요하다고 인정한 때에는 직권 또는 검사, 피

고인이나 변호인의 신청에 의하여 결정으로 변론을 분리하거나 병합할 수 있다.

(판 례) 변론병합의 신청이 있는 경우에 변론을 병합하느냐의 여부는 법원의 재량에 속한다(1987.6.23, 87도706). <형사소송법(이) 445면>

제301조 【공판절차의 갱신】 공판개정후 판사의 경질이 있는 때에는 공판절차를 갱신하여야 한다. 단, 판결의 선고만을 하는 경우에는 예외로 한다.

제301조의2 【간이공판절차결정의 취소와 공판절차의 갱신】 제286조의2의 결정이 취소된 때에는 공판절차를 갱신하여야 한다. 단, 검사, 피고인 또는 변호인이 이의가 없는 때에는 그러하지 아니한다.
<본조신설 73.1.25>

제302조 【증거조사후의 검사의 의견진술】 피고인신문과 증거조사가 종료한 때에는 검사는 사실과 법률적용에 관하여 의견을 진술하여야 한다. 단, 제278조의 경우에는 공소장의 기재사항에 의하여 검사의 의견진술이 있는 것으로 간주한다.

제303조 【피고인의 최후진술】 재판장은 검사의 의견을 들은 후 피고인과 변호인에게 최종의 의견을 진술할 기회를 주어야 한다.

(판 례) 피고인의 변호인이 공판기일통지서를 받고도 공판기일에 출석하지 아니하여 변호인 없이 변론을 종결한 경우에는 변호인에게 변론의 기회를 주지 아니하였다고 볼 수 없다(1977.2.22, 76도4376). <형사소송법(이) 415면>

제304조 【재판장의 처분에 대한 이의】 ①검사, 피고인 또는 변호인은 재판장의 처분에 대하여 이의신청을 할 수 있다.
②전항의 이의신청이 있는 때에는 법원은 결정을 하여야 한다.

제305조 【변론의 재개】 법원은 필요하다고 인정한 때에는 직권 또는 검사, 피고인이나 변호인의 신청에 의하여 결정으로 종결한 변론을 재개할 수 있다.

(판 례) 종결한 변론을 재개하느냐의 여부는 법원의 재량에 속하는 사항으로서 원심이 변론종결 후 선임된 변호인의 변론재개신청을 들어주지 아니하였다하여 심리미진의 위법이 있는 것은 아니다(1986.6.10, 86도769). <형사소송법(이) 446면>

제306조 【공판절차의 정지】 ①피고인이 사물의 변별 또는 의사의 결정을 할 능력이 없는 상태에 있는 때에는 법원은 검사와 변호인의 의견을 들어서 결정으로 그 상태가 계속하는 기간 공판절차를 정지하여야 한다.
②피고인이 질병으로 인하여 출정할 수 없는 때에는 법원은 검사와 변호인의 의견을 들어서 결정으로 출정할 수 있을 때까지 공판절차를 정지하여야 한다.
③전2항의 규정에 의하여 공판절차를 정지함에는 의사의 의견을 들어야 한다.
④피고사건에 대하여 무죄, 면소, 형의 면제 또는 공소기각의 재판을 할 것으로 명백한 때에는 제1항, 제2항의 사유있는 경우에도 피고인의 출정없이 재판할 수 있다.
⑤제277조의 규정에 의하여 대리인이 출정할 수 있는 경우에는 제1항 또는 제2항의 규정을 적용하지 아니한다.

제2절 증 거

제307조 【증거재판주의】 ①사실의 인정은 증거에 의하여야 한다.
②범죄사실의 인정은 합리적인 의심이 없는 정도의 증명에 이르러야 한다.
<전문개정 2007.6.1>

(판 례) 전과에 관한 사실은 피고인의 자백만으로도 인정할 수 있다(1973.3.20, 73도280). <형사소송법(이) 453면>

증거의 증명력을 다투기 위한 소위 탄핵증거는 엄격한 증거조사를 거쳐야 할 필요가 없음은 형사소송법 제318조의2의 규정에서 명백하다(1978.10.31, 78도2292). <형사소송법(이) 457면>

공연히 사실을 적시하여 사람의 명예를 훼손한 행위가 형법 제310조에 따라 위법성이 조각되기 위하여는 그것이 진실한 사실로서 오로지 공공의 이익에 관한 때에 해당된다는 점을 행위자가 증명하여야 하나, 그 증명은 법관으로 하여금 의심할 여지가 없을 정도의 확신을 가지게 하는 증명력을 가진 엄격한 증거에 의하여야 하는 것은 아니므로, 이때에는 형사소송법 제310조의2는 적용될 여지가 없다(1996.10.25, 95도1473). <형사판례평석(조) 395면>

제308조 【자유심증주의】 증거의 증명력은 법관의 자유판단에 의한다.

(판 례) 자백에 대한 보강증거는 피고인의 자백사실이 가공적인 것이 아니고 진실한 것이라고 인정할 수 있는 정도의 증거이면 그것이 직접증거뿐만 아니라 정황증거 내지 간접증거라도 족하다(1985.7.9, 85도826). <형사소송법(이) 468면>

진술조서의 기재중 일부분을 믿고 다른 부분을 믿지 아니하여도 그것이 곧 부당하다고 할 수 없다(1980.3.11, 80도145). <형사소송법(이) 469면>

제308조의2 【위법수집증거의 배제】 적법한 절차에 따르지 아니하고 수집한 증거는 증거로 할 수 없다.

<본조신설 2007.6.1>

제309조【강제 등 자백의 증거능력】 피고인의 자백이 고문, 폭행, 협박, 신체구속의 부당한 장기화 또는 기망 기타의 방법으로 임의로 진술한 것이 아니라고 의심할 만한 이유가 있는 때에는 이를 유죄의 증거로 하지 못한다.

(판 례) 피고인의 검찰에서의 자백이 임의로 진술한 것이 아니라고 의심할 만한 상당한 이유가 있는 때에 해당한다면 형사소송법 제309조의 규정에 의하여 그 피의자신문조서는 증거능력이 없고, 검사가 그 임의성의 의문점을 해소하는 입증을 하여야 한다(1999.1.29, 98도3584). <형사소송법(이) 480면>

피고인이 검사 이전의 수사기관의 조사과정에서 고문 등으로 임의성 없는 진술을 하고, 그 후 검사의 조사단계에서도 임의성 없는 심리상태가 계속되었다면 비록 검사앞에서 조사받을 당시는 고문 등 자백강요를 당한 바가 없었다고 하여도 검사 앞에서의 자백은 임의성 없는 진술이 된다(1981.10.13, 81도2169). <형사소송법(이) 483면>

형사소송법 제309조에서 규정된 피고인의 진술의 자유를 침해하는 위법사유는 원칙적으로 예시사유로 보아야 한다(1985.2.26, 82도2413). <형사소송법(이) 484면>

피고인의 자백이 임의성이 없다고 의심할 만한 사유가 있는 때에 해당한다 할지라도 그 임의성이 없다고 의심하게 된 사유들과 피고인의 자백과의 사이에 인과관계가 존재하지 않은 것이 명백한 때에는 그 자백은 임의성이 있는 것으로 인정된다(1984.4.27, 84도2252). <형사소송법(이) 488면>

제310조【불이익한 자백의 증거능력】 피고인의 자백이 그 피고인에게 불이익한 유일의 증거인 때에는 이를 유죄의 증거로 하지 못한다.

(판 례) 형사소송법 제310조의 피고인의 자백에는 공범인 공동피고인의 진술은 포함되지 않으며, 이러한 공동피고인의 진술에 대하여는 피고인의 반대신문권이 보장되어 있어 독립한 증거능력이 있다(1992.7.28, 92도917). <형사소송법(이) 572면>

피고인이 뇌물공여 혐의를 받기 전에 이와는 관계없이 업무수행에 필요한 자금을 지출하면서, 스스로 그 지출한 자금내역을 자료로 남겨두기 위하여 뇌물자금과 기타 자금을 구별하지 아니하고 그 지출일시, 금액, 상대방 등 내역을 그때그때 계속적, 기계적으로 기입한 수첩의 기재 내용은, 피고인이 자신의 범죄사실을 시인하는 자백이 아니므로, 피고인의 검찰에서의 자백에 대한 보강증거가 될 수 있다(1996.10.17, 94도2865). <형사소송법(이) 573면>

피고인이 간통사실을 자인하는 것을 들었고 공소사실 기재의 간통범행 일시경에 피고인의 가출과 외박이 잦아 의심을 하게 되었다는 취지의 피고인의 남편에 대한 진술조서 기재는 피고인 의 간통사실 자백에 대한 보강증거가 될 수 있다(1983.5.10, 83도686). <형사소송법(이) 574면>

제310조의2【전문증거와 증거능력의 제한】 제311조 내지 제316조에 규정한 것 이외에는 공판준비 또는 공판기일에서의 진술에 대신하여 진술을 기재한 서류나 공판준비 또는 공판기일외에서의 타인의 진술을 내용으로 하는 진술은 이를 증거로 할 수 없다.
<본조신설 61.9.1>

(판 례) 피고인이 경찰에서 피의자로서 조사받을 때 한 진술을 내용으로 하는 부문증거는 원진술자인 피고인의 당시 진술이 특히 신빙할 수 있는 상태에서 행하여졌다고 볼 수 없다면 증거능력이 없다고 할 것이다(1974.6.25, 74도415). <형사소송법(이) 505면>

문서의 원물을 법정에 제출함이 지난한 경우에 있어서는 문서의 원물의 존재와 이를 촬영한 사진인 것임을 확인되는 이상 사진을 그 존재와 의무내용이 증거되는 증거물로 하여 조사를 하고 증거로 할 수 있다(1961.3.31, 4292형상1072). <형사소송법(조)>

수사기관이 원진술자의 진술을 기재한 조서는 원본 증거인 원진술자의 진술에 비하여 본질적으로 낮은 정도의 증명력을 가질 수밖에 없다는 한계를 지니는 것이고, 특히 원진술자의 법정 출석 및 반대신문이 이루어지지 못한 경우에는 그 진술이 기재된 조서는 법관의 올바른 심증 형성의 기초가 될 만한 진정한 증거가치를 가진 것으로 인정받을 수 없는 것이 원칙이라 할 것이다.(2006.12.8, 2005도9730). 〈이재상 560면〉

제311조【법원 또는 법관의 조서】 공판준비 또는 공판기일에 피고인이나 피고인 아닌 자의 진술을 기재한 조서와 법원 또는 법관의 검증의 결과를 기재한 조서는 증거로 할 수 있다. 제184조 및 제221조의2의 규정에 의하여 작성한 조서도 또한 같다. <개정 73.1.25, 95.12.29>
<전문개정 61.9.1>

(신·구) ~검증, 감정의~ ⇨ ~검증의~

(판 례) 공판준비기일 또는 공판기일에 피고인 또는 피고인 아닌 자의 진술을 기재한 조서는 당연히 증거능력이 있는 것이므로 그 확인절차 없이 죄증에 공할 수 있다(1956.2.17, 4288형상308). <형사소송법(이) 509면>

제312조【검사 또는 사법경찰관의 조서 등】
① 검사가 작성한 피의자신문조서는 적법한 절차와 방식에 따라 작성된 것으로서 공판준비, 공판기일에 그 피의자였던 피고인 또는 변호인이 그 내용을 인정할 때에 한정하여 증거로 할 수 있다. <개정 2020. 2. 4.>
② 삭제 <2020. 2. 4.>
③검사 이외의 수사기관이 작성한 피의자신문조서는 적법한 절차와 방식에 따라 작성된 것으로서 공판준비 또는 공판

기일에 그 피의자였던 피고인 또는 변호인이 그 내용을 인정할 때에 한하여 증거로 할 수 있다.

④검사 또는 사법경찰관이 피고인이 아닌 자의 진술을 기재한 조서는 적법한 절차와 방식에 따라 작성된 것으로서 그 조서가 검사 또는 사법경찰관 앞에서 진술한 내용과 동일하게 기재되어 있음이 원진술자의 공판준비 또는 공판기일에서의 진술이나 영상녹화물 또는 그 밖의 객관적인 방법에 의하여 증명되고, 피고인 또는 변호인이 공판준비 또는 공판기일에 그 기재 내용에 관하여 원진술자를 신문할 수 있었던 때에는 증거로 할 수 있다. 다만, 그 조서에 기재된 진술이 특히 신빙할 수 있는 상태하에서 행하여졌음이 증명된 때에 한한다.

⑤제1항부터 제4항까지의 규정은 피고인 또는 피고인이 아닌 자가 수사과정에서 작성한 진술서에 관하여 준용한다.

⑥검사 또는 사법경찰관이 검증의 결과를 기재한 조서는 적법한 절차와 방식에 따라 작성된 것으로서 공판준비 또는 공판기일에서의 작성자의 진술에 따라 그 성립의 진정함이 증명된 때에는 증거로 할 수 있다.

<전문개정 2007. 6. 1.>

(판 례) 검찰에 송치되기 전에 구속피의자로부터 받은 검사작성의 피의자신문조서는 극히 이례에 속하는 것으로 그렇게 했어야 할 특별한 사정이 보이지 않는 한 송치후에 작성된 피의자신문조서와 마찬가지로 취급하기는 어렵다(1994.8.9, 94도1228). <형사소송법(이) 514면>

검사작성의 공동피고인 갑에 대한 피의자신문조서는 갑이 제1심에서 성립 및 임의성을 인정한 경우에는 공동피고인 을이 이를 증거로 함에 부동의하였다고 하더라도 피고인 을의 범죄사실에 대한 유죄의 증거로 삼을 수 있다(1990.12.26, 90도2362). <형사소송법(이) 515면>

형사소송법 제312조제1항의 성립의 진정은 형식적인 진정성립과 실질적인 진정성립까지 포함하나 형식적인 진정성립이 인정되는 피의자신문조서는 특별한 사정이 없는 한 원진술자의 진술 내용대로 기재된 것이라고 추정된다(1995.5.12, 95도484). <형사소송법(이) 516면>

사법경찰관 작성의 검증조서에 대하여 피고인이 증거로 함에 동의만 하였을 뿐 공판정에서 검증조서에 기재된 진술내용 및 범행을 재연한 부분에 대하여 그 성립의 진정 및 내용을 인정한 흔적을 찾아 볼 수 없고 오히려 이를 부인하고 있는 경우에는 그 증거능력을 인정할 수 없다(1998.3.13, 98도159). <고시연구 2000년 1월 133면>

수사기관이 범죄를 수사함에 있어 현재 범행이 행하여지고 있거나 행하여진 직후이고, 증거보전의 필요성 및 긴급성이 있으며, 일반적으로 허용되는 상당한 방법에 의하여 촬영을 한 경우라면 위 촬영이 영장 없이 이루어졌다 하여 이를 위법하다고 단정할 수 없다(1999.9.3, 99도2317). <고시연구 2000년 1월 118면>

검사가 피의자나 피의자 아닌 자의 진술을 기재한 조서 중 일부에 관하여만 원진술자가 공판준비 또는 공판기일에서 실질적 진정성립을 인정하는 경우에는 법원은 당해 조서 중 어느 부분이 원진술자가 진술한 대로 기재되어 있고 어느 부분이 달리 기재되어 있는지 여부를 구체적으로 심리한 다음 진술한 대로 기재되어 있다고 하는 부분에 한하여 증거능력을 인정하여야 하고, 그 밖에 실질적 진정성립이 부정되는 부분에 대해서는 증거능력을 부정하여야 한다(2005.6.10, 2005도1849). <이재상, 553면>

제313조【진술서 등】 ①전2조의 규정이외에 피고인 또는 피고인이 아닌 자가 작성한 진술서나 그 진술을 기재한 서류로서 그 작성자 또는 진술자의 자필이거나 그 서명 또는 날인이 있는 것(피고인 또는 피고인 아닌 자가 작성하였거나 진술한 내용이 포함된 문자·사진·영상 등의 정보로서 컴퓨터용디스크, 그 밖에 이와 비슷한 정보저장매체에 저장된 것을 포함한다. 이하 이 조에서 같다)은 공판준비나 공판기일에서의 그 작성자 또는 진술자의 진술에 의하여 그 성립의 진정함이 증명된 때에는 증거로 할 수 있다. 단, 피고인의 진술을 기재한 서류는 공판준비 또는 공판기일에서의 그 작성자의 진술에 의하여 그 성립의 진정함이 증명되고 그 진술이 특히 신빙할 수 있는 상태하에서 행하여진 때에 한하여 피고인의 공판준비 또는 공판기일에서의 진술에 불구하고 증거로 할 수 있다. <개정 2016.5.29>

②제1항 본문에도 불구하고 진술서의 작성자가 공판준비나 공판기일에서 그 성립의 진정을 부인하는 경우에는 과학적 분석결과에 기초한 디지털포렌식 자료, 감정 등 객관적 방법으로 성립의 진정함이 증명되는 때에는 증거로 할 수 있다. 다만, 피고인 아닌 자가 작성한 진술서는 피고인 또는 변호인이 공판준비 또는 공판기일에 그 기재 내용에 관하여 작성자를 신문할 수 있었을 것을 요한다. <개정 2016.5.29>

③ 감정의 경과와 결과를 기재한 서류도 제1항 및 제2항과 같다. <신설 2016.5.29>

<전문개정 61.9.1>

(판 례) 거짓말탐지기의 검사는 그 기구의 성능, 조작기술에 있어 신뢰도가 극히 높다고 인정되고 그 검사자가 적격자이며, 검사를 받는 사람이 검사를 받음에 동의하였으며 검사자 자신이 실시한 검사의 방법, 경과 및 그 결과를 충실하게 기재하였다는 여러 가지 점이 증거에 의하여 확인되었을 경우에 형사소송법 제313조제2항에 의하여 이를 증거로 할 수 있다(1984.2.14, 83도3146). <형사소송법(이) 206면>

사법경찰관이 피의자를 조사하는 과정에서 형사소송법 제244조에 의하여 피의자신문조서에 기재됨이 마땅한 피의자의 진술내용을 진술서의 형식으로 피의자로 하여금 기하여 제출케 한 경우에는 그 진술성의 증거능력 유무는 검사이외의 수사기관이 작성한 피의자 신문조서와 마찬가지로 동법 제312조제2항에 따라 결정되어야 할 것이고 동법 제313조제1항 본문에 따라 결정할 것이 아니다(1982.9.14, 82도1479). <형사소송법(이) 525면>

피고인의 동료 교사가 학생들과의 사적인 대화 중에 학생들의 대화 내용을 학생들 모르게 녹음한 녹음테이프의 내용은 실질적으로 형사소송법 제311조, 제312조 규정 이외의 피고인 아닌 자의 진술을 기재한 서류와 다를 바 없으므로, 피고인이 그 녹음테이프를 증거로 할 수 있음에 동의하지 않은 이상 법 제313조제1항에 따라 공판준비나 공판기일에서 원진술자인 학생들의 진술에 의하여 이 사건 녹음테이프에 녹음된 각자의 진술내용이 자신이 진술한 대로 녹음된 것이라는 점이 인정되어야 한다(1997.3.28, 96도2417). <형사소송법(이) 542면>

컴퓨터 디스켓에 들어 있는 문건이 증거로 사용되는 경우 그 디스켓은 그 기재의 매체가 다를 뿐 실질에서는 피고인 또는 피고인 아닌 자의 진술을 기재한 서류와 크게 다를 바 없고, 압수 후의 보관 및 출력과정에 조작의 가능성이 있으며, 기본적으로 반대신문의 기회가 보장되지 않으므로 그 기재내용의 진실성에 관하여는 전문법칙이 적용된다(1999.9.3, 99도2317). <고시연구 2000.1 118면>

제314조【증거능력에 대한 예외】 제312조 또는 제313조의 경우에 공판준비 또는 공판기일에 진술을 요하는 자가 사망·질병·외국거주·소재불명 그 밖에 이에 준하는 사유로 인하여 진술할 수 없는 때에는 그 조서 및 그 밖의 서류(피고인 또는 피고인 아닌 자가 작성하였거나 진술한 내용이 포함된 문자·사진·영상 등의 정보로서 컴퓨터용디스크, 그 밖에 이와 비슷한 정보저장매체에 저장된 것을 포함한다)를 증거로 할 수 있다. 다만, 그 진술 또는 작성이 특히 신빙할 수 있는 상태하에서 행하여졌음이 증명된 때에 한한다. <개정 2016.5.29>

<전문개정 2007.6.1>

(신·구) 전2조의~질병~ ⇨ 제312조 또는 제313조의~질병, 외국거주~

(판 례) 사법경찰관 사무취급이나 검사의 피의자나 피의자 아닌 자의 진술을 기재한 조서는 본법 제312조, 제313조의 규정에 의하여만 증거능력이 있고 다만 예외로 본조의 경우에 한하여 증거능력이 인정된다(1967.4.25, 67도322). <형사소송법(이) 518면>

경찰이 작성한 참고인진술조서라 하더라도 원진술자가 행방불명이 되어 공판기일에 환문할 수 없고 그 진술이 특히 신빙할 수 있는 상태하에서 행하여진 때에 이것을 증거로 채용하였다 하여 위법이 아니다(1972.5.23, 72도704). <형사소송법(이) 521면>

제315조【당연히 증거능력이 있는 서류】 다음에 게기한 서류는 증거로 할 수 있다. <개정 2007.5.17>

1. 가족관계기록사항에 관한 증명서, 공정증서등본 기타 공무원 또는 외국공무원의 직무상 증명할 수 있는 사항에 관하여 작성한 문서
2. 상업장부, 항해일지 기타 업무상 필요로 작성한 통상문서
3. 기타 특히 신용할 만한 정황에 의하여 작성된 문서

(판 례) 다른 피고사건의 공판조서는 본조의 문서로서 당연히 증거능력이 있다(1964.4.28, 64도135). <형사소송법(이) 532면>

외국공무원이 직무상 증명할 수 있는 사항에 관하여 작성한 문서는 이를 증거로 할 수 있다(1984.2.28, 83도3145).

제316조【전문의 진술】 ①피고인이 아닌 자(공소제기 전에 피고인을 피의자로 조사하였거나 그 조사에 참여하였던 자를 포함한다. 이하 이 조에서 같다)의 공판준비 또는 공판기일에서의 진술이 피고인의 진술을 그 내용으로 하는 것인 때에는 그 진술이 특히 신빙할 수 있는 상태하에서 행하여졌음이 증명된 때에 한하여 이를 증거로 할 수 있다. <개정 2007.6.1>

②피고인 아닌 자의 공판준비 또는 공판기일에서의 진술이 피고인 아닌 타인의 진술을 그 내용으로 하는 것인 때에는 원진술자가 사망, 질병, 외국거주, 소재불명 그 밖에 이에 준하는 사유로 인하여 진술할 수 없고, 그 진술이 특히 신빙할 수 있는 상태하에서 행하여졌음이 증명된 때에 한하여 이를 증거로 할 수 있다. <개정 95.12.29, 2007.6.1>

<전문개정 61.9.1>

(신·구) ②~질병~ ⇨ ~질병, 외국거주~

(판 례) 피고인 아닌 타인이라 함은 제3자는 말할 것도 없고 공동피고인이나 공범자를 모두 포함한다(1984.11.27, 84도2279). <형사소송법(이) 534면>

형사소송법은 전문진술에 대하여 제316조에서 실질상 단순한 전문의 형태를 취하는 경우에 한하여 예외적으로 그 증거능력을 인정하는 규정을 두고 있을 뿐, 재전문진술이나 재전문진술을 기재한 조서에 대하여는 달리 그 증거능력을 인정하는 규정을 두고 있지 아니하고 있으므로, 피고인이 증거로 하는 데 동의하지 아니하는 한 형사소송법 제310조의2의 규정에 의하여 이를 증거로 할 수 없다(2000.3.10, 2000도159). <고시계 2001년 1월 117면>

제317조 【진술의 임의성】 ①피고인 또는 피고인 아닌 자의 진술이 임의로 된 것이 아닌 것은 증거로 할 수 없다.
②전항의 서류는 그 작성 또는 내용인 진술이 임의로 되었다는 것이 증명된 것이 아니면 증거로 할 수 없다.
③검증조서의 일부가 피고인 또는 피고인 아닌 자의 진술을 기재한 것인 때에는 그 부분에 한하여 전2항의 예에 의한다.

제318조 【당사자의 동의와 증거능력】 ①검사와 피고인이 증거로 할 수 있음을 동의한 서류 또는 물건은 진정한 것으로 인정한 때에는 증거로 할 수 있다.
②피고인의 출정없이 증거조사를 할 수 있는 경우에 피고인이 출정하지 아니한 때에는 전항의 동의가 있는 것으로 간주한다. 단, 대리인 또는 변호인이 출정한 때에는 예외로 한다.

(판 례) 형사소송법 제318조제1항은 전문증거금지의 원칙에 대한 예외로서 반대신문권을 포기하겠다는 피고인의 의사표시에 의하여 서류 또는 물건의 증거능력을 부여하려는 규정이므로 그 의사표시가 위와 같은 내용을 적극적으로 표시하는 것이면 동의로서의 효력이 있고 검사가 제시한 모든 증거에 대하여 피고인이 증거로 함에 동의한다는 방식도 무방하다(1983.3.8, 82도2873). <형사소송법(이) 550면>

형사소송법 제318조에 의하여 증거로 할 수 있음을 동의한 경우에 그 동의의 의사표시는 증거조사가 완료되기 전까지 취소 또는 철회할 수 있으나 일단 증거조사가 완료된 뒤에는 취소 또는 철회할 수 없으므로, 1심에서 한 증거동의를 2심에서 취소할 수 없다(1983.4.26, 83도267). <형사소송법(이) 557면>

제318조의2 【증명력을 다투기 위한 증거】 ①제312조부터 제316조까지의 규정에 따라 증거로 할 수 없는 서류나 진술이라도 공판준비 또는 공판기일에서의 피고인 또는 피고인이 아닌 자(공소제기 전에 피고인을 피의자로 조사하였거나 그 조사에 참여하였던 자를 포함한다. 이하 이 조에서 같다)의 진술의 증명력을 다투기 위하여 증거로 할 수 있다.
②제1항에도 불구하고 피고인 또는 피고인이 아닌 자의 진술을 내용으로 하는 영상녹화물은 공판준비 또는 공판기일에 피고인 또는 피고인이 아닌 자가 진술함에 있어서 기억이 명백하지 아니한 사항에 관하여 기억을 환기시켜야 할 필요가 있다고 인정되는 때에 한하여 피고인 또는 피고인이 아닌 자에게 재생하여 시청하게 할 수 있다.
<전문개정 2007.6.1>

(판 례) 탄핵증거는 범죄사실을 인정하는 증거가 아니므로 엄격한 증거조사를 거쳐야 할 필요가 없음은 형사소송법 제318조의2의 규정에 따라 명백하다고 할 것이나, 법정에서 이에 대한 탄핵증거로서의 증거조사는 필요하다(1998.2.27, 97도1770). <형사소송법(이) 566면>

검사가 유죄의 자료로 제출한 사법경찰리 작성의 피고인에 대한 피의자신문조서는 피고인이 그 내용을 부인하는 이상 증거능력이 없으나, 그것이 임의로 작성된 것이 아니라고 의심할 만한 사정이 없는 한 피고인의 법정에서의 진술을 탄핵하기 위한 반대증거로 사용할 수 있다.(2005.8.19, 2005도2617). <이재상 606면>

제318조의3 【간이공판절차에서의 증거능력에 관한 특례】 제286조의2의 결정이 있는 사건의 증거에 관하여는 제310조의2, 제312조 내지 제314조 및 제316조의 규정에 의한 증거에 대하여 제318조제1항의 동의가 있는 것으로 간주한다. 단, 검사, 피고인 또는 변호인이 증거로 함에 이의가 있는 때에는 그러하지 아니하다.
<본조신설 73.1.25>

(판 례) 피고인의 자백으로 제1심법원이 간이공판절차에 의하여 심판할 것을 결정하고, 제1심법원이 제1심판결 명시의 증거들을 증거로 함에 피고인 또는 변호인의 이의가 없어 형사소송법 제318조의3의 규정에 따라 증거능력이 있다고 보고, 상당하다고 인정하는 방법으로 증거조사를 한 이상, 가사 항소심에 이르러 범행을 부인하였다고 하더라도 항소심에서도 증거능력이 그대로 유지되어 심판의 기초가 될 수 있고 다시 증거조사를 할 필요가 없다(1998.2.27, 97도3421). <고시연구 1999.1. 116면>

제3절 공판의 재판

제318조의4 【판결선고기일】 ①판결의 선고는 변론을 종결한 기일에 하여야 한다. 다만, 특별한 사정이 있는 때에는 따로 선고기일을 지정할 수 있다.
②변론을 종결한 기일에 판결을 선고하는 경우에는 판결의 선고 후에 판결서를 작성할 수 있다.
③제1항 단서의 선고기일은 변론종결 후 14일 이내로 지정되어야 한다.

<본조신설 2007.6.1>

제319조 【관할위반의 판결】 피고사건이 법원의 관할에 속하지 아니한 때에는 판결로써 관할위반의 선고를 하여야 한다. <개정 2007.12.21>

제320조 【토지관할위반】 ①법원은 피고인의 신청이 없으면 토지관할에 관하여 관할위반의 선고를 하지 못한다.

②관할위반의 신청은 피고사건에 대한 진술전에 하여야 한다.

(판 례) 형사소송법 제319조에 의하면 피고사건이 법원의 관할에 속하지 아니한 때에는 판결로써 관할위반의 선고를 하도록 규정되어 있으므로 지방법원 단독판사는 공소장의 변경에 의하여 합의부에 사물관할권이 있는 사건이 심판대상이 됨으로써 사물관할권이 없게 되면 관할위반의 판결을 선고하여야 한다(1987.12.22, 87도2196). <형사소송법(이) 599면>

제321조 【형선고와 동시에 선고될 사항】 ①피고사건에 대하여 범죄의 증명이 있는 때에는 형의 면제 또는 선고유예의 경우외에는 판결로써 형을 선고하여야 한다.

②형의 집행유예 판결전 구금의 산입일수, 노역장의 유치기간은 형의 선고와 동시에 판결로써 선고하여야 한다.

제322조 【형면제 또는 형의 선고유예의 판결】 피고사건에 대하여 형의 면제 또는 선고유예를 하는 때에는 판결로써 선고하여야 한다.

제323조 【유죄판결에 명시될 이유】 ①형의 선고를 하는 때에는 판결이유에 범죄될 사실, 증거의 요지와 법령의 적용을 명시하여야 한다.

②법률상 범죄의 성립을 조각하는 이유 또는 형의 가중, 감면의 이유되는 사실의 진술이 있은 때에는 이에 대한 판단을 명시하여야 한다.

제324조 【상소에 대한 고지】 형을 선고하는 경우에는 재판장은 피고인에게 상소할 기간과 상소할 법원을 고지하여야 한다.

제325조 【무죄의 판결】 피고사건이 범죄로 되지 아니하거나 범죄사실의 증명이 없는 때에는 판결로써 무죄를 선고하여야 한다.

제326조 【면소의 판결】 다음 경우에는 판결로써 면소의 선고를 하여야 한다.

1. 확정판결이 있은 때
2. 사면이 있은 때
3. 공소의 시효가 완성되었을 때
4. 범죄후의 법령개폐로 형이 폐지되었을 때

(판 례) 공소장에 기재되어 있는 범죄사실에 관하여 동법 제326조 각호 사유가 있으면 실체적 심리를 할 필요 없이 면소판결을 하여야 된다고 해석되므로 원심이 피고인에 대한 제1심의 무죄판결에 대하여 사면되었음을 이유로 면소판결하였음은 정당하다(1964.3.31, 64도64). <형사소송법(이) 603면>

피고인에게는 실체 판결청구권이 없는 것이므로 면소판결에 대하여 무죄의 실체판결을 구하여 상소를 할 수는 없는 것이다(1984.11.27, 84도2106). <형소법(이) 605면>

제327조 【공소기각의 판결】 다음 각 호의 경우에는 판결로써 공소기각의 선고를 하여야 한다.

1. 피고인에 대하여 재판권이 없을 때
2. 공소제기의 절차가 법률의 규정을 위반하여 무효일 때
3. 공소가 제기된 사건에 대하여 다시 공소가 제기되었을 때
4. 제329조를 위반하여 공소가 제기되었을 때
5. 고소가 있어야 공소를 제기할 수 있는 사건에서 고소가 취소되었을 때
6. 피해자의 명시한 의사에 반하여 공소를 제기할 수 없는 사건에서 처벌을 원하지 아니하는 의사표시를 하거나 처벌을 원하는 의사표시를 철회하였을 때

<전문개정 2020. 12. 8.>

(판 례) 공소기각의 재판은 절차상의 하자를 이유로 공소를 부적법하다고 할 때 하는 형식적 재판이며 형식적 소송조건이 흠결한 경우로서 형사소송법 제327조, 제328조에 그 사유들을 규정하고 있고 이 사유들은 한정적으로 열거한 것이다(1986.9.23, 86도1547). <형사소송법(이) 599면>

특정범죄가중처벌등에관한법률 제5조의3(도주차량운전자의 가중처벌) 제1항에 업무상과실치사상죄가 포함되는 것이므로 위의 죄로 공소가 제기된 경우에 도주사실이 인정되지 아니한다고 하더라도 업무상과실치사상의 죄가 인정되면 유죄의 판결을 하고 공소권이 없으면 공소기각의 판결을 하여야 하는 것이지 무죄의 선고를 할 것은 아니다(1994.11.11, 94도2349). <형사판례평석(조) 460면>

본래 범의를 가지지 아니한 자에 대하여 수사기관이 사술이나 계략 등을 써서 범의를 유발케 하여 범죄인을 검거하는 함정수사는 위법함을 면할 수 없고, 이러한 함정수사에 기한 공소제기는 그 절차가 법률의 규정에 위반하여 무효인 때에 해당한다 할 것이지만, 범의를 가진 자에 대하여 단순히 범행의 기회를 제공하는 것에 불과한 경우에는 위법한 함정수사라고 단정할 수 없다.(2007.5.31, 2007도1903). <이재상 186면>

제328조 【공소기각의 결정】 ①다음 경우에는 결정으로 공소를 기각하여야 한다.

1. 공소가 취소되었을 때
2. 피고인이 사망하거나 피고인인 법인이 존속하지 아니하게 되었을 때
3. 제12조 또는 제13조의 규정에 의하여 재

판할 수 없는 때
4. 공소장에 기재된 사실이 진실하다 하더라도 범죄가 될 만한 사실이 포함되지 아니하는 때
②전항의 결정에 대하여는 즉시항고를 할 수 있다.

(판 례) 본조 제1항제4호의 취지는 이를 본조제1호 내지 제3호와 본법 제325조의 무죄판결에 관한 규정들과 대조하여 고찰하면 공소장기재사실 자체에 대한 판단으로 그 사실 자체가 죄가 되지 아니함이 명백한 경우로서 소송조건 흠결이 있음이 명백한 경우를 말한다(1970.5.26, 70모28). <형사소송법(이) 600면>

제329조【공소취소와 재기소】 공소취소에 의한 공소기각의 결정이 확정된 때에는 공소취소후 그 범죄사실에 대한 다른 중요한 증거를 발견한 경우에 한하여 다시 공소를 제기할 수 있다.

(판 례) 본조의 다른 중요한 증거를 발견한 경우라 함은 공소취소 전에 가지고 있던 증거 이외의 증거로서 공소취소 전의 증거만으로서는 증거 불충분으로 무죄가 선고될 가능성이 있으나 새로 발견된 증거를 추가하면 충분히 유죄의 확신을 가지게 될 정도의 증거가 있는 경우를 말한다(1977.12.27, 77도1308). <형사소송법(이) 330면>

제330조【피고인의 진술없이 하는 판결】 피고인이 진술하지 아니하거나 재판장의 허가없이 퇴정하거나 재판장의 질서유지를 위한 퇴정명령을 받은 때에는 피고인의 진술없이 판결할 수 있다.

(판 례) 이른바 필요적 변호사건에 있어서 변호인이 피고인의 명시적 또는 묵시적인 동의 아래 그 방어권 행사의 한 방법으로, 임의로 퇴정하거나 재판장으로부터 질서유지를 위한 퇴정을 명받는 경우와 같이, 변호인의 재정의무위반이 피고인 자신의 귀책사유에 기인할 뿐만 아니라 피고인측의 방어권의 남용 내지 변호권의 포기로 보여지는 경우에는, 형사소송법 제330조의 규정을 유추적용하여 예외적으로 변호인 없이 개정.심리할 수 있다(1990.6.8, 90도646). <형소법(이) 400면>

제331조【무죄 등 선고와 구속영장의 효력】 무죄, 면소, 형의 면제, 형의 선고유예, 형의 집행유예, 공소기각 또는 벌금이나 과료를 과하는 판결이 선고된 때에는 구속영장은 효력을 잃는다. <개정 95.12.29>

(신·구) 구조문 ⇨ ~잃는다. 단, 검사로부터 사형, 무기 또는 10년 이상의 징역이나 금고의 형에 해당한다는 취지의 의사진술이 있는 사건에 대하여는 예외로 한다.

제332조【몰수의 선고와 압수물】 압수한 서류 또는 물품에 대하여 몰수의 선고가 없는 때에는 압수를 해제한 것으로 간주한다.

제333조【압수장물의 환부】 ①압수한 장물로서 피해자에게 환부할 이유가 명백한 것은 판결로써 피해자에게 환부하는 선고를 하여야 한다.
②전항의 경우에 장물을 처분하였을 때에는 판결로써 그 대가로 취득한 것을 피해자에게 교부하는 선고를 하여야 한다.
③가환부한 장물에 대하여 별단의 선고가 없는 때에는 환부의 선고가 있는 것으로 간주한다.
④전3항의 규정은 이해관계인이 민사소송절차에 의하여 그 권리를 주장함에 영향을 미치지 아니한다.

제334조【재산형의 가납판결】 ①법원은 벌금, 과료 또는 추징의 선고를 하는 경우에 판결의 확정후에는 집행할 수 없거나 집행하기 곤란할 염려가 있다고 인정한 때에는 직권 또는 검사의 청구에 의하여 피고인에게 벌금, 과료 또는 추징에 상당한 금액의 가납을 명할 수 있다.
②전항의 재판은 형의 선고와 동시에 판결로써 선고하여야 한다.
③전항의 판결은 즉시로 집행할 수 있다.

제335조【형의 집행유예취소의 절차】 ①형의 집행유예를 취소할 경우에는 검사는 피고인의 현재지 또는 최후의 거주지를 관할하는 법원에 청구하여야 한다.
②전항의 청구를 받은 법원은 피고인 또는 그 대리인의 의견을 물은 후에 결정을 하여야 한다.
③전항의 결정에 대하여는 즉시항고를 할 수 있다.
④전2항의 규정은 유예한 형을 선고할 경우에 준용한다.

제336조【경합범중 다시 형을 정하는 절차】 ①「형법」 제36조, 동 제39조제4항 또는 동 제61조의규정에 의하여 형을 정할 경우에는 검사는 그 범죄사실에 대한 최종판결을 한 법원에 청구하여야 한다. 단, 「형법」 제61조의 규정에 의하여 유예한 형을 선고할 때에는 제323조에 의하여야 하고 선고유예를 해제하는 이유를 명시하여야 한다. <개정 2007.6.1>
②전조제2항의 규정은 전항의 경우에 준용한다.

제337조【형의 소멸의 재판】 ①「형법」 제81조 또는 동 제82조의 규정에 의한 선고는 그

사건에 관한 기록이 보관되어 있는 검찰청에 대응하는 법원에 대하여 신청하여야 한다. <개정 2007.6.1>
②전항의 신청에 의한 선고는 결정으로 한다.
③제1항의 신청을 각하하는 결정에 대하여는 즉시항고를 할 수 있다.

제3편 상 소

제1장 통 칙

제338조 【상소권자】 ①검사 또는 피고인은 상소를 할 수 있다.
②삭제 <2007.12.21>

제339조 【항고권자】 검사 또는 피고인 아닌 자가 결정을 받은 때에는 항고할 수 있다.

제340조 【당사자 이외의 상소권자】 피고인의 법정대리인은 피고인을 위하여 상소할 수 있다.

제341조 【동 전】 ①피고인의 배우자, 직계친족, 형제자매 또는 원심의 대리인이나 변호인은 피고인을 위하여 상소할 수 있다. <개정 2005.3.31>
②전항의 상소는 피고인의 명시한 의사에 반하여 하지 못한다.

제342조 【일부상소】 ①상소는 재판의 일부에 대하여 할 수 있다.
②일부에 대한 상소는 그 일부와 불가분의 관계에 있는 부분에 대하여도 효력이 미친다.

(판 례) 경합범 중 일부에 대하여는 유죄, 다른 일부에 대하여는 무죄를 선고하였다고 하더라도, 무죄 부분에 대하여 상소가 제기됨으로써 그 부분이 유죄로 변경될 가능성이 있게되는 경우에는, 유죄부분에 대하여 따로 상소가 되지 않았더라도 상소불가분의 원칙이 적용되어 유죄 부분도 무죄 부분과 함께 상소심에 이심되는 것이고, 따라서 상소심 법원이 무죄 부분을 파기하여야 할 경우에는 직권으로 유죄부분까지도 함께 파기하여 다시 일개의 형을 선고할 수 있도록 하여야 한다(전부파기설).(1992.1.21, 91도1402). <형사소송법(이) 647면>

상상적 경합관계에 있는 두 죄에 대하여 한 죄는 무죄, 한 죄는 유죄가 선고되어 검사만이 무죄부분에 대하여 상고하였다 하여도 유죄부분도 상고심의 심판대상이 되는 것이고, 공소 사실 중 일부에 대하여는 유죄를, 실체적 경합관계에 있는 일부에 대하여는 무죄를 각 선고 하고, 그 유죄 부분과 상상적 경합관계에 있는 다른 일부에 대하여는 무죄임을 판시하면서 주문에 별도의 선고를 하지 않은 항소심판결에 대하여, 검사가 무죄 부분 전체에 대하여 상고를 한 경우 그 유죄 부분도 함께 상고심의 판단대상이 된다.(2005.1.27, 2004도7488). <이재상, 695면>

제343조 【상소제기기간】 ①상소의 제기는 그 기간내에 서면으로 한다.
②상소의 제기기간은 재판을 선고 또는 고지한 날로부터 진행한다.

제344조 【재소자에 대한 특칙】 ①교도소 또는 구치소에 있는 피고인이 상소의 제기기간내에 상소장을 교도소장 또는 구치소장 또는 그 직무를 대리하는 자에게 제출한 때에는 상소의 제기기간내에 상소한 것으로 간주한다. <개정 63.12.13>
②전항의 경우에 피고인이 상소장을 작성할 수 없는 때에는 교도소장 또는 구치소장은 소속공무원으로 하여금 대서하게 하여야 한다. <개정 63.12.13>

(판 례) 재정신청서에 대하여는 형사소송법에 제344조제1항과 같은 특례규정이 없으므로 재정신청서는 같은 법 제260조제2항이 정하는 기간 안에 불기소 처분을 한 검사가 소속한 지방검찰청의 검사장 또는 지청장에게 도달하여야 하고, 설령 구금중인 고소인이 재정신청서를 그 기간안에 교도소장 또는 그 직무를 대리하는 사람에게 제출하였다 하더라도 재정신청서가 위의 기간안에 불기소처분을 한 검사가 소속한 지방검찰청의 검사장 또는 지청장에게 도달하지 아니한 이상 이를 적법한 재정신청서의 제출이라고 할 수 없다(1998.12.14, 98모127). <고시연구 2000.1 112면>

제345조 【상소권회복 청구권자】 제338조부터 제341조까지의 규정에 따라 상소할 수 있는 자는 자기 또는 대리인이 책임질 수 없는 사유로 상소 제기기간 내에 상소를 하지 못한 경우에는 상소권회복의 청구를 할 수 있다. <전문개정 2020. 12. 8.>

(판 례) 상소권포기가 비록 기망에 의한 것이라도 형사소송법 제354조에 의하여 다시 상소를 할 수 없으며, 재항고인이 기망에 의하여 항소권을 포기하였음을 항소제기기간이 도과한 뒤에야 비로소 알게 되었다 하더라도 이러한 사정은 재항고인이 책임질 수 없는 사유에 해당한다고 볼 수 없다(1984.7.11, 84모40). <형사소송법(이) 632면>

제346조 【상소권회복 청구의 방식】 ① 상소권회복을 청구할 때에는 제345조의 사유가 해소된 날부터 상소 제기기간에 해당하는 기간 내에 서면으로 원심법원에 제출하여야 한다.
② 상소권회복을 청구할 때에는 제345조의 책임질 수 없는 사유를 소명하여야 한다.
③ 상소권회복을 청구한 자는 그 청구와 동시에 상소를 제기하여야 한다.

<전문개정 2020. 12. 8.>

제347조 【상소권회복에 대한 결정과 즉시항고】 ①상소권회복의 청구를 받은 법원은 청구의 허부에 관한 결정을 하여야 한다.

②전항의 결정에 대하여는 즉시항고를 할 수 있다.

제348조 【상소권회복청구와 집행정지】 ①상소권회복의 청구가 있는 때에는 법원은 전조의 결정을 할 때까지 재판의 집행을 정지하는 결정을 할 수 있다. <개정 2007.6.1>

②전항의 집행정지의 결정을 한 경우에 피고인의 구금을 요하는 때에는 구속영장을 발부하여야 한다. 단, 제70조의 요건이 구비된 때에 한한다.

제349조 【상소의 포기, 취하】 검사나 피고인 또는 제339조에 규정한 자는 상소의 포기 또는 취하를 할 수 있다. 단, 피고인 또는 제341조에 규정한 자는 사형 또는 무기징역이나 무기금고가 선고된 판결에 대하여는 상소의 포기를 할 수 없다.

제350조 【상소의 포기 등과 법정대리인의 동의】 법정대리인이 있는 피고인이 상소의 포기 또는 취하를 함에는 법정대리인의 동의를 얻어야 한다. 단, 법정대리인의 사망 기타 사유로 인하여 그 동의를 얻을 수 없는 때에는 예외로 한다.

(판 례) 미성년자인 피고인이 법정대리인의 동의 없이 항고취하를 한 경우에 그 취하는 무효이다(1971.9.28, 71도1527). <형사소송법(이) 642면>

제351조 【상소의 취하와 피고인의 동의】 피고인의 법정대리인 또는 제341조에 규정한 자는 피고인의 동의를 얻어 상소를 취하할 수 있다.

제352조 【상소포기 등의 방식】 ①상소의 포기 또는 취하는 서면으로 하여야 한다. 단, 공판정에서는 구술로써 할 수 있다.

②구술로써 상소의 포기 또는 취하를 한 경우에는 그 사유를 조서에 기재하여야 한다.

제353조 【상소포기 등의 관할】 상소의 포기는 원심법원에, 상소의 취하는 상소법원에 하여야 한다. 단, 소송기록이 상소법원에 송부되지 아니한 때에는 상소의 취하를 원심법원에 제출할 수 있다.

제354조 【상소포기후의 재상소의 금지】 상소를 취하한 자 또는 상소의 포기나 취하에 동의한 자는 그 사건에 대하여 다시 상소를 하지 못한다.

제355조 【재소자에 대한 특칙】 제344조의 규정은 교도소 또는 구치소에 있는 피고인이 상소권회복의 청구 또는 상소의 포기나 취하를 하는 경우에 준용한다. <개정 63.12.13>

제356조 【상소포기 등과 상대방의 통지】 상소, 상소의 포기나 취하 또는 상소권회복의 청구가 있는 때에는 법원은 지체없이 상대방에게 그 사유를 통지하여야 한다.

제2장 항 소

제357조 【항소할 수 있는 판결】 제1심법원의 판결에 대하여 불복이 있으면 지방법원단독판사가 선고한 것은 지방법원본원합의부에 항소할 수 있으며 지방법원합의부가 선고한 것은 고등법원에 항소할 수 있다. <개정 63.12.13>

<전문개정 61.9.1>

(판 례) 상고심에서의 심판대상은 항소심 판결 당시를 기준으로 하여 그 당부를 심사하는 데에 있는 것이므로 항소심판결 선고 당시 미성년이었던 피고인이 상고 이후에 성년이 되었다고 하여 항소심의 부정기형의 선고가 위법이 되는 것은 아니다(1980.2.27, 97도3421). <형사소송법(이) 667면>

제358조 【항소제기기간】 항소의 제기기간은 7일로 한다. <개정 63.12.13>

제359조 【항소제기의 방식】 항소를 함에는 항소장을 원심법원에 제출하여야 한다. <개정 63.12.13>

제360조 【원심법원의 항소기각결정】 ①항소의 제기가 법률상의 방식에 위반하거나 항소권소멸후인 것이 명백한 때에는 원심법원은 결정으로 항소를 기각하여야 한다. <개정 63.12.13>

②전항의 결정에 대하여는 즉시항고를 할 수 있다.

제361조 【소송기록과 증거물의 송부】 제360조의 경우를 제외하고는 원심법원은 항소장을 받은 날부터 14일 이내에 소송기록과 증거물을 항소법원에 송부하여야 한다.

<전문개정 95.12.29>

(신·구) 구조문 ⇨ **제361조 【소송기록과 증거물의 송부】** ①전조의 경우외에는 원심법원은 항소장을 받은 날로부터 14일 이내에 소송기록과 증거물을 그 법원에 대응한 검찰청검사에게 송부하고 그 검사는 그 송부를 받은 날로부터 7일 이내에 항소법원에 대응한 검찰청검사에게 송부하여야 한다.

②항소법원에 대응한 검찰청검사는 전항의 소송기록과 증거물을 받은 날로부터 5일 이내에 항소법원에 송부하여야 한다.
③피고인이 교도소 또는 구치소에 있는 경우에는 원심법원에 대응한 검찰청검사는 제1항의 소송기록을 송부한 날로부터 20일 이내에 피고인을 소송법원소재지의 교도소 또는 구치소에 이송하여야 한다.

제361조의2【소송기록접수와 통지】 ①항소법원이 기록의 송부를 받은 때에는 즉시 항소인과 상대방에게 그 사유를 통지하여야 한다. <개정 63.12.13>
②전항의 통지전에 변호인의 선임이 있는 때에는 변호인에게도 전항의 통지를 하여야 한다.
③피고인이 교도소 또는 구치소에 있는 경우에는 원심법원에 대응한 검찰청검사는 제1항의 통지를 받은 날부터 14일 이내에 피고인을 항소법원소재지의 교도소 또는 구치소에 이송하여야 한다. <신설 95.12.29>
<본조신설 61.9.1>

제361조의3【항소이유서와 답변서】 ①항소인 또는 변호인은 전조의 통지를 받은 날로부터 20일이내에 항소이유서를 항소법원에 제출하여야 한다. 이 경우 제344조를 준용한다. <개정 63.12.13, 2007.12.21>
②항소이유서의 제출을 받은 항소법원은 지체없이 그 부본 또는 등본을 상대방에게 송달하여야 한다. <개정 63.12.13>
③상대방은 전항의 송달을 받은 날로부터 10일 이내에 답변서를 항소법원에 제출하여야 한다. <개정 63.12.13>
④답변서의 제출을 받은 항소법원은 지체없이 그 부본 또는 등본을 항소인 또는 변호인에게 송달하여야 한다. <개정 63.12.13>
<본조신설 61.9.1>

(판 례) 항소이유서를 법정기간내에 교도서의 소송기록 취급자에게 제출하였으나 취급자의 과실로 그 이유서가 대법원으로 잘못 발송되어 이를 관할 소송법원에 다시 송부한 관계로 그 도착이 지연된 경우에도 그 사실만으로서는 그 지연된 항소이유서의 제출을 적법화할 수는 없다(1967.5.20, 67모24). <형사소송법(이) 672면>

피고인에게 소송기록접수통지가 되기 전에 변호인의 선임이 있는 때에는 변호인에게도 소송기록접수통지를 하여야 하고 변호인의 항소이유서 제출기간은 변호인이 이 통지를 받은 날로부터 계산하여야 한다(1996.9.6, 96도166). <형사소송법(배, 이) 734면>

제361조의4【항소기각의 결정】 ①항소인이나 변호인이 전조제1항의 기간내에 항소이유서를 제출하지 아니한 때에는 결정으로 항소를 기각하여야 한다. 단, 직권조사사유가 있거나 항소장에 항소이유의 기재가 있는 때에는 예외로 한다.
②전항의 결정에 대하여는 즉시항고를 할 수 있다. <신설 63.12.13>
<본조신설 61.9.1>

제361조의5【항소이유】 다음 사유가 있을 경우에는 원심판결에 대한 항소이유로 할 수 있다. <개정 63.12.13>

1. 판결에 영향을 미친 헌법·법률·명령 또는 규칙의 위반이 있는 때
2. 판결후 형의 폐지나 변경 또는 사면이 있는 때
3. 관할 또는 관할위반의 인정이 법률에 위반한 때
4. 판결법원의 구성이 법률에 위반한 때
5. 및 6. 삭제 <63.12.13>
7. 법률상 그 재판에 관여하지 못할 판사가 그 사건의 심판에 관여한 때
8. 사건의 심리에 관여하지 아니한 판사가 그 사건의 판결에 관여한 때
9. 공판의 공개에 관한 규정에 위반한 때
10. 삭제 <63.12.13>
11. 판결에 이유를 붙이지 아니하거나 이유에 모순이 있는 때
12. 삭제 <63.12.13>
13. 재심청구의 사유가 있는 때
14. 사실의 오인이 있어 판결에 영향을 미친 때
15. 형의 양정이 부당하다고 인정할 사유가 있는 때

<본조신설 61.9.1>

제362조【항소기각의 결정】 ①제360조의 규정에 해당한 경우에 원심법원이 항소기각의 결정을 하지 아니한 때에는 항소법원은 결정으로 항소를 기각하여야 한다. <개정 63. 12.13>
②전항의 결정에 대하여는 즉시항고를 할 수 있다.

(판 례) 판결의 확정력은 사실심리의 가능성이 있는 최후의 시점인 판결선고시를 기준으로 하므로 항소가 된 경우 판결의 확정력이 미치는 시간적 한계는 현행 형사항소심의 구조와 운용실태에 비추어 볼 때 항소심 판결선고시가 되고 항소이유서를 제출하지 아니하여 결정으로 항소가 기각된 경우에도 항소기각결정시라고 보는 것이 옳다(1993.5.25, 93도386). <형사소송법(이) 667면>

제363조【공소기각의 결정】 ①제328조제1항 각호의 규정에 해당한 사유가 있는 때에는

항소법원은 결정으로 공소를 기각하여야 한다. <개정 63.12.13, 95.12.29>
②전항의 결정에 대하여는 즉시항고를 할 수 있다.

(신·구) ①제328조에~ ⇨ 제328조제1항 각호의 규정에~

제364조【항소법원의 심판】 ①항소법원은 항소이유에 포함된 사유에 관하여 심판하여야 한다. <개정 63.12.13>
②항소법원은 판결에 영향을 미친 사유에 관하여는 항소이유서에 포함되지 아니한 경우에도 직권으로 심판할 수 있다. <개정 63.12. 13>
③제1심법원에서 증거로 할 수 있었던 증거는 항소법원에서도 증거로 할 수 있다. <신설 63. 12.13>
④항소이유없다고 인정한 때에는 판결로써 항소를 기각하여야 한다. <개정 63.12.13>
⑤항소이유 없음이 명백한 때에는 항소장, 항소이유서 기타의 소송기록에 의하여 변론없이 판결로써 항소를 기각할 수 있다. <개정 63.12.13>
⑥항소이유있다고 인정한 때에는 원심판결을 파기하고 다시 판결을 하여야 한다. <개정 63.12.13>

(판례) 판결에 영향을 미친 사유라는 것은 널리 항소이유가 될 수 있는 사유 중에서 직권조사사유를 제한한 것으로서 판결에 영향을 미친 경우를 포함하는 것이다(1976.3.23, 76도437). <형사소송법(이) 673면>

제364조의2【공동피고인을 위한 파기】 피고인을 위하여 원심판결을 파기하는 경우에 파기의 이유가 항소한 공동피고인에게 공통되는 때에는 그 공동피고인에게 대하여도 원심판결을 파기하여야 한다. <개정 63.12.13>
<본조신설 61.9.1>

제365조【피고인의 출정】 ①피고인이 공판기일에 출정하지 아니한 때에는 다시 기일을 정하여야 한다. <개정 61.9.1>
②피고인이 정당한 사유없이 다시 정한 기일에 출정하지 아니한 때에는 피고인의 진술없이 판결을 할 수 있다.

제366조【원심법원에의 환송】 공소기각 또는 관할위반의 재판이 법률에 위반됨을 이유로 원심판결을 파기하는 때에는 판결로써 사건을 원심법원에 환송하여야 한다.

(판례) 피고인만이 상고하여 대법원에서 원판결이 파기되어 원심에 환송된 경우에는 피고인에게 제1차 상고전의 원판결보다 중한 형을 선고하지 못한다(1970.2.10, 69도2296). <형사소송법(이) 651면>

제367조【관할법원에의 이송】 관할인정이 법률에 위반됨을 이유로 원심판결을 파기하는 때에는 판결로써 사건을 관할법원에 이송하여야 한다. 단, 항소법원이 그 사건의 제1심 관할권이 있는 때에는 제1심으로 심판하여야 한다. <개정 63.12.13>

(판례) 본조의 규정은 검사가 양형이 경하다고 하여 항소한 경우에는 적용이 배제된다(1964.9.30, 64도420). <형사소송법(이) 649면>

항소 제1심유죄판결에 대하여 검사의 공소가 없고 피고인만의 공소가 있는 제2심유죄판결에 대하여 검사 상고가 있는 경우에 상고심은 검사의 불복없는 제1심판결의 형보다 중한 형을 과할 수 없다(1957.10.4, 4290형비상1). <형사소송법(이) 650면>

피고인에 대하여 제1심이 징역 1년 6월에 집행유예 3년의 형을 선고하고, 이에 대하여 피고인만이 항소하였는데, 환송 전 원심은 제1심판결을 파기하고 징역 1년 형의 선고를 유예하였으며, 이에 대하여 피고인만이 상고하여 당원이 원심판결을 파기하고 사건을 원심에 환송하자, 환송 후 원심은 제1심판결을 파기하고, 벌금 40,000,000원형과 금 16,485,250원 추징의 선고를 모두 유예하였다면, 전체적·실질적으로 볼 때 피고인에 대한 형이 제1심판결이나 환송 전 원심판결보다 불이익하게 변경되었다고 볼 수는 없다(1998.3.26, 97도1716). <형사소송법(이) 657면>

제368조【불이익변경의 금지】 피고인이 항소한 사건과 피고인을 위하여 항소한 사건에 대해서는 원심판결의 형보다 무거운 형을 선고할 수 없다.
<전문개정 2020. 12. 8.>

제369조【재판서의 기재방식】 항소법원의 재판서에는 항소이유에 대한 판단을 기재하여야 하며 원심판결에 기재한 사실과 증거를 인용할 수 있다. <개정 63.12.13>
<전문개정 61.9.1>

(판례) 원심판결 이유기재에 의하면 원심은 제1심판결을 파기하여 여전히 피고인을 유죄로 인정하면서 그 이유에 범죄사실과 적용법령의 기재만 있을 뿐 그 범죄사실을 증명하는 증거의 요지를 누락시키고 있어 이는 원심이 증거 없이 범죄사실을 인정하였거나 이유불비의 잘못을 범하였음에 해당한다(1987.2.24, 80도2660). <형사소송법(이) 676면>

제370조【준용규정】 제2편중 공판에 관한 규정은 본장에 특별한 규정이 없으면 항소의 심판에 준용한다. <개정 63.12.13>

제3장 상 고

제371조【상고할 수 있는 판결】 제2심판결

에 대하여 불복이 있으면 대법원에 상고할 수 있다. <개정 63.12.13>
<전문개정 61.9.1>

(판 례) 상고심의 심판대상은 항소심판결 당시를 기준으로 하여 그 당부를 심사하는데 있는 것이므로 항소심판결 당시 미성년자에 대한 부정기형의 선고는 동인이 그 후 상고심 계속중에 성년이 된다 하더라도 위법이 될 수 없다(1986.12.9, 86도2181). <형사소송법(이) 667면>

제372조【비약적상고】 다음 경우에는 제1심판결에 대하여 항소를 제기하지 아니하고 상고를 할 수 있다. <개정 61.9.1, 63. 12.13>

1. 원심판결이 인정한 사실에 대하여 법령을 적용하지 아니하였거나 법령의 적용에 착오가 있는 때
2. 원심판결이 있은 후 형의 폐지나 변경 또는 사면이 있는 때

(판 례) 비약적 상고는 제1심판결에 대하여만 할 수 있는 것이고 판결이 아닌 제1심법원의 결정에 대하여는 할 수 없다(1984.4.16, 84모18). <형사소송법(이) 682면>

제373조【항소와 비약적상고】 제1심판결에 대한 상고는 그 사건에 대한 항소가 제기된 때에는 그 효력을 잃는다. 단, 항소의 취하 또는 항소기각의 결정이 있는 때에는 그 예외로 한다. <개정 63.12.13>

(판 례) 피고인의 항소제기가 있으면 검사의 비약적 상고는 상고로서의 효력뿐 아니라 항소로서의 효력도 유지되지 않는다(1971.2.9, 71도28). <형소법(이) 681면>

제374조【상고기간】 상고의 제기기간은 7일로 한다.

제375조【상고제기의 방식】 상고를 함에는 상고장을 원심법원에 제출하여야 한다.

제376조【원심법원에서의 상고기각결정】 ①상고의 제기가 법률상의 방식에 위반하거나 상고권소멸후인 것이 명백한 때에는 원심법원은 결정으로 상고를 기각하여야 한다.
②전항의 결정에 대하여는 즉시항고를 할 수 있다.

제377조【소송기록과 증거물의 송부】 제376조의 경우를 제외하고는 원심법원은 상고장을 받은 날부터 14일 이내에 소송기록과 증거물을 상고법원에 송부하여야 한다.
<전문개정 95.12.29>

(신·구) 구조문 ⇨ **제377조【검찰청의 기록송부기간】** ①전조의 경우 외에는 원심법원은 상고장을 받은 날로부터 14일 이내에 소송기록을 그 법원에 대응한 검찰청검사에게 송부하고 검사는 그 송부를 받은 날로부터 7일 이내에 상고법원에 대응한 검찰청검사에게 송부하여야 한다.
②상고법원에 대응한 검찰청검사는 전항의 소송기록을 받은 날로부터 5일 이내에 상고법원에 송부하여야 한다.

제378조【소송기록접수와 통지】 ①상고법원이 소송기록의 송부를 받은 때에는 즉시 상고인과 상대방에 대하여 그 사유를 통지하여야 한다. <개정 61.9.1>
②전항의 통지전에 변호인의 선임이 있는 때에는 변호인에 대하여도 전항의 통지를 하여야 한다.

제379조【상고이유서와 답변서】 ①상고인 또는 변호인이 전조의 통지를 받은 날로부터 20일이내에 상고이유서를 상고법원에 제출하여야 한다. 이 경우 제344조를 준용한다. <개정 61.9.1, 2007.12.21>
②상고이유서에는 소송기록과 원심법원의 증거조사에 표현된 사실을 인용하여 그 이유를 명시하여야 한다.
③상고이유서의 제출을 받은 상고법원은 지체없이 그 부본 또는 등본을 상대방에 송달하여야 한다. <개정 61.9.1>
④상대방은 전항의 송달을 받은 날로부터 10일 이내에 답변서를 상고법원에 제출할 수 있다. <개정 61.9.1>
⑤답변서의 제출을 받은 상고법원은 지체없이 그 부본 또는 등본을 상고인 또는 변호인에게 송달하여야 한다. <개정 61.9.1>

제380조【상고기각결정】 ①상고인이나 변호인이 전조 제1항의 기간내에 상고이유서를 제출하지 아니한 때에는 결정으로 상고를 기각하여야 한다. 단, 상고장에 이유의 기재가 있는 때에는 예외로 한다. <개정 61.9.1>
② 상고장 및 상고이유서에 기재된 상고이유의 주장이 제383조 각 호의 어느 하나의 사유에 해당하지 아니함이 명백한 때에는 결정으로 상고를 기각하여야 한다. <신설 2014.5.14>

제381조【동 전】 제376조의 규정에 해당한 경우에 원심법원이 상고기각의 결정을 하지 아니한 때에는 상고법원은 결정으로 상고를 기각하여야 한다. <개정 61.9.1>

제382조【공소기각의 결정】 제328조제1항 각호의 규정에 해당하는 사유가 있는 때에는 상고법원은 결정으로 공소를 기각하여야 한다.
<전문개정 95.12.29>

(신·구) 구조문 ⇨ **제382조【동 전】** 제328조제1

항제1호, 제2호에 해당하는 사유가 있는 때에는 결정으로 상고를 기각하여야 한다.

제383조 【상고이유】 다음 사유가 있을 경우에는 원심판결에 대한 상고이유로 할 수 있다. <개정 61.9.1, 63.12.13>

1. 판결에 영향을 미친 헌법·법률·명령 또는 규칙의 위반이 있는 때
2. 판결후 형의 폐지나 변경 또는 사면이 있는 때
3. 재심청구의 사유가 있는 때
4. 사형, 무기 또는 10년 이상의 징역이나 금고가 선고된 사건에 있어서 중대한 사실의 오인이 있어 판결에 영향을 미친 때 또는 형의 양정이 심히 부당하다고 인정 할 현저한 사유가 있는 때

<전문개정 61.9.1>

(판 례) 본조 제4호는 오로지 피고인의 이익을 위하여 규정된 것이므로 검사가 피고인에게 불리하게 하기 위한 이유로서는 동호 소정 사유를 상고이유로 할 수 없다(1962.4.26, 62도32). <형사소송법(이) 678면>

제384조 【심판범위】 상고법원은 상고이유서에 포함된 사유에 관하여 심판하여야 한다. 그러나, 전조제1호 내지 제3호의 경우에는 상고이유서에 포함되지 아니한 때에도 직권으로 심판할 수 있다. <개정 63.12.13>

제385조 삭제 <61.9.1>

제386조 【변호인의 자격】 상고심에는 변호사 아닌 자를 변호인으로 선임하지 못한다.

제387조 【변론능력】 상고심에는 변호인 아니면 피고인을 위하여 변론하지 못한다.

제388조 【변론방식】 검사와 변호인은 상고이유서에 의하여 변론하여야 한다.

제389조 【변호인의 불출석 등】 ①변호인의 선임이 없거나 변호인이 공판기일에 출정하지 아니한 때에는 검사의 진술을 듣고 판결을 할 수 있다. 단, 제283조의 규정에 해당한 경우에는 예외로 한다.

②전항의 경우에 적법한 이유서의 제출이 있는 때에는 그 진술이 있는 것으로 간주한다.

제389조의2 【피고인의 소환 여부】 상고심의 공판기일에는 피고인의 소환을 요하지 아니한다.

<본조신설 95.12.29>

제390조 【서면심리에 의한 판결】 ①상고법원은 상고장, 상고이유서 기타의 소송기록에 의하여 변론없이 판결할 수 있다. <개정 2007.6.1>

②상고법원은 필요한 경우에는 특정한 사항에 관하여 변론을 열어 참고인의 진술을 들을 수 있다. <신설 2007.6.1>

<전문개정 61.9.1>

제391조 【원심판결의 파기】 상고이유가 있는 때에는 판결로써 원심판결을 파기하여야 한다.

제392조 【공동피고인을 위한 파기】 피고인의 이익을 위하여 원심판결을 파기하는 경우에 파기의 이유가 상고한 공동피고인에 공통되는 때에는 그 공동피고인에 대하여도 원심판결을 파기하여야 한다.

제393조 【공소기각과 환송의 판결】 적법한 공소를 기각하였다는 이유로 원심판결 또는 제1심판결을 파기하는 경우에는 판결로써 사건을 원심법원 또는 제1심법원에 환송하여야 한다.

제394조 【관할인정과 이송의 판결】 관할의 인정이 법률에 위반됨을 이유로 원심판결 또는 제1심판결을 파기하는 경우에는 판결로써 사건을 관할있는 법원에 이송하여야 한다.

제395조 【관할위반과 환송의 판결】 관할위반의 인정이 법률에 위반됨을 이유로 원심판결 또는 제1심판결을 파기하는 경우에는 판결로써 사건을 원심법원 또는 제1심법원에 환송하여야 한다.

제396조 【파기자판】 ①상고법원은 원심판결을 파기한 경우에 그 소송기록과 원심법원과 제1심법원이 조사한 증거에 의하여 판결하기 충분하다고 인정한 때에는 피고사건에 대하여 직접판결을 할 수 있다. <개정 61.9.1>

②제368조의 규정은 전항의 판결에 준용한다.

제397조 【환송 또는 이송】 전4조의 경우외에 원심판결을 파기한 때에는 판결로써 사건을 원심법원에 환송하거나 그와 동등한 다른 법원에 이송하여야 한다.

제398조 【재판서의 기재방식】 재판서에는 상고의 이유에 관한 판단을 기재하여야 한다. <개정 61.9.1>

제399조 【준용규정】 전장의 규정은 본장에 특별한 규정이 없으면 상고의 심판에 준용한다.

제400조 【판결정정의 신청】 ①상고법원은 그 판결의 내용에 오류가 있음을 발견한 때에는 직권 또는 검사, 상고인이나 변호인의 신청에 의하여 판결로써 정정할 수 있다. <개정 61.9.1>

②전항의 신청은 판결의 선고가 있은 날로부터 10일 이내에 하여야 한다.

③제1항의 신청은 신청의 이유를 기재한 서면으로 하여야 한다.

제401조 【정정의 판결】 ①정정의 판결은 변론없이 할 수 있다.

②정정할 필요가 없다고 인정한 때에는 지체없이 결정으로 신청을 기각하여야 한다.

제4장 항 고

제402조 【항고할 수 있는 재판】 법원의 결정에 대하여 불복이 있으면 항고를 할 수 있다. 단, 이 법률에 특별한 규정이 있는 경우에는 예외로 한다.

제403조 【판결전의 결정에 대한 항고】 ①법원의 관할 또는 판결전의 소송절차에 관한 결정에 대하여는 특히 즉시항고를 할 수 있는 경우외에는 항고를 하지 못한다.

②전항의 규정은 구금, 보석, 압수나 압수물의 환부에 관한 결정 또는 감정하기 위한 피고인의 유치에 관한 결정에 적용하지 아니한다.

(판 례) 공소장변경의 허가에 관한 결정은 판결전의 소송절차에 관한 결정이라 할 것이므로 그 결정을 함에 있어서 저지른 위법이 판결에 영향을 미친 경우에 한하여 그 판결에 대하여 상소를 하여 다툼으로써 불복하는 외에는 당사자가 이에 대하여 독립하여 상소할 수 없다(1987.3.28, 87모17). <형사소송법(이) 684면>

제404조 【보통항고의 시기】 항고는 즉시항고외에는 언제든지 할 수 있다. 단, 원심결정을 취소하여도 실익이 없게 된 때에는 예외로 한다. <개정 63.12.13>

제405조 【즉시항고의 제기기간】 즉시항고의 제기기간은 7일로 한다. <개정 2019.12.31.>

(판 례) 증거보전청구를 기각하는 결정에 대하여는 즉시항고로써 불복할 수 없다(1984.3.29, 84모15). <형사소송법(이) 294면>

제406조 【항고의 절차】 항고를 함에는 항고장을 원심법원에 제출하여야 한다.

(판 례) 소년부에서 그 사건에 대한 보호처분의 결정이 있은 후에는 구 소년법(77.12.31. 법률 제3047호로 개정전)제39조의 규정상(검사에게는 보호처분결정에 대한 항고권이 없다)검사는 위 송치결정에 대한 항고를 할 수 없을 것이고 이미 적법하게 제기되었던 항고도 이유없게 될 것이다(1966.9.15, 66모61). <형사소송법(이) 685면>

제407조 【원심법원의 항고기각결정】 ①항고의 제기가 법률상의 방식에 위반하거나 항고권 소멸후인 것이 명백한 때에는 원심법원은 결정으로 항고를 기각하여야 한다.

②전항의 결정에 대하여는 즉시항고를 할 수 있다.

제408조 【원심법원의 갱신결정】 ①원심법원은 항고가 이유있다고 인정한 때에는 결정을 경정하여야 한다.

②항고의 전부 또는 일부가 이유없다고 인정한 때에는 항고장을 받은 날로부터 3일 이내에 의견서를 첨부하여 항고법원에 송부하여야 한다.

제409조 【보통항고와 집행정지】 항고는 즉시항고외에는 재판의 집행을 정지하는 효력이 없다. 단, 원심법원 또는 항고법원은 결정으로 항고에 대한 결정이 있을 때까지 집행을 정지할 수 있다.

제410조 【즉시항고와 집행정지의 효력】 즉시항고의 제기기간내와 그 제기가 있는 때에는 재판의 집행은 정지된다.

제411조 【소송기록 등의 송부】 ①원심법원이 필요하다고 인정한 때에는 소송기록과 증거물을 항고법원에 송부하여야 한다.

②항고법원은 소송기록과 증거물의 송부를 요구할 수 있다.

③전2항의 경우에 항고법원이 소송기록과 증거물의 송부를 받은 날로부터 5일 이내에 당사자에게 그 사유를 통지하여야 한다.

제412조 【검사의 의견진술】 검사는 항고사건에 대하여 의견을 진술할 수 있다.

제413조 【항고기각의 결정】 제407조의 규정에 해당한 경우에 원심법원이 항고기각의 결정을 하지 아니한 때에는 항고법원은 결정으로 항고를 기각하여야 한다.

제414조 【항고기각과 항고이유인정】 ①항고를 이유없다고 인정한 때에는 결정으로 항고를 기각하여야 한다.

②항고를 이유있다고 인정한 때에는 결정으로 원심결정을 취소하고 필요한 경우에는 항고사건에 대하여 직접재판을 하여야 한다.

제415조 【재항고】 항고법원 또는 고등법원의 결정에 대하여는 재판에 영향을 미친 헌법·법률·명령 또는 규칙의 위반이 있음을 이유로 하는 때에 한하여 대법원에 즉시항고를 할 수 있다.
<전문개정 63.12.13>

제416조 【준항고】 ①재판장 또는 수명법관이 다음 각호의 1에 해당한 재판을 고지한 경

우에 불복이 있으면 그 법관소속의 법원에 재판의 취소 또는 변경을 청구할 수 있다.
1. 기피신청을 기각한 재판
2. 구금, 보석, 압수 또는 압수물환부에 관한 재판
3. 감정하기 위하여 피고인의 유치를 명한 재판
4. 증인, 감정인, 통역인 또는 번역인에 대하여 과태료 또는 비용의 배상을 명한 재판

②지방법원이 전항의 청구를 받은 때에는 합의부에서 결정을 하여야 한다.
③제1항의 청구는 재판의 고지있는 날로부터 7일 이내에 하여야 한다. <개정 2019.12.31.>
④제1항제4호의 재판은 전항 청구기간내와 청구가 있는 때에는 그 재판의 집행은 정지된다.

(판 례) 그 판사는 수소법원으로서의 재판장 또는 수명법관도 아니므로 그가 한 재판은 동법 제416조에 정하는 준항고의 대상이 되지도 않으며 또 동법 제403조에 관한 재판에는 그 적용이 없다 할 것이어서 결국 증거보전청구의 기각결정에 대하여는 형사소송법상 어떠한 방법으로도 불복을 할 수가 없다(1986.7.12, 86모25). <형사소송법(이) 294면>

제417조【동 전】 검사 또는 사법경찰관의 구금, 압수 또는 압수물의 환부에 관한 처분과 제243조의2에 따른 변호인의 참여 등에 관한 처분에 대하여 불복이 있으면 그 직무집행지의 관할법원 또는 검사의 소속검찰청에 대응한 법원에 그 처분의 취소 또는 변경을 청구할 수 있다. <개정 2007.6.1, 2007.12.21>

제418조【준항고의 방식】 전2조의 청구는 서면으로 관할법원에 제출하여야 한다.

제419조【준용규정】 제409조, 제413조, 제414조, 제415조의 규정은 제416조, 제417조의 청구있는 경우에 준용한다. <개정 95.12.29>

(신·구) ~제415조 본문의~ ⇨ ~제415조의~

(판 례) 형사소송법 제417조 소정의 준항고절차는 당사자주의에 입각한 소송절차와는 달리 대립되는 양 당사자의 관여를 필요로 하는 것이 아니므로 원심이 위 제417조 소정의 사법경찰관이 아닌 국가안전기획부장을 상대방으로 표시한 잘못이 있다고 하더라도 그것이 형사소송법 제415조의 재항고이유로 되는 위법사유가 된다고 볼 수 없다(1991.3.28, 91모24).

제4편 특별소송절차

제1장 재 심

제420조【재심이유】 재심은 다음 각 호의 어느 하나에 해당하는 이유가 있는 경우에 유죄의 확정판결에 대하여 그 선고를 받은 자의 이익을 위하여 청구할 수 있다.
1. 원판결의 증거가 된 서류 또는 증거물이 확정판결에 의하여 위조되거나 변조된 것임이 증명된 때
2. 원판결의 증거가 된 증언, 감정, 통역 또는 번역이 확정판결에 의하여 허위임이 증명된 때
3. 무고(誣告)로 인하여 유죄를 선고받은 경우에 그 무고의 죄가 확정판결에 의하여 증명된 때
4. 원판결의 증거가 된 재판이 확정재판에 의하여 변경된 때
5. 유죄를 선고받은 자에 대하여 무죄 또는 면소를, 형의 선고를 받은 자에 대하여 형의 면제 또는 원판결이 인정한 죄보다 가벼운 죄를 인정할 명백한 증거가 새로 발견된 때
6. 저작권, 특허권, 실용신안권, 디자인권 또는 상표권을 침해한 죄로 유죄의 선고를 받은 사건에 관하여 그 권리에 대한 무효의 심결 또는 무효의 판결이 확정된 때
7. 원판결, 전심판결 또는 그 판결의 기초가 된 조사에 관여한 법관, 공소의 제기 또는 그 공소의 기초가 된 수사에 관여한 검사나 사법경찰관이 그 직무에 관한 죄를 지은 것이 확정판결에 의하여 증명된 때. 다만, 원판결의 선고 전에 법관, 검사 또는 사법경찰관에 대하여 공소가 제기되었을 경우에는 원판결의 법원이 그 사유를 알지 못한 때로 한정한다.

<전문개정 2020. 12. 8.>

(판 례) 형사소송법상 재심청구는 유죄의 확정판결에 대하여서만 할 수 있고 결정에 대하여는 재심청구가 허용되지 않는다(1986.10.29, 86모38). <형사소송법(이) 690면>

형사소송법 제420조제5호가 말하는 무죄를 인정할 명백한 증거가 새로 발견된 때라고 함은 확정판결의 소송 절차에서 발견되지 못하였거나 발견되었어도 제출 또는 신문할 수 없었던 증거로서 그 증거가치에 있어 다른 증거들에 비하여 객관적인 우위성이 인정되는 것을 발견하거나 이를 제출할 수 있게 된 때를 말하고, 따라서 법관의 자유심증에 의하여 그 증거가치가 좌우되는 증거는 이에 해당하지 않는다(1995.11.8, 95모67). <형사소송법(이) 696면>

원판결의 증거된 증언을 한 자가 그 재판 과정에서 자신의 증언과 반대되는 취지의 증언을 한 다른 증

인을 위증죄로 고소하였다가 그 고소가 허위임이 밝혀져 무고죄로 유죄의 확정판결을 받은 경우는 위 재심사유에 포함되지 아니한다.(2005.4.14, 2003도1080). <이재상 740면>

제421조【동 전】 ①항소 또는 상고의 기각판결에 대하여는 전조제1호, 제2호, 제7호의 사유있는 경우에 한하여 그 선고를 받은 자의 이익을 위하여 재심을 청구할 수 있다. <개정 63.12.13>

②제1심확정판결에 대한 재심청구사건의 판결이 있은 후에는 항소기각판결에 대하여 다시 재심을 청구하지 못한다. <개정 63.12.13>

③제1심 또는 제2심의 확정판결에 대한 재심청구사건의 판결이 있은 후에는 상고기각판결에 대하여 다시 재심을 청구하지 못한다.

(판 례) 형사소송법 제421조 제1항에서 항소 또는 상고의 기각판결이라 함은 위 상고기각 판결에 의하여 확정된 제1심 또는 항소판결을 의미하는 것이 아니고, 항소기각 또는 상고기각 판결 자체를 의미한다(1984.7.27, 84모48). <형사소송법(이) 697면>

제422조【확정판결에 대신하는 증명】 전2조의 규정에 의하여 확정판결로써 범죄가 증명됨을 재심청구의 이유로 할 경우에 그 확정판결을 얻을 수 없는 때에는 그 사실을 증명하여 재심의 청구를 할 수 있다. 단, 증거가 없다는 이유로 확정판결을 얻을 수 없는 때에는 예외로 한다.

제423조【재심의 관할】 재심의 청구는 원판결의 법원이 관할한다.

(판 례) 상고법원이 제2심판결을 파기하고 자판한 판결에 대한 재심청구는 원판결을 선고한 상고법원에 하여야 할 것이고 파기된 판결의 선고법원인 고등법원에 할 수 없다(1961.12.4, 4294형항20). <형사소송법(이) 698면>

형사소송법 제420조, 제421조가 유죄의 확정판결 또는 유죄 판결에 대한 항소 또는 상고의 기각판결에 대하여만 재심을 청구할 수 있도록 규정하고 있는 이상, 항소심에서 파기되어버린 제1심판결에 대해서는 재심을 청구할 수 없는 것이므로, 위 제1심판결을 대상으로 하는 재심청구는 법률상의 방식에 위반하는 것으로 보지 않을 수 없다.(2004.2.13, 2003모464). <이재상 748면>

제424조【재심청구권자】 다음 각호의 1에 해당하는 자는 재심의 청구를 할 수 있다.

1. 검 사
2. 유죄의 선고를 받은 자
3. 유죄의 선고를 받은 자의 법정대리인
4. 유죄의 선고를 받은 자가 사망하거나 심신장애가 있는 경우에는 그 배우자, 직계친족 또는 형제자매

제425조【검사만이 청구할 수 있는 재심】 제420조제7호의 사유에 의한 재심의 청구는 유죄의 선고를 받은 자가 그 죄를 범하게 한 경우에는 검사가 아니면 하지 못한다.

제426조【변호인의 선임】 ①검사이외의 자가 재심의 청구를 하는 경우에는 변호인을 선임할 수 있다.

②전항의 규정에 의한 변호인의 선임은 재심의 판결이 있을 때까지 그 효력이 있다.

제427조【재심청구의 시기】 재심의 청구는 형의 집행을 종료하거나 형의 집행을 받지 아니하게 된 때에도 할 수 있다.

제428조【재심과 집행정지의 효력】 재심의 청구는 형의 집행을 정지하는 효력이 없다. 단, 관할법원에 대응한 검찰청검사는 재심청구에 대한 재판이 있을 때까지 형의 집행을 정지할 수 있다.

제429조【재심청구의 취하】 ①재심의 청구는 취하할 수 있다.

②재심의 청구를 취하한 자는 동일한 이유로써 다시 재심을 청구하지 못한다.

제430조【재소자에 대한 특칙】 제344조의 규정은 재심의 청구와 그 취하에 준용한다.

제431조【사실조사】 ①재심의 청구를 받은 법원은 필요하다고 인정한 때에는 합의부원에게 재심청구의 이유에 대한 사실조사를 명하거나 다른 법원판사에게 이를 촉탁할 수 있다.

②전항의 경우에는 수명법관 또는 수탁판사는 법원 또는 재판장과 동일한 권한이 있다.

제432조【재심에 대한 결정과 당사자의 의견】 재심의 청구에 대하여 결정을 함에는 청구한 자와 상대방의 의견을 들어야 한다. 단, 유죄의 선고를 받은 자의 법정대리인이 청구한 경우에는 유죄의 선고를 받은 자의 의견을 들어야 한다.

(판 례) 형사소송법 제432조에 의하면 재심의 청구에 대하여 결정을 함에는 청구한 자와 상대방의 의견을 들어야 한다고 규정하고 있으므로 최소한 재심을 청구한 자와 상대방에게 의견을 진술할 기회를 부여하여야 한다(1983.12.20, 83모43). <형사소송법(이) 701면>

제433조【청구기각결정】 재심의 청구가 법률상의 방식에 위반하거나 청구권의 소멸후인 것이 명백한 때에는 결정으로 기각하여야 한다.

(판 례) 재심대상 판결(상고기각판결)이 사실오인을 간과한 것이어서 부당하다는 취지의 이 사건 재

심청구 이유는 형사소송법 제421조제1항 소정의 사유가 있음을 이유로 하는 것이 아니므로 법률상 방식에 위반된 경우에 해당한다(1984.1.20, 83소3). <형사소송법(이) 701면>

제434조【동 전】 ①재심의 청구가 이유없다고 인정한 때에는 결정으로 기각하여야 한다.

②전항의 결정이 있는 때에는 누구든지 동일한 이유로써 다시 재심을 청구하지 못한다.

제435조【재심개시의 결정】 ①재심의 청구가 이유있다고 인정한 때에는 재심개시의 결정을 하여야 한다.

②재심개시의 결정을 할 때에는 결정으로 형의 집행을 정지할 수 있다. <개정 95.12.29>

(신·구) ②~정지하여야 한다. ⇨ ~정지할 수 있다.

(판 례) 경합범 관계에 있는 수 개의 범죄사실을 유죄로 인정하여 한 개의 형을 선고한 불가분의 확정판결에서 그 중 일부의 범죄사실에 대하여만 재심청구의 이유가 있는 것으로 인정된 경우에는 재심사유가 없는 범죄사실에 대하여는 이를 다시 심리하여 유죄 인정을 파기할 수 없고 다만 그 부분에 관하여 새로이 양형을 하여야 하므로 양형을 위하여 필요한 범위에 한하여만 심리를 할 수 있을 뿐이다(1996.6.14, 96도477). <형사소송법(이) 702면>

제436조【청구의 경합과 청구기각의 결정】 ①항소기각의 확정판결과 그 판결에 의하여 확정된 제1심판결에 대하여 재심의 청구가 있는 경우에 제1심법원이 재심의 판결을 한 때에는 항소법원은 결정으로 재심의 청구를 기각하여야 한다.

②제1심 또는 제2심판결에 대한 상고기각의 판결과 그 판결에 의하여 확정된 제1심 또는 제2심의 판결에 대하여 재심의 청구가 있는 경우에 제1심법원 또는 항소법원이 재심의 판결을 한 때에는 상고법원은 결정으로 재심의 청구를 기각하여야 한다.

<전문개정 63.12.13>

제437조【즉시항고】 제433조, 제434조제1항, 제435조제1항과 전조제1항의 결정에 대하여는 즉시항고를 할 수 있다.

제438조【재심의 심판】 ①재심개시의 결정이 확정한 사건에 대하여는 제436조의 경우외에는 법원은 그 심급에 따라 다시 심판을 하여야 한다.

②다음 경우에는 제306조제1항, 제328조제1항제2호의 규정은 전항의 심판에 적용하지 아니한다. <개정 2014.12.30>

1. 사망자 또는 회복할 수 없는 심신장애인을 위하여 재심의 청구가 있는 때
2. 유죄의 선고를 받은 자가 재심의 판결전에 사망하거나 회복할 수 없는 심신장애인으로 된 때

③전항의 경우에는 피고인이 출정하지 아니하여도 심판을 할 수 있다. 단, 변호인이 출정하지 아니하면 개정하지 못한다.

④전2항의 경우에 재심을 청구한 자가 변호인을 선임하지 아니한 때에는 재판장은 직권으로 변호인을 선임하여야 한다.

(판 례) 확정판결에 대하여 피해자 등의 인증으로서 재심개시결정을 한 것은 부당하지만 재심개시결정이 확정된 이상 법원은 다시 심리하여 판결하여야 한다(1960.10.7, 4293형상307). <형사소송법(이) 703면>

증거보전이란 장차 공판에 있어서 사용하여야 할 증거가 멸실되거나 또는 그 사용하기 곤란한 사정이 있을 경우에 당사자의 청구에 의하여 공판 전에 미리 그 증거를 수집보전하여 두는 제도로서 제1심 제1회 공판기일 전에 한하여 허용되는 것이므로 재심청구사건에서는 증거보전절차는 허용되지 아니한다(1984.3.29, 84모15). <형사소송법(이) 293면>

제439조【불이익변경의 금지】 재심에는 원판결의 형보다 무거운 형을 선고할 수 없다. <전문개정 2020. 12. 8.>

제440조【무죄판결의 공시】 재심에서 무죄의 선고를 한 때에는 그 판결을 관보와 그 법원소재지의 신문지에 기재하여 공고하여야 한다. 다만, 다음 각 호의 어느 하나에 해당하는 사람이 이를 원하지 아니하는 의사를 표시한 경우에는 그러하지 아니하다.

1. 제424조제1호부터 제3호까지의 어느 하나에 해당하는 사람이 재심을 청구한 때에는 재심에서 무죄의 선고를 받은 사람
2. 제424조제4호에 해당하는 사람이 재심을 청구한 때에는 재심을 청구한 그 사람

<전문개정 2016.5.29>

제2장 비상상고

제441조【비상상고이유】 검찰총장은 판결이 확정한 후 그 사건의 심판이 법령에 위반한 것을 발견한 때에는 대법원에 비상상고를 할 수 있다.

(판 례) 본조는 판결이 확정한 후 그 사건의 심판이 법령에 위반한 것을 발견한 때에는 비상상고를 할 수 있다고 규정하였는바 본법 제380조에 의한 상고기각의 결정은 공소심판결을 확정시키는 효력이 있는 해당사건에 관한 종국적인 재판이므로 그 결정에 대하여 법령위반이 있음을 발견한 때에는 비상상고를 할 수 있다고 해석함이 타당하다(1963.1.10, 62

오4). <형사소송법(이) 706면>

제442조 【비상상고의 방식】 비상상고를 함에는 그 이유를 기재한 신청서를 대법원에 제출하여야 한다.

제443조 【공판기일】 공판기일에는 검사는 신청서에 의하여 진술하여야 한다.

제444조 【조사의 범위, 사실의 조사】 ①대법원은 신청서에 포함된 이유에 한하여 조사하여야 한다.

②법원의 관할, 공소의 수리와 소송절차에 관하여는 사실조사를 할 수 있다.

③전항의 경우에는 제431조의 규정을 준용한다.

제445조 【기각의 판결】 비상상고가 이유없다고 인정한 때에는 판결로써 이를 기각하여야 한다.

제446조 【파기의 판결】 비상상고가 이유있다고 인정한 때에는 다음의 구별에 따라 판결을 하여야 한다.

1. 원판결이 법령에 위반한 때에는 그 위반된 부분을 파기하여야 한다. 단, 원판결이 피고인에게 불이익한 때에는 원판결을 파기하고 피고사건에 대하여 다시 판결을 한다.
2. 원심소송절차가 법령에 위반한 때에는 그 위반된 절차를 파기한다.

제447조 【판결의 효력】 비상상고의 판결은 전조제1호 단행의 규정에 의한 판결외에는 그 효력이 피고인에게 미치지 아니한다.

제3장 약식절차

제448조 【약식명령을 할 수 있는 사건】 ①지방법원은 그 관할에 속한 사건에 대하여 검사의 청구가 있는 때에는 공판절차없이 약식명령으로 피고인을 벌금, 과료 또는 몰수에 처할 수 있다.

②전항의 경우에는 추징 기타 부수의 처분을 할 수 있다.

제449조 【약식명령의 청구】 약식명령의 청구는 공소의 제기와 동시에 서면으로 하여야 한다.

제450조 【보통의 심판】 약식명령의 청구가 있는 경우에 그 사건이 약식명령으로 할 수 없거나 약식명령으로 하는 것이 적당하지 아니하다고 인정한 때에는 공판절차에 의하여 심판하여야 한다.

제451조 【약식명령의 방식】 약식명령에는 범죄사실, 적용법령, 주형, 부수처분과 약식명령의 고지를 받은 날로부터 7일 이내에 정식재판의 청구를 할 수 있음을 명시하여야 한다.

(판 례) 약식명령 청구서에 공소사실을 기재하지 아니하고 고발장의 기재사실을 인용함은 형사소송법의 소위 공소사실의 기재로는 볼 수 없다(1955.9.20, 4288형상212). <형사소송법(이) 733면>

제452조 【약식명령의 고지】 약식명령의 고지는 검사와 피고인에 대한 재판서의 송달에 의하여 한다.

제453조 【정식재판의 청구】 ①검사 또는 피고인은 약식명령의 고지를 받은 날로부터 7일 이내에 정식재판의 청구를 할 수 있다. 단, 피고인은 정식재판의 청구를 포기할 수 없다.

②정식재판의 청구는 약식명령을 한 법원에 서면으로 제출하여야 한다.

③정식재판의 청구가 있는 때에는 법원은 지체없이 검사 또는 피고인에게 그 사유를 통지하여야 한다.

제454조 【정식재판청구의 취하】 정식재판의 청구는 제1심판결선고전까지 취하할 수 있다.

제455조 【기각의 결정】 ①정식재판의 청구가 법령상의 방식에 위반하거나 청구권의 소멸후인 것이 명백한 때에는 결정으로 기각하여야 한다.

②전항의 결정에 대하여는 즉시항고를 할 수 있다.

③정식재판의 청구가 적법한 때에는 공판절차에 의하여 심판하여야 한다.

제456조 【약식명령의 실효】 약식명령은 정식재판의 청구에 의한 판결이 있는 때에는 그 효력을 잃는다.

제457조 【약식명령의 효력】 약식명령은 정식재판의 청구기간이 경과하거나 그 청구의 취하 또는 청구기각의 결정이 확정한 때에는 확정판결과 동일한 효력이 있다.

(판 례) 포괄일죄의 일부에 대한 약식명령이 정식재판청구기간의 도과로 확정된 경우에는 그 약식명령의 발령시를 기준으로 하여 그 때까지 행하여진 행위에 대하여는 공소의 효력과 약식명령의 확정력이 미치므로 이에 대하여는 면소판결을 하여야 한다(1981.6.23, 81도1437). <형사소송법(이) 734면>

제457조의2 【형종 상향의 금지 등】 ① 피고인이 정식재판을 청구한 사건에 대하여는 약식

명령의 형보다 중한 종류의 형을 선고하지 못한다.
② 피고인이 정식재판을 청구한 사건에 대하여 약식명령의 형보다 중한 형을 선고하는 경우에는 판결서에 양형의 이유를 적어야 한다.
<전문개정 2017.12.19>

제458조 【준용규정】 ①제340조 내지 제342조, 제345조 내지 제352조, 제354조의 규정은 정식재판의 청구 또는 그 취하에 준용한다.
②제365조의 규정은 정식재판절차의 공판기일에 정식재판을 청구한 피고인이 출석하지 아니한 경우에 이를 준용한다. <신설 95.12.29>

(신·구) 【공소규정의 준용】 ~ ⇨ 【준용규정】 ~

(판 례) 약식명령에 대한 정식재판청구권의 회복청구를 하는 경우에는 형사소송법 제458조, 제345조, 제346조제1항, 제3항의 규정에 따라 약식명령이 고지된 사실을 안 날로부터 정식재판청구기간에 상당한 기간인 7일 이내에 서면으로 정식재판청구권 회복청구를 함과 동시에 정식재판청구를 하여야 하므로 위 7일 이내에 정식재판청구권 회복청구만을 하였을 뿐 정식재판청구를 하지 아니하였다면 그 정식재판청구권 회복청구는 소정방식을 결한 것으로서 허가될 수 없다(1983.12.29, 83모48). <형사소송법(이) 735면>

제5편 재판의 집행

제459조 【재판의 확정과 집행】 재판은 이 법률에 특별한 규정이 없으면 확정한 후에 집행한다.

제460조 【집행지휘】 ①재판의 집행은 그 재판을 한 법원에 대응한 검찰청검사가 지휘한다. 단, 재판의 성질상 법원 또는 법관이 지휘할 경우에는 예외로 한다.
②상소의 재판 또는 상소의 취하로 인하여 하급법원의 재판을 집행할 경우에는 상소법원에 대응한 검찰청검사가 지휘한다. 단, 소송기록이 하급법원 또는 그 법원에 대응한 검찰청에 있는 때에는 그 검찰청검사가 지휘한다.

제461조 【집행지휘의 방식】 재판의 집행지휘는 재판서 또는 재판을 기재한 조서의 등본 또는 초본을 첨부한 서면으로 하여야 한다. 단, 형의 집행을 지휘하는 경우외에는 재판서의 원본, 등본이나 초본 또는 조서의 등본이나 초본에 인정하는 날인으로 할 수 있다.

제462조 【형 집행의 순서】 2이상의 형을 집행하는 경우에 자격상실, 자격정지, 벌금, 과료와 몰수 외에는 무거운 형을 먼저 집행한다. 다만, 검사는 소속 장관의 허가를 얻어 무거운 형의 집행을 정지하고 다른 형의 집행을 할 수 있다.
<전문개정 2020. 12. 8.>

제463조 【사형의 집행】 사형은 법무부장관의 명령에 의하여 집행한다.

제464조 【사형판결확정과 소송기록의 제출】 사형을 선고한 판결이 확정한 때에는 검사는 지체없이 소송기록을 법무부장관에게 제출하여야 한다.

제465조 【사형집행명령의 시기】 ①사형집행의 명령은 판결이 확정된 날로부터 6월 이내에 하여야 한다.
②상소권회복의 청구, 재심의 청구 또는 비상상고의 신청이 있는 때에는 그 절차가 종료할 때까지의 기간은 전항의 기간에 산입하지 아니한다.

제466조 【사형집행의 기간】 법무부장관이 사형의 집행을 명한 때에는 5일 이내에 집행하여야 한다.

제467조 【사형집행의 참여】 ①사형의 집행에는 검사와 검찰청서기관과 교도소장 또는 구치소장이나 그 대리자가 참여하여야 한다.
②검사 또는 교도소장 또는 구치소장의 허가가 없으면 누구든지 형의 집행장소에 들어가지 못한다. <개정 63.12.13>

제468조 【사형집행조서】 사형의 집행에 참여한 검찰청서기관은 집행조서를 작성하고 검사와 교도소장 또는 구치소장이나 그 대리자와 함께 기명날인 또는 서명하여야 한다. <개정 63.12.13, 2007.6.1>

제469조 【사형 집행의 정지】 ① 사형선고를 받은 사람이 심신의 장애로 의사능력이 없는 상태이거나 임신 중인 여자인 때에는 법무부장관의 명령으로 집행을 정지한다.
② 제1항에 따라 형의 집행을 정지한 경우에는 심신장애의 회복 또는 출산 후에 법무부장관의 명령에 의하여 형을 집행한다.
<전문개정 2020. 12. 8.>

제470조 【자유형집행의 정지】 ①징역, 금고 또는 구류의 선고를 받은 자가 심신의 장애로 의사능력이 없는 상태에 있는 때에는 형을 선고한 법원에 대응한 검찰청검사 또는 형의 선고를 받은 자의 현재지를 관할하는 검찰청검사의 지휘에 의하여 심신장애가 회복될 때까

지 형의 집행을 정지한다.
②전항의 규정에 의하여 형의 집행을 정지한 경우에는 검사는 형의 선고를 받은 자를 감호의무자 또는 지방공공단체에 인도하여 병원 기타 적당한 장소에 수용하게 할 수 있다.
③형의 집행이 정지된 자는 전항의 처분이 있을 때까지 교도소 또는 구치소에 구치하고 그 기간을 형기에 산입한다. <개정 63.12.13>

제471조【동 전】 ①징역, 금고 또는 구류의 선고를 받은 자에 대하여 다음각호의 1에 해당한 사유가 있는 때에는 형을 선고한 법원에 대응한 검찰청검사 또는 형의 선고를 받은 자의 현재지를 관할하는 검찰청검사의 지휘에 의하여 형의 집행을 정지할 수 있다. <개정 2007.12.21>

1. 형의 집행으로 인하여 현저히 건강을 해하거나 생명을 보전할 수 없을 염려가 있는 때
2. 연령 70세이상인 때
3. 잉태후 6월이상인 때
4. 출산후 60일을 경과하지 아니한 때
5. 직계존속이 연령 70세이상 또는 중병이나 장애인으로 보호할 다른 친족이 없는 때
6. 직계비속이 유년으로 보호할 다른 친족이 없는 때
7. 기타 중대한 사유가 있는 때

②검사가 전항의 지휘를 함에는 소속 고등검찰청검사장 또는 지방검찰청검사장의 허가를 얻어야 한다. <개정 2004.1.20, 2007.6.1>

제471조의2【형집행정지 심의위원회】 ①제471조제1항제1호의 형집행정지 및 그 연장에 관한 사항을 심의하기 위하여 각 지방검찰청에 형집행정지 심의위원회(이하 이 조에서 "심의위원회"라 한다)를 둔다.
②심의위원회는 위원장 1명을 포함한 10명 이내의 위원으로 구성하고, 위원은 학계, 법조계, 의료계, 시민단체 인사 등 학식과 경험이 있는 사람 중에서 각 지방검찰청 검사장이 임명 또는 위촉한다.
③심의위원회의 구성 및 운영 등 그 밖에 필요한 사항은 법무부령으로 정한다.
<본조신설 2015.7.31>

제472조【소송비용의 집행정지】 제487조에 규정된 신청기간내와 그 신청이 있는 때에는 소송비용부담의 재판의 집행은 그 신청에 대한 재판이 확정될 때까지 정지된다.

제473조【집행하기 위한 소환】 ①사형, 징역, 금고 또는 구류의 선고를 받은 자가 구금되지 아니한 때에는 검사는 형을 집행하기 위하여 이를 소환하여야 한다.
②소환에 응하지 아니한 때에는 검사는 형집행장을 발부하여 구인하여야 한다. <개정 73.1.25>
③제1항의 경우에 형의 선고를 받은 자가 도망하거나 도망할 염려가 있는 때 또는 현재지를 알 수 없는 때에는 소환함이 없이 형집행장을 발부하여 구인할 수 있다. <개정 73.1.25>

제474조【형집행장의 방식과 효력】 ①전조의 형집행장에는 형의 선고를 받은 자의 성명, 주거, 연령, 형명, 형기 기타 필요한 사항을 기재하여야 한다.
②형집행장은 구속영장과 동일한 효력이 있다.
<전문개정 73.1.25>

제475조【형집행장의 집행】 전2조의 규정에 의한 형집행장의 집행에는 제1편제9장 피고인의 구속에 관한 규정을 준용한다.
<전문개정 73.1.25>

제476조【자격형의 집행】 자격상실 또는 자격정지의 선고를 받은 자에 대하여는 이를 수형자원부에 기재하고 지체없이 그 등본을 형의 선고를 받은 자의 등록기준지와 주거지의 시(구가 설치되지 아니한 시를 말한다. 이하 같다)·구· 읍·면장(도농복합형태의 시에 있어서는 동지역인 경우에는 시·구 의 장, 읍·면지역인 경우에는 읍·면의 장으로 한다)에게 송부하여야 한다.<개정 94.12.22, 2007.5.17>

제477조【재산형 등의 집행】 ①벌금, 과료, 몰수, 추징, 과태료, 소송비용, 비용배상 또는 가납의 재판은 검사의 명령에 의하여 집행한다.
②전항의 명령은 집행력 있는 채무명의와 동일한 효력이 있다.
③제1항의 재판의 집행에는 「민사집행법」의 집행에 관한 규정을 준용한다. 단, 집행전에 재판의 송달을 요하지 아니한다. <개정 2002.1.26, 2007.6.1>
④제3항에도 불구하고 제1항의 재판은 「국세징수법」에 따른 국세체납처분의 예에 따라 집행할 수 있다. <신설 2007.6.1>
⑤검사는 제1항의 재판을 집행하기 위하여 필요한 조사를 할 수 있다. 이 경우 제199조제2항을 준용한다. <신설 2007.6.1.>

⑥벌금, 과료, 추징, 과태료, 소송비용 또는 비용배상의 분할납부, 납부연기 및 납부대행기관을 통한 납부 등 납부방법에 필요한 사항은 법무부령으로 정한다. <신설 2016.1.6>

제478조【상속재산에 대한 집행】 몰수 또는 조세, 전매 기타 공과에 관한 법령에 의하여 재판한 벌금 또는 추징은 그 재판을 받은 자가 재판확정후 사망한 경우에는 그 상속재산에 대하여 집행할 수 있다.

제479조【합병후 법인에 대한 집행】 법인에 대하여 벌금, 과료, 몰수, 추징, 소송비용 또는 비용배상을 명한 경우에 법인이 그 재판확정후 합병에 의하여 소멸한 때에는 합병후 존속한 법인 또는 합병에 의하여 설립된 법인에 대하여 집행할 수 있다.

제480조【가납집행의 조정】 제1심가납의 재판을 집행한 후에 제2심가납의 재판이 있는 때에는 제1심재판의 집행은 제2심가납금액의 한도에서 제2심재판의 집행으로 간주한다.

제481조【가납집행과 본형의 집행】 가납의 재판을 집행한 후 벌금, 과료 또는 추징의 재판이 확정한 때에는 그 금액의 한도에서 형의 집행이 된 것으로 간주한다.

제482조【판결확정 전 구금일수 등의 산입】 ① 판결선고 후 판결확정 전 구금일수(판결선고 당일의 구금일수를 포함한다)는 전부를 본형에 산입한다. <개정 2007.6.1, 2015.7.31>
②상소기각 결정 시에 송달기간이나 즉시항고기간 중의 미결구금일수는 전부를 본형에 산입한다. <신설 2007.6.1>
③제1항 및 제2항의 경우에는 구금일수의 1일을 형기의 1일 또는 벌금이나 과료에 관한 유치기간의 1일로 계산한다. <개정 1973.1.25, 95.12.29, 2004.10.16, 2007.6.1, 2015.7.31>
⑤삭제 <2015.7.31>

(신·구) ②~금액의 1000원으로 산정한다. ⇨ ~벌금이나 과료에 관한 유치기간의 1일로 계산한다.

(판 례) 원심에서 제1심 판결을 파기자판한 경우에는 피고인에 대한 원심미결구금일수는 전부가 법정통산되는 것인 즉 원심이 미결구금일수를 산입하지 아니한 조치는 정당하다(1983.12.27, 83도2378). <형사소송법(이) 717면>

원칙적으로 미결구금기간 전부는 재정통산 또는 법정통산의 방법으로 본형에 산입될 수 있도록 하고 있는 것에 비추어, 상소제기기간에 한하여 특별히 통산대상에서 제외할 이유가 없으므로, 상소제기기간을 법정통산의 대상에서 제외하고 있는 이 사건 법률조항은 신체의 자유를 침해하고 평등원칙에도 위배된다(2000.7.20, 99헌가7). <고시계 2001년 1월 122면>

제483조【몰수물의 처분】 몰수물은 검사가 처분하여야 한다. <개정 95.12.29>

(신·구) ~검사가 공매에 의하여 처분하여야 한다. ⇨ ~검사가 처분하여야 한다.

제484조【몰수물의 교부】 ①몰수를 집행한 후 3월 이내에 그 몰수물에 대하여 정당한 권리있는 자가 몰수물의 교부를 청구한 때에는 검사는 파괴 또는 폐기할 것이 아니면 이를 교부하여야 한다.
②몰수물을 처분한 후 전항의 청구가 있는 경우에는 검사는 공매에 의하여 취득한 대가를 교부하여야 한다.

제485조【위조 등의 표시】 ①위조 또는 변조한 물건을 환부하는 경우에는 그 물건의 전부 또는 일부에 위조나 변조인 것을 표시하여야 한다.
②위조 또는 변조한 물건이 압수되지 아니한 경우에는 그 물건을 제출하게 하여 전항의 처분을 하여야 한다. 단, 그 물건이 공무소에 속한 것인 때에는 위조나 변조의 사유를 공무소에 통지하여 적당한 처분을 하게 하여야 한다.

(판 례) 본건 약속어음은 범죄행위로 인하여 생긴 위조문서로서 아무도 이를 소유하는 것이 허용되지 않는 물건이므로 몰수가 될 뿐 환부나 가환부할 수 없고 다만 검사는 몰수의 선고가 있은 뒤에 형사소송법 제485조에 의하여 위조의 표시를 하여 환부할 수 있다(1984.7.24, 84모43). <형사소송법(배, 이) 825면>

제486조【환부불능과 공고】 ①압수물의 환부를 받을 자의 소재가 불명하거나 기타 사유로 인하여 환부를 할 수 없는 경우에는 검사는 그 사유를 관보에 공고하여야 한다.
②공고한 후 3월 이내에 환부의 청구가 없는 때에는 그 물건은 국고에 귀속한다. <개정 73.1.25>
③전항의 기간내에도 가치없는 물건은 폐기할 수 있고 보관하기 어려운 물건은 공매하여 그 대가를 보관할 수 있다. <개정 2007.6.1>

제487조【소송비용의 집행면제의 신청】 소송비용부담의 재판을 받은 자가 빈곤으로 인하여 이를 완납할 수 없는 때에는 그 재판의 확정후 10일 이내에 재판을 선고한 법원에 소송비용의 전부 또는 일부에 대한 재판의 집행면제를 신청할 수 있다.

제488조【의의신청】 형의 선고를 받은 자는 집행에 관하여 재판의 해석에 대한 의의가 있는 때에는 재판을 선고한 법원에 의의신청을

할 수 있다.

(판 례) 형사소송법 제488조에서 말하는 의의신청의 관할법원이 재판을 선고한 법원이라 함은 상고기각의 경우에는 원심법원이라 할 것이고 원심법원 역시 항소기각의 경우에는 제1심법원이다(1968.2.28, 67초23). <형사소송법(이) 720면>

제489조 【이의신청】 재판의 집행을 받은 자 또는 그 법정대리인이나 배우자는 집행에 관한 검사의 처분이 부당함을 이유로 재판을 선고한 법원에 이의신청을 할 수 있다.

(판 례) 형사소송법 제489조 소정의 재판을 선고한 법원이라 함은 피고인에게 형을 선고한 법원을 말하고 형을 선고한 판결에 대한 상소를 기각한 법원을 가리키는 것은 아니다(1987.5.12, 87초28). <형사소송법(이) 721면>

제490조 【신청의 취하】 ①전3조의 신청은 법원의 결정이 있을 때까지 취하할 수 있다.
②제344조의 규정은 전3조의 신청과 그 취하에 준용한다.

제491조 【즉시항고】 ①제487조 내지 제489조의 신청이 있는 때에는 법원은 결정을 하여야 한다.
②전항의 결정에 대하여는 즉시항고를 할 수 있다.

제492조 【노역장유치의 집행】 벌금 또는 과료를 완납하지 못한 자에 대한 노역장유치의 집행에는 형의 집행에 관한 규정을 준용한다.

(판 례) 확정된 벌금형을 집행하기 위한 검사의 집행명령에 기하여 집달관이 집행을 개시하였다면 이로써 벌금형에 대한 시효는 중단되는 것인 바(형법 제80조), 이 경우 압류물을 환가하여도 집행비용외에 잉여가 없다는 이유로 집행불능이 되었다고 하더라도 이미 발생한 시효중단의 효력이 소멸하지는 않는다 할 것이고, 따라서 위 벌금형의 미납자에 대하여는 형사소송법 제492조에 의해 노역장유치의 집행을 할 수 있다(1992.12.28, 92모39). <형사소송법(배, 이) 824면>

제493조 【집행비용의 부담】 제477조제1항의 재판집행비용은 집행을 받은 자의 부담으로 하고 「민사집행법」의 규정에 준하여 집행과 동시에 징수하여야 한다. <개정 2002.1.26, 2007.6.1>

부 칙 <법률 제341호, 1954. 9. 23.>

제1조 본법 시행전에 공소를 제기한 사건에는 구법을 적용한다.

제2조 본법 시행후에 공소를 제기한 사건에는 본법을 적용한다. 단, 본법 시행전에 구법에 의하여 행한 소송행위의 효력에는 영향을 미치지 아니한다.

제3조 본법 시행전에 구법에 의하여 행한 소송절차로 본법의 규정에 상당한 것은 본법에 의하여 행한 것으로 간주한다.

제4조 본법 시행전 진행된 법정기간과 소송행위를 할 자의 주거나 사무소의 소재지와 법원소재지의 거리에 의한 부가기간은 구법의 규정에 의한다.

제5조 본법 제45조의 규정에 의하여 소송관계인이 재판서나 재판을 기재한 조서의 등본 또는 초본의 교부를 청구할 경우에는 용지 1매 50환으로 계산한 수입인지를 첩부하여야 한다.

제6조 본법 시행당시 법원에 계속된 사건의 처리에 관한 필요사항은 본법에 특별한 규정이 없으면 대법원규칙의 정한 바에 의한다.

제7조 당분간 본법에 규정한 과태료와 부칙 제5조의 용지료 금액은 경제사정의 변동에 따라 대법원규칙으로 증감할 수 있다.

제8조 본법 시행직전까지 시행된 다음 법령은 폐지한다.
1. 조선형사령중 본법에 저촉되는 법조
2. 미군정법령중 본법에 저촉되는 법조

제9조 【시행일】 이 법률은 단기 4287년 5월 30일부터 시행한다.

부 칙 <중략>

부 칙 <법률 제18862호, 2022. 5. 9.>

제1조 【시행일】 이 법은 공포 후 4개월이 경과한 날부터 시행한다.
제2조 【이의신청에 관한 적용례】 제245조의7의 개정규정은 이 법 시행 후 해당 개정규정에 따른 이의신청을 하는 경우부터 적용한다.

형사소송규칙

[1982년 12월 31일
대 규 제828호 제정]

개정
1988. 3.23대규1004호 1989. 6. 7대규1067호
1991. 8. 3대규1171호 1995. 7.10대규1375호
1996.12. 3대규1441호 1997.12.31대규1508호
1998. 5.19대규1540호 1998. 6.20대규1550호
1999.12.31대규1628호 2000. 7.15대규1664호
2004. 8.20대규1901호 2006. 3.23대규2013호
2007.12.31대규2144호 2011.12.30대규2376호
2012. 5.29대규2403호 2014. 8. 6대규2546호
2014.12.30대규2576호 2015. 1.28대규2587호
2015. 6.29대규2608호 2016. 2.19대규2641호
2016. 6.27대규2667호 2016. 9. 6대규2678호
2016.11.29대규2696호(소년심판규칙)
2020. 6.26대규2906호 2020.12.28대규2939호
2021. 1.29대규2949호(고위공직자범죄수사처 설치에 따른 8개 대법원규칙의 일부개정에 관한 규칙)
2021.10.29.대규3004호 2021.12.31대규3016호

제1편 총 칙

제1조【목 적】 이 규칙은 「형사소송법」(다음부터 "법"이라 한다)이 대법원규칙에 위임한 사항, 그 밖에 형사소송절차에 관하여 필요한 사항을 규정함을 목적으로 한다.
<전문개정 2007.10.29>

제1장 법원의 관할

제2조【1토지관할의 병합심리 신청 등】 ① 법 제6조의 규정에 의한 신청을 함에는 그 사유를 기재한 신청서를 공통되는 직근 상급법원에 제출하여야 한다.
② 검사의 신청서에는 피고인의 수에 상응한 부본을, 피고인의 신청서에는 부본 1통을 각 첨부하여야 한다.
③ 법 제6조의 신청을 받은 법원은 지체없이 각 사건계속법원에 그 취지를 통지하고 제2항의 신청서 부본을 신청인의 상대방에게 송달하여야 한다.
④ 사건계속법원과 신청인의 상대방은 제3항의 송달을 받은 날로부터 3일 이내에 의견서를 제1항의 법원에 제출할 수 있다. <개정 1991.8.3>

제3조【토지관할의 병합심리절차】 ① 법 제6조의 신청을 받은 법원이 신청을 이유있다고 인정한 때에는 관련사건을 병합심리할 법원을 지정하여 그 법원으로 하여금 병합심리하게 하는 취지의 결정을, 이유없다고 인정한 때에는 신청을 기각하는 취지의 결정을 각하고, 그 결정등본을 신청인과 그 상대방에게 송달하고 사건계속법원에 송부하여야 한다.
② 제1항의 결정에 의하여 병합심리하게 된 법원 이외의 법원은 그 결정등본을 송부받은 날로부터 7일 이내에 소송기록과 증거물을 병합심리하게 된 법원에 송부하여야 한다.

제4조【사물관할의 병합심리】 ① 법 제10조의 규정은 법원합의부와 단독판사에 계속된 각 사건이 토지관할을 달리하는 경우에도 이를 적용한다.
② 단독판사는 그가 심리 중인 사건과 관련된 사건이 합의부에 계속된 사실을 알게 된 때에는 즉시 합의부의 재판장에게 그 사실을 통지하여야 한다.
③ 합의부가 법 제10조의 규정에 의한 병합심리 결정을 한 때에는 즉시 그 결정등본을 단독판사에게 송부하여야 하고, 단독판사는 그 결정등본을 송부받은 날로부터 5일 이내에 소송기록과 증거물을 합의부에 송부하여야 한다.

제4조의2【항소사건의 병합심리】 ① 사물관할을 달리하는 수개의 관련항소사건이 각각 고등법원과 지방법원본원합의부에 계속된 때에는 고등법원은 결정으로 지방법원본원합의부에 계속한 사건을 병합하여 심리할 수 있다. 수개의 관련항소사건이 토지관할을 달리하는 경우에도 같다.
② 지방법원본원합의부의 재판장은 그 부에서 심리 중인 항소사건과 관련된 사건이 고등법원에 계속된 사실을 알게 된 때에는 즉시 고등법원의 재판장에게 그 사실을 통지하여야 한다.
③ 고등법원이 제1항의 규정에 의한 병합심리결정을 한 때에는 즉시 그 결정등본을 지방법원본원합의부에 송부하여야 하고, 지방법원본원합의부는 그 결정등본을 송부받은 날로부터 5일 이내에 소송기록과 증거물을 고등법원에 송부하여야 한다.
<본조신설 1991.8.3>

제5조【관할지정 또는 관할이전의 신청 등】 ① 법 제16조제1항의 규정에 의하여, 검사가 관할지정 또는 관할이전의 신청서를 제출할 때에는 피고인 또는 피의자의 수에 상응한 부본을, 피고인이 관할이전의 신청서를 제출할 때에는 부본 1통을 각 첨부하여야 한다.
② 제1항의 신청서를 제출받은 법원은 지체없이 검사의 신청서 부본을 피고인 또는 피의자에게 송달하여야 하고, 피고인의 신청서 부본을 검사에게 송달함과 함께 공소를 접수한 법원에 그 취지를 통지하여야 한다.
③ 검사, 피고인 또는 피의자는 제2항의 신청서 부본을 송부받은 날로부터 3일 이내에 의견서를 제2항의 법원에 제출할 수 있다.

제6조【관할지정 또는 관할이전의 결정에 의한 처리절차】 ① 공소 제기전의 사건에 관하여 관할지정 또는 관할이전의 결정을 한 경우 결정을 한 법원은 결정등본을 검사와 피의자에게 각 송부하여야 하며, 검사가 그 사건에 관하여 공소를 제기할 때에는 공소장에 그 결정등본을 첨부하여야 한다.
② 공소가 제기된 사건에 관하여 관할지정 또는 관할이전의 결정을 한 경우 결정을 한 법원은 결정등본을 검사와 피고인 및 사건계속법원에 각 송부하여야 한다.

③ 제2항의 경우 사건계속법원은 지체없이 소송기록과 증거물을 제2항의 결정등본과 함께 그 지정 또는 이전된 법원에 송부하여야 한다. 다만, 사건계속법원이 관할법원으로 지정된 경우에는 그러하지 아니하다.

제7조【소송절차의 정지】 법원은 그 계속 중인 사건에 관하여 토지관할의 병합심리신청, 관할지정신청 또는 관할이전신청이 제기된 경우에는 그 신청에 대한 결정이 있기까지 소송절차를 정지하여야 한다. 다만, 급속을 요하는 경우에는 그러하지 아니하다.

제8조【소송기록 등의 송부방법 등】 ① 제3조제2항, 제4조제3항, 제4조의2제3항 또는 제6조제3항의 각 규정에 의하여 또는 법 제8조의 규정에 의한 이송결정에 의하여 소송기록과 증거물을 다른 법원으로 송부할 때에는 이를 송부받을 법원으로 직접 송부한다.

② 제1항의 송부를 한 법원 및 송부를 받은 법원은 각각 그 법원에 대응하는 검찰청 검사 또는 고위공직자범죄수사처에 소속된 검사(이하 "수사처검사"라고 한다)에게 그 사실을 통지하여야 한다. <개정 2021. 1. 29.>

<전문개정 1991. 8. 3.>

제2장 법원직원의 기피

제9조【기피신청의 방식 등】 ① 법 제18조의 규정에 의한 기피신청을 함에 있어서는 기피의 원인되는 사실을 구체적으로 명시하여야 한다.

② 제1항에 위배된 기피신청의 처리는 법 제20조제1항의 규정에 의한다.

제3장 소송행위의 대리와 보조

제10조【피의자의 특별대리인 선임청구사건의 관할】 법 제28조제1항 후단의 규정에 의한 피의자의 특별대리인 선임청구는 그 피의사건을 수사 중인 검사 또는 사법경찰관이 소속된 관서의 소재지를 관할하는 지방법원에 이를 하여야 한다.

제11조【보조인의 신고】 ① 법 제29조제2항에 따른 보조인의 신고는 보조인이 되고자 하는 자와 피고인 또는 피의자 사이의 신분관계를 소명하는 서면을 첨부하여 이를 하여야 한다. <개정 2007.10.29>

② 공소제기전의 보조인 신고는 제1심에도 그 효력이 있다.

제4장 변 호

제12조【법정대리인 등의 변호인 선임】 법 제30조제2항에 규정한 자가 변호인을 선임하는 때에는 그 자와 피고인 또는 피의자와의 신분관계를 소명하는 서면을 법 제32조제1항의 서면에 첨부하여 제출하여야 한다.

제13조【사건이 병합되었을 경우의 변호인 선임의 효력】 하나의 사건에 관하여 한 변호인 선임은 동일법원의 동일피고인에 대하여 병합된 다른 사건에 관하여도 그 효력이 있다. 다만, 피고인 또는 변호인이 이와 다른 의사표시를 한 때에는 그러하지 아니하다. <개정 1996.12.3>

제13조의2【대표변호인 지정등의 신청】 대표변호인의 지정, 지정의 철회 또는 변경의 신청은 그 사유를 기재한 서면으로 한다. 다만, 공판기일에서는 구술로 할 수 있다.

<전문개정 1996.12.3>

제13조의3【대표변호인의 지정등의 통지】 대표변호인의 지정, 지정의 철회 또는 변경은 피고인 또는 피의자의 신청에 의한 때에는 검사 및 대표변호인에게, 변호인의 신청에 의하거나 직권에 의한 때에는 피고인 또는 피의자 및 검사에게 이를 통지하여야 한다. <개정 2007.10.29>

<전문개정 1996.12.3>

제13조의4【기소전 대표변호인 지정의 효력】 법 제32조의2제5항에 의한 대표변호인의 지정은 기소후에도 그 효력이 있다.

<전문개정 1996.12.3>

제13조의5【준용규정】 제13조의 규정은 대표변호인의 경우에 이를 준용한다.

<본조신설 1996.12.3>

제14조【국선변호인의 자격】 ① 국선변호인은 법원의 관할구역안에 사무소를 둔 변호사, 그 관할구역안에서 근무하는 공익법무관에관한법률에 의한 공익법무관(법무부와 그 소속기관 및 각급검찰청에서 근무하는 공익법무관을 제외한다. 이하 "공익법무관"이라 한다) 또는 그 관할구역안에서 수습 중인 사법연수생 중에서 이를 선정한다.

② 제1항의 변호사, 공익법무관 또는 사법연수생이 없거나 기타 부득이한 때에는 인접한 법원의 관할구역안에 사무소를 둔 변호사, 그 관할구역안에서 근무하는 공익법무관 또는 그 관할구역안에서 수습 중인 사법연수생 중에서 이를 선정할 수 있다.

③ 제1항 및 제2항의 변호사, 공익법무관 또는 사법연수생이 없거나 기타 부득이한 때에는 법원의 관할 구역안에서 거주하는 변호사 아닌 자 중에서 이를 선정할 수 있다.

<전문개정 1995.7.10>

제15조【변호인의 수】 ① 국선변호인은 피고인 또는 피의자마다 1인을 선정한다. 다만, 사건의 특수성에 비추어 필요하다고 인정할 때에는 1인의 피고인 또는 피의자에게 수인의 국선변호인을 선정할 수 있다.

② 피고인 또는 피의자 수인간에 이해가 상반되지 아니할 때에는 그 수인의 피고인 또는 피의자를 위하여 동일한 국선변호인을 선정할 수 있다.

제15조의2【국선전담변호사】 법원은 기간을 정하여 법원의 관할구역 안에 사무소를 둔 변호사(그 관할구역 안에 사무소를 둘 예정인 변호사를 포함한다) 중에서 국선변호를 전담하는 변호사를 지정

할 수 있다.
<본조신설 2006.8.17>

제16조【공소가 제기되기 전의 국선변호인 선정】 ① 법 제201조의2에 따라 심문할 피의자에게 변호인이 없거나 법 제214조의2에 따라 체포 또는 구속의 적부심사가 청구된 피의자에게 변호인이 없는 때에는 법원 또는 지방법원 판사는 지체 없이 국선변호인을 선정하고, 피의자와 변호인에게 그 뜻을 고지하여야 한다. <개정 2007.10.29>
② 제1항의 경우 국선변호인에게 피의사실의 요지 및 피의자의 연락처 등을 함께 고지할 수 있다. <개정 2007.10.29>
③ 제1항의 고지는 서면 이외에 구술·전화·모사전송·전자우편·휴대전화 문자전송 그 밖에 적당한 방법으로 할 수 있다. <개정 2007.10.29>
④ 구속영장이 청구된 후 또는 체포·구속의 적부심사를 청구한 후에 변호인이 없게 된 때에도 제1항 및 제2항의 규정을 준용한다.
<전문개정 2006.8.17>

제16조의2【국선변호인 예정자명부의 작성】 ① 지방법원 또는 지원은 국선변호를 담당할 것으로 예정한 변호사, 공익법무관, 사법연수생 등을 일괄 등재한 국선변호인 예정자명부(이하 '명부'라고 한다)를 작성할 수 있다. 이 경우 국선변호 업무의 내용 및 국선변호 예정일자를 미리 지정할 수 있다.
② 지방법원 또는 지원의 장은 제1항의 명부 작성에 관하여 관할구역 또는 인접한 법원의 관할구역 안에 있는 지방변호사회장에게 협조를 요청할 수 있다.
③ 지방법원 또는 지원은 제1항의 명부를 작성한 후 지체없이 국선변호인 예정자에게 명부의 내용을 고지하여야 한다. 이 경우 제16조제3항의 규정을 적용한다.
④ 제1항의 명부에 기재된 국선변호인 예정자는 제3항의 고지를 받은 후 3일 이내에 명부의 변경을 요청할 수 있다.
⑤ 제1항의 명부가 작성된 경우 법원 또는 지방법원 판사는 특별한 사정이 없는 한 명부의 기재에 따라 국선변호인을 선정하여야 한다.
<본조신설 2006.8.17>

제17조【공소제기의 경우 국선변호인의 선정등】 ① 재판장은 공소제기가 있는 때에는 변호인 없는 피고인에게 다음 각호의 취지를 고지한다.
1. 법 제33조제1항제1호 내지 제6호의 어느 하나에 해당하는 때에는 변호인 없이 개정할 수 없는 취지와 피고인 스스로 변호인을 선임하지 아니할 경우에는 법원이 국선변호인을 선정하게 된다는 취지
2. 법 제33조제2항에 해당하는 때에는 법원에 대하여 국선변호인의 선정을 청구할 수 있다는 취지
3. 법 제33조제3항에 해당하는 때에는 법원에 대하여 국선변호인의 선정을 희망하지 아니한다는 의사를 표시할 수 있다는 취지

② 제1항의 고지는 서면으로 하여야 한다.
③ 법원은 제1항의 고지를 받은 피고인이 변호인을 선임하지 아니한 때 및 법 제33조제2항의 규정에 의하여 국선변호인 선정청구가 있거나 같은 조 제3항에 의하여 국선변호인을 선정하여야 할 때에는 지체없이 국선변호인을 선정하고, 피고인 및 변호인에게 그 뜻을 고지하여야 한다.
④ 공소제기가 있은 후 변호인이 없게 된 때에도 제1항 내지 제3항의 규정을 준용한다.
<전문개정 2006.8.17>

제17조의2【국선변호인 선정청구 사유의 소명】 법 제33조제2항에 의하여 국선변호인 선정을 청구하는 경우 피고인은 소명자료를 제출하여야 한다. 다만, 기록에 의하여 그 사유가 소명되었다고 인정될 때에는 그러하지 아니하다.
<본조신설 2006.8.17>

제18조【선정취소】 ① 법원 또는 지방법원 판사는 다음 각호의 어느 하나에 해당하는 때에는 국선변호인의 선정을 취소하여야 한다. <개정 2006.8.17>
1. 피고인 또는 피의자에게 변호인이 선임된 때
2. 국선변호인이 제14조제1항 및 제2항에 규정한 자격을 상실한 때
3. 법원 또는 지방법원 판사가 제20조의 규정에 의하여 국선변호인의 사임을 허가한 때

② 법원 또는 지방법원 판사는 다음 각호의 어느 하나에 해당하는 때에는 국선변호인의 선정을 취소할 수 있다. <개정 2006.8.17>
1. 국선변호인이 그 직무를 성실하게 수행하지 아니하는 때
2. 피고인 또는 피의자의 국선변호인 변경 신청이 상당하다고 인정하는 때
3. 그 밖에 국선변호인의 선정결정을 취소할 상당한 이유가 있는 때

③ 법원이 국선변호인의 선정을 취소한 때에는 지체없이 그 뜻을 해당되는 국선변호인과 피고인 또는 피의자에게 통지하여야 한다.

제19조【법정에서의 선정등】 ① 제16조제1항 또는 법 제283조의 규정에 의하여 국선변호인을 선정할 경우에 이미 선임된 변호인 또는 선정된 국선변호인이 출석하지 아니하거나 퇴정한 경우에 부득이한 때에는 피고인 또는 피의자의 의견을 들어 재정 중인 변호사 등 제14조에 규정된 사람을 국선변호인으로 선정할 수 있다. <개정 1995.7.10, 2006.8.17>
② 제1항의 경우에는 이미 선정되었던 국선변호인에 대하여 그 선정을 취소할 수 있다.
③ 국선변호인이 공판기일 또는 피의자 심문기일에 출석할 수 없는 사유가 발생한 때에는 지체없이 법원 또는 지방법원 판사에게 그 사유를 소명하여 통지하여야 한다. <개정 2006.8.17>

제20조【사 임】 국선변호인은 다음 각호의 어느 하나에 해당하는 경우에는 법원 또는 지방법원 판사의 허가를 얻어 사임할 수 있다. <개정 2006.8.17>
1. 질병 또는 장기여행으로 인하여 국선변호인의 직무를 수행하기 곤란할 때

2. 피고인 또는 피의자로부터 폭행, 협박 또는 모욕을 당하여 신뢰관계를 지속할 수 없을 때
3. 피고인 또는 피의자로부터 부정한 행위를 할 것을 종용받았을 때
4. 그 밖에 국선변호인으로서의 직무를 수행하는 것이 어렵다고 인정할 만한 상당한 사유가 있을 때

제21조【감 독】 법원은 국선변호인이 그 임무를 해태하여 국선변호인으로서의 불성실한 사적이 현저하다고 인정할 때에는 그 사유를 대한변호사협회장 또는 소속지방변호사회장에게 통고할 수 있다.

제22조 삭제 <1999.12.31>

제23조 삭제 <2007.10.29>

제5장 재 판

제24조【결정, 명령을 위한 사실조사】 ① 결정 또는 명령을 함에 있어 법 제37조제3항의 규정에 의하여 사실을 조사하는 때 필요한 경우에는 법 및 이 규칙의 정하는 바에 따라 증인을 신문하거나 감정을 명할 수 있다.
② 제1항의 경우에는 검사, 피고인, 피의자 또는 변호인을 참여하게 할 수 있다.

제25조【재판서의 경정】 ① 재판서에 잘못된 계산이나 기재, 그 밖에 이와 비슷한 잘못이 있음이 분명한 때에는 법원은 직권으로 또는 당사자의 신청에 따라 경정결정(경정결정)을 할 수 있다. <개정 2007.10.29>
② 경정결정은 재판서의 원본과 등본에 덧붙여 적어야 한다. 다만, 등본에 덧붙여 적을 수 없을 때에는 경정결정의 등본을 작성하여 재판서의 등본을 송달받은 자에게 송달하여야 한다. <개정 2007.10.29>
③ 경정결정에 대하여는 즉시 항고를 할 수 있다. 다만, 재판에 대하여 적법한 상소가 있는 때에는 그러하지 아니하다.

제25조의2【기명날인할 수 없는 재판서】 법 제41조제3항에 따라 서명날인에 갈음하여 기명날인할 수 없는 재판서는 판결과 각종 영장(감정유치장 및 감정처분허가장을 포함한다)을 말한다.
<본조신설 2007.10.29>

제26조【재판서의 등, 초본 청구권자의 범위】 ① 법 제45조에 규정한 기타의 소송관계인이라 함은 검사, 변호인, 보조인, 법인인 피고인의 대표자, 법 제28조의 규정에 의한 특별대리인, 법 제340조 및 제341조제1항의 규정에 의한 상소권자를 말한다.
② 고소인, 고발인 또는 피해자는 비용을 납입하고 재판서 또는 재판을 기재한 조서의 등본 또는 초본의 교부를 청구할 수 있다. 다만, 그 청구하는 사유를 소명하여야 한다.

제27조【소송에 관한 사항의 증명서의 청구】 피고인과 제26조제1항에 규정한 소송관계인 및 고소인, 고발인 또는 피해자는 소송에 관한 사항의 증명서의 교부를 청구할 수 있다. 다만, 고소인, 고발인 또는 피해자의 청구에 관하여는 제26조제2항 단서의 규정을 준용한다.

제28조【등, 초본 등의 작성방법】 법 제45조에 규정한 등본, 초본(제26조제2항에 규정한 등본, 초본을 포함한다) 또는 제27조에 규정한 증명서를 작성함에 있어서는 담당 법원서기관, 법원사무관, 법원주사, 법원주사보(이하 "법원사무관등"이라 한다)가 등본, 초본 또는 소송에 관한 사항의 증명서라는 취지를 기재하고 기명날인하여야 한다.

제6장 서 류

제29조【조서에의 인용】 ①조서에는 서면, 사진, 속기록, 녹음물, 영상녹화물, 녹취서 등 법원이 적당하다고 인정한 것을 인용하고 소송기록에 첨부하거나 전자적 형태로 보관하여 조서의 일부로 할 수 있다.
②제1항에 따라 속기록, 녹음물, 영상녹화물, 녹취서를 조서의 일부로 한 경우라도 재판장은 법원사무관 등으로 하여금 피고인, 증인, 그 밖의 소송관계인의 진술 중 중요한 사항을 요약하여 조서의 일부로 기재하게 할 수 있다. <신설 2014.12.30>
<전문개정 2012.5.29>

제29조의2【변경청구나 이의제기가 있는 경우의 처리】
공판조서의 기재에 대하여 법 제54조제3항에 따른 변경청구나 이의제기가 있는 경우, 법원사무관 등은 신청의 연월일 및 그 요지와 그에 대한 재판장의 의견을 기재하여 조서를 작성한 후 당해 공판조서 뒤에 이를 첨부하여야 한다.
<본조신설 2007.10.29>

제30조【공판조서의 낭독 등】 법 제55조제2항에 따른 피고인의 낭독청구가 있는 때에는 재판장의 명에 의하여 법원사무관 등이 낭독하거나 녹음물 또는 영상녹화물을 재생한다.
<전문개정 2012.5.29>

제30조의2【속기 등의 신청】 ① 속기, 녹음 또는 영상녹화(녹음이 포함된 것을 말한다. 다음부터 같다)의 신청은 공판기일·공판준비기일을 열기 전까지 하여야 한다. <개정 2014.12.30>
② 피고인, 변호인 또는 검사의 신청이 있음에도 불구하고 특별한 사정이 있는 때에는 속기, 녹음 또는 영상녹화를 하지 아니하거나 신청하는 것과 다른 방법으로 속기, 녹음 또는 영상녹화를 할 수 있다. 다만, 이 경우 재판장은 공판기일에 그 취지를 고지하여야 한다.
<전문개정 2007.10.29>

제31조 ~ 제32조 삭제 <2007.10.29>

제33조【속기록에 대한 조치】 속기를 하게 한 경우에 재판장은 법원사무관 등으로 하여금 속기록의 전부 또는 일부를 조서에 인용하고 소송기록에 첨부하여 조서의 일부로 하게 할 수 있다.
<전문개정 2007.10.29>

제34조【진술자에 대한 확인 등】 속기를 하게 한 경우 법 제48조제3항 또는 법 제52조 단서에 따른 절차의 이행은 법원사무관 등 또는 법원에 소속되어 있거나 법원이 선정한 속기능력소지자(다음부터 "속기사 등"이라고 한다)로 하여금 속기록의 내용을 읽어주게 하거나 진술자에게 속기록을 열람하도록 하는 방법에 의한다.
<전문개정 2007.10.29>

제35조 ~ 제37조 삭제 <2007.10.29>

제38조【녹취서의 작성등】 ① 재판장은 필요하다고 인정하는 때에는 법원사무관 등 또는 속기사 등에게 녹음 또는 영상녹화된 내용의 전부 또는 일부를 녹취할 것을 명할 수 있다. <개정 2007.10.29>
② 재판장은 법원사무관 등으로 하여금 제1항에 따라 작성된 녹취서의 전부 또는 일부를 조서에 인용하고 소송기록에 첨부하여 조서의 일부로 하게 할 수 있다. <개정 2007.10.29>

제38조의2【속기록, 녹음물 또는 영상녹화물의 사본 교부】 ① 재판장은 법 제56조의2제3항에도 불구하고 피해자 또는 그 밖의 소송관계인의 사생활에 관한 비밀 보호 또는 신변에 대한 위해 방지 등을 위하여 특히 필요하다고 인정하는 경우에는 속기록, 녹음물 또는 영상녹화물의 사본의 교부를 불허하거나 그 범위를 제한할 수 있다. <개정 2014.12.30>
② 법 제56조의2제3항에 따라 속기록, 녹음물 또는 영상녹화물의 사본을 교부받은 사람은 그 사본을 당해 사건 또는 관련 소송의 수행과 관계 없는 용도로 사용하여서는 아니 된다.
<본조신설 2007.10.29>

제39조【속기록 등의 보관과 폐기】 속기록, 녹음물, 영상녹화물 또는 녹취서는 전자적 형태로 이를 보관할 수 있으며, 재판이 확정되면 폐기한다. 다만, 속기록, 녹음물, 영상녹화물 또는 녹취서가 조서의 일부가 된 경우에는 그러하지 아니하다. <개정 2012.5.29>
<전문개정 2007.10.29>

제40조 삭제 <2007.10.29>

제41조【서명의 특칙】 공무원이 아닌 자가 서명날인을 하여야 할 경우에 서명을 할 수 없으면 타인이 대서한다. 이 경우에는 대서한 자가 그 사유를 기재하고 기명날인 또는 서명하여야 한다. <개정 2007.10.29>

제7장 송 달

제42조【법 제60조에 의한 법원소재지의 범위】 법 제60조제1항에 규정한 법원소재지는 당해 법원이 위치한 특별시, 광역시, 시 또는 군(다만, 광역시내의 군은 제외)으로 한다. <개정 1996.12.3>

제43조【공시송달을 명하는 재판】 법원은 공시송달의 사유가 있다고 인정한 때에는 직권으로 결정에 의하여 공시송달을 명한다.

제8장 기 간

제44조【법정기간의 연장】 ① 소송행위를 할 자가 국내에 있는 경우 주거 또는 사무소의 소재지와 법원 또는 검찰청, 고위공직자범죄수사처(이하 "수사처"라고 한다) 소재지와의 거리에 따라 해로는 100킬로미터, 육로는 200킬로미터마다 각 1일을 부가한다. 그 거리의 전부 또는 잔여가 기준에 미달할지라도 50킬로미터이상이면 1일을 부가한다. 다만, 법원은 홍수, 천재지변등 불가피한 사정이 있거나 교통통신의 불편정도를 고려하여 법정기간을 연장함이 상당하다고 인정하는 때에는 이를 연장할 수 있다. <개정 2021. 1. 29.>
② 소송행위를 할 자가 외국에 있는 경우의 법정기간에는 그 거주국의 위치에 따라 다음 각호의 기간을 부가한다.
1. 아시아주 및 오세아니아주:15일
2. 북아메리카주 및 유럽주:20일
3. 중남아메리카주 및 아프리카주:30일
<전문개정 1996. 12. 3.>

제9장 피고인의 소환, 구속

제45조【소환의 유예기간】 피고인에 대한 소환장은 법 제269조의 경우를 제외하고는 늦어도 출석할 일시 12시간 이전에 송달하여야 한다. 다만, 피고인이 이의를 하지 아니하는 때에는 그러하지 아니하다.

제45조의2【비디오 등 중계장치에 의한 구속사유 고지】 ① 법 제72조의2제2항에 따른 절차를 위한 기일의 통지는 서면 이외에 전화・모사전송・전자우편・휴대전화 문자전송 그 밖에 적당한 방법으로 할 수 있다. 이 경우 통지의 증명은 그 취지를 조서에 기재함으로써 할 수 있다.
② 법 제72조의2제2항에 따른 절차 진행에 관하여는 제123조의13제1항 내지 제4항과 제6항 내지 제8항을 준용한다.
<본조신설 2021. 10. 29.>

제46조【구속영장의 기재사항】 구속영장에는 법 제75조에 규정한 사항외에 피고인의 주민등록번호(외국인인 경우에는 외국인등록번호, 위 번호들이 없거나 이를 알 수 없는 경우에는 생년월일 및 성별, 다음부터 '주민등록번호 등'이라 한다)·직업 및 법 제70조제1항 각호에 규정한 구속의 사유를 기재하여야 한다. <개정 1996.12.3, 2007.10.29>

제47조【수탁판사 또는 재판장 등의 구속영장 등의 기재요건】 수탁판사가 법 제77조제3항의 규정에 의하여 구속영장을 발부하는 때나 재판장 또는 합의부원이 법 제80조의 규정에 의하여 소환장 또는 구속영장을 발부하는 때에는 그 취지를 소환장 또는 구속영장에 기재하여야 한다.

제48조【검사에 대한 구속영장의 송부】 검사의 지휘에 의하여 구속영장을 집행하는 경우에는 구속영장을 발부한 법원이 그 원본을 검사에게 송부

하여야 한다.

제49조【구속영장집행후의 조치】① 구속영장집행사무를 담당한 자가 구속영장을 집행한 때에는 구속영장에 집행일시와 장소를, 집행할 수 없었을 때에는 그 사유를 각 기재하고 기명날인하여야 한다. <개정 1996.12.3>
② 구속영장의 집행에 관한 서류는 집행을 지휘한 검사 또는 수탁판사를 경유하여 구속영장을 발부한 법원에 이를 제출하여야 한다.
③ 삭제 <2007.10.29>

제49조의2【구인을 위한 구속영장 집행후의 조치】구인을 위한 구속영장의 집행에 관한 서류를 제출받은 법원의 재판장은 법원사무관 등에게 피고인이 인치된 일시를 구속영장에 기재하게 하여야 하고, 법 제71조의2에 따라 피고인을 유치할 경우에는 유치할 장소를 구속영장에 기재하고 서명날인하여야 한다.
<본조신설 2007.10.29>

제50조【구속영장등본의 교부청구】① 피고인, 변호인, 피고인의 법정대리인, 법 제28조에 따른 피고인의 특별대리인, 배우자, 직계친족과 형제자매는 구속영장을 발부한 법원에 구속영장의 등본의 교부를 청구할 수 있다. <개정 1996.12.3, 2007.10.29>
② 제1항의 경우에 고소인, 고발인 또는 피해자에 대하여는 제26조제2항의 규정을 준용한다.

제51조【구속의 통지】① 피고인을 구속한 때에 그 변호인이나 법 제30조제2항에 규정한 자가 없는 경우에는 피고인이 지정하는 자 1인에게 법 제87조제1항에 규정한 사항을 통지하여야 한다. <개정 1996.12.3>
② 구속의 통지는 구속을 한 때로부터 늦어도 24시간이내에 서면으로 하여야 한다. 제1항에 규정한 자가 없어 통지를 하지 못한 경우에는 그 취지를 기재한 서면을 기록에 철하여야 한다. <개정 1996.12.3>
③ 급속을 요하는 경우에는 구속되었다는 취지 및 구속의 일시·장소를 전화 또는 모사전송기 기타 상당한 방법에 의하여 통지할 수 있다. 다만, 이 경우에도 구속통지는 다시 서면으로 하여야 한다. <신설 1996.12.3>

제52조【구속과 범죄사실등의 고지】법원 또는 법관은 법 제72조 및 법 제88조의 규정에 의한 고지를 할 때에는 법원사무관등을 참여시켜 조서를 작성하게 하거나 피고인 또는 피의자로 하여금 확인서 기타 서면을 작성하게 하여야 한다. <개정 1996.12.3, 1997.12.31>

제53조【보석 등의 청구】① 보석청구서 또는 구속취소청구서에는 다음 사항을 기재하여야 한다.
1. 사건번호
2. 구속된 피고인의 성명, 주민등록번호 등, 주거
3. 청구의 취지 및 청구의 이유
4. 청구인의 성명 및 구속된 피고인과의 관계

② 보석의 청구를 하거나 검사 아닌 자가 구속취소의 청구를 할 때에는 그 청구서의 부본을 첨부하여야 한다.
③ 법원은 제1항의 보석 또는 구속취소에 관하여 검사의 의견을 물을 때에는 제2항의 부본을 첨부하여야 한다.
<전문개정 2007.10.29>

제53조의2【진술서 등의 제출】① 보석의 청구인은 적합한 보석조건에 관한 의견을 밝히고 이에 관한 소명자료를 낼 수 있다.
② 보석의 청구인은 보석조건을 결정함에 있어 법 제99조제2항에 따른 이행가능한 조건인지 여부를 판단하기 위하여 필요한 범위 내에서 피고인(피고인이 미성년자인 경우에는 그 법정대리인 등)의 자력 또는 자산 정도에 관한 서면을 제출하여야 한다.
<전문개정 2007.10.29>

제54조【기록 등의 제출】① 검사는 법원으로부터 보석, 구속취소 또는 구속집행정지에 관한 의견요청이 있을 때에는 의견서와 소송서류 및 증거물을 지체 없이 법원에 제출하여야 한다. 이 경우 특별한 사정이 없는 한 의견요청을 받은 날의 다음날까지 제출하여야 한다. <개정 2007.10.29>
② 보석에 대한 의견요청을 받은 검사는 보석허가가 상당하지 아니하다는 의견일 때에는 그 사유를 명시하여야 한다. <신설 1997.12.31>
③ 제2항의 경우 보석허가가 상당하다는 의견일 때에는 보석조건에 대하여 의견을 나타낼 수 있다.
<신설 1997.12.31, 2007.10.29>

제54조의2【보석의 심리】① 보석의 청구를 받은 법원은 지체없이 심문기일을 정하여 구속된 피고인을 심문하여야 한다. 다만, 다음 각호의 어느 하나에 해당하는 때에는 그러하지 아니하다. <개정 2007.10.29>
1. 법 제94조에 규정된 청구권자 이외의 사람이 보석을 청구한 때
2. 동일한 피고인에 대하여 중복하여 보석을 청구하거나 재청구한 때
3. 공판준비 또는 공판기일에 피고인에게 그 이익되는 사실을 진술할 기회를 준 때
4. 이미 제출한 자료만으로 보석을 허가하거나 불허가할 것이 명백한 때

② 제1항의 규정에 의하여 심문기일을 정한 법원은 즉시 검사, 변호인, 보석청구인 및 피고인을 구금하고 있는 관서의 장에게 심문기일과 장소를 통지하여야 하고, 피고인을 구금하고 있는 관서의 장은 위 심문기일에 피고인을 출석시켜야 한다.
③ 제2항의 통지는 서면외에 전화·모사전송·전자우편·휴대전화 문자전송 그 밖에 적당한 방법으로 할 수 있다. 이 경우 통지의 증명은 그 취지를 심문조서에 기재함으로써 할 수 있다. <신설 1996.12.3, 2007.10.29>
④ 피고인, 변호인, 보석청구인은 피고인에게 유리한 자료를 낼 수 있다. <개정 2007.10.29>
⑤ 검사, 변호인, 보석청구인은 제1항의 심문기일에 출석하여 의견을 진술할 수 있다.

⑥ 법원은 피고인, 변호인 또는 보석청구인에게 보석조건을 결정함에 있어 필요한 자료의 제출을 요구할 수 있다. <신설 2007.10.29>
⑦ 법원은 피고인의 심문을 합의부원에게 명할 수 있다. <신설 1996.12.3, 2007.10.29>
<본조신설 1989.6.7>

제55조【보석 등의 결정기한】 법원은 특별한 사정이 없는 한 보석 또는 구속취소의 청구를 받은 날부터 7일 이내에 그에 관한 결정을 하여야 한다.
<전문개정 2007.10.29>

제55조의2【불허가 결정의 이유】 보석을 허가하지 아니하는 결정을 하는 때에는 결정이유에 법 제95조 각호중 어느 사유에 해당하는지를 명시하여야 한다.
<본조신설 1989.6.7>

제55조의3【보석석방 후의 조치】 ① 법원은 법 제98조제3호의 보석조건으로 석방된 피고인이 보석조건을 이행함에 있어 피고인의 주거지를 관할하는 경찰서장에게 피고인이 주거제한을 준수하고 있는지 여부 등에 관하여 조사할 것을 요구하는 등 보석조건의 준수를 위하여 적절한 조치를 취할 것을 요구할 수 있다.
② 법원은 법 제98조제6호의 보석조건을 정한 경우 출입국사무를 관리하는 관서의 장에게 피고인에 대한 출국을 금지하는 조치를 취할 것을 요구할 수 있다.
③ 법 제100조제5항에 따라 보석조건 준수에 필요한 조치를 요구받은 관공서 그 밖의 공사단체의 장은 그 조치의 내용과 경과 등을 법원에 통지하여야 한다.
<본조신설 2007.10.29>

제55조의4【보석조건 변경의 통지】 법원은 보석을 허가한 후에 보석의 조건을 변경하거나 보석조건의 이행을 유예하는 결정을 한 경우에는 그 취지를 검사에게 지체없이 통지하여야 한다. <개정 2007.10.29>
<본조신설 1997.12.31>

제55조의5【보석조건의 위반과 피고인에 대한 과태료 등】
① 법 제102조제3항·제4항에 따른 과태료 재판의 절차에 관하여는 비송사건절차법 제248조, 제250조(다만, 검사에 관한 부분을 제외한다)를 준용한다.
② 법 제102조제3항에 따른 감치재판절차는 법원의 감치재판개시결정에 따라 개시된다. 이 경우 감치사유가 있은 날부터 20일이 지난 때에는 감치재판개시결정을 할 수 없다.
③ 법원은 감치재판절차를 개시한 이후에도 감치에 처함이 상당하지 아니하다고 인정되는 때에는 불처벌의 결정을 할 수 있다.
④ 제2항의 감치재판개시결정과 제3항의 불처벌결정에 대하여는 불복할 수 없다.
⑤ 제2항부터 제4항까지 및 법 제102조제3항·제4항에 따른 감치절차에 관하여는 「법정 등의 질서유지를 위한 재판에 관한 규칙」 제3조, 제6조, 제7조의2, 제8조, 제10조, 제11조, 제13조, 제15조, 제16조, 제18조, 제19조, 제21조부터 제23조, 제25조제1항을 준용한다.
<본조신설 2007.10.29>

제56조【보석 등의 취소에 의한 재구금절차】 ① 법 제102조제2항에 따른 보석취소 또는 구속집행정지취소의 결정이 있는 때 또는 기간을 정한 구속집행정지결정의 기간이 만료된 때에는 검사는 그 취소결정의 등본 또는 기간을 정한 구속집행정지결정의 등본에 의하여 피고인을 재구금하여야 한다. 다만, 급속을 요하는 경우에는 재판장, 수명법관 또는 수탁판사가 재구금을 지휘할 수 있다. <개정 1996.12.3, 2007.10.29>
② 제1항 단서의 경우에는 법원사무관등에게 그 집행을 명할 수 있다. 이 경우에 법원사무관등은 그 집행에 관하여 필요한 때에는 사법경찰관리 또는 교도관에게 보조를 요구할 수 있으며 관할구역 외에서도 집행할 수 있다. <신설 1996.12.3>

제57조【상소 등과 구속에 관한 결정】 ① 상소기간중 또는 상소 중의 사건에 관한 피고인의 구속, 구속기간갱신, 구속취소, 보석, 보석의 취소, 구속집행정지와 그 정지의 취소의 결정은 소송기록이 상소법원에 도달하기까지는 원심법원이 이를 하여야 한다. <개정 1997.12.31>
② 이송, 파기환송 또는 파기이송 중의 사건에 관한 제1항의 결정은 소송기록이 이송 또는 환송법원에 도달하기까지는 이송 또는 환송한 법원이 이를 하여야 한다.

제10장 압수와 수색

제58조【압수수색영장의 기재사항】 압수수색영장에는 압수수색의 사유를 기재하여야 한다. <개정 1996.12.3>

제59조【준용규정】 제48조의 규정은 압수수색영장에 이를 준용한다.

제60조【압수와 수색의 참여】 ① 법원이 압수수색을 할 때에는 법원사무관등을 참여하게 하여야 한다.
② 법원사무관등 또는 사법경찰관리가 압수수색영장에 의하여 압수수색을 할 때에는 다른 법원사무관등 또는 사법경찰관리를 참여하게 하여야 한다.

제61조【수색증명서, 압수품목록의 작성등】 법 제128조에 규정된 증명서 또는 법 제129조에 규정된 목록은 제60조제1항의 규정에 의한 압수수색을 한 때에는 참여한 법원사무관등이 제60조제2항의 규정에 의한 압수수색을 한 때에는 그 집행을 한 자가 각 작성 교부한다.

제62조【압수수색조서의 기재】 압수수색에 있어서 제61조의 규정에 의한 증명서 또는 목록을 교부하거나 법 제130조의 규정에 의한 처분을 한 경우에는 압수수색의 조서에 그 취지를 기재하여야 한다.

제63조【압수수색영장 집행후의 조치】 압수수색

영장의 집행에 관한 서류와 압수한 물건은 압수수색영장을 발부한 법원에 이를 제출하여야 한다. 다만, 검사의 지휘에 의하여 집행된 경우에는 검사를 경유하여야 한다.

제11장 검 증

제64조【피고인의 신체검사 소환장의 기재사항】 피고인에 대한 신체검사를 하기 위한 소환장에는 신체검사를 하기 위하여 소환한다는 취지를 기재하여야 한다.

제65조【피고인 아닌 자의 신체검사의 소환장의 기재사항】 피고인이 아닌 자에 대한 신체검사를 하기 위한 소환장에는 그 성명 및 주거, 피고인의 성명, 죄명, 출석일시 및 장소와 신체검사를 하기 위하여 소환한다는 취지를 기재하고 재판장 또는 수명법관이 기명날인하여야 한다. <개정 1996.12.3>

제12장 증인신문

제66조【신문사항 등】 재판장은 피해자·증인의 인적사항의 공개 또는 누설을 방지하거나 그 밖에 피해자·증인의 안전을 위하여 필요하다고 인정할 때에는 증인의 신문을 청구한 자에 대하여 사전에 신문사항을 기재한 서면의 제출을 명할 수 있다.
<전문개정 2007.10.29>

제67조【결정의 취소】 법원은 제66조의 명을 받은 자가 신속히 그 서면을 제출하지 아니한 경우에는 증거결정을 취소할 수 있다. <개정 2007.10.29>

제67조의2【증인의 소환방법】 ① 법 제150조의2 제1항에 따른 증인의 소환은 소환장의 송달, 전화, 전자우편, 모사전송, 휴대전화 문자전송 그 밖에 적당한 방법으로 할 수 있다.
② 증인을 신청하는 자는 증인의 소재, 연락처와 출석 가능성 및 출석 가능 일시 그 밖에 증인의 소환에 필요한 사항을 미리 확인하는 등 증인 출석을 위한 합리적인 노력을 다하여야 한다.
<본조신설 2007.10.29>

제68조【소환장·구속영장의 기재사항】 ① 증인에 대한 소환장에는 그 성명, 피고인의 성명, 죄명, 출석일시 및 장소, 정당한 이유없이 출석하지 아니할 경우에는 과태료에 처하거나 출석하지 아니함으로써 생긴 비용의 배상을 명할 수 있고 또 구인할 수 있음을 기재하고 재판장이 기명날인하여야 한다. <개정 1996.12.3>
② 증인에 대한 구속영장에는 그 성명, 주민등록번호(주민등록번호가 없거나 이를 알 수 없는 경우에는 생년월일), 직업 및 주거, 피고인의 성명, 죄명, 인치할 일시 및 장소, 발부 연월일 및 유효기간과 그 기간이 경과한 후에는 집행에 착수하지 못하고 구속영장을 반환하여야 한다는 취지를 기재하고 재판장이 서명날인하여야 한다. <개정 1996.12.3>

제68조의2【불출석의 신고】 증인이 출석요구를 받고 기일에 출석할 수 없을 경우에는 법원에 바로 그 사유를 밝혀 신고하여야 한다.
<본조신설 2007.10.29>

제68조의3【증인에 대한 과태료 등】 법 제151조 제1항에 따른 과태료와 소송비용 부담의 재판절차에 관하여는 비송사건절차법 제248조, 제250조(다만, 제248조제3항 후문과 검사에 관한 부분을 제외한다)를 준용한다.
<본조신설 2007.10.29>

제68조의4【증인에 대한 감치】 ① 법 제151조 제2항부터 제8항까지의 감치재판절차는 법원의 감치재판개시결정에 따라 개시된다. 이 경우 감치사유가 발생한 날부터 20일이 지난 때에는 감치재판개시결정을 할 수 없다.
② 감치재판절차를 개시한 후 감치결정 전에 그 증인이 증언을 하거나 그 밖에 감치에 처하는 것이 상당하지 아니하다고 인정되는 때에는 법원은 불처벌결정을 하여야 한다.
③ 제1항의 감치재판개시결정과 제2항의 불처벌결정에 대하여는 불복할 수 없다.
④ 법 제151조제7항의 규정에 따라 증인을 석방한 때에는 재판장은 바로 감치시설의 장에게 그 취지를 서면으로 통보하여야 한다.
⑤ 제1항부터 제4항 및 법 제151조제2항부터 제8항까지에 따른 감치절차에 관하여는 「법정 등의 질서유지를 위한 재판에 관한 규칙」 제3조, 제6조부터 제8조까지, 제10조, 제11조, 제13조, 제15조부터 제19조까지, 제21조부터 제23조까지 및 제25조 제1항(다만, 제23조제8항 중 "감치의 집행을 한 날"은 "법 제151조제5항의 규정에 따른 통보를 받은 날"로 고쳐 적용한다)을 준용한다.
<본조신설 2007.10.29>

제69조【준용규정】 제48조, 제49조, 제49조의2 전단의 규정은 증인의 구인에 이를 준용한다. <개정 2007.10.29>

제70조【소환의 유예기간】 증인에 대한 소환장은 늦어도 출석할 일시 24시간 이전에 송달하여야 한다. 다만, 급속을 요하는 경우에는 그러하지 아니하다.

제70조의2【소환장이 송달불능된 때의 조치】 제68조에 따른 증인에 대한 소환장이 송달불능된 경우 증인을 신청한 자는 재판장의 명에 의하여 증인의 주소를 서면으로 보정하여야 하고, 이 때 증인의 소재, 연락처와 출석가능성 등을 충분히 조사하여 성실하게 기재하여야 한다.
<본조신설 2007.10.29>

제71조【증인의 동일성 확인】 재판장은 증인으로부터 주민등록증 등 신분증을 제시받거나 그 밖의 적당한 방법으로 증인임이 틀림없음을 확인하여야 한다.
<전문개정 2006.3.23>

제72조【선서취지의 설명】 증인이 선서의 취지를 이해할 수 있는가에 대하여 의문이 있는 때에는 선서전에 그 점에 대하여 신문하고, 필요하다고 인

정할 때에는 선서의 취지를 설명하여야 한다.

제73조【서면에 의한 신문】 증인이 들을 수 없는 때에는 서면으로 묻고 말할 수 없는 때에는 서면으로 답하게 할 수 있다.

제74조【증인신문의 방법】 ① 재판장은 증인신문을 행함에 있어서 증명할 사항에 관하여 가능한 한 증인으로 하여금 개별적이고 구체적인 내용을 진술하게 하여야 한다. <개정 1996.12.3>

② 다음 각호의 1에 규정한 신문을 하여서는 아니된다. 다만, 제2호 내지 제4호의 신문에 관하여 정당한 이유가 있는 경우에는 그러하지 아니하다.

1. 위협적이거나 모욕적인 신문
2. 전의 신문과 중복되는 신문
3. 의견을 묻거나 의논에 해당하는 신문
4. 증인이 직접 경험하지 아니한 사항에 해당하는 신문

제75조【주신문】 ① 법 제161조의2제1항 전단의 규정에 의한 신문(이하 "주신문"이라 한다)은 증명할 사항과 이에 관련된 사항에 관하여 한다.

② 주신문에 있어서는 유도신문을 하여서는 아니된다. 다만, 다음 각호의 1의 경우에는 그러하지 아니하다.

1. 증인과 피고인과의 관계, 증인의 경력, 교우관계등 실질적인 신문에 앞서 미리 밝혀둘 필요가 있는 준비적인 사항에 관한 신문의 경우
2. 검사, 피고인 및 변호인 사이에 다툼이 없는 명백한 사항에 관한 신문의 경우
3. 증인이 주신문을 하는 자에 대하여 적의 또는 반감을 보일 경우
4. 증인이 종전의 진술과 상반되는 진술을 하는 때에 그 종전진술에 관한 신문의 경우
5. 기타 유도신문을 필요로 하는 특별한 사정이 있는 경우

③ 재판장은 제2항 단서의 각호에 해당하지 아니하는 경우의 유도신문은 이를 제지하여야 하고, 유도신문의 방법이 상당하지 아니하다고 인정할 때에는 이를 제한할 수 있다.

제76조【반대신문】 ① 법 제161조의2제1항 후단의 규정에 의한 신문(이하 "반대신문"이라 한다)은 주신문에 나타난 사항과 이에 관련된 사항에 관하여 한다.

② 반대신문에 있어서 필요할 때에는 유도신문을 할 수 있다.

③ 재판장은 유도신문의 방법이 상당하지 아니하다고 인정할 때에는 이를 제한할 수 있다.

④ 반대신문의 기회에 주신문에 나타나지 아니한 새로운 사항에 관하여 신문하고자 할 때에는 재판장의 허가를 받아야 한다.

⑤ 제4항의 신문은 그 사항에 관하여는 주신문으로 본다.

제77조【증언의 증명력을 다투기 위하여 필요한 사항의 신문】 ① 주신문 또는 반대신문의 경우에는 증언의 증명력을 다투기 위하여 필요한 사항에 관한 신문을 할 수 있다.

② 제1항에 규정한 신문은 증인의 경험, 기억 또는 표현의 정확성등 증언의 신빙성에 관한 사항 및 증인의 이해관계, 편견 또는 예단 등 증인의 신용성에 관한 사항에 관하여 한다. 다만, 증인의 명예를 해치는 내용의 신문을 하여서는 아니된다.

제78조【재 주신문】 ① 주신문을 한 검사, 피고인 또는 변호인은 반대신문이 끝난 후 반대신문에 나타난 사항과 이와 관련된 사항에 관하여 다시 신문(이하 "재 주신문"이라 한다)을 할 수 있다.

② 재 주신문은 주신문의 예에 의한다.

③ 제76조제4항, 제5항의 규정은 재 주신문의 경우에 이를 준용한다.

제79조【재판장의 허가에 의한 재신문】 검사, 피고인 또는 변호인은 주신문, 반대신문 및 재 주신문이 끝난 후에도 재판장의 허가를 얻어 다시 신문을 할 수 있다.

제80조【재판장에 의한 신문순서 변경의 경우】 ① 재판장이 법 제161조의2제3항 전단의 규정에 의하여 검사, 피고인 및 변호인에 앞서 신문을 한 경우에 있어서 그 후에 하는 검사, 피고인 및 변호인의 신문에 관하여는 이를 신청한 자와 상대방의 구별에 따라 제75조 내지 제79조의 규정을 각 준용한다.

② 재판장이 법 제161조의2제3항 후단의 규정에 의하여 신문순서를 변경한 경우의 신문방법은 재판장이 정하는 바에 의한다.

제81조【직권에 의한 증인의 신문】 법 제161조의2제4항에 규정한 증인에 대하여 재판장이 신문한 후 검사, 피고인 또는 변호인이 신문하는 때에는 반대신문의 예에 의한다.

제82조【서류 또는 물건에 관한 신문】 ① 증인에 대하여 서류 또는 물건의 성립, 동일성 기타 이에 준하는 사항에 관한 신문을 할 때에는 그 서류 또는 물건을 제시할 수 있다.

② 제1항의 서류 또는 물건이 증거조사를 마치지 않은 것일 때에는 먼저 상대방에게 이를 열람할 기회를 주어야 한다. 다만, 상대방이 이의하지 아니할 때에는 그러하지 아니한다.

제83조【기억의 환기가 필요한 경우】 ① 증인의 기억이 명백치 아니한 사항에 관하여 기억을 환기시켜야 할 필요가 있을 때에는 재판장의 허가를 얻어 서류 또는 물건을 제시하면서 신문할 수 있다.

② 제1항의 경우에는 제시하는 서류의 내용이 증인의 진술에 부당한 영향을 미치지 아니하도록 하여야 한다.

③ 제82조제2항의 규정은 제1항의 경우에 이를 준용한다.

제84조【증언을 명확히 할 필요가 있는 경우】 ① 증인의 진술을 명확히 할 필요가 있을 때에는 도면, 사진, 모형, 장치등을 이용하여 신문할 수 있다.

② 제83조제2항의 규정은 제1항의 경우에 이를 준용한다.

제84조의2【증인의 증인신문조서 열람 등】 증인은 자신에 대한 증인신문조서 및 그 일부로 인용된

속기록, 녹음물, 영상녹화물 또는 녹취서의 열람, 등사 또는 사본을 청구할 수 있다.
<전문개정 2012.5.29>

제84조의3【신뢰관계에 있는 사람의 동석】 ① 법 제163조의2에 따라 피해자와 동석할 수 있는 신뢰관계에 있는 사람은 피해자의 배우자, 직계친족, 형제자매, 가족, 동거인, 고용주, 변호사, 그 밖에 피해자의 심리적 안정과 원활한 의사소통에 도움을 줄 수 있는 사람을 말한다. <개정 2012.5.29>
② 법 제163조의2제1항에 따른 동석 신청에는 동석하고자 하는 자와 피해자 사이의 관계, 동석이 필요한 사유 등을 명시하여야 한다.
③ 재판장은 법 제163조의2제1항 또는 제2항에 따라 동석한 자가 부당하게 재판의 진행을 방해하는 때에는 동석을 중지시킬 수 있다.
<본조신설 2007.10.29>

제84조의4【비디오 등 중계장치 등에 의한 신문 여부의 결정】 ① 법원은 신문할 증인이 법 제165조의2제1항에서 정한 자에 해당한다고 인정될 경우, 증인으로 신문하는 결정을 할 때 비디오 등 중계장치에 의한 중계시설 또는 차폐시설을 통한 신문 여부를 함께 결정하여야 한다. 이 때 증인의 연령, 증언할 당시의 정신적·심리적 상태, 범행의 수단과 결과 및 범행 후의 피고인이나 사건관계인의 태도 등을 고려하여 판단하여야 한다. <개정 2021. 10. 29.>
② 법원은 증인신문 전 또는 증인신문 중에도 비디오 등 중계장치에 의한 중계시설 또는 차폐시설을 통하여 신문할 것을 결정할 수 있다.
<본조신설 2007. 10. 29.>

제84조의5【비디오 등 중계장치에 의한 신문의 실시】 제123조의13제1항내지 제4항과 제6항 내지 제8항은 법 제165조의2제1항, 제2항에 따라 비디오 등 중계장치에 의한 중계시설을 통하여 증인신문을 하는 경우에 준용한다.
<전문개정 2021. 10. 29.>

제84조의6【심리의 비공개】 ① 법원은 법 제165조의2제1항에 따라 비디오 등 중계장치에 의한 중계시설 또는 차폐시설을 통하여 증인을 신문하는 경우, 증인의 보호를 위하여 필요하다고 인정하는 경우에는 결정으로 이를 공개하지 아니할 수 있다. <개정 2021. 10. 29.>
② 증인으로 소환받은 증인과 그 가족은 증인보호 등의 사유로 증인신문의 비공개를 신청할 수 있다.
③ 재판장은 제2항의 신청이 있는 때에는 그 허가 여부 및 공개, 법정외의 장소에서의 신문 등 증인의 신문방식 및 장소에 관하여 결정하여야 한다.
④ 제1항의 결정을 한 경우에도 재판장은 적당하다고 인정되는 자의 재정을 허가할 수 있다.
<본조신설 2007. 10. 29.>

제84조의7【중계시설의 동석 등】 ① 법원은 비디오 등 중계장치에 의한 중계시설을 통하여 증인신문을 하는 경우, 법 제163조의2의 규정에 의하여 신뢰관계에 있는 자를 동석하게 할 때에는 제84조의5에 정한 비디오 등 중계장치에 의한 중계시설에 동석하게 한다. <개정 2021. 10. 29.>
② 법원은 법원 직원이나 비디오 등 중계장치에 의한 중계시설을 관리하는 사람으로 하여금 비디오 등 중계장치의 조작과 증인신문 절차를 보조하게 할 수 있다. <개정 2021. 10. 29.>
<본조신설 2007. 10. 29.>
<제목개정 2021. 10. 29.>

제84조의8【증인을 위한 배려】 ① 법 제165조의2제1항에 따라 증인신문을 하는 경우, 증인은 증언을 보조할 수 있는 인형, 그림 그 밖에 적절한 도구를 사용할 수 있다. <개정 2021. 10. 29.>
② 제1항의 증인은 증언을 하는 동안 담요, 장난감, 인형 등 증인이 선택하는 물품을 소지할 수 있다.
<본조신설 2007. 10. 29.>

제84조의9【차폐시설 등】 ① 법원은 법 제165조의2제1항에 따라 차폐시설을 설치함에 있어 피고인과 증인이 서로의 모습을 볼 수 없도록 필요한 조치를 취하여야 한다. <개정 2021. 10. 29.>
② 법 제165조의2제1항에 따라 비디오 등 중계장치에 의한 중계시설을 통하여 증인신문을 할 때 중계장치를 통하여 증인이 피고인을 대면하거나 피고인이 증인을 대면하는 것이 증인의 보호를 위하여 상당하지 않다고 인정되는 경우 재판장은 검사, 변호인의 의견을 들어 증인 또는 피고인이 상대방을 영상으로 인식할 수 있는 장치의 작동을 중지시킬 수 있다. <신설 2021. 10. 29.>
<본조신설 2007. 10. 29.>
<제목개정 2021. 10. 29.>

제84조의10【증인지원시설의 설치 및 운영】
① 법원은 특별한 사정이 없는 한 예산의 범위 안에서 증인의 보호 및 지원에 필요한 시설을 설치한다.
② 법원은 제1항의 시설을 설치한 경우, 예산의 범위 안에서 그 시설을 관리·운영하고 증인의 보호 및 지원을 담당하는 직원을 둔다.
<본조신설 2012.5.29>

제13장 감 정

제85조【감정유치장의 기재사항 등】 ① 감정유치장에는 피고인의 성명, 주민등록번호 등, 직업, 주거, 죄명, 범죄사실의 요지, 유치할 장소, 유치기간, 감정의 목적 및 유효기간과 그 기간 경과후에는 집행에 착수하지 못하고 영장을 반환하여야 한다는 취지를 기재하고 재판장 또는 수명법관이 서명날인하여야 한다. <개정 1996.12.3, 2007.10.29>
② 감정유치기간의 연장이나 단축 또는 유치할 장소의 변경 등은 결정으로 한다.

제86조【간수의 신청방법】 법 제172조제5항의 규정에 의한 신청은 피고인의 간수를 필요로 하는 사유를 명시하여 서면으로 하여야 한다. <개정 1996.12.3>

제87조【비용의 지급】 ① 법원은 감정하기 위하

여 피고인을 병원 기타 장소에 유치한 때에는 그 관리자의 청구에 의하여 입원료 기타 수용에 필요한 비용을 지급하여야 한다.
② 제1항의 비용은 법원이 결정으로 정한다.
제88조【준용규정】 구속에 관한 규정은 이 규칙에 특별한 규정이 없는 경우에는 감정하기 위한 피고인의 유치에 이를 준용한다. 다만, 보석에 관한 규정은 그러하지 아니하다.
제89조【감정허가장의 기재사항】 ① 감정에 필요한 처분의 허가장에는 법 제173조제2항에 규정한 사항외에 감정인의 직업, 유효기간을 경과하면 허가된 처분에 착수하지 못하며 허가장을 반환하여야 한다는 취지 및 발부연월일을 기재하고 재판장 또는 수명법관이 서명날인하여야 한다.
② 법원이 감정에 필요한 처분의 허가에 관하여 조건을 붙인 경우에는 제1항의 허가장에 이를 기재하여야 한다.
제89조의2【감정자료의 제공】 재판장은 필요하다고 인정하는 때에는 감정인에게 소송기록에 있는 감정에 참고가 될 자료를 제공할 수 있다.
<본조신설 1996.12.3>
제89조의3【감정서의 설명】 ① 법 제179조의2제2항의 규정에 의하여 감정서의 설명을 하게 할 때에는 검사, 피고인 또는 변호인을 참여하게 하여야 한다.
② 제1항의 설명의 요지는 조서에 기재하여야 한다.
<본조신설 1996.12.3>
제90조【준용규정】 제12장의 규정은 구인에 관한 규정을 제외하고는 감정, 통역과 번역에 이를 준용한다. <개정 2021. 10. 29.>

제14장 증거보전

제91조【증거보전처분을 하여야 할 법관】 ① 증거보전의 청구는 다음 지역을 관할하는 지방법원판사에게 하여야 한다.
1. 압수에 관하여는 압수할 물건의 소재지
2. 수색 또는 검증에 관하여는 수색 또는 검증할 장소, 신체 또는 물건의 소재지
3. 증인신문에 관하여는 증인의 주거지 또는 현재지
4. 감정에 관하여는 감정대상의 소재지 또는 현재지

② 감정의 청구는 제1항제4호의 규정에 불구하고 감정함에 편리한 지방법원판사에게 할 수 있다.
제92조【청구의 방식】 ① 증거보전청구서에는 다음 사항을 기재하여야 한다.
1. 사건의 개요
2. 증명할 사실
3. 증거 및 보전의 방법
4. 증거보전을 필요로 하는 사유

② 삭제 <1996.12.3>

제15장 소송비용
<신설 2020. 6. 26.>

제92조의2【듣거나 말하는 데 장애가 있는 사람을 위한 비용 등】 듣거나 말하는 데 장애가 있는 사람을 위한 통역·속기·녹음·녹화 등에 드는 비용은 국고에서 부담하고, 형사소송법 제186조부터 제194조까지에 따라 피고인 등에게 부담하게 할 소송비용에 산입하지 아니한다.
<본조신설 2020. 6. 26.>

제2편 제1심

제1장 수 사

제93조【영장청구의 방식】 ① 영장의 청구는 서면으로 하여야 한다.
② 체포영장 및 구속영장의 청구서에는 범죄사실의 요지를 따로 기재한 서면 1통(수통의 영장을 청구하는 때에는 그에 상응하는 통수)을 첨부하여야 한다. <개정 2007.10.29>
③ 압수·수색·검증영장의 청구서에는 범죄사실의 요지, 압수·수색·검증의 장소 및 대상을 따로 기재한 서면 1통(수통의 영장을 청구하는 때에는 그에 상응하는 통수)을 첨부하여야 한다. <신설 2007.10.29>
제94조【영장의 방식】 검사의 청구에 의하여 발부하는 영장에는 그 영장을 청구한 검사의 성명과 그 검사의 청구에 의하여 발부한다는 취지를 기재하여야 한다. <개정 1996.12.3>
제95조【체포영장청구서의 기재사항】 체포영장의 청구서에는 다음 각 호의 사항을 기재하여야 한다.
1. 피의자의 성명(분명하지 아니한 때에는 인상, 체격, 그 밖에 피의자를 특정할 수 있는 사항), 주민등록번호 등, 직업, 주거
2. 피의자에게 변호인이 있는 때에는 그 성명
3. 죄명 및 범죄사실의 요지
4. 7일을 넘는 유효기간을 필요로 하는 때에는 그 취지 및 사유
5. 여러 통의 영장을 청구하는 때에는 그 취지 및 사유
6. 인치구금할 장소
7. 법 제200조의2제1항에 규정한 체포의 사유
8. 동일한 범죄사실에 관하여 그 피의자에 대하여 전에 체포영장을 청구하였거나 발부받은 사실이 있는 때에는 다시 체포영장을 청구하는 취지 및 이유
9. 현재 수사 중인 다른 범죄사실에 관하여 그 피의자에 대하여 발부된 유효한 체포영장이 있는 경우에는 그 취지 및 그 범죄사실

<전문개정 2007.10.29>
제95조의2【구속영장청구서의 기재사항】 구속

영장의 청구서에는 다음 각 호의 사항을 기재하여야 한다.
1. 제95조제1호부터 제6호까지 규정한 사항
2. 법 제70조제1항 각 호에 규정한 구속의 사유
3. 피의자의 체포여부 및 체포된 경우에는 그 형식
4. 법 제200조의6, 법 제87조에 의하여 피의자가 지정한 사람에게 체포이유 등을 알린 경우에는 그 사람의 성명과 연락처
<본조신설 2007.10.29>

제96조【자료의 제출등】 ① 체포영장의 청구에는 체포의 사유 및 필요를 인정할 수 있는 자료를 제출하여야 한다.
② 체포영장에 의하여 체포된 자 또는 현행범인으로 체포된 자에 대하여 구속영장을 청구하는 경우에는 법 제201조제2항에 규정한 자료외에 다음 각 호의 자료를 제출하여야 한다.
1. 피의자가 체포영장에 의하여 체포된 자인 때에는 체포영장
2. 피의자가 현행범인으로 체포된 자인 때에는 그 취지와 체포의 일시 및 장소가 기재된 서류
③ 법 제214조의2제1항에 규정한 자는 체포영장 또는 구속영장의 청구를 받은 판사에게 유리한 자료를 제출할 수 있다.
④ 판사는 영장 청구서의 기재사항에 흠결이 있는 경우에는 전화 기타 신속한 방법으로 영장을 청구한 검사에게 그 보정을 요구할 수 있다. <신설 1997.12.31>
<전문개정 1996.12.3>

제96조의2【체포의 필요】 체포영장의 청구를 받은 판사는 체포의 사유가 있다고 인정 되는 경우에도 피의자의 연령과 경력, 가족관계나 교우관계, 범죄의 경중 및 태양 기타 제반 사정에 비추어 피의자가 도망할 염려가 없고 증거를 인멸할 염려가 없는 등 명백히 체포의 필요가 없다고 인정되는 때에는 체포영장의 청구를 기각하여야 한다.
<본조신설 1996.12.3>

제96조의3【인치·구금할 장소의 변경】 검사는 체포영장을 발부받은 후 피의자를 체포하기 이전에 체포영장을 첨부하여 판사에게 인치·구금할 장소의 변경을 청구할 수 있다.
<본조신설 1997.12.31>

제96조의4【체포영장의 갱신】 검사는 체포영장의 유효기간을 연장할 필요가 있다고 인정하는 때에는 그 사유를 소명하여 다시 체포영장을 청구하여야 한다.
<전문개정 1997.12.31>

제96조의5【영장전담법관의 지정】 지방법원 또는 지원의 장은 구속영장청구에 대한 심사를 위한 전담법관을 지정할 수 있다.
<본조신설 1996.12.3>

제96조의6 ~ 제96조의10 삭제 <2007.10.29>

제96조의11【구인 피의자의 유치등】 ① 구인을 위한 구속영장의 집행을 받아 인치된 피의자를 법원에 유치한 경우에 법원사무관등은 피의자의 도망을 방지하기 위한 적절한 조치를 취하여야 한다.
② 제1항의 피의자를 법원외의 장소에 유치하는 경우에 판사는 구인을 위한 구속영장에 유치할 장소를 기재하고 서명날인하여 이를 교부하여야 한다.
<본조신설 1997.12.31>

제96조의12【심문기일의 지정, 통지】 ① 삭제 <2007.10.29>
② 체포된 피의자외의 피의자에 대한 심문기일은 관계인에 대한 심문기일의 통지 및 그 출석에 소요되는 시간 등을 고려하여 피의자가 법원에 인치된 때로부터 가능한 한 빠른 일시로 지정하여야 한다. <신설 1997.12.31>
③ 심문기일의 통지는 서면 이외에 구술·전화·모사전송·전자우편·휴대전화 문자전송 그 밖에 적당한 방법으로 신속하게 하여야 한다. 이 경우 통지의 증명은 그 취지를 심문조서에 기재함으로써 할 수 있다. <개정 1997.12.31, 2007.10.29>
<본조신설 1996.12.3>

제96조의13【피의자의 심문절차】 ① 판사는 피의자가 심문기일에의 출석을 거부하거나 질병 그 밖의 사유로 출석이 현저하게 곤란하고, 피의자를 심문 법정에 인치할 수 없다고 인정되는 때에는 피의자의 출석 없이 심문절차를 진행할 수 있다.
② 검사는 피의자가 심문기일에의 출석을 거부하는 때에는 판사에게 그 취지 및 사유를 기재한 서면을 작성 제출하여야 한다.
③ 제1항의 규정에 의하여 심문절차를 진행할 경우에는 출석한 검사 및 변호인의 의견을 듣고, 수사기록 그 밖에 적당하다고 인정하는 방법으로 구속사유의 유무를 조사할 수 있다.
<전문개정 2007.10.29>

제96조의14【심문의 비공개】 피의자에 대한 심문절차는 공개하지 아니한다. 다만, 판사는 상당하다고 인정하는 경우에는 피의자의 친족, 피해자 등 이해관계인의 방청을 허가할 수 있다.
<본조신설 1996.12.3>

제96조의15【심문장소】 피의자의 심문은 법원 청사내에서 하여야 한다. 다만, 피의자가 출석을 거부하거나 질병 기타 부득이한 사유로 법원에 출석할 수 없는 때에는 경찰서, 구치소 기타 적당한 장소에서 심문할 수 있다.
<본조신설 1996.12.3>

제96조의16【심문기일의 절차】 ① 판사는 피의자에게 구속영장청구서에 기재된 범죄사실의 요지를 고지하고, 피의자에게 일체의 진술을 하지 아니하거나 개개의 질문에 대하여 진술을 거부할 수 있으며, 이익 되는 사실을 진술할 수 있음을 알려주어야 한다.
② 판사는 구속 여부를 판단하기 위하여 필요한 사항에 관하여 신속하고 간결하게 심문하여야 한다. 증거인멸 또는 도망의 염려를 판단하기 위하여 필요한 때에는 피의자의 경력, 가족관계나 교우관계 등 개인적인 사항에 관하여 심문할 수 있다.
③ 검사와 변호인은 판사의 심문이 끝난 후에 의견을 진술할 수 있다. 다만, 필요한 경우에는 심문 도중에도 판사의 허가를 얻어 의견을 진술할 수 있다.

④ 피의자는 판사의 심문 도중에도 변호인에게 조력을 구할 수 있다.
⑤ 판사는 구속 여부의 판단을 위하여 필요하다고 인정하는 때에는 심문장소에 출석한 피해자 그 밖의 제3자를 심문할 수 있다.
⑥ 구속영장이 청구된 피의자의 법정대리인, 배우자, 직계친족, 형제자매나 가족, 동거인 또는 고용주는 판사의 허가를 얻어 사건에 관한 의견을 진술할 수 있다.
⑦ 판사는 심문을 위하여 필요하다고 인정하는 경우에는 호송경찰관 기타의 자를 퇴실하게 하고 심문을 진행할 수 있다.
<전문개정 2007.10.29>

제96조의17 삭제 <2007.10.29>

제96조의18【처리시각의 기재】 구속영장을 청구받은 판사가 피의자심문을 한 경우 법원사무관등은 구속영장에 구속영장청구서·수사관계서류 및 증거물을 접수한 시각과 이를 반환한 시각을 기재하여야 한다. 다만, 체포된 피의자 외의 피의자에 대하여는 그 반환 시각을 기재한다.
<본조신설 1997.12.31>

제96조의19【영장발부와 통지】 ① 법 제204조의 규정에 의한 통지는 다음 각호의 1에 해당하는 사유가 발생한 경우에 이를 하여야 한다.
1. 피의자를 체포 또는 구속하지 아니하거나 못한 경우
2. 체포후 구속영장 청구기간이 만료하거나 구속후 구속기간이 만료하여 피의자를 석방한 경우
3. 체포 또는 구속의 취소로 피의자를 석방한 경우
4. 체포된 국회의원에 대하여 헌법 제44조의 규정에 의한 석방요구가 있어 체포영장의 집행이 정지된 경우
5. 구속집행정지의 경우

② 제1항의 통지서에는 다음 각호의 사항을 기재하여야 한다.
1. 피의자의 성명
2. 제1항 각호의 사유 및 제1항제2호 내지 제5호에 해당하는 경우에는 그 사유발생일
3. 영장 발부 연월일 및 영장번호

③ 제1항제1호에 해당하는 경우에는 체포영장 또는 구속영장의 원본을 첨부하여야 한다.
<본조신설 1997.12.31>

제96조의20【변호인의 접견 등】 ① 변호인은 구속영장이 청구된 피의자에 대한 심문 시작 전에 피의자와 접견할 수 있다.
② 지방법원 판사는 심문할 피의자의 수, 사건의 성격 등을 고려하여 변호인과 피의자의 접견 시간을 정할 수 있다.
③ 지방법원 판사는 검사 또는 사법경찰관에게 제1항의 접견에 필요한 조치를 요구할 수 있다.
<본조신설 2006.8.17>

제96조의21【구속영장청구서 및 소명자료의 열람】 ① 피의자 심문에 참여할 변호인은 지방법원 판사에게 제출된 구속영장청구서 및 그에 첨부된 고소·고발장, 피의자의 진술을 기재한 서류와 피의자가 제출한 서류를 열람할 수 있다.
② 검사는 증거인멸 또는 피의자나 공범 관계에 있는 자가 도망할 염려가 있는 등 수사에 방해가 될 염려가 있는 때에는 지방법원 판사에게 제1항에 규정된 서류(구속영장청구서는 제외한다)의 열람 제한에 관한 의견을 제출할 수 있고, 지방법원 판사는 검사의 의견이 상당하다고 인정하는 때에는 그 전부 또는 일부의 열람을 제한할 수 있다. <개정 2011.12.30>
③ 지방법원 판사는 제1항의 열람에 관하여 그 일시, 장소를 지정할 수 있다.
<본조신설 2006.8.17>

제96조의22【심문기일의 변경】 판사는 지정된 심문기일에 피의자를 심문할 수 없는 특별한 사정이 있는 경우에는 그 심문기일을 변경할 수 있다.
<본조신설 2007.10.29>

제97조【구속기간연장의 신청】 ① 구속기간연장의 신청은 서면으로 하여야 한다.
② 제1항의 서면에는 수사를 계속하여야 할 상당한 이유와 연장을 구하는 기간을 기재하여야 한다.

제98조【구속기간연장기간의 계산】 구속기간연장허가결정이 있은 경우에 그 연장기간은 법 제203조의 규정에 의한 구속기간만료 다음날로부터 기산한다.

제99조【재체포· 재구속영장의 청구】 ① 재체포영장의 청구서에는 재체포영장의 청구라는 취지와 법 제200조의2제4항에 규정한 재체포의 이유 또는 법 제214조의3에 규정한 재체포의 사유를 기재하여야 한다. <개정 1996.12.3>
② 재구속영장의 청구서에는 재구속영장의 청구라는 취지와 법 제208조제1항 또는 법 제214조의3에 규정한 재구속의 사유를 기재하여야 한다. <개정 1996.12.3>
③ 제95조, 제95조의2, 제96조, 제96조의2 및 제96조의4의 규정은 재체포 또는 재구속의 영장의 청구 및 그 심사에 이를 준용한다. <신설 1996.12.3, 2007.10.29>

제100조【준용규정】 ① 제46조, 제49조제1항 및 제51조의 규정은 검사 또는 사법경찰관의 피의자 체포 또는 구속에 이를 준용한다. 다만, 체포영장에는 법 제200조의2제1항에서 규정한 체포의 사유를 기재하여야 한다. <개정 1996. 12. 3.>
② 체포영장에 의하여 체포되었거나 현행범으로 체포된 피의자에 대하여 구속영장청구가 기각된 경우에는 법 제200조의4제2항의 규정을 준용한다. <신설 1996. 12. 3.>
③ 제96조의3의 규정은 구속영장의 인치·구금할 장소의 변경 청구에 준용한다. <신설 2020. 12. 28.>

제101조【체포·구속적부심청구권자의 체포·구속영장등본 교부청구등】 구속영장이 청구되거나 체포 또는 구속된 피의자, 그 변호인, 법정대리인, 배우자, 직계친족, 형제자매나 동거인 또는 고용주는 긴급체포서, 현행범인체포서, 체포영장, 구속영

장 또는 그 청구서를 보관하고 있는 검사, 사법경찰관 또는 법원사무관등에게 그 등본의 교부를 청구할 수 있다. <개정 1989.6.7, 1996.12.3, 1997.12.31, 2007.10.29>

제102조【체포·구속적부심사청구서의 기재사항】 체포 또는 구속의 적부심사청구서에는 다음 사항을 기재하여야 한다.
1. 체포 또는 구속된 피의자의 성명, 주민등록번호 등, 주거
2. 체포 또는 구속된 일자
3. 청구의 취지 및 청구의 이유
4. 청구인의 성명 및 체포 또는 구속된 피의자와의 관계

제103조 삭제 <2007.10.29>

제104조【심문기일의 통지 및 수사관계서류 등의 제출】 ① 체포 또는 구속의 적부심사의 청구를 받은 법원은 지체 없이 청구인, 변호인, 검사 및 피의자를 구금하고 있는 관서(경찰서, 교도소 또는 구치소 등)의 장에게 심문기일과 장소를 통지하여야 한다. <개정 2007.10.29>
② 사건을 수사 중인 검사 또는 사법경찰관은 제1항의 심문기일까지 수사관계서류와 증거물을 법원에 제출하여야 하고, 피의자를 구금하고 있는 관서의 장은 위 심문기일에 피의자를 출석시켜야 한다. 법원사무관 등은 체포적부심사청구사건의 기록표지에 수사관계서류와 증거물의 접수 및 반환의 시각을 기재하여야 한다. <개정 1996.12.3>
③ 제54조의2제3항의 규정은 제1항에 따른 통지에 이를 준용한다. <개정 1996.12.3, 2007.10.29>

제104조의2【준용규정】 제96조의21의 규정은 체포·구속의 적부심사를 청구한 피의자의 변호인에게 이를 준용한다.
<본조신설 2006.8.17>

제105조【심문기일의 절차】 ① 법 제214조의2제9항에 따라 심문기일에 출석한 검사·변호인·청구인은 법원의 심문이 끝난 후 의견을 진술할 수 있다. 다만, 필요한 경우에는 심문 도중에도 판사의 허가를 얻어 의견을 진술할 수 있다.
② 피의자는 판사의 심문 도중에도 변호인에게 조력을 구할 수 있다.
③ 체포 또는 구속된 피의자, 변호인, 청구인은 피의자에게 유리한 자료를 낼 수 있다.
④ 법원은 피의자의 심문을 합의부원에게 명할 수 있다.
<전문개정 2007.10.29>

제106조【결정의 기한】 체포 또는 구속의 적부심사청구에 대한 결정은 체포 또는 구속된 피의자에 대한 심문이 종료된 때로부터 24시간 이내에 이를 하여야 한다. <개정 1996.12.3>

제107조【압수, 수색, 검증 영장청구서의 기재사항)
① 압수, 수색 또는 검증을 위한 영장의 청구서에는 다음 각호의 사항을 기재하여야 한다. <개정 1996.12.3, 2007.10.29, 2011.12.30>
1. 제95조제1호부터 제5호까지에 규정한 사항
2. 압수할 물건, 수색 또는 검증할 장소, 신체나 물건
3. 압수, 수색 또는 검증의 사유
4. 일출전 또는 일몰후에 압수, 수색 또는 검증을 할 필요가 있는 때에는 그 취지 및 사유
5. 법 제216조제3항에 따라 청구하는 경우에는 영장 없이 압수, 수색 또는 검증을 한 일시 및 장소
6. 법 제217조제2항에 따라 청구하는 경우에는 체포한 일시 및 장소와 영장 없이 압수, 수색 또는 검증을 한 일시 및 장소
7. 「통신비밀보호법」 제2조제3호에 따른 전기통신을 압수·수색하고자 할 경우 그 작성기간

② 신체검사를 내용으로 하는 검증을 위한 영장의 청구서에는 제1항 각호의 사항외에 신체검사를 필요로 하는 이유와 신체검사를 받을 자의 성별, 건강상태를 기재하여야 한다.

제108조【자료의 제출】 ① 법 제215조의 규정에 의한 청구를 할 때에는 피의자에게 범죄의 혐의가 있다고 인정되는 자료와 압수, 수색 또는 검증의 필요 및 해당 사건과의 관련성을 인정할 수 있는 자료를 제출하여야 한다. <개정 2011.12.30>
② 피의자 아닌 자의 신체, 물건, 주거 기타 장소의 수색을 위한 영장의 청구를 할 때에는 압수하여야 할 물건이 있다고 인정될 만한 자료를 제출하여야 한다.

제109조【준용규정】 제58조, 제62조의 규정은 검사 또는 사법경찰관의 압수, 수색에 제64조, 제65조의 규정은 검사 또는 사법경찰관의 검증에 각 이를 준용한다.

제110조【압수, 수색, 검증의 참여】 검사 또는 사법경찰관이 압수, 수색, 검증을 함에는 법 제243조에 규정한 자를 각 참여하게 하여야 한다.

제111조【제1회 공판기일 전 증인신문청구서의 기재사항】 법 제221조의2에 따른 증인신문 청구서에는 다음 각 호의 사항을 기재하여야 한다.
1. 증인의 성명, 직업 및 주거
2. 피의자 또는 피고인의 성명
3. 죄명 및 범죄사실의 요지
4. 증명할 사실
5. 신문사항
6. 증인신문청구의 요건이 되는 사실
7. 피의자 또는 피고인에게 변호인이 있는 때에는 그 성명

<전문개정 2007.10.29>

제112조【증인신문등의 통지】 판사가 법 제221조의2에 따른 증인신문을 실시할 경우에는 피고인, 피의자 또는 변호인에게 신문기일과 장소 및 증인신문에 참여할 수 있다는 취지를 통지하여야 한다.
<개정 2007.10.29>
<전문개정 1996.12.3>

제113조【감정유치청구서의 기재사항】 법 제221조의3에 따른 감정유치청구서에는 다음 각호의 사

항을 기재하여야 한다. <개정 2007.10.29>
1. 제95조제1호부터 제5호까지에 규정한 사항
2. 유치할 장소 및 유치기간
3. 감정의 목적 및 이유
4. 감정인의 성명, 직업
<전문개정 1996.12.3>

제114조【감정에 필요한 처분허가청구서의 기재사항】 법 제221조의4의 규정에 의한 처분허가청구서에는 다음 각호의 사항을 기재하여야 한다.
1. 법 제173조제2항에 규정한 사항. 다만, 피의자의 성명이 분명하지 아니한 때에는 인상, 체격 기타 피의자를 특정할 수 있는 사항을 기재하여야 한다.
2. 제95조제2호 내지 제5호에 규정한 사항
3. 감정에 필요한 처분의 이유
<전문개정 1996.12.3>

제115조【준용규정】 제85조, 제86조 및 제88조의 규정은 법 제221조의3에 규정한 유치처분에, 제89조의 규정은 법 제221조의4에 규정한 허가장에 각 이를 준용한다.

제116조【고소인의 신분관계 자료제출】 ① 법 제225조 내지 제227조의 규정에 의하여 고소할 때에는 고소인과 피해자와의 신분관계를 소명하는 서면을, 법 제229조에 의하여 고소할 때에는 혼인의 해소 또는 이혼소송의 제기사실을 소명하는 서면을 각 제출하여야 한다.
② 법 제228조의 규정에 의하여 검사의 지정을 받은 고소인이 고소할 때에는 그 지정받은 사실을 소명하는 서면을 제출하여야 한다.

제2장 공 소

제117조【공소장의 기재요건】 ① 공소장에는 법 제254조제3항에 규정한 사항외에 다음 각호의 사항을 기재하여야 한다. <개정 1996.12.3, 2007.10.29>
1. 피고인의 주민등록번호 등, 직업, 주거 및 등록기준지. 다만, 피고인이 법인인 때에는 사무소 및 대표자의 성명과 주소
2. 피고인이 구속되어 있는지 여부
② 제1항제1호에 규정한 사항이 명백하지 아니할 때에는 그 취지를 기재하여야 한다.

제118조【공소장의 첨부서류】 ① 공소장에는, 공소제기전에 변호인이 선임되거나 보조인의 신고가 있는 경우 그 변호인선임서 또는 보조인신고서를, 공소제기전에 특별대리인의 선임이 있는 경우 그 특별대리인 선임결정등본을, 공소제기당시 피고인이 구속되어 있거나, 체포 또는 구속된 후 석방된 경우 체포영장, 긴급체포서, 구속영장 기타 구속에 관한 서류를 각 첨부하여야 한다. <개정 1996.12.3>
② 공소장에는 제1항에 규정한 서류외에 사건에 관하여 법원에 예단이 생기게 할 수 있는 서류 기타 물건을 첨부하거나 그 내용을 인용하여서는 아니된다. <개정 1996.12.3>

제119조 삭제 <2007.10.29>

제120조【재정신청인에 대한 통지】 법원은 재정신청서를 송부받은 때에는 송부받은 날로부터 10일 이내에 피의자 이외에 재정신청인에게도 그 사유를 통지하여야 한다.
<전문개정 2007.10.29>

제121조【재정신청의 취소방식 및 취소의 통지】 ① 법 제264조제2항에 규정된 취소는 관할고등법원에 서면으로 하여야 한다. 다만, 기록이 관할고등법원에 송부되기 전에는 그 기록이 있는 검찰청 검사장 또는 지청장에게 하여야 한다.
② 제1항의 취소서를 제출받은 고등법원의 법원사무관등은 즉시 관할 고등검찰청 검사장 및 피의자에게 그 사유를 통지하여야 한다. <개정 2007.10.29>

제122조【재정신청에 대한 결정과 이유의 기재】 법 제262조제2항제2호에 따라 공소제기를 결정하는 때에는 죄명과 공소사실이 특정될 수 있도록 이유를 명시하여야 한다.
<전문개정 2007.10.29>

제122조의2【국가에 대한 비용부담의 범위】 법 제262조의3제1항에 따른 비용은 다음 각 호에 해당하는 것으로 한다. <개정 2020. 6. 26.>
1. 증인·감정인·통역인(듣거나 말하는 데 장애가 있는 사람을 위한 통역인을 제외한다)·번역인에게 지급되는 일당·여비·숙박료·감정료·통역료·번역료
2. 현장검증 등을 위한 법관, 법원사무관 등의 출장경비
3. 그 밖에 재정신청 사건의 심리를 위하여 법원이 지출한 송달료 등 절차진행에 필요한 비용
<본조신설 2007.10.29>

제122조의3【국가에 대한 비용부담의 절차】 ① 법 제262조의3제1항에 따른 재판의 집행에 관하여는 법 제477조의 규정을 준용한다.
② 제1항의 비용의 부담을 명하는 재판에 그 금액을 표시하지 아니한 때에는 집행을 지휘하는 검사가 산정한다.
<본조신설 2007.10.29>

제122조의4【피의자에 대한 비용지급의 범위】 ① 법 제262조의3제2항과 관련한 비용은 다음 각 호에 해당하는 것으로 한다.
1. 피의자 또는 변호인이 출석함에 필요한 일당·여비·숙박료
2. 피의자가 변호인에게 부담하였거나 부담하여야 할 선임료
3. 기타 재정신청 사건의 절차에서 피의자가 지출한 비용으로 법원이 피의자의 방어권행사에 필요하다고 인정한 비용
② 제1항제2호의 비용을 계산함에 있어 선임료를 부담하였거나 부담할 변호인이 여러 명이 있은 경우에는 그 중 가장 고액의 선임료를 상한으로 한다.
③ 제1항제2호의 변호사 선임료는 사안의 성격·난이도, 조사에 소요된 기간 그 밖에 변호인의 변론

활동에 소요된 노력의 정도 등을 종합적으로 고려하여 상당하다고 인정되는 금액으로 정한다.
<본조신설 2007.10.29>

제122조의5【피의자에 대한 비용지급의 절차】 ① 피의자가 법 제262조의3제2항에 따른 신청을 할 때에는 다음 각 호의 사항을 기재한 서면을 재정신청사건의 관할 법원에 제출하여야 한다.
1. 재정신청 사건번호
2. 피의자 및 재정신청인
3. 피의자가 재정신청절차에서 실제 지출하였거나 지출하여야 할 금액 및 그 용도
4. 재정신청인에게 지급을 구하는 금액 및 그 이유

② 피의자는 제1항의 서면을 제출함에 있어 비용명세서 그 밖에 비용액을 소명하는 데 필요한 서면과 고소인 수에 상응하는 부본을 함께 제출하여야 한다.
③ 법원은 제1항 및 제2항의 서면의 부본을 재정신청인에게 송달하여야 하고, 재정신청인은 위 서면을 송달받은 날로부터 10일 이내에 이에 대한 의견을 서면으로 법원에 낼 수 있다.
④ 법원은 필요하다고 인정하는 경우에는 피의자 또는 변호인에게 비용액의 심리를 위하여 필요한 자료의 제출 등을 요구할 수 있고, 재정신청인, 피의자 또는 변호인을 심문할 수 있다.
⑤ 비용지급명령에는 피의자 및 재정신청인, 지급을 명하는 금액을 표시하여야 한다. 비용지급명령의 이유는 특히 필요하다고 인정되는 경우가 아니면 이를 기재하지 아니한다.
⑥ 비용지급명령은 피의자 및 재정신청인에게 송달하여야 하고, 법 제262조의3제3항에 따른 즉시항고기간은 피의자 또는 재정신청인이 비용지급명령서를 송달받은 날부터 진행한다.
⑦ 확정된 비용지급명령정본은 「민사집행법」에 따른 강제집행에 관하여는 민사절차에서의 집행력 있는 판결정본과 동일한 효력이 있다.
<본조신설 2007.10.29>

제3장 공 판

제1절 공판준비와 공판절차

제123조【제1회공판기일소환장의 송달시기】 피고인에 대한 제1회 공판기일소환장은 법 제266조의 규정에 의한 공소장부본의 송달전에는 이를 송달하여서는 아니된다.

제123조의2【공소제기 후 검사가 보관하는 서류등의 열람·등사 신청)
법 제266조의3제1항의 신청은 다음 사항을 기재한 서면으로 하여야 한다.
1. 사건번호, 사건명, 피고인
2. 신청인 및 피고인과의 관계
3. 열람 또는 등사할 대상

<본조신설 2007.10.29>

제123조의3【영상녹화물과 열람·등사】 법 제221조·법 제244조의2에 따라 작성된 영상녹화물에 대한 법 제266조의3의 열람·등사는 원본과 함께 작성된 부본에 의하여 이를 행할 수 있다.
<본조신설 2007.10.29>

제123조의4【법원에 대한 열람·등사 신청】 ① 법 제266조의4제1항의 신청은 다음 사항을 기재한 서면으로 하여야 한다.
1. 열람 또는 등사를 구하는 서류 등의 표목
2. 열람 또는 등사를 필요로 하는 사유

② 제1항의 신청서에는 다음 각 호의 서류를 첨부하여야 한다.
1. 제123조의2의 신청서 사본
2. 검사의 열람·등사 불허 또는 범위 제한 통지서. 다만 검사가 서면으로 통지하지 않은 경우에는 그 사유를 기재한 서면
3. 신청서 부본 1부

③ 법원은 제1항의 신청이 있는 경우, 즉시 신청서 부본을 검사에게 송부하여야 하고, 검사는 이에 대한 의견을 제시할 수 있다.
④ 제1항, 제2항제1호·제3호의 규정은 법 제266조의11제3항에 따른 검사의 신청에 이를 준용한다. 법원은 검사의 신청이 있는 경우 즉시 신청서 부본을 피고인 또는 변호인에게 송부하여야 하고, 피고인 또는 변호인은 이에 대한 의견을 제시할 수 있다.
<본조신설 2007.10.29>

제123조의5【공판준비기일 또는 공판기일에서의 열람·등사】 ① 검사, 피고인 또는 변호인은 공판준비 또는 공판기일에서 법원의 허가를 얻어 구두로 상대방에게 법 제266조의3·제266조의11에 따른 서류 등의 열람 또는 등사를 신청할 수 있다.
② 상대방이 공판준비 또는 공판기일에서 서류 등의 열람 또는 등사를 거부하거나 그 범위를 제한한 때에는 법원은 법 제266조의4제2항의 결정을 할 수 있다.
③ 제1항, 제2항에 따른 신청과 결정은 공판준비 또는 공판기일의 조서에 기재하여야 한다.
<본조신설 2007.10.29>

제123조의6【재판의 고지 등에 관한 특례】 법원은 서면 이외에 전화·모사전송·전자우편·휴대전화 문자전송 그 밖에 적당한 방법으로 검사·피고인 또는 변호인에게 공판준비와 관련된 의견을 요청하거나 결정을 고지할 수 있다.
<본조신설 2007.10.29>

제123조의7【쟁점의 정리】 ① 사건이 공판준비절차에 부쳐진 때에는 검사는 증명하려는 사실을 밝히고 이를 증명하는 데 사용할 증거를 신청하여야 한다.
② 피고인 또는 변호인은 검사의 증명사실과 증거신청에 대한 의견을 밝히고, 공소사실에 관한 사실상·법률상 주장과 그에 대한 증거를 신청하여야 한다.
③ 검사·피고인 또는 변호인은 필요한 경우 상대방의 주장 및 증거신청에 대하여 필요한 의견을 밝히고, 그에 관한 증거를 신청할 수 있다.
<본조신설 2007.10.29>

제123조의8【심리계획의 수립】 ① 법원은 사건을 공판준비절차에 부친 때에는 집중심리를 하는데 필요한 심리계획을 수립하여야 한다.
② 검사·피고인 또는 변호인은 특별한 사정이 없는 한 필요한 증거를 공판준비절차에서 일괄하여 신청하여야 한다.
③ 법원은 증인을 신청한 자에게 증인의 소재, 연락처, 출석 가능성 및 출석이 가능한 일시 등 증인의 신문에 필요한 사항의 준비를 명할 수 있다.
<본조신설 2007.10.29>

제123조의9【기일외 공판준비】 ① 재판장은 검사·피고인 또는 변호인에게 기한을 정하여 공판준비 절차의 진행에 필요한 사항을 미리 준비하게 하거나 그 밖에 공판준비에 필요한 명령을 할 수 있다.
② 재판장은 기한을 정하여 법 제266조의6제2항에 규정된 서면의 제출을 명할 수 있다.
③ 제2항에 따른 서면에는 필요한 사항을 구체적이고 간결하게 기재하여야 하고, 증거로 할 수 없거나 증거로 신청할 의사가 없는 자료에 기초하여 법원에 사건에 대한 예단 또는 편견을 발생하게 할 염려가 있는 사항을 기재하여서는 아니 된다.
④ 피고인이 제2항에 따른 서면을 낼 때에는 1통의 부본을, 검사가 제2항에 따른 서면을 낼 때에는 피고인의 수에 1을 더한 수에 해당하는 부본을 함께 제출하여야 한다. 다만, 여러 명의 피고인에 대하여 동일한 변호인이 선임된 경우에는 검사는 변호인의 수에 1을 더한 수에 해당하는 부본만을 낼 수 있다.
<본조신설 2007.10.29>

제123조의10【공판준비기일의 변경】 검사·피고인 또는 변호인은 부득이한 사유로 공판준비기일을 변경할 필요가 있는 때에는 그 사유와 기간 등을 구체적으로 명시하여 공판준비기일의 변경을 신청할 수 있다.
<본조신설 2007.10.29>

제123조의11【공판준비기일이 지정된 사건의 국선변호인 선정】
① 법 제266조의7에 따라 공판준비 기일이 지정된 사건에 관하여 피고인에게 변호인이 없는 때에는 법원은 지체 없이 국선변호인을 선정하고, 피고인 및 변호인에게 그 뜻을 고지하여야 한다.
② 공판준비기일이 지정된 후에 변호인이 없게 된 때에도 제1항을 준용한다.
<본조신설 2007.10.29>

제123조의12【공판준비기일조서】 ① 법원이 공판준비기일을 진행한 경우에는 참여한 법원사무관등이 조서를 작성하여야 한다.
② 제1항의 조서에는 피고인, 증인, 감정인, 통역인 또는 번역인의 진술의 요지와 쟁점 및 증거에 관한 정리결과 그 밖에 필요한 사항을 기재하여야 한다.
③ 제1항, 제2항의 조서에는 재판장 또는 법관과 참여한 법원사무관 등이 기명날인 또는 서명하여야 한다.
<본조신설 2007.10.29.>

제123조의13【비디오 등 중계장치 등에 의한 공판준비기일】 ① 법 제266조의17제1항에 따른 공판준비기일(이하 "영상공판준비기일"이라 한다)은 검사, 변호인을 비디오 등 중계장치에 의한 중계시설에 출석하게 하거나 인터넷 화상장치를 이용하여 지정된 인터넷주소에 접속하게 하고, 영상과 음향의 송수신에 의하여 법관, 검사, 변호인이 상대방을 인식할 수 있는 방법으로 한다.
② 제1항의 비디오 등 중계장치에 의한 중계시설은 법원 청사 안에 설치하되, 필요한 경우 법원 청사 밖의 적당한 곳에 설치할 수 있다.
③ 법원은 제2항 후단에 따라 비디오 등 중계장치에 의한 중계시설이 설치된 관공서나 그 밖의 공사단체의 장에게 영상공판준비기일의 원활한 진행에 필요한 조치를 요구할 수 있다.
④ 영상공판준비기일에서의 서류 등의 제시는 비디오 등 중계장치에 의한 중계시설이나 인터넷 화상장치를 이용하거나 모사전송, 전자우편, 그 밖에 이에 준하는 방법으로 할 수 있다.
⑤ 인터넷 화상장치를 이용하는 경우 영상공판준비기일에 지정된 인터넷 주소에 접속하지 아니한 때에는 불출석한 것으로 본다. 다만, 당사자가 책임질 수 없는 사유로 접속할 수 없었던 때에는 그러하지 아니하다.
⑥ 통신불량, 소음, 서류 등 확인의 불편, 제3자 관여 우려 등의 사유로 영상공판준비기일의 실시가 상당하지 아니한 당사자가 있는 경우 법원은 기일을 연기 또는 속행하면서 그 당사자가 법정에 직접 출석하는 기일을 지정할 수 있다.
⑦ 법원조직법 제58조제2항에 따른 명령을 위반하는 행위, 같은 법 제59조에 위반하는 행위, 심리방해행위 또는 재판의 위신을 현저히 훼손하는 행위가 있는 경우 감치 또는 과태료에 처하는 재판에 관하여는 법정등의질서유지를위한재판에관한규칙에 따른다.
⑧ 영상공판준비기일을 실시한 경우 그 취지를 조서에 적어야 한다.
<본조신설 2021. 10. 29.>

제124조【공판개정시간의 구분 지정】 재판장은 가능한 한 각 사건에 대한 공판개정시간을 구분하여 지정하여야 한다.

제124조의2【일괄 기일 지정과 당사자의 의견 청취】
재판장은 법 제267조의2제3항의 규정에 의하여 여러 공판기일을 일괄하여 지정할 경우에는 검사, 피고인 또는 변호인의 의견을 들어야 한다.
<본조신설 2007.10.29>

제125조【공판기일 변경신청】 법 제270조제1항에 규정한 공판기일 변경신청에는 공판기일의 변경을 필요로 하는 사유와 그 사유가 계속되리라고 예상되는 기간을 명시하여야 하며 진단서 기타의 자료로써 이를 소명하여야 한다.

제125조의2【변론의 방식】 공판정에서의 변론은 구체적이고 명료하게 하여야 한다.
<본조신설 2007.10.29>

제126조【피고인의 대리인의 대리권】 피고인이 법 제276조 단서 또는 법 제277조에 따라 공판기일

에 대리인을 출석하게 할 때에는 그 대리인에게 대리권을 수여한 사실을 증명하는 서면을 법원에 제출하여야 한다. <개정 2007.10.29>

제126조의2【신뢰관계 있는 자의 동석】 ① 법 제276조의2제1항에 따라 피고인과 동석할 수 있는 신뢰관계에 있는 자는 피고인의 배우자, 직계친족, 형제자매, 가족, 동거인, 고용주 그 밖에 피고인의 심리적 안정과 원활한 의사소통에 도움을 줄 수 있는 자를 말한다.
② 법 제276조의2제1항에 따른 동석 신청에는 동석하고자 하는 자와 피고인 사이의 관계, 동석이 필요한 사유 등을 밝혀야 한다.
③ 피고인과 동석한 신뢰관계에 있는 자는 재판의 진행을 방해하여서는 아니 되며, 재판장은 동석한 신뢰관계 있는 자가 부당하게 재판의 진행을 방해하는 때에는 동석을 중지시킬 수 있다.
<본조신설 2007.10.29>

제126조의3【불출석의 허가와 취소】 ① 법 제277조 제3호에 규정한 불출석허가신청은 공판기일에 출석하여 구술로 하거나 공판기일 외에서 서면으로 할 수 있다.
② 법원은 피고인의 불출석허가신청에 대한 허가 여부를 결정하여야 한다.
③ 법원은 피고인의 불출석을 허가한 경우에도 피고인의 권리보호 등을 위하여 그 출석이 필요하다고 인정되는 때에는 불출석 허가를 취소할 수 있다.
<본조신설 2007.10.29>

제126조의4【출석거부의 통지】 법 제277조의2의 사유가 발생하는 경우에는 교도소장은 즉시 그 취지를 법원에 통지하여야 한다.
<본조신설 1996.12.3>

제126조의5【출석거부에 관한 조사】 ①법원이 법 제277조의2에 따라 피고인의 출석 없이 공판절차를 진행하고자 하는 경우에는 미리 그 사유가 존재하는가의 여부를 조사하여야 한다. <개정 2007.10.29>
② 법원이 제1항의 조사를 함에 있어서 필요하다고 인정하는 경우에는 교도관리 기타 관계자의 출석을 명하여 진술을 듣거나 그들로 하여금 보고서를 제출하도록 명할 수 있다. <개정 2007.10.29>
③ 법원은 합의부원으로 하여금 제1항의 조사를 하게 할 수 있다.
<본조신설 1996.12.3>

제126조의6【피고인 또는 검사의 출석없이 공판절차를 진행한다는 취지의 고지】 법 제277조의2의 규정에 의하여 피고인의 출석없이 공판절차를 진행하는 경우 또는 법 제278조의 규정에 의하여 검사의 2회 이상 불출석으로 공판절차를 진행하는 경우에는 재판장은 공판정에서 소송관계인에게 그 취지를 고지하여야 한다.
<본조신설 1996.12.3>

제126조의7【전문심리위원의 지정】 법원은 전문심리위원규칙에 따라 정해진 전문심리위원 후보자 중에서 전문심리위원을 지정하여야 한다.
<본조신설 2007.12.31>

제126조의8【기일 외의 전문심리위원에 대한 설명 등의 요구와 통지】 재판장이 기일 외에서 전문심리위원에 대하여 설명 또는 의견을 요구한 사항이 소송관계를 분명하게 하는 데 중요한 사항일 때에는 법원사무관 등은 검사, 피고인 또는 변호인에게 그 사항을 통지하여야 한다.
<본조신설 2007.12.31>

제126조의9【서면의 사본 송부】 전문심리위원이 설명이나 의견을 기재 한 서면을 제출한 경우에는 법원사무관등은 검사, 피고인 또는 변호인에게 그 사본을 보내야 한다.
<본조신설 2007.12.31>

제126조의10【전문심리위원에 대한 준비지시】
① 재판장은 전문심리위원을 소송절차에 참여시키기 위하여 필요하다고 인정한 때에는 쟁점의 확인 등 적절한 준비를 지시할 수 있다.
② 재판장이 제1항의 준비를 지시한 때에는 법원사무관등은 검사, 피고인 또는 변호인에게 그 취지를 통지하여야 한다.
<본조신설 2007.12.31>

제126조의11【증인신문기일에서의 재판장의 조치】 재판장은 전문심리위원의 말이 증인의 증언에 영향을 미치지 않게 하기 위하여 필요하다고 인정할 때에는 직권 또는 검사, 피고인 또는 변호인의 신청에 따라 증인의 퇴정 등 적절한 조치를 취할 수 있다.
<본조신설 2007.12.31>

제126조의12【조서의 기재】 ① 전문심리위원이 공판준비기일 또는 공판기일에 참여한 때에는 조서에 그 성명을 기재하여야 한다.
② 전문심리위원이 재판장, 수명법관 또는 수탁판사의 허가를 받아 소송관계인에게 질문을 한 때에는 조서에 그 취지를 기재하여야 한다.
<본조신설 2007.12.31>

제126조의13【전문심리위원 참여 결정의 취소 신청방식 등】 ① 법 제279조의2 제1항에 따른 결정의 취소 신청은 기일에서 하는 경우를 제외하고는 서면으로 하여야 한다.
② 제1항의 신청을 할 때에는 신청 이유를 밝혀야 한다. 다만, 검사와 피고인 또는 변호인이 동시에 신청할 때에는 그러하지 아니하다.
<본조신설 2007.12.31>

제126조의14【수명법관 등의 권한】 수명법관 또는 수탁판사가 소송절차를 진행하는 경우에는 제126조의10부터 제126조의12까지의 규정에 따른 재판장의 직무는 그 수명법관이나 수탁판사가 행한다.
<본조신설 2007.12.31>

제127조【피고인에 대한 진술거부권 등의 고지】 재판장은 법 제284조에 따른 인정신문을 하기 전에 피고인에게 진술을 하지 아니하거나 개개의 질문에 대하여 진술을 거부할 수 있고, 이익 되는

사실을 진술할 수 있음을 알려 주어야 한다.
<전문개정 2007.10.29>

제127조의2【피고인의 모두진술】① 재판장은 법 제285조에 따른 검사의 모두진술 절차를 마친 뒤에 피고인에게 공소사실을 인정하는지 여부에 관하여 물어야 한다.
② 피고인 및 변호인은 공소에 관한 의견 그 밖에 이익이 되는 사실 등을 진술할 수 있다.
<본조신설 2007.10.29>

제128조 ~ 제130조 삭제 <2007.10.29>

제131조【간이공판절차의 결정전의 조치】법원이 법 제286조의2의 규정에 의한 결정을 하고자 할 때에는 재판장은 이미 피고인에게 간이공판절차의 취지를 설명하여야 한다.

제132조【증거의 신청】검사·피고인 또는 변호인은 특별한 사정이 없는 한 필요한 증거를 일괄하여 신청하여야 한다.
<본조신설 2007.10.29>

제132조의2【증거신청의 방식】① 검사, 피고인 또는 변호인이 증거신청을 함에 있어서는 그 증거와 증명하고자 하는 사실과의 관계를 구체적으로 명시하여야 한다.
② 피고인의 자백을 보강하는 증거나 정상에 관한 증거는 보강증거 또는 정상에 관한 증거라는 취지를 특히 명시하여 그 조사를 신청하여야 한다.
③ 서류나 물건의 일부에 대한 증거신청을 함에 있어서는 증거로 할 부분을 특정하여 명시하여야 한다.
④ 법원은 필요하다고 인정할 때에는 증거신청을 한 자에게, 신문할 증인, 감정인, 통역인 또는 번역인의 성명, 주소, 서류나 물건의 표목 및 제1항 내지 제3항에 규정된 사항을 기재한 서면의 제출을 명할 수 있다.
⑤ 제1항 내지 제4항의 규정에 위반한 증거신청은 이를 기각할 수 있다.
<전문개정 1989.6.7>

제132조의3【수사기록의 일부에 대한 증거신청방식】① 법 제311조부터 법 제315조까지 또는 법 제318조에 따라 증거로 할 수 있는 서류나 물건이 수사기록의 일부인 때에는 검사는 이를 특정하여 개별적으로 제출함으로써 그 조사를 신청하여야 한다. 수사기록의 일부인 서류나 물건을 자백에 대한 보강증거나 피고인의 정상에 관한 증거로 낼 경우 또는 법 제274조에 따라 공판기일전에 서류나 물건을 낼 경우에도 이와 같다. <개정 2007.10.29>
② 제1항의 규정에 위반한 증거신청은 이를 기각할 수 있다.
<본조신설 1989.6.7>

제132조의4【보관서류에 대한 송부요구】① 법 제272조에 따른 보관서류의 송부요구신청은 법원, 검찰청, 수사처, 기타의 공무소 또는 공사단체(이하 "法院등"이라고 한다)가 보관하고 있는 서류의 일부에 대하여도 할 수 있다. <개정 2007. 10. 29., 2021. 1. 29.>
② 제1항의 신청을 받은 법원이 송부요구신청을 채택하는 경우에는 서류를 보관하고 있는 법원등에 대하여 그 서류 중 신청인 또는 변호인이 지정하는 부분의 인증등본을 송부하여 줄 것을 요구할 수 있다.
③ 제2항의 규정에 의한 요구를 받은 법원등은 당해서류를 보관하고 있지 아니하거나 기타 송부요구에 응할 수 없는 사정이 있는 경우를 제외하고는 신청인 또는 변호인에게 당해서류를 열람하게 하여 필요한 부분을 지정할 수 있도록 하여야 하며 정당한 이유없이 이에 대한 협력을 거절하지 못한다.
④ 서류의 송부요구를 받은 법원등이 당해서류를 보관하고 있지 아니하거나 기타 송부요구에 응할 수 없는 사정이 있는 때에는 그 사유를 요구법원에 통지하여야 한다.
<본조신설 1996. 12. 3.>
[제132조의3에서 이동 <2007. 10. 29.>]
[제목개정 2007. 10. 29.]

제132조의5【민감정보 등의 처리】① 법원은 재판업무 및 그에 부수하는 업무의 수행을 위하여 필요한 경우 「개인정보 보호법」 제23조의 민감정보, 제24조의 고유식별정보, 제24조의2의 주민등록번호 및 그 밖의 개인정보를 처리할 수 있다. <개정 2014.8.6>
② 법원은 필요하다고 인정하는 경우 법 제272조에 따라 법원등에 대하여 제1항의 민감정보, 고유식별정보, 주민등록번호 및 그 밖의 개인정보가 포함된 자료의 송부를 요구할 수 있다. <개정 2014.8.6>
③ 제2항에 따른 송부에 관하여는 제132조의4제2항부터 제4항까지의 규정을 준용한다.
<본조신설 2012.5.29>

제133조【증거신청의 순서】증거신청은 검사가 먼저 이를 한 후 다음에 피고인 또는 변호인이 이를 한다.

제134조【증거결정의 절차】① 법원은 증거결정을 함에 있어서 필요하다고 인정할 때에는 그 증거에 대한 검사, 피고인 또는 변호인의 의견을 들을 수 있다.
② 법원은 서류 또는 물건이 증거로 제출된 경우에 이에 관한 증거결정을 함에 있어서는 제출한 자로 하여금 그 서류 또는 물건을 상대방에게 제시하게 하여 상대방으로 하여금 그 서류 또는 물건의 증거능력 유무에 관한 의견을 진술하게 하여야 한다. 다만, 법 제318조의3의 규정에 의하여 동의가 있는 것으로 간주되는 경우에는 그러하지 아니하다.
③ 삭제 <2021. 12. 31.>
④ 법원은 증거신청을 기각·각하하거나, 증거신청에 대한 결정을 보류하는 경우, 증거신청인으로부터 당해 증거서류 또는 증거물을 제출받아서는 아니 된다. <신설 2007. 10. 29.>

제134조의2【영상녹화물의 조사 신청】① 검사는 피고인이 아닌 피의자의 진술을 영상녹화한 사건에서 피고인이 아닌 피의자가 그 조서에 기재

된 내용이 자신이 진술한 내용과 동일하게 기재되어 있음을 인정하지 아니하는 경우 그 부분의 성립의 진정을 증명하기 위하여 영상녹화물의 조사를 신청할 수 있다. <개정 2020. 12. 28.>
② 삭제 <2020. 12. 28.>
③ 제1항의 영상녹화물은 조사가 개시된 시점부터 조사가 종료되어 피의자가 조서에 기명날인 또는 서명을 마치는 시점까지 전과정이 영상녹화된 것으로, 다음 각 호의 내용을 포함하는 것이어야 한다.
1. 피의자의 신문이 영상녹화되고 있다는 취지의 고지
2. 영상녹화를 시작하고 마친 시각 및 장소의 고지
3. 신문하는 검사와 참여한 자의 성명과 직급의 고지
4. 진술거부권ㆍ변호인의 참여를 요청할 수 있다는 점 등의 고지
5. 조사를 중단ㆍ재개하는 경우 중단 이유와 중단 시각, 중단 후 재개하는 시각
6. 조사를 종료하는 시각
④ 제1항의 영상녹화물은 조사가 행해지는 동안 조사실 전체를 확인할 수 있도록 녹화된 것으로 진술자의 얼굴을 식별할 수 있는 것이어야 한다.
⑤ 제1항의 영상녹화물의 재생 화면에는 녹화 당시의 날짜와 시간이 실시간으로 표시되어야 한다.
⑥ 삭제 <2020. 12. 28.>
<본조신설 2007. 10. 29.>

제134조의3【제3자의 진술과 영상녹화물】① 검사는 피의자가 아닌 자가 공판준비 또는 공판기일에서 조서가 자신이 검사 또는 사법경찰관 앞에서 진술한 내용과 동일하게 기재되어 있음을 인정하지 아니하는 경우 그 부분의 성립의 진정을 증명하기 위하여 영상녹화물의 조사를 신청할 수 있다.
② 검사는 제1항에 따라 영상녹화물의 조사를 신청하는 때에는 피의자가 아닌 자가 영상녹화에 동의하였다는 취지로 기재하고 기명날인 또는 서명한 서면을 첨부하여야 한다.
③ 제134조의2제3항제1호부터 제3호, 제5호, 제6호, 제4항, 제5항은 검사가 피의자가 아닌 자에 대한 영상녹화물의 조사를 신청하는 경우에 준용한다.
<본조신설 2007.10.29>

제134조의4【영상녹화물의 조사】① 법원은 검사가 영상녹화물의 조사를 신청한 경우 이에 관한 결정을 함에 있어 원진술자와 함께 피고인 또는 변호인으로 하여금 그 영상녹화물이 적법한 절차와 방식에 따라 작성되어 봉인된 것인지 여부에 관한 의견을 진술하게 하여야 한다. <개정 2020. 12. 28.>
② 삭제 <2020. 12. 28.>
③ 법원은 공판준비 또는 공판기일에서 봉인을 해체하고 영상녹화물의 전부 또는 일부를 재생하는 방법으로 조사하여야 한다. 이 때 영상녹화물은 그 재생과 조사에 필요한 전자적 설비를 갖춘 법정 외의 장소에서 이를 재생할 수 있다.
④ 재판장은 조사를 마친 후 지체 없이 법원사무관 등으로 하여금 다시 원본을 봉인하도록 하고, 원진술자와 함께 피고인 또는 변호인에게 기명날인 또는 서명하도록 하여 검사에게 반환한다. 다만, 피고인의 출석 없이 개정하는 사건에서 변호인이 없는 때에는 피고인 또는 변호인의 기명날인 또는 서명을 요하지 아니한다.
<본조신설 2007. 10. 29.>

제134조의5【기억 환기를 위한 영상녹화물의 조사】① 법 제318조의2제2항에 따른 영상녹화물의 재생은 검사의 신청이 있는 경우에 한하고, 기억의 환기가 필요한 피고인 또는 피고인 아닌 자에게만 이를 재생하여 시청하게 하여야 한다.
② 제134조의2제3항부터 제5항까지와 제134조의4는 검사가 법 제318조의2제2항에 의하여 영상녹화물의 재생을 신청하는 경우에 준용한다.
<본조신설 2007.10.29>

제134조의6【증거서류에 대한 조사방법】① 법 제292조제3항에 따른 증거서류 내용의 고지는 그 요지를 고지하는 방법으로 한다.
② 재판장은 필요하다고 인정하는 때에는 법 제292조제1항·제2항·제4항의 낭독에 갈음하여 그 요지를 진술하게 할 수 있다.
<본조신설 2007.10.29>

제134조의7【컴퓨터용디스크 등에 기억된 문자정보 등에 대한 증거조사】① 컴퓨터용디스크 그 밖에 이와 비슷한 정보저장매체(다음부터 이 조문 안에서 이 모두를 "컴퓨터디스크 등"이라 한다)에 기억된 문자정보를 증거자료로 하는 경우에는 읽을 수 있도록 출력하여 인증한 등본을 낼 수 있다.
② 컴퓨터디스크 등에 기억된 문자정보를 증거로 하는 경우에 증거조사를 신청한 당사자는 법원이 명하거나 상대방이 요구한 때에는 컴퓨터디스크 등에 입력한 사람과 입력한 일시, 출력한 사람과 출력한 일시를 밝혀야 한다.
③ 컴퓨터디스크 등에 기억된 정보가 도면·사진 등에 관한 것인 때에는 제1항과 제2항의 규정을 준용한다.
<본조신설 2007.10.29>

제134조의8【음성·영상자료 등에 대한 증거조사】① 녹음·녹화테이프, 컴퓨터용디스크, 그 밖에 이와 비슷한 방법으로 음성이나 영상을 녹음 또는 녹화(다음부터 이 조문 안에서 "녹음·녹화 등"이라 한다)하여 재생할 수 있는 매체(다음부터 이 조문 안에서 "녹음·녹화매체 등"이라 한다)에 대한 증거조사를 신청하는 때에는 음성이나 영상이 녹음·녹화 등이 된 사람, 녹음·녹화 등을 한 사람 및 녹음·녹화 등을 한 일시 · 장소를 밝혀야 한다.
② 녹음·녹화매체 등에 대한 증거조사를 신청한 당사자는 법원이 명하거나 상대방이 요구한 때에는 녹음·녹음매체 등의 녹취서, 그 밖에 그 내용을 설명하는 서면을 제출하여야 한다.
③ 녹음·녹화매체 등에 대한 증거조사는 녹음·녹화매체 등을 재생하여 청취 또는 시청하는 방법으

로 한다.
<본조신설 2007.10.29>

제134조의9【준용규정】 도면·사진 그 밖에 정보를 담기 위하여 만들어진 물건으로서 문서가 아닌 증거의 조사에 관하여는 특별한 규정이 없으면 법 제292조, 법 제292조의2의 규정을 준용한다.
<본조신설 2007.10.29.>

제134조의10【피해자등의 의견진술】 ① 법원은 필요하다고 인정하는 경우에는 직권으로 또는 법 제294조의2제1항에 정한 피해자등(이하 이 조 및 제134조의11에서 '피해자등'이라 한다)의 신청에 따라 피해자등을 공판기일에 출석하게 하여 법 제294조의2제2항에 정한 사항으로서 범죄사실의 인정에 해당하지 않는 사항에 관하여 증인신문에 의하지 아니하고 의견을 진술하게 할 수 있다.
② 재판장은 재판의 진행상황 등을 고려하여 피해자등의 의견진술에 관한 사항과 그 시간을 미리 정할 수 있다.
③ 재판장은 피해자등의 의견진술에 대하여 그 취지를 명확하게 하기 위하여 피해자등에게 질문할 수 있고, 설명을 촉구할 수 있다.
④ 합의부원은 재판장에게 알리고 제3항의 행위를 할 수 있다.
⑤ 검사, 피고인 또는 변호인은 피해자등이 의견을 진술한 후 그 취지를 명확하게 하기 위하여 재판장의 허가를 받아 피해자등에게 질문할 수 있다.
⑥ 재판장은 다음 각 호의 어느 하나에 해당하는 경우에는 피해자등의 의견진술이나 검사, 피고인 또는 변호인의 피해자등에 대한 질문을 제한할 수 있다.
1. 피해자등이나 피해자 변호사가 이미 해당 사건에 관하여 충분히 진술하여 다시 진술할 필요가 없다고 인정되는 경우
2. 의견진술 또는 질문으로 인하여 공판절차가 현저하게 지연될 우려가 있다고 인정되는 경우
3. 의견진술과 질문이 해당 사건과 관계없는 사항에 해당된다고 인정되는 경우
4. 범죄사실의 인정에 관한 것이거나, 그 밖의 사유로 피해자등의 의견진술로서 상당하지 아니하다고 인정되는 경우
⑦ 제1항의 경우 법 제163조의2제1항, 제3항 및 제84조의3을 준용한다.
<본조신설 2015.6.29>

제134조의11【의견진술에 갈음한 서면의 제출】 ① 재판장은 재판의 진행상황, 그 밖의 사정을 고려하여 피해자등에게 제134조의10제1항의 의견진술에 갈음하여 의견을 기재한 서면을 제출하게 할 수 있다.
② 피해자등의 의견진술에 갈음하는 서면이 법원에 제출된 때에는 검사 및 피고인 또는 변호인에게 그 취지를 통지하여야 한다.
③ 제1항에 따라 서면이 제출된 경우 재판장은 공판기일에서 의견진술에 갈음하는 서면의 취지를 명확하게 하여야 한다. 이 경우 재판장은 상당하다고 인정하는 때에는 그 서면을 낭독하거나 요지를 고지할 수 있다.
④ 제2항의 통지는 서면, 전화, 전자우편, 모사전송, 휴대전화 문자전송 그 밖에 적당한 방법으로 할 수 있다.
<본조신설 2015.6.29.>

제134조의12【의견진술 · 의견진술에 갈음한 서면】 제134조의10제1항에 따른 진술과 제134조의11제1항에 따른 서면은 범죄사실의 인정을 위한 증거로 할 수 없다.
<본조신설 2015.6.29>

제135조【자백의 조사 시기】 법 제312조 및 법 제313조에 따라 증거로 할 수 있는 피고인 또는 피고인 아닌 자의 진술을 기재한 조서 또는 서류가 피고인의 자백 진술을 내용으로 하는 경우에는 범죄사실에 관한 다른 증거를 조사한 후에 이를 조사하여야 한다.
<본조신설 2007.10.29>

제135조의2【증거조사에 관한 이의신청의 사유】 법 제296조제1항의 규정에 의한 이의신청은 법령의 위반이 있거나 상당하지 아니함을 이유로 하여 이를 할 수 있다. 다만, 법 제295조의 규정에 의한 결정에 대한 이의신청은 법령의 위반이 있음을 이유로 하여서만 이를 할 수 있다.

제136조【재판장의 처분에 대한 이의신청의 사유】 법 제304조제1항의 규정에 의한 이의신청은 법령의 위반이 있음을 이유로 하여서만 이를 할 수 있다.

제137조【이의신청의 방식과 시기】 제135조 및 제136조에 규정한 이의신청(이하 이 절에서는 "이의신청"이라 한다)은 개개의 행위, 처분 또는 결정시마다 그 이유를 간결하게 명시하여 즉시 이를 하여야 한다.

제138조【이의신청에 대한 결정의 시기】 이의신청에 대한 법 제296조제2항 또는 법 제304조제2항의 결정은 이의신청이 있은 후 즉시 이를 하여야 한다.

제139조【이의신청에 대한 결정의 방식】 ① 시기에 늦은 이의신청, 소송지연만을 목적으로 하는 것임이 명백한 이의신청은 결정으로 이를 기각하여야 한다. 다만, 시기에 늦은 이의신청이 중요한 사항을 대상으로 하고 있는 경우에는 시기에 늦은 것만을 이유로 하여 기각하여서는 아니된다.
② 이의신청이 이유없다고 인정되는 경우에는 결정으로 이를 기각하여야 한다.
③ 이의신청이 이유있다고 인정되는 경우에는 결정으로 이의신청의 대상이 된 행위, 처분 또는 결정을 중지, 철회, 취소, 변경하는 등 그 이의신청에 상응하는 조치를 취하여야 한다.
④ 증거조사를 마친 증거가 증거능력이 없음을 이유로 한 이의신청을 이유있다고 인정할 경우에는 그 증거의 전부 또는 일부를 배제한다는 취지의 결정을 하여야 한다.

제140조【중복된 이의신청의 금지】 이의신청에 대한 결정에 의하여 판단이 된 사항에 대하여는 다

시 이의신청을 할 수 없다.

제140조의2【피고인신문의 방법】 피고인을 신문함에 있어서 그 진술을 강요하거나 답변을 유도하거나 그 밖에 위압적·모욕적 신문을 하여서는 아니 된다.
<본조신설 2007.10.29>

제140조의3【재정인의 퇴정】 재판장은 피고인이 어떤 재정인의 앞에서 충분한 진술을 할 수 없다고 인정한 때에는 그 재정인을 퇴정하게 하고 진술하게 할 수 있다.
<본조신설 2007.10.29>

제141조【석명권등】 ① 재판장은 소송관계를 명료하게 하기 위하여 검사, 피고인 또는 변호인에게 사실상과 법률상의 사항에 관하여 석명을 구하거나 입증을 촉구할 수 있다.
② 합의부원은 재판장에게 고하고 제1항의 조치를 할 수 있다.
③ 검사, 피고인 또는 변호인은 재판장에 대하여 제1항의 석명을 위한 발문을 요구할 수 있다.

제142조【공소장의 변경】 ① 검사가 법 제298조제1항에 따라 공소장에 기재한 공소사실 또는 적용법조의 추가, 철회 또는 변경(이하 "공소장의 변경"이라 한다)을 하고자 하는 때에는 그 취지를 기재한 공소장변경허가신청서를 법원에 제출하여야 한다. <개정 2007.10.29>
② 제1항의 공소장변경허가신청서에는 피고인의 수에 상응한 부본을 첨부하여야 한다.
③ 법원은 제2항의 부본을 피고인 또는 변호인에게 즉시 송달하여야 한다.
④ 공소장의 변경이 허가된 때에는 검사는 공판기일에 제1항의 공소장변경허가신청서에 의하여 변경된 공소사실·죄명 및 적용법조를 낭독하여야 한다. 다만, 재판장은 필요하다고 인정하는 때에는 공소장변경의 요지를 진술하게 할 수 있다. <개정 2007.10.29>
⑤ 법원은 제1항의 규정에도 불구하고 피고인이 재정하는 공판정에서는 피고인에게 이익이 되거나 피고인이 동의하는 경우 구술에 의한 공소장변경을 허가할 수 있다. <신설 1996.12.3>

제143조【공판절차정지후의 공판절차의 갱신】 공판개정후 법 제306조제1항의 규정에 의하여 공판절차가 정지된 경우에는 그 정지사유가 소멸한 후의 공판기일에 공판절차를 갱신하여야 한다.

제144조【공판절차의 갱신절차】 ① 법 제301조, 법 제301조의2 또는 제143조에 따른 공판절차의 갱신은 다음 각 호의 규정에 의한다.
1. 재판장은 제127조의 규정에 따라 피고인에게 진술거부권 등을 고지한 후 법 제284조에 따른 인정신문을 하여 피고인임에 틀림없음을 확인하여야 한다.
2. 재판장은 검사로 하여금 공소장 또는 공소장변경허가신청서에 의하여 공소사실, 죄명 및 적용법조를 낭독하게 하거나 그 요지를 진술하게 하여야 한다.
3. 재판장은 피고인에게 공소사실의 인정 여부 및 정상에 관하여 진술할 기회를 주어야 한다.
4. 재판장은 갱신전의 공판기일에서의 피고인이나 피고인이 아닌 자의 진술 또는 법원의 검증결과를 기재한 조서에 관하여 증거조사를 하여야 한다.
5. 재판장은 갱신전의 공판기일에서 증거조사된 서류 또는 물건에 관하여 다시 증거조사를 하여야 한다. 다만, 증거능력 없다고 인정되는 서류 또는 물건과 증거로 함이 상당하지 아니하다고 인정되고 검사, 피고인 및 변호인이 이의를 하지 아니하는 서류 또는 물건에 대하여는 그러하지 아니하다.

② 재판장은 제1항제4호 및 제5호에 규정한 서류 또는 물건에 관하여 증거조사를 함에 있어서 검사, 피고인 및 변호인의 동의가 있는 때에는 그 전부 또는 일부에 관하여 법 제292조·제292조의2·제292조의3에 규정한 방법에 갈음하여 상당하다고 인정하는 방법으로 이를 할 수 있다.
<전문개정 2007.10.29>

제145조【변론시간의 제한】 재판장은 필요하다고 인정하는 경우 검사, 피고인 또는 변호인의 본질적인 권리를 해치지 아니하는 범위내에서 법 제302조 및 법 제303조의 규정에 의한 의견진술의 시간을 제한할 수 있다.

제2절 공판의 재판

제146조【판결서의 작성】 변론을 종결한 기일에 판결을 선고하는 경우에는 선고 후 5일 내에 판결서를 작성하여야 한다.
<전문개정 2007.10.29>

제147조【판결의 선고】 ① 재판장은 판결을 선고할 때 피고인에게 이유의 요지를 말이나 판결서 등본 또는 판결서 초본의 교부 등 적절한 방법으로 설명한다.
② 재판장은 판결을 선고하면서 피고인에게 적절한 훈계를 할 수 있다.
<전문개정 2016.6.27>

제147조의2【보호관찰의 취지등의 고지, 보호처분의 기간】 ① 재판장은 판결을 선고함에 있어서 피고인에게 형법 제59조의2, 형법 제62조의2의 규정에 의하여 보호관찰, 사회봉사 또는 수강(이하 "보호관찰등"이라고 한다)을 명하는 경우에는 그 취지 및 필요하다고 인정하는 사항이 적힌 서면을 교부하여야 한다. <개정 2016.2.19>
② 법원은 판결을 선고함에 있어 형법 제62조의2의 규정에 의하여 사회봉사 또는 수강을 명하는 경우에는 피고인이 이행하여야 할 총 사회봉사시간 또는 수강시간을 정하여야 한다. 이 경우 필요하다고 인정하는 때에는 사회봉사 또는 수강할 강의의 종류나 방법 및 그 시설 등을 지정할 수 있다.
③ 형법 제62조의2제2항의 사회봉사명령은 500시간, 수강명령은 200시간을 각 초과할 수 없으며, 보호관찰관이 그 명령을 집행함에는 본인의 정상적인 생활을 방해하지 아니하도록 한다. <개정

1998.6.20>
④ 형법 제62조의2제1항의 보호관찰·사회봉사·수강명령은 둘 이상 병과할 수 있다. <신설 1998.6.20>
⑤ 사회봉사·수강명령이 보호관찰과 병과하여 부과된 때에는 보호관찰기간내에 이를 집행하여야 한다. <신설 1998.6.20>
<본조신설 1996.12.3>

제147조의3【보호관찰의 판결등의 통지】 ① 보호관찰등을 조건으로 한 판결이 확정된 때에 당해 사건이 확정된 법원의 법원사무관등은 3일 이내에 판결문등본을 대상자의 주거지를 관할하는 보호관찰소의 장에게 송부하여야 한다. <개정 1998.6.20>
② 제1항의 서면에는 법원의 의견 기타 보호관찰등의 자료가 될 만한 사항을 기재한 서면을 첨부할 수 있다.
<본조신설 1996.12.3>

제147조의4【보호관찰등의 성적보고】 보호관찰등을 명한 판결을 선고한 법원은 보호관찰등의 기간 중 보호관찰소장에게 보호관찰 등을 받고 있는 자의 성적에 관하여 보고를 하게 할 수 있다.
<본조신설 1996.12.3>

제148조【피고인에 대한 판결등본 등의 송달】
① 법원은 피고인에 대하여 판결을 선고한 때에는 선고일부터 7일 이내에 피고인에게 그 판결서 등본을 송달하여야 한다. 다만, 피고인이 동의하는 경우에는 그 판결서 초본을 송달할 수 있다.
② 제1항에 불구하고 불구속 피고인과 법 제331조의 규정에 의하여 구속영장의 효력이 상실된 구속 피고인에 대하여는 피고인이 송달을 신청하는 경우에 한하여 판결서 등본 또는 판결서 초본을 송달한다.
<전문개정 2016.6.27>

제149조【집행유예취소청구의 방식】 법 제335조 제1항의 규정한 형의 집행유예취소청구는 취소의 사유를 구체적으로 기재한 서면으로 하여야 한다.

제149조의2【자료의 제출】 형의 집행유예취소청구를 한 때에는 취소의 사유가 있다는 것을 인정할 수 있는 자료를 제출하여야 한다.
<본조신설 1996.12.3>

제149조의3【청구서부본의 제출과 송달】 ① 형법 제64조제2항의 규정에 의한 집행유예취소청구를 한 때에는 검사는 청구와 동시에 청구서의 부본을 법원에 제출하여야 한다.
② 법원은 제1항의 부본을 받은 때에는 지체없이 집행유예의 선고를 받은 자에게 송달하여야 한다.
<본조신설 1996.12.3>

제150조【출석명령】 형의 집행유예취소청구를 받은 법원은 법 제335조제2항의 규정에 의한 의견을 묻기 위하여 필요하다고 인정할 경우에는 집행유예의 선고를 받은 자 또는 그 대리인의 출석을 명할 수 있다. <개정 1996.12.3>

제150조의2【준용규정】 제149조 내지 제150조의 규정은 형법 제61조제2항의 규정에 의하여 유예한 형을 선고하는 경우에 준용한다.
<본조신설 1996.12.3>

제151조【경합범중 다시 형을 정하는 절차 등에의 준용】 제149조, 제149조의2 및 제150조의 규정은 법 제336조에 규정한 절차에 이를 준용한다. <개정 1996.12.3>

제3편 상 소

제1장 통 칙

제152조【재소자의 상소장등의 처리】 ① 교도소장, 구치소장 또는 그 직무를 대리하는 자가 법 제344조제1항의 규정에 의하여 상소장을 제출받은 때에는 그 제출받은 연월일을 상소장에 부기하여 즉시 이를 원심법원에 송부하여야 한다.
② 제1항의 규정은 교도소장, 구치소장 또는 그 직무를 대리하는 자가 법 제355조에 따라 정식재판청구나 상소권회복청구 또는 상소의 포기나 취하의 서면 및 상소이유서를 제출받은 때 및 법 제487조부터 법 제489조까지의 신청과 그 취하에 이를 준용한다. <개정 2007.10.29>

제153조【상소의 포기 또는 취하에 관한 동의서의 제출】 ① 법 제350조에 규정한 피고인이 상소의 포기 또는 취하를 할 때에는 법정대리인이 이에 동의하는 취지의 서면을 제출하여야 한다.
② 피고인의 법정대리인 또는 법 제341조에 규정한 자가 상소의 취하를 할 때에는 피고인이 이에 동의하는 취지의 서면을 제출하여야 한다.

제154조【상소의 포기 또는 취하의 효력을 다투는 절차】 ① 상소의 포기 또는 취하가 부존재 또는 무효임을 주장하는 자는 그 포기 또는 취하당시 소송기록이 있었던 법원에 절차속행의 신청을 할 수 있다.
② 제1항의 신청을 받은 법원은 신청이 이유있다고 인정하는 때에는 신청을 인용하는 결정을 하고 절차를 속행하여야 하며, 신청이 이유없다고 인정하는 때에는 결정으로 신청을 기각하여야 한다.
③ 제2항 후단의 신청기각결정에 대하여는 즉시항고할 수 있다.

제2장 항 소

제155조【항소이유서, 답변서의 기재】 항소이유서 또는 답변서에는 항소이유 또는 답변내용을 구체적으로 간결하게 명시하여야 한다.

제156조【항소이유서, 답변서의 부본제출】 항소이유서 또는 답변서에는 상대방의 수에 2를 더한 수의 부본을 첨부하여야 한다. <개정 1996.12.3>

제156조의2【국선변호인의 선정 및 소송기록접수통지】 ① 기록의 송부를 받은 항소법원은 법 제33조제1항제1호부터 제6호까지의 필요적 변호사건에 있어서 변호인이 없는 경우에는 지체없이 변호인을 선정한 후 그 변호인에게 소송기록접수통지를 하여야 한다. 법 제33조제3항에 의하여 국선

변호인을 선정한 경우에도 그러하다. <개정 2006.3.23, 2006.8.17, 2016.6.27>
② 항소법원은 항소이유서 제출기간이 도과하기 전에 피고인으로부터 법 제33조제2항의 규정에 따른 국선변호인 선정청구가 있는 경우에는 지체없이 그에 관한 결정을 하여야 하고, 이 때 변호인을 선정한 경우에는 그 변호인에게 소송기록접수통지를 하여야 한다. <신설 2006.3.23, 개정 2006.8.17>
③ 제1항, 제2항의 규정에 따라 국선변호인 선정결정을 한 후 항소이유서 제출기간 내에 피고인이 책임질 수 없는 사유로 그 선정결정을 취소하고 새로운 국선변호인을 선정한 경우에도 그 변호인에게 소송기록접수통지를 하여야 한다. <신설 2006.3.23>
④ 항소법원이 제2항의 국선변호인 선정청구를 기각한 경우에는 피고인이 국선변호인 선정청구를 한 날로부터 선정청구기각결정등본을 송달받은 날까지의 기간을 법 제361조의3제1항이 정한 항소이유서 제출기간에 산입하지 아니한다. 다만, 피고인이 최초의 국선변호인 선정청구기각결정을 받은 이후 같은 법원에 다시 선정청구를 한 경우에는 그 국선변호인 선정청구일로부터 선정청구기각결정등본 송달일까지의 기간에 대해서는 그러하지 아니하다. <신설 2006.3.23>
<본조신설 1996.12.3>

제156조의3【항소이유 및 답변의 진술】 ① 항소인은 그 항소이유를 구체적으로 진술하여야 한다.
② 상대방은 항소인의 항소이유 진술이 끝난 뒤에 항소이유에 대한 답변을 구체적으로 진술하여야 한다.
③ 피고인 및 변호인은 이익이 되는 사실 등을 진술할 수 있다.
<본조신설 2007.10.29>

제156조의4【쟁점의 정리】 법원은 항소이유와 답변에 터잡아 해당 사건의 사실상·법률상 쟁점을 정리하여 밝히고 그 증명되어야 하는 사실을 명확히 하여야 한다.
<본조신설 2007.10.29>

제156조의5【항소심과 증거조사】 ① 재판장은 증거조사절차에 들어가기에 앞서 제1심의 증거관계와 증거조사결과의 요지를 고지하여야 한다.
② 항소심 법원은 다음 각호의 어느 하나에 해당하는 경우에 한하여 증인을 신문할 수 있다.
1. 제1심에서 조사되지 아니한 데에 대하여 고의나 중대한 과실이 없고, 그 신청으로 인하여 소송을 현저하게 지연시키지 아니하는 경우
2. 제1심에서 증인으로 신문하였으나 새로운 중요한 증거의 발견 등으로 항소심에서 다시 신문하는 것이 부득이하다고 인정되는 경우
3. 그 밖에 항소의 당부에 관한 판단을 위하여 반드시 필요하다고 인정되는 경우

<본조신설 2007.10.29>

제156조의6【항소심에서의 피고인 신문】 ① 검사 또는 변호인은 항소심의 증거조사가 종료한 후 항소이유의 당부를 판단함에 필요한 사항에 한하여 피고인을 신문할 수 있다.
② 재판장은 제1항에 따라 피고인 신문을 실시하는 경우에도 제1심의 피고인 신문과 중복되거나 항소이유의 당부를 판단하는 데 필요 없다고 인정하는 때에는 그 신문의 전부 또는 일부를 제한할 수 있다.
③ 재판장은 필요하다고 인정하는 때에는 피고인을 신문할 수 있다.
<본조신설 2007.10.29>

제156조의7【항소심에서의 의견진술】 ① 항소심의 증거조사와 피고인 신문절차가 종료한 때에는 검사는 원심 판결의 당부와 항소이유에 대한 의견을 구체적으로 진술하여야 한다.
② 재판장은 검사의 의견을 들은 후 피고인과 변호인에게도 제1항의 의견을 진술할 기회를 주어야 한다.
<본조신설 2007.10.29>

제157조【환송 또는 이송판결이 확정된 경우 소송기록 등의 송부】 법 제366조 또는 법 제367조 본문의 규정에 의한 환송 또는 이송판결이 확정된 경우에는 다음 각 호의 규정에 의하여 처리하여야 한다. <개정 1996. 12. 3., 2021. 1. 29.>
1. 항소법원은 판결확정일로부터 7일 이내에 소송기록과 증거물을 환송 또는 이송받을 법원에 송부하고, 항소법원에 대응하는 검찰청 검사 또는 수사처검사에게 그 사실을 통지하여야 한다.
2. 제1호의 송부를 받은 법원은 지체없이 그 법원에 대응한 검찰청 검사 또는 수사처검사에게 그 사실을 통지하여야 한다.
3. 피고인이 교도소 또는 구치소에 있는 경우에는 항소법원에 대응한 검찰청 검사 또는 수사처검사는 제1호의 통지를 받은 날로부터 10일 이내에 피고인을 환송 또는 이송받을 법원소재지의 교도소나 구치소에 이감한다.

제158조【변호인 선임의 효력】 원심법원에서의 변호인 선임은 법 제366조 또는 법 제367조의 규정에 의한 환송 또는 이송이 있은 후에도 효력이 있다.

제159조【준용규정】 제2편중 공판에 관한 규정은 항소법원의 공판절차에 이를 준용한다.

제3장 상 고

제160조【상고이유서, 답변서의 부본 제출】 상고이유서 또는 답변서에는 상대방의 수에 4를 더한 수의 부본을 첨부하여야 한다. <개정 1996.12.3>

제161조【피고인에 대한 공판기일의 통지등】 ① 법원사무관 등은 피고인에게 공판기일통지서를 송달하여야 한다. <개정 1996.12.3>
② 상고심에서는 공판기일을 지정하는 경우에도 피고인의 이감을 요하지 아니한다. <개정 1996.12.3>
③ 상고한 피고인에 대하여 이감이 있는 경우에는 검사는 지체없이 이를 대법원에 통지하여야 한다.

<신설 1996.12.3.>

제161조2【참고인 의견서 제출】 ① 상고심의 재판에 이해관계가 있는 국가기관과 지방자치단체는 대법원에 그 재판에 관한 의견서를 제출할 수 있고, 대법원은 이들에게 의견서를 제출하게 할 수 있다.

② 대법원은 소송관계를 분명하게 하기 위하여 공공단체 등 그 밖의 참고인에게 의견서를 제출하게 할 수 있다.

<본조신설 2015.1.28>

제162조【대법관전원합의체사건에 관하여 부에서 할 수 있는 재판】 대법관전원합의체에서 본안재판을 하는 사건에 관하여 구속, 구속기간의 갱신, 구속의 취소, 보석, 보석의 취소, 구속의 집행정지, 구속의 집행정지의 취소를 함에는 대법관 3인 이상으로써 구성된 부에서 재판할 수 있다. <개정 1998.3.23>

제163조【판결정정신청의 통지】 법 제400조제1항에 규정한 판결정정의 신청이 있는 때에는 즉시 그 취지를 상대방에게 통지하여야 한다.

제164조【준용규정】 제155조, 제156조의2, 제157조제1호, 제2호의 규정은 상고심의 절차에 이를 준용한다. <개정 1996.12.3>

제4장 항 고

제165조【항고법원의 결정등본의 송부】 항고법원이 법 제413조 또는 법 제414조에 규정한 결정을 한 때에는 즉시 그 결정의 등본을 원심법원에 송부하여야 한다.

제4편 특별소송절차

제1장 재 심

제166조【재심청구의 방식】 재심의 청구를 함에는 재심청구의 취지 및 재심청구의 이유를 구체적으로 기재한 재심청구서에 원판결의 등본 및 증거자료를 첨부하여 관할법원에 제출하여야 한다.

제167조【재심청구 취하의 방식】 ① 재심청구의 취하는 서면으로 하여야 한다. 다만, 공판정에서는 구술로 할 수 있다.

② 구술로 재심청구의 취하를 한 경우에는 그 사유를 조서에 기재하여야 한다.

제168조【준용규정】 제152조의 규정은 재심의 청구와 그 취하에 이를 준용한다.

제169조【청구의 경합과 공판절차의 정지】 ① 항소기각의 확정판결과 그 판결에 의하여 확정된 제1심판결에 대하여 각각 재심의 청구가 있는 경우에 항소법원은 결정으로 제1심법원의 소송절차가 종료할 때까지 소송절차를 정지하여야 한다.

② 상고기각의 판결과 그 판결에 의하여 확정된 제1심 또는 제2심의 판결에 대하여 각각 재심의 청구가 있는 경우에 상고법원은 결정으로 제1심법원 또는 항소법원의 소송절차가 종료할 때까지 소송절차를 정지하여야 한다.

제2장 약식절차

제170조【서류 등의 제출】 검사는 약식명령의 청구와 동시에 약식명령을 하는데 필요한 증거서류 및 증거물을 법원에 제출하여야 한다.

제171조【약식명령의 시기】 약식명령은 그 청구가 있은 날로부터 14일내에 이를 하여야 한다.

제172조【보통의 심판】 ① 법원사무관등은 약식명령의 청구가 있는 사건을 법 제450조의 규정에 따라 공판절차에 의하여 심판하기로 한 때에는 즉시 그 취지를 검사에게 통지하여야 한다. <개정 1996.12.3>

② 제1항의 통지를 받은 검사는 5일이내에 피고인수에 상응한 공소장 부본을 법원에 제출하여야 한다. <개정 1996.12.3>

③ 법원은 제2항의 공소장 부본에 관하여 법 제266조에 규정한 조치를 취하여야 한다.

제173조【준용규정】 제153조의 규정은 정식재판청구의 취하에 이를 준용한다.

제5편 재판의 집행

제174조【소송비용의 집행면제 등의 신청 등】 ① 법 제487조 내지 법 제489조의 규정에 의한 신청 및 그 취하는 서면으로 하여야 한다.

② 제152조의 규정은 제1항의 신청과 그 취하에 이를 준용한다.

제175조【소송비용의 집행면제 등의 신청 등의 통지】 법원은 제174조제1항에 규정한 신청 또는 그 취하의 서면을 제출받은 경우에는 즉시 그 취지를 검사에게 통지하여야 한다.

제6편 보 칙

제176조【신청 기타 진술의 방식】 ① 법원 또는 판사에 대한 신청 기타 진술은 법 및 이 규칙에 다른 규정이 없으면 서면 또는 구술로 할 수 있다.

② 구술에 의하여 신청 기타의 진술을 할 때에는 법원사무관등의 면전에서 하여야 한다.

③ 제2항의 경우에 법원사무관등은 조서를 작성하고 기명날인하여야 한다. <개정 1996.12.3>

제177조【재소자의 신청 기타 진술】 교도소장, 구치소장 또는 그 직무를 대리하는 자는 교도소 또는 구치소에 있는 피고인이나 피의자가 법원 또는 판사에 대한 신청 기타 진술에 관한 서면을 작성하고자 할 때에는 그 편의를 도모하여야 하고, 특히

피고인이나 피의자가 그 서면을 작성할 수 없을 때에는 법 제344조제2항의 규정에 준하는 조치를 취하여야 한다.

제177조의2 【기일 외 주장 등의 금지】 ① 소송관계인은 기일 외에서 구술, 전화, 휴대전화 문자전송, 그 밖에 이와 유사한 방법으로 신체구속, 공소사실 또는 양형에 관하여 법률상·사실상 주장을 하는 등 법령이나 재판장의 지휘에 어긋나는 절차와 방식으로 소송행위를 하여서는 아니 된다.
② 재판장은 제1항을 어긴 소송관계인에게 주의를 촉구하고 기일에서 그 위반사실을 알릴 수 있다.
<본조신설 2016.9.6>

제178조 【영장의 유효기간】 영장의 유효기간은 7일로 한다. 다만, 법원 또는 법관이 상당하다고 인정하는 때에는 7일을 넘는 기간을 정할 수 있다.
<본조신설 1996.12.3>

제179조 <삭제 2016.11.29>

부 칙 <대법원규칙 제828호, 1982. 12. 31.>

① 이 규칙은 1983년 3월 1일부터 시행한다.
② 이 규칙은 이 규칙 시행당시 법원에 계속된 사건에 이를 적용한다. <단서생략>

부 칙 <중략>

부 칙 <대법원규칙 제3016호, 2021. 12. 31.>

제1조(시행일) 이 규칙은 2022년 1월 1일부터 시행한다.
제2조(경과조치) ① 이 규칙은 이 규칙 시행 후 공소제기된 사건부터 적용한다.
② 이 규칙 시행 전에 종전의 규정에 따라 행한 행위의 효력에는 영향을 미치지 아니한다.